CURSO DE
DIREITO PROCESSUAL CIVIL

O GEN | Grupo Editorial Nacional – maior plataforma editorial brasileira no segmento científico, técnico e profissional – publica conteúdos nas áreas de concursos, ciências jurídicas, humanas, exatas, da saúde e sociais aplicadas, além de prover serviços direcionados à educação continuada.

As editoras que integram o GEN, das mais respeitadas no mercado editorial, construíram catálogos inigualáveis, com obras decisivas para a formação acadêmica e o aperfeiçoamento de várias gerações de profissionais e estudantes, tendo se tornado sinônimo de qualidade e seriedade.

A missão do GEN e dos núcleos de conteúdo que o compõem é prover a melhor informação científica e distribuí-la de maneira flexível e conveniente, a preços justos, gerando benefícios e servindo a autores, docentes, livreiros, funcionários, colaboradores e acionistas.

Nosso comportamento ético incondicional e nossa responsabilidade social e ambiental são reforçados pela natureza educacional de nossa atividade e dão sustentabilidade ao crescimento contínuo e à rentabilidade do grupo.

CURSO DE DIREITO PROCESSUAL CIVIL

LUIZ FUX

6ª EDIÇÃO
revista, atualizada e ampliada

■ O autor deste livro e a editora empenharam seus melhores esforços para assegurar que as informações e os procedimentos apresentados no texto estejam em acordo com os padrões aceitos à época da publicação, e todos os dados foram atualizados pelo autor até a data de fechamento do livro. Entretanto, tendo em conta a evolução das ciências, as atualizações legislativas, as mudanças regulamentares governamentais e o constante fluxo de novas informações sobre os temas que constam do livro, recomendamos enfaticamente que os leitores consultem sempre outras fontes fidedignas, de modo a se certificarem de que as informações contidas no texto estão corretas e de que não houve alterações nas recomendações ou na legislação regulamentadora.

■ Fechamento desta edição: 23.05.2023

■ O Autor e a editora se empenharam para citar adequadamente e dar o devido crédito a todos os detentores de direitos autorais de qualquer material utilizado neste livro, dispondo-se a possíveis acertos posteriores caso, inadvertida e involuntariamente, a identificação de algum deles tenha sido omitida.

■ **Atendimento ao cliente: (11) 5080-0751 | faleconosco@grupogen.com.br**

■ Direitos exclusivos para a língua portuguesa
Copyright © 2023 by
Editora Forense Ltda.
Uma editora integrante do GEN | Grupo Editorial Nacional
Travessa do Ouvidor, 11 – Térreo e 6º andar
Rio de Janeiro – RJ – 20040-040
www.grupogen.com.br

■ Reservados todos os direitos. É proibida a duplicação ou reprodução deste volume, no todo ou em parte, em quaisquer formas ou por quaisquer meios (eletrônico, mecânico, gravação, fotocópia, distribuição pela Internet ou outros), sem permissão, por escrito, da Editora Forense Ltda.

■ Capa: Flávia Carvalho Coelho

■ **CIP – BRASIL. CATALOGAÇÃO NA FONTE.
SINDICATO NACIONAL DOS EDITORES DE LIVROS, RJ.**

Fux, Luiz, 1953-
Curso de direito processual civil / Luiz Fux. – 6. ed. – Rio de Janeiro: Forense, 2023.

Inclui bibliografia e índice
ISBN 978-65-5964-846-7

1. Direito processual civil – Brasil. I. Título.

23-83491 CDU: 347.9(81)

Meri Gleice Rodrigues de Souza – Bibliotecária – CRB-7/6439

Aos meus netos Patrick, Rafaela, Nicolas e Maria Valentina pela sensação de renovação da paternidade amorosa que me transmitem.

SOBRE O AUTOR

Ministro do Supremo Tribunal Federal (STF). Ex-Presidente do STF, do Conselho Nacional de Justiça (CNJ) e do Tribunal Superior Eleitoral (TSE). Professor Titular de Processo Civil da Faculdade de Direito da Universidade do Estado do Rio de Janeiro (UERJ). Doutor em Direito Processual Civil pela UERJ. Membro da Academia Brasileira de Letras Jurídicas. Membro da Academia Brasileira de Filosofia. Palestrante internacional na Harvard Law School, no Massachusetts Institute of Technology, na Universidade de Oxford, na Universidade de Coimbra, no Council of the Americas e no Cyrus Vance Center/NY. Presidiu a Comissão de Juristas designada pelo Senado Federal para elaborar o anteprojeto do Código de Processo Civil de 2015.

APRESENTAÇÃO

É com grande júbilo que chegamos à sexta edição deste *Curso de Direito Processual Civil*. Esta obra é fruto de uma vida dedicada a lecionar e judicar.

Desde 1972, ano em que me tornei aluno da então Universidade Estadual da Guanabara (hoje Universidade do Estado do Rio de Janeiro – UERJ), nunca mais me distanciei dos bancos acadêmicos, sagrando-me Livre-docente, Doutor e Professor Titular pela querida UERJ.

No entanto, não posso deixar de registrar que este livro deriva também de minha carreira como Promotor de Justiça do Ministério Público do Estado do Rio de Janeiro – MPRJ (de 1979 a 1982), magistrado de carreira do Tribunal de Justiça do Rio de Janeiro – TJRJ (fui juiz de direito de 1983 a 1997 e desembargador entre 1997 e 2001), Ministro do Superior Tribunal de Justiça –STJ (de 2001 até 2011) e, finalmente, Ministro do Supremo Tribunal Federal – STF (desde 2011).

Em setembro de 2020, assumi a presidência do Supremo Tribunal Federal e do Conselho Nacional de Justiça. Consagrei, à época, o desenvolvimento da Justiça 4.0 e a promoção do acesso à justiça digital como um dos cinco eixos eleitos prioritários de minha gestão, logrando realizar uma transformação tecnológica no nosso Judiciário.

Nesse passo, esta edição envolveu a revisão, atualização e ampliação da obra, passando a abarcar, de maneira inovadora, os aprimoramentos tecnológicos que impactam diretamente o direito processual. Outrossim, nosso *Curso de Direito Processual Civil* conta agora com novos tópicos, analisando a prática eletrônica de atos processuais, a cooperação judiciária nacional, os documentos eletrônicos, o papel do CNJ na transformação tecnológica do Poder Judiciário e o Programa Justiça 4.0 (inclusive com abordagem das resoluções e recomendações do CNJ atinentes à temática), todos essenciais para o estudante e o operador do direito contemporâneo.

Além disso, o conteúdo foi atualizado à luz da Emenda Constitucional nº 125/2022, que instituiu o requisito da relevância no recurso especial, bem como da Emenda ao Regimento do STF nº 58/2022, e das Leis nº 14.331/2022, 14.334/2022, 14.340/2022 e 14.365/2022.

Os precedentes, como não poderia deixar de ser, também influenciaram sobremaneira a presente atualização, em especial as decisões do STF em controle concentrado de constitucionalidade, os acórdãos em incidente de assunção de competência e de resolução de demandas repetitivas, bem como aqueles em julgamento de recursos extraordinário e especial repetitivos.

Reitero, mais uma vez, que o crescimento da obra na extensão e no conteúdo, porém, não é sinônimo de rompimento, mas de aprimoramento: estou convencido de que a doutrina processual brasileira representa uma continuidade, com os aprendizados de ontem servindo de base para as inovações de hoje e as proposições de amanhã.

A despeito do Código de Processo Civil de 2015 ter completado oito anos, o Direito Processual é vivo. Assim, pretendo, com as reflexões ora positivadas, fomentar estudos e discussões, logrando, assim, o aperfeiçoamento da processualística e do sistema de justiça.

Imbuído da convicção de que esse desiderato pode ser alcançado, desejo a todos uma profícua leitura!

Luiz Fux

PREFÁCIO

Prefácios são textos fadados a não serem lidos.

Ainda assim, como eu tive a indescritível alegria e a incomensurável honra de ter sido convidada pelo autor para prefaciar este *Curso*, tenho a ousadia de convidar o leitor a vir comigo e andar por essa estrada que, prometo, será curta.

Está-se, aqui, diante de um *Curso de Direito Processual Civil* com feições extremamente peculiares. Apesar de já ter tido algumas edições, sendo a última de 2022, está inteiramente renovado.

Já na introdução, se percebe que se trata de um texto denso e erudito, em que o processo civil é abordado de uma forma clássica, à moda dos grandes processualistas que o Brasil tem e já teve, como seu mestre (nosso! de todos os brasileiros) José Carlos Barbosa Moreira.

No entanto, há temas atualíssimos, como a análise econômica do direito, a que se dedica verticalmente o autor com extrema lucidez e uma saudável pitada de ousadia.

O autor aborda também a *justiça multiportas* e a *desjudicialização*, tendências que não podem, de forma alguma, ser ignoradas por quem queira saber, realmente, como é, hoje, o processo civil brasileiro.

Aliás, como é o processo civil no mundo.

Fux não economiza esclarecedoras e oportunas citações de doutrina estrangeira: de autores clássicos, como Carnelutti, Liebman, Chiovenda, Schönke e von Büllow. Assim como, para tratar de temas do século XXI, traz as lições de Steven Shavell, Sussstein, Herbert Simon, Amos Tversky e de tantos outros.

Todas essas citações, longe de se constituírem apenas em demonstração de erudição, foram incluídas na obra com imenso senso de oportunidade, de forma a que o leitor se situe perfeitamente no processo civil contemporâneo, para poder, assim, compreender o processo civil contemporâneo brasileiro.

Na doutrina brasileira, o autor parte dos clássicos, como Frederico Marques e Arruda Alvim, chegando até os mais jovens, como Marcelo Mazzola e Trícia Navarro.

Outro dos pontos altos deste *Curso* é a forma como são organizados os temas tratados. No capítulo IV, o autor trata, por exemplo, sob o título *"Aspectos éticos e econômicos do processo"*, das custas, da assistência jurídica e da gratuidade da justiça. Quanto a esse ponto, por exemplo, traz informações importantes e interessantes do direito comparado, colocando, lado a lado, o nosso sistema com os da Suécia e da França.

Ademais, para tornar ainda mais ampla a gama daqueles que serão beneficiados com a leitura deste trabalho, o autor faz menção a uma quantidade significativa de recentes acórdãos dos nossos Tribunais Superiores, sobre temas importantes.

A curiosidade que eu tenho, e que é certamente compartilhada com o leitor, é a de saber como é possível que alguém como Luiz Fux, que ocupa o cargo mais relevante do Poder Judiciário do País, e que, mesmo antes disso, sempre desempenhou papel proativo na sociedade brasileira, tendo sido, inclusive, presidente da comissão nomeada pelo Senado em 2009 para redigir um projeto de lei daquilo que viria a ser o nosso Código de Processo Civil em vigor, tenha encontrado tempo e serenidade para escrever um curso como este.

Na verdade, este curso é o resultado de tudo isso: de uma vida dedicada aos estudos (e à docência), somada a uma intensa atividade como magistrado, que acabou justamente culminando com o exercício desta função, a de presidente do Supremo Tribunal Federal.

O passeio feito pelo autor, com bastante familiaridade, por entre as obras de autores clássicos brasileiros e estrangeiros, bem como por trabalhos escritos por jovens processualistas, demonstra a sua consciência, de que está permeado todo este trabalho, no sentido de que o direito, assim como o processo, é um objeto cultural que se veio construindo aos poucos, cuja compreensão só é possível **se, antes de tudo, os olhos se fixam no passado**.

O presente, com as suas necessidades que geram, naturalmente, novas preocupações, faz com que venhamos a conceber novas soluções, novos institutos, outras maneiras de decidir a respeito de velhos temas, mas sem nunca poder perder de vista que temos um passado e que este presente lá foi gestado. É importante que se tenha sempre presente que, em direito, não basta que se tenha "uma boa ideia".

Aquilo que se construiu em décadas anteriores (e até mesmo em séculos...) nunca deve ser integralmente descartado. Afinal, no contexto das ciências sociais, as coisas não se passam como em outros ramos do conhecimento, em que se pode dizer: "agora, a técnica que se usa é laser, joguei o outro aparelho fora...".

Tive o privilégio de conhecer mais de perto o autor, tendo sentado a seu lado por muitas e muitas horas, quando também integrei a comissão de que ele era presidente, em 2009-2010, para elaborarmos um ante projeto de lei para um novo CPC. Homem brilhante, culto, generoso, realizador. Isso tudo fez com que sua vida tenha sido e venha sendo sobretudo intensa, e essa intensidade se reflete nesta obra fabulosa.

O mundo jurídico acaba de ser presenteado com um trabalho único. Clássico, quando precisa ser clássico; ousado, quando a ousadia é necessária; e original, na medida certa.

Útil para o advogado, para o juiz. Indispensável para o estudioso, para o professor. Livro de cabeceira para alunos interessados em processo civil.

Bom... acabei por não cumprir integralmente o prometido. A estrada não foi tão curta quanto imaginei que pudesse ser. Mas teria sido muito injusto se tivessem sido omitidos deste prefácio qualquer informação ou comentário que pudesse ter o condão de estimular a leitura e a consulta a esta magnífica obra.

A leitura do trabalho esclarece e encanta. Isso o leitor perceberá já num primeiro olhar, na leitura das primeiras páginas.

Tentando cumprir ainda que parcialmente o prometido, termino por aqui, para que este texto introdutório não signifique um atraso maior na leitura do texto que ora prefacio.

Teresa Arruda Alvim

SUMÁRIO

PARTE I

O DIREITO PROCESSUAL CIVIL

I. O DIREITO PROCESSUAL CIVIL 3

    1. O Direito Processual 3

    2. Posição enciclopédica do Direito Processual Civil 4

    3. A norma processual 5

    4. Fontes do Direito Processual Civil 7

    5. Aplicação, interpretação e eficácia da lei processual civil no tempo e no espaço 9

        5.1 Aplicação supletiva e subsidiária do Código de Processo Civil 16

II. HISTÓRICO DO DIREITO PROCESSUAL CIVIL 19

    1. O processo no Direito Antigo 19

    2. Direito brasileiro anterior e Direito vigente 23

        2.1 Ordenações lusitanas 23

        2.2 Códigos estaduais 24

        2.3 Códigos de Processo Civil de 1939 e 1973 25

        2.4 Código de Processo Civil de 2015 25

    3. A análise econômica do Direito Processual 33

III. NORMAS FUNDAMENTAIS DO PROCESSO 39

    1. Princípio do devido processo legal 40

    2. Princípio dispositivo 42

    3. Princípio da prioritária solução consensual 43

        3.1 Justiça multiportas: arbitragem, conciliação e mediação 44

        3.2 Desjudicialização de conflitos 48

    4. Princípios da efetividade e da duração razoável do processo 51

    5. Princípio da cooperação 56

    6. Princípio da boa-fé objetiva (proteção à confiança) 57

    7. Princípio do contraditório e vedação à decisão surpresa 58

    8. Princípio da economia processual 60

9. Princípio da eficiência	61
10. Princípio da primazia do julgamento de mérito	63
11. Princípio da economicidade	64
12. Princípio da preclusão *secundum eventum litis*	65
13. Princípios da dignidade da pessoa humana, da proporcionalidade e da razoabilidade	69

IV. ASPECTOS ÉTICOS E ECONÔMICOS DO PROCESSO 71

1. Generalidades	71
2. Custas processuais	72
3. Honorários advocatícios	75
3.1 Sucumbência recursal	80
4. Dano processual e litigância de má-fé	82
4.1 Deveres das partes e dos procuradores	83
4.2 Descumprimento das decisões judiciais. Atentado à justiça. Crime de desobediência	84
5. Assistência jurídica e gratuidade de justiça	87
5.1 Assistência jurídica	87
5.2 Gratuidade de justiça	90

PARTE II

JURISDIÇÃO E COMPETÊNCIA

I. TUTELA JURISDICIONAL 95

1. Tutela jurisdicional: conceito	95
2. Espécies de tutela jurisdicional	97
2.1 Tutela de cognição	97
2.2 Tutela de execução	101
2.3 Tutela inibitória	103
2.4 Tutela provisória	107
2.4.1 Fundamentos e antecedentes: tutela cautelar, tutela de segurança e tutela satisfativa de urgência	107
2.4.2 Generalidades	120
2.4.3 Tutela de urgência	124
2.4.3.1 Requisitos	124
2.4.3.2 Espécies	125
2.4.3.2.1 Tutela cautelar	125
2.4.3.2.2 Tutela antecipada	128
2.4.3.3 Contracautela e responsabilização	129
2.4.3.4 Poder geral de cautela e atipicidade	130

2.4.3.5	Tutela de urgência pré-arbitral	130
2.4.3.6	Requerimento em caráter antecedente	131

2.4.3.6.1 Tutela antecipada requerida em caráter antecedente 131

2.4.3.6.2 Tutela cautelar requerida em caráter antecedente 134

2.4.4 Tutela da evidência 135

II. ESTRUTURA DO PODER JUDICIÁRIO – ORGANIZAÇÃO JUDICIÁRIA.... 137

1. Garantias do Poder Judiciário 137
   1.1 Garantias institucionais 137
   1.2 Garantias funcionais 138
2. Organização judiciária 139
   2.1 Supremo Tribunal Federal 140
   2.2 Superior Tribunal de Justiça 141
   2.3 Justiça Federal 142
   2.4 Justiça do Trabalho 142
   2.5 Justiça Eleitoral 143
   2.6 Justiça Militar 144
   2.7 Justiça Comum Estadual 144
   2.8 Conselho Nacional de Justiça – CNJ 144

III. COMPETÊNCIA JURISDICIONAL 147

1. Generalidades 147
2. Competência internacional e competência interna 147
   2.1 Cooperação jurídica internacional 149
   2.2 Cooperação jurídica nacional 150
3. Competência territorial 151
4. Competência objetiva 160
5. Competência funcional 161
6. Competência absoluta e competência relativa. Modificações dacompetência. Prorrogação e prevenção da competência 162
7. Controle da competência – Conflito de competência earguição de incompetência 171

PARTE III
A AÇÃO

I. CONCEITO – NATUREZA JURÍDICA – ESPÉCIES 179

1. Conceito de ação 179
2. Natureza jurídica 180

3.	Classificação das ações	184
4.	As sentenças e a classificação das ações	185

II. CONDIÇÕES DA AÇÃO ... 189

1.	Generalidades	189
2.	Legitimidade das partes	191
3.	Interesse de agir	194

III. ELEMENTOS DE IDENTIFICAÇÃO DAS AÇÕES ... 199

1.	Elementos de identificação das ações	199
2.	Elemento subjetivo – As partes	200
3.	Elemento causal – *Causa petendi*	203
4.	Elemento objetivo – O pedido	205
	4.1 Pedido de prestação indivisível	211
	4.2 Pedido cominatório	211
5.	Alteração dos elementos de identificação das ações	215

IV. CONEXÃO E CONTINÊNCIA DE AÇÕES – CONCURSO E CUMULAÇÃO DE AÇÕES ... 219

1.	Aspectos gerais	219
2.	Espécies de conexão	222
3.	Cumulação e concurso de ações	223
	3.1 Cumulação de ações – Espécies	225
	3.2 Cumulação de ações – Requisitos	226

PARTE IV
O PROCESSO

I. PROCESSO E PROCEDIMENTO ... 231

1.	Processo e procedimentos	231
2.	Espécies de procedimento	232

II. SUJEITOS DO PROCESSO ... 241

1.	Partes	241
2.	Litisconsórcio	244
3.	Intervenção de terceiros	249
	3.1 Generalidades	249
	3.1.1 A qualificação de terceiro	251
	3.1.2 Efeitos da intervenção	254
	3.2 Espécies de intervenção	254
	3.2.1 Assistência	255

		3.2.1.1 Classificação da assistência	255
		Assistência simples	256
		Assistência litisconsorcial	257
		3.2.1.2 Interesse jurídico	259
	3.2.2	Recurso do terceiro prejudicado	260
	3.2.3	Denunciação da lide	261
		3.2.3.1 Hipóteses legais	265
		3.2.3.2 Procedimento	267
		Denunciado aceita e contesta o pedido	268
		Denunciado é revel ou nega essa qualidade	268
		Denunciado confessa os fatos alegados pelo autor	269
		3.2.3.3 Sentença	269
	3.2.4	Chamamento ao processo	270
		Hipóteses legais	271
		Procedimento	272
		Sentença	272
	3.2.5	Intervenção *iussu iudicis*	273
	3.2.6	Incidente de desconsideração da personalidade jurídica	274
	3.2.7	*Amicus curiae*	276
3.3	Intervenção de terceiros no Juizado Especial Cível		277
4.	O juiz		278
4.1	Poderes e deveres do juiz		279
4.2	Suspeição e impedimento		283
5.	Auxiliares da justiça		286
6.	Ministério Público		288
7.	Advocacia Pública		290
8.	Defensoria Pública		291

III. ATOS PROCESSUAIS 293

1.	Forma dos atos processuais		293
1.1	Da prática eletrônica de atos processuais		298
1.2	O papel do Conselho Nacional de Justiça na transformação tecnológica do Poder Judiciário e o Programa "Justiça 4.0"		300
2.	Tempo dos atos processuais		307
3.	Lugar e prazos dos atos processuais		309
3.1	Contagem dos prazos processuais		311
4.	Verificação dos prazos e suas penalidades		314
5.	Comunicação dos atos processuais		315
5.1	Comunicação eletrônica dos atos processuais		316
5.2	Cartas		318
	5.2.1	Carta precatória e rogatória. Efeito suspensivo	321

5.3	Citação	321
	5.3.1 Efeitos da citação	323
	5.3.2 Modalidades de citação	324
	Citação por meio eletrônico	327
	Citação postal	329
	Citação por oficial de justiça	330
	Citação com hora certa	331
	Citação por edital	332
5.4	Intimações	333
6.	Nulidades	338
7.	Negócios jurídicos processuais	340
7.1	Calendário processual	342

IV. FORMAÇÃO, SUSPENSÃO E EXTINÇÃO DO PROCESSO ... 343

1.	Generalidades	343
2.	Formação do processo	343
2.1	Formação do processo e distribuição por dependência das ações repetidas	348
2.2	Formação do processo e indeferimento do pedido *in limine*	350
2.3	Atuação jurisdicional *ex officio*. Visão prospectiva	351
3.	Suspensão do processo	356
3.1	Suspensão por morte ou perda de capacidade processual	358
3.2	Suspensão convencional do processo	360
3.3	Suspensão pela alegação de incompetência, impedimento e suspeição	360
3.4	Suspensão nos recursos repetitivos e no incidente de resolução de demandas repetitivas	361
3.5	Suspensão por prejudicialidade	361
3.6	Suspensão por motivo de força maior	363
3.7	Outros casos de suspensão do processo	363
4.	Extinção do processo	364
4.1	Extinção do processo sem resolução de mérito	366
	4.1.1 Indeferimento da petição inicial	366
	4.1.2 Contumácia das partes	368
	4.1.3 Abandono do autor	368
	4.1.4 Falta de pressupostos processuais de constituição e desenvolvimento válido e regular do processo	369
	4.1.5 Acolhimento das alegações de perempção, litispendência e coisa julgada	369
	Perempção	369
	Litispendência	370
	Coisa julgada	370

4.1.6	Ausência das condições da ação	371
4.1.7	Existência de convenção de arbitragem	371
4.1.8	Desistência da ação	371
4.1.9	Intransmissibilidade da ação	372
4.1.10	Outros casos	372

4.2 Resolução do processo com análise do mérito 373
    4.2.1 Acolhimento ou rejeição do pedido do autor 373
    4.2.2 Reconhecimento da procedência do pedido pelo réu 373
    4.2.3 Transação 374
    4.2.4 Renúncia ao direito em que se funda a ação 374

PARTE V
FASE POSTULATÓRIA

I.   **PETIÇÃO INICIAL** 377
    1. Generalidades 377
    2. Requisitos 377
        2.1 Endereçamento 377
        2.2 Qualificação das partes 377
        2.3 Causa de pedir 378
        2.4 Pedido 378
        2.5 Valor da causa 379
        2.6 Meios de prova 379
        2.7 Opção pela realização de audiência de conciliação ou de mediação 380
        2.8 Outros elementos 380
    3. Emenda da petição inicial 380
    4. Indeferimento da petição inicial 381

II.   **AUDIÊNCIA DE CONCILIAÇÃO OU DE MEDIAÇÃO** 383
    1. Generalidades 383

III. **DEFESA DO RÉU** 387
    1. Generalidades 387
    2. Espécies de defesa 388
    3. Modalidades de resposta do réu 390
        3.1 Contestação 390
            3.1.1 Alegações de incompetência, impedimento e suspeição 394
                Alegação de incompetência 394
                Arguição de impedimento e de suspeição 395
        3.2 Reconvenção 398

XX | CURSO DE DIREITO PROCESSUAL CIVIL • Luiz Fux

3.2.1	Condições específicas de admissibilidade da reconvenção		399
	3.2.1.1	Legitimação para reconvenção	399
	3.2.1.2	Interesse em reconvir	400
	3.2.1.3	Tempestividade da reconvenção	401
	3.2.1.4	Competência do juízo para a reconvenção	401
	3.2.1.5	A conexão como pressuposto da reconvenção	401
3.2.2	Autonomia procedimental entre a reconvenção e a ação		402
3.2.3	Processamento e procedimento da reconvenção		403
3.3 Revelia			403

PARTE VI
FASE DE SANEAMENTO

I. SANEAMENTO 407

1. Fase de saneamento 407
2. Providências preliminares 408
   2.1 Especificação de provas 409
   2.2 Manifestação do autor quanto às preliminares e objeções (fatos impeditivos, modificativos ou extintivos do pedido e alegações do réu) 409
3. Julgamento conforme o estado do processo 412
   3.1 Extinção do processo (extinção sem resolução de mérito, resolução com análise do mérito por autocomposição ou julgamento antecipado) 412
      3.1.1 Julgamento antecipado parcial 414
4. Saneamento 414
   4.1 Conteúdo 415
   4.2 Estabilização e preclusão 416
   4.3 Modalidades 417

PARTE VII
FASE PROBATÓRIA

I. PROVAS 421

1. Generalidades 421
2. Sujeitos da prova e ônus da prova 428
3. Sistemas de avaliação da prova 431
4. Momento da prova 433
   4.1 Produção antecipada de prova 435
5. Espécies de prova 436
   5.1 Prova documental 436
      5.1.1 Dos documentos eletrônicos 440
      5.1.2 Produção da prova documental 443
   5.2 Exibição de documento ou coisa 444

5.3	Ata notarial	446
5.4	Prova oral	447
	5.4.1 Depoimento pessoal	449
	5.4.2 Prova testemunhal	450
	5.4.2.1 Juntada do rol de testemunhas	455
	5.4.2.2 Depoimentos privilegiados	455
	5.4.3 Confissão	456
5.5	Prova pericial	458
	5.5.1 Realização da perícia. Ciência das partes quanto à data e ao local	462
	5.5.2 Perícia abrangente de mais de uma área de conhecimento	463
	5.5.3 Prazo para apresentação do laudo e das críticas dos assistentes	463
5.6	Inspeção judicial	464

PARTE VIII
A DECISÃO

I. AUDIÊNCIA DE INSTRUÇÃO E JULGAMENTO ... 469

1.	Visão de conjunto	469
	1.1 Poderes do juiz nas audiências	469
2.	Tentativa de conciliação	470
3.	Etapas da audiência de instrução e julgamento	471

II. SENTENÇA E COISA JULGADA ... 475

1.	Sentença	475
	1.1 Espécies de sentença	479
	1.2 Requisitos intrínsecos da sentença. Congruência e certeza	482
	1.3 Requisito intrínseco. Especificidade. A sentença e a tutela específica	483
2.	Coisa julgada	484
	2.1 Generalidades	484
	2.2 Limites objetivos da coisa julgada	489
	2.3 Limites subjetivos da coisa julgada	492
	2.4 Meios de defesa da coisa julgada	496
	2.5 Relativização da coisa julgada	498

PARTE IX
PROCEDIMENTOS ESPECIAIS

I. AÇÃO DE CONSIGNAÇÃO EM PAGAMENTO ... 503

1.	Generalidades	503
	1.1 Generalidades materiais	503

1.2	Generalidades processuais	504
	1.2.1 Depósito extrajudicial	505
2.	Competência	506
3.	Prestações Periódicas	507
4.	Petição Inicial	508
	4.1 Valor da causa	508
5.	Citação e direito de escolha	509
6.	Consignação em caso de dúvida	509
7.	Resposta do Réu	510
	7.1 Revelia	512
8.	Julgamento do pedido	512

II. AÇÃO DE EXIGIR CONTAS 513

1.	Generalidades	513
2.	Ação de exigir contas	513
	2.1 A ação de dar contas	515
3.	Saldo e execução por quantia	515
4.	Prestação de contas do inventariante, do tutor, do curador, do depositário e de outro qualquer administrador	516

III. AÇÕES POSSESSÓRIAS 517

1.	Generalidades	517
2.	Fungibilidade dos interditos possessórios	520
3.	Cumulação de pedidos	521
4.	Duplicidade dos interditos possessórios	521
5.	Juízo Petitório e juízo possessório. Exceção de domínio	522
6.	Procedimento das ações possessórias de força nova	523
	6.1 Caução e tutela liminar antecipada	524
	6.2 Tutela específica na turbação e no esbulho	524
	6.3 Objeto da prova	525
	6.3.1 A prova inequívoca e a tutela antecipatória	525
	6.3.2 Justificação de posse	527
	6.4 Citação e prazo para a resposta	527
7.	Interdito proibitório	528

IV. AÇÃO DE DIVISÃO E DA DEMARCAÇÃO DE TERRAS PARTICULA-RES 531

1.	Generalidades	531
2.	Cumulação de pedidos	531
3.	Ação demarcatória	532
	3.1 Procedimento da demarcação	532

3.2 Petição inicial na demarcatória	533
3.3 Demarcação com queixa de esbulho ou turbação	533
3.4 Demarcação do imóvel comum	534
3.5 Citação e intimação	534
3.6 Defesa do réu	534
3.7 Perícia	535
3.8 Sentença na demarcatória	536
4. Ação divisória	537
4.1 Petição inicial	537
4.2 Citação	537
4.3 Operações de divisão. Finalidades múltiplas	538
4.4 Auto de divisão	539
4.5 Benfeitorias permanentes dos confinantes	539
4.6 Restituição de terrenos usurpados com a divisão	540
V. AÇÃO DE DISSOLUÇÃO PARCIAL DE SOCIEDADE	541
1. Generalidades	541
2. Legitimidade ativa e passiva	542
3. A especialidade do procedimento	543
VI. INVENTÁRIO E PARTILHA	545
1. Generalidades	545
1.1 Competência	545
1.2 A ratio do procedimento	546
2. Prazo para a abertura do inventário	547
3. Questões objeto de decisão no juízo do inventário	547
4. Administração dos bens do espólio	548
5. Legitimação para requerer a abertura do inventário e partilha	548
6. A nomeação do inventariante	549
6.1 Atribuições do inventariante	550
6.2 Remoção do inventariante	551
7. As primeiras declarações e o rito subsequente	552
8. Avaliação dos bens inventariados	555
8.1 Avaliação de bens sitos fora da comarca	556
8.2 Dispensa da avaliação	556
8.3 Laudo de avaliação	556
9. Bens sonegados	557
10. Interessado preterido	558
11. Últimas declarações	558
12. Cálculo do imposto	558

13. Colação	559
14. Pagamento das dívidas do *de cujus*	561
14.1 O legatário e as dívidas do espólio	563
14.2 Dívidas sujeitas a processo de execução	563
15. Partilha	563
15.1 Formulação de pedido de quinhão e deliberação da partilha. Esboço da partilha	563
15.2 Julgamento da partilha	565
15.3 Formal de partilha	565
15.4 Emenda da partilha	566
15.5 Partilha amigável. Anulação	566
15.6 Rescindibilidade da partilha judicial	567
15.7 Partilha amigável. Homologação	568
16. Arrolamento sumário	568
17. Arrolamento comum	570
18. Medidas cautelares de constrição de bens ou restrição de direitos deferidas no curso do inventário. Prazo de eficácia	571
19. Sobrepartilha	571
20. Curatela especial no inventário	572
21. Inventário cumulativo	573

VII. EMBARGOS DE TERCEIRO 575

1. Generalidades	575
2. Embargos de terceiro e figuras afins	575
3. Legitimidade	576
3.1 Os cônjuges e os embargos de terceiro	577
4. O objeto mediato dos embargos de terceiro	578
5. Prazo para oferecimento dos embargos de terceiro. Processo de conhecimento e processo de execução	579
6. Competência	579
7. Fase postulatória. Petição inicial e requisitos. Justificação	580
8. Tutela antecipada. Liminar	581
9. Suspensão do processo	582

VIII. OPOSIÇÃO 583

1. Generalidades	583
2. Julgamento pela mesma sentença	584

IX. HABILITAÇÃO 585

1. Generalidades	585

X. AÇÕES DE FAMÍLIA 587
    1. Generalidades 587
    2. A conciliação nas ações de família 588

XI. AÇÃO MONITÓRIA 589
    1. Generalidades 589
    2. Histórico e direito comparado 590
        2.1 Direito romano 590
        2.2 Direito medieval 591
        2.3 Direito europeu 591
            2.3.1 Procedimento monitório no atual processo civil europeu 592
        2.4 Direito brasileiro 595
            2.4.1 Ação decendiária no direito brasileiro 595
            2.4.2 Procedimento monitório nos Códigos de Processo Civil de 1939/1973/2015 595
    3. Condições da ação 596
        3.1 Legitimidade das partes 596
        3.2 Interesse de agir 596
    4. Estrutura do procedimento 597
    5. Petição inicial 597
        5.1 *Causa petendi* e *causa debendi* 599
    6. Embargos 599
    7. Procedimento monitório e juizados especiais 600

XII. HOMOLOGAÇÃO DO PENHOR LEGAL 601
    1. Generalidades 601
    2. A necessidade de *periculum in mora* para a tomada do penhor 602
    3. Especialidades procedimentais 602

XIII. REGULAÇÃO DE AVARIA GROSSA 605
    1. Generalidades 605
    2. O regulador de avarias 605
    3. Especialidades procedimentais 606

XIV. RESTAURAÇÃO DE AUTOS 609
    1. Generalidades 609
    2. Especialidades procedimentais 609

XV. PROCEDIMENTOS ESPECIAIS DE JURISDIÇÃO VOLUNTÁRIA 611
    1. Disposições gerais 611
        1.1 Generalidades 611

1.2	Jurisdição voluntária. Rito	614
1.3	Competência	616
1.4	Tutela antecipada e cautelar	616
1.5	Citações	616
1.6	Resposta dos interessados	617
1.7	Instrução	618
1.8	A decisão por equidade e o abandono da legalidade estrita	618
1.9	Sentença e recurso	619
1.10	Coisa julgada	619
1.11	Casos submetidos ao rito comum da jurisdição voluntária	620
2.	Notificação e Interpelação	622
2.1	Generalidades	622
2.2	Procedimento	623
3.	Alienações Judiciais	623
3.1	Generalidades	623
3.2	Bens sujeitos à alienação jurisdicional voluntária	624
4.	Divórcio e Separação Consensuais, Extinção Consensual da União Estável e Alteração do Regime de Bens do Matrimônio	625
4.1	Divórcio e separação judicial	625
4.2	O procedimento consensual de divórcio, separação ou extinção da união	626
4.3	Alteração do regime de bens do matrimônio	627
5.	Testamentos e Codicilos	628
5.1	Generalidades	628
5.2	Condições da ação	628
5.3	Competência	629
5.4	Aspectos procedimentais	629
5.4.1	Testamento cerrado	629
5.4.2	Testamento público	630
5.4.3	Testamento particular	630
5.4.4	Testamentos marítimo, militar, nuncupativo e codicilos	632
5.4.5	Cumprimento dos testamentos	632
5.5	Sentença	633
5.5.1	Suspeição de nulidade ou falsidade do testamento	633
6.	Herança jacente	633
6.1	Generalidades	633
6.2	Curadoria. Atribuições	634
6.3	Arrecadação	635
6.3.1	Arrecadação imediata pela autoridade policial	636
6.3.2	Arrecadação por precatória	636
6.3.3	Diligências da arrecadação	636

	6.3.4 Suspensão da arrecadação	636
6.4	Editais	636
6.5	Conversão da arrecadação em inventário	637
6.6	Habilitação de créditos	637
6.7	Alienação antecipada de bens	637
6.8	Declaração de Vacância	638
7.	Bens dos Ausentes	639
7.1	Generalidades	639
7.2	Curadoria. Cessação	641
7.3	Sucessão provisória	641
7.4	A sentença na sucessão provisória	642
7.5	Caução prestada por herdeiros imitidos na posse dos bens	643
7.6	Conversão da sucessão provisória em definitiva	644
7.7	Cessação da sucessão definitiva. Entrega dos bens	644
7.8	Citações na ação de reivindicação dos bens	645
8.	Coisas vagas	645
8.1	Generalidades	645
8.2	Publicação de edital	646
8.3	Comparecimento do legítimo dono ou possuidor da coisa	647
8.4	Alienação da coisa	647
8.5	Adjudicação da coisa	647
8.6	Conversão da arrecadação em inquérito	648
9.	Interdição	648
9.1	Generalidades	648
9.2	Iniciativa do Ministério Público e interdição	649
9.3	Curador à lide	649
9.4	Petição inicial	650
9.5	Inspeção pessoal	650
9.6	Impugnação do pedido de interdição	651
9.7	Perícia	651
9.8	Decretação da interdição. Sentença	651
9.9	Compromisso do curador	652
9.10	Levantamento da curatela	653
10.	Disposições comuns à Tutela e à Curatela	653
10.1	Generalidades	653
10.2	Aspectos procedimentais	654
11.	Organização e fiscalização das fundações	655
11.1	Generalidades	655
12.	Ratificação dos protestos marítimos e processos testemunháveis formados a bordo	656
12.1	Generalidades	656

XVI. JUIZADOS ESPECIAIS 659

1. O procedimento sumaríssimo dos Juizados Especiais – Visão de conjunto ... 659
   1.1 Âmbito de incidência do procedimento do juizado 662
2. Formação do processo – Pedido 665
3. Convocação do réu e atos de comunicação 667
4. Defesa do réu 668
5. Audiência – Conciliação – Instrução e julgamento – Sentença 669
6. Recurso 672
   6.1 Recurso inominado 672
   6.2 Embargos de declaração 673
7. Uniformização de jurisprudência dos Juizados Especiais. Direito em expectativa 674
8. O processo de execução nos Juizados Especiais 675
   8.1 Generalidades 675
   8.2 Processo de execução 676
      8.2.1 Execução por quantia certa contra devedor solvente 676
      8.2.2 Execução das obrigações de fazer e de não fazer 678
         8.2.2.1 Execução de obrigação de fazer com prestação fungível 679
         8.2.2.2 Execução de obrigação de fazer com prestação infungível 680
         8.2.2.3 Execução de obrigação de não fazer permanente (admite desfazimento) 680
         8.2.2.4 Execução de obrigação de não fazer instantânea 681
      8.2.3 Execução para entrega de coisa certa e de coisa incerta 681
         8.2.3.1 Execução para entrega de coisa certa (título judicial ou extrajudicial) 681
         8.2.3.2 Execução para entrega de coisa incerta 682
   8.3 Embargos do executado 682

PARTE X
TUTELA EXECUTIVA

I. A TUTELA SATISFATIVA (CUMPRIMENTO DA SENTENÇA E EXECUÇÃO DE TÍTULO EXTRAJUDICIAL) 687

1. A tutela de execução e as demais formas de tutela jurisdicional 687

II. A SISTEMÁTICA DO CUMPRIMENTO DA SENTENÇA E DA EXECUÇÃO DE TÍTULO EXTRAJUDICIAL NO CPC DE 2015 691

III. TEORIA GERAL DO CUMPRIMENTO DA SENTENÇA E DA EXECUÇÃO DE TÍTULO EXTRAJUDICIAL 695

1. Fundamentos da execução e do cumprimento da sentença	695
2. Princípios do processo de execução e do cumprimento da sentença	696
2.1 Princípio da realidade	697
2.2 Princípio da execução específica	697
2.3 Princípio da livre disponibilidade	698
2.4 Princípio da economicidade	699

IV. REQUISITOS DA EXECUÇÃO E DO CUMPRIMENTO DA SENTENÇA 703

1. Inadimplemento do devedor	703
2. Título executivo	705
2.1 Requisitos do crédito exequendo	705
2.1.1 Certeza	705
2.1.2 Exigibilidade	706
2.1.3 Liquidez	706
2.2 Títulos executivos judiciais	707
2.2.1 Liquidação dos títulos judiciais	712
Liquidação por iniciativa do devedor	713
Liquidação por arbitramento	714
Liquidação pelo procedimento comum	714
Liquidação de sentença. Recurso	715
Liquidação provisória	716
2.3 Títulos executivos extrajudiciais	716

V. ESPÉCIES DE EXECUÇÃO 723

1. Cumprimento de sentença e execução de título extrajudicial	723
2. Cumprimento provisório de sentença	729

VI. PRESSUPOSTOS PROCESSUAIS E CONDIÇÕES DA EXECUÇÃO DE TÍTULO EXTRAJUDICIAL E DO CUMPRIMENTO DA SENTENÇA 731

1. Condições da ação	731
2. Competência jurisdicional	733
2.1 Competência e execução de título extrajudicial	734
2.2 Competência e cumprimento da sentença	735

VII. FORMAÇÃO, SUSPENSÃO E EXTINÇÃO DA EXECUÇÃO 737

1. Formação do processo	737
1.1 Requerimento	737
1.2 Averbação premonitória	737
1.3 Efeitos da propositura da execução de título extrajudicial	739
2. Suspensão da execução	740
3. Extinção da execução	742

XXX CURSO DE DIREITO PROCESSUAL CIVIL • Luiz Fux

3.1 Recurso 742

4. Desistência do cumprimento da sentença ou da execução de título extrajudicial 743

5. Cumulação de execuções 744

6. Intercomunicabilidade entre as regras da execução e do cumprimento da sentença 744

VIII. PODERES DO JUIZ NA EXECUÇÃO 745

1. Meios executivos típicos e atípicos 745

2. Protesto de decisão judicial 748

3. Inclusão do nome do executado em cadastro de inadimplentes 748

IX. A TUTELA JURISDICIONAL DAS OBRIGAÇÕES DE FAZER E NÃO FAZER 749

1. O cumprimento das sentenças de obrigações de fazer e não fazer 749

1.1 Generalidades 749

1.2 Procedimento 751

1.3 As astreintes e a impugnação 754

2. Tutela inibitória (obrigações negativas) 757

2.1 Tutela jurisdicional de direitos 757

2.2 A crise da tutela condenatória – Ilícito de lesão e ilícito de perigo 758

2.3 Tutela inibitória – Finalidade – Pressupostos – Fundamentos 758

2.4 Classificação da tutela inibitória 760

2.5 Pressupostos e características da tutela inibitória antecipada 760

3. O cumprimento judicial das obrigações de prestar declaração de vontade 761

4. Execução de título extrajudicial de obrigações de fazer e não fazer 764

4.1 Execução das obrigações de fazer e não fazer 764

4.1.1 Generalidades 764

4.1.2 Execução de título extrajudicial envolvendo obrigações de fazer e não fazer. Procedimento 765

X. A TUTELA JURISDICIONAL DAS OBRIGAÇÕES DE ENTREGA DE COISA 771

1. O cumprimento da sentença para a entrega de coisa 771

1.1 Generalidades 771

1.2 Procedimento 772

2. Execução de título extrajudicial para a entrega de coisa 772

2.1 Generalidades 772

2.2 Procedimento 773

2.3 Execução de título extrajudicial de coisa incerta 775

3. Disposições comuns ao cumprimento da entrega de coisa e à execução de título extrajudicial para a entrega de coisa 775

3.1	Incidentes da entrega	775
3.2	Incidentes favoráveis ao executado	776
3.3	Impugnação por retenção	777

XI. TUTELA DAS OBRIGAÇÕES DE ENTREGA DE SOMA 779

1. O cumprimento de sentença nas obrigações de entrega de soma – Fase postulatória 779

1.1	Generalidades	779
1.2	Prazo para pagamento voluntário	780
1.3	Multa e honorários	780
1.4	Demonstrativo do crédito	781
1.5	Mandado de penhora e avaliação	782
1.6	Prazo para a impugnação ao cumprimento de sentença	782
1.7	Alimentos decorrentes de responsabilidade civil	783

2. A execução extrajudicial por quantia certa contra devedor solvente – Fase postulatória 784

2.1	Generalidades	784
2.2	Execução contra devedor solvente e contra devedor insolvente	784
2.3	Petição inicial	785
2.4	Averbação premonitória e certidão de propositura da execução	790
2.5	Citação	791
2.6	Arresto executivo	792
2.7	Indisponibilidade eletrônica	793
2.8	Despacho liminar e honorários	795

3. Regras comuns ao cumprimento de sentença e execução de título extrajudicial por quantia certa contra devedor solvente 796

3.1	Responsabilidade patrimonial. Generalidades	796
	3.1.1 Responsabilidade patrimonial primária	797
	3.1.2 Responsabilidade patrimonial secundária	798
	3.1.3 Responsabilidade patrimonial dos sócios e desconsideração da personalidade jurídica	800
	3.1.4 Responsabilidade do terceiro em cujo poder encontram-se bens do devedor	806
	3.1.5 Responsabilidade patrimonial do cônjuge	806
	3.1.6 Responsabilidade patrimonial do fiador	808
3.2	Fraude de execução	809
	3.2.1 Introdução	809
	3.2.2 A ineficácia decorrente da fraude de execução é tão intensa que mesmo se o terceiro adquirente do imóvel o utilizar para moradia de sua família, a impenhorabilidade da Lei nº 8.009/1990 não será oponível ao exequente. Regime do CPC de 1973	810

	3.2.3	Fraude de execução e fraude contra credores	811
	3.2.4	Alienação na pendência de ação real ou reipersecutória	812
	3.2.5	Fraude de execução e averbação premonitória	813
	3.2.6	Alienação de bem objeto de hipoteca judiciária ou outro ato de constrição judicial	814
	3.2.7	Litispendência de ação capaz de reduzir o devedor à insolvência	815
	3.2.8	Outros casos de fraude à execução	817
3.3	Fase de apreensão		818
	3.3.1	Penhora	818
	3.3.2	Momento para arguição de vício da penhora	819
	3.3.3	Preclusão do vício da penhora	820
3.4	Impenhorabilidade		821
	3.4.1	Introdução	821
	3.4.2	Bens inalienáveis	822
	3.4.3	Móveis, pertences e utilidades domésticas	823
		Vestuários	824
	3.4.4	Verbas remuneratórias e poupança	824
	3.4.5	Bens móveis necessários ao exercício profissional	827
	3.4.6	Seguro de vida	828
	3.4.7	Materiais necessários para obras em andamento	828
	3.4.8	Pequena propriedade rural trabalhada pela família	828
	3.4.9	Recursos públicos recebidos por instituições privadas para aplicação compulsória em educação, saúde ou assistência social	829
	3.4.10	Recursos públicos do fundo partidário	829
	3.4.11	Créditos oriundos de alienação de unidades sob regime de incorporação imobiliária	830
	3.4.12	Bem de família legal	831
	3.4.13	Bens de hospitais filantrópicos e Santas Casas de Misericórdia	834
3.5	Multiplicidade de penhoras		835
3.6	Penhora de quota social e ações		836
3.7	Ordem da penhora		837
3.8	Penhora de percentual de faturamento de empresa		838
3.9	Substituição dos bens penhorados		839
3.10	Procedimento da penhora		841
	3.10.1	Execução por carta	847
	3.10.2	Depósito dos bens penhorados	847
	3.10.3	A unicidade da penhora	849
3.11	Avaliação dos bens penhorados		850
3.12	Fase de expropriação		852
	3.12.1	Adjudicação	854

3.12.2 Alienação	857
3.12.3 Alienação por iniciativa particular	857
3.12.4 Leilão judicial	859
3.12.5 Arrematação	865
3.12.6 Ultimação da arrematação	867
3.13 Satisfação do crédito	868

XII. DEFESA DO EXECUTADO 871

1. Impugnação ao cumprimento da sentença 871
   - 1.1 Generalidades 871
   - 1.2 Procedimento da impugnação ao cumprimento da sentença 872
   - 1.3 Recurso 873
   - 1.4 Eficácia da impugnação ao cumprimento da sentença 874
   - 1.5 Fundamentos da impugnação ao cumprimento da sentença 876
   - 1.6 Impugnação de título executivo inconstitucional 880
2. Embargos à execução 882
   - 2.1 Generalidades 882
   - 2.2 Ajuizamento dos embargos 883
   - 2.3 Rejeição liminar dos embargos 884
   - 2.4 Efeitos dos embargos à execução 885
   - 2.5 Procedimento da defesa do embargado 887
   - 2.6 Fundamentos dos embargos à execução 887
   - 2.7 Reconhecimento do pedido e parcelamento 889

XIII. EXECUÇÕES ESPECIAIS 891

1. Execução de prestação alimentícia 891
2. Execução contra a Fazenda Pública 893
   - 2.1 Introdução 893
   - 2.2 Execução por quantia certa contra a Fazenda Pública fundada em título extrajudicial 894
   - 2.3 Cumprimento de sentença que reconheça a exigibilidade de obrigação de pagar quantia certa pela Fazenda Pública 895
   - 2.4 Demais espécies de execução contra a Fazenda Pública 898
   - 2.5 Cumprimento provisório de sentença contra a Fazenda Pública 899
3. Execução por quantia certa contra devedor insolvente (CPC/1973) 901
   - 3.1 Efeitos da declaração judicial de insolvência 903
   - 3.2 O processo e o procedimento da insolvência 905
   - 3.3 Competência jurisdicional 905
   - 3.4 Legitimidade para requerer a insolvência 906

3.5 Fase de cognição 906

3.6 Fase de apreensão de bens 907

3.7 Fase de apuração do ativo e pagamento dos credores................... 909

PARTE XI
PROCESSO NOS TRIBUNAIS

I. TEORIA GERAL DOS RECURSOS.. 913

1. Conceito.. 913

   1.1 Duplo grau obrigatório de jurisdição: remessa necessária............... 914

   1.2 Fundamentos dos recursos (*ratio essendi*).................................... 917

   1.3 Direito intertemporal: eficácia da lei no tempo............................. 918

2. Princípios recursais.. 918

   2.1 Duplo grau de jurisdição 919

   2.2 Unicidade dos recursos.. 920

      2.2.1 Instrumentalidade das formas e fungibilidade recursal 924

3. Admissibilidade e mérito dos recursos 925

4. Requisitos de admissibilidade dos recursos 926

   4.1 Legitimidade do recorrente... 927

   4.2 Interesse em recorrer.. 929

      4.2.1 Interesse em recorrer e recurso adesivo............................. 929

      4.2.2 Interesse em recorrer e recurso parcial.............................. 932

      4.2.3 Interesse em recorrer e jurisprudência predominante......... 932

   4.3 Cabimento 934

   4.4 Inexistência de fato impeditivo do direito de recorrer 935

   4.5 Tempestividade 936

   4.6 Preparo do recurso 940

   4.7 Regularidade formal... 941

5. Efeitos dos recursos 941

   5.1 Efeito devolutivo 941

      5.1.1 Efeito devolutivo e *reformatio in pejus*.............................. 942

   5.2 Efeito suspensivo 944

II. A ORDEM DOS PROCESSOS NOS TRIBUNAIS............................... 949

1. Jurisprudência, súmula e precedentes.. 949

   1.1 Precedentes e Análise Econômica do Direito 953

2. Procedimento no tribunal 954

   2.1 Registro e distribuição 954

      2.1.1 Descentralização dos serviços de protocolo....................... 954

   2.2 Remessa ao relator... 955

	2.2.1	Poderes do relator	955
		Direção do processo e homologação da autocomposição	955
		Tutela provisória recursal	955
		Decisões monocráticas	959
		Outras competências e saneamento recursal	960
		Questões conhecíveis de ofício e fatos supervenientes	960
	2.2.2	Revisão	961
2.3	Designação do dia do julgamento e publicação da pauta		961
	2.3.1	Adiamento da sessão	961
	2.3.2	Interregno entre a sessão e a publicação da pauta	961
2.4	Sessão de julgamento		962
	2.4.1	Sustentação oral	962
	2.4.2	Deliberação	963
		Pedido de vista	965
		Conversão do julgamento em diligência	966
		Julgamento de recurso que tenha sido iniciado	966
		Apelação e agravo interposto	966
	2.4.3	Acórdão	967
		Obrigatoriedade de ementa	967
		Publicidade do acórdão	967
		Retificação de minuta	968
	2.4.4	Técnica de ampliação da colegialidade	968

3. Julgamentos digitais 971

   3.1 Ampliação do julgamento eletrônico e a experiência do Supremo Tribunal Federal 973

III. RECURSOS EM ESPÉCIE 975

1. Apelação 975

   1.1 Generalidades 975

   1.2 Efeitos da apelação 976

1.2.1	Efeito suspensivo	977
1.2.2	Efeito devolutivo	978
	Efeito devolutivo e *reformatio in pejus*	979
	Extensão do efeito devolutivo do recurso	981
	Efeito devolutivo e prescrição	981
	Efeito devolutivo da apelação contra sentença terminativa	982
	Efeito devolutivo e nulidade sanável	983
	Reformatio in pejus e amplitude do efeito devolutivo da apelação contra sentença terminativa	983

   1.3 Procedimento da apelação 984

	1.4	Procedimento no tribunal	988
2.	Agravo de instrumento		990
	2.1	Política legislativa e escorço histórico	990
		2.1.1 Vedação à modalidade de agravo retido	992
	2.2	Juízo de admissibilidade do agravo	992
	2.3	Juízo de retratação	996
	2.4	Efeitos do agravo	997
	2.5	Formalidades do agravo de instrumento	998
		2.5.1 Informação ao juízo *a quo* da interposição do agravo de instrumento	999
	2.6	Procedimento do agravo no tribunal	1000
		2.6.1 Os poderes do relator no agravo de instrumento	1001
3.	Agravo interno		1002
4.	Embargos de declaração		1003
	4.1	Generalidades	1003
	4.2	Cabimento dos embargos de declaração	1005
	4.3	Efeitos dos embargos de declaração	1008
	4.4	Litigância abusiva na oposição dos embargos de declaração	1009
5.	Recurso Ordinário Constitucional		1010
	5.1	Generalidades	1010
	5.2	Requisitos de admissibilidade	1011
	5.3	Efeitos do recurso	1012
6.	Recurso Extraordinário e Recurso Especial		1013
	6.1	Generalidades	1013
	6.2	Pressupostos constitucionais de cabimento do recurso extraordinário e do recurso especial	1015
		6.2.1 Cabimento constitucional do recurso extraordinário	1015
		Julgamento de causas decididas em última ou única instância	1016
		Julgamento contra a Constituição	1016
		Decisão que declara inconstitucional lei federal ou tratado *incidenter tantum*	1017
		Julgamento que acolhe lei ou ato local contra a Constituição	1017
		Julgamento que prestigia lei local contestada em face de lei federal	1018
		Repercussão geral	1018
		Forma de arguição da repercussão geral	1020
		Competência para análise da repercussão geral	1020
		Efeitos do acolhimento e do desacolhimento da arguição de repercussão geral e a multiplicidade de recursos	1021

	6.2.2	Cabimento constitucional do recurso especial	1023
		Julgamento de causas em única ou última instância, pelos Tribunais Regionais Federais ou pelos tribunais dos Estados, do Distrito Federal e Territórios	1023
		Julgamento que privilegia ato de governo local contra a lei federal	1023
		Julgamento ensejador de dissídio jurisprudencial	1024
		Relevância da questão de direito federal infraconstitucional	1024
	6.2.3	Interesse em recorrer no recurso extraordinário e no recurso especial	1026
6.3		Efeito devolutivo no recurso extraordinário e no recurso especial	1026
6.4		Efeito suspensivo do recurso extraordinário e do recurso especial	1027
6.5		Julgamento conjunto e interposição conjunta	1028
6.6		Procedimento do recurso extraordinário e do recurso especial	1029
6.7		Sistemática dos recursos repetitivos	1033
7.		Agravo em recurso especial e em recurso extraordinário	1037
8.		Embargos de divergência	1038

IV. INCIDENTE DE ARGUIÇÃO DE INCONSTITUCIONALIDADE 1043

1.	Generalidades	1043
2.	Requisitos e procedimento	1044

V. INCIDENTE DE ASSUNÇÃO DE COMPETÊNCIA 1047

1.	Histórico e fundamentos	1047
2.	Cabimento e competência	1048
3.	Pressupostos do incidente	1048
4.	Legitimidade	1049
5.	Procedimento	1049
6.	Recursos	1050

VI. INCIDENTE DE RESOLUÇÃO DE DEMANDAS REPETITIVAS 1051

1.		Generalidades	1051
2.		Cabimento e requisitos	1051
	2.1	Fungibilidade entre IRDR e IAC	1052
3.		Competência	1053
4.		Legitimidade	1053
5.		Procedimento	1054
6.		Recursos e revisão	1057

VII. AÇÃO RESCISÓRIA 1059

1.	A desconstituição do julgado	1059
2.	Finalidade e pressupostos	1060

| 3. | Causas de rescindibilidade | 1061 |

3. Causas de rescindibilidade 1061
    3.1 Generalidades.. 1061
    3.2 Causas de rescindibilidade em espécie 1062
        3.2.1 Prevaricação, concussão ou corrupção do julgador 1062
        3.2.2 Impedimento do julgador ou incompetência absoluta 1062
        3.2.3 Dolo, coação, simulação ou colusão das partes 1064
        3.2.4 Coisa julgada anterior 1064
        3.2.5 Violação manifesta à norma jurídica... 1065
        3.2.6 Prova falsa 1066
        3.2.7 Prova nova 1067
        3.2.8 Erro de fato 1067
4. Condições da ação 1068
    4.1 Legitimidade das partes 1068
    4.2 Interesse de agir 1071
5. Competência... 1071
    5.1 Prazo decadencial para propositura da ação rescisória 1071
6. Propositura da ação rescisória e eficácia da decisão rescindenda 1073
7. Procedimento da ação rescisória 1074
8. Ação anulatória de atos judiciais... 1079
9. *Querella nullitatis insanabilis*... 1082

VIII. HOMOLOGAÇÃO DE DECISÃO ESTRANGEIRA E CONCESSÃO DO *EXEQUATUR* À CARTA ROGATÓRIA 1083

1. Generalidades.. 1083
2. Requisitos... 1085
3. Procedimento 1086
4. Reconhecimento e execução de sentenças arbitrais estrangeiras 1087

IX. RECLAMAÇÃO.. 1089

1. Generalidades... 1089
2. Histórico e fundamentos... 1089
3. Natureza jurídica.. 1090
4. Hipóteses de cabimento 1091
5. Legitimidade... 1092
6. Procedimento 1093
7. Decisão final 1094
8. Recursos.. 1094

BIBLIOGRAFIA 1095

ÍNDICE ALFABÉTICO-REMISSIVO 1123

PARTE I
O DIREITO PROCESSUAL CIVIL

I
O DIREITO PROCESSUAL CIVIL

1. O DIREITO PROCESSUAL[1]

O direito processual é o ramo do Direito Público composto de princípios e normas[2] que regulam a *jurisdição* – atividade estatal de aplicação do direito aos casos submetidos à apreciação do Judiciário – a *ação* – o direito de acesso amplo à justiça, seus pressupostos e consequências de seu exercício – e o *processo* – instrumento através do qual a parte pede justiça e o Estado dela se desincumbe.

As normas processuais gravitam, assim, acerca dos institutos da ação, da jurisdição e do processo e de seus consectários. Nesse sentido, quando se analisa a jurisdição, enfoca-se a competência, que é a repartição daquela função, e a coisa julgada, que retrata a imutabilidade do seu resultado. Destarte a ação, por seu turno, implica a análise de sua bilateralidade através da defesa, a existência de sujeitos que a exerçam, os requisitos necessários para manejá-la utilmente e obter a decisão de mérito etc. As regras que tratam de todos esses temas, vale dizer, a competência, a coisa julgada, a defesa, a contestação, o litisconsórcio, as partes, a capacidade das partes etc., são normas que compõem o direito processual. Deveras, o processo como instrumento veiculador da pretensão das partes e da solução judicial é semelhante à vida humana: tem início, meio e fim. Forma-se, pode suspender-se e extingue-se. Os fatos constitutivos, suspensivos e extintivos do processo, tais como a demanda, a convenção das partes e a decisão antecipada, terminativa ou de mérito, são institutos do processo e, como tais, regulados pelo direito processual. Destarte, o processo quanto ao seu objeto é dividido em três grandes grupos: processo penal, processo civil e processo especial, assim concebidos o processo militar, o processo trabalhista e o processo eleitoral.[3]

---

[1] Consulte-se na bibliografia do tema, **Humberto Theodoro Júnior**, *Curso de Direito Processual Civil*, vol. I, **Cândido Dinamarco**, *Instituições de Direito Processual Civil*, vol. I, **Sergio Bermudes**, *Introdução ao Processo Civil* e **Frederico Marques**, *Instituições de Direito Processual Civil*, vol. I, e *Manual de Direito Processual Civil*, vol. I. A denominação "direito processual" marca a emancipação científica desse ramo da ciência, porquanto, entrevisto outrora como um apêndice do direito material ou um corpo de regras meramente procedimentais. Autores como **Aubry et Rau** denominavam-no de Droit Civil Pratique, *Cours de Droit Civil*, 1935, § 24.

[2] **Rudolf Stammler** já afirmara que todo ramo do Direito encontra a sua expressão sob a forma de "normas jurídicas" (*Tratado de Filosofia del Derecho*, 1930, p. 322).

[3] Acerca do tema, **Amaral Santos**, *Primeiras Linhas de Direito Processual Civil*, vol. 1, e **Arruda Alvim**, *Manual de Direito Processual Civil*, vol. 1.
A matéria é enfocada diversamente pelos denominados "unitaristas", para os quais o processo é um só quer tenha por pressuposto uma lide penal ou não penal, como afirmam os teóricos da Teoria Geral do Processo. Assim como por detrás de todas as funções estatais está sempre o Estado, ao fundo, na jurisdição de qualquer natureza está o processo como instrumento de sua veiculação e que apresenta, quanto a todos os seus sub--ramos, as mesmas linhas mestras e postulados. Como evidenciou **Vicenzo Miceli**: "*Tutto ciò rivela l'intima conessione fra le due forme di procedimento, interese entrambe al conseguimento del medemismo fine, che è l'applicazione della norma*" (*Principi di Filosofia del Diritto*, 2. ed., p. 341). Relembre-se que **Carnelutti** pugnava pela unidade como meta do direito processual (*Sistema*, 1936, vol. I, p. 267).

O primeiro versa sobre o conflito entre o Estado e o réu, deduzindo o primeiro uma pretensão punitiva e o segundo, uma pretensão de liberdade.[4] Esse campo é ocupado pelo Direito Processual Penal e o conflito pelo mesmo regulado, diz-se, "lide penal".

O processo não penal é o processo civil,[5] que cuida de lides que não encerram a característica acima e nem se enquadram na categoria de "especiais", como soem ser as lides trabalhistas, eleitorais e penal-militares. Estas são reguladas, respectivamente, pelo Direito Processual do Trabalho, Direito Processual Eleitoral e Direito Processual Penal-Militar. Entretanto, a legislação desses ramos é especialíssima e limitada às peculiaridades do objeto que compõem o respectivo processo; por isso, o Processo Civil, pela sua natureza "residual", é a fonte subsidiária de todos esses outros sistemas processuais.[6]

Absorvendo lides não penais e comuns, o Processo Civil absorve litígios de natureza tributária, comercial, civil, societária etc. Assim, o mandado de segurança, a ação civil pública, a execução fiscal etc., encartam-se na categoria de ações integrantes do ramo denominado: "direito processual civil".

2. POSIÇÃO ENCICLOPÉDICA DO DIREITO PROCESSUAL CIVIL

Decorrência desta "residualidade" do Direito Processual Civil é a sua "posição enciclopédica".

Inúmeras são as relações do Direito Processual Civil com as demais disciplinas da ciência jurídica.

Em primeiro lugar, relembre-se que o Direito Processual gravita em torno daqueles três elementos básicos – jurisdição, ação e processo.

A Jurisdição empresta de imediato ao Direito Processual Civil a natureza de Direito Público, uma vez que a função em exame é exercício da soberania, por isso, em princípio, obedece aos limites territoriais do Estado soberano.[7]

Nessa qualidade, seu inter-relacionamento com o Direito Constitucional decorre de o próprio poder que enfeixa em si o monopólio da jurisdição vir estruturado basilarmente na Constituição Federal (arts. 92 a 126).

A Carta Magna dispõe sobre a estrutura mínima dos poderes de todas as unidades da Federação, acerca dos princípios inafastáveis relativos à magistratura, bem como das normas processuais no sentido estrito da palavra, ao instituir meios regulares autônomos de impugnação de decisões judiciais, e ações exercitáveis perante os tribunais do país. Assim é que, na Constituição, consoante anteriormente assentado, encontram-se os pressupostos básicos de cabimento do recurso extraordinário, do recurso especial, do mandado de segurança, da ação popular, da ação civil pública etc., sem prejuízo da previsão expressa da competência da União para legislar sobre o direito processual (art. 22, I).

O *direito penal e o processual penal* emprestam seus conceitos ao processo civil em diversas passagens, tornando utilíssimo esse relacionamento. Algumas figuras penais, *v.g.*, a corrupção, a

---

[4]   Na escorreita definição de **Niceto Alcalá-Zamora y Castillo**, *Proceso, Autocomposición y Autodefensa*, 1943, p. 16-17.

[5]   A tendência unitarista de unificação dos processos apresenta belíssimos dados histórico-comparativos, *v.g.*, no direito antigo, o Código Canônico, *Codex Iuris Canonici*, num só livro cuidava de ambos os processos (*De Processibus*). A Suécia, em 1942, promulgou código único para todo o Direito Processual. No Brasil, à época da "Dualidade" da legislação processual, Santa Catarina, Rio de Janeiro e Bahia tinham código único, apontando-se este último como "modelar", fruto da genialidade de **Eduardo Espínola**.

[6]   Consoante a lição de **Frederico Marques**, "as leis que regulam o processo e, consequentemente, os atos que o integram, agrupam-se em torno de institutos e relações jurídicas formando-se assim um sistema normativo coerente e lógico, como ocorre com as demais ciências do direito" (*Instituições*, 1971, vol. I, p. 40).

      O caráter residual do processo civil foi entrevisto por **Liebman** em confronto com a jurisdição, por isso afirmava o fundador da Escola Processual Brasileira: "A Jurisdição Civil é *Tutta quella che non è penale*" (*Corso di Diritto Processuale Civile*, 1952, p. 15).

[7]   Nesse sentido, o memorável estudo de **Hans Sperl**, de 1927, em homenagem a **Chiovenda**, "Il Processo Civile nel Sistema del Diritto" (*Studi di Diritto Processuale in Onore di Chiovenda*, p. 812).

concussão, são fundamentos para a rescindibilidade das sentenças (art. 966 do CPC).[8] A fraude de execução e demais figuras confirmam esse *affair* jurídico tão estreito que em boa sede doutrinária imaginou-se um "direito que englobasse o processo civil, o processo penal e o direito penal como disciplinas irmãs".[9]

O *direito material*, privado e público, encontra no processo o seu "instrumento de realização", que é o quanto basta para definir-lhes as vinculações enciclopédicas, respeitada a autonomia científica de cada ramo. O *direito civil*, por exemplo, fornece ao processo os conceitos de capacidade, necessários para aferir-se a *legitimatio ad processum*. No processo de execução de créditos, utilíssima é a observação dos privilégios de direito material na obediência ao princípio *prior tempore potior in iure* na fase de pagamento.

O *direito comercial* das sociedades, das falências, dos títulos de crédito revela quão riquíssimo é esse relacionamento entre os institutos da mercancia e os do processo.

O processo de execução, por força da regra *nulla executio sine titulo* vale-se dos requisitos estabelecidos pelas leis comerciais quanto às cártulas para autorizar o início deste processo autoritário-judicial.

O direito processual civil, sob a ótica enciclopédica, projeta as suas normas na codificação infraconstitucional (CPC), nos Regimentos Internos dos Tribunais, por força de autorização constitucional, e na própria Carta Magna, fonte de todas as leis.

O fenômeno da "constitucionalização" de diversos instrumentos e princípios processuais tem sugerido o surgimento de um *"direito processual constitucional"* cuja exegese influi em toda a interpretação da legislação ordinária. Assim, *v.g.*, o acesso ao Judiciário consagrado através do princípio da inafastabilidade (art. 5º, XXXV, da CF) tem sido interpretado como a necessidade de conferir-se ao cidadão uma acessibilidade a uma ordem jurídica "efetiva", "justa" e "tempestiva". A partir desse cânone, a hermenêutica processual iniciou uma interpretação dos dispositivos processuais, adaptando-os a essa nova realidade político-constitucional e que pode ser apontada como o primeiro pilar sustentador do poder jurisdicional de conferir a "tutela antecipada", na medida em que esta é efetiva e tempestiva, mercê de justa, porquanto exige, para sua concessão, uma prova inequívoca.[10]

3. A NORMA PROCESSUAL

As normas processuais, assim consideradas aquelas que disciplinam a atividade jurisdicional, o poder de iniciativa de estimular o Judiciário e os requisitos processuais para o cumprimento dessa função soberana-estatal, distinguem-se de outras regras que interferem no fenômeno processual, sem contudo guardar a mesma natureza jurídica daquelas. Essas outras são as "normas de procedimento" e as de "organização judiciária", hodiernamente encartadas no poder legiferante das unidades federadas.[11]

O *procedimento* é o modo pelo qual os atos se sucedem no processo, o momento desses atos processuais e o itinerário estabelecido pelo legislador para se obter a prestação jurisdicional. Assim, *v.g.*, a regra que estabelece que a audiência que se segue à citação do réu é de mediação e conciliação

---

[8]   "**Art. 966**. A decisão de mérito, transitada em julgado, pode ser rescindida quando: I – *se verificar que foi proferida por força de prevaricação, concussão ou corrupção do juiz*."

[9]   **Carnelutti**, *Questioni di Processo Penale*, 1950, p. 1. **Goldschmidt** se referia a um Direito Judiciário Material, ("Derecho Justicial Material", *Revista de Derecho Procesal*, Buenos Aires, p. 1-4, 1946).

[10] Em esparsa sede doutrinária, dilarga-se essa ótica para aduzir-se também, a um Direito Processual Administrativo (**Miguel Fenech**, *Derecho Procesal Tributario*, 1949). **Liebman** admite a dicotomia nos países de contenciosos administrativos (*Corso di Diritto Processuale Civile*, 1952, p. 15). Hodiernamente, têm surgido obras de direito processual constitucional e seus princípios, como as de **Ada Grinover** e **Nelson Nery**.

[11] "**Constituição da República Federativa do Brasil**
     Art. 24. Compete à União, aos Estados e ao Distrito Federal legislar concorrentemente sobre: [...] X – criação, funcionamento e processo do juizado de pequenas causas; XI – procedimentos em matéria processual; [...] XIII – assistência jurídica e defensoria pública".

é de natureza procedimental. Também participa desta natureza a regra que dispõe que, na audiência de instrução e julgamento, primeiro manifestam-se os peritos, depois as partes, iniciando-se pelo depoimento do autor para, depois, colher-se o do réu.

Sempre que a lei estatui "como proceder" estamos diante de uma norma procedimental.

A distinção não é meramente acadêmica, uma vez que, como observamos, a Constituição autoriza os Estados a legislarem sobre procedimento, em contrapartida à competência exclusiva da União para estabelecer normas processuais. Essa distinção revelou-se de extrema importância quando da implantação dos "juizados especiais" nos Estados. É que a lei federal, à época, concedeu um prazo de 6 (seis) meses para operar-se a referida adaptação, incumbindo às unidades federadas a estruturação de seu *procedimento* e do próprio sistema desse novel segmento de justiça.

Desta sorte, se a lei estadual estabelece concentração dos atos numa só audiência ou prova pericial posterior à audiência, estaremos diante de ditames procedimentais encartados na esfera de competência legislativa da unidade federada.

Entretanto, vedado será disciplinar os casos de cabimento da prova pericial ou a supressão de uma etapa de defesa a pretexto de regular o "rito", posto que o instituto da prova e da defesa são, ontologicamente, processuais e não meramente procedimentais.

As normas de organização judiciária pertinem ao campo do autogoverno da magistratura na sua estruturação orgânico-funcional. Neste sentido, a divisão do Estado em *comarcas*, a instituição de tribunais, a existência de tribunal de justiça e tribunais regionais federais, a organização dos serviços auxiliares da justiça, tudo isso diz respeito à organização judiciária e, a essa categoria pertencem as normas que lhe servem de base. Assim, muito embora se insira nos domínios do direito processual, essas regras não são processuais *tout court*.

Em razão do objeto de sua regulação, vale dizer: a atividade estatal soberana, as regras do processo são "cogentes" e, excepcionalmente "dispositivas". Muito embora haja sido adotada, no CPC, a cláusula geral dos negócios jurídicos processuais, que permite às partes alterar determinado prazo processual ou relativizar a prática de alguns atos mediante acordo mútuo, a regra de cogência das normas do processo permanece, haja vista a necessidade de se preservar a integridade do ordenamento e a segurança das instituições. Nesse sentido, as regras dispositivas continuam sendo a exceção.

Assim, *v.g.*, estabelecido um prazo ou determinada uma conduta processual – pelo juiz ou, ainda, pelo negócio entre as partes, homologado pelo juiz – os imperativos processuais devem ser cumpridos sob pena de sanções instrumentais. Assim, se a lei confere a resposta ao réu num determinado prazo, a apresentação posterior implica revelia e presunção da veracidade dos fatos afirmados pelo autor (art. 344 do CPC).

Entretanto, há regras originalmente "dispositivas", excepcionalmente não cogentes. Nesse segmento, a lei dispõe sobre a "repartição do poder jurisdicional entre diversos órgãos de determinado território". É a denominada "competência de foro ou territorial". Não obstante as regras estabeleçam de antemão a "sede do litígio" no foro do fato, do ato, da residência das partes ou de seu domicílio, mais adiante permitem que os sujeitos parciais do processo "convencionem" onde vão litigar sob a intermediação do Judiciário, acaso surja um litígio derivado do contrato que engendraram.

É o que se denomina de "foro de eleição", que consiste exatamente numa cláusula contratual derrogatória dos preceitos legais de competência territorial, contanto não se lhe repute abusiva (art. 63 do CPC).[12]

---

[12]   **"Art. 63.** As partes podem modificar a competência em razão do valor e do território, elegendo foro onde será proposta ação oriunda de direitos e obrigações.

§ 1º A eleição de foro só produz efeito quando constar de instrumento escrito e aludir expressamente a determinado negócio jurídico.

§ 2º O foro contratual obriga os herdeiros e sucessores das partes.

§ 3º Antes da citação, a cláusula de eleição de foro abusiva pode ser reputada ineficaz de ofício pelo juiz, que determinará a remessa dos autos ao juízo do foro de domicílio do réu.

§ 4º Citado, incumbe ao réu alegar a abusividade da cláusula de eleição de foro na contestação, sob pena de preclusão".

As regras processuais são encontradiças em diversos diplomas legais; por isso, importa a análise da "essência do preceito" mais do que sua colocação topográfica em determinado ordenamento codificado. Assim, pode haver uma norma de processo civil encartada no Código Civil e vice-versa. Entretanto, onde quer que esteja, a norma processual terá a sua característica singular de cogência, a despeito de habitar um corpo de regras disponíveis. Esse *habitat* das regras processuais é que se denomina de "fontes" donde promanam as normas de processo.

4. FONTES DO DIREITO PROCESSUAL CIVIL[13]

A Constituição Federal tem o primado sobre o ordenamento jurídico, derivando de seus ditames as demais regras, quer sejam processuais, quer materiais. Nesse sentido, o art. 1º do CPC/2015 foi categórico ao enunciar que o processo civil será ordenado, disciplinado e interpretado conforme os valores e as normas fundamentais estabelecidos na Constituição da República Federativa do Brasil.[14]

A existência de inúmeros institutos e preceitos de processo civil fazem da Carta Magna sua fonte primeira. Assim é que, na Constituição, vêm reguladas as garantias básicas do "acesso à ordem jurídica justa", obedecido o "devido processo legal" e o "contraditório".

Não obstante, os remédios heroicos de defesa da cidadania têm sua previsão primária na Constituição, vedando-se, assim, ao legislador infraconstitucional, suprimi-los conquanto garantias pétreas. Nesse contexto, inserem-se a ação popular, a ação civil pública, o *habeas corpus*, o *habeas data*, o recurso extraordinário, o recurso especial etc.

Destarte, é no diploma maior que se estrutura, em linhas básicas e inafastáveis pelos Estados--membros, a magistratura, encarregada da prestação da justiça, estabelecendo as garantias *pro populo* de que devem gozar os juízes no afã de, com independência, decidirem os litígios submetidos à sua apreciação. Esta é a razão da vitaliciedade, inamovibilidade e irredutibilidade estipendial.[15]

Aliás, a Constituição Federal é considerada a "fonte das fontes", porquanto é ela que indica da "atribuição sobre quem pode formular regras processuais", ao dispor sobre a competência exclusiva da União para legislar sobre processo e a concorrente dos Estados-membros para editar regras procedimentais.

Por fim, a Constituição difunde princípios que evidenciam o regime jurídico-político em que vivemos e, sob essa inspiração, é que os operadores do direito devem engendrar a interpretação e a aplicação das normas processuais.[16] Abaixo da Constituição Federal, localizam-se as denominadas "fontes ordinárias ou infraconstitucionais". Nesse contexto, assumem relevo as "codificações", as "leis processuais esparsas", as "leis de organização judiciária" das unidades federadas e os "regimentos internos dos tribunais".

A analogia, os costumes e os princípios gerais são fontes subsidiárias do direito processual, diante da omissão legal, conforme o art. 4º da Lei de Introdução às Normas do Direito Brasileiro (Decreto-Lei nº 4.657, com a redação dada pela Lei nº 12.376/2010). Ressalte-se que crescente é o poder vinculante da jurisprudência empreendido nas recentes reformas processuais, com particular destaque para o CPC, que expressamente previu o caráter cogente diante dos precedentes qualifi-

---

[13] **Hans Kelsen**, *Teoria Pura do Direito*, 3. ed., 1974.

[14] **"Art. 1º** O processo civil será ordenado, disciplinado e interpretado conforme os valores e as normas fundamentais estabelecidos na Constituição da República Federativa do Brasil, observando-se as disposições deste Código."

[15] **"Art. 95 da CF.** Os juízes gozam das seguintes garantias:

I – vitaliciedade, que, no primeiro grau, só será adquirida após dois anos de exercício, dependendo a perda do cargo, nesse período, de deliberação do tribunal a que o juiz estiver vinculado, e, nos demais casos, de sentença judicial transitada em julgado; II – inamovibilidade, salvo por motivo de interesse público, na forma do art. 93, VIII; [...]".

[16] Afirmou-se em boa sede doutrinária que: "as formalidades do processo são atualidades das garantias constitucionais". O insuperável **Couture** já afirmara: "No processo, a lei que concede ou nega poderes no processo não o faz senão dentro das bases da Constituição, porquanto *'El espíritu de esta se traslada a aquella, que debe inspirarse en las valoraciones establecidas por el constituyente'"* (*Estudios de Derecho Procesal Civil*, 1948, vol. I, p. 21 e 23).

cados estabelecidos no art. 927, permitindo ao relator dos recursos negar ou dar provimento a eles de acordo com o entendimento predominante dos tribunais locais ou superiores (art. 932, IV e V, do CPC), obrigando-se a observância das súmulas, dos precedentes e da jurisprudência por todos os julgadores (art. 489, § 1º, VI, do CPC).

No que concerne aos procedimentos previstos nas leis esparsas, aplica-se o CPC, subsidiariamente, *v.g.*, o das desapropriações, o do mandado de segurança, os que regulam a ação civil pública, a ação popular, as ações de defesa dos consumidores, o dos juizados especiais cíveis e criminais, o das ações locatícias etc. A característica dessas regras especiais é que as mesmas subsidiam o processo codificado, complementando o quadro de medidas judiciais valendo-se das regras ordinárias para suprir as suas lacunas, segundo a máxima da coexistência entre a *lex specialis* e a *lex generalis*.

Os *códigos* são as fontes formais e oficiais por excelência; por isso, no âmbito que nos interessa, a fonte maior é o CPC, mencionado destacadamente nos assuntos versados em cada um dos capítulos.

Ordenamento fruto da influência dos nossos melhores matizes europeus, o Código condensa as regras que norteiam a jurisdição e todas as formas de prestação de justiça (conhecimento e execução), a ação e seus elementos constitutivos bem como a forma de exercê-la em juízo, e o processo com seus requisitos de existência e validade.

Tudo quanto o Código contém é possível de reduzir-se a esses três monômios da processualística (jurisdição, ação e processo).

Sob essa ótica, o CPC, tanto em sua parte geral quanto em sua parte especial, divide-se em *livros*, que se subdividem em *títulos*, estes em *capítulos*, que por seu turno se dicotomizam em seções e estas em *subseções*, contemplando *artigos*, *parágrafos* e *alíneas* (ex.: art. 13, do Capítulo II, do Livro I, da parte geral do Código).

Nesse ponto, cumpre mencionar que houve significativa alteração estrutural no Código quando se compara este, fruto da reforma, com aquele de 1973. Para tanto, basta observar a divisão em parte geral e parte especial, que não constava do diploma de outrora. Dividia-se, assim, em cinco livros gerais, cujos temas eram: o processo de conhecimento, o processo de execução, o processo cautelar, os procedimentos especiais e as disposições finais.

Já no padrão atual, a parte geral se encontra composta por seis livros. O *Livro I* expõe as normas processuais civis que garantem, de modo geral, os princípios básicos regentes do processo civil brasileiro, como o contraditório e a ampla defesa e os meios para garantir tais princípios.

O *Livro II* diz respeito à função jurisdicional e, naturalmente, se inicia reafirmando o "monopólio" de proferir decisões a um terceiro imparcial incumbido para tal e legitimamente reconhecido pelas partes, o juiz. Estabelece, portanto, as diretrizes da atividade do magistrado e sua competência para apreciar determinado caso.

Em seguida, o *Livro III* versa sobre os sujeitos do processo. Assim, trata não apenas da legitimidade da parte para figurar em juízo, mas de todos os personagens que, por ventura, possam irromper no processo, *v.g.*, o juiz, o ministério público, o patrono da parte, os terceiros que possam intervir, dentre outros.

Seguindo um raciocínio lógico, o *Livro IV* da parte geral destrincha os atos processuais que os sujeitos mencionados no livro anterior podem praticar. Apresenta, portanto, os diferentes pronunciamentos do juiz, regula os prazos e, em destaque, a comunicação dos atos processuais – fator crucial no que tange à garantia plena do contraditório e, por conseguinte, do devido processo legal.

O *Livro V* retrata o fenômeno da tutela provisória, aquela que é engendrada para manter a utilidade da prestação definitiva da justiça, seja garantindo de maneira antecipada o resultado que se pretende com a ação proposta, seja criando condições para impedir uma deterioração superveniente da prestação *sub judice* ou de elementos que interfiram diretamente na cognição do juiz. A disciplina deste livro vem substituir de maneira mais completa o Livro III do Código anterior.

Finalmente, o *Livro VI* consagra disposições relativas à formação, à suspensão e à extinção do processo.

Parte I • I – O DIREITO PROCESSUAL CIVIL | **9**

No que tange à parte especial, há três livros principais e um complementar. Os *Livros I* e *II* mantêm os temas tratados nos seus respectivos do Código anterior, quais sejam o processo de conhecimento e o processo de execução.

O *Livro I* pertine ao "processo de sentença" e de seu cumprimento, aquele destinado à definição de direitos, também denominado de processo de conhecimento. Trata-se, por motivos históricos, da forma tradicional de prestação da tutela jurisdicional. As disposições da parte geral, antes da reforma, encontravam-se disciplinadas, em sua maioria, no livro do processo de conhecimento, suprindo lacunas dos demais livros. O Código, nesse sentido, dispensa a aplicação subsidiária de normas desse livro aos demais, uma vez designada a parte geral para socorrer essas disposições comuns. Destaca-se, ainda, que os procedimentos especiais, aos quais era dedicado o Livro IV do Código passado, são, agora, tratados ao final deste livro.

O *Livro II* cuida do processo de realização de direitos, de satisfação do direito constante do título executivo extrajudicial, que é o *processo de execução*, uma vez que o cumprimento da sentença foi integrado ao processo de conhecimento.

O *Livro III* dedica-se aos processos nos tribunais e de seus meios de impugnação. Nesse sentido, observa-se a vontade do legislador em organizar o CPC de maneira a seguir uma ordem lógica. Primeiro, o processo de conhecimento, depois a execução e, ao final o prosseguimento do processo em instâncias superiores, expondo, *v.g.*, os recursos que podem ser apresentados em faces de decisões e sentenças, eventuais incidentes que versem sobre questões relevantes que não o mérito do processo.

O *Livro Complementar* contempla *disposições finais e transitórias*.

As *leis de organização judiciária* representam a manifestação local do autogoverno da magistratura como consectário da consciência político-republicana de nosso legislador. Efetivamente, não se concebe uma República Federativa sem essa autonomia interna das unidades da federação o que não se concilia com a ideia de um Judiciário unificado. Essa unidade opera-se apenas no plano ideológico-institucional, mas nunca no plano subjetivo-orgânico. Somente as próprias unidades federadas sabem de suas necessidades práticas. Aliás, cientistas políticos indicam o monopólio central da administração da justiça como aspecto a demonstrar a inexistência de uma "federação".[17]

A importância processual das leis de organização judiciária é notória, principalmente no que toca à competência *ratione materiae* e *funcional*. Entretanto, num eventual confronto, em razão da sua própria finalidade, devem prevalecer as leis do processo sobre as de organização judiciária.

Os *regimentos internos dos tribunais*, quanto à competência, também influem no processo, resguardada a faixa da legislação federal. Outrossim, por autorização maior contida na Carta Constitucional anterior, os regimentos dos Tribunais Superiores estatuíam acerca de processo e nisto residia notável influência no campo processual. Relembre-se, por oportuno, a figura dos "recursos regimentais", cujas origens remontam-se aos antigos "Assentos das Cortes Portuguesas",[18] e ver-se-á a suma importância desse diploma na vida do processo.

5. APLICAÇÃO, INTERPRETAÇÃO E EFICÁCIA DA LEI PROCESSUAL CIVIL NO TEMPO E NO ESPAÇO[19]

As leis do processo são aplicáveis como regras de conduta no exercício da atividade jurisdicional do Estado-Juiz e das partes.

O legislador, em algumas hipóteses, deixa escapar novas realidades fazendo exsurgir o problema da integração por força da *lacuna* da lei processual. Assim, *v.g.*, a Lei dos Juizados Especiais

---

[17]   Assim, **Mouskheli**, *La Theorie Juridique de l'Etat Fédéral*, 1931, p. 228.

[18]   Os assentos da Casa da Suplicação tinham autoridade de lei sobre a inteligência ou interpretação de alguma Ordenação ou Lei do Reino (**Frederico Marques**, *Instituições*, vol. I, p. 69).

[19]   Acerca do tema, consulte-se, por todos, **Carlos Maximiliano**, *Hermenêutica e Aplicação do Direito*, 19. ed., 2010; **Leonardo Carneiro da Cunha**, *Direito intertemporal e o Novo Código de Processo Civil*, 2016.

proíbe pessoas jurídicas de figurarem no polo ativo da lide naquele segmento especializado, mas não se refere às pessoas formais, com personalidade judiciária apenas, como o condomínio,[20] a herança jacente, a massa de bens do devedor civil insolvente e o espólio.[21]

Neste caso, deve-se considerar, em primeiro lugar, que a lei processual é regra jurídica e como tal se subsume ao preceito suprajurídico de que as lacunas devem ser "autointegradas" ou "heterointegradas". Isso implica que, na omissão da lei, deve haver o suprimento pela analogia, pelos costumes e pelos princípios gerais de direito.

Esse preceito, insculpido no art. 4º da Lei de Introdução às Normas do Direito Brasileiro,[22] é repetido no art. 140 do CPC.[23] Entretanto, mister assentar-se a diferença. É que, no tema presente, cuida-se de enfrentar o problema atinente à lacuna da "regra processual" que acarreta para o juiz uma perplexidade na solução de uma questão formal, ao passo que tais dispositivos indicam como deve agir o juiz no julgamento da "questão substancial" não regulada pela lei material.

A *analogia* sugere aplicar a mesma regra existente para uma situação semelhante àquele objeto da lacuna. Assim, *v.g.*, se a revogada lei das pequenas causas impedia as pessoas formais de demandarem ativamente neste segmento, a lei dos juizados especiais há de vetar também que elas litiguem, porque o fundamento da proibição é o mesmo.

No processo de heterointegração, assumem notável relevo a praxe judiciária e os *princípios* processuais. Desta sorte, a omissão legal que não preveja a manifestação de uma das partes no processo após a fala da outra, será suprida à luz do princípio do contraditório, hoje constitucionalizado (art. 5º, LV). Sob esse ângulo, é de extrema significação a gama dos princípios processuais de que se deve valer o aplicador da norma processual, devendo atentar, no atual estágio do processo, para os princípios da "economia processual", segundo os quais o processo deve gerar um máximo de resultado em confronto com um mínimo de esforço processual das partes; o da "efetividade", que consagra a necessidade de uma tutela tempestiva, justa e realizável num espaço de tempo razoável; o da "inafastabilidade da jurisdição", que impõe que nenhuma lesão ou ameaça de lesão escape ao Judiciário, e que deve conjurá-las através de provimento justo e adequado e o da "tutela específica", segundo o qual o Judiciário deve conceder à parte utilidade que ela obteria se a obrigação perquirida em juízo fosse cumprida voluntariamente, para que não sinta os efeitos da lesão ao seu direito etc.[24]

A "praxe forense" é coadjuvada pela "jurisprudência" e consagra aquilo que tem sido praticado. Assim, *v.g.*, muito embora a intimação de uma decisão seja realizada pelo *Diário Oficial*, considera-se a mesma satisfeita pela retirada dos autos do cartório antes do termo acima, confirmada pelo "livro de carga" – o que restou positivado no CPC/2015 (art. 272, § 6º).[25] Também coube à jurisprudência, por exemplo, o suprimento da lacuna sobre a legitimidade do "curador especial" para, na execução, "oferecer embargos" em nome do executado citado de forma "ficta". Aliás, o papel da jurisprudência é tão elevado no suprimento das lacunas que o CPC lhe atribuiu um papel de

---

[20] **"Enunciado nº 9 do FONAJE.** O condomínio residencial poderá propor ação no Juizado Especial, nas hipóteses do art. 275, inciso II, item *b*, do CPC".

[21] **"Lei nº 9.099/1995, art. 3º.** O Juizado Especial Cível tem competência para conciliação, processo e julgamento das causas cíveis de menor complexidade, assim consideradas: (...) § 2º Ficam excluídas da competência do Juizado Especial as causas de natureza alimentar, falimentar, fiscal e de interesse da Fazenda Pública, e também as relativas a acidentes de trabalho, a resíduos e ao estado e capacidade das pessoas, ainda que de cunho patrimonial".

[22] **"Art. 4º** Quando a lei for omissa, o juiz decidirá o caso de acordo com a analogia, os costumes e os princípios gerais de direito".

[23] **"Art. 140.** O juiz não se exime de decidir sob a alegação de lacuna ou obscuridade do ordenamento jurídico".

[24] Acerca do tema consulte-se **Francesco Carnelutti**, *Teoria Generale del Diritto*, 3. ed., 1951. Modernamente, **Marinoni**, *Efetividade do Processo e Tutela de Urgência*, 1994.

[25] **"Art. 272, § 6º.** A retirada dos autos do cartório ou da secretaria em carga pelo advogado, por pessoa credenciada a pedido do advogado ou da sociedade de advogados, pela Advocacia Pública, pela Defensoria Pública ou pelo Ministério Público implicará intimação de qualquer decisão contida no processo retirado, ainda que pendente de publicação".

fonte secundária do direito processual, por meio da persecução de um sistema de precedentes e da uniformização da jurisprudência.[26]

Aplicar a lei é fazê-la incidir no caso concreto, e esse é o dever do magistrado.

Diversa é a etapa de observar o alcance da norma, a sua razão de ser e a sua finalidade. A essa atividade intelectiva denomina-se de *interpretação* da lei, que pressupõe a existência da norma jurídica.

A hermenêutica processual não difere das demais, posto indicar ao juiz o tempero necessário entre a aplicação da lei e sua justiça no caso concreto. Aliás, é o caso concreto que há de indicar qual o método exegético recomendável, vale dizer: se o *literal*, o *histórico* etc. Em todos eles, o juiz há de vislumbrar o fim social a que se destina a norma (arts. 8º do CPC e 5º da LINDB).[27] Assim, *v.g.*, se a lei dos juizados dispõe que as partes devem comparecer pessoalmente a juízo, uma interpretação puramente literal pode conduzir à ideia de que os interessados não podem acudir aos juizados acompanhados de advogados, o que desvirtuaria por completo os fins da regra. Noutro passo, se a lei exige a presença do Ministério Público para velar pelos interesses do incapaz (arts. 178, II, e 698, *caput*, do CPC), a causa acaso julgada a favor deste mas sem aquela intervenção não deve ser anulada, em atenção à "interpretação finalística" da lei.[28]

Interpretar, enfim, é, sem afronta à ordem jurídica, aplicar o direito com sensibilidade, justiça e eficiência, atentando sempre para o fim de justiça e de liberdade que o instrumento processual encerra.

O tema da aplicação da lei processual suscita a questão "espacial" sobre os *limites territoriais* em que a norma incide e o momento em que o regramento surge, posto que destinado a regular relações processuais em curso. Trata-se da temática relativa à *eficácia* da lei processual no espaço e no tempo.

É possível a lei estrangeira determinar qual a forma de processo a ser seguida em face de um direito violado no exterior? Tratando-se de ação a ser proposta em nosso país, são as leis brasileiras as que indicam como agir em juízo?

O direito brasileiro não é permissivo neste tema. E a razão é simples: jurisdição é exercício de soberania e esta regula-se pela lei do Estado que a engendra. A função jurisdicional deve ser prestada segundo os cânones do país judicante.[29] A *territorialidade*, portanto, é a regra em matéria de jurisdição, ação e processo. No primeiro aspecto, a lei brasileira faz concessões para admitir uma "competência internacional concorrente" para algumas causas, mas, mesmo assim, não reconhece a litispendência (arts. 21 a 24 do CPC).[30] No mesmo passo, admite provas constituídas no

---

[26] Conforme anotou magnificamente **Lessona**: "A jurisprudência representa para os cultores do direito aquilo que é a experimentação para os cultores das ciências físicas" (*Manuale di Procedura Civile*, 1909, p. 9).

[27] "**Art. 8º do CPC**. Ao aplicar o ordenamento jurídico, o juiz atenderá aos fins sociais e às exigências do bem comum, resguardando e promovendo a dignidade da pessoa humana e observando a proporcionalidade, a razoabilidade, a legalidade, a publicidade e a eficiência."

"**Art. 5º da LINDB**. Na aplicação da lei, o juiz atenderá aos fins sociais a que ela se dirige e às exigências do bem comum."

[28] O exemplo encerra a regra hermenêutica de que "a questão de forma não deve infirmar a questão de fundo, porquanto o processo é instrumento a serviço do direito material" (**Schonke**, *Derecho Procesal Civil*, 1950, p. 21).

[29] Nesse sentido, é clássica a lição de **Haroldo Valadão**, *Estudos de Direito Internacional Privado*, 1947, p. 281.

[30] "**Art. 21.** Compete à autoridade judiciária brasileira processar e julgar as ações em que:

I – o réu, qualquer que seja a sua nacionalidade, estiver domiciliado no Brasil;

II – no Brasil tiver de ser cumprida a obrigação;

III – o fundamento seja fato ocorrido ou de ato praticado no Brasil.

Parágrafo único. Para o fim do disposto no inciso I, considera-se domiciliada no Brasil a pessoa jurídica estrangeira que nele tiver agência, filial ou sucursal.

Art. 22. Compete, ainda, à autoridade judiciaria brasileira processar e julgar as ações:

I – de alimentos, quando:

a) o credor tiver domicílio ou residência no Brasil;

12 | CURSO DE DIREITO PROCESSUAL CIVIL • *Luiz Fux*

estrangeiro para serem produzidas no Brasil, muito embora essa admissão dependa da moralidade e legitimidade dos meios de convicção. A valoração da mesma, entretanto, é do juiz brasileiro, segundo a nossa lei, porquanto, o que a Lei de Introdução às normas do Direito Brasileiro permite no disposto no art. 13[31] é a aplicação das regras alienígenas quanto ao ônus da prova, que incide, somente, na hipótese de nenhuma das partes lograr convencer o juízo. Em suma, como regra geral da eficácia no espaço das normas processuais, prevalece a *lex fori*.

Diversamente, para solucionar a lide, a lei de introdução permite ao juiz compô-la segundo as regras de direito alienígena; vale dizer: o direito material com base no qual será decidido o mérito da causa pode ser de origem diversa.[32]

Destarte, a *cooperação jurisdicional internacional* através do implemento de "cartas rogatórias" não infirma a taxatividade da *lex fori* em matéria de eficácia espacial da norma de processo.

Mais delicado é o problema atinente à *"eficácia da lei processual no tempo"*.

O CPC, seguindo a regra de "supradireito" quanto à aplicação imediata da lei processual, dispõe, no seu art. 1.046 que ele rege o processo civil em todo o território brasileiro e, ao entrar em vigor, suas disposições *aplicam-se, desde logo, aos processos pendentes.*[33] Idêntico preceito encontra-se no Código de Processo Penal, art. 2º,[34] com um *plus*, qual seja o de que esclarece textualmente o respeito aos atos validamente praticados sob a égide da lei anterior.

Em essência, o problema da eficácia da lei no tempo é de solução uniforme, porquanto toda e qualquer lei, respeitado o seu prazo de *vacatio legis*, tem aplicação imediata e geral, respeitados os direitos adquiridos, o ato jurídico perfeito e a coisa julgada. Muito embora a última categoria pareça ser a única de direito processual, a realidade é que todo e qualquer novel diploma de processo e de procedimento deve respeitar o ato jurídico-processual perfeito e os direitos processuais adquiridos e integrados no patrimônio dos sujeitos do processo, em virtude da constitucionalização

---

b) o réu mantiver vínculos no Brasil, tais como posse ou propriedade de bens, recebimento de renda ou obtenção de benefícios econômicos;

II – decorrentes de relação de consumo, quando o consumidor tiver domicílio ou residência no Brasil;

III – em que as partes, expressa ou tacitamente, se submeterem à jurisdição nacional.

Art. 23. Compete à autoridade judiciária brasileira, com exclusão de qualquer outra:

I – conhecer de ações relativas a imóveis situados no Brasil;

II – em matéria de sucessão hereditária, proceder à confirmação de testamento particular e ao inventário e partilha de bens situados no Brasil, ainda que o autor da herança seja de nacionalidade estrangeira e tenha domicílio fora do território nacional.

III – em divórcio, separação judicial ou dissolução de união estável proceder à partilha de bens situados no Brasil, ainda que o titular seja de nacionalidade estrangeira ou tenha domicílio fora do território nacional.

Art. 24. A ação proposta perante tribunal estrangeiro não induz litispendência e não obsta a que a autoridade judiciária brasileira conheça da mesma causa e das que lhe são conexas, ressalvadas as disposições em contrário de tratados internacionais e acordos bilaterais em vigor no Brasil.

Parágrafo único. A pendência de causa perante a jurisdição brasileira não impede a homologação de sentença judicial estrangeira quando exigida para produzir efeitos no Brasil."

[31] **"Art. 13 da LINDB.** A prova dos fatos ocorridos em país estrangeiro rege-se pela lei que nele vigorar, quanto ao ônus e aos meios de produzir-se, não admitindo os tribunais brasileiros provas que a lei brasileira desconheça."

[32] **Gaetano Morelli**, *Il Diritto Processuale Civile Internazionale*, 1938, p. 13.

[33] Acerca do tema de direito intertemporal, consulte: **Galeno Lacerda**, *Nova Lei Processual e os Feitos pendentes*; **Wellington Moreira Pimentel**, Questões de Direito Intertemporal, *RF*, 251/125.

"**Art. 1.046.** Ao entrar em vigor, este Código, suas disposições se aplicarão desde logo aos processos pendentes, ficando revogada a Lei nº 5.869, de 11 de janeiro de 1973."

São consideradas regras de "superdireito" as que dispõem acerca do direito intertemporal, do direito no espaço, e ainda regras sobre "fontes e exegeses" distinguindo-se das regras de direito substancial, criadoras imediatas de situações jurídicas (**Pontes de Miranda**, *Direito Internacional Privado*, 1935, vol. I, p. 10 e 30).

[34] **"Código de Processo Penal**

Decreto-Lei nº 3.689, de 3 de outubro de 1941 [Código de Processo Penal]

Art. 2º A lei processual penal aplicar-se-á desde logo, sem prejuízo da validade dos atos realizados sob a vigência da lei anterior."

Parte I • I – O DIREITO PROCESSUAL CIVIL | **13**

promovida no processo civil brasileiro, em homenagem ao princípio da segurança jurídica. Assim, *v.g.*, se uma lei nova estabelece forma inovadora de contestação, deve-se respeitar a peça apresentada sob a forma prevista na lei pretérita. O mesmo raciocínio impõe-se caso a decisão contemple ao vencedor custas e honorários e uma nova lei venha a extinguir a sucumbência nesta categoria de ações. Nesta hipótese, o direito subjetivo processual à percepção daquelas verbas segundo a lei vigente ao tempo da decisão não deve ser atingido.

Trata-se, em verdade, da transposição para todos os ramos de direito, do cânone constitucional da "irretroatividade das leis" (arts. 5º, XXXVI, da CF, e 6º da LINDB).[35]

O tema singulariza-se no âmbito do processo em razão da natureza dinâmica da relação processual, que a cada evolver faz exsurgir novas etapas, novos atos, novos direitos, deveres, ônus e faculdades, impondo a aplicação da lei nova aos feitos "pendentes" (art. 14).[36-37] Assim, por exemplo, a alteração de etapas procedimentais pode ser adaptada a feitos pendentes desde que não comprometa "os fins de justiça" do processo.

Desta sorte, a inovação de previsão de julgamento antecipado da lide ou a inserção de novas audiências são alterações passíveis de serem procedidas caso o estágio do procedimento assim o permita. Da mesma forma, o alongamento de prazos; não assim a supressão dos mesmos ou a redução caso em curso o lapso de tempo disponível para que a parte pratique o ato processual, porquanto uma lei nova não pode prejudicar, no sentido de ser aplicada em desfavor da parte e de forma surpreendente. Assim, *v.g.*, uma situação ocorrida ainda na vigência do Código Buzaid foi a reforma que instituiu modificações no regime do preparo dos recursos, estabelecendo o implemento deste requisito extrínseco de admissibilidade "no momento da interposição". Como evidente, não podia tal disposição ser aplicada aos recorrentes que gozavam de prazo próprio de preparo segundo a lei vigente à data da decisão recorrida. A *surpresa e o prejuízo* como critérios vedados na exegese da aplicação de novel ordenação aos feitos pendentes impedem danosas interpretações. Entretanto, os recursos com os prazos ainda por transcorrer, evidentemente, passaram a ser regulados quanto a esse requisito, a partir do momento em que entrou em vigor a reforma, pelo dispositivo que foi mantido no CPC (art. 1.007).[38]

---

35 **"Constituição da República Federativa do Brasil**
   Art. 5º (...)
   XXXVI – a lei não prejudicará o direito adquirido, o ato jurídico perfeito e a coisa julgada; (...)".
   "Decreto-Lei nº 4.657, de 4 de setembro de 1942 [Introdução às normas do Direito Brasileiro]
   Art. 6º A Lei em vigor terá efeito imediato e geral, respeitados o ato jurídico perfeito, o direito adquirido e a coisa julgada.
   § 1º Reputa-se ato jurídico perfeito o já consumado segundo a lei vigente ao tempo em que se efetuou.
   § 2º Consideram-se adquiridos assim os direitos que o seu titular, ou alguém por ele, possa exercer, como aqueles cujo começo do exercício tenha termo pré-fixo, ou condição preestabelecida inalterável, a arbítrio de outrem.
   § 3º Chama-se coisa julgada ou caso julgado a decisão judicial de que já não caiba recurso."

36 **"Art. 14.** A norma processual não retroagirá e será aplicável imediatamente aos processos em curso, respeitados os atos processuais praticados e as situações jurídicas consolidadas sob a vigência da norma revogada."

37 Como evidente, a questão não se põe quanto aos processos findos, regulados pela lei ultrapassada, nem quanto aos feitos por se iniciar que se submeterão ao domínio legislativo da lei vigente à data da instauração da relação processual.

38 **"Art. 1.007.** No ato de interposição do recurso, o recorrente comprovará, quando exigido pela legislação pertinente, o respectivo preparo, inclusive porte de retorno, sob pena de deserção.
   § 1º São dispensados de preparo, inclusive porte de remessa e retorno, os recursos interpostos pelo Ministério Público, pela União, pelos Estados e Municípios e respectivas autarquias, e pelos que gozam de isenção legal.
   § 2º A insuficiência no valor do preparo, inclusive porte de remessa e retorno, implicará deserção, se o recorrente, intimado, não vier a supri-lo no prazo de 5 (cinco) dias.
   § 3º É dispensado o recolhimento do porte de remessa e retorno no processo em autos eletrônicos.
   § 4º O recorrente que não comprovar no ato de interposição do recurso, o recolhimento do preparo, inclusive porte de remessa e retorno, será intimado, na pessoa de seu advogado, para realizar o recolhimento em dobro, sob pena de deserção.

A lei processual – e nisso não difere de nenhuma outra – dispõe para o futuro, respeitando os atos e os "efeitos" dos atos praticados sob a égide da lei revogada. É a consagração do princípio *tempus regit actum* que não impede que os atos processuais futuros e os fatos com repercussão no processo se subsumam aos novos ditames da lei revogadora. Assim, *v.g.*, se a revelia ocorreu sob o pálio de lei que lhe atribuía como efeito processual impor o julgamento antecipado, o advento de lei nova não retira do autor o direito subjetivo àquele pronunciamento decorrente da inatividade processual do réu. Idêntico raciocínio nos conduz a vincular os efeitos da sentença à lei vigente ao momento da prolação do ato decisório final. Esse preceito do *tempus regit actum* tanto se aplica para as normas processuais *tout court*, como para aquelas que influem sobre o fenômeno processual, como sói ocorrer com as regras de procedimento e de organização e divisão judiciária. Assim, *v.g.*, a nova lei que dispõe sobre competência aplica-se imediatamente para os feitos que se iniciarem sob a sua vigência, respeitando, entretanto, as ações propostas anteriormente e o efeito primordial da propositura das mesmas que é o de "perpetuar a competência" (art. 43 do CPC).[39]

Não obstante a perpetuação da jurisdição, há respeitável corrente que sustenta que, havendo o desmembramento da comarca, nesta devem tramitar as ações reais imobiliárias para as quais o *forum rei sitae* é absoluto, *v.g.*, o usucapião, a ação possessória etc., bem como as ações pessoais, se no novel foro for o domicílio do réu.[40]

As regras sobre o procedimento da prova também obedecem a essa perspectiva; por isso, no "momento da produção" do elemento de convicção é que se deve observar da sua admissão. Entretanto, as provas admitidas e produzidas antecipadamente, sob a égide da lei anterior, mantêm-se incólumes diante da nova lei.

Distingue-se deste aspecto do tema o que versa sobre a "prova como elemento da própria inteireza do fato ou ato *probando*", ou seja, *ad substantia*. É que determinados fatos ou atos somente se comprovam segundo uma "forma específica". Sob esse ângulo, coincidem os requisitos de forma e prova, sendo certo que, nesses casos, exatamente para seguir à risca o princípio do *tempus regit actum*, deve ser observada a lei da data em que se operou o ato ou ocorreu o fato, provando-se-o consoante esse regramento pretérito, não obstante, no processo, o acontecimento seja comprovado sob a égide de nova lei.

Assim, por exemplo, se o contrato de seguro que hodiernamente somente se prova por escrito tiver alterado essa regra por força de lei posterior no processo obedecer-se-á à solenidade de então, não se lhe aplicando o novel diploma a pretexto de fazer incidir o novo ordenamento vigente à data da produção da prova. No exemplo vertente, confundem-se forma e prova, prevalecendo a primeira, posto que dela depende a existência do *acto probando* (a forma é *ad solemnitatem*).[41]

Por vezes, a dificuldade está em determinar o momento da perfectibilidade do ato ou do exsurgimento do direito processual para a escorreita aplicação da regra que veta a irretroatividade. A *coisa julgada* é algo tão sagrado que a lei incumbiu-se de definir-lhe o momento a partir do qual ela se consubstancia e se acoberta de um "manto" apto a torná-la ao abrigo das impugnações e dos recursos. Inimpugnada uma decisão, ela se reveste da *auctoritas res judicata* e não pode mais ser atingida pela lei nova.[42]

---

§ 5º É vedada a complementação se houver insuficiência parcial do preparo, inclusive porte de remessa e retorno, no recolhimento realizado na forma do § 4º. (...)".

[39] "**Art. 43.** Determina-se a competência no momento do registro ou da distribuição da petição inicial, sendo irrelevantes as modificações do estado de fato ou de direito ocorridas posteriormente, salvo quando suprimirem o órgão judiciário ou alterarem a competência absoluta."

[40] "**Súmula nº 10 do STJ:** Instalada a Junta de Conciliação e Julgamento, cessa a competência do juiz de direito em matéria trabalhista, inclusive para a execução das sentenças por ele proferidas."

[41] O tema está magnanimamente tratado em **Carnelutti**, *Sistema*, 1936, nº 33. No sentido do texto, **Chiovenda**, *Instituições de Direito Processual Civil*, vol. I, p. 145.

[42] São três os requisitos para que se forme coisa julgada material em nosso ordenamento: decisão de mérito, proferida com cognição exauriente e com trânsito em julgado.

Entretanto, os atos processuais são complexos e os direitos subjetivo-processuais surgem à medida que se desenvolve o processo. Assim, *v.g.*, o direito de recorrer acerca de uma decisão somente nasce quando ela é tornada pública na sessão de julgamento e, no seu teor, revela gravame e lesividade para parte. Nesse instante, surge o direito de o prejudicado recorrer, a ser exercido num determinado lapso de tempo, sob pena de preclusão.

Ora, se assim é, a lei que regula o recurso é a vigente à data em que a decisão é publicada no sentido acima e não a que vigia quando da propositura da ação, posto que, com relação aos meios de impugnação então existentes àquela época, quando muito, as partes nutriam meras "expectativas".[43]

Didaticamente, poder-se-iam reduzir as diversas situações jurídicas geradas pela incidência da lei nova aos processos pendentes a algumas regras, a desdobrar a teoria do isolamento dos atos processuais adotada no CPC de 2015 (arts. 14[44] e 1.046).[45]

Primeiramente, a lei processual tem efeito imediato e geral, aplicando-se aos processos pendentes, respeitados os direitos subjetivo-processuais adquiridos, o ato processual perfeito, seus efeitos já produzidos ou a se produzir sob a égide da nova lei, bem como a coisa julgada.

As condições da ação regem-se pela lei vigente à data da propositura. Quanto à postulação do réu, sua resposta, bem como seus efeitos regem-se pela lei vigente à data do surgimento do ônus da defesa pela citação, que torna a coisa litigiosa. Igualmente, a revelia, bem como seus efeitos, regulam-se pela lei vigente à data do escoar do prazo da resposta.

Quanto à fase instrutória, a prova do fato ou do ato, quando *ad solemnitatem*, rege-se pela lei vigente à época da perfectibilidade dos mesmos, regulando-se a prova dos demais atos pela lei vigente à data da "admissão ou da produção" do elemento de convicção, conforme o preceito mais favorável à parte beneficiada pela prova.

A lei processual aplica-se aos procedimentos em curso impondo ou suprimindo atos ainda não praticados, desde que compatível com o rito seguido desde o início da relação processual e não sacrifique os fins de justiça do processo.

No tocante à etapa recursal, a lei vigente à data da publicação sentença é a reguladora dos efeitos e dos requisitos de admissibilidade dos recursos.[46] Assim, a tempestividade recursal se rege pela lei vigente à data do julgamento.

Na fase satisfativa, a execução e seus pressupostos regem-se pela lei vigente à data da propositura da demanda. Os meios executivos de coerção e de sub-rogação regem-se pela lei vigente à data da incidência dos mesmos, regulando-se a penhora, quanto aos seus efeitos e objeto, pela lei em vigor no momento em que surge o direito à penhorabilidade, com o decurso do prazo para

---

[43] Em tema de eficácia temporal das leis, é inafastável a obra de consulta sempre constante do insuperável **Carlos Maximiliano**, que nos autoriza a conclusão do texto ao vaticinar: "regulam-se pela lei vigorante na época do *veredictum* os recursos cabíveis".

[44] "**Art. 14.** A norma processual não retroagirá e será aplicável imediatamente aos processos em curso, respeitados os atos processuais praticados e as situações jurídicas consolidadas sob a vigência da norma revogada."

[45] "**Art. 1.046.** Ao entrar em vigor este Código, suas disposições se aplicarão desde logo aos processos pendentes, ficando revogada a Lei nº 5.869, de 11 de janeiro de 1973.

§ 1º As disposições da Lei nº 5.869, de 11 de janeiro de 1973, relativas ao procedimento sumário e aos procedimentos especiais que forem revogadas aplicar-se-ão às ações propostas e não sentenciadas até o início da vigência deste Código.

§ 2º Permanecem em vigor as disposições especiais dos procedimentos regulados em outras leis, aos quais se aplicará supletivamente este Código.

§ 3º Os processos mencionados no art. 1.218 da Lei nº 5.869, de 11 de janeiro de 1973, cujo procedimento ainda não tenha sido incorporado por lei submetem-se ao procedimento comum previsto neste Código.

§ 4º As remissões a disposições do Código de Processo Civil revogado, existentes em outras leis, passam a referir-se às que lhes são correspondentes neste Código.

§ 5º A primeira lista de processos para julgamento em ordem cronológica observará a antiguidade da distribuição entre os já conclusos na data da entrada em vigor deste Código."

[46] Nessa linha, enunciados administrativos 2 e 3 do Superior Tribunal de Justiça, sobre a matéria do direito intertemporal do CPC.

pagamento judicial. Quanto à defesa do executado, os embargos e seus requisitos de admissibilidade regem-se pela lei vigente à data de seu oferecimento.

Por sua vez, a tutela antecipada, respeitado o cânone maior da irretroatividade, rege-se pela lei mais favorável à conjuração do *periculum in mora*, quer em defesa do interesse das partes, quer em defesa da própria jurisdição.[47]

5.1 Aplicação supletiva e subsidiária do Código de Processo Civil

O CPC/2015 se apresenta como uma norma processual geral, aplicável a diversos outros ramos da ciência processual (art. 15),[48] que devem ser reinterpretados de acordo com a norma processual geral do nosso ordenamento. Essa relevância do diploma se justifica pelo fato de ser aquele mais consentâneo com o panorama constitucional. O neoprocessualismo é o reflexo processual do neoconstitucionalismo.

Permeado por diversos valores fundamentais esmiuçados pelo legislador, como o contraditório prévio e como vedação das decisões surpresa, o modelo de cooperação, a efetividade e a uniformização dos entendimentos pela via do sistema de precedentes, funciona o Código como parâmetro interpretativo. Essa integração hermenêutica se dá em duas frentes: a aplicação supletiva e a subsidiária.

Não existe consenso doutrinário acerca da definição de cada um desses métodos integrativos: há quem considere tratar-se a supletividade como a incidência de norma quando houver lacuna completa[49] e quem atribua esse sentido à subsidiariedade.[50] Seja como for, crucial é entender que, havendo absoluta omissão no regramento específico ou existindo tratamento não exauriente, o CPC merecerá aplicação.

O legislador apontou expressamente os processos eleitoral, trabalhista e administrativo como área para a incidência supletiva e subsidiária do Código. No entanto, a doutrina vem alargando a determinação, sempre que houver compatibilidade com a principiologia própria do outro ramo, alcançando-se, por exemplo, o Direito Processual Penal.[51] Com efeito, negar, v.g., vigência siste-

---

[47] A respeito do tratamento privilegiado do tema, sugerimos consultar mais aprofundadamente nossa opinião em: *Tutela de Segurança e Tutela da Evidência*, 1995, em que, na primeira parte do trabalho, se questiona a existência de um "Dever Geral de Segurança".

[48] **"Art. 15.** Na ausência de normas que regulem processos eleitorais, trabalhistas ou administrativos, as disposições deste Código lhes serão aplicadas supletiva e subsidiariamente."

[49] **Paulo Cezar Pinheiro Carneiro**, Comentário ao art. 15. In: **Teresa Arruda Alvim Wambier** *et al.* [coords]. *Breves comentários ao novo Código de Processo Civil,* 2015. Para José Miguel Garcia Medina: "Aplicar supletivamente é mais que subsidiariamente, e disso dá conta o próprio sentido de tais expressões: naquele caso, está-se a suprir a ausência de disciplina na lei omissa; a aplicação subsidiária, por sua vez, é auxiliar, operando como que a dar sentido a uma disposição legal menos precisa". José Miguel Garcia Medina. *Novo Código de Processo Civil comentado*: com remissões e notas comparativas ao CPC/1973 (LGL/1973/5), São Paulo: Revista dos Tribunais, 2015, p. 72.

[50] **Bruno Freire e Silva**, A nova aplicação do processo civil ao processo do trabalho: os principais institutos, eficácia, início de vigência e respeito às situações jurídicas consolidadas. In: **Flávio Luiz Yarshell** *et al.* (coord.). *Direito intertemporal*, 2016, p. 94.

[51] Nesse sentido, o Enunciado nº 3 da I Jornada de Direito Processual Civil do CJF. Ver, ainda: **Luiz Fux**. Aplicabilidade do Código de processo civil ao direito processual penal. In: Guilherme Madeira, Gustavo Henrique Badaró e Rogerio Schietti Machado Cruz (Coords.). *Código de processo penal*: estudos comemorativos aos 80 anos de vigência. São Paulo: Revista dos Tribunais, 2022., **Antonio do Passo Cabral, Eugenio Pacelli de Oliveira e Rogério Schietti Cruz** (coords.), *Repercussões do Novo CPC*: Fazenda Pública, 2016; **Anderson de Paiva Gabriel**. *O contraditório participativo no processo penal*: uma análise da fase pré-processual à luz do Código de Processo Civil de 2015 e da Constituição. Rio de Janeiro: Gramma, 2017; **Hermes Zaneti Jr**. *Aplicação supletiva, subsidiária e residual do CPC ao CPP*. In: DIDIER JUNIOR, Fred (Coord.); CABRAL, Antonio do Passo. PACELLI, Eugênio; CRUZ, Rogério Schietti (Org.); *Coleção Repercussões do Novo CPC: Processo Penal*. Salvador: Juspodivm, 2016. Na jurisprudência, destaque-se que a Quinta Turma do STJ afirmou a aplicabilidade do princípio da cooperação, com base na aplicação subsidiária do CPC/2015, admitindo que o juiz intime o membro do Parque para complementar a denúncia apresentando o rol de testemunhas. RHC 37.587-SC, Rel. Min. Reynaldo Soares da Fonseca, julgado em 16/2/2016, DJe 23/2/2016 (Informativo n. 577) Destaque-se também julgado da Sexta Turma do STJ: HC 241.206-SP, Rel. Min. Nefi Cordeiro, julgado em 11/11/2014, DJe 11/12/2014 (Informativo 553).

mática dos precedentes judiciais.[52] ao processo criminal é afrontar, antes de mais nada, a própria Constituição, que exige a isonomia na aplicação da legislação.[53]

Cumpre salientar que o STF, no julgamento da ADI 5.492[54], já declarou a constitucionalidade da expressão "administrativos", insculpida no art. 15 supracitado. *In casu*, o Governador do Estado do Rio de Janeiro sustentava, em síntese, que o dispositivo afrontava os arts. 18 e 25, *caput*, § 1º, da CRFB/1988, pois daria ensejo a interpretação de que abarcaria também os processos administrativos das demais esferas administrativas, como a estadual ou a municipal. No entanto, o dispositivo é translúcido em apontar que a aplicabilidade do CPC/2015 ocorre de forma supletiva e subsidiária[55], isto é, preenchendo eventuais lacunas e complementando normas. Logo, patente o respeito às normas estaduais, distritais ou municipais vigentes ou que venham a ser editadas e, por consequência, a inexistência de violação à autonomia federativa.

---

[52] "O Código de Processo Civil é um importante vetor de interpretação atualizada do Código de Processo Penal, tendo em vista não apenas o fato de ter sido promulgado após a Constituição Federal de 1988, mas principalmente por ter incorporado a noção de supremacia das normas constitucionais sobre todo o ordenamento jurídico, bem como a importância da eficiência do Poder Judiciário. São muitas as peculiaridades individuais envolvendo processo civil e processo penal. Todavia, embora sejam diferentes, não podem divergir naquilo que representa o núcleo comum a ambos, o que se refere justamente aos efeitos diretos e indiretos do fenômeno da filtragem das normas constitucionais e a respectiva prevalência dos direitos fundamentais sobre as normas infraconstitucionais." **Antonio Saldanha Palheiro e Paulo Wunder**. Precedentes persuasivos criminais do Superior Tribunal de Justiça: o caso do Habeas Corpus 598.051/SP. *Revista Brasileira de Ciências Criminais*, vol. 184/2021, out. 2021. p. 339-365.

[53] "O Direito deve ser compreendido, em metáfora às ciências da natureza, como um sistema de vasos comunicantes, ou de diálogo das fontes (Erik Jayme), que permita a sua interpretação de forma holística. Deve-se buscar, sempre, evitar antinomias, ofensivas que são aos princípios da isonomia e da segurança jurídica, bem como ao próprio ideal humano de Justiça" (AgRg no REsp 1483780, Relator: Ministro Napoleão Nunes Maia Filho, Órgão Julgador: Primeira Turma, j. 23.06.2015, *DJe* 05.08.2015).

[54] Sessão Virtual de 14.04.2023 a 24.04.2023.

[55] Nas palavras de José Miguel Garcia Medina: "Aplicar supletivamente é mais que subsidiariamente, e disso dá conta o próprio sentido de tais expressões: naquele caso, está-se a suprir a ausência de disciplina na lei omissa; a aplicação subsidiária, por sua vez, é auxiliar, operando como que a dar sentido a uma disposição legal menos precisa." (**José Miguel Garcia Medina**. *Novo Código de Processo Civil comentado*. São Paulo: RT, 2015. p. 72).

Paulo Cezar Pinheiro Carneiro, Professor Titular de Direito Processual da UERJ, giza da valia da aplicabilidade do CPC/2015 ao processo administrativo: "O art. 5.º, LV, da CF (LGL\1988\3), assegura, aos litigantes em processo administrativo, o contraditório e a ampla defesa, com os meios e recursos a ela inerentes. Diante da previsão, é inegável a importância da aplicação supletiva e subsidiária do novo Código de Processo Civil ao processo administrativo, especialmente as normas que tratam dos direitos fundamentais e da sua respectiva aplicação (arts. 1.º ao 12). O tratamento que o novo Código deu a jurisprudência (arts. 926 a 928) também tem grande importância no processo administrativo." (**Paulo Cezar Pinheiro Carneiro**. *Breves comentários do Código de Processo Civil* (*livro eletrônico*). Teresa Arruda Wambier et al. (coord.). São Paulo: Revista dos Tribunais, 2015. p. 71-72).

No mesmo sentido, preconiza Ada Pellegrini Grinover: "(...) A Constituição de 1988, no artigo 5º, LIV, incluiu expressamente entre as garantias processuais a do devido processo legal e, no inc. LV, afirma que aos litigantes, em processo judicial ou administrativo, e aos acusados em geral serão assegurados o contraditório e a ampla defesa, com os meios e recursos a ela inerentes. Assim, as garantias constitucionais do processo desdobram-se hoje em três planos: a) no plano jurisdicional, em que elas passam a ser expressamente reconhecidas, diretamente como tais, para o processo penal e para o não-penal; b) no plano das acusações em geral, em que a garantia explicitamente abrange todas as pessoas objeto de acusação; c) no processo administrativo, sempre que haja litigantes. E por litigantes entendemos os titulares de interesses em conflito." (**Ada Pellegrini Grinover**. *Ensaio sobre a processualidade: fundamentos* para uma nova teoria geral do processo. Brasília: Gazeta Jurídica, 2016. p. 21-22).

II
HISTÓRICO DO DIREITO PROCESSUAL CIVIL

1. O PROCESSO NO DIREITO ANTIGO

Conforme é sabido, não há uniformidade no método de estudo do processo na sua evolução histórica.

Há os que subdividem esses momentos entre o processo romano, o processo romano-canônico e o processo moderno.[1]

Ambos os sistemas se ajustam em parte ao Brasil, na medida em que a evolução do sistema europeu não é senão o antecedente do próprio processo civil brasileiro, a ele filiado e que surgiu com modelo próprio, séculos depois.

O processo civil romano é correntemente dividido em dois períodos: *ordo judiciorum privatorum* e *cognitio extra ordinem*.[2]

Na *ordo judiciorum privatorum*, o processo é cindido em duas fases: *in iure* e *in judicio*, e subdividido em dois procedimentos: o das *legis actiones* e o *per formulam*.[3]

A denominada fase *in iure* era da escolha da ação da lei ou da fórmula, conforme os procedimentos antes referidos, e a *in iudicio*, perante o *iudex* ou *arbiter*, onde se sucediam a instrução e o julgamento – *sententia*. Nessa fase *in iure*, o réu era convidado pelo autor a comparecer perante o magistrado e, desatendida a ordem, podia ser conduzido (*in ius vocatio*).

A fase *in iudicio* caracterizava-se pelo *decisum*, proferido por autoridade particular, daí a inexistência de recurso, variando, basicamente, no período *per formulam*, pelo balizamento con-

---

[1] Uma visão moderna e simples do processo e seu evolver encontra-se em **Araújo Cintra**, **Ada Pellegrini Grinover** e **Cândido R. Dinamarco**, *Teoria Geral do Processo*, 1974. **Manuel de la Plaza**, *Derecho procesal civil español*, 1951, vol. 1, p. 41. Outros, como **Alcalá-Zamora**, em *Proceso, Autocomposición y Autodefensa*, 1943, p. 105, preferem traçar a evolução a partir de Roma, depois Bolonha, o direito comum e a recepção, a Revolução Francesa e a Codificação napoleônica e a importância de **Büllow** na doutrina e de **Klein** na legislação.

[2] *Ordo judiciorum privatorum* e *cognitio extra ordinem* – é conhecida a afirmação de **Chiovenda** de que o processo moderno se resume no lento retorno à ideia romana ou, como preferia **Cuenca**, "o processo romano constitui a alma e a vida do processo civil moderno" (**Saggi**, *Romanesimo e germanesimo nel processo civile*, p. 181).

[3] Nesse particular, impõe-se assentar que parte da doutrina enceta diferente dicotomia, dividindo o processo civil romano por períodos, conforme o procedimento. Assim, *v.g.*, **Arruda Alvim** menciona o período das ações da lei, o período formulário e o período da *cognitio extra ordinem* (*Curso de direito processual civil*, 1971, p. 14 e ss.). **Frederico Marques** (*Instituições*, vol. 1, p. 105 e ss.) refere-se a *ordo judiciorum* e a *cognitio extra ordinem* como períodos conferindo às ações da lei e à fórmula o caráter de procedimento, posição que nos parece mais correta, haja vista que o traço distintivo dos processos é a intervenção exclusiva judicial, só ocorrente na *cognitio extra ordinem*, porque anteriormente cindia-se na fase perante o pretor e o *iudex* – daí *in iure* e *in judicio*. É bem verdade que cada um desses procedimentos teve vida autônoma, não prevalecendo simultaneamente como os procedimentos atuais, razão maior dessa distinção entre os períodos do processo romano conforme os procedimentos. Nesse sentido, aponta-se que o período das *legis actiones* iniciou-se no ano de 754 a.C. e foi até 149 a.C.; em seguida, inicia-se o período formulário, de 149 a.C. até 209 d.C., e finalmente a *cognitio extra ordinem*, de 209 d.C. até o fim do Império Romano.

ferido ao *iudex* com a fórmula já elaborada, onde constava, inclusive, a manifestação de defesa do réu com a instauração da *litiscontestatio*.

No processo romano das *legis actiones*, as partes em conflito dispunham das "ações da lei", isto é, a situação litigiosa enquadrava-se numa das ações previstas na Lei das XII Tábuas. Consoante se pode observar, o sistema das "ações da lei" era nitidamente processual, no sentido de que as partes não invocavam "seus direitos", mas suas ações. *Ius* e *Actio* eram consideradas duas faces da mesma moeda.[4]

O direito romano desta época caracterizava-se, assim, como atributivo de ações (*legis actiones*) e não de direitos subjetivos, tanto que em magnífica sede doutrinária concluiu-se que as ações davam origem aos direitos e não o inverso, como afirmara a teoria civilista de que "a todo direito corresponde uma ação que o assegura".[5]

Nesse seguimento, cinco eram as ações da lei:

1) *legis actio per sacramentum*;
2) *legis actio per conditionem*;
3) *legis actio per iudicis arbitrive postulationem*;
4) *legis actio per pignoris capionem*; e
5) *actio per manus iniectionem*.

A primeira, *actio per sacramentum*, caracterizava-se pela solenidade com que vindicavam autor e réu, servindo de "ação padrão" diante da especialidade das demais.

A *legis actio per conditionem* caracterizava-se por um procedimento mais simples que a *sacramentum*, e a condição consistia em submeter-se ao *iudex* acaso negado o direito do credor. Exemplifica-se a solenidade com a seguinte passagem: o autor, diante da negativa do réu, afirmava: "Porque negas, exijo que compareças dentro de trinta dias para tomares um juiz".

A *legis actio per iudicis arbitrive postulationem* implicava a postulação ao pretor de indicação de um *iudex* em razão da recusa ou da negativa do réu em reconhecer o direito do autor. A diferença está em que nesta ação o pretor escolhia o árbitro.

A *legis actio per pignoris capionem* tinha cunho executivo e caracterizava-se por ser exercida depois que o credor se apoderava da coisa do devedor sem prévia autorização do magistrado, muito embora se buscasse *a posteriori* a juridicidade do procedimento antecedente e que obedecia também a palavras sacramentais.

A *legis actio per manus iniectionem* era invocada contra o devedor que confessava judicial ou extrajudicialmente a dívida, sendo por isso levado ao magistrado para que verificasse a possibilidade de o credor lançar mão sobre o devedor, sua pessoa ou seu corpo.

Esse procedimento das *legis actiones* era formal, solene e oral. A solenidade e a oralidade somavam-se de tal forma que a invocação errônea da ação levava à perda da mesma.[6]

O processo formulário decorre da expansão romana por toda a península itálica. Impossibilitada a aplicação do *ius civile* aos não romanos, impunha-se criar sistema aplicável aos mesmos, inclusive com uma expansão maior da estrutura *in iure* e *in iudicio*. Instituiu-se, assim, o pretor peregrino, e estabeleceram-se "fórmulas" para dirimir os conflitos entre os não romanos e entre

---

4 **Humberto Cuenca**, *Proceso Civil Romano*, 1957, nº 33, p. 39.

5 **Scialoja**, romanista ímpar, realça essa simbiose entre a *actio* e o *ius* nas seguintes passagens de sua obra *Procedimiento Civil Romano*, 1954, p. 24: "*quien intenta una acción ejercita el propio derecho, precisamente porque la defensa del derecho es un elemento constitutivo del derecho mismo... En el corpus iuris civile las rubricas de los títulos aparecen casi siempre el nombre de la acción, en lugar de aparecer el de los derechos a los cuales corresponden*" (p. 97, nota 2).

6 Clássica a menção a **Gaio**, que retrata a perda de uma ação porque nas *legis actiones* havia previsão para árvores cortadas (*arbor*) e o vindicante mencionara o corte de videiras (*vites*), não contemplado especificamente na Lei das XII Tábuas.

Parte I • II – HISTÓRICO DO DIREITO PROCESSUAL CIVIL | 21

esses e aqueles. O pretor, então, conferia às partes em conflito a "fórmula" e as mesmas escolhiam o árbitro a presidir a instrução e a proferir a *sententia*.

Essa prática proliferou-se mesmo entre os romanos; por isso, o pretor urbano – não peregrino – passou a atuar através de fórmulas nas causas entre os romanos, surgindo, como consequência, a *lex aebutia*, generalizando o procedimento *per formulam* e admitindo resíduo de aplicação das ações da lei, extirpadas, definitivamente, com as duas leis *julias – lex iudiciorum privatorum* e *lex iudiciorum publicorum* – que, mercê de extinguir o primeiro sistema, instituiu o *per formulam*.

A modificação instituída basicamente situa-se na fase *in iure*, isto porque a invocação das *legis actiones* de forma solene sob pena de perda do direito substitui-se com a escolha da fórmula pelo magistrado, seguindo-se à *litiscontestatio* a submissão ao árbitro ou *iudex* escolhido pelas partes ou indicado pelo pretor de seu *album iudicium*. Esse juiz deveria ater-se à fórmula, cuja concessão passava por um juízo de admissibilidade.

O terceiro período do processo romano é o da *cognitio extra ordinem*, que se distancia da *ordo judiciorum privatorum* em razão da atuação de funcionário do governo incumbido da solução dos conflitos judiciais. Lança-se, aí, o embrião da jurisdição.

O denominado processo extraordinário marca a trasladação da justiça privada para a justiça pública, alterando, sobremodo, os traços do procedimento judicial. Assim é que a fase postulatória passa a ser escrita tanto com relação ao pedido quanto à defesa do réu (*libellus conventionis* e *libellus responsionis*).[7]

A citação passa a ser mediata, isto é, por convocação do juízo e não mais da parte autora (da *in ius vocatio* passa-se para a *evocatio*); o procedimento passa a ser unitário e não mais bifásico – *in iure* e *in iudicio* –, submetido à autoridade do Estado; o processo extraordinário extingue-se através de sentença, agora recorrível no duplo efeito, e a *actio judicati* timbra de força coativa estatal a decisão condenatória. As decisões proferidas pelo juiz, no curso do processo, denominam-se *interlocutiones*, porém são irrecorríveis. No processo *extra ordinem*, o juiz passa a exercer a *iurisdictio*, função pública destinada à realização do direito constante do *corpus iure civiles*, como também de questões administrativas emergentes da expansão do Império Romano.

No âmbito ainda do denominado "direito antigo", forçoso afirmar-se que, com a queda do Império Romano e a invasão germano-barbárica, exsurgiram institutos derivados da fusão desses dois sistemas, um evoluído e outro rude, dando surgimento ao cognominado "processo romano--barbárico".

O processo romano-barbárico, porque rudimentar, apresentava traços dessa pouca evolução sociocientífica no âmbito probatório, onde se admitiam os juízos de Deus, segundo os quais este salvaria do duelo ou das provas de fogo e de sangue aqueles que retratavam a verdade, e sobre ela decidia a assembleia. Essa característica assemblear do processo germânico, no qual o juiz era mero orientador do julgamento pela assembleia, representava o fundamento da eficácia *erga omnes* das decisões, mercê da irrecorribilidade daquelas, uma vez que inexistia qualquer órgão superior à assembleia, nem mesmo o conde feudal, que a elas presidia.[8]

Esse processo nitidamente oral e público foi-se expandindo à medida que se expandia a invasão barbárica, e encontrou resistências em Roma e Ravena, que perseveravam na adoção do processo romano. Por influência da cultura romana, na Lombardia – monarquia fundada nessa parte da Península Itálica – engendrou-se uma notável fusão do processo germânico e romano, dando surgimento ao denominado processo romano-longobardo. Afirma-se, também, que o processo romano-barbárico teve uma fase em que foi aplicado no sul da França, por influência do direito canônico, que contribuía para a infiltração das leis romanas no processo leigo, permanecendo o norte regido pelo processo germânico *tout court*.

---

7 Como bem afirmou **Rosenberg**, desaparecem a oralidade e a publicidade para dar lugar ao processo escrito em segredo (*Derecho procesal civil*, vol. 1, p. 15).

8 **Zanzucchi**, *Diritto Processuale Civile*, vol. 1, p. 84.

CURSO DE DIREITO PROCESSUAL CIVIL • *Luiz Fux*

Anota-se, ainda, o período feudal do processo romano-barbárico, que se instalou após a queda do denominado Império Carolíngeo, e que coincide com a estruturação político-judiciária do feudalismo na Europa. Essa fase é considerada como retroativa e decadente para a jurisdição civil, gerando, como consequência, uma expansão da jurisdição eclesiástica.

Segue-se ao processo romano-barbárico o denominado processo romano-canônico ou processo comum, por influência dos pós-glosadores, dos glosadores e da denominada "jurisprudência culta". Impende considerar que nesse período a Itália representava o centro político do mundo e também centro científico de estudos jurídicos, razão da expansão do direito romano. Nessa época, funda-se a Universidade de Bolonha (séc. XIII), considerada como primeiro grande centro de estudos científicos sobre o Direito. As lições dos glosadores da época transpassam as salas de aula e passam à prática judiciária, expandindo-se pela Europa Ocidental, através das glosas, notas lançadas nos textos primitivos romanos, e especialmente as "pandectas", com o escopo de unificar o direito romano. Dentre tantos glosadores, a doutrina universal destaca a figura de Irnério, fundador da Universidade e catedrático de direito romano, cujo saber valeu-lhe o título de *lucerna juris, primus illuminator scientiae nostrae*. Essas glosas eram lançadas com adaptação das necessidades da época sobre os primitivos textos romanos. No âmbito estrito do processo, o discípulo mais famoso de Irnério foi Búlgaro, que na obra *De Judiciis* lançou, através de sua afirmação de que *judicium est actum trium personarum*, o embrião para o conceito do processo como relação jurídica, mais tarde desenvolvido por Bülow.

Essa expansão e validez reconhecida ao direito romano e ao direito canônico para as questões eclesiásticas tornou o processo "comum", no sentido de sua aplicação generalizada sempre que o direito particular do lugar apresentasse lacuna.

A obra dos glosadores e dos pós-glosadores foi condensada por Guilherme Duranti no *Speculum Judiciale*, 1. ed., 1271, e 2. ed., 1286, e a ela deram continuação os pós-glosadores dos séculos seguintes, como Baldo de Ubaldi e Bartolo de Sassoferrato, que viveram no século XIV.[9] À continuação da obra dos glosadores, seguiu-se alto momento de criação jurídica por parte desses comentadores.

O processo comum, sob o ângulo procedimentalista, era considerado moroso, excessivamente formal e complicado.[10] Em consequência, surgiram reclamos quanto à necessidade de um processo mais expedito de soluções rápidas. Anota Liebman que, por influência da Decretal de Clemente V, de 1306, denominada *Clementina Sae-pe*, surge o procedimento sumário, menos complicado, simplificado nas suas formas processuais e com cognição completa, e o sumário também com cognição sumária, designado "executivos". Nesses, segundo a regra *in procedendo* da decretal, atuava-se *simpliciter et de plano ac sine strepitu et figura judiciis*. Essa Constituição Papal influiu em diversos ordenamentos medievais e o processo comum, da península itálica, expandiu-se pela Europa, mantendo sobrevivência longa entre as nações americanas.

Essa unidade jurídico-europeia, imprimida pelo processo comum, sucumbiu com o advento do absolutismo monárquico e suas ordenações consequentes. Na França, as ordenações régias simplificavam o processo civil. É famosa a *Ordonnance* de 1667 de Luís XIV, quase que retratada na íntegra na legislação processual de 1807 – *Code de Procedure Civile* –, que por seu turno influenciou todo o direito continental europeu, ao menos na primeira metade do século XIX. O sistema francês é conhecido pela abolição das formalidades do processo romano-canônico, caracterizando-se pela simplicidade, oralidade, publicidade e ampla dispositividade, observado o papel do juiz como órgão do Estado. É assim que influenciou diretamente, *v.g.*, os Códigos da Bélgica, Rússia, Holanda e, indiretamente, o Código italiano de 1865 e de certa maneira a centenária ordenação alemã *Zivilprocessordnung*, de 1877. Dessa ordenação, derivou o Regulamento Processual Austríaco de

---

9   Nesse passo, impõe-se não olvidar que o direito romano, por meio dos glosadores, encontrava-se em disputa com o direito canônico, que também imprimia a sua exegese, além de assimilar o direito costumeiro germânico.

10 A esse respeito a doutrina de **Goldschmidt**, *Derecho Procesal Civil*, p. 20, e de **Chiovenda**, *Instituições*, vol. 1, p. 207.

Parte I • II – HISTÓRICO DO DIREITO PROCESSUAL CIVIL | **23**

1895, considerado um ponto alto do processo civil moderno pelo aprimoramento dos princípios alemães nele inseridos por obra de Franz Klein.[11]

Sofreram direta influência das ordenações alemã e austríaca os seguintes Códigos: Hungria, Bulgária, Noruega, Polônia, Portugal, Brasil e Itália. Assenta Frederico Marques que somente a legislação ibérica e dos países latino-americanos permaneceu "fiel ao direito comum" (*Instituições*, cit., vol. 1, p. 110). O processo na Península Ibérica também compõe o direito antigo para efeito de verificação da origem dos institutos, tanto mais que se manteve vinculado ao sistema anterior em contraposição à evolução científica da Europa. Em razão das múltiplas invasões por diferentes povos, dois grandes monumentos legislativo-processuais regeram o processo ibérico: o Código de Alarico, que representava um extrato das leis contidas nos Códigos Gregoriano, Hermogeniano e Teodosiano, de algumas novelas, das *institutas* de Gaio, das sentenças de Paulo – *Breviarum Aalaricianum* ou *Aniani,* do ano de 506, que regiam os povos conquistados, enquanto os invasores continuavam regulados pelo seu direito costumeiro – e o Código Visigótico, que revogou o Código de Alarico e se aplicou a todos os povos da Ibéria, também conhecido como *Fuero Juzgo* ou *Forum Judicum,* do ano de 693, diploma de fundo romano-gótico. Historicamente, evidencia-se a preponderância cultural do *Fuero Juzgo* em razão de ter prevalecido após a invasão árabe.

Compunha a Península Ibérica o *Condado Portucalense*, pertencente ao Reino de Oviedo, que se destacou em 1139 da península, vindo a representar a base político-geográfica de Portugal. Quanto à legislação portuguesa, no campo do processo permaneciam a *Fuero Juzgo* e algumas *Cartas Forais.* A primeira grande lei, entretanto, de Portugal, mercê de sua estrutura cultural própria, foram as *Ordenações Afonsinas,* baixadas pelo Rei Afonso V, no ano de 1446, que vigoraram até 1521, quando substituídas pelas *Ordenações Manuelinas,* baixadas pelo Rei D. Manuel.[12] Posteriormente, e com notável importância para o Direito brasileiro, foram baixadas pelo Rei Felipe II da Espanha e I de Portugal as *Ordenações Filipinas*, que apresentavam, no Livro III, a parte processual, subdividida em fase postulatória, instrutória, decisória e executória. Além dessa regulação, ainda previa, o citado diploma antigo, o processo ordinário, os processos sumários e os especiais.

O mais ilustre doutrinador das ordenações foi o reinícola Mendes de Castro. A ele seguiram-se os denominados "praxistas", destacando-se: Pereira de Souza, com suas *Primeiras Linhas*, adaptadas ao foro brasileiro por Teixeira de Freitas; Almeida e Souza, também conhecido como Lobão, que escreveu *Segundas Linhas sobre o Processo* e *Ações Sumárias e Execução de Sentença,* e Correa Telles, cujo 4º volume de seu *Digesto Português* denominava-se "doutrina das ações", adaptada para o Direito brasileiro, também por Teixeira de Freitas. Em termos de direito antigo, cumpre-nos, por fim, a abordagem do Direito brasileiro, da antiguidade até os dias atuais, partindo-se, exatamente, daquele praticado pela Península Ibérica, que influenciou Portugal, do qual o Brasil foi colônia.

2. DIREITO BRASILEIRO ANTERIOR E DIREITO VIGENTE

2.1 Ordenações lusitanas

O processo civil, ao tempo do Brasil-colônia, estava regulado no Código Filipino, que imensa influência exerceu, *a posteriori*, na legislação brasileira. Promulgadas em 11 de janeiro de 1603, pelo rei D. Felipe II, de Espanha e, I, de Portugal, as Ordenações Filipinas imprimiram funda reforma, codificando a legislação portuguesa. Diploma de tamanha envergadura cultural, foram reafirmadas, em 1643, por D. João IV, malgrado a revolução de 1640.

---

[11] A esse respeito, **James Goldschmidt**, *Derecho Procesal Civil*, p. 37-47.

[12] Impende considerar, que antes de Afonso V, reinou em Portugal Afonso III, com formação jurídica parisiense e que por isso dedicou-se à reestruturação da justiça e do processo, estimulando o estudo do direito romano dos glosadores. Sua obra foi complementada por D. Dinis, que, além de criar, em 1308, a Universidade de Lisboa, mandou traduzir a Lei das Sete Partidas, organizada a mando de Afonso X, de Castela, de substância romana e que se refletiu na legislação portuguesa.

24 | CURSO DE DIREITO PROCESSUAL CIVIL • *Luiz Fux*

As Ordenações Filipinas, por seu turno, eram o retrato legislativo do Direito comum praticado na Europa medieval.[13]

Consoante visto no direito antigo, a Europa foi-se libertando do Direito comum à medida que avançava nos seus domínios a legislação francesa pós-monarquia e revolução, notadamente o Código Napoleônico. Entretanto, Portugal e Espanha ficaram alheios a esse processo, mantendo rígidas as instituições do processo comum.

Fenômeno análogo ocorreu com a nação brasileira quanto ao apego ao Direito comum. É que, segundo os nossos historiadores, mantivemo-nos presos às Ordenações Filipinas, mesmo após a nossa Independência, conquanto Portugal já tivesse abolido o Código de Felipe II.[14]

Esse apego duradouro marcou o desabafo inteligente de que a presença das linhas básicas do processo comum nas legislações que antecederam o Código de 1939, inclusive o famoso e decantado Regulamento nº 737, revelavam "atestado de falta de cultura jurídica no campo do direito processual da época que foi elaborado".[15]

Num sentido amplo, diz-se que as Ordenações perduraram no âmbito do processo civil, uma vez que tanto o Código de Processo Criminal do Império, que continha disposição provisória acerca da justiça civil, quanto o Regulamento nº 737, de 1850, mantinham na essência e estrutura o processo das Ordenações de fundo romano-canônico. A regulação das causas cíveis através de leis esparsas levou o governo de então – 1871 – a corporificá-las em um único ordenamento, denominado Consolidação das Leis do Processo Civil do Conselheiro Ribas que, aprovado por resolução imperial de 1876, passou a ter força de lei.

Proclamada a República, as causas cíveis mantinham-se reguladas pelas Ordenações Filipinas, complementadas pela Consolidação, e as comerciais, pelo Regulamento nº 737. Entretanto, o Governo Provisório de 1890 determinou que às causas cíveis também se aplicasse o Regulamento nº 737; por isso, somente os procedimentos especiais e os de jurisdição voluntária, nele não previstos, continuaram a obedecer às regras das ordenações.

2.2 Códigos estaduais

Promulgada a Constituição de 1891, estabelecendo a forma federativa, foi instituída a dualidade de "justiça e de processos", autorizando-se os Estados a legislar infraconstitucionalmente no campo processual. É a fase dos Códigos Estaduais de Processo Civil.[16]

Os Estados iniciaram, então, estudos para promulgação de seus Códigos, aplicando-se o Regulamento nº 737 e as Ordenações nesse vácuo de espera das legislações processuais estaduais.

A partir de 1905, começaram a surgir os primeiros Códigos, como os do Pará, da Bahia e de Minas Gerais, sendo certo que, por obra da genialidade de Espínola, não obstante "ter sido um dos primeiros", o Código baiano revelava os avanços do processo alcançado na Alemanha. Em parte, também se aponta a evolução dos Códigos do Distrito Federal e de São Paulo, este um dos últimos a serem promulgados e que recebeu os comentários, que o enriqueceram, de Câmara Leal.

A revolução de 1930 propunha-se a uma reformulação legislativa geral do país, tendo criado comissões para tanto. Contudo, a instalação da Constituinte de 1934 tornou inoperantes os trabalhos antecedentes, tanto mais que se perfaziam estudos para modificações nos Códigos Estaduais, e a

---

[13] **Liebman**, "Istituti del Diritto Commune nel Processo Civile Brasiliano", *Studi in Onore di Enrico Redenti*, cit., vol. 1, p. 588.

[14] **Waldemar Ferreira**, *História do Direito Brasileiro*, vol. 1, p. 331, informa que "tiveram as Ordenações Filipinas eficácia no Brasil mais de três séculos, ou seja, 312 anos, 58 mais que em Portugal".

[15] **Frederico Marques**, *Instituições*, cit., vol. 1, p. 120. **Liebman**, no vol. 1 das *Instituições de Chiovenda*, nas notas da p. 215, 1943, afirma que "o Brasil manteve-se fiel à tradição da mãe-pátria: o Regulamento nº 737, de 25.11.1850, reproduz substancialmente o processo das Ordenações com toda sua lentidão e rigidez e os códigos estaduais a seu turno nele se inspiraram".

[16] A esse respeito, ver a coleção "Códigos Estaduais Brasileiros de Processo Civil", da Editora Thoth.

Parte I • II – HISTÓRICO DO DIREITO PROCESSUAL CIVIL

Constituição promulgada em 16 de julho de 1934 restabelecia o sistema da "unidade" do processo, tornando competência exclusiva da União, e supletiva dos Estados, a elaboração de leis processuais.

2.3 Códigos de Processo Civil de 1939 e 1973

Desta sorte, os Estados mantiveram-se regidos pelos seus Códigos até o advento do Código Nacional de Processo. Esses trabalhos sofreram solução de continuidade em razão do golpe que deu ensejo ao surgimento do Estado Novo. Outorgada a Carta de 1937, foi mantida a unidade processual e encomendado novo projeto.

Em razão de desavenças na Comissão constituída por Álvaro Mendes Pimentel, Mucio Continentino, Edgard Costa, Goulart de Oliveira e Pedro Batista Martins, acabou prevalecendo, como projeto oficial, o trabalho deste último processualista de porte. Esse projeto, submetido a críticas e sugestões e com a farta colaboração de Guilherme Estelita, converteu-se no denominado "Código de 39".

A existência de inúmeras leis extravagantes regulando procedimentos especiais e a morosidade da prestação jurisdicional em razão dos instrumentos previstos no Código de 1939 foram as razões determinantes para a encomenda encetada, em 1963, ao jurista Alfredo Buzaid, no sentido de apresentar anteprojeto de CPC, o que foi feito em janeiro de 1964. Esse anteprojeto foi submetido ao crivo de comissão constituída em 1969 pelos insignes juristas processuais Machado Guimarães, José Frederico Marques e Luiz Antonio de Andrade.

Em 1972, após a assunção da pasta da Justiça, o então Ministro Buzaid submeteu a novo reexame o trabalho da comissão antes constituída pelos seus próprios componentes, com exceção do professor Machado Guimarães, falecido, e que foi substituído por José Carlos Moreira Alves, Ministro aposentado do Supremo Tribunal Federal.

Esse trabalho converteu-se no Projeto de Lei nº 810/1972 e na Lei nº 5.869/1973, que instituiu o CPC, também denominado "Código de 1973".

2.4 Código de Processo Civil de 2015

Passados quase 40 anos, a sociedade brasileira, por meio do Senado Federal, passou a discutir a necessidade de atualização e nova sistematização de um conjunto de normas e regras que estivessem em harmonia com seus novos anseios, quais sejam, de obtenção de uma tutela jurisdicional célere, adequada e efetiva.

Neste afã, o Senado Federal instituiu uma Comissão de Juristas encarregada de elaborar Anteprojeto do atual CPC, pelo Ato nº 379, de 2009, do Presidente do Senado Federal, de 30 de setembro de 2009.

Aprovado no Congresso Nacional com diminutas alterações, veio a lume o CPC de 2015, por meio de Lei nº 13.105, de 16 de março de 2015, que entrou em vigor no dia 17 de março de 2016.

Os tempos hodiernos reclamam por uma justiça acessível ao povo, que conceda ao cidadão uma resposta justa e tempestiva,[17] apta a nutrir o respeito ao órgão que a presta[18] – o Poder Judiciário – e a credibilidade necessária diante da cláusula pétrea constitucional da "inafastabilidade da jurisdição".[19]

---

[17] Neste aspecto, mister consultar: **Mauro Cappelletti,** Aspectos sociales y políticos del procedimiento civil. *Proceso, ideologías, sociedad,* 1974, p. 33-90.

[18] Não passou despercebido pela Comissão que o Poder Judiciário vivencia vertiginosa ascensão. Tem sido a última palavra sobre as questões de Estado, não só aqui, como alhures. Sobre o tema, vale transcrição de trecho de citações de Tocqueville: "Não existe praticamente questão política nos Estados Unidos que não seja resolvida cedo ou tarde como se fosse uma questão judiciária. Daí a obrigação dos Partidos, em sua polêmica diária, de tomar emprestadas à justiça suas ideias e sua linguagem" (**Alexis Tocqueville.** *De la démocratie en Amérique.* Coll. Garnier-Flammarion, 1993, p. 47). Também justifica, em larga escala, a quantidade de processos enfrentados pelo Judiciário o caráter beligerante apontado por algumas vozes enquanto elemento cultural pátrio, bem como se preferir, constantemente, a judicialização de conflitos, sem prévia tentativa de conciliação ou negociação.

[19] **"Art. 5 da CF.** XXXV – A lei não excluirá da apreciação do Poder Judiciário lesão ou ameaça a direito". A dicção constitucional abarca a tutela repressiva (lesão) e a tutela preventiva ou inibitória (ameaça a direito), quer de natureza cautelar, quer de natureza satisfativa."

Primeiramente, verificaram-se causas que impediam o Judiciário brasileiro de conceder uma resposta judicial "pronta e célere", concluindo nessa primeira etapa que o processo, conquanto instrumento de realização da justiça monopolizado pelo Estado, apresentava na sua configuração solenidades obrigatórias que por si só contribuíam para a demora da resposta judicial.

Esse conjunto de problemas judiciais tornou evidente a velha expressão de Eduardo Couture, jurista uruguaio de escola que afirmara com propriedade nos seus *Fundamentos de derecho procesal civil* que a justiça retardada nada mais era do que "justiça denegada".[20]

Concluiu-se, por conseguinte, que passados 37 anos do Código de 1973, impunha-se elaborar um novo ordenamento, atento aos novos reclamos eclipsados na cláusula constitucional da "duração razoável dos processos", bem como erigir novéis institutos e abolir outros que se revelaram ineficientes ao longo do tempo, com o escopo final de atingir a meta daquilo que a genialidade do processualista denominou uma árdua tarefa para os juízes: "Fazer bem e depressa."[21]

A Comissão, considerando a existência de bons materiais aproveitáveis do Código em vigor (1973),[22] bem como a firmeza na crença de que a tarefa não se realizaria por meio do mimetismo que se compraz em apenas repetir erros de outrora, dedicou-se à criação de um "novo código"[23] apto a reduzir o número de demandas e recursos que tramitam no Poder Judiciário, fatores inegavelmente responsáveis pela morosidade judicial.

É mister destacar o caráter democrático-participativo dessa novel codificação. É que o anteprojeto foi submetido à integralidade da comunidade científica e laica, abrindo rumo à edificação de um código da nação brasileira.[24]

A sociedade brasileira teve a oportunidade de ser ouvida, máxime porque o processo revela-se precioso instrumento de prestação soberana de justiça pelo Estado.

Nesse segmento, criou-se uma página virtual no Senado mercê de realização de quase uma centena de audiências públicas em pontos estratégicos do território nacional, tudo com o escopo de recebimento de sugestões. Os números indiciam a legitimidade democrática do novo texto processual, a saber: a) a página virtual do Senado recebeu milhares de sugestões; b) as audiências públicas ofereceram 240 sugestões; c) 200 sugestões foram recolhidas de memoriais da comunidade jurídica como um todo, aí compreendidos os vários segmentos judiciais da advocacia pública e privada da comunidade científica por meio de seus institutos, como o Instituto Brasileiro de Direito Processual; d) todos os projetos de lei em tramitação das casas legislativas foram englobados no novel código. Enfim, a sociedade brasileira falou e foi ouvida, na medida em que 80% das sugestões foram acolhidas.

---

[20] A Corte Europeia de Direitos Humanos costuma verificar eventual desrespeito à cláusula de duração razoável dos processos pela lente de observação de três critérios principais, a saber: a complexidade da causa; o comportamento das partes e dos seus procuradores; e a atuação do órgão jurisdicional.

[21] A expressão é de **José Alberto dos Reis,** A figura do processo cautelar. Separata do *Boletim do Ministério da Justiça,* 1947.

[22] A advertência é de Niceto Alcalá Zamora y Castillo, na Exposição de Motivos do CPC de 1939, assim repisada por Buzaid: "Entram em jogo dois princípios antagônicos de técnica legislativa: o da *conservação* e o da *inovação.* Ambos se harmonizam, porque, se o primeiro torna menos perturbadora a mudança, o segundo remedeia os males observados durante a aplicação do Código. O reformador não deve olvidar que, por mais velho que seja um edifício, sempre se obtêm, quando demolido, materiais para construções futuras".

[23] A perplexidade e o desafio são de todos os tempos, como demonstram as palavras de Chiovenda por ocasião da reforma italiana: "*Convien decidersi a una riforma fondamentale o rinunciare alla speranza di un serio progresso*" (**Giuseppe Chiovenda**, *La riforma del procedimento civile,* 1911, p. 4).

[24] Assim, a própria metodologia utilizada teve a preocupação de dialogar com o Estado Democrático de Direito vivenciado na atual conjuntura nacional. Neste peculiar, observando a lição de Goffredo da Silva Telles, para quem o Estado Democrático de Direito se caracteriza por três notas essenciais, a saber: "Por ser obediente ao Direito, porque suas funções são as que a Constituição lhe atribui e porque, ao exercê-las, o Governo não ultrapassa os limites de sua competência; é guardião dos Direitos, porque o Estado de Direito é o Estado-Meio, organizado para servir o ser humano, ou seja, assegurar o exercício das liberdades e dos direitos subjetivos das pessoas; é aberto para as conquistas da cultura jurídica, porque o Estado de Direito é uma democracia, caracterizado pelo regime de representação popular nos órgãos legislativos e, portanto, é um Estado sensível às necessidades de incorporar à legislação as normas tendentes a realizar o ideal de uma Justiça cada vez mais perfeita" (**Goffredo da Silva Telles Júnior**, Carta aos brasileiros. *Revista da Faculdade de Direito da USP,* v. 2, p. 411, 1977).

O novel código enfrentou as barreiras da morosidade através de criativas soluções.

O primeiro enfrentamento revelou, de plano, três fatores que representavam as causas mais significativas de longa duração dos processos.

A primeira, tributada ao excesso de formalidades do processo oriunda da era do Iluminismo,[25] na qual reinava profunda desconfiança sobre o comprometimento do Judiciário com o ancião regime, razão que conduziu os teóricos da época a formular técnicas de engessamento dos poderes judiciais.[26]

Assim, evidencia-se a concessão de legitimidade da obtenção do bem da vida pretendido, porquanto o indivíduo não possa se valer das próprias forças para retirar um bem do patrimônio de outrem ou obrigá-lo a fazer ou deixar de fazer algo, ao seguir as determinações previstas no ordenamento, a conduta coercitiva remete a uma legitimidade a partir da teoria do pacto social, na qual a sociedade remete parcela de sua liberdade para que o Estado promova a harmonia e o bem comum, após uma aceitação dessas regras. Destarte, as normas estabelecidas no ordenamento formam o resultado da conjugação da vontade geral legitimando a atuação do Estado na sua conduta invasiva no patrimônio jurídico de um indivíduo.[27]

Entretanto, essa cultura de formalismo chegou a um ponto em que impôs ao processo um excesso de etapas até o advento da solução judicial, que a morosidade decorrente acabou por

---

[25] Tratando-se de tutela cautelar que resguarda a utilidade prática do processo principal, *v.g.*, a constrição de bens do arresto garantidor de futura execução, justifica-se exigir a propositura da ação principal em prazo peremptório. Afinal, o juízo terá concedido a medida urgente com base em mera aparência em razão da urgência e da promessa de que adviria o processo principal, propiciando uma análise mais aprofundada do direito da parte.

Diferentemente, a tutela antecipada é satisfação antecipada na mesma relação processual em que se vai definir o direito ao final. Isso significa dizer que o juiz pode adiantar os efeitos práticos que advirão do pronunciamento final de procedência. Desta sorte, não há processo outro a instaurar e tudo se passa na mesma relação processual. Imperioso que se assente com clareza que a antecipação de tutela se opera no plano da realizabilidade prática e não no plano normativo. É adiantamento dos efeitos práticos do provimento, como a entrega de uma coisa ou o pagamento de alimentos provisionais, sem que haja uma "sentença provisória", tanto mais que a própria lei explicita que deferida a antecipação o processo prossegue em direção ao seu destino que é a prolação da sentença.

Ressalta claro que a tutela de urgência não se submete à ritualidade da execução tradicional. A sua efetivação se opera *simpliciter et de plano*, como sói exigir uma resposta judicial pronta. Não há execução "com intervalo" senão sincrética, no mesmo processo, e imediatamente acompanhada de medidas de apoio que a tornem realidade. Esta mandamentalidade, mercê de restaurar a figura soberana do magistrado, abandonando aquela outra burocrático-judicial, criminaliza o descumprimento da ordem, diferentemente do que se observa na sentença condenatória, que encerra uma mera "declaração" concitando o vencido para que cumpra a decisão. Há executividade intrínseca no comando decisório de urgência, como preconizava Liebman, de tal sorte que mais apropriado é denominar-se a sua realização prática de "efetivação ou atuação", como o fazem nossos matizes europeus.

Nesse ângulo, aproximam-se os sistemas do *civil law* e do *common law* ao eclipsarem na figura do magistrado o antigo pretor romano dos interditos e do *imperium iudiciis*.

Outrossim, muito embora não se possa afirmar a existência de uma unanimidade a respeito, a repercussão enérgica na esfera jurídica do seu destinatário faz com que o juízo da medida de urgência obedeça ao princípio da menor onerosidade possível e ao da proporcionalidade do provimento, conferindo solução adequada e sob medida, evitando criar um prejuízo maior do que se pretende evitar e, para tal, analisando a liceidade do sacrifício de um interesse à custa de outro, na visão metodológica de Karl Larenz.

[26] Interessante passagem sobre a nova expectativa social sobre os juízes: "(...) Entre outras demonstrações deste 'entulho' individualista, lugar de destaque pertence às posições que defendiam deve ser reduzida a participação e os poderes do juiz, ficando o processo (e principalmente seus resultados) totalmente entregue à sorte decorrente da iniciativa (ou falta de iniciativa) das partes. Esta concepção, hoje ultrapassada, de repúdio ao juiz ativo e participativo, era corolário da filosofia preponderantemente liberal e inidividualista que dominava o pensamento do século passado e baseava sua visão de mundo nos conceitos de liberdade, igualdade formal e propriedade, os quais eram estudados sob o enfoque do indivíduo, ou seja, sem que houvesse uma maior preocupação com a repercussão que o exercício de tais direitos pudesse ter em relação à coletividade. Neste contexto, era deixada para o Estado uma função secundária que vinha sintetizada pelo ideal do Estado Mínimo" (**José Carlos Baptista Puoli**, *Os poderes do juiz e as reformas do processo civil*, 2002, p. 22).

[27] **Irapuã Santana do Nascimento da Silva,** *Princípio da igualdade na mediação e o acesso à justiça*, 2016, p. 51-52.

CURSO DE DIREITO PROCESSUAL CIVIL • *Luiz Fux*

emprestar às formas usuais de prestação de justiça ineficiência alarmante, gerando a consequente insatisfação popular e o descrédito do Poder Judiciário.

A segunda causa enfrentada revelou a litigiosidade desenfreada advinda, paradoxalmente, da conscientização da cidadania exsurgente da Carta Pós-positivista de 1988.[28] O povo, a partir da percepção de seus direitos tutelados pela carta cidadã,[29] introjetou em sua cultura cotidiana a busca pela tutela judicial dos seus direitos supostamente lesados ou ameaçados de lesão. O acesso à justiça tornou-se o direito dos direitos, o pressuposto inafastável de efetivação de todos os demais direitos.[30]

A terceira causa revelou o excesso de recorribilidade decorrente da previsão legal de inúmeros meios de impugnação das decisões judiciais, denominada "prodigalidade recursal", a par da efetiva utilização na praxe forense dos recursos, como meio de retardar a consagração da vitória do litigante portador do melhor direito.[31] Nesse sentido, os dados estatísticos comprovaram o número excessivo de recursos utilizados, sem paradigma no direito comparado. Assim, *v.g.*, a Corte Suprema Americana, além do poder de eleição das impugnações que irá julgar, decide "anualmente

---

[28] Porém, à medida que aumentou enormemente a demanda pela tutela jurisdicional, diminui a capacidade estatal de "expandir os serviços de administração da justiça de modo a criar uma oferta de justiça compatível com a procura então verificada". E isto porque, consoante nos ensina Boaventura de Souza Santos, esta explosão de litigiosidade se deu justamente na década de 1970, momento de crise do Estado-providência, de redução progressiva dos recursos financeiros estatais e da sua crescente incapacidade de arcar com os compromissos assistenciais e previdenciários assumidos para com as classes populares na década anterior (**Boaventura de Souza Santos,** Introdução à sociologia da Administração da Justiça. *Direito e justiça*: a função social do Judiciário, 1989, p. 44).

[29] Neste sentido, ver, **Marc Amstutz; Andreas Abegg; Vaios Karavas,** Civil Society Constitucionalism: The Power of Contract Law. *Indiana Journal of Global Legal Studies*, v. 14, 2007, p. 235-258.

[30] Neste sentido, **Cappelletti** e **Garth** asseveram: "Nos estados liberais 'burgueses' dos séculos XVIII e XIX, os procedimentos adotados para solução de litígios civis refletiam a filosofia essencialmente individualista dos direitos, então vigorante. Direito ao acesso à proteção judicial significava essencialmente o direito formal do indivíduo agravado de propor ou contestar uma ação. A teoria era de que, embora o acesso à justiça pudesse ser um 'direito natural', os direitos naturais não necessitavam de uma ação do Estado para sua proteção. Esses direitos eram considerados anteriores ao Estado; sua preservação exigia apenas que o Estado não permitisse que eles fossem infringidos por outros. O Estado, portanto, permanecia passivo com relação a problemas tais como aptidão de uma pessoa para reconhecer seus direitos e defendê-los, adequadamente, na prática. Afastar a 'pobreza no sentido legal' – a incapacidade que muitas pessoas têm de utilizar plenamente a justiça e suas instituições – não era preocupação do Estado. A justiça, como outros bens, no sistema do *laissez-faire*, só podia ser obtida por aqueles que pudessem enfrentar seus custos (...). O acesso formal, mas não efetivo à justiça, correspondia à igualdade, apenas formal, mas não efetiva (...). À medida que as sociedades do *laissez-faire* cresceram em tamanho e complexidade, o conceito de direitos humanos começou a sofrer uma transformação radical. A partir do momento em que as ações e os relacionamentos assumiram, cada vez mais, caráter mais coletivo que individual, as sociedades modernas necessariamente deixaram para trás a visão individualista dos direitos, refletida nas 'declarações de direitos', típicas dos séculos XVIII e XIX. O movimento fez-se no sentido de reconhecer os direitos e deveres sociais dos governos, comunidades, associações e indivíduos (...). Entre esses direitos garantidos nas modernas constituições estão os direitos ao trabalho, à saúde, à segurança material e à educação. Tornou-se lugar-comum observar que a atuação positiva do Estado é necessária para assegurar o gozo de todos esses direitos básicos. Não é surpreendente, portanto, que o direito ao acesso efetivo à justiça tenha ganhado particular atenção na medida em que as reformas do *welfare state* têm procurado armar os indivíduos de novos direitos substantivos em sua qualidade de consumidores, locatários, empregados e, mesmo, cidadãos. De fato, o direito ao acesso efetivo tem sido progressivamente reconhecido como sendo de importância capital entre os novos direitos individuais e sociais, uma vez que a titularidade de direitos é destituída de sentido, na ausência de mecanismos para sua efetiva reivindicação. O acesso à justiça pode, portanto, ser encarado como o requisito fundamental – o mais básico dos direitos humanos – de um sistema jurídico moderno e igualitário que pretende garantir e não apenas proclamar os direitos de todos" (**Mauro Cappelletti; Bryant Garth.** *Acesso à justiça*, 2008, p. 9).

[31] Daí ter Ulpiano, há dois mil anos, preconizado no Digesto "*Appellandi usus quam sit frequens, quamque necessarius, nemo est qui nesciat...* (Ninguém ignora como o uso da apelação é frequente e como é necessário)... *licet nonnunquam benelata sententiae in pejureformet Boehmer*" (pois corrige a iniquidade ou imperícia dos julgadores, embora às vezes reforme para pior as sentenças proferidas, porque o fato de julgar por último não implica julgar melhor). Texto original de **Ulpiano**, *Digesta Iustiniani: Liber 49*; Coleção Mommsen & Krüger. Tradução livre para português.

de menos de uma centena (100) recursos, ao passo que os Tribunais Superiores do Brasil têm no seu acervo 250.000 (duzentos e cinquenta mil) recursos para julgamento".[32]

Desta sorte, patenteou-se como evidente que os três fatores preponderantes a serem enfrentados para a efetivação da duração razoável dos processos sintetizavam-se em três grupos: I) o excesso de formalismos do processo civil brasileiro; II) o excessivo número de demandas; e III) a prodigalidade recursal na ótica brasileira apontada.[33]

A tarefa da criação do novo ordenamento foi árdua, tanto mais que redobrado demonstrava-se o cuidado em não transgredir garantias constitucionais[34] dirigidas ao legislador ordinário, *v.g.*, o contraditório, o devido processo legal, a ampla defesa e os recursos a ela inerentes, dentre outros.

A cultura ultrapassada do formalismo foi enfrentada mediante a adoção de uma série de soluções, *v.g.*, a preponderância da questão de fundo sobre a questão de forma, a possibilidade de adoção de um procedimento das partes, a conciliação *initio litis* e a eliminação da duplicação dos processos principal e cautelar com a tutela provisória de urgência e da evidência foi inaugurada, assim, uma única relação processual.[35-36]

O excesso de demandas, mercê de pertencer ao campo interdisciplinar da sociologia jurídica, encontra amparo na cláusula do acesso à justiça,[37] garantido pelo princípio constitucional de que nenhum direito ou ameaça a direito deve escapar à apreciação do Poder Judiciário (art. 5º, XXXV, da CF).

---

[32] Uma compreensão do tema encontra-se em **Lawrence Baum**, *A Suprema Corte Americana*, 1987.

[33] Como bem destacado na exposição de motivos pela relatora Teresa Alvim Wambier: "Bastante simplificado foi o sistema recursal. Esta simplificação, todavia, em momento algum significou restrição ao direito de defesa. Em vez disso, deu, de acordo com o objetivo tratado no item seguinte, maior rendimento a cada processo individualmente considerado" (**Teresa Arruda Wambier,** Exposição de Motivos. *Código de Processo Civil*: anteprojeto/Comissão de Juristas responsável pela Elaboração de Anteprojeto de Código de Processo Civil, 2010).

[34] A constitucionalização do processo civil moderno é decorrência do pós-positivismo, aduzindo-se mesmo a um modelo constitucional de processo, expressão inspirada na obra de **Italo Andolina; Giuseppe Vignera**. *Il modello constituzionale del proceso civile italiano*: corso di lezion, 1990. O processo perpassa pelo tecido constitucional no afã de conferir maior efetividade aos direitos fundamentais.

[35] A passagem doutrinária ilustra bem o que tentamos superar: "Quando o investimento no processo aparece aos olhos da pessoa como desproporcional ao proveito a postular e em face do risco assumido, ele constitui freio inibitório ao exercício da ação e possivelmente será mais um fator de permanência de insatisfações. A esses óbices, somem-se aqueles relacionados com o modo de ser dos processos (lentos na apresentação de resultados e fonte de incômodos para as próprias partes, testemunhas, etc.) e ter-se-á como avaliar todo o custo social a que eles estão sujeitos. (...) Causa jurídica de estreitamento da via de acesso à justiça e à disciplina da *legitimatio ad causam* ativa, no processo civil individualista que herdamos e praticamos. Em princípio, por expressa disposição legal, a cada um cabe defender em juízo somente os seus próprios direitos, reputando-se excepcionalíssimos e de direito estrito os casos de substituição processual. Tal disciplina consiste numa interpretação acanhada e insuficiente da garantia constitucional da ação e da inafastabilidade do controle jurisdicional, em contraste com as tendências solidaristas do Estado e do direito contemporâneos. Aquela linha de legitimação individual, válida na maioria dos casos, corresponde ao tratamento 'atômico' tradicionalmente dado aos conflitos, sem cogitar da dimensão supraindividual que estes podem muitas vezes apresentar; sucede-lhe agora o impulso doutrinário no sentido de molecularização do direito e do processo, ou seja, do tratamento dos conflitos a partir de uma ótica solidarista e mediante soluções destinadas também a grupos de indivíduos e não somente a indivíduos enquanto tais" (**Cândido Rangel Dinamarco,** *A instrumentalização do processo*, 2003, p. 340-341).

[36] Há sistemas que preconizam a ausência de preclusão e a possibilidade de revisão, ao final de todo o material decidido. Acerca de uma resenha sobre as vantagens e desvantagens consulte-se, por todos, **Barbosa Moreira**. *Comentários ao Código de Processo Civil*, p. 488. Nesses comentários, o autor aponta para a via média de discriminar decisões agraváveis de pronto, tal como adotado pelo anteprojeto.

[37] "Tornou-se lugar-comum observar que a atuação positiva do Estado é necessária para assegurar o gozo de todos esses direitos sociais mais básicos. Não é surpreendente, portanto, que o direito ao acesso efetivo à justiça tenha ganho particular atenção na medida em que as reformas do *welfare state* têm procurado armar os indivíduos de novos direitos substantivos em sua qualidade de consumidores, locatários, empregados e, mesmo, cidadãos. De fato, o direito ao acesso efetivo tem sido progressivamente reconhecido como sendo de importância capital entre os novos direitos individuais e sociais, uma vez que a titularidade de direitos é destituída de sentido, na ausência de mecanismos para sua efetiva reivindicação. O acesso à justiça pode, portanto, ser encarado como o requisito fundamental – o mais básico dos direitos humanos – de um sistema jurídico moderno e igualitário que pretende garantir e não apenas proclamar os direitos de todos" (**Mauro Cappelletti,** Acesso à justiça. Separata da *Revista do Ministério Público do Estado do Rio Grande do Sul*, p. 11-12).

30 | CURSO DE DIREITO PROCESSUAL CIVIL • *Luiz Fux*

Esse quantitativo de demandas estava intimamente vinculado ao denominado "contencioso de massa",[38] no qual milhares de ações em trâmite no território nacional versavam a mesma questão jurídica, revelando ações homogêneas que não deveriam ser reguladas processualmente como aquelas que compõem a litigiosidade de varejo.

Erigiu-se, então, o denominado incidente de resolução de demandas repetitivas instaurado em cada unidade federativa, perante o primeiro grau de jurisdição para o tribunal, possibilitando ao juiz, às partes, à Defensoria Pública ou ao Ministério Público provocarem uma manifestação dos tribunais locais sobre as ações com identidade de questões jurídicas.

O incidente, uma vez instaurado, tem a sua admissibilidade aferida pelo tribunal que pode impor a suspensão das ações idênticas juridicamente, no âmbito da sua competência, antes de apreciar o mérito da questão.

Destarte, a possibilidade de interposição de recurso extraordinário ou recurso especial habilita esses tribunais superiores a suspenderem todas as ações em tramitação no território nacional, mediante análise de *simplex petitio* nesse sentido, formulável por qualquer interessado.

Uma vez decidida a questão jurídica homogênea, cada ação individual retoma a sua marcha em primeiro grau, obedecendo ao julgamento da *questio* comum.

O incidente revela-se vantajoso ao permitir a solução de milhares de demandas com idêntica questão jurídica, por meio de solução única, mercê de tornar obrigatória a normatização adotada que irá influir, inclusive na admissibilidade de eventuais recursos para os tribunais locais ou superiores, porquanto fixada a tese, a sua adoção será obrigatória.

O registro eletrônico no Conselho Nacional de Justiça (CNJ) dos incidentes de resolução de demandas repetitivas suscitados nas unidades federadas do país permite aos tribunais adotar providências preventivas tendentes a evitar futuras decisões contraditórias mediante a suspensão preventiva dos processos.[39]

O excesso de recursos recebeu como solução a limitação da utilização do agravo de instrumento, permitido para hipóteses excepcionais, *v.g.*; nos casos de tutela liminar de urgência e da evidência (direitos líquidos e certos); inclusive com sustentação oral, decisões interlocutórias de mérito e decisões interlocutórias no processo de execução, porquanto este último não pode passar à sua fase seguinte sem a superação da fase anterior. Igualmente, excluiu-se a modalidade de interposição retida do referido recurso, formalidade injustificada e cuja única finalidade era evitar a preclusão da matéria em discussão, o que, atualmente, se opera *ex lege* (art. 1.009, § 1º).

Por outro lado, foram eliminados os embargos infringentes, substituídos pela técnica da continuação do julgamento até o alcance da maioria dos cinco membros julgadores,[40] diante de divergência no colegiado inicial, na apelação, ou de reforma da decisão que julgar parcialmente o mérito no agravo de instrumento, bem como na ampliação do colegiado, quando o resultado for a rescisão da sentença, devendo, nesse caso, seu prosseguimento ocorrer em órgão de maior composição previsto no regimento interno.

A jurisprudência assumiu o destaque característico dos sistemas da família da *common law*, vinculando juízes e tribunais, reclamando, por seu turno, a perfeita adequação da causa ao precedente (*distinguishing*), a possibilidade de sua modificação (*overruling*), bem como a modulação temporal da modificação jurisprudencial no afã de evitar a surpresa judicial, interdição que conspira em prol da prometida segurança jurídica, eclipsada em cláusula pétrea constitucional. Essa força

---

[38] **Neil Andrews**. Multi-party proceedings in England: representative and group actions. *Duke Journal of Comparative and International Law*, vol. 11, 2001.

[39] Ver **Aluisio Gonçalves de Castro Mendes,** *Ações coletivas no direito comparado e nacional,* 2002, p. 60-61.

[40] Já o anteprojeto de Alfredo Buzaid, que antecedeu ao Código de 1973, prometia uma profunda racionalização do sistema recursal. Menos radical, o próprio Código extinguiu os agravos de petição, e no auto do processo, os embargos de alçada e o recurso de revista, mantendo os embargos infringentes com base em voto vencido. Acabou por adotar amplamente o princípio do duplo grau de jurisdição, tornando recorríveis todas as decisões de primeiro grau.

emprestada à jurisprudência viabiliza, também, a previsibilidade das decisões, respeitando as justas expectativas dos jurisdicionados.

Essa tendência corrobora o que Giuseppe Chiovenda vaticinara no primeiro quartel do século passado, vale dizer, a evolução do processo civil restaria por unir as famílias do *civil law* e do *common law*, permitindo uma interação capaz de institutos de um sistema serem úteis ao outro. Aliás, ao longo das últimas décadas, os sistemas romano-germânico e anglo-saxônico vêm se interpenetrando. Assim é que o Brasil, país de tradição legalista, propende cada vez mais para a utilização dos precedentes judiciais característicos do sistema anglo-saxônico, como regra apta a realizar a isonomia jurisdicional; ao passo que a Inglaterra, país de tradição dos precedentes, desde 1999, adotou um complexo Código de Processo Civil (*Rules of Civil Procedure*).

Esses novéis e eficientes meios minudenciados no Código timbram a tendência que se seguiu no alcance da duração razoável dos processos no ordenamento aprovado em 2015.

Consoante tivemos a oportunidade de apontar,[41] o Código apresenta algumas peculiaridades.

Primeiramente, a novel estrutura.[42] O atual CPC é dotado de uma parte geral consoante as mais modernas legislações, porquanto o processo assenta-se no trinômio ação-jurisdição-processo, cujos aspectos são gerais e incidentes sobre todas as formas de prestação judicial.[43]

Assim é que tanto no processo cujo escopo seja a definição de direitos (Processo de Conhecimento) quanto naquele em que se pretende a satisfação do direito (Processo de Execução), há regras gerais e institutos comuns.

Sob esse ângulo, o Código enumerou as disposições gerais no Livro I, relativo à Parte Geral, mercê da criação de um livro; o de número II, referente ao Processo de Conhecimento, no qual foram encartados os procedimentos especiais de jurisdição contenciosa e voluntária conquanto processos de sentença; o de número III, relativo ao Processo de Execução de Título Extrajudicial; o de número IV, acerca do Processo nos Tribunais e dos Meios de Impugnação das Decisões Judiciais, constando, neste, regras gerais sobre os recursos e os meios de impugnação em espécie, bem como as ações autônomas de impugnação (ação rescisória e ação anulatória de atos judiciais); e, por último, o Livro V das disposições finais e transitórias, contendo as regras de direito intertemporal diante da *vacatio legis* eleita e a absorção dos procedimentos até então remanescentes do vetusto Código de 1939 não encampados.

---

[41] **Luiz Fux,** *O Novo Processo Civil Brasileiro,* 2011 (Coleção Direito em Expectativa).

[42] Como destaca Teresa Arruda Alvim na exposição de motivos, calcada na doutrina de **Egas Moniz de Aragão**, ausência de uma parte geral, no Código de 1973, ao tempo em que promulgado, era compatível com a ausência de sistematização, no plano doutrinário, de uma teoria geral do processo. E advertiu o autor: "Não se recomendaria que o legislador precedesse aos doutrinadores, aconselhando a prudência que se aguarde o desenvolvimento do assunto por estes para, colhendo-lhes os frutos, atuar aquele" (*Comentários ao Código de Processo Civil,* 1991, v. II, p. 8). O profundo amadurecimento do tema que hoje se observa na doutrina processualista brasileira justifica, nessa oportunidade, a sistematização da teoria geral do processo, no CPC.

[43] Sobre o histórico e evolução das codificações nos sistemas jurídicos, consultar:

(i) Para a compreensão da evolução codicista francesa: **Jean-Louis Halperin**, Le Code de procédure civile de 1806: un code de praticiens? In: **Loïc Cadiet** *et* **Guy Canivet** (Dir.). *De la commémoration d'un code à l'autre*: 200 ans de procédure civile en France, 2006; **Bernard Beigner**. *Le nouveau Code de procédure civile*: un droit de professeurs?;, **Catherine Chadelat**. *Point de vue* – L'élaboration d'un Code de procédure civile: entre pratique judiciaire et droit savant. Op. cit.

(ii) Sobre a estrutura do Código Alemão – **Christian Wollschläger**. Introduzione: La Zivilprozessordnung del 1877/1898. *Ordinanza della procedura civile dell'Impero Germanico* – 1877/1898, p. XI-XLI;

(iii) Acerca da arquitetura da Ley de Enjuiciamiento Civil Española – **Juan Montero Aroca**. *Evolución y futuro del derecho procesal,* 1984; El viejo modelo procesal liberal y escrito (o el proceso de la LEC de 1881). *Los principios políticos de la nueva Ley de Enjuiciamiento Civil* – los poderes del juez y la oralidad, 2001; e, por fim:

(iv) O amadurecimento da técnica processual na Itália – **Franco Cipriani**. Il 3 febbraio 1903 tra mito e realtà. *Scritti in onore dei patres,* 2006, p. 249-264; *Quel lieto evento di tanto anni fa* (una visita a Premosello-Chiovenda). Op. cit., p. 265-280; **Giuseppe Chiovenda,** *Il manifesto Croce e il fascismo,* p. 281-286; Alla scoperta di Giuseppe Chiovenda, op. cit., p. 287-296; **Giovanni Tarello**. Quattro buoni giuristi per una cattiva azione. *Dottrine del processo civile* – studi storici sulla formazione del diritto processuale civile, 1989, p. 241-261.

A seguir, surge uma evidente *principiologia do Código*.[44] O estágio atual da Ciência Jurídica Brasileira insere-se na era do pós-positivismo antecedida pelo jusnaturalismo, que pregava um direito natural e imutável, e pelo positivismo, cuja ótica enxergava o justo na própria lei.

O exsurgimento dos princípios maiores, inseridos na Carta Federal de 1988, introduziu o sistema jurídico brasileiro no positivismo moderno que não mais se reduz a regras legais, senão, e, principalmente, compõe-se de princípios maiores que representam o centro de gravidade de todo o sistema jurídico.

Outrossim, o CPC/2015 é um marco na história jurídica brasileira, consubstanciando fruto não só do pós-positivismo, mas também do neoprocessualismo,[45] bem como densificando[46] a Constituição Federal de 1988, ao ter insculpido, em seu bojo, princípios constitucionais de especial importância como normas fundamentais do processo.[47]

Nesse segmento, destacam-se os princípios da dignidade da pessoa humana,[48] da razoabilidade, da impessoalidade, da eficiência, da duração razoável dos processos, do devido processo legal, do contraditório, da ampla defesa, da efetividade, da tutela específica e tempestiva e do acesso à ordem jurídica justa, dentre outros, à luz da concepção jusfilosófica que os acompanha.[49]

O vigente Código, seguindo a trilha exegética da Constituição Federal, erigiu normas *in procedendo* destinadas aos juízes, sinalizando que toda e qualquer decisão judicial deve perpassar pelos princípios plasmados no tecido constitucional e ínsitos ao sistema processual como forma de aproximar a decisão da ética e da legitimidade. Em outras palavras, a Comissão preocupou-se em fazer do processo um instrumento de participação democrática, em que o juiz ouvindo e dialogando com as

---

[44] A Comissão observou os mais recentes movimentos de homogeneização do sistema processual, respeitando os "Princípios Transnacionais de Direito Processual". No original: *Principles of Transnational Civil Procedure*, que tiveram como *relatores* os insignes Professores Geoffrey C. Hazard Jr. e Michel Taruffo, com inúmeros consultores internacionais de renome. Os princípios foram elaborados em uma Joint Venture entre o *American Law Institute* (ALI) e o *International Institute for the Unification of Private Law* (UNIDROIT) e resultaram do amadurecimento da ideia inicial de formular um código (*Rules*) de Direito Processual Transnacional, focado nas disputas comerciais entre diferentes nações. Após o ingresso do UNIDROIT no projeto, chegou-se ao consenso de formular, em vez de um código de regras, um rol de *princípios gerais*, a serem seguidos por todas as nações em disputas comerciais internacionais.

Importante notar que os *princípios transnacionais* buscaram tomar forma que pudesse se adequar tanto ao sistema anglo-saxônico quanto ao sistema romano-germânico, com o escopo de servir como modelo a um movimento de *harmonização e aproximação* dos sistemas processuais.

[45] **José Herval Sampaio Júnior**. A influência da Constitucionalização do Direito no ramo processual: Neoprocessualismo ou processo constitucional? Independente da nomenclatura adotada, uma realidade inquestionável. In: Fredie Didier. (Org.). *Teoria do Processo Panorâmica Doutrinário Mundial*. Salvador: Juspodvim, 2010, v. 1, pp. 427-456.

[46] No ponto, sublinhe-se, ainda, a icônica obra de Konrad Hesse sobre a força normativa da Constituição. **Konrad Hesse**. A força normativa da constituição. Tradução de Gilmar Ferreira Mendes. Porto Alegre: Sergio Antonio Fabris, 1991.

[47] Fix-Zamudio, fazendo referência a obra de Couture, destaca a ascensão do – *derecho constitucional procesal*, surgido como – *resultado de la confluencia de otras dos ramas de la ciencia jurídica: el derecho constitucional y el derecho procesal*.

Héctor Fix-Zamudio. El pensamiento de Eduardo J. Couture y el Derecho Constitucional Procesal. In: *Boletín Mexicano de Derecho Comparado*, a. X, vol. 30, Ciudad Del México, 1977, 315. Ver, por todos, cite-se, ainda, Ferri, Comoglio, Taruffo, Trocker e Varano, entre outros, pugnando que o processo deve ser visto, necessariamente, sob o prisma constitucional, de forma que que se considerarmos o ordenamento jurídico como uma árvore, temos o direito constitucional como o tronco e o processo como ramos ou galhos dele derivados. **Nicolò Trocker**. Processo civile e costituzione: Problemi di diritto tedesco e italiano. Milano: Giuffrè, 1974.

[48] A dignidade humana passou a ser o centro de gravidade do ordenamento jurídico, um superprincípio pelo qual perpassa todo o sistema de normas.

[49] O segundo pós-guerra marcou o renascimento dos princípios constitucionais do processo. O Estado de Direito que se reconstruiu após os nefastos regimes autoritários redefiniu as suas relações com os cidadãos, firmando o primado da dignidade da pessoa humana e a eficácia concreta dos direitos fundamentais, assegurada pelo amplo acesso à Justiça.

partes e interessados promova uma decisão efetivamente apaziguadora.[50] Neste sentido, é que se criou uma estrutura de fortalecimento dos métodos alternativos de resolução de conflito, potencializando-se a efetividade e adequação da atividade jurisdicional do centro do novo sistema processual.[51]

Assim é que, *v.g.*, na solução de uma questão humana deve assumir relevo a regra infraconstitucional à luz do princípio da dignidade da pessoa humana; na solução de uma ação de improbidade administrativa é mister que a atividade de concreção da regra de direito administrativo venha coadjuvada pelos princípios da moralidade e da razoabilidade, e assim por diante.

3. A ANÁLISE ECONÔMICA DO DIREITO PROCESSUAL

Para além de suas categorias gerais e seus elementos fundamentais, propõe-se uma nova abordagem da relação jurídica processual, não como caminho único de seu estudo, mas como instrumental relevante a complementar sua percepção e potencializar seus resultados: a *análise econômica do processo*.[52]

A Análise Econômica do Direito (AED), de natureza interdisciplinar teve seu desenvolvimento inicial nos EUA, com a publicação dos estudos de Gary Becker (1959[53]), Ronaldo Coase (1960[54]) e Guido Calabresi (1961[55])[56]. Em linhas gerais, o estudo da conhecida *Análise Econômica do Direito* pode ser metodologicamente subdividido em duas vertentes principais: a análise *descritiva* e a análise *normativa*.

A primeira vertente verifica como as normas em vigor influenciam a atuação dos agentes econômicos, buscando quantificar e qualificar os incentivos e os desincentivos que os institutos jurídicos geram a esses *players*. No âmbito do processo civil, sob o prisma de uma investigação descritiva, pode-se imaginar como exemplos: qual o percentual de aumento do número de acordos judiciais em decorrência do CPC, que inaugurou a obrigatoriedade da audiência de conciliação? O escalonamento dos honorários advocatícios devidos pela Fazenda Pública reduz ou aumenta a litigiosidade? O sistema de justiça gratuita favorece o ajuizamento de demandas frívolas?

A segunda vertente, por sua vez, parte de pressupostos mais empíricos, no afã de propor o modelo mais eficiente dos institutos jurídicos, de modo a alcançar resultados ideais que sejam mais aptos à maximização do bem-estar social. Aqui, também no âmbito do processo civil, podem ser formulados os seguintes exemplos de investigações normativas: qual modelo de conciliação incentivaria o Sistema de Justiça a alcançar 60% de acordos? Qual o valor máximo de renda que as partes devem possuir para se beneficiar da justiça gratuita? Qual a quantidade ótima de recursos de um sistema processual, de modo a permitir a correção de erros judiciários em ponderação com a duração razoável do procedimento?

Nesse sentido, ainda que a Análise *Econômica* do Direito (AED) também envolva uma percepção multidisciplinar do fenômeno jurídico, há alguns traços distintivos que a diferencia de outras perspectivas multidisciplinares (como Análise *Política* do Direito; Análise *Sociológica* do Direito etc.).[57]

---

[50] É o que Cappelletti, sob influência anglo-americana, denominou *fair hearing*, hoje também chamado de *processo justo*, como processo em que às partes são asseguradas todas as prerrogativas inerentes ao contraditório participativo.

[51] Sobre o tema de mediação no CPC: "Não se pode olvidar que os meios adequados de solução de controvérsia apresentam-se, desde a segunda metade do século XX, como a melhor saída para os problemas de lentidão e falta de efetividade da justiça estatal. Por isso, o CPC valorizou as conciliações e as mediações judiciais, bem como a arbitragem, promovendo verdadeira alteração disruptiva" **Humberto Dalla Bernardina de Pinho**. *Manual de direito processual civil contemporâneo*. 2. ed. São Paulo: Saraiva Educação, 2020.

[52] Para estudo esmiuçado, ver **Luiz Fux** e **Bruno Bodart**. *Processo Civil e Análise Econômica*, 2021.

[53] **Gary Becker**. The economics of discrimination. Chicago: University of Chicago Press, 1971.

[54] **Ronald H. Coase**. "The Problem of Social Cost". Journal of Law and Economics, 1960.

[55] **Guido Calabresi**. "Some Thoughts on Risk Distribution and the Law of Torts," *Yale Law Journal*, 1961.

[56] **Anderson de Paiva Gabriel**. *O Pragmatismo como paradigma do Direito Processual Penal contemporâneo*: tecnologia, consenso e whistleblowing. Londrina: Thoth, 2022.

[57] **Steven Shavell,** *Foundations of Economic Analysis of Law*, 2004, p. 387-470.

Primeiro, a Análise *Econômica* do Direito adota modelos matemáticos, estatísticos e empíricos, o que nem sempre se percebe naquelas outras abordagens. Trata-se, assim, de um ramo construído sobre bases empíricas, a partir das quais desenvolve suas premissas e busca conclusões fundadas em indicadores numéricos extraídos da realidade social mediante um método científico estrito, afastando-se de justificativas puramente *morais* ou *principiológicas*. Deveras, não raro, a AED apresenta evidências de que determinados institutos jurídicos produzem (des)incentivos distintos dos esperados para sua existência, contribuindo para a formulação das políticas públicas na busca pela melhora da estrutura e do desenho das instituições respectivas.

Ainda como traço distintivo, assevera-se que essa abordagem econômica parte de uma investigação (não definitiva) supondo que os agentes atuam de forma racional e estratégica, buscando maximizar a sua utilidade diante das consequências possíveis de suas escolhas (*pragmatismo* e *consequencialismo*). O modelo de escolha racional, entretanto, não deve ser confundido com uma inocente visão do ser humano como perfeitamente inteligente e estrategista. A escolha racional apenas supõe que o indivíduo possui uma ordem lógica, coerente e transitiva de preferências, bem como que se comportará de modo a satisfazê-las da melhor forma possível diante das limitações possuídas. Contudo, mesmo no modelo da escolha racional, nem sempre os comportamentos dos indivíduos conduzirão, em equilíbrio, a um cenário de eficiência perfeita, seja porque os incentivos a que submetidos são defeituosos, seja porque outras limitações conduzem ao resultado indesejado, como a assimetria de informações. A análise desses problemas também pode ser realizada em um contexto de interação entre diversos sujeitos, que devem estrategicamente definir como se comportar tendo em vista o comportamento dos demais. Esse é o objeto de investigação da teoria dos jogos, no bojo da qual se compreende que os *players* não apenas *reagem* a essas condutas, mas também se *adaptam*, ao longo do tempo, ao comportamento dos demais agentes, a partir de *incentivos*, *desincentivos* e *reforços*, em uma interação dinâmica cujas balizas continuamente se modificam e se influenciam reciprocamente.

Um terceiro ponto de distinção reside no fato de que a análise econômica apregoa que os institutos jurídicos devem ser desenhados e direcionados à maximização do *bem-estar social*, deles extraindo a maior eficiência e potencialidade possíveis. Trata-se de conceito específico desse ramo de estudo. Ao contrário do Direito, a Economia possui um ferramental bem definido para avaliar se políticas públicas são boas ou ruins, a partir das suas consequências para a sociedade. Esse *bem-estar social*, apesar de inicialmente se revelar como um conceito de contornos indeterminados, relaciona-se à satisfação das necessidades dos agentes sociais, mediante uma distribuição adequada, eficiente e racional das utilidades dos recursos escassos disponíveis ao homem nos *trade-offs* que inevitavelmente se apresentam, ante a escassez de recursos e infinidade de necessidades.

Outras contribuições também são extraídas da relação entre a *economia comportamental* e a *Justiça Civil*, mediante a investigação da percepção de *justiça* pelas partes no diálogo entre *Psicologia* e *Economia*. Ao adotar o método científico, a literatura de Psicologia se concentrou em formar um excepcional corpo de estudos empíricos sobre o comportamento do homem, os quais são utilizados para testar as teorias econômicas como a da utilidade esperada. Quando o resultado dos experimentos e pesquisas empíricas não é o esperado, há várias possíveis conclusões: *(i)* houve algum tipo de erro de metodologia na pesquisa empírica; *(ii)* o resultado pode ser explicado mediante qualificações à teoria original; ou *(iii)* a observação conduz à necessidade de reformular completamente a teoria sob avaliação. Uma corrente que ganhou força, a partir dessas investigações empíricas, aponta que indivíduos frequentemente adotam comportamentos ineficientes em razão de predisposições biológicas, consistentes em vieses cognitivos que impediriam a consecução do resultado que maximiza o bem-estar. Teóricos como Amos Tversky, Herbert Simon[58] e Kahneman[59-60] ajudaram a fundar a

---

[58] **Herbert Simon**. A Behavioral Model of Rational Choice. Herbert A. Simon. *The Quarterly Journal of Economics*, vol. 69, n. 1. (Feb., 1955), p. 99-118. Nesse texto, Herbert Simon apresenta o conceito de *racionalidade limitada*, que desafiou todo o estado da arte da ciência econômica à época. Para ele, o conceito de *homo economicus* necessitava ser revisado, já que a *racionalidade global* pressuposta por esse modelo precisava ser substituída por um tipo mais realista de comportamento racional, em compatibilidade com as limitações do acesso à in-

Economia Comportamental (*Behavioral Economics*), a partir da incorporação, pela economia, de desenvolvimentos teóricos e descobertas empíricas obtidas pela *Psicologia* e pela *Neurociência*.

Deveras, em contraposição àquela visão tradicional, a *Economia Comportamental* preconiza que o processo decisório humano assume uma realidade diferente: as decisões são tomadas a partir dos *hábitos*, das *experiências pessoais* e das *regras práticas simplificadas*. Assim é que, nesse processo, as pessoas usualmente aceitam soluções apenas satisfatórias, buscam celeridade no processo decisório, assumem dificuldades em balancear os interesses de curto e de longo prazo e são fortemente influenciadas por fatores emocionais, bem como pelos comportamentos das demais pessoas.

Nesse sentido, busca-se compreender e modelar as decisões individuais a partir de uma visão alternativa. Dessa forma, as influências *psicológicas* e *emocionais*, que se manifestam não apenas de forma *consciente*, mas também *inconsciente*, são consideradas como fatores que afetam o ser humano em suas escolhas, de modo que passam a ser também incorporadas aos modelos tradicionais da análise econômica do Direito.

Em suma, a *Economia Comportamental* procura entender e modelar as decisões dos agentes de forma mais realista. Assim, confere-se maior valor ao método experimental, que configura a ferramenta mais utilizada pelos economistas comportamentais em sua investigação empírica sobre esses desvios em relação à ação racional.

No campo jurídico, essa abordagem oferece importantes reflexões aos juristas. Com efeito, o processo de resolução de conflitos envolve uma série de decisões por parte de todos os seus personagens – autores, réus, juízes, auxiliares, serventuários etc. Dessarte, a partir da constatação de que todos esses agentes processuais se encontram submetidos a influxos sociais e psicológicos que interferem na racionalidade de suas decisões, o Estado, ao instituir as normas de processo civil, precisa desenvolver institutos que possibilitem, de forma mais realista, o intercâmbio de informações entre os indivíduos e a realidade. Assim, por meio de corretos incentivos para o agir racional, busca-se maximizar a eficiência do Sistema de Justiça, assim como o bem-estar social.

A partir desses instrumentais e de tais premissas teóricas, aqui apenas brevemente introduzidas, é possível conceber uma *análise econômica do processo civil*. Por meio desse paradigma, é

---

formação e da capacidade computacional. Dessa forma, Herbert Simon comprovou que os indivíduos realizam escolhas com conhecimento e habilidade *limitados*, por meio de simplificações simbólicas do mundo real, as quais geravam inconsistências entre o modelo tradicional da ciência econômica e a realidade.

[59] **Daniel Kahneman**. *Judgment under Uncertainty*: Heuristics and Biases. Nesta obra, conclusões de Herbert Simon são aprofundadas, a partir do que são apresentados resultados de estudos empíricos no sentido de que, ao tomar decisões, as pessoas agem sob considerável grau de incerteza. Assim, para responder a essa circunstância, o processo de tomada de decisões é simplificado pelo homem por meio de categorias que os autores denominam de *heurísticas* e *vieses*. De um lado, *heurísticas* e *vieses* parecem reduzir a complexidade dos problemas aos quais as pessoas estão expostas, o que seria de grande utilidade para a solução de casos práticos. Entretanto, por outro lado, também podem conduzir os tomadores de decisão a erros graves e sistemáticos, na medida em que funcionam como ilusões cognitivas que interferem no grau de racionalidade da conduta humana. Exemplificativamente, há estudos que comprovam que, quanto mais alto o valor indicado na petição inicial como valor de dano moral requerido pela parte autora, mais alta a probabilidade de, caso o pedido seja julgado procedente, o juiz condenar a parte ré ao pagamento de um valor igualmente elevado. Afinal, o alto montante inicial requerido pela parte autora funciona como uma ilusão cognitiva (âncora) que interfere na quantificação mental que o juiz realiza sobre o dano alegado.

Por outro lado, a prática nacional tem demonstrado um maior grau de restrição ao arbitramento de danos morais, evitando o que se chamou de "indústria do dano moral", de sorte a refrear o ajuizamento de demandas com mero interesse especulatório, quase lotérico.

[60] **Cass Sunstein; Daniel Kahneman; David Schkade; Ilana Ritov.** "Predictably Incoherent Judgments." Stanford Law Review, Vol. 54, Issue 6 (June 2002), p. 1.153-1.216. Nesse *paper*, os autores afirmam que as instituições e as normas jurídicas podem ser desenhadas de modo a criar incentivos que diminuam os efeitos das ilusões cognitivas, ali denominadas de *fontes de incoerência e de arbitrariedade dos julgamentos morais*. Para tanto, o direito e as políticas públicas devem assumir uma perspectiva não meramente *principiológica* (no sentido kantiano), mas também de ordem *pragmática-consequencialista*. Essa tarefa envolve a criação de desenhos institucionais que asseguram um padrão de julgamentos mais racional, cujo procedimento incentiva os tomadores de decisão a compreenderem suas próprias ilusões cognitivas, oferecendo os instrumentos necessários para diminuir seus efeitos.

possível analisar diversas manifestações do processo, considerando os incentivos e desincentivos que o ordenamento jurídico e suas normas processuais oferecem aos atores do processo.

Com efeito, tomando as partes, o processo e o procedimento como integrantes de um modelo básico de litigância civil, uma análise econômica de tais manifestações sugere a subdivisão do *litígio* em diversas fases principais, as quais podem ser estudadas também mediante um cotejo entre os institutos do CPC e o instrumental teórico da AED. Exemplificativamente, essas fases podem ser a decisão sobre a *propositura* da ação; a decisão sobre a *conciliação* do litígio; ou a ausência de solução consensual e o próprio *julgamento* da demanda.

Em relação à primeira fase mencionada (a decisão sobre a propositura da demanda), importantes contribuições econômicas advêm do instrumental econômico, que ajudam a entender algumas das diretrizes no CPC.

De início, a propositura de uma ação necessariamente envolve custos, de ordem *material* e *imaterial* (honorários advocatícios contratuais e sucumbenciais, custas, multas, tempo de duração etc.). Nesse ponto, a adoção do instrumental oferecido pela análise econômica do direito estabelece como premissa básica que o *autor* – considerado um agente racional, ainda que diante de informações limitadas – apenas proporá a demanda *se os custos totais do processo forem inferiores aos benefícios dele decorrentes*. Iniciar uma relação jurídica processual, sob esse prisma, deve revelar um resultado positivo na análise do *custo* e do *benefício* dessa investida.

Nesse ponto, o professor Steven Shavell[61] preconiza a distinção entre dois conceitos essenciais: *custo privado* e *custo social* da demanda. Inicialmente, o *custo privado* relaciona-se com os dispêndios individuais do autor da ação (*v.g.*: os honorários contratuais do advogado, as custas processuais iniciais, o custo na obtenção de documentos a serem juntados à sua petição etc.), ao passo que o *custo social* envolve, além do custo privado do autor, os custos abarcados também pela parte ré, pelo Estado e por terceiros. Este custo social, portanto, extrapola o âmbito privado de cada ator processual e representa a soma aritmética de todos os custos suportados pelos diversos agentes sociais e instituições que se relacionam com o desenvolvimento do processo instaurado.

Essa distinção apresenta hipótese essencial para se entender o modelo básico de litigância civil: *os incentivos privados divergem dos incentivos sociais para o ajuizamento da ação*, o que influencia de forma direta no comportamento das partes processuais e na maior ou menor quantidade de litígios que alcançam o Poder Judiciário.

A título de exemplo, no caso brasileiro, o *custo individual (privado)* do processo é baixo para os demandantes. Em geral, os serviços advocatícios não são altos, em face do excesso de oferta. Por seu turno, as custas judiciais cobradas pelos Tribunais (taxas e emolumentos) também não são elevadas, como resultado de uma decisão política do Estado de favorecer o acesso à justiça aos brasileiros. Por outro lado, os *custos sociais* do processo são elevadíssimos, na medida em que o funcionamento do aparelho judiciário (pagamento da remuneração dos servidores, dos juízes e dos demais auxiliares da justiça, manutenção da estrutura física etc.) sofreu substancioso crescimento nos últimos anos.

Essa disparidade excessiva entre o *baixo custo privado* e o *alto custo social* do processo judicial gerou duas consequências drásticas para o modelo brasileiro, facilmente perceptíveis: *(i)* excesso de incentivos para o *demandismo individual* (explosão de litigiosidade); e *(ii)* dificuldade do Estado em otimizar o aparelho judiciário, com vistas a fazer frente ao crescimento do número de demandas.

Segundo Shavell, cada sistema judiciário deve buscar seu *ponto socialmente ótimo de litigância*, decorrente da aproximação, tanto quanto possível, entre os *custos sociais* e os *custos privados* da propositura da ação. Nesse sentido, quanto maior a disparidade entre os custos sociais e os custos privados do processo, maiores também os incentivos para que os demandantes proponham novas ações, sem maiores análises quanto à conveniência *econômica* de seu ajuizamento, constatação que pode repercutir negativamente para o bem-estar social e para a utilidade do aparelho judiciário. Por outro lado, se os custos privados e os custos sociais têm valores relativamente próximos ou tendem

---

[61] **Steven Shavell**. *Economic Analysis of Law*, 2004. p. 80-96.

Parte I • II – HISTÓRICO DO DIREITO PROCESSUAL CIVIL | 37

a uma simetria, criam-se desincentivos para a propositura exagerada de novas ações (especialmente demandas frívolas), alcançando-se um ambiente de litigância saudável.

Outro exemplo de aplicação deste instrumental diz respeito à conciliação e outros meios alternativos de solução de disputas.[62] A análise das expectativas de *ganho* e de *perda* de cada uma das partes do processo consiste em tarefa essencial para se calcular a possibilidade de acordo em uma determinada causa. Nesse ponto, dois indicadores se destacam: *(i)* o *montante mínimo aceitável pelo autor*, que indica a expectativa de montante a ser ganho em juízo, em caso de julgamento procedente dos pedidos, subtraídos os custos individuais da demanda; *(ii)* o *montante máximo pagável pelo réu*, que representa a expectativa do réu de perda em juízo, em caso de julgamento procedente dos pedidos do autor, somados com os custos individuais da demanda. A partir desses elementos, ainda segundo Shavell, somente é possível um acordo em demandas judiciais quando o *montante mínimo aceitável pelo autor* é menor que o *montante máximo pagável pelo réu*.

Em geral, as partes possuem convicções e expectativas próprias (distintas ou não) acerca do resultado de eventual julgamento (heterocomposição) da demanda em curso, seja pela procedência, seja pela improcedência do pedido. Ainda que essa expectativa cognitiva seja formulada a partir de informações limitadas, é possível fazer análises prévias de suas chances de êxito ou de perda, e em que termos essas alternativas podem se dar, caso o feito chegue à fase de julgamento.

Nesse cenário, ponderadas as expectativas de custos e de benefícios, deduz-se, por exemplo, serem maiores as probabilidades de acordo quanto mais se aproximem as expectativas das diversas partes acerca do resultado de eventual julgamento. Inversamente, quanto maior a diferença entre o valor de ganho esperado pelo autor e o valor de perda previsto pelo réu, em caso de eventual êxito da demanda, menor a possibilidade de acordo. De outro lado, quanto maiores os *custos individuais da demanda*, maior a probabilidade de autocomposição, já que nessas situações a formulação de acordo pode representar um menor custo, frente às expectativas que se possa ter do julgamento da lide.

Mesmo assim, entretanto, a alta probabilidade *econômica* de acordo não implica necessariamente a sua concretização. Há diversas outras variáveis a serem analisadas, como, *verbi gratia*, o fato de uma das partes desejar firmar um precedente sobre o tema e, nesse caso, recusar o acordo, por mais que seja economicamente vantajoso, com o intuito de chegar ao julgamento de mérito. Por sua vez, a aversão ao risco é outro ponto de interferência, uma vez que levar uma demanda a julgamento pelo magistrado representa a assunção de um risco, cujas consequências, ainda que possam ser estimadas, são desconhecidas, não apenas pelo conteúdo da decisão que será proferida, mas também pela repercussão que poderão advir às partes e a terceiros, em termos de custos indiretos e externalidades (positivas ou negativas). Nesse sentido, quanto maior a aversão ao risco, maior a probabilidade de conciliação, ainda que matematicamente o acordo não seja tão vantajoso.

Em suma, a aplicação do instrumental econômico a esse aspecto processual revela dois requisitos essenciais para o alcance da autocomposição. O primeiro requisito, de *natureza objetivo-racional*, consiste na simetria de informações entre autor e réu acerca do conteúdo da demanda ajuizada e os aspectos que lhe são relevantes. Quanto mais elementos empíricos e evidências são compartilhados (especialmente na fase pré-processual), menor é a assimetria de informação entre os sujeitos processuais, o que aproxima as respectivas convicções acerca das possibilidades reais de êxito do pedido e favorece uma maior probabilidade de acordo.

O segundo requisito, de *natureza subjetivo-psicológica*, indica o otimismo *parcial* que autor e réu tendem a demonstrar acerca do resultado do processo, mesmo diante de indicadores empíricos objetivos que racionalmente revelem situação desfavorável. Aqui se fazem ainda mais relevantes os

---

[62] Em comparação, toma-se como exemplo os indicadores dos órgãos judiciários federais norte-americanos, em que mais de 95% dos casos cíveis não alcançam a fase de julgamento por um magistrado. Essa estatística evidencia a proeminência da autocomposição como método de resolução de conflitos no Sistema de Justiça americano. Afinal, ainda que não se possa afirmar que a totalidade desses casos não julgados tenha sido findada pela conciliação (uma vez que existem algumas outras possibilidades de extinção prematura do processo judicial), sabe-se que essa estatística é alcançada, majoritariamente, em virtude do alto número de acordos firmados pelas partes no curso das demandas.

aspectos supraelencados quanto ao estudo da Análise Econômica Comportamental. Dessa forma, o excesso subjetivo de otimismo, ainda que contrário aos elementos objetivos, pode ser bastante prejudicial para a autocomposição, mas os institutos e regras processuais podem ser desenhados para promover incentivos estratégicos para que os litigantes alcancem uma visão mais realista da demanda, invertendo as probabilidades. Nesse sentido é que, por exemplo, o CPC buscou reformular e reforçar o instituto da conciliação e o da mediação, como tentativa de imprimir esse incentivo às partes litigantes, como uma forma mais adequada de solucionar as controvérsias.

Enfim, o que com este tópico se quis introduzir é que a Análise Econômica do Direito, quando aplicada ao processo civil, permite enxergar novos paradigmas ao estudo do fenômeno processual, contribuindo para o seu desenho normativo e o aprimoramento de seus institutos. Essa análise é conveniente em diversos momentos da relação jurídica processual: a decisão sobre a propositura ou não de uma ação, a definição das custas judiciais, a fixação dos honorários advocatícios e sua majoração ao longo do processo, a fixação do montante da indenização, a imposição de multas processuais por condutas indignas ou recursos protelatórios, mecanismos de indução e coerção indireta para o cumprimento de decisões judiciais etc.

Sob essa ótica complementar aos tradicionais e imprescindíveis estudos do processo civil, a formulação das políticas judiciárias e das normas processuais devem também ser consideradas como mecanismos de incentivos, desincentivos e reforços aos comportamentos dos sujeitos processuais. Dessa forma, permite-se o ajuste dessas normas e dos institutos processuais fundamentais, conforme o modelo de processo civil que se queira desenvolver.

III
NORMAS FUNDAMENTAIS DO PROCESSO

Com particular destaque, o CPC de 2015 consagrou o processo de positivação dos princípios processuais, conferindo-lhes eficácia e permitindo que, por si só, gerem direitos e deveres às partes, ao juiz e às demais figuras do processo. Ao longo de todo o estudo do direito processual civil, deve-se ter em mente a lógica dos princípios que, além de constituírem um norte da vontade do legislador, permitem que o juiz decida conflitos, de modo a manter a integridade do sistema processual brasileiro.

Os princípios fundamentais do processo, assim como os pertencentes aos demais ramos jurídicos, caracterizam o sistema legal adotado por um determinado país, revelando-lhe a linha juspolítica e filosófica. Esses princípios são extraídos das regras processuais como um todo e seus cânones influenciam na solução de inúmeras questões legisladas ou não, quer na exegese emprestada a determinado dispositivo, quer na supressão de uma lacuna legal. Em doutrina, aponta-se a obra de Robert Wyness Millar – *Los Principios Informativos del Procedimiento Civil*, 1945 – como a que melhor sistematizou os princípios "gerais", a par da diversidade de sistemas dos países, cujas fontes não são as mesmas. O Direito brasileiro consagrou os princípios do processo, *v.g.*, o da igualdade das partes, o do contraditório, o do devido processo legal, que seguem o espírito democrático que norteia a nossa lei maior e são diretrizes para a interpretação das normas processuais.[1]

No entanto, o Código foi além, contemplando não apenas os fundamentais princípios, mas também normas outras que compõem um leque essencial de orientações para a validade processual. Incluem-se, aí, determinadas regras, esvaziando, em alguma medida, a relevância da dicotomia princípio-regra, na medida em que tanto uns quanto os outros incidirão nas relações processuais. A esse grupo, chamou-se "normas fundamentais do Processo Civil" (Capítulo I do Livro I do Código de 2015), a compor verdadeiro Direito Processual Fundamental.[2]

Quanto às fontes, importa perceber que as normas mencionadas pelo CPC não são exaurientes, havendo outras trazidas tanto pelo legislador, seja no próprio diploma, seja em outras leis esparsas, como pelo constituinte (Direito Processual Fundamental Constitucional).[3]

Ademais, há que se ter em mente que o próprio CPC se apresenta como uma norma processual geral, aplicável a diversos outros ramos da ciência processual, como explicitamente apontado pelo seu art. 15.[4] Desse modo, também os princípios e regras fundamentais nele abordados são a eles extensíveis.

A seguir, serão esmiuçados certos valores essenciais do Código (e de todo o Processo Civil), sem prejuízo de tantos outros abordados ao longo deste *Curso* ou tradicionalmente estudados em

---

[1] Para uma abordagem da Análise Econômica do Direito acerca dos direitos fundamentais processuais, ver: **Luiz Fux e Bruno Bodart**. *Processo Civil e Análise Econômica*. Forense, 2019. Apresentação, prefácio e p. 1-26; 27-50 e 81-82; **Robert Cooter**, *An Introduction to Law and Economics*. Boston: Pearson, 6th ed, p. 1-69; **Steven Shavell**. *Foundations of Economic Analysis of Law*, 2004. p. 1-6 e 593-660.

[2] **Fredie Didier Jr.** *Curso de Direito Processual Civil*, vol. 1, 2021, p. 101.

[3] Nesse sentido, o Enunciado nº 169 do Fórum Permanente de Processualistas Civis.

[4] **"Art. 15**. Na ausência de normas que regulem processos eleitorais, trabalhistas ou administrativos, as disposições deste Código lhes serão aplicadas supletiva e subsidiariamente."

CURSO DE DIREITO PROCESSUAL CIVIL • *Luiz Fux*

toda a ciência jurídica constitucionalizada, a saber, princípio da isonomia,[5] da publicidade dos atos processuais e da sua fundamentação,[6] do duplo grau de jurisdição etc.

1. PRINCÍPIO DO DEVIDO PROCESSO LEGAL

É imagem assente a de que o processo que não segue o procedimento traçado padece do vício do descompasso com o dogma constitucional do devido processo legal. Em primeiro lugar, insta advertir que o devido processo não é o devido procedimento, pela distinção notória entre essas duas categorias. Ademais, o devido processo, a que se está sujeito antes da perda dos bens da vida mencionado na Constituição Federal, impede a "autotutela"; por isso, o legislador constitucional excluiu-a ao dispor sobre o necessário recurso ao Judiciário.[7]

Em segundo lugar, o devido processo é o adequado à luz da situação jurídico-material narrada. Assim, a execução é a devida diante do título executivo, a cognição ordinária adequada diante da incerteza e a tutela sumária e rápida é a devida e correspondente diante da "evidência do direito da parte".

---

[5] A igualdade de tratamento está explicitada em todo o diploma, a exemplo dos arts. 7º, 26, II, 139, I, 285, além de prestigiada por vários institutos concretos, como a ordem de julgamento (art. 12):
"**Art. 7º** É assegurada às partes paridade de tratamento em relação ao exercício de direitos e faculdades processuais, aos meios de defesa, aos ônus, aos deveres e à aplicação de sanções processuais, competindo ao juiz zelar pelo efetivo contraditório."
"**Art. 26.** A cooperação jurídica internacional será regida por tratado de que o Brasil faz parte e observará: (...)
II – a igualdade de tratamento entre nacionais e estrangeiros, residentes ou não no Brasil, em relação ao acesso à justiça e à tramitação dos processos, assegurando-se assistência judiciária aos necessitados; (...)"
"**Art. 139.** O juiz dirigirá o processo conforme as disposições deste Código, incumbindo-lhe:
I – assegurar às partes igualdade de tratamento; (...)"
"**Art. 285.** A distribuição, que poderá ser eletrônica, será alternada e aleatória, obedecendo-se rigorosa igualdade."

[6] Quanto à motivação, importa remeter aos arts. 11 e 489 do Código:
"**Art. 11.** Todos os julgamentos dos órgãos do Poder Judiciário serão públicos, e fundamentadas todas as decisões, sob pena de nulidade.
Parágrafo único. Nos casos de segredo de justiça, pode ser autorizada a presença somente das partes, de seus advogados, de defensores públicos ou do Ministério Público."
"**Art. 489.** São elementos essenciais da sentença: (...)
II – os fundamentos, em que o juiz analisará as questões de fato e de direito; (...)
§ 1º Não se considera fundamentada qualquer decisão judicial, seja ela interlocutória, sentença ou acórdão, que:
I – se limitar à indicação, à reprodução ou à paráfrase de ato normativo, sem explicar sua relação com a causa ou a questão decidida;
II – empregar conceitos jurídicos indeterminados, sem explicar o motivo concreto de sua incidência no caso;
III – invocar motivos que se prestariam a justificar qualquer outra decisão;
IV – não enfrentar todos os argumentos deduzidos no processo capazes de, em tese, infirmar a conclusão adotada pelo julgador;
V – se limitar a invocar precedente ou enunciado de súmula, sem identificar seus fundamentos determinantes nem demonstrar que o caso sob julgamento se ajusta àqueles fundamentos;
VI – deixar de seguir enunciado de súmula, jurisprudência ou precedente invocado pela parte, sem demonstrar a existência de distinção no caso em julgamento ou a superação do entendimento.
§ 2º No caso de colisão entre normas, o juiz deve justificar o objeto e os critérios gerais da ponderação efetuada, enunciando as razões que autorizam a interferência na norma afastada e as premissas fáticas que fundamentam a conclusão.
§ 3º A decisão judicial deve ser interpretada a partir da conjugação de todos os seus elementos e em conformidade com o princípio da boa-fé."

[7] **Roberto Rosas**. *Devido Processo Legal*, 2020; **Humberto Bergmann Ávila**. O que é "devido processo legal"? *Revista de Processo*, São Paulo, v. 33, n. 163, p. 50-59, set. 2008; **Carlos Roberto Siqueira Castro**. *O Devido Processo Legal e os Princípios da Razoabilidade e da Proporcionalidade*, 2006.

O princípio do devido processo legal tem como um de seus fundamentos o processo "justo", que é aquele adequado às necessidades de definição e realização dos direitos lesados. O senso de justiça informa, inclusive o *due process of law* na sua dupla conotação, a saber: lei justa e processo judicial justo – *substantive due process of law* e *judicial process*.[8]

Destarte, o devido processo legal está encartado no direito ao processo como direito ao meio de prestação da jurisdição, que varia conforme a natureza da tutela de que se necessita. O direito à jurisdição não é senão o de obter uma justiça efetiva e adequada. Isso basta para que o juiz possa prover diante dessa regra *in procedendo* maior, ínsita na própria Constituição Federal, a despeito de sua irrepetição na legislação infraconstitucional. A previsão na Carta Maior revela a eminência desse poder-dever de judicar nos limites do imperioso. Satisfazer tardiamente o interesse da parte em face da sua pretensão significa violar o direito maior de acesso à justiça e, consectariamente, ao devido processo instrumental à jurisdição requerida.

A tutela imediata dos direitos líquidos e certos, bem como a justiça imediata frente ao *periculum in mora*, antes de infirmar o dogma do *due process of law*, confirma-o, por não postergar a satisfação daquele que demonstra em juízo, de plano, a existência da pretensão que deduz.

O acesso à justiça, para não se transformar em mera garantia formal, exige "efetividade", que tem íntima vinculação com a questão temporal do processo. Uma indefinição do litígio pelo decurso excessivo do tempo não contempla à parte o devido processo legal, senão mesmo o "indevido" processo.[9]

A posição dos que impedem essa forma de tutela sob a alegada afronta aos princípios hoje constitucionalizados não nos parece correta. A própria tutela de evidência, mediante cognição sumária, utiliza-se dos conceitos e requisitos aqui sugeridos do "direito líquido e certo" que não sofre uma contestação séria, autorizando o juízo ao julgamento pela verossimilhança (art. 311, I e IV).[10]

Ademais, a crítica que se empreende é no sentido de que a tutela satisfativa não pode ser chancelada por mera cognição sumária. Efetivamente, não é isso que ocorre na tutela imediata dos direitos líquidos e certos, tanto mais que a própria evidência do direito propicia "cognição exauriente imediata", a mesma que se empreenderia ao final de um processo onde fossem necessárias etapas de dissipação da incerteza quanto ao direito alegado.

Desta forma, afasta-se eventual alegação de infringência ao devido processo legal, que supõe cognição indevida.[11]

---

[8] **Hernando Devis Echandia**, "El Derecho Procesal como Instrumento para la Tutela de la Dignidad y la Libertad Humana", *Estudios de Derecho Procesal*, 1985, p. 171-172.

[9] Não obstante os inúmeros pontos de contato entre as nossas afirmações e as do brilhante **Marinoni**, ele, após admitir em caso de evidência a cognição exauriente com deferimento de liminar, conclui da inadequação do mesmo, porque sumarizado, em confronto com o devido processo legal (*Efetividade e Tutela de Urgência*, 1994, p. 44). Atento a essas situações de urgência, as quais equiparamos à de evidência, pela busca de um procedimento formalmente sumarizado: a exegese do processo cautelar, no sistema brasileiro atual, há de ser feita "a partir dos pressupostos doutrinários que determinam o atual contexto legislativo, de modo que caibam nele, ao lado das demandas cautelares, um grupo diferenciado de processos sumários, de tipo injuncional, onde a tutela satisfativa seja prestada, sob o manto protetor do processo cautelar, empregando-se a estrutura da tutela de segurança para preencher a lacuna deixada pela inexistência, no Direito brasileiro, das inibitórias, pelas quais se atribua ao juiz o poder de sustar uma execução em curso; noutras vezes, devido à demanda interdital ou em processo injuncional, incluindo-se nele, mais ou menos disfarçadamente, uma liminar satisfativa, com vestes de cautelar, a qual, todavia, em seus efeitos práticos, acaba sendo mesmo uma provisional antecipatória da tutela ordinária" (**Ovídio Baptista**, *Comentários*, p. 97).

[10] "**Art. 311.** A tutela da evidência será concedida, independentemente da demonstração de perigo de dano ou de risco ao resultado útil do processo, quando:
I – ficar caracterizado o abuso do direito de defesa ou o manifesto propósito protelatório da parte;
(...)
IV – a petição inicial for instruída com prova documental suficiente dos fatos constitutivos do direito do autor, a que o réu não oponha prova capaz de gerar dúvida razoável. (...)"

[11] Conforme **Marinoni**, *Efetividade e Tutela de Urgência*, cit., p. 124.

CURSO DE DIREITO PROCESSUAL CIVIL • *Luiz Fux*

Considere-se, ainda, e por fim, que na origem anglo-saxônica do princípio está previsto o julgamento *prima facie evidence*, operando-se não só em prol do demandado mas também em favor do autor, para que obtenham justiça rápida.[12]

2. PRINCÍPIO DISPOSITIVO

A autonomia da vontade no direito privado, ramo a que pertencem, em regra, as relações litigiosas, e o imperativo da imparcialidade, fundamentam o princípio dispositivo, impondo ao Judiciário somente agir quando provocado pelas partes e nos limites da provocação. É essa a *ratio* do art. 2º do CPC, que consagra o princípio dispositivo e o impulso oficial.[13]

Informa a doutrina do tema que o princípio dispositivo gozou em toda a história romana e do processo germânico de prestígio singular.[14] Denota-se, entretanto, que uma paulatina publicização do processo tem mitigado a incidência do princípio dispositivo, dando azo ao surgimento do princípio da oficialidade,[15] mercê de mitigação que o princípio experimenta em sede de tutela de urgência.[16]

Em primeiro lugar a atuação *ex officio* é mais do que concebível como dever inerente ao poder jurisdicional, à responsabilidade judicial pelas pessoas e coisa subsumidas ao juízo após a instauração do processo[17] etc. Por outro lado, a quebra da regra de que o juízo não pode dar providência diversa da que foi pedida encerra a derrocada desse ortodoxo princípio calcado na retrógrada ideia de que o Judiciário deve ser inerte.[18]

O juízo tem seus auxiliares e as instituições a serviço da Justiça, mas isso não equivale à sua inércia. No âmbito da tutela de urgência, nada justifica a inércia sob o argumento de necessária equidistância, cabendo ao Judiciário, e só a ele, conjurar essas situações de perigo de dano com grave violação da ordem jurídica; impondo-se-lhe também atuá-la *ex pronto*, tão logo conheça do litígio.

Essa iniciativa é "dever jurisdicional", antes mesmo de se categorizar como "poder cautelar genérico". A disponibilidade processual não sofre um só golpe nessa fase inicial em que se apregoa a incoação estatal. Em outro momento, mais adiante também se verifica esse estímulo processual oficial. É que ao juízo, em regra, permite-se amplo ativismo probatório, sem a preocupação de estar carreando para os autos provas em favor de uma ou de outra parte.[19]

---

[12] **Ovídio Baptista**, *A Plenitude da Defesa no Processo Civil:* Estudos em Homenagem a Frederico Marques, p. 148 e segs.

[13] **"Art. 2º** O processo começa por iniciativa da parte e se desenvolve por impulso oficial, salvo as exceções previstas em lei."

[14] **Robert Wyness Millar**, *Los Principios Informativos del Procedimiento Civil*, cit., p. 69-72.

[15] A doutrina do tema contrapõe ao princípio dispositivo o "inquisitivo" ou inquisitório.

[16] **Frederico Marques**, "O Princípio Dispositivo", *Instituições*, cit.

[17] *Mutatis mutandis* é a teoria de **Kleinfeller**, no sentido de que o *offizialprinzip* priva as partes de poderes sobre o objeto do processo (*apud* **Robert Wyness**, *Los Principios Informativos del Procedimiento Civil*, cit., p. 68).

[18] *Ne procedat judex ex officio* ou *nemo judex sine actore* e *ne judex eat ultra petita partium* são as máximas consubstanciadoras dessas antigas limitações legadas pelo princípio dispositivo.

[19] A percepção da necessária participação do juiz não escapou à arguta observação de **Pereira Braga**, que assentava não ser possível, por idolatria ao princípio dispositivo, repudiar-se uma equilibrada e justa participação do juiz para determinar diligências e provas necessárias ao completo esclarecimento da verdade (*Exegese do Código de Processo Civil*, 1942, vol. 1, p. 116). **Cappelletti** já afirmara que o princípio dispositivo nunca fora observado como regra absoluta e sim como princípio diretivo (*La Oralidad y las Pruebas en el Proceso Civil*, 1972, p. 118). Neste passo é de extrema importância científica a percepção de **Ovídio Baptista** acerca dos objetivos da obra de **Calamandrei**, quando aborda as cautelares como possíveis de antecipar os efeitos da sentença satisfativa, publicizando a jurisdição, excluindo-a do livre interesse das partes, à luz de uma crescente necessidade de agilizar a prestação jurisdicional. O doutrinador aduz a uma defesa da jurisdição que em tudo se afina com o nosso "dever geral de cautela". Segundo o autor, o *imperium iudicis* referido por **Calamandrei** é instituído em prol da defesa da jurisdição e não do interesse dos cidadãos (*Curso*, cit., vol. 3, p. 68-69). O insigne **Calamandrei** atentou para os valores da dignidade da justiça e defesa da soberania do Estado – porque jurisdição é função soberana – e admitiu essa atuação imediata ao dispor sobre os provimentos cautelares: "*essi- -come già si notò, sono diretti, più che a difendere i diritti soggettivi, a garantire l'efficacia e per cosi dire la serietà della funzione giurisdizionale; quella specie di beffa alla giustizia che il debitore convenuto nel processo ordinario*

Por fim, a possibilidade de concessão de provimento idôneo, necessário e proporcional ao estado de perigo verificado, diferente mesmo daquele que foi pedido, engendra a consunção do princípio dispositivo aos poderes-deveres de segurança do magistrado.

Deveras, a necessária equalização das partes, como moderno postulado da igualdade das partes, vem mitigando o princípio dispositivo, com o ultrapassar do mito da neutralidade judicial.

3. PRINCÍPIO DA PRIORITÁRIA SOLUÇÃO CONSENSUAL

O acesso à justiça é um valor permanente de nosso ordenamento, tendo a inafastabilidade do Judiciário como um dos seus corolários básicos e essenciais. No entanto, a moderna ciência processual enxerga a ressignificação desse valor, de modo a inserir, em pé de igualdade com a resposta jurisdicional estatal, a solução consensual do conflito.

O CPC estatui esse princípio da primazia da solução autocompositiva em seu art. 3º.[20] Do comando, surgem diversas proposições.

A primeira é a sutil releitura da cláusula constitucional do art. 5º, XXXV: em vez de se mencionar o Poder Judiciário, fala-se em apreciação jurisdicional. Essa aparente mudança meramente redacional é indicativa da ampliação do próprio conceito de jurisdição, abrangendo os métodos alternativos tratados nos parágrafos do art. 3º,[21] não raro mais efetivos e pacificadores.[22]

O Código estatui um autêntico *sistema multiportas*:[23] para além da solução através da jurisdição estatal clássica, abrem-se alternativas (*alternative dispute resolution*),[24] sejam equivalentes jurisdicionais (meios não jurisdicionais de resolução, como a conciliação e a mediação) ou exercício de jurisdição privada (arbitragem). Além disso, o avanço tecnológico e comunicativo permite o aparecimento de outros mecanismos bastante funcionais, como as plataformas digitais (*on-line*

---

potrebbe tranquillamente compiere profitando dei lunghi indugi delle procedure per mettere in salvo i suoi beni e ridersi poi della condanna praticamente impotente a colpirli, può essere evitatto attraverso la tutela cautelare. Essa mira dunque, come i provvedimenti che il diritto inglese comprende sotto la denominazioni di contempt of court, a salvaguardare l'imperium judicis, ossia a impedire che la sovranità dello stato, nella sua più alta espressione che è quella della giustizia, si riduca ad essere una tarda ed inutile espressione verbale, una vana ostentazione di lenti congegni destinati, come le guardie del'opera buffa, ad arrivare sempre troppo tardi" (Introduzione, cit., p. 143-144). Entre nós, **Galeno Lacerda**, eminente tratadista da matéria, admitia, originariamente, ampla atuação *ex officio* do juiz (*Comentários*, cit.), retrocedendo em sua doutrina para concluir, com base em estudos levados a efeito a partir de **Biscardi** (*Protezione Interditale*), ser admissível a incoação estatal, apenas, nos direitos absolutos. Ao final de sua exposição, no *Curso* antes mencionado, Ovídio resta por reconhecer um poder do Estado, este que cognominamos de dever geral de segurança – diverso do direito de agir inominadamente ou através de ações atípicas (*Curso*, cit., vol. 3, p. 73).

[20] "**Art. 3º** Não se excluirá da apreciação jurisdicional ameaça ou lesão a direito.

§ 1º É permitida a arbitragem, na forma da lei.

§ 2º O Estado promoverá, sempre que possível, a solução consensual dos conflitos.

§ 3º A conciliação, a mediação e outros métodos de solução consensual de conflitos deverão ser estimulados por juízes, advogados, defensores públicos e membros do Ministério Público, inclusive no curso do processo judicial."

[21] **Humberto Dalla Bernardina de Pinho**. *Jurisdição e pacificação:* limites e possibilidades do uso dos meios consensuais de resolução de conflitos na tutela dos direitos transindividuais e pluri-individuais, 2017.

[22] "Não se trata de desacreditar a Justiça estatal, mas de combater o excesso de litigiosidade que domina a sociedade contemporânea, que crê na jurisdição como a única via pacificadora de conflitos, elevando a um número tão gigantesco de processos aforados, que supera a capacidade de vazão dos órgãos e estruturas do serviço judiciário disponível.

Em diversos países, a cultura social tem desviado grande parte dos conflitos para mecanismos extrajudiciais, como a mediação e a conciliação, que, além de aliviar a pressão sobre a Justiça Pública, se apresentam em condições de produzir resultados substancialmente mais satisfatórios do que os impostos pelos provimentos autoritários dos tribunais" (**Humberto Theodoro Júnior**. *Curso de Direito Processual Civil*, vol. 1, 2021).

[23] **Luiz Fux; Henrique Ávila; Trícia Navarro Xavier Cabral**. *Tecnologia e Justiça Multiportas*, 2021; **Hermes Zaneti Jr.; Trícia Navarro Xavier Cabral** (coords.). *Grandes temas do novo CPC* – Justiça multiportas, 2018.

[24] **Michele Taruffo**. Un'alternativa alle alternative: modelli di risoluzione dei conflitti. *Revista de Processo*, São Paulo, vol. 152, p. 319, out. 2007.

dispute resolution),[25] promovidas pelo Estado (a exemplo do consumidor.gov) ou por uma das partes (como aquelas desenvolvidas por fornecedores do mercado de consumo).

Nesse sentido, merece registro a Resolução CNJ nº 358/2020, que instou os tribunais a disponibilizarem sistema informatizado para a resolução de conflitos por meio da conciliação e mediação (Sirec).

Outra frente relevante é a desjudicialização de conflitos,[26] com a transmissão de potenciais litígios judiciais para a via extrajudicial, além do fortalecimento das câmaras privadas de mediação e conciliação, modalidades resolutivas que também podem ser operacionalizadas por tabeliães, membros do Ministério Público, advogados e defensores públicos, com eficácia de título executivo.[27]

Com razão, fala-se em um princípio da adequação do processo, sob o viés negocial.[28] A ideia é que, tendo um rol de mecanismos, saibam as partes e o Estado-juiz compatibilizar a relação processual com os contornos da lide. Isso se opera tanto pela ótica material, meritória, buscando técnicas que solucionem, antecipadamente em relação à sentença judicial, o conflito, como pelo aspecto processual, com a revisão do próprio procedimento pelo juiz (art. 139, VI)[29] e pelas partes, que podem se utilizar do potente instrumento que são os negócios jurídicos processuais (art. 190).[30]

O pertencimento às partes da relação conflituosa de fundo é claro, ao longo do Código. É dizer: em diversos pontos, o legislador quis escancarar que, se as partes encontrarem solução autocompositiva que as agrade, a qualquer tempo do processo, deve o Judiciário homologá-la. Veja-se, por exemplo, o funcionamento dos precedentes judiciais: mesmo o caso tomado como paradigma no julgamento dos casos repetitivos (incidente de resolução de demandas repetitivas e julgamento de recursos repetitivos) pode ser resolvido, em definitivo, por acordo, ainda que durante o procedimento incidental, sem prejuízo para seu prosseguimento, com fixação da tese jurídica. Tal é a *ratio* do art. 976, § 1º,[31] que menciona apenas a desistência e o abandono, exemplificativamente.

3.1 Justiça multiportas: arbitragem, conciliação e mediação[32]

O conceito de justiça multiportas foi consagrado em 2010, pelo Conselho Nacional de Justiça, com a publicação da Resolução CNJ nº 125/2010, que instituiu, nos termos de seu art. 1º, a Política

---

[25] Sobre as modalidades digitais, ver **Marco Antonio dos Santos Rodrigues** e **Mauricio Tamer,** *Acesso digital à justiça:* As tecnologias da informação na resolução de conflitos, 2021.

[26] **Bruno de Sá Barcelos Cavaco**. *Desjudicialização e resolução de conflitos,* 2017.

[27] "**Art. 784.** São títulos executivos extrajudiciais:

IV – o instrumento de transação referendado pelo Ministério Público, pela Defensoria Pública, pela Advocacia Pública, pelos advogados dos transatores ou por conciliador ou mediador credenciado por tribunal;"

[28] **Fredie Didier Jr.,** *Curso de Direito Processual Civil,* vol. 1, 2021, p. 167.

[29] "**Art. 139.** O juiz dirigirá o processo conforme as disposições deste Código, incumbindo-lhe: (...) VI – dilatar os prazos processuais e alterar a ordem de produção dos meios de prova, adequando-os às necessidades do conflito de modo a conferir maior efetividade à tutela do direito."

[30] "**Art. 190.** Versando o processo sobre direitos que admitam autocomposição, é lícito às partes plenamente capazes estipular mudanças no procedimento para ajustá-lo às especificidades da causa e convencionar sobre os seus ônus, poderes, faculdades e deveres processuais, antes ou durante o processo."

[31] "**Art. 976.** É cabível a instauração do incidente de resolução de demandas8 repetitivas quando houver, simultaneamente:

I – efetiva repetição de processos que contenham controvérsia sobre a mesma questão unicamente de direito;

II – risco de ofensa à isonomia e à segurança jurídica.

§ 1º A desistência ou o abandono do processo não impede o exame de mérito do incidente."

[32] Enunciado FPPC nº 707 (2022). (art. 3º, § 3º; art. 151, *caput*, parágrafo único, da Lei nº 14.133/2021) A atuação das serventias extrajudiciais e dos comitês de resolução de disputas (*dispute boards*) também integra o sistema brasileiro de justiça multiportas (Grupo: Práticas não jurisdicionais de solução de conflito).

Redação dada pela Resolução CNJ nº 326, de 26.06.2020.

Art. 1º, parágrafo único, da Resolução CNJ nº 125/2010 (redação dada pela Resolução CNJ nº 326, de 26.06.2020).

Judiciária Nacional de Tratamento Adequado dos Conflitos de Interesses, tendente a assegurar a todos o direito à solução dos conflitos por meios adequados à sua natureza e peculiaridade[33].

Nesse sentido, resta hoje positivado que aos órgãos judiciários incumbe, nos termos do art. 334 do Código de Processo Civil de 2015, combinado com o art. 27 da Lei 13.140, de 26 de junho de 2015 (Lei de Mediação), antes da solução adjudicada mediante sentença, oferecer outros mecanismos de soluções de controvérsias, em especial os chamados meios consensuais, como a mediação e a conciliação, bem assim prestar atendimento e orientação ao cidadão[34].

Inclui-se, nesse leque resolutivo, a arbitragem.[35] Trata-se de consagrado meio de solução de conflitos à escolha das partes, desde o advento da Lei nº 9.307/1996, considerada constitucional pelo Supremo Tribunal Federal. O Código de 2015 tem o mérito de esclarecer a relação paritária entre a arbitragem e a jurisdição estatal, abordando a carta arbitral (art. 260, § 3º), o cumprimento de sentença do laudo arbitral (art. 515, VII) e o princípio do *kompetenz kompetenz*.[36]

Oriundo do direito alemão, o princípio da "competência-competência" está contido no parágrafo único do art. 8º da Lei nº 9.307/1996, que dispõe que "caberá ao árbitro decidir de ofício, ou por provocação das partes, as questões acerca da existência, validade e eficácia da convenção de arbitragem e do contrato que contenha a cláusula compromissória". Do mesmo modo, o Código menciona a extinção sem resolução do mérito do processo judicial quando houver reconhecimento, pelo juízo arbitral, de sua competência (art. 485, VII, segunda parte). Trata-se do poder conferido ao árbitro para decidir primeiramente sobre sua própria competência, o que significa dizer que caberá a ele analisar a validade do contrato e da cláusula compromissória inserida, bem como eventual suspeição ou impedimento em relação à sua atuação no caso.

A interlocução, porém, vai ainda além: não podendo o Judiciário desagasalhar o litigante antes da instauração da arbitragem, já se admitiu sua provocação para definir tutela de urgência nesse interregno, a ser posteriormente confirmada ou revogada pelo juízo arbitral.[37]

---

[33]   Redação dada pela Resolução CNJ nº 326, de 26.6.2020

[34]   Art. 1º, p.u, da Resolução CNJ 125/2010 (redação dada pela Resolução CNJ nº 326, de 26.6.2020)

[35]   Sobre a arbitragem, veja-se **Humberto Dalla Bernardinha de Pinho** e **Marcelo Mazzola**. *Manual de Mediação e Arbitragem*, 2019; **Carlos Alberto Carmona,** Arbitragem e processo, 2009; **Francisco José Cahali,** 2020; **Joel Dias Figueira Junior,** *Arbitragem, jurisdição e execução,* 1999; **Nilton César Antunes da Costa,** *Poderes do árbitro,* 2002; **José Carlos Rosa,** *Medidas cautelares e arbitragem,* 2006; **Paulo Magalhães Nasser,** *Vinculações arbitrais,* 2019.

[36]   "Recurso Especial. Direito processual civil. Ação pelo procedimento comum. Convenção de arbitragem. Cláusula compromissória. Afastamento. Falência. Hipossuficiência financeira. Impossibilidade. Incompetência do juízo estatal. (...) 5. A pactuação válida de cláusula compromissória possui força vinculante, obrigando as partes da relação contratual a respeitá-la para a resolução dos conflitos daí decorrentes. 6. Como regra, tem-se que a celebração de cláusula compromissória implica a derrogação da jurisdição estatal, impondo ao árbitro o poder-dever de decidir as questões decorrentes do contrato, incluindo decidir acerca da própria existência, validade e eficácia da cláusula compromissória (princípio da *Kompetenz-Kompetenz*). 7. Diante da falência de uma das contratantes que firmou cláusula compromissória, o princípio da *Kompetenz-Kompetenz* deve ser respeitado, impondo ao árbitro avaliar a viabilidade ou não da instauração da arbitragem. 8. Os pedidos da inicial não buscam nenhum tipo de medida cautelar que possa excepcionar o juízo arbitral; ao contrário, pretende a parte discutir o próprio conteúdo do contrato que abarca cláusula compromissória, almejando a substituição da jurisdição arbitral pela estatal. 9. Ausência de situação excepcional que permita o ajuizamento de medida cautelar junto à Justiça Estatal, devendo prevalecer a competência do juízo arbitral. 10. Recurso especial conhecido em parte e, nessa extensão, provido" (REsp 1.959.435/RJ, Rel. Min. Nancy Andrighi, 3ª Turma, j. 30.08.2022, *DJe* 1º.09.2022).

[37]   "Direito Processual Civil. Arbitragem. Medida cautelar. Competência. Juízo arbitral não constituído. 1. O Tribunal Arbitral é competente para processar e julgar pedido cautelar formulado pelas partes, limitando-se, porém, ao deferimento da tutela, estando impedido de dar cumprimento às medidas de natureza coercitiva, as quais, havendo resistência da parte em acolher a determinação do(s) árbitro(s), deverão ser executadas pelo Poder Judiciário, a quem se reserva o poder de *imperium*. 2. Na pendência da constituição do Tribunal Arbitral, admite-se que a parte se socorra do Poder Judiciário, por intermédio de medida de natureza cautelar, para assegurar o resultado útil da arbitragem. (...) 4. Em situações nas quais o juízo arbitral esteja momentaneamente impedido de se manifestar, desatende-se provisoriamente as regras de competência, submetendo-se o pedido de tutela cautelar ao juízo estatal; mas essa competência é precária e não se prorroga, subsistindo apenas para a análise do pedido liminar. 5. Recurso especial provido" (STJ, REsp 1.297.974/RJ, Relatora Ministra Nancy Andrighi, 3ª T., j. em 12.06.2012).

Para além da arbitragem, o dispositivo em comento se volta a outras soluções autocompositivas, seja na fase pré-processual ou na etapa processual, após a judicialização. A sinalização da lei é claríssima: há um dever de todos os agentes do processo de promover a pacificação negociada pelas partes, o que alcança o Estado, a título de política judiciária (art. 3º, § 2º) e juízes, defensores, advogados, membros do Ministério Público etc. (art. 3º, § 3º). Destacam-se, nesse ínterim, os Centros Judiciários de Solução de Conflitos e Cidadania (CEJUSCs), unidades do Poder Judiciário especialmente voltadas à orientação do público quanto a modalidades de solução de seus conflitos.

Como política pública de pacificação, deve ser sublinhado o enfoque dado pelo legislador a dois meios destacados: a conciliação e a mediação.[38] Além delas, subsiste a negociação, enquanto técnica de resolução direta entre as partes, sem qualquer intermediação de terceiros.

A distinção entre ambos é simples:[39] embora haja sempre um terceiro sujeito dedicado a auxiliar as partes a chegarem à tão desejada solução, sua postura varia.[40] O conciliador ocupa postura mais ativa, propondo possíveis contornos para um acordo. Isso porque tal técnica é mais indicada para resolver conflitos pontuais, em que as partes não guardassem relação pretérita ou continuativa, *v.g.*, a indenização devida em decorrência de um acidente de trânsito. Surgindo uma boa métrica, que atenda tanto aos anseios do autor como aos do réu, reduz-se o acordo a termo, que funciona como título executivo judicial.

O mesmo efeito prático tem o consenso obtido através da mediação, disciplinada pela Lei nº 13.140/2015. Nesse proceder, no entanto, o terceiro assume postura mais passiva, estimulando as partes a refletirem acerca dos reais problemas de fundo da relação entre elas, sendo continuativa, se manterá – o que impõe a busca pelo restabelecimento do diálogo. A prática mostra que certas espécies de conflitos, conquanto soem como únicos, são reflexo do abalo duradouro de um vínculo, *v.g.*, os litígios nas ações de família. Com a contida participação do mediador, os sujeitos envolvidos encontram a origem dos males que assolam a vínculo que os une.

Como apontado pela doutrina especializada, diversas são as técnicas utilizáveis no procedimento de mediação, de acordo com a vontade das partes e a experiência do terceiro que o conduz (*rapport*, resumo, silêncio, choque de realidade etc.). Pode-se, por exemplo, convencionar a ocorrência de sessões individuais das partes com o mediador (*caucus*).[41]

---

[38] Para uma perspectiva comparada, ver: **Neil Andrews,** Mediação e arbitragem na Inglaterra. *Revista de Processo*, São Paulo, n. 211, p. 281, set. 2012. **Federico Ferraris.** Ultime novità in materia di mediazione civile e commerciale. *Rivista di Diritto Processuale.* Padova: CEDAM, 2015. p. 779-792; **Theodore Eisenberg**; **Charlotte Lanvers**, *What is the Settlement Rate and Why Should We Care?*, 203 Cornell Law Faculty Publications (2009); **Jordi Nieva Fenoll**. La mediazione: un'alternativa ragionevole al processo? *Rivista trimestrale di diritto e procedura civile*, vol 67, n. 4, p. 1327-1344, Milano: Giuffrè, 2013; **Hanns Prütting**, La diferencia entre juez conciliador, mediator y componedor de conflictos. *Revista de Processo*, São Paulo, n. 272, p. 441-452, out. 2017; SHAVELL, Steven. *Alternative Dispute Resolution: An Economic Analysis*. The Journal of Legal Studies, vol. 24, n. 1 (Jan., 1995), p. 1-28; **Paula Costa e Silva.** *A nova face da Justiça: os meios extrajudiciais de resolução de controvérsias*. Lisboa: Coimbra Editora, 2009, p. 1-84 e 84-142; **Kathryn E. Spier**; **J. J. Prescott** *A Comprehensive Theory of Civil Settlement*. NYU Law Review, April 2016; **Roselle Wissler**, *The Effects of Mandatory Mediation: Empirical Research on the Experience of Small Claims and Common Pleas Courts,* 33 Willamette Law Review 565 (1997). Para uma visão da Análise Econômica do Direito, ver, aind, WOLKART, Erik Navarro. *Análise Econômica do processo civil – Como a economia, o direito e a psicologia podem vencer a tragédia da justiça*. Revista dos Tribunais, 2019, p. 343-405.

[39] O CPC a positiva no art. 165, §§ 2º e 3º:
"**Art. 165, § 2º** O conciliador, que atuará preferencialmente nos casos em que não houver vínculo anterior entre as partes, poderá sugerir soluções para o litígio, sendo vedada a utilização de qualquer tipo de constrangimento ou intimidação para que as partes conciliem.

§ 3º O mediador, que atuará preferencialmente nos casos em que houver vínculo anterior entre as partes, auxiliará aos interessados a compreender as questões e os interesses em conflito, de modo que eles possam, pelo restabelecimento da comunicação, identificar, por si próprios, soluções consensuais que gerem benefícios mútuos".

[40] **Humberto Dalla Bernardina de Pinho**, Dos conciliadores e mediadores judiciais. *Comentários ao Código de Processo Civil.* São Paulo: Saraiva, 2016, v. 1, p. 248-259.

[41] "A opção pelas reuniões privadas será definida pelo mediador, à luz de suas percepções e de conhecimento técnico, mas nada impede que um dos mediandos a sugira. Daí a importância de o mediador esclarecer logo no início do procedimento a possibilidade de realização das chamadas *caucus*, evitando que algum dos lados se sinta surpreendido ou desconfortável com a situação" (**Humberto Dalla Bernardina de Pinho; Marcelo Mazzola,** *Manual de Mediação e Arbitragem*, 2021, p. 147).

Os dois procedimentos são informados por princípios próprios, a saber: independência, imparcialidade, autonomia da vontade, confidencialidade, oralidade, informalidade e decisão informada (art. 166).[42] Extrai-se desse rol a clara intenção de que, nos meios alternativos de resolução de conflitos ora analisados, as partes são protagonistas livres, que, por sua vontade, decidem intentar uma adequada saída. Cabe, por outro lado, ao conciliador ou ao mediador revestir-se do manto da imparcialidade: ao contrário do juiz, que necessita da isenção como pressuposto para decidir bem, esses terceiros devem ser neutros para melhor enxergar o imbróglio e encaminhar a pacificação.

Consectariamente, a lei processual menciona hipóteses de impedimento dos conciliadores e mediadores, bem como assegura que, até por um ano após o término da última sessão em que atuaram, não podem representar ou patrocinar qualquer das partes.[43]

Elemento relevante para o bom funcionamento dos meios consensuais de solução de conflitos[44] é a definição de quem funcionará como conciliador ou mediador. A primeira possibilidade é a escolha pelas partes, o que dependerá de comum acordo. Nesse caso, a lei não exige que o intermediário esteja cadastrado no tribunal (art. 168).[45]

Não havendo consenso acerca da seleção, será designado conciliador ou mediador por meio de distribuição alternada e aleatória, dentre os registrados no cadastro do tribunal, desde que preenchidos os requisitos de capacitação mínimos. A depender da autonomia do tribunal, pode

---

[42] "**Art. 166.** A conciliação e a mediação são informadas pelos princípios da independência, da imparcialidade, da autonomia da vontade, da confidencialidade, da oralidade, da informalidade e da decisão informada.

§ 1º A confidencialidade estende-se a todas as informações produzidas no curso do procedimento, cujo teor não poderá ser utilizado para fim diverso daquele previsto por expressa deliberação das partes.

§ 2º Em razão do dever de sigilo, inerente às suas funções, o conciliador e o mediador, assim como os membros de suas equipes, não poderão divulgar ou depor acerca de fatos ou elementos oriundos da conciliação ou da mediação.

§ 3º Admite-se a aplicação de técnicas negociais, com o objetivo de proporcionar ambiente favorável à auto-composição.

§ 4º A mediação e a conciliação serão regidas conforme a livre autonomia dos interessados, inclusive no que diz respeito à definição das regras procedimentais."

[43] "**Art. 170.** No caso de impedimento, o conciliador ou mediador o comunicará imediatamente, de preferência por meio eletrônico, e devolverá os autos ao juiz do processo ou ao coordenador do centro judiciário de solução de conflitos, devendo este realizar nova distribuição.

Parágrafo único. Se a causa de impedimento for apurada quando já iniciado o procedimento, a atividade será interrompida, lavrando-se ata com relatório do ocorrido e solicitação de distribuição para novo conciliador ou mediador.

Art. 171. No caso de impossibilidade temporária do exercício da função, o conciliador ou mediador informará o fato ao centro, preferencialmente por meio eletrônico, para que, durante o período em que perdurar a impossibilidade, não haja novas distribuições.

Art. 172. O conciliador e o mediador ficam impedidos, pelo prazo de 1 (um) ano, contado do término da última audiência em que atuaram, de assessorar, representar ou patrocinar qualquer das partes.

Art. 173. Será excluído do cadastro de conciliadores e mediadores aquele que:

I – agir com dolo ou culpa na condução da conciliação ou da mediação sob sua responsabilidade ou violar qualquer dos deveres decorrentes do art. 166, §§ 1º e 2º ;

II – atuar em procedimento de mediação ou conciliação, apesar de impedido ou suspeito.

§ 1º Os casos previstos neste artigo serão apurados em processo administrativo.

§ 2º O juiz do processo ou o juiz coordenador do centro de conciliação e mediação, se houver, verificando atuação inadequada do mediador ou conciliador, poderá afastá-lo de suas atividades por até 180 (cento e oitenta) dias, por decisão fundamentada, informando o fato imediatamente ao tribunal para instauração do respectivo processo administrativo."

[44] Nomenclatura igualmente utilizada pela Resolução 125/2010, do Conselho Nacional de Justiça.

[45] "**Art. 168.** As partes podem escolher, de comum acordo, o conciliador, o mediador ou a câmara privada de conciliação e de mediação.

§ 1º O conciliador ou mediador escolhido pelas partes poderá ou não estar cadastrado no tribunal.

§ 2º Inexistindo acordo quanto à escolha do mediador ou conciliador, haverá distribuição entre aqueles cadastrados no registro do tribunal, observada a respectiva formação.

§ 3º Sempre que recomendável, haverá a designação de mais de um mediador ou conciliador."

ser realizado concurso público de provas e títulos, como forma de tornar mais seleta e hígida a composição do registro (art. 167).[46]

Sob a ótica estrutural, devem os tribunais criar os chamados "centros judiciários de solução consensual de conflitos" (CEJUSC), nos quais se realizarão audiências e sessões de mediação e de conciliação. Cabe, ainda, ao tribunal remunerar tais agentes, conforme tabela própria, à exceção da atividade a título de trabalho voluntário. Inclusive, o Supremo Tribunal Federal já criou seu Centro de Conciliação e Mediação, evidenciando a amplitude dessas técnicas, compatíveis com sua jurisdição constitucional.

Similarmente, ordena o Código que os entes públicos criem câmaras de mediação e conciliação – experiência que tem se mostrado bem sucedida e essencial para o avanço da consensualidade no Direito Processual Civil.[47]

3.2 Desjudicialização de conflitos

Os tempos hodiernos, mais que nunca, reclamam por uma justiça acessível, que conceda ao cidadão uma resposta justa e tempestiva. No contexto atual, em que o volume quantitativo de processos é manifestamente inassimilável por juízes e tribunais, o deslocamento de competências do Poder Judiciário para órgãos extrajudiciais – o que consubstancia a chamada desjudicialização –, deixa de corresponder a uma mera possibilidade de melhoria do acesso à justiça e passa a ostentar *status* de estratégia imprescindível.

Consectariamente, urge a adoção de uma concepção mais ampla de acesso à justiça, que pressupõe um "ir além". Ir além do tradicional espaço judicial, ir além dos procedimentos judiciais e ir além da tutela dos Tribunais. É, precisamente, neste cenário de desjudicialização, que a atuação dos notários e registradores se revela como aspecto fundamental para consecução de um efetivo acesso à justiça.

---

[46] "**Art. 167.** Os conciliadores, os mediadores e as câmaras privadas de conciliação e mediação serão inscritos em cadastro nacional e em cadastro de tribunal de justiça ou de tribunal regional federal, que manterá registro de profissionais habilitados, com indicação de sua área profissional.

§ 1º Preenchendo o requisito da capacitação mínima, por meio de curso realizado por entidade credenciada, conforme parâmetro curricular definido pelo Conselho Nacional de Justiça em conjunto com o Ministério da Justiça, o conciliador ou o mediador, com o respectivo certificado, poderá requerer sua inscrição no cadastro nacional e no cadastro de tribunal de justiça ou de tribunal regional federal.

§ 2º Efetivado o registro, que poderá ser precedido de concurso público, o tribunal remeterá ao diretor do foro da comarca, seção ou subseção judiciária onde atuará o conciliador ou o mediador os dados necessários para que seu nome passe a constar da respectiva lista, a ser observada na distribuição alternada e aleatória, respeitado o princípio da igualdade dentro da mesma área de atuação profissional.

§ 3º Do credenciamento das câmaras e do cadastro de conciliadores e mediadores constarão todos os dados relevantes para a sua atuação, tais como o número de processos de que participou, o sucesso ou insucesso da atividade, a matéria sobre a qual versou a controvérsia, bem como outros dados que o tribunal julgar relevantes.

§ 4º Os dados colhidos na forma do § 3º serão classificados sistematicamente pelo tribunal, que os publicará, ao menos anualmente, para conhecimento da população e para fins estatísticos e de avaliação da conciliação, da mediação, das câmaras privadas de conciliação e de mediação, dos conciliadores e dos mediadores.

§ 5º Os conciliadores e mediadores judiciais cadastrados na forma do *caput*, se advogados, estarão impedidos de exercer a advocacia nos juízos em que desempenhem suas funções.

§ 6º O tribunal poderá optar pela criação de quadro próprio de conciliadores e mediadores, a ser preenchido por concurso público de provas e títulos, observadas as disposições deste Capítulo."

[47] "**Art. 174.** A União, os Estados, o Distrito Federal e os Municípios criarão câmaras de mediação e conciliação, com atribuições relacionadas à solução consensual de conflitos no âmbito administrativo, tais como:

I – dirimir conflitos envolvendo órgãos e entidades da administração pública;

II – avaliar a admissibilidade dos pedidos de resolução de conflitos, por meio de conciliação, no âmbito da administração pública;

III – promover, quando couber, a celebração de termo de ajustamento de conduta."

De fundamental importância que vejamos, com clareza, a complementariedade entre a atividade notarial e registral e a do Judiciário, ambas voltadas à garantia de direitos. O acesso à justiça, hoje, só pode ser compreendido a partir do binômio judicialização-desjudicialização: as portas do Poder Judiciário estão sempre abertas, o que não quer dizer que seja a solução prioritária, a mais adequada ou, muito menos, a única.

É muito positivo o sentimento geral a respeito do desempenho desse papel pela atividade notarial. A partir das premissas apontadas, os cartórios surgem como uma saída natural para a solução de conflitos, longe de uma simplista estratégia de desafogamento do Judiciário, porque reúnem qualidades essenciais.

A primeira é a capilaridade: os cartórios estão em todo o território nacional, que tem, como sabemos, dimensões continentais.[48] A população de qualquer parte do país tem acesso a um cartório, que, notadamente em interiores, representa o Estado e o Poder Público, no ideário popular, ao lado das prefeituras. O notário tem "fé pública", no mais essencial significado da expressão.

Permeados pelo espírito republicano, os cartórios brasileiros colaboram, decisivamente, através de atividade de fiscalização de práticas ilícitas, informando, por exemplo, atos suspeitos ao Conselho de Controle de Atividades Financeiras (Coaf).[49]

O tabelião é tido, acertadamente, como autoridade, por conta, ainda, de sua capacidade resolutiva. De fato, os cartórios conseguem exercer sua atividade de solução de conflitos de maneira célere e precisa, porque imbuídos de um espírito prático e, ao contrário do que poderia parecer à primeira vista, pouco burocrático.

Há uma outra característica que escancara a relevância dos serviços notariais e registradores: a credibilidade. Esse aspecto, sentido na prática e na concepção popular, já foi reiteradamente confirmado por pesquisas que apontam para um altíssimo grau de *confiabilidade* dos cartórios perante a população. Nesse sentido, o estudo encomendado pela Associação dos Notários e Registradores do Brasil (Anoreg/BR) e realizada pelo instituto Datafolha em 2015 demostrou que, mesmo em cotejo com instituições de significativa credibilidade no País, como Correios, Forças Armadas, Ministério Público e Poder Judiciário, os cartórios extrajudiciais se destacam, ocupando o primeiro lugar em termos de confiabilidade dentre todas as instituições pesquisadas.[50]

Evidente, portanto, que os cartórios são um elemento crucial na equação do reconhecimento e da efetivação do crescente leque de direitos fundamentais, engrenagem decisiva para fazer fluir o sistema de Justiça.

Os Tabeliães de Notas, por exemplo, têm o condão de prevenir litígios, na medida em que exercem a função de aconselhamento e orientação na lavratura dos atos e contratos realizados em cartório. A atuação dos Registradores de Imóveis é passível de incrementar o tráfico imobiliário nacional, conferindo segurança jurídica às partes através da publicidade dos atos praticados. Os Registradores Civis das Pessoas Jurídicas, por sua vez, promovem a existência legal das pessoas jurídicas de direito privado ao tornarem públicos seus atos constitutivos, ao passo que os Registradores Civis das Pessoas Naturais têm a função de lavrar os assentos referentes à situação jurídica e ao estado das pessoas físicas, o que é fundamental para a celebração de contratos.

Os Tabeliães de Protestos, por fim, oferecem um meio célere de cobrança extrajudicial e mantêm um importante e seguro banco de dados que embasa as relações de crédito e débito. Outorgar-lhes maior leque de instrumentos coercitivos tem colaborado para a maior eficiência da

---

[48] De acordo com a publicação Cartório em Números (2020, p. 6-7), eram 13.440 serventias, distribuídas pelos 5.570 municípios, que obrigatoriamente devem ter uma unidade registral, nos termos da Lei de Registros Públicos (Lei nº 6.015/1973), garantindo ampla empregabilidade (são 125.786 empregados, dos quais 80.383 diretos e 45.403 indiretos).

[49] Segundo a mesma publicação, apenas em 2020, foram 784.067 comunicações.

[50] Associação dos Notários e registradores do Brasil. Confiança dos brasileiros nos cartórios é destaque em pesquisa do Datafolha. 2016. Disponível em: http://www.anoreg.org.br/index.php?option=com_content&view=article&id=26641:confianca-dos-brasileiros-nos-cartorios-e-destaque-em-pesquisa-do-datafolha&catid=19&Itemid=180.

50 | CURSO DE DIREITO PROCESSUAL CIVIL • *Luiz Fux*

atividade executiva, superando a exclusividade do Poder Judiciário na satisfação do exequente, cuja produtividade tem sido incomparavelmente mais baixa em processos de execução, que, em média, tardam 7 anos até serem encerrados. Também, o Conselho Nacional de Justiça vem buscando, nos últimos tempos, melhorar a experiência do usuário desses serviços, autorizando, por exemplo, o pagamento postergado de emolumentos e demais despesas (Provimento 86/2019).

A relevância da categoria no processo de otimização do Sistema de Justiça se torna mais evidente com a ampliação do leque de matérias que podem ser definitivamente solvidas em cartório.

A despeito da recente intensificação do deslocamento de competências do Poder Judiciário para órgãos extrajudiciais – fruto da percepção tanto da prescindibilidade como da insuficiência da atuação dos tribunais na tutela de determinados direitos de forma tempestiva –, o fenômeno de desjudicialização não é propriamente uma novidade.

Em 1997, por exemplo, a Lei nº 9.492 oportunizou um importante passo nesse sentido ao dispor sobre protesto de títulos. Antes, para satisfação de créditos referentes a outros documentos de dívida – que não títulos de crédito – a única alternativa era o Poder Judiciário. Com a lei, embora a função precípua do instituto seja probatória, o protesto passou a ser utilizado como eficiente meio de cobrança extrajudicial efetiva.

Já a Lei nº 9.514/1997 contribuiu no sentido de instituir a alienação fiduciária de coisa imóvel, inovando os mecanismos de garantia no mercado imobiliário que até então eram pouco eficientes. Além de amenizar a exagerada proteção conferida ao devedor pela hipoteca – que pressupunha o ajuizamento de morosa execução judicial em casos de descumprimento da obrigação contratada –, a lei disponibilizou um meio mais célere e descomplicado para que seja permitido ao credor reaver seu crédito. As instituições financeiras praticamente abandonaram a hipoteca e passaram a preferir a alienação fiduciária nos contratos celebrados.

Merece ainda especial destaque a Lei nº 11.441/2007, que, regulamentada em detalhes pela Resolução nº 35/2007 do Conselho Nacional de Justiça, ofertou aos interessados a possibilidade de realizar inventário, partilha, separação e divórcio extrajudicialmente perante os tabeliães de notas – observados os pressupostos necessários.

Em relação ao inventário, a via extrajudicial mostra-se como uma opção ao jurisdicionado quando não houver incapazes entre os herdeiros ou quando o autor de herança não houver deixado testamento. Ressalte-se que os custos do inventário extrajudicial são certamente bem inferiores aos do correlato procedimento judicial, principalmente em razão dos honorários advocatícios devidos no procedimento administrativo serem calculados sobre duas únicas etapas: na elaboração dos termos da partilha (normalmente feita pelo tabelião) e na lavratura do ato notarial. No processo judicial, por outro lado, esses honorários normalmente são calculados com base no monte a ser partilhado.

Quanto à separação e ao divórcio, também poderão ser ajustados mediante escritura pública lavrada nas Serventias Notariais, desde que haja consenso entre as partes e que não se envolvam interesses indisponíveis ou relativos a incapazes. O procedimento, que, no Judiciário pode levar meses, pode ser realizado no mesmo dia no cartório.[51]

Demais disso, a Lei nº 10.931/2004 possibilitou a retificação administrativa de metragens e outras incorreções no registro de imóveis, enquanto a Lei nº 12.100/2009 oportunizou a retificação extrajudicial de assento de registro civil. Antes dos referidos diplomas, o rigor formal e a morosidade para tais retificações eram tão demasiados que, diante da imensa burocracia, o indivíduo que desejasse corrigir algum erro em seu assento civil ou no registro de imóveis optava por

---

[51] Aliás, vale registrar que, após três anos da entrada em vigor da Lei nº 11.441/2007, uma pesquisa intitulada "Estatísticas do Registro Civil", produzida anualmente pelo Instituto Brasileiro de Geografia e Estatística (IBGE) indicou um crescimento de 24,9% nos atos de separações e 33,9% nos atos de divórcios consensuais realizados em 2008 nos Tabelionatos de Notas de todo o país, em comparação com os números de 2007, apontando também que, naquele ano, 14,5% das dissoluções de casamentos no Brasil ocorreram em cartórios extrajudiciais.

simplesmente manter seu registro inalterado, ainda que o conteúdo permanecesse em desacordo com a realidade fática.[52]

Nesse sentido, percebe-se importante e constante caminhar do legislador rumo à crescente desjudicialização procedimental.

No CPC de 2015, a propósito, foram inseridos diversos dispositivos que apontam no sentido da desjudicialização, criando, por exemplo, o importante procedimento da usucapião extrajudicial, na Lei de Registros Públicos. A experiência mostrou que esse reconhecimento de aquisição originária da propriedade pela via judicial é extremamente moroso, em razão do assoberbamento de processos, que implica lentidão dos atos de comunicação, como intimações e expedição de editais. No tabelionato, em menos de um mês, a propriedade é reconhecida e são superadas décadas de ocupação informal, garantindo, com o direito à moradia, dignidade ao possuidor.[53]

Também a jurisprudência tem dado valiosa contribuição no fortalecimento da solução de conflitos pela via extrajudicial, ultrapassando dicções legais à primeira vista restritivas. O Superior Tribunal de Justiça, por exemplo, admitiu a abertura de inventário em cartório, quando houver testamento, desde que os herdeiros sejam capazes e estejam de acordo,[54] interpretando ampliativamente o CPC.

O mote, portanto, deve ser o seguinte: em sendo possível a solução cartorária, sem comprometimento de garantias e direitos, sobretudo de sujeitos vulneráveis, há que ser estimulada. Enxerga-se, mesmo diante do leque de serviços extrajudiciais que tem sido progressivamente aberto, ampla margem para avanços. Uma frente relevante é o alargamento da contribuição probatória: os cartórios reúnem os atributos necessários para colaborar com o Judiciário na produção de provas, como estimulado pelo CPC, ao positivar a ata notarial como meio típico de prova.

4. PRINCÍPIOS DA EFETIVIDADE E DA DURAÇÃO RAZOÁVEL DO PROCESSO

Uma corrente reclamação existente sobre o Judiciário é a falta de celeridade. Com razão, Rui Barbosa advertiu, já em sua época, que *"Justiça que tarda é injustiça manifesta."*[55] Com efeito, quem provoca a jurisdição, o faz porque não encontrou outra saída e precisa que o Estado substitua a vontade das partes e resolva o conflito, em definitivo e o mais brevemente possível. Porém, se a decisão final tarda em demasia, a utilidade do provimento se corrói, o que é especialmente injustificável em questões simples, como o divórcio, ou destacadamente sensíveis e dolorosas, como em inventários.

Os estudos dos professores Mauro Cappelletti e Bryant Garth, em meados do século passado, apontaram, após análise do panorama mundial de acessibilidade ao Judiciário, que existiam três grandes barreiras, a serem vencidas por três ondas renovatórias. A primeira delas ligada aos custos, tendo-se percebido que é absolutamente inconstitucional que se deixe de pleitear em juízo um direito por limitações econômicas; a segunda se referia aos direitos transindividuais (coletivos); a terceira, a outros aspectos do processo, como a inefetividade, a lentidão da decisão, etc. No Brasil, essas três ondas vieram em conjunto, com o advento da Constituição de 1988. Tal abertura, no cenário da redemocratização, se revelou desejável ganho do patrimônio jurídico do jurisdicionado. Acontece, contudo, que se apresenta uma espécie de paradoxo: ao mesmo tempo em que se lutou muito para que houvesse o acesso à justiça, a Justiça ficou muito abarrotada de processos, ações e

---

[52] Colégio Notarial do Brasil. *Separações e divórcios em cartórios chegam a 14,5% das dissoluções de casamentos no Brasil.* 2010. Disponível em: http://www.cnbsp.org.br/index.php?pG=X19leGliZV9ub3RpY2lhcw==&in=MjMyMw==&filtro=&Data=.

[53] Apenas no Estado de São Paulo, 3.500 processos de usucapião foram iniciados entre os anos de 2019 e 2020 (Cartório em Números, 2020, p. 106).

[54] REsp 1808767/RJ, Rel. Ministro Luis Felipe Salomão, Quarta Turma, j. 15.10.2019.

[55] **Rui Barbosa,** *Oração aos Moços,* 1988.

recursos para decidir, de sorte que aplicável a máxima *"better the roads, more the traffic"* (quanto melhor a estrada, maior é o tráfego).[56]

Por essa razão, dois valores centrais do CPC de 2015 são a efetividade e a duração razoável do processo, entendidos como direito das partes (art. 4º)[57] e dever de todos os sujeitos do processo (art. 6º).[58] De fato, a solução dada pelo Judiciário, na atual concepção do fenômeno jurisdicional, não deve ser apenas justa, mas também efetiva e célere. A Justiça deve, portanto, bem decidir, decidir rapidamente e fazer cumprir suas decisões.[59]

A acepção exata de que a efetividade do processo[60] consiste na sua aptidão de alcançar os fins para os quais foi instituído pertence a Proto Pisani.

Desígnio maior do processo, além de dar razão a quem efetivamente tem-na, é fazer com que o lesado recomponha o seu patrimônio pelo descumprimento da ordem jurídica, sem que sinta os efeitos do inadimplemento. Compete ao Estado, através do processo, repor as coisas ao *status quo ante*, utilizando-se de meios de sub-rogação capazes de conferir à parte a mesma utilidade que obteria pelo cumprimento espontâneo[61] do direito.

A essa finalidade genética adjunte-se, inegável celeridade na prestação jurisdicional, integrante da efetividade, tanto que só se considera uma justiça efetiva aquela que confere o provimento contemporaneamente à lesão ou ameaça de lesão ao direito. Algumas formas de tutela jurisdicional, *v.g.*, a tutela de urgência, revelam uma influência prioritária do princípio da efetividade, uma vez que nessas ações almeja-se uma solução sob medida, eficiente e célere. O princípio, como sói ocorrer com os demais, informa a atuação do juiz na cognição e deferimento do provimento de urgência,

---

[56] O Relatório Justiça em Números 2020, do CNJ, aponta que o tempo médio de processos pendentes, no Poder Judiciário brasileiro, é de 3 anos e 11 meses, no processo de conhecimento, e 7 anos, na execução. Embora se indique um ligeiro aumento de produtividade, inclusive durante a pandemia que nos assolou, a demanda permanece elevadíssima. Trata-se de ponto muito sensível que exige adequada resolução, não por mera recomendação acadêmica, mas por necessidade prática e de interesse do país. Isso porque o Banco Mundial, no seu Ranking Doing Business, estabelece que os sistemas processuais que arregimentam o maior número de investidores estrangeiros são os que trazem a possibilidade de resolver mais rapidamente os conflitos que eventualmente surjam. Ainda nesse contexto, são índices relevantes para a avaliação de países – e, portanto, para angariar recursos externos – o tempo para se iniciar um negócio (*starting a business*), registrar a propriedade (*registering property*) e cobrar dívidas (*resolving insolvency*). Quanto à abertura de empresas, o cenário brasileiro é melhor que o do restante da América Latina e Central, mas ainda desfavorável em relação aos parâmetros da OCDE (Organização para a Cooperação e Desenvolvimento Econômico). Por outro lado, a resolução da insolvência, no Brasil, é mais lenta que ambos os padrões comparativos.

[57] **"Art. 4º** As partes têm o direito de obter em prazo razoável a solução integral do mérito, incluída a atividade satisfativa."

[58] **"Art. 6º** Todos os sujeitos do processo devem cooperar entre si para que se obtenha, em tempo razoável, decisão de mérito justa e efetiva."

[59] **José Carlos Barbosa Moreira**, O problema da duração dos processos: premissas para uma discussão séria. *Temas de direito processual*, nona série, 2007, p. 367-377; **Antonio do Passo Cabral,** A duração razoável do processo e a gestão do tempo no projeto de novo Código de Processo Civil. In: FUX, Luiz et al. (orgs.). *Novas tendências do Processo Civil: estudos sobre o projeto do novo Código de Processo Civil*, 2013; **Alexandre Freitas Câmara**, O direito à duração razoável do processo: entre eficiência e garantias. *Revista de Processo*, vol. 223, set./2013, p. 39-53; **Marco Félix Jobim**. O direito fundamental à duração razoável do processo e a responsabilidade civil do Estado em decorrência da intempestividade processual, 2012; **Daniel R. Pastor,** *El plano razonable en el proceso del Estado de Derecho*: una investigación acerca del problema de la excesiva duración del proceso penal y sus posibles soluciones, 2002, p. 109-318; **José Augusto Garcia de Souza,** *A tempestividade da justiça no processo civil brasileiro*, 2020, p. 113-153; **José Rogério Cruz e Tucci**, Garantia da prestação jurisdicional sem dilações indevidas como corolário do devido processo legal. *Revista de Processo.* v. 66, abr./jun. 1992.

[60] "L'Effettività dei Mezzi di Tutela Giurisdizionale con Particolare Riferimento all'Attuazione della Sentenza di Condanna", *Rivista di Diritto Processuale*, vol. 30, 1975, p. 620 e segs.

[61] Clássica a fórmula de **Chiovenda** em *Saggi di Diritto Processuale Civile*, vol. 1, p. 110, no sentido de que *"il processo deve dare per quanto è possibile praticamente a chi ha un diritto tutto quello e pròprio quello ch'egli ha diritto di conseguire"*. Quanto aos estreitos limites entre a efetividade e a idoneidade das medidas cautelares, há uniformidade da melhor doutrina nacional, como se colhe em **Barbosa Moreira**, *Temas*, 3ª série, cit., p. 29.

Parte I • III – NORMAS FUNDAMENTAIS DO PROCESSO | **53**

permitindo-lhe transpor dogmas ortodoxos que limitavam a sua atuação em prol da efetividade da prestação jurisdicional.

Desde a Emenda Constitucional 45/2004, figura no rol constitucional de garantias do jurisdicionado a duração razoável do processo (art. 5º, LXXVIII).[62] O legislador processual, atento a esse ditame, buscou assegurar a efetividade da tutela jurisdicional, dentro do interregno temporal que se afigure justo.

Diversos são os exemplos de institutos voltados a abreviar o procedimento, *v.g.*, a improcedência liminar do pedido, aperfeiçoada pelo atual Código, atento aos precedentes judiciais (art. 332),[63] a tutela provisória, inclusive a satisfativa requerida em caráter antecedente (arts. 303 e 304),[64] a dispensa de remessa necessária quando o provimento judicial se respaldar em decisões vinculativas (art. 496, § 4º),[65] a concentração da defesa do réu em uma única peça, a limitação do recurso imediato contra decisões interlocutórias, os atos praticáveis por meio eletrônico. Igualmente, depositam-se firmes esperanças nos meios tecnológicos para se alcançar a atividade jurisdicional desejadamente célere.[66]

Em acréscimo, dentre os inúmeros reclamos da efetividade, destaca-se o que pertine à justiça da decisão, a exigir uma decisão o quanto possível aproximada da realidade. É de sabença que essa realidade chega ao juízo pelas provas. A necessidade imposta pela efetividade do processo civil permite ao juízo tomar iniciativa probatória sem que com isso se entreveja qualquer lesão ao princípio da inércia[67] ou da neutralidade judicial.[68]

---

[62] "É praticamente impossível apontar todas as causas que geram a morosidade judicial. Muitas são conhecidas, mas não existe vontade política ou mesmo cultura adequada de grande parte dos operadores do direito no sentido de corrigi-las. A omissão do Estado para fornecer os meios necessários à efetiva solução dos litígios, a utilização inadequada dos instrumentos processuais pelos protagonistas do processo, são alguns exemplos das razões da morosidade" (**Paulo Cezar Pinheiro Carneiro**. Comentário ao art. 4º do Código de Processo Civil. In: **Teresa Arruda Alvim** *et al. Breves comentários ao novo Código de Processo Civil.* São Paulo: Revista dos Tribunais, 2015).

[63] "**Art. 332.** Nas causas que dispensem a fase instrutória, o juiz, independentemente da citação do réu, julgará liminarmente improcedente o pedido que contrariar:
I – enunciado de súmula do Supremo Tribunal Federal ou do Superior Tribunal de Justiça;
II – acórdão proferido pelo Supremo Tribunal Federal ou pelo Superior Tribunal de Justiça em julgamento de recursos repetitivos;
III – entendimento firmado em incidente de resolução de demandas repetitivas ou de assunção de competência;
IV – enunciado de súmula de tribunal de justiça sobre direito local."

[64] "**Art. 303.** Nos casos em que a urgência for contemporânea à propositura da ação, a petição inicial pode limitar-se ao requerimento da tutela antecipada e à indicação do pedido de tutela final, com a exposição da lide, do direito que se busca realizar e do perigo de dano ou do risco ao resultado útil do processo. (...).
Art. 304. A tutela antecipada, concedida nos termos do art. 303, torna-se estável se da decisão que a conceder não for interposto o respectivo recurso."

[65] "**Art. 496. (...) § 4º** Também não se aplica o disposto neste artigo quando a sentença estiver fundada em:
I – súmula de tribunal superior;
II – acórdão proferido pelo Supremo Tribunal Federal ou pelo Superior Tribunal de Justiça em julgamento de recursos repetitivos;
III – entendimento firmado em incidente de resolução de demandas repetitivas ou de assunção de competência;
IV – entendimento coincidente com orientação vinculante firmada no âmbito administrativo do próprio ente público, consolidada em manifestação, parecer ou súmula administrativa."

[66] Ver, no estudo dos Processos nos Tribunais, a temática dos julgamentos digitais e da inteligência artificial.

[67] Acerca do tema, pelas suas posições, em parte conflitantes, merece destaque **Cappelletti**, *La Testimonianza della Parte nel Sistema dell'Oralità*, 1974, p. 307 e segs., e **Carnacini**, "Tutela Giurisdizionale e Tecnica del Processo", em *Studi in Onore di Enrico Redenti*, 1951, vol. 2, p. 695 e segs. Entre nós, consulte-se o texto da Conferência de **Barbosa Moreira** no V Simpósio de Direito Comparado Luso-Brasileiro, publicado na *Revista de Direito Comparado Luso-Brasileira*, vol. 4, e na *Revista Brasileira de Direito Processual*, vol. 48, sob o título "Os Poderes do Juiz na Direção e Instrução do Processo".

[68] De outro lado, o Processo Penal, notadamente após a reforma implementada pelo Pacote Anticrime (Lei nº 13.964/2019), se enevera para a passividade do juiz, que marca o sistema acusatório.

O princípio da efetividade arrasta a possibilidade, no campo da urgência, do deferimento de providência diversa da que foi pedida. É que compete ao juízo uma avaliação da proporcionalidade e extensão da medida de segurança. Sob o prisma estritamente cautelar, vozes abalizadas da doutrina preconizavam, sob a vigência dos diplomas anteriores, a fungibilidade das cautelas, atualmente positivada no art. 301[69] e na inteligência do art. 297 do CPC,[70] que atuam como normas *in procedendo*, sugerindo ao juízo uma adequação da medida às necessidades do caso concreto. Ademais, a fungibilidade também se observa no art. 305, parágrafo único,[71] do CPC, entre as tutelas de natureza cautelar e antecedente.

Não obstante, vale ressaltar, à permissão ao uso do poder cautelar genérico[72] impõem-se limites, dentre os quais se destaca o de interditar a concessão de cautela inominada para hipóteses em que a lei prevê medida específica. Nesses casos, cumpre ao requerente preencher os pressupostos da medida típica para obter o provimento, ainda que o formule atípico. Essa subsidiariedade da determinação atípica em relação à solução típica tem sido reconhecida pelo Superior Tribunal de Justiça, no tocante ao art. 139, IV, do Código, autêntica cláusula geral de efetivação das decisões judiciais.[73]

Aliás, a necessidade de tutela urgente é imprevisível e multifária, não havendo um remédio padrão, por isso a necessidade de liberdade de atuação do juízo em prol da segurança, prevalecendo as advertências de que o juízo não deve criar, com a medida, uma situação de perigo maior do que a que se quer evitar, e tampouco conferir segurança onde não haja a premissa da periclitação, mas tão somente o *nomen juris* emprestado ao pedido de tutela.[74]

A "não concessão de efeito suspensivo" aos recursos é outro consectário do influxo da efetividade. A noção corrente da suspensividade dos recursos é a que susta a executoriedade da decisão, postergando o direito do vencido. É reflexo da ditadura dos tribunais, para alguns, renegando-se a qualidade das decisões de primeiro grau, e para outros, tranquiliza a opinião pública saber que a decisão será fruto de uma segunda reflexão com o escopo de reapurar a juridicidade do provimento. De toda sorte, a questão confina com aquela da utilidade ou não do duplo grau de jurisdição, ideia secular e que para muitos é princípio imanente do sistema processual constitucional[75] brasileiro.

É de sabença que os sistemas optam pelo efeito "suspensivo legal" ou *ope judicis*. No primeiro, a suspensividade de eficácia da decisão decorre de lei, *v.g.*, dispõe o art. 1.012 do CPC;[76] no segun-

---

[69] "**Art. 301.** A tutela de urgência de natureza cautelar pode ser efetivada mediante arresto, sequestro, arrolamento de bens, registro de protesto contra alienação de bem e qualquer outra medida idônea para asseguração do direito."

[70] "**Art. 297.** O juiz poderá determinar as medidas que considerar adequadas para efetivação da tutela provisória. Parágrafo único. A efetivação da tutela provisória observará as normas referentes ao cumprimento provisório da sentença, no que couber."

[71] "**Art. 305.** A petição inicial da ação que visa à prestação de tutela cautelar em caráter antecedente indicará a lide e seu fundamento, a exposição sumária do direito que se objetiva assegurar e o perigo de dano ou o risco ao resultado útil do processo.
Parágrafo único. Caso entenda que o pedido a que se refere o *caput* tem natureza antecipada, o juiz observará o disposto no art. 303."

[72] "**Enunciado nº 31 do FPPC.** O poder geral de cautela está mantido no CPC."

[73] "A adoção de meios executivos atípicos é cabível desde que, verificando-se a existência de indícios de que o devedor possua patrimônio expropriável, tais medidas sejam adotadas de modo subsidiário, por meio de decisão que contenha fundamentação adequada às especificidades da hipótese concreta, com observância do contraditório substancial e do postulado da proporcionalidade. (...)" (REsp 1782418/RJ, Rel. Ministra Nancy Andrighi, Terceira Turma, j. 23.04.2019).

[74] Interessantes critérios para a concessão dos provimentos idôneos foram enumerados no Colóquio Internacional sobre Medidas Cautelares em Processo Civil, Milão, 1984 (*Les Mesures Provisoires en Procédure Civile*, 1985, p. 5), onde se encontram os relatórios sobre o Direito alemão – **Habscheid** –, francês – **Roger Perrot** –, e inglês – **Vicenzo Varano** –, observando-se a adoção de medidas antecipadas satisfativas da pretensão como meios moralizadores da natural demora da prestação jurisdicional.

[75] **Barbosa Moreira**, *Comentários*, cit., p. 211-212.

[76] "**Art. 1.012.** A apelação terá efeito suspensivo.
'§ 1º Além de outras hipóteses previstas em lei, começa a produzir efeitos imediatamente após a sua publicação a sentença que:
I – homologa a divisão ou a demarcação;

do, fica ao critério do juízo conferir esse efeito – daí *ope judicis* –, porque, do contrário, a decisão, uma vez proferida, produz imediatamente os seus efeitos, autorizando o adiantamento dos atos de satisfação da situação jurídica consagrada no provimento.

Insta esclarecer que, em face da recente reforma do CPC, em todos os casos do art. 1.012, o relator pode dar efeito suspensivo à apelação (v. art. 1.012, § 4º,[77] do CPC).

Essa previsão não apaga a tradição do Direito brasileiro de não sustar decisões que reconheçam um estado de perigo, *v.g.*, no mandado de segurança, nos alimentos provisionais e, modernamente, em algumas ações locatícias, salvante as exceções em relação ao Poder Público (Lei nº 8.437/1992).

A eficácia imediata do decidido contrapõe-se "em tese" à possibilidade de modificação do julgado. Entretanto, o obstáculo tem sido superado pela caução de indenização ou até mesmo determinação de reversão ao estado anterior, sendo certo que, deve o magistrado superior nortear a cassação do provimento, sempre que possível, determinando a reversão garantida pela caução, que serve de instrumento viabilizador ou compensador de eventuais perdas e danos.

Consectária da efetividade é a tutela jurisdicional específica, consagrada, hodiernamente, pelo art. 497 do CPC, destacando-se, nesse âmbito, modernamente, a tutela inibitória.

O legislador trouxe dispositivo no capítulo das normas fundamentais objetivando tornar mais objetiva a maneira de ordenação de processos para julgamento, no acervo do magistrado e dos órgãos colegiados dos tribunais (art. 12).[78] Assim, os juízes e os tribunais deverão atender, prefe-

---

II – condena a pagar alimentos;

III – extingue sem resolução do mérito ou julga improcedentes os embargos do executado;

IV – julga procedente o pedido de instituição de arbitragem;

V – confirma, concede ou revoga tutela provisória;

VI – decreta a interdição;"

[77] "**Art. 1.012.** (...)

§ 4º Nas hipóteses do § 1º, a eficácia da sentença poderá ser suspensa pelo relator se o apelante demonstrar a probabilidade de provimento do recurso ou se, sendo relevante a fundamentação, houver risco de dano grave ou de difícil reparação."

[78] "Art. 12. Os juízes e os tribunais atenderão, preferencialmente, à ordem cronológica de conclusão para proferir sentença ou acórdão.

§ 1º A lista de processos aptos a julgamento deverá estar permanentemente à disposição para consulta pública em cartório e na rede mundial de computadores.

§ 2º Estão excluídos da regra do *caput*:

I – as sentenças proferidas em audiência, homologatórias de acordo ou de improcedência liminar do pedido;

II – o julgamento de processos em bloco para aplicação de tese jurídica firmada em julgamento de casos repetitivos;

III – o julgamento de recursos repetitivos ou de incidente de resolução de demandas repetitivas;

IV – as decisões proferidas com base nos arts. 485 e 932;

V – o julgamento de embargos de declaração;

VI – o julgamento de agravo interno;

VII – as preferências legais e as metas estabelecidas pelo Conselho Nacional de Justiça;

VIII – os processos criminais, nos órgãos jurisdicionais que tenham competência penal;

IX – a causa que exija urgência no julgamento, assim reconhecida por decisão fundamentada.

§ 3º Após elaboração de lista própria, respeitar-se-á a ordem cronológica das conclusões entre as preferências legais

§ 4º Após a inclusão do processo na lista de que trata o § 1º, o requerimento formulado pela parte não altera a ordem cronológica para a decisão, exceto quando implicar a reabertura da instrução ou a conversão do julgamento em diligência.

§ 5º Decidido o requerimento previsto no § 4º, o processo retornará à mesma posição em que anteriormente se encontrava na lista.

§ 6º Ocupará o primeiro lugar na lista prevista no § 1º ou, conforme o caso, no § 3º, o processo que:

I – tiver sua sentença ou acórdão anulado, salvo quando houver necessidade de realização de diligência ou de complementação da instrução;

II – se enquadrar na hipótese do art. 1.040, inciso II."

rencialmente[79], à ordem cronológica de conclusão para proferir sentença ou acórdão. A finalidade do critério é garantir a isonomia entre os jurisdicionados que aguardam decisão, desdobrando o art. 5º da Constituição Federal, e fazendo cumprir o art. 139, I, do próprio Código,[80] bem como a duração razoável dos processos.[81]

5. PRINCÍPIO DA COOPERAÇÃO

Na seara dos princípios, importante novidade do novo diploma processual se deu na instituição de um dever positivo de cooperação entre as partes, consagrado no art. 6º do CPC. Ao lado dos tradicionais modelos[82] dispositivo e inquisitivo (publicismo),[83-84] tem-se enxergado um terceiro modelo, o cooperativo (colaborativo, comparticipativo).[85]

---

[79] Um ponto relevante foi a alteração do comando pela Lei nº 13.256/2016, ainda na *vacatio legis* do Código, inserindo o termo "preferencialmente" no *caput* do art. 12. A sutil menção teve o efeito de tornar a norma uma mera recomendação, na visão de parte da doutrina e na prática de vários juízos. No entanto, à luz dos ditames constitucionais, há quem também defenda que a flexibilização não anula o comando, que permanece com contornos de obrigatoriedade, justamente por decorrer de valores maiores de nosso ordenamento, perseguidos, inclusive, pelo próprio CPC: "Dar preferência à ordem cronológica não significa que seja faculdade do juiz. O magistrado deverá, sim, atender preferentemente a ordem cronológica, sempre que isto for possível. Para não atendê-la terá de justificar. Mais um dispositivo legal feito por encomenda de última hora, que atrapalha o sistema processual do CPC. Tudo o que vem em seguida ao *caput* indica a obrigatoriedade de atender-se a ordem cronológica, pois do contrário não faria sentido manterem-se os demais dispositivos. Melhor teria sido o legislador da L 13.256/16 alterar apenas o *caput* para que a preferência fosse realmente uma faculdade e revogar os demais dispositivos" (**Nelson Nery Júnior e Rosa Maria Andrade Nery**. *Código de Processo Civil comentado*, 2019).

[80] "**Art. 139.** O juiz dirigirá o processo conforme as disposições deste Código, incumbindo-lhe: I – assegurar às partes igualdade de tratamento;"

[81] Como percebido por **Humberto Theodoro Júnior**, "quer a lei impedir que ocorra escolha aleatória dos processos a serem julgados, dando preferência injustificável a um ou outro feito, independentemente do momento em que a conclusão para julgamento tenha se dado. Se "todos são iguais perante a lei" (CF, art. 5º, *caput*), e se ao órgão judicial incumbe "assegurar às partes igualdade de tratamento" (CPC, art. 139, I), é óbvio que a garantia de isonomia restará quebrada se a escolha do processo a ser julgado, dentre os diversos pendentes de decisão, pudesse ser feita sem respeitar a ordem cronológica de conclusão. A garantia constitucional não pode conviver com o privilégio desse tipo" (*Curso de Direito Processual Civil*, vol. 1, 2021).

[82] **Leonardo Greco,** Publicismo e privatismo no processo civil. *Revista de Processo*, São Paulo, n. 164, p. 20-56, out. 2008.

[83] "Enquanto se considerava o processo como 'coisa das partes', era natural que se entregasse a estas – ou, talvez mais exatamente, aos respectivos advogados – o comando do ritmo processual e a possibilidade de manejar a seu exclusivo critério outras alavancas importantes, como a colheita do material destinado a ministrar base à solução do litígio. Tal concepção foi denunciada e combatida ao longo de muitas décadas, por juristas inconformados com o amesquinhamento que ela impunha à função jurisdicional. [...] Outros tempos chegaram, e com eles a inevitável reação a tal modo de pensar. Começou a ser posto em realce o elemento publicístico do processo. [...] Dir-se-ia consolidada a mudança, e desnecessário qualquer esforço suplementar a seu favor. Eis senão quando o pensamento antigo ameaça querer ressuscitar. [...] Tentar de novo reduzir o juiz à posição de espectador passivo e inerte do combate entre as partes é anacronismo que não encontra fundamento no propósito de assegurar aos litigantes o gozo de seus legítimos direitos e garantias. Deles hão de valer-se as partes e seus advogados, para defender os interesses privados em jogo. Ao juiz compete, sem dúvida, respeitá-los e fazê-los respeitar; todavia, não é só isso que lhe compete. Incumbe-lhe dirigir o processo de tal maneira que ele sirva bem àqueles a quem se destina servir. E o processo deve, sim, servir às partes; mas deve também servir à sociedade" (**José Carlos Barbosa Moreira**. O neoprivatismo no processo civil. *Temas de Direito Processual – nona série*, 2007, p. 101).

[84] No Código de 2015, é previsão que bebe nessa fonte o rol de "poderes-deveres" do magistrado, insculpido no art. 139, especialmente os incisos III, IV e VI: "Art. 139. O juiz dirigirá o processo conforme as disposições deste Código, incumbindo-lhe: I – assegurar às partes igualdade de tratamento; II – velar pela duração razoável do processo; III – prevenir ou reprimir qualquer ato contrário à dignidade da justiça e indeferir postulações meramente protelatórias; IV – determinar todas as medidas indutivas, coercitivas, mandamentais ou sub-rogatórias necessárias para assegurar o cumprimento de ordem judicial, inclusive nas ações que tenham por objeto prestação pecuniária; V – promover, a qualquer tempo, a autocomposição, preferencialmente com auxílio de conciliadores e mediadores judiciais; VI – dilatar os prazos processuais e alterar a ordem de produção dos meios de prova, adequando-os às necessidades do conflito de modo a conferir maior efetividade à tutela do direito; VII – exercer o poder de polícia, requisitando, quando necessário, força policial, além da segurança interna dos fóruns e tribunais; VIII – determinar, a qualquer tempo, o comparecimento pessoal das partes, para inquiri-las sobre os fatos da causa, hipótese em que não incidirá a pena de confesso;

Trata-se de dever abstrato imposto aos sujeitos do processo, e não só às partes, de atuar de forma integrada, conforme a boa-fé processual, a fim de que se tenha um provimento mais efetivo. Pode-se assim dizer que constitui princípio acessório que perfaz a realização dos princípios da efetividade e da economia processual. O modelo cooperativo chama as partes e demais sujeitos processuais para, conjuntamente com o magistrado, construir a solução adequada, de sorte que "há, com isso, uma gestão compartilhada do processo. Autor e réu não estão mais à disposição do juiz, como meros atores secundários, mas sim engajados, no mesmo plano, focados na justa resolução do conflito. *Alarga-se a latitude do processo*, através de interações dialéticas, valorizando-se a intersubjetividade".[86]

Tal cooperação materializa-se, sobremaneira, na observância do contraditório e na exigência da lealdade processual.[87] O debate entre as partes, proporcionado e resguardado pelo órgão jurisdicional, contribui para o aperfeiçoamento da decisão, enquanto o dever de lealdade se observa na relação entre as partes.

Contudo, é necessário salientar que o dever de cooperação também recai sobre o juiz. Não há mais espaço para o juiz Pilatos no processo civil brasileiro, de forma que essa nova função se reflete, igualmente, no máximo aproveitamento dos atos processuais e no exercício do dever de prevenção. Já não basta, a bem da verdade, abandonar o barco do processo ao primeiro sinal de deficiência nos atos das partes, mas o juiz deve alertar a parte para promover a correção para que se prossiga no curso processual, a exemplo do art. 321 do CPC, que permite a emenda da petição inicial, cabendo ao magistrado indicar "com precisão o que deve ser corrigido ou completado".

A doutrina costuma apontar deveres decorrentes do princípio da cooperação.[88]

Inicialmente, há o dever de esclarecimento, que impõe ao juiz atuação transparente e prática, e o dever de consulta, com oportunização para que as partes se manifestem, anteriormente à decisão. Em acréscimo, o dever de prevenção, alertando as partes sobre os riscos e atos viciados, e o de auxílio, removendo desequilíbrios processuais e concretizando a isonomia.

6. PRINCÍPIO DA BOA-FÉ OBJETIVA (PROTEÇÃO À CONFIANÇA)

Atento aos aspectos éticos que devem permear a relação processual, destaca o Código que os sujeitos nela envolvidos devem se comportar de acordo com a boa-fé (art. 5º).[89] Mais do que a intenção de uma conduta moralmente reta e proba, assegura, o princípio, um padrão de comportamento esperado objetivamente das partes e do juiz,[90] o que enriquece a compreensão do processo como um *locus* cooperativo, do qual devem restar afastados os abusos de direitos processuais.[91]

[ ] IX – determinar o suprimento de pressupostos processuais e o saneamento de outros vícios processuais; X – quando se deparar com diversas demandas individuais repetitivas, oficiar o Ministério Público, a Defensoria Pública e, na medida do possível, outros legitimados a que se referem o art. 5º da Lei nº 7.347, de 24 de julho de 1985, e o art. 82 da Lei nº 8.078, de 11 de setembro de 1990, para, se for o caso, promover a propositura da ação coletiva respectiva. (...)".

[85] **Fredie Didier Jr.**, Os três modelos de direito processual civil: inquisitivo, dispositivo e cooperativo. *Revista de Processo*, v. 196, ago. 2011.

[86] **Marcelo Mazzola,** *Tutela jurisdicional colaborativa*: a cooperação como fundamento autônomo de impugnação, 2017, p. 47.

[87] **Didier Jr.**, *Curso de direito processual civil*, v. 1, 2017, p. 141.

[88] **Marcelo Mazzola,** *Tutela jurisdicional colaborativa*: a cooperação como fundamento autônomo de impugnação, 2017; **Daniel Mitidiero**, *Colaboração no Processo Civis*, 2019.

[89] "Art. 5º Aquele que de qualquer forma participa do processo deve comportar-se de acordo com a boa-fé."

[90] **Márcio Carvalho Faria**, *A lealdade processual na prestação jurisdicional: em busca de um modelo de juiz leal*, 2017.

[91] **Michele Taruffo**, Abuso dos direitos processuais: padrões comparativos de lealdade processual (relatório geral). *Revista de Processo*, São Paulo, v. 34, n. 177, p. 153-183, nov. 2009; **Joan Picó i Junoy,** *El principio de la buena fe procesal*, p. 97-122; **Juan Montero Aroca,** Sobre el mito autoritario de la "buena fe procesal". In: **Juan Montero Aroca** (coord.), *Proceso civil e Ideología*: un prefacio, una sentencia, dos cartas y quince ensayos, 2006.

A proteção à confiança se manifesta como um subprincípio da segurança jurídica.[92] Em verdade, a segurança jurídica figura como um dos valores mais caros ao processo civil, já que é o elemento responsável por lhe conferir legitimidade. As partes não se submeteriam a um processo, que, sabidamente, demanda tempo e dinheiro, se a decisão proferida não lhe fosse, em alguma medida, definitiva. Mostra-se fundamental, portanto, pacificar as discussões – o que só se alcança com respeito à segurança jurídica.

Mais especificamente quanto à proteção da confiança, a doutrina aponta sua decorrência de fato jurídico decorrente de quatro elementos: (i) a base da confiança, o ato normativo que lhe serviu de fundamento; (ii) a confiança no ato, a legitimidade da crença no seu cumprimento; (iii) o exercício da confiança, a atuação propriamente dita em conformidade com a confiança; e (iv) frustração posterior por ato do Poder Público.

Na seara processual, tal princípio se manifesta em diversos aspectos, mas merecem particular destaque a imutabilidade da coisa julgada e a formação da jurisprudência, consoante o art. 927, § 4º, do CPC, a qual não deve se modificar de maneira a surpreender os jurisdicionados e os particulares em geral – razão pela qual merece particular relevo a técnica de modulação dos efeitos.[93] De acordo com a mais acertada doutrina, a modulação resguarda a proteção da confiança depositada pelo particular no Estado-juiz,[94] afigurando-se como uma necessidade quando alterada jurisprudência vinculante[95] e espécie de tutela contra esse mesmo Estado.[96]

7. PRINCÍPIO DO CONTRADITÓRIO E VEDAÇÃO À DECISÃO SURPRESA

O princípio do contraditório, um dos mais basilares do Direito Processual, é reflexo da legalidade democrática[97] do processo e cumpre os postulados do direito de defesa e do *due process of law*.[98]

---

[92] Externando a essencialidade desse valor, na seara administrativa, veja-se o art. 30 da Lei de Introdução às Normas de Direito Brasileiro (regulamentado pelo Decreto nº 9.830/2019):
"**Art. 30.** As autoridades públicas devem atuar para aumentar a segurança jurídica na aplicação das normas, inclusive por meio de regulamentos, súmulas administrativas e respostas a consultas."

[93] **Teresa Arruda Alvim,** *Modulação na alteração da jurisprudência firme ou de precedentes vinculantes*, 2021; **Daniel Mitidiero,** *Superação para frente e modulação de efeitos*, 2021.

[94] "A regra do sistema processual é que a jurisprudência dos tribunais seja estável, íntegra e coerente (CPC, 926). O Poder Público *tout court* (Executivo, Legislativo e Judiciário) deve agir com probidade e boa-fé objetiva, manifestações do princípio constitucional da legalidade (CF, 37, *caput*). A jurisprudência é dinâmica, como são os fatos da vida. Por isso é natural que possa sofrer alterações. O que o texto normativo determina é a fundamentação adequada e específica sobre as razões da alteração, e, ainda assim, com a observância da segurança jurídica, da boa-fé e da confiança" (**Nelson Nery Júnior** e **Rosa Maria de Andrade Nery**. *Código de Processo Civil Comentado*, 2020).

[95] "A modulação é necessária, e não apenas facultativa, nos casos de alteração de jurisprudência estabelecedora de precedente vinculante, *v.g.*, o gerado por recursos especial e extraordinário repetitivos. É que, na espécie, o precedente assume força normativa, e assim, não pode a sua supressão ou modificação prejudicar os efeitos produzidos sob a regência da tese ulteriormente desconstituída" (**Humberto Theodoro Júnior**, *Curso de Direito Processual Civil*, vol. 3, 2020).

[96] **Valter Shuenquener de Araújo**, *O princípio da proteção da confiança*, 2016.

[97] Leonardo Greco disserta sobre o tema: "O segundo pós-guerra marcou o renascimento do princípio do contraditório. O Estado de Direito que se reconstruiu após os nefastos regimes autoritários, redefiniu as suas relações com os cidadãos, firmando o primado da dignidade humana e a eficácia concreta dos direitos fundamentais, assegurada pelo amplo acesso à sua tutela através da Justiça. Readquiriram relevância o método dialético de solução de conflitos e a paridade de tratamento dos litigantes, componentes essenciais do princípio do contraditório, como fatores indispensáveis à concretização no processo judicial dos valores humanitários nacional e internacionalmente reconhecidos como inerentes ao estágio de civilização atingido pela sociedade humana. Esse é o grande salto do nosso tempo: de princípio a garantia fundamental. Para isso, o contraditório não pode mais apenas reger as relações entre as partes e o equilíbrio que a elas deve ser assegurado no processo, mas se transforma numa ponte de comunicação de dupla via entre as partes e o juiz. Isto é, o juiz passa a integrar o contraditório, porque, como meio assecuratório do princípio político da participação democrática, o contraditório deve assegurar às partes todas as possibilidades de influenciar eficazmente as decisões judiciais". **Leonardo Greco**. O princípio do contraditório. *Revista Dialética de Direito Processual*, São Paulo, vol. 24, p. 71-79, 2005.

Tradicionalmente, é concebido como a garantia de ciência bilateral dos atos e termos do processo (jurisdicional ou mesmo administrativo), com a possibilidade de manifestação a respeito.

A inserção do contraditório em sede constitucional timbra da eiva de inconstitucionalidade todo e qualquer procedimento que o abandone.[99]

A técnica processual de reconstituição dos fatos, através da fala de ambas as partes, decorre da necessidade de o juiz decidir, tanto quanto possível, o mais próximo da realidade.[100] Trata-se de instituto inspirado no dever de colaboração entre as partes para com o juízo e na isonomia processual.[101]

Sucede que imperativos de ordem prática recomendam, por vezes, a postergação da obediência ao princípio tão notável e igualitário. A necessidade de rápido prover, acrescida da circunstância denotadora de potencial frustração do provimento, caso uma das partes dele conheça previamente, fizeram com que o legislador instituísse uma decisão *ad referendum*, cujo contraditório necessário à sua formação é obedecido *a posteriori*. Esse fenômeno ocorre, como evidente, com o provimento de urgência e também na revelia, sem que com isso haja infração ao princípio.

O juiz não pode sacrificar o interesse maior da justiça em prol do interesse subjacente particular de ouvir a parte antes de decidir. O segredo é o sucesso do provimento de segurança, nas lúcidas lições de José Alberto dos Reis.[102]

Entretanto, esse rompimento tênue do contraditório não permite que se afirme a sua abolição, principalmente nas ações de urgência, tanto mais que o processo não transcorre de forma unilateral, manifestando-se o requerido após a atuação do juízo. A convocação do interessado via citação formal e o deferimento de sua defesa completam o ciclo do contraditório no processo.[103] O legislador, assim, reafirmou a primazia do contraditório prévio no art. 9º do CPC, limitando seu afastamento provisório às hipóteses previstas no parágrafo único: tutela de urgência, tutela de evidência calcada nos incisos II e III do art. 311[104] e expedição de mandado monitório. Pode-se

---

[98] **Eduardo Couture**, "Las Garantías Constitucionales del Proceso Civil", *Estudios de Derecho Procesal Civil*, 1948, vol. 1, p. 47-51. É a direção contrária aos interesses dos litigantes que justifica o contraditório (**Carnelutti**, *Sistema*, cit., vol. 1, p. 397). Mais modernamente, **Leonardo Greco**, O princípio do contraditório. *Estudos de Direito Processual*, 2005, p. 541-556; **Nelson Nery Junior,** *Princípios do Processo na Constituição Federal*, 2016. Capítulo 2 e Capítulo 3, Seção IV.

[99] Vincula-se a história do contraditório à própria história do processo civil. **Ovídio Baptista**, com base nas informações de **Giuseppe Provera** (*Il Principio del Contraditorio nel Processo Civile Romano*), assenta que vários procedimentos hoje mantidos com feição moderna têm base naqueles instituídos para propiciar a presença do demandado em juízo, *v.g.*, a *actio ad exibendum*. A partir dessa constatação histórica, o doutrinador gaúcho leciona que as medidas cautelares, *v.g.*, o arresto, também co-participam da natureza desses processos, que na prática restam por convocar o demandado de forma coacta a participar da relação processual (*Doutrina e Prática do Arresto ou Embargo*, 1976, p. 9 e segs.). **Robert Wyness Millar** informa que o princípio do contraditório deita as suas raízes tanto no Direito romano quanto no germânico primitivo (Los Principios Informativos del Procedimiento Civil, p. 47). É conhecido o provérbio alemão: "alegação de um só homem não é alegação". Pode-se ainda filiar o contraditório à história do direito natural e a toda justificação juspolítica do ato da citação, porque é essa convocação que engendra o contraditório. É de direito natural, na antiguidade de direito divino, porque "nem Deus quis condenar sem antes ouvir o réu", além de contemplado na Declaração Universal dos Direitos do Homem lavrada pela ONU.

[100] Assim, dessume-se das belíssimas lições de **Calmon de Passos** nos seus *Comentários ao Código*, doutrinando sobre os fundamentos da revelia.

[101] **Eduardo Couture**, "Las Garantías...", *Estudios*, cit., vol. 1, p. 66.

[102] "A Figura do Processo Cautelar", *Boletim*, cit.

[103] Assim também é a lição de **Robert Wyness Millar**, *Los Principios Informativos del Procedimiento Civil*, cit., p. 53. Tampouco o julgamento à revelia o infirma, porque, segundo **Betti**, o contraditório com a bilateralidade da audiência do réu é instituído em função do seu interesse e liberdade, e não se pode compeli-lo a fazê-lo (*Diritto Processuale Civile Italiano*, 1936, p. 89)

[104] "**Art. 311.** A tutela da evidência será concedida, independentemente da demonstração de perigo de dano ou de risco ao resultado útil do processo, quando:

60 | CURSO DE DIREITO PROCESSUAL CIVIL • Luiz Fux

dizer, nos dias atuais, que o contraditório possui duas dimensões distintas e igualmente relevantes. A primeira se trata da dimensão formal, em que todo indivíduo no processo tem fala digna de consideração e tem, por conseguinte, o direito de ser ouvido no processo. Não se pode, nesse sentido, salvo nas exceções anteriormente mencionadas, suprimir a manifestação de uma parte sobre determinado ponto. Por sua vez, a segunda dimensão se proclama substancial, uma vez que consiste em atribuir à parte o definitivo poder de influenciar a decisão do magistrado que se depara sobre o processo.[105] Essa concepção hodierna vem sendo denominada de contraditório participativo[106], agregando ao binômio tradicional de informação e reação, as ideias de diálogo e influência.

É fundamental observar que, dentre as inúmeras ramificações do princípio do contraditório, merece destaque um de seus desmembramentos que foi expressamente positivado no art. 10 do CPC, qual seja a vedação da "decisão surpresa". Explica-se: ainda que se reconheça a aplicação do brocardo *iura novit curia*, segundo o qual o juiz conhece o direito, os fundamentos da decisão não podem ser inéditos, sem qualquer manifestação das partes a seu respeito.

Recomenda-se, nesse sentido, ao verificar questão jurídica não debatida pelas partes relevante à sua decisão, que o juiz intime as partes para que se manifestem quanto a esse ponto, a fim de garantir o direito de participação democrática das partes no processo decisório.

A decisão surpresa, assim chamada aquela que afronta a dimensão substancial do contraditório de uma das partes, é certamente eivada de nulidade[107] e deve, portanto, ser impugnada no momento oportuno, a depender do objeto da decisão.

8. PRINCÍPIO DA ECONOMIA PROCESSUAL

O princípio da economia processual informa todo o sistema processual brasileiro, conforme explicita a própria exposição de motivos do CPC, impondo ao julgador que dirija o processo, conferindo às partes um máximo de resultado em confronto com um mínimo dispêndio de esforço processual.[108]

(...)

II – as alegações de fato puderem ser comprovadas apenas documentalmente e houver tese firmada em julgamento de casos repetitivos ou em súmula vinculante;

III – se tratar de pedido reipersecutório fundado em prova documental adequada do contrato de depósito, caso em que será decretada a ordem de entrega do objeto custodiado, sob cominação de multa."

[105] Comoglio giza a feição constitucional na Alemanha "graças a uma tríplice ordem de situações subjetivas processuais, na qual a qualquer parte vêm reconhecidos: 1 – o direito de receber adequadas e tempestivas informações, sobre o desencadear do juízo e as atividades realizadas, as iniciativas empreendidas e os atos de impulso realizados pela contraparte e pelo juiz, durante o inteiro curso do processo; 2 – o direito de defender-se ativamente posicionando-se sobre cada questão, de fato ou de direito, que seja relevante para a decisão da controvérsia; 3 – o direito de pretender que o juiz, a sua vez, leve em consideração as suas defesas, as suas alegações e as suas provas, no momento da prolação da decisão." **Luigi Paolo Comoglio**. Voce: Contraddittorio (Principio del). In: *Enciclopedia giuridica*. Roma: Istituto della Enciclopedia Italiana, 1988, vol. 8, p. 6.

[106] **Andre Vasconcelos Roque**. Contraditório participativo: evolução, impactos no processo civil e restrições. Revista de Processo, vol. 279/2018, maio/2018. p. 19-40.

[107] "A proibição de decisão surpresa, com obediência ao princípio do contraditório, assegura às partes o direito de serem ouvidas de maneira antecipada sobre todas as questões relevantes do processo, ainda que passíveis de conhecimento de ofício pelo magistrado. O contraditório se manifesta pela bilateralidade do binômio ciência/influência. Um sem o outro esvazia o princípio. A inovação do art. 10 do CPC/2015 está em tornar objetivamente obrigatória a intimação das partes para que se manifestem previamente à decisão judicial. *E a consequência da inobservância do dispositivo é a nulidade da decisão surpresa*, ou decisão de terceira via, na medida em que fere a característica fundamental do novo modelo de processualística pautado na colaboração entre as partes e no diálogo com o julgador" (REsp 1676027/PR, Rel. Min. Herman Benjamin, Segunda Turma, j. 26.09.2017).

[108] A regra é tributada a **Chiovenda**, segundo nos informa **Mario Bellavitis** (*Diritto Processuale Civile; Parte Generale*, 1935, p. 52, nº 39). Esse princípio não guarda afinidade com o princípio econômico de **Mancini**, segundo o qual os processos não deveriam ser objeto de taxações gravosas, nem pela duração e despesas

Parte I • III – NORMAS FUNDAMENTAIS DO PROCESSO | 61

O princípio da economia processual impõe restrições procedimentais, *v.g.*, em sede de tutela de urgência quanto à possibilidade de incidentes que, malgrado permitam em *unum et idem iudex* o julgamento simultâneo de ações e reconvenções, embaraçam a rápida prestação da justiça reclamada por essa espécie de pedido.

Entretanto, tem inegável incidência na política das nulidades quanto ao aproveitamento de todos os atos praticados, apesar de eventual irritualidade que não sacrifique os fins de justiça do processo, conforme prevê o art. 277 do CPC.

A agilização do provimento, formas seguras e não solenes de implementação das providências judiciais são corolários da economia processual. Decorre dessa influência a possibilidade de alegações múltiplas, no bojo do próprio processo, de matérias próprias de incidentes apartados. Sugere-se, sob esse prisma que, mesmo à míngua da utilização da ação declaratória incidental, que, *de lege ferenda*, a sentença consagre todo o conteúdo controvertido, principal ou incidente travado no processo. Aliás, a jurisdição como função popular não convence o cidadão de que o juiz pode apreciar uma questão prejudicial sem cobri-la da característica da imutabilidade. É de difícil percepção para o jurisdicionado leigo que o juízo decida de forma imutável o pedido, sem fazê-lo também em relação à premissa inafastável na qual se baseou para decidir.

É de se ressaltar que a reunião de diversas exceções no bojo das alegações preliminares da contestação, a taxatividade do cabimento do agravo de instrumento e a sujeição da impugnação das demais decisões interlocutórias ao campo preliminar da apelação são exemplos inequívocos da força que este princípio adquire no novel Código, sendo fonte de inspiração constante do legislador. Por vezes, os princípios se entrelaçam e convergem em um mesmo sentido.

O grande objetivo do legislador neste diploma foi inaugurar uma nova era no processo civil pátrio, em que se tenha um procedimento rápido, eficaz e com baixos custos, a fim de atender aos interesses dos jurisdicionados e da própria economia pública. É neste sentido que a economia processual opera, a fim de tornar os procedimentos mais simples e, por conseguinte, mais baratos. Busca-se, nesse sentido, a duração razoável do processo e o acesso à justiça com qualidade.

Não há razão para que fique a descoberto a parte deste capítulo que revela o raciocínio lógico e necessário do juízo, máxime porque a ausência dessa eficácia vinculativa prejudicial da coisa julgada pode gerar decisões contraditórias, com fundas repercussões para o prestígio do Poder Judiciário.

A informalidade, aliada à economia dos processos e à necessidade de rápido prover, sugere que, *ad futurum*, as sentenças, à semelhança daquelas extintivas sem resolução do mérito, sejam concisas, utilizando-se, no relatório, a técnica remissiva, sem o abandono de seus requisitos de existência e validade insculpidos nos arts. 489 e 490 do CPC.[109]

Deveras, a efetivação sumária e a autoexecutoriedade das sentenças compõem o manancial de meios que trilham pelos caminhos indicados pela economia processual.

9. PRINCÍPIO DA EFICIÊNCIA

Outro princípio agora expressamente mencionado pelo Código é o da eficiência (art. 8º).[110-111] Trata-se de norma primeiramente trazida para o plano constitucional (art. 37 da CF, na redação

---

tornar-se utilizáveis somente por alguns cidadãos privilegiados pela riqueza (**Frederico Marques**, *Instituições*, cit., vol. 2, p. 94).

[109] O processo de segurança, não obstante procedimento unitário, é processo de sentença, cabendo ao juiz motivar a sua decisão, expondo de forma clara e concisa todo o *iter* de seu raciocínio até a conclusão, para viabilizar a verificação dos *errores in judicando* e *in procedendo*. A forma da sentença é assim garantia das partes, através da qual detectam, com precisão, os gravames gerados pela decisão judicial e que fazem exsurgir o interesse em recorrer. O art. 489 é regra *in procedendo* geral, aplicável a todo o processo e procedimento, por isso que todas as sentenças de mérito devem conter os elementos essenciais do relatório, motivação e decisão ou parte dispositiva.

[110] "**Art. 8º** Ao aplicar o ordenamento jurídico, o juiz atenderá aos fins sociais e às exigências do bem comum, resguardando e promovendo a dignidade da pessoa humana e observando a proporcionalidade, a razoabilidade, a legalidade, a publicidade e a eficiência."

[111] **Marco Félix Jobim,** *As funções da eficiência no Processo Civil brasileiro*, 2017.

dada pela Emenda Constitucional nº 19/1998), de onde decorre o direito fundamental à boa administração.[112] No viés processual, sustenta-se sua existência a partir do devido processo legal, exsurgindo um paralelo "direito à boa jurisdição".[113]

Comumente identificado com o princípio da economia processual,[114] pela lógica da redução de atos processuais para o atingimento de um fim (no caso do processo, a tutela jurisdicional), consigo não se confunde, na medida em que revela também a maximização de efeitos com os mesmos recursos (maior produtividade ou *efficiency*). Essa análise envolve também o aspecto qualitativo, não meramente quantitativo.[115]

Quanto à eficiência processual, a doutrina tem a dividido em duas frentes práticas: a da administração judiciária e a da gestão do próprio processo,[116] na qual exerce também permanente função interpretativa.[117]

Trata-se de princípio intimamente relacionado com a Análise Econômica do Processo, que, como visto,[118] se bifurca metodologicamente em duas vertentes: a análise <u>descritiva</u> e a <u>normativa</u>. A primeira vertente verifica como as normas em vigor impactam a conduta dos agentes econômicos, de modo a quantificar e a qualificar os incentivos e os desincentivos que os institutos jurídicos geram aos *players*. A segunda vertente propõe, a partir de achados empíricos, o *design* ideal dos institutos jurídicos, de modo a alcançar resultados mais eficientes, aptos a maximizar o bem-estar social. São diversos os exemplos de institutos objeto de estudo sob a ótica da eficiência, como o estímulo aos acordos, os filtros processuais, o sistema de precedentes etc.

---

[112] **J. J. Gomes Canotilho; Vital Moreira**, *Constituição da República Portuguesa anotada*, 2007, p. 928.

[113] "Nesse caminhar, pode-se constatar a eficiência como a qualidade da atividade (*in casu*, a jurisdicional) que atinge suas finalidades (em se tratando do processo, constitucionais) com a maior produtividade e qualidade, mediante o mínimo possível e razoável esforço (aí incluídos os custos de todas as naturezas). A aplicação dessa percepção à relação jurídica em juízo traz reflexos tanto para as atividades administrativas do Poder Judiciário quanto para a própria condução dos atos processuais e sua interpretação, por parte do magistrado e dos demais sujeitos envolvidos. O Código de 2015 não passou ao largo dessa prioridade, tendo concretizado o mandamento constitucional em diversas passagens, genéricas (com a anúncio do princípio na proa da lei, dentre as normas fundamentais do Processo Civil) e específicas, em extenso rol de exemplos: os casos repetitivos, a ordem de julgamento, os negócios processuais, o novo papel do juiz e do relator e a conseguinte instrumentalidade processual e sua flexibilização, etc. A conclusão, portanto, não poderia ser outra que não a constatação da existência real de um *direito à boa jurisdição*, primo do direito à boa administração nascido com o Estado eficiente. Desdobra-se, pois, a obrigação para o Estado-juiz, integrando o patrimônio jurídico dos sujeitos do processo, sendo efetivamente exigível e elemento legitimador e validador da atividade jurisdicional" (**José Roberto Mello Porto** e **Marco Antonio dos Santos Rodrigues,** Princípio da eficiência processual e direito à boa jurisdição. *Revista de Processo*, vol. 275, jan. 2018).

[114] "A chamada eficiência quantitativa confunde-se, na realidade, com o princípio da duração razoável e com o princípio da economia processual. Talvez por isso, Fredie Didier Jr. defenda que o princípio da eficiência seria um novo nome dado ao princípio da economia processual. Numa perspectiva quantitativa, a eficiência confunde--se, realmente, com a economia processual e com a duração razoável do processo" (**Leonardo Carneiro da Cunha,** A previsão do princípio da eficiência no projeto do Novo Código de Processo Civil brasileiro. *Revista de Processo*, v. 233, jul. 2014, p. 71).

[115] **Fredie Didier Jr.** insere, ainda, o aspecto probabilístico, ou seja, de não se escolher um meio de resultados duvidosos (*Curso de Direito Processual Civil*, vol 1, 2021, p. 148).

[116] **Judith Resnik**. Los jueces como directores del proceso (Managerial Judges). *Revista de Processo*, São Paulo, n. 268, p. 189, jun. 2017.

[117] "Uma interpretação/aplicação da lei que não esteja sendo capaz de atingir concreta e materialmente os seus objetivos não pode ser considerada a interpretação mais correta. Note-se que estas mudanças metodológicas evidenciam a queda do mito da interpretação como atividade meramente declaratória do que já estava na lei, da única interpretação possível, já que os resultados práticos desta ou daquela forma de aplicação da norma terão relevante papel na determinação de qual, entre as diversas interpretações plausíveis existentes, deverá ser adotada, opção que, posteriormente, pode inclusive vir a ser alterada diante da comprovada mudança dos dados da realidade, que devam ser acompanhados de uma nova estratégia regulatória" (**Alexandre Santos de Aragão,** Princípio da Eficiência. *Revista dos Tribunais*, v. 830, 2004, p. 709).

[118] Ver tópico próprio sobre a Análise Econômica do Direito Processual. Para estudo esmiuçado, ver **Luiz Fux** e **Bruno Bodart**. *Processo Civil e Análise Econômica*, 2021.

Parte I • III – NORMAS FUNDAMENTAIS DO PROCESSO | **63**

Isso é especialmente alcançado por essa perspectiva multidisciplinar do Direito porque adota modelos matemáticos, estatísticos e empíricos, o que nem sempre se percebe em outros campos. Portanto, trata-se de um ramo empiricamente informado, que desenvolve premissas e alcança conclusões balizadas em indicadores numéricos extraídos da realidade social mediante rigoroso método científico, e não em justificativas meramente morais ou principiológicas. Não raro, apresentam-se evidências científicas de que determinados institutos jurídicos produzem incentivos completamente distintos dos esperados, ajudando os formuladores de políticas públicas a melhorar o respectivo *design* estrutural.

10. PRINCÍPIO DA PRIMAZIA DO JULGAMENTO DE MÉRITO

O CPC de 2015, seguindo as linhas doutrinária e, em parte, jurisprudencial que o precederam, consagra o princípio da primazia do julgamento de mérito. Trata-se de desdobramento dos princípios do prejuízo e da instrumentalidade, que recordam o aplicador do Direito de que o processo é um meio para a concretização de direitos materiais.

Por essa razão, o legislador destacou como norma fundamental o direito da parte de obter *a solução integral do mérito* (art. 4º). Esse sentir se percebe, com maior assertividade, em diversas normas espalhadas pelo diploma.

Ao tratar da sentença, ato finalisticamente desejado pelo processo, assenta-se, em continuidade com o diploma anterior, que, sempre que possível, o juiz resolverá o mérito em favor daquele que aproveitaria a declaração de alguma nulidade ou qualquer hipótese de julgamento terminativo do processo, isto é, que não decide ou define a questão de fundo (art. 488).[119]

Igualmente, no tratamento das nulidades, o juiz deve considerar válido o ato se alcançar a finalidade dele esperada, ainda que de forma diversa da prevista em lei (art. 277)[120] – *princípio da finalidade* –, prevendo-se, de resto, que a nulidade (relativa) deve ser arguida na primeira oportunidade (art. 278).[121] Na mesma linha, acaso ausente a participação do Ministério Público, caberá ao membro da instituição apontar a existência de malefício na omissão (art. 279, § 2º)[122] – *princípio do prejuízo*. Reunindo essas noções, enuncia a lei que serão aproveitados os atos praticados desde que não se resulte prejuízo à defesa da parte (art. 283)[123] – *princípio da instrumentalidade das formas*.

Há outros exemplos, pontualmente elucidativos da norma principiológica: a adoção da teoria da *translatio iudicii* na hipótese de incompetência, com remessa do processo para o juízo competente com manutenção dos atos (art. 64, § 3º e § 4º);[124] a atividade saneadora do magistrado

---

[119] "**Art. 488.** Desde que possível, o juiz resolverá o mérito sempre que a decisão for favorável à parte a quem aproveitaria eventual pronunciamento nos termos do art. 485."

[120] "**Art. 277.** Quando a lei prescrever determinada forma, o juiz considerará válido o ato se, realizado de outro modo, lhe alcançar a finalidade."

[121] "**Art. 278.** A nulidade dos atos deve ser alegada na primeira oportunidade em que couber à parte falar nos autos, sob pena de preclusão.
Parágrafo único. Não se aplica o disposto no *caput* às nulidades que o juiz deva decretar de ofício, nem prevalece a preclusão provando a parte legítimo impedimento."

[122] "**Art. 279.** É nulo o processo quando o membro do Ministério Público não for intimado a acompanhar o feito em que deva intervir.
§ 1º Se o processo tiver tramitado sem conhecimento do membro do Ministério Público, o juiz invalidará os atos praticados a partir do momento em que ele deveria ter sido intimado.
§ 2º A nulidade só pode ser decretada após a intimação do Ministério Público, que se manifestará sobre a existência ou a inexistência de prejuízo."

[123] "**Art. 283.** O erro de forma do processo acarreta unicamente a anulação dos atos que não possam ser aproveitados, devendo ser praticados os que forem necessários a fim de se observarem as prescrições legais.
Parágrafo único. Dar-se-á o aproveitamento dos atos praticados desde que não resulte prejuízo à defesa de qualquer parte."

[124] "**Art. 64.** A incompetência, absoluta ou relativa, será alegada como questão preliminar de contestação. (...)
§ 3º Caso a alegação de incompetência seja acolhida, os autos serão remetidos ao juízo competente.

64 | CURSO DE DIREITO PROCESSUAL CIVIL • *Luiz Fux*

quanto a vícios em geral, especialmente o de incapacidade processual (arts. 139, IX, e 76);[125] a oportunização de correção do vício, antes da extinção do processo sem resolução do mérito (art. 317),[126] especialmente demonstrada na emenda da petição inicial (art. 321)[127] e na etapa recursal (arts. 932, parágrafo único, e 1.029, § 3º).[128]

11. PRINCÍPIO DA ECONOMICIDADE

Os processos, notadamente o satisfativo e o urgente, tornam influente a economicidade dos meios utilizados para realizar o que contém a decisão a favor do beneficiário da medida judicial. Trata-se de demandas onde a margem de erro do provimento ronda o processo, principalmente no juízo em que se decide de forma urgente diante de uma situação de perigo, em cognição sumária, provendo-se incontinenti e *inaudita altera pars*.[129]

A repercussão da medida pode ser enérgica; por isso, ao juízo compete escolher o meio mais eficiente e menos oneroso para a satisfação dos interesses do requerente. O mesmo princípio observa-se quando da exigência de contracautela, para não inviabilizar o deferimento da segurança. Assim, *v.g.*, se a parte pretende depositar muito aquém do valor devido, cabe ao juiz, ao prover com urgência, deferir a segurança em limites compatíveis, visando a não causar grave lesão ao interesse do demandado.

Ademais, afirmou-se, noutra passagem, que a tutela de urgência reclama criatividade e maleabilidade para que o juiz possa prover de forma idônea. Nessa valoração da escolha do meio executivo adequado é que a economicidade prevalece.[130]

---

§ 4º Salvo decisão judicial em sentido contrário, conservar-se-ão os efeitos de decisão proferida pelo juízo incompetente até que outra seja proferida, se for o caso, pelo juízo competente."

[125] **"Art. 139.** O juiz dirigirá o processo conforme as disposições deste Código, incumbindo-lhe: (...) IX – determinar o suprimento de pressupostos processuais e o saneamento de outros vícios processuais."
"Art. 76. Verificada a incapacidade processual ou a irregularidade da representação da parte, o juiz suspenderá o processo e designará prazo razoável para que seja sanado o vício.
§ 1º Descumprida a determinação, caso o processo esteja na instância originária:
I – o processo será extinto, se a providência couber ao autor;
II – o réu será considerado revel, se a providência lhe couber;
III – o terceiro será considerado revel ou excluído do processo, dependendo do polo em que se encontre.
§ 2º Descumprida a determinação em fase recursal perante tribunal de justiça, tribunal regional federal ou tribunal superior, o relator:
I – não conhecerá do recurso, se a providência couber ao recorrente;
II – determinará o desentranhamento das contrarrazões, se a providência couber ao recorrido."

[126] **"Art. 317.** Antes de proferir decisão sem resolução de mérito, o juiz deverá conceder à parte oportunidade para, se possível, corrigir o vício."

[127] **"Art. 321.** O juiz, ao verificar que a petição inicial não preenche os requisitos dos arts. 319 e 320 ou que apresenta defeitos e irregularidades capazes de dificultar o julgamento de mérito, determinará que o autor, no prazo de 15 (quinze) dias, a emende ou a complete, indicando com precisão o que deve ser corrigido ou completado. Parágrafo único. Se o autor não cumprir a diligência, o juiz indeferirá a petição inicial."

[128] **"Art. 932.** Parágrafo único. Antes de considerar inadmissível o recurso, o relator concederá o prazo de 5 (cinco) dias ao recorrente para que seja sanado vício ou complementada a documentação exigível."

[129] É de **José Alberto dos Reis** a afirmação de que o risco de erro ronda o processo urgente ("A Figura do Processo Cautelar", *Boletim* cit.).

[130] Esse princípio da economicidade é fruto da humanização da ideia de inadimplemento, consectário da transposição da responsabilidade pessoal do devedor para sua responsabilidade patrimonial. Calcado em razões de equidade, o princípio da economicidade recomenda prudência e equilíbrio entre os valores de satisfação ao beneficiário e sacrifício do demandado. Na sua essência, figura como regra *in procedendo* quanto à escolha do provimento adequado, que deve ser aquele reputado idôneo e suficiente sem causar um grande sacrifício ao réu. Assim, *v.g.*, se ao juiz pleiteia-se a interdição de um estabelecimento por graves desavenças entre os sócios e diante de uma iminente dilapidação patrimonial, incumbe-lhe nomear um interventor sem excluir a atuação dos partícipes da sociedade, concedendo *aliud* porém *minus*.

Parte I • III – NORMAS FUNDAMENTAIS DO PROCESSO | 65

No processo de execução, o princípio vem previsto no art. 805 do CPC, mas não deve ser aplicado a ponto de sacrificar o escopo da execução, que é satisfazer o credor.

12. PRINCÍPIO DA PRECLUSÃO *SECUNDUM EVENTUM LITIS*

O processo é relação jurídica dinâmica, cujos atos em sequência fazem surgir direitos e deveres constantes até o momento da decisão final.[131]

Esse caminhar em direção ao provimento final importa na ultrapassagem de etapas irreversíveis; por isso, em cada uma delas, há atos preponderantes a praticar, inconfundíveis com os já realizados. Os momentos próprios, os prazos respectivos e a compatibilidade dos atos processuais fazem exsurgir o fenômeno da preclusão.[132]

No processo, tudo tem o seu tempo certo, o qual, ultrapassado, impede que sejam praticados atos retro-operantes. É o fenômeno da preclusão, técnica através da qual o legislador impede a reabertura de etapas ultrapassadas em face do decurso do tempo, do escoar do prazo, ou da incompatibilidade do ato que se quer praticar com o que já se praticou.

O Código, a respeito da preclusão, dispõe em vários dispositivos, iniciando por impedir que o autor modifique o pedido ou a *causa petendi*, que o réu levante questões novas depois da contestação; que o juiz modifique o julgado após publicada a sentença e que as partes rediscutam questões envolvidas no âmbito do *decisum*.[133]

---

[131] Deve-se a **Büllow,** a concepção do processo como relação processual na memorável obra *Teoria das Exceções e dos Pressupostos Processuais*, editada na Alemanha em 1868, considerada a certidão de nascimento da evolução científica do direito processual, onde o autor fincou com nitidez a distinção entre a relação litigiosa e a relação de direito público travada em face do Estado prestador da jurisdição. É bem verdade que a referida monografia assentava-se no binômio mérito e pressupostos processuais, deixando à margem o importante estudo das condições da ação, mais tarde transformado em centro da disputa entre concretistas e abstrativistas. Mas, de toda maneira, foi a obra de **Büllow** a motivadora dos estudos científicos que se seguiram, mercê de, por seu turno, ter apoiado a razão de suas especulações na polêmica antecedente travada entre **Windscheid** e **Mutter** nas suas obras respectivas sobre a *actio* romana, publicada em 1856 e 1857, respectivamente. Um estudo sobre a essência da controvérsia encontra-se, entre nós, em **Hélio Tornaghi**, *Instituições de Processo Penal*, 1977, vol. 1, p. 245-572. No Direito italiano, **Giovanni Pugliese**, *Polemica Intorno all'Actio*, 1954.

[132] A doutrina reconhece a **Chiovenda** a sistematização do estudo da preclusão, tal como exposto em *Saggi*, cit., vol. 2, p. 411 e segs. Antes, porém, em *Principii*, cit., §§ 69, 70 e 78. Entretanto, o autor tributa como motivação para essa sua elaboração um estudo de **Büllow**, datado de 1879 (*Instituições*, cit., vol. 3, p. 221). Expressiva a colocação de **Eliézer Rosa** a respeito desse caminhar e do surgimento das preclusões, assim exposta: "o nosso processo é um processo que se desenvolve apoiado em preclusões. Progride de situação a situação jurídica resultantes das preclusões" (*O Despacho Saneador como Sentença Interlocutória*, 1967, p. 42).

[133] Impõe-se observar que novel diploma findou com a distinção entre a *mutatio actionis* e a adição do libelo, que existia desde o Código de 1939. Isto porque a Lei nº 8.418, de 14 de outubro de 1993, subsumiu o aumento do pedido ao mesmo regime da alteração qualitativa do art. 264. O novo dispositivo está assim redigido: "antes da citação, o autor poderá aditar o pedido, correndo à sua conta as custas acrescidas em razão dessa iniciativa". A redação antiga era vazada nos seguintes termos: "quando o autor houver omitido na petição inicial pedido que lhe era lícito fazer, só por ação distinta poderá formulá-lo". Consoante se observa, restou mantida somente a proibição de alteração após o saneamento porque a estabilização, a partir daí, interessa ao próprio Estado, que se preparou para prover sobre a *res in iudicium* até aquele instante inalterada. Aliás, era essa a advertência de **Gabriel de Rezende Filho** na sua monografia sobre o tema: "fixado o objeto do litígio e individuadas as partes litigantes, não deve a ação sofrer modificações quanto aos seus elementos essenciais" (*Modificações Objetivas e Subjetivas da Ação*, 1933, p. 39). Esse regime da inalterabilidade sofre profunda repercussão no âmbito da tutela de segurança, haja vista que, nos limites da fungibilidade, é possível a modificação do pedido na própria sentença, conferindo o juiz um provimento diverso. Assim, por força do princípio de que não se veda à parte rever aquilo que o juiz pode conferir de ofício, tem-se que, no curso do processo, o próprio interessado possa alterar o pedido visando a adequá-lo à situação contemporânea ao provimento. O mesmo não se diga quanto à alteração da situação de periclitação, cuja alteração posterior só se pode verificar para narrativa de circunstâncias supervenientes e acidentais sem modificação da situação fática base. Aliás, o próprio Código admite textualmente esse *jus superveniens*, que na realidade é o próprio fato afirmado que num dado momento ainda não existia, como bem afirmava **Zanzucchi**, *Diritto Processuale Civile*, cit., vol. 2, p. 38, calcado nas lições de **Chiovenda**, *Instituições*, cit., vol. 1, p. 257.

CURSO DE DIREITO PROCESSUAL CIVIL • *Luiz Fux*

A preclusão veda a rediscussão da causa noutro processo idêntico – isto é, com identidade dos elementos de identificação das ações (sujeito, pedido e *causa petendi*) – ou noutra demanda onde se vise, por via oblíqua, a infirmar o resultado a que se chegou no processo anterior. É a denominada *eficácia preclusiva da coisa julgada*, retratada pelo art. 508[134] do CPC e consubstanciada na máxima *tantum judicatum quantum disputatum vel quantum disputari debebat*.[135]

Em regra, a preclusão é incondicionada e opera-se objetivamente, independente do resultado do processo. A eventual discussão incompleta da causa não influi no grau de imutabilidade do julgado, tanto mais que o compromisso da coisa julgada é com a estabilidade social e não com a justiça da decisão ou sua compatibilidade com a realidade, porque esta não se modifica pela sentença. A realidade é a realidade. O juízo é de veracidade ou de verossimilhança, conforme a coincidência do que se repassou para o processo em confronto com a vida fenomênica.[136]

Entretanto, desenvolveu-se recentemente, no que pertine aos interesses difusos, a técnica da preclusão *secundum eventum litis*. É que, nessas relações plúrimas, os litigantes têm capacidade distinta de arregimentar elementos de convicção, de sorte que a negativa do pedido para um, por insuficiência de prova, não pode barrar a tentativa de outrem em convencer com novas provas. Assim ocorre no Código de Defesa do Consumidor, na ação popular e na ação civil pública. Nessas ações, há coisa julgada *secundum eventum litis* porque o resultado do processo influiu na formação do fenômeno da imutabilidade do julgado. A precariedade das provas é fator decisivo para "enfraquecer" a imutabilidade do julgado.[137] Fenômeno análogo preconiza-se para as ações de urgência satisfativas autônomas. Os provimentos de urgência esgotam por vezes tudo quanto a parte poderia esperar da tutela jurisdicional. Isso faz revelar a falta do interesse de agir noutra ação.

---

[134] **"Art. 508.** Transitada em julgado a decisão de mérito, considerar-se-ão deduzidas e repelidas todas as alegações e as defesas que a parte poderia opor tanto ao acolhimento quanto à rejeição do pedido."

[135] A esse respeito fixa-se com nitidez a diferença entre os conceitos de coisa julgada e preclusão. É que o deduzido em juízo fica coberto pela coisa julgada, ao passo que o deduzível é o antecedente da sentença que, em princípio, escapara a essa imutabilidade por força de norma expressa no art. 469 do CPC de 1973. Entretanto, para resguardar a imutabilidade do julgado utiliza-se da eficácia preclusiva da coisa julgada, impedindo-se que noutro feito o resultado a que se chegou seja infirmado, a despeito de não se repetir a tríplice identidade. A propósito, os mais lúcidos confrontos entre a doutrina nacional e alienígena encontram-se em **Machado Guimarães** ("Preclusão – Coisa Julgada e Efeito Preclusivo", *Estudos*, cit., p. 10-32) e **Barbosa Moreira** (*Questões Prejudiciais e Coisa Julgada*, 1967). Magnífico, por outro turno, o confronto de posições doutrinárias no Direito italiano entre **Chiovenda** ("Cosa Giudicata e Preclusione", *Rivista Italiana per le Scienze Giuridiche*, 1933) e **D'Onofrio** (*Sul Concetto di Preclusione – Studi in Onore di Chiovenda*, 1927, p. 429). **Botelho de Mesquita** assentava a mesma ideia dessa preclusão que atingia os antecedentes do *decisum* ao afirmar que a motivação da sentença não adquire a chamada autoridade da coisa julgada (imutabilidade dos efeitos da sentença), mas a lei processual a torna imutável para o fim de, por este meio, realizar na prática a fixação do resultado do processo (*A Autoridade da Coisa Julgada e a Imutabilidade da Motivação da Sentença*, 1963, p. 62). No mesmo sentido, **Allorio**, para quem essas questões deduzíveis deixam de ser relevantes após a sentença passar em julgado, reconhecendo um "bem da vida": *"l'esame delle prime e delle seconde* [referindo-se ao deduzido e ao deduzível] *è superfluo come esame di cosa irrelevante, dopo la sentenza passata in giudicato, che racchiude la pronuncia sulla lite"* ("Critica della Teoria del Giudicatto Implicito", *Rivista di Diritto Processuale Civile*, vol. 2, p. 245, 1938).

[136] Conforme afirmado com muita propriedade por **Friedrich Lent** quanto à eventual discussão incompleta da causa: *"poichè l'accertamento non può essere modificato, non ha più alcun senso allegare dei fatti o proporre mezzi di prova; ne interessa sapere se – quando la trattazione ebbe luogo – la parte fosse o non fosse conoscenza di questi punti"* (*Diritto Processuale Civile Tedesco*, 1962, p. 245).

[137] A expressão *secundum eventum litis* rigorosamente aplica-se nas hipóteses em que não se perfaz a coisa julgada por improcedência *tout court*, pela rejeição da demanda, mas por insuficiência de provas. Deveras, cabe também a sua utilização quando se pretende exprimir essa restrição pela insuficiência da prova incapaz de gerar a coisa julgada material. Advirta-se que o problema *in casu* não é do pouco grau de convencimento de uma decisão tomada com base numa lógica tão tênue mas, antes, porque o objeto indivisível e litigioso pertence a um número indefinido de pessoas, reservando-se à mesma, através da técnica acima, uma melhor sorte do que a que teve aquele potencial litisconsorte (com sorte?). A esse respeito **Proto Pisani**, *Appunti Preliminari per uno Studio sulla Tutela Giurisdizionale degli Interessi Collettivi (o più Esattamente Superindividuali) Inanzi al Giudice Civile Ordinario*, p. 285-286, e **Wurzburg**, 1983, em *Temas*, 3ª série, p. 193-221.

Assim, *v.g.*, se a parte obteve o provimento para viajar ou conseguiu a matrícula, nada mais lhe resta postular em juízo e não há possibilidade nem de repetir o pedido nem de propor ação outra sem pedido específico. Consequentemente, essa ação célere que concedeu à parte tudo quanto pretendia, deve ser considerada principal, conforme o resultado irreversível a que se chegou. Nessa hipótese, a eficácia preclusiva do julgado dá-se *secundum eventum litis*. A concessão da providência torna imutável e indiscutível o decidido e faz coisa julgada material. Tenha-se presente que, em regra, as prejudiciais não ficam cobertas pelo manto da coisa julgada, porque podem ser discutidas autonomamente noutro processo. É curial, assim, que todas as vezes em que elas não voltem mais a compor *iudicium,* sujeitem-se à eficácia do caso julgado.

É de sabença que grande parte das prejudiciais suscitadas pelo réu e que ensejam a declaratória incidental são questões passíveis de compor *causa petendi* autônoma, quer para figurar como suportes de reconvenção, de ação conexa ou de ação autônoma a ser proposta posteriormente. Ora, se a questão não apresenta essa potencialidade, não há razão para deixá-la "em aberto". Observe--se que há mesmo quem sustente a falta de interesse de agir na declaratória incidental se a relação prejudicial é inócua a ponto de suscitar dúvidas e incertezas para fora do processo, porque esgota a sua eficácia panprocessual, razão por que não se justifica a preocupação em se transformar tal questão em *principaliter* a ser decidida com energia do caso julgado. Sendo assim, nada impede que em *unum et idem judex* se defina a ação principal e a questão tida como prejudicial,[138] salvo, nos casos em que essas questões jamais voltarão a juízo, por isso que é preciso acobertá-las com a preclusão que incide sobre o decidido e o deduzível. Negado o provimento, por falta de provas do estado de periclitação, a parte pode voltar com novos elementos de convicção ou demonstrá-lo em ação ordinária. O mesmo não se verifica quando negado o direito veiculado na ação de segurança. A decisão aqui é de mérito e faz coisa julgada material.[139] A preclusão *in casu* diz-se *secundum eventum litis* pela irreversibilidade do provimento, uma vez que estes podem ser reversíveis, *v.g.*, quando o juiz confere o provimento para tutelar a posse de um cargo durante o mandato e antes do término deste, na ação principal, volta-se a discutir a eleição daquele membro e revoga-se o provimento. A irreversibilidade do estatuído é que vai indicar a preclusão *secundum eventum litis* e, *a fortiori*, o regime da coisa julgada material.

13. PRINCÍPIOS DA DIGNIDADE DA PESSOA HUMANA, DA PROPORCIONALIDADE E DA RAZOABILIDADE

Atento ao supraprincípio constitucional da dignidade da pessoa humana, apontado como fundamento da República brasileira,[140] o legislador o indicou como parâmetro de aplicação do

---

[138] Essa extensão do julgado, como se sabe, era defendida por **Carnelutti**, tanto que o antigo art. 287 do Código de 1939 retratava tradução do art. 300 do projeto preliminar de **Carnelutti**. Aliás, o mestre peninsular não deixa margem a qualquer dúvida quanto à sua percepção do fenômeno na p. 420 das *Lezioni di Diritto Processuale Civile*, 1933, vol. 4. Entre nós a doutrina não era uniforme, como esclarece **Machado Guimarães**, *Estudos*, p. 20 e segs. Entretanto, a nossa exegese do art. 469 baseia-se na própria *ratio essendi* desse dispositivo, que de resto é a motivação da não extensão da coisa julgada às questões prejudiciais.

[139] Interessante regime e análogo é acolhido em sede de mandado de segurança, quando a decisão reconhece a inexistência de liquidez e certeza para o *writ* sem excluir a via ordinária (Súmula nº 304 do STF). Aliás, como preconizava **Seabra Fagundes** em *Do Controle dos Atos Administrativos pelo Poder Judiciário*, cit., p. 329: "o pedido é formulado para que se declare ser o impetrante titular de um direito desse tipo (líquido e certo). Decidir que o impetrante não tem nem o direito líquido e certo que invoca, nem qualquer outro direito, é decidir invertendo o pedido contra o autor e ultrapassando o conteúdo natural da situação contenciosa ajuizada. O impetrante correria o risco de se ver privado de melhor demonstrar e provar a sua pretensão, por ter-se valido daquela via sumaríssima e a invocação da certeza e liquidez do direito acabaria resultando num pronunciamento irretratável de uma justiça mal informada". Posteriormente, a jurisprudência evoluiu no sentido de admitir-se a coisa julgada material nos casos em que o tribunal nega o direito em si ao impetrante, conforme noticia **Agrícola Barbi**, *Mandado de Segurança,* cit., p. 255-256.

[140] "Constituição Federal, art. 1º: A República Federativa do Brasil, formada pela união indissolúvel dos Estados e Municípios e do Distrito Federal, constitui-se em Estado Democrático de Direito e tem como fundamentos: (...) III – a dignidade da pessoa humana."

ordenamento jurídico no art. 8º do CPC.[141] Não à toa, já se disse, com propriedade, tratar-se do "direito fundamental de todos os direitos fundamentais".[142]

É essencial que o aplicador do Direito tenha em mente sempre, ao lado da instrumentalidade, que o processo é vocacionado a resolver os conflitos envolvidos e, além disso, a fazê-lo de maneira com que os sujeitos participantes sejam respeitados em suas estratégias, desde que observados os limites traçados pela boa-fé processual.

Isso porque decorre desse princípio a pluralidade de concepções e convicções inerente ao Estado Democrático de Direito, que salvaguarda o indivíduo em face de quaisquer formas de discriminação, como corolários desse pluralismo ínsito ao nosso modelo democrático. De fato, a dimensão plural de nossa sociedade política impõe a consideração de que é imensa a gama de pontos de vista e de modos de vida possíveis, reconhecidos e que contam com a proteção do ordenamento jurídico para se desenvolver em plenitude, pois fazem parte da constituição do próprio indivíduo enquanto pessoa e sujeito integrante de uma comunidade política.[143]

Em razão disso, funciona a dignidade da pessoa humana como inspiração para a solução de ponderações de outros princípios e valores fundamentais. Deveras, o processo contemporâneo atribui grau de flexibilização à atividade do magistrado e dos interessados no deslinde da lide, desejoso de efetivação e celeridade, cabendo ao julgador original ou aos que analisam suas decisões em sede recursal filtrar a correção das escolhas pelo filtro da dignidade.

Nesse proceder, aparecem como postulados hermenêuticos os princípios da proporcionalidade e da razoabilidade. O princípio da proporcionalidade, *in casu*, assume relevância não apenas como instrumento de harmonização dos valores em conflito, como também elemento de avalização da legítima opção do legislador de fazer preponderar, no conflito específico analisado, determinados bens jurídicos. Será, no caso, legítima a referida opção quando adequada, necessária e proporcional à preservação dos aludidos bens jurídicos.

A aferição da proporcionalidade costuma ser realizada por meio de um processo lógico de raciocínio que compreende três etapas distintas, independentemente do nível em que se der a avaliação: (i) o subprincípio da necessidade está atrelado à concepção de que as restrições à liberdade do indivíduo só são admissíveis quando efetivamente necessárias à coletividade; (ii) o subprincípio da idoneidade, também chamado de subprincípio da adequação, está diretamente relacionado à aptidão do instrumento empregado para alcançar a finalidade desejada; (iii) o subprincípio da proporcionalidade em sentido estrito tem aplicação no último momento da aferição da pertinência constitucional da norma incriminadora, demandando uma valoração comparativa entre o objetivo estabelecido e o meio proposto, de modo que um se mostre proporcional em relação ao outro.

Ademais, o princípio da proporcionalidade, implicitamente consagrado pelo texto constitucional, propugna pela proteção dos direitos fundamentais não apenas contra os excessos estatais, mas igualmente contra a proteção jurídica insuficiente, conforme a teoria da eficácia horizontal dos direitos fundamentais. Por sua vez, o postulado da razoabilidade, juntamente com a proporcionalidade, decorre do devido processo legal sob a viés substancial, como modalidade de controle de atos

---

[141] **"Art. 8º** Ao aplicar o ordenamento jurídico, o juiz atenderá aos fins sociais e às exigências do bem comum, resguardando e promovendo a dignidade da pessoa humana e observando a proporcionalidade, a razoabilidade, a legalidade, a publicidade e a eficiência."

[142] **Gilmar Mendes,** A Dignidade da pessoa humana na Constituição Federal de 1988 e sua aplicação pelo Supremo Tribunal Federal. *A Constituição de 1988 na Visão dos Ministros do Supremo Tribunal Federal*, 2013, p. 103.

[143] "Assim como a liberdade de expressão e manifestação do pensamento encontra um dos seus principais fundamentos (e objetivos) na dignidade da pessoa humana, naquilo que diz respeito à autonomia e ao livre desenvolvimento da personalidade do indivíduo, ela também guarda relação, numa dimensão social e política, com as condições e a garantia da democracia e do pluralismo político, assegurando uma espécie de livre mercado das ideias, assumindo, neste sentido, a qualidade de um direito político e revelando ter também uma dimensão nitidamente transindividual, já que a liberdade de expressão e os seus respectivos limites operam essencialmente na esfera das relações de comunicação e da vida social" (**Ingo Wolfgang Sarlet; Luiz Guilherme Marinoni; Daniel Mitidiero.** *Curso de Direito Constitucional*, 2013, p. 454).

estatais e da conduta de particulares. Na dinâmica processual, ambos funcionam como parâmetros de validade das decisões judiciais que emergem de conceitos abertos deixados pelo legislador, além de buscar um autêntico senso de justiça do provimento jurisdicional final.

Adicionalmente, existe uma relação entre o paradigma da dignidade e a autonomia dada às partes pelo Código, especialmente para a celebração de negócios processuais. Com efeito, enquanto alguns doutrinadores densificam a proteção à dignidade de grupos minoritários no princípio da igualdade,[144] outros a fundamentam na busca da felicidade, sobretudo na vertente da autonomia privada.[145]

A dignidade humana, como respeito à autonomia privada, impõe o reconhecimento de que cada pessoa tem o poder de tomar as decisões fundamentais sobre sua própria trajetória e de adotar as medidas necessárias à implementação de seus planos de vida. Cada um deve ter, em princípio, liberdade para guiar-se de acordo com sua vontade, o que impede que o Estado ou terceiros direcionem as escolhas de vida individuais. Ao contrário, cabe ao Poder Público promover e tutelar a autonomia privada, criando os meios para que as capacidades individuais se otimizem ou removendo os obstáculos para que assim ocorra. Como o desenho dessas vontades individuais decorre das suas próprias compreensões sobre o que seja uma "vida boa" e, especificamente, um "processo adequado", a dignidade se assenta na premissa de cada pessoa humana ser um agente moral dotado de razão, capaz de decidir o que é bom ou ruim para si, de traçar planos de vida e de fazer escolhas existenciais.[146]

Por outro lado, deve-se perceber que o princípio da dignidade da pessoa humana, que se difundiu mundialmente como princípio a partir da segunda metade do século passado e que é tão relevante nos dias de hoje, não pode ser banalizado como se pretende, sob pena de ter sua efetividade injustamente reduzida. A alegação genérica de ofensa à dignidade da pessoa humana não pode descaracterizar o escopo de proteção proporcionado pelo referido princípio. Nesse aspecto, as previsões legais, fruto da ponderação legislativa, são seguro critério *in abstracto* para o proceder processual, sem prejuízo de análises *in concreto* de proporcionalidade e razoabilidade das medidas.

Essa percepção se revela significativa diante da postura estrategicamente adotada pelo CPC, ao inserir cláusulas gerais e conceitos jurídicos indeterminados, consentâneos com a modernização dos tempos, sentida também na relação jurídica partilhada pelas partes e pelo juiz, *v.g.*, o comando geral de sanabilidade recursal (art. 932, parágrafo único),[147] a cláusula de efetivação das decisões (art. 139, IV)[148] e a boa-fé como método interpretativo (art. 322, § 2º).[149]

---

[144] **Wolfgang Ingo Sarlet,** *Dignidade da pessoa humana e direitos fundamentais na Constituição da República de 1988,* 2002.

[145] **Luís Roberto Barroso,** *A dignidade da pessoa humana no direito constitucional contemporâneo*: a construção de um conceito jurídico à luz da jurisprudência mundial, 2012.

[146] **Daniel Sarmento,** *Dignidade da pessoa humana:* conteúdo, trajetórias, metodologia, p. 15, 2016, p. 135-143.

[147] "**Art. 932 (...) Parágrafo único**. Antes de considerar inadmissível o recurso, o relator concederá o prazo de 5 (cinco) dias ao recorrente para que seja sanado vício ou complementada a documentação exigível."

[148] "**Art. 139.** O juiz dirigirá o processo conforme as disposições deste Código, incumbindo-lhe: (...) III – prevenir ou reprimir qualquer ato contrário à dignidade da justiça e indeferir postulações meramente protelatórias; IV – determinar todas as medidas indutivas, coercitivas, mandamentais ou sub-rogatórias necessárias para assegurar o cumprimento de ordem judicial, inclusive nas ações que tenham por objeto prestação pecuniária;"

[149] "**Art. 322 (...) § 2º** A interpretação do pedido considerará o conjunto da postulação e observará o princípio da boa-fé."

IV
ASPECTOS ÉTICOS E ECONÔMICOS DO PROCESSO

1. GENERALIDADES

Os atos processuais de atuação do Estado e de seus órgãos auxiliares acarretam para as partes ônus financeiro.

O acesso à justiça implica a movimentação de todo um mecanismo custeado pelo Estado e que requer o seu reembolso em prol da manutenção e aprimoramento dos serviços judiciários. À semelhança do que se sucede com todo e qualquer serviço público, o mecanismo judiciário é custeado pela "taxa judiciária" destinada, exatamente, a prover o instrumental pessoal e material necessário à reta administração da Justiça.

Alguns processos, não obstante, reclamam diligências próprias como perícias, oitiva de testemunhas, intimações específicas etc., cujas despesas denominam-se *custas processuais*.

O direito de petição ao Judiciário, por seu turno, reclama conhecimento técnico das normas do processo, que é o instrumento através do qual a parte pede Justiça e o Estado a presta, razão pela qual a parte deve pleitear em juízo, através de advogado, que de regra é subvencionado pelo próprio interessado. Por outro lado, é mister que o vencedor da causa seja reembolsado pelo vencido de todas as despesas que efetuou, incluindo-se as taxas, as custas e os honorários advocatícios, estes fixados pelo juiz na sua decisão, exatamente para fazer face ao adiantamento que o litigante exitoso efetuou ao seu profissional, ántes de ingressar em juízo. Todas essas parcelas encartam-se nos ônus financeiros do processo.

O exercício do direito de ação e da defesa esbarram nos mesmos limites impostos ao exercício dos direitos em geral; por isso, o *abuso* no demandar[1] em qualquer posição na relação processual faz exsurgir para o litigante de má-fé o dever de reparar as *perdas e danos* decorrentes da conduta desleal (art. 81).[2]

A diferença desse ônus para os demais é que, nessa hipótese, a despesa revela o caráter de *sanção*, ao passo que as demais consubstanciam uma *reparação integral* do direito do vencedor que empreendeu despesas para demonstrar em juízo quão legítima era a sua pretensão.

---

[1] A prática exemplifica a má-fé de certas partes em níveis hiperbólicos, como a noticiada condenação de advogado que ajuizara 246 ações semelhantes contra a mesma empresa fornecedora de serviços, sem comprovação específica dos fatos e verossimilhança. Disponível em: https://www.migalhas.com.br/quentes/341674/advogado-e-condenado-em-ma-fe-por-ajuizar-246-acoes-semelhantes.

[2] **"Art. 81.** De ofício ou a requerimento, o juiz condenará o litigante de má-fé a pagar multa, que deverá ser superior a um por cento e inferior a dez por cento do valor corrigido da causa, a indenizar a parte contrária pelos prejuízos que esta sofreu e a arcar com os honorários advocatícios e com todas as despesas que efetuou.
§ 1º Quando forem 2 (dois) ou mais os litigantes de má-fé, o juiz condenará cada um na proporção de seu respectivo interesse na causa ou solidariamente aqueles que se coligaram para lesar a parte contrária.
§ 2º Quando o valor da causa for irrisório ou inestimável, a multa poderá ser fixada em até 10 (dez) vezes o valor do salário mínimo.
§ 3º O valor da indenização será fixado pelo juiz ou, caso não seja possível mensurá-lo, liquidado por arbitramento ou pelo procedimento comum, nos próprios autos."

72 | CURSO DE DIREITO PROCESSUAL CIVIL • *Luiz Fux*

À primeira vista, a preexistência de ônus financeiro poderia indicar fator inibitório de *acesso à justiça*, principalmente para aqueles que não possuem condições de suportá-los sem prejuízo do próprio sustento. Entretanto, o sistema pátrio contempla, como *garantia fundamental*, o acesso à justiça com *assistência judiciária integral*, de tal sorte que o jurisdicionado pode exercer esse direito de petição sem qualquer encargo, assistido por defensor público, ainda que *a posteriori* saia vencido na causa. Semelhantemente, autoriza-se a advocacia *pro bono* e a postulação pelos núcleos de prática jurídica das universidades. Especificamente quanto à dispensa das custas, prevê-se o que se denomina *benefício da gratuidade de justiça* – na realidade, autêntico direito –, previsto anteriormente na Lei nº 1.060/1950, e, hoje, no próprio Código (arts. 98 a 102), que tem sua legitimidade assentada no preceito do art. 5º, inciso LXXIV,[3] da Constituição Federal.

2. CUSTAS PROCESSUAIS

As *custas processuais* remuneram os atos praticados no processo e dos quais se incumbem os auxiliares do juízo. Assim, *v.g.*, são custas as despesas devidas ao oficial para realização de diligência citatória ou de intimação de testemunhas, bem como as despesas pelo adiamento da audiência ou aquela devida ao contador para elaborar cálculo de correção do capital componente da condenação principal.

O caráter remuneratório das custas implica seu pagamento antes da realização dos atos correspondentes (art. 82 do CPC),[4] por isso que, faltante a antecipação das custas não se realiza o ato, o que consequentemente pode gerar um prejuízo para a parte, não só porque não se aproveitará dos efeitos práticos da diligência, mas também pela possibilidade de terminação do feito, *v.g.*, ocorre com a falta do preparo da própria inicial, ou do recurso, hipótese em que se obsta a via recursal por "deserção", ressalvada sempre a possibilidade de a lei tributária estadual posterior ao Código, dispor em sentido contrário, tendo em vista que a competência constitucional é da unidade federativa local que recolhe a taxa pela utilização efetiva dos serviços judiciários.

Despesas há, entretanto, realizadas *ex post facto*, *v.g.*, os honorários do perito que são depositados para serem pagos posteriormente, após realizada a prova.

O princípio da "personalidade das despesas" informa o sistema de que compete a cada parte adiantar as quantias dos atos que lhe digam respeito, e tratando-se de "ato determinado pelo juiz *ex officio*", a despesa deve ser "adiantada pelo autor", competindo-lhe, também, evidentemente, pagar antecipadamente as custas dos atos que requerer (art. 82, § 1º, do CPC).[5]

Questão deveras interessante é a da determinação *ex officio* de uma prova que interessa ostensivamente a uma das partes, que não à autora e que tem capacidade econômica. Nessa hipótese, por força dos princípios da personalidade da despesa, coadjuvado pelo princípio do ônus da prova e da igualdade das partes, ainda que a realização da prova seja fruto da iniciativa oficial,

---

[3] **"CF, art. 5º.** Todos são iguais perante a lei, sem distinção de qualquer natureza, garantindo-se aos brasileiros e aos estrangeiros residentes no País a inviolabilidade do direito à vida, à liberdade, à igualdade, à segurança e à propriedade, nos termos seguintes: (...)
LXXIV – o Estado prestará assistência jurídica integral e gratuita aos que comprovarem insuficiência de recursos. (...)."

[4] **"Art. 82.** Salvo as disposições concernentes à gratuidade da justiça, incumbe às partes prover as despesas dos atos que realizarem ou requererem no processo, antecipando-lhes o pagamento, desde o início até a sentença final ou, na execução, até a plena satisfação do direito reconhecido no título.
§ 1º Incumbe ao autor adiantar as despesas relativas a ato cuja realização o juiz determinar de ofício ou a requerimento do Ministério Público, quando sua intervenção ocorrer como fiscal da ordem jurídica.
§ 2º A sentença condenará o vencido a pagar ao vencedor as despesas que antecipou."

[5] A prova, embora determinada pelo juiz, que somente interesse ao demandado deve ser por este custeada antecipadamente.

deve suportá-la o interessado apto a pagá-la, ainda que não seja o autor da ação. Semelhantemente, quando requerida a prova pelo Ministério Público enquanto fiscal do ordenamento (art. 82, § 1º).[6]

Diversamente, se o ato for requerido pelo Ministério Público ou pela Fazenda Pública que, evidentemente, nada pagam, quer atuem como *partes* quer como *intervenientes*, as despesas são suportadas somente ao final pelo vencido (art. 91 do CPC).[7] Decorrência imediata dessa regra é a atribuição ao autor das despesas de perícia determinadas pelo juízo ou requeridas pelo demandante (art. 95 e parágrafos, do CPC).[8] Essas despesas fixadas ao alvedrio do juiz, e segundo o critério da razoabilidade, incluem despesas gerais do perito compreendendo a realização da vistoria, fotografia do local, e a etapa final da elaboração do laudo.

Embora a lei determine à parte interessada pagar os honorários ou depositá-los em juízo, consoante o comando judicial, a realidade é que a sua fixação deve ser empreendida desde logo, sem prejuízo de a complexidade da prova poder implicar uma majoração avaliável pelo magistrado.

A falta de pagamento ou do depósito dos honorários periciais desincumbe o *expert* da sua obrigação, mas nem sempre conduz à extinção do processo sem análise do mérito, tendo em vista que o juiz pode resolver essa omissão do interessado à luz das regras do ônus da prova. Entretanto, há casos, *v.g.*, na desapropriação, que a ausência dessa prova inviabiliza o prosseguimento do feito.

Diversa é a situação quando o laudo é apresentado e acostado aos autos e mesmo assim não é feito o depósito que deveria ter sido implementado antecipadamente. Considerando que o trabalho se encontra realizado e é útil para o processo, cumpre ao juiz determinar o pagamento.

---

[6] **"Art. 82.** Salvo as disposições concernentes à gratuidade da justiça, incumbe às partes prover as despesas dos atos que realizarem ou requererem no processo, antecipando-lhes o pagamento, desde o início até a sentença final ou, na execução, até a plena satisfação do direito reconhecido no título.

§ 1º Incumbe ao autor adiantar as despesas relativas a ato cuja realização o juiz determinar de ofício ou a requerimento do Ministério Público, quando sua intervenção ocorrer como fiscal da ordem jurídica."

[7] **"Art. 91.** As despesas dos atos processuais praticados a requerimento da Fazenda Pública, do Ministério Público ou da Defensoria Pública serão pagas ao final pelo vencido.

§ 1º As perícias requeridas pela Fazenda Pública, pelo Ministério Público ou pela Defensoria Pública poderão ser realizadas por entidade pública ou, havendo previsão orçamentária, ter os valores adiantados por aquele que requerer a prova.

§ 2º Não havendo previsão orçamentária no exercício financeiro para adiantamento dos honorários periciais, eles serão pagos no exercício seguinte ou ao final, pelo vencido, caso o processo se encerre antes do adiantamento a ser feito pelo ente público."

[8] **"Art. 95.** Cada parte adiantará a remuneração do assistente técnico que houver indicado, sendo a do perito adiantada pela parte que houver requerido a perícia ou rateada quando a perícia for determinada de ofício ou requerida por ambas as partes.

§ 1º O juiz poderá determinar que a parte responsável pelo pagamento dos honorários do perito deposite em juízo o valor correspondente.

§ 2º A quantia recolhida em depósito bancário à ordem do juízo será corrigida monetariamente e paga de acordo com o art. 465, § 4º.

§ 3º Quando o pagamento da perícia for de responsabilidade de beneficiário de gratuidade da justiça, ela poderá ser:

I – custeada com recursos alocados no orçamento do ente público e realizada por servidor do Poder Judiciário ou por órgão público conveniado;

II – paga com recursos alocados no orçamento da União, do Estado ou do Distrito Federal, no caso de ser realizada por particular, hipótese em que o valor será fixado conforme tabela do tribunal respectivo ou, em caso de sua omissão, do Conselho Nacional de Justiça.

§ 4º Na hipótese do § 3º, o juiz, após o trânsito em julgado da decisão final, oficiará a Fazenda Pública para que promova, contra quem tiver sido condenado ao pagamento das despesas processuais, a execução dos valores gastos com a perícia particular ou com a utilização de servidor público ou da estrutura de órgão público, observando-se, caso o responsável pelo pagamento das despesas seja beneficiário de gratuidade da justiça, o disposto no art. 98, § 2º.

§ 5º Para fins de aplicação do § 3º, é vedada a utilização de recursos do fundo de custeio da Defensoria Pública."

O *adiantamento das despesas* em si *não desequilibra as partes*, posto que o vencido ao final reembolsará as custas do vencedor (art. 82, § 2º, do CPC). Essa norma *in procedendo* é dirigida ao juiz, de sorte que, mesmo omisso o pedido, ele pode contemplar essa parcela.

A sucumbência recíproca ocorre quando cada litigante for, em partes iguais, vencedor e vencido, hipótese em que as despesas são rateadas igualmente (art. 86, *caput*, do CPC).[9] Pairam, até então, severas dúvidas quanto à aplicabilidade desse dispositivo nos casos de acolhimento parcial do pedido, pois o autor, quando deduz a sua pretensão, pede tudo quanto possa esperar do Judiciário. Ora, mesmo no acolhimento parcial o autor não sucumbe, apenas os consectários da derrota do réu serão menores do que seriam se acolhido integralmente o pleito. Não obstante se tem considerado "sucumbência recíproca" as hipóteses de acolhimento parcial do pedido, sob o argumento de que o autor decaiu de parte do pedido.

A regra do parágrafo único do art. 86, por outro lado, pressupõe, exatamente, que a parte tenha formulado pedido e o réu apenas formule pedido por meio de reconvenção ou via exceção material dúplice. Conjugando-se o disposto no *caput* com o parágrafo único é possível concluir-se que somente há sucumbência recíproca quando há pedidos de todas as partes, avaliando-se a derrota de ambos, por isso que na hipótese em que apenas o autor pede, tudo quanto é acolhido revela da sua vitória, que pode ser total ou parcial.

Ressalte-se, por fim, que a denominada sucumbência recíproca não determina que cada parte suporte as suas despesas e os honorários do seu advogado. O que a lei estabelece como critério é a distribuição recíproca e proporcional dos honorários e despesas. Assim, dependendo do grau de sucumbência uma parte pode arcar com 45% dos honorários e despesas e a outra com 55%, e assim por diante.

Decaindo a parte de parcela mínima do que pediu, a outra suporta todo o ônus financeiro do processo (art. 86, parágrafo único). Havendo cumulação de pedidos, mister se faz considerar a espécie configurada. Isto porque, consoante a doutrina tradicional, somente há sucumbência recíproca na cumulação simples ou sucessiva em que a parte realmente pretende mais de um pedido. Na cumulação eventual o atendimento a um dos pedidos, ainda que na ordem diversa da formulada, afasta qualquer espécie de sucumbência.

Questão hodierna resultante da consagração constitucional do denominado "dano moral"[10] e que tem dado azo a discussões quanto à sucumbência, é a relativa ao "pedido genérico". É cediço que o atendimento em qualquer parte da postulação alija a qualificação de derrota. Entretanto, formulado pedido certo, a concessão abaixo da quantia pleiteada tem sido caracterizada como "sucumbência recíproca", opinião com a qual não concordamos, à luz da ressalva feita de início, no sentido de que ambas as partes devem formular pedido para que se considere a "sucumbência recíproca".

Deveras, a sucumbência deve adstringir-se à pretensão principal deduzida, excluindo-se da sua configuração as denominadas verbas consequenciais. Assim, *v.g.*, a concessão de percentual de verba honorária não caracteriza sucumbência, posto *quantum* arbitrável pelo juiz.

---

[9] **"Art. 86.** Se cada litigante for, em parte, vencedor e vencido, serão proporcionalmente distribuídas entre eles as despesas.

Parágrafo único. Se um litigante decair de parte mínima do pedido, o outro responderá, por inteiro, pelas despesas e pelos honorários."

[10] A competência constitucional de apreciar a "questão federal" do Superior Tribunal de Justiça vem refutando recursos especiais que objetivam alterar o percentual dos honorários fixados na decisão, sob o argumento de que essa aferição invade matéria de fato interditada à cognição do Tribunal maior pela Súmula nº 07 ("A pretensão de simples reexame de prova não enseja recurso especial"). A exceção fica por conta de valores excessivos ou irrisórios: "A jurisprudência do Superior Tribunal de Justiça possui entendimento de ser possível a revisão do montante da indenização por danos morais nas hipóteses em que o valor fixado se mostrar exorbitante ou irrisório, o que não ocorreu no caso em exame, pois arbitrado em R$ 100.000,00 (cem mil reais), não é excessivo nem desproporcional aos danos sofridos – descumprimento de tutela para disponibilizar profissional habilitado para operar máquina de hemodiálise –, com risco de morte iminente do segurado, que veio a falecer no curso do processo" (AgInt no AREsp 1779590/RJ, Rel. Ministro Ricardo Villas Bôas Cueva, Terceira Turma, j. 08.06.2021).

O *princípio da escorreita repartição das despesas* sofre algumas exceções. Assim é que, se a parte é instada a realizar uma diligência desnecessária por *obra da malícia da outra*, esta, ao final, reembolsará aquele gasto em razão de sua conduta. Da mesma forma, *a parte que der causa à repetição do ato* suporta-lhe a despesa correspondente (art. 93 do CPC).[11]

Cumpre ressaltar que *as custas adquirem o caráter de sanção pecuniária* quando nelas se convertem as que são impostas às partes em consequência de má-fé (art. 96 do CPC).[12]

Havendo pluralidade de partes, cada uma delas deve adiantar as despesas dos atos que lhe digam respeito, preceito que é aplicável ao litisconsórcio e à assistência simples e litisconsorcial (art. 87[13] c/c art. 94[14] do CPC).[15] O litisconsórcio simples não revela a menor dificuldade porquanto a regra vigente é "a de que cada um deve arcar por si".

No litisconsórcio unitário, a pretensão é única e dirigida contra ou por vários demandantes. Nessa hipótese, a condenação é solidária e aquele que pagar por inteiro pode recobrar.

A assistência litisconsorcial participa da regra do litisconsórcio. Mas, a assistência simples só vence custas porquanto o assistente não formula pedido próprio e não amplia, assim, o objeto litigioso.

3. HONORÁRIOS ADVOCATÍCIOS

Os honorários advocatícios são pagos, ao final, pelo vencido ao vencedor (art. 85 do CPC).[16] É que, sob esse prisma, o processo encontra-se informado pelo princípio da sucumbência, segundo o qual a prestação jurisdicional não deve redundar em desfavor da parte que tem razão e, por esse motivo, a verba honorária é considerada *pedido implícito*.[17]

Destarte, havendo exclusão de partes e terceiros do processo, cabe àquele que motivou a intervenção indevida pagar as despesas e os honorários do excluído.[18] Assim, *v.g.*, na alegação de ilegitimidade do réu, aceitando o autor aquele apontado, lícita é a imputação de custas e honorários ao suplicante, haja vista que o excluído, para fazer valer sua tese, utilizou-se de profissional e realizou despesas. Consequentemente, à luz do princípio que veda o locupletamento às custas da própria torpeza, quer pela aplicação analógica da regra que se impõe quando excluída parte ilegítima, são devidas essas verbas quando excluída do processo a parte eleita pela outra.

A verba honorária adiantada pela parte ao seu advogado é algo indiferente para o processo, porquanto é pagamento decorrente de vínculo material e ao direito processual incumbe regular os honorários decorrentes do êxito de um litigante sobre o outro.

O fato da derrota implica o restabelecimento integral do interesse do vencedor tutelado pela ordem jurídica, por isso o reembolso das despesas e dos honorários, cuja verificação cabe ao juiz valorar para estabelecer o seu *quantum*. Desta sorte, no Código passado, entendia-se como

---

[11] **"Art. 93.** As despesas de atos adiados ou cuja repetição for necessária ficarão a cargo da parte, do auxiliar da justiça, do órgão do Ministério Público ou da Defensoria Pública ou do juiz que, sem justo motivo, houver dado causa ao adiamento ou à repetição."

[12] **"Art. 96.** O valor das sanções impostas ao litigante de má-fé reverterá em benefício da parte contrária, e o valor das sanções impostas aos serventuários pertencerá ao Estado ou à União."

[13] **"Art. 87.** Concorrendo diversos autores ou diversos réus, os vencidos respondem proporcionalmente pelas despesas e pelos honorários.
§ 1º A sentença deverá distribuir entre os litisconsortes, de forma expressa, a responsabilidade proporcional pelo pagamento das verbas previstas no *caput*.
§ 2º Se a distribuição de que trata o § 1º não for feita, os vencidos responderão solidariamente pelas despesas e pelos honorários."

[14] **"Art. 94.** Se o assistido for vencido, o assistente será condenado ao pagamento das custas em proporção à atividade que houver exercido no processo."

[15] A menos que os vencidos tenham sido condenados solidariamente (*RTJ*, 79/667).

[16] **Rogério Licastro Torres,** *Honorários advocatícios*, 2019.

[17] Nesse sentido, **Barbosa Moreira**, *O Novo Processo Civil Brasileiro*, cit., p. 11.

[18] No mesmo sentido **Humberto Theodoro Júnior**, *Curso de Direito Processual Civil*, vol. I, p. 94.

inoperantes as disposições convencionais acerca dos honorários judiciais de fixação exclusiva pelo Poder Judiciário, como as constantes de contrato impresso de locação. No atual regramento, a autorização para a realização de negócios jurídicos processuais tem levado a doutrina a entender viável a convenção acerca das despesas processuais, incluídos custas e honorários sucumbenciais, como forma de garantir maior previsibilidade acerca dos custos totais da litigância.[19]

Nesse mister, o juiz avalia o grau da sucumbência: *se total, recíproca* ou *mínima* (arts. 85 e 86 do CPC). De todo modo, os honorários, enquanto direito do advogado, devem ser arbitrados, proporcionalmente, não se podendo cogitar de compensação. Do mesmo modo, cabível a majoração em sede recursal.[20]

A lei dispõe que "a sentença condenará o vencido nos honorários". Isto significa que a condenação em honorários pressupõe a resolução do processo com ou sem análise de mérito, uma vez que nos incidentes processuais resolvidos por decisões *interlocutórias*, o juiz limita-se a impor a condenação nas *custas dos incidentes* (art. 85, § 1º, do CPC). A extinção meramente terminativa (sem resolução do mérito), impõe considerar que, se a relação processual não se formou com a citação do réu, não há honorários em favor deste.

Consoante se colhe da dicção do dispositivo, a verba honorária pertence ao profissional atuante no feito, conferindo-lhe legitimidade superveniente para agir na execução dessa parte da decisão. Do mesmo modo, lhe são devidos, quando atuar em causa própria (art. 85, §§ 14 e 17).[21]

O Código trouxe grande grau de objetivação de critérios de fixação dos honorários sucumbenciais.

Nas sentenças condenatórias em geral, os honorários devem ser fixados entre o piso mínimo de dez por cento e o máximo de vinte por cento sobre o valor da condenação ou do proveito econômico obtido, variando esse percentual conforme o zelo profissional, a importância do trabalho e o lugar da prestação do serviço (art. 85, § 2º, do CPC). Em ações constitutivas e declaratórias, tais critérios são, *a priori,* mantidos, funcionando como base de cálculo o valor atualizado da causa (art. 85, § 6º).[22]

Esses percentuais legais superam eventuais fixações contratuais que não podem invadir a área de competência exclusiva do Judiciário. Destarte, lei especial pode prever diversamente da regra geral do art. 85 do CPC, prevalecendo em decorrência de critério hermenêutico tradicional.

Tratando-se de condenação oriunda de ação de indenização por ato ilícito contra a pessoa, considera-se o valor da condenação como a soma das prestações vencidas adicionada do valor de 12 prestações vincendas (art. 85, § 9º, do CPC),[23] para efeito da incidência dos percentuais ora indicados.

Apenas subsidiariamente é que se autoriza a fixação equitativa do montante pelo julgador, quando a causa tiver valor muito baixo ou for inestimável ou irrisório o proveito econômico obtido (art. 85, § 8º, do CPC),[24] ainda que o conteúdo da decisão seja condenatório.

Esse caráter subsidiário foi ainda reforçado com a recente aprovação da Lei 14.365/2022, que acrescentou disposição explícita no sentido de que, *salvo nas hipóteses expressamente previstas no § 8º do art. 85,* é proibida a fixação equitativa de honorários quando o valor da condenação, o

---

19 Sobre as convenções acerca dos custos da litigância, veja-se o estudo de **Antonio do Passo Cabral**, em duas partes, publicados na *Revista de Processo*, vols. 276 (fev. 2018) e 277 (mar. 2018).

20 STJ. AgInt no AREsp 1.495.369-MS, Rel. Min. Luis Felipe Salomão, Quarta Turma, por unanimidade, j. 01.09.2020.

21 "**Art. 85. § 14.** Os honorários constituem direito do advogado e têm natureza alimentar, com os mesmos privilégios dos créditos oriundos da legislação do trabalho, sendo vedada a compensação em caso de sucumbência parcial. § 17. Os honorários serão devidos quando o advogado atuar em causa própria."

22 "**Art. 85 § 6º.** Os limites e critérios previstos nos §§ 2º e 3º aplicam-se independentemente de qual seja o conteúdo da decisão, inclusive aos casos de improcedência ou de sentença sem resolução de mérito."

23 Nas hipóteses de indenização por ilícito contratual ou decorrente de responsabilidade objetiva, retorna-se ao regime comum do § 4º do art. 20 do CPC/1973. Nesse sentido, **Humberto Theodoro Júnior**, com sustento em julgados do E. STF, ob. cit., p. 96.

24 "**Art. 85. § 8º.** Nas causas em que for inestimável ou irrisório o proveito econômico ou, ainda, quando o valor da causa for muito baixo, o juiz fixará o valor dos honorários por apreciação equitativa, observando o disposto nos incisos do § 2º."

Parte I • IV – ASPECTOS ÉTICOS E ECONÔMICOS DO PROCESSO | **77**

valor do proveito econômico obtido ou o valor atualizado da causa for líquido ou liquidável (art. 85, § 6º-A, do CPC)[25].

Vale pontuar, aliás, que antes mesmo da publicação desse novel diploma, o Superior Tribunal de Justiça já havia firmado, em sede de julgamento de recurso repetitivo, teses no sentido de que "a fixação de honorários por apreciação equitativa não é permitida quando os valores da condenação ou da causa, ou o proveito econômico da demanda, forem elevados", situação em que se faz obrigatória a observância dos percentuais previstos nos §§ 2º ou 3º do art. 85 do CPC; e de que "apenas se admite o arbitramento de honorários por equidade quando, havendo ou não condenação: (a) o proveito econômico obtido pelo vencedor for inestimável ou irrisório; ou (b) o valor da causa for muito baixo."[26]

A mesma Lei 14.365/2022 também acrescentou ao Código dispositivo que vem a balizar o valor dos honorários fixados a título equitativo, prevendo que juiz deverá observar, nesses casos, ou os valores recomendados pelo Conselho Seccional da Ordem dos Advogados do Brasil a título de honorários advocatícios, ou o limite mínimo de 10% (dez por cento) estabelecido no § 2º do art. 85, devendo necessariamente aplicar aquele que for maior (art. 85, § 8º-A, do CPC)[27]. Além

---

[25] **"Art. 85. § 6º-A.** Quando o valor da condenação ou do proveito econômico obtido ou o valor atualizado da causa for líquido ou liquidável, para fins de fixação dos honorários advocatícios, nos termos dos §§ 2º e 3º, é proibida a apreciação equitativa, salvo nas hipóteses expressamente previstas no § 8º deste artigo."

[26] **STJ. Tema Repetitivo 1.076. Tese Firmada**:
"i) A fixação dos honorários por apreciação equitativa não é permitida quando os valores da condenação, da causa ou o proveito econômico da demanda forem elevados. É obrigatória nesses casos a observância dos percentuais previstos nos §§ 2º ou 3º do artigo 85 do CPC – a depender da presença da Fazenda Pública na lide –, os quais serão subsequentemente calculados sobre o valor: (a) da condenação; ou (b) do proveito econômico obtido; ou (c) do valor atualizado da causa. ii) Apenas se admite arbitramento de honorários por equidade quando, havendo ou não condenação: (a) o proveito econômico obtido pelo vencedor for inestimável ou irrisório; ou (b) o valor da causa for muito baixo" (STJ – REsp: 1850512 SP 2019/0352661-7, Data de Julgamento: 16/03/2022, CE – CORTE ESPECIAL, Data de Publicação: *DJe* 31.05.2022). Ainda sobre o tema:
"Recurso especial. Direito civil e processual civil. Ação de imissão posse. Natureza petitória. Alegação de violação da coisa julgada. Prescrição. Não ocorrência. Revisão do julgado. Impossibilidade. Incidência do Enunciado nº 7/STJ. Falta de prequestionamento. Incidência do enunciado nº 211/STJ. Honorários advocatícios sucumbenciais. Redução. Cabimento. (...) 4. A distribuição dos honorários advocatícios, respeitando ao comando normativo do art. 85, § 2º, do Código de Processo Civil, fixados entre o percentual mínimo de dez e o máximo de vinte por cento sobre o valor da condenação, do proveito econômico obtido ou, não sendo possível mensurá-lo, sobre o valor atualizado da causa, não pode, em regra, ser alterada. 5. No entanto, o entendimento jurisprudencial do STJ orienta-se no sentido de ser possível, ainda que os honorários advocatícios estejam dentro dos percentuais fixados em lei, a redução dos seus valores quando fora dos padrões da razoabilidade e proporcionalidade. 6. Recurso especial parcialmente conhecido e, nessa extensão, parcialmente provido" (REsp 1.804.201/SP, Rel. Min. Paulo de Tarso Sanseverino, 3ª Turma, j. 21.09.2021, *DJe* 24.09.2021).
"Processual civil. Agravo interno nos embargos de declaração no recurso especial. Recurso manejado sob a égide do NCPC. Ação indenizatória. Dano moral e material. Improcedência. Honorários advocatícios sucumbenciais. Aplicação do art. 85, § 2º, do NCPC. Ausência de condenação das rés. Regra geral, que deve ser observada. Fixação dos honorários advocatícios em 10% do valor dado à causa. Agravo interno não provido.
(...) 3. A Segunda Seção desta Corte, no julgamento do REsp nº 1.746.072/PR (Rel. Ministra Nancy Andrighi, Rel. p/ Acórdão Ministro Raul Araújo, DJe 29/3/2019), firmou o entendimento de que os honorários devem ser estabelecidos, em regra, com fundamento no art. 85, § 2º, do NCPC, isto é, nos limites percentuais nele previstos sobre o proveito econômico obtido, ou, na impossibilidade de identificá-lo, sobre o valor atualizado da causa, inclusive nas demandas julgadas improcedentes ou extintas sem resolução do mérito. 3.1. Referido entendimento foi chancelado pela Corte Especial, em recentíssimo julgamento de recurso repetitivo (Tema nº 1.076), uniformizando o entendimento de que o elevado valor da causa não justifica a fixação dos honorários advocatícios por equidade (ref. aos REsps nºs 1.906.618/SP, 1.850.512/SP e 1.877.883/SP, j. aos 16/3/2022). 3.2. A equidade constante do § 8º do art. 85 do NCPC incide apenas quando o proveito econômico obtido não seja identificado, ou seja, inestimável ou irrisório, situação distinta daquela tratada no presente caso" (AgInt nos EDcl no REsp n. 1.862.339/DF, Rel. Min. Moura Ribeiro, 3ª Turma, j. 13.06.2022, *DJe* 15.06.2022).

[27] **"Art. 85. § 8º-A.** Na hipótese do § 8º deste artigo, para fins de fixação equitativa de honorários sucumbenciais, o juiz deverá observar os valores recomendados pelo Conselho Seccional da Ordem dos Advogados do Brasil a título de honorários advocatícios ou o limite mínimo de 10% (dez por cento) estabelecido no § 2º deste artigo, aplicando-se o que for maior."

disso, inseriu ao art. 85 o § 20, o qual elucida que também se aplica aos honorários fixados por arbitramento judicial o quanto disposto em seus §§ 2º, 3º, 4º, 5º, 6º, 6º-A, 8º, 8º-A, 9º e 10[28].

Quando a sucumbente for a Fazenda Pública, estatuiu o legislador de 2015 que os critérios sejam objetivos, com escalonamento de percentual de incidência sobre o valor da condenação ou do proveito econômico (art. 85, §§ 3º, 4º e 5º),[29] a depender do valor líquido. Em sendo impossível a aferição, por falta de condenação ou de proveito econômico obtido, será tomado o valor da causa como base de cálculo.

Abandona-se, assim, o critério de fixação segundo *apreciação equitativa do juiz* nas causas em que for sucumbente a Fazenda Pública, como sucedia no diploma anterior. Atualmente, a equidade seria apenas o terceiro critério, subsidiário, quando for inestimável ou irrisório o proveito econômico ou o valor da causa (art. 85, § 8º).

Cumpre registrar que a jurisprudência consolidada do STJ é no sentido de que "os honorários advocatícios de sucumbência, quando vencedora a Fazenda Pública, integram o patrimônio da entidade estatal, não constituindo direito autônomo do procurador judicial, o que viabiliza sua compensação".[30]

Ainda no tocante à Fazenda Pública, não serão devidos honorários no cumprimento de sentença que enseje expedição de precatório, desde que não tenha sido impugnada (art. 85, § 7º). Há ressalva particularmente relevante quanto à interpretação dada a esse artigo. É louvável a jurisprudência do Superior Tribunal de Justiça quanto aos procedimentos individuais de cumprimento de sentença de ação coletiva, sendo julgado recurso repetitivo que não exclui a possibilidade de condenação em honorários da Fazenda Pública nessas situações. Ainda que não tenha sido apresentada impugnação pela Fazenda, são devidos honorários.[31]

---

[28] "**Art. 85. § 20.** O disposto nos §§ 2º, 3º, 4º, 5º, 6º, 6º-A, 8º, 8º-A, 9º e 10 deste artigo aplica-se aos honorários fixados por arbitramento judicial."

[29] "**Art. 85. § 3º.** Nas causas em que a Fazenda Pública for parte, a fixação dos honorários observará os critérios estabelecidos nos incisos I a IV do § 2º e os seguintes percentuais:
I – mínimo de dez e máximo de vinte por cento sobre o valor da condenação ou do proveito econômico obtido até 200 (duzentos) salários mínimos;
II – mínimo de oito e máximo de dez por cento sobre o valor da condenação ou do proveito econômico obtido acima de 200 (duzentos) salários mínimos até 2.000 (dois mil) salários mínimos;
III – mínimo de cinco e máximo de oito por cento sobre o valor da condenação ou do proveito econômico obtido acima de 2.000 (dois mil) salários mínimos até 20.000 (vinte mil) salários mínimos;
IV – mínimo de três e máximo de cinco por cento sobre o valor da condenação ou do proveito econômico obtido acima de 20.000 (vinte mil) salários mínimos até 100.000 (cem mil) salários mínimos;
V – mínimo de um e máximo de três por cento sobre o valor da condenação ou do proveito econômico obtido acima de 100.000 (cem mil) salários mínimos.
§ 4º Em qualquer das hipóteses do § 3º:
I – os percentuais previstos nos incisos I a V devem ser aplicados desde logo, quando for líquida a sentença;
II – não sendo líquida a sentença, a definição do percentual, nos termos previstos nos incisos I a V, somente ocorrerá quando liquidado o julgado;
III – não havendo condenação principal ou não sendo possível mensurar o proveito econômico obtido, a condenação em honorários dar-se-á sobre o valor atualizado da causa;
IV – será considerado o salário mínimo vigente quando prolatada sentença líquida ou o que estiver em vigor na data da decisão de liquidação.
§ 5º Quando, conforme o caso, a condenação contra a Fazenda Pública ou o benefício econômico obtido pelo vencedor ou o valor da causa for superior ao valor previsto no inciso I do § 3º, a fixação do percentual de honorários deve observar a faixa inicial e, naquilo que a exceder, a faixa subsequente, e assim sucessivamente."

[30] "Processual civil. Agravo interno no agravo em recurso especial. Embargos à execução. Cumprimento de sentença. Impugnação. Suposta afronta ao art. 1.022 do CPC. Não ocorrência. Horários advocatícios de sucumbência. Patrimônio da entidade estatal. Compensação. Possibilidade. Precedentes. Agravo interno não provido.
1. (...). 2. A jurisprudência consolidada do STJ é no sentido de que 'os honorários advocatícios de sucumbência, quando vencedora a Fazenda Pública, integram o patrimônio da entidade estatal, não constituindo direito autônomo do procurador judicial, o que viabiliza sua compensação' (RCD no REsp 1861943/DF, Rel. Ministro Og Fernandes, Segunda Turma, julgado em 05/10/2021, DJe 26/10/2021) 3. Agravo interno não provido" (AgInt no AREsp n. 1.834.717/SP, Rel. Min. Mauro Campbell Marques, 2ª Turma, j. 10.05.2022, *DJe* 19.05.2022.)

[31] "O art. 85, § 7º, do CPC/2015 não afasta a aplicação do entendimento consolidado na Súmula 345 do STJ, de modo que são devidos honorários advocatícios nos procedimentos individuais de cumprimento de sentença

Parte I • IV — ASPECTOS ÉTICOS E ECONÔMICOS DO PROCESSO | 79

O processo de execução também implica despesas para as partes. Desta sorte, na execução em si, pretendendo o executado quitar a sua dívida, deve fazê-lo com custas e honorários, independentemente daqueles da sucumbência, se o título for judicial. Não obstante, havendo a oposição de embargos na execução, novos honorários e custas devem ser fixados em favor do vencedor desse debate. Conclui-se, assim, ser possível contar custas e honorários na execução e nos embargos contra o mesmo devedor executado, respeitado o teto legal (art. 85, § 13, do CPC).

Acrescente-se que leis especiais preveem fórmulas outras de cálculo da sucumbência e, como tais, devem ser respeitadas pelo princípio de que *lex specialis derrogat lex generalis* somente na parte em que são incompatíveis. Assim, *v.g.*, a Lei nº 8.245/1991, que regula as ações locatícias, dispõe acerca da condenação, estipulando que a mesma deve incidir sobre o valor da causa.[32] Em sede de mandado de segurança, a matéria ressalta polêmica pela preocupação de não se inibir o acesso à Justiça para denúncia de abusos de autoridade; por isso, preconiza-se o descabimento da condenação em honorários, no *writ of mandamus*.[33]

Tratando-se de litisconsórcio ou assistência litisconsorcial aplicam-se aos honorários advocatícios os mesmos princípios norteadores das custas previstos nos arts. 87 e 94 do CPC.

Os honorários são devidos por força da vitória de um litigante em face do outro; por isso, terminando o processo por *desistência* em que se dá a resolução sem análise do mérito ou pelo "reconhecimento da procedência do pedido",[34] as despesas e os honorários são pagos pela parte que desistiu da ação ou reconheceu o pedido (art. 90, *caput*, do CPC).[35]

Idêntico proceder, *mutatis mutandis*, opera-se se o processo terminar por renúncia, caso em que as despesas devem ser pagas pela parte que renunciou. A responsabilidade pelo pagamento nessas hipóteses de extinção do processo por composição obedece à participação do sujeito nos atos de disponibilidade, cumprindo à parte pagar na proporção de sua desistência ou reconhecimento. Assim, *v.g.*, se a parte paga o débito após a propositura da ação, e este vem a influenciar na extinção do feito, ela deve arcar com as despesas, uma vez que o reconhecimento do pedido foi a causa determinante da extinção do processo.

Na transação, nada dispondo as partes quanto às despesas e honorários, devem ser rateados igualmente.[36]

Outrossim, a intervenção judicial pode ocorrer sem que haja litígio, como nos casos de *jurisdição voluntária*. Nessas causas, os interessados pagam as despesas de acordo com os seus interesses em jogo, *v.g.*, nos juízos divisórios sem pretensão resistida, em que as despesas devem ser proporcionais aos quinhões conferidos (arts. 88 e 89[37] do CPC). *A fortiori*, surgindo litígio

---

decorrente de ação coletiva, ainda que não impugnados e promovidos em litisconsórcio" (REsp 1648498/RS, Rel. Ministro Gurgel de Faria, Corte Especial, j. 20.06.2018, *DJe* 27.06.2018).

[32] Consulte-se nosso *Locações, Processo e Procedimentos*, 1997.

[33] A esse respeito ainda resta vigorante a **Súmula nº 512 do E. STF** e a **Súmula nº 105 do STJ** ("Na ação de mandado de segurança não se admite condenação em honorários advocatícios").

[34] Ocorre esse reconhecimento e, portanto, são devidos honorários advocatícios se a parte paga o débito após a citação. Nesse mesmo sentido, com apoio em farta jurisprudência, **Humberto Theodoro Júnior**, *Curso*, cit., p. 94.

[35] "**Art. 90.** Proferida sentença com fundamento em desistência, em renúncia ou em reconhecimento do pedido, as despesas e os honorários serão pagos pela parte que desistiu, renunciou ou reconheceu.
§ 1º Sendo parcial a desistência, a renúncia ou o reconhecimento, a responsabilidade pelas despesas e pelos honorários será proporcional à parcela reconhecida, à qual se renunciou ou da qual se desistiu.
§ 2º Havendo transação e nada tendo as partes disposto quanto às despesas, estas serão divididas igualmente.
§ 3º Se a transação ocorrer antes da sentença, as partes ficam dispensadas do pagamento das custas processuais remanescentes, se houver.
§ 4º Se o réu reconhecer a procedência do pedido e, simultaneamente, cumprir integralmente a prestação reconhecida, os honorários serão reduzidos pela metade."

[36] A respeito do item, consulte a casuística ao **Nelson Nery**, ob. cit.

[37] "**Art. 88.** Nos procedimentos de jurisdição voluntária, as despesas serão adiantadas pelo requerente e rateadas entre os interessados."
"**Art. 89.** Nos juízos divisórios, não havendo litígio, os interessados pagarão as despesas proporcionalmente a seus quinhões."

no curso do procedimento de jurisdição voluntária, passível é a ocorrência de sucumbência e de fixação dos honorários.

Anote-se, por fim, que resolvido o processo sem análise do mérito *a requerimento do réu* – e, portanto, não assim quando de ofício –, o autor não poderá intentar nova ação em relação ao mesmo objeto sem comprovar o pagamento das despesas processuais anteriores, isto é, custas e honorários advocatícios (art. 92).[38]

O regime dos honorários é aplicável na cumulação de pedidos somando-se esses para efeito de aferição do valor da causa. Incidem, portanto, as regras anteriormente enunciadas na reconvenção (art. 85, § 1º, do CPC).[39] A oposição, como figura consubstanciada em ação do opoente em face dos opostos, tem valor próprio e rege-se pelas normas que regulam as despesas em geral.

Em sendo silente a decisão final acerca dos honorários, permanece hígido o direito do advogado à sua percepção, pela via de ajuizamento de ação autônoma para tanto (art. 85, § 18),[40] tendo o Código superado o pretérito entendimento do Superior Tribunal de Justiça.[41]

Por fim, vale ressaltar que a fixação da verba sucumbencial deve obedecer às regras do diploma vigente à época da decisão que a determinou ou a modificou. Não cabe, portanto, afastar a incidência do CPC de 2015 para processos iniciados na vigência do Código Buzaid, mas cuja decisão que sacramentou a questão dos honorários foi proferida já na vigência do novo diploma. Portanto, a data relevante à situação não é a de distribuição da petição inicial ou mesmo do trânsito em julgado da sentença, mas sim a data da prolação.[42]

3.1 Sucumbência recursal

Estratégia desejada de há muito, como forma de interditar a utilização pródiga dos meios de impugnação das decisões, responsáveis pela demora na prestação jurisdicional, a *sucumbência recursal* vem consagrada em boa hora pelo Código de 2015.

Consoante o projeto, a *sucumbência recursal* pressupõe inadmissão do recurso ou improvimento total. Isso significa que tanto o não preenchimento dos requisitos de admissibilidade recursais como a negativa de seguimento, com fulcro no art. 932, III e IV, do CPC, admitem a imposição da sucumbência – aliás, frequente –, em cada recurso que a parte interponha e seja rejeitado nessas

---

[38] "**Art. 92**. Quando, a requerimento do réu, o juiz proferir sentença sem resolver o mérito, o autor não poderá propor novamente a ação sem pagar ou depositar em cartório as despesas e os honorários a que foi condenado."

[39] "**Art. 85, § 1º.** São devidos honorários advocatícios na reconvenção, no cumprimento de sentença, provisório ou definitivo, na execução, resistida ou não, e nos recursos interpostos, cumulativamente."

[40] "**Art. 85, § 18.** Caso a decisão transitada em julgado seja omissa quanto ao direito aos honorários ou ao seu valor, é cabível ação autônoma para sua definição e cobrança."

[41] Assim versava a Súmula nº 453 da Corte: "Os honorários sucumbenciais, quando omitidos em decisão transitada em julgado, não podem ser cobrados em execução ou em ação própria".

[42] "A sucumbência rege-se pela lei vigente à data da deliberação que a impõe ou a modifica, na qual ficarão estabelecidas a sucumbência entre os pedidos das partes, bem ainda todos os requisitos valorativos para a fixação da verba sucumbencial (honorários advocatícios). Esse pronunciamento não se confunde com a sentença *strito sensu*, notadamente porque na hipótese de provimento recursal com a modificação da sucumbência, face à determinação legal de que a norma processual é aplicável imediatamente aos processos em curso (artigo 14 do NCPC), o novel diploma normativo processual incidirá, independentemente de o reclamo ter sido manejado sob a égide do revogado código processual. Tal entendimento se coaduna/não contrasta com os enunciados aprovados pelo Plenário do STJ na sessão de 9 de março de 2016" (AgInt no REsp. nº 1481917/RS, 4ª Turma, Rel. Min. Luis Felipe Salomão, Rel. p/ Acórdão Ministro Marco Buzzi, j. 04.10.2016, *DJe* 11.11.2016). Ver ainda: "Recursos especiais. Contrato de seguro. Negativa de prestação jurisdicional. Não ocorrência. Seguro RC D&O. Inaplicabilidade do CDC. Cláusula de participação. Retenção de 10% da indenização securitária. Revisão das conclusões do acórdão recorrido. Súmulas n. 5 e 7/STJ. Honorários sucumbenciais. Incidência do CPC/1973. Marco temporal. Sentença. Equidade. Possibilidade. Recursos especiais desprovidos. (...) 6. Conforme a jurisprudência desta Corte, a sentença é o marco temporal para delimitação do regime jurídico aplicável à fixação de honorários advocatícios, de maneira que é indiferente a data do ajuizamento da ação e a data do julgamento dos recursos eventualmente interpostos. Hipótese em que a sentença foi proferida ainda na vigência do CPC/1973, aplicando-se, portanto, as regras nele previstas. 7. Recursos especiais desprovidos" (REsp 1.926.477/SP, Rel. Min. Marco Aurélio Bellizze, 3ª Turma, j. 18.10.2022, *DJe* 27/10/2022).

Parte I • IV – ASPECTOS ÉTICOS E ECONÔMICOS DO PROCESSO | 81

condições. A majoração pressupõe que haja diferentes graus de jurisdição, sendo alternativo o aumento na decisão monocrática ou no julgamento do agravo interno contra ela interposto.[43]

Consequentemente, o recurso admitido, mas desprovido *ex integro*, não salva o recorrente da sucumbência. Tampouco a sanção anteriormente já imposta. A única exoneração dá-se quando o provimento é parcial, porquanto nessa hipótese indicia-se que o recurso não fora protelatório.

A lei dispensa o juiz da análise subjetiva porque a responsabilidade judicial, *in casu*, é objetiva, tal como aquela prevista para a execução provisória, a responsabilidade pelo risco judiciário.

A *ratio legis* se funda na constatação, revelada pela práxis, de que o vencedor suporta novas despesas diante da irresignação do vencido, por vezes contratando novos advogados especializados nos recursos para os Tribunais Superiores, onde a técnica da admissibilidade é deveras aguçada. Tal é a primeira fundamentação para o aumento da sucumbência: remunerar o "trabalho adicional" do advogado, em grau recursal (art. 85, § 11).

Em acréscimo, exsurge a função de desestimular recursos protelatórios, a qual, à luz da economia processual e da duração razoável do processo, deve preponderar, de sorte que, mesmo quando o patrono da parte vencedora em grau recursal se quedar inerte, sem demonstrar efetivo trabalho extra (sustentação oral, apresentação de memoriais etc.), a majoração é cabível.[44-45]

No tocante ao patamar de majoração, é possível que a jurisprudência distinga o recorrente malicioso daquele que veicula teses controvertidas, ainda que, nos tribunais, o que ressoa injusta

---

[43] "Não é possível majorar os honorários na hipótese de interposição de recurso no mesmo grau de jurisdição (art. 85, § 11, do CPC/2015)" (AgInt no REsp 1804458/DF, Rel. Ministro Ricardo Villas Bôas Cueva, Terceira Turma, j. 11.11.2019).

[44] "Agravo regimental no recurso extraordinário com agravo. recurso interposto após o Novo Código de Processo Civil. Mérito. Incidência de multa. Julgamento por unanimidade. Majoração de honorários advocatícios. Julgamento por maioria, vencido o relator originário. Agravo regimental desprovido. Mérito recursal. Necessidade de revolvimento de matéria fática e interpretação de normas legais. Impossibilidade na estrita seara do recurso extraordinário. Majoração de honorários advocatícios em 1/4 (um quarto). Artigo 85, § 11, Código de Processo Civil. Ausência de resposta ao recurso. Irrelevância. Medida de desestímulo à litigância procrastinatória. Cabimento. Vencido o relator originário, no ponto" (ARE 973780 AgR, Relator(a): Marco Aurélio, Relator(a) p/ Acórdão: Edson Fachin, Primeira Turma, j. 06.12.2016).

[45] "(...) É devida a majoração da verba honorária sucumbencial, na forma do art. 85, § 11, do CPC/2015, quando estiverem presentes os seguintes requisitos, simultaneamente: a) decisão recorrida publicada a partir de 18.3.2016, quando entrou em vigor o novo Código de Processo Civil; b) recurso não conhecido integralmente ou desprovido, monocraticamente ou pelo órgão colegiado competente; e c) condenação em honorários advocatícios desde a origem no feito em que interposto o recurso.

6. Não haverá honorários recursais no julgamento de Agravo Interno e de Embargos de Declaração apresentados pela parte que, na decisão que não conheceu integralmente de seu recurso ou negou-lhe provimento, teve imposta contra si a majoração prevista no § 11 do art. 85 do CPC/2015.

7. Com a interposição de Embargos de Divergência em Recurso Especial tem início novo grau recursal, sujeitando-se o embargante, ao questionar decisão publicada na vigência do CPC/2015, à majoração dos honorários sucumbenciais, na forma do § 11 do art. 85, quando indeferidos liminarmente pelo relator ou se o colegiado deles não conhecer ou negar-lhes provimento.

8. Quando devida a verba honorária recursal, mas, por omissão, o Relator deixar de aplicá-la em decisão monocrática, poderá o colegiado, ao não conhecer do respectivo Agravo Interno ou negar-lhe provimento, arbitrá-la *ex officio,* por se tratar de matéria de ordem pública, que independe de provocação da parte, não se verificando *reformatio in pejus.*

9. Da majoração dos honorários sucumbenciais promovida com base no § 11 do art. 85 do CPC/2015 não poderá resultar extrapolação dos limites previstos nos §§ 2º e 3º do referido artigo.

10. É dispensada a configuração do trabalho adicional do advogado para a majoração dos honorários na instância recursal, que será considerado, no entanto, para quantificação de tal verba.

11. *In casu,* denota-se: a) a majoração da verba, no caso que ora se examina, decorre da inadmissão dos Embargos de Divergência – o que, como visto, trouxe novo grau recursal com sua interposição; b) a lei não exige comprovação do efetivo trabalho adicional realizado pelo advogado da parte recorrida para a majoração dos honorários. O trabalho adicional realizado pelo advogado da parte recorrida, em grau recursal, deve ser tido como critério de quantificação, e não como condição para majorar os honorários" (AgInt nos EAREsp 762.075/MT, Rel. Ministro Felix Fischer, Rel. p/ Acórdão Ministro Herman Benjamin, Corte Especial, j. 19.12.2018).

a punição *tout court*, tanto mais que há previsão expressa de litigância de má-fé para o recorrente protelatório (art. 80, VII, do CPC).[46]

Questão elegante é a que gravita em torno da reversão da sucumbência original, com o provimento do recurso. Nessa hipótese, a verba sucumbencial deve apenas ser revertida, sem majoração, sob pena de se prejudicar aquele que não interpôs o recurso, por ausência de interesse.

Não se pode perder de vista que a sucumbência recursal é um desdobramento da sucumbência global do processo, de sorte que cabe ao acórdão proferido pelo órgão colegiado (seja de segunda instância, seja nos tribunais superiores) determinar acréscimo aos honorários fixados em primeira instância, em virtude do maior trabalho e empenho que teve o advogado da parte vencedora, em razão da interposição de recurso. Para tanto, logicamente, é necessário que houvesse previsão de condenação em honorários no procedimento e que, efetivamente, tenha havido fixação em primeiro grau, consoante jurisprudência do Superior Tribunal de Justiça.[47]

4. DANO PROCESSUAL E LITIGÂNCIA DE MÁ-FÉ

A *litigância de má-fé* completa o quadro dos aspectos econômicos do processo, sendo certo que as sanções relativas a esse comportamento revertem em benefício da parte contrária (art. 96 do CPC).[48] Caso se trate de sanção a serventuário, o valor pertencerá à União ou ao Estado, a depender da Justiça em que pratica o ato.

A sanção deriva de um atentado à dignidade da justiça,[49] e por isso a lei permite a sua inflição *ex officio* pelo juiz ou pelo tribunal (art. 81, *caput*, do CPC). Poderá haver a incidência de multa e *perdas e danos* impostas àquele que pleitear de má-fé como autor, réu ou interveniente (art. 79 do CPC),[50] e a fixação das mesmas pressupõe prejuízo objetivo, restando inócua a simples alegação de atuação temerária.

Destarte, o elemento subjetivo afere-se casuisticamente, razão pela qual não se admite a revisão da sanção nos recursos em que é interditada a análise da prova, *v.g.*, no recurso especial ou no extraordinário.

Impende esclarecer que a inflição dessa sanção processual não exclui as custas e os honorários (art. 81 do CPC),[51] bem como as imposições previstas no direito material (art. 940, do Código Civil), e pode ser aplicada mesmo ao demandante vitorioso na causa que agira como *improbus*

---

[46] **"Art. 80.** Considera-se litigante de má-fé aquele que:

(...)

VII – interpuser recurso com intuito manifestamente protelatório."

[47] Agravo interno. Agravo em recurso especial. Decisão interlocutória. Honorários advocatícios não fixados. Majoração do art. 85, § 11, do Código de Processo Civil indevida. 1. Não incide a regra do art. 85, § 11, do Código de Processo Civil, que trata da majoração de honorários advocatícios, quando o recurso é interposto contra decisão interlocutória em que não houve prévia fixação da verba. 2. Agravo interno provido (AgInt no AREsp 1178063/SP, Rel. Ministra Maria Isabel Gallotti, Quarta Turma, j. 13.12.2018, *DJe* 19.12.2018).

[48] **"Art. 96.** O valor das sanções impostas ao litigante de má-fé reverterá em benefício da parte contrária, e o valor das sanções impostas aos serventuários pertencerá ao Estado ou à União."

[49] Importante anotar que a Terceira Turma do STJ já entendeu que a gratuidade de justiça não pode ser revogada como punição por litigância de má-fé. Confira-se: "Processual civil. Negativa de prestação jurisdicional. Súmula 284/STF. Litigância de má-fé. Parte beneficiária da gratuidade de justiça. Revogação do benefício. Descabimento. (...) 5. As sanções aplicáveis ao litigante de má-fé são aquelas taxativamente previstas pelo legislador, não comportando interpretação extensiva. Assim, apesar de reprovável, a conduta desleal, ímproba, de uma parte beneficiária da assistência judiciária gratuita não acarreta, por si só, a revogação do benefício, atraindo, tão somente, a incidência das penas expressamente cominadas no texto legal. 6. A revogação do benefício – importante instrumento de concretização do acesso à justiça – pressupõe prova da inexistência ou do desaparecimento da incapacidade econômica, não estando atrelada à eventual conduta improba da parte no processo. 7. Recurso especial parcialmente conhecido e, nessa extensão, parcialmente provido (REsp n. 1.989.076/MT, Rel. Min. Nancy Andrighi, 3ª Turma, j. 17.05.2022, *DJe* 19.05.2022).

[50] **"Art. 79.** Responde por perdas e danos aquele que litigar de má-fé como autor, réu ou interveniente."

[51] **"Art. 81.** De ofício ou a requerimento, o juiz condenará o litigante de má-fé a pagar multa, que deverá ser superior a um por cento e inferior a dez por cento do valor corrigido da causa, a indenizar a parte contrária pelos prejuízos que esta sofreu e a arcar com os honorários advocatícios e com todas as despesas que efetuou.

Parte I • IV – ASPECTOS ÉTICOS E ECONÔMICOS DO PROCESSO | 83

litigator em determinado incidente processual. Deveras, ante essa autonomia, a sanção pecuniária incide mesmo nos ritos em que as despesas processuais não são previstas, *v.g.*, na lei do mandado de segurança. Destarte, a prática reiterada da litigância de má-fé implica repetidas sanções.

O valor das perdas e danos pode ser objetivamente aferível através de liquidação por arbitramento, após imposição pelo juiz, de ofício, ou a requerimento da parte, mas, sendo possível, deve o mesmo fixá-lo de imediato (art. 81, § 3º, *in fine*, do CPC).

A sede para engendrar-se a exigibilidade das perdas e danos é nos próprios autos e juízo onde a sanção foi imposta, pela inegável competência funcional do juiz que as arbitrou.

Anote-se, por fim, o anseio generalizado, *de lege ferenda*, na instituição da "sucumbência recursal" como meio de desestímulo às impugnações infundadas e técnica coadjuvante de efetividade processual, tornando as decisões mais imediatas e mais ágeis os procedimentos.

4.1 Deveres das partes e dos procuradores

O processo encerra uma relação jurídica de direito público onde sobressai o dever de o Estado prestar justiça como substitutivo da vingança privada. No exercício dessa atividade pública, o juiz vela para que se preserve a seriedade da jurisdição impedindo, assim, atos atentatórios à dignidade da justiça. Sem prejuízo às próprias partes, à semelhança de suas condutas frente à autoridade pública, devem guardar o mais estrito comportamento ético no desígnio de colher a palavra substitutiva do Estado. Desta sorte, a obtenção da vitória judicial deve ser fruto do equilíbrio das armas utilizadas e da preponderância do melhor direito, porquanto o ordenamento jurídico não protege iniquidades.

Em consonância com essa ideologia, o legislador processual traça princípios que devem ser observados pelas partes e pelos seus procuradores no afã de manter esse respeito à dignidade da justiça, prevendo sanções para as transgressões do que se convencionou denominar "princípio da probidade processual". É nesse afã que a lei determina competir às partes e aos seus procuradores, no art. 77 do CPC: (I) expor os fatos em juízo conforme a verdade; (II) não formular pretensão ou de apresentar defesa quando cientes de que são destituídas de fundamento; (III) não produzir provas e não praticar atos inúteis ou desnecessários à declaração ou à defesa do direito; (IV) cumprir com exatidão as decisões jurisdicionais, de natureza provisória ou final, e não criar embaraços à sua efetivação; (V) declinar, no primeiro momento que lhes couber falar nos autos, o endereço residencial ou profissional onde receberão intimações, atualizando essa informação sempre que ocorrer qualquer modificação temporária ou definitiva; (VI) não praticar inovação ilegal no estado de fato de bem ou direito litigioso; e (VII) informar e manter atualizados seus dados cadastrais perante os órgãos do Poder Judiciário e, no caso do § 6º do art. 246 deste Código, da Administração Tributária, para recebimento de citações e intimações (Incluído pela Lei nº 14.195, de 2021).

A desobediência a esses preceitos implica a qualificação da conduta como "litigância de má--fé". A *litigância de má-fé* completa o quadro dos aspectos econômicos do processo, e as sanções relativas a esse comportamento se revertem em benefício da parte contrária (art. 96 do CPC).[52]

---

§ 3º O valor da indenização será fixado pelo juiz, ou, caso não seja possível mensurá-lo, liquidado por arbitramento ou pelo procedimento comum, nos próprios autos."

[52] "Processual civil. Administrativo. Atualização de quintos incorporados. Manutenção de pagamento após julgamento administrativo. Erro operacional. Irrelevância. Tese repetitiva n. 1.009/STJ. Inaplicabilidade. Modulação temporal expressa. Invocação de precedente vinculante manifestamente inaplicável. Violação dos deveres de cooperação, boa-fé e lealdade processual. Princípio *candor toward the court* (candura perante a corte). *Duty to disclose adverse authority* (dever de exposição de precedente vinculante adverso). Descabimento manifesto da insurgência. Multa. 1. O desconto de valores recebidos de boa-fé pelo servidor, quando decorrentes de erro operacional da administração, só é possível nos casos distribuídos após a publicação do acórdão em que se fixou a Tese de recurso repetitivo n. 1.009/STJ. 2. Em sistemas processuais com modelo de precedentes amadurecido, reconhece-se a exigência não só de que os patronos articulem os fatos conforme a verdade, mas que exponham à Corte até mesmo precedentes contrários à pretensão do cliente deles. Evidentemente, não precisam concordar com os precedentes adversos, mas devem apresentá-los aos julgadores, desenvolvendo argumentos de distinção e superação. Trata-se do princípio da candura perante a Corte (*candor toward the Court*) e do dever de expor precedente vinculante adverso (*duty to disclose adverse authority*). 3. O presente

A natureza da sanção derivar de um "atentado à dignidade da justiça" permite a sua inflição *ex officio* pelo juiz ou pelo tribunal (art. 81, *caput* e §§ 1º e 2º, do CPC)[53] e representa medida repressiva infligida àquele que pleitear de má-fé como autor, réu ou interveniente (art. 79 do CPC).[54] A exemplo do dever de reparar os danos processuais, a imposição dessa sanção processual não exclui as custas e os honorários (art. 81 do CPC) e pode ser aplicada mesmo ao demandante vitorioso.

A sanção, aqui, tem valor preciso: multa entre 1% e 10% do valor corrigido da causa ou, sendo irrisório ou inestimável tal montante, de até dez salários mínimos. Havendo pluralidade de litigantes de má-fé, cada um será condenado na proporção de seu interesse na causa ou, se ambos se coligaram para lesar a parte contrária, solidariamente ao total da multa.

4.2 Descumprimento das decisões judiciais. Atentado à justiça. Crime de desobediência

A reforma processual de 2001 do Código passado trouxe um dever, que foi mantido no atual CPC, decorrente do surgimento de técnicas de agilização da resposta judicial, como soe ser a tutela antecipada, tornando-o harmônico com o ordenamento processual como um todo.

Isso porque, desde o surgimento da antecipação da tutela de mérito com o seu provimento imediato, efetivo e mandamental, subjaz a perplexidade de a medida inicial vir revestida de mais eficácia do que o próprio provimento final, adotado com base em cognição plena.

Revelou-se para muitos insustentável, à luz da lógica jurídica, que a decisão liminar do juiz pudesse ter um efeito prático mais eficiente e enérgico do que o próprio provimento final.

Impunha-se esclarecer de maneira transparente e ousada como se deveria efetivar o provimento antecipado: através da execução tradicional ou de imediato? Quais seriam as consequências resultantes do descumprimento da decisão antecipatória?

O legislador da reforma foi claro ao responder a esses novos anseios quanto à decisão judicial, com a inclusão do inciso V ao então art. 14 do CPC/1973 – atual art. 77, inciso IV, que diz ser dever das partes, de seus procuradores e de todos aqueles que de qualquer forma participem do processo cumprir com exatidão as decisões jurisdicionais, de natureza provisória ou final, e não criar embaraços à sua efetivação.

A redação explicitou em boa hora que as decisões antecipatórias são mandamentais e, portanto, o descumprimento destas implica delito de desobediência. É que ressoa inconcebível que decisões administrativas sejam protegidas no seu prestígio pelo direito penal e o descumprimento das decisões judiciais passem ao largo, sem qualquer medida de preservação da autoridade judicial. Ademais, a lei passou a considerar atentatório à dignidade da justiça e, portanto, criminalizou o descumprimento imotivado de qualquer decisão judicial, mandamental ou não, adotando a mesma *ratio* acima evidenciada.

---

caso não exige tamanha densidade ética. No entanto, não se pode ter como razoável que a parte sustente a pretensão em precedente manifestamente contrário ao caso em tela, apontando-o como vinculante em hipótese que teve sua incidência patentemente excluída, por força de modulação, omitindo-se sobre a existência da exceção. 4. A invocação do precedente vinculante na hipótese temporal expressamente excluída de sua incidência pelo próprio julgamento controlador configura violação dos deveres de lealdade, de boa-fé e de cooperação processual, ensejando a aplicação da multa do art. 1.021, § 4º, do CPC/2015, ante manifesta inadmissibilidade. 5. Agravo interno a que se nega provimento, com imposição de multa, fixada em 5% do valor atualizado da causa" (AgInt nos EDcl no RMS n. 34.477/DF, Rel. Min. Og Fernandes, 2ª Turma, j. 21.06.2022, *DJe* 27.06.2022).

[53] "**Art. 81.** De ofício ou a requerimento, o juiz condenará o litigante de má-fé a pagar multa, que deverá ser superior a um por cento e inferior a dez por cento do valor corrigido da causa, a indenizar a parte contrária pelos prejuízos que esta sofreu e a arcar com os honorários advocatícios e com todas as despesas que efetuou.
§ 1º Quando forem 2 (dois) ou mais os litigantes de má-fé, o juiz condenará cada um na proporção de seu respectivo interesse na causa ou solidariamente aqueles que se coligaram para lesar a parte contrária.
§ 2º Quando o valor da causa for irrisório ou inestimável, a multa poderá ser fixada em até 10 (dez) vezes o valor do salário mínimo."

[54] "**Art. 79.** Responde por perdas e danos aquele que litigar de má-fé como autor, réu ou interveniente."

Parte I • IV – ASPECTOS ÉTICOS E ECONÔMICOS DO PROCESSO | 85

O legislador processual observou, de forma nítida, que a decisão condenatória é a forma mais imprecisa de resposta judicial. O juiz, quando condena, limita-se a exortar a parte a que cumpra a decisão judicial sob pena de se prosseguir à fase de cumprimento, que é uma via mais penosa do que a própria cognição.

Destarte, alguns ritos autoexecutáveis e coadjuvados por sanções têm demonstrado maior efetividade no cumprimento das decisões de diversas naturezas, como a que impõe o dever de prestar alimentos, a qual, descumprida imotivadamente, torna o devedor passível de sofrer a coerção pessoal da prisão, sem prejuízo do cumprimento específico da obrigação.

Seguindo esses princípios, e trazendo para o sistema processual a tutela de urgência satisfativa, o legislador aumentou o rol dos deveres das partes para consagrar o de "cumprir com exatidão os provimentos mandamentais e não criar embaraços à efetivação de provimentos judiciais, de natureza antecipatória ou final".

Por outro lado, considerando que a todo dever deve corresponder uma sanção pelo descumprimento, que constitui ato atentatório à dignidade da justiça – no Código anterior, mencionava-se ato atentatório à dignidade da jurisdição. Para tanto, deve o juiz alertar o sujeito envolvido e, em caso de persistência, arbitrar multa de até 20% do valor da causa, de acordo com a gravidade da conduta – salvo quando este for irrisório ou inestimável, quando terá o valor fixado em até dez salários mínimos (art. 77, §§ 1º a 5º).[55]

Tal montante será revertido em favor do fundo de modernização do Poder Judiciário (art. 77, § 3º), da União ou do Estado, sendo executado pela via fiscal. Forçoso convir, que se tratando de dever descumprido para com o Estado, o valor da multa pertence à entidade pública, quer seja pago voluntariamente, quer seja inscrito como dívida ativa.

Quando o violador da conduta for advogado público, privado, defensor público ou membro do Ministério Público, a multa não é aplicável, cabendo a apuração da responsabilidade ao respectivo órgão de classe ou corregedoria, o que reflete respeito do Código pela autonomia das instituições (art. 77, § 6º).[56]

Um alerta é importante: as partes e o juiz dispõem de mecanismos para evitar excessos ou insuficiências da multa, previstos no art. 536 do CPC, que funcionam como regra geral para as *astreintes.*

O referido dispositivo, imperioso notar, ascende ao cenário processual em plena vigência magna do princípio da efetividade. Desta sorte, o juiz somente aplicará as sanções indiretas se não lograr alcançar o resultado pretendido através dos meios de sub-rogação, *v.g.*, a entrega da coisa ao vencedor, a apropriação do dinheiro do devedor em estabelecimento bancário com a consequente entrega ao credor, ou, ainda, realizar a obrigação de fazer descumprida as expensas imediatas do devedor etc.

Depreende-se, em nosso entender, que todas as decisões judiciais deixaram de ser meramente condenatórias e passaram a ser ordenatórias, admitindo-se o seu descumprimento, apenas nas hipóteses em que sua exigibilidade esbarra na impossibilidade prática de cumpri-la (*ad impossibilia*

---

[55] **"Art. 77, § 1º.** Nas hipóteses dos incisos IV e VI, o juiz advertirá qualquer das pessoas mencionadas no *caput* de que sua conduta poderá ser punida como ato atentatório à dignidade da justiça.

§ 2º A violação ao disposto nos incisos IV e VI constitui ato atentatório à dignidade da justiça, devendo o juiz, sem prejuízo das sanções criminais, civis e processuais cabíveis, aplicar ao responsável multa de até vinte por cento do valor da causa, de acordo com a gravidade da conduta.

§ 3 ºNão sendo paga no prazo a ser fixado pelo juiz, a multa prevista no § 2º será inscrita como dívida ativa da União ou do Estado após o trânsito em julgado da decisão que a fixou, e sua execução observará o procedimento da execução fiscal, revertendo-se aos fundos previstos no art. 97 .

§ 4º A multa estabelecida no § 2º poderá ser fixada independentemente da incidência das previstas nos arts. 523, § 1º, e 536, § 1º .

§ 5º Quando o valor da causa for irrisório ou inestimável, a multa prevista no § 2º poderá ser fixada em até 10 (dez) vezes o valor do salário mínimo."

[56] **"Art. 77, § 6º.** Aos advogados públicos ou privados e aos membros da Defensoria Pública e do Ministério Público não se aplica o disposto nos §§ 2º a 5º, devendo eventual responsabilidade disciplinar ser apurada pelo respectivo órgão de classe ou corregedoria, ao qual o juiz oficiará."

nemo tenetur). Assim, *v.g.*, se o vencido não paga o débito consagrado na decisão judicial trânsita, podendo fazê-lo, opondo embaraços ao cumprimento do julgado, fica sujeito às sanções previstas.

Advirta-se que, mesmo antes do trânsito em julgado, prevê-se densa modificação que vai compatibilizar a efetivação das decisões antecipatórias com as decisões finais. Conforme já se adiantou, é inexplicável que a efetivação da decisão antecipatória seja mais eficiente do que a da decisão final. Por essa razão, ambas sujeitar-se-ão à execução provisória, que ora é mais eficaz do que outrora, mais ampla, permitindo mesmo a satisfatividade só verificável na execução definitiva, mas condicionada nalguns casos à caução, seguindo o moderno Direito europeu, notadamente a Itália (que inclusive dispensa caução), a Alemanha e Portugal.

Atentando para esses novos escopos não é demasiado concluir que a finalidade da lei foi tornar operante, desde logo, a decisão, sendo, portanto, autoexecutável e mandamental, por isso que, criado o embaraço ao seu cumprimento, imediatamente surgem as sanções.

A verificação do obstáculo ao cumprimento da decisão é interinal, no mesmo processo, assim como a imposição das sanções.

O legislador, ao generalizar o regime mandamental para todas as demais decisões, fez inserir, a um só tempo, técnica de agilização da resposta judicial e meio profícuo de resgate do prestígio do Poder Judiciário.[57]

A tutela de conhecimento do tipo "mandamental" apresenta resistências doutrinárias quanto à sua admissibilidade. Mandamentais são ações em que o comando judicial, mercê de apresentar o conteúdo dos demais, encerra uma ordem que é efetivada "na mesma relação processual" de onde emergiu o mandamento. A peculiaridade é a sua efetividade e unidade procedimental da cognição e execução e representam um plus em relação às decisões "executivas" *lato sensu*. Tributa-se a Kuttner a criação das ações de mandamento, aceitas por parte da doutrina nacional.

A característica da ação mandamental é a realizabilidade prática do direito litigioso no procedimento da cognição mediante execução ou ordem. Afina-se essa forma de tutela com os casos de periclitação, como sói ocorrer com a tutela de segurança. A mandamentalidade está na "preponderância da ordem sobre o julgamento", isto é, a declaração do direito precede, mas a eficácia que se busca é a ordenatória e não a condenatória, como imaginam aqueles que não concebem emita o juiz ordens. Essa mandamentalidade das sentenças verifica-se pela sua pronta realizabilidade prática. Esse aspecto mandamental faz do provimento "execução para segurança" e não "segurança para execução", binômios criados por Pontes de Miranda. O reconhecimento desse tipo de tutela é decorrência do poder necessário à efetividade dos provimentos judiciais sob pena de grave desprestígio para a função jurisdicional.

Revela-se mesmo inexplicável que o juízo da condenação não seja o imediato juízo da satisfação, perplexidade que ora se afasta.

---

[57] Forçoso repisar as linhas que traçamos acerca da diferença entre condenar e ordenar. A *tutela condenatória*, diferentemente da declaratória, não incide sobre o preceito, senão sobre a sanção da norma. A referida espécie pertine ao fenômeno 'lide de pretensão resistida' que engloba não só os casos em que a contestação do direito exige a intervenção judicial para exarar a certeza jurídica necessária, como também as hipóteses de violação efetiva do direito subjetivo, quando então o restabelecimento do estado anterior, pela incidência da sanção, faz-se por obra do Estado-juiz. Assim como não pode o particular impor a sua interpretação acerca do direito, também não lhe é lícito atribuir uma lesão ao seu direito, impondo a sanção da lei ao outro contendor. A sentença particulariza e especifica a sanção imputável ao violador, com a característica maior de colocar o Estado à disposição do lesado para, em atividade complementar à cognição, tornar realidade ao 'preceito sancionatório'.

O *plus* na tutela condenatória está em que o autor não se limita ao pedido de dissipação da incerteza jurídica, acoplando-lhe o de aplicação da sanção cabível. De toda sorte, o pedido de declaração é implícito e reveste-se de força de coisa julgada após a condenação, tanto que a propositura posterior de ação declaratória, em curso a ação condenatória, revela o fenômeno da 'litispendência'. A lesão 'atual' aponta o interesse de agir na tutela condenatória, admitindo-se, outrossim, a 'condenação para o futuro' nos casos em que a prevenção por si só habilita o ingresso na justiça, dependendo a efetivação da sanção de fato posterior. Aduz-se, assim, a uma 'condenação para o futuro', instrumentalizando-se a sanção posterior em processo complementar de 'liquidação por artigos'. É o que ocorre, *v.g.*, com a condenação do locador se não utilizar o prédio locado retomado, com a prevenção sancionatória do interdito proibitório, e com a condenação das prestações vincendas etc.

Parte I • IV – ASPECTOS ÉTICOS E ECONÔMICOS DO PROCESSO | **87**

Em acréscimo, existe o viés criminal do descumprimento. A sanção penal é consectária do crime de desobediência. A sanção civil consiste nas perdas e danos e as sanções processuais são as aplicáveis ao litigante de má-fé, tais como a multa como meio de coerção que incide até o cumprimento da sentença ou a interdição processual, genericamente prevista no "atentado".

Evidentemente, não se conjura a possibilidade de a parte se opor juridicamente ao cumprimento das decisões, mas, se assim o faz, sujeita-se aos mesmos riscos daqueles que enfrentam decisões mandamentais, descumprindo-as.

5. ASSISTÊNCIA JURÍDICA E GRATUIDADE DE JUSTIÇA

5.1 Assistência jurídica

A Constituição de 1988, mantendo a nossa tradição, estabeleceu a assistência jurídica integral aos necessitados. Tal direito é concretizado pela oferta do serviço público da Defensoria Pública (art. 134 da Constituição Federal), instituição constitucional autônoma, que, administrativamente, delineia os contornos para aferição dos beneficiários.

As declarações fundamentais da pessoa humana, em especial as da ONU, da Europa, mais modernamente reiteradas em Viena, e as dos povos de todos os continentes, afirmam que os homens nascem iguais em direitos e dignidade, tendo inclusive o direito a um processo justo, decidido por um juiz imparcial, num prazo razoável de tempo.

A consequência dessas garantias fundamentais que se inserem em várias constituições é o denominado "acesso à Justiça". Hans Kelsen, jusfilósofo do século passado, já afirmara que "a justiça ainda é o sonho mais formoso da humanidade".

A dignidade humana, valor exacerbado pós-guerra, fruto de lutas contra os horrores do nazifascismo, na visão percuciente de Hanna Arendt, transformou o homem em centro de gravidade da ordem jurídica.

Esses dois fatores são suficientes à demonstração da importância de se conferir ao cidadão pobre um efetivo acesso à justiça, tal como se concede àquele mais abastado, de forma que o processo seja um método de debate entre pessoas iguais, que lutam com armas iguais, o que, no dizer da doutrina italiana, é a *equalianza delle armi*, a qual consagra a conquista norte-americana da cláusula pétrea do *due process of law*.

Deveras, estudos recentes, como o do saudoso Professor Mauro Cappelletti em conjunto com o Professor Brian Garth, ambos da Universidade de Stanford, denominado *justice for all*, também conhecido como o "Projeto de Florença sobre o acesso à justiça", detectaram que, dentre os males contemporâneos do processo judicial, se situa a questão dos custos e das desigualdades técnicas entre os litigantes, a par de outros problemas como o excesso de formalismos e até mesmo a má qualidade da resposta judicial.

A questão dos custos emigra para o tema desse encontro que poderia ser resumido na seguinte indagação: o acesso à justiça, em sendo dispendioso, é propiciado à população de baixa renda?

A resposta a essa indagação central conduz-nos às especulações em busca de uma solução para a questão tormentosa que se situa entre os limites da igualdade e da dignidade humana.

Uma observação, de toda sorte, deve ser feita: inúmeras vezes, diante de problemas recorrentes, de ampla repercussão e de difícil solução, o importante não é obter a resposta de pronto, mas, antes, não parar de persegui-la. É que nem sempre uma só solução é a adequada.

Karl Engisch, jusfilósofo, na sua introdução ao pensamento jurídico, exemplifica essa assertiva de que não existe uma só solução para os problemas jurídicos com uma passagem literária muito interessante. O autor narra que, certo dia, as paredes do metrô de New York amanheceram com inúmeras inscrições dizendo: "GOOD IS THE ANSWER". No dia seguinte, essas paredes ostentavam novas indagações, a saber: "WHICH IS THE QUESTION?".

Primeiramente, convém assentar que a expressão "assistência judiciária", a qual outrora incluía tão somente a advocacia *pro bono*, hodiernamente abrange esse patrocínio judicial gratuito, bem como a assistência jurídica integral, com a dispensa do pagamento de toda e qualquer despesa, ainda que a parte assistida venha a sucumbir na causa.

Esse último aspecto implica um estímulo para que as pessoas em situação de vulnerabilidade econômica recorram ao Judiciário sem o temor de, ao final, se vencidas, terem que pagar despesas.

A medida é tanto mais salutar porquanto o pobre não é vocacionado às aventuras judiciais, no sentido de que não o estimula litigar pelo fato de o processo ser gratuito.

Ademais, a assistência gratuita integral permite-lhe obter soluções, no âmbito administrativo e judicial, sem despesas, bem como a obtenção de certidões e documentos necessários a fazer valer o seu direito em juízo.

Outrossim, a assistência judiciária impõe que a população desfavorecida tenha maiores informações sobre os seus direitos, destacando-se o estudo do professor John Mahyew em "Law and Society", no sentido de que é preciso aumentar o grau de conhecimento da população acerca dos seus direitos.

Sob esse enfoque, no Brasil tem sido uma prática rotineira a elaboração de cartilhas, com linguagem simplificada, visando ao esclarecimento de problemas do cotidiano jurídico aos cidadãos, especialmente relacionados ao direito de família, tais como divórcio, paternidade, herança, direitos de homens e mulheres casados, bem como de conviventes, esses últimos casais que vivem juntos sem a bênção de um padre e a chancela do juiz de paz, mas que, ainda assim, constituíram uma família. Igualmente, são esclarecidas questões contratuais, de posse e propriedade de terras e tudo quanto diga respeito aos denominados "direitos fundamentais do ser humano".

Essa assistência jurídica ainda tem contado com efetiva participação do Welfare State através da criação das *small claim* ou juizados de causa de pequeno valor e pequena complexidade, destinados à solução dos problemas jurídicos do cidadão desfavorecido.

Deveras, partindo-se da premissa de que somente pode exercer os seus direitos aquele que os sabe existentes, impõe-se a maior informação jurídica do cidadão, além do aconselhamento pelo profissional destinado a atendê-lo.

Nesse sentido, tivemos a oportunidade de testar, com proveito, a criação de centros de aconselhamento e conciliação, como postos avançados de justiça, formados por integrantes das faculdades de direito, que trabalham em núcleos de cidadania em localidades pobres, instruindo a população sobre seus direitos.

É forçoso destacar o quão importante e eficiente é o trabalho das faculdades de direito nesse atendimento à população pobre, haja vista colocar à disposição um material humano inigualável, composto por jovens idealistas e preparados para o encargo, que recebem, em contrapartida, pontos necessários ao engrandecimento do currículo universitário, substituindo, dessa forma, o estágio profissional obrigatório. As faculdades de direito têm sido incansáveis em coadjuvar o Estado nessa tarefa de atendimento à população carente, sendo certo que, há mais de duas décadas, integram as mesmas os denominados "escritórios-modelo", equiparados aos *bureaus* de advocacia profissional, divididos em áreas específicas, e que atendem graciosamente aos pobres até o final do processo.

Uma proposta mais arrojada foi adotada nesse início de século, denominada "justiça sobre rodas ou "Justiça Itinerante".[58] Trata-se de um escritório instalado no interior de um ônibus, que percorre determinados pontos da cidade, com prévio aviso à comunidade local, destinando-se a regularizar a documentação da população atendida, bem como a solucionar diversos problemas jurídicos, através de conciliação ou de audiências judiciais, apresentando magníficos resultados.

Desde a Emenda Constitucional nº 45/2004, os arts. 107, § 2º, 115, § 1º, e 125, § 7º, da CRFB/1988 passaram a expressamente estabelecer que os Tribunais Regionais Federais, os Tribunais

---

[58] Interessante documentário sobre a Justiça Itinerante do Rio de Janeiro foi produzido pela Escola da Magistratura do TJRJ (EMERJ). Disponível em: https://www.youtube.com/watch?v=cwz9QHIpUJA. Acesso em: 16 fev. 2023.

Regionais do Trabalho e os Tribunais de Justiça devem instalar e implementar, de acordo com as suas particularidades locais, a Justiça Itinerante.[59]

Em 2022, o Conselho Nacional de Justiça publicou a Resolução CNJ n° 460/2022,[60] estabelecendo diretrizes e procedimentos para efetivar o pleno acesso à Justiça por meio dos Serviços da Justiça Itinerante (SEJI). Com efeito, almejou-se a ampliação do acesso à justiça e a prestação jurisdicional nacional aos que se encontram em condições de vulnerabilidade econômica, social e geográfica, razão pela qual entre os princípios da normativa estão a aproximação dos serviços do sistema de Justiça da sociedade vulnerável ou que se encontre em locais de difícil acesso, bem como a garantia do acesso digital ao excluídos digitalmente, impondo-se aos tribunais o dever de promover um ambiente de acolhimento e informação para o uso correto da tecnologia.[61]

A assistência judiciária, na sua acepção estrita, abrange o auxílio de um profissional jurídico ao hipossuficiente (*pro bono*) e a liberação das despesas processuais ou extrajudiciais necessárias para efetivar judicialmente os direitos violados do cidadão.

Em todos os sistemas, o advogado *pro bono* atua nos diversos segmentos do direito, desde a jurisdição civil até a jurisdição penal, abarcando, inclusive, o contencioso administrativo.

Deveras, a assistência judiciária também pode ser deferida apenas para a execução da decisão proferida em ação coletiva, na parte em que favorece um interesse individualizado (coisa julgada *in utilibus*).

O Brasil consagra a assistência judiciária integral como garantia fundamental do cidadão, e, *a fortiori*, cláusula pétrea, obstando que o legislador ordinário possa suprimi-la (art. 5°, inciso LXXXIV, da Constituição Federal do Brasil).

A assistência se opera de duas formas distintas: a primeira através de um órgão estatal denominado "defensoria pública", com atuação em todos os graus de jurisdição; a segunda, mediante a escolha pelo próprio necessitado de um advogado que aceite o encargo. A prioridade é do primeiro sistema, operando-se o segundo nos locais onde não há defensoria pública instituída. Neste último caso, tanto o necessitado quanto a ordem dos advogados local podem indicar um profissional qualificado.

Imperioso salientar que tanto o defensor público quanto o advogado fazem jus aos honorários na hipótese de vitória na causa, sendo certo que serão revertidos à Defensoria Pública, quando atuante, ou ao próprio advogado, quando atuar *pro bono*.

A concessão da gratuidade das despesas e a indicação do advogado *pro bono* pressupõem pobreza, que é presumida relativamente (presunção *juris tantum*), em declaração firmada pelo próprio necessitado, não impedindo, contudo, impugnação judicial pela parte contrária. O ato de sua concessão é privativo do juiz competente para a causa.

A experiência demonstrou que a forma mais célere de se decidir essa questão é formulá-la e analisá-la quando da propositura da ação, salvo se antes desse momento a parte necessitar do benefício para municiar-se de elementos para intentar a sua demanda. Nessa hipótese, há um procedimento prévio e próprio no qual se debate apenas se a parte faz jus à assistência judiciária.

---

[59] **"Art. 107**, § 2° Os Tribunais Regionais Federais instalarão a justiça itinerante, com a realização de audiências e demais funções da atividade jurisdicional, nos limites territoriais da respectiva jurisdição, servindo-se de equipamentos públicos e comunitários."

"Art. 115, § 1° Os Tribunais Regionais do Trabalho instalarão a justiça itinerante, com a realização de audiências e demais funções de atividade jurisdicional, nos limites territoriais da respectiva jurisdição, servindo-se de equipamentos públicos e comunitários."

"Art. 125, § 7° O Tribunal de Justiça instalará a justiça itinerante, com a realização de audiências e demais funções da atividade jurisdicional, nos limites territoriais da respectiva jurisdição, servindo-se de equipamentos públicos e comunitários."

[60] Disponível em: https://atos.cnj.jus.br/atos/detalhar/4575. Acesso em: 16 fev. 2023.

[61] Mais informações em: https://www.cnj.jus.br/programas-e-acoes/direitos-humanos/justica-itinerante/. Acesso em: 16 fev. 2023.

É mister ressaltar que o benefício pode ser concedido apenas parcialmente, se o cidadão suportar pagar parte das despesas sem o sacrifício da sua subsistência.

O juiz, no caso concreto, pode categorizar a parte como juridicamente necessitada para todos os fins de direitos, por exemplo, uma empresa que não ostenta condições para pagar as despesas processuais, porquanto encontrar-se em estado pré-falimentar.

Por fim, cabe expor o panorama do Direito comparado, brevemente.

O referido Projeto de Florença demonstra que há sistemas diversos de assistência judiciária com variantes perfeitamente conciliáveis. Assim é que, no sistema *judicare*, preponderante na Europa por influência anglo-saxônica, o advogado *pro bono* é escolhido dentre advogados particulares e pagos pelo Estado, segundo uma tabela de honorários que variam conforme a natureza da causa.

O sistema da Assistência Judiciária prestada por um órgão público, como o adotado no Brasil, torna prioritária a atuação estatal, caracterizando o Estado como "intervencionista-social".

O sistema misto, preconizado pela Suécia, dentre outros países, como se colhe do estudo "An Introduction to the Swedish Public Legal Aid Reform", *in Toward Equal Justice: A Comparative Study of Legal Aid in Modern Societies* (text and materials – Mauro Cappelletti, James Gordley e Ead Johnson Jr., Ed. Giuffrè and Dobs Ferry-Oceana Publications Inc., NY, 1975, pp. 561-574), adota o método "binário", no qual a prestação da assistência judiciária é efetivada tanto por instituição pública, quanto por profissionais particulares reembolsados pelo Estado (sistema *jamtland*).

O aspecto comum a todos os sistemas abrange o que no direito francês denomina-se "*l'aide jurisdictionnelle et l'aide à l'access au droit*", ou seja, são englobadas as despesas judiciais e extrajudiciais.

Ladeando a fala destacada, cabe ressaltar a cooperação dos países do continente americano com vias de promover medidas que potencializem o acesso à justiça em todo o seu território. Trata-se de reconhecimento do acesso à justiça não só como valor constitucional a ser perseguido, mas como valor transnacional, na categoria de direitos universais da humanidade. Nesse sentido, foi redigida a declaração *pro bono* para as Américas, que estabeleceu o compromisso de que os países irão engendrar seus melhores esforços no tocante à efetivação do acesso à justiça.

5.2 Gratuidade de justiça

Por outro lado, o empecilho das custas processuais é superado, para os que não possuem condições de com elas arcar, pelo instituto da gratuidade de justiça, regulado em nosso Direito infraconstitucional desde 1950, na Lei nº 1.060, e agora, também, pelo CPC/2015.

A gratuidade de justiça (ou "benefício da justiça gratuita", como remotamente conhecida) torna acessível o Judiciário aos mais carentes, posto que os exonera de toda e qualquer despesa processual incompatível com a necessidade de subsistência do beneficiário.[62] Em consequência, os beneficiários são liberados de todas as despesas e honorários, podendo eleger o profissional que pretendem para atuar em juízo em prol do exercício de *munus* tão dignificante. As leis processuais, por seu turno, encarregam-se de reforçar o benefício.

O benefício da gratuidade pode ser requerido no início do processo ou no curso do mesmo, e é resolvido por decisão interlocutória agravável. A eventual concessão de suspensividade pelo relator em caso de denegação confirma as facilidades de acesso aos menos favorecidos.

Nas unidades da federação em que há assistência judiciária institucionalmente organizada, cabe aos Defensores Públicos essa função, salvo se o advogado particular escolhido pelo beneficiário aceitar o encargo sem ônus para o jurisdicionado carente.

A Lei nº 1.060/1950, posta, para alguns, como não recepcionada pela novel Carta, apresentou vários aspectos procedimentais admiráveis, sendo os seus dispositivos interpretados no sentido de viabilizar o acesso rápido e simples ao Judiciário. Nessa linha de pensamento é que a jurisprudên-

---

[62] Conforme nota 314, registre-se que a 3ª Turma do STJ já entendeu que a gratuidade de justiça não pode ser revogada como punição por litigância de má-fé. REsp n. 1.989.076/MT, Rel. Min. Nancy Andrighi, 3ª Turma, j. 17.05.2022, *DJe* 19.05.2022.

cia consagrou a gratuidade extensiva às despesas de foro extrajudicial e às pessoas jurídicas, bem como colocando as obrigações decorrentes da sucumbência, quando vencido o beneficiário da gratuidade, sob condição suspensiva de exigibilidade, somente executável se o credor demonstrar o desaparecimento da insuficiência de recursos, que justificou a concessão da gratuidade, no prazo de cinco anos do trânsito em julgado (art. 12 da Lei nº 1.060/1950, agora regulado no art. 98, § 3º, do CPC/2015). Demais disso, o Superior Tribunal de Justiça já assentou que a gratuidade de justiça também se aplica à tutela jurisdicional executiva.[63]

Há ressalvas relevantes à gratuidade de justiça, consoante se extrai do art. 98, do CPC.[64] Dessa forma, não são abarcadas pela gratuidade, por exemplo, as despesas decorrentes da sucumbência e as multas processuais que sejam aplicadas à parte. O legislador andou bem nesse sentido, uma vez

---

[63] "DIREITO PROCESSUAL CIVIL. RECURSO ESPECIAL. AÇÃO DE EXECUÇÃO DE TÍTULOS EXTRAJUDICIAIS. GRA-TUIDADE DE JUSTIÇA. PEDIDO FORMULADO POR UM DOS DEVEDORES. COMPATIBILIDADE DO BENEFÍCIO COM A TUTELA JURISDICIONAL EXECUTIVA. INTERPRETAÇÃO RESTRITIVA DO INSTITUTO. DESCABIMENTO. (...) 2. O propósito recursal consiste em dizer acerca da possibilidade de concessão, no processo de execução de título extrajudicial, do benefício da gratuidade de justiça em favor de um dos executados. 3. A gratuidade de justiça não é incompatível com a tutela jurisdicional executiva, voltada à expropriação de bens do devedor para a satisfação do crédito do exequente. 4. O benefício tem como principal escopo assegurar a plena fruição da garantia constitucional de acesso à Justiça, não comportando interpretação que impeça ou dificulte o exercício do direito de ação ou de defesa. 5. O direito à gratuidade de justiça está diretamente relacionado à situação financeira deficitária do litigante que não o permita arcar com as custas, as despesas processuais e os honorários advocatícios, o que não significa que peremptoriamente será descabido se o interessado for proprietário de algum bem. 6. Se não verificar a presença dos pressupostos legais, pode o julgador indeferir o pedido de gratuidade, após dispensar à parte oportunidade de apresentação de documentos comprobatórios (art. 99, § 2º, do CPC/15). 7. Ainda, o CPC contém expresso mecanismo que permite ao juiz, de acordo com as circunstâncias concretas, conciliar o direito de acesso à Justiça e a responsabilidade pelo ônus financeiro do processo, qual seja: o deferimento parcial da gratuidade, apenas em relação a alguns dos atos processuais, ou mediante a redução percentual de despesas que o beneficiário tiver de adiantar no curso do procedimento (art. 98, § 5º, do CPC/15)" (REsp 1837398/RS, Rel. Min. Nancy Andrighi, 3a Turma, j. 25.05.2021).

[64] "**Art. 98.** A pessoa natural ou jurídica, brasileira ou estrangeira, com insuficiência de recursos para pagar as custas, as despesas processuais e os honorários advocatícios tem direito à gratuidade da justiça, na forma da lei.

§ 1º A gratuidade da justiça compreende:

I – as taxas ou as custas judiciais;

II – os selos postais;

III – as despesas com publicação na imprensa oficial, dispensando-se a publicação em outros meios;

IV – a indenização devida à testemunha que, quando empregada, receberá do empregador salário integral, como se em serviço estivesse;

V – as despesas com a realização de exame de código genético – DNA e de outros exames considerados essenciais;

VI – os honorários do advogado e do perito e a remuneração do intérprete ou do tradutor nomeado para apresentação de versão em português de documento redigido em língua estrangeira;

VII – o custo com a elaboração de memória de cálculo, quando exigida para instauração da execução;

VIII – os depósitos previstos em lei para interposição de recurso, para propositura de ação e para a prática de outros atos processuais inerentes ao exercício da ampla defesa e do contraditório;

IX – os emolumentos devidos a notários ou registradores em decorrência da prática de registro, averbação ou qualquer outro ato notarial necessário à efetivação de decisão judicial ou à continuidade de processo judicial no qual o benefício tenha sido concedido.

§ 2º A concessão de gratuidade não afasta a responsabilidade do beneficiário pelas despesas processuais e pelos honorários advocatícios decorrentes de sua sucumbência.

§ 3º Vencido o beneficiário, as obrigações decorrentes de sua sucumbência ficarão sob condição suspensiva de exigibilidade e somente poderão ser executadas se, nos 5 (cinco) anos subsequentes ao trânsito em julgado da decisão que as certificou, o credor demonstrar que deixou de existir a situação de insuficiência de recursos que justificou a concessão de gratuidade, extinguindo-se, passado esse prazo, tais obrigações do beneficiário.

§ 4º A concessão de gratuidade não afasta o dever de o beneficiário pagar, ao final, as multas processuais que lhe sejam impostas.

§ 5º A gratuidade poderá ser concedida em relação a algum ou a todos os atos processuais, ou consistir na redução percentual de despesas processuais que o beneficiário tiver de adiantar no curso do procedimento.

CURSO DE DIREITO PROCESSUAL CIVIL • *Luiz Fux*

que a gratuidade plena poderia levar à litigância irresponsável, que decerto afronta os interesses do ordenamento jurídico brasileiro e a lógica processual.

Ademais, é possível haver a concessão da gratuidade de justiça em relação a apenas um ou alguns atos, conforme dispõe o art. 98, § 5º, do CPC, no sentido de que, por vezes, podem ser exigidos atos que fogem à realidade financeira da parte para efetivar uma pretensão de menor valor, como a realização de provas periciais. Assim, ponderou-se a capacidade financeira da parte de arcar com as custas regulares com a premente necessidade de afastar obstáculos indesejáveis ao acesso à justiça.

É interessante o tratamento das despesas sucumbenciais de responsabilidade do beneficiário da gratuidade. Embora seja condenado ao pagamento de custas e honorários, a exigibilidade desses valores fica sob condição suspensiva por 5 anos. Nesse prazo, acaso o credor demonstre a ultrapassagem da situação de hipossuficiência econômica, pode promover o cumprimento de sentença do montante; em caso contrário, passado o prazo, extinguem-se tais obrigações do beneficiário (art. 98, § 3º).

Procedimentalmente, o Código simplificou o requerimento da gratuidade e sua impugnação. Atualmente, pode-se fazer o pedido a qualquer momento, pela via de mera petição, ou em outra peça processual oportunamente praticada, desde que se alegue a hipossuficiência – para o caso de litigante pessoa natural – ou se a comprove – para pessoas jurídicas e formais (art. 99, § 3º).[65] A parte contrária, discordando, pode oferecer impugnação na contestação, na réplica, nas contrarrazões recursais ou por petição simples, nos demais casos, em 15 dias (art. 100).[66]

Destaca-se, ainda, que cabe agravo de instrumento contra a decisão que indeferir a gratuidade de justiça ou acatar pedido de revogação, conforme o art. 101 do CPC,[67] não se aplicando o mesmo para a decisão que o defere totalmente. A lógica é privilegiar a urgência da situação e a necessidade de impugnação imediata, sob o risco de se fulminar o acesso à justiça em um único ato – o que não ocorre para aquele que pretende questionar a concessão do benefício à parte adversária.

Nesse ponto, a doutrina advoga o cabimento do agravo para a concessão parcial da gratuidade ou o deferimento de pagamento parcelado, haja vista que há, aqui, certa sucumbência, na medida em que subsistirá, ainda que em parte, o dever de adimplir as custas.

---

§ 6º Conforme o caso, o juiz poderá conceder direito ao parcelamento de despesas processuais que o beneficiário tiver de adiantar no curso do procedimento.

§ 7º Aplica-se o disposto no art. 95, §§ 3º a 5º, ao custeio dos emolumentos previstos no § 1º, inciso IX, do presente artigo, observada a tabela e as condições da lei estadual ou distrital respectiva.

§ 8º Na hipótese do § 1º, inciso IX, havendo dúvida fundada quanto ao preenchimento atual dos pressupostos para a concessão de gratuidade, o notário ou registrador, após praticar o ato, pode requerer, ao juízo competente para decidir questões notariais ou registrais, a revogação total ou parcial do benefício ou a sua substituição pelo parcelamento de que trata o § 6º deste artigo, caso em que o beneficiário será citado para, em 15 (quinze) dias, manifestar-se sobre esse requerimento."

[65] **"Art. 99.** O pedido de gratuidade da justiça pode ser formulado na petição inicial, na contestação, na petição para ingresso de terceiro no processo ou em recurso. (...)

§ 3º Presume-se verdadeira a alegação de insuficiência deduzida exclusivamente por pessoa natural."

[66] **"Art. 100.** Deferido o pedido, a parte contrária poderá oferecer impugnação na contestação, na réplica, nas contrarrazões de recurso ou, nos casos de pedido superveniente ou formulado por terceiro, por meio de petição simples, a ser apresentada no prazo de 15 (quinze) dias, nos autos do próprio processo, sem suspensão de seu curso.

Parágrafo único. Revogado o benefício, a parte arcará com as despesas processuais que tiver deixado de adiantar e pagará, em caso de má-fé, até o décuplo de seu valor a título de multa, que será revertida em benefício da Fazenda Pública estadual ou federal e poderá ser inscrita em dívida ativa."

[67] **"Art. 101.** Contra a decisão que indeferir a gratuidade ou a que acolher pedido de sua revogação caberá agravo de instrumento, exceto quando a questão for resolvida na sentença, contra a qual caberá apelação.

§ 1º O recorrente estará dispensado do recolhimento de custas até decisão do relator sobre a questão, preliminarmente ao julgamento do recurso.

§ 2º Confirmada a denegação ou a revogação da gratuidade, o relator ou o órgão colegiado determinará ao recorrente o recolhimento das custas processuais, no prazo de 5 (cinco) dias, sob pena de não conhecimento do recurso."

PARTE II
JURISDIÇÃO E COMPETÊNCIA

I
TUTELA JURISDICIONAL

1. TUTELA JURISDICIONAL: CONCEITO

O Estado, como garantidor da paz social, avocou para si a solução monopolizada dos conflitos intersubjetivos pela transgressão à ordem jurídica, limitando o âmbito da autotutela.[1] Em consequência, dotou um de seus Poderes, o Judiciário, da atribuição de solucionar os referidos conflitos mediante a aplicação do direito objetivo, abstratamente concebido, ao caso concreto.[2] A supremacia dessa solução revelou-se pelo fato incontestável de a mesma provir da autoridade estatal, cuja palavra, além de coativa, torna-se a última manifestação do Estado soberano acerca da contenda, de tal sorte que os jurisdicionados devem-na respeito absoluto, porque haurida de um trabalho de reconstituição dos antecedentes do litígio, com a participação dos interessados, cercados, isonomicamente, das mais comezinhas garantias.[3] Essa função denomina-se *jurisdicional* e tem o caráter tutelar da ordem e da pessoa, distinguindo-se das demais soluções do Estado pela sua imodificabilidade por qualquer outro poder, em face de adquirir o que se denomina em sede anglo-saxônica de *"final enforcing power"*, consubstanciado na "coisa julgada".[4]

O Estado, através da jurisdição, e provocado pelo interessado que exerce a ação, institui um método de composição do litígio com a participação dos reais destinatários da decisão reguladora da situação litigiosa, dispondo sobre os momentos em que cada um pode fazer valer as suas alegações, com o fim de alcançar um resultado corporificado em tudo quanto o Judiciário "sentiu" das provas e do direito aplicável retratado na "sentença". *Jurisdição, ação e processo* são, assim, os monômios básicos da estrutura do fenômeno judicial.[5]

Malgrado se revele um substitutivo das condutas barbáricas de outrora, o acesso à jurisdição deve ser excepcional, haja vista que, numa sociedade harmônica, o ideal, mercê do cumprimento

---

[1] A regra ressoa absoluta quanto aos particulares que não têm, por força mesmo da isonomia constitucional, poderes sobre seus concidadãos. No que pertine aos entes públicos, há uma tênue mitigação em face da presunção de legitimidade dos atos da administração acoplada ao *ius imperii* necessário à gestão da coisa pública. Entretanto, mesmo com esse *privilège du preable,* o controle posterior dos atos administrativos garante aos indivíduos a chancela judicial nesses conflitos. Destarte, nas atividades *no self executing,* o estado se socorre da jurisdição assim como os particulares.

[2] A atividade jurisdicional de particularização do direito ao caso concreto conduziu a doutrina de **Chiovenda** à dicotomia entre a vontade abstrata e a vontade concreta da lei, concluindo o mestre que "a jurisdição consiste na atuação da lei mediante a substituição da atividade de órgãos públicos à atividade de outros, seja no afirmar a existência de uma vontade da lei, seja em determinar ulteriormente que ela produza seus efeitos" (*Principii di Diritto Processuale Civile,* 1928, p. 301).

[3] **Couture** atribuía a solução obtida por *"acto de la autoridad"* à principal característica da jurisdição, em *Fundamentos de Derecho Procesal Civil,* 1951, p. 4.

[4] O caráter dúplice – tutelar da jurisdição – foi decantado por toda a doutrina processual com supremacia para a "defesa da ordem jurídica". Assim **Liebman**, para quem a jurisdição tinha como escopo "tornar efetiva a ordem jurídica e impor através do Judiciário a regra jurídica concreta que, por força do direito vigente, deve regular determinada situação jurídica" (*Corso di Diritto Processuale Civile,* 1952, p. 13). Por isso que se considera a jurisdição a *longa manus* do legislador.

[5] **Ramiro Podetti** denominou-o trilogia básica, em "Trilogia Estructural de la Ciencia del Proceso Civil", *Revista de Derecho Procesal,* 1944, p. 113.

espontâneo do direito, é a própria autocomposição, que otimiza sobremodo o relacionamento social. Esta é, sem dúvida, a razão pela qual os diplomas processuais modernos inserem a *fase de conciliação* como obrigatória nos processos judiciais, preocupação que levou o legislador constitucional brasileiro a contemplá-la na Carta Maior[6] e a propor, de *lege lata a* sua inserção no início do procedimento como consta da recente reforma ao CPC.[7] A jurisdição encerra, em suma, a restauração da legalidade e da justiça como instrumento eficaz ensejador da paz social e da preservação da garantia dos direitos do homem.[8]

A jurisdição não se limita à operação de subsunção do conflito à regra abstrata reguladora do conflito. Anota-se, em sede doutrinário-histórica, que a jurisdição compreendia cinco elementos, a saber: *notio, vocatio, coertitio, judicium* e *executio*.

Dessa constatação apreende-se o que pretendeu Carnelutti ao afirmar: "Juiz não é só o que julga, mas também aquele que ordena: é aquele, em suma, cuja decisão tem eficácia de uma ordem".[9] As modalidades de tutela variam conforme a natureza do conflito levado ao Judiciário. Há lides de "pretensão resistida" e lides de "pretensão insatisfeita"; vale dizer, há casos em que o Estado-juiz define direitos e outros em que a definição é um *prius* antecedente à "realização" do direito reconhecido em sentença ou no documento com eficácia equivalente (títulos executivos extrajudiciais).[10]

Outrossim, constatada a inexistência de um sistema ideal no qual a jurisdição é prestada tão logo apresentado o pedido em juízo, revelou-se mister garantir "condições para a realização da justiça", posto que o objeto do julgado pode sofrer alterações substanciais que influam na solução justa da lide, quer pelo agravamento das condições de fato, quer pela criação de um estado de periclitação do direito da parte, dos bens ou das provas que servirão de elementos de convicção.

Concluiu-se a necessidade de dotar a jurisdição de um *tertium genus* capaz de "assegurar a utilidade prática" das demais formas de tutela e, em "defesa da jurisdição". Previu-se, assim, a "tutela preventiva" ou "cautelar" pela sua finalidade de conjurar o perigo resultante da demora "natural" do processo.

Decorre do exposto que a tutela jurisdicional apresenta-se, a partir do CPC/2015, sob cinco modalidades básicas:

1) a tutela jurisdicional de cognição ou conhecimento;
2) a tutela jurisdicional de execução;
3) a tutela jurisdicional de asseguração ou cautelar;
4) a tutela de urgência satisfativa; e
5) a tutela de evidência.

Essas cinco formas de tutela guardam fidelidade com aquela característica "substitutiva" da jurisdição, intermediadora de conflitos e mantenedora da paz e da ordem. A hipótese de intervenção subjetivamente judiciária e materialmente administrativa da justiça no domínio das relações privadas escapa a essa ótica da jurisdição, malgrado a lei a denomine de "jurisdição voluntária", revelando um fenômeno peculiar de acesso obrigatório à justiça em casos de situações jurídicas *inter volentes*, nas quais a chancela do Judiciário é requisito de validade, entrevisto pelo legislador

---

[6]   **Niceto Alcalá-Zamora y Castillo**, na insuperável e clássica obra *Proceso, Autocomposición y Autodefensa*, cit., 1947, p. 13, já advertira que a solução do litígio poderia ser "egoísta" ou de "autodefesa" ou "altruísta" ou de "autocomposição", razão por que sustentava que *"proceso, autocomposición y autodefensa se nos presentan, pues, como las tres posibles desembocaduras del litigio"*.

[7]   "Art. 334, CPC. Se a petição inicial preencher os requisitos essenciais e não for o caso de improcedência liminar do pedido, o juiz designará audiência de conciliação ou de mediação com antecedência mínima de 30 (trinta) dias, devendo ser citado o réu com pelo menos 20 (vinte) dias de antecedência."

[8]   Sob essa ótica o clássico **Calamandrei**, "Processo e Giustizia", *Rivista di Diritto Processuale Civile*, 1950, p. 278.

[9]   *Istituzioni di Diritto Processuale Civile*, 1961, vol. 1, p. 31.

[10] A isto correspondem as atividades de "formulação da regra jurídica concreta que deve regular o caso ou a prática de atos materiais que realizem a coincidência entre a regra e os fatos" (**Liebman**, *Corso*, cit., p. 79-80).

Parte II • I – TUTELA JURISDICIONAL | 97

como necessário, decerto por vislumbrar no juiz um magnânimo "administrador da conveniência e oportunidade" de determinadas providências.[11]

A noção de processo é teleológica e a sua classificação obedece aos fins jurisdicionais que se pretendem alcançar através da sucessão de atos. Assim, o processo tem a mesma natureza da espécie de jurisdição que se colima. Em consequência, *à tutela de cognição corresponde o processo de conhecimento* e *à de execução, o processo de execução*. No tocante *à tutela de assecuração*, o CPC extinguiu a autonomia do processo cautelar, cabendo ao magistrado garantir a utilidade do provimento jurisdicional através do deferimento de medida incidental ao processo de conhecimento ou de execução.[12]

Como o processo é um conjunto de atos, os tipos processuais se distinguem pela preponderância de atividades de cada um e pela sua *causa finalis* que informa uma dessas relações jurídico--processuais. É que os processos não são absolutamente puros, no sentido de que no processo de conhecimento só se praticam atos intelectivos e no processo de execução abole-se qualquer cognição. Há uma preponderância não exclusiva de atividades jurisdicionais típicas. Assim, *v.g.*, a execução do despejo realiza-se na mesma relação processual de cognição de onde emerge o comando da rescisão do vínculo da desocupação do imóvel, ao passo que na execução é lícito ao devedor instituir contraditório eventual através da cognição incidental instaurada pelos embargos.[13]

2. ESPÉCIES DE TUTELA JURISDICIONAL

2.1 Tutela de cognição

A atividade cognitiva é considerada o núcleo mais expressivo da jurisdição, tanto que autores de renome consideravam o "processo de conhecimento" como "jurisdicional", em contraposição ao executivo e ao preventivo.[14] Realmente, a cognição, como a atividade de conhecer os fatos e o direito para julgar, lega ao Judiciário a tarefa de "dizer o direito" – *jus dicere* – aplicável à espécie, substituindo a inteligência dos contendores na compreensão dos fins da lei.[15] O Judiciário, através da cognição, aplica a lei ao caso concreto, impondo a sua vontade, exteriorizada no ato final, com coerção e autoridade. O fim a que se visa no processo de conhecimento é a obtenção da resposta judicial acerca de quem efetivamente tem razão à luz do direito positivo. Daí afirmar-se que o processo serve para dar razão a quem efetivamente tem-na, bem como o processo de conhecimento é aquele em que o Judiciário é convocado a declarar entre dois contendores – com a solenidade e com os efeitos da sentença – quem tem razão.[16]

A cognição encetada pelo juiz admite variações quanto à extensão e profundidade do *thema iudicandum*. Há ações em que a cognição é *plena* e *ilimitada* e outras em que é limitada ou incompleta.

---

[11] Contrariando **Carnelutti**, que aduzia um "processo voluntário", **Alcalá-Zamora y Castillo**, sob o argumento de que na jurisdição voluntária não havia processo e sim "procedimento" (*Proceso, Autocomposición y Autodefensa*, cit., p. 136).

[12] Segundo o acertado Enunciado nº 31 do Fórum Permanente de Processualistas Civis, "o poder geral de cautela está mantido" pelo atual Código.

[13] Repise-se, até em homenagem ao marco histórico que representa, que a percepção do processo como relação processual, entrevista por **Büllow**, em 1868, é tida como a certidão de nascimento da evolução científica do processo.

[14] Assim, **Carnelutti**, que denominava o processo de conhecimento de *"processo giurisdizionale"*, distinguindo-o do de *"esecuzione"* e de *"prevenzione"* (*Istituzioni di Diritto Processuale Civile*, vol. 1, p. 31).

[15] **Chiovenda**, nas *Instituições*, exprimiu o alcance da cognição, cuja atividade nomina o processo respectivo, ao afirmar que "a cognição consiste na atividade intelectual que o juiz realiza, antes de decidir a causa, com o objetivo de se aparelhar para julgar se a demanda é fundada ou infundada, e, pois, para declarar existente ou não existente a vontade concreta da lei, de que se cogita. A *cognitio*, portanto, é o conjunto de atividades intelectuais do juiz como 'instrumento de atuação da lei mediante verificação'" (*Instituições de Direito Processual Civil*, vol. 1, p. 253-254).

[16] **Liebman**, *Manuale*, cit., 1955, vol. 1, p. 49. A *causa finalis* do processo levou **Rosenberg** a bem categorizar o processo de conhecimento como "processo de sentença" (*Tratado de Derecho Procesal Civil*, 1955, vol. 2, p. 3).

98 | CURSO DE DIREITO PROCESSUAL CIVIL • *Luiz Fux*

Imperativos de justiça, por vezes, impedem a cognição *exauriente*. Em regra, nas hipóteses em que o juízo prové sob urgência, sumariza-se a cognição para compatibilizá-la com as necessidades da causa. O exame vertical impediria ao juízo de atender ao postulado da "celeridade". Essa cognição sumária pode ser *initio litis*, passível de ser confirmada ou reformada ao final do processo.

Considere-se, ainda, embutida na expressão "cognição sumária" a regra *in procedendo*, que permite ao juízo prover *initio litis* sem correspondência com a maior ou menor evidência do direito pleiteado em juízo. É o que ocorre, *v.g.*, com o mandado de segurança, que exige direito líquido e certo, e autoriza o juízo a concedê-lo sumariamente. A atividade sumária não tem correlação com o grau de convencimento do juízo acerca do direito, revelando-se em expediente autorizativo de um julgamento com base em "lógica razoável" em função da necessidade de se prover de imediato. Mas nada obsta a que se tenha que prover de imediato com base em *direito evidente*. Destarte, se o direito não for evidente mas se tornar premente a tutela, autoriza-se a sumarização da cognição com o provimento imediato calcado em juízo de mera probabilidade, como sói ocorrer com a tutela cautelar. O mesmo fenômeno ocorre em sede de "tutela de segurança", com a peculiaridade de que o provimento pode retratar no plano da realizabilidade prática uma solução *secundum eventum litis*, irreversível, cujo regime há de ser igual ao das decisões definitivas expedidas após cognição exauriente.[17]

Impõe-se considerar que a matéria está longe de ser pacífica. Ao revés, sustenta-se que a situação de urgência não autoriza uma cognição exauriente. Esta, em nosso entender, vai depender do material jurídico-probatório levado ao juízo. O *direito evidente*, fartamente comprovado, admite uma *cognição rápida*, *sumária* e *exauriente*. Há outros casos em que, mercê da urgência, o direito não parece evidente ao juízo, mas a lei o autoriza a prover com base apenas na "aparência", valorizando a "celeridade" em detrimento da "segurança" do julgado. Por isso, não nos parecem indissoluvelmente ligados os conceitos de cognição sumária e juízo de probabilidade, podendo haver cognição sumária e direito evidente.

Ainda no que concerne à cognição, típica dos processos de sentença, merece assentar-se a distinção de *cognição plena e parcial*. Na primeira, toda a "superfície contenciosa" é abarcada pelo *decisum*, e essa é a regra até para atingir-se o escopo da jurisdição, que é o de pacificar da forma mais ampla possível.[18] Em contraposição, a cognição parcial deixa de fora parte do litígio, não da lide – que resultaria em julgamento *citra petita*. É o que se dá na ação possessória em que o petitório não pode ser objeto de apreciação do juízo, considerando-se exceção reservada. Essas limitações obedecem, em geral, à maior proteção de bem da vida objeto do pedido do autor; por isso, propende o ordenamento para seu reconhecimento. Assim, *v.g.*, na consignatória, a regra é a extinção da obrigação pelo pagamento, daí a restrição da defesa que vise a infirmar a liberação do *solvens*. Na ação renovatória, a proteção ao "fundo de comércio" sobrepõe-se à amplitude de defesa do locador que objetive evitar a renovação, por isso limitada.

O processo de conhecimento conducente à sentença admite espécies, conforme o *conteúdo da resposta judicial de procedência*. Assim é que os processos de conhecimento podem ser "declaratórios", "condenatórios", "constitutivos" ou "mandamentais". Considerando o processo como "projeto da demanda procedente", tem ele a mesma natureza desta, uma vez que a improcedência se reveste de um "provimento declaratório negativo". O juízo "declaratório" é aquele donde provém uma sentença que declara a existência ou a inexistência de uma relação jurídica, com a força do ato da autoridade.[19] O caráter preventivo e didático da sentença declaratória e a função definidora que lhe é peculiar são responsáveis pelo seu prestígio histórico. Desse dado não se desprendeu o

---

[17]   Acerca do tema são modernos e recentes os trabalhos nacionais de **Kazuo Watanabe**, *Da Cognição no Processo Civil*, 1987, e de **Marinoni**, "Tutela Cautelar e Tutela Antecipatória", *Revista dos Tribunais*, 1992, cujas lições lavram divergência com essa nossa última conclusão acerca da possibilidade de cognição sumária e resultados irreversíveis cobertos pela coisa julgada material.

[18]   Esta é a regra geral, conforme leciona **Chiovenda**, *Instituições*, cit., vol. 1, p. 253-254.

[19]   A finalidade da ação declaratória é obter uma certeza jurídica através de uma sentença revestida da autoridade da coisa julgada (**Alfredo Buzaid**, *A Ação Declaratória*, 1943, p. 152-153).

sistema nacional, prevendo, ao longo da vigência do CPC/1973, ao lado da declaratória autônoma, também *a declaratória incidental* que, manejada no curso do processo, permitia que se dissipassem, com força do caso julgado, as incertezas acerca da relação jurídica que está fora da causa, mas que figura como premissa inafastável do julgamento da lide, por lhe ser "prejudicial".[20] Por seu turno, essa incerteza há de derivar da dúvida objetiva e jurídica que autoriza essa propositura da ação independente, bem como daquela cujo interesse exsurgiu supervenientemente em face da impugnação do demandado.[21] Atualmente, o manto da coisa julgada pode se estender para as questões prejudiciais, desde que atendidos os requisitos legais.[22]

A declaração de *existência* da relação jurídica corresponde à "declaratória positiva", e a de *inexistência*, à "declaratória negativa". A classificação vai depender do pedido proposto em confronto com a procedência do mesmo. Não obstante seja assente que na ação declaratória a atividade jurisdicional incida sobre a regra "preceptiva" do comando legal, a lei enuncia que, mesmo nas hipóteses em que já ocorreu a violação e, portanto, a prestação jurisdicional possa recair sobre a parcela sancionatória da norma jurídica, "é lícito ao autor" requerer a simples declaração (art. 20 do CPC). O legislador, ao permitir esse "meio-caminho", restabeleceu o interesse de agir do demandante que, podendo requerer a tutela condenatória, limita-se a pleiteá-la declaratória, justamente pelo seu sentido jurídico-preventivo.

A sentença de procedência de natureza *constitutiva*, derivada de tutela da mesma qualidade, faz exsurgir no mundo do direito um estado jurídico novo, consistente na formação, na modificação ou na extinção de uma relação jurídica; por isso, todas as demandas de anulação e rescisão de negócio jurídico são "constitutivas". Como consequência, não se pode gerar uma situação nova sem a presença de todos os interessados, razão pela qual nessas ações o "litisconsórcio é necessário".[23] Algumas situações jurídicas somente exsurgem, necessariamente, por obra do juízo, sem que as partes disponham de poder privado de alteração daquele estado objetivamente tutelável pelo ordenamento. As ações constitutivas, nesses casos, são "necessárias" ao surgimento da nova relação, diferentemente de alguns outros em que a constituição opera-se por obra dos interessados. Exemplo do primeiro caso é a ação de anulação de casamento insuscetível de ser desconstituído, com esse efeito, por ato voluntário das partes. Diz-se, inclusive, que o interesse de agir nasce no mesmo momento em que surge o direito à constituição do estado jurídico novo. A segunda hipótese encaixa-se em todas as situações em que se desconstituem vínculos disponíveis, *v.g.*, ocorre com a rescisão do contrato de locação, de comodato, de mútuo etc. Não obstante todo provimento judicial, na sua base e no seu *iter* de formação, passe pela prévia declaração, com maior ou menor grau de imutabilidade, a "tutela constitutiva" caracteriza-se pelo *plus* de seu efeito, haja vista que a declaratória não "cria estado jurídico novo". Exatamente porque faz surgir num dado momento algo que antes não existia é que a decisão produz seus efeitos *ex nunc*, respeitadas as consequências jurídicas anteriores.

A *tutela condenatória*, diferentemente da declaratória, não incide sobre o preceito, senão sobre a sanção da norma. A referida espécie pertine ao fenômeno "lide de pretensão resistida" que

---

[20] Acerca de origem, sua adoção nos sistemas jurídicos de origem romano-canônica e sua *ratio essendi*, consulte-se **Chiovenda**, *Instituições*, cit., vol. 1.

[21] A doutrina do tema assenta não ser possível figurarem como objeto de declaração judicial as qualidades jurídicas, como, *v.g.*, a "capacidade de agir", a possibilidade de uma compensação – **Goldschmidt**, *Derecho Procesal Civil*, 1936, p. 105 –, bem como, por fugir ao escopo da *actio* e não ser o Judiciário órgão de consulta, tampouco se permite "ingressar alguém em juízo para postular que o juiz 'interprete uma lei'" (**Liebman**, *Corso*, cit., p. 54). Sabe-se que o único fato passível de declaração pertine à falsidade ou autenticidade documental, e, mesmo assim, por força da vinculação do documento a uma relação jurídica que de regra ele consubstancia e exterioriza.

[22] Veja o art. 503, §§ 1º e 2º, do CPC.

[23] *"Nei casi previsti dalla legge, l'autorità giudiziaria può costituire, modificare o estinguere rapporti giuridici, con effeto tra le parti, i loro eredi o eventi causa."* É a essência da disposição do direito material italiano, que revela com precisão "o efeito constitutivo da sentença". O festejado **Torquato Castro** já assentava que "a sentença aparece como título imediato desses efeitos, que antes dela não existiam" (*Ação Declaratória*, 1942, p. 24-25). No mesmo sentido, **Adroaldo Fabrício**, ob. cit.

100 | CURSO DE DIREITO PROCESSUAL CIVIL • *Luiz Fux*

engloba não só os casos em que a contestação do direito exige a intervenção judicial para exarar a certeza jurídica necessária, como também as hipóteses de violação efetiva do direito subjetivo, quando então o restabelecimento do estado anterior, pela incidência da sanção, faz-se por obra do Estado-juiz. Assim como não pode o particular impor a sua interpretação acerca do direito, também não lhe é lícito atribuir uma lesão ao seu direito, impondo a sanção da lei ao outro contendor. A sentença particulariza e especifica a sanção imputável ao violador, com a característica maior de colocar o Estado à disposição do lesado para, em atividade complementar à cognição, tornar realidade o "preceito sancionatório"[24] por meio do cumprimento do julgado (arts. 513 a 538 do CPC); aplicável também às sentenças declaratórias de reconhecimento de obrigação (art. 515, I).[25]

O *plus* na tutela condenatória está em que o autor não se limita ao pedido de dissipação da incerteza jurídica, acoplando-lhe o de aplicação da sanção cabível.[26] De toda sorte, o pedido de declaração é implícito e reveste-se de força de coisa julgada após a condenação, tanto que a propositura posterior de ação declaratória, em curso a ação condenatória, revela o fenômeno da "litispendência". A lesão "atual" aponta o interesse de agir na tutela condenatória, admitindo-se, outrossim, a "condenação para o futuro" nos casos em que a prevenção por si só habilita o ingresso na justiça, dependendo a efetivação da sanção de fato posterior. Aduz-se, assim, a uma "condenação para o futuro", instrumentalizando-se a sanção posterior em fase complementar de "liquidação por artigos". É o que ocorre, *v.g.*, com a condenação do locador se não utilizar o prédio locado retomado, com a prevenção sancionatória do interdito proibitório, e com a condenação das prestações vincendas etc.

A tutela de conhecimento do tipo "mandamental" apresenta resistências doutrinárias quanto à sua admissibilidade. As mandamentais são ações em que o comando judicial, mercê de apresentar o conteúdo dos demais, encerra uma ordem que é efetivada "na mesma relação processual" de onde emergiu o mandamento – algo, hoje, estendido para todos os provimentos jurisdicionais condenatórios. A peculiaridade e a sua efetividade em unidade procedimental são mais enérgicas do que as "executivas" *lato sensu*. Tributa-se a Kuttner a criação das ações de mandamento, aceitas por parte da doutrina nacional.[27]

A característica efetivamente peculiar da ação mandamental é a realizabilidade prática do direito litigioso no procedimento da cognição mediante execução ou ordem. Afina-se essa forma de tutela com os casos de periclitação, como sói ocorrer com a tutela de segurança. A mandamentabilidade está na "preponderância da ordem sobre o julgamento", isto é, a declaração do direito precede, mas a eficácia que se busca é a "ordenatória" e não a "condenatória", como imaginam aqueles que não concebem emita o juiz ordens.[28] Essa mandamentabilidade das sentenças verifica-se pela sua pronta realizabilidade prática, que repercute na concepção de coisa julgada, conforme o efeito prático seja

---

[24] Como afirmava um dos maiores expoentes da tutela de execução, *"la condana da vita a un nuovo rapporto giuridico (strumentale) consistente nella potesta dell'organo giudiziario di provvedere all'esecuzione forzata, nel diritto del creditore di promovuerla (azione esecutiva), nella soggezione del debitore al suo svolgimento e ai suoi effeti (responsabilità esecutiva)"* (**Liebman**, *Corso*, cit., p. 56).

[25] **Art. 515.** São títulos executivos judiciais, cujo cumprimento dar-se-á de acordo com os artigos previstos neste Título:
I – as decisões proferidas no processo civil que reconheçam a exigibilidade de obrigação de pagar quantia, de fazer, de não fazer ou de entregar coisa; (...).

[26] O acertamento aqui não é quanto à existência ou inexistência da relação jurídica, senão sobre a legitimação da incidência da sanção –"*accertamento della attualità della sanzione*", como afirmava **Carnelutti**, em *Sistema di Diritto Processuale Civile*, 1936, vol. 1, p. 139.

[27] Entre nós, **Pontes de Miranda**, *Comentários ao Código de Processo Civil* (1939), vol. 1, p. 107, e mais recentemente **Ovídio Baptista**, *Curso de Processo Civil*, vol. 1, p. 93.

[28] A origem histórica dessas sentenças está nos interditos romanos, onde o pretor expedia ordens. A jurisdição como ato de soberania pressupõe exatamente esse poder de ordenar em respeito ao que **Calamandrei** denominava "seriedade da jurisdição". A jurisdição de urgência pressupõe esse poder de mando e não de mera definição judicial. A esse respeito consulte-se **Biscardi**, *La Protezione Interdittale nel Processo Romano*, 1937, p. 17, e **Giuseppe Gandolfi**, *Contributto allo Studio del Processo Interdittale Romano*, 1955.

reversível ou não.[29] Esse aspecto mandamental faz do provimento "execução para segurança" e não "segurança para execução", binômios erigidos por Pontes de Miranda. O reconhecimento desse tipo de tutela cresce com a própria tutela de urgência, porque a "execução" das decisões é decorrência do poder necessário à efetividade dos provimentos judiciais sob pena de grave desprestígio para a função jurisdicional,[30] mercê dos novos instrumentos à disposição do vencedor nas condenações de fazer e não fazer (art. 497 do CPC) e entrega de coisa (art. 498 do CPC).[31]

Outra caraterística dessa mandamentalidade é sua "atuação" do provimento[32] *simpliciter et de plano*, ora por obra do próprio Estado, ora pelo cumprimento por parte do demandado, que não pode escusar-se de adimplir ao comando sob pena de desobediência. Enfim, o cumprimento da decisão mandamental dá-se em procedimento unitário, para utilizarmos a expressão do conhecido ensaio crítico de Liebman.[33]

2.2 Tutela de execução

A tutela executiva compõe o segundo gênero de tutela jurisdicional e caracteriza-se precipuamente pela prática de atos que visem a satisfazer e realizar no mundo prático o direito do sujeito ativo da relação processual executiva, qual é o exequente. Os atos jurisdicionais que se pleiteiam não o são de definição de direitos, como ocorre na cognição, mas antes, de realização, em face da demonstração *prima facie* do bom direito do exequente pela exibição inicial e obrigatória do "título executivo."[34]

Preponderam, nessa modalidade de tutela, os atos materiais sobre os intelectivos, o que justifica uma maior descentralização das atividades processuais e o aparecimento de maior número de protagonistas nesse processo, onde os meios são múltiplos para alcançar-se o escopo final daquele, que é a "satisfação prática" dos interesses do credor.[35]

---

[29] Com outras palavras é o que procura demonstrar **Ovídio Baptista,** ao evidenciar o "conteúdo" das sentenças como integrantes de sua eficácia "prática" não normativa (*Sentença e Coisa Julgada*, 1988).

[30] A essa forma de execução do provimento referia-se **Amilcar de Castro** como sendo "execução imprópria" (*Comentários ao Código de Processo*, 1941, vol. 10, p. 14, nota 1). **Celso Agrícola Barbi** nega peremptoriamente essa característica de tutela, mesmo no mandado de segurança (*Mandado de Segurança*, 1976, p. 246).

[31] **Art. 497.** Na ação que tenha por objeto a prestação de fazer ou de não fazer, o juiz, se procedente o pedido, concederá a tutela específica ou determinará providências que assegurem a obtenção de tutela pelo resultado prático equivalente.

Parágrafo único. Para a concessão da tutela específica destinada a inibir a prática, a reiteração ou a continuação de um ilícito, é irrelevante a demonstração da ocorrência de dano ou da existência de culpa ou dolo.

Art. 498. Na ação que tenha por objeto a entrega de coisa, o juiz, ao conceder a tutela específica, fixará o prazo para o cumprimento da obrigação.

Parágrafo único. Tratando-se de entrega de coisa determinada pelo gênero e quantidade, o autor individualiza-la-á na petição inicial, se lhe couber a escolha, ou, se a escolha couber ao réu, este a entregará individualizada, no prazo fixado pelo juiz.

[32] A doutrina clássica, ao se referir aos provimentos de urgência, dispensa a palavra "execução", que poderia dar ensejo a uma conflitualidade com o processo de execução forçada, e prefere o termo "atuação", como se colhe em **Giovanni Verde**, "L'Attuazione della Tutela d'Urgenza", *in La Tutela d'Urgenza* (atti del XV Convegno Nazionale), 1985.

[33] "L'Unità del Procedimento Cautelare", *Rivista di Diritto Processuale*, 1954.

[34] Diferentemente do que concebeu para o processo de conhecimento, cuja razão estava numa lide de pretensão resistida, **Carnelutti** indicava como objeto da execução "lide de pretensão insatisfeita" (*Sistema*, cit., vol. 1, p. 179).

[35] A repercussão prática dos atos coativos da execução forçada, distinguindo-a fortemente do processo de cognição, levou **Guasp** à conclusão de que a atuação do juiz no processo executivo provoca "não uma alteração ideal na situação existente entre as partes, e sim, mudança física, real ou material relativamente ao que antes existia" (*Derecho Procesal Civil*, 1956, p. 837). No mesmo sentido **Redenti**, para quem a execução instaurava-se com o fim de obter "resultado material tangível" (*Diritto Processuale Civile*, 1957, vol. 3, p. 101). Sob esse enfoque é clássica a lição de **Liebman** segundo a qual "a função jurisdicional consta fundamentalmente de duas espécies de atividades, muito diferentes entre si: de um lado, o exame da lide proposta em juízo para o fim de descobrir e formular a regra jurídica concreta que deve regular o caso; de outro lado, as operações práticas necessárias para efetivar o conteúdo daquela regra, para modificar os fatos da realidade, de modo a que se realize a coincidência entre a regra e os fatos (*Processo de Execução*, 1946, p. 79-80).

Assim, *v.g.*, na execução por quantia certa, o objetivo é a prática de todos os atos necessários a fazer, reincorporar-se ao patrimônio do credor, a quantia mencionada no título e não entregue voluntariamente pelo devedor. Desta sorte, a venda de bens para convertê-los em dinheiro é exemplo marcante do ato-tipo que se pratica na execução, em nada se assemelhando à atividade especulativa engendrada no processo de conhecimento. Apesar de sua aparente rudeza, oriunda do processo germânico, a execução baseia-se numa história de equidade e proteção dos comezinhos direitos fundamentais do devedor, por isso que o processo executivo evolui juntamente com as consequências do inadimplemento. Outrora eram bárbaras as sequelas do descumprimento das obrigações, evoluindo-se até o estágio radical do "prestígio ao inadimplemento", notadamente no campo das obrigações ditas "subjetivamente personalíssimas", por força da regra *nemo potest cogi ad factum*, posteriormente superada pelas *astreintes* do direito francês. A execução, no seu escopo realizador e com o fito de revelar toda a seriedade da jurisdição, caminha sempre no sentido de dar ao credor aquilo que ele obteria se a obrigação tivesse sido cumprida voluntariamente, preservando-o de tal forma que ele não sinta os efeitos do descumprimento. Para esse fim, vale-se o Estado-juiz de meios múltiplos de superação da obstinação do devedor em não cumprir a obrigação, suprindo-o nos casos em que não seja imprescindível o seu atuar. Nesse afã, ora o Estado substitui-se ao devedor, satisfazendo o credor, independentemente da sua colaboração, ora compele o *solvens* a colaborar sob pena de infligir-lhe uma sanção pecuniária ou restritiva de liberdade. Aos primeiros meios denominam-se de "meios de sub-rogação" e, aos segundos, "meios de coerção",[36] sendo certo que cada um destes tem seu campo distinto de atuação, merecendo maior incidência a coação, por força mesmo da própria evolução e humanização das técnicas de repressão ao inadimplemento. Assim, *v.g.*, na execução dita por quantia certa, o Estado vale-se do meio de sub-rogação para alienar bens do devedor, expropriando-lhe a faculdade de dispor integralmente do domínio, com o objetivo de apurar judicialmente os fundos necessários ao pagamento do credor. Em contrapartida, é sob a ameaça de incidência intermitente de "multa diária" que o Estado visa a compelir o devedor a cumprir uma prestação de fato infungível ou personalíssima, à míngua da inutilidade dos meios de sub-rogação.

A finalidade da execução ou do cumprimento da sentença via execução ou a natureza da prestação objeto do vínculo obrigacional indicam qual dos meios executivos é mais eficiente, haja vista que a lei confere *modus operandi* diversos conforme o bem da vida que se pretenda com a tutela de execução. Assim sendo, à execução de condenação de fazer e não fazer não se aplicam os mesmos meios executivos da execução por quantia certa ou da execução para entrega de coisa certa ou incerta. Num verdadeiro sistema de "freios e contrapesos" processual, a lei procura atender aos interesses do credor sem sacrificar sobremodo o devedor, dispondo que o exequente deva receber aquilo a que faz jus segundo o título executivo, alcançando-se esse fim da forma menos onerosa para o devedor. Exatamente porque o direito do exequente encontra-se evidenciado no título executivo obrigatório, é ampla a disponibilidade do direito deduzido em juízo, independentemente de anuência do executado. O regime diverso do processo de cognição explica-se pelo "estado de incerteza jurídica" que existe enquanto pendente o mesmo. Na execução, o direito é certo, líquido e exigível. Essa certeza não retira a possibilidade do surgimento do contraditório eventual suscitado

---

[36] A intromissão coercitiva na esfera jurídica do devedor com o fim de obter um resultado real ou jurídico a cuja produção esteja ele obrigado ou pelo qual responda caracteriza os "meios de que se vale a execução forçada" nas palavras de **Goldschmidt**, *Derecho Procesal Civil*, cit., p. 575. Desta sorte, quer substituindo, quer coagindo, o Estado interfere na esfera do *solvens*, razão pela qual é meio executivo, também, o instrumento de coerção, haja vista que o devedor não age originariamente segundo a sua vontade, senão compelido pelo instrumento de soberania. Por essa razão não se trata de execução indireta ou imprópria, como entendem alguns, qualificando-se como próprias somente aquelas em que é "integral" a atividade substitutiva do Estado através da tutela de execução. Posicionam-se contra o exposto, na doutrina alienígena, **Rosenberg**, *Tratado*, cit., vol. 3, p. 4, e, entre os nacionais, **Ovídio Baptista**, *Curso*, cit., vol. 2, p. 17, notas.

Parte II • I – TUTELA JURISDICIONAL | **103**

pelo devedor através dos embargos.[37] Mas, de toda sorte, a sua convocação não se dá para "discutir", senão para "cumprir". O devedor demandado é que pode fazer exsurgir a "controvérsia", enxertando no organismo do processo de execução um outro, de natureza cognitiva e prejudicial, cuja finalidade é destituir aquela verdade que se encarta no título executivo, podendo inutilizar o título, o crédito ou, por via oblíqua, o próprio processo, sendo certo que, neste último caso, o crédito, substrato material da execução, não desaparece do mundo jurídico, mantendo a sua exigibilidade, ainda que por via de outra forma de tutela.[38] A ausência de efeito suspensivo automático dos "embargos" ou da impugnação ao cumprimento da sentença se funda na posição proeminente do exequente, em razão da extrema energia processual que o título executivo exibido encerra.[39]

O título executivo revela notável poder de convencimento, quer tenha sido produzido em juízo (título judicial), quer fora dele (título extrajudicial), distinguindo-se ambos quanto à amplitude de cognição das "defesas" acaso opostas pelo devedor, haja vista que a preclusão que atinge os títulos judiciais quanto às matérias que poderiam ter oferecido preteritamente ao surgimento da sentença não alcança o documento extrajudicial, posto ser a primeira aparição deste em juízo, alargando--se sobremodo o campo de análise do Judiciário quanto à sua legitimidade formal e substancial.[40]

Não obstante essa sua índole, o processo de execução, mesmo na sua feição tipicamente re-alizadora de direitos, subsidia-se das regras do processo de conhecimento, uma vez que esse livro do Código que o retrata contém normas gerais aplicáveis a todas as formas de tutela.

2.3   Tutela inibitória

A tutela inibitória induz à ideia de uma espécie de tutela necessária a determinadas pretensões para as quais não são adequadas as formas tradicionais de prestação de justiça.[41] É que há direitos que necessitam de uma forma especial de intervenção do Estado-juiz. Assim, *v.g.*, se a parte presume, por meio de dados objetivos, a possibilidade da prática de "concorrência desleal", faz-se mister

---

[37]   Como afirma **Crisanto Mandrioli**, "o *audiatur et altera pars* adquire, na execução, significado diverso do que tem no processo de conhecimento, sem excluir no entanto o contraditório, pelo menos no seu aspecto potencial" (*L'Azione Esecutiva*, 1955, p. 466).

[38]   **Liebman**, *Processo de Execução*, cit.

[39]   *Nulla executio sine titulo* explica os atos de coação e soberania que se praticam na execução. Ensina **Liebman** que "inspiram-se os direitos modernos na tendência a garantir que, na medida do possível, não se deite as mãos nos bens de uma pessoa senão para satisfação de um direito efetivamente existente". Daí subordinar a atividade dos órgãos executivos a alguns pressupostos que podem oferecer adequada justificação do direito pelo qual uma pessoa invoca o uso da força contra outra pessoa (*Le Opposizioni di Merito nel Processo d'Esecuzione*, 1931, p. 124).

[40]   Nem sempre foi assim, haja vista que a ação executória distinguia-se da executiva exatamente no que con-cernia à cognição incidental. Naquela, calcada em título executivo, apenas *ad initio* a ação era executiva, transmudando-se em cognitiva após a penhora, e a executória, porque fundada em sentença condenatória, autorizava de imediato a prática de atos autoritário-judiciais. Consulte-se, a respeito, o volume 5 das *Instituições* de **Frederico Marques**. Afirma-se em boa sede de doutrina que a criação dos títulos extrajudiciais, base de execução sem prévia cognição, tem sua origem no tráfico mercantil da Idade Média, limite com os albores da Idade Moderna, notadamente quanto à necessidade de outorga de tutela mais efetiva e rápida aos créditos instrumentalizados nos denominados *instrumenta guarentigiata* ou *confessionata*, aos quais reconheceu--se, nos estatutos comunais, a *executio parata*, análoga à da sentença. Esse desiderato foi alcançado com a instituição francesa dos *titres executoires* – uma vez que, anteriormente, apesar da existência do *processus summarius executivus*, neste havia prévia cognição sumária do pedido com ampla defesa do executado –, equiparados às sentenças em sua eficácia executiva, o que foi alcançado no século XIX, espraiando-se por vários sistemas europeus, abolindo-se essa diferença de contraditório em função da natureza dos títulos. Entre nós, originariamente influenciados pela ação decendiária do direito português – ação de assinação de dez dias –, mantivemos sob a égide do Código de 1939 a distinção entre a executória e a executiva, extinta em 1973 com a equiparação de eficácia entre os títulos judiciais e extrajudiciais. Essa preclusão também inova, haja vista que outrora os embargos, porque infringentes do julgado, equiparavam-se a verdadeira ação rescisória e podiam anular ou revogar a decisão exequenda. Nesse sentido **Liebman**, na nota da p. 435 do vol. 2 das *Instituições* de **Chiovenda**, e a belíssima monografia de seu discípulo **Luis Eulálio de Bueno Vidigal**, *Da Ação Rescisória dos Julgados*, 1948, p. 30.

[41]   **Luiz Guilherme Marinoni,** *Tutela inibitória e tutela de remoção do ilícito*, 2019.

a defesa judicial desta expectativa que não se enquadra na moldura das tutelas de declaração, de constituição ou de condenação, porquanto o que se pretende é evitar que a lesão ao direito ocorra.

O tema, como se pode depreender desde logo, suscita a ideia de adequação da tutela às necessidades práticas do autor que maneja a ação. Aduz-se, neste passo, à "tutela jurisdicional de direitos" para revelar a premente intimidade entre o processo e o direito que lhe serve de objeto, concretizando o preceito de que "a todo direito corresponde uma ação específica que o assegura", numa explicitação infraconstitucional da regra maior de que "nenhuma lesão ou ameaça a direito deve escapar à apreciação do Poder Judiciário". A garantia constitucional do art. 5º, inciso XXXV da Constituição Federal encontra seu correspondente na legislação ordinária, no art. 189 do Código Civil, que realiza a promessa legal da "tutela adequada".

É que de há muito assentou Chiovenda que "o processo deve dar a quem tem direito tudo aquilo e precisamente aquilo que ele tem o direito de obter"; máxima repetida modernamente por Vittorio Denti sob outro enfoque, no sentido de que "*la durata del processo non deve andare a danno dal attore che há ragione*".

A relação imanente entre o direito e o processo, antes de revolver e nulificar a superada doutrina concreta do direito de agir, revela, apenas, quão prejudicial restou para o processo em geral esse *apartheid* entre a relação substancial e a forma processual, porquanto a ideologia da ordinariedade, dentre outras causas, acarretou a insuficiência das espécies tradicionais de tutela, fazendo exsurgir o movimento de busca das tutelas diferenciadas, tão bem evidenciado por Proto Pisani em seus apontamentos sobre a justiça civil, nos quais deixou claro inexistir uma única forma de tutela para todas as situações subsumíveis ao crivo jurisdicional.

Essa moderna preocupação marca o fim da neutralidade da ciência processual em relação ao direito material carente de prestação jurisdicional, sob forte inspiração do "princípio da efetividade", cujo escopo maior é observar a experiência jurídico-processual, sob a ótica da utilidade social do processo, assim compreendido como instrumento que possibilita conferir-se ao jurisdicionado uma tutela tempestiva e justa.

A análise da tutela jurisdicional à luz do objeto imediato do pedido ou em confronto com os resultados alcançados não deixa margem a dúvidas de que a tutela condenatória é a mais imperfeita de todas as espécies de resposta judicial. Em primeiro lugar porque voltada para fatos pretéritos e por isso comprometida, apenas, com o escopo ressarcitório, revelando-se ineficiente para com o desígnio preventivo. Por outro lado, inadequada à defesa de interesses não imediatamente patrimoniais, *v.g.*, de impedir a divulgação da imagem alheia.

Destarte, sobressai a sua impotência em atuar a suposta ordem que seu *nomen juris* insinua, porquanto a condenação é mera exortação e, nesse comando, passa ao largo a ideia central da "ordenação" ou "determinação". É que quem resulta condenado não se submete a um rigor maior do que ser exortado a cumprir a decisão sob pena de se iniciar uma execução forçada, hoje tão delongada quanto à relação de cognição anterior, quiçá mais frustrante. Positivamente, o juiz que "condena" não "ordena", reduzindo a condenação a uma mera "declaração".

Por outro lado, o legislador constitucional não se preocupou somente com as efetivas lesões aos interesses juridicamente protegidos mas também com as "ameaças de lesão a direitos" por isso, juntamente com a promessa da "inafastabilidade" fez acoplar a de que a vedação à autodefesa encontraria no ordenamento remédios capazes de oferecer a solução "adequada" ao caso concreto, o que não é senão a resposta judicial específica e efetiva.

O legislador maior, ao adicionar ao novel dispositivo constitucional a tutela jurisdicional para as hipóteses de "ameaça a direito", considerou nessa possibilidade por si só, "uma lesão", fazendo coro com a moderna doutrina que subdivide o ilícito em "ilícito de lesão" e "ilícito de perigo".

O primeiro, comprometido com a ideia de dano, e, o segundo, com a de transgressão pura e simples, cobrindo a importante área dos direitos não patrimoniais que, embora compensados pecuniariamente nos momentos posteriores da lesão, contentam-se mais com a prevenção do que com a reparação. Resta evidente, por exemplo, que a parte prefere que o ordenamento seja munido de instrumentos capazes de impedir a violação de sua privacidade do que de reembolsá-la após os danos acarretados em função daquela invasão à sua esfera íntima. Em resumo, os "novos direitos absolutos" não se contentam com a simples tutela ressarcitória, tanto mais que provocam deveres continuativos que, se descumpridos, devem cessar, *v.g.*, as violações ao meio ambiente, a difusão de notícias falsas etc., hipóteses em que não faz sentido relegar à ultimação das violações o ressarcimento, sem prejuízo de considerarmos que a reparação nesse campo nem sempre é efetiva, variando o *quantum* da indenização segundo o princípio da razoabilidade.

A *iniciativa inibitória* imediata cumpre o escopo da efetividade da jurisdição com muito mais eficiência que uma condenação *ex post facto*.

A esta altura, já ressalta cristalina a ineficiência da tutela condenatória para atingir esse escopo preventivo diante do mecanismo da execução posterior que se baseia, exatamente, na inaptidão de a condenação evitar a lesão. A *tutela inibitória*, ao revés, para se efetivar, reclama pronta atuação apoiada por enérgicas medidas de coerção pessoal ou patrimonial capazes de convencer o obrigado a adimplir a sua obrigação de não violar, não repetir ou não continuar. Neste particular, é inocultável a inadaptação das medidas de apoio às sentenças condenatórias, iluminadas pela ideia de que o próprio descumprimento quando muito implica a conversibilidade em perdas e danos quando versam sobre prestações de fazer infungíveis e de não fazer. Não é essa, positivamente, a aspiração da tutela inibitória.[42]

A tutela inibitória tem por finalidade impedir a prática de um ilícito, não importando, num primeiro plano, a eventualidade de ocorrência de dano mas antes, do ato contra o direito. Revela, assim, a proposta da inibição um veto para que o ato não ocorra, não prossiga ou não se repita. A probabilidade de que um ato venha a ser praticado contra uma conduta legal sancionada é o bastante para surgir o interesse processual no manejo da tutela de inibição. No Direito italiano, a lei de direito autoral torna clara a possibilidade jurídica da pretensão inibitória a todo *"aquele che ha ragione di temere una violazione di un diritto"* (art. 156 da citada lei). Assim também contempla-se em sede laboral, proibições, sob pena de prisão, contra atividades antissindicais.

A tutela inibitória cumpre, assim, os postulados da *efetividade*, posto preventiva, e da *especificidade*, haja vista conferir a utilidade esperada. Evita o ilícito em vez de propor-lhe a reparação, garantindo o exercício integral da aspiração do jurisdicionado, rompendo o dogma de que o ressarcimento revela a única forma de tutela contra o ilícito.

Objetivando inibir a prática, a repetição ou a continuação do ilícito, exsurge como "pressuposto material" da tutela inibitória o "perigo" de que as atividades acima ocorram. Ao autor, é suficiente demonstrar a verossimilhança do perigo de que o ilícito possa ocorrer, se repetir ou continuar para que faça jus à tutela em exame. É evidente, neste passo, que se a inibição é admissível para impedir a repetição e a continuação, imperioso chancelá-la, primeiramente, para a hipótese em que o ilícito sequer ocorreu. A produção da prova, entretanto, se apresenta mais complexa quando o ilícito ainda está em "potência" e se quer evitá-lo do que nas hipóteses de perigo de repetição ou continuação, porquanto os antecedentes militam como indícios. A criatividade da doutrina indica que, se um comerciante impedido de usar determinada marca, encomenda embalagens a outrem, determinando estampar a marca interditada, estará criando a situação de perigo suficiente ao deferimento da tutela inibitória. Conclui-se, assim, que a comprovação da simples "probabilidade do ilícito de perigo", isto é, que o ato *contra legem* poderá ser praticado, resulta suficiente para o êxito do demandante à inibição.

Destarte, repita-se, o dano não ingressa na esfera de cogitação da tutela inibitória, razão pela qual, ao autor se requer a prova do perigo e da antijuridicidade do ato que se quer evitar, pouco importando se da transgressão resultará prejuízo material ou não. Assim, *v.g.*, se determinado fabricante de produto farmacêutico teme que outro laboratório faça circular no mercado produto com denominação que acarretará perplexidade junto aos consumidores gerando ilícita concorrência, detém o direito à tutela inibitória sem necessitar quantificar qualquer prejuízo senão investir em defesa de sua propriedade imaterial, comprovando tão somente a titularidade da referida marca.

---

[42] Consulte-se, por todos, a obra de **Luiz Guilherme Marinoni**, *Tutela Inibitória*, 1998.

A inibição se contenta com a possibilidade de violação *in re ipsa*, dispensando o autor da comprovação de dolo ou culpa do demandado, uma vez que é contra a potencialidade de violação que a tutela se dirige.

Sob o ângulo dos fundamentos constitucionais e infraconstitucionais da inibição jurisdicional, a tutela em exame, em nosso sistema, mercê de se fundar na garantia constitucional da efetiva e adequada jurisdição, coadjuvada pelo *due process of law*, encontra ressonância infraconstitucional pioneira no CDC, que, no seu art. 84, viabiliza a *inibição antecipatória ou final* acompanhada de medida de apoio consistente na "multa diária".

No CPC, toda essa lógica é condensada no parágrafo único do art. 497: "*para a concessão da tutela específica destinada a inibir a prática, a reiteração ou a continuação de um ilícito, ou a sua remoção, é irrelevante a demonstração da ocorrência de dano ou da existência de culpa ou dolo*".

No direito alienígena, a tutela inibitória é encontrada como espécie incidente à defesa de determinados direitos, *v.g.*, na interdição à concorrência desleal no direito italiano e admitida como tutela atípica ou decorrência do princípio da tutela adequada decorrente do poder geral de prevenção do juiz.

A tutela inibitória tem *cunho autônomo e satisfativo* posto dirigir-se à prevenção de um ilícito, por isso não se confunde com a inibição cautelar que visa impor a interdição de uma atividade com o fim de preservar a utilidade prática de um processo principal, distinguindo a tutela inibitória satisfativa ou autônoma da tutela inibitória cautelar.

Assim, *v.g.*, a interdição cautelar da venda de bens pode visar à preservação da utilidade de um futuro processo de dissolução de sociedade, ao passo que a inibição de uso de imagem objetiva proteger esse direito da personalidade.

A inibição, por seu turno pode ser *antecipada* ou conferida ao *final* do processo de cognição.

A possibilidade de antecipação dos efeitos práticos do provimento de inibição, tal como concebido pelo art. 497 do CPC faz exsurgir uma nova dicotomia em "tutela inibitória antecipada ou provisória" e "tutela inibitória principal" encontradiça em nosso matiz italiano. Entretanto, esta possibilidade não faz confundir antecipação com inibição, tanto mais que, como norma *in procedendo* a antecipação de tutela serve também à condenação, à declaração e à constituição.

A inibição é da essência da tutela de urgência porquanto o transgressor não costuma aguardar...

Aplicam-se, em princípio, à antecipação da tutela inibitória, os mesmos pressupostos materiais e processuais reclamados para a tutela antecipada em geral, vale dizer, *requerimento da parte, direito em estado de periclitação, direito evidente* e *prova inequívoca*, mantida a característica da *fungibilidade* inerente às antecipações da tutela.

No que pertine à *prova*, mister se repisar que os elementos de convicção devem gravitar em torno da *probabilidade da prática do ilícito e não do dano* e da consequente ineficácia do provimento final. Assim, *v.g.*, na tutela inibitória contra a divulgação da imagem, o requerente há de demonstrar que se ocorrente a violação temida, não receberá da justiça a resposta adequada em face dos desastrosos efeitos da aparição pública, passível de impedimento apenas pela inibição judicial.

Em suma, nessa hipótese, é mister comprovar a ilicitude da divulgação da imagem e a inoperância do provimento final.

Forçoso reconhecer: deveras árdua a missão do juiz na concessão da tutela inibitória, que de ordinário confrontará dois interesses relevantes, *v.g.*, o direito à informação e o direito à privacidade ou à imagem,[43] momento em que, guiado pela regra da proporcionalidade tão bem evidenciada por

---

[43] A respeito desse choque de direitos fundamentais, o Supremo Tribunal Federal entendeu ser incompatível com a Constituição Federal o direito ao esquecimento, fixando a seguinte tese: "[é] incompatível com a Constituição a ideia de um direito ao esquecimento, assim entendido como o poder de obstar, em razão da passagem do tempo, a divulgação de fatos ou dados verídicos e licitamente obtidos e publicados em meios de comunicação social analógicos ou digitais. Eventuais excessos ou abusos no exercício da liberdade de expressão e de informação devem ser analisados caso a caso, a partir dos parâmetros constitucionais – especialmente os relativos à proteção da honra, da imagem, da privacidade e da personalidade em geral – e das expressas e específicas previsões legais nos âmbitos penal e cível" (RE 1010606, Rel. Dias Toffoli, Tribunal Pleno, j. 11.02.2021).

Karl Larenz, deverá optar o magistrado pela solução mais justa, atento à advertência de Fernando Pessoa de que: "Não se pode servir à sua época e a todas as épocas ao mesmo tempo; Nem escrever para homens e deuses o mesmo poema".

Como bem ressaltado em magnífica sede doutrinária, não se pode categorizar como tutela de inibição aquela que se limita a ordenar uma abstenção e não se presta a uma atuação imediata através de medidas de apoio. Desta sorte, a decisão inibitória quer antecipada quer final deve ser de *execução completa e imediata, ditada de inseparável mandamentalidade*.

Essa atuação varia conforme a tutela inibitória seja "preventiva ou continuativa".

A tutela inibitória pode servir à não realização de uma atividade ilícita ainda não ocorrente bem como visar a impedir a repetição ou a continuação. Nas duas primeiras hipóteses, a interdição deve ser suficientemente persuasória para impedir a prática ou a reincidência, acompanhada de medidas de apoio que objetivem fazer entrar em cena os meios coercitivos. Assim, *v.g.*, se o Estado puder se antecipar e retirar de circulação os produtos infratores do direito de exclusividade de fabrico de outrem deve fazê-lo, em vez da intimidação de incidência de multa diária enquanto não posto aquele fora do comércio. Ocorrente a violação mister a execução da inibição mediante a atuação de um desfazer mandamental e executivo *lato sensu*.

Na *tutela inibitória continuativa*, vale dizer, aquela *voltada a impedir a continuação*, sem prejuízo do restabelecimento do estado anterior, a mesma técnica deve ser utilizada tanto para recompor como para impedir a continuidade, incidindo a coerção no malogro dos meios de sub-rogação para fazer cessar o ato interdito. Isto significa dizer que o Estado deve se utilizar de todos os meios necessários à consecução do resultado específico, valendo-se apenas dos meios de coerção caso se frustrem os meios de sub-rogação e, quanto aos coercitivos, nos casos limites em que a conduta personalíssima exigível permite ao devedor invocar o *nemo potest cogi ad factum* frustrando sobremodo as expectativas da parte e da justiça. É preciso, em suma, adotar em nosso sistema a postura do magistrado da *common law*, como único meio capaz de resgatar o prestígio do Poder Judiciário relegado em níveis alarmantes de insatisfação popular por influência de um Legislativo que outrora o idealizou calcado nos princípios de Montesquieu, que preferia ao juiz dotado de *imperium judicis*, aquele a quem limitadamente se conferia a função de ser apenas *la bouche de loi*.

2.4 Tutela provisória

2.4.1 Fundamentos e antecedentes: tutela cautelar, tutela de segurança e tutela satisfativa de urgência[44]

O processo, concebido como "instrumento de realização dos direitos materiais" na visão percuciente de Niceto Alcalá-Zamora y Castillo, passou, no limiar de um novo século, a submeter-se ao desafio da efetividade, postulado moderno que exige a aptidão dos instrumentos de tutela à consecução dos fins para os quais foram constituídos. Sob essa ótica, fartas as críticas acerca da natural demora da prestação jurisdicional, gerando insatisfação prática e jurídica para aqueles que se veem compelidos a recorrer ao Judiciário na busca da solução de seus conflitos. O fenômeno,

---

[44] Este, como se sabe, é o postulado máximo do princípio da efetividade do processo, retratado inúmeras vezes. A esse respeito, referiu-se **Andrea Proto Pisani** em "Appunti sulla Tutela Sommaria", *in I Processi Speciali; Studi Offerti a Virgilio Andrioli dai suoi Allievi*, cit., p. 309 e segs. Na doutrina nacional, **José Carlos Barbosa Moreira**, *Temas*, cit. Aliás, é antiquíssima a denúncia de **Carnelutti** quanto à conspiração do tempo em detrimento de um processo justo. Segundo o insuperável mestre peninsular, sob o ângulo temporal, trava o juiz uma "*lotta senza posa*" (*Diritto e Processo*, cit., p. 354). Mais recentemente, na obra constantemente destacada, **Cappelletti**, *Acesso à Justiça*, cit. O dispositivo matriz desse poder do juiz é o art. 300, assim enunciado: "A tutela de urgência será concedida quando houver elementos que evidenciem a probabilidade do direito e o perigo de dano ou o risco ao resultado útil do processo". Sobre a tutela provisória, mais modernamente, ver: **José Carlos Barbosa Moreira**, Tutela de urgência e efetividade do direito. *Temas de direito processual*, oitava série, 2004. p. 89-106; **Fredie Didier Jr.**; **Paula Sarno Braga**; **Rafael Alexandria Oliveira**, *Curso de direito processual civil*. v. 2, 2016; **Cândido Rangel Dinamarco; Gustavo Henrique Righi Ivahy Badaró; Bruno Vasconcelos Carrilho Lopes**, *Teoria Geral do Processo*, 2020, p. 519-529.

aliás, é universal, como pode observar Cappelletti em vasta e convincente comprovação assentada nos dados informativos encontradiços no seu volume "Acesso à justiça".

Essa constatação foi responsável pela busca, dentro do ordenamento, de instrumentos ágeis de prestação jurisdicional, acarretando o que se cognominou "vulgarização do processo cautelar". Essa forma de tutela imaginada como *tertium genus* e destinada à proteção da utilidade prática das tutelas de cognição e execução passou a ser utilizada indistintamente em todas as situações reveladoras de perigo de demora na prestação da justiça, não só quando esse retardamento indicasse periclitação para uma escorreita prestação da justiça pela frustração dos meios processuais, mas também nas hipóteses de malogro do próprio direito material da parte ou seu enérgico enfraquecimento. Alterou-se, assim, a feição doutrinária do processo cautelar, servil ao processo principal, transmudando-o para um verdadeiro procedimento célere e expedito capaz de conjurar, como os interditos romanos, toda e qualquer lesão ou ameaça de lesão, em brevíssimo espaço de tempo, afastando os tão combatidos efeitos ruinosos da demora na prestação jurisdicional.

Cautelaridade e satisfatividade restaram por imiscuir-se no âmbito dos desígnios do processo cautelar, atendendo às situações de emergência e superando os reclamos da efetividade. Entretanto, se a prática assim vem demonstrando, evidencia-se a necessidade de distinguir não só os objetivos diversos da tutela cautelar em confronto com essa tutela rápida que se vem proliferando, mas também regular a natureza dessa espécie de processo e procedimento, fruto da criação de novas exigências sociais.

Destarte, a consequência dessa *utilização promíscua do processo cautelar* revelou um fenômeno análogo, que pode figurar como razão lógica para a derivação de causas para o procedimento sumário-cautelar. É a questão atinente aos direitos evidentes. A prática judiciária indica casos em que não se revela justa a demora da prestação jurisdicional, mercê de inexistir qualquer situação de perigo. Referimo-nos aos *casos de evidência* diametralmente distintos das hipóteses de "mera aparência" que se encenam no processo cautelar. Para os denominados direitos evidentes, a inadequação do procedimento ordinário revela-se de pronto, reclamando uma atuação tão imediata quanto incontroverso o direito da parte, tal como ocorre com o mandado de segurança.

Hodiernamente, ganham corpo esses provimentos, *v.g.*, contemplou-os o legislador inquilinário com o despejo liminar irreversível, a novel tutela antecipada, merecendo, por isso, inserir-se em sede doutrinária essa nova feição do processo como instrumento de realização imediata. O tema, como se verifica, afina-se com a tutela de segurança na parte em que também se engendra de imediato, com abandono dos ritualismos, hoje injustificáveis, do procedimento ordinário, traçado para servir de instrumento a uma longa averiguação do direito dos contendores, *in casu*, que se torna desnecessária pela própria "evidência".

O CPC de 2015 robustece a tutela de segurança por meio da tutela da evidência, agora condensada em rol próprio (art. 311), sem prejuízo de disposições pontuais ao longo do diploma geral e de leis específicas.

Consoante exposto precedentemente, o Estado, no exercício do monopólio da jurisdição, manifesta essa função por meio da definição de direitos e da realização deles com a utilização dos instrumentos jurídico-processuais de coerção ou de sub-rogação.[45]

A prestação da justiça, entretanto, não se engendra de imediato, tanto mais que todo processo reclama um procedimento via do qual se praticam os atos necessários ao amadurecimento da solução judicial. Nesse interregno, tudo quanto possa interessar à perfeita solução da lide fica exposto, sujeitando-se a um estado potencial de periclitação atribuído ao tempo ou ao comportamento da parte adversa.[46]

---

[45] A atuação jurisdicional não é uniforme; pode dar-se em razão de pretensões resistidas ou insatisfeitas na acepção carneluttiana. Na primeira hipótese, cumpre ao juiz regular o caso pela emissão de norma jurídica concreta, ao passo que, no segundo, cumpre praticar atos e operações tendentes a fazer coincidir os fatos da realidade com a regra (**Liebman**, *Processo de execução*, 1946).

[46] Nesse sentido, as lições de **Calvosa**: "Il processo cautelare", *Novissimo digesto italiano*, 1970, vol. 9, e "Sequestro giudiziario", *Novissimo digesto italiano*, vol. 17.

Esse risco que gravita em torno do objeto do litígio pode indicar a possibilidade de frustração da função estatal de definição ou realização dos direitos controvertidos; por isso, seria inócua a previsão da prestação jurisdicional sem que houvesse meios de proteção das condições ideais para que a justiça fosse efetivamente prestada. Liebman advertia que não bastava fazer justiça, mas antes criar condições para que a justiça fosse prestada.[47]

Com esse escopo, a doutrina moderna idealizou a tutela antecipada, servil e instrumental ao processo de definição e realização de direitos, preservando a utilidade prática de ambos mediante a manutenção do estado de fato da lide, permitindo ao juízo principal a solução do litígio em consonância com a realidade fenomênica.[48]

Dessa forma, e enquanto o processo cautelar guardava autonomia, a tutela se materializava como instrumento em relação ao processo dito principal, preservando-lhe a existência prática mediante a conservação do objeto litigioso e de suas provas. Consequentemente, diz-se que representa esse processo um "instrumento ao quadrado" diante da natureza instrumental imanente a todo e qualquer processo, em confronto com o direito material veiculado na demanda.

A menção à doutrina moderna restou proposital, uma vez que, historicamente, a tutela dita cautelar nasceu com feições satisfativas e derivadas do poder cautelar genérico do juiz, como se pode colher das lições nacionais e alienígenas.[49]

Sua específica função assecuratória de interesses eminentemente processuais foi desenvolvida e considerada o marco de emancipação científica dessa terceira modalidade de tutela jurisdicional. A tônica dessa forma de tutela está na "prevenção" e na unidade do procedimento, que "funde atos de cognição e execução", como afirmava Liebman.[50]

Processo de procedimento célere, a tutela provisória autoriza a prestação liminar da justiça com o fito de conjurar o perigo de dano (*periculum in mora*). Distingue-se, basicamente, das demais formas de tutela pelo seu caráter provisório e pela pouca verticalidade da cognição, aliás, incompatível com a urgência que o provimento reclama. Não versando sobre o litígio central, mas tão só quanto ao interesse processual de manter a utilidade do processo principal, a decisão na tutela cautelar antecedente não faz coisa julgada material, à exceção da hipótese do art. 310 do CPC, e não resulta em litispendência a sua propositura incidente, tampouco a induz o exercício da ação principal após sua concessão antecedente. A provisoriedade arrasta também a revogabilidade; por isso, o provimento traz em si o germe de sua extinção, uma vez que sua vocação é ser substituído pela solução definitiva.[51]

---

[47]   *Manuale*, 1946.

[48]   No sentido do texto, **Calamandrei**, Introduzione, Preventiva, *Novíssimo Digesto Italiano*, vol. 9; **Liebman**, *Manuale*, 1946; e **Carnelutti**, *Diritto e processo*, 1958.

[49]   A respeito, a resenha histórica de **Sidney Sanches**, *Poder cautelar geral do juiz*, 1978; **Willard de Castro Vilar**, *Medidas cautelares*, 1971; Calvos a, "Il processo cautelare": *Novissimo digesto italiano*, vol. 9; e **Biscardi**, "Sequestro (Diritto romano)": *Novissimo digesto italiano*, vol. 17. Neste último autor, é claríssima a ligação entre a cautela atípica e a utilização dos interditos para uma série de casos que reclamavam a tutela rápida, daí a proliferação do remédio possessório; fenômeno conhecido do Direito brasileiro que dedicou boa parte de sua inteligência à discussão da possibilidade da proteção possessória aos direitos pessoais. São clássicas as posições de **Otávio Mangabeira** e **Rui Barbosa** a respeito do terna, tratado com a verticalidade inerente a **Astolfo Rezende** em *A posse e sua proteção*, 1937, 2 vols.

[50]   Nesse sentido, a originária doutrina do tema em **Galena Lacerda**, *Comentário*, 1980, posteriormente revista no estudo citado, *Função e processo cautelar: revisão crítica*. Os nossos sistemas matizes convivem com a previsão genérica da tutela cautelar atípica e a previsão de procedimentos específicos, inexistindo nos ordenamentos paradigmas um livro próprio de regulação do processo cautelar. Aliás, no final do nosso trabalho, sugerimos a unificação da função dita cautelar aplicável em qualquer processo e procedimento, ensejando a "interpenetração" a que se referiu Galeno Lacerda, mais recentemente.

[51]   Essa colocação original deve-se a **José Alberto dos Reis**, "A figura do processo cautelar": separata do *Boletim do Ministério da Justiça*, n. 3, Lisboa São as previsões judiciais de "situações passageiras": na linguagem de **Lopes da Costa** (*Medidas preventivas*, 1958), que permitem ao juiz decidir com a cláusula *rebus sic stantibus*, aliás, segundo **Liebman**, inerente a toda e qualquer sentença (*Efficacia*, 1962). **Chiovenda** sempre as considerou assim, tanto que nos *Principii* denominou-as de *misure provvisorie cautelari*, conservando essa concepção nas *Istituzioni*.

A pouca verticalidade da cognição autoriza o juízo de verossimilhança, permitindo ao magistrado que julgue pelas aparências (*fumus bani juris*), relegando para a tutela definitiva o *iudicium* de certeza (cognição exauriente) necessário às decisões que tendem a perenizar-se no tempo como a última palavra oficial do Judiciário.[52] O advento da tutela principal e sua imediata eficácia superam a existência da medida cautelar, que nesse momento cede lugar ao provimento assegurado. Destarte, a decisão do mérito incompatível com sua sobrevivência acarreta, *ope legis*, sua cassação ou cessação de eficácia (art. 309 do CPC).[53]

Ainda como decorrência desse exame aparente do direito alegado, nenhuma influência nesse campo se verifica entre as duas formas de tutela, a satisfativa urgente e a cautelar, tanto mais que se distinguem com nitidez os interesses em jogo em cada um dos processos: no cautelar, interesses eminentemente processuais; no principal, interesse material. Diminuta repercussão observa-se na questão da competência; por isso, funcionalmente, ninguém melhor do que o juiz da cautelar para conhecer da questão principal anunciada no bojo daquele pedido.[54] Arrasta-se, assim, para o juízo da cautelar, a propositura da ação principal, obedecido sempre o princípio *incompetentia periculum in mora non attenditur*.[55] A ressalva fica por conta da produção antecipada de provas, processo frequentemente de natureza cautelar (art. 381, I), mas que o legislador optou por não aplicar a prevenção do juízo para o ajuizamento da ação principal, conforme se extrai do art. 381, § 3º, do CPC.[56]

---

[52] Nesse sentido afirmava **Calamandrei** que, entre fazer o bem tardiamente e fazer logo, correndo o risco de fazer mal, impunha-se essa última forma, relegando o problema do bem e do mal para as "formas tranquilas do procedimento ordinário" (*Introduzione Preventiva*). Na mesma **linha José Alberto dos Reis**, para quem no processo cautelar exigia-se "fazer bem e depressà" ("A figura do processo cautelar", *Boletim*, 1947); **Liebman** advertia que não se tratava de um exame superficial nem vertical, mas o *quantum satis* para prover (*Manuale di Diritto Processuale Civile*, 1959, vol. 1); **Ugo Rocco** referia-se a um "conhecimento sumário e superficial" (*Tratado de Derecho procesal civil*, 1977, vol. 5).

[53] A doutrina é uníssona quanto à imediatidade desse efeito, como **Galeno Lacerda**, *Comentários*,1980, e **Humberto Theodoro Júnior**, *Curso de processo civil*, 1992. Na doutrina alienígena, os expositores que defendem que a cautela visa antecipar o provimento satisfativo sustentam que, com o advento deste, o provimento perde sua eficácia, como, *v.g.*, **Luigi Montesano**, "Sulla duratta del provvedimenti d'urgenzà: *Rivista di Diritto Processuale*, vol. 2, 1956; e **Mario-Enrico Dini**, *I provvedimenti d'urgenza*, 1981. Atribuindo lapso temporal de maior eficácia situa-se a doutrina de **Carnelutti**, sustentando essa eficácia do provimento cautelar até o trânsito em julgado do pedido principal ("Duratta del provvedimento cautelare", *Rivista di Diritto Processuale*, vol. 2, 1937). A fusão das opiniões recomenda a manutenção do provimento enquanto idôneo, ou, na melhor expressão de **Giovanni Arieta**, enquanto perdura a "situação acautelandà" (*I provvedimenti d'urgenza*, 1981).

[54] Atribui-se a Wach, na Alemanha, e a Chiovenda, na Itália, a primazia de focalizar essa espécie de competência. Entretanto, coube a **Carnelutti** melhor sistematizá-la nas suas clássicas *Lecciones sobre el proceso penal*, 1950, vol. 2.

[55] Essa era a doutrina do Código anterior, afinada com o dispositivo encampado pelo Código de 1973. As razões subsistem, máxime pela índole célere e urgente do provimento cautelar. **Pontes de Miranda**, demonstrando a frustração da medida, sustentava essa possibilidade de provimento pelo juízo incompetente *ratione* loci, calcando seus ensinamentos nas Ordenações Filipinas (*Comentários ao Código de Processo Civil*, 1959, vol. 8). Sob a égide do mesmo diploma e no mesmo sentido, Hugo Simas, *Comentários ao Código de Processo Civil*, 1962, vol. 8. Humberto Theodoro Júnior anota que os códigos estaduais e o Regulamento no 737 previam foros eficientes para a proteção cautelar, sem repetir a regra do juízo funcional da causa principal (*Processo cautelar*, 1976). Na doutrina estrangeira, sem adentrar em questão específica, Carnelutti enunciava o princípio de que a escolha do juízo em tema de cautela obedecia mais à qualidade da atividade a ser exercida pelo juízo do que a qualidade da lide (*Sistema*, 1936). Desta sorte, o princípio mantém-se intacto, malgrado não repetido textualmente, como reconhecido por parte ponderável da doutrina atual, conforme anota Pestana de Aguiar na sua "Síntese informativa do processo cautelar": *Revista Forense*, vol. 247, 1974.

[56] Esse entendimento já prevalecia antes do advento do novel diploma processual. Veja-se: "A prevenção das cautelares em geral não se aplica, indistintamente, às medidas de produção antecipada de provas, porquanto estas últimas, ressalvados os casos específicos, sempre ou quase sempre, já se encontram extintas quando aforada a causa principal" (AgRg na MC 10.565/RJ, Rel. Ministro Fernando Gonçalves, Quarta Turma, j. 25.10.2005, *DJ* 14.11.2005, p. 324).

De tudo quanto se expôs até então subjaz fixada a ideia instrumental-processual da tutela cautelar no sentido de que sua servilidade é ao processo, não ao direito material da parte. Assim, o juiz, quando arresta, protege a futura penhora.[57] No sequestro, a preservação é à entrega que se pretende na ação principal manejada para esse fim etc.[58]

Inegável assim, que, ao prover cautelarmente, o juiz atende ao interesse público da preservação da tutela principal. Em princípio, as queixas às violações aos interesses materiais veiculam-se por meio das demandas de conhecimento e execução. Entretanto, situações denunciadoras de *periculum in mora* instam os juízes a decidir em *summaria cognitio* acerca do direito material da parte, provendo por vezes de tal maneira que desaparece, após a solução judicial rápida, qualquer outro interesse de agir em perseverar bens ou direitos em juízo.

Esses provimentos não podem ser considerados cautelares na acepção antes enfrentada.[59] É que versam e tutelam os direitos materiais, em princípio destinados à solução pelos processos de definição e realização de direitos.[60]

O Estado, contudo, no exercício do seu poder-dever jurisdicional, não pode escusar-se de enfrentar uma situação de periclitação do direito da parte a pretexto de inexistir texto expresso que autorize essa cognição satisfativa sumária e urgente.[61] A inércia é vedada pela própria Constituição, que inadmite escape à justiça qualquer lesão ou ameaça de lesão a direito (art. 5º, XXXV, da CF).[62]

---

[57] Consoante afirmava Leo Rosenberg, nesse desígnio de proteção de futura execução, o arresto atinge bens indeterminados do patrimônio do devedor (*Tratado de Derecho Procesal Civil*, 1955, vol. 3) e corresponde ao *sequestro conservativo* do Direito italiano, à *penhora de segurança* do Direito francês, ao *embargo preventivo* do Direito espanhol e ao *arresto germânico*, de acordo com a informação histórica de Coniglio, Il sequestro giudiziario e conservativo, 1949. Uma visão completa do instituto, sua origem e confronto de Direito comparado encontra-se em **Pontes de Miranda**, *História e prática do arresto ou embargo*, 1929.

[58] Essa ação principal pode ser instaurada após o sequestro ou encontrar-se proposta. A doutrina cautelar lavra divergências quanto à necessidade de disputa judicial anterior ao sequestro, conforme se colhe em **Antonello Bracci**, *Il sequestro giudiziario*, 1966, citando as escolas de Chiovenda, Calamandrei e Mattirolo. Na doutrina estrangeira, fertilíssima de informações quanto a essa figura cautelar, exsurge a intervenção de **Arnaldo Biscardi**, "Sequestro (Diritto romano)": *Novissimo digesto italiano*, vol. 17. **Humberto Theodoro Júnior** (*Processo cautelar*, 1976) e **Pontes de Miranda** (*Comentários*) não deixam margem a dúvidas sobre poder ser engendrado o sequestro ainda que não exista causa *sub judice*, contemplando o ordenamento nacional as figuras do sequestro preparatório e o incidente. No mesmo sentido **Ovídio Baptista**, *Curso*, 1991, vol. 1.

[59] **Luiz Guilherme Marinoni** erige a satisfatividade como requisito negativo da tutela cautelar ("*Tutela cautelar e tutela antecipatória*: RT, 1992). No mesmo sentido, **Ovídio Baptista**, *Curso*, vol. 3. No direito alienígena, interessante a distinção enunciada por Giovanni Verde quanto ao "provvedimento urgente e urgenza di provvedimento" ("Considerazioni sul provvedimenti d'urgenzá", I processo speciali: studi offerti a Virgilio Andrioli dai suoi allievi, 1979).

[60] Nesse sentido as lições de **Calmon de Passos**, *Revista dos Tribunais*, vol. 10, 1984. Assim também **Theodoro Júnior**, *Processo cautelar*, 1976.

[61] Nosso ordenamento não permite que o juiz se exima de sentenciar alegando lacuna ou obscuridade da lei – princípio do *non liquet*. Por outro lado, o acesso constitucional à justiça reclama, como consectário, que o juiz proveja obedecida apenas a condição de não ser juridicamente impossível o pedido. Nesse particular, Moniz de Aragão evidenciou, nas Jornadas Ibero-Americanas, a possibilidade de criação dos juízes ao engendrarem a fungibilidade das medidas cautelares, de tal sorte que possam ser conferidas *aliud* porém, *minus*. **Donaldo Armelin** esclarece que, não se tratando de direito material, o juiz deve preservar a eficácia do instrumento, daí a sua não adstrição ao pedido da parte ("A tutela jurisdicional cautelar": *Revista da Procuradoria Geral do Estado de São Paulo*, vol. 23, 1985). Segundo **Agrícola Barbi**, a regra, que tem paradigma no Direito italiano, é ditada pela impossibilidade de o legislador prever a multiplicidade de fatos que a realidade apresenta aos juízes (*Comentários ao Código de Processo Civil*, 1981).

[62] A regra tem assento no art. 10 da Declaração Universal dos Direitos do Homem, proclamada pela ONU em 10 de dezembro de 1948; no art. 6.1 da Convenção Europeia para a Salvaguarda dos Direitos do Homem e das Liberdades Fundamentais, subscrita em Roma no dia 4 de novembro de 1950; no art. 14, 1, do Pacto Internacional de Direitos Civis e Políticos de 16 de dezembro de 1966; e no art. 81 da Convenção Americana sobre os Direitos Humanos, assinada em São José da Costa Rica em 22 de novembro de 1969, conforme notícia histórica de **Rogério Lauria Tucci** e **José Rogério Cruz e Tucci**, *Constituição de 1988 e processo*: regramentos e garantias constitucionais, 1989.

112 | CURSO DE DIREITO PROCESSUAL CIVIL • *Luiz Fux*

Essa tutela reclamada, não obstante afim com a cautelar pelo requisito do *periculum in mora*, não ostenta a mesma natureza e regime jurídico daquela, denominando-se, genericamente, "tutela de segurança" ou "tutela satisfativa de urgência".

A urgência na proteção judicial imediata de direitos é mais um exemplo da inegável influência do tempo nas relações jurídicas em geral e no processo.

Essa mesma urgência, fenômeno de constância na sociedade moderna de massa, revelou-se o móvel a demonstrar a insuficiência das demais formas de tutela anteriormente retratadas, de cognição e execução, no afã da solução imediata de uma situação jurídica de periclitação do direito, levada ao conhecimento do Judiciário.

À luz do "princípio do acesso à justiça", consagrado no art. 5º, XXXV, da Constituição Federal, que tem como corolário o direito impostergável à adequada tutela jurisdicional, não podia o legislador escusar-se de prever a "tutela urgente", sob pena de consagrar tutela "tardia e ineficiente", infirmando a garantia constitucional por via oblíqua, na medida em que "justiça retardada é justiça denegada".[63] Nesse seguimento, o Direito brasileiro instituiu a tutela urgente, regulando-a em livro próprio por meio de regras gerais de processo e procedimento. O legislador processual atendeu assim a dois reclamos: o primeiro, da "efetividade do processo" como meio hábil de conferir à parte no "justo tempo" tudo quanto receberia se o *adversus* tivesse cumprido voluntariamente sua cota social de respeito à ordem e ao direito subjetivo alheio; de outro lado, tornou operante a garantia constitucional antes referida.[64]

No que concerne ao primeiro pressuposto, de há muito se reclama da morosidade emprestada à solução da causa pela técnica do processo de sentença ou processo de conhecimento, cuja solução final é antecedida de amplíssimo debate e excesso de formas. Por essa razão é que se atribuem o crescimento e a proliferação da "tutela urgente" em geral como meio de superar a ineficiência do procedimento ordinário com seu "formalismo lento e machinoso", como a ele se referiu Ferrucio Tommaseo.[65]

O "pressuposto da efetividade" representa, sem dúvida, o moderno enfoque do processo, tão importante quanto a doutrina que logrou destacar a autonomia da "relação processual": a hodierna observância do processo sob o ângulo da efetividade tem conduzido os juristas a estudos de funda investigação dos fins do processo à luz dos novos reclamos sociais. A verdade é que "o progresso científico de tantas décadas não pôde impedir que dramaticamente a Justiça civil alcançasse níveis alarmantes de insatisfação".[66] Essa insatisfação, referida pelo ilustre processualista Barbosa Moreira, diz respeito, sobretudo, à duração dos processos, que é um dos pilares de sustentação dos estudos acerca da efetividade.[67]

---

[63] A respeito do princípio, expressivas são as lições de **Ada Grinover**, *As garantias constitucionais do direito de ação*, 1973, p. 131-137 e 153-158, e em *Os princípios constitucionais e o Código de Processo Civil*, 1975, p. 15-19; e de **Carlos Maximiliano**, *Comentários à Constituição brasileira*, 1948, vol. 3, p. 186-189.

[64] Luigi Paolo Comoglio reconhece o fundamento constitucional da tutela de urgência, conforme se verifica em "La tutela cautelare in Italia: profili sistematici e risconti comparativi": *Rivista di Diritto Processuale*, 1990, p. 979-980.

[65] "Intervento", *in Les mesures provvisoires en procédure civile*, Coloquio Internazionale, Milão, 1984. Entre nós, com a mesma ótica, o professor Ovídio Baptista, ao abordar a "expansão da tutela cautelar", em que afirma que o uso indiscriminado desta decorre da instauração de um processo de conhecimento de raízes romano--canônicas, com exasperação da ordinariedade, em que só se concebe a cognição com força de coisa julgada nas sentenças finais e não nas sentenças liminares (*Curso*, 1993, vol. 2, § 3º, p. 15-20).

[66] **Barbosa Moreira**, "Tendências contemporâneas do Direito processual civil", *Revista de Processo*, vol. 31, p. 199, jul.-set. 1983.

[67] **Tommaseo** referiu-se em seu *Intervento* à relação "tra effettività della tutela giurisdizionale e la durata dei processo" (*Colloquio Internazionale*, 1984, p. 301-307). No mesmo sentido, a informação de **Frederico Carpi**, "Flashes sulla tutela giurisdizionale differenziatà", *Rivista Trimestrale di Diritto e Procedura Civile*, vol. 34, nº 1, p. 237-274. **Andrea Prato Pisani**, "Sulla tutela giurisdizionale differenziatà", *Rivista di Diritto Processuale*, vol. 34, nº 4, p. 536-591, 1979. **Barbosa Moreira**, "Notas sobre o problema da efetividade do processo", *Temas de direito processual*, 3ª série, 1984, p. 27-42.

Considera-se, assim, efetivo o processo que confere, no menor lapso de tempo, a solução adequada ao conflito levado à submissão decisória da justiça, compondo o binômio "fazer bem e depressa" ou "rapidez e segurança" a que se referia a doutrina clássica do processo cautelar.[68] O processo, enfim, é tanto mais eficaz quanto mais rápido for seu resultado.[69]

A tutela cautelar, como prevista desde o CPC/1973, entretanto, mercê de sua rapidez procedimental, veio concebida para atender a interesses nitidamente processuais de resguardo da eficácia prática do processo de conhecimento e de execução. A "sua *ratio* maior não foi", segundo a doutrina dominante, "estabelecer a sumarização dos juízos", a "permitir a tutela imediata de interesses materiais" protegidos, senão de manter condições favoráveis à prestação jurisdicional de conhecimento e de execução. Essa é a razão pela qual, hoje, se aduz ao fenômeno da "vulgarização do processo cautelar", denunciando-se "sua utilização promíscua" no afã de suprir o retardamento causado pela "ordinarização do procedimento".[70]

O Direito brasileiro, ao instituir um livro próprio para a tutela provisória e regular os procedimentos específicos, deixou clara a natureza instrumental-processual desse *tertium genus*, tanto que dispôs textualmente sobre a dependência do processo cautelar em relação ao processo principal.[71]

O conjunto dos dispositivos pressupõe a coexistência do pedido cautelar com o processo principal, como se pode colher das normas sobre a competência, sobre a eficácia cautelar enquanto suspenso o processo principal etc. Desta sorte, *em princípio, a instrumentalidade da tutela cautelar estabelecida pelo nosso legislador é processual e não material*; vale dizer: *é instrumento de tutela do processo e não do direito da parte.*[72]

Diz-se, assim, que a providência cautelar tende a ser substituída pela medida definitiva, cujo advento extingue o ciclo vital daquela.[73]

No entanto, nem toda tutela de urgência é cautelar. Surgem hipóteses em que o provimento provisório se identifica com a pretensão final, no plano material. Em se tratando de um pedido formalmente cautelar, por falta de autorização específica para a antecipação de tutela, no ordenamento originário de 1973, essa providência esgotava tudo quanto a parte poderia pretender como resultado judicial, esvaziando por completo o interesse de agir superveniente que motiva a propositura de uma ação principal. A recusa à prestação judicial imediata ora imaginada resvalaria na "denegação de justiça". Por outro lado, o fundamento para essa tutela urgente do direito material situa-se no campo do juízo sumário satisfativo.[74]

---

[68] A expressão é tributada a Calamandrei e Alberto dos Reis. Mais recentemente, doutrinou **Frederico Carpi** em *La provisoria esecutorietá della sentenza*, 1979, p. 11, que "non vi è dubbio che uno dei principali leit-motiv ricorrenti nella storia del processo e nella sua evoluzione sia il problema dei rapporti fra l'aspirazione alla certezza, tendenzialmente conseguibile con la ponderazione e meditazione della decisione, nello sforzo di evitare l'injustizia, e l'esigenza di rapidità nella conclusione del processo medesimo".

[69] **Donaldo Armelin**, "A tutela jurisdicional cautelar", *Revista da Procuradoria-Geral do Estado de São Paulo*, vol. 23, p. 115, jun. 1985.

[70] Nesse sentido**, Sergio la China**, "Quale futuro per provvedimenti d'urgenza?", *I Processi Speciali, Studi offerti a Virgili Andrioli dai suoi allievi*, p. 151.

[71] É de **Carnelutti** a afirmação de que o processo principal serve à tutela do direito, ao passo que o processo cautelar serve à tutela do processo (*Diritto e processo*, n. 234, p. 356). No mesmo sentido **Gian Antonio Micheli**, *Derecho procesal civil*, 1970, vol. 1, n. 20, p. 80-81. Essa dependência não é absoluta, como explicita Galeno Lacerda, admitindo, assim como **Pontes de Miranda** e **Ovídio Baptista**, uma autonomia nalguns casos em que se exaure a providência com o provimento cautelar (*Comentários*, vol. 3, p. 46).

[72] Tanto assim que Calamandrei referia-se a uma instrumentalidade hipotética, expressão com a qual deixava clara a não apreciação do direito material em sede cautelar – porque do contrário não qualificaria de hipotética a instrumentalidade –, chancelando a um só tempo essa servilidade da cautela em confronto com as outras formas de tutela. Essa também a conclusão de **Barbosa Moreira**, *Estudos sobre o novo processo civil*, 1974, p. 236.

[73] A expressão é de **José Alberto dos Reis** ("A figura do processo cautelar", *Boletim*, 1947), acompanhado por **Calvosa** ("Provvedimenti d'urgenza", *Novissimo digesto italiano*, vol. 14, p. 447).

[74] **Giovanni Verde** chega mesmo a referir-se a uma "epidemia de utilização indiscriminada das medidas cautelares em nossa prática forense" (*Rivista di Diritto Processuale*, vol. 35, 2ª série, n. 3, p. 581-585, jul.-set. 1980).

CURSO DE DIREITO PROCESSUAL CIVIL • *Luiz Fux*

Sob esse ângulo, forçoso concluir que a inexistência de veto no ordenamento para a formulação do pedido de tutela urgente para a proteção de direito material corresponde ao princípio da inafastabilidade da jurisdição.[75]

Diante da urgência e da necessidade de ingresso no Judiciário, o Estado, exercente do poder-dever de prestar a jurisdição, não se pode escusar em deferir a providência sob o manto da inexistência de previsão legal. Além da regra *in procedendo* do art. 140 do CPC,[76] conspira contra essa exoneração do dever de julgar o próprio princípio do acesso à justiça, que, na verdade, não reclama outra coisa senão o "exercício do direito abstrato de petição"; pouco importando o direito material encartado ou veiculado no *petitum*.

Ademais, a obrigação de o Estado intervir em determinada situação de urgência o faz criar, ou melhor, enxergar, no seu ordenamento, instrumento capaz de afastar, por meio de suas mãos oficiais, o *periculum* retratado, haja vista que a isso não se pode incumbir a parte por força da vedação à justiça privada. Desta sorte, o monopólio da jurisdição impõe que o Estado, sob as penas da denegação judicial, encontre, no seu corpo legislativo, por meio de técnica de autointegração e interpretação, remédio jurídico capaz de arrostar o perigo ao direito da parte, ainda que não se trate de demanda cautelar, para a qual o legislador previu a tutela imediata.[77]

É, sem dúvida, a desincumbência desse poder-dever que, mesmo antes da previsão legal, levara os doutrinadores a admitir a adoção da *tutela urgente submetida ao procedimento provisório.*[78]

Destarte, quanto ao fundamento legal dessa forma de tutela, forçoso é convir que, olvidada a origem histórica das cautelares – que, como já se asseverou, exsurgiram com natureza célere e satisfativa –, é possível entrever-se, no Código, uma instrumentalidade diversa daquela típica do processo cautelar. É que o art. 297 do CPC autoriza o juiz a adotar medidas adequadas toda vez que houver ameaça de lesão ao "*direito da parte*".

Em primeiro lugar, cumpre destacar o *objeto mediato* dessa proteção, que é o "direito da parte", mas não o direito substancial de cautela – que até mesmo se afirma negado pela doutrina majoritária –, e sim o próprio direito subjetivo material componente da *res in iudicium deducta*. É o próprio *meritum causae* que é antecipadamente regulado, como que numa "composição provisória da lide", para utilizarmos a expressão carneluttiana. O dispositivo, por outro lado, prevê a proteção interinal, tanto que se refere ao provimento antes do "julgamento" da lide e não antes da "propositura da ação". Esse provimento de tutela do próprio direito material pode exaurir todo o interesse de agir quando da sua concessão, de modo tal que à parte nada mais reste a suscitar à provocação judicial. Nessa hipótese, *v.g.*, ocorre com a "autorização para viajar": a medida concedida é urgente e não provisória, mas antes, *definitiva e satisfativa*, requisitos que distanciam os provimentos cautelares dos demais.

---

[75] Como acentuou de forma magnífica **Marinoni**, "se a realidade do mundo atual muitas vezes não comporta a espera do tempo despendido para a cognição exauriente da lide, em muitos casos o direito ao 'devido processo legal' somente poderá realizar-se através de um processo de cognição sumária. O direito à adequada tutela jurisdicional, portanto, também é corolário do princípio da inafastabilidade. Destarte, em face do nosso direito positivo, é facilmente aceitável a tese de que a tutela sumária antecipatória está embutida no livro III do Código de Processo Civil" ("Tutela cautelar e tutela antecipatória", *RT*, p. 91, 1992). No mesmo sentido as lições de **Kazuo Watanabe**, *Da cognição no processo civil*, 1987, p. 21.

[76] "**Art. 140.** O juiz não se exime de decidir sob a alegação de lacuna ou obscuridade do ordenamento jurídico. Parágrafo único. O juiz só decidirá por equidade nos casos previstos em lei."

[77] A ideia da contraprestação entre o monopólio da justiça e a necessidade de adequada prestação da justiça ao direito reclamado foi magistralmente evidenciado por **Proto Pisani** (*I rapporti fra Diritto sostanziale e processo; Apppunti sulla giustizia civile*, Bari, Cacucci, 1982, p. 42).

[78] **Ovídio Baptista da Silva**, *Comentários*, 1986, p. 97. Conclui **Marinoni** com exatidão que "o homem por ter direito à adequada tutela jurisdicional, não pode ter negado o direito à ação ou à medida sumária antecipatória" ("Tutela cautelar e tutela antecipatória", *RT*, p. 89, 1992).

O provisório pressupõe a troca por algo definitivo, diferentemente do temporário, que perdura por determinado lapso de tempo sem substituição.[79]

Essa antecipação satisfativa não é categorizada homogeneamente, máxime porque a doutrina de Calamandrei entrevia toda e qualquer antecipação como aspecto da cautelaridade, de tal maneira que o ilustre catedrático de Roma considerava a execução provisória como cautelar, assim como também a sentença declaratória da falência, porquanto preparava a execução universal.[80]

Aliás, nesse apego do mestre peninsular à ideia de "definitividade", a pedra de toque da sua distinção própria entre o que era e o que não era cautelar. Afirmava o mestre: o provisório é cautelar e o definitivo, não. Desta sorte, elencava ele um grupo de medidas cautelares por meio das quais o juiz decidia interinamente a "relação controvertida", sempre que a espera da solução definitiva pudesse causar dano irreparável ao direito da outra.[81]

Essas medidas inominadas representaram a base dos posteriores *"provvedimenti d'urgenza'* do Direito italiano e das cautelares inominadas do art. 297 do CPC brasileiro. A definitividade *in casu* é *secundum eventum litis*. Entretanto, não se pode negar que "o atingimento direto e não reflexo do direito material e sua regulação é que caracterizam o provimento como instrumental-processual ou instrumental-material". Estes últimos não são cautelares e têm regime completamente diverso daqueles. Impõe-se, então, perquirir se o Direito brasileiro autoriza essa "tutela imediata dos direitos subjetivos materiais" segundo o procedimento sumário das cautelares. O que sustentamos até o advento da tutela antecipada era a existência da tutela satisfativa urgente no Direito brasileiro como consectário do dever geral de segurança. O Estado, instado a prover diante de uma situação de perigo para o direito material da parte, deveria fazê-lo sob pena de violar o princípio da inafastabilidade e da tutela adequada,[82] podendo prover, em cognição sumária e definitiva, esta consoante a irreversibilidade dos efeitos práticos do provimento.

Nesse particular, incumbe-nos explicitar que a cognição sumária não revela o descompromisso com a análise vertical do direito, senão uma regra *in procedendo* que autoriza o juízo a decidir pelas "aparências": caso o direito *sub judice* demande funda indagação e necessite de tutela rápida.[83]

É que, entre o *periculum in mora* e a apuração da verdade real, o ordenamento prestigia o primeiro, autorizando a concessão da providência diante de um juízo de probabilidade, aliás compatível com as situações de urgência. Entretanto, nada obsta que, mesmo em caso de tutela urgente, a parte, *prima facie*, demonstre de imediato a robustez de sua pretensão, como ocorre, *v.g.*, com o mandado de segurança. Nesse caso, trata-se de tutela de urgência por excelência, em que o autor revela *initio litis* "direito líquido e certo": dessa forma, cognição sumária e direito evidente não se excluem.

A definitividade do provimento é algo que escapa ao plano normativo para situar-se no plano prático, por isso que não se pode afirmar a impossibilidade de um provimento em definitivo porque derivado de *summaria cognitio*.

Em primeiro lugar, porque a irreversibilidade está ligada à satisfatividade e, *a fortiori*, ao "interesse de agir". A satisfatividade de um direito, como bem evidenciou Ovídio Baptista, não pertence ao plano das normas, senão à realidade fenomênica.[84] Por oportuno, não se pode olvidar

---

[79] **Calamandrei** (*Introduzione*, cit., nº 3, p. 36-37). Clássico o exemplo de **Lopes da Costa** acerca dos andaimes, considerados definitivos, porém temporários, em determinada obra (*Medidas preventivas*, cit., p. 16).

[80] **Calamandrei**, "La sentencia declarativa de quiebra como providencia cautelar", *Rivista di Diritto Commerciale*, 1970.

[81] *Introduzione*, cit., p. 38, da redação original, e 58 da tradução.

[82] Sob esse prisma, **Marinoni**, "Tutela cautelar e tutela antecipatória", RT, p. 87-98, 1992.

[83] **Leonardo Greco**, Cognição sumária e coisa julgada. *Revista Eletrônica de Direito Processual*, ano 5. v. 10, jul.-dez. 2012.

[84] O autor gaúcho, com muita propriedade e de forma singular, revela os equívocos da doutrina de **Calamandrei**, para quem satisfazer é declarar o direito existente, ao passo que, no seu entender, a satisfação implica a "realizabilidade prática do direito" no plano social. Adverte, em consequência, que essa forma equivocada de se entender o requisito da "satisfatividade" é a responsável, *v.g.*, por entender-se, em doutrina, que "os alimentos provisionais" são cautelares, quando em verdade são satisfativos (*Curso*, vol. 3, p. 21-22).

116 | CURSO DE DIREITO PROCESSUAL CIVIL • *Luiz Fux*

que há exemplos fornecidos pelas novas exigências sociais revelando "tutelas satisfativas sumárias, autônomas" sem qualquer dependência com a ação principal, concedidas com base no art. 297 do CPC, que prevê o dever geral de segurança do juiz.

Cumpre, ainda, relembrar que é sob a *summaria cognitio* da cautelar que a decisão que acolhe a prescrição e a decadência sepulta, com força de coisa julgada material, o direito subjetivo da parte requerente, nos precisos termos do art. 310 do CPC.

Hodiernamente, vem de se reconhecer a tutela sumária de direitos materiais, entrevendo-a ainda quanto às medidas tidas pelo legislador como cautelares, algumas de nítido conteúdo satisfativo.

A controvérsia lavrada diz respeito à definitividade desses provimentos, que, segundo a doutrina, não podem assumir essa característica em razão de encerrar cognição "não exauriente". Em nosso entender, esse defeito de ótica tem como premissa a falta da percepção de um dos mais importantes requisitos para obtenção da sentença sobre o fundo do pedido, que é o "interesse de agir".

Resta-nos evidente que, se a parte obtém a satisfação plena de seus interesses, nada recomenda (ao revés, repugna) o novo acesso à justiça com duplicação injustificada de processos.[85] Desta sorte, timbra-se a diferença entre a tutela cautelar e a tutela de segurança; ou a satisfativa urgente ora enfocada, uma vez que a proteção do direito material faz-se *simpliciter et de plano*, submete-se ao procedimento célere cautelar e distingue-se deste na parte em que o juízo dispõe sobre a relação de direito material, podendo gerar resultados irreversíveis sobre os quais repousa a coisa julgada, tornando a decisão proferida em *summaria cognitio* imutável e indiscutível *secundum eventum litis*.

É preciso que se assente da pouca importância do *nomen juris* que se atribua ao pedido para desvendar-lhe a natureza jurídica. Havia, mesmo antes do atual sistema de tutelas provisórias, tutela de segurança toda vez que, mercê de proteger o interesse material da parte, o juiz tiver de prover em caráter urgente, não obstante a veste da postulação seja cautelar. Aliás, nesse particular, eram inúmeros os exemplos da prática judiciária a confirmar que, sob o manto das cautelares inominadas, se postulavam verdadeiras medidas satisfativas urgentes, *v.g.*, a "imediata imissão no imóvel por parte do locador para realizar reparações urgentes obstadas pelo locatário", o "levantamento de quantia consignada em juízo", "a prorrogação de contrato", "a determinação de matrícula em universidade"; "a autorização para viajar", "a autorização para realização de cirurgia impedida por um dos pais", "a determinação de cumprimento de obrigação de entrega de mobília adquirida com pagamento antecipado quitado", "o pagamento em dinheiro de pensões em percentual determinado", "restituição de dinheiro indevidamente apropriado pelo banco, que pretenda encetar imputação em pagamento coacta" etc. No direito alienígena, Mario Dini cita o exemplo em que um dos parceiros obteve *provvedimento d'urgenza* para usufruir economicamente da propriedade cuja inexploração era pretendida pelo outro comunheiro agrícola.[86]

---

[85] Marinoni, depois de considerar satisfativa a demolitória urgente, insiste, em nosso ver sem razão, que a satisfatividade com base em cognição sumária jamais pode dispensar a ação principal. Essa também é a *opinio doctorum* de **Micheli** (*La carga de la prueba*, 1961, p. 203), referindo-se mesmo a uma proibição desses julgamentos sumários. Em sentido inverso **Ovídio Baptista**, para quem o direito evidente e a urgência autorizam o juiz a proferir juízos sumários com cognição exauriente e satisfativa, prescindindo-se de toda e qualquer ação principal, em *Curso*, vol. 3, § 11, p. 50-61. O mesmo processualista adverte, com muita propriedade, que as doutrinas retrógradas perseveram, mantendo-se fiéis a doutrinas formadas há séculos em detrimento de uma nova realidade social e das expectativas históricas de uma sociedade em constantes e profundas transformações. Em prol dos juízos sumários, em contrapartida a Micheli, esclarece **Chiarloni**, em estudo recentíssimo acerca da nova lei vigente na Itália sobre os "provvedimenti d'urgenza", *Rivista di Diritto Processuale*, 1991, p. 673: "non vedrei nulladi scandaloso in un sistema che, consentendo al giudice di provvedere in maniera provvisoria e 'anticipata' sulla tutela giurisdizionale, in base ad una deliberazione sommaria dei relativo bisogno, lasci poi al controinteressato l'iniziativa di chiedere un eventuale provvedimento defmitivo di accertamento. Cose del genere avvengono con soddisfazione di tutti, sia in Francia con il procedimento di réferé, sia in Germania con le *einstweilingen verfungungen*, tanto per citare esempi a noi vicini".

[86] *I provvedimenti d'urgenza*, 5. ed., t. 2, p. 945.

A enumeração desses poucos casos é suficiente para que observemos da utilização prática da tutela de urgência para fins de proteção ao direito, com a obtenção de resultados irreversíveis, auferidos em *summaria cognitio* e com cunhas de definitividade.[87]

Frise-se, entretanto, que nem toda urgência caracteriza a tutela de segurança, mas antes é seu pressuposto, como o é também da tutela cautelar e de outras, *v.g.*, das ações possessórias nas quais a defesa social da posse imprime-lhes um regime especial.[88] Na tutela de segurança oriunda das ações de segurança, os pressupostos são afins com aqueles reclamados pelo processo cautelar, exigindo-se o *periculum in mora* e o *fumus boni juris*.[89]

A diferença está em que o *periculum* exigível no pedido cautelar, como a produção antecipada de prova, refere-se à futura tutela; há um risco de malogro da prestação jurisdicional principal e definitiva. Na tutela de segurança (de evidência) ou satisfativa urgente, a periclitação é do próprio direito material da parte própria. A pretensão é que está sob a ameaça de desaparecimento naquele momento, não se cogitando de outro qualquer processo. Perquire-se uma solução única e definitiva, tal como ocorre nos processos em geral, distinguindo-se, *in casu*, pela necessidade de provimento urgente que arrasta uma análise, também imediata.

O *periculum in mora* para a tutela de segurança de urgência é o perigo de dano iminente e irreparável para o direito da parte, decorrente da natural demora da submissão daquela pretensão à análise judicial ordinária. Assim, *v.g.*, se a vítima de um acidente necessita realizar urgentemente uma cirurgia e não dispõe de meios para custeá-la, em situação diametralmente inversa ao suposto culpado, que é detentor de uma situação econômico-financeira saudável, lícito é ao juiz impor a este a prestação de fundos necessários ao tratamento da última, perante a evidente impossibilidade de espera pelo processo condenatório ordinário, diante das fortes evidências quanto à culpabilidade do demandado abastado.

Observa-se do exemplo que a tutela de urgência satisfativa reclama "perigo de dano efetivo", isto é, algo que pertence ao *mundo da realidade fática* ou fenomênica e não da realidade normativa, na justa medida em que, na sua essência estática, os direitos em regra não sofrem danos.[90]

Ressalte-se que o *periculum in mora* sempre conviveu com as tutelas cautelares, as de urgência e as de antecipação em geral. Calamandrei, pioneiro na sistematização das cautelares, manuseava o *periculum in mora* em vários sentidos para justificar tanto a tutela cautelar quanto a antecipatória. Assim é que, quanto a esta última, considerava o *periculum* importante para ensejar a execução provisória, considerando-a cautelar. No que pertine à tutela de urgência satisfativa, esse *periculum*

---

[87] Essa espécie de tutela não escapou à arguta percepção de **Giovanni Verde**, "L'attuazione della tutela d'urgenza", *La tutela d'urgenza*, p. 93, enunciando um caso em que o devedor foi compelido à entrega de coisa fungível em mãos do credor por meio de um "provvedimento d'urgenza di cui risulta una situazione irrevesibile", consistente em verdadeira execução.

[88] Consulte-se, por todos, **Adroaldo Furtado Fabrício**, *Comentários*, vol. 3, t. 3, p. 364 e ss.

[89] Esclareça-se que o *fumus boni juris* não é requisito que autorize o autor a demonstrar de forma insuficiente, mas antes situa-se como ótica do juízo para prover urgentemente. E, em resumo, norma *in procedendo* que o admite julgar pelas aparências, não obstante efetive um juízo mais vertical no final da causa. Assim também é o entendimento de **Ovídio Baptista**, para quem o *fumus boni juris* é a cognição sumária e superficial engendrada pelo juiz no caso de urgência (*Curso*, vol. 3, p. 44). No processo cautelar, a autorização é ainda mais ampla porque o exame pleno do direito é função do processo principal. Basta, portanto, "a provável existência de um direito" (**Liebman**, *Manuale*, vol. 1, p. 92).

[90] Essa é a perfeita lição de **Giovanni Arieta** (*I provvedimenti d'urgenza*, p. 123). Segundo o ilustre e moderno tratadista do tema da "urgência", sob o prisma do prejuízo estritamente jurídico-normativo, o "arresto jamais seria concedido, porque o direito de crédito, a não ser no plano fático, não sofre qualquer abalo com a dilapidação patrimonial do devedor". Exatamente por essa razão é que o crédito somente sofre abalo de fato e não de direito, e, por perfilhar doutrina de que o processo cautelar protege apenas o direito na sua fase estática (do ser e não do dever ser na acepção kantiana), Salvatore Satta nega a aplicação dos *provvedimenti d'urgenza* aos direitos obrigacionais (*Commentario al Codice di Procedura Civile*, 1968, vol. 4, parte 1, p. 270). Em consequência, para essa parcela da doutrina italiana, o nosso exemplo de obrigação derivada de ato ilícito, porque antes de tudo encartado no terna obrigacional, não mereceria a tutela de urgência necessária.

influiria na frustração dos meios do processo principal ou no malogro do próprio direito, daí o festejado doutrinador dicotomizar o perigo em *"periculum di infrutuosità"* e *"periculum di tardività"*.[91]

É cediço que a posição de Calamandrei em admitir a tutela urgente de direito material e considerá-la cautelar decorre do fato de não ter entrevisto um poder geral de cautela outorgado ao magistrado, daí categorizar essas medidas como dependentes de outra, dita principal, a confirmá--las ou revogá-las, sem considerar a questão sob o ângulo da irreversibilidade de alguns resultados e, conseguintemente, do interesse de agir. Houve preocupação excessiva com essa suposta incongruência entre o juiz prover imediatamente e a definitividade do provimento, ângulo sob o qual a doutrina de Calamandrei foi escrita, tanto que a satisfatividade não foi tema central de suas especulações, voltando-se mais para o aspecto funcional da atividade jurisdicional do que para o resultado da concessão.

A visão italiana moderna é outra, tanto que os mais atualizados doutrinadores do tema incluem os *provvedimenti d'urgenza* no campo da tutela antecipatória.[92]

No que pertine ao *fumus boni juris*, os traços distintos são maiores, haja vista que na cautela o juízo de probabilidade é o único concebível pela possibilidade de verificação da verossimilhança na ação principal.[93] Na ação satisfativa urgente, exige-se uma análise mais vertical do próprio direito, sendo certo que o *fumus boni juris* está numa gradação que mais propende para a certeza, e assim deve ser observado para a concessão de liminares.[94]

Nesse passo, a doutrina costuma vincular a ideia de cognição sumária com direito provável. Mister aclarar essa pseudoaproximação de conceitos, haja vista que nada impede uma análise sumária de um direito mais do que provável, senão evidente mesmo.

Recorde-se o mandado de segurança, em que há exigência de "direito líquido e certo". O *fumus boni juris* é aceitável diante da imediatidade, mas não se pode afirmar que toda tutela de urgência, como sói ser a de segurança, reclama direito provável. Ela pode amparar-se em direito evidente, até porque conducente a uma tutela satisfativa. É natural que, se a definitividade pode fundar-se em duelo aparente, com muito mais razão pode fazê-lo sobre direito evidente. Assim, autorizar a concessão de provimento à luz do *fumus boni juris* é, em resumo, uma regra *in procedendo*. Não se pode afastar a ideia de que a cognição, mesmo que sumária, pode conduzir a um juízo próximo

---

[91] *Introduzione*, cit., p. 56. É conhecida a classificação de Calamandrei acerca das quatro categorias de provimentos cautelares, a saber: providências instrutórias antecipadas; medidas de asseguração *ad perpetuam* da prova – e aí se incluiria o *periculum di infrutuosità*; provimentos que asseguram o resultado prático da execução, como, *v. g.*, o arresto, que para Calamandrei antecipava os efeitos da execução – o que não corresponde à realidade, haja vista que o pagamento é o efeito da execução no sentido de antecipação do resultado da tutela; provimento das cauções de contracautela destinadas a arrostar eventual *periculum* criado com a concessão das cautelares e o último grupo – muito embora considerado o terceiro grupo, mas aqui propositadamente invertido –, o das cautelares que "decidem interinamente a relação controvertida" –, o que para nós revela essa aceitação de Calamandrei das medidas sumárias satisfativas e que a doutrina italiana considera a fonte das cautelas inominadas e dos *provvedimenti d'urgenza*. Observa-se, assim, que em todas as categorias de provimentos cautelares de Calamandrei está presente o elemento *periculum*, cuja influência ora é enfocada sob o prisma do processo, ora do próprio direito material da parte, e que compõe o objeto mediato do pedido. Neste último aspecto, não obstante categorizar esses provimentos como "cautelares": Calamandrei enunciava uma regra de atividade segundo a qual, no processo cautelar de antecipação dos efeitos da sentença principal, o juiz deveria agir como se estivesse diante deste, ao doutrinar que: "se ogni provvedimento cautelare può considerarsi come la anticipazione di certi effetti (decisori o esecutori) dei futuro provvedimertto principale, e evidente che il giudice chiamato a disporre in sede cautelare questi effetti anticipati deve prevedere quali potrano essere gli effetti definitivi dei provvedimento principale, di cui la misura cautelare constituisce quasi un pranuncio e un'avanguardia" (*Introduzione*, p. 60 e 75 da tradução).

[92] Nesse sentido uma das mais brilhantes obras do tema é de **Ferruccio Tommaseo**, *I provvedimenti d'urgenza, struttura e limiti della tutela anticipatoria*, 1983.

[93] **Liebman**, *Manuale*, p. 92.

[94] **Ovídio Baptista** admite o *fumus boni juris* como regra de julgamento noutras ações que não só as cautelares (*Curso*, vol. 3, p. 47).

da certeza, muito embora não se possa condicionar a tutela urgente a isso. O grau de indagação do direito não deve sobrepor-se à necessidade de prover urgentemente.[95]

Manifestando-se evidente o direito em estado de periclitação, entretanto, a tutela considera-se satisfativa urgente, haja vista que o que a caracteriza é o estado de periclitação do bem da vida reclamado. O grau de convencimento do juízo vai depender da prova pré-constituída, em alguns casos mais exigentes que noutros, mas todos urgentes e referentes ao próprio direito material. Enfim, a intensidade da cognição nada tem que ver com a existência do direito, que pode ser patente para o autor, mas provável para o juiz, que é o quanto basta para a concessão da tutela. De toda sorte, a cognição sumária autorizada caracteriza o processo de segurança como processo sumário, em contraposição ao processo dito ordinário, incompatível com a agilidade de tutela de que se reclama.[96]

Enfim, a moderna processualística preconiza a possibilidade de definitividade da decisão diante de um juízo não exauriente. A eventual injustiça resolve-se em perdas e danos sob a iniciativa do demandado. *Mutatis mutandis*, é o que se sustenta ao afirmar-se que "não teria sentido o juiz prover cautelarmente diante da demonstração da evidência do direito". Ora, se o direito é evidente, e a tutela, urgente, o juiz deve, em *summaria cognitio*, prover com definitividade. Sob esse enfoque e sem medo de escandalizar, pode-se concluir que não há "tutela mais própria aos direitos evidentes do que a encetada em *summaria cognitio*", porque não foi, decerto, para esses direitos que o legislador contemplou o procedimento ordinário, fundamentalmente desconcentrado, formal e moroso, destinado às longas especulações.

O direito líquido e certo do particular contra o particular também é merecedor de tutela imediata e de pronta atuação jurisdicional, que se perfaz com a tutela satisfativa urgente, restando a ordinariedade para situações de alta indagação.[97]

---

[95] **Calamandrei** afirmou com muita propriedade, no seu pioneiro estudo sobre a tutela cautelar, que, na contingência entre fazer o bem mas tardiamente e fazer logo com o risco de fazer mal, a tutela cautelar decide-se por fazer logo, assumindo o risco de errar, relegando o problema do bem e do mal para as formas tranquilas do procedimento ordinário (*Introducción*, p. 43).

[96] Nesse particular, arguta a crítica que Ovídio lança a Calamandrei, que entrevia cautelaridade na ação declaratória somente porque preventiva de litígios. Segundo **Ovídio**, a só vinculação da declaratória de falsidade ao procedimento ordinário retira-lhe do rol da tutela urgente (*Curso*, vol. 3, p. 45).

[97] Essa é a brilhante ponderação de Ovídio Baptista, calcado em **Ihering** (*L'esprit du Droit romain*, reimpr. francesa de 1886-1888, vol. 1, p. 176), segundo o qual os direitos evidentes são merecedores de tutela imediata pronta e eficaz, não se podendo mesmo imaginar em tais casos o emprego do procedimento ordinário. Calamandrei denominou de ideal a prestação jurisdicional plena e imediata diante da apresentação do direito pela parte (*Introducción*, p. 44). E que os juízos sumários têm vinculação com o grau de evidência do direito (**Ovídio**, *Curso*, vol. 3, p. 47, calcado em Dante Barros de Angelis, *Teoría dei juicio summario*, 1973, notas mimeografadas, p. 11). Parafraseando **Enrico Allorio**, não há tutela de conhecimento sem incerteza do direito nem tutela de segurança sem perigo. É por meio desta que se apura a necessidade também refenda pelo citado autor (*Problemas de Derecho procesal*, 1963, vol. 2, p. 290). Prevalece a fundada advertência de **Renê Morei** de que a jurisdição não é função que se possa movimentar sem motivo que justifique o pedido de tutela estatal (*Traité élémentaire de procédure civile*, 1952, p. 40). Ademais, a tutela de segurança não se satisfaz com os provimentos de mero conhecimento ou execução, por isso que também compõe o interesse a postulação da tutela adequada. Nesse sentido Frederico Marques, *Instituições*, vol. 2, p. 41. A esse pretexto, Marinoni nega mesmo a existência de processo de cognição sumária autônomo ("Tutela cautelar e tutela antecipatória", *RT*, p. 31, 1992). A imutabilidade panprocessual do julgado cautelar, ainda que adotado em *summaria cognitio*, é afirmada por **Calmon de Passos** de forma taxativa (*Comentários*, 1984, p. 237). Ainda sob o Código de 1939, **Hugo Simas** entrevia no art. 675, conjugado com o, art. 117, a possibilidade de os juízes concederem medidas *ex officio* de cunho acautelatório, seguindo os modernos exemplos da Europa (*Comentários*, 1940, vol. 8, p. 8-9). Assim também pareceu a **Galeno Lacerda**, em estudo pioneiro antes do advento do Código (*Revista Forense*, 246/251). Essa não foi, entretanto, a orientação do Simpósio de Curitiba em 1975, consoante se colhe da conclusão LXV (**Lopes da Costa**, *Manual elementar de Direito processual civil*, 1982, com atualização de Sálvio de Figueiredo Teixeira). A doutrina ainda é divergente, valendo mencionar-se a *opinio doctorum* de **Calmon**, para quem a locução da lei é cumulativa; vale dizer que somente em casos excepcionais e expressamente atonizados por lei o juiz pode agir *ex officio*, muito embora se demonstre perplexo com o texto legal (*Comentários*, p. 92). **Moniz de Aragão** conciliou as expressões e advertiu que, se o legislador autorizasse apenas nos casos legais a incoação estatal, não haveria razão para excepcionar com os casos "excepcionais" (*Comunicação às Jornadas Ibero-Americanas*, Rio de Janeiro, 1988, item 7 e subitens da sua intervenção).

120 | CURSO DE DIREITO PROCESSUAL CIVIL • *Luiz Fux*

A resposta judicial imediata nos denominados casos de urgência é o objetivo maior do juízo após a instauração da relação processual, em razão da responsabilidade judicial na rápida e justa solução do litígio, mercê da necessidade de manterem-se, quer no plano processual quer no plano da realidade, a igualdade das partes e a efetividade do processo.[98]

Essa isonomia influi na tutela de urgência, assim como representa razão suficiente para a legitimação da tutela cautelar, consoante a concepção de Carnellutti na sua primeira visão acerca do fenômeno.[99]

Destarte, a tutela satisfativa urgente tem principiologia própria, uma vez que, unitário o procedimento, inserindo cognição e execução no comando judicial emergente, binômio inseparável de uma tutela destinada a arrostar com energia e eficiência uma situação de perigo.

Impõe-se, por fim, assentar que, antes de violar a igualdade, a tutela satisfativa urgente deferida a uma das partes é a contrapartida necessária ao *periculum* criado pela outra.

2.4.2 Generalidades

O Livro III do processo cautelar, disciplinado pelo CPC de 1973, foi extinto pelo CPC de 2015, passando a figurar o instituto geral da chamada tutela provisória, na parte geral do atual Código. Didaticamente, ela vem em um contraponto à tutela definitiva do procedimento comum.

À luz do art. 300 do CPC, verifica-se que o juiz "poderá" conceder a providência, no sentido de que dispõe desse poder avaliatório da situação de segurança e/ou da situação de evidência.

Uma das grandes inovações promovidas pelo Código foi a sistematização, em livro próprio, da tutela provisória.[100] Paralelamente, foram suprimidas as disposições específicas de um processo cautelar especial, que antes constavam do CPC/1973. Não há mais no Código qualquer procedimento cautelar típico, salvante a produção antecipada de prova (art. 381).

A tutela provisória corresponde ao provimento jurisdicional não definitivo, que é proferido quando presentes razões legalmente previstas que justifiquem a antecipação ou garantia de determinado direito, antes que se decida definitivamente a lide. Em linhas gerais, como define o próprio art. 294 do CPC,[101] a tutela provisória pode ser de *urgência* ou de *evidência*, conforme o fundamento que justifique o seu cabimento. A primeira envolve situações de risco iminente de lesão ao direito, enquanto a segunda diz respeito a casos legalmente definidos em que haja uma razão clara e inequívoca do direito pleiteado.

---

[98] **Ovídio Baptista**, após encetar profunda análise crítica da adoção de cautelares para fins satisfativos, ensejando o que denomina "tutela urgente satisfativa autônoma", conclui pela sua legitimidade e atribui sua proliferação à ordinarização dos procedimentos, com a exclusão de ritos especiais, contemplando tutela antecipada liminar (*Curso*, vol. 3., p. 50-60). No Direito alienígena, ecoam as lúcidas e recentíssimas observações de Sergio Chiarloni acerca da moderna legislação sobre *provvedimento urgenti* na Itália (*Rivista di Diritto Processuale*, p. 673, 1991), em prestígio dos juízos sumários: "non vedrei nulla di scandaloso in un sistema che, consentendo al giudice di provvedere in maniera provisoria e 'anticipata' sulla tutela giurisdizionale, in base ad una delibazione sommaria del relativo bisogno, lasci poi al controinteressato l'iniziativa di chiedere un eventuale provvedimento definitivo di accertamento. Cose del genere avvengono con soddisfazione di tutti, sia in Francia con il procedimento di *référé*, sia in Germania con le *einstweiligen verfungungen*, tanto per citare esempi a noi vicini". É do Direito francês a difusão da tutela de segurança, conforme se pode colher da publicação de **Roger Perrot**, *Rivista di Diritto Processuale Civile*, p. 249, 1975, em que afirma o professor da Universidade de Paris: "se traterebbe attualmente di riconoscere al giudice d'instanza la possibilità di decidere in référé in tutti i casi di urgenza". Mas adiante, o mesmo autor equipara esses provimentos aos interditos, ao comentar a possibilidade de reintegração de um empregado irregularmente demitido, hipótese em que "ma intanto il giudice dei référés avrà sanzionato una situazione di fatto, un poco come potrebbe fare il giudice dei possessorio: spoliatus ante omnia restituendus" (p. 250).

[99] *Diritto e Processo*, 1958, p. 356.

[100] **"Enunciado nº 45 da I Jornada de Direito Processual Civil do CJF.** Aplica-se às tutelas provisórias o princípio da fungibilidade, devendo o juiz esclarecer as partes sobre o regime processual a ser observado."

[101] **"Art. 294**. A tutela provisória pode fundamentar-se em urgência ou evidência.
Parágrafo único. A tutela provisória de urgência, cautelar ou antecipada, pode ser concedida em caráter antecedente ou incidental."

Ademais, a tutela de urgência pode se dar de forma *cautelar* (quando se destine a garantir a utilidade futura do direito discutido) ou *antecipada* (quando represente a antecipação de conteúdo da decisão final do processo).

A título *cautelar*, é possível que a atuação judicial urgente se dê para resguardar o resultado prático da ulterior decisão de mérito sem que haja uma decisão efetiva quanto ao objeto estrito da ação. De outro lado, a *tutela antecipada* é aquela que diz respeito ao mérito ou parte dele. O autor, demonstrando que não poderá aguardar o desenvolvimento completo do procedimento comum, pede a antecipação do objeto da lide ou de parte dele. Esta antecipação, por sua vez, pode ocorrer no momento da propositura da ação ou no curso do processo, de acordo com o advento da urgência da intervenção judicial demonstrada nos autos do processo.

Ainda, conforme o momento em que se dê, a tutela provisória de urgência pode ser requerida de forma *antecedente* (anterior ao início de um processo, que futuramente existirá)[102] ou *incidental* (em processo já iniciado). Tanto a tutela de urgência cautelar como a tutela de urgência antecipada podem se dar de forma antecedente ou incidental, caso este em que independerá de pagamento de custas (art. 295 do CPC), visto que já há um feito em trâmite.

Portanto, o CPC de 2015 utiliza a expressão "tutela provisória" como gênero, referente a todas as hipóteses nas quais um provimento jurisdicional de cognição não exauriente concede uma utilidade em favor do requerente, do qual podem ser fundamentos a urgência ou a evidência, bem como, eventualmente, tanto a urgência quanto a evidência, cumulativamente.

Por sua vez, a tutela de urgência pode ser "cautelar" ou "antecipada", distinção essa que havia sido abolida no anteprojeto que deu origem ao atual CPC.

Com efeito, em determinadas hipóteses, a tutela liminar poderá se estabilizar, de modo que não será propriamente provisória. Assim, a denominação "tutela provisória" como gênero não é completamente precisa. O *provisório* pressupõe a troca por algo definitivo, *diferentemente do temporário*, que perdura por determinado lapso de tempo sem substituição.[103]

A tutela de urgência, como já afirmado, pode ser antecedente ou incidental. O Código prevê dois procedimentos distintos para a tutela de urgência em caráter antecedente, dependendo da natureza de tutela antecipada (arts. 303 e 304) ou cautelar (arts. 305 a 310). Apenas no caso de tutela de urgência antecipada requerida em caráter antecedente é possível a estabilização da decisão.

Qualquer que seja a espécie da tutela provisória, a decisão que lhe definir conservará sua eficácia ao longo do processo, até que se decida de modo diverso, visto que poderá ser revogada ou modificada a qualquer tempo (art. 296).[104] Nessa linha, a menos que se decida em contrário, a tutela provisória preservará seus efeitos mesmo durante eventuais períodos de suspensão do processo.[105]

Como forma de implementação da eficácia do que decidido, assegura-se ao juízo concessor da tutela provisória a possibilidade de determinar medidas adequadas ao cumprimento de sua decisão (art. 297),[106-107] na linha da cláusula geral de efetivação das decisões judiciais insculpida no art. 139, IV.

---

[102] **"Enunciado nº 130 da II Jornada de Direito Processual Civil do CJF.** É possível a estabilização de tutela antecipada antecedente em face da Fazenda Pública."

[103] **Calamandrei** (*Introduzione*, cit., nº 3, p. 36-37). Clássico o exemplo de **Lopes da Costa** acerca dos andaimes, considerados definitivos, porém temporários, em determinada obra (*Medidas preventivas*, cit., p. 16).

[104] **"Art. 296.** A tutela provisória conserva sua eficácia na pendência do processo, mas pode, a qualquer tempo, ser revogada ou modificada.
Parágrafo único. Salvo decisão judicial em contrário, a tutela provisória conservará a eficácia durante o período de suspensão do processo."

[105] **"Enunciado nº 144 da II Jornada de Direito Processual Civil do CJF:** No caso de apelação, o deferimento de tutela provisória em sentença retira-lhe o efeito suspensivo referente ao capítulo atingido pela tutela."

[106] **"Art. 297.** O juiz poderá determinar as medidas que considerar adequadas para efetivação da tutela provisória.
Parágrafo único. A efetivação da tutela provisória observará as normas referentes ao cumprimento provisório da sentença, no que couber."

[107] **"Enunciado nº 38 da I Jornada de Direito Processual Civil do CJF:** As medidas adequadas para efetivação da tutela provisória independem do trânsito em julgado, inclusive contra o Poder Público (art. 297 do CPC)."

Nesses casos, inclusive, o CPC de 2015 determina sejam observadas analogicamente as normas que cuidam do cumprimento provisório de sentença, guardadas as devidas diferenciações. Então, a tutela provisória pode ser objeto de cumprimento provisório, dispensando-se a caução sempre que estiver de acordo com súmula ou acórdão do Supremo Tribunal Federal ou do Superior Tribunal de Justiça no julgamento de recursos repetitivos (art. 521). Caso o credor não efetue o adimplemento no prazo judicialmente fixado, devem incidir multa e honorários advocatícios no patamar de dez por cento, sendo que os honorários podem ser elevados até vinte por cento (art. 827, § 2º).

A tutela provisória que fixar multa (*astreintes*) também é passível de cumprimento provisório, nos termos do art. 537, § 3º, do CPC. Supera-se, assim, a orientação do Superior Tribunal de Justiça no sentido de que somente poderia ser objeto de execução provisória após a sua confirmação pela sentença de mérito e desde que o recurso eventualmente interposto não fosse recebido com efeito suspensivo.[108] Na execução provisória, o valor da multa deve ser depositado em juízo, sendo o levantamento possível apenas após o trânsito em julgado. O texto original permitia o levantamento na pendência de ARE ou AREsp, mas a Lei nº 13.256/2016 suprimiu essa possibilidade.

As partes e os terceiros imiscuídos na esfera da sentença principal é que podem pleitear a tutela provisória, não havendo, aí, traços significativos de distinção entre as condições genéricas do direito de agir quanto às formas de tutela ora enunciadas.[109]

O pedido de tutela provisória, como qualquer outro, deve ser dirigido ao órgão judicial competente, o que já se terá definido de forma mais evidente quando se tratar de tutela requerida incidentalmente. Caso se trate de tutela antecedente, o pedido deverá ser dirigido ao juízo competente para conhecer do pedido principal (art. 299).[110]

Quanto ao recurso cabível, dependerá da natureza da decisão que dispuser sobre a tutela provisória. É possível a concessão, revogação ou confirmação de tutela provisória na sentença, caso em que inegavelmente caberá apelação (art. 1.009).

Nos demais casos, é cabível agravo de instrumento contra as decisões interlocutórias que versarem sobre tutelas provisórias (art. 1.015, I). O Superior Tribunal de Justiça tem interpretado extensivamente o dispositivo, de modo a garantir o cabimento de agravo de instrumento contra aspectos da decisão que gravitem em torno da concessão ou denegação, ou mesmo da postergação da apreciação do pleito.[111] Porém, quanto a aspectos secundários da tutela provisória que com ela não se relacionam de forma indissociável, como o tratamento das despesas com o bem depositado por força de tutela provisória, o recurso não seria cabível.

---

[108] STJ, REsp 1200856/RS, Rel. Ministro Sidnei Beneti, Corte Especial, j. 01.07.2014, *DJe* 17.09.2014.

[109] Sobre a coincidência entre os sujeitos do processo de mérito e o cautelar expôs **Calvosa**, "Provvedirnenti d'urgenzà", *Novissimo digesto italiano*, vol. 14; a terceira também é admitida, conforme se colhe nas lúcidas lições de **Humberto Theodoro** (*Curso*, 2000, vol. 2). **Luiz Fux** (*Intervenção de terceiros*, 1990) sustenta toda e qualquer modalidade, mesmo a denunciação da lide sob a feição germânica da mera comunicação do litígio.

[110] "**Art. 299**. A tutela provisória será requerida ao juízo da causa e, quando antecedente, ao juízo competente para conhecer do pedido principal.

Parágrafo único. Ressalvada disposição especial, na ação de competência originária de tribunal e nos recursos a tutela provisória será requerida ao órgão jurisdicional competente para apreciar o mérito."

[111] "O conceito de 'decisão interlocutória que versa sobre tutela provisória' abrange as decisões que examinam a presença ou não dos pressupostos que justificam o deferimento, indeferimento, revogação ou alteração da tutela provisória e, também, as decisões que dizem respeito ao prazo e ao modo de cumprimento da tutela, a adequação, suficiência, proporcionalidade ou razoabilidade da técnica de efetiva da tutela provisória e, ainda, a necessidade ou dispensa de garantias para a concessão, revogação ou alteração da tutela provisória. Na hipótese, a decisão interlocutória que impõe ao beneficiário o dever de arcar com as despesas da estadia do bem móvel objeto da apreensão em pátio de terceiro não se relaciona de forma indissociável com a tutela provisória, mas, sim, diz respeito a aspectos externos e dissociados do conceito elementar desse instituto, relacionando-se com a executoriedade, operacionalização ou implementação fática da medida (REsp 1752049/PR, Rel. Ministra Nancy Andrighi, Terceira Turma, j. 12.03.2019).

Em suma, recorribilidade da tutela provisória depende do momento processual em que concedida. A tutela deferida em decisão monocrática reclama agravo de instrumento (art. 1.015, I),[112] ao passo que a concessão na sentença de tutela provisória enseja apelação sem efeito suspensivo (art. 1.012, § 1º, V, e art. 1.013, § 5º). Por fim, se o provimento for monocrático, em tribunal, cabível agravo interno (art. 1.021).

Na decisão que conceder, negar, modificar ou revogar a tutela provisória, o juiz motivará seu convencimento de modo claro e preciso, *ex vi* do art. 298 do CPC. Embora o art. 296 estabeleça que a tutela provisória incidental "pode, a qualquer tempo, ser revogada ou modificada", é preciso observar a preclusão *pro judicato*, motivando a superação do entendimento anterior com base em novos elementos. Exige-se, ainda, a observância do art. 489, § 1º, e do art. 20 da Lei de Introdução às Normas do Direito Brasileiro, com a redação dada pela Lei nº 13.655/2018.[113]

Nos termos do art. 1.059 do CPC, à tutela provisória requerida contra a Fazenda Pública previu-se o disposto nos arts. 1º a 4º da Lei nº 8.437, de 30 de junho de 1992, e no art. 7º, § 2º, da Lei nº 12.016/2009. Assim, não seria concedida medida liminar que tivesse por objeto a compensação de créditos tributários, a entrega de mercadorias e bens provenientes do exterior, a reclassificação ou equiparação de servidores públicos e a concessão de aumento ou a extensão de vantagens ou pagamento de qualquer natureza. Também não será cabível medida liminar contra a Fazenda Pública que esgote, no todo ou em qualquer parte, o objeto da ação. Essas restrições à tutela provisória contra a Administração Pública haviam sido declaradas constitucionais pelo Supremo Tribunal Federal.[114] Contudo, na Ação Direta de Inconstitucionalidade nº 4.296-DF,[115] houve o julgamento

---

[112] **"Art. 1.015.** Cabe agravo de instrumento contra as decisões interlocutórias que versarem sobre: I – tutelas provisórias (...)."

[113] **"CPC, art. 489, § 1º** Não se considera fundamentada qualquer decisão judicial, seja ela interlocutória, sentença ou acórdão, que:

I – se limitar à indicação, à reprodução ou à paráfrase de ato normativo, sem explicar sua relação com a causa ou a questão decidida;

II – empregar conceitos jurídicos indeterminados, sem explicar o motivo concreto de sua incidência no caso;

III – invocar motivos que se prestariam a justificar qualquer outra decisão;

IV – não enfrentar todos os argumentos deduzidos no processo capazes de, em tese, infirmar a conclusão adotada pelo julgador;

V – se limitar a invocar precedente ou enunciado de súmula, sem identificar seus fundamentos determinantes nem demonstrar que o caso sob julgamento se ajusta àqueles fundamentos;

VI – deixar de seguir enunciado de súmula, jurisprudência ou precedente invocado pela parte, sem demonstrar a existência de distinção no caso em julgamento ou a superação do entendimento."

"Lei de Introdução às normas do Direito Brasileiro – LINDB, art. 20. Nas esferas administrativa, controladora e judicial, não se decidirá com base em valores jurídicos abstratos sem que sejam consideradas as consequências práticas da decisão.

Parágrafo único. A motivação demonstrará a necessidade e a adequação da medida imposta ou da invalidação de ato, contrato, ajuste, processo ou norma administrativa, inclusive em face das possíveis alternativas."

[114] "AÇÃO DIRETA DE INCONSTITUCIONALIDADE. ARTS. 1º, § 2º, 7º, III E § 2º, 22, § 2º, 23 E 25, DA LEI DO MANDADO DE SEGURANÇA (LEI 12.016/2009). ALEGADAS LIMITAÇÕES À UTILIZAÇÃO DESSA AÇÃO CONSTITUCIONAL COMO INSTRUMENTO DE PROTEÇÃO DE DIREITOS INDIVIDUAIS E COLETIVOS. SUPOSTA OFENSA AOS ARTS. 2º E 5º, XXXV E LXIX, DA CONSTITUIÇÃO. NÃO CABIMENTO DO 'WRIT' CONTRA ATOS DE GESTÃO COMERCIAL DE ENTES PÚBLICOS, PRATICADOS NA EXPLORAÇÃO DE ATIVIDADE ECONÔMICA, ANTE A SUA NATUREZA ESSENCIALMENTE PRIVADA. EXCEPCIONALIDADE QUE DECORRE DO PRÓPRIO TEXTO CONSTITUCIONAL. POSSIBILIDADE DE O JUIZ EXIGIR CONTRACAUTELA PARA A CONCESSÃO DE MEDIDA LIMINAR. MERA FACULDADE INERENTE AO PODER GERAL DE CAUTELA DO MAGISTRADO. INOCORRÊNCIA, QUANTO A ESSE ASPECTO, DE LIMITAÇÃO AO JUÍZO DE COGNIÇÃO SUMÁRIA. CONSTITUCIONALIDADE DO PRAZO DECADENCIAL DO DIREITO DE IMPETRAÇÃO E DA PREVISÃO DE INVIABILIDADE DE CONDENAÇÃO AO PAGAMENTO DE HONORÁRIOS SUCUMBENCIAIS. JURISPRUDÊNCIA CONSOLIDADA DO SUPREMO TRIBUNAL FEDERAL. PROIBIÇÃO DE CONCESSÃO DE LIMINAR EM RELAÇÃO A DETERMINADOS OBJETOS. CONDICIONAMENTO DO PROVIMENTO CAUTELAR, NO ÂMBITO DO MANDADO DE SEGURANÇA COLETIVO, À PRÉVIA OITIVA DA PARTE CONTRÁRIA. IMPOSSIBILIDADE DE A LEI CRIAR ÓBICES OU VEDAÇÕES ABSOLUTAS AO EXERCÍCIO DO PODER GERAL DE CAUTELA. EVOLUÇÃO DO ENTENDIMENTO JURISPRUDENCIAL. CAUTELARIDADE ÍNSITA À PROTEÇÃO CONSTITUCIONAL AO DIREITO

124 | CURSO DE DIREITO PROCESSUAL CIVIL • *Luiz Fux*

parcial de procedência dos pedidos, para declarar a inconstitucionalidade do art. 7º, § 2º, da Lei nº 12.016/2009, que estabelecia a vedação material supramencionada.

2.4.3 Tutela de urgência

2.4.3.1 Requisitos

A tutela de urgência, repise-se, engloba o provimento não exauriente de caráter satisfativo, denominado tutela antecipada, e também a tutela cautelar. O art. 300 do CPC não mais exige o requerimento da parte para a concessão de tutela antecipada, muito menos em relação à tutela cautelar. A tutela de urgência, portanto, tem como requisitos apenas a probabilidade do direito (*fumus boni iuris*) e o perigo de dano ou risco ao resultado útil do processo (*periculum in mora*), seja nos casos de cautelar ou de tutela antecipada.

Noutras palavras, a tutela de urgência (art. 300)[116-117] é a espécie de tutela provisória concedida nas situações em que estejam presentes circunstâncias que demonstrem a probabilidade de acolhimento do direito alegado (*fumus boni iuris*), bem como a existência de o perigo de dano ou o risco ao resultado útil do processo (*periculum in mora*). Sua concessão poderá estar vinculada ou não

---

LÍQUIDO E CERTO. RESTRIÇÃO À PRÓPRIA EFICÁCIA DO REMÉDIO CONSTITUCIONAL. PREVISÕES LEGAIS EIVADAS DE INCONSTITUCIONALIDADE. PARCIAL PROCEDÊNCIA DA AÇÃO. 1. O mandado de segurança é cabível apenas contra atos praticados no desempenho de atribuições do Poder Público, consoante expressamente estabelece o art. 5º, inciso LXIX, da Constituição Federal. Atos de gestão puramente comercial desempenhados por entes públicos na exploração de atividade econômica se destinam à satisfação de seus interesses privados, submetendo-os a regime jurídico próprio das empresas privadas. 2. No exercício do poder geral de cautela, tem o juiz a faculdade de exigir contracautela para o deferimento de medida liminar, quando verificada a real necessidade da garantia em juízo, de acordo com as circunstâncias do caso concreto. Razoabilidade da medida que não obsta o juízo de cognição sumária do magistrado. 3. Jurisprudência pacífica da CORTE no sentido da constitucionalidade de lei que fixa prazo decadencial para a impetração de mandado de segurança (Súmula 632/STF) e que estabelece o não cabimento de condenação em honorários de sucumbência (Súmula 512/STF). 4. A cautelaridade do mandado de segurança é ínsita à proteção constitucional ao direito líquido e certo e encontra assento na própria Constituição Federal. Em vista disso, não será possível a edição de lei ou ato normativo que vede a concessão de medida liminar na via mandamental, sob pena de violação à garantia de pleno acesso à jurisdição e à própria defesa do direito líquido e certo protegida pela Constituição. Proibições legais que representam óbices absolutos ao poder geral de cautela. 5. Ação julgada parcialmente procedente, apenas para declarar a inconstitucionalidade dos arts. 7º, § 2º, e 22º, § 2º, da Lei 12.016/2009, reconhecendo-se a constitucionalidade dos arts. 1º, § 2º; 7º, III; 23 e 25 dessa mesma lei" (ADI 4.296, Tribunal Pleno, Rel. Min. Marco Aurélio, Rel. p/ acórdão Min. Alexandre de Moraes, j. 09.06.2021).

[115] ADI nº 4.296-DF, Plenário, Rel. Min. Marco Aurélio, Redator do acórdão Min. Alexandre de Moraes, j. 09.06.2021, *DJE* 11.10.2021.

[116] **"Art. 300**. A tutela de urgência será concedida quando houver elementos que evidenciem a probabilidade do direito e o perigo de dano ou o risco ao resultado útil do processo.
    § 1º Para a concessão da tutela de urgência, o juiz pode, conforme o caso, exigir caução real ou fidejussória idônea para ressarcir os danos que a outra parte possa vir a sofrer, podendo a caução ser dispensada se a parte economicamente hipossuficiente não puder oferecê-la.
    § 2º A tutela de urgência pode ser concedida liminarmente ou após justificação prévia.
    § 3º A tutela de urgência de natureza antecipada não será concedida quando houver perigo de irreversibilidade dos efeitos da decisão."

[117] **"Enunciado nº 39 da I Jornada de Direito Processual Civil do CJF:** Cassada ou modificada a tutela de urgência na sentença, a parte poderá, além de interpor recurso, pleitear o respectivo restabelecimento na instância superior, na petição de recurso ou em via autônoma."
    "Enunciado nº 40 da I Jornada de Direito Processual Civil do CJF: A irreversibilidade dos efeitos da tutela de urgência não impede sua concessão, em se tratando de direito provável, cuja lesão seja irreversível."
    "Enunciado nº 41 da I Jornada de Direito Processual Civil do CJF: Nos processos sobrestados por força do regime repetitivo, é possível a apreciação e a efetivação de tutela provisória de urgência, cuja competência será do órgão jurisdicional onde estiverem os autos."
    "Enunciado nº 42 da I Jornada de Direito Processual Civil do CJF: É cabível a concessão de tutela provisória de urgência em incidente de desconsideração da personalidade jurídica."

Parte II · I – TUTELA JURISDICIONAL | **125**

ao oferecimento de contracautela pelo beneficiário (caução real ou fidejussória), bem como pode se dar liminarmente ou após justificação prévia (§ 2º), conforme determinação do juiz da causa.

O contraditório prévio não é um requisito para a concessão de tutela de urgência. Afinal, o contraditório postecipado é expressamente admitido pelos arts. 300, § 2º, e 9º, parágrafo único, I. A tutela de urgência pode ser concedida liminarmente, ou seja, em provimento *inaudita altera parte*, bem como após justificação prévia, concedendo-se ao autor oportunidade para que comprove as suas alegações (art. 300, § 2º). No rito da manutenção e reintegração de posse também é prevista a possibilidade de justificação, em audiência própria em que se oportunizará a oitiva de testemunhas (art. 562).

2.4.3.2 Espécies

2.4.3.2.1 Tutela cautelar

A manutenção da utilidade prática das tutelas antecedentes de cognição e execução inspirou o legislador a conceber um *tertium genus* de prestação jurisdicional, consistente num provimento servil às demais manifestações judiciais, capaz de resguardar as condições de fato e de direito para que a justiça seja prestada com efetividade.[118]

É cediço que o processo de "amadurecimento" da decisão judicial após a manifestação das partes impõe um lapso de tempo, por vezes prejudicial ao objeto do juízo que, exatamente por isso, fica sujeito a mutações prejudiciais ao julgamento, quer por força de atos maléficos perpetrados por uma parte contra o direito da outra antes do julgamento da causa, quer em função da própria natureza das coisas.[119] Assim, *v.g.*, o perecimento de uma coisa litigiosa tanto pode ocorrer por força de um evento fenomênico, como a chuva, quanto por obra da destruição proposital da parte adversa.[120]

---

[118] São de **Liebman** as seguintes palavras, ao abordar a unidade do procedimento cautelar: "perciò il processo cautelare si contrapone come tertium genus a quello di cognizione et a quello di esecuzione ed è caracterizato della sua funzione strumentale, ausiliaria, nei confronti di un processo principale, del quale mira a garantire la proficuità dei risultati, nei casi ammessi dalle legge" (*Rivista di Diritto Processuale*, 1954, p. 248 e segs.).

[119] Modernamente, escreveu sobre o *periculum in mora* **Giovanni Arieta**, "esse perigo de dano deve derivar da lentidão natural da tutela ordinária, no sentido de que a demora em si é considerada como causa possível do dano superveniente e por isso deve ser neutralizada através do provimento cautelar" (*I Provvedimenti d'Urgenza*, 1985, p. 47).

[120] É o que o direito italiano exprime, no art. 700 do seu Código: "fondato motivo di temere che durante il tempo ocorrente per far valere il suo diritto in via ordinaria". Como se vê, estamos no campo do *periculum in mora*. Esse requisito da tutela cautelar refere-se ao plano fático e não normativo. Isto é, o direito ou a coisa padecem de uma potencial dissipação no mundo da realidade, de tal sorte que mister se faz preservá-los fisicamente. Essa é a concepção que nos autoriza a intervir através da tutela cautelar. Decerto não é ao sentido de "prejudicialidade ou prejulgamento" que se refere o legislador ao mencionar o "dano irreparável" autorizador da cautela. Em nosso modo de ver, no sistema nacional, interpretar prejuízo como pré-juízo é jogo de palavras, sofisma que não se reveste da menor cientificidade. Não obstante, a doutrina alienígena concebe esse prejuízo como uma vinculação do juízo principal ao decidido antecipadamente em sede cautelar, de tal sorte que aquela regulação provisória da lide limita ao provimento final.

Assim, *v.g.*, a doutrina francesa e italiana de **Cezar-Bru**, **Tarzia** e **Tommaseo**, citadas por **Ovídio Baptista**, *Curso*, cit., vol. 3, p. 34-35. Destarte, imprestável também a concepção unicamente normativa do dano irreparável, porque no plano da tutela do direito objetivo, o direito ou a coisa sentem-se protegidos, haja vista que a lesão não se legaliza. É no mundo fenomênico que se mostra a lesão. Interpretação diversa conduziria por certo à denegação das cautelas, porque essa forma de tutela foi inspirada à defesa dos direitos na sua "fase dinâmica", "social" e não "estático-normativa". A esse respeito convém relembrar **Giovanni Arieta**, *I Provvedimenti d'Urgenza*, cit., p. 123, e **Capri**, *La Provisoria Esecutorietà della Sentenza*, 1979, p. 290. Imperioso anotar que o *periculum in mora* não é um pressuposto exclusivo das cautelares, sob pena de considerar-se dessa categoria tudo quanto se assente no estado de periclitação. Há evidentemente tutela não cautelar lastreada em perigo da demora, como a presente tutela de segurança. O apego a esse requisito básico levou muitos juristas a considerarem cautelares inúmeras providências satisfativas e definitivas no plano fático, *v.g.*, a execução provisória, as liminares em geral. Assim, por exemplo, **Galeno Lacerda**, *Comentários*, 1980, vol. 8, p. 15; no direito estrangeiro, **Mario Dini**, *I Provvedimenti d'Urgenza*, 1973, p. 97.

126 | CURSO DE DIREITO PROCESSUAL CIVIL • *Luiz Fux*

Essa constatação representou o fato gerador da criação de medidas processuais múltiplas capazes de evitar o malogro da tutela jurisdicional principal no momento de sua efetivação. As "medidas cautelares" ou medidas assecuratórias surgiram[121] com o escopo precípuo de "servir" ao processo de conhecimento e as de execução. Trata-se de tutela eminentemente processual porque o interesse tutelado não é "atributivo de bens da vida" senão público de "acessar-se a justiça com efetividade."[122] Deveras, de nada adiantaria deferir-se na Carta Magna o acesso à justiça sem a garantia respectiva de criação das condições ideais para a prestação jurisdicional, sob pena de a garantia resultar em mera divagação constitucional.[123] A tutela cautelar, assim, revela-se a mais importante de todas pela sua própria antecedência lógica quando uma situação de periclitação sinaliza para a frustração da tutela principal em razão da impossibilidade de prestação da justiça imediata.[124]

É flagrante, assim, a "servilidade" da tutela cautelar, às demais formas de prestação de justiça, o que explica a sua *transitoriedade* ou *não definitividade* no sentido de "tempo" e de "definir o litígio", bem como sua inegável *dependência ao processo principal*, característica que a doutrina denomina de "instrumentalidade". Destarte, essa tutela apresenta natural instabilidade porque a sua vida tem como duração o tempo necessário à preservação a que se propõe,[125] sendo certo que a situação cautelanda pode desaparecer por diversos fatores, que vão desde a eliminação do estado de periclitação até a confirmação pela tutela principal do direito alegado pela parte receosa quanto à subsistência do mesmo.[126]

---

[121] O processo cautelar tende a assegurar a eficácia futura de outro processo a que está preordenado. É o que afirmava **Liebman**, "L'Unità del Procedimento Cautelare", *Rivista di Diritto Processuale*, 1954, p. 254. Nesse seguimento, estão sempre presentes as palavras de **Calamandrei** no sentido de que a instrumentalidade das cautelares frente ao processo principal é *"una instrumentalidad cualificada, o sea elevada, por asi decirlo, al cuadrado... Un medio predispuesto para el mejor éxito de la providencia definitiva... Son, en relación a la finalidad última de la función jurisdiccional, instrumento del instrumento"* (*Introducción*, cit., p. 45).

[122] A distinção de bens objeto da tutela foi fixada por **Calmon de Passos**, que dicotomizou a pretensão à segurança veiculada através de tutela preventiva substancial e tutela preventiva processual em *Comentários ao Código de Processo Civil*, 1984, vol. 10, t. 1. De toda sorte, o eminente jurista não prevê tutela sumária para a pretensão de direito material senão através das cautelares, por isso que a pretensão à segurança do direito substancial perfaz-se através do processo de execução e do processo de conhecimento (*Comentários*, cit., vol. 10, t. 1, p. 45-46). Essa servilidade é resumida por **Pontes de Miranda** e **Ovídio Baptista** na expressão "segurança para execução", ao passo que a execução para segurança representaria a tutela do próprio direito, satisfativa por antecipação. **Ovídio Baptista**, (*Comentários ao Código de Processo Civil*, p. 65-68).

[123] A admissibilidade da constitucionalização da tutela cautelar como decorrência do acesso à justiça vê-se reconhecida, hoje, aqui e alhures, como se colhe em **Marinoni**, "Tutela Cautelar e Tutela Antecipatória", *Revista dos Tribunais*, 1992, p. 143, e **Comoglio**, "La Tutela Cautelare in Italia: Profili Sistematici e Risconti Comparativi", *Rivista di Diritto Processuale*, 1990, p. 979-980.

[124] Essa impossibilidade de justiça imediata e a natural demora do processo levaram **Giuseppe Tarzia** a identificar um conflito entre a ânsia de efetividade do processo e o interesse na segurança deste, em razão de a urgência compatibilizar-se apenas com o juízo de verossimilhança, postergando o juízo de certeza ("Considerazione Comparative sulle Misure Provvisorie nel Processo Civile", *Rivista di Diritto Processuale*, 1985, p. 249). Assente-se que o sonho da justiça imediata remonta ao maior doutrinador cautelar, que foi **Calamandrei**. Ele justificava as cautelares exatamente em razão de não existir essa possibilidade instantânea (*Introducción*, cit., p. 44).

[125] "I provvedimenti cautelari sono sempre destinati a durare per un tempo limitato. Infatti quando il processo principale giunge a conclusione viene meno il problema stesso per cui furono concesso: o il diritto è stato riconosciuto esistente, e potrà ricevere piena soddisfazione, oppure è stato dichiarato inesistente e la misura cautelare dovrà essere revocata", segundo **Liebman**, *Manuale*, cit., 1957, vol. 1, p. 93.

[126] Essa fusão de ideias merece destaque. Em primeiro lugar no que diz respeito à provisoriedade. Para **Calamandrei**, o provisório significava a antítese da definitividade, isto é, o provimento seria substituído pelo definitivo, com o qual mantinha vínculos qualitativos. Isso significa que para **Calamandrei**, o provimento provisório e o definitivo que o substituía guardavam a mesma natureza. Assim, o arresto era antecipação da execução, a vistoria *ad perpetuam* era prova antecipada, os provimentos interinais antecipação da solução definitiva impassível de ser aguardada (*Introducción*, cit., p. 53, 122 e 58). A doutrina de **Calamandrei** não entrevê a diferença entre a cautela e as demais formas pela satisfatividade, traço inegavelmente distintivo, até porque falar em cautelares-satisfativas encerra verdadeira *contradictio*, tal como encerraria falar em "legalidade antijurídica". Com razão, assim, **Ovídio Baptista**, que prefere à provisoriedade a "temporariedade", até porque, por vezes e enquanto idôneo, o provimento cautelar sobrevive à providência principal e seu ciclo vital ultrapassa aquele, mantendo-se íntegro até que desapareça a necessidade de sua manutenção. Ademais, essa correspondência

A não definitividade da tutela cautelar – não porque sumária a cognição,[127] mas antes porque escapa ao seu escopo, posto que meramente processual – justifica a regra de que, acautelada a situação jurídica objeto da tutela principal, esta tem de ser engendrada em 30 (trinta) dias da efetivação da medida, porque a urgência tem de ser comprovada pelo seguimento incontinente da formulação do pedido principal. É que, quem receia prova por que receia. A manutenção *ad infinitum* da medida cautelar a transfiguraria em processo principal e, é certo que a cautela aguarda a definição judicial, mas não lhe faz as vezes. Por outro lado, os provimentos cautelares causam restrições de direitos e esse estado de limitação somente se justifica se a parte denunciara uma possibilidade de malogro de uma tutela proponível. Consequentemente, nada justifica que o requerido suporte os rigores da medida sem que a urgência seja fundamentadamente verdadeira. É que, do contrário, o requerente poderia aguardar a "definição" através de cognição plena.[128]

A urgência, uma constante nessa forma de tutela, admite graus, tanto que o legislador previu a *antecipação da tutela cautelar* através de medida liminar inaudita, mercê da existência de um procedimento comum, onde o provimento dito cautelar pode advir de uma sentença final, após dilargada cognição.[129] Destarte, essa mesma urgência torna esse comando emergente da sentença, mandamental, onde a efetivação de seu conteúdo dá-se na mesma relação processual, fundindo-se execução e cognição no mesmo processo e implicando ordem.[130] A decisão, porque não definitiva do litígio, não se reveste da imutabilidade característica[131] da "coisa julgada material", salvo se se

---

qualitativa inexiste, podendo ser *aliud* ou *minus*, conforme **Fritz Baur**, *Tutela Jurídica mediante Medidas Cautelares*, 1985, p. 40 (**Ovídio Baptista**, *Comentários*, cit., p. 42). Ainda sob esse ângulo, é expressivo o clássico exemplo dos andaimes do nosso **Lopes da Costa**, revelando-os definitivos e temporários até o término dos trabalhos exteriores da obra (*Medidas Preventivas, Medidas Preparatórias, Medidas de Conservação*, 1953, p. 10).

[127] Parece afinar-se com a ideia da tese quanto à possibilidade de cognição sumária não satisfativa e definitiva **Ovídio Baptista**, nas passagens de *Curso de Processo Civil*, vol. 3, p. 47 e nota da p. 48.

[128] **Sergio la China**, "Pregiudizio Bilaterale i Crisi del Provvedimento d'Urgenza", *Rivista di Diritto Processuale*, 1980, p. 218.

[129] A urgência timbra essa forma de tutela de tal sorte que lhe acompanha no *nomem juris*, como os *provvedimenti d'urgenza* italianos. Essa urgência, autorizando a análise perfunctória da pretensão, arrasta para as cautelares o risco do erro, que segundo **Calamandrei** deve ser admitido porque, "entre fazer bem mas tardiamente e fazer logo, com o risco de fazer mal, a tutela cautelar decide-se por fazer logo, assumindo o risco de errar, relegando o problema do bem ou do mal para as formas tranquilas do procedimento ordinário" (*Introducción*, cit., p. 43). A nossa ideologia confina com a exposta pelo insuperável catedrático de Roma, entretanto, dela se distancia quanto à iniciativa do procedimento ordinário, que para nós deve competir ao requerido que demonstre prejuízo por força da medida sumária, definitiva e irreversível adotada, tanto mais que sob o prisma do "interesse de agir" nada mais restará ao beneficiário do provimento de segurança. Esse tópico será melhor explorado mais adiante.

[130] **Liebman**, "L'Unità...", *Rivista di Diritto Processuale*, 1954, p. 248 e segs. Assenta o fundador da escola processual brasileira que: "è indifferente che la misura cautelare consita in una pronunzia del giudice o in un'attività di carattere materiale, come sarebbe l'apprensione e custodia di una cosa: non si tratterà di un processo di cognizione nel primo caso, nè di un processo d'esecuzione nel secondo. Per la classificazione del processo l'elemento decisivo è dato soltanto dallo scopo dell'atto finale, a cui il processo stesso à diretto".

[131] É conhecida a posição de **Frederico Marques** quanto à coisa julgada formal da cautelar na hipótese mencionada no parágrafo único do art. 808 do CPC, qualificando-a o doutrinador *secundum eventum litis* (*Manual de Direito Processual Civil*, vol. 4, p. 391). Essa qualificação utilizada justifica-se; por isso que, concedida a medida, pode vir a ser revogada. É decisão instável; denegada, só por causa superveniente pode voltar a ser engendrada. Mas, de toda sorte, não obstante se aceite a versão formal da coisa julgada, a lide cautelar não é a mesma da ação principal, como pareceu a **Carnelutti**. A situação cautelanda objeto da segurança não revela semelhança com o objeto da ação principal, sem que se possa dizer que por isso o processo cautelar não tem mérito. O juiz não julga no "vácuo", como bem afirmou **Moniz de Aragão** na sua intervenção nas jornadas insistentemente citadas no trabalho, por isso que o *periculum* e o *fumus* integram os requisitos de provimento do pedido cautelar, compondo-lhe a *res deducta*. Caracterizá-los como condições de ação e a um só tempo pressupostos do acolhimento seria retroceder ao "concretismo" da ação de origem chiovendiana. Paradoxalmente, **Carnelutti**, abstrativista, enxergava na lide cautelar o mesmo conflito objeto da ação principal... A realidade é que essa imutabilidade da decisão inserida no julgado admite graus. A coisa julgada material é qualificada *ratione materiae* pelo seu conteúdo e positivamente o provimento cautelar só excepcionalmente dispõe sobre o litígio. Entretanto, a impossibilidade de renovar os fundamentos pelos quais se denegou a medida revela uma extensão sensível da decisão, cuja técnica, que torna intocável esse provimento, assemelha-se à eficácia preclusiva da coisa julgada material, um dos meios de "defesa do julgado".

verificar que não haverá processo principal tutelável em razão da decadência ou da prescrição, hipótese em que, por economia processual, antecipadamente o juiz jugula no nascedouro a pretensão que viria a ser deduzida no processo principal "ameaçado" de malogro. Esta é, aliás, a influência mais viva da tutela cautelar na ação principal: um de natureza preponderantemente processual e outro de cunho satisfativo.

A despeito das óticas diferentes, impossível seria reclamar asseguração sem revelar a essência da "tutela acautelada". Isso implica a divulgação, em sede cautelar, do objeto que comporá a tutela ameaçada. A isso denomina-se de *fumus boni juris*. A tutelabilidade *in abstrato* do direito material invocado é suficiente para cumprir esse primeiro requisito legal, ao qual se adjunta o estado de perigo, que justifica a providência assecuratória.

Essa influência, antes referida entre a tutela cautelar e a tutela principal, é expressiva em alguns pontos formais também. Assim, *v.g.*, se o juiz verifica a impossibilidade jurídica do que pretende o requerente, não deve prover cautelarmente, porque não se revela legítima a tutela principal dita ameaçada.

Em resumo, a tutela cautelar difere das demais espécies por representar uma prestação de justiça de cunho eminentemente processual, realizada no afã do resguardo das outras duas modalidades, com a singularidade de que seu objeto é a "defesa da jurisdição", cuja titularidade pertence ao Estado-soberano e que, por isso, pode atuar de ofício no exercício do dever correspectivo ao direito de ação constitucionalizado.

Se, no regime do CPC de 1973, as medidas cautelares eram dotadas de autonomia, sendo objeto de processo próprio, no CPC de 2015 podem ser concedidas incidental ou antecedentemente, mas sem necessidade de ajuizamento de demanda que tenha por exclusivo pedido o provimento acautelatório. Desse modo, reforçou o legislador sua natureza acessória, em prestígio à economia processual.

2.4.3.2.2 Tutela antecipada

Nem toda situação de urgência é cautelar. Há casos em que a tutela urgente e imediata que se impõe o é em função do direito material, sob pena de seu perecimento ou ineficácia de sua exigibilidade. Assim, *v.g.*, se a parte não pode utilizar o imóvel por falta de mobília, malgrado tenha pago todo o valor dos bens adquiridos para aquele fim, antecipadamente, não há tutela cautelar que o tutele a esse respeito. Nesse caso, socorre à parte uma tutela imediata e urgente de seu direito à entrega dos bens, de tal maneira que a empresa contratada coloque no interior da unidade todos os utensílios necessários à sua habitabilidade.

Essa providência imediata – superadora da grave injustiça que um processo de conhecimento encerraria, obrigando a parte a aguardar um lapso de tempo à consagração do seu direito, da cognição até a execução para a entrega – *só se mantém estreita com a cautelar pelo ângulo da urgência*, do *periculum in mora*, posto não assecuratória, senão "flagrantemente satisfativa", pelo que se denomina "tutela antecipada".

Na tutela antecipada, o próprio *meritum causae* é antecipadamente regulado, como que numa "composição provisória da lide", para utilizarmos a expressão carneluttiana. *Manifestando-se evidente o direito em estado de periclitação*, então, a tutela será antecipada, espécie de tutela urgente, haja vista ser caracterizada pelo *estado de periclitação do próprio bem da vida reclamado* e não apenas *do processo*. A satisfatividade de um direito não pertence ao plano das normas, senão à realidade fenomênica.[132]

Percebe-se, em síntese, que, na tutela antecipada, existe identidade prática entre o pedido provisório e a pretensão definitiva, ao passo que, na cautelar, a providência imediata apenas busca permitir a decisão final quanto ao pedido principal, possuindo caráter instrumental.

---

[132] **Ovídio Baptista**, *Curso*, vol. 3, p. 21-22.

A tutela de urgência de natureza antecipada não será concedida quando houver perigo de irreversibilidade dos efeitos da decisão (art. 300, § 3º). Essa limitação, porém, pode ser superada no caso concreto, sob pena de grave violação do acesso à justiça (art. 5º, XXXV, da CF),[133] mormente nas chamadas situações de "irreversibilidade de mão dupla", em que tanto a antecipação do provimento como sua denegação acarretam a impossibilidade de, no plano fático, se retornar ao *status quo*. Em tais casos, cabe ao juiz ponderar e evitar o mal maior dentre ambos os cenários hipotéticos.

2.4.3.3 Contracautela e responsabilização

A análise cautelar superficial visando a permitir prover com a rapidez que o estado de coisas exige impõe uma margem de risco de erro judiciário na adoção desses provimentos.[134]

Essa é a razão pela qual a lei estabelece a "contracautela", que visa minimizar, senão afastar, a repercussão negativa na esfera jurídica do requerido que os efeitos de uma medida cautelar podem lhe causar. A contracautela é a contrapartida pela adoção do provimento com base em juízo perfunctório. Sem prejuízo, o requerente do provimento cautelar assume a responsabilidade objetiva pelo risco judiciário, respondendo por tudo quanto possa causar à parte contrária, em razão de ter requerido uma medida urgente, que se verifica a posteriori à concessão, despida de fundamento.[135]

A contracautela tem por objetivo minorar os riscos da tutela de urgência, garantindo a reparação de danos que o demandado possa sofrer, podendo ser exigida a critério do juiz (art. 300, § 1º, do CPC).[136] Esta é a razão pela qual a lei estabelece a "contracautela", que visa a minimizar, senão afastar, a repercussão negativa na esfera jurídica do requerido que os efeitos de uma medida cautelar podem lhe causar. A contracautela é a contrapartida pela adoção do provimento com base em juízo perfunctório. Sem prejuízo, o requerente do provimento cautelar assume a responsabilidade objetiva pelo risco judiciário (art. 302 do CPC), respondendo por tudo quanto possa causar à parte contrária, em razão de ter requerido uma medida urgente, que se verifica *a posteriori* à concessão, despida de fundamento. Essa responsabilidade ocorre independentemente da responsabilidade por dano processual prevista nos arts. 79 e seguintes do CPC.

Nos casos em que for exigida a caução, sua prestação se destinará ao ressarcimento de eventuais danos que a outra parte venha a sofrer (§ 1º do art. 300). Com efeito, o Código demonstra preocupação com a promoção de medidas que reparem os danos que podem decorrer da tutela provisória, especificando em seu art. 302 que a parte beneficiada pela decisão responde pelo prejuízo que a efetivação da tutela de urgência causar à parte adversa, sem prejuízo da reparação por dano processual, quando: (I) a sentença lhe for desfavorável; (II) obtida liminarmente a tutela em

---

[133] Como acentuou de forma magnífica **Marinoni**, "se a realidade do mundo atual muitas vezes não comporta a espera do tempo despendido para a cognição exauriente da lide, em muitos casos o direito ao 'devido processo legal' somente poderá realizar-se através de um processo de cognição sumária. O direito à adequada tutela jurisdicional, portanto, também é corolário do princípio da inafastabilidade" ("Tutela cautelar e tutela antecipatória", *RT*, p. 91, 1992). No mesmo sentido, as lições de **Kazuo Watanabe**, *Da cognição no processo civil*, 1987, p. 21.

[134] A urgência arrasta a necessidade de cognição rápida ou sumária, nem sempre vertical, por isso que o juízo de probabilidade eclipsa os dois requisitos do provimento da medida, isto é, o *fumus boni juris* e o *periculum in mora*. Há sumariedade formal e material, no sentido de que é sumário o procedimento e o grau de cognição também. Entretanto, mais adiante demonstraremos a possibilidade de cognição sumária em face de direito evidente e cognição exauriente em procedimento sumário, espécies que coexistem e não necessariamente se repelem, como pretende fazer crer **Marinoni**, "Tutela Cautelar e Tutela Antecipatória", *Revista dos Tribunais*, 1992, p. 61-62. No direito alienígena, consulte-se, por todos, **Victor Fairén Guillén**, *El Juicio Ordinario y los Plenarios Rápidos*, 1953.

[135] Advirta-se que **Chiovenda** já afirmava ser a tutela cautelar "um direito do Estado", e **Calamandrei** reafirma essa ideia ao atribuir à cautela o escopo da defesa da seriedade da jurisdição como resguardo do *imperium iudicis*. Respectivamente, *Instituições*, cit., nº 82, e *Introduzione*, cit., p. 144.

[136] **"Art. 300. § 1º.** Para a concessão da tutela de urgência, o juiz pode, conforme o caso, exigir caução real ou fidejussória idônea para ressarcir os danos que a outra parte possa vir a sofrer, podendo a caução ser dispensada se a parte economicamente hipossuficiente não puder oferecê-la."

130 | CURSO DE DIREITO PROCESSUAL CIVIL • *Luiz Fux*

caráter antecedente, não fornecer os meios necessários para a citação do requerido no prazo de 5 (cinco) dias; (III) ocorrer a cessação da eficácia da medida em qualquer hipótese legal; (IV) o juiz acolher a alegação de decadência ou prescrição da pretensão do autor.

Nessas situações, inclusive, a liquidação do dano a ser indenizado será realizada nos mesmos autos em que a medida tiver sido concedida, sempre que possível. Trata-se de previsão que visa a facilitar a recomposição dos danos que a concessão da tutela de urgência possa ocasionar.

2.4.3.4 Poder geral de cautela e atipicidade

Os atos de "defesa da jurisdição" escapam ao poder dispositivo das partes, não cabendo a elas o juízo da conveniência ou não de se preservarem as condições para que a justiça seja prestada.[137] É sob essa ótica que propende a doutrina atual pela aceitação da atuação *ex officio* nas cautelares incidentais.

Consectária dessa proposição é a ampla possibilidade que o juiz detém de prover "inominadamente", isto é, de deferir providências idôneas e adequadas à defesa da jurisdição, através do que se convencionou denominar "poder cautelar genérico".[138]

A análise da própria finalidade jurisdicional-cautelar nos indica que se trata de um "dever" e não um "poder" que se exige como decorrência do "direito à jurisdição" outorgado a todo cidadão. A impossibilidade de autotutela e a necessidade de garantir-se um efetivo acesso à justiça implicam a obrigação de o Estado evitar que se frustre essa garantia, quer para isso seja convocado a atuar, quer *sponte sua* observe o perigo.

Em acréscimo, adotou-se a linha da atipicidade, autorizando-se, genericamente, a escolha do provimento necessário e adequado pelo julgador, sem delineio de procedimento específico para cada uma das hipóteses (art. 301),[139] homenageando-se o princípio da instrumentalidade do processo.

Dispõe o art. 301 do CPC que a tutela de urgência de natureza cautelar pode ser efetivada mediante arresto, sequestro, arrolamento de bens, registro de protesto contra alienação de bem e qualquer outra medida idônea para asseguração do direito.

Tendo em vista que o Código revogou praticamente todos os procedimentos cautelares em espécie, mantendo apenas a produção antecipada de provas (art. 381 do CPC), é esvaziada de maior propósito a menção às expressões "arresto", "sequestro", "arrolamento de bens" *etc.*, que se referem a procedimentos cautelares típicos do Código revogado. O art. 301 do CPC consagra o poder geral de cautela, ou seja, a prerrogativa do magistrado de determinar qualquer providência, ainda que atípica, para assegurar a efetividade jurisdicional. Diante da urgência e da necessidade de ingresso no Judiciário, o Estado, exercente do poder-dever de prestar a jurisdição, não se pode escusar em deferir a providência sob o manto da inexistência de previsão legal.

2.4.3.5 Tutela de urgência pré-arbitral

Nos termos do art. 22-A da Lei nº 9.307/1996, antes de instituída a arbitragem, as partes poderão recorrer ao Poder Judiciário para a concessão de medida cautelar ou de urgência. Cessa a

---

[137] Mais adiante, no texto, expendemos a nossa opinião sobre o tema, bem como trazemos à colação as opiniões divergentes, a que remetemos o leitor. Mister frisar-se entretanto que a doutrina moderna admite uma valoração constante do juízo acerca da "adequação" da medida, por isso que, como consectário, também pode atuar prontamente quando observe da necessidade de uma "adequada medida de defesa da jurisdição". Nesse sentido, consulte-se **Mario Dini**, *La Denunzia di Danno Temuto*, 1957, p. 44.

[138] Encontra-se na obra de **Calamandrei** a expressão "poder cautelar geral" (*Introduzione*, cit., p. 49), e não "dever geral de cautela". Por outro lado, a importância da cautela atípica é considerada como instrumento moderno de agilização da prestação da justiça, compondo desígnio constitucional da tutela jurisdicional. Assim se depreende das lições de **Andrea Proto Pisani**, "Appunti sulla Tutela Cautelare nel Processo Civile", *Rivista di Diritto Civile*, 1987, p. 114-115, e **Luigi Paolo Comoglio**, "La Tutela Cautelare in Italia: Profili Sistematici e Risconti Comparativi", *Rivista di Diritto Processuale*, 1990, p. 979-980.

[139] "**Art. 301.** A tutela de urgência de natureza cautelar pode ser efetivada mediante arresto, sequestro, arrolamento de bens, registro de protesto contra alienação de bem e qualquer outra medida idônea para asseguração do direito."

eficácia da medida cautelar ou de urgência se a parte interessada não requerer a instituição da arbitragem no prazo de 30 (trinta) dias, contado da data de efetivação da respectiva decisão. Instituída a arbitragem, consoante o art. 22-B do referido diploma, caberá aos árbitros manter, modificar ou revogar a medida cautelar ou de urgência concedida pelo Poder Judiciário. Estando já instituída a arbitragem, a medida cautelar ou de urgência será requerida diretamente aos árbitros.

O Superior Tribunal de Justiça já decidiu que, *verbis*: "De modo a viabilizar o acesso à justiça, caso a arbitragem, por alguma razão ainda não tenha sido instaurada, toda e qualquer medida de urgência pode ser intentada perante o Poder Judiciário, para preservar direito sob situação de risco da parte postulante e, principalmente, assegurar o resultado útil da futura arbitragem. A atuação da jurisdição estatal, em tal circunstância, afigura-se precária, destinada apenas e tão somente à análise da medida de urgência apresentada, sem prorrogação, naturalmente, dessa competência provisória. Devidamente instaurada a arbitragem, resta exaurida a jurisdição estatal, devendo os autos serem encaminhados ao Juízo arbitral competente, que, como tal, poderá manter a liminar, caso em que seu fundamento de existência passará a ser o provimento arbitral, e não mais a decisão judicial; modificá-la; ou mesmo revogá-la, a partir de sua convicção fundamentada."[140]

2.4.3.6 Requerimento em caráter antecedente

De outro lado, conforme o momento em que seja requerida, a tutela provisória de urgência poderá ser antecedente, quando requerida antes do início da relação jurídica processual principal.[141] Nesses casos, o Código traz regramentos separados, conforme se trate de tutela cautelar ou antecipada.

Permite o CPC de 2015 que a parte busque a realização do seu direito com base em cognição não exauriente em procedimento anterior ao exame do pedido principal. Sendo assim, o exame da tutela de urgência será realizado em um processo que não necessariamente avançará na análise das questões principais de mérito com relação às quais se pretenda um provimento definitivo.

Os denominados "procedimentos antecedentes" são de duas espécies, o primeiro quando a tutela requerida tiver caráter satisfativo e o segundo aplicável à hipótese de tutela cautelar.

2.4.3.6.1 Tutela antecipada requerida em caráter antecedente

Quando se trate de tutela provisória de urgência antecipada requerida em caráter antecedente, demonstrando-se a existência de urgência contemporânea à propositura da ação, *a petição inicial pode limitar-se ao requerimento da tutela antecipada e à indicação do pedido de tutela final, com a exposição da lide, do direito que se busca realizar e do perigo de dano ou do risco ao resultado útil do processo* (art. 303).[142]

---

[140] STJ, REsp 1698730/SP, Rel. Ministro Marco Aurélio Bellizze, Terceira Turma, j. 08.05.2018.

[141] **"Enunciado nº 43 da I Jornada de Direito Processual Civil do CJF:** Não ocorre a estabilização da tutela antecipada requerida em caráter antecedente, quando deferida em ação rescisória."

[142] **"Art. 303.** Nos casos em que a urgência for contemporânea à propositura da ação, a petição inicial pode limitar-se ao requerimento da tutela antecipada e à indicação do pedido de tutela final, com a exposição da lide, do direito que se busca realizar e do perigo de dano ou do risco ao resultado útil do processo.

§ 1º Concedida a tutela antecipada a que se refere o *caput* deste artigo:

I – o autor deverá aditar a petição inicial, com a complementação de sua argumentação, a juntada de novos documentos e a confirmação do pedido de tutela final, em 15 (quinze) dias ou em outro prazo maior que o juiz fixar;

II – o réu será citado e intimado para a audiência de conciliação ou de mediação na forma do art. 334;

III – não havendo autocomposição, o prazo para contestação será contado na forma do art. 335.

§ 2º Não realizado o aditamento a que se refere o inciso I do § 1º deste artigo, o processo será extinto sem resolução do mérito.

§ 3º O aditamento a que se refere o inciso I do § 1º deste artigo dar-se-á nos mesmos autos, sem incidência de novas custas processuais.

No que tange à tutela antecipada requerida em caráter antecedente, a inicial pode se limitar ao requerimento de tutela antecipada, indicando: *(I)* os pressupostos para a sua concessão, *(II)* a "exposição da lide", *(III)* o pedido de tutela final, *(IV)* o direito que se busca realizar, *(V)* o valor da causa, considerado o pedido de tutela final e *(VI)* que pretende valer-se do rito antecedente (art. 303, *caput* e §§ 4º a 5º, do CPC). Entendendo o magistrado que não há elementos para tutela provisória, deve intimar o demandante para emendar inicial em 5 dias, sob pena de extinção do feito antecedente sem resolução da questão sobre a tutela antecipada (art. 303, § 6º, do CPC).

Se deferido esse pedido inicial, o autor beneficiário deverá, no prazo de 15 (quinze) dias (se o juiz não fixar outro maior), aditar a petição inicial, complementando sua argumentação prefacialmente apresentada, podendo juntar novos documentos, bem como ratificar o pedido final que quer ver deferido.

Este aditamento deve ser realizado nos mesmos autos, sem incidência de novas custas processuais, e sua não realização implica a extinção do processo sem resolução do mérito. Uma vez realizado, promover-se-á a citação do réu para a audiência de conciliação ou de mediação (art. 334 do CPC),[143] prosseguindo-se o procedimento respectivo.

Por sua vez, como dito, caso indeferido o pedido de tutela provisória de urgência antecipada requerida em caráter antecedente, o juiz determinará a emenda da petição apresentada no prazo de 5 (cinco) dias, para que seja adaptada aos requisitos de uma petição inicial propriamente dita. Se desatendida a determinação, o processo também será extinto sem resolução do mérito.

A notável inovação do CPC é consubstanciada na principal característica do rito da tutela antecipada requerida em caráter antecedente: caso o réu não interponha recurso da decisão que conceder a liminar, esta tornar-se-á estável,[144] *ex vi* do art. 304 do CPC.[145] Isso significa que a tutela

---

§ 4º Na petição inicial a que se refere o *caput* deste artigo, o autor terá de indicar o valor da causa, que deve levar em consideração o pedido de tutela final.

§ 5º O autor indicará na petição inicial, ainda, que pretende valer-se do benefício previsto no *caput* deste artigo.

§ 6º Caso entenda que não há elementos para a concessão de tutela antecipada, o órgão jurisdicional determinará a emenda da petição inicial em até 5 (cinco) dias, sob pena de ser indeferida e de o processo ser extinto sem resolução de mérito."

[143] **"Enunciado nº 23 da I Jornada de Direito Processual Civil do CJF:** Na ausência de auxiliares da justiça, o juiz poderá realizar a audiência inaugural do art. 334 do CPC, especialmente se a hipótese for de conciliação."

"Enunciado nº 24 da I Jornada de Direito Processual Civil do CJF: Havendo a Fazenda Pública publicizado ampla e previamente as hipóteses em que está autorizada a transigir, pode o juiz dispensar a realização da audiência de mediação e conciliação, com base no art. 334, § 4º, II, do CPC, quando o direito discutido na ação não se enquadrar em tais situações."

"Enunciado nº 25 da I Jornada de Direito Processual Civil do CJF: As audiências de conciliação ou mediação, inclusive dos juizados especiais, poderão ser realizadas por videoconferência, áudio, sistemas de troca de mensagens, conversa *on-line*, conversa escrita, eletrônica, telefônica e telemática ou outros mecanismos que estejam à disposição dos profissionais da autocomposição para estabelecer a comunicação entre as partes."

"Enunciado nº 26 da I Jornada de Direito Processual Civil do CJF: A multa do § 8º do art. 334 do CPC não incide no caso de não comparecimento do réu intimado por edital."

"Enunciado nº 67 da I Jornada de Direito Processual Civil do CJF: Há interesse recursal no pleito da parte para impugnar a multa do art. 334, § 8º, do CPC por meio de apelação, embora tenha sido vitoriosa na demanda."

"Enunciado nº 121 da II Jornada de Direito Processual Civil do CJF: Não cabe aplicar multa a quem, comparecendo à audiência do art. 334 do CPC, apenas manifesta desinteresse na realização de acordo, salvo se a sessão foi designada unicamente por requerimento seu e não houver justificativa para a alteração de posição."

[144] Sobre o desafiador tema, ver: **Frederico Augusto Gomes**, *A estabilização da tutela antecipada*, 2019; **Daniel Mitidiero**, Comentário ao artigo 304. In: **Teresa Arruda Alvim Wambier** et al. (coords.). *Breves comentários ao novo Código de Processo Civil*, 2015; **Humberto Dalla Bernardina de Pinho; José Roberto Sotero de Mello Porto.** Tutela antecipada antecedente e sua estabilização: um panorama dos principais questões controvertidas. *Revista de Processo*, vol. 278, abr. 2018, p. 215-233; **Bruno Garcia Redondo**, Estabilização, modificação e negociação da tutela de urgência antecipada antecedente: principais controvérsias. *Revista de Processo*, ano 40, v. 244, p. 167-194, jun./2015; **Heitor Vitor Mendonça Sica**. Doze problemas e onze soluções quanto à chamada "estabilização da tutela antecipada". In: **Paulo Henrique dos Santos Lucon** et al. (coords). *Processo em jornadas*, 2016; **Eduardo José da Fonseca Costa,** Comentário ao artigo 304. In: **Lenio Luiz Streck** et al. (orgs.). Comentários ao Código de Processo Civil, 2016.

Parte II • I – TUTELA JURISDICIONAL **133**

antecipada produzirá efeitos enquanto não revista, reformada ou invalidada por decisão judicial superveniente, que poderá ser suscitado por iniciativa de qualquer das partes em ação própria (art. 304, §§ 2º e 3º, CPC).

O Superior Tribunal de Justiça tem proferido decisões conflitantes sobre o alcance da expressão "recurso" contida no art. 304 do CPC. Em julgado da Terceira Turma, definiu-se que a melhor leitura seria ampliativa, porque a finalidade do comando passaria pela estabilização apenas quando inerte o réu, de sorte que outras manifestações de insatisfação, como a apresentação de contestação, bastaria para afastar a consequência processual mencionada.[146] Por sua vez, a Primeira Turma entendeu que apenas o recurso, entendido como meio de impugnação de decisões judiciais, possui o condão de obstar a estabilização dos efeitos da decisão, não sendo possível emprestar o mesmo efeito à contestação.[147]

De acordo com esta última orientação, se o réu quiser que a sua contestação seja apreciada, deve interpor também agravo de instrumento em face da decisão concessiva da tutela antecipada – ou agravo interno, se a competência for originária de Tribunal. O prazo para o agravo será de 15 dias a contar da intimação da liminar (art. 1.003, § 5º, do CPC). Se o réu interpuser agravo admissível, seja provido ou não, o rito "antecedente" é convertido automaticamente em principal e a contestação é analisada, seguindo-se o rito comum.[148]

Interessante é a conclusão adotada pelo Superior Tribunal a respeito do cômputo dos prazos: o de aditamento do autor e o recursal, para o réu,[149] de sorte a evitar que a estabilização seja afastada apenas quando o autor, ciente da inércia da parte contrária, efetivamente desejou transmudar o procedimento em comum.

Essa estabilização de efeitos não se confunde com a coisa julgada (como expressamente consigna o § 6º do art. 304), pois a decisão poderá ser revista, reformada ou invalidada em ação ajuizada por qualquer das partes. Não obstante, seus efeitos serão mantidos enquanto não seja revista, reformada ou invalidada por nova decisão. Em linha semelhante à ação rescisória, sem que com ela se confunda, essa possibilidade de revisão, reforma ou invalidação da tutela deverá

---

[145] **"Art. 304.** A tutela antecipada, concedida nos termos do art. 303, torna-se estável se da decisão que a conceder não for interposto o respectivo recurso.

§ 1º No caso previsto no *caput*, o processo será extinto.

§ 2º Qualquer das partes poderá demandar a outra com o intuito de rever, reformar ou invalidar a tutela antecipada estabilizada nos termos do *caput*.

§ 3º A tutela antecipada conservará seus efeitos enquanto não revista, reformada ou invalidada por decisão de mérito proferida na ação de que trata o § 2º.

§ 4º Qualquer das partes poderá requerer o desarquivamento dos autos em que foi concedida a medida, para instruir a petição inicial da ação a que se refere o § 2º, prevento o juízo em que a tutela antecipada foi concedida.

§ 5º O direito de rever, reformar ou invalidar a tutela antecipada, previsto no § 2º deste artigo, extingue-se após 2 (dois) anos, contados da ciência da decisão que extinguiu o processo, nos termos do § 1º.

§ 6º A decisão que concede a tutela não fará coisa julgada, mas a estabilidade dos respectivos efeitos só será afastada por decisão que a revir, reformar ou invalidar, proferida em ação ajuizada por uma das partes, nos termos do § 2º deste artigo."

[146] "Embora o *caput* do art. 304 do CPC/2015 determine que 'a tutela antecipada, concedida nos termos do art. 303, torna-se estável se da decisão que a conceder não for interposto o respectivo recurso', a leitura que deve ser feita do dispositivo legal, tomando como base uma interpretação sistemática e teleológica do instituto, é que a estabilização somente ocorrerá se não houver qualquer tipo de impugnação pela parte contrária, sob pena de se estimular a interposição de agravos de instrumento, sobrecarregando desnecessariamente os Tribunais, além do ajuizamento da ação autônoma, prevista no art. 304, § 2º, do CPC/2015, a fim de rever, reformar ou invalidar a tutela antecipada estabilizada" (STJ, REsp 1760966/SP, 3ª Turma, Rel. Min. Marco Aurélio Bellizze, j. 04.12.2018).

[147] STJ, REsp 1797365/SP, Rel. Min. Sérgio Kukina, Red. p/ acórdão Min. Regina Helena Costa, 1ª Turma, j. 03.10.2019.

[148] **"Enunciado nº 28 Enfam:** Admitido o recurso interposto na forma do art. 304 do CPC/2015, converte-se o rito antecedente em principal para apreciação definitiva do mérito da causa, independentemente do provimento ou não do referido recurso."

[149] STJ, no REsp 1.766.376/TO (Terceira Turma, *DJE* 28.08.2020).

134 | CURSO DE DIREITO PROCESSUAL CIVIL • Luiz Fux

ser exercida no prazo de 2 (dois) anos, contados a partir da ciência da decisão que inicialmente extinguiu o processo. Em todo caso, porém, qualquer das partes poderá requerer o desarquivamento dos autos em que foi proferida a decisão concessiva da tutela – quando físicos, naturalmente, sendo despiciendo tal proceder no caso de autos eletrônicos –, para que instrua corretamente a petição inicial, de forma que prossiga a ação perante o juízo prevento que concedeu a tutela antecipada.

2.4.3.6.2 Tutela cautelar requerida em caráter antecedente

Quando se tratar de tutela provisória cautelar requerida em caráter antecedente,[150] preceitua o art. 305 do CPC que a petição inicial da ação que visa à prestação de tutela cautelar em caráter antecedente indicará a lide e seu fundamento, a exposição sumária do direito que se objetiva assegurar e o perigo de dano ou o risco ao resultado útil do processo. Em contraste, então, a tutela cautelar requerida em caráter antecedente jamais poderá estabilizar-se. São requisitos da inicial, nos termos do art. 305, *caput*, do CPC: (i) indicação da lide e seu fundamento; (ii) exposição sumária do direito que se objetiva assegurar; e (iii) exposição do perigo de dano ou risco ao resultado útil do processo.

Entretanto, se ao receber o pedido, o juiz entenda que este em verdade revela pretensão de natureza antecipada e não cautelar, poderá reconhecer a fungibilidade, determinando a aplicação do procedimento descrito na seção anterior. Há fungibilidade entre os ritos antecedentes para tutela antecipada e para a tutela cautelar. Assim, o magistrado pode determinar de ofício a conversão para o procedimento dos arts. 303 e 304 do CPC se entender que pedido tem "natureza antecipada". A situação inversa também pode ocorrer, desde que seja logicamente impossível a estabilização da tutela concedida.

A decisão do magistrado que reconhecer a existência de decadência ou prescrição terá natureza de sentença (art. 310 do CPC). Também haverá sentença quando o juiz entender pela denegação da cautelar e o pedido principal não houver sido formulado pelo requerente, mormente porque, em caso de denegação, a parte não possui prazo de natureza processual para apresentar o pedido principal. Em contrapartida, caso a cautelar não seja concedida e o pedido principal tenha sido previamente formulado, haverá conversão do rito antecedente em principal.

Por fim, sendo concedida a cautelar, o requerente terá o prazo de trinta dias para efetivá-la e formular o pedido principal independentemente de novas custas, sob pena de cessar a sua eficácia (arts. 308 e 309, I e II, do CPC).[151,152]

Com efeito, disciplina o art. 309 do CPC as hipóteses em que a tutela perde eficácia, tratando--se de situações em que a parte não poderá renovar o pedido senão por outro fundamento, se: (I) o autor não deduzir o pedido principal no prazo legal; (II) não for efetivada dentro de 30 (trinta)

---

[150] **"Enunciado nº 44 da I Jornada de Direito Processual Civil do CJF:** É requisito da petição inicial da tutela cautelar requerida em caráter antecedente a indicação do valor da causa."
"Enunciado nº 46 da I Jornada de Direito Processual Civil do CJF: A cessação da eficácia da tutela cautelar, antecedente ou incidental, pela não efetivação no prazo de 30 dias, só ocorre se caracterizada omissão do requerente."

[151] **"Art. 308**. Efetivada a tutela cautelar, o pedido principal terá de ser formulado pelo autor no prazo de 30 (trinta) dias, caso em que será apresentado nos mesmos autos em que deduzido o pedido de tutela cautelar, não dependendo do adiantamento de novas custas processuais.
§ 1º O pedido principal pode ser formulado conjuntamente com o pedido de tutela cautelar.
§ 2º A causa de pedir poderá ser aditada no momento de formulação do pedido principal.
§ 3º Apresentado o pedido principal, as partes serão intimadas para a audiência de conciliação ou de mediação, na forma do art. 334, por seus advogados ou pessoalmente, sem necessidade de nova citação do réu.
§ 4º Não havendo autocomposição, o prazo para contestação será contado na forma do art. 335."

[152] A 4ª Turma do STJ já apontou que "O prazo de 30 (trinta) dias para apresentação do pedido principal, nos mesmos autos da tutela cautelar requerida em caráter antecedente, previsto no art. 308 do CPC/2015, possui natureza processual, portanto deve ser contabilizado em dias úteis (art. 219 do CPC/2015)" REsp 1.763.736/RJ, Rel. Min. Antonio Carlos Ferreira, 4ª Turma, j. 21.06.2022, *DJe* 18.08.2022.

dias; (III) o juiz julgar improcedente o pedido principal formulado pelo autor ou extinguir o processo sem resolução de mérito.

Ocorrendo tempestivamente a apresentação do pleito principal, converter-se-á o rito antecedente em principal, nos mesmos autos, independente do adiantamento de novas custas processuais. As partes, então, serão intimadas para a audiência de conciliação ou de mediação, na forma do art. 334 do CPC, por seus advogados ou pessoalmente, sem necessidade de nova citação do réu. Não havendo autocomposição, o prazo para contestação será contado na forma do art. 335 do CPC.

De outro lado, o indeferimento do pedido antecedente não impede que a parte deduza seu pedido principal, que não será influenciado pela decisão inicial de indeferimento, a menos que se tenha reconhecido a existência de decadência ou prescrição. Nessas situações, com efeito, já se atingirá a própria impossibilidade do pedido principal diante do fundamento da decisão de indeferimento (art. 310).[153]

2.4.4 Tutela da evidência

A tutela da evidência (ou de evidência) é modalidade de tutela diferenciada, por meio da qual ocorre a adaptação do procedimento às peculiaridades da causa, permitindo a satisfação de direitos bem demonstrados de plano, quando diminutas as chances de sucesso final do *ex adverso*.

Trata-se de técnica de distribuição dos ônus decorrentes do tempo do processo, consistente na concessão imediata da tutela jurisdicional com base no alto grau de verossimilhança das alegações do autor, a revelar improvável o sucesso do réu em fase mais avançada do processo.[154]

O principal aspecto distintivo da tutela de evidência é a dispensa da demonstração do *periculum in mora*. Isso significa que a evidência do direito autoriza por si só a concessão imediata do provimento pretendido pela parte, inclusive aqueles de cunho pecuniário, mesmo que inexista qualquer risco de dano à parte ou prejuízo ao resultado útil da sentença. A tutela de evidência pode ser concedida também em procedimentos especiais previstos em leis extravagantes, como os Juizados Especiais (art. 1.046, § 2º).[155]

Importante perceber que a tutela de evidência, enquanto a modalidade de satisfação imediata e provisória da parte calcada apenas no elemento da alta probabilidade do direito pleiteado,[156] independentemente de demonstração do elemento da urgência (risco ao direito material ou à utilidade do provimento jurisdicional final), não foi inaugurada pelo CPC/2015. Na realidade, existem diversos exemplos da autorização legal para a antecipação dos efeitos da tutela pretendida por tais elementos, desde o diploma anterior, *v.g.*, a liminar possessória.

A novidade inerente ao vigente Código diz respeito ao rol que condensa as hipóteses gerais, no art. 311.[157]

---

[153] "Art. 310. O indeferimento da tutela cautelar não obsta a que a parte formule o pedido principal, nem influi no julgamento desse, salvo se o motivo do indeferimento for o reconhecimento de decadência ou de prescrição."

[154] **Bruno Bodart**, *Tutela de Evidência*, 2015; **Rogéria Fagundes Dotti,** *Tutela da evidência*, 2020.

[155] "Art. 1.046. Ao entrar em vigor este Código, suas disposições se aplicarão desde logo aos processos pendentes, ficando revogada a Lei nº 5.869, de 11 de janeiro de 1973.

§ 2º Permanecem em vigor as disposições especiais dos procedimentos regulados em outras leis, aos quais se aplicará supletivamente este Código."

[156] De acordo com **Fredie Didier Jr.**, a evidência diz respeito a um fato jurídico processual em que afirmações de fato estão comprovadas, constituindo pressuposto fático de técnica processual para obtenção de tutela provisória ou definitiva (*Curso de Direito Processual Civil*, 2021).

[157] "Art. 311. A tutela da evidência será concedida, independentemente da demonstração de perigo de dano ou de risco ao resultado útil do processo, quando:

I – ficar caracterizado o abuso do direito de defesa ou o manifesto propósito protelatório da parte;

II – as alegações de fato puderem ser comprovadas apenas documentalmente e houver tese firmada em julgamento de casos repetitivos ou em súmula vinculante;

III – se tratar de pedido reipersecutório fundado em prova documental adequada do contrato de depósito, caso em que será decretada a ordem de entrega do objeto custodiado, sob cominação de multa;

A primeira hipótese de tutela de evidência é a que tem por objetivo sancionar condutas incompatíveis com a lealdade e a boa-fé processuais (art. 311, I, do CPC). Para a sua concessão, basta ficar caracterizado o abuso do direito de defesa ou o manifesto propósito protelatório da parte. Esse propósito protelatório pode evidenciar-se antes mesmo do processo, como no caso de dissipação de bens. Consigne-se, ainda, que o não comparecimento injustificado do réu à audiência de autocomposição é considerado ato atentatório à dignidade da justiça (art. 334, § 8º), reclamando a imediata concessão de tutela de evidência com base no art. 311, I, independentemente da prévia imposição de multa, sanção que, não obstante ostente clareza legal indiscutível, vem sendo abrandada por certos julgadores.[158]

Tal modalidade se revela continuidade da previsão do art. 273, II, do CPC/1973, buscando afastar as referidas posturas da parte, inseridas no gênero "dolo processual". Há amplo leque de exemplos autorizadores desse provimento: retenção injustificada dos autos (físicos) para além do prazo legal, fornecimento doloso de informações erradas, embaraçamento da produção de provas, repetição de requerimentos já apreciados, etc.

A tutela de evidência também pode ser concedida quando as alegações de fato puderem ser comprovadas apenas documentalmente e houver tese firmada em julgamento de casos repetitivos ou em súmula vinculante. Consideram-se casos repetitivos, nos termos do art. 928 do CPC, a decisão proferida em: (i) incidente de resolução de demandas repetitivas; (ii) recursos especial e extraordinário repetitivos. Essa espécie de tutela de evidência pode ser concedida *inaudita altera parte* (art. 9º, p. u., II, e art. 311, parágrafo único, do CPC). Corretamente, a doutrina alarga o rol previsto para incluir outros precedentes, a exemplo do definido no incidente de assunção de competência (art. 947).[159-160]

O art. 311, III, prevê a concessão de tutela de evidência em face de contrato de depósito. Essa sistemática substitui o revogado rito da ação de depósito (arts. 901 a 906 do CPC/1973), cuja utilidade havia desaparecido desde que o Plenário do Supremo Tribunal Federal julgou a prisão civil do depositário infiel incompatível com o Pacto de São José da Costa Rica. Também se trata de espécie de tutela de evidência concessível *inaudita altera parte* (arts. 9º, parágrafo único, II, e 311, parágrafo único, do CPC).

Finalmente, é cabível a tutela de evidência quando a petição inicial for instruída com prova documental suficiente dos fatos constitutivos do direito do autor, a que o réu não oponha prova capaz de gerar dúvida razoável (art. 311, IV, do CPC). Também nesse ponto, a doutrina traz amplo leque de exemplos, como o pedido embasado em fato notório, fatos confessados em outra ocasião, presunções absolutas ou questão prejudicial de outro processo que tenha sido atingida pela coisa julgada.

IV – a petição inicial for instruída com prova documental suficiente dos fatos constitutivos do direito do autor, a que o réu não oponha prova capaz de gerar dúvida razoável.
Parágrafo único. Nas hipóteses dos incisos II e III, o juiz poderá decidir liminarmente."

[158] Relembre-se que, consoante já decidido pelo STJ, é inaplicável multa por ausência em audiência de conciliação à parte que foi representada por advogado (RMS 56.422/MS, Rel. Min. Raul Araújo, 4ª Turma, j. 08.06.2021).

[159] Nesse sentido, o Enunciado nº 135 das Jornadas de Direito Processual Civil do Conselho da Justiça Federal.

[160] Gize-se que o STF, no julgamento da ADI 5.492, na Sessão Virtual de 14.04.2023 a 24.04.2023, já declarou constitucional a referência ao inc. II do art. 311 constante do art. 9º, parágrafo único, inc. II, e do art. 311, parágrafo único.

II
ESTRUTURA DO PODER JUDICIÁRIO – ORGANIZAÇÃO JUDICIÁRIA

Com o intuito de enfraquecer o Estado perante a sociedade, evitando autoritarismos e abusos, Montesquieu defendia a separação das funções (o poder é uno e indivisível) do Poder do Estado, entre eles o "poder" de julgar.[1]

Em verdade, o que se faz é uma interpretação de sua teoria, pois originalmente somente há o poder de legislar e o poder de aplicar as leis. É dentro dessa aplicação das leis que se encontra uma subdivisão entre "as coisas que dependem dos direitos das gentes" e "dependem do direito civil, que pune os crimes e julga as querelas das pessoas". Tal separação é primordial para o exercício da democracia. Nota-se, no entanto, que a simples presença da separação não assegura uma sociedade democrática, tampouco justa.

Para tanto, é preciso que essas funções sejam exercidas de maneira independente e autônoma, a fim de que não sejam desviadas de sua finalidade. Sendo assim, importante a concessão de garantias que assegurem o fiel cumprimento do seu objeto.

As garantias do Poder Judiciário podem ser, basicamente, de duas espécies: (i) institucionais e (ii) funcionais.

1. GARANTIAS DO PODER JUDICIÁRIO

1.1 Garantias institucionais

Referem-se ao Poder Judiciário como órgão genérico e têm por objetivo evitar o enfraquecimento de sua atuação pelo Legislativo ou pelo Executivo. Assim, há o chamado autogoverno, gerando a autonomia administrativa e financeira do Judiciário (art. 99 da Constituição).[2]

A autonomia administrativa, também conhecida como orgânica, está prevista no art. 96, I, da CF.[3]

---

[1] **Montesquieu,** *Do* Espírito *das leis*, 2010.

[2] **"Art. 99.** Ao Poder Judiciário é assegurada autonomia administrativa e financeira."

[3] **"Art. 96.** Compete privativamente:

I – aos tribunais:

a) eleger seus órgãos diretivos e elaborar seus regimentos internos, com observância das normas de processo e das garantias processuais das partes, dispondo sobre a competência e o funcionamento dos respectivos órgãos jurisdicionais e administrativos;

b) organizar suas secretarias e serviços auxiliares e os dos juízos que lhes forem vinculados, velando pelo exercício da atividade correicional respectiva;

c) prover, na forma prevista nesta Constituição, os cargos de juiz de carreira da respectiva jurisdição;

d) propor a criação de novas varas judiciárias;

e) prover, por concurso público de provas, ou de provas e títulos, obedecido o disposto no art. 169, parágrafo único, os cargos necessários à administração da Justiça, exceto os de confiança assim definidos em lei;

f) conceder licença, férias e outros afastamentos a seus membros e aos juízes e servidores que lhes forem imediatamente vinculados;"

138 CURSO DE DIREITO PROCESSUAL CIVIL • *Luiz Fux*

Esse dispositivo estabelece que o Poder Judiciário tem exclusividade na escolha da forma pela qual se estruturará. Dessa maneira, restam evidenciados, pelo menos a princípio, os limites estanques entre as funções do Estado, para que cada uma não seja maculada pela influência da outra. Por esse motivo, o constituinte originário determinou que cabe ao próprio Judiciário a eleição de seus órgãos diretivos, sem qualquer participação dos demais Poderes, a elaboração de seus próprios regimentos internos, bem como presidir o provimento de seus cargos e regulamentação de seus servidores.

Já a autonomia financeira consiste na elaboração de suas propostas orçamentárias dentro dos limites estipulados conjuntamente com os demais Poderes na lei de diretrizes orçamentárias (art. 99, §§ 1º e 2º, da CF).

1.2   Garantias funcionais

As garantias funcionais, por seu turno, revelam proteção da principal perspectiva do Poder Judiciário, qual seja a atividade jurisdicional. Nesse tocante, a Constituição ampara os órgãos jurisdicionais *stricto sensu*, concedendo-lhes a chamada garantia da magistratura.

Importante lembrar que a judicatura muitas vezes contraria interesses políticos e econômicos extremamente hostis, que poderiam se insurgir contra o magistrado que unicamente realizou seu dever de dizer o direito do caso concreto. Dessa forma, com vistas a talhar uma verdadeira armadura contra todas as pressões externas possíveis a que o magistrado está submetido, entendeu o constituinte por estabelecer as seguintes condições, sem as quais o juiz não pode exercer a judicatura: vitaliciedade, inamovibilidade e irredutibilidade de subsídios.[4]

A vitaliciedade se dá pelo exercício do cargo, em primeiro grau de jurisdição, após 2 anos do seu início, sendo que, nos tribunais, é adquirida a partir da posse. Já pela inamovibilidade, o magistrado não pode ser removido de maneira discricionária, salvo se concordar com a remoção, havendo a exceção em caso de o ato de remoção, disponibilidade e aposentadoria do magistrado, seja por interesse público e se fundar em decisão da maioria absoluta do respectivo tribunal ou do Conselho Nacional de Justiça, assegurada ampla defesa. No concernente à irredutibilidade de subsídios, importa esclarecer que essa irredutibilidade é jurídica, uma vez que o subsídio do magistrado não é indexado com a inflação do período anterior.

Cabe ainda tecer breves apontamentos sobre as vedações dos juízes, que ingressam no âmbito da imparcialidade, mas sob a perspectiva da relação com o jurisdicionado, como garantia do particular de que o órgão prestou a tutela jurisdicional de maneira legítima.

Assim, não pode o magistrado exercer outra função de maneira concomitante com a judicatura que não o magistério, assim como receber auxílios e contribuições ou participação em processo, tampouco se dedicar à atividade político-partidária.[5] Nesse sentido, dispõe a Lei Orgânica da Magistratura – LOMAN (LC nº 35/1979), prescrevendo deveres, vedações e prerrogativas.[6]

---

4   **"Art. 95.** Os juízes gozam das seguintes garantias:

I – vitaliciedade, que, no primeiro grau, só será adquirida após dois anos de exercício, dependendo a perda do cargo, nesse período, de deliberação do tribunal a que o juiz estiver vinculado, e, nos demais casos, de sentença judicial transitada em julgado;

II – inamovibilidade, salvo por motivo de interesse público, na forma do art. 93, VIII;

III – irredutibilidade de subsídio, ressalvado o disposto nos arts. 37, X e XI, 39, § 4º, 150, II, 153, III, e 153, § 2º, I. [...]"

5   **"Art. 95.** [...] Parágrafo único. Aos juízes é vedado:

I – exercer, ainda que em disponibilidade, outro cargo ou função, salvo uma de magistério;

II – receber, a qualquer título ou pretexto, custas ou participação em processo;

III – dedicar-se à atividade político-partidária.

IV – receber, a qualquer título ou pretexto, auxílios ou contribuições de pessoas físicas, entidades públicas ou privadas, ressalvadas as exceções previstas em lei;

V – exercer a advocacia no juízo ou tribunal do qual se afastou, antes de decorridos três anos do afastamento do cargo por aposentadoria ou exoneração."

6   **Art. 35.** São deveres do magistrado:

I – Cumprir e fazer cumprir, com independência, serenidade e exatidão, as disposições legais e os atos de ofício;

Parte II • II – ESTRUTURA DO PODER JUDICIÁRIO – ORGANIZAÇÃO JUDICIÁRIA | 139

Destaque-se, ainda, a existência do Código de Ética da Magistratura, estabelecendo que esta deve se nortear pelos princípios da independência, da imparcialidade, do conhecimento e capacitação, da cortesia, da transparência, do segredo profissional, da prudência, da diligência, da integridade profissional e pessoal, da dignidade, da honra e do decoro.[7]

2. ORGANIZAÇÃO JUDICIÁRIA

Passada a fase de destaque da individualização do Poder Judiciário, cumpre anotar que o art. 92 da Constituição enumera expressamente os órgãos do Poder Judiciário.[8]

Figura 1 – Panorama e estrutura do Poder Judiciário brasileiro

Fonte: Conselho Nacional de Justiça – CNJ[9]

II – não exceder injustificadamente os prazos para sentenciar ou despachar;

III – determinar as providências necessárias para que os atos processuais se realizem nos prazos legais;

IV – tratar com urbanidade as partes, os membros do Ministério Público, os advogados, as testemunhas, os funcionários e auxiliares da Justiça, e atender aos que o procurarem, a qualquer momento, quanto se trate de providência que reclame e possibilite solução de urgência.

V – residir na sede da Comarca salvo autorização do órgão disciplinar a que estiver subordinado;

VI – comparecer pontualmente à hora de iniciar-se o expediente ou a sessão, e não se ausentar injustificadamente antes de seu término;

VII – exercer assídua fiscalização sobre os subordinados, especialmente no que se refere à cobrança de custas e emolumentos, embora não haja reclamação das partes;

VIII – manter conduta irrepreensível na vida pública e particular.

Art. 36. É vedado ao magistrado:

I – exercer o comércio ou participar de sociedade comercial, inclusive de economia mista, exceto como acionista ou quotista;

II – exercer cargo de direção ou técnico de sociedade civil, associação ou fundação, de qualquer natureza ou finalidade, salvo de associação de classe, e sem remuneração;

III – manifestar, por qualquer meio de comunicação, opinião sobre processo pendente de julgamento, seu ou de outrem, ou juízo depreciativo sobre despachos, votos ou sentenças, de órgãos judiciais, ressalvada a crítica nos autos e em obras técnicas ou no exercício do magistério. Disponível em: https://www.planalto.gov.br/ccivil_03/leis/lcp/lcp35.htm. Acesso em: 16 fev. 2023.

[7] Disponível em: https://www.cnj.jus.br/codigo-de-etica-da-magistratura/. Acesso em: 16 fev. 2023

[8] "**Art. 92.** São órgãos do Poder Judiciário:

I – o Supremo Tribunal Federal;

2.1 Supremo Tribunal Federal

O Supremo Tribunal Federal está previsto no art. 101 da Constituição, que estabelece sua composição por ministros escolhidos entre brasileiros entre 35 e 70 anos de notável saber jurídico e reputação ilibada, nomeados pelo Presidente da República e aprovados pela maioria absoluta do Senado Federal.

O Supremo Tribunal Federal é, precipuamente, o guardião da Constituição Federal, mas também exerce função de Tribunal originário de casos específicos, *v.g.*, julgamento de infrações do Presidente, bem como instância recursal (art. 102, CF).

Seus órgãos são o Plenário, as Turmas e o Presidente. As turmas são compostas de cinco ministros, sendo seu presidente o membro mais antigo. Sua competência está descrita nos arts. 9º a 11 do Regimento Interno do Supremo Tribunal Federal.[10]

I-A – o Conselho Nacional de Justiça;

II – o Superior Tribunal de Justiça;

II-A – o Tribunal Superior do Trabalho;

III – os Tribunais Regionais Federais e Juízes Federais;

IV – os Tribunais e Juízes do Trabalho;

V – os Tribunais e Juízes Eleitorais;

VI – os Tribunais e Juízes Militares;

VII – os Tribunais e Juízes dos Estados e do Distrito Federal e Territórios."

[9] Disponível em: https://www.cnj.jus.br/poder-judiciario/panorama-e-estrutura-do-poder-judiciario-brasileiro/. Acesso em: 16 fev. 2023.

[10] "**Art. 9º** Além do disposto no art. 8º, compete às Turmas:

I – processar e julgar originariamente:

a) o *habeas corpus*, quando o coator ou paciente for Tribunal, funcionário ou autoridade, cujos atos estejam diretamente subordinados à jurisdição do Supremo Tribunal Federal, ou se tratar de crime sujeito à mesma jurisdição em única instância, ressalvada a competência do Plenário;

b) os incidentes de execução que, de acordo com o art. 343, III, lhes forem submetidos;

c) a reclamação que vise a preservar a competência do Tribunal ou a garantir a autoridade de suas decisões ou Súmulas Vinculantes;

d) os mandados de segurança contra atos do Tribunal de Contas da União e do Procurador-Geral da República;

e) os mandados de injunção contra atos do Tribunal de Contas da União e dos Tribunais Superiores;

f) os *habeas data* contra atos do Tribunal de Contas da União e do Procurador-Geral da República;

g) a ação que todos os membros da magistratura sejam direta ou indiretamente interessados, e aquela em que mais da metade dos membros do tribunal de origem estejam impedidos ou sejam direta ou indiretamente interessados;

h) a extradição requisitada por Estado estrangeiro.

i) as ações contra o Conselho Nacional de Justiça ou contra o Conselho Nacional do Ministério Público, ressalvada a competência do Plenário;

j) nos crimes comuns, os Deputados e Senadores, ressalvada a competência do Plenário, bem como apreciar pedidos de arquivamento por atipicidade de conduta;

k) nos crimes comuns e de responsabilidade, os Ministros de Estado e os Comandantes da Marinha, do Exército e da Aeronáutica, ressalvado o disposto no art. 52, I, da Constituição Federal, os membros dos Tribunais Superiores, os do Tribunal de Contas da União e os chefes de missão diplomática de caráter permanente, bem como apreciar pedidos de arquivamento por atipicidade da conduta;

II – julgar em recurso ordinário:

a) os *habeas corpus* denegados em única ou última instância pelos tribunais locais ou federais, ressalvada a competência do Plenário;

b) a ação penal nos casos do art. 129, § 1º, da Constituição, ressalvada a hipótese prevista no art. 6º, inciso III, letra *c*.

III – julgar, em recurso extraordinário, as causas a que se referem os arts. 119, III, 139 e 143 da Constituição, observado o disposto no art. 11 e seu parágrafo único.

Parágrafo único. No caso da letra *a* do inciso II, o recurso ordinário não poderá ser substituído por pedido originário.

Parte II • II – ESTRUTURA DO PODER JUDICIÁRIO – ORGANIZAÇÃO JUDICIÁRIA | 141

2.2 Superior Tribunal de Justiça

O Superior Tribunal de Justiça, por sua vez, é composto de, no mínimo, 33 ministros (art. 104) e é guardião do sistema da legislação federal. É uma criação da Constituição de 1988, tem caráter nacional, com objetivo de uniformizar a jurisprudência da Justiça Comum. A nomeação de seus membros possui alguns requisitos particulares constantes no parágrafo único do art. 104.[11]

Além da expressa exigência de quantidade mínima de ministros advindos da advocacia, Ministério Público, Tribunais Regionais Federais e Tribunais de Justiça, outra especificidade é que não há a necessidade de ser brasileiro nato para integrar esse órgão, ao contrário do que ocorre com o cargo de ministro do Supremo Tribunal Federal (art. 12, § 3º, IV, da Constituição Federal).

O STJ é composto por três seções de julgamento, de acordo com critério de especialização, cada uma formada por duas turmas, havendo, ainda, uma Corte Especial – o órgão máximo do Tribunal.

Os 15 ministros mais antigos do Tribunal integram a Corte Especial, que é presidida pelo Presidente do STJ.

As Seções são constituídas de duas Turmas, sendo que cada uma possui cinco ministros. Na Primeira Seção, são levadas a julgamento as causas que versem sobre Direito Público. A Segunda Seção, em contrapartida, é competente para analisar lides fundamentadas em Direito Privado. Por último, a Terceira Seção trata das matérias penais, salvo os casos de competência originária da Corte Especial e os *habeas corpus* de competência das Turmas que compõem a Primeira e a Segunda Seções.

As Turmas apreciam, *prima facie*, os recursos especiais e demais medidas de sua competência. As seções são competentes para pacificar o entendimento jurisprudencial entre suas respectivas turmas e a Corte Especial dar a última palavra de todo o Superior Tribunal de Justiça.

Art. 10. A Turma que tiver conhecimento da causa ou de algum de seus incidentes, inclusive de agravo para subida de recurso denegado ou procrastinado na instância de origem, tem jurisdição preventa para os recursos, reclamações e incidentes posteriores, mesmo em execução, ressalvada a competência do Plenário e do Presidente do Tribunal.

§ 1º Prevalece o disposto neste artigo, ainda que a Turma haja submetido a causa, ou algum de seus incidentes, ao julgamento do Plenário.

§ 2º A prevenção, se não reconhecida de ofício, poderá ser arguida por qualquer das partes ou pelo Procurador-Geral até o início do julgamento pela outra Turma.

§ 3º Desaparecerá a prevenção se da Turma não fizer parte nenhum dos Ministros que funcionaram em julgamento anterior ou se tiver havido total alteração da composição das Turmas.

§ 4º Salvo o caso do parágrafo anterior, prevenção do Relator que deixe o Tribunal comunica-se à Turma.

Art. 11. A Turma remeterá o feito ao julgamento do Plenário independente de acórdão e de nova pauta:

I – quando considerar relevante a arguição de inconstitucionalidade ainda não decidida pelo Plenário, e o Relator não lhe houver afetado o julgamento;

II – quando, não obstante decidida pelo Plenário, a questão de inconstitucionalidade, algum Ministro propuser o seu reexame;

III – quando algum Ministro propuser revisão da jurisprudência compendiada na Súmula.

Parágrafo único. Poderá a Turma proceder da mesma forma, nos casos do art. 22, parágrafo único, quando não o houver feito o Relator."

[11] "**Art. 104**. Parágrafo único. Os Ministros do Superior Tribunal de Justiça serão nomeados pelo Presidente da República, dentre brasileiros com mais de trinta e cinco e menos de setenta anos de idade, de notável saber jurídico e reputação ilibada, depois de aprovada a escolha pela maioria absoluta do Senado Federal, sendo:

I – um terço dentre juízes dos Tribunais Regionais Federais e um terço dentre desembargadores dos Tribunais de Justiça, indicados em lista tríplice elaborada pelo próprio Tribunal;

II – um terço, em partes iguais, dentre advogados e membros do Ministério Público Federal, Estadual, do Distrito Federal e Territórios, alternadamente, indicados na forma do art. 94."

2.3 Justiça Federal

Está prevista a partir do art. 106 da Constituição e é composta pelos Tribunais Regionais Federais e pelos Juízes Federais.[12]

São, atualmente, seis Tribunais Regionais Federais,[13] divididos entre as seis regiões federais, sendo a 1ª região compreendida por todos os estados da Região Norte, da Região Centro-Oeste (exceto Mato Grosso do Sul), Bahia, Maranhão e Piauí. A 2ª região abrange os estados do Rio de Janeiro e do Espírito Santo. Na 3ª região, há São Paulo e Mato Grosso do Sul. O único Tribunal Regional que abrange tão somente uma região geográfica em sua integridade é o da 4ª região, que abrange Paraná, Santa Catarina e Rio Grande do Sul. A 5ª região compreende parte do Nordeste, com exceção da Bahia, Maranhão e Piauí. Por fim, a 6ª Região, que compreende o Estado de Minas Gerais, que até então pertencia à 1ª região, foi criada pela Lei nº 14.226, de 20 de outubro de 2021.

O Tribunal Regional Federal deverá ser composto por, no mínimo, sete desembargadores, com idade mínima de 30 anos.[14]

Abaixo dos Tribunais Regionais, encontram-se os juízes federais, distribuídos entre seções e subseções judiciárias, em que cada estado corresponde em uma seção judiciária federal. A subseção compreende um ou mais municípios da seção judiciária.

Adiante, no capítulo de competência, será tratada de maneira mais pormenorizada a previsão constitucional de sua atuação.

2.4 Justiça do Trabalho

A Justiça do Trabalho é composta pelo Tribunal Superior do Trabalho, pelos Tribunais Regionais do Trabalho e pelos Juízes do Trabalho.[15]

O Tribunal Superior do Trabalho é o órgão máximo da Justiça do Trabalho e é composto por 27 ministros, sendo um quinto oriundo da carreira da advocacia e do Ministério Público e o restante dos Tribunais Regionais do Trabalho.[16]

---

[12] "**Art. 106**. São órgãos da Justiça Federal:
I – os Tribunais Regionais Federais;
II – os Juízes Federais."

[13] Há que se abrir um parêntese para a Emenda Constitucional 73/2013, que criou mais quatro Tribunais Regionais Federais com o seguinte teor:
"**Art. 1º** O art. 27 do Ato das Disposições Constitucionais Transitórias passa a vigorar acrescido do seguinte § 11:
'Art. 27. [...] § 11. São criados, ainda, os seguintes Tribunais Regionais Federais: o da 6ª Região, com sede em Curitiba, Estado do Paraná, e jurisdição nos Estados do Paraná, Santa Catarina e Mato Grosso do Sul; o da 7ª Região, com sede em Belo Horizonte, Estado de Minas Gerais, e jurisdição no Estado de Minas Gerais; o da 8ª Região, com sede em Salvador, Estado da Bahia, e jurisdição nos Estados da Bahia e Sergipe; e o da 9ª Região, com sede em Manaus, Estado do Amazonas, e jurisdição nos Estados do Amazonas, Acre, Rondônia e Roraima.' (NR)
Art. 2º Os Tribunais Regionais Federais da 6ª, 7ª, 8ª e 9ª Regiões deverão ser instalados no prazo de 6 (seis) meses, a contar da promulgação desta Emenda Constitucional."
Com a propositura da ADI 5.017, questionando a constitucionalidade da criação dos Tribunais por vício formal de iniciativa, foi deferida liminar pelo então Ministro Presidente Joaquim Barbosa para suspender os efeitos da Emenda Constitucional.

[14] "**Art. 107.** Os Tribunais Regionais Federais compõem-se de, no mínimo, sete juízes, recrutados, quando possível, na respectiva região e nomeados pelo Presidente da República dentre brasileiros com mais de trinta e menos de setenta anos de idade, sendo:
I – um quinto dentre advogados com mais de dez anos de efetiva atividade profissional e membros do Ministério Público Federal com mais de dez anos de carreira;
II – os demais, mediante promoção de juízes federais com mais de cinco anos de exercício, por antiguidade e merecimento, alternadamente. [...]"

[15] "**Art. 111.** São órgãos da Justiça do Trabalho:
I – o Tribunal Superior do Trabalho;
II – os Tribunais Regionais do Trabalho;
III – Juízes do Trabalho."

[16] "**Art. 111-A.** O Tribunal Superior do Trabalho compõe-se de vinte e sete Ministros, escolhidos dentre brasileiros com mais de trinta e cinco anos e menos de setenta anos de idade, de notável saber jurídico e reputação

Parte II • II – ESTRUTURA DO PODER JUDICIÁRIO – ORGANIZAÇÃO JUDICIÁRIA | 143

Na 2ª instância, há os Tribunais Regionais do Trabalho, que são compostos por, no mínimo, sete desembargadores, sendo um quinto dentre advogados e membros do Ministério Público do Trabalho e os demais mediante promoção de juízes do trabalho por antiguidade e merecimento, alternadamente, nos termos do art. 115 da Constituição da República.

2.5 Justiça Eleitoral

A Justiça Eleitoral é formada pelas Juntas Eleitorais, juízes eleitorais, Tribunais Regionais Eleitorais e o Tribunal Superior Eleitoral.[17]

O Tribunal Superior Eleitoral é o órgão máximo da Justiça Eleitoral, composto por, no mínimo, sete juízes que recebem o nome de ministros, sendo eles três ministros do STF, dois do STJ e dois advogados escolhidos pelo Presidente da República.[18]

Na Justiça eleitoral, além do TSE, há a previsão de um Tribunal Regional Eleitoral por estado da Federação e no Distrito Federal.

Os TREs são formados por dois desembargadores eleitos do respectivo Tribunal de Justiça do Estado-membro, dois juízes eleitos do mesmo respectivo Tribunal de Justiça, um juiz do Tribunal Regional Federal e dois advogados escolhidos pelo Presidente da República a partir de uma lista enviada pelo Tribunal de Justiça.[19]

Há também o juiz de direito que é nomeado pelo respectivo TRE, que acumula as duas funções pelo prazo de 2 anos, prorrogáveis por igual período.

O Código Eleitoral, no art. 36,[20] estabelece ainda que a Junta Eleitoral é composta por dois ou quatro cidadãos de notória idoneidade, sendo presidida pelo juiz eleitoral, exercendo funções tão

---

ilibada, nomeados pelo Presidente da República após aprovação pela maioria absoluta do Senado Federal, sendo: (Redação dada pela Emenda Constitucional nº 122, de 2022)

I – um quinto dentre advogados com mais de dez anos de efetiva atividade profissional e membros do Ministério Público do Trabalho com mais de dez anos de efetivo exercício, observado o disposto no art. 94;

II – os demais dentre juízes dos Tribunais Regionais do Trabalho, oriundos da magistratura da carreira, indicados pelo próprio Tribunal Superior. [...]"

[17] **"Art. 118.** São órgãos da Justiça Eleitoral:

I – o Tribunal Superior Eleitoral;

II – os Tribunais Regionais Eleitorais;

III – os Juízes Eleitorais;

IV – as Juntas Eleitorais."

[18] **"Art. 119.** O Tribunal Superior Eleitoral compor-se-á, no mínimo, de sete membros, escolhidos:

I – mediante eleição, pelo voto secreto:

a) três juízes dentre os Ministros do Supremo Tribunal Federal;

b) dois juízes dentre os Ministros do Superior Tribunal de Justiça;

II – por nomeação do Presidente da República, dois juízes dentre seis advogados de notável saber jurídico e idoneidade moral, indicados pelo Supremo Tribunal Federal.

Parágrafo único. O Tribunal Superior Eleitoral elegerá seu Presidente e o Vice-Presidente dentre os Ministros do Supremo Tribunal Federal, e o Corregedor Eleitoral dentre os Ministros do Superior Tribunal de Justiça."

[19] **"Art. 120.** Haverá um Tribunal Regional Eleitoral na Capital de cada Estado e no Distrito Federal.

§ 1º Os Tribunais Regionais Eleitorais compor-se-ão:

I – mediante eleição, pelo voto secreto:

a) de dois juízes dentre os desembargadores do Tribunal de Justiça;

b) de dois juízes, dentre juízes de direito, escolhidos pelo Tribunal de Justiça;

II – de um juiz do Tribunal Regional Federal com sede na Capital do Estado ou no Distrito Federal, ou, não havendo, de juiz federal, escolhido, em qualquer caso, pelo Tribunal Regional Federal respectivo;

III – por nomeação, pelo Presidente da República, de dois juízes dentre seis advogados de notável saber jurídico e idoneidade moral, indicados pelo Tribunal de Justiça.

§ 2º O Tribunal Regional Eleitoral elegerá seu Presidente e o Vice-Presidente dentre os desembargadores."

[20] **"Art. 36.** Compor-se-ão as juntas eleitorais de um juiz de direito, que será o presidente, e de dois ou quatro cidadãos de notória idoneidade."

CURSO DE DIREITO PROCESSUAL CIVIL • *Luiz Fux*

somente administrativas para fins eleitorais, tais como o dever de expedir os diplomas (art. 40, IV, CE), resolver as impugnações e demais incidentes verificados durante os trabalhos de contagem e apuração de votos (art. 40, II, CE).[21]

2.6 Justiça Militar

A Justiça Militar é composta pelo Superior Tribunal Militar, Tribunais Militares e Juízes Militares (art. 122 da CF).[22]

O Superior Tribunal Militar, a sua última instância, formado por 15 ministros togados e vitalícios, sendo dez militares da ativa e do posto mais elevado da carreira e cinco civis.

Por causa da divisão federativa, há a Justiça Militar da União, para julgamentos dos oficiais e praças das Forças Armadas (Marinha, Exército e Aeronáutica), e a Justiça Militar dos Estados, para julgamento dos oficiais e praças das Corporações Militares Estaduais (Polícia Militar e Corpo de Bombeiros Militar).

No âmbito federal, existem somente duas instâncias formadas pelos Tribunais Militares e o STM. Já na seara estadual, a estrutura é diversa, formada pelo juiz de direito e Conselho de Justiça na 1ª instância e o Tribunal de Justiça na 2ª instância.

2.7 Justiça Comum Estadual

O art. 125 da Constituição dispõe que cada estado da Federação deve possuir um Tribunal de Justiça, formado por, no mínimo, sete desembargadores.

A competência dos tribunais estaduais é definida a partir das Constituições de seu respectivo Estado-membro, observadas as normas gerais[23] e a Constituição.

Igualmente ao caso da Justiça Federal, haverá um tratamento mais específico para o caso da Justiça Estadual no capítulo de competência.

2.8 Conselho Nacional de Justiça – CNJ

Criado pela EC 45/2004, está topologicamente localizado abaixo das atribuições do Supremo Tribunal Federal e acima dos Tribunais Superiores, no art. 103-B e, portanto, é órgão do Poder Judiciário, embora não exerça jurisdição. O art. 92 da Constituição estabelece essa inserção no Poder Judiciário.[24]

Em perspectiva histórica, a instituição do Conselho simbolizou verdadeira "abertura das portas do Judiciário para que representantes da sociedade tomem parte no controle administrativo-financeiro e ético-disciplinar da atuação do Poder, robustecendo-lhe o caráter republicano e democrático".[25]

---

21 "**Art. 40.** Compete à Junta Eleitoral;

I – apurar, no prazo de dez dias, as eleições realizadas nas zonas eleitorais sob a sua jurisdição.

II – resolver as impugnações e demais incidentes verificados durante os trabalhos da contagem e da apuração;

III – expedir os boletins de apuração mencionados no art. 178;

IV – expedir diploma aos eleitos para cargos municipais. [...]"

22 "**Art. 122.** São órgãos da Justiça Militar:

I – o Superior Tribunal Militar;

II – os Tribunais e Juízes Militares instituídos por lei."

23 A principal norma genérica da organização do Judiciário é a Lei Complementar nº 35, de 14 de março de 1979 (Loman).

24 "**Art. 92.** São órgãos do Poder Judiciário: [...]

I-A – O Conselho Nacional de Justiça; [...]

§ 1º O Supremo Tribunal Federal, o Conselho Nacional de Justiça e os Tribunais Superiores têm sede na Capital Federal. [...]"

25 Voto do Rel. Min. Cezar Peluso na ADI 3.367, Tribunal Pleno, *DJ* 17.03.2006.

O CNJ foi um órgão criado para o controle da atuação administrativa e financeira do Poder Judiciário e do cumprimento dos deveres funcionais dos magistrados, zelando, ainda, pela sua autonomia.[26] Em perspectiva histórica, a instituição do Conselho simbolizou verdadeira "abertura das portas do Judiciário para que representantes da sociedade tomem parte no controle administrativo-financeiro e ético-disciplinar da atuação do Poder, robustecendo-lhe o caráter republicano e democrático".[27]

A composição do CNJ é muito eclética, denotando-lhe um caráter extremamente democrático, pois a ele integram magistrados, advogados e membros do Ministério Público.[28]

O Conselho é presidido pelo(a) presidente do STF, enquanto um(a) ministro(a) do STJ exerce a função de corregedor(a) nacional, incumbindo-lhe, entre outras atribuições, receber as reclamações e denúncias, de qualquer pessoa, relativas a magistrados(as) e aos serviços judiciários, bem como exercer funções executivas do Conselho, de inspeção e de correição geral.

---

[26] **"Art. 103-B da CF.** [...] § 4º Compete ao Conselho o controle da atuação administrativa e financeira do Poder Judiciário e do cumprimento dos deveres funcionais dos juízes, cabendo-lhe, além de outras atribuições que lhe forem conferidas pelo Estatuto da Magistratura:

I – zelar pela autonomia do Poder Judiciário e pelo cumprimento do Estatuto da Magistratura, podendo expedir atos regulamentares, no âmbito de sua competência, ou recomendar providências;

II – zelar pela observância do art. 37 e apreciar, de ofício ou mediante provocação, a legalidade dos atos administrativos praticados por membros ou órgãos do Poder Judiciário, podendo desconstituí-los, revê-los ou fixar prazo para que se adotem as providências necessárias ao exato cumprimento da lei, sem prejuízo da competência do Tribunal de Contas da União;

III – receber e conhecer das reclamações contra membros ou órgãos do Poder Judiciário, inclusive contra seus serviços auxiliares, serventias e órgãos prestadores de serviços notariais e de registro que atuem por delegação do poder público ou oficializados, sem prejuízo da competência disciplinar e correicional dos tribunais, podendo avocar processos disciplinares em curso e determinar a remoção, a disponibilidade ou a aposentadoria com subsídios ou proventos proporcionais ao tempo de serviço e aplicar outras sanções administrativas, assegurada ampla defesa;

IV – representar ao Ministério Público, no caso de crime contra a administração pública ou de abuso de autoridade;

V – rever, de ofício ou mediante provocação, os processos disciplinares de juízes e membros de tribunais julgados há menos de um ano;

VI – elaborar semestralmente relatório estatístico sobre processos e sentenças prolatadas, por unidade da Federação, nos diferentes órgãos do Poder Judiciário;

VII – elaborar relatório anual, propondo as providências que julgar necessárias, sobre a situação do Poder Judiciário no País e as atividades do Conselho, o qual deve integrar mensagem do Presidente do Supremo Tribunal Federal a ser remetida ao Congresso Nacional, por ocasião da abertura da sessão legislativa. [...]"

[27] Rcl 37840 MC, Rel. Min. Luiz Fux, j. 06.11.2019, *DJ* 08.11.2019.

[28] **"Art. 103-B.** O Conselho Nacional de Justiça compõe-se de quinze membros com mandato de dois anos, admitida uma recondução, sendo:

I – o Presidente do Supremo Tribunal Federal

II – um Ministro do Superior Tribunal de Justiça, indicado pelo respectivo tribunal;

III – um Ministro do Tribunal Superior do Trabalho, indicado pelo respectivo tribunal;

IV – um desembargador de Tribunal de Justiça, indicado pelo Supremo Tribunal Federal;

V – um juiz estadual, indicado pelo Supremo Tribunal Federal;

VI – um juiz de Tribunal Regional Federal, indicado pelo Superior Tribunal de Justiça;

VII – um juiz federal, indicado pelo Superior Tribunal de Justiça;

VIII – um juiz de Tribunal Regional do Trabalho, indicado pelo Tribunal Superior do Trabalho;

IX – um juiz do trabalho, indicado pelo Tribunal Superior do Trabalho;

X – um membro do Ministério Público da União, indicado pelo Procurador-Geral da República;

XI – um membro do Ministério Público estadual, escolhido pelo Procurador-Geral da República dentre os nomes indicados pelo órgão competente de cada instituição estadual;

XII – dois advogados, indicados pelo Conselho Federal da Ordem dos Advogados do Brasil;

XIII – dois cidadãos, de notável saber jurídico e reputação ilibada, indicados um pela Câmara dos Deputados e outro pelo Senado Federal."

146 | CURSO DE DIREITO PROCESSUAL CIVIL • *Luiz Fux*

Um dos grandes desafios do CNJ é atuar de forma a não afrontar a autonomia de cada órgão jurisdicional. Nesse sentido, é importante ressaltar que, uma vez proferida sua decisão, como órgão administrativo, a revisão de seu ato somente se dará quando verificada alguma ilegalidade ou inconstitucionalidade, a ser analisada pelo Supremo Tribunal Federal.

Por fim, cumpre salientar que o art. 102, I, r, da CRFB/1988 estabelece a competência do STF para julgar originariamente "as ações contra o Conselho Nacional de Justiça e contra o Conselho Nacional do Ministério Público". "Isso não significa, porém, que a Corte deva afirmar a sua competência para conhecer de toda e qualquer ação ordinária contra atos do CNJ."[29] Com efeito, o plenário do STF já assentou que: "(...) como pontuado na Reclamação nº 15.564 AgR, a competência desta Corte para o exame de ações ordinárias se justifica sempre que questionados atos do CNJ 'de cunho finalístico, concernentes aos objetivos precípuos de sua criação, a fim de que a posição e proteção institucionais conferidas ao Conselho não sejam indevidamente desfiguradas'. A título meramente exemplificativo, seriam da alçada deste Supremo Tribunal Federal ações de rito comum em que impugnados atos do CNJ '(i) de caráter normativo ou regulamentar que traçam modelos de políticas nacionais no âmbito do Judiciário; (ii) que desconstituam ato normativo de tribunal local, (iii) que envolvam interesse direto e exclusivo de todos os membros do Poder Judiciário, consubstanciado em seus direitos, garantias e deveres, (iv) que versam sobre serventias judiciais e extrajudiciais, notadamente em matéria de obrigatoriedade de realização de concurso público, regime jurídico e conformação dessas serventias com os preceitos constitucionais insculpidos no art. 37, *caput*, da Constituição Federal'".[30]

---

[29] Disponível em: https://www.cnj.jus.br/poder-judiciario/panorama-e-estrutura-do-poder-judiciario-brasileiro/. Acesso em: 16 fev. 2023.

[30] Rcl 15564 AgR, Rel. Min. Rosa Weber, Rel. p/ Acórdão: Luiz Fux, 1ª Turma, j. 10.09.2019. Pet 4770 AgR, Rel. Roberto Barroso, Tribunal Pleno, j. 18.11.2020. Sobre o tema, ver ainda: STF. Plenário. AO 1.706 AgR, Rel. Min. Celso de Mello, j. 18.12.2013. STF. 1ª Turma. AO 1894 AgR, Rel. Min. Roberto Barroso, j. 07.08.2018. STF. 2ª Turma. ACO 2148 AgR, Rel. Min. Gilmar Mendes, j. 30.09.2016. STF. Plenário. Pet 4656/PB, Rel. Min. Cármen Lúcia, j. 19.12.2016 (Info 851).

III
COMPETÊNCIA JURISDICIONAL[1]

1. GENERALIDADES

A *competência* é a repartição da jurisdição entre os diversos órgãos encarregados da prestação jurisdicional segundo os critérios estabelecidos na lei. Isto porque, nas sociedades modernas, não é concebível um "juízo único" em razão da quantidade da população, da extensão territorial e da natureza múltipla dos litígios. A competência é, portanto, um imperativo da divisão de trabalho.[2-3] A limitação legal implica a competência como uma medida da jurisdição em confronto com o caso concreto. Assim, *v.g.*, a jurisdição é o poder de julgar *in genere* ao passo que a competência é a aptidão para julgar *in concreto*.[4-5]

Mutatis mutandis, poder-se-ia estabelecer um paralelismo da legitimidade e a capacidade das partes com a jurisdição e a competência. A capacidade processual é uma aptidão genérica, de sorte que, quem é capaz para um processo o é para todos, ao passo que a legitimação deve ser aferida levando-se em consideração uma causa determinada. O mesmo pode-se dizer em relação à competência. O juiz que tem o poder de julgar, mantém-no para os processos em geral, como decorrência de sua investidura no cargo de magistrado.

Entretanto, a competência somente é atribuída para determinada causa à luz dos critérios estabelecidos na lei. Sob esse aspecto, a lei, no sentido mais amplo do termo, é o "estatuto" da competência. O instituto vem regulado, primariamente, na Constituição Federal e, depois, na legislação processual infraconstitucional, na lei local de organização judiciária e no regimento interno dos tribunais. Não obstante, algumas leis processuais especiais também dispõem sobre a competência, *v.g.*, a Lei das Desapropriações, a Lei de Falências, a Lei dos Acidentes de Trabalho, a Lei da União Estável etc.

2. COMPETÊNCIA INTERNACIONAL E COMPETÊNCIA INTERNA

O primeiro critério de fixação da competência obedece à ideia de soberania; por isso, o Estado--Juiz não pode transpor as fronteiras de seus limites espaciais. Sob esse ângulo fixa-se, em primeiro lugar, a *competência internacional* da Justiça brasileira, que pode ser *exclusiva* ou *concorrente*.

---

[1] Modernamente, o tema vem tratado em **Celso Agrícola Barbi**, *Comentários ao Código de Processo Civil*, Forense; **Athos Gusmão Carneiro**, *Jurisdição e Competência*, 1999.

[2] **Frederico Marques**, *Instituições*, vol. I, p. 270.

[3] **Davi Lascano** já assentara esse princípio, afirmando que a competência representava o golpe de morte na ideia da jurisdição universal (*in Jurisdicción y Competencia*, 1941, p. 43).

[4] *"La competenza è la giurisdizione che da astratta si fa concreta; vale a dire la giurisdizione avvisata in rapporto a ciascuna causa"*. In: **Aristides Manassero**, *Introduzione allo Studio Sistematico della Competenza Funzionale in Materia Penale*, 1939, p. 43.

[5] **Liebman** afirmou que: "Quando o poder jurisdicional de abstrato se torna concreto, em face de algum litígio, determinada fica a competência" (*Corso*, cit., p. 68).

Na primeira hipótese de exclusividade, prevista no art. 23[6] do CPC, somente a Justiça brasileira tem competência para as causas mencionadas, *v.g.*, as que digam respeito a imóveis situados no Brasil. Na segunda, a "concorrente", expressa no art. 21[7] do CPC, a Justiça brasileira tem competência para o caso concreto sem exclusão da Justiça alienígena, *v.g.*, nas ações que se originam de fatos ocorridos no Brasil, qualquer que seja o domicílio ou a nacionalidade do réu. Nesses casos de competência concorrente, segundo o art. 24 do CPC,[8] não há litispendência acaso aforadas ações iguais aqui e alhures, prevalecendo aquela cuja decisão transitar em julgado em primeiro lugar, devendo considerar-se esse termo em relação à decisão estrangeira após a sua homologação perante o Superior Tribunal de Justiça (arts. 961 e 965 do CPC[9] e art. 105, I, *i*, da Constituição Federal).[10-11]

Consoante se pode verificar, o sistema brasileiro de competência internacional, ora adota o critério *ratione loci* ora o critério *ratione materiae*, julgando causas em razão da questão central ou por força de atos ou fatos ocorridos no Brasil.

No âmbito interno, um só critério é insuficiente para repartir-se a competência entre os diversos órgãos, exatamente pela multiplicidade de fatores que justificam o instituto. Assim é que não basta o critério territorial visando à aproximação da Justiça do jurisdicionado uma vez que

---

[6] **"Art. 23.** Compete à autoridade judiciária brasileira, com exclusão de qualquer outra:
I – conhecer de ações relativas a imóveis situados no Brasil;
II – em matéria de sucessão hereditária, proceder à confirmação de testamento particular e ao inventário e à partilha de bens situados no Brasil, ainda que o autor da herança seja de nacionalidade estrangeira ou tenha domicílio fora do território nacional;
III – em divórcio, separação judicial ou dissolução de união estável, proceder à partilha de bens situados no Brasil, ainda que o titular seja de nacionalidade estrangeira ou tenha domicílio fora do território nacional."

[7] **"Art. 21.** Compete à autoridade judiciária brasileira processar e julgar as ações em que:
I – o réu, qualquer que seja a sua nacionalidade, estiver domiciliado no Brasil;
II – no Brasil tiver de ser cumprida a obrigação;
III – o fundamento seja fato ocorrido ou ato praticado no Brasil.
Parágrafo único. Para o fim do disposto no inciso I, considera-se domiciliada no Brasil a pessoa jurídica estrangeira que nele tiver agência, filial ou sucursal."

[8] **"Art. 24.** A ação proposta perante tribunal estrangeiro não induz litispendência e não obsta a que a autoridade judiciária brasileira conheça da mesma causa e das que lhe são conexas, ressalvadas as disposições em contrário de tratados internacionais e acordos bilaterais em vigor no Brasil.
Parágrafo único. A pendência de causa perante a jurisdição brasileira não impede a homologação de sentença judicial estrangeira quando exigida para produzir efeitos no Brasil."

[9] **"Art. 961.** A decisão estrangeira somente terá eficácia no Brasil após a homologação de sentença estrangeira ou a concessão do exequatur às cartas rogatórias, salvo disposição em sentido contrário de lei ou tratado.
§ 1º É passível de homologação a decisão judicial definitiva, bem como a decisão não judicial que, pela lei brasileira, teria natureza jurisdicional.
§ 2º A decisão estrangeira poderá ser homologada parcialmente.
§ 3º A autoridade judiciária brasileira poderá deferir pedidos de urgência e realizar atos de execução provisória no processo de homologação de decisão estrangeira.
§ 4º Haverá homologação de decisão estrangeira para fins de execução fiscal quando prevista em tratado ou em promessa de reciprocidade apresentada à autoridade brasileira.
§ 5º A sentença estrangeira de divórcio consensual produz efeitos no Brasil, independentemente de homologação pelo Superior Tribunal de Justiça.
§ 6º Na hipótese do § 5º, competirá a qualquer juiz examinar a validade da decisão, em caráter principal ou incidental, quando essa questão for suscitada em processo de sua competência."
"Art. 965. O cumprimento de decisão estrangeira far-se-á perante o juízo federal competente, a requerimento da parte, conforme as normas estabelecidas para o cumprimento de decisão nacional.
Parágrafo único. O pedido de execução deverá ser instruído com cópia autenticada da decisão homologatória ou do *exequatur*, conforme o caso."

[10] **"Art. 105.** Compete ao Superior Tribunal de Justiça: I – processar e julgar, originariamente: i) a homologação de sentenças estrangeiras e a concessão de exequatur às cartas rogatórias (...)."

[11] Observe-se a competência do STJ, quando cabível, na dinâmica da declaração de insolvência internacional e transnacional, inserida pela Lei nº 14.112/2020 na Lei nº 11.101/2005, especificamente em seus arts. 167-A a 167-Y.

Parte II • III – COMPETÊNCIA JURISDICIONAL | **149**

também impende considerar-se a necessária especialização dos *juízos*. Nesse ângulo de apreciação, o primeiro critério para a fixação da competência interna é o *territorial*.

2.1 Cooperação jurídica internacional

Temática inaugurada pelo CPC de 2015, a cooperação jurídica internacional evidencia os traços da fluidez e da globalização, elementares no mundo contemporâneo. Atualmente, os conflitos não mais se restringem a fronteiras de um único país, especialmente quando possuam contornos transindividuais, de sorte que cabe ao Judiciário interno lançar mão de ferramentas que permitam a colaboração com outros corpos, estrangeiros.

Um primeiro parâmetro importante é a garantia de que a cooperação jurídica internacional se rege pelos tratados de que faça parte o Brasil (art. 26).[12] Se não houver acordo específico, a colaboração pode se basear na exclusiva reciprocidade, pela via diplomática (art. 26, § 1º), exigência que não se aplica para a homologação de sentença estrangeira.

Em acréscimo, a lei exige a observância de certos valores, princípios e regras: I – o respeito às garantias do devido processo legal no Estado requerente; II – a igualdade de tratamento entre nacionais e estrangeiros, residentes ou não no Brasil, em relação ao acesso à justiça e à tramitação dos processos, assegurando-se assistência judiciária aos necessitados; III – a publicidade processual, exceto nas hipóteses de sigilo previstas na legislação brasileira ou na do Estado requerente; IV – a existência de autoridade central para recepção e transmissão dos pedidos de cooperação; V – a espontaneidade na transmissão de informações a autoridades estrangeiras; e, por fim, VI – a observância das normas fundamentais brasileiras (art. 26, § 3º).

O objeto da cooperação pode ser qualquer medida judicial ou extrajudicial não proibida pela lei brasileira, o que evidencia a exemplificatividade do rol legal (art. 27).[13]

Caso a medida decorra diretamente de decisão jurisdicional estrangeira, dar-se-á o cabimento da carta rogatória (art. 36) ou de homologação do referido pronunciamento, ao passo que, caso contrário, será viável o auxílio direto (arts. 28[14] a 34).[15]

---

[12] **"Art. 26.** A cooperação jurídica internacional será regida por tratado de que o Brasil faz parte e observará:
I – o respeito às garantias do devido processo legal no Estado requerente;
II – a igualdade de tratamento entre nacionais e estrangeiros, residentes ou não no Brasil, em relação ao acesso à justiça e à tramitação dos processos, assegurando-se assistência judiciária aos necessitados;
III – a publicidade processual, exceto nas hipóteses de sigilo previstas na legislação brasileira ou na do Estado requerente;
IV – a existência de autoridade central para recepção e transmissão dos pedidos de cooperação;
V – a espontaneidade na transmissão de informações a autoridades estrangeiras.
§ 1º Na ausência de tratado, a cooperação jurídica internacional poderá realizar-se com base em reciprocidade, manifestada por via diplomática.
§ 2º Não se exigirá a reciprocidade referida no § 1º para homologação de sentença estrangeira.
§ 3º Na cooperação jurídica internacional não será admitida a prática de atos que contrariem ou que produzam resultados incompatíveis com as normas fundamentais que regem o Estado brasileiro.
§ 4º O Ministério da Justiça exercerá as funções de autoridade central na ausência de designação específica."

[13] **"Art. 27.** A cooperação jurídica internacional terá por objeto:
I – citação, intimação e notificação judicial e extrajudicial;
II – colheita de provas e obtenção de informações;
III – homologação e cumprimento de decisão;
IV – concessão de medida judicial de urgência;
V – assistência jurídica internacional;
VI – qualquer outra medida judicial ou extrajudicial não proibida pela lei brasileira."

[14] **"Art. 36.** O procedimento da carta rogatória perante o Superior Tribunal de Justiça é de jurisdição contenciosa e deve assegurar às partes as garantias do devido processo legal.
§ 1º A defesa restringir-se-á à discussão quanto ao atendimento dos requisitos para que o pronunciamento judicial estrangeiro produza efeitos no Brasil.
§ 2º Em qualquer hipótese, é vedada a revisão do mérito do pronunciamento judicial estrangeiro pela autoridade judiciária brasileira."

[15] **"Art. 28.** Cabe auxílio direto quando a medida não decorrer diretamente de decisão de autoridade jurisdicional estrangeira a ser submetida a juízo de delibação no Brasil.

150 | CURSO DE DIREITO PROCESSUAL CIVIL • *Luiz Fux*

No ponto, cabe anotar também a Resolução CNJ n° 394/2021, que institui regras de cooperação e de comunicação direta com juízos estrangeiros de insolvência para o processamento e julgamento de insolvências transnacionais.

2.2 Cooperação jurídica nacional[16]

O CPC/2015 disciplinou a cooperação nacional, insculpindo-a nos arts. 67, 68 e 69. Nesse diapasão, foi estabelecido um dever de recíproca cooperação entre todos os juízos, independente de ramo, instância ou grau de jurisdição.

A cooperação judiciária visa maximizar a eficiência[17], princípio constitucional (art. 37 da CRFB/1988) e norma fundamental do processo (art. 8° do CPC/2015), bem como garantir a duração razoável dos processos[18] (art. 5°, LXXVIII, CRFB/1988).

Com efeito, busca-se a "otimização da prestação jurisdicional e a racionalização da estrutura judiciária, com a redução de obstáculos econômicos, administrativos e burocráticos, para que se produza o máximo de resultados ótimos com o mínimo de esforço e de gastos".[19]

Parte da doutrina defende se tratar de um instrumento de *case management* e também de *court management*, já que permite não só a adequação procedimental à luz do caso concreto, como também o aprimoramento da própria gestão e estrutura judiciária.[20]-[21]

Art. 29. A solicitação de auxílio direto será encaminhada pelo órgão estrangeiro interessado à autoridade central, cabendo ao Estado requerente assegurar a autenticidade e a clareza do pedido.

Art. 30. Além dos casos previstos em tratados de que o Brasil faz parte, o auxílio direto terá os seguintes objetos:

I – obtenção e prestação de informações sobre o ordenamento jurídico e sobre processos administrativos ou jurisdicionais findos ou em curso;

II – colheita de provas, salvo se a medida for adotada em processo, em curso no estrangeiro, de competência exclusiva de autoridade judiciária brasileira;

III – qualquer outra medida judicial ou extrajudicial não proibida pela lei brasileira.

Art. 31. A autoridade central brasileira comunicar-se-á diretamente com suas congêneres e, se necessário, com outros órgãos estrangeiros responsáveis pela tramitação e pela execução de pedidos de cooperação enviados e recebidos pelo Estado brasileiro, respeitadas disposições específicas constantes de tratado.

Art. 32. No caso de auxílio direto para a prática de atos que, segundo a lei brasileira, não necessitem de prestação jurisdicional, a autoridade central adotará as providências necessárias para seu cumprimento.

Art. 33. Recebido o pedido de auxílio direto passivo, a autoridade central o encaminhará à Advocacia-Geral da União, que requererá em juízo a medida solicitada.

Parágrafo único. O Ministério Público requererá em juízo a medida solicitada quando for autoridade central.

Art. 34. Compete ao juízo federal do lugar em que deva ser executada a medida apreciar pedido de auxílio direto passivo que demande prestação de atividade jurisdicional."

[16] Enunciado FPPC 710 (2022). (art. 67) Antes de recusar a cooperação ou suscitar conflito de competência, o magistrado deve engajar-se em tratativas ou pedir esclarecimentos aos demais cooperantes para compreender a extensão da cooperação, os objetivos pretendidos e os custos envolvidos (Grupo: Cooperação judiciária nacional).

Enunciado FPPC 711 (2022). (arts. 67 e 68) A recusa ao pedido de cooperação judiciária pelo juízo destinatário exige fundamentação (Grupo: Cooperação judiciária nacional).

Enunciado FPPC 712 (2022) (arts. 67 a 69, 66, 951-959) A cooperação judiciária pode servir para prevenir ou resolver conflitos de competência. (Grupo: Cooperação judiciária nacional).

Enunciado FPPC 713 (2022). (art. 69; art. 6°, §§ 7°-A e 7°-B da Lei n° 11.101/2005) Nos casos do art. 6°, §§ 7°A e 7°-B da Lei n° 11.101/2005, a instauração de conflito de competência entre o juízo da execução e o da recuperação depende da frustração da tentativa de cooperação judiciária (Grupo: Cooperação judiciária nacional).

[17] **Fredie Didier Jr.** *Cooperação judiciária nacional* – esboço de uma Teoria para o Direito brasileiro. Salvador: JusPodivm, 2020. p. 53.

[18] **Edilton Meireles.** Cooperação judiciária nacional. *Revista de Processo*, v. 249/2015, p. 59-80, nov./2015.

[19] **Juliana Melazzi Andrade.** A redução do formalismo processual na aplicação das regras de impedimento e suspeição do juiz na cooperação judiciária nacional. *Revista dos Tribunais*, v. 1043/2022, p. 227- 251, set./2022.

[20] **Antonio do Passo Cabral**. *Juiz natural e eficiência processual*: flexibilização, delegação e coordenação de competências no processo civil. São Paulo: Thompson Reuters Brasil, 2021. p. 306.

[21] **Juliana Melazzi Andrade.** A redução do formalismo processual na aplicação das regras de impedimento e suspeição do juiz na cooperação judiciária nacional. *Revista dos Tribunais*, v. 1043/2022, p. 227-251, set./2022.

A título histórico, pontue-se que a cooperação foi inicialmente fomentada pelo CNJ, por meio da Recomendação CNJ 38/2011, "com a finalidade de institucionalizar meios para dar maior fluidez e agilidade à comunicação entre os órgãos judiciários e outros operadores sujeitos do processo, não só para cumprimento de atos judiciais, mas também para harmonização e agilização de rotinas e procedimentos forenses, fomentando a participação dos magistrados de todas as instâncias na gestão judiciária".[22]

Os pedidos de cooperação podem ser feitos para prática de qualquer ato processual, prescindindo de forma específica e podendo ser executados como: I – auxílio direto; II – reunião ou apensamento de processos; III – prestação de informações; e, IV – atos concertados entre os juízes cooperantes.

Gize-se, nesse sentido, que a cooperação é caracterizada pela atipicidade[23], tanto em relação ao instrumento quanto no tocante ao ato que que será produzido, bem como pela flexibilidade[24].

Por fim, registre-se classificação doutrinária[25] apontando que os atos processuais cooperativos podem ocorrer por solicitação, por concertação e por delegação, a depender da relação entre os órgãos cooperantes. A solicitação decorreria de relação pontual voltada para a prática de um ou alguns atos específicos (como ocorre no auxílio direto, na reunião ou apensamento de processos, na prestação de informações, nas cartas precatórias e rogatórias), enquanto a concertação envolveria uma relação permanente e duradoura entre os órgãos cooperantes, hábil a permitir a realização de diversos atos indeterminados e futuros. Por fim, na delegação, ocorreria a transferência da competência para a prática de um ou mais atos entre órgãos jurisdicionais vinculados, com determinação de cumprimento.[26]

3. COMPETÊNCIA TERRITORIAL

Universalmente, ao ângulo da competência, costuma-se fixar, primeiramente, a "sede do litígio", ou seja, o local onde a causa deve ser aforada e, depois, eleger-se, nesse foro, o "juízo competente", visando à integralização dessa tarefa de fixação da competência interna.[27] O legislador vale-se, assim, do critério territorial para estabelecer a competência que leva o mesmo nome; vale dizer: *competência territorial* ou de *foro*. O foro não é senão a circunscrição territorial onde o juiz exerce a sua jurisdição, por isso que competência de foro ou competência territorial são expressões sinônimas[28] e significam a *repartição da jurisdição entre as várias circunscrições judiciárias do território nacional*.

O nosso território é dividido em circunscrições para os fins da repartição da competência da Justiça Federal, recebendo, as mesmas, a denominação de *seções judiciárias federais*. Os Estados, por seu turno, no exercício do autogoverno da Justiça, dividem-se, para o mesmo fim acima, em *comarcas*. A competência da Justiça dos Estados ou Justiça *local* estende-se aos seus tribunais, o mesmo ocorrendo com as seções quanto aos tribunais federais regionais.[29]

---

[22] Revogada pela Resolução CNJ nº 350/2020.

[23] **Edilton Meireles.** Cooperação judiciária nacional. *Revista de processo*, São Paulo, ano 40, v. 249, versão eletrônica, 2015. p. 4; **Gabriela Macedo Ferreira**. O ato concertado entre juízes cooperantes: esboço de uma teoria para o direito brasileiro. *Civil Procedure Review*, v. 10, n. 3, set.-dez. 2019. p. 22; **Fredie Didier Jr**. *Cooperação judiciária nacional*: esboço de uma teoria para o direito brasileiro. Salvador: JusPodivm, 2020, p. 73.

[24] **Gustavo Cavalcanti Lamêgo.** As transformações na garantia do juiz natural e suas implicações na cooperação judiciária nacional do CPC de 2015. *Revista dos Tribunais*, v. 1023/2021, p. 209-233, jan./2021.

[25] **Fredie Didier Jr.** Cooperação judiciária nacional: esboço de uma teoria para o direito brasileiro. Salvador: JusPodivm, 2020. p. 75. Adotando a mesma classificação proposta por Fredie Didier Jr., ver: **Gabriela Macedo Ferreira.** O ato concertado entre juízes cooperantes: esboço de uma teoria para o direito brasileiro. *Civil Procedure Review*, v. 10, n. 3, set.-dez. 2019. p. 20.

[26] **Juliana Melazzi Andrade.** A redução do formalismo processual na aplicação das regras de impedimento e suspeição do juiz na cooperação judiciária nacional. *Revista dos Tribunais*, v. 1043/2022, p. 227-251, set./2022.

[27] A clássica divisão da competência é a denominada "tríplice", que divide o instituto em "competência objetiva, competência territorial e competência funcional". Assim encontra-se na doutrina tradicional de **Schonke**, *Derecho Procesal Civil*, 1950, p. 132-133; **Chiovenda**, *Instituições*, vol. II, p. 214; **Leo Rosenberg**, *Tratado de Derecho Procesal Civil*, 1955, vol. I, p. 162.

[28] **James Goldschmidt**, *Derecho Procesal Civil*, 1936, p. 164 e 175.

[29] É o princípio acolhido por **Carnelutti** in *Lecciones sobre el Proceso Penal*, 1950, vol. II, p. 317.

152 | CURSO DE DIREITO PROCESSUAL CIVIL • *Luiz Fux*

Diversamente, os tribunais superiores do país (STF, STJ, STM, TST e TSE) têm competência sobre todo o território nacional, para julgar as causas que a Constituição Federal menciona, bem como aquelas encartadas em seus regimentos internos.

A competência territorial tem como *fonte normativa* primária a Constituição Federal e, secundariamente, o CPC, que a regula exaustivamente. Aliás, o instituto da competência não se insere em apenas um único diploma legal. A pesquisa para a fixação da competência de foro, que é a primeira a ser analisada, passa pelo crivo da CF, do CPC e das leis de organização judiciária. Assim, *v.g.*, o intérprete deve, primeiramente, consultar a Constituição Federal para verificar se na causa *in foco* não há qualquer *foro privilegiado constitucionalmente*, como o *foro da Fazenda Pública*. Em seguida, deve recorrer ao CPC, consultando-o quanto à existência de *foro especial* para, somente após, obedecido o critério de exclusão, recair no *foro comum*. Neste, impõe-se, por último, verificar se a lei de organização judiciária não repartiu o território em regiões visando à aproximação da Justiça de seu jurisdicionado, como ocorre com as *Varas Regionais*.

Impende observar que, não obstante o *habitat* das normas sobre a competência territorial seja o CPC, na parte em que essa especificação da jurisdição recebe o tratamento constitucional, veda-se ao legislador ordinário afrontá-lo. O que consta do texto maior não pode ser restringido nem ampliado pela legislação ordinária, mas, antes, obedecido.

Ao fixar a competência para a sede do litígio, o legislador leva em consideração ora o "domicílio das partes", ora o "local onde ocorreu um fato" ou "local onde foi praticado um determinado ato". Enfim, vale-se desses elementos geográficos para estipular a competência territorial. Observa-se, à luz desses critérios escolhidos, que o legislador pondera a "conveniência das partes" e/ou o local onde o "demandado pode defender-se melhor e sem incômodos", haja vista a sua posição passiva decorrente da potestatividade do direito de agir, que o torna réu ainda que ele não queira.

É inegável a tutela de interesses privados nessa forma de atribuição de competência e é por isso que, *em regra*, a competência territorial é *relativa* (arts. 62 e 63 do CPC).[30] Diz-se "em regra" porque nos casos em que essa forma de competência é fixada em razão da melhor aptidão do juiz de determinado território para exercer a sua função, a competência transmuda-se de relativa para absoluta, em face da natureza pública do interesse que a informa. É a hipótese da competência do *foro da situação da coisa*, previsto no art. 47[31] do CPC e do *foro constitucional*, art. 51, parágrafo único, do CPC,[32] de determinadas pessoas jurídicas de direito público. Sob esse último enfoque, anote-se que à míngua de previsão constitucional, o Estado, suas autarquias e demais entidades descentralizadas não gozam de "foro privilegiado", como a União Federal. Naquelas hipóteses, do *forum rei sitae* e do foro da União, a competência de território, "em princípio relativa", converte-se em *absoluta*, quer pela inderrogabilidade por vontade das partes, quer quanto aos seus efeitos e modo de arguição do vício da incompetência, podendo, nesse último aspecto, ser alegado em qual-

---

[30] **"Art. 62.** A competência determinada em razão da matéria, da pessoa ou da função é inderrogável por convenção das partes.

Art. 63. As partes podem modificar a competência em razão do valor e do território, elegendo foro onde será proposta ação oriunda de direitos e obrigações.

§ 1º A eleição de foro só produz efeito quando constar de instrumento escrito e aludir expressamente a determinado negócio jurídico.

§ 2º O foro contratual obriga os herdeiros e sucessores das partes.

§ 3º Antes da citação, a cláusula de eleição de foro, se abusiva, pode ser reputada ineficaz de ofício pelo juiz, que determinará a remessa dos autos ao juízo do foro de domicílio do réu.

§ 4º Citado, incumbe ao réu alegar a abusividade da cláusula de eleição de foro na contestação, sob pena de preclusão."

[31] **"Art. 47.** Para as ações fundadas em direito real sobre imóveis é competente o foro de situação da coisa.

§ 1º O autor pode optar pelo foro de domicílio do réu ou pelo foro de eleição se o litígio não recair sobre direito de propriedade, vizinhança, servidão, divisão e demarcação de terras e de nunciação de obra nova.

§ 2º A ação possessória imobiliária será proposta no foro de situação da coisa, cujo juízo tem competência absoluta."

[32] **"Art. 51.** É competente o foro de domicílio do réu para as causas em que seja autora a União.

Parágrafo único. Se a União for a demandada, a ação poderá ser proposta no foro de domicílio do autor, no de ocorrência do ato ou fato que originou a demanda, no de situação da coisa ou no Distrito Federal."

quer tempo e grau de jurisdição, posto geradora de defeito tão grave que torna passível a decisão judicial de rescindibilidade (arts. 64, § 1º, e 966, II, do CPC).[33-34]

Cumpre destacar que o foro estabelecido na lei pode ser *geral* ou *especial*, prevalecendo o primeiro à míngua de regra específica. Na fixação do "foro especial", o legislador protege um dos litigantes; vale dizer: ora o autor, ora o réu. Isto significa que há um "beneficiário" na norma de competência territorial que, nessa qualidade, pode "abrir mão" desta prerrogativa e demandar em qualquer foro, até mesmo no do seu *ex adversus.*

É o caso, *v.g.*, do alimentando que tanto pode propor a ação no seu foro, como o favorece a lei, como no do alimentante, sem que esse tenha legitimidade para arguir qualquer defeito de competência. Ainda sob esse ângulo, ressoa elegante a questão do *forum delicti comissi* do art. 53, V, do CPC,[35] sobre o qual se pacificou o entendimento de que a vítima pode demandar, como autora, no foro do seu domicílio ou do local do fato, justificado pela proximidade com as provas a serem colhidas.

---

[33] **"Art. 64, § 1º**. A incompetência absoluta pode ser alegada em qualquer tempo e grau de jurisdição e deve ser declarada de ofício."

[34] **"Art. 966**. A decisão de mérito, transitada em julgado, pode ser rescindida quando:

I – se verificar que foi proferida por força de prevaricação, concussão ou corrupção do juiz;

II – for proferida por juiz impedido ou por juízo absolutamente incompetente;

III – resultar de dolo ou coação da parte vencedora em detrimento da parte vencida ou, ainda, de simulação ou colusão entre as partes, a fim de fraudar a lei;

IV – ofender a coisa julgada;

V – violar manifestamente norma jurídica;

VI – for fundada em prova cuja falsidade tenha sido apurada em processo criminal ou venha a ser demonstrada na própria ação rescisória;

VII – obtiver o autor, posteriormente ao trânsito em julgado, prova nova cuja existência ignorava ou de que não pôde fazer uso, capaz, por si só, de lhe assegurar pronunciamento favorável;

VIII – for fundada em erro de fato verificável do exame dos autos.

§ 1º Há erro de fato quando a decisão rescindenda admitir fato inexistente ou quando considerar inexistente fato efetivamente ocorrido, sendo indispensável, em ambos os casos, que o fato não represente ponto controvertido sobre o qual o juiz deveria ter se pronunciado.

§ 2º Nas hipóteses previstas nos incisos do *caput*, será rescindível a decisão transitada em julgado que, embora não seja de mérito, impeça:

I – nova propositura da demanda; ou

II – admissibilidade do recurso correspondente.

§ 3º A ação rescisória pode ter por objeto apenas 1(um) capítulo da decisão.

(...)."

[35] **"Art. 53**. É competente o foro:

I – para a ação de divórcio, separação, anulação de casamento e reconhecimento ou dissolução de união estável:

a) de domicílio do guardião de filho incapaz;

b) do último domicílio do casal, caso não haja filho incapaz;

c) de domicílio do réu, se nenhuma das partes residir no antigo domicílio do casal;

d) de domicílio da vítima de violência doméstica e familiar, nos termos da Lei nº 11.340, de 7 de agosto de 2006 (Lei Maria da Penha); (Incluída pela Lei nº 13.894, de 2019)

II – de domicílio ou residência do alimentando, para a ação em que se pedem alimentos;

III – do lugar:

a) onde está a sede, para a ação em que for ré pessoa jurídica;

b) onde se acha agência ou sucursal, quanto às obrigações que a pessoa jurídica contraiu;

c) onde exerce suas atividades, para a ação em que for ré sociedade ou associação sem personalidade jurídica;

d) onde a obrigação deve ser satisfeita, para a ação em que se lhe exigir o cumprimento;

e) de residência do idoso, para a causa que verse sobre direito previsto no respectivo estatuto;

f) da sede da serventia notarial ou de registro, para a ação de reparação de dano por ato praticado em razão do ofício;

IV – do lugar do ato ou fato para a ação:

a) de reparação de dano;

b) em que for réu administrador ou gestor de negócios alheios;

V – de domicílio do autor ou do local do fato, para a ação de reparação de dano sofrido em razão de delito ou acidente de veículos, inclusive aeronaves."

As hipóteses de foros especiais vêm previstas nos arts. 48, 49, 50, 51, 52 e 53 do CPC.

A primeira delas pertine ao "foro da herança" – *forum hereditatis* – (art. 48 do CPC).[36] Segundo essa regra, fixa-se a competência territorial no *foro do domicílio do autor da herança* para as ações em que o espólio for réu. Acaso o autor da herança – o *de cujus* – não possuir domicílio certo, indica a lei o foro subsidiário da situação dos bens do espólio – *forum rei sitae* – ou do local do óbito se o autor da herança não tinha domicílio certo e os bens deixados situam-se em diversos lugares (incisos I, II e III do art. 48 do CPC).

Observe-se que o foro especial diz respeito às "ações em que o espólio for réu", de sorte que, naquelas em que o mesmo for *autor*, respeitam-se as normas gerais de competência territorial. Exatamente porque regra de foro, a competência para essas ações cede às hipóteses de competência absoluta, *v.g.*, ocorre quando se trata de ação de usucapião ou possessória tendo como objeto mediato bem do espólio, hipótese em que prevalece o *forum rei sitae* absoluto do art. 47, *caput* e § 1º, do CPC.

Disposição análoga estende-se ao *ausente* cujo *último domicílio* é o competente para as ações em que figurar como réu (art. 49 do CPC).[37] A especialidade desse foro não supera, pelas mesmas razões citadas, os *foros absolutos*.

O incapaz, por força da norma de direito material, tem como domicílio o de seu representante; por isso, este é o competente para as ações em que aquele for réu (art. 50 do CPC).[38] Sendo autor, o representante do incapaz deverá obedecer aos foros especiais e, à míngua destes, os foros gerais dos arts. 46[39] e 47, *caput* e § 1º, do CPC. Na verdade, essa regra do art. 50 não é especial porque apenas explicita a regra geral do *foro pessoal* do incapaz, que não poderia ser outro senão o de seu representante.

Seguindo o princípio de estabelecer a competência de foro, *ratione personae*, dispõe o CPC acerca da sede competente para as ações referentes à *União*, como *pessoa jurídica de direito público*. A referência à União faz da prerrogativa o Estado como entidade de direito público, salvo se houver disposição em contrário na lei de organização judiciária, uma vez que a lei processual civil, nessa parte, é omissa.[40]

Imperioso salientar que o STF, no julgamento da ADI 5.492, atribuiu interpretação conforme a Constituição: (*i*) ao art. 46, § 5º, do CPC, para restringir sua aplicação aos limites do território de

---

[36] **"Art. 48.** O foro de domicílio do autor da herança, no Brasil, é o competente para o inventário, a partilha, a arrecadação, o cumprimento de disposições de última vontade, a impugnação ou anulação de partilha extrajudicial e para todas as ações em que o espólio for réu, ainda que o óbito tenha ocorrido no estrangeiro.
Parágrafo único. Se o autor da herança não possuía domicílio certo, é competente:
I – o foro de situação dos bens imóveis;
II – havendo bens imóveis em foros diferentes, qualquer destes;
III – não havendo bens imóveis, o foro do local de qualquer dos bens do espólio."

[37] **"Art. 49.** A ação em que o ausente for réu será proposta no foro de seu último domicílio, também competente para a arrecadação, o inventário, a partilha e o cumprimento de disposições testamentárias."

[38] **"Art. 50.** A ação em que o incapaz for réu será proposta no foro de domicílio de seu representante ou assistente."

[39] **"Art. 46.** A ação fundada em direito pessoal ou em direito real sobre bens móveis será proposta, em regra, no foro de domicílio do réu.
§ 1º Tendo mais de um domicílio, o réu será demandado no foro de qualquer deles.
§ 2º Sendo incerto ou desconhecido o domicílio do réu, ele poderá ser demandado onde for encontrado ou no foro de domicílio do autor.
§ 3º Quando o réu não tiver domicílio ou residência no Brasil, a ação será proposta no foro de domicílio do autor, e, se este também residir fora do Brasil, a ação será proposta em qualquer foro.
§ 4º Havendo 2 (dois) ou mais réus com diferentes domicílios, serão demandados no foro de qualquer deles, à escolha do autor.
§ 5º A execução fiscal será proposta no foro de domicílio do réu, no de sua residência ou no do lugar onde for encontrado."

[40] Na doutrina, são conclusivas as lições de Frederico Marques, Instituições, vol. I, p. 300. A jurisprudência do STJ acerca do tema também se afina com as lições do saudoso mestre da escola de processo de São Paulo.

cada ente subnacional ou ao local de ocorrência do fato gerador; e (*ii*) ao art. 52, parágrafo único, do CPC, para restringir a competência do foro de domicílio do autor às comarcas inseridas nos limites territoriais do Estado-membro ou do Distrito Federal que figure como réu.

No que concerne à União, há que se conjugar o disposto no art. 51 do CPC com a regra maior do art. 109 da Constituição Federal.[41] Assim é que as causas em que a União for *autora* serão aforadas na "seção judiciária" onde tiver domicílio a outra parte (art. 109, § 1º, da CF).

A Constituição, nesse ponto, respeitou a regra geral do foro pessoal. Sendo ré, a União poderá ser demandada no foro de domicílio do autor da ação ou no local da prática do ato, do fato que deu origem à demanda, no local da situação da coisa ou, ainda, no Distrito Federal. Revela-se patente a preocupação do legislador em criar "foros alternativos" para aqueles que pretendam litigar perante a União, privilegiando-se o domicílio do jurisdicionado. Não obstante encartarem-se na Constituição, essas regras são ditadas no interesse das partes e, por isso, a competência revela-se "relativa", derrogável pela vontade tanto do beneficiário da norma quanto do autor, devendo o juiz aguardar a iniciativa do demandado, sobre ser acionado fora de seu domicílio. De toda sorte, naquilo em que a Constituição dispõe contrariamente ao CPC, prevalece a Carta Maior. Nesse seguimento, se na capital do Estado não houver seção judiciária, situada esta no interior, é nesse local que deverá ser demandada a União, visto que a regra infraconstitucional cede, hierarquicamente, ao disposto no art. 109 e parágrafos da Constituição Federal, muito embora a própria Carta cuide de evitar esse confronto ao dispor, no art. 110, do dever de cada Estado e do Distrito Federal em constituir seções judiciárias na respectiva capital.

A sede do litígio é na seção judiciária onde tiver domicílio a parte. Por isso, nem sempre há coincidência geográfica com o referido domicílio, devendo o intérprete averiguar em que seção judiciária enquadra-se o domicílio do jurisdicionado.

Outrossim, a União, em regra, atua processualmente na "Justiça Federal", como autora, ré ou quando ingressa em juízo pelo instituto da intervenção de terceiros, podendo assumir a qualidade de chamada ao processo, denunciada à lide, terceiro prejudicado, assistente simples ou litisconsorcial.[42] Destarte, a Constituição Federal estipula diversamente em alguns casos, *v.g.*, ocorre com

---

[41] **"Art. 109.** Aos juízes federais compete processar e julgar:

I – as causas em que a União, entidade autárquica ou empresa pública federal forem interessadas na condição de autoras, rés, assistentes ou oponentes, exceto as de falência, as de acidentes de trabalho e as sujeitas à Justiça Eleitoral e à Justiça do Trabalho;

II – as causas entre Estado estrangeiro ou organismo internacional e Município ou pessoa domiciliada ou residente no País;

III – as causas fundadas em tratado ou contrato da União com Estado estrangeiro ou organismo internacional;

IV – os crimes políticos e as infrações penais praticadas em detrimento de bens, serviços ou interesse da União ou de suas entidades autárquicas ou empresas públicas, excluídas as contravenções e ressalvada a competência da Justiça Militar e da Justiça Eleitoral;

V – os crimes previstos em tratado ou convenção internacional, quando, iniciada a execução no País, o resultado tenha ou devesse ter ocorrido no estrangeiro, ou reciprocamente; (...)."

[42] "Processual civil. Agravo interno no conflito de competência. Conflito negativo de competência instaurado entre juízos estadual e federal. Ação de improbidade administrativa ajuizada por ente municipal em razão de irregularidades em prestação de contas de verbas federais. Mitigação das súmulas 208/STJ e 209/STJ. Competência cível da justiça federal (art. 109, i, da CF) absoluta em razão da pessoa. Ausência de ente federal em qualquer dos polos da relação processual. Jurisprudência do STJ. Competência da justiça estadual. Agravo interno não provido. (...) 9. Em síntese, é possível afirmar que a competência cível da Justiça Federal, especialmente nos casos similares à hipótese dos autos, é definida em razão da presença das pessoas jurídicas de direito público previstas no art. 109, I, da CF na relação processual, seja como autora, ré, assistente ou oponente e não em razão da natureza da verba federal sujeita à fiscalização da Corte de Contas da União. Precedentes: AgInt no CC 167.313/SE, Rel. Ministro Francisco Falcão, Primeira Seção, julgado em 11/03/2020, DJe 16/03/2020; AgInt no CC 157.365/PI, Rel. Ministro Napoleão Nunes Maia Filho, Primeira Seção, julgado em 12/02/2020, *DJe* 21/02/2020; AgInt nos EDcl no CC 163.382/PA, Rel. Ministro Herman Benjamin, Primeira Seção, julgado em 27/11/2019, *DJe* 07/05/2020; AgRg no CC 133.619/PA, Rel. Ministro Sérgio Kukina, Primeira Seção, julgado em 09/05/2018, *DJe* 16/05/2018" (AgInt no CC n. 174.764/MA, Rel. Min. Mauro Campbell Marques, 1ª Seção, j. 09.02.2022, *DJe* 17.02.2022).

156 CURSO DE DIREITO PROCESSUAL CIVIL • *Luiz Fux*

as ações relativas aos acidentes do trabalho,[43] que se processam na "Justiça Estadual" com recurso para o tribunal local por força da exceção do inciso I do art. 109 da Constituição Federal.[44] Para os fins ora visados, à União equiparam-se as empresas públicas federais e as entidades autárquicas, não assim as sociedades de economia mista.

Vale registrar que, nos termos do art. 109, §2º, da CRFB/1988, as causas intentadas contra a União poderão ser aforadas na seção judiciária em que for domiciliado o autor, naquela onde houver ocorrido o ato ou fato que deu origem à demanda ou onde esteja situada a coisa, ou, ainda, no Distrito Federal[45]. Por sua vez, nos termos do § 3º, com a redação dada pela EC nº 103/2019, lei poderá autorizar que as causas de competência da Justiça Federal em que forem parte instituição de previdência social e segurado possam ser processadas e julgadas na justiça estadual quando a comarca do domicílio do segurado não for sede de vara federal.

Nesse passo, a Lei nº 13.876/2019 alterou o art. 15 da Lei nº 5.010/66[46]. Imperioso trazer à baila excertos do entendimento consignado pela Primeira Seção do STJ, no julgamento do Incidente de Assunção de Competência no CC 170.051/RS:

> "(...) 8- As alterações promovidas pela Lei nº 13.876/19 são aplicáveis aos processos ajuizados após a *vacatio legis* estabelecida pelo art. 5º, I. Os feitos em andamento, estejam eles ou não em fase de execução, até essa data, continuam sob a jurisdição em que estão, não havendo falar, pois, em perpetuação da jurisdição. Em consequência, permanecem hígidos os seguinte entendimentos jurisprudenciais em vigor: i) quando juiz estadual e juiz federal entram em conflito, a competência para apreciar o incidente é do Superior Tribunal de Justiça (CF, art. 105, I, *d, in fine*); ii) se o conflito se estabelece entre juiz estadual no exercício da jurisdição federal delegada e juiz federal, competente será o Tribunal Regional Federal.
> 9- Nos termos da Resolução 603/2019, CJF: i) definição de quais Comarcas da Justiça Estadual se enquadram no critério de distância retro referido caberá ao respectivo TRF (ex vi do art. 3º da Lei nº 13.876/2019), através de normativa própria; ii) por questão de organização judiciária, a delegação deve considerar as áreas territoriais dos respectivos TRFs.

---

[43] Veja-se a **Súmula Vinculante nº 22:** "A Justiça do Trabalho é competente para processar e julgar as ações de indenização por danos morais e patrimoniais decorrentes de acidente de trabalho propostas por empregado contra empregador, inclusive aquelas que ainda não possuíam sentença de mérito em primeiro grau quando da promulgação da Emenda Constitucional 45/2004".

[44] **Aluisio Gonçalves de Castro Mendes,** *Competência cível da Justiça Federal*, 2012.

[45] Ver, ainda: STF, ARE 1.151.612 AgR/SP, Rel. Min. Cármen Lúcia, 2ª Turma, j. 19.11.2019. STF, RE 627.709/DF, Rel. Min. Ricardo Lewandowski, Plenário, j. 20.08.2014 (Info 755). STJ, AgInt no CC 150.269/AL, Rel. Min. Francisco Falcão, 1ª Seção, j. 14.06.2017.

[46] **"Art. 15.** Quando a Comarca não for sede de Vara Federal, poderão ser processadas e julgadas na Justiça Estadual: (Redação dada pela Lei nº 13.876, de 2019)
I – os executivos fiscais da União e de suas autarquias, ajuizados contra devedores domiciliados nas respectivas Comarcas; (Vide Decreto-Lei nº 488, de 1969) (Revogado pela Lei nº 13.043, de 2014)
II – as vistorias e justificações destinadas a fazer prova perante a administração federal, centralizada ou autárquica, quando o requerente for domiciliado na Comarca; (Vide Decreto-Lei nº 488, de 1969)
III – as causas em que forem parte instituição de previdência social e segurado e que se referirem a benefícios de natureza pecuniária, quando a Comarca de domicílio do segurado estiver localizada a mais de 70 km (setenta quilômetros) de Município sede de Vara Federal; (Redação dada pela Lei nº 13.876, de 2019)
IV – as ações de qualquer natureza, inclusive os processos acessórios e incidentes a elas relativos, propostas por sociedades de economia mista com participação majoritária federal contra pessoas domiciliadas na Comarca, ou que versem sobre bens nela situados. (Incluído pelo Decreto-Lei nº 30, de 1966)
§ 1º Sem prejuízo do disposto no art. 42 desta Lei e no parágrafo único do art. 237 da Lei nº 13.105, de 16 de março de 2015 (Código de Processo Civil), poderão os Juízes e os auxiliares da Justiça Federal praticar atos e diligências processuais no território de qualquer Município abrangido pela seção, subseção ou circunscrição da respectiva Vara Federal. (Incluído pela Lei nº 13.876, de 2019)
§ 2º Caberá ao respectivo Tribunal Regional Federal indicar as Comarcas que se enquadram no critério de distância previsto no inciso III do *caput* deste artigo. (Incluído pela Lei nº 13.876, de 2019)"

Consequentemente, à luz do art. 109, § 2º, da CF, o jurisdicionado não pode ajuizar ação na Justiça Federal de outro Estado não abrangido pela competência territorial do TRF com competência sobre seu domicílio. Ainda que haja vara federal em até 70km dali (porém na área de outro TRF), 'iii) observadas as regras estabelecidas pela Lei n. 13.876, de 20 de setembro de 2019, bem como por esta Resolução, os Tribunais Regionais Federais farão publicar, até o dia 15 de dezembro de 2019, lista das comarcas com competência federal delegada.' e iv) 'As ações, em fase de conhecimento ou de execução, ajuizadas anteriormente a 1º de janeiro de 2020, continuarão a ser processadas e julgadas no juízo estadual.' 10- Tese a ser fixada no incidente de assunção de competência: 'Os efeitos da Lei nº 13.876/2019 na modificação de competência para o processamento e julgamento dos processos que tramitam na Justiça Estadual no exercício da competência federal delegada insculpido no art. 109, § 3º, da Constituição Federal, após as alterações promovidas pela Emenda Constitucional 103, de 12 de novembro de 2019, aplicar-se-ão aos feitos ajuizados após 1º de janeiro de 2020.

As ações, em fase de conhecimento ou de execução, ajuizadas anteriormente a essa data, continuarão a ser processadas e julgadas no juízo estadual, nos termos em que previsto pelo § 3º do art. 109 da Constituição Federal, pelo inciso III do art. 15 da Lei n. 5.010, de 30 de maio de 1965, em sua redação original."[47]

Importante salientar, ainda, que o STF já assentou, em repercussão geral, que "a competência da Justiça comum pressupõe inexistência, na comarca do domicílio do segurado ou beneficiário da previdência, de Vara Federal, sendo neutro o fator residência considerado certo distrito".[48]

Questão de relevo é a relativa ao conflito entre o *forum rei sitae* e o foro privilegiado da União Federal.

Consoante observamos, esse foro constitucionalizado não torna a competência territorial absoluta, tanto mais que é inegável o interesse do demandado protegido pelo dispositivo da Carta Magna. Entretanto, o mesmo não sucede com o art. 47, *caput* e § 1º, do CPC, cuja competência prevista é *inderrogável* e atende aos interesses da justiça, no sentido de prestar a jurisdição pelo juízo mais apto, uma vez que próximo da coisa objeto do pedido. Desta sorte, imperioso concluir que, numa ação que verse sobre propriedade de um bem, ainda que a parte seja a União, a causa deve ser aforada no "foro da situação da coisa", perante a justiça federal desse local.

Anotem-se, ainda, outros foros especiais.

Primeiro, o rol de foros para a ação de *divórcio, separação, anulação de casamento e reconhecimento ou dissolução de união estável*, isto é, dos desfazimentos de vínculos familiares (art. 53, I).[49] Estabeleceu o legislador, *a priori*, um rol subsidiário, indicando *o foro do domicílio do guardião do filho incapaz*, quando houver, e, senão, o do *último domicílio do casal* ou, por último, o do *domicílio do réu*, se nenhuma das partes permanecesse a residir no antigo domicílio.

Veja-se, porém, que o legislador reformador inseriu uma quarta hipótese, sem qualquer contorno subsidiário: o *foro do domicílio da vítima de violência doméstica e familiar* (art. 53, I, d). Evidentemente, conquanto ocupe o último inciso, esse foro é prioritário, como medida de isonomia processual e, sobretudo, de facilitação para que a mulher, vítima, acesse o Judiciário.

---

[47] IAC no CC 170.051/RS, Rel. Min. Mauro Campbell Marques, 1ª Seção, j. 21.10.2021, *DJe* 04.11.2021.

[48] RE 860.508, Rel. Min. Marco Aurélio, Tribunal Pleno, j. 08.03.2021.

[49] "Art. 53. É competente o foro:
I – para a ação de divórcio, separação, anulação de casamento e reconhecimento ou dissolução de união estável:
a) de domicílio do guardião de filho incapaz;
b) do último domicílio do casal, caso não haja filho incapaz;
c) de domicílio do réu, se nenhuma das partes residir no antigo domicílio do casal;
d) de domicílio da vítima de violência doméstica e familiar, nos termos da Lei nº 11.340, de 7 de agosto de 2006 (Lei Maria da Penha); (Incluída pela Lei nº 13.894, de 2019.)"

158 CURSO DE DIREITO PROCESSUAL CIVIL • *Luiz Fux*

Depois, o *foro do domicílio ou da residência do alimentado* para a ação em que se pedem alimentos (art. 53, II, do CPC). A *ratio essendi* do dispositivo é clara; por isso, a parte necessitada não precisará deslocar-se com mais despesas para demandar. Prevalece o foro de seu domicílio ou residência, caso não deseje litigar em foro diverso.

A seguir, o *foro da sede da pessoa jurídica* para a ação em que ela for ré ou de sua agência, filial ou sucursal quanto às obrigações que contraiu (art. 53, III, alíneas *a* e *b* do CPC). Essa regra equipara a pessoa jurídica à pessoa natural, tanto mais que a entidade jurídica tem seu domicílio na própria sede. Entretanto, a agilidade dos negócios demanda descentralização por meio de agências filiais e sucursais. Visando facilitar o alcance do demandado, bem como situar a causa no foro dos negócios, a lei contempla o lugar onde se situam essas cédulas da empresa para as ações relativas às obrigações assumidas por elas.

Observe-se que esse foro é especial em relação ao foro peculiar da sede da pessoa jurídica.

As sociedades sem personalidade jurídica podem litigar e podem ser demandadas (art. 75, § 2º, do CPC).[50] Exatamente por lhes faltar um ato constitutivo que indique a sede, o legislador, atendendo aos interesses dos eventuais demandantes diante dessas sociedades irregulares e prevê, como sede para demandas, o foro onde as mesmas exerçam a sua atividade principal (art. 53, inciso III, *c*, do CPC).

Ademais, *o foro do lugar onde a obrigação deve ser satisfeita* para a ação em que se lhe exigir o cumprimento. É a consagração do *forum solutionis* ditado com a mesma finalidade com que o legislador previu o foro do domicílio do réu, vale dizer: as obrigações nasceram para serem extintas pelo cumprimento e, para facilitar o adimplemento, ainda que judicial, a lei estipula que o local da sua satisfação como o mais propício ao alcance desse desígnio. Assim, *v.g.*, se uma pessoa jurídica se compromete a cumprir uma obrigação de entrega de material em Teresópolis e sua sede é no Rio de Janeiro, prevalece o foro daquela comarca, porque a regra do art. 53, inciso III, *d*, é especialíssima em relação às anteriores.

Em versando a causa sobre direito previsto no Estatuto da Pessoa Idosa, competente será o *foro da residência do idoso* (art. 53, inciso III, *e*). O Código amplia regra anterior, prevista no art. 80 do

---

[50] "**Art. 75.** Serão representados em juízo, ativa e passivamente:

I – a União, pela Advocacia-Geral da União, diretamente ou mediante órgão vinculado;

II – o Estado e o Distrito Federal, por seus procuradores;

III – o Município, por seu prefeito, procurador ou Associação de Representação de Municípios, quando expressamente autorizada;

IV – a autarquia e a fundação de direito público, por quem a lei do ente federado designar;

V – a massa falida, pelo administrador judicial;

VI – a herança jacente ou vacante, por seu curador;

VII – o espólio, pelo inventariante;

VIII – a pessoa jurídica, por quem os respectivos atos constitutivos designarem ou, não havendo essa designação, por seus diretores;

IX – a sociedade e a associação irregulares e outros entes organizados sem personalidade jurídica, pela pessoa a quem couber a administração de seus bens;

X – a pessoa jurídica estrangeira, pelo gerente, representante ou administrador de sua filial, agência ou sucursal aberta ou instalada no Brasil;

XI – o condomínio, pelo administrador ou síndico.

§ 1º Quando o inventariante for dativo, os sucessores do falecido serão intimados no processo no qual o espólio seja parte.

§ 2º A sociedade ou associação sem personalidade jurídica não poderá opor a irregularidade de sua constituição quando demandada.

§ 3º O gerente de filial ou agência presume-se autorizado pela pessoa jurídica estrangeira a receber citação para qualquer processo.

§ 4º Os Estados e o Distrito Federal poderão ajustar compromisso recíproco para prática de ato processual por seus procuradores em favor de outro ente federado, mediante convênio firmado pelas respectivas procuradorias.

§ 5º A representação judicial do Município pela Associação de Representação de Municípios somente poderá ocorrer em questões de interesse comum dos Municípios associados e dependerá de autorização do respectivo chefe do Poder Executivo municipal, com indicação específica do direito ou da obrigação a ser objeto das medidas judiciais."

referido diploma legal estatutário para demandas coletivas,[51] garantindo para tais sujeitos vulneráveis a prioridade de tramitação (art. 1.048, I).[52]

Prossegue o Código estatuindo o *foro do local do ilícito contratual ou aquiliano* para a ação de reparação de danos. O dano causado a alguém pode resultar de ato ou fato. O local da prática do ato ou o local onde eclodiu o fato danoso são indicados como sede dos litígios de reparação de dano em geral (art. 53, inciso IV, *a*, do CPC).

A lei, entretanto, especializa essa norma, o que por si só tem natureza especial. É que, se a ação de reparação de danos derivar de acidente de veículo ou de ilícito penal, o autor poderá escolher qualquer foro que se lhe revele mais favorável, isto é, o do local do fato, o de seu domicílio ou o do domicílio do réu (art. 53, inciso V).

Essa questão, hoje, encontra-se pacificada e sumulada, muito embora outrora se tenha discutido bastante a natureza pública das regras processuais; por isso, quando propunha as ações de reparação de dano no domicílio da empresa, a vítima surpreendia-se com a arguição da exceção[53] de incompetência.

Semelhantemente, há especialização quando a ação de reparação de dano tiver como causa de pedir ato praticado em razão do ofício notarial ou registral, quando competente será o *foro da sede da serventia* (art. 53, inciso III, *f*).

Finalmente, a lei mantém o *foro do local dos atos praticados pelo gestor de negócios alheios* como o indicado para melhor demandar e provar acerca dessa intromissão negocial (art. 53, inciso IV, alínea *b*, do CPC).

Os *foros gerais clássicos* são o *foro do domicílio do réu*, para as ações que versem sobre direitos pessoais ou direitos reais incidentes sobre bens móveis, e o *forum rei sitae*, para as ações que versem sobre direitos reais imobiliários (arts. 46 e 47 do CPC).[54]

O *foro da situação da coisa* é regra encontradiça em várias legislações como a francesa, a portuguesa, a italiana e a espanhola.[55]

---

[51] **"Art. 80.** As ações previstas neste Capítulo serão propostas no foro do domicílio do idoso, cujo juízo terá competência absoluta para processar a causa, ressalvadas as competências da Justiça Federal e a competência originária dos Tribunais Superiores."

[52] **"Art. 1.048.** Terão prioridade de tramitação, em qualquer juízo ou tribunal, os procedimentos judiciais:
I – em que figure como parte ou interessado pessoa com idade igual ou superior a 60 (sessenta) anos ou portadora de doença grave, assim compreendida qualquer das enumeradas no art. 6º, inciso XIV, da Lei nº 7.713, de 22 de dezembro de 1988;"

[53] A incompetência relativa, no CPC/1973, deveria ser alegada em separado da contestação, mediante o oferecimento da exceção de incompetência. No CPC/2015, em sintonia com o princípio da economia processual, a incompetência, tanto de natureza absoluta como relativa, é impugnável como preliminar da contestação, nos termos do art. 337.

[54] **"Art. 46.** A ação fundada em direito pessoal ou em direito real sobre bens móveis será proposta, em regra, no foro de domicílio do réu.
§ 1º Tendo mais de um domicílio, o réu será demandado no foro de qualquer deles.
§ 2º Sendo incerto ou desconhecido o domicílio do réu, ele poderá ser demandado onde for encontrado ou no foro de domicílio do autor.
§ 3º Quando o réu não tiver domicílio ou residência no Brasil, a ação será proposta no foro de domicílio do autor, e, se este também residir fora do Brasil, a ação será proposta em qualquer foro.
§ 4º Havendo 2 (dois) ou mais réus com diferentes domicílios, serão demandados no foro de qualquer deles, à escolha do autor.
§ 5º A execução fiscal será proposta no foro de domicílio do réu, no de sua residência ou no do lugar onde for encontrado.
Art. 47. Para as ações fundadas em direito real sobre imóveis é competente o foro de situação da coisa.
§ 1º O autor pode optar pelo foro de domicílio do réu ou pelo foro de eleição se o litígio não recair sobre direito de propriedade, vizinhança, servidão, divisão e demarcação de terras e de nunciação de obra nova.
§ 2º A ação possessória imobiliária será proposta no foro de situação da coisa, cujo juízo tem competência absoluta."

[55] **Frederico Marques**, *Instituições*, vol. 1, p. 302.

160 CURSO DE DIREITO PROCESSUAL CIVIL • *Luiz Fux*

Cumpre frisar que essa regra de competência somente se aplica às ações que versem sobre *direitos reais incidentes sobre imóveis*. Desta sorte, *as ações pessoais relativas a imóvel* não seguem a regra geral do foro da situação, mas a do domicílio do contrato ou da lei.

Mesmo versando sobre direitos reais imobiliários, o autor pode optar pelo foro do domicílio do réu ou o foro de eleição, desde que o objeto mediato do pedido da ação proposta não recaia sobre direito de propriedade, vizinhança, servidão, posse, divisão e demarcação de terras e nunciação de obra nova, caso em que o *forum rei sitae* é obrigatório e inderrogável (art. 47, § 1º), a exemplo do que sucede nas ações possessórias imobiliárias (art. 47, § 2º). Afirma-se que, nessas hipóteses, estamos diante de uma "singular competência funcional-territorial". O juízo do local da coisa é funcionalmente o mais habilitado a julgar essas causas, razão por que as partes não podem dispor desse foro.

Concluindo, pode-se afirmar que, malgrado a competência territorial seja de regra relativa (arts. 62 e 63 do CPC), *in casu*, isto é, na hipótese do art. 47, *caput* e § 1º, é *absoluta* e se submete ao correspondente regime jurídico desse desvio de competência, em razão da preponderância do elemento funcional. Consequentemente, essa regra sobrepõe-se a todas as demais que se encartam no capítulo, *v.g.*, as dos arts. 48, 49, 50, 51 e 53. Esta assertiva impõe uma explicitação necessária diante das divergências vivenciadas pela prática judiciária.

Caso o imóvel se ache situado em mais de um Estado ou comarca, determina-se o foro pela *prevenção*, estendendo-se a competência sobre todo o imóvel (art. 60 do CPC).[56] Nessa hipótese, *a primeira distribuição da inicial* torna prevento o juízo (arts. 59 e 240 do CPC), inaplicável o art. 58 porque a própria lei já denuncia que os juízes de onde se acha parte do imóvel, como evidente, "têm competência territorial diferente".

Localizando-se o imóvel no exterior e à luz da regra do *locus rei sitae*, e de que a jurisdição é sinônimo de soberania e esta se exerce nos lindes do território nacional, revela-se incompetente a justiça brasileira.

Anote-se, por fim, em matéria de competência territorial, que há também "regras de foros subsidiários", que se aplicam como normas alternativas previstas na própria lei quando vários são os foros possíveis de incidir em determinado caso, *v.g.*, dispõe o art. 46 sobre domicílio do réu e, subsidiariamente, o da residência etc.

Consoante visto, no Direito brasileiro, o foro comum é o do domicílio do réu, segundo regra expressa do art. 46 do CPC. A lei consagra a máxima *actor sequitur forum rei* atentando para a sujeição do réu à ação proposta pelo autor.[57] Esse foro afere-se *por exclusão*, toda vez que não haja foro especial.

Tornando-se difícil pesquisar o domicílio do réu, em razão de o mesmo não ter "domicílio certo", recorre-se aos "foros subsidiários" do art. 46 e parágrafos do CPC, inclusive com a sua norma de encerramento.[58]

Havendo litisconsórcio o autor pode eleger o foro de um dos réus e promover a ação em face de todos naquela sede, malgrado alguns não tenham domicílio no local da demanda. Trata-se de *prorrogação legal* de competência (§ 4º, do art. 46, do CPC).

4. COMPETÊNCIA OBJETIVA

No que concerne à *competência do juízo* ou competência de atribuições, a que é estabelecida em confronto com o caso concreto, o próprio critério legal não se vale de apenas um elemento

---

[56] "**Art. 60.** Se o imóvel se achar situado em mais de um Estado, comarca, seção ou subseção judiciária, a competência territorial do juízo prevento estender-se-á sobre a totalidade do imóvel."

[57] Consoante bem asseverou **Chiovenda**, o foro do domicílio é por excelência um "foro pessoal", justificando-lhe a escolha porque se deve permitir ao réu defender-se sem maiores incômodos e despesas, perante o juiz de seu domicílio (*Instituições de Direito Processual Civil*, vol. II, p. 276).

[58] "**Art. 46.** A ação fundada em direito pessoal ou em direito real sobre bens móveis será posta, em regra, no foro de domicílio do réu.

§ 1º Tendo mais de um domicílio, o réu será demandado no foro de qualquer deles."

Parte II · III − COMPETÊNCIA JURISDICIONAL | 161

para fixá-la. Nessa forma de competência dita "objetiva", consideram-se a "matéria litigiosa", "as pessoas envolvidas na lide", "o valor da causa" e a "função a ser exercida no processo". Em consequência, fala-se em *competência em razão da matéria, competência em razão da pessoa, competência em razão do valor* e *competência em razão da função*. A "competência objetiva", ressalvada a "competência de valor", é fixada à luz de interesses públicos, por isso, "imperativa e absoluta". A sua derrogação implica grave vício de incompetência, por isso mesmo, insanável (arts. 62, 63 e 64, § 1º, do CPC).

A competência objetiva à semelhança das demais regras também tem seu *habitat* originário na Constituição Federal, cabendo às leis de organização judiciária esmiuçar a competência em razão do valor, da matéria e da pessoa (art. 44 do CPC).[59]

A Constituição Federal, no capítulo referente ao Poder Judiciário (arts. 92 a 126), estrutura-o e atribui competência objetiva aos diversos órgãos que o compõem.

A competência objetiva implica uma atribuição exclusiva, de sorte que um critério não se sobrepõe ao outro. Assim, *v.g.*, não há supremacia do juízo fazendário sobre o juízo de família e vice-versa. Em consequência, a *competência absoluta não é modificável pela conexão ou continência* para os fins de *simultaneus processus*, como previsto nos arts. 57 e 58 do CPC.[60]

5. COMPETÊNCIA FUNCIONAL

A competência funcional, como a própria denominação indica, implica a atribuição de competência para o exercício de determinadas "funções" entre vários juízos, na mesma relação processual. Isso significa que, no mesmo processo, funcionam diversos juízos "sucessivamente" e não simultaneamente. Essa atuação dos diversos juízos dá-se em fases distintas da relação processual sujeita ao mesmo grau de jurisdição ou em fases distintas do processo perante juízos com graus de jurisdição diversos.

Diz-se também funcional a competência fixada em face de uma melhor aptidão de determinado juízo para conhecer e julgar a matéria integrante do "todo julgável" ou de "parte dele". Na primeira hipótese, a competência é funcional pelas "fases do processo". Assim, *v.g.*, a lei pode deferir aos juízes leigos dos juizados especiais a preparação da causa e, ao juiz togado, apenas o julgamento, num exemplo marcante de competência funcional pelas fases do processo no mesmo grau de jurisdição. Outrora, no processo penal do júri, um juiz encarregava-se de preparar o processo até a sessão de julgamento pelo júri popular, oportunidade em que passava a presidi-lo não mais o juiz denominado "sumariante" mas o juiz "presidente".

A segunda hipótese de competência funcional pelas fases do processo perante juízos de graus de jurisdição diversos é exemplificada através da figura dos *recursos*. Em face da adoção pelo nosso sistema da regra do "duplo grau de jurisdição" e da "colegialidade dos órgãos componentes da instância *ad quem*", a ação processa-se em primeiro grau de jurisdição, cabendo aos tribunais a função de reexame do decidido através dos meios de impugnação, cujo protótipo são os recursos.[61] Assim, a distribuição de tarefas entre *juízes e tribunais* compõe a denominada "competência hierárquica ou

---

[59] "**Art. 44.** Obedecidos os limites estabelecidos pela Constituição Federal, a competência é determinada pelas normas previstas neste Código ou em legislação especial, pelas normas de organização judiciária e, ainda, no que couber, pelas constituições dos Estados."

[60] "**Art. 57.** Quando houver continência e a ação continente tiver sido proposta anteriormente, no processo relativo à ação contida será proferida sentença sem resolução de mérito, caso contrário as ações serão necessariamente reunidas.

Art. 58. A reunião das ações propostas em separado fa-se-á no juízo prevento, onde serão decididas simultaneamente."

[61] A lógica se aplica às *Turmas Recursais*, referentes aos Juizados Especiais (arts. 41, § 1º, e 82 da Lei nº 9.099/1995), não obstante não sejam, tecnicamente, tribunais.

funcional" ou, ainda, "competência funcional hierárquica".[62] A competência funcional hierárquica pressupõe que o tribunal tenha competência territorial e material para aquela causa.

Assim, *v.g.*, o Tribunal de Justiça tem competência funcional para julgar recursos interpostos de decisões proferidas pelo juízo de família de qualquer foro ou comarca do Rio de Janeiro.[63] Destarte, o recurso deve ser interposto para o juiz de segundo grau que exerce suas funções na circunscrição territorial a que pertence o juiz de primeira instância.[64]

Quanto à acepção da competência funcional como aptidão do juízo para conhecer e desempenhar de forma mais eficaz a sua "função" em determinados processos, é exemplo a competência originária dos tribunais para conhecer determinadas ações especiais, *v.g.*, a ação rescisória, o mandado de segurança etc. Nessas hipóteses, não se cuida de exercício de função de vários juízos no mesmo processo senão de função única delegável a um juízo que se revela mais apto do que outros. Nesse sentido, também se considera "funcional" a "competência do *forum rei sitae*", do "foro do principal estabelecimento do falido", "do juízo da condenação para executar as suas decisões" e "do juízo da ação principal, após ação cautelar antecedente". Nesses casos, observa-se que a função se revela melhor desempenhada por esses juízos, daí a funcionalidade da competência. No mesmo sentido, é típica a competência funcional do juiz que presidiu a colheita de provas na audiência, conforme estabelecia o art. 132 do CPC/1973,[65] sem correspondente no atual diploma.

Em face dessa multiplicidade de acepções da competência funcional, o Código indica como sua "fonte" normativa a CF, as normas de organização judiciária, o Regimento Interno dos Tribunais e o próprio CPC.

6. COMPETÊNCIA ABSOLUTA E COMPETÊNCIA RELATIVA. MODIFICAÇÕES DA COMPETÊNCIA. PRORROGAÇÃO E PREVENÇÃO DA COMPETÊNCIA

Modificar a competência significa atribuí-la a órgão diverso daquele indicado originariamente pela lei. Assim, *v.g.*, modifica-se a competência territorial promovendo a demanda de natureza pessoal, noutro lugar que não o "foro do domicílio do réu". Essa modificação pode ser levada a efeito por contrariedade à regra legal, ou em atenção a uma cláusula contratual de eleição de foro.

Na primeira hipótese, terá havido um descumprimento da regra de competência e, na segunda, uma alteração contratual do preceito legal. A primeira é sancionada pela lei e a segunda, tolerada; por isso, a modificação da competência quando desamparada do devido apoio legal encerra vício de "incompetência". A segunda hipótese caracteriza uma "causa legal de admissibilidade de modificação da competência", através do denominado *pacto de foro prorrogando* (foro de eleição).

Desta sorte, a modificação da competência somente pode ocorrer nos estritos termos da lei, que se incumbe de mencionar as causas suficientes para derrogação de seus preceitos primários. Assim, *v.g.*, a própria lei que determina o foro do domicílio do réu para as ações pessoais (art. 46 do CPC) admite a sua derrogação voluntária pelo foro de eleição (arts. 62 e 63 do CPC).[66]

---

[62] **Guasp** refere-se à distribuição de funções entre órgãos "superpostos" (*Comentários a la Ley de Enjuiciamiento Civil*, 1943, vol. I, p. 301).

[63] Entre os tribunais de uma mesma unidade da Federação, a lei também pode traçar limites de competência funcional, haja vista que não estão eles "superpostos", a exemplo de como diferenciava-se a competência do Tribunal de Justiça para a do Tribunal de Alçada.

[64] Nesse sentido **Chiovenda**, *Instituições*, vol. II, p. 260-261.

[65] **"Art. 132.** O juiz, titular ou substituto, que concluir a audiência julgará a lide, salvo se estiver convocado, licenciado, afastado por qualquer motivo, promovido ou aposentado, casos em que passará os autos ao seu sucessor.

Parágrafo único. Em qualquer hipótese, o juiz que proferir a sentença, se entender necessário, poderá mandar repetir as provas já produzidas."

[66] **"Art. 62.** A competência determinada em razão da matéria, da pessoa ou da função é inderrogável por convenção das partes.

Art. 63. As partes podem modificar a competência em razão do valor e do território, elegendo foro onde será proposta ação oriunda de direitos e obrigações.

Parte II • III – COMPETÊNCIA JURISDICIONAL | **163**

O fenômeno da "modificabilidade" da competência e suas consequências guarda íntima correlação com a natureza da norma estabelecedora da competência. É que toda modificação de competência denota superação da regra básica e *a fortiori* da natureza *dispositiva* da norma de competência. As regras *impositivas* são indisponíveis, ao passo que as *dispositivas* podem ser superadas pela vontade das partes. Isso implica averiguar-se quais são os dispositivos acerca da competência que admitem essa derrogação e quais são os que a impedem, haja vista que, conforme a natureza de um ou de outro, estaremos diante de hipóteses de "competência derrogável ou competência inderrogável"; ou melhor, para utilizar-mo-nos da linguagem do Código, *competência absoluta e competência relativa*.

A *competência é absoluta* quando assentada em regra intransponível pela vontade das partes e imodificável em razão da conexidade das causas.[67] Uma vez fixada, ela se torna inalterável. A *competência relativa* tem como fonte uma regra dispositiva e, portanto, superável pela vontade das partes ou modificável se ocorrentes as circunstâncias mencionadas na lei, *v.g., a conexão* que implica deslocar-se uma das ações conexas do juízo onde tramitava para reuni-la noutro a fim de serem julgadas simultaneamente (art. 54 c/c os arts. 57 e 58 do CPC).[68]

Não obstante sujeita a alteração, uma vez operada a causa de modificação da competência relativa, perpetua-se naquele juízo a competência definitiva, evitando-se reiteradas modificações.

Impende, assim, estabelecer em que circunstâncias uma regra de competência revela-se indisponível ou não.

Conforme observamos precedentemente, vários são os critérios determinadores da competência, bem como várias são as suas fontes. Destarte, esses critérios determinadores da competência encartados nas regras têm como objeto interesses vários tuteláveis através de seus comandos. Sinteticamente, poder-se-ia afirmar que há regras que tutelam interesse público e há regras que tutelam interesse privado. Assim, *v.g.*, o dispositivo legal que regula a competência *ratione materiae* tem como escopo a especialização da justiça, que é um valor maior que o simples interesse das partes. Diversamente, a regra de "competência do domicílio do réu" visa a tornar a demanda menos onerosa para o sujeito passivo por força da potestatividade do direito de agir, permitindo

---

§ 1º A eleição de foro só produz efeito quando constar de instrumento escrito e aludir expressamente a determinado negócio jurídico.

§ 2º O foro contratual obriga os herdeiros e sucessores das partes.

§ 3º Antes da citação, a cláusula de eleição de foro, se abusiva, pode ser reputada ineficaz de ofício pelo juiz, que determinará a remessa dos autos ao juízo do foro de domicílio do réu.

§ 4º Citado, incumbe ao réu alegar a abusividade da cláusula de eleição de foro na contestação, sob pena de preclusão."

[67] Nesse sentido, **Carnelutti**, *Sistema di Diritto Processuale Civile*, vol. I, p. 231. **Rosenberg** denominava a competência relativa de "extensiva" e a absoluta de "não extensiva".

[68] "**Art. 54.** A competência relativa poderá modificar-se pela conexão ou pela continência, observado o disposto nesta Seção.

Art. 55. Reputam-se conexas 2 (duas) ou mais ações quando lhes for comum o pedido ou a causa de pedir.

§ 1º Os processos de ações conexas serão reunidos para decisão conjunta, salvo se um deles já houver sido sentenciado.

§ 2º Aplica-se o disposto no *caput*:

I – à execução de título extrajudicial e à ação de conhecimento relativa ao mesmo ato jurídico;

II – às execuções fundadas no mesmo título executivo.

§ 3º Serão reunidos para julgamento conjunto os processos que possam gerar risco de prolação de decisões conflitantes ou contraditórias caso decididos separadamente, mesmo sem conexão entre eles.

Art. 56. Dá-se a continência entre 2 (duas) ou mais ações quando houver identidade quanto às partes e à causa de pedir, mas o pedido de uma, por ser mais amplo, abrange o das demais.

Art. 57. Quando houver continência e a ação continente tiver sido proposta anteriormente, no processo relativo à ação contida será proferida sentença sem resolução de mérito, caso contrário, as ações serão necessariamente reunidas.

Art. 58. A reunião das ações propostas em separado far-se-á no juízo prevento, onde serão decididas simultaneamente."

164 | CURSO DE DIREITO PROCESSUAL CIVIL • *Luiz Fux*

ao demandado defender-se com menor esforço. Evidencia-se, nesse preceito, a tutela de interesse meramente privado.

Assim sendo, forçoso concluir que, quando a regra de competência protege "interesse particular", ela é "disponível" e encerra caso de "competência relativa", ao passo que, ao regular interesse público, impõe a "competência absoluta". Como consequência, a transgressão a essas regras pode encerrar "dois graus distintos" de defeitos processuais: a *incompetência absoluta* e a *incompetência relativa*.

Em primeiro lugar, cumpre assentar, à luz dos critérios estabelecidos, quais são as regras que dispõem sobre interesse privado e quais as que se dirigem ao interesse público. Sob esse ângulo, o legislador dispôs que a competência em razão do território e do valor são relativas, e as referentes à competência internacional, à competência interna que subdivide a justiça comum em especial, federal e local e a competência em razão da matéria, da função e da pessoa são absolutas. Assim sendo, havendo desvio da regra que fixa a competência funcional, estaremos diante de um caso de incompetência absoluta, ao passo que se houver desvio da norma de competência de foro, a incompetência será relativa.

A competência em razão do valor obedece à célebre regra de que é "absoluta para o mais e relativa para o menos"; por isso, se conexas, as ações devem ser reunidas no juízo de competência para a causa de maior valor.[69]

Destaque-se, mais uma vez, que, como toda regra, as dos arts. 62 e 63 do CPC sofrem exceções na medida em que há casos de competência territorial absoluta, como nas hipóteses em que o elemento funcional ou *ratione personae* é considerado, como ocorre com o foro fazendário (art. 51 do CPC), e com o da situação da coisa (art. 47, *caput* e § 1º do CPC).

Em face mesmo da gravidade do vício, a lei defere tratamento diferenciado à incompetência. Assim é que a *incompetência relativa* é defeito sanável pela falta de provocação da parte, tornando-se competente o juízo à míngua de impugnação, como uma questão preliminar, conforme determinam os arts. 64, *caput* e 337, II, do CPC. Uma vez "acolhida" a arguição de incompetência relativa, remetem-se os autos ao juízo competente.

Diversamente, o desvio na *incompetência absoluta* é tão grave que o próprio juiz *de ofício* e, portanto, independentemente de provocação da parte, pode denunciar a sua incompetência absoluta, devendo a parte alegá-la na primeira oportunidade em que se manifesta nos autos, mercê de o vício poder ser suscitado em qualquer tempo e grau de jurisdição antes de transitar em julgado a decisão. Este entendimento, inclusive, foi expresso no CPC/2015, em seu art. 64, § 1º. Transitada esta, o vício ainda pode figurar como *causa petendi* de ação rescisória (art. 64, § 4º c/c o art. 966, inciso II, do CPC).[70]

No regime atual, os atos praticados pelo juiz incompetente são, a princípio, válidos, diversamente do que acontecia no CPC de 1973, que cominava de nulidade os atos decisórios. Entendia-se por atos decisórios nulificados apenas aqueles que versam sobre o mérito, posto que para promover o andamento do processo e proferir decisões interlocutórias formais não se revela importante a competência objetiva. Esta mostra-se influente no plano jurídico, apenas quando o juiz dispõe sobre o litígio em si, para o qual não é especializado. Assim, a decisão sobre as condições da ação, bem como em relação às demais questões formais não eram nulificadas pelo reconhecimento da incompetência absoluta. Entretanto, as decisões liminares de antecipação da solução de mérito

---

[69] É a doutrina preconizada por **Chiovenda** e aceita pela comunidade jurídica. *In Instituições*, vol. II, p. 304-305.

[70] **"Art. 64.** A incompetência, absoluta ou relativa, será alegada como questão preliminar de contestação.

§ 1º A incompetência absoluta pode ser alegada em qualquer tempo e grau de jurisdição e deve ser declarada de ofício.

§ 2º Após manifestação da parte contrária, o juiz decidirá imediatamente a alegação de incompetência.

§ 3º Caso a alegação de incompetência seja acolhida, os autos serão remetidos ao juízo competente.

§ 4º Salvo decisão judicial em sentido contrário, conservar-se-ão os efeitos de decisão proferida pelo juízo incompetente até que outra seja proferida, se for o caso, pelo juízo competente."

Parte II • III – COMPETÊNCIA JURISDICIONAL | **165**

contaminavam-se inexoravelmente, posto adiantamento da solução final para a qual o juízo é absolutamente incompetente.

Atualmente, porém, os atos apenas serão afastados se o magistrado efetivamente competente, que receber o processo, proferir decisão judicial nesse sentido. Adota-se, desse modo, a teoria da *translatio iudicii* como consequência do reconhecimento da incompetência absoluta, com a mera remessa processual a juízo abstratamente competente. Inclusive, o despacho que ordena a citação interrompe a prescrição, ainda que proferido por juiz incompetente (art. 240, § 1º).[71]

Anote-se, por fim, que juízo absolutamente incompetente tanto pode sê-lo o de primeiro grau quanto o tribunal *ad quem*, sendo certo que as consequências são as mesmas.

Assentamos anteriormente que somente a competência relativa é modificável em decorrência da vontade das partes ou da ocorrência de um fato mencionado na lei. A modificação ora importa na ampliação da competência do juízo que de originariamente incompetente passa a ser competente ora na negação da competência do juízo que, segundo os critérios legais era, em princípio, competente.

A primeira hipótese, de "ampliação de competência", denomina-se de *prorrogação da competência* cujo *nomen juris* indica, exatamente, esse alargamento da esfera de atribuição do juízo. A prorrogação da competência pressupõe que, pelos critérios originários da lei, o juízo era incompetente, transmudando-se em "competente" por força de uma causa voluntária ou legal de prorrogação.

Assim, *v.g.*, pelo critério do domicílio, o juízo de Teresópolis seria competente para uma ação pessoal em face de um réu domiciliado naquele município. Entretanto, a existência de pacto de foro de eleição no contrato torna o juízo do Rio de Janeiro competente para a causa a despeito de o réu residir noutro município, alterando, assim, a competência fixada pelo preceito básico do art. 46 do CPC. Ainda a título de exemplo: A promove, em face de B, ação de consignação em pagamento no juízo X, e B promove, em face de A, ação de despejo por falta de pagamento no juízo Y;[72] como essas ações são conexas, devem ser reunidas num só juízo (arts. 57 e 58 do CPC) que terá *prorrogada* a sua competência para conhecer de ambas, em razão da necessidade de julgamento simultâneo. A imposição da reunião das ações implica a *modificação da competência*. Destarte, a afirmação da competência do juízo prevalente encerra a negação de competência do outro juízo.

Ressalte-se que, uma vez prorrogada a competência, *o juízo prorrogado torna-se prevento* para conhecer das demais ações conexas.

Alerte-se, desde já, para um efeito peculiar à prorrogação e que encerra divergência na doutrina. Trata-se da *prorrogação da competência relativa do juízo que aprecia pedido de tutela cautelar* em caráter antecedente, que segundo alguns arrasta também a competência para a ação principal na forma do art. 299, *caput*, do CPC.[73]

Parte da doutrina entende que, uma vez prorrogada a competência, o pedido principal deve necessariamente ser formulado nesse juízo, ao passo que uma segunda corrente sustenta que a medida cautelar é que deve seguir o juízo competente para a ação principal e não a regra inversa.

A melhor solução conspira em favor da segunda posição haja vista que o pedido cautelar antecedente, com natureza acessória, deve ser formulado no foro competente para a ação principal.

---

[71] **"Art. 240.** A citação válida, ainda quando ordenada por juízo incompetente, induz litispendência, torna litigiosa a coisa e constitui em mora o devedor, ressalvado o disposto nos arts. 397 e 398 da Lei nº 10.406, de 10 de janeiro de 2002 (Código Civil).

§ 1º A interrupção da prescrição, operada pelo despacho que ordena a citação, ainda que proferido por juízo incompetente, retroagirá à data de propositura da ação.

[72] A ação de despejo segue a regra de competência *ratione loci* do art. 58, II da Lei nº 8.245/1991:

"Art. 58. Ressalvados os casos previstos no parágrafo único do art. 1º, nas ações de despejo, consignação em pagamento de aluguel e acessório da locação, revisionais de aluguel e renovatórias de locação, observar – se – á o seguinte: (...) II – é competente para conhecer e julgar tais ações o foro do lugar da situação do imóvel, salvo se outro houver sido eleito no contrato (...)".

[73] **"Art. 299.** A tutela provisória será requerida ao juízo da causa e, quando antecedente, ao juízo competente para conhecer do pedido principal."

Destarte, a competência para a medida urgente antecedente admite desvios recomendados pela *praxis* em razão do *periculum in mora*, sem que com isso arraste o juízo principal.

Deveras, é o acessório que acompanha o principal e não o contrário, de sorte que o defeito de competência, no pleito cautelar antecedente, não contamina a ação principal, devendo remeter-se para este juízo ambos os feitos.

Consideram-se *causas voluntárias de modificação da competência*: o estabelecimento do *foro de eleição* e a omissão na alegação de incompetência relativa; e causas legais: a conexão e a continência.

À modificação da competência, que implica *negação* dessa atribuição ao juízo que à luz das regras abstratas seria competente e deixa de sê-lo em razão da anterioridade de uma ação proposta noutro juízo, denomina-se *prevenção da competência*.

Categoriza-se a *prevenção* como causa de modificação porque o juízo prevento exclui a competência dos demais, os quais, teoricamente, seriam competentes para as ações encartadas na sua esfera de atribuição jurisdicional. Entretanto, a atuação antecedente de um juízo exclui a competência dos demais, não obstante competentes para aquele foro e valor da causa.

Assim, *v.g.*, se A promove uma ação de anulação de um negócio jurídico no juízo X, todos os demais juízos ficam inibidos de conhecer da ação já proposta bem como das que lhe forem conexas, as quais serão distribuídas a esse mesmo juízo. Esses demais juízos têm negada a competência para as causas conexas e para aquela ação já proposta, muito embora potencialmente competentes para qualquer delas. Contudo, a prevenção do juízo, ou melhor, o fato de um deles vir antes, exclui a competência dos demais que, originariamente, eram competentes e passam a ser incompetentes. Como se observa, a *prevenção é fenômeno antagônico à prorrogação*, que, ao revés, pressupõe a incompetência originária e a aquisição de competência superveniente.

A *prorrogação voluntária expressa* de competência decorre do *"pacto de foro de eleição"*. Admite-se o foro de eleição nas causas de cunho patrimonial, devendo constar de contrato escrito encartado ou não no próprio negócio jurídico principal que se pretende discutir em juízo. Uma vez pactuado, obriga a herdeiros e sucessores que, por isso, não poderão arguir a incompetência de foro sob a alegação de que residem em local diverso daquele que foi aforada a demanda (arts. 62 e 63, §§ 1º e 2º, do CPC).[74]

O foro de eleição deve versar sobre *direitos patrimoniais* e de *caráter disponível*; por isso, o agente deve ser capaz para engendrá-lo. Veda-se o pacto, por exemplo, nas causas que versem sobre o "estado das pessoas". Uma vez instituído no negócio jurídico, o foro de eleição – *pactum de foro prorrogando* –, a sua desobediência por qualquer dos contratantes implica a incompetência territorial do juízo ainda que a ação seja promovida no foro indicado pela lei. É que a própria norma jurídica permitiu que as partes alterassem o foro e, nesse caso, *pacta sunt servanda*. Entretanto, se for descumprido o pacto e não houver declinatória de foro (art. 65 do CPC),[75] prorroga-se a competência do juízo. O magistrado apenas pode afastar a cláusula quando for abusiva, desde que o faça antes da citação do réu (art. 63, § 3º).

---

[74] **"Art. 62.** A competência determinada em razão da matéria, da pessoa ou da função é inderrogável por convenção das partes.

Art. 63. As partes podem modificar a competência em razão do valor e do território, elegendo foro onde será proposta ação oriunda de direitos e obrigações.

§ 1º A eleição de foro só produz efeito quando constar de instrumento escrito e aludir expressamente a determinado negócio jurídico.

§ 2º O foro contratual obriga os herdeiros e sucessores das partes.

§ 3º Antes da citação, a cláusula de eleição de foro, se abusiva, pode ser reputada ineficaz de ofício pelo juiz, que determinará a remessa dos autos ao juízo do foro de domicílio do réu.

§ 4º Citado, incumbe ao réu alegar a abusividade da cláusula de eleição de foro na contestação, sob pena de preclusão."

[75] **"Art. 65.** Prorrogar-se-á a competência relativa se o réu não alegar a incompetência em preliminar de contestação.

Parágrafo único. A incompetência relativa pode ser alegada pelo Ministério Público nas causas em que atuar."

Na conexão e na continência, cujos conceito esmiuçamos em item próprio, o fenômeno é um pouco diverso. Muito embora sejam causas de modificação da competência relativa, uma vez ocorrentes, geram "inexoravelmente" a alteração.[76] Destarte, o juiz não precisa aguardar que o réu argua como preliminar de contestação, como o permite o art. 337, inciso VIII, do CPC,[77] senão pode determinar *de ofício* a reunião das ações propostas em separado.[78] Trata-se de norma *in procedendo* inafastável pela vontade das partes, de tal sorte que o julgamento isolado de ações conexas importa na anulação da decisão. Diz-se, mesmo, que a "competência modificada em razão da conexão transmuda-se de relativa para absoluta".

A reunião das causas conexas dá-se num juízo em detrimento do outro que perde a competência que mantinha até a manifestação do fenômeno da conexão. Essa necessidade de julgamento simultâneo impondo a reunião é a causa modificadora.[79] Prevalece, para a reunião, o juízo que receber a ação *primeiramente registrada ou distribuída* (arts. 58 e 59 do CPC).[80]

De outro lado, na hipótese de total inviabilidade da reunião das ações conexas, posto juízos com competência inalterável e inviável a absorção de outras causas, a solução é a suspensão do processo que dependa do julgamento da questão prejudicial.

Consideram-se, ainda, *causas legais de prorrogação da competência* a propositura da *reconvenção*, e de *ações acessórias*, como as ações de garantia, como a denunciação da lide. Nessas hipóteses, a lei (art. 61 do CPC) considera, *a priori*, competente o juízo onde tramita a ação originária para essas ações que lhe são conexas. Assim é que o autor "reconvindo" não poderá alegar a incompetência de foro sob o argumento de que seu domicílio é alhures porque a própria lei supera o critério básico domiciliar em prol da admissibilidade da reconvenção. Idêntico raciocínio estende-se ao terceiro interveniente que se vê vinculado ao foro e ao juízo da causa das partes principais.

É que o juiz, na sua atividade de julgar, apõe o selo do caso julgado apenas sobre o pedido, muito embora nesse mister conheça inúmeras questões que gravitam em torno da pretensão principal. Há determinadas questões que se situam no plano lógico, como premissas do julgamento e, por isso, condicionam a forma pela qual o pedido será julgado.[81]

A solução destas premissas encerra um juízo prévio sobre como decidir a questão principal, por isso essas questões são denominadas *prejudiciais*. Assim, *v.g.*, numa ação em que se debate certa regra do condomínio, a questão controvertida sobre a existência ou não do próprio condomínio figura como prejudicial sobre a qual o juiz terá de decidir antes de enfrentar a questão principal. Assim, também, numa ação que vise à entrega de determinado bem com base em contrato em que se afirme a inexistência de qualquer vício ou, ainda, numa ação de alimentos em que se nega a existência de qualquer laço de parentesco que sustente a obrigação de alimentar. Em todos esses exemplos, há um pedido objeto do julgamento e uma questão que não figura como pedido mas de cuja solução depende o julgamento da lide. Essas são as "questões prejudiciais", cuja solução pelo juiz se dá apenas a título de análise necessária para concluir o raciocínio final.

---

[76] Para **Manuel Carlos de Figueiredo Ferraz** (*A Competência por Conexão*, 1937, p. 82), a conexão ou continência é caso próprio de fixação de competência e não se encaixa no conceito de prorrogação porque gera "prorrogação necessária".

[77] "**Art. 337, § 5º.** Exceutadas a convenção de arbitragem e a incompetência relativa, o juiz conhecerá de ofício das matérias enumeradas neste artigo."

[78] Por isso que **Chiovenda** afirmava "mais intensa a relatividade da competência de foro" quando a mudança se fazia por força da conexão. *In Instituições*, vol. II, p. 221 e 304.

[79] A competência decorrente da conexão não se "funda num título originário e existente por si mesmo: é antes a consequência da união de vários processos" afirmava, com a propriedade costumeira, **Carnelutti**, *in Instituciones del Nuevo Proceso Civil*, trad. **J. Guasp**, p. 145.

[80] "**Art. 58.** A reunião das ações propostas em separado far-se-á no juízo prevento, onde serão decididas simultaneamente.
Art. 59. O registro ou a distribuição da petição inicial torna prevento o juízo."

[81] "Prejudicial é a questão cuja resolução constitui premissa para a decisão de outra lide", **Carnelutti**, *Istituzioni*, 1951, vol. I, p. 14.

168 | CURSO DE DIREITO PROCESSUAL CIVIL • *Luiz Fux*

Diz-se, então, que a verificação da prejudicial é *incidenter tantum*; ou seja, "o tanto necessário para decidir sem saltar a questão".[82] O CPC/1973, de maneira contraditória, logo após afirmar que essas prejudiciais não eram objeto de julgamento (art. 469, inciso III, do CPC),[83] admitia que o fossem, como questões principais, desde que a parte intente a ação declaratória incidental, e o juízo seja competente em razão da matéria. O atual diploma, visando a sanar quaisquer controvérsias, trouxe, de maneira expressa no art. 503, § 1º,[84] estende a formação da coisa julgada à resolução de questões incidentais, desde que observe condições específicas, dentre as quais se destaca a observância da competência do juízo em razão da competência. Desse modo, reforça-se a regra expressa no art. 61 do CPC.

Entretanto, se falecer ao juízo "competência em razão da matéria", ele não poderá julgá-la com definitividade. Nessa hipótese, o juiz apreciará a questão prejudicial apenas de "passagem" como itinerário lógico do seu raciocínio, *incidenter tantum*, ou aguardará que ela seja decidida no juízo competente, suspendendo, então, o processo até o advento daquela solução.

Isso implica afirmar que a *conexão por prejudicialidade* perante juízes com a mesma competência territorial e material possibilita o julgamento simultâneo, suscitando, entretanto, mera cognição incidental ou suspensão condicional do processo quando há incompetência absoluta para julgá-la. Nesse seguimento, é que o CPC afirma no art. 315 que pode haver suspensão do processo enquanto pendente resolução de apuração de fato delituoso na seara criminal.[85]

Como é curial, a finalidade é evitar decisões contraditórias, haja vista que a condenação criminal torna certa a obrigação de reparar o dano, e, em contrapartida, a absolvição penal pela inexistência do fato ou da autoria faz coisa julgada no cível.[86] O magistrado, assim, observando essas premissas, decide da oportunidade de sustação da causa cível.

---

[82] A característica da análise *incidenter tantum* é explicitada por norma expressa do Código português que no vetusto diploma processual, em seu art. 97, parágrafo único, já assentava que a decisão sobre a prejudicial, nessas condições: "não produzia efeitos fora do processo em que fora proferida", aludindo à ausência de eficácia panprocessual da coisa julgada desse decisório.

[83] "**Art. 469.** Não fazem coisa julgada:
I – os motivos, ainda que importantes para determinar o alcance da parte dispositiva da sentença;
II – a verdade dos fatos, estabelecida como fundamento da sentença;
III – a apreciação da questão prejudicial, decidida incidentemente no processo."
Súmula nº 239 do STF: "Decisão que declara indevida a cobrança do imposto em determinado exercício não faz coisa julgada em relação aos posteriores".
Súmula nº 120 do TFR: "A decisão proferida em processo de retificação do registro civil, a fim de fazer prova junto à administração militar, não faz coisa julgada relativamente à União Federal, se esta não houver sido citada para o feito".

[84] "**Art. 503.** A decisão que julgar total ou parcialmente o mérito tem força de lei nos limites da questão principal expressamente decidida.
§1º O disposto no *caput* aplica-se à resolução de questão prejudicial, decidida expressa e incidentemente no processo, se:
I – dessa resolução depender o julgamento do mérito;
II – a seu respeito tiver havido contraditório prévio e efetivo, não se aplicando no caso de revelia;
III – o juízo tiver competência em razão da matéria e da pessoa para resolvê-la como questão principal. (...)"

[85] "**Art. 315.** Se o conhecimento do mérito depender necessariamente da verificação da existência de fato delituoso, o juiz pode determinar a suspensão do processo até que se pronuncie a justiça criminal.
§ 1º Se a ação penal não for proposta no prazo de 3 (três) meses, contado da intimação do ato de suspensão, cessará o efeito desse, incumbindo ao juiz cível examinar incidentalmente a questão prévia.
§ 2º Proposta a ação penal, o processo ficará suspenso pelo prazo máximo de 1 (um) ano, ao final do qual aplicar-se-á o disposto na parte final do § 1º."

[86] "**CPC, art. 65.** Faz coisa julgada no cível a sentença penal que reconhecer ter sido o ato praticado em estado de necessidade, em legítima defesa, em estrito cumprimento de dever legal ou no exercício regular de direito.
Art. 66. Não obstante a sentença absolutória no juízo criminal, a ação civil poderá ser proposta quando não tiver sido, categoricamente, reconhecida a inexistência material do fato.
Art. 67. Não impedirão igualmente a propositura da ação civil:
I – o despacho de arquivamento do inquérito ou das peças de informação;

Essas *relações interjurisdicionais* de natureza civil e penal permitem ao juízo cível considerar, o *quantum satis*, o fato punível, através de cognição incidental, sem os efeitos próprios do juízo criminal.

Tratando-se de matéria estritamente cível, dispositivo com técnica semelhante preconiza a suspensão do processo, a saber, o art. 313, inciso V, alínea *a*.[87]

Observa-se, assim, que em todos esses casos de suspensão, pressupõe-se a existência de um outro processo pendente e a incompetência do juízo, porque caso contrário, as ações devem ser reunidas por força da *conexão por prejudicialidade*.[88]

Consoante assentado anteriormente, a tutela cautelar é espécie do gênero "tutela de urgência", onde a questão da competência relativa deve ser enfrentada sob a ótica da "valoração dos interesses em jogo". Nesse sentido, afirma-se que, em princípio, o juízo da ação principal é o competente para os pedidos cautelares precedentes ou incidentes. No que concerne aos casos em que a lide está pendente, nenhuma dificuldade revela a competência para a tutela cautelar. Problema de alto interesse é o referente à *cautelar antecedente*. Nesta, para justificar a sua propositura, há de existir uma situação de perigo: o *periculum in mora*, que revele da urgência da providência jurisdicional. Nesse confronto, entre respeitar a regra da adstrição ao juízo competente para a ação principal quando da formulação do pedido cautelar antecedente e a questão do *periculum in mora*, prevalece a interpretação menos literal, permitindo uma derrogação desse preceito para não se frustrar a providência exigível no caso concreto. De que adiantaria o respeito a essa regra, ao promover-se a cautelar em determinado foro se a efetivação da mesma se tornasse necessária noutro local, implicando uma demora capaz de não evitar o perigo? Relembre-se o exemplo de renomado monografista do tema: "Imagine-se o devedor domiciliado em Goiás, vendendo gado que invernou numa das pastagens de Minas Gerais. O credor há de requerer o embargo em catalão, para que o juiz de lá depreque a execução ao de Alfenas, por exemplo. É possível que, ao chegar a precatória, as rezes já tenham virado bife...".[89]

Em resumo, preconiza a melhor doutrina que, em face da natureza relativa da competência de foro, a regra de que a cautelar antecedente deve submeter-se ao juízo da causa principal fica superada quando presente o perigo de demora capaz de tornar inoperante o provimento de urgência, aplicando-se a máxima *"quando est periculum in mora incompetentia non attenditur"*. Essas exceções, ditadas pelas necessidades da causa, não prorrogam a competência do juízo para a ação principal, tanto mais que a propositura se efetiva no foro incompetente em função do estado de periclitação do processo.

Ademais, é o foro principal que arrasta a competência para a cautelar e não o inverso. Nessa hipótese, o juízo incompetente admitido excepcionalmente limitar-se-á a prover e remeter os autos ao juízo do foro competente para a causa principal.

Diversamente, se a parte intenta a cautelar antecedente perante juízo incompetente e não ressalva que o faz por força de um perigo *sui generis*, a falta de arguição implica a prorrogação de competência, que contaminará a ação principal, tornando esse juízo competente para essa causa também.

II – a decisão que julgar extinta a punibilidade;

III – a sentença absolutória que decidir que o fato imputado não constitui crime."

[87] **"Art. 313.** Suspende-se o processo:

V – quando a sentença de mérito:

a) depender do julgamento de outra causa ou da declaração de existência ou de inexistência da relação jurídica que constitua o objeto principal de outro processo pendente;"

[88] Sobre encerrar a prejudicialidade uma espécie de conexão, basta relembrar a lição sempre atual de **Emílio Betti** segundo a qual, "a prejudicialidade é uma figura particular de um fenômeno mais geral que tem sua expressão compreensiva na conexão de causas" (*Diritto Processuale Civile Italiano*, 1936, p. 467, nota 13). Na sua monografia "La Conessione", 1952, p. 6, **Gaetano Foschini** afirma que a prejudicialidade implica uma "conexão genética".

[89] Esse clássico exemplo sempre relembrado pelos tratadistas do tema é de **Lopes da Costa**, *Medidas Preventivas*, 1953, p. 26.

Destarte, não revelam casos de prorrogação legal os denominados *juízos de atração* ou *juízos universais*, tampouco a *competência por delegação em razão de cooperação jurisdicional entre juízos de territórios diversos* porque, nessas hipóteses, estamos no âmbito da competência funcional e, portanto, imodificável. Nesse último caso de delegação, inclusive, a competência é estabelecida, apenas, para alguns atos processuais e não para todo o processo.[90]

Os fenômenos da *"prorrogação"* e da *"prevenção"*, não obstante diversos na sua essência, podem conviver no campo da competência. É que, uma vez prevento o juízo, ele tem a sua competência prorrogada para conhecer das ações que lhe são conexas. Reciprocamente, o juízo com a competência prorrogada também receberá as ações conexas à causa originária para a qual sua competência foi ampliada.

A modificação da competência é fenômeno excepcional posto prevalecer a regra de que, uma vez fixada, não deve ser alterada. A esse respeito diz-se vigorar, no direito brasileiro, o princípio da *perpetuatio jurisdictionis*.

A razão de ser do preceito está nos critérios de fixação de competência que eventualmente podem ser alterados, *v.g.*, o domicílio do réu na competência territorial. O fato de o réu mudar o seu domicílio não pode alterar a competência antes fixada. Da mesma forma, se no momento da propositura, uma questão de fato influiu na sua fixação, a alteração dessa circunstância não pode vir a modificar a competência porque prepondera a situação motivadora da fixação da competência no momento mesmo da propositura.

É o que dispõe o art. 43 do CPC, sobre a concretização da competência, assentando que se determina a competência no momento do registro ou da distribuição da petição inicial, sendo irrelevantes as modificações do estado de fato ou de direito ocorridas posteriormente, salvo quando suprimirem órgão judiciário ou alterarem a competência absoluta.

Em obediência ao dispositivo, as eventuais mudanças de residência do demandado são insignificantes para o fenômeno da competência, fixada à luz do domicílio que o réu ostentava à data da propositura. Não fosse essa regra, a cada mudança domiciliar do réu, manifestar-se-ia uma incompetência. No mesmo sentido, se houver uma modificação no estado de direito da causa, *v.g.*, se a lei nova passar a considerar como regra o domicílio do autor, ou modificar o conceito jurídico de domicílio, isto será indiferente para a competência já fixada.

Entretanto, tratando-se de competência absoluta, a regra da *perpetuatio jurisdictionis* cede à alteração da atribuição *ratione materiae* do órgão perante o qual a ação foi proposta, determinando-se a remessa àquele competente por força de novel disposição legal, salvo se ressalvada a competência pretérita na mesma lei que a alterou.

A competência em razão da pessoa e a funcional também se alteram imediatamente por força de lei nova, ressalvando-se as exceções que sejam contempladas no novel diploma.

Outrossim, como evidente, a supressão do órgão implica a eliminação da própria competência.

Hipótese de modificação de competência superveniente bastante relevante é a do incidente de deslocamento de competência (IDC), inserido no art. 109, V-A e § 5º, da Constituição Federal pela Emenda Constitucional 45/2004.[91]

Conquanto haja controvérsia acerca de sua constitucionalidade, revela-se razoável a disposição, aos contornos excepcionalíssimos,[92] decorrendo não de pressões sociais ou midiáticas, mas

---

[90] **Carnelutti**, *Instituciones del Nuevo Proceso Civil*, p. 144.

[91] **"Art. 109.** Aos juízes federais compete processar e julgar: V-A as causas relativas a direitos humanos a que se refere o § 5º deste artigo; § 5º Nas hipóteses de grave violação de direitos humanos, o Procurador-Geral da República, com a finalidade de assegurar o cumprimento de obrigações decorrentes de tratados internacionais de direitos humanos dos quais o Brasil seja parte, poderá suscitar, perante o Superior Tribunal de Justiça, em qualquer fase do inquérito ou processo, incidente de deslocamento de competência para a Justiça Federal."

[92] "A jurisprudência consagrou três pressupostos principais que devem ser atendidos simultaneamente para o acolhimento do Incidente de Deslocamento de Competência: (i) a constatação de grave violação efetiva e real de direitos humanos; (ii) a possibilidade de responsabilização internacional, decorrente do descumprimento de obrigações assumidas em tratados internacionais; e (iii) a evidência de que os órgãos do sistema estadual

da evidência da insuficiência instrutória das instâncias estaduais, de sorte que o instituto se afigura como saída necessária e adequada, validamente escolhida pelo Poder Constituinte Reformador dentro outras vislumbráveis. Ademais, o princípio da proporcionalidade, implicitamente consagrado pelo texto constitucional, propugna pela proteção dos direitos fundamentais não apenas contra os excessos estatais, mas igualmente contra a proteção jurídica insuficiente, o que recomenda a previsão de novos instrumentos protetivos, como é o caso do Incidente de Deslocamento de Competência.

Deveras, a regra da perpetuação da competência não se destina a servir de norma corretiva de eventuais defeitos de propositura. Assim, *v.g.*, se a parte propõe a ação em foro indevido e isso se descortina no curso do processo, a incompetência territorial não vai deixar de ser acolhida por força da regra da *perpetuatio*. Igualmente, *v.g.*, se o domicílio do autor da herança for em local diverso daquele apontado na inicial.

Aliás, a *ratio essendi* do dispositivo, desde a sua origem está em evitar que o réu, maliciosamente, desloque a competência obrigando o autor a uma propositura "itinerante" de ações, perseguindo-o para onde quer que vá...

Ademais, relembre-se, a perpetuação sofre as derrogações decorrentes das "modificações legais" da competência; por isso, havendo conexão ou continência, a competência perpetuada na forma do art. 43 do CPC pode ser alterada em favor do juízo que realizará o simultâneo julgamento.[93] Assim também quanto aos casos de "incompetência superveniente" por força de lei, *v.g.*, o deslocamento da competência pela intervenção no processo de pessoa com prerrogativa de juízo, como a União Federal, carreando para o juízo fazendário a causa anteriormente proposta no juízo perpetuado.

Salvante as modificações autorizadas, e ora evidenciadas, qualquer alteração nos critérios básicos implica derrogação das normas de competência, ora denunciável de ofício, ora dependente de provocação da parte, assunto a seguir exposto.

7. CONTROLE DA COMPETÊNCIA – CONFLITO DE COMPETÊNCIA E ARGUIÇÃO DE INCOMPETÊNCIA

O controle de competência, considerando-se a "iniciativa da parte" ou "a iniciativa oficial", pode efetivar-se, *de ofício*, ou *mediante provocação* (art. 66).[94]

Pertencem ao gênero do "controle oficial" a declinação de competência *ex officio* e o conflito de competência. A provocação da parte implica o controle de realizar-se através de "arguição" preliminar na resposta do réu, ou em "qualquer tempo e grau", tratando-se da incompetência absoluta.

A declaração *ex officio* da incompetência adstringe-se às hipóteses de incompetência em razão da matéria, da pessoa e funcional. Nesses casos, as regras de competência são ditadas por interesse

---

[93] não mostram condições de seguir no desempenho da função de apuração, processamento e julgamento do caso com a devida isenção. (...) No julgamento dos IDCs n. 3/GO e 5/PE, a Terceira Seção desta Corte ressaltou que o deslocamento de competência efetuado no incidente constitucional, por se tratar de exceção à regra geral da competência absoluta, somente deve ser efetuado em situações excepcionalíssimas, mediante a demonstração de sua necessidade e imprescindibilidade 'ante provas que revelem descaso, desinteresse, ausência de vontade política, falta de condições pessoais e/ou materiais das instituições – ou de uma ou outra delas – responsáveis por investigar, processar e punir os responsáveis pela grave violação a direito humano, em levar a cabo a responsabilização dos envolvidos na conduta criminosa, até para não se esvaziar a competência da Justiça Estadual e inviabilizar o funcionamento da Justiça Federal' (IDC 5/PE, Rel. Ministro Rogerio Schietti Cruz, Terceira Seção, j. 13.08.2014, *DJe* 01.09.2014). Desse raciocínio, revela-se o caráter de excepcionalidade da providência determinada no incidente. (...)" (IDC 10/DF, Rel. Ministro Reynaldo Soares da Fonseca, Terceira Seção, j. 28.11.2018).

[93] Nesse mesmo sentido **Chiovenda**, *Instituições*, cit., p. 453-454.

[94] **"Art. 66.** Há conflito de competência quando:

I – 2 (dois) ou mais juízes se declaram competentes;

II – 2 (dois) ou mais juízes se consideram incompetentes, atribuindo um ao outro a competência;

III – entre 2 (dois) ou mais juízes surge controvérsia acerca da reunião ou separação de processos.

Parágrafo único. O juiz que não acolher a competência declinada deverá suscitar o conflito, salvo se a atribuir a outro juízo."

público; por isso, o juiz "deve" declarar-se incompetente. No particular, de bom alvitre reiterar, que as atividades nas quais o juiz deve atuar de ofício revelam sempre um agir no qual o magistrado não se despe de sua imparcialidade. Em consequência, a atuação *ex officio* não impede, também, por seu turno, a iniciativa da parte. Cumpre, por fim, observar que esse dever é exercitável em qualquer tempo e grau de jurisdição, inocorrendo a denominada preclusão *pro judicato*, uma vez que o vício da incompetência absoluta acarreta a nulidade dos atos decisórios e torna a sentença passível de rescindibilidade (art. 64 e § 4º c/c art. 966, inciso II, do CPC).

O "*conflito de competência*" também revela uma forma de controle, na medida em que consubstancia um incidente em que vários juízos controvertem acerca da própria competência, cabendo a um órgão hierarquicamente superior indicar o juízo competente, fixando-lhe a atribuição para a causa. Assim, *v.g.*, se os juízos do município do Rio de Janeiro e de Teresópolis controvertem sobre qual deles deve ser o competente para a reunião de ações conexas, porque se atribuem, reciprocamente, a anterioridade da distribuição da ação, o tribunal competente para apreciar os recursos em relação àquela causa deve decidir e indicar qual dos dois deve prosseguir no processo e qual deve perder a competência em favor do outro.

Destarte, o conflito é decorrência do princípio de que cada órgão jurisdicional é juiz da própria competência pela adoção por parte do sistema nacional, do princípio germânico *Kompetenz-Kompetenz*,[95] necessário, porque a questão envolve pressuposto processual de validade, que é matéria conhecível de ofício. Assim, se cada juiz é "senhor de sua competência", o conflito pode surgir quando um magistrado pretende, através de suas razões, sobrepujar as razões do outro quanto ao tema da competência. Desta sorte, o juiz quando se declara competente nega a competência dos demais juízes e o que se declara incompetente afirma, por via reflexa, a competência de outro juízo.

Impõe-se observar que, para o surgimento do conflito, é preciso que haja no mínimo dois pronunciamentos jurisdicionais divergentes quanto à competência (art. 66 do CPC),[96] proferidos ou potencialmente enunciáveis.

O conflito de competência, como incidente do processo, tem, assim, como objeto a "questão da competência e suas regras", apresentando um "mérito eminentemente formal".

Assim, *v.g.*, se um juízo deprecado se recusa a cumprir uma diligência oriunda da carta precatória expedida ou o juízo inferior insurge-se contra a atividade processual determinada em carta de ordem, na essência não há conflito mas insurgência a ser superada através dos recursos próprios, posto não se colocar divergência quanto à competência. No mesmo diapasão, não há conflito quando um juízo remete os autos por impedimento em decorrência, *v.g.*, de parentesco.

Destarte, o conflito trava-se entre juízes que se atribuem ou renegam a própria competência, por provocação das partes, do Ministério Público ou *ex officio*.

O conflito, outrossim, pode se manifestar entre juízes do mesmo grau de jurisdição ou entre tribunais. Não pode haver conflito entre órgãos de diferente hierarquia da mesma estrutura judiciária. Assim, *v.g.*, não pode surgir conflito entre o juízo federal de primeiro grau e o tribunal que se lhe sobrepõe com competência de derrogação de suas decisões. Nesse seguimento, se o tribunal decidir o conflito, cessa a divergência entre os juízes de primeiro grau que devem subsumir-se à decisão por obediência hierárquico-funcional.

Destarte, o conflito, como incidente do processo, pressupõe relação processual em curso, razão pela qual não há o conflito se um dos juízos já proferiu decisão trânsita (Súmula nº 59 do STJ).

---

[95] O tema é mais amplamente versado em **Piero Calamandrei**, *Istituzioni di Diritto Processuale Civile Secondo il Nuovo Codice, Parte Seconda*, 1944, p. 155.

[96] **"Art. 66.** Há conflito de competência quando:

I – 2 (dois) ou mais juízes se declaram competentes;

II – 2 (dois) ou mais juízes se consideram incompetentes, atribuindo um ao outro a competência;

III – entre 2 (dois) ou mais juízes surge controvérsia acerca da reunião ou separação de processos."

Súmula nº 59 do STJ: "Não há conflito de competência se já existe sentença com trânsito em julgado, proferida por um dos juízos conflitantes".

O *conflito é positivo* (art. 66, I, do CPC) quando ambos os juízos se declaram competentes para funcionar no mesmo processo simultaneamente, *v.g.*, quando o juízo de família e o juízo cível afirmam-se simultaneamente competentes para julgar uma união estável. Nesta hipótese, ambos pretendem atuar no mesmo processo, por isso que o conflito é "positivo" cabendo ao tribunal regular a competência *in casu*. Aliás, para que surja o conflito positivo não é necessário que se declarem competentes, mas que ambos pratiquem atos no processo. Ainda a título de exemplo: se os juízos A e B consideram-se preventos para a "mesma causa" e se recusam a extinguir o feito que corre em seu juízo, mercê de ocorrente, *in casu*, a litispendência e não o conflito, terá prioridade aquele que recebeu a primeira ação distribuída (art. 59 e 240 do CPC). Admitindo ambos que tal ocorreu em seu juízo e, por isso, considerando-se competentes, darão ensejo ao conflito de competência *sui generis*. É que nesse caso, antes dessa declaração conflitante de ambos, o que havia era um problema de litispendência, que se transmudou em conflito positivo pela manifestação dos juízos.[97]

Diversamente, se no exemplo da união estável um juízo declinasse para o outro que também entendesse da sua incompetência, ou seja, se o juízo cível entrevisse de sua incompetência em razão de a união estável encerrar matéria de direito de família, e o juízo de família entendesse tratar-se de mera sociedade de fato, haveria "conflito negativo de competência" (art. 66, II, do CPC), ainda que calcado na premissa da categorização jurídica da relação em jogo.

Nessa hipótese, de conflito negativo malgrado o tribunal também deva fixar a competência de um deles, impõe-se que desde logo indique um dos juízos em conflito para a prática de atos processuais, haja vista que "ambos se recusam" a atuar no feito.[98] Ao revés, no *conflito positivo*, ambos os juízos "reivindicam competência".

A lei consagra uma subespécie de conflito que é o decorrente da divergência entre juízos quanto aquele que vai suportar a reunião das ações para julgamento simultâneo, bem como aquele que deve receber as ações separadas e que estavam unidas (art. 66, III, do CPC).

Nessa hipótese de conflito, pressupõe-se que um atribua ao outro essa competência para a reunião ou para receber a causa separada. Assim, se ambos se limitam a indicar um "terceiro juízo", ainda não terá havido conflito de competência. Entretanto, se esse "terceiro juízo" recusar a sua competência atribuindo-a a um dos dois, surgirá, imediatamente, o conflito.

Sob a estrita ótica *procedimental*, o conflito dá ensejo a um incidente regulado pelo CPC (arts. 66 e 951 a 959)[99] e pelos regimentos internos dos tribunais, cuja competência funcional para

---

[97] Acerca do tema, **Barbosa Moreira**, *Tema*, 1ª série.

[98] Daí **Jorge Americano** ter denominado o fenômeno de "renegação da competência".

[99] **"Art. 951.** O conflito de competência pode ser suscitado por qualquer das partes, pelo Ministério Público ou pelo juiz.

Parágrafo único. O Ministério Público somente será ouvido nos conflitos de competência relativos aos processos previstos no art. 178, mas terá qualidade de parte nos conflitos que suscitar.

Art. 952. Não pode suscitar conflito a parte que, no processo, arguiu incompetência relativa.

Parágrafo único. O conflito de competência não obsta, porém, a que a parte que não o arguiu suscite a incompetência.

Art. 953. O conflito será suscitado ao tribunal:

I – pelo juiz, por ofício;

II – pela parte e pelo Ministério Público, por petição.

Parágrafo único. O ofício e a petição serão instruídos com os documentos necessários à prova do conflito.

Art. 954. Após a distribuição, o relator determinará a oitiva dos juízes em conflito ou, se um deles for suscitante, apenas do suscitado.

Parágrafo único. No prazo designado pelo relator, incumbirá ao juiz ou aos juízes prestar as informações.

Art. 955. O relator poderá, de ofício ou a requerimento de qualquer das partes, determinar, quando o conflito for positivo, o sobrestamento do processo e, nesse caso, bem como no de conflito negativo, designará um dos juízes para resolver, em caráter provisório, as medidas urgentes.

Parágrafo único. O relator poderá julgar de plano o conflito de competência quando sua decisão se fundar em:

I – súmula do Supremo Tribunal Federal, do Superior Tribunal de Justiça ou do próprio tribunal;

o julgamento é do órgão *ad quem* ao qual estão sujeitos os recursos possíveis de interposição na causa. Assim, *v.g.*, se os recursos do caso concreto são endereçáveis ao Tribunal de Justiça, esse é o órgão competente para o julgamento do conflito de competência.

Suscitado o conflito pelo juízo, considerando a natureza pública da matéria envolvida, cabe ao tribunal decidi-lo, sendo incabível, em princípio, intervenção da parte, posto inexistir interesse privado em jogo.

O incidente do conflito é suspensivo, por isso que, nos casos urgentes, há designação de um dos órgãos que controvertem, para a prática dos atos processuais necessários (art. 955 do CPC).[100]

Podem suscitar o conflito o juiz, como evidente, e qualquer das partes, salvo aquela que já arguiu a incompetência por força do princípio que veda o *bis in idem* (arts. 951 e 952 do CPC).[101] A parte, mercê de não ter suscitado o conflito e o rito não preveja a sua oitiva, revelando interesse jurídico, pode intervir no incidente. Aliás, é pacífico na doutrina que a parte tem interesse e legitimidade para recorrer da decisão do conflito de competência e, *a fortiori*, pode intervir antes da decisão.

O Ministério Público, como parte ou como fiscal da lei, pode suscitá-lo e é sempre ouvido na instância *ad quem* (art. 951, parágrafo único, do CPC). Neste passo, cumpre distinguir o conflito suscitado pelo Ministério Público da sua intervenção como *custos legis*, hipótese em que propõe a solução através do seu parecer. Neste último caso, não há que se falar em conflito entre o Ministério Público e o Juízo, nem entre membros do *parquet* se acaso em seus juízos respectivos se manifestarem antagonicamente acerca da competência dos órgãos jurisdicionais em que atuam. O conflito entre membros do Ministério Público denomina-se de "atribuições" e, entre juízos, de "competência", sendo os primeiros de competência do Supremo Tribunal Federal.

O conflito é instrumentalizado através de *ofício*, quando suscitado pelo juiz, ou por *petição*, quando instaurado por ato da parte ou do Ministério Público, acompanhado dos documentos necessários e distribuído a um relator, que determinará a fala dos juízos em conflito (arts. 953 e 954 do CPC),[102] após o que apresentará o feito para julgamento, pronunciando-se o colegiado pela

---

II – tese firmada em julgamento de casos repetitivos ou em incidente de assunção de competência.

Art. 956. Decorrido o prazo designado pelo relator, será ouvido o Ministério Público, no prazo de 5 (cinco) dias, ainda que as informações não tenham sido prestadas, e, em seguida, o conflito irá a julgamento.

Art. 957. Ao decidir o conflito, o tribunal declarará qual o juízo competente, pronunciando-se também sobre a validade dos atos do juízo incompetente.

Parágrafo único. Os autos do processo em que se manifestou o conflito serão remetidos ao juiz declarado competente.

Art. 958. No conflito que envolva órgãos fracionários dos tribunais, desembargadores e juízes em exercício no tribunal, observar-se-á o que dispuser o regimento interno do tribunal.

Art. 959. O regimento interno do tribunal regulará o processo e o julgamento do conflito de atribuições entre autoridade judiciária e autoridade administrativa."

[100] "**Art. 955.** O relator poderá, de ofício, ou a requerimento de qualquer das partes, determinar, quando o conflito for positivo, o sobrestamento do processo e, nesse caso, bem como no de conflito negativo, designará um dos juízes para resolver, em caráter provisório, as medidas urgentes.

Parágrafo único. O relator poderá julgar de plano o conflito de competência quando sua decisão se fundar em:

I – súmula do Supremo Tribunal Federal, do Superior Tribunal de Justiça ou do próprio tribunal; (...)"

[101] "**Art. 951.** O conflito de competência pode ser suscitado por qualquer das partes, pelo Ministério Público ou pelo juiz.

Parágrafo único. O Ministério Público somente será ouvido nos conflitos de competência relativos aos processos previstos no art. 178, mas terá qualidade de parte nos conflitos que suscitar.

Art. 952. Não pode suscitar conflito a parte que, no processo, arguiu incompetência relativa.

Parágrafo único. O conflito de competência não obsta, porém, a que a parte que não o arguiu suscite a incompetência."

[102] "**Art. 953.** O conflito será suscitado ao presidente do tribunal:

I – pelo juiz, por ofício;

II – pela parte e pelo Ministério Público, por petição.

Parágrafo único. O ofício e a petição serão instruídos com os documentos necessários à prova do conflito.

fixação da competência de um dos juízos em conflito e pela nulidade dos atos decisórios a que se refere o art. 64, § 1º, do CPC (arts. 956 e 957 do CPC).[103]

Os juízos em conflito submetem-se ao decidido em razão da competência hierárquica dos tribunais. Entretanto, a parte ou o Ministério Público podem recorrer da decisão do conflito.

Afora o controle pelo "conflito", a *iniciativa da parte na verificação da competência* obedece a duplo regime conforme a competência seja absoluta ou relativa.

Na *incompetência absoluta*, malgrado possa o juiz conhecê-la de ofício, a parte deve argui-la na primeira oportunidade que dispõe para falar nos autos, que, em regra, é a da resposta, mas pode anteceder a esta, *v.g.*, na ação revisional de aluguel em que o réu, antes da contestação, integra o processo para oferecer contraproposta ou impugnação ao valor pretendido pelo autor; ou ainda na ação possessória com justificação de posse antecedente à defesa do demandado.

Outrossim, a gravidade do vício encartado na incompetência absoluta permite a sua alegação em "qualquer tempo e grau de jurisdição", o que não significa que ultrapasse mesmo o requisito do prequestionamento para os recursos aos Tribunais Superiores, como se tem decidido.

Destarte, a incompetência absoluta insere-se, dentre as preliminares da resposta, na categoria das "defesas dilatórias", como aquelas que não determinam a extinção do processo senão dilatam a relação processual, mas escapa ao princípio da preclusão e concentração da defesa, por força de norma expressa que permite ao réu, após a contestação, alegar matérias conhecíveis de ofício pelo juiz (art. 342, II, do CPC).[104]

Idêntica é a razão pela qual o vício supera a eficácia preclusiva do saneamento, encaixando-se na previsão do art. 485, § 3º, do CPC.

Art. 954. Após a distribuição, o relator determinará a oitiva dos juízes em conflito ou, se um deles for suscitante, apenas do suscitado.
Parágrafo único. No prazo designado pelo relator, incumbirá ao juiz ou juízes prestar as informações."

[103] **"Art. 956.** Decorrido o prazo designado pelo relator, será ouvido o Ministério Público, no prazo de 5 (cinco) dias, ainda que as informações não tenham sido prestadas; em seguida, o conflito irá a julgamento.
Art. 957. Ao decidir o conflito, o tribunal declarará qual o juízo competente, pronunciando-se também sobre a validade dos atos do juízo incompetente.
Parágrafo único. Os autos do processo, em que se manifestou o conflito, serão remetidos ao juiz declarado competente."

[104] **"Art. 342.** Depois da contestação, só é lícito ao réu deduzir novas alegações quando:
I – relativas a direito ou a fato superveniente;
II – competir ao juiz conhecer delas de ofício;
III – por expressa autorização legal, puderem ser formuladas em qualquer tempo e grau de jurisdição."

PARTE III
A AÇÃO

I

CONCEITO – NATUREZA JURÍDICA – ESPÉCIES[1]

1. CONCEITO DE AÇÃO

As noções de jurisdição e processo induzem à de ação. Isso porque o Estado, substituindo a solução privada, resolve os conflitos intersubjetivos, exercendo a jurisdição. Por seu turno, a jurisdição é prestada através do processo, que não é senão aquele conjunto de atos necessários praticados com o objetivo de obter a resposta judicial, respeitado o contraditório e o devido processo legal.

Destarte, como o Judiciário deve ser provocado para exercer sua função de dizer o Direito, o meio pelo qual a parte o concita a definir o litígio e dar razão a quem a tem é o exercício da ação. Promovida a ação, surge, para o Estado, o dever de prestar a jurisdição. Por essa razão, diz-se que a ação é um *direito* a que corresponde o *dever* de o Estado prestar jurisdição.[2]

Em nosso sistema processual, a ação é necessária ao exercício da jurisdição por força do princípio dispositivo enunciado no art. 2º do CPC: "O processo começa por iniciativa da parte e se desenvolve por impulso oficial, salvo as exceções previstas em lei".

Não obstante o conceito de ação como direito à jurisdição ser assentado tradicionalmente, não menos unívoco é o fato de que são múltiplas as acepções a que se empresta ao termo *ação*.

Olvidados os conceitos dos demais ramos da ciência jurídica, modernamente, fala-se em *ação de direito material e ação de direito processual*.[3]

A *ação de direito material* é aquela que "violado o direito, nasce para o titular a pretensão, a qual se extingue, pela prescrição, nos prazos a que aludem os arts. 205 e 206"[4] do Código Civil, isto é, havendo direito subjetivo, que é o poder de exigir, em abstrato, uma conduta alheia nos limites da lei, e, uma vez tornando-se exigível esse direito pela ocorrência do fato previsto na norma, transpondo o direito subjetivo ao estágio avançado de pretensão, e inocorrendo o cumprimento espontâneo, exsurge para o titular o direito de agir, de se satisfazer "praticamente", como previsto na lei, e independentemente da colaboração do obrigado.

Esse agir é que se denomina *ação de direito material*. Em essência, a ação de direito material é a autotutela que resta vedada na maioria dos sistemas jurídicos como epílogo de uma luta histórica secular, através da qual o Estado absorveu a prática da vingança privada substituindo-a pelo meio civilizado do monopólio da jurisdição.

---

[1] **Celso Agrícola Barbi**, *Comentários ao Código de Processo Civil*, vol. I; **Frederico Marques**, *Manual de Direito Processual Civil*, vol. I; **Cândido Dinamarco**, *Fundamentos do Direito Processual Civil*; **Amaral Santos**, *Principais Linhas*, vol. I.

[2] **Piero Calamandrei**, *Instituciones de Derecho Procesal Civil*, 1943, p. 143, afirmou com a sua genialidade de sempre: "Depois de examinar-se na 'jurisdição' o fenômeno do Estado que 'administra a justiça' é necessário que se examine o do cidadão que 'pede justiça', o que se faz através do estudo da ação".

[3] Magnífica exposição do tema encontra-se em **Ovídio A. Baptista da Silva**, *Curso de Processo Civil*, 1991, vol. I, p. 59-76, onde o autor, entre tantas outras conclusões, afirma: "a ação de direito material, longe de desaparecer ou ser substituída pela 'ação processual', simplesmente, verificado o monopólio da jurisdição, passou a ser exercida pelos órgãos estatais".

[4] *Vide* art. 189 do Código Civil.

180 | CURSO DE DIREITO PROCESSUAL CIVIL • *Luiz Fux*

Modernamente, esse atuar do sujeito da pretensão não se dirige mais à realização pelas suas próprias mãos daquilo que a ordem jurídica lhe confere, senão a exigir que o Estado, através da jurisdição, reconheça o dever jurídico violado e recomponha a sua situação tal como prevista na lei, realizando-o sob o prisma prático, tal como o faria o particular, não fosse vedada a autodefesa. Diz-se, então, que a ação de direito material passa para as mãos do Estado-juiz como meio de controle social.

Essa realização prática do direito violado pressupõe a investigação prévia do direito afirmado, que nem sempre se confirma em favor daquele que se diz titular do direito subjetivo e da pretensão. Entretanto, o processo franqueia as suas portas a todos aqueles que se afirmem titulares, muito embora essa mera afirmação possa não corresponder à realidade.

A *ação*, no âmbito *processual*, é o *agir no sentido de obter a tutela dos tribunais* e pressupõe um direito anterior de provocar o exercício da jurisdição, que é o *direito de acesso à justiça* o qual, uma vez exigível, se transmuda, também, em *pretensão de tutela jurídica*, ambos, hoje, constitucionalizados.[5]

Essa *pretensão de tutela jurídica exercida* exige que o Estado, para que dela se desincumba, exerça duas atividades: (1) a de *reconhecimento ou não do direito afirmado* (e para isso basta o exercício da ação processual); e (2) o de *satisfação da pretensão* (que pressupõe o acolhimento do pedido).

2. NATUREZA JURÍDICA

O *direito de agir*, isto é, o de provocar a prestação da tutela jurisdicional é conferido a toda pessoa física ou jurídica diante da lesão ou ameaça de lesão a direito individual ou coletivo e tem sua sede originária, conforme anteriormente visto, na própria Magna Carta.[6]

Por força desta projeção personalizada, caracteriza-se o direito de ação como *direito subjetivo público*. A *subjetividade* decorre de sua titularidade recair na pessoa natural ou jurídica. O próprio Estado, nas atividades que não são autoexecutáveis e, portanto, onde se veda a autodefesa estatal, recorre à intervenção judicial, gozando, também, desse direito, *v.g.*, nas desapropriações, na cobrança de impostos quando recusado o pagamento extrajudicial pelo obrigado, na aplicação da sanção penal por meio da ação criminal proposta pelo Ministério Público etc.[7]

A *natureza pública* do direito de agir decorre de sua regulação pelo Direito Público, ramo a que pertencem o Direito Constitucional e o Direito Processual, bem como do fato de encerrar uma relação travada entre uma pessoa natural ou jurídica e o Estado como protótipo de pessoa de Direito Público. Destarte, pública é a atividade jurisdicional que o direito de ação suscita.

Outra característica notável do direito de agir é sua *abstração*, no sentido de que todos podem exercê-lo, inclusive aqueles que ao final do processo verifica-se que não tinham a razão invocada. O manejo do direito de ação não reclama, de antemão, comprovar-se o direito alegado, porque a isso equivaleria inverter a ordem lógica das coisas. Exatamente porque às partes é vedado fazer justiça com as próprias mãos, é no processo que se vai definir quem tem razão, mas, até para ver rejeitada sua pretensão, por força do monopólio da jurisdição, é preciso ingressar em juízo, por isso que o

---

[5] Essa posição enciclopédica do tema "ação" foi denominada por **Victor Fairén Guillén**, como "uma encruzilhada primordial do campo do direito por onde passam conceitos de direito constitucional, direito processual, direito penal, direito civil, e até mesmo direito administrativo" (*Estudios de Derecho Procesal*, 1955, p. 64).

[6] A constitucionalização do direito de agir fê-lo ser considerado "emanação do *status civitatis*" na percuciente visão de **Frederico Marques**, *in Ensaio sobre a Jurisdição Voluntária*, 1959, p. 63-65. A novel Constituição o contempla no Título "Dos Direitos e Garantias Fundamentais", Capítulo "Dos Direitos e Deveres Individuais e Coletivos", art. 5º, inciso XXXV, *verbis*: "A lei não excluirá da apreciação do Poder Judiciário lesão ou ameaça da direito". A magnitude dessa faculdade jurídica é revelada na sua inserção na Declaração Universal dos Direitos do Homem, elaborada pelas Nações Unidas no art. 8º, que assim dispõe: "Everyone has the right to an effective remedy by the competent national tribunals for acts violating the fundamental rights garanted him by the Constitution or by the law".

[7] A ação é um direito abstrato, de natureza pública, que pertence ao indivíduo, *uti civis*, e ao próprio Estado como Administração (**Marco Tullio Zanzucchi**, *Diritto Processuale Civile*, 1946, vol. I, p. 49).

Parte III • I – CONCEITO – NATUREZA JURÍDICA – ESPÉCIES | **181**

fato de o autor ter exercido o direito de ação não significa que, pela sua iniciativa, ele tenha razão. A abstração autoriza mesmo aqueles que, na essência, não têm razão ao ingressarem em juízo. É que o poder de iniciativa não encerra uma vitória antecipada pelo simples fato da propositura da ação. Forçoso convir que, quem ingressa em juízo faz jus a um pronunciamento que pode ser favorável ou não à pretensão deduzida. Essa possibilidade de ingressar em juízo independentemente do resultado que se vai obter é que caracteriza o direito de agir como *abstrato.*[8]

O direito de ação, por seu turno, é *autônomo* em relação ao direito subjetivo material e à pretensão.

O descortinar dessa característica da autonomia do direito de agir é responsável pelo surgimento dos estudos mais profícuos acerca dos institutos do processo, tão importantes em significação quanto a constatação da natureza jurídica do processo como relação processual, atribuída a Büllow nos idos de 1868, repisando ideias pretéritas de Bentham-Holweg.

Na sua origem romana, a ação era considerada uma fase do próprio direito subjetivo material, reagindo à sua violação, daí Celso ter afirmado que a ação não era senão o *ius persequendi in iudicio quod sibi debeatur,* isto é, *o direito de perseguir em juízo aquilo que nos é devido.* Assim, se em juízo se concluísse pela inexistência do direito alegado e perseguido, automaticamente considerava-se negado o direito de ação como consectário da negativa do direito material.

Esta foi a ideia que durante muitos anos imperou sob a égide da pioneira escola procedimentalista francesa. A equiparação do direito material ao direito de ação fez tornar essa teoria conhecida como *imanentista* ou *civilista,* por força da aderência do direito de ação ao direito subjetivo material, conferindo àquele um tratamento privado.

Tributa-se a uma famosa polêmica acerca do sistema de ações do Direito romano, travada entre dois grandes tratadistas dos textos romanos, os pandectistas germânicos – Windscheid e Mutter – o pioneirismo da discussão sobre a autonomia do *direito de agir.*

Segundo Windscheid, o Direito romano era composto por um sistema de ações e não um sistema de direitos, revelando-se ambos um só sistema, aproximando-se a *actio* da *pretensão.* Em contrapartida, na visão de Mutter, o direito de agir era diverso do direito lesado, quer pelos sujeitos quer pelo objeto. Reforçou sobremodo a distinção entre o direito de agir e o direito lesado ou ameaçado de lesão, vinculado a toda ação processualmente exercida, a aparição da obra de Adolf Wach acerca da ação declaratória negativa. O referido autor, calcado em inovação inserida na ordenação processual alemã de 1877 prevendo a ação declaratória para "declaração da existência e inexistência da relação jurídica" (§ 256 da ZPO) evidenciou que, se havia *actio* para declarar inexistente o próprio direito material, decerto não se poderia considerar a ação como o direito de perseguir "o devido" em juízo, já que, na nova categoria de ação, o que se pedia era exatamente a definição judicial de que "não havia direito devido".[9] Aliás, se o direito de ação estivesse realmente eclipsado no direito material, não se poderia justificar a *improcedência do pedido ou da ação*; como coloquialmente se afirma, já que para chegar-se a esse resultado é mister provocar o Judiciário através, exatamente, do exercício da ação.

A *ação* é, assim, o instrumento de que se vale o titular do direito subjetivo material para ver julgada a sua pretensão, sendo certo que o conteúdo do julgamento refoge ao seu âmbito, visto revelar-se num *direito ao meio e não ao fim em si mesmo.*[10]

---

[8] A abstração do direito de agir é "o reflexo do princípio do monopólio da justiça pelo Estado" no dizer de **Luigi Monacciani**, *Azione e Legitimazione,* 1951, p. 87. Para **Crisanto Mandrioli**, a abstração do direito de agir significa desnecessidade, para que ele exista, de que o direito subjetivo seja reconhecido como existente (*L'Azione Esecutiva,* 1955, p. 239).

[9] A obra de **Wach** é de 1888 e intitulada *La Pretension de Déclaration.* Segundo **Eduardo Couture**, a partir do estudo de Wach, o direito de ação ganhou a autonomia merecida, desvinculando-se da concepção civilística e imanentista que a fazia elemento do direito subjetivo material (*Fundamentos do Direito Processual Civil,* 1946, p. 30).

[10] **Enrico Tullio Liebman** "L'Azione nella Teoria del Processo Civile", *Rivista Trimestrale di Diritto e Procedura Civile,* 1950, p. 47-71.

182 | CURSO DE DIREITO PROCESSUAL CIVIL • *Luiz Fux*

A razão desta imaginada amálgama entre duas realidades distintas (ação e direito material) decorre do fato de que *o direito de agir está sempre ligado a uma situação concreta* que motiva a intervenção judicial. Entretanto, essa conexão com uma situação jurídico-material, antes de equiparar coisas distintas, serve a uma outra característica do direito de ação em relação ao direito material que é a sua *instrumentalidade*. A ação é instrumental, é um *direito a serviço de outro direito* que é o de natureza material, lesado ou ameaçado de lesão. O direito de ação veicula essa situação material à apreciação do Judiciário *independentemente do resultado* que se possa obter. É *instrumental* porque provoca o julgamento da pretensão mas não a torna efetiva de imediato, tanto mais que a jurisdição não se presta instantaneamente. Essa autonomia do direito de agir em confronto com o direito material e a pretensão é confirmada pela *diversidade de sujeitos e de conteúdo*. No "direito de ação, o sujeito passivo é o Estado e o conteúdo é a atividade jurisdicional, enquanto na relação material, os sujeitos podem ser diversos e o conteúdo é uma prestação ou conduta de caráter substancial".[11]

A referida autonomia foi reafirmada num dos mais expressivos estudos de Chiovenda, processualista de singular genialidade conhecida como a *prolusione* do mestre italiano, enunciada na Universidade de Bolonha, em 3 de fevereiro de 1903, intitulada *"L'Azione nel Sistema dei Diritti"*, onde revelou que a ação era um direito derivado do direito material violado, exercitável perante o órgão jurisdicional, para que o Estado atuasse a *vontade da lei*, à míngua do cumprimento espontâneo pelo obrigado. Ele assentava que havia direitos a uma prestação dos quais o obrigado se desincumbia, cumprindo-os. Entretanto, verificada a violação e diante da impossibilidade de se atuar *manu militari* a vontade da lei, surgia um novo direito de obter essa atuação por obra do Estado e que, uma vez exercido para esse fim, sujeitava o adversário que dele não se podia desvencilhar pelo cumprimento.

Por essa razão, sustentava o mestre peninsular que o exercício desse direito implicava em *sujeição* da parte contrária. O seu raciocínio era conclusivo ao afirmar que essa espécie de direito em que o titular fazia com que outrem se submetesse à sua vontade mediante ato unilateral de exercício não podia ser lesado, não havia contraprestação, senão sujeição, posto encerrar um *poder*, denominado "potestativo". Esse poder era o de provocar os tribunais para atuação da vontade concreta da lei.

A partir da lição de Chiovenda, além de "abstrato e autônomo", passou-se a conceber o direito de ação, também, como *"direito potestativo"*.

O equívoco de Chiovenda, em que também incidiu Wach, foi atribuir esse poder apenas ao *titular do direito*, retirando com a mão esquerda a autonomia que parecia ter conferido com a direita. Essa conclusão última fez com que a doutrina atribuísse a renomados doutrinadores a condição de precursores da *teoria concreta do direito de agir* em contraposição à teoria abstrata, de maior aceitação. Apontam-se como seus seguidores os gênios de Carnelutti, Degenkolb, Plosz, José Alberto dos Reis, Ugo Rocco, Jaime Guasp, Eduardo Couture, Enrico Tullio Liebman, Alfredo Buzaid, Frederico Marques, Luís Eulálio de Bueno Vidigal e Lopes da Costa dentre outros de uma geração mais remota de processualistas famosos.

O Direito brasileiro pode-se dizer eclético no tema, muito embora inegável a adoção, pelos nossos códigos de processo, da *autonomia e abstração do direito de ação*, opção teórica alcançada por caminhos um pouco diversos.

O nosso CPC restou influenciado pela doutrina eclética de Liebman, considerado o fundador da escola de direito processual civil brasileira quando do seu exílio em território brasileiro, precisamente em São Paulo, exilando-se da perseguição nazista.

Consoante a posição do eminente doutrinador, o direito de ação não significava o simples direito de acesso aos tribunais de forma incondicionada; por isso, esse poder de provocar a jurisdição ele denominava *direito de petição*, de cunho nitidamente constitucional. O mestre italiano ressaltava que, ao lado deste, havia o direito de ação, abstrato, autônomo, mas exercitável no afã de obter-se uma *decisão de mérito* e somente com a resposta acerca da questão de fundo é que se poderia considerar existente e efetivo o direito de agir. Destarte, para que o autor obtivesse essa

---

[11]   Essa distinção é devida a **Jaime Guasp**, *Comentarios a la Ley de Enjuiciamiento Civil*, 1943, p. 332.

decisão de mérito, ele deveria preencher certos requisitos aos quais denominou de *condições da ação*. Observa-se, assim, que a doutrina de Liebman situava-se numa faixa intermediária entre o concretismo que exigia existência do direito alegado para entrever-se a existência da ação e o abstrativismo puro, segundo o qual o exercício do direito de agir poderia mesmo incorrer em abusos porque incondicional e franqueado a qualquer cidadão como decorrência de seu *status civitatis*.

As *condições da ação* figuram, assim, na concepção de Liebman, como anteparo ao exercício abusivo do direito de agir. Uma vez não preenchidas, exoneram o juiz de apreciar o *meritum causae*, autorizando-o a proferir uma decisão meramente formal, reconhecendo ter faltado ao autor aquelas mínimas condições para receber uma resposta sobre a questão de fundo, daí a denominação desse fenômeno da falta das condições da ação de *"carência de ação"*.

A verificação da presença das *condições da ação*, como evidente, faz-se preliminarmente ao julgamento da pretensão. Insustentável, por isso, a doutrina *concretista* que, seguindo a sua linha de coerência, considera as *condições da ação* como requisitos indispensáveis à obtenção de uma decisão favorável.[12]

O CPC, fiel à doutrina de Liebman, erigiu as "condições da ação" como questões distintas e obstativas da análise do mérito; por isso, o art. 485, VI, do CPC dispõe que o juiz não resolverá o mérito quando: verificar ausência de legitimidade ou de interesse processual. Entretanto, preenchidas as condições e fazendo jus ao pronunciamento do mérito, o autor pode obter o acolhimento ou a rejeição do seu pedido (art. 487, I, do CPC).

Cabe aqui fazer uma advertência. Ainda que não haja a menção expressa ao termo "condições da ação" no CPC/2015, não há que se falar em desaparecimento desta categoria. As condições da ação constituem pilar fundamental da processualística brasileira e se relacionam, como preconizado por Liebman, a uma limitação do direito de agir, para além da análise das questões ventiladas na inicial. Deve-se reconhecer que, como efeito prático, seu exame se assemelha ao juízo de admissibilidade e sua carência gera a extinção do feito sem a resolução do mérito. Contudo, é mister salientar a importância de, mantidas as condições da ação, realizar um controle prévio ao direito de ação daquele que, erroneamente, se lança ao Judiciário.

Consequentemente, o implemento das *condições da ação* revela apenas que o autor faz jus ao pronunciamento do mérito, que lhe pode ser favorável ou não.

Finalmente, não se poderia concluir esse tópico sem uma moderna visão do concretismo e do abstrativismo à luz do decantado *princípio da efetividade*, ótica moderna que tem influenciado os doutrinadores e determinado um repensar sobre os aforismos de outrora.

Um deles diz respeito ao tema "direito material e a ação que o assegura". Não obstante se tenham isolado essas duas realidades para lhes reconhecer cientificamente vida própria, esse distanciamento não pode conduzir o estudioso a imaginar um *sistema de processo* isolado do *sistema de direitos*, máxime porque inegável o caráter instrumental daquele.

A realidade é que a emancipação científica do processo em contraste com os demais ramos de direito, notadamente o do direito material, acarretou um indesejável *apartheid* entre essas duas realidades, de tal forma que os direitos materiais passaram a ser persequíveis em juízo através de instrumentos inadequados, incapazes de conceder ao titular aquele *minus* esperado de uma ordem jurídica que veda a autotutela.

Esse nível de insatisfação quanto às formas usuais de tutela jurisdicional conduziu a doutrina moderna a questionar se efetivamente a todo direito corresponde uma ação qualquer que o assegura ou se essa ação deve ser adequada à luz da pretensão invocada. A inadaptação dessa realidade normativa aos reclamos práticos conclamou a doutrina a requestionar o alcance do *acesso à justiça* erigido à eminência de princípio constitucional. Pode-se afirmar que as conclusões aqui e alhures voltaram-se contra a impossibilidade de atender-se o direito material violado através de formas únicas e dissociadas da realidade prática do caso *sub judice*. Hodiernamente interpreta-se

---

[12] Essa posição encontra-se em **Chiovenda**, *Instituições*, vol. I, p. 109. A ela se opõe a doutrina de **Liebman**, *L' Azione*, cit., p. 65.

184 | CURSO DE DIREITO PROCESSUAL CIVIL • *Luiz Fux*

a garantia constitucional do art. 5º, inciso XXXV,[13] da Constituição com a sua explicitação infraconstitucional do art. 189 do Código Civil, como a necessidade de contemplar-se o autor com uma *ação adequada* a assegurar justa solução ao direito violado ou ameaçado de lesão em prol do prestígio que a ordem jurídica e o aparelho judicial devem merecer do jurisdicionado, interditado na sua faculdade humana de autodefesa.

Em suma, a moderna concepção do *direito de agir* sob o ângulo processual exige que a todo direito corresponda uma *ação adequada que o assegure*, sem que isto implique em retorno ao imanentismo, ao concretismo ou à origem civilista da *actio* romana.[14]

3. CLASSIFICAÇÃO DAS AÇÕES

A classificação das ações encontra ao longo da doutrina multifárias dicotomizações.

Originariamente, pela concepção civilista da ação, considerada esta como um aspecto do próprio direito subjetivo violado ou ameaçado, classificavam-se as ações segundo a natureza do direito objeto do próprio pedido. Nesse sentido, aduzia-se à *ação pessoal, ação real, ação mobiliária, ação imobiliária, ação petitória, ação possessória* etc. Por seu turno, a doutrina "procedimentalista", fundindo conceitos de processo e procedimento, classificava as ações como *ação ordinária, ação sumária, ação sumaríssima, ação especial* e *ação executiva*. Outros critérios ainda incluíam a classificação consoante alguns aspectos processuais das ações como ocorria com as *ações acessórias, ações preventivas* e *ações conexas*.

A nossa legislação processual, muito embora tenha procurado seguir a melhor técnica, ainda guarda fidelidade com algumas dessas classificações como se pode observar no capítulo referente aos *procedimentos especiais*, no qual o legislador processual os denomina conforme a natureza da pretensão de direito material. Assim é que, naquela parte do diploma processual, estão previstas as *ações possessórias*, a *ação de exigir de contas*, a *ação de consignação em pagamento* etc.

Entretanto, não se podem negar as inúmeras repercussões processuais que apresentam as ações conforme a natureza da pretensão, razão pela qual essa modalidade de classificação deve ser mantida, ainda que represente a última resistência dos imanentistas num cenário autônomo e independente do direito processual.[15-16]

Modernamente, entretanto, algumas dessas classificações devem ser abandonadas. É que não mais se justifica a fusão de noções tão límpidas para o processualista de hoje, gerando classificações, *v.g.*, entre ações *ordinárias* ou *sumaríssimas*, porque isso representa uma característica do "procedimento". Desta sorte, sumaríssimo, especial ou comum é o procedimento e não a ação que sob a sua forma se desenvolve.

Tecnicamente, a "dicotomização processual pura" leva em consideração a natureza da prestação jurisdicional invocada, classificando as ações em: *ação de conhecimento e ação de execução*. No grupo das *ações de cognição*, geradoras de uma *sentença de definição de direitos*, incluem-se como subespécies do gênero as *ações declaratórias, constitutivas, condenatórias, executivas lato sensu* e *mandamentais*. As referidas ações, quando *acolhidas*, produzem sentenças da mesma natureza. Assim, a sentença de procedência de um pedido declaratório tem natureza declaratória e assim por

---

[13] **"Art. 5º** Todos são iguais perante a lei, sem distinção de qualquer natureza, garantindo-se aos brasileiros e aos estrangeiros residentes no País a inviolabilidade do direito à vida, à liberdade, à igualdade, à segurança e à propriedade, nos termos seguintes:

XXXV – a lei não excluirá da apreciação do Poder Judiciário lesão ou ameaça a direito."

[14] Encontra-se no direito alienígena manifestações específicas sobre o tema como, *v.g.*, **Proto Pisani**, "I Rapporti fra Diritto Sostanziale e Processo", *in Appunti sulla Giustizia Civile*, p. 11-12 e 42-44. **Barbosa Moreira** já acenava para o tema *in foco* nos seus *Temas de Direito Processual*, 1ª série, "Tutela Sancionatória e Tutela Preventiva", p. 22. Recentemente **José Roberto dos Santos Bedaque**, *Direito e Processo (Influência do Direito Material sobre o Processo)*, São Paulo, 1995.

[15] Nesse sentido **Frederico Marques**, *Instituições*, vol. II, cit., p. 44.

[16] Consulte-se **Pontes de Miranda**, *Comentários ao Código de Processo Civil*, 1947, vol. I, p. 94.

Parte III • I – CONCEITO – NATUREZA JURÍDICA – ESPÉCIES | **185**

diante. Consectariamente, o significado desta classificação eminentemente processual das ações está intimamente vinculado ao correspondente conteúdo das sentenças.

4. AS SENTENÇAS E A CLASSIFICAÇÃO DAS AÇÕES

As sentenças terminativas, posto que não resolvem o mérito, apresentam um caráter eminentemente formal. As sentenças definitivas de improcedência, por seu turno, revelam um provimento declaratório-negativo posto reconhecerem a inexistência do direito material "alegado" pelo autor (*absolutio ab actione*). Destarte, mesmo que *a sentença de improcedência* verse sobre "pedido de declaração de inexistência de relação jurídica" ela será declaratório-negativa, porquanto não obstante tenha afirmado a existência do direito material, *rejeitou a pretensão formulada*.

As sentenças de procedência, na medida em que acolhem a pretensão deduzida, têm a mesma natureza do pedido que contemplam, até porque a ele se adstringe o juiz como observamos precedentemente.

Assim, se o pedido da parte é declaratório e a sentença o acolhe, a mesma apresenta esta natureza também; se o pedido é condenatório, condenatória será a sentença que o acolher e assim por diante. Por isso que a doutrina classifica a sentença "de acordo com a ação de que provém".

Nesse segmento, as sentenças podem ser *condenatórias, declaratórias e constitutivas*.

As sentenças declaratórias afirmam a existência ou inexistência de uma relação jurídica como objeto principal ou incidental de um processo, conferindo a *certeza jurídica* almejada pela parte por meio de decisão judicial. É que o estado de *incerteza jurídica* é significativo para a ordem jurídica, uma vez que somente o Judiciário, com a energia da coisa julgada emprestada às suas decisões, pode dissipar esses estados de dúvida, fazendo prevalecê-lo sobre as aspirações das partes. Uma parte, como evidente, não pode impor à outra que se submeta à sua concepção acerca de determinada "relação jurídica". Exsurgindo essa incerteza *objetiva* pela contestação inequívoca de um interessado em face de outro, cabe ao Judiciário intermediar esse *conflito* declarando a quem pertence a razão, explicitando a essência e a titularidade da relação jurídica controvertida. Assim, se A nega o dever de indenizar exigido por B, cabe ao Judiciário declarar sobre a existência ou inexistência dessa relação de crédito e débito decorrente de ilícito. A certeza jurídica advirá da sentença declaratória com a sua autoridade estatal. Desta sorte, negar a existência ou afirmar existente a relação pode por si só configurar uma lesão, mercê de caracterizar uma *lide* cuja solução é de interesse imediato do Estado no afã de manter a paz e a ordem.

À possibilidade de emergirem de uma relação jurídica outras duvidosas obrigações, recomenda que se afirme a sua existência por ora e para sempre no curso do processo ou como pretensão autônoma, dando ensejo às ações declaratórias autônomas (arts. 19 e 20 do CPC).[17]

As sentenças declaratórias e as sentenças condenatórias que as contêm reconhecem com efeito retro-operante o direito do vencedor e por isso têm efeitos *ex tunc*. Elas não criam situações novas como as constitutivas senão as reconhecem.

As sentenças condenatórias procedentes, oriundas das ações da mesma natureza, impõem ao vencido a obrigação de realizar determinada prestação reconhecida em prol do vencedor. Na sentença, o juiz exorta a que a parte vencida cumpra a obrigação sob pena de realizá-la compulsoriamente através de atos estatais, às custas do patrimônio do devedor, sem prejuízo da utilização de todos os meios capazes de convencê-la ao cumprimento do julgado, como soem ser os meios de coerção, *v.g.*, a multa diária ou até mesmo a ameaça de privação de liberdade, como ocorre nas obrigações de pagar alimentos.

---

[17] **"Art. 19**. O interesse do autor pode limitar-se à declaração:
I – da existência, da inexistência ou do modo de ser de uma relação jurídica;
II – da autenticidade ou da falsidade de documento.
Art. 20. É admissível a ação meramente declaratória, ainda que tenha ocorrido a violação do direito."

186 CURSO DE DIREITO PROCESSUAL CIVIL • *Luiz Fux*

A forma de satisfação do vencedor por obra do Estado denomina-se *tutela satisfativa*, realizável através do cumprimento do julgado, cujo procedimento varia de acordo com a natureza da obrigação. Assim é que, se a condenação é ao pagamento de quantia certa, e o cumprimento por execução obedecerá ao procedimento que ostenta o mesmo *nomen juris*: *execução por quantia certa*; se a condenação é à entrega de determinada coisa, o Estado coloca à disposição do vencedor o cumprimento *para a entrega de coisa* e se a condenação impôs ao vencido um fazer ou não fazer, confere-se ao litigante vitorioso para a hipótese de inadimplemento do julgado a *efetivação das condenações de fazer e não fazer*.

Observa-se, assim, que a sentença condenatória bem como a que reconhece a existência de uma obrigação (arts. 513 e 515, I)[18] são, por excelência, *títulos executivos judiciais* na medida em que fundamentam o cumprimento por execução. Este complementa a condenação e lhe dá vida, tornando realidade prática o comando contido na sentença. Não houvesse a execução, o cumprimento do julgado dependeria da boa vontade do vencido. A execução realça o aspecto autoritário-judicial da condenação.

Entretanto, a realidade da praxe forense indicava que as sentenças condenatórias representavam as formas judiciais mais imperfeitas no aspecto do binômio aspiração-satisfação do jurisdicionado. Ideal seria que a palavra do Judiciário fosse cumprida de imediato ou espontaneamente ou por obra do Estado. O litigante vencedor, após obter a definição judicial através do processo de cognição com a condenação do vencido, ainda devia percorrer uma verdadeira e segunda *via crucis*, na qual tentaria tornar realidade aquilo que constava da norma concreta expedida pelo juiz. A imperfeição, que se constata, não se observava nas demais formas de tutela jurisdicional (constitutivas e declaratórias), nas quais a decisão judicial opera plena eficácia após transitada em julgado, fazendo prescindir qualquer outra atividade complementar jurisdicional.

Apresentada a classificação tradicional em sentenças declaratórias, constitutivas e condenatórias, cabe expor dois outros tipos de sentença que a doutrina construiu ao longo do tempo, mas que, ao nosso ver, não parecem se configurar enquanto tipos autônomos. É o caso das sentenças autoexecutivas e das sentenças mandamentais.

Tecnicamente, a falha que se observava nas decisões condenatórias era exatamente a impossibilidade de torná-las *efetivas* na própria relação processual em que foram proferidas, ou seja, o juiz da condenação não era o juiz da execução. Essa era a regra. Nova relação processual se inaugurava após a condenação, quando o ideal seria a imediata efetivação do julgado sem intervalo, à semelhança de condenações que dispensam a instância executiva para se efetivarem. Diz-se, nessas hipóteses, que as sentenças são a um só tempo condenatórias e executivas ou *executivas lato senso*. É o que se opera com as sentenças concessivas de despejo cuja eficácia se realiza na própria relação de conhecimento sem necessidade de processo próprio de execução de sentença. No mesmo sentido, a sentença que condena o réu a emitir declaração de vontade (art. 501)[19] e as decisões dos arts. 497 e 498 do CPC.[20] Em boa hora, o legislador, encartando o cumprimento da sentença, alterou radicalmente esse panorama, transformando as sentenças proferidas no processo de cognição, autoexecutáveis, como veremos no capítulo próprio.

---

[18] **"Art. 515**. São títulos executivos judiciais, cujo cumprimento dar-se-á de acordo com os artigos previstos neste Título: I – as decisões proferidas no processo civil que reconheçam a exigibilidade de obrigação de pagar quantia, de fazer, de não fazer ou de entregar coisa (...)."

[19] **"Art. 501**. Na ação que tenha por objeto a emissão de declaração de vontade, a sentença que julgar procedente o pedido, uma vez transitada em julgado, produzirá todos os efeitos da declaração não emitida."

[20] **"Art. 497**. Na ação que tenha por objeto a prestação de fazer ou de não fazer, o juiz, se procedente o pedido, concederá a tutela específica ou determinará providências que assegurem a obtenção de tutela pelo resultado prático equivalente.

Parágrafo único. Para a concessão da tutela específica destinada a inibir a prática, a reiteração ou a continuação de um ilícito, ou a sua remoção, é irrelevante a demonstração da ocorrência de dano ou da existência de culpa ou dolo.

Art. 498. Na ação que tenha por objeto a entrega de coisa, o juiz, ao conceder a tutela específica, fixará o prazo para o cumprimento da obrigação."

Deveras, modernamente, há uma espécie de sentença, reconhecida por força do "tão decantado" princípio da efetividade, cuja eficácia confina em parte com as sentenças condenatórias, com o *plus* de que não se limitam a exortar o cumprimento do julgado sob pena de execução posterior senão ordenam o cumprimento do que dispõem. Denominam-se as mesmas de sentenças *mandamentais* que, ante o seu descumprimento, acenam ao destinatário com o delito de desobediência, criminalizando o comportamento omissivo diante da ordem judicial, sem prejuízo dos meios de coerção que a acompanham para fins de atingimento daquilo que a decisão judicial ordena. Assim, são as sentenças emergentes das ações mandamentais como o mandado de segurança, as cautelares constritivas de bens e restritivas de direitos bem como as decisões de antecipação de tutela com as características da restrição e constrição e as decisões em geral por força do art. 77, inciso IV, do CPC.[21]

Destarte, as sentenças condenatórias, previamente à imposição da prestação ao vencido, declaram a existência do direito do vencedor à obtenção daquela prestação que ela consagra, por isso que o provimento condenatório traz em si uma declaração, o que implica concluir que toda sentença condenatória é também declaratória, não sendo verdadeira a recíproca; isto é: nem toda sentença declaratória é condenatória, salvo na parte relativa à sucumbência, cujo capítulo é sempre de reconhecimento do dever ao pagamento das custas e honorários.

Essa é a razão pela qual o art. 20 do CPC[22] admite a simples declaração quando possível a propositura imediata da ação condenatória. É que, uma vez proposta a ação condenatória, não há mais interesse de agir na mera declaração já que esta se encontra embutida no pedido de condenação. Entretanto, nada impede a propositura originária da ação meramente declaratória, ainda que mais tarde a parte pretenda promover a condenação para fixação de um *an debeatur* e um *quantum debeatur*.

Fenômeno análogo reveste a sentença condenatória criminal, considerada pelo legislador processual civil como *título executivo judicial* em razão de conter declaração que torna certa a obrigação de reparar o dano *ex delicto* bastando à parte apurar o *quantum debeatur* em processo de liquidação para iniciar a execução, conforme o art. 387, IV, do CPP.[23]

---

[21] **"Art. 77**. Além de outros previstos neste Código, são deveres das partes, de seus procuradores e de todos aqueles que de qualquer forma participem do processo: (...) IV – cumprir com exatidão as decisões jurisdicionais, de natureza provisória ou final, e não criar embaraços à sua efetivação (...)."

[22] **"Art. 20**. É admissível a ação meramente declaratória, ainda que tenha ocorrido a violação do direito."

[23] **"Art. 387**. O juiz, ao proferir sentença condenatória: (...) IV – fixará valor mínimo para reparação dos danos causados pela infração, considerando os prejuízos sofridos pelo ofendido."

II
CONDIÇÕES DA AÇÃO[1]

1. GENERALIDADES

O direito de agir em juízo, independentemente do resultado que a parte possa obter, sujeita-se a uma necessária disciplina tendente a afastar o abuso no demandar, impondo-se ao autor, que pretenda obter uma resposta sobre o seu pedido, o preenchimento de requisitos, denominados condições da ação.

As *condições da ação* representam esses requisitos que o autor deve preencher para obter uma resolução de mérito, conforme se colhe do disposto no inciso VI do art. 485 do CPC,[2] que positivou a teoria abstrata do direito de agir. As *condições da ação* como curial, não estão ligadas diretamente ao mérito. Isso porque a questão sobre se a parte tem ou não o direito afirmado pertine ao mérito da causa. Assim, *v.g.*, ao ângulo da legitimação, se A afirma-se locatário e imputa ao locador a recusa em receber o aluguel, pela simples *narratio* da sua petição, verifica-se a sua legitimidade, porquanto o inquilino é parte legítima para propor ação de consignação de aluguéis em face do senhorio. Entretanto, a apuração vertical sobre se houve ou não a recusa efetiva capaz de fazer-se acolher o pedido de depósito judicial é indagação que se situa no âmbito do mérito, da procedência do pedido.

Conseguintemente, afirma-se que as *condições da ação* consistentes na *legitimidade das partes* e no *interesse de agir* são analisadas *in abstrato* (*vera sint exposita*). Assim, a pergunta que se põe ao magistrado é a seguinte: considerando-se verdadeiro o afirmado na inicial, o processo está sendo travado entre as pessoas certas?[3] Há necessidade de intervenção judicial?[4] Essas respostas indicam se o autor preenche as condições da ação, independentemente de se saber se tem fundamento ou não a pretensão deduzida em juízo. Em verdade, "ter direito é condição de procedência". Assim, o direito de agir é um *direito instrumental ao meio e não ao fim*, que é a justiça.

Interessante debate encartado no advento do CPC/2015 diz respeito à possibilidade jurídica do pedido, antes vista como uma das condições da ação. A redação do inciso VI do art. 485, não por acaso, a excluiu desse rol das condições. A verificação da admissibilidade do pedido pelo ordena-

---

[1] **Egas Moniz de Aragão**, *Comentários ao Código de Processo Civil*, vol. III; **Barroso Morins**, *O Novo Processo Civil Brasileiro*, **Ovídio Baptista**, *Curso*, vol. I.

[2] "**Art. 485**. O juiz não resolverá o mérito quando:
(...)
VI – verificar a ausência de legitimidade ou de interesse processual."

[3] A *legitimatio ad causam*, na feliz síntese de **Alfredo Buzaid**, é "a pertinência subjetiva da ação" (*Do Agravo de Petição no Sistema do Código de Processo Civil*, 1956, p. 89).

[4] **René Morel** sintetizava o interesse processual ao afirmar que "a jurisdição não é função que possa ser movimentada sem que exista motivo" (*Traité Elémentaire de Procedure Civile*, 1952, p. 40), "... acaso a lesão ou ameaça de lesão não se verificou ainda (...) falece interesse de agir." Assim, **Liebman**, *Corso di Diritto Processuale Civile*, 1952, p. 49.

mento jurídico vigente, portanto, não é mais vista como condicionante ao direito de ação.[5] Embora, em um primeiro olhar, a alteração parece prolongar demasiadamente um processo infrutífero com pedido impossível, a justificativa para a alteração se respalda, justamente, na eficiência processual.

De nada basta extinguir sem resolução do mérito um processo que visa tão somente abarrotar o Judiciário e facultar ao autor o ajuizamento de ação idêntica em seguida. Analogamente, a única forma de derrotar a Hidra de Lerna é, após ceifar cada uma de suas cabeças, queimá-la para que não se regenere. Entendeu-se, dessa forma, que a extinção com resolução de mérito do processo com pedido impossível era o meio que melhor atendia aos anseios da lógica processual. Desse modo, indubitável que a possibilidade jurídica do pedido é matéria de mérito do processo, como reconhece a jurisprudência.[6]

Os exemplos de impossibilidade jurídica do pedido permitiam concluir que não basta a previsão da pretensão que se pretende exercer em juízo no ordenamento, mas, antes, que não se encontre "vetada" pela ordem jurídica. Assim, é evidente que se o pedido está previsto em lei, é porque não é proibido. Entretanto, ainda que não encartado na ordem legal, por ausência de previsão, nem por isso se pode considerar impossível um pedido, tanto mais que o legislador, nessa matéria, vale-se do *princípio da liberdade jurídica*, segundo o qual é lícito pleitear onde não há vedação. Não poderia mesmo o legislador imaginar todas as soluções alvitradas pelas partes, por isso que a previsão dos pedidos possíveis é "em branco".

O parâmetro judicial tem como regra a inafastabilidade da tutela jurisdicional. Nesse sentido, forçoso reconhecer que, por vezes, diante da lacuna da lei, o juiz é obrigado a prover, ainda que o pedido pretendido não esteja previsto no Código de Processo, como determina a regra *in procedendo* do art. 140 do CPC.[7] Exemplo típico é o que ocorre nas cautelares inominadas, em que o juiz é instado a dar ao requerente uma solução adequada ao caso concreto. Idêntico proceder exige-se no *mandado de injunção*, onde exatamente não está prevista a solução no texto legal.

Olvidados esses aspectos, a formulação de pedido juridicamente impossível dava, no regime do diploma anterior, ensejo à pronta extinção do processo. Cabe ressaltar que, nesse aspecto, houve a sensível alteração promovida pelo atual CPC. Antes, a extinção se dava sem resolução do mérito, tão logo o juiz verificasse esse defeito, fosse na inicial ou no saneamento (arts. 295, parágrafo único, inciso III, e 267, inciso VI, do CPC de 1973).[8] Era o caso, *v.g.*, do pedido petitório pendente a ação possessória (art. 923 do CPC de 1973), posto haver proibição legal expressa.

Contudo, na vigência do Código de 2015, a causa que tiver por objeto um pedido impossível – do ponto de vista jurídico – deve ser extinta com resolução de mérito, a fim de evitar a repropositura de ação esdrúxula que abarrota desnecessariamente o Judiciário. Verifica-se, nesse sentido, que a possibilidade jurídica do pedido não é mais uma condição para o exercício de ação, mas tão

---

[5]   Esse era o entendimento vigente no Código de 1973. A título de exemplo, **Galeno Lacerda** afirmava que "só tem direito subjetivo público de ação se, em tese, o direito objetivo material admite o pedido" (*Despacho Saneador*, 1953, p. 79).

[6]   "A possibilidade jurídica do pedido após o CPC/15, pois, compõe uma parcela do mérito em discussão no processo, suscetível de decomposição e que pode ser examinada em separado dos demais fragmentos que o compõem, de modo que a decisão interlocutória que versar sobre essa matéria, seja para acolher a alegação, seja também para afastá-la, poderá ser objeto de impugnação imediata por agravo de instrumento com base no art. 1.015, II, CPC/2015" (REsp 1757123/SP, Rel. Ministra Nancy Andrighi, Terceira Turma, j. 13.08.2019).

[7]   "**Art. 140**. O juiz não se exime de decidir sob a alegação de lacuna ou obscuridade do ordenamento jurídico. Parágrafo único. O juiz só decidirá por equidade nos casos previstos em lei."

[8]   "**Código de Processo Civil de 1973**
Art. 295. A petição inicial será indeferida:
I – quando for inepta;
[...]
Parágrafo único. Considera-se inepta a petição inicial quando:
[...]
III – o pedido for juridicamente impossível."

Parte III • II – CONDIÇÕES DA AÇÃO | 191

somente uma primeira análise de mérito que pode ocasionar a improcedência liminar do pedido, tal qual se observa no art. 334.

Frise-se, por fim, que a impossibilidade jurídica refere-se ao objeto mediato do pedido, uma vez que o pedido de tutela jurisdicional é sempre possível, quer sua natureza seja condenatória, constitutiva ou declaratória.[9]

O controle das *condições da ação* pode ser encetado pelo juiz *ex officio*, desde a análise da petição inicial, até o momento que antecede o julgamento de mérito. Não obstante, compete ao réu, na primeira oportunidade que dispõe para falar nos autos, suscitar a *preliminar de carência de ação* (art. 337, inciso IX, do CPC).

Esse controle gradual das *condições da ação* encontra o seu momento culminante no saneamento do processo, razão pela qual, ultrapassada essa fase, a causa apresenta-se pronta para uma resposta de mérito. Aliás, a própria lei faz presumir esse exame positivo de admissibilidade da ação, ao impedir que o juiz relegue para a decisão de mérito a análise das questões formais. Em nosso sistema, o juiz, quando encaminha o processo para a solução final, o faz porque superadas as questões preliminares que eventualmente o impediriam de apreciar o pedido.

Entretanto, não se podem olvidar situações anômalas de *errores in procedendo* que se verificam quando, não obstante declarado saneado o processo, ainda persiste a ausência de uma das *condições da ação*. É verdade que os equívocos judiciais são passíveis de impugnação por meio dos recursos, sob pena de preclusão. Contudo, essa preclusão tem como escopo conduzir o processo a uma solução final e opera-se em relação àquelas matérias disponíveis, de sorte que o processo não pode ter uma solução de mérito "a qualquer preço". Por isso, não obstante saneado o feito, é possível constatar-se, excepcionalmente, que essa declaração formal não corresponde ao panorama processual existente. Sustenta-se, assim, da inexistência de preclusão nessa hipótese, tanto mais que as *condições da ação* representam matéria conhecível de ofício pelo juiz e, portanto, inalcançável pela preclusão *pro judicato*.[10]

Aliás, é exatamente a natureza pública em que se confina a matéria relativa às *condições da ação* que permite ao juiz conhecê-las de ofício, razão pela qual a iniciativa oficial não faz com que o julgador perca a sua imparcialidade (art. 485, § 3º, do CPC). A matéria, contudo, está longe de ter alcançado paz na doutrina e na jurisprudência entre os seguidores da eficácia preclusiva plena do saneamento e daqueles que o fazem escapar a esse fato processual impeditivo do reexame de questões já decididas. De resto, o saneamento implica a preclusão das "demais" questões decididas para as partes, que se contentaram com o seu teor e não o impugnaram, razão por que ao tribunal não é lícito enfrentá-las.

2. LEGITIMIDADE DAS PARTES

A *legitimidade das partes* tem como escopo estabelecer o contraditório entre as pessoas certas, porque o processo visa a sanar controvérsias e não curiosidades.[11]

Seguindo a regra genérica da análise das *condições da ação* pela narrativa da petição inicial, o juiz verifica se a parte apresenta essa habilitação para agir, *in abstrato*.

A *legitimidade* por seu turno, apresenta duplo aspecto, a saber: *ativo* e *passivo*.[12] Por isso, ambas as partes devem ser os reais destinatários da sentença de mérito. Assim, não basta que A seja, no plano do direito material, o credor, senão que B também seja o seu devedor para que, no processo, a legitimação se considere preenchida. A dívida do sócio, por exemplo, não pode ser

---

[9] Nesse sentido, **Humberto Theodoro Júnior**, *Curso*, cit., p. 55.

[10] A matéria não é pacífica: **Súmula nº 424 do STF**: "Transita em julgado o despacho saneador de que não houve recurso, excluídas as questões deixadas, explícita ou implicitamente, para a sentença".

[11] Essa expressão é tributada a **José Alberto dos Reis**.

[12] **Liebman**, *Manuale di Diritto Processuale Civile*, 1966, vol. I, p. 38. Para o citado autor, "a ação atua no conflito entre partes antagônicas, o que lhe empresta caráter 'bilateral', daí a legitimação ser um problema de 'dupla face'".

192 CURSO DE DIREITO PROCESSUAL CIVIL • Luiz Fux

cobrada da sociedade e vice e versa, sob pena de ilegitimidade passiva. A verificação da posição dos sujeitos da pretensão no plano material é de capital importância para a fixação da "*legitimatio ad causam* ativa e passiva".

Essa coincidência somente perde importância, *na legitimação extraordinária*, porque nesse caso o que marca o fenômeno é exatamente *a não coincidência entre os sujeitos da lide e os sujeitos do processo*. A relação processual forma-se com pessoas outras que não os titulares da relação material como, *v.g.*, o acionista minoritário que em nome próprio pode demandar em favor da sociedade, ou a legitimação do credor da falência para promover em favor da massa ação revocatória de bens alienados no período suspeito etc.[13]

Fenômeno moderno, decorrente da nova sociedade de massa e do aparecimento dos novos *direitos sociais* pertencentes a toda a coletividade ou a determinada categoria de membros da sociedade é o da *legitimação para os interesses difusos, coletivos e individuais homogêneos*.[14]

Os estudiosos do processo, há muito, preocupam-se com a questão dos interesses difusos, uma vez superada a visão liberal individualista do processo, oriunda de período histórico em que foram erigidos os princípios processuais até então vigentes.[15] A *legitimação* individualizada e personalizada no cidadão revelou-se insuficiente à vista dos novos anseios quanto à perquirição em juízo acerca dos direitos "superindividuais".[16] A incapacidade "técnico-jurídica" do cidadão isolado demonstrou-se de plano, para promover demandas em prol desses "megainteresses", agindo como um guardião de toda coletividade. Por outro lado, lesões aos interesses sociais restavam perpetradas por jurisdicionados portentosos sob o prisma técnico e econômico, revelando a desvantagem flagrante na demanda entre o cidadão comum e esses demandados.[17] Destarte, a veiculação em juízo de um interesse socialmente relevante levada a cabo por um só homem poderia resultar num prejuízo irreparável para todos, decorrente da incapacidade do autor ou mesmo de sua leviandade de propósitos, conducente a conluios inconfessíveis.

Inspirado no modelo europeu de utilização de órgãos intermediários entre o cidadão e o Estado, como os *ad hoc Gruppen* do Direito germânico e as entidades representativas do Direito italiano, e as ações de classes – *class action* – do Direito anglo-saxônico, o legislador brasileiro passou a contemplar, em diplomas legais específicos, a legitimidade concorrente do Ministério Público, da Defensoria Pública e de órgãos intermediários para a defesa em juízo de seus "interesses institucionais", a par dos interesses individuais de seus componentes. Essa técnica de equalização das partes, colocando frente a frente litigantes, em princípio, com o mesmo poder de agir técnica e economicamente, descortinou esse novo aspecto da legitimação, mercê de aparelhar o sistema de defesa dos direitos, municiando-o com esses novos instrumentos decorrentes da cidadania. Assim, o direito ao meio ambiente saudável, à moralidade administrativa, à preservação do patrimônio histórico e à lisura na veiculação de propaganda, atinentes a toda a coletividade, passaram a ser objeto de ações que, ao invés de exigirem a legitimação multitudinária com a presença de inúmeras pessoas no processo, restaram por serem propostas por entidades voltadas para as finalidades *sub judice*, notadamente o Ministério Público.[18]

---

[13] A título de curiosidade, vale recordar que, no regime dotal, excluído do Código Civil e de escassa verificação prática, o marido era o substituto processual da mulher nas ações referentes aos bens parafernais, mantendo, para esse fim, legitimação exclusiva, extraordinária.

[14] Sobre a tutela de direitos transindividuais, veja-se a doutrina especializada, *v.g.*, **Humberto Dalla Bernardina de Pinho** e **José Roberto Mello Porto**, *Manual de Tutela Coletiva*, 2021; **Aluisio Gonçalves de Castro Mendes**, *Ações coletivas e meios de resolução coletiva de conflitos no direito comparado e nacional*, 2014.

[15] **Sergio Chiarloni**, *Introduzione allo Studio del Diritto Processuale Civile*, 1975, p. 39.

[16] **Mauro Cappelletti**, "Formações Sociais e Interesses Coletivos diante da Justiça Civil", *RP*, 5/129.

[17] **Mauro Cappelletti**, *Acesso à Justiça*, 1988, p. 27.

[18] **Humberto Theodoro Júnior**, *Curso de Processo Civil*, 1992, vol. I, p. 57. Na legislação, veja-se, especialmente, a Constituição Federal (arts. 5º, 129, III, e 134), a Lei da Ação Civil Pública (Lei nº 7.347/1985), da Ação Popular (Lei nº 4.717/1965) e o Código de Defesa do Consumidor (Lei nº 8.078/1990).

A prática judiciária tem revelado as mais diversificadas ações civis públicas. Assim, *v.g.*, ações em defesa dos interesses individuais homogêneos de consumidores de determinado produto, ações de pais de alunos para coibir aumentos abusivos de mensalidades; demandas contra os desvios perpetrados com o dinheiro público por autoridades municipais, estaduais e federais; ações em favor de adquirentes de imóveis loteados contra aumentos ilegais de tributos etc.

A ampliação da legitimação para agir no que toca à ação civil pública em confronto com aquela prevista na ação popular deferível apenas ao cidadão, fez revelar, na praxe forense, o manejo de inúmeras ações civis públicas pelo Ministério Público com o mesmo escopo das ações populares, com plena aceitação pela doutrina e pela jurisprudência.

Nesse evolver é que surgiram órgãos como a Curadoria de Defesa do Consumidor, agindo em juízo em prol dessa categoria social, as entidades profissionais passaram a gozar de legitimidade para a propositura de ações coletivas em prol de seus associados e os partidos políticos, igualmente, mereceram essa chancela legal, através de instrumentos processuais destinados a promover o interesse coletivo, tais como: (I) *ação popular*; (II) *ação civil pública*; (III) *mandado de segurança coletivo*; e (IV) *ações do Código do Consumidor em geral*.

A vantagem dessas ações coletivas é o fato de as decisões favoráveis emprestarem o seu vigor às pretensões individuais, através de técnicas como a coisa julgada *secundum eventum litis, erga omnes, ultra partes e in utilibus*. Em suma, as ações individuais podem aproveitar-se daquelas decisões (*in utilibus*) que produzem efeitos *erga omnes* ou *ultra partes*, se favoráveis, sendo certo que *secundum eventum litis* as sentenças podem circunscrever-se ao litígio específico.[19]

Outrossim, é mister não confundir a legitimação extraordinária para os interesses difusos com a *legitimação plúrima*, que consiste em conceder-se *legitimação apenas a uma pluralidade* de pessoas. Nesse último caso, o requisito da *legitimatio ad causam* somente se aperfeiçoa com a presença daquela pluralidade de pessoas no processo, em *litisconsórcio necessário, v.g.*, ocorre com a anulação de uma escritura em que, no polo passivo, devem estar presentes todos os protagonistas do negócio jurídico ou, ainda, na ação de dissolução de sociedade, em que todos os sócios devem integrar a relação processual.

Por fim, impõe-se não promiscuir as figuras da *substituição processual* como fenômeno extraordinário de *legitimação*, permitindo a alguém, em nome próprio, pleitear direito alheio (art. 18 do CPC)[20] com *substituição comum ou sucessão processual* (arts. 109 e 110 do CPC).[21] Na substituição processual, um vínculo reconhecido pelo direito permite a alguém litigar em nome próprio, por um direito alheio.

Assim, *v.g.*, o condômino, no condomínio horizontal, pode promover uma ação de cobrança contra um outro condômino faltoso, em prol da comunidade, toda vez que o síndico se mantenha inerte em detrimento dos demais coproprietários. No mesmo diapasão, o acionista minoritário, por força de lei, pode demandar contra os prejuízos causados à sociedade por sua diretoria, revertendo o resultado econômico da demanda em proveito da entidade, agindo como seu substituto processual, autorizado pela lei das sociedades anônimas.

---

19 **Ada Pellegrini Grinover**, "Da Coisa Julgada no Código de Defesa do Consumidor", *RA*, 33/5.
20 "**Art. 18**. Ninguém poderá pleitear direito alheio em nome próprio, salvo quando autorizado pelo ordenamento jurídico.
Parágrafo único. Havendo substituição processual, o substituído poderá intervir como assistente litisconsorcial."
21 "**Art. 109**. A alienação da coisa ou do direito litigioso, por ato entre vivos, a título particular, não altera a legitimidade das partes.
§ 1º O adquirente ou o cessionário não poderá ingressar em juízo, sucedendo o alienante ou cedente, sem que o consinta a parte contrária.
§ 2º O adquirente ou o cessionário poderá intervir no processo como assistente litisconsorcial do alienante ou o cedente.
§ 3º Estendem-se os efeitos da sentença proferida entre as partes originárias ao adquirente ou cessionário.
Art. 110. Ocorrendo a morte de qualquer das partes, dar-se-á a sucessão pelo seu espólio ou pelos seus sucessores, observado o disposto no art. 313, §§ 1º e 2º."

194 | CURSO DE DIREITO PROCESSUAL CIVIL • *Luiz Fux*

Muito embora a lei se refira à autorização do ordenamento para que se possa agir como substituto processual, nada obsta que um negócio jurídico privado assim o permita, máxime em se tratando de direitos transmissíveis. Assim, *v.g.*, o empreiteiro é parte legítima para cobrar a importância devida por força da subempreitada se assumiu a responsabilidade contratual pelo repasse. Nestes casos, a legitimação é concorrente posto que o crédito pertence ao subempreiteiro, mas é lícito ao empreiteiro originário cobrá-lo, também.

Não obstante, na extraordinária sempre se admite a atuação coadjuvante do titular do direito, tanto mais que, ao lado de seu inegável interesse jurídico, ressalta a eficácia da coisa julgada que o atinge, quer tenha intervindo, quer não.

A *sucessão processual* é fenômeno diverso e dinâmico, e diz respeito à saída de uma das partes e o ingresso da outra em razão de um negócio jurídico a título particular ou universal.

No que pertine à *sucessão a título particular*, é mister observar que a lei, seguindo o *princípio da inalterabilidade da demanda*, torna *inócua a alienação da coisa litigiosa para o fim de modificar a legitimidade das partes*, tanto assim que o ato de transmissão não a altera (art. 109, *caput*, do CPC). Isto significa que, mesmo alienando o bem objeto do litígio, o alienante continua no processo como parte legítima.[22] Isto porque a alienação é um "indiferente processual" tornando-se insensível aos resultados do processo. A decisão proferida alcançará o bem litigioso ainda que no patrimônio do novo adquirente, que fica sujeito à coisa julgada, quer intervenha, quer não. E mais: a saída do alienante e o ingresso do adquirente dependem da anuência da parte contrária. Em sendo consentida a sua despedida, dá-se a *sucessão processual*, com o ingresso do adquirente e a extromissão do alienante. Não havendo concordância, mantém-se no processo o alienante, permitindo-se, por motivos óbvios, o ingresso do adquirente como *assistente litisconsorcial* daquele. A razão é simples: a motivação maior pela vitória acerca do bem *sub judice* agora é do novo adquirente.

Ideologicamente, entretanto, o alienante, que no plano do direito material não é mais o titular mas que permanece legitimado, tem agora a sua legitimação transmudada de ordinária para extraordinária, passando a litigar em juízo por algo que não é mais seu e, portanto, *postulando, em nome próprio, direito alheio*.

3. INTERESSE DE AGIR

O interesse, como conceito genérico, representa a relação entre um bem da vida e a satisfação que o mesmo encerra em favor de um sujeito.[23] Esse interesse assume relevo quando "juridicamente protegido" fazendo exsurgir o "direito subjetivo" de natureza substancial. Ao manifestar seu interesse, o sujeito de direito pode ver-se obstado por outrem que não reconhece a sua posição jurídica. Em face da impossibilidade de submissão do interesse substancial alheio ao próprio por via da violência, faz-se mister a intervenção judicial para que se reconheça, com a força da autoridade, qual dos dois interesses deve sucumbir e qual deles deve sobrepor-se.

À negação de submissão de um interesse ao outro corresponde um tipo de interesse que é o de obter a prestação da tutela jurisdicional, com o fim de fazer prevalecer a aspiração própria sobre a de outrem, cabendo ao Judiciário definir qual delas é a que se sobrepõe.

A situação jurídica que reclama a intervenção judicial, sob pena de um dos sujeitos sofrer um prejuízo em razão da impossibilidade de autodefesa é que caracteriza o *interesse de agir*.[24] É que, como já se afirmou em bela sede doutrinária, a "função jurisdicional não pode ser movimentada sem que haja um motivo".

---

22   "Essa regra impede, assim, que a alienação da coisa litigiosa obste a análise do mérito por *ilegitimatio ad causam* do transmitente" (**Virgilio Andrioli**, *Lezioni di Diritto Processuale Civile*, 1973, vol. I, p. 231).

23   "O interesse é a posição favorável à satisfação de uma necessidade, de que titular é a pessoa física ou jurídica e cujo objeto é um bem" (**Frederico Marques**, *Instituições*, vol. II, 1971, p. 40, e **Calmon de Passos**, ob. cit.).

24   "O interesse processual tem como objetivo direto e imediato a atividade do órgão jurisdicional" (**Crisanto Mandrioli**, *L'Azione Esecutiva*, 1965, p. 103).

Parte III • II – CONDIÇÕES DA AÇÃO | **195**

Destarte, como de regra, o interesse substancial juridicamente protegido nada tem a ver com o interesse meramente processual de movimentar a máquina judiciária.[25]

Assim, *v.g.*, não pode o credor mover uma ação de cobrança sem que a dívida esteja vencida, tampouco pode o locador despejar o inquilino antes de decorrido o prazo de notificação que a lei lhe confere para desocupar voluntariamente o imóvel etc., por falta de interesse de agir.

Mister ressaltar que alguns direitos "só podem ser exercidos em juízo", como por exemplo, o direito-dever de interditar alguém que esteja privado de suas faculdades mentais etc. Nessas hipóteses, o *interesse de agir* nasce juntamente com o direito substancial; por isso que, por exemplo, não é possível interditar-se alguém por ato particular de vontade. Trata-se de hipóteses de *jurisdição necessária*, onde o interesse de agir é imanente.

Outrossim, cada espécie de ação reclama um *interesse de agir* específico. A *ação declaratória* na qual a parte pleiteia que o Estado-juiz declare se é existente ou não uma determinada relação jurídica, *mister que paire dúvida objetiva e jurídica* sobre a mesma, para que o Judiciário não seja instado a definir um pseudolitígio, como mero órgão de consulta.[26] Assim, se a dúvida inexiste, não se pode propor uma ação "por via das dúvidas".

Consequentemente, não cabe ação declaratória para interpretação do direito objetivo; ou para indicar qual a legislação aplicável ao negócio jurídico objeto mediato do pedido.

Não obstante, o Superior Tribunal de Justiça considera legítima a ação declaratória para interpretação de cláusula contratual (Súmula nº 181).[27]

Na *ação condenatória*, o *interesse de agir* demonstra-se através da *lesão perpetrada*, como na ação em que se pretende a reparação de dano ocasionado em acidente de trânsito.

Tratando-se de *ação constitutiva*, é mister demonstrar que o *estado jurídico novo a que se aspira não pode ser obtido por força da recusa de colaboração de uma das partes*. Assim, *v.g.*; em princípio, a renovação de um contrato de locação comercial[28] ou, a dissolução de uma sociedade podem ser alcançados pela vontade das próprias partes sem necessidade de intervenção judicial. Entretanto, esta será necessária se os interessados não alcançarem o consenso quanto aos seus objetivos, caso em que nasce o *interesse de agir* através do Judiciário.

O requisito deve ser observado, também, na fase de execução, por isso que nesta o *interesse de agir* revela-se no inadimplemento do devedor. A tutela de urgência, por sua vez, reclama o interesse processual consistente na necessidade de remover uma situação de perigo, para preservar a utilidade do processo de conhecimento ou execução.

Em todos esses casos, reclama-se que a parte tenha "necessidade" da via judicial e que a mesma resulte numa "providência mais útil" do que aquela que obteria por mãos próprias acaso fosse autorizada a autotutela.

Por essa razão, é que se afirma que o *interesse de agir* deve ser composto do *binômio necessidade-utilidade* da via jurisdicional.

Encarta-se, no aspecto da *utilidade,* a escolha correta do procedimento adequado à pretensão deduzida. Assim, se a parte pede em juízo uma providência de cunho petitório e utiliza o processo possessório, da narrativa de sua petição já se observa a inadequação do remédio escolhido para a proteção que pretende; por isso, é inútil aos seus desígnios, por consequência, ao autor, faltará o *interesse de agir*. Exemplo típico da falta de interesse de agir é o que se verifica em ação meramente declaratória na qual se observa a prescrição da ação condenatória respectiva à pretensão declarada.

---

[25] O interesse substancial se dirige ao bem da vida e o interesse processual à atividade jurisdicional.

[26] **"Art. 19**. O interesse do autor pode limitar-se à declaração:
I – da existência, da inexistência ou do modo de ser de uma relação jurídica;
II – da autenticidade ou da falsidade de documento.
Art. 20. É admissível a ação meramente declaratória, ainda que tenha ocorrido a violação do direito."

[27] **Súmula nº 181 do STJ:** "É admissível ação declaratória, visando a obter certeza quanto à exata interpretação de cláusula contratual".

[28] A respeito, consulte-se o nosso *Locações – Processo e Procedimentos*, 1995, na parte relativa à Ação Renovatória.

Nesse seguimento, se a parte dispõe de título executivo para iniciar o processo satisfativo de execução e demanda determinada obrigação através do processo de conhecimento, haveria manifesta inutilidade da via eleita porquanto a duplicação de processos com a prévia cognição e posterior execução revela-se desnecessária diante do documento que o exequente possui, ressalvada a possibilidade de utilização do documento para fins de antecipação de tutela. É o caso da cobrança de dívidas condominiais, hoje passíveis de cobrança executiva direta, por constarem no rol de títulos executivos extrajudiciais.[29] O Código, porém, adotou, expressamente, linha diversa, admitindo o ajuizamento de ação de conhecimento para que se obtenha título judicial, ainda que previamente o autor disponha de título extrajudicial (art. 785).[30]

Expressiva hipótese de *interesse de agir* prevista em lei é a dos *arts. 19 e 20 do CPC*, nos quais o legislador permite a propositura de ação declaratória ainda que a parte possa promover, de logo, a ação condenatória. É que em toda condenação está embutida uma declaração, como de resto, em qualquer pronunciamento judicial. Entretanto, a lei permite que a parte "pare no meio do caminho", postulando tão somente a declaração, o "acertamento da responsabilidade", para após, segundo a sua conveniência, promover ou não o pedido de condenação, com a premissa da responsabilidade previamente definida. Observe-se que, não fosse o dispositivo legal expresso, a parte que intentasse a ação declaratória podendo mover a condenatória incidiria em falta de *interesse de agir*.

Elegante questão trava-se no âmbito das "ações preventivas". Conforme referido alhures, a simples ameaça de lesão, por força do preceito constitucional da "inafastabilidade da jurisdição", constitui-se em lesão reparável pela via judicial. Todo aquele que tenha justo receio de ser molestado em seu direito pode promover uma ação preventiva, de cunho cautelar ou de cunho satisfativo. Assim, *v.g.*, o credor que tenha justo receio de que o devedor caia em insolvência para esvaziar o seu patrimônio a ponto de não suportar a exigibilidade judicial da dívida pode intentar uma ação preventivo-cautelar de arresto.

Igualmente, o possuidor que tenha justo receio de ser molestado pode propor o interdito proibitório (arts. 297 e 567 do CPC).[31] Ambas são ações preventivas e o *interesse de agir* decorre do justo receio em face da ameaça de lesão o que deve ser aferido objetivamente – e não subjetivamente – pelo que o autor narra na petição inicial. Raciocínio inverso imporá avaliar o receio que se aloja apenas na mente do autor por uma percepção deformada dos fatos da vida. Consequentemente, concluindo o juízo que inexiste o "receio objetivo e jurídico", falecerá ao demandante *interesse de agir*.

Por fim, confina com a questão do *interesse de agir* aquela inerente à "exaustão da via administrativa" antes da propositura de ações em face de pessoas jurídicas de direito público ou de direito privado que exerçam funções paraestatais.

O nosso sistema da "unidade da jurisdição" e da "ausência de contencioso administrativo" implica que as decisões judiciais sejam as únicas com força de coisa julgada e, em consequência, nenhuma lesão pode escapar à apreciação do Judiciário. Consectário é o de que nada substitui a função jurisdicional.[32] Por essa razão, não é preciso exaurir as vias administrativas com todos os seus recursos como pré-requisito de ingresso no Judiciário. Ao revés, qualquer lesão administrativa

---

29 "**Art. 784**. São títulos executivos extrajudiciais: (...) X – o crédito referente às contribuições ordinárias ou extraordinárias de condomínio edilício, previstas na respectiva convenção ou aprovadas em assembleia geral, desde que documentalmente comprovadas."

30 "**Art. 785**. A existência de título executivo extrajudicial não impede a parte de optar pelo processo de conhecimento, a fim de obter título executivo judicial."

31 "**Art. 297**. O juiz poderá determinar as medidas que considerar adequadas para efetivação da tutela provisória. Parágrafo único. A efetivação da tutela provisória observará as normas referentes ao cumprimento provisório da sentença, no que couber."
Observe-se, mais adiante, o tema da tutela inibitória, que retrata a moderna visão das ações preventivas.
"**Art. 567**. O possuidor direto ou indireto que tenha justo receio de ser molestado na posse poderá requerer ao juiz que o segure da turbação ou esbulho iminente, mediante mandado proibitório em que se comine ao réu determinada pena pecuniária caso transgrida o preceito."

32 Modernamente, a ampliação da arbitragem reafirma a referida assertiva, na medida em que se costuma reputá-la como exercício de jurisdição privada.

Parte III • II – CONDIÇÕES DA AÇÃO | **197**

autoriza o imediato ingresso na via judicial. Há, entretanto, ações especiais que demandam condições próprias, sem que isso possa implicar a afirmação generalizada de que o Direito brasileiro exige a exaustão da via administrativa antes da propositura das ações respectivas.[33]

Assim é que a lei do mandado de segurança, que se exercita através de procedimento célere e mandamental, nega essa via expedita se a parte pode recorrer da decisão administrativa mediante recurso administrativo que suspenda o ato lesivo, independentemente de qualquer contraprestação de caução.[34] Nessa hipótese, não há necessidade e, portanto, interesse processual porque a lei específica assim o prevê.

Essa assertiva deve ser considerada à luz do princípio da inafastabilidade da jurisdição, de sorte que, se o impetrante abandona a esfera administrativa, pode recorrer de imediato ao Judiciário. O que não pode é utilizar o recurso administrativo com efeito suspensivo e concomitantemente agir em juízo. É nessa última hipótese que falece o interesse de agir.

Outrossim, havendo omissão da autoridade, o recurso administrativo não tem efeito ativo, por isso é admissível a concomitância, na forma da Súmula nº 429 do STF.[35]

Assente-se, por fim, que, à semelhança das demais condições, o interesse de agir é analisado *in status assertionis*, pelo que se contém na petição inicial e nos autos, e deve perdurar até a prolação da decisão de mérito. É possível que o conflito, enquanto pende o processo, receba alguma solução extrajudicial que torne desnecessária a prestação jurisdicional supervenientemente, *v.g.*, quando o locatário abandona o imóvel não obstante tenha contestado o feito, o réu desocupe o bem após a ação possessória proposta, ou aceite a decisão depois de ter interposto o recurso. Em casos tais, utiliza-se, na praxe forense, a expressão "perda de objeto", que nada mais é senão a falta de interesse processual superveniente, posto acarretar a desnecessidade de pronunciamento judicial.

Nessas hipóteses, cumpre ao juiz verificar o "responsável pela demanda" para imputar-lhe os ônus da sucumbência, malgrado extinto o processo sem resolução do mérito. Assim, *v.g.*, impedindo-se ao autor o exercício de mandato para cargo eletivo, e pleiteada a tutela jurisdicional que remova o obstáculo, ainda que extinto o prazo do mandato, se a sentença reconhecer a ilegalidade daquele ato obstativo, deve imputar a condenação nas custas e honorários, ao "responsável pela demanda", em decisão que assim o reconheça, com efeitos *ex tunc*. Raciocínio idêntico deve ser formulado se o imóvel, objeto da ação possessória, vem a ser destruído antes da propositura da demanda e torna-se impossível, materialmente, a reintegração na posse deste, hipótese em que suportará a sucumbência o responsável pela demanda.

---

[33] Acerca do tema, consulte-se **Celso Agrícola Barbi**, *Comentário ao Código de Processo Civil*, Comentários ao artigo 3º do CPC, 1994.

[34] **"Lei nº 12.016 de 07.08.2009 (Mandado de Segurança)**

Art. 5º. Não se concederá mandado de segurança quando se tratar:

I – de ato do qual caiba recurso administrativo com efeito suspensivo, independentemente de caução;

II – de decisão judicial, da qual caiba recurso com efeito suspensivo;

III – de decisão judicial transitada em julgado.

Parágrafo único. (Vetado)."

[35] **Súmula nº 429 do STF:** "A existência de recurso administrativo com efeito suspensivo não impede o uso do mandado de segurança contra omissão de autoridade". O STF entende que esta Súmula incide "apenas nas hipóteses de procedimento omissivo da autoridade pública".

III
ELEMENTOS DE IDENTIFICAÇÃO DAS AÇÕES

1. ELEMENTOS DE IDENTIFICAÇÃO DAS AÇÕES[1]

O Estado, no exercício de seu poder-dever jurisdicional, só pode ser instado a definir a situação litigiosa uma única vez.[2] Assim o fazendo, cumpre o desígnio de pacificação, que é o escopo maior dessa tarefa estatal. A rediscussão de uma ação já julgada carrearia franca instabilidade pela possibilidade de redefinição do litígio de forma diversa. Por essa razão, num dado momento de escoamento das oportunidades de impugnação judicial, a decisão se torna imutável e indiscutível. É o fenômeno da *coisa julgada*, cuja *ratio essendi* não é senão o atingimento do escopo da estabilidade e segurança social. Exatamente por esse motivo é que o fundamento da coisa julgada não reside no fato de ela representar uma decisão justa e imune de equívocos, mas antes um compromisso com a exigência social de que, em um determinado momento, uma decisão não possa mais ser revista. Destarte, a eminência da questão que a coisa julgada encerra faz dela matéria arguível a qualquer tempo, *ex officio* ou mediante requerimento, sem o óbice da preclusão.

A verificação sobre se uma ação já foi decidida ou não, para constatar esse aspecto da "coisa julgada", implica a operação analítica de decomposição dos elementos constitutivos das ações, com o fito de observar se uma ação é idêntica à outra, como o exige a doutrina da tríplice identidade, informadora do nosso ordenamento processual (art. 337, § 2º, do CPC).[3]

À luz desse dispositivo, categorizam-se como *elementos de identificação das ações*: (I) os *sujeitos*, (II) o *pedido*; e (III) a *causa de pedir*.

Inúmeras são as aplicações da doutrina da *identificação das ações*.[4] Considerando os *sujeitos*, que são as partes, depreendem-se os fenômenos do concurso subjetivo de ações, o litisconsórcio, a legitimidade das partes etc. O *pedido* com as suas especificações, serve à fixação da competência do juízo, à escolha do procedimento etc.

---

[1] Sobre o tema, consulte-se **Celso Agrícola Barbi**, *Comentários*, vol. I, e **Frederico Marques**, *Instituições*, vol. I.

[2] **"Art. 505.** Nenhum juiz decidirá novamente as questões já decididas relativas à mesma lide, salvo:
I – se, tratando-se de relação jurídica de trato continuado, sobreveio modificação no estado de fato ou de direito, caso em que poderá a parte pedir a revisão do que foi estatuído na sentença;
II – nos demais casos prescritos em lei."

[3] **"Art. 337.** Incumbe ao réu, antes de discutir o mérito, alegar: (...)
VII – coisa julgada; (...)
§ 1º Verifica-se a litispendência ou a coisa julgada, quando se reproduz ação anteriormente ajuizada.
§ 2º *Uma ação é idêntica à outra* quando possui as mesmas partes, a mesma causa de pedir e o mesmo pedido.
§ 3º Há litispendência quando se repete ação que está em curso.
§ 4º Há coisa julgada, quando se repete ação que já foi decidida por decisão transitada em julgado." (grifos nossos).

[4] Ao problema da individualização das ações, no dizer de **Zanzucchi**, se prendem questões como a coisa julgada, a litispendência e tudo quanto diga respeito à identificação das ações e seus consectários (*Diritto Processuale Civile*, 1946, vol. I, p. 190).

A *causa de pedir* revela o interesse[5] na busca da solução judicial e indica, juntamente com o *pedido*, o laço que impõe o julgamento simultâneo entre duas ou mais ações, em razão do risco de decisões contraditórias (*conexão*).

O regime jurídico peculiar de cada um desses elementos tem suas características próprias e cumpre-nos analisá-los.

2. ELEMENTO SUBJETIVO – AS PARTES

A operação de identificação das ações encontra, no *elemento subjetivo*, um de seus componentes de mais simples verificação. É que toda ação implica a existência de sujeitos em conflito.

O processo, como instrumento através do qual a parte exerce o seu direito de agir é relação jurídica e esta não pode subsistir sem que haja *sujeitos*, daí ter-se afirmado que *Judicium est actus ad minus trium personarum.*[6]

Sob o ângulo da identificação das ações, são considerados *sujeitos da ação*, em primeiro lugar, "os sujeitos da lide". Isso porque, se, efetivamente, a finalidade da decomposição das ações é evitar a reproposição, deve-se levar em conta o que dispõe a primeira parte do art. 505 do CPC: "nenhum juiz decidirá novamente as questões decididas, relativas *à mesma lide*". Ora, se assim o é, importa, em primeiro plano, identificar os *sujeitos* da relação litigiosa para que eles não retornem a juízo repetindo pedido anteriormente julgado.

Depreendem-se os sujeitos da lide à luz da relação jurídico-material conexa com a ação. Assim, se a ação é de cobrança, os sujeitos da lide são o credor e o devedor; se a ação é possessória, o titular da posse e o eventual esbulhador, assim também são considerados.

Casos há em que figuram no processo pessoas que não são os sujeitos da lide, mas que a lei admite atuem na relação processual *em nome próprio*, muito embora postulem direito alheio. Isto significa que nem sempre há uma coincidência entre os sujeitos da lide e os sujeitos do processo, o que representa um fenômeno "extraordinário", posto ser comum aquela correlação.

Aquele que figura na relação processual, e dela *participa*, denomina-se *parte*, quer pela atuação, quer pela titularidade de parcela do todo litigioso.

A *parte* autora, em sua atuação na relação litigiosa, pede a jurisdição em face de alguém, dirigindo-se primariamente ao Estado. Entretanto, não obstante postule uma providência ao Estado, o que a *parte ativa* pretende é produzir uma consequência jurídica na esfera de outrem, considerada *parte passiva*.[7]

Dessa constatação, deriva o conceito de *parte* para os fins que pretendemos, devendo considerar-se não só a pretensão de direito material, mas também a ação de direito processual.[8] Assim, *parte* é aquele que pede em juízo em nome próprio e aquele em face de quem se pede sejam produzidas as consequências jurídicas da demanda. Contudo, consideram-se, também, *parte* os *sujeitos da lide*, porquanto, ambos se submetem à *coisa julgada*. Os primeiros, pela participação mesmo no processo, o que os faz alcançar, sem dificuldades, o preceito de que a "coisa julgada atinge as partes". Os segundos, porque "o juiz não pode voltar a julgar de novo a lide" e esta, como fenômeno extrajudicial, tem também os seus sujeitos.

---

[5]   **Liebman** afirmava que "a *causa petendi* era composta do fato constitutivo da relação de direito de onde o autor deduz a sua pretensão, juntamente com o fato que dá lugar ao interesse de agir", *Corso di Diritto Processuale Civile*, 1952, p. 64.

[6]   A definição acima é tributada ao jurista medieval Búlgaro, **Frederico Marques**, *Instituições*, cit., p. 34.

[7]   "Parte no processo civil são aquelas pessoas que solicitam e contra as quais se solicita, em nome próprio, a tutela estatal, em particular a sentença e a execução forçada." No sentido do texto, **Rosenberg**, *Tratado*, vols. I & 39, I, 1.

[8]   É de sabença que esses conceitos formais e materiais sempre conviveram. Assim é que Chiovenda optava pela conceituação meramente formal, admitindo a outra, ao passo que, Carnelutti, a partir de sua ideia central do processo em torno da lide, considerava como sujeitos da ação, os sujeitos da lide, numa adoção estrita ao conceito material (*Sistema di Diritto Processuale Civile*, 1936, vol. I, p. 343). **Chiovenda**, *Instituições*, vol. I, p. 234.

Parte III · III − ELEMENTOS DE IDENTIFICAÇÃO DAS AÇÕES | 201

Em consequência, na operação de *identificação das ações*, tem-se que *duas ou mais ações são idênticas se elas têm as mesmas partes ou os mesmos sujeitos da lide*. Sob este ângulo, mister assentar que o importante para a identificação é a qualidade de *parte* com que o *sujeito* atua numa determinada ação e não a sua "identidade física", tanto mais que uma pessoa pode figurar num determinado processo como *parte* e em outro como representante da *parte*.[9] Assim, *v.g.*, Paulo pode estar numa ação na qualidade de credor e em outra, com o mesmo pedido e causa de pedir, como representante de seu irmão, Alberto, posto ser o mesmo curatelado. Verifica-se que, não obstante a identidade física do sujeito, há "diversidade jurídica" quanto à qualidade com que Paulo atua nos dois processos, inexistindo a repetição de ações quanto ao elemento subjetivo.

Destarte, pode haver identidade de *parte* mercê da diversidade de identidade física; isto é, apesar de pessoas diferentes, pode-se entrever identidade de ações. É o que ocorre com os sucessores universais ou singulares (arts. 109 e 110 do CPC). Os sucessores da parte falecida sucedem-na, também, na coisa julgada, aplicando-se idêntico raciocínio quanto ao sucessor particular, quer intervenha ou não, na causa em que está em jogo o objeto litigioso que lhe foi transferido (§ 3º do art. 109 do CPC).

Esse fenômeno é o da "*sucessão processual*", completamente distinto da denominada "*substituição processual*" ou "*legitimação extraordinária*", segundo a qual é lícito postular "em nome próprio, por um direito alheio" (art. 18 do CPC). Na sucessão processual, como dito alhures, há um fenômeno dinâmico de "mudança das partes", de "intromissão" e "*extromissão*", saindo o sucedido e ingressando o sucessor na relação processual.

Deveras importante, por seu turno, é a gradação da qualidade de *parte* que a lei empresta aos sujeitos intervenientes na relação processual.

Em princípio, aquele que pede em nome próprio direito próprio é a *parte*, considerada "principal", em contraposição à *parte* "acessória", categoria a que pertencem certos sujeitos que intervêm no processo para discutir "direito alheio". Assim, por exemplo, o sublocatário, quando ingressa na ação de despejo movida contra seu sublocador, que é inquilino originário do contrato, o faz para lutar pela vitória do locatário, ciente de que, extinta a locação para ele, automaticamente estará rescindida também a sublocação. Entretanto, o seu ingresso dá-se para discutir direito alheio, do qual o seu é apenas dependente e não compõe a *res in judiciam deducta*, até porque, em face dele nada foi pedido. A lei admite a sua intervenção por força de seu direito dependente daquele que está sendo discutido, deferindo-lhe um *status* de *parte* diferente daquele conferido à *parte principal*, sob o ângulo da "atuação procedimental". Por um lado, ampliam-se os prazos pela sua atuação como, *v.g.*, dispõe o art. 229 do CPC,[10] bem como, submete-se-lhe a um regime de subsidiariedade e acessoriedade, como decorrência de não discutir direito próprio, fazendo cessar a sua atuação se assim o desejar a *parte principal*. Por essa razão, a sua condição jurídica é de *parte acessória*, porque a sua legitimação não é para "agir" mas somente para "intervir". Parcela da doutrina considera a *parte acessória* apenas como "terceiro", olvidando que um dos efeitos da intervenção no processo é exatamente a aquisição da qualidade jurídica de *parte*, seja *principal* ou *secundária*.[11]

---

[9]   Consoante antiquíssima lição de **Chiovenda**, "entende-se que a identidade da pessoa física nem sempre produz identidade subjetiva de ações: a mesma pessoa pode ter diversas qualidades, e duas ações só são subjetivamente idênticas quando as partes se apresentam na mesma qualidade. Vice e versa, a mudança da pessoa física como sujeito de uma ação não tem como conseqüência que o direito trate a ação como diversa: pode haver sucessão na ação, assim a título universal como particular", *Instituições*, 1942, vol. I, p. 492.

[10]   "**Art. 229.** Os litisconsortes que tiverem diferentes procuradores, de escritórios de advocacia distintos, terão prazos contados em dobro para todas as suas manifestações, em qualquer juízo ou tribunal, independentemente de requerimento.

§ 1º Cessa a contagem do prazo em dobro se, havendo apenas 2 (dois) réus, é oferecida defesa por apenas um deles.

§ 2º Não se aplica o disposto no *caput* aos processos em autos eletrônicos."

[11]   A esse respeito, consulte-se o nosso *Intervenção de Terceiros*, 1992.

Analiticamente, é possível assentar que *parte* é aquele que postula em nome próprio, excluindo-se, desse conceito, consequentemente, o "representante" daquele que pede, *v.g.*, o representante legal da pessoa jurídica ou da pessoa física, o tutor, o curador etc. Estes *não são partes*, mas sim *representantes da parte*; por isso, o sujeito parcial do processo aqui é o "representado"; é ele que pede, em nome próprio, através da integração de sua capacidade pelo representante. Em suma, na representação, qualquer que seja o seu motivo, imaturidade ou doença, *a parte é o representado e não o representante*.

Destarte, quem postula em nome próprio, o faz, em regra, por "direito próprio", até porque é incomum que alguém compareça em juízo para pleitear direito alheio. Entretanto, há casos, como vimos, em que a lei admite que o sujeito pleiteie *em nome próprio um direito alheio*. Esse fenômeno excepcional denomina-se *substituição processual* (art. 18 do CPC). *Parte*, aqui, é o "substituto" e, o *sujeito da lide*, o "substituído". Sob o ângulo da identificação das ações, ambos se sujeitam à coisa julgada e a ação reproposta por qualquer deles (substituto ou substituído) esbarra no veto da repetição das ações (coisa julgada).

Outrossim, autorização legal para que alguém postule em juízo, em nome próprio por direito alheio prende-se, primacialmente, ao fato de que, no plano do direito material, substituto e substituído vinculam-se por força de alguma relação jurídica. Assim, *v.g.*, a lei do condomínio em edifício de apartamentos permite que qualquer condômino, diante da inércia do síndico, pleiteie, em juízo, a cobrança de cotas devidas por condômino faltoso porque, do contrário, as demais unidades, inclusive a do demandante será onerada pelo *deficit* causado pelo inadimplente. Observe-se, a partir desse exemplo, que o condômino atuante "age em prol do condomínio" e não em benefício exclusivamente próprio.

Ademais, com a contemplação legal da *tutela dos interesses difusos, coletivos e individuais* homogêneos, as denominadas ações supraindividuais consagram a "substituição processual", atribuindo legitimação para agir, anômala, a órgãos intermediários entre os jurisdicionados, cotitulares desses interesses, e o Estado, *v.g.*, as associações de classe, os partidos políticos e o Ministério Público, como sói ocorrer na *ação civil pública*, na *ação popular*, no *mandado de segurança coletivo* etc.

Denomina-se *autor* a *parte* que pede originariamente a tutela jurisdicional e *réu*, aquele em face de quem se pede, sendo certo que o demandado, implicitamente, na sua defesa, "postula" a rejeição da demanda. Destarte, a lei permite, nalgumas hipóteses, que o réu formule pedido próprio como se fora o autor, ora no bojo da contestação, como ocorre nas ações dúplices, ora através de reconvenção.

A *parte*, por seu turno, pode ser uma *única pessoa* ou uma *pluralidade delas*. Nesse último caso, há *pluralidade de partes*, ensejando o fenômeno do *litisconsórcio*. Como evidente, essa pluralidade pode verificar-se no polo ativo, gerando o *litisconsórcio ativo*, no polo passivo da relação processual, ensejando o *litisconsórcio passivo* ou ainda em ambos os polos do processo, fazendo exsurgir o *litisconsórcio misto* ou *recíproco*.

O processo demanda uma investigação para saber-se, efetivamente, quem tem razão. Por isso, enquanto pende esse estado de incerteza, ambas as partes devem ser tratadas igualmente sob os mais variados ângulos da *isonomia processual*. Aliás, o juiz tem, dentre os seus deveres, o de velar por essa igualdade (arts. 7º e 139, inciso I, do CPC).[12]

Finalmente, não seria de boa técnica abordar o tema *partes* sem fazer uma menção à "questão moderna" do "equilíbrio entre os litigantes", o que vem mantendo os doutrinadores debruçados nesta problemática relativa ao "efetivo acesso à justiça". Essa questão impõe uma visão realista de

---

[12] **"Art. 7º**. É assegurada às partes paridade de tratamento em relação ao exercício de direitos e faculdades processuais, aos meios de defesa, aos ônus, aos deveres e à aplicação de sanções processuais, competindo ao juiz zelar pelo efetivo contraditório."

"Art. 139. O juiz dirigirá o processo conforme as disposições deste Código, incumbindo-lhe: I – assegurar às partes igualdade de tratamento."

que tem sido difícil aos juízes velar por essa igualdade, concernente à lógica do princípio da cooperação, sem um *ativismo judicial* maior do que o autorizado pelo vetusto "princípio dispositivo".

A desigualdade entre os litigantes não é somente financeira. Esta supera-se com a concessão da *gratuidade de justiça*. A maior afronta à isonomia situa-se no terreno técnico onde os litigantes destacam-se pela sua própria capacidade de entendimento do fenômeno jurídico e pela habilidade dos profissionais que contratam.

É chegada a hora de entrevermos instrumentos capazes de minimizar essa desigualdade sociocultural entre as partes, a fim de que o resultado do processo não seja fruto da mesma, uma vez que o escopo da jurisdição é o de pacificar, através de uma solução que se situe acima da legalidade e no almejado patamar da justiça.[13]

Por fim, no processo, as *partes*, além de *legítimas*, devem ser *capazes*, isto é, devem ostentar aptidão para entenderem os atos processuais que praticam, temas que serão abordados com a verticalidade necessária, quando da análise dos pressupostos processuais.

3. ELEMENTO CAUSAL – *CAUSA PETENDI*

A composição da *causa petendi*, consistente nos fatos e nos fundamentos jurídicos do pedido, é constante, não assistindo razão aos que afirmam que o binômio *causa próxima-causa remota* somente se verifique nas ações pessoais, uma vez que, nas demandas reais, a *causa de pedir* está sempre "confinada na relação jurídica" na qual se funda o *pedido*.[14] A alegação do direito real pode até ser constante nas denominadas ações "reais", mas tornar-se-á necessário indicar a violação a esse direito absoluto como requisito não só da motivação da demanda como também da revelação do *interesse de agir*.

A *causa petendi*, por seu turno, pode ser composta de apenas um fato ou de vários fatos; porquanto um só fato pode dar ensejo a *vários pedidos* e *vários* fatos podem dar ensejo a uma mesma ação. Tratando-se de diversos fatos que dão origem, por exemplo, a um pedido de anulação, consistentes na alegação de dolo, erro e simulação, as ações serão tantas quantos sejam os fatos que lhes dão origem. Trata-se de pluralidade de *causae petendi*.[15]

Por outro lado, a *causa petendi* não é integrada pela *qualificação jurídica* que o autor confere ao fato em que baseia a sua pretensão.[16]

Assim, *v.g.*, se o autor promove uma ação visando à anulação de uma escritura, alegando erro, e não obtém êxito, não pode, posteriormente, propor a mesma ação com base nos mesmos fatos, sob a invocação de que o que houve foi dolo. Nesta hipótese, o autor estaria apenas alterando a qualificação jurídica do fato e não a sua consequência jurídica que é o desfazimento do vínculo, mercê de repetir a mesma base fática, incidindo na vedação da repetição das ações à luz da *teoria da substanciação*.

A *causa petendi* ostenta, ainda, a função de limitar o juiz que não pode acolher o *pedido* por motivo diverso daquele que foi articulado; vale dizer: o juiz, ao sentenciar, não pode fundamentar o *decisum* em causa não articulada pelo demandante, ainda que por ela seja possível acolher o *pedido* do autor. Trata-se de decorrência do dever de o juiz decidir a lide nos limites em que foi proposta, sendo-lhe defeso conhecer de questões, não suscitadas, a cujo respeito a lei exige a iniciativa da parte

---

[13]   A esse respeito, consulte-se **Mauro Cappelletti** e **Bryant Garth**, *Acesso à Justiça*, 1988, e o nosso *Juizados Especiais*, 1996.

[14]   Essa a posição de **Frederico Marques**, *Instituições de Direito Processual Civil*, vol. II, 1971, p. 36, calcado nas lições de **Liebman**, *Corso*, cit., p. 64.

[15]   A doutrina que agrupava os vícios geradores da anulação do negócio jurídico está afastada do cenário doutrinário nacional e alienígena.
Nesse sentido, **Chiovenda**, ob. cit., p. 502, vol. I.

[16]   Nesse sentido **José Carlos Barbosa Moreira**, *O Novo Processo Civil Brasileiro*, 1995, p. 20-21.

(art. 141 do CPC).[17] Outrossim, a vedação aplica-se não só ao autor, mas, também, ao réu, de sorte que o juiz não pode conhecer matérias que seriam favoráveis ao demandado mas que dependem da sua iniciativa. Assim, *v.g.*, não é lícito ao juiz reconhecer *ex officio* uma exceção material em prol do réu, como, a exceção de usucapião ou a *exceptio inadimpleti contractus*. A proibição, como evidente, não se estende às matérias conhecíveis de ofício, *v.g.*, as questões formais (preliminares) ou as questões materiais apreciáveis, independentemente de iniciativa da parte, como, a "decadência" do direito, a "nulidade" dos atos jurídicos e as "objeções" em geral (art. 342, II, do CPC).[18]

Situação jurídica diversa é aquela que permite ao Tribunal, quando da apreciação do recurso, conhecer e acolher uma *causa de pedir* que "foi articulada", porém, não apreciada pelo juiz na sentença. É que o art. 1.013, e seus §§ 1º e 2º, do CPC[19] autorizam essa investigação pelo órgão *ad quem* por força da ampla devolutividade do recurso de apelação (*tantum devolutum quantum appellatum*), hoje dilargada pelos § 3º, I, do mesmo dispositivo e art. 938, §§ 1º e 2º, do CPC.[20]

Nesse mesmo sentido deve ser interpretado o disposto no art. 493 do CPC[21] que, na verdade, não autoriza a mudança da causa de pedir, mas antes impõe que o juiz leve em consideração, por ocasião da sentença, a causa alegada inicialmente porém somente verificada supervenientemente no curso do processo.[22-23]

Destaque-se, por fim, que a causa de pedir indica, com frequência, na prática judiciária, o fenômeno da conexão de ações. Assim, *v.g.*, se um contratante com base numa mesma infração contratual pleiteia, em ações diversas, a rescisão do vínculo e a condenação da parte adversa em perdas e danos, as referidas demandas serão conexas pela identidade da *causa petendi*.

---

[17] "**Art. 141**. O juiz decidirá o mérito nos limites propostos pelas partes, sendo-lhe vedado conhecer de questões não suscitadas a cujo respeito a lei exige a iniciativa da parte."

[18] "**Art. 342**. Depois da contestação, só é lícito ao réu deduzir novas alegações quando:
I – relativas a direito ou a fato superveniente;
II – competir ao juiz conhecer delas de ofício;
III – por expressa autorização legal, puderem ser formuladas em qualquer tempo e grau de jurisdição."

[19] "**Art. 1.013**. A apelação devolverá ao tribunal o conhecimento da matéria impugnada.
§ 1º Serão, porém, objeto de apreciação e julgamento pelo tribunal todas as questões suscitadas e discutidas no processo, ainda que não tenham sido solucionadas, desde que relativas ao capítulo impugnado.
§ 2º Quando o pedido ou a defesa tiver mais de um fundamento e o juiz acolher apenas um deles, a apelação devolverá ao tribunal o conhecimento dos demais.
§ 3º S o processo estiver em condições de imediato julgamento, o tribunal deve decidir desde logo o mérito quando:
I – reformar sentença fundada no art. 485; (...)"

[20] "**Art. 938**. A questão preliminar suscitada no julgamento será decidida antes do mérito, deste não se conhecendo caso seja incompatível com a decisão.
§ 1º Constatada a ocorrência de vício sanável, inclusive aquele que possa ser conhecido de ofício, o relator determinará a realização ou a renovação do ato processual, no próprio tribunal ou em primeiro grau de jurisdição, intimadas as partes.
§ 2º Cumprida a diligência de que trata o § 1º, o relator, sempre que possível, prosseguirá no julgamento do recurso.
(...)."

[21] "**Art. 493**. Se, depois da propositura da ação, algum fato constitutivo, modificativo ou extintivo do direito influir no julgamento do mérito, caberá ao juiz tomá-lo em consideração, de ofício ou a requerimento da parte, no momento de proferir a decisão.
Parágrafo único. Se constatar de ofício o fato novo, o juiz ouvirá as partes sobre ele antes de decidir."

[22] "Na teoria germânica da substanciação – *Substantiierungstheorie* – a *causa petendi* é identificada pelo fato constitutivo do direito, ao passo que para a corrente da individualização – *Individualisierungstheorie*, a relação de direito afirmada é o bastante para individualizar a ação sob o prisma causal" (**Ernesto Heinitz**, *I Limiti Oggetivi della Cosa Giudicata*, 1937, p. 146). Essa ótica influi na concepção da litispendência e da coisa julgada.

[23] Por isso, é possível que se reconheça a implementação do prazo para usucapir já no curso da lide (STJ – REsp 1.361.226-MG, Rel. Min. Ricardo Villas Bôas Cueva, Terceira Turma, j. 05.06.2018).

Parte III • III – ELEMENTOS DE IDENTIFICAÇÃO DAS AÇÕES | 205

4. ELEMENTO OBJETIVO – O PEDIDO[24]

O conflito intersubjetivo tem como móvel *um bem da vida*, que pode ser corpóreo ou incorpóreo, *v.g.*, uma coisa móvel, um imóvel, um estado civil, a condição jurídica de filho, uma prestação de alimentos *necessarium vitae*, uma quantia em dinheiro, juros de empréstimo, um imóvel alugado que se pretenda reaver, a recondução de um contrato comercial etc.

Ao demandar, o que o autor pretende é que esse *bem da vida* lhe seja atribuído pela palavra oficial do Estado-juiz. Por essa razão, em todo *pedido* formulado perante o Judiciário, destacam-se o "bem da vida pretendido" e a "providência jurisdicional" que se requer, razão pela qual, não basta, por exemplo, ao autor pedir, em juízo, que se lhe reconheça o direito de cobrar do réu a quantia emprestada e não devolvida. É mister que o Estado, além desse reconhecimento, imponha ao réu "o dever de restituir", com todas as consequências jurídicas de seu descumprimento, vale dizer, com juros, correção monetária etc. Sob o mesmo enfoque, não é suficiente ao locador afirmar a impontualidade no pagamento dos aluguéis, impõe-se pedir o despejo do inquilino faltoso.

O *pedido* que se formula em juízo engloba um *objeto* que se denomina *mediato* (que é exatamente esse bem da vida que se pretende) e um *objeto imediato* (que é a providência jurisdicional em si, que tanto pode ser uma condenação, uma sentença, uma declaração, com a autoridade e a imutabilidade constitutiva, que só a palavra oficial do Judiciário ostenta).

Diz-se, então, que o *pedido* é composto de um *objeto mediato* e outro *imediato* e que *duas ações são idênticas quando apresentam a mesma identidade em relação a ambos os objetos.*[25] Assim, *v.g.*, se Tício formular em juízo um pedido de proteção possessória em relação a um imóvel, esse não será idêntico a um futuro pedido de usucapião que venha a deduzir em relação ao mesmo bem porque as providências jurisdicionais têm conteúdos diferentes.

O *objeto mediato* – o *bem da vida* –, "pode encontrar-se em relação de mais ou menos com outro bem: é questão de fato averiguar caso por caso, se a negação de um compreende a negação do outro; quando o bem menor se pode conceber não só como *parte* do maior, mas também por si, a negação do bem maior não é necessariamente negação do bem menor".[26] Isto implica afirmar que, se o bem menor não tiver "vida própria" e for negado no contexto da decisão que dispuser sobre o bem maior, o autor não poderá repropor a ação veiculando como *objeto mediato* somente aquele bem menor, porque haverá identidade vedada pela coisa julgada.

Deveras, o *pedido* é uma declaração de vontade processual através da qual o autor deduz em juízo a sua pretensão, e nessa dedução enquadram-se a pretensão à tutela jurídica estatal (*objeto imediato*) e o *bem da vida* que o autor pretende (*objeto mediato*). Outra singularidade revela esse elemento de identificação das ações.

É que o *pedido*, por seu turno, qualifica a ação que o veicula, conferindo-lhe a mesma natureza jurídica. Assim, *v.g.*, se o pedido encerrar uma pretensão de declaração, a *ação será declaratória*; se visar à criação de um estado jurídico novo, a ação será *constitutiva;* será *condenatória*, se o objetivo for o reconhecimento de uma obrigação passível de execução forçada[27] contra o vencido.

Elemento de tamanha importância, o *pedido* tem como característica singular servir de parâmetro à atividade do juiz, adstringindo-lhe aos seus limites, e à atividade defensiva do réu, circunscrevendo a defesa. É, em resumo, o *pedido* objeto central do processo, sob o ângulo dos princípios dispositivo e do contraditório. Ambos os princípios gravitam em torno do *pedido*, e a ação e a sentença têm-no como "denominador comum".[28]

---

24 Acerca do tema, consulte-se, **Calmon de Passos**, *Comentários*, cit.
25 **Calamandrei** já afirmava que era da "coordenação e combinação entre os objetos mediato e imediato que nascia a exata identidade do *petitum*", *Instituciones de Derecho Procesal Civil segundo el Nuevo Código*, 1943, p. 212.
26 Nesse sentido a lição de **Chiovenda**, *Instituições* cit., vol. I, p. 494.
27 **Leo Rosenberg**, *Derecho Procesal Civil*, 1955, vol. III, p. 5.
28 **Frederico Marques**, ob. cit., vol. III, p. 49.

206 | CURSO DE DIREITO PROCESSUAL CIVIL • *Luiz Fux*

Em face dessa notável repercussão, o *pedido* deve apresentar *requisitos indispensáveis* sob pena de o juiz não o apreciar.

O *pedido deve ser,* principalmente *juridicamente possível,* isto é, não vetado pela lei. Assim, *v.g.,* não se pode pretender, em juízo, formular um pedido petitório quando em curso uma ação possessória (art. 557 do CPC).[29] A afronta ao veto legal caracteriza a *improcedência liminar do pedido* e autoriza a extinção do processo com resolução do mérito.

Assim, *v.g.,* a parte que adquire o direito litigioso transfigura-se de parte ilegítima para parte legítima.

O pedido por outro lado, deve ser *congruente* ou *coerente,* isto é, da narrativa dos fatos deve decorrer, logicamente, a pretensão que se deduz. Assim, *v.g.,* se a *parte* autora narra na petição inicial uma situação jurídico-material reveladora de vícios que causam a anulação do negócio jurídico, manifesta-se incoerente que, ao final, peça a condenação do réu ao pagamento de parcela oriunda do referido vínculo. A incongruência acarreta a extinção do processo no nascedouro por indeferimento da petição inicial (art. 330, § 1º, inciso III, do CPC).[30]

Outrossim o *pedido deve ser certo e determinado,* no sentido de que o autor não pode deixar qualquer margem de dúvidas sobre o que pretende. *Certo* é o *pedido* quanto ao *bem da vida* pretendido e à providência escolhida. *Determinado* é o *pedido* no que pertine à sua extensão. Em suma, o autor deve explicitar *o que pretende e em que quantidade.*

Assim, por exemplo, é ilegal a fórmula utilizada nalgumas petições iniciais nas quais o ator postula a condenação do réu em "perdas e danos" sem explicitar os danos e as perdas. A razão é simples: os *pedidos* como manifestações de vontade que são, interpretam-se restritivamente, de sorte que qualquer omissão implica a necessidade de emenda da petição inicial ou, senão, de propositura de outra ação, porque "não há conteúdo virtual" nos pedidos.

Além disso, o Código indica que a interpretação deve ser feita à luz do conjunto da postulação (art. 322, § 2º),[31] isto é, nos limites da petição inicial, o que autoriza a leitura do magistrado do pedido eventualmente indicado no tópico próprio à luz da causa de pedir descrita anteriormente. Essa previsão prestigia a cooperação esperada pelo legislador e a efetividade, que exige que o processo garanta ao vencedor tudo aquilo que tem direito, desde que o tenha pleiteado, ante o princípio dispositivo.

Somente em casos excepcionais, permite-se ao juiz considerá-los *implícitos* (arts. 322, § 1º, 323, 82, § 2º, e 85, § 17, do CPC).[32] Nesse sentido, considera-se incluída no pedido principal a condenação do vencido ao pagamento das custas, honorários e juros legais (art. 322, § 1º).[33] Influência inequívoca do princípio da *economia processual,* ocorre nas obrigações de trato sucessivo

---

[29] **"Art. 557**. Na pendência de ação possessória é vedado, tanto ao autor quanto ao réu, propor ação de reconhecimento do domínio, exceto se a pretensão for deduzida em face de terceira pessoa.
Parágrafo único. Não obsta à manutenção ou à reintegração de posse a alegação de propriedade ou de outro direito sobre a coisa."

[30] **"Art. 330**. A petição inicial será indeferida quando: (...)
§ 1º. Considera-se inepta a petição inicial quando: (...)
III – da narração dos fatos não decorrer logicamente a conclusão; (...)"

[31] **"Art. 322**. O pedido deve ser certo. (...)
§ 2º A interpretação do pedido considerará o conjunto da postulação e observará o princípio da boa-fé."

[32] **"Art. 323**. Na ação que tiver por objeto cumprimento de obrigação em prestações sucessivas, essas serão consideradas incluídas no pedido, independentemente de declaração expressa do autor, e serão incluídas na condenação, enquanto durar a obrigação, se o devedor, no curso do processo, deixar de pagá-las ou de consigná-las."
"Art. 82. § 2º A sentença condenará o vencido a pagar ao vencedor as despesas que antecipou. (...)"
"Art. 85. A sentença condenará o vencido a pagar honorários ao advogado do vencedor.
§ 17. Os honorários serão devidos quando o advogado atuar em causa própria."

[33] **"Art. 322**. O pedido deve ser certo.
§ 1º Compreendem-se no principal os juros legais, a correção monetária e as verbas de sucumbência, inclusive os honorários advocatícios."

Parte III · III – ELEMENTOS DE IDENTIFICAÇÃO DAS AÇÕES | 207

exigíveis em juízo, porquanto vencida a primeira, a sentença condenatória pode incluir as que se vencerem no curso da lide, evitando que a cada inadimplemento uma nova ação tenha que ser proposta. Nesse particular, o legislador considera o estado de ânimo dos litigantes, presumindo que, se o obrigado deixou de pagar a primeira parcela, certamente, restará inadimplente quanto às vincendas. Entretanto, a exegese do dispositivo exige que se limite essa chancela às obrigações que se vencerem até a sentença, de sorte que, daí por diante, somente por nova demanda poderá advir a condenação, não restando lícito nem ao tribunal, nem ao juiz, na liquidação da sentença, fazer incluir prestações supervenientes.

Esse fenômeno é que caracteriza os *pedidos implícitos* e sua exegese restritiva comprova que o direito brasileiro inadmite "condenação implícita" porque situação diversa daquela ora retratada. Em consequência, não se pode executar aquilo que não for contemplado na sentença sob a invocação de que o executável restou implicitamente consagrado.

Não obstante a necessidade de formular *pedido certo e determinado*, há casos em que essa exigência se torna impossível para o autor no momento da propositura, de tal sorte que exigir essa formalidade implicaria negar justiça imediata. Nessas hipóteses, o próprio Código admite as exceções enunciadas no art. 324 do CPC, após estabelecer a *obrigatoriedade da determinação e certeza do pedido*, admite-o *genérico*: (I) nas *ações universais*, se não puder o autor individualizar na petição os bens demandados; (II) não for possível determinar, de modo definitivo, as *consequências do ato ou do fato ilícito*; (III) quando a *determinação do valor da condenação* depender de ato que deva ser praticado pelo réu.

No primeiro caso, o pedido do autor dirige-se a uma *universalidade* de bens, *v.g.*, uma pretendida herança, um rebanho, uma biblioteca; no segundo caso legal, não é legítimo impor-se ao autor lesado fazer aguardar que o ato ilícito produza todas as suas consequências para somente após, ingressar em juízo, sendo lícito postular o acertamento da responsabilidade, relegando para liquidação da sentença a quantia devida. Na última hipótese, a própria previsão indica que é necessário um ato que o réu, por obstinar-se em não praticá-lo, impede o autor de estimar a quantia devida, *v.g.*, na ação de prestação de contas em que o saldo somente pode ser conhecido após a demonstração contábil pelo demandado. Entretanto, em todos esses casos, apenas o *quantum* devido é relegado para o processo posterior de liquidação, sendo exigível ao autor explicitar "o que pretende". Essa razão pela qual, nos *pedidos genéricos*, o autor deve expor e comprovar o *an debeatur* postergando apenas, o *quantum debeatur*, para ulterior oportunidade.[34]

Mister, entretanto, assinalar que, se o autor puder, deve o quanto possível formular *pedido líquido*, ainda que em caráter eventual, para a hipótese de o juiz acolhê-lo, evitando, assim, uma duplicação de processos, como ocorre com a posterior *liquidação de sentença*. A prática judiciária, revela casos em que, nas ações decorrentes de acidentes de veículos, os próprios autores instruem os seus pedidos com vários orçamentos de oficinas de consertos de automóveis e o juiz, ao proferir a *sentença líquida*, elege um deles como *valor médio*. Outrossim, é possível que o juiz não se convença do *quantum* pleiteado, hipótese em que poderá converter o julgamento em diligência para apurar o *quantum debeatur*, julgar o *pedido* procedente em parte, mas não lhe legitimar julgá-lo totalmente improcedente porque o valor não fora comprovado.

O *pedido*, por seu turno, comporta as seguintes *espécies*: (I) *pedido alternativo*; (II) *pedido subsidiário*; (III) *pedido sucessivo*; (IV) *pedido de prestação indivisível*; e (V) *pedido cominatório*.

Pedido alternativo é aquele no qual se pleiteia em juízo um dentre dois ou mais bens da vida (uma coisa *ou* outra) e, portanto, prestações "disjuntivas"[35] e deriva da natureza da obrigação na qual figura como *objeto mediato* da pretensão a uma "ordem" de acolhimento de vários *pedidos*

---

[34] Como bem preleciona **José Alberto dos Reis**, "... o pedido genérico implica numa cisão de fases processuais sucessivas: a primeira destinada à apreciação genérica da responsabilidade (*an debeatur*) a segunda à liquidação da indenização. Quer dizer, o pedido genérico implica a necessidade de duas ações ou dois processos sucessivos: no primeiro decide-se se o réu deve, no segundo apura-se quanto deve" (*Comentários ao Código de Processo Civil*, 1946, vol. 3, p. 171).

[35] A expressão é de **José Alberto dos Reis**, ob. e p. cits.

para a hipótese de impossibilidade de atendimento da postulação principal. O *pedido* também diz-se *alternativo* quando a própria obrigação assumida pelo demandado no plano extrajudicial é alternativa, em que o devedor pode satisfazê-la mediante o cumprimento de uma dentre duas prestações ou mais assumidas.[36] Assim, *v.g.*, é alternativa a obrigação de pagar uma quantia *ou* entregar determinada coisa no prazo estipulado. Ocorrendo o inadimplemento, é lícito ao autor pleitear a condenação do réu ao pagamento de uma das duas prestações. Nesse caso, a sentença condenatória, se procedente, deverá contemplar o vencedor, com a *condenação alternativa*, que se individualizará, no momento da execução, oportunidade em que o credor – vencedor – exequente esclarecerá qual delas pretende (arts. 325 e 497 do CPC).[37]

As obrigações alternativas, exatamente porque encartam duas prestações *in obligatio* e apenas uma *in solutio*, impõem, nesse último momento obrigacional, efetivar-se a escolha – *ius eligendi* – a qual, negocialmente, pode caber ao devedor ou ao credor. Competindo a escolha ao credor, ele pode formular no processo de conhecimento o *pedido certo* quanto à prestação eleita e que não foi cumprida pelo devedor (art. 325, *contrario sensu*), ou, permite-lhe a lei que essa escolha seja engendrada quando do cumprimento da sentença (art. 498, parágrafo único).[38]

Incidindo a escolha na pessoa do devedor, o *ius eligendi* é preservado na sentença ainda que o autor-credor formule *pedido certo*, sem que isso implique imputar-se ao juiz *error in procedendo* consistente no julgamento *extra petita*. É que a regra da adstrição do juiz ao pedido do autor é ditada em prol do réu e raciocínio inverso, *in casu*, chancelaria a ilegalidade cometida pelo demandante em escolher *pedido certo* quando deveria tê-lo feito *alternativo*. Ademais, essa interpretação seria contrária ao beneficiário protegido pela norma, como se colhe do art. 325.

Essa garantia processual é reforçada pelos preceitos da execução e do cumprimento da sentença (art. 498, parágrafo único, do CPC), impondo-se um procedimento "prévio" de escolha antes da prática dos atos de satisfação, inerentes a essa forma de tutela jurisdicional. Ademais, o processo de execução realiza-se da forma menos onerosa para o devedor, é-lhe lícito assim, na execução, invocar o seu direito de escolha ainda que não o tenha formulado no processo de conhecimento. Inacolhível, portanto, o argumento calcado na preclusão do *ius eligendi* no processo de conhecimento, e na impossibilidade de se executar o que não contempla a condenação. Por vezes não consta da sentença que quando a coisa não puder ser entregue, a execução transmuda-se em perdas e danos, e, apesar disso, esta medida é a única solução para evitar que se frustre a execução diante do perecimento ou deterioração da coisa (art. 809, § 1º, do CPC).[39]

---

[36] Consoante a lição sempre atual de **Eduardo Espínola**, "na obrigação alternativa todos os objetos que nela se incluem são devidos, embora o pagamento de um só extinga a relação jurídica *duae res sunt in obligatione, sed una tantum in solutione*".

[37] "**Art. 325**. O pedido será alternativo, quando, pela natureza da obrigação, o devedor puder cumprir a prestação de mais de um modo.
Parágrafo único. Quando, pela lei ou pelo contrato, a escolha couber ao devedor, o juiz lhe assegurará o direito de cumprir a prestação de um ou de outro modo, ainda que o autor não tenha formulado pedido alternativo."
"**Art. 497**. Na ação que tenha por objeto a prestação de fazer ou de não fazer, o juiz, se procedente o pedido, concederá a tutela específica ou determinará providências que assegurem a obtenção de tutela pelo resultado prático equivalente.
Parágrafo único. Para a concessão da tutela específica destinada a inibir a prática, a reiteração ou a continuação de um ilícito, ou a sua remoção, é irrelevante a demonstração da ocorrência de dano ou da existência de culpa ou dolo."

[38] "**Art. 498**. Na ação que tenha por objeto a entrega de coisa, o juiz, ao conceder a tutela específica, fixará o prazo para o cumprimento da obrigação.
Parágrafo único. Tratando-se de entrega de coisa determinada pelo gênero e pela quantidade, o autor individualizá-la-á na petição inicial, se lhe couber a escolha, ou, se a escolha couber ao réu, este a entregará individualizada, no prazo fixado pelo juiz."

[39] "**Art. 809.** O exequente tem direito a receber, além de perdas e danos, o valor da coisa, quando essa se deteriorar, não lhe for entregue, não for encontrada ou não for reclamada do poder de terceiro adquirente.
§ 1º Não constando do título o valor da coisa e sendo impossível a sua avaliação, o exequente apresentará estimativa, sujeitando-se ao arbitramento judicial.
§ 2º Serão apurados em liquidação o valor da coisa e os prejuízos."

O *pedido* diz-se *eventual* quando o autor o formula como pedido subsidiário para a hipótese de impossibilidade de atendimento do pedido dito principal. O desígnio do autor nesse caso é diferente do que ocorre na hipótese anterior e, por essa razão, há uma *"ordem de apresentação"* dos pedidos e não apenas uma alternativa, sendo certo que ao demandante é preferente o atendimento do pedido principal, formulado o outro, o denominado "subsidiário", apenas para o caso de não ser possível a realização do primeiro.[40] Consequentemente, inatendida a ordem de apresentação dos pedidos em sendo possível, há *error in procedendo* e o autor pode recorrer da sentença que contemplou em seu favor pretensão parcialmente diversa da que fora primacialmente requerida. Impõe-se esclarecer que o pedido alternativo ou eventual não infirma a regra de que este deve ser certo e determinado, porque ele o é quanto aos objetos mediatos de ambas as pretensões deduzidas, mercê de determinável no momento da *solutio* judicial.

É nesse sentido que a lei admite que o autor formule mais de um pedido, *em ordem sucessiva*, para que o juiz conheça o posterior, caso seja impossível o acolhimento do anterior (art. 326 do CPC).[41]

Essa formulação, apesar de, a princípio, parecer uma alternativa, representa hipótese *sui generis*, uma vez que não decorre de um negócio jurídico de natureza alternativa, senão de um resultado provável do processo, por força de fatos da realidade prática.[42] Exemplificativamente, o autor pode formular, em ordem sucessiva, pedido de entrega da coisa, ou o seu equivalente em dinheiro se a *res* não mais existir, rescisão do negócio jurídico com perdas e danos, ou somente a aplicação de multa sem o desfazimento do contrato acaso o juízo entenda a infração como incidente em uma das duas sanções pleiteadas na inicial. Nesse mesmo sentido, o clássico exemplo de a coisa recebida apresentar vícios redibitórios ou defeitos ocultos, hipótese em que a lei material admite que o adquirente possa propor, em face do alienante, em caráter eventual, a ação *quanti minoris*, ou a ação redibitória. Em todos esses casos, há uma *ordem* na apresentação dos pedidos, razão pela qual o juiz deve obedecê-la, de tal forma que se considera ilegal a decisão que conceder o pedido posterior, em sendo possível acolher o pedido anterior (*error in procedendo*), reparável por meio do recurso cabível da sentença que é a apelação.

Impende considerar, ainda, que o acolhimento do pedido posterior pressupõe a impossibilidade *prática* e material de atendimento do anterior, razão pela qual, se este não puder ser apreciado por uma questão formal do processo, automaticamente o posterior também não o será.

O acolhimento a que se refere a lei como autorizativo a suplantar-se a ordem escolhida pelo autor pertine ao ângulo prático e não à admissibilidade formal da postulação. Raciocínio diverso impediria o autor de ver reconhecido o seu direito ao primeiro pedido, na medida em que o atendimento ao segundo retirar-lhe-ia a possibilidade de voltar a juízo perseguindo-o, por falta de interesse processual, porquanto de alguma forma (ainda que não a desejada), o Judiciário atendera sua pretensão com o deferimento da pretensão sucessiva. Ademais, a carência quanto ao primeiro pedido, por via oblíqua, teria uma eficácia equiparável às decisões de mérito por força da impossibilidade de reposição do pedido, o que não é trivial em se tratando de sentença terminativa. Assim, se denegado o primeiro pedido por questão formal e atendido o segundo, o autor "mantém o interesse em recorrer" da sentença para ver acolhido o pleito preferente.

É assente que, não obstante o fato de o pedido alternativo, em suas modalidades ora expostas, implicar o atendimento de apenas "um deles", a formulação das pretensões submete-se às regras da *cumulação de pedidos*, posto que, em essência, no plano ideal, há pluralidade de bens em jogo. Por essa razão, o procedimento e a competência do juízo devem ser observados em relação a ambos os

---

40 **Calmon de Passos**, *Comentários*.

41 **"Art. 326**. É lícito formular mais de um pedido em ordem subsidiária, a fim de que o juiz conheça do posterior, quando não acolher o anterior."

42 **José Alberto dos Reis** afirma que essa alternatividade implica existir um "pedido subsidiário" para ser tomado em consideração somente no caso de não proceder o pedido anterior, como no exemplo abaixo da rescisão ou multa (*Comentários ao Código de Processo Civil*, 1946, vol. 3, p. 126). *Idem* **Chiovenda**, *Principii di Diritto Processuale Civile*, 1928, p. 1.131.
    É a denominada "cumulação eventual" de pedidos a que se refere **Barbosa Moreira**, cit.

pedidos; não assim a compatibilidade, uma vez que a pretensão final dirige-se apenas a um deles (art. 327 e parágrafos do CPC),[43] sendo mesmo inconciliável pretender os dois pedidos.

Pedido sucessivo é aquele para cujo atendimento pressupõe-se o acolhimento do anterior por lhe ser condicionante. Essa modalidade enseja uma *cumulação sucessiva* de pedidos devendo ambos ser atendidos; com a ressalva de que, acolhido o anterior, nem sempre será acolhido o posterior. Entretanto, se desacolhido o anterior, automaticamente estará desacolhido o posterior. Exemplos clássicos de pedidos sucessivos são os da ação de investigação de paternidade cumulada com petição de herança e o de rescisão da escritura de aquisição de imóvel com pedido de reintegração de posse. Em ambos os casos, os pedidos posteriores dependem do acolhimento dos anteriores, os quais se negados, geram a improcedência dos segundos.[44]

A possibilidade de formulação de pedidos sucessivos tem como fundamento a *economia processual*, uma vez que, do contrário, ter-se-ia que aguardar a procedência quanto ao pedido pressuposto para, após, promover-se a demanda que tenha por objeto o pedido sucessivo.

Denomina-se também "pedido sucessivo" a hipótese em que, entre os pedidos, há relação de acessoriedade. Assim, *v.g.*, o pedido de juros é acessório e, portanto, sucessivo ao pedido de acolhimento principal. A diferença é que a pretensão acessória não tem vida própria em relação à pretensão principal, ao passo que o pedido sucessivo puro sobrevive independentemente daquele que lhe é pressuposto. Assim, *v.g.*, a pretensão à reintegração de posse subsiste independentemente do pedido de rescisão de escritura porque pode ter *causa petendi* outra, ao passo que não pode haver juros sem que haja uma obrigação principal.

Destarte, o *pedido sucessivo* difere do *pedido subsidiário* porque, no primeiro, o acolhimento do pedido posterior depende do acolhimento do anterior, ao passo que, quanto ao pedido *subsidiário*, o seu acolhimento depende exatamente do desacolhimento do que lhe antecede, daí sua subsidiariedade na ordem estabelecida pelo autor.

Consideram-se, ainda, sucessivos, os *pedidos implícitos* como os honorários em relação ao pedido de procedência e as prestações vincendas quanto às vencidas,[45] nas obrigações de trato sucessivo (art. 323 do CPC).

Afora esses casos "textuais", não é lícito entrever pedido implícito, *v.g.*, o de reintegração de posse quando desconstituído o título aquisitivo a pretexto da aplicação da regra de que as partes devem ser restituídas ao estado em que antes se encontravam, por força da desconstituição do ato jurídico perpetrado.[46] O pedido possessório, *in casu* pressupõe formulação explícita.

---

[43] "**Art. 327**. É lícita a cumulação, em um único processo, contra o mesmo réu, de vários pedidos, ainda que entre eles não haja conexão.

§ 1º São requisitos de admissibilidade da cumulação que:

I – os pedidos sejam compatíveis entre si;

II – seja competente para conhecer deles o mesmo juízo;

III – seja adequado para todos os pedidos o tipo de procedimento.

§ 2º Quando, para cada pedido, corresponder tipo diverso de procedimento, será admitida a cumulação se o autor empregar o procedimento comum, sem prejuízo do emprego das técnicas processuais diferenciadas previstas nos procedimentos especiais a que se sujeitam um ou mais pedidos cumulados, que não forem incompatíveis com as disposições sobre o procedimento comum.

§ 3º O inciso I do § 1º não se aplica às cumulações de pedidos de que trata o art. 326."

[44] A hipótese é de improcedência e não de carência, como supunha **José Frederico Marques**, *Instituições*, cit., p. 57. No mesmo equívoco incidia **Pontes de Miranda**, *Comentários ao Código de Processo Civil*, 1948, vol. III, t. I, p. 9.

[45] Nesse sentido, o Superior Tribunal de Justiça possui jurisprudência pacífica: "Como as prestações são de trato sucessivo, as quotas vincendas fazem parte do pedido independentemente de declaração expressa do autor. Se não fossem incluídas as parcelas na condenação, o credor seria forçado a ajuizar uma demanda a cada prestação que vencesse, em desprestígio aos princípios da economia processual e da razoabilidade" (REsp 155.714-ES, Rel. Min. Sálvio de Figueiredo, j. 16.11.1999).

[46] A esse respeito consulte-se o brilhante estudo de **Ovídio Baptista**, *A Ação de Imissão de Posse no Direito Brasileiro Atual*, 1981, p. 193.

4.1 Pedido de prestação indivisível

A obrigação indivisível é aquela cuja prestação não pode ser fracionada devendo ser cumprida no seu todo; sendo certo que, havendo pluralidade de credores, qualquer deles pode pedir o cumprimento integral, mas somente poderá levantar aquilo que lhe pertence, respeitados os quinhões dos demais. O princípio é o mesmo aplicável à composse ou à copropriedade em que qualquer dos titulares da relação jurídica pode reivindicar a coisa comum, individualmente, sem que excluam a posse ou o domínio dos demais.

Essa indivisibilidade da prestação objeto da obrigação pode decorrer da natureza do bem, da lei ou do contrato.

A obrigação indivisível em princípio não apresenta peculiaridades quando a ação que reivindica o seu cumprimento é movida por credor singular titular do direito de crédito.

Entretanto, havendo *pluralidade de credores*, a *legitimatio* de qualquer deles para promover a demanda isoladamente suscita a questão da entrega do quinhão dos remanescentes que não tiveram *a iniciativa da ação* processual. Nesse caso, como aqueles não estavam obrigados a promover a ação em conjunto – litisconsórcio facultativo –, nem por isso ficam de fora do produto da obrigação cuja exigibilidade restou acertada judicialmente.

A lei os contempla, ressalvando-lhes o direito, ao dispor que: "na obrigação indivisível com pluralidade de credores, aquele que não participou do processo receberá a sua parte, deduzidas as despesas na proporção do seu crédito" (art. 328 do CPC). Trata-se de uma extensão subjetiva do julgado e portanto exceção à regra *res judicato aliis no nocet* (art. 506 do CPC) que permite ao credor concorrente que não acionou, aproveitar-se daquilo que foi fruto do trabalho do cotitular do crédito. Entretanto, para evitar o enriquecimento sem causa, ele participa das despesas processuais, deduzindo-as, proporcionalmente, do quinhão a receber. Aquele que moveu a ação e formulou um pedido *integral* somente poderá proceder ao levantamento *parcial*. Trata-se, como se vê, de um tema que confina com o instituto do "litisconsórcio", apesar de versado, também, pelo Código de Processo, no capítulo referente aos pedidos, sendo uma exceção à regra de que o juiz só pode conceder aquilo que foi pedido em face de quem pediu. Os cotitulares, malgrado não tenham formulado pedido, podem satisfazer-se na execução, sem prévia cognição especificamente a eles, muito embora exibam na fase de satisfação o título jurídico que lhes confere legitimação para receber.

4.2 Pedido cominatório

O *pedido cominatório* é o resultante da cumulação da pretensão do credor de cumprimento da obrigação com uma pretensão sucessiva de aplicação de sanção pecuniária (multa) contínua para a hipótese de descumprimento da obrigação, cuja incidência cessa apenas com o adimplemento. Trata-se de meio de coerção diverso da *multa moratória* e da *multa compensatória*, porque instantâneas, sendo certo que a segunda substitui a obrigação principal.

A *cominação* ora vem inserida no próprio negócio jurídico, ora inaugurada com o pedido inicial. Em obediência ao princípio que veda a autotutela, a referida sanção incide após a aferição de sua legitimidade pela decisão judicial. Assim, não se pode pedir em juízo, pura e simplesmente, a cobrança de *pena pecuniária* pelo inadimplemento da obrigação, senão pleitear *a condenação ao cumprimento da obrigação sob pena de incidência* dessa medida de apoio, a qual tornar-se-á operativa após o prazo concedido na decisão judicial para o adimplemento.

A finalidade da *cominação*, como se verifica, é fazer com que o devedor, intimado pelo valor resultante da incidência da multa, cumpra a obrigação. Aliás, não é por outra razão que no momento mesmo em que o devedor atende à obrigação, cessa essa multa, computando-se, entretanto, como quantia devida, todo o valor que venceu até então. Consectário lógico é que, esse meio de compelir o devedor ao cumprimento da obrigação não a substitui, mas, ao contrário, reforça-a,[47]

---

[47] Segundo ponderável corrente doutrinária, a adoção da técnica da coerção pelo juízo aproxima o Direito brasileiro da técnica francesa das *astreintes* e das severas sanções do Direito inglês denominadas de *Contempt of Court*, decorrentes do atentado que representa o descumprimento de uma ordem judicial (**Liebman**, *Processo de Execução*, 1946, p. 337-338).

por isso considerada, medida de apoio ou meio de coerção, como consagrado no art. 537, do CPC. É que a técnica legislativa é conducente ao cumprimento coacto da obrigação, o que justifica sua denominação de "meio de coerção".

A utilização desse *meio de coerção* pressupõe, em princípio, a impossibilidade de alcançar-se aquela mesma utilidade que o credor obteria se o devedor cumprisse voluntariamente a obrigação. Isto porque a finalidade da jurisdição, inclusive em prol de seu próprio prestígio, é conferir àquele que se utiliza do processo o mesmo resultado prático que alcançaria se a obrigação tivesse sido cumprida (tutela específica).

Iluminado pelo ideal de efetividade, o processo deve dar à parte aquilo e justamente aquilo a que ela faz jus. Para esse fim, inúmeras vezes o processo vale-se de técnicas que o permitem alcançar esse desígnio. Assim, *v.g.*, se o devedor não paga a quantia devida, o Estado expropria seus bens, vende-os, e com o produto da alienação paga ao credor. Observe-se que, neste caso, o Estado não precisa intimidar o devedor; ao revés, prescinde dele e o substitui no cumprimento da obrigação, satisfazendo o credor com a entrega da quantia devida, através do "devido processo". Outrossim, da mesma forma como o credor, se assim fosse possível, invadiria o patrimônio do devedor para pagar-se, o Estado-juiz, munido de sua soberania e sob o manto da legalidade e da autoridade, assim procede. Essa técnica de substituir o devedor e, através de meios equivalentes, satisfazer o credor, denomina-se "meio de sub-rogação".

Em todas as hipóteses em que funcionam com eficiência os *meios de sub-rogação* torna-se, em princípio, desnecessária a utilização dos *meios de coerção*. A razão é simples: uma vez que ambos visam ao cumprimento da obrigação e, sendo possível alcançar esse desígnio com a sub-rogação, não há interesse, no sentido mais amplo do vocábulo, em "intimidar-se" o devedor. O próprio Estado suplanta-o, satisfazendo a obrigação às expensas do obrigado.

Em consequência, tem-se que o campo do *pedido cominatório* é fértil nas obrigações nas quais os meios de sub-rogação nem sempre permitem a satisfação do credor por obra do Estado. Sob esse enfoque, forçoso relembrar que as obrigações, conforme a natureza da prestação, podem incidir sobre o patrimônio do devedor ou sobre sua atividade. Na primeira hipótese, estamos no âmbito das *obrigações de dar*, cuja característica *mater* é a sua incidência sobre o patrimônio do devedor. O Estado, então, em caso de inadimplemento, subtrai o bem do mesmo e o entrega ao credor, funcionando, com notável eficiência, os *meios de sub-rogação*.[48]

Tratando-se de obrigação cuja prestação reclama uma atuação ou inação do devedor, modifica-se a expectativa do credor, porque, nesses casos, o vínculo incide sobre um "comportamento" dependendo, a satisfação do credor, nessas hipóteses, da colaboração do obrigado. É categoria das denominadas *obrigações de fazer e de não fazer*.

A atividade do devedor pode ser fungível; isto é, daquelas em que terceiro pode substituí-lo, *v.g.*, confeccionar um armário ou edificar um muro. Nesses casos, havendo inadimplemento e considerando que a pretensão do credor é dirigida ao *resultado* da obrigação, ele, o credor, pode escolher para cumprir a prestação, razão pela qual, é possível ao Estado-juiz satisfazê-lo através de "meios de sub-rogação" consistentes na escolha e determinação de que esse *extraneus* cumpra a obrigação às expensas do devedor. Nessa hipótese, o Estado autoriza que um terceiro execute a obra que caberia ao devedor inadimplente e que as despesas realizadas nesta execução sejam cobradas pelo credor que as adiantou, consoante se extrai do art. 817 do CPC.

Casos há, entretanto, em que o objetivo do credor não é o resultado da prestação propriamente dita, mas que esta seja fruto do trabalho de determinado devedor. Diz-se, então, que a obrigação é contraída em razão das qualidades pessoais do *solvens* e portanto *intuitu personae*, interessando ao credor que *aquele* determinado *devedor realize a prestação*.

---

[48] Exatamente por essa razão é que o Supremo Tribunal Federal sumulou o entendimento constante do verbete de nº 500 no sentido de que não cabe ação cominatória para compelir-se o réu à obrigação de dar, preceito hoje superado pela previsão genérica de multa cominatória, além da cláusula de atipicidade estampada no art. 139, IV.

Nessas hipóteses, assume relevância a colaboração do devedor no cumprimento da obrigação.[49]

É de sabença que remonta à evolução histórica das consequências do inadimplemento das obrigações a paulatina exoneração do devedor à submissão aos métodos mais enérgicos para obrigá-lo ao cumprimento. Uma rápida afirmação permitiria-nos afirmar, sem compromisso com estágios históricos intermediários, que, nessa evolução, o devedor foi considerado desde objeto de penas corporais até *digno de piedade*.

Nesse último aspecto, por influência do ideário liberal burguês, assentou-se o princípio de que o devedor não poderia ser coagido ao cumprimento da obrigação, gerando uma paradoxal situação jurídico-material de prestígio ao inadimplemento *in natura*,[50] resolvendo-se o descumprimento das obrigações em perdas e danos.

A influência da doutrina obrigacional francesa, responsável também pela concepção "liberal" do inadimplemento, remediou a sua pretérita condescendência com os devedores e instituiu a figura das "astreintes" como *meios de coerção* capazes de vencer a obstinação do devedor ao não cumprimento das obrigações, principalmente naquelas prestações em que a colaboração do mesmo impõe-se pela natureza *personalíssima* da prestação. A *multa diária* apresenta, assim, origem e fundamento nas obrigações em que o atuar do devedor é imperioso, mercê de não se poder compeli-lo a cumprir aquilo que só ele pode fazer – *nemo potest cogi ad factum*.

Em primeiro lugar, o legislador confinou o *meio de coerção* às obrigações dependentes de fato a ser prestado pelo devedor nesse caso, muito embora tenha instituído uma submodalidade de multa na obrigação de pagar quantia certa (art. 523, §§ 1º a 3º, do CPC).

Em segundo lugar, o legislador parece ter tornado obrigatória a incidência da *pena* (leia-se: meio de coerção) *nas obrigações de fazer e não fazer*, sem prejuízo de a remissão aos arts. 497 e 498 esclarecer que a pena pecuniária incide também nas ordens oriundas de antecipação de tutela e da sentença final.

Desta sorte, expedido o provimento antecipatório sob coerção, a pena vai incidindo até que o mesmo seja cumprido, computando-se como quantia certa que se vai somando.

A eventual revogação da tutela implica crédito a favor daquele que de início sofreu a incidência do provimento antecipatório, nos mesmos moldes em que são a eles conferidos perdas e danos liquidados e exigíveis no mesmo processo, acaso reverta a situação criada pela decisão antecipatória.

Imperioso considerar que a razão dessa obrigatoriedade diz respeito à utilidade da prestação jurisdicional. Conforme vimos, há obrigações que dependem necessariamente da colaboração do devedor para seu adimplemento porque o Estado não dispõe de meios de sub-rogação para substituí-lo, como sói ocorrer com as obrigações personalíssimas, *v.g.*, a de um pintor famoso retratar uma paisagem ou a de um artista realizar um recital etc. Nesses casos, não havendo a pena pecuniária, a tutela jurisdicional tende a cair no vazio porque se o devedor não cumprir a prestação subjetivamente infungível, a decisão judicial representará um *"nada jurídico"*. O *meio de coerção* é, assim, a única fonte intimidatória capaz de fazer com que o devedor vencido cumpra a obrigação.

Essa compulsoriedade reforça-se à luz do *princípio da especificidade da tutela*.[51] Por isso, as condenações devem ser *in natura*, concedendo a mesma prestação contraída e não cumprida, resolvendo-se em perdas e danos apenas excepcionalmente ou quando o credor o requeira.

Entretanto, é lícito ao credor requerer que o devedor cumpra a obrigação personalíssima ou pague perdas e danos, hipótese em que a utilidade da prestação jurisdicional subsiste.

---

[49] Quando a obrigação de fazer é fungível no processo de execução forçada é possível obter a prestação *in natura* (**Luigi Montesano**, *La Condanna nel Processo Civile*, 1957, p. 94). No sentido de que a obrigação de fazer fungível visa "a um determinado resultado" é a expressiva lição de **Luís Eulálio Bueno Vidigal**, *Da Execução Direta das Obrigações de Prestar Declaração de Vontade*, 1990, p. 12.

[50] Nesse sentido, são magníficas as exposições de **Giuseppe Borrè**, *Esecuzionne Forzata degli Obblighidi Fare e di non Fare*, 1966, p. 11.

[51] "**Art. 497**. Na ação que tenha por objeto a prestação de fazer ou de não fazer, o juiz, se procedente o pedido, concederá a tutela específica ou determinará providências que assegurem a obtenção de tutela pelo resultado prático equivalente."

214 | CURSO DE DIREITO PROCESSUAL CIVIL • *Luiz Fux*

Por outro lado, como a regra é a *especificidade*, mesmo nas hipóteses de prestações ditas fungíveis, isto é, que possam ser prestadas por terceiro, é lícito ao credor reforçar o vínculo com o *meio de coerção*.

Conciliando todos esses aspectos suscitados pela lei e pela doutrina, poder-se-ia sintetizar a incidência do *meio de coerção* denominado *pena pecuniária* da seguinte forma:[52] n*as obrigações de dar*, 'em princípio', não incide a pena pecuniária uma vez que o Estado logra satisfazer o credor através do meio de sub-rogação consistente na invasão do patrimônio do devedor e posterior entrega da coisa ao credor, seja quantia certa, bem móvel ou imóvel. A ressalva, "em princípio", decorre da Lei dos Juizados Especiais que contemplou essa possibilidade no art. 52, inciso V, da Lei nº 9.099/95,[53] contrariando o teor da Súmula nº 500 do STF,[54] e, para parcela da doutrina, pelo art. 139, inciso IV, do Código, que estatui a cláusula geral de efetivação das decisões.

Já n*as obrigações de fazer de natureza fungível*, isto é, naquelas em que a prestação é contraída sem levar em consideração as qualidades pessoais do devedor, esta pode ser substituída pela conduta de terceiro, às expensas do devedor faltoso e que fora pago para atuar. Nessa hipótese, é lícito ao credor, optar por acrescer ao seu pedido de condenação ao cumprimento da obrigação, a *pena pecuniária*, para o caso de descumprimento da sentença, bem como alternativamente pleitear, em caráter eventual, *perdas e danos*. Já no que toca às *obrigações de fazer de natureza infungível*, deve-se ter em mente que, ante à impossibilidade de coagir o devedor a cumpri-la, estabelece-se prazo para cumprimento da obrigação e acresce-se a multa pecuniária após o transcurso deste. Em virtude da primazia da vontade do credor, ressalte-se, é igualmente razoável a conversão, desde logo, em perdas e danos.

Por fim, *nas obrigações de não fazer*, em que se exige uma abstenção do devedor, o autor pode formular o *pedido de cominação* caso o devedor transgrida a condenação, aplicando-se o *meio de coerção* a incidir até que o devedor desfaça o que foi realizado em transgressão ao veto.

Nesse particular, relembre-se que há obrigações de não fazer cujo descumprimento "inadmite qualquer desfazer" e são denominadas *obrigações negativas instantâneas*, porque o *descumprimento delas gera o inadimplemento absoluto imediato*. Aliás, a doutrina civilista, neste passo, afirma inexistir mora nas obrigações negativas instantâneas como, *v.g.*, ocorre com dever de não divulgar um segredo industrial. Em se tratando de obrigação negativa instantânea, o pedido não pode ser

---

[52] No mesmo sentido do texto, quanto ao dispositivo antes da reforma do Código de Processo, **Humberto Theodoro Júnior**, *Curso de Processo Civil*, 1992, vol. I, p. 360, e **Calmon de Passos**, *Comentários ao Código de Processo Civil*, 1975, vol. III, p. 167-169.

[53] "**Art. 52**. A execução da sentença processar-se-á no próprio juizado, aplicando-se, no que couber, o disposto no Código de Processo Civil, com as seguintes alterações:

I – as sentenças serão necessariamente líquidas, contendo a conversão em Bônus do Tesouro Nacional – BTN – ou índice equivalente;

II – os cálculos de conversão de índices, de honorários, de juros e de outras parcelas serão efetuados por servidor judicial;

III – a intimação da sentença será feita, sempre que possível, na própria audiência em que for proferida. Nessa intimação, o vencido será instado a cumprir a sentença tão logo ocorra seu trânsito em julgado, e advertido dos efeitos do seu descumprimento (inciso V);

IV – não cumprida voluntariamente a sentença transitada em julgado, e tendo havido solicitação do interessado, que poderá ser verbal, proceder-se-á desde logo à execução, dispensada nova citação;

V – nos casos de obrigação de entregar, de fazer, ou de não fazer, o juiz, na sentença ou na fase de execução, cominará multa diária, arbitrada de acordo com as condições econômicas do devedor, para a hipótese de inadimplemento. Não cumprida a obrigação, o credor poderá requerer a elevação da multa ou a transformação da condenação em perdas e danos, que o juiz de imediato arbitrará, seguindo-se a execução por quantia certa, incluída a multa vencida de obrigação de dar, quando evidenciada a malícia do devedor na execução do julgado;

VI – na obrigação de fazer, o juiz pode determinar o cumprimento por outrem, fixado o valor que o devedor deve depositar para as despesas, sob pena de multa diária;

(...)."

[54] **Súmula nº 500 do STF:** "Não cabe a ação cominatória para compelir-se o réu a cumprir obrigação de dar".

cominatório, a não ser para prever que, uma vez transgredido o preceito, incidam as perdas e danos (art. 822 do CPC),[55] ou uma *multa fixa* elevada para evitar que a lesão ocorra (tutela inibitória).

Constando do pedido a cominação, caso o vencido descumpra a *obrigação personalíssima*, a multa começa a incidir e somente cessa com o adimplemento.

A petição escapa ao defeito da inépcia, se o autor ao formular o pedido de condenação na obrigação personalíssima e para o caso de transgressão, cumular o de perdas e danos, hipótese em que a utilidade da via judicial revela-se manifesta, na medida em que estas podem ser estimadas para o fim de satisfazer-se o credor *in pecunia*.

O *meio de coerção* que caracteriza o *pedido cominatório* traz em si o *escopo da intimidação*, atingindo o patrimônio do devedor de forma enérgica. Desta forma, deve ser, na essência, algo que realmente exerça essa pressão psicológica sobre o *solvens* e, ao mesmo tempo, conduza ao adimplemento. Por essa razão, ele deve ser quantitativamente *suficiente e compatível* (art. 537 do CPC).[56]

Com o fim de manter essas características, as alterações introduzidas, ainda, pela Lei nº 10.444/02 no CPC de 1973 e mantidas no atual diploma processual, passaram a permitir ao juiz, na execução, *reduzir ou exacerbar a multa*, mantendo o seu caráter compatível e de intimidação (arts. 644 c/c 461, § 6º, e 645, parágrafo único, do CPC de 1973; art. 537, § 1º, I, do CPC/ 2015).

O termo inicial da incidência da multa vinha previsto na sentença ou no título extrajudicial, mas situar-se-ia, sempre, após o decurso do prazo concedido para o cumprimento da obrigação.

A jurisprudência continua, na vigência do Código de 2015, a exigir a intimação pessoal do devedor para que incida a multa (Súmula nº 410 do STJ), enxergando especificidade no comando em relação à regra geral que se satisfaz com a intimação do advogado.[57]

O termo *ad quem* coincide com o da satisfação da obrigação, porque esta é a finalidade última da coerção: alcançar o cumprimento mediante a pressão psicológica que vença a resistência do devedor. Deve-se destacar que a progressiva constitucionalização do processo civil e a decorrente humanização da execução, há que se respeitar a dignidade do devedor e a menor onerosidade. No entanto, ainda se tem como princípio norteador desta fase processual a primazia da vontade do credor. Repudia-se, portanto, via de regra, a conversão em perdas e danos *ex officio* da obrigação inadimplida. A flexibilização do valor da multa, assim, atende à finalidade pretendida com a execução e congrega os valores perseguidos de ambos os lados.

Destarte, impende frisar que após o advento da *tutela antecipada*, permitindo a cominação da pena *initio litis*, o pedido cominatório passou a equivaler ao regime que na vetusta legislação conferia-se às antigas ações cominatórias.[58]

5. ALTERAÇÃO DOS ELEMENTOS DE IDENTIFICAÇÃO DAS AÇÕES

O direito de ação uma vez exercido, levam tanto o Estado quanto o demandado a preparar-se para analisar as razões que levaram o autor a pleitear a tutela da justiça. O Estado tem, ao seu cargo, o dever de responder ao pedido do autor e, o réu, o ônus da defesa.

---

[55] **"Art. 822.** Se o executado praticou ato a cuja abstenção estava obrigado por lei ou por contrato, o exequente requererá ao juiz que assine prazo ao executado para desfazê-lo."

[56] **"Art. 537.** A multa independe de requerimento da parte e poderá ser aplicada na fase de conhecimento, em tutela provisória ou na sentença, ou na fase de execução, desde que seja suficiente e compatível com a obrigação e que se determine prazo razoável para cumprimento do preceito. (...)"

[57] É necessária a prévia intimação pessoal do devedor para a cobrança de multa pelo descumprimento de obrigação de fazer ou não fazer antes e após a edição das Leis nºˢ 11.232/2005 e 11.382/2006, nos termos da Súmula nº 410 do STJ, cujo teor permanece hígido também após a entrada em vigor do novo CPC (EREsp 1360577/MG, Rel. Ministro Humberto Martins, Rel. p/ Acórdão Ministro Luis Felipe Salomão, Corte Especial, j. 19.12.2018).

[58] Essa era a diferença traçada por **Ovídio Baptista** para distinguir o pedido cominatório das ações cominatórias, conforme se colhe no *Curso*, vol. I, p. 181, contrapondo-se a Amaral Santos, monografista do tema.

216 | CURSO DE DIREITO PROCESSUAL CIVIL • *Luiz Fux*

A propositura da ação desencadeia, assim, uma série de atividades que são exercidas de acordo com o que foi deduzido pelo autor porquanto revela um demandante que pede; um "bem da vida"; e uma razão de ser daquela manifestação. É quanto a isso que se devem manifestar o Estado e o réu.

Essa lógica traçada pelo processo implica concluir-se, de imediato, que o autor não pode alterar os *elementos identificadores* de sua ação, uma vez que desnortearia o Estado que se prepara para julgar o litígio e o réu, que se defende de pretensão específica. A permissão dessa alteração poderia gerar malícia e desequilíbrio, valores que, num sistema ético de jurisdição, incumbe ao juiz e ao legislador afastar do processo.

É evidente que, até um determinado momento, essa alteração interessa mais à parte do que ao Estado. O réu, por exemplo, depois de apresentada a sua defesa, pode, eventualmente, concordar com uma modificação, desde que se lhe conceda um novo prazo para se manifestar acerca da nova ação. Entretanto, não se revela lícito modificar os elementos da ação estando os autos prontos para julgamento pelo juiz, tampouco depois de apreciada a causa em primeira instância ainda que inapreciada em grau de recurso.

Essas razões conduziram o legislador brasileiro à adoção do *princípio da estabilidade da demanda*, impondo, como regra, a manutenção dos *elementos de identificação das ações* (art. 329).[59] Isto quer dizer que, proposta a ação, em princípio devem permanecer na relação processual as mesmas partes e, inalterados, o pedido e a causa de pedir.[60]

Dispõe o art. 329, I, do CPC que feita a citação, é defeso ao autor modificar o pedido ou a causa de pedir sem o consentimento do réu, mantendo-se as mesmas partes. Não obstante, o inciso II afirma que a alteração do pedido e da causa de pedir em nenhuma hipótese será permitida após o saneamento do processo.

Observa-se, assim, que o legislador, ao estipular essa regra, protegeu, a um só tempo, o interesse privado da defesa do réu e o interesse público do Estado, de não ser instado a decidir uma causa alterada quando em estágio propício à instrução oral e ao julgamento. A *ratio* do dispositivo não se dirige, como evidente, a interditar a emenda da inicial com correção de erros materiais desinfluentes, mas antes não surpreender.

Essa regra, como veremos, se aplica, inclusive, na superior instância, impedindo que o recorrente formule pedido não deduzido em primeiro grau de jurisdição.

O dispositivo assenta a *contrario sensu* que, "antes da citação", o autor pode engendrar modificações nos *elementos da ação*, através de petição ao juízo. Realizada a citação, independentemente de juntada da prova desse ato de convocação nos autos, é vedada a alteração unilateral destes elementos pelo autor,[61] porquanto o demandado, integrado à relação processual, inicia o preparo da sua defesa. Todavia, pode ocorrer que o réu consinta quanto à modificação, razão pela qual ele deve ser ouvido, conferindo-lhe o juízo um novo prazo de resposta, quanto a essa "outra" ação. A exegese do dispositivo torna indiferente a manifestação explícita do demandado, bastando que se lhe dê oportunidade de se opor à alteração. Nesse sentido, considera-se consentida a modificação se o réu omitir-se ou se em peça posterior enfrentar a argumentação trazida com a alteração de um dos elementos da ação, encerrando anuência tácita.

Resulta, claramente, do citado dispositivo que a aceitação do demandado não tem o condão de autorizar qualquer alteração se ultrapassada a "fase de saneamento", porquanto o processo se

---

[59] **"Art. 329**. O autor poderá:

I – até a citação, aditar ou alterar o pedido ou a causa de pedir, independentemente de consentimento do réu;

II – até o saneamento do processo, aditar ou alterar o pedido e a causa de pedir, com consentimento do réu, assegurado o contraditório mediante a possibilidade de manifestação deste no prazo mínimo de 15 (quinze) dias, facultado o requerimento de prova suplementar.

Parágrafo único. Aplica-se o disposto neste artigo à reconvenção e à respectiva causa de pedir."

[60] No Direito português, **José Alberto dos Reis** denominou de "Princípio da Estabilidade da Instância" (*Comentários*, cit., 1946, vol. III, p. 66).

[61] Como bem afirma **Chiovenda**, esse é o termo *ad quem* para o autor arrepender-se dos termos em que deduziu a sua pretensão (*Instituições de Direito Processual Civil*, 1943, vol. II, p. 400).

Parte III • III – ELEMENTOS DE IDENTIFICAÇÃO DAS AÇÕES | **217**

encontra maduro para o julgamento. É que a alteração implicaria um retrocesso obstativo à rápida solução do litígio, haja vista o estágio em que se encontra o processo, conspirando contra a economia processual, autorizar esse retroceder.

Impende considerar que, havendo *"pluralidade de réus"* e sendo "único o pedido" dirigido contra todos, uma só citação é suficiente para impedir a alteração ora enfocada. Diversamente, se o litisconsórcio que se forma é apenas por afinidade e o autor formula *pedidos contra vários réus*, a vedação à alteração deve ser observada em relação a cada demandado.[62]

Advirta-se, por oportuno, que não se enquadra na vedação do art. 329 do CPC a possibilidade de o juiz, no momento da sentença, considerar existentes fatos já afirmados anteriormente, como previsto no art. 493 do CPC.[63] Tampouco esbarra na proibição a denominada *fungibilidade* de algumas ações; *v.g.*, nas ações possessórias, em que o juiz pode deferir uma providência diversa daquela que foi pedida por força de autorização legal inspirada no princípio de que o importante é remover a moléstia à posse, verificada nos autos, ainda que não se trate daquela mencionada pelo autor (art. 554 do CPC).[64]

Considerada a *ratio essendi* da vedação à alteração, de não desequilibrar as partes, nem desvirtuar a atuação jurisdicional, o dispositivo não impede que os sujeitos manifestem atos de disponibilidade processual, como a renúncia, o reconhecimento da procedência do pedido, a transação ou a desistência da ação, porque nesses casos cessam a atividade de defesa e a função especulativa do juízo. Salvante a desistência da ação, que é ato meramente formal, as demais manifestações de vontade extinguem a própria pretensão material, consolidando uma decisão de mérito, cujo conteúdo é ditado pela vontade das partes, com força de coisa julgada material (arts. 487 e 503 do CPC).

A *desistência* por seu turno, atinge, apenas, a ação processual e, para consumá-la, o autor precisa tão somente do consentimento do réu se este já tiver oferecido a sua resposta antes do prazo legal ou decorrido este, razão pela qual se o mesmo manteve-se inerte e, portanto, revel, a desistência, porque lhe é benéfica, dispensa nova convocação do demandado.

Havendo *vários réus*, sendo possível a desistência em relação a algum deles ainda não citado, a mesma não se opera imediatamente com relação aos já convocados, até porque isto poderia gerar

---

62   Essa é a posição de **Egas Moniz de Aragão** ao comentar o art. 264 do CPC/1973, *Comentários ao Código de Processo Civil*, 1975.

63   "**Art. 493**. Se, depois da propositura da ação, algum fato constitutivo, modificativo ou extintivo do direito influir no julgamento do mérito, caberá ao juiz tomá-lo em consideração, de ofício ou a requerimento da parte, no momento de proferir a decisão.
      Parágrafo único. Se constatar de ofício o fato novo, o juiz ouvirá as partes sobre ele antes de decidir."

64   "**Art. 329**. O autor poderá:
      I – até a citação, aditar ou alterar o pedido ou a causa de pedir, independentemente de consentimento do réu;
      II – até o saneamento do processo, aditar ou alterar o pedido e a causa de pedir, com consentimento do réu, assegurado o contraditório mediante a possibilidade de manifestação deste no prazo mínimo de 15 (quinze) dias, facultado o requerimento de prova suplementar.
      Parágrafo único. Aplica-se o disposto neste artigo à reconvenção e à respectiva causa de pedir."
      "**Art. 493**. Se, depois da propositura da ação, algum fato constitutivo, modificativo ou extintivo do direito influir no julgamento do mérito, caberá ao juiz tomá-lo em consideração, de ofício ou a requerimento da parte, no momento de proferir a decisão."
      "**Art. 554**. A propositura de uma ação possessória em vez de outra não obstará a que o juiz conheça do pedido e outorgue a proteção legal correspondente àquela cujos pressupostos estejam provados.
      § 1º No caso de ação possessória em que figure no polo passivo grande número de pessoas, serão feitas a citação pessoal dos ocupantes que forem encontrados no local e a citação por edital dos demais, determinando-se, ainda, a intimação do Ministério Público e, se envolver pessoas em situação de hipossuficiência econômica, da Defensoria Pública.
      § 2º Para fim da citação pessoal prevista no § 1º, o oficial de justiça procurará os ocupantes no local por uma vez, citando-se por edital os que não forem encontrados.
      § 3º O juiz deverá determinar que se dê ampla publicidade da existência da ação prevista no § 1º e dos respectivos prazos processuais, podendo, para tanto, valer-se de anúncios em jornal ou rádio locais, da publicação de cartazes na região do conflito e de outros meios."

uma revelia "de surpresa". Esta razão pela qual, a lei dispõe que os litisconsortes passivos devem ser avisados da desistência para que se inicie, em relação a eles, o prazo da resposta que, em princípio, somente iniciar-se-ia com a citação do último dos demandados (art. 335, § 2º, do CPC).[65]

Finalmente, a "alteração subjetiva da ação" também não é permitida, de sorte que o autor, uma vez iniciada a demanda, não pode modificar os sujeitos do processo, salvo as substituições relativas à sucessão universal ou singular reguladas nos arts. 108 e 109 do CPC.[66] O réu, por seu turno, também não pode exonerar-se da demanda colocando outro sujeito em seu lugar, uma vez que referida conduta frustraria os desígnios do autor sob o ângulo prático da satisfação dos interesses reconhecidos, bem como sob a ótica dos limites subjetivos da coisa julgada.

A razão de ser da proibição de mutação dos elementos subjetivos da ação, como evidente, não impede a integração de litisconsorte necessário superveniente.

---

[65] "Art. 335, § 2º. Quando ocorrer a hipótese do art. 334, § 4º, inciso II, havendo litisconsórcio passivo e o autor desistir da ação em relação a réu ainda não citado, o prazo para resposta correrá da data de intimação da decisão que homologar a desistência."

[66] "Art. 108. No curso do processo, somente é lícita a sucessão voluntária das partes nos casos expressos em lei.

Art. 109. A alienação da coisa ou do direito litigioso por ato entre vivos, a título particular, não altera a legitimidade das partes.

§ 1º O adquirente ou cessionário não poderá ingressar em juízo, sucedendo o alienante ou cedente, sem que o consinta a parte contrária.

§ 2º O adquirente ou cessionário poderá intervir no processo como assistente litisconsorcial do alienante ou cedente.

§ 3º Estendem-se os efeitos da sentença proferida entre as partes originárias ao adquirente ou cessionário."

IV
CONEXÃO E CONTINÊNCIA DE AÇÕES –
CONCURSO E CUMULAÇÃO DE AÇÕES

1. ASPECTOS GERAIS

Uma ação, mercê de não ser idêntica à outra, pode guardar com a mesma um vínculo de identidade quanto a um de seus elementos caracterizadores. Assim, *v.g.*, uma ação de indenização entre A e B e outra de cobrança de quantia mutuada entre as *mesmas partes*, apresenta identidade quanto ao elemento subjetivo, muito embora os *pedidos* e as *causas de pedir* sejam diferentes. Diversamente, se A move em face da Sociedade B, da qual é acionista, *duas* ações de anulação de assembleia, uma por vício de convocação, outra por falta de *quorum* na instalação do referido ato assemblear, em ambas, as partes são as mesmas, o *pedido é o mesmo* e, não obstante, diversas são as *causas de pedir*.

É possível assim, que duas ações mantenham em comum numa ação exatamente a mesma *causa petendi* sustentando *pedidos* diversos, como o anteriormente citado, bem como, quando Caio pede, em face de Tício, numa ação, a rescisão do contrato e noutra a imposição de perdas e danos por força da infração de uma das cláusulas do mesmo contrato lavrado entre ambos.

Esse vínculo entre as ações por força da identidade de um de seus elementos denomina-se, tecnicamente, de *conexão*[1] e, conforme o elemento de ligação, diz-se *conexão subjetiva, conexão objetiva* ou *conexão causal*.

A consequência jurídico-processual mais expressiva da *conexão*, malgrado não lhe seja a única, é a *imposição de julgamento simultâneo das causas conexas no mesmo processo (simultaneus processus)*, disposta no art. 55, § 1º, do CPC.[2] A razão desta regra deriva do fato de que o julgamento em separado das causas conexas gera o risco de decisões contraditórias, que acarretam grave desprestígio para o Poder Judiciário. Assim, *v.g.*, seria incoerente, sob o prisma lógico, que um juiz acolhesse a infração contratual para efeito de impor perdas e danos e não a admitisse para o fim de rescindir o contrato, ou ainda, que anulasse a assembleia na ação movida pelo acionista X e não fizesse o mesmo quanto ao acionista Y, sendo idênticas as causas de pedir.

A preocupação em evitar decisões inconciliáveis é tão significativa que o julgamento simultâneo deve operar-se ainda que as causas tramitem em juízos diversos, devendo-se reunir as ações naquele que guarda competência para ambas. Tal reunião opera-se no juízo prevento, assim entendido aquele no qual tramite a ação anteriormente distribuída ou registrada (arts. 58 e 59).[3]

---

[1] Sobre o tema, obra de consulta necessária é a tese de Barbosa Moreira, "A conexão de causas como pressuposto de reconvenção".

[2] "**Art. 55**. Reputam-se conexas 2 (duas) ou mais ações quando lhes for comum o pedido ou a causa de pedir.
§ 1º Os processos de ações conexas serão reunidos para decisão conjunta, salvo se um deles já houver sido sentenciado."

[3] "**Art. 58**. A reunião das ações propostas em separado far-se-á no juízo prevento, onde serão decididas simultaneamente.
Art. 59. O registro ou a distribuição da petição inicial torna prevento o juízo."

Outrossim, como a finalidade é evitar decisões contraditórias, resta evidente que não há conexão entre ações em que uma delas já se encontre julgada com decisão trânsita, bem como ainda que conexas mas sem risco de decisões contraditórias, o juiz não é instado a reunir as ações.

É mister, nesse sentido, destacar que a reunião de ações conexas não gera competência absoluta, mas resguarda um núcleo de discricionariedade ao magistrado que pode, a depender da situação concreta, avaliar a pertinência da reunião ou não. O Superior Tribunal de Justiça assim entende quando da aplicação do dispositivo, conferindo respaldo à escolha do juiz acerca da necessidade de reunião das causas.[4]

A reunião quando necessária e desobedecida a regra do *simultaneus processus* torna possível, em grau de apelo, pleitear-se a nulidade da decisão que precipitadamente julgou, de forma isolada, uma das ações conexas. Nesse caso, o provimento do recurso cassará a decisão proferida, determinando a reunião dos casos para solução uniforme.

O instituto da *conexão* tem, assim, como sua maior razão de ser, evitar o risco das decisões inconciliáveis, por isso, a reunião das ações é imperativa. É que são *conexas duas ou mais ações quando, em sendo julgadas separadamente, podem gerar decisões inconciliáveis sob o ângulo lógico e prático*. Assim, *v.g.*, uma ação de despejo por falta de pagamento e uma ação de consignação em pagamento entre as mesmas partes em posições contrapostas, se julgadas separadamente, podem gerar soluções insustentáveis, como o seria a decretação do despejo com o reconhecimento da mora do devedor e a procedência do pedido consignatório com reconhecimento da mora do credor. Outro exemplo é deveras elucidativo: uma ação de anulação de contrato e outra de cobrança de obrigação derivada do mesmo vínculo implicam que ou o vínculo é válido, e válidas são as obrigações dele decorrentes, ou é inválido, e nenhum efeito produz, revelando-se imperiosa a reunião das ações para julgamento simultâneo.

No mesmo seguimento, seriam insustentáveis as decisões que se proferissem, a um só tempo, decretando a rescisão de uma locação comercial e o acolhimento, noutro juízo, da recondução do contrato através de sua renovação compulsória.

Esses exemplos justificam o elastério conferido ao conceito de *conexão* previsto no CPC, no art. 55,[5] ampliando-o para considerar *conexas* não só as ações que se relacionam com outras por um de seus *elementos de identificação*, mas, também, todas aquelas que, sendo julgadas em separado, podem gerar o risco de decisões contraditórias. Outrossim, quando as ações versam o mesmo objeto mediato, potencialmente podem gerar decisões contraditórias se julgadas separadamente, *v.g.*, a ação de usucapião e a ação demarcatória do mesmo imóvel contra o usucapiente; a rescisão de compra e venda por inadimplemento do comprador e a consignatória movida por este, a renovatória de locação comercial e o despejo com base em denúncia imotivada de locação não residencial etc.

Desta sorte, pode-se afirmar, com exatidão, que a *conexão* é um instituto inspirado nessa alta motivação de resguardar o prestígio do Poder Judiciário por força da coerência e compatibilidade de suas decisões, mercê de atender aos postulados da *economia processual*, ao permitir que, num único processo e através de sentença *una*, possa o juiz prover sobre várias relações, ampliando o

---

[4] Veja-se o entendimento reafirmado pela Corte: "Conforme jurisprudência consolidada desta Corte, 'a reunião de ações conexas para julgamento conjunto constitui faculdade do magistrado, pois cabe a ele gerenciar a marcha processual, deliberando pela conveniência, ou não, do processamento e julgamento simultâneo' (AgRg no AREsp 851.674/RS, Rel. Ministro Humberto Martins, Segunda Turma, j. 05.04.2016, *DJe* 13.04.2016)" (AgInt no AREsp 867.765/SP, Rel. Ministro Sérgio Kukina, Primeira Turma, j. 28.11.2017).

[5] "**Art. 55**. Reputam-se conexas 2 (duas) ou mais ações, quando lhes for comum o pedido ou a causa de pedir.
§ 1º Os processos de ações conexas serão reunidos para decisão conjunta, salvo se um deles já houver sido sentenciado.
§ 2º Aplica-se o disposto no *caput*:
I – à execução de título extrajudicial e à ação de conhecimento relativa ao mesmo ato jurídico;
II – às execuções fundadas no mesmo título executivo.
§ 3º Serão reunidos para julgamento conjunto os processos que possam gerar risco de prolação de decisões conflitantes ou contraditórias caso decididos separadamente, mesmo sem conexão entre eles."

Parte III • IV – CONEXÃO E CONTINÊNCIA DE AÇÕES – CONCURSO E CUMULAÇÃO DE AÇÕES | **221**

espectro da decisão para imiscuir no seu bojo uma pluralidade de conflitos, aumentando a efetividade da função pacificadora da justiça.

Espécie do gênero *conexão* é a *continência*,[6] fenômeno parcialmente idêntico àquela uma vez que, para chegar-se à mesma, é preciso passar pela porta da *conexão*. É que, antes de ser continente, uma ação é conexa em relação à outra.[7]

O liame entre as ações na continência é mais expressivo, porque ambas, além de serem identificadas pelos *mesmos sujeitos* e pela *mesma causa de pedir*, têm em comum, ainda, uma *identidade parcial quanto ao pedido*, sendo certo que o *objeto de uma é mais amplo do que o da outra e o absorve*.[8] Nesse sentido, há *continência* entre uma ação condenatória em perdas e danos pelo descumprimento de um contrato e uma ação declaratória pela responsabilização pela consequente infração cometida e a rescisão do vínculo. Sob o mesmo enfoque, há *continência* entre uma ação de anulação de casamento e uma ação de separação, porque o objeto *mediato* de uma absorve o da outra; há *continência* entre uma ação de reparação de danos pela demolição de um muro divisório e outra em que essa é a questão antecedente que se pede ver reconhecida para impor ao causador do dano a obrigação de reconstrução etc.

Em todos esses casos as ações coincidem "em parte", mas se distinguem sob o ângulo *quantitativo*.[9]

A *conexão* e a *continência* impõem ao juiz o dever de julgamento simultâneo (arts. 57 e 58 do CPC),[10] visando a evitar decisões contraditórias. Ocorre com a *conexão* o mesmo fenômeno observado no litisconsórcio necessário, vale dizer: *a reunião das ações é requisito de eficácia da sentença*. Por esta razão, não cabe a invocação desse elo de ligação entre as ações quando uma delas já se extinguiu ou está em estágio mais avançado do que a outra, posto submetida a grau diverso de jurisdição, porque, nessa hipótese, não haverá possibilidade de simultaneidade de julgamento senão de suspensão do processo na instância inferior no aguardo da solução prejudicial superior.

Não obstante esses conceitos, a jurisprudência, na sua função criativa, tem dado exemplos de que a definição legal não é exaustiva quanto ao fenômeno, assim como elegante doutrina enxerga nos arts. 55, 113[11] e 343[12] do CPC diferentes espécies do gênero da *conexão*.[13]

---

6 Acerca desse tema, *vide* **Celso Agrícola Barbi**, *Comentários*, cit.
  "**Art. 56**. Dá-se a continência entre 2 (duas) ou mais ações quando houver identidade quanto às partes e à causa de pedir, mas o pedido de uma, por ser mais amplo, abrange o das demais."

7 Por essa razão, a doutrina ortodoxa não entrevia distinção entre os institutos da conexão e da continência (**Nicola Jaeger**, *Diritto Processuale Civile*, 1944, p. 156-157).

8 Essa identidade parcial entre os pedidos levou **Sergio Costa** a afirmar que: "*La continenza è, in realità, una litispendenza parciale*", *Manuale di Diritto Processuale Civile*, 1955, p. 142.

9 **Marco Tullio Zanzuchi** já preconizara que a continência implicava "relação objetiva de quantidade", *Diritto Processuale Civile*, 1946, vol. I, p. 192. No mesmo sentido **Calamandrei**, *Istituzioni di Diritto Processuale Civile*, 1944, p. 134.

10 "**Art. 57**. Quando houver continência e a ação continente tiver sido proposta anteriormente, no processo relativo à ação contida será proferida sentença sem resolução de mérito, caso contrário as ações serão necessariamente reunidas.
  Art. 58. A reunião das ações propostas em separado far-se-á no juízo prevento, onde serão decididas simultaneamente."

11 "**Art. 113**. Duas ou mais pessoas podem litigar, no mesmo processo, em conjunto, ativa ou passivamente, quando:
  I – entre elas houver *comunhão de direitos ou de obrigações relativamente à lide*;
  II – entre as causas houver *conexão pelo objeto ou pela causa de pedir*;
  III – ocorrer *afinidade de questões* por um ponto comum de fato ou de direito.
  § 1º O juiz poderá limitar o litisconsórcio facultativo quanto ao número de litigantes na fase de conhecimento, na liquidação de sentença ou na execução, quando este comprometer a rápida solução do litígio ou dificultar a defesa ou o cumprimento da sentença.
  § 2º O requerimento de limitação interrompe o prazo para manifestação ou resposta, que recomeçará da intimação da decisão que o solucionar."

12 "**Art. 343**. Na contestação, é lícito ao réu propor reconvenção para manifestar pretensão própria, *conexa com a ação principal ou com o fundamento da defesa*.
  § 1º Proposta a reconvenção, o autor será intimado, na pessoa de seu advogado, para apresentar resposta no prazo de 15 (quinze) dias.

2. ESPÉCIES DE CONEXÃO

A *conexão* admite espécies, conforme acima acentuamos, categorizando-se como *própria* quando entre as ações há *identidade de um ou mais elementos*. Assim, *v.g.*, a *conexão* existente entre duas ações em que se pleiteia o mesmo pedido de despejo, embora fundado em *causas de pedir* diversas, como a infração contratual consistente na cessão não consentida da locação e a falta de pagamento.

A conexão mais comum, quanto ao pedido, é a que vincula as ações pelo objeto mediato. Assim, *v.g.*, são conexas as ações de usucapião e a ação possessória, que versem sobre o mesmo bem.

Há também conexão própria quanto à *causa petendi*, como sói ocorrer quando se postula a anulação de um negócio jurídico por dolo e se pleiteia indenização pela prática do mesmo vício, noutra demanda.

Diz-se *imprópria a conexão* toda vez que esse elo de ligação entre as ações é mais tênue, porém existente, uma vez que em ambas o juiz deverá decidir questões idênticas ou afins. Assim, *v.g.*, há *afinidade* entre várias ações propostas por inúmeros lesados pela mesma "propaganda enganosa". Destarte, os interesses individuais homogêneos a que se referem a Lei da Ação Civil Pública e o Código de Defesa do Consumidor encerram hipóteses de afinidade que permitem, por força dessa espécie *sui generis* de *conexão*, a reunião das ações propostas em separado, muito embora não torne obrigatório, como na *conexão própria*, o *simultaneus processus*.

O CPC prestigiou os fundamentos da reunião de demandas em decorrência de afinidade, ao positivar a conexão decorrente apenas do "risco de prolação de decisões conflitantes ou contraditórias caso decididos separadamente", mesmo quando ausente a completa identidade de partes, causa de pedir ou pedido (art. 55, § 3º). Adota-se, assim, a teoria materialista da conexão, na esteira da jurisprudência.[14]

A *conexão* diz-se *subjetiva* quando entre as ações o elemento comum é a "identidade de sujeitos", sendo diversas as *causas de pedir*, bem como o *pedido*. Essa hipótese "autoriza a reunião" das ações se: (I) *o juiz for competente em razão da matéria*; (II) *os procedimentos forem iguais*; (III) *não infirmar o bom andamento do processo nem dificultar o exercício do direito de defesa*.

Essa conexão subjetiva autoriza inclusive, na forma do Código de Processo, que o autor cumule, em face do mesmo réu, várias ações ainda que não sejam objetivamente conexas (art. 327 do CPC).

Hipóteses especiais de conexão são encontradas no art. 343 (*conexão recíproca* entre a ação e a reconvenção por força da exigência legal de que a demanda reconvencional seja conexa com a ação principal ou o fundamento da defesa);[15] e 61 do CPC;[16] e, como ocorre com a denunciação da

---

§ 2º A desistência da ação ou a ocorrência de causa extintiva que impeça o exame de seu mérito não obsta ao prosseguimento do processo quanto à reconvenção.

§ 3º A reconvenção pode ser proposta contra o autor e terceiro.

§ 4º A reconvenção pode ser proposta pelo réu em litisconsórcio com terceiro.

§ 5º Se o autor for substituto processual, o reconvinte deverá afirmar ser titular de direito em face do substituído, e a reconvenção deverá ser proposta em face do autor, também na qualidade de substituto processual.

§ 6º O réu pode propor reconvenção independentemente de oferecer contestação."

[13] Consoante já referido, é da lavra do insigne **Barbosa Moreira** a tese com que conquistou a cátedra de processo civil na faculdade de Direito da Universidade do Estado do Rio de Janeiro sob o título "A Conexão de Causas como Pressuposto da Reconvenção", onde sustenta essas modalidades de conexão esparsas em dispositivos legais (ob. cit., p. 130).

[14] "A moderna teoria materialista da conexão ultrapassa os limites estreitos da teoria tradicional e procura caracterizar o fenômeno pela identificação de fatos comuns, causais ou finalísticos entre diferentes ações, superando a simples identidade parcial dos elementos constitutivos das ações" (REsp 1221941/RJ, Rel. Ministro Luis Felipe Salomão, Quarta Turma, j. 24.02.2015).

[15] Sugestivamente **Gaetano Foschini** afirma que "o elemento comum é premissa numa causa e consequência na outra e vice e versa" (ob. cit., p. 7).

[16] "**Art. 61**. A ação acessória será proposta no juízo competente para a ação principal."

São exemplos de competência para a ação acessória a busca e apreensão de menor no juízo onde se deliberou a guarda e a visita, a anulação de partilha no juízo que a homologou etc.

Parte III • IV – CONEXÃO E CONTINÊNCIA DE AÇÕES – CONCURSO E CUMULAÇÃO DE AÇÕES | **223**

lide, que pressupõe, para ser procedente, que haja condenação do denunciante[17] nas denominadas ações de garantia.

Outrossim, na *conexão por prejudicialidade*, há *continência* entre a ação que depende para seu julgamento, da solução da ação onde se discute *principaliter* a questão contida. Por essa razão, é correto afirmar-se que a suspensão prejudicial do processo, na forma do art. 313, V, do CPC,[18] somente deve incidir quando a reunião das ações se mostrar impossível em razão da "incompetência absoluta do juízo" para o julgamento simultâneo.

Exemplo clássico de conexão por prejudicialidade é a que vincula a ação de anulação de débito fiscal e a execução fiscal correspondente.

Registre-se que a *conexão por acessoriedade* é encontradiça em grande número na prática judiciária dos juízos de família, *v.g.*, as modificações de cláusula e as separações judiciais, a regulamentação das visitas e as demandas dissolutórias do vínculo, na parte em que dispõe sobre os deveres quanto aos filhos etc.

3. CUMULAÇÃO E CONCURSO DE AÇÕES

A *cumulação de ações* costuma ser tratada como *cumulação de pedidos* ou *pedidos cumulados*. Entretanto, o fenômeno é mais abrangente; por isso, toda vez que, diante de uma relação processual, se destaque a presença de *mais de um elemento de identificação das ações* estaremos diante de *ações cumuladas*.

Assim, por exemplo, em uma ação de despejo calcada na falta de pagamento e na retomada para uso próprio, verificamos um só pedido entre os mesmos sujeitos e pluralidade de *causae petendi*, razão pela qual estamos diante de "ações cumuladas quanto ao elemento causal". Outrossim, a parte pode formular vários pedidos fundados na mesma causa de pedir, como ocorre com o pedido de rescisão de contrato cumulado com perdas e danos em face do comportamento faltoso do contratante. Nessa hipótese, haverá *cumulação de ações* quanto ao elemento objetivo. Outrossim, várias pessoas podem litigar em conjunto, se as causas entre elas forem *conexas* ou *afins* (art. 113 do CPC).[19] Essa *cumulação* denomina-se *subjetiva*, também cognominada de *litisconsórcio*.

Cabe, neste ponto, fazer uma breve digressão. Embora o art. 327 do CPC, estabeleça que a cumulação objetiva deve se dar em face do mesmo réu, essa restrição deverá ser mitigada nas hipóteses em que reste configurado o litisconsórcio passivo facultativo, consoante as regras dispostas no art. 113, do CPC. Assim, basta a hipótese menos rigorosa do aludido dispositivo – qual

---

[17] O monografista **Gaetano Foschini** prefere a expressão "conexão por extensão subjetiva" para caracterizar o liame que autoriza a intervenção de terceiros (ob. e p. cits.).

[18] "**Art. 313**. Suspende-se o processo:

V – quando a sentença de mérito:

a) depender do julgamento de outra causa, ou da declaração da existência ou de inexistência da relação jurídica, que constitua o objeto principal de outro processo pendente;

b) tiver de ser proferida somente após a verificação de determinado fato ou a produção de certa prova, requisitada a outro juízo; (...)."

[19] "**Art. 113**. Duas ou mais pessoas podem litigar, no mesmo processo, em conjunto, ativa ou passivamente, quando:

I – entre elas houver *comunhão de direitos ou de obrigações relativamente à lide*;

II – entre as causas houver *conexão pelo objeto ou pela causa de pedir*;

III – ocorrer *afinidade de questões* por um ponto comum de fato ou de direito.

§ 1º O juiz poderá limitar o litisconsórcio facultativo quanto ao número de litigantes na fase de conhecimento, na liquidação de sentença ou na execução, quando este comprometer a rápida solução do litígio ou dificultar a defesa ou o cumprimento da sentença.

§ 2º O requerimento de limitação interrompe o prazo para manifestação ou resposta, que recomeçará da intimação da decisão que o solucionar."

seja a "afinidade de questões por um ponto comum de fato ou de direito" – para que seja possível a cumulação de pedidos em face de réus distintos.[20]

Em função do elemento cumulado, dicotomiza-se a cumulação de ações em *cumulação subjetiva*, *cumulação objetiva* e *cumulação causal*.

Cada uma das *modalidades de cumulação* encontra regulação própria no Código de Processo, não obstante, o legislador, no art. 327 do CPC,[21] estabeleça o que poderíamos denominar de "regras gerais da cumulação" que coexistem a par das especiais. Assim, *v.g.*, o litisconsórcio tem o seu cabimento previsto no art. 113 do CPC, sem prejuízo de os litisconsortes obedecerem, também, às regras do art. 327 do CPC antes citada.

Consequentemente, na causa entre os litisconsortes, o juízo, em princípio, há de ser competente para os pedidos de todos, bem como idêntico o procedimento adequado a cada pretensão deduzida (art. 327, § 1º, incisos I e II, do CPC). Destarte, é normal que nesta cumulação um dos litisconsortes desloque a competência do juízo, como ocorre, *v.g.*, com a presença da Fazenda Pública.

Importante observar, no fenômeno da *cumulação*, que o "mesmo processo" comporta várias ações, não havendo correspondência quantitativa exata entre estas e o número de processos. A decorrência lógica dessa assertiva é que, o juiz pode julgar, na mesma sentença, várias *ações cumuladas*. Contudo, se assim não o fizer e, no curso do processo, repelir alguma delas, prosseguindo quanto às demais, não se poderá afirmar que houve extinção do processo, porque o mesmo prossegue em relação às ações remanescentes, *v.g.*, quando o juiz acolhe a purga de mora quanto ao pedido de despejo por falta de pagamento cumulado com retomada e prossegue em relação a essa última causa de pedir. Tendo em vista que a relação processual não se extingue, esse ato pelo qual o juiz repele uma das ações cumuladas, prosseguindo na relação processual, quanto às demais, *não é uma sentença senão uma decisão interlocutória*,[22] sujeita a recurso de agravo.

Idêntico raciocínio percorre-se caso o juiz indefira o pedido de um dos litisconsortes, prosseguindo o processo quanto aos demais, ou rejeite o pedido reconvencional do réu mantendo de pé o processo para o julgamento da ação originária.[23]

---

[20]   O entendimento respalda-se na jurisprudência do Superior Tribunal de Justiça, segundo o qual "A expressão 'contra o mesmo réu' referida no art. 292 do CPC deve ser interpretada *cum grano salis*, de modo a se preservar o fundamento técnico-político da norma de cumulação simples de pedidos, que é a eficiência do processo e da prestação jurisdicional. 4. Respeitados os requisitos do art. 292, § 1°, do CPC (= compatibilidade de pedidos, competência do juízo e adequação do tipo de procedimento), aos quais se deve acrescentar a exigência de que não cause tumulto processual (pressuposto pragmático), nem comprometa a defesa dos demandados (pressuposto político), é admissível, inclusive em ação civil pública, a cumulação de pedidos contra réus distintos e atinentes a fatos igualmente distintos, desde que estes guardem alguma relação entre si" (AgRg no REsp 953.731/SP, Rel. Ministro Herman Benjamin, Segunda Turma, j. 02.10.2008).

[21]   "**Art. 327**. É lícita a cumulação, em um único processo, contra o mesmo réu, de vários pedidos, ainda que entre eles não haja conexão.

§ 1º São requisitos de admissibilidade da cumulação que:

I – os pedidos sejam compatíveis entre si;

II – seja competente para conhecer deles o mesmo juízo;

III – seja adequado para todos os pedidos o tipo de procedimento.

§ 2º Quando, para cada pedido, corresponder tipo diverso de procedimento, será admitida a cumulação, se o autor empregar o procedimento comum, sem prejuízo do emprego das técnicas processuais diferenciadas previstas nos procedimentos especiais a que se sujeitam um ou mais pedidos cumulados, que não forem incompatíveis com as disposições sobre o procedimento comum.

§ 3º O inciso I do § 1º não se aplica às cumulações de pedidos de que trata o art. 326."

[22]   "**Art. 203**. Os pronunciamentos do juiz consistirão em sentenças, decisões interlocutórias e despachos.

§ 1º Ressalvadas as disposições expressas dos procedimentos especiais, sentença é o pronunciamento por meio do qual o juiz, com fundamento nos arts. 485 e 487, põe fim à fase cognitiva do procedimento comum, bem como extingue a execução.

§ 2º Decisão interlocutória é todo pronunciamento judicial de natureza decisória que não se enquadre no § 1º.

(...)."

[23]   A sentença que julga simultaneamente ação e reconvenção desafia o recurso da apelação.

A *cumulação* implica o dever de o juiz julgar todas as ações cumuladas sob pena de incidir no vício do julgamento *citra petita*, tão grave quanto os julgamentos *ultra e extra petita*. Nesse caso de julgamento "aquém" do pedido, a parte pode opor o recurso de embargos de declaração, para que o magistrado supra a lacuna da decisão (art. 494 do CPC).[24] Entretanto, se assim não proceder, apenas as causas de pedir se submeterão ao tribunal por força da profundidade do efeito devolutivo do recurso (art. 1.013, §§ 1º a 3º, e 938, §§ 1º e 2º, do CPC), *não assim os pedidos em si*, porque essa análise direta pelo *órgão ad quem* violaria o "Princípio do Duplo Grau de Jurisdição". Nesse caso, uma vez transitada em julgado a decisão lacunosa, é lícito à parte rescindi-la por violação da regra *in procedendo* que determina ao juiz julgar todas as ações cumuladas (art. 966, inciso V, do CPC)[25] ou intentar uma ação própria para pleitear o que não foi julgado e, consequentemente, não alcançado pela *coisa julgada*. Esclarece que essa violação não autorizará o *iudicium rescissorium* automático em relação ao pedido efetivamente decidido.

O *concurso de ações* é um fenômeno exatamente oposto à *cumulação*. É que nesta há varias pretensões deduzidas, no afã de que o juiz as acolha "todas". No concurso de ações há, em potência, várias ações à disposição do mesmo titular, por força da mesma razão ou da mesma causa de pedir, daí dizer-se *ações concorrentes*, as quais, por incompatibilidade lógica, permite que apenas uma delas seja exercitável. Vigora, *in casu*, o princípio de que, eleita uma via, automaticamente exclui-se a outra – *electa una via non datur regressus ad alteram*.[26] Assim, *v.g.*, com base num determinado contrato, é lícito ao autor pleitear a cobrança de uma multa pela infração cometida ou a rescisão do vínculo em havendo essa alternatividade no instrumento contratual. Escolhida uma dessas soluções restará afastada, pelo mesmo fato, a outra ação potencialmente exercitável.

A doutrina clássica do concurso de ações cita o exemplo das ações para resolver o contrato (*ação redibitória*) ou para pedir o abatimento do preço (*quanti minoris*), colocada à disposição do adquirente da coisa com *vícios redibitórios* que a tornam imprestável ao fim a que se destina.

A realidade é que o denominado *concurso de ações* resolve-se, doutrinariamente, sob o ângulo do *interesse de agir*. Acolhido um dos pedidos, torna-se desnecessária a segunda ação porque alcançado um dos resultados possíveis. A impossibilidade de reproposição da segunda demanda esbarra nesse obstáculo, quiçá na própria eficácia preclusiva do caso julgado (art. 508 do CPC)[27] que impede infirme-se o resultado da ação anterior.[28]

3.1 Cumulação de ações – Espécies

A fixação das *espécies de cumulação* implica reafirmar-se que o fenômeno pressupõe o acolhimento de *múltiplas pretensões*, razão pela qual não se pode, tecnicamente, falar em *cúmulo* se a parte pretende apenas um de dois pedidos. Assim, muito embora tratada como *cumulação eventual* aquela em que o autor pretende o acolhimento de uma ou outra causa de pedir ou de um dentre dois pedidos, em essência estamos diante de pleitos eventuais. Entretanto, mesmo nesses casos, alguns requisitos da cumulação são aplicáveis, *v.g.*, a "competência do juízo" e a "uniformidade procedimental" para ambos, não assim a "compatibilidade" entre os pedidos, exatamente porque a eventualidade de acolhimento de apenas um pedido dispensa aquele.

---

[24] **"Art. 494**. Publicada a sentença, o juiz só poderá alterá-la:
I – para corrigir-lhe, de ofício ou a requerimento da parte, inexatidões materiais ou erros de cálculo;
II – por meio de embargos de declaração."

[25] **"Art. 966**. A decisão de mérito, transitada em julgado, pode ser rescindida quando: (...) V – violar manifestamente norma jurídica."

[26] O autor, na verdade, pede sob a forma alternativa (**Chiovenda**, *Principii*, 1928, p. 871-872).

[27] **"Art. 508**. Transitada em julgado a decisão de mérito, considerar-se-ão deduzidas e repelidas todas as alegações e as defesas que a parte poderia opor tanto ao acolhimento quanto à rejeição do pedido."

[28] **Enrico Tulio Liebman**, *Eficácia e Autoridade da Sentença*, 1945, p. 189.

226 | CURSO DE DIREITO PROCESSUAL CIVIL • *Luiz Fux*

A cumulação *simples* ocorre quando o autor pretende o acolhimento de todas as ações cumuladas; isto é, de todos os pedidos, de todas as causas de pedir ou de todas as pretensões deduzidas por todos os litisconsortes.[29]

A cumulação diz-se *eventual* quando a parte pretende o acolhimento de uma das ações cumuladas para a eventualidade de não poder ser acolhida aquela inserida na ordem prioritária de sua postulação. Pertence a essa categoria a *cumulação alternativa* que deriva de pretensão alternativa de direito material fundada em lei ou em contrato e a cumulação eventual decorrente do pedido assim formulado pelo autor.

A *cumulação é sucessiva*, quando a parte pretende o acolhimento de ambas as pretensões, mas uma delas depende do acolhimento da outra que lhe serve de pressuposto. Nesse particular, remetemos o leitor a tudo quanto expusemos no concernente ao *pedido sucessivo*, não obstante a sucessividade possa referir-se também à *causa petendi* ou ao *elemento subjetivo das ações*, *v.g.*, uma ação em que um funcionário postule um benefício dependente da concessão de outro a ser deferido a terceiro, como uma promoção de carreira. A *cumulação é originária* quando verificada desde o início do processo e, *superveniente*, quando surge no curso da relação processual, *v.g.*, a reconvenção, a defesa nas ações dúplices, em que o demandado, após a resposta, aumenta o *thema decidendum* formulando pedidos novos. *Cumulação subjetiva superveniente* é a decorrente da *intervenção de terceiros*, como a assistência litisconsorcial, a oposição, a denunciação da lide e o chamamento ao processo.

Dentre tantos outros efeitos jurídico-processuais, a *cumulação* influi na fixação do valor da causa, uma vez que este deve refletir a soma de tudo quanto o autor pretende obter em juízo.

3.2 Cumulação de ações – Requisitos

O art. 327 do CPC estipula como requisitos para que o autor possa cumular ações: (I) a *compatibilidade entre os pedidos*; (II) a *competência do juízo*; e (III) a *identidade procedimental*.[30]

O primeiro requisito diz respeito à *compatibilidade entre os pedidos* e pressupõe a cumulação simples ou sucessiva, porque, na eventual, eles podem ser incompatíveis uma vez que o autor pretende uma coisa ou "outra".

A compatibilidade é inafastável quando se pretende o acolhimento de todos os pedidos porque um não pode excluir o outro. Assim, não se pode cumular, posto incompatíveis, os pedidos de anu-

---

[29] **Chiovenda** remata afirmando que, nessa modalidade de cumulação, o juiz pode declarar procedente o primeiro pedido e improcedente o segundo ou vice e versa, ou ainda improcedente ambos, ou, ao revés, procedentes os dois. **Rosenberg** denomina a cumulação simples de "união cumulativa" porque o autor "*hace valer las varias pretensiones una al lado de otra*", *Derecho Procesal Civil*, 1935, vol. II, p. 92.

[30] "**Art. 327**. É lícita a cumulação, em um único processo, contra o mesmo réu, de vários pedidos, ainda que entre eles não haja conexão.

§ 1º São requisitos de admissibilidade da cumulação que:

I – os pedidos sejam compatíveis entre si;

II – seja competente para conhecer deles o mesmo juízo;

III – seja adequado para todos os pedidos o tipo de procedimento.

§ 2º Quando, para cada pedido, corresponder tipo diverso de procedimento, será admitida a cumulação, se o autor empregar o procedimento comum, sem prejuízo do emprego das técnicas processuais diferenciadas previstas nos procedimentos especiais a que se sujeitam um ou mais pedidos cumulados, que não forem incompatíveis com as disposições sobre o procedimento comum.

§ 3º O inciso I do § 1º não se aplica às cumulações de pedidos de que trata o art. 326."

Súmula nº 170 do STJ: "Compete ao juízo onde primeiro for intentada a ação envolvendo acumulação de pedidos, trabalhista e estatutário, decidi-la nos limites de sua jurisdição, sem prejuízo do ajuizamento de nova causa, com o pedido remanescente, no juízo próprio."

Nesse mesmo segmento, não pode haver cumulação de pedidos se para um é competente a Justiça Federal e para o outro a Estadual, hipótese em que o juiz deve determinar que a ação prossiga perante ele apenas com relação ao pedido que tem competência para apreciar, sem prejuízo de a parte promover no juízo próprio a ação remanescente.

Parte III • IV – CONEXÃO E CONTINÊNCIA DE AÇÕES – CONCURSO E CUMULAÇÃO DE AÇÕES | **227**

lação do contrato e o de cumprimento de determinada obrigação decorrente do vínculo inválido; ou o de anulação de testamento cumulado com o de condenação à entrega do legado ou ainda o de rescisão do contrato e cobrança posterior da obrigação. Em suma, a compatibilidade significa *ausência de antagonismo*. A lei dispensa a *conexão entre os pedidos* (art. 327, *caput*),[31] muito embora ela se revele na cumulação sucessiva e na cumulação eventual. Aliás, a única conexão exigível para a cumulação simples é a *subjetiva*, porque o mesmo autor pode cumular pedidos contra o mesmo réu como diz o art. 327 do CPC,[32] ainda que não conexos.

No caso de a incompatibilidade inviabilizar a cumulação, o juiz deve conceder ao autor, na forma do art. 321 do CPC,[33] prazo para emendar a sua inicial, sob pena de prosseguir-se, apenas, em relação ao primeiro pedido. Insistindo o autor na *cumulação*, incorrerá em inépcia da peça inicial, incumbindo ao juiz *extinguir o processo sem resolução do mérito com indeferimento da petição inicial* (art. 330, § 1º, c.c art. 485, I, do CPC).[34]

A *competência do juízo* é outro requisito exigido para ambos os pedidos cumulados. Em consequência, manifestando-se *incompetência relativa* para um deles, cumpre ao juiz aguardar a arguição da parte ré (art. 65 do CPC).[35] Outrossim, verificada a *conexão* entre os pedidos, muito embora não exigível, a *incompetência relativa* para um deles torna-se indiferente, porque prorroga--se a competência em razão desse laço entre as ações (arts. 55 a 59 do CPC),[36] posto a lei impor o *julgamento simultâneo* por um só dos juízos.

---

[31] *Vide* nota nº 32.

[32] "A conexão subjetiva bilateral é suficiente para que se deduzam diversas lides num mesmo processo", no dizer de **Carnelutti**, *Istituzioni del Nuovo Processo Civile Italiano*, 1951, vol. I, p. 265.

[33] "**Art. 321**. O juiz, ao verificar que a petição inicial não preenche os requisitos dos arts. 319 e 320 ou que apresenta defeitos e irregularidades capazes de dificultar o julgamento de mérito, determinará que o autor, no prazo de 15 (quinze) dias, a emende ou a complete, indicando com precisão o que deve ser corrigido ou completado.
Parágrafo único. Se o autor não cumprir a diligência, o juiz indeferirá a petição inicial."

[34] "**Art. 330**. A petição inicial será indeferida quando: (...)
§ 1º Considera-se inepta a petição inicial quando:
I – lhe faltar pedido ou causa de pedir;
II – o pedido for indeterminado, ressalvadas as hipóteses legais em que se permite o pedido genérico;
III – da narração dos fatos não decorrer logicamente a conclusão;
IV – contiver pedidos incompatíveis entre si."
"**Art. 485**. O juiz não resolverá o mérito quando: (...)
I – indeferir a petição inicial (...)."

[35] "**Art. 65**. Prorrogar-se-á a competência relativa se o réu não alegar a incompetência em preliminar de contestação.
Parágrafo único. A incompetência relativa pode ser alegada pelo Ministério Público nas causas em que atuar."

[36] "**Art. 55**. Reputam-se conexas 2 (duas) ou mais ações quando lhes for comum o pedido ou a causa de pedir.
§ 1º Os processos de ações conexas serão reunidos para decisão conjunta, salvo se um deles já houver sido sentenciado.
§ 2º Aplica-se o disposto no *caput*:
I – à execução de título extrajudicial e à ação de conhecimento relativa ao mesmo ato jurídico;
II – às execuções fundadas no mesmo título executivo.
§ 3º Serão reunidos para julgamento conjunto os processos que possam gerar risco de prolação de decisões conflitantes ou contraditórias caso decididos separadamente, mesmo sem conexão entre eles.
Art. 56. Dá-se a continência entre 2 (duas) ou mais ações quando houver identidade quanto às partes e à causa de pedir, mas o pedido de uma, por ser mais amplo, abrange o das demais.
Art. 57. Quando houver continência e a ação continente tiver sido proposta anteriormente, no processo relativo à ação contida será proferida sentença sem resolução de mérito, caso contrário as ações serão necessariamente reunidas.
Art. 58. A reunião das ações propostas em separado far-se-á no juízo prevento, onde serão decididas simultaneamente.
Art. 59. O registro ou a distribuição da petição inicial torna prevento o juízo."

Assim, *v.g.*, se para o pedido A o juízo é competente e incompetente em razão do território, para o pedido B, torna-se competente para ambos, acaso conexos esses pedidos cumulados.

A *incompetência absoluta para um dos pedidos torna juridicamente impossível a cumulação*. Assim, *v.g.*, se a causa de pedir de uma das ações cumuladas é da competência da vara de família e, a do outro pedido, da competência da vara cível, inviável é a cumulação, como o será a de cobrança de dívida comum com pensão alimentícia no juízo cível ou no juízo de família, porque a competência *ratione materiae* ao atribuir competência a exclui para as demais causas.

Ressalte-se que nos casos de incompetência absoluta, bem como naqueles em que restar acolhida a incompetência relativa, o juízo prosseguirá apenas no pedido que se encarte na sua esfera de atribuição jurisdicional devendo o autor esclarecer com que pretensão prosseguirá, trasladando-se peças para ajuizamento do pedido desmembrado, no juízo absolutamente competente.

Finalmente, os pedidos devem submeter-se a uma "unidade procedimental", porque devem ser julgados na mesma sentença, o que implica caminharem no mesmo passo.

Assim, podem ser cumuladas ações que se sujeitam todas ao mesmo procedimento ordinário, sumário ou especial ou subsumidas ao processo de execução ou cautelar com seus respectivos ritos.

Outrossim não se pode cumular ações que se sujeitam a processos diferentes, *v.g.*, uma cobrança de perdas e danos com execução por quantia certa etc. Isto porque o que a lei exige é a unidade de "procedimentos" no âmbito da mesma espécie de "processos". Por vezes, a lei permite que uma pretensão seja deduzida por uma de duas formas de processo, como ocorre com o débito locatício que, segundo a lei do inquilinato, tanto pode ser veiculado em ação condenatória de cobrança como através de execução de título extrajudicial. Mas, nesse caso, não se trata de cumulação senão de "concurso de ações"; por isso, alcançado o desígnio na cobrança, não cabe a execução por falta de "interesse de agir".

Visando facilitar a cumulação e, inspirada inegavelmente no princípio da economia processual, a lei admite a cumulação sempre que os procedimentos das pretensões cumuladas puderem submeter-se à *ordinariedade*. Não obstante mais delongado, o procedimento comum, como rito padrão, facilita as *cumulações* sujeitas às suas vicissitudes e vantagens. Assim, se para um dos pedidos o previsto é o rito ordinário e, para o outro, o sumaríssimo ou o especial, pode a parte cumular os pedidos e adotar para todos o rito ordinário, *v.g.*, se uma das dívidas ultrapassa o critério de valor do rito sumário e a outra nele se adstringe.

É imperioso, entretanto, que nenhuma etapa necessária do procedimento substituído pelo comum seja suprimida nessa transmudação. Assim, *v.g.*, o procedimento da demarcação é incompatível com o procedimento ordinário porque apresenta uma série de etapas procedimentais inadaptáveis ao rito comum, sendo, por isso, vedada a cumulação.

O Código abre, em acréscimo, a possibilidade de, nesse rito comum, usarem-se técnicas de tutela diferenciada, que são, em última análise, o que justifica grande parte dos procedimentos especiais. Desse modo, o direito material pode ser adequadamente protegido, sem que se exclua a cumulação de pedidos, enquanto medida de economia processual (art. 327, § 2º).

Merece frisar-se, por fim, que há procedimentos que recaem no rito padrão após um "início especial" caracterizado pela possibilidade de *tutela antecipada*, como aqueles em que se admite ao juiz conceder a liminar, os quais e após a resposta, seguem a ordinariedade. Nesses casos, tendo em vista que o objetivo de julgamento na mesma sentença não será infirmado e que nenhuma etapa procedimental será suprimida, é admissível a cumulação porquanto mantém-se, na essência, a uniformidade procedimental a que se refere o art. 327 do CPC.

Da mesma forma como os demais requisitos, o juiz, diante da inadequação procedimental, deve conceder ao autor a possibilidade de emenda da inicial sob as penas do art. 330 do CPC, devendo prosseguir, apenas, em relação ao pedido procedimentalmente adequado, se o defeito não for corrigido no lapso temporal conferido.

PARTE IV
O PROCESSO

I
PROCESSO E PROCEDIMENTO

1. PROCESSO E PROCEDIMENTOS

O estudo da distinção entre o processo e o procedimento marca a evolução científica alcançada pelo direito processual. É de sabença que a concepção procedimentalista do processo, de cunho francês, camuflou durante muito tempo a verdadeira natureza do processo como "relação jurídica", esmiuçada por Büllow na sua célebre obra sobre as "exceções e os pressupostos processuais", traçando uma linha divisória decisiva a partir do ano de 1868.[1]

---

[1] Na bibliografia mais recente consulte-se **Calmon de Passos** e **Moniz de Aragão**, *Comentários*, cit. **Machado Guimarães**, *A Instância e a Relação Processual; Estudos*, 1969, p. 68, nota 13. Observe-se, entretanto, que essa origem da relação jurídica processual já se encontrava nas ideias dos juristas da Idade Média, que a desenvolveram com fundamento no *judicium* romano. Assim é que **Búlgaro** definia o *judicium* como *"actus trium personarum: judicis, actoris e rei"*. A definição medieval serviu de base à categorização do processo como relação trilateral ou triangular, como preferia **Wach**, estabelecendo entre as partes e o juiz "recíprocas relações" (*apud* **Zanzucchi**, *Diritto Processuale Civile*, 1946, vol. 1, p. 66). Malgrado a origem remota dessa concepção, o seu desenvolvimento deveu-se, com exclusividade, à Escola alemã, através de **Hegel**, **Betham-Holweg** e **Büllow**, como anota **Niceto-Alcalá**, em *Proceso, Autocomposición y Autodefensa*, cit., p. 118. Entre nós, brasileiros, a concepção da relação processual esbarrou na ideia procedimentalista da *procédure* francesa, tão influente até então. Entretanto, a penetração na Itália e nos países latinos levou nossos doutrinadores ao acolhimento do fenômeno entrevisto pela Escola alemã. Na Itália, **Chiovenda** assimilou nas *Instituições* a nova concepção de **Bülow** e **Kholer**. No Brasil, o belíssimo estudo sobre a instância, de **Machado Guimarães**, revela a adoção da concepção, seguida por outros juristas de renome como **Pontes de Miranda**, **Gabriel de Rezende**, **Luís Eulálio de Bueno Vidigal**, dentre outros contemporâneos estudiosos. Destarte, ao referirmo-nos à linha divisória traçada pela Escola alemã, pretendemos distinguir as duas épocas em que vigoravam as concepções privatísticas e as concepções publicísticas do direito processual, sendo certo que Bülow é o marco inicial para o desenvolvimento desta, porquanto antes vigoravam as ideias de que o processo era "complemento do direito civil ou direito civil prático" – expressão utilizada por **Frederico Marques**, *Instituições*, cit., vol. 2, p. 76. As concepções privatísticas do contrato judicial e do quase-contrato, ambas desenvolvidas a partir de uma interpretação imanentista da *litiscontestatio* romana, apresentam pouquíssimos resquícios, em razão da preponderância das normas imperativas do direito processual, onde o poder de disposição das partes é cada vez menor. Para um desenvolvimento mais extenso do tema, consulte-se **José Alberto dos Reis**, *Processo Ordinário e Sumário*, 1928; **René Morel**, *Traité Elémentaire de Procédure Civile*, 1932; e **Paula Batista**, que, mercê de sua genialidade, admitia a tese do "quase-contrato", como se verifica em *Compêndio de Teoria e Prática do Processo Civil*, 1935, p. 105. Pela sua importância, no grupo publicista, merece destaque a categorização do processo como "situação jurídica", atribuída ao grande **James Goldschmidt**, a quem **Calamandrei** referia-se como "un maestro de deliberalismo procesal", na *Revista de Derecho Procesal*, vol. 1, 1951, número dedicado exclusivamente a "Estudios en Memoria de James Goldschmidt". O processo, segundo **Goldschmidt**, é a situação jurídica de espera de uma sentença, na qual o juiz vai produzi-la segundo as regras do direito judiciário material, que é aquele incidente na espécie quando não há o cumprimento do preceito, voluntariamente, pelo obrigado. Então, a regra que era *in procedendo* para o particular passa a ser *in judicando* para o Estado. É assim que se depreende a doutrina exposta pelo mestre alemão. Esse aguardo da decisão favorável ou ameaça de uma decisão desfavorável vai desaguar segundo o melhor aproveitamento das chances pelos contendores; é o que afirmava **Goldschmidt** em *Teoría General del Proceso*, 1936, p. 58. Essa visão prática do fenômeno processual, segundo a qual a vitória nem sempre pertencia ao justo, senão ao melhor aproveitador das chances, valeu severas críticas à teoria de **Goldschmidt**, como se verifica no clássico Alsina, *Tratado Teórico Práctico de Derecho Procesal Civil y Comercial*, 1943, p. 245-256, não obstante encontrar-se o germe de sua ideia central em escritos não menos famosos, como o que **Calamandrei** titulou sugestivamente de *Il Processo come*

CURSO DE DIREITO PROCESSUAL CIVIL • Luiz Fux

Posteriormente, a doutrina do tema incumbiu-se de desmistificar essa indesejável simbiose, assentando que o processo representava a soma de atos realizados para a composição do litígio e, o procedimento, a ordem de sucessão desses mesmos atos.[2]

A imanência do processo à jurisdição, por ser instrumental a essa função soberana,[3] é o fundamento do seu agrupamento em categorias segundo os fins da tutela requerida; por isso, a doutrina aponta os três tipos clássicos, a saber: *processo de cognição ou conhecimento*, *processo de execução* e, finalmente, *processo cautelar*, correspondentes às atividades exercidas perante os tribunais no afã de obter-se a tutela jurisdicional de reconhecimento, realização ou asseguração.

O procedimento, por seu turno, revela a não instantaneidade da jurisdição e indica a forma pela qual os atos processuais se sucedem na busca da solução judicial. Por isso, cada processo tem os seus procedimentos. Assim, a definição dos direitos tem itinerários diversos, que variam conforme a pretensão de direito material[4] e, por vezes, consoante o valor econômico do objeto mediato do pedido que se pretende tutelar. É por essa razão que o processo de sentença admite procedimentos especiais, *v.g.*, ação possessória, consignatória e procedimento sumário e de pequenas causas *ratione valoris*.[5]

2. ESPÉCIES DE PROCEDIMENTO

No âmbito do processo de conhecimento, o legislador subdivide os procedimentos entre os gêneros comum e especiais. A especialidade do procedimento, outrossim, marca um desvio em relação ao procedimento comum numa de suas fases. Assim, *v.g.*, há procedimentos especiais que apenas se

---

Giuoco: Iscritti in Onore di Francesco Carnelutti, vol. 2, p. 485. Entretanto, apesar da genialidade da abordagem, considerando-se a época em que a doutrina foi lançada, são procedentes as críticas de que o mestre alemão examinou o objeto do juízo mas não a essência do processo. Ademais, descreve a situação de expectativa das partes e deixa de fora o principal protagonista, que é o juiz, com seus poderes e deveres processuais (**Liebman**, "La Obra Científica de James Goldschmidt, y la Teoría de la Relación Procesal", *Revista de Derecho Procesal*, vol. 2, 1951, p. 62-63). De imperioso registro, ainda, a teoria "institucional", dentre outros, de *Guasp e Couture*, que padecia dos mesmos vícios das que não enfrentaram o processo a partir de seus pressupostos e conteúdos, mas, apenas, sob o ângulo ideológico, tanto que, na *Introdução ao Estudo do Processo Civil*, 1951, **Couture** reproduz a fala de **Morel**, que concilia todas as ideias não repugnantes da instituição e da situação jurídica. O processo, assim, pode ser concebido como instituição, situação jurídica, mas sua natureza é de relação jurídica, como melhor evidenciou a Escola germânica de **Büllow** e outros. Assim, **José Alberto dos Reis**, *Comentários ao Código de Processo Civil*, 1946, p. 26-27.

[2] **Carnelutti**, *Sistema*, cit., vol. 3, nº 614; no mesmo sentido, sob a ótica do litígio, **Alcalá-Zamora**, para quem a finalidade jurisdicional do processo era compositiva do litígio, ao passo que o procedimento era a coordenação dos atos que se sucediam em busca daquela *causa finalis*. A genialidade de **Calamandrei** permitiu-o sintetizar o procedimento como o "aspecto exterior" do fenômeno processual (*Instituciones*, cit., p. 242, nota 1), é por isso que o processo, em contrapartida, revela-se como "movimento em sua forma intrínseca". **Prieto Castro**, em *Cuestiones de Derecho Procesal*, 1940, p. 310-313, atribuía o fenômeno processual com exclusividade à função jurisdicional, relegando para os demais ramos o "procedimento", *v.g.*, procedimento administrativo, procedimento fiscal etc. No seu insuperável monumento legislativo *Fundamentos del Derecho Procesal Civil*, 1951, p. 101-102, **Eduardo Couture**, que tanta influência exerceu em nossa escola processual através do sul do País, assentou com precisão: *"el proceso es la totalidad y el procedimiento la sucesión de los actos. El acto es una unidad, el procedimiento es la sucesión de los actos; el proceso es el conjunto de tales actos dirigidos hacia la realización de los fines de la jurisdicción"*. Anote-se, ainda, em sede desse tema, que, para grande parte da doutrina, o processo é exclusivo da jurisdição contenciosa, comportando a jurisdição voluntária, apenas, a concepção de um "mero procedimento". Assim, **Alcalá-Zamora**, *Proceso, Autocomposición y Autodefensa*, cit., p. 136, enquanto **Carnelutti** referia-se, nesses casos, a um "processo voluntário".

[3] Daí ter-se afirmado que o processo está para a jurisdição como o serviço público para a administração.

[4] **Luiz Guilherme Marinoni**, *Técnica Processual e Tutela dos Direitos*, 2020; Humberto Theodoro Jr., *Curso de Direito Processual Civil*, vol. 1, 2021, p. 117-131.

[5] Essa conexão da situação jurídico-material com o procedimento é que induziu o legislador a fundir a ação com o bem da vida que compõe o objeto mediato do pedido, denominando as ações a partir destes, tal como ocorre com a "ação de usucapião", a ação de consignação, a ação possessória etc. Não obstante, essas "ações" estão inseridas no capítulo "Dos Procedimentos Especiais". Aliás, o Código revogado, ainda influenciado pelas doutrinas do passado, convencionou denominar esses ritos de "processos especiais". **Adroaldo Furtado Fabrício** anota essa utilização fungível das expressões "ação", "processo" e "procedimento" nos seus magníficos *Comentários ao CPC*, 1988, t. 3, vol. 8, p. 2-4.

distinguem *initio litis* com a possibilidade de concessão de tutela antecipada, como sói ocorrer com os procedimentos interditais; outros alteram-se após a defesa do réu, retornando à via comum ordinária quando contestado o pedido, *v.g.*, o procedimento do pedido de depósito e, por fim, os refratários a qualquer conversão e por isso genuinamente especiais, *v.g.*, o inventário e a partilha[6].

O procedimento comum tem essa denominação por representar o padrão básico e preferencial do legislador brasileiro; tanto assim é que os especiais são construídos a partir dele, desviando-se do modelo padrão, considerado o *standard* básico. Por ser o *standard*, aplica-se este subsidiariamente nas lacunas dos demais procedimentos (art. 318)[7].

Ademais, o CPC[8], adequando-se ao disposto nos demais Códigos alienígenas, tratou de criar, em sua primeira parte, disposições gerais que, nada mais são do que características antes atribuídas ao procedimento ordinário e que, agora, de maneira mais apropriada, se aplicam de forma subsidiária aos demais procedimentos. Assim, forçoso concluir que o procedimento padrão brasileiro é o ordinário, quer pela sua solenidade, quer pela sua aplicação subsidiária em relação a todos os demais, inclusive ao sumário.

O *procedimento comum*, antes caracterizado pela desconcentração de suas fases, obedecendo a ritualidades que prolongavam sobremodo o tempo de duração do processo, com a contrapartida indesejável da demora da prestação jurisdicional, agora tende a conferir uma resposta satisfatória mais célere ao jurisdicionado, de forma que a morosidade do Judiciário não obste seu direito ao devido processo legal. Entretanto, não se perde o seu alcance dialético e supostamente ensejador de uma decisão mais completa e mais justa.[9]

Ele é – repita-se – "o pano de fundo" de quase todas as outras formas de processo[10] e seu ritualismo decorre da sua origem antiga, derivada da *ordo judiciorum privatorum*, onde se obedecia à *ordo solemnis judiciarius*. Na sua fisiologia desconcentrada, destacam-se fases processuais preponderantes. Decorre dessa ótica que o procedimento ordinário revela *prima facie* uma "fase postulatória", onde atuam autor e réu no manejo da demanda e da defesa, fixando a *res deducta* sobre a qual vai incidir a jurisdição. Compõem-na, também, a eventual *replicatio*, malgrado inserida pelo Código na fase subsequente à resposta, das *providências preliminares*.

A fase seguinte, contando com a definição das pretensões das partes, dedica-se à observação da "utilidade do processo" sob o ângulo da inexistência de defeitos formais capazes de inviabilizar o julgamento, razão por que o ato chancelador desse estado negativo é o "saneamento", encetado através de decisão interlocutória.[11] Por seu turno, o saneamento prepara a fase "instrutória" cujos

---

[6] No mesmo sentido, **Adroaldo Furtado Fabrício**, *Comentários*, cit., v. 8, t. 3, p. 31-32.

[7] É aquele procedimento a que Liebman se referia como "regolato minutamente in tutti suoi aspetti, nelle sue varie fasi e nei diversi possibili incidenti; vale come modello anche per quegli altri procedimenti che presentano variazioni più o meno importanti: per questi la legge stabilisce alcune disposizioni particolari e rinvia per tutto il resto alle regole del procedimento-tipo, in quanto siano applicabili" (*Corso*, cit., p. 117).

[8] Mais modernamente, a doutrina vem propondo uma leitura inovadora dos procedimentos especiais, à luz da principiologia do CPC (**Fredie Didier Jr., Antonio do Passo Cabral; Leonardo Carneiro da Cunha**, *Por uma nova teoria dos procedimentos especiais*, 2021; **Dierle José Coelho Nunes**, Novos rumos para as tutelas diferenciadas no Brasil? In: **Humberto Theodoro Júnior; Maira Terra Lauar** (coord.). *Tutelas diferenciadas como meio de incrementar a efetividade da prestação jurisdicional*, 2010. p. 25-52).

[9] Também é o pensamento de **Fairén Guillén** na sua específica obra acerca do tema *El Juicio Ordinario y los Plenarios Rápidos*, cit., p. 53, atribuindo ao mesmo algo que nos parece ser a finalidade última da própria jurisdição, independentemente do procedimento que se siga, por isso se nos soa como exagero a afirmação de que somente "*el juicio ordinario se basa y se ha basado siempre en el deseo de acabar para siempre con el litigio entre las partes de manera judicial...*".

[10] A expressão é tributada a **Paulo Cunha**, *Processo Comum de Declaração*, 1944, t. 1, p. 67.

[11] Frise-se essa natureza do saneamento em razão da praxe histórica de considerar-se tal ato como "despacho", categoria hoje inaceitável, em face da escorreita definição do art. 203 do CPC. A menção a esse requisito de caráter negativo ressuscita a questão da eficácia preclusiva do saneador após a admissibilidade da utilidade do processo pela presença dos pressupostos processuais e das condições da ação. A matéria ainda está longe de pacificação, conforme anota **Theotonio Negrão** no rodapé do art. 331 do *Código de Processo Civil e Legislação Processual em Vigor*, 1994.

elementos de convicção escapem à oportunidade de produção antecedente, como a prova documental e eventual produção antecipada justificada.[12] A fase seguinte é o "julgamento", *causa finalis* do processo de conhecimento. Esse julgamento submete-se ao "duplo grau", razão pela qual não se extingue o processo com a só sentença, mas, antes, alonga a relação a eventual interposição de recurso,[13] ideia que se coaduna com a novel conceituação desse ato decisório do juiz.

Esse evolver processual pode sofrer mutações decorrentes de atos anormais indicados na própria lei, que acarretam uma "extinção prematura" da relação, sem a definição do litígio ou uma "paralisação temporária" da marcha dos atos processuais. Essa crise do procedimento tem sua diagnose na "extinção sem mérito do processo" e na "suspensão do processo", ambos fatos anômalos na medida em que o processo de conhecimento solene e formal persiste conquanto meio de composição da lide pela definição e aplicação da norma abstrata ao caso concreto e, por outro lado, porque o seu objetivo, quer na sua razão de ser, quer pela sua etimologia, pressupõe movimento constante, cuja estagnação suspensiva denuncia anormalidade.[14]

Os doutrinadores críticos à descontração de fases afirmam que os excessos de formalismos e solenidades, de mãos dadas com o crônico *déficit* de recursos materiais à disposição da justiça, são hoje os verdadeiros motivos pelos quais se engendra em vários sistemas uma fuga do procedimento comum, com o desdobramento para procedimentos especiais abreviados[15]. A crítica é tanto mais contundente quando se analisa o procedimento sob o prisma da cognição, por isso que os novos ritos instituídos tendem à sumarização da cognição com resolução incompleta da lide.

Parecia-nos paradoxal constatar que o ambiente jurídico-processual hodierno era diverso do de outrora, mas, ainda assim, preconizar a expansão da ordinariedade. Embora a ordinarização do procedimento, sob o ângulo científico, suponha propiciar maior amplitude de cognição e de defesa do interesse das partes em juízo, por longa data (até a inserção do art. 273 no CPC/1973), da sua essência a indesejável impossibilidade do provimento antecipado e *a fortiori* a sua incompatibilidade com as situações de urgência, tão comuns na sociedade de massas, onde os reclamos de tutela já não podem mais aguardar a desconcentração inerente a esse rito secular e desatualizado.

A corrente doutrinária que detecta a dissintonia do então procedimento ordinário com as modernas exigências de justiça aparentava enfrentar a questão com maior maturidade sociocientífica. Em nível social, há uma funda exigência de sumarização do procedimento e da cognição. Por outro lado, cientificamente, o procedimento ordinário, nos moldes originários do diploma processual passado, fora ditado por uma técnica de imobilismo do juiz, adstringindo-lhe à aplicação da lei, ao final do juízo, com o que se lhe impede de prover liminarmente. Essa forma de imposição ao juiz de um absenteísmo injustificado no âmbito da própria soberania não é senão a responsável pela prática judiciária da "vulgarização da tutela antecipada".[16]

As exigências sociais hodiernas suscitam uma maior capacidade de o Judiciário decidir com rapidez e segurança. Entretanto, a história do procedimento ordinário contradizia esses desígnios, até porque ditado, como já se afirmou, em doutrinas liberais francesas que presidiram a formação da ciência jurídica europeia no século XIX, em função da qual os juízes limitavam-se a aplicar a lei, sem possibilidade de criação capaz de autorizá-los à regulação antecipada da lide.

A busca da tutela diferenciada, dos procedimentos especiais com provimentos liminares, era a fuga do procedimento ordinário em virtude de sua notável defasagem sociocientífica. Esse

---

12   Como afirmava **Carnelutti**, trata-se nessa fase *"di raccogliere le ragioni e le prove"* (*Istituzioni*, cit., vol. 2, p. 15).

13   Correto estava **Carnelutti** ao referir-se a uma *"rinnovazione del procedimento"* (*Istituzioni*, cit., vol. 2, p. 127).

14   A esses fenômenos a doutrina clássica cognominou através de expressões sugestivas como *"crisi del procedimento"* – **Carnelutti** –, *"vicende anormali del processo"* – **Liebman** – e "crises da instância" – **Alberto dos Reis**.

15   A esse respeito, **Fairén Guillén**, El juicio ordinario y los plenarios rápidos, cit., e **Adroaldo Furtado**, *Comentários*, cit., v. 8, t. 3.

16   Magnífica a postura doutrinária assumida por **Ovídio Baptista** a esse respeito, em *Curso*, cit., v. 1, p. 93-115.

Parte IV · I – PROCESSO E PROCEDIMENTO | 235

crescimento dos procedimentos especiais que contemplam a tutela antecipada faz parte do novo reclamo da efetividade do processo.[17]

O legislador, porém, em boa hora insculpiu no Código de 1973 a autorização para a antecipação da tutela jurisdicional (art. 273, CPC/1973), bem como permitiu amplo leque de cautelares. O atual diploma, seguindo essa inequívoca linha, tratou da tutela provisória genericamente, razão pela qual diversos procedimentos outrora tidos como especiais foram suprimidos, com autorização para utilização de técnicas de tutela diferenciada no bojo do procedimento comum (art. 327, § 2º, CPC/2015[18]).

À época do Código de Processo revogado, o procedimento sumário era a segunda espécie de procedimento, se caracterizando pela concentração das fases do conhecimento, fundindo em uma etapa aquilo que se realiza em várias outras no procedimento ordinário. Na sua realização, concebia-se uma menor duração temporal do procedimento, pela aglutinação dos atos, diminuindo também de certa parte o campo da cognição, por isso que, *v.g.*, não cabia reconvenção no procedimento sumário, encerrando exemplo típico de rito que sugere exceções reservadas.

A prática judiciária, entretanto, demonstrou que essa compressão temporal não fora atingida, tornando esse rito mais indesejável do que o ordinário, mercê de ser sua versão encurtada, haja vista a impossibilidade de concessão de provimentos antecipados.[19] Impõe-se, por fim, assentar que a sua adoção obedece a critérios axiológicos, consoante o litígio refira-se a questões jurídico-materiais que comportem a compressão procedimental pela maior ou menor evidência dos direitos *sub judice* ou pelo valor da causa, que é o benefício econômico pretendido pelo demandante.

Por essa razão, intentando simplificar o procedimento judicial, o CPC/2015 extinguiu o procedimento sumário, inspirando-se no que tinha de melhor, ao generalizar a audiência de conciliação ou de mediação no princípio do conflito. Desse modo, os processos principiados, à luz do CPC/1973, pelo procedimento sumário devem manter tal rito até a sentença, a partir do que serão regrados pelo atual Código (art. 1.049, parágrafo único). No regime atual, as causas de menor complexidade, antes contempladas pelo procedimento sumário, encontram guarida no rito sumaríssimo dos Juizados Especiais Cíveis (Lei nº 9.099, de 1995) ou podem, ainda, se submeter ao procedimento ordinário.

No sistema do CPC, distinguem-se, entre os procedimentos especiais, os de jurisdição contenciosa (Livro I, Título III, Capítulos I a XIV), e os da chamada jurisdição voluntária (Capítulo XV, Seções I a XII), conforme organização a que procedeu o novel diploma. Trata-se de demandas singulares, em que o legislador objetivou adaptar o processo às necessidades do Direito material objeto do litígio. Há uma antiga parêmia segundo a qual *a todo direito corresponde uma ação que o assegura*. Na modernidade, deve-se compreender que o procedimento não pode ser igual para todas as situações jurídicas que apresentam suas próprias vicissitudes. Assim, *v.g.*, é diferente a

---

[17] Na própria França, responsável pelo desprestígio dos processos sumários vigentes anteriormente à Revolução Francesa, é grande, na atualidade, a utilização dos instrumentos de "jurisdiction des referée", como se observa em *Rivista di Diritto Processuale*, 1975, p. 248. Idem, **Roger Perrot**, *Processo civile e giustizia sociale*, 1971, p. 47 e 59.

[18] "**Art. 327, § 2º**. Quando, para cada pedido, corresponder tipo diverso de procedimento, será admitida a cumulação se o autor empregar o procedimento comum, sem prejuízo do emprego das técnicas processuais diferenciadas previstas nos procedimentos especiais a que se sujeitam um ou mais pedidos cumulados, que não forem incompatíveis com as disposições sobre o procedimento comum."

[19] O procedimento sumário é o que **Fairén Guillèn**, na sua obra clássica antes referida, cognominava de juicios plenarios rápidos, oriundos da Decretal Papal de Clemente V, de 1306, conhecida por clementina saepe contingit (El juicio ordinario y los plenarios rápidos, cit., cap. III). Esse mesmo autor o distingue do ordinário na seguinte passagem elucidativa: "los procedimientos plenarios, rápidos, se diferencian del ordinario, simplesmente por su forma, mas corta, pero no por su contenido que es el mismo cualitativamente, juridicamente plenario", ao passo que "los procedimientos sumarios se diferencian del ordinario plenario, por su contenido, cualitativamente, juridicamente parcial, siendo indiferente la forma, aunque tendente a la brevedad, por lo cual se aproximaban – en ocasiones hasta confundirse procedimentalmente – con los plenarios rápidos" (Juicio ordinario, plenarios rápidos, sumario, sumarísimo, in *Temas del ordenamiento procesal*, 1969, v. 2).

236 | CURSO DE DIREITO PROCESSUAL CIVIL • *Luiz Fux*

defesa da propriedade em juízo daquela emprestada a quem necessita de alimentos imediatos e *necessarium vitae*.

Os procedimentos especiais de jurisdição contenciosa expressamente abordados sob a égide do CPC/2015 são:

a) ação de consignação em pagamento (arts. 539-549);

b) ação de exigir contas (arts. 550-553);

c) ações possessórias (arts. 554-568);

d) ações de divisão e demarcação de terras particulares (arts. 569-598);

e) ação de dissolução parcial de sociedade (arts. 599-609);

f) inventário e da partilha (arts. 610-673);[20]

g) embargos de terceiro (arts. 674-681);[21]

h) oposição (arts. 682-686, que agora não mais constitui uma modalidade de intervenção de terceiros);

i) habilitação (arts. 687-692);[22]

j) ações de família (arts. 693-699);

k) ação monitória (arts. 700-702);[23]

l) homologação do penhor legal (arts. 703-706);

m) regulação de avaria grossa (arts. 707-711);

n) restauração de autos (arts. 712-718).

De outro lado, no âmbito da jurisdição voluntária, além das disposições gerais (arts. 719-725),[24] são enunciados os seguintes procedimentos especiais:

---

[20] **"Enunciado nº 52 da I Jornada de Direito Processual Civil do CJF:** Na organização do esboço da partilha tratada pelo art. 651 do CPC, deve-se incluir a meação do companheiro."

"Enunciado nº 131 da II Jornada de Direito Processual Civil do CJF: A remissão ao art. 672, feita no art. 664, § 4º, do CPC, consiste em erro material decorrente da renumeração de artigos durante a tramitação legislativa. A referência deve ser compreendida como sendo ao art. 662, norma que possui conteúdo integrativo adequado ao comando expresso e finalístico do art. 664, § 4º."

[21] **"Enunciado nº 53 da I Jornada de Direito Processual Civil do CJF:** Para o reconhecimento definitivo do domínio ou da posse do terceiro embargante (art. 681 do CPC), é necessária a presença, no polo passivo dos embargos, do réu ou do executado a quem se impute a titularidade desse domínio ou dessa posse no processo principal."

"Enunciado nº 102 da I Jornada de Direito Processual Civil do CJF: A falta de oposição dos embargos de terceiro preventivos no prazo do art. 792, § 4º, do CPC não impede a propositura dos embargos de terceiro repressivos no prazo do art. 675 do mesmo Código."

"Enunciado nº 132 da II Jornada de Direito Processual Civil do CJF: O prazo para apresentação de embargos de terceiro tem natureza processual e deve ser contado em dias úteis."

"Enunciado nº 133 da II Jornada de Direito Processual Civil do CJF: É admissível a formulação de reconvenção em resposta aos embargos de terceiro, inclusive para o propósito de veicular pedido típico de ação pauliana, nas hipóteses de fraude contra credores."

[22] **"Enunciado nº 54 da I Jornada de Direito Processual Civil do CJF:** Estando o processo em grau de recurso, o requerimento de habilitação far-se-á de acordo com o Regimento Interno do respectivo tribunal (art. 687 do CPC)."

"Enunciado nº 55 da I Jornada de Direito Processual Civil do CJF: É cabível apelação contra sentença proferida no procedimento especial de habilitação (arts. 687 a 692 do CPC)."

[23] **"Enunciado nº 101 da I Jornada de Direito Processual Civil do CJF:** É admissível ação monitória, ainda que o autor detenha título executivo extrajudicial."

"Enunciado nº 134 da II Jornada de Direito Processual Civil do CJF: A apelação contra a sentença que julga improcedentes os embargos ao mandado monitório não é dotada de efeito suspensivo automático (arts. 702, § 4º, e 1.012, § 1º, V, CPC)."

[24] **"Enunciado nº 56 da I Jornada de Direito Processual Civil do CJF:** A legitimidade conferida à Defensoria Pública pelo art. 720 do CPC compreende as hipóteses de jurisdição voluntária previstas na legislação extravagante, notadamente no Estatuto da Criança e do Adolescente."

Parte IV • I – PROCESSO E PROCEDIMENTO | 237

a) notificação e interpelação (arts. 726 a 729);

b) alienações judiciais (art. 730);

c) divórcio, separação judicial consensual, extinção consensual de união estável e alteração do regime de bens do matrimônio (arts. 731 a 734);[25]

d) execução de testamentos e codicilos (arts. 735 a 737);

e) arrecadação da herança jacente (arts. 738 a 743);

f) arrecadação de bens de ausentes (arts. 744 e 745);

g) arrecadação de coisas vagas (arts. 746);

h) interdição (arts. 747 a 758);

i) tutela e curatela (arts. 759 a 763);

j) organização e fiscalização das fundações (arts. 764 a 765); e

k) ratificação dos protestos marítimos e dos processos testemunháveis formados a bordo (arts. 766 a 770).

Mercê de todos esses procedimentos especiais típicos e das regras gerais supletivas, há ainda outros meios extrajudiciais de solução das controvérsias, como o são a conciliação, a mediação, a arbitragem (meios alternativos de solução dos litígios que ganharam destaque no atual Código). Ademais, em alguns pontos, é possível notar uma sucessão de atos legislativos que facultam a possibilidade de consecução de alguns procedimentos na via extrajudicial, especialmente perante os notários e registradores públicos (*v.g.*: divórcio extrajudicial, inventário e partilha extrajudiciais, usucapião extrajudicial etc.).

A realização extrajudicial desses procedimentos não afasta a necessidade de assistência por advogado constituído ou por defensor público (arts. 610, § 2º,[26] e 733, § 2º,[27] do CPC/2015) e revelam--se como alternativas que se oferecem aos jurisdicionados, como faculdades que o ordenamento jurídico lhes, desde que atendidos os requisitos legalmente estabelecidos para tanto.

Os *procedimentos especiais* revelam, em número expressivo, a fuga do legislador do delongado e ortodoxo procedimento ordinário. Entretanto, o prestígio deste é tão grande que o desprezo inicial às suas formas é contrabalançado com uma reedição de sua solenidade após o "necessário desvio de rota". Assim é que há procedimentos especiais que se iniciam diferentes e depois retomam a marcha ordinária. Esse desvio dá-se exatamente no tocante àquilo que é coibido pela doutrina da ordinariedade, que não é senão a possibilidade de regulação provisória e antecipada da lide. Assim, *v.g.*, as ações possessórias típicas e atípicas iniciam-se com a possibilidade de adoção de "liminares satisfativas", recaindo após para o rito ordinário. Destarte, os ritos especiais somente não desembocam no ordinário quando a pretensão de direito material se demonstra incompatível com a sua efetivação via ordinariedade, como o exemplo da demarcação ou das ações executivas *lato sensu* ou como o procedimento de depósito.

Assenta-se que a especialidade do procedimento implica, segundo a doutrina, um corte do objeto cognitivo; por isso, *não são plenárias* essas "ações especiais". Entendemos não haver essa correlação especialidade-não-plenariedade. O exemplo típico das ações possessórias tem como escopo fundamento social e não processual ao vedar o "petitório no possessório" (art. 557 do CPC).[28] É que o proprietário não pode subtrair para depois legitimar a apreensão antijurídica sob o manto da propriedade, que, segundo imagem clássica de Jhering, tem como sua linha avançada

---

[25] **"Enunciado nº 108 da II Jornada de Direito Processual Civil do CJF:** A competência prevista nas alíneas do art. 53, I, do CPC não é de foros concorrentes, mas de foros subsidiários."

[26] **"Art. 610, § 2º.** O tabelião somente lavrará a escritura pública se todas as partes interessadas estiverem assistidas por advogado ou por defensor público, cuja qualificação e assinatura constarão do ato notarial."

[27] **"Art. 733, § 2º.** O tabelião somente lavrará a escritura se os interessados estiverem assistidos por advogado ou por defensor público, cuja qualificação e assinatura constarão do ato notarial."

[28] **"Art. 557.** Na pendência do processo possessório é vedado, tanto ao autor quanto ao réu, propor ação de reconhecimento do domínio, exceto se a pretensão for deduzida em face de terceira pessoa".

238 | CURSO DE DIREITO PROCESSUAL CIVIL • *Luiz Fux*

de defesa a "posse". Essa exegese levaria à legitimação da lesão, porque o proprietário poderia o mais e o menos. Entretanto, para que se lhe não defira a "posse marginalizada", ele, o proprietário, deve primeiro restituir e depois reivindicar, pelos mesmos motivos por que não se admite que qualquer cidadão faça justiça pelas próprias mãos.[29] A cognição restrita obedece assim a razões jurídico-materiais e não procedimentais.[30]

Na ação renovatória da locação comercial e na ação consignatória, a limitação de defesa também obedece a fundamentos que escapam ao âmbito processual. A limitada cognição nesses procedimentos tem como razão a propensão do legislador em estabelecer como regra a renovação e como exceção a "reprise", bem como na consignatória preferir a liberação à manutenção do estado de inadimplemento.[31] Assim, limitam-se as defesas que possam infirmar a regra da renovação e da liberação. Trata-se de valoração dos interesses em jogo, tão comum na técnica legislativa em geral.[32]

O *procedimento injuncional ou monitório*, cujo protótipo no Direito brasileiro recaía na antiga ação cominatória, tem como característica a emissão do preceito liminar condenatório, cuja eficácia executiva plena condiciona-se à não apresentação de defesa pelo demandado; por isso, oposta alguma exceção ou objeção pelo réu, o rito recai para a via padrão da ordinariedade. Desta sorte, somente a revelia é que transforma o preceito em título executivo, porque a contestação transforma a comunicação liminar em simples citação *resolvitur in vim citationis*.

O Código atual afina-se longinquamente com a técnica injuncional ao dispor como regra *in procedendo* que a revelia do réu impõe o julgamento antecipado da lide, mas de forma alguma o juiz profere liminar e tampouco dispensam-se os processos complementares de liquidação e execução, mercê de abrir-se ao revel a instância recursal com eventual execução quiçá "provisória".

Versão mais aprimorada é a do *procedimento monitório documental de créditos ou bens fungíveis*, nos quais, calcado no documento, o preceito liminar é emitido e prevalece mesmo na defesa do réu, ora com a "execução" suspensa, ora com execução provisória, consoante o grau de convencimento do título ou diante do *"periculum di grave pregiudizio nel ritardo"*.[33] Algumas leis esparsas têm surgido com a técnica injuncional, indicando as novas tendências do legislador.

O despejo liminar é um exemplo dessa evolução. Através de provimento urgente satisfativo, o legislador concede a ordem de desocupação em caráter irreversível, restando ao locatário, se obtiver vitória na causa ou reforma da decisão interlocutória, uma indenização, uma vez que se trata de

---

A **Súmula nº 487 do STF:** *"Será deferida a posse a quem, evidentemente, tiver o domínio, se com base neste for ela disputada"*, apenas confundiu o tema da exceção de domínio que, atualmente é vedada no ordenamento brasileiro, por inspiração do Professor Simão Isaac Benjó. Tal posicionamento é reforçado pelo Código Civil, veja-se:

(Código Civil de 2002) Art. 1.210, § 2º. Não obsta a manutenção ou reintegração na posse a alegação de propriedade, ou de outro direito sobre a coisa.

[29] Hipótese que, quando não tipifica delito específico, consubstancia o crime do art. 345 do Código Penal.

[30] Outra é a conclusão de **Ovídio Baptista**, para quem essa limitação da cognição é decorrência de técnica de sumarização dos interditos (*Curso*, cit., vol. 1, p. 108). Calcado em **Chiovenda**, o autor gaúcho utiliza-se da expressão "sumarização longitudinal" para explicar a cognição encetada pelo juiz para deferir a liminar com base na superficialidade do juízo, e "vertical" para o corte que se engendra quanto à profundidade da defesa vedada com base no domínio.

[31] Nesse particular difere a filosofia que informava as ações não plenárias do antigo Direito romano, onde através dos *interditos* o pretor decretava a ordem, mas restavam as exceções reservadas à *actio ex interdito*; vale dizer: a sumariedade compreendia a possibilidade de discutir noutra ação aquilo que ficara vedado no interdito sumário.

[32] A valoração ínsita na norma é o ponto central da conhecida *Teoria Tridimensional do Direito*, 1986, de **Miguel Reale**. A esse respeito consulte-se, do próprio autor, *Filosofia do Direito*, 1990; **Recaséns Siches**, *Introducción al Estudio del Derecho*, 1970, p. 40 e segs.

[33] Conforme **Ovídio**, *Curso*, cit., vol. 1, p. 112, esse procedimento injuncional, de larga aplicação na Europa, sobretudo na Itália e França, é o que se preconiza para a tutela de segurança, com a diferença de que não só nos créditos documentais mas em toda e qualquer pretensão material que exige a pronta atuação judicial não atendida pela ortodoxia da "ordinariedade". O que se visa é tornar transparente e legítima essa adoção procedimental com o abandono da dissimulada e promíscua utilização, para esses fins, do processo cautelar.

um caso específico de injunção utilizada através da "tutela urgente dos direitos evidentes". Outro exemplo de tutela urgente, de direito evidente, de "direito líquido e certo é a veiculada no mandado de segurança", também concebido como rito "sumário documental". Nesse caso a sumariedade é formal, porque a redução do módulo da prova encurta o procedimento.

O procedimento no processo de execução, consoante a natureza da prestação objeto da obrigação que se pretende (pretensão insatisfeita) exigir em juízo, varia na sua forma, notadamente pela diversidade de utilização dos meios executivos adequados, bem como em razão de sua *causa finalis*. Assim, por exemplo, não se "procede" da mesma forma na obtenção de quantia e na exigibilidade de "fazer infungível". A diversidade das prestações implica a utilização de "meios executivos diversos" e, *a fortiori*, de procedimentos diferentes.

A execução por quantia certa, por exemplo, em face de sua finalidade que, segundo a própria lei, é a expropriação de bens do devedor para satisfação dos interesses do credor, tem fases distintas de apreensão, expropriação e pagamento que não se encontram nas outras execuções. Destarte, pela sua natureza "genérica", o procedimento da execução por quantia certa está para as demais execuções como o procedimento ordinário para os procedimentos outros.

A execução de obrigação de fazer fungível, pela alternatividade que enseja ao credor em função do inadimplemento do devedor, varia de procedimento, que pode propiciar desde uma licitação para arrematar-se a prestação de fato a outrem até a transmudação da execução para quantia certa com uma singular liquidação incidente.

Na execução extrajudicial para entrega de coisa, mercê da diferença liminar conforme seja certa ou incerta a coisa a ser entregue, o que implica um diminuto contraditório quanto ao *ius eligendi*, pode, também, variar, consoante a natureza do bem, se móvel ou imóvel, ou quanto à existência atual e efetiva do mesmo no patrimônio do devedor.

As execuções de fazer consistentes em manifestações de vontade sujeitam-se a procedimento unitário, onde o juiz declara e satisfaz tudo quanto a parte poderia esperar do Judiciário, inexistindo execução noutra relação processual, sendo, por isso, consideradas "executivas *lato sensu*".

No que tange às *medidas cautelares* – espécie do gênero tutela de urgência –, não obstante a finalidade seja a mesma e o seu rito unitário pela necessária urgência e imediata executividade do comando, este reclama o antecedente juízo declaratório lógico; por isso, essa forma de proteção judicial participa da natureza cognitiva, cujo ato final também pode ser auferido através de procedimentos diversos. A finalidade última do processo "assegurado" influi no procedimento, uma vez que os atos acautelatórios vão variar conforme sejam os fins acautelados do pedido principal, cuja utilidade se pretende resguardar. Nesse segmento, o *arresto* implica constrição de bens porque prepara a futura penhora; o *sequestro*, da mesma forma, não obstante prepare entrega de coisa; a *produção antecipada de provas*, conquanto discutível seu cunho exclusivamente cautelar, subsume-se ao procedimento da realização prática da prova no processo de conhecimento, e assim por diante.

Justamente por esse caráter acessório, o Código deixou de prever procedimentos detalhados para cada medida ventilada. Atualmente, vige a *atipicidade* procedimental das cautelares e da tutela provisória em geral, resguardando-se a efetividade, na medida em que o magistrado pode eleger os atos que soem adequados e proporcionais (art. 139, IV), e o contraditório – valor inegociável, nos moldes dos arts. 9º e 10.

II
SUJEITOS DO PROCESSO

1. PARTES

O processo, como instrumento através do qual o Estado presta a justiça e o particular pede justiça, é uma relação jurídica que pressupõe *sujeitos*, daí ter-se afirmado que *Judicium est actus ad minus trium personarum*.[1]

Sob o ângulo da identificação das ações, no seu escopo maior de impedir a afronta à coisa julgada, consideram-se sujeitos da ação, em primeiro lugar "os *sujeitos da lide*". Isto porque, se efetivamente, a finalidade da decomposição das ações é evitar a reproposição, deve-se levar em conta o que dispõe a primeira parte do art. 505 do CPC, segundo o qual: "*nenhum juiz decidirá novamente as questões decididas, relativas a mesma lide (...)*". Ora, se assim o é, importa, em primeiro plano, identificar os *sujeitos* da relação litigiosa os quais são os que não podem retornar a juízo repetindo pedido anteriormente julgado.

O processo, por sua vez comporta casos em que figuram pessoas que não são os sujeitos da lide, mas que a lei admite figurem na relação processual *em nome próprio*, muito embora postulem direito alheio. É que nem sempre há uma coincidência entre os *sujeitos da lide* e os *sujeitos do processo*, fenômeno extraordinário, uma vez que o usual é que haja essa correspondência.

O sujeito que figura na relação processual, e dela *participa*, denomina-se *parte*, quer pela atuação, quer pelo aspecto do todo ser uma *parte*, qual a situação litigiosa.

Na relação litigiosa, a *parte* autora pede a atuação da jurisdição em face de alguém, dirigindo-se primariamente ao Estado, mas o que pretende é produzir uma consequência jurídica na esfera de outrem, considerado *parte passiva*.[2]

Essa constatação enseja o conceito de *parte*, devendo considerar-se não só a pretensão de direito material, mas também a ação de direito processual.[3] Consequentemente, *parte é aquele que pede em juízo em nome próprio e aquele em face de quem se pede que sejam produzidas as consequências jurídicas da demanda*. Deveras, *também, consideram-se parte os sujeitos da lide*, porque ambos submetem-se à coisa julgada. Os primeiros, pela participação mesmo no processo, são alcançados pela *res judicata* tanto mais que é textual o preceito de que a "coisa julgada atinge as partes do processo". Os sujeitos da lide, porque "o juiz não pode voltar a julgar de novo a mesma lide" e esta, como fenômeno extrajudicial, tem também os seus protagonistas. O importante, diga-se

---

[1] A definição acima é tributada ao jurista medieval **Búlgaro**, *in* **Frederico Marques**, *Instituições*, cit., p. 34. Acerca do tema, **Celso Agrícola Barbi**, *Comentários*, cit.

[2] "Partes no processo civil são aquelas pessoas que solicitam e contra as quais se solicita, em nome próprio, a tutela estatal, em particular a sentença e a execução forçada". No sentido do texto, **Rosenberg**, *Tratado*, vol. I, § 39, I, 1.

[3] É de sabença que esses conceitos formais e materiais sempre conviveram. Assim é que **Chiovenda** optava pela conceituação meramente formal, admitindo a outra, ao passo que **Carnelutti**, a partir de sua ideia central do processo em torno da lide, considerava como sujeitos da ação, os sujeitos da lide, numa adoção estrita do conceito material (*in* **Carnelutti**, *Sistema di Diritto Processuale Civile*, 1936, vol. I, p. 343; **Chiovenda**, *Instituições*, vol. I, p. 234).

de passagem, para a identificação das ações é a qualidade de *parte* com a qual o *sujeito* atua numa determinada ação e não a sua "identidade física". É que a pessoa pode estar num determinado processo como *parte* e, em outra, como representante da *parte*.[4] Consectário lógico é que pode haver identidade física do sujeito e "diversidade jurídica" quanto à qualidade com que alguém age nos processos mencionados.

Destarte, pode haver identidade de *parte* mercê da diversidade física; isto é, apesar de pessoas diferentes, pode-se entrever em duas demandas, identidade, acaso propostas por elas a "mesma ação". É o que ocorre com os *sucessores universais ou singulares* (arts. 109 e 110 do CPC).[5] Os sucessores da parte falecida sucedem-na, também, na coisa julgada, aplicando-se idêntico raciocínio quanto ao *sucessor particular*, quer intervenha ou não na causa em que está em jogo o objeto litigioso que lhe foi cedido (§ 3º do art. 109 do CPC).[6]

Esse fenômeno da "*sucessão processual*" é completamente distinto da "*substituição processual*" ou "*legitimação extraordinária*", segundo a qual alguém pode postular "em nome próprio por um direito alheio" (art. 18 do CPC).[7] Na sucessão processual, há um fenômeno dinâmico de troca das partes, de extromissão, saindo o sucedido e ingressando o sucessor. Na sucessão processual, o fenômeno é substancial.

Deveras importante, por seu turno, é a gradação da qualidade de *parte* que a lei empresta aos sujeitos intervenientes na relação processual.

Em princípio, aquele que pede em nome próprio direito próprio é *parte principal*, em contraposição à *parte acessória*, categoria a que pertencem os sujeitos que intervêm no processo para discutir direito alheio. Assim, por exemplo, o sublocatário quando ingressa na ação de despejo movida contra seu sublocador, que é inquilino originário do contrato, fá-lo para lutar pela vitória do locatário porque sabe que, extinta a locação para ele, automaticamente estará rescindida também a sublocação. Entretanto, esse seu ingresso dá-se para discutir direito alheio, do qual o seu é apenas dependente e não compõe a *res in judiciam deducta*. Entretanto, a lei admite a sua intervenção por força de seu direito dependente daquele que está sendo discutido, deferindo-lhe um *status* de *parte* diferente daquele conferido à *parte principal*, sob o ângulo da "atuação procedimental". Por um lado, o seu ingresso amplia os prazos pela sua atuação, *v.g.*, prevê o art. 229 do CPC[8] e submete-lhe a um regime de subsidiariedade e acessoriedade, decorrente do fato de não discutir direito próprio, fazendo cessar a sua atuação, se assim o desejar a *parte principal*. A sua condição jurídica assim,

---

4   Consoante antiquíssima lição de **Chiovenda**, "Entende-se que a identidade da pessoa *física* nem sempre produz identidade subjetiva de ações: a mesma pessoa pode ter diversas *qualidades*, e duas ações só são subjetivamente idênticas quando as partes se apresentam na mesma qualidade. *Vice e versa*, a mudança da pessoa física como sujeito de uma ação não tem como conseqüência que o direito trate a ação como diversa: pode haver sucessão na ação, assim a título universal como particular", *in Instituições*, 1942, vol. I, p. 492.

5   "**Art. 109.** A alienação da coisa ou do direito litigioso por ato entre vivos, a título particular, não altera a legitimidade das partes.

§ 1º O adquirente ou o cessionário não poderá ingressar em juízo, sucedendo o alienante ou o cedente, sem que o consinta a parte contrária.

§ 2º O adquirente ou o cessionário poderá intervir no processo como assistente litisconsorcial do alienante ou o cedente.

§ 3º Estendem-se os efeitos da sentença proferida entre as partes originárias ao adquirente ou cessionário.

Art. 110. Ocorrendo a morte de qualquer das partes, dar-se-á a sucessão pelo seu espólio ou pelos seus sucessores, observado o disposto no art. 313, §§ 1º e 2º."

6   Uma demonstração concreta da transmissibilidade está esculpida na Súmula nº 642 do Superior Tribunal de Justiça: "O direito à indenização por danos morais transmite-se com o falecimento do titular, possuindo os herdeiros da vítima legitimidade ativa para ajuizar ou prosseguir a ação indenizatória".

7   "**Art. 18** Ninguém poderá pleitear direito alheio em nome próprio, salvo quando autorizado pelo ordenamento jurídico.

Parágrafo único. Havendo substituição processual, o substituído poderá intervir como assistente litisconsorcial."

8   "**Art. 229.** Os litisconsortes que tiverem diferentes procuradores, de escritórios de advocacia distintos, terão prazos contados em dobro para todas as suas manifestações, em qualquer juízo ou tribunal, independentemente de requerimento."

é de *parte acessória*, porque sua *legitimação não é para agir mas somente para intervir*. Essa *parte acessória* para alguns é apenas considerada como "terceiro", olvidando-se que um dos efeitos da intervenção do terceiro no processo é exatamente adquirir a qualidade jurídica de *parte, principal* ou *acessória*.[9]

Analiticamente, *parte* é aquele que postula em nome próprio, excluindo-se, desse conceito, o "representante" de quem pede, como *v.g.*, o representante legal da pessoa jurídica ou da pessoa física, o tutor, o curador etc. Essas pessoas *não são partes,* mas *representantes da parte,* por isso que o sujeito aqui é o "representado", que pede, em nome próprio, através da integração de sua capacidade pelo representante. Em suma, poder-se-ia sintetizar, assentando-se que, na representação, qualquer que seja o seu motivo, imaturidade ou doença, *a parte é o representado e não o representante*.

Aquele que postula em nome próprio em juízo o faz, por "direito próprio", até porque é incomum que alguém compareça no processo para pleitear direito alheio. Há, entretanto, casos em que a lei admite que o sujeito pleiteie *em nome próprio um direito alheio*. Esse fenômeno excepcional denomina-se *substituição processual* (art. 18 do CPC), em cuja dinâmica exsurge como *parte* o "substituto" e o sujeito da lide é o "substituído", sujeitando-se, ambos, à coisa julgada, como vimos alhures.

A autorização legal para que alguém postule em juízo, em nome próprio, por direito alheio, prende-se, primacialmente, ao fato de que, no plano do direito material, substituto e substituído encontram-se vinculados a uma relação jurídica. Assim, *v.g.*, a lei do condomínio em edifício de apartamentos permite que qualquer condômino, diante da inércia do síndico, pleiteie em juízo, a cobrança de cotas devidas pelo condômino faltoso porque, do contrário, as demais unidades, inclusive a do demandante, poderão ser oneradas pelo *deficit* causado pelo inadimplente. O condômino atuante, *in casu*, age em prol do condomínio e não em benefício exclusivamente próprio. Atualmente, inclusive, pode-se partir diretamente para a etapa satisfativa, ante a natureza de título executivo extrajudicial do documento que consolida o débito (art. 784, X).

Modernamente, com a consagração legal da "tutela dos *interesses difusos, coletivos e individuais homogêneos*" várias ações contemplam essa figura da "substituição processual", atribuindo legitimação excepcional para agir a órgãos intermediários entre os jurisdicionados cotitulares desses interesses e o Estado, *v.g.*, as associações de classe, os partidos políticos e o Ministério Público, como sói ocorrer na ação civil pública, na ação popular e no mandado de segurança coletivo.

Autor é a *parte* que pede originariamente a tutela jurisdicional e *réu* aquele em face do qual se pede a providência judicial. O demandado, implicitamente na sua defesa, postula a rejeição da demanda, permitindo-lhe a lei, em algumas hipóteses, que formule pedido próprio assim como o demandante, ora no próprio bojo da contestação, como ocorre nas ações dúplices, ora através de reconvenção.

Destarte, a *parte* pode ser uma *única pessoa* ou uma *pluralidade delas*. Nesse último caso, há uma *pluralidade de partes*, ensejando o fenômeno do *litisconsórcio*. Essa pluralidade, por seu turno, pode verificar-se no polo ativo, caracterizando o *litisconsórcio ativo*, no polo passivo da relação processual, gerando o *litisconsórcio passivo* ou ainda em ambos os polos do processo, fazendo exsurgir o *litisconsórcio misto* ou *recíproco*.

Deveras, o fato da iniciativa da ação não significa a procedência do pedido; conforme vimos sob o enfoque da natureza abstrata do direito de agir. O processo reclama uma investigação para se saber, efetivamente, quem tem razão, e por isso, enquanto pende o estado de incerteza, ambas as partes devem ser tratadas igualmente sob os mais variados ângulos da *isonomia processual*. O juiz tem, dentre os seus deveres, o de velar por essa igualdade (art. 139, inciso I, do CPC, que esmiúça o princípio da isonomia que consta no art. 7º).[10]

---

9   A esse respeito consulte-se o nosso *Intervenção de Terceiros*, 1992.

10   **"Art. 139.** O juiz dirigirá o processo conforme as disposições deste Código, incumbindo-lhe:
I – assegurar às partes igualdade de tratamento; (...)."

244 | CURSO DE DIREITO PROCESSUAL CIVIL • *Luiz Fux*

O tema *"partes"*, suscita a questão moderna do *"equilíbrio entre os litigantes"*, que vem mantendo os doutrinadores debruçados na problemática relativa ao efetivo *acesso à justiça*. Não se pode enfrentar a questão maior sem a visão realista de que tem sido difícil aos juízes velar por essa igualdade sem que se autorize um ativismo judicial mais expressivo do que o permitido pelo vetusto princípio dispositivo.

Como já dito, a desigualdade entre os litigantes não é somente financeira, porquanto esta é superada com a concessão da *gratuidade de justiça*. A maior afronta à isonomia situa-se no terreno técnico-jurídico, onde os litigantes destacam-se pela sua própria capacidade de entendimento do fenômeno judicial e pela habilidade técnica dos profissionais que contratam. É chegada a hora de entrevermos instrumentos capazes de minimizar essa diferença sócio-cultural, a fim de que o processo não represente como resultado o fruto dessa desigualdade máxima, uma vez que o escopo da jurisdição é o de pacificar, através de uma solução que se situe acima da legalidade e no ambicionado patamar da justiça.[11]

Por fim, acrescenta-se que, no processo, as partes devem ser *legítimas*[12] e *capazes*, devendo agir sempre *eticamente*[13], ostentando direitos e deveres próprios do ambiente *cooperativo*[14] esperado pelo legislador. Especificamente quanto à capacidade, descrita acima, deve-se atentar para a sua tríplice constituição: a capacidade de ser parte, porque possui personalidade jurídica (à exceção da chamada capacidade judiciária excepcionalmente admitida pela jurisprudência para que sujeitos despersonalizados estejam, como partes, na relação processual, caso dos condomínios); a capacidade de estar em juízo, isoladamente, caso ostente plena capacidade civil, ou representada ou assistida, se incapaz; e a capacidade postulatória, exigida do seu procurador.

2. LITISCONSÓRCIO[15]

Litisconsórcio é o fenômeno jurídico consistente na pluralidade de partes na relação processual. Em consequência, o litisconsórcio admite a classificação de *ativo* quando há vários autores; *passivo* quando há vários réus e *misto* quando a pluralidade verifica-se em ambos os polos da relação processual.[16] Os protagonistas do fenômeno denominam-se *litisconsortes*.

O litisconsórcio é informado, primeiramente, pelo princípio da economia processual que visa a conferir às partes do processo um máximo de resultado com um mínimo de esforço, por isso que enfeixando várias relações no seu bojo, a sentença proferida num processo em que há a formação de litisconsórcio dispõe em *unum et idem judex* acerca de várias pretensões.[17] Outrossim, o fenômeno encerra, também, uma cumulação de ações pela só variação do elemento subjetivo. O cúmulo subjetivo, engendrado pelo litisconsórcio, pode gerar outro; o cúmulo objetivo, como ocorre no litisconsórcio por *afinidade de questões*, hipótese em que cada um dos litisconsortes deduz sua própria pretensão.

O instituto tem a justificá-lo a necessidade de *harmonia dos julgados*, razão pela qual podem litisconsorciar-se as partes que exercem em juízo ações *conexas* pela identidade de pedido ou da causa de pedir, como ocorre, *v.g.*, quando vários condôminos, em juízos diversos, pleiteiam a anulação da mesma assembleia condominial. É que nesse, caso se essas ações tramitassem separadamente,

---

[11] A esse respeito consulte-se **Mauro Cappelletti** e **Bryant Garth**, *in Acesso à Justiça*, 1988 e as digressões que lançamos *in Juizados Especiais*, 1996.

[12] Acerca da legitimidade, veja-se o estudo das condições da ação, no Capítulo II da Parte II deste *Curso*.

[13] Acerca dos aspectos éticos do processo, vejam-se as lições do Capítulo IV da Parte I deste *Curso*, onde se realiza o estudo dos deveres das partes e dos procuradores e das consequências da desobediência (danos processuais e litigância de má-fé).

[14] Acerca do princípio da cooperação, veja-se tópico próprio, no Capítulo III da Parte I deste *Curso*.

[15] Acerca do tema, consultem-se, *Litisconsórcio Unitário*, **Barbosa Moreira**, e *Litisconsórcio*, **Cândido Dinamarco**.

[16] Nesse sentido, **James Goldschmidt**, *Derecho Procesal Civil*, p. 437.

[17] **Carnelutti** afirmava com a sua precisão costumeira que: "O processo com litisconsórcio é, portanto, não só um processo com pluralidade de lides, como ainda processo com pluralidade de partes" (*in Istituzioni del Nuovo Processo Civile Italiano*, 1951, vol. I, p. 257).

Parte IV • II – SUJEITOS DO PROCESSO | **245**

poderiam resultar em decisões diferentes e antagônicas, acarretando uma crise de credibilidade em relação ao Poder Judiciário. Por essa razão, o *litisconsórcio decorrente da conexão de causas e ainda que superveniente, a princípio, não se pode desmembrar.*

Destarte, o litisconsórcio rompe o esquema tradicional do processo como *actus trium personarum*; por isso, a sua formação decorre estritamente da *lei*. Somente no sentido de que a norma pode autorizar a formação do litisconsórcio em face da alteração procedimental que acarreta, por vezes tão enérgica, que se admite possa o juiz separar as ações cumuladas, quando (I) o litisconsórcio for facultativo e (II) houver comprometimento da rápida resolução do litígio, da defesa dos réus ou da efetividade do cumprimento da sentença (art. 113, §§ 1º e 2º, do CPC).[18]

Ademais, a tendência moderna é substituir o fenômeno do litisconsórcio, quando se trata de interesses pertencentes a uma multiplicidade de pessoas, pela legitimação de órgãos formais que cumprem finalidades institucionais em prol dessa coletividade de sujeitos de direito. É por essa *ratio* que hodiernamente legitima-se a Ordem dos Advogados do Brasil para pleitear em juízo acerca dos interesses da *classe* dos advogados, a Defensoria Pública ou "ainda e sempre" o Ministério Público, todos considerados órgãos intermediários entre o Estado e o cidadão, experiência haurida no sistema anglo-americano das *class actions*.

O princípio básico informativo do litisconsórcio é o da *facultatividade*; vale dizer: o litisconsórcio forma-se segundo a vontade dos litisconsortes, obedecidas as hipóteses legais. Essa facultatividade, implica que o juízo seja competente para as causas de todos os litisconsortes, porquanto nos demais casos do art. 113 do CPC, o que prorroga a competência do juízo é a conexão[19] entre as causas.

A facultatividade sofre exceção nos casos em que se impõe a *indispensabilidade do litisconsórcio*. Nessas hipóteses, somente uma pluralidade de pessoas é legitimada a agir em juízo, fenômeno que se apresenta como excepcional e assim deve ser interpretado. Essa modalidade de *litisconsórcio* denomina-se *compulsório, obrigatório* ou *necessário*, razão pela qual *não pode ser desmembrado*. A sentença no litisconsórcio necessário deve ser formalmente uma e materialmente dúplice, dispondo o juiz, em *simultaneus processus*, sobre a situação jurídica de todas as partes litisconsorciadas.[20] Assim, *v.g.*, na ação de anulação de ato jurídico todos os partícipes devem figurar como litisconsortes no processo, sob pena de tornar-se ineficaz a sentença (art. 114, do CPC).[21] A repercussão da decisão na esfera dos litisconsortes, e o dever de o juiz velar pela regularidade do processo, é a causa legal de o magistrado poder convocar as partes faltantes quer sejam autores[22] ou réus. É que o litisconsórcio necessário repercute na "eficácia da sentença" que não pode ser proferida senão na presença processual de todos os interessados. Pela mesma razão, tratando-se de litisconsórcio

---

18 **"Art. 113.** Duas ou mais pessoas podem litigar, no mesmo processo, em conjunto, ativa ou passivamente, quando:
I – entre elas houver comunhão de direitos ou de obrigações relativamente à lide;
II – entre as causas houver conexão pelo objeto ou pela causa de pedir;
III – ocorrer afinidade de questões por um ponto comum de fato ou de direito.
§ 1º O juiz poderá limitar o litisconsórcio facultativo quanto ao número de litigantes na fase de conhecimento, na liquidação de sentença ou na execução, quando este comprometer a rápida solução do litígio ou dificultar a defesa ou o cumprimento da sentença.
§ 2º O requerimento de limitação interrompe o prazo para manifestação ou resposta, que recomeçará da intimação da decisão que o solucionar."

19 A doutrina do tema sugere que a conexão que autoriza o litisconsórcio é diferente daquela definida no art. 55 do CPC. Assim, **Barbosa Moreira**, *in* "Da Conexão como Pressuposto da Reconvenção", tese de concurso para professor titular da UERJ.

20 Acaso seja necessário o litisconsórcio ativo, se o colegitimado, citado para a ação, se recusa a ingressar no feito, o processo não se extingue, por impossibilidade jurídica de um pronunciamento sem que estejam presentes na ação todos os interessados. A citação supre a ausência.

21 **"Art. 114.** O litisconsórcio será necessário por disposição de lei ou quando, pela natureza da relação jurídica controvertida, a eficácia da sentença depender da citação de todos que devam ser litisconsortes."

22 **Frederico Marques** afirmava: "Se o caso for de litisconsórcio ativo necessário, cabível é também a medida ou providência inquisitiva" (*in Instituições*, 1971, vol. II, p. 185).

necessário, ainda que o litisconsorte pleiteie a sua exclusão do feito o juiz poderá denegar o pedido posto influir na eficácia da própria relação processual, cuja natureza de direito público a torna *indisponível* pelas partes.

A formação do litisconsórcio no processo não retira a individualidade de cada uma das ações relativas aos litisconsortes. Assim, se Caio e Tício se litisconsorciam para litigar em juízo acerca de um prejuízo que lhes foi causado por Sérvio, este consórcio no processo, em princípio, não implica que um só promova o andamento do feito e produza provas "comuns". Ao revés, cada um tem o dever de atuar em seu próprio benefício, porquanto considerados, em face do réu, "litigantes distintos" (art. 117 do CPC).

Deveras, há situações de direito material que implicam a indivisibilidade do objeto litigioso, de tal sorte que o juiz, ao decidir a causa, deve dar o mesmo destino a todos os litisconsortes. A decisão, sob o prisma lógico-jurídico, não pode ser cindida; por isso, a procedência ou improcedência do pedido deve atingir a todos os litisconsortes. Assim, *v.g.*, no exemplo acima, não poderia o juiz anular o ato jurídico para um autor e não o fazer para o outro; a decisão deve ser necessariamente, materialmente, igual para ambos, implicando a *homogeneidade da decisão* que caracteriza o denominado *litisconsórcio unitário*.

Mercê da autorização legal, é mister que os litisconsortes sejam *legitimados* ativa e passivamente para a causa, sendo certo que a *ilegitimatio ad causam* de qualquer dos litisconsortes não acarreta a extinção de todo o processo, senão a exclusão do sujeito não habilitado para aquela causa *in concreto*.

O litisconsórcio, por seu turno, forma-se no início do processo e excepcionalmente, superveniência, em razão do princípio da estabilização dos elementos da demanda (art. 329, *in fine*, do CPC).[23] Assim, *v.g.*, a intervenção dos herdeiros da parte falecida ou o ingresso de terceiro interveniente exemplificam hipóteses de litisconsórcio ulterior autorizado por lei.

O *litisconsórcio facultativo* é admitido toda vez que, entre as causas, há um grau de aproximação previsto na própria lei, o qual, numa ordem decrescente, de inter-relação, transita da conexão à mera afinidade de causas. Forçoso concluir que, inexistindo esse grau de aproximação entre os litisconsortes, impõe-se ao juízo, em nome da economia processual, indagar qual deles vai prosseguir no processo, evitando extingui-lo integralmente. É o que ocorre, *v.g.*, inadequadamente quando se forma o litisconsórcio passivo entre vários condôminos devedores de suas próprias cotas no rateio condominial, na ação movida pelo condomínio, como também a pretensão do locador de despejar vários inquilinos no mesmo processo.

Destarte, duas pessoas podem litigar no mesmo processo, em conjunto, ativa e passivamente, quando: (I) *entre elas houver comunhão de direitos ou de obrigações relativamente à mesma lide*, *v.g.*, nas hipóteses de solidariedade passiva ou ativa ou na cotitularidade de relações jurídicas em geral como a composse ou a copropriedade; (II) *entre as causas houver conexão pelo pedido ou pela causa de pedir*, *v.g.*, quando vários candidatos pleiteiam a anulação de concurso público, cada um sustentando um vício do evento, *v.g.*, a falta de divulgação do edital ou a violação do sigilo da prova; também assim quando os direitos ou as obrigações derivarem do mesmo fundamento de fato ou de direito, *v.g.*, quando o mesmo contrato ou a mesma lei confere aos vários litisconsortes direitos ou deveres persequíveis em juízo, ou quando vários acionistas pretendem anular a mesma assembleia da sociedade da qual são acionistas; (III) *entre as causas houver afinidade de questões por um ponto comum de fato ou de direito*, revelando-se, nesta hipótese, um laço mais tênue do que a conexão consistente na mera aproximação entre as causas que pode ser probatória ou legal. Assim, *v.g.*, quando vários acidentados num mesmo acidente promovem as suas indenizações narrando os próprios direitos decorrentes de fatos personalíssimos porém ocorrentes na mesma

---

[23] **"Art. 329.** O autor poderá:

    I – até a citação, aditar ou alterar o pedido ou a causa de pedir, independentemente de consentimento do réu;

    II – até o saneamento do processo, aditar ou alterar o pedido e a causa de pedir, com consentimento do réu, assegurado o contraditório mediante a possibilidade de manifestação deste no prazo mínimo de 15 (quinze) dias, facultado o requerimento de prova suplementar.

    Parágrafo único. Aplica-se o disposto neste artigo à reconvenção e à respectiva causa de pedir."

oportunidade, ou ainda, na demanda de vários consumidores atingidos pelo defeito semelhante do mesmo produto.[24]

A possibilidade de decisões contraditórias nas causas dos vários litisconsortes torna-o *irrecusável*. Diversamente, se as decisões em relação aos diversos litisconsortes não se tornam passíveis de contradição pode haver o *desmembramento* (art. 113, §§ 1º e 2º, do CPC) por ato do juízo ou por provocação da defesa sob a invocação de prejuízo.

Outrossim, nas mesmas hipóteses autorizadas em lei, se a *eficácia da sentença* depender da presença de todos os litisconsortes no processo, ela será compulsória, para que a decisão judicial não seja proferida sem que se alcance seus limites subjetivos. Isto porque a decisão judicial proferida sem a presença de todos os interessados considera-se *inutiliter data*.[25] À luz da relação de direito material e da imperatividade da lei é que se afere a indispensabilidade do litisconsórcio e, nesses casos, restringe-se o poder de desmembramento. É o que ocorre, *v.g.*, na ação de usucapião; nas ações constitutivas quando a pretensão pertença a vários sujeitos ou a vários se refira, como na ação de nulidade de casamento proposta pelo Ministério Público contra ambos os cônjuges; na ação pauliana contra comprador e vendedor fraudadores; na ação de divisão; na dissolução de sociedade entre vários sócios; nas ações de seguro em que o Instituto de Resseguros do Brasil (IRB), por ter responsabilidade quanto ao pedido indenizatório, é litisconsorte necessário; na ação de exoneração da fiança em que o garante deve convocar o afiançado e o credor; nas ações em que se disputam posse e propriedade com base em títulos diversos, hipótese em que os detentores dos mesmos são litisconsortes necessários etc.

Nesses casos, diversamente do que ocorre com o litisconsórcio facultativo em que o juiz tem o poder de "desmembramento", revela-se justamente o contrário. O juiz detém o poder de integração para determinar a presença de litisconsortes ativos faltantes ou a convocação de litisconsortes passivos, sob pena de extinção do processo sem análise do mérito[26] (arts. 114, 115 e parágrafo único). Deveras, não se tratando de hipótese de litisconsórcio, impõe-se o desmembramento das lides, devendo o autor indicar qual dos sujeitos deverá permanecer no processo distribuído àquele juízo. Reversamente, tratando-se de litisconsórcio necessário, a integração do litisconsorte é imperiosa, e pode engendrar-se até o momento à prolação da sentença, por ordem do juiz ou por comparecimento espontâneo.

A ausência da formação do litisconsórcio necessário pode gerar a anulação do processo a qualquer tempo e em qualquer grau de jurisdição, em ação autônoma ou em impugnação ao cumprimento da sentença, com efeito rescindente sob a invocação do art. 525, § 1º, I, do CPC.[27]

Esmiuçando esse quadro, o CPC esclarece as consequências da decisão transitada em julgado sem a formação do litisconsórcio necessário. Se a decisão devesse ser uma (litisconsórcio necessário e unitário), a sanção é de nulidade; senão, o vício será de ineficácia, não gerando efeitos em relação aos sujeitos que não integraram, embora devessem, a relação processual (art. 115).

A unidade de processo, conforme assentamos alhures, não retira a individualidade de cada uma das causas; por isso, a lei considera os litisconsortes em face do adversário como litigantes distintos. Assim, *v.g.*, a nulidade da citação em relação a um dos litisconsortes facultativos não se

---

[24] A expressão é de **Machado Guimarães**, *in* "As Três Figuras do Litisconsórcio", *Estudos*.

[25] Não é uníssona essa posição quanto à ineficácia absoluta da sentença preconizada por **Chiovenda** *in* **Saggi**, "Sul Litisconsórcio Necesario". **Redenti** defendia a manutenção do julgado até que "rescindível pelos litisconsortes não convocados para a demanda com a utilização da *oposizione di terzo ordinaria*" (*in Il Giudizio Civile con Pluralità di Parte*, p. 267). Recentemente revivam-se essas posições antagônicas como se observa *in* **Proto Pisani**, *Opposizione Ordinária de Terzo*, 1965, §§ 28-30.

[26] Essa característica de o juiz poder convocar autores faltantes levou **Frederico Marques** a afirmar que nesse particular o "princípio dispositivo" sofre a sua mais acentuada derrogação, *in Instituições*, 1971, vol. II, p. 182.

[27] "**Art. 525.** Transcorrido o prazo previsto no art. 523 sem o pagamento voluntário, inicia-se o prazo de 15 (quinze) dias para que o executado, independentemente de penhora ou nova intimação, apresente, nos próprios autos, sua impugnação.
§ 1º Na impugnação, o executado poderá alegar:
I – falta ou nulidade da citação se, na fase de conhecimento, o processo correu à revelia."

estende aos demais, e a citação válida efetivada quanto a um dos réus produz todos os efeitos do art. 240 do CPC, muito embora os mesmos não se produzam quanto ao litisconsorte invalidamente citado. Há casos em que a *res in iudicium deducta* é indivisível de forma que a decisão deve ser homogênea para todas as partes litisconsorciadas.

A *homogeneidade da decisão* implica a classificação do litisconsórcio em *unitário*, cujo regime jurídico apresenta algumas nuances, exatamente por força dessa necessidade de decisão uniforme para os litisconsortes (art. 114, *caput*, do CPC). Observe-se que, não obstante conceitos distintos os de "*unitariedade* e de *indispensabilidade*", o *litisconsórcio necessário e o unitário vêm* previstos no mesmo dispositivo, pela sólida razão de que, na grande maioria dos casos, o litisconsórcio compulsório reclama decisão homogênea.[28]

O litisconsórcio diz-se "simples" nas hipóteses em que a decisão pode ser diferente para os litisconsortes. Ao revés, no *litisconsórcio unitário*, os litisconsortes não são considerados como partes distintas em face do *adversus* porque há necessidade de decisão igual. Consequentemente estendem-se a todos os atos benéficos praticados por um dos litisconsortes, e se tornem inaplicáveis os atos de disponibilidade processual, bem como os atos que acarretam prejuízo à comunhão. Assim, a revelia de um dos litisconsortes na modalidade "unitário" não implica a incidência da presunção de veracidade para os demais, se impugnado o pedido por um dos litisconsortes. Outrossim, o recurso interposto por um dos litisconsortes a todos aproveita (arts. 345, I, e 1.005, do CPC).[29-30]

Esse regime de extensão dos atos benéficos no litisconsórcio unitário recebe a denominação de *interdependência entre os litisconsortes* em confronto com o regime da *autonomia pura* previsto na dicção do art. 117 do CPC, aplicável ao litisconsórcio "simples" ou "não unitário". Assim, *v.g.*, se alguns litisconsortes não contestaram a ação e a defesa de todos não é idêntica, é cabível a decretação de revelia dos que se omitiram.

Consoante se pode concluir, o litisconsórcio necessário deriva de fator diverso do litisconsórcio unitário, muito embora a prática judiciária indique um expressivo número de hipóteses em que a necessariedade arrasta a unitariedade. Entretanto, não se podem vincular indefectivelmente esses aspectos do fenômeno litisconsorcial; por isso, o litisconsórcio pode ser "necessário simples" ou "necessário unitário", admitindo uma dicotomização não enxergada pelo legislador (art. 114, *caput*, do CPC).[31]

Discussão sensível diz respeito ao litisconsórcio ativo necessário. Na medida em que A e B devem atuar necessariamente em conjunto para ingressar com demanda, imagine-se a situação em que apenas um deles possui interesse em pleitear determinado direito e o outro se recusa. Contrapõem-se, portanto, duas situações igualmente relevantes ao direito processual. De um lado, há o direito ao acesso à justiça daquele que deseja mover o Judiciário. De outro lado, a irresignação de uma parte não pode ser dobrada de modo que a parte seja coagida a mover uma ação.

---

[28] **"Súmula nº 77 do STJ:** A Caixa Econômica Federal é parte ilegítima para figurar no polo passivo das ações relativas às contribuições para o Fundo PIS/PASEP."

[29] **"Art. 345.** A revelia não induz, contudo, o efeito mencionado no art. 344 se:
I – havendo pluralidade de réus, algum deles contestar a ação;
II – o litígio versar sobre direitos indisponíveis;
III – a petição inicial não estiver acompanhada do instrumento que a lei considere indispensável à prova do ato.
IV – as alegações de fato formuladas pelo autor forem inverossímeis ou estiverem em contradição com prova constante dos autos."

[30] **"Art. 1.005.** O recurso interposto por um dos litisconsortes a todos aproveita, salvo se distintos ou opostos os seus interesses.
Parágrafo único. Havendo solidariedade passiva, o recurso interposto por um devedor aproveitará aos outros quando as defesas opostas ao credor lhes forem comuns."

[31] Nesse mesmo sentido, de há muito, **Adolfo Schonke**, *in Derecho Procesal Civil*, 1950, p. 96, quanto ao dispositivo legal germânico no qual se baseou o Código Buzaid, suscitando as mesmas controvérsias geradas no nosso matiz quanto ao alcance dessa regra da necessariedade vinculada à unitariedade.

Parte IV · II – SUJEITOS DO PROCESSO | **249**

A questão, devido a sua complexidade, não se encontra pacificada. Parcela louvável da doutrina entende pela inadmissibilidade da figura pelo ordenamento jurídico, vez que os dois valores em jogo são caros ao ordenamento jurídico brasileiro.[32] Nessa esteira, o entendimento do Superior Tribunal de Justiça, que perdura desde a vigência do Código Buzaid, é mais cauteloso, quando restringe as hipóteses de litisconsórcio necessário no polo ativo àquelas previstas em lei.[33] O entendimento mais cauteloso da Corte nos parece mais acertado, embora, *de lege ferenda*, seja recomendável que a exigência de exercer o direito de ação em conjunto seja extirpado da legislação nacional.

Cumpre, ainda, registrar a existência da figura da *assistência litisconsorcial*, através da qual o terceiro assistente que ingressa no processo para auxiliar uma das partes adquire o *status* de litisconsorte porquanto, além de pretender ajudar a que a parte assistida obtenha um resultado favorável, intervém para discutir a relação jurídica que também lhe pertence, e submetida à apreciação do Judiciário por outro cotitular em momento cronologicamente anterior (art. 119 do CPC[34]). Nessa hipótese, o assistente é legitimado a intervir e agir assim como a parte assistida, aplicando-se-lhe o regime da "interdependência" peculiar ao "litisconsórcio unitário". É o que ocorre, *v.g.*, com o coproprietário que adere à ação reivindicatória proposta por outro condômino.

Saliente-se, por fim, que os litisconsortes, não obstante partes distintas em face do adversário, têm pontos em comum nas suas atuações, por exemplo, *fatos comuns* que restam por auxiliar a comunidade dos litisconsortes ainda que não unitária, razão pela qual no litisconsórcio não há, em princípio, *atuação contrastante*. Entretanto, a lei cuida de uma hipótese *sui generis* ao considerar *litisconsortes o denunciante e o denunciado*, malgrado sejam adversários entre si na ação regressiva que a denunciação encerra (art. 128, II, do CPC).[35] A singularidade mais expressiva é que, na relação entre denunciante em face do denunciado, para evitar que aquele prejudique este, *aplica-se o regime da interdependência entre esses litisconsortes especiais* e, *na relação denunciado versus denunciante, o regime da autonomia*, porque, se o denunciado confessar ou praticar atos de disponibilidade, o denunciante estará com seu direito regressivo assegurado. Na *mesma linha* de singularidade dessa espécie, enquadram-se os *opostos* em face do *oponente* e os *credores* no *concurso singular de credores* na execução de bem comum.

3. INTERVENÇÃO DE TERCEIROS

3.1 Generalidades

O sistema processual brasileiro adota, em sede normativa, o princípio de que a sentença faz coisa julgada entre as partes do processo, não prejudicando terceiros.[36]

---

[32] **Câmara**, *O novo processo civil brasileiro*, São Paulo, 2017.

[33] "O litisconsórcio ativo necessário restringe o direito constitucional de ação e, fora das hipóteses expressamente contempladas em lei, deve ser admitido apenas em situações excepcionalíssimas, a depender da relação de direito material estabelecida entre as partes. Há casos em que, apesar da incindibilidade da situação jurídica ocupada por vários co-titulares, o respeito à garantia da ação de um impede a exigência do litisconsórcio, porém há outros em que o resultado a ser pleiteado no processo deve ser pretendido por todos, mediante o consenso, sob pena de não poder ser obtido por nenhum: não se podem coagir os demais a entrar em juízo. No caso, a Turma entendeu desnecessário o litisconsórcio. Pretendia-se a indenização por danos decorrentes de inexecução contratual, obrigações cindíveis que a ré, administradora e mandatária da autora, teria deixado de cumprir. Precedentes citados: REsp 64.157-RJ, *DJ* 10.05.1999, e REsp 33.726-SP, *DJ* 06.12.1993" (REsp 141.172-RJ, Rel. Min. Sálvio de Figueiredo, j. 26.10.1999).

[34] "**Art. 119.** Pendendo uma causa entre 2 (duas) ou mais pessoas, o terceiro juridicamente interessado em que a sentença seja favorável a uma delas poderá intervir no processo para assisti-la.

Parágrafo único. A assistência será admitida em qualquer procedimento e em todos os graus da jurisdição, recebendo o assistente o processo no estado em que se encontre."

[35] "**Art. 128.** Feita a denunciação pelo réu: (...)

II – se o denunciado for revel, o denunciante pode deixar de prosseguir com sua defesa, eventualmente oferecida, e abster-se de recorrer, restringindo sua atuação à ação regressiva; (...)."

[36] Esse princípio, assentado desde as Ordenações do Reino, é eficazmente combatido por **Liebman**, ao assentar que a máxima *res judicata aliis non nocet* não exaure o tema acerca dos limites subjetivos da coisa julgada (*Eficácia e Autoridade da Sentença e outros Estudos sobre a Coisa Julgada*, 1981).

O legislador visou, ao estabelecer os limites subjetivos da coisa julgada no art. 506 do CPC, deixar claro que o sujeito que não participara do processo não podia ser negativamente atingido pelos efeitos da decisão.

O Direito Processual brasileiro tem como regra que ninguém pode ver alterada a sua situação jurídica, por força de uma decisão judicial de cujo processo de produção sequer participou. Contudo, as relações jurídicas não subsistem isoladas e estanques entre os seus protagonistas. Inúmeras vezes, há uma interdependência de relações, de sorte que a decisão proferida quanto a uma delas, irremediavelmente, atinge a outra, em alguma parte, ou no seu todo.[37]

As decisões judiciais entretanto, não obstante proferidas entre as partes originárias, restam por invadir a órbita jurídica alheia, direta ou indiretamente, como se observam em certos exemplos clássicos: decisão proferida na ação de despejo travada entre locador e locatário produz efeitos que repercutem na esfera jurídica do sublocatário, porquanto a relação deste é dependente da do locatário por força de preceito material. Por isso que, extinta a locação, automaticamente restará extinta a sublocação. Em consequência, a sentença de procedência do despejo atinge o sublocatário, desalijando-o. Esse exemplo é suficiente para demonstrar não ter caráter absoluto a regra do art. 506 do Código vigente.[38]

Destarte, a pendência da lide não torna, em regra, inalienável o objeto mediato do pedido que consubstancia o bem da vida em disputa. A alienação da coisa ou do direito litigioso é algo que se situa na esfera de conveniência e de assunção dos riscos do adquirente. Entretanto nada impede que, não obstante a pendência da ação de reivindicação, a parte ré aliene o imóvel a outrem, uma vez que a decisão proferida entre as partes originárias, valerá para o novo adquirente, ainda que ele não figure no processo (art. 109, § 3º). Demonstra-se, assim, mais uma vez, não ser absoluto o preceito de que a coisa julgada não atinge terceiros que não participem do processo.

Outrossim, a vitória do devedor, na ação declaratória negativa da relação creditícia, resulta, também, no êxito indireto do fiador, uma vez que, inexistindo a relação principal, insubsistente será a garantia, que lhe é acessória.

Essas exceções, dentre outras, recomendam que *os sujeitos suscetíveis de serem atingidos pelas decisões* judiciais e que, originariamente, não figuravam como partes do processo, possam integrá-lo. O ordenamento possibilita-lhes o ingresso, até porque a coisa julgada, antes da sua formação, deve ser antecedida por uma inafastável obediência ao contraditório. Encerraria um rompimento abominável deste cânone constitucional atingir terceiros através de decisões judiciais, produzidas em processo sem a participação dos mesmos.

Acresce a isso que, em determinadas hipóteses, a decisão judicial, em si, não esgota todos os litígios acerca da mesma pretensão ou das que lhe são conexas. Por vezes, o vencedor de uma demanda necessita promover outras ações, no afã de ver consagrado o seu direito de forma integral. Destarte, ainda, pode ocorrer que determinadas decisões judiciais façam exsurgir para o potencial vencido um direito de regresso por força da derrota, contra quem, indiretamente, contribuiu para a sucumbência de outrem.

Essas circunstâncias, de extremo relevo jurídico, sugerem, também, que, em processo simultâneo, sejam analisadas as pretensões envolvendo os sujeitos originários, bem como outras, conexas, e que dizem respeito a outrem, habilitando-os a ingressar na relação processual pendente. Antevendo que a decisão do processo nem sempre se limita a incidir sobre as partes originárias e que outras pessoas podem ser atingidas porquanto mantêm uma relação jurídica conexa com a que está sendo deduzida em juízo, ou dependente dela, o legislador permite a esses sujeitos o ingresso no processo das partes, através do instituto da *intervenção de terceiros*, que os envolve na esfera da eficácia da sentença.

O instituto da terceria, inspirado na necessidade de complementar-se a regra dos limites subjetivos da coisa julgada e no princípio da economia processual, autoriza as pessoas "interessa-

---

[37]   São os chamados efeitos "reflexos", atribuídos a **Ihering**, segundo **Liebman**, na obra antes citada (pp. 83-84).

[38]   Veja-se, a respeito, **Francesco Paolo Luizo**, *Principio del Contradittorio ed Efficacia della Sentenza Verso Terzi*, 1983.

das", no sentido lato do vocábulo, a *participarem ou serem chamadas a participar* do processo das partes originárias.

Os processos onde os terceiros ingressam, em regra, podem ter naturezas diversas, havendo óbice a algumas modalidades de intervenção no processo de execução, para não se postergar o direito líquido, certo e exigível do exequente.[39]

Deveras, os *terceiros* mantêm essa qualidade, até que intervenham, quando, então, *assumem a condição jurídica de parte, secundária ou principal*, conforme o caso.[40]

A expressão "terceiros que *participem ou sejam chamados a participar*" tem uma razão de ser específica. É que eles podem ingressar no processo *sponte sua* ou convocados através do ato formal da citação. Nessa última hipótese, em contraposição ao ingresso "voluntário", aduz-se à intervenção *forçada* ou *coacta* do terceiro,[41] porquanto a *intromissão formal* perfaz-se, até mesmo, contra a sua vontade. Não obstante, é conferida ao terceiro a oportunidade de manifestar-se no processo, haja vista que a decisão judicial vai atingi-lo. Isto porque a parte originária é aquela que pede em seu próprio nome ou em cujo nome é pedida a atuação da vontade da lei,[42] e *terceiros* são *aqueles que, sendo pessoas estranhas à relação de direito material deduzida em juízo e à relação processual já constituída, mas que àquela se ligam intimamente, intervêm no processo sobre o mesmo objeto, a fim de defender interesses próprios.*[43-44] Assim, *v.g.*, o preposto é convocado, ainda que assim não o queira, a ingressar no processo em que se exige indenização da pessoa jurídica em razão de ato ilícito seu, haja vista que sofrerá os efeitos da decisão que conceder o direito regressivo ao *empregador*. O pedido de regresso da pessoa jurídica, por sua vez, é condicional, uma vez que formulado ao juiz no sentido de que condene o preposto a tudo quanto a entidade for obrigada a desembolsar para indenizar o suposto lesado. O ingresso do empregado, como a própria hipótese indica, realiza-se compulsoriamente, ou de forma coacta.

3.1.1 A qualificação de terceiro

Questão de extrema singularidade é a qualificação jurídica do terceiro.

Na visão de alguns, terceiro é todo aquele que pode vir a sofrer os efeitos diretos ou reflexos da decisão judicial, malgrado esteja fora do processo, e, por isso, legitimado a intervir no feito. A sua qualificação como terceiro decorre do fato de ingressar *cronologicamente* após as partes. Esse critério, que considera, apenas, o ingresso *após* a instauração da relação processual, é insuficiente não só para explicar várias figuras da terceria senão também para diferenciá-la de outras que guardam com o instituto a mesma afinidade sob o aspecto cronológico, como sói ocorrer com o ingresso dos sucessores do *de cujus* no processo após a morte do mesmo, bem como o ingresso do revel no estado em que o processo se encontra (arts. 110 e 346 do CPC). Em ambas as hipóteses,

---

[39] A inadmissibilidade da intervenção forçada no processo executivo decorre da impossibilidade mesmo de ocorrerem algumas das hipóteses contempladas no CPC. O chamamento ao processo era, sob a égide do CPC/1973, rechaçado pela doutrina e jurisprudência dominantes. Nos denominados "processos de sentença", a intervenção se dá com frequência. A assistência em ambas as modalidades – simples e litisconsorcial – é admissível na execução.
Assim, também, o recurso do terceiro prejudicado. A oposição, porque depende de sentença de *definição de direitos*, torna-se incabível. O "processo de execução" caracteriza-se pela *realização* de direitos, daí a in-compatibilidade com as formas interventivas que demandam definições de direitos. Veja-se **Agrícola Barbi**, "Intervenção de Terceiros", in *Comentários ao Código de Processo Civil*, vol. 1º.

[40] Esse o critério cronológico admitido por **Ramiro Podetti** (*Tratado de la Terceria*) que mereceu as críticas lançadas por **Vicente Greco Filho** (*Intervenção de Terceiros no Processo Civil*, 1973, Cap. 3).

[41] A expressão "intromissão" melhor explicita o fenômeno da intervenção coacta, até porque o efetivo ingresso é sempre voluntário. O terceiro é livre para intervir ou não; a provocação que é por vezes necessária. Nesse sentido, **Humberto Theodoro Júnior**, *Processo de Conhecimento*, 1984, p. 182.

[42] Esse conceito, de **Chiovenda** (*Instituições de Direito Processual Civil*, cit., vol. 2º, p. 234), foi repetido por **Schonke** (*Derecho Procesal Civil*, p. 85) e é de precisão inatacável.

[43] **Moacyr Amaral Santos**, **Primeiras Linhas de Direito Processual Civil**, vol. 2º.

[44] **Frederico Marques**, *Instituições de Direito Processual Civil*, p. 190.

há ingresso superveniente sem que haja *terceria* propriamente dita. Consoante essa doutrina, o terceiro, ao ingressar nos autos, adquire a qualidade de parte e deixa de ser terceiro, atributo que mantinha conquanto *fora da relação processual*.

O *critério de cunho científico qualifica o terceiro segundo a sua qualidade de agir em juízo*. Na visão dessa corrente, *terceiro* é o que está fora do processo mas titular de relação jurídica passível de sofrer os efeitos jurídicos diretos ou reflexos de uma decisão judicial e, em função disso, é lícito ao mesmo intervir para discutir a relação controvertida, atuando ao lado de uma das partes originárias com a *mesma amplitude* de atuação ou com *atuação restrita* aos limites do seu interesse em jogo. Assim é que, nas hipóteses em que a decisão *influi diretamente* na relação jurídica do terceiro, porque ela é objeto do processo, o interveniente assume a qualidade jurídica de *parte principal* e está legitimado a "agir e intervir". Diversamente, nos casos em que a sua intervenção é admitida pelo fato de a sentença atingi-lo *reflexamente*, o seu ingresso habilita-o apenas a *intervir, coadjuvar*, atuando como auxiliar de uma das partes, sem que lhe seja conferida a faculdade de agir em contraste com a parte cognominada principal. Nessas hipóteses, *o terceiro legitimado apenas a intervir* assume a qualidade de *parte acessória*, exatamente porque não discute direito próprio, limitando-se a atuar em prol de interesse alheio do qual o seu é dependente, atuando, *mutatis mutandis*, como um singular "substituto processual".

Fundindo-se as duas acepções, forçoso concluir que *terceiro é aquele que, estando fora do processo, pode intervir* na relação pendente para fazer valer direito próprio *ou alheio em razão de a decisão proferida poder, potencialmente, dispor com eficácia na sua esfera jurídica*.[45]

O terceiro, ao intervir, despoja-se da sua qualidade e passa a figurar como parte principal ou acessória, conforme pleiteie direito próprio ou alheio. Não obstante, o terceiro, malgrado adquira a qualidade de parte, submete-se a um regime jurídico diverso pelo fato de originar-se da *terceria*. Assim, *v.g.*, o art. 76 do CPC[46] dispõe que o terceiro que não sana a sua incapacidade processual deve ser "excluído do processo". Ora só pode ser submetido à exclusão quem já está integrado no feito e como tal considerado "parte". Por outro lado, o terceiro, *além dos demais requisitos de admissibilidade* dos recursos, em algumas situações deve, também, demonstrar o nexo entre o seu prejuízo e a decisão judicial (art. 996, parágrafo único, do CPC).[47] Todas essas singularidades nos levam a concluir que posto assuma a qualidade de parte, em alguns aspectos, o terceiro mantém essa qualificação ainda que integrado à relação processual: continua terceiro dentro do processo.

Destarte, a *terceria*, assim como o *litisconsórcio*, implica uma dilatação do procedimento pelo ingresso de mais um protagonista na relação processual, rompendo o esquema básico do *actus trium personarum*. Essa é a razão pela qual a *fonte única da intervenção é a lei*, cabendo à mesma definir quando se está diante dessa intervenção para os fins de se aplicar o regime jurídico que o instituto suscita. Não se deve confundir, contudo, a taxatividade dos tipos de intervenção com a taxatividade das situações de intervenção. Explica-se: não é possível que as partes criem, por negócio jurídico processual, uma forma alienígena de intervenção de um terceiro. Contudo, parece ser possível que convencionem que determinado ente possui interesse jurídico para ingressar nos autos como assistente de uma das partes.

---

[45] Para uma leitura moderna da intervenção de terceiros, ver o trabalho monográfico de **Daniel Colnago Rodrigues**. *Intervenção de terceiros*, 2021.

[46] "**Art. 76.** Verificada a incapacidade processual ou a irregularidade da representação da parte, o juiz suspenderá o processo e designará prazo razoável para que seja sanado o vício.

§ 1º Descumprida a determinação, caso o processo esteja na instância ordinária:

I – o processo será extinto, se a providência couber ao autor;

II – o réu será considerado revel, se a providência lhe couber;

III – o terceiro será considerado revel ou excluído do processo, dependendo do polo em que se encontre. (...)."

[47] "**Art. 996.** O recurso pode ser interposto pela parte vencida, pelo terceiro prejudicado e pelo Ministério Público, como parte ou como fiscal da ordem jurídica.

Parágrafo único. Cumpre ao terceiro demonstrar a possibilidade de a decisão sobre a relação jurídica submetida à apreciação judicial atingir direito de que se afirme titular ou que possa discutir em juízo como substituto processual."

Precedentemente, assentamos que a lei enumera as figuras de terceria, não contemplando algumas que a doutrina insinua pertencerem a essa categoria. Assim é que o concurso de credores e os embargos de terceiro se situam fora do capítulo da intervenção de terceiros.

No Código de 1973, também a assistência integrava tal rol, conquanto não suscitava qualquer dúvida, aqui e alhures, sobre ser figura típica de intervenção voluntária de terceiros;[48] aliás, antiquíssima. A sua previsão, antes ao lado do litisconsórcio, decorria do fato de que a assistência admite uma sub-modalidade denominada *litisconsorcial*. O atual CPC inovou ao trazer a assistência, em termos topográficos, para junto das demais formas de intervenção de terceiro, separando-a do litisconsórcio. Embora singela, a alteração buscou encerrar quaisquer dúvidas sobre a natureza da assistência, alinhando-a com os outros institutos de intervenção.

O *concurso de credores* e os *embargos de terceiro*, em verdade, somente se encaixariam como figuras interventivas sob o critério cronológico, haja vista que não guardam aquela afinidade com as espécies gerais que perduram durante todo o processo, porque o interesse do terceiro está incluído na discussão integral da *res in judicium deducta*. Os embargos de terceiro assim como o concurso de credores encerram intervenção quanto a um aspecto da relação processual, um incidente apenas, retornando o *extraneus* para o seu próprio processo após a solução da questão motivadora do seu ingresso.[49]

Essa ótica tem levado parte ponderável da doutrina a não considerar a *"oposição"* como figura interventiva porque tem vida própria de ação endereçada às partes originárias. Dessa forma, a despeito da relação de prejudicialidade da oposição em face da ação originária e a possibilidade de julgamento simultâneo de ambas, o legislador acertadamente deixou de tratar desta figura na seara da intervenção de terceiros, mas junto aos procedimentos especiais, em que é possível dispor com mais claridade sobre seu procedimento, enquanto ação autônoma.

Destarte, a intervenção, *em princípio, é facultativa*, exatamente por força dessa intromissão na marcha do procedimento. Assim, *v.g.*, nada impede que o chamante, no chamamento ao processo, após a demanda, acione os demais codevedores, assim como o assistente que, aguardando o desfecho da lide fora do processo, escapa à justiça da decisão (art. 123 do CPC).[50]

Essa facultatividade sofre a mitigação da *compulsoriedade* nos casos em que a intervenção resta excepcionalmente obrigatória. Nessa linha, é obrigatória a *intervenção iussu iudicis*, por meio da qual o juiz determina a integração de litisconsorte faltante na hipótese de litisconsórcio necessário, para o fim de manter íntegra a eficácia da sentença (art. 114 e 115, parágrafo único, do CPC).

No Código passado, parte da doutrina enxergava essa *compulsoriedade* na *denunciação da lide* nas hipóteses de *evicção*.[51] O Código Civil determina que o evicto notifique do litígio o alienante,

---

[48] A inserção da assistência no capítulo do litisconsórcio e fora daquele destinado ao terceiro também decorre da adoção, pelo legislador, da corrente que considera o assistente parte acessória ou adesiva, não obstante não seja sujeito da lide. Assim **Carnelutti**, *in Sistema di Diritto Processuale Civile*, vol. I, p. 393.

[49] Essa também é a posição de **Ovídio Baptista**, *in Curso*, cit., p. 216, em contraposição à tese sustentada por **Frederico Marques**, que preconizava ser o concurso de credores uma espécie de intervenção de terceiros, *in Instituições*, vol. II, p. 250. Na verdade os credores são partes que intervêm no processo alheio para discutir direito próprio de alguma forma ligado à demanda de outrem.

[50] **"Art. 123.** Transitada em julgado a sentença no processo em que interveio o assistente, este não poderá, em processo posterior, discutir a justiça da decisão, salvo se alegar e provar que:

I – pelo estado em que recebeu o processo ou pelas declarações e pelos atos do assistido, foi impedido de produzir provas suscetíveis de influir na sentença;

II – desconhecia a existência de alegações ou de provas das quais o assistido, por dolo ou culpa, não se valeu."

[51] **"CPC/1973, art. 70.** A denunciação da lide é obrigatória:

I – ao alienante, na ação em que terceiro reivindica a coisa, cujo domínio foi transferido à parte, a fim de que esta possa exercer o direito que da evicção lhe resulta;

II – ao proprietário ou ao possuidor indireto quando, por força de obrigação ou direito, em casos como o do usufrutuário, do credor pignoratício, do locatário, o réu, citado em nome próprio, exerça a posse direta da coisa demandada;

na forma da lei processual, para garantir os direitos que da evicção lhe resultassem (arts. 447 e 448 c/c art. 456 do Código Civil, este último foi expressamente revogado pelo CPC/2015).[52]

À obrigação de denunciar correspondia a sanção da perda do direito regressivo caso não seja engendrada a intervenção forçada do denunciado. Impende, contudo, observar que a evicção gera ao evicto o direito de receber do alienante o valor da coisa mais perdas e danos. Em consequência, vinha-se empreendendo exegese mais flexível, apregoando-se que a falta da denunciação acarreta apenas a perda do direito ao reembolso das perdas e danos, sendo irrefutável, com ou sem denunciação, o direito de o evicto receber de volta o que pagou pela coisa, atualizadamente, sob o pálio do princípio que veda o enriquecimento sem causa.[53]

Essa interpretação coadunava-se, inclusive, com a moderna tendência de vedar-se a denunciação nos procedimentos concentrados e desformalizados, como o sumaríssimo do juizado especial cível.

O atual diploma processual afastou qualquer dúvida no tocante à denunciação da lide, assentando sua facultatividade. Assim, indeferida ou não promovida, permanece hígida a ação autônoma para garantir o direito (art. 125, § 1°[54]), razão pela qual foi revogado o dispositivo da Lei Material.

3.1.2 Efeitos da intervenção

O primeiro efeito da intervenção é a assunção, pelo terceiro, da qualidade de parte, secundando ou opondo-se às partes originárias.

O segundo efeito da intervenção do terceiro é interferir na *competência do juízo*. Isto porque a intromissão do terceiro, por vezes, *prorroga* ou *desloca* a competência do órgão judicial. É que nas causas propostas perante outros juízos, se a União nelas intervier como assistente, passarão à competência do juiz federal respectivo, porquanto a competência *ratione personae*, é fixada, *a posteriori*, por força da intervenção.

Em regra, não havendo disposição expressa, prevalece o preceito de que o juiz da causa principal é também competente para as ações que digam respeito ao terceiro interveniente que, uma vez integrado, fica vinculado ao foro e ao juízo da demanda proposta.

Conclui-se, assim, que a *assunção da qualidade de parte* e a repercussão na *competência* representam os principais efeitos jurídico-processuais da intervenção de terceiros.

3.2 Espécies de intervenção

O ingresso do terceiro no processo pode dar-se por sua iniciativa própria, ou por provocação de uma das partes originárias, razão pela qual, quando o terceiro ingressa por sua livre iniciativa, diz-se que a *intervenção é voluntária*; nas hipóteses em que integra a relação processual forçadamente através da citação, denomina-se *intervenção forçada ou coacta*. Assim, *v.g.*, o sublocatário, que auxilia o locatário a obter êxito na ação de despejo, intervém voluntariamente. Por seu turno, os outros codevedores solidários na ação de cobrança dirigida contra um só deles, em regra, intervêm forçadamente, convocados pelo originário réu.

A "*intervenção voluntária*" admite como espécies as seguintes figuras: *assistência, recursos do terceiro prejudicado* e *amicus curiae*.[55] A "intervenção forçada", como gênero, comporta as seguintes

---

III – àquele que estiver obrigado, pela lei ou pelo contrato, a indenizar, em ação regressiva, o prejuízo do que perder a demanda."

[52] "**Art. 447.** Nos contratos onerosos, o alienante responde pela evicção. Subsiste esta garantia ainda que a aquisição se tenha realizado em hasta pública.
Art. 448. Podem as partes, por cláusula expressa, reforçar, diminuir ou excluir a responsabilidade pela evicção."

[53] STJ, 4ª turma, AgRg no Ag 917.314/PR.

[54] "**Art. 125, § 1°.** O direito regressivo será exercido por ação autônoma quando a denunciação da lide for indeferida, deixar de ser promovida ou não for permitida."

[55] A oposição, conforme elucidado, tem natureza jurídica de ação, enquanto procedimento especial, embora guarde a característica da voluntariedade.

Parte IV • II – SUJEITOS DO PROCESSO | **255**

espécies: *denunciação da lide, chamamento ao processo, incidente de desconsideração da personalidade jurídica e intervenção iussu iudicis.* Cada uma dessas modalidades de intervenção apresenta requisitos próprios, que serão analisados oportunamente.

Entretanto, uma regra comum aplicável à intervenção coacta decorre do fato de o terceiro poder ser introduzido compulsoriamente no processo: é que a compulsoriedade não o impede de ingressar voluntariamente. Assim, o preposto da pessoa jurídica, muito embora possa sofrer denunciação da lide, também está legitimado a intervir como assistente daquela.

A intervenção, *conforme a motivação* que a propulsione, pode dar-se com escopo de auxiliar uma das partes na contenda com a outra, ou, simplesmente, excluir a pretensão de ambas. No primeiro caso, aduz-se à intervenção *ad coadjuvandum, n*o segundo, de intervenção *ad excludendum.*

As próprias expressões latinas utilizadas demostram que, na primeira hipótese o terceiro assume a condição coadjuvante, auxiliando um dos sujeitos, *v.g.,* o sublocatário, ao locatário. A assistência é, portanto, exemplo clássico da intervenção *ad coadjuvandum.*[56]

Por outro lado, quando o terceiro intervém para discutir a sua relação jurídica, quer ingresse voluntária, quer forçadamente, assume a posição jurídica de parte principal adversa a um ou a ambos os "sujeitos principais" do processo, *v.g.,* o chamado, o denunciado e, nos casos de ingresso voluntário, o assistente litisconsorcial.

Na intervenção *ad excludendum,* o terceiro assume a posição de *parte antagônica* às partes originárias, postulando algo incompatível com o que elas pretendem, aproveitando-se do mesmo processo, para ver excluída a pretensão de ambas e assegurada a sua, através do pedido de oposição que formula. O direito ou a coisa litigiosa, segundo o opoente, não pertencem às partes que o discutem; daí formular o seu pedido que, se acolhido, exclui o suposto direito das partes originárias. Em razão disso, impõe o Código que a pretensão do opoente seja julgada antes da dos opostos, autor e réu da ação primeiramente iniciada (art. 686 do CPC).

3.2.1   Assistência

A *assistência* é modalidade *espontânea*, ou *voluntária*, de intervenção de terceiro, contemplada, agora, junto às demais formas de intervenção de terceiro (Capítulo I do Título III do CPC).

A assistência, na sua dinâmica, comporta as figuras do terceiro *assistente* e da parte *assistida*, sendo o sujeito originário do processo em cujo proveito intervém o primeiro.

A intervenção do assistente é *ad coadjuvandum.* Vale dizer: o assistente ingressa no processo para assistir, auxiliar uma das partes, litigando ao lado desta e pugnando pela sua vitória. A assistência é figura de delineamentos mais nítidos no direito intermédio, diferindo-se da oposição, por ser *ad coadjuvandum* e não *ad infrigendum jura competitorum*. Assim, *v.g.*, o sublocatário auxilia o locatário no processo porque a relação de sublocação é acessória da principal *ex locato* e depende da mesma para sua sobrevivência.

O assistente pugna pela vitória do assistido porque a sua relação jurídica é vinculada àquele ou porque a *res in iudicium deducta* também lhe pertence. De toda sorte, além desses fatores, o assistente intervém porque a decisão proferida na causa entre o assistido e a parte contrária interferirá na sua esfera jurídica. Destarte, o fato de a relação jurídica do assistente ser dependente da relação do assistido, ou também pertencer-lhe, implica a *classificação da assistência*.

3.2.1.1   Classificação da assistência

A *assistência* diz-se *simples ou adesiva* quando o assistente intervém para discutir a relação jurídica do assistido, mas o faz porque a sua situação jurídica é dependente e conexa com aquela

---

[56]   **Chiovenda** a denomina "Intervenção adesiva ou acessória" (*Instituições de Direito Processual Civil*, cit., vol. 2, p. 238).

256 | CURSO DE DIREITO PROCESSUAL CIVIL • *Luiz Fux*

deduzida em juízo, de tal sorte que a decisão final refletirá em sua posição jurídica.[57] Exemplo de assistente simples é o subempreiteiro que ingressa na ação em que o empreiteiro discute a validade da empreitada.

A *assistência* diz-se *litisconsorcial* quando o assistente intervém para discutir a relação jurídica deduzida nos autos e que também lhe pertence. Trata-se de relação subjetivamente plúrima, que integra o complexo de relações do assistente, não obstante tenha o assistido dado início à ação. O assistente, nessas hipóteses, acopla-se ao processo, para defender direito próprio, diversamente do que o faz o assistente simples, *v.g.*, o sócio que adere à pretensão de outro na dissolução da sociedade; o acionista que ingressa na ação em que um grupo pede a anulação da assembleia geral ordinária; o condômino que intervém em prol do outro condômino da coisa na ação possessória; o adquirente da coisa litigiosa que atua ao lado do alienante na ação em que outrem se afirma dono da coisa. Todos esses casos são de assistência litisconsorcial.

A *participação do assistente na relação jurídica discutida* em juízo, com amplitude ou restrições, condiciona a sua atuação processual. Isto porque, se o assistente ingressa no processo para fazer valer um *jus* próprio, deferem-se a ele os mesmos direitos e faculdades das partes. Entretanto, se o faz para sustentar as razões de uma das partes, a sua atuação, como evidente, restringe-se a secundar a atuação da parte assistida, como ocorre com o assistente simples que ostenta *legitimação extraordinária*, posto, declaradamente, debate de direito alheio (CPC, art. 121).[58]

O assistente litisconsorcial, por seu turno, forma, junto com o assistido, um *litisconsórcio unitário*, uma vez que, pertencendo a relação deduzida ao assistente e assistido, não pode o juiz decidir diferentemente em relação a cada uma das partes, devendo a sentença de mérito, ser uniforme para todos.

Assistência simples

O *assistente simples*,[59-60-61] na sua posição acessória ou dependente, limita-se a auxiliar a parte principal, utilizando os mesmos meios processuais postos à disposição dela.

Assim, pode requerer e produzir provas, apresentar razões de mérito etc. Consequência desse princípio é a assunção pelo assistente do ônus das custas na proporção da atividade que exercer no processo, restando vencido na causa o assistido (CPC, art. 94). Também consectário dessa dependência é que, sendo revel o assistido, o assistente é considerado seu substituto processual (CPC, art. 121, parágrafo único).

Apesar da inércia processual do assistido, os efeitos da revelia não se produzem ante a atuação do assistente que, segundo a melhor doutrina, significa que somente os atos benéficos devem ser acolhidos, quando praticados pelo assistente como substituto processual do assistido. Assim, a transação benéfica ao assistido é admissível à luz das razões práticas que ditaram a norma do art.

---

[57] **Aureliano de Gusmão**, *Processo Civil e Comercial*, 1934, p. 507-508. É da mesma opinião **Eduardo Espínola**, *Código de Processo do Estado da Bahia*, 1916, vol. I, p. 329, nota 27.

[58] A fórmula do Código atual faz presumir que a assistência litisconsorcial ocorrerá quando o assistente e o adversário do assistido mantiverem entre si uma relação judiciária. Sucede que a *ratio* do dispositivo pressupõe que a relação entre eles seja a deduzida em juízo e não qualquer uma, já que a decisão fará coisa julgada sobre aquela. Nesse sentido, **Vicente Greco Filho**, *Intervenção de Terceiros no Processo Civil*, cit., p. 65; e **Leo Rosenberg**, *Tratado de Derecho Procesal Civil*, cit., p. 277.

[59] Ao assistente simples nega-se a qualidade jurídica de parte. Assim, *v.g.*, **Leo Rosenberg**, *Tratado de Derecho Procesal Civil*, vol. 1, p. 271; **Friedrich Lent**, *Diritto Processuale Civile Tedesco; Parte Prima*, p. 315; **Moacyr Lobo da Costa**, *Assistência*, 1968, p. 138; **Chiovenda**, *Instituições de Direito Processual Civil*, cit., p. 240. Outros, por exclusão ao conceito de parte, entendem que, ao intervir, o assistente simples passa a ser parte (**Pedro Palmeira**, *Da Intervenção de Terceiros nos Principais Sistemas Legislativos – Da Oposição*, 1954).

[60] A figura do assistente simples coincide com a intervenção adesiva simples do Regulamento alemão, que a distingue da intervenção adesiva litisconsorcial.

[61] **Pedro Palmeira**, *Da Intervenção de Terceiros nos Principais Sistemas Legislativos*, cit., p. 110.

121, parágrafo único,[62] não, assim, atos prejudiciais. A *substituição*, então, restringe-se ao campo processual, não atingindo atos que digam respeito, diretamente, à relação material, *v.g.*, o reconhecimento do pedido ou a renúncia ao direito em que se funda a ação.

Decorrência lógica da posição subordinada e acessória do assistente é o princípio de que "a assistência não obsta a que a parte principal reconheça a procedência do pedido, desista da ação ou transija sobre direitos controvertidos; casos em que, terminando o processo, cessa a intervenção do assistente" (art. 122 do CPC).

Salvante as hipóteses de assistência litisconsorcial, o assistente fica sujeito a quaisquer atos de disposição que venha a praticar o assistido, porquanto a ele pertence o direito discutido. Assim, não pode o assistente sobrepujar o assistido quanto ao destino da *res in iudicium deducta* e como consequência, a força maior relativa ao assistente simples, ou qualquer causa personalíssima de suspensão do processo não gera esse efeito, se referente somente a esse terceiro e não à parte auxiliada.

Deveras, mercê dessas restrições, a atuação do assistente pode, *ad futurum* na ação contra ou movida pelo assistido, ser impugnada. Isso porque, em geral veda-se ao assistente rediscutir o que restou submetido à tutela jurisdicional na causa em que interveio. A *eficácia da intervenção* está expressa no art. 123, *caput*, do CPC. O dispositivo, que incide apenas na assistência simples, autoriza o assistente, em futura demanda contra o assistido, a discutir a *justiça da decisão*, se provar que (I) pelo estado em que recebera o processo, ou pelas declarações e atos do assistido, fora impedido de produzir provas suscetíveis de influir na sentença; ou (II) que desconhecia a existência de alegações ou de provas de que o assistido, por dolo ou culpa, não se valeu, hipóteses que se encartam na denominada *exceptio male gesti processus*.[63]

Destaque-se, outrossim, o alcance da subordinação do assistente ao assistido. Consoante reiterado, o assistente simples não discute a sua relação jurídica,[64] mas a do assistido, da qual a sua é dependente.

Como consectário, *não pode o assistente atuar em contraste* com a parte assistida, cessando a sua intervenção diante da desistência ou de outro ato que acarrete a extinção do processo.

A atuação em contraste, que se revela vedada, não implica o assistido poder impugnar atos do assistente que nenhum prejuízo acarretam ao mesmo, notadamente, no terreno probatório, como admite a doutrina.[65]

Outrossim, *o assistente, assumindo o processo no estado em que se encontra*, sujeita-se às preclusões operadas em face do assistido, *não se lhe permitindo apresentar arguição de incompetência*, sujeito que é ao juízo e foro preventos. Outrossim, o assistente também não pode inovar o *thema iudicandum* e, *a fortiori*, não pode reconvir nem intentar ação declaratória incidental.[66]

Assistência litisconsorcial

O *assistente litisconsorcial*, diferentemente do assistente simples, não é interveniente secundário e acessório, uma vez que a relação discutida entre o assistido e o seu adversário também lhe pertence.

---

[62] No CPC/1973, a figura de gestão processual de negócios fazia, de acordo com a melhor doutrina, do assistente substituto processual *sui generis*, que se afastava do processo com a retomada da marcha processual pelo assistido (**Waldemar Mariz de Oliveira Júnior**, *Substituição Processual*, 1971).

[63] O efeito da intervenção esclarece a porção da sentença que se transfere para a segunda demanda como coisa indiscutível. A coisa julgada atinge os fundamentos de fato e de direito que determinaram a decisão anterior.

Observa-se que essa eficácia é mais ampla do que a da coisa julgada que exclui os fundamentos de fato e jurídicos em que se baseou o julgado (art. 504 do CPC). Entretanto, é mais facilmente ultrapassada, haja vista que a coisa julgada para ser desprezada quanto ao seu conteúdo precisa ser desconstituída através de ação rescisória, ao passo que a eficácia da intervenção é suplantada pelo acolhimento da *exceptio male gesti processus*.

[64] **Chiovenda**, com precisão, entende que o assistente se afasta do verdadeiro substituto processual porque não promove o processo (*Instituições de Direito Civil*, cit., vol. 2, p. 139).

[65] A doutrina italiana que se debruça sobre o tema vem amparando a atuação hostil do assistente em prol dos seus interesses contra a vontade do assistido. Assim, **Giovanni Fabrini**, *Contributo alla Doutrina del Intervento Adesivo*, 1964 e **Virgilio Andrioli**, *Commento al Codice di Procedura Civile*, 1961, vol. I, p. 295.

[66] É uníssona a doutrina alienígena, *v.g.*, **Rosenberg**, ob. cit., 46, IV, I a.

O seu tratamento é igual àquele deferido ao assistido, isto é, atua com a mesma intensidade processual. Não vigoram, nessa modalidade, as regras que impõem ao assistente uma posição subsidiária.

É que na assistência simples, a decisão da causa atinge o assistente de forma indireta ou reflexa, ao passo que, na assistência litisconsorcial, porque a relação deduzida também é do assistente ou só a ele pertence, o *decisum* atinge-o, diretamente, na sua esfera jurídica. No plano material, é como se a sentença tivesse sido proferida em face do assistente litisconsorcial mesmo.

A assistência litisconsorcial implica considerar-se litisconsorte da parte principal o assistente, toda vez que a sentença houver de *influir* na relação jurídica entre ele e o adversário do assistido (art. 124 do CPC).

É por essa razão que a atuação do assistente qualificado é bem mais ampla do que a do assistente simples. Aos atos benéficos e atos prejudiciais praticados pelo *assistido*, aplica-se o *regime do litisconsórcio unitário*; por isso, *a priori*, não se admite que o assistente litisconsorcial seja prejudicado por um ato de liberalidade daquele.

O adquirente da coisa litigiosa que assiste ao alienante na ação em que terceiro reivindica a coisa e o copossuidor que intervém na ação movida contra outro titular da posse revelam exemplos que encerram a figura do assistente litisconsorcial.

Em sede doutrinária, apontam-se como *exemplos de assistência litisconsorcial* a intervenção do coerdeiro que intervém na causa em que um dos herdeiros deduz pretensão de deserdação em face de outrem; a do sócio na ação em que se discute a validade de deliberação assemblear da sociedade, a da mulher, nas ações do marido em que bens de seu patrimônio possam vir a ser atingidos na execução; a do tabelião, quando se discute a validade de ato lavrado em serventia de sua titularidade etc. Observa-se que, nesses casos, o assistente discute relação alheia e o que se lhe atinge é a *eficácia da intervenção* e nunca a coisa julgada, haja vista que *não é titular do direito em causa*. Somente nos casos em que discute a própria relação jurídica, que é aquela que mantém em face do adversário do assistido, é que se pode aduzir a coisa julgada em face do assistente litisconsorcial e a sua categorização como parte principal é inexorável.[67] Disto decorre a nossa ótica de que esses casos da doutrina, antes mencionados, encerram, quando muito, hipóteses de assistência simples.[68]

Por outro lado, diversamente da assistência simples, o assistente litisconsorcial é livre para atuar,[69] podendo oferecer reconvenção.[70]

A eficácia do decidido em face do assistente litisconsorcial é a prevista no art. 506[71] do CPC e não a do art. 123, do CPC, haja vista que o direito do assistente, *in casu*, é discutido por um substituto processual seu, sendo pacífico o entendimento de que a coisa julgada atinge substituto e substituído. Aliás, seria logicamente insustentável reconhecer-se que a relação jurídica da qual

---

[67] A matéria está longe de ser pacífica, por isso que, não obstante nesses casos a coisa julgada se estenda ao assistente, que é o quanto basta para conceituá-lo como parte, doutrinadores, calcados no conceito Chiovendiano de parte como aquele que pede e em face de quem se pede, negam-lhe essa categoria, mercê de o mesmo ter "direito em causa" e se iniciasse a demanda figuraria, inegavelmente, como litisconsorte. Ao que parece, essa parte da doutrina se firma num critério puramente cronológico para qualificação do terceiro em confronto com a parte, e que se sabe insuficiente para explicar o fenômeno da terceria. Assim negam a condição jurídica de parte ao assistente litisconsorcial, entre tantos, **Celso Barbi**, *Comentários ao Código de Processo Civil*, vol. I, p. 303; **Athos Gusmão Carneiro**, *Intervenção de Terceiros*, 1986, p. 89; **Cândido Dinamarco**, *Litisconsórcio*, p. 28, e **Moacyr Lobo da Costa**, *Assistência*, p. 169.

[68] Os exemplos são encontrados em **Rosenberg**, *Tratado*, vol. IV, § 46; **Schonke**, *Derecho Procesal Civil*, § 27, V, 1, respectivamente.

[69] **Schonke**, ob. cit., § 27, V, 2, a.

[70] Observe-se que, para aqueles que não consideram o assistente litisconsorcial como parte, o mesmo não pode praticar atos de disposição processual, *v.g.*, reconhecer, confessar etc., bem como reconvir ou promover declaratória incidental.

[71] "**Art. 506.** A sentença faz coisa julgada às partes entre as quais é dada, não prejudicando terceiros."

Parte IV • II – SUJEITOS DO PROCESSO | 259

o assistente litisconsorcial é titular é objeto de cognição e decisão, mas, ao mesmo tempo afirmar que a coisa julgada não o atinge.[72-73]

3.2.1.2 Interesse jurídico

Ponto que merece particular debate no tocante à intervenção diz respeito a uma expressão de conceito aberto inserida, não de hoje, pelo legislador para determinar a parte que se encontra apta a ingressar na lide, sobretudo no que pertine à assistência. Trata-se da expressão *interesse jurídico*, que é tratada como o mérito da assistência. Toda a fundamentação do terceiro para justificar a necessidade de seu ingresso na relação processual consiste na demonstração de seu interesse jurídico, qual seja, a forma pela qual ele se relaciona com aquele processo e a maneira como a sentença que será ali prolatada irá lhe afetar, direta ou reflexamente.

É possível explicar, de maneira simplista, o interesse jurídico. Basta afirmar que aquele que será afetado pela sentença do processo possui interesse para ali ingressar. A bem da verdade, respeitável doutrina se limita a explicar o tema desta forma. Contudo, não parece agregar efeitos práticos para as situações em que o magistrado se depara com um terceiro solicitando seu ingresso. Há que se questionar em que medida e de que modo a parte deve ser afetada para justificar a sua presença na relação processual, sob o risco de qualquer processo possuir um sem número de assistentes.

O Superior Tribunal de Justiça, desse modo, passou a adotar o entendimento de que um mero interesse econômico, afetivo ou moral não legitima o ingresso do terceiro, uma vez que não se trata de interesse jurídico relevante à questão.[74] Apesar de razoável, o entendimento sofre interpretações que lhe extrapolam o sentido, de forma que, inúmeras vezes, é negada a assistência na hipótese de o interesse do terceiro ter qualquer relação com um dos campos supracitados.

Esse mantra não deve ser repetido sem o devido juízo crítico. Não se deve confundir o interesse jurídico com núcleo econômico – o que é perfeitamente possível – com o mero interesse econômico.[75] Imagine-se a hipótese em que A ajuíza contra B uma ação de cobrança. Eis que C, outro credor de B, se encontra temeroso de que, com o êxito da ação, B não possua crédito para lhe pagar a dívida. Pretende, portanto, ingressar como assistente de B na ação. A referida hipótese não

---

[72] Inaceitáveis assim as conclusões sobre o ponto de **Schonke**, ob. cit., § 27, V, 2, c, e **Lent**, *Diritto Processuale Civile Tedesco*, § 83, VI. Diversamente, no sentido do texto, **Segni**, in *Novissimo Digesto Italiano*, vol. VIII, p. 952, para quem o interveniente litisconsorcial propõe, com seu ingresso, uma demanda nova.

[73] Pela total vinculação do assistente simples à coisa julgada, sem possibilidade de discussão da decisão, manifestou-se **Ayuch Amar**, "Coisa Julgada & Intervenção Adesiva no Anteprojeto Buzaid", tese apresentada no VI Colóquio de Direito Processual de Piracicaba, em 1971. Inafastáveis argumentos, no sentido acima, de **Vicente Greco Filho**, *Intervenção de Terceiros no Processo Civil*, cit., p. 69.

[74] STJ, Recurso Especial 762093/RJ, Rel. Min. Luiz Fux, 1ª Turma, j. 20.05.2008; STJ, Recurso Especial 1223361/ PE, Rel. Min. Herman Benjamin, 2ª Turma, j. 07.06.2011; STJ, Agravo Regimental no Agravo em Recurso Especial 805663/RS, Rel. Min. Marco Aurélio Bellizze, 3ª Turma, j. 20.10.2016; STJ, Agravo Regimental no Agravo em Recurso Especial 724365/SP, Rel. Min. Raul Araújo, 4ª Turma, j. 16.06.2016; STJ, Agravo Regimental nos Embargos de Divergência no Recurso Especial 1262401/BA, Rel. Min. Humberto Martins, Corte Especial, j. 25.04.2013.

[75] "Direito Processual Civil. Patente pipeline. Fabricante de medicamentos. Intervenção no processo como assistente. Possibilidade. Interesse jurídico. Presença. 1. Constata-se o interesse jurídico que viabiliza o deferimento do pedido de assistência quando os resultados do processo puderem afetar a existência ou inexistência de direito ou obrigação daquele que pretende intervir como assistente. 2. O deferimento do pedido de assistência prescinde da existência de efetiva relação jurídica entre o assistente e o assistido, sendo suficiente a possibilidade de que algum direito daquele seja atingido pela decisão judicial a ser proferida no curso do processo. 3. Em determinadas situações, o interesse jurídico pode vir acompanhado de alguma repercussão econômica, mas essa circunstância não tem necessariamente o condão de desnaturá-lo, a exemplo do que ocorre na hipótese dos autos, em que, para além do proveito econômico que futuramente possa ser obtido, o interesse do assistente repousa preponderantemente sobre a prerrogativa de livre produção do medicamento objeto da patente. 4. Recurso especial a que se nega provimento (REsp 1143166/RJ, Rel. Min. Nancy Andrighi, 3ª Turma, j. 16.12.2010)"

260 | CURSO DE DIREITO PROCESSUAL CIVIL • *Luiz Fux*

se mostra possível, uma vez que este receio se fundamenta em interesse meramente econômico. Por outro lado, na mesma lógica da ação de cobrança, imagine-se que C tenha adquirido o crédito de A específico daquela ação de cobrança contra B. Se C desejar ingressar como assistente de A, ele deve ser admitido ou seu interesse é meramente econômico? Nesse caso, revela-se um interesse jurídico com núcleo econômico, que ensejaria o ingresso como assistente, em situação de simples credor.

3.2.2   Recurso do terceiro prejudicado[76]

O Código contempla, ainda, muito embora distante do capítulo próprio, o *recurso do terceiro prejudicado* como última das modalidades de intervenção voluntária. Estabelece o art. 996 que o recurso pode ser interposto pela parte vencida, mas também pelo terceiro prejudicado, que deve demonstrar a possibilidade de a decisão sobre a relação jurídica submetida à apreciação judicial atingir direito de que se afirme titular ou que possa discutir em juízo como substituto processual.

Historicamente, o Direito romano permitia ao terceiro interessado apelar da sentença – *alio condemnato, ius cuius interest, appelare postest* – (art. 4º, § 2º, D. de app. 49, I), como, também, o Direito italiano medieval e o Direito canônico. Na França, transformou-se em recurso autônomo – *tierce opposition* –, influindo no modelo italiano. O Direito germânico e o austríaco aboliram-no, mantendo o instituto as Ordenações portuguesas (L. II, t.p. 81 *pr.*).

O instituto não tem a mesma finalidade unívoca nos sistemas jurídicos referidos.[77] A *opposizione di terzo* do Direito italiano e a *tierce opposition* do Direito francês são instrumentos que se voltam contra a coisa julgada, ampliando, inclusive, o objeto do *petitum*. O Direito português, que contempla a intervenção nos moldes do Direito italiano, faculta, também, ao terceiro, recurso em face do prejuízo causado pela sentença.

No Brasil, é da tradição legislativa deferirem-se ao terceiro prejudicado os mesmos recursos a que fazem jus as partes. Destarte, o Direito brasileiro sempre consagrou a possibilidade de outrem recorrer de determinada decisão toda vez que dela lhe advier um prejuízo ou gravame. O terceiro prejudicado há de ser titular de uma relação jurídica conexa com aquela deduzida em juízo, daí porque a decisão da causa primitiva o atinge. Podem recorrer com os terceiros prejudicados todos aqueles que, legitimados a intervir no processo, não o fizeram, salvo o caso da oposição.

Terceiro é o que não interveio até a prolação do ato decisório, deixando para fazê-lo através da irresignação quanto àquele.[78] Assim, não é terceiro o réu incerto e desconhecido, nem mesmo os eventuais interessados citados por edital. Estes são considerados *partes*. Assim, o fiador que não interveio como assistente, pode, mais tarde, recorrer como terceiro prejudicado, da sentença que declarou existente a dívida, na ação declaratória negativa movida pelo devedor em face do credor.

O opoente não poderá recorrer como terceiro, já que ele ingressa para discutir a *sua* relação jurídica, e a intervenção, na via recursal, violaria o princípio do duplo grau, posto levar à superior instância matéria nova, sequer alegada, discutida e decidida no procedimento originário.

O terceiro prejudicado há de alegar, no seu recurso, a injustiça ou a ilegalidade formal da decisão proferida quanto à relação deduzida em juízo. A sua relação só será observada para efeito da admissibilidade do recurso que interpuser e não para apreciação pelo órgão *ad quem*.

É preciso não olvidar que, exatamente em respeito ao princípio do duplo grau de jurisdição, não é lícito inaugurar pedidos na instância *ad quem*. O *jus novorum* cede, apenas, no que concerne

---

[76]   Consulte-se, quanto à história do instituto e a sua visão comparatística, **Rui Barbosa**, "Da Apelação do Terceiro Prejudicado", *Revista de Jurisprudência Brasileira*, vol. 25, p. 245 e segs., 1934; e **José Carlos Barbosa Moreira**, *Comentários ao Código de Processo Civil*, 1978, vol. 5, p. 330-331.

[77]   Mesmo nos países onde se reconhece essa possibilidade, adverte-se para o descompasso com o princípio do duplo grau (**Carnelutti**, *Sistema de Derecho Procesal Civil*, p. 602). No mesmo sentido, **Segni**, "Intervento Voluntário in Appello", *in Scritti Giuridici*, p. 667 e segs.

[78]   Em posições antagônicas, **Liebman** (*Notas às Instituições de Direito Processual Civil*, cit., vol. 3, p. 287, de Chiovenda) e **Seabra Fagundes** (*Dos Recursos Ordinários em Matéria Civil*, p. 50).

às questões de fato não deduzidas por motivos de força maior (CPC, art. 1.014). Esta a razão por que é limitado o conteúdo da impugnação do terceiro prejudicado.

Segundo dispõe o art. 996, é preciso que o terceiro demonstre a *vinculação do seu interesse para com a relação material discutida*, ainda que seja para recorrer de uma decisão de extinção sem resolução do mérito ou decisão interlocutória. O *nexo de interdependência* é o primeiro requisito representativo do seu *interesse jurídico*.

Cumpre ao terceiro demonstrar o prejuízo oriundo da decisão recorrida, assim entendida a intromissão direta ou reflexa da mesma na sua esfera jurídica, como no exemplo do fiador. A prova, que há de ser feita pelo terceiro, fica submetida à cognição do juízo *a quo* para fins de admissão do recurso.

Tema sempre presente pertine ao prejuízo advindo ao terceiro com a decisão do processo. Sustenta-se que o interesse do terceiro é o mesmo do assistente, daí porque só pode recorrer na situação que lhe permitiria intervir. Para outros, qualquer que seja o gravame causado pela decisão, habilita o terceiro a recorrer.[79]

A hermenêutica, sugerida pela tradição luso-brasileira, indica que o prejuízo há de ser jurídico e não de fato, uma vez que o nexo de interdependência que há é entre a relação discutida e a relação jurídica do terceiro.

O terceiro prejudicado, além desse nexo, deve preencher os demais requisitos de admissibilidade, já que poderá interpor qualquer recurso contra qualquer decisão proferida no processo.

Assim, cumpre-lhe apelar ou agravar, no prazo legal de quinze dias (CPC, art. 1.003, § 5º).[80] A intervenção recursal de terceiro não se identifica com a assistência em segundo grau, uma vez que é inaplicável a ele, declarando essa qualidade o regime da acessoriedade insculpido no art. 122 do CPC. Assim sendo, a desistência do recurso pela parte primitiva não obsta ao prosseguimento do recurso do terceiro prejudicado.

Denegada a subida do recurso, cumpre ao terceiro prejudicado interpor o agravo com o fito de fazer com que a instância *ad quem* conheça da sua impugnação.

O terceiro prejudicado pode ter uma relação conexa com a decidida pela sentença recorrida, assim como também pode ser cotitular dela.

Repise-se: à exceção do opoente, todo aquele que poderia ter ingressado como terceiro no processo, quer voluntária, quer coactamente, pode interpor recurso de terceiro prejudicado, cuja apreciação implicará que a ele se estendam os efeitos da decisão. Anote-se, por fim, que há casos em que o terceiro, exatamente por não ter participado do processo, não recorreu tempestivamente do ato que lhe é prejudicial. Nessa hipótese, a jurisprudência faculta-lhe o uso do mandado de segurança (Súmula nº 202 do STJ).[81]

3.2.3   Denunciação da lide

O instituto da denunciação da lide[82] é modalidade de intervenção forçada, vinculado à ideia de garantia de negócio translatício de domínio e existência de direito regressivo. A parte que provoca a denunciação da lide, o denunciante, ou tem um direito que deve ser garantido pelo denunciante-transmitente, ou é titular de eventual ação regressiva em face do terceiro, posto figurar na demanda em virtude de ato deste.

---

[79]   Sobre a perfeita distinção, consulte-se **José Alberto dos Reis**, *Intervenção de Terceiros*, p. 30.

[80]   Inexiste, hoje, a diversidade de prazos que o Código de 1939 concedia ao terceiro, em certas hipóteses (art. 815, §§ 1º e 2º).

[81]   "**Súmula nº 202 do STJ:** A impetração de segurança por terceiro, contra ato judicial, não se condiciona a interposição de recurso."

[82]   No que concerne à nomenclatura do instituto, suas origens e divergências quanto à melhor denominação, consulte-se **Amaral Santos**, *Primeiras Linhas de Direito Processual Civil*, cit., p. 22; e **Agrícola Barbi**, *Comentários ao Código de Processo Civil*, cit., Rio de Janeiro, Forense, vol. I, p. 333-335.

A razão de ser do instituto, calcada nos motivos acima, justificada a denominação que lhe emprestava o Direito brasileiro de 1939, e os sistemas alienígenas, cognominando-o "chamamento à autoria" que, na sua essência, significava "garantia",[83] ou melhor, "convocação do garante". O Direito francês e o italiano, fundados na origem germânica do instituto, preferiram o vocábulo "garantia", daí corresponder, nesses sistemas, a nossa atual "denunciação da lide", a *exception de garantie* e a *chiamata in garanzia*, esta última com as modalidades *formal* e *simples*, sendo certo que só o segundo modelo, efetivamente, corresponde e obedece aos mesmos princípios de denunciação da lide do sistema processual brasileiro. A *chiamata formal* e o modelo germânico dão azo à substituição do garantido pelo garante, além de a sua não convocação não gerar a perda do direito de regresso, mercê de inexistir a sentença materialmente dúplice prevista no art. 76 do nosso CPC. Essa diversidade revela certa originalidade do Direito brasileiro, que não escapa da crítica quanto à denominação utilizada, hodiernamente, porque, se a expressão, adotada em 1939, não era correta para espelhar o fenômeno que se passava quando convocado o garante, hipótese em que o garantido-chamante afastava-se da sua posição de parte do processo para dar lugar ao chamado, a atual também não o é. Isso porque chamamento à autoria insinua a ideia de convocação para ingresso no processo, ao passo que a denunciação reflete mera ciência, "denúncia", comunicação.

O mérito da expressão está, ao menos, em evitar a confusão terminológica com a "nomeação à autoria", mantida pelo Código, com finalidade totalmente distinta da "denunciação da lide". Assim, denunciar a lide a alguém não é senão trazer esse alguém para a lide, por força de garantia prestada, ou em razão de direito regressivo existente em face desse terceiro. Através da denunciação da lide, o denunciante aproveita-se do mesmo processo para exercer a ação de garantia ou a ação de regresso em face do denunciado; por isso, inspirado pelo princípio da economia processual, dispôs o legislador que "se o denunciante for vencedor, a ação de denunciação não terá o seu pedido examinado, sem prejuízo da condenação do denunciante ao pagamento das verbas de sucumbência em favor do denunciado" (CPC, art. 129, parágrafo único). O exercício da denunciação amplia a relação processual acrescentando-se a ela uma nova parte, criando uma situação legitimamente que não existia anteriormente e vinculando o denunciado ao processo.[84]

O denunciado é convocado *in eventum*, isto é, a sua presença faz-se necessária para a hipótese de condenação do denunciante, caso em que a sentença, em regra, condena, também, o terceiro. É sob esse ângulo que reside o interesse do *denunciante* e do *denunciado*, razão por que alguns admitem ter a denunciação da lide o colorido de uma "provocação de assistência".

A sentença, no processo em que ocorre a denunciação, disporá sobre a relação jurídica entre a parte e o denunciante, e entre este e o denunciado. E, como já dito, essa sentença é formalmente una e materialmente dupla. Assim, por exemplo, a pessoa jurídica demandada por um ato lesivo praticado pelo seu preposto responde perante o suposto lesado, mas pode denunciar a lide ao seu empregado, para o fim de, na *mesma sentença* em que for condenada, ter consagrado seu direito de regresso.

A denunciação da lide é uma faculdade, nada impedindo que o denunciante exerça, em ação autônoma, e, posteriormente, o seu direito de regresso.

A denunciação vinculada ao direito de regresso é ideia preponderante. Nada obstante, o denunciante pode ter também uma pretensão declaratória contra o denunciado e outra condenatória em relação ao réu principal. Assim, *v.g.*, o autor pode denunciar a lide a outrem para que se lhe estendam os efeitos da decisão que declarar existente determinada relação jurídica e, baseado nesta mesma relação, formular um pedido condenatório de obrigação derivada do referido vínculo, em face do réu, ou, ainda, o adquirente de determinada *res* pode ingressar com a ação para negar a existência do direito alegado pelo reivindicante e denunciar a lide ao vendedor.

---

[83] **Ludovico Mortara**, *Instituzioni di Procedura Civile Firenze*, Barbera, 1972. O nosso Código usa expressão semelhante ao dispor sobre a competência do juízo da ação principal para as ações de garantia e outras que respeitam ao nomeante interveniente.

[84] A observação tem a sua pertinência sob o ângulo do Código atual, porque o denunciante, diversamente do Código de 1939, não mais se afasta do processo.

Além do caso específico do art. 125, I, do CPC,[85] a lei utiliza a fórmula genérica do inciso II, dispondo sobre o cabimento da denunciação "àquele que estiver obrigado, por lei ou pelo contrato, a indenizar, em ação regressiva, o prejuízo de quem for vencido no processo".

Há, assim, na denunciação da lide, uma relação jurídico-material entre as partes, e outra entre uma das partes e o denunciado.[86]

A oposição e a denunciação são figuras simetricamente opostas. Na oposição, o opoente antecipa-se, voluntariamente, para obter uma sentença contra ambas as partes primitivas. Na denunciação, a antecipação é do denunciante, que convoca, coactamente, o denunciado, antecipando o seu direito de regresso. Difere da nomeação à autoria que é remédio específico para as hipóteses legais e importa em substituição da parte. A denunciação resultará sempre em cumulação subjetiva. Mantém com a assistência a única afinidade de facultar-se ao potencial denunciado não convocado assistir o denunciante.

A denunciação, por seu turno, pode ser articulada pelo autor e pelo réu, distinguindo-se do chamamento ao processo pela especialidade deste último aos casos que menciona (CPC, arts. 130 a 132). Inexiste relação jurídica entre o adversário do denunciante e o denunciado, ao passo que a mesma subsiste entre o autor e os chamados, tanto assim que esses são, diretamente, condenados em face daquele.

Modernamente, a justificar as alterações promovidas pelo novo Código de 2015, é forçoso reconhecer algumas realidades distintas das existentes à época da promulgação do Código de 1973. A prática judiciária revelou em inúmeros julgados, da injustiça gerada pela impossibilidade de conceber-se uma relação direta entre o denunciado e o adversário do denunciante.

A experiência forense demonstrou que algumas causas, ao seu final, indicam para a responsabilidade única do denunciado em razão do evento gerador da demanda. Assim é que, em ação de responsabilidade civil travada entre o adquirente de unidade e o construtor, apurou-se, após longos 10 anos, que a responsabilidade pelos danos ocorridos no imóvel deveria ser imputada unicamente ao denunciado, fornecedor do material de construção. Entretanto, impunha-se atalhar uma primeira dificuldade consistente em excluir-se do processo o construtor e imputar-se a responsabilidade ao fornecedor dos materiais. No esquema rígido da denunciação, o regresso somente seria acolhido se condenado o construtor. No caso vertente, a construtora, em primeira instância, restou exonerada de responsabilidade, por isso que a denunciação, não obstante a culpa do denunciado, foi julgada, também, improcedente. Em grau de recurso, o tribunal, reparando a injustiça, "condenou" *per saltum* o fornecedor do material em face do adversário do denunciante, aproveitando-se da percepção legal de que denunciado e denunciante são, em princípio, consortes na lide (art. 75, I, do CPC de 1973, atual art. 128, I, CPC),[87] não obstante litigarem entre si em ação de regresso.

---

[85] **"Art. 125**. É admissível a denunciação da lide, promovida por qualquer das partes:

I – ao alienante imediato, no processo relativo à coisa cujo domínio foi transferido ao denunciante, a fim de que possa exercer os direitos que da evicção lhe resultam;

II – àquele que estiver obrigado, por lei ou pelo contrato, a indenizar, em ação regressiva, o prejuízo de quem for vencido no processo.

§ 1º O direito regressivo será exercido por ação autônoma quando a denunciação da lide for indeferida, deixar de ser promovida ou não for permitida.

§ 2º Admite-se uma única denunciação sucessiva, promovida pelo denunciado, contra seu antecessor imediato na cadeia dominial ou quem seja responsável por indenizá-lo, não podendo o denunciado sucessivo promover nova denunciação, hipótese em que eventual direito de regresso será exercido por ação autônoma."

[86] Sobre o tema, aliás, vale mencionar que, consoante entendimento do STJ, na cobrança de seguro-garantia, não cabe denunciação da lide ao fiador do contrato de contragarantia, posto que "a relação segurado-seguradora é independente da relação tomador-seguradora, havendo apenas subordinação por um ou mais fatos (ou condições ou motivos), que dão à seguradora o direito de acionar o tomador para o ressarcir quando esta pagar ao segurado os prejuízos por ele sofridos em razão do inadimplemento do tomador" (REsp 17.131.50/SP, Rel. Min. Moura Ribeiro, 3ª Turma, j. 20.04.2021).

[87] **"Art. 128.** Feita a denunciação pelo réu:

I – se o denunciado contestar o pedido formulado pelo autor, o processo prosseguirá tendo, na ação principal, em litisconsórcio, denunciante e denunciado;

(...)."

Esse "singular litisconsórcio" não é unanimemente aceito pela doutrina, principalmente por aqueles que somente entreveem na denunciação um regresso e não uma mera denúncia, comunicação ou provocação de assistência.

A partir da "concepção única" da denunciação como ação de regresso na qual o denunciado, aceitando a qualidade, litiga ao lado do denunciante, torna-se de certo modo contraditório, categorizá-los como litisconsortes em razão das posições contrastantes que mantêm, posto litigantes diversos quanto à denunciação em si. Entretanto, a lei admite essa modalidade *sui generis* de "litisconsórcio contrastante" não só na denunciação, mas também na oposição, ao considerar os opostos como litisconsortes em face do opoente. É preciso, contudo, ressaltar que esse "litisconsórcio especialíssimo" submete-se a regras atípicas. Assim é que o litisconsórcio que se forma na oposição entre os opostos é obrigatório e unitário sob a ótica da oposição como ação *de per si*; por isso, a vitória ou a derrota do opoente atinge a ambos os opostos. Representaria severo erro de ótica afirmar-se que na derrota o opoente sucumbe em relação a uma das partes e vence a outra, por isso "simples" é o litisconsórcio.

Na denunciação da lide, denunciante e denunciado são *litisconsortes da espécie facultativo*, tanto mais que a lei admite a recusa de qualidade pelo terceiro, mercê de não ser obrigatória a denunciação. Não obstante, o litisconsórcio, *in casu*, revela-se *unitário* não na formulação da decisão, senão sob o prisma eminentemente procedimental, o que implica a incidência do princípio da "interdependência" entre os litisconsortes. É que, sendo unitário esse litisconsórcio, o denunciante não poderá praticar atos de disponibilidade lesivos aos interesses do denunciado, que a isso poderá opor-se.

O Código não contém nenhuma regra acerca de eventual "má gestão processual do denunciante", exatamente porque o denunciado está ao seu lado a impedir esses deslizes processuais. Na vetusta legislação de 1939, relembre-se, o denunciante que atuasse com negligência perdia o direito de regresso. Na novel regulação, manteve-se o disposto no Código de 1973, e o *status* de litisconsorte torna insensível para o processo essa desídia. Entretanto, na relação denunciado *versus* denunciante, o regime é diferente, tanto que a própria lei admite que o denunciado pratique atos de disponibilidade independentemente de anuência do denunciante. A razão é simples: tratando-se de direito de regresso, encetado em relação "distinta", os atos de disponibilidade do denunciado tornam certa a procedência dessa demanda eventual; por isso, o denunciante não precisa opor-se, porquanto está garantido no seu regresso, não obstante a manifestação do denunciado possa influir decisivamente na ação originária, *v.g.*, ocorre quando o preposto da pessoa jurídica reconhece a sua culpa ou o alienante confessa que a venda foi engendrada com o vício da evicção. Ressalte-se, entretanto, que, apesar de o regime ser livre na relação entre denunciado em face do denunciante e não vice-versa, o juiz pode coibir qualquer disponibilidade processual engendrada pelo denunciado que vise a causar prejuízo irreparável ao denunciante.

Desse modo, se o denunciado pretende confessar, mas não tem patrimônio para suportar o regresso, é lícito ao juiz desconsiderar essa confissão como elemento decisivo de prova, não só em razão do abandonado sistema da "prova legal" (art. 371 do CPC), mas também, pelo poder-dever de velar para que as partes não obtenham resultados ilegais nem procedam de modo temerário no processo (art. 80, III e V, do CPC).[88]

Destarte, inúmeros diplomas modernos vêm a excluir o cabimento da denunciação nos procedimentos concentrados, os quais, em razão da matéria, absorvem uma série de litígios onde se manifesta utilíssima essa forma de intervenção.

---

[88] **"Art. 80.** Considera-se litigante de má-fé aquele que:

I – deduzir pretensão ou defesa contra texto expresso de lei ou fato incontroverso;

II – alterar a verdade dos fatos;

III – usar do processo para conseguir objetivo ilegal;

IV – opuser resistência injustificada ao andamento do processo;

V – proceder de modo temerário em qualquer incidente ou ato do processo;

VI – provocar incidente manifestamente infundado;

VII – interpuser recurso com intuito manifestamente protelatório."

Esses embaraços formais vêm induzindo a doutrina precursora da *efetividade* do processo a admitir, no Direito brasileiro, *duas modalidades de denunciação da lide*.[89] A denunciação como *mera comunicação do litígio* e a denunciação na versão *ação regressiva*. A *primeira modalidade* tem a vantagem de admitir apenas a comunicação formal, superando obstáculos procedimentais e permitindo ao denunciante não se expor à eventual sucumbência em face do denunciado, caso improcedente a ação principal. Nessa hipótese, o denunciado assume a qualidade de assistente do denunciante, auxiliando-o na vitória, que acaso não surja, ao menos vinculará o terceiro à justiça da decisão (art. 123 do CPC).

A *denunciação, na versão de ação regressiva*, mantém intacto o direito de regresso condicionado a essa provocação, assim determinada por lei material.

Analisemos a seguir, pois, *as hipóteses legais de denunciação da lide*.

3.2.3.1 Hipóteses legais

O art. 125,[90] nos seus dois incisos, indica os casos de denunciação da lide. Os próprios casos específicos denotam que o denunciante convoca o denunciado porquanto molestado em razão do direito transferido pelo primeiro. O regresso ou a pretensão de ressarcimento surgem porque ao denunciado cabia transferir ao denunciante o direito ou a coisa, sem que sobre eles pairasse qualquer controvérsia.

No que concerne aos casos dessa modalidade de intervenção, prevalece a regra de que a denunciação é mera faculdade, não inibindo o denunciante de fazer valer o seu direito em ação distinta e autônoma com o que perde a oportunidade de ter consagrado, numa só sentença e na mesma oportunidade, o seu direito regressivo. O Código positivou tal posição, revogando, inclusive, o art. 456 do Código Civil.

Até o atual diploma, contudo, a matéria não havia encontrado paz na doutrina. É que sustentavam alguns que a obrigatoriedade da denunciação encerra um ônus, cujo descumprimento implica a perda do direito de regresso contra aquele que é garante, solução que nos parece inaplicável. Aliás, desde o Código de 1939, o sistema processual contempla o caso de evicção como único passível de chamamento à autoria, hoje, denominado denunciação da lide. Parcela majoritária da doutrina e da jurisprudência perfilhavam a solução de que a perda do direito regressivo subordina-se à regra expressa de direito substancial. À míngua dessa disposição, a ausência de denunciação geraria apenas a preclusão, consistente na impossibilidade de o denunciante obter, em *simultaneus processus* e em *unum et idem judex*, o pronunciamento judicial sobre a sua relação jurídica com o denunciado. Do

---

[89] Mister observar que a história do processo ao longo do seu curso conheceu essa dupla modalidade. O Direito germânico primitivo preconizava a substituição do denunciante pelo denunciado que assumia a titularidade da relação pelo dever de garantir a coisa transmitida e consequentemente o dever de indenizar em caso de evicção, ainda se incumbia do dever de prestar assistência judicial ao adquirente. O Direito germânico moderno preconiza a mera comunicação garantidora do regresso autônomo e posterior. Assim, **Rosenberg**, *Tratado*, § 47, II, I, e **Calamandrei**, *La Chiamata in Garanzia, Opere*, vol. V, p. 39. Consoante se verifica, o nosso matiz é o Direito germânico antigo por influência do Direito italiano e francês.

No direito brasileiro também se admitia assumisse o denunciado o comando da causa em lugar do denunciante, tanto que a ação de regresso se dava posteriormente. É a figura da "extromissão" até hoje permitida na Itália, desde que o autor não se oponha e a denunciação seja levada a efeito pelo réu (**Ferruccio Tommaseo** *L'Estromissione di una Parte dal Giudizio*, 1975, p. 145 e segs.). Na versão atual, segundo a doutrina dominante, a denunciação cumpre a dupla finalidade de o denunciado prestar assistência ao denunciante como um litisconsorte seu, e, ao mesmo tempo, responder pela eventual perda da demanda, na qual, exatamente pela sua intervenção, não há lugar para a *exceptio male gesti processus*.

[90] "**Art. 125.** É admissível a denunciação da lide, promovida por qualquer das partes:

I – ao alienante imediato, no processo relativo à coisa cujo domínio foi transferido ao denunciante, a fim de que possa exercer os direitos que da evicção lhe resultam;

II – àquele que estiver obrigado, pela lei ou pelo contrato, a indenizar, em ação regressiva, o prejuízo de quem for vencido no processo."

266 CURSO DE DIREITO PROCESSUAL CIVIL • Luiz Fux

exposto, era forçoso concluir que, efetivamente, somente na hipótese de evicção haveria perda do direito de regresso e, portanto, nesse sentido, *era obrigatória* a denunciação da lide.

A denunciação é cabível, primeiramente, ao alienante, na ação em que terceiro reivindica a coisa, cujo domínio foi transferido à parte, a fim de que esta possa exercer o direito que da evicção lhe resulta. O inciso I, que inaugura as hipóteses de denunciação, é destinado a todo aquele que, adquirindo o domínio, vem perdê-lo em ação própria, por sentença judicial. Visando a protegê--lo, no mesmo processo em que é demandado, o adquirente convoca o alienante para a hipótese de, sendo vencido na causa e destituído do domínio, posse ou uso da coisa, ver-se ressarcido das verbas contempladas pelo art. 450 do Código Civil.[91] É dizer: perde a coisa para o reivindicante, mas obtém o seu ressarcimento na mesma decisão judicial.

A hipótese retratada no inciso I parece indicar o cabimento da denunciação apenas nos casos de ação reivindicatória. Nada obsta, entretanto, que o instituto seja utilizado em ação declaratória, onde se infirma o direito de propriedade do adquirente que, por isso, deve denunciar a lide ao alienante. É idêntico o raciocínio, se a ação for possessória e não petitória. O que importa para a denunciação, nesse caso, é a negação do direito transmitido, razão pela qual a redação genérica do Código de 1939, no seu art. 95, atendia de maneira mais explícita aos objetivos da denunciação, porque dispunha que cabia a intervenção forçada "daquele que demandasse ou contra quem se demandasse acerca de coisa ou direito real à posse de quem houvera a coisa ou o direito real, a fim de resguardar-se dos riscos da evicção".

O inciso II, por sua vez, contém redação genérica e engloba todas as situações de regresso con-templadas em lei ou no contrato, v.g., o causador do estado de perigo que levou outrem a, em estado de necessidade, danificar o patrimônio alheio etc.[92]

O presente inciso encerra, também, a essência da garantia na medida em que a transmissão de outro direito qualquer, que viesse a ser impugnado, reclamaria, do demandado, ação autônoma, *v.g.*, o exemplo da doutrina, quanto à posição do cessionário de um crédito inexistente diante do cedente. Hodiernamente, pela fórmula legal genérica, essa evicção pessoal pode ser coibida através da denunciação da lide ao cedente.

Destarte, a fórmula genérica amplia sobremodo os casos de denunciação, o que é salutar, à luz do princípio da economia processual, sacrificado, tão somente, em pequena escala, em face da suspensão do processo. Deveras, os tribunais vêm emprestando à expressão "ação regressiva" a mais ampla concepção, tornando o instituto como o mais utilizado dentre os que compõem o sistema de intervenção de terceiros.

Aliás, essa tendência jurisprudencial é a consagração da afirmação de Chiovenda de que "qualquer que por ato seu expõe outrem a uma derrota judicial pode ser chamado". O referido dispositivo, representa, ainda, o atendimento, pelo legislador, dos reclamos da doutrina mais auto-rizada, no sentido da ampliação das finalidades do instituto, que era restrito aos casos de evicção.

Por fim, a *denunciação pode ser sucessiva*, se o direito de regresso exercido contra o denuncia-do puder ser repassado a outrem. O alienante denunciado pode denunciar, por sua vez, quem lhe vendeu o imóvel, objeto da evicção. No entanto, esta só pode se dar uma única vez no processo e, caso o denunciado sucessivo pretenda promover nova denunciação, deverá propor a ação autônoma para exercer seu direito de regresso (art. 125, § 2º, do Código).

---

[91] **"Código Civil, art. 450.** Salvo estipulação em contrário, tem direito o evicto, além da restituição integral do preço ou das quantias que pagou:

I – à indenização dos frutos que tiver sido obrigado a restituir;

II – à indenização pelas despesas dos contratos e pelos prejuízos que diretamente resultarem da evicção;

III – às custas judiciais e aos honorários do advogado por ele constituído. (...)."

[92] Quanto à pessoa jurídica de Direito Público que, na forma do § 6º, do art. 37 da Constituição Federal, responde pelos atos do seu preposto e pode regredir contra o mesmo, a jurisprudência do Supremo Tribunal Federal indica a adoção da tese da dupla proteção, inibindo a denunciação da lide, de sorte a facilitar o ressarcimento do particular.

3.2.3.2 Procedimento

A denunciação[93] pode ser engendrada por qualquer das partes. Assim é que, acaso *requerida pelo autor*, reclama a citação do denunciado, juntamente com a do réu. O denunciado, por seu turno, comparecendo, assume a posição de litisconsorte do denunciante e pode aditar a petição inicial, hipótese em que, em face do *aditamento ulterior*, deve proceder-se à *nova* citação do réu (arts. 126 e 127) em atendimento ao contraditório. A procedência do pedido calcada no aditamento e sem nova citação anula o processo.

Inspirado no modelo alemão, o Código considera o denunciado pelo autor como litisconsorte deste. A expressão deve ser entendida no plano ideal. Isso porque a derrota do denunciante é pressuposto da derrota do denunciado, daí pugnar este pela vitória daquele. É só nesse sentido de auxílio que se pode conceber um "litisconsórcio", porquanto, sendo a denunciação verdadeira ação de regresso, o denunciado é *adversário* do denunciante e não colitigante. Reversamente, no Direito alemão cabe a qualificação de litisconsorte, porque não há regresso no mesmo processo; daí inserir aquele sistema, o denunciado, como assistente do denunciante.

A lei utiliza a expressão *"assumir a posição de litisconsorte"* (art. 127), mas o que se impõe é a *citação* do denunciado. A sua integração à relação processual é regulada pelos princípios e regras que disciplinam a inércia processual das partes, incidindo a preclusão, a revelia etc.

A *denunciação, feita pelo réu*, deve ser formulada na contestação e promovida em trinta dias, salvo se o denunciado residir em outra comarca, quando este será de dois meses (art. 131, por remissão do art. 126). Na verdade, se buscou evitar a variação do prazo, pautado no prazo de resposta do réu pela vetusta legislação. Verificando o juiz o *cabimento* da denunciação, ordenará a citação do denunciado, ficando suspenso o processo até que ele, no prazo legal, seja convocado. A medida tem o seu cabimento em virtude da cumulação objetiva ulterior, que reclama do juiz, por força de conexão, conhecer e julgar a ação das partes primitivas e aquela entre denunciante e denunciado.

O Código não mais estabelece normas específicas de citação do denunciado, utilizando por remissão, inclusive, a forma e os prazos do disposto para o chamamento do processo (art. 131). Contudo, não deixou de lado o objetivo de não sobrestar a marcha processual. Assim é que, suspenso o processo pelo acolhimento da denunciação requerida, a citação do apontado denunciado – o alienante, o proprietário, o possuidor, ou o responsável pela indenização – deve ser feita dentro de trinta dias do deferimento da intervenção, quando o terceiro residir na mesma comarca, e, em dois meses, se em outra comarca ou local incerto. Nestas hipóteses não se altera, como evidente, o prazo para a resposta, mas, tão somente, o de diligenciar a completa efetivação da citação. O denunciado deve estar citado neste prazo (CPC, art. 131).

A finalidade do dispositivo é evitar que o desenvolvimento do processo fique prejudicado pela denunciação. Consectariamente, dispunha o § 2º do art. 72 do Código de 1973 que "não se procedendo à citação no prazo marcado, a ação prosseguirá unicamente em relação ao denunciante", caso em que, o denunciante, deveria exercer o seu direito de regresso em outro processo e em outra oportunidade. O dispositivo não foi repetido pelo vigente CPC e, à época, já era alvo de críticas por não se coadunar com o princípio da economia processual, que se compadece até mesmo com uma oposição oferecida após a audiência e com o sobrestamento do feito principal (CPC, art. 685, parágrafo único). Recomenda-se, nesse sentido, que se persevere na citação.

Não obstante, à luz de uma interpretação histórica sob a égide da lei de 1939, que dispunha que se a evicção fosse postulada em ação própria, ocorria perda do direito regressivo, se a parte *interessada, por má-fé*, deixasse de realizar o ato citatório nos prazos legais,[94] hodiernamente, aproveita-se a mesma linha de raciocínio para isentar o denunciante, se a falta advier, também, de

---

[93] A possibilidade de apresentação da denunciação por qualquer das partes é de inspiração alemã e representa evolução alcançada com o Código de 1939 no seu art. 95, uma vez que a maioria dos códigos estaduais, à semelhança da legislação processual portuguesa, previam-na somente para o réu.

[94] **Frederico Marques**, *Instituições de Direito Processual Civil*, cit., p. 195, e Código de 1939, art. 96, § 2º.

deficiência do mecanismo judiciário.[95] O raciocínio é análogo à impossibilidade de interrupção da prescrição nos prazos de citação dos parágrafos do art. 240, quando isto se der por culpa da máquina do Judiciário. Assim, não se realizando a citação do denunciado nos prazos marcados, mas sem culpa do denunciante, cumpre ao juiz relevar esses lapsos temporais e perseverar na citação, sem cogitar de ação futura, máxime porque, atualmente, na hipótese do inciso I, a denunciação é obrigatória. Essa exegese encontra respaldo no sistema de justa causa adotado (art. 223 do CPC).

A denunciação pelo réu, segundo o art. 128, pode gerar alguns cenários[96]. De toda sorte, citado o denunciado, havendo ou não aceitação dessa qualidade, impugnação do pedido principal ou daquele formulado na denunciação, em todos esses casos, o terceiro ficará sujeito aos efeitos da sentença.

Denunciado aceita e contesta o pedido

A primeira hipótese legal retrata a aceitação da qualidade jurídica pelo denunciado (art. 128, I). O denunciante por seu turno, exerce contra aquele um direito de regresso, exatamente por estar sendo acionado pelo autor, razão pela qual o denunciado luta pela vitória do denunciante, com o que se estará resguardando e evitando o regresso. É nesse sentido que a lei aduz a um litisconsórcio.

Destarte, a aceitação da qualidade não impede o denunciado de contestar o pedido do autor primitivo, obstando o regresso do denunciante. Assim, por exemplo, o empregado denunciado pode contestar o pedido de indenização formulado por um pseudolesado contra a sua empresa e, a um só tempo, alegar que, ainda que sobrevenha a derrota do empregador, o próprio contrato de trabalho isenta-o do dever de indenizar por ato do seu ofício.

Essa é a razão porque aduziu-se que esse litisconsórcio é "ideal", haja vista a posição passiva do denunciado à frente do denunciante. Aliás, essa presença do denunciado inibe qualquer possibilidade de o denunciante praticar atos tendentes à sua derrota ou à defesa ineficiente, para após locupletar--se do terceiro interveniente. Os atos de disposição do denunciante exoneram o denunciado. A recíproca, entretanto, não é verdadeira: se esses atos praticados pelo denunciado acarretarem a derrota do denunciante, automaticamente gerarão para este o regresso que pretende no processo.[97]

Denunciado é revel ou nega essa qualidade

Na segunda hipótese, *sub examine,* o denunciante não conta com o apoio técnico do denunciado, que se queda inerte (art. 128, II). Entretanto, se perder a demanda, o seu direito de regresso restará incólume, porquanto não sofreu obstáculo do denunciado inerte quanto ao mérito da denunciação.

A simples citação faz estender os efeitos subjetivos da sentença ao denunciado, de sorte que a sua ausência, ou negativa de qualidade, não impede que ele seja incluído nos limites subjetivos da decisão, conforme conclusão a que se chega. Ademais, não há, para a denunciação, dispositivo que exima o denunciado, dos efeitos do julgado quando nega a qualidade que lhe atribui o denunciante.

---

[95] **Amaral Santos**, *Primeiras Linhas de Direito Processual Civil,* cit., p. 26, e **Agrícola Barbi**, *Comentários ao Código de Processo Civil,* cit., p. 347.

[96] "Art. 128. Feita a denunciação pelo réu:
I – se o denunciado contestar o pedido formulado pelo autor, o processo prosseguirá tendo, na ação principal, em litisconsórcio, denunciante e denunciado;
II – se o denunciado for revel, o denunciante pode deixar de prosseguir com sua defesa, eventualmente oferecida, e abster-se de recorrer, restringindo sua atuação à ação regressiva;
III – se o denunciado confessar os fatos alegados pelo autor na ação principal, o denunciante poderá prosseguir com sua defesa ou, aderindo a tal reconhecimento, pedir apenas a procedência da ação de regresso.
Parágrafo único. Procedente o pedido da ação principal, pode o autor, se for o caso, requerer o cumprimento da sentença também contra o denunciado, nos limites da condenação deste na ação regressiva."

[97] A respeito do Código anterior, veja-se **Pedro Batista Martins**, *Comentários ao Código de Processo Civil,* cit. vol. 1, p. 303.

Parte IV • II – SUJEITOS DO PROCESSO | **269**

Denunciado confessa os fatos alegados pelo autor

A admissão pelo denunciado da veracidade do fato constitutivo alegado pelo autor pode levar o denunciante à derrota (art. 128, III). Mas, como este só está sujeito ao processo em razão de um ato praticado pelo denunciado, esse reconhecimento dele, de que cometeu uma atitude antijurídica, valerá, também, como fundamento da condenação do terceiro em prol do denunciante.

A confissão será servil à vitória do autor, e fundamento para a condenação do denunciado confitente em face do denunciante. É que, se o denunciante responde por uma atitude errônea do denunciado e este vem ao processo e confessa os fatos, o regresso daquele resta garantido. Esta é a razão pela qual a lei dispõe que o denunciante poderá prosseguir na defesa se o denunciado confessar, sem prejuízo de considerar-se que o denunciante pode desprezar a confissão e continuar na defesa, assim como ocorria no direito anterior, donde provém a regra acima.[98]

3.2.3.3   Sentença

A sentença na denunciação da lide dispõe sobre as relações entre a parte primitiva e o denunciante, e entre este e o denunciado. Por isso que, apesar de formalmente una, é materialmente múltipla, porquanto contém mais de uma decisão.

O Código cogitou da procedência do pedido como pressuposto do acolhimento da denunciação, no mérito (art. 129). Entretanto, é possível que, apesar de *procedente o pedido, seja improcedente* a denunciação, *v.g.*, se renunciado anteriormente, pelo denunciante, o direito de regresso. Deveras, o denunciado pode, ainda, alegar fatos modificativos, impeditivos ou extintivos, *v.g.*, o pagamento antecipado da indenização a que se viu condenado o denunciante em razão de acidente automobilístico.

A regra simetricamente oposta também é verdadeira; vale dizer: a improcedência do pedido conduzirá, também, à improcedência da denunciação, que tem, como seu pressuposto potencial acolhimento daquela, na estrita *ratio* do dispositivo.

O que a lei estabelece, em essência, é a regra de que, vencido o denunciante, deverá a sentença contemplar-lhe o direito de regresso contra o denunciado, para que, não obstante satisfazer o direito do autor, possa, também, acolher a pretensão do denunciante, permitindo-lhe executar a mesma sentença contra o denunciado. Em consequência, a lei enuncia que a sentença condenará o denunciado e não apenas declarará, o que se concilia com o novel cumprimento da sentença, que atribui à decisão final que reconheça a existência de obrigação de fazer, não fazer, entregar coisa ou pagar quantia a condição jurídica de título executivo judicial (CPC, art. 515, I).

Conquanto seja inviável o ajuizamento direto da demanda em face do denunciado, a jurisprudência vem, nessa linha, autorizando a condenação, na sentença, diretamente, em favor do autor.[99]

Frise-se, por fim que, sendo movida a denunciação pelo autor, a sentença que julgar improcedente o seu pedido declarará, também, a "responsabilidade" do denunciado, e não só a que julgar procedente. É que, na hipótese de o autor ingressar com ação declaratória para ver assegurado o direito que lhe foi transmitido pelo denunciado e, ao mesmo tempo, denunciar a lide a este, na eventualidade de perder a demanda, a sentença que lhe for desfavorável deverá condenar o denunciado a compor os prejuízos resultantes da transmissão de um direito que ele não poderia transferir. Em suma: a mesma sentença que for desfavorável ao denunciante em face da parte primitiva ser-lhe-á favorável em função do denunciado, valendo, contra este, como título executivo.

---

[98]   Em razão da nossa ótica quanto à *ratio essendi* do dispositivo, negamos acolhida ao que afirma, sobre o assunto, **Agrícola Barbi** (*Comentários ao Código de Processo Civil*, cit., p. 352), sobre não poder a confissão prejudicar o denunciante. É evidente que a confissão nesse caso é prejudicial ao próprio denunciado, que, conforme o próprio autor faz questão de ressaltar, trava uma demanda com o denunciante.

[99]   Nessa linha, recurso repetitivo julgado pelo Superior Tribunal de Justiça: "Em ação de reparação de danos movida em face do segurado, a Seguradora denunciada pode ser condenada direta e solidariamente junto com este a pagar a indenização devida à vítima, nos limites contratados na apólice" (REsp 925.130/SP, Rel. Min. Luis Felipe Salomão, 2ª Seção, j. 08.02.2012).

A sentença que não disponha sobre o pedido do denunciante é nula posto que *citra petita*, bem como aquela que conclui sobre o mérito, sem analisar a denunciação em havendo agravo provido contra o desacolhimento do pedido de denunciação, reabrindo-se as etapas processuais das quais não participou o denunciado, hipótese na qual retomará o processo desde o pedido de intervenção coacta não apreciado.

Os ônus da sucumbência na denunciação devem ser suportados pela parte vencida, segundo a regra geral, considerando-se, isoladamente, a ação principal e a denunciação, porque nesta ao denunciante é que cabe avaliar as possibilidades de êxito na ação principal, antes de engendrar a intervenção forçada do terceiro denunciado (art. 129, parágrafo único).

Uma última palavra, todavia, deve ser lembrada, quanto aos aspectos econômicos da denunciação.

O denunciante, como observado, é condenado em razão de fato imputável ao denunciado; por isso do regresso garantido. Pode ocorrer que o denunciante não disponha de meios para satisfazer a parte vitoriosa antes de reembolsado pelo denunciado. Nessas hipóteses, é lícito solicitar ao juiz *tutela antecipada* em face do denunciado para satisfazer os interesses da parte vencedora. A medida, assim, favorece a ambos os contendores: a parte vencedora e o denunciante em detrimento do denunciado, que, em essência, é o verdadeiro responsável pela demanda.

3.2.4   Chamamento ao processo

O chamamento ao processo é modalidade de intervenção forçada[100] do terceiro, a ser manejada unicamente pelo réu. Inspirado no Direito lusitano, onde o instituto é conhecido como *chamamento à demanda* (arts. 330 a 333 do CPC português), tem como *ratio essendi* o vínculo da solidariedade passiva e sua dinâmica no que concerne à exigibilidade da responsabilidade. Consoante é sabido, na solidariedade passiva, há uma relação interna entre os devedores que lhes impõe um rateio da cota de cada um na dívida comum. Observando esse aspecto, o legislador processual estabeleceu a possibilidade de o devedor demandado convocar ao processo os demais coobrigados, com o fim de estender-lhes os efeitos da sentença, e autorizar àquele que, por fim, satisfizer a dívida, recobrar, de cada um, a sua cota-parte.

A par da solidariedade, a lei processual contempla o chamamento também para o caso típico de ação regressiva. É o que se dá com o fiador (ou fiadores) que podem chamar ao processo o devedor principal.[101] Não obstante encerre a hipótese ação de regresso, esta não se instrumentaliza através da denunciação da lide. O legislador preferiu enquadrá-la, por força do princípio da especialidade, como hipótese de chamamento ao processo, como previsto no Direito luso. Tampouco o dispositivo cria, à disposição do coobrigado superabundância de meios para exercer o regresso, isto é, chamamento e denunciação. A intervenção cabível é uma só e *facultativa*. Ademais, entre os chamados e a parte adversa do chamante, há relação jurídica direta, o que inocorre entre o denunciado e o adversário do denunciante.[102]

Estas características dessa modalidade de intervenção, acrescidas da redação do disposto nos arts. 131 e 132 do CPC, fazem-nos crer que, no chamamento, não há exercício de qualquer ação do chamador em face dos chamados, mas mera provocação de intervenção, através da citação; por isso, citados e, eventualmente, condenados, poderão ser *executados* por aquele que satisfizer

---

[100]   A caracterização como modalidade de intervenção deve-se a **Moacyr Lobo da Costa**, muito embora a doutrina dominante entenda o caso de "integração da instância ou do processo" (*A Intervenção "Iussu Iudicis" no Processo Civil Brasileiro*, 1961, p. 135). V., ainda, **M. Seabra Fagundes**, *Dos Recursos Orçamentários em Matéria Civil*, cit., p. 178.

[101]   Nesse particular, deve-se atentar para a corriqueira cláusula contratual locatícia, em que o fiador renuncia ao benefício de ordem, constante do art. 827 do CC.

[102]   **José Carlos Barbosa Moreira**, *Estudos sobre o Novo Código de Processo Civil*, cit., p. 89, onde, ainda, demonstra que a denunciação da lide coaduna-se com a proteção dada ao evicto pela lei material, ao passo que o chamamento gera desarmonia entre os dois diplomas, porque a lei processual traz ao credor o desconforto removido pelo CC.

a dívida, à exceção, como é óbvio, do devedor em relação ao fiador. O que há no chamamento, em face da unicidade da *causa petendi,* que é a tônica na solidariedade civil, é uma ampliação subjetiva na relação processual, um litisconsórcio ulterior, autorizado por lei, fazendo-se estender aos coobrigados os efeitos da sentença, que seria, originariamente, preferida contra um só deles.

Essa conotação modifica a dinâmica ritual do chamamento, superando obstáculos observados pela doutrina. Assim, por exemplo, havendo esse litisconsórcio, a resposta dos chamados tem termo *a quo* único.

As regras da sucumbência têm aplicação normal, não se cogitando de subdividir as despesas entre o autor e o chamante e entre este e os chamados. Aliás, não fosse assim, não teria nenhum cabimento estabelecer um instituto que fizesse as mesmas vezes da denunciação.

O fenômeno aqui é simetricamente oposto à alegação de ilegitimidade (que substitui a nomeação à autoria, enquanto modalidade de intervenção de terceiros). Neste, há substituição de um réu por outro. No chamamento, apesar da *modificação subjetiva, esta amplia* o número de legitimados passivos, medida que se torna necessária para que se forme em relação a eles o título executivo a que se refere o art. 132 do CPC. Observe-se que esse dispositivo não se utiliza da mesma técnica do art. 129, que faz pressupor capítulos distintos da mesma sentença sobre a ação e a denunciação. No chamamento, a lei dispõe que a "sentença condenará os devedores", referindo-se às pessoas mencionadas nos incisos I, II e III do art. 130 do CPC.

Esse litisconsórcio ulterior não é necessário, tanto que a lei preceitua *admissível* o chamamento como uma faculdade do réu, sendo certo que o demandado que engendrar o chamamento deve responsabilizar-se pela eventual impugnação do terceiro quanto ao seu ingresso no processo, *v.g.,* ocorre quando é negada a solidariedade. Nesse caso, as despesas havidas pelo terceiro são de responsabilidade de quem o convocou. Raciocínio inverso conduziria ao absurdo de impor-se ao autor responsabilidade por ato da parte adversa e obrigá-lo a litigar com demandado não escolhido por ele.

A unicidade de *causa debendi* faz aplicar-se a esse litisconsórcio o regime da interdependência entre os litisconsortes.

Fundando-se na solidariedade e na unicidade de causa do débito, *não se aplica o chamamento aos obrigados cambiais*; por isso, eles assumem obrigações autônomas, em regra, persequíveis por processo de execução, onde o contraditório eventual que se forma não enseja a sentença do art. 132 do CPC, que é *a causa finalis* dessa espécie de intervenção. Ademais, a lei refere-se a devedor solidário e fiador, figuras inexistentes nos títulos cambiais.

A previsão inovadora do chamamento ao processo, no Código de 1973, fez exsurgirem severas críticas na doutrina. Sob o prisma formal, a intervenção é criticada posto constranger o credor a litigar com demandados não escolhidos, violando o princípio dispositivo e a tradição romana, sem prejuízo de delongar a relação processual em detrimento do credor. Sob a ótica material, afirma--se, com genialidade, que a vantagem deferida ao credor na solidariedade, com o chamamento, cai por terra, por isso o legislador processual retirou com a mão esquerda aquilo que o legislador material concedeu ao credor com a direita, suprimindo, na prática, o benefício previsto na lei civil que consiste em o *accipiens* escolher o *solvens.*

Hipóteses legais

O Código contempla três hipóteses de chamamento ao processo, no art. 130,[103] cujo *caput,* ao tornar "admissível" a convocação, traduz a impossibilidade de denegação, pelo juízo, do chamamento formulado, nos casos legais.

---

[103] **"Art. 130.** É admissível o chamamento ao processo, requerido pelo réu:

I – do afiançado, na ação em que o fiador for réu;

II – dos demais fiadores, na ação proposta contra um ou alguns deles;

III – dos demais devedores solidários, quando o credor exigir de um ou de alguns o pagamento da dívida comum."

A admissibilidade do chamamento justifica-se porque o fiador assume o polo passivo da relação processual em função de ser o garante da obrigação do chamado. Nesta hipótese, a convocação do devedor torna-se importante, porque a sentença que impuser a condenação a ambos servirá de título executivo para o garante recobrar do afiançado (CPC, art. 132). O cumprimento da condenação pelo devedor extingue a fiança por força do desaparecimento da obrigação principal, não se cogitando em aplicar a parte final do art. 132 do CPC em prol do devedor, que é o responsável principal pelo pagamento garantido por negócio gratuito.

No que concerne à pluralidade de fiadores, a norma material implica solidariedade, por isso que os outros cofiadores podem ser convocados para coparticipar do processo. É evidente que o fiador, antes de convocar os outros cofiadores, pode chamar, também, o devedor principal.

No que concerne, ainda, à *figura do fiador*, outras *questões* agitam-se quanto ao chamamento ao processo.

Conforme é sabido, o fiador pode executar o afiançado nos mesmos autos em que sofreu a execução forçada. Entretanto, tratando-se de execução de título judicial, o fiador somente poderá valer-se desse benefício da execução imediata do art. 794, § 2º, do CPC, se tiver *chamado* ao processo o devedor afiançado, haja vista que não se admite uma execução de sentença em face de quem não foi sujeito no processo de formação desse título judicial.[104]

Questão interessante é a que insinua a possibilidade de o *fiador-executado* chamar ao *processo de embargos* o afiançado para que, intervindo, não possa futuramente alegar a *exceptio male gesti processus*.

Trata-se, na verdade, não de um chamamento senão de uma provocação de assistência com o fim de o afiançado não só auxiliar na defesa como submeter-se à justiça da decisão ou à eficácia da intervenção (art. 123 do CPC), limitando a área de futura controvérsia.[105]

O inciso III retrata a solidariedade passiva estrita, uma vez que, acionando um dos devedores solidários, pode o mesmo chamar os demais não convocados para o processo. A expressão legal não sugere que o devedor demandado necessite convocar *todos* os demais coobrigados, até porque a situação de insolvabilidade de alguns deles pode recomendar a sua não inclusão, e o chamador é senhor do seu direito de recobrar somente parte do que despender. Destarte, a falta de chamamento não gera perda do direito material ao percebimento das cotas dos não integrantes do processo.

Procedimento

O procedimento do chamamento segue, estritamente, o da denunciação, quanto aos prazos da citação e suspensão do processo (art. 131). Citado o réu e apresentado o chamamento, o juiz suspende o processo, determinando a citação de todos os chamados. À míngua de texto expresso, a negativa de qualidade não desvincula o chamado de eventual condenação.

Deveras, a aplicação subsidiária das normas de denunciação da lide remove a crítica de que o credor ficaria prejudicado na hipótese de dificuldade de localização de todos os devedores solidários, com a infirmação do benefício dado pela lei civil à solidariedade passiva.

Sentença

O objetivo da lei, conforme visto, é a inclusão de todos na mesma condenação, porque o título que se forma é judicial e a sua execução só pode dirigir-se em face dos que participaram do seu processo de formação, na fase de conhecimento.

---

[104] Não é essa a percepção do instituto do professor **Arruda Alvim**, *in Comentários*, cit., 337, porquanto entende que o art. 595, parágrafo único, torna desnecessário o chamamento ao processo de execução do afiançado, em face dessa possibilidade de execução nos mesmos autos. O argumento explica a hipótese da execução extrajudicial mas é insustentável quando se trata de execução de sentença contra o fiador por débito do afiançado, raciocínio extensível a todos os casos em que se verifica a responsabilidade patrimonial dita secundária persequível em execução de "sentença".

[105] Nesse sentido, **Ovídio Baptista**, *in Curso*, cit., p. 247.

Parte IV • II – SUJEITOS DO PROCESSO | **273**

O ato decisório do juiz representará título executivo *certo e exequível* para o credor e *condicional* para o devedor que satisfizer a dívida; vale dizer, para aquele que cumprir a condenação. A execução pelo que satisfizer é decorrência da sub-rogação civil.

A sentença, em si, não é condicional.[106-107] A condenação de todos os devedores é certa. Incerta é a legitimação para a execução, que só se deferirá ao que satisfizer a dívida. Forçoso, assim, concluir que se trata de sentença com execução diferida, tal como ocorre nos casos em que o locatário somente paga a sucumbência se não desocupar o imóvel no prazo do acordo por ele proposto e homologado. Não obstante sobre ser essa sentença *condicional*, lavra, na mais abalizada doutrina, acesa controvérsia.

Finalmente, consoante já se afirmou, não se tratam, aqui, de duas relações jurídicas, uma vez que os chamados têm relação direta com o adversário do chamante. Na eventual hipótese de exclusão de qualquer dos chamados, há de se perquirir o responsável pelo seu ingresso, para efeito de aplicação do ônus da sucumbência.

3.2.5 *Intervenção* iussu iudicis

A doutrina inclui, ainda, como modalidade de intervenção forçada, o litisconsórcio necessário[108], nos casos em que o litisconsorte, não convocado e que deveria sê-lo desde o início da formação da relação processual, o é por ordem do juízo (*iussu iudicis*). Isto porque, nesta espécie de litisconsórcio, o processo, donde vai emergir a sentença, depende, para sua validade, que seja promovido por *todos os autores* ou que sejam convocados *todos os réus* atingidos pela decisão.

A formação do processo e a prática dos atos processuais são informados pelo *interesse*, o qual, numa de suas faces, é representado pela *utilidade* da atividade processual *expendida*. Havendo litisconsórcio necessário, é inútil o processo em que não figuram todos os litisconsortes, principalmente porque a sentença, segundo o Código, para ter eficácia, "depende da citação de todos os litisconsortes" (art. 114, *in fine*).

Ocorre, assim, essa modalidade de intervenção forçada com o fito de tornar válida a relação processual, objetivo não só das partes, mas também do Estado-juiz, porquanto de nada valeria a jurisdição se a função fosse prestada em processo írrito, passível de ser anulado. Essa consequência permite ao próprio juízo determinar o ingresso ulterior do litisconsorte necessário, justificando a denominação *iussu iudicis* para essa modalidade de intervenção coacta. A regularidade da relação processual sobrepuja o princípio dispositivo que, em regra, defere ao autor a escolha dos seus demandados.

No litisconsórcio necessário, o juiz, autorizado pela lei, "determinará ao autor que requeira a citação de todos que devam ser litisconsortes, dentro do prazo que assinar, sob pena de extinção do processo" (art. 115, parágrafo único). Isso porque, se a relação processual só se considera válida e regular com a presença de todos os litisconsortes, outra providência não restará ao juiz senão resolver o processo sem análise do mérito, porquanto eventual decisão sobre o pedido representará inutilidade processual, não só para os que não participaram do processo como também para os que tiverem atuação, considerando-se a sentença ato decisório *inutiliter datur*.

A lei se refere apenas ao litisconsórcio necessário passivo, que é de maior incidência do que o ativo, o qual também é possível, em caráter excepcional, porquanto disponível o direito de agir, máxima, em conjunto. Consequentemente, são raras as hipóteses em que o legislador impõe que

---

[106] Consulte-se, por todos, **Carnelutti**, "La Sentencia Condicional", *in Estudios*, vol. 2, p. 181 e 207.

[107] Esta expressão do Código, que faz da eficácia subjetivamente ampla da sentença a razão de ser do litisconsórcio necessário, tem paradigma no § 14 da Ordenança austríaca. Muito embora, com textos um pouco diversos, induzem à mesma ideia do nosso Código os arts. 28 do Código português e 102 do Código italiano. A ZPO alemã, no § 62, induz o intérprete ao mesmo equívoco que o nosso art. 47.

[108] Sobre a integração, também no caso de litisconsórcio ativo necessário, veja-se **Moacyr Lobo da Costa**, *A Intervenção "Iussu Iudicis" no Processo Civil Brasileiro*, cit., p. 110 e segs., onde há síntese da polêmica do tema.

274 | CURSO DE DIREITO PROCESSUAL CIVIL • *Luiz Fux*

as pessoas litiguem em conjunto, porquanto, do contrário, essa obrigatoriedade, ante a recusa de alguns litisconsortes, poderia gerar a perda do direito material comum em jogo.

Havendo o litisconsórcio ativo, cumpre ao juiz determinar a "citação" dos faltantes, impondo a integração do polo ativo, sob pena de resolução terminativa do processo.

Caracteriza-se, ainda, a intervenção *iussu iudicis* por ser a única modalidade de intervenção de terceiro estimulada *ex officio*, dependendo, as demais, de provocação de uma das partes, ou do próprio *extraneus*.

3.2.6   Incidente de desconsideração da personalidade jurídica

O atual diploma processual positivou no rol das situações que justificam o ingresso do terceiro a desconsideração da personalidade jurídica, que, destaque-se, já possuía previsão em outros pontos da legislação pátria. A fim de dar concretude ao instituto, faltava tão somente a regulação de seu procedimento, o que foi atendido pelo CPC.

Como destacado anteriormente, a desconsideração da personalidade jurídica não é inaugurada no Brasil com o vigente Código. Em verdade, encontra previsão, principalmente, no art. 50, do Código Civil,[109] e no art. 28, do Código de Defesa do Consumidor,[110] tendo seu nascedouro associado ao Direito do Trabalho.[111] A verdadeira novidade foi a criação do procedimento para efetivar a desconsideração, que constitui exceção à regra do art. 789, do CPC, uma vez que este limita o patrimônio objeto da execução ao daquele que contraiu a obrigação.

Acerca do instituto do direito material, é louvável mencionar que a desconsideração da personalidade jurídica não nasceu com a repressão ao abuso da pessoa jurídica em seu material genético, mas surgiu como meio de restringir a limitação da responsabilidade dos sócios em situações específicas. Contudo, o processo brasileiro importou a desconsideração (*disregard of legal entity*), vendo-a como *um remédio para a disfuncionalidade da pessoa jurídica*.[112] Nesse sentido, tomando por base a função social da empresa, que deve ser vista como instrumento socioeconômico inserido dentro da lógica harmônica da sociedade, vedando-se a persecução do lucro a qualquer custo.

Diversas são as modalidades de levantamento do véu da autonomia da pessoa jurídica, desde a desconsideração direta, na qual se pleiteia o acesso ao patrimônio dos sócios por dívida da sociedade, até a indireta, em que se pede a satisfação do débito do sócio com verbas da empresa (art. 133, § 2º, do CPC, e art. 50, § 3º, do CC), ou expansiva, na qual se afeta o patrimônio de uma pessoa jurídica por dívida de outra, pertencente ao mesmo grupo. Em todos os casos, porém, devem ser satisfeitos os requisitos trazidos pela lei material.

Feita esta breve digressão sobre a desconsideração da personalidade jurídica, cabe-nos a análise dos aspectos processuais do incidente, elemento de direito processual.

A primeira característica entalhada no seu próprio nome diz respeito à sua natureza jurídica de incidente, não inaugurando nova relação processual apartada entre aquele que solicitou a desconsideração e aquele que sofre seus efeitos. A bem da verdade, o incidente não permite que o terceiro se manifeste sobre pontos já discutidos no curso do processo. Quando citado, lhe é

---

[109] **"Art. 50.** Em caso de abuso da personalidade jurídica, caracterizado pelo desvio de finalidade ou pela confusão patrimonial, pode o juiz, a requerimento da parte, ou do Ministério Público quando lhe couber intervir no processo, desconsiderá-la para que os efeitos de certas e determinadas relações de obrigações sejam estendidos aos bens particulares de administradores ou de sócios da pessoa jurídica beneficiados direta ou indiretamente pelo abuso" (Redação dada pela Lei nº 13.874, de 2019).

[110] **"Art. 28.** O juiz poderá desconsiderar a personalidade jurídica da sociedade quando, em detrimento do consumidor, houver abuso de direito, excesso de poder, infração da lei, fato ou ato ilícito ou violação dos estatutos ou contrato social. A desconsideração também será efetivada quando houver falência, estado de insolvência, encerramento ou inatividade da pessoa jurídica provocados por má administração."

[111] Com fundamentos nos arts. 1º, III e IV, 170, *caput*, da CF e 5º da LINDB e no princípio da igualdade substancial, que objetiva ampliar a tutela dos hipossuficientes, bem como, em termos de doutrina específica laboral, na aplicação com base na Teoria do Risco da Atividade econômica.

[112] **Didier Jr.**, *Curso de Direito Processual Civil*, v. 1, 2017, p. 583.

oportunizada a defesa, sob observância do contraditório, em que poderá deduzir seus argumentos para justificar que não deve ser atingido pelos efeitos da desconsideração, bem como requerer as provas cabíveis (art. 135, CPC).

Esse é o principal aspecto do incidente desenhado pelo Código: obrigar o contraditório prévio à desconsideração, como regra. Anteriormente, era prática acolhida pela jurisprudência a postergação da manifestação do terceiro, chamado ao processo. Ao se criar um incidente com procedimento próprio, resguardam-se os interesses da parte que o requer e, em paralelo, daquele cujo patrimônio busca-se atingir, afigurando-se opção mais econômica, temporal e financeiramente.[113]

Em segundo lugar, o incidente é cabível em qualquer fase do processo, consoante disposto no *caput* do art. 134, do CPC. Pode ser requerido, ainda, no cumprimento de sentença ou no processo de execução de título extrajudicial, bem como nos procedimentos especiais, no processo falimentar,[114] trabalhista e administrativo.[115] Inclusive, embora ostente natureza de intervenção de terceiros, é aplicável aos procedimentos de rito sumaríssimo, de competência dos Juizados Especiais Cíveis, conforme explicita o art. 1.062, do CPC.

Quanto à legitimidade, o incidente deve ser requerido pela parte ou pelo Ministério Público, quando justificada sua intervenção. Não cabe, dessa forma, a determinação da instauração do incidente *ex officio* pelo magistrado, pelo que se extrai do art. 133 do CPC, bem como do art. 50, *caput*, do CC e dos arts. 5º, XXII e 170, II, da CF.

O incidente, como é de praxe, não será resolvido por sentença, mas por decisão interlocutória passível de agravo de instrumento, ante a previsão do art. 1.015, IV, do CPC.[116] Não se pode desconsiderar, contudo, que, caso resolvido por decisão do relator já em segunda instância, poderá ser interposto agravo interno (art. 136, parágrafo único, CPC). Quanto à legitimidade para recorrer, esta é atribuída não só ao terceiro atingido, mas também à pessoa jurídica que tem sua personalidade desconsiderada, conforme entende o Superior Tribunal de Justiça.[117]

---

[113] **Nelson Nery Júnior** e **Rosa Maria Nery**, *Código de Processo Civil comentado*, 2020.

[114] Conforme Enunciado nº 111 da II Jornada de Direito Processual Civil do Conselho da Justiça Federal.

[115] De acordo com a precisa lição de **Humberto Theodoro Júnior**, "Tampouco afasta de seu alcance os processos da Justiça do Trabalho, por duas razões principais: (i) inexiste procedimento para a matéria na legislação especial trabalhista, de sorte que há de prevalecer aqui a regra da aplicação subsidiária do CPC/2015, preconizada pelo seu art. 15; e, (ii) deitando raízes nas garantias constitucionais do devido processo legal e do contraditório e ampla defesa (CF, art. 5º, LIV e LV), a disciplina do incidente, nos moldes do CPC/2015, não poderá ser ignorada pelos processos administrativos e trabalhistas" (*Curso de Direito Processual Civil*, vol. 1, 2021).

[116] "Recurso Especial. Processual civil. Agravo de Instrumento. Decisão que deferiu o pedido de desconsideração inversa da personalidade do sócio executado. Legitimidade e interesse recursal do sócio para recorrer da decisão. Existência. Recurso especial conhecido e parcialmente provido. 1. O propósito recursal consiste em definir, além da ocorrência de negativa de prestação jurisdicional, a legitimidade e o interesse recursal do sócio executado para impugnar a decisão que deferiu o pedido de desconsideração inversa da personalidade jurídica dos entes empresariais dos quais é sócio. (...) 3. A jurisprudência desta Corte Superior assenta-se no sentido de que, sendo deferido o pedido de desconsideração, o interesse recursal da empresa devedora originária é excepcional, evidenciado no propósito de defesa do seu patrimônio moral, da honra objetiva, do bom nome, ou seja, da proteção da sua personalidade, abrangendo, inclusive, a sua autonomia e a regularidade da administração, inexistindo, por outro lado, interesse na defesa da esfera de direitos dos sócios/administradores. 4. Na desconsideração inversa da personalidade jurídica, por sua vez, verifica-se que o resultado do respectivo incidente pode interferir não apenas na esfera jurídica do devedor (decorrente do surgimento de eventual direito de regresso da sociedade em seu desfavor ou do reconhecimento do seu estado de insolvência), mas também na relação jurídica de material estabelecida entre ele e os demais sócios do ente empresarial, como porventura a ingerência na *affectio societatis*. 5. Desse modo, sobressaem hialinos o interesse e a legitimidade do sócio devedor, tanto para figurar no polo passivo do incidente de desconsideração inversa da personalidade jurídica, quanto para recorrer da decisão que lhe ponha fim, seja na condição de parte vencida, seja na condição de terceiro em relação ao incidente, em interpretação sistemática dos arts. 135 e 996 do Código de Processo Civil de 2015, notadamente para questionar sobre a presença ou não, no caso concreto, dos requisitos ensejadores ao deferimento do pedido. 6. Recurso especial conhecido e parcialmente provido" (REsp n. 1.980.607/DF, Rel. Min. Marco Aurélio Bellizze, 3ª Turma, j. 09.08.2022, *DJe* 12.08.2022).

[117] "O interesse na desconsideração ou, como na espécie, na manutenção do véu protetor, podem partir da própria pessoa jurídica, desde que, à luz dos requisitos autorizadores da medida excepcional, esta seja capaz de

O requerimento de desconsideração pode ser realizado na própria petição inicial, desde logo, formando-se, então, um litisconsórcio facultativo, citando-se o sócio como réu. O mais comum, porém, é que o pedido seja feito ao longo do curso do processo, por meio de petição própria, em que o requerente indica o preenchimento dos pressupostos legais que autorizam a desconsideração, conforme art. 134, § 4º, do CPC, dando azo à instauração do incidente estudado. Deve ser comprovado, dessa forma, que os requisitos ensejadores da desconsideração, a depender da situação em que esta é requerida, são verificados no caso em questão, *v.g.* a confusão patrimonial da pessoa jurídica com a de seu sócio ou administrador.[118] Uma vez instaurado o incidente, dá-se a suspensão do processo, nos termos do art. 134, § 3º, CPC.

Destaca-se a norma do art. 137 do CPC, que antecipa a solução ardilosa utilizada pelo devedor quando se encontra sob o risco de ter seu patrimônio tomado, qual seja a dissipação do patrimônio (por alienação ou cessão) a fim de fraudar a execução. O legislador mostrou-se precavido, nesse sentido, explicitando que eventual venda não se mostra eficaz frente ao requerente da desconsideração.

Por fim, deve-se ter em mente que a matéria pode fazer coisa julgada. Se indeferida a desconsideração na fase de conhecimento, não poderá ser acolhido o pleito na etapa executiva,[119] salvo se modificado o quadro fático-jurídico.

3.2.7 Amicus curiae

Outra novidade do Código de 2015 foi, sem dúvidas, a previsão expressa do *amicus curiae* como terceiro a intervir no processo. Também aqui cabe o alerta histórico: o *amicus curiae* não foi inaugurado com o novel diploma processual, mas já existe há longos anos no cenário brasileiro. Contudo, o que fez o legislador foi tão somente regular, com mais precisão e maior abrangência, o mecanismo de sua admissão no processo.

Fato é que o *amicus curiae*, traduzido como "amigo da corte", se trata de figura adotada em nosso ordenamento a partir da Lei da Ação Direta de Inconstitucionalidade, em seu art. 7º, § 2º. Consiste em entidade que, embora não possua interesse jurídico para ingressar na ação (nem mesmo como assistente simples), sua opinião sobre determinado tema é relevante ao Tribunal. Muitas vezes, a admissão se dá em causas de complexidade elevada acerca de temas que extrapolam a esfera do direito e, por óbvio, não se encontram sob domínio do Tribunal.

Em tese, haja vista o interesse público na solução de determinada questão, faz-se relevante a presença de uma figura imparcial, cujo único propósito seja, de fato, auxiliar na elucidação dos contornos do caso. Contudo, o que se observa, por vezes, é o ingresso de instituições que sustentam tão somente uma posição em defesa de seus associados,[120] de modo que houve certa alteração do instituto do amigo da corte, mais se assemelhando à assistência – ainda que sob o véu jurídico de *amicus curiae*, já que o terceiro não possui interesse jurídico para tanto.

A despeito dos embates teóricos sobre o instituto, o CPC veio em boa hora regular sua intromissão no curso processual, garantindo-lhe, para além do limitado âmbito de incidência que a legislação lhe conferia anteriormente, a participação em ações de quaisquer natureza e nas diversas

---

demonstrar a pertinência de seu intuito, o qual deve sempre estar relacionado à afirmação de sua autonomia, vale dizer, à proteção de sua personalidade. Assim, é possível, pelo menos em tese, que a pessoa jurídica se valha dos meios próprios de impugnação existentes para defender sua autonomia e regular administração, desde que o faça sem se imiscuir indevidamente na esfera de direitos dos sócios/administradores incluídos no polo passivo por força da desconsideração. (REsp 1421464/SP, Rel. Min. Nancy Andrighi, 3ª Turma, j. 24.04.2014).

[118] Anote-se que a desconsideração da personalidade jurídica nem sempre atinge o administrador não sócio. Nesse sentido: REsp n. 1.860.333/DF, Rel. Min. Marco Buzzi, 4ª Turma, j. 11.10.2022, *DJe* 27.10.2022.

[119] "De qualquer maneira, seja a desconsideração pleiteada na inicial ou em incidente, envolverá sempre questão de mérito, capaz de ampliar o objeto do processo. Com isso, a respectiva solução revestir-se-á da autoridade de coisa julgada material. Esgotada a via recursal, somente por meio de ação rescisória será possível revê-la" (**Humberto Theodoro Júnior**, *Curso de Direito Processual Civil*, vol. 1, 2021).

[120] **Dinamarco**. *Instituições de Direito Processual Civil*, v. 2, 2017.

Parte IV • II – SUJEITOS DO PROCESSO | **277**

fases processuais, conforme se depreende da leitura do art. 138, *caput*, do CPC.[121] A maior abrangência de sua participação se justifica, por um lado, na lógica de precedentes da lógica processual inaugurada e, por outro lado, na importância e reconhecimento que o *amicus curiae* passou a ter no cenário processual. A presença de entidades respeitadas confere maior legitimidade social à decisão do juiz, ao acórdão prolatado pelo órgão colegiado ou, ainda, ao incidente de resolução de demandas repetitivas, na linha do art. 5º da LINDB. Não faria sentido, pois, restringir sua atuação aos processos e recursos de competência do Supremo Tribunal Federal.

No caso do incidente de resolução de demandas repetitivas, destaca-se o art. 138, § 3º, do CPC, que confere expressa legitimidade ao *amicus curiae* para recorrer da decisão que julgar o incidente. O art. 138, § 2º, CPC, por sua vez, determina que cabe ao juiz ou relator a definição dos exatos poderes do terceiro, quando de seu ingresso. Apesar de cristalino, vale ressaltar que não poderá o juiz, ao determinar os poderes do *amicus curiae*, suprimir a legitimidade conferida pelo § 3º para recorrer, uma vez que decorre diretamente da lei.

O recurso previsto no § 3º, aliás, é o único recurso facultado ao *amicus curiae* – bem como embargos de declaração. Inclusive, a jurisprudência tem seguido a linha da impossibilidade de recurso contra a decisão denegatória de ingresso no feito como *amicus curiae*.[122]

A lógica decorre da previsão do art. 138, § 1º, do CPC e delimita a atuação do terceiro conforme sua natureza. Eventuais anseios pela ampliação dos poderes do *amicus curiae* para que possa também recorrer das decisões e acórdãos ilustram a deturpação anteriormente mencionada do instituto, demonstrando que, pouco a pouco, o terceiro, por vezes, passava a ser menos visto como amigo da corte, e mais visto como um colega da parte.

Por fim, é necessário destacar que a jurisprudência do Supremo Tribunal Federal acrescentou limitação temporal ao ingresso do *amicus*, de ordem prática, de modo a evitar o tumulto processual decorrente da entrada de um novo ente na lide. Dessa forma, para casos em que o terceiro ingresse em fase de julgamento por órgão colegiado, o ingresso deve ser requerido até a inclusão do processo na pauta de julgamento.[123]

3.3 Intervenção de terceiros no Juizado Especial Cível[124]

A finalidade de cada um dos institutos componentes da *terceria*, em princípio, recomendaria a sua adoção no juizado, quer porque inspirado na economia processual, quer em razão das matérias sujeitas a rito sumaríssimo, conforme os princípios que inspiram esse ambiente resolutivo (art. 2º da Lei nº 9.099/1995[125]). Assim é que a assistência, como intervenção de terceiro voluntária, não alonga o procedimento, além de conspirar em favor dos princípios da lei, vinculando o assistente à eficácia da decisão (art. 123 do CPC).

Por outro lado, a lei dos juizados especiais admite o litisconsórcio, que é a figura que se forma entre assistente e assistido, inclusive quando se trata de assistência litisconsorcial. O único empecilho que poderia justificar esse alijamento seria o incidente que se cria com a intervenção, obrigando a uma fala das partes e do juízo quanto ao interesse jurídico do assistente. Mas, mesmo assim, esse

---

[121] "Art. 138. O juiz ou o relator, considerando a relevância da matéria, a especificidade do tema objeto da demanda ou a repercussão social da controvérsia, poderá, por decisão irrecorrível, de ofício ou a requerimento das partes ou de quem pretenda manifestar-se, solicitar ou admitir a participação de pessoa natural ou jurídica, órgão ou entidade especializada, com representatividade adequada, no prazo de 15 (quinze) dias de sua intimação. (...)."

[122] STF. Plenário. RE 602584 AgR, Rel. para acórdão Min. Luiz Fux, j. 17.10.2018. No STJ, veja-se 3ª turma, REsp 1758794/PR. Em sentido contrário: STF. Plenário. ADI 3396 AgR/DF, Rel. Min. Celso de Mello, j. 06.08.2020.

[123] STF, AgRg no RE 574706/PR, Rel. Min. Cármen Lúcia, Tribunal Pleno, j. 09.03.2017; STF, AgRg na ACO 779/RJ, Rel. Min. Dias Toffoli, Tribunal Pleno, j. 30.11.2016; STF, AgRg na ADI 2435/RJ, Rel. Min. Cármen Lúcia, Tribunal Pleno, j. 26.11.2015.

[124] Consulte-se, também, **Luiz Fux**, *Intervenção de Terceiros*, 1990.

[125] "Art. 2º O processo orientar-se-á pelos critérios da oralidade, simplicidade, informalidade, economia processual e celeridade, buscando, sempre que possível, a conciliação ou a transação."

momento, pela lei, não susta a marcha processual, porque o terceiro, *in casu*, recebe o processo no estado em que se encontra. Destarte, nada impediria que se proibisse a intervenção voluntária, caso uma das partes a ela se opusesse, interpretação mais consentânea com os princípios da lei processual vigente e que, de certo, prevalecerá na jurisprudência criadora dos nossos tribunais.

A oposição, posto fazer exsurgir uma nova ação com necessidade de citação dos opostos, torna-se inconciliável com a celeridade desse rito. Aliás, a doutrina sempre se manifestou uníssona quanto ao seu descabimento no procedimento sumaríssimo e, *a fortiori*, no procedimento *in foco*.

O recurso do terceiro prejudicado pode ser manejado no procedimento *sub examine* sem qualquer restrição. Em primeiro lugar, porque não causa qualquer suspensividade e, em segundo, corrobora o dogma inafastável do devido processo, segundo o qual, o terceiro não pode ver prejudicada a sua esfera jurídica sem que se lhe defira a oportunidade de opor-se juridicamente a esse prejuízo.

As modalidades de intervenção forçada se casam como uma luva às hipóteses subsumidas ao juizado. Entretanto, os incidentes suspensivos e dilatórios de prazos processuais que encerram, induziram o legislador a excluí-las desse procedimento.

A situação jurídica da existência de um sujeito oculto nas relações de subordinação é frequente nas ações possessórias de pequeno valor, o que permitiria corrigir o problema da legitimação passiva nessas demandas. Contudo, o mecanismo da nomeação com a necessidade de oitiva do autor, réu-nomeante e o terceiro nomeado, incompatibilizam essa forma de intervenção com a simplicidade e a informalidade características do procedimento dos juizados.

O chamamento ao processo nas ações de cobrança sugeriria a possibilidade de adoção nas causas dos juizados, em razão da matéria. Entretanto, a suspensividade que se opera pela "admissibilidade" do chamamento dos demais coobrigados, bem como o regresso posterior garantido no art. 132, do CPC, e que é *a causa finalis* dessa forma coacta de intervenção, não abonam da sua utilidade, tanto mais que pode surgir incidente mesmo quanto à qualidade de coobrigado, o que postergaria a prestação da justiça, que *in casu* deve ser célere.

A denunciação da lide também é vedada no rito dos juizados, posto suspender o processo para acudir à relação processual o denunciado. É verdade que a lei não proíbe o litisconsórcio que se formaria entre denunciante e denunciado. Sucede que a cumulação subjetiva tem como pressuposto o originário deferimento da intervenção, o que não se dará por força da proibição legal. Deveras, a simples denúncia consubstanciada em mera "provocação de assistência" poderá ser encetada, haja vista que essa forma de intervenção voluntária está vedada textualmente.

Considere-se, ainda, que, na prática judiciária, o caso mais frequente de denunciação da lide é o das "seguradoras" convocadas a participar, nessa qualidade, nas ações propostas contra os seus segurados, causa prevista, coincidentemente, como de competência *ratione materiae* dos juizados, o que de *lege lata* recomendaria a intervenção vedada.

Também o incidente de desconsideração da personalidade jurídica é cabível no âmbito dos Juizados Especiais Cíveis e, excepcionalmente, gera a suspensão do procedimento, conforme indica a leitura do art. 1.062, do CPC.

4.   O JUIZ

O processo se traduz como a relação jurídica entre as partes, via de regra como espelho da relação de direito material, em que são contrapostos interesses, à luz do contraditório, para análise do conflito pelo Poder Judiciário. A relação, portanto, não é bilateral, mas triangular – o autor e o réu, analisando simplificadamente, também se relacionam com o Poder Judiciário, na figura do juiz. Identificadas, pois, quem são as partes e eventuais terceiros que figuram no processo, resta-nos analisar a figura do magistrado, que possui relação direta com os demais sujeitos.

A figura do juiz sofreu sensível alteração com o passar dos anos e, pode-se dizer, foi ressignificada com o atual Código. Historicamente, competia ao juiz o mero papel de aplicador da lei (*bouche de la loi*). Explica-se: o juiz não possuía qualquer espaço de discricionariedade, não lhe competia interpretar a lei, mas tão somente a sua aplicação literal. As legislações modernas possuíam uma pretensão de completude, de forma que ao juiz, restava tão somente o trabalho silogístico de transpor a norma *in abstrato* para o caso concreto que lhe era apresentado. Essa função do juiz sofreu transformações ao longo do século XX, ao passo que, desconstruída a argumentação positivista e sob a influência de uma visão constitucional do direito, concluiu-se que, em inúmeras ocasiões, a resolução dos embates sociais não se encontra expresso na lei. Muito pelo contrário, decorre justamente do trabalho crítico do juiz.

Dessa forma, o magistrado ganhou, com todo o merecimento, primordial notoriedade no processo civil. Contudo, o que se observa nessa fase histórica ainda é a caricatura do juiz rigoroso. O juiz, apesar de seu novo papel mais ativo, ainda se mantinha distante das partes no processo e, por vezes, intransigente. Na vigência do vetusto CPC de 1973, era visível a impositiva observação da forma dos atos processuais, fenômeno evidente na jurisprudência de todos os tribunais do território nacional.

O atual diploma processual, nesse sentido, vai ao encontro ao anseio pela instrumentalidade das formas, mas, não só. A principal inovação nesse segmento do estudo é a revolução da figura do juiz, como ser em constante diálogo com as partes, sobretudo em atenção ao dever de cooperação (art. 6º do Código). O juiz, portanto, ganha ainda mais destaque no curso do processo, na medida em que se lhe exige uma postura ativa, de atuação conjunta com as partes, sem violar a igualdade entre elas, para que se alcance uma decisão que melhor atenda aos seus interesses, bem como ao interesse público.

4.1 Poderes e deveres do juiz

O juiz, enquanto representante do Judiciário na relação processual, tem o dever principal de fiel garantidor da ordem processual, apaziguando os ânimos das partes ao prover a tutela jurisdicional e garantindo o curso natural do processo, de modo que seja assegurado o contraditório entre as partes. Dessa forma, já no *caput* do art. 139, do CPC, se encontra o primeiro dever do juiz, qual seja o de dirigir o processo conforme as disposições do referido Código.

O segundo grande dever do juiz se encontra positivado no art. 140 do CPC,[126] e consiste na obrigação de decidir, de apresentar uma solução jurídica ao conflito social que lhe é apresentado. Veda-se, nesse sentido, o *non liquet*, ou seja, o ato de não decidir, sob o argumento de que há lacuna ou obscuridade do ordenamento jurídico. Repise-se aqui que o ordenamento não é mais visto como uma tábua de mandamentos a serem observados em sua literalidade, mas como um ente em constante movimento, com valores e princípios que lhe são intrínsecos e apontam qual o seu norte. O juiz, portanto, não é mais "a boca da lei" e não pode se amparar em lacunas para se furtar a julgar, mas deve se valer do dinamismo do ordenamento para encontrar a resposta mais conveniente ao caso concreto.

Os deveres do juiz poderiam ser resumidos, pois, nesses dois atos, "dirigir" e "decidir". Soma-se a esses, de maneira indelével, o dever de imparcialidade – ínsito à sua atividade. Há que se constatar, porém, que os poderes do juiz, constituem, em certa medida, deveres que lhe são impostos em casos particulares.

Os poderes do magistrado se encontram nos incisos do art. 139 do CPC.[127] A leitura desses incisos permite-nos a conclusão de que todos os poderes guardam relação com o dever de dirigir

---

[126] **"Art. 140**. O juiz não se exime de decidir sob a alegação de lacuna ou obscuridade do ordenamento jurídico. **Parágrafo único.** O juiz só decidirá por equidade nos casos previstos em lei."

[127] **"Art. 139**. O juiz dirigirá o processo conforme as disposições deste Código, incumbindo-lhe:

I – assegurar às partes igualdade de tratamento;

II – velar pela duração razoável do processo;

III – prevenir ou reprimir qualquer ato contrário à dignidade da justiça e indeferir postulações meramente protelatórias;

IV – determinar todas as medidas indutivas, coercitivas, mandamentais ou sub-rogatórias necessárias para assegurar o cumprimento de ordem judicial, inclusive nas ações que tenham por objeto prestação pecuniária;

o processo conforme as disposições do Código. Vejam-se, por exemplo, os dois primeiros poderes listados – *assegurar às partes igualdade de tratamento* e *velar pela duração razoável do processo*. Esses poderes nada mais são do que a necessidade de garantir os princípios da igualdade e da economia processual, respectivamente. Consistem, em outras palavras, em especificação do dever geral de respeito às disposições legais e constitucionais.

Alguns poderes, contudo, merecem particular destaque. Os incisos VI, VIII e IX estipulam poderes-deveres que guardam relação direta com o papel do juiz atribuído pela nova ordem processual. Denotam postura mais ativa do magistrado, em constante diálogo com as partes e buscando efetivar, ao máximo, a tutela jurisdicional. Desse modo, a dilação de prazos processuais – atendendo às necessidades do caso concreto e respeitando a regra do parágrafo único do art. 139, CPC – e a determinação de saneamento de atos processuais, sem que haja o seu imediato descarte, bem como a inquisição direta às partes em caso de eventuais dúvidas elucidam um cenário propício ao melhor desempenho da atividade jurisdicional.

De igual forma, o inciso V captura o corrente retrato do Judiciário, mais inclinado a solucionar os litígios das partes do que perenizá-los. Ganham espaço no novel diploma processual as formas de autocomposição, como a conciliação e a mediação, pouco privilegiadas nas legislações anteriores. Entendeu o legislador que a autocomposição é um processo mais rápido e legítimo, uma vez que a parte participa diretamente do acordo que põe fim à demanda, solução adequada e necessária ao cenário atual de abarrotamento do Judiciário.

Por fim, propositalmente, tem-se o art. 139, IV, do CPC que provoca debates acalorados. Tal inciso discrimina, em primeiro lugar, os tipos de medidas que podem ser adotadas pelo magistrado para dirigir o processo: medidas indutivas, coercitivas, mandamentais e sub-rogatórias. A polêmica reside, porém, na leitura por completo do inciso que tende a viabilizar a adoção de *todas* as medidas necessárias para assegurar o cumprimento de ordem judicial.

Questionou-se na ADI 5.941/DF o limite do cabimento de medidas executivas atípicas no CPC de 2015 e a possibilidade de juízes e tribunais se valerem de mecanismos de coerção indireta (*e.g.*, apreensão de Carteira Nacional de Habilitação – CNH e passaporte). As medidas executivas atípicas já constavam da legislação anterior à reforma no que dizia respeito às execuções específicas, em que se verifica, via de regra, a maior urgência pelo cumprimento. A reforma, nesse aspecto, expandiu o seu cabimento para todas as espécies de execução, o que se confirma pelo trecho *inclusive nas ações que tenham por objeto prestação pecuniária*.

A adoção de medidas atípicas não importa adoção de medidas arbitrárias e que extrapolem a finalidade a que se pretende. Assim, a melhor maneira para se interpretar os limites do art. 139, IV, CPC, é por meio do exame de proporcionalidade da lógica constitucional, uma vez que, devido à interpretação sistêmica das leis, não se podem adotar medidas *contra legem* ou que afrontem os valores e princípios privilegiados pelo ordenamento jurídico. A posição do Superior Tribunal de

---

V – promover, a qualquer tempo, a autocomposição, preferencialmente com auxílio de conciliadores e mediadores judiciais;

VI – dilatar os prazos processuais e alterar a ordem de produção dos meios de prova, adequando-os às necessidades do conflito de modo a conferir maior efetividade à tutela do direito;

VII – exercer o poder de polícia, requisitando, quando necessário, força policial, além da segurança interna dos fóruns e tribunais;

VIII – determinar, a qualquer tempo, o comparecimento pessoal das partes, para inquiri-las sobre os fatos da causa, hipótese em que não incidirá a pena de confesso;

IX – determinar o suprimento de pressupostos processuais e o saneamento de outros vícios processuais;

X – quando se deparar com diversas demandas individuais repetitivas, oficiar o Ministério Público, a Defensoria Pública e, na medida do possível, outros legitimados a que se referem o art. 5º da Lei nº 7.347, de 24 de julho de 1985, e o art. 82 da Lei nº 8.078, de 11 de setembro de 1990, para, se for o caso, promover a propositura da ação coletiva respectiva.

Parágrafo único. A dilação de prazos prevista no inciso VI somente pode ser determinada antes de encerrado o prazo regular."

Justiça se alinhou a esse entendimento,[128] assentando a subsidiariedade das medidas atípicas, o dever de motivação da decisão e de obediência ao contraditório.[129]

No dia 9 de fevereiro de 2023, a referida Ação Direta de Inconstitucionalidade, de minha relatoria, foi julgada *improcedente*, assentando-se que:

> "O dilema que se apresenta na atual conjuntura, portanto, é quanto à *efetividade da jurisdição*, máxime porque o acesso à justiça não se esgota com o simples direito de ação. Na clássica fórmula de Chiovenda em *Saggi di Diritto processuale civile*, vol. 1, p. 110, '*il processo deve dare per quanto è possibile praticamente a chi ha un diritto tutto quello e pròprio quello ch'egli ha diritto di conseguire*'.

---

[128] "O CPC de 2015, em homenagem ao princípio do resultado na execução, inovou o ordenamento jurídico com a previsão, em seu art. 139, IV, de medidas executivas atípicas, tendentes à satisfação da obrigação exequenda, inclusive as de pagar quantia certa. As modernas regras de processo, no entanto, ainda respaldadas pela busca da efetividade jurisdicional, em nenhuma circunstância, poderão se distanciar dos ditames constitucionais, apenas sendo possível a implementação de comandos não discricionários ou que restrinjam direitos individuais de forma razoável. Assim, no caso concreto, após esgotados todos os meios típicos de satisfação da dívida, para assegurar o cumprimento de ordem judicial, deve o magistrado eleger medida que seja necessária, lógica e proporcional. Não sendo adequada e necessária, ainda que sob o escudo da busca pela efetivação das decisões judiciais, será contrária à ordem jurídica. Nesse sentido, para que o julgador se utilize de meios executivos atípicos, a decisão deve ser fundamentada e sujeita ao contraditório, demonstrando-se a excepcionalidade da medida adotada em razão da ineficácia dos meios executivos típicos, sob pena de configurar-se como sanção processual. A adoção de medidas de incursão na esfera de direitos do executado, notadamente direitos fundamentais, carecerá de legitimidade e configurar-se-á coação reprovável, sempre que vazia de respaldo constitucional ou previsão legal e à medida em que não se justificar em defesa de outro direito fundamental. A liberdade de locomoção é a primeira de todas as liberdades, sendo condição de quase todas as demais. O reconhecimento da ilegalidade da medida consistente na apreensão do passaporte do paciente, na hipótese em apreço, não tem qualquer pretensão em afirmar a impossibilidade dessa providência coercitiva em outros casos e de maneira genérica" (RHC 97.876-SP, Rel. Min. Luis Felipe Salomão, por unanimidade, j. 05.06.2018).

[129] "(...) O propósito recursal é definir se, na fase de cumprimento de sentença, a suspensão da carteira nacional de habilitação e a retenção do passaporte do devedor de obrigação de pagar quantia são medidas viáveis de serem adotadas pelo juiz condutor do processo.

3. O Código de Processo Civil de 2015, a fim de garantir maior celeridade e efetividade ao processo, positivou regra segundo a qual incumbe ao juiz determinar todas as medidas indutivas, coercitivas, mandamentais ou sub-rogatórias necessárias para assegurar o cumprimento de ordem judicial, inclusive nas ações que tenham por objeto prestação pecuniária (art. 139, IV).

4. A interpretação sistemática do ordenamento jurídico revela, todavia, que tal previsão legal não autoriza a adoção indiscriminada de qualquer medida executiva, independentemente de balizas ou meios de controle efetivos.

5. De acordo com o entendimento do STJ, as modernas regras de processo, ainda respaldadas pela busca da efetividade jurisdicional, em nenhuma circunstância poderão se distanciar dos ditames constitucionais, apenas sendo possível a implementação de comandos não discricionários ou que restrinjam direitos individuais de forma razoável. Precedente específico.

6. A adoção de meios executivos atípicos é cabível desde que, verificando-se a existência de indícios de que o devedor possua patrimônio expropriável, tais medidas sejam adotadas de modo subsidiário, por meio de decisão que contenha fundamentação adequada às especificidades da hipótese concreta, com observância do contraditório substancial e do postulado da proporcionalidade.

7. Situação concreta em que o Tribunal *a quo* indeferiu o pedido do exequente de adoção de medidas executivas atípicas sob o singelo fundamento de que a responsabilidade do devedor por suas dívidas diz respeito apenas ao aspecto patrimonial, e não pessoal.

8. Como essa circunstância não se coaduna com o entendimento propugnado neste julgamento, é de rigor – à vista da impossibilidade de esta Corte revolver o conteúdo fático-probatório dos autos – o retorno dos autos para que se proceda a novo exame da questão.

9. De se consignar, por derradeiro, que o STJ tem reconhecido que tanto a medida de suspensão da Carteira Nacional de Habilitação quanto a de apreensão do passaporte do devedor recalcitrante não estão, em abstrato e de modo geral, obstadas de serem adotadas pelo juiz condutor do processo executivo, devendo, contudo, observar-se o preenchimento dos pressupostos ora assentados. Precedentes" (REsp 1782418/RJ, Rel. Min. Nancy Andrighi, 3ª Turma, j. 23.04.2019).

De nada valeria a prerrogativa teórica de provocar o Poder Judiciário e dele obter uma resposta, se inexistentes os meios de assegurar, tempestivamente, o cumprimento de suas decisões, porquanto *'sem efetividade, não há tutela para qualificar como justa'* (WOLKART, Erik Navarro. *Análise econômica do processo civil: como a economia, o direito e a psicologia podem vencer a tragédia da justiça.* São Paulo: Thomson Reuters, 2019, p. 31).

Em síntese: a efetiva solução do conflito, com a respectiva satisfação da pretensão do credor, é inerente à ideia de acesso à justiça e aproveita não apenas o 'vencedor' de uma ação especificamente tutela, mas todo o sistema jurisdicional.

Se por um lado, portanto, **a previsão legislativa**, *in abstrato*, **não viola o princípio da proporcionalidade**, na sua tripla acepção *adequação, necessidade e proporcionalidade*, por outro, **tais vetores devem funcionar como critérios avaliativos**, *in concreto*, para o magistrado e os tribunais revisores.

Do ponto de vista da **adequação**, deve-se aferir se a medida eleita – seja uma daquelas destacadas na petição inicial (suspensão da carteira nacional de habilitação ou do passaporte, e da proibição de participação em concurso ou em licitação pública) ou outra escolhida pelo juiz natural com fundamento no art. 139, IV, do Código de Processo Civil – é capaz de contribuir no desfazimento da crise de satisfação que a tutela executiva busca resolver. Assim, exsurge a incumbência do magistrado de (i) explicitar a natureza da medida (se indutiva, coercitiva, mandamental ou sub-rogatória) e (ii) a relacionar à finalidade pretendida (se satisfativa ou coercitiva), cotejando os fins pretendidos e a real aptidão do executado para cumprir a ordem jurisdicional – onde se insere o requisito da presunção de solvabilidade do devedor, a ser demonstrado através da exteriorização de padrão de vida compatível com o adimplemento da dívida. (...)

O vetor da **necessidade**, em acréscimo, demanda que o magistrado concretize o princípio da menor onerosidade da execução, afastando (i) medidas mais gravosas que outras vislumbradas para o caso concreto e (ii) qualquer caráter sancionatório da medida não prevista especificamente em lei. A propósito, não se deve afastar, *ab initio*, a priorização de instrumento atípico, quando soar adequado e suficiente para concretizar o cumprimento do provimento, embora existente medida típica de cunho mais gravoso. Dessarte, é imprescindível a verificação de liame entre o comportamento do executado, a natureza da obrigação exequenda e a medida eleita pelo julgador, afastando-se preceitos sancionatórios travestidos de coercitivos. (...)

A seguir, na análise da **proporcionalidade em sentido estrito**, o julgador verificará se, diante das circunstâncias do litígio concreto, a medida requerida ou cogitada *ex officio* ofende, injustificadamente, direitos fundamentais de maior relevo, sob pretexto de, de maneira desmedida, garantir o legítimo direito de satisfação do exequente. (...)

Nada disso, reitere-se, autoriza o julgador a ignorar as garantias fundamentais do cidadão em prol da adoção de medidas economicamente eficientes, mas constitucionalmente vedadas. Discricionariedade judicial não se confunde com arbitrariedade, de modo que quaisquer abusos poderão e deverão ser coibidos mediante utilização dos meios processuais próprios".[130]

Cabe, ainda, uma última menção à responsabilização civil, gravada no art. 143, CPC.[131] A aludida autonomia do juiz não pode esbarrar no descumprimento de seus deveres. Por óbvio, como forma de estimular aquele que opta pela magistratura, uma das mais nobres incumbências

---

[130] STF, ADI 5.941, Rel. Min. Luiz Fux, Plenário, j. 09.02.2023.

[131] **"Art. 143.** O juiz responderá, civil e regressivamente, por perdas e danos quando:

I – no exercício de suas funções, proceder com dolo ou fraude;

II – recusar, omitir ou retardar, sem justo motivo, providência que deva ordenar de ofício ou a requerimento da parte.

Parte IV • II – SUJEITOS DO PROCESSO | **283**

no que concerne à atmosfera jurídica, não se pode punir o juiz quando decidir de uma determinada maneira ou por adotar certo posicionamento. Tal atitude constituiria verdadeiro atentado contra a justiça brasileira, como se observava em momento não tão distante na história de nosso país.

O ato apenas ensejará indenização por parte do Estado quando o erro do magistrado ultrapassar os limites do razoável.[132] Pretendeu o legislador, dessa forma, coibir tão somente as ações comprovadamente dolosas e as omissões injustificadas e injustificáveis. Desse modo, como é de se esperar, não pode o magistrado agir com dolo ou fraude na direção de um processo, sob pena de arcar com o pagamento de perdas e danos à parte prejudicada. Igualmente penalizado será aquele que, instado a tomar providência, sequer a aprecia no prazo de dez dias (art. 226, II).

4.2 Suspeição e impedimento

Como mencionado anteriormente, há um dever do juiz que é intrínseco à sua atividade: o dever de imparcialidade. De nada adianta a apreciação de um litígio pelo Judiciário, em processo que sabidamente demanda tempo e custos, se aquele designado para solucionar o conflito é naturalmente inclinado a decidir em favor de uma das partes, seja por relações pessoais ou por quaisquer outros motivos. A imparcialidade do juiz é tão relevante quanto sua investidura, *i.e.* a decisão de um juiz parcial vale tanto quanto a decisão de uma pessoa que não é investida no cargo. A inexistência de impedimentos ou suspeições é imprescindível para o devido processo legal e para gerar legitimidade social na decisão.

Isto posto, cumpre-nos distinguir a suspeição do impedimento. Muito embora parte da doutrina afirme que a distinção se trata de verdadeira opção legislativa, deve-se verificar que as hipóteses de suspeição encontram respaldo em um aspecto subjetivo a ser verificado, enquanto as hipóteses de impedimento dizem respeito a situações objetivas, de análise concreta[133].

Sendo assim, a *suspeição reputa-se fundada* nos casos previstos legalmente em *numerus clausus* e reclama denúncia pela parte. Superado o prazo da arguição, sana-se o suposto defeito de falta de isenção.

O *impedimento é insuperável*, sendo defeso ao juiz praticar atos no processo em que se verifiquem as situações previstas na lei em função das quais a lei presume *jure et de jure* a parcialidade do magistrado. O impedimento, pela sua natureza, se não respeitado, torna a sentença passível de ação rescisória (art. 966, II, do CPC).[134]

As arguições *sub examine* visam a afastar o juízo da causa antes que ele se pronuncie sobre a mesma, razão por que, acaso a incompatibilidade seja descoberta *a posteriori*, o interessado poderá pleitear a nulidade do ato decisório através de recurso com efeito *ex tunc*.

O juiz é considerado "suspeito" quando: (i) for *amigo íntimo ou inimigo* de uma das partes ou de seus advogados (art. 145, I); (ii) receber, de pessoas interessadas na causa, *presentes* antes ou depois de iniciado o processo, (iii) aconselhar alguma das partes acerca do objeto da causa, (iv) subministrar meios para atender às despesas do litígio (art. 145, II); (v) alguma das partes for sua credora ou devedora ou de seu cônjuge ou companheiro ou seus parentes, em linha reta ou na colateral até terceiro grau (art. 145, III); (vi) for interessado no julgamento da causa em favor de uma

---

Parágrafo único. As hipóteses previstas no inciso II somente serão verificadas depois que a parte requerer ao juiz que determine a providência e o requerimento não for apreciado no prazo de 10 (dez) dias."

[132] **Beneduzi,** *Comentários ao Código de Processo Civil,* v. 2, 2016, p. 300.

[133] **Dinamarco,** *Instituições de direito processual civil,* v. 2, 2017, p. 261-263.

[134] "**Art. 966.** A decisão de mérito, transitada em julgado, pode ser rescindida quando (...):
II – for proferida por juiz impedido ou por juízo absolutamente incompetente (...)."
"Súmula nº 514 do STF: Admite-se ação rescisória contra sentença transitada em julgado, ainda que contra ela não se tenham esgotado todos os recursos."

das partes (art. 145, IV); (vii) julgar-se o próprio juiz suspeito por *motivo íntimo*, assim declarado nos autos, independente da exposição dos motivos (art. 145, § 1º)[135].

Considera-se *impedido* o juiz quando: (i) interveio anteriormente no processo como mandatário da parte, perito, membro do Ministério Público ou testemunha (art. 144, I); (ii) conheceu do processo em outro grau de jurisdição, proferindo decisão (art. 144, II);[136] (iii) seu cônjuge ou parente consanguíneo ou afim, em linha reta ou na linha colateral até terceiro grau estiver atuando no processo como advogado, defensor público ou membro do Ministério Público, sendo vedado ao advogado, com esse vínculo, intervir em processo em andamento para criar o impedimento (art. 144, III e § 1º);[137] (iv) for parte do processo ele próprio, ou seus cônjuge, parentes, consanguíneos ou afim, em linha reta ou colateral, até o terceiro grau (art. 144, IV); (v) for sócio ou membro de direção ou administração de pessoa jurídica parte na causa (art. 144, V); (vi) for herdeiro presuntivo, donatário ou empregador de qualquer das partes (art. 144, VI); (vii) figurar como parte uma instituição de ensino com a qual tenha relação de emprego ou decorrente de contrato de prestação de serviços (art. 144, VII); (viii) figurar como parte cliente do escritório de advocacia de seu cônjuge, companheiro ou parente, consanguíneo ou afim, em linha reta ou colateral, até o terceiro grau, mesmo que patrocinado por advogado de outro escritório (art. 144, VIII); (ix) quando promover ação contra a parte ou seu advogado (art. 144, IX)[138].

---

[135] **"Art. 145.** Há suspeição do juiz:

I – amigo íntimo ou inimigo de qualquer das partes ou de seus advogados;

II – receber presentes de pessoas que tenham interesse na causa antes ou depois de iniciado o processo, que aconselhar alguma das partes acerca do objeto da causa, ou que subministrar meios para atender às despesas do litígio;

III – quando qualquer das partes for sua credora ou devedora, de seu cônjuge ou companheiro ou de parentes destes, em linha reta até o terceiro grau, inclusive;

IV – interessado no julgamento do processo em favor de qualquer das partes.

§ 1º Poderá o juiz declarar-se suspeito por motivo de foro íntimo, sem necessidade de declarar suas razões.

§ 2º Será legítima a alegação de suspeição quando:

I – houver sido provocada por quem a alega;

II – a parte que a alega houver praticado ato que signifique manifesta aceitação do arguido."

[136] O dispositivo se refere ao juiz de segundo grau, que em primeiro decidiu no processo. Aplica-se também aos ministros do STF, em relação às causas que tenham apreciado em qualquer tribunal (RISTF, art. 277, parágrafo único). **"Súmula nº 252 do STF:** Na ação rescisória, não estão impedidos juízes que participaram do julgamento rescindendo."

[137] A hipótese encerra julgamento nulo.

[138] **"Art. 144.** Há impedimento do juiz, sendo-lhe vedado exercer suas funções no processo:

I – em que interveio como mandatário da parte, oficiou como perito, funcionou como membro do Ministério Público ou prestou depoimento como testemunha;

II – de que conheceu em outro grau de jurisdição, tendo proferido decisão;

III – quando nele estiver postulando, como defensor público, advogado ou membro do Ministério Público, seu cônjuge ou companheiro, ou qualquer parente, consanguíneo ou afim, em linha reta ou colateral, até o terceiro grau, inclusive;

IV – quando for parte no processo ele próprio, seu cônjuge ou companheiro, ou parente, consanguíneo ou afim, em linha reta ou colateral, até o terceiro grau, inclusive;

V – quando for sócio ou membro de direção ou de administração de pessoa jurídica parte no processo;

VI – quando for herdeiro presuntivo, donatário ou empregador de qualquer das partes;

VII – em que figure como parte instituição de ensino com a qual tenha relação de emprego ou decorrente de contrato de prestação de serviços;

VIII – em que figure como parte cliente do escritório de advocacia de seu cônjuge, companheiro ou parente, consanguíneo ou afim, em linha reta ou colateral, até o terceiro grau, inclusive, mesmo que patrocinado por advogado de outro escritório;

IX – quando promover ação contra a parte ou seu advogado.

§ 1º Na hipótese do inciso III, o impedimento só se verifica quando o defensor público, o advogado ou o membro do Ministério Público já integrava o processo antes do início da atividade judicante do juiz.

§ 2º É vedada a criação de fato superveniente a fim de caracterizar impedimento do juiz.

Esses impedimentos, evidentemente, se aplicam a todos quantos pratiquem atos no processo, *v.g.*, o membro do Ministério Público, os peritos, os auxiliares de justiça etc. (art. 148 do CPC). A diferença é que, tratando-se de impedimento e suspeição do juiz responsável pelo julgamento, o processo suspende-se, ao passo que, esses vícios, se imputáveis aos demais partícipes, não afetam o andamento do feito (art. 148, § 2º).[139] Assim, *v.g.*, é suspeito o perito que recebe honorários diversos dos estipulados pelo juízo, ou o que entrega o laudo a uma das partes antes de sua juntada aos autos.

Outrossim, quanto aos magistrados, a arguição de impedimento ou suspeição promove a suspensão do processo (art. 313, III, CPC), que será apreciado por tribunal hierarquicamente superior. O relator, nesse ínterim, avaliará se cabe receber o incidente com efeito suspensivo. Sendo o caso, o processo restará suspenso até que se resolva o incidente; em caso negativo, todavia, voltará a correr a partir deste momento (art. 146, § 2º, CPC).

Advirta-se, por oportuno, que essas causas geradoras da incompatibilidade do juiz aplicam-se aos *membros integrantes dos tribunais*, para os quais a lei prevê mais uma hipótese, qual seja, a de estabelecer que, *quando dois ou mais juízes forem parentes, consanguíneos ou afins, em linha reta e no segundo grau na linha colateral, o primeiro que conhecer da causa no tribunal, impede que o outro participe do julgamento, caso em que o segundo se escusará, remetendo o processo ao seu substituto legal* (art. 147 do CPC). Não obstante impõe-se distinguir a suspeição ou o impedimento do membro do Tribunal que não se confunde com o órgão que compõe.

O procedimento das arguições de impedimento e de suspeição é simples, gerando uma relação processual angular entre o arguinte (a parte) e o arguido (o juiz). O incidente não enseja a fala da parte adversa, uma vez que ninguém tem direito a um juiz pessoalmente determinado, senão a um "juiz natural".

A parte, ou o terceiro interveniente que assume essa qualidade, pode arguir, também, a incompatibilidade judicial, indicando, motivadamente, as razões da alegação. Por seu turno, o magistrado, à luz das alegações e das provas necessárias, pode reconhecer de plano o pedido e remeter os autos ao seu substituto legal (juiz tabelar). É-lhe lícito também, em não concordando, responder à alegação em 15 (quinze) dias, remetendo-a, após, ao tribunal competente para julgamento (art. 146, *caput* e § 1º, do CPC).[140]

---

§ 3º O impedimento previsto no inciso III também se verifica no caso de mandato conferido a membro de escritório de advocacia que tenha em seus quadros advogado que individualmente ostente a condição nele prevista, mesmo que não intervenha diretamente no processo."

[139] **"Art. 148.** Aplicam-se os motivos de impedimento e de suspeição:

I – ao membro do Ministério Público;

II – aos auxiliares da justiça;

III – aos demais sujeitos imparciais do processo.

§ 1º A parte interessada deverá arguir o impedimento ou a suspeição, em petição fundamentada e devidamente instruída, na primeira oportunidade em que lhe couber falar nos autos.

§ 2º O juiz mandará processar o incidente em separado e sem suspensão do processo, ouvindo o arguido no prazo de 15 (quinze) dias e facultando a produção de prova, quando necessária.

§ 3º Nos tribunais, a arguição a que se refere o § 1º será disciplinada pelo regimento interno.

§ 4º O disposto nos §§ 1º e 2º não se aplica à arguição de impedimento ou de suspeição de testemunha."

[140] **"Art. 146.** No prazo de 15 (quinze) dias, a contar do conhecimento do fato, a parte alegará o impedimento ou a suspeição, em petição específica dirigida ao juiz do processo, na qual indicará o fundamento da recusa, podendo instruí-la com documentos em que se fundar a alegação e com rol de testemunhas.

§ 1º Se reconhecer o impedimento ou a suspeição ao receber a petição, o juiz ordenará imediatamente a remessa dos autos a seu substituto legal, caso contrário, determinará a autuação em apartado da petição e, no prazo de 15 (quinze) dias, apresentará suas razões, acompanhadas de documentos e de rol de testemunhas, se houver, ordenando a remessa do incidente ao tribunal.

§ 2º Distribuído o incidente, o relator deverá declarar os seus efeitos, sendo que, se o incidente for recebido:

I – sem efeito suspensivo, o processo voltará a correr;

II – com efeito suspensivo, o processo permanecerá suspenso até o julgamento do incidente.

§ 3º Enquanto não for declarado o efeito em que é recebido o incidente ou quando este for recebido com efeito suspensivo, a tutela de urgência será requerida ao substituto legal.

286 | CURSO DE DIREITO PROCESSUAL CIVIL • *Luiz Fux*

Caso haja tutela de urgência que deva ser apreciada enquanto o incidente encontra-se aguardando a declaração do efeito em que é recebido, esta deve ser requerida ao substituto legal do magistrado impugnado (art. 146, § 3º, CPC). É necessário destacar que, no incidente, apenas são ouvidos aquele que questiona a imparcialidade e o próprio juiz, sem manifestação da parte adversa ao impugnante, que nada tem a ver com a nova relação processual que se instaura. Caso seja reconhecida a parcialidade do magistrado, por exemplo, é dele mesmo a legitimidade para recorrer da decisão (art. 146, § 5º, CPC).

Ainda no caso de ser definitivamente reconhecida a parcialidade do juiz, seja por impedimento ou por suspeição, deverá o tribunal fixar o *momento a partir do qual o juiz não poderia ter atuado* (art. 146, § 6º, CPC), com a consequente anulação dos atos praticados após esse momento (art. 146, § 7º, CPC)[141].

Elegante questão erige quanto a quais atos são passíveis de anulação – se apenas os atos de conteúdo decisório ou todos os atos. Parece razoável determinar que todos os atos do juiz que tenham não apenas conteúdo decisório, mas participação direta com as partes ou outros agentes do processo e, de alguma maneira, possam interferir negativamente no regular curso do processo, devam ser anulados, *v.g.* inquirir testemunhas em audiência de instrução e julgamento.

5. AUXILIARES DA JUSTIÇA

Os auxiliares da justiça são todos aqueles que contribuem para o regular curso do processo, tendo sido listados os entes abarcados por esse grupo no art. 149, do CPC[142]. Primeiramente, mostra-se fundamental destacar que os auxiliares da justiça devem observar as regras de impedimento e suspeição, conforme o disposto no art. 148, II, CPC.

Aos membros desta categoria competem diversas funções, diferentes a depender do cargo, mas que têm em comum a característica de não possuir poder decisório – poder, também considerado como dever, indelegável pelo juiz. Os demais atos podem ser delegados aos servidores, como enuncia o art. 93, XIV, da Constituição Federal. Dessa forma, de uma maneira geral, pode-se dizer que lhes competem as funções de proceder à comunicação dos atos processuais, a certificação de atos praticados pelas partes, a realização de perícias, a distribuição dos autos, a mediação ou conciliação entre as partes, dentre outros.

Ao *escrivão ou chefe de secretaria* cabe a coordenação da atuação do cartório de cada uma das varas judiciais, praticando e supervisionando atos que confiram continuidade e prosseguimento ao processo, incumbindo-lhe as funções do art. 152 do CPC[143].

---

§ 4º Verificando que a alegação de impedimento ou de suspeição é improcedente, o tribunal rejeitá-la-á.

§ 5º Acolhida a alegação, tratando-se de impedimento ou de manifesta suspeição, o tribunal condenará o juiz nas custas e remeterá os autos ao seu substituto legal, podendo o juiz recorrer da decisão.

§ 6º Reconhecido o impedimento ou a suspeição, o tribunal fixará o momento a partir do qual o juiz não poderia ter atuado.

§ 7º O tribunal decretará a nulidade dos atos do juiz, se praticados quando já presente o motivo de impedimento ou de suspeição."

[141] Confirmou-se, no novo diploma processual, o consolidado entendimento do Superior Tribunal de Justiça: "Diante do exposto, a Seção reconheceu a suspeição do magistrado excepto, para todos os processos que envolvam a excipiente e que os efeitos dessa declaração de suspeição, em caráter transcendental, valem somente para o futuro (*ex nunc*), contando-se a partir de 14.04.2010, preservados os atos processuais anteriores"(REsp 1.165.623-RS, Rel. Min. Vasco Della Giustina (Desembargador convocado do TJ-RS), j. 14.04.2010).

[142] **"Art. 149.** São auxiliares da Justiça, além de outros cujas atribuições sejam determinadas pelas normas de organização judiciária, o escrivão, o chefe de secretaria, o oficial de justiça, o perito, o depositário, o administrador, o intérprete, o tradutor, o mediador, o conciliador judicial, o partidor, o distribuidor, o contabilista e o regulador de avarias."

[143] **"Art. 152.** Incumbe ao escrivão ou ao chefe de secretaria:

I – redigir, na forma legal, os ofícios, os mandados, as cartas precatórias e os demais atos que pertençam ao seu ofício;

II – efetivar as ordens judiciais, realizar citações e intimações, bem como praticar todos os demais atos que lhe forem atribuídos pelas normas de organização judiciária;

O *oficial de justiça*, por sua vez, é o auxiliar da justiça a quem compete, em linhas gerais, cumprir e fazer cumprir as ordens do juízo, agente ao qual se atribui fé pública. De uma maneira geral, pode-se dizer que o oficial é o responsável, via de regra, pela comunicação entre os atos praticados em sede processual e o universo social em que estes atos produzem efeitos, *v.g.* o juiz determina a citação, mas quem de fato a promove é o oficial de justiça. Dessa forma, o Código incumbiu-lhe das funções do art. 154 do CPC[144].

Particular destaque é destinado aos *conciliadores* e aos *mediadores*, dentro da nova sistemática processual que privilegia e estimula a autocomposição entre as partes (art. 165, CPC). Há uma sensível distinção entre as duas figuras, de acordo com o CPC.

O conciliador atuará, preferencialmente, em litígios que envolvam partes que não possuíam entre si um vínculo prévio, de modo a sugerir soluções para apaziguar o conflito, sem que lhes provoque qualquer tipo de constrangimento. Em contrapartida, o mediador atuará em situações onde as partes possuam vínculo anterior, visando, principalmente, a sarar as feridas da relação para que os sujeitos envolvidos no processo possam retomar a comunicação normalmente, identificando-se soluções consensuais que agradem aos interesses de ambos os lados.

O Código especifica alguns princípios próprios que deverão reger a realização da conciliação ou da mediação, no intuito de atribuir-lhes maiores eficácia e êxito. Nesse sentido, devem ser observados os princípios da independência, da imparcialidade, da autonomia da vontade, da confidencialidade, da oralidade, da informalidade e da decisão informada (art. 166 do CPC/2015)[145].

III – comparecer às audiências ou, não podendo fazê-lo, designar servidor para substituí-lo;

IV – manter sob sua guarda e responsabilidade os autos, não permitindo que saiam do cartório, exceto:

a) quando tenham de seguir à conclusão do juiz;

b) com vista a procurador, à Defensoria Pública, ao Ministério Público ou à Fazenda Pública;

c) quando devam ser remetidos ao contabilista ou ao partidor;

d) quando forem remetidos a outro juízo em razão da modificação da competência;

V – fornecer certidão de qualquer ato ou termo do processo, independentemente de despacho, observadas as disposições referentes ao segredo de justiça;

VI – praticar, de ofício, os atos meramente ordinatórios.

§ 1º O juiz titular editará ato a fim de regulamentar a atribuição prevista no inciso VI.

§ 2º No impedimento do escrivão ou chefe de secretaria, o juiz convocará substituto e, não o havendo, nomeará pessoa idônea para o ato."

[144] " **Art. 154.** Incumbe ao oficial de justiça:

I – fazer pessoalmente citações, prisões, penhoras, arrestos e demais diligências próprias do seu ofício, sempre que possível na presença de 2 (duas) testemunhas, certificando no mandado o ocorrido, com menção ao lugar, ao dia e à hora;

II – executar as ordens do juiz a que estiver subordinado;

III – entregar o mandado em cartório após seu cumprimento;

IV – auxiliar o juiz na manutenção da ordem;

V – efetuar avaliações, quando for o caso;

VI – certificar, em mandado, proposta de autocomposição apresentada por qualquer das partes, na ocasião de realização de ato de comunicação que lhe couber.

Parágrafo único. Certificada a proposta de autocomposição prevista no inciso VI, o juiz ordenará a intimação da parte contrária para manifestar-se, no prazo de 5 (cinco) dias, sem prejuízo do andamento regular do processo, entendendo-se o silêncio como recusa."

[145] "**Art. 166.** A conciliação e a mediação são informadas pelos princípios da independência, da imparcialidade, da autonomia da vontade, da confidencialidade, da oralidade, da informalidade e da decisão informada.

§ 1º A confidencialidade estende-se a todas as informações produzidas no curso do procedimento, cujo teor não poderá ser utilizado para fim diverso daquele previsto por expressa deliberação das partes.

§ 2º Em razão do dever de sigilo, inerente às suas funções, o conciliador e o mediador, assim como os membros de suas equipes, não poderão divulgar ou depor acerca de fatos ou elementos oriundos da conciliação ou da mediação.

§ 3º Admite-se a aplicação de técnicas negociais, com o objetivo de proporcionar ambiente favorável à autocomposição.

§ 4º A mediação e a conciliação serão regidas conforme a livre autonomia dos interessados, inclusive no que diz respeito à definição das regras procedimentais."

Deve-se salientar que os conciliadores e mediadores, e eventuais câmaras privadas que estes integrem, deverão ser inscritos em cadastro nacional, bem como em cadastro junto ao Tribunal de Justiça (ou Tribunal Regional Federal) perante o qual atuam (art. 167, CPC)[146]. O cadastro, vale destacar, não vincula obrigatoriamente a escolha das partes pelo conciliador ou mediador que atuará em seu caso. Importou-se, nesse sentido, a prática utilizada pelas câmaras de mediação e arbitragem que operam há muito de maneira extrajudicial. Nesse sentido, caso as partes, consensualmente, optem por mediador ou conciliador que não consta do registro daquele tribunal, em nada serão prejudicadas. Contudo, não havendo acordo quanto à escolha, ocorrerá a livre distribuição a um dos profissionais devidamente registrados no respectivo tribunal, consoante a regra do art. 168, § 2º, do CPC[147].

6. MINISTÉRIO PÚBLICO

O Ministério Público é, certamente, uma das instituições jurídicas mais relevantes no que toca ao aspecto social, sendo de suma importância à função jurisdicional do Estado[148]. Trata-se de instituição responsável pela defesa dos interesses sociais coletivos e difusos, do regime democrático e da ordem jurídica como um todo, conforme se extrai dos arts. 127 a 130, da Constituição. Em verdade, o art. 176 do CPC, tratou de reproduzir as atribuições constitucionais conferidas ao Ministério Público, de modo a justificar, quando analisados os aspectos processuais, os diversos papéis que a instituição desempenha. O art. 177 do Código ainda reforça o poder do Ministério Público ao lhe conferir o direito de ação em conformidade com essas atribuições constitucionais[149].

---

[146] "**Art. 167.** Os conciliadores, os mediadores e as câmaras privadas de conciliação e mediação serão inscritos em cadastro nacional e em cadastro de tribunal de justiça ou de tribunal regional federal, que manterá registro de profissionais habilitados, com indicação de sua área profissional.
§ 1º Preenchendo o requisito da capacitação mínima, por meio de curso realizado por entidade credenciada, conforme parâmetro curricular definido pelo Conselho Nacional de Justiça em conjunto com o Ministério da Justiça, o conciliador ou o mediador, com o respectivo certificado, poderá requerer sua inscrição no cadastro nacional e no cadastro de tribunal de justiça ou de tribunal regional federal.
§ 2º Efetivado o registro, que poderá ser precedido de concurso público, o tribunal remeterá ao diretor do foro da comarca, seção ou subseção judiciária onde atuará o conciliador ou o mediador os dados necessários para que seu nome passe a constar da respectiva lista, a ser observada na distribuição alternada e aleatória, respeitado o princípio da igualdade dentro da mesma área de atuação profissional.
§ 3º Do credenciamento das câmaras e do cadastro de conciliadores e mediadores constarão todos os dados relevantes para a sua atuação, tais como o número de processos de que participou, o sucesso ou insucesso da atividade, a matéria sobre a qual versou a controvérsia, bem como outros dados que o tribunal julgar relevantes.
§ 4º Os dados colhidos na forma do § 3º serão classificados sistematicamente pelo tribunal, que os publicará, ao menos anualmente, para conhecimento da população e para fins estatísticos e de avaliação da conciliação, da mediação, das câmaras privadas de conciliação e de mediação, dos conciliadores e dos mediadores.
§ 5º Os conciliadores e mediadores judiciais cadastrados na forma do *caput*, se advogados, estarão impedidos de exercer a advocacia nos juízos em que desempenhem suas funções.
§ 6º O tribunal poderá optar pela criação de quadro próprio de conciliadores e mediadores, a ser preenchido por concurso público de provas e títulos, observadas as disposições deste Capítulo."

[147] "**Art. 168.** As partes podem escolher, de comum acordo, o conciliador, o mediador ou a câmara privada de conciliação e de mediação.
§ 1º O conciliador ou mediador escolhido pelas partes poderá ou não estar cadastrado no tribunal.
§ 2º Inexistindo acordo quanto à escolha do mediador ou conciliador, haverá distribuição entre aqueles cadastrados no registro do tribunal, observada a respectiva formação.
§ 3º Sempre que recomendável, haverá a designação de mais de um mediador ou conciliador."

[148] Para os impactos do CPC na atuação do Ministério Público, ver **Robson Renault Godinho** e **Susana Henriques da Costa** (coords.). *Repercussões do Novo CPC: Ministério Público*, 2017.

[149] "**Súmula nº 601 do STJ:** O Ministério Público tem legitimidade ativa para atuar na defesa de direitos difusos, coletivos e individuais homogêneos dos consumidores, ainda que decorrentes da prestação de serviço público."
"**Súmula nº 594 do STJ:** O Ministério Público tem legitimidade ativa para ajuizar ação de alimentos em proveito de criança ou adolescente independentemente do exercício do poder familiar dos pais, ou do fato de o menor se encontrar nas situações de risco descritas no art. 98 do Estatuto da Criança e do Adolescente, ou de quaisquer outros questionamentos acerca da existência ou eficiência da Defensoria Pública na comarca."

Além da legitimidade para exercer o direito de ação nas situações anteriormente mencionadas, deve-se destacar o relevante papel do Ministério Público como fiscal da ordem jurídica (*custos juris*), em expressão que se revela mais atual e acertada quando em comparação à anterior designação de fiscal da lei (*custos legis*). O *parquet* atuará sob esse véu sempre que houver interesse público ou social em questão – há algumas hipóteses previstas expressamente no ordenamento, como as situações em que houver interesse de incapaz ou litígios coletivos pela posse de terra rural ou urbana[150] –, não se legitimando a atuação do *parquet* pela mera presença da Fazenda Pública na relação jurídica processual.

Previsão legal relevante e prática a dialogar com a atuação do *Parquet* é aquela a respeito da nulidade pela não participação do membro do Ministério Público. Outrora, a ausência de intimação da instituição levava à nulidade processual incondicionalmente. Atualmente, conquanto a nulidade seja indubitável, caberá ao Ministério Público se manifestar acerca do prejuízo decorrente da falta de sua manifestação, de sorte que o magistrado apenas deverá reconhecer o vício acaso apontada relevância nessa lacuna processual (art. 279[151]).

Cumpre mencionar, ainda, que a presença do Ministério Público como *custos juris* não inviabiliza a celebração de negócios jurídicos processuais[152]. Afinal, o requisito referente à admissibilidade de autocomposição quanto aos direitos em disputa não se confunde com sua indisponibilidade, podendo-se falar em direitos indisponíveis que admitem algum grau de negociabilidade[153].

Como tradicionalmente sucede no Direito Processual Civil, o Ministério Público está incumbido de diversas funções processuais espelhadas pelo Código, desde a missão de estimular a autocomposição (art. 3º) até a participação obrigatória nos procedimentos de formação de precedentes judiciais (Incidente de Resolução de Demandas Repetitivas, Incidente de Assunção de Competência e julgamento de Recursos Repetitivos), passando pela atividade instrutória de arrecadação de elementos probatórios (art. 179, II), na qual a previsão de custeio das perícias pela própria instituição, acaso não haja mecanismo público conveniado, reflete sua autonomia (art. 91).

Ademais, assegura-se ao Ministério Público a prerrogativa de prazo em dobro para manifestar-se nos autos, cujo início apenas se dará após sua intimação pessoal (art. 180, CPC)[154]. Entretanto, se esgotado o prazo para sua manifestação sem a apresentação de parecer, por petição ou por simples cota nos autos, o juiz requisitará os autos e dará andamento ao processo, dispositivo que consagra exemplo de preocupação com a razoável duração dos processos. Quando a lei estabeleça prazo próprio para o Ministério Público de forma específica, não será aplicável o benefício da contagem em dobro.

---

[150] **"Art. 178.** O Ministério Público será intimado para, no prazo de 30 (trinta) dias, intervir como fiscal da ordem jurídica nas hipóteses previstas em lei ou na Constituição Federal e nos processos que envolvam:
I – interesse público ou social;
II – interesse de incapaz;
III – litígios coletivos pela posse de terra rural ou urbana.
Parágrafo único. A participação da Fazenda Pública não configura, por si só, hipótese de intervenção do Ministério Público."

[151] **"Art. 279.** É nulo o processo quando o membro do Ministério Público não for intimado a acompanhar o feito em que deva intervir.
§ 1º Se o processo tiver tramitado sem conhecimento do membro do Ministério Público, o juiz invalidará os atos praticados a partir do momento em que ele deveria ter sido intimado.
§ 2º A nulidade só pode ser decretada após a intimação do Ministério Público, que se manifestará sobre a existência ou a inexistência de prejuízo."

[152] Como orienta o Enunciado nº 112 da II Jornada de Direito Processual Civil do CJF.

[153] A esse respeito, no âmbito da tutela coletiva, veja-se **Humberto Dalla Bernardina e Pinho** e **José Roberto Mello Porto,** *Manual de Tutela Coletiva*, 2021.

[154] **"Art. 180.** O Ministério Público gozará de prazo em dobro para manifestar-se nos autos, que terá início a partir de sua intimação pessoal, nos termos do art. 183, § 1º.
§ 1º Findo o prazo para manifestação do Ministério Público sem o oferecimento de parecer, o juiz requisitará os autos e dará andamento ao processo.
§ 2º Não se aplica o benefício da contagem em dobro quando a lei estabelecer, de forma expressa, prazo próprio para o Ministério Público."

Essa prerrogativa processual, compatível com o volume de processos em que deve o *Parquet* se manifestar, incide inclusive quando o ato for praticado em audiência, conforme entendimento do Supremo Tribunal Federal e do Superior Tribunal de Justiça. Isso porque há que se diferenciar a ciência da prática do ato, a qual o agente público passa a ter assim que este se dá, por presenciar a decisão em audiência, e o início do prazo para a prática do futuro ato, como um recurso, por exemplo.

Quanto aos agentes que compõem o Ministério Público, assim como ocorre com os magistrados, seus membros serão civil e regressivamente responsáveis quando agirem com dolo ou fraude no exercício de suas funções (art. 181).

A autonomia que rege a instituição, por força constitucional, no entanto, exige leitura própria dos comandos sancionatórios espalhados pelo Código. Por isso, o legislador deixa claro que a multa por ato atentatório à dignidade da justiça (art. 77, § 2º) não se aplica ao membro do Ministério Público, cabendo a apuração da correção de sua conduta à Corregedoria própria (art. 77, § 6º), sempre nos termos da Lei Orgânica da instituição (LOMP, Lei nº 8.625/1993).

7. ADVOCACIA PÚBLICA

A experiência do processo civil brasileiro demonstra que, não raro, as entidades e órgãos públicos figuram como partes em litígios de todos os tribunais do território nacional. A representação desses órgãos não poderia ser feita pela simples contratação de advogados privados, uma vez que representa iminente perigo aos princípios da impessoalidade, da moralidade e da publicidade que norteiam a Administração Pública (art. 37, *caput*, CF/1988)[155].

Por força constitucional, dessa forma, a sua representação judicial e extrajudicial deve se dar mediante a estruturação de carreiras próprias, cujos membros ingressem por meio da realização de concursos públicos de provas e títulos. O CPC fez coro à previsão constitucional (art. 182, CPC) e positivou a carreira da advocacia pública, destinando-lhes dispositivos específicos que garantem a sua regulação apropriada.

Fundamental destacar que, assim como ao Ministério Público, também é assegurado o prazo em dobro para todas as manifestações processuais da União, dos Estados, do Distrito Federal, dos Municípios e de suas respectivas autarquias e fundações de direito público, benefício que não se aplicará quando a lei estabeleça, de forma expressa, prazo próprio para o ente público atuar. Em todo caso, a contagem desses prazos apenas se dará após a intimação pessoal de seus membros, que se fará por carga, remessa ou meio eletrônico (art. 183).

A jurisprudência tem estendido elementos do tratamento típico da Fazenda Pública a pessoas jurídicas de direito privado, a exemplo dos conselhos de fiscalização profissional, que gozam da prerrogativa intimação pessoal[156], e das empresas públicas e sociedades de economia mista, quanto à sistemática dos precatórios[157], mas não em relação à intimação pessoal[158].

---

[155] Para a mais ampla compreensão da atuação da Fazenda Pública em juízo, vejam-se as obras de **Marco Antonio Rodrigues** (A Fazenda Pública no Processo Civil, 2016) e **Leonardo Carneiro da Cunha** (A Fazenda Pública em juízo, 2021). Para os impactos do CPC na atuação da Fazenda Pública, ver **José Henrique Mouta Araújo, Leonardo Carneiro da Cunha e Marco Antonio Rodrigues** (coords.). *Repercussões do Novo CPC: Fazenda Pública*, 2016.

[156] "Em execução fiscal ajuizada por Conselho de Fiscalização Profissional, seu representante judicial possui a prerrogativa de ser pessoalmente intimado, conforme disposto no art. 25 da Lei nº 6.830/1980" (REsp 1330473/SP, Rel. Min. Arnaldo Esteves Lima, Primeira Seção, j. 12.06.2013).

[157] "À empresa Brasileira de Correios e Telégrafos, pessoa jurídica equiparada à Fazenda Pública, é aplicável o privilégio da impenhorabilidade de seus bens, rendas e serviços. Recepção do art. 12 do Decreto-lei nº 509/69 e não incidência da restrição contida no art. 173, § 1º, da Constituição Federal, que submete a empresa pública, a sociedade de economia mista e outras entidades que explorem atividade econômica ao regime próprio das empresas privadas, inclusive quanto às obrigações trabalhistas e tributárias. (...) Empresa pública que não exerce atividade econômica e presta serviço público da competência da União Federal e por ela mantido. Execução. Observância ao regime de precatório, sob pena de vulneração do disposto no art. 100 da Constituição Federal. Recurso extraordinário conhecido e provido" (RE 220906, Rel. Maurício Corrêa, Tribunal Pleno, j. 16.11.2000).

[158] O STF firmou o entendimento, a partir do julgamento do RE 220.907/RO (j. 12.06.2001, *DJ* 31.08.2001), no sentido de que a ECT é empresa pública, prestadora de serviço público sob regime de monopólio, que integra

Particular novidade esculpida pelo diploma processual diz respeito à possibilidade de celebração de convênios entre as procuradorias do Distrito Federal e de diferentes Estados. Dessa forma, a procuradoria de um determinado ente pode ajustar compromisso recíproco com outro ente para a prática de atos processuais por seus procuradores, consoante a disposição do art. 75, § 4º, do CPC.

Registre-se, ainda, nova redação dada ao inciso III do art. 75 pela Lei nº 14.341/2022, possibilitando que os municípios sejam representados em juízo, ativa e passivamente, por seu prefeito, procurador ou, ainda, por Associação de Representação de Municípios, quando expressamente autorizada.

Finalmente, o membro da Advocacia Pública também é sujeito à responsabilidade civil e regressiva quando agir com dolo ou fraude no exercício de suas funções (art. 184, CPC).

8. DEFENSORIA PÚBLICA

A Defensoria Pública merece destaque como instituição particular do ordenamento jurídico brasileiro e que se destina à concretização efetiva e material do acesso à justiça, uma vez que oferece orientação jurídica e representação judicial e extrajudicial gratuita aos mais desvalidos de nossa sociedade[159]. A instituição, a bem da verdade, foi consagrada na Constituição da República de 1988, em seus arts. 134 e 135, desempenhando papel que, em parte, era realizado pelo Ministério Público.

À imagem e semelhança do texto constitucional, o art. 185 do CPC, prevê as funções da Defensoria Pública, incumbindo-lhe a orientação jurídica, a promoção dos direitos humanos e a defesa dos direitos individuais e coletivos dos necessitados, em todos os graus, de forma integral e gratuita. O papel desempenhado pela instituição é, sem dúvidas, um dos mais nobres do universo jurídico e exige a prestação de um serviço de qualidade. Contudo, deve ser tomada em conta a alta demanda – muito em virtude da desigualdade que assola nosso país desde suas origens –, motivo pelo qual o legislador optou por também lhe conferir o prazo em dobro para suas manifestações processuais, conforme disposto no art. 186 do CPC[160].

Há, porém, algumas peculiaridades que merecem ser ressaltadas com relação ao prazo em dobro. A primeira, comum às outras instituições que gozam do benefício, é a não aplicação do prazo em dobro quando a lei fixar prazo próprio para a Defensoria (art. 186, § 4º, CPC). Ademais, o prazo em dobro também é extensível aos escritórios e núcleos de prática jurídica das faculdades

---

o conceito de Fazenda Pública. (...) O art. 12 do Decreto-Lei nº 509/1969 atribui à ECT os privilégios concedidos à Fazenda Pública no concernente, dentre outros, a foro, prazos e custas processuais, não fazendo qualquer referência à prerrogativa de intimação pessoal. (...) Em se tratando de processo eletrônico, prevê o § 6º do art. 5º da Lei nº 11.419/2006 que as intimações feitas por meio eletrônico aos devida e previamente cadastrados, inclusive da Fazenda Pública, serão consideradas pessoais para todos os efeitos legais. (...) Se o advogado, no momento em que ajuizou a ação, fez o cadastro em nome próprio, não pode, posteriormente, alegar a nulidade da intimação realizada na sua pessoa, e não na da entidade que representa, para se eximir da responsabilidade de acompanhar o andamento do processo, a partir da consulta assídua ao sistema PJe (REsp 1574008/SE, Rel. Min. Nancy Andrighi, 3ª Turma, j. 12.03.2019).

[159] Sobre a atuação da Defensoria Pública, veja-se **Franklyn Roger Alves Silva** e **Diogo Esteves**, Princípios Institucionais da Defensoria Pública, 2018.

[160] **"Art. 186.** A Defensoria Pública gozará de prazo em dobro para todas as suas manifestações processuais.

§ 1º O prazo tem início com a intimação pessoal do defensor público, nos termos do art. 183, § 1º.

§ 2º A requerimento da Defensoria Pública, o juiz determinará a intimação pessoal da parte patrocinada quando o ato processual depender de providência ou informação que somente por ela possa ser realizada ou prestada.

§ 3º O disposto no *caput* aplica-se aos escritórios de prática jurídica das faculdades de Direito reconhecidas na forma da lei e às entidades que prestam assistência jurídica gratuita em razão de convênios firmados com a Defensoria Pública.

§ 4º Não se aplica o benefício da contagem em dobro quando a lei estabelecer, de forma expressa, prazo próprio para a Defensoria Pública."

de Direito reconhecidas na forma da lei e às entidades que prestam assistência jurídica gratuita em razão de convênios firmados com a Defensoria Pública (art. 186, § 3º, CPC).[161,162]

Em terceiro lugar, a intimação dos atos processuais deve ser feita pessoalmente na figura do defensor público em atividade no respectivo processo, considerando-se este como o termo *a quo* para contagem do prazo (art. 186, § 1º, CPC). Em determinadas situações, o ato a ser praticado pelo defensor depende exclusivamente de informação ou providência que apenas possa ser realizada pela parte, de forma que a intimação pessoal do defensor não atenderia à finalidade do processo de oportunizar a contribuição das partes para a produção da sentença final. Nesse sentido, o legislador foi sensível à situação e possibilitou que, a requerimento da Defensoria, a intimação seja feita na pessoa da parte patrocinada (art. 186, § 2º, CPC).

Como última observação, o membro da Defensoria também será civilmente responsável quando agir com dolo ou fraude no exercício de suas funções (art. 187, CPC). A situação, inclusive, enseja maior reprovabilidade social, uma vez considerada a nobreza da função.

---

[161] **"Enunciado nº 15 da I Jornada de Direito Processual Civil do CJF:** Aplicam-se às entidades referidas no § 3º do art. 186 do CPC as regras sobre intimação pessoal das partes e suas testemunhas (art. 186, § 2º; art. 455, § 4º, IV; art. 513, § 2º, II e art. 876, § 1º, II, todos do CPC)."

[162] "Recurso especial. Ação revisional de contrato de financiamento. Recurso de apelação. Tempestividade. Parte representada por núcleo de prática jurídica de instituição privada de ensino superior. Prazo em dobro. Aplicação. (...) 3. O art. 5º, § 5º, da Lei nº 1.060/50, prevê que 'o Defensor Público, ou quem exerça cargo equivalente, será intimado pessoalmente de todos os atos do processo, em ambas as Instâncias, contando-se-lhes em dobro todos os prazos'. Ao interpretar tal dispositivo, o STJ firmou orientação no sentido de que para fazer jus ao benefício do prazo em dobro, o advogado da parte deve integrar serviço de assistência judiciária organizado e mantido pelo Estado, como é o caso dos núcleos de prática jurídica das instituições públicas de ensino superior, não se aplicando tal benefício aos núcleos de prática jurídica vinculados às universidades privadas. 4. Todavia, o Novo Código de Processo Civil, por meio do art. 186, § 3º, estendeu a prerrogativa do prazo em dobro 'aos escritórios de prática jurídica das faculdades de Direito reconhecidas na forma da lei e às entidades que prestam assistência jurídica gratuita em razão de convênios firmados com a Defensoria Pública'. (...) 6. A interpretação literal do art. 186, § 5º, do CPC/2015 revela que o legislador não fez qualquer diferenciação entre escritórios de prática jurídica de entidades de caráter público ou privado. Em consequência, limitar tal prerrogativa aos núcleos de prática jurídica das entidades públicas de ensino superior significaria restringir indevidamente a aplicação da norma mediante a criação de um pressuposto não previsto em lei. (...) 8. Assim, a partir da entrada em vigor do art. 186, § 3º, do CPC/2015, a prerrogativa de prazo em dobro para as manifestações processuais também se aplica aos escritórios de prática jurídica de instituições privadas de ensino superior" (REsp n. 1.986.064/RS, Rel. Min. Nancy Andrighi, Corte Especial, j. 1º.06.2022, *DJe* 08.06.2022).

III
ATOS PROCESSUAIS

1. FORMA DOS ATOS PROCESSUAIS

O processo é um conjunto de atos processuais[1] tendentes à obtenção da prestação jurisdicional, por isso sua marcha implica a prática de atos dos seus sujeitos (autor, réu e juiz). Destarte, circunstâncias especiais determinam por vezes a participação de outros protagonistas no processo, *v.g.*, o perito, o intérprete, o administrador etc. Por seu turno, os atos processuais, diferentemente dos atos materiais, como a transação ou o contrato, não são fins em si mesmos senão meios para alcançar determinada finalidade. Por isso, quando os atos e termos processuais não dependem de forma determinada expressamente por lei, reputam-se válidos os que, realizados de outro modo, lhe preencham a finalidade essencial (art. 188 do CPC).[2] É o que se denomina *princípio da finalidade,* que se coaduna com o princípio da *instrumentalidade das formas.*[3]

Os atos processuais são, em regra, públicos. A publicidade dos atos processuais escritos bem como dos julgamentos provêm de normas constitucionais expressas (CF, art. 5º: "LX – a lei só poderá restringir a publicidade dos atos processuais quando a defesa da intimidade ou o interesse social o exigirem"; CF, art. 93: "IX – todos os julgamentos dos órgãos do Poder Judiciário serão públicos, e fundamentadas todas as decisões, sob pena de nulidade, podendo a lei limitar a presença, em determinados atos, às próprias partes e a seus advogados, ou somente a estes, em casos nos quais a preservação do direito à intimidade do interessado no sigilo não prejudique o interesse público à informação").

Entretanto, matérias inerentes a situações jurídicas indeclináveis recomendam, em alguns casos, que os feitos tramitem em segredo de justiça, como ocorre, *v.g.*, quando, *ex officio* ou mediante requerimento das partes, o juiz concluir ou exigir o interesse público, que o processo se mantenha sob segredo.

A lei dispõe que correm em *segredo de justiça* as causas elencadas no art. 189[4], dentre as quais estão aquelas que dizem respeito a casamento, filiação, separação dos cônjuges, *a fortiori*, as decor-

---

[1] Acerca do tema, **Moniz de Aragão**, *in Comentários,* cit.

Segundo **Ugo Rocco**, *in L'Autorità della Cosa Giudicatta e i suoi Limitti Soggettivi,* os acontecimentos independentes da vontade das partes são fatos processuais e os atos de vontade das pessoas do processo são "atos processuais", p. 85, 1917. Toda vez que os fenômenos interferem no processo recaem na sua regulação jurídica. Assim, o fenômeno celeste porquanto o dia e a noite são de transcendental importância para a divisão dos prazos e *a fortiori* para o processo como argutamente observa **Hugo Alsina** *in Tratado Teórico e Prático de Derecho Procesal Civil y Comercial,* 1941, vol. I, p. 706.

[2] "**Art. 188.** Os atos e os termos processuais independem de forma determinada, salvo quando a lei expressamente a exigir, considerando-se válidos os que, realizados de outro modo, lhe preencham a finalidade essencial."

[3] A forma dá existência e relevância jurídica aos atos processuais, no dizer de **Vicenzo Cavallo**, *in La Sentenza Penale,* 1936, p. 364 e 365. O princípio que sugere não sancionar o ato com a sua nulidade se alcançada a finalidade segue a regra enunciada por **Pontes de Miranda** do denominado "Princípio da Determinação Racional do Nulo", *in Comentários ao Código de Processo Civil,* 1947, vol. II, p. 299.

[4] "**Art. 189.** Os atos processuais são públicos, todavia tramitam em segredo de justiça os processos:

I – em que o exija o interesse público ou social;

294 | CURSO DE DIREITO PROCESSUAL CIVIL • *Luiz Fux*

rentes de união estável,[5] divórcio, alimentos e guarda de menores. Não obstante e dependendo do caso concreto, em obediência ao direito constitucional de obter certidões, é possível concedê-las, obedecidos os requisitos da lei.

Deveras delicada é a questão limite entre o segredo de justiça e a liberdade de imprensa. Nesse passo, insta acrescentar que o "segredo de justiça" impõe que os atos processuais escapem à publicidade geral, inclusive nas questões inerentes a crianças e adolescentes. Em consequência, a sua divulgação pela imprensa mitiga essa garantia, muito embora alguns julgados admitam a divulgação genérica de notícias a respeito da existência do processo sem menção às peculiaridades do caso, como técnica de ponderação dos valores constitucionais em tensão.

A publicidade dos atos processuais não arrasta o poder indiscriminado de compulsar os autos. O direito de consultar os autos e de pedir certidões de seus atos é restrito às partes e a seus procuradores. Não obstante, o terceiro, que demonstrar interesse jurídico, pode requerer ao juiz certidão (arts. 11 e 189 do CPC),[6] *v.g.*, o sócio que se retirou da sociedade que pode pedir certidão para comprovar a sua aptidão para realizar um concurso, cujo pré-requisito seja exatamente não ser integrante de qualquer pessoa jurídica.

Princípio geral é o de que em todos os atos e termos do processo é obrigatório o uso do vernáculo (art. 192 do CPC).[7] Como consectário, só poderá ser juntado aos autos documento redigido em língua estrangeira, quando acompanhado de versão em vernáculo, firmada por tradutor juramentado (art. 192, parágrafo único, do CPC).

II – que versem sobre casamento, separação de corpos, divórcio, separação, união estável, filiação, alimentos e guarda de crianças e adolescentes;

III – em que constem dados protegidos pelo direito constitucional à intimidade;

IV – que versem sobre arbitragem, inclusive sobre cumprimento de carta arbitral, desde que a confidencialidade estipulada na arbitragem seja comprovada perante o juízo.

§ 1º O direito de consultar os autos de processo que tramite em segredo de justiça e de pedir certidões de seus atos é restrito às partes e aos seus procuradores.

§ 2º O terceiro que demonstrar interesse jurídico pode requerer ao juiz certidão do dispositivo da sentença, bem como de inventário e de partilha resultantes de divórcio ou separação."

5   **Lei nº 9.278**, de 10.05.1996 – Regula o § 3º do art. 226 da Constituição Federal (no CCLCV): "**Art. 9º** Toda a matéria relativa à união estável é de competência do juízo da Vara de Família, assegurado o segredo de justiça."

6   "**Art. 11.** Todos os julgamentos dos órgãos do Poder Judiciário serão públicos, e fundamentadas todas as decisões, sob pena de nulidade.

Parágrafo único. Nos casos de segredo de justiça, pode ser autorizada a presença somente das partes, de seus advogados, de defensores públicos ou do Ministério Público."

"**Art. 189.** Os atos processuais são públicos, todavia tramitam em segredo de justiça os processos:

I – em que o exija o interesse público ou social;

II – que versem sobre casamento, separação de corpos, divórcio, separação, união estável, filiação, alimentos e guarda de crianças e adolescentes;

III – em que constem dados protegidos pelo direito constitucional à intimidade;

IV – que versem sobre arbitragem, inclusive sobre cumprimento de carta arbitral, desde que a confidencialidade estipulada na arbitragem seja comprovada perante o juízo.

§ 1º O direito de consultar os autos de processo que tramite em segredo de justiça e de pedir certidões de seus atos é restrito às partes e aos seus procuradores.

§ 2º O terceiro que demonstrar interesse jurídico pode requerer ao juiz certidão do dispositivo da sentença, bem como de inventário e de partilha resultantes de divórcio ou separação."

7   O dispositivo inspira-se na ampla defesa capaz de propiciar à parte adversa o conhecimento integral daquilo que contra ela pretende o seu contendor. Destarte é preceito universal, tendo observado **René Morel** quanto à sua pátria que: "*les actes de procédure doivent être redigés en langue française, à peine de nullité*", in Traité *Élémentaire de Procédure Civile*, 1932, p. 424.

O vetusto Código Italiano preconizava: "*In tutto il processo è precritto l'uso della lingua italiana*".

No Brasil, o uso do latim predominou até meados do século XIX. Anota **João Mendes Junior** que o golpe decisivo contra essa prática foi desferido pelo Decreto de 23 de maio de 1821, que aboliu "o estilo das tenções em latim praticados nas relações do Reino", devendo aquelas ser escritas em língua portuguesa", in Revista da Faculdade de Direito de São Paulo, XXV, p. 77, apud **Frederico Marques**, Instituições, cit.

Destarte, por expressa disposição de lei especial para produzirem efeito "em qualquer instância, juízo ou Tribunal", estão sujeitos a registro, no registro de títulos e documentos, "todos os documentos de procedência estrangeira, acompanhados das respectivas traduções" (LRP, arts. 129, § 6º, e 148).

Entretanto, o Supremo Tribunal Federal sumulou entendimento (verbete nº 259 do STF) no sentido de que, "para produzir efeito em juízo não é necessária a inscrição, no registro público, de documentos de procedência estrangeira, autenticados por via consular." *A contrario sensu*, não autenticado por via consular, o documento deve vir acompanhado de tradução e ser registrado no RTD.

Em regra, a tradução é exigível, apenas para "documentos" da causa. Entretanto, se o juiz decidir motivar o *decisum* no Direito estrangeiro, imperioso se tornará explicitar a doutrina citada.

Consoante afirmado, os atos processuais, de uma maneira geral, pertinem às partes e ao órgão jurisdicional.

Os atos das partes, consistentes em declarações unilaterais ou bilaterais de vontade, produzem imediatamente a constituição, a modificação ou a extinção de direitos processuais. Entretanto, a desistência da ação só produz efeito depois da homologação judicial (art. 200 do CPC).

O processo por seu turno, desenvolve-se por iniciativa da parte que pratica de forma constante atos processuais conducentes ao fim maior que é a prestação da justiça. Esses atos vão produzindo os seus respectivos efeitos. Assim é que, se a parte manifesta a desistência de uma prova, esta abdicação opera a sua eficácia, independentemente do referendo do juiz. A ressalva feita pela lei quanto à "desistência da ação" se justifica porque frustra a prestação da justiça e deixa em aberto a controvérsia. Nesse diapasão, os acordos das partes como atos bilaterais produzem desde logo os seus objetivos que repercutem no processo, até a extinção do mesmo. A homologação consubstanciada na chancela judicial confere-lhes eficácia executiva, ainda que o objeto do negócio bilateral transborde dos limites da demanda. É que, no rol dos títulos executivos, enquadram-se essas manifestações de vontade, inclusive aquelas que versem sobre objeto não litigioso, mas inserido no bojo da transação entre as partes.

Por essa razão, são manifestos o valor jurídico e a eficácia de transação formulada pelas partes, diretamente, devendo, nesse caso, o juiz observar apenas os requisitos de validade dos atos jurídicos em geral. A capacidade postulatória é exigível, apenas para atos "do processo"[8], em razão da especialidade das normas técnicas processuais. A homologação confere natureza de título executivo à manifestação volitiva encetada, ainda que particularmente.

Hodiernamente, os juízos, em geral, encontram-se informatizados e dotados de maquinário hábil a perpetuar o ingresso de peças processuais marcando-lhes a existência e a tempestividade. Dificilmente uma comarca não é dotada do setor de distribuição e protocolo geral.

Não obstante, as partes podem exigir recibo de petições, arrazoados, papéis e documentos que entregarem em cartório e o carimbo aposto na cópia de petição protocolada ou apresentada a despacho vale como recibo e prevalece sobre a informação do escrivão quanto à data da apresentação daquela peça processual, consoante iterativa jurisprudência.

A prática dos atos processuais exige, tanto do juízo quanto das partes, clareza e precisão. Assim é que as partes postulam através de petições, sendo defeso lançar, nos autos, cotas marginais ou interlineares, cabendo ao juiz mandar riscá-las, impondo a quem as escrever multa correspondente à metade do salário mínimo vigente na sede do juízo (art. 202 do CPC).[9] Destarte, essa forma dos atos impede a inclusão surpreendente de textos originariamente não encartados nas peças processuais. Em consequência, muito embora não seja recomendável a prática de sublinhar trechos de depoimentos de testemunhas a mesma não está sancionada pela lei. A multa antes referida converte-se em obrigação fiscal e inscrita em dívida ativa e é passível de exigibilidade através da execução especial (Lei nº 6.830/1980).

---

[8]   Nesse sentido, o art. 1º, I, da Lei nº 8.906/1994.

[9]   **"Art. 202.** É vedado lançar nos autos cotas marginais ou interlineares, as quais o juiz mandará riscar, impondo a quem as escrever multa correspondente à metade do salário mínimo."

O *juiz*, além dos atos das partes e que se sujeitam às regras anteriormente observadas, *materializa a sua função no processo através de atos escritos e orais*. Estes últimos consubstanciam-se em "inquirições" e os escritos em "sentenças", "decisões interlocutórias" e "despachos" (art. 203 do CPC).[10]

Conceitualmente, "sentença" é o ato que encerra uma fase processual (seja da fase de conhecimento, seja da fase de cumprimento ou execução), pelo qual o juiz resolve ou não o mérito da causa. Importa, assim, para a caracterização de um ato como sentença, a sua finalidade de implicar uma das hipóteses dos arts. 485 e 487 do CPC; resolvendo o litígio ou extinguindo o procedimento em primeiro grau sem a análise do mérito, o que corresponde à velha dicotomia entre as "sentenças definitivas", que como o próprio nome indica, definem o litígio, e as "sentenças terminativas" que fulminam o processo em razão de um vício formal, sem enfrentar a questão de fundo.

Participando da natureza de atos decisórios do juiz, a "decisão interlocutória" é conceito residual: todo ato decisório do magistrado que não caracterize sentença, seja pelo conteúdo distinto daquele cravado nos arts. 485 e 487, seja pelos efeitos, será decisão não final, portanto interlocutória.

Os demais atos praticados pelo juiz[11] visando ao impulso oficial do processo para que alcance seu desígnio, que é a definição do litígio, são denominados "despachos", praticados de ofício ou a requerimento da parte, a cujo respeito a lei não estabelece outra forma.

Resumidamente, poderíamos assim exemplificar: iniciado o processo, o juiz determina a citação do réu através de "despacho"; defere ou indefere as provas requeridas por meio de "decisão interlocutória" e julga o pedido por "sentença". Afora isso, os demais atos meramente ordinatórios, como a juntada e a vista obrigatória, independem de despacho, devendo ser praticados de ofício pelo servidor e revistos pelo juiz, quando necessários.

Os procedimentos não se cingem ao primeiro grau de jurisdição.

Consoante é sabido, como regra geral, interposto o recurso, a causa passa a se submeter à cognição do tribunal, seguindo o rito ditado pela "ordem dos processos nos tribunais".

Os recursos são primeiramente distribuídos a um relator que pode praticar, como porta-voz do colegiado, atos isolados, *v.g.*, proferir uma decisão concedendo efeito ativo ou suspensivo a um recurso etc. Destarte, pode, ainda, prolatar despachos de mero expediente como sói ser o de juntada de um documento etc. Os atos isolados do componente do colegiado ou consubstanciam despachos ou interlocutórias agraváveis. Em consequência, as decisões monocráticas dos relatores, tão prestigiadas pelas sucessivas reformas processuais, não reclamam a lavratura de acórdão, muito embora seja admissível estruturá-las como tal. Assim, *v.g.*, o relator que rejeita liminarmente o recurso especial pode formalizá-lo através de decisão com relatório e ementa.

Recebe a denominação de "acórdão" o julgamento proferido pelos tribunais (art. 204 do CPC),[12] posto ato decisório subjetivamente complexo pela fusão de várias manifestações que o integram.

---

[10] **Liebman** classificava os atos do juiz em "despachos de expediente ou ordinatórios", "despachos interlocutórios", "decisões terminativas" e "decisões definitivas" o que encontra correspondência até hoje na definição legal (*in Notas às Instituições de Chiovenda*, vol. III, p. 47-48).

   "Art. 203. Os pronunciamentos do juiz consistirão em sentenças, decisões interlocutórias e despachos.

   § 1º Ressalvadas as disposições expressas dos procedimentos especiais, sentença é o pronunciamento por meio do qual o juiz, com fundamento nos arts. 485 e 487, põe fim à fase cognitiva do procedimento comum, bem como extingue a execução.

   § 2º Decisão interlocutória é todo pronunciamento judicial de natureza decisória que não se enquadre no § 1º.

   § 3º São despachos todos os demais pronunciamentos do juiz praticados no processo, de ofício ou a requerimento da parte.

   § 4º Os atos meramente ordinatórios, como a juntada e a vista obrigatória, independem de despacho, devendo ser praticados de ofício pelo servidor e revistos pelo juiz quando necessário."

[11] Como advertia **Goldschmidt**, o juiz também pratica atos outros na vida da relação processual, como ouvir testemunhas, eventualmente estar presente às diligências etc. São atos materiais (*in Teoria General del Proceso*, 1936, p. 175).

[12] **"Art. 204.** Acórdão é o julgamento colegiado proferido pelos tribunais."

Qualquer que seja a categoria do ato, despacho, decisão, sentença ou acórdão, deverá ser redigido, datado e assinado pelo juiz, conferindo-lhe autoria e, consequentemente, autenticidade, salvo quando proferido verbalmente, hipótese em que o taquígrafo ou o datilógrafo o registra, submetendo-o ao juiz para revisão e assinatura (art. 205 do CPC).[13] O resultado dos atos orais, quando é divulgado, faz coincidir a publicação com a intimação, esta decorrente da oitiva da parte que compareceu ou que deveria ter comparecido ao momento onde proferido, posto intimada para esse fim.

Nesse segmento, a sentença proferida em audiência, no mesmo momento, é considerada intimada – íntima – às partes, exceção feita aos membros do Ministério Público, da Advocacia Pública e da Defensoria Pública, que, conquanto cientes do teor da decisão, apenas terão os prazos para a prática de atos processuais dela decorrentes correndo a partir da intimação pessoal.

Um dos requisitos formais de maior relevância no ato jurisdicional é a sua *motivação* explicitada, pela qual o julgador fundamenta porque acolheu ou rejeitou o pedido (art. 11 do CPC).[14]

Trata-se de um consectário infraconstitucional do preceito maior insculpido na CF, art. 93, IX, *verbis*: "Todos os julgamentos dos órgãos do Poder Judiciário serão públicos, e fundamentadas todas as decisões, sob pena de nulidade".

O processo contém outros atos que não os dos sujeitos parciais, mas decorrentes de atividade daqueles que exercem o "serviço judiciário", como *v.g.*, o escrivão ou o chefe de secretaria que, ao receber a petição inicial de qualquer processo, a autuará, mencionando o juízo, a natureza do feito, o número de seu registro, os nomes das partes e a data do seu início procedendo do mesmo modo quanto aos volumes que se forem formando (art. 206 do CPC).[15]

Por seu turno, o escrivão numera e rubrica todas as folhas dos autos, procedendo da mesma forma quanto aos suplementares – providência automática nos autos eletrônicos. Do mesmo modo, às partes, aos advogados, membros do Ministério Público e da Defensoria Pública, peritos e às testemunhas é facultado rubricar as folhas correspondentes aos atos em que intervieram (art. 207 do CPC). Sob o enfoque estritamente formal, as peças avulsas são anexadas aos autos, razão pela qual os termos de juntada, vista, conclusão e outros semelhantes constam de notas datadas e rubricadas pelo escrivão.

Outrossim, os atos e termos do processo devem ser datilografados ou escritos com tinta escura e indelével, assinando-os as pessoas que neles intervieram, sendo vedado usar abreviaturas, sendo certo que, quando estas não puderem ou não quiserem firmá-los, o escrivão certifica, nos autos, a ocorrência (art. 209 do CPC).[16]

---

[13] **"Art. 205.** Os despachos, as decisões, as sentenças e os acórdãos serão redigidos, datados e assinados pelos juízes.

§ 1º Quando os pronunciamentos previstos no *caput* forem proferidos oralmente, o servidor os documentará, submetendo-os aos juízes para revisão e assinatura.

§ 2º A assinatura dos juízes, em todos os graus de jurisdição, pode ser feita eletronicamente, na forma da lei.

§ 3º Os despachos, as decisões interlocutórias, o dispositivo das sentenças e a ementa dos acórdãos serão publicados no Diário de Justiça Eletrônico."

[14] **"Art. 11.** Todos os julgamentos dos órgãos do Poder Judiciário serão públicos, e fundamentadas todas as decisões, sob pena de nulidade.

Parágrafo único. Nos casos de segredo de justiça, pode ser autorizada a presença somente das partes, de seus advogados, de defensores públicos ou do Ministério Público."

[15] **"Art. 206.** Ao receber a petição inicial de processo, o escrivão ou o chefe de secretaria a autuará, mencionando o juízo, a natureza do processo, o número de seu registro, os nomes das partes e a data de seu início, e procederá do mesmo modo em relação aos volumes em formação. (...)."

[16] **"Art. 209.** Os atos e os termos do processo serão assinados pelas pessoas que neles intervierem, todavia, quando essas não puderem ou não quiserem firmá-los, o escrivão ou o chefe de secretaria certificará a ocorrência.

§ 1º Quando se tratar de processo total ou parcialmente documentado em autos eletrônicos, os atos processuais praticados na presença do juiz poderão ser produzidos e armazenados de modo integralmente digital em arquivo eletrônico inviolável, na forma da lei, mediante registro em termo, que será assinado digitalmente pelo juiz e pelo escrivão ou chefe de secretaria, bem como pelos advogados das partes.

A atividade cartorial ou de secretaria, por seu turno reclama o registro das palavras, ainda que pronunciadas celeremente, razão pela qual, é lícito o uso da taquigrafia, da estenotipia, ou de outro método idôneo a critério exclusivo do juiz. A estenotipia é a forma mecanizada da taquigrafia e, assim como esta, pode ser utilizada ao alvitre do juiz sem a interferência das partes na adoção dessa técnica de agilização da anotação dos atos judiciais (art. 210 do CPC).[17]

1.1 Da prática eletrônica de atos processuais

As inovações das últimas décadas, cujo avanço a galope praticamente inviabiliza o convívio social dos desconectados, também chegaram ao processo civil. O debate da relação entre direito e tecnologia se intensifica com o passar dos anos, mas merece particular destaque uma contribuição tecnológica significativa para os aplicadores do direito, qual seja, a informatização do processo.

Ainda na vigência do Código de 1973, o legislador fez editar a Lei nº 11.419, de 19.12.2006, que regulava precisamente o processo eletrônico, ainda incipiente, no território brasileiro. O diploma legal regulamentou a informatização processual, passando a expressamente admitir o uso de meio eletrônico na tramitação de processos judiciais, na comunicação de atos e na transmissão de peças processuais.

Após delinear critérios para a realização de atos centrais da relação jurídica processual, a exemplo dos atos de comunicação, o legislador optou por deixar a cargo dos tribunais a regulamentação da etapa evolutiva[18], o que, naturalmente, prestigia a autonomia do Judiciário e a adaptabilidade do regramento às circunstâncias peculiares de cada Corte.

Autorizou a Lei, assim, a criação pelos tribunais de Diário da Justiça eletrônico, a ser disponibilizado em sítio da rede mundial de computadores, para publicação de atos judiciais e administrativos próprios e dos órgãos a eles subordinados, bem como comunicações em geral. Nos anos subsequentes, os órgãos do Poder Judiciário passaram a desenvolver sistemas eletrônicos de processamento de ações judiciais por meio de autos digitais.

Fato é que, na década entre a edição desta lei e a vigência do atual CPC, a experiência do processo eletrônico foi exitosa em nosso ordenamento, o que levou à inversão no tratamento das formas de processo. Se, à época, o processo eletrônico era a exceção e o processo físico era mais comum, dez anos depois o meio informatizado passou a ser vislumbrado como regra, de modo que alguns dispositivos foram acertadamente incorporados ao próprio diploma processual.

Em 2010, o Conselho Nacional de Justiça publicou a Resolução CNJ nº 121/2010, dispondo sobre a divulgação de dados processuais eletrônicos na rede mundial de computadores, expedição de certidões judiciais e dando outras providências[19].

---

§ 2º Na hipótese do § 1º, eventuais contradições na transcrição deverão ser suscitadas oralmente no momento de realização do ato, sob pena de preclusão, devendo o juiz decidir de plano e ordenar o registro, no termo, da alegação e da decisão".

[17] **"Art. 210.** É lícito o uso da taquigrafia, da estenotipia, ou de outro método idôneo, em qualquer juízo ou tribunal."

[18] **"Lei 11.419/2006: Art. 18.** Os órgãos do Poder Judiciário regulamentarão esta Lei, no que couber, no âmbito de suas respectivas competências."

[19] **Art. 1º** A consulta aos dados básicos dos processos judiciais será disponibilizada na rede mundial de computadores (internet), assegurado o direito de acesso a informações processuais a toda e qualquer pessoa, independentemente de prévio cadastramento ou de demonstração de interesse.

Parágrafo único. No caso de processo em sigilo ou segredo de justiça não se aplica o disposto neste artigo.

Art. 2º Os dados básicos do processo de livre acesso são:

I – número, classe e assuntos do processo;

II – nome das partes e de seus advogados;

III – movimentação processual;

IV – inteiro teor das decisões, sentenças, votos e acórdãos.

Art. 3º O advogado cadastrado e habilitado nos autos, as partes cadastradas e o membro do Ministério Público cadastrado terão acesso a todo o conteúdo do processo eletrônico.

Em verdade, os autos eletrônicos refletem o objetivo de aplicar a tecnologia para acelerar a tramitação do processo e facilitar o acesso das partes e advogados, em consonância com o princípio da economia processual. Com a digitalização integral dos processos, dispensa-se o trabalho de remeter os autos – por vezes, volumosos – de forma braçal, com o corriqueiro risco de perda ou deterioração. De igual modo, possibilita-se o acesso às peças processuais de qualquer computador, resguardando-se, por óbvio, a segurança das informações ali contidas.

A experiência foi bem-sucedida, de sorte que, nos dias correntes, a tramitação eletrônica se tornou realidade e tendencialmente o padrão a ser seguido, em função da celeridade e da eficiência[20], possibilitadas pela modalidade, atendendo à exigência de um módulo constitucional de tempestividade[21] e de economicidade[22], com dispensa de custos operativos exclusivos do atendimento presencial e físico.

Nesse passo, o CPC/2015 trouxe, em seu bojo, uma seção inteira destinada à regulamentação da "Prática Eletrônica de Atos Processuais". Outrossim, estipula que os atos processuais (e também atos notariais e de registro) podem ser total ou parcialmente digitais, de modo a viabilizar que sejam produzidos, comunicados, armazenados e validados por meio eletrônico, na forma da lei. O mote passava a ser, doravante, a incorporação de novas melhorias tecnológicas ao Direito Processual

---

§ 1º. Os sistemas devem possibilitar que advogados, procuradores e membros do Ministério Público cadastrados, mas não vinculados a processo previamente identificado, acessem automaticamente todos os atos e documentos processuais armazenados em meio eletrônico, desde que demonstrado interesse, para fins, apenas, de registro, salvo nos casos de processos em sigilo ou segredo de justiça.

§ 2º. Deverá haver mecanismo que registre cada acesso previsto no parágrafo anterior.

Art. 4º As consultas públicas dos sistemas de tramitação e acompanhamento processual dos Tribunais e Conselhos, disponíveis na rede mundial de computadores, devem permitir a localização e identificação dos dados básicos de processo judicial segundo os seguintes critérios:

I – número atual ou anteriores, inclusive em outro juízo ou instâncias;

II – nomes das partes;

III – número de cadastro das partes no cadastro de contribuintes do Ministério da Fazenda;

IV – nomes dos advogados;

V – registro junto à Ordem dos Advogados do Brasil.

[20] "O art. 8º também previu norma fundamental que impõe grande mudança de postura não só pelo julgador, mas pelo próprio Poder Judiciário como um todo. Trata-se da eficiência, que não se confunde com a duração razoável do processo. Enquanto esta se encontra ligada ao tempo do processo, a eficiência se refere à adequada gestão processual e do Poder Judiciário enquanto Poder, buscando-se o desenvolvimento de um processo que produza resultados qualitativamente bons com o mínimo de dispêndio de tempo, dinheiro e energias. A eficiência impõe a necessidade de que o juiz adote adequada gestão dos processos em que atua, buscando soluções que adaptem o procedimento às necessidades concretas do conflito de interesses, o que dará a melhor performance possível ao processo em curso. Ademais, a eficiência determina ao Poder Judiciário que adote medidas de gestão, enquanto estrutura de Poder estatal, para maximizar a obtenção da prestação jurisdicional nos processos, bem como que extraia de todos os agentes que compõem seus quadros seus melhores potenciais" (**Alexandre Freitas Câmara; Marco Antonio dos Santos Rodrigues**. A reunião de execuções fiscais e o NCPC: por uma filtragem à luz das normas fundamentais. *Revista de Processo*, v. 263, ano 42, p. 114-115).

[21] **José Augusto Garcia de Sousa**. O tempo como fator precioso e fundamental do processo civil brasileiro: aplicação no campo das impenhorabilidades. *Revista de Processo*, v. 295, set. 2019.

[22] O princípio da economicidade é fruto da humanização da ideia de inadimplemento, consectário da transposição da responsabilidade pessoal do devedor para sua responsabilidade patrimonial. Calcado em razões de equidade, o princípio da economicidade recomenda prudência e equilíbrio entre os valores de satisfação ao beneficiário e sacrifício do demandado. Na sua essência figura como regra *in procedendo* quanto à escolha do provimento adequado, que deve ser aquele reputado idôneo e suficiente sem causar um grande sacrifício ao réu. Assim, *v.g.*, se ao juiz pleiteia-se a interdição de um estabelecimento por graves desavenças entre os sócios e diante de uma iminente dilapidação patrimonial, incumbe-lhe nomear um interventor sem excluir a atuação dos partícipes da sociedade, concedendo *aliud* porém *minus*. Os processos, notadamente o satisfativo e o urgente, tornam influente a economicidade dos meios utilizados para realizar o que contém a decisão a favor do beneficiário da medida judicial. Trata-se de demandas em que a margem de erro do provimento ronda o processo, principalmente no juízo em que se decide de forma urgente diante de uma situação de perigo, provendo-se *incontinenti* e *inaudita altera pars*.

e Jurisprudencial. Em outras palavras, deve a Administração Judiciária ser propositiva e atenta à realidade de seu tempo.

1.2 O papel do Conselho Nacional de Justiça na transformação tecnológica do Poder Judiciário e o Programa "Justiça 4.0"

A revolução tecnológica não só impactou o modo como a jurisdição era prestada, como também foi responsável por garantir a sua manutenção nos tempos pandêmicos e, hodiernamente, por seu radical aprimoramento, já que trouxe um ganho significativo de eficiência.

Com efeito, em razão da declaração pública de pandemia pela Organização Mundial de Saúde, causada pela propagação no Covid-19, o CNJ e os Tribunais se viram forçados a recorrer a soluções tecnológicas como meio indissociável à continuidade da prestação jurisdicional no país. Assim é que diversos instrumentos normativos foram aprovados com o intuito de regulamentar a prática de atos processuais de maneira remota, revolucionando a forma de trabalho dos tribunais e logrando maximizar, de forma ampla e desburocratizada, o acesso à Justiça.

Nesse contexto, observou-se que determinadas medidas, consideradas necessárias em razão das restrições sanitárias, deveriam ser adotadas permanentemente, seja porque se revelaram eficazes, seja porque trouxeram economicidade e celeridade aos processos.

Aliás, "O Estudo da Imagem do Poder Judiciário", realizado por meio de pesquisa qualitativa com a população e os formadores de opinião, já havia evidenciado a expectativa de que a modernização e a inovação tecnológica poderiam contribuir para o funcionamento do Judiciário, melhorando o acesso, promovendo a agilidade e a simplificação dos serviços (76% acreditam que o uso da tecnologia facilita muito ou facilita o acesso à Justiça)[23].

Assim, ao assumir a presidência do STF e do CNJ em setembro de 2020, consagrei, como um dos 5 eixos eleitos prioritários de minha gestão, o desenvolvimento da "Justiça 4.0", como forma de ampliar o acesso à Justiça e aprimorar a prestação jurisdicional, com redução significativa de custo e aumento da eficiência, sempre em benefício do cidadão.

Desde então, inúmeras resoluções incentivando o uso da tecnologia e a inovação no Poder Judiciário foram aprovadas, consubstanciando o supracitado "Programa Justiça 4.0"[24]:

- **Resolução CNJ 335/2020** – Institui a PDPJ-Br.
- **Resolução CNJ 337/2020** – Videoconferência no Poder Judiciário.
- **Resolução CNJ 341/2020** – Disponibilização de salas de Videoconferência nos Tribunais.
- **Resolução CNJ 345/2020 e 378/2021** – Juízo 100% Digital.
- **Resolução CNJ 354/2020** – Cumprimento digital de ato processual.
- **Resolução CNJ 358/2020** – Regulamenta as ODRs.
- **Resolução CNJ 372/2021** – Balcão Virtual.
- **Resolução CNJ 385/2021 e 398/2021** – Núcleos de Justiça 4.0.
- **Recomendação CNJ 101/2021** – Busca assegurar o acesso à Justiça aos excluídos digitais.
- **Recomendação CNJ 104/2021** – Fomenta a elaboração de acordos de cooperação com outras instituições para maximizar a eficiência das comunicações de atos processuais.
- **Resolução CNJ 420/2021** – Dispõe sobre a adoção do processo eletrônico e o planejamento nacional da conversão e digitalização do acervo processual físico remanescente dos órgãos do Poder Judiciário.

---

[23] **Antonio Lavareda; Marcela Montenegro; Roseane Xavier**. *Estudo da Imagem do Poder Judiciário*. Brasília: AMB, FGV e IPESPE, 2019. Disponível em: https://www.cnj.jus.br/pesquisas-judiciarias/justica-em-numeros/. Acesso em: 22 jul. 2020, p. 35-36.

[24] Mais informações disponibilizadas em: https://www.cnj.jus.br/tecnologia-da-informacao-e-comunicacao/justica-4-0/. Acesso em: 25 set. 2022.

- **Resolução CNJ 444/2022** – Institui o Banco Nacional de Precedentes (BNP) para consulta e divulgação por órgãos e pelo público em geral de precedentes judiciais.
- **Resolução CNJ 446/2022** – Institui a plataforma Codex como ferramenta oficial de extração de dados estruturados e não estruturados dos processos judiciais eletrônicos.
- **Resolução CNJ 455/2022** – Institui o Portal de Serviços do Poder Judiciário (PSPJ), na Plataforma Digital do Poder Judiciário (PDPJ-Br).
- **Recomendação CNJ 130/2022** – Recomenda aos tribunais a instalação de Pontos de Inclusão Digital (PID), para maximizar o acesso à Justiça e resguardar os excluídos digitais.
- **Resolução CNJ 465/2022** – Institui diretrizes para a realização de videoconferências no âmbito do Poder Judiciário.

Esse verdadeiro microssistema digital[25] representa uma alteração de paradigma, passando-se a conceber a justiça efetivamente como um serviço (*justice as a service*).

Gize-se, inicialmente, que, nos termos da Resolução CNJ 420/2021, desde 1o de março de 2022, ficou vedado o recebimento e a distribuição de casos novos em meio físico, salvo em razão de ocasional impossibilidade técnica eventual ou urgência comprovada que o exija, em todos os tribunais, à exceção do STF. Além disso, até 31 de dezembro de 2025, todos os tribunais deverão ter concluído a digitalização do acervo processual físico em eletrônico. Assim, a partir de 2026, os históricos autos físicos, com suas capas coloridas e bailarinas, passarão a figurar como peças de museu.

A **Plataforma Digital do Poder Judiciário (PDPJ-Br)**, criada pela Resolução CNJ nº 335/2020, instituiu a política pública para a governança e gestão de processo judicial eletrônico, integrando todos os tribunais do país com a criação da PDPJ-Br e manutenção do sistema PJe como sistema de Processo Eletrônico prioritário do Conselho Nacional de Justiça. Assim, buscou integrar e consolidar todos os sistemas eletrônicos do Judiciário brasileiro em um ambiente unificado; implantar o conceito de desenvolvimento comunitário, no qual todos os tribunais contribuem com as melhores soluções tecnológicas para aproveitamento comum; e instituir plataforma única para publicação e disponibilização de aplicações, microsserviços e modelos de inteligência artificial (IA), por meio de computação em nuvem[26].

Nos termos do ato normativo, "a PDPJ-Br funcionará como modelo de convergência, será provida por um repositório (*marketplace*) de soluções que estará disponível para uso por todos os sistemas de processo judicial eletrônico do Poder Judiciário nacional". Registre-se que esses multisserviços são passíveis de serem adaptados por cada tribunal, de acordo com suas necessidades e especificidades.

Um exemplo de recurso tecnológico já disponibilizado é o **Sistema Nacional de Investigação Patrimonial e Recuperação de Ativos (Sniper)**. Visando facilitar a localização de bens e ativos, a ferramenta busca dirimir um dos principais gargalos processuais, qual seja, a execução e o cumprimento de sentença, e para tal: "A partir do cruzamento de dados e informações de diferentes

---

[25] Anderson de Paiva Gabriel; Fábio Ribeiro Porto. *Direito digital*. São Paulo: Thomson Reuters Brasil, 2023.

[26] "Desta forma, será reconhecido que, além do PJe, há outros sistemas públicos e gratuitos, atualmente em produção em vários tribunais; e que os custos de migração para uma plataforma única não seriam compensatórios. Opta-se, portanto, por autorizar sua disponibilização na PDPJ, com o aval do CNJ, mas com o condicionante de que os futuros desenvolvimentos sejam realizados de forma colaborativa, impedindo a duplicação de iniciativas para atender às mesmas demandas, mediante tecnologia e metodologia fixadas pelo CNJ. Ao incentivar e fomentar o desenvolvimento colaborativo, os sistemas públicos hoje existentes, em suas versões originárias, serão tratados todos como 'legados' e serão progressivamente 'desidratados' ou 'modularizados' para a criação de 'microsserviços' de forma que em médio prazo naturalmente convirjam para uma mesma solução. (...) Pretende-se com isso consolidar no Judiciário brasileiro a política para a gestão de processo judicial eletrônico e integrando todos os tribunais do país e finalizando de uma vez por todas com os conflitos entre qual é o melhor sistema, mas, mantendo o sistema PJe como sistema de Processo Eletrônico patrocinado pelo CNJ e principal motor da nova política." Mais informações disponibilizadas em: https://www.cnj.jus.br/tecnologia-da-informacao-e-comunicacao/plataforma-digital-do-poder-judiciario-brasileiro-pdpj-br/. Acesso em: 08 mar. 2023.

302 | CURSO DE DIREITO PROCESSUAL CIVIL • *Luiz Fux*

bases de dados, o Sniper destaca os vínculos entre pessoas físicas e jurídicas de forma visual (no formato de grafos), permitindo identificar relações de interesse para processos judiciais de forma mais ágil e eficiente"[27].

Por meio do **Juízo 100% Digital** (Resolução CNJ nº 345/2020[28]), possibilitou-se que os atos processuais, inclusive audiências e sessões, sejam exclusivamente praticados por meio eletrônico e remoto, por intermédio da rede mundial de computadores.

O projeto foi pensado para facilitar o acesso das partes ao processo. Por isso, há uma concreta preocupação em assegurar-lhe caráter opcional, discricionário. Ninguém será submetido, a contragosto, à tramitação integralmente remota[29].

O autor poderá fazer a escolha no momento do ajuizamento, expressamente, ao distribuir a demanda, informando endereço eletrônico e número de telefone celular de sua preferência para

---

[27]   Mais informações disponibilizadas em: https://www.cnj.jus.br/tecnologia-da-informacao-e-comunicacao/justica-4-0/sniper/. Acesso em: 08 mar. 2023.

[28]   **"Resolução CNJ nº 345/2020. Art. 1º** Autorizar a adoção, pelos tribunais, das medidas necessárias à implementação do 'Juízo 100% Digital' no Poder Judiciário.

§1º No âmbito do 'Juízo 100% Digital', todos os atos processuais serão exclusivamente praticados por meio eletrônico e remoto por intermédio da rede mundial de computadores. (redação dada pela Resolução nº 378, de 9.03.2021)

§2º Inviabilizada a produção de meios de prova ou de outros atos processuais de forma virtual, a sua realização de modo presencial não impedirá a tramitação do processo no âmbito do 'Juízo 100% Digital'. (redação dada pela Resolução nº 378, de 9.03.2021)

§ 3º O 'Juízo 100% Digital' poderá se valer também de serviços prestados presencialmente por outros órgãos do Tribunal, como os de solução adequada de conflitos, de cumprimento de mandados, centrais de cálculos, tutoria dentre outros, desde que os atos processuais possam ser convertidos em eletrônicos. (redação dada pela Resolução nº 378, de 9.03.2021)

Art. 2º As unidades jurisdicionais de que tratam este ato normativo não terão a sua competência alterada em razão da adoção do 'Juízo 100% Digital'.

Parágrafo único. No ato do ajuizamento do feito, a parte e seu advogado deverão fornecer endereço eletrônico e linha telefônica móvel celular, sendo admitida a citação, a notificação e a intimação por qualquer meio eletrônico, nos termos dos arts. 193 e 246, V, do Código de Processo Civil.

Art. 3º A escolha pelo 'Juízo 100% Digital' é facultativa e será exercida pela parte demandante no momento da distribuição da ação, podendo a parte demandada opor-se a essa opção até o momento da contestação.

§1º A parte demandada poderá se opor a essa escolha até sua primeira manifestação no processo, salvo no processo do trabalho, em que essa oposição deverá ser deduzida em até 05 dias úteis contados do recebimento da primeira notificação. (redação dada pela Resolução nº 378, de 9.03.2021)

§ 2º Adotado o 'Juízo 100% Digital', as partes poderão retratar-se dessa escolha, por uma única vez, até a prolação da sentença, preservados todos os atos processuais já praticados. (redação dada pela Resolução nº 378, de 9.03.2021)

§ 3º No processo do trabalho, ocorrida a aceitação tácita pelo decurso do prazo, a oposição à adoção do 'Juízo 100% Digital' consignada na primeira manifestação escrita apresentada não inviabilizará a retratação prevista no §2º. (redação dada pela Resolução nº 378, de 9.03.2021)

§ 4º A qualquer tempo, o magistrado poderá instar as partes a manifestarem o interesse na adoção do 'Juízo 100% Digital', ainda que em relação a processos anteriores à entrada em vigor desta Resolução, importando o silêncio, após duas intimações, aceitação tácita. (redação dada pela Resolução nº 378, de 9.03.2021)

§ 5º Havendo recusa expressa das partes à adoção do 'Juízo100% Digital', o magistrado poderá propor às partes a realização de atos processuais isolados de forma digital, ainda que em relação a processos anteriores à entrada em vigor desta Resolução. (redação dada pela Resolução nº 481, de 22.11.2022)

§ 6º Em hipótese alguma, a retratação ensejará a mudança do juízo natural do feito. (redação dada pela Resolução nº 378, de 9.03.2021)

Art. 3º-A. As partes poderão, a qualquer tempo, celebrar negócio jurídico processual, nos termos do art. 190 do CPC, para a escolha do 'Juízo 100% Digital' ou para, ausente esta opção, a realização de atos processuais isolados de forma digital." (incluído pela Resolução nº 378, de 9.03.2021)

[29]   **"Resolução CNJ nº 345/2020. Art. 3º**: A escolha pelo 'Juízo 100% Digital' é facultativa e será exercida pela parte demandante no momento da distribuição da ação, podendo a parte demandada opor-se a essa opção até o momento da contestação."

que, por meio deles, seja comunicado acerca do andamento processual[30]. Por sua vez, o réu fará sua opção até a contestação, de sorte que, no procedimento comum, poderá participar da audiência de conciliação ou de mediação sem que signifique comprometimento indelével com a via digital.

As partes também poderão, a qualquer tempo, celebrar negócio jurídico processual, nos termos do art. 190 do CPC, para a escolha do Juízo 100% Digital ou, ainda, para a realização de atos processuais isolados de forma digital.

A sistemática buscou ser prudente na máxima medida e autoriza que, mesmo após a apresentação da peça de defesa, desde que antes da prolação da sentença, pode haver retratação (autêntico arrependimento) da escolha, remetendo-se o processo ao juízo físico da mesma localidade, com correlata competência[31].

Note-se que a menção aos atos comunicativos por meio eletrônico, nomeadamente citações e intimações, não é inédita. Seguindo uma inevitável necessidade de adaptação do Direito aos avanços tecnológicos e à dinamicidade das formas de comunicação em sociedade, o CPC/2015 avançou nessa regulamentação. Deveras, o art. 246 já previa em sua redação original a *possibilidade* de citação por meio eletrônico, conforme regulamentado em lei[32]. Mais recentemente, referido dispositivo foi alterado pela Lei nº 14.195/2021, que passou a estabelecer inclusive que a citação deve feita *preferencialmente* por meio eletrônico[33].

Para tanto, desenhou a obrigação de os empresários públicos e privados (seja sob a forma individual ou societária, à exceção das microempresas e das empresas de pequeno porte) manterem cadastro nos sistemas de processo em autos eletrônicos, para efeito de recebimento de citações e intimações, as quais serão efetuadas preferencialmente por esse meio. Esse mesmo dever também se aplica à União, aos Estados, ao Distrito Federal, aos Municípios e às entidades da administração indireta, já que as lides que envolvem o Poder Público representam parte substancial dos processos judiciais; o que também se estende ao Ministério Público, à Defensoria Pública e à Advocacia. Também as intimações, sempre que possível, deverão ser realizadas preferencialmente sob a forma eletrônica.

A limitação da obrigação aos *repeat players*[34] se revelou prudente fruto da ponderação do legislador, sem prejuízo da extensão do tratamento, com as vistas postas na celeridade. A Resolução CNJ nº 345/2020 segue a mesma linha, afastando prejuízos ao considerar essencial o elemento volitivo das partes do conflito.

Por sua vez, o Balcão Virtual, disciplinado pela Resolução CNJ 372/2021, permite o atendimento imediato de partes e advogados pelos servidores do juízo, durante o horário de atendimento ao público, por meio do uso de ferramenta de videoconferência, e que já funciona em todo o país.

Com efeito, por meio da disponibilização de ferramentas baseadas em *software* livre, de fácil instalação e utilização, foram criados *links* de acesso direto e imediato às secretarias das varas. A parte, o advogado ou qualquer interessado, que buscar a página com contatos, endereços e telefones das serventias, encontra um *link* para o atendimento de cada uma delas, sendo que, ao acessá-lo,

---

[30] **Resolução CNJ nº 345/2020. Art. 2º** Parágrafo único: No ato do ajuizamento do feito, a parte e seu advogado deverão fornecer endereço eletrônico e linha telefônica móvel celular, sendo admitida a citação, a notificação e a intimação por qualquer meio eletrônico, nos termos dos arts. 193 e 246, V, do CPC."

[31] **Resolução CNJ nº 345/2020. Art. 3º:** § 2º Adotado o 'Juízo 100% Digital', as partes poderão retratar-se dessa escolha, por uma única vez, até a prolação da sentença, preservados todos os atos processuais já praticados."

[32] Em sua redação original, estabelecia o art. 246 que "a citação será feita: (...) V – por meio eletrônico, conforme regulado em lei0".

[33] Conforme sua redação atual, prevê o *caput* do art. 246 que "a citação será feita preferencialmente por meio eletrônico, no prazo de até 2 (dois) dias úteis, contado da decisão que a determinar, por meio dos endereços eletrônicos indicados pelo citando no banco de dados do Poder Judiciário, conforme regulamento do Conselho Nacional de Justiça".

[34] Marc Galanter se refere aos *repeat players* (litigantes repetitivos) e aos *one-shotters* (litigantes ocasionais), para designar aqueles que recorrem reiteradamente ou ocasionalmente ao sistema de justiça (**Marc Galanter**. Why the haves come out ahead? Speculations on the limits of legal change. *Law and Society Review*, v. 9, n. 1, p. 95-160, 1974).

independentemente de qualquer registro prévio, autenticação ou identificação, passa a ser atendido por um servidor, desde que durante o horário de expediente, como se houvesse se dirigido presencialmente ao conhecido balcão físico.

Como píncaro dessa transformação digital do Poder Judiciário, aponte-se os disruptivos **Núcleos de Justiça 4.0**, instituídos pela Resolução CNJ nº 385/2021, que sequer tem uma sede física, e que são especializados em razão de uma mesma matéria e com competência, obrigatoriamente concorrente com as unidades jurisdicionais físicas, sobre toda a área territorial situada dentro dos limites da jurisdição do tribunal.

Nos referidos núcleos, verdadeiras unidades judiciárias virtuais, tramitarão apenas processos em conformidade com o Juízo 100% Digital disciplinado na Resolução CNJ nº 345/2020, devendo haver um juiz coordenador e pelo menos dois juízes auxiliares, todos em exercício cumulativo com as suas unidades de origem.

Assim como no Juízo 100% Digital, a escolha do Núcleo de Justiça 4.0, nos moldes da Resolução CNJ nº 385/2021[35], é facultativa e deverá ser exercida no momento da distribuição da ação, existindo, *in casu*, competência concorrente com o juízo físico.

Gize-se, no entanto, que essa escolha da parte autora será irretratável. Por sua vez, o demandado poderá se opor à tramitação do processo no Núcleo de Justiça 4.0, desde que sua recusa ocorra de maneira fundamentada e até a apresentação da primeira manifestação escrita no processo, salvo no processo do trabalho, em que essa oposição deverá ser deduzida em até cinco dias úteis contados do recebimento da notificação.

Acolhida a oposição, o juiz do Núcleo de Justiça 4.0 remeterá o processo ao juízo físico competente indicado pelo autor, submetendo-se o feito à nova distribuição. A inexistência de oposição aperfeiçoará negócio jurídico processual[36], nos termos do art. 190 do CPC/2015, fixando a competência no Núcleo de Justiça 4.0.

Em março de 2023, já são mais de 104 Núcleos de Justiça 4.0 em funcionamento no Brasil[37], proporciando uma prestação jurisdicional especializada, e que tende a ser mais efetiva e a ocorrer em tempo razoável, em determinadas matérias. Em outro giro, das 23.191 serventias, 16.114 já contam com o Juízo 100% Digital, consubstanciando quase 70% do total. São números sobremaneira expressivos e que denotam o sucesso das iniciativas.

Aliás, o **cumprimento digital de ato processual e de ordem judicial**, previsto na Resolução CNJ nº 354/2020, desencadeou a quase extinção das vetustas cartas precatórias, possibilitando a oitiva de indivíduos residentes em outra comarca de forma direta e imediata pelo próprio juiz que

---

[35] A Resolução CNJ nº 398/2021 possibilitou que os núcleos também que sejam instituídos pelos tribunais para atuarem em apoio às unidades judiciais, em todos os segmentos do Poder Judiciário, em processos que: I – abarquem questões especializadas em razão de sua complexidade, de pessoa ou de fase processual; II – abranjam repetitivos ou direitos individuais homogêneos; III – envolvam questões afetadas por precedentes obrigatórios, em especial definidos em incidente de assunção de competência ou de resolução de demandas repetitivas e em julgamento de recursos extraordinário e especial repetitivos; IV – estejam em situação de descumprimento de metas nacionais do Poder Judiciário; e V – encontrem-se com elevado prazo para a realização de audiência ou sessão de julgamento ou com elevado prazo de conclusão para sentença ou voto. No caso dos processos que sejam encaminhados aos núcleos em virtude de questões especializadas em razão de sua complexidade, de pessoa ou de fase processual, também admitir-se-á a oposição fundamentada das partes, hipótese em que deverá ser deduzida na primeira manifestação que vier a ser realizada após o envio dos autos ao "Núcleo de Justiça 4.0".

[36] Para Didier Jr., "negócio processual é o ato voluntário, em cujo suporte fático confere-se ao sujeito o poder de escolher a categoria jurídica ou estabelecer, dentro dos limites fixados no próprio ordenamento jurídico, certas situações jurídicas processuais" (Fredie Didier Jr. *Curso de Direito Processual Civil*. 17. ed., Salvador: JusPodivm, 2019, v. 1, p. 376-377).

[37] Os dados atualizados podem ser encontrados no seguinte link: https://paineisanalytics.cnj.jus.br/single/?appid=e18463ef-ebdb-40d0-aaf7-14360dab55f0&sheet=5dcb593d-ce80-4497-9832-656d0c3b18ed&lang=pt-BR&theme=cnj_theme&opt=ctxmenu,currsel. Acesso em: 12 out. 2021.

conduz o feito e no curso da audiência de instrução, graças as hodiernas plataformas de videoconferência[38], reduzindo o tempo do processo.

Hoje, portanto, a Justiça já pode ser acessada de forma digital e independentemente de qualquer estrutura físíca. No ponto, cumpre trazer à baila constatação feita por Richard Susskind:

> Existem mais pessoas no mundo hoje com acesso à internet do que com efetivo acesso à justiça. De acordo com a Organização para a Cooperação e Desenvolvimento Econômico (OCDE), apenas 46 por cento dos seres humanos vivem sob a proteção da lei, enquanto mais de 50 por cento das pessoas são usuários ativos da internet de alguma forma. Anualmente, diz-se que um bilhão de pessoas necessitam de "cuidados básicos de justiça", mas, em muitos países, pelo menos 30 por cento das pessoas com problemas legais sequer chegam a agir[39] (tradução livre).

Vale lembrar que o uso da videoconferência e de outros recursos tecnológicos de transmissão de sons e imagens em tempo real é expressamente autorizada pela legislação brasileira, nos termos dos arts. 236, § 3º; 385, § 3º; 453, § 1º; 461, § 2º; e 937 § 4º; todos do CPC; e dos arts. 185, § 2º; 217; e 222, § 3º; todos do CPP.

Mais recentemente, o uso da tecnologia também foi fomentado pela Lei nº 14.129/2021, que dispõe sobre o Governo Digital e o aumento da eficiência pública, especialmente por meio da desburocratização, da inovação e da transformação digital, instituindo, como alguns de seus princípios, a modernização, o fortalecimento e a simplificação da relação do poder público com a sociedade. Com efeito, o diploma legal incentiva serviços digitais, acessíveis, inclusive, por dispositivos móveis, sem a necessidade de solicitação presencial.

Em outro giro, se, como dito, o mote da inovação é facilitar o acesso à justiça, concretizando a isonomia, na medida em que a distância da residência da parte e do escritório do advogado até o fórum se torna desimportante, soaria contraditório que apenas as pessoas com condições materiais de uso das tecnologias necessárias pudessem se beneficiar da alternativa. Por isso, o Conselho Nacional de Justiça determinou aos tribunais, nos termos da Resolução CNJ nº 341/2020, que

---

[38] **Art. 4º** Salvo requerimento de apresentação espontânea, o ofendido, a testemunha e o perito residentes fora da sede do juízo serão inquiridos e prestarão esclarecimentos por videoconferência, na sede do foro de seu domicílio ou no estabelecimento prisional ao qual estiverem recolhidos.

§ 1º No interesse da parte que residir distante da sede do juízo, o depoimento pessoal ou interrogatório será realizado por videoconferência, na sede do foro de seu domicílio.

§ 2º Salvo impossibilidade técnica ou dificuldade de comunicação, deve-se evitar a expedição de carta precatória inquiritória.

Art. 5º Os advogados, públicos e privados, e os membros do Ministério Público poderão requerer a participação própria ou de seus representados por videoconferência.

§ 1º No interesse de partes, advogados, públicos ou privados, ou membros do Ministério Público, que não atuarem frequentemente perante o juízo, o requerimento será instruído por cópia do documento de identidade.

§ 2º O deferimento da participação por videoconferência depende de viabilidade técnica e de juízo de conveniência pelo magistrado.

§ 3º É ônus do requerente comparecer na sede do juízo, em caso de indeferimento ou de falta de análise do requerimento de participação por videoconferência.

Art. 6º O réu preso fora da sede da Comarca ou em local distante da Subseção Judiciária participará da audiência por videoconferência, a partir do estabelecimento prisional ao qual estiver recolhido.

Parágrafo único. A pedido da defesa, a participação de réu preso na sede da Comarca ou do réu solto poderá ocorrer por videoconferência.

[39] Richard Susskind. *Online Courts and the Future of Justice*. Oxford: Oxford University Press, 2019: "More people in the world now have access to the internet than access to justice. According to the Organization for Economic Cooperation and Development (OECD), only 46 per cent of human beings live under the protection of law, whereas more than 50 per cent of people are now active users of the internet in one war or another. Annually, one billion people are said to need 'basic justice care', but in many countries, close to 30 per cent of problem-owners do not even take action".

forneçam infraestrutura de informática e telecomunicação[40], bem como sala para participação das partes nos atos por videoconferência, quando assim preferir o litigante[41].

Trata-se de possibilidade posta à disposição daqueles que eventualmente tenham dificuldades em acessar a internet por um celular ou computador, sem que se exija que se desloquem até a unidade judiciária em que ocorrerá a audiência, mas tão somente ao fórum mais próximo de sua residência.

Em verdade, o CNJ tem se preocupado diuturnamente com os excluídos e os vulneráveis digitais, isto é, com aquelas pessoas que não detêm acesso à internet e a outros meios de comunicação digitais e/ou, ainda, que não tenham possibilidade ou conhecimento para utilizá-los.

Com efeito, na sequência, ocorreu, ainda, a publicação da Recomendação CNJ nº 101/2021, instando os tribunais a também disponibilizarem, em suas unidades físicas, pelo menos um servidor em regime de trabalho presencial para efetuar o encaminhamento digital dos eventuais requerimentos formulados e auxiliar o jurisdicionado naquilo que se revelar necessário.

Por fim, o CNJ preconizou a (Recomendação CNJ nº 130/2022) todos os tribunais que envidem esforços para instalação, na área territorial situada dentro dos limites de sua jurisdição, especialmente nos municípios que não são sede de unidade judiciária, de **Pontos de Inclusão Digital (PID)**, isto é, salas que permitam, de maneira adequada, a realização de atos processuais, principalmente depoimentos de partes, testemunhas e outros colaboradores da justiça, por sistema de videoconferência, bem como a realização de atendimento por meio do Balcão Virtual, instituído pela Resolução CNJ nº 372/2021.

A exclusão digital muitas vezes está associada a miserabilidade, de modo que aqueles que não têm acesso à internet e à Justiça Digital, menos possibilidade ainda têm de se deslocarem a um fórum, o que envolve gastos de transporte, tempo e alimentação. Tal fato se torna ainda mais retumbante quando falamos do Norte de nosso país, em que muitas vezes a ida ao fórum mais próximo exige dias de viagem de barco, por exemplo. Nesse passo, mencionamos as exitosas experiências dos Tribunais de Justiça dos Estados de Roraima (TJRR)[42] e de Rondônia (TJRO)[43].

Maximiza-se, assim, o acesso à Justiça com a preservação dos direitos dos excluídos digitais, o que ocorre mediante sua inclusão digital, tão necessária na sociedade contemporâna. Não à toa, há posição doutrinária sustentando, com fulcro na obra de Cappelletti[44], que o uso de recursos tecnológicos pelo Sistema de Justiça consubstancia a quarta onda de renovação no acesso à Justiça[45].

---

[40] **"Resolução nº 345/2020. Art. 4º** Os tribunais fornecerão a infraestrutura de informática e telecomunicação necessárias ao funcionamento das unidades jurisdicionais incluídas no 'Juízo 100% Digital' e regulamentarão os critérios de utilização desses equipamentos e instalações."

[41] **"Resolução nº 345/2020. Art. 5º**, parágrafo único: As partes poderão requerer ao juízo a participação na audiência por videoconferência em sala disponibilizada pelo Poder Judiciário."

[42] Com efeito, o TJRR, por meio do Programa Justiça Cidadã e da Resolução TJRR nº 12/2021, vem instituindo Postos Avançados de Atendimento em todos os municípios que não são sede de comarca e que, muitas vezes, se situam em locais distantes e de difícil acesso, com a finalidade de ampliar e facilitar o acesso à justiça, mediante a realização de atos processuais e a oferta de serviços judiciais, por videoconferência, tais como audiências e atendimentos eletrônicos. A primeira comunidade escolhida foi a terra indígena Waimiri-Atroari, localizada na divisa entre Roraima e Amazonas, já havendo instalações também em Iracema, Amajari e Normandia.

[43] Por sua vez, o TJRO, desenvolveu o Programa Fórum Digital, buscando ofertar serviços judiciais à população, de forma eletrônica e remota, em parceria com Prefeitura, Ministério Público, Defensoria Pública e demais instituções de interesse da justiça, com otimização de recursos, ressaltando-se que dos 52 municípios de Rondônia, somente 23 são sede de comarca, e que a instalação e manutenção de comarcas nesses municípios é inviável, já que somente a construção dos prédios custaria em torno de R$ 6 milhões. O Ato Conjunto nº 26/2021 viabilizou a instalação do Fórum Digital de Mirante da Serra, poupando seus cidadãos de terem que passar por uma viagem de pelo menos 4h15, se de carro, até o Fórum de Porto Velho, para acessarem a Justiça.

[44] **Mauro Cappelletti; Bryant Garth**. *Acesso à justiça*. Trad. Ellen Gracie Northfleet. Porto Alegre: Sergio Antonio Fabris, 1988.

[45] **Rodrigo Fux; Renata Gil de Alcântara Videira**. Tecnologia no Sistema de Justiça: uma nova onda de renovação. *Estadão*, São Paulo, 04 set. 2020. Disponível em: https://politica.estadao.com.br/blogs/fausto-macedo/tecnologia-no-sistema-de-justica-uma-nova-onda-de-renovacao/. Acesso em: 11 mar. 2022.

Parte IV • III – ATOS PROCESSUAIS | 307

2. TEMPO DOS ATOS PROCESSUAIS

O processo é um suceder de atos que visam à prestação de justiça. Este constante evolver implica que etapas no processo vão sendo superadas, impossibilitando-se a retomada de atividades que deveriam ser praticadas anteriormente.[46]

Destarte, os atos são praticados durante o horário do denominado "expediente forense" que marca, exatamente, o tempo hábil para a prática das atividades exigidas.

O tempo dos atos processuais suscita a importante questão dos prazos processuais (lapsos de tempo dentro dos quais deve engendrar-se a atividade exigida). Sob esse múltiplo aspecto cumpre assentar, em primeiro lugar, que os atos processuais "externos", isto é, praticados fora da sede do juízo, devem realizar-se em dias úteis, das seis às vinte horas, podendo ser concluídos após este horário limite os atos iniciados antes, se o adiamento prejudicar a diligência ou causar grave dano.

Alguns atos de eficácia singular podem superar esta regra: a citação, a intimação e a penhora poderão independentemente de autorização expressa do juiz, realizar-se em domingos e feriados, nas férias forenses ou nos dias úteis, fora do horário padrão, observado o disposto no art. 5º, inciso XI, da Constituição Federal.[47]

Os "atos internos" das partes obedecem ao expediente forense consagrado no Código de Organização e Divisão Judiciária e a consignação da tempestividade dos mesmos, a faz-se através de petição que deve ser apresentada no protocolo, dentro do horário de expediente, nos termos da lei de organização judiciária local (art. 212 do CPC).[48] Ressalvam-se a essa regra, por óbvio, os atos praticados eletronicamente. A interposição de petições pela via eletrônica, portanto, pode ser realizada a qualquer hora do dia, desde que seja feita dentro do prazo legal.

Determinada a regra de que os atos processuais são praticados em "dias úteis", ressalta evidente que durante as férias e nos feriados não se implementam atos processuais. Mas, assim como a lei permite que alguns atos, pela sua eficácia, sejam realizados fora do horário, também excetua atos e procedimentos que não podem aguardar o fim das "férias ou dos feriados". Assim é que, *superam essa proibição*, por motivos de política legislativa, as citações, intimações e penhoras, bem como a tutela de urgência e os atos necessários à sua efetivação (art. 214 do CPC).

Questão elegante é a que gravita em torno da prescrição da ação. Considerando-se uma demanda que não corra durante as férias, é impossível impor à parte a consumação pela prescrição, haja vista que a ação pressupõe o seu exercício em juízo. Em consequência, o prazo de prescrição não pode vencer durante as férias. Esse fenômeno é diverso do que ocorre com a decadência, haja vista que nessas hipóteses a própria lei admite a citação durante as férias.

Mostra-se, entretanto, fundamental ressaltar a diferença entre o prazo prescricional e os demais prazos que se observam no diploma processual. O prazo prescricional configura prazo de direito material e que, portanto, pode ser contado também em dias não úteis. Já os prazos processuais

---

[46] O tempo dos atos processuais significa que devem ser realizados em determinado momento temporal, isto é, dia, hora etc. e em determinado "espaço de tempo". É o que **Carnelutti** afirmava ser a prática do ato processual em "*determinata circoscrizione temporale e determinata distanza di tempo*", in *Istituzioni del Nuovo Processo Civile Italiano*, 1951, vol. I, p. 352.

[47] "**CF, art. 5º**: XI – a casa é asilo inviolável do indivíduo, ninguém nela podendo penetrar sem consentimento do morador, salvo em caso de flagrante delito ou desastre, ou para prestar socorro, ou, durante o dia, por determinação judicial;"

[48] "**Art. 212.** Os atos processuais realizar-se-ão em dias úteis, das 6 (seis) às 20 (vinte) horas.
§ 1º Serão concluídos após as 20 (vinte) horas os atos iniciados antes, quando o adiamento prejudicar a diligência ou causar grave dano.
§ 2º Independentemente de autorização judicial, as citações, intimações e penhoras poderão realizar-se no período de férias forenses, onde as houver, e nos feriados ou dias úteis fora do horário estabelecido neste artigo, observado o disposto no art. 5º, inciso XI, da Constituição Federal.
§ 3º Quando o ato tiver de ser praticado por meio de petição em autos não eletrônicos, essa deverá ser protocolada no horário de funcionamento do fórum ou tribunal, conforme o disposto na lei de organização judiciária local."

apenas serão contados em dias úteis. A regra mencionada acima diz respeito tão somente ao término do prazo prescricional que não se pode dar em dia não útil por motivos de razão prática – a prática do ato que interrompe o prazo precisa ser realizado em dia de funcionamento do tribunal[49].

Outro ângulo específico da matéria é o referente aos "atos deprecados". Ressalta evidente que os atos *deprecados* oriundos de processos que tramitam durante as férias e feriados obedecem ao regime da ação principal donde emergem.

Destarte, pelo mesmo fundamento, processam-se durante as férias e não se suspendem pela superveniência delas os procedimentos de "jurisdição voluntária" bem como os necessários à conservação de direitos, quando possam ser prejudicados pelo adiamento, as ações de alimentos e de nomeação ou remoção de tutores e curadores, bem como todas as causas que a lei federal determinar (art. 215 do CPC).

A jurisprudência distinguia "atos de jurisdição voluntária" e "procedimentos de jurisdição voluntária" para sustentar que estes últimos não corram durante as férias, sob a égide do CPC/1973, que mencionava apenas os primeiros. Assim, *v.g.*, a execução de sentença que autoriza a alienação de coisa comum não se processava durante as férias, mas o ato do deferimento pode ser concedido neste período. O atual Código expressamente menciona os procedimentos de jurisdição voluntária no rol de exceções.

Considerando que os *atos urgentes* não podem aguardar, justifica-se o deferimento dos mesmos, sem a necessidade de continuação do feito, *v.g.*, concedidos os alimentos provisórios não há por que se prosseguir com a ação de alimentos. O mesmo raciocínio se aplica às medidas cautelares, e às ações satisfativas cujos procedimentos preveem o uso da tutela antecipatória, como as possessórias, a nunciação de obra nova, a busca e apreensão na alienação fiduciária em garantia, os embargos de terceiro, o despejo liminar etc.

Outrossim, por força de regras especiais federais, correm nas férias: (I) *as desapropriações* (LD, art. 39), inclusive para reforma agrária (LC nº 76, de 06.07.1993, art. 2º, § 1º); (II) *as ações de despejo, consignação em pagamento de aluguel e acessórios da locação, revisionais de aluguel e renovatórias* de locação (LI, art. 58, I);[50] (III) *as ações de acidente do trabalho* (Lei nº 8.213, de 24.07.1991, art. 129, II) etc.

As *tutelas de urgência* cautelar ou satisfativa, como evidente, devem ser providas também nesse período. A *ratio* do dispositivo resta atendida pela simples antecipação da tutela.

Observe-se que, nas ações que não têm curso nas férias, por força da regra *pas des nullités sans grief* consagrada no princípio da instrumentalidade das formas, "não são nulos nem inexistentes os atos processuais nelas praticados". O prazo, porém, somente começará a correr no dia seguinte ao primeiro dia útil, "como se neste fora realizado". Assim, *v.g.*, efetivada a citação nesse período e ainda que juntado o mandado, válida será a convocação, muito embora o prazo para a resposta e os efeitos processuais e materiais correspectivos sejam dilargados até o advento do dia útil.

Nos termos do art. 93, XII, a atividade jurisdicional será ininterrupta, sendo vedado férias coletivas nos juízos e tribunais de segundo grau, funcionando, nos dias em que não houver expediente normal, juízes em plantão permanente. Sendo assim, as férias coletivas estão adstritas aos Tribunais Superiores. Contudo, há que se observar o disposto no art. 220 do CPC, que determina, como regra, a suspensão do curso do prazo processual nos dias compreendidos entre 20 de dezembro e 20 de janeiro, inclusive, período no qual não se realizarão audiências nem sessões de julgamento.

---

[49] "Agravo interno no recurso especial. Civil e processual civil. Prescrição. Termo 'ad quem' implementado durante o recesso forense. Prorrogação do prazo. Cabimento. Precedentes. 1. Segundo a orientação jurisprudencial desta Corte, é prorrogável o prazo prescricional findo no curso do recesso forense, devendo a demanda ser ajuizada no primeiro dia útil seguinte ao seu término. 2. Inocorrência, 'in casu', de prescrição. 3. Razões do agravo interno que não alteram as conclusões da decisão agravada. 4. Agravo interno desprovido" (AgInt no REsp 1554278/RS, Rel. Min. Paulo de Tarso Sanseverino, 3ª Turma, j. 03.12.2018, *DJe* 07.12.2018).

[50] A respeito da exegese projetada para esse dispositivo consulte-se **Luiz Fux**, *Locações – Processo e Procedimento*, Destaque.

Parte IV • III – ATOS PROCESSUAIS | **309**

Cumpre, então, esclarecer que são *feriados forenses*, na Justiça Estadual, os dias que a lei estadual designar, bem como os federais. No âmbito nacional, são feriados, para efeito forense, além dos declarados em lei, os sábados, os domingos e os dias em que não haja expediente forense (art. 216 do CPC), como o dia 8 de dezembro (Dia da Justiça), a Sexta Feira Santa etc.

3. LUGAR E PRAZOS DOS ATOS PROCESSUAIS[51]

Em regra, os atos processuais realizam-se na sede do juízo, mas podem efetuar-se em outro lugar, em razão de deferência, de interesse da justiça, ou de obstáculo arguido pelo interessado e acolhido pelo juiz. Assim, *v.g.*, por deferência, o juiz indica o lugar onde pretende ser ouvido quando arrolado como testemunha. Por seu turno, a testemunha é ouvida por precatória no seu domicílio quando distante da sede do juízo.

O "momento" da prática dos atos segue a regra segundo a qual *os atos processuais realizar-se-ão nos prazos prescritos em lei e, sendo esta omissa, naqueles que o juiz determinar, tendo em conta a complexidade do ato* (art. 218 do CPC).[52]

Os prazos são lapsos de tempo dentro dos quais praticam-se atos processuais. Por seu turno, os prazos podem ser "legais" ou "judiciais". Diz-se, ainda, que os prazos são "particulares" quando correm apenas para uma das partes e "comuns" quando o transcurso é para ambas. Classificam-se ainda os prazos em "próprios" quando o descumprimento implica uma sanção e "impróprios", quando o seu desatendimento traz consequências apenas de cunho não processual, *v.g.*, a falta funcional dos auxiliares da justiça.

Outrossim, *não havendo preceito legal nem assinação pelo juiz,* é de cinco dias o prazo para a prática de ato processual a cargo da parte. De toda sorte, quer seja estabelecido pela lei, quer o seja pelo juiz, o prazo é contado somente em dias úteis.

De igual maneira, não se há de confundir *suspensão* do prazo com critério de *contagem do prazo*. É que *os prazos processuais contam-se com a exclusão do dia do início e a inclusão do dia final.* Assim, não se inicia a contagem se o referido dia não é considerado útil, fenômeno que se opera, também, com o término do prazo (*termo ad quem*). Consequentemente, nenhum prazo inicia-se ou termina em domingos, feriados ou dias em que não haja expediente forense. Em consequência, um prazo que, excluindo o dia do início, começaria no sábado, tem o seu termo inicial transferido para a segunda-feira e, se o seu término recair em dia não útil, *v.g.*, domingo, também prorroga-se esse final para uma segunda-feira ou para o dia útil imediatamente seguinte ao eventual feriado.

Estabelecida a noção da suspensão do prazo que implica contar-se, apenas, o período que faltava após a cessação do fato suspensivo, impõe-se esclarecer que não são somente as "férias" que apresentam esse efeito. *Suspende-se* também o curso do prazo por *obstáculo criado pela parte* ou pela ocorrência de qualquer das hipóteses do art. 313 do CPC,[53] ou durante a execução de programa

---

[51] **Carnelutti** aduz à sede local do ato ou seja a sua posição espacial referindo-se ao seu "ambiente" (*in Istituzioni*, cit., p. 350). A sede do juízo abrange o auditório e o cartório do serventuário (*in* **Alberto dos Reis**, *Comentários ao Código de Processo Civil*, 1945, vol. 2, p. 86).

[52] "**Art. 218.** Os atos processuais serão realizados nos prazos prescritos em lei.
§ 1º Quando a lei for omissa, o juiz determinará os prazos em consideração à complexidade do ato."

[53] "**Art. 313.** Suspende-se o processo:
I – pela morte ou pela perda da capacidade processual de qualquer das partes, de seu representante legal ou de seu procurador;
II – pela convenção das partes;
III – pela arguição de impedimento ou de suspeição;
IV – pela admissão de incidente de resolução de demandas repetitivas;
V – quando a sentença de mérito:
a) depender do julgamento de outra causa ou da declaração de existência ou de inexistência de relação jurídica que constitua o objeto principal de outro processo pendente;

do judiciário voltado à autocomposição, casos em que o prazo é restituído por tempo igual ao que faltava para a sua complementação (art. 221 do CPC).[54]

Assim, *v.g.*, devolve-se o prazo se tiver ocorrido obstáculo ao acesso aos autos físicos pelo advogado, como ocorre quando, sendo comum o prazo para recorrer, uma das partes retira os autos de cartório. *A contrario sensu,* não constitui obstáculo judicial a proibição de retirada dos autos durante o prazo que é comum a ambas as partes. Outrossim, a restituição do prazo deve limitar-se ao período atingido pelo obstáculo criado pela parte contrária e tem seu início a partir de intimação da parte quanto à restituição.

O *obstáculo* também pode *ser judicial* como, por exemplo, a greve nos serviços judiciários; na fluência do prazo, o que impede o advogado de consultar os autos.[55] A "greve dos servidores do Judiciário" e a consequente devolução de prazos processuais somente tem sido admitida quando a paralisação dos trabalhos é total. Nesses casos de greve dos funcionários, mister ao tribunal editar ato normativo definidor da retomada dos trabalhos e de reinício dos prazos. Inexistindo o ato, cumpre à parte provar a justa causa "reveladora" do prazo.

Considere-se, por fim que há *obstáculos* imputáveis a *terceiros estranhos ao processo* e ao Poder Judiciário, *v.g.*, "a greve nos correios", encarregados de auxiliar a comunicação dos atos processuais. Esta espécie de obstáculo, que se poderia cognominar de "força maior", deve ser analisada criteriosamente para não superar preclusões inequívocas.

Assim, é assente que não constitui motivo relevante para impedir o início da fluência do prazo recursal o atraso no envio do recorte ao advogado, porquanto o conhecimento do ato judicial se dá pela simples publicação no órgão oficial (art. 272 do CPC), sendo indiferente para o tempo dos atos do processo a publicação particular. Inclusive, a própria Ordem dos Advogados, atualmente, disponibiliza o recorte digital, por e-mail, aos seus membros.

O processo, como cediço, tem severo compromisso com o seu "término natural", que é a definição do litígio. Em consequência, as partes, na expressa dicção do Código de 1973, não podiam transigir com os prazos peremptórios fixados para a prática dos atos processuais. Contudo, podiam, de comum acordo, reduzir ou prorrogar o "prazo dilatório". A convenção, porém, só teria eficácia se requerida antes do vencimento do prazo e se se fundar em motivo legítimo. Em todo caso, o juiz deve fixar o dia do vencimento do prazo da prorrogação e as custas acrescidas ficam a cargo da parte em favor de quem foi concedida a prorrogação.

Considera-se *prazo dilatório* o que é fixado por *norma dispositiva*. Em contrapartida, diz-se *prazo peremptório* o estabelecido por *norma cogente*. Nesse sentido, são classicamente peremptórios os prazos para interpor recurso; apresentar resposta; nomear bens à penhora; denunciar à lide; opor embargos à execução; propor a ação principal, no caso de concessão de medida cautelar etc.

---

b) tiver de ser proferida somente após a verificação de determinado fato ou a produção de certa prova, requisitada a outro juízo;

VI – por motivo de força maior;

VII – quando se discutir em juízo questão decorrente de acidentes e fatos da navegação de competência do Tribunal Marítimo;

VIII – nos demais casos que este Código regula.

IX – pelo parto ou pela concessão de adoção, quando a advogada responsável pelo processo constituir a única patrona da causa;

X – quando o advogado responsável pelo processo constituir o único patrono da causa e tornar-se pai."

[54] **"Art. 221.** Suspende-se o curso do prazo por obstáculo criado em detrimento da parte ou ocorrendo qualquer das hipóteses do art. 313 devendo o prazo ser restituído por tempo igual ao que faltava para sua complementação.

Parágrafo único. Suspendem-se os prazos durante a execução de programa instituído pelo Poder Judiciário para promover a autocomposição, incumbindo aos tribunais especificar, com antecedência, a duração dos trabalhos."

[55] **"Súmula nº 173 do STF:** Em caso de obstáculo judicial admite-se a purga da mora, pelo locatário, além do prazo legal."

Parte IV • III – ATOS PROCESSUAIS | **311**

O juiz pode, no entanto, nas comarcas onde for difícil o transporte, prorrogar quaisquer prazos, mas nunca por mais de dois meses, sendo certo que, em caso de calamidade pública, pode ser excedido o limite (art. 222 do CPC).[56] Também é viável que o magistrado reduza prazos peremptórios, mas desde que as partes anuam (art. 222, § 1º), bem como prorrogar prazos de qualquer espécie (art. 139, VI), de maneira a garantir a adequada tutela do direito em juízo.

Já a parte pode renunciar ao prazo estabelecido exclusivamente em seu favor (art. 225 do CPC) ou convencionar dilatações (art. 190).

Os prazos, considerados na sua integralidade e inadmitida alterações pela vontade das partes, uma vez decorridos, extinguem, independentemente de declaração judicial, o direito de o interessado praticar o ato previsto, ressalvando-se à parte provar que não o realizou por justa causa. Outrossim, considera-se justa causa o evento imprevisto, alheio à vontade da parte e que a impediu de praticar o ato por si ou por mandatário (art. 223 do CPC).[57] Nesses casos, concluindo o juiz positivamente pela ocorrência da mesma, deve permitir à parte a prática do ato no prazo que lhe assinar. Assim, por exemplo, considera-se na casuística da categorização da justa causa o fechamento não previsto do fórum; a paralisação da cidade em face de força maior como fortes chuvas; falecimento do advogado; doença do advogado, desde que seja o único constante da procuração dos autos etc.

À justa causa para a parte corresponde o justo impedimento para o juiz. Nesse campo, prevalece a regra de que em qualquer grau de jurisdição, havendo motivo justificado, pode o juiz exceder, por igual tempo, os prazos que o Código lhe assina (art. 227 do CPC)[58], proferindo despachos para além dos cinco dias, decisões em mais de dez dias e sentenças após trinta dias.

3.1 Contagem dos prazos processuais

O prazo é o lapso de tempo entre o termo inicial e o termo final. Assim, *v.g.*, fala-se em prazo de 15 (quinze) dias, prazo de 20 (vinte) dias etc., para indicar quanto tempo o sujeito do processo dispõe para a prática do ato.

Questão diversa é o critério de contagem do prazo. Como se conta o prazo de tantos dias para, *v.g.*, contestar?

Nesse particular reafirma-se que, "salvo disposição em contrário, computar-se-ão os prazos, excluindo o dia do começo e incluindo o do vencimento", celebrando a velha máxima *dies a quo non computatur, computatur autem dies ad quem* (art. 224 do CPC).[59]

Destarte, "considera-se prorrogado o prazo até o primeiro dia útil se o vencimento cair em feriado ou em dia em que for determinado o fechamento do fórum; ou o expediente forense for encerrado antes da hora normal". Questão lindeira é a referente à "prescrição da ação". O prazo de

---

[56] **"Art. 222.** Na comarca, seção ou subseção judiciária onde for difícil o transporte, o juiz poderá prorrogar os prazos por até 2 (dois) meses.

§ 1º Ao juiz é vedado reduzir prazos peremptórios sem anuência das partes.

§ 2º Havendo calamidade pública, o limite previsto no *caput* para prorrogação de prazos poderá ser excedido."

[57] **"Art. 223.** Decorrido o prazo, extingue-se o direito de praticar ou de emendar o ato processual, independentemente de declaração judicial, ficando assegurado, porém, à parte provar que não o realizou por justa causa.

§ 1º Considera-se justa causa o evento alheio à vontade da parte e que a impediu de praticar o ato por si ou por mandatário.

§ 2º Verificada a justa causa o juiz permitirá à parte a prática do ato no prazo que lhe assinar."

[58] **"Art. 227.** Em qualquer grau de jurisdição, havendo motivo justificado, pode o juiz exceder, por igual tempo, os prazos a que está submetido."

[59] **"Art. 224.** Salvo disposição em contrário, os prazos serão contados excluindo o dia do começo e incluindo o dia do vencimento.

§ 1º Os dias do começo e do vencimento do prazo serão protraídos para o primeiro dia útil seguinte, se coincidirem com dia em que o expediente forense for encerrado antes ou iniciado depois da hora normal ou houver indisponibilidade da comunicação eletrônica.

§ 2º Considera-se como data de publicação o primeiro dia útil seguinte ao da disponibilização da informação no Diário da Justiça eletrônico.

§ 3º A contagem do prazo terá início no primeiro dia útil que seguir ao da sua publicação."

prescrição é estatuído para o exercício da ação, por isso que, se o seu dia inicial recair em dia não útil, prorroga-se esse prazo prescricional, o que inocorre caso se trate de decadência.

De toda sorte, os prazos processuais somente começam a correr do primeiro dia útil após a intimação;[60] isto é, após a parte tomar conhecimento do ato e, assim, do mesmo tornar-se íntimo o sujeito.

Essa intimidade da parte com o ato decorre da comunicação processual do mesmo, que pode engendrar-se através da citação ou intimação.

À falta de disposição expressa, "os prazos fixados por horas" contam-se de acordo com o Código Civil (art. 132, § 4º), isto é, minuto a minuto, do momento da intimação. Por conseguinte, ao prazo fixado em horas não se aplica a regra de exclusão do dia da intimação. Na hipótese de *intimação feita pela imprensa*, onde não se indica a hora em que foi efetuada, conta-se o prazo segundo a regra geral, excluindo-se o dia de início, incluindo-se o dia final. Outrossim, o prazo fixado por horas, em que a intimação é pessoal (e não pela imprensa), vence à meia-noite do dia correspondente. Assim, *v.g.*, na indicação de bens à penhora, citada a devedora num dia, a nomeação deve ser feita no dia posterior.

Há prazos em que a *contagem é regressiva*, *v.g.*, na renovatória de locação, que deve ser proposta até seis meses, no mínimo, antes do término do contrato renovado. Assim, *v.g.*, vencendo-se o contrato a 18.02.2022, o prazo para ajuizamento da renovatória de locação findou a 18.08.2021. Deveras, na contagem regressiva dos prazos, deve-se observar também a regra do art. 224 do CPC, de sorte que o prazo não pode ter início em dia em que não houve expediente forense, mas sim no primeiro dia útil anterior.

O prazo de *decadência*, sob um *ângulo específico*, embora não se prorrogue, é mister anotar que há uma tendência em considerar-se *tempestiva a inicial ajuizada no primeiro dia útil subsequente ao término do prazo, se neste o fórum esteve fechado*, preceito aplicável à renovatória, rescisória, mandado de segurança etc.

O ato processual deve ser praticado dentro do prazo e "no horário do expediente forense". Assim, considera-se "horário normal" aquele em que o protocolo se encerra, "nos termos da lei de organização judiciária local".

De toda sorte, mantém-se íntegra a *Súmula nº 310 do STF* ("quando a intimação tiver lugar na sexta-feira, ou a publicação com efeito de intimação for feita neste dia, o prazo judicial terá início na segunda-feira imediata, salvo se não houver expediente, caso em que começará no primeiro dia útil que se seguir"). Assim, se a intimação for feita na sexta-feira, o primeiro dia do prazo será a segunda-feira, se nesta o fórum estiver aberto. Tratando-se de intimação feita em véspera de feriado, o primeiro dia útil subsequente será o primeiro do prazo.

---

[60] "Processual civil. Agravo interno no agravo em recurso especial. Contagem de prazos. Dias úteis. Suspensão do prazo por ato administrativo da presidência do TJRJ. Comprovação. Diário da Justiça Eletrônico. Documento idôneo. Recurso provido. 1. Conforme prevê o art. 219 do CPC/2015, '[n]a contagem de prazo em dias, estabelecido por lei ou pelo juiz, computar-se-ão somente os dias úteis'. 1.1. Não deve ser computado o dia no qual, por força de ato administrativo editado pela Presidência do Tribunal em que tramita o feito, foram suspensos os prazos processuais. 2. Para que o Tribunal destinatário possa aferir a tempestividade do recurso, é dever do recorrente comprovar, no ato da interposição, a ocorrência de feriado local ou da suspensão dos prazos processuais, nos termos do que determina o art. 1.003, § 6º, do CPC/2015, segundo entendimento firmado pela Corte Especial do STJ (AgInt no AREsp n. 957.821/MS, relatora p/ o acórdão Ministra Nancy Andrighi, Corte Especial, DJe de 19/12/2017) 2.1. No caso concreto, a agravante anexou, às razões do especial, cópia de página do Diário da Justiça Eletrônico do TJRJ – DJe/TJRJ, instrumento oficial para a publicação de atos do órgão judiciário local, na forma prevista pelo art. 4º da Lei Federal n. 11.419/2006. O documento reproduz o 'Ato Executivo TJ n. 167/2019', que dispôs sobre a suspensão dos atos processuais de processos eletrônicos em primeiro e segundo graus de jurisdição no dia 14 de agosto de 2019. 2.2. Tem-se, assim, que a parte apresentou documento idôneo para comprovar que houve a suspensão dos prazos processuais por um dia, que portanto não deve ser computado para se aferir o termo final da interposição do recurso, à míngua de se revelar como dia útil. 3. Agravo interno provido para afastar a extemporaneidade do recurso especial" (AgInt no AREsp 1.788.341/RJ, Rel. Min. Luis Felipe Salomão, Rel. p/ acórdão Min. Antonio Carlos Ferreira, 4ª Turma, j. 03.05.2022, *DJe* 1º.08.2022).

Forçado observar que qualquer prazo, uma vez decorrido, extingue, independentemente de declaração judicial, o direito de a parte praticar o ato previsto, ressalvando-se, sempre, que não marcando a lei outro prazo, as intimações somente obrigam o comparecimento depois de decorridas 48 (quarenta e oito) horas.[61]

Esta consequência drástica fez com que o legislador avaliasse determinadas situações especiais, tais como os feitos de interesse da Fazenda Pública e do Ministério Público, instituindo prerrogativas *pro populo*, haja vista que ambos, na prática dos atos processuais, atuam em prol do interesse público, bem como os prazos da Defensoria Pública, computando-se todos em dobro.

Destarte, a prerrogativa incide sempre que não haja previsão de prazo especial, *v.g.*, na ação popular onde a lei pressupõe que a parte passiva seja a Fazenda Pública.

A finalidade da norma excepcional é a proteção do interesse público; por isso, a Fazenda, diferentemente do particular, vela em juízo por objetos litigiosos difusos, tornando evidente que a prerrogativa não ofende o princípio isonômico encartado na Constituição Federal. A aplicação da máxima, *ubi eadem ratio ibi eadem dispositio* implica o Ministério Público gozar dessa mesma prerrogativa a qualquer título em que exerça seu *munus*, quer como parte, quer como fiscal da lei.

Às partes, em princípio, o legislador não consagra prazos especiais, mas há circunstâncias peculiares, *v.g.*, quando há litisconsórcio. Nesses casos, o legislador não foi insensível ao problema e dispôs que, os litisconsortes que tiverem (I) diferentes procuradores, (II) de escritórios de advocacia distintos, terão prazos contados em dobro para todas as suas manifestações, em qualquer juízo ou tribunal, independentemente de requerimento (art. 229 do CPC), exceção feita aos autos eletrônicos, nos quais desaparece a dificuldade de acesso em paralelo.

A contagem em dobro, pela sua razão de ser, aplica-se tanto aos prazos legais quanto aos judiciais, assim, tratando-se, por exemplo, de resposta do réu, o prazo para contestar é dobrado, porém, uno, iniciando-se da juntada aos autos do último mandado cumprido (art. 231, § 1º), diferentemente do que sucede na intimação (art. 231, § 2º).

Tratando-se de recurso, o direito de recorrer, inicia-se, para cada interessado, a partir da intimação, que pode não coincidir para todos. Neste caso, é dispensável o requerimento de prazo em dobro ou a apresentação das procurações na primeira metade do prazo, como sustentam alguns. Isto porque, a constatação de que há diferentes procuradores opera-se com a juntada das procurações a advogados diversos. Aliás, o Direito pretoriano e a doutrina assentaram entendimento no sentido de que é dispensável requerer-se o prazo em dobro, no caso de litisconsórcio passivo.

Interessante questão gravita em torno da hipótese em que um dos litisconsortes é a Fazenda Pública ou o Ministério Público. Nesses casos, aplica-se a estes últimos os arts. 180 e 183 do CPC, mas, ao particular, incide somente o art. 229, do CPC, de forma que cada um terá o seu próprio prazo em dobro, excetuados os autos eletrônicos.

Ocorrente o fato objetivo da diversidade de procuradores, a regra incide inexoravelmente. Desta forma, aplica-se o preceito, tanto no caso de *assistência litisconsorcial*, quanto no de *assistência simples*. À denunciação da lide, aplica-se esse prazo do art. 229 do CPC, para o denunciante e o denunciado quando instados a falar nos autos.

Outrossim, o benefício do prazo em dobro se conta a partir do momento em que a dualidade de profissionais se verifica em relação aos litisconsortes, ainda que no curso de prazo processual, sempre nos autos físicos. Nessa hipótese, a duplicação que se deve conceder é a do prazo faltante. Assim, *v.g.*, se no curso do prazo da resposta no rito comum sobrevém a duplicidade de advogados para os litisconsortes réus, decorridos 5 dias do referido prazo, o juiz deve conferir 20 dias restantes, resultantes do dobro dos 10 dias que faltavam para advir o termo *ad quem* da resposta. A recíproca é verdadeira: desfeito o litisconsórcio supervenientemente, os prazos em curso retomam a normalidade. De todo modo, a indevida concessão de prazo em dobro pelo juiz encerra decisão interlocutória.

---

[61] **"Art. 218.** Os atos processuais serão realizados nos prazos prescritos em lei.

§ 2º Quando a lei ou o juiz não determinar prazo, as intimações somente obrigarão a comparecimento após decorridas 48 (quarenta e oito) horas."

314 | CURSO DE DIREITO PROCESSUAL CIVIL • *Luiz Fux*

Ressalte-se, por oportuno, que a necessidade da atuação de diversos procuradores deve ser observada por ocasião da prática de cada ato processual. Assim, se a decisão judicial não causa gravame a um dos litisconsortes, o outro, que sucumbiu isoladamente, não poderá invocar o art. 229 do CPC quando da interposição de recurso.

As partes têm os seus prazos fixados em lei com o objetivo do atingimento da *causa finalis* do processo, por isso de nada adiantaria essa sistemática se o representante do juízo e seus auxiliares também não se submetessem ao império dos prazos. Como consectário, dispõe a lei os prazos para o magistrado (art. 226 do CPC).[62]

No mesmo diapasão, ao serventuário, salvo regra especial, incumbe remeter os autos conclusos no prazo de um dia e executar os atos processuais no prazo de cinco, contados da data em que houver concluído o ato processual anterior, se lhe foi imposto pela lei, ou da data em que tiver ciência da ordem, quando determinada pelo juiz. Para o fim de consignar a tempestividade no cumprimento das ordens, ao receber os autos, o serventuário deve certificar o dia e a hora em que delas ficou ciente (art. 228 do CPC), salvo nos autos eletrônicos, quando tal se opera automaticamente.[63]

4. VERIFICAÇÃO DOS PRAZOS E SUAS PENALIDADES

O legislador, ao estabelecer prazos, não o faz por meio de normas ditas imperfeitas, isto é, sem sanção correspondente. Ao revés, *as regras processuais são cogentes* por natureza. Consequentemente, em primeiro lugar, compete ao juiz verificar se o serventuário excedeu, sem motivo legítimo, os prazos, sendo certo que as partes, Ministério Público e Defensoria Pública também podem provocá-lo a respeito. Apurada a falta, cumprir-lhe-á mandar instaurar procedimento administrativo, na forma da Lei de Organização Judiciária (art. 233 e § 1º).

As obrigações quanto aos prazos se estendem aos advogados das partes que devem restituir os autos físicos no prazo legal. Aliás, constitui, também, infração disciplinar do advogado, reter, abusivamente, ou extraviar autos recebidos com vista ou em confiança, consoante dispõe o Estatuto da Advocacia (arts. 34, XXII, e 37, I, da Lei nº 8.906/1994). A retenção indevida de autos constitui procedimento temerário passível de ocasionar "dano processual" e caracterizar "litigância de má-fé".[64]

A atuação judicial enérgica *não exclui a de qualquer interessado cobrar os autos ao advogado que exceder o prazo legal*, sendo certo que, se intimado, não os devolver dentro de três dias, perderá o direito à vista fora de cartório e incorrerá em multa, correspondente à metade do salário mínimo vigente na sede do juízo. Uma vez apurada a falta, o juiz deve comunicar o fato à seccional local da Ordem dos Advogados do Brasil, para o procedimento disciplinar e imposição da multa.[65] A multa, a que se refere a lei, somente pode ser imposta pelo órgão de classe, *in casu*, a Ordem dos Advogados do Brasil (OAB).

---

[62] **"Art. 226.** O juiz proferirá:

I – os despachos no prazo de 5 (cinco) dias;

II – as decisões interlocutórias no prazo de 10 (dez) dias;

III – as sentenças no prazo de 30 (trinta) dias."

[63] **"Art. 228.** Incumbirá ao serventuário remeter os autos conclusos no prazo de 1 (um) dia e executar os atos processuais no prazo de 5 (cinco) dias, contado da data em que:

I – houver concluído o ato processual anterior, se lhe foi imposto pela lei;

II – tiver ciência da ordem, quando determinada pelo juiz.

§ 1º Ao receber os autos, o serventuário certificará o dia e a hora em que teve ciência da ordem referida no inciso II.

§ 2º Nos processos em autos eletrônicos, a juntada de petições ou de manifestações em geral ocorrerá de forma automática, independentemente de ato de serventuário da justiça."

[64] **"Art. 234.** Os advogados públicos ou privados, o defensor público e o membro do Ministério Público devem restituir os autos no prazo do ato a ser praticado."

[65] **"Art. 234.** (...)

§ 1º É lícito a qualquer interessado exigir os autos do advogado que exceder prazo legal.

§ 2º Se, intimado, o advogado não devolver os autos no prazo de 3 (três) dias, perderá o direito à vista fora de cartório e incorrerá em multa correspondente à metade do salário mínimo.

Parte IV • III — ATOS PROCESSUAIS | **315**

A regra sancionadora exige *interpretação não ampliativa*, razão pela qual somente se o profissional não devolver os autos "após a intimação" é que perde esse direito à vista fora do cartório.

A verificação dos prazos não faria sentido, se aplicável apenas aos advogados e serventuários, por isso extensiva também ao órgão do Ministério Público, ao representante da Fazenda Pública, à Defensoria Pública e a todos os que tenham em seu poder os autos do processo para a prática de atos necessários à condução da prestação de justiça.[66]

A obrigação de cumprimento dos prazos processuais compete primariamente aos juízes e tribunais, facultando-se, por conseguinte, a qualquer das partes ou ao órgão do Ministério Público, representar ao Presidente do Tribunal de Justiça contra o magistrado que excedeu os prazos previstos em lei. Distribuída a representação ao órgão competente, em geral o *Conselho Estadual da Magistratura* ou a respectiva *Corregedoria da Justiça Federal*, instaurar-se-á procedimento para apuração da responsabilidade, sendo certo que, no órgão colegiado, o relator, conforme as circunstâncias, poderá avocar os autos em que ocorreu excesso de prazo, designando outro juiz para decidir a causa, sem prejuízo do prosseguimento da representação.[67]

5. COMUNICAÇÃO DOS ATOS PROCESSUAIS[68]

O processo é informado pelo princípio do contraditório, segundo o qual seu resultado é fruto do trabalho de cooperação das partes.

Nesse segmento, ambos os interessados devem ser ouvidos acerca das postulações de seu adversário e, para isso, devem ser convocados. A convocação das partes ou de auxiliares do juízo para a prática de atos processuais compõe o tema acerca da "comunicação dos atos processuais".

Assim, *v.g.*, *a citação* é um ato de comunicação com a finalidade de convocar o réu ou o interessado a integrar a relação processual. A *intimação* é um ato de comunicação endereçada a um dos interessados na relação processual para que pratique determinada atividade. A *notificação*, por seu turno, visa a comunicar um fazer ou um não fazer sob pena de consequências jurídicas várias.

Destarte, quando o juízo pratica,[69] solicita ou determina a prática de atos processuais, sua manifestação pode ser comunicada mediante simples intimação pelo *Diário Oficial*. Casos há, entretanto, em que a determinação opera-se de um tribunal para um juiz, *v.g.*, a de se ouvirem testemunhas (por carta de ordem) ou, ainda, de um juízo de determinada comarca para o de outra (por carta precatória). Nesses casos, o juízo solicita a prática de atos através de um instrumento que se denomina "Carta".

---

§ 3º Verificada a falta, o juiz comunicará o fato à seção local da Ordem dos Advogados do Brasil para procedimento disciplinar e imposição de multa. (...)."

"Estatuto dos Advogados

Art. 7º São direitos do advogado (...):

XV – ter vista dos processos judiciais ou administrativos de qualquer natureza, em cartório ou na repartição competente, ou retirá-los pelos prazos legais;

XVI – retirar autos de processos findos, mesmo sem procuração, pelo prazo de dez dias."

[66] "Art. 234, § 4º. Se a situação envolver membro do Ministério Público, da Defensoria Pública ou da Advocacia Pública, a multa, se for o caso, será aplicada ao agente público responsável pelo ato."

[67] "Art. 235. Qualquer parte, o Ministério Público ou a Defensoria Pública poderá representar ao corregedor do tribunal ou ao Conselho Nacional de Justiça contra juiz ou relator que injustificadamente exceder os prazos previstos em lei, regulamento ou regimento interno.

§ 1º Distribuída a representação ao órgão competente e ouvido previamente o juiz, não sendo caso de arquivamento liminar, será instaurado procedimento para apuração da responsabilidade, com intimação do representado por meio eletrônico para, querendo, apresentar justificativa no prazo de 15 (quinze) dias. (...)."

[68] Toda atividade processual da parte interessa mais ou menos à outra. As alegações e provas produzidas visam a convencer o juízo em prol de uma parte e em prejuízo da outra. Em obediência ao contraditório mister que as partes tomem ciência dos atos que estão sendo praticados, o que se opera através da comunicação processual. Nesse sentido, **Chiovenda**, *Instituições*, vol. III, cit., p. 65.

[69] "Uma providência ou ato do juiz não pode ter qualquer eficácia se não é levado ao conhecimento dos interessados" (*in* **Hugo Alsina**, ob. cit., p. 740).

5.1 Comunicação eletrônica dos atos processuais

A regra secular de processo civil, que recomenda que "os atos e termos processuais independem de forma determinada, salvo quando a lei expressamente a exigir, considerando-se válidos os que, realizados de outro modo, lhe preencham a finalidade essencial", é consectária do princípio da instrumentalidade das formas.

Atento às novas formas de comunicação eletrônica, o legislador passou a permitir, de maneira gradual – culminando na novel legislação que traz, desde logo, previsão do meio eletrônico para intimações e recepção de petições – a informatização do processo judicial. Em breve digressão às décadas anteriores, cumpre mencionar a transmissão de atos por meio de fax, *v.g.*, ocorreu com a Lei nº 9.800/1999 e a Lei nº 10.259, de 12 de julho de 2001, que, no seu art. 8º, § 2º, facultou aos tribunais "organizarem seus serviços de intimação das partes e de recepção de petições por meio eletrônico".

Destaque-se, desde logo, que não sendo regra de processo, senão de procedimento, a novel franquia retira da reforma a eiva da inconstitucionalidade, porquanto, nesse campo, a Carta Maior permite a dualidade de legislações e a autonomia das unidades federadas através de seus tribunais.

Hodiernamente, os *e-mails* são hábeis a realizar atos de comunicação processual aqui e alhures.

Destarte, a eventual falibilidade do método vai implicar a aplicação das regras das nulidades com a tônica da repetição do ato quando sacrificados os fins de justiça do processo.

Atento a esses reclamos modernos, o legislador, conforme se colhe da exposição de motivos da lei, fez inserir disposições específicas acerca da prática eletrônica de atos processuais, dentre as quais se destaca o art. 193[70].

A justificativa remonta à alteração do Código anterior que promoveu inclusão de parágrafo único no art. 154, CPC de 1973. À época, lavraram-se os seguintes termos na exposição de motivos: "A sugestão de redação ao parágrafo único do art. 154 do CPC incorpora ao trâmite processual as inovações tecnológicas, os sistemas de comunicação modernos, que permitem a troca de informações e a prática de atividades de maneira eficiente, o que nos parece perfeitamente adequado aos princípios que balizam a política legislativa do governo referentes à reforma processual".

O recente CPC se coaduna perfeitamente com tais objetivos, ambicionando não só a celeridade processual, mas, sobretudo, a eficiência processual, possível a partir de tais inovações tecnológicas – finalidade reforçada pela Lei 14.195/2021, que tornou prioritária a citação por meio eletrônico.

Não se trata, entretanto, de "ditadura tecnológica" que limita o acesso à justiça daqueles que não possuem acesso ao meio eletrônico para buscar a satisfação de seus direitos. Muito pelo contrário, e sensível a essa realidade, o legislador fez constar no art. 198, CPC o fornecimento de equipamentos adequados para permitir tal acesso, bem como, previu que, na falta destes, deve ser admitida a prática de atos por meio não eletrônico[71]. Reitere-se, ainda, todos os esforços empreendidos pelo CNJ na proteção dos excluídos e dos vulneráveis digitais, conforme abordamos em item anterior (Resolução CNJ 341/2020 – Disponibilização de salas de Videoconferência nos Tribunais; Recomendação CNJ 101/2021 – Busca assegurar o acesso à Justiça aos excluídos digitais; e, Recomendação CNJ 130/2022 – Recomenda aos tribunais a instalação de Pontos de Inclusão Digital (PID), para maximizar o acesso à Justiça e resguardar os excluídos digitais).

A comunicação dos atos processuais pela via eletrônica também dinamiza significativamente o curso processual. Deveras, a Lei 14.195/2021 recentemente alterou de modo substancial a redação do art. 246 do CPC[72], passando a prever que a citação deve feita preferencialmente por meio

---

[70] "**Art. 193.** Os atos processuais podem ser total ou parcialmente digitais, de forma a permitir que sejam produzidos, comunicados, armazenados e validados por meio eletrônico, na forma da lei."

[71] "**Art. 198.** As unidades do Poder Judiciário deverão manter gratuitamente, à disposição dos interessados, equipamentos necessários à prática de atos processuais e à consulta e ao acesso ao sistema e aos documentos dele constantes.

Parágrafo único. Será admitida a prática de atos por meio não eletrônico no local onde não estiverem disponibilizados os equipamentos previstos no *caput*."

[72] "**Art. 246.** A citação será feita preferencialmente por meio eletrônico, no prazo de até 2 (dois) dias úteis, contado da decisão que a determinar, por meio dos endereços eletrônicos indicados pelo citando no banco de

eletrônico. Já quanto às intimações e cartas, a redação original do Código, a exemplo da Lei nº 11.419/2006, já estabelecia a preferência pela via eletrônica.

O protocolo eletrônico evita o deslocamento ao fórum do advogado, bem como a restrição de manifestações no processo ao horário de funcionamento do serviço forense[73]. Sendo assim, permite-se maior segurança e flexibilização na atividade do advogado, evitando um desgaste desnecessário, em virtude dos avanços da modernidade.[74]

Último ponto dentre os destacados, tem-se a equiparação das digitalizações de documentos públicos às vias originais, sobretudo no aspecto probatório, consoante encartado no art. 425, VI, CPC[75].

Por fim, ressalta-se a seção específica destinada pelo legislador à prática eletrônica de atos processuais que, a rigor, dispõe genericamente sobre o desígnio legal de informatização do processo e os meios para cumpri-lo. Vale dizer, a seção compreende os arts. 193 a 199, do CPC[76], embora, é necessário ressalvar, haja inúmeras outras disposições que tangenciam a matéria no diploma processual.

---

dados do Poder Judiciário, conforme regulamento do Conselho Nacional de Justiça. (Redação dada pela Lei nº 14.195, de 2021) (...)."

[73] **"Art. 213.** A prática eletrônica de ato processual pode ocorrer em qualquer horário até as 24 (vinte e quatro) horas do último dia do prazo.

Parágrafo único. O horário vigente no juízo perante o qual o ato deve ser praticado será considerado para fins de atendimento do prazo."

[74] Em interessante decisão, a Quarta Turma do Superior Tribunal de Justiça (STJ) entendeu que, embora o autor da petição judicial deva ter procuração nos autos, o protocolo do documento em sistema de peticionamento eletrônico pode ser feito por advogado sem procuração, nas seguintes hipóteses: a) petição nato-digital ou digitalizada, assinada eletronicamente com certificado digital por advogado com procuração nos autos, desde que a plataforma seja capaz de validar a assinatura digital; e b) documento digitalizado que reproduza petição impressa e assinada manualmente por advogado devidamente constituído no processo. Confira-se: "(...) 1. Cinge-se a controvérsia em definir se é admissível recurso cuja petição foi impressa, assinada manualmente por causídico constituído nos autos e digitalizada, mas o respectivo peticionamento eletrônico foi feito por outro advogado, este sem procuração. 2. O prévio credenciamento – mediante certificado digital ou cadastramento de login (usuário e senha) – permite, no primeiro momento, o acesso ao sistema de processo judicial eletrônico e, no segundo momento, o peticionamento eletrônico, sendo certo que o sistema lançará na respectiva petição a assinatura eletrônica do usuário que acessou o sistema, que pode ser digital (com certificado digital, nos termos do art. 1º, § 2º, III, a, da Lei n. 11.419/2006) ou eletrônica (alínea b subsequente, com o login de acesso - usuário e senha), a depender da plataforma de processo judicial eletrônico. 3. Na forma do § 2º do art. 228 do CPC, a juntada de petições em processos eletrônicos judiciais se dá de forma automática nos autos digitais a partir do protocolo no sistema de peticionamento eletrônico, independentemente de ato do serventuário da justiça, e o comando legal não restringe o protocolo eletrônico apenas a processos nos quais o advogado tenha procuração nos autos. 4. O art. 425, VI, do CPC, dispõe que as reproduções digitalizadas de qualquer documento, "quando juntadas aos autos (...) por advogados" fazem a mesma prova que o documento original, sem indicar a necessidade de o causídico possuir procuração nos autos, fixando o § 1º desse dispositivo legal o dever de preservação do original até o final do prazo para propositura da ação rescisória, evidentemente para permitir o exame do documento em caso de 'alegação motivada e fundamentada de adulteração'. 5. Assim, o peticionamento em autos eletrônicos, com a respectiva juntada automática, é atribuição que o novo CPC transferiu para o advogado, o que inclui a inserção de 'reproduções digitalizadas de qualquer documento público ou particular'. 6. Nesse contexto, revela-se admissível o protocolo de petição em sistema de peticionamento de processo judicial eletrônico por advogado sem procuração nos autos, desde que se trate de documento (i) nato-digital/digitalizado assinado eletronicamente com certificado digital emitido por Autoridade Certificadora credenciada, nos termos da MP n. 2.200-2/2001, por patrono com procuração nos autos, desde que a plataforma de processo eletrônico judicial seja capaz de validar a assinatura digital do documento; ou (ii) digitalizado que reproduza petição impressa e assinada manualmente também por causídico devidamente constituído no feito. 7. A falta de particularização do dispositivo de lei federal objeto de divergência jurisprudencial consubstancia deficiência bastante a inviabilizar a abertura da instância especial. Incidência da Súmula n. 284/STF. 8. Agravo interno provido para afastar o óbice da Súmula 115/STJ. Agravo em recurso especial conhecido para não conhecer do recurso especial" (AgInt no AREsp n. 1.917.838/RJ, Rel. Min. Luis Felipe Salomão, 4ª Turma, j. 23.08.2022, *DJe* 09.09.2022).

[75] **"Art. 425.** Fazem a mesma prova que os originais: (...)

VI – as reproduções digitalizadas de qualquer documento público ou particular, quando juntadas aos autos pelos órgãos da justiça e seus auxiliares, pelo Ministério Público e seus auxiliares, pela Defensoria Pública e seus auxiliares, pelas procuradorias, pelas repartições públicas em geral e por advogados, ressalvada a alegação motivada e fundamentada de adulteração."

5.2 Cartas

A carta diz-se de "ordem" quando emanada de um juízo superior para um juízo inferior; "precatória", quando de um juízo de uma comarca para o de outra e, "rogatória", quando de um país estrangeiro para outro.[77]

É nesse sentido que a lei dispõe que os atos processuais são cumpridos por ordem judicial ou requisitados por carta, conforme hajam de realizar-se dentro ou fora dos limites territoriais da comarca (art. 236 do CPC).[78]

As cartas têm um *mínimo de conteúdo* cujo escopo é facilitar a sua exigibilidade prática em juízo diverso daquele da qual promanou. Assim é que *são requisitos essenciais da carta de ordem, da carta precatória e da carta rogatória* (art. 260)[79]: (I) a indicação dos juízes de origem e de cumprimento do ato; (II) o inteiro teor da petição, do despacho judicial e do instrumento do mandato

---

[76] **"Art. 193.** Os atos processuais podem ser total ou parcialmente digitais, de forma a permitir que sejam produzidos, comunicados, armazenados e validados por meio eletrônico, na forma da lei.

Parágrafo único. O disposto nesta Seção aplica-se, no que for cabível, à prática de atos notariais e de registro.

Art. 194. Os sistemas de automação processual respeitarão a publicidade dos atos, o acesso e a participação das partes e de seus procuradores, inclusive nas audiências e sessões de julgamento, observadas as garantias da disponibilidade, independência da plataforma computacional, acessibilidade e interoperabilidade dos sistemas, serviços, dados e informações que o Poder Judiciário administre no exercício de suas funções.

Art. 195. O registro de ato processual eletrônico deverá ser feito em padrões abertos, que atenderão aos requisitos de autenticidade, integridade, temporalidade, não repúdio, conservação e, nos casos que tramitem em segredo de justiça, confidencialidade, observada a infraestrutura de chaves públicas unificada nacionalmente, nos termos da lei.

Art. 196. Compete ao Conselho Nacional de Justiça e, supletivamente, aos tribunais, regulamentar a prática e a comunicação oficial de atos processuais por meio eletrônico e velar pela compatibilidade dos sistemas, disciplinando a incorporação progressiva de novos avanços tecnológicos e editando, para esse fim, os atos que forem necessários, respeitadas as normas fundamentais deste Código.

Art. 197. Os tribunais divulgarão as informações constantes de seu sistema de automação em página própria na rede mundial de computadores, gozando a divulgação de presunção de veracidade e confiabilidade.

Parágrafo único. Nos casos de problema técnico do sistema e de erro ou omissão do auxiliar da justiça responsável pelo registro dos andamentos, poderá ser configurada a justa causa prevista no art. 223, *caput* e § 1º.

Art. 198. As unidades do Poder Judiciário deverão manter gratuitamente, à disposição dos interessados, equipamentos necessários à prática de atos processuais e à consulta e ao acesso ao sistema e aos documentos dele constantes.

Parágrafo único. Será admitida a prática de atos por meio não eletrônico no local onde não estiverem disponibilizados os equipamentos previstos no *caput*.

Art. 199. As unidades do Poder Judiciário assegurarão às pessoas com deficiência acessibilidade aos seus sítios na rede mundial de computadores, ao meio eletrônico de prática de atos judiciais, à comunicação eletrônica dos atos processuais e à assinatura eletrônica."

[77] **"Art. 237.** Será expedida carta:

I – de ordem, pelo tribunal, na hipótese do § 2º do art. 236;

II – rogatória, para que órgão jurisdicional estrangeiro pratique ato de cooperação jurídica internacional, relativo a processo em curso perante órgão jurisdicional brasileiro;

III – precatória, para que órgão jurisdicional brasileiro pratique ou determine o cumprimento, na área de sua competência territorial, de ato relativo a pedido de cooperação judiciária formulado por órgão jurisdicional de competência territorial diversa;

IV – arbitral, para que órgão do Poder Judiciário pratique ou determine o cumprimento, na área de sua competência territorial, de ato objeto de pedido de cooperação judiciária formulado por juízo arbitral, inclusive os que importem efetivação de tutela provisória.

Parágrafo único. Se o ato relativo a processo em curso na justiça federal ou em tribunal superior houver de ser praticado em local onde não haja vara federal, a carta poderá ser dirigida ao juízo estadual da respectiva comarca."

[78] **"Art. 236.** Os atos processuais serão cumpridos por ordem judicial.

§ 1º Será expedida carta para a prática de atos fora dos limites territoriais do tribunal, da comarca, da seção ou da subseção judiciárias, ressalvadas as hipóteses previstas em lei.

§ 2º O tribunal poderá expedir carta para juízo a ele vinculado, se o ato houver de se realizar fora dos limites territoriais do local de sua sede.

§ 3º Admite-se a prática de atos processuais por meio de videoconferência ou outro recurso tecnológico de transmissão de sons e imagens em tempo real."

conferido ao advogado; (III) a menção do ato processual, que lhe constitui o objeto; (IV) o encerramento com a assinatura do juiz.

A esse conteúdo, se necessário, o juiz deve mandar transladar, na carta, quaisquer outras peças que entender úteis e necessárias à diligência requisitada. Por exemplo, tratando-se de *exame pericial* sobre documento, este deve ser remetido em original, ficando nos autos reprodução fotográfica.

A carta de ordem e a carta precatória, por telegrama ou radiograma, devem conter, em resumo substancial, os requisitos mencionados no art. 260, bem como a declaração, pela agência expedidora, de estar reconhecida a assinatura do juiz. Naturalmente, nos autos eletrônicos, a comunicação se opera de maneira mais ágil, facilitando o cumprimento célere da carta.

Os elementos da carta, muito embora realizado em outro juízo, permitem, por exemplo, que as partes e seus advogados sejam comunicados da data em que uma testemunha vai ser ouvida alhures. Aliás, do contrário, nulifica-se o depoimento tomado sem essa prévia intimação aos advogados das partes. Essa intimação, em regra produz-se no juízo deprecante, porquanto o juízo deprecado, por ofício, noticia a data da realização do ato. Entretanto, se a parte menciona nos autos que constituiu advogado no juízo deprecado para acompanhar a carta, a intimação deve ser endereçada a este.

Deveras, em todas as cartas, o juiz deve declarar o prazo dentro do qual deverão ser cumpridas, atendendo à facilidade das comunicações e à natureza da diligência.[80]

Remetida que é de um juízo para outro, impõe-se que a carta tenha *caráter itinerante*, isto é, antes ou depois de ser-lhe ordenado o cumprimento, pode ser apresentada a juízo diverso do que dela consta, a fim de se praticar o ato, sem que haja necessidade de retornar ao juízo de origem, caso ocorra um equívoco de destinação.

O CPC de 1973 permitia a transmissão, em casos de urgência, da carta de ordem e da carta precatória por telegrama, radiograma ou telefone.[81] O atual Código, por outro lado, não repete tal artigo em virtude das inovações tecnológicas na comunicação, admitindo, preferencialmente, o meio eletrônico[82]. Contudo, haja vista as previsões dos arts. 264 e 265, CPC, percebe-se que não houve uma renúncia aos outros meios, sobretudo o telefone, a fim de comunicar prontamente o destinatário.

Nessa hipótese, a carta de ordem e a carta precatória, por telegrama, telefone ou meio eletrônico, devem conter, em resumo substancial, os requisitos mencionados acima para as cartas em geral.[83]

---

[79] **"Art. 260.** São requisitos das cartas de ordem, precatória e rogatória:

I – a indicação dos juízes de origem e de cumprimento do ato;

II – o inteiro teor da petição, do despacho judicial e do instrumento do mandato conferido ao advogado;

III – a menção do ato processual, que lhe constitui o objeto;

IV – o encerramento com a assinatura do juiz.

§ 1º O juiz mandará trasladar para a carta quaisquer outras peças, bem como instruí-la com mapa, desenho ou gráfico, sempre que esses documentos devam ser examinados, na diligência, pelas partes, pelos peritos ou pelas testemunhas.

§ 2º Quando o objeto da carta for exame pericial sobre documento, este será remetido em original, ficando nos autos reprodução fotográfica.

§ 3º A carta arbitral atenderá, no que couber, aos requisitos a que se refere o *caput* e será instruída com a convenção de arbitragem e com as provas da nomeação do árbitro e de sua aceitação da função."

[80] **"Art. 261.** Em todas as cartas o juiz fixará o prazo para cumprimento, atendendo à facilidade das comunicações e à natureza da diligência.

§ 1º As partes deverão ser intimadas pelo juiz do ato de expedição da carta.

§ 2º Expedida a carta, as partes acompanharão o cumprimento da diligência perante o juízo destinatário, ao qual compete a prática dos atos de comunicação.

§ 3º A parte a quem interessar o cumprimento da diligência cooperará para que o prazo a que se refere o *caput* seja cumprido."

[81] **"Código de Processo Civil de 1973**

Art. 205. Havendo urgência, transmitir-se-ão a carta de ordem e a carta precatória por telegrama, radiograma ou telefone."

[82] **"Art. 263.** As cartas deverão, preferencialmente, ser expedidas por meio eletrônico, caso em que a assinatura do juiz deverá ser eletrônica, na forma da lei."

[83] **"Art. 264.** A carta de ordem e a carta precatória por meio eletrônico, por telefone ou por telegrama conterão, em resumo substancial, os requisitos mencionados no art. 250, especialmente no que se refere à aferição da autenticidade."

É possível, ainda, a expedição de ordem ou precatória por "telefone".[84] Nesse caso, a execução da carta impõe ao secretário do tribunal ou ao escrivão do juízo deprecante transmiti-la pelo telefone, ao juízo em que houver de cumprir-se o ato, por intermédio do escrivão do primeiro ofício da primeira vara, se houver na comarca mais de um ofício ou de uma vara, observando, quanto aos requisitos, o conteúdo acima. O escrivão, por seu turno, no mesmo dia ou no dia útil imediato, deve telefonar ao secretário do tribunal ou ao escrivão do juízo deprecante, lendo-lhe os termos da carta e solicitando-lhe que lha confirme. Em sendo confirmada, o escrivão submeterá a carta a despacho.

Esses atos, em princípio, não se submetem à exibição *a priori*, do *pagamento das custas*. Entretanto, muito embora executados de ofício, a parte deve depositar na secretaria do tribunal ou no cartório do juízo deprecante, a importância correspondente às despesas que serão feitas no juízo em que houver de praticar-se o ato.[85]

Em qualquer caso, é lícito ao juiz recusar o cumprimento da carta precatória, devolvendo-a com despacho motivado quando não estiver revestida dos requisitos legais, carecer de competência, em razão da matéria ou da hierarquia ou tiver dúvida acerca de sua autenticidade (art. 267 do CPC).[86]

A incompetência que autoriza o juízo deprecado a recusar a carta, como se observa, é a absoluta, pois a recusa de cumprimento somente poderá ocorrer nos estritos termos do referido dispositivo, restando as demais matérias à cognição do juízo deprecante. Deveras, é possível ao juízo deprecado, ao receber a carta, suscitar conflito de competência entendendo-se competente para a causa na sua integralidade.

O iter procedimental dessa forma de comunicação implica que, resolvidos os incidentes ou não os havendo, e uma vez cumprida a carta, deve ser a mesma devolvida ao juízo de origem no prazo de dez dias, independentemente de traslado, pagas as custas pela parte (art. 268).

No ponto, imperioso observar que, graças à tecnologia, as cartas precatórias tornaram-se, frequentemente, desnecessárias, já que possível a oitiva de indivíduos residentes em outra comarca, por meio de videoconferência, pelo próprio juiz que conduz o feito e no curso da audiência de instrução. Nesse sentido, reitere-se a Resolução CNJ nº 354/2020, que instituiu o "cumprimento digital de ato processual e de ordem judicial".

A carta rogatória, posto endereçada a um país estrangeiro soberano, segue uma disciplina especial.

Em primeiro lugar, obedece, quanto à sua admissibilidade e modo de seu cumprimento, ao disposto na convenção internacional; à falta desta, é remetida à autoridade judiciária estrangeira, por via diplomática, depois de traduzida para a língua do país em que há de praticar-se o ato[87].

O Brasil expede as suas rogatórias e, também, cumpre as cartas estrangeiras. O cumprimento de carta rogatória estrangeira decorrente da cooperação jurisdicional internacional depende da

---

[84] **"Art. 265.** O secretário do tribunal, o escrivão ou o chefe de secretaria do juízo deprecante transmitirá, por telefone, a carta de ordem ou a carta precatória ao juízo em que houver de se cumprir o ato, por intermédio do escrivão do primeiro ofício da primeira vara, se houver na comarca mais de um ofício ou de uma vara, observando-se, quanto aos requisitos, o disposto no art. 264.

§ 1º O escrivão ou o chefe de secretaria, no mesmo dia ou no dia útil imediato, telefonará ou enviará mensagem eletrônica ao secretário do tribunal, ao escrivão ou ao chefe de secretaria do juízo deprecante, lendo-lhe os termos da carta e solicitando-lhe que os confirme.

§ 2º Sendo confirmada, o escrivão ou o chefe de secretaria submeterá a carta a despacho."

[85] **"Art. 266.** Serão praticados de ofício os atos requisitados por meio eletrônico e de telegrama, devendo a parte depositar, contudo, na secretaria do tribunal ou no cartório do juízo deprecante, a importância correspondente às despesas que serão feitas no juízo em que houver de praticar-se o ato."

[86] **"Art. 267.** O juiz recusará cumprimento a carta precatória ou arbitral, devolvendo-a com decisão motivada quando:

I – a carta não estiver revestida dos requisitos legais;

II – faltar ao juiz competência, em razão da matéria ou da hierarquia;

III – o juiz tiver dúvida acerca de sua autenticidade. (...)."

[87] Sob esse enfoque, o Brasil é signatário da Convenção Interamericana sobre Cartas Rogatórias (Panamá, 1975), aprovada pelo Dec. Leg. nº 61, de 19.04.1995, e do Protocolo Adicional à Convenção Interamericana sobre Cartas Rogatórias (Montevidéu, 1979), aprovada pelo Dec. Leg. nº 61, de 19.04.1995. Internamente, rege a matéria a Portaria nº 26, de 14.08.1990, do Chefe do Departamento Consular e Jurídico do Ministério das Relações Exteriores e do Secretário Nacional dos Direitos da Cidadania e Justiça.

Parte IV • III – ATOS PROCESSUAIS | **321**

concessão de exequibilidade (*exequatur*) pelo Superior Tribunal de Justiça, na forma de seu Regimento Interno e do disposto no Código.[88]

5.2.1 Carta precatória e rogatória. Efeito suspensivo

O Código de Processo dispõe que a carta precatória, a carta rogatória e o auxílio direto[89] suspenderão o julgamento da causa no caso previsto no art. 313, inciso V, alínea "b", quando, tendo sido requeridos antes da decisão de saneamento, a prova neles solicitada for imprescindível (art. 377).

Mercê da inovação essencialmente técnica quanto à eficácia suspensiva, a lei empreendeu um ajuste vocabular para categorizar o saneamento como "decisão", mais condizente com as características do ato praticado, tornando mais compreensível o dispositivo.

Não se pode ignorar, porém, que as cartas podem ser concedidas sem efeito suspensivo, hipótese em que serão juntadas aos autos a qualquer momento.

5.3 Citação[90]

Citação é o ato de comunicação processual por meio do qual, prioritariamente, se chama a juízo o réu, o executado ou o interessado, integrando-o à relação processual.[91] As expressões devem ser analisadas com o máximo elastério possível. Isso porque a citação também é considerada ato de integração do sujeito na relação processual, propiciador da defesa da legitimidade de suas pretensões em qualquer polo que ocupe no processo, ativo ou passivo. Assim, *v.g.*, ausente um litisconsorte necessário ativo, é através da citação que se promove o seu ingresso na relação processual.

Consubstanciando ato que permite ao sujeito participar do processo cujo direito vai ser debatido, a citação completa a relação processual e cumpre os postulados do contraditório e do devido processo legal.[92] Isso é o bastante para concluir-se que, para a validade do processo, é indispensável a citação inicial do réu.[93] A nulidade decorrente da falta de citação é de tal gravidade que a sanção consequente é declarável em embargos à execução ou em impugnação ao cumprimento da sentença do processo anterior, acaso o mesmo tenha corrido à revelia do réu ora executado. Não obstante, o vício é ainda impugnável em ação rescisória e, posteriormente, em ação declaratória de nulidade (*querela nullitatis*).

---

[88] **"Art. 36.** O procedimento da carta rogatória perante o Superior Tribunal de Justiça é de jurisdição contenciosa e deve assegurar às partes as garantias do devido processo legal.
§ 1º A defesa restringir-se-á à discussão quanto ao atendimento dos requisitos para que o pronunciamento judicial estrangeiro produza efeitos no Brasil.
§ 2º Em qualquer hipótese, é vedada a revisão do mérito do pronunciamento judicial estrangeiro pela autoridade judiciária brasileira."
"Art. 105, I, i, da CF: Compete ao Superior Tribunal de Justiça: I – processar e julgar, originariamente: (...) i) a homologação de sentenças estrangeiras e a concessão de *exequatur* às cartas rogatórias; (Incluída pela Emenda Constitucional nº 45, de 2004.)"

[89] Sobre o auxílio direto, veja-se os arts. 28 a 30 do Código.

[90] A respeito do tema, consulte-se **Pontes de Miranda**, *Comentários ao Código de Processo Civil*, cit., t. III (atualização de **Sergio Bermudes**); **Moniz de Aragão**, *Comentários*, cit., **Antonio Jandyr Dall'Agnol Júnior**, *Comentários ao Código de Processo Civil*, vol. III.

[91] **"Art. 238.** Citação é o ato pelo qual são convocados o réu, o executado ou o interessado para integrar a relação processual.
Parágrafo único. A citação será efetivada em até 45 (quarenta e cinco) dias a partir da propositura da ação."

[92] Assentou-se em magnífica sede doutrinária que a citação é de direito natural, quiçá Divino. Assim, **Fernando Della Rocca**, *Istituzioni di Diritto Processuale Canonico*, 1946, p. 186, notas; **João Mendes Junior**, ob. cit., 1918, p. 403 e 404.

[93] **"Art. 239.** Para a validade do processo é indispensável a citação do réu ou do executado, ressalvadas as hipóteses de indeferimento da petição inicial ou de improcedência liminar do pedido.
§ 1º O comparecimento espontâneo do réu ou do executado supre a falta ou a nulidade da citação, fluindo a partir desta data o prazo para apresentação de contestação ou de embargos à execução.
§ 2º Rejeitada a alegação de nulidade, tratando-se de processo de:
I – conhecimento, o réu será considerado revel;
II – execução, o feito terá seguimento."

Destarte, encerrando a citação providência consagradora dos postulados constitucionais do devido processo legal, do contraditório e da ampla defesa, os seus defeitos são aferíveis *ex officio*. Observe-se que o vício da falta de citação na hipótese de revelia suplanta o prazo no qual os vícios solidificam-se, que é o do transcurso do tempo necessário para a propositura da ação rescisória, por isso que pode ser suscitado a todo o momento em que se pretenda executar a decisão.

Obedecido o princípio da finalidade que informa as "nulidades", forçoso é concluir que o comparecimento espontâneo do réu manifestando ciência da demanda ou tão somente contestando o pedido, supre a falta de citação (art. 239, § 1º). Nada obsta, entretanto, que o demandado compareça, apenas, para arguir a nulidade da convocação, hipótese em que, sendo esta decretada, considerar-se-á feita a citação na data em que o réu ou o seu advogado forem intimados da decisão. A partir deste momento produzir-se-ão os efeitos do art. 240 do CPC, que se produziriam da data do ato material do próprio chamamento da convocação em si.

Interessante hipótese se revela quando decretada a nulidade da citação em segundo grau de jurisdição, hipótese em que se considera efetuada a citação na data da intimação, ao réu ou ao seu advogado, no juízo de origem.

Para que a intimação da decisão anulatória opere os efeitos da citação, a lei não exige que o advogado tenha poderes especiais para recebê-la, bastando aqueles de representação *ad judicia* e que habilitaram o profissional a intervir nos autos. A rejeição da arguição, como evidente, torna precluso o prazo da resposta, salvo se *ad eventum* enfrentou-se a questão de fundo do litígio no momento da arguição.

Em contrapartida, se a arguição for rejeitada pelo juiz em decisão agravável, não se reabre o prazo para resposta, salvo se provido o agravo.

A importância do ato citatório é de tal envergadura que *não se presume a sua regularidade*. Assim é que, *v.g.*, se o advogado não tem poderes para receber a citação, a simples retirada dos autos de cartório pelo mesmo não induz a aplicação da norma inserta no art. 239, § 1º, do CPC. Diferente é a hipótese em que, embora não formalizada a citação, o réu outorga mandato a advogado para defendê-lo em referido feito e há juntada do instrumento procuratório aos autos, estando, por isso, suprida a providência citatória.

Tratando-se de rito sumaríssimo (Juizados Especiais), o comparecimento do réu à audiência, para fins de conciliação e defesa, supre a falta de citação. Assim, se o réu comparece por advogado que não produz defesa[94] e nem alega irregularidade da citação, impõe-se a decretação da revelia.

A regra do comparecimento espontâneo, por seu turno, é aplicável às demais formas de tutela jurisdicional. Assim, *v.g.*, tem-se por suprida a citação pelo ingresso do executado no processo de execução, oferecendo bens à penhora ou impugnação à pretensa tutela satisfativa.

Em princípio, *efetua-se a citação em qualquer lugar em que se encontre o réu*.

A regra visa a facilitar a tarefa de comunicar-se a existência da demanda onde quer que se encontre o réu. Motivos excepcionais rompem o princípio, impedindo-se, *v.g.*, que não se proceda à citação, salvo para evitar o perecimento do direito, a quem estiver assistindo a qualquer ato de culto religioso; ao cônjuge ou a qualquer parente do morto, consanguíneo ou afim, em linha reta, ou na linha colateral em segundo grau, no dia do falecimento e nos sete dias seguintes; aos noivos, nos três primeiros dias de bodas; aos doentes, enquanto grave o seu estado (art. 244 do CPC).[95]

Outrossim, prerrogativa legal determina que o militar, em serviço ativo, seja citado na unidade em que estiver servindo se não for conhecida a sua residência ou nela não for encontrado (art. 243 do CPC).[96]

---

94 "Enunciado nº 10 FONAJE – A contestação poderá ser apresentada até a audiência de Instrução e Julgamento."

95 "**Art. 244.** Não se fará a citação, salvo para evitar o perecimento do direito:

I – de quem estiver participando de ato de culto religioso;

II – de cônjuge, de companheiro ou de qualquer parente do morto, consanguíneo ou afim, em linha reta ou na linha colateral em segundo grau, no dia do falecimento e nos 7 (sete) dias seguintes;

III – de noivos, nos 3 (três) primeiros dias seguintes ao casamento;

IV – de doente, enquanto grave o seu estado."

5.3.1 Efeitos da citação

A citação, como ato de integração do sujeito na relação processual concebida como *actus ad minus trium personarum*, produz *efeitos processuais e materiais*. A citação válida induz litispendência e faz litigiosa a coisa; e, ainda, quando ordenada por juiz incompetente, constitui em mora o devedor e interrompe a prescrição.

No diploma atual, portanto, a citação não gera prevenção do juízo, vez que o ato decisivo para tanto será o registro ou a distribuição do primeiro processo (art. 59).

A *litispendência* significa que, após a citação, não se pode *repetir a mesma ação* que está em curso, vale dizer, demanda que contenha o mesmo pedido, a mesma causa de pedir e seja travada entre as mesmas partes. É que o Estado-juiz só tem a obrigação de definir o litígio uma única vez com a força da imutabilidade da coisa julgada.

A *litigiosidade da coisa*, consoante reiterado, implica afetá-la aos fins do processo, quer seja bem corpóreo ou incorpóreo, coisa ou direito, "litigiosos". Essa afetação ao resultado do processo significa que o vencedor da demanda realizará a sentença sobre o patrimônio discutido, ainda que tenha havido alienação. Por isso afirma-se que, uma vez litigioso o bem ou direito, a alienação é absolutamente ineficaz em relação aos fins do processo. Decorrência desse postulado é a regra do art. 109 do CPC, segundo a qual a alienação da coisa litigiosa não altera a legitimidade das partes.

Outrossim, completa o cerco a qualquer alienação a previsão da fraude de execução que será objeto de estudo mais acurado no capítulo referente à teoria geral da execução.

A *interrupção da prescrição* retroage à data da propositura da ação muito embora a citação se realize posteriormente. Entretanto, esse efeito retro-operante, impõe à parte adotar as providências necessárias para a citação do réu nos 10 (dez) dias subsequentes ao despacho que a ordenar, não ficando prejudicada pela demora imputável exclusivamente ao serviço judiciário[97].

Igualmente, a citação do réu nos 10 dias subsequentes pode esbarrar na dificuldade que ocorre quando há litisconsórcio. A jurisprudência, amenizando o rigor do prazo, consagra que, tratando-se de litisconsórcio, a citação de um só dos litisconsortes, é suficiente para fins de interrupção da prescrição, salvo se o litisconsórcio for passivo simples, em que há pretensões distintas, no qual cada citação interrompe, individualmente, a prescrição. Inocorrendo a citação do réu, nesse prazo, a interrupção da prescrição ou da decadência se operará na data da efetiva integração do réu ao processo, não retroagindo à do despacho citatório.

Esse efeito pressupõe diligência do autor, por isso que não pode ser evitado por falha imputável ao mecanismo judiciário (Súmula nº 106 do E. STJ). Reversamente, se a falha for atribuída ao autor e a citação não se verificar nos prazos legais, não se considerará interrompida a prescrição ou a decadência à data da propositura. Assim, *v.g.*, se o autor indica erroneamente dados qualificadores do réu, como endereço, estado civil etc., e há necessidade de emenda da inicial, é da nova citação, se ainda for possível, que se vai verificar o efeito interruptivo da prescrição. Exemplo típico de ato imputável ao autor e que não obsta a decadência é a falta do depósito na ação rescisória cujo prazo decadencial de exercício é o de 2 (dois) anos do trânsito em julgado da decisão de mérito.

Destarte, reitera-se que, havendo litisconsórcio unitário ou necessário, a citação de um dos litisconsortes impede a prescrição em relação aos demais e pela mesma razão, a citação do devedor principal impede a prescrição quanto aos devedores com responsabilidade secundária, *v.g.*, no caso de citação da pessoa jurídica e a correspondente interrupção da prescrição quanto aos sócios com responsabilidade solidária. Relembre-se, outrossim, que, tratando-se de litisconsórcio facultativo com pretensões autônomas, cada citação interrompe a ação correspondente ao direito que se pretende fazer valer em juízo.

---

[96] **"Art. 243.** A citação poderá ser feita em qualquer lugar em que se encontre o réu, o executado ou o interessado. Parágrafo único. O militar em serviço ativo será citado na unidade em que estiver servindo, se não for conhecida sua residência ou nela não for encontrado."

[97] **"Súmula nº 106 do STJ:** Proposta a ação no prazo fixado para o seu exercício, a demora na citação, por motivos inerentes ao mecanismo da Justiça, não justifica o acolhimento da arguição de prescrição ou decadência."

Questão instigante é a relativa à interrupção da prescrição para a ação principal em razão da citação empreendida no pedido cautelar antecedente. Isso porque a citação interrompe a prescrição em relação à ação que tem por objeto determinado bem jurídico.

É evidente que as pretensões não alcançadas pela demanda ficam sujeitas à própria prescrição. Tratando-se de medida cautelar constritiva de bens ou restritiva de direitos, tornadas necessárias por obra de *periculum in mora* motivado pela parte adversa, revela-se legítimo que a citação engendrada no pleito cautelar suste a prescrição inerente à ação principal, porquanto revela iniciativa a impedir a perda da ação por inação da parte. Por outro lado, a propositura de medidas probatórias, *v.g.*, a produção antecipada de provas ou de medidas de comunicação processual, como as notificações etc. não têm o condão de interromper a prescrição.

O tema comporta uma digressão em relação à alegada "prescrição intercorrente" que é a que se opera depois de interrompida no curso do processo. Considerando que a prescrição, mesmo a intercorrente, pressupõe a inércia do titular da ação, não se lhe pode declarar se a paralisação do processo se deveu a fato inimputável ao autor, *v.g.*, quando o réu se oculta ou oculta os bens objeto da demanda, impondo a estagnação ao feito. A denominada prescrição intercorrente submete--se ao mesmo regime jurídico, sendo lícito ao juiz verificar o fato que deu causa à paralisação do processo com o fito de não chancelar a malícia do demandado, *v.g.*, não deve o juiz decretar a prescrição intercorrente se os autos foram retirados do cartório e não devolvidos, pelo advogado da parte contrária, fato possível de ocorrência à luz da práxis. Atualmente, existe previsão da referida modalidade prescritiva somente na fase de execução (art. 921 e parágrafos).

O juiz, na vigência do antigo CPC, podia, de ofício, conhecer da prescrição e decretá-la de imediato. Cabia ao escrivão, passada em julgado a sentença, comunicar ao réu o resultado do julgamento, uma vez que ele sequer havia sido citado, conforme disposto no § 5º do art. 219 do CPC/1973. Esse dispositivo havia de ser interpretado *cum granu salis*, porque pretendia-se conferir celeridade processual, mas se permitia que o juiz, de ofício, sem consultar as partes, emitisse julgamento de mérito, uma vez que a prescrição é instituto de direito material. Não pode, portanto, a lei processual revogar direito material, quanto mais sem contraditório das partes. Por esses motivos, tal previsão não foi repetida pelo CPC de 2015.

No diploma atual, o juiz pode reconhecer a prescrição e a decadência de ofício, mas somente as declarará após a oitiva das partes, salvo na hipótese de improcedência liminar do pedido, em que inexiste prejuízo para o réu.

Considere-se, por fim, que ainda quando ordenada por juiz incompetente, a citação "constitui em mora o devedor", se por outro motivo ele já não estiver constituído, *v.g.*, se a ação proposta tem como causa de pedir a própria mora do réu.

A citação *constitui o devedor em mora*, tratando-se de obrigação sem prazo anterior. Isto significa que o vencido pagará juros de mora desde o reconhecimento do direito lesado, o que retroage à propositura da ação na forma do art. 312 do CPC. Entretanto, se o devedor tiver sido demandado pelo fato da mora, a citação limitar-se-á a confirmá-la.

5.3.2 Modalidades de citação

Em regra, a citação é feita "pessoalmente" ao réu, ao seu representante legal ou ao procurador legalmente autorizado.

O menor, para ser citado, deve sê-lo na pessoa de seu representante legal, assim como a pessoa jurídica, observando-se os estatutos ou o contrato social. A citação ao procurador exige poderes especiais para receber a citação. Nesse particular, não há que se confundir o advogado da empresa e o seu representante legal, que avalia as consequências múltiplas da propositura da ação. Como consectário, é nula a citação da pessoa jurídica na pessoa de seu advogado, ainda que funcionário da sociedade, posto não ser o representante legal da empresa. Não obstante, por força do princípio da instrumentalidade das formas, tem-se admitido a discussão sobre se a notícia da demanda chegou ao conhecimento da entidade em razão de o advogado integrar o quadro de funcionários da empresa. Contudo, em nossa percepção, a eminência do ato citatório e as repercussões de sua nulidade recomendam prudência no aproveitamento de uma convocação írrita.

Imperioso assentar que não é o réu que deve demonstrar em juízo que o autor realizou corretamente a citação no representante legal, mediante a juntada de atos constitutivos, sob pena de revelia. É exatamente o contrário, posto constituir ônus do autor indicar a pessoa que representa a pessoa jurídica, ostentando poderes para receber a citação sob pena de nulidade.

O mesmo raciocínio deve ser empreendido quando citado empregado que "supostamente pode ter levado a notícia do ato citatório ao patrão", porquanto o *due process of law* tem como um de seus principais fundamentos a regularidade da convocação do demandado.

À regra da "pessoalidade da citação" seguem-se exceções legais ao admitir-se que estando o réu ausente, a citação se faça na pessoa de seu mandatário, administrador, preposto ou gerente, quando a ação se originar de atos por eles praticados (art. 242, § 1º).[98] O ausente a que a lei se refere não é o declarado como tal na forma da lei civil, mas aquele que normalmente estaria no lugar onde se pretendeu realizar a citação. Assim, *v.g.*, é ausente aquele que não se encontra na sede da empresa onde trabalha nem no seu domicílio. Outrossim, se o ato que se quer impugnar é derivado do seu gerente, válida é a citação na pessoa deste, ainda que fora da sede da pessoa jurídica.

Destarte, é válida a citação realizada através de procurador sem poder específico para recebê-la, mas com amplos poderes para representar o citando no Brasil. No mesmo diapasão, admite-se, como meio de conciliar o acesso à justiça e o direito de defesa, que o locador que se ausentar do Brasil sem cientificar o locatário de que deixou na localidade onde estiver situado o imóvel, procurador com poderes para receber citação, pode ser citado na pessoa do administrador do imóvel encarregado do recebimento dos aluguéis. Esse mesmo escopo informa os julgados no sentido de autorizar a mesma sistemática do locador que se ausenta, aos casos em que o mesmo *omite* seu endereço no contrato de locação.

Outra exceção legal à pessoalidade da convocação decorre da "doença permanente ou temporária" do citando. Isto porque, em princípio, não se promove a citação quando se verifica que o réu é demente ou está impossibilitado de recebê-la, caso em que, o oficial de justiça emite certidão, descrevendo minuciosamente a ocorrência. Levado o fato ao juízo, este deve nomear um médico a fim de examinar o citando e apresentar um laudo. Uma vez reconhecida a impossibilidade do recebimento da citação, o juiz nomeia ao citando um "curador *ad litem*", restrito à causa, muito embora na escolha obedeça o quanto possível à preferência estabelecida na lei civil. Ato contínuo, a citação é feita na pessoa do curador, a quem incumbirá a defesa do réu por si ou por advogado constituído se não tiver habilitação legal (art. 245, do CPC).

A importância do ato citatório ao ângulo das garantias fundamentais e a compreensão de sua finalidade e consequências formais e materiais fazem com que, reconhecida a impossibilidade de o réu receber citação, surja o dever de o juiz não só nomear um curador, como também determinar a intervenção do Ministério Público, sob pena de nulidade do processo.

---

[98] **"Art. 242.** A citação será pessoal, podendo, no entanto, ser feita na pessoa do representante legal ou do procurador do réu, do executado ou do interessado.

§ 1º Na ausência do citando, a citação será feita na pessoa de seu mandatário, administrador, preposto ou gerente, quando a ação se originar de atos por eles praticados.

§ 2º O locador que se ausentar do Brasil sem cientificar o locatário de que deixou, na localidade onde estiver situado o imóvel, procurador com poderes para receber citação será citado na pessoa do administrador do imóvel encarregado do recebimento dos aluguéis, que será considerado habilitado para representar o locador em juízo.

§ 3º A citação da União, dos Estados, do Distrito Federal, dos Municípios e de suas respectivas autarquias e fundações de direito público será realizada perante o órgão de Advocacia Pública responsável por sua representação judicial."

LC nº 73, de 10.02.1993 (Institui a Lei Orgânica da Advocacia-Geral da União e dá outras providências).

"Art. 35. A União é citada nas causas em que seja interessada, na condição de autora, ré, assistente, oponente, recorrente ou recorrida, na pessoa:

I – do Advogado-Geral da União, privativamente, nas hipóteses de competência do Supremo Tribunal Federal;

II – do Procurador-Geral da União, nas hipóteses de competência dos tribunais superiores;

III – do Procurador-Regional da União, nas hipóteses de competência dos demais tribunais;

(...)."

326 | CURSO DE DIREITO PROCESSUAL CIVIL • *Luiz Fux*

Tratando-se de *doença passageira*, é possível aguardar a convalescença ou desde logo nomear o curador.

A citação da União, dos Estados, do Distrito Federal, dos Municípios e de suas respectivas autarquias e fundações de direito público será realizada perante o órgão de Advocacia Pública responsável por sua representação judicial, nos termos do art. 242, § 3º[99]. Nesse sentido, registre-se que o STF, no julgamento da ADI 5.492, já reconheceu a constitucionalidade da expressão "dos Estados, do Distrito Federal e dos Municípios". Com efeito, cumpre destacar que é a própria Carta Magna, em seu art. 132[100], que estabelece caber aos procuradores do estado a representação judicial das unidades federadas.[101] Portanto, nada mais lógico, coerente e eficiente do que o disposto no art. 242, § 3º, do CPC/2015. Aliás, na mesma linha é o disposto no art. 75[102], impondo que serão representados em juízo, ativa e passivamente, a União, pela Advocacia-Geral da União, diretamente ou mediante órgão vinculado; o Estado e o Distrito Federal, por seus procuradores; e o Município, por seu prefeito, procurador ou Associação de Representação de Municípios, quando expressamente autorizada. Em outro giro, indubitável é a natureza processual da citação, inserindo-se, portanto, na competência privativa atribuída à União, nos termos do art. 22, inc. I[103], da Constituição.

As modalidades de citação, "quanto à forma", são diversas, a saber: prioritariamente, (I) por meio eletrônico; e, subsidiariamente, (II) pelo correio; (III) por oficial de justiça; (IV) pelo escrivão ou chefe de secretaria, se o citando comparecer em cartório; ou (V) por edital (art. 246 e § 1º-A do CPC).[104]

---

[99] **"Art. 242, § 3º.** A citação da União, dos Estados, do Distrito Federal, dos Municípios e de suas respectivas autarquias e fundações de direito público será realizada perante o órgão de Advocacia Pública responsável por sua representação judicial."

[100] **"Art. 132.** Os Procuradores dos Estados e do Distrito Federal, organizados em carreira, na qual o ingresso dependerá de concurso público de provas e títulos, com a participação da Ordem dos Advogados do Brasil em todas as suas fases, exercerão a representação judicial e a consultoria jurídica das respectivas unidades federadas. Parágrafo único. Aos procuradores referidos neste artigo é assegurada estabilidade após três anos de efetivo exercício, mediante avaliação de desempenho perante os órgãos próprios, após relatório circunstanciado das corregedorias."

[101] José Afonso da Silva inclusive adverte: "são (...) vedadas a admissão ou a contratação de advogados para o exercício das junções de representação judicial (salvo, evidentemente, impedimento de todos os procuradores) e de consultoria daquelas unidades federadas (salvo eventual contratação de pareceres jurídicos), porque essas funções não foram dadas aos órgãos, mas foram diretamente imputadas aos procuradores." (**José Afonso da Silva**. *Comentário contextual à Constituição*. 6. ed. São Paulo: Malheiros, 2009, p. 611).
Como preconiza Leonardo Carneiro da Cunha: "Na verdade, a Procuradoria Judicial e seus procuradores constituem um órgão da Fazenda Pública. Então, o advogado público quando atua perante os órgãos do Poder Judiciário é a Fazenda Pública presente em juízo. Em outras palavras, a Fazenda Pública se faz presente em juízo por seus procuradores. Segundo clássica distinção feita por Pontes de Miranda, os advogados públicos presentam a Fazenda Pública, não sendo correto aludir-se à representação. Com efeito, 'o órgão torna presente, portanto presenta a respectiva pessoa jurídica de cujo organismo faz parte. Esta é a razão pela qual não se haverá de exigir outorga de mandato pela União e demais entidades de direito público a seus respectivos procuradores'. Já se vê que, uma vez investido no cargo ou função, o procurador público adquire a representação (leia-se presentação) da Fazenda Pública, estando incluídos nessa presentação os poderes gerais para o foro." (**Leonardo Carneiro da Cunha**. *A Fazenda Pública em juízo*. 13. ed. Rio de Janeiro: Forense, 2016. p. 10-11).

[102] **"Art. 75.** É prorrogada, por trinta e seis meses, a cobrança da contribuição provisória sobre movimentação ou transmissão de valores e de créditos e direitos de natureza financeira de que trata o art. 74, instituída pela Lei nº 9.311, de 24 de outubro de 1996, modificada pela Lei nº 9.539, de 12 de dezembro de 1997, cuja vigência é também prorrogada por idêntico prazo.
§ 1º Observado o disposto no § 6º do art. 195 da Constituição Federal, a alíquota da contribuição será de trinta e oito centésimos por cento, nos primeiros doze meses, e de trinta centésimos, nos meses subseqüentes, facultado ao Poder Executivo reduzi-la total ou parcialmente, nos limites aqui definidos.
§ 2º O resultado do aumento da arrecadação, decorrente da alteração da alíquota, nos exercícios financeiros de 1999, 2000 e 2001, será destinado ao custeio da previdência social.
§ 3º É a União autorizada a emitir títulos da dívida pública interna, cujos recursos serão destinados ao custeio da saúde e da previdência social, em montante equivalente ao produto da arrecadação da contribuição, prevista e não realizada em 1999."

[103] **"Art. 22.** Compete privativamente à União legislar sobre:
I – direito civil, comercial, penal, processual, eleitoral, agrário, marítimo, aeronáutico, espacial e do trabalho;
(...)".

Citação por meio eletrônico

O atual ordenamento processual traz, como meio prioritário do ato citatório, o eletrônico. A modificação operada pela Lei 14.195/2021, na esteira do que denominou "racionalização processual", resta evidenciada pela reforma da redação do *caput* do art. 246: "A citação será feita preferencialmente por meio eletrônico, no prazo de até 2 (dois) dias úteis, contado da decisão que a determinar, por meio dos endereços eletrônicos indicados pelo citando no banco de dados do Poder Judiciário, conforme regulamento do Conselho Nacional de Justiça".

Como forma de operacionalizar a citação eletrônica, devem a Administração Pública e as empresas, públicas e privadas, manter cadastro nos sistemas do processo em autos eletrônicos de cada tribunal (art. 246, § 1º e § 2º). Por sua vez, as microempresas e as pequenas empresas que possuem endereço eletrônico cadastrado na Rede Nacional para a Simplificação do Registro e da Legalização de Empresas e Negócios (Redesim) ficam dispensadas dessa obrigação, porque tais dados devem ser compartilhados com o Poder Judiciário (art. 246, § 5º e § 6º). Tal obrigação é similar àquela do art. 1.051, constante desde o advento do Código, e cuja intenção é dupla: facilitar a execução do ato e assegurar sua validade, porque realizado nos moldes fornecidos pelo próprio citando.

Especificamente quanto ao instrumento para aperfeiçoar a citação, a lei processual menciona o correio eletrônico[105]. A mensagem deve conter orientações para que o réu possa confirmar o recebi-

---

[104] "**Art. 246.** A citação será feita preferencialmente por meio eletrônico, no prazo de até 2 (dois) dias úteis, contado da decisão que a determinar, por meio dos endereços eletrônicos indicados pelo citando no banco de dados do Poder Judiciário, conforme regulamento do Conselho Nacional de Justiça. (Redação dada pela Lei nº 14.195, de 2021)

§ 1º As empresas públicas e privadas são obrigadas a manter cadastro nos sistemas de processo em autos eletrônicos, para efeito de recebimento de citações e intimações, as quais serão efetuadas preferencialmente por esse meio. (Redação dada pela Lei nº 14.195, de 2021)

§ 1º-A. A ausência de confirmação, em até 3 (três) dias úteis, contados do recebimento da citação eletrônica, implicará a realização da citação: (Incluído pela Lei nº 14.195, de 2021)

I – pelo correio; (Incluído pela Lei nº 14.195, de 2021)

II – por oficial de justiça; (Incluído pela Lei nº 14.195, de 2021)

III – pelo escrivão ou chefe de secretaria, se o citando comparecer em cartório; (Incluído pela Lei nº 14.195, de 2021)

IV – por edital. (Incluído pela Lei nº 14.195, de 2021)

§ 1º-B. Na primeira oportunidade de falar nos autos, o réu citado nas formas previstas nos incisos I, II, III e IV do § 1º-A. deste artigo deverá apresentar justa causa para a ausência de confirmação do recebimento da citação enviada eletronicamente. (Incluído pela Lei nº 14.195, de 2021)

§ 1º-C. Considera-se ato atentatório à dignidade da justiça, passível de multa de até 5% (cinco por cento) do valor da causa, deixar de confirmar no prazo legal, sem justa causa, o recebimento da citação recebida por meio eletrônico. (Incluído pela Lei nº 14.195, de 2021)

§ 2º O disposto no § 1º aplica-se à União, aos Estados, ao Distrito Federal, aos Municípios e às entidades da administração indireta.

§ 3º Na ação de usucapião de imóvel, os confinantes serão citados pessoalmente, exceto quando tiver por objeto unidade autônoma de prédio em condomínio, caso em que tal citação é dispensada.

§ 4º As citações por correio eletrônico serão acompanhadas das orientações para realização da confirmação de recebimento e de código identificador que permitirá a sua identificação na página eletrônica do órgão judicial citante. (Incluído pela Lei nº 14.195, de 2021)

§ 5º As microempresas e as pequenas empresas somente se sujeitam ao disposto no § 1º deste artigo quando não possuírem endereço eletrônico cadastrado no sistema integrado da Rede Nacional para a Simplificação do Registro e da Legalização de Empresas e Negócios (Redesim). (Incluído pela Lei nº 14.195, de 2021)

§ 6º Para os fins do § 5º deste artigo, deverá haver compartilhamento de cadastro com o órgão do Poder Judiciário, incluído o endereço eletrônico constante do sistema integrado da Redesim, nos termos da legislação aplicável ao sigilo fiscal e ao tratamento de dados pessoais. (Incluído pela Lei nº 14.195, de 2021)"

[105] O Superior Tribunal de Justiça, em matéria criminal, anulou a citação realizada por aplicativo de mensagens (*WhatsApp*), ante a falta de certeza sobre a ciência do citando: "No caso, o contexto verificado recomenda a renovação da diligência, pois a citação por aplicativo de mensagem (*WhatsApp*) foi efetivada sem nenhuma cautela por parte do serventuário (Oficial de Justiça), apta a atestar, com o grau de certeza necessário, a identidade do citando, nem mesmo subsequentemente, sendo que, cumprida a diligência, o citando não subscreveu procuração ao defensor de sua confiança, circunstância essa que ensejou a nomeação de Defensor Público, que arguiu

mento, apresentando um código verificador específico. Isso é importante porque a dinâmica eleita pelo legislador exige que o citado confirme, em até três dias úteis, a citação. Caso contrário, será determinada outra modalidade de citação (postal, por oficial de justiça, editalícia). Nessas hipóteses, deve o réu, assim que falar nos autos, apresentar justa causa para a falta de confirmação que ensejou o dispêndio da realização de um novo ato comunicativo, sob pena de se configurar ato atentatório à dignidade da justiça, punível com multa de até cinco por cento do valor da causa (art. 246, § 1º-A; § 1º-B e § 1º-C).

Mais recentemente, até mesmo aplicativos de mensagem instantânea incorporados ao dia a dia da população, tais como WhatsApp e Telegram, têm sido utilizados para a realização de citações e intimações, com a sua validade sendo confirmada, nos termos da jurisprudência do STJ[106], desde que o ato atinja sua finalidade e se logre certeza da identidade do destinatário. No âmbito do pro-

---

a nulidade do ato oportunamente. (...) Ordem concedida para declarar a nulidade do ato de citação e aqueles subsequentes, devendo a diligência (citação por mandado) ser renovada mediante adoção de procedimentos aptos a atestar, com suficiente grau de certeza, a identidade do citando e com observância das diretrizes previstas no art. 357 do CPP" (HC 652.068/DF, 6ª Turma, Rel. Min. Sebastiao Reis Junior, j. 24.08.2021, *DJe* 30.08.2021).

[106] "*Habeas corpus*. Citação por WhatsApp. Validade do ato condicionada à certeza de que o receptor das mensagens trata-se do citando. Prejuízo configurado. Parecer da procuradoria-geral da república acolhido. Liminar ratificada. Ordem de habeas corpus concedida. 1. Embora não haja óbice à citação por WhatsApp, é necessária a certeza de que o receptor das mensagens trata-se do Citando. Precedente: STJ, HC 652.068/DF, Rel. Ministro Sebastião Reis Júnior, Sexta Turma, julgado em 24/08/2021, DJe 30/08/2021. 2. A Quinta Turma do Superior Tribunal de Justiça proferiu julgado no qual consignou que, para a validade da citação por WhatsApp, há 'três elementos indutivos da autenticidade do destinatário', quais sejam, 'número de telefone, confirmação escrita e foto individual' (HC 641.877/DF, Rel. Ministro Ribeiro Dantas, julgado em 09/03/2021, DJe 15/03/2021). Na hipótese, todavia, nenhuma dessas circunstâncias estão materializadas ou individualizadas, inequivocamente. 3. Não foi circunstanciado pelo Oficial de Justiça de que forma instrumentalizou a identificação digital do Réu, a despeito de a recognição no caso ser disciplinada por norma local mandatória. O art. 27 do Decreto Judiciário nº 400/2020 do Estado do Paraná, para onde foi deprecado o ato, regulamenta com rigor as cautelas para a diligência, exigindo que esse reconhecimento seja testificado por vídeo gravado. (...) (HC 699.654/SP, Rel. Min. Laurita Vaz, Sexta Turma, j. 16.11.2021, DJe 25.11.2021.) (...) 4. Esta Corte Superior de Justiça já se manifestou no sentido de que é válida a citação pelo aplicativo WhatsApp desde que contenha elementos indutivos da autenticidade do destinatário, como número do telefone, confirmação escrita e foto individual e só tem declarado a nulidade quando verificado prejuízo concreto ao réu. Precedentes. 5. O Tribunal de origem deixou bem registrado que, no caso concreto, foram observadas todas as diretrizes previstas para a prática do ato, sendo a lisura da citação do paciente pelo aplicativo WhatsApp demonstrada ao menos pelos seguintes elementos: número telefônico fornecido pelo concunhado; confirmação da sua identidade por telefone pelo oficial de justiça quando da citação e certificação realizada por ele; utilização do mesmo número de telefone para confirmação de sua identidade, com posterior comparecimento para interrogatório, pela autoridade policial; anuência quanto à realização do ato; informação de que o réu não possuía condições para contratação de profissional para patrocinar sua defesa, de modo que foi nomeada a Defensoria Pública. 6. Ora, fica cristalino que foi indicado com precisão todo o procedimento adotado para identificar o citando e atestar a sua identidade, o que garante a higidez das diretrizes previstas no artigo 357 do Código de Processo Penal. Destaque-se que, no mencionado dispositivo, não há exigência do encontro físico do citando com o oficial de justiça. Verificada a identidade e cumpridas as diretrizes previstas na norma procedimental, ainda que de forma remota, a citação é válida. 7. Ademais, o Código de Processo Penal, em seu art. 563, agasalha o princípio de que 'nenhum ato será declarado nulo, se da nulidade não resultar prejuízo para a acusação ou para a defesa'. 8. Agravo regimental desprovido" (AgRg no HC 685.286/PR, Rel. Min. Antonio Saldanha Palheiro, 6ª Turma, j. 22.02.2022, DJe 25.02.2022).
"Penal. Processual penal. Agravo regimental no *habeas corpus* substitutivo de recurso próprio. Citação por meio eletrônico. Possibilidade. Fundamentação idônea do acórdão recorrido. Ausência de demonstração de prejuízo. Nulidade inexistente. Constrangimento ilegal não evidenciado. Inexistência de novos argumentos hábeis a desconstituir a decisão impugnada. Agravo regimental desprovido. (...) III – Ainda no ano de 2017, o Conselho Nacional de Justiça (CNJ) aprovou, por unanimidade, a utilização do aplicativo WhatsApp como ferramenta de intimações. Esta foi a decisão tomada durante o julgamento virtual do Procedimento de Controle Administrativo (PCA), de nº 0003251-94.2016.2.00.0000, ao se contestar a decisão da Corregedoria do *eg.* Tribunal de Justiça do Estado de Goiás (TJGO), que proibia a utilização do mencionado aplicativo no âmbito do Juizado Civil e Criminal da Comarca de Piracanjuba/GO. IV – Em complemento, necessário salientar que a jurisprudência desta *eg.* Corte de Justiça há muito se firmou no sentido de que a declaração de nulidade exige a comprovação de prejuízo, em consonância com o princípio *pas de nullité sans grief*, consagrado no art. 563 do Código de Processo Penal, o que não foi demonstrado no presente caso. V – A citação por meio eletrônico, quando atinge a sua finalidade e demonstra a ciência inequívoca pelo réu da ação penal, como na presente hipótese, não pode ser simplesmente rechaçada, de plano, por mera inobservância da instrumentalidade das formas. Posteriormente, caso ela não se aperfeiçoe ou se verifique alguma irregularidade, poderá a defesa

cesso penal, a 5ª e 6ª Turmas do STJ consolidaram o entendimento de que o número do telefone, a confirmação escrita e foto do citando são elementos indutivos da autenticidade do destinatário.

Citação postal

Hodiernamente, a crescente onda da desformalização dos atos processuais e a necessidade da celeridade das comunicações erigiu a citação postal como forma prioritária dentre as demais, quando não tiver sido possível a citação por meio eletrônico. Ambas as formas alcançam qualquer comarca do País, dispensando-se, portanto, a precatória (art. 247). Desta sorte, salvante esses casos especiais e excepcionais, não é lícito descumprir a dinâmica ditada pelo art. 246, sob pena de nulidade absoluta.

Destarte, em algumas causas, o legislador cerca a citação de maiores cuidados, preferindo, se possível, que se realize através de *oficial de justiça*.

Nessa linha de raciocínio, a citação postal é vetada: a) *nas ações de estado, v.g.*, ações relativas a casamento, separação judicial, divórcio, poder familiar, tutela, curatela, interdição, declaração de ausência etc.; b) *quando o citando for pessoa incapaz absoluta ou relativamente*; c) *quando o citando pessoa de direito público, como consectário* das prerrogativas *pro populo*, cabendo a citação através da procuradoria, preferencialmente por meio eletrônico (art. 242, § 3º, c/c art. 246, §§ 1º e 2º); d) *quando o citando residir em local não atendido pela entrega domiciliar de correspondência*; e) *quando o autor requerer na própria petição inicial que a citação opere-se de outra forma*, desde que haja justificativa concreta a esse respeito (art. 247 do CPC).

O procedimento de cada modalidade é diverso. Assim é que uma vez deferida a *citação pelo correio*, o escrivão ou chefe da secretaria deve remeter ao citando cópias da petição inicial e do despacho do juiz, comunicando, ainda, o prazo para a resposta, o juízo e o cartório, com o respectivo endereço. Em seguida, a carta deve ser registrada para entrega ao citando, exigindo-lhe, o carteiro, ao fazer a entrega, que assine o recibo.

Tratando-se de pessoa jurídica, será válida a entrega a pessoa com poderes de gerência geral ou de administração, bem como a funcionário responsável pelo recebimento de correspondências, positivando-se a orientação já albergada pela jurisprudência[107] (art. 248 do CPC).[108] Em se tratando de pessoa jurídica estrangeira, tem-se alargado a interpretação dos termos, facilitando o ato citatório[109]. Inaceitável, por outro turno, que a citação de pessoa jurídica por carta com aviso de recebimento seja considerada apta se entregue a empregado, sem poderes de gerência ou administração.

Anote-se posicionamento jurisprudencial moderno que se seduz com o fato de que a carta entregue ao preposto da pessoa jurídica presume-se levada ao conhecimento de quem de direito, corrente essa que se baseia na prática judiciária trabalhista. Em consequência, reputa-se *ab initio* regular a convocação, sob essa forma, relegando ao citando a prova da nulidade do ato.

---

impugnar o ato pelos meios processuais adequados. Agravo regimental desprovido" (AgRg no HC 678.213/DF, Rel. Min. Jesuíno Rissato (Desembargador Convocado do TJDFT), 5ª Turma, j. 22.11.2022, *DJe* 29.11.2022).

[107] AgInt no AREsp 1357895/SP, Rel. Ministro Raul Araújo, 4ª Turma, j. 07.02.2019.

[108] "**Art. 248.** Deferida a citação pelo correio, o escrivão ou o chefe de secretaria remeterá ao citando cópias da petição inicial e do despacho do juiz e comunicará o prazo para resposta, o endereço do juízo e o respectivo cartório.

§ 1º A carta será registrada para entrega ao citando, exigindo-lhe o carteiro, ao fazer a entrega, que assine o recibo.

§ 2º Sendo o citando pessoa jurídica, será válida a entrega do mandado a pessoa com poderes de gerência geral ou de administração ou, ainda, a funcionário responsável pelo recebimento de correspondências.

§ 3º Da carta de citação no processo de conhecimento constarão os requisitos do art. 250.

§ 4º Nos condomínios edilícios ou nos loteamentos com controle de acesso, será válida a entrega do mandado a funcionário da portaria responsável pelo recebimento de correspondência, que, entretanto, poderá recusar o recebimento, se declarar, por escrito, sob as penas da lei, que o destinatário da correspondência está ausente."

[109] "Considerando-se que a finalidade destes dispositivos legais é facilitar a citação da pessoa jurídica estrangeira no Brasil, tem-se que as expressões 'filial, agência ou sucursal' não devem ser interpretadas de forma restritiva, de modo que o fato de a pessoa jurídica estrangeira atuar no Brasil por meio de empresa que não tenha sido formalmente constituída como sua filial ou agência não impede que por meio dela seja regularmente efetuada sua citação" (HDE 410/EX, Rel. Min. Benedito Gonçalves, Corte Especial, j. 20.11.2019).

330 | CURSO DE DIREITO PROCESSUAL CIVIL • *Luiz Fux*

A lei, em nosso entender, não deixa margens a dúvidas; por isso, se a carta é recebida por gerente de agência, sem poderes de representação, há nulidade da citação. Aliás a necessidade do AR (aviso de recebimento), assinado por quem de direito, afasta esta exegese deploravelmente flexível em face de um ato processual de tamanha repercussão jurídico-formal.

A citação pelo correio, não obstante ágil, deve ser engendrada de forma a respeitar o grau de importância que o ato citatório encerra. Por essa razão, os requisitos legais não podem ser postergados. Assim, nesta modalidade, para a validade da citação, não basta a entrega da correspondência no endereço do citando; o carteiro deverá fazer a entrega da carta ao destinatário, colhendo a sua assinatura no recibo.

É pacífico, na doutrina e na jurisprudência, que, na citação pelo correio, com aviso de recepção, exige-se que seja a entrega feita, contrarrecibo, pessoalmente ao citando ou a quem tenha poderes para receber a citação em seu nome. Era afastada, nessa linha e sob a égide do CPC/1973, a validade da citação postal recebida pelo porteiro de prédio de apartamentos. Com o advento do Código atual, passou-se a admitir que, em condomínios edilícios e loteamentos com controle de acesso, o porteiro possa receber a citação, salvo se declarar, por escrito, que o citando está ausente (art. 248, § 4º), desde que a afirmação seja verídica.

Citação por oficial de justiça

A terceira modalidade residual é a "citação por oficial de justiça" outrora a espécie preferencial e, hoje, residual, nos casos previstos no art. 247 do CPC ou quando frustrada a citação pelo correio (art. 249 do CPC).

A referida citação é instrumentalizada em *mandado*, que o oficial de justiça deve cumprir e que *deve conter*: (I) *os nomes do autor e do réu, bem como os respectivos domicílios ou residências*; (II) *o fim da citação, com todas as especificações constantes da petição inicial*; (III) *a sanção para o descumprimento, se houver*; (IV) *o dia, hora e lugar do comparecimento, à audiência de conciliação ou de mediação, se for o caso*; (V) *a cópia do despacho, da petição inicial (salvo nas ações de família[110] ou da decisão que deferiu tutela provisória*; (VI) *a assinatura do escrivão ou do chefe de secretaria e a declaração de que a subscreve por ordem do juiz.*

O mandado, sob o aspecto formal, é apresentado em breve relatório, posto entregar o autor em cartório, em regra, a própria petição inicial, com tantas cópias quantos sejam os réus, as quais, conferidas com o original, fazem parte integrante daquele.

Ao conteúdo mínimo do mandado pode somar-se algum outro elemento em razão da especialidade do procedimento. Assim, nas causas de rito sumaríssimo do Juizado Especial, por exemplo, o mandado deve conter, sob pena de nulidade, o dia, a hora e o lugar da audiência. Outrossim, alguns requisitos, se faltantes, podem ser superados; enquanto outros inquinam de nulidade a citação. Assim, *v.g.*, constitui mera irregularidade a omissão da assinatura do escrivão no mandado.

Destarte, é imperiosa a consignação do prazo para a defesa bem como as advertências da revelia. Nesse particular, pode ocorrer que o prazo do mandado esteja incorreto. Nessa hipótese, a falha do mecanismo judiciário não pode prejudicar a parte, razão pela qual, se o mandado consigna prazo maior que o concedido em lei, o excesso é considerado como justa causa, relevadora da intempestividade.

O oficial de justiça portando o mandado com os requisitos acima, deve procurar o réu e, onde o encontrar, citá-lo. Nesse mister, incumbe ao oficial de justiça ler o mandado e entregar a contrafé (uma cópia da petição inicial) ao réu, sendo certo que é nula a citação que não observa os requisitos essenciais para sua validade, sempre que houver prejuízo para as partes no processo. Ato contínuo, cumpre ao oficial portar por fé se o citando recebeu ou recusou a contrafé, obtendo a nota de ciente, ou certificando que o réu não a após no mandado.

---

[110] **"Art. 695.** Recebida a petição inicial e, se for o caso, tomadas as providências referentes à tutela provisória, o juiz ordenará a citação do réu para comparecer à audiência de mediação e conciliação, observado o disposto no art. 694.

§ 1º O mandado de citação conterá apenas os dados necessários à audiência e deverá estar desacompanhado de cópia da petição inicial, assegurado ao réu o direito de examinar seu conteúdo a qualquer tempo."

Parte IV • III – ATOS PROCESSUAIS | 331

É entendimento majoritário que, em princípio, essas solenidades não nulificam a citação salvo comprovação de prejuízo para o exercício da defesa. O oficial, na prática, ao advertir à parte a razão do ato, com a entrega *incontinenti* da contrafé, cumpre os postulados do dispositivo e decorrentes do princípio do contraditório.[111]

Citação com hora certa

A *citação por oficial de justiça apresenta uma subespécie denominada de citação com hora certa*, cujo escopo é impedir que a malícia do citando impeça o desenvolvimento regular do processo sem a conjuração do pleno exercício do direito de defesa em conciliação com o acesso à justiça.

A necessidade de citação com hora certa surge quando, por duas vezes, o oficial de justiça procura o citando em seu domicílio, residência, ou no endereço comercial (não, porém, necessariamente no mesmo dia), sem encontrá-lo, caso em que deve, havendo suspeita de ocultação, intimar a qualquer pessoa da família, ou em sua falta, a qualquer vizinho, que, no dia útil imediato voltará, a fim de efetuar a citação, na hora que designar (art. 252 do CPC). Nos condomínios edilícios ou nos loteamentos com controle de acesso, será válida a intimação feita a funcionário da portaria responsável pelo recebimento de correspondência.

Assente é o entendimento de que é nula a citação com hora certa se não era razoável presumir ocultação, *v.g.*, quando o oficial procura o citando em casa sabendo-o estar no seu endereço comercial. É o juiz que, diante das circunstâncias mencionadas pelo oficial de justiça, decide da regularidade da hora certa realizada. Não obstante, a atuação do oficial deva ser levada a efeito de ofício, diante da suspeita de ocultação.

A imediatidade é da essência da citação com hora certa; por isso, é nula a citação se o oficial, depois de procurar o réu duas vezes em dias diferentes, não a efetuar no dia imediato à segunda vez, isto é, no primeiro dia útil imediato. É que o decurso do tempo faz desaparecer a "objetividade" da suspeita de ocultação.

O caráter excepcional dessa modalidade impõe ao oficial, diante da suspeita, designar a hora certa em que retornará para fazer a citação, sob pena de nulidade. Nesse dia e hora designados, o oficial de justiça, independentemente de novo despacho, deve comparecer ao domicílio ou residência do citando, a fim de realizar a diligência; se o citando não estiver presente, o oficial de justiça procurará informar-se das razões da ausência, dando por feita a citação, ainda que o citando se tenha ocultado em outra comarca, lavrando a ocorrência, e deixando contrafé com pessoa da família ou com qualquer vizinho, conforme o caso, declarando-lhe o nome (art. 253).[112]

Ato contínuo, efetivada a citação com hora certa, o escrivão deve enviar ao réu carta, telegrama ou correspondência eletrônica, dando-lhe de tudo ciência, sob pena de nulidade (art. 254). A despeito da obrigatoriedade da carta, o prazo para contestar só terá início a partir da juntada do mandado aos autos, nos termos do art. 231, II, do CPC.

---

[111] **"Art. 251.** Incumbe ao oficial de justiça procurar o citando e, onde o encontrar, citá-lo:
I – lendo-lhe o mandado e entregando-lhe a contrafé;
II – portando por fé se recebeu ou recusou a contrafé;
III – obtendo a nota de ciente, ou certificando que o citando não a apôs no mandado."

[112] **"Art. 253.** No dia e hora designados, o oficial de justiça, independentemente de novo despacho, comparecerá ao domicílio ou residência do citando, a fim de realizar a diligência.
§ 1º Se o citando não estiver presente, o oficial de justiça procurará informar-se das razões da ausência, dando por feita a citação, ainda que o citando se tenha ocultado em outra comarca, seção ou subseção judiciárias.
§ 2º A citação com hora certa será efetivada mesmo que a pessoa da família ou o vizinho que houver sido intimado esteja ausente, ou se, embora presente, a pessoa da família ou o vizinho se recusar a receber o mandado.
§ 3º Da certidão da ocorrência, o oficial de justiça deixará contrafé com qualquer pessoa da família ou vizinho, conforme o caso, declarando-lhe o nome.
§ 4º O oficial de justiça fará constar do mandado a advertência de que será nomeado curador especial se houver revelia."

CURSO DE DIREITO PROCESSUAL CIVIL • *Luiz Fux*

De resto, no mandado deve constar a alerta de que será nomeado curador especial, em caso de revelia (art. 72, II). Toda essa plêiade de formalidades é necessária e sua falta contamina o processo.

Citação por edital

A "citação por edital" considerada uma forma "ficta", completa o quadro das modalidades de convocação do "réu". Nesta espécie de citação, acredita o legislador que as providências adotadas farão com que a notícia da convocação chegue ao conhecimento do citando. Não obstante, caso o réu se torne revel, o juiz deve nomear-lhe um "curador especial", tal como ocorre com a citação com hora certa, porquanto o legislador, apesar dos cuidados formais na convocação, assiste frustrados os seus esforços na comunicação processual engendrada (art. 72, II, do CPC).

A excepcionalidade da citação editalícia apresenta uma peculiaridade sancionatória: a parte que requerer a citação por edital, alegando dolosamente seus requisitos autorizadores, incorre em multa de cinco vezes o salário mínimo vigente na sede do juízo, que reverterá em benefício do citando (art. 258 do CPC).

A citação é feita por edital quando: (I) desconhecido ou incerto o réu; (II) ignorado, incerto ou inacessível o lugar em que se encontrar e (III) nos casos expressos em lei.

Caso típico de citação por edital, quando desconhecido ou incerto o réu, é o que ocorre em ação possessória contra grande número de invasores de imóvel, quanto aos não localizados na diligência exigida pelo art. 554, § 1º[113]. Do mesmo modo, sucede na ação de usucapião (art. 259, I) e na de recuperação ou substituição de título ao portador (art. 259, II).

Inacessível, para efeito de citação por edital, é, *v.g.*, o país que recusar o cumprimento de carta rogatória, retratando hipótese de "inacessibilidade jurídica", sem prejuízo, dos casos próprios de "inacessibilidade física" do lugar em que se encontra o réu, *v.g.*, numa localidade sem qualquer comunicação, no qual, a notícia de sua citação deve ser divulgada também pelo rádio, se na comarca houver emissora de radiodifusão (art. 256 do CPC).

A citação editalícia é constante nos casos em que o réu se encontra em "local incerto e não sabido", conforme certificado pelo oficial incumbido da diligência, *v.g.*, o réu que tendo pluralidade de domicílios ou de residências, nunca é encontrado, posto em local não sabido.

A citação do réu por edital, pela excepcionalidade que encerra, deve ser antecedida de diligências localizadoras do seu paradeiro, nos cadastros de órgãos públicos ou de concessionárias de serviços públicos, a exemplo da expedição de ofícios ao TRE (Tribunal Regional Eleitoral), à Secretaria da Receita Federal e a outros órgãos públicos, para que informem o endereço do citando. O auxílio das repartições nesses casos é imperioso para viabilizar o acesso à Justiça, haja vista que dificilmente a própria parte obterá os dados necessários diante do dever de sigilo daquele que tem os informes do demandado.

A validade da citação editalícia reclama, de toda sorte, o exaurimento de todos os meios de localização pessoal do réu. Assim, *v.g.*, não se pode pretender realizar validamente a citação por edital se o réu não foi procurado em todos os endereços pessoais e comerciais constantes dos autos. Contudo, uma vez esgotadas todas essas diligências e desconhecido o paradeiro do réu, a citação editalícia é válida, sendo indiferente que, posteriormente, seja descoberto o efetivo e atual endereço do demandado.

Outrossim, certo é que *é nula a citação por edital se previamente não foram esgotados todos os meios* possíveis para a localização do réu, *v.g.*, é nula a hipótese em que, embora o oficial de justiça certifique que o réu não foi encontrado no domicílio indicado na inicial, há nos autos outros endereços.

Entretanto, uma vez validamente citado o réu, editaliciamente, a sua validade persistirá, ainda que decretada a revelia e, posteriormente, venha a ser descoberto endereço atual. Significa dizer que a prova superveniente do paradeiro do demandado não tem o condão de nulificar com

---

[113] A modalidade *in foco* também é servil à convocação de litisconsortes quando multitudinário o fenômeno (litisconsórcio de multidões) em que é deveras difícil ao autor convocá-los, obstando o pleno exercício do direito de ação. O STF admitiu a citação por edital de 400 litisconsortes, a maioria de endereço ignorado e outros distribuídos por todo o país, sob fundamento de que "as normas processuais não podem ser interpretadas no sentido de impossibilitar o andamento da causa" (*RTJ*, 84/1.042).

Parte IV • III – ATOS PROCESSUAIS | **333**

efeito retro-operante a marcha processual, sendo hipótese que não se confunde com a nulidade decretada posto constar dos autos o local da residência onde o réu provou estar residindo no curso do procedimento, e não foi procurado.

A legislação processual, no afã de evitar a decretação da nulidade, além das causas justificadoras da citação por edital impõe requisitos indeclináveis que devem ser vigiados pelo juiz. Assim, são *requisitos da citação por edital*: (I) a afirmação do autor ou a certidão do oficial informando a presença das circunstâncias autorizadoras; (II) a publicação do edital na rede mundial de computadores, no sítio do respectivo tribunal e na plataforma de editais do Conselho Nacional de Justiça, que deve ser certificada nos autos; (III) a determinação, pelo juiz, do prazo, que variará entre 20 (vinte) e 60 (sessenta) dias, fluindo da data da publicação única ou, havendo mais de uma, da primeira; (IV) a advertência de que será nomeado curador especial em caso de revelia.

A comprovação dos requisitos imperativos se opera pela juntada aos autos de um exemplar de cada publicação. Atualmente, a publicação se dá na internet (sítio do tribunal e plataforma do CNJ), apenas se cogitando da publicação do edital nos jornais, em atenção a peculiaridades da comarca ou seção judiciária.[114]

Fundamental, é a fixação do prazo para a resposta que somente começa a fluir finda a dilação assinada pelo juiz. Assim, o prazo do edital (de 20 a 60 dias) é para que, no dia útil seguinte ao seu fim, se considere realizada a citação (art. 231, IV).

O conteúdo do edital conspira em favor do respeito ao princípio da ampla defesa, sendo, em consequência, nulo o processo se o autor promoveu a citação editalícia, sabendo o endereço do réu, aferível por documentos dos próprios autos. Nesse caso, a parte prejudicada pode impugnar o cumprimento de sentença (art. 525, § 1º, I) ou promover a ação rescisória.

Os requisitos inerentes ao próprio ato citatório, a consignação do prazo para contestar, adjunta-se o dever de estar clara a finalidade para a qual está sendo o réu convocado em juízo, com referência sucinta da ação e seu pedido, de forma a dar-lhe ciência daquilo que contra ele se pede e do que deve defender-se. A exigência não impede, contudo, que o edital possa ser resumido, desde que contenha os dados essenciais.

Advirta-se, por fim, que não basta a simples afirmação do requerente de que o réu está em lugar incerto e não sabido, para que se proceda à citação editalícia, cabendo ao juiz, averiguar a afirmação do autor e se há elementos nos autos revelando situação fática contrária.

5.4 Intimações

Intimação é o ato pelo qual se dá ciência a alguém dos atos e termos do processo (art. 269), *v.g.*, o réu que é intimado a falar sobre os documentos anexados pelo autor etc.

A manifesta diversidade de fins indica, claramente, que a intimação não substitui a citação; muito embora pela sua liturgia, a realização de uma citação em vez da intimação, supre a falta desta.

A intimação, em regra, faz-se ao advogado e não à parte, salvo disposição de lei em contrário, mas é nula quando feita com inobservância das prescrições legais, assemelhando-se neste passo ao ato citatório. Resta evidente que os defeitos da intimação podem ser supridos pela realização de outra, computando-se daí os prazos decorrentes.

---

[114] **"Art. 257.** São requisitos da citação por edital:

I – a afirmação do autor ou a certidão do oficial informando a presença das circunstâncias autorizadoras;

II – a publicação do edital na rede mundial de computadores, no sítio do respectivo tribunal e na plataforma de editais do Conselho Nacional de Justiça, que deve ser certificada nos autos;

III – a determinação, pelo juiz, do prazo, que variará entre 20 (vinte) e 60 (sessenta) dias, fluindo da data da publicação única ou, havendo mais de uma, da primeira;

IV – a advertência de que será nomeado curador especial em caso de revelia.

Parágrafo único. O juiz poderá determinar que a publicação do edital seja feita também em jornal local de ampla circulação ou por outros meios, considerando as peculiaridades da comarca, da seção ou da subseção judiciárias."

As intimações abrangem todos os atos do processo e efetuam-se *de ofício*, em processos pendentes, salvo disposição em contrário (art. 271 do CPC). Trata-se do sistema indireto de intimação.

O Código de 2015, porém, abriu margem para a utilização do sistema direto, de sorte que o advogado de uma das partes pode intimar o patrono da parte contrária, pelo correio, com ofício instruído com a cópia do despacho ou decisão, a ser posteriormente juntado aos autos, com aviso de recebimento. Apesar de facultativa, a prática pode ensejar maior celeridade nos atos comunicativos (art. 269, §§ 1º e 2º).

É exigida obediência a determinada forma, razão pela qual, se não realizadas por meio eletrônico (art. 270), consideram-se feitas as intimações pela só publicação dos atos no órgão oficial. A publicação, sob pena de nulidade, deve conter os nomes das partes e de seus advogados, suficientes para sua identificação.[115]

---

[115] **"Art. 272.** Quando não realizadas por meio eletrônico, consideram-se feitas as intimações pela publicação dos atos no órgão oficial.

§ 1º Os advogados poderão requerer que, na intimação a eles dirigida, figure apenas o nome da sociedade a que pertençam, desde que devidamente registrada na Ordem dos Advogados do Brasil.

§ 2º Sob pena de nulidade, é indispensável que da publicação constem os nomes das partes e de seus advogados, com o respectivo número de inscrição na Ordem dos Advogados do Brasil, ou, se assim requerido, da sociedade de advogados.

§ 3º A grafia dos nomes das partes não deve conter abreviaturas.

§ 4º A grafia dos nomes dos advogados deve corresponder ao nome completo e ser a mesma que constar da procuração ou que estiver registrada na Ordem dos Advogados do Brasil.

§ 5º Constando dos autos pedido expresso para que as comunicações dos atos processuais sejam feitas em nome dos advogados indicados, o seu desatendimento implicará nulidade.

§ 6º A retirada dos autos do cartório ou da secretaria em carga pelo advogado, por pessoa credenciada a pedido do advogado ou da sociedade de advogados, pela Advocacia Pública, pela Defensoria Pública ou pelo Ministério Público implicará intimação de qualquer decisão contida no processo retirado, ainda que pendente de publicação.

§ 7º O advogado e a sociedade de advogados deverão requerer o respectivo credenciamento para a retirada de autos por preposto.

§ 8º A parte arguirá a nulidade da intimação em capítulo preliminar do próprio ato que lhe caiba praticar, o qual será tido por tempestivo se o vício for reconhecido.

§ 9º Não sendo possível a prática imediata do ato diante da necessidade de acesso prévio aos autos, a parte limitar-se-á a arguir a nulidade da intimação, caso em que o prazo será contado da intimação da decisão que a reconheça."

"Lei nº 8.625, de 12.02.1993 (Lei Orgânica Nacional do Ministério Público):

Art. 41. Constituem prerrogativas dos membros do Ministério Público, no exercício de sua função, além de outras previstas na Lei Orgânica (...):

IV – receber intimação pessoal em qualquer processo e grau de jurisdição, através de entrega dos autos com vista."

"LC nº 73, de 10.02.1993 (Institui a Lei Orgânica da Advocacia-Geral da União e dá outras providências):

Art. 38. As intimações e notificações são feitas nas pessoas do Advogado da União ou do Procurador da Fazenda Nacional que oficie nos respectivos autos."

"Lei nº 9.028, de 12.04.1995 – Dispõe sobre o exercício das atribuições institucionais da Advocacia-Geral da União, em caráter emergencial e provisório, e dá outras providências:

Art. 6º A intimação de membro da Advocacia-Geral da União, em qualquer caso, será feita pessoalmente.

§ 1º O disposto neste artigo se aplica aos representantes judiciais da União designados na forma do art. 69 da Lei Complementar nº 73, de 1993 (*Vide* Medida Provisória nº 2.180-35, de 24.08.2001).

§ 2º As intimações a serem concretizadas fora da sede do juízo serão feitas, necessariamente, na forma prevista no art. 237, inciso II, do Código de Processo Civil" (Incluído pela Medida Provisória nº 2.180-35, de 24.08.2001).

"Medida Provisória nº 2.180-35, de 24 .08.2001

Art. 2º O art. 6º da Lei nº 9.028, de 12 de abril de 1995, passa a vigorar acrescido do seguinte §º, renumerando-se o atual parágrafo único para § 1º:

§ 2º As intimações a serem concretizadas fora da sede do juízo serão feitas, necessariamente, na forma prevista no art. 237, inciso II, do Código de Processo Civil" (NR).

"LC nº 80, de 12.01.1994 (Organiza a Defensoria Pública da União, do Distrito Federal e dos Territórios e prescreve normas gerais para sua organização nos Estados, e dá outras providências): **Art. 44.** São prerrogativas dos membros da Defensoria Pública da União (...):

Parte IV • III – ATOS PROCESSUAIS | **335**

Destarte, além dos advogados e das partes, em alguns feitos, intervém o Ministério Público ou a Defensoria Pública. Nessas hipóteses, a intimação desses órgãos deve ser feita pessoalmente ao agente público, a exemplo do que sucede com os advogados públicos. A intimação do Ministério Público, da Defensoria e da Advocacia Pública deve ser pessoal, isto é, há de ser feita à pessoa de seu representante, e o prazo para o respectivo recurso conta-se da data em que o feito é recebido na repartição administrativa correspondente a esses órgãos de atuação.

Ao princípio de que a publicação pela imprensa é, na impossibilidade de intimação por meio eletrônico, a forma de intimação corresponde a de que nas demais comarcas, se houver órgão de publicação dos atos oficiais, obedecer-se-á à regra geral; não o havendo, competirá ao escrivão intimar, de todos os atos do processo, os advogados das partes, pessoalmente, caso tenham domicílio na sede do juízo e por carta registrada, com aviso de recebimento, quando domiciliado fora do juízo (art. 273 do CPC).

O serviço de recortes do *Diário Oficial*, feito por empresa particular posto supletivo, não supera a publicação realizada pelo Diário Oficial, por isso não enseja justa causa, a relevar prazos, as deficiências imputadas àquele serviço. Igualmente, as informações dos terminais de computação dos tribunais não superam as intimações engendradas pelo *Diário Oficial* porquanto meros subsídios aos advogados, não superando as formas previstas na lei.

A decisão publicada em determinado dia em que o *Diário Oficial* não circulou, considera-se realizada quando disponibilizado o periódico para o público[116]. Essa publicação pela imprensa pode ser resumida bastando a menção de suas conclusões, os nomes das partes e de seus advogados, sendo que a omissão de um destes, quando a parte está representada *in solidum*, não constitui causa de nulidade.

Publicada a intimação no *Diário Oficial* em local diferente do destinado à comunicação dos atos judiciais, é de prudência, a fim de se resguardar o direito da parte vencida de recorrer, determinar-se a republicação. Por outro lado, a republicação pela imprensa, quando desnecessária, não acarreta restituição de prazo, sendo certo que, quando se realiza por ter havido erro do nome do advogado de uma das partes, só a esta aproveita, não havendo devolução de prazo para a outra.

De todo modo, a publicação no *Diário Oficial* refere-se à intimação ao advogado, que é a regra geral e, noticiada nos autos a outorga de poderes a outro procurador, é nula a intimação realizada no advogado substituído. A nulidade por ausência de publicação do nome do advogado é decretável de ofício, não sendo coberta, portanto, pela preclusão *pro judicato*. A intimação para a prática dos atos processuais tem como destinatário o advogado e não a parte. Assim, a omissão do nome do patrono de um dos litigantes acarreta evidente prejuízo à parte, ensejando a nulidade da intimação e a devolução do prazo.

A parte, por sua vez, é intimada, na forma do art. 274 do CPC, pelo correio, salvo disposição especial, admitindo-se, excepcionalmente, a sua intimação por edital, quando não seja possível localizá-la.

Em homenagem ao princípio da cooperação, surge a regra de que a parte deve manter seu endereço atualizado, nos autos, de sorte que a intimação dirigida àquele constante é válida, mesmo que não recebida pela parte, se não houver informado a modificação temporária ou definitiva. Nesse caso, o prazo começa a fluir da juntada aos autos do comprovante de entrega da correspondência (art. 274, parágrafo único). Doutrinariamente, tem-se que também as alterações subjetivas da lide

---

I – receber, inclusive quando necessário, mediante entrega dos autos com vista, intimação pessoal em qualquer processo e grau de jurisdição ou instância administrativa, contando-se-lhes em dobro todos os prazos; (Redação dada pela Lei Complementar nº 132, de 2009)"

"Súmula nº 117 do TFR: A regra do art. 236, § 2º, do Código de Processo Civil, não incide quando o Procurador da República funciona como advogado da União Federal, ressalvada a disposição inscrita no art. 25 da Lei nº 6.830, de 1980."

116 O termo inicial do prazo para a prática do ato incide no dia em que é publicada a decisão impugnada no *Diário da Justiça*, restando indiferente a data relativa à entrega em Estado diverso, do exemplar correspondente à assinatura do *Diário*. Tratando-se de decisão de Tribunal Federal sediado em outras unidades da Federação, o termo *a quo* para a prática do ato processual é o da circulação do *DJU* no Distrito Federal.

devem ser noticiadas no processo. Enquanto não denunciada nos autos a sucessão processual, é correta a publicação com o nome das partes primitivas.

A arguição de nulidade da intimação só interessa à parte prejudicada e deve ser alegada na primeira oportunidade que lhe cabe falar nos autos sob pena de preclusão. Para tanto, deve fazê-lo em tópico preliminar e, se o juiz acolhe o argumento, o ato será tido como inválido.

A falta do nome do réu na publicação feita pelo órgão oficial, ainda que constando o de seu advogado, tem-se por nula a intimação. Havendo litisconsórcio a publicação, em nome de um dos sujeitos do processo, seguida da expressão "e outros", supre eventual nulidade. Quando da publicação não figura o nome da parte, é nula a intimação quanto a ela; mas, se consta o nome da parte principal, seguido da expressão "e outros", a intimação é válida. Por outro lado, a ausência do número do processo não é suficiente para invalidar a intimação se a identificação é possível à luz do nome das partes e dos seus advogados.

Quando as partes estão representadas nos autos por diversos advogados e inexiste especificação quanto ao responsável pelas intimações, para a validade destas basta que da publicação conste o nome de qualquer deles, indistintamente. Se, dentre os vários advogados da parte, um só foi intimado pela imprensa a ele aplicam-se os motivos ensejadores da justa causa que autoriza o juiz a revelar os prazos processuais[117].

Sendo o substabelecimento feito sem reserva de poderes, é indispensável, para efeito de intimação, que da publicação conste o nome do novo advogado, substabelecido. Se o advogado, ao juntar substabelecimento, ainda que com reserva, pede que as intimações, daí por diante, sejam realizadas em seu nome, não pode valer a intimação feita ao advogado substabelecente. Em havendo advogado constituído expressamente para acompanhar o cumprimento de carta precatória, a este devem ser feitas as intimações.

Todo e qualquer impedimento ou alteração na constituição do patrocínio deve ser comunicado em juízo. Consequentemente, são válidas as intimações aos advogados substituídos ou impedidos se estes fatos não foram levados ao conhecimento do juízo. Também vale a intimação feita a advogado que substabeleceu sem reserva, se o substabelecimento deu entrada no protocolo do tribunal no mesmo dia em que foi realizada a intimação.

Quando o advogado é residente fora do juízo e é costumeiramente intimado por carta registrada com AR, impõe-se prestigiar essa modalidade visando a evitar surpresas para o intimado.

Há casos em que a lei exige a "intimação pessoal" da parte ou de seus advogados. À semelhança da modificação empreendida quanto à citação, as intimações também podem ser feitas às partes, aos

---

[117] "**Art. 272.** Quando não realizadas por meio eletrônico, consideram-se feitas as intimações pela publicação dos atos no órgão oficial.

§ 1º Os advogados poderão requerer que, na intimação a eles dirigida, figure apenas o nome da sociedade a que pertençam, desde que devidamente registrada na Ordem dos Advogados do Brasil.

§ 2º Sob pena de nulidade, é indispensável que da publicação constem os nomes das partes e de seus advogados, com o respectivo número de inscrição na Ordem dos Advogados do Brasil, ou, se assim requerido, da sociedade de advogados.

§ 3º A grafia dos nomes das partes não deve conter abreviaturas.

§ 4º A grafia dos nomes dos advogados deve corresponder ao nome completo e ser a mesma que constar da procuração ou que estiver registrada na Ordem dos Advogados do Brasil.

§ 5º Constando dos autos pedido expresso para que as comunicações dos atos processuais sejam feitas em nome dos advogados indicados, o seu desatendimento implicará nulidade.

§ 6º A retirada dos autos do cartório ou da secretaria em carga pelo advogado, por pessoa credenciada a pedido do advogado ou da sociedade de advogados, pela Advocacia Pública, pela Defensoria Pública ou pelo Ministério Público implicará intimação de qualquer decisão contida no processo retirado, ainda que pendente de publicação.

§ 7º O advogado e a sociedade de advogados deverão requerer o respectivo credenciamento para a retirada de autos por preposto.

§ 8º A parte arguirá a nulidade da intimação em capítulo preliminar do próprio ato que lhe caiba praticar, o qual será tido por tempestivo se o vício for reconhecido.

§ 9º Não sendo possível a prática imediata do ato diante da necessidade de acesso prévio aos autos, a parte limitar-se-á a arguir a nulidade da intimação, caso em que o prazo será contado da intimação da decisão que a reconheça."

Parte IV • III – ATOS PROCESSUAIS | **337**

seus representantes legais e aos advogados pelo correio ou, se presentes em cartório, diretamente pelo escrivão ou chefe de secretaria. A regra de forma alguma permite que se faça uma intimação pela outra, ou seja, da parte pelo seu advogado e vice e versa. Consequentemente, a designação de audiência deve ser intimada ao advogado; bem como o prazo para recorrer só flui a partir da intimação do patrono, embora a parte esteja ciente da decisão ou sentença até para cumpri-la.

A intimação realizada por carta ao advogado, considera-se efetivada na data da juntada do AR aos autos. Deveras, não há necessidade de entrega pessoal da correspondência ao advogado, senão a sua remessa para o endereço constante dos autos. Relembre-se, por oportuno, que se o advogado muda de endereço e não comunica ao juízo, vale a intimação feita para o endereço antigo. Destarte, nada impede que o advogado seja intimado por precatória.

Todas essas conclusões jurisprudenciais reveladas pela prática judiciária, não infirmam o "princípio do prejuízo" e o da "instrumentalidade das formas", considerando-se válida a intimação que a despeito de qualquer defeito formal tenha alcançado a sua finalidade sem sacrificar os fins de justiça do processo.

Assim é que o *ciente lançado nos autos* ou no livro de carga caracterizam intimação, mas a data certificada pelo escrivão prepondera sobre todas as demais.

Nesta forma de intimação do escrivão ao advogado, deve aquele, sob pena de nulidade, colher o ciente do patrono da parte ou, no caso de recusa, certificar as razões desta. Nesse caso, prevalece a certidão do escrivão até prova em contrário.

Seguindo a mesma sistemática da citação, faz-se a intimação por meio de oficial de justiça quando frustrada a realização por meio eletrônico e pelo correio.

O oficial, procedida a intimação, deve lavrar certidão contendo: (I) a indicação do lugar e a descrição da pessoa intimada, mencionando, quando possível, o número de seu documento de identidade e o órgão que a expediu; (II) a declaração de entrega da contrafé; (III) a nota de ciente ou certidão de que o interessado não a apôs no mandado (art. 275 do CPC).

Esses requisitos formais não devem ser postergados sob pena de ser considerada *nula a intimação*, salvo a comprovação da inexistência de prejuízo.

A prática judiciária informa ser comum a *recusa* dos intimados em *apor o ciente* no mandado. O fato é de somenos importância, porquanto, tendo o oficial de justiça atestado a realização da intimação e a recalcitrância da parte intimada, vale o ato, salvo se houver dúvida fundada em prova idônea. Assim, *v.g.*, a assinatura pelo executado, do auto de penhora dos bens firma a presunção de ciência da realização desta (*utile per inutile non vitiatur*).

As *intimações e as citações*, comprometidas com a prática de atos processuais, *fixam-lhes o prazo de iniciativa* que varia conforme a modalidade do ato de comunicação (art. 231)[118].

Desta sorte, *inicia-se o prazo*: (I) quando a citação ou intimação for *pelo correio*, da data de juntada aos autos do aviso de recebimento; (II) quando a citação ou intimação for *por oficial de justiça*, da data de juntada aos autos do mandado cumprido; (III) quando houver vários réus sendo citados, da data de juntada aos autos do último aviso de recebimento ou mandado citatório cumprido; (IV) quando houver vários réus sendo intimados, da data individual de cada intimação; (V) quando a citação ou intimação for feita *diretamente pelo escrivão ou chefe de secretaria*, da data de ocorrência do ato; quando o ato se realizar em cumprimento de carta de ordem, precatória ou rogatória, da data de sua juntada aos autos devidamente cumprida; (VI) quando a citação for por *edital*, do dia seguinte ao fim da dilação assinada pelo juiz; (VI) quando por *meio eletrônico*, do dia útil seguinte à consulta ao teor da citação ou intimação ou ao término do prazo para a consulta; (VII) quando *por carta*, da comunicação do cumprimento (art. 232) ou, na sua falta, da juntada aos autos de origem da carta cumprida; quando pela *imprensa oficial*, da data de publicação; quando por retirada dos autos, da data da carga.

---

[118] Nos juizados especiais, deve-se atentar para o Enunciado nº 13 do FONAJE: "Os prazos processuais nos Juizados Especiais Cíveis, contam-se da data da intimação ou ciência do ato respectivo, e não da juntada do comprovante da intimação, observando-se as regras de contagem do CPC ou do Código Civil, conforme o caso (nova redação – XXI Encontro – Vitória/ES)".

338 | CURSO DE DIREITO PROCESSUAL CIVIL • *Luiz Fux*

Forçoso convir, à luz do regime adotado pelo Código, que houve intenção de uniformizar a citação e a intimação quanto ao termo *a quo* dos prazos; isto é, em ambos, em princípio, o prazo inicia-se da juntada aos autos do mandado ou do aviso de recebimento.

O *litisconsórcio* implica um regime especial, por isso que, como regra, o prazo inicia-se a partir da juntada do último mandado de "citação". É que, nos casos de intimação de litisconsortes, como é possível a convocação isolada, a sistemática é diversa. Assim, na citação, o prazo para contestar ou responder começa a correr, para todos, da mesma data; não é assim na intimação, em que os inícios de prazo podem ser diferentes para cada interessado, segundo a juntada aos autos em datas diversas, dos mandados de intimação.

Destarte, na citação, somente com a juntada aos autos do último mandado devidamente cumprido é que começa a correr, para todos os réus, o prazo de apresentação da defesa. Por exemplo, no caso de desistência da ação contra réu ainda não citado (art. 335, § 2º, do CPC),[119] é necessária a intimação quanto aos demais para ter início o prazo da defesa.

A regra geral do art. 231 do CPC, não exclui, mas, ao revés, convive, com outras hipóteses especiais em que se considera efetivada a intimação. Nesse sentido, enquadra-se a teoria da "ciência inequívoca". Assim, inicia-se o prazo da ciência inequívoca que o advogado tenha do ato, decisão ou sentença, *v.g.*, *a retirada dos autos de cartório*, o pedido de restituição de prazo etc.

Por isso é que, em sendo retirados os autos do cartório, tem-se como intimado o advogado de todas as decisões e despachos pendentes (art. 272, § 6º)[120]. Em sendo os autos eletrônicos, porém, deverá ser aberta efetivamente a decisão, no entendimento da jurisprudência[121].

Hipóteses especiais podem ocorrer como a de réus citados através de modalidades diferentes, uns pessoalmente e outros por edital, casos em que o prazo para responder é comum e se inicia no momento em que se formalizar a última das citações.

Impõe-se, por fim, distinguir entre o início do prazo e o critério de contagem; por isso, aquele somente se inicia em dia útil, excluindo-se o dia do começo e incluindo o dia final se recair em dia em que haja expediente forense; do contrário, prorroga-se o prazo para o primeiro dia útil. Assim, *v.g.*, a juntada aos autos do mandado numa sexta-feira impõe que a contagem do prazo apenas se inicie na segunda-feira, posto que, excluído o dia do início, recaia num sábado (art. 224, § 3º, do CPC).

O prazo recursal se conta da data em que os advogados são intimados da decisão, da sentença ou do acórdão. Impõe-se, neste passo, verificar se a decisão foi proferida na presença do advogado (hipótese em que se lhe tornou íntima de imediato) ou posteriormente. Em princípio, *reputam-se intimados os advogados na própria audiência, quando nesta é publicada a decisão ou a sentença.* Havendo *antecipação da audiência*, o juiz, de ofício ou a requerimento da parte, deve mandar intimar pessoalmente os advogados para ciência da nova designação, sendo nula a intimação feita por publicação pela imprensa (art. 1.003 do CPC).

6. NULIDADES

As *atividades realizadas no processo*, quer pelas partes, quer pelo órgão jurisdicional, *não são livres*. Ao revés, toda e qualquer manifestação está condicionada a requisitos de tempo, lugar e modo de exteriorização. É o que se denomina "formas processuais".

A forma torna sensível o ato, conferindo-lhe realidade no mundo exterior (*forma dat esse rei*). Um sistema processual pode optar pela preponderância da forma oral ou escrita. Nesse último caso, atende-se ao valor "segurança" em detrimento da celeridade e da informalidade. Assim, *v.g.*,

---

[119] **"Art. 335, § 2º.** Quando ocorrer a hipótese do art. 334, § 4º, inciso II, havendo litisconsórcio passivo e o autor desistir da ação em relação a réu ainda não citado, o prazo para resposta correrá da data de intimação da decisão que homologar a desistência."

[120] STJ, AgRg no RESP 1.363.930-MG, 5ª Turma, Rel. Min. Marco Aurélio Bellizze, j. 17.10.2013 e STJ, AgRg no AgIn 1.281.312-DF, 5ª Turma, Rel. Min. Laurita Vaz, j. 18.05.2010.

[121] Para ter acesso ao conteúdo de decisão prolatada e não publicada nos autos eletrônicos, o advogado deverá acessar a decisão, gerando automaticamente, informação no movimento do processo acerca da leitura do conteúdo da decisão (AgInt no REsp 1592443/PR, Rel. Ministro Paulo de Tarso Sanseverino, 3ª Turma, j. 17.12.2018).

Parte IV • III – ATOS PROCESSUAIS | **339**

a petição inicial ordinariamente é escrita e, no procedimento dos juizados especiais, pode ser oral, assim como também a defesa.

Não obstante o escopo de garantia, o excesso de formas e ritualismos postergam a prestação jurisdicional, conforme se constata hodiernamente com o elevado grau de insatisfação gerado pela demora da resposta judicial, em decorrência das solenidades da ordinariedade.

A tendência hodierna insinua-se na direção da desformalização, mercê de as formas serem necessárias, visando a evitar desordem processual e incertezas, cercando o processo dos cuidados necessários para que o resultado do mesmo não seja fruto de equívocos formais. Assim, *v.g.*, a petição deve especificar o pedido e a *causa petendi* para manter o processo sob o domínio do contraditório e adstringir a atividade do juiz; a sentença tem seus elementos formais necessários para que a parte vencida possa apontar em que capítulo o juiz incidiu no vício da injustiça ou da ilegalidade, e assim por diante.

A *fonte das formas é a lei*, cabendo ao juiz mitigar as exigências do ordenamento toda vez que, a despeito da forma, o ato processual tiver alcançado a sua finalidade (art. 277[122]). Assim, o vício de forma ao realizar-se a citação não assume relevo se o demandado comparece ao processo. O fim alcançado torna de somenos importância a postergação da forma. Isto porque, a forma, como meio ou instrumento, não deve infirmar a questão de fundo, que é a substância do ato em si. A finalidade sobrepõe-se à simples obediência das regras processuais. Essa tônica é reflexo do "princípio da instrumentalidade", no sentido de que os atos processuais serão válidos sempre que preencherem as finalidades para as quais foram idealizados.[123]

Desatendida a forma, por mais simples que seja, e não alcançado o fim proposto, impõe-se destituir o ato de qualquer eficácia que pretendia produzir. A sustação de efeitos com a desconsideração do ato é uma sanção que se denomina "nulidade", impondo que se realize novamente a atividade.

As normas que são fontes das formas e a *fortiori* das nulidades protegem no espírito e na letra dos dispositivos, ora interesse público, ora interesse privado. No primeiro caso, em razão do valor sacrificado pelo deterioramento da forma, a lei impõe a sanção máxima que é a *nulidade absoluta*, impedindo todo e qualquer efeito do ato, permitindo a incoação estatal na unificação do vício e na decretação da sanção. Diz-se, assim, que na nulidade absoluta, o juiz deve decretá-la *ex officio*. Diversamente, quando tutelado interesse particular, o juiz para declarar a invalidade do ato deve aguardar a provocação da parte. Assim, *v.g.*, a citação postal reclama aviso de recebimento "em mão própria", sendo certo que a convocação do réu cumpre preceito de ordem pública. Desta sorte, o juiz de ofício pode determinar uma nova citação se a anterior desobedecer à forma legal, independentemente de qualquer provocação da parte. Observa-se que a iniciativa oficial do juízo só pode engendrar-se se o vício decorre de preterição de forma ditada para a proteção do processo e não do interesse das partes.

Nesse sentido, não pode suscitar a nulidade a parte que deu causa ao ato porque isso equivale a locupletar-se da própria torpeza (art. 276 do CPC). Ademais, mesmo nesses casos de iniciativa privada, a parte fica sujeita à preclusão por força da necessidade de prosseguir-se na busca da *causa finalis* do processo que é a definição do litígio (art. 278, parágrafo único, do CPC). Em ambos os casos, antes de se pronunciar a respeito da eliminação do ato, o juiz deve observar que, no processo, há um conjunto ou uma cadeia de atos, de sorte que uns estão ligados aos outros pela finalidade última, que é a prestação jurisdicional. Esse elo indissociável recomenda que o juiz analise a pa-

---

[122] **"Art. 277.** Quando a lei prescrever determinada forma, o juiz considerará válido o ato se, realizado de outro modo, lhe alcançar a finalidade."

[123] A instrumentalidade das formas impede a supremacia da questão de forma sobre a questão de fundo. **Frederico Marques** cita célebre passagem de **Chiovenda** na qual afirmava o italiano que: "O ideal do nosso tempo é que nenhum processo se perca por motivo de forma" (*Instituições*, vol. II, p. 313). Em congresso mundial de Processo Civil em Portugal, a regra do art. 244 do CPC de 1973 brasileiro (atual art. 277, CPC) foi considerada a mais bela de nosso planeta, exatamente por legalizar o princípio da instrumentalidade das formas. **Liebman** afirmava que, na apreciação do ato processual, a verificação de ter o ato atingido sua finalidade deveria prevalecer sobre a simples inobservância das regras formais (*Manuale*, 1955). Essa também é a opinião de **Calmon de Passos**, a quem se tributa a expressão "comprometimento com os fins de justiça do processo", nos seus *Comentários ao CPC*.

tologia dos atos processuais com essa visão de que eles objetivam a um fim e que, se destruídos, podem jogar por terra todos os demais que foram praticados.

Essa visão instrumental inspira uma série de regras *in procedendo* que o juiz deve observar antes de retirar a eficácia do ato processual praticado em detrimento do andamento do processo.

O juiz deve, em primeiro lugar, verificar se o ato, malgrado irregular, atingiu a sua finalidade.[124] Em segundo lugar, avaliar se a irregularidade causou prejuízo, isto é, prejudicou a parte, *v.g.*, a citação mesmo irritual cuja comunicação logrou chegar ao conhecimento do réu sem comprometer o "direito de defesa", ou mesmo, se puder decidir o mérito a favor da parte a quem aproveita a declaração de nulidade, conforme regra textual de aplicação do princípio do prejuízo (*pas de nullité sans grief*) – art. 282, § 1º, do CPC. Concluindo pelo atingimento da finalidade e pela ausência de prejuízo, o processo prossegue sem sancionar-se o ato com a nulidade, aproveitando-o tal como se nada de irregular tivesse acontecido.

Na "hipótese de realização com preterição" dos requisitos formais, impõe-se a "repetição". A inserção do ato processual no *conjunto* de outros, também, praticados com o escopo único da obtenção da resposta inicial, implica, por vezes, a sanção de *nulidade infligida ao ato anterior contamina o posterior*, porque, *v.g.*, se a audiência é nula, não pode subsistir a sentença que nela foi proferida; se a terceria foi negada irregularmente não podem prevalecer os atos praticados com a ausência do terceiro posteriormente admitido; se a penhora é nula, cai por terra a arrematação do bem penhorado etc. Portanto, o juiz, ao anunciar a nulidade, deve declarar os atos que são atingidos, ordenando as providências necessárias à repetição ou retificação (art. 282, *caput*, CPC), posto que, em princípio, anulado um ato, reputam-se de nenhum efeito todos os subsequentes que dele dependam.

Todavia, a nulidade de uma parte do ato não prejudica as outras, que dela sejam independentes (art. 281 do CPC). Assim, por exemplo, a omissão quanto ao julgamento da denunciação da lide implica apenas a necessidade de apreciação dessa intervenção, mantendo-se no mais o julgado, quanto à parte relativa ao pedido originário; se o processo tiver corrido sem o conhecimento do Ministério Público, o juiz deve anulá-lo apenas a partir do momento em que o órgão deveria ter atuado, mas somente após a oitiva do *Parquet*, que efetivamente analisará a existência de prejuízo (art. 279, *in fine*, do CPC). Esse princípio é decorrência de outro que recomenda que a anulação deve atingir apenas os atos que não possam ser aproveitados, que são aqueles que causam prejuízo à defesa exatamente pela irregularidade que neles se contém (art. 283 e parágrafo único).

7. NEGÓCIOS JURÍDICOS PROCESSUAIS

Importante instituto que consagrou a autonomia das partes no processo civil no atual Código é o negócio jurídico processual, conferindo flexibilização ao procedimento, na medida em que se privilegia a discussão do direito material e maior efetividade ao caso em particular[125].

---

[124] O IX Congresso Mundial de Direito Processual proclamou que é no Direito Processual Civil brasileiro que se encontra a mais bela regra processual do mundo, a saber, a insculpida no art. 277 do CPC, onde se proclama que "quando a lei prescrever determinada forma sem a cominação de nulidade, o juiz considerará válido o ato se, realizado de outro modo, lhe alcançar a finalidade" (STJ – *RJ*, vol. 683, p. 183).

[125] **Diogo Assumpção Rezende de Almeida**, *A contratualização do processo. Das convenções processuais no processo civil*, 2015, p. 128-186; **José Carlos Barbosa Moreira**, Convenção das partes sobre matéria processual. *Temas de Direito Processual*, terceira série, 1984; **José Carlos Barbosa Moreira**, O Neoprivatismo no Processo Civil. *Temas de Direito Processual*, nona série, 2007; **José Carlos Barbosa Moreira**, Os atos de disposição processual: primeiras reflexões. *Os Poderes do Juiz e o Controle das Decisões Judiciais: Estudos em homenagem à Professora Teresa Arruda Alvim Wambier*, 2008; **Antonio do Passo Cabral**, *Convenções processuais*, 2018; **Trícia Navarro Xavier Cabral**. Flexibilização Procedimental. *Revista Eletrônica de Direito Processual*, ano 4, 6º vol., jul./dez. 2010; Fredie Didier Jr., *Ensaios sobre os negócios jurídicos processuais*, 2021; **Cândido Rangel Dinamarco**; **Gustavo Henrique Righi Ivahy Badaró; Bruno Vasconcelos Carrilho Lopes**, *Teoria Geral do Processo*, 2020, p. 393-425; **Leonardo Greco**. Os atos de disposição processual – primeiras reflexões. In: **José Miguel Garcia Medina** et al (coords.). *Os poderes do juiz e o controle das decisões judiciais*: estudos em homenagem à Profa. Teresa Arruda Alvim Wambier, 2008, p. 290-304; **Pedro Henrique Nogueira; Antonio do Passo Cabral** (coords.). *Grandes temas do novo CPC – Negócios processuais*. Tomo I (2019) e Tomo II (2020); **Humberto Dalla Bernardina de Pinho; José Roberto Mello Porto**. *Manual de Tutela Coletiva*, 2021, p. 425-436.

As convenções processuais não são uma invenção do vigente diploma processual. Desde a vigência do Código *Buzaid*, por exemplo, é possível a transação entre as partes para extinguir um processo, a desistência conjunta de um prazo para recorrer de determinado ato do juiz, o pacto de impenhorabilidade de certo bem. Antes e atualmente, está o Código repleto de negócios processuais típicos, ou seja, expressos especificamente em lei.

A bem da verdade, o diploma de 2015 instituiu, a título de novidade, a cláusula geral de negociabilidade, privilegiando a autonomia das partes para, em caso de ato que não importe prejuízo a terceiros, nem mesmo à ordem processual propriamente dita, convencionarem sobre elementos processuais, *v.g.* o estabelecimento de prazos diferentes, a definição prévia de que provas serão admitidas no processo, o segredo de justiça aplicável a determinado caso em que seja interessante a ambos, etc.

Nesse sentido, o instituto guarda íntima relação com o princípio da cooperação, uma vez que cabe às partes empregarem esforços conjuntamente para o alcance de uma decisão justa e eficiente, sob a ótica do interesse público[126]. Sendo assim, devem ser observados os limites estabelecidos no art. 190 do CPC[127-128], que prevê referida norma autorizativa geral.

Inicialmente, devem-se respeitar (I) os requisitos de validade que se exigem para o negócio jurídico em geral, tratados pelo Direito Civil, atinentes aos sujeitos, à forma e ao objeto da avença. Em acréscimo, devem as partes serem (II) capazes para celebrar a convenção processual e (III) o objeto do pleito jurisdicional ser direito que admita autocomposição.

Preenchidos os requisitos, pode-se convencionar sobre situações jurídicas de direito processual (ônus, poderes, faculdades e deveres das partes) ou alterações do procedimento. Tal leque leva à conclusão de que o campo não é irrestrito. Não se pode admitir, portanto, que as partes convencionem entre si uma nova espécie de recurso aplicável ao seu processo. Contudo, podem convencionar a não interposição de recurso de determinados atos praticados pelo juiz.

Faz-se mister salientar que o negócio jurídico processual não se subordina ao juízo de conveniência do juiz. Cabe-lhe, tão somente, o exame de legalidade e validade do acordo realizado *a posteriori*. O magistrado, nesse sentido, atua como espectador da vontade das partes – quando esta se encontra de acordo com os ditames legais – e deve cooperar de modo a solucionar o processo da

---

[126] **Humberto Theodoro Jr.**, *Curso de Direito Processual Civil*, v. 1, Rio de Janeiro, Forense, 2016, p. 483.

[127] **"Art. 190.** Versando o processo sobre direitos que admitam autocomposição, é lícito às partes plenamente capazes estipular mudanças no procedimento para ajustá-lo às especificidades da causa e convencionar sobre os seus ônus, poderes, faculdades e deveres processuais, antes ou durante o processo.
Parágrafo único. De ofício ou a requerimento, o juiz controlará a validade das convenções previstas neste artigo, recusando-lhes aplicação somente nos casos de nulidade ou de inserção abusiva em contrato de adesão ou em que alguma parte se encontre em manifesta situação de vulnerabilidade."

[128] **"Enunciado nº 16 da I Jornada de Direito Processual Civil do CJF**: As disposições previstas nos arts. 190 e 191 do CPC poderão aplicar-se aos procedimentos previstos nas leis que tratam dos juizados especiais, desde que não ofendam os princípios e regras previstos nas Leis n. 9.099/1995, 10.259/2001 e 12.153/2009."
"Enunciado nº 17 da I Jornada de Direito Processual Civil do CJF: A Fazenda Pública pode celebrar convenção processual, nos termos do art. 190 do CPC."
"Enunciado nº 18 da I Jornada de Direito Processual Civil do CJF: A convenção processual pode ser celebrada em pacto antenupcial ou em contrato de convivência, nos termos do art. 190 do CPC."
"Enunciado nº 113 da II Jornada de Direito Processual Civil do CJF: As disposições previstas nos arts. 190 e 191 do CPC poderão ser aplicadas ao procedimento de recuperação judicial."
"Enunciado nº 114 da II Jornada de Direito Processual Civil do CJF: Os entes despersonalizados podem celebrar negócios jurídicos processuais."
"Enunciado nº 115 da II Jornada de Direito Processual Civil do CJF: O negócio jurídico processual somente se submeterá à homologação quando expressamente exigido em norma jurídica, admitindo-se, em todo caso, o controle de validade da convenção."
"Enunciado nº 152 da II Jornada de Direito Processual Civil do CJF: O pacto de impenhorabilidade (arts. 190, 200 e 833, I) produz efeitos entre as partes, não alcançando terceiros."
"Enunciado nº 153 da II Jornada de Direito Processual Civil do CJF: A penhorabilidade dos bens, observados os critérios do art. 190 do CPC, pode ser objeto de convenção processual das partes."

CURSO DE DIREITO PROCESSUAL CIVIL • *Luiz Fux*

forma que melhor atenda ao interesse comum das partes. Reputando-se válido o acordo, os efeitos que dele decorrerem retroagem ao momento de sua celebração[129].

A atuação do magistrado, no âmbito negocial, depende da extensão do objeto da convenção. Quando o negócio processual for bilateral, ou seja, apenas ensejar obrigações para as partes, o juiz apenas observará se é válido, assim entendido o acordo que não seja nulo, não seja inserido abusivamente em contrato de adesão e em que ambas as partes não estejam em situação de vulnerabilidade.

Por outro lado, há avenças que, por vincularem o magistrado, dependerão do assentimento do julgador, ainda que sob a forma de homologação.

7.1 Calendário processual

Nessa linha, o Código afirma ainda que se pode fixar um calendário processual para a prática de seus atos (art. 191, CPC[130]).[131]

Trata-se de instrumento que visa a potencializar o princípio da duração razoável do processo, em consonância com o princípio da cooperação, afigurando-se como ferramenta útil para processos que demandam perícias complexas, eventualmente em outras comarcas, e que garante um mínimo de garantia de eficiência – e, por conseguinte, maior grau de segurança jurídica – às partes. Funciona em prol da economia processual, sobretudo, por dispensar as intimações para os atos definidos no calendário (art. 191, § 2º).

Tratando-se de negócio jurídico processual plurilateral, partes e juiz, em comum acordo, devem definir as datas, para aquela demanda específica. Apenas justificada e excepcionalmente poderá o magistrado afastar o acordado no calendário processual (art. 191, § 1º)[132].

---

[129] **Leonardo Greco**, *Os atos de disposição processual: primeiras reflexões*, in: Os poderes do juiz e o controle das decisões judiciais: estudos em homenagem à Professora Tereza Arruda Alvim Wambier, 2008, p. 290-291.

[130] **"Art. 191.** De comum acordo, o juiz e as partes podem fixar calendário para a prática dos atos processuais, quando for o caso.

§ 1º O calendário vincula as partes e o juiz, e os prazos nele previstos somente serão modificados em casos excepcionais, devidamente justificados.

§ 2º Dispensa-se a intimação das partes para a prática de ato processual ou a realização de audiência cujas datas tiverem sido designadas no calendário."

[131] FPPC, Enunciado 19: (art. 190) São admissíveis os seguintes negócios processuais, dentre outros: pacto de impenhorabilidade, acordo de ampliação de prazos das partes de qualquer natureza, acordo de rateio de despesas processuais, dispensa consensual de assistente técnico, acordo para retirar o efeito suspensivo de recurso, acordo para não promover execução provisória; pacto de mediação ou conciliação extrajudicial prévia obrigatória, inclusive com a correlata previsão de exclusão da audiência de conciliação ou de mediação prevista no art. 334; pacto de exclusão contratual da audiência de conciliação ou de mediação prevista no art. 334; pacto de disponibilização prévia de documentação (pacto de *disclosure*), inclusive com estipulação de sanção negocial, sem prejuízo de medidas coercitivas, mandamentais, sub-rogatórias ou indutivas; previsão de meios alternativos de comunicação das partes entre si; acordo de produção antecipada de prova; a escolha consensual de depositário-administrador no caso do art. 866; convenção que permita a presença da parte contrária no decorrer da colheita de depoimento pessoal. 16-17-18 (Grupo: Negócio Processual; redação revista no III FPPC- RIO, no V FPPC-Vitória e no VI FPPC-Curitiba).

FPPC, Enunciado 21: São admissíveis os seguintes negócios, dentre outros: acordo para realização de sustentação oral, acordo para ampliação do tempo de sustentação oral, julgamento antecipado da lide convencional, convenção sobre prova, redução de prazos processuais.

FPPC, Enunciado 131: Aplica-se ao processo do trabalho o disposto no art. 190 no que se refere à flexibilidade do procedimento por proposta das partes, inclusive quanto aos prazos.

FPPC, Enunciado 299: O juiz pode designar audiência também (ou só) com objetivo de ajustar com as partes a fixação de calendário para fase de instrução e decisão.

[132] "O juiz deverá ter o cuidado de velar por eventual abuso dessa possibilidade de alteração, de forma que o calendário, que deveria servir como uma forma de tornar o procedimento mais lógico no tempo, não funcione como uma tentativa de procrastinação e manipulação por uma das partes" (**Nelson Nery Júnior** e **Rosa Maria Andrade Nery**. *Código de Processo Civil comentado*, 2020).

IV
FORMAÇÃO, SUSPENSÃO E EXTINÇÃO DO PROCESSO

1. GENERALIDADES

O processo como relação jurídica foi comparado, em sede doutrinária singular, com a própria vida; na complexidade de sua existência, ele, o processo, nasce e morre. Deveras, o processo durante a sua existência pode submeter-se a crises que alteram o curso normal da sua vida. Esse itinerário vivencial da relação processual é versado nos dispositivos referentes à "formação, suspensão e extinção do processo".

A formação do processo corresponde à sua instauração gradual, com a primeira aparição do autor através da demanda e posterior convocação do demandado, em respeito aos princípios constitucionais do "contraditório", do "devido processo legal", e da ampla defesa.

A *extinção do processo*, em regra, efetiva-se pela exaustão da função jurisdicional com a resposta do Judiciário ao pedido da parte através da resolução de mérito. Esta é a sentença que define o litígio, daí denominar-se outrora, "sentença definitiva". Conforme observamos precedentemente, há casos em que, por força de uma crise, "não surge para o juiz o dever de julgar o pedido, porquanto, obstáculos formais impendem-no dessa incumbência", como ocorre, por exemplo, quando ausente uma das condições da ação. Nessas hipóteses, resolve-se, também, o processo, mas de forma anômala, sem resposta sobre a questão de fundo. *In casu*, o processo termina, mas a função de julgar o mérito, de definir a situação litigiosa com o crivo da imutabilidade do decidido emprestado pela coisa julgada material não se verifica. Esta é a razão pela qual essa sentença formal, que não aprecia o mérito, recebe o nome de "decisão terminativa".

No curso da vida da relação processual, outras situações podem alterar-lhe o itinerário lógico em direção à definição do litígio, como são as hipóteses que determinam *uma paralisação temporária na marcha dos atos processuais, v.g.*, ocorre quando uma das partes falece e precisa ser sucedida pelos seus herdeiros. A necessidade de integrar-se ao feito os sucessores da parte falecida acarreta uma sustação da marcha processual que se denomina "suspensão do processo", cujo nome indica que, superado o obstáculo, retoma-se o curso dos atos processuais.

São exatamente esses momentos da vida da relação processual que versaremos nos tópicos seguintes.

2. FORMAÇÃO DO PROCESSO[1]

O processo na sua formação passa por etapas graduais que correspondem à constituição paulatina da relação processual.[2]

---

[1]   **Calmon de Passos**, *Comentários*, cit., vol. III; **Moniz de Aragão**, *Comentários*, cit., vol. II, **Ovídio Baptista da Silva** e outros, *Teoria Geral do Processo*; **Alexandre Freitas Câmara**, *Lições de Direito Processual Civil*, vol. I, **Sergio Bermudes**, *Introdução ao Processo Civil*.

[2]   **Liebman**, que tantos estudos realizou quanto aos institutos processuais brasileiros, afirmava nas notas lançadas às *Instituições* de **Chiovenda**, vol. II, p. 411 e 412, que no Direito brasileiro a propositura demandava "atividade complexa" consistente no ajuizamento, despacho liminar e citação oficial. A lição do fundador da escola

344 | CURSO DE DIREITO PROCESSUAL CIVIL • *Luiz Fux*

Outrossim, não se pode aduzir à existência de processo, sem que se instaure a via jurisdicional. É dizer: tudo quanto antes possa existir ainda não retrata o processo.

Mantendo fidelidade com o princípio da inércia – *ne procedat iudex ex officio* –, tem-se que o processo começa por iniciativa da parte. O CPC inaugura suas regras com esse princípio, dispondo que o processo começa por iniciativa da parte e se desenvolve por impulso oficial, salvo as exceções previstas em lei (art. 2º). É o *princípio da demanda* que informa o nascimento do processo no sistema processual brasileiro e do qual decorrem outros princípios como o "dispositivo", que marca a prevalência dos estímulos das partes sobre a iniciativa oficial, característica geral dos sistemas processuais. O juiz, em nosso sistema, aguarda a provocação da parte desde o primeiro ato processual, pautando o seu atuar pelos limites da pretensão deduzida. Exclui-se dessa regra, evidentemente, a possibilidade de atuação imediata e oficial naquelas matérias em que, assim procedendo, o magistrado não perde a sua imparcialidade, *v.g.*, quando conhece *ex officio* a ausência de um pressuposto processual, como a sua "incompetência absoluta" para o feito etc.

Obedecida essa sistemática, a formação do processo não escapa à regra, razão pela qual o processo se forma, numa primeira etapa, pela provocação originária do autor ao Estado-juiz para que preste a tutela jurisdicional em relação ao pedido formulado em face do demandado.[3] A "demanda" é, assim, o modo pelo qual a parte formula esse pedido de tutela jurisdicional. A lei denomina esse momento como o da "propositura da ação". A ação, no plano ideológico, considera-se proposta quando a parte se dirige ao Judiciário formulando o pedido de sua intervenção. Entretanto, esse pedido não é endereçado livremente, senão obedecendo-se aos critérios de divisão de trabalho. Advirta-se que a parte tem direito ao juízo e não a um juiz determinado. Ademais, a paridade no trabalho entre os diversos órgãos cumpre o postulado da melhor eficiência no desempenho da tarefa jurisdicional. Esta é a razão pela qual, onde houver mais de um juízo, a demanda é distribuída, ao passo que, onde houver um só juízo, ela é dirigida diretamente ao órgão jurisdicional.

Nesse sentido, afirma-se que a primeira etapa, de "formação do processo", é a "propositura da ação", isto é, o momento do protocolo da petição inicial (art. 312 do CPC).[4] A partir do momento em que o Judiciário é chamado ao dever de julgar, considera-se "proposta a ação" e iniciada a formação do processo, que se vai completar com a "convocação do demandado" representando esta "segunda etapa" na constituição válida e regular da relação processual.

Essa iniciativa da parte autora visa a preservar a equidistância do julgador evitando que ele assuma o que compete ao próprio interessado, senhor da conveniência e oportunidade de demandar naquele momento em face daquele réu. É, em resumo, a manutenção da concepção romano--canônica de que o autor é o *dominus litis*. Entretanto, engendrada a primeira iniciativa, estabelece o Código que o processo deixa de ser "propriedade das partes" e, então, passa a desenvolver-se por "impulso oficial" do qual decorrem direitos, deveres, faculdades e ônus para os partícipes da relação processual.

---

processual brasileira se encaixava à égide do CPC/1939, posto que, pelo atual, se considera proposta a ação pela só distribuição onde houver mais de um juízo e pelo despacho onde houver um só órgão jurisdicional com competência múltipla. Entretanto, se o juiz indefere a petição inicial antes de convocar o réu, a relação processual formou-se em parte e é extinta no nascedouro. A citação compõe a segunda fase da "formação do processo" concebido como relação trilateral.

[3] É conhecida a controvérsia lavrada na doutrina clássica sobre o exato momento da constituição da relação processual. Para alguns, este se engendraria com a citação válida, ao passo que para outros a "instância" se iniciava pela proposição da ação. Nesse sentido, consulte-se **José Alberto dos Reis**, *Comentários ao Código de Processo Civil*, 1946, vol. 3, p. 30-31; **Hugo Alsina**, *Tratado Teórico e Prático de Derecho Procesal Civil y Comercial*, 1941, vol. I, p. 250.

A realidade é que a propositura da ação por si só gera efeitos para o autor e para o órgão jurisdicional. Entretanto, em relação ao réu esses efeitos somente se produzem após a citação válida, por isso que a posição hodierna do CPC explicita com clareza essa formação gradual da relação processual, concebendo-a num primeiro momento pela iniciativa do autor e completando a angularidade reclamada pelo contraditório com a citação do réu. O ajuizamento marca a propositura e a citação, a estabilização da relação processual.

[4] **"Art. 312.** Considera-se proposta a ação quando a petição inicial for protocolada, todavia, a propositura da ação só produz quanto ao réu os efeitos mencionados no art. 240 depois que for validamente citado."

Parte IV • IV – FORMAÇÃO, SUSPENSÃO E EXTINÇÃO DO PROCESSO | **345**

O processo, nessa sua formação gradual, engendra *efeitos materiais e processuais com a simples propositura.*[5] Assim é que, *v.g.*, a propositura da ação renovatória impede a decadência do direito à renovação da locação, efeito esse que diz respeito ao autor. Outrossim, há efeitos materiais e processuais que influem sobre a esfera jurídica do réu, *após a sua citação, muito embora a lei possa retrotraí-los para momento anterior mesmo a essa convocação.* Os efeitos, nesse caso, passam a depender da citação, mas se consideram produzidos retroativamente desde a propositura da ação, *v.g.*, a litigiosidade da coisa que assim se torna após a citação do réu, mas, uma vez realizada a comunicação processual, tem-se o objeto como litigioso desde a propositura; por isso que, se um terceiro adquirir o bem objeto da causa, contemporaneamente à propositura, tê-lo-á feito já afetado aos fins do processo, conclusão a cujo respeito não há unanimidade[6].

Os efeitos da propositura estão mencionados no art. 240 do CPC, sendo certo que alguns são de inegável natureza material e outros de cunho processual. Os efeitos que correspondem à propositura da ação, muito embora só se possam considerar produzidos em relação ao réu após a citação do mesmo são: *a produção da litispendência, a litigiosidade da coisa, a constituição em mora, a interrupção da prescrição* e *o impedimento à consumação da decadência.*

Impende considerar primeiramente que a competência se determina no momento em que a ação é proposta, para evitar, essencialmente, que alguma alteração nos critérios de competência ou mesmo uma manobra do demandado altere o foro da causa (arts. 43 e 312 do CPC). Entretanto, ainda que fixada a competência, a mesma pode "modificar-se" se ocorrentes algumas causas legais, *v.g.*, havendo conexão entre ações gerando necessidade de reunião das mesmas para julgamento simultâneo, com o que um dos juízos perde a competência em detrimento de outro prevalente. Nesse caso, a prevenção originária altera-se, exatamente, por força dessa norma *in procedendo* que determina o julgamento simultâneo das ações. Não houvesse nenhuma alteração, cada ação permaneceria no seu juízo prevento pelo registro ou distribuição. Entretanto, o julgamento conjunto imposto pelo art. 57 do CPC arrasta uma delas para um juízo diverso.

Proposta a ação, "a lide é considerada pendente" no sentido de deslegitimar a reproposição da mesma ação, razão porque, caso o autor a reproponha, é lícito ao juiz extingui-la, independentemente da citação do réu, tanto mais que esse efeito se produz para o autor desde a propositura e para o réu somente com a citação. A lei, quando dispõe que a citação produz litispendência para o réu, significa que, a partir desse momento, deve deduzir suas pretensões em juízo; por isso mesmo, a autotutela eventualmente autorizada, a partir desse instante, revela-se em "atentado". Por outro lado, cumpre ao réu, por seu turno, deduzir em defesa aquilo que suscitaria em ação própria por força do ônus da defesa integral e eventual, como o exige o art. 336 do CPC. Sob esse enfoque, se o réu deseja propor uma ação declaratória negativa do crédito em função do pagamento, após a litispendência, com a citação para a ação de cobrança, cumprir-lhe-á aduzir esse fato extintivo como defesa, sendo incabível a ação originariamente proponível por manifesta falta de interesse de agir.

A "litigiosidade da coisa ou do direito" é outro efeito da propositura, com a diferença de que, em face do réu, só se produz depois de validamente citado, muito embora, após a comunicação processual, a litigiosidade *retroage à propositura*, por isso que qualquer alienação após a mesma é potencialmente fraudulenta. A razão é simples: o réu e o autor já mantinham uma situação de conflito geradora de comprometimento patrimonial desde antes do processo. A alienação, assim, esvazia a utilidade do futuro resultado da prestação jurisdicional. Consequentemente, torna-se insensível para satisfação do julgado qualquer alienação posterior àquele momento processual.[7]

---

[5] Proposta a ação, fixa-se a competência do juízo nos termos do art. 43, do CPC, e os efeitos do art. 240 produzem-se quanto ao réu depois de citado (art. 312, do CPC).

[6] Isto porque há correntes de pensamento que exigem para a configuração da fraude à execução a citação válida, sendo insuficiente a simples propositura da ação (STJ-*RT*, 659/196) contrariamente ao nosso entender também prestigiado pela jurisprudência (*RT*, 708/115).

[7] A matéria não é pacífica nem na doutrina nem na jurisprudência, podendo-se destacar três correntes distintas, a saber: a primeira considera em fraude de execução a alienação da coisa litigiosa na data da propositura; a segunda exige a citação para que se considere a alienação fraudulenta, posto pendente o processo, e a terceira reclama ao registro da citação para que a alienação seja atacada pelos remédios de combate à fraude de execução.

A "constituição em mora do devedor" pela citação retroage à data da propositura, fazendo com que, a partir desse momento, incidam os riscos e os encargos financeiros daquela. Aliás, lei específica da correção monetária retroage a esse termo a atualização dos débitos resultantes de decisão judicial, seguindo o princípio norteador do art. 312 do CPC, que, na sua essência, visa a recompor o patrimônio daquele que foi obrigado a ingressar em juízo por resistência injustificada do réu. Mister anotar que é antiquíssima a lição de que ninguém deve ser prejudicado por ter recorrido ao Judiciário, máxime nos sistemas em que se veda a autotutela em face do monopólio estatal da jurisdição.

Outrossim, impende considerar que a propositura da ação *constitui o devedor em mora* depois de validamente citado nas hipóteses em que "o mesmo já não tenha incidido no atraso"; por isso que, se a própria demanda tiver como razão de ser a mora do réu, é evidente que a propositura não produzirá esse efeito, mas, apenas, o confirmará.

A lei processual anterior fazia retrotrair à data diversa da propositura o efeito da "interrupção da prescrição". O vetusto art. 219 do CPC de 1973 afirmava, diante da diligência do autor, que a prescrição se considerava interrompida à data do despacho ordenatório da citação, porque o ato da convocação em si escapa à diligência da parte, posto ser do oficial do juízo. A vigente redação do art. 240, no seu § 1º, por sua vez, determina que "a interrupção da prescrição, operada pelo despacho que ordena a citação, ainda que proferido por juízo incompetente, retroagirá à data de propositura da ação" (observar o art. 312 do CPC).

Os efeitos retroativos à propositura reclamam a competência do juízo. É que o art. 240 do CPC explicita que, somente nas hipóteses de constituição do devedor em mora e interrupção da prescrição, a incompetência é irrelevante, não assim para tornar prevento o juízo, produzir litispendência ou tornar litigiosa a coisa. A *ratio legis* visa a impedir que a citação ordenada por juízo incompetente produza os seus efeitos processuais.

Em consequência, se a citação for ordenada por juízo incompetente esses efeitos somente se produzirão após o juízo competente assumir o processo ou depois de sanado o vício da incompetência relativa pela falta de arguição na contestação. A parte pode, assim, *v.g.*, pedir a reunião de ações conexas perante um juízo onde a citação deu-se em momento posterior sob a alegação de que o juízo onde o ato ocorreu em primeiro lugar era incompetente e, portanto, inoperante a sua prevalência à luz da interpretação, *a contrario sensu*, do art. 240, *caput*, do CPC.[8] Destarte, não produz litispendência para o réu a citação ordenada por juízo incompetente e, evidentemente, não pode o mesmo tornar-se, *a priori*, prevento.

Assente-se por fim, que todos os efeitos reclamam, para sua produção, *citação válida*. Por isso que uma "citação editalícia" incorreta ou "com hora certa" sem os requisitos legais não produz efeitos processuais e materiais em relação a ninguém, isto é, nem em relação ao réu, nem em relação ao terceiro. Contudo, mediante o comparecimento espontâneo do réu ou executado, considera-se suprida a falta ou mesmo a nulidade – o que, diga-se, é importante alteração em relação ao CPC anterior – da citação. Fluirá, portanto, a partir desta data, o prazo para apresentar defesa (art. 239, § 1º, CPC). É, ao mesmo tempo, pertinente a observação que faz o legislador de que, limitando-se a alegar a nulidade da citação, corre o réu ou executado o risco de, caso rejeitada tal alegação, perceber

---

[8]   "Art. 240. A citação válida, ainda quando ordenada por juízo incompetente, induz litispendência, torna litigiosa a coisa e constitui em mora o devedor, ressalvado o disposto nos arts. 397 e 398 da Lei nº 10.406, de 10 de janeiro de 2002 (Código Civil).

§ 1º A interrupção da prescrição, operada pelo despacho que ordena a citação, ainda que proferido por juízo incompetente, retroagirá à data de propositura da ação.

§ 2º Incumbe ao autor adotar, no prazo de 10 (dez) dias, as providências necessárias para viabilizar a citação, sob pena de não se aplicar o disposto no § 1º.

§ 3º A parte não será prejudicada pela demora imputável exclusivamente ao serviço judiciário.

§ 4º O efeito retroativo a que se refere o § 1º aplica-se à decadência e aos demais prazos extintivos previstos em lei."

V. sobre o tema, **Milton Sanseverino** e **Roque Konatsu**, *A citação no Direito Processual Civil*.

Parte IV · IV – FORMAÇÃO, SUSPENSÃO E EXTINÇÃO DO PROCESSO | **347**

a preclusão de seu direito de manifestar. Importa, nesse sentido, a revelia ou o prosseguimento do feito, a depender do caso (art. 239, § 2º, CPC).[9]

Idêntico raciocínio deve percorrer-se quanto à falta da citação. Enquanto esta não é realizada, os efeitos não se produzem e não retroagem. Porém, comparecendo o réu espontaneamente, supre o mesmo a falta da citação e, a partir desse momento, os efeitos produzem-se com eficácia retro-operante.

Destarte, além desses efeitos indicados no CPC, há outros decorrentes da propositura que se encontram esparsos na lei material, *v.g.*, o referente à transmissão de ações cíveis personalíssimas que uma vez iniciadas passam aos seus herdeiros etc.

Efeito expressivo da formação gradual do processo na sua segunda etapa consistente na convocação do réu é a "perpetuação dos elementos objetivos e subjetivos" da ação, a teor do art. 329 do CPC.[10] Em consequência, após a citação, exatamente porque se pressupõe que o réu inicie o preparo de sua defesa, é vedado mudar o pedido ou a causa de pedir sem o consentimento do demandado. Não obstante a regra *in procedendo*, há casos em que o próprio juízo determina a retificação da ação, em vez de indeferi-la, atendendo à instrumentalidade das formas, *v.g.*, a conversão da ação de petitória em possessória, impondo-se nessa hipótese, a nova citação do réu posto ser outra ação.

Outrossim, a regra não pode ser levada a exageros a impedir que o autor corrija erros materiais que não impliquem mudança da *causa petendi*, *v.g.*, o equívoco de datas ou valores, o que não se confunde com a *mutatio libelli*. Havendo litisconsórcio facultativo simples, em que cada pretensão é distinta da outra, a alteração pretendida deve observar se cada réu individualmente já foi convocado. Diversamente, se o litisconsórcio é unitário, uma só citação é suficiente para fazer depender dos demais demandados a alteração da *causa petendi* ou do pedido. Relembre-se, por oportuno, que o pedido é composto de um objeto imediato (natureza da providência jurisdicional pleiteada) e um objeto mediato (bem da vida, corpóreo ou incorpóreo) que se pretende. A vedação à *mutatio libelli* dirige-se a ambos.

Forçoso repisar quanto à *causa de pedir*, que norma jurídica aplicável à espécie e a categorização jurídica dos fatos que compõem a razão do pedido não a integram. Assim, eventual modificação do dispositivo legal aplicável ou a mudança de categorização jurídica do fato base pedido não incidem sobre o veto do art. 329 do CPC.[11]

Destarte, como decorrência da regra que permite a alegação de direito superveniente ou de fatos influentes na decisão da causa após a citação (arts. 342, I, e 493 do CPC),[12] mister entrever,

---

9   "**Art. 239.** Para a validade do processo é indispensável a citação do réu ou do executado, ressalvadas as hipóteses de indeferimento da petição inicial ou de improcedência liminar do pedido.
    § 1º O comparecimento espontâneo do réu ou do executado supre a falta ou a nulidade da citação, fluindo a partir desta data o prazo para apresentação de contestação ou de embargos à execução.
    § 2º Rejeitada a alegação de nulidade, tratando-se de processo de:
    I – conhecimento, o réu será considerado revel;
    II – execução, o feito terá seguimento."

10 "**Art. 329.** O autor poderá:
    I – até a citação, aditar ou alterar o pedido ou a causa de pedir, independentemente de consentimento do réu;
    II – até o saneamento do processo, aditar ou alterar o pedido e a causa de pedir, com consentimento do réu, assegurado o contraditório mediante a possibilidade de manifestação deste no prazo mínimo de 15 (quinze) dias, facultado o requerimento de prova suplementar.
    Parágrafo único. Aplica-se o disposto neste artigo à reconvenção e à respectiva causa de pedir."

11 Consulte-se, a respeito, **Barbosa Moreira**, *O Novo Processo Geral Brasileiro*, no item referente à causa de pedir.

12 "**Art. 342.** Depois da contestação, só é lícito ao réu deduzir novas alegações quando:
    I – relativas a direito ou fato superveniente;
    II – competir ao juiz conhecer delas de ofício;
    III – por expressa autorização legal, puderem ser formuladas em qualquer tempo e grau de jurisdição."
    "**Art. 493.** Se, depois da propositura da ação, algum fato constitutivo, modificativo ou extintivo do direito influir no julgamento da lide, caberá ao juiz tomá-lo em consideração, de ofício ou a requerimento da parte, no momento de proferir a decisão."

na regra, que a mesma se destina aos fatos já articulados, porquanto, do contrário, haveria violação da regra do art. 329 do CPC e *do próprio* princípio do contraditório.

A lei se refere ao consentimento para esses dois elementos da ação (o pedido e a causa de pedir), mas, na essência, o dispositivo determina também que as partes se mantenham as mesmas, salvo as substituições legais. A regra, assim, tem dupla finalidade: em primeiro lugar reforça a garantia contra a alienação da coisa litigiosa e a fraude contra o processo; em segundo lugar, evita que um litigante seja substituído por outrem que não tenha condições de suportar a eventual sucumbência. Essa razão tem conduzido a doutrina admitir mudanças subjetivas não prejudiciais ao autor, ainda que não consentidas tácita ou expressamente. Deveras, a "alienação da coisa litigiosa" por ato entre vivos não altera a legitimidade das partes, mas o novo adquirente pode substituir o alienante, desde que consinta o adversário, ou assisti-lo sob a modalidade da "litisconsorcial-assistência" (art. 109 e parágrafos do CPC).[13] Por outro lado, havendo sucessão por morte, a substituição pelos sucessores é inexorável; uma vez que a existência da parte é pressuposto do processo.

O consentimento do demandado quanto às alterações relativas aos elementos de identificação das ações não é dispensável nem mesmo quando o réu é revel. A diferença é que, nesses casos, como ele não acudiu ao processo, nova citação deve realizar-se, porque, consoante assentamos precedentemente, à luz da doutrina da tríplice identidade encampada pelo Código (art. 337, § 2º, do CPC), a alteração de apenas um dos elementos de identificação das ações implica que estejamos diante de uma "nova ação".

A estabilização dos elementos da ação não interessa apenas ao réu, senão, também, à efetividade da prestação jurisdicional. Isto porque, se após a citação, o réu prepara-se para oferecer defesa, *ultrapassado o saneamento, é o juiz que se prepara para o julgamento*. Atento à necessidade de definição do litígio, o legislador veda essa alteração "consentida" após o saneamento do processo. Conforme é sabido, nessa fase, o juiz fixa os pontos controvertidos mercê de encaminhar o processo à instrução e julgamento com o deferimento das provas necessárias ao esclarecimento da verdade. A proximidade da pacificação do litígio interfere nessa vedação à *mutatio libelli*, ressalvada a possibilidade da prática de atos de disponibilidade que descomprometam o juiz com o julgamento, como a renúncia ao direito em que se funda a ação ou a desistência da mesma. A proibição de alteração, *ainda que consentida*, após o saneamento, como evidente, impede qualquer mutação no *segundo grau de jurisdição*, principalmente em obediência à extensão e profundidade dos recursos.

A exceção que se tem admitido hodiernamente é a "conciliação" sobre objeto litigioso e outro bem controvertido, porque a isso corresponde obter um máximo de resultado através do processo. Inclusive, o Código positivou tal possibilidade (art. 515, § 2º[14]).

Uma vez completo o ciclo de formação do processo, o seu destino natural é encaminhar-se rumo ao desfecho do litígio.

2.1 Formação do processo e distribuição por dependência das ações repetidas

A redação do art. 286 determina a distribuição por dependência das causas de qualquer natureza: (I) quando se relacionarem, por conexão ou continência, com outra já ajuizada; (II) quando, tendo sido extinto o processo, sem julgamento de mérito, for reiterado o pedido, ainda que em litisconsórcio com outros autores ou que sejam parcialmente alterados os réus da demanda;

---

[13] **"Art. 109.** A alienação da coisa ou do direito litigioso por ato entre vivos, a título particular, não altera a legitimidade das partes.

§ 1º O adquirente ou cessionário não poderá ingressar em juízo, sucedendo o alienante ou cedente, sem que o consinta a parte contrária.

§ 2º O adquirente ou cessionário poderá intervir no processo, como assistente litisconsorcial do alienante ou cedente.

§ 3º Estendem-se os efeitos da sentença proferida entre as partes originárias ao adquirente ou cessionário."

[14] **"Art. 515, § 2º.** A autocomposição judicial pode envolver sujeito estranho ao processo e versar sobre relação jurídica que não tenha sido deduzida em juízo."

Parte IV • IV – FORMAÇÃO, SUSPENSÃO E EXTINÇÃO DO PROCESSO | **349**

(III) quando houver ajuizamento de ações, na hipótese de ocorrência de conexão por afinidade, ao juízo prevento.

A redação anterior do dispositivo, o então art. 253, do CPC de 1973, com a redação dada pela Lei nº 10.358/01, era mais enxuta[15]. Conforme se observa na atual redação, o legislador inseriu novos incisos para determinar a distribuição para o mesmo juízo "quando, tendo havido extinção do processo, o pedido for reiterado, mesmo que em litisconsórcio com outros autores ou parcialmente alterados os réus da demanda".

A nova orientação se baseou na experiência revelada pela prática judiciária, segundo a qual a parte frustrada no seu desígnio em obter a tutela liminar desistia da ação para ajuizá-la novamente com novas esperanças de obtenção da tutela urgente noutro juízo. A doutrina e a jurisprudência enxergavam nessa manobra uma violação ao princípio do juiz natural. Não obstante, é cediço que a distribuição por dependência atende a um aspecto da competência funcional, permitindo ao juízo em melhores condições de apreciar a causa, fazê-lo.

Por essa razão é que são distribuídas por dependência as ações conexas, evitando que juízos diversos profiram decisões díspares e contraditórias.

É com base nesse mesmo objetivo que o novel inciso vincula, *v.g.*, a ação extinta por desistência do autor, ao mesmo juízo, acaso repetida; posto a desistência encerrar extinção sem resolução de mérito e, portanto, permitir a reproposição, ainda que na sua volta a juízo, apresente como diferença da demanda anterior a presença de um litisconsorte que não integrava a causa.

Outrossim, a modificação é servil também às hipóteses em que o litisconsórcio não se formava, exatamente para que múltiplas demandas subjetivamente consideradas fossem propostas e posteriormente extintas por desistência aquelas em que a liminar fosse indeferida, possibilitando intervenção litisconsorcial dos que não foram favorecidos como a parte litigante no juízo que se pretendia reunir.

A nova redação, encartada no art. 286, do novo CPC, reforça a proteção à dignidade da justiça em mais de um aspecto, a saber: preserva-se o juiz natural, evitam-se decisões contraditórias, bem como o artifício de o autor repetir a ação noutro juízo no afã de obter melhor resultado que o anterior, em desprestígio do Poder Judiciário, que é "uno".

Ressalte-se, por amor à clareza, que a reforma limitou-se a inserir o novel inciso das ações repetidas e procedeu a um ajuste vocabular, trocando a expressão "feitos" por "causas".

Em consequência, manteve-se a regra de que, havendo reconvenção ou intervenção de terceiro, o juiz, de ofício, deve mandar proceder à respectiva anotação pelo distribuidor. É que em ambos os casos há conexão entre as demandas. Assim, *v.g.*, há conexão entre a ação do comprador para exigir a coisa e a reconvenção do devedor para pleitear a redução do preço. No mesmo sentido, há um liame entre a ação do lesado contra o empregador por ato culposo do preposto e a ação de regresso do patrão. Por essa razão, a distribuição, tanto da reconvenção quanto das ações contra o terceiro interveniente, é por dependência.

Deveras, o artigo em exame (art. 286, II, do CPC) já havia sido alterado em anterior reforma para prevenir a competência do juízo nas hipóteses de desistência da ação, posto presumir-se que restara intentada com o fito de violar o princípio do juiz natural e permitir ao litigante, por via oblíqua, eleger o seu juízo por critérios inaceitáveis à ética processual.

Na primeira reforma, a desistência foi considerada inoperante, de sorte que mesmo desistindo e reproposta a ação, esta era distribuída para o mesmo juízo onde se dera o ato proposital de disponibilidade.

---

[15] **"CPC/1973, art. 253.** Distribuir-se-ão por dependência as causas de qualquer natureza:

I – quando se relacionarem, por conexão ou continência, com outra já ajuizada;

II – quando, tendo havido desistência, o pedido for reiterado, mesmo que em litisconsórcio com outros autores.

Parágrafo único. Havendo reconvenção ou intervenção de terceiro, o juiz, de ofício, mandará proceder à respectiva anotação pelo distribuidor."

350 | CURSO DE DIREITO PROCESSUAL CIVIL • *Luiz Fux*

Ocorre que, em boa hora, percebeu o legislador que a desistência não é a única forma de viabilizar a reproposição das ações, senão em todos os casos de extinção do processo sem análise do mérito, por força do art. 486 do CPC.

Ademais, essa extinção terminativa pode decorrer de ato proposital da parte que não supre nulidades ou formalidades, exatamente com esse desígnio.

Destarte, para o legislador, pouco importa o elemento subjetivo a informar a inércia conducente à extinção do processo. Uma vez extinta e reproposta a ação, será endereçada ao mesmo juízo onde tramitava, interditando, por completo, a possibilidade de fraude processual.

Advirta-se que essa mesma técnica deve informar os recursos, onde a possibilidade de distribuição de vários meios de impugnação pode ser frequente, tanto mais que a jurisprudência reiterada de determinado órgão fracionário do tribunal pode interessar à parte, razão pela qual poderia distribuir vários recursos e manter, somente aquele que restou atribuído para o órgão cujo entendimento pacificado lhe favoreça. Essa estratégia maliciosa fere o princípio do juiz natural e deve ser coibida, num primeiro momento, pela extinção dos recursos, todos na forma do art. 142 do CPC e, num segundo momento, pela livre distribuição da nova impugnação, caso intentada inocorrente a preclusão.

Essa regra em nada colide com os arts. 240 e 58, do CPC, voltados à conexão, enquanto o presente dispositivo refere-se às ações repetidas depois de serem julgadas extintas com o escopo de fugir daquele juízo para o qual foram distribuídas originariamente. Tal norma explicita que as ações conexas devem ser distribuídas ao juízo prevento, independentemente da competência territorial.

As demandas que tramitam em separado e, portanto, que não foram distribuídas por dependência, por isso que podem estar em estágios processuais diversos, devem ser reunidas no juízo responsável pela ação primeiramente distribuída (art. 59 do CPC). A distribuição torna prevento o juízo, conforme o art. 286, do CPC. Sucede que estas podem ou não tramitar perante esse juízo e o fato passar despercebido hipótese em que devem ser reunidas. Nessa hipótese especial, o legislador enuncia as regras dos arts. 58 e 240 do CPC, até porque a ação pode ter sido distribuída e restar paralisada. O critério da reunião leva em consideração o estágio em que se encontram uma vez que não se obedeceu à regra *in procedendo* do art. 286 do CPC.

2.2 Formação do processo e indeferimento do pedido *in limine*

O art. 332 prescreve que quando se tratar de ações cujo objeto mediato seja matéria de direito pacificada no âmbito dos tribunais, dispensa-se a citação do demandado, autorizando-se o magistrado a desacolher, *in limine* o pedido[16]. Em acréscimo, exige-se a constatação de que a matéria prescinde de produção de ulteriores provas, assim assentado pelas partes ou verificado pelo magistrado, à luz dos fatos em debate.

Trata-se de técnica semelhante à do art. 331 do CPC (indeferimento da inicial), na medida em que o autor pode apelar e o juiz se retratar, fundida com a ideologia do julgamento antecipado da lide no afã de imprimir celeridade na prestação jurisdicional.

---

[16] **"Art. 332.** Nas causas que dispensem a fase instrutória, o juiz, independentemente da citação do réu, julgará liminarmente improcedente o pedido que contrariar:

I – enunciado de súmula do Supremo Tribunal Federal ou do Superior Tribunal de Justiça;

II – acórdão proferido pelo Supremo Tribunal Federal ou pelo Superior Tribunal de Justiça em julgamento de recursos repetitivos;

III – entendimento firmado em incidente de resolução de demandas repetitivas ou de assunção de competência;

IV – enunciado de súmula de tribunal de justiça sobre direito local.

§ 1º O juiz também poderá julgar liminarmente improcedente o pedido se verificar, desde logo, a ocorrência de decadência ou de prescrição.

§ 2º Não interposta a apelação, o réu será intimado do trânsito em julgado da sentença, nos termos do art. 241.

§ 3º Interposta a apelação, o juiz poderá retratar-se em 5 (cinco) dias.

§ 4º Se houver retratação, o juiz determinará o prosseguimento do processo, com a citação do réu, e, se não houver retratação, determinará a citação do réu para apresentar contrarrazões, no prazo de 15 (quinze) dias."

Parte IV • IV – FORMAÇÃO, SUSPENSÃO E EXTINÇÃO DO PROCESSO | **351**

O princípio do contraditório impõe que o juiz ouça o réu antes de decidir, como consectário do devido processo legal, segundo o qual ninguém pode ser despojado do seu direito, ainda que em nível de normação jurídica, sem que seja ouvido, ainda quando se trata de medida liminar, *inaudita altera pars,* hipótese em que o contraditório é postecipado.

Por seu turno, o processo civil brasileiro é informado pelo princípio do prejuízo, no tocante às nulidades. Justamente por isso, não se declara a nulidade se o ato não sacrificou os fins de justiça do processo, bem como se norteia o ordenamento no sentido de conferir à parte o máximo de resultado mediante um mínimo de esforço processual.

Exatamente, sob a inspiração desses princípios, o legislador admite que o juiz possa rejeitar o pedido do autor e, portanto, favorecer o demandado, sem ouvi-lo anteriormente. À luz da *ratio essendi* da bilateralidade da ação e do processo, inspirados num processo cooperativo, forçoso convir que a medida conspira em favor de todos os princípios ora assentados.

Sob o ângulo procedimental, dessa decisão pode haver retratação ou recurso da parte autora. Na primeira hipótese, se o autor apelar, é facultado ao juiz, no prazo de cinco dias, cassar a sentença e determinar o prosseguimento da demanda, através do denominado juízo de retratação (art. 332, § 3º, CPC). Na segunda hipótese, caso em que o juiz mantém a sentença, ele deverá ordenar a citação do réu para responder ao recurso. Ocorrendo o recebimento e provimento do referido recurso, a citação anterior valerá para todo o processo.

Em consonância com a intenção do instituto, não viola o duplo grau aplicar-se a esse recurso o regime do parágrafo 3º do art. 1.013 do CPC (teoria da causa madura). É que o réu, ao arrazoar o recurso, sustentará a decisão de mérito do juiz, que se categoriza como unicamente de direito. Diversamente sucederá se o tribunal verificar o *error in procedendo* do magistrado, vez que se fazia necessária a fase instrutória.

Despiciendo, nesse ponto, dizer-se que o comparecimento espontâneo do réu apenas na instância inferior não supre a falta de citação. Deveras, a novel técnica agiliza a resposta judicial em prol do réu e minimiza os ônus financeiros do processo para o autor que não se verá diante da sucumbência, posto o demandado ainda não ter ingressado na relação processual.

Sob o ângulo jusfilosófico, é sabido que a instauração e a liturgia do processo, por vezes arrancam concessões da parte que tem razão, valendo relembrar-se a velha advertência clássica de que ninguém deve suportar qualquer prejuízo pelo fato de recorrer ao Judiciário.[17] No caso em exame, a hipótese versa tutela de evidência inversa, posto favorável ao réu diante da fragilidade da pretensão ilegítima do autor.

Assinale-se, por fim, que a decisão liminar nesse caso, à semelhança daquela de prescrição e decadência prevista no art. 487, II, CPC, e no próprio art. 332, § 1º, também faz coisa julgada material nos limites da lide e das questões decididas.

2.3 Atuação jurisdicional *ex officio*. Visão prospectiva

A atuação *ex officio* do Judiciário, *de lege ferenda*, é recomendável em várias hipóteses, principalmente naquelas relativas aos direitos em estado de periclitação, em que o Estado-juiz não pode contemplar, passivamente, a destruição do direito alheio sem interferir *ex officio*, máxime porque vedada a autotutela e garantido constitucionalmente o cânone da inafastabilidade da jurisdição.[18]

É imanente ao Direito Processual brasileiro o princípio da inércia processual consubstanciado na máxima *ne procedat iudex ex officio*, por isso a tutela jurisdicional tem de ser requerida na forma legal, para que surja para o Estado-juiz o dever de prestá-la.

A atuação *ex officio* do Judiciário está, assim, intimamente ligada à necessária isenção do julgador em confronto com os interesses em conflito. Supôs o legislador, como vimos, que a iniciativa

---

[17] **Cândido Dinamarco**, *Intervenção de Terceiros*, 2000, p. 189-190.

[18] Em nossa tese para a titularidade da cadeira de Processo Civil, da Universidade do Estado do Rio de Janeiro, na qual obtivemos êxito, sustentamos um processo com iniciativa oficial, nos moldes deste tópico.

retiraria a essencial imparcialidade, característica da função substitutiva, entrevista por Chiovenda e que caracteriza a jurisdição.

Entretanto, é de se concluir que esse princípio da inércia afasta-se das exigências atuais quanto à intromissão imediata do Estado na pacificação dos conflitos que abalam a ordem social.

A questão torna-se mais relevante no âmbito da tutela de segurança, onde a pronta atuação é o segredo de sua eficácia, tal como preconizava José Alberto dos Reis para o processo cautelar.

A possibilidade de lesão grave e irreparável ao direito da outra parte antes ou no curso do processo suscita essa oficiosidade da atuação judicial. Aliás, a regra da iniciativa afasta o atual *Welfare State* de seus desígnios maiores.

Em regra, as funções estatais, porque subvencionadas pelo povo, devem ser exercidas *ex officio*, tal como ocorre com a legislação e a administração. A iniciativa respeita o *dominus litis* na sua pretensão privada, mas de modo algum faz frente ao desejo coletivo da paz social. A atuação estatal-jurisdicional e sua forma de expressão sempre revelaram-se na negativa de atuação pronta. Entretanto, não se pode olvidar o reclamo da lógica jurídica de que a questão de forma não pode infirmar a questão de fundo, tanto mais que é essa que desafia o exercício da jurisdição. Não há a menor dúvida sobre a possibilidade de ingerência sponte propria do Judiciário com relação às medidas de segurança *ex officio* no curso do processo. Os arts. 266 e 297 do CPC demonstram essa possibilidade. A dificuldade doutrinária ainda reside na iniciativa originária.

Destarte, ressoa evidente que o juiz não pode valer-se do conhecimento próprio para julgar, porque a isso veda-lhe o próprio Código. Entretanto há provocações informais que não se subsumem na moldura de demandas propriamente ditas e revelam expedientes que chegam ao conhecimento do juízo e que podem reclamar uma tutela de segurança. Imagine-se, por exemplo, que, num determinado ofício remetido por uma autoridade, o juiz verifique a possibilidade de lesão ao direito de determinado interessado que não se inclua na órbita de julgamento da causa donde se originou o referido ofício. Diante da situação de *periculum* não se poderia negar ao juiz a possibilidade imediata de adoção de medida de segurança, instrumentalizando-a em procedimento à parte. É, em resumo, uma publicização da jurisdição, através da qual se concedem ao magistrado poderes instrumentais e necessários ao exercício de seus deveres.

É de todo conveniente assentar que mesmo os que se opõem à concessão cautelar *ex officio* admitem-na "à luz da autorização legal" ou "conforme a natureza da ação".

Observa-se, com agudeza, que a exata *questio* travada quanto à iniciativa oficial pertine à tutela originária ou inicial, sob a ótica do princípio dispositivo, haja vista que, no curso do processo, a instauração da relação processual por si só suplanta o óbice da regra *ne procedat iudex ex officio*. Desta sorte, não carrearia perplexidade o deferimento de tutela de segurança incidental, porquanto já submetido à apreciação da justiça o conflito intersubjetivo, cuja definição em ato final do procedimento não pode ser aguardada, sob pena de perecimento do direito da parte. Entretanto, impregnada do princípio dispositivo, a doutrina insiste em negar a incoação estatal.

Neste passo, impende considerar que o princípio dispositivo, extraído das regras do nosso sistema, pressupõe a propositura da ação de conhecimento entre contendores em pé de igualdade e que por isso estimulam o juízo a conferir e atuar na medida da provocação. É evidente que não há lugar para estímulos quando o juízo deva agir *ex officio* diante da situação grave de periclitação do direito de uma das partes. As condições de prestação da justiça não são as "normais", aquelas consideradas como aptas a que as partes em procedimento desconcentrado aguardem a definição judicial. A urgência modifica o panorama e altera o regime jurídico da ação. A disponibilidade reclama, acima de tudo, disponibilidade do deduzido e como consequência aptidão para dispor o que envolve o conceito de "igualdade dos contendores". Ora, positivamente, não está na mesma situação o litigante que lesa o outro a ponto de tornar o direito do mesmo um nada no plano prático. A incoação estatal, nesses casos, é até mesmo fator de "reequilíbrio", sem que se possa excluir, como evidente, a iniciativa da parte. Convém relembrar que o sistema legislativo brasileiro protege de várias formas a parte hipossuficiente jurídica e economicamente, quer ao permitir a incoação estatal, *v.g.*, ocorre na legislação trabalhista, quer colocando ao seu lado órgãos da administração pública de interesses submetidos à justiça, *v.g.*, o Ministério Público e a Curadoria Especial, exercida pela Defensoria Pública.

Engendrada a provocação oficial, volta a atuar o princípio dispositivo, mercê de se admitir a formulação genérica de um pedido "idôneo e suficiente", sendo de todo evidente que nos limites da 'disponibilidade material' o juiz há de respeitar, *v.g.*, uma renúncia inequívoca, um reconhecimento explícito etc., não obstante num primeiro momento tenha velado pelo interesse periclitante da parte.

O que se propugna é a atuação do juízo diante de um estado de perigo, como decorrência de seu poder-dever de segurança, independentemente de provocação da parte, e a partir do momento em que chegue ao conhecimento do mesmo a 'ameaça de grave lesão ao direito de um cidadão' que reclame tutela urgente. Repise-se que a incoação estatal somente num primeiro momento esbarra no princípio "dispositivo", tão decantado pela doutrina da "inércia". É que iniciado o processo e durante todo o seu curso e mesmo após o final, as partes podem "transigir quanto ao objeto litigioso", inclusive quanto ao caso julgado.

Relembre-se que, nesse aspecto, a função jurisdicional é substitutiva, à míngua de uma composição de forças. É para evitar o confronto que intervém a jurisdição, razão porque, onde este não ocorre, a jurisdição cessa no curso ou depois do processo extinto pela decisão imutável. A situação de periclitação cria, por assim dizer, um *sui generis* "estado de incapacidade do litigante lesado ou ameaçado de lesão" e uma singular indisponibilidade desse direito objeto do *judicium* que fundamenta a atuação estatal, sem excluir, após, a possibilidade de autocomposição nos limites da disponibilidade reconhecida por lei. Assim, *v.g.*, no caso da interdição do estabelecimento que explodiria acaso convivessem as atividades incompatíveis, lícita revelou-se a intromissão do juiz sem pedido, provendo contra a própria parte requerente, sem que essa atuação impedisse, posteriormente, que um dos dois estabelecimentos se mantivesse fechado por obra de autocomposição, que regulou, versando inclusive, diferentemente do decidido, preservando-se, entretanto, o arrostamento do estado de periclitação. Ao revés, liminarmente interditado um pródigo por aquisições desastrosas – e aqui a proteção é ao seu patrimônio e não ao processo de interdição, que só depende da vida do incapaz para subsistir na sua utilidade –, impossível se torna qualquer conciliação acerca de seu estado ou de suas alienações após a tutela de segurança. Por isso é que se afirma da "mitigação desse princípio dispositivo" e não de seu "completo banimento".

Por outro lado, o princípio dispositivo não pode servir de apanágio daqueles que visam a excluir por completo a atuação oficiosa do Judiciário em prol dos interesses objeto do processo. É que o princípio referido há que se submeter aos interesses mais altos que suscitam a pronta atuação jurisdicional. Na medida em que esses interesses conclamam a atuação imediata do juiz e se transmudam de disponíveis em indisponíveis, cresce o "poder-dever do juiz agir de ofício".

Em face de ponderações posteriores, onde Galeno Lacerda analisa a necessidade de atuação *ex officio* em vários campos da ciência jurídica, conclui o doutrinador quanto ao decantado princípio: "jamais cansaremos de criticar a sofisticada generalização e deturpação do princípio dispositivo a gerar a figura absurda e caricata do juiz tímido e inerte no processo civil".

Destarte, o confronto das manifestações doutrinárias de peso nos faz reportar às noções primeiras do insuperável Galeno Lacerda, que, no surgimento do Código passado, defendia, com argumentos que navegavam por todos os campos do direito, a "possibilidade de tutela estatal jurisdicional *ex officio*". A diferença lavrada entre a doutrina de outrora do mestre gaúcho e o prestígio atual que conferimos à "tutela de segurança" é que insistia aquele doutrinador em categorizar como "administrativa" a incoação que permitia a tutela de segurança oficiosa, ao passo que a consideramos jurisdicional, tanto mais que definidora de direitos e satisfativa. Entretanto, merece repisarem-se alguns dos inúmeros fundamentos pinçados pelo jurista para justificar a atuação *ex officio* em sede cautelar e que se prestam a todos os casos de tutela de segurança, ainda que não tipicamente acautelatórias.

Afirmava o mestre gaúcho, à luz do CPC/1973: "Essa atividade, em regra, se manifesta no curso dos processos jurisdicionais ou administrativos a ele afetos, sempre que neles se verificar a necessidade de proteção direta autorizada em lei, de pessoas ou de bens materiais ou imateriais.

CURSO DE DIREITO PROCESSUAL CIVIL • *Luiz Fux*

Se a iniciativa do ato incumbe ao juiz, de ofício, nada impede possam a parte ou o interessado provocá-la. Tal pedido, porém, não constitui condição necessária para a atuação judicial, ao contrário do que resulta da disposição genérica do art. 2º, porque a determinação cautelar prevista no art. 797[19], impõe-se a rigor, espontânea e direta ao juiz, por imperativo legal. Se, em regra, a cautela de ofício surge no curso do processo iniciado pela parte ou interessado, cumpre observar, contudo, que em situações raras e graves a lei chega ao ponto de prescrever ao juiz a própria incoação do procedimento cautelar, como veremos a seguir da análise dos casos". Nesse seguimento, o professor Galeno Lacerda cita vários exemplos, dentre os quais alguns cautelares *stricto sensu*, outros, inegavelmente, provimentos de segurança do direito material ou execução para segurança, e não segurança para execução, como referem Pontes de Miranda e Ovídio Baptista, de cunho satisfativo e definitivo. Destarte, é sob essa ótica que confirma o renomado autor, ao comentar os casos do art. 888 do CPC, a possibilidade de tutela de segurança de interesses materiais, de caráter definitivo e satisfativo no plano da "realização prática dos direitos". Em todos esses casos, patente como o são o interesse público ou a ordem pública, prescreve o art. 888 que "o juiz poderá ordenar ou autorizar a providência". A alternativa de verbos – "ordenar ou autorizar" – torna claro que a medida poderá ser decretada de ofício, "ordenada" ou, a pedido, "autorizada". Embora a maior parte dessas providências, porque definitivas, não assumam natureza cautelar, o que importa reconhecer é o caráter direto e oficioso da atuação judicial.

Mister, ainda, citar exemplos de nítida tutela urgente de direitos materiais mencionados pelo ilustre processualista, tais como 'suspensão de poder familiar; 'determinação de registro de testamento'; 'cancelamento de prenotação'; 'suspensão de obras em construção em falência de empresa empreiteira', além da tutela que se poderia denominar dos direitos fundamentais do homem, da criança e do adolescente, *v.g.*, como as que encerram "benefícios em prol de pequenas vidas abandonadas que a sociedade confia aos juízes".

Remata o jurista, por fim, em consonância com todos os termos de nossa proposição, que "as medidas de proteção tomadas com intuito definitivo e permanente, não possuem caráter cautelar, quando possam se tornar definitivas e permanentes".

A *opinio doctorum* ora lançada seria suficiente para timbrar de exatidão a tese proposta, porque enfoca o dever geral de segurança à luz da responsabilidade judicial em combinação com o necessário recurso ao Judiciário. Por outro lado, imprime exegese ao princípio dispositivo compatível com os novos reclamos sociais.

Inúmeros exemplos da jurisprudência já foram citados, comprovando a prática judiciária saudável da incoação estatal em tema de tutela de segurança. A autoridade da fonte, impõe-nos relembrar o acórdão mencionado por Galeno Lacerda, oriundo do Supremo Tribunal Federal, na época em que a Corte mantinha competência para uniformizar e manter a inteireza do direito federal, tendo assentado que: "no desquite litigioso, não depende de pedido expresso a condenação do marido a prestar alimentos à mulher inocente e pobre".

Inegável aqui o endereço da decisão a uma pretensão urgente como sói ser a de alimentos para uma pessoa pobre, deferida pela incoação estatal e independentemente de pedido.

Extrai-se, ainda, de Galeno, a conclusão de que o legislador pretendeu instituir a iniciativa *ex officio*, quer pela dicção literal do dispositivo, quer pelas suas raízes históricas. É que o Código de 1973 contemplava a tutela requerida no art. 804[20] e a tutela "independentemente do requerimento das partes" (Comentários, cit., p. 60). Pesquisando-se a origem do preceito, observa-se que houve tentativa de emenda do seu art. 797, para incluir-se a expressão "o juiz poderá conceder sem audiência 'de uma das partes', tendo sido rejeitada a mesma, porque repetitiva do então art. 804

---

[19] **"CPC/1973, art. 797.** Só em casos excepcionais, expressamente autorizados por lei, determinará o juiz medidas cautelares sem a audiência das partes."

[20] **"CPC/1973, art. 804**. É lícito ao juiz conceder liminarmente ou após justificação prévia a medida cautelar, sem ouvir o réu, quando verificar que este, sendo citado, poderá torná-la ineficaz; caso em que poderá determinar que o requerente preste caução real ou fidejussória de ressarcir os danos que o requerido possa vir a sofrer."

Parte IV • IV – FORMAÇÃO, SUSPENSÃO E EXTINÇÃO DO PROCESSO | **355**

do CPC. Consectariamente, a *ratio essendi* do dispositivo foi dirigida no sentido de criar tutelas urgentes requeridas e de ofício".

Adjunte-se uma palavra sobre ser alternativa ou aditiva a expressão "casos excepcionais autorizados por lei". A doutrina mais abalizada do tema sugere que se a possibilidade se referisse apenas aos casos expressos em lei não haveria a necessidade de mencionar-se os casos excepcionais, porque estes seriam considerados aqueles expressos na lei. Por outro lado, a não inclusão da ressalva representaria veto aos casos ditos excepcionais, como revelam, em suas obras citadas a respeito do dispositivo, Galeno Lacerda, Marinoni e Moniz de Aragão, posicionando-se, diversamente, o professor Ovídio Baptista.

Restaria uma última dificuldade na qualificação da excepcionalidade do caso que permitisse ao juiz a iniciativa oficial. Nesse sentido, Barbosa Moreira acena com a regra *in procedendo* do art. 335 do CPC/1973[21] (correspondente ao atual art. 375[22]), esclarecendo-nos de sua aplicação não só no campo probatório mas também no que respeita aos "conceitos jurídicos indeterminados", como costumam ser os de "casos excepcionais". Caberá ao julgador, informado por sua argúcia e pelo equilíbrio, adequar, dentro de certa liberdade, os fatos submetidos à sua cognição na moldura do conceito indeterminado. Essa adaptação em princípio não gerará perplexidades ao julgador, na medida em que está afeito à avaliação das situações de perigo, quer para fins de cautela, quer para fins de segurança.

Subjaz, por fim, o cotejo do Direito comparado, onde se observa que a redação dos dispositivos inseridos nas nossas fontes mais imediatas do Direito italiano, germânico e lusitano condicionam a providência ao "requerimento" da parte, ao passo que o nosso dispositivo, como antes assinalado, dispensa a manifestação prévia "das partes", fazendo depender apenas do juízo a necessária manutenção de sua soberania, aliás como era de se esperar.

Esse poder de polícia judiciária inserido no poder jurisdicional, entrevisto por Calamandrei e Chiovenda, é que nos autoriza a interpretá-lo, como chancelador da incoação estatal, até por assemelhação ao poder de polícia exercido pela administração. Em ambas as atividades, o Estado vela pela coletividade, sendo certo que o exercício desse poder de polícia em ambos os casos é *pro populo*, revelando-se, atualmente, ilusória a distinção outrora engendrada de que o Estado na administração aplica o direito em seu favor e a jurisdição em prol do jurisdicionado. Na verdade, o poder de polícia administrativa ou judiciária é instrumental e viabilizador do exercício das atividades confiadas constitucionalmente aos poderes constituídos.

Convém mencionar, por oportuno, que ascende na Europa o prestígio da jurisdição de urgência, a ponto de torná-la difusa, como que um tipo especial de tutela interdital, como assinala Roger Perrot na *Rivista di Diritto Processuale Civile*, 1975, p. 249, aplicável em hipóteses mencionadas, que revelam inequivocamente que não se trata de tutela cautelar, mas antes de provimento satisfativo.

Pródiga é a sua aplicação no Direito do Trabalho, inclusive com a aplicação analógica da máxima interdital *spoliatus ante omnia restituendus* para deferir-se "reintegração no emprego", calcado naquela inferioridade entre os litigantes a que nos referimos e que, por isso, cria uma "indisponibilidade subjetiva *sui generis*". É mister ainda ressaltar que propugnamos por essa jurisdição de urgência em casos de 'periclitação', ao passo que essa difusão da segurança "europeia" nem sequer traz como pressuposto o *periculum* autorizador.

Esse regime jurídico especial das ações de segurança, acompanhado de uma exegese mais adequada e realista do princípio dispositivo, autoriza que o juiz, numa ação proposta, defira uma medida de segurança contra o autor em favor do réu sem qualquer pedido deste, desde que haja uma possibilidade de grave lesão ao direito do demandado. Exemplificando-se com um caso concreto,

---

[21] **"CPC/1973, art. 335.** Em falta de normas jurídicas particulares, o juiz aplicará as regras de experiência comum subministradas pela observação do que ordinariamente acontece e ainda as regras da experiência técnica, ressalvado, quanto a esta, o exame pericial."

[22] **"CPC/2015, art. 375.** O juiz aplicará as regras de experiência comum subministradas pela observação do que ordinariamente acontece e, ainda, as regras de experiência técnica, ressalvado, quanto a estas, o exame pericial."

356 | CURSO DE DIREITO PROCESSUAL CIVIL • *Luiz Fux*

cita-se a causa em que uma loja de vime situada no interior de um posto de gasolina postulou, em medida cautelar, a interdição de uma das bombas de gasolina situada muito próximo à loja, alugada pelo próprio titular do abastecimento, proprietário do terreno. Obtida a liminar, o Tribunal de Justiça cassou-a, com o que, na prática, manteve a coexistência das atividades. Em ofício aterrorizante, o Corpo de Bombeiros alertou para o imenso perigo de explosão da loja, por isso o juiz *a quo* interditou-a em detrimento do requerente da cautela, decisão que restou mantida, em razão de sustentarmos a possibilidade de o provimento de segurança ser adotado independentemente de provocação de qualquer das partes.

A indagação quanto à disponibilidade do direito protegido pelo provimento deixa no ar a perplexidade. O raciocínio que deve ser engendrado, deve considerar a função da finalidade da atividade. Desta sorte, *in dubio pro societate* e o juiz, nesses casos, deve agir de ofício, máxime porque, *in casu*, a tutela de segurança reclamada apresentava uma linha limítrofe entre o interesse da parte e da própria coletividade, ameaçada com a anunciada explosão. Encerrou-se, assim, um singular caso em que a medida restou dúplice e engendrada *ex officio*, em face do estado de "periclitação".

É preciso, entretanto, reafirmar que o interesse privado, tutelado no caso concreto, sucumbiu diante do interesse público, porque a este é inoperante a disponibilidade processual.

3. SUSPENSÃO DO PROCESSO

"Suspensão do processo" é o fenômeno processual consistente na paralisação da marcha processual com a estagnação da prática de atos necessários à prestação jurisdicional em razão da ocorrência de um fato previsto em lei, assim considerado por decisão judicial.[23]

A suspensão do processo reclama a ocorrência do *fato previsto* e a *decisão suspensiva*, no sentido de que os efeitos da suspensão ocorrem quando do surgimento *ex tunc* do evento suspensivo, muito embora a decisão judicial somente exsurja *a posteriori*. É que o fato gerador da suspensão está no evento previsto em lei e não na decisão suspensiva em si.

Essa questão assume relevância; uma vez que é possível que um certo lapso de tempo se anteponha entre o fato suspensivo e a decisão judicial que lhe reconhece.

Nessa hipótese, são de nenhum efeito os atos praticados nesse interregno. Assim, *v.g.*, se a parte perde a sua capacidade processual em razão de interdição noticiada tardiamente nos autos de um processo em que figurava como autora ou ré, os atos praticados após a interdição e antes de suspenso o feito para o ingresso do curador e do Ministério Público são de nenhuma valia, como, por exemplo o decurso de um prazo para especificar provas ou arrolar testemunha, que deve, por isso, ser reaberto.

Impõe-se, assim, observar em que hipóteses a suspensão é *ex vi legis* em face da causa suspensiva.

Consoante se pode observar, o art. 313[24] enumera, como eventos suspensivos do processo, *fatos jurídicos*, *atos jurídicos das partes* e *atos judiciais*.

---

[23]   Como bem afirmava **Pontes de Miranda**, "a instância não se exaure, mas tão só por algum tempo não corre", *in Comentários ao Código de Processo Civil*, 1947, vol. II, p. 129.

[24]   **"Art. 313.** Suspende-se o processo:
I – pela morte ou perda da capacidade processual de qualquer das partes, de seu representante legal ou de seu procurador;
II – pela convenção das partes.
III – pela arguição de impedimento ou de suspeição;
IV – pela admissão de incidente de resolução de demandas repetitivas;
V – quando a sentença de mérito:
a) depender do julgamento de outra causa ou da declaração da existência ou de inexistência de relação jurídica que constitua o objeto principal de outro processo pendente;
b) tiver de ser proferida somente após a verificação de determinado fato ou a produção de certa prova, requisitada a outro juízo;

Parte IV • IV – FORMAÇÃO, SUSPENSÃO E EXTINÇÃO DO PROCESSO | **357**

No que pertine aos atos judiciais impõe-se, desde logo, advertir que são atos negociais, como a transação e a conciliação. Isso porque, em princípio, não é lícito, através de ação, impedir o exercício do direito constitucional de acesso à Justiça. Não obstante, podem surgir casos práticos em que a pendência de um processo manifestamente injusto pode prejudicar determinada parte, *v.g.*, um licitante em concorrência pública. Nesses casos, excepcionalmente, a suspensão pode vir a ser obtida através de medida de urgência.

Tratando-se de fato jurídico, como a "força maior", a "morte da parte" ou a "perda de sua capacidade", opera-se a suspensão a partir da ocorrência dos mesmos, revestindo-se a decisão suspensiva de natureza meramente declaratória. É, também, o caso do parto ou da concessão de adoção, quando a mãe ou o pai forem os únicos patronos da causa.

Operando-se a suspensão por força de um "ato jurídico das partes ou ato judicial", *v.g.*, a convenção suspensiva do processo ou a decisão que reconhece a existência de uma questão prejudicial externa impeditiva do julgamento do mérito, a suspensão dar-se-á a partir da decisão judicial. Assim, *v.g.*, se o juiz reconhece que para decidir o pedido de cobrança depende o julgamento acerca da validade do contrato de onde emerge aquela obrigação e que está sujeita à cognição de outro juízo cível, dessa decisão que reconhece a prejudicialidade é que se inicia o prazo suspensivo do processo em cujo transcurso é defeso praticar atos processuais sob pena de ineficácia. Da mesma forma, a decisão que, verificando a inexistência de qualquer vício ou intento fraudulento, admite a convenção suspensiva das partes, marca o início da suspensão.

VI – por motivo de força maior;

VII – quando se discutir em juízo questão decorrente de acidentes e fatos da navegação de competência do Tribunal Marítimo;

VIII – nos demais casos que este Código regula.

IX – pelo parto ou pela concessão de adoção, quando a advogada responsável pelo processo constituir a única patrona da causa;

X – quando o advogado responsável pelo processo constituir o único patrono da causa e tornar-se pai.

§ 1º Na hipótese do inciso I, o juiz suspenderá o processo, nos termos do art. 689.

§ 2º Não ajuizada ação de habilitação, ao tomar conhecimento da morte, o juiz determinará a suspensão do processo e observará o seguinte:

I – falecido o réu, ordenará a intimação do autor para que promova a citação do respectivo espólio, de quem for o sucessor ou, se for o caso, dos herdeiros, no prazo que designar, de no mínimo 2 (dois) e no máximo 6 (seis) meses;

II – falecido o autor e sendo transmissível o direito em litígio, determinará a intimação de seu espólio, de quem for o sucessor ou, se for o caso, dos herdeiros, pelos meios de divulgação que reputar mais adequados, para que manifestem interesse na sucessão processual e promovam a respectiva habilitação no prazo designado, sob pena de extinção do processo sem resolução de mérito.

§ 3º No caso de morte do procurador de qualquer das partes, ainda que iniciada a audiência de instrução e julgamento, o juiz determinará que a parte constitua novo mandatário, no prazo de 15 (quinze) dias, ao final do qual extinguirá o processo sem resolução de mérito, se o autor não nomear novo mandatário, ou ordenará o prosseguimento do processo à revelia do réu, se falecido o procurador deste.

§ 4º O prazo de suspensão do processo nunca poderá exceder 1 (um) ano nas hipóteses do inciso V e 6 (seis) meses naquela prevista no inciso II.

§ 5º O juiz determinará o prosseguimento do processo assim que esgotados os prazos previstos no § 4º.

§ 6º No caso do inciso IX, o período de suspensão será de 30 (trinta) dias, contado a partir da data do parto ou da concessão da adoção, mediante apresentação de certidão de nascimento ou documento similar que comprove a realização do parto, ou de termo judicial que tenha concedido a adoção, desde que haja notificação ao cliente. (Incluído pela Lei nº 13.363, de 2016)

§ 7 º No caso do inciso X, o período de suspensão será de 8 (oito) dias, contado a partir da data do parto ou da concessão da adoção, mediante apresentação de certidão de nascimento ou documento similar que comprove a realização do parto, ou de termo judicial que tenha concedido a adoção, desde que haja notificação ao cliente. (Incluído pela Lei nº 13.363, de 2016)."

"**Art. 314.** Durante a suspensão é vedado praticar qualquer ato processual, podendo o juiz, todavia, determinar a realização de atos urgentes a fim de evitar dano irreparável, salvo no caso de arguição de impedimento e de suspeição."

A lei, em princípio, veda a prática de atos processuais durante o decurso do prazo de suspensão do processo. Essa regra geral cede ao *periculum in mora*, razão pela qual, havendo direito material ou processual em estado de periclitação, é lícito à parte requerer e ao juízo deferir a realização de atos acautelatórios (art. 314).[25] Assim é que, mesmo estando suspenso o processo por força de questão prejudicial externa, é lícito ao juízo determinar o arrolamento dos bens disputados na ação suspensa, a intervenção do Ministério Público ou do curador *ad litem* quando o ato é urgente e a causa suspensiva decorre da incapacidade superveniente da parte.

Há hipóteses em que a causa de suspensão implica o deslocamento do processo para a superior instância, *v.g.*, no impedimento do juiz, o relator do incidente deve determinar a prática do ato urgente. Idêntico raciocínio realiza-se quando o relator confere efeito suspensivo ao agravo, mercê de verificar a necessidade da prática de atos urgentes, quando, então, os determina.

A suspensão do processo, por seu turno, acarreta a "suspensão dos prazos processuais", figura que se distingue da "interrupção do prazo", haja vista que no primeiro caso, cessada a causa suspensiva, recomeça-se a contar o prazo pelo tempo que faltava para o seu implemento quando ocorreu o evento suspensivo.[26] Assim, *v.g.*, se a parte dispunha de 15 dias e no 10º dia ocorreu a causa suspensiva, como é o caso do recesso forense, cessada esta, recomeça-se a contar o prazo pelos cinco dias faltantes para o seu término. Na *interrupção*, cessada a causa interruptiva, *o prazo conta-se de novo, ex integro*, como se não tivesse transcorrido (art. 221 do CPC).[27]

3.1 Suspensão por morte ou perda de capacidade processual

O processo é *actus trium personarum*; por isso, sem a existência de partes, ele não pode subsistir. A morte suprime da relação um de seus sujeitos necessários que deve ser substituído, razão pela qual o processo, enquanto essa substituição não se opera, fica suspenso[28].

À morte da pessoa natural corresponde a liquidação da pessoa jurídica, tanto mais que em ambas as hipóteses sujeitos novos devem acudir ao processo porquanto as pessoas físicas são substituídas por seus herdeiros e sucessores, nas causas transmissíveis, e as pessoas jurídicas pelo seu "liquidante", que é o representante da massa de bens.

A suspensão do processo pode "converter-se" em extinção da relação processual. Assim, *v.g.*, à falta de habilitação dos herdeiros ou a integração do liquidante, posto da *parte autora, extingue-se o processo* sem julgamento do mérito. Tratando-se da *parte ré*, o processo deve prosseguir à revelia do espólio ou da sociedade, haja vista que o autor não pode ser prejudicado por falta de diligência da parte adversa sem prejuízo de o processo não poder ficar sustado *ad infinitum* (art. 76, § 1º, incisos I e II, do CPC).[29]

---

[25] Idêntica previsão encontra-se no CPC Português que permite a prática de atos urgentes destinados a evitar "dano irreparável", além de prever a intervenção do Ministério Público se a parte estiver impedida de assistir a esse ato. Analisando o referido dispositivo em visão comparativa com o nosso sistema, **Pedro Batista Martins**, *Comentários ao Código de Processo Civil*, 1941, vol. II, p. 342.

[26] No sentido do texto, **Frederico Marques**, *Instituições*, vol. III, p. 251.

[27] "**Art. 221.** Suspende-se o curso do prazo por obstáculo criado em detrimento da parte ou ocorrendo qualquer das hipóteses do art. 313 devendo o prazo ser restituído por tempo igual ao que faltava para sua complementação.
Parágrafo único. Suspendem-se os prazos durante a execução de programa instituído pelo Poder Judiciário para promover a autocomposição, incumbindo aos tribunais especificar, com antecedência, a duração dos trabalhos."

[28] Para essa hipótese **Carvalho Santos** defendia a "não suspensividade de pleno direito" reclamando dados seguros sobre a ocorrência do evento, mercê de dever o fato ser denunciado ao juiz (*in Código de Processo Civil Interpretado*, 1940, vol. III, p. 93-94).

[29] "**Art. 76.** Verificada a incapacidade processual ou a irregularidade da representação da parte, o juiz suspenderá o processo e designará prazo razoável para que seja sanado o vício.
§ 1º Descumprida a determinação, caso o processo esteja na instância originária:
I – o processo será extinto, se a providência couber ao autor;
II – o réu será considerado revel, se a providência lhe couber;
III – o terceiro será considerado revel ou excluído do processo, dependendo do polo em que se encontre."

Parte IV • IV – FORMAÇÃO, SUSPENSÃO E EXTINÇÃO DO PROCESSO | **359**

A *morte do representante legal da parte* deixa-a com a sua atuação processual desfalcada nas suas manifestações, uma vez que o seu representante é quem supre a sua incapacidade. Impõe-se, pois, sua substituição, razão por que se susta o processo. Ao advogado cumpre diligenciar para que se proceda essa substituição, porquanto as consequências da inércia são as mesmas acima, por força do art. 76 do CPC; vale dizer, a extinção do processo sem análise do mérito, em relação ao autor, e a revelia em relação ao réu. O réu revel, por incapacidade insuprida, deve merecer a nomeação de curador especial, haja vista que, ainda que se mantenha inerte o advogado, o incapaz não pode ser validamente intimado pessoalmente para substituir o seu representante legal[30].

A "morte do advogado", detentor de capacidade postulatória, é diferente, porque a parte manifesta-se tecnicamente através desse profissional. O Código dispõe que a parte deve ser representada em juízo por advogado "legalmente habilitado" (art. 103, do CPC).[31] Falecendo o advogado ou mesmo perdendo a sua capacidade postulatória por incidência de causas de impedimento previstas no Estatuto da Ordem dos Advogados, cabe à parte nomear outro profissional, sob pena de, sendo autora, ver extinto o processo sem análise do mérito e, na hipótese de ser ré, ver decretada a sua revelia (art. 313, § 3º, do CPC[32]). Ambas as sanções, evidentemente, *reclamam a intimação pessoal da parte* porque é o advogado quem acompanha os atos de interesse da causa.

Ressoa evidente que, nas hipóteses em que a parte dispõe de vários advogados atuantes *in solidum*, a morte de um deles não implica a suspensão do processo.

A *revelia superveniente*, que se observa por força da inércia no suprimento de formalidades indispensáveis, deve levar em consideração tudo quanto foi praticado no processo enquanto não decretada; por isso, o seu efeito é a abolição do contraditório *dali para frente*, inclusive com a supressão das intimações subsequentes (art. 346, do CPC).[33] Aliás, essa é a *ratio* da redação do dispositivo.

A capacidade processual, como requisito de validade do processo, tem como razão de ser a tecnicidade das regras processuais. O legislador, atento a esse aspecto, visa a evitar que a parte seja prejudicada em sua situação jurídico-material por força de um deslize processual.[34]

Sob esse ângulo, o direito processual importou do Direito Civil os conceitos de *capacidade de gozo*, permitindo às *pessoas capazes* a prática dos atos na relação processual. Sem prejuízo, o legislador estabeleceu, ao lado da capacidade processual, a *capacidade postulatória*, consistente na aptidão para dirigir-se diretamente aos juízes e tribunais, atribuindo-a aos *bacharéis inscritos na Ordem dos Advogados do Brasil*.

---

30 A suspensão, no Código passado, não se verificava se a morte das partes ou de seus representantes legais ocorre *depois de iniciada a audiência*, posto que, para esse ato, basta a presença do próprio advogado, razão pela qual ela deve prosseguir a despeito do falecimento noticiado (art. 265, § 1º, *a*, do CPC). Encerrada a audiência, o ato subsequente é a prolação da sentença, tarefa do próprio juiz; por isso, não se justificaria suspender o processo. Entretanto, como após a decisão pode haver um vencido apto a recorrer e que pode ser exatamente a parte aquela cujo representante faleceu, a lei suspende o processo a partir da publicação da sentença (art. 265, § 1º, alíneas *a* e *b*, do CPC).

31 **"Art. 36.** A parte será representada em juízo por advogado regularmente inscrito na Ordem dos Advogados do Brasil."
"EOAB, art. 4º: São nulos os atos privativos de advogado praticados por pessoa não inscrita na OAB, sem prejuízo das sanções civis, penais e administrativas.
Parágrafo único. São também nulos os atos praticados por advogado impedido – no âmbito do impedimento – suspenso, licenciado ou que passar a exercer atividade incompatível com a advocacia."

32 **"Art. 313, § 3º.** No caso de morte do procurador de qualquer das partes, ainda que iniciada a audiência de instrução e julgamento, o juiz determinará que a parte constitua novo mandatário, no prazo de 15 (quinze) dias, ao final do qual extinguirá o processo sem resolução de mérito, se o autor não nomear novo mandatário, ou ordenará o prosseguimento do processo à revelia do réu, se falecido o procurador deste."

33 **"Art. 346.** Os prazos contra o revel que não tenha patrono nos autos fluirão da data de publicação do ato decisório no órgão oficial.
Parágrafo único. O revel poderá intervir no processo em qualquer fase, recebendo-o no estado em que se encontrar."

34 A respeito da capacidade processual, consulte o nosso *Intervenção de Terceiros*, p. 51-66.

360 | CURSO DE DIREITO PROCESSUAL CIVIL • *Luiz Fux*

As espécies de capacidade ora comentadas são pressupostos de validade do processo, devendo permanecer íntegras durante todo o curso do mesmo.

A *incapacidade da parte requer declaração judicial e nomeação de curador*, residindo nesse procedimento a razão de ser da suspensão. O não suprimento da incapacidade gera a resolução do processo sem análise do mérito se a parte for autora ou, à revelia, se a parte for ré. Em ambos os casos, faz-se mister tanto a nomeação de curador especial quanto a remessa dos autos ao Ministério Público. Aliás, a própria lei submete a morte e a incapacidade superveniente ao mesmo regime jurídico.

3.2 Suspensão convencional do processo[35]

O processo pode ficar suspenso por força de negócio jurídico-processual. Trata-se de hipótese, antes, excepcional de disposição das partes quanto às regras processuais e que, com o presente Código, ganhou força.

A *convenção das partes* pode, inclusive, atingir prazos *de natureza peremptória* em curso, sendo defeso, contudo, ao juiz reduzi-los sem consentimento das próprias partes (art. 222, § 1º, do CPC).

De toda sorte, mister observar que esse poder dispositivo das partes tem limites que o tornam relativo, razão pela qual essa convenção não pode gerar uma paralisação do processo *ad infinitum*. O prazo máximo de suspensão é de seis meses, findos os quais prossegue-se a partir da fase em que o feito se encontrava, antes da suspensão (art. 313, § 4º, do CPC).

3.3 Suspensão pela alegação de incompetência, impedimento e suspeição[36]

A *competência do juízo* e *a compatibilidade* do juiz para julgar pela ausência de obstáculos em relação à sua imparcialidade representam os *pressupostos subjetivo-processuais* que devem ser analisados antes de qualquer outro. É que não podem julgar a causa o juiz incompatível e o juízo incompetente.

O meio processual para denunciar esses vícios é a contestação, em que constará preliminar de incompetência. A alegação impõe a suspensão da audiência de conciliação ou de mediação eventualmente designada, como forma de não comprometer o acesso do réu à Justiça (art. 340, § 3º[37]).

Quanto à alegação de impedimento ou suspeição, se conhecido o óbice no momento da defesa, igualmente deve vir veiculada na contestação; se, porém, superveniente a ciência da parte, abre-se margem para suscitar o vício em quinze dias. Caso o magistrado não reconheça sua incompetência, o incidente será remetido ao tribunal, onde o relator decidirá sobre a existência de efeito suspensivo (art. 146, § 2º[38]).

---

[35] Com muita propriedade, justifica o dispositivo **Pedro Batista Martins** ao afirmar que as partes, se paralisam o processo pelo próprio arbítrio, sofrem as sanções legais. Entretanto, permite-lhes a lei que convencionalmente realizem esse objetivo (*in Comentários*, cit., p. 333).

[36] A suspensividade prende-se ao fato de que a doutrina considera as matérias nelas encartadas como "prejudiciais" de natureza processual, posto que não pode julgar o juiz que é parcial nem pode apreciar a causa o juízo incompetente.

[37] "**Art. 340.** Havendo alegação de incompetência relativa ou absoluta, a contestação poderá ser protocolada no foro de domicílio do réu, fato que será imediatamente comunicado ao juiz da causa, preferencialmente por meio eletrônico.

§ 1º A contestação será submetida a livre distribuição ou, se o réu houver sido citado por meio de carta precatória, juntada aos autos dessa carta, seguindo-se a sua imediata remessa para o juízo da causa.

§ 2º Reconhecida a competência do foro indicado pelo réu, o juízo para o qual for distribuída a contestação ou a carta precatória será considerado prevento.

§ 3º Alegada a incompetência nos termos do *caput*, será suspensa a realização da audiência de conciliação ou de mediação, se tiver sido designada.

§ 4º Definida a competência, o juízo competente designará nova data para a audiência de conciliação ou de mediação."

[38] "**Art. 146.** No prazo de 15 (quinze) dias, a contar do conhecimento do fato, a parte alegará o impedimento ou a suspeição, em petição específica dirigida ao juiz do processo, na qual indicará o fundamento da recusa, podendo instruí-la com documentos em que se fundar a alegação e com rol de testemunhas.

Parte IV • IV – FORMAÇÃO, SUSPENSÃO E EXTINÇÃO DO PROCESSO | **361**

3.4 Suspensão nos recursos repetitivos e no incidente de resolução de demandas repetitivas

Outra hipótese de suspensão do processo se relaciona diretamente ao intuito do novel CPC de unificar a jurisprudência e torná-la, em certa medida, observável pelo juiz no momento de decidir questão jurídica semelhante. Dessa forma, a admissão do incidente de resolução de demandas repetitivas ou do julgamento de recursos repetitivos (e repercussão geral, no caso do Supremo Tribunal Federal) pode gerar a suspensão de processos que versem sobre a mesma tese jurídica em discussão nesse incidente (art. 313, IV, c/c art. 982, I). Almeja-se, assim, evitar decisões que contrariem o entendimento manifestado pelo Tribunal, de maneira a evitar soluções jurídicas contraditórias.

Nesse sentido, vale destacar, é válida também a suspensão quando houver a afetação de recursos especiais ou extraordinários como repetitivos, de acordo com o art. 1.037, II, CPC. A *ratio* dessa regra está diretamente relacionada à observação dos precedentes vinculantes, garantindo uniformidade nas decisões proferidas pelos tribunais do território nacional.

3.5 Suspensão por prejudicialidade

A atividade de julgar implica não só o conhecimento da matéria suscitada e discutida, mas também de outras questões que influem no julgamento da causa principal. Por vezes, uma relação jurídica diversa daquela que compõe a causa de pedir, não obstante esteja fora da órbita da decisão da causa, reclama sua apreciação como premissa lógica integrante do itinerário do raciocínio do juiz, antecedente necessário ao julgamento. Saltar sobre essa relação jurídica significaria deixar sem justificativa a conclusão sobre o pedido. Assim, *v.g.*, se A cobra uma obrigação de B com base em determinado vínculo e o réu se defende alegando a inexistência do referido negócio, impõe-se ao juiz, antes de decidir acerca do pedido de cobrança, analisar a existência ou a inexistência do contrato, haja vista que, se concluir pela existência, é possível que a cobrança tenha procedência porque vencida a obrigação. Entretanto, se o juiz concluir que o negócio não existe, não haverá, por conseguinte, obrigação devida. Observe-se que a existência ou *a inexistência do contrato* representa, no exemplo proposto, uma questão que influi no modo de se julgar a questão principal da cobrança. Exatamente essa influência que gera um "juízo prévio" sobre outra questão, um "pré-juízo", é que caracteriza essa como "prejudicial"; posto influir no julgamento da questão principal, muito embora não seja objeto do processo. É que nem tudo que o juiz aprecia ele julga, limitando-se, nesta atividade última, a prover sobre o pedido, mercê de julgar implicar o conhecimento prévio de tudo quanto possa influir sobre a decisão.[39]

A *questão prejudicial* pode ser posta no mesmo juízo em que se pede o julgamento do pedido dependente da aludida premissa como antecedente lógico necessário.

A simples análise da questão prejudicial sem força de julgamento, tradicionalmente, estava relacionada à sistemática de somente fazer incidir a coisa julgada na parte da sentença que julga o pedido e não nas questões, ainda que relevantes, que o antecedem. Contudo, o atual diploma autoriza que a decisão, em cognição exauriente, sem condicionantes probatórios, por juiz competente, sobre a matéria enseje formação de coisa julgada (art. 503). Não se trata, percebe-se, de exceção

---

§ 1º Se reconhecer o impedimento ou a suspeição ao receber a petição, o juiz ordenará imediatamente a remessa dos autos a seu substituto legal, caso contrário, determinará a autuação em apartado da petição e, no prazo de 15 (quinze) dias, apresentará suas razões, acompanhadas de documentos e de rol de testemunhas, se houver, ordenando a remessa do incidente ao tribunal.

§ 2º Distribuído o incidente, o relator deverá declarar os seus efeitos, sendo que, se o incidente for recebido:

I – sem efeito suspensivo, o processo voltará a correr;

II – com efeito suspensivo, o processo permanecerá suspenso até o julgamento do incidente."

[39] **Liebman**, com a sua acuidade e profundidade de conhecimento sobre o processo brasileiro, afirmava que, não obstante a coisa julgada atingir apenas a conclusão última do raciocínio do juiz, a questão prejudicial, posto não ser decidida em si mesma era examinada para "permitir a decisão principal" (*in Notas às Instituições de Chiovenda*, vol. I, p. 543).

à regra do art. 504, CPC, uma vez que as questões prejudiciais são objetos de pronunciamento com conteúdo decisório e não mera fundamentação de sentença. É que as questões prejudiciais, inclusive, podem constituir objeto autônomo de outra ação.

Entretanto, há caso de a questão prejudicial figurar como objeto principal de um outro processo, *v.g.*, a existência ou inexistência do contrato antes referido como objeto de ação declaratória autônoma em curso noutro juízo quando A ingressou com o pedido de cobrança. Nessa hipótese, diz-se que a prejudicialidade é "externa". A lei, em vez de determinar a reunião dessas ações segundo os critérios da prevenção da competência insculpidos no art. 58 do CPC, prefere, como regra *in procedendo*, que o juiz da causa prejudicada suste o julgamento do mérito até que a decisão da questão prejudicial seja proferida, para, então, ser aproveitada como razões de decidir na causa em que ela influi (art. 313, inciso V, *a*, do CPC). Essa é a razão de a "existência de uma prejudicial externa figurar como causa suspensiva do processo".

Em nosso entender, nas hipóteses de prejudicialidade perante juízos que têm a mesma competência *ratione materiae*, as causas devem ser reunidas por conexão, aplicando-se o dispositivo apenas quando absoluta a incompetência do juízo dependente da questão prejudicial, para apreciá-la *principaliter*.

A mesma suspensão se verifica quando a causa sustada depende do julgamento de outra causa submetida a outro juízo, como ocorre quando uma ação de cobrança de cota condominial no juízo X o julgamento depende da decisão a ser proferida no juízo Y acerca da validade da assembleia donde emerge a obrigação exigida no juízo suspenso. Mesmo nessa hipótese, sugere-se a reunião das ações e não a suspensão, porque o conceito de conexão deve estar voltado para o objetivo maior desse instituto que é o de evitar a prolação de decisões contraditórias. Nesse mesmo segmento, a prática judiciária tem revelado inúmeros casos de ações declaratórias de débito comum ou fiscal paralelamente à existência de processo executivo pendente.

A solução que tem sido preconizada pela doutrina e pela jurisprudência como a mais consentânea com os institutos da prejudicialidade, da conexão e do acesso à justiça é a reunião das ações acaso haja embargos na execução, porquanto a solução isolada dessa demanda de índole cognitiva introduzida no organismo do processo executivo pode gerar decisões contraditórias.

A questão prejudicial, por seu turno, pode ser de qualquer natureza. Entretanto, obedecendo a uma certa tradição histórica do antigo Direito romano, posto assim consideradas aquelas atinentes *ao estado das pessoas*, o que inclusive servia de critério de classificação das ações, distinguindo a classe das "ações prejudiciais", o legislador do Código de 1973 destacou a hipótese de suspensão do processo quando o julgamento do mérito tiver como premissa o julgamento de *questão de estado*, requerido como declaração incidente (art. 265, inciso IV, *c*, do CPC de 1973).

Tal hipótese de suspensão, outrora prevista na lei, pressupõe *prejudicialidade externa*, quanto à questão de fato e "incompetência *ratione materiae* do juízo" do processo a ser suspenso, inexistindo razão para qualquer suspensão. Aliás, na essência, a hipótese se encaixa mesmo na alínea *a* do art. 313, inciso V, do CPC, tendo havido superabundância de regulação pelas razões históricas apontadas. Assim, *v.g.*, se numa determinada ação de reivindicação de imóvel questiona-se a qualidade de herdeiro do autor da ação real, a qual está sendo discutida no juízo de família ou orfanológico, a incompetência *ratione materiae* impõe ao juízo cível aguardar, suspendendo o processo (art. 313, § 4º, do CPC).

Idêntico raciocínio empreende-se numa ação de despejo em que alguém se atribui a condição jurídica de sucessor familiar da locação enquanto a sua qualidade é discutida alhures, no juízo de família.

Em resumo, forçoso é admitir que a suspensão ditada pelo art. 313, V, *a*, do CPC, pressupõe que a questão prejudicial seja externa, suscitada em causa proposta anteriormente à propositura da causa sustada.

Tema que guarda afinidade com a prejudicialidade é o previsto na alínea *b* do citado art. 313 ao estabelecer a "suspensão do processo quando a decisão de mérito tiver de ser proferida somente após a verificação de determinado fato ou a produção de certa prova, requisitada a outro juízo".

Essa hipótese verifica-se quando se trata de prova a ser produzida alhures por meio de carta precatória ou "prova emprestada" a ser obtida sob contraditório, noutro juízo, e de suma influência na causa suspensa. Esse caso deve ser analisado juntamente com a regra do art. 377 do CPC com a sua novel redação;[40] por isso que, se "a prova é requerida" *após o saneamento*, a suspensão não se verifica.

Destarte, se postuladas *previamente ao saneamento*, convém ao juízo suspender o processo para melhor justificar a sua decisão cumprindo os postulados dos arts. 370 e 371 do CPC,[41] consectários do princípio do "convencimento racional". Entretanto, se essa suspensão prejudicar o andamento regular do feito, cabe ao juiz prosseguir no processo, sendo certo que a prova advinda aos autos posteriormente poderá ser apreciada pelo tribunal por força do permissivo do art. 1.014 do CPC.[42]

A suspensão por prejudicialidade obedece a um "prazo improrrogável" ditado pelo art. 313, § 4º, do CPC. Ultrapassado o "período ânuo" de suspensão, o valor celeridade supera o valor certeza e autoriza o juiz a apreciar a questão prejudicial o quanto suficiente (*incidenter tantum*) para fundamentar a decisão.

3.6 Suspensão por motivo de força maior[43]

A vida fenomênica revela fatos que impedem as atividades exercitáveis no processo, *v.g.*, a greve dos serventuários dos serviços de transportes, uma tempestade etc., os quais enquanto perduram, impõe-se a suspensão do processo ou somente dos prazos processuais. De toda sorte, é mister que se revele um *justo impedimento* ao prosseguimento da relação processual, sob pena de causar-se um dano a uma das partes.

Em regra, a análise da *força maior* é casuística e exige *fato transindividual*, porque aqueles estritamente pessoais são superados com medidas específicas de relevação de prazos. Aliás, a lei refere-se, especificamente, a um caso de força maior ao dispor acerca da possibilidade de prorrogação *ope judicis* dos prazos diante do estado de "calamidade pública" (art. 222, § 2º, do CPC).[44]

3.7 Outros casos de suspensão do processo

A lei, não obstante contenha esse capítulo específico sobre a previsão genérica de suspensão do processo aplicável a todos os processos, ainda dispõe em regras esparsas sobre incidentes que também geram a sustação da marcha processual. Decorrência lógica é a de que a enumeração do art. 313 do CPC não é exaustiva (*numerus clausus*), porquanto outras situações jurídico-processuais também apresentam essa eficácia suspensiva, haja vista a previsão do inciso VIII deste artigo.

---

[40] **"Art. 377.** A carta precatória, a carta rogatória e o auxílio direto suspenderão o julgamento da causa no caso previsto no art. 313, inciso V, alínea 'b', quando, tendo sido requeridos antes da decisão de saneamento, a prova neles solicitada for imprescindível.
Parágrafo único. A carta precatória e a carta rogatória não devolvidas no prazo ou concedidas sem efeito suspensivo poderão ser juntadas aos autos a qualquer momento."

[41] **"Art. 370.** Caberá ao juiz, de ofício ou a requerimento da parte, determinar as provas necessárias ao julgamento do mérito.
Parágrafo único. O juiz indeferirá, em decisão fundamentada, as diligências inúteis ou meramente protelatórias.
Art. 371. O juiz apreciará a prova constante dos autos, independentemente do sujeito que a tiver promovido, e indicará na decisão as razões da formação de seu convencimento."

[42] **"Art. 1.014.** As questões de fato não propostas no juízo inferior poderão ser suscitadas na apelação, se a parte provar que deixou de fazê-lo por motivo de força maior."

[43] Para **Pontes de Miranda,** a força maior se caracterizava por "circunstâncias invencíveis pelos interessados e por todos aqueles que tiverem de praticar atos processuais" (*Comentários ao Código de Processo Civil*, 1947, vol. II, p. 129).

[44] **"Art. 222.** Na comarca, seção ou subseção judiciária onde for difícil o transporte, o juiz poderá prorrogar os prazos por até 2 (dois) meses.
§ 1º Ao juiz é vedado reduzir prazos peremptórios sem anuência das partes.
§ 2º Havendo calamidade pública, o limite previsto no *caput* para prorrogação de prazos poderá ser excedido."

364 | CURSO DE DIREITO PROCESSUAL CIVIL • *Luiz Fux*

O oferecimento de embargos de terceiro, *v.g.*, suspende o processo de execução quando se dirigem contra a constrição do único bem sobre o qual incide a atividade executiva; a superveniência de férias tem o mesmo efeito suspensivo; a convocação do denunciado à lide também susta a marcha processual até que o terceiro intervenha etc. Assente-se, por oportuno, que, embora esses casos venham previstos isoladamente, os processos onde os mesmos ocorrem submetem-se ao regime da suspensão traçado nesse capítulo, *v.g.*, admite-se a prática de atos urgentes ainda que se trate de aguardar o ingresso do denunciado ao processo (art. 314 do CPC).[45]

4. EXTINÇÃO DO PROCESSO

O processo tem o seu ciclo vital cujo ápice ocorre com a extinção pela solução do litígio, cumprindo o juízo o seu ofício jurisdicional.

O juiz, no exercício da função jurisdicional, ao conferir uma resposta à questão de fundo, atinge o escopo dessa atividade estatal que é conferir certeza e estabilidade às relações jurídicas através da palavra oficial do Judiciário.

Tratando-se de processo de conhecimento, esse desígnio é alcançado pela definição do litígio através da sentença ou, em havendo recurso, por via do acórdão. É que, enquanto pende o processo pela existência do recurso não se pode considerá-lo extinto, senão o procedimento em primeiro grau. É nesse sentido que se deve compreender o texto do art. 203[46], do CPC ao definir a sentença como ato do juiz que implica alguma das situações previstas nos arts. 485 e 487 do CPC e a extinção da fase de conhecimento ou de execução. A sentença, assim, termina, apenas, o "procedimento" em primeiro grau, diante da existência do recurso.

Destarte, muito embora a solução normal do processo seja a definição do litígio, com o julgamento do mérito, alguns fatos de natureza formal impedem o juízo de alcançar esse desígnio.

Precedentemente, observamos que as condições da ação são requisitos que o autor deve cumprir para obter uma decisão de mérito, favorável ou não. A ausência dessas condições e, portanto, a presença do fenômeno da "carência de ação", impede ao juiz proferir uma decisão material, limitando-se a decidir formalmente. A extinção, nesses casos, decorre de sentença meramente terminativa e denomina-se "extinção do processo sem análise do mérito".[47]

A lei processual, preconizando a teoria de Liebman, distingue as hipóteses de extinção do processo "com e sem julgamento do mérito" conforme a decisão atinja o modo de ser da pretensão deduzida em juízo. A extinção diz-se *terminativa* quando não atingir a existência de pretensão e será *definitiva* nas hipóteses em que a alcança.

Imperioso é, assim, que se assente a natureza da decisão posto submetida a regimes jurídicos completamente diversos.[48] Sob o enfoque da categorização das decisões, importa menos o *nomem*

---

[45] **"Art. 314.** Durante a suspensão é vedado praticar qualquer ato processual, podendo o juiz, todavia, determinar a realização de atos urgentes a fim de evitar dano irreparável, salvo no caso de arguição de impedimento e de suspeição."

[46] **"Art. 203.** Os pronunciamentos do juiz consistirão em sentenças, decisões interlocutórias e despachos.

§ 1º Ressalvadas as disposições expressas dos procedimentos especiais, sentença é o pronunciamento por meio do qual o juiz, com fundamento nos arts. 485 e 487, põe fim à fase cognitiva do procedimento comum, bem como extingue a execução.

§ 2º Decisão interlocutória é todo pronunciamento judicial de natureza decisória que não se enquadre no § 1º.

§ 3º São despachos todos os demais pronunciamentos do juiz praticados no processo, de ofício ou a requerimento da parte.

§ 4º Os atos meramente ordinatórios, como a juntada e a vista obrigatória, independem de despacho, devendo ser praticados de ofício pelo servidor e revistos pelo juiz quando necessário."

[47] Observar-se-á na análise dos casos de extinção terminativa do feito que essa forma anômala de encerramento deriva de um fato ilícito-processual, daí **Goldschmidt** ter estudado esse tema sob a ótica da "culpabilidade processual", *in Teoria General del Proceso*, 1936, p. 96.

[48] Como afirmava **Adolfo Schonke**, *in Derecho Procesal Civil*, 1950, p. 262, "a sentença como ato processual irradia efeitos 'dentro do juízo'", referindo-se ao fenômeno da "coisa julgada formal".

Parte IV • IV – FORMAÇÃO, SUSPENSÃO E EXTINÇÃO DO PROCESSO | **365**

juris que a essência do que foi decidido. Assim é que, se o juiz, diante da fragilidade da prova, aplicando as regras do art. 373 e incisos do CPC, decreta a extinção do processo sem análise do mérito, por "carência de provas", esta sua qualificação não terá o condão de tornar terminativa a decisão que à luz do sistema é definitiva (art. 487 do CPC); vale dizer: não se encaixando nas hipóteses do art. 485[49] do CPC, a decisão será definitiva.

O juiz, no momento em que analisa a pretensão material no sentido em que foi afirmada pelo autor ou pelo réu, está julgando o mérito, ainda que assim não o diga. A recíproca, também, revela-se verdadeira; por isso, se o magistrado considerar o autor parte ilegítima para postular em juízo e, equivocadamente, negar-lhe o direito afirmado por esse fato sem adentrar no fundo da controvérsia, não poderá nominar a sua decisão como "definitiva". Entretanto, se assim o fizer, será de somenos a sua categorização, uma vez que o teor da decisão é que importa para os fins de aplicação do regime jurídico incidente sobre as manifestações judiciais últimas. Nesse sentido, apenas para pinçar a mais importante diferença, frise-se que, por definir o litígio, a decisão de mérito implica não poder renovar em juízo a ação já definida, em respeito à coisa julgada material. Diferentemente, a extinção do processo sem análise do mérito não impede a reproposição da mesma ação extinta (art. 486 do CPC).[50] Relembre-se, apenas, que a nova propositura "da mesma ação" traz como condição prévia de procedibilidade a necessária comprovação do pagamento ou do depósito das custas e dos honorários de advogado, dispensáveis aos beneficiários da justiça gratuita e à Fazenda Pública.

---

49 **"Art. 485.** O juiz não resolverá o mérito quando:
I – indeferir a petição inicial;
II – o processo ficar parado durante mais de 1 (um) ano por negligência das partes;
III – por não promover os atos e diligências que lhe incumbir, o autor abandonar a causa por mais de 30 (trinta) dias;
IV – verificar a ausência de pressupostos de constituição e de desenvolvimento válido e regular do processo;
V – reconhecer a existência de perempção, litispendência ou de coisa julgada;
VI – verificar ausência de legitimidade das partes ou de interesse processual;
VII – acolher a alegação de existência de convenção de arbitragem ou quando o juízo arbitral reconhecer sua competência;
VIII – homologar a desistência da ação;
IX – em caso de morte da parte, a ação for considerada intransmissível por disposição legal;
X – nos demais casos prescritos neste Código.
§ 1º Nas hipóteses descritas nos incisos II e III, a parte será intimada pessoalmente para suprir a falta no prazo de 5 (cinco) dias.
§ 2º No caso do § 1º, quanto ao inciso II, as partes pagarão proporcionalmente as custas, e, quanto ao inciso III, o autor será condenado ao pagamento das despesas e dos honorários de advogado.
§ 3º O juiz conhecerá de ofício da matéria constante dos incisos IV, V, VI e IX, em qualquer tempo e grau de jurisdição, enquanto não ocorrer o trânsito em julgado.
§ 4º Oferecida a contestação, o autor não poderá, sem o consentimento do réu, desistir da ação.
§ 5º A desistência da ação pode ser apresentada até a sentença.
§ 6º Oferecida a contestação, a extinção do processo por abandono da causa pelo autor depende de requerimento do réu.
§ 7º Interposta a apelação em qualquer dos casos de que tratam os incisos deste artigo, o juiz terá 5 (cinco) dias para retratar-se."

50 **"Art. 486.** O pronunciamento judicial que não resolve o mérito não obsta a que a parte proponha de novo a ação.
§ 1º No caso de extinção em razão de litispendência e nos casos dos incisos I, IV, VI e VII do art. 485, a propositura da nova ação depende da correção do vício que levou à sentença sem resolução do mérito.
§ 2º A petição inicial, todavia, não será despachada sem a prova do pagamento ou do depósito das custas e dos honorários de advogado.
§ 3º Se o autor der causa, por 3 (três) vezes, a sentença fundada em abandono da causa, não poderá propor nova ação contra o réu com o mesmo objeto, ficando-lhe ressalvada, entretanto, a possibilidade de alegar em defesa o seu direito."

CURSO DE DIREITO PROCESSUAL CIVIL • Luiz Fux

Outrossim, a exigência restringe-se à mesma ação; vale dizer: aquela em que figurem o mesmo pedido, as mesmas partes e a mesma causa de pedir. Isto porque, propor de novo a ação significa repetir a mesma ação.

4.1 Extinção do processo sem resolução de mérito

4.1.1 Indeferimento da petição inicial

O art. 485, inciso I, do CPC inicia o tema indicando a "extinção do processo sem resolução de mérito pelo indeferimento da petição inicial".

A petição inicial é a primeira peça a ser apreciada pelo juiz da causa onde consta a história da demanda através da narrativa dos fatos, encerrando-se com o pedido de prestação jurisdicional. À luz desta peça, é possível ao juiz, de plano, observar se estão presentes as condições da ação bem como todos os demais requisitos necessários a um pronunciamento sobre a questão de fundo. Entretanto, como o juiz não pode prover sem ouvir o réu, a análise da petição, se positiva, enseja a convocação do demandado pela citação. Verificando o juiz, desde logo, que o que o autor pretende é inviável, posto que ausentes requisitos formais impeditivos ao prosseguimento, deve indeferir a petição inicial. Observe-se que o indeferimento é medida excepcional; por isso, antes de proferir essa decisão de inadmissão, o juiz deve dar à parte autora oportunidade para sanar defeitos superáveis, como se infere do disposto nos arts. 321 e 334 do CPC.[51,52]

O indeferimento pode resultar da verificação *prima facie* da ausência das *condições da ação* consistentes na ilegitimidade da parte e falta de interesse de agir, como se infere dos incisos II, III, e § 1º, III, do art. 330 do CPC.[53]

---

[51] **"Art. 321.** O juiz, ao verificar que a petição inicial não preenche os requisitos dos arts. 319 e 320 ou que apresenta defeitos e irregularidades capazes de dificultar o julgamento de mérito, determinará que o autor, no prazo de 15 (quinze) dias, a emende ou a complete, indicando com precisão o que deve ser corrigido ou completado.

Parágrafo único. Se o autor não cumprir a diligência, o juiz indeferirá a petição inicial."

"Art. 334. Se a petição inicial preencher os requisitos essenciais e não for o caso de improcedência liminar do pedido, o juiz designará audiência de conciliação ou de mediação com antecedência mínima de 30 (trinta) dias, devendo ser citado o réu com pelo menos 20 (vinte) dias de antecedência."

[52] "Processo civil. Competência da segunda seção. Princípios da segurança jurídica e da duração razoável do processo. Arts. 14, II e 34, IV e XII, ambos do RISTJ. Prequestionamento ficto previsto no art. 1.025 do CPC. Admissibilidade. Necessidade de se apontar violação ao art. 1.022 DO CPC. Art. 321 do CPC. Emenda à inicial. Precedentes. (...) 3. O indeferimento da petição inicial, quer por força do não-preenchimento dos requisitos exigidos nos arts. 319 e 320 do CPC, quer pela verificação de defeitos e irregularidades capazes de dificultar o julgamento de mérito, reclama a concessão de prévia oportunidade de emenda pelo autor, nos termos do art. 321 do CPC. Precedentes. (...) 5. Recurso especial conhecido e provido para reformar o acórdão impugnado e determinar o retorno dos autos ao Juízo de 1º Grau, a fim de que seja cumprido o art. 321 do Código de Processo Civil" (REsp n. 2.013.351/PA, Rel. Min. Nancy Andrighi, 2ª Seção, j. 14.09.2022, *DJe* 19.09.2022).

[53] **"Art. 330.** A petição inicial será indeferida quando:

I – for inepta;

II – a parte for manifestamente ilegítima;

III – o autor carecer de interesse processual;

IV – não atendidas as prescrições dos arts. 106 e 321.

§ 1º Considera-se inepta a petição inicial quando:

I – lhe faltar pedido ou causa de pedir;

II – o pedido for indeterminado, ressalvadas as hipóteses legais em que se permite o pedido genérico;

III – da narração dos fatos não decorrer logicamente a conclusão;

IV – contiver pedidos incompatíveis entre si.

§ 2º Nas ações que tenham por objeto a revisão de obrigação decorrente de empréstimo, de financiamento ou de alienação de bens, o autor terá de, sob pena de inépcia, discriminar na petição inicial, dentre as obrigações contratuais, aquelas que pretende controverter, além de quantificar o valor incontroverso do débito.

§ 3º Na hipótese do § 2º, o valor incontroverso deverá continuar a ser pago no tempo e modo contratados."

Configuram também casos de indeferimento por motivo formal: *a inépcia da petição inicial* e a *inadequação procedimental*. No primeiro caso, a própria peça exordial não é apta – inepta, portanto – a revelar o que a parte pretende obter através da prestação jurisdicional, uma vez que não há narrativa de fatos (causa de pedir) limitando-se, o autor, a formular, *per saltum*, um pedido sem motivação. Assim, *v.g.*, se a parte pede o despejo após mencionar ser o locador do imóvel, considerar-se-á inepta a petição pela falta de causa de pedir.

Outrossim, pode ocorrer que o autor narre fatos que não conduzam logicamente àquele pedido final, *v.g.*, se a parte sustenta a invalidade de um vínculo jurídico e pleiteia a cobrança de determinada obrigação derivada do negócio jurídico inquinado de inválido ou então motiva que em razão de o demandado não o procurar para quitar a obrigação postula danos morais (art. 330, § 1º, inciso III, do CPC). A *incompatibilidade entre os pedidos* implica também a inépcia para o acolhimento de ambos, salvo quando compatibilizados no procedimento comum, conforme o § 2º do art. 321 do CPC. Assim, *v.g.*, se a parte pleiteia o cumprimento de uma obrigação e, ao mesmo tempo, as perdas e danos pelo inadimplemento, deve optar pelo cumprimento específico ou genérico, sob pena de incidir em *bis in idem*, vetado pelo art. 330, § 1º, inciso IV, do CPC. Ressoa como pacífico que, escapando ao juízo a inépcia, *ab initio*, nada obsta que ele indefira a inicial, pelos motivos enumerados, após a provocação do réu, até o saneamento.

A petição ainda deve ser indeferida se não contém requisitos de forma inerentes à própria peça como ato necessário do processo (art. 330, inciso IV, do CPC), *v.g.*, se ausente o dever de o advogado indicar o endereço onde receberá as intimações que escapam à regra das publicações em órgão oficial. Olvidada essa providência e não suprido o defeito, impõe-se o indeferimento da petição inicial, ou, quando muito, que se presuma o endereço constante da procuração.

Em princípio, à luz da inicial, o julgamento que se permite ao juiz realizar é apenas formal, tanto quando defere como quando indefere a petição. Isto porque não é da essência de nosso sistema autorizar ao juiz julgar unilateralmente sem ouvir o réu. Desta sorte, se o juiz pudesse definir o litígio em prol do demandado, isto não infirmaria o princípio do contraditório consoante o art. 332, *caput*.[54]

O indeferimento da petição inicial tem seu momento oportuno no primeiro contato do juiz com a peça processual distribuída ou apresentada para despacho inicial (art. 312 do CPC).

Entretanto, nada obsta, que o juiz indefira a petição depois de alertado pela defesa do réu, cujo teor pode revelar vícios materiais e vícios formais da demanda (arts. 336 e 337 do CPC). Desta sorte, mesmo após a formação da relação processual, é lícito ao juiz indeferir a petição porque ela era inadmissível desde a propositura. Anote-se que há efeitos práticos importantes para o demandado com essa extinção depois de recebida a petição. É por esta razão que o legislador insere o indeferimento da petição inicial ao lado de outras hipóteses que ensejam a extinção meramente "terminativa" da relação somente "após a resposta". A petição inicial pode, assim, ser indeferida *initio litis* ou no curso do processo, porque nesta hipótese era "indeferível" desde o "nascedouro".

Essa decisão tem *natureza de sentença* porquanto implica alguma das situações previstas nos arts. 485 e 487 do CPC (art. 203, § 1º, do CPC) e desafia o recurso de apelação, que uma vez provido, acarreta a baixa dos autos para que o juiz prossiga no processo, a partir do estágio prematuro em que o encerrou, salvo a hipótese do § 3º do novel art. 1.013 do CPC.

A possibilidade de retratação do juiz após o oferecimento de apelação da sentença que indeferiu a inicial, novidade introduzida por reforma processual ainda na vigência do Código Buzaid, foi mantida no novo diploma processual, aumentando-se, inclusive, o prazo para que o juiz o faça de dois para cinco dias (art. 331 do CPC). Assim procedendo e, uma vez que ainda não está presente o demandado, cumprirá ao juiz reformante convocar o réu através das formas usuais de citação.

---

[54] **"Art. 332.** Nas causas que dispensem a fase instrutória, o juiz, independentemente da citação do réu, julgará liminarmente improcedente o pedido que contrariar: (...)."

CURSO DE DIREITO PROCESSUAL CIVIL • Luiz Fux

Inocorrendo a "retratação", o destino dos autos é o tribunal competente para o julgamento dos recursos daquela causa (art. 331, § 1º, do CPC).[55]

4.1.2 Contumácia das partes

O art. 485, inciso II, aduz que se resolve o processo sem análise do mérito por *negligência das partes* que abandonam o feito por mais de um ano.

A hipótese é excepcional uma vez que o processo começa por iniciativa do autor que, em regra, diligência a sua marcha. Assim, em princípio, a *contumácia* é sempre do demandante e não é por outra razão que, mesmo nessa hipótese de contumácia bilateral, a lei determina que o juiz intime apenas o autor antes de extinguir o feito (art. 485, § 1º, do CPC).

Destarte, o impulso oficial permite ao juiz julgar o processo a despeito da inércia superveniente das partes, tanto mais que o Estado tem interesse na solução do litígio, independendo, para isso, da eventual colaboração dos litigantes, podendo definir a causa pela aplicação das regras do ônus da prova.

Assente-se que não é qualquer paralisação que implica a extinção, senão aquela em que não se pratica ato indispensável ao procedimento. Por essas razões é de difícil verificação prática a hipótese ora analisada de resolução do processo. Esse caso excepcional encontra exemplo na suspensão do processo convencionada pelas partes para alguns meses, sendo certo que, findos esses, as mesmas nada informam em juízo, permitindo-se a extinção por essa *contumácia bilateral excedente* ao prazo convencionado.

Observe-se, contudo, que a intimação pessoal do autor para dar andamento à causa em 5 (cinco) dias é pré-requisito para a extinção sem resolução de mérito, sob pena de *error in procedendo* (art. 485, § 1º, do CPC) e consequente reforma da decisão terminativa. Nesse caso, as partes pagarão proporcionalmente as custas (art. 485, § 2º).

4.1.3 Abandono do autor

O abandono da causa indica um desinteresse por parte do autor e deve ser aferido mediante a intimação pessoal da própria parte, uma vez que a inércia pode ser exatamente do profissional eleito para o patrocínio.

Destarte, é preciso que o ato que se espera do autor praticar seja indispensável à continuação do processo, uma vez que, se assim não o for, é lícito ao juiz prosseguir e julgar, penalizando, inclusive, o demandante, pela sua inércia em não colaborar devidamente com o esclarecimento da verdade. Assim é que, se o autor deixa de produzir determinada prova requerida, *v.g.*, a perícia, não implementando o pagamento dos honorários, o juiz não deve extinguir o processo mas, antes, apreciar o pedido sem a prova, infligindo ao suplicante o ônus pela não produção daquele elemento de convicção.

Diversamente, se o autor, *v.g.*, em ação de consignação, pede guia para depositar e não o faz, o processo deve extinguir-se, porquanto esse ato é indispensável à continuação do processo.

Em razão do notório interesse que o réu tem em ver a definição do litígio, impõe-se ouvi-lo anteriormente à extinção sem mérito, uma vez que é possível ao mesmo impedir essa forma anômala de terminação do feito cumprindo aquilo que competia ao autor fazer. Assim, *v.g.*, determinando o juiz a apresentação de estatuto social e não atendida a determinação pelo autor, é lícito ao réu oferecer o documento, evitando a resolução sem mérito, o que não lhe interessa. Ressoa evidente

---

[55] **"Art. 331.** Indeferida a petição inicial, o autor poderá apelar, facultado ao juiz, no prazo de 5 (cinco) dias, retratar-se.

§ 1º Se não houver retratação, o juiz mandará citar o réu para responder ao recurso.

§ 2º Sendo a sentença reformada pelo tribunal, o prazo para a contestação começará a correr da intimação do retorno dos autos, observado o disposto no art. 334.

§ 3º Não interposta a apelação, o réu será intimado do trânsito em julgado da sentença."

Parte IV • IV — FORMAÇÃO, SUSPENSÃO E EXTINÇÃO DO PROCESSO | **369**

que a oitiva do réu somente se impõe quando o processo está apto ao julgamento. Por essa razão, se o autor abandonou o processo ainda no nascedouro, é lícito ao juiz declará-lo extinto, *ex officio*, *v.g.*, ocorre quando o autor não promove a citação do demandado apesar de instado a fazê-lo pelo juiz.

Por fim, impõe-se destacar a sutil diferença entre o arquivamento dos autos e sua extinção sem mérito. No primeiro caso, o processo é desarquivado, restaurando-se a relação. No segundo, somente por nova ação reinaugura-se a relação processual.

4.1.4 Falta de pressupostos processuais de constituição e desenvolvimento válido e regular do processo

O processo reclama requisitos de existência e validade na medida em que é uma relação jurídica. Sob esse ângulo, o processo pressupõe "partes", "órgão jurisdicional" e "demanda". Estes elementos devem apresentar certos requisitos de validade. Assim é que as "partes devem ser capazes", o "órgão jurisdicional competente" e a "demanda deve ser lavrada na forma da lei".

Esses elementos são também denominados de "pressupostos de existência" e os requisitos, "pressupostos de validade".

Forçoso convir que se pode-se observar que "nem todos os pressupostos, quando faltantes, implicam a extinção do processo sem julgamento do mérito", posto sanáveis os vícios. A *incompetência* é suprida mediante a remessa dos autos ao juízo competente, sendo certo que, mesmo na incompetência absoluta, os atos decisórios de mérito são mantidos, salvo decisão em contrário do juízo competente (art. 64, § 4º, do CPC). A incompetência relativa, ainda que verificada, pode ser prorrogada pela inércia da parte em não a arguir como preliminar da contestação (art. 65 do CPC), uma vez que o defeito é indeclinável pelo juízo.

A "demanda na forma da lei", quando irritualmente posta em juízo, também admite sanação (art. 321 do CPC).

A "capacidade das partes", processual ou postulatória, somente implica a extinção se não suprida após a oportunidade conferida pelo juízo (arts. 76 e 104, § 2º, do CPC).

Destarte, alguns pressupostos são, a um só tempo, de constituição e desenvolvimento válido e regular do processo, como sói ocorrer com os acima descritos e outros, *v.g.*, a citação. De toda forma, os pressupostos dizem respeito apenas ao "desenvolvimento da relação processual", cuja constituição revelou-se válida.

Algumas ações demandam pressupostos diferentes, *v.g.*, o mandado de segurança, que pressupõe ato de autoridade, razão pela qual não se tratando de autoridade, não cabe o *mandamus* por falta de pressuposto processual de constituição válida do processo. O depósito na ação de consignação em pagamento também serve de pressuposto de desenvolvimento do processo, porque, sem ele, o feito não pode prosseguir.

Aponta-se, por oportuno, em sede doutrinária, "a inexistência de perempção, litispendência e coisa julgada", também, como pressupostos para a constituição válida do processo, porquanto uma demanda que se inicia sem obedecê-los está fadada à extinção no nascedouro.

4.1.5 Acolhimento das alegações de perempção, litispendência e coisa julgada

A dicção do dispositivo parece indicar que o juiz somente resolve o processo se as matérias impeditivas à constituição e ao desenvolvimento do feito forem "alegadas".

Consoante é sabido, em todo campo em que o juiz não perde a sua imparcialidade é admitida a iniciativa estatal. Assim é que, no que pertine às matérias ora em exame, o juiz pode apreciá-las de ofício, como o próprio dispositivo, art. 485 do CPC, no seu § 3º, explicita.

Perempção

A *perempção da ação* ocorre quando o autor por "três vezes der causa à extinção do processo por abandono" (art. 486, § 3º, do CPC).

Nessa hipótese, o fenômeno que ocorre é similar à prescrição; por isso, a perempção implica a perda da pretensão e não do direito reclamado em si.

Litispendência

A litispendência significa a existência de uma ação pendente de julgamento, o que impede sua repropositura, na medida em que a repetição infirma os postulados da jurisdição voltados para a pacificação social, o que pressupõe a estabilidade da resposta jurisdicional e, em consequência, a obrigação de o Estado prover apenas uma só vez em relação a cada conflito intersubjetivo. Desta sorte, a litispendência caracteriza-se pelo vício dessa reproposição que impõe a resolução da demanda repetida sem análise do mérito.

A hipótese em que duas ou mais ações estão em curso, impõe estabelecer *qual delas deve ser extinta*. A lei utiliza como *critério prevalente o da citação válida*; por isso, onde o ato de comunicação realizar-se válido, em primeiro lugar indicará a prioridade da demanda que permanecerá de pé.

A extinção sem mérito reclama que se trate da mesma ação, contendo os mesmos sujeitos, o mesmo pedido e a mesma causa de pedir (art. 337, §§ 1º, 2º e 3º, do CPC).

A litispendência, também se verifica, se a ação reproposta for daquelas vedadas pela lei, em razão do concurso de ações, que determina a escolha pelo autor de uma delas, como ocorre com a ação de abatimento do preço e a de resolução do contrato, por vício redibitório (arts. 441 a 444 do Código Civil).[56] Nesse caso, deve-se aguardar o término de uma das ações em concurso para analisar o interesse de agir na propositura da outra, haja vista que, se alcançado o primeiro objetivo não se admite a ação *secunda*.

Coisa julgada

A mesma proibição que sanciona a litispendência incide quanto à coisa julgada. Não se pode repetir uma ação em curso e *a fortiori* não se pode repetir uma ação que já foi definitivamente julgada. Em ambos os casos, infirma-se o escopo estabilizador da função jurisdicional, objetivando-se criar mais de uma resposta judicial para a mesma questão.

A coisa julgada também reclama a tríplice identidade como se colhe do art. 337, § 2º, do CPC.

A coisa julgada que impõe a extinção "sem resolução do mérito" é a denominada "coisa julgada material", cuja formação faz lei entre as partes, vedando a qualquer juiz reapreciar a lide (arts. 503, 1ª parte e 505, 1ª parte, do CPC).[57]

Uma vez apreciado o mérito em decisão transitada em julgado, nenhuma das partes poderá voltar a juízo para rediscutir a mesma causa com aquele pedido e aquela causa de pedir, sob pena de esse intento ser obstado pela coisa julgada, conhecível de ofício pelo juiz.

A "coisa julgada formal" adstringe-se ao âmbito do próprio processo e às questões formais decididas, por isso, circunscreve-se ao processo em que se formou.

---

[56] **Código Civil:**
"**Art. 441.** A coisa recebida em virtude de contrato comutativo pode ser enjeitada por vícios ou defeitos ocultos, que a tornem imprópria ao uso a que é destinada, ou lhe diminuam o valor.
Parágrafo único. É aplicável a disposição deste artigo às doações onerosas.
Art. 442. Em vez de rejeitar a coisa, redibindo o contrato (art. 441), pode o adquirente reclamar abatimento no preço."
Art. 443. Se o alienante conhecia o vício ou defeito da coisa, restituirá o que recebeu com perdas e danos; se o não conhecia, tão somente restituirá o valor recebido, mais as despesas do contrato.
Art. 444. A responsabilidade do alienante subsiste ainda que a coisa pereça em poder do alienatário, se perecer por vício oculto, já existente ao tempo da tradição."

[57] "**Art. 503.** A decisão que julgar total ou parcialmente o mérito tem força de lei nos limites da questão principal expressamente decidida."
"**Art. 505.** Nenhum juiz decidirá novamente as questões já decididas relativas à mesma lide (...)."

Parte IV • IV – FORMAÇÃO, SUSPENSÃO E EXTINÇÃO DO PROCESSO | **371**

4.1.6 Ausência das condições da ação

Esse tema foi objeto de repetidas especulações em textos anteriores razão pela qual, por amor à brevidade, consigne-se, apenas, que a falta das condições da ação impede, como lecionava Liebman, a análise do mérito, posto ser desnecessário definir-se o litígio perante parte ilegítima, ou por falta inequívoca de interesse processual (art. 485, VI, do CPC). Nesse aspecto, forçoso repisar que não preclui para o tribunal a possibilidade de apreciar as condições da ação e os pressupostos processuais, ainda que o juiz tenha decidido o mérito da causa, porquanto não se pode prover, por exemplo, em favor de quem não é o verdadeiro destinatário da decisão judicial.

Evidentemente que a dicção do art. 485, § 3º, do CPC, autoriza o juiz ou o tribunal a extinguir o feito sem análise do mérito ainda que anteriormente tenham se pronunciado positivamente pela inexistência desses defeitos formais. É que a regra *in foco* excepciona o art. 337 do CPC, adstrito às partes e não *pro judicato*.

4.1.7 Existência de convenção de arbitragem

A convenção de arbitragem é o negócio jurídico processual no qual as partes convencionam submeter a solução do litígio a um árbitro, estabelecendo o objeto da arbitragem bem como as regras a serem seguidas por essa forma de solução de conflitos.

A extinção sem mérito decorre da eleição de uma forma alternativa de composição da lide diversa da jurisdicional, tornando desnecessário prosseguir-se no processo, na medida em que as partes se sujeitarão à solução do árbitro.

A preexistência do compromisso revela falta de interesse jurídico de agir em juízo e a sua superveniência implica determinar a extinção do processo.

Extinto o feito pelo compromisso arbitral, acaso noticiado em juízo o seu eventual malogro, não se restaura a relação processual extinta, por isso que, somente por nova propositura, a parte pode provocar a atividade jurisdicional relativamente àquela situação litigiosa, haja vista que o compromisso não implica "suspensão do processo", mas, antes, extinção do procedimento.

Igualmente, o reconhecimento de competência pelo juízo arbitral enseja a extinção do processo em curso na jurisdição estatal, como elucida a parte final do art. 485, VI.

4.1.8 Desistência da ação

Desistir da ação significa abdicar, momentaneamente, do monopólio da jurisdição acerca daquele litígio, exonerando o Judiciário de pronunciar-se sobre a causa.

A *desistência* equivale à revogação da propositura da ação. Trata-se de instituto de cunho nitidamente processual, *não atingindo o direito material* objeto da ação. A parte que desiste da ação engendra faculdade processual, deixando incólume o direito material, tanto que descompromete o Judiciário de se manifestar sobre a pretensão de direito material. Difere-se da figura da *renúncia* ao direito em que se funda a ação, prevista textualmente como causa de resolução do processo "com análise do mérito". A renúncia implica abdicação, despojamento do direito material, razão pela qual o juiz, em caso de dúvida sobre o alcance da manifestação da parte, deve instá-la a declarar o seu desígnio de forma clara; sobre se pretende desistir ou renunciar.

A desistência, não obstante esse aspecto meramente processual, conforme o momento em que é manifestada, reclama a aceitação do réu. É que o demandado pode provocar a desistência da ação por via oblíqua ao oferecer fortes razões que recomendem o desacolhimento do pedido. Nesse caso, o ato da desistência representa uma forma de esvaziamento da exceção manejada pelo réu. Desta sorte, após o oferecimento da contestação, é defeso ao autor desistir da ação sem o consentimento do réu, devendo interpretar-se, dessa forma, o parágrafo 4º, do art. 485, que fixa o termo limite no término do prazo da defesa. Oferecida a defesa, ainda que não decorrido o prazo, torna-se mister a anuência do demandado quanto à desistência da ação.

372 | CURSO DE DIREITO PROCESSUAL CIVIL • *Luiz Fux*

Considerando-se essa a *razão de ser* do dispositivo, é inegável que, sendo *revel o réu*, o autor pode desistir sem a sua anuência, salvo se funcionar no processo o curador especial em razão da revelia decorrente de citação ficta que, nesse caso, deve manifestar-se. Nas hipóteses de litisconsórcio, cumpre distinguir as espécies para verificar se a desistência exige a manifestação de todos os litisconsortes ou de apenas um deles.

Tratando-se de litisconsórcio necessário, a desistência somente pode operar-se pela anuência de todos. Diversamente, no litisconsórcio passivo simples, a desistência da ação exige, apenas, manifestações individualizadas.

O mesmo princípio que veda a *mutatio libeli* após o saneamento impede, também, que haja desistência da ação após a decisão definitiva do juiz (sentença). Nessa hipótese, o que é lícito às partes engendrar é a transação quanto ao objeto litigioso definido jurisdicionalmente, mas, em hipótese alguma lhes é lícito desprezar a sentença, como se nada tivesse acontecido, de sorte a permitir, após a desistência da ação que potencialmente outra ação seja reproposta.

Finalmente, advirta-se que a desistência da ação exige, por vezes, a anuência de outros partícipes da relação processual. Assim é que, intervindo em favor do incapaz, o Ministério Público pode opor-se à desistência.

Não havendo anuência nos casos em que ela se torna obrigatória, o juiz deve compor a lide mediante julgamento, sem qualquer influência, nessa atividade, da desistência formal manifestada.

4.1.9 Intransmissibilidade da ação

Os direitos que não são transferíveis a outrem, dizem-se *personalíssimos* e, uma vez lesados, a ação que os protege só pode ser exercida pelo próprio titular em razão da característica acima. A propositura por qualquer outra pessoa implica ilegitimidade ativa.

Proposta uma ação "personalíssima", o falecimento do seu autor impõe a extinção do processo, porquanto não há quem prossiga na relação processual por impossibilidade de substituição pelo espólio, como ocorreria, por exemplo, se o direito fosse sucessível. Assim, *v.g.*, na retomada para "uso próprio", falecendo o beneficiário, resolve-se o processo sem análise do mérito; nas ações de dissolução do vínculo matrimonial, a morte de um dos cônjuges extingue a ação, ressalvadas as consequências patrimoniais da demanda. Aliás, como já se asseverou: "não há separação mais duradoura do que a morte...".

A lei, *in casu*, disse menos do que pretendia, uma vez que a intransmissibilidade do direito do réu também acarreta a extinção do processo sem julgamento do mérito, como ocorre se falecer o demandado em ação de anulação de casamento. Nesse caso, o próprio direito extingue-se com a pessoa de seu titular.

4.1.10 Outros casos

O Código deixa aberta a via da extinção terminativa, por fim, aos demais casos previstos na lei processual. Embora se mencione a própria norma, é certo que disposições contidas na legislação esparsa estão aí contempladas.

Por outro lado, deixou o legislador de prever a confusão como hipótese extintiva do processo, vez que se trata de instituto de direito material, atinente, portanto, ao mérito[58].

---

[58] Quando do Código de 1973, comentava a hipótese nesses termos, válidos para compreensão da interseção entre direito processual e material, hoje de menor relevância pela não repetição mencionada: "O processo é ato de três pessoas. Um autor que pede, um réu que se defende e um juiz que julga. O antagonismo das pretensões timbra o interesse de agir, uma vez que, onde não há litígio, não há necessidade de intervenção jurisdicional, salvo os casos de jurisdição voluntária, que são excepcionais e indicados na lei. A 'confusão' implica a extinção do processo uma vez que, ocorrendo, faz desaparecer o interesse processual. Isto porque, na 'confusão', a parte assume a mesma qualidade jurídica em ambos os polos da relação processual; vale dizer, passa a um só tempo a ser autora e ré, *v.g.*, ocorre em ação de despejo, quando o locatário vem a adquirir o imóvel despejando. Concentra-se, assim, numa só pessoa a titularidade dos interesses originariamente contrapostos,

Parte IV • IV – FORMAÇÃO, SUSPENSÃO E EXTINÇÃO DO PROCESSO | **373**

4.2 Resolução do processo com análise do mérito

A resolução do processo com a apreciação do pedido é a forma usual pela qual se extingue a relação processual, posto que o juiz cumpre, na essência, a função jurisdicional, ao definir o litígio dando a cada um o que é seu. Nada obstante, há casos em que essa definição resulta da vontade das próprias partes, autorizadas à composição dos litígios que versem sobre direitos disponíveis, *v.g.*, ocorre quando se trata de direitos patrimoniais, excluídas, portanto, as ações relativas ao "estado das pessoas", *v.g.*, a investigação de paternidade.

A lei define como hipóteses de resolução com análise do mérito as que veremos a seguir (art. 487 do CPC).

4.2.1 Acolhimento ou rejeição do pedido do autor

O juiz, ao enfrentar, no processo, a pretensão deduzida pelo autor, pode acolhê-la total ou parcialmente ou rejeitá-la do mesmo modo, sendo certo que, nas hipóteses em que o juiz a acolhe integralmente, diz-se que julgou *procedente* o pedido e, naquelas em que o acolhimento é apenas parcial, diz-se que julgou *procedente em parte* o pedido.

A *improcedência* é utilizada apenas quando o magistrado rejeita *in integrum* a pretensão do autor. É que para indicar a rejeição de uma parte e o acolhimento de outra utiliza-se da expressão "julgar procedente em parte" sendo inusual "rejeitar-se em parte".

Encartam-se, na previsão de acolhimento ou rejeição do pedido, as pretensões deduzidas pelo réu através de reconvenção ou por intermédio da duplicidade prevista em determinadas ações; por isso, o juiz também acolhe ou rejeita o pedido do réu, assim formulado nessas duas formas processuais, que são diversas daquela em que se limita a pedir a simples rejeição do pedido do demandante. Afinal, o réu somente formula pedido, no sentido estrito da palavra, se ele se utiliza da reconvenção ou da duplicidade da ação para deduzir pretensão na própria contestação, como ocorre, *v.g.*, na ação renovatória, em que na própria defesa o réu-locador pode pleitear o despejo do locatário. Nesse sentido, antiga é a máxima de que o "réu que assim excepciona ou se defende converte-se em autor": *"reus in exceptione fit actor"*.

O acolhimento ou a rejeição do pedido são as formas expressivas da prestação da jurisdição estatal exteriorizada no julgamento oficial documentado pela sentença.

4.2.2 Reconhecimento da procedência do pedido pelo réu

A tarefa jurisdicional de cognição consiste em o juiz acolher ou rejeitar o pedido do autor. A partir do momento em que o próprio demandado reconhece a procedência do pedido, exonera-se o juiz de investigar de que lado está a razão, restringindo a sua atividade apenas à verificação da legalidade daquele ato de disponibilidade perpetrado pelo réu. É que esse reconhecimento também exige *disponibilidade do direito* e *capacidade da parte*.

Reconhecida a legitimidade da pretensão do autor pelo réu, cumpre ao juiz resolver o processo, cessando sua atividade especulativa.

O demandado, quando formula seus pedidos via reconvenção ou contestação nas ações dúplices, transmuda a sua qualidade de réu ou autor. Lícito, portanto, ao autor, também, nessas hipóteses, reconhecer os pedidos formulados pelo réu nessas peças, resolvendo-se, quanto a esses, o processo, com análise do mérito.

Nesse caso, a solução da causa deriva de ato volitivo do reconhecimento, que também alcança a coatividade e imperatividade necessárias aos atos jurisdicionais, uma vez chancelados através da homologação judicial.

---

como ocorre se um filho, originariamente credor de seu pai por título de crédito e autor da ação de cobrança, vem a ser único herdeiro do mesmo. Essa confusão que o coloca como credor e devedor ao mesmo tempo implica a extinção do processo de cobrança sem resolução do mérito".

374 | CURSO DE DIREITO PROCESSUAL CIVIL • *Luiz Fux*

O processo termina, na verdade, pela sentença do juiz que jurisdicionaliza aquela manifestação de vontade após verificar de sua regularidade formal, consistente na capacidade do agente, na forma prescrita, na licitude do objeto e na disponibilidade dos direitos em conflito.

4.2.3 Transação

A transação é negócio jurídico bilateral, diferente da renúncia e do reconhecimento e pressupõe que ambas as partes despojem-se de parte dos direitos objeto da lide. É um equivalente jurisdicional, porquanto, através da transação, as partes extinguem obrigações litigiosas.

Característica singular da transação é a bilateralidade, podendo envolver uma série de manifestações de vontade, por isso é que, por exemplo, a parte autora pode, por transação, renunciar às despesas processuais se o locatário anuir em desocupar o imóvel, abdicando do direito de recorrer. A transação, aliás, é a forma mais saudável de solução dos litígios na medida em que a sua composição, partindo dos interessados, otimiza o relacionamento social pela inexistência de vencedores ou vencidos.

À semelhança dos demais atos dispositivos, a transação também reclama pressupostos objetivos e subjetivos como a capacidade das partes e a disponibilidade do direito *sub judice*.

A transação, pela sua importância, é prevista como forma extintiva para todas as formas de processo, como se colhe do disposto no art. 924, III, CPC.[59]

4.2.4 Renúncia ao direito em que se funda a ação

A todo direito corresponde uma ação que o assegura. A parte pode *renunciar à ação*, figura que recebe o nome de "desistência", ou renunciar ao "próprio direito material" objeto mediato do pedido. Nessa hipótese, a manifestação não é meramente formal, senão atinge a própria pretensão, abdicando a parte do direito que lhe pertence para não mais reclamá-lo. Opera-se, assim, a resolução com julgamento do mérito porque *a parte que renuncia despoja-se de seu direito material* e a eficácia da coisa julgada material é plena, sendo defeso discutir novamente em juízo acerca daquela pretensão.

Em face dessa relevante diferença, cumpre ao juiz verificar com exatidão e de forma inequívoca a real intenção da parte, abrindo nova oportunidade processual, se necessário, para os devidos esclarecimentos do alcance desse ato de disponibilidade processual. Na dúvida, deve-se interpretar a manifestação da forma menos onerosa, entendendo-a como "desistência" posto que essa não obsta a reproposição, desde que pagas as despesas devidas (art. 485, § 2º, do CPC).

À semelhança do que se afirmou quanto aos demais atos de disposição (desistência e reconhecimento), é preciso que *o direito renunciável seja disponível e que a parte seja capaz para fazê-lo*, observados, inclusive, os expressos poderes da procuração outorgada ao advogado (art. 105 do CPC).[60]

A renúncia ao direito em que se funda ação é forma de resolução do processo, com análise do mérito, quer seja manejada pelo autor quer pelo réu em reconvenção ou em ação dúplice. Entretanto, engendrada a renúncia pelo autor, havendo pedido dúplice, prossegue-se na aferição da legitimidade da pretensão do réu demandante.

---

[59] **"Art. 924.** Extingue-se a execução quando:
III – o executado obtiver, por qualquer outro meio, a extinção total da dívida."

[60] **"Art. 105.** A procuração geral para o foro, outorgada por instrumento público ou particular assinado pela parte, habilita o advogado a praticar todos os atos do processo, exceto receber citação, confessar, reconhecer a procedência do pedido, transigir, desistir, renunciar ao direito sobre o qual se funda a ação, receber, dar quitação, firmar compromisso e assinar declaração de hipossuficiência econômica, que devem constar de cláusula específica."

PARTE V
FASE POSTULATÓRIA

I
PETIÇÃO INICIAL

1. GENERALIDADES

A petição inicial é a peça que, à luz do princípio dispositivo, propulsiona a relação jurídica processual. É esse o veículo que leva a pretensão autoral ao conhecimento do julgador, funcionando, remotamente, como uma demonstração da tutela jurisdicional idealmente desejada pelo litigante. Além desse aspecto postulatório, é o momento da elaboração da petição o adequado para juntada de provas documentais de que o autor disponha.

2. REQUISITOS

Trata-se de ato processual revestido de solenidade, isto é, dependente do preenchimento de certos requisitos, previstos, primordialmente, no art. 319 do CPC/2015[1]. Passemos à sua análise.

2.1 Endereçamento

O primeiro requisito, inclusive do ponto de vista visual, é a indicação do *"juízo ao qual a petição é dirigida"*, ou seja, o próprio órgão jurisdicional competente para apreciar a demanda.

Há, nesse ponto, inegável correlação com a temática da competência jurisdicional, pressuposto processual do máximo relevo. No entanto, tecnicamente, apenas o endereçamento é requisito formal, podendo eventual indicação errônea ser retificada, sanando-se o vício, o qual pode traduzir nulidade relativa ou absoluta, a depender a regra de competência infringida pelo peticionante.

2.2 Qualificação das partes

Prossegue o Código a exigir que o autor indique "os nomes, os prenomes, o estado civil, a existência de união estável, a profissão, o número de inscrição no Cadastro de Pessoas Físicas ou no Cadastro

---

[1] **"Art. 319.** A petição inicial indicará:

I – o juízo a que é dirigida;

II – os nomes, os prenomes, o estado civil, a existência de união estável, a profissão, o número de inscrição no Cadastro de Pessoas Físicas ou no Cadastro Nacional da Pessoa Jurídica, o endereço eletrônico, o domicílio e a residência do autor e do réu;

III – o fato e os fundamentos jurídicos do pedido;

IV – o pedido com as suas especificações;

V – o valor da causa;

VI – as provas com que o autor pretende demonstrar a verdade dos fatos alegados;

VII – a opção do autor pela realização ou não de audiência de conciliação ou de mediação.

§ 1º Caso não disponha das informações previstas no inciso II, poderá o autor, na petição inicial, requerer ao juiz diligências necessárias a sua obtenção.

§ 2º A petição inicial não será indeferida se, a despeito da falta de informações a que se refere o inciso II, for possível a citação do réu.

§ 3º A petição inicial não será indeferida pelo não atendimento ao disposto no inciso II deste artigo se a obtenção de tais informações tornar impossível ou excessivamente oneroso o acesso à justiça."

Nacional da Pessoa Jurídica, o endereço eletrônico, o domicílio e a residência" próprios e os do réu. Delineia-se, assim, o elemento subjetivo da ação proposta.

Com efeito, a ausência de qualificação das partes pode dar azo à inviabilidade de desenvolvimento da relação processual, ao comprometer a intimação do autor ou a citação do demandado. Por outro lado, se houver dados suficientes para garantir a integração do réu à relação, poderá o próprio fornecer as informações faltantes, em sua contestação (art. 319, § 2º).

É comum, porém, que o autor não disponha de todos os elementos qualificativos do réu, de sorte que poderá, conforme autorização do Código de 2015, requerer, na própria petição inicial, as diligências necessárias à sua obtenção. Se as providências tornarem excessivamente oneroso o acesso à justiça ou mesmo se revelar impossível a descoberta das informações, serão dispensadas, sem que isso acarrete o indeferimento da postulação (art. 319, §§ 1º e 3º).

A contemporaneidade e a transformação tecnológica do Poder Judiciário (e da própria sociedade) revelam ser de bom alvitre que se indiquem, sempre que possível, também endereços eletrônicos (e-mails) e números de telefone celular.

Nesse passo, mencione-se que o CNJ publicou a Recomendação 104/2021,[2] instando os tribunais, com o intuito de promover o acesso à Justiça 4.0 e de viabilizar uma prestação jurisdicional mais efetiva e em tempo razoável, a envidar esforços para celebrar acordos de cooperação com os Ministérios Públicos, Defensorias Públicas, Procuradorias, Seccionais da OAB e Polícias que se situem na área territorial de suas competências, estabelecendo o compromisso de que a qualificação de todos os envolvidos em procedimentos que possam ser judicializados passem a abranger, sempre que possível, os endereços eletrônicos (e-mails) e números de telefone celular, com a indicação do funcionamento de *short message service* (SMS) e de aplicativos de mensagem instantânea, tais como Whatsapp e Telegram, além do registro da eventual anuência expressa quanto à citação, notificação e intimação por meio deles em qualquer processo, medidas estas que poderão maximizar a eficiência das comunicações de atos processuais.

2.3 Causa de pedir

Após identificar as partes, exige a lei que seja delineada a causa de pedir, o que, concretamente, significa o apontamento do fato e dos fundamentos jurídicos do pedido. Como já adiantado, aqui se formaliza a adoção, para a causa de pedir, da *teoria da substanciação* pelo sistema processual civil brasileiro, como já o era sob a vigência do CPC/1973.

Exige-se, portanto, do autor, a demonstração não apenas dos fundamentos jurídicos aduzidos, mas também dos fatos constitutivos do direito alegado, diferentemente do que postula a teoria da *individualização*, não adotada no Brasil. De outro lado, não se exige como requisito indispensável a indicação específica da *norma jurídica* que embasa a postulação, vez que se presume o conhecimento do ordenamento pelo magistrado (*iura novit curia*).

2.4 Pedido

Identificados os sujeitos, os fatos e os fundamentos, deverá o autor apontar o pedido com as suas especificações. Como já destacado quando do estudo do direito de ação e seus elementos, em regra, o pedido deve ser certo e determinado, tanto quanto possível. Também é viável a cumulação de diversos pedidos – e das correlatas causas de pedir – na mesma demanda, em homenagem à economia processual.

Dentre os pedidos, cumpre recordar a oportunidade de requerimento da gratuidade de justiça, com a alegação da impossibilidade de pagamento de custas, pela parte[3].

---

[2] Disponível em: https://atos.cnj.jus.br/atos/detalhar/4077. Acesso em: 27.02.2023.

[3] A esse respeito, veja-se o tratamento da gratuidade de justiça, no capítulo referente aos aspectos financeiros do processo.

Parte V · I – PETIÇÃO INICIAL | 379

2.5 Valor da causa

A toda causa deve ser atribuído um valor certo, providência a ser cumprida já no momento de propositura da petição inicial, mesmo quando não tenha conteúdo econômico diretamente mensurável (art. 291 do CPC/2015).[4] Igual providência deve ser tomada no oferecimento de reconvenção, vez que possui natureza jurídica de ação.

O valor da causa é elemento importante cujos reflexos imediatos se vinculam ao cálculo do valor das custas judiciais e, por vezes, no cálculo dos honorários advocatícios sucumbenciais, por exemplo. O Código dispõe, em seu art. 292,[5] a forma de cálculo do valor da causa, conforme a natureza da obrigação discutida, sem prejuízo de outras previsões em leis especiais (*v.g.*: art. 58, III, da Lei nº 8.245/1991).[6] Ademais, o valor indicado pelo autor não é absoluto, cabendo sua correção pelo juiz ou sua impugnação pelo réu, o que poderá ser feito sob a forma de preliminar na própria peça de contestação, sem necessidade de instauração de um incidente próprio (como ocorria ao tempo do CPC/1973).

2.6 Meios de prova

Em acréscimo, devem ser apontadas as provas com que o autor pretende demonstrar a verdade dos fatos alegados. Apesar da aparente rigidez legal, nesse momento processual, basta a indicação dos meios de prova que o autor pretende se utilizar ao longo da lide (art. 434 do CPC/2015).[7] Faculta-lhe trazer, desde logo, elementos de convicção que já tenha consigo, como eventuais provas documentais. Entretanto, haverá durante o transcurso processual um momento específico de instrução processual, no qual as provas admitidas serão produzidas em juízo e sob o crivo do

---

[4] **"Art. 291.** A toda causa será atribuído valor certo, ainda que não tenha conteúdo econômico imediatamente aferível."

[5] **"Art. 292.** O valor da causa constará da petição inicial ou da reconvenção e será:

I – na ação de cobrança de dívida, a soma monetariamente corrigida do principal, dos juros de mora vencidos e de outras penalidades, se houver, até a data de propositura da ação;

II – na ação que tiver por objeto a existência, a validade, o cumprimento, a modificação, a resolução, a resilição ou a rescisão de ato jurídico, o valor do ato ou o de sua parte controvertida;

III – na ação de alimentos, a soma de 12 (doze) prestações mensais pedidas pelo autor;

IV – na ação de divisão, de demarcação e de reivindicação, o valor de avaliação da área ou do bem objeto do pedido;

V – na ação indenizatória, inclusive a fundada em dano moral, o valor pretendido;

VI – na ação em que há cumulação de pedidos, a quantia correspondente à soma dos valores de todos eles;

VII – na ação em que os pedidos são alternativos, o de maior valor;

VIII – na ação em que houver pedido subsidiário, o valor do pedido principal.

§ 1º Quando se pedirem prestações vencidas e vincendas, considerar-se-á o valor de umas e outras.

§ 2º O valor das prestações vincendas será igual a uma prestação anual, se a obrigação for por tempo indeterminado ou por tempo superior a 1 (um) ano, e, se por tempo inferior, será igual à soma das prestações.

§ 3º O juiz corrigirá, de ofício e por arbitramento, o valor da causa quando verificar que não corresponde ao conteúdo patrimonial em discussão ou ao proveito econômico perseguido pelo autor, caso em que se procederá ao recolhimento das custas correspondentes."

[6] **"Art. 58.** Ressalvados os casos previstos no parágrafo único do art. 1º, nas ações de despejo, consignação em pagamento de aluguel e acessório da locação, revisionais de aluguel e renovatórias de locação, observar – se – á o seguinte:

[...]

III – o valor da causa corresponderá a doze meses de aluguel, ou, na hipótese do inciso II do art. 47, a três salários vigentes por ocasião do ajuizamento;"

[7] **"Art. 434.** Incumbe à parte instruir a petição inicial ou a contestação com os documentos destinados a provar suas alegações.

Parágrafo único. Quando o documento consistir em reprodução cinematográfica ou fonográfica, a parte deverá trazê-lo nos termos do *caput*, mas sua exposição será realizada em audiência, intimando-se previamente as partes."

CURSO DE DIREITO PROCESSUAL CIVIL • Luiz Fux

contraditório. Além disso, devem ser apresentados os documentos que, ainda que não tenham conteúdo probatório, são indispensáveis à propositura da ação (art. 320).[8]

2.7 Opção pela realização de audiência de conciliação ou de mediação

Sendo a ocasião por excelência na qual o autor se manifesta antes do possível ato autocompositivo, deve expor, sumariamente, sua opção pela realização ou não de audiência de conciliação ou de mediação. Trata-se de regra introduzida pelo CPC/2015, a partir da audiência inicial de conciliação ou de mediação como etapa procedimental, em relação à qual se estabelece um regime de obrigatoriedade mitigada, já que pode ser afastada pelas partes. Como será estudado, o ato apenas não deve ocorrer quando tanto autor como réu demonstrarem falta de interesse.

2.8 Outros elementos

Além desses incisos, expressamente estabelecidos como obrigatórios pelo Código, há outras providências que devem ser tomadas pelo autor já no momento em que oferece a inicial, em outros dispositivos, tanto genéricos, como a exigência de juntada dos documentos essenciais (art. 320) e a indicação do endereço do patrono, seu número de inscrição na OAB e a sociedade de advogados de que faz parte (art. 106, I[9]), como específicos, previstos para os procedimentos especiais e para pedidos específicos, a exemplo da discriminação das cláusulas contratuais que deseja discutir (art. 330, § 2[o10]). Igualmente, cabe ao advogado juntar a procuração aos autos, conforme exigência dos arts. 103 e 104[11].

Também aí se inserem o pagamento das custas e eventual depósito necessário (como no caso das ações rescisórias), bem como se abrem como possibilidades outras atuações processuais ao autor, como o requerimento de concessão de tutela provisória (de urgência ou de evidência).

3. EMENDA DA PETIÇÃO INICIAL

No caso em que o juiz entenda que a petição inicial apresentada não atende a todos os requisitos legais ou que contenha defeitos corrigíveis, deverá determinar que o autor emende a peça apresentada, indicando o vício ou erro a ser corrigido pelo autor no prazo de 15 (quinze) dias (art. 321)[12-13]. Descumprida essa determinação, será o caso de indeferimento da petição inicial.

---

[8] **"Art. 320.** A petição inicial será instruída com os documentos indispensáveis à propositura da ação."

[9] **"Art. 106.** Quando postular em causa própria, incumbe ao advogado: I – declarar, na petição inicial ou na contestação, o endereço, seu número de inscrição na Ordem dos Advogados do Brasil e o nome da sociedade de advogados da qual participa, para o recebimento de intimações."

[10] **"Art. 330**. § 2º Nas ações que tenham por objeto a revisão de obrigação decorrente de empréstimo, de financiamento ou de alienação de bens, o autor terá de, sob pena de inépcia, discriminar na petição inicial, dentre as obrigações contratuais, aquelas que pretende controverter, além de quantificar o valor incontroverso do débito."

[11] **"Art. 103.** A parte será representada em juízo por advogado regularmente inscrito na Ordem dos Advogados do Brasil.

Parágrafo único. É lícito à parte postular em causa própria quando tiver habilitação legal.

Art. 104. O advogado não será admitido a postular em juízo sem procuração, salvo para evitar preclusão, decadência ou prescrição, ou para praticar ato considerado urgente.

§ 1º Nas hipóteses previstas no *caput*, o advogado deverá, independentemente de caução, exibir a procuração no prazo de 15 (quinze) dias, prorrogável por igual período por despacho do juiz.

§ 2º O ato não ratificado será considerado ineficaz relativamente àquele em cujo nome foi praticado, respondendo o advogado pelas despesas e por perdas e danos."

[12] **"Art. 321.** O juiz, ao verificar que a petição inicial não preenche os requisitos dos arts. 319 e 320 ou que apresenta defeitos e irregularidades capazes de dificultar o julgamento de mérito, determinará que o autor, no prazo de 15 (quinze) dias, a emende ou a complete, indicando com precisão o que deve ser corrigido ou completado.

Parágrafo único. Se o autor não cumprir a diligência, o juiz indeferirá a petição inicial."

[13] **"Enunciado nº 120 da II Jornada de Direito Processual Civil do CJF:** Deve o juiz determinar a emenda também na reconvenção, possibilitando ao reconvinte, a fim de evitar a sua rejeição prematura, corrigir defeitos

Parte V • I – PETIÇÃO INICIAL 381

A jurisprudência do Superior Tribunal de Justiça identifica a emenda como um direito do autor, o que implica dizer que o juiz deve oportunizar a correção, sob pena de incorrer em *error in procedendo*[14]. A Corte reputa tratar-se de despacho – e, portanto, irrecorrível[15].

4. INDEFERIMENTO DA PETIÇÃO INICIAL

O juiz também indeferirá a inicial nos casos do art. 330. Primeiramente, quando esta for inepta, ou seja, lhe faltar pedido ou causa de pedir, quando o pedido for indeterminado, ressalvadas as hipóteses legais em que se permite o pedido genérico (art. 324, § 1º), quando da narração dos fatos não decorrer logicamente a conclusão ou, ainda, se contiver pedidos incompatíveis entre si.

Ademais, também incorre em inépcia a petição se a pretensa demanda carecer das condições para o regular exercício do direito de ação (interesse processual ou legitimidade). Por fim, o mesmo vício estará presente se desatendido o requisito referente à qualificação do advogado (art. 106, I) ou, oportunizada a emenda, quedar-se inerte o autor.

---

e/ou irregularidades."

[14] REsp 812.323/MG, Rel. Min. Luiz Fux, 1ª Turma, j. 16.09.2008.

[15] AgRg no Ag 795.153/MG, Rel. Min. Herman Benjamin, 2ª Turma, j. 22.05.2007.

II
AUDIÊNCIA DE CONCILIAÇÃO OU DE MEDIAÇÃO

1. GENERALIDADES

A reforma processual ao CPC/73 de 1994 empreendera uma modificação ideológica de porte: legalizou a audiência prévia precedente à de instrução e julgamento, que na sua origem histórica baseia-se na exitosa experiência da vetusta ordenação austríaca, impregnada da filosofia do processo oral do gênio de Franz Klein.

Destarte, representa um anseio moderno o estímulo à autocomposição como forma socialmente eficaz de solução dos conflitos intersubjetivos, porquanto otimiza sobremodo o relacionamento social. Não é por outra razão que as modernas legislações conferem ênfase a essa audiência conciliatória, fazendo-se mister consignar que esta fase está presente no "Código Tipo de Processo Civil para a América Latina".[1]

No entanto, a experiência brasileira demonstrou que, por vezes, a audiência prévia, no momento em que se realizava, para promover a conciliação e o saneamento, não restava frutífera. Uma vez que a controvérsia já se apresentava avançada, o êxito de conciliação era insatisfatório e, por fim, tinha-se audiência para mero saneamento que, por vezes, não necessitava de tamanho esforço do juiz e das partes. Por essa razão, ainda na vigência do Código anterior, se inseriu disposição que determinava a dispensa da audiência conciliatória nos casos em que o "litígio não admitir transação, ou se as circunstâncias da causa evidenciarem ser improvável sua obtenção".

O legislador do novel CPC foi sensível a esse ponto e adotou solução que, em tese, parece satisfazer ao anseio tanto pela conciliação das partes, quanto pelo saneamento eficaz e célere do processo. A audiência de conciliação, veja-se, não mais se encontra prevista junto ao saneamento do processo, após a instauração da discussão e seu avançar entre as partes, mas sim é marcada tão logo o juiz observe o preenchimento dos requisitos essenciais à petição inicial (art. 334, CPC).[2]

Portanto, uma das grandes preocupações do CPC/2015 foi, a todo tempo, privilegiar as formas de autocomposição como meios, por vezes, mais adequados de resolução de conflitos. Diversos são os motivos, mas destaca-se, sobretudo, a obtenção de pronunciamentos que causam maior pacificação social sem causar o abarrotamento do Judiciário. Assim, têm-se decisões que tendem a agradar mais as partes – em caso de sucesso na autocomposição, quando elas participam ativamente da construção do resultado alcançado – e também mais ágeis.

Dessa forma, o legislador acrescentou uma etapa em meio à fase postulatória, em que as partes são convidadas a participar de uma audiência de conciliação ou de mediação, a juízo do magistrado. A audiência se dá, estrategicamente, antes da apresentação de resposta pelo réu, apro-

---

[1] Registre-se notável tendência jurisprudencial consagrada do direito ao julgamento antecipado da lide nas hipóteses em que ele se impõe, como consectário da garantia constitucional a uma justiça tempestiva (*RT*, 621/166).

[2] **"Art. 334.** Se a petição inicial preencher os requisitos essenciais e não for o caso de improcedência liminar do pedido, o juiz designará audiência de conciliação ou de mediação com antecedência mínima de 30 (trinta) dias, devendo ser citado o réu com pelo menos 20 (vinte) dias de antecedência."

veitando o momento processual em que este ainda não se encontra "armado", como mais provável para alcançar o êxito em uma solução consensual.

Como defendido anteriormente, esse tipo de solução é mais interessante às partes e ao próprio Judiciário, embora ainda seja vista com certa desconfiança pelos operadores do direito acostumados com a antiga lógica processual. A conciliação se dá preferencialmente nos casos em que não houver vínculo prévio entre as partes, enquanto a mediação é empregada em situações onde as partes já possuíam relação anterior, para que restabeleçam a comunicação e consigam benefícios mútuos.

A lei prevê prazos mínimos de antecedência para a referida audiência, a fim de garantir que as partes possam se preparar adequadamente para o ato. Assim, observando o disposto no art. 334, CPC[3-4], artigo que disciplina a realização da audiência, ela deve ser designada com antecedência mínima de 30 dias, sendo o réu citado, ao menos, 20 dias antes da sua realização.

Destaca-se a possibilidade de a autocomposição não ocorrer, caso haja um desinteresse mútuo entre as partes. A razão é simples: se é necessário o consenso das partes para alcançar o êxito na

---

[3] **"Art. 334.** Se a petição inicial preencher os requisitos essenciais e não for o caso de improcedência liminar do pedido, o juiz designará audiência de conciliação ou de mediação com antecedência mínima de 30 (trinta) dias, devendo ser citado o réu com pelo menos 20 (vinte) dias de antecedência.

§ 1º O conciliador ou mediador, onde houver, atuará necessariamente na audiência de conciliação ou de mediação, observando o disposto neste Código, bem como as disposições da lei de organização judiciária.

§ 2º Poderá haver mais de uma sessão destinada à conciliação e à mediação, não podendo exceder a 2 (dois) meses da data de realização da primeira sessão, desde que necessárias à composição das partes.

§ 3º A intimação do autor para a audiência será feita na pessoa de seu advogado.

§ 4º A audiência não será realizada:

I – se ambas as partes manifestarem, expressamente, desinteresse na composição consensual;

II – quando não se admitir a autocomposição.

§ 5º O autor deverá indicar, na petição inicial, seu desinteresse na autocomposição, e o réu deverá fazê-lo, por petição, apresentada com 10 (dez) dias de antecedência, contados da data da audiência.

§ 6º Havendo litisconsórcio, o desinteresse na realização da audiência deve ser manifestado por todos os litisconsortes.

§ 7º A audiência de conciliação ou de mediação pode realizar-se por meio eletrônico, nos termos da lei.

§ 8º O não comparecimento injustificado do autor ou do réu à audiência de conciliação é considerado ato atentatório à dignidade da justiça e será sancionado com multa de até dois por cento da vantagem econômica pretendida ou do valor da causa, revertida em favor da União ou do Estado.

§ 9º As partes devem estar acompanhadas por seus advogados ou defensores públicos.

§ 10. A parte poderá constituir representante, por meio de procuração específica, com poderes para negociar e transigir.

§ 11. A autocomposição obtida será reduzida a termo e homologada por sentença.

§ 12. A pauta das audiências de conciliação ou de mediação será organizada de modo a respeitar o intervalo mínimo de 20 (vinte) minutos entre o início de uma e o início da seguinte."

[4] **"Enunciado nº 23 da I Jornada de Direito Processual Civil do CJF:** Na ausência de auxiliares da justiça, o juiz poderá realizar a audiência inaugural do art. 334 do CPC, especialmente se a hipótese for de conciliação."

"Enunciado nº 24 da I Jornada de Direito Processual Civil do CJF: Havendo a Fazenda Pública publicizado ampla e previamente as hipóteses em que está autorizada a transigir, pode o juiz dispensar a realização da audiência de mediação e conciliação, com base no art. 334, § 4º, II, do CPC, quando o direito discutido na ação não se enquadrar em tais situações."

"Enunciado nº 25 da I Jornada de Direito Processual Civil do CJF: As audiências de conciliação ou mediação, inclusive dos juizados especiais, poderão ser realizadas por videoconferência, áudio, sistemas de troca de mensagens, conversa on-line, conversa escrita, eletrônica, telefônica e telemática ou outros mecanismos que estejam à disposição dos profissionais da autocomposição para estabelecer a comunicação entre as partes."

"Enunciado nº 26 da I Jornada de Direito Processual Civil do CJF: A multa do § 8º do art. 334 do CPC não incide no caso de não comparecimento do réu intimado por edital."

"Enunciado nº 67 da I Jornada de Direito Processual Civil do CJF: Há interesse recursal no pleito da parte para impugnar a multa do art. 334, § 8º, do CPC por meio de apelação, embora tenha sido vitoriosa na demanda."

"Enunciado nº 121 da II Jornada de Direito Processual Civil do CJF: Não cabe aplicar multa a quem, comparecendo à audiência do art. 334 do CPC, apenas manifesta desinteresse na realização de acordo, salvo se a sessão foi designada unicamente por requerimento seu e não houver justificativa para a alteração de posição."

audiência, não haverá êxito no caso de ambas se mostrarem irredutíveis em seus interesses desde o início, de modo que a realização dessa audiência geraria um ônus desnecessário às partes. Portanto, esta será dispensada em homenagem à economia processual e em razão do sistema de *obrigatoriedade mitigada* deste instituto. Em caso de litisconsórcio, o desinteresse deve ser manifestado por todos os litisconsortes (art. 334, § 6º, CPC). Ainda, será dispensada a audiência de conciliação quando não for possível haver autocomposição, em razão da matéria em discussão (art. 334, § 4º, CPC).

Na hipótese de desistência mútua, o autor deve indicar seu desinteresse desde a petição inicial, enquanto o réu deve fazê-lo por petição simples até, no máximo, dez dias antes da realização da audiência (art. 334, § 5º, CPC). O prazo se justifica para, em respeito ao contraditório, possibilitar que as duas partes se preparem adequadamente ou não gastem esforços desnecessariamente com a realização ou não da audiência.

Em tais audiências, as partes podem ser representadas por procurador com poderes especiais para transigir (art. 334, § 10, CPC), e deverão sempre estar acompanhadas por advogado (na pessoa de quem será intimado o autor – art. 334, § 3º, CPC) ou defensor público (art. 334, § 9º, CPC).

É possível que haja mais de uma sessão para que se busque a autocomposição, não se permitindo, porém, que o lapso entre um e outro encontro seja superior a 2 meses (art. 334, § 2º, CPC). A pauta de audiências deve guardar intervalo mínimo de 20 minutos entre uma e outra (art. 334, § 12, CPC), tempo indicado pelo legislador como o menor tempo razoável para que se atinja a solução para o conflito.

A ausência injustificada da parte na audiência incidirá sanção de multa pela prática de ato atentatório à dignidade da justiça, em até dois por cento do valor da causa, a ser revertida em favor da União ou do Estado, a depender da competência para julgamento da matéria (art. 334, § 8º, CPC). Ressalte-se, ainda, que a lei autoriza a realização da audiência por meio eletrônico, por exemplo, a videoconferência (art. 334, § 7º, CPC). Logrando êxito na audiência e alcançando-se o consenso entre as partes, o acordo será reduzido a termo (art. 334, § 11, CPC) e homologado pelo juiz, na sentença.

Destaque-se, por fim, que, a despeito da designação de audiência de conciliação, as partes podem recorrer à via consensual a qualquer tempo no curso do processo. Sendo assim, é possível que as partes requeiram ao magistrado a suspensão do processo nos termos do art. 313, II, CPC, para que possam promover a autocomposição, na esteira do princípio da prioridade da solução consensual (art. 3º, §§ 2º e 3º).

III
DEFESA DO RÉU[1]

1. GENERALIDADES

O processo civil brasileiro submete-se ao regime do *contraditório* previsto em norma constitucional e processual expressa. Consequentemente, nenhuma definição judicial pode ser obtida através da versão unilateral dos fatos levada a juízo através da ação do autor. É mister, portanto, conferir-se ao demandado a oportunidade de carrear para os autos a sua tese, porquanto o processo encerra a verdade de ambas as partes e, a sentença, "a verdade do juiz".

A obrigatoriedade de ouvir-se o réu é implementada com a simples concessão de oportunidade para que o mesmo se manifeste após a propositura da ação; por isso, ainda que ele não deduza a pretensão de rejeição do pedido do autor, mantendo-se omisso após a sua convocação, estará satisfeito o cânone constitucional do contraditório. É o que ocorre, *v.g.*, na revelia, em que o réu, instado a pronunciar-se, mantém-se inerte. Não há, *in casu,* como evidente, qualquer violação ao contraditório, uma vez que a chance de manifestação restou concedida. Por isso que, sob esse ângulo, afirma-se que a defesa apresenta-se como ônus processual, o qual, se não suportado pela parte, lhe gera um prejuízo.[2]

O nome técnico da manifestação do demandado após a provocação do autor denomina-se "defesa", uma vez que a reação do réu situa-se, via de regra, na negação daquilo que o autor em face dele postulou. A lei admite, entretanto, outras atitudes do réu que vão da mera passividade em negar os fatos articulados pelo autor, passam pela postura de inviabilizar a ação através de arguição de defeitos formais ou questões indiretas de cunho material até o contra-ataque engendrado através da "reconvenção", em que o demandado assume uma posição de autor no mesmo processo e juízo em que é demandado, gerando uma ação cumulativa de caráter contrastante (reconvenção).

A defesa do réu participa da mesma natureza jurídica e da *ratio essendi* que justificam o direito de agir,[3] uma vez que o acesso à justiça pressupõe que autor e réu em caso de lesão, submetam-se à apreciação do Judiciário. Nessa previsão constitucional, encarta-se, também, o direito de o réu obter a tutela de rejeição do pedido do autor, haja vista que se lhe impede, também, impor as próprias razões àquele que se reputa, em face dele, com melhor direito.

Nesse seguimento, assim como o direito de agir é abstrato e pertine a qualquer cidadão, ainda que não tenha razão, o direito de defesa também se exerce independentemente de se demonstrar

---

[1] O tema vem versado nas obras atuais de **Edson Prata**, *Da Contestação;* **Clito Fornaciari Júnior**, *Da Reconvenção no Direito Processual Civil Brasileiro,* **José Rogério Cruz e Tucci**, *Da Reconvenção,* **Edson Prata**, *Comentários,* cits. vol. III.

[2] Nesse mesmo sentido, **Leo Rosenberg**, *in Tratado de Derecho Procesal Civil,* 1955, vol. II, p. 145. Apesar desse ônus, não se deve desconsiderar aquele que pesa sobre os ombros do autor de tal sorte que se este não se desincumbir de provar o pedido formulado, resta ao réu a "expectativa de um pronunciamento" em sentido contrário à pretensão que formulou *in* **Emílio Betti**, *Diritto Processuale Civile Italiano,* 1936, p. 95.

[3] Nesse sentido é que **Redenti** afirmou que complementa a ideia de ação a de exceção, *in Diritto Processual Civile,* 1947, vol. I, p. 31.

388 | CURSO DE DIREITO PROCESSUAL CIVIL • *Luiz Fux*

prima facie ter fundamento ou não.[4] É decorrência da potestatividade do direito de agir e da submissão em que se encontra o réu, singularmente "sujeito do processo" e "sujeito ao processo".

A posição de demandado, levado ao processo independentemente de sua vontade, faz da "defesa" manifestação jusnaturalista, haja vista que não se poderia imaginar condenar-se o réu sem ouvi-lo.

A similitude da defesa com a ação levou juristas de escol a afirmarem que o direito de defesa encerrava uma ação através da qual o réu formulava pedido declaratório negativo visando à rejeição da pretensão do autor.[5]

Dogmaticamente, pode-se afirmar que o direito de defesa tem a sua origem nos princípios do contraditório e do devido processo legal,[6] hoje constitucionalizados, razão pela qual nenhuma lei ordinária de rito pode excluí-la sem incidir em manifesta inconstitucionalidade. A bilateralidade da audiência – *audiatur et altera pars* – é, assim, postulado máximo do Direito brasileiro, cujo descumprimento inviabiliza a relação processual, gerando um defeito sobremodo grave, que sobrevive ao próprio trânsito em julgado da decisão, por isso que pode ser arguido em qualquer tempo e grau de jurisdição, mercê de inutilizar a execução do julgado com efeito retro-operante conforme dispõem os arts. 239 e 525, § 1º, I, do CPC.[7]

O direito de defesa como expressão da afirmação da liberdade jurídica do demandado opera-se através da apresentação formal da "resposta do réu", cujo conteúdo é variadíssimo, admitindo a dicotomização em defesa "direta" e defesa "indireta", e, sob o ângulo estritamente formal, a bipartição em "contestação", que condensou, no CPC/15, alegações outrora trazidas pela via autônoma das "exceções instrumentais" e "reconvenção".

Essas modalidades de defesa serão objeto de nossas especulações.

2. ESPÉCIES DE DEFESA

O réu, assumindo postura defensiva, pode dirigir a sua manifestação contra a *validade* ou a *existência da relação* material ou limitar-se a arguir *defeitos formais* que inviabilizem a continuação do processo, haja vista que, mesmo nessa forma indireta de defesa, a inutilização da relação processual é proveitosa para o demandado, posto impedir a análise do pedido do autor e, quiçá, impor a renovação da ação com os riscos da consumação da prescrição e da decadência.

A multiplicidade de possibilidades de oposição do demandado, doutrinariamente, dicotomiza a defesa do réu em "defesa de mérito ou material" e "defesa formal ou processual". Essas espécies,

---

[4] **Ugo Rocco** sintetizou com precisão essa abstratividade do direito de defesa ao vaticinar: *"pochè, si può sapere se l'azione promossa dall'attore è fondata o infondata soltanto quando è emanata la sentenza di merito, cioè quando il processo si è svolto mediante il concorso delle due attività dell'attore e del convenuto in contraddittorio, si pottrebe sapere se il convenuto ha diritto al rigetto dell' azione promossa dall' attore soltanto quando il suo diritto di agire in giudizio è già esercitato ed esaurito".* In *L'Autorità della Cosa Giudicata e i suoi Limiti Soggettivi*, 1917, vol. I, pp. 284-285.

[5] O conceito de defesa revela um poder jurídico *"che rientra nel concetto generale d'azione e più propriamente lell'azione d'accertamento negativo",* in **Chiovenda**, *Principii di Diritto Processuale Civile*, 1928, p. 269.

[6] Assegurava **Couture** que a garantia da defesa radicava-se no próprio *due process of law*, posto que a circunstância de ter alguém assegurada a defesa em juízo consistia, em última análise, em não ser privado da vida, liberdade ou propriedade sem a garantia que pressupõe um processo segundo a forma estabelecida na lei, in *Fundamentos del Derecho Procesal Civil*, 1951, p. 45.

[7] **"Art. 239.** Para a validade do processo é indispensável a citação do réu ou do executado, ressalvadas as hipóteses de indeferimento da petição inicial ou de improcedência liminar do pedido.

§ 1º O comparecimento espontâneo do réu ou do executado supre a falta ou a nulidade da citação, fluindo a partir desta data o prazo para apresentação de contestação ou de embargos à execução.

§ 2º Rejeitada a alegação de nulidade, tratando-se de processo de:

I – conhecimento, o réu será considerado revel;

II – execução, o feito terá seguimento."

"Art. 525, § 1º. Na impugnação, o executado poderá alegar:

I – falta ou nulidade da citação se, na fase de conhecimento, o processo correu à revelia."

por seu turno, admitem "subespécies decorrentes dos efeitos que as matérias arguidas produzem" em relação ao pedido do autor e ao processo.

Nesse sentido, registre-se que há defesas processuais que, se acolhidas, demandam a prática de atos por parte do autor sob pena de extinção do processo e outras que acarretam, inexoravelmente, essa terminação, *v.g.*, o acolhimento da alegação de falta do pressuposto processual da capacidade da parte que admite a sanação do vício mediante o comparecimento do seu representante (art. 76 do CPC).[8] Em contrapartida, a arguição de litispendência implica a extinção do processo que se instaurou após a citação válida realizada originariamente no primeiro processo (art. 485, inciso V, do CPC).[9]

Diz-se, quanto às "defesas processuais" ou formais, que elas são "dilatórias" (quando acolhidas, postergam a relação processual sem extingui-la) e "peremptórias" (quando acolhidas implicam a extinção terminativa do feito),[10] consoante os exemplos citados.[11]

A *defesa de mérito é considerada direta* quando enfrenta a pretensão deduzida imediatamente, *negando o fato* que lhe sustenta ou *os efeitos jurídicos atribuídos aos fatos*; vale dizer, é direta a defesa que se dirige à *causa petendi* em relação a todos os seus elementos constitutivos.[12] Assim, por exemplo, é direta a defesa que nega a existência da obrigação ou a que atribui ao inadimplemento efeitos jurídicos diversos daqueles apontados pelo suplicante. *Indireta* é a defesa que, posto dirigir-se ao mérito, visa ao desacolhimento do pedido, calcando-se em fato outro que não o sustentado pelo autor, obstando, por via indireta, o acolhimento da pretensão.[13] Assim, *v.g.*, quando o réu, apesar de não negar a dívida, argúi o pagamento da mesma ou a sua incapacidade existente no momento em que contraiu a obrigação.

O ordenamento contempla *espécie de defesa* de mérito que revela *contra-direito do réu* em face do autor e que lhe serve não só de base para defesa como também de fato constitutivo de uma pretensão autônoma, dedutível em face do autor, em ação distinta. Assim, *v.g.*, se Alberto alega através de exceção de contrato não cumprido a ausência de sua obrigação de pagar o preço, posto que o bem ainda não lhe foi entregue, referida alegação serve ao réu não só para eximi-lo da ação de cobrança como também lhe é servil a veicular um pedido contra o suplicante, de entrega do bem, pelo fato do inadimplemento do vendedor.

---

8 **"Art. 76.** Verificada a incapacidade processual ou a irregularidade da representação da parte, o juiz suspenderá o processo e designará prazo razoável para que seja sanado o vício.

§ 1º Descumprida a determinação, caso o processo esteja na instância originária:

I – o processo será extinto, se a providência couber ao autor;

II – o réu será considerado revel, se a providência lhe couber;

III – o terceiro será considerado revel ou excluído do processo, dependendo do polo em que se encontre.

§ 2º Descumprida a determinação em fase recursal perante tribunal de justiça, tribunal regional federal ou tribunal superior, o relator:

I – não conhecerá do recurso, se a providência couber ao recorrente;

II – determinará o desentranhamento das contrarrazões, se a providência couber ao recorrido."

9 **"Art. 485.** O juiz não resolverá o mérito quando (...):

V – reconhecer a existência de perempção, de litispendência ou de coisa julgada;"

10 Como assenta **Bollafi**, *in* ob. cit., pp. 207 e 208, sobre o acolhimento da defesa peremptória *"Il convenuto rende necessario all'attore il rinnovamento della demanda".*

11 Não obstante a extinção do processo se dê sem a análise do mérito quando acolhidas as defesas formais peremptórias, **Liebman** considerava a *exceptio rei judicatae* como "absolutamente peremptória, posto que impedia a reproposição de outra ação, em contrariedade à permissão do atual art. 268, parágrafo único do CPC", *in Corso di Diritto Processuale Civile*, 1952, p. 234, al. B.

A defesa processual somente pode dar origem a uma sentença exclusivamente processual, como afirmava **Schonke**, *in Derecho Procesal Civil*, 1950, p. 180.

12 **Paulo Cunha** se referia à forma de defesa direta como aquela consistente na "refutação dos fatos" ou "impugnação do efeito jurídico dos fatos", *in Processo Comum de Declaração*, 1944, vol. I, p. 445.

13 Conforme explicita **Schonke**, nessa hipótese de defesa indireta, o réu alega fatos sem discutir aqueles em que se baseou o autor para formular o pedido (ob. cit., p. 181).

CURSO DE DIREITO PROCESSUAL CIVIL • *Luiz Fux*

Essas defesas, por motivos históricos, são denominadas "exceções materiais", em contraposição às "exceções instrumentais", que, à época do CPC/73, veiculavam alegações de incompetência, suspeição e impedimento mercê de se caracterizarem por representar um direito autônomo do demandado. Essa última característica gera, como consequência, que essas matérias *não podem ser conhecidas de ofício pelo juiz*. As demais defesas indiretas, o juiz pode conhecê-las por sua iniciativa, uma vez que terminado o processo, elas desaparecem do mundo jurídico, e não as considerar, geraria uma decisão sumamente injusta. Observe-se que se o juiz não apreciar a exceção de contrato não cumprido ou uma exceção de retenção por benfeitorias, nem por isso as pretensões restarão superadas pelo decidido, exatamente porque são autônomas e podem ser pleiteadas em ação distinta ou através de "reconvenção".

Diversamente, se o juiz, numa ação de cobrança, não considerar o pagamento realizado, este fato extintivo do direito do autor jamais poderá ser arguido por força da eficácia preclusiva do julgado (art. 508 do CPC)[14] e o juiz terá condenado alguém a pagar dívida já cumprida. Essa a razão pela qual as *objeções*, caracterizadas pelos *fatos modificativos, extintivos e impeditivos* do direito do autor, podem ser *alegadas em qualquer tempo* e *conhecidas de ofício* pelo juiz, distinguindo-se, nesse aspecto, das exceções materiais, não obstante ambas sejam consideradas defesas indiretas.

Mister ainda observar que a existência de fatos modificativos, extintivos ou impeditivos do direito do autor dizem respeito à própria existência do direito alegado e, não os conhecer, implica permitir que se criem "direitos novos" no processo, o que não corresponde à atividade de declaração que é, por excelência, empreendida no processo de conhecimento. A própria constitutividade que se verifica em certas sentenças de procedência não ocorre por força da criação de qualquer direito gerado pelo processo, senão pelo reconhecimento da preexistência do direito à modificação.

Finalmente, as defesas diretas também não podem ser acolhidas por iniciativa do juízo, e as defesas processuais indiretas são conhecíveis de ofício.[15]

3. MODALIDADES DE RESPOSTA DO RÉU

3.1 Contestação

A *contestação* é a peça de defesa por excelência e sua denominação revela a oposição maior deduzida pelo réu quanto ao pedido formulado pelo autor. O réu que contesta irresigna-se e pugna pelo desacolhimento do pedido inicial.[16]

A contestação é peça passível de ser oferecida em razão da própria propositura da ação, posto que o interesse na sua apresentação decorre da posição em que o réu é colocado em face da potestatividade do direito de agir. Diversamente, as exceções e a reconvenção nem sempre são passíveis de dedução se não ocorrentes os motivos que as autorizam.

A contestação, assim como a petição inicial, subordina-se a uma forma: *em regra é escrita*, salvo nos *procedimentos concentrados* em que pode ser oferecida *oralmente* para redução do essencial a escrito, como ocorre no *procedimento sumário* e no rito dos juizados especiais.

Sob a ótica da "lógica da defesa", as questões formais que inviabilizam a ação e o processo antecedem as defesas voltadas para o mérito; por isso, a lei as denomina de "questões preliminares",[17] acerca das quais, gravitam discussões meramente formais, como a coisa julgada, a *carência de*

---

14 **"Art. 508.** Transitada em julgado a decisão de mérito, considerar-se-ão deduzidas e repelidas todas as alegações e as defesas que a parte poderia opor tanto ao acolhimento quanto à rejeição do pedido."

15 No Direito francês, as defesas processuais recebem o *nomen juris* de *exception*, muito embora conhecíveis de ofício e o Direito germânico contempla as exceções materiais, conforme **Rosenberg**, *Tratado*, § 103 m, II, 1.

16 Segundo **Carnelutti**, o elemento causal da contestação consiste em afirmar a inexistência de uma situação jurídica que sirva de fundamento à pretensão (*in Istituzioni del Nuovo Processo Civile Italiano*, 1951, vol. I, p. 11).

17 Nesse sentido, **Nicola Jaeger**, *Diritto Processuale Civile*, 1944, p. 131.

Parte V · III – DEFESA DO RÉU | 391

ação, a *incompetência absoluta,* a *invalidade da citação* etc. (art. 337 do CPC).[18] Cabe, neste ponto, salientar relevante alteração promovida pelo novel CPC relativo às antigas exceções. Estas caíram de sua independência de peça e passaram a figurar nas questões preliminares no bojo da própria contestação, conforme determina o art. 337 do CPC.

O princípio da eventualidade que informa a defesa implica que, sob esse ângulo, segue-se às questões preliminares a arguição das *defesas indiretas de mérito,* cognominadas de *objeções,* consistentes nos fatos extintivos, modificativos e impeditivos do direito do autor, também denominadas *questões prévias de mérito.*

Em seguida, cumpre ao réu deduzir, se existentes, as exceções materiais para, ao final, obedecido o mencionado "princípio da eventualidade" (art. 336 do CPC),[19] encerrar a contestação com a denominada "defesa direta". Assim, *v.g.,* é possível ao réu, em ação de cobrança, sustentar a inépcia da inicial e, caso o juiz não a acolha, aduzir, em caráter eventual, o pagamento da dívida ou, ainda, a inexistência mesmo do débito. A autorização que deflui da regra da "eventualidade", prevista no art. 336 do CPC, permite a cumulação eventual de defesas incompatíveis entre si, tal como na "cumulação eventual de pedidos" em que o autor pode formular pretensões que se repelem, uma vez que não as deduz para serem acolhidas integralmente.

Forçoso observar, entretanto, que a eventualidade autorizada tem como consequência a "preclusão" imposta ao demandado que, após a contestação, não pode suscitar questões não ventiladas na defesa (art. 342 do CPC).[20] Essa *preclusão somente é ultrapassada* pelas exceções legais; vale dizer: o réu somente poderá aduzir, após a contestação, alegações relativas a direitos que se constituíram após a defesa e influentes para a causa (art. 342, I, do CPC),[21] referente a matérias conhecíveis de ofício pelo juiz. Nessa previsão, encartam-se as questões preliminares formais, as defesas prévias

---

[18] "**Art. 337.** Incumbe ao réu, antes de discutir o mérito, alegar:

I – inexistência ou nulidade da citação;

II – incompetência absoluta e relativa;

III – incorreção do valor da causa;

IV – inépcia da petição inicial;

V – perempção;

VI – litispendência;

VII – coisa julgada;

VIII – conexão;

IX – incapacidade da parte, defeito de representação ou falta de autorização;

X – convenção de arbitragem;

XI – ausência de legitimidade ou de interesse processual;

XII – falta de caução ou de outra prestação que a lei exige como preliminar;

XIII – indevida concessão do benefício de gratuidade de justiça;

§ 1º Verifica-se a litispendência ou a coisa julgada quando se reproduz ação anteriormente ajuizada.

§ 2º Uma ação é idêntica a outra quando possui as mesmas partes, a mesma causa de pedir e o mesmo pedido.

§ 3º Há litispendência quando se repete ação que está em curso.

§ 4º Há coisa julgada quando se repete ação que já foi decidida por decisão transitada em julgado.

§ 5º Excetuadas a convenção de arbitragem e a incompetência relativa, o juiz conhecerá de ofício das matérias enumeradas neste artigo.

§ 6º A ausência de alegação da existência de convenção de arbitragem, na forma prevista neste Capítulo, implica aceitação da jurisdição estatal e renúncia ao juízo arbitral."

[19] "**Art. 336.** Incumbe ao réu alegar, na contestação, toda a matéria de defesa, expondo as razões de fato e de direito com que impugna o pedido do autor e especificando as provas que pretende produzir."

[20] "**Art. 342.** Depois da contestação, só é lícito ao réu deduzir novas alegações quando:

I – relativas a direito ou a fato superveniente;

II – competir ao juiz conhecer delas de ofício;

III – por expressa autorização legal, puderem ser formuladas em qualquer tempo e grau de jurisdição."

[21] *Vide* nota 20.

CURSO DE DIREITO PROCESSUAL CIVIL • *Luiz Fux*

consistentes nas "objeções" e, por fim, as matérias suscitáveis de alegação em qualquer tempo e grau de jurisdição, por expressa autorização legal (art. 342, III, do CPC), por exemplo, a decadência.[22]

A contestação, nos moldes trazidos pelo CPC/15, é a peça de defesa por excelência, concatenando questões outrora alegáveis de forma autônoma, como a incompetência, o impedimento e a suspeição, além da incorreção do valor da causa (art. 293) e a impugnação à gratuidade de justiça (art. 337, XIII). Todas essas matérias podem e devem ser trazidas à debate na própria contestação, em tópico preliminar.

Outro consectário da adoção da "eventualidade" é o "ônus da impugnação especificada",[23] previsto no art. 341 do CPC e em relação ao qual subsistem exceções relativamente ao defensor público, ao advogado dativo e ao curador especial, que podem apresentar a chamada "contestação por negativa geral" (parágrafo único). Nessas situações, não se impõe a obrigatoriedade da impugnação especificada, quando se revelam circunstâncias indicadoras de certas dificuldades no exercício do direito de defesa no exercício de um múnus público, criando-se ficção jurídica de que todos os fatos foram genericamente controvertidos.

O pedido do autor não gera para o réu apenas o ônus da defesa; acarreta, ainda, o ônus da impugnação especificada dos fatos afirmados. É que a verdade dos fatos, que o processo revela, deve resultar do trabalho bilateral do autor e do réu. Por outro lado, o pedido nem sempre se sustenta numa *causa petendi* simples, composta apenas de um fato objetivo, mas de fatos complexos homogêneos ou heterogêneos entre si. É preciso, então, que o réu se volte contra todos eles de tal maneira que a defesa impeça que qualquer um, isoladamente, leve à procedência do pedido.

Ressoa evidente que, se os fatos entrelaçam-se, a defesa, ainda que não especificada, no seu conjunto, alcança todo o conteúdo impugnável. Assim é a exegese que se empresta à exceção à regra, prevista no inciso III do art. 341 do CPC.[24] É sob esse ângulo que se assenta que a defesa encetada numa ação conexa ou na demanda cautelar se estende às demais ações travadas entre as mesmas partes.

Deveras, a conclusão do juiz acerca do acolhimento ou rejeição do pedido vai depender da comprovação da veracidade dos fatos afirmados. O legislador brasileiro, diante da *inércia do réu*, permite que o juiz "presuma verdadeiros" esses fatos constitutivos da pretensão do autor. A inércia quando total, diz-se revel o réu, *quando parcial*, afirma-se *não ter o demandado cumprido o ônus da impugnação especificada*. A *revelia* permite ao juiz julgar antecipadamente, presumindo verdadeiros os fatos afirmados pelo autor (art. 344 c/c art. 355, II, do CPC).[25] *O descumprimento do ônus da impugnação especificada* figura como norma *in procedendo* probatória da qual se pode valer o juiz na apreciação de fatos não impugnados.

A similitude dos efeitos do descumprimento do referido ônus com aqueles emprestados à revelia, faz com que lhe escapem do alcance aquelas situações que inibem as consequências da

---

[22] *Vide* nota 20.

[23] **"Art. 341.** Incumbe também ao réu manifestar-se precisamente sobre as alegações de fato constantes da petição inicial, presumindo-se verdadeiras as não impugnadas, salvo se:

I – não for admissível, a seu respeito, a confissão;

II – a petição inicial não estiver acompanhada de instrumento que a lei considerar da substância do ato;

III – estiverem em contradição com a defesa, considerada em seu conjunto.

Parágrafo único. O ônus da impugnação especificada dos fatos não se aplica ao defensor público, ao advogado dativo e ao curador especial."

[24] *Vide* nota 23.

[25] **"Art. 344.** Se o réu não contestar a ação, será considerado revel e presumir-se-ão verdadeiras as alegações de fato formuladas pelo autor.

Art. 355. O juiz julgará antecipadamente o pedido, proferindo sentença com resolução de mérito, quando:

I – não houver necessidade de produção de outras provas;

II – o réu for revel, ocorrer o efeito previsto no art. 344 e não houver requerimento de prova, na forma do art. 349."

inatividade processual previstas no art. 345 do CPC,[26] acrescidas daquelas outras encartadas nos incisos I, II, III e parágrafo único do art. 341, do CPC.[27] Desta sorte, "ainda que não impugnados especificadamente, não se presumem verdadeiros fatos relativos a demandas em que a confissão não produz os seus efeitos", isto é, naquelas em que se discutem direitos indisponíveis. Assim, se a parte através de comportamento ativo não pode confessar, com muito mais razão, não se podem considerar confessados fatos pela omissão do réu, *v.g.*, numa ação de estado que inadmite confissão. Nesse particular, especial atenção reclamam as ações de família.

Revela-se-nos acertada a posição dos que admitem a incidência do ônus da impugnação nas ações de divórcio, posto disponíveis os direitos em jogo, na medida em que a própria lei regula a transação nessas demandas, sob o *nomem juris* de "divórcio consensual"; situação diversa, por exemplo, da de uma ação de investigação de paternidade. No mesmo sentido, não se presumem verdadeiros os fatos não impugnados referentes a atos jurídicos que não se provam por presunção senão através de instrumentos públicos que figuram como da essência dos mesmos. Assim, *v.g.*, não se pode presumir ter havido uma compra e venda de um imóvel de milhares de reais sem a exibição da escritura pública, ainda que o réu, nesse caso, não conteste a existência do negócio jurídico (art. 341, II, do CPC).[28]

Essa obrigatoriedade de impugnação também não se impõe quando se revelam circunstâncias que indicam certas dificuldades no exercício do direito de defesa, *v.g.*, no caso em que o legislador, cumprindo o postulado de defesa, coloca, ao lado do demandado, órgãos públicos que o defendam diante de dificuldades no relacionamento com o réu e que podem gerar uma limitação nas informações que esses profissionais, exercentes de *munus* público, recebem. Enquadram-se nessas hipóteses o curador especial que defende o réu revel citado por edital ou com hora certa, o advogado dativo que não tem relacionamento direto com o cliente ou os defensores públicos. Essas circunstâncias exoneram esses profissionais do ônus da impugnação especificada e, *a fortiori*, a própria parte. Advirta-se, por fim, que o revel, quando comparece antes do julgamento, pode impedir a aplicação do art. 355, II, do CPC.

Finalmente, quanto à forma escrita, a contestação admite que se dispensem dados já constantes da inicial como a qualificação das partes, podendo o juiz aplicar analogicamente o art. 321 do CPC.[29] O lapso para contestar, no procedimento ordinário, é de 15 (quinze) dias a partir do *termo a quo* disposto no art. 231 do CPC, admitida a tese da "ciência inequívoca" já referida alhures.[30]

---

[26] **"Art. 345.** A revelia não produz o efeito mencionado no art. 344 se:

I – havendo pluralidade de réus, algum deles contestar a ação;

II – o litígio versar sobre direitos indisponíveis;

III – a petição inicial não estiver acompanhada de instrumento que a lei considere indispensável à prova do ato.

IV – as alegações de fato formuladas pelo autor forem inverossímeis ou estiverem em contradição com prova constante dos autos."

[27] *Vide* nota 23.

[28] *Vide* nota 23.

[29] **"Art. 321.** O juiz, ao verificar que a petição inicial não preenche os requisitos dos arts. 319 e 320 ou que apresenta defeitos e irregularidades capazes de dificultar o julgamento de mérito, determinará que o autor, no prazo de 15 (quinze) dias, a emende ou a complete, indicando com precisão o que deve ser corrigido ou completado.

Parágrafo único. Se o autor não cumprir a diligência, o juiz indeferirá a petição inicial."

[30] **"Art. 231.** Salvo disposição em sentido diverso, considera-se dia do começo do prazo:

I – a data de juntada aos autos do aviso de recebimento, quando a citação ou a intimação for pelo correio;

II – a data de juntada aos autos do mandado cumprido, quando a citação ou a intimação for por oficial de justiça;

III – a data de ocorrência da citação ou da intimação, quando ela se der por ato do escrivão ou do chefe de secretaria;

IV – o dia útil seguinte ao fim da dilação assinada pelo juiz, quando a citação ou a intimação for por edital;

V – o dia útil seguinte à consulta ao teor da citação ou da intimação ou ao término do prazo para que a consulta se dê, quando a citação ou a intimação for eletrônica;

CURSO DE DIREITO PROCESSUAL CIVIL • *Luiz Fux*

3.1.1 *Alegações de incompetência, impedimento e suspeição[31]*

A defesa do réu é deveras ampla, razão pela qual, além dos instrumentos até então expostos, é-lhe possível articular "defesas formais" voltadas contra a ausência dos pressupostos[32] exigidos para que o juiz possa apreciar o pedido com *isenção e aptidão*. Esses pressupostos corporificam-se na "competência do juízo" e na "compatibilidade do juiz". "Competência" significa a aptidão para julgar o caso concreto de acordo com a repartição do poder jurisdicional. "Compatibilidade" revela uma atuação insuspeita do juiz, posto não manter qualquer vínculo que retire a sua equidistância. Inexistindo esses pressupostos, a forma processual para retirar a causa de um "juízo incompetente" ou para denunciar essa ausência de imparcialidade não mais é a "exceção processual ou instrumental", outrora existente, mas sim a formulação em caráter preliminar na contestação. Diferenciam-se, portanto, das exceções materiais que representam defesas de mérito e caracterizam-se por encartar um direito do demandado em face do autor. A única afinidade é que ambas as preliminares são consideradas "defesas indiretas".

Tais alegações dão ensejo a um procedimento suspensivo, porquanto não se admite que um juiz incompatível ou um juízo incompetente julgue a causa. Pode-se dizer, até mesmo, que a suscitação de impedimento e suspeição instaura incidente a ser resolvido separadamente dos autos. A mesma lógica se aplica à alegação de incompetência, que terá de ser decidida antes do prosseguimento do processo, quando pendente a realização de audiência.

É crucial perceber que a não apresentação das referidas alegações na contestação não significará, necessariamente, preclusão das matérias: a incompetência absoluta é matéria de ordem pública, conhecível de ofício, a qualquer momento, e o impedimento e a suspeição podem ser levantados, por simples petição, em 15 dias do conhecimento do fato, o que eventualmente se dá supervenientemente ao momento de apresentação da resposta do réu.

Alegação de incompetência

A "incompetência relativa" consoante dispõe a lei, argúi-se em regra, por meio de preliminar de contestação, haja vista que a incompetência absoluta, por revelar um defeito gravíssimo, não está sujeita a formas ou preclusões, podendo ser suscitada em qualquer tempo e grau de jurisdição (art. 64, § 1º c/c art. 65 do CPC) e ser declarada de ofício. Não obstante a iniciativa oficial da competência absoluta, essa decisão é agravável.[33]

VI – a data de juntada do comunicado de que trata o art. 232 ou, não havendo esse, a data de juntada da carta aos autos de origem devidamente cumprida, quando a citação ou a intimação se realizar em cumprimento de carta;

VII – a data de publicação, quando a intimação se der pelo Diário da Justiça impresso ou eletrônico;

VIII – o dia da carga, quando a intimação se der por meio da retirada dos autos, em carga, do cartório ou da secretaria;

IX – o quinto dia útil seguinte à confirmação, na forma prevista na mensagem de citação, do recebimento da citação realizada por meio eletrônico.

§ 1º Quando houver mais de um réu, o dia do começo do prazo para contestar corresponderá à última das datas a que se referem os incisos I a VI do *caput*.

§ 2º Havendo mais de um intimado, o prazo para cada um é contado individualmente.

§ 3º Quando o ato tiver de ser praticado diretamente pela parte ou por quem, de qualquer forma, participe do processo, sem a intermediação de representante judicial, o dia do começo do prazo para cumprimento da determinação judicial corresponderá à data em que se der a comunicação.

§ 4º Aplica-se o disposto no inciso II do *caput* à citação com hora certa."

[31] No CPC/1973, tais matérias eram alegadas por exceções, peças autônomas. Houve quem impugnasse a categoria de exceção para a *recusatio judicis*, uma vez que a matéria não diz respeito à forma ou ao fundo do processo (*in* **Palmeira**, *A Exceção no Projeto e no Código de Processo Civil Brasileiro*, 1940, p. 72).

[32] A *exceptio suspicionis* tende a *accertare un presupposto processuale* na visão de **Fernando Della Rocca**, *in Istituzioni di Diritto Processuale Canonico*, 1946, p. 144, *apud* **Frederico Marques**, *Instituições*, cit.

[33] "**Art. 64, § 1º.** A incompetência absoluta pode ser alegada em qualquer tempo e grau de jurisdição e deve ser declarada de ofício."

Parte V • III – DEFESA DO RÉU | **395**

O Código delineou ferramenta de facilitação de acesso à justiça, no caso do protocolo de contestação que ventile a incompetência relativa do juízo, autorizando que o réu ofereça a contestação no foro de seu domicílio. Prevê-se, inclusive, a suspensão da audiência de conciliação ou de mediação eventualmente já designada (art. 340[34]).

Em se tratando de vício de natureza absoluta, se tratando de matéria de ordem pública, poderá ser ventilada e conhecida a qualquer momento, nos moldes do estudado art. 64.

Arguição de impedimento e de suspeição

A razão de ser do monopólio da jurisdição pública nas mãos do representante do Estado-juiz reside, exatamente, na "equidistância" do julgador, que lhe confere a "imparcialidade" necessária para dar a cada um aquilo que é seu, com isenção. Ressoa evidente que o juiz, comprometido com uma das partes, não pode julgar. É de "ordem pública" essa necessária e indeclinável atuação superpartes do juiz.

A *suspeição reputa-se fundada* nos casos previstos legalmente em *numerus clausus* e reclama denúncia pela parte. Superado o prazo da arguição, sana-se o suposto defeito de falta de isenção.

O *impedimento é insuperável*, sendo defeso ao juiz praticar atos no processo em que se verifiquem as situações previstas na lei em função das quais a lei presume *jure et de jure* a parcialidade do magistrado. O impedimento, pela sua natureza, se não respeitado, torna a sentença passível de ação rescisória (art. 966, II, do CPC).[35]

As arguições *sub examine* visam a afastar o juízo da causa antes que ele se pronuncie sobre a mesma, razão porque, acaso a incompatibilidade seja descoberta *a posteriori*, o interessado poderá pleitear a nulidade do ato decisório através de recurso com efeito *ex tunc*.

O juiz é considerado "suspeito" quando: "I – *amigo íntimo ou inimigo* de uma das partes ou de seus advogados (art. 145, I);[36] II – receber *presentes* antes ou depois de iniciado o processo,

---

"**Súmula nº 33 do STJ:** A incompetência relativa não pode ser declarada de ofício."

"**Art. 65.** Prorrogar-se-á a competência relativa se o réu não alegar a incompetência em preliminar de contestação."

Sobre o cabimento de agravo na presente hipótese, veja-se decisão do Superior Tribunal de Justiça, nos termos do voto do Min. Luis Felipe Salomão, no REsp 1.679.909, ao dia 14.11.2017.

[34] "**Art. 340.** Havendo alegação de incompetência relativa ou absoluta, a contestação poderá ser protocolada no foro de domicílio do réu, fato que será imediatamente comunicado ao juiz da causa, preferencialmente por meio eletrônico.

§ 1º A contestação será submetida a livre distribuição ou, se o réu houver sido citado por meio de carta precatória, juntada aos autos dessa carta, seguindo-se a sua imediata remessa para o juízo da causa.

§ 2º Reconhecida a competência do foro indicado pelo réu, o juízo para o qual for distribuída a contestação ou a carta precatória será considerado prevento.

§ 3º Alegada a incompetência nos termos do *caput*, será suspensa a realização da audiência de conciliação ou de mediação, se tiver sido designada.

§ 4º Definida a competência, o juízo competente designará nova data para a audiência de conciliação ou de mediação."

[35] "**Art. 966.** A decisão de mérito, transitada em julgado, pode ser rescindida quando (...):

II – for proferida por juiz impedido ou por juízo absolutamente incompetente (...)."

"**Súmula nº 514 do STF:** Admite-se ação rescisória contra sentença transitada em julgado, ainda que contra ela não se tenham esgotado todos os recursos."

[36] "**Art. 145.** Há suspeição do juiz:

I – amigo íntimo ou inimigo de qualquer das partes ou de seus advogados;

II – que receber presentes de pessoas que tenham interesse na causa antes ou depois de iniciado o processo, que aconselhar alguma das partes acerca do objeto da causa, ou que subministrar meios para atender às despesas do litígio;

III – quando qualquer das partes for sua credora ou devedora, de seu cônjuge ou companheiro ou de parentes destes, em linha reta até o terceiro grau, inclusive;

IV – interessado no julgamento do processo em favor de qualquer das partes.

aconselhar alguma das partes acerca do objeto da causa ou subministrar meios para atender às despesas do litígio (art. 145, II);[37] III – alguma das partes for credora ou devedora do mesmo ou de seu cônjuge ou companheiro ou de parentes deste, em linha reta ou na colateral até terceiro grau (art. 145, III); IV – interessado no julgamento da causa em favor de uma das partes (art. 145, IV); V – julgar-se o próprio juiz suspeito por *motivo íntimo*, assim declarado nos autos (art. 145, § 1º)".

Considera-se *impedido* o juiz quando:[38] "I – interveio anteriormente no processo como mandatário da parte, perito, órgão do Ministério Público ou testemunha (art. 144, I); II – conheceu em outro grau de jurisdição proferindo decisão (art. 144, II);[39] III – estiver atuando no processo como advogado, defensor público ou membro do Ministério Público seu cônjuge ou parente consanguíneo ou afim, em linha reta ou na linha colateral até terceiro grau, sendo vedado ao advogado, com o vínculo acima, intervir em processo em andamento para criar o impedimento (art. 144, III c/c § 1º); IV – cônjuge, parente, consanguíneo ou afim, de alguma das partes, em linha reta ou colateral, até o terceiro grau (art. 144, IV); V – for sócio ou membro de direção ou administração de pessoa jurídica parte na causa (art. 144, V); VI – for herdeiro presuntivo, donatário ou empregador de qualquer das partes (art. 144, VI); VII – figurar como parte uma instituição de ensino com a qual tenha relação de emprego ou decorrente de contrato de prestação de serviços (art. 144, VII); VIII – figurar como parte cliente de seu cônjuge, companheiro ou parente, consanguíneo ou afim, em linha reta ou colateral, até o terceiro grau, mesmo que patrocinado por advogado de outro escritório (art. 144, VIII); quando promover ação contra a parte ou seu advogado (art. 144, IX)".

Esses impedimentos, evidentemente, aplicam-se a todos quantos pratiquem atos no processo, *v.g.*, os *peritos*, os *auxiliares de justiça* etc. (art. 148 do CPC). A diferença é que, tratando-se de

---

§ 1º Poderá o juiz declarar-se suspeito por motivo de foro íntimo, sem necessidade de declarar suas razões.

§ 2º Será legítima a alegação de suspeição quando:

I – houver sido provocada por quem a alega;

II – a parte que a alega houver praticado ato que signifique manifesta aceitação do arguido."

[37] Hipótese interessante em que não há suspeição (*RT*, 589/65).

[38] "**Art. 144.** Há impedimento do juiz, sendo-lhe vedado exercer suas funções no processo:

I – em que interveio como mandatário da parte, oficiou como perito, funcionou como membro do Ministério Público ou prestou depoimento como testemunha;

II – de que conheceu em outro grau de jurisdição, tendo proferido decisão;

III – quando nele estiver postulando, como defensor público, advogado ou membro do Ministério Público, seu cônjuge ou companheiro, ou qualquer parente, consanguíneo ou afim, em linha reta ou colateral, até o terceiro grau, inclusive;

IV – quando for parte no processo ele próprio, seu cônjuge ou companheiro, ou parente, consanguíneo ou afim, em linha reta ou colateral, até o terceiro grau, inclusive;

V – quando for sócio ou membro de direção ou de administração de pessoa jurídica parte no processo;

VI – quando for herdeiro presuntivo, donatário ou empregador de qualquer das partes;

VII – em que figure como parte instituição de ensino com a qual tenha relação de emprego ou decorrente de contrato de prestação de serviços;

VIII – em que figure como parte cliente do escritório de advocacia de seu cônjuge, companheiro ou parente, consanguíneo ou afim, em linha reta ou colateral, até o terceiro grau, inclusive, mesmo que patrocinado por advogado de outro escritório;

IX – quando promover ação contra a parte ou seu advogado.

§ 1º Na hipótese do inciso III, o impedimento só se verifica quando o defensor público, o advogado ou o membro do Ministério Público já integrava o processo antes do início da atividade judicante do juiz.

§ 2º É vedada a criação de fato superveniente a fim de caracterizar impedimento do juiz.

§ 3º O impedimento previsto no inciso III também se verifica no caso de mandato conferido a membro de escritório de advocacia que tenha em seus quadros advogado que individualmente ostente a condição nele prevista, mesmo que não intervenha diretamente no processo."

[39] O dispositivo se refere ao juiz de segundo grau, que em primeiro decidiu no processo. Aplica-se também aos ministros do STF, em relação às causas que tenham apreciado em qualquer tribunal (RISTF, art. 277, parágrafo único); neste sentido: *RTJ*, 128/785.

"**Súmula nº 252 do STF:** Na ação rescisória, não estão impedidos juízes que participaram do julgamento rescindendo."

impedimento e suspeição do juiz responsável pelo julgamento, o processo suspende-se, ao passo que, esses vícios, se imputáveis aos demais partícipes, não afetam o andamento do feito (art. 148, § 2º). Assim, *v.g.*, é suspeito o perito que recebe honorários diversos dos estipulados pelo juízo, ou o que entrega o laudo a uma das partes antes de sua juntada aos autos. O procedimento é previsto no art. 146 do CPC[40].

Outrossim, quanto aos magistrados, a arguição de impedimento ou suspeição promove a suspensão do processo (art. 313, III, CPC), que será apreciado por tribunal hierarquicamente superior. O relator, nesse ínterim, avaliará se cabe receber o incidente com efeito suspensivo. Sendo este o caso, o processo restará suspenso até que se resolva o incidente; em caso negativo, todavia, voltará a correr a partir deste momento (art. 146, § 2º, CPC).

Advirta-se, por oportuno, que essas causas geradoras da incompatibilidade do juiz aplicam-se aos *membros integrantes dos tribunais*, para os quais a lei prevê mais uma hipótese, qual a de estabelecer que, *quando dois ou mais juízes forem parentes, consanguíneos ou afins, em linha reta e no segundo grau na linha colateral, o primeiro que conhecer da causa no tribunal, impede que o outro participe do julgamento, caso em que o segundo se escusará, remetendo o processo ao seu substituto legal* (art. 147 do CPC). Não obstante, impõe-se distinguir a suspeição ou o impedimento do membro do Tribunal que não se confunde com o órgão que compõe.

O procedimento das arguições de impedimento e de suspeição é simples, gerando uma relação processual angular entre o arguinte (a parte) e o arguido (o juiz). O incidente não enseja a fala da parte adversa, uma vez que ninguém tem direito a um juiz pessoalmente determinado, senão a um "juiz natural".

A parte, ou o terceiro interveniente que assume essa qualidade, pode arguir, também, a incompatibilidade judicial, indicando, motivadamente, as razões. Por seu turno, o magistrado, à luz das alegações e das provas necessárias, pode reconhecer de plano o pedido e remeter os autos ao seu substituto legal (juiz tabelar). É-lhe lícito também em não concordando, responder ao suscitado em 15 (quinze) dias, remetendo, após, ao tribunal competente para julgamento (art. 146, *caput* e § 1º, do CPC).

Caso haja tutela de urgência que deva ser apreciada enquanto o incidente encontra-se aguardando a declaração do efeito em que é recebido, esta deve ser requerida ao substituto legal do magistrado impugnado (art. 146, § 3º, CPC). É necessário destacar que, no incidente, apenas são ouvidos aquele que questiona a imparcialidade e o próprio juiz, sem manifestação da parte adversa ao impugnante, que nada tem a ver com a nova relação processual que se instaura. Caso

---

[40] "**Art. 146.** No prazo de 15 (quinze) dias, a contar do conhecimento do fato, a parte alegará o impedimento ou a suspeição, em petição específica dirigida ao juiz do processo, na qual indicará o fundamento da recusa, podendo instruí-la com documentos em que se fundar a alegação e com rol de testemunhas.

§ 1º Se reconhecer o impedimento ou a suspeição ao receber a petição, o juiz ordenará imediatamente a remessa dos autos a seu substituto legal, caso contrário, determinará a autuação em apartado da petição e, no prazo de 15 (quinze) dias, apresentará suas razões, acompanhadas de documentos e de rol de testemunhas, se houver, ordenando a remessa do incidente ao tribunal.

§ 2º Distribuído o incidente, o relator deverá declarar os seus efeitos, sendo que, se o incidente for recebido:

I – sem efeito suspensivo, o processo voltará a correr;

II – com efeito suspensivo, o processo permanecerá suspenso até o julgamento do incidente.

§ 3º Enquanto não for declarado o efeito em que é recebido o incidente ou quando este for recebido com efeito suspensivo, a tutela de urgência será requerida ao substituto legal.

§ 4º Verificando que a alegação de impedimento ou de suspeição é improcedente, o tribunal rejeitá-la-á.

§ 5º Acolhida a alegação, tratando-se de impedimento ou de manifesta suspeição, o tribunal condenará o juiz nas custas e remeterá os autos ao seu substituto legal, podendo o juiz recorrer da decisão.

§ 6º Reconhecido o impedimento ou a suspeição, o tribunal fixará o momento a partir do qual o juiz não poderia ter atuado.

§ 7º O tribunal decretará a nulidade dos atos do juiz, se praticados quando já presente o motivo de impedimento ou de suspeição."

seja reconhecida a parcialidade do magistrado, por exemplo, é dele mesmo a legitimidade para recorrer da decisão (art. 146, § 5º, CPC).

Ainda no caso de ser definitivamente reconhecida a parcialidade do juiz, seja por impedimento ou por suspeição, deverá o tribunal fixar o *momento a partir do qual o juiz não poderia ter atuado* (art. 146, § 6º, CPC), com a consequente anulação dos atos praticados após esse momento (art. 146, § 7º, CPC)[41].

Elegante questão erige quanto a quais atos são passíveis de anulação – se apenas os atos de conteúdo decisório ou todos os atos. Parece razoável determinar que todos os atos do juiz que tenham não apenas conteúdo decisório, mas participação direta com as partes ou outros agentes do processo e, de alguma maneira, possam interferir negativamente no regular curso do processo, devam ser anulados, *v.g.* inquirir testemunhas em audiência de instrução e julgamento.

3.2 Reconvenção

A *reconvenção* é modalidade de "resposta" na qual o réu, ao ensejo da defesa, deduz em seu benefício e em face do autor, um pedido diverso do da mera rejeição da demanda. Trata-se de verdadeiro pedido formulado pelo demandado, aproveitando-se do mesmo processo e juízo em que é acionado. Por isso, a reconvenção, não obstante encerrada na resposta do réu, revela um contra--ataque, em que o demandado assume a posição jurídica de autor, com todos os seus consectários.[42]

A reconvenção é, portanto, uma ação do réu contra o autor diferenciando-se da contestação, na medida em que esta representa um *ônus* do réu, ao passo que aquela, a *reconvenção, é mera faculdade*, haja vista que a pretensão deduzida em contra-ataque, poderá sê-lo em ação distinta e noutra oportunidade.[43]

Anote-se que há *casos em que o réu pode formular pedido na própria contestação*, como ocorre nas "ações dúplices", *v.g.*, na ação possessória em que se admite que o demandado formule pedido de proteção possessória na própria contestação; assim, também, na ação renovatória em que o locador, além de se opor ao pedido de recondução do vínculo, pode, ainda, deduzir pretensão desalijatória do inquilino. Do mesmo modo, a Lei nº 9.099/1995 admite o pedido contraposto, genericamente, o que esvazia a necessidade de reconvenção.

A *reconvenção* faz exsurgir no processo uma *cumulação* objetiva de pedidos, de caráter contrastante viabilizando ao juiz, numa só sentença, julgar a ação e a reconvenção, revelando sob esse aspecto, inequívoca influência do princípio da economia processual.[44]

Seguindo esse desígnio de conferir através do processo um máximo de resultado, a reconvenção exige que o réu, para manejá-la, preencha alguns requisitos que tornem possível esse contra-ataque. Assim, *v.g.*, *entre a ação e a reconvenção* deve haver um vínculo, de sorte que, não é qualquer pretensão que o réu pode formular na via reconvencional, senão algo "conexo" com aquilo que está sendo discutido. Nesse sentido, como veremos adiante, a lei exige que haja conexão entre a reconvenção e o fundamento da ação ou o fundamento da defesa. Assim, a reconvenção há de ligar-se à ação principal ou por um liame com a causa de pedir ou com a base da defesa. Assim,

---

[41] Confirmou-se, no novo diploma processual, o consolidado entendimento do Superior Tribunal de Justiça: "Diante do exposto, a Seção reconheceu a suspeição do magistrado excepto, para todos os processos que envolvam a excipiente e que os efeitos dessa declaração de suspeição, em caráter transcendental, valem somente para o futuro (*ex nunc*), contando-se a partir de 14.04.2010, preservados os atos processuais anteriores" (REsp 1.165.623-RS, Rel. Min. Vasco Della Giustina (Desembargador convocado do TJ-RS), j. 14.04.2010).

[42] **Chiovenda** referia-se à reconvenção como *"una azione del convenutto"*, in *Principii di Diritto Processuale Civile*, 1928, p. 1.138.

[43] Para **Mario Dini,** a diferença fundamental é que enquanto o réu se defende, o "objeto do processo se mantém inalterado ao passo que se alarga e duplica-se com a propositura da demanda reconvencional", *in La Domanda Riconvenzionale nel Diritto Processuale Civile*, 1978, p. 82.

[44] No Direito romano, ao tempo do processo formulário, já se admitia a reconvenção como forma de dilargar a defesa do réu mas também de "economia de tempo e despesa" (**Manuel Aureliano Gusmão**, *Processo Civil e Comercial*, 1934, p. 473).

v.g., o réu pode, com base no mesmo contrato invocado como fundamento do pedido do autor, formular em reconvenção um pedido em seu favor; ou, com base na defesa de compensação de dívidas, cobrar o resíduo de seu crédito através de pedido reconvencional.

3.2.1 Condições específicas de admissibilidade da reconvenção[45]

A *reconvenção é ação* que reclama, para o conhecimento do mérito, o preenchimento das condições genéricas do direito de agir. Não obstante sua própria peculiaridade, a reconvenção reclama "condições específicas" que são as que nos interessam mais de perto, uma vez que já nos ocupamos das "condições gerais da ação".

As *condições específicas da reconvenção são assim elencadas*: a *legitimação especial das partes*, o *interesse em reconvir*, a *possibilidade jurídica do pedido formulado na reconvenção*, a *tempestividade*, a *uniformidade procedimental entre a ação e a reconvenção*, a *competência do juízo para a reconvenção*, e, finalmente, a *conexão entre a ação ou a defesa e a reconvenção*.

3.2.1.1 Legitimação para reconvenção

A ação do réu em face do autor (reconvenção), indica como legitimado para reconvir o réu originário em face do autor primitivo. Entretanto, o réu superveniente, como ocorre com os terceiros coactamente integrados ao processo, também pode reconvir, *v.g.*, os chamados ao processo e o denunciado à lide.[46] O réu que reconvém denomina-se "reconvinte" e o autor, a quem se endereça a reconvenção, "reconvindo".

O Código explicitando esse requisito, dispõe "o réu pode reconvir ao autor no mesmo processo..." (art. 343, *caput*).[47] A regra, em seguida, é complementada, no § 5º; *verbis*: "Se o autor for substituto processual, o reconvinte deverá afirmar ser titular de direito em face do substituído, e a reconvenção deverá ser proposta em face do autor, também na qualidade de substituto processual".

Esse parágrafo, como evidente, *não se refere aos casos de representação*, uma vez que, nesta, a parte é o representado e não o representante, razão pela qual a lei "não está explicitando que o réu não pode reconvir ao representante da parte".

É que a reconvenção, nas hipóteses de representação, é admissível apenas por um direito conexo do representado em face do autor e não por direito próprio do representante posto que ele não é parte.

O que a lei esclarece é que *o réu não pode reconvir por uma pretensão que detenha em face do autor se este estiver na qualidade de substituto processual de outrem*. Nessa hipótese de substituição processual, o autor pleiteia direito alheio em nome próprio, sendo certo que, se o autor estiver na qualidade de substituto processual e o réu detiver direito em face do substituído, a reconvenção somente será admissível se houver conexão entre essas pretensões pertencentes a pessoas diversas, situação que não encerra regra geral. Assim, *v.g.*, se A, acionista minoritário de uma sociedade, promove, na qualidade de substituto processual da pessoa jurídica, uma ação de reparação em face dos seus diretores em razão de atos danosos causados à entidade, os réus somente poderão reconvir ao autor por direitos que tenham contra a sociedade e se este puder figurar como substituto da entidade no polo passivo. Por oportuno, não poderão os mesmos reconvir por pretensão dedutível em face de A, senão por direito contra a pessoa jurídica.

---

[45] Essas condições são exigidas porque não se pode onerar o autor, que tomou a iniciativa de vir a juízo invocar a tutela jurisdicional do Estado, com demandas e ações contra ele tão só pelas facilidades que oferece a reconvenção. Nesse sentido a lição de **Frederico Marques**, *in Instituições*, cit., vol. III, p. 149. **Rosenberg** afirma que a submissão da reconvenção aos preceitos da ação decorre de sua "essência", *in Derecho Procesal Civil*, 1955, vol. II, p. 84.

[46] Nesse sentido, **Calamandrei**, *in La Chiamata in Garanzia*, e **Mario Dini**, ob. cit., § 57.

[47] **"Art. 343.** Na contestação, é lícito ao réu propor reconvenção para manifestar pretensão própria, conexa com a ação principal ou com o fundamento da defesa."
"Súmula nº 258 do STF: É admissível reconvenção em ação declaratória."

400 | CURSO DE DIREITO PROCESSUAL CIVIL • *Luiz Fux*

Ainda *ad exemplum*, a lei condominial dispõe que qualquer condômino pode exigir em juízo do condômino faltoso a sua cota de contribuição, na hipótese em que o síndico mantenha-se inerte quanto a essa cobrança. O condômino, acionado, em reconvenção, não pode deduzir pretensão que tenha em face do condômino atuante senão contra o condomínio aferindo se para a reconvenção aquele condômino pode substituir processualmente a entidade com personalidade judiciária. A legitimação extraordinária do reconvindo é rara de exsurgir, razão pela qual a lei dispõe expressamente que toda vez que o autor estiver na qualidade de substituto processual ele não poderá sofrer reconvenção. Entretanto, se excepcionalmente ele for também substituto processual passivo diante da pretensão deduzida, a reconvenção poderá ser manejada.

Em suma, o réu pode reconvir ao autor por direito contra o substituído, desde que ele, autor, seja também legitimado extraordinário para atuar quanto a essa pretensão.

Essa "identidade bilateral" dos sujeitos, na dicção do Código, não veda que, na reconvenção, haja a formação de litisconsórcio se o fenômeno é inexistente na ação originária, seja no polo ativo ou no passivo (art. 343, §§ 3º e 4º). A autorização, genérica, vai mesmo além dos casos em que o litisconsórcio é *necessário*, razão pela qual a reconvenção, para ser exercitada, deve obedecer à legitimação plúrima exigida, formando-se a cumulação subjetiva apenas na demanda reconvencional. Assim, *v.g.*, se na ação originária a pretensão do autor é pessoal, e na reconvenção é de natureza real, imobiliária, cumprirá ao reconvinte promover a formação do litisconsórcio, ditado pelo art. 73 do CPC,[48] se os réus fossem casados.

Destarte, o exercício da reconvenção pode motivar a intervenção de terceiros após a sua manifestação, *v.g.*, a assistência ao reconvinte, a oposição ou a denunciação da lide e assim por diante.

3.2.1.2   Interesse em reconvir

A reconvenção participa da natureza jurídica da ação, e por isso também reclama "necessidade e utilidade" no seu manejo, o que se afere positivamente, desde que o benefício pretendido pelo réu não possa ser atendido através da via da contestação. Assim, *v.g.*, se o demandado pode obter o que pretende com a própria defesa, não se faz necessária a reconvenção, desaparecendo, então, o *interesse de agir* através desse instrumento processual. O exemplo clássico é o das ações dúplices anteriormente referidas, nas quais, o réu pode formular pedido na própria contestação, como ocorre, por exemplo, nas ações possessórias, na ação renovatória e nas ações submetidas ao procedimento sumaríssimo. É que sendo possível postular na contestação, dispensa-se a reconvenção.

Destarte, se a defesa do réu se baseia numa exceção material e o que o demandado pretende é apenas a rejeição da pretensão do autor e não o acolhimento de algo em seu favor, basta o oferecimento da defesa. Assim, *v.g.*, para alegar a "compensação" de créditos é suficiente ao réu aduzir essa *exceptio* típica na própria contestação, sendo desnecessária a reconvenção.

O mesmo raciocínio empreende-se se o demandado pretende apenas negar a relação jurídica afirmada pelo autor, por exemplo, quando aguarda que o juiz não acolha o pedido de existência da relação jurídica deduzido em ação declaratória positiva promovida pelo demandante. O julgamento improcedente concluindo pela inexistência da relação, encerrando declaração negativa, torna inócua qualquer reconvenção.

---

[48] **"Art. 73.** O cônjuge necessitará do consentimento do outro para propor ação que verse sobre direito real imobiliário, salvo quando casados sob o regime de separação absoluta de bens.

§ 1º Ambos os cônjuges serão necessariamente citados para a ação:

I – que verse sobre direito real imobiliário, salvo quando casados sob o regime de separação absoluta de bens;

II – resultante de fato que diga respeito a ambos os cônjuges ou de ato praticado por eles;

III – fundada em dívida contraída por um dos cônjuges a bem da família;

IV – que tenha por objeto o reconhecimento, a constituição ou a extinção de ônus sobre imóvel de um ou de ambos os cônjuges.

§ 2º Nas ações possessórias, a participação do cônjuge do autor ou do réu somente é indispensável nas hipóteses de composse ou de ato por ambos praticado.

§ 3º Aplica-se o disposto neste artigo à união estável comprovada nos autos."

3.2.1.3 Tempestividade da reconvenção

A reconvenção, como componente da resposta do réu, deve ser apresentada na contestação. A apresentação da reconvenção dilata a fase das providências preliminares, uma vez que cumpre ao autor, primeiramente, responder à reconvenção. É que causaria severo tumulto processual e infirmaria o princípio da economia processual, que é a mola propulsora desse instituto, se o réu oferecesse contestação para, somente após a réplica, intentar a reconvenção. Essa é a razão da simultaneidade exigida.

Outra questão relevante versa sobre a possibilidade de o réu reconvir sem contestar (art. 343, § 6°). A própria lei considera defesa qualquer manifestação que, em seu conjunto, se oponha ao pedido do autor. Assim, é possível oferecer reconvenção sem prévia contestação, salvo nas hipóteses em que o pedido reconvencional reclama "conexão com os fundamentos da defesa".[49]

Assente-se por fim, que a reconvenção, não obstante possua uma conexão necessária com o objeto da ação principal, constitui uma pretensão autônoma do réu. Não depende, assim, para sua existência, da "pendência da relação processual". Ou seja, engendrada a desistência da ação e obedecidos os requisitos formais, apenas se inviabiliza a reconvenção se feita antes da apresentação da própria reconvenção. Entretanto, uma vez apresentada a defesa e o "contra-ataque", não mais será lícito ao autor desistir da ação[50], posto que a partir desse momento o réu reconvinte fará jus a um pronunciamento sobre o seu pedido reconvencional, em homenagem ao princípio da economia processual e consoante o art. 343, § 2°, do CPC.

3.2.1.4 Competência do juízo para a reconvenção

A ação e a reconvenção, exatamente em virtude da conexão entre as causas, pressupõem que o juízo seja competente para ambas.

A competência, *in casu*, é material e funcional, posto que a questão da competência *ratione personae* não se põe em razão de não se alterar o elemento subjetivo-identificador da lide originária.

Portanto, pode-se afirmar que *somente a incompetência absoluta do juízo da ação inviabiliza a reconvenção*, *v.g.*, se a parte autora promove uma ação cível e o réu pretende reconvir com pretensão da competência de um juízo orfanológico ou de família, ou se a ação originária se encontra aforada no juízo estadual e a reconvenção é manejável perante o juízo federal descabe a reconvenção. Nessas hipóteses, não há como cindir o feito e remeter a reconvenção para o juízo de competência absoluta, o juiz deve extinguir a reconvenção e prosseguir na ação principal, porque a inobservância da competência absoluta anula todo o julgamento, inclusive o da ação principal.

3.2.1.5 A conexão como pressuposto da reconvenção[51]

A conexão como condição específica é a mola mestra da reconvenção. Esse liame que vincula a *causa petendi* da ação à *causa excipiendi* da reconvenção é que recomenda o cabimento desse instituto calcado no princípio da economia processual.

Deveras, essa vinculação evita que se dilargue sobremodo o campo probatório e o âmbito da decisão, facilitando, a um só tempo, que se imiscuam na esfera decisória da sentença várias relações jurídicas.

---

49   *Vide* notas 23 e 45.

50   **"Art. 485.** O juiz não resolverá o mérito quando: (...)

     VIII – homologar a desistência da ação;

     § 4° Oferecida a contestação, o autor não poderá, sem o consentimento do réu, desistir da ação."

51   O tema foi magistralmente retratado por **Barbosa Moreira** *in A Conexão de Causa como Pressuposto da Reconvenção*, 1979, objeto de sua tese com a qual concorreu e obteve a titularidade da cadeira de Processo Civil na Faculdade de Direito da Universidade do Estado do Rio de Janeiro.

402 | CURSO DE DIREITO PROCESSUAL CIVIL • *Luiz Fux*

Questão relevante que gravita em torno dessa condição específica é a referente à extensão *do fenômeno da conexão, in casu.*

O CPC, no seu art. 55,[52] define a *conexão como a comunhão entre duas ou mais ações pelo pedido ou pela causa de pedir,* sem prejuízo, de aduzir-se a *conexão subjetiva* nas hipóteses de comunhão entre os elementos subjetivos da lide.

A conexão aqui reclamada vai um pouco mais longe do que aquela definida pelo Código. É inegável que, naquelas hipóteses, o fenômeno ocorre. Entretanto para a admissão da reconvenção, a conexão que se exige entre ela e os fundamentos da ação ou aqueles produzidos pela defesa é mais ampla do que define o artigo. No primeiro caso, ambos os contendores se baseiam na mesma relação jurídica para formular os pedidos, encartados na ação ou na reconvenção. Assim, *v.g.*, se o autor postula uma parcela qualquer derivada de um contrato e o réu reclama outra que lhe é devida por força do mesmo vínculo, haverá conexão entre os fundamentos da ação e da reconvenção. Da mesma espécie é a reconvenção dirigida pelo vizinho que pretenda a construção de cerca divisória em ação que lhe foi movida para cobrança de indenização pelo outro vizinho por invasão de suas terras.

Diversamente, se o réu, além de apresentar sua defesa, se utilize de reconvenção para contra--atacar, a conexão, neste caso, dar-se-á com o fundamento da defesa. Assim, por exemplo, se o réu argúi a compensação entre o seu crédito e aquele que lhe é cobrado e reivindica o resíduo através da reconvenção, a conexão aí será da segunda espécie, isto é, a conexão opera-se entre os fundamentos da ação e os fundamentos da defesa.

Em geral, as "exceções materiais" servem de base simultaneamente à defesa e à reconvenção, posto representarem verdadeiro direito do réu em face do autor, podendo ser engendradas em ação distinta ou através da via reconvencional. Clássico é o exemplo do comprador que, calcado na *exceptio inadimpleti contractus,* alega que não pagou o preço por não ter recebido a coisa e, ato contínuo, reconvém para receber o bem objeto do negócio translatício. Neste mesmo segmento, é a hipótese em que o réu, na ação de cumprimento do contrato, alega simulação, pleiteando-lhe a anulabilidade via reconvenção.

Salvante esses casos em que a reconvenção se encaixa na moldura da exigência legal, a doutrina e a jurisprudência vêm concedendo magnífico elastério ao referido requisito para admiti-la toda vez que a pretensão nela deduzida guarde com a demanda alguma relação, ainda que de cunho probatório ou de natureza prejudicial. Nesse sentido, a doutrina chancela essa flexibilização do conceito em nome do princípio da economia processual. Em consequência, em todas as hipóteses em que a admissibilidade da reconvenção possa retardar o andamento do feito e não haja relação de prejudicialidade, deve ser rejeitada por ofensa à *ratio essendi* do instituto.

3.2.2 Autonomia procedimental entre a reconvenção e a ação

Na vigência do vetusto CPC, determinava-se a uniformidade de julgamentos entre a reconvenção e a ação. Havia, portanto, um único rito para ambas, a fim de garantir igualmente uma simultaneidade. Contudo, tal ideia não foi recepcionada pela novel legislação. Embora sejam considerados pedidos conexos, o art. 343, § 2º, CPC reconhece a plena autonomia entre ambas. Deve-se encarar a reconvenção como procedimento autônomo, que corre por suas próprias razões, e não subordinado ao pleito da ação em que foi apresentada.

Não se perdeu, diga-se, a unidade da sentença de mérito a ser proferida tanto para a ação quanto para a reconvenção. No entanto, não cabe discutir, em virtude desta característica, a sua autonomia. A resolução de ambas em uma única sentença se dá exclusivamente em virtude da conexão explícita entre as causas. Contudo, os elementos de uniformização param por aí. É importante observar que, mesmo constando de igual sentença, os dois procedimentos são resolvidos em capítulos diferentes. Também não interfere, como bem pontua o art. 343, § 2º, CPC, a extinção precoce – sem resolução de mérito ou por desistência – de um dos procedimentos na resolução do outro.

---

[52] **"Art. 55.** Reputam-se conexas 2 (duas) ou mais ações quando lhes for comum o pedido ou a causa de pedir."

3.2.3 Processamento e procedimento da reconvenção

A reconvenção, como ação do réu em face do autor, deve preencher as condições genéricas, e ser veiculada através da *petição inicial* distribuída, "por dependência", ao mesmo juízo da ação originária. O controle de admissibilidade da reconvenção equipara-se àquele produzido pelo juiz quando da análise da petição inicial, aplicando-se as regras dos arts. 319 a 321 do CPC.

Interessante questão é a relativa ao *indeferimento da reconvenção*. O juiz, ao fazê-lo, extingue parcialmente o 'processo sem resolução do mérito' relativo ao pedido reconvencional. A diminuição do *thema decidendum* não impede o processo de prosseguir; por isso, não havendo extinção total e, portanto, não se tratando de fim do procedimento em primeiro grau de jurisdição, a decisão que o juiz lavra é interlocutória e desafia o recurso de agravo. O eventual provimento desse recurso apresenta notável característica rescindente, impondo-se abrir ao reconvinte rejeitado todas as etapas ultrapassadas por força da inadmissão originária da reconvenção.

A inicial da reconvenção uma vez deferida impõe ao autor reconvindo ser intimado a responder na pessoa do advogado constante dos autos. Não o havendo no momento da intimação, incumbirá ao juiz determinar a intimação pessoal da parte com as advertências do art. 341 do CPC. Observe-se, nesse particular, que a lei excepciona a regra do art. 105 do CPC, permitindo ao advogado "receber citação" (art. 343, § 1º). A intimação para a resposta da reconvenção, bem como o despacho de "intime-se", produzem os mesmos efeitos mencionados no art. 240 do CPC referentes à citação inicial.

O autor reconvindo, além da defesa, pode, na qualidade de réu na reconvenção, reconvir também, gerando o singular e raro fenômeno da "reconvenção da reconvenção", figura que atende, também, aos reclamos da economia processual.[53]

O *saneamento* da ação e da reconvenção deve ser simultâneo, haja vista que a lei exige provimento conjunto e considera a atividade saneadora como "julgamento conforme o estado do processo".

É possível que a ação ou a reconvenção padeçam de defeitos insanáveis, caso em que cabe ao juiz extinguir ambas ou uma delas, haja vista que o julgamento do mérito, simultaneamente, somente poderá ocorrer se não houver vício impeditivo da análise da questão de fundo. A extinção prematura de qualquer delas, nessa fase, desafia o recurso de agravo pela natureza interlocutória da decisão.

A sentença do juiz, cujo *relatório comum*, mas com *parte dispositiva diversa*, pode acolher uma das ações ou ambas. Em todo o caso, na parte relativa à sucumbência, a análise deve engendrar-se separadamente, cabendo a imposição dos ônus econômicos do processo em cada uma das ações, sendo atécnico considerar-se "sucumbência recíproca" o acolhimento de ambos os pedidos. A sucumbência observa-se à luz de cada pedido.

3.3 Revelia

O réu que não oferece defesa confrontando-a com o pedido do autor diz-se "revel" e sofre, como principal consequência de sua inércia em razão de não colaborar com a reconstrução da verdade necessária à expedição de uma solução justa, a presunção da veracidade dos fatos afirmados, que somente cede às exceções legais do art. 345 do CPC[54].

---

[53] A matéria não é pacífica e não o foi outrora, uma vez que a doutrina, baseada na regra do Direito Canônico de que *reconventio reconventionis fieri non potest* inadmitia a figura, diversamente dos autores germânicos. No sentido do nosso texto, consulte-se **Schonke**, ob. cit., p. 177 e **Rosenberg**, ob. cit., vol. II, p. 85.

[54] "**Art. 345.** A revelia não produz o efeito mencionado no art. 344 se:
I – havendo pluralidade de réus, algum deles contestar a ação;
II – o litígio versar sobre direitos indisponíveis;
III – a petição inicial não estiver acompanhada do instrumento que a lei considere indispensável à prova do ato.
IV – as alegações de fato formuladas pelo autor forem inverossímeis ou estiverem em contradição com prova constante dos autos."

404 | CURSO DE DIREITO PROCESSUAL CIVIL • *Luiz Fux*

A revelia também não se opera quando curador especial funciona em prol do revel, vez que deverá apresentar contestação, ainda que por negativa geral (art. 341, parágrafo único, c/c art. 72, II).

Deveras, além da presunção da veracidade, exatamente porque o réu abdica do contraditório em momento tão especial quanto o da defesa, a lei permitia que a bilateralidade processual (*audiatur et altera pars*) fosse completamente abolida à luz do art. 322 do CPC de 1973[55]. A redação, alterada ainda na vigência do Código anterior pela Lei nº 11.280/2006, amenizou esses rigores processuais.

O artigo, embora tenha sofrido sutis alterações redacionais, se manteve no Código de 2015, de sorte que os prazos processuais fluem da data de publicação do ato decisório, dispensando-se a intimação do réu revel. De todo modo, fica resguardada a possibilidade de ingressar no processo, recebendo-o no estado em que se encontrar, isto é, sem possibilidade de renovação de atos pretéritos.

---

[55] **"Art. 322.** Contra o revel correrão os prazos independentemente de intimação. Poderá ele, entretanto, intervir no processo em qualquer fase, recebendo-o no estado em que se encontra."

PARTE VI
FASE DE SANEAMENTO

I
SANEAMENTO[1]

1. FASE DE SANEAMENTO

O processo se inicia pela fase de postulação e ultima-se pela etapa da decisão que encerra a fase de conhecimento no seu *iter* em primeiro grau de jurisdição.

Entrementes, ao juiz cabe verificar a regularidade do instrumento através do qual vai prestar a justiça desejada, porquanto a decisão de mérito não pode ser resultado de um processo defeituoso, *v.g.*, aquele que transcorre sem obediência de suas formalidades.[2] Por outro lado, cabe ao magistrado observar o momento próprio para a sua decisão, evitando que o processo prossiga inutilmente, como v.g; nos casos em que todas as provas já se encontram recolhidas nos autos diferentemente de outros em que a realização da audiência é imperiosa pela necessidade inquirição de pessoas, impedindo, assim, a imediata apreciação do pedido.

Essas circunstâncias são aferidas pelo juiz na fase de "saneamento do processo"[3] onde, sinteticamente, o magistrado avalia a "utilidade do processo" e a "necessidade em se prosseguir" com destino ao julgamento do mérito.

Em face desse escopo, a fase de saneamento se subdivide em atividades conducentes à aferição da utilidade e da necessidade do prosseguimento do processo. Assim é que, se o processo revela defeito formal, o juiz pode extingui-lo sem análise do mérito ou determinar providências saneadoras.

Ao ângulo da *necessidade*, é possível que as provas já se apresentem completas, hipótese em que a causa comporta "julgamento antecipado", possibilidade que se repete quando há "autocomposição" dos interessados através de renúncia ou transação. A revelia do réu, por seu turno, dispensa maiores pesquisas probatórias pela incidência da "presunção de veracidade" dos fatos afirmados, salvo as exceções legais (art. 345 do CPC).

Diversamente, fazendo-se mister a realização de novas provas, cabe ao juiz declarar que o processo, não obstante imune de vícios, precisa prosseguir na colheita de novos elementos, caso em

---

[1]   **Calmon de Passos**, *Comentários*, cit. **Ernani Fidélis dos Santos**, *Manual de Direito Processual Civil*, vol. I, **José Frederico Marques**, *Manual de Direito Processual Civil*, II.

[2]   Representa um anseio antiquíssimo este, da separação das questões formais, daquelas de mérito, para permitir um julgamento imune de vícios. **Chiovenda** apontava para o direito intermédio como origem desta estratégia através das *preparatoria iudici*. Modernamente a fonte certa é a "primeira audiência" do processo austríaco onde se efetiva essa separação das questões formais e das questões de mérito. Um estudo comparativo sintético é trazido a lume por **Egas Moniz** na conferência antes citada. **Barbosa Moreira**, com mais profundidade realiza análise atualíssima, *in Temas*, Quarta Série, pp. 105-141. Muito embora haja diversidade entre os sistemas da *Common Law* e o nosso do *Civil Law*, aponta-se no Direito americano o *pre-trial* e no Direito inglês as *Summons for Directions* como institutos semelhantes à nossa preparação para o julgamento do mérito com o enfrentamento prévio das questões formais.

[3]   "A função daquilo que o Código de 1939 chamava de despacho saneador passou, no sistema de 1973, a ser cumprida por toda uma prolongada fase processual, cujo início pode dar-se com o despacho da petição inicial e cujo término obrigatoriamente será o julgamento conforme o estado do processo" (**Humberto Theodoro Júnior**, *Curso de Direito Processual Civil*, vol. 1, 2021).

408 | CURSO DE DIREITO PROCESSUAL CIVIL • *Luiz Fux*

que profere o "saneamento propriamente dito", encaminhando o processo em direção à necessária "instrução e julgamento".[4]

As avaliações realizadas pelo juiz quanto à utilidade e à necessidade de prosseguir no processo, o legislador denominou de *julgamento conforme o estado do processo*, que pode admitir uma extinção prematura ou sua continuação.

A primeira das avaliações pode conduzir à determinação de *atividades a serem exercidas pelas partes* que o Código denominou de *providências preliminares*. A segunda corresponde ao *julgamento conforme o estado do processo*.

Cumpre destacar que as *providências preliminares* decorrem dos atos postulatórios anteriormente praticados e visam a manter o *processo sob o domínio do contraditório*, razão da especificidade das providências que adiante analisaremos.

O *estado do processo* indica se o juiz deve "terminar a relação processual sem resolução do mérito, apreciá-lo de imediato" porquanto pronta a causa para julgamento, ou *dilargar* a mesma, conduzindo o processo à audiência, depois de considerá-lo imune de vícios e "declará-lo saneado".

O Código contempla como *providências preliminares* as seguintes: a) *determinação de especificação de provas*; b) *concessão de prazo para a propositura de declaração incidente* (ação declaratória incidental); c) *concessão de prazo para que o autor se pronuncie acerca das preliminares e objeções suscitadas na defesa do réu* (a denominada "réplica" consagrada pela prática judiciária).

O *estado do processo* pode sugerir as seguintes soluções: 1) "extinção do processo sem resolução do mérito"; 2) "extinção do processo com resolução do mérito": a) em razão de autocomposição das partes; b) derivada da maturação da matéria de fato e de direito retratada nos autos pela presença de todas as provas necessárias; c) decorrente da revelia, encerrando hipóteses de julgamento antecipado da lide"; 3) "saneamento, com a declaração da regularidade da relação processual, fixação dos pontos controvertidos e a determinação da realização das provas necessárias e influentes na solução da lide".

2. PROVIDÊNCIAS PRELIMINARES[5]

As *providências preliminares*, voltadas a manter o processo sob o domínio do contraditório, são determinadas "findo o prazo para a contestação" (art. 347 do CPC).[6]

A prática dos atos decorrentes da determinação da providência preliminar específica deve operar-se no prazo fixado em lei ou naquele designado judicialmente. É que a fase e o estado do processo podem indicar outra solução, *v.g.*, a decisão da causa em si, para a qual o juiz, em regra, dispõe de 30 (trinta) dias (art. 226, inciso III, do CPC).[7]

---

[4] Consoante lição ainda atual de **Liebman**: "Todas as atividades que se realizam até o despacho saneador, inclusive, têm a natureza de uma *contentio de ordenando judicio* e a função de abrir o caminho e preparar tecnicamente o verdadeiro debate sobre a lide, que deve fazer-se na audiência" (*in Estudos sobre o Processo Civil Brasileiro*, 1947, p. 119).

[5] Notável, ainda, a conferência proferida em 08.11.1975, pelo professor **Egas Moniz de Aragão** no V Curso de Especialização em Direito Processual Civil, promovido pelo Setor de Especialização da Pontifícia Universidade Católica de São Paulo e coordenado pelo professor Dr. **Arruda Alvim**, *in Revista de Processo*, 5, p. 197-211.

[6] "**Art. 347.** Findo o prazo para a contestação, o juiz tomará, conforme o caso, as providências preliminares constantes das seções deste Capítulo."

[7] "**Art. 226.** O juiz proferirá:
(...)
III – as sentenças no prazo de 30 (trinta) dias."

Parte VI · I — SANEAMENTO | **409**

2.1 Especificação de provas[8]

Dispõe o CPC, no seu art. 348, que, se o réu não contestar a ação, o juiz, verificando a inocorrência do efeito da revelia referente à presunção de veracidade, ordenará que o autor especifique as provas que pretenda produzir, se ainda não as tiver indicado.

Cumpre destacar, em primeiro lugar, que a especificação de provas regulada neste dispositivo pressupõe revelia, uma vez que as partes já especificaram-nas, respectivamente, na petição inicial e na peça de defesa. Advirta-se, entretanto, que a necessidade superveniente de provas não mencionadas inicialmente não faz exsurgir a preclusão, inocorrente no campo probatório.[9]

Na *revelia*, o réu, evidentemente, não se manifestou; por isso, abre-se esta nova oportunidade, desde que não tenha ocorrido o efeito específico da inércia do réu, que é exatamente o de dispensar a produção de toda e qualquer prova, uma vez que, em princípio, presumem-se verdadeiros os fatos afirmados pelo autor em face do revel (art. 344 do CPC). Aliás, por esta razão é que a lei admite o *julgamento antecipado da lide* por força da revelia (art. 355, inciso II, do CPC).[10]

A presunção *in casu* apenas não se opera nas hipóteses mencionados na lei (art. 345 do CPC)[11] cuja compreensão de seu alcance, segundo a nossa ótica, encontra-se no tratamento do tema específico da "revelia".

Anote-se que o prazo para a especificação de provas deve ser fixado pelo juiz, incidindo o art. 218, § 3º, do CPC,[12] que o estabelece em cinco dias, caso haja silêncio legal ou judicial.

Por fim, registre-se que parte da doutrina admite, mesmo nas hipóteses de revelia, que o autor reafirme a necessidade de produzir provas no afã de reforçar a presunção de veracidade, forrando-se contra eventuais investidas do réu através de pretensão de rescindibilidade do julgado.[13]

2.2 Manifestação do autor quanto às preliminares e objeções (fatos impeditivos, modificativos ou extintivos do pedido e alegações do réu)

Os arts. 350 e 351 do CPC dispõem que, se o réu alegar fato impeditivo, modificativo ou extintivo do direito do autor ou uma das preliminares (defesas processuais), será oportunizada a oitiva do demandante, no prazo de 15 (quinze) dias, permitindo-lhe o juiz a produção de prova. Essas providências preliminares mantêm o processo sob o domínio do contraditório.

O juiz defere ao autor oportunidade para contrapor-se às questões preliminares articuladas pelo réu, cujo objetivo é inutilizar o processo, fazendo desaparecer os efeitos da propositura, ensejando uma sentença meramente terminativa, sem análise do mérito.

---

8   Com este mesmo *nomem juris* utilizado como subtítulo consulte-se "Especificação de Provas", de **Renato Gomes Nery**, *RT*, 688/269.

9   Nesse mesmo sentido **Barbosa Moreira**, *O Novo Processo Civil Brasileiro*, p. 63.

10 Esse descompromisso na investigação em razão da revelia tem provocado reações veementes dos comentadores do Código, como a relembrada, no capítulo específico, pelo professor **Calmon de Passos**, segundo o qual, "o legislador brasileiro trata o réu ausente como delinquente". Para **Egas Moniz de Aragão**, **Calmon de Passos** "atira o disco além da meta..." (*Conferência*, cit.).

11 "**Art. 345.** A revelia não produz o efeito mencionado no art. 344 se:

    I – havendo pluralidade de réus, algum deles contestar a ação;

    II – o litígio versar sobre direitos indisponíveis;

    III – a petição inicial não estiver acompanhada do instrumento que a lei considere indispensável à prova do ato;

    IV – as alegações de fato formuladas pelo autor forem inverossímeis ou estiverem em contradição com prova constante dos autos."

12 "**Art. 218, § 3º.** Inexistindo preceito legal ou prazo determinado pelo juiz, será de 5 (cinco) dias o prazo para a prática de ato processual a cargo da parte."

13 Nesse sentido, **Calmon de Passos**, *Comentários ao Artigo 324*, Rio de Janeiro, Forense, 1997.

Neste passo, observe-se, pelo disposto no art. 337[14] do CPC, que as matérias articuladas precedentemente pelo réu, antes de enfrentar o pedido, coincidem com as mesmas questões que ensejam a extinção do processo sem análise do mérito, enumeradas no art. 485 do CPC.[15]

Ao autor, o juiz confere não só o prazo para impugnar a procedência das questões formais suscitadas, como também sanar eventuais defeitos supríveis, *v.g.*, a falta de juntada de documento ou de procuração que consubstancie a capacidade processual ou postulatória da parte etc.

---

[14] **"Art. 337.** Incumbe ao réu, antes de discutir o mérito, alegar:
I – inexistência ou nulidade da citação;
II – incompetência absoluta e relativa;
III – incorreção do valor da causa;
IV – inépcia da petição inicial;
V – perempção;
VI – litispendência;
VII – coisa julgada;
VIII – conexão;
IX – incapacidade da parte, defeito de representação ou falta de autorização;
X – convenção de arbitragem;
XI – ausência de legitimidade ou de interesse processual;
XII – falta de caução ou de outra prestação, que a lei exige como preliminar;
XIII – indevida concessão do benefício de gratuidade de justiça.
§ 1º Verifica-se a litispendência ou a coisa julgada, quando se reproduz ação anteriormente ajuizada.
§ 2º Uma ação é idêntica à outra quando possui as mesmas partes, a mesma causa de pedir e o mesmo pedido.
§ 3º Há litispendência quando se repete ação, que está em curso.
§ 4º Há coisa julgada quando se repete ação que já foi decidida por decisão transitada em julgado.
§ 5º Excetuadas a convenção de arbitragem e a incompetência relativa, o juiz conhecerá de ofício das matérias enumeradas neste artigo.
§ 6º A ausência de alegação da existência de convenção de arbitragem, na forma prevista neste Capítulo, implica aceitação da jurisdição estatal e renúncia ao juízo arbitral."

[15] **"Art. 485.** O juiz não resolverá o mérito quando:
I – indeferir a petição inicial;
II – o processo ficar parado durante mais de 1 (um) ano por negligência das partes;
III – por não promover os atos e diligências que lhe incumbir, o autor abandonar a causa por mais de 30 (trinta) dias;
IV – verificar a ausência de pressupostos de constituição e de desenvolvimento válido e regular do processo;
V – reconhecer a existência de perempção, de litispendência ou de coisa julgada;
VI – verificar ausência de legitimidade ou de interesse processual;
VII – acolher a alegação de existência de convenção de arbitragem ou quando o juízo arbitral reconhecer sua competência;
VIII – homologar a desistência da ação;
IX – em caso de morte da parte, a ação for considerada intransmissível por disposição legal;
X – nos demais casos prescritos neste Código.
§ 1º Nas hipóteses descritas nos incisos II e III, a parte será intimada pessoalmente para suprir a falta no prazo de 5 (cinco) dias.
§ 2º No caso do § 1º, quanto ao inciso II, as partes pagarão proporcionalmente as custas, e, quanto ao inciso III, o autor será condenado ao pagamento das despesas e dos honorários de advogado.
§ 3º O juiz conhecerá de ofício da matéria constante dos incisos IV, V, VI e IX, em qualquer tempo e grau de jurisdição, enquanto não ocorrer o trânsito em julgado.
§ 4º Oferecida a contestação, o autor não poderá, sem o consentimento do réu, desistir da ação.
§ 5º A desistência da ação pode ser apresentada até a sentença.
§ 6º Oferecida a contestação, a extinção do processo por abandono da causa pelo autor depende de requerimento do réu.
§ 7º Interposta a apelação em qualquer dos casos de que tratam os incisos deste artigo, o juiz terá 5 (cinco) dias para retratar-se."

Deveras, forçoso admitir que, mesmo que o réu suscite defeito insanável, o juiz deve abrir prazo ao autor para que este invista contra a falta apontada. Assim, *v.g.*, a ilegitimidade ativa e a impossibilidade jurídica do pedido são defeitos insuperáveis. Entretanto, o juiz deve abrir vista dos autos ao autor, que pode alegar a inexistência dos vícios.

Obedecida a ordem das alegações, *após as preliminares*, o réu articula *as questões prévias* de mérito consistentes nas "objeções", caracterizadas por fatos impeditivos, modificativos e extintivos do direito do autor. Observe-se que a *defesa denominada direta*, que é aquela na qual o réu nega o fato ou os seus efeitos jurídicos atribuídos pelo autor, já encontra oposição na própria narrativa da inicial, razão pela qual o legislador não previu a "réplica" para essa hipótese. A providência só se verifica quando se trata de fatos impeditivos, modificativos ou extintivos posto que estes são fatos "novos" trazidos pelo réu, não encartados na linha de convergência dos fatos constitutivos e que precisam ser impugnados (art. 342, II, do CPC).[16] Consoante afirmado no capítulo da defesa do réu, *as objeções são conhecíveis de ofício*, uma vez que, além do processo onde elas têm pertinência, se tornam irrelevantes, por isso, os autos indicam a última e única oportunidade de invocá-las eficazmente. Assim, *v.g.*, a alegação de pagamento como fato extintivo somente apresenta eficácia, se suscitada no processo onde se pretenda exigir a obrigação. Passada em julgado a sentença de condenação na obrigação, a alegação não revela mais a menor importância. Destarte, a decisão que ignora uma "objeção" revela-se injusta e *contra legem*, por isso que a lei admite que o juiz conheça esses fatos componentes da defesa indireta do réu, *ex officio*.

A lei silencia quanto às denominadas *exceções materiais* deduzidas pelo réu, *v.g., a exceção de retenção por benfeitorias*, a *exceção de compensação*, a *exceptio inadimpleti contractus* etc. Nessas hipóteses, como se trata de "fato novo" não rechaçado obliquamente pelos fatos constitutivos da inicial, cabe a concessão do decêndio ao autor, tanto mais que "as exceções representam verdadeiro 'contradireito'" do demandado em face do demandante e que, por isso, não podem ser acolhidas sem a oitiva da parte contrária.

Em resumo, articuladas as questões preliminares ou as objeções, cumpre ao juiz conceder ao autor o prazo de 15 dias para pronunciar-se ou suprir a deficiência apontada sob pena de nulificação do julgado terminativo.

As *nulidades* alegáveis demandam uma análise do juízo sobre se a atipicidade do ato perpetrado gerou prejuízo para os fins de justiça do processo. Em caso positivo, o ato deve ser novamente praticado, salvo se a consequência inexorável for a nulificação de todo o processo. No processo civil, a regra é o aproveitamento do ato, desde que alcançada a sua finalidade. Entretanto, ainda que não atingido o seu fim, a lei processual, considerado o processo como um todo, utiliza-se de estratégias conducentes à salvação da relação processual. Por isso, mesmo decretada a nulidade, o ato pode ser realizado se houve falta, ou repetido, se houve irregularidade de forma na sua prática. A inutilização do processo como um todo é excepcional em face do influxo dos princípios processuais da "instrumentalidade das formas" e do "prejuízo". Assim, *v.g.*, se a citação, como ato indispensável do processo, realizou-se de forma irregular e não levou ao demandado o conhecimento da causa, deverá ser repetida. Entretanto, se não foi realizada, deve sê-la, porque, se no processo de execução verificar-se que o título executivo judicial foi produzido no processo de conhecimento anterior que não teve a participação do réu, posto revel, anula-se tudo, inclusive o processo de conhecimento (art. 525, § 1º, inciso I, do CPC).[17]

---

[16] "**Art. 342.** Depois da contestação, só é lícito ao réu deduzir novas alegações quando:

I – relativas a direito ou a fato superveniente;

II – competir ao juiz conhecer delas de ofício;

III – por expressa autorização legal, puderem ser formuladas em qualquer tempo e grau de jurisdição."

[17] "**Art. 525, § 1º.** Na impugnação, o executado poderá alegar:

I – falta ou nulidade da citação se, na fase de conhecimento, o processo correu à revelia;

(...)."

CURSO DE DIREITO PROCESSUAL CIVIL • Luiz Fux

Diversamente, se apesar de não ter havido citação o réu compareceu e se defendeu, não deve haver pronunciamento de nulidade porquanto inexistente qualquer prejuízo comprometedor dos fins de justiça do processo e de efetividade dos direitos.[18]

3. JULGAMENTO CONFORME O ESTADO DO PROCESSO

Suplantadas as providências preliminares, as nulidades a sanar, ou os defeitos a corrigir, o juiz depara-se com uma dupla e excludente alternativa: ou o processo está pronto para receber julgamento ou faz-se mister encaminhá-lo à audiência de instrução e julgamento.

Na primeira hipótese, pode ocorrer a "extinção sem mérito" ou a "extinção com análise do mérito" por "autocomposição" ou por "julgamento antecipado da lide".

Na segunda, impõe-se a "declaração de saneamento", atividades que serão objeto dos itens seguintes.

3.1 Extinção do processo (extinção sem resolução de mérito, resolução com análise do mérito por autocomposição ou julgamento antecipado)

Acolhidas as preliminares articuladas pelo réu (art. 337 do CPC) posto não supridas pelo autor, cumpre ao juiz extinguir o processo sem resolução do mérito (art. 485 do CPC).

Nesse sentido dispõe o art. 354 do CPC, quer, ocorrendo qualquer das hipóteses previstas nos arts. 485 (julgamento terminativo) e 487, incisos II e III (julgamento definitivo por autocomposição ou reconhecimento de prescrição ou decadência), o juiz proferirá sentença.

Nessa hipótese, é *inútil* prosseguir no processo, reclamando-se solução formal, ceifando-o prematuramente por defeito intransponível, sem que seja possível ao juízo dar uma resposta ao pedido do autor.

Ainda é "inútil" prosseguir se "as próprias partes conferem o conteúdo da solução do litígio" através de negócios jurídicos processuais como a "transação", a "renúncia ao direito em que se funda a ação" ou o "reconhecimento da procedência do pedido".

Nesses casos, "não há julgamento" propriamente dito, senão e apenas chancela judicial sobre a vontade manifestada pelas partes. Por isso, *esses atos são anuláveis* como os atos jurídicos em geral ao invés de "rescindíveis", como as sentenças (art. 966, § 4º, do CPC).[19]

É "desnecessário" prosseguir quando a "causa está madura para julgamento por força de sua *completitude probatória*", assim considerada pelo juiz.

A aplicação do direito aos fatos narrados é tarefa que o juiz engendra de ofício. Entretanto, o conhecimento dos fatos depende dos elementos que os evidenciam nos autos através das provas.

Assim como o juiz pode determinar a realização de provas necessárias ao esclarecimento da verdade sequer requeridas pelas partes, pode também considerar satisfatórias as que se encontram nos autos, aptas a viabilizar o pronto julgamento. Assim sucedendo, é lícito ao juiz julgar sem a necessidade de realização de audiência de instrução e julgamento. É o que a lei denomina de *julgamento antecipado da lide*, aludindo à possibilidade de solução independentemente de realização das provas orais, cuja sede própria de produção é a audiência de instrução e julgamento.

Nessa aferição, o juiz deve atuar com extrema cautela para não suprimir oportunidade de realização de provas relevantes. Entretanto, o magistrado é o senhor da conveniência na produção dos elementos de convicção, porquanto é o destinatário das provas. Isso significa dizer que ele pode

---

[18] O tema das nulidades processuais foi magistralmente tratado por **Calmon de Passos** na sua tese de Livre docência para a Faculdade de Direito da Universidade Federal da Bahia, onde se colhe como parâmetros para a decretação da nulidade o comprometimento dos fins de justiça do processo e a efetividade dos direitos materiais.

[19] "**Art. 966, § 4º.** Os atos de disposição de direitos, praticados pelas partes ou por outros participantes do processo e homologados pelo juízo, bem como os atos homologatórios praticados no curso da execução, estão sujeitos à anulação, nos termos da lei."

indeferir provas desnecessárias ou determinar a produção de outras não solicitadas, desde que justifique, o que lhe permite o melhor julgamento. Assim, não há o vício do cerceamento de defesa pelo simples fato de a parte ter requerido a produção de uma prova e o juiz não a ter deferido. Também não há esse vício se as partes na inicial e na defesa nada requereram no campo probatório ou se o juiz determinou que as partes "especificassem provas" e as mesmas silenciaram ou solicitaram o imediato julgamento. Nessa hipótese, a preclusão lógica as impede de aduzir a suposta nulidade em recurso. O que pode haver é iniciativa probatória *ex officio* do juiz ou do próprio tribunal, pouco importando que a matéria verse direito disponível ou não. A busca da verdade é matéria que escapa ao poder de disposição das partes.

Essa mesma percepção conduz-nos a não considerar absoluta a regra do art. 355 do CPC, como entendem alguns, impondo ao juiz, como dever, julgar antecipadamente a lide "nos casos do dispositivo, principalmente na hipótese de 'causa madura'".

Pelas razões expostas, inegável que haverá nulidade alimentada pelo cerceamento se a prova necessária é inibida pelo juízo.

A violação a essas regras infraconstitucionais esbarra também na cláusula da ampla defesa e do devido processo legal.

No que pertine à causa dependente de solução única e exclusivamente jurídica, a questão se simplifica e o juiz pode e até mesmo deve defini-la de pronto. Mas, mesmo nesse caso, é-lhe lícito concluir, livre e criteriosamente, no exercício dessa margem de arbítrio, se realmente a demanda é unicamente de direito.

Destarte, que em todos os casos de julgamento antecipado é mister ao juiz fundamentar a sua decisão no fato que o levou à conclusão prematura.

A revelia por outro lado, autoriza o juiz, nos casos em que a presunção de veracidade se opera em toda a sua plenitude, a julgar pelo alegado e comprovado pelo autor como se não houvesse qualquer fato obstativo ao acolhimento do pedido. Nesse particular, forçoso observar que o autor, ao formular o seu pedido, fá-lo acompanhar das provas dos fatos constitutivos daquilo que pleiteia. Assim, se o réu não se opõe, aquelas provas tornam-se plenas e tranquilizam o juiz quanto à legitimidade da pretensão do autor. Destarte, algumas provas são tão específicas (*ad solemnitatem*) que nem mesmo a inércia do réu é capaz de suplantá-las (art. 345, III, do CPC). Por isso, a lei autoriza o julgamento antecipado, uma vez que o autor, na própria inicial, junta a prova do alegado e não contestado pelo réu. Não se trata, como evidente, de o autor apenas alegar um negócio jurídico sem qualquer começo de prova e pretender pelo silêncio do demandado obter solução favorável ao seu pedido. Assim, *v.g.*, se o condomínio alega inadimplemento de cotas por parte de certo morador, apesar de a lei não exigir documento indispensável, é mister a juntada da convenção do condomínio, da ata da assembleia que autorizou a despesa e dos recibos não quitados das obrigações exigidas judicialmente.

Excedendo o campo puramente probatório, a lei também admite o julgamento antecipado quando as partes controvertem apenas sobre questão jurídica, reclamando o desate da lide apenas o conhecimento técnico que se presume o juiz o possua (*iura novit curia*). Assim, *v.g.*, se em ação declaratória as partes controvertem a respeito da categorização do vínculo, se de locação ou comodato, pela presença de caracteres provados nos autos, basta ao juiz qualificar o negócio jurídico disputado à luz de critérios jurídicos que dispensam a prova. Destarte, *apresentando a questão controvertida matéria de direito e de fato*, e estando este exaustivamente comprovado nos autos, pode o juiz julgar sem audiência. É o que ocorre no exemplo de cobrança de cotas com a juntada da documentação desde a inicial, comprovando o atraso e a legitimidade do débito. Enfim, o julgamento antecipado da lide quando escorreitamente engendrado não viola os princípios do contraditório e da ampla defesa, mercê de encartar-se no poder discricionário do juízo, que preenchidos os requisitos, depois deve antecipar a solução judicial.[20]

---

[20]   STF, Resp. nº 2.832, www.stj.gov.br.

414 | CURSO DE DIREITO PROCESSUAL CIVIL • *Luiz Fux*

3.1.1 Julgamento antecipado parcial

Aspecto central do Código de 2015 é a possibilidade de julgamento antecipado parcial. Embora, historicamente, não se trate da regra do Direito brasileiro, em que os pedidos cumulados devem ser decididos em decisão simultânea, o art. 356[21] passou a admitir o julgamento antecipado (na realidade, imediato) também em relação a apenas parcela dos pedidos, prosseguindo o processo, com a fase instrutória, quanto aos demais.

O que se admite é a extinção parcial, por ato de negociação das partes quanto a algum dos pedidos formulados, bem como o julgamento definitivo, por decisão interlocutória agravável, de um ou alguns dos pedidos, seja porque se mostra incontroverso, seja porque se enquadra nas condições para imediato julgamento já estudadas. Assim, *v.g.*, se a desqualificação de um licitante pode ser logo apreciada a propiciar que ele participe de outros atos licitatórios, o juiz pode fazê-lo, relegando um eventual pedido de perdas e danos para o final da causa.

Nesses casos, a decisão, não obstante interlocutória e agravável, versará sobre o mérito e merecerá o tratamento que se empresta aos recursos dirigidos às questões de fundo. Por isso, mesmo, é liquidável e executável de imediato, inclusive em autos suplementares, se for da vontade das partes ou recomendável, ao ver do julgador.

4.   SANEAMENTO

Superadas as questões da utilidade e da necessidade de prosseguimento do processo exsurge a declaração de saneamento, regrado pelo art. 357 do Código[22].

---

[21]   **"Art. 356.** O juiz decidirá parcialmente o mérito quando um ou mais dos pedidos formulados ou parcela deles:

I – mostrar-se incontroverso;

II – estiver em condições de imediato julgamento, nos termos do art. 355.

§ 1º A decisão que julgar parcialmente o mérito poderá reconhecer a existência de obrigação líquida ou ilíquida.

§ 2º A parte poderá liquidar ou executar, desde logo, a obrigação reconhecida na decisão que julgar parcialmente o mérito, independentemente de caução, ainda que haja recurso contra essa interposto.

§ 3º Na hipótese do § 2º, se houver trânsito em julgado da decisão, a execução será definitiva.

§ 4º A liquidação e o cumprimento da decisão que julgar parcialmente o mérito poderão ser processados em autos suplementares, a requerimento da parte ou a critério do juiz.

§ 5º A decisão proferida com base neste artigo é impugnável por agravo de instrumento."

[22]   **"Art. 357.** Não ocorrendo nenhuma das hipóteses deste Capítulo, deverá o juiz, em decisão de saneamento e de organização do processo:

I – resolver as questões processuais pendentes, se houver;

II – delimitar as questões de fato sobre as quais recairá a atividade probatória, especificando os meios de prova admitidos;

III – definir a distribuição do ônus da prova, observado o art. 373;

IV – delimitar as questões de direito relevantes para a decisão do mérito;

V – designar, se necessário, audiência de instrução e julgamento.

§ 1º Realizado o saneamento, as partes têm o direito de pedir esclarecimentos ou solicitar ajustes, no prazo comum de 5 (cinco) dias, findo o qual a decisão se torna estável.

§ 2º As partes podem apresentar ao juiz, para homologação, delimitação consensual das questões de fato e de direito a que se referem os incisos II e IV, a qual, se homologada, vincula as partes e o juiz.

§ 3º Se a causa apresentar complexidade em matéria de fato ou de direito, deverá o juiz designar audiência para que o saneamento seja feito em cooperação com as partes, oportunidade em que o juiz, se for o caso, convidará as partes a integrar ou esclarecer suas alegações.

§ 4º Caso tenha sido determinada a produção de prova testemunhal, o juiz fixará prazo comum não superior a 15 (quinze) dias para que as partes apresentem rol de testemunhas.

§ 5º Na hipótese do § 3º, as partes devem levar, para a audiência prevista, o respectivo rol de testemunhas.

§ 6º O número de testemunhas arroladas não pode ser superior a 10 (dez), sendo 3 (três), no máximo, para a prova de cada fato.

4.1 Conteúdo

Inicialmente, impõe-se-nos fixar *os limites (conteúdos) do saneamento*, exemplificativamente elencados no referido comando[23].

Dentre as providências que deverão ser tomadas neste momento processual estão a *resolução das questões processuais pendentes existentes*, preparando o prosseguimento da relação processual, e a *delimitação das questões de fato* sobre as quais recairá a fase instrutória, especificando desde já quais os meios de prova admitidos, bem como as *questões de direito debatidas*.

Nesse ponto, surge novidade relevante do Código de 2015. É possível que as partes, maiores conhecedoras dos contornos do litígio, apresentem para homologação judicial a delimitação consensual das questões de fato e de direito a que se referem os itens II e IV referidos. Após a homologação, as partes e o juiz passam a se vincular ao que ali disposto (art. 357, § 2º).

Trata-se de autêntico negócio jurídico processual. Apesar de se tratar de atribuição típica do juiz na condução do processo, o Código abre espaço para maior participação das partes também no saneamento[24], em consonância com a cláusula geral que permite a entabulação de negócios jurídicos processuais (art. 190) e até mesmo a calendarização do procedimento (art. 191).

A seguir, a decisão deve definir *a distribuição do ônus da prova*. Em regra, o Código ainda adota a distribuição estática do ônus da prova, mas há maiores possibilidades de flexibilização em direção à distribuição dinâmica. Segundo as disposições do art. 373, o ônus da prova incumbe ao autor, em relação aos fatos constitutivos de seu direito; e ao réu, quanto aos fatos impeditivos, modificativos ou extintivos do direito do autor. Entretanto, quando houver previsão específica em lei (inversão *ope legis*, *v.g.*: art. 6º, VIII, do Código de Defesa do Consumidor) ou frente a peculiaridades da causa que revelem a impossibilidade ou a excessiva dificuldade de cumprimento do encargo probatório estático ou mesmo quando exista maior facilidade de obtenção da prova do fato por uma das partes, poderá o juiz atribuir o ônus da prova de modo diverso (inversão *ope judicis*). Essa inversão deverá se dar por meio de decisão fundamentada (art. 93, IX, da CF/1988) e em momento processual que possibilite à parte à qual conferido o encargo probatório desincumbir-se de tal ônus (trata-se, portanto, de uma *regra de instrução*).[25]

Por fim, haverá *designação*, se necessário, *de audiência de instrução e julgamento*, bem como, se pendente a produção de prova pericial ao longo da instrução, o juiz deverá desde logo proceder à nomeação do perito especializado no objeto da perícia (art. 465) e, se possível, fixará o calendário de sua realização (art. 357, § 8º). Destaca-se que também é possível a fixação consensual do perito responsável, atendidas as condições do art. 471 (partes plenamente capazes e causa que possibilite a resolução por autocomposição).

---

§ 7º O juiz poderá limitar o número de testemunhas levando em conta a complexidade da causa e dos fatos individualmente considerados.

§ 8º Caso tenha sido determinada a produção de prova pericial, o juiz deve observar o disposto no art. 465 e, se possível, estabelecer, desde logo, calendário para sua realização.

§ 9º As pautas deverão ser preparadas com intervalo mínimo de 1 (uma) hora entre as audiências."

[23] **"Enunciado nº 28 da I Jornada de Direito Processual Civil do CJF:** Os incisos do art. 357 do CPC não exaurem o conteúdo possível da decisão de saneamento e organização do processo."

[24] Nas palavras de **Nelson Nery e Rosa Maria Nery**, "se vislumbra o saneamento cooperativo, pois as partes podem pedir esclarecimentos e ajustes e mesmo entabular acordo para fixar os pontos controvertidos. É expressão do dever de cooperação imposto a todos os sujeitos do processo (CPC 6.º)" (*Código de Processo Civil comentado*, 2020).

[25] A propósito, o STJ recentemente reafirmou sua jurisprudência no sentido de que a inversão do ônus da prova, prevista no artigo 6º, VIII, do CDC, é regra de instrução, e não de julgamento, ao apreciar o REsp 1.286.273/SP (Rel. Min. Marco Buzzi, 4ª Turma, j. 08.06.2021), oportunidade em que assentou que "a decisão judicial que a determina deve ocorrer antes da etapa instrutória, ou quando proferida em momento posterior, garantir a parte a quem foi imposto o ônus a oportunidade de apresentar suas provas".

4.2 Estabilização e preclusão

O saneamento encerra um juízo negativo quanto à ocorrência de fatos conducentes à inutilização do processo. O processo restando apto ao saneamento, é porque inocorreram questões formais obstativas da análise do mérito e o pedido somente não foi apreciado porque se impunham outras provas, que a decisão saneadora vai definir. Por essa razão, parte ponderável da doutrina afirma que se "o juiz proferiu o saneamento é porque inexistiam situações que implicavam na extinção do processo sem julgamento do mérito, porquanto, do contrário, caberia a terminação prematura do feito".

No seguimento desta conclusão é que se aduz uma *eficácia preclusiva do saneamento*, e a própria lei colabora para essa conclusão, ao dispor, no art. 357 do CPC.

Ora, isto significa dizer que se qualquer das hipóteses anteriores se verificar, não há lugar para o saneamento, conclusão que torna lógica a assertiva da preclusão.

A redação do art. 357 do CPC, ao exigir que o juiz resolva as questões processuais pendentes na decisão de saneamento, reafirma a ideia de que o processo, passado este ponto, encontra-se imune de vícios, com todas as questões processuais já decididas. Mas será que é exatamente assim? Como deve proceder o juiz designado para realizar a audiência de instrução e julgamento se verificar ausente uma das condições da ação? Deve submeter-se ao dogma da preclusividade do saneamento ou enfrentar a questão e eventualmente extinguir o processo sem análise do mérito?

A matéria não é pacífica. Sobrevive uma corrente que se manifesta pela preclusão do saneador se decididas explícita ou implicitamente as questões formais. Uma outra corrente comprometida com a efetividade processual contenta-se com as questões explicitamente decididas, mas admite que, se a questão foi suscitada e sobre ela não houve decisão explícita, também se opera a preclusão, salvo em relação às provas.[26]

A "moderna tendência" é admitir o reexame das questões formais a todo tempo, antes da decisão do mérito, conforme preceitua o art. 485, § 3º, do CPC. Afirma-se não precluir para o juízo *a quo* e *a fortiori* para o juízo *ad quem* a apreciação das questões conhecíveis de ofício, como o são os pressupostos processuais e as condições da ação gerais ou específicas, *salvo* para efeitos de recurso especial ou extraordinário onde se exige, para que se opere esta *devolução* da matéria, o prévio "prequestionamento".[27] Assim, se na audiência de instrução e julgamento o juiz se depara com uma ilegitimidade de parte não detectada ou a falta de interesse processual superveniente, é lícito extinguir o processo sem julgamento do mérito, a despeito da anterior decisão de saneamento, quando do julgamento da apelação.

Dessa decisão, as partes podem requerer eventuais esclarecimentos ou ajustes no prazo de 5 dias, de modo que, após esse período, ela se torna estável (art. 357, § 1º, CPC).

Essa estabilização, diga-se uma vez mais, não se refere a uma eficácia preclusiva em relação aos vícios processuais que podem ser alegados em qualquer tempo, mas tão somente à instrução do processo. Havendo elementos na decisão que sejam passíveis de impugnação por agravo de instrumento ou, ainda, apelação[28], não se considera a preclusão aludida, *v.g.*, cabe agravo de instrumento da redistribuição do ônus probatório (art. 1.015, inciso XI, CPC).

---

[26] Sobre o tema consulte-se **Roberto Rosas**, *Direito Sumular, Anotações à Súmula 424 do STF*, 9ª ed., p. 177; **Barbosa Moreira**, *in O Novo Processo Civil Brasileiro*, cit., pp. 62-63, defende a preclusão.

[27] Nesse sentido, a *RTJ*, 112/1404 e a *RTJ*, 102/775.
Relembre-se, por oportuno que no **VI ENTA na conclusão 9** enunciou-se: "Em se tratando de condições da ação não ocorre preclusão mesmo existindo explícita decisão a respeito".

[28] Em sentido contrário, **Nelson Nery** e **Rosa Maria Nery** defendem o não cabimento de apelação, com fundamento no art. 1.009, § 1º, pois "não é razoável, com o perdão do trocadilho, que se deixe a decisão de saneamento para apreciação posterior, pelo tribunal, quando da apelação, pois o saneador norteia todo o desenrolar dos passos do processo. Deixar uma questão preliminar, por exemplo, para ser decidida somente com a apelação é fazer com que o feito se prolongue de forma talvez desnecessária, caso o acolhimento da preliminar acarrete a extinção do feito" (*Código de Processo Civil comentado*, 2020).

De todo modo, certos objetos não precluem por faculdades processuais que remanescem, como a possibilidade de o magistrado determinar a produção de provas de ofício, ainda que não requeridas pelas partes por ocasião do saneamento, bem como as matérias de ordem pública, cognoscíveis de ofício a qualquer momento do processo[29].

4.3 Modalidades

O saneamento, atualmente, independe de audiência marcada, consistindo em decisão judicial proferida em gabinete e publicizada normalmente.

Apesar da não obrigatoriedade da audiência de saneamento, deixou o legislador a porta aberta para sua realização, aproximando-se da tradição germânica. Quando assim ocorrer, estar-se-á diante do chamado *saneamento compartilhado* – a designação de audiência para a realização conjunta e cooperativa do saneamento com as partes, oportunidade em que poderão integrar ou esclarecer suas alegações (art. 357, § 3º), e haverá especificação da prova testemunhal que se pretenda produzir durante a fase de instrução (art. 357, §§ 4º a 7º).

Pela literalidade da lei processual, a saída é voltada para a causa que apresente especial complexidade em matéria de fato ou de direito. Contudo, nada impede que, em homenagem ao princípio da cooperação, seja designada audiência de saneamento, para melhor compreender os limites da causa, além de propor nova solução consensual.

---

[29] **Humberto Theodoro Júnior**, *Curso de Direito Processual Civil*, vol. 1, 2021.

PARTE VII
FASE PROBATÓRIA

I
PROVAS[1]

1. GENERALIDADES

As *partes*, no processo, sustentam fatos aos quais atribuem efeitos jurídicos, que consubstanciam as suas razões respectivas no sentido de o juiz acolher ou rejeitar o pedido formulado. Os fatos aduzidos pelo autor denominam-se *constitutivos* do seu direito e os formulados pelo demandado, *extintivos, modificativos* ou *impeditivos* do direito do autor.

Deveras, o processo é dominado pelo *princípio dispositivo*, por isso que cabe às *partes* o ônus de comprovar os fatos que lhes são favoráveis. A iniciativa oficial, quando engendrada, opera-se após o empenho dos interessados, e, ainda assim, no afã de o juiz prestar a tutela jurisdicional; por isso, não podendo proferir decisão de insuficiência de prova que o exonere de julgar (*non liquet*), compete-lhe determinar provas suplementares ao descobrimento da verdade. Contudo, o ônus de provar pioneiro é das *partes* e, mais precisamente, do autor, em razão de sua iniciativa, sem prejuízo das possibilidades *ope legis* e *ope judicis* de distribuição dinâmica deste ônus.

Essa tarefa de levar ao juízo elementos de convicção através dos fatos que alegam denomina-se *atividade probatória* e opera-se na *fase instrutória* do processo que antecede a decisão.[2] A atividade probatória pode resumir-se num só ato ou em vários atos de colheita da prova, habilitando o julgador à decisão da causa *sub judice*,[3] mediante uma pesquisa de dados históricos e lógicos que estruturam a parte ideológica da sentença, com a *cooperação de ambas as partes*.

A "atividade probatória" revela como "objeto" a "prova", vocábulo utilizado em processo para significar a "atividade em si", "o resultado dessa atividade" ou, ainda, o "objeto dessa atividade", aduzindo-se por essa razão à "prova oral", ao "ônus da prova" e ao "ato de provar em si".

Questão primeira que se põe sob esse ângulo genérico é a *conceituação de prova*.

Partindo-se da premissa de que as partes, no processo, aduzem fatos aos quais atribuem relevância jurídica, pode-se afirmar, sem a pretensão de esgotar o conteúdo do conceito, que a *prova é o meio através do qual as partes demonstram, em juízo, a existência dos fatos necessários à definição do direito em conflito. Provar significa formar a convicção do juiz sobre a existência ou inexistência dos fatos relevantes para a causa.*[4]

---

[1] Acerca de tema consulte-se **Pontes de Miranda**, *Comentários*, cit., t. IV (atualizador **Sergio Bermudes**); **Amaral Santos**, *Prova Judiciária no Cível e do Comercial, Comentários*, cit., vol. IV; **Gildo dos Santos**, *A Prova no Processo Civil.*

[2] **Carnelutti** afirmava que o termo "instrução" derivava de *in-struere* que, por seu turno, aludia à provisão de meios para *Con-struere*, posto que a sentença era construção em face da instrução (*in Lecciones sobre el Proceso Penal*, Trad. espanhola, 1950, vol. II, p. 162).

[3] Nesse sentido, **Nicola Jaeger**, *Diritto Processuale Civile*, 1944, p. 410.

[4] Sob esse ângulo afirmou **Florian**, *in Elementos de Derecho Procesal Penal*, 1934, p. 308-309, que "a prova é aquilo de que o juiz deve adquirir o necessário conhecimento para decidir sobre a questão submetida ao seu julgamento".

422 | CURSO DE DIREITO PROCESSUAL CIVIL • *Luiz Fux*

Os elementos de convicção consubstanciam as "espécies de provas", e o objeto da prova são os "fatos", posto que "o direito", em princípio, não se prova, mas, antes, se "conhece".[5] As normas sobre provas, por esta razão, onde quer que se encontrem, são *normas de direito processual*, posto interessarem unicamente ao processo, na medida em que o objetivo da prova é convencer o juiz.[6] As normas de direito material sobre a prova do ato pertinem mais à estrutura do mesmo que à sua forma de demonstração de existência, denominando-se de formas *ad solemnitatem* constitutivas do próprio ato jurídico.[7]

A afirmação de que provar é convencer, não pressupõe que esse convencimento sempre condiz com a *verdade*, senão com o *provável*. A busca da certeza tornaria infindável o processo.

O processo contenta-se com a *verdade que migra para os autos*, ou seja, a verdade do Judiciário, aquela que importa para a decisão.[8]

Assim, a conclusão a que chega o juízo não tem compromisso absoluto com a verdade, senão com a justiça, a estabilidade e a segurança sociais, alcançadas mediante a colaboração das partes, fundamento semelhante que informa o instituto da coisa julgada.

As modernas legislações atendem mais ao realismo da prova, considerando suficiente aquela que conduz à convicção da verossimilhança, como preconizado no instituto da tutela antecipada no art. 300 do CPC.[9]

Hodiernamente, a concepção do resultado da prova é a verossimilhança, que se afere mediante um juízo de probabilidade, engendrado sobre os elementos de convicção moralmente legítimos, carreados para os autos, por iniciativa das partes ou por atuação oficial autorizada.[10]

O *objeto da prova* é outro tema que pertine à sua teoria geral.

As máximas antigas "*narra mihi factum, dabo tibi jus*" e "*iura novit curia*" significam que o juiz conhece o direito por dever de ofício, cabendo à parte levar ao Judiciário os fatos ("dá-me os fatos, dar-te-ei o direito"). Isto porque a tarefa de carrear a prova para o processo, em regra, pertine à parte. Por outro lado, o juiz não pode decidir senão à luz dos fatos provados dentro dos autos, sendo-lhe vedado valer-se de seu conhecimento particular.[11] A isso, célebre tratadista referiu-se como o "Princípio da Necessidade da Prova" conjugando as máximas – *iudex secundum allegata et probata a paribus iudicare debet* e *quod non est in actis non est in hoc mundo*.[12]

Consequentemente, os *objetos da prova* são os fatos suscitados pelo autor e pelo réu, assim considerados os acontecimentos e circunstâncias relevantes para o desate da lide.[13] Entretanto, os fatos, para serem objeto de prova, devem ser *relevantes e controvertidos*, uma vez que os *fatos de-*

---

5   Nesse sentido **Liebman**, *in Corso di Diritto Processuale Civile*, 1952, p. 148, e **Wilhelm Kisch**, *Elementos de Derecho Procesual Civil*, 1940, p. 196.

6   A expressão é de **Jaime Guasp**, *in Derecho Procesal Civil*, 1956, p. 345. No mesmo sentido **Liebman**, "Norme Processuali nel Codice Civile", *in Rivista di Diritto Processuale*, 1948, p. 166.

7   Conforme, **Liebman**, ob. cit., p. 150.

8   No terreno probatório, ninguém foi mais feliz do que **Bentham**, em seu *Tratado de Direito Probatório*, ao afirmar que a prova era "o estabelecimento de um fato supostamente verdadeiro", *in Tratado de las Pruebas Judiciales*, vol. I, p. 19. Calcado na mesma premissa, **Recaséns Siches** entendia como alheios ao direito os conceitos de verdade e falsidade, para dar lugar ao que denominava de "lógica do razoável" (*in Nueva Filosofia de la Interpretación*, 1980, p. 277).

9   "**Art. 300.** A tutela de urgência será concedida quando houver elementos que evidenciem a probabilidade do direito e o perigo de dano ou o risco ao resultado útil do processo."

10   A influência de **Jeremy Bentham** quanto a esse aspecto mencionado no texto é muito viva em **Alessandro Giuliani**, *in Il Concetto di Prove, Contributo alla Logica Giuridica*,1971, cap. II, § 3. Ainda, no mesmo sentido do texto, **Sergio la China**, *L'Onere della Prova nel Processo Civile*, 1974, nº 48.

11   Ninguém pode ser, ao mesmo tempo, juiz e testemunha, consoante clássica lição. Destarte, equivocam-se os que entendem violado o princípio pela regra do art. 375 do CPC, haja vista que as regras de experiência se situam no âmbito do conhecimento geral.

12   O princípio foi enunciado por **Bentham**, *Tratado*, cit., cap. XVIII, 1971.

13   Fatos irrelevantes e inconcludentes são indiferentes e, por isso, não constituem objeto de prova, no dizer de **Lopes da Costa**, *Direito Processual Civil Brasileiro*, 1943, vol. II, p. 282.

sinfluentes não devem ocupar o Judiciário – *frustra probantur quae probata non juvant*. Tampouco os *fatos confessados – qui tacet consentire videtur* – ou *incontroversos;* como os não impugnados na forma do art. 341 do CPC e os *notórios,* que não dependem de prova (art. 374, incisos II e III, do CPC)[14] não compõem objeto da prova. A incontrovertibilidade pressupõe que a parte teve a intenção de não os debater, apesar de ter sido oferecida a oportunidade da *contradição* derivada da *bilateralidade da audiência* que informa o processo civil.[15]

A falta da prova cede à *necessidade da prova* em todas as hipóteses em que a omissão total do réu não produz os seus efeitos (art. 345 do CPC).[16] Desta sorte, ainda que incontroversos os fatos, o juiz deve investir na prova quando o litígio versar sobre direitos indisponíveis, ou nas hipóteses em que o fato *probando* depende de documento público de sua substância etc.[17]

Por outro lado, somente provam-se, nos autos, os *fatos alegados.*[18]

A *necessidade de controvérsia* acerca dos fatos faz também com que se dispense a prova se os mesmos forem *notórios* (art. 374, I, do CPC), *evidentes,* posto que encerram verdades históricas, científicas ou geográficas de reconhecimento geral.[19] Desta sorte, o que é notório não reclama prova – *notoria non egent probationem* –, porque a ninguém é lícito desconhecê-lo. Essa notoriedade geral implica que o fato seja do conhecimento de toda a coletividade independentemente de sua publicidade. Desta sorte, ainda que o fato seja veiculado em jornal televisivo, isto, por si só, não basta à notoriedade do fato, haja vista que as próprias partes podem não ter assistido à veiculação do fato noticioso. Ressalvem-se, porém, as hipóteses em que a própria lei exige a notoriedade do fato para a caracterização de determinada situação jurídica e, nesse caso, mister se faz essa comprovação, *v.g.*, a *insolvência notória* exigida pelo art. 159 do CC/2002 para a caracterização da *fraude contra credores.*[20]

Explicitando o que acima foi exposto, o CPC considera *objeto da prova* "a verdade dos fatos em que se fundam a ação e a defesa" (art. 369 do CPC)[21] e, somente em caráter excepcional, considera como objeto do *thema probandum* o "direito", seja municipal, estadual, estrangeiro ou

---

[14] **"Art. 374.** Não dependem de prova os fatos:
I – notórios;
II – afirmados por uma parte e confessados pela parte contrária;
III – admitidos no processo como incontroversos;
IV – em cujo favor milita presunção legal de existência ou de veracidade."

[15] Carece de legitimidade a prova produzida sem o prévio conhecimento da outra parte e sem o indispensável contraditório processual. Esta é a lição de **Echandia**, ob. cit., p. 123.

[16] **"Art. 345.** A revelia não produz o efeito mencionado no art. 344 se:
I – havendo pluralidade de réus, algum deles contestar a ação;
II – o litígio versar sobre direitos indisponíveis;
III – a petição inicial não estiver acompanhada do instrumento que a lei considere indispensável à prova do ato.
IV – as alegações de fato formuladas pelo autor forem inverossímeis ou estiverem em contradição com prova constante dos autos."

[17] Aliás, a dispensa de prova, como regra *in procedendo*, não exclui a possibilidade de o fato notório em si ser provado, como ensina **Lessona** na sua clássica *Teoria General de la Prueba en Derecho Civil,* trad. espanhola, 1957, vol. I, § 168.

[18] Essa adstrição aos fatos alegados, imposta pelo princípio dispositivo, levou parte expressiva da doutrina probatória a preconizar como objeto da prova as alegações dos fatos e não os fatos em si, *v.g.*, **Sentís Melendo** na sua clássica *La Prueba – Los Grandes Temas del Derecho Probatório;* **Carnelutti,** *in Sistema,* sustentara que "*si prova è una affermazione*", vol. I, p. 674.

[19] Essa a definição que se encontra em **Jaime Guasp,** *Derecho Procesal Civil,* 1956, p. 354. **Sergio Costa,** por seu turno, sintetizava o objeto da prova para cingi-lo aos "*fatti rilevanti non notori e non ammessi*", *in Manuale* di *Diritto Processuale Civile,* 1955, p. 264.

[20] Acerca desse tema **Couture** aduz à notoriedade como requisito "determinante do direito", *in Fundamentos del Derecho Procesal Civil,* 1951, p. 142.

[21] **"Art. 369.** As partes têm o direito de empregar todos os meios legais, bem como os moralmente legítimos, ainda que não especificados neste Código, para provar a verdade dos fatos em que se funda o pedido ou a defesa e influir eficazmente na convicção do juiz."

consuetudinário,[22] determinando, quanto a estes, a "comprovação não só do teor, mas também da vigência", pela impossibilidade de exigir-se do juiz um conhecimento enciclopédico tão amplo. Entretanto, o dispositivo deve ser interpretado à luz da sede territorial onde o magistrado exerce a sua jurisdição. Assim, *v.g.*, o juiz de determinada comarca sediada em dado município não pode exigir a prova das leis municipais da unidade onde presta jurisdição. Idêntico raciocínio deve pronunciar-se tratando-se de Estado.[23] Destarte, os tratados internacionais são considerados leis internas, uma vez incorporados ao ordenamento na forma dos §§ 2º e 3º do art. 5º da Constituição, e escapam à exigência do art. 376 do CPC.[24]

O *meio de prova* de que se vale a parte para comprovar direito é o documental, inadmitindo--se a prova oral.[25]

Questão elegante é a que pertine ao denominado *direito singular*. A multiplicidade de fontes formais do direito em nosso sistema jurídico, entidades paraestatais adquirem poderes legiferantes e editam regras através de *portarias, circulares, resoluções* em atividade tão compulsiva que seria absurdo exigir do juiz o conhecimento de todas. A essas regras também se admite possa o juiz exigir a prova do teor e da vigência.[26]

As questões atinentes às *fontes* ou aos *meios de prova*, aos *sujeitos da prova* e aos *sistemas de valoração da prova*, e que veremos a seguir, pertinem ao campo da teoria geral da prova.

Fontes da prova são os meios por meio dos quais o juiz extrai os elementos que formam a sua convicção sobre os *fatos da causa*. Alude-se, também, à expressão "fonte da prova" quanto às regras que regulam as provas, quer no seu valor probante quer quanto à sua especificação. Sob esse ângulo, a prova ingressa no mundo jurídico a partir do momento em que se faz mister apresentá-la num processo judicial, razão pela qual, antes disso, o que se tem é a forma do negócio instituído como fato de exteriorização do ato.[27]

A *prova*, assim, pertence ao Direito Processual, sendo de natureza público-processual as *regras de direito probatório*, ainda que se encontrem encartadas em outros diplomas legais, *v.g.*, o Código Civil ou Comercial.[28] Essa colocação enciclopédica da prova está na sua finalidade em convencer o juiz quanto à definição judicial a ser encetada no processo e, portanto, regular a atividade pública jurisdicional exercida por um sujeito de direito público que é o Estado.[29]

Os *meios de prova* no sentido estrito da expressão, são as espécies de fontes donde provêm os *elementos de convicção*, tal como a prova testemunhal, documental, pericial etc.[30]

CF, **art. 5º**: "XII – é inviolável o sigilo da correspondência e das comunicações telegráficas, de dados e das comunicações telefônicas, salvo, no último caso, por ordem judicial, nas hipóteses e na forma que a lei estabelece para fins de investigação criminal ou instrução processual penal".

[22] Muito embora seja da essência da magistratura o conhecimento do direito costumeiro, a doutrina tradicional sempre considerou a presunção *iura novit curia* extensível apenas ao direito legislado. Nesse sentido, **Niceto Alcalá-Zamora y Castillo**, *Derecho Procesal Penal*, 1945, vol. III, p. 19.

[23] **Sentís Melendo**, em outra pérola literária de sua autoria, *El Juez y el Derecho*, 1957, p. 69-70, esclarece que, em alguns países, *v.g.*, a Suíça, o juiz de um cantão é obrigado a aplicar a lei de outro *ex officio*, ao passo que noutros a lei não local é considerada como "direito estrangeiro".

[24] "**Art. 376.** A parte, que alegar direito municipal, estadual, estrangeiro ou consuetudinário, provar-lhe-á o teor e a vigência, se assim o juiz determinar."
Salvo na hipótese acima, "não é necessário que a parte junte nos autos processuais o texto da lei em que baseia seu direito. *Jura novit curia*" (*RTJ*, 99/1.144).

[25] Nesse sentido, **Santiago Sentís Melendo**, *El Juez y el Derecho*, 1957, p. 172-185.

[26] Essa é uma característica do Direito germânico, como se colhe em **Adolfo Schonke**, *Derecho Procesal Civil*, 1950, p. 202.

[27] As normas que estatuem formas *ad solemnitatem* dispõem sobre a constituição do próprio ato jurídico e não sua prova, como lecionam **Liebman**, *in Corso di Diritto Processuale Civile*, p. 150, e **Chiovenda**, *Principii*, p. 125.

[28] Como bem doutrina **Frederico Marques**, "não é a situação topográfica da norma, no campo da ordem legal, que lhe define a natureza e lhe dá a qualificação jurídica devida, e sim, o seu próprio conteúdo", *in Instituições*, vol. III, p. 283.

[29] Nesse sentido, **Jaime Guasp**, *Derecho Procesal Civil*, 1956, p. 345.

[30] **Chiovenda** se referia às fontes "de que o juiz extrai os motivos da prova", *in Instituições*, 1945, vol. III, p. 136. **Alsina** se referia aos "instrumentos, coisas ou circunstâncias nos quais o juiz baseava a sua convicção", *in Tratado Teórico y Práctico de Derecho Procesal Civil y Comercial*, 1942, vol. II, p. 177.

Parte VII • I – PROVAS | **425**

O campo probatório recepciona tudo quanto de lícito possa contribuir para o esclarecimento da verdade, habilitando o juiz a definir o litígio da forma mais justa. O princípio que vigora nesse âmbito é o da *Liberdade Jurídica* que cede apenas à *vedação legal da imoralidade e ilegitimidade da prova* (art. 5º, LVI, CF/1988). Dessa forma, dispõe o art. 369 do CPC que "todo e qualquer meio legal e moralmente legítimo pode fundar a convicção do juiz".[31] Esse preceito confirma a aspiração da *prova inominada e lícita*, restando, portanto, meramente *enunciativa* a previsão legal quanto às provas que o dispositivo menciona.[32]

A regra, por seu turno, tem como fundamento o sistema de valoração da prova, denominado *Convencimento Racional*, que confere ao juiz a liberdade de eleger os elementos que lhe formaram a convicção, devendo indicá-los na sentença.

A *liberdade da prova* concede a possibilidade de obtenção de elementos nas fontes atípicas de convencimento judicial.[33] Em face desse sistema probatório, alguns indicam como prova inominada os *indícios e presunções* não catalogados textualmente pelo Código, porquanto a própria lei dispensa de prova os fatos presumidos.[34]

Essa questão revela um dos mais delicados e sutis problemas relativos ao tema. Isto porque, para alguns, "os indícios e presunções são objetos de prova e não meios de prova", enquanto para outros estão encartados dentro do conceito de *prova atípica*.[35] A conclusão do enquadramento desses dois elementos depende da percepção conceitual que se tenha dos mesmos. Em primeiro lugar, cumpre observar que "os indícios configuram um meio indireto de se chegar ao fato *probando*", porquanto o mesmo caracteriza-se por ser circunstância conhecida e provada que, tendo relação com o fato, autoriza, por indução, concluir-se pela existência daquele. O *indício, por si, nada prova* na forma dos permissivos. *Ele é início de provas*[36] e, a partir dele, pode o juiz fundar e motivar o seu convencimento dos arts. 371[37] e 369 do CPC.[38]

As *presunções* permitem ao juiz, a partir de um fato conhecido, demonstrar a existência de outro. Desta sorte, omitindo-se o réu (fato conhecido), presumem-se verdadeiros os fatos afirmados (não conhecidos) pelo autor. Por essa razão, assenta-se que a *presunção é o resultado desse processo lógico de construção da prova da existência do fato probando*. É nesse sentido que a dívida contraída pelo cônjuge, no exercício de sua atividade profissional, *presume-se contraída* em benefício da família etc.

As presunções dividem-se em "presunções de fato" e "presunções de direito ou legais". As presunções de fato são aquelas fruto do raciocínio do homem, *in casu*, o juiz, e, por isso, são denominadas "presunções *hominis*", *posto que representam as ilações do juiz como homem*, assim como o faria qualquer ser humano que estivesse fora do processo.[39] Nas presunções de fato, o elemento

---

[31] A respeito do tema da legitimidade da prova, notadamente as consistentes em gravações telefônicas e interceptações telefônicas, consulte-se STJ, Resp. nº 112.274 (www.stj.gov.br). *Idem*, STJ-*RT*, 743/208, STF-HC nº 74.678, *in* www.stf.gov.br, e *RSTJ*, 90/359.

    CF, art. 5º: "XII – é inviolável o sigilo da correspondência e das comunicações telegráficas, de dados e das comunicações telefônicas, salvo, no último caso, por ordem judicial, nas hipóteses e na forma que a lei estabelecer para fins de investigação criminal ou instrução processual penal".

[32] **Carnelutti** afirmava a regra da *"prove innominate"* ao concluir que *"le regole leali non riguardano tutte le prove possibili"*, *in Sistema*, 1936, vol. I, p. 746.

[33] A expressão é de **Michele Taruffo**, "Prove Atipiche e Convincimento del Giudice", *in Rivista*, 1973, p. 395.

[34] No mesmo sentido do nosso texto, **Schonke**, *Derecho Procesal Civil*, § 57, 2, e **Rosenberg**, *Tratado*, § 111, 1a.

[35] **Devis Echandia** esclarece que nas provas tradicionais há uma nítida distinção entre o fato probando e o instrumento que o revela, *v.g.*, o fato e a testemunha, ao passo que, nos indícios, a "fonte e o meio de prova se confundem" (*in Teoria General*, vol. II, p. 370). **Wilhelm Kisch**, *in Derecho Procesal Civil*, § 43, I, categoriza os indícios como importante meio de prova não previsto textualmente pela lei alemã.

[36] Para **Alcalá-Zamora y Castillo** "o indício não é mais que um princípio de prova, que não traz em si a certeza absoluta por isso que devem ser submetidos à mais exigente das regras de 'sana crítica'".

[37] **"Art. 371.** O juiz apreciará a prova constante dos autos, independentemente do sujeito que a tiver promovido, e indicará na decisão as razões da formação de seu convencimento."

[38] **Chiovenda** afirmava que "mesmo um único indício pode ser a tal ponto grave que forme a convicção do juiz" (*in Instituições de Direito Processual Civil*, trad. portuguesa, vol. III, p. 199).

[39] *In* **Giuseppe Chiovenda**, *Principi di Diritto Processuale Civile*, 1928, p. 853.

426 | CURSO DE DIREITO PROCESSUAL CIVIL • *Luiz Fux*

fático, base do qual se extrai a ilação, deve ser comprovado pela parte, porquanto o fato probando é indiretamente comprovado pela indução do próprio juiz. Assim, *v.g.*, "presume-se que a parte estava usando cinto de segurança porque passara por local onde se realizava *blitz* policial".

Diversamente, nas *presunções legais, a ilação tirada do fato conhecido é formulada previamente pelo legislador, v.g.*, a regra de que: "presumem-se do marido os filhos havidos durante o matrimônio".[40] As *presunções legais*, diversamente daquelas de fato, tornam independentes de prova os fatos em função dos quais elas encerram uma verossimilhança relativa (art. 374, inciso IV, do CPC), na medida em que *já representam, por si, uma prova dos mesmos*.

As presunções legais distinguem-se conforme o grau de verossimilhança que emprestam ao fato presumido. Desta sorte, há *presunções* que, afirmando a existência do fato, admitem a prova em contrário e são as denominadas *presunções relativas* (*iuris tantum*). Destarte, há as *presunções absolutas* (*jure et de jure*), que são aquelas a partir das quais se consideram existentes determinados fatos sem possibilidade de comprovação em contrário, encerrando *prova plena*.

Exemplificando, presume-se de boa-fé a posse daquele que tem justo título, admitindo-se a prova em contrário. Entretanto, é absoluta (*jure et de jure*) a culpa presumida daqueles que, no exercício de atividade pública delegada, causam prejuízos a outrem; por isso, aos lesados incumbe apenas comprovar o fato e o nexo de causalidade em relação aos danos apontados (responsabilidade objetiva).

Em face do sistema de *persuasão racional* adotado pelo Código, *são relativas*, em princípio, *as presunções legais, inclusive a que resulta da revelia*.

A *prova* diz-se *atípica*, quando não se enquadra nas categorias previstas pelo Código. Assim, *v.g.*, a fotografia e os vídeos são espécies do gênero *prova documental*. O exame de DNA é espécie do gênero *prova pericial* e assim por diante.[41]

A prova que não preenche o *requisito da legitimidade moral* denomina-se *prova ilícita*, um dos temas de maior evidência na atualidade. Renomado tratadista já afirmou que "o processo civil não é um campo de batalha em que se permite a cada contendor o emprego de todos os meios capazes de conduzir ao triunfo sobre o inimigo".[42] Em verdade, não é a espécie de prova que, em si, se revela ilícita; mas, antes, a forma de obtê-la é que incide na infração ao preceito em branco do art. 369 do CPC. Assim, *v.g.*, o depoimento da testemunha, em regra, se revela legítimo mas transmuda-se em prova ilícita se a declaração é obtida mediante coação física.

A evolução da *tecnologia* tem revelado formas pouco usuais de obtenção de informações com graves violações aos direitos à privacidade, à intimidade e o de guardar sigilo profissional. Diariamente, noticiam-se casos em que as provas revelam-se obtidas pela colocação de aparelhos de escuta telefônica na casa de pessoa suspeita ou, até mesmo, nos escritórios profissionais, mercê de se depararem com situações da vida cotidiana em que o interessado passa a ser protagonista inconsciente de sua própria sorte. Nesse último aspecto, costuma-se aduzir, em processo penal, à figura do "flagrante preparado". Inúmeros parâmetros têm sido traçados aqui e alhures no afã de impedir a produção desses elementos moralmente ilegítimos sob o pálio da defesa dos direitos fundamentais da pessoa humana.[43] Nessas espécies, poder-se-ia citar: a prova obtida através de ingestão de elementos químicos que inibem a vontade da pessoa produtora da declaração probatória, a prova mediante chantagem, a prova fornecida por particulares contratados a obtê-la e as interceptações telefônicas.[44]

---

[40] *"Nelle presunzioni legali, il legislatore anticipa e compie un ragionamento che il giudice potrebbe fare, ma che invece gli è sostratto"*, afirma **Sergio Costa** in *Manuale di Diritto Processuale Civile*, 1955, p. 309.

[41] Consulte-se sobre o tema **Paulo Guidi**, *Teoria Giuridica del Documento*, p. 57. Acerca da relevância da prova via DNA, consulte-se *RSTJ*, 26/378.

[42] **Devis Echandia**, *Teoría General*, vol. I, p. 539.

[43] Na Europa e nos Estados Unidos, os princípios constitucionais que tutelam a intimidade e a personalidade humana embasam a rejeição às provas ilícitas, conforme noticia **Nicolò Trocker**, in *Processo Civile e Costituzione* e **Mauro Cappelletti**, in *La Oralidad y las Pruebas en el Proceso Civil*, p. 137.

[44] Os exemplos são de **Trocker** e **Cappelletti**, *in* obs. cits.

Essa vedação de utilização das provas denominadas *ilícitas* tem sido mitigada pelo critério do *bilanciamento degli interessi*, termo utilizado no Direito italiano, quando o elemento de convicção assim obtido é o único existente, e a forma de sua obtenção também se revela como única maneira de se colher o que é imprescindível ao esclarecimento dos fatos. É nesse sentido que o juiz deve engendrar o *balanceamento dos interesses em jogo*, *v.g.*, admitir que a vítima de uma chantagem possa gravar o telefonema do agente chantageador.[45] Seguindo linha mais liberal, situam-se os que admitem a produção da prova ilícita, sem prejuízo da criminalização da forma como o elemento de convicção foi obtido. Assim, *v.g.*, a *prova obtida mediante* a interceptação telefônica valeria por si, muito embora se punisse o interceptador pela violação telefônica.[46] O Supremo Tribunal Federal não endossou essa opinião em memorável acórdão da lavra do Ministro Xavier de Albuquerque, no RE nº 85.439, publicado na *Revista Trimestral de Jurisprudência*, 84/609, considerando violadora do art. 369 do CPC a gravação magnética feita clandestinamente pelo marido para comprovar ligações amorosas de sua mulher.

O problema da prova ilícita, como se observa, põe em confronto a liberdade do direito à prova necessária e a legalidade dos meios para obtê-la, posto que a *busca da verdade* não pode ser erigida em valor absoluto[47] com violação dos direitos fundamentais.

A reforma constitucional fez inserir a regra do *art. 5º, inciso LVI, considerando inadmissíveis as provas obtidas por meios ilícitos*, com o que vinculou o legislador ordinário e o Poder Judiciário. Essa garantia constitucional é instrumento de proteção do cidadão contra o Estado, aplicável, também, nas relações jurisdicionais entre particulares.

Os *meios de prova*, por seu turno, podem ser *causais* ou *pré-constituídos*. Os *pré-constituídos* pré-existem à necessidade de provar em juízo, tal como documentos, fotografias, instrumentos públicos ou particulares. A *prova causal* é a que se forma no curso de uma instrução, *v.g.*, uma perícia de arbitramento de aluguel ou de avaliação das benfeitorias no curso de uma ação de despejo.

Denomina-se *indireta* a prova, quando ao fato chega-se por indução através da análise de outros elementos que não o fático em que se baseiam as alegações das partes e, *direta*, quando a prova incide sobre o próprio *thema probandum*.

A prova pode, ainda, ser *emprestada, que é aquela já produzida noutro processo transposta sob a forma de prova documental para um outro feito.*[48] A prova *emprestada é pré-constituída* e tem sempre o mesmo valor em todo e qualquer feito, *v.g.*, uma escritura pública de compra e venda de imóvel. Entretanto, *é emprestada a prova produzida num processo entre as mesmas partes e utilizada em outro estando em confronto os mesmos sujeitos.*

A *prova emprestada*, para ser transposta, deve ter sido obtida sob "contraditório"; isto é, as partes do processo em que ela vai ser utilizada devem ter participado também do processo de fabricação desse elemento de convicção no feito anterior.[49] A prova emprestada, sem esse contraditório, tem valor relativo.[50]

Considera-se emprestada a prova aproveitada em feitos conexos e cumulados, valendo para os litisconsortes as provas acerca dos fatos comuns sobre os quais tiveram oportunidade de se manifestar.[51]

---

[45] O exemplo magnífico é de **Ada Pellegrini Grinover**, *in Liberdades Públicas e Processo Penal*, p. 112.

[46] É a posição de **Hermenegildo de Souza**, *in A Natureza das Normas sobre Prova*, p. 115. No mesmo sentido, **Vicenzo Vigoriti**, "Prove Ilecite e Costituzione", *in Riv. Dir. Processuale*, p. 67, 1969.

[47] Consulte-se a esse respeito a advertência de **Ada Grinover**, ob. cit., p. 103.

[48] A definição é devida a **Moacyr Amaral Santos**, *in Prova Judiciária no Cível e Comercial*, vol. I, p. 293.

[49] **Bentham**, *Tratado de las Pruebas Judiciales*, vol. II, p. 6. **Carnelutti** afirmou, *in Istituzioni*, 1951, vol. II, p. 56, que "o princípio do contraditório e o da publicidade asseguram às partes o direito de assistirem à prática dos atos de prova, ou pessoalmente ou por intermédio de seu patrono".

[50] Para **Lessona**, eminente tratadista do tema, o valor dessa prova é de simples presunção (*in Teoria General de la Prueba en Derecho Civil*, vol. I, p. 15). **Couture**, que advertia ser "o problema da prova emprestada um problema de garantias do contraditório", afirmava que uma vez não sendo este obedecido a prova careceria de qualquer convicção, *in Fundamentos de Derecho Procesal Civil*, 1951, p. 160-161.

[51] **Lessona**, ob. cit., vol. I, p. 13.

CURSO DE DIREITO PROCESSUAL CIVIL • *Luiz Fux*

Outra inovação do Código de 2015 em diálogo com as garantias constitucionais probatórias é a positivação legal do direito de não produzir prova contra si mesmo no processo civil (art. 379). Cuida-se da máxima *nemo tenetur se detegere*, que já encontrava guarida, quanto ao processo penal, no art. 5º, LXIII, da Constituição, em que a Carta consagrou o direito ao silêncio. Nos EUA, protege-se o material coletado ou produzido por uma parte em preparação para uma disputa judicial, não assistindo à outra parte a prerrogativa de ter acesso a esse conteúdo – é a chamada *work-product doctrine* (*Federal Rule of Civil Procedure* 26(b)(3)). Nada obstante, há evidente conflito entre esse direito à não produção de prova contra os próprios interesses e o princípio da cooperação no processo civil. Afinal, se todos devem contribuir para a realização da justiça, é incoerente proteger o sujeito que esconde elementos de prova essenciais à solução da controvérsia. Por essa razão, a interpretação mais adequada do art. 379 do atual CPC protege o direito de não produzir prova contra si apenas quando determinado elemento de prova puder trazer consequências penais à parte responsável pela sua produção.

2. SUJEITOS DA PROVA E ÔNUS DA PROVA

A atividade processual pressupõe um sujeito que a exerça. A atividade de provar, por seu turno implica um objeto e um sujeito. Sob o ângulo subjetivo, a indagação que se põe é a seguinte: *quem deve provar no processo?*

Ressoa evidente que, pela própria iniciativa, a *prova primeira compete ao autor*.

A necessidade de provar é algo que se encarta, dentre os imperativos jurídico-processuais na categoria de *ônus*, por isso que a ausência de prova acarreta um prejuízo para aquele que deveria provar e não o fez. A própria lei assim categoriza essa posição processual ao *repartir o ônus da prova* no art. 373 do CPC.[52]

Desta sorte, não há um direito à prova nem um dever de provar senão uma "necessidade de comprovar" os fatos alegados sob pena de o juiz não os considerar e, como consequência, decidir em desfavor de quem não suportou a atividade que lhe competia.

Há que se diferenciar entre o ônus de produção, que atribui a uma parte consequências desfavoráveis no julgamento de mérito caso não traga a juízo provas suficientes para embasar as suas alegações, sem que possa obrigar a outra parte ou o juízo a complementar a instrução probatória, e

---

[52] **"Art. 373.** O ônus da prova incumbe:

I – ao autor, quanto ao fato constitutivo do seu direito;

II – ao réu, quanto à existência de fato impeditivo, modificativo ou extintivo do direito do autor.

§ 1º Nos casos previstos em lei ou diante de peculiaridades da causa relacionadas à impossibilidade ou à excessiva dificuldade de cumprir o encargo nos termos do *caput* ou à maior facilidade de obtenção da prova do fato contrário, poderá o juiz atribuir o ônus da prova de modo diverso, desde que o faça por decisão fundamentada, caso em que deverá dar à parte a oportunidade de se desincumbir do ônus que lhe foi atribuído.

§ 2º A decisão prevista no § 1º deste artigo não pode gerar situação em que a desincumbência do encargo pela parte seja impossível ou excessivamente difícil.

§ 3º A distribuição diversa do ônus da prova também pode ocorrer por convenção das partes, salvo quando:

I – recair sobre direito indisponível da parte;

II – tornar excessivamente difícil a uma parte o exercício do direito.

§ 4º A convenção de que trata o § 3º pode ser celebrada antes ou durante o processo."

CDC: "Art. 6º São direitos básicos do consumidor: (...)

VIII – a facilitação da defesa de seus direitos, inclusive com a inversão do ônus da prova, a seu favor, no processo civil, quando, a critério do juiz, for verossímil a alegação ou quando for ele hipossuficiente, segundo as regras ordinárias de experiências".

"Art. 38. O ônus da prova da veracidade e correção da informação ou comunicação publicitária cabe a quem as patrocina."

"Art. 51. São nulas de pleno direito, entre outras, as cláusulas contratuais relativas ao fornecimento de produtos e serviços que: (...)

VI – estabeleçam inversão do ônus da prova em prejuízo do consumidor."

o ônus de persuasão (ou *standard* probatório[53]), regra dirigida ao julgador sobre a robustez exigida da prova para autorizar uma sentença em favor do autor. Tradicionalmente, o direito brasileiro se orienta pela livre motivação racional, sistema em que não há um *standard* probatório predefinido, ideia essa reproduzida no art. 371 do CPC/2015. Nada obstante, o art. 311, IV, contempla interessante hipótese de *standard* probatório para a concessão de tutela de evidência, quando "a petição inicial for instruída com prova documental suficiente dos fatos constitutivos do direito do autor, a que o réu não oponha *prova capaz de gerar dúvida razoável*."

A distribuição do ônus de produção da prova entre as partes pode ser *estática*, quando prevista em lei, ou *dinâmica*, quando estabelecida pelo juiz ou pelas partes[54].

De acordo com a regra geral sobre a distribuição *estática* do ônus da prova, prevista no art. 373, *caput*, do CPC, o autor tem o ônus de provar o fato constitutivo do seu direito e o réu tem o ônus de provar a existência de fato impeditivo, modificativo ou extintivo do direito do autor. Há, todavia, exceções legais a essa regra geral, e, portanto, formas de distribuição *estática* do ônus da prova, as quais são denominadas "inversão do ônus da prova *ope legis*" e independem de decretação judicial (por exemplo, os arts. 12, § 3º, e 38 do Código de Defesa do Consumidor). A aplicação das regras de distribuição estática do ônus da prova independe do denominado "dever de consulta" previsto no art. 10 do CPC.

Já a distribuição *dinâmica* do ônus da prova pode ocorrer pelas partes ou pelo juiz. Os §§ 3º e 4º do art. 373 do CPC/2015 tratam da distribuição dinâmica do ônus da prova pelas partes, antes ou durante o processo, desde que *(i)* não recaia sobre direito indisponível da parte; *(ii)* não torne excessivamente difícil a uma parte o exercício do direito; e *(iii)* não viole proibição legal, como o art. 51, VI, do Código de Defesa do Consumidor. A convenção processual para distribuição do ônus da prova independe de homologação judicial.

O juiz também pode realizar a distribuição dinâmica do ônus da prova em três situações, previstas no art. 373, § 1º. A primeira delas é quando houver previsão legal. Assim, o art. 6º, VIII, do Código de Defesa do Consumidor estabelece, entre os direitos básicos do consumidor, a inversão do ônus da prova, a critério do juiz, desde que configurado um dos seguintes requisitos, não cumulativos: *(i)* quando for verossímil a alegação; ou *(ii)* quando o consumidor for hipossuficiente, segundo as regras ordinárias de experiências. Além disso, o CPC também permite ao juiz inverter o ônus da prova quando houver peculiaridades da causa relacionadas à impossibilidade ou à excessiva dificuldade de cumprir o encargo nos termos da regra geral, bem como nos casos em que for mais fácil obter a prova do fato contrário. Em qualquer caso, a distribuição dinâmica do ônus da prova pelo juiz depende de *(i)* fundamentação; *(ii)* contraditório prévio; *(iii)* oportunidade à parte de se desincumbir do ônus que lhe foi atribuído; e *(iv)* não gerar situação em que a desincumbência do encargo pela parte seja impossível ou excessivamente difícil.

É mister que a inversão judicial do ônus da prova seja realizada previamente à fase instrutória do processo, mercê de tratar-se de "regra de instrução", que orienta os sujeitos processuais em sua atividade de produção das provas. Cabe agravo de instrumento em face da decisão do juiz que realiza a distribuição dinâmica do ônus da prova (art. 1.015, XI, do CPC).

Além de se tratar de uma *regra de instrução*, o ônus da prova tem a sua *ratio essendi* também como *regra de julgamento*, na circunstância de que o juiz não pode deixar de julgar (*non liquet*), impondo-lhe a lei que decida mesmo nos casos de lacuna (art. 140 do CPC).[55] Ora, se o juiz não se exime de sentenciar e a prova não o convence é preciso verificar em desfavor de quem se operou o

---

[53] PEIXOTO, Ravi. *Standards probatórios no Direito Processual brasileiro*. Salvador: JusPodivm, 2021.

[54] **João Batista Lopes**, O ônus da prova. *Doutrinas Essenciais de Direito Civil,* vol. 5, out/2010; **Lucas Buril de Macêdo; Ravi Peixoto**. *Ônus da prova e sua dinamização,* 2016; **Sérgio Cruz Arenhart**, Ônus da prova e sua modificação no processo civil brasileiro. In: **Daniel Amorim Assumpção Neves** (coord.). *Provas: aspectos atuais do direito probatório,* 2009; **Bruce Hay; Kathryn E. Spier** "Burdens of Proof in Civil Litigation: An Economic Perspective". *In:* 26 *The Journal of Legal Studies* 413 – 431 (1997).

[55] **"Art. 140.** O juiz não se exime de decidir sob a alegação de lacuna ou obscuridade do ordenamento jurídico. **Parágrafo único.** O juiz só decidirá por equidade nos casos previstos em lei."

430 CURSO DE DIREITO PROCESSUAL CIVIL • *Luiz Fux*

malogro da prova. Forçoso, assim, observar se o juiz não se convenceu quanto aos fatos sustentados pelo autor ou quanto àqueles suscitados pelo réu, porquanto, a partir dessa constatação o juízo tributará a frustração da prova a uma das partes para decidir em desfavor dela. Nesse sentido é que se deve empreender a exegese acerca das regras sobre o *ônus da prova*. Por outro lado, esse *ônus* não cria uma "personalização da prova" no sentido de que o juiz somente pode considerar, em prol da parte, a prova que ela própria houver carreado aos autos. É possível que, assim, por meio da prova produzida pelo réu, o juiz infira um fato relevante em favor do autor e vice e versa, posto que a lei admite que o magistrado *aprecie livremente a prova, atendendo aos fatos e circunstâncias dos autos, ainda que não alegados pelas partes* (art. 371 do CPC).

Entretanto, não é só às partes que interessa a comprovação dos fatos invocados como *causa petendi* ou *causa excipiendi*; ao juiz, como destinatário da prova[56], incumbe a primazia da atividade[57]. Não é por outra razão que, no sistema presidencial, que informa a prova oral, a testemunha, as partes e os peritos *depõem primeiramente para o juiz*, abrindo-se a oportunidade de inquirição *a posteriori* pelos interessados.

O CPC, atento aos reclamos da modernidade quanto ao ativismo judicial, refutando a anacrônica postura inerte do magistrado, que só conspirava a favor da desigualdade das partes, dispôs no seu art. 370, "caber ao juiz de ofício ou a requerimento da parte, determinar as provas necessárias ao julgamento de mérito".[58]

Dessume-se, do dispositivo citado, que esse poder de iniciativa conspira em favor da busca da verdade, habilitando o juiz de ambos os graus de jurisdição a proferir uma sentença restauradora do *statu quo ante* à violação, carreando notável prestígio para o monopólio da jurisdição que, ao limitar a autotutela, promete ao jurisdicionado colocá-lo em situação igual à que se encontrava antes do inadimplemento. E, para isso, é preciso aproximar a decisão da realidade da qual o juiz, evidentemente, não participou, e a ela é conduzido através da atividade probatória.

Ademais, o juiz ostenta a iniciativa probatória porque tem o dever de motivar decisão indicando os elementos que lhe formaram o convencimento (art. 371 do CPC). Destarte, a iniciativa probatória do magistrado é singular fator de equalização das partes, instrumento necessário à manutenção da igualdade processual, cânone derivado da isonomia constitucional. O acesso à justiça exige esse tratamento desigual entre os desiguais por isso que, se o magistrado enxergar certa desigualdade técnica entre os litigantes, deve atuar *ex officio*, no campo probatório, para minimizar as desigualdades.

A simples ausência de ciência acerca de seus próprios direitos caracteriza uma espécie de "incapacidade" apta a justificar a atuação probatória oficial, independentemente de provocação. *De lege ferenda*, a incapacidade técnica do litigante deveria autorizar o juízo a convocar o Ministério Público.

A parte, quando ingressa em juízo, afirma a existência ou a inexistência de determinados fatos e a eles atribui consequências jurídicas. Estas, o juiz conhece por dever de ofício, não assim os fatos, os quais necessita sabê-los para julgar. Sucedendo que ao final do processo nada se tenha produzido no âmbito da convicção do juiz, caberá a ele, assim mesmo, decidir. Nesse momento, à luz dos preceitos do ônus da prova, o juiz definirá o litígio, seguindo a regra *in procedendo* do art. 373 do CPC.

---

[56] Diversamente, Nelson Nery entende o processo como destinatário da prova: "O destinatário da prova é o processo, de modo que a parte tem o direito de realizar a prova do fato controvertido ou, conforme o caso, do direito alegado para que o processo adquira essa prova para ser analisada e apreciada livremente pelo juiz, que julgará a causa de acordo com seu livre convencimento motivado" (**Nelson Nery Junior**. *Princípios do processo na Constituição Federal*, 2010, p. 249).

[57] **José Carlos Barbosa Moreira**. O juiz e a prova. *Revista de Processo*, v. 35, jul/1984; **Leonardo Greco**. Limitações probatórias no processo civil. *Revista Eletrônica de Direito Processual*, ano 3, v. IV, jul./dez. 2009; **Humberto Theodoro Júnior,** Os poderes do juiz em face da prova. *Revista Forense*, Rio de Janeiro, v. 74, n. 263, p. 39-47, jul./set. 1978.

[58] "**Art. 370.** Caberá ao juiz, de ofício ou a requerimento da parte, determinar as provas necessárias ao julgamento de mérito.
Parágrafo único. O juiz indeferirá, em decisão fundamentada, as diligências inúteis ou meramente protelatórias."

O réu, em sua resposta, pode oferecer defesas diretas e indiretas. Assim, cabe-lhe, também, o ônus de comprovar aquilo que alega com a seguinte diferença: quanto às *defesas diretas, basta alegá-las,* uma vez que elas são a negação daquilo que afirma o autor, que, por sua vez, tem o dever de demonstrar o fato que ampara a sua pretensão. A sustentação pelo réu de que o fato não existe – característica da defesa direta – deve encontrar resposta imediata nas provas levadas aos autos pelo autor, que tem a primazia da ação e o dever pioneiro de provar. "Não pode, o demandado, ser instado a comprovar *fatos negativos*".

Entretanto, consoante observamos quando tratamos da defesa, é lícito ao demandado impedir que a ação do autor obtenha êxito mediante a invocação de fatos outros que, de forma oblíqua ou indireta, alcançam esse desiderato. Referimo-nos às denominadas "objeções" consistentes em fatos impeditivos, modificativos e extintivos do direito do autor. Esses fatos, de iniciativa do réu, são de sua "responsabilidade probatória", assim como o são, também, os fatos que ensejam o "contra-ataque" do réu consistente nas exceções materiais, tanto mais que, sob certo ângulo, são fatos constitutivos desse contradireito do demandado em face do demandante, quer sustentados através da defesa, quer através de reconvenção (art. 373, incisos I e II, do CPC).

A regra *in procedendo* do ônus da prova admite derrogação pelas partes, através de negócio privado. Isto porque, em determinadas relações jurídicas, as partes municiam-se de elementos quanto ao vínculo travado, de forma que uma apresenta-se em melhores condições do que a outra para comprovar fatos relevantes.

Entretanto, essa inversão excepcional do *ônus da prova* é vedada se tornar impossível a atividade da parte (a determinação de produção de *prova diabólica*), porque a isso corresponderia obstar o acesso à Justiça. Deveras, também, interdita-se a inversão do ônus, quando o litígio versar sobre *direitos indisponíveis* (art. 373, § 3º, I, do CPC).

Anote-se, por fim, que nas atividades em que se admite a atuação *ex officio* do juiz, não se exclui a iniciativa da parte, mesmo no campo probatório. Assim é que o juiz pode, de ofício, determinar a exibição parcial de livros comerciais (art. 421 do CPC),[59] mas a *exibição integral* depende de requerimento da parte (art. 420 do CPC).[60] Isto significa que, quanto à primeira, é lícito, também, à parte, requerê-la, sendo vedado ao juiz, por seu turno, agir de ofício quanto à segunda hipótese.[61]

3. SISTEMAS DE AVALIAÇÃO DA PROVA

O *valor da prova produzida* como elemento de convicção do juízo é questão de notável alcance. A prova documental para uns é soberana, ao passo que para outros, em dados litígios somente a prova pericial é aceitável. Deveras há demandas sobre questões de fato que encontram na prova oral o grande sustentáculo da decisão judicial (o Código de 2015 revogou a norma constante do art. 401, CPC de 1973, e reproduzida no art. 227, Código Civil, a qual vedava a prova exclusivamente testemunhal em negócios jurídicos cujo valor ultrapassasse o décuplo do maior salário mínimo vigente na data da celebração. Tratava-se de regra injustificável, vez que pautava a complexidade da causa no montante discutido, correlação equivocada). Subjaz, assim, a seguinte questão: *quais dessas espécies de prova sobrepuja a outra em valor probante?* Absolutamente nenhuma. Os elementos de convicção têm valor igual, dependendo do contexto em que se insiram. Forçoso, convir, entretanto,

---

[59] **"Art. 421.** O juiz pode, de ofício, ordenar à parte a exibição parcial dos livros e documentos, extraindo-se deles a suma que interessar ao litígio, bem como reproduções autenticadas."

[60] **"Art. 420.** O juiz pode ordenar, a requerimento da parte, a exibição integral dos livros comerciais e dos documentos do arquivo:

I – na liquidação de sociedade;

II – na sucessão por morte de sócio;

III – quando e como determinar a lei."

[61] A exibição de livros comerciais tem recebido um tratamento específico de nossos Tribunais. **"Súmula nº 260 do STF:** O exame de livros comerciais, em ação judicial, fica limitado às transações entre os litigantes".

que nem sempre foi assim e o tema nos reclama uma rápida análise dos *sistemas de valoração da prova* porque passaram os diversos ordenamentos processuais até os dias de hoje.

Preliminarmente, impõe-se assentar que *valoração equivale a resultado*, acarretando, por conseguinte, uma apreciação dos critérios de aferição dos elementos de convicção produzidos.

Nesse contexto destaque-se que, ao longo da história processual, os nossos matizes conheceram três sistemas de avaliação da prova, a saber: *sistema da prova legal, sistema da livre apreciação da prova* e o sistema da *persuasão racional.*

O *sistema da prova legal*, não pode ser considerado, em essência, como de avaliação da prova, uma vez que impõe ao juiz a obediência de valores preestabelecidos conforme a prova produzida. Assim, *v.g.*, no direito medieval, o juiz, ainda que convencido da veracidade do depoimento de uma determinada testemunha, não podia valer-se apenas daquele exclusivo elemento de convicção para decidir, por força da vedação consubstanciada na regra: "*testis unus testis nullus*", o depoimento de um *cidadão nobre* prevalecia sobre o de um servo e assim por diante. Esse sistema também era cognominado de *prova tarifada* porque todas tinham valor certo.

A doutrina do tema aponta as hipóteses atuais de impedimentos e incapacidade de certas pessoas prestarem depoimento como resquício desse sistema (art. 447, CPC). Entretanto assim, não nos parece, uma vez que o que se pretende através dessa vedação a que determinadas pessoas deponham em juízo é manter a imparcialidade e a lisura de todos quantos colaboram com a justiça na reconstrução da verdade. A mesma equidistância que se exige do magistrado impõe-se aos que lhe prestam auxílio.

A inércia do juiz, no sistema da prova tarifada, ocorria no momento da "valoração" e não, precisamente, na atividade probatória, muito embora, nesse período, o juiz representasse um mero espectador do duelo das partes.[62]

O *sistema do livre convencimento é* a antítese da prova legal, porque o primeiro limita a atuação do juiz enquanto o segundo concede-lhe uma tal liberdade, que o magistrado decide sem motivar, declarando, apenas, o resultado, como fruto de sua *íntima convicção*. As impressões pessoais do juiz assumem notável relevo nesse sistema, mercê de transformá-lo em avaliador soberano das suas convicções pessoais. Consoante se conclui, trata-se de sistema abominável que transforma o juiz num ditador do processo, subtraindo às partes a oportunidade de saber porque as provas foram rejeitadas ou acolhidas. A adoção desse sistema revelou, na praxe, que, sob o pálio da tão decantada discricionariedade judicial, exercia-se a verdadeira *arbitrariedade da toga*.

Resquício desse sistema encontra-se no processo penal, na regra que permite aos jurados decidirem pela votação monossilábica do "sim ou não" à luz dos quesitos formulados.

O sistema hodierno adotado pelo CPC brasileiro é o do *convencimento racional* ou *persuasão racional.*

O *convencimento racional* caracteriza-se pela liberdade conferida ao juiz na valoração dos elementos de convicção e, ao mesmo tempo, pela adstrição e motivação desse convencimento à luz, apenas, das provas produzidas nos autos.[63]

O sistema da valoração racional não convive com prova tarifada senão com o "convencimento motivado", sustentado em qualquer meio de convicção trazido aos autos pelas partes ou pelo juiz. Consectário desse sistema é a possibilidade de ampla investigação pelo juiz, podendo carrear para o processo todos os meios de prova ainda que não requeridos pelas partes. O art. 370 do CPC dispõe que "caberá ao juiz, *de ofício* ou a requerimento da parte determinar as provas necessárias", complementando o sistema com o disposto no art. 371 do mesmo diploma permitindo ao magistrado apreciar "a prova constante dos autos, independentemente do sujeito que a tiver promovido", indicando na decisão as razões da formação de seu convencimento. É exemplo de prova de ofício

---

[62]   Consulte-se sobre o tema: **Moacyr Amaral Santos**, *Prova Judiciária no Cível e Comercial*, 1952, vol. I; **Lessona**, *in Teoría General de la Prueba en Derecho Civil*, 1957, vol. IV.

[63]   **Lessona**, ob. cit., § 344. No mesmo sentido, **Carlo Furno**, *in Teoría de la Prueba Legal*, cap. II, p. 160.

a determinação de exibição de documento pelo juiz ou de comparecimento pessoal da parte para inquiri-la sobre fatos da causa (art. 396 do CPC).[64]

A *liberdade* conferida ao magistrado no campo delimitado pela prova e a necessária *motivação* do julgado caracterizam o sistema da *persuasão racional* como um conjunto de regras garantidoras da parte contra os arbítrios da magistratura, mercê de se lhe exigir um maior preparo intelectual do que aquele previsto para a prova legal, cujo tarifamento predispõe o julgador[65] ou o convencimento íntimo, despido de qualquer necessidade de motivação.[66]

4. MOMENTO DA PROVA

Os procedimentos a que se submetem as várias formas de processo implicam o estabelecimento do momento em que a prova surge na relação processual. Sob esse ângulo, a doutrina nos indica que a prova passa por vários momentos de sua existência, um condicionando o outro. Assim é que a prova, em primeiro lugar, precisa ser *proposta*, para, sendo *admitida*, ser *produzida* na fase própria de instrução. Esse *iter* sugere que o procedimento probatório é composto pelas fases da *proposição*, *admissão* e, finalmente, *produção* da prova.[67]

As *partes não podem guardar trunfos* no processo; por isso, devem propor as provas que pretendem produzir na primeira oportunidade que têm para falar nos autos, ou seja, *o autor na inicial*, e *o réu na sua defesa*. Casos há, nos quais, esses momentos dilatam-se ou antecipam-se, *v.g.*, ocorre na ação revisional de aluguel, na qual o réu, antes da contestação, pode oferecer prova de que o aluguel liminar (provisório) está em desacordo com a prática do mercado; muito embora, a regra seja a proposição nesses dois momentos.

Destarte, fatos relevantes para a causa ou mesmo o comportamento superveniente das partes podem determinar a necessidade de proposição de outras provas, o que deve ser analisado pelo juiz, conforme os poderes expressos no art. 370 do CPC. Assim, é admissível a proposição de novas provas em face da apresentação de reconvenção, ou se o demandado suscita em sua defesa preliminares e objeções (art. 350 do CPC).[68]

A admissão da prova tem o seu *momento culminante* no *saneamento do processo* (art. 357, II e III, do CPC).[69] Nessa fase, muito embora seja preponderante a atividade de *verificação das provas requeridas*, na realidade, o juiz, no curso do processo, realiza, paulatinamente, a atividade de saneamento, sendo lícito, por essa razão, indeferir provas prematuramente propostas ou inúteis.

O momento da produção da prova varia conforme a sua espécie. Assim, a prova documental apresenta-se desde logo com a inicial ou a resposta,[70] sendo lícito, também, a juntada posterior de

---

[64] "**Art. 396.** O juiz pode ordenar que a parte exiba documento ou coisa, que se ache em seu poder."

[65] **Cappelletti** demonstra, com a sua acuidade científica, que o sistema da prova legal, desenvolvido no Direito medieval, procurava evitar "subjetivismos do julgador na valoração dos elementos de convicção, visando obstar eventuais arbitrariedades, impondo uma atividade meramente mecânica ao juiz", in *Principii Fundamentasse e Tendente Evolutiva del Processo Civile nel Diritto Comparato*, Buenos Aires, 1973.

[66] Nesse sentido, **Lessona**, ob. cit., p. 331.

[67] Nesse mesmo sentido, a lição de **Schonke**, in *Derecho Procesal Civil*, 1950, p. 207.

[68] "**Art. 350.** Se o réu alegar fato impeditivo, modificativo ou extintivo do direito do autor, este será ouvido no prazo de 15 (quinze) dias, permitindo-lhe o juiz a produção de prova."

[69] "**Art. 357.** Não ocorrendo nenhuma das hipóteses deste Capítulo, deverá o juiz, em decisão de saneamento e de organização do processo:
I – resolver as questões processuais pendentes, se houver;
II – delimitar as questões de fato sobre as quais recairá a atividade probatória, especificando os meios de prova admitidos;
III – definir a distribuição do ônus da prova, observado o art. 373;
IV – delimitar as questões de direito relevantes para a decisão do mérito;
V – designar, se necessário, audiência de instrução e julgamento."

[70] Com muita propriedade nos ensina **Amaral Santos**, na sua clássica obra sobre a prova que "o documento, desde a sua admissão, se considera prova produzida", ob. cit., vol. I, p. 249.

documentos, uma vez que nesse tema não se opera a preclusão. A prova oral tem o seu *habitat* na audiência de instrução e julgamento e a prova pericial logo após o saneamento e anteriormente à audiência. Considere-se, entretanto, que há casos de *antecipação* desses momentos, no próprio processo principal ou em processo anterior distinto, previsto sob o *nomen juris* de *produção antecipada de provas*[71] (art. 381, CPC).[72-73]

A concentração da prova oral em audiência implica a adoção do *princípio da identidade física do juiz,* segundo o qual o julgador que colheu a prova é o mais habilitado para aferir-lhe o valor e a eficácia. Em consequência, onde não há contato com a prova não se exige a vinculação do magistrado à atividade de decisão. Impende considerar que referido princípio refere-se à identidade do juiz do processo, e não a qualquer juízo onde se tenha produzido a prova oral. Assim, *v.g.*, se a prova é colhida por precatória, o juízo *deprecado* não deve ser o sentenciante. Ademais, a própria lei incumbe-se, de resto, de *excepcionar* o princípio diante das mutações objetivas que podem ocorrer na carreira do magistrado, tais como *remoções, promoções, convocações* etc.

Breve digressão que merece ser sublinhada consiste no fato de, por mais que não haja dispositivo idêntico ou próximo à regra do art. 132, CPC de 1973, que insculpia o princípio da identidade física do juiz, não se cogita do desaparecimento desta regra na nova ordem processual. O princípio continua a nortear as hipóteses em que, também antes, regiam-se por ele.

Destaque-se, por fim, pela singularidade que encerra, que as precatórias e rogatórias com a realização das provas rogadas ou deprecadas podem ser anexadas aos autos até o momento do julgamento final, ou seja, até a definição do litígio, ainda que o processo esteja em grau diverso de jurisdição daquele em que se encontrava quando a prova foi admitida (art. 377, parágrafo único, do CPC).[74] Entretanto, nada obsta que o juiz suspenda o processo diante da necessidade de conhecer os elementos objeto da carta, para julgar.

---

[71] **Calamandrei** incluía a antecipação de prova dentre os "provimentos cautelares por entender essa atividade como de '*assicurazione della prova*'", como a vistoria *ad perpetuam rei memoriam, in Introduzione allo Studio Sistematico dei Provvedimenti Cautelari,* 1936, p. 32.

[72] "**Art. 381**. A produção antecipada da prova será admitida nos casos em que:

I – haja fundado receio de que venha a tornar-se impossível ou muito difícil a verificação de certos fatos na pendência da ação;

II – a prova a ser produzida seja suscetível de viabilizar a autocomposição ou outro meio adequado de solução de conflito;

III – o prévio conhecimento dos fatos possa justificar ou evitar o ajuizamento de ação.

§ 1º O arrolamento de bens observará o disposto nesta Seção quando tiver por finalidade apenas a realização de documentação e não a prática de atos de apreensão.

§ 2º A produção antecipada da prova é da competência do juízo do foro onde esta deva ser produzida ou do foro de domicílio do réu.

§ 3º A produção antecipada da prova não previne a competência do juízo para a ação que venha a ser proposta.

§ 4º O juízo estadual tem competência para produção antecipada de prova requerida em face da União, de entidade autárquica ou de empresa pública federal se, na localidade, não houver vara federal.

§ 5º Aplica-se o disposto nesta Seção àquele que pretender justificar a existência de algum fato ou relação jurídica para simples documento e sem caráter contencioso, que exporá, em petição circunstanciada, a sua intenção."

[73] **Calamandrei** incluía a antecipação de prova dentre os "provimentos cautelares por entender essa atividade como de '*assicurazione della prova*'", como a vistoria *ad perpetuam rei memoriam, in Introduzione allo Studio Sistematico dei Provvedimenti Cautelari,* 1936, p. 32.

[74] "**Art. 377.** A carta precatória, a carta rogatória e o auxílio direto suspenderão o julgamento da causa no caso previsto no art. 313, inciso V, alínea "b", quando, tendo sido requeridos antes da decisão de saneamento, a prova neles solicitada for imprescindível.

Parágrafo único. A carta precatória e a carta rogatória não devolvidas no prazo ou concedidas sem efeito suspensivo poderão ser juntadas aos autos a qualquer momento."

Parte VII • I – PROVAS | 435

4.1 Produção antecipada de prova

O CPC entendeu por bem tratar junto às disposições relativas a provas sobre tema particularmente interessante que, no Código Buzaid, era tratado como procedimento cautelar específico. A produção antecipada de provas se justifica, de acordo com o próprio art. 381, do CPC, que a disciplina, em três hipóteses distintas.

A primeira situação remete à origem de procedimento cautelar do instituto. A produção antecipada de provas será possível quando se observar um perecimento iminente daquela determinada prova, havendo *"fundado receio de que venha a tornar-se impossível ou muito difícil a verificação de certos fatos na pendência da ação"*. Imagine-se, por exemplo, o caso em que a única testemunha apta a comprovar fato relevante ao desfecho de uma futura lide esteja com graves problemas de saúde em um hospital e à beira da morte. Decerto, não parece conveniente que a parte ingresse com a ação e espere toda a fase postulatória para, só então, colher o testemunho do indivíduo. Guarda, portanto, natureza assecuratória da prova que seria produzida em momento posterior.

A segunda hipótese ocorre quando a parte pretende produzir determinada prova para, convicta de seu direito, possa viabilizar melhor a autocomposição com a parte adversa ou outro meio de solução de conflito. Em verdade, de nada adiantaria o estímulo que o Código de 2015 dá aos meios alternativos de solução de controvérsia sem a garantia de que a parte pode, a exemplo do processo judicial, passar por uma fase de elucidação da real situação de seu direito em jogo. Dessa forma, possibilita-se a produção desta prova sem que seja necessário o ajuizamento de uma ação judicial propriamente dita.

Por fim, o terceiro caso, à semelhança do segundo, se aplica quando *"o prévio conhecimento dos fatos possa justificar ou evitar o ajuizamento de ação"*. Quando o resultado da atividade probatória puder evitar o ajuizamento de ação, é possível sua produção antecipada.

Fundamental perceber, nesse sentido, que a produção antecipada de prova se justifica nos princípios do acesso à justiça e da economia processual, garantindo a prestação jurisdicional sem fulminar o futuro direito de ação, mas evitando o ajuizamento de ações fadadas ao fracasso que consomem tempo, recursos e esforços das partes e do Judiciário.

A competência para a produção antecipada da prova é, preferencialmente, no juízo onde esta deva ser praticada ou, face à dificuldade desta, no foro de domicílio do réu (art. 381, § 2º, CPC). Destaque-se, contudo, que não se previne a competência para o julgamento da futura ação a ser proposta pelo mero ajuizamento da produção antecipada (art. 381, § 3º, CPC). O art. 381, § 5º, CPC, ainda determina que se aplica este instituto para casos em que se pretenda tão somente *"justificar a existência de algum fato ou relação jurídica para simples documento e sem caráter contencioso"*.

A petição inicial, diga-se, deve revelar as razões que ensejam a necessidade de antecipação de prova, a depender da finalidade empregada pelo autor ao procedimento, *v.g.* o risco de perecimento da prova ou a relevância para o deslinde da autocomposição, expondo de forma precisa os fatos sobre os quais a prova deverá recair, conforme o art. 382, CPC. Atendidos esses requisitos, o juiz determinará a citação dos interessados na produção da prova ou no fato a ser provado; não devendo, porém, se pronunciar sobre a ocorrência ou a inocorrência do fato, nem sobre as respectivas consequências jurídicas (§§ 1º e 2º).

Nos autos da mesma produção antecipada de provas, destaca-se, os interessados poderão requerer outras provas relacionadas ao mesmo fato, respeitando a duração razoável própria do procedimento. O disposto no art. 382, § 3º, CPC, assim, garante, de certo modo, o contraditório às partes, em homenagem à economia processual – haja vista o não ajuizamento de múltiplas cautelares quando puderem ser requeridas em um mesmo processo – e sempre respeitando a duração razoável do processo.

Ainda, o art. 383, CPC, traz regra que pode ter importância em comarcas ainda não informatizadas, mas que parece ter os dias contados com o advento do processo eletrônico. Determina o dispositivo que os autos permaneçam em cartório durante um mês para que os interessados possam extrair as devidas cópias e, em seguida, sejam entregues os autos ao requerente da medida.

Por derradeiro, surge questão elegante quanto à condenação em honorários no procedimento de produção antecipada de prova. O entendimento do Superior Tribunal de Justiça na vigência do Código Buzaid era pela possibilidade de condenação em honorários advocatícios, sempre que houvesse resistência à produção da prova pela parte vencida[75]. Apesar de não ter se debruçado especificamente sobre o tema em precedente que possua força vinculante, o Tribunal continua aplicando, por repetidas vezes, o mesmo entendimento na vigência do Código de 2015. O tratamento nos parece adequado, uma vez que se está em fase pré-processual, por assim dizer, e a condenação em honorários pressupõe um litígio entre as partes.

5. ESPÉCIES DE PROVA

O CPC, no Capítulo XII, do Título I (Do procedimento comum), em suas seções subsequentes, a par de admitir a "prova inominada moralmente legítima", regula os seguintes meios de prova: ata notarial, depoimento pessoal, confissão, exibição de documento ou coisa, prova documental, prova testemunhal, prova pericial e inspeção judicial[76].

Didaticamente, é correto encartar-se no gênero *prova oral*: o depoimento das partes, o depoimento das testemunhas e dos peritos, bem como a confissão inferida desses meios de prova.

À prova oral contrapõe-se a *prova documental* consistente em coisa ou objeto físico capaz de representar um fato através da palavra escrita ou sinais da palavra falada como as escrituras, notas ou fotografias. A *prova pericial*, por seu turno, é uma prova mista na sua produção, porquanto ao exame segue-se a elaboração de um documento, que é o laudo do perito. Igualmente, a *ata notarial* ganha contornos documentais, tão logo produzida. O mesmo raciocínio empreende-se em relação à *exibição de documento ou coisa*, a qual, assume o valor de *prova documental* quando implementada.

A *inspeção judicial* é prova visual, que se converte em *documental* após a trasladação escrita para os autos da impressão resultante do ato.

As provas, em função do seu *momento processual*, iniciam-se pela *prova documental*.

5.1 Prova documental

O documento é a prova histórico-real, uma vez que representa, através de objetos físicos, fatos e acontecimentos pretéritos.[77]

Aduz-se ao documento como elemento integrante do ato e como elemento probante. Na primeira hipótese, o documento é constitutivo do ato e diz-se *ad solemnitatem, v.g.*, nas transmissões imobiliárias que exigem, de regra, escritura pública. O ato só existe se revestido dessa forma. Por outro lado, a revelação da existência desse ato engendra-se pela demonstração de sua forma

---

[75] "Sobre o cabimento ou não de honorários advocatícios em produção antecipada de provas, entendeu a Turma, por maioria, que, de acordo com a doutrina, o legislador parece que, não tendo outro local onde colocar a antecipação de provas, o fez em meio às medidas cautelares. Na verdade, não se trata de medida cautelar, mas deve seguir a regência destas por estar no mesmo título do CPC. Há um incidente e o próprio CPC diz, no art. 20, que a parte deve ser condenada nas despesas por incidentes considerados procedentes. Por isso, mesmo que fosse antecipatória a propositura da ação, sendo contestada, sendo apresentada uma objeção à produção de provas e vencida essa objeção – segundo o juiz, favorável ao requerente –, não seria justo que se deixasse de arbitrar os honorários, porque houve dispêndio de esforço por uma das partes. Se houvesse a oposição, não teríamos litígio, porque não há interesse material em conflito, mas temos um conflito de natureza processual. Se há resistência à produção antecipada de provas, a parte responde pela verba advocatícia" (Informativo nº 166, REsp 474.167-RS, Rel. originário Min. Carlos Alberto Menezes Direito, Rel. para acórdão Min. Castro Filho, j. 18.03.2003).

[76] Acerca dos influxos tecnológicos no campo probatório, ver: **Rennan Thamay; Mauricio Tamer**. *Provas no Direito Digital*, 2020; **Luca Passanente**. Prova e privacy nell'era di internet e dei social network. *Rivista Trimestrale di Diritto e Procedura Civile*. anno LXXII, n. 2, p. 535-554, 2018.

[77] Essa definição escorreita deve-se a **Carnelutti**, *in Istituzioni del Nuovo Processo Civile Italiano*, 1951, vol. I, p. 167.

exterior, vale dizer, através da escritura pública; por isso, a forma documental é, a um só tempo, forma e prova desse negócio jurídico.

O documento pode não ser da essência do ato, mas, é lícito à lei condicionar que um elemento de convicção somente venha aos autos sob a forma documental, (art. 444, CPC, primeira parte).[78] Nessas hipóteses, o documento tem caráter *probatório (ad probationem)* e não *constitutivo*, como visto anteriormente.

As escrituras públicas e as cambiais são exemplos da exigência legal de que os fatos representados venham aos autos através de documentos específicos, comumente denominados *prova literal*.

O documento retrata um fato ou acontecimento representado, um ato pretérito do homem ou uma manifestação do seu pensamento; o instrumento em si é o *fato representativo* destes atos ou pensamentos.[79] Nesse sentido, a lei estabelece a regra primária segundo a qual: "As declarações constantes de documento particular escrito e assinado ou somente assinado, presumem-se verdadeiras em relação ao signatário; quando, todavia, contiver declaração de ciência do fato, o documento particular prova a declaração mas não o fato declarado, competindo ao interessado em sua veracidade o ônus de provar o fato" (art. 408 e parágrafo único, do CPC).[80]

Os *documentos classificam-se, quanto à origem,* em *públicos,* quando lavrados por *oficial público, v.g.,* uma escritura de compra e venda de imóveis; e *particulares,* quando elaborados pelos próprios interessados *sem a intervenção de órgão público, v.g.,* um contrato de locação.

Consoante à *forma,* os documentos podem ser *originais,* assim considerados os apresentados em sua forma genuína;[81] o escrito em que, de origem, se lançou o ato. Diz-se *cópia* a reprodução do documento original. A primeira cópia do original diz-se *traslado.* A cópia, quando extraída sob a forma de fotografia do documento denomina-se *fotocópia* e seu valor depende de conferência nos autos (art. 424 do CPC).[82]

O *documento público* revela força probante mais enérgica do que o particular, uma vez que "faz prova não só de sua formação, mas também dos fatos que o escrivão e o tabelião ou o funcionário declararem que ocorreram na sua presença" (art. 405 do CPC).[83] O documento particular prova a declaração, mas não prova o fato.

Deveras, *"Fazem a mesma prova que os originais" além das certidões extraídas dos autos de processo judicial ou extraídas de livros públicos de notas, bem como as reproduções de documentos públicos, desde que autenticadas ou conferidas em cartório com os originais* (art. 425 do CPC).[84] Por seu turno, as *reproduções dos documentos particulares, assim considerada a fotocópia,* têm o mesmo

---

[78] **"Art. 444.** Nos casos em que a lei exigir prova escrita da obrigação, é admissível a prova testemunhal quando houver começo de prova por escrito, emanado da parte contra a qual se pretende produzir a prova."

[79] Assim, **Liebman,** *in Corso,* cit., p. 104.

[80] **"Art. 408.** As declarações constantes do documento particular escrito e assinado ou somente assinado presumem-se verdadeiras em relação ao signatário.

Parágrafo único. Quando, todavia, contiver declaração de ciência de determinado fato, o documento particular prova a ciência, mas não o fato em si, incumbindo o ônus de prová-lo ao interessado em sua veracidade."

[81] A definição clássica é de **Moacyr Amaral Santos,** ob. cit., vol. IV, p. 40.

[82] **"Art. 424.** A cópia de documento particular tem o mesmo valor probante que o original, cabendo ao escrivão, intimadas as partes, proceder à conferência e certificar a conformidade entre a cópia e o original."

[83] **"Art. 405.** O documento público faz prova não só da sua formação, mas também dos fatos que o escrivão, o chefe de secretaria, o tabelião ou o servidor declarar que ocorreram em sua presença."

[84] **"Art. 425.** Fazem a mesma prova que os originais:

I – as certidões textuais de qualquer peça dos autos, do protocolo das audiências ou de outro livro a cargo do escrivão ou do chefe de secretaria, se extraídas por ele ou sob sua vigilância e por ele subscritas;

II – os traslados e as certidões extraídas por oficial público de instrumentos ou documentos lançados em suas notas;

III – as reproduções dos documentos públicos, desde que autenticadas por oficial público ou conferidas em cartório, com os respectivos originais;

IV – as cópias reprográficas de peças do próprio processo judicial declaradas autênticas pelo advogado, sob sua responsabilidade pessoal, se não lhes for impugnada a autenticidade;

438 | CURSO DE DIREITO PROCESSUAL CIVIL • *Luiz Fux*

valor do original desde que conferida e *certificada a sua conformidade com o original através de audiência bilateral das partes*, em ato específico para esse fim ou manifestação nos autos (art. 422 do CPC).[85]

Desta sorte, inocorrendo impugnação quanto à autenticidade das peças, elas farão a mesma prova dos originais. Em caso contrário, cumprirá à parte autenticá-las para o fim de encerrarem a mesma força probante dos originais.

A *atribuição do conteúdo intelectual de um documento* denomina-se *autenticidade*, sendo indispensável esse requisito uma vez que a certeza de o mesmo provir da pessoa indicada confere--lhe significativa força probante.[86]

O documento público reputa-se "autêntico quando o tabelião reconhecer a firma do signatário, declarando que foi aposta na sua presença" (art. 411 do CPC).[87]

O documento particular "reputa-se provir do autor indicado" quando: "I – consta o nome do mesmo como signatário; II – quando elaborado por alguém, porém firmado pelo autor; e III – nas hipóteses em que o autor do documento determina o cumprimento de seu conteúdo, não obstante não o tenha firmado" porque, pela praxe, são instrumentos que normalmente não se assinam, como os livros comerciais e os assentos domésticos (art. 410 do CPC).[88] A variedade das

---

V – os extratos digitais de bancos de dados públicos e privados, desde que atestado pelo seu emitente, sob as penas da lei, que as informações conferem com o que consta na origem;

VI – as reproduções digitalizadas de qualquer documento público ou particular, quando juntadas aos autos pelos órgãos da Justiça e seus auxiliares, pelo Ministério Público e seus auxiliares, pela Defensoria Pública e seus auxiliares, pelas procuradorias, pelas repartições públicas em geral e por advogados, ressalvada a alegação motivada e fundamentada de adulteração.

§ 1º Os originais dos documentos digitalizados, mencionados no inciso VI deverão ser preservados pelo seu detentor até o final do prazo para propositura de ação rescisória.

§ 2º Tratando-se de cópia digital de título executivo extrajudicial ou outro documento relevante à instrução do processo, o juiz poderá determinar o seu depósito em cartório ou secretaria."

LRP, art. 161, *caput*: As certidões do registro de títulos e documentos terão a mesma eficácia e o mesmo valor probante dos originais registrados, físicos ou nato-digitais, ressalvado o incidente de falsidade destes, oportunamente levantado em juízo.

[85] **"Art. 422.** Qualquer reprodução mecânica, como a fotográfica, a cinematográfica, a fonográfica ou de outra espécie, tem aptidão para fazer prova dos fatos ou das coisas representadas, se a sua conformidade com o documento original não for impugnada por aquele contra quem foi produzida.

§ 1º As fotografias digitais e as extraídas da rede mundial de computadores fazem prova das imagens que reproduzem, devendo, se impugnadas, ser apresentada a respectiva autenticação eletrônica ou, não sendo possível, realizada perícia.

§ 2º Se se tratar de fotografia publicada em jornal ou revista, será exigido um exemplar original do periódico, caso impugnada a veracidade pela outra parte.

§ 3º Aplica-se o disposto neste artigo à forma impressa de mensagem eletrônica."

"Lei nº 9.492/1997, art. 39. A reprodução de microfilme ou do processamento eletrônico da imagem, do título ou de qualquer documento arquivado no tabelionato, quando autenticado pelo tabelião de protesto, por seu substituto ou escrevente autorizado, guarda o mesmo valor do original, independentemente de restauração judicial."

[86] É clássica a lição de **Carnelutti**, segundo a qual a autenticidade é a *"certeza della provenienza del documento dall autore indicato"*, in *Sistema*, cit., vol. I, p. 701.

[87] **"Art. 411.** Considera-se autêntico o documento quando:

I – o tabelião reconhecer a firma do signatário;

II – a autoria estiver identificada por qualquer outro meio legal de certificação, inclusive eletrônico, nos termos da lei;

III – não houver impugnação da parte contra quem foi produzido o documento."

[88] **"Art. 410.** Considera-se autor do documento particular:

I – aquele que o fez e o assinou;

II – aquele, por conta de quem foi feito, estando assinado;

III – aquele que, mandando compô-lo, não o firmou, porque, conforme a experiência comum, não se costuma assinar, como livros comerciais e assentos domésticos."

hipóteses deve-se ao fato de que, apesar de não nominado, não assinado, o documento pode ser autêntico, posto reconhecido.[89]

Os documentos públicos gozam dessa presunção porque são lavrados em livros públicos e a falta de autenticidade dos mesmos implicaria, igualmente, em falha oficial. Entretanto, deve entender-se que a prova plena do documento *in foco* é a que se refere ao fato de a parte efetivamente ter declarado e assinado aquilo que consta do documento. De forma alguma o documento público prova a verdade dos fatos narrados ao notário. Nesse sentido, o Código Civil dispõe, em seu art. 219, parágrafo único, que "as declarações enunciativas não eximem os interessados em sua veracidade do ônus de prová-las", *sendo, nesse particular, repisado pelo disposto no já mencionado art. 405 do CPC.*

Deveras, a presunção que se encerra nos documentos públicos não se desfaz com a mera alegação de falsidade. Impõe-se que a parte prejudicada pela produção do documento argua a falsidade através de *incidente de falsidade*, pois, só assim o juiz poderá declará-lo *judicialmente falso* (art. 427 do CPC).[90] "Dispondo a lei que a fé desse documento somente cessa após declaração judicial, torna mister a utilização do incidente, uma vez que a mera alegação não implica obrigação de o juiz declará-lo falso judicialmente"; a lei exige, em razão da força probante do documento público, a arguição formal da falsidade para que a sentença, através de ampliação do *thema decidendum* conclua também sobre a autenticidade ou falsidade do documento público com força de coisa julgada material.

Diverso é o tratamento quanto ao documento particular. A autenticidade do mesmo cessa desde que lhe seja contestada a assinatura (art. 428, I do CPC).[91] Enquanto não contestada, presume-se autêntico o mesmo (art. 412 do CPC).[92]

Importa para o processo não só que o autor do documento seja aquele que o firmou (autenticidade material), como também que quem o firmou tenha feito as declarações que constam do mesmo (autenticidade intelectual ou ideológica). No documento público, ambas interpretam-se uma vez que a autenticidade material arrasta a intelectual, porquanto o tabelião retrata no documento aquilo que lhe foi declarado.

O *documento particular tem a sua força probante eliminada quando*: "I – contestada a sua assinatura e enquanto não comprovada a veracidade da mesma; ou II – quando preenchido além do combinado pelas partes, quando assinado, estando parcial ou totalmente em branco (art. 428, II e parágrafo único, do CPC);[93] ou, III – finalmente quando *declarado judicialmente falso*, em *incidente de falsidade documental*".

---

[89]   Conforme **Alfredo Buzaid**, *in A Ação Declaratória no Direito Brasileiro*, 1943, p. 119.

[90]   "**Art. 427.** Cessa a fé do documento, público ou particular, sendo-lhe declarada judicialmente a falsidade.
Parágrafo único. A falsidade consiste em:
I – formar documento não verdadeiro;
II – alterar documento verdadeiro."

[91]   "**Art. 428.** Cessa a fé do documento particular quando:
I –for impugnada sua autenticidade e enquanto não se comprovar sua veracidade; (...)."

[92]   "**Art. 412.** O documento particular de cuja autenticidade não se duvida prova que o seu autor fez a declaração que lhe é atribuída.
Parágrafo único. O documento particular admitido expressa ou tacitamente é indivisível, sendo vedado à parte que pretende utilizar-se dele aceitar os fatos que lhe são favoráveis e recusar os que são contrários ao seu interesse, salvo se provar que estes não ocorreram."

[93]   "**Art. 428.** Cessa a fé do documento particular quando: (...)
II – assinado em branco, for impugnado seu conteúdo, por preenchimento abusivo.
Parágrafo único. Dar-se-á abuso quando aquele que recebeu documento assinado com texto não escrito no todo ou em parte formá-lo ou completá-lo por si ou por meio de outrem, violando o pacto feito com o signatário."

Tratando-se de *arguição de falsidade* da assinatura, o *ônus da prova* é do *suposto autor do documento*, isto é, daquele que suscita dúvidas sobre sua assinatura, haja vista que a expressão *"produziu"*, inserida no inciso II do art. 429, refere-se à produção do documento e não da prova em juízo.[94]

A arguição de *falsidade documental* consistente na alegação de *formar-se documento não verdadeiro* ou *alterar-se documento verdadeiro* (art. 427 do CPC), atrai o ônus da prova para *quem alega* (art. 429 do CPC).

As mesmas hipóteses de falsidade que se verificam no documento particular (art. 427, parágrafo único, do CPC) estendem-se ao documento público, com a diferença já destacada de que a fé deste somente desaparece com a arguição de falsidade *através de incidente próprio* (art. 430 do CPC),[95] onde o juiz, por sentença com força de coisa julgada, declarará, judicialmente, a falsidade documental (art. 427, *caput*, do CPC). Considerando a importância do documento para o desate da lide, em razão de seu cunho prejudicial, nada obsta que qualquer tipo de falsidade seja arguida; vale dizer: tanto a ideológica quanto a material. A matéria referente à falsidade ideológica, contudo, não é pacífica. Entretanto, a assunção de elevado prestígio da teoria da efetividade do processo conduz à admissão de ampla cognição do incidente de falsidade, máxime porque a coisa julgada material cobre o decidido com base nas provas produzidas.

A apreciação da falsidade, desde que não suscitado o incidente no prazo preclusivo da lei, o será *incidenter tantum*, sem eficácia de coisa julgada.

Anote-se, por fim, que os documentos devem conter todos os seus requisitos, dentre os quais se destaca a *assinatura*, como vimos, e a *data*.

A *data* é a que consta no escrito. Entretanto, se a esse respeito surgir alguma dúvida, deve o juiz abrir às partes oportunidade para a comprovação de suas alegações, notadamente à parte que a suscitou (art. 429, inciso I, do CPC). *Em relação a terceiros, a lei considera determinados eventos como prováveis datas da existência do documento.* Trata-se de presunção *iuris tantum*, passível de ser afastada, razão pela qual, surgindo dúvida sobre a data, considera-se datado o documento particular, em relação ao terceiro, "I – no dia em que foi registrado; II – desde a morte de algum dos signatários; III – a partir da impossibilidade física que sobreveio a qualquer dos signatários; IV – da sua apresentação em repartição pública ou em juízo; V – do ato ou fato que estabeleça, de modo certo, a anterioridade da formação do documento" (art. 409 do CPC).[96]

5.1.1 Dos documentos eletrônicos

O CPC/2015 disciplina a utilização de documentos eletrônicos em processos, preconizando, no art. 439, que o seu uso no processo convencional depende de sua conversão à forma impressa e da verificação de sua autenticidade, na forma da lei. Por processo convencional, compreenda-se o tradicional e já histórico processo físico, em papel[97]. Sem prejuízo, incumbe ao juiz apreciar o

---

[94] **"Art. 429.** Incumbe o ônus da prova quando:
I – se tratar de falsidade de documento ou de preenchimento abusivo, à parte que a arguir;
II – se tratar de impugnação de autenticidade, à parte que produziu o documento."

[95] **"Art. 430.** A falsidade deve ser suscitada na contestação, na réplica ou no prazo de 15 (quinze) dias, contado a partir da intimação da juntada do documento aos autos.
Parágrafo único. Uma vez arguida, a falsidade será resolvida como questão incidental, salvo se a parte requerer que o juiz a decida como questão principal, nos termos do inciso II do art. 19."

[96] **"Art. 409.** A data do documento particular, quando a seu respeito surgir dúvida ou impugnação entre os litigantes, provar-se-á por todos os meios de direito.
Parágrafo único. Em relação a terceiros, considerar-se-á datado o documento particular:
I – no dia em que foi registrado;
II – desde a morte de algum dos signatários;
III – a partir da impossibilidade física, que sobreveio a qualquer dos signatários;
IV – da sua apresentação em repartição pública ou em juízo;
V – do ato ou fato que estabeleça, de modo certo, a anterioridade da formação do documento."

[97] **Cássio Scarpinella Bueno**. *Novo Código de Processo Civil anotado*. São Paulo: Saraiva, 2015.

valor probante do documento eletrônico não convertido, desde que assegurado às partes o acesso ao seu teor (art. 440)[98].

No entanto, imperioso assentar, no ponto, que por força da Resolução CNJ nº 420/2021, que dispõe sobre a adoção do processo eletrônico e o planejamento nacional da conversão e digitalização do acervo processual físico remanescente dos órgãos do Poder Judiciário, ficou vedado o recebimento e a distribuição de casos novos em meio físico em todos os tribunais, à exceção do STF, desde 1º e março de 2022. Outrossim, a integral digitalização do acervo processual físico em eletrônico deverá ser concluída até 31.12.2025[99].

Em outro giro, o diploma processual também aponta, nos termos do art. 441, que são admissíveis documentos eletrônicos produzidos e conservados com a observância da legislação específica.

Para José Carlos de Araújo Almeida Filho, "documento eletrônico é toda e qualquer representação de um fato, decodificada por meios utilizados na informática, nas telecomunicações e demais formas de produção cibernética, não perecível e que possa ser traduzido por meios idôneos de reprodução, não sendo admitido, contudo, aquele obtido por meio de designer gráfico"[100].

---

[98] Ainda que relativo ao processo penal, merece destaque interessante julgado do STJ envolvendo capturas de tela de aparelho celular e cadeia de custódia: "Agravo regimental no *habeas corpus*. Extorsão. Nulidade da prova. *Prints* de mensagens pelo WhatsApp. Quebra da cadeia de custódia. Não verificação. Ausência de adulteração da prova ou de alteração da ordem cronológica das conversas. Agravo regimental desprovido. 1. O instituto da quebra da cadeia de custódia diz respeito à idoneidade do caminho que deve ser percorrido pela prova até sua análise pelo magistrado, sendo certo que qualquer interferência durante o trâmite processual pode resultar na sua imprestabilidade. Tem como objetivo garantir a todos os acusados o devido processo legal e os recursos a ele inerentes, como a ampla defesa, o contraditório e principalmente o direito à prova lícita. 2. No presente caso, não foi verificada a ocorrência de quebra da cadeia de custódia, pois em nenhum momento foi demonstrado qualquer indício de adulteração da prova, ou de alteração da ordem cronológica da conversa de WhatsApp obtida através dos *prints* da tela do aparelho celular da vítima. 3. *In casu*, o magistrado singular afastou a ocorrência de quaisquer elementos que comprovassem a alteração dos *prints*, entendendo que mantiveram 'uma sequência lógica temporal', com continuidade da conversa, uma vez que 'uma mensagem que aparece na parte de baixo de uma tela, aparece também na parte superior da tela seguinte, indicando que, portanto, não são trechos desconexos'. 4. O acusado, embora tenha alegado possuir contraprova, quando instado a apresentá-la, furtou-se de entregar o seu aparelho celular ou de exibir os *prints* que alegava terem sido adulterados, o que só reforça a legitimidade da prova. 5. 'Não se verifica a alegada 'quebra da cadeia de custódia', pois nenhum elemento veio aos autos a demonstrar que houve adulteração da prova, alteração na ordem cronológica dos diálogos ou mesmo interferência de quem quer que seja, a ponto de invalidar a prova' (HC 574.131/RS, Rel. Ministro Nefi Cordeiro, Sexta Turma, julgado em 25/8/2020, *DJe* 4/9/2020). 6. As capturas de tela não foram os únicos elementos probatórios a respaldar a condenação, que foi calcada também em outros elementos de prova, como o próprio interrogatório do acusado, comprovantes de depósito, além das palavras da vítima. 7. Se as instâncias ordinárias compreenderam que não foi constatado qualquer comprometimento da cadeia de custódia ou ofensa às determinações contidas no art. 158-A do CPP, o seu reconhecimento, neste momento processual, demandaria amplo revolvimento do conjunto fático-probatório, o que, como é sabido, não é possível na via do *habeas corpus*. 7. Agravo regimental desprovido" (AgRg no HC 752.444/SC, Rel. Min. Ribeiro Dantas, 5ª Turma, j. 04.10.2022, *DJe* 10.10.2022).

[99] Resolução CNJ 420/2021. Disponível em: https://atos.cnj.jus.br/atos/detalhar/4133. Acesso em: 23 fev. 2023.
Art. 1º Fica vedado o recebimento e a distribuição de casos novos em meio físico em todos os tribunais, à exceção do Supremo Tribunal Federal, a partir de 1º de março de 2022. (...)
Art. 3º A digitalização do acervo processual físico em eletrônico deverá ser concluída:
I – Até 31/12/2022, nos tribunais que, em 30 de setembro de 2021, ostentarem acervo físico inferior a 5% (cinco por cento) do total dos feitos em tramitação;
II – Até 31/12/2023, nos tribunais que, em 30 de setembro de 2021, ostentarem acervo físico superior a 5% (cinco por cento) e inferior a 20% (vinte por cento) do total dos feitos em tramitação;
III – Até 31/12/2024, nos tribunais que, em 30 de setembro de 2021, ostentarem acervo físico superior a 20% (vinte por cento) e inferior a 40% (quarenta por cento) do total dos feitos em tramitação; e
IV – Até 31/12/2025, nos tribunais que, em 30 de setembro de 2021, ostentarem acervo físico superior a 40% (quarenta por cento) do total dos feitos em tramitação;

[100] **José Carlos de Araújo Almeida Filho.** A importância da definição de documento eletrônico. *Revista de Processo*, v. 173/2009, p. 357-372, jul./2009.

442 | CURSO DE DIREITO PROCESSUAL CIVIL • *Luiz Fux*

Nesse sentido, merece destaque a Lei nº 11.419/2006, vulgarmente denominada Lei do Processo Eletrônico, responsável por assentar que os documentos produzidos eletronicamente e juntados aos processos eletrônicos com garantia da origem e de seu signatário, na forma estabelecida nesta Lei, serão considerados originais para todos os efeitos legais[101][102].

Ainda nos termos da referida lei, os originais dos documentos digitalizados deverão ser preservados pelo seu detentor até o trânsito em julgado da sentença ou, quando admitida, até o final do prazo para interposição de ação rescisória. Além disso, os documentos digitalizados juntados em processo eletrônico estarão disponíveis para acesso por meio da rede externa pelas respectivas partes processuais, pelos advogados, independentemente de procuração nos autos, pelos membros do Ministério Público e pelos magistrados, sem prejuízo da possibilidade de visualização nas secretarias dos órgãos julgadores, à exceção daqueles que tramitarem em segredo de justiça.

Por sua vez, a Medida Provisória nº 2.200-2/2001, por meio de seu art. 1º[103], instituiu a Infraestrutura de Chaves Públicas Brasileira – ICP-Brasil, para garantir a autenticidade, a integridade e

---

[101] **Art. 11.** Os documentos produzidos eletronicamente e juntados aos processos eletrônicos com garantia da origem e de seu signatário, na forma estabelecida nesta Lei, serão considerados originais para todos os efeitos legais.

§ 1º Os extratos digitais e os documentos digitalizados e juntados aos autos pelos órgãos da Justiça e seus auxiliares, pelo Ministério Público e seus auxiliares, pelas procuradorias, pelas autoridades policiais, pelas repartições públicas em geral e por advogados públicos e privados têm a mesma força probante dos originais, ressalvada a alegação motivada e fundamentada de adulteração antes ou durante o processo de digitalização.

§ 2º A arguição de falsidade do documento original será processada eletronicamente na forma da lei processual em vigor.

§ 3º Os originais dos documentos digitalizados, mencionados no § 2º deste artigo, deverão ser preservados pelo seu detentor até o trânsito em julgado da sentença ou, quando admitida, até o final do prazo para interposição de ação rescisória.

§ 4º (VETADO)

§ 5º Os documentos cuja digitalização seja tecnicamente inviável devido ao grande volume ou por motivo de ilegibilidade deverão ser apresentados ao cartório ou secretaria no prazo de 10 (dez) dias contados do envio de petição eletrônica comunicando o fato, os quais serão devolvidos à parte após o trânsito em julgado.

§ 6º Os documentos digitalizados juntados em processo eletrônico estarão disponíveis para acesso por meio da rede externa pelas respectivas partes processuais, pelos advogados, independentemente de procuração nos autos, pelos membros do Ministério Público e pelos magistrados, sem prejuízo da possibilidade de visualização nas secretarias dos órgãos julgadores, à exceção daqueles que tramitarem em segredo de justiça. (Incluído pela Lei nº 13.793, de 2019)

§ 7º Os sistemas de informações pertinentes a processos eletrônicos devem possibilitar que advogados, procuradores e membros do Ministério Público cadastrados, mas não vinculados a processo previamente identificado, acessem automaticamente todos os atos e documentos processuais armazenados em meio eletrônico, desde que demonstrado interesse para fins apenas de registro, salvo nos casos de processos em segredo de justiça. (Incluído pela Lei nº 13.793, de 2019)

[102] Na jurisprudência: "Direito internacional. Processual civil. Sentença estrangeira contestada. Divórcio. Documentos digitalizados na forma da Lei 11.419/2006. Autenticidade como originais. Precedentes. Requisitos de homologação presentes. 1. Cuida-se de pedido de homologação de sentença estrangeira de divórcio consensual, no qual é indicado apenas um óbice formal, consubstanciado na alegação de que somente os documentos produzidos eletronicamente, de forma direta, poderiam ser considerados como originais. 2. Segundo o § 2º do art. 11 da Lei nº 11.419/2006, os documentos digitalizados, ou seja, aqueles que possuíam suporte físico inicial e foram, posteriormente, vertidos na forma de documentos eletrônicos, possuem a mesma força probante dos originais físicos e dos documentos com assinatura digital que foram produzidos diretamente de forma eletrônica. Precedentes: SEC 7.811/EX, Rel. Ministra Eliana Calmon, Corte Especial, DJe 15.8.2013; SEC 7.878/EX, Rel. Ministra Eliana Calmon, Corte Especial, DJe 1º.7.2013; SEC 6.647/EX, Rel. Ministro João Otávio de Noronha, Corte Especial, DJe 12.6.2013; e SEC 7.124/EX, Rel. Ministro Napoleão Nunes Maia Filho, Corte Especial, DJe 10.5.2013. 3. A homologação de acordo de dissolução de casamento com partilha de bens nacionais, realizada de forma inequivocamente consensual no estrangeiro, não ofende a soberania pátria. Precedentes: SEC 7.173/EX, Rel. Ministro Humberto Martins, Corte Especial, DJe 19.8.2013; e SEC 5.822/EX, Rel. Ministra Eliana Calmon, Corte Especial, DJe 28.2.2013. Pedido de homologação deferido" (SEC nº 8.810/EX, Rel. Min. Humberto Martins, Corte Especial, j. 02.10.2013, *DJe* 16.10.2013.)

[103] **Art. 1º** Fica instituída a Infra-Estrutura de Chaves Públicas Brasileira – ICP-Brasil, para garantir a autenticidade, a integridade e a validade jurídica de documentos em forma eletrônica, das aplicações de suporte e das aplicações habilitadas que utilizem certificados digitais, bem como a realização de transações eletrônicas seguras.

Parte VII • I – PROVAS **443**

a validade jurídica de documentos em forma eletrônica, das aplicações de suporte e das aplicações habilitadas que utilizem certificados digitais, bem como a realização de transações eletrônicas seguras. Além disso, estabeleceu que devem ser considerados documentos públicos ou particulares, para todos os fins legais[104].

Cumpre anotar, também, que tramita na Câmara de Deputados o PL nº 4939/2020[105], que dispõe sobre as diretrizes do direito da Tecnologia da Informação e as normas de obtenção e admissibilidade de provas digitais na investigação e no processo, conceituando como prova digital toda informação armazenada ou transmitida em meio eletrônico que tenha valor probatório, bem como reconhecendo que à prova digital aplicam-se subsidiariamente as disposições relativas às provas em geral (art. 4º). O PL traz, ainda, importantes conceituações em seu art. 3º, como o de prova nato-digital, que seria a informação gerada originariamente em meio eletrônico, e o de prova digitalizada, que seria a informação originariamente suportada por meio físico e posteriormente migrada para armazenamento em meio eletrônico, na forma da Lei. Ademais, destaca-se que a integridade da prova consiste na certeza de que a informação que a constitui se mantém inalterada após o seu tratamento, enquanto a autenticidade da prova se relaciona a certeza da sua origem, contexto ou autoria.

5.1.2 Produção da prova documental

Produzir é apresentar a prova em juízo. Em princípio, quanto aos documentos, posto provas preexistentes, compete à parte autora *produzi-los com a inicial*, e à parte ré, com a *defesa*, nesta compreendidas a *contestação*, as *exceções instrumentais* e a *reconvenção* (art. 434 do CPC).[106] Aliás, alguns documentos são anexados necessariamente à inicial sob pena de indeferimento (art. 330, IV, do CPC)[107] ou de impossibilidade mesmo de distribuição (art. 287 do CPC).[108]

A bilateralidade do processo, entretanto, implica que se defira às partes a oportunidade de produzir prova documental após esses momentos, desde que não seja para surpreender o adversário. A lei não estimula a *guarda de trunfos*. Ao contrário, determina que as partes exibam, de logo, as armas com que vão duelar no processo. Decorre, portanto, dessa audiência bilateral das partes, a possibilidade de juntarem-se documentos, posteriormente, desde que destinados a comprovar *fatos supervenientes* ou para contraposição aos novos articulados. Assim, *v.g.*, a lei permite ao autor, em *réplica*, opor-se às preliminares, às objeções e às nulidades arguidas na contestação, mediante provas novas (arts. 350 e 351 do CPC).[109]

---

104 **Art. 10.** Consideram-se documentos públicos ou particulares, para todos os fins legais, os documentos eletrônicos de que trata esta Medida Provisória.

105 Disponível em: https://www.camara.leg.br/proposicoesWeb/fichadetramitacao?idProposicao=2264367. Acesso em: 5 jan. 2022.

106 "**Art. 434.** Incumbe à parte instruir a petição inicial ou a contestação com os documentos destinados a provar suas alegações.
Parágrafo único. Quando o documento consistir em reprodução cinematográfica ou fonográfica, a parte deverá trazê-lo nos termos do *caput*, mas sua exposição será realizada em audiência, intimando-se previamente as partes."

107 "**Art. 330.** A petição inicial será indeferida quando: (...)
IV – não atendidas as prescrições dos arts. 106 e 321."

108 "**Art. 287.** A petição inicial deve vir acompanhada de procuração, que conterá os endereços do advogado, eletrônico e não eletrônico.
Parágrafo único. Dispensa-se a juntada da procuração:
I – no caso previsto no art. 104;
II – se a parte estiver representada pela Defensoria Pública;
III – se a representação decorrer diretamente de norma prevista na Constituição Federal ou em lei."

109 "**Art. 351.** Se o réu alegar qualquer das matérias enumeradas no art. 337, o juiz determinará a oitiva do autor no prazo de 15 (quinze) dias, permitindo-lhe a produção de prova."

Destarte, os *documentos fundamentais devem ser anexados a qualquer tempo*, em prol da apuração da verossimilhança necessária ao julgamento da lide. Nesse caso, para evitar a surpresa aventada, dispõe a lei que o juiz deve ouvir a outra parte, sob pena de nulidade.[110]

A necessidade de apresentação imediata da prova pode trazer dificuldades para a parte, haja vista que os *elementos de convicção podem estar em poder da parte adversa ou de terceiros*, interessados ou não. Em todos esses casos, muito embora não se possa exercer arbitrariamente as próprias razões para obter os documentos, oferece o ordenamento meios capazes de fazer chegar à justiça esses indispensáveis elementos. Nesse seguimento, dispõem as partes da *exibição de documento ou coisa* manejável contra o adversário ou contra terceiro direta ou indiretamente interessado no litígio, e a *busca e apreensão* contra terceiro particularmente desinteressado ou a *requisição* de documentos públicos junto às autoridades (art. 438 do CPC),[111] que deverão atendê-la sob pena de incidência no *delito de desobediência*. Recebidos esses, extraem-se as peças e certidões necessárias, devolvendo-se-os.

Questão lindeira a essa e de constância na praxe é a referente à requisição de informações sobre bens do executado junto às repartições. A posição majoritária exige que essa busca seja levada a efeito em benefício da justiça, comprovando a parte não dispor de condições para, por si só, obter os elementos de convicção.

O momento da prova é outra matéria sujeita à controvérsia. Considera-se que o *justo impedimento* supera o momento próprio de produção das provas, em qualquer grau de jurisdição, *v.g.*, prevê o art. 1.014 do CPC[112] ao instituir o *beneficium nondum deducta deducendi nondum probata probandi*. O mesmo ocorre com a determinação judicial de juntada posterior de elementos necessários à investigação da verdade, posto ser o juiz o destinatário final da prova, daí a inexistência de preclusão.[113]

Retornando à *exibição de documento ou coisa*, não obstante um incidente probatório, recebe regulação específica do Código, como observaremos a seguir.

5.2   Exibição de documento ou coisa

O dever de colaborar com a justiça pertine às partes e aos terceiros. Como consectário, todo e qualquer documento de interesse para o desate da causa deve ser exibido em juízo, voluntariamente ou coactamente. A *forma compulsória de revelação do documento nos autos* denomina-se *exibição de documento ou coisa*, através do qual o juiz "*ordena que se proceda à exibição*" (art. 396 do CPC).[114] Além do documento, também sujeita-se à exibição a coisa, *v.g.*, uma joia para demonstrar-se o estado em que se encontra, ou outro objeto de interesse da causa.

---

[110]   "**Art. 437, § 1º.** Sempre que uma das partes requerer a juntada de documento aos autos, o juiz ouvirá, a seu respeito, a outra parte, que disporá do prazo de 15 (quinze) dias para adotar qualquer das posturas indicadas no art. 436."

[111]   "**Art. 438.** O juiz requisitará às repartições públicas, em qualquer tempo ou grau de jurisdição:

I – as certidões necessárias à prova das alegações das partes;

II – os procedimentos administrativos nas causas em que forem interessados a União, o Estado, o Município ou as respectivas entidades da administração indireta.

§ 1º Recebidos os autos, o juiz mandará extrair, no prazo máximo e improrrogável de 1 (um) mês, certidões ou reproduções fotográficas das peças que indicar e das que forem indicadas pelas partes, e, em seguida, devolverá os autos à repartição de origem.

§ 2º As repartições públicas poderão fornecer todos os documentos em meio eletrônico, conforme disposto em lei, certificando, pelo mesmo meio, que se trata de extrato fiel do que consta em seu banco de dados ou no documento digitalizado."

[112]   "**Art. 1.014.** As questões de fato não propostas no juízo inferior poderão ser suscitadas na apelação, se a parte provar que deixou de fazê-lo por motivo de força maior."

[113]   **Pedro Batista Martins**, *Comentários ao Código de Processo Civil*, 1942, vol. III, p. 33.

[114]   Essa razão de ser da exibição encontra-se em **Liebman**, *Corso di Diritto Processuale Civile*, 1952, p. 164, e **Leo Rosenberg**, *Tratado de Derecho Procesal Civil*, 1955, vol. II, p. 249.

Destarte, a coisa a ser exibida deve ser *móvel*, uma vez que o *imóvel* é passível de vistoria e não exibição.[115] A exibição ora *sub examine* é interinal, espécie de prova, não função preventivo--cautelar, e endereçada à parte adversa, criando-lhe um ônus, consequentemente *à não exibição repelida pelo juízo o qual implica admitir-se como verdadeiros os fatos que se pretendiam comprovar através do documento ou coisa sonegados.*

A exibição em face do terceiro, exatamente porque ele não tem interesses em jogo na causa, reveste-se do caráter de *dever legal* e a ordem do juízo deve ser cumprida sob pena de *desobediência* e *busca e apreensão* do documento ou coisa.[116]

A exibição eventualmente pode conduzir a um fato desfavorável à parte obrigada a exibir, posto determinado em prol da justiça.[117]

Há, entretanto, casos em que a parte pode recusar-se à exibição, o que deve ser avaliado pelo juízo. Assim é que *a parte ou o terceiro podem recusar-se à exibição* se o documento ou a coisa: I – referem-se a negócios da própria família e a exibição não se refere a uma causa entre os familiares; II – se a apresentação em juízo viola dever de honra e não há pretensões de exceção da verdade; III – se a publicidade do documento redunda em desonra à parte ou ao terceiro, bem como a seus parentes consanguíneos ou afins até terceiro grau, ou lhes representa perigo de ação penal; IV – se a exibição acarretar a divulgação de fatos, a cujo respeito, por estado ou profissão, devam guardar segredo salvo se em defesa própria, *v.g.*, o médico na rejeição de suposta negligência; V – se subsistirem outros motivos graves que, segundo o prudente arbítrio do juiz, justifiquem a recusa da exibição; VI – se houver disposição legal que justifique a recusa da exibição. Em todos esses casos é possível extrair uma suma do documento, excluindo-se a parte que incide nas recusas justificadas (art. 404 do CPC).[118]

O juiz, de toda sorte, *não deve admitir a recusa*: I – se o requerido tiver a obrigação legal de exibir; II – se o requerido aludiu ao documento ou à coisa no processo com o intuito de constituir prova; ou III – se o documento, por seu conteúdo, é comum às partes. Nesse último caso, só a exibição pode revelar se o fato *é comum* às partes.[119]

---

[115] Nesse mesmo sentido, a lição de **Pedro Batista Martins**, *Comentários ao Código de Processo Civil*, 1942, vol. III, p. 35, e **Moacyr Amaral Santos**, *Prova Judiciária no Cível e no Comercial*, 1954, vol. IV, p. 418.

[116] Nesse mesmo sentido, as lições de **Pontes de Miranda**, *Comentários ao Código de Processo Civil*, 1947, vol. II, p. 175, e **Emílio Betti**, *Diritto Processuale Civile Italiano*, 1936.

[117] Afirma-se que a exibição fere o princípio *"nemo tenetur edere contra se e non sunt arma sumenda de domo rei"*. No sentido do texto, de que a exibição se assenta em interesses eminentemente processuais referentes à administração da justiça, a lição de **Lancellotti**, "Esibizione di Prove e Sequestri", *in Studi in Onore di Enrico Redenti*, vol. II, p. 533-535.

[118] "**Art. 404.** A parte e o terceiro se escusam de exibir, em juízo, o documento ou a coisa se:

I – concernente a negócios da própria vida da família;

II – a sua apresentação puder violar dever de honra;

III – sua publicidade redundar em desonra à parte ou ao terceiro, bem como a seus parentes consanguíneos ou afins até o terceiro grau; ou lhes representar perigo de ação penal;

IV – sua exibição acarretar a divulgação de fatos a cujo respeito, por estado ou profissão, devam guardar segredo;

V – subsistirem outros motivos graves que, segundo o prudente arbítrio do juiz, justifiquem a recusa da exibição.

VI – houver disposição legal que justifique a recusa da exibição.

Parágrafo único. Se os motivos de que tratam os incisos I a VI do *caput* disserem respeito a apenas uma parcela do documento, a parte ou o terceiro exibirá a outra em cartório, para dela ser extraída cópia reprográfica, de tudo sendo lavrado auto circunstanciado."

[119] Como bem esclarece **Salvatore Satta**, *Diritto Processuale Civile*, 1950, p. 226: "A comunhão no fato representado prevalece sobre a detenção que tem a parte contrária, uma vez que só a exibição deste torna possível o conhecimento de seu conteúdo".

A exibição pode ser ordenada *ex officio* ou *a requerimento da parte*, como se colhe do *caput* dos arts. 396 e 397 do CPC.[120] Em ambos os casos, recusadas a exibição e a escusa, as consequências são as mesmas.

A parte, ao suscitar o incidente, deve fazê-lo através de petição que deve conter, sob pena de inépcia: (I) a individuação completa do documento ou da coisa, ou das categorias de documentos ou de coisas buscados; (II) a finalidade da prova, indicando os fatos que se relacionam com o documento, com a coisa ou com suas categorias, uma vez que estes é que serão presumidos verdadeiros se houver recusa injustificada; e, finalmente, (III) as circunstâncias em que se funda o requerente para afirmar que o documento ou a coisa existem e se encontram em poder da parte contrária; isto é, o *adversus* no incidente, haja vista que pode ser dirigido também contra terceiro.

A *oitiva da parte contrária* é obrigatória porquanto a mesma pode, além de sustentar escusas legais, oferecer defesa direta, afirmando não possuir o referido documento ou coisa. Por oportuno, havendo necessidade, o juiz permitirá *a produção de provas no incidente* (art. 398 do CPC).[121] As sanções variam conforme o pedido se dirija à parte ou ao terceiro. Em relação ao terceiro, acolhido o pedido, expede-se *ordem de exibição* e, uma vez cumprida, o documento ou a coisa passam a constituir um elemento de prova no processo. No que pertine à parte contrária, o incidente dá ensejo à *constituição de uma prova através da presunção de veracidade dos fatos que se pretende comprovar com o documento ou a coisa*. Nessa hipótese, em razão da conexão, cumpre ao juiz decidir o incidente na sentença final, haja vista que essa presunção figurará como uma das "motivações da decisão".

Diversamente, tratando-se de exibição contra terceiro, forma-se uma *nova relação processual*, com objeto distinto e que termina com a expedição, se procedente, de uma *sentença mandamental* (arts. 401 e 402 do CPC).[122]

Diferente é o regime quando indeferido o pedido, por isso que *a parte* rejeitada na sua pretensão de exibição deve agravar, da decisão de inequívoca natureza interlocutória.

A exibição contra terceiro, uma vez que dá ensejo à formação de processo distinto, enseja decisão apelável.

5.3 Ata notarial

A ata notarial é prova que, na legislação anterior, era produzida sem previsão específica no Código – meio atípico, portanto. No diploma de 2015, passou-se a prever a possibilidade de um tabelião lavrar ata em que consigne a existência de um fato ou seu modo se der.

Trata-se de meio probatório cuja utilização tem sido cada vez mais relevante – notadamente a partir de situações advindas do meio digital – na medida em que oportuniza, por exemplo, comprovação do conteúdo de *sites*, a documentação de conversas de WhatsApp e a formalização

---

[120] **"Art. 396.** O juiz pode ordenar que a parte exiba documento ou coisa que se encontre em seu poder.

Art. 397. O pedido formulado pela parte conterá:

I – a descrição, tão completa quanto possível, do documento ou da coisa, ou das categorias de documentos ou de coisas buscados; (Redação dada pela Lei nº 14.195, de 2021)

II – a finalidade da prova, com indicação dos fatos que se relacionam com o documento ou com a coisa, ou com suas categorias; (Redação dada pela Lei nº 14.195, de 2021)

III – as circunstâncias em que se funda o requerente para afirmar que o documento ou a coisa existe, ainda que a referência seja a categoria de documentos ou de coisas, e se acha em poder da parte contrária. (Redação dada pela Lei nº 14.195, de 2021)"

[121] **"Art. 398.** O requerido dará sua resposta nos 5 (cinco) dias subsequentes à sua intimação

Parágrafo único. Se o requerido afirmar que não possui o documento ou a coisa, o juiz permitirá que o requerente prove, por qualquer meio, que a declaração não corresponde à verdade."

[122] **"Art. 401.** Quando o documento ou a coisa estiver em poder de terceiro, o juiz ordenará sua citação para responder no prazo de 15 (quinze) dias.

Art. 402. Se o terceiro negar a obrigação de exibir ou a posse do documento ou da coisa, o juiz designará audiência especial, tomando-lhe o depoimento, bem como o das partes e, se necessário, o de testemunhas, e em seguida proferirá decisão."

das informações contidas em um e-mail, com dados de quem envia e recebe, IP do computador e data e horário do envio. Assim, a lavratura da ata notarial torna possível impedir que alguma informação deixe de ser documentada caso determinada foto, vídeo ou página da *internet* seja retirada do ar, por exemplo.

Alia-se, assim, a fé pública que o cartorário detém com a fugacidade de certos fatos, nos tempos correntes. Basta pensar em um *post* em rede social, que poderá ter seu conteúdo documentado pelo agente, resguardando o direito à sua prova em futuro processo, ainda que venha a ser excluído da respectiva mídia digital. Igualmente, poderá o tabelião atestar imagens e sons em dispositivos eletrônicos, como áudios enviados por aplicativos de mensagens. Ao cabo, o fato será levado a juízo pela via documental.

Em uma perspectiva comparada, verificamos que nosso sistema de produção de prova desjudicializada, concretamente pela confecção de ata notarial, é paradigmático.

A experiência estrangeira é, majoritariamente, tímida. Em Portugal, as testemunhas podem ser ouvidas pelos advogados (art. 517 do CPC, reformado em 2013), enquanto nos Estados Unidos, onde vige a sistemática da *Discovery,* fase pré-judicial eminentemente probatória e transparente, há previsão somente de interrogatório das partes por escrito (*interrogatories* – Rule 33 das *Federal Rules of Civil Procedure*). Na Itália, apenas se admite a colheita de depoimentos testemunhais por escrito, unilateralmente, como ocorre na *attestation* francesa (introduzida em 1976), ao passo que o direito alemão somente o tolera quando o elevado número de testemunhas inviabilizar a oitiva pessoal (*ZPO*, §377). A maior abertura à produção de elementos de convicção extrajudicial por terceiro se encontra na *Ley de Enjuiciamiento Civil* espanhola (art. 265.1), que prevê a possibilidade de juntada de informações e documentos provenientes de profissionais habilitados de investigação privada.

5.4 Prova oral

A *prova oral* contrapõe-se à escrita e consiste em traduzir os elementos de convicção através da palavra falada, sendo exemplos marcantes desse gênero os *depoimentos das partes, das testemunhas e dos peritos.*[123]

O *depoimento pessoal* não é senão o *interrogatório da parte,*[124] determinado pelo juiz para esclarecimento de fatos relacionados à causa ou requerido pela parte adversa com o fito de obter a confissão do depoente. No primeiro aspecto, poder-se-ia confirmar a versão generalizada de que o *depoimento pessoal é o testemunho prestado em juízo pela própria parte.* No segundo aspecto, o depoimento tem como finalidade obter a confissão *coram judicem* da parte. Sob esse ângulo, imperioso assentar que a confissão pressupõe "possibilidade jurídica", capacidade do confidente e disponibilidade do objeto da confissão.

Destaque-se que somente a parte adversa pode requerer o depoimento da outra, uma vez que o sujeito do processo fala pela boca e pela pena de seu advogado. Considera-se parte, para efeito do presente tema, não só aqueles sujeitos originários do processo, mas também os terceiros intervenientes que, após a intervenção, assumem a qualidade de parte principal ou acessória, *v.g.*, o assistente litisconsorcial, o denunciado etc.

Aponta-se o depoimento pessoal como significativo elemento de formação da convicção do juiz pelo que aufere através do contato direto com o interessado.[125]

---

[123] Como bem salienta **Devis Echandia**, *in Teoría General*, vol. I, nº 146, "o depoimento pessoal pertence ao mesmo gênero da prova testemunhal".

[124] Conforme se colhe, por exemplo, no Direito italiano. Neste, **Chiovenda** o conceituava como "meio de obtenção da confissão da parte", *in Instituições de Direito Processual Civil*, trad. portuguesa, 1945, vol. II, p. 147-148.

[125] Nesse sentido já se manifestavam **Frederico Marques**, *in Instituições*, vol. III, p. 345, e **Pontes de Miranda**, *Comentários ao Código de Processo Civil*, p. 199. Mais recentemente, **Mauro Cappelletti**, *in La Testemonianza della Parte nel Distema dell' Oralità*, § 10, considera o depoimento da parte pressuposto para que se considere um dado ordenamento adepto da oralidade processual.

O depoimento da parte é, ainda que via representação, *personalíssimo*,[126] insubstituível pela fala de outrem, uma vez que a lei impõe sanções às recusas e às escusas no momento de depor, não se revelando justo que alguém incida na *pena de confesso* por ato de outrem.[127] Os poderes para confessar, a que se refere o art. 105 do CPC,[128] como outorgáveis ao advogado, não implicam admitir-se o depoimento deste pelo seu cliente. É que a confissão é a admissão da veracidade de fatos contrários ao interesse do constituinte e isso pode dar-se por escrito através de petições firmadas pelo advogado. Nesse caso, os poderes hão de ser expressos e referir-se aos *fatos confessáveis* na sua individualidade, não sendo lícita a *confissão geral*, senão a exteriorizada via poderes expressos em relação a fatos específicos.[129]

É inegável, entretanto, a força revelada pelos fatos narrados nas peças processuais pelos próprios advogados, como se relembra em boa sede doutrinária.[130]

A relevância jurídico-processual do depoimento está nos efeitos da *confissão ficta* que emergem desse meio de prova.

O CPC dispõe que a parte será *intimada pessoalmente* para depoimento pessoal, constando do mandado que se presumirão verdadeiros os fatos contra ela alegados, caso não compareça, ou comparecendo, recuse-se a depor. Esclarece a lei, em razão dessa grave consequência, que a aplicação da pena de confissão *depende da prévia intimação da parte* (art. 385, § 1º, do CPC).[131] Observadas as finalidades do depoimento, tem-se que a *pena de confesso* somente se aplica quando a presença do depoente é requerida pela parte contrária, uma vez que a finalidade do mesmo é a obtenção da confissão. Diversamente, não se aplica a mesma sanção quando o depoimento é determinado de ofício pelo juiz.

A *recusa em depor* que acarreta a pena de confesso pode ser *direta* ou *indireta*. A *recusa direta* dá-se pela *ausência injustificada*, uma vez que o justo impedimento obsta a confissão ficta, ou pela "recusa em responder". Nesse segundo caso, a recusa é inferida das atitudes da parte que evita responder parte das perguntas, ou utiliza-se de evasivas etc. (art. 386 do CPC).[132]

A recusa em responder pode ser justificada, hipótese em que não cabe a inflição da pena. Assim, a parte não está obrigada a depor acerca de fatos criminosos ou torpes que lhe foram imputados, ou outros a cujo respeito, por estado ou profissão, deva guardar sigilo (*venire contra factum pro-*

---

[126] Nesse sentido, **Moacyr Amaral Santos**, na sua clássica obra tantas vezes citada, nº 101.

[127] Dispõe-se, textualmente, no Direito português que: "a confissão em depoimento só pode ser feita pela própria parte".

[128] **"Art. 105.** A procuração geral para o foro, outorgada por instrumento público ou particular assinado pela parte, habilita o advogado a praticar todos os atos do processo, exceto receber citação, confessar, reconhecer a procedência do pedido, transigir, desistir, renunciar ao direito sobre o qual se funda a ação, receber, dar quitação, firmar compromisso e assinar declaração de hipossuficiência econômica, que devem constar de cláusula específica."

[129] **"Art. 391.** A confissão judicial faz prova contra o confitente, não prejudicando, todavia, os litisconsortes.
Parágrafo único. Nas ações que versarem sobre bens imóveis ou direitos reais sobre imóveis alheios, a confissão de um cônjuge ou companheiro não valerá sem a do outro, salvo se o regime de casamento for o de separação absoluta de bens."

[130] Nesse sentido, **João Carlos Pestana de Aguiar**, *Comentários ao Código de Processo Civil*, p. 116.

[131] **"Art. 385.** Cabe à parte requerer o depoimento pessoal da outra parte, a fim de que esta seja interrogada na audiência de instrução e julgamento, sem prejuízo do poder do juiz de ordená-lo de ofício.
§ 1º Se a parte, pessoalmente intimada para prestar depoimento pessoal e advertida da pena de confesso, não comparecer ou, comparecendo, se recusar a depor, o juiz aplicar-lhe-á a pena.
§ 2º É vedado a quem ainda não depôs assistir ao interrogatório da outra parte.
§ 3º O depoimento pessoal da parte que residir em comarca, seção ou subseção judiciária diversa daquela onde tramita o processo poderá ser colhido por meio de videoconferência ou outro recurso tecnológico de transmissão de sons e imagens em tempo real, o que poderá ocorrer, inclusive, durante a realização da audiência de instrução e julgamento."

[132] **"Art. 386.** Quando a parte, sem motivo justificado, deixar de responder ao que lhe for perguntado ou empregar evasivas, o juiz, apreciando as demais circunstâncias e os elementos de prova, declarará, na sentença, se houve recusa de depor."

Parte VII • I – PROVAS | **449**

prium). Nessas hipóteses, ainda assim, não se considera justificada a recusa se de outro modo não for possível alcançar o esclarecimento desses fatos importantes para o julgamento da causa. Por essa razão, o legislador rompeu o veto acima nas causas de ação de filiação, separação e anulação de casamento, onde esses fatos contrários a uma das partes devem ser declarados em depoimento (art. 388, parágrafo único, do CPC).[133]

5.4.1 Depoimento pessoal

O *depoimento pessoal*, como toda e qualquer prova, passa pelas etapas da *proposição*, *admissão* e *produção*.

Propõe-se o depoimento da parte *com a inicial* ou a defesa, salvo se motivos supervenientes ou antecedentes a esse momento recomendarem ocasião diversa.

A sua *admissão* como prova tem lugar no *saneamento*, cabendo a sua *produção em audiência* regularmente designada. Deveras, tanto a admissão quanto a produção podem ser antecipadas no próprio procedimento, caso haja perigo de desaparecimento da prova por enfermidade ou necessidade de ausência do depoente no ato.

A produção da prova depende da prática de *atos preparatórios*, *v.g.*, a prévia intimação da parte por mandado com as advertências da pena de confesso (art. 385, § 1º, do CPC). No que concerne à produção em si, o depoimento pessoal submete-se às regras da *prova testemunhal*, isto é, as declarações são tomadas *pelo juiz e reduzidas a escrito*. *Não há*, evidentemente *contradita*, nem advertência, porque a parte não tem o dever de depor contra os seus interesses, razão pela qual também não é possível o cometimento de falso *testemunho* pela parte. Assim como ocorre com as testemunhas, o juiz deve velar para que uma parte não ouça o depoimento da outra, evitando cindir a audiência, para não propiciar essa quebra de igualdade.

A ordem dos depoimentos é a seguinte: *as partes prestam depoimento após os peritos e antes das testemunhas*, manifestando-se *primeiro o autor e depois o réu* (art. 361 do CPC).[134] *As autoridades com prerrogativa*, mesmo quando partes, depõem nos locais que indicam (art. 454 do CPC).[135] É

---

[133] **"Art. 388.** A parte não é obrigada a depor sobre fatos:

I – criminosos ou torpes, que lhe forem imputados;

II – a cujo respeito, por estado ou profissão, deva guardar sigilo.

III – acerca dos quais não possa responder sem desonra própria, de seu cônjuge, de seu companheiro ou de parente em grau sucessível;

IV – que coloquem em perigo a vida do depoente ou das pessoas referidas no inciso III.

Parágrafo único. Esta disposição não se aplica às ações de estado e de família."

[134] **"Art. 361.** As provas orais serão produzidas em audiência, ouvindo-se nesta ordem, preferencialmente:

I – o perito e os assistentes técnicos, que responderão aos quesitos de esclarecimentos requeridos no prazo e na forma do art. 477, caso não respondidos anteriormente por escrito;

II – o autor e, em seguida, o réu, que prestarão depoimentos pessoais;

III – as testemunhas arroladas pelo autor e pelo réu, que serão inquiridas. (...)."

[135] **"Art. 454.** São inquiridos em sua residência ou onde exercem sua função:

I – o Presidente e o Vice-Presidente da República;

II – o Presidente do Senado e o da Câmara dos Deputados;

III – os Ministros de Estado;

IV – os ministros do Supremo Tribunal Federal, do Superior Tribunal de Justiça, do Superior Tribunal Militar, do Tribunal Superior Eleitoral, do Tribunal Superior do Trabalho e do Tribunal de Contas da União.

V – o procurador-geral da República e os conselheiros do Conselho Nacional do Ministério Público;

VI – o advogado-geral da União, o procurador-geral do Estado, o procurador-geral do Município, o defensor público-geral federal e o defensor público-geral do Estado;

VII – os senadores e os deputados federais;

VII – os governadores dos Estados e do Distrito Federal;

VIII – o prefeito;

IX – os deputados estaduais e distritais;

450 | CURSO DE DIREITO PROCESSUAL CIVIL • *Luiz Fux*

lícito ao juiz por força da regra que manda aplicar ao *depoimento pessoal* o disposto para o *depoimento testemunhal* "acarear" os depoentes entre si.

5.4.2 Prova testemunhal

A prova testemunhal distingue-se do depoimento pessoal pelo fato de que os *esclarecimentos são trazidos a juízo por pessoa estranha ao litígio*. Exatamente por não ser parte e, portanto, estranho, é que legitima a *prova testemunhal*.[136] O testemunho consiste na narração do que a testemunha viu ou ouviu, sentiu etc., por isso, em clássica sede doutrinária, já se afirmou que a testemunha declara em juízo "fatos percebidos pelos sentidos", e são consideradas segundo jargão forense, "os olhos e os ouvidos da justiça". Por outro lado, "consectário da importância dos sentidos" na aferição do depoimento da testemunha é a "incapacidade de testemunhar imposta ao cego e ao surdo quando a ciência do fato depender dos sentidos que lhes faltam" (art. 447,[137] § 1º, IV, do CPC).[138] Destarte, a prova testemunhal incide, ainda, sobre *fatos passados*.[139]

X – os desembargadores dos Tribunais de Justiça, dos Tribunais Regionais Federais, dos Tribunais Regionais do Trabalho e dos Tribunais Regionais Eleitorais e os conselheiros dos Tribunais de Contas dos Estados e do Distrito Federal;

XI – o procurador-geral de justiça;

XII – o embaixador de país que, por lei ou tratado, concede idêntica prerrogativa ao agente diplomático do Brasil.

§ 1º O juiz solicitará à autoridade que indique dia, hora e local a fim de ser inquirida, remetendo-lhe cópia da petição inicial ou da defesa oferecida pela parte que a arrolou como testemunha.

§ 2º Passado 1 (um) mês sem manifestação da autoridade, o juiz designará dia, hora e local para o depoimento, preferencialmente na sede do juízo.

§ 3º O juiz também designará dia, hora e local para o depoimento, quando a autoridade não comparecer, injustificadamente, à sessão agendada para a colheita de seu testemunho no dia, hora e local por ela mesma indicados.

O representante do MP goza, entre outras, da prerrogativa de "ser ouvido, como testemunha ou ofendido, em qualquer processo ou inquérito, em dia, hora e local previamente ajustados com o juiz ou a autoridade competente" (art. 40, I da Lei nº 8.625, de 12.02.1993).

LC nº 80, de 12.01.1994 – Organiza a Defensoria Pública da União, do Distrito Federal e dos Territórios e prescreve normas gerais para sua organização nos Estados, e dá outras providências (*Lex*, 1994/316, *RF*, 325/327): "**Art. 44**. São prerrogativas dos membros da Defensoria Pública da União: (...)

XIV – ser ouvido como testemunha, em qualquer processo ou procedimento, em dia, hora e local previamente ajustados com a autoridade competente".

[136] Por essa razão, **Alcalá-Zamora** afirmava que: "as testemunhas eram terceiros chamados a depor acerca de suas percepções sensoriais", *Derecho Procesal Penal*, 1945, vol. III, p. 83. No mesmo sentido, **Devis Echandia**, *Teoria General*, vol. II, nº 192.

[137] "**Art. 447.** Podem depor como testemunhas todas as pessoas, exceto as incapazes, impedidas ou suspeitas.

§ 1º São incapazes:

I – o interdito por enfermidade ou deficiência mental;

II – o que, acometido por enfermidade ou retardamento mental, ao tempo em que ocorreram os fatos, não podia discerni-los, ou, ao tempo em que deve depor, não está habilitado a transmitir as percepções;

III – o menor de dezesseis (16) anos;

IV – o cego e o surdo, quando a ciência do fato depender dos sentidos que lhes faltam.

§ 2º São impedidos:

I – o cônjuge, o companheiro, o ascendente e o descendente em qualquer grau e o colateral, até o terceiro grau, de alguma das partes, por consanguinidade ou afinidade, salvo se o exigir o interesse público ou, tratando-se de causa relativa ao estado da pessoa, não se puder obter de outro modo a prova que o juiz repute necessária ao julgamento do mérito;

II – o que é parte na causa;

III – o que intervém em nome de uma parte, como o tutor, o representante legal da pessoa jurídica, o juiz, o advogado e outros que assistam ou tenham assistido as partes.

§ 3º São suspeitos:

I – o inimigo da parte ou o seu amigo íntimo;

II – o que tiver interesse no litígio.

A prova testemunhal obedece ao princípio da especialidade da prova. Não obstante, pode resultar em revelações de usos, costumes ou técnicas. Assim, *v.g.*, a testemunha pode fazer uma revelação de uma praxe do mercado de capitais ou de locações, sem prejuízo de que em havendo prova específica para determinado fato, esta é insubstituível pela prova testemunhal, ao mesmo tempo em que, já havendo prova nos autos, o depoimento testemunhal obedece ao óbice da necessidade (arts. 442 e 443 do CPC).[140]

O CPC de 2015 afastou os resquícios do sistema da *prova tarifada* que se encontravam na restrição do art. 401 do CPC de 1973,[141] segundo o qual nos contratos cujo valor exceda o décuplo do maior salário mínimo vigente no país, ao tempo em que foram celebrados, não se admitiria a prova exclusivamente testemunhal. Atualmente, qualquer que seja o valor do contrato, *é admissível a prova testemunhal quando houver começo de prova* escrita consistente em documento lavrado pela própria parte contra quem se pretende provar ou nas hipóteses em que a obtenção da prova escrita é invencível para a parte que pretende provar (art. 444, do CPC).[142]

Por outro lado, a prova testemunhal não supre, em hipótese alguma, o documento exigido como prova *ad solemnitatem* do negócio jurídico, *v.g.*, uma escritura pública.

A prática judiciária denota que a prova oral tem sido servil à demonstração dos vícios dos negócios jurídicos e das objeções e exceções materiais que o réu tenha a opor ao pedido do autor (art. 446 do CPC).[143] Não obstante estranha ao litígio, uma vez convocada a depor, *a testemunha contrai deveres público-processuais*, haja vista que a sua declaração pode influir na exatidão da prestação jurisdicional.

O primeiro deles é de *comparecer quando convocada,* por isso a testemunha faltosa pode ser conduzida a juízo, respondendo pelas despesas do adiamento do ato, sanção consectária ao dever legal referido. O comparecimento da testemunha não lhe pode acarretar qualquer sanção trabalhista, porque a sua presença encerra serviço público relevante em prol da justiça; por isso, não pode sofrer perda de salário, tampouco desconto trabalhista (art. 463 do CPC).[144] Aliás, as despesas realizadas pela testemunha para comparecimento podem ser cobradas das partes que requereram o depoimento (art. 462 do CPC).[145]

A segunda obrigação é a de *depor*, isto é, de *prestar as declarações necessárias acerca dos fatos de seu conhecimento sempre que inquirida. A recusa em depor importa em sanção penal*; por isso, o juiz deve advertir a testemunha que incorre na pena criminal quem "faz afirmação falsa, cala ou

---

§ 4º Sendo necessário, pode o juiz admitir o depoimento das testemunhas menores, impedidas ou suspeitas.

§ 5º Os depoimentos referidos no § 4º serão prestados independentemente de compromisso, e o juiz lhes atribuirá o valor que possam merecer."

[139] **Moacyr Amaral Santos**, *Prova Judiciária*, vol. III, nº 23. Como bem assinala **Ovídio Baptista**, "o que não exclui que a testemunha leve a juízo as suas percepções olfativas, gustativas ou táteis".

[139] Nesse sentido, **Eduardo Couture**, *Estudos de Derecho Procesal Civil*, 1978, vol. II, nº 188.

[140] "**Art. 442.** A prova testemunhal é sempre admissível, não dispondo a lei de modo diverso.

Art. 443. O juiz indeferirá a inquirição de testemunhas sobre fatos:

I – já provados por documento ou confissão da parte;

II – que só por documento ou por exame pericial puderem ser provados.

CF, art. 5º: "LV – aos litigantes, em processo judicial ou administrativo, e aos acusados em geral são assegurados o contraditório e ampla defesa, com os meios e recursos a ela inerentes".

[141] "**Art. 401.** A prova exclusivamente testemunhal só se admite nos contratos cujo valor não exceda o décuplo do maior salário mínimo vigente no país, ao tempo em que foram celebrados."

[142] "**Art. 444.** Nos casos em que a lei exigir prova escrita da obrigação, é admissível a prova testemunhal quando houver começo de prova por escrito, emanado da parte contra a qual se pretende produzir a prova."

[143] "**Art. 446.** É lícito à parte provar com testemunhas:

I – nos contratos simulados, a divergência entre a vontade real e a vontade declarada;

II – nos contratos em geral, os vícios do consentimento."

[144] "**Art. 463.** O depoimento prestado em juízo é considerado serviço público."

[145] "**Art. 462.** A testemunha pode requerer ao juiz o pagamento da despesa que efetuou para comparecimento à audiência, devendo a parte pagá-la logo que arbitrada ou depositá-la em cartório dentro de 3 (três) dias."

oculta a verdade". Entretanto, mister observar as denominadas *escusas legais*, através das quais a testemunha exime-se de depor acerca de *fatos*: "I – que lhe acarretem grave dano, bem como ao seu cônjuge e aos seus parentes consanguíneos ou afins, em linha reta, ou na colateral em segundo grau; II – a cujo respeito, por estado ou profissão deva guardar sigilo, *v.g.*, o sigilo médico ou o sigilo profissional do advogado previsto no Estatuto da Ordem dos Advogados do Brasil".

O terceiro dever da testemunha é o de *dizer a verdade*, cujo descumprimento implica o delito de *falso testemunho*, punível com ação penal pública. Por essa razão é que a testemunha firma o *compromisso de dizer a verdade e sobre isso é advertida pelo juízo* (art. 458 do CPC).[146]

A admissibilidade da prova testemunhal depende de *requisitos objetivos e subjetivos*.

Objetivamente essa modalidade de prova oral deve ser requerida quando da inicial ou da defesa. Entretanto, se no curso do procedimento, o juiz determinar que as partes especifiquem as provas, caberá, nessa oportunidade, o requerimento. À proposição da prova testemunhal, segue--se a admissão no saneamento (art. 357 do CPC), produzindo-se o depoimento na audiência de instrução e julgamento. Não obstante essa seja a regra geral, é possível antecipar o depoimento para momento anterior à audiência se as circunstâncias objetivas assim determinarem. Trata-se de uma *produção antecipada de provas interinal* diversa daquela prevista como procedimento apartado, uma vez que, nesta, o depoimento é avaliado na sentença final, ao passo que na produção antecipada cautelar o juiz não engendra qualquer valoração isolada e prematura desse elemento de convicção. Destarte, escapam, também, à regra do depoimento em audiência perante o juiz da causa, as *testemunhas ouvidas por precatória*, bem como aquelas que, "em razão da função, indicam dia, hora e lugar para serem ouvidas" (art. 454, § 1º, do CPC), *v.g.*, o Presidente e Vice-Presidente da República, os deputados e senadores, os Ministros de Estado, bem como as demais autoridades arroladas no dispositivo.

A *produção* do depoimento obedece a uma solenidade que contempla *atos preparatórios*. Em primeiro lugar, a parte adversa tem o direito de saber a individualização completa das testemunhas, para fins de *aferição de impedimentos e incapacidade,* competindo ao *ex adverso* oferecer o rol de testemunhas, no máximo até cinco dias antes da audiência.

À finalidade de conceder à outra parte oportunidade para impugnar as testemunhas, justifica ser *defeso substituir o rol sem motivação*. Por isso a parte, depois de apresentado o rol, somente pode substituir as suas testemunhas se alguma delas *falecer*, se por *enfermidade* não estiver em condições de depor ou se houver *alteração de endereço* e por isso *não for encontrada* pelo oficial por desconhecimento de seu paradeiro pela parte que a arrolou. O citado preceito, por oportuno, admite uma interpretação flexível por parte do juiz que pode autorizar a substituição desde que não viole essa diminuta repercussão do contraditório, permitindo a ciência prévia do nome do depoente pela parte adversa.

Apresentado o rol, cumpre diligenciar para que a testemunha compareça à audiência para esse fim. O Código prevê a sistemática da intimação direta pelo advogado, por meio de carta com aviso de recebimento, juntado pelo advogado aos autos, com ao menos três dias de antecedência da data da audiência, com cópia da correspondência e da comprovação de recebimento (art. 455, § 1º). Do mandado deve constar, além do dia, hora e local do depoimento, a advertência de que, em não comparecendo por motivo justificado, a testemunha será *conduzida* a juízo por oficial em data posterior à audiência que faltou, bem como responderá pelas despesas de adiamento ato (art. 455, § 5º, do CPC).

A alternativa para parte interessada é apenas informar à testemunha da data. Contudo, se ausente o depoente, presumir-se-á a desistência de sua inquirição (art. 455, § 2º). A menor formalidade enseja maior risco.

---

[146] **"Art. 458.** Ao início da inquirição, a testemunha prestará o compromisso de dizer a verdade do que souber e lhe for perguntado.
Parágrafo único. O juiz advertirá à testemunha que incorre em sanção penal quem faz a afirmação falsa, cala ou oculta a verdade."

A *intimação*, portanto, *pode ser dispensada* se a parte se comprometer a levar a testemunha a juízo. Nesse caso, não pode haver a condução coercitiva na hipótese de ausência, mas antes a sanção consistente na presunção de *desistência da prova*, realizando-se o ato sem o depoimento. Referida presunção, evidentemente, *cede ao motivo justificado* apresentado pela parte na abertura da audiência, cuja seriedade conduz ao seu adiamento (art. 362, inciso II e § 1º, do CPC).[147]

Residualmente, mantém-se a possibilidade de intimação pelo juízo, quando frustrada a intimação direta pelo advogado; houver fundamento concreto para a exceção, demonstrado ao juiz; ou a parte for o Ministério Público ou patrocinada pela Defensoria Pública (art. 455, § 4º).

Em outros casos, também se excepciona sistemática. É a hipótese das oitivas de autoridades já mencionadas (art. 454) ou de servidor público civil ou militar, que serão requisitados.

A testemunha, comparecendo antes de depor sobre os fatos da causa, deve ser qualificada, esclarecendo sobre suas relações e eventuais impedimentos para depor. O próprio juiz deve adverti-la desses impedimentos, bem como das consequências das eventuais afirmações falsas ou omissões que venha a cometer. Cientificando-se dessas advertências e obrigando-se a não as cometer, a parte presta o *compromisso*. Ainda assim, é lícito à parte contrária impugnar o seu compromisso demonstrando a existência de impedimentos, suscitando o incidente da *contradita* que deve ser solucionado no momento anterior ao depoimento, sendo certo que para esse fim da contradita é lícito à parte que arrolou a testemunha e à impugnante produzirem provas.

O *juiz é livre para ouvir a testemunha contraditada* sem compromisso, para avaliar *a posteriori* o grau de colaboração daquele testemunho no descobrimento da verdade. Advirta-se que a testemunha que, por escusa legal, não é obrigada a depor sobre determinados fatos (art. 457, § 2º, do CPC), na verdade não se recusa.[148]

Superada essa fase, colhe-se o depoimento das testemunhas, primeiro as do autor depois as do réu, iniciando-se as perguntas, pelo juiz, acerca dos fatos relevantes e influentes concedendo-se, depois, oportunidade à parte que a arrolou e, por fim, à parte adversa. A relevância e a pertinência das perguntas são avaliadas pelo juiz, que pode indeferi-las. Nessa hipótese, deve constar do termo de audiência a pergunta indeferida para que o tribunal, em caso de eventual recurso, avalie da importância da mesma para o desate da causa, podendo, inclusive, anular o julgado em face dessa lacuna.

A forma de arquivar-se o depoimento é variada, tendo sido usual a transcrição de tudo em ata da audiência. Entretanto, seguindo as técnicas modernas, os depoimentos podem ser gravados, relegando-se a sua transcrição para o processo através da datilografia quando houver recurso da sentença ou por determinação judicial, *ex officio* ou a requerimento da parte, atentando-se para a novel previsão do processo eletrônico.

A forma de coleta do depoimento foi simplificada pelo Código de 2015, que ultrapassou o "sistema presidencial", que impunha que o juiz fosse o intermediário das indagações das partes; por isso, as perguntas eram formuladas por ele às testemunhas mediante solicitação dos advo-

---

[147] **"Art. 362.** A audiência poderá ser adiada:

I – por convenção das partes;

II – se não puder comparecer, por motivo justificado, qualquer pessoa que dela deva necessariamente participar;

III – por atraso injustificado de seu início em tempo superior a 30 (trinta) minutos do horário marcado.

§ 1º O impedimento deverá ser comprovado até a abertura da audiência, e, não o sendo, o juiz procederá à instrução.

§ 2º O juiz poderá dispensar a produção das provas requeridas pela parte cujo advogado ou defensor público não tenha comparecido à audiência, aplicando-se a mesma regra ao Ministério Público.

§ 3º Quem der causa ao adiamento responderá pelas despesas acrescidas."

[148] **"Art. 457.** Antes de depor, a testemunha será qualificada, declarará ou confirmará seus dados e informará se tem relações de parentesco com a parte ou interesse no objeto do processo.

(...)

§ 2º Sendo provados ou confessados os fatos a que se refere o § 1º, o juiz dispensará a testemunha ou lhe tomará o depoimento como informante."

gados. Essa intermediação visava não só a avaliar da pertinência das perguntas, mas também a coibir qualquer espécie de abuso no relacionamento com a testemunha; por isso, as partes devem tratá-las com urbanidade, não lhes fazendo perguntas ou considerações não essenciais, capciosas ou vexatórias, impedindo-as o *poder de polícia*, de que é dotado o magistrado em todo o processo (art. 360 do CPC).[149]

Atualmente, sem prejuízo da possibilidade de o juiz indeferir questionamentos que induzam respostas, sem relação com os fatos objetos da prova ou repetitivos, cabe aos advogados das partes realizar, diretamente, as perguntas (art. 459[150]). Naturalmente, pode o magistrado, antes ou depois das partes, realizar indagações. Importou-se, assim, o tradicional instituto oriundo da *common law*, concernente no *cross examination*.

Da prova testemunhal pode surgir a necessidade de oitiva de pessoa *referida* que é aquela mencionada no depoimento de outra testemunha.

Destarte, é possível, também, que, ao findar o depoimento de uma testemunha, o juiz verifique a necessidade de *confrontar* a mesma com outra pessoa que também trouxe elementos de informação, nas hipóteses em que os depoimentos contradizem-se em pontos essenciais. Dá-se o nome a esse incidente de "acareação" e pode ser suscitado pela parte ou provocado de ofício pelo juiz. Colocadas *cara a cara*, a testemunha e a parte ou a testemunha e outra testemunha esclarecem ao juiz, as divergências de seus depoimentos, constando esse teor da assentada.

Por fim, cumpre anotar que, nos termos da Lei nº 14.340/2022, sempre que necessário o depoimento ou a oitiva de crianças e de adolescentes em casos de alienação parental, eles serão realizados obrigatoriamente nos termos da Lei nº 13.431/2017, sob pena de nulidade processual.

A referida Lei estabelece o sistema de garantia de direitos da criança e do adolescente vítima ou testemunha de violência, prevendo a denominada "escuta especializada", que é o procedimento de entrevista sobre situação de violência com criança ou adolescente perante órgão da rede de proteção, limitado o relato estritamente ao necessário para o cumprimento de sua finalidade, e o "depoimento especial", que é o procedimento de oitiva de criança ou adolescente vítima ou testemunha de violência perante autoridade policial ou judiciária.

Nesse último, regido por protocolos, a criança ou o adolescente deve ser resguardado de qualquer contato, ainda que visual, com o suposto autor ou acusado, ou com outra pessoa que represente ameaça, coação ou constrangimento, e, sempre que possível, será realizado uma única vez, em sede de produção antecipada de prova judicial, garantida a ampla defesa do investigado[151].

---

[149] **"Art. 360.** O juiz exerce o poder de polícia, incumbindo-lhe:

I – manter a ordem e o decoro na audiência;

II – ordenar que se retirem da sala da audiência os que se comportarem inconvenientemente;

III – requisitar, quando necessário, a força policial;

IV – tratar com urbanidade as partes, os advogados, os membros do Ministério Público e da Defensoria Pública e qualquer pessoa que participe do processo;

V – registrar em ata, com exatidão, todos os requerimentos apresentados em audiência."

[150] **"Art. 459.** As perguntas serão formuladas pelas partes diretamente à testemunha, começando pela que a arrolou, não admitindo o juiz aquelas que puderem induzir a resposta, não tiverem relação com as questões de fato objeto da atividade probatória ou importarem repetição de outra já respondida.

§ 1º O juiz poderá inquirir a testemunha tanto antes quanto depois da inquirição feita pelas partes.

§ 2º As testemunhas devem ser tratadas com urbanidade, não se lhes fazendo perguntas ou considerações impertinentes, capciosas ou vexatórias.

§ 3º As perguntas que o juiz indeferir serão transcritas no termo, se a parte o requerer."

[151] **"Art. 12.** O depoimento especial será colhido conforme o seguinte procedimento:

I – os profissionais especializados esclarecerão a criança ou o adolescente sobre a tomada do depoimento especial, informando-lhe os seus direitos e os procedimentos a serem adotados e planejando sua participação, sendo vedada a leitura da denúncia ou de outras peças processuais;

II – é assegurada à criança ou ao adolescente a livre narrativa sobre a situação de violência, podendo o profissional especializado intervir quando necessário, utilizando técnicas que permitam a elucidação dos fatos;

Parte VII • I – PROVAS 455

5.4.2.1 Juntada do rol de testemunhas

Consoante restou possível observar das digressões acima, o derrogado art. 407, do CPC de 1973, em versão anterior à que vigorava até recentemente, previa incumbir à parte, 5 (cinco) dias antes da audiência, depositar em cartório o rol de testemunhas, precisando-lhes o nome, a profissão e a residência.

A *práxis*, contudo, revelou quão frequentes eram os adiamentos das audiências por força da ausência de intimação das testemunhas.

Um dos fatores dessa dificuldade era a juntada do rol muito próxima à data do ato. Houve, nesse sentido, reforma, a fim de permitir ao juiz fixar um prazo razoável para essa juntada ou, então, no seu silêncio, ter-se-á como prazo legal o de dez dias antecedentes à audiência.

O atual CPC, contudo, suprimiu a segunda parte do art. 407 do CPC de 1973, estatuindo o prazo de 15 dias para juntada do rol de testemunhas, contado da decisão de saneamento (art. 357, § 4º). Não equivale, portanto, ao prazo do vetusto art. 407, uma vez que aquele se contava "de trás para frente", a partir da data da audiência. O atual prazo, por outro lado, conta-se a partir da publicação da decisão que designou a audiência, de forma a constituir prazo razoável para a apresentação.

A exceção fica por cota do saneamento compartilhado, em audiência, hipótese em que as partes devem comparecer ao encontro portando o rol de testemunhas.

No mais, outra inovação para solucionar o mesmo problema consta no art. 455, CPC, que dispensa a intimação do juiz à testemunha e passa a constituir ônus do advogado da parte que pretende ouvir a respectiva testemunha. Dessa forma, deve apresentar com antecedência de, no mínimo, 3 (três) dias a intimação da testemunha, a se dar por carta com aviso de recebimento, nos termos do art. 455, § 1º, CPC.

5.4.2.2 Depoimentos privilegiados

A regra é a de que as partes depõem na audiência de instrução e julgamento.

Entretanto, para não prejudicar o exercício de funções relevantes e reciprocamente não condicionar as pautas dos juízos ao retorno dos atos de comunicação, o art. 453 estabelece uma série de depoimentos *com prerrogativa*.[152]

III – no curso do processo judicial, o depoimento especial será transmitido em tempo real para a sala de audiência, preservado o sigilo;

IV – findo o procedimento previsto no inciso II deste artigo, o juiz, após consultar o Ministério Público, o defensor e os assistentes técnicos, avaliará a pertinência de perguntas complementares, organizadas em bloco;

V – o profissional especializado poderá adaptar as perguntas à linguagem de melhor compreensão da criança ou do adolescente;

VI – o depoimento especial será gravado em áudio e vídeo.

§ 1º À vítima ou testemunha de violência é garantido o direito de prestar depoimento diretamente ao juiz, se assim o entender.

§ 2º O juiz tomará todas as medidas apropriadas para a preservação da intimidade e da privacidade da vítima ou testemunha.

§ 3º O profissional especializado comunicará ao juiz se verificar que a presença, na sala de audiência, do autor da violência pode prejudicar o depoimento especial ou colocar o depoente em situação de risco, caso em que, fazendo constar em termo, será autorizado o afastamento do imputado.

§ 4º Nas hipóteses em que houver risco à vida ou à integridade física da vítima ou testemunha, o juiz tomará as medidas de proteção cabíveis, inclusive a restrição do disposto nos incisos III e VI deste artigo.

§ 5º As condições de preservação e de segurança da mídia relativa ao depoimento da criança ou do adolescente serão objeto de regulamentação, de forma a garantir o direito à intimidade e à privacidade da vítima ou testemunha.

§ 6º O depoimento especial tramitará em segredo de justiça."

[152] **"Art. 453.** As testemunhas depõem, na audiência de instrução, perante o juiz da causa, exceto:

I – as que prestam depoimento antecipadamente;

II – as que são inquiridas por carta.

456 CURSO DE DIREITO PROCESSUAL CIVIL · *Luiz Fux*

A redação do dispositivo veio adaptar o rol dos depoimentos privilegiados a partir da criação dos tribunais regionais federais e da substituição do Tribunal Federal de Recursos pelo Superior Tribunal de Justiça para inserir, também, *os ministros do Supremo Tribunal Federal, do Superior Tribunal de justiça, do Superior Tribunal Militar, do Tribunal Superior Eleitoral, do Tribunal Superior do Trabalho e do Tribunal de Contas da União.*

5.4.3   Confissão

Confessar é admitir como verdadeiros fatos relativos à pretensão formulada pela parte adversa em desfavor dos interesses do confitente (art. 389 do CPC).[153] A confissão pode ser engendrada por qualquer das partes, pessoalmente ou por procurador com poderes especiais (art. 105 do CPC). Havendo litisconsórcio, quer seja ele simples ou unitário, o regime da confissão não se altera, por isso a confissão faz prova apenas contra o confitente, não prejudicando os demais (art. 391 do CPC). Em face do litisconsórcio necessário que se forma nas causas relativas a direitos reais imobiliários pertencentes aos cônjuges, a imposição da prática conjunta de atos de disponibilidade implica que a confissão de um deles não vale sem a do outro. É que, nessas hipóteses, se as ações são exercidas em conjunto, não teria sentido que uma só confissão suprisse a outorga uxória ou a autorização marital em desfavor do patrimônio familiar, incidindo a máxima exegética *ubi eadem ratio ibi eadem dispositio.*[154] A confissão revela-se desfavorável ao confitente porquanto o fato admitido evita ser provado pela parte contrária.[155]

O *valor da confissão* é aferível objetivamente, sendo *indiferente a intenção ou não de confessar* (*animus confitendi*), haja vista que a admissão de veracidade pode ser provocada.[156]

---

§ 1º A oitiva de testemunha que residir em comarca, seção ou subseção judiciária diversa daquela onde tramita o processo poderá ser realizada por meio de videoconferência ou outro recurso tecnológico de transmissão e recepção de sons e imagens em tempo real, o que poderá ocorrer, inclusive, durante a audiência de instrução e julgamento.

§ 2º Os juízos deverão manter equipamento para a transmissão e recepção de sons e imagens a que se refere o § 1º.

Art. 454. São inquiridos em sua residência ou onde exercem a sua função:

I – o presidente e o vice-presidente da República;

II – os ministros de Estado;

III – os ministros do Supremo Tribunal Federal, os conselheiros do Conselho Nacional de Justiça e os ministros do Superior Tribunal de Justiça, do Superior Tribunal Militar, do Tribunal Superior Eleitoral, do Tribunal Superior do Trabalho e do Tribunal de Contas da União;

IV – o procurador-geral da República e os conselheiros do Conselho Nacional do Ministério Público;

V – o advogado-geral da União, o procurador-geral do Estado, o procurador-geral do Município, o defensor público-geral federal e o defensor público-geral do Estado;

VI – os senadores e os deputados federais;

VII – os governadores dos Estados e do Distrito Federal;

VIII – o prefeito;

IX – os deputados estaduais e distritais;

X – os desembargadores dos Tribunais de Justiça, dos Tribunais Regionais Federais, dos Tribunais Regionais do Trabalho e dos Tribunais Regionais Eleitorais e os conselheiros dos Tribunais de Contas dos Estados e do Distrito Federal;

XI – o procurador-geral de justiça;

XII – o embaixador de país que, por lei ou tratado, concede idêntica prerrogativa a agente diplomático do Brasil. (...)."

[153] **"Art. 389.** Há confissão, judicial ou extrajudicial, quando a parte admite a verdade de fato contrário ao seu interesse e favorável ao do adversário."

[154] **Pontes de Miranda**, *Comentários ao Código de Processo Civil*, 1947, vol. II, p. 209.

[155] O fato de a confissão provir da parte levou **Carnelutti** a considerá-la "um testemunho qualificado", *in Sistema di Diritto Processuale Civile*, p. 755-756.

[156] Como bem salienta **Guasp**, "a confissão, mercê de representar uma 'declaração voluntária' não é uma 'declaração de vontade'", *in Derecho Procesal Civil*, 1956, p. 373. **Liebman** complementa ao afirmar que "a única vontade perceptível é a de fazer a declaração e não a confissão", *in Corso di Diritto Processuale Civile*, p. 167-168.

Não obstante se revele em elemento de altíssimo poder de convicção, o juiz, por seu turno, não fica vinculado à confissão, assim como não está a qualquer outra prova, não obstante se revele em elemento de altíssimo poder de convicção, por força da adoção do sistema do *convencimento racional.*[157]

O *objeto da confissão*, consoante a lei, são os *fatos relevantes para a causa* e, por isso, favoráveis ao adversário do confidente. Escapam, assim, à confissão, as *relações jurídicas*, sendo certo que algumas, inclusive, para se revelarem existentes, demandam formas públicas que são da substância do ato que visam a exteriorizar, como a compra e venda de um imóvel.

Em face dessa característica, a doutrina *distingue* a *confissão* da *admissão da veracidade de determinado fato*, como ocorre quando a parte não suporta o ônus da impugnação especificada. A própria lei, ao dispor sobre ônus da prova, distingue fatos confessados de fatos admitidos no processo como incontroversos (art. 374 do CPC).[158] Diz-se *ficta a confissão* decorrente da pena de confesso imposta pelo não comparecimento da parte para depor após regular intimação (art. 385, § 1º, do CPC).[159]

A confissão, por seu turno distingue-se do *reconhecimento da procedência do pedido*. A primeira é *meio de prova*, e o segundo, *negócio jurídico processual*, que acarreta a extinção do processo com julgamento de mérito em favor do autor, consequência que não se segue à confissão. Destarte, qualquer das partes pode confessar, ao passo que o reconhecimento é ato exclusivo do réu.[160]

Subjetivamente, a *confissão exige capacidade da parte*, assim entendida a capacidade postulatória específica (art. 105 do CPC) ou a capacidade do mandatário munido de poderes especiais (art. 390, § 1º, do CPC).[161] O representante do incapaz não pode confessar, posto que não vale em juízo a confissão que gravite em torno de direitos indisponíveis (art. 392 do CPC).[162] Essa mesma regra impede a confissão nas ações de estado, bem como naquelas em que estão em jogo fatos que constituem direitos sobre os quais as partes não podem dispor.

A confissão pode ser produzida em juízo ou fora dele. A confissão judicial pode ser engendrada por escrito ou através de depoimento voluntário. Sob essa modalidade, a confissão diz-se *espontânea* quando a parte dispõe-se a admitir fatos contrários aos seus interesses em causa. A *confissão provocada* configura-se quando resultante da inquirição da parte adversa efetiva através do juízo (art. 390 do CPC).

---

[157] Assim também **Guasp** ao rechaçar a "força vinculante da confissão", *in* ob. cit., p. 373.

[158] "**Art. 374.** Não dependem de prova os fatos:

I – notórios;

II – afirmados por uma parte e confessados pela parte contrária;

III – admitidos no processo como incontroversos;

IV – em cujo favor milita presunção legal de existência ou de veracidade."

[159] A confissão ficta é reminiscência do sistema da prova legal, consoante as justas críticas de **João Bonumá**, *in Direito Processual Civil*, vol. II, p. 248, e **Valentin Silva Melero**, *in La Prueba Procesal*, 1963, vol. I, p. 159.

[160] A distinção é encontrada em todos os nossos matizes europeus. No Direito romano, dizia-se que "a confissão referia-se às questões surgidas, ao passo que o reconhecimento era endereçado à pretensão do autor." Nesse sentido, o clássico estudo de **Liebman** em homenagem a **Chiovenda**, "Sul Riconnoscimento della Domanda", *in Studi di Diritto Processuale in Onore di Giuseppe Chiovenda*, 1927, p. 457. No Direito luso há confissão-prova e confissão do pedido, sendo esta última uma "renúncia à luta forense" (*in* **José Alberto dos Reis**, ob. cit., vol. IV, p. 63-64).

[161] "**Art. 390.** A confissão judicial pode ser espontânea ou provocada.

§ 1º A confissão espontânea pode ser feita pela própria parte, ou por representante com poder especial.

§ 2º A confissão provocada constará do termo de depoimento pessoal."

[162] "**Art. 392.** Não vale como confissão a admissão, em juízo, de fatos relativos a direitos indisponíveis.

§ 1º A confissão será ineficaz se feita por quem não for capaz de dispor do direito a que se referem os fatos confessados.

§ 2º A confissão feita por um representante somente é eficaz nos limites em que este pode vincular o representado."

A *confissão extrajudicial* feita por escrito é avaliada segundo as regras da prova documental e, por isso, não substitui a prova escrita exigida como substância do ato, *v.g.*, a confissão sobre ter havido uma compra e venda de imóvel sem apresentação da escritura pública.

Outrossim, quando feita por escrito à parte ou ao seu procurador, tem a mesma força probatória do que a confissão judicial. Diversamente, a confissão oral só terá eficácia nos casos em que a lei dispensa a exigência de forma escrita (art. 394 do CPC).[163]

A confissão, *manifestação unilateral de vontade como soe ser*, pode ser anulada se resultar de *dolo* ou *coação*, sendo certo que, em prol da marcha do processo, e em face de sua energia probatória, o legislador tornou-a irretratável nos próprios autos,[164] por isso, se o confitente pretender anular a confissão, deve manejar a ação anulatória dos atos jurídicos em geral (art. 966, § 4º, do CPC),[165] se o processo ainda estiver pendente, hipótese em que a prejudicialidade que esta questão encerra sobre a lide implica a suspensão do processo. Diversamente, se a decisão que nela valeu-se transitar em julgado, a hipótese enquadrar-se-á na *decisão fundada em falsa prova*, aquela para a qual a lei confere ao confitente a ação rescisória.[166]

O valor probante da confissão é significativo uma vez que o art. 374 do CPC dispensa qualquer outra prova acerca dos fatos confessados (inciso II), além de o art. 391 do CPC dispor que a confissão faz prova contra o confitente. Isto significa dizer que, com relação àquele fato, há prova inequívoca, podendo o juiz julgar a causa no sentido que entender, à luz do confronto das demais provas dos autos, como reclama o nosso sistema do *convencimento racional*, em contraposição à prova legal.[167]

Destarte, não pode a parte pretender utilizar-se da confissão naquilo que lhe é favorável e desprezá-la na parte que lhe for prejudicial, porque a *confissão é indivisível* (art. 395 do CPC).[168] Entretanto, se, o confitente, ao confessar, encartar fatos que lhe ensejam defesa de direito material ou reconvenção, pode o juiz cindi-la, posto que representam direitos dos quais só o confitente pode despojar-se (art. 395, *in fine*, do CPC).

5.5   Prova pericial

Os fatos objeto da prova nem sempre podem ser revelados somente através da simples palavra da testemunha ou do documento acostado. Há casos em que a apuração de um fato depende de conhecimento técnico aferível mediante contato com a coisa ou a pessoa (art. 156 do CPC).[169]

---

[163]   **"Art. 394.** A confissão extrajudicial, quando feita oralmente, só terá eficácia nos casos em que a lei não exija prova literal."

[164]   A irretratabilidade, não obstante decorrente desses aspectos processuais da preclusão em prol do andamento do feito, como vaticinaram **José Alberto dos Reis** e **Liebman**, *in Código de Processo Civil Anotado*, 1951, vol. IV, p. 90, e *Instituições de Chiovenda, Notas*, vol. II, p. 146, sustenta-se, hodiernamente da letra expressa do art. 158 do CPC.

[165]   **"Art. 966, § 4º.** Os atos de disposição de direitos, praticados pelas partes ou por outros participantes do processo e homologados pelo juízo, bem como os atos homologatórios praticados no curso da execução, estão sujeitos à anulação, nos termos da lei."

[166]   **"Art. 393.** A confissão é irrevogável, mas pode ser anulada se decorreu de erro de fato ou de coação.
Parágrafo único. A legitimidade para a ação prevista no *caput* é exclusiva do confitente e pode ser transferida a seus herdeiros se ele falecer após a propositura."

[167]   Consoante **José Alberto dos Reis**, nessas hipóteses a lei confere à confissão "a eminência de *probatio probatíssima*", *in* ob. cit., p. 90. No sentido do texto, **Rosenberg**, *Tratado*, vol. II, § 113, I, 1, D. **Frederico Marques**, em seu *Manual de Processo Civil*, qualifica a confissão como "prova plena e resquício da prova legal por assemelhação aos efeitos conferidos pelo legislador à revelia e à ausência do ônus da impugnação especificada".

[168]   **"Art. 395.** A confissão é, em regra, indivisível, não podendo a parte que a quiser invocar como prova aceitá-la no tópico que a beneficiar e rejeitá-la no que lhe for desfavorável, porém cindir-se-á quando o confitente a ela aduzir fatos novos, capazes de constituir fundamento de defesa de direito material ou de reconvenção."

[169]   **"Art. 156.** O juiz será assistido por perito quando a prova do fato depender de conhecimento técnico ou científico.

Nessas hipóteses, realiza-se a *vistoria de determinada coisa, examina-se a pessoa* ou *procede-se a uma apuração denominada avaliação.*

A prova pericial conforme se observa, é uma prova que demanda especial conhecimento técnico. A perícia encerra declaração de ciência na medida em que o perito relata no seu laudo as percepções colhidas. O perito realiza afirmação de juízo no laudo que elabora, auxiliando o juiz na interpretação e apreciação dos fatos da causa, por isso é que se afirma que ele atua como *expert percipiendi e deducendi.*[170] As parte podem contratar assistentes técnicos, que exprimem sua opinião técnica, permitindo o contraditório.

O CPC define a *prova pericial* como consistente em "vistorias, arbitramento e avaliações" para exemplificar a especialidade desse meio de convicção.

A *vistoria*, segundo a praxe judiciária, é o exame pericial realizado sobre bens imóveis; a *avaliação* é o exame consistente na estimativa de valor de determinados bens e o *arbitramento* é, igualmente, uma estimativa de valor, porém, engendrada em relação a um serviço ou indenização.

Destarte, o perito é considerado *auxiliar eventual do juízo* e, como tal, tem a sua função regulada no Capítulo III, do Título IV do Código, ao lado do oficial de justiça, do escrivão, do intérprete e do depositário. Trata-se de profissional nomeado entre aqueles legalmente habilitados junto aos órgãos técnicos e científicos, inscritos em cadastro mantido pelo respectivo tribunal (art. 156, § 1º, do CPC). Outrossim, quando o exame consistir na verificação da autenticidade ou falsidade de documento ou for de natureza médico-legal, o perito deve ser escolhido, de preferência, entre os técnicos dos estabelecimentos oficiais especializados (art. 478 do CPC).[171]

A função relevante que exerce implica a aplicação ao perito dos mesmos motivos que ensejam a *recusatio judicis* (suspeição ou impedimento), porquanto a imparcialidade do seu trabalho é pressuposto do valor probante do laudo. Ademais, pela natureza da prova, é possível a recusa pela ausência de capacidade técnica (art. 148 c.c art. 468, inciso I, do CPC).[172] Assim, *v.g.*, é suspeito o perito que adianta as conclusões a que chegou à parte que o remunerou.

---

§ 1º Os peritos serão nomeados entre os profissionais legalmente habilitados e os órgãos técnicos ou científicos devidamente inscritos em cadastro mantido pelo tribunal ao qual o juiz está vinculado.

§ 2º Para formação do cadastro, os tribunais devem realizar consulta pública, por meio de divulgação na rede mundial de computadores ou em jornais de grande circulação, além de consulta direta a universidades, a conselhos de classe, ao Ministério Público, à Defensoria Pública e à Ordem dos Advogados do Brasil, para a indicação de profissionais ou de órgãos técnicos interessados.

§ 3º Os tribunais realizarão avaliações e reavaliações periódicas para manutenção do cadastro, considerando a formação profissional, a atualização do conhecimento e a experiência dos peritos interessados.

§ 4º Para verificação de eventual impedimento ou motivo de suspeição, nos termos dos arts. 148 e 467, o órgão técnico ou científico nomeado para realização da perícia informará ao juiz os nomes e os dados de qualificação dos profissionais que participarão da atividade.

§ 5º Na localidade onde não houver inscrito no cadastro disponibilizado pelo tribunal, a nomeação do perito é de livre escolha pelo juiz e deverá recair sobre profissional ou órgão técnico ou científico comprovadamente detentor do conhecimento necessário à realização da perícia."

[170] No sentido do texto, consulte-se **Moacyr Amaral Santos**, *in Prova Judiciária no Civil e no Comercial*, 1955, vol. V, p. 30. As expressões "percipiente e deducente" são de **Carnelutti**, *in Sistema di Diritto Processuale Civile*, 1936, vol. I, nº 209, p. 530.

[171] **"Art. 478.** Quando o exame tiver por objeto a autenticidade ou a falsidade de documento ou for de natureza médico-legal, o perito será escolhido, de preferência, entre os técnicos dos estabelecimentos oficiais especializados, a cujos diretores o juiz autorizará a remessa dos autos, bem como do material sujeito a exame.

§ 1º Nas hipóteses de gratuidade de justiça, os órgãos e as repartições oficiais deverão cumprir a determinação judicial com preferência, no prazo estabelecido.

§ 2º A prorrogação do prazo referido no § 1º pode ser requerida motivadamente.

§ 3º Quando o exame tiver por objeto a autenticidade da letra e da firma, o perito poderá requisitar, para efeito de comparação, documentos existentes em repartições públicas e, na falta destes, poderá requerer ao juiz que a pessoa a quem se atribuir a autoria do documento lance em folha de papel, por cópia ou sob ditado, dizeres diferentes, para fins de comparação."

[172] **"Art. 148.** Aplicam-se os motivos de impedimento e de suspeição:

I – ao membro do Ministério Público;

CURSO DE DIREITO PROCESSUAL CIVIL • *Luiz Fux*

A lei impõe ao *perito deveres* e confere-lhe *direitos* inerentes ao cargo e à confiança depositada pelo juiz.

Assim, o perito tem o dever de cumprir o seu ofício, no prazo que lhe assina a lei, empregando toda a sua diligência, podendo, todavia, escusar-se do encargo, alegando motivo legítimo. Entretanto, a escusa deve ser apresentada dentro de cinco dias, contados da intimação ou do impedimento superveniente, sob pena de reputar-se renunciado o direito de alegá-la (art. 157 e parágrafos c.c art. 467, do CPC).[173]

Em face da confiança depositada e da natureza técnica de suas funções, que torna a perícia elemento de alto valor probante, o perito deve atuar com exação máxima, uma vez que responde pelos prejuízos que, por *dolo ou culpa*, causar em decorrência das informações inverídicas que prestar, ficando inabilitado por dois anos, de funcionar em outras perícias sem prejuízo de incorrer na sanção penal que a lei estabelecer, haja vista que a falsa perícia é figura típica prevista no art. 342 do Código Penal (art. 158 c/c art. 466 do CPC).[174]

É dever do perito não exceder os prazos conferidos pelo juiz para apresentação do laudo, podendo o magistrado impor-lhe multa calculada sobre o valor da causa e o do prejuízo pela demora, comunicando-se ao órgão de classe para as providências administrativo-punitivas (art. 468, inciso II, do CPC).[175] Em contrapartida aos deveres assumidos, o perito é dotado de poderes na qualidade de *longa manu* do juiz, por isso pode utilizar-se de todos os meios necessários para cumprir o seu encargo, dentre outros: ouvir testemunhas, solicitar documentos e instruir os seus laudos. Ademais, pode pleitear prorrogação de prazos e somente está obrigado a *responder às perguntas feitas a ele*

II – aos auxiliares de justiça;

III – aos demais sujeitos imparciais do processo.

§ 1º A parte interessada deverá arguir o impedimento ou a suspeição, em petição fundamentada e devidamente instruída, na primeira oportunidade em que lhe couber falar nos autos.

§ 2º O juiz mandará processar o incidente em separado e sem suspensão do processo, ouvindo o arguido no prazo de 15 (quinze) dias e facultando a prova, quando necessária.

§ 3º Nos tribunais, a arguição a que se refere o § 1º será disciplinada pelo regimento interno.

§ 4º O disposto nos §§ 1º e 2º não se aplica à arguição de impedimento ou de suspeição de testemunha."

"**Art. 468.** O perito pode ser substituído quando:

I – faltar-lhe conhecimento técnico ou científico; (...)."

[173] "**Art. 157.** O perito tem o dever de cumprir o ofício no prazo que lhe designar o juiz, empregando toda sua diligência, podendo escusar-se do encargo alegando motivo legítimo.

§ 1º A escusa será apresentada no prazo de 15 (quinze) dias, contado da intimação, da suspeição ou do impedimento supervenientes, sob pena de renúncia ao direito a alegá-la.

§ 2º Será organizada lista de peritos na vara ou na secretaria, com disponibilização dos documentos exigidos para habilitação à consulta de interessados, para que a nomeação seja distribuída de modo equitativo, observadas a capacidade técnica e a área de conhecimento."

"**Art. 467.** O perito pode escusar-se ou ser recusado por impedimento ou suspeição.

Parágrafo único. O juiz, ao aceitar a escusa ou ao julgar procedente a impugnação, nomeará novo perito."

[174] "**Art. 158.** O perito que, por dolo ou culpa, prestar informações inverídicas responderá pelos prejuízos que causar à parte e ficará inabilitado para atuar em outras perícias no prazo de dois a cinco anos, independentemente das demais sanções previstas em lei, devendo o juiz comunicar o fato ao respectivo órgão de classe para adoção das medidas que entender cabíveis."

"**Art. 466.** O perito cumprirá escrupulosamente o encargo que lhe foi cometido, independentemente de termo de compromisso.

§ 1º Os assistentes técnicos são de confiança da parte e não estão sujeitos a impedimento ou suspeição.

§ 2º O perito deve assegurar aos assistentes das partes o acesso e o acompanhamento das diligências e dos exames que realizar, com prévia comunicação, comprovada nos autos, com antecedência mínima de 5 (cinco) dias."

[175] "**Art. 468.** O perito pode ser substituído quando: (...)

II – sem motivo legítimo, deixar de cumprir o encargo no prazo que lhe foi assinado."

em audiência, se for intimado com pelo menos dez dias de antecedência, através de peça escrita onde constem as indagações a serem formuladas (art. 477, §§ 3º e 4º, do CPC).[176]

É direito inafastável do perito exonerar-se do encargo por motivo legítimo, *v.g.*, impossibilidade de cumprir o *munus* em face de doença etc.

Aceito o encargo, faz jus à remuneração de honorários e despesas que devem ser suportadas ao final pelo vencido, porém, adiantadas pela parte que requereu a perícia ou pelo autor, se a prova foi determinada de ofício pelo juiz ou requerida por ambas as partes (art. 95 do CPC).[177]

A perícia, à semelhança de toda e qualquer prova, passa pelos momentos da proposição, admissão e produção. As partes postulam a perícia com a inicial e com a defesa, sendo certo que não há preclusão que impeça a realização desse meio de prova quando revelado necessário supervenientemente.

A admissibilidade da perícia encontra seu momento culminante de aferição da conveniência no saneamento do processo (art. 465 c/c art. 357, do CPC).[178]

---

[176] **"Art. 477.** O perito protocolará o laudo em juízo, no prazo fixado pelo juiz, pelo menos 20 (vinte) dias antes da audiência de instrução e julgamento.

§ 1º As partes serão intimadas para, querendo, manifestar-se sobre o laudo do perito do juízo no prazo comum de 15 (quinze) dias, podendo o assistente técnico de cada uma das partes, em igual prazo, apresentar seu respectivo parecer.

§ 2º O perito do juízo tem o dever de, no prazo de 15 (quinze) dias, esclarecer ponto:

I – sobre o qual exista divergência ou dúvida de qualquer das partes, do juiz ou do órgão do Ministério Público;

II – divergente apresentado no parecer do assistente técnico da parte.

§ 3º Se ainda houver necessidade de esclarecimentos, a parte requererá ao juiz que mande intimar o perito ou o assistente técnico a comparecer à audiência de instrução e julgamento, formulando, desde logo, as perguntas, sob forma de quesitos.

§ 4º O perito ou o assistente técnico será intimado por meio eletrônico, com pelo menos 10 (dez) dias de antecedência da audiência."

[177] **"Art. 95.** Cada parte adiantará a remuneração do assistente técnico que houver indicado, sendo a do perito adiantada pela parte que houver requerido a perícia ou rateada quando a perícia for determinada de ofício ou requerida por ambas as partes.

§ 1º O juiz poderá determinar que a parte responsável pelo pagamento dos honorários do perito deposite em juízo o valor correspondente.

§ 2º A quantia recolhida em depósito bancário à ordem do juízo será corrigida monetariamente e paga de acordo com o art. 465, § 4º.

§ 3º Quando o pagamento da perícia for de responsabilidade de beneficiário de gratuidade da justiça, ela poderá ser:

I – custeada com recursos alocados no orçamento do ente público e realizada por servidor do Poder Judiciário ou por órgão público conveniado;

II – paga com recursos alocados no orçamento da União, do Estado ou do Distrito Federal, no caso de ser realizada por particular, hipótese em que o valor será fixado conforme tabela do tribunal respectivo ou, em caso de sua omissão, do Conselho Nacional de Justiça.

§ 4º Na hipótese do § 3º, o juiz, após o trânsito em julgado da decisão final, oficiará a Fazenda Pública para que promova, contra quem tiver sido condenado ao pagamento das despesas processuais, a execução dos valores gastos com a perícia particular ou com a utilização de servidor público ou da estrutura de órgão público, observando-se, caso o responsável pelo pagamento das despesas seja beneficiário de gratuidade da justiça, o disposto no art. 98, § 2º.

§ 5º Para fins de aplicação do § 3º, é vedada a utilização de recursos do fundo de custeio da Defensoria Pública".

[178] **"Art. 465.** O juiz nomeará perito especializado no objeto da perícia e fixará de imediato o prazo para a entrega do laudo.

§ 1º Incumbe às partes, dentro de 15 (quinze) dias contados da intimação do despacho de nomeação do perito:

I – arguir o impedimento ou a suspeição do perito, se for o caso;

II – indicar assistente técnico;

III – apresentar quesitos.

§ 2º Ciente da nomeação, o perito apresentará em 5 (cinco) dias:

I – proposta de honorários;

II – currículo, com comprovação de especialização;

462 | CURSO DE DIREITO PROCESSUAL CIVIL • *Luiz Fux*

Admitida a perícia, incumbe ao juiz nomear o perito dentre aqueles profissionais desimpedidos e de sua confiança, bem como fixar, de imediato, prazo para a entrega do laudo de, pelo menos 20 (vinte) dias antes da audiência de instrução e julgamento (art. 477 do CPC).[179] Admite-se, ainda, a possibilidade de o próprio juiz formular quesitos que entenda sejam necessários ao esclarecimento da causa (art. 470, inciso II, do CPC).[180] A prova pericial nas hipóteses em que tiver de realizar-se por *carta*, a nomeação do perito e a indicação dos assistentes técnicos dar-se-ão no juízo ao qual se requisitar a perícia, muito embora *o juiz da causa* seja o aferidor do valor probante da mesma (art. 465, § 6º, do CPC). Publicado o despacho de nomeação ou intimadas as partes, dispõem as mesmas de quinze dias, se assim o desejarem, para indicação de *assistentes técnicos e quesitos* (art. 465, § 1º, incisos II e III, do CPC). A formulação desses quesitos não impede que, durante a diligência, as partes formulem *quesitos suplementares*, cuja necessidade decorre, exatamente, da situação concreta (art. 469 do CPC).[181]

5.5.1 Realização da perícia. Ciência das partes quanto à data e ao local[182]

Em regra, o trabalho pericial era realizado, até então solitariamente pelo perito que, ao concluir o seu mister, anexava aos autos o seu laudo.

Entretanto, o legislador, não só atento à ênfase conferida pela Carta Maior aos princípios do contraditório e ao da ampla defesa, mas também à utilidade da presença das partes na diligência, propiciando fornecer ao *expert* elementos valiosos de apuração, determinou que as mesmas tenham ciência da data e local designados pelo juiz ou indicados pelo perito para ter início a produção da prova.

A falta de intimação nulifica a perícia, salvo se a parte nada arguir. Trata-se, de nulidade relativa sujeita ao princípio do prejuízo, por isso que se apesar de insciente a prova conspirar em prol dos interesses da parte, *utile per inutile non vitiatur*.

III – contatos profissionais, em especial o endereço eletrônico, para onde serão dirigidas as intimações pessoais.

§ 3º As partes serão intimadas da proposta de honorários para, querendo, manifestar-se no prazo comum de 5 (cinco) dias, após o que o juiz arbitrará o valor, intimando-se as partes para os fins do art. 95.

§ 4º O juiz poderá autorizar o pagamento de até cinquenta por cento dos honorários arbitrados a favor do perito no início dos trabalhos, devendo o remanescente ser pago apenas ao final, depois de entregue o laudo e prestados todos os esclarecimentos necessários.

§ 5º Quando a perícia for inconclusiva ou deficiente, o juiz poderá reduzir a remuneração inicialmente arbitrada para o trabalho.

§ 6º Quando tiver de realizar-se por carta, poder-se-á proceder à nomeação de perito e à indicação de assistentes técnicos no juízo ao qual se requisitar a perícia."

[179] "**Art. 477.** O perito protocolará o laudo em juízo, no prazo fixado pelo juiz, pelo menos 20 (vinte) dias antes da audiência de instrução e julgamento.

§ 1º As partes serão intimadas para, querendo, manifestar-se sobre o laudo do perito do juízo no prazo comum de 15 (quinze) dias, podendo o assistente técnico de cada uma das partes, em igual prazo, apresentar seu respectivo parecer.

§ 2º O perito do juízo tem o dever de, no prazo de 15 (quinze) dias, esclarecer ponto:

I – sobre o qual exista divergência ou dúvida de qualquer das partes, do juiz ou do órgão do Ministério Público;

II – divergente apresentado no parecer do assistente técnico da parte.

§ 3º Se ainda houver necessidade de esclarecimentos, a parte requererá ao juiz que mande intimar o perito ou o assistente técnico a comparecer à audiência de instrução e julgamento, formulando, desde logo, as perguntas, sob forma de quesitos.

§ 4º O perito ou o assistente técnico será intimado por meio eletrônico, com pelo menos 10 (dez) dias de antecedência da audiência."

[180] "**Art. 470.** Compete ao juiz: (...)

II – formular os que entender necessários ao esclarecimento da causa."

[181] "**Art. 469.** As partes poderão apresentar quesitos suplementares durante a diligência, que poderão ser respondidos pelo perito previamente ou na audiência de instrução e julgamento. Parágrafo único. O escrivão dará à parte contrária ciência da juntada dos quesitos aos autos."

[182] "**Art. 474.** As partes terão ciência da data e local designados pelo juiz ou indicados pelo perito para ter início a produção da prova."

Parte VII • I – PROVAS | **463**

5.5.2 Perícia abrangente de mais de uma área de conhecimento[183]

A prática judiciária revela casos de ações condenatórias em que há necessidade de prova pericial em mais de uma especialidade, *v.g.*, a perícia médica e a perícia econômica. A primeira para aferir lesões e a segunda voltada aos lucros cessantes que determinado profissional deixou de auferir. Nessas hipóteses, o juiz pode nomear dois ou mais peritos conforme a área respectiva de conhecimento, bem como estabelecer prazos comuns ou diversos para apresentação dos laudos. Nessa última hipótese, a cada apresentação do trabalho técnico específico seguir-se-ão os prazos de juntada dos trabalhos críticos.

Destarte, é possível que caiba a partes diferentes o pagamento da prova conforme o requerimento de produção tenha partido de cada uma delas.

5.5.3 Prazo para apresentação do laudo e das críticas dos assistentes

A regra tradicional é a de que o perito deve apresentar o laudo em cartório, no prazo fixado pelo juiz, pelo menos vinte dias antes da audiência da instrução e julgamento.

Não obstante, os assistentes técnicos das partes podiam oferecer seus pareceres *no prazo comum de dez dias após a apresentação do laudo, independentemente de intimação.*

A importância do laudo crítico das partes não se compatibilizava com essa abdicação da necessidade de intimação dos interessados que se viam onerados em acompanhar a juntada do laudo para após comunicarem-se com seus assistentes e promover a juntada do trabalho crítico. A sistemática refugia ao tradicional das intimações em geral.

A novel redação, corrigindo essa dissintonia para com o sistema, condicionou o transcurso do decêndio à intimação das partes. Assim, segundo o modelo atual "os assistentes técnicos poderão oferecer seus pareceres no prazo comum de 15 (quinze) dias, *após intimadas as partes da apresentação do laudo*".

A prorrogação de prazo por motivo legítimo, conferida ao perito, estende-se aos assistentes, posto que os mesmos devem pronunciar-se somente após a apresentação daquele trabalho (art. 476 do CPC).[184]

O *juízo de admissibilidade da prova pericial pode ser negativo*, uma vez que cabe ao juiz indeferir as diligências inúteis e protelatórias (art. 370 do CPC).

O *indeferimento parcial da perícia* dá-se com a rejeição de *quesitos impertinentes* (art. 470, I, do CPC).[185]

O *indeferimento total* ocorre por impertinência ou desnecessidade. É considerada impertinente a perícia quando a prova do fato não depender de conhecimento especial de técnico, *v.g.*, quando o evento é passível de ser provado por testemunhas que o assistiram ou a verificação for impraticável em razão da total ausência de vestígios aferíveis, ressalvada, nessa hipótese, a necessidade da prova exatamente com o escopo de reavivá-los (art. 464, incisos I e III, do CPC).

A desnecessidade da perícia revela-se, pela existência nos autos, de outras provas produzidas em relação ao mesmo fato, como a apresentação de pareceres técnicos ou documentos suficientes (art. 464, § 1º, inciso II c/c art. 472, do CPC).[186]

---

[183] **"Art. 475.** Tratando-se de perícia complexa que abranja mais de um área de conhecimento especializado, o juiz poderá nomear mais de um perito, e a parte, indicar mais de um assistente técnico."

[184] **"Art. 476.** Se o perito, por motivo justificado, não puder apresentar o laudo dentro do prazo, o juiz poderá conceder-lhe, por uma vez, prorrogação pela metade do prazo originalmente fixado."

[185] **"Art. 470.** Incumbe ao juiz:
I – indeferir quesitos impertinentes; (...)."
Essa a exegese do dispositivo, recomendada por **Pontes de Miranda**, *in Comentários ao Código de Processo Civil*, 1947, vol. II, p. 264.

[186] **"Art. 464.** A prova pericial consiste em exame, vistoria ou avaliação.
§ 1º O juiz indeferirá a perícia quando:
I – a prova do fato não depender do conhecimento especial de técnico;

Proposta e admitida a prova pericial, a sua produção enceta-se pela apresentação do laudo pelo perito ao juízo, sem prejuízo da anexação dos pareceres dos assistentes técnicos. O laudo documenta a perícia. À luz do laudo, o juiz pode determinar uma segunda perícia, visando à correção de eventual omissão ou inexatidões do trabalho anterior (art. 480, §§ 1º e 2º, do CPC).[187] Entretanto, ambas deverão ser valoradas pelo juiz, uma vez que a segunda perícia não substitui a primeira (art. 480, § 3º, do CPC).

A perícia documentada pode ser substituída pela perícia oral tendo em vista o escopo de celeridade e oralidade denunciado já na reforma ocorrida no Código anterior em 1994. Como consectário e quando a natureza do fato o permitir, a perícia poderá consistir apenas na inquirição pelo juiz do perito e dos assistentes por ocasião da audiência acerca das coisas que houverem informalmente examinado ou avaliado – trata-se da chamada *prova técnica especializada* (art. 464, § 3º, do CPC). Ainda assim, não se confunde a perícia com a prova testemunhal, na medida em que esta toma contato com o fato antes do processo, e no mesmo momento em que este se verifica, ao passo que o perito somente toma conhecimento do fato após a sua integração no processo.[188]

Produzida a prova, cumpre averiguar o seu valor probante. O Código não contempla regra prévia de valoração da perícia, porque isso equivaleria o sistema da prova legal. Ao revés, em prestígio ao convencimento racional do juiz, a lei libera o magistrado do absolutismo da perícia, proclamando-o *peritus peritorum*, por isso, ele não está adstrito ao laudo, podendo firmar a sua convicção e motivá-la a partir de outros elementos ou fatos provados nos autos (art. 479 do CPC).[189] Se assim não fosse, o perito transformar-se-ia em verdadeiro julgador,[190] pela própria relevância que essa prova encerra. A liberdade de convencimento arrasta a possibilidade de determinação de nova perícia.[191]

5.6   Inspeção judicial

A *inspeção judicial* (arts. 481-484 do CPC)[192] é o exame realizado pessoalmente pelo juiz na pessoa ou coisa, com a finalidade de verificar um fato relevante para o esclarecimento da verdade. A

II – for desnecessária em vista de outras provas produzidas;

III – a verificação for impraticável.

§ 2º De ofício ou a requerimento das partes, o juiz poderá, em substituição à perícia, determinar a produção de prova técnica simplificada, quando o ponto controvertido for de menor complexidade.

§ 3º A prova técnica simplificada consistirá apenas na inquirição de especialista, pelo juiz, sobre ponto controvertido da causa que demande especial conhecimento científico ou técnico.

§ 4º Durante a arguição, o especialista, que deverá ter formação acadêmica específica na área objeto de seu depoimento, poderá valer-se de qualquer recurso tecnológico de transmissão de sons e imagens com o fim de esclarecer os pontos controvertidos da causa."

"Art. 472. O juiz poderá dispensar prova pericial quando as partes, na inicial e na contestação, apresentarem sobre as questões de fato, pareceres técnicos ou documentos elucidativos que considerar suficientes."

[187]   "Art. 480. O juiz determinará, de ofício ou a requerimento da parte, a realização de nova perícia quando a matéria não estiver suficientemente esclarecida.

§ 1º A segunda perícia tem por objeto os mesmos fatos sobre os quais recaiu a primeira e destina-se a corrigir eventual omissão ou inexatidão dos resultados a que esta conduziu.

§ 2º A segunda perícia rege-se pelas disposições estabelecidas para a primeira.

§ 3º A segunda perícia não substitui a primeira, cabendo ao juiz apreciar o valor de uma e de outra."

[188]   **Jaime Guasp**, *Derecho Procesal Civil*, 1956, p. 410.

[189]   "Art. 479. O juiz apreciará a prova pericial de acordo com o disposto no art. 371, indicando na sentença os motivos que o levaram a considerar ou a deixar de considerar as conclusões do laudo, levando em conta o método utilizado pelo perito."

[190]   Por essa razão, informa **Pedro Batista Martins**, *in Comentários ao Código de Processo Civil*, 1942, vol. II, p. 168-169, que a regra é antiga, no Reg. nº 737, art. 200 bem como em diversos Códigos estaduais.

[191]   **Moacyr Amaral Santos**, ob. cit., vol. V, p. 315.

[192]   "Art. 481. O juiz, de ofício ou a requerimento da parte, pode, em qualquer fase do processo, inspecionar pessoas ou coisas, a fim de se esclarecer sobre fato que interesse à decisão da causa.

inspeção judicial permite ao juiz, através de suas percepções (auditivas, visuais, olfativas, gustativas e táteis) lavrar as suas impressões sensoriais, sem intermediários. A *pessoalidade* que se empresta a esse meio de prova torna-o um símbolo da oralidade no processo.[193] Destarte, muito embora para esse fim o juiz possa obter auxílio de técnicos, a lei não considera esse meio de prova como pericial, regulando-o à parte. A chancela da inspeção judicial, nesses casos, decorre da máxima de que o juiz é o *peritus peritorum* que, por seu turno, encontra amparo no princípio do convencimento racional, insculpido no art. 371 do CPC.

Instrumentaliza-se a inspeção judicial através de *auto circunstanciado* no qual se registra toda a atividade desenvolvida, bem como tudo quanto for útil ao julgamento da causa, sem qualquer juízo de valor, relegado para a sentença.[194]

Art. 482. Ao realizar a inspeção direta, o juiz poderá ser assistido de um ou mais peritos.

Art. 483. O juiz irá ao local, onde se encontre a pessoa ou coisa, quando:

I – julgar necessário para a melhor verificação ou interpretação dos fatos que deva observar;

II – a coisa não puder ser apresentada em juízo sem consideráveis despesas ou graves dificuldades;

III – determinar a reconstituição dos fatos.

Parágrafo único. As partes têm sempre direito a assistir à inspeção, prestando esclarecimentos e fazendo observações que reputem de interesse para a causa.

Art. 484. Concluída a diligência, o juiz mandará lavrar auto circunstanciado, mencionando nele tudo quanto for útil ao julgamento da causa.

Parágrafo único. O auto poderá ser instruído com desenho, gráfico ou fotografia."

[193] A pessoalidade timbra de singularidade esse meio de prova e encontra as suas raízes nas Ordenações Filipinas, posto que, nessa época, a "vistoria" era ato exclusivo do juiz. Nesse sentido, definia-a **Pereira e Souza** na sua obra sobre o século XIX, *Primeiras Linhas*, 1879, tomo I, § 282: "É a prova consistente na ocular inspeção do juiz, para por si conhecer a causa, o fato de que se trata, com o auxílio do arbitramento ou sem ele".

[194] No sentido de texto, **Devis Echandia**, *Teoria Geral*, vol. II, nº 306, p. 458.

PARTE VIII
A DECISÃO

I

AUDIÊNCIA DE INSTRUÇÃO E JULGAMENTO

1. VISÃO DE CONJUNTO

O julgamento do mérito pode reclamar a realização de outras provas além das produzidas até a *fase de saneamento*. Nessa hipótese, inviabilizado o julgamento antecipado da lide,[1] impõe-se a realização da audiência que, como o próprio *nomen juris* indica, destina-se à oitiva de pessoas, cujos depoimentos integrarão as provas conducentes ao esclarecimento dos fatos sobre os quais versará a sentença. A audiência é, portanto, de *instrução e julgamento* e sua estrutura legal obedece a esse duplo escopo. Por essa razão, o CPC estabelece a ordem dos depoimentos e a etapa subsequente da decisão, precedidas das últimas manifestações das partes, consistentes em debates orais que, todavia, podem ser substituídos por manifestações escritas, denominadas *memoriais*.

Consectário da garantia constitucional da *publicidade dos atos processuais* (art. 5º, LX, da Constituição Federal), a audiência é "pública", salvo nos casos de segredo de justiça previstos no art. 189,[2] quando, então, se realiza a portas fechadas (art. 368 do CPC).[3]

1.1 Poderes do juiz nas audiências

O juiz, no exercício de seu poder-dever de dirigir o processo (art. 139 do CPC),[4] implementa o poder de polícia na audiência, competindo-lhe: (I) manter a ordem e o decoro na audiência; (II)

---

[1] O julgamento antecipado da lide poupou o legislador das severas críticas que se lançava outrora contra a inutilidade do ato. Segundo um velho comentarista do Código Processual: "as audiências eram reuniões inúteis, nas quais se consumia tempo com formalidades escusadas e sem qualquer efeito prático, servindo mesmo para facilitar rasteiras e as manobras dos profissionais espertos" (*in* **Herotides da Silva Lima**, *Código de Processo Civil*, 1940, vol. I, p. 486). Severa a crítica de **Pedro Batista Martins**, para quem "as audiências eram como o parlamento chinês, 'onde nada acontecia...'" (*Comentários ao Código de Processo Civil*, 1942, vol. III, p. 180). Diversamente, um grande estudioso do processo brasileiro, como o foi **Liebman**, defendia sua realização sob o pálio do princípio da oralidade: "A oralidade", dizia o mestre italiano, "tem por teatro necessário a audiência, porque só nela é que o juiz entra em contato com as partes e com as provas. Suprimir a audiência é o mesmo que suprimir a oralidade, ainda mais no sistema construído pelo legislador brasileiro, em que a única audiência é a de instrução e julgamento, destinada ao conhecimento do mérito" (*in Estudos sobre o Processo Civil Brasileiro*, 1947, p. 120).

[2] **"Art. 189.** Os atos processuais são públicos, todavia tramitam em segredo de justiça os processos:

I – em que o exija o interesse público ou social;

II – que versem sobre casamento, separação de corpos, divórcio, separação, união estável, filiação, alimentos e guarda de crianças e adolescentes;

III – em que constem dados protegidos pelo direito constitucional à intimidade;

IV – que versem sobre arbitragem, inclusive sobre cumprimento de carta arbitral, desde que a confidencialidade estipulada na arbitragem seja comprovada perante o juízo.

§ 1º O direito de consultar os autos de processo que tramite em segredo de justiça e de pedir certidões de seus atos é restrito às partes e aos seus procuradores.

§ 2º O terceiro que demonstrar interesse jurídico pode requerer ao juiz certidão do dispositivo da sentença, bem como de inventário e de partilha resultantes de divórcio ou separação".

[3] **"Art. 368.** A audiência será pública, ressalvadas as exceções legais".

[4] **"Art. 139.** O juiz dirigirá o processo conforme as disposições deste Código, incumbindo-lhe:

I – assegurar às partes igualdade de tratamento;

CURSO DE DIREITO PROCESSUAL CIVIL • *Luiz Fux*

ordenar, se retirem da sala da audiência os que se comportarem inconvenientemente; (III) requisitar, quando necessário, o uso da força policial; (IV) tratar com urbanidade qualquer pessoa que participe do processo; (V) registrar em ata, com exatidão, todos os requerimentos apresentados em audiência (art. 360 do CPC).[5]

2. TENTATIVA DE CONCILIAÇÃO

O Código, seguindo a moderna tendência de enfatizar a conciliação como técnica de autocomposição, fomentadora da otimização do relacionamento social, insiste na possibilidade de o litígio terminar por mútuas concessões, tanto assim que aumentou o rol dos poderes do juiz para encartar o de *tentar a qualquer tempo conciliar as partes* (art. 359 do CPC, reflexo do art. 3º, §§ 2º e 3º)[6].

Assim, superada a tentativa de conciliação engendrada por ocasião do saneamento, o juiz, quando da audiência, deve insistir no ponto.

O comparecimento exigível a que se refere a lei tem o escopo conciliatório; por isso, *dispensa-se a presença pessoal da parte se o advogado estiver* munido de poderes para transigir. Destarte, o não comparecimento da parte ou a ausência de poderes do advogado presente à audiência significam que não há propósito de conciliação a mover o interessado faltante e, sem a anuência bilateral, inviabiliza-se a aplicação desse instituto.[7]

Por outro lado, ainda que haja omissão do juízo na designação da tentativa prévia de conciliação, o processo não deve ser anulado, porquanto as partes podem engendrá-la a qualquer tempo, sem que se faça necessária a intervenção judicial.

II – velar pela duração razoável do processo;

III – prevenir ou reprimir qualquer ato contrário à dignidade da justiça e indeferir postulações meramente protelatórias;

IV – determinar todas as medidas indutivas, coercitivas, mandamentais ou sub-rogatórias necessárias para assegurar o cumprimento de ordem judicial, inclusive nas ações que tenham por objeto prestação pecuniária;

V – promover, a qualquer tempo, a autocomposição, preferencialmente com auxílio de conciliadores e mediadores judiciais;

VI – dilatar os prazos processuais e alterar a ordem de produção dos meios de prova, adequando-os às necessidades do conflito de modo a conferir maior efetividade à tutela do direito;

VII – exercer o poder de polícia, requisitando, quando necessário, força policial, além da segurança interna dos fóruns e tribunais;

VIII – determinar, a qualquer tempo, o comparecimento pessoal das partes, para inquiri-las sobre os fatos da causa, hipótese em que não incidirá a pena de confesso;

IX – determinar o suprimento de pressupostos processuais e o saneamento de outros vícios processuais;

X – quando se deparar com diversas demandas individuais repetitivas, oficiar o Ministério Público, a Defensoria Pública e, na medida do possível, outros legitimados a que se referem o art. 5º da Lei nº 7.347, de 24 de julho de 1985, e o art. 82 da Lei nº 8.078, de 11 de setembro de 1990, para, se for o caso, promover a propositura da ação coletiva respectiva.

Parágrafo único. A dilação de prazos prevista no inciso VI somente pode ser determinada antes de encerrado o prazo regular."

[5] **"Art. 360.** O juiz exerce o poder de polícia, incumbindo-lhe:

I – manter a ordem e o decoro na audiência;

II – ordenar que se retirem da sala da audiência os que se comportarem inconvenientemente;

III – requisitar, quando necessário, a força policial;

IV – tratar com urbanidade as partes, os advogados, os membros do Ministério Público e da Defensoria Pública e qualquer pessoa que participe do processo;

V – registrar em ata, com exatidão, todos os requerimentos apresentados em audiência."

[6] **"Art. 359.** Instalada a audiência, o juiz tentará conciliar as partes, independentemente do emprego anterior de outros métodos de solução consensual de conflitos, como a mediação e a arbitragem."

[7] "Não obstante seja obrigatória a intimação das partes, não se exige destas o dever de comparecer à audiência para a tentativa de conciliação, sendo o não comparecimento interpretado como recusa a qualquer acordo" (STJ – 4ª Turma, REsp. nº 29.738-6-BA, rel. Min. Torreão Braz).

Parte VIII • I – AUDIÊNCIA DE INSTRUÇÃO E JULGAMENTO | **471**

Uma vez realizada a conciliação e sendo obtido bom resultado, o juiz mandará tomá-lo por termo que será assinado pelas partes e homologado, passando a ter valor de sentença. As manifestações bilaterais de vontade no processo produzem, de imediato, os seus efeitos constitutivos, com a simples assinatura, independentemente da homologação, razão porque a conciliação torna-se irretratável, revestindo-se da eficácia de título executivo judicial (art. 515, II, do CPC).

3. ETAPAS DA AUDIÊNCIA DE INSTRUÇÃO E JULGAMENTO

Superada a conciliação, a realização da audiência de instrução e julgamento comporta os seguintes momentos (arts. 358 e 361 do CPC).[8]

Inicialmente, o *pregão das partes*: no dia e hora designados, o juiz declara aberta a audiência, mandando *apregoar as partes* e os seus respectivos advogados, sob pena de nulidade, suprível pela realização do ato, uma vez que assim terá sido alcançada a finalidade da referida formalidade.

A seguir, a *produção da prova oral* na seguinte ordem: a) o perito e os assistentes técnicos responderão aos quesitos de esclarecimentos, requeridos no prazo e na forma do art. 477, § 3º, do CPC;[9] b) após, o juiz tomará os depoimentos pessoais, primeiro do autor e depois do réu, para, finalmente, inquirir as testemunhas arroladas pelo autor e pelo réu.

A ordem, acima descrita, revela-se de suma importância, para que não haja cisão da prova e para impedir que os depoimentos separados sejam, eventualmente, alterados ou preparados conforme as declarações colhidas anteriormente, posto que, isto violaria o "Princípio da Igualdade das Partes".

Destarte, o juiz pode *dispensar a prova* requerida pela parte cujo advogado não compareceu sem motivo justificado à audiência e não apresentou justificativa para sua ausência (art. 362, § 2º, do CPC) e desde que irrelevantes os depoimentos.[10]

Realizada a instrução, o juiz, sob pena de nulidade, deve conceder a palavra ao advogado do autor e, em seguida, ao advogado do réu, passando então ao órgão do Ministério Público, concedendo 20 (vinte) minutos para cada um, prorrogáveis por mais 10 (dez), a seu critério. Havendo litisconsorte ou terceiro, o prazo, que forma com o da prorrogação um só todo, deve ser dividido entre os do mesmo grupo, se não convencionarem de modo diverso. Na oposição, o opoente sustenta as suas razões, em primeiro lugar, seguido pelos opostos, cada qual pelo prazo de 20 (vinte) minutos.

---

[8] **"Art. 358.** No dia e na hora designados, o juiz declarará aberta a audiência de instrução e julgamento e mandará apregoar as partes e os respectivos advogados, bem como outras pessoas que dela devam participar."
O pregão é da substância do ato (*RT*, 658/89).
"Art. 361. As provas orais serão produzidas em audiência, ouvindo-se nesta ordem, preferencialmente:
I – o perito e os assistentes técnicos, que responderão aos quesitos de esclarecimentos requeridos no prazo e na forma do art. 477, caso não respondidos anteriormente por escrito;
II – o autor e, em seguida, o réu, que prestarão depoimentos pessoais;
III – as testemunhas arroladas pelo autor e pelo réu, que serão inquiridas.
Parágrafo único. Enquanto depuserem o perito, os assistentes técnicos, as partes e as testemunhas, não poderão os advogados e o Ministério Público intervir ou apartear, sem licença do juiz."

[9] **"Art. 477, § 3º.** Se ainda houver necessidade de esclarecimentos, a parte requererá ao juiz que mande intimar o perito ou o assistente técnico a comparecer à audiência de instrução e julgamento, formulando, desde logo, as perguntas, sob forma de quesitos."
Os quesitos aos peritos devem apresentar-se tal como as perguntas específicas às testemunhas, como se infere deste julgado" (*RT*, 482/136).

[10] **"Art. 362.** A audiência poderá ser adiada: (...).
§ 2º O juiz poderá dispensar a produção das provas requeridas pela parte cujo advogado ou defensor público não tenha comparecido à audiência, aplicando-se a mesma regra ao Ministério Público. (...)".

472 | CURSO DE DIREITO PROCESSUAL CIVIL • *Luiz Fux*

Evidentemente que a instrução, de início, não deve ser cindida em nome dos princípios da concentração e imediatidade. Entretanto – *ad impossibilia nemo tenetur* –, se a colheita da prova e as atividades da audiência exigirem concentração que, por sua vez, depende da resistência físico-psíquica do juiz, a audiência não obstante una e contínua pode ter a sua continuidade marcada para dia próximo (art. 365 do CPC).[11]

A complexidade da causa e *a fortiori* dos debates não é motivo para redesignação ou continuação do ato em outra data, porquanto, quando a causa apresentar questões complexas de fato ou de direito, as alegações orais podem ser substituídas por "memoriais", e, nesse caso, o juiz designará dia e hora para o seu oferecimento. Obedecida a regra de que o réu fala em audiência depois do autor, assim como contesta após a propositura da ação, *não há nenhuma irregularidade, caso o juiz decida abrir ao demandado prazo para o oferecimento dos memoriais após o concedido ao demandante.*

Fenômeno diverso da continuação da audiência em dia imediato é o do *adiamento da audiência*. Consoante se pode observar, a realização da audiência implica atos preparatórios que não podem ser desperdiçados. Dessa forma, a não realização da audiência deve ser excepcional, só podendo ser *adiada*: por convenção das partes; se não puderem comparecer, por motivo justificado, qualquer pessoa que dela deva necessariamente participar ou por atraso injustificado de seu início em tempo superior a 30 (trinta) minutos do horário marcado.

Nessa segunda hipótese, incumbe ao advogado provar o impedimento até a abertura da audiência, sob pena de o juiz proceder à instrução sem a sua presença, podendo, inclusive, dispensar a produção das provas requeridas pelo ausente.

O impedimento do advogado pode ser pessoal, decorrente de caso fortuito ou força maior, ou ainda, profissional, *v.g.*, se o patrono tiver outra audiência no mesmo horário em outro juízo.[12] Considere-se, ainda, que a ausência do juiz ou do representante do Ministério Público quando necessária a intervenção do mesmo, igualmente, acarreta o adiamento. Uma vez deferido o pedido de adiamento, a parte que deu causa ao mesmo responde pelas despesas acrescidas.

A última e mais esperada etapa da audiência é a do *julgamento*. Por essa razão, uma vez encerrado o debate ou oferecidos os memoriais, o juiz deve proferir a sentença desde logo, ou no prazo de 30 (trinta) dias, conforme preceitua o art. 366 do CPC.

O ato final do juiz constará do mesmo termo onde são registrados todos os incidentes que ocorrem durante a audiência, uma vez que o escrivão o lavra, sob seu ditado, e contém, em resumo, todo o ocorrido, bem como, por extenso, os despachos e a sentença. Este termo, após ser datilografado, deve ser rubricado pelo juiz e encadernado em volume próprio. Não obstante, subscrevem-no, ainda, os advogados, o órgão do Ministério Público e o escrivão, sendo certo que este deve trasladar

---

[11] **"Art. 365.** A audiência é una e contínua, podendo ser excepcional e justificadamente cindida na ausência de perito ou de testemunha, desde que haja concordância das partes.

Parágrafo único. Diante da impossibilidade de realização da instrução, do debate e do julgamento no mesmo dia, o juiz marcará seu prosseguimento para a data mais próxima possível, em pauta preferencial."

[12] **"Art. 362.** A audiência poderá ser adiada:

I – por convenção das partes;

II – se não puder comparecer, por motivo justificado, qualquer pessoa que dela deva necessariamente participar;

III – por atraso injustificado de seu início em tempo superior a 30 (trinta) minutos do horário marcado.

§ 1º O impedimento deverá ser comprovado até a abertura da audiência, e, não o sendo, o juiz procederá à instrução.

§ 2º O juiz poderá dispensar a produção das provas requeridas pela parte cujo advogado ou defensor público não tenha comparecido à audiência, aplicando-se a mesma regra ao Ministério Público.

§ 3º Quem der causa ao adiamento responderá pelas despesas acrescidas."

"Provado, na abertura da audiência, o impedimento do advogado, não pode ser realizado o ato, com dispensa das provas por ele requeridas, como estabelece o § 1º do art. 453 do CPC" (STJ – 3ª Turma, REsp. nº 34.070-0-MG, rel. Min. Dias Trindade).

para os autos cópia autêntica do mesmo (art. 367 do CPC).[13] Evidentemente, em se tratando de ato eletrônico, dispensáveis tais providências.

---

[13] "**Art. 367.** O servidor lavrará, sob ditado do juiz, termo que conterá, em resumo, o ocorrido na audiência, bem como, por extenso, os despachos e a sentença, se proferida no ato.

§ 1º Quando o termo não for registrado em meio eletrônico, o juiz rubricar-lhe-á as folhas, que serão encadernadas em volume próprio

§ 2º Subscreverão o termo o juiz, os advogados, o membro do Ministério Público e o escrivão ou chefe de secretaria, dispensadas as partes, exceto quando houver ato de disposição para cuja prática os advogados não tenham poderes.

§ 3º O escrivão ou chefe de secretaria trasladará para os autos cópia autêntica do termo de audiência

§ 4º Tratando-se de autos eletrônicos, observar-se-á o disposto neste Código, em legislação específica e nas normas internas dos tribunais.

§ 5º A audiência poderá ser integralmente gravada em imagem e em áudio, em meio digital ou analógico, desde que assegure o rápido acesso das partes e dos órgãos julgadores, observada a legislação específica.

§ 6º A gravação a que se refere o § 5º também pode ser realizada diretamente por qualquer das partes, independentemente de autorização judicial."

II
SENTENÇA E COISA JULGADA

1.   SENTENÇA

O processo de conhecimento também é conhecido como "processo de sentença",[1] porquanto a sua finalidade é gerar um pronunciamento judicial entre os contendores, através do qual o juiz, definindo direitos, atribui razão a um deles.

A decisão timbra de tal forma o processo judicial que, em boa sede doutrinária afirmou-se o processo de conhecimento como o único capaz de gerar atividade tipicamente jurisdicional.[2]

A sentença é, assim, o ato pelo qual o juiz cumpre a função jurisdicional, aplicando o direito ao caso concreto, definindo o litígio e carreando a paz social pela imperatividade que a decisão encerra.

A sentença, como ato, encarta a atividade de "concreção" por força da qual o juiz torna concreto o preceito abstrato da norma, para regular o caso *sub judice*. Essa operação levou inúmeros doutrinadores a considerarem a sentença resultado de um silogismo consistente na "premissa maior", consubstanciada na norma jurídica aplicável e a "premissa menor" na situação concreta levada como litígio, e a parte dispositiva da sentença como "conclusão" desse silogismo. Assim, se há uma norma legal que afirma que todo aquele que causar ilícito a outrem fica obrigado a indenizar e, se alguém assim procede, a aplicação da norma à situação concreta impõe ao agente causador do prejuízo o dever de indenizar o lesado, como conclusão lógica do silogismo. Observa-se, assim, que a forma silogística da sentença só encontra ressonância com a realidade no final do processo.[3] Aduz-se, portanto, à sentença como *norma jurídica concreta,* em contraposição ao preceito normativo abstrato.[4] Essa operação intelectiva, preponderante nessa forma de tutela jurisdicional, é que empresta o qualificativo de "cognição" ao processo que se propõe a gerar uma sentença, como um ato de inteligência do juiz.[5]

Por outro lado, a sentença encerra um "juízo jurídico de valor" acerca dos fatos e do direito aplicável.

Muito embora a sentença represente o ato nuclear do processo de conhecimento, cujas etapas são predispostas ao atingimento dessa *causa finalis,* as outras formas de tutela jurisdicional também

---

[1]   A expressão é de **Rosenberg**, *in Derecho Procesal Civil*, 1995, vol. II, p. 3.

[2]   É conhecida a denominação atribuída por **Carnelutti** ao processo de conhecimento como "processo *giurisdizionale*, distinguindo-o das funções de *esecuzione e prevenzione"* (*in Istituzioni del Nuevo Proceso Civile Italiano*, 1951, vol. I, p. 31; e *Sistema di Diritto Processuale Civile*, 1936, p. 132-133).

[3]   Assim leciona o insuperável **Calamandrei**, "La Génesis Lógica de la Sentencia Civil", *in Estudios sobre el Proceso Civil*, trad. Espanhola, 1945, p. 371 e segs.

[4]   Por essa razão **Vicenzo Cavallo** afirmou que a sentença era o ato mediante o qual se individualiza o direito, *in La Sentenza Penale*, 1936, p. 145. **Frederico Marques** com precisão invulgar assentou que o juiz não atua sobre o direito em tese como o faz o doutrinador senão com o fato individuado, e a norma abstrata da lei se transforma em concreta pela aplicação a esse fato individualizado e definido; a sentença, portanto, traz em si o elemento da "realização existencial" (*in Instituições de Direito Processual Civil*, 1972, vol. III, p. 402).

[5]   No sentido do texto, **Chiovenda**, *in Instituições de Direito Processual Civil*, vol. I, p. 253-254, e **Liebman**, *Manual di Diritto Processuale Civile Italiano*, 1955, vol. I, p. 49.

476 | CURSO DE DIREITO PROCESSUAL CIVIL • *Luiz Fux*

comportam sentença. Entretanto, a finalidade da sentença nessas outras espécies de tutela é diversa do escopo de *definição jurídica* que marca o processo de cognição.

A sentença encerra um julgamento das questões da lide ou das questões que impedem a apreciação do pedido. Entretanto, não mais se admite a versão ortodoxa de que há equivalência entre sentença e pedido. O traço marcante é que as sentenças extinguem o procedimento em primeiro grau. As decisões interlocutórias decidem, mas não extinguem o procedimento.

Assim, em face do anteriormente disposto no art. 162[6] do CPC de 1973, "sentença era considerada o ato pelo qual o juiz extinguia o processo (*rectius*: o procedimento em primeiro grau), julgando ou não o mérito da causa". Em verdade, via de regra, as sentenças são recorríveis, prolongando a relação processual através dos recursos. O que se encerra com a sentença é o procedimento no primeiro grau. Por essa razão, já se afirmou que o juiz, ao prolatar a sentença, limita-se a "apresentar" a resposta jurisdicional, entregando-a definitivamente após o trânsito em julgado. No mesmo diapasão está a expressão de que os recursos fazem da decisão apenas "possibilidade de sentença".[7]

Ainda na vigência do Código Buzaid, o art. 1º, da Lei nº 11.232/2005, atribuiu à sentença a qualificação de "ato do juiz que implica alguma das situações previstas nos arts. 267 e 269", ou seja, gera a resolução do processo com ou sem resolução do mérito. Esta reforma teve como escopo proceder a um ajuste vocabular, por isso que a definição pretérita, assentando que a sentença extinguia o processo sofria a crítica de que, em verdade, ela se limitava a colocar fim ao procedimento em primeiro grau de jurisdição. Como aludido, o prosseguimento da relação processual pela fase recursal impedia a propositura de outra ação idêntica, sob pena de litispendência, sem prejuízo de o regime do efeito devolutivo calcar-se na pendência do processo, *v.g.*, a devolutividade adstrita à superfície contenciosa do recurso (*tantum devoluttum quantum apellattum*), a proibição da *reformatio in pejus* e do *ius novorum* etc.

Ademais, a sentença passou a ser autoexecutável, dando à luz a fonte do processo sincrético em que se baseou o novo Código. Desse modo, inaugura-se, nos mesmos autos do processo de conhecimento, uma fase de cumprimento de sentença após o trânsito em julgado da sentença proferida. Dispensam-se, assim, o ajuizamento de novo processo de execução, a nova citação da parte executada e todos os percalços que a acompanham. Desse modo, não extinguia-se de imediato o processo, razão pela qual foi cirúrgica a reforma.

O CPC de 2015 ponderou algumas das preocupações doutrinárias concernentes ao tema, reformulando, de certa forma, o conceito de sentença. Assim, a sentença adquiriu o *status* de pronunciamento que encerra uma das fases processuais, seja a de conhecimento, seja a de execução. Tal conceito se encontra insculpido no art. 203, CPC, e encarta, ainda, as qualidades de soberania e imperatividade próprias da função jurisdicional.

Inexistindo obstáculos, a forma normal de extinção do processo é a definição do litígio com a análise da questão de fundo: a própria controvérsia de direito material. Denomina-se essa sentença que enfrenta o pedido de *sentença definitiva*.

Em contrapartida, frustrada a análise do mérito pela existência de impedimentos processuais, *v.g.*, a falta das condições da ação ou dos pressupostos processuais, a sentença será meramente formal, denunciadora de patologia processual, gerando um *pronunciamento meramente terminativo*. Diz-se "terminativa" a sentença, porquanto o processo termina, mas não resolve o litígio entre as

---

[6] **Art. 162. Redação anterior:** "Os atos do juiz consistirão em sentenças, decisões interlocutórias e despachos."

§ 1º Sentença é o ato pelo qual o juiz põe termo ao processo, decidindo ou não o mérito da causa.

§ 2º Decisão interlocutória é o ato pelo qual o juiz, no curso do processo, resolve questão incidente.

§ 3º São despachos todos os demais atos do juiz praticados no processo, de ofício ou a requerimento da parte, a cujo respeito a lei não estabelece outra forma.

§ 4º Os atos meramente ordinatórios, como a juntada e a vista obrigatória, independem de despacho, devendo ser praticados de ofício pelo servidor e revistos pelo juiz quando necessários."

[7] A lúcida especulação é de **Pontes de Miranda**, calcado nas lições de **Carnelutti** lançadas no seu "Direito e Processo", *in Tratado da Ação Rescisória das Sentenças e outras Decisões*, 1957, p. 203.

Parte VIII • II – SENTENÇA E COISA JULGADA | 477

partes, na medida em que a questão de fundo resta sem solução. Permite, então, a lei processual, que a lide seja reproposta, na medida em que essa sentença, não dispondo sobre o pedido, não faz "lei entre as partes".

Sob o ângulo jusfilosófico, a sentença é um *juízo jurídico* de redução de fatos a categorias jurídicas e consequente aplicação do direito incidente no caso concreto. Como consequência desse caminhar lógico do juiz, a sentença revela um "ato de inteligência e vontade do julgador".[8] O ordenamento jurídico confere-lhe, ainda, a *força obrigatória* que distingue a sentença de uma divagação acadêmica ou de um parecer doutrinário, porquanto fruto de uma manifestação de poder.

Como ato processual, a *sentença reclama uma forma* que lhe dá realidade jurídica (*forma dat esse rei*), confere-lhe existência, além de requisito que a situa nos planos de validade e eficácia. Nesse sentido, dispõe o art. 489 do CPC[9] que são elementos essenciais da sentença: o *relatório*, a *motivação* e a *decisão*.

O relatório é a parte neutra do *decisum,* onde o juiz enceta um histórico de tudo quanto ocorreu no curso do procedimento, desde os incidentes mais importantes até a juntada de documentos pelas partes, utilizando-se de técnica remissiva na indicação das páginas.

Essencialmente, o relatório deve descrever o pedido com as suas razões e especificações, as defesas apresentadas, as soluções de eventuais incidentes do processo e os pontos controvertidos. A sentença na qual se revela *ausente o relatório é nula*, impondo-se a cassação pela instância superior.

Ultrapassado o relatório, o juiz inicia a *fundamentação* de sua sentença, imprimindo ao ato o timbre de sua inteligência acerca dos fatos e do direito aplicável. Trata-se de garantia constitucional (art. 93, IX, da CF/1988) que exige do magistrado motivar a sua decisão, explicitando o itinerário lógico do seu raciocínio de maneira a permitir à parte vencida a demonstração das eventuais injustiças e ilegalidades encartadas no ato.

---

[8] A sentença como declaração de vontade remonta à doutrina de **James Goldschmidt**, *in Derecho Procesal Civil*, 1936, p. 4. Contra essa doutrina opõe-se **Alfredo Rocco** demonstrando não poder o juiz querer senão o que quer a lei, daí porque não enuncia a sua vontade, resumindo-se a sentença num ato típico de inteligência, como expôs na sua clássica *Sentenza Civile*, 1906, p. 35. **Calamandrei** colocou a pá de cal na controvérsia ao vaticinar que: a lei é que não pode querer senão o que quer o juiz; se é exato que o juiz deve decidir *secundum legem*, certo é também que, dada a sentença, a vontade da lei fica definitivamente fixada *secundum sententiam*, "La Sentencia Subjetivamente Compleja", *in Estudios sobre el Proceso Civil*, 1945, p. 470.

[9] "**Art. 489**. São elementos essenciais da sentença:

I – o relatório, que conterá os nomes das partes, a identificação do caso, com a suma do pedido e da contestação, e o registro das principais ocorrências havidas no andamento do processo;

II – os fundamentos, em que o juiz analisará as questões de fato e de direito;

III – o dispositivo, em que o juiz resolverá as questões principais que as partes lhe submeterem.

§ 1º Não se considera fundamentada qualquer decisão judicial, seja ela interlocutória, sentença ou acórdão, que:

I – se limitar à indicação, à reprodução ou à paráfrase de ato normativo, sem explicar sua relação com a causa ou a questão decidida;

II – empregar conceitos jurídicos indeterminados, sem explicar o motivo concreto de sua incidência no caso;

III – invocar motivos que se prestariam a justificar qualquer outra decisão;

IV – não enfrentar todos os argumentos deduzidos no processo capazes de, em tese, infirmar a conclusão adotada pelo julgador;

V – se limitar a invocar precedente ou enunciado de súmula, sem identificar seus fundamentos determinantes nem demonstrar que o caso sob julgamento se ajusta àqueles fundamentos;

VI – deixar de seguir enunciado de súmula, jurisprudência ou precedente invocado pela parte, sem demonstrar a existência de distinção no caso em julgamento ou a superação do entendimento.

§ 2º No caso de colisão entre normas, o juiz deve justificar o objeto e os critérios gerais da ponderação efetuada, enunciando as razões que autorizam a interferência na norma afastada e as premissas fáticas que fundamentam a conclusão.

§ 3º A decisão judicial deve ser interpretada a partir da conjugação de todos os seus elementos e em conformidade com o princípio da boa-fé."

A *falta de motivação acarreta, também, a nulidade da sentença*, posto não se admitir esse "salto" do relatório à decisão. Mostra-se, assim, verdadeiro corolário do dever de fundamentação que assegura o acesso à justiça adequado à parte. Novidade insculpida pelo legislador no Código, o art. 489, § 1º, CPC[10], explicitamente denuncia que a falta de fundamentação eiva de nulidade o pronunciamento judicial que dela dependa para produzir efeitos, *v.g.* sentença, decisão interlocutória, acórdão, etc. Condena-se, da mesma forma, a fundamentação genérica, utilizando-se de dispositivos secos com o propósito de atribuir validade a pronunciamentos inegavelmente nulos.

Fundamental, portanto, que os pronunciamentos sejam efetivamente fundamentados, não se contentando com a invocação de fórmulas argumentativas genéricas ou alegações universais que não se voltam à apreciação dos contornos específicos das controvérsias fáticas e jurídicas atinentes ao caso sob julgamento. Igualmente, revela-se um paralelismo com a sistemática de observância necessária dos precedentes obrigatórios, conforme disposições do art. 927 do Código.

A motivação, assim, encampa três funções: dar fundamentos para as partes do litígio, convencendo-as das razões de decidir, permitir o controle externo da função jurisdicional – o que é complementado pelo princípio da publicidade – e o da aplicação escorreita do sistema de precedentes.

Ainda quanto à motivação, é imperiosa a observância das disposições da Lei de Introdução às Normas do Direito Brasileiro, com as alterações da Lei nº 13.655/2018. O *caput* do art. 20 da LINDB veda ao juiz decidir com base em valores jurídicos abstratos sem que sejam consideradas as consequências práticas da decisão. O parágrafo único do mesmo art. 20 dispõe que a motivação deve demonstrar a necessidade e a adequação de eventual medida imposta ou da invalidação de ato, contrato, ajuste, processo ou norma administrativa, inclusive em face das possíveis alternativas. Trata-se de evidente preocupação do legislador com o pragmatismo, refutando-se a aplicação do brocardo *fiat justitia, pereat mundus*. Igualmente, segundo o art. 21 da LINDB, a decisão que decretar a invalidação de ato, contrato, ajuste, processo ou norma administrativa deverá indicar de modo expresso suas consequências jurídicas e administrativas, bem como, quando for o caso, indicar as condições para que a regularização ocorra de modo proporcional e equânime e sem prejuízo aos interesses gerais, não se podendo impor aos sujeitos atingidos ônus ou perdas que, em função das peculiaridades do caso, sejam anormais ou excessivos.

Encerrada a motivação, o juiz conclui, decide através da parte dispositiva da sentença, julgando o pedido no sentido de acolhê-lo ou rejeitá-lo. É a tradicional procedência ou improcedência do pedido. "Sentença sem conclusão é uma não sentença", uma sentença inexistente.[11] A inexistência persiste ainda que se possa *inferir* a que conclusão teria chegado o juiz.[12]

---

[10] **"Art. 489, § 1º.** Não se considera fundamentada qualquer decisão judicial, seja ela interlocutória, sentença ou acórdão, que:

I – se limitar à indicação, à reprodução ou à paráfrase de ato normativo, sem explicar sua relação com a causa ou a questão decidida;

II – empregar conceitos jurídicos indeterminados, sem explicar o motivo concreto de sua incidência no caso;

III – invocar motivos que se prestariam a justificar qualquer outra decisão;

IV – não enfrentar todos os argumentos deduzidos no processo capazes de, em tese, infirmar a conclusão adotada pelo julgador;

V – se limitar a invocar precedente ou enunciado de súmula, sem identificar seus fundamentos determinantes nem demonstrar que o caso sob julgamento se ajusta àqueles fundamentos;

VI – deixar de seguir enunciado de súmula, jurisprudência ou precedente invocado pela parte, sem demonstrar a existência de distinção no caso em julgamento ou a superação do entendimento."

[11] Como bem assentava **Afonso Fraga** "a parte dispositiva da sentença é o elemento substancial do julgado, a sua crase sanguínea, a sua vida jurídica", *in Instituições do Processo Civil do Brasil*, 1940, vol. II, p. 598.

[12] Nesse sentido **Frederico Marques** que adverte ser "impossível concluir-se de que forma seria a decisão sem que o juiz declare, explicitamente, qual o seu julgamento sobre a lide", ob. cit., p. 397.

Parte VIII · II – SENTENÇA E COISA JULGADA | **479**

Além desses elementos, a sentença reclama a "parte autenticativa", com a assinatura do juiz. A sua falta, "quando não proferida em audiência", deve ser suprida, sob pena de *inexistência*, haja vista que o ato deve provir do juiz, confirmado por assinatura autêntica.

1.1 Espécies de sentença

As *sentenças terminativas* são sempre de uma mesma espécie, na medida em que não enfrentam o mérito, apresentando um caráter eminentemente formal. As *sentenças definitivas de improcedência*, por seu turno, revelam um provimento declaratório-negativo posto reconhecerem a inexistência do direito material "alegado" pelo autor (*absolutio ab actione*). Consequentemente, mesmo que a sentença de *improcedência* verse sobre "pedido de declaração de inexistência de relação jurídica", ela será declaratório-negativa, porquanto, não obstante afirme a existência do direito material, *rejeita a pretensão formulada*.

Entretanto, as *sentenças de procedência*, na medida em que acolhem a pretensão deduzida, *têm a mesma natureza dos pedidos que contemplam*, até porque a eles sujeita-se o juiz, como observamos, precedentemente. Desta sorte, se o pedido da parte é declaratório e a sentença o acolhe, a mesma apresenta esta natureza declaratória também; se o pedido é condenatório, condenatória será a sentença que o acolher e assim por diante. Por isso é que "a doutrina classifica a sentença de acordo com a ação de que provém".[13]

Nesse segmento, as sentenças podem ser *condenatórias*, *declaratórias* e *constitutivas*, sempre autoexecutáveis ou executivas *lato senso*, e mandamentais.

As *sentenças condenatórias*, oriundas das ações acolhidas da mesma natureza, impõem ao vencido a obrigação de realizar determinada prestação em prol do vencedor. O juiz, na sentença, exorta a que a parte vencida cumpra a obrigação sob pena de satisfazê-la às custas do patrimônio do devedor sem prejuízo da utilização de todos os meios capazes de convencê-lo ao cumprimento do julgado, como soem ser os meios de coerção, consistentes na multa diária ou até mesmo na ameaça de privação de liberdade, como ocorre nas obrigações de pagar alimentos.

A forma de satisfação do vencedor, por obra do Estado, denomina-se de *tutela satisfativa*, realizável através do cumprimento da sentença, cujo procedimento varia de acordo com a natureza da obrigação. Assim é que, se a condenação é ao pagamento de quantia certa, a efetivação dar-se-á por procedimento tendente à obtenção da soma a ser entregue ao vencedor; se a condenação é à entrega de determinada coisa, o Estado colocará à disposição do vencedor meios executivos conducentes à *entrega de coisa* e, se a condenação impuser ao vencido um fazer ou não fazer, *confere-se ao litigante vitorioso, para a hipótese*, de inadimplemento do julgado, o cumprimento das *obrigações de fazer e não fazer*. A reforma empreendida pela Lei nº 11.232/2005 transformou todas as sentenças em executivas *lato senso*, mercê de ter conferido autoexecutoriedade à resolução de mérito que ao declarar o direito do vencedor reconhece qualquer obrigação a ser satisfeita. Observa-se, assim, que a sentença condenatória era por excelência, *título executivo judicial*, na medida em que servia de base ao processo de execução, hoje também fundada na sentença do art. 515, I, do CPC.[14]

---

[13]   Esse é o critério de **José Frederico Marques**, ob. cit., p. 406.

[14]   "**Art. 515**. São títulos executivos judiciais, cujo cumprimento dar-se-á de acordo com os artigos previstos neste Título:

I – as decisões proferidas no processo civil que reconheçam a exigibilidade de obrigação de pagar quantia, de fazer, de não fazer ou de entregar coisa;

II – a decisão homologatória de autocomposição judicial;

III – a decisão homologatória de autocomposição extrajudicial de qualquer natureza;

IV – o formal e a certidão de partilha, exclusivamente em relação ao inventariante, aos herdeiros e aos sucessores a título singular ou universal;

V – o crédito de auxiliar da justiça, quando as custas, emolumentos ou honorários tiverem sido aprovados por decisão judicial;

VI – a sentença penal condenatória transitada em julgado;

480 | CURSO DE DIREITO PROCESSUAL CIVIL • *Luiz Fux*

O cumprimento da sentença confere-lhes eficácia prática, executoriedade *ex intervallo*, sem a necessidade do vetusto processo de execução extrajudicial, que infirmava a efetividade da prestação jurisdicional bem como a sua presteza ao admitir em nova relação processual a inserção de embargos à execução judicial, inaugurando delongado processo de cognição interinal à tutela satisfativa. Deveras, não houvesse o cumprimento coacto da sentença o julgado dependeria da boa vontade do vencido, que é o quanto basta para realçar o *aspecto autoritário-judicial da condenação*. Aliás, a praxe forense indicava que as *sentenças condenatórias eram as mais imperfeitas* sob o aspecto do binômio aspiração-satisfação do jurisdicionado. Ideal era que a palavra do Judiciário fosse cumprida de imediato, espontaneamente ou por obra do Estado. Mas não era assim que as coisas se sucediam. O litigante vencedor, após obter a definição judicial através do processo de cognição com a condenação do vencido, ainda carecia percorrer uma verdadeira e segunda *via crucis*, na qual tentaria tornar realidade aquilo que consta da norma concreta expedida pelo juiz. A imperfeição, ao que aqui se constata, como veremos, não se observa nas demais formas de tutela jurisdicional (constitutivas e declaratórias), nas quais a decisão judicial opera plena eficácia após transitada em julgado, fazendo prescindir qualquer outra atividade jurisdicional complementar.

Tecnicamente, a falha que se observava nas decisões condenatórias era a necessidade de inaugurar novel processo, hoje apenas fase da mesma relação processual possibilitando torná-las *efetivas* na própria relação processual em que foram proferidas, ou seja, o juízo da condenação é o da execução. Aliás, algumas condenações já dispensavam a instância executiva para se efetivarem. Nessas hipóteses, *as sentenças são a um só tempo condenatórias e executivas* ou executivas *lato senso*. É o que se opera com a sentença concessiva de despejo cuja eficácia manifesta-se na própria relação de conhecimento sem necessidade de processo próprio de execução. No mesmo sentido, a sentença que condena o réu a emitir declaração de vontade (art. 501 do CPC).[15]

A teoria quinquipartite reconhecia a existência de uma espécie de sentença, cuja eficácia confina em parte com as sentenças condenatórias, com o *plus* de que não se limitam a *exortar* o cumprimento do julgado sob pena de execução posterior, senão *ordenam* o cumprimento do que dispõem. São as *sentenças mandamentais* que, ante o seu descumprimento, acenam ao destinatário com o delito de desobediência, criminalizando o comportamento omissivo diante da ordem judicial, sem prejuízo dos meios de coerção que a acompanham para fins de cumprimento daquilo que a decisão judicial ordena. Assim são as sentenças emergentes das ações mandamentais, como o mandado de segurança, as cautelares constritivas de bens e restritivas de direitos, bem como as decisões de antecipação de tutela com as características inerentes à restrição de direitos e constrição de bens. Atualmente, todas as sentenças que impõem o cumprimento de obrigações de fazer, de não fazer e de entregar coisa são inerentemente mandamentais, pois são efetivadas pelos meios de coerção previstos nos arts. 536 e seguintes do Código – sendo que o cumprimento da sentença pode ocorrer inclusive de ofício.

Por isso é que não faz mais sentido falar em sentenças *executivas lato sensu* e *mandamentais* como categorias autônomas. O caráter distintivo dessas espécies era apenas a sua forma de execução,

---

VII – a sentença arbitral;

VIII – a sentença estrangeira homologada pelo Superior Tribunal de Justiça;

IX – a decisão interlocutória estrangeira, após a concessão do exequatur à carta rogatória pelo Superior Tribunal de Justiça;

X – (VETADO).

§ 1º Nos casos dos incisos VI a IX, o devedor será citado no juízo cível para o cumprimento da sentença ou para a liquidação no prazo de 15 (quinze) dias.

§ 2º A autocomposição judicial pode envolver sujeito estranho ao processo e versar sobre relação jurídica que não tenha sido deduzida em juízo."

[15] "**Art. 501.** Na ação que tenha por objeto a emissão de declaração de vontade, a sentença que julgar procedente o pedido, uma vez transitada em julgado, produzirá todos os efeitos da declaração não emitida."

Parte VIII • II – SENTENÇA E COISA JULGADA | **481**

mas a legislação em vigor conferiu caráter geral ao cumprimento de sentença como fase do mesmo processo em que proferida a sentença exequenda, bem assim à utilização dos meios de coerção para cumprimento de obrigações de fazer, de não fazer e de entregar coisa.

Destarte, as *sentenças condenatórias, previamente à imposição da prestação ao vencido declaram a existência do direito* do vencedor à obtenção daquela prestação que ela consagra; por isso, o provimento condenatório traz em si uma declaração. Consequentemente, toda sentença condenatória é a um só tempo declaratória, não sendo verdadeira a recíproca, mercê da novel possibilidade inaugurada pelo art. 515 do CPC. Assim, nem toda sentença declaratória é condenatória, salvo na parte relativa à sucumbência, cujo capítulo é sempre de condenação no pagamento das custas e honorários.

Essa é a razão pela qual o art. 20 do CPC[16] admite a simples declaração quando já é possível a propositura imediata da ação condenatória. É que, uma vez proposta a ação condenatória, não desaparece o interesse de agir na mera declaração posto esta encontrar-se embutida no pedido de condenação. Entretanto, nada impede a *propositura originária da ação meramente declaratória*, ainda que mais tarde a parte pretenda promover a condenação para fixação de um *an debeatur* e um *quantum debeatur*.

Fenômeno análogo reveste a *sentença condenatória criminal*, considerada pelo legislador processual civil como *título executivo judicial*, em razão de conter declaração que torna certa a obrigação de reparar o dano *ex delicto*, bastando à parte pleitear o *quantum debeatur*, em processo de liquidação, para iniciar a execução[17].

As *sentenças declaratórias puras* afirmam a existência ou inexistência de uma relação jurídica como objeto principal ou incidental de um processo. Com essa essência, as sentenças declaratórias conferem a *certeza jurídica* almejada pela parte através da decisão judicial. É que o estado de *incerteza jurídica* abala a ordem jurídica, e somente o Judiciário, com a energia da coisa julgada emprestada às suas decisões, pode dissipá-lo. Alguém que se atribua a qualidade de sujeito de direitos, evidentemente, não pode impor à outrem que se submeta à sua concepção acerca de determinada "relação jurídica". Exsurgindo essa incerteza *objetiva* pela contestação inequívoca de um interessado, cabe ao Judiciário intermediar esse *conflito, declarando a quem pertence a razão*, explicitando a existência e a titularidade da relação jurídica controvertida. Assim, se A nega o dever de indenizar exigido por B, cabe ao Judiciário declarar sobre a existência ou inexistência dessa relação de crédito e débito decorrente do ilícito. A certeza jurídica advém da sentença declaratória com a sua autoridade estatal. Desta sorte, negar a existência ou afirmar existente uma relação jurídica pode por si só configurar uma lesão, mercê de caracterizar uma *lide* cuja solução é de interesse imediato do Estado, no afã de manter a paz social.

A possibilidade de emergirem da relação jurídica obrigações duvidosas outras recomenda que se afirme a sua existência ou inexistência no curso do processo, através de declaração incidente ou como pretensão autônoma (arts. 19 e 20, CPC).

As sentenças declaratórias e as condenatórias que as contêm reconhecem, com efeito retro-operante, o direito do vencedor, e por isso, têm efeitos *ex tunc*. Elas não criam os direitos, apenas os reconhecem.

As sentenças produzem ainda consequências decorrentes do provimento judicial que encerram e que se denominam "efeitos acessórios". A característica dos "efeitos acessórios" da sentença é que "se produzem imediatamente, independentemente do pedido da parte" e *ex vi legis*. Assim, *v.g.*, a sentença que extingue a locação rompe a sublocação; a que condena o réu ao pagamento de uma prestação em dinheiro ou coisa vale como título constitutivo de hipoteca judiciária; a que condena o devedor a emitir declaração de vontade produz todos os efeitos da declaração sonegada; a que

---

[16]   **"Art. 20.** É admissível a ação meramente declaratória, ainda que tenha ocorrido a violação do direito".
      "Súmula nº 258 do STF: É admissível reconvenção em ação declaratória."

[17]   ¨**Enunciado nº 3 da I Jornada de Direito Processual Civil do CJF:** As disposições do CPC aplicam-se supletiva e subsidiariamente ao Código de Processo Penal, no que não forem incompatíveis com esta Lei."

482 | CURSO DE DIREITO PROCESSUAL CIVIL • *Luiz Fux*

dissolve o casamento extingue o regime de bens; a que condena a mulher na separação impõe a perda do direito de usar o nome do marido etc.[18]

1.2 Requisitos intrínsecos da sentença. Congruência e certeza

A elaboração formal da sentença comporta um capítulo dispositivo, no qual o juiz pode acolher total ou parcialmente o pedido do autor, utilizando-se das expressões "julgo procedente o pedido" ou "julgo procedente em parte o pedido". Em ambos os casos, há definição do litígio, impondo-se ao ato os requisitos mencionados no artigo anterior, visando a permitir à parte vencida percorrer o itinerário do raciocínio do juiz para impugná-lo no eventual recurso interposto.

Tratando-se de decisão meramente formal, de extinção do processo sem análise do mérito, basta ao juiz indicar o vício que o autorizou a julgar o processo sem apreciação da questão de fundo. Essa sentença dita "terminativa" permite ao magistrado dispensar os requisitos precedentemente mencionados, decidindo de forma "concisa", mas motivada. Assim, *v.g.*, a sentença que acolhe a alegação de perempção ou carência de ação pode ser concisa, limitando-se o juiz a indicar o motivo da extinção terminativa em confronto com a questão posta em juízo.

Muito embora a lei não se refira às "sentenças meramente homologatórias" de negócios jurídicos processuais, estas também podem ser concisas, como a que homologa a transação ou extingue o processo pela renúncia do autor ou pelo reconhecimento da procedência do pedido pelo réu.

Afora a sua estrutura, a sentença demanda requisitos que a qualificam. Nesse sentido, a sentença deve ser "certa", quanto ao *quantum* que impõe, bem como imune de dúvidas quanto à sua ordenação. Assim, o *requisito da certeza* afere-se pelo objeto sobre o qual dispõe o ato decisório; por isso, *ainda que formulado pedido genérico, a decisão definirá desde logo a extensão da obrigação* (art. 491[19] do CPC). Decorrência dessa regra é a que impede o juiz de proferir *decisão condicional*; isto é, ao proferir a sua decisão, o juiz deve evitar que o seu ato seja fonte de dúvidas. Assim, se a parte pediu a condenação do réu em R$ 500.000,00 (quinhentos mil reais), não pode o juiz condená-la a pagar "o que ficar apurado posteriormente", nem sujeitar a condenação a qualquer comprovação.

A sentença, além de "certa", deve ser "congruente". A decisão, para ser congruente, deve adstringir-se ao pedido, por isso que o Código dispõe ser "defeso ao juiz proferir sentença a favor do autor, de natureza diversa da pedida, bem como condenar o réu em quantidade superior ou em objeto diverso do que lhe foi demandado", proibição expressada pela máxima (*ne eat judex ultra vel extra petita partium*) (art. 492 do CPC).[20]

A sentença, que contém o vício do julgamento *ultra petita* tem eficácia reduzida no que toca à parte inoficiosa, podendo o tribunal podar o excesso e apreciá-la quanto ao mérito. Assim, *v.g.*, malfere a regra da congruência a sentença que em ação de consignação de aluguel decreta o despejo do imóvel sem pedido do locador.

A análise do alegado vício do julgamento (*ultra petita*), implica ao intérprete da decisão judicial levar em consideração que há pedidos implícitos, como os juros legais, a correção monetária, os honorários advocatícios e as prestações vincendas (art. 322, § 1º, CPC).

---

[18] *In* **Humberto Theodoro Júnior**, *Curso*, vol. I, 2000.

[19] **"Art. 491.** Na ação relativa à obrigação de pagar quantia, ainda que formulado pedido genérico, a decisão definirá desde logo a extensão da obrigação, o índice de correção monetária, a taxa de juros, o termo inicial de ambos e a periodicidade da capitalização dos juros, se for o caso, salvo quando:

I – não for possível determinar, de modo definitivo, o montante devido;

II – a apuração do valor devido depender da produção de prova de realização demorada ou excessivamente dispendiosa, assim reconhecida na sentença.

§ 1º Nos casos previstos neste artigo, seguir-se-á a apuração do valor devido por liquidação.

§ 2º O disposto no *caput* também se aplica quando o acórdão alterar a sentença."

[20] **"Art. 492.** É vedado ao juiz proferir decisão de natureza diversa da pedida, bem como condenar a parte em quantidade superior ou em objeto diverso do que lhe foi demandado.

Parágrafo único. A decisão deve ser certa, ainda que resolva relação jurídica condicional."

Interessante tema relativo às *astreintes* gravita em torno do julgamento *ultra petita*.

É que a redação do § 1º do art. 537 do CPC permite ao juiz majorar o valor da multa ou reduzi-lo quando inexpressiva ou excessiva. Em consequência, na ação cominatória, não há julgamento *ultra petita* e, portanto, ofensa ao art. 492 do CPC, quando se comina pena para o caso de desobediência do preceito, em quantidade superior à pleiteada na inicial.

Registre-se, nesse âmbito que estamos tratando, acerca de corrente jurisprudencial de cunho social a qual vem amenizando os rigores formais na interpretação das decisões concessivas de providências que confinam com os direitos fundamentais da pessoa humana, superando os óbices da congruência, em nome dos valores constitucionais mais expressivos, como ocorre nas causas de interesses de incapazes, bem como nas demandas de caráter nitidamente alimentar.[21]

Diversamente do julgamento *ultra petita*, a sentença *extra petita* é inaproveitável por conferir à parte providência diversa da que foi pedida. Assim, *v.g.*, a sentença que concede perdas e danos se o pedido único foi de rescisão contratual.

A decisão *citra petita*, porque omissa, pode ser complementada por força da oposição de embargos de declaração. Entretanto, se a parte assim não proceder, não é lícito ao tribunal contemplar pedido sobre o qual a sentença tenha se omitido, porque a isso equivaleria julgar a pretensão, diretamente na instância *ad quem*, com violação do duplo grau de jurisdição.

Essa regra, como evidente, aplica-se a todo ato decisório judicial; vale dizer, sentença e acórdãos.

Esclareça-se, por fim, que o princípio segundo o qual *jura novit curia* não autoriza essa dissintonia entre o pedido e a decisão, porquanto servil apenas para categorizar juridicamente a hipótese *sub judice*. O que pode ocorrer é que uma das pretensões esteja contida no pleito maior, sendo lícito ao juiz julgar procedente em parte o pedido. Assim, *v.g.*, o juiz pode acolher o pedido de rescisão e rejeitar as perdas e danos consequentes ao desfazimento do negócio jurídico, se entendê-las inocorrentes.

A sentença congruente, mantendo perfeita correlação entre o pedido e o decidido, deve ser certa, mesmo quando decida relação condicional, ainda que relegue para o processo de liquidação a apuração do *quantum debeatur*.

Anote-se que, com o advento do Código de Defesa do Consumidor, exsurgiu a possibilidade de o juiz proferir uma condenação aproveitável por todos quantos tenham interesses homogêneos dependentes daquele metainteresse julgado. Isto não significa que a sentença não seja certa, apenas admite que, em liquidação, as partes possam especificar seus interesses individuais à luz da questão central prejudicial decidida favoravelmente aos mesmos. É a denominada utilização do julgado ou coisa julgada *in utilibus*.

Na análise do princípio da congruência, imperioso apreender o tipo de pedido formulado e a consequente espécie de sentença almejada, porquanto somente assim será possível perceber-se se o juiz violou a regra *in procedendo*.

1.3 Requisito intrínseco. Especificidade. A sentença e a tutela específica

Por força do art. 497 do CPC, na ação que tenha por objeto o cumprimento de obrigação de fazer ou não fazer, o juiz deve conceder a tutela específica da obrigação ou, se procedente o pedido, determinar providências que assegurem o resultado prático equivalente ao do adimplemento.

A obrigação somente se converterá em perdas e danos se o autor o requerer ou se impossível a tutela específica ou a obtenção do resultado prático correspondente.

Outrossim, sendo relevante o fundamento da demanda e havendo justificado receio de ineficácia do provimento final, é lícito ao juiz conceder a tutela liminarmente ou mediante justificação prévia, citado o réu. Não obstante, essa medida liminar poderá ser revogada ou modificada, a qualquer tempo, em decisão fundamentada.

---

[21] REsp 8.698/SP, Rel. Min. Athos Carneiro, 4ª Turma, j. 25.06.1991.

CURSO DE DIREITO PROCESSUAL CIVIL • *Luiz Fux*

O juiz pode, na sentença, impor multa diária ao réu, independentemente de pedido do autor, se for suficiente ou compatível com a obrigação, fixando-lhe prazo razoável para o cumprimento do preceito.

Deveras, para a efetivação da tutela específica ou para obtenção do resultado prático equivalente, poderá o juiz, de ofício ou a requerimento, determinar as medidas necessárias, tais como a busca e apreensão, remoção de pessoas e coisas, desfazimento de obras, impedimento de atividade nociva, além de requisição de força policial.

O dispositivo em foco (art. 497 do CPC) consagra a tutela específica como regra *in procedendo* dirigida ao juiz. Este, na tutela das obrigações de fazer e não fazer que recaem sobre uma conduta devida pelo devedor, que pode consistir numa atividade ou numa omissão, deve utilizar os meios estatais de tal forma que propicie ao autor tudo aquilo que ele obteria se não tivesse havido inadimplemento. Trata-se de um consectário do princípio da efetividade segundo o qual o Estado-juiz deve dar à parte que tem razão a providência prática a que ela faz jus, segundo o seu direito consagrado na lei ou em negócio privado.

2. COISA JULGADA

2.1 Generalidades

A jurisdição cumpre o seu escopo de pacificação social através da *imperatividade* e da *imutabilidade* da resposta jurisdicional.

O fato de para cada litígio corresponder uma só decisão, sem a possibilidade de reapreciação da controvérsia após o que se denomina *trânsito em julgado* da decisão, caracteriza essa função estatal e a difere das demais.[22] O momento no qual uma decisão torna-se imodificável é o do *trânsito em julgado*, que se opera quando o conteúdo daquilo que foi decidido fica ao abrigo de qualquer impugnação através de recurso, daí a sua consequente imutabilidade.[23] Desta sorte, diz-se que uma decisão transita em julgado e produz coisa julgada quando não pode mais ser modificada pelos meios recursais de impugnação. A impossibilidade de recorrer é ditada por uma técnica que leva em consideração vários fatores para impor a interdição à impugnação. Essa técnica denomina-se *preclusão*, que ontologicamente significa "precluir, fechar, impedir."[24][25]

A possibilidade de recorrer pode precluir em função da perda do prazo próprio para impugnar a decisão, hipótese em que denomina-se essa perda de "preclusão temporal", *v.g.*, ocorre quando a sentença, apelável em 15 dias sofre impugnação no 17º dia após a sua intimação às partes. Destarte a prática de ato incompatível com a vontade de recorrer, *v.g.*, a aceitação da decisão, gera a "preclusão lógica", também obstativa do direito de recorrer. A "preclusão consumativa" por fim é a que se opera pela prática de um ato que exclui o recurso, *v.g.*, o cumprimento da decisão judicial.

Essa técnica preclusiva é utilizada durante todo o processo, porquanto interessa ao legislador não só garantir o resultado judicial, mas também viabilizá-lo. Pudesse o processo retroceder a todo instante, dificilmente se chegaria à decisão final. Assim é que, uma vez superado o prazo de

---

[22] A coisa julgada "*es el atributo específico de la jurisdicción*", segundo **Couture**, *in Fundamentos del Derecho Procesal Civil*, 1951, p. 304.

[23] Com o trânsito em julgado "a sentença não corre mais o perigo de ser impugnada, e, portanto, modificada ou anulada". Nesse sentido **Liebman**, *in Corso di Diritto Processuale Civile*, 1953, p. 238. A coisa julgada é uma qualidade dos efeitos da decisão que se tornam imutáveis e não um efeito em si do julgado, *v.g.*, a declaração, a condenação etc. Esta a teoria de **Liebman** adotada textualmente, à luz do art. 467 do CPC [com correspondência no art. 502 do CPC em vigor].

[24] As relações da preclusão com a coisa julgada vêm tratadas magnanimamente por **Machado Guimarães**, "Preclusão, Coisa Julgada e Efeito Preclusivo", *in Estudos de Direito Processual Civil*, 1969, p. 16, nota 29.

[25] No direito comparado: **Bruce Hay**. *Some Settlement Effects of Preclusion*, 1 University Of Illinois Law Review 21-52 (1993).

alegação de determinada matéria, a lei veta a reapreciação da mesma, como se extrai do art. 507[26] do CPC. Deveras, o autor não pode alterar o pedido ou a causa de pedir após a citação do réu e o demandado também não pode modificar a defesa ao seu alvedrio, em homenagem aos princípios da preclusão e da eventualidade (arts. 329[27] e 336[28] do CPC). O processo, no seu final por força da preclusão opera-se com o objetivo de manter a "inteireza" do seu resultado; por isso, a coisa julgada tem uma eficácia preclusiva capaz de impedir que, após o julgado, se rejulgue a mesma lide, atividade que se impede mediante a alegação da *exceptio rei iudicatae* ou o conhecimento *ex officio desse obstáculo*.

O *fundamento substancial da coisa julgada* é eminentemente político, uma vez que o instituto visa à *preservação da estabilidade e segurança sociais*.[29] A imutabilidade da decisão é fator de equilíbrio social na medida em que os contendores obtêm a última e decisiva palavra do Judiciário acerca do conflito intersubjetivo. A imperatividade da decisão completa o ciclo necessário de atributos que permitem ao juiz conjurar a controvérsia pela necessária obediência ao que foi decidido.[30]

Politicamente, a coisa julgada não está comprometida nem com a verdade nem com a justiça da decisão. Uma decisão judicial, malgrado solidificada, com alto grau de imperfeição, pode perfeitamente resultar na última e imutável definição do Judiciário, porquanto o que se pretende através dela é a estabilidade social. Incumbe, assim, ao interessado impugnar a decisão antes de seu trânsito em julgado ou após, através de ação rescisória, porquanto, passado esse prazo (art. 966 do CPC),[31] qualquer que seja a imperfeição, ela se tornará imodificável.

Em face desse fundamento, a ação própria para desconstituição de uma decisão trânsita, que é a ação rescisória, não contempla qualquer *causa petendi* na qual se possa enxergar vícios de injustiça

---

[26] **"Art. 507.** É vedado à parte discutir no curso do processo as questões já decididas a cujo respeito se operou a preclusão."

[27] **"Art. 329.** O autor poderá:

I – até a citação, aditar ou alterar o pedido ou a causa de pedir, independentemente de consentimento do réu;

II – até o saneamento do processo, aditar ou alterar o pedido e a causa de pedir, com consentimento do réu, assegurado o contraditório mediante a possibilidade de manifestação deste no prazo mínimo de 15 (quinze) dias, facultado o requerimento de prova suplementar.

Parágrafo único. Aplica-se o disposto neste artigo à reconvenção e à respectiva causa de pedir."

[28] **"Art. 336.** Incumbe ao réu alegar, na contestação, toda a matéria de defesa, expondo as razões de fato e de direito com que impugna o pedido do autor e especificando as provas que pretende produzir."

[29] Nesse sentido **Prieto Castro**, *in Derecho Procesal Civil*, 1946, vol. I, p. 381. **Chiovenda** assentava a explicação da coisa julgada na "exigência social da segurança no gozo dos bens da vida", *in Instituições de Direito Processual Civil*, 1942, vol. I, p. 512-513.

[30] Várias são as teorias tendentes a explicar o fenômeno da coisa julgada. Os clássicos citam a teoria de **Savigny** segundo a qual a coisa julgada era "ficção de verdade". Para **Pothier**, "presunção *iure et de iure* de verdade". Uma resenha magnífica encontra-se em **Ugo Rocco**, *L'Autorità della Cosa Giudicata e i suoi Limitti Soggettivi*, 1917. Mais modernamente, ver: **Cândido Rangel Dinamarco; Gustavo Henrique Righi Ivahy Badaró; Bruno Vasconcelos Carrilho Lopes,** *Teoria Geral do Processo,* 2020, p. 441-458; **Jordi Nieva Fenoll**, *Coisa julgada*, 2016; **Ovídio Baptista da Silva,**. *Sentença e Coisa Julgada – ensaios e pareceres*, 2003; **Rennan Thamay**, *Coisa julgada*, 2020.

[31] **"Art. 966.** A decisão de mérito, transitada em julgado, pode ser rescindida quando:

I – se verificar que foi proferida por força de prevaricação, concussão ou corrupção do juiz;

II – for proferida por juiz impedido ou por juízo absolutamente incompetente;

III – resultar de dolo ou coação da parte vencedora em detrimento da parte vencida ou, ainda, de simulação ou colusão entre as partes, a fim de fraudar a lei;

IV – ofender a coisa julgada;

V – violar manifestamente norma jurídica;

VI – for fundada em prova cuja falsidade tenha sido apurada em processo criminal ou venha a ser demonstrada na própria ação rescisória;

VII – obtiver o autor, posteriormente ao trânsito em julgado, prova nova cuja existência ignorava ou de que não pôde fazer uso, capaz, por si só, de lhe assegurar pronunciamento favorável;

VIII – for fundada em erro de fato verificável do exame dos autos.

no que foi decidido. Os fatos embasadores da rescisória se voltam contra graves ilegalidades, *v.g.*, a decisão proferida por juiz corrupto, ou por juízo absolutamente incompetente etc.

A importância jus-política da *res judicata* implica a fixação do *momento em que a decisão transita em julgado*.

O Código dispõe que a coisa julgada é a decisão inatacável por qualquer recurso (art. 502 do CPC).[32] Ora, uma decisão somente se torna inatacável "se *ab origine* ela é irrecorrível"; fenômeno de difícil ocorrência no Direito brasileiro de vocação revisora. A decisão ainda se mantém ao abrigo das decisões, "se a parte no prazo de interposição do recurso deixa transcorrer o mesmo sem impugnação", ou "se o recurso, acaso interposto, seja considerado inadmissível". Essas hipóteses encerram casos em que se pode afirmar que a decisão "transitou em julgado".

Em resumo, a decisão não mais sujeita a recurso, qualquer que seja ele, nem a reexame necessário, *faz coisa julgada*.

Questão elegante gravita em torno da *inadmissão do recurso*, que pode ser declarada pelo juízo *ad quem* por ocasião do julgamento da impugnação. É cediço que o *juízo de admissibilidade dos recursos é declaratório* e, portanto, tem eficácia *ex tunc*. Assim sendo, declarada a inadmissibilidade do recurso na instância superior por fato antecedente ao julgamento, *v.g.*, a deserção, a intempestividade, a ilegitimidade do recorrente, em verdade a decisão terá sido impugnada por *recurso inapto a impedir o trânsito em julgado do decidido*. Em consequência, considerar-se ia a decisão transitada em julgado antes mesmo do julgamento da inadmissão, uma vez declaratório o juízo negativo que se limita a constatar retroativamente o fato de que, em data anterior, faltou um dos requisitos de admissibilidade do recurso.

Raciocínio inverso estimularia o abuso do direito de recorrer, movido pelo simples objetivo de adiar o trânsito em julgado.

Entretanto, a jurisprudência majoritária só confere essa eficácia aos recursos interpostos fraudulentamente ou em casos de manifesta ausência de pressuposto recursal, na medida em que a coisa julgada com seus efeitos enérgicos só pode assim ser considerada após o esgotamento de todos os meios de impugnação, ainda que utilizados exaurientemente.

A conclusão absoluta acima repercutiria em interessantes questões práticas, porquanto revela-se costumeiro condicionar-se determinada providência ao *trânsito em julgado* da decisão, *v.g.*, o despejo do locatário comercial que não obteve a renovação do vínculo, ou a ação rescisória que deve ser exercida dentro em dois anos do trânsito em julgado da sentença de mérito. Nessas hipóteses, um recurso meramente protelatório e sem cumprimento dos requisitos de admissibilidade poderia ser extremamente prejudicial ao recorrente, uma vez que, na hipótese

---

§ 1º Há erro de fato quando a decisão rescindenda admitir fato inexistente ou quando considerar inexistente fato efetivamente ocorrido, sendo indispensável, em ambos os casos, que o fato não represente ponto controvertido sobre o qual o juiz deveria ter se pronunciado.

§ 2º Nas hipóteses previstas nos incisos do *caput*, será rescindível a decisão transitada em julgado que, embora não seja de mérito, impeça:

I – nova propositura da demanda; ou

II – admissibilidade do recurso correspondente.

§ 3º A ação rescisória pode ter por objeto apenas 1 (um) capítulo da decisão.

§ 4º Os atos de disposição de direitos, praticados pelas partes ou por outros participantes do processo e homologados pelo juízo, bem como os atos homologatórios praticados no curso da execução, estão sujeitos à anulação, nos termos da lei.

§ 5º Cabe ação rescisória, com fundamento no inciso V do *caput* deste artigo, contra decisão baseada em enunciado de súmula ou acórdão proferido em julgamento de casos repetitivos que não tenha considerado a existência de distinção entre a questão discutida no processo e o padrão decisório que lhe deu fundamento.

§ 6º Quando a ação rescisória fundar-se na hipótese do § 5º deste artigo, caberá ao autor, sob pena de inépcia, demonstrar, fundamentadamente, tratar-se de situação particularizada por hipótese fática distinta ou de questão jurídica não examinada, a impor outra solução jurídica."

32 **"Art. 502.** Denomina-se coisa julgada material a autoridade que torna imutável e indiscutível a decisão de mérito não mais sujeita a recurso."

da locação, o locatário seria surpreendido com um desalijo imediato e, em se tratando de ação renovatória, a possibilidade de antecipação do trânsito em julgado da decisão de mérito implicaria a questão da decadência.

Considerando a importância do decurso do prazo para interposição de recursos, importa analisar-se, na prática com severa acuidade, o prazo recursal e a exata intimação da parte, à luz dos arts. 272[33] e seguintes, e 1.003[34], do CPC.

A imutabilidade do decidido pode implicar a sua imodificabilidade "no processo em que a decisão for proferida ou em qualquer outro processo futuro.[35] É que o art. 486, *caput* e § 2º, do CPC[36] dispõe que, salvo o disposto no art. 485,[37] (extinção do processo sem julgamento do mérito por acolhimento da alegação de litispendência ou de coisa julgada), a resolução sem mérito não impede que o autor intente de novo a ação.

Ora, é sabido que o legislador brasileiro, preconizando a doutrina de Liebman distinguiu a extinção do processo com e sem análise do mérito não obstante em ambas haja uma finalização

---

[33] **"Art. 272.** Quando não realizadas por meio eletrônico, consideram-se feitas as intimações pela publicação dos atos no órgão oficial.

§ 1º Os advogados poderão requerer que, na intimação a eles dirigida, figure apenas o nome da sociedade a que pertençam, desde que devidamente registrada na Ordem dos Advogados do Brasil.

§ 2º Sob pena de nulidade, é indispensável que da publicação constem os nomes das partes e de seus advogados, com o respectivo número de inscrição na Ordem dos Advogados do Brasil, ou, se assim requerido, da sociedade de advogados.

§ 3º A grafia dos nomes das partes não deve conter abreviaturas.

§ 4º A grafia dos nomes dos advogados deve corresponder ao nome completo e ser a mesma que constar da procuração ou que estiver registrada na Ordem dos Advogados do Brasil.

§ 5º Constando dos autos pedido expresso para que as comunicações dos atos processuais sejam feitas em nome dos advogados indicados, o seu desatendimento implicará nulidade.

§ 6º A retirada dos autos do cartório ou da secretaria em carga pelo advogado, por pessoa credenciada a pedido do advogado ou da sociedade de advogados, pela Advocacia Pública, pela Defensoria Pública ou pelo Ministério Público implicará intimação de qualquer decisão contida no processo retirado, ainda que pendente de publicação.

§ 7º O advogado e a sociedade de advogados deverão requerer o respectivo credenciamento para a retirada de autos por preposto.

§ 8º A parte arguirá a nulidade da intimação em capítulo preliminar do próprio ato que lhe caiba praticar, o qual será tido por tempestivo se o vício for reconhecido.

§ 9º Não sendo possível a prática imediata do ato diante da necessidade de acesso prévio aos autos, a parte limitar-se-á a arguir a nulidade da intimação, caso em que o prazo será contado da intimação da decisão que a reconheça."

[34] **"Art. 1.003.** O prazo para interposição de recurso conta-se da data em que os advogados, a sociedade de advogados, a Advocacia Pública, a Defensoria Pública ou o Ministério Público são intimados da decisão.

§ 1º Os sujeitos previstos no *caput* considerar-se-ão intimados em audiência quando nesta for proferida a decisão.

§ 2º Aplica-se o disposto no art. 231, incisos I a VI, ao prazo de interposição de recurso pelo réu contra decisão proferida anteriormente à citação.

§ 3º No prazo para interposição de recurso, a petição será protocolada em cartório ou conforme as normas de organização judiciária, ressalvado o disposto em regra especial.

§ 4º Para aferição da tempestividade do recurso remetido pelo correio, será considerada como data de interposição a data de postagem.

§ 5º Excetuados os embargos de declaração, o prazo para interpor os recursos e para responder-lhes é de 15 (quinze) dias.

§ 6º O recorrente comprovará a ocorrência de feriado local no ato de interposição do recurso."

[35] Nesse mesmo sentido **Kisch**, *Elementos de Derecho Procesal Civil*, 1940, p. 257-258.

[36] **"Art. 486.** O pronunciamento judicial que não resolve o mérito não obsta a que a parte proponha de novo a ação."

[37] **"Art. 485.** O juiz não resolverá o mérito quando (...):

V – reconhecer a existência de perempção, litispendência ou de coisa julgada;

(...)."

488 | CURSO DE DIREITO PROCESSUAL CIVIL • *Luiz Fux*

do procedimento em primeiro grau através de sentença. A diferença é exatamente esta realçada pelo art. 486, *caput* e § 2º, do CPC, no sentido de que a extinção sem mérito, porque não atingida a questão de fundo, não impede a repropositura da ação, ao passo que, extinguindo-se o processo com julgamento do mérito, o juiz cumpre e acaba o ofício jurisdicional, não podendo alterar a decisão que, uma vez transitada em julgado, faz lei entre as partes. O art. 505 do CPC[38] é imperativo ao estatuir: "Nenhum juiz decidirá novamente as questões já decididas, relativas à mesma lide". No mesmo sentido, dispõe o art. 503, *caput*, do CPC[39] que "a decisão que julgar total ou parcialmente a lide tem força de lei nos limites da questão principal expressamente decidida".

Essa imutabilidade que se projeta para fora do processo (exoprocessual) quando o decidido atinge a questão de fundo não sofre qualquer exceção, nem mesmo pelo que dispõem os incisos I e II do art. 505 do CPC.

É que, nessas hipóteses, o juiz profere "decisão para o futuro" e, por isso, com a cláusula de que o seu conteúdo é imodificável se inalterável o ambiente jurídico em que a decisão foi prolatada.[40] Assim, nas condenações calcadas em *relações de trato sucessivo* ou *continuativas*,[41] como ocorre com os alimentos, é possível que, adiante, a parte que pleiteava alimentos deles não mais necessite, bem como a parte que os devia não possa mais suportá-los por carência de recursos. É lógico que o legislador não sacrificaria a sobrevivência de uma pessoa em detrimento de outra. Por outro lado, pode ocorrer que as circunstâncias se modifiquem. Desta sorte, como a decisão de mérito provê para o futuro, permite-se a *revisão do julgado por fato superveniente* que, por si só, afasta a impressão de ofensa à coisa julgada posto que respeitante a fatos outros que não aqueles que sustentaram a decisão trânsita.[42] Essa alteração efetiva-se através da "ação de modificação", a qual, pela decorrência de sua acessoriedade, se submete ao juízo da ação modificada (art. 61 do CPC).[43] Nem por isso, entretanto, pode-se afirmar inexistir coisa julgada material nestes casos. Esse pseudoproblema é tratado por alguns sob a denominação equivocada de *limites temporais da coisa julgada*.

A *imutabilidade adstrita ao próprio processo* em que a sentença terminativa é proferida caracteriza o que se denomina, em sede doutrinária, *coisa julgada formal*,[44] para distinguir daquela

---

[38] **"Art. 505.** Nenhum juiz decidirá novamente as questões já decididas relativas à mesma lide, salvo:
I – se, tratando-se de relação jurídica de trato continuado, sobreveio modificação no estado de fato ou de direito, caso em que poderá a parte pedir a revisão do que foi estatuído na sentença;
II – nos demais casos prescritos em lei".

[39] **"Art. 503.** A decisão que julgar total ou parcialmente o mérito tem força de lei nos limites da questão principal expressamente decidida.
§ 1º O disposto no *caput* aplica-se à resolução de questão prejudicial, decidida expressa e incidentemente no processo, se:
I – dessa resolução depender o julgamento do mérito;
II – a seu respeito tiver havido contraditório prévio e efetivo, não se aplicando no caso de revelia;
III – o juízo tiver competência em razão da matéria e da pessoa para resolvê-la como questão principal.
§ 2º A hipótese do § 1º não se aplica se no processo houver restrições probatórias ou limitações à cognição que impeçam o aprofundamento da análise da questão prejudicial".

[40] O tema foi tratado de forma diversa pelos doutrinadores. Para alguns, essas decisões se caracterizam posto que proferidas com a cláusula *rebus sic stantibus* como entrevia **Sergio Costa**, *in Manuale di Diritto Processuale Civile*, 1955, p. 217. **Alberto dos Reis** denominava-as de "decisões instáveis", *in Código de Processo Civil Anotado*, 1952, vol. V, p. 167.

[41] A denominação é de **Antonio Segni**, *Commentario del Codice Civile a Cura di Scailoja e Branca*, liv. 6, *La Tutela dei Diritti*, 1953, p. 302.

[42] **Frederico Marques**, com agudeza afirma que no caso presente "a sentença submetida a um processo de integração" decorrente de situação superveniente, *in Instituições*, vol. IV, p. 351.

[43] **"Art. 61.** A ação acessória será proposta no juízo competente para a ação principal."

[44] À coisa julgada formal referia-se **Schonke** como "efeitos da sentença dentro do juízo", *in Derecho Procesal Civil*, 1950, p. 262. Para outros, a coisa julgada formal é o primeiro estágio garantidor da imutabilidade do julgado para fora do processo. Assim, **Guilherme Estelita**, *in Da Coisa Julgada*, 1936, p. 11. **Liebman** afirmava que a coisa julgada formal era a "condição prévia para a coisa julgada material", *in Eficácia e Autoridade da Sentença*, trad. port., 1945, p. 57.

que se projeta para fora do processo e alcança qualquer outro impedindo o rejulgamento da causa e que se denomina *coisa julgada material.*[45]

Advirta-se que essa adstrição da coisa julgada formal ao âmbito do processo permite que a "mesma questão formal", preclusa de discussão no processo acessório ou dependente, "seja renovada no feito principal", à míngua de disposição excepcionante da regra do art. 507 do CPC.[46]

O Código, no seu art. 502, parece referir-se apenas à coisa julgada material, e olvidar a categoria da coisa julgada formal. Entretanto, a dicotomia é clássica na doutrina. Não obstante, em face dessa omissão, há os que sustentam a ideia de que, em relação às decisões formais incidentes ou finais, não mais sujeitas a recursos, não se deve falar em coisa julgada e sim em "preclusão", nos estritos termos do art. 507 do CPC.

As decisões que não dispõem sobre o pedido não dão a última palavra do Judiciário, e, em consequência, não cumprem o escopo da jurisdição, por isso, não são imutáveis para fora do processo, senão e somente dentro dele. Trata-se de eficácia *endoprocessual* a que se referia o saudoso mestre Machado Guimarães,[47] distinguindo-a da eficácia *panprocessual* da coisa julgada material.[48]

Considerando tamanha eficácia da decisão que julga o pedido, impedindo a revisão do decidido, impõe-se fixar *os limites dessa imutabilidade*, porquanto nem tudo o que o juiz conhece ele julga com força de coisa julgada material. Ademais, a coisa julgada consagra bens da vida, tornando-os intocáveis e com o selo da autoridade, impondo-se assim, também, estabelecer a órbita das pessoas sujeitas àquele pronunciamento.

Essas questões pertinem ao instigante campo dos *limites objetivos e subjetivos da coisa julgada* que passamos a enfrentar.

2.2 Limites objetivos da coisa julgada

A matéria vem complexamente versada em três dispositivos: arts. 503, 504[49] e 505 do CPC.

O juiz, segundo o art. 503,[50] profere a sentença que pode julgar total ou parcialmente e nessa esfera tem força de lei nos limites da lide e das questões decididas. Por seu turno, o art. 505 reforça a proteção ao julgado, dispondo que nenhum juiz decidirá novamente as questões decididas relativas à mesma lide.

A coisa julgada material em suma, incide sobre a lide, o mérito ou o pedido com a sua correspondente causa de pedir, considerando estas expressões como sinônimas para o Código. Assim, o julgamento antecipado da lide ou o julgamento antecipado do mérito têm o mesmo sentido processual, e a decisão que os enfeixa faz coisa julgada material.

---

[45]   Coisa julgada material é a imutabilidade do "comando emergente da sentença". Nesse sentido, **Frederico Marques**, *Instituições de Direito Processual Civil*, 1969, vol. IV, p. 329.

[46]   "A coisa julgada é formal quando não mais se pode discutir no processo o que se decidiu. A coisa julgada material é a que impede discutir-se, noutro processo, o que se decidiu (**Pontes de Miranda**)" (*RTJ*, 123/569).

[47]   A coisa julgada material no sentido da sua eficácia "pan processual" impede totalmente qualquer novo exame do assunto e outra resolução diversa a respeito da mesma relação jurídica entre as mesmas partes, seja pelo mesmo tribunal que proferiu o julgamento, seja por outro diferente (**Kisch**, ob. cit., p. 258). "Diversamente, as decisões sobre questões processuais, não garantindo bem algum da vida fora do processo mas concernindo a uma relação que se consuma no processo mesmo, limitam seu efeito à relação processual para as quais são emanadas e não vinculam o juiz quanto aos processos futuros", assim doutrina **Chiovenda**, ob. cit., vol. I, p. 521.

[48]   **Liebman**, *Estudos de Direito Processual Civil*, ob. cit.

[49]   "**Art. 504.** Não fazem coisa julgada:
I – os motivos, ainda que importantes para determinar o alcance da parte dispositiva da sentença;
II – a verdade dos fatos, estabelecida como fundamento da sentença."

[50]   O preceito do art. 468 do CPC/1973 tinha origem no famoso projeto Mortara que assim dispunha: *"La sentenza che decide totalmente o parzialmente una lite, ha forza di legge nei limiti della lite e della questione decisa. Se considera decisa, anche se non sia resoluta espressamente, ogni questione, la cui resoluzione costituisca una premesse necessaria delle disposizione contenutta nella sentenza".*

A lei menciona as questões decididas e a lide, referindo-se ao conteúdo da ação proposta. Aliás, *a coisa julgada incide sobre as partes, o pedido* e *a causa de pedir*. Nesse sentido, é textual o Código ao afirmar que se verifica a coisa julgada quando se "uma ação é idêntica a outra quando possui as mesmas partes, a mesma causa de pedir e o mesmo pedido" e que "há coisa julgada quando se repete ação que já foi decidida por decisão transitada em julgado" (art. 337, §§ 2º e 4º, do CPC).

A coisa julgada absorve os três elementos da demanda por isso que, variando um deles, não se está diante da mesma ação.[51] Assim, se A move em face de B uma ação possessória e recolhe um resultado negativo, B pode promover uma ação em face de A com o mesmo objetivo possessório sem que haja identidade de ações, uma vez que modificado o elemento subjetivo, na medida em que na primeira demanda o autor era A e, nesta segunda demanda, a parte autora é B. Deveras, uma ação que vise à indenização por danos físicos não exclui a possibilidade da propositura de uma ação que objetiva apenas "danos morais".

Explicitando o dispositivo de que a coisa julgada material adstringe-se ao julgamento do pedido e das questões decididas, tem-se que, se o pedido não foi apreciado pela sentença e o autor não embargou de declaração, não se formou coisa julgada, podendo o demandante propor nova ação com o mesmo objeto.

Outra questão que merece ser esclarecida pertine à condenação implícita. Muito embora o Direito brasileiro admita pedidos implícitos, o mesmo não ocorre com a condenação. Não obstante, tem-se que o acolhimento de pedido consequente pressupõe o acolhimento do pedido antecedente, muito embora a recíproca não seja verdadeira. Assim, *v.g.*, rescindido o negócio jurídico pressupõe--se possível a recuperação do bem objeto daquele.

O que nos interessa estabelecer é o âmbito de imutabilidade do julgado, uma vez que, consoante se afirmou anteriormente, nem tudo o que o juiz conhece é julgado.[52]

Não obstante o legislador tenha explicitado os *limites objetivos* da coisa julgada, *adstringindo--os ao pedido com a sua correspondente causa de pedir*, haja vista que a *causa petendi* com outro pedido ou o mesmo pedido com outra causa de pedir diferencie as ações, ainda visou a esclarecer o alcance da mesma, no art. 504 do CPC, *ao retirar do âmbito da coisa julgada os motivos* (não a motivação integral da sentença onde se encarta a causa de pedir) *importantes e determinantes da parte dispositiva da sentença, a verdade dos fatos estabelecida como fundamento da sentença.*[53]

A *verdade dos fatos* escapa dessa eficácia de imutabilidade em função de que ditada por amplo subjetivismo do juiz na análise do material cognitivo. O que se revela verdade para um juízo pode não o ser para outro, não havendo qualquer instrumento jurídico processual capaz de revestir essa verdade com a força da coisa julgada.

Ponto central é a imutabilidade das questões prejudiciais.

A *questão prejudicial* é aquela que subordina a solução da questão principal, muito embora esteja para com esta numa relação de condicionante, razão pela qual, não é objeto de julgamento

---

[51] Por isso da advertência de **Liebman** de que "não é toda e qualquer questão decidida que tem seus efeitos imutáveis senão, o que tem força de lei é a sentença nos limites e das questões decididas", *in Estudos sobre o Processo Civil Brasileiro*, 1947, p. 166-167, nota 1.

[52] Por essa razão é que a lei se refere ao julgamento total ou parcial, posto que a parte não julgada não fica coberta pela coisa julgada, não obstante o julgado "a menor", ou seja *citra petita* seja nulo. Nesse sentido, textual a lição do saudoso **Pedro Batista Martins**, *Comentários ao Código de Processo Civil*, 1942, vol. II, p. 342-343.

[53] Essa afirmação nem sempre foi absoluta posto que a história do processo consagra a famosa posição teórica de **Savigny** que incluía os motivos objetivos da sentença no espectro da coisa julgada; doutrina que dominou o "direito comum" até o advento da ZPO que consagrou no § 322 orientação diversa, já no final do século XIX. Nesse sentido, **Heinitz**, *in I Limiti Oggetivi della Cosa Giudicata*, 1937, p. 200.

Segundo festejado autor, em relação a todas as questões do processo, quer de direito material quer de direito processual, o juiz exerce a *cognitio* ao passo que, em face da questão principal ele engendra o *judicium* (in **Ernesto Heinitz**, ob. cit., p. 209). Merece relembrar-se **Chiovenda** quanto à justificativa de os motivos se situarem fora do alcance da coisa julgada, posto que afirmava o insigne mestre peninsular que: "O juiz enquanto *razoa* não representa o Estado, presenta-o enquanto afirma a vontade" (*in Instituições*, cit., p. 371).

No mesmo sentido, **Chiovenda** e **Liebman**, *in Instituições*, vol. I, p. 542-543.

senão e somente de cognição incidental. A questão prejudicial, consoante tivemos oportunidade de destacar quando da abordagem das ações e do saneamento, é uma questão antecedente ao julgamento de outra, e que lhe condiciona à forma pela qual será decidida. Assim, *v.g.*, se A nega a obrigação de pagar determinada quantia derivada de um contrato sob a invocação de que o vínculo é nulo, essa questão relativa à validade do negócio jurídico, muito embora não seja objeto de julgamento, condiciona-o, posto que se o juiz concluir que o contrato não é válido, exonerará o devedor da obrigação e, em caso contrário, concluindo pela validade, impor-lhe-á o cumprimento, caso não tenha havido escusas capazes de exonerá-lo. Observe-se que a questão da nulidade do contrato subordina a forma pela qual há de ser solucionada a questão principal da cobrança; por isso, é "prejudicial" à mesma e implica um juízo prévio, "um pré-juízo ou uma prejudicial".

A análise desta questão prejudicial não é subjetiva senão *juridicamente objetiva*, razão pela qual é possível fazer incidir sobre a mesma a imutabilidade do julgado. Entretanto, enquanto a questão prejudicial é apenas analisada como integrante inseparável do raciocínio do juiz antes de decidir, ela recebe uma apreciação tanto quanto necessária para evitar que o magistrado dê um "salto" antes de concluir.[54] Caso esse salto fosse permitido, a parte não saberia como o juiz chegara à conclusão alcançada; por isso, a análise da questão prejudicial é imperiosa sob pena de falecer ao decidido a necessária motivação. Aliás, é através da demonstração do itinerário desse raciocínio do juiz que a parte recorrente prepara a sua impugnação e, ao exteriorizá-lo, o magistrado cumpre o postulado máximo de explicitar à parte o porquê da rejeição ou do acolhimento da pretensão deduzida. Portanto, essa apreciação da questão prejudicial pelo juiz cumpre a garantia constitucional da motivação das decisões judiciais.

A apreciação da questão prejudicial necessária diz-se *incidenter tantum*, posto que *o tanto necessário* para o juiz concluir sem saltar sobre o ponto.[55]

O vetusto Código de 1973 aludia à apreciação da questão prejudicial decidida incidentemente no processo, também alcançada pela coisa julgada, exigindo, para tanto, o ajuizamento de ação declaratória incidental. Sob a égide do vigente CPC, entretanto, é possível a formação de coisa julgada sobre a questão prejudicial decidida incidentemente e de forma expressa no processo, desde que: (i) dessa resolução dependa o julgamento do mérito; (ii) a seu respeito tiver havido contraditório prévio e efetivo, não se aplicando no caso em que ocorrida a revelia; (iii) o juízo tenha competência em razão da matéria e da pessoa para resolvê-la como questão principal; (iv) inexista restrição probatória ou limitação cognitiva no procedimento que impeça o aprofundamento da análise da questão prejudicial.

Desse modo, é possível alçar essa apreciação incidente e ao nível de julgamento com força de coisa julgada, cumpridos certos requisitos (art. 503, §§ 1º e 2º).

Em *primeiro lugar*, é preciso que realmente a *questão seja prejudicial*, consoante a conotação acima. Assim, clássico é o exemplo da relação de paternidade como prejudicial ao pedido de alimentos. Em *segundo lugar*, é preciso que se tenha tornado *controvertida* a justificar, através do interesse de agir superveniente, a propositura de pedido cumulado ulterior. Em *terceiro lugar*, é mister que *o juiz seja competente em razão da matéria*, haja vista, *v.g.*, que se a prejudicial for de natureza penal e o juízo onde tramita a causa tiver competência cível exclusiva, jamais poderá declarar com força de coisa julgada qualquer matéria que extrapole sua competência *ratione materiae*. Em *quarto lugar*, não podem existir restrições probatórias no procedimento, como sucede no mandado de segurança, sob pena de se petrificar matéria discutida de forma incompleta.

---

[54] O direito brasileiro restou por assimilar a doutrina europeia do início do século denominada restritiva porquanto comprimia as fronteiras da coisa julgada material, de modo a não abranger em seus domínios as premissas da decisão. Assim preconizavam **Chiovenda**, **Carnelutti**, **Jaeger** dentre outros, como informa **Heinitz**, *in ob. cit.*, p. 204. No Brasil decisiva a doutrina de **Paula Batista** para a sedimentação da orientação hoje esposada pelo Código.

[55] Consoante observa com agudez **Frederico Marques**, há casos em que a motivação é fundamental para determinar o alcance mesmo da parte dispositiva, *v.g.*, ocorre com a absolvição criminal que deve ser motivada em face de suas repercussões civis (*in Estudos de Direito Processual Penal*, 1960, p. 169). Assim, *v.g.*, são diversas as consequências quando a absolvição se dá por carência de provas e a que reconhece ter o agente atuado em legítima defesa (art. 65 do CPP).

O Código de 1973 previa a ação declaratória incidental para resolver a questão prejudicial. Dessa forma, proposta a ação declaratória incidental e posteriormente julgada a questão prejudicial como questão também principal, essa decisão se revestiria das características da imutabilidade da coisa julgada material em todos os aspectos da causa.

Não entendeu, contudo, o legislador que tal ação declaratória estivesse de acordo com os ideais perseguidos no vigente Código. Entenda-se que, aqui, não se diz que questão de competência alheia ao juízo onde tramite a questão principal deva ser julgada por juízo incompetente. Muito pelo contrário: é justamente desses limites que trata o art. 503, § 2º, do CPC. A extensão da coisa julgada à questão incidental, decidida *principaliter* em outro processo, não depende, portanto, de postulação de qualquer das partes – como o era na ação declaratória incidental –, mas pode ser feita pelo julgador de maneira automática.

Volvendo aos limites da decisão de mérito sobre a qual se perfaz a coisa julgada material, destaca o legislador a imutabilidade da coisa julgada material com a fórmula: "nenhum juiz decidirá novamente a mesma lide" (art. 505[56]). Trata-se um pressuposto processual de caráter negativo a impedir a constituição válida de um processo versando matéria já decidida. É regra *in procedendo*, que tem como destinatários os juízes, e encerra o que Machado Guimarães denominava "eficácia panprocessual da coisa julgada material", em contrapartida à eficácia "endoprocessual", atribuída à sentença que extingue o processo sem análise do mérito.

Na verdade, os incisos não abrem exceção à regra, tampouco consagram suposto "limite temporal do julgado", conforme já exposto.

A previsão pertine às relações continuativas em que a decisão projeta-se para o futuro impondo prestações de trato sucessivo que podem desaparecer conforme as circunstâncias do caso concreto. O exemplo clássico é o da ação de alimentos, na qual as modificações do estado de fato como o empobrecimento do devedor ou o enriquecimento do credor dos alimentos podem levar à exoneração das prestações alimentícias vincendas. *In casu*, a exoneração fundar-se-á em fatos supervenientes, sem malferir a coisa julgada. Aliás, a própria lei de alimentos assim o prevê (Lei nº 5.478/1968). Nessas ações, o juiz decide com a cláusula *rebus sic standibus*, de sorte que a decisão se mantém se as causas que a determinaram também permanecerem de pé.

Outros exemplos de decisões judiciais para o futuro, alternáveis na forma do art. 505, CPC, são revelados pela prática. Assim, *v.g.*, é lícito pleitear-se a revisão da decisão sobre a guarda de filhos, a revisão judicial do aluguel anteriormente estabelecido em sentença trânsita etc. A ação de revisão ou modificação reclama causas distintas daquelas em que foi proferida a sentença revisionada, muito embora dirigida ao mesmo juízo por força de acessoriedade.

Por fim, cumpre destacar que o CPC inovou ao tratar da coisa julgada, uma vez que a estendeu para além da sentença, abarcando de igual modo as decisões de mérito, consagrando a teoria dos capítulos de sentença que podem ser julgados em separado. Sempre que o objeto da ação versar sobre mais de um capítulo, a coisa julgada material os abarcará por inteiro. Por essa razão, e atento à possibilidade de julgamento antecipado parcial (art. 356), o legislador optou, no art. 502, do CPC, pelo termo "decisão de mérito" em vez de "sentença".

2.3 Limites subjetivos da coisa julgada[57]

A situação de conflito submetida ao Judiciário tem os seus protagonistas, e a decisão, *a fortiori*, seus destinatários. Outrossim, a sentença não vive isolada no mundo jurídico, ressoando possível que uma decisão reste por atingir a esfera jurídica de pessoas que não participaram do processo.[58]

---

[56] "**Art. 505.** Nenhum juiz decidirá novamente as questões já decididas relativas à mesma lide, salvo:

I – se, tratando-se de relação jurídica de trato continuado, sobreveio modificação no estado de fato ou de direito, caso em que poderá a parte pedir a revisão do que foi estatuído na sentença;

II – nos demais casos prescritos em lei."

[57] Acerca desse intrincado tema é obrigatória a leitura elucidativa de **Guilherme Estelita**, *Da Coisa Julgada*, 1936, p. 195-201.

[58] A isso **Liebman** se referia como eficácia reflexa do julgado para distinguir da eficácia direta da coisa julgada, *in Eficácia e Autoridade da Sentença*, 1945, p. 85.

Diante dessa possibilidade, e em face da energia da coisa julgada, questiona-se se a imutabilidade da decisão apresenta espectro *erga omnes* ou *inter partes*.

O nosso sistema, de origem romano-germânica, consagra, de forma direta e indireta, as soluções preconizadas por esses nossos matizes. Em primeiro lugar, seguindo a tradição romanista de que a coisa julgada não pode beneficiar nem prejudicar quem não participou do processo (*res judicata aliis non nocet*), o Código de 1973, no art. 472, dispunha que *a sentença faz coisa julgada entre as partes*. Assim sendo, terceiros que não participaram do processo poderiam promover demandas em relação ao mesmo objeto litigioso. O atual Código promoveu singela alteração no correspondente art. 506[59-60], afirmando que não pode a sentença prejudicar terceiros. Não se fala, portanto, no terceiro beneficiado pela decisão.

A complexidade reside na identificação desse terceiro estranho ao julgado.

As pessoas que não mantêm qualquer vinculação com as partes nem com o objeto litigioso não se subordinam à coisa julgada, muito embora respeitem a decisão judicial como ato de soberania, tal como se curvam aos atos da administração e aos atos legislativos. Assim é que se a sentença determina que um clube não pode funcionar, mesmo o empregado que não foi parte no processo deve respeitar aquela decisão. Da mesma forma, se Caio é considerado titular de fundo de comércio por força de decisão judicial, não pode, numa determinada licitação, ver rejeitada essa sua qualificação. Trata-se da *eficácia natural da sentença* como ato de autoridade e, nesse ângulo, operativa *erga omnes*.

Diversamente é a situação da decisão que dispõe sobre o direito da parte. Nesse caso, o que há é eficácia subjetiva da coisa julgada.

Em princípio, não se revela nenhuma perplexidade no que concerne à parte. É que nada mais lógico do que a decisão limitar o julgado aos sujeitos do processo. Em face do amplo espectro subjetivo d'algumas ações, exige a lei a formação do litisconsórcio necessário em razão da *natureza da relação litigiosa*. Indivisível a *res in iudicium deducta*, todos os partícipes da relação jurídica *sub judice* devem ser convocados para o processo. A falta da formação do litisconsórcio necessário nesses casos torna a sentença ineficaz para os que participaram do processo (e, portanto, para a parte) e, com maior razão, para os que não participaram, revelando-se verdadeira *inutiliter data*. Aliás, essa é a consequência que ocorre em todos os casos de formação compulsória do litisconsórcio em que este não se verifica.

Diferentemente do fenômeno acima, há terceiros, que não as partes, e que ficam sujeitos ao julgado.

Em *primeiro lugar, os sucessores da parte*, que sucedem-na também na coisa julgada.[61] A coisa julgada obriga a herdeiros e sucessores, em face de o direito ser transmissível. O sucessor pode discutir o seu quinhão com outrem, porém, jamais a origem do débito do *de cujus*.

A *sucessão* processual, como sabido, pode dar-se em razão de morte (*mortis causa*) ou por ato entre vivos (*inter vivos*), uma vez que a própria lei esclarece que a alienação da coisa litigiosa não exime o novo adquirente dos destinos do julgado (art. 109, § 3º, do CPC).[62]

---

[59] **"Enunciado nº 36 da I Jornada de Direito Processual Civil do CJF:** O disposto no art. 506 do CPC não permite que se incluam, dentre os beneficiados pela coisa julgada, litigantes de outras demandas em que se discuta a mesma tese jurídica."

[60] **"Art. 506.** A sentença faz coisa julgada às partes entre as quais é dada, não prejudicando terceiros."

[61] Consoante afirma **Rosenberg** essa eficácia *erga omnes* deriva *"de la particular naturaleza del objeto litigioso y del interés de la comunidad en la resolución que se le de"*, in *Tratado de Derecho Procesal Civil*, 1955, vol. II, p. 482.

[62] **"Art. 109.** A alienação da coisa ou do direito litigioso por ato entre vivos, a título particular, não altera a legitimidade das partes.

§ 1º O adquirente ou cessionário não poderá ingressar em juízo, sucedendo o alienante ou cedente, sem que o consinta a parte contrária.

§ 2º O adquirente ou cessionário poderá intervir no processo como assistente litisconsorcial do alienante ou cedente.

§ 3º Estendem-se os efeitos da sentença proferida entre as partes originárias ao adquirente ou cessionário."

Em *segundo lugar*, o *substituído* na substituição processual,[63] mesmo não tendo sido "parte", fica sujeito à coisa julgada, uma vez que a legitimação extraordinária que visa a melhor tutelar a sua situação não pode prejudicar a parte contrária. Raciocínio inverso redundaria em verdadeira *contradictio in terminis* ao admitir-se a substituição processual e, ao mesmo tempo, possibilitar-se a reabertura do caso pela pessoa substituída. Assim, *v.g.*, a decisão que julga improcedente a ação de indenização movida pelo acionista minoritário em face da diretoria de uma sociedade anônima, na qualidade de substituto processual da pessoa jurídica, inibe a mesma de repropor idêntica demanda.

Nesse fenômeno da legitimação extraordinária, o substituto processual é o sujeito do processo, e a sua vinculação à coisa julgada resta resolvida pela simples incidência do art. 506 do CPC.[64] O substituído, malgrado não atue como parte, é *sujeito da lide*; é a ele, também, que se endereça o art. 505, *caput*,[65] ao impedir que o juiz a julgue, novamente.

Remanescem, acerca do tema, complexas controvérsias quanto às relações jurídicas com multiplicidade de pretendentes bem como quanto aos titulares de relações dependentes daquela que foi julgada.

No que pertine às relações jurídicas com multiplicidade de dependentes, a regra é a do litisconsórcio. Há casos em que a eficácia da decisão necessita da presença de todos os interessados no processo, hipótese em que a comunhão na lide e na relação processual resolve-se pelo art. 506, na medida em que os litisconsortes já são partes.

No *litisconsórcio facultativo*, aquele "potencial litisconsorte" que não interveio não poderá rediscutir a causa se o litisconsórcio era unitário e a decisão foi favorável, uma vez que, nesse caso, lhe falece o *interesse de agir*, já que, obtido o êxito, não subjaz utilidade na propositura de outra ação futura. Ao revés, não tendo sido favorável o resultado, defere-se aos demais que não intervieram, a chance de obterem melhor êxito, com a propositura de outras ações, com o aproveitamento do resultado prático, inclusive, por aquele litisconsorte pioneiro não exitoso.

Assim, *v.g.*, se um dos compossuidores reivindica a coisa comum e vence a demanda, a decisão vale para os que intervieram e para os que não intervieram. Ao revés, improcedente o pedido, abre-se oportunidade para que os demais pleiteiem melhor desígnio noutra ação.

No *litisconsórcio facultativo* e *simples*, a decisão somente vincula os integrantes do processo, prevalecendo, aí, em toda a plenitude, a máxima *res iudicata aliis non nocet*.

Atual e elegante questão põe-se no âmbito dos "direitos supraindividuais", assim considerados *os difusos, os interesses coletivos* e *os individuais homogêneos*.

A indeterminação dos sujeitos beneficiários ou prejudicados com a decisão judicial, nesse campo dos direitos difusos, conduziu a doutrina, durante largos anos, a preconizar a denominada "coisa julgada *secundum eventum litis*". A coisa julgada, consoante esta linha de pensamento, atingiria a todos quantos se encartassem na esfera do interesse difuso, desde que proferida com base em provas consideradas suficientes, por isso que julgado procedente ou improcedente o pedido, superando-se o risco de eventuais conluios entre o autor da ação e o réu através da fiscalização do Ministério Público, que, malgrado carecedor de legitimação ordinária para iniciar a ação, podia retomá-la na hipótese de "desistência. Em todo caso, não se inviabilizaria a dedução de pretensão individual, desde que não se trate de litisconsorte da demanda coletiva ou se não atendido o que dispõe o art. 104, *in fine*, do Código de Defesa do Consumidor[66], por exemplo.

---

[63] A explicação de **Liebman** à razão de ser do dispositivo dissipa as potenciais controvérsias. Conforme afirma o insigne jurista, citados os reais contendores, ninguém mais terá legitimidade ou interesse em infirmar o julgado, *in* ob. cit., p. 180.

[64] "É que eles passam a ser sujeitos do processo e como tal não podem ser considerados terceiros em face do julgado", **Liebman**, ob. cit., p. 85.

[65] Os efeitos da decisão proferida na causa são imutáveis para o substituto processual e para o substituído, *in* **Pedro Batista Martins**, *Comentários ao Código de Processo Civil*, 1942, vol. III, p. 311 e segs.

[66] "**Art. 104**. As ações coletivas, previstas nos incisos I e II e do parágrafo único do art. 81, não induzem litispendência para as ações individuais, mas os efeitos da coisa julgada erga omnes ou ultra partes a que aludem

Essa técnica cognominada de limites subjetivos *erga omnes* era aplicável independentemente do resultado da demanda, salvo a improcedência por *carência de provas*, como ressaltado, hipótese em que o legislador conferia oportunidade a outrem para que, através de nova propositura, eventualmente recolhesse melhor resultado. A isso é que se convencionou denominar coisa julgada *secundum eventum litis*.[67]

Essa técnica processual foi utilizada largamente no *nosso protótipo de ação difusa, a ação popular*, transmitindo-se para as ações coletivas que advieram com o Código do Consumidor, o Estatuto da Criança e do Adolescente e a Lei da Ação Civil Pública. Esses diplomas legais emergentes dos modernos reclamos sociais aperfeiçoaram a técnica utilizada na ação popular, trazendo soluções peculiares aos interesses em jogo.

Preliminarmente, distinguiu-se o *interesse difuso*: pertencente a toda sociedade, indivisível e impersonalizável, *v.g.*, o clássico exemplo do direito geral a um ambiente saudável do *interesse coletivo*; atinente a determinado grupo *ligado por uma base comum* estatutária, contratual ou legal, como os médicos, os advogados etc., quanto aos seus direitos institucionais; e dos denominados *interesses individuais homogêneos*, atribuíveis a determinadas pessoas vinculadas entre si apenas pela afinidade das repercussões práticas de determinados fatos em suas esferas jurídicas, *v.g.*, os pais de alunos, os consumidores de determinado produto, os moradores de peculiar região geográfica. Além de os diplomas acima consagrarem, também, a regra *secundum eventum litis*, houve um aperfeiçoamento quanto aos demais interesses supraindividuais. Assim é que, nas causas versantes sobre interesses difusos, além da coisa julgada *erga omnes*, adotou-se a técnica geral da coisa julgada *secundum eventum probationis* ou *eventum litis*. Consequentemente, nas ações referentes aos direitos coletivos, corresponde, à coisa julgada *erga omnes* de outrora, a denominada coisa julgada *ultra partes*.

Nas ações pertinentes aos "direitos individuais homogêneos", como se trata de uma "decisão geral" que pode beneficiar, nunca prejudicar, o interesse *pessoal* daqueles que se acham vinculados por afinidade, maneja-se a técnica da coisa julgada *in utilibus*, que permite ao titular de um interesse individual, porém homogêneo, "utilizar-se" da decisão geral favorável e liquidá-la em favor de seu interesse *individualizado* (Consulte-se o art. 16[68] da Lei da Ação Civil Pública – Lei nº 7.347, de 24.07.1985; art. 18 da Lei da Ação Popular – Lei nº 4.717, de 29.06.1965; arts. 103[69] e 104[70] do Código de Defesa do Consumidor – Lei nº 8.078, de 11.09.1990).

---

os incisos II e III do artigo anterior não beneficiarão os autores das ações individuais, se não for requerida sua suspensão no prazo de trinta dias, a contar da ciência nos autos do ajuizamento da ação coletiva."

[67] **"Art. 505.** Nenhum juiz decidirá novamente as questões já decididas, relativas à mesma lide."

[68] **"Lei nº 7.347, art. 16**. A sentença civil fará coisa julgada erga omnes, nos limites da competência territorial do órgão prolator, exceto se o pedido for julgado improcedente por insuficiência de provas, hipótese em que qualquer legitimado poderá intentar outra ação com idêntico fundamento, valendo-se de nova prova."

[69] **"Lei nº 8.078, art. 103**. Nas ações coletivas de que trata este Código, a sentença fará coisa julgada:

I – *erga omnes*, exceto se o pedido for julgado improcedente por insuficiência de provas, hipótese em que qualquer legitimado poderá intentar outra ação, com idêntico fundamento, valendo-se de nova prova, na hipótese do inciso I do parágrafo único do art. 81;

II – *ultra partes*, mas limitadamente ao grupo, categoria ou classe, salvo improcedência por insuficiência de provas, nos termos do inciso anterior, quando se tratar da hipótese prevista no inciso II do parágrafo único do art. 81;

III – *erga omnes*, apenas no caso de procedência do pedido, para beneficiar todas as vítimas e seus sucessores, na hipótese do inciso III do parágrafo único do art. 81.

§ 1º Os efeitos da coisa julgada previstos nos incisos I e II não prejudicarão interesses e direitos individuais dos integrantes da coletividade, do grupo, categoria ou classe.

§ 2º Na hipótese prevista no inciso III, em caso de improcedência do pedido, os interessados que não tiverem intervindo no processo como litisconsortes poderão propor ação de indenização a título individual.

§ 3º Os efeitos da coisa julgada de que cuida o art. 16, combinado com o art. 13 da Lei nº 7.347, de 24 de julho de 1985, não prejudicarão as ações de indenização por danos pessoalmente sofridos, propostas individualmente ou na forma prevista neste Código, mas, se procedente o pedido, beneficiarão as vítimas e seus sucessores, que poderão proceder à liquidação e à execução, nos termos dos arts. 96 a 99.

§ 4º Aplica-se o disposto no parágrafo anterior à sentença penal condenatória."

496 | CURSO DE DIREITO PROCESSUAL CIVIL • *Luiz Fux*

No campo das denominadas "relações dependentes"[71] só podem sofrer a eficácia direta do julgado aquelas que foram objeto de cognição e decisão. A regra de que "anulado o ato reputam-se sem efeito os que dele são subsequentes" não implica "extensão do julgado", senão em autorização para que o autor formule no mesmo processo (*unum et idem judex*) cumulação *sucessiva* de pedidos. Isto porque os terceiros não partícipes do processo podem voltar-se contra o decidido em ação distinta, salvo, evidentemente, se, não obstante não terem discutido a própria relação jurídica naquele processo, intervieram como assistentes, hipótese em que incide a regra maior do art. 123 do CPC,[72] que prevê, com amplitude, a *eficácia preclusiva da intervenção*.[73]

2.4   Meios de defesa da coisa julgada

A coisa julgada, como símbolo do compromisso maior do Estado-juiz em definir litígios em prol da estabilidade e segurança sociais, encontra na legislação processual meios de proteção de sua "inteireza".

Em primeiro lugar, a verificação da violação da coisa julgada pode dar-se de ofício, pelo juiz, sem prejuízo da iniciativa das partes que podem suscitar a questão, a qualquer tempo e em qualquer grau de jurisdição. Não obstante, superado o processo e proferida uma decisão com ofensa ao julgado, é lícito desconstituí-la através da ação rescisória, que prevê *causa petendi* específica nesse sentido (art. 966, inciso IV, do CPC).[74]

Esses instrumentos de iniciativa da parte, são coadjuvados pela regra *in procedendo* do art. 505 do CPC, impeditiva a que qualquer juiz volte a julgar a mesma lide, o que consubstancia a "eficácia vinculativa direta da coisa julgada material".[75] Essa eficácia também se opera quando a questão posta num determinado processo como *prejudicial* já foi decidida noutro como questão principal e com força de coisa julgada material. Assim, *v.g.*, se em determinada causa conclui-se da *existência* de relação jurídica geradora de obrigações múltiplas, não podem as partes, noutra ação de cobrança dessas obrigações suscitar a inexistência do vínculo, julgado existente em feito anterior, malgrado essa questão figure nesse segundo processo como uma prejudicial. É que neste a prejudicial suscitada já foi julgada com eficácia vinculativa. Denomina-se, esse fenômeno, para distingui-lo da eficácia vinculativa direta, de *eficácia vinculativa prejudicial da coisa julgada*.

---

[70]   **"Lei nº 8.078, art. 104**: As ações coletivas, previstas nos incisos I e II do parágrafo único do art. 81, não induzem litispendência para as ações individuais, mas os efeitos da coisa julgada *erga omnes* ou *ultra partes* a que aludem os incisos II e III do artigo anterior não beneficiarão os autores das ações individuais, se não for requerida sua suspensão no prazo de trinta dias, a contar da ciência nos autos do ajuizamento da ação coletiva."

[71]   Doutrina **Liebman** que nesses casos de relações dependentes daquela coisa julgada "a decisão tem eficácia também para os terceiros, admitindo-se que estes não estão sujeitos à autoridade da coisa julgada e por isso, sempre que manifestem interesse podem voltar-se contra a injustiça da decisão repelindo o efeito danoso acarretado pela mesma", *in* ob. cit., p. 133-138.

[72]   **"Art. 123.** Transitada em julgado a sentença no processo em que interveio o assistente, este não poderá, em processo posterior, discutir a justiça da decisão, salvo se alegar e provar que:

I – pelo estado em que recebera o processo ou pelas declarações e atos do assistido, foi impedido de produzir provas suscetíveis de influir na sentença;

II – desconhecia a existência de alegações ou de provas das quais o assistido, por dolo ou culpa, não se valeu."

[73]   Essa técnica se opõe ao que a doutrina denominava imutabilidade pró e contra do julgado, *in* **Chiovenda**, *Instituições de Direito Processual Civil*, 1942, vol. I, p. 530.

[74]   **"Art. 966.** A decisão de mérito, transitada em julgado, pode ser rescindida quando:

IV – ofender a coisa julgada."

[75]   **Pugliese** denomina essa eficácia de "efeito positivo" da coisa julgada, *in Giudicato Civile, Enciclopédia del Diritto*, vol. XVIII, p. 788. No mesmo sentido, **Heinitz**, *in Limiti Soggetivi della Cosa Giudicata*, 1937, citando o exemplo segundo o qual o réu vencido em reivindicatória não pode em ação distinta mover ele próprio a reivindicação, agora em posição ativa, por força do efeito positivo do julgado que acertou o modo de ser de determinada relação jurídica.

Sob esse enfoque, deveras interessante é a eficácia da coisa julgada penal no âmbito do processo civil, é lícito ao juiz suspender o processo em face dessa prejudicialidade,[76] como se colhe do mesmo dispositivo, *in fine*, conjugado com o alcance da norma insculpida no art. 313, V, *a*, do CPC.[77]

A razão da suspensão reside no fato de o Código de Processo Penal esclarecer que faz coisa julgada no cível a decisão penal que reconhece a existência do crime e sua autoria, tanto que a sentença penal condenatória é título executivo judicial passível de ensejar o processo autoritário judicial da execução após prévia liquidação por artigos (art. 515, inciso VI, do CPC).[78] *A contrario sensu*, também vincula o juízo cível a decisão penal que declare não ter o réu praticado o ilícito apontado como de sua autoria.

Destarte, o reconhecimento da *atipicidade* do fato é desinfluente na órbita civil, na medida em que um evento pode não ser considerado crime mercê de enquadrar-se como ilícito civil, pela independência das responsabilidades civil e penal adotada como regra pelo Direito nacional. Outrossim, a absolvição penal por carência de provas, porquanto no juízo cível surgem novas oportunidades probatórias em prol do interessado, também é desinfluente.

Entretanto "faz coisa julgada no cível a sentença penal" que reconhecer ter sido o ato praticado em estado de necessidade, em legítima defesa, em estrito cumprimento do dever legal ou no exercício regular de direito (art. 65 do CPP). Consequentemente, o juízo cível não pode desconsiderar essas excludentes ao analisar a ação proposta.

Outra forma singular de proteção do julgado efetiva-se através da *eficácia preclusiva da coisa julgada*, à luz da escorreita exegese do art. 508 do CPC[79] que dispõe que transitada em julgado a decisão de mérito, considerar-se-ão deduzidas e repelidas todas as alegações e as defesas que a parte poderia opor tanto ao acolhimento quanto à rejeição do pedido. Isso significa dizer que *a eventual discussão incompleta da causa* não autoriza a sua reabertura tampouco infirma o julgado. A ideia da estabilidade da decisão convive com as lacunas deixadas ao longo da discussão da causa: *tantum iudicatum quantum disputatum vel quantum disputari debebat*.[80] Em consequência, nenhuma das partes pode valer-se de argumento que poderia ter sido suscitado anteriormente para promover nova demanda com o escopo de destruir o resultado a que se chegou no processo onde a decisão passou em julgado.[81]

Assim, *v.g.*, se em ação de cobrança a parte deixou de alegar o pagamento e a condenação transitou em julgado, não pode pretender *a posteriori* promover ação de repetição do indébito, porque a isso equivaleria negar o julgado trânsito; assim como incidir-se-ia na mesma incorreção se na ação em que pretendesse a repetição de pagamento de aluguel legitimado em ação de despejo por falta de pagamento onde o locatário requereu a purga de mora. Mesmo na hipótese de a parte obter um documento novo que, malgrado existente à época da sentença, ela desconhecia, tanto que o obteve após a prolação da decisão, ela deve primeiramente *rescindir* a sentença para, após, recolher

---

[76] Observa-se nesse fenômeno a prejudicialidade da decisão penal em face do julgado civil e não apenas uma eficácia de fato como entrevia **Giuseppe de Luca**, *in I Limiti Soggettivi della Cosa Giudicata Penale*, 1963, p. 192.

[77] "**Art. 313.** Suspende-se o processo: (...)
V – quando a sentença de mérito:
a) depender do julgamento de outra causa ou da declaração da existência ou de inexistência de relação jurídica que constitua o objeto principal de outro processo pendente; (...)."

[78] "**Art. 515.** São títulos executivos judiciais: (...)
VI – a sentença penal condenatória transitada em julgado; (...)."

[79] "**Art. 508.** Transitada em julgado a decisão de mérito, considerar-se-ão deduzidas e repelidas todas as alegações e as defesas que a parte poderia opor tanto ao acolhimento quanto à rejeição do pedido."

[80] **Liebman**, *in Eficácia e Autoridade da Sentença*, p. 52-53.

[81] No afã de proteger o resultado do processo, afirmava **José Ignácio Botelho de Mesquita** que "a própria motivação da sentença se torna imutável apenas como elemento protetor da sentença", *in A Autoridade da Coisa Julgada e a Imutabilidade da Motivação da Sentença*, 1963, p. 59 e seguintes. Para outros, a discussão incompleta da causa era indiferente em face de um suposto "julgamento implícito". Assim, **Heinitz**, ob. cit., p. 202, e **Allorio**, *in* "Critica della Teoria del Giudicato Implícito", *Rivista*, vol. II, p. 247, 1938.

nova decisão que, nesse caso, não infirmará o julgado, posto que desconstituído. Anote-se, por fim, que a técnica preclusiva não se opera apenas na defesa da coisa julgada mas também favorece que se alcance o resultado da decisão imutável, como se infere do disposto no art. 507 ("é vedado à parte discutir no curso do processo as questões já decididas a cujo respeito se operou a preclusão").

O processo, como instrumento de pacificação social visa a alcançar a coisa julgada, tornando a decisão de mérito imune dos recursos e impugnações.

A técnica da preclusão, utilizada para alcançar esse desígnio, impede o retrocesso da marcha processual e com a mesma impede sejam reabertas etapas ultrapassadas no processo, por isso que as questões decididas não podem ser rediscutidas. Assim, *v.g.*, resolvida a questão da assistência, a matéria, não pode ser reaberto seu recurso. Não obstante esse efeito da preclusão seja dirigido às partes, como expressa o art. 507 do CPC, pode o juiz de superior instância reexaminar decisões interlocutórias pertinentes à prova ou às condições da ação. Porquanto, em regra, ao juiz somente é defeso conhecer de questões dependentes da iniciativa da parte.

Destarte, a preclusão para o órgão julgador não ocorre enquanto não acaba o seu ofício jurisdicional com a prolação da decisão de mérito (art. 485, § 3º, do CPC).

Fenômeno *semelhante à eficácia preclusiva relativo às partes ocorre em face do assistente* que intervém na causa. O art. 123 do CPC dispõe sobre a eficácia da intervenção, restando o assistente sujeito à *justiça da decisão*.

É que o assistente simples não discute direito seu, mas relação jurídica da qual a sua é dependente. Não poderia, assim, o legislador sujeitá-lo à coisa julgada, porquanto nenhum direito seu restou decidido. Entretanto, a utilidade prática da assistência restaria comprometida caso o assistente, ao discutir a relação jurídica da qual a sua depende, pudesse, em pleito subsequente, rediscutir tudo aquilo que teve oportunidade de debater. A economia da intervenção seria nenhuma. Desta sorte, a *eficácia da intervenção* impede-lhe que reproponha questões repelidas ou provas já avaliadas no processo antecedente. Assim, *v.g.*, se o fiador interveio na causa do afiançado e teve rejeitada a alegação de nulidade do contrato, não pode promover ação de repetição do indébito contra o credor em ação futura, não obstante diversa daquela na qual ingressou. Assim, também, a seguradora que interveio numa causa em favor de seu segurado, caso acionada posteriormente pela vítima, não pode repropor questões superadas no feito anterior.

A eficácia preclusiva, por fim, visando a garantir o resultado do processo, torna indiferente que a nova demanda rediscuta a solução com base em norma jurídica diversa que, aliás, não integra a causa de pedir. A repetição da ação, mesmo nesse caso, afronta a coisa julgada e o art. 508 do CPC. Assim, *v.g.*, se a parte alegou nulidade do contrato, invocando determinado texto legal, e a arguição foi repelida, não pode ingressar com nova ação de nulidade, sob outro fundamento legal, repetindo os mesmos fatos, porque *jura novit curia*.

2.5 Relativização da coisa julgada

A coisa julgada é instituto que distingue a função jurisdicional das demais porquanto imutável e indiscutível a última palavra do Judiciário.

Consectário do primado da segurança jurídica e da legalidade, a coisa julgada, através de seus meios de defesa anteriormente explorados, impede que se rediscuta a lide cujo resultado é lei entre as partes (arts. 503 do CPC c/c 505 do CPC).

Outrossim, a lei é clara quanto à parte dispositiva da decisão coberta pela coisa julgada (art. 504 do CPC), mercê de a eficácia preclusiva do julgado (art. 508 do CPC) colocá-lo ao abrigo de impugnações sucessivas.

Os fundamentos ora enunciados revelam quão anômala se revela a tese da relativização da coisa julgada que, se consagrada, restaria por infirmar o mais notável efeito da jurisdição, que é o *final enforcing power* com o que eclipsa o resultado judicial.

A práxis, entretanto, vem desafiando a ciência com casos da vida forense cujas decisões já trânsitas não podem ser solidificadas, *v.g.*, as somas vultosas das desapropriações fixadas de há muito, ou as decisões de paternidade confrontadas com os novéis exames de DNA.

As exceções, em primeiro lugar, não infirmam a regra da imutabilidade, e por isso não se pode aduzir à relativização da coisa julgada. Entretanto, não se pode recusar o enfrentamento de questões que surgem em determinada fase processual cuja análise implica infirmar-se a coisa julgada.

Ocorrendo esse fenômeno, que se verifica com constância nas desapropriações, em decisões sobre cálculos (sobre os quais a coisa julgada não incide na medida em que a imodificabilidade é do acertamento) etc., o que se empreende é a solução dessa questão isolada à luz da principiologia, cuja técnica de aplicação é a ponderação e não a subsunção, como sóe ocorrer com as normas jurídicas em geral.

Os casos limítrofes levados a juízo, em que o justo preço, objeto da desapropriação consolidou-se em valor estratosférico com grave prejuízo para a Fazenda Pública, resolvem-se ponderando-se o princípio da segurança jurídica com o da justa indenização, coadjuvado pelo cânone da razoabilidade e da moralidade.

Ressoa evidente que diante desses valores em tensão há de prevalecer o interesse público impondo a revisão do preço, o que, pelo seu caráter excepcional não relativiza a coisa julgada senão a integra como coexistencial no mundo dos princípios jurídicos pétreos.

A dignidade humana é valor fundante da República, conforme di-lo o inciso III do art. 1º da Constituição Federal, o que não impede seja confrontado com o da liberdade de expressão, e em dado caso concreto um deles prevaleça.

É exatamente isto que ocorre nesse pseudofenômeno de "relativização da coisa julgada" que antes de constituir-se em instituição de uso generalizado, que conduziria à jurisdição a um nada jurídico, representa técnica de julgamento em casos de teratologia manifesta.

PARTE IX
PROCEDIMENTOS ESPECIAIS

I
AÇÃO DE CONSIGNAÇÃO EM PAGAMENTO

1. GENERALIDADES

1.1 Generalidades materiais

Consoante dispõe o CC, a consignação em pagamento é modalidade extraordinária de extinção da obrigação, mediante o depósito da coisa devida, seja em juízo, seja em estabelecimento bancário[1]. O devedor exonera-se da obrigação, desvinculando-se do credor quando este incorre em mora para receber a prestação ou se recusa indevidamente a fazê-lo. A ação de consignação é, em suma, instrumento processual liberatório da obrigação e, neste sentido, deve ser interpretado e aplicado restritivamente.

A lei material enumera, exemplificativamente, nos incisos do art. 335 do CC, outras hipóteses hábeis a ensejar a *solutio* da obrigação pela via da consignação; a saber: (i) se o credor não puder, ou, sem justa causa, recusar receber o pagamento, ou dar quitação na devida forma; (ii) se o credor não for, nem mandar receber a coisa no lugar, tempo e condição devidos; (iii) se o credor for incapaz de receber, for desconhecido, declarado ausente, ou residir em lugar incerto ou de acesso perigoso ou difícil; (iv) se ocorrer dúvida sobre quem deva legitimamente receber o objeto do pagamento; (v) se pender litígio sobre o objeto do pagamento.

Prescreve, ainda, o art. 336 do CC[2], que a validade do depósito da *res debita* está condicionada à observância dos requisitos objetivos e subjetivos exigíveis quando da extinção do vínculo obrigacional pelas vias "usuais". É que a consignação também é forma de pagamento, porém, peculiar, haja vista que não é o *solvens* quem deixa de quitar a dívida, mas o credor que, de alguma forma, embaraça o recebimento da prestação.

Consectariamente, no pagamento por consignação, há que se obedecer às regras acerca de quem deve pagar, quem deve receber, o local do pagamento etc., encontradiças no ordenamento civil. Portanto, a defesa que resiste ao depósito pelo fato de o mesmo não ter sido realizado na forma e no lugar convencionados, como alude o dispositivo em exame, em essência, sustenta-se na justeza da recusa e no cânone material que exige que, para que a consignação tenha força de pagamento, mister concorram – em relação às pessoas, ao objeto, modo e tempo – todos os requisitos sem os quais não deve ser considerado válido o pagamento.

Em consonância com a regra, um tanto coloquial, de que aquele que paga mal, paga duas vezes, dispõe a lei material que o devedor de obrigação litigiosa que pagar a qualquer dos pretendidos credores, tendo conhecimento do litígio, assumirá o risco do pagamento[3]. Em outros termos, o que diz a lei é que, em havendo dúvida do devedor acerca do verdadeiro credor, a cautela recomenda

---

[1] **"CC/2002: Art. 334.** Considera-se pagamento, e extingue a obrigação, o depósito judicial ou em estabelecimento bancário da coisa devida, nos casos e forma legais."

[2] **"CC/2002: Art. 336.** Para que a consignação tenha força de pagamento, será mister concorram, em relação às pessoas, ao objeto, modo e tempo, todos os requisitos sem os quais não é válido o pagamento."

[3] **"CC/2002: Art. 344.** O devedor de obrigação litigiosa exonerar-se-á mediante consignação, mas, se pagar a qualquer dos pretendidos credores, tendo conhecimento do litígio, assumirá o risco do pagamento."

504 | CURSO DE DIREITO PROCESSUAL CIVIL • *Luiz Fux*

consignar a coisa. Se o devedor, portanto, equivocar-se e pagar ao credor errado, não estará exonerado da obrigação, devendo pagá-la novamente, não obstante disponha o devedor, nessa hipótese, do direito de regresso contra o falso credor, sob pena de a lei contemplar o enriquecimento sem causa.

Em situação oposta, os que se entendem credores, no afã de impedir esse pagamento espontâneo pelo devedor, podem instá-lo a fazê-lo sob o crivo jurisdicional[4]. Por isso, se a dívida se vencer, pendendo litígio entre credores que se pretendem mutuamente excluir, poderá qualquer deles requerer a consignação.

Todas essas regras influem na solução do litígio e nos próprios pressupostos processuais e condições da ação, por força do princípio de que a todo direito corresponde uma ação que o assegura.

Consequentemente, ao direito de consignar corresponde a denominada ação de consignação em pagamento, submetida ao procedimento especial de jurisdição contenciosa traçado pelo CPC.

1.2 Generalidades processuais

Dispõe o CPC, no art. 539, que, nos casos previstos na lei material, poderá o devedor ou terceiro requerer, com efeito de pagamento, a consignação judicial da quantia ou da coisa devida. É que, para o ordenamento, considera-se pagamento extintivo da obrigação o depósito judicial da coisa devida, nos casos e forma legais do já mencionado art. 335 do CC.

A essência da consignação, como forma de liberação, pressupõe, em linhas gerais, a injusta recusa de o credor quitar o devedor. Este, impossibilitado de fazer justiça com as próprias mãos, recorre ao Poder Judiciário, capaz de efetivar, a partir do uso dos instrumentos processuais adequados e previamente estabelecidos em lei, o direito subjetivo do devedor à liberação.

Não obstante este escopo, tem-se admitido que o credor, via consignatória, postule, também, a declaração da extensão de seu crédito, ao legitimar a prestação depositada.

O efeito do pagamento advém com a sentença declaratória de liberação da obrigação, quando a consignação é judicial, ou da não instauração de demanda por parte do credor, após o depósito extrajudicial e respectivo levantamento, o que revela inequívoco reconhecimento da justeza da prestação consignada *intra muros*.

A pretensão do consignante, portanto, é a declaração de liberação de uma obrigação existente, dissipando a incerteza reinante acerca do estado de inadimplência. A vantagem prática da consignação reside no fato de que, realizado o depósito no lugar do pagamento, cessam, tão logo se efetue, os juros da dívida e os riscos para o depositante, salvo se o pleito for julgado improcedente. Por isso que, enquanto o credor não declarar que aceita o depósito, ou não o impugnar, pode o devedor requerer o levantamento, pagando as respectivas despesas, remanescendo a obrigação para todas as consequências de direito.

Diversamente, se o credor afirmar em juízo que aceita em parte o depósito, esta a ele pertence, podendo, por conseguinte, levantá-la, sem prejuízo, entretanto, da discussão quanto à parte controversa.

Na ação de consignação em pagamento, o devedor será parte legítima quando obedecer à regra de "quem deve pagar" pode consignar, consoante o disposto nos arts. 304 a 307 do CC/2002. A outra parte, o credor, será legítima quando seguir as regras sobre "a quem se deve pagar", previstas nos arts. 308 a 312 do mesmo *codex*.

Nesse procedimento especial, o objeto material pode ser coisa ou quantia. Assim, *v.g.*, a consignação em pagamento é meio hábil a restituir imóvel locado, com depósito das chaves em juízo pelo locatário, ou, ainda, dinheiro, bens móveis, coisa certa ou coisa incerta.

Em relação ao objeto, cumpre salientar que, tradicionalmente, indispensável tratar-se o objeto da consignatória de obrigação líquida e certa, rejeitando-se o depósito de *quantum* incerto. Em verdade, a consignação em pagamento, outrora, foi inflexivelmente encarada como uma espécie de

---

[4] "**CC/2002: Art. 345**. Se a dívida se vencer, pendendo litígio entre credores que se pretendem mutuamente excluir, poderá qualquer deles requerer a consignação."

Parte IX • I – AÇÃO DE CONSIGNAÇÃO EM PAGAMENTO | **505**

execução invertida, tornando imprescindível a liquidez e certeza da obrigação, posto processo de limites estreitos, sem margens para operar a apuração da coisa ou quantia devida, havendo mister a prévia promoção da ação de acertamento.

Destarte, a pretensão declaratória negativa da existência de relação jurídica creditícia não pode ser vinculada através da ação de consignação, devendo o autor promover ação de rito comum *tout court*, nos termos dos arts. 19 e 20 do CPC[5].

Não obstante, sem prejuízo das considerações esboçadas e em homenagem ao princípio da economicidade, no afã de alcançar seu objetivo de liberação, é lícito ao devedor discutir cláusulas contratuais que, analisadas pelo juízo, legitimem a prestação pretendida consignar. Assim, tratando--se de ação de conhecimento, ampla deve ser a cognição do juiz, mitigando-se a versão ultrapassada de que a consignatória é "execução às avessas", posto que, promovida esta pelo devedor, podendo sua *causa petendi* gravitar acerca da relação contratual subjacente, sua extensão e validade.

Nesse sentido, as lúcidas lições da prática judiciária que conspiram em favor do amplo debate na ação de consignação em pagamento, acolhendo a discussão da existência da dívida e do seu valor[6]-[7] (art. 544, IV, do CPC/2015[8]).

1.2.1 *Depósito extrajudicial*

Tratando-se, de obrigação em dinheiro, derivada de qualquer vínculo, poderá o devedor ou terceiro, na forma do art. 539, § 1º, do CPC, optar pelo depósito da quantia devida em juízo ou fora dele.[9]

Optando pelo depósito extrajudicial, deverá fazê-lo em estabelecimento bancário oficial, onde houver, situado no lugar do pagamento, em conta com correção monetária, cientificando o credor por carta com aviso de recepção, assinado o prazo de dez dias para a manifestação de recusa. Destaque-se que o alcance da expressão "estabelecimento oficial" exige do intérprete o entendimento lógico de que, nos lugares onde há estabelecimento oficial, somente neles poderá ser feito o depósito; onde, porém, não os houver, poderá o depósito ser realizado em estabelecimento particular. Esta a *ratio essendi* da lei.

Quanto ao prazo acima mencionado, algumas premissas devem ser assentadas, a saber: (i) o prazo de dez dias começa a correr da data do retorno do aviso de recebimento da carta pelo credor, cuja entrega lhe deve ser feita pessoalmente, exigindo o carteiro que ele assine o recibo, por aplicação analógica do art. 248, § 1º, do CPC; (ii) a carta, para cumprir o seu desígnio receptivo, deve explicitar o objeto do depósito e a expressa cominação do prazo de dez dias para resposta, com o esclarecimento de que, se nesse lapso de tempo não houver impugnação, o devedor ficará liberado da obrigação; (iii) a tempestividade da impugnação do credor, manifestada no prazo de dez dias,

---

[5] **"CPC/2015: Art. 19.** O interesse do autor pode limitar-se à declaração: I – da existência, da inexistência ou do modo de ser de uma relação jurídica; II – da autenticidade ou falsidade de documento.

  Art. 20. É admissível a ação declaratória, ainda que tenha ocorrido a violação do direito."

[6] Admite-se a cumulação dos pedidos de revisão de cláusulas do contrato e de consignação em pagamento das parcelas tidas como devidas por força do mesmo negócio jurídico. Quando o autor opta por cumular pedidos que possuem procedimentos judiciais diversos, implicitamente requer o emprego do procedimento ordinário. Recurso especial não conhecido. (REsp 464.439/GO, Rel. Min. Nancy Andrighi, 3ª Turma, j. 15.05.2003).

[7] Acerca da amplitude necessária da consignatória para o fim de liberar o devedor, consultem-se as razões didaticamente expostas In STJ -4ª Turma, REsp 2.454-RS, Rel. Min. Sálvio de Figueiredo; *DJU* 04.06.1990, p. 5.063. A única dificuldade entrevista nessa assertiva é a possibilidade de análise de cláusula contratual à luz do óbice da Súmula 5 do STJ.

[8] **"CPC/2015: Art. 544.** Na contestação, o réu poderá alegar que: (...) IV – o depósito não é integral. Parágrafo único. No caso do inciso IV, a alegação será admissível se o réu indicar o montante que entende devido."

[9] **"CPC/2015: Art. 539.** Nos casos previstos em lei, poderá o devedor ou terceiro requerer, com efeito de pagamento, a consignação da quantia ou da coisa devida.

  § 1º Tratando-se de obrigação em dinheiro, poderá o valor ser depositado em estabelecimento bancário, oficial onde houver, situado no lugar do pagamento, cientificando-se o credor por carta com aviso de recebimento, assinado o prazo de 10 (dez) dias para a manifestação de recusa."

506 | CURSO DE DIREITO PROCESSUAL CIVIL • *Luiz Fux*

torna indiferente o fato de que a mesma chegue depois ao conhecimento do devedor; (iv) a aceitação extrajudicial do credor libera o devedor, enquanto sua recusa inaugura o interesse processual na propositura da ação de consignação; (v) a mora do devedor não é obstáculo à consignação[10], desde que sejam depositados, além da prestação principal, seus consectários.

Cumpridos esses requisitos e realizado o depósito, é lícito ao credor a recusa motivada, aduzindo as suas razões da rejeição, ainda que sucintamente, porém de maneira que o depositante possa examinar se procedem ou não as mesmas, *v.g.*, se entender o credor que o depósito não é integral, hipótese em que deverá especificar a importância faltante.

Consectário deste depósito extrajudicial[11] e, portanto, não jurisdicional, é que, decorrido o prazo sem a manifestação de recusa, reputar-se-á o devedor liberado da obrigação, ficando à disposição do credor a quantia depositada.

Esta presunção de liberação, posto não jurisdicional, não impede que o credor promova em juízo a cobrança da obrigação que entenda devida. A conexão entre a consignatória e a exigibilidade judicial do débito implicará o *simultaneus processus* entre a consignatória e a demanda eleita pelo credor. Aliás, é comum, na prática judiciária, a conexão entre consignatória e embargos de executado.

Outrossim, o depósito extrajudicial libera o devedor de promover o depósito em juízo, invertendo o ônus da iniciativa da demanda. Assim, em princípio, pela impossibilidade de ocorrência de moras simultâneas, considera-se liberado o devedor em face da mora do credor.

Diversamente, ocorrendo a recusa, manifestada por escrito ao estabelecimento bancário, o devedor ou terceiro poderão propor, dentro de um mês, a ação de consignação, instruindo a inicial com a prova do depósito e da recusa[12].

Consoante se observa, ainda na hipótese de recusa textual, o depósito extrajudicial exonera o devedor de renová-lo em juízo acaso pretenda promover a consignação judicial animado pela resistência do credor. É que a lei utiliza a expressão "poderá", uma vez que a mora do credor exclui a do devedor, advindo daí a facultatividade da propositura da consignatória, sujeita à discricionariedade do devedor.

Pode ocorrer que, mesmo diante da recusa, o devedor não promova a demanda no prazo de um mês. Nesta hipótese, ficará sem efeito o depósito, podendo o depositante levantá-lo[13]. Por isso é que, a eventual demanda futura que venha a ser promovida, exigirá como pressuposto de constituição um novo depósito, agora, judicial, sendo destituído de qualquer eficácia aquele outro, objeto do levantamento.

2. COMPETÊNCIA[14]

A primeira preocupação que assoma ao profissional, no momento inicial da propositura da ação, é a escolha do "foro competente". A consignatória é inegavelmente ação de natureza pessoal, devendo, por isto, via de regra, ser proposta no foro do domicílio do réu. Entretanto, por se tratar de forma de liberação do devedor, constituindo-se em modo indireto de pagamento, estatui o

---

[10] Destaca-se que a mora do devedor não obsta a ação de consignação quando: (i) o devedor não souber a quem realizar o pagamento, pois há casos em que mais de um credor alega ser o titular do direito de receber o pagamento, e (ii) o credor alegar algo diverso do pactuado com o devedor.

[11] O depósito bancário do art. 539 do CPC tem natureza material e é servil a toda e qualquer modalidade de consignação, desde a prestação de mútuo hipotecário até a consignação de aluguéis.

[12] "**CPC/2015: Art. 539.** Nos casos previstos em lei, poderá o devedor ou terceiro requerer, com efeito de pagamento, a consignação da quantia ou da coisa devida. (...) § 3º Ocorrendo a recusa, manifestada por escrito ao estabelecimento bancário, poderá ser proposta, dentro de 1 (um) mês, a ação de consignação, instruindo-se a inicial com a prova do depósito e da recusa."

[13] "**CPC/2015: Art. 539.** Nos casos previstos em lei, poderá o devedor ou terceiro requerer, com efeito de pagamento, a consignação da quantia ou da coisa devida. (...) § 4º Não proposta a ação no prazo do § 3º, ficará sem efeito o depósito, podendo levantá-lo o depositante."

[14] "**CPC/2015: Art. 540.** Requerer-se-á a consignação no lugar do pagamento, cessando para o devedor, à data do depósito, os juros e os riscos, salvo se a demanda for julgada improcedente."

Parte IX • I — AÇÃO DE CONSIGNAÇÃO EM PAGAMENTO | **507**

Código que a consignação requer-se no lugar do pagamento, cessando para o devedor, desde que se efetue o depósito, os juros e os riscos, salvo se for julgada improcedente. O lugar do pagamento vem previsto no CC/2002, nos arts. 327 a 330.

Conforme é sabido, a regra de competência de foro admite derrogação pela vontade das partes, através do "foro de eleição", tão corriqueiro nos contratos. Desta forma, por se tratar de competência relativa, não poderá o juízo denunciá-la *ex officio*. Esses preceitos aplicam-se integralmente à consignatória, cujas prestações, em regra, vêm previstas em contratos nos quais não falece a regra do pacto de foro, que prevalece sobre a regra geral (arts. 62 e 63 do CPC)[15]. Entretanto, à míngua do foro de eleição, prevalece o foro do pagamento ou, à sua falta, o foro do domicílio do réu.

Deveras, por força da norma material, o pagamento e, *a fortiori*, a consignação, efetuam-se no domicílio do devedor, salvo se as partes convencionarem diversamente, ou se o contrário resultar da lei, da natureza da obrigação ou das circunstâncias. Sendo certo que, designados dois ou mais lugares, cabe ao credor escolher entre eles.

Quando o pagamento consistir na tradição de um imóvel ou em prestações relativas a imóvel, impõe-se realizar a consignação no lugar onde se situe o bem. Essa competência é funcional (art. 47 do CPC[16]) e, portanto, inderrogável pelo foro de eleição.

3. PRESTAÇÕES PERIÓDICAS[17]

Há obrigações que não se esgotam em uma só prestação, *v.g.*, a referente aos aluguéis devidos mês a mês; ou um contrato cujo preço do negócio é dividido em várias parcelas. Esses vínculos categorizam-se como de "trato sucessivo". Tratando-se desta espécie de negócio jurídico, carecendo o devedor recorrer a juízo para consignar uma prestação, é-lhe lícito aproveitar-se do processo para depositar todas as demais parcelas que se forem vencendo no curso do mesmo, em face da influência do princípio da economia processual, o qual se efetiva através da obtenção de um máximo de resultado com um mínimo de esforço processual.

Por outro ângulo, *mutatis mutandis*, da mesma forma como não se exige do credor instaurar um novo processo condenatório quando iniciado um feito acerca de obrigação com prestações sucessivas, admitindo-se que a sentença consagre, na condenação, tanto a parcela vencida como também as vincendas (art. 323 do CPC)[18], não se exige do devedor instaurar outra consignatória para depositar as parcelas que se vençam durante o processo.

Assim é que, tratando-se de prestações periódicas, uma vez consignada a primeira, pode o devedor continuar a consignar, no mesmo processo e sem maiores formalidades, as que se forem vencendo, desde que os depósitos sejam efetuados até cinco (5) dias, contados da data do vencimento. A razão reside no fato de que, até a sentença, o juiz afere a legitimidade dos depósitos, por isso que, após definição do litígio, não mais se admite o depósito das prestações vincendas. Não há

---

[15] **"CPC/2015: Art. 62.** A competência determinada em razão da matéria, da pessoa ou da função é inderrogável por convenção das partes.

Art. 63. As partes podem modificar a competência em razão do valor e do território, elegendo foro onde será proposta ação oriunda de direitos e obrigações."

[16] **"CPC/2015: Art. 47.** Para as ações fundadas em direito real sobre imóveis é competente o foro de situação da coisa.

§ 1º O autor pode optar pelo foro de domicílio do réu ou pelo foro de eleição se o litígio não recair sobre direito de propriedade, vizinhança, servidão, divisão e demarcação de terras e de nunciação de obra nova."

[17] **"CPC/2015: Art. 541.** Tratando-se de prestações sucessivas, consignada uma delas, pode o devedor continuar a depositar, no mesmo processo e sem mais formalidades, as que se forem vencendo, desde que o faça em até 5 (cinco) dias contados da data do respectivo vencimento."

[18] **"CPC/2015: Art. 323.** Na ação que tiver por objeto cumprimento de obrigação em prestações sucessivas, essas serão consideradas incluídas no pedido, independentemente de declaração expressa do autor, e serão incluídas na condenação, enquanto durar a obrigação, se o devedor, no curso do processo, deixar de pagá-las ou de consigná-las."

508 | CURSO DE DIREITO PROCESSUAL CIVIL • *Luiz Fux*

uniformidade quanto a esse termo *ad quem*, havendo quem admita que o autor faça esse depósito até o trânsito em julgado da decisão final, o que contraria a finalidade da regra.

A exigência da consignação no prazo consagra, por via oblíqua, a mora intercorrente, evitando que o depósito judicial libere o devedor consignante dos riscos do atraso. Assim como, no plano extrajudicial, a quitação pode ser parcial, o mesmo sucede em juízo. Destarte, a falta de depósito oportuno das prestações subsequentes não influi naquelas que foram realizadas tempestivamente.[19] Nesses casos, impõe-se ao juiz, como regra *in procedendo*, julgar parcialmente procedente o pedido. Nada obsta, entretanto, que o autor promova novel ação consignatória, depositando a prestação subsequente faltante com os consectários da mora.

4. PETIÇÃO INICIAL[20]

O processo começa por iniciativa da parte através da demanda, cujo instrumento é a petição inicial (*ne procedat iudex ex officio*). Cada procedimento reclama a inclusão de determinados requisitos na peça inicial que os inaugura, como ocorre com a execução, cujo procedimento exige a apresentação do título executivo e o pedido de citação para pagamento.

A consignatória, por seu turno, impõe ao autor que requeira na petição inicial: (i) o depósito da quantia ou da coisa devida, a ser efetivado no prazo de cinco dias, contado do deferimento, ressalvada a hipótese da ação movida após recusa do depósito extrajudicial; e (ii) a citação do réu para levantar o depósito ou oferecer resposta (art. 542 do CPC).

O depósito é pressuposto processual de desenvolvimento válido e regular do processo. Inimaginável, portanto, que se inicie uma ação de consignação sem o depósito da prestação, haja vista que o fundamento primeiro é a recusa do credor em recebê-la. Ao consignante cumpre, ao efetuá-lo, depositar o valor atualizado do crédito recusado. É que pode ter havido, e sempre há, um espaço de tempo que medeia entre o vencimento da obrigação recusada e o depósito em si. Considerando que a correção é apenas o mesmo capital com o *plus* que se acrescenta, sem representar penalidade, o depósito deve refletir a sua atualidade econômica[21].

A jurisprudência é firme no sentido da necessidade de o depósito ser integral: o depósito parcial leva à extinção sem resolução do feito[22]. Ademais, o pedido deve ser certo e incondicional, vedando--se, *v.g.*, que o autor consigne sob a condição de o credor realizar determinada contraprestação.

4.1 Valor da causa

É assente que a toda causa corresponde um valor, o qual representa o benefício econômico a ser auferido pela parte vencedora com a prestação jurisdicional.

Sob essa ótica, sedimentou-se o entendimento de que, nas ações de consignação em pagamento, o valor da causa, quando se trata de uma única prestação vencida, corresponde à quantia que o depositante entende devida. Entretanto, pleiteando o autor, além da prestação devida, a consignação de prestações vincendas, o valor da ação equivale ao da primeira prestação multiplicada por uma anuidade, como positivou o Código (art. 292, §2°[23])[24]. Esta, aliás, é a *ratio* da súmula 449 do STF[25].

---

[19] RT 546/147.

[20] **"CPC/2015: Art. 542**. Na petição inicial, o autor requererá:
I – o depósito da quantia ou da coisa devida, a ser efetivado no prazo de 5 (cinco) dias contados do deferimento, ressalvada a hipótese do art. 539, § 3° ;
II – a citação do réu para levantar o depósito ou oferecer contestação.
Parágrafo único. Não realizado o depósito no prazo do inciso I, o processo será extinto sem resolução do mérito."

[21] STJ, 4ª Turma, Ag 48.450-5-SP- AgRg, Rel. Min. Sálvio de Figueiredo, *DJU* 30.05.1994, p. 13.490.

[22] REsp 1.108.058-DF, Rel. Min. Lázaro Guimarães (Desembargador Convocado do TRF da 5ª Região), Rel. Acd. Min. Maria Isabel Gallotti, Segunda Seção, por maioria, j. 10.10.2018, *DJe* 23.10.2018 (Tema 967).

[23] **"Art. 292**. (...) § 2º O valor das prestações vincendas será igual a uma prestação anual, se a obrigação for por tempo indeterminado ou por tempo superior a 1 (um) ano, e, se por tempo inferior, será igual à soma das prestações."

[24] RT 648/99.

[25] **STF Súmula nº 449:** O valor da causa, na consignatória de aluguel, corresponde a uma anuidade.

Parte IX • I – AÇÃO DE CONSIGNAÇÃO EM PAGAMENTO | 509

5. CITAÇÃO E DIREITO DE ESCOLHA[26]

O devedor pode ser compelido ao cumprimento de obrigação de dar coisa incerta. Hipótese em que, cabendo ao credor a escolha, ele primeiramente é citado para exercer o seu direito de eleição ou para permitir que o devedor o faça, iniciando-se, após, o prazo para o cumprimento da obrigação. Observa-se que, neste caso, o procedimento não se inicia com um depósito, senão com a individualização da coisa, seguindo-se a esta, a colocação do bem à disposição do juízo.

Realizada a escolha, o juiz deve fixar o lugar, dia e hora para a entrega, respeitando as condições eventualmente especificadas no contrato. Em não as havendo, estabelecerá as mesmas de forma mais propícia a gerar a exoneração da obrigação.

O credor, após a escolha, pode recusar-se a receber, posto que o *ius eligendi* em si em nada interfere nas escusas possíveis, *v.g.* a rejeição da coisa escolhida posto danificada. Nessa hipótese de rejeição de recebimento na data judicialmente aprazada, impõe-se o "depósito da coisa", no aguardo da liberação quanto ao dever de entrega com a sentença final.

6. CONSIGNAÇÃO EM CASO DE DÚVIDA[27]

O devedor nem sempre se exonera ao realizar o pagamento. É que a lei material enumera uma série de situações que podem ensejar um pagamento ineficaz, resultando no dever de pagar novamente. Destarte, se o devedor pagar ao credor, apesar de intimado da penhora feita sobre o crédito, ou da impugnação a ele oposta por terceiro, o pagamento não valerá contra estes, que poderão constranger o devedor a pagar de novo, ficando-lhe, entretanto, salvo o regresso contra o credor.

Essas hipóteses, exemplificativamente enunciadas, denotam que o devedor pode ter dúvidas sobre quem deva receber, como ocorre com certa frequência na prática judiciária, *v.g.*; quando a esposa e a companheira disputam o seguro deixado pelo *de cujus*, hipótese em que a seguradora vale-se da ação de consignação.

Persistindo a incerteza sobre quem deva legitimamente receber, cumpre ao devedor promover a demanda, convocando em litisconsórcio necessário todos os disputantes, para que um deles recolha, ao final, a importância depositada. A dúvida ensejadora do interesse de agir deve ser objetiva e jurídica, inatendível aquela que é fruto da imaginação do autor.

Evidente que os réus, ao ingressarem no processo, tanto podem impugnar a dúvida suscitada pelo devedor, como o próprio *quantum* consignado. Na primeira hipótese, concluindo-se pela inexistência de dúvida, extingue-se o processo sem julgamento do mérito e autoriza-se o levantamento da importância, por medida de economia processual, arcando o consignante com as custas e os honorários dos supostos disputantes convocados. Havendo a dúvida e insuficiente o depósito, o juiz declara-lhe a insubsistência, mas autoriza o verdadeiro credor a levantar a parte incontroversa.

Acrescente-se, ainda, que, quando a consignação se fundar em dúvida sobre quem deva legitimamente receber, não comparecendo nenhum pretendente, converte-se o depósito em arrecadação de bens de ausentes; comparecendo apenas um, o juiz deve decidir de plano; comparecendo mais de um, o juiz deve declarar efetuado o depósito e extinta a obrigação, continuando o processo a correr unicamente entre os credores, caso em que se observará o procedimento comum (art. 548 do CPC).

Nos casos de dúvida sobre quem deva receber, é mister ao devedor ingressar em juízo, o que arrasta a questão da sucumbência. O juiz ao declarar procedente o depósito, ao final, deve imputar ao adversário daquele que foi autorizado a levantar o depósito, os honorários de ambos; vale dizer: daquele que foi obrigado a recorrer ao Judiciário e daquele que com ele disputou o valor consignado.

---

[26] **"CPC/2015: Art. 543.** Se o objeto da prestação for coisa indeterminada e a escolha couber ao credor, será este citado para exercer o direito dentro de cinco (5) dias, se outro prazo não constar de lei ou do contrato, ou para aceitar que o devedor o faça, devendo o juiz, ao despachar a petição inicial, fixar lugar, dia e hora em que se fará a entrega, sob pena de depósito."

[27] **"CPC/2015: Art. 547.** Se ocorrer dúvida sobre quem deva legitimamente receber o pagamento, o autor requererá o depósito e a citação dos possíveis titulares do crédito para provarem o seu direito."

CURSO DE DIREITO PROCESSUAL CIVIL • Luiz Fux

Suficiente o depósito, cumprirá ao juiz exonerar o devedor. Esta sua decisão incidente tem natureza interlocutória e o recurso cabível é o de agravo de instrumento[28].

7. RESPOSTA DO RÉU

O procedimento da consignatória ordinarizou-se com a eliminação da data da oferta, a partir da qual iniciava-se o prazo para defesa. Em consequência, tem-se admitido os incidentes inerentes a essa forma genérica ritual, *v.g.*, a intervenção de terceiros, a reconvenção etc.[29] Aliás, convém recordar, que na consignação em pagamento de aluguéis, admite-se reconvenção, pleiteando-se o despejo e a cobrança de aluguéis.[30]

A defesa de mérito, nesta espécie de ação, não pode diferenciar-se das demais consagradas às ações de conhecimento. Entretanto, parte da doutrina, seduzida pela afirmação de que a consignatória é uma execução às avessas, posto colocar o devedor na iniciativa de se liberar, ostenta que o *quantum* deva ser líquido e certo. Afirmam não ser possível discutir a razão de ser da dívida para consignar, mas apenas depositar uma quantia desde sempre definida. Assim, segundo essa linha de pensamento, se o devedor pretende, calcado em premissa qualquer, apontar um *quantum* consignável diverso daquele que deflui certo de um contrato, não poderá fazê-lo através da consignatória.

Positivamente colocamo-nos em posição oposta a essa tese, porquanto entendemos que a controvérsia quanto ao valor da importância devida não inviabiliza o uso da ação de consignação em pagamento. Isto porque a recusa pode operar-se exatamente por força desse dissenso. Deveras, uma das hipóteses de defesa é exatamente essa divergência, *ex vi* do disposto no art. 544, IV, do CPC[31].

A primeira atitude do credor que autoriza a consignação é a recusa. Ora, inexistindo a recusa não há necessidade de intervenção judicial e, portanto, interesse de agir. Nessa hipótese, deverá o juiz extinguir o processo sem análise do mérito.

Circunstância diversa é a de ter havido a recusa reputada justa pelo credor. Sob esse ângulo, a justiça ou a injustiça da recusa compõe o mérito da causa, implicando a procedência ou improcedência do pedido. No ato de decidir, é lícito ao juiz valer-se de todos os meios de prova aferidores da recusa (art. 369 do CPC[32]). Muito embora a doutrina considere justa a recusa da prestação antes do vencimento, é imperioso flexibilizar essa exegese, haja vista que, o depósito não carreia nenhum prejuízo para o credor.

A insuficiência do depósito é uma das alegações possíveis de defesa[33], encerrando exceção dilatória, posto que o autor-devedor pode complementar a diferença apontada pelo credor réu.

---

[28] STF-2ª Turma, RE 199.274-3, Rel. Min. Marco Aurélio, j. 16.12.1997, deram provimento, v.u., *DJU* 17.04.1998.

[29] STJ, 4ª Turma, Ag 17.386-0-GO- AgRg, Rel. Min. Sálvio de Figueiredo, *DJU* 08.03.1993, p. 3.12.

[30] "Lei de Locações (Lei nº 8.245/1991): Art. 67. Na ação que objetivar o pagamento dos aluguéis e acessórios da locação mediante consignação, será observado o seguinte: (...) VI – além de contestar, o réu poderá, em reconvenção, pedir o despejo e a cobrança dos valores objeto da consignatória ou da diferença do depósito inicial, na hipótese de ter sido alegado não ser o mesmo integral; VIII – havendo, na reconvenção, cumulação dos pedidos de rescisão da locação e cobrança dos valores objeto da consignatória, a execução desta somente poderá ter início após obtida a desocupação do imóvel, caso ambos tenham sido acolhidos."

[31] "**CPC/2015: Art. 544.** Na contestação, o réu poderá alegar que: (...) IV – o depósito não é integral. Parágrafo único. No caso do inciso IV, a alegação somente será admissível se o réu indicar o montante que entende devido."

[32] "**CPC/2015: Art. 369.** As partes têm o direito de empregar todos os meios legais, bem como os moralmente legítimos, ainda que não especificados neste Código, para provar a verdade dos fatos em que se funda o pedido ou a defesa e influir eficazmente na convicção do juiz."

[33] "**CPC/2015: Art. 545.** Alegada a insuficiência do depósito, é lícito ao autor completá-lo, em 10 (dez) dias, salvo se corresponder a prestação cujo inadimplemento acarrete a rescisão do contrato.

§ 1º No caso do *caput*, poderá o réu levantar, desde logo, a quantia ou a coisa depositada, com a consequente liberação parcial do autor, prosseguindo o processo quanto à parcela controvertida.

§ 2º A sentença que concluir pela insuficiência do depósito determinará, sempre que possível, o montante devido e valerá como título executivo, facultado ao credor promover-lhe o cumprimento nos mesmos autos, após liquidação, se necessária."

A lei veda a referida complementação acaso o não pagamento integral da prestação dê causa à rescisão contratual. Nessa hipótese, o *quantum* vencido terá gerado essa consequência, aliás, por isso que o credor recusou-se a receber. Assim, *v.g.*, se não paga uma prestação que implica ruptura do vínculo, por expressa disposição contratual, não se poderá pretender adimpli-la em juízo, nem mesmo complementando a quantia que o credor aponte como insuficiente.

A complementação, em princípio, deve obedecer ao que o réu indica. Entretanto, se o autor tiver depositado inicialmente quantia estimada por não saber exatamente a importância do débito, deve declarar expressamente em seu pedido inicial que se compromete a completar o total, atualizado, dentro do prazo previsto de dez dias (art. 545 do CPC).

Apontando o réu que o montante não é suficiente a liquidar a obrigação, ainda assim, poderá o autor promover uma complementação diversa daquela pretendida pelo contestante, pronunciando-se o juiz acerca da procedência, ou não, da insuficiência do montante depositado na sentença final[34]. Este prazo de complementação é preclusivo e tem como termo *a quo* a data em que o autor é intimado da contestação. A sua concessão, em princípio, deriva de decisão monocrática, da qual não cabe recurso algum, salvo se deferido nos casos vedados pela lei processual[35].

A complementação do depósito implica o reconhecimento da procedência da contestação, devendo, pois, o juiz proferir sentença de mérito, declarando extinta a obrigação, mas condenando, em honorários de advogado e custas, o autor.

Magnífica modificação operou-se com a reforma processual, ao conceder natureza dúplice à ação de consignação. Isto porque, no regime ancião, o juiz, ao reputar insuficiente o depósito, limitava-se a julgar improcedente o pedido liberatório e remetia o credor à outra demanda, em que poderia exigir a parte que lhe pareceu faltante. No regime atual, diferentemente, o credor pode levantar o incontroverso e a sentença que dispõe sobre a parte faltante serve de condenação ao pagamento do resíduo e, como tal, constitui título executivo judicial. É evidente que, com a remodelação do instrumento processual, o credor obtém com menor esforço um máximo de resultado, aumentando a efetividade da prestação jurisdicional. Nos próprios autos, pode promover a execução por quantia certa da diferença entendida devida pelo juízo consignatório, por força da duplicidade ora emprestada.

A inovação é tanto mais arrojada na medida em que o legislador não exige que o credor, na contestação, tenha formulado esse pedido explicitamente. Analogicamente, há que se aplicar o preceito a todas as ações de consignação, inclusive a de alugueres.

Resumidamente, a segunda *causa excipiendi* consistente na "insuficiência do depósito", *mutatis mutandis*, comprova que a recusa extrajudicial era justa, posto pretendia o devedor liberar-se com *quantum* aquém do devido, na visão do credor.

Nesse sentido, é que se afirma que, na ação *in foco*, não será admitida a alegação de insuficiência do depósito se o réu não especificar, na contestação, qual a importância que entende devida (art. 544, parágrafo único, do CPC[36]), possibilitando assim ao autor complementar o depósito (art. 545[37]). Outrossim, qualquer diferença é suficiente não só para a complementação obstativa da sentença de improcedência como autorizativa da mesma[38].

---

[34] Diferentemente concluiu o E. STJ In 3ª Turma, REsp 31.566-2-MG, Rel. Min. Cláudio Santos, *DJU* 15.08.1994, p. 20.332.

[35] STJ – RT 699/210.

[36] **"CPC/2015: Art. 544**. Na contestação, o réu poderá alegar que:

(...)

IV – o depósito não é integral.

Parágrafo único. No caso do inciso IV, a alegação somente será admissível se o réu indicar o montante que entende devido."

[37] **"CPC/2015: Art. 545**. Alegada a insuficiência do depósito, é lícito ao autor completá-lo, em 10 (dez) dias, salvo se corresponder a prestação cujo inadimplemento acarrete a rescisão do contrato."

[38] RT 605/222.

512 CURSO DE DIREITO PROCESSUAL CIVIL • Luiz Fux

Destarte, a improcedência da ação pela insuficiência, à luz do disposto no art. 503[39] do CPC, não impede a repropositura, com pleito de consignação de toda a prestação que deveria ter sido desde o início consignada, inclusive com as eventuais diferenças. Em contrapartida, o réu pode levantar, desde logo, a parte da quantia depositada sobre a qual não houver controvérsia (art. 545, § 1º do CPC[40]).

A defesa que resiste ao depósito pelo fato de ele não ter sido realizado na forma e no lugar convencionados, em essência, sustenta-se na justeza da recusa e no cânone material que exige que, para que a consignação tenha força de pagamento, concorram, em relação às pessoas, ao objeto, modo e tempo, todos os requisitos sem os quais não deve ser considerado válido o pagamento.

Anote-se, por fim, que, embora o litisconsórcio passivo no campo obrigacional seja, em regra, facultativo, aplica-se o regime da unitariedade, quando a resposta aproveita a todos os réus.

7.1 Revelia

Em regra, a ação de consignação gravita em torno de interesses disponíveis, de forma que, se o réu tornar-se revel, declarará o juiz extinta a obrigação. Afirma-se "em regra", porquanto a revelia não induz inexoravelmente à procedência do pedido.

A lei equipara a ação à omissão, ao sugerir a mesma solução para a revelia e para o reconhecimento da procedência do pedido, que se engendra com o pleito do credor no simples levantamento da quantia ou da coisa depositadas, sem ressalvas.

Destaque-se, a diferença notória entre o pedido de levantamento com a quitação sem ressalvas; o que autoriza o juiz a declarar extinta a obrigação, do pedido de levantamento da quantia incontroversa. Nesse último caso, resta julgar o pedido remanescente.

Sob esse ângulo, inolvidável o preceito material, segundo o qual, o credor que, depois de contestar a lide ou aceitar o depósito, aquiescer no levantamento, perderá a preferência e garantia que lhe competiam com respeito à coisa consignada, ficando desde logo desobrigados os codevedores e fiadores que não anuíram[41].

8. JULGAMENTO DO PEDIDO

O juiz há de julgar procedente o pedido quando, apesar de contestado, reconhecer a suficiência do *quantum* e a injusta recusa do credor. Obedecido o limite do pedido e, *a fortiori*, da coisa julgada que a ele se adstringe, a decisão limitar-se-á a liberar o devedor daquela obrigação específica, provenha de onde provier. Por outro lado, os efeitos da improcedência só podem ser declarados pelo juiz, *v.g.*, a rescisão do vínculo pela insuficiência do depósito, acaso haja cumulação de pedidos.

Diferentemente do que ocorria outrora e considerando sempre a possibilidade de levantamento da parte incontroversa, a extinção terminativa do feito, isto é, sem análise do mérito, não impede o levantamento do depósito.

---

[39] "**CPC/2015: Art. 503**. A decisão que julgar total ou parcialmente o mérito tem força de lei nos limites da questão principal expressamente decidida."

[40] "**CPC/2015: Art. 545**. Alegada a insuficiência do depósito, é lícito ao autor completá-lo, em 10 (dez) dias, salvo se corresponder a prestação cujo inadimplemento acarrete a rescisão do contrato.

§ 1º No caso do *caput*, poderá o réu levantar, desde logo, a quantia ou a coisa depositada, com a consequente liberação parcial do autor, prosseguindo o processo quanto à parcela controvertida."

[41] "**CC/2002: Art. 340.** O credor que, depois de contestar a lide ou aceitar o depósito, aquiescer no levantamento, perderá a preferência e a garantia que lhe competiam com respeito à coisa consignada, ficando para logo desobrigados os codevedores e fiadores que não tenham anuído."

II
AÇÃO DE EXIGIR CONTAS

1. GENERALIDADES

Consoante assente, a prestação de contas é devida por tantos quantos administram bens de terceiros, quer haja lei material dispondo acerca desse dever, quer inexista dever contratual.[1]

Em consequência, pode-se entrever esse dever em inúmeras situações da vida prática, *v.g.*; o consorciado pedir contas à administradora; o correntista que, ao receber extratos bancários, discorde dos lançamentos deles constantes, ainda que essa remessa seja habitual.

O objetivo primacial da ação é acertar, em face de um negócio jurídico, a existência de um débito ou de um crédito, daí a cognominada duplicidade da ação em face do "saldo credor" que pode ser em prol de quem moveu a ação ou sujeitou-se à postulabilidade dela.

É inegável que o objetivo de prestar contas ou exigi-las consiste num fazer, mas a finalidade última é de apuração de um saldo, por isso incabível, por falta de interesse de agir, a simples propositura de mera ação cominatória.

Em consonância com seu desígnio maior da verificação de um saldo, torna-se a ação de exigir contas desnecessária caso o autor tenha um valor que entenda devido segundo seus próprios cálculos. Nessas hipóteses, a ação *in casu* é desnecessária, podendo o credor desde logo mover ação de cobrança, indicando o *quantum debeatur* do seu crédito.

Do mesmo modo, reputa-se desnecessária a ação se algum órgão da pessoa jurídica ou formal encarregado da aprovação das contas assim já procedeu, *v.g.*; a assembleia geral ordinária de condôminos, ou o conselho fiscal de uma sociedade etc. Nessas hipóteses, deve anteceder à ação de prestação de contas, a nulificação judicial da aprovação anterior.

Destarte, pouco importa que o réu instado a prestar contas tenha um saldo favorável, porquanto a ação tem por escopo central jurisdicionalizar a relação de débitos e créditos. Dissipando incertezas, revelando nítido caráter declaratório, com a feição que hoje se reconhece à sentença que consagra obrigação passível de cumprimento.

2. AÇÃO DE EXIGIR CONTAS

Sob o enfoque do direito de exigir contas, o art. 550 do CPC[2] trata da ação daquele que exige contas em face de quem tem o dever pessoal de prestá-las, *v.g.*; o sócio-administrador ou gerente da sociedade limitada.

Destaque-se que o procedimento desta ação é bifásico. Vale dizer, passa por duas fases distintas: a primeira, na qual o juiz decide acerca da obrigação de prestar contas; e a segunda, que depende de um juízo positivo quanto ao dever de prestá-las, é destinada à verificação do saldo a favor de qualquer das partes. Diz-se, assim, que o procedimento é bifásico e a ação

---

[1]   STJ – 3ª Turma, Ag. 33.211-6-SP AgRg., Rel. Min. Eduardo Ribeiro.

[2]   **"CPC/2015: Art. 550.** Aquele que afirmar ser titular do direito de exigir contas requererá a citação do réu para que as preste ou ofereça contestação no prazo de 15 (quinze) dias."

514 CURSO DE DIREITO PROCESSUAL CIVIL • *Luiz Fux*

dúplice em razão desta possibilidade de o saldo favorecer a qualquer dos litigantes: autor ou réu. Consequentemente, dada a sua natureza dúplice, não há interesse processual no manejo da reconvenção, para esse fim específico.

Consectário desta bipartição do rito em fases, com o julgamento anterior do dever material de prestar contas, é que o ato que põe termo à fase primeira é a decisão parcial de mérito, na qual deve constar a decretação da sucumbência. Desafiando, portanto, o recurso de agravo de instrumento[3].

Neste primeiro momento em que o réu é citado para prestar contas, variam as consequências conforme a sua atitude. Em primeiro lugar, ele pode contestar o dever de prestar as contas, podendo o juiz concluir pelo descabimento da pretensão de prestar as contas – hipótese em que extinguirá o processo declarando a ilegitimidade da pretensão do autor, impondo-lhe sucumbência. No caso de improcedência do pedido de exigir contas, o processo será extinto por sentença, logo, atacável por apelação[4].

Concluindo, diversamente, pelo dever de prestar contas, o juiz, na sentença que julgar procedente a ação, condenará o réu a prestá-las no prazo de quinze dias, sob pena de não lhe ser lícito impugnar as que o autor apresentar, e impor-lhe-á sucumbência.[5]

Pode ocorrer que o réu, não obstante conteste o pedido, apresente as contas. Nessa hipótese, se o réu, embora contestando a obrigação de prestar contas, desde logo as apresente na contestação, segue-se o procedimento do § 1º e não o dos §§ 2º e 3º, ou seja, o juiz deve apreciar o dever de prestar, verificando se estão bem prestadas.

Pode, ainda, o réu, em vez de impugnar esse dever, prestar as contas, caso em que terá o autor quinze dias para dizer sobre elas. De toda sorte, com a exibição das contas, supera-se a primeira fase. Adstringindo-se a discussão não mais ao dever de prestá-las, mas ao seu conteúdo.

Quedando-se inerte o réu e sendo cabível a prestação de contas, posto que a inatividade do demandado não faz gerar efeitos legais, apresentá-las-á o autor dentro em quinze dias, sendo as contas julgadas segundo o prudente arbítrio do juiz, que poderá determinar, se necessário, a realização do exame pericial contábil.

Isso porque o juiz, mesmo diante da inatividade do réu que perde a oportunidade de impugnar as contas exibidas pelo autor, pode determinar perícia que lhe assegure um resultado mais justo do qual poderá participar o revel, que assume o processo no estado que se encontra.

---

3 REsp 1680168/SP, Rel. Min. Marco Buzzi, Rel. p/ Acórdão Ministro Raul Araújo, 4ª Turma, j. 09.04.2019.

4 STJ-3ª Turma, REsp 1.746.337-RS, Rel. Min. Nancy Andrighi, j. 09.04.2019: "Em síntese, conclui-se que: (i) se o julgamento na primeira fase da ação de exigir contas for de procedência do pedido, o pronunciamento jurisdicional terá natureza de decisão parcial de mérito e será impugnável por agravo de instrumento com base no art. 1.015, II, do CPC/2015; se, contudo, o julgamento da primeira fase da ação de exigir contas for de improcedência do pedido ou de extinção do processo sem resolução de mérito, o pronunciamento jurisdicional terá natureza de sentença e será impugnável por apelação".

5 "Recurso especial. Ação de exigir contas. Primeira fase. Procedência do pedido. Honorários advocatícios de sucumbência devidos. Arbitramento. Critério. Equidade. 1. Ação de exigir contas ajuizada em 08/05/2019, da qual foi extraído o presente recurso especial, interposto em 13/03/2020 e concluso ao gabinete em 09/06/2020. 2. O propósito recursal é decidir sobre a fixação de honorários advocatícios na primeira fase da ação de exigir contas. 3. No âmbito da Segunda Seção, é uníssono o entendimento de que, com a procedência do pedido do autor (condenação à prestação das contas exigidas), o réu fica vencido na primeira fase da ação de exigir contas, devendo arcar com os honorários advocatícios como consequência do princípio da sucumbência. 4. Com relação ao critério de fixação dos honorários, a Terceira Turma tem decidido que, considerando a extensão do provimento judicial na primeira fase da prestação de contas, em que não há condenação, inexistindo, inclusive, qualquer correspondência com o valor da causa, o proveito econômico mostra-se de todo inestimável, a atrair a incidência do § 8º do art. 85 do CPC/2015. 5. Recurso especial conhecido e provido" (REsp 1.874.920/DF, Rel. Min. Nancy Andrighi, 3ª Turma, j. 04.10.2022, *DJe* 06.10.2022).

Parte IX • II — AÇÃO DE EXIGIR CONTAS | 515

2.1 A ação de dar contas

Já sob o enfoque de quem tem a obrigação de prestar contas, o artigo 916 do CPC/1973[6] previa a denominada "ação de dar contas", permitindo que aquele que estiver obrigado a prestar contas possa requerer a citação do réu para aceitá-las ou contestar a ação. No atual Código, no entanto, não há mais o procedimento especial da ação de dar contas, logo, deve ser seguido o procedimento comum.

O procedimento, na hipótese da ação de dar contas, simplifica-se, porquanto não se divide o processo em duas fases[7]. Não há a discussão sobre a obrigatoriedade de prestação de contas, visto que o responsável pela prestação já se dispôs a fazê-lo. Seguindo o procedimento comum, apenas se discute a justeza das contas apresentadas pelo autor para que a decisão judicial estabeleça o saldo credor.

3. SALDO E EXECUÇÃO POR QUANTIA

O verdadeiro escopo da ação de prestação de contas é constituir um saldo credor que, declarado na sentença, poderá ser cobrado em execução forçada[8].

A lei, neste passo, indica que a sentença "declaratória cível" é título executivo judicial, consoante a novel ideologia do cumprimento de sentença. A fixação do saldo é da substância deste ato decisório, sendo nula a sentença que não o declara.

Não se decreta nulidade de decisão que, embora sem consignar expressamente o saldo devedor, contém elementos que permitem a sua aferição por meio de interpretação integrativa e raciocínio dedutivo[9].

Outrossim, é possível a sentença declarar que, na relação de débito e crédito, não há saldo favorável a qualquer das partes, desafiando o recurso de apelação.

Admite-se que o pedido, na ação de prestação de contas, seja "genérico". É clássico o exemplo de pleito desta espécie cujo valor não é fixado de imediato na petição inicial porque depende de ato a ser praticado pelo réu[10], qual seja a prestação de contas em si. Entretanto, nos casos em que o pedido é certo – isto é, a parte indica o saldo que pretende – a sentença fica limitada ao saldo indicado pelo autor, não podendo ir além do consignado na inicial, se a ele favorável, nem ficar aquém, se desfavorável.

Esclareça-se, por fim, que a sucumbência da primeira fase não interfere nesta segunda etapa. Assim é que, se o réu foi condenado a prestar contas e a ela se opôs, sujeita-se aos honorários. Nesta segunda etapa, suportará a sucumbência quem mais se afastar do saldo fixado pelo juiz, cujo *quantum* poderá indicar, inclusive, a "sucumbência recíproca" para este momento processual.

---

6 **"CPC/1973: Art. 916**. Aquele que estiver obrigado a prestar contas requererá a citação do réu para, no prazo de cinco (5) dias, aceitá-las ou contestar a ação. § 1º Se o réu não contestar a ação ou se declarar que aceita as contas oferecidas, serão estas julgadas dentro de dez (10) dias. § 2º Se o réu contestar a ação ou impugnar as contas e houver necessidade de produzir provas, o juiz designará audiência de instrução e julgamento."

7 STJ-3ª Turma, REsp 2.779-MA, Rel. Min. Eduardo Ribeiro, j. 05.06.1990, não conheceram, v.u., *DJU* 25.06.1990, p. 6.039.

8 **"Art. 552.** A sentença apurará o saldo e constituirá título executivo judicial."

9 STJ-4ª Turma, REsp 10.022-SP, Rel. Min. Sálvio de Figueiredo.

10 **"CPC/2015: Art. 324.** O pedido deve ser determinado.

§ 1º É lícito, porém, formular pedido genérico:

(...)

III – quando a determinação do objeto ou do valor da condenação depender de ato que deva ser praticado pelo réu."

516 | CURSO DE DIREITO PROCESSUAL CIVIL • *Luiz Fux*

4. PRESTAÇÃO DE CONTAS DO INVENTARIANTE, DO TUTOR, DO CURADOR, DO DEPOSITÁRIO E DE OUTRO QUALQUER ADMINISTRADOR[11]

A afinidade da administração de bens de terceiro com o dever dos administradores judiciais de patrimônio de seus dependentes fez com que o legislador inserisse, no capítulo, um dispositivo que poderia ser encartado em cada um dos procedimentos mencionados, a saber: o inventário e partilha, o pedido de tutela e curatela e nas regras que disciplinam as funções do depositário e do administrador judiciais.

A inserção sinaliza para a aplicação subsidiária destas regras procedimentais à prestação de contas destes auxiliares do juízo. Entretanto, o juízo da ação em que exerceram as suas funções é o competente para a análise das contas.

Considere-se, por fim, que, além das sanções previstas no artigo supra, normas específicas dos procedimentos mencionados exacerbam as consequências da não prestação de contas, *v.g.* no inventário, em que se dá a remoção do inventariante sem prejuízo da execução do saldo credor em favor do espólio.

---

[11] **"CPC/2015: Art. 553.** As contas do inventariante, do tutor, do curador, do depositário e de qualquer outro administrador serão prestadas em apenso aos autos do processo em que tiver sido nomeado.

Parágrafo único. Se qualquer dos referidos no *caput* for condenado a pagar o saldo e não o fizer no prazo legal, o juiz poderá destituí-lo, sequestrar os bens sob sua guarda, glosar o prêmio ou a gratificação a que teria direito e determinar as medidas executivas necessárias à recomposição do prejuízo."

'CPC/1973: Art. 991 – Incumbe ao inventariante:

VII – prestar contas de sua gestão ao deixar o cargo ou sempre que o juiz lhe determinar;

Art. 995 – O inventariante será removido:

(...)

V – se não prestar contas ou as que prestar não forem julgadas boas;"

III
AÇÕES POSSESSÓRIAS

1. GENERALIDADES

A posse é um fenômeno de magnífica expressão jurídica porquanto encerra a proteção legal a uma situação de fato que se convola em direito. O fundamento da posse é híbrido, vale dizer: protege-se a paz social pela manutenção da situação fática da posse ou a sua reversão diante de uma lesão, bem como se protege a ordem jurídica pelo amparo dos direitos decorrentes dela.

Essa dupla conotação do fenômeno possessório contamina a singularidade das ações correspondentes, porquanto a tutela judicial da posse efetiva-se através das denominadas ações possessórias, que variam consoante a moléstia causada ao possuidor. Essas ações, entretanto, guardam entre si o ponto afim de conjurar a lesão ao estado de fato possessório pelo expressivo abalo à ordem social que a mesma representa. Esta preocupação constante justifica algumas características marcantes, *v.g.*, a fungibilidade e a duplicidade das ações possessórias, bem como a possibilidade de concessão de tutela antecipada em qualquer modalidade de interdito.

A posse não é definida por lei, mas é definida pelo sujeito que a exerce. Considerando possuidor todo aquele que tem de fato o exercício, pleno ou não, de algum dos poderes inerentes ao domínio ou à propriedade.

O estado de fato pode estar calcado numa apreensão originária da coisa ou derivada de vínculo jurídico. No primeiro caso, o possuidor não guarda dependência com quem quer que seja. No segundo, quando, por força de obrigação ou de direito, exerce-se temporariamente a posse direta, a posse indireta de terceiros não é anulada.

O direito material explicita que não é qualquer vínculo que transmuda aquele que está de fato de posse da coisa em "possuidor". Por isso que não é possuidor aquele que, achando-se em relação de dependência para com outro, conserva a posse em nome deste e em cumprimento de ordens ou instruções suas, *v.g.*; o caseiro de uma propriedade de veraneio, etc.

A posse, em princípio, pode ser exercida por mais de uma pessoa. Nesse caso, se duas ou mais pessoas possuírem coisa indivisa ou estiverem no gozo do mesmo direito, poderá cada uma exercer sobre o objeto comum atos possessórios, contanto que não excluam os dos outros compossuidores. Trata-se do fenômeno da "composse", que retrata a cotitularidade de direitos tão constantes em nosso ordenamento, como por exemplo a solidariedade. Isto não significa que o compossuidor com posse certa e determinada não tenha possibilidade jurídica de propor ação possessória contra possuidor comum[1].

Na defesa da posse em juízo, insta analisar a sua origem visto que o juiz há de proteger sempre a denominada "melhor posse". Destarte, há de se aferir o modo de sua aquisição bem como os meios de sua manutenção por parte do jurisdicionado. Sob esse ângulo, considera-se "justa" a posse que não for adquirida de forma violenta, clandestina, ou precária e de "boa-fé" se o possuidor ignora o vício ou o obstáculo que lhe impede a aquisição da coisa ou do direito.

---

[1] RT 578/218.

Assim, se alguém, por justo título, adquire uma posse ciente de seus vícios, tem posse justa, porém despida de boa-fé. Os dois elementos, justeza e boa-fé são importantes porquanto há efeitos da posse que somente se produzem concorrendo ambos os requisitos, *v.g.*; a usucapião ordinária.

Assente-se que em princípio, o possuidor com justo título tem por si a presunção de boa-fé, salvo prova em contrário ou quando a lei expressamente não admita esta presunção. Por seu turno, a posse de boa-fé só perde este caráter no caso e desde o momento em que as circunstâncias façam presumir que o possuidor não ignora que possui indevidamente. Desta sorte, é razoável entender-se que a posse perde o caráter de boa-fé com a oposição judicial à sua legitimação[2].

A transmissão da posse a outrem faz presumir que, salvo prova em contrário, entende-se manter a posse com o mesmo caráter com que foi adquirida, por isso que ela se transmite com os mesmos caracteres aos herdeiros e legatários do possuidor por força do denominado direito de *saisine*.

Cumpre destacar que, ao juízo, impende averiguar a aquisição e a perda da posse no julgamento dos interditos possessórios, haja vista que a forma de uma ou de outra influirá na decisão quanto à procedência ou improcedência do pedido.

Deveras, é cediço que se adquire a posse: I – pela apreensão da coisa, ou pelo exercício do direito; II – pelo fato de se dispor da coisa, ou do direito; III – por qualquer dos modos de aquisição em geral. O preceito baseia-se, em princípio, na doutrina objetiva de Ihering que exigia a apreensão da coisa (*corpus*) para se caracterizar a posse.

A nossa lei – ao considerar possuidor aquele que de fato exerce poderes inerentes ao domínio, vale dizer, usa, goza e dispõe da coisa – incluiu as formas de aquisição que se conciliam com a sua definição. A posse pode ser adquirida pela própria pessoa que a pretende; por seu representante ou procurador; por terceiro sem mandato, dependendo de ratificação; pelo *constituto* possessório.

No que pertine a essa última possibilidade, uma vez inserida em escritura pública de compra e venda de imóvel, faz as vezes da posse fática transmitida. Logo, autoriza a propositura dos interditos possessórios pelo adquirente, mesmo que nunca tenha exercido atos de posse direta sobre o bem.[3]

Considerando que a posse pode ser adquirida por apreensão imediata da coisa (posse natural) ou por força de negócio jurídico (posse civil), justificam-se os modos impessoais de sua integração ao patrimônio de alguém que, ato contínuo, a exercerá por si ou por prepostos.

Adquirida a posse de outrem, por ato *inter vivos* ou *mortis causa*, o sucessor universal continua de direito a posse do seu antecessor (*drôit de saisine*) e, ao sucessor singular, é facultado unir sua posse à do antecessor para os efeitos legais (*acessio temporis*).

Superadas essas formas de aquisição, tem-se que os atos de mera permissão ou tolerância não induzem posse, assim como não autorizam a sua aquisição os atos violentos ou clandestinos, senão depois de cessar a violência ou a clandestinidade. É que a posse, não obstante situação meramente fática, não significa ser estado fático antijurídico.

Por seu turno, o possuidor há de se comportar como se proprietário fosse. Isso não ocorre com quem recebe a coisa por mera tolerância ou permissão, como quem ocupa o bem por mais tempo após escoado o comodato por condescendência do comodante. Por essa razão que a ação correspondente ao comodatário que, constituído em mora, não entrega a coisa, é a de reintegração de posse.

Na defesa da posse, subentende-se que a posse do imóvel faz presumir, até prova contrária, a dos móveis e objetos que nele estiverem, posto que *acessorium seguntur principale*.

Uma vez adquirida, cumpre-nos enunciar os efeitos da posse que podem ser exigíveis em juízo juntamente com a tutela judicial possessória ou em ação autônoma.

Em primeiro lugar, destaque-se que o possuidor tem direito a ser mantido na posse em caso de turbação ou ameaça, e, restituído em caso de esbulho. Este é o primeiro efeito marcante do fenômeno possessório: garantir ao possuidor a inteireza de sua situação em relação à coisa. Assim é

---

2 RSTJ 105/239.
3 RSTJ 106/357.

que, se alguém o despoja parcialmente da posse por meio antijurídico, cabe-lhe pleitear em juízo a manutenção do estado de fato. Acaso seja despojado por completo da apreensão física que exercia, compete-lhe pedir a "reintegração de posse".

A posse, conforme observado, é tutelável mesmo contra o titular do domínio, porquanto estado de fato capaz de gerar, dentre os seus efeitos, o de apagar o domínio anterior pela usucapião superveniente. Aliás, a lei distingue com muita nitidez os dois aspectos dos direitos inerentes às coisas, o domínio e a posse, ao dispor que não obsta à manutenção ou à reintegração na posse a alegação de domínio ou de outro direito sobre a coisa.

Uma das características a que nos referimos de início, como decorrente de a posse pertencer à ordem da paz, é a possibilidade de autodefesa antes mesmo do ingresso no Judiciário. Trata-se de exceção à regra do monopólio da jurisdição. Desta sorte, o possuidor turbado ou esbulhado poderá manter-se ou restituir-se por sua própria força, contanto que o faça logo. É a denominada legítima defesa da posse, que não passa pelo referendo judicial a não ser que se discuta que a apreensão originária deu-se por força desta faculdade legal. Nesse caso, o juiz há de averiguar se os atos de defesa, ou de desforço, não foram além do indispensável à manutenção ou restituição da posse. Além da reposição ao estado anterior, o possuidor manutenido ou reintegrado na posse tem direito à indenização dos prejuízos sofridos, operando-se a reintegração à custa do esbulhador, no mesmo lugar do esbulho, admitindo-se a cumulação de pedidos, conforme veremos.

A ação possessória pode ser intentada tanto contra o transmitente que alienou a posse viciosa, como contra o terceiro que recebeu a coisa esbulhada, sabendo que o era. É que este adquire a posse antes do domínio por força da cláusula *constituti*[4].

Outra particularidade da defesa da posse é a possibilidade de provimento judicial imediato, pois a moléstia possessória resulta em enérgico abalo à paz social. Como consectário, o possuidor esbulhado poderá ser reintegrado na posse, desde que o requeira, sem ser ouvido o autor do esbulho antes da reintegração. É a denominada tutela liminar inaudita et altera pars, hodiernamente cognominada tutela antecipada.

É que as ações possessórias seguem o procedimento especial quando intentadas dentro em ano e dia da turbação ou esbulho. Passado esse prazo, elas são ordinárias, não perdendo, contudo, o caráter possessório, isto é: contém peculiaridades decorrentes do objeto litigioso que é a posse, *v.g.*; a duplicidade, fungibilidade etc.[5] Impende esclarecer que esse prazo de ano e dia não corre enquanto o possuidor defende a posse extrajudicialmente, restabelecendo a situação de fato anterior à turbação, ou ao esbulho.

Outro efeito marcante da posse, além da tutela possessória, é o direito à percepção dos frutos. O possuidor de boa-fé tem direito, enquanto ela durar, aos frutos percebidos. Os frutos pendentes ao tempo em que cessar a boa-fé devem ser restituídos, depois de deduzidas as despesas da produção e custeio. Devem ser também restituídos os frutos colhidos com antecipação. Os frutos naturais e industriais reputam-se colhidos e percebidos logo que são separados. Os civis, como o aluguel, reputam-se percebidos dia por dia.

O possuidor de má-fé responde por todos os frutos colhidos e percebidos, bem como pelos que, por culpa sua, deixou de perceber, desde o momento em que se constituiu de má-fé; tem direito, porém, às despesas da produção e custeio. Sem prejuízo, ainda, o possuidor de má-fé responde pela perda, ou deterioração da coisa, ainda que acidentais, salvo se provar que do mesmo modo se teriam dado, estando ela na posse do reivindicante.

---

4   RSTJ 36/473.

5   **"CPC/2015: Art. 558**. Regem o procedimento de manutenção e de reintegração de posse as normas da Seção II deste Capítulo quando a ação for proposta dentro de ano e dia da turbação ou do esbulho afirmado na petição inicial.

Parágrafo único. Passado o prazo referido no *caput*, será comum o procedimento, não perdendo, contudo, o caráter possessório."

520 | CURSO DE DIREITO PROCESSUAL CIVIL • *Luiz Fux*

Em contrapartida, o possuidor de boa-fé não responde pela perda ou deterioração da coisa a que não der causa e tem direito à indenização das benfeitorias necessárias e úteis, bem como, quanto às voluptuárias, se não lhe forem pagas, a levantá-las, quando o puder sem detrimento da coisa. Ademais, pelo valor das benfeitorias necessárias e úteis, poderá exercer o direito de retenção. Nesse particular, ao possuidor de má-fé serão ressarcidas somente as benfeitorias necessárias, mas não lhe assiste o direito de retenção (*ius retentiones*) pela importância destas, nem o de levantar as voluptuárias.

Considerando, porém, que o possuidor utiliza coisa alheio de quem detém o domínio, permite a lei que as benfeitorias compensem-se com os danos, e só obrigam ao ressarcimento se, ao tempo da evicção, ainda existirem. Ademais, o reivindicante obrigado a indenizar as benfeitorias tem direito de optar entre o seu valor atual e o seu custo, critério calcado em notória regra de equidade.

Os efeitos acima decorrem da aquisição da posse através dos meios considerados aptos a esse fim.

Conforme afirmamos, no litígio possessório, é forçoso analisar a aquisição da posse pelo demandado e a perda pelo autor para verificar se houve realmente moléstia à posse reparável pelos interditos. Convém, assim, mantermos presente a noção de que perde-se a posse das coisas: I – pelo abandono; II – pela tradição; III – pela perda, ou destruição delas, ou por serem postas fora do comércio; IV – pela posse de outrem, ainda contra a vontade do possuidor, se este não foi manutenido, ou reintegrado em tempo competente; V – pelo constituto possessório.

Em todos esses casos, a perda da posse é legal, não se podendo acoimar de lesiva a forma como o seu atual detentor a adquiriu.

O objeto das ações possessórias são os bens tangíveis sobre os quais é possível o exercício do *corpus* inerente à posse. Além de seus efeitos terem como pressuposto esta natureza de bens, porquanto seria incabível falar-se em benfeitorias e acessões em relação aos direitos pessoais.

Travou-se certa época discussão a esse respeito principalmente porque os interditos eram remédios expeditos e pretendia-se aplicá-los, com a sua celeridade, à tutela dos direitos pessoais. Hodiernamente, a jurisprudência e a doutrina são pacíficas no sentido de que, no direito brasileiro, não há posse de direitos pessoais e, *a fortiori*, quanto a eles, não cabe possessória. Assim, é juridicamente impossível o pedido, comumente verificável na *praxis*, de tutela possessória para[6] proteção de direito autoral[7], proteção da propriedade industrial[8] ou manutenção de cargo eletivo.

Noutro ângulo, os direitos reais que pressupõem apreensão física da coisa reclamam exercício fático, como a servidão, a enfiteuse etc. Em relação a esses direitos, perde-se a posse quando se torna impossível exercê-los ou quando não os exercem por tempo que baste para prescreverem.

A perda da posse para quem está "ausente" obedece a um regime especial. Vale dizer, só se considera perdida a posse para o ausente, quando, tendo notícia da ocupação, abstém-se de retomar a coisa, ou, tentando recuperá-la, é violentamente repelido.

Observados esses princípios marcantemente materiais cumpre-nos examinar as particularidades do procedimento possessório.

2. FUNGIBILIDADE DOS INTERDITOS POSSESSÓRIOS

A fungibilidade dos interditos prevista no art. 554 do CPC[9] supera o preceito tradicional de que o juiz ao sentenciar deve adstringir-se ao pedido e à causa de pedir constantes da inicial.

A propositura de uma ação possessória em vez de outra não obsta que o juiz conheça do pedido e outorgue a proteção legal correspondente àquela cujos requisitos estejam provados. Isto

---

6   Acerca do tema consulte-se RT. 748.206; e www.stj.gov.br "posse e direitos pessoais".

7   STJ-RT 748/206; RJTAMG 26/169, 26/230, 56/267.

8   JTA 99/119.

9   **"CPC/2015: Art. 554**. A propositura de uma ação possessória em vez de outra não obstará a que o juiz conheça do pedido e outorgue a proteção legal correspondente àquela cujos pressupostos estejam provados."

significa que, se o autor tiver proposto uma ação de manutenção de posse alegando turbação e o juiz verificar que a hipótese é de esbulho, poderá conceder o interdito de reintegração de posse muito embora o pedido tenha sido outro. Trata-se do fenômeno da fungibilidade dos interditos possessórios, característica que se anima da ideia de que o importante é fazer cessar a lesão à posse, decorrendo, ainda, da rápida mutabilidade da situação de agressão.

A jurisprudência tem emprestado variada exegese a essa valiosa regra processual. Assim é que o juiz pode converter o interdito proibitório em manutenção, no entanto, é vedada a conversão em ação de imissão de posse, por ser esta notoriamente petitória[10]. Essa conversão ocorre *in itinere*. Consequentemente, ajuizada a ação de manutenção, não é possível convolá-la em interdito proibitório, por falta de interesse processual[11].

Cumpre observar que, na conversibilidade de um interdito em outro *initio litis*, é lícito ao juiz determinar ao autor algumas adaptações formais. Assim, a transmudação da ação de reintegração em interdito proibitório implica a inserção na petição inicial do pedido de multa para a hipótese de transgressão ao preceito.

3. CUMULAÇÃO DE PEDIDOS[12]

A ação possessória é ação de cognição e, como tal, insere-se na regra do art. 327 do CPC[13] com algumas peculiaridades, a saber: a lesão à posse pode vir acompanhada de outras consequências, como danos à propriedade e invasão da área através de plantações ilegais. Nessas hipóteses, são os prejuízos reparáveis mediante indenização, pedido a ser cumulado ao pleito possessório[14]. Na análise dos prejuízos, a exegese do que abarque a expressão "perdas e danos" é a mais ampla possível[15].

O autor pode temer que o réu reincida na prática do ato lesivo. Por essa razão, admite a lei ser lícito ao autor (*facultas agendi*) cumular ao pedido possessório o de condenação em perdas e danos e cominação de pena para caso de nova turbação ou esbulho e desfazimento de construção ou plantação feita em detrimento de sua posse. A cumulação nesse caso obedece ao princípio da compatibilidade e conexidade entre os pedidos.

Ademais, o regime de fungibilidade inerente ao rito especial possessório permite concluir que ao juiz é lícito deferir indenização em lugar da demolição do prédio em respeito à máxima de tutela social da função da propriedade[16].

4. DUPLICIDADE DOS INTERDITOS POSSESSÓRIOS[17]

Uma das características das ações possessórias é a sua "duplicidade" no sentido de que o réu, na contestação, pode formular pedido de proteção possessória em seu favor, não se limitando a pleitear a improcedência do pedido. Nesse caso, conforme o resultado, a coisa julgada se opera em favor de qualquer das partes, sendo certo que, sem pedido, não há essa aplicação[18].

---

[10] In, RT 503/110 e 612/106.

[11] TRF, AC. 99.242-RO.

[12] **"CPC/2015: Art. 555.** É lícito ao autor cumular ao pedido possessório o de:
I – condenação em perdas e danos;
II – indenização dos frutos."

[13] **"CPC/2015: Art. 327.** É lícita a cumulação, em um único processo, contra o mesmo réu, de vários pedidos, ainda que entre eles não haja conexão."

[14] STJ-3ª Turma, REsp 9.151-SP, Rel. Min. Dias Trindade.

[15] RSTJ 22/252.

[16] STJ-4ª Turma, REsp 77.712-MG, Rel. p. o Ac. Min. Ruy Rosado.

[17] **"CPC/2015: Art. 556.** É lícito ao réu, na contestação, alegando que foi o ofendido em sua posse, demandar a proteção possessória e a indenização pelos prejuízos resultantes da turbação ou do esbulho cometido pelo autor."

[18] REsp 1836846/PR, Rel. Min. Nancy Andrighi, 3ª Turma, j. 22.09.2020. No mesmo sentido: RT 615/187.

CURSO DE DIREITO PROCESSUAL CIVIL • *Luiz Fux*

Assim sendo, o juiz, diferentemente do que ocorre nas ações em geral, pode emitir um provimento possessório em favor do autor ou do réu, inclusive em nível de "antecipação de tutela". Consectário da duplicidade é a desnecessidade de o réu utilizar-se da reconvenção para formular pedido de proteção possessória[19].

Isso não implica inadmissibilidade da reconvenção para veicular outras pretensões conexas não possessórias. Assim, por exemplo, se o réu pretende desconstituir o título jurídico no qual o autor baseia a sua posse, cabível é a reconvenção.

Comum nas ações possessórias é a defesa calcada em usucapião, porquanto o acolhimento desta exceção material implica a improcedência do pedido do autor. É preciso, portanto, distinguir a alegação de usucapião como meio de defesa da alegação como causa de pedir servil ao contra-ataque através de reconvenção com o escopo de declarar-se a prescrição aquisitiva. Neste último caso, interdita-se a pretensão do reconvinte uma vez que o rito é diverso da ação possessória principal, além de convocar para o processo de usucapião pessoas diversas daquelas que litigavam originariamente[20]. Isso significa que a alegação *incidenter tantum* da usucapião não faz coisa julgada, pois a especialidade procedimental da ação possessória implica restrição probatória a respeito de questões atinentes à discussão sobre usucapião.

Além da proteção possessória, é lícito ao réu pleitear indenização, tal como o autor. Com a diferença de que o demandado pode postulá-la não só como decorrência da violação da sua posse, mas, isoladamente, como recompensa pelas benfeitorias indenizáveis realizadas na coisa. É que o possuidor de boa-fé tem direito à indenização das benfeitorias necessárias e úteis. Quanto às voluptuárias, se não lhe forem pagas, o réu tem direito a levantá-las, quando o puder sem detrimento da coisa.

Ademais, pelo valor das benfeitorias necessárias e úteis, poderá exercer o direito de retenção desde que o formule na contestação, sob pena de preclusão naquele feito. No entanto, não resta impedido de postulá-lo em ação autônoma. É que as exceções materiais servem à defesa como à *causa petendi* de ação futura.

Por fim, recorde-se ser lícito, ainda, ao réu, no prazo da resposta, apontar a legitimidade do verdadeiro proprietário ou possuidor na hipótese do art. 339 do CPC[21] ou denunciar à lide o transmitente da posse (art. 125, inciso I, do CPC[22]) para haver deste aquilo que desembolsar por força da evicção que vier a suportar.

5. JUÍZO PETITÓRIO E JUÍZO POSSESSÓRIO. EXCEÇÃO DE DOMÍNIO[23]

O direito brasileiro inadmite que o proprietário sobreponha-se ao possuidor pelo só fato de ser titular do domínio. Isto porque, se fosse possível alegar o domínio na ação possessória, o possuidor sempre sucumbiria diante do direito mais forte do dono e não teria defesa contra o arrebatamento de sua posse. Por outro lado, esta franquia conferida ao proprietário permitir-lhe-ia arrebatar a posse e defender a sua atitude ilícita e abrupta com o escudo da propriedade, exercendo arbitrariamente as próprias razões.

Este é o fundamento básico da "impossibilidade jurídica" encartada no dispositivo em exame. O proprietário que, depois de perder a posse, a retoma não pode legitimar a sua apreensão marginal sob os auspícios de seu direito de propriedade. Ele deve, primeiramente, devolver a coisa para depois reivindicar, sob pena de fazer justiça pelas próprias mãos.

---

[19]   RT. 495/233 e RSTJ. 105/361.

[20]   RT. 503/106.

[21]   "**CPC/2015: Art. 339**. Quando alegar sua ilegitimidade, incumbe ao réu indicar o sujeito passivo da relação jurídica discutida sempre que tiver conhecimento, sob pena de arcar com as despesas processuais e de indenizar o autor pelos prejuízos decorrentes da falta de indicação."

[22]   "**CPC/2015: Art. 125**. É admissível a denunciação da lide, promovida por qualquer das partes:

I – ao alienante imediato, no processo relativo à coisa cujo domínio foi transferido ao denunciante, a fim de que possa exercer os direitos que da evicção lhe resultam;"

[23]   "**CPC/2015: Art. 557**. Na pendência de ação possessória é vedado, tanto ao autor quanto ao réu, propor ação de reconhecimento do domínio, exceto se a pretensão for deduzida em face de terceira pessoa."

Afirma-se, assim, que o direito brasileiro veda a "exceção de domínio" não só no sentido de impedir a defesa do proprietário com base neste argumento, mas também interditando-lhe qualquer possibilidade jurídica de formular pedido petitório no curso de pleito possessório. A transgressão a esse preceito implica extinção da ação petitória enquanto em curso ação possessória.

A matéria encontra-se pacificada na jurisprudência, como se depreende da súmula 487 do STF, *in verbis*: "Será deferida a posse a quem, evidentemente, tiver o domínio, se com base neste for ela disputada". Diversamente, se, na ação possessória, ambos os contendores discutem as respectivas posses com base nos títulos dominiais que ostentam, o juiz deve decidir a favor de quem evidentemente pertencer o domínio.

Sob esse enfoque tem-se que: a) a Súmula 487 só se aplica nas hipóteses em que ambos os litigantes pretendem a posse a título de domínio; b) deve ser deferida a posse a quem evidentemente tiver domínio, apenas se com base neste for a posse disputada[24]; c) não se aplica a Súmula 487/STF quando não se disputa a posse com base no domínio; d) diante da dúvida existente sobre o domínio, defere-se a posse a quem a detém[25].

O dispositivo não tem merecido aplicação uniforme, havendo quem entenda de sua inconstitucionalidade por vedar o acesso à justiça do proprietário que pretenda, no curso da ação possessória, pleitear o domínio, mas a higidez da regra não restou maculada pelo E. STF. Ao revés, o Supremo entendeu não ser inconstitucional a 1ª parte do art. 557, nem a interpretação literal que interdita ao réu na possessória de propor ação reivindicatória[26]. Tem-se prevalecido o entendimento de que o art. 557, 1ª parte, só se refere a ações possessórias em que a posse seja disputada a título de domínio[27].

Tendo em vista que a *ratio essendi* do dispositivo visa a evitar que o proprietário solidifique a sua posse obtida de forma ilícita com a alegação de domínio, não há incompatibilidade entre a reintegração de posse e a ação de usucapião, porquanto ambas fundarem-se no fenômeno possessório.

Uma última palavra acerca da distinção entre o possessório e o petitório reclama que se aduza à denominada "ação de imissão na posse".

Trata-se de ação através da qual o proprietário a quem não foi transferida a posse, mas que a ela faz jus por força de negócio jurídico persegue a apreensão do bem. A referida demanda tem como causa de pedir o direito à posse (*ius possidentis*) e não o *ius possessionis* característico das possessórias estrito senso. Conclui-se, portanto que a ação de imissão de posse é petitória e não foi banida do nosso sistema, ao revés sobrevive como ação de conhecimento, hoje coadjuvada pela possibilidade de concessão de tutela antecipada.

6. PROCEDIMENTO DAS AÇÕES POSSESSÓRIAS DE FORÇA NOVA[28]

Coerente com o princípio de que se perde a posse pela posse de outrem e pela não manutenção ou reintegração do possuidor molestado dentro de ano e dia, o código de processo estabelece uma correspondência entre o direito e a ação que o assegura, conforme a lesão à posse seja antiga ou recente.

Aduz-se, assim, à "ação de força nova", como aquela intentada dentro de ano e dia da lesão à posse, e à "ação de força velha", proposta após esse prazo, mas sem perder, contudo, o caráter possessório. O tempo, sempre importante para a vida das relações jurídicas em geral, exerce, neste caso, mais uma vez a sua influência, *in casu*, na eleição da via processual especial ou comum.

---

24 STJ-4ª Turma, REsp 6.012-PR, Rel. Min. Athos Carneiro.
25 Resp. 3.068 – RJ, Rel. Min. Dias trindade, j. 05.03.1991.
26 RTJ 91/59.
27 Conclusão do cognominado Simpósio de Curitiba In. RT. 482/273.
28 **"CPC/2015: Art. 558**. Regem o procedimento de manutenção e de reintegração de posse as normas da Seção II deste Capítulo quando a ação for proposta dentro de ano e dia da turbação ou do esbulho afirmado na petição inicial.
   Parágrafo único. Passado o prazo referido no *caput*, será comum o procedimento, não perdendo, contudo, o caráter possessório."

524 | CURSO DE DIREITO PROCESSUAL CIVIL • *Luiz Fux*

A principal diferença entre a ação de força nova e a de força velha, embora tênue, resta na probabilidade do direito a ser invocado para obter a liminar. No procedimento especial, via de regra, a devida instrução da petição inicial leva ao deferimento da liminar *inaudita altera pars*. No procedimento comum, a concessão da liminar fica condicionada à demonstração dos *standards* de *periculum in mora* e *fumus boni iuris*, como leciona o art. 300 do CPC[29].

O prazo de ano e dia é contado da data da moléstia à posse até o ingresso em juízo. Entretanto, nada obsta, à luz do art. 493 do CPC[30], computá-lo até a data da realização da audiência de justificação.

Destarte, superada a fase da cognição liminar, tudo o mais se passa como rito ordinário com a manifestação do autor sobre preliminares, nulidades, fatos extintivos, modificativos ou impeditivos do direito do autor (réplica), eventualmente a declaração incidente e a necessária ou não produção de provas.

A subsidiariedade do procedimento comum decorre da regra de que o procedimento especial rege-se pelas regras que lhe são próprias, aplicando-se, subsidiariamente o rito comum.

6.1 Caução e tutela liminar antecipada[31]

A concessão da tutela antecipada coloca o autor na posse provisória do bem porquanto a liminar é revogável por sua própria natureza. Em razão desta possibilidade de revogação, o réu pode provar que, se o autor decair da ação (vier a perdê-la), ele não terá condições financeiras de suportar os prejuízos causados pelo tempo em que o demandado ficar privado da coisa. Nesse caso, o juiz pode determinar que o autor preste uma garantia (caução) desses eventuais prejuízos, sob pena de "depositar" a coisa, ou seja: o bem não ficar nem com um nem com outro litigante, mas com terceiro depositário.

É trivial no nosso direito exigir-se uma "caução de contracautela" nos provimentos liminares, porquanto a medida tranquiliza o juízo na concessão do provimento antecipado.

O importante, numa moderna visão do acesso à justiça, é que essa caução não seja onerosa a ponto de impedir que o juízo defira a liminar a quem faz jus, mas que não apresenta condições financeiras de suportar o ônus da garantia.

O requerimento de prestação caução, quando exigido, deve se processar nos próprios autos, posto requisito para a concessão liminar, e a sua suficiência submete-se a diminuto contraditório resolvido por decisão interlocutória agravável, regimental ou de instrumento, conforme eventual prejuízo iminente e irreparável que cause.

6.2 Tutela específica na turbação e no esbulho[32]

Seguindo a regra de que a todo direito corresponde uma ação que o assegura, a lei distingue os interditos possessórios conforme a espécie de lesão. Assim, para a turbação, a ação correspondente é a de "manutenção de posse" e, para o esbulho, o remédio adequado é a ação de "reintegração de posse". Não obstante, mantenha-se presente a "fungibilidade dos interditos", que permite ao juiz deferir uma medida diversa da pretendida desde que adequada à lesão efetivamente comprovada nos autos.

---

29   **"CPC/2015: Art. 300.** A tutela de urgência será concedida quando houver elementos que evidenciem a probabilidade do direito e o perigo de dano ou o risco ao resultado útil do processo."

30   **"CPC/2015: Art. 493.** Se, depois da propositura da ação, algum fato constitutivo, modificativo ou extintivo do direito influir no julgamento do mérito, caberá ao juiz tomá-lo em consideração, de ofício ou a requerimento da parte, no momento de proferir a decisão.
Parágrafo único. Se constatar de ofício o fato novo, o juiz ouvirá as partes sobre ele antes de decidir."

31   **"CPC/2015: Art. 559.** Se o réu provar, em qualquer tempo, que o autor provisoriamente mantido ou reintegrado na posse carece de idoneidade financeira para, no caso de sucumbência, responder por perdas e danos, o juiz designar-lhe-á o prazo de 5 (cinco) dias para requerer caução, real ou fidejussória, sob pena de ser depositada a coisa litigiosa, ressalvada a impossibilidade da parte economicamente hipossuficiente."

32   **"CPC/2015: Art. 560.** O possuidor tem direito a ser mantido na posse em caso de turbação e reintegrado em caso de esbulho."

Parte IX • III – AÇÕES POSSESSÓRIAS | **525**

Questão elegante gravita em torno da ação de rescisão de contrato resultante em retomada da posse do imóvel. É que, em regra, os contratos contêm cláusula resolutória expressa. Nesses casos, o promitente vendedor pode propor ação de reintegração de posse, independentemente da propositura, prévia ou concomitante, da ação de rescisão do contrato uma vez que pode alegar *incidenter tantum* a rescindibilidade do vínculo[33]. Quanto à reivindicação, não se opera o mesmo porquanto a posse exercida antes da rescisão é legítima[34].

Anote-se, por fim, que a ação possessória (reintegração) é própria para reaver a posse do bem, extinto o comodato. Entretanto, o rito dependerá do transcurso do prazo após o término do vínculo gratuito. Assim é que, desfeito o comodato há mais de ano e dia, o procedimento cabível será o comum.

6.3 Objeto da prova[35]

Em regra, o objeto inicial da prova consiste no fato constitutivo do direito do autor. No caso presente, visando eclipsar a cognição do juiz à posse e evitando questões outras – *v.g.*; a petitória no bojo dos interditos – a lei circunscreve a atividade probatória do réu, assim como o faz em algumas ações ao estabelecer um grau sumário de cognição, limitando as matérias de defesa, como na contestação na consignatória ou na ação de renovação de contrato de locação comercial ou industrial.

Considerando que o juiz não julga o mérito sem a oitiva da parte contrária, não se poderia imaginar que a prova do próprio direito representasse requisito de admissibilidade da ação, posto que "improcedência" do pedido e "carência da ação" são fenômenos completamente diversos. Resultaria ilógico decretar a carência da ação porque o autor não comprovara a sua posse. Nesta hipótese, o resultado não pode ser outro que não a rejeição do pedido. Desta sorte, há de entender-se o preceito como limitador da matéria de prova, evitando que o litígio desborde para o campo petitório.

Assim, o autor, ao elaborar a sua petição inicial, há de alegar e provar com um mínimo de verossimilhança: a sua posse; a turbação ou o esbulho praticado pelo réu; a data da turbação ou do esbulho; e a continuação da posse, embora turbada, na ação de manutenção ou a perda da posse, na ação de reintegração.

Acaso promova a ação possessória alegando domínio, a petição revelar-se-á inepta, posto não decorrer da narrativa do fenômeno possessório a conclusão lógica do pedido possessório, salvo se, na forma do art. 321 do CPC[36], o demandante acudir o pleito de emenda.

6.3.1 A prova inequívoca e a tutela antecipatória[37]

A lesão à posse exige imediata remoção, por isso que é da essência destas ações o provimento liminar que não é senão tutela antecipada.

---

[33] É o que se infere do julgado STF – RTJ. 72/87.

[34] RSTJ 32/287.

[35] **"CPC/2015: Art. 561.** Incumbe ao autor provar:

I – a sua posse;

II – a turbação ou o esbulho praticado pelo réu;

III – a data da turbação ou do esbulho;

IV – a continuação da posse, embora turbada, na ação de manutenção, ou a perda da posse, na ação de reintegração."

[36] **"CPC/2015: Art. 321.** O juiz, ao verificar que a petição inicial não preenche os requisitos dos arts. 319 e 320 ou que apresenta defeitos e irregularidades capazes de dificultar o julgamento de mérito, determinará que o autor, no prazo de 15 (quinze) dias, a emende ou a complete, indicando com precisão o que deve ser corrigido ou completado."

[37] **"CPC/2015: Art. 562.** Estando a petição inicial devidamente instruída, o juiz deferirá, sem ouvir o réu, a expedição do mandado liminar de manutenção ou de reintegração, caso contrário, determinará que o autor justifique previamente o alegado, citando-se o réu para comparecer à audiência que for designada.

Parágrafo único. Contra as pessoas jurídicas de direito público não será deferida a manutenção ou a reintegração liminar sem prévia audiência dos respectivos representantes judiciais."

O autor, para obter um provimento prático que confira a ele aquilo que somente obteria com a sentença final, há de municiar o juízo de elementos de convicção no início do procedimento. A isso é que a lei se refere ao aduzir à "petição inicial em termos", assim considerada a que individua a área litigiosa, indica as pessoas, mesmo indeterminadas, mas "determináveis" no momento da efetivação da sentença executiva *lato sensu*.

Nesse particular, tenha-se presente que a prova eventualmente emprestada deve ter sido obtida, desde sua origem, sob o contraditório, vigorando o art. 369[38] do CPC. Além da prova pré-constituída como fonte informadora da tutela antecipada, o juízo pode determinar a realização de uma audiência de constituição desta prova que se denomina de "justificação", onde serão ouvidas testemunhas do autor. Destarte, como consectário do poder de indeferir diligências protelatórias e formar livremente a sua convicção (arts. 370 e 371 do CPC), o juiz pode substituir ou dispensar as provas indicadas pelo autor.

O réu é convocado para esta audiência, podendo questionar as testemunhas do autor, sem, contudo, levar prova oral para o ato que antecede qualquer manifestação sua de defesa. É que a parte prova o alegado e o réu ainda nada alegou. A sua convocação tem o efeito prático de cientificá-lo da decisão que, na audiência, é proferida, iniciando-se o prazo para oferecimento de defesa e da impugnação recursal através de agravo de instrumento, posto o provimento ser de urgência.

A lei erige mais uma prerrogativa da Fazenda Pública assim considerada pelo parágrafo único do art. 562 do CPC, qual seja, a de não ser destinatária de liminar sem antes ser ouvida, isto é, ter vista dos autos. Assim, se o juízo convence-se pela inicial que é caso de conceder a liminar, antes de deferi-la, deverá ouvir a Fazenda ou então convocá-la para a justificação quando for o caso.

A liminar, como antecipação do provimento final, vigora, em regra, até o advento deste, sendo vedado ao juiz revogá-la sem provocação. Aliás, o agravo é o meio próprio para tentar a retratação do juízo, quer conceda, quer denegue a liminar, sendo certo que, nessa última hipótese, o efeito ativo do recurso faz às vezes da sonegação judicial da decisão. No que pertine ao prazo para a interposição do recurso, a regra é a da ciência inequívoca pelo réu da decisão lesiva aos seus interesses.

Outrossim, apresentada a prova inequívoca pelo autor, sob o prisma subjetivo, é um direito seu a obtenção da liminar, representando lamentável equívoco o entendimento de que concessão ou denegação da liminar fica ao prudente arbítrio do juiz ou que o provimento deve necessariamente ser antecedido de justificação, sem a qual o juiz pode indeferir a medida liminar.

Debalde, há casos de impossibilidade jurídica de concessão de liminar e a isso sujeita-se o juízo, como prevê a súmula 262 do STF: "Não cabe medida possessória liminar para liberação alfandegária de automóvel". Por outro lado, a prova inequívoca do autor serve de sustentáculo à fundamentação do juízo quanto à concessão de antecipação de tutela, sob pena de nulidade.

Considerando que a tutela liminar é adiantamento da sentença, torna-se inconcebível que o provimento originário antecipado prevaleça sobre a sentença. Assim, deferida a liminar e advinda sentença de improcedência do pedido possessório cai por terra o provimento inicial e vice e versa.

Similar é a hipótese em que, concedida liminar, vem a ser decretada a carência da ação, ocasião em que deve ser expedido mandado de levantamento da manutenção ou da reintegração revogada.

Uma vez deferida a liminar, o provimento perdura até a decisão final da causa possessória, por isso é cediço que o autor pode pedir revigoramento do mandado liminar se desobedecido. Entretanto, o descumprimento, no curso da execução, revela atentado.

---

[38] **"CPC/2015: Art. 369**. As partes têm o direito de empregar todos os meios legais, bem como os moralmente legítimos, ainda que não especificados neste Código, para provar a verdade dos fatos em que se funda o pedido ou a defesa e influir eficazmente na convicção do juiz."

6.3.2 Justificação de posse[39]

A justificação é um instrumento de constituição de prova consistente em audiência preliminar e visa a conceder ao juiz elementos de convicção para que ele proveja acerca da liminar. Assim, a expressão legal "considerada suficiente a justificação", significa que o juiz concluiu positivamente sobre o grau de convencimento quanto à prova oral produzida, sentindo-se habilitado a deferir a medida antecipatória.

Diversamente, se a considerar insuficiente, não significa que, diante do malogro de prova, o magistrado possa encerrar antecipadamente o procedimento em primeiro grau de jurisdição. Nesta hipótese, o processo prossegue com a contestação cujo prazo inicia-se desta data, se o réu for convocado para a justificação como determina a lei.

A expedição imediata do "mandado", julgada justificada a posse, timbra a ação em exame como executiva *lato sensu*, aliás, como regra geral após a reforma de 2005. Isto significa que o juízo, na mesma sentença, define e realiza o direito sem necessidade de execução *ex intervallo*.

Não há processo executivo subsequente e, consequentemente, não há lugar para embargos à execução, salvo a impugnação interinal por retenção de benfeitorias (art. 917, inciso IV, do CPC[40]) se a sentença consagrou-as e o vencedor pretende imitir-se na posse do bem sem consigná-las, sem prejuízo de eventuais embargos de terceiro, se a efetivação do comando judicial atingir quem não foi parte no processo.

Destarte, assente em doutrina que a executividade *lato sensu* não se concilia com a suspensividade da decisão. A sentença concessiva da tutela possessória não deve ser apelável por recurso recebido no efeito suspensivo. Regra, aliás, que hodiernamente se impõe, após a reforma da execução judicial que se transmudou em cumprimento de sentença.

6.4 Citação e prazo para a resposta

Concedido ou não o mandado liminar de manutenção ou de reintegração, o autor deve promover, nos cinco dias subsequentes, a citação do réu para contestar a ação, nas hipóteses em que não há justificação prévia. Diversamente, ordenada a justificação prévia, o prazo para contestar contar-se-á da intimação da decisão que deferir ou não a medida liminar[41].

A primeira hipótese versa sobre pedido liminar analisado pelo juiz à luz da petição inicial em termos, independente de justificação. Nesse caso, ou o juiz defere a liminar ou a indefere. Em qualquer hipótese, proferida a decisão interlocutória, cumprirá ao autor promover, nos cinco dias subsequentes, a citação do réu para contestar a ação. Ao revés, ordenada e realizada a justificação, o prazo para contestar tem como termo *a quo* a intimação da decisão que deferir ou não a medida liminar.

Na redação do dispositivo, subjaz inocultável a pressuposição que o juiz decida na audiência de justificação, estando presentes as partes, por isso que o prazo para a defesa do réu inicia-se da ciência naquele momento. Entretanto, nada obsta que o juiz, após a audiência, faça conclusos os autos para decidir acerca da liminar.

---

[39] **"CPC/2015: Art. 563**. Considerada suficiente a justificação, o juiz fará logo expedir mandado de manutenção ou de reintegração."

[40] **"CPC/2015: Art. 917**. Nos embargos à execução, o executado poderá alegar:
(...)
IV – retenção por benfeitorias necessárias ou úteis, nos casos de execução para entrega de coisa certa;"

[41] **"CPC/2015: Art. 564**. Concedido ou não o mandado liminar de manutenção ou de reintegração, o autor promoverá, nos 5 (cinco) dias subsequentes, a citação do réu para, querendo, contestar a ação no prazo de 15 (quinze) dias.
Parágrafo único. Quando for ordenada a justificação prévia, o prazo para contestar será contado da intimação da decisão que deferir ou não a medida liminar."

528 | CURSO DE DIREITO PROCESSUAL CIVIL • *Luiz Fux*

Nessa hipótese, publicada a decisão denegatória no diário oficial ou intimada a parte da concessão da liminar, isto é, da juntada aos autos do mandado de intimação (art. 231, II, do CPC[42]), disporá a parte prejudicada, a partir daí, do prazo legal para contestar[43]. Tendo em vista que esta intimação faz as vezes da citação, deve ser feita pessoalmente e conter a expressa menção ao prazo de defesa e a advertência dos efeitos da revelia[44].

A *ratio essendi* do art. 73 do CPC[45] legitima o cônjuge do réu a contestar a ação pela potencial perda da posse e quiçá da propriedade, considerando-se a natureza declaratória da usucapião[46].

7. INTERDITO PROIBITÓRIO[47]

O recurso ao Judiciário é admitido não só diante da efetiva lesão ao direito, mas também frente a uma ameaça de lesão, que, por si só, já encerra a figura de uma moléstia à posse. A Constituição Federal, ao garantir o acesso à justiça diante da ameaça a direito, consagrou as denominadas ações preventivas que ensejam a tutela inibitória à transgressão.

No campo possessório, a "ameaça de turbação ou de esbulho" consagra esta espécie singular de lesão configurada antes mesmo de qualquer efetivo prejuízo. Por seu turno, a ação correspondente para conjurá-la, que é o interdito proibitório, consubstancia esta espécie de tutela jurisdicional da qual decorre uma ordem de não fazer (tutela inibitória).

A ameaça que justifica o interdito há de ser objetiva porquanto exige-se que o justo receio seja jurídico e verificável *prima facie* ainda que calcado em fatos notórios que independem de prova.

A defesa preventiva da posse pressupõe atos materiais potencialmente perpetráveis contra o estado de fato tutelado pela ordem jurídica. Sendo assim, assente que a parte não seja obstada pelos interditos ao manejo de medidas judiciais que entenda cabíveis. Obstar o manejo de medidas judiciais corresponderia a vedar o acesso à justiça.

Caso utilizado o interdito proibitório e, da data da propositura da ação e apreciação do pedido liminar haja uma transmudação da situação fática, de forma que a ameaça que figura como *causa petendi* do interdito se consume, a solução será simples. Nesse caso, verificada a moléstia à posse e à luz da fungibilidade das ações possessórias, o interdito proibitório converte-se em ação de manutenção ou de reintegração, mediante decisão do juiz, após a análise dos fatos em juízo. A comunicação realizada antes da citação ou da intimação da liminar, permite, inclusive, aumentar-se o objeto mediato do pedido.

O mandado liminar no interdito de não fazer, para ter eficácia, é acompanhado de "astreinte" ou multa, cujo escopo é evitar que o preceito seja transgredido. Para esse fim, é deveras importante que uma severa cominação pecuniária seja fixada com o fim de realmente inibir a conduta interdita. Transgredido o mandado, – com base na moderna tutela das obrigações de não fazer (art. 497 do CPC[48]), inspirada no princípio da efetividade da prestação jurisdicional – a multa incide e pode ser cobrada até que o transgressor reponha as coisas ao estado anterior.

---

[42] **"CPC/2015: Art. 231.** Salvo disposição em sentido diverso, considera-se dia do começo do prazo:
(...)
II – a data de juntada aos autos do mandado cumprido, quando a citação ou a intimação for por oficial de justiça;"

[43] Esta a exegese jurisprudencial, caso se colhe In. Resp. 59.599.

[44] STJ – RT 660/218.

[45] **"CPC/2015: Art. 73.** O cônjuge necessitará do consentimento do outro para propor ação que verse sobre direito real imobiliário, salvo quando casados sob o regime de separação absoluta de bens."

[46] REsp 11.740/DF, Rel. Min. Athos Carneiro, 4ª Turma, j. 01.09.1992.

[47] **"CPC/2015: Art. 567.** O possuidor direto ou indireto que tenha justo receio de ser molestado na posse poderá requerer ao juiz que o segure da turbação ou esbulho iminente, mediante mandado proibitório em que se comine ao réu determinada pena pecuniária caso transgrida o preceito."

[48] **"CPC/2015: Art. 497.** Na ação que tenha por objeto a prestação de fazer ou de não fazer, o juiz, se procedente o pedido, concederá a tutela específica ou determinará providências que assegurem a obtenção de tutela pelo resultado prático equivalente."

Ademais, a regra da fungibilidade dos interditos, conforme visto acima, permite transmudá-los *in itinere*. Por esta razão, transgredido o preceito, é possível a expedição do mandado de reintegração de posse.

O interdito proibitório é espécie de ação possessória e, portanto, submete-se às regras gerais na parte que não gerar antinomia.

A compatibilidade está intimamente ligada à modalidade de lesão. Assim é que a simples ameaça de esbulho difere-se deste, que efetivamente causa prejuízo e impõe desfazimentos. É evidente que, visando a obstar a transgressão, não se pode, *v.g.*; pedir indenização pelos danos causados ou o desfazimento de obras, posto que o interdito visa mesmo a que estas não se iniciem. A aplicação subsidiária recomendada deve ser engendrada *cum grano salis*.

Assim, por força da compatibilidade, aplicam-se ao interdito proibitório as regras da fungibilidade e duplicidade das ações possessórias, a possibilidade de concessão de antecipação de tutela e todas as demais ínsitas no processo de conhecimento sobre competência.

IV
AÇÃO DE DIVISÃO E DA DEMARCAÇÃO DE TERRAS PARTICULARES

1. GENERALIDADES[1]

A finalidade da ação de demarcação é fixar os limites entre as propriedades, quando, não obstante a existência de marcos divisórios, revele-se ausente a correspondência com os títulos.[2] Isto é, a linha divisória existente não esteja consoante os títulos e não haja outros limites devidamente definidos no terreno[3]. Depreende-se do texto legal que a *legitimatio ad causam* pressupõe a propriedade[4].

A ação de divisão, por seu turno, decorre do direito potestativo consagrado na norma de direito material que determina que, a todo tempo, é lícito ao condômino exigir a divisão da coisa comum.

Desta sorte, é possível assentar-se que a ação demarcatória pressupõe confusão de limites e a divisória, possibilidade de divisibilidade do bem. Por esta razão, a demarcatória objetiva reavivar os rumos existentes ou fixar os que deveriam existir e a divisória, transformar a parte ideal de cada coproprietário em parte concreta e determinada, como resultado da extinção do condomínio. Ambas compõem o denominado juízo divisório de outrora, no qual eliminava-se incerteza de limites e extinguia-se o condomínio através da *actio finium regundorum* e *actio communi dividundo*, respectivamente. Procedimentalmente têm em comum atos materiais de perfeita individuação da coisa, após definir-se o direito à demarcação ou à divisão.

Destarte, as ações ora analisadas apresentam rito bifásico, sendo certo que, num primeiro momento, é definido o direito à divisão ou à demarcação e, numa segunda etapa, o juízo decide acerca da própria demarcação ou divisão no seu aspecto quantitativo e qualitativo. Há, assim, duas decisões, uma interlocutória e uma sentença, à semelhança do que ocorre com a ação de prestação de contas, muito embora neste assento ser lícito discutir, na primeira etapa do processo de divisão, a questão de domínio.

2. CUMULAÇÃO DE PEDIDOS[5]

A previsão da cumulação da ação de divisão com a demarcatória decorre exatamente da possibilidade de promover-se a segunda demanda antes daquela outra com o fim de primeiramente

---

[1] **"CPC/2015: Art. 569**. Cabe:

I – ao proprietário a ação de demarcação, para obrigar o seu confinante a estremar os respectivos prédios, fixando-se novos limites entre eles ou aviventando-se os já apagados;

II – ao condômino a ação de divisão, para obrigar os demais consortes a estremar os quinhões."

[2] Em decisão unânime, a 3ª STJ estabeleceu que a ação demarcatória é a via adequada para dirimir discrepâncias entre a realidade fática dos marcos divisórios do terreno e o que consta no registro imobiliário (REsp n. 1.984.013/MG, Rel. Min. Ricardo Villas Bôas Cueva, 3ª Turma, j. 27.09.2022, *DJe* 30.09.2022).

[3] Esse objetivo da ação demarcatória indica o interesse de agir previsto na propositura da ação ordinária de reivindicação. RSTJ 13/399.

[4] STJ-4ª Turma, no REsp 20.529-7-AL, Rel. Min. Dias Trindade.

[5] **"CPC/2015: Art. 570**. É lícita a cumulação dessas ações, caso em que deverá processar-se primeiramente a demarcação total ou parcial da coisa comum, citando-se os confinantes e os condôminos."

532 | CURSO DE DIREITO PROCESSUAL CIVIL • *Luiz Fux*

demarcar total ou parcialmente a coisa comum. Outros aspectos afins residem nas providências periciais para chegar-se tanto à demarcação quanto à divisão.

A compulsoriedade da citação dos confinantes e condôminos revela a formação entre eles do litisconsórcio necessário não unitário sob pena de ineficácia da decisão para os que não integraram a relação processual e para os que participaram do processo. É que a decisão, nos processos em que o litisconsórcio necessário não se forma, é *inutiliter data*.

3. AÇÃO DEMARCATÓRIA

3.1 Procedimento da demarcação[6]

A demarcação antecede à divisão, como prejudicial que lhe representa nas hipóteses de cumulação de pedidos. Demarcada a área, é lícito aos confinantes reivindicar em face de quem assumir a parte do bem comum reputada invasiva da área alheia. Nesse sentido é que o art. 572 do CPC refere-se aos terceiros confinantes que não foram partes na ação demarcatória. Não obstante essa participação, também é considerado aquele que teve os limites e rumos de suas terras definidos na decisão transitada em julgado, e invadidas nos trabalhos campo. Consequentemente, esse confinante, na fase da divisão subsequente à demarcação que tiver suas terras invadidas, pode opor embargos de terceiro.

No processo de divisão, a demarcação é atividade prévia e a fixação a que se refere a lei é engendrada através de decisão parcial de mérito. Fixados os limites da coisa comum, procede-se, então, à divisão conforme aqueles parâmetros.

Dispõe a lei[7] que serão citados para a ação todos os condôminos, se ainda não transitou em julgado a sentença homologatória da divisão, e todos os quinhoeiros dos terrenos vindicados, se proposta posteriormente.

O parágrafo segundo do art. 572, quanto a esse último caso, dispõe que a sentença que julgar procedente a ação, condenando a restituir os terrenos ou a pagar a indenização, valerá como título executivo em favor dos quinhoeiros para haverem dos outros condôminos, que forem parte na divisão, ou de seus sucessores por título universal, na proporção que lhes tocar, a composição pecuniária do desfalque sofrido.

Cuida o dispositivo da ação de vindicação do terceiro prejudicado pela demarcação prévia à divisão, por isso que, se esta não se tiver ultimado, são litisconsortes necessários todos os condôminos partícipes da ação demarcatória anterior à divisão.

Situação diversa ocorre quando proposta a ação pelo terceiro prejudicado após finda a divisão e partilhada a coisa. Hipótese em que devem ser citados apenas aqueles que foram contemplados com as áreas reputadas como invasoras.

Vencido o quinhoeiro réu da ação movida por terceiro prejudicado, forçoso reconhecer que aquele restou por receber menos do que os outros, haja vista que teve que devolver parte ao terceiro ou compor-lhe indenização. Assim, a mesma sentença que o condena, serve-lhe de regresso[8].

---

6   **"CPC/2015: Art. 572**. Fixados os marcos da linha de demarcação, os confinantes considerar-se-ão terceiros quanto ao processo divisório, ficando-lhes, porém, ressalvado o direito de vindicar os terrenos de que se julguem despojados por invasão das linhas limítrofes constitutivas do perímetro ou de reclamar indenização correspondente ao seu valor."

7   **"CPC/2015: Art. 572**. (...) § 1º No caso do *caput*, serão citados para a ação todos os condôminos, se a sentença homologatória da divisão ainda não houver transitado em julgado, e todos os quinhoeiros dos terrenos vindicados, se a ação for proposta posteriormente."

8   **"CPC/2015: Art. 572**. (...) § 2º Neste último caso, a sentença que julga procedente a ação, condenando a restituir os terrenos ou a pagar a indenização, valerá como título executivo em favor dos quinhoeiros para haverem dos outros condôminos que forem parte na divisão ou de seus sucessores a título universal, na proporção que lhes tocar, a composição pecuniária do desfalque sofrido."

Parte IX • IV – AÇÃO DE DIVISÃO E DA DEMARCAÇÃO DE TERRAS PARTICULARES | 533

3.2 Petição inicial na demarcatória[9]

Cuida o CPC dos requisitos da inicial da ação demarcatória *tout court*, ou seja, a que não é incidente prévio da ação de divisão. O objetivo nesta demanda são limites por constituir, aviventar ou renovar entre duas ou mais propriedades.

Premissa inquestionável consubstanciadora do interesse processual é a de que há incerteza quanto à linha divisória, razão pela qual o imóvel deve ser individuado na inicial. Por essa razão, a lei exige que a petição inicial seja instruída com os títulos da propriedade, designando-se o imóvel pela situação e denominação, descrevendo-se os limites por constituir, aviventar ou renovar, indicando, sob pena de indeferimento, a linha divisória que pretende seja a certa e que compõe o objeto mediato do seu pedido. Isto significa dizer que o pedido não pode ser em aberto, de simples apuração de limites de uma área imprecisa.

Consectariamente a nomeação dos confinantes deve ocorrer à luz da extensão do pedido, porquanto, como a regra geral, admite-se a demarcatória parcial ou a cumulação de demarcatória.

O título de propriedade é documento indispensável à propositura. A sua falta implica a extinção do processo sem resolução do mérito (artigo 485, IV, do CPC[10]).

3.3 Demarcação com queixa de esbulho ou turbação

O autor, segundo a sua convicção objetiva e à luz de seu título, pode entender que, em sendo demarcada a área, constatar-se-á que houve invasão do prédio confinante. Nesta hipótese, cumulando pedidos na inicial, pode requerer a demarcação com queixa de esbulho ou turbação, formulando também o pedido de restituição do terreno invadido com os rendimentos que deu, ou a indenização dos danos pela usurpação verificada.

É que a cumulação de pedidos é preferível sempre que possível, a fim de garantir eficiência processual – compartilhamento de provas, unidade de trâmite, redução dos gastos, etc. Dito isto, devem-se verificar os requisitos para que se promova a cumulação de pedidos, quais sejam aqueles previstos no art. 327, § 1º, CPC[11]. São eles: (i) compatibilidade dos pedidos entre si, (ii) identidade de juízo competente para conhecer dos pedidos formulados e (iii) identidade de procedimento.

Muito embora o item (iii) pareça ser um óbice nesse caso, deve-se observar a regra do §2º: quando, para cada pedido, corresponder tipo diverso de procedimento, será admitida a cumulação se o autor empregar o procedimento comum, sem prejuízo do emprego das técnicas processuais diferenciadas previstas nos procedimentos especiais a que se sujeitam um ou mais pedidos cumulados, que não forem incompatíveis com as disposições sobre o procedimento comum.

Sendo assim, a jurisprudência admite a reivindicatória com a discussão *incidenter tantum* dos limites entre as propriedades em confronto[12].

---

9   "**CPC/2015: Art. 574.** Na petição inicial, instruída com os títulos da propriedade, designar-se-á o imóvel pela situação e pela denominação, descrever-se-ão os limites por constituir, aviventar ou renovar e nomear-se-ão todos os confinantes da linha demarcanda."

10   "**CPC/2015: Art. 485.** O juiz não resolverá o mérito quando:
      IV – verificar a ausência de pressupostos de constituição e de desenvolvimento válido e regular do processo;"

11   "**CPC/2015: Art. 327.** É lícita a cumulação, em um único processo, contra o mesmo réu, de vários pedidos, ainda que entre eles não haja conexão.
      § 1º São requisitos de admissibilidade da cumulação que:
      I – os pedidos sejam compatíveis entre si;
      II – seja competente para conhecer deles o mesmo juízo;
      III – seja adequado para todos os pedidos o tipo de procedimento."

12   RT 625/53.

534 | CURSO DE DIREITO PROCESSUAL CIVIL • *Luiz Fux*

3.4 Demarcação do imóvel comum[13]

É da essência dos direitos subjetivamente complexos o poder de iniciativa de qualquer cotitular. Tratando-se de ação demarcatória, a iniciativa da demanda pode caber a qualquer cotitular da coisa comum, sendo certo que, uma vez proposta, todos os demais condôminos devem ser convocados a integrar o polo ativo, numa manifestação singular do fenômeno do "litisconsórcio ativo necessário".

O dispositivo obsta que o demandante se frustre acaso algum condômino recuse-se a litigar ou se encontre em local incerto e não sabido. É que realizada a citação do condômino, automaticamente o mesmo estará integrado à relação processual sendo de somenos a sua atuação efetiva. Forma-se, *in casu*, um litisconsórcio necessário ativo e unitário.

A compulsoriedade decorre do fato de que a demarcação cria situação jurídica nova, portanto constitutiva e, nessa espécie de ação, o litisconsórcio é sempre necessário.

A unitariedade decorre da necessidade de decisão homogênea posto o imóvel pertencer a todos em conjunto, de sorte que a demarcação que vale para um vale para os outros também, conforme o princípio da interdependência dos litisconsortes.

3.5 Citação e intimação[14]

Silente o Código, subjaz a certeza da natureza real imobiliária da ação demarcatória o que torna estreme de dúvidas que devem ser citados, sob pena de nulidade, os cônjuges, tanto na demarcação como na divisão[15].

A ânsia de imprimir celeridade a um rito que é deveras complexo pelas suas próprias etapas fez com que o legislador dissesse menos do que realmente pretendia, por isso que o preceito encontradiço no art. 576 do CPC, desafia exegese teleológica. Assim é que pode haver integração com os demais dispositivos do Código.

Destarte, todas as formas de citação contempladas pela lei são admissíveis e se aplicam tanto à ação de divisão quanto à demarcatória, cuja sentença é autoexecutável.

Em regra, os réus com diferentes procuradores têm o prazo comum, porém em dobro, para contestar. Prevendo, como evidente, que cada réu apresente a sua resposta por procurador diferente, tanto na ação de divisão quanto na demarcatória, estabeleceu a lei um prazo razoável para a defesa de todos. Assim, feitas as citações, terão os réus o prazo comum de quinze (15) dias para contestar[16].

3.6 Defesa do réu[17]

Oferecida a defesa, o procedimento a seguir é o comum. Isto significa que há lugar para as providências preliminares e o julgamento no estado em que o processo se encontra.

Não oferecida a defesa, podem ser aplicados, na primeira etapa da ação, os efeitos da revelia, dentre os quais destaca-se o julgamento antecipado da lide pela presunção de veracidade dos fatos afirmados pelo autor. Essa interpretação concilia-se com o disposto no art. 579, porquanto a segunda etapa das ações é que exige a perícia, não assim aquela em que se discute o direito em si à modificação da coisa.

---

[13] "**CPC/2015: Art. 575**. Qualquer condômino é parte legítima para promover a demarcação do imóvel comum, requerendo a intimação dos demais para, querendo, intervir no processo."

[14] "**CPC/2015: Art. 576**. A citação dos réus será feita por correio, observado o disposto no art. 247 . Parágrafo único. Será publicado edital, nos termos do inciso III do art. 259."

[15] "**CPC/2015: Art. 73**. O cônjuge necessitará do consentimento do outro para propor ação que verse sobre direito real imobiliário, salvo quando casados sob o regime de separação absoluta de bens."

[16] "**CPC/2015: Art. 577**. Feitas as citações, terão os réus o prazo comum de 15 (quinze) dias para contestar."

[17] "**CPC/2015: Art. 578**. Após o prazo de resposta do réu, observar-se-á o procedimento comum."

Parte IX • IV — AÇÃO DE DIVISÃO E DA DEMARCAÇÃO DE TERRAS PARTICULARES | **535**

Na segunda etapa, é afastada a possibilidade de julgamento pela presunção de veracidade, pois a lei determina que, oferecida a defesa ou não, seja realizada perícia[18], devendo o juiz nomear um ou mais peritos para levantarem o traçado da linha demarcanda. A revelia do réu, portanto, afeta a segunda etapa por fazer com que o perito responsável pela demarcação considere apenas as alegações autorais, mas a revelia não faz com que o traçado apresentado pelo autor seja adotado pela sentença.

3.7 Perícia[19]

Os peritos nomeados para a perícia cujo escopo é a fixação dos limites mediante o estabelecimento da linha demarcanda devem elaborar o laudo consoante a sua especialidade técnica. No entanto, como regra *in procedendo*, devem ter em conta os títulos, marcos, rumos, a fama da vizinhança, as informações de antigos moradores do lugar e outros elementos que coligirem, porquanto esses dados retiram o caráter subjetivo do trabalho e permitem ao juízo aferir o seu grau de convencimento. O laudo elaborado com alvitre desses critérios, em princípio, deve ser rejeitado. A rotina legal de trabalho determinada aos peritos serve de parâmetro à impugnação das partes, leigas nessa matéria, mas protegidas pelo critério legal que impede laudos aleatórios.

As operações procedidas pelos agrimensores serão consignadas em planta e material descritivo[20]. Por seu turno, a planta deverá seguir o modelo legal quanto à forma e à substância[21].

Visando a facilitar a medição e a descrição da área após a demarcação dispõe a lei ser obrigatória a colocação de marcos na estação inicial – marco primordial – como nos vértices dos ângulos, salvo se algum destes últimos pontos for assinalado por acidentes naturais de difícil remoção ou destruição[22].

Conferindo notável valor técnico ao trabalho dos agrimensores, os peritos examinarão os marcos e rumos, consignando, em relatório escrito, a exatidão do memorial e planta apresentados pelo agrimensor ou as divergências porventura encontradas. Esta diligência é da substância da

---

[18] **"CPC/2015: Art. 579**. Antes de proferir a sentença, o juiz nomeará um ou mais peritos para levantar o traçado da linha demarcanda."

[19] **"CPC/2015: Art. 580**. Concluídos os estudos, os peritos apresentarão minucioso laudo sobre o traçado da linha demarcanda, considerando os títulos, os marcos, os rumos, a fama da vizinhança, as informações de antigos moradores do lugar e outros elementos que coligirem."

[20] **"CPC/2015: Art. 582**. Transitada em julgado a sentença, o perito efetuará a demarcação e colocará os marcos necessários.
Parágrafo único. Todas as operações serão consignadas em planta e memorial descritivo com as referências convenientes para a identificação, em qualquer tempo, dos pontos assinalados, observada a legislação especial que dispõe sobre a identificação do imóvel rural."

[21] **"CPC/2015: Art. 583**. As plantas serão acompanhadas das cadernetas de operações de campo e do memorial descritivo, que conterá:
I – o ponto de partida, os rumos seguidos e a aviventação dos antigos com os respectivos cálculos;
II – os acidentes encontrados, as cercas, os valos, os marcos antigos, os córregos, os rios, as lagoas e outros;
III – a indicação minuciosa dos novos marcos cravados, dos antigos aproveitados, das culturas existentes e da sua produção anual;
IV – a composição geológica dos terrenos, bem como a qualidade e a extensão dos campos, das matas e das capoeiras;
V – as vias de comunicação;
VI – as distâncias a pontos de referência, tais como rodovias federais e estaduais, ferrovias, portos, aglomerações urbanas e polos comerciais;
VII – a indicação de tudo o mais que for útil para o levantamento da linha ou para a identificação da linha já levantada."

[22] **"CPC/2015: Art. 584**. É obrigatória a colocação de marcos tanto na estação inicial, dita marco primordial, quanto nos vértices dos ângulos, salvo se algum desses últimos pontos for assinalado por acidentes naturais de difícil remoção ou destruição."

536 | CURSO DE DIREITO PROCESSUAL CIVIL • *Luiz Fux*

perícia determinada, de caráter subjetivamente complexo e que não pode faltar sob pena de invalidade do trabalho concluído[23].

O relatório dos peritos que referenda ou não o trabalho dos agrimensores é anexado aos autos. À semelhança do que ocorre com o laudo pericial em geral, obedecendo-se o contraditório, as partes devem manifestar-se sobre o documento. Após, o juiz, à luz da fala das partes, pode manter íntegro o relatório apresentado ou determinar correções[24].

Realizadas estas ou não as havendo, lavrar-se-á o "auto de demarcação" que é o documento judicial consubstanciador das providências práticas periciais. O auto conterá os limites demarcandos minuciosamente descritos de acordo com o memorial e a planta.

3.8 Sentença na demarcatória[25]

Dispõe o Código que, assinado o auto pelo juiz e pelos peritos, será proferida a sentença homologatória da demarcação[26]. A assinatura do auto pelo juiz consolida a aprovação judicial do trabalho técnico e lhe serve de fundamentação. Por isso que ela se limita a homologar, dar valor de decisão jurisdicional à demarcação constante do laudo.

Muito embora a lei seja silente, a sentença, além de julgar procedente o pedido de demarcação, deve especificar também – para não perecer do vício *citra petita*, que implica a nulidade da decisão – o traçado da linha demarcanda no próprio dispositivo que acolhe a ação.

Quando não houver cumulação entre pedido demarcatório e divisório, proferida a sentença, conclui-se o procedimento da demarcatória em primeiro grau de jurisdição, desafiando o recurso de apelação. Quando houver cumulação, o procedimento da demarcatória será concluído por decisão parcial de mérito, desafiando o recurso de agravo de instrumento.

A homologação não desnatura o julgamento porquanto o juiz efetiva com base em laudo técnico de peritos de sua confiança. A decisão, por ser fruto da atuação ativa do magistrado e não ser fruto da vontade das partes, sujeita-se à rescisão prevista no artigo 966 do CPC. Essa regra vale para a ação demarcatória pura e simples ou àquela que precede à divisão da coisa comum.

A demarcatória faz surgir uma nova vida documental da propriedade. Por isso que, transitada em julgado a sentença, o agrimensor efetuará a demarcação. Colocando os marcos necessários, consignando em planta e memorial descritivo as referências convenientes para a identificação, em qualquer tempo, dos pontos assinalados[27].

Por outro lado, esse documento consignará a história da propriedade: como era e como passou a ser após a demarcação, daí a lei referir-se à sua identificação a qualquer tempo.

A colocação dos marcos é forma de efetivação da decisão na própria relação de cognição sem necessidade de execução própria (*ex intervallo*).

---

[23] **"CPC/2015: Art. 585.** A linha será percorrida pelos peritos, que examinarão os marcos e os rumos, consignando em relatório escrito a exatidão do memorial e da planta apresentados pelo agrimensor ou as divergências porventura encontradas."

[24] **"CPC/2015: Art. 586.** Juntado aos autos o relatório dos peritos, o juiz determinará que as partes se manifestem sobre ele no prazo comum de 15 (quinze) dias.
Parágrafo único. Executadas as correções e as retificações que o juiz determinar, lavrar-se-á, em seguida, o auto de demarcação em que os limites demarcandos serão minuciosamente descritos de acordo com o memorial e a planta."

[25] **"CPC/2015: Art. 581.** A sentença que julgar procedente o pedido determinará o traçado da linha demarcanda."

[26] **"CPC/2015: Art. 587.** Assinado o auto pelo juiz e pelos peritos, será proferida a sentença homologatória da demarcação."

[27] **"CPC/2015: Art. 582.** Transitada em julgado a sentença, o perito efetuará a demarcação e colocará os marcos necessários.
Parágrafo único. Todas as operações serão consignadas em planta e memorial descritivo com as referências convenientes para a identificação, em qualquer tempo, dos pontos assinalados, observada a legislação especial que dispõe sobre a identificação do imóvel rural."

Parte IX • IV – AÇÃO DE DIVISÃO E DA DEMARCAÇÃO DE TERRAS PARTICULARES | 537

4. AÇÃO DIVISÓRIA

4.1 Petição inicial[28]

A lei, após traçar linhas comuns entre a demarcação e a divisão e o rito a ser seguido quando a primeira ação é premissa para a segunda, passa a regular a ação divisória *tout court*. Esta é promovida pelo condômino de propriedade perfeitamente definida para fazer cessar o estado de indivisão, *v.g.*; imóveis em comunhão decorrentes de compra por mais de um adquirente, ou recebidos *pro indiviso* em negócio gratuito.

A petição inicial, além dos requisitos do art. 319, deve conter o que o art. 588 do CPC aponta, sob pena de inépcia e consequente rejeição liminar. Assim, cumpre ao autor inserir na petição: o título de domínio, a indicação da origem da comunhão e a denominação, situação, limites e característicos do imóvel; o nome, o estado civil, a profissão e a residência de todos os condôminos, especificando-se os estabelecidos no imóvel com benfeitorias e culturas bem como as benfeitorias comuns.

O título de domínio que comprova a comunhão pode ser *v.g.*; a escritura de doação entre vários donatários retratando condomínio *pro indiviso*, embora não registrada porquanto constituir prova suficiente do domínio e da origem da comunhão.

Ademais, o autor deve observar as condições da ação, dentre as quais a possibilidade jurídica do pedido que não se verifica se o imóvel é indivisível, *v.g.*; um apartamento ou tratando-se de imóvel rural, quando, com a divisão, qualquer dos quinhões restar inferior ao módulo.

A questão do módulo a que se refere o Estatuto da Terra há de obedecer ao princípio *tempus regit actum*. De toda a sorte, a questão do módulo está intimamente ligada à destinação do imóvel, por isso que, se não for rural, a questão *modulen* desaparece. O condômino cujo quinhão seja superior ao módulo pode requerer divisão parcial, para estremar a sua cota ideal, ficando os demais em comunhão.

Acerca do tema, dispõe a Lei nº 5.868, de 12.12.72, no seu art. 8º, *caput, in verbis*: "Para fins de transmissão, a qualquer título, na forma do art. 65 da Lei nº 4.504, de 30 de novembro de 1964, nenhum imóvel rural poderá ser desmembrado ou dividido em área de tamanho inferior à do módulo calculado para o imóvel ou da fração mínima de parcelamento fixado no § 1º deste artigo, prevalecendo a de menor área".

4.2 Citação[29]

A ação de divisão, consoante observado alhures, desdobra-se em duas fases: a primeira, que se encerra com a decisão parcial de mérito julgando procedente a ação acerca da pretensão à divisão. A segunda, a da fase executiva, que é prevista a partir do art. 590 do CPC.

Desta sorte, a definição do direito à divisão reflete o interesse de agir de todos os interessados, por isso que o processo divisório reclama a citação de todos os condôminos, sob pena de nulidade (art. 114 do CPC[30]). Outrossim, ostentando a ação divisória natureza real imobiliária, devem ser citados ambos os cônjuges (art. 73, § 1º, I do CPC[31]).

---

[28] **"CPC/2015: Art. 588.** A petição inicial será instruída com os títulos de domínio do promovente e conterá:
I – a indicação da origem da comunhão e a denominação, a situação, os limites e as características do imóvel;
II – o nome, o estado civil, a profissão e a residência de todos os condôminos, especificando-se os estabelecidos no imóvel com benfeitorias e culturas;
III – as benfeitorias comuns."

[29] **"CPC/2015: Art. 589.** Feitas as citações como preceitua o art. 576, prosseguir-se-á na forma dos arts. 577 e 578."

[30] **"CPC/2015: Art. 114.** O litisconsórcio será necessário por disposição de lei ou quando, pela natureza da relação jurídica controvertida, a eficácia da sentença depender da citação de todos que devam ser litisconsortes."

[31] **"CPC/2015: Art. 73.** O cônjuge necessitará do consentimento do outro para propor ação que verse sobre direito real imobiliário, salvo quando casados sob o regime de separação absoluta de bens.
§ 1º Ambos os cônjuges serão necessariamente citados para a ação:
I – que verse sobre direito real imobiliário, salvo quando casados sob o regime de separação absoluta de bens;"

538 | CURSO DE DIREITO PROCESSUAL CIVIL • *Luiz Fux*

A eventual revelia não exonera o juiz de proferir decisão determinando a divisão da coisa na primeira fase, sob pena de nulidade insanável[32].

Anote-se que o legislador determina a aplicação, na primeira fase, no tocante às citações e defesa dos réus, da mesma disciplina da ação demarcatória[33]. Isto é, prazo comum de quinze dias para a contestação e adoção do procedimento comum após o prazo de resposta do réu.

4.3 Operações de divisão. Finalidades múltiplas

Superada a primeira fase, inicia-se a segunda com as operações de divisão[34]. Para esse fim, o juiz deve nomear peritos. Admitindo-se, à semelhança da prova pericial, que as partes indiquem assistentes técnicos[35].

A divisão não implica necessariamente a repartição da propriedade em partes iguais, tanto que um condômino pode ter engendrado benfeitorias e outros não. As qualidades do imóvel, portanto, influem decisivamente nos critérios da divisão. Por essa razão, a lei faculta que, após a nomeação dos peritos, as partes apresentem pedidos sobre a constituição dos quinhões[36]. Cabendo ao juízo decidir sobre esses pedidos, caso sejam impugnados[37].

Os peritos devem propor, em laudo fundamentado, a forma da divisão, devendo consultar, quanto possível, a comodidade das partes, respeitar, para adjudicação a cada condômino, a preferência dos terrenos contíguos às suas residências e benfeitorias e evitar o retalhamento dos quinhões em glebas separadas[38], critérios aferíveis pelo magistrado.

A fundamentação do laudo servirá para a motivação da justeza da decisão de divisão, razão pela qual é a mesma da substância do laudo que pode ser impugnado pela desobediência dos critérios norteadores indicados no dispositivo.

Uma vez que a eficácia preclusiva da decisão da primeira fase impõe o encerramento, por decisão parcial de mérito, dessa fase (contenciosa), revela-se inadmissível, na segunda fase (executiva), rediscutir-se a existência ou extensão de domínio sobre o imóvel comum[39]. Portanto, na primeira fase do juízo divisório, todas as questões de alta indagação devem ser resolvidas.

Iniciada a segunda fase do juízo divisório, o art. 596 do CPC[40] é autoexplicativo quanto à demarcação dos quinhões após a deliberação da partilha. Trata-se de efetivar o plano de divisão

---

[32] RT 601/196.

[33] **"CPC/2015: Art. 589.** Feitas as citações como preceitua o, prosseguir-se-á na forma dos arts. 577 e 578.art. 576, prosseguir-se-á na forma dos arts. 577 e 578."

[34] **"CPC/2015: Art. 590**. O juiz nomeará um ou mais peritos para promover a medição do imóvel e as operações de divisão, observada a legislação especial que dispõe sobre a identificação do imóvel rural.
Parágrafo único. O perito deverá indicar as vias de comunicação existentes, as construções e as benfeitorias, com a indicação dos seus valores e dos respectivos proprietários e ocupantes, as águas principais que banham o imóvel e quaisquer outras informações que possam concorrer para facilitar a partilha."

[35] STJ-4ª Turma, REsp 38.026-0-SP, Rel. Min. Barros Monteiro.

[36] **"CPC/2015: Art. 591**. Todos os condôminos serão intimados a apresentar, dentro de 10 (dez) dias, os seus títulos, se ainda não o tiverem feito, e a formular os seus pedidos sobre a constituição dos quinhões."

[37] **"CPC/2015: Art. 592**. O juiz ouvirá as partes no prazo comum de 15 (quinze) dias.
§ 1º Não havendo impugnação, o juiz determinará a divisão geodésica do imóvel.
§ 2º Havendo impugnação, o juiz proferirá, no prazo de 10 (dez) dias, decisão sobre os pedidos e os títulos que devam ser atendidos na formação dos quinhões."

[38] **"CPC/2015: Art. 595**. Os peritos proporão, em laudo fundamentado, a forma da divisão, devendo consultar, quanto possível, a comodidade das partes, respeitar, para adjudicação a cada condômino, a preferência dos terrenos contíguos às suas residências e benfeitorias e evitar o retalhamento dos quinhões em glebas separadas."

[39] STJ-4ª Turma, REsp 13.420-0-GO, Rel. Min. Sálvio de Figueiredo.

[40] **"CPC/2015: Art. 596**. Ouvidas as partes, no prazo comum de 15 (quinze) dias, sobre o cálculo e o plano da divisão, o juiz deliberará a partilha.
Parágrafo único. Em cumprimento dessa decisão, o perito procederá à demarcação dos quinhões, observando, além do disposto nos arts. 584 e 585, as seguintes regras:

Parte IX • IV – AÇÃO DE DIVISÃO E DA DEMARCAÇÃO DE TERRAS PARTICULARES | **539**

aprovado mediante a atribuição de quinhões. Esta deliberação da partilha, nos termos do referido artigo, constitui inegável decisão interlocutória, agravável por instrumento[41].

4.4   Auto de divisão[42]

Findos os trabalhos e desenhados na planta os quinhões e as servidões aparentes, o perito organiza o memorial descritivo.

Em seguida, cumprido o disposto no art. 586, o escrivão deve lavrar o auto de divisão, seguido de uma folha de pagamento para cada condômino. Assinado o auto pelo juiz e peritos, é proferida sentença homologatória da divisão.

O auto de divisão está para o processo divisório como o auto de arrematação e de adjudicação para a execução por quantia certa. São documentos que jurisdicionalizam o trabalho dos técnicos, seguindo-se a decisão judicial atributiva com força de coisa julgada em relação às relações jurídicas anteriores, acaso citados seus partícipes[43].

4.5   Benfeitorias permanentes dos confinantes

A lei estabelece que, se qualquer linha do perímetro atingir benfeitorias permanentes dos confinantes feitas há mais de um ano, serão elas respeitadas, bem como os terrenos onde estiverem, os quais não se computarão na área dividenda[44]. O dispositivo encerra regra *in procedendo* cujo escopo é evitar que o condômino seja prejudicado na sua parte da partilha, recebendo quinhão onerado por benfeitoria alheia enquanto outro recolha parcela livre e desembargada.

I – as benfeitorias comuns que não comportarem divisão cômoda serão adjudicadas a um dos condôminos mediante compensação;

II – instituir-se-ão as servidões que forem indispensáveis em favor de uns quinhões sobre os outros, incluindo o respectivo valor no orçamento para que, não se tratando de servidões naturais, seja compensado o condômino aquinhoado com o prédio serviente;

III – as benfeitorias particulares dos condôminos que excederem à área a que têm direito serão adjudicadas ao quinhoeiro vizinho mediante reposição;

IV – se outra coisa não acordarem as partes, as compensações e as reposições serão feitas em dinheiro."

[41] STJ-4ª Turma, REsp 40.691-9-MG, Rel. Min. Sálvio de Figueiredo.

[42] **"CPC/2015: Art. 597.** Terminados os trabalhos e desenhados na planta os quinhões e as servidões aparentes, o perito organizará o memorial descritivo.

§ 1º Cumprido o disposto no art. 586, o escrivão, em seguida, lavrará o auto de divisão, acompanhado de uma folha de pagamento para cada condômino.

§ 2º Assinado o auto pelo juiz e pelo perito, será proferida sentença homologatória da divisão.

§ 3º O auto conterá:

I – a confinação e a extensão superficial do imóvel;

II – a classificação das terras com o cálculo das áreas de cada consorte e com a respectiva avaliação ou, quando a homogeneidade das terras não determinar diversidade de valores, a avaliação do imóvel na sua integridade;

III – o valor e a quantidade geométrica que couber a cada condômino, declarando-se as reduções e as compensações resultantes da diversidade de valores das glebas componentes de cada quinhão.

§ 4º Cada folha de pagamento conterá:

I – a descrição das linhas divisórias do quinhão, mencionadas as confinantes;

II – a relação das benfeitorias e das culturas do próprio quinhoeiro e das que lhe foram adjudicadas por serem comuns ou mediante compensação;

III – a declaração das servidões instituídas, especificados os lugares, a extensão e o modo de exercício."

[43] RTJ 118/667.

[44] **"CPC/2015: Art. 593**. Se qualquer linha do perímetro atingir benfeitorias permanentes dos confinantes feitas há mais de 1 (um) ano, serão elas respeitadas, bem como os terrenos onde estiverem, os quais não se computarão na área dividenda."

540 | CURSO DE DIREITO PROCESSUAL CIVIL • *Luiz Fux*

4.6   Restituição de terrenos usurpados com a divisão

É lícito aos confinantes do imóvel dividendo demandar a restituição dos terrenos que lhes tenham sido usurpados. Nessa hipótese, são litisconsortes necessários para a ação todos os condôminos, se ainda não transitou em julgado a sentença homologatória da divisão. Caso já haja a preclusão máxima, devem ser citados todos os quinhoeiros dos terrenos tidos como invasores.

Julgada procedente a ação neste último caso, significa que o quinhoeiro restou por receber menos do que os outros, haja vista que teve que devolver parte ao terceiro ou lhe compor indenização. Por força dos princípios da efetividade e da economia processual, a mesma sentença que o condena serve-lhe de regresso. Posto dispor a lei que a sentença que julga procedente a ação, condenando a restituir os terrenos ou a pagar a indenização, valerá como título executivo em favor dos quinhoeiros para haverem dos outros condôminos ou de seus sucessores por título universal, na proporção que lhes tocar, a composição pecuniária do desfalque sofrido[45].

---

[45]   **"CPC/2015: Art. 594.** Os confinantes do imóvel dividendo podem demandar a restituição dos terrenos que lhes tenham sido usurpados.

§ 1º Serão citados para a ação todos os condôminos, se a sentença homologatória da divisão ainda não houver transitado em julgado, e todos os quinhoeiros dos terrenos vindicados, se a ação for proposta posteriormente.

§ 2º Nesse último caso terão os quinhoeiros o direito, pela mesma sentença que os obrigar à restituição, a haver dos outros condôminos do processo divisório ou de seus sucessores a título universal a composição pecuniária proporcional ao desfalque sofrido."

V
AÇÃO DE DISSOLUÇÃO PARCIAL DE SOCIEDADE

1. GENERALIDADES[1]

A ação de dissolução parcial de sociedade foi criada pelo CPC de 2015 para abarcar as ações que tratariam da extinção parcial de sociedade empresarial. Dessa forma, quando for necessário recorrer ao Judiciário para solucionar contenda jurídica gerada pela extinção parcial da sociedade, será adotado esse procedimento especial.

A extinção parcial acontece quando o sócio falece, é excluído ou exerce seu direito de retirada ou de recesso, por isso o art. 599, I, do CPC estabelece que essas três hipóteses podem ser objeto desse procedimento especial.

O objeto dessa ação pode se expandir também para a apuração de haveres do sócio que deixa a sociedade. É que a ação de dissolução parcial de sociedade pode tanto veicular apenas o pedido de dissolução parcial quanto veicular apenas o pedido de apuração de haveres, assim como pode veicular ambos cumulativamente. O procedimento, portanto, é dividido em duas fases, uma de dissolução e outra de apuração, quando há dois pedidos, mas, em caso de apenas um pedido, o procedimento tem apenas uma fase.

Como as hipóteses de extinção parcial tratam de atos (exerce direito de retirada ou recesso) ou de qualidades (falecido ou excluído) da pessoa do sócio, é de se esperar que esse procedimento especial seja aplicável apenas às sociedades limitadas, devido ao seu maior *intuito personae*. A legislação, no entanto, estabelece que esse procedimento pode ter como objeto a sociedade anônima de capital fechado, desde que os acionistas que representam 5% ou mais do capital social demonstrem que a sociedade não consegue mais cumprir seu fim.

Embora abarque todas as hipóteses de extinção parcial de sociedade, não é necessário que essa ação seja proposta sempre que houver interesse na dissolução parcial de sociedade. Nos casos de exclusão ou de exercício do direito de retirada, pode ocorrer de o sócio retirante ou excluído e a sociedade estarem de acordo com o ocorrido, logo, não havendo conflito de interesse, não há questão a ser dirimida pelo Judiciário. No caso de morte do sócio, pode ocorrer alguma das hipóteses do art. 1.028 do CC/2002[2] e não haver conflito de interesses.

---

[1] **"CPC/2015: Art. 599.** A ação de dissolução parcial de sociedade pode ter por objeto:
I – a resolução da sociedade empresária contratual ou simples em relação ao sócio falecido, excluído ou que exerceu o direito de retirada ou recesso; e
II – a apuração dos haveres do sócio falecido, excluído ou que exerceu o direito de retirada ou recesso; ou
III – somente a resolução ou a apuração de haveres.
§ 1º A petição inicial será necessariamente instruída com o contrato social consolidado.
§ 2º A ação de dissolução parcial de sociedade pode ter também por objeto a sociedade anônima de capital fechado quando demonstrado, por acionista ou acionistas que representem cinco por cento ou mais do capital social, que não pode preencher o seu fim."

[2] **"CC/2002: Art. 1.028.** No caso de morte de sócio, liquidar-se-á sua quota, salvo:
I – se o contrato dispuser diferentemente;
II – se os sócios remanescentes optarem pela dissolução da sociedade;
III – se, por acordo com os herdeiros, regular-se a substituição do sócio falecido."

2. LEGITIMIDADE ATIVA[3] E PASSIVA

Os três primeiros incisos do art. 600 do CPC determinam quem são os legitimados para propor a ação quando a extinção parcial da sociedade tiver acontecido pela morte do sócio. Antes de realizada a partilha, segundo o inciso I, os herdeiros devem estar de acordo para que a ação possa ser proposta, impedindo que o herdeiro a proponha sem haver o consentimento dos demais, a não ser que esteja agindo em interesse do espólio[4]. Após a partilha, segundo o inciso II, o herdeiro cujo quinhão engloba a quota da sociedade pode propor a ação de dissolução sem o consentimento dos demais herdeiros.

Ainda tratando da morte do sócio, o inciso III dá legitimidade ativa à sociedade para que ela possa proteger o seu próprio contrato social. Dessa forma, se os sócios remanescentes não respeitarem o disposto no contrato e não aceitarem o ingresso do espólio ou dos sucessores do morto, a sociedade empresária poderá recorrer ao Judiciário para que as disposições contratuais sejam respeitadas.

No inciso IV, o sócio que exerceu o direito de retirada ou recesso tem legitimidade para propor a ação quando os demais sócios demorarem para alterar o contrato social. Passados dez dias do exercício do direito, o retirante pode recorrer ao Judiciário para que os demais sócios sejam obrigados a alterar o contrato e registrar a retirada ou o recesso, de forma que o contrato social passe a refletir a realidade.

A lei estabelece alguns casos em que o sócio pode ser excluído sem decisão judicial, como nos arts. 1.004[5], 1.030[6] e 1.085[7] do CC/2002. Pode, no entanto, ocorrer uma situação em que a sociedade tem interesse em realizar a exclusão do sócio, mas não há previsão legal. Nesse cenário, segundo o

---

3 **"CPC/2015: Art. 600**. A ação pode ser proposta:
  I – pelo espólio do sócio falecido, quando a totalidade dos sucessores não ingressar na sociedade;
  II – pelos sucessores, após concluída a partilha do sócio falecido;
  III – pela sociedade, se os sócios sobreviventes não admitirem o ingresso do espólio ou dos sucessores do falecido na sociedade, quando esse direito decorrer do contrato social;
  IV – pelo sócio que exerceu o direito de retirada ou recesso, se não tiver sido providenciada, pelos demais sócios, a alteração contratual consensual formalizando o desligamento, depois de transcorridos 10 (dez) dias do exercício do direito;
  V – pela sociedade, nos casos em que a lei não autoriza a exclusão extrajudicial; ou
  VI – pelo sócio excluído.
  Parágrafo único. O cônjuge ou companheiro do sócio cujo casamento, união estável ou convivência terminou poderá requerer a apuração de seus haveres na sociedade, que serão pagos à conta da quota social titulada por este sócio."

4 REsp 1.645.672-SP, Rel. Min. Marco Aurélio Bellizze, por unanimidade, j. 22.08.2017, *Dje* 29.08.2017.

5 **"CC/2002: Art. 1.004**. Os sócios são obrigados, na forma e prazo previstos, às contribuições estabelecidas no contrato social, e aquele que deixar de fazê-lo, nos trinta dias seguintes ao da notificação pela sociedade, responderá perante esta pelo dano emergente da mora.
  Parágrafo único. Verificada a mora, poderá a maioria dos demais sócios preferir, à indenização, a exclusão do sócio remisso, ou reduzir-lhe a quota ao montante já realizado, aplicando-se, em ambos os casos, o disposto no § 1º do art. 1.031."

6 **"CC/2002: Art. 1.030**. Ressalvado o disposto no art. 1.004 e seu parágrafo único, pode o sócio ser excluído judicialmente, mediante iniciativa da maioria dos demais sócios, por falta grave no cumprimento de suas obrigações, ou, ainda, por incapacidade superveniente.
  Parágrafo único. Será de pleno direito excluído da sociedade o sócio declarado falido, ou aquele cuja quota tenha sido liquidada nos termos do parágrafo único do art. 1.026."

7 **"CC/2002: Art. 1.085**. Ressalvado o disposto no art. 1.030, quando a maioria dos sócios, representativa de mais da metade do capital social, entender que um ou mais sócios estão pondo em risco a continuidade da empresa, em virtude de atos de inegável gravidade, poderá excluí-los da sociedade, mediante alteração do contrato social, desde que prevista neste a exclusão por justa causa.
  Parágrafo único. Ressalvado o caso em que haja apenas dois sócios na sociedade, a exclusão de um sócio somente poderá ser determinada em reunião ou assembleia especialmente convocada para esse fim, ciente o acusado em tempo hábil para permitir seu comparecimento e o exercício do direito de defesa. (Redação dada pela Lei nº 13.792, de 2019)"

Parte IX • V – AÇÃO DE DISSOLUÇÃO PARCIAL DE SOCIEDADE | 543

inciso V, a sociedade detém legitimidade para propor ação de dissolução parcial de sociedade para que o juiz determine a exclusão do sócio.

Embora o inciso VI do art. 600 do CPC atribua legitimidade ao sócio excluído para propor essa ação, ele pode apenas veicular o pedido de apuração de haveres. Isso acontece porque a discussão sobre a legalidade da sua exclusão deve ser feita pelas vias ordinárias, restando a ele apenas as especialidades procedimentais da apuração de haveres para determinar o valor ao qual ele tem direito de receber da sociedade.

3.   A ESPECIALIDADE DO PROCEDIMENTO

A ação de dissolução parcial de sociedade, como dito, pode ser composta por uma ou duas fases. A especialidade do procedimento depende de qual fase se trata, pois se segue o procedimento especial apenas na fase de apuração de haveres.

Dessa forma, quando houver os dois pedidos cumulados, a primeira fase, a de dissolução parcial, seguirá o procedimento comum e terá fim com uma decisão interlocutória de mérito, caso o juiz decida pela dissolução, ou com uma sentença, caso o juiz não decida pela dissolução.

Destaca-se que, embora seja o procedimento comum, o Código prevê que, caso os sócios estejam de acordo com a dissolução[8], não haverá qualquer condenação em honorários advocatícios, devendo as custas serem rateadas segundo a participação no capital social de cada sócio[9]. Ademais, a sociedade poderá formular pedido de indenização compensável com o valor dos haveres a apurar[10].

Tendo o juiz já decidido pela dissolução, passa-se para a segunda fase, a da apuração de haveres[11], que contém as especialidades procedimentais. Cabendo ao juiz:

I) fixar a data da resolução da sociedade;

II) definir o critério de apuração dos haveres; e

III) nomear o perito.

A fixação, segundo o art. 605 do CPC[12], da data da resolução da sociedade é de grande importância porque a decisão de dissolução parcial da sociedade tem efeitos *ex tunc*, logo, é necessário

---

[8]   **"CPC/2015: Art. 601.** Os sócios e a sociedade serão citados para, no prazo de 15 (quinze) dias, concordar com o pedido ou apresentar contestação.

Parágrafo único. A sociedade não será citada se todos os seus sócios o forem, mas ficará sujeita aos efeitos da decisão e à coisa julgada."

[9]   **"CPC/2015: Art. 603.** Havendo manifestação expressa e unânime pela concordância da dissolução, o juiz a decretará, passando-se imediatamente à fase de liquidação.

§ 1º Na hipótese prevista no *caput*, não haverá condenação em honorários advocatícios de nenhuma das partes, e as custas serão rateadas segundo a participação das partes no capital social.

§ 2º Havendo contestação, observar-se-á o procedimento comum, mas a liquidação da sentença seguirá o disposto neste Capítulo."

[10]   **"CPC/2015: Art. 602.** A sociedade poderá formular pedido de indenização compensável com o valor dos haveres a apurar."

[11]   **"CPC/2015: Art. 604.** Para apuração dos haveres, o juiz:

I – fixará a data da resolução da sociedade;

II – definirá o critério de apuração dos haveres à vista do disposto no contrato social; e

III – nomeará o perito.

§ 1º O juiz determinará à sociedade ou aos sócios que nela permanecerem que depositem em juízo a parte incontroversa dos haveres devidos.

§ 2º O depósito poderá ser, desde logo, levantando pelo ex-sócio, pelo espólio ou pelos sucessores.

§ 3º Se o contrato social estabelecer o pagamento dos haveres, será observado o que nele se dispôs no depósito judicial da parte incontroversa."

[12]   **"CPC/2015: Art. 605.** A data da resolução da sociedade será:

I – no caso de falecimento do sócio, a do óbito;

II – na retirada imotivada, o sexagésimo dia seguinte ao do recebimento, pela sociedade, da notificação do sócio retirante;

estabelecer a data a partir da qual o *decisum* surte efeito. Além, a data da resolução põe fim ao aumento do valor devido pela sociedade ao ex-sócio, acontecendo, após essa data, apenas a correção monetária do valor acumulado e a incidência de juros legais ou contratuais[13].

O critério de apuração a ser seguido deve ser aquele disposto no contrato social da sociedade empresária. No entanto, é possível que o contrato não disponha sobre isso, cabendo ao juiz seguir o critério determinado pelo art. 606 do CPC[14].

A nomeação do perito – embora a leitura do art. 604, inciso III, do CPC/2015 faça parecer que é obrigatória – é, em realidade, facultativa. Deve ser nomeado perito apenas quando for necessário (art. 606, parágrafo único, do CPC/2015), isto é, quando o juiz, utilizando-se dos regramentos do contrato social, tiver dificuldade em realizar a apuração. Caso o contrato social permita que o juiz realize com facilidade a divisão dos haveres, não será necessário o perito.

Ademais, pode o contrato social não dispor sobre a forma como serão pagos os haveres pela sociedade[15]. Nessa situação, o pagamento deverá ser feito em dinheiro no prazo de noventa dias a partir da sentença que determinar o montante devido[16].

Além, pode ser feito apenas o pedido de dissolução parcial de sociedade, sem veicular o pedido de apuração de haveres. Nesse caso, o procedimento será o comum e, independentemente da procedência ou improcedência do pedido, a sentença põe fim ao processo.

III – no recesso, o dia do recebimento, pela sociedade, da notificação do sócio dissidente;

IV – na retirada por justa causa de sociedade por prazo determinado e na exclusão judicial de sócio, a do trânsito em julgado da decisão que dissolver a sociedade; e

V – na exclusão extrajudicial, a data da assembleia ou da reunião de sócios que a tiver deliberado."

[13] **"CPC/2015: Art. 608**. Até a data da resolução, integram o valor devido ao ex-sócio, ao espólio ou aos sucessores a participação nos lucros ou os juros sobre o capital próprio declarados pela sociedade e, se for o caso, a remuneração como administrador.

Parágrafo único. Após a data da resolução, o ex-sócio, o espólio ou os sucessores terão direito apenas à correção monetária dos valores apurados e aos juros contratuais ou legais."

[14] **"CPC/2015: Art. 606**. Em caso de omissão do contrato social, o juiz definirá, como critério de apuração de haveres, o valor patrimonial apurado em balanço de determinação, tomando-se por referência a data da resolução e avaliando-se bens e direitos do ativo, tangíveis e intangíveis, a preço de saída, além do passivo também a ser apurado de igual forma.

Parágrafo único. Em todos os casos em que seja necessária a realização de perícia, a nomeação do perito recairá preferencialmente sobre especialista em avaliação de sociedades."

[15] **"CPC/2015: Art. 609**. Uma vez apurados, os haveres do sócio retirante serão pagos conforme disciplinar o contrato social e, no silêncio deste, nos termos do § 2º do art. 1.031 da Lei nº 10.406, de 10 de janeiro de 2002 (Código Civil)."

[16] **"CC/2002: Art. 1.031**. Nos casos em que a sociedade se resolver em relação a um sócio, o valor da sua quota, considerada pelo montante efetivamente realizado, liquidar-se-á, salvo disposição contratual em contrário, com base na situação patrimonial da sociedade, à data da resolução, verificada em balanço especialmente levantado. (...)

§2º A quota liquidada será paga em dinheiro, no prazo de noventa dias, a partir da liquidação, salvo acordo, ou estipulação contratual em contrário."

VI
INVENTÁRIO E PARTILHA

1. GENERALIDADES[1]

A vida e a morte da pessoa humana apresentam repercussões múltiplas no mundo jurídico. A vida dá início ao surgimento da mais significativa categoria de direito que são os direitos da personalidade. A morte implica a transmissão do complexo das relações jurídicas do *de cujus* para os seus herdeiros. Assim é que, morrendo uma pessoa sem testamento, transmite-se a herança a seus herdeiros legítimos. Esse procedimento especial de separação de bens deixados pelo *de cujus* e de atribuição aos seus herdeiros denomina-se de inventário e partilha, subentendendo a atividade de arrolar os bens e dividi-los segundo as regras de direito material. Havendo testamento, evidentemente a divisão dos bens obedecerá à vontade do testador expressa no testamento, respeitados os limites legais.

Admite-se que tanto o inventário quanto a partilha sejam extrajudiciais (§ 1º, art. 610 do CPC/2015[2]), desde que haja consenso e capacidade plena dos herdeiros.

Inexistindo bens a partilhar, admite-se o inventário negativo com o fito de consagrar judicialmente que o falecido morreu sem deixar bens, para todos os fins de direito, *v.g.*; o cônjuge viúvo que assim procedeu antes de contrair novas núpcias. Nessa hipótese, o rito é de jurisdição voluntária e de constituição de prova, bastando uma simples petição e homologação judicial. Outrossim, muito embora obrigatório o inventário, assim não o é a partilha.

1.1 Competência

O foro do domicílio do autor da herança, no Brasil, é o competente para o inventário, a partilha, a arrecadação, o cumprimento de disposições de última vontade, a impugnação ou anulação de partilha extrajudicial e todas as ações em que o espólio for réu, ainda que o óbito tenha ocorrido no estrangeiro. Entretanto, se o autor da herança não possuir domicílio certo, é competente o foro de situação dos bens imóveis. Caso os bens imóveis estejam em foros diferentes, qualquer um deles é competente e, caso não haja bens imóveis, é competente o foro do local de qualquer dos bens do espólio[3].

---

[1] **"CPC/2015: Art. 610.** Havendo testamento ou interessado incapaz, proceder-se-á ao inventário judicial."

[2] **"CPC/2015: Art. 610.** (...) § 1º Se todos forem capazes e concordes, o inventário e a partilha poderão ser feitos por escritura pública, a qual constituirá documento hábil para qualquer ato de registro, bem como para levantamento de importância depositada em instituições financeiras."

[3] **"CPC/2015: Art. 48.** O foro de domicílio do autor da herança, no Brasil, é o competente para o inventário, a partilha, a arrecadação, o cumprimento de disposições de última vontade, a impugnação ou anulação de partilha extrajudicial e para todas as ações em que o espólio for réu, ainda que o óbito tenha ocorrido no estrangeiro.
Parágrafo único. Se o autor da herança não possuía domicílio certo, é competente:
I – o foro de situação dos bens imóveis;
II – havendo bens imóveis em foros diferentes, qualquer destes;
III – não havendo bens imóveis, o foro do local de qualquer dos bens do espólio."

546 | CURSO DE DIREITO PROCESSUAL CIVIL • *Luiz Fux*

Na hipótese de o autor da herança ser estrangeiro ou domiciliado fora do Brasil, a competência é, nada obstante, exclusiva da justiça brasileira para os bens situados em território nacional (art. 23, II, do CPC[4]).

1.2 A *ratio* do procedimento

No inventário, são descritos com individuação e clareza todos os bens da herança, assim como os alheios que forem nela encontrados, evitando imiscuir no monte partilhável bens que não o são.

Tratando-se de herança entre herdeiros maiores e capazes, eles poderão fazer partilha amigável, por escritura pública, termo nos autos do inventário, ou escrito particular, homologado pelo juiz. Contudo, será sempre judicial a partilha se os herdeiros divergirem, assim como se algum deles for menor, ou incapaz[5].

Além da partilha amigável, mister, ainda, considerar a partilha feita por ascendente, por ato entre vivos ou de última vontade, respeitada a legítima dos herdeiros necessários[6].

Visando à manutenção da equitatividade entre os herdeiros, ao partilhar os bens, o juiz, como norma *in procedendo*, deve observar – quanto ao valor, natureza e qualidade – a maior igualdade possível[7].

Nesse mister de manutenção da igualdade, o bem que não couber no quinhão de um só herdeiro, ou não admitir divisão cômoda, deve ser vendido em leilão judicial ou da forma mais conveniente às partes, dividindo-se-lhe o preço. Pode acontecer de um ou mais herdeiros requererem que o bem lhes seja adjudicado, nessa hipótese, eles devem pagar aos demais o que sobejar, retirando o seu quinhão[8].

Visando a manter a divisão de bens mais escorreita possível, os herdeiros que tenham a posse dos bens da herança, o cônjuge sobrevivente e o inventariante são obrigados a trazer ao acervo os frutos que, desde a abertura da sucessão, perceberam. Nada obstante tenham direito ao reembolso das despesas necessárias e úteis que fizeram, eles respondem pelo dano a que, por dolo ou culpa, deram causa[9].

Quando parte da herança consistir em bens remotos do lugar do inventário, litigiosos, ou de liquidação morosa ou difícil, pode-se postergar a divisão desses bens, procedendo-se à partilha do

---

4   "**CPC/2015: Art. 23.** Compete à autoridade judiciária brasileira, com exclusão de qualquer outra:

(...)

II – em matéria de sucessão hereditária, proceder à confirmação de testamento particular e ao inventário e à partilha de bens situados no Brasil, ainda que o autor da herança seja de nacionalidade estrangeira ou tenha domicílio fora do território nacional;"

5   "**CC/2002: Art. 2.015.** Se os herdeiros forem capazes, poderão fazer partilha amigável, por escritura pública, termo nos autos do inventário, ou escrito particular, homologado pelo juiz."

6   "**CC/2002: Art. 2.018.** É válida a partilha feita por ascendente, por ato entre vivos ou de última vontade, contanto que não prejudique a legítima dos herdeiros necessários."

7   "**CC/2002: Art. 2.017.** No partilhar os bens, observar-se-á, quanto ao seu valor, natureza e qualidade, a maior igualdade possível."

8   "**CC/2002: Art. 2.019.** Os bens insuscetíveis de divisão cômoda, que não couberem na meação do cônjuge sobrevivente ou no quinhão de um só herdeiro, serão vendidos judicialmente, partilhando-se o valor apurado, a não ser que haja acordo para serem adjudicados a todos.

§ 1º Não se fará a venda judicial se o cônjuge sobrevivente ou um ou mais herdeiros requererem lhes seja adjudicado o bem, repondo aos outros, em dinheiro, a diferença, após avaliação atualizada.

§ 2º Se a adjudicação for requerida por mais de um herdeiro, observar-se-á o processo da licitação."

9   "**CC/2002: Art. 2.020.** Os herdeiros em posse dos bens da herança, o cônjuge sobrevivente e o inventariante são obrigados a trazer ao acervo os frutos que perceberam, desde a abertura da sucessão; têm direito ao reembolso das despesas necessárias e úteis que fizeram, e respondem pelo dano a que, por dolo ou culpa, deram causa."

remanescente no prazo legal. Os bens que não forem partilhados serão reservados sob a guarda e a administração do inventariante para uma ou mais sobrepartilhas[10].

Idêntico procedimento aplica-se aos bens sonegados e quaisquer outros bens da herança que se descobrirem depois da partilha, procedendo-se, então, à sobrepartilha[11].

Estes são os princípios de direito material que norteiam a partilha judicial.

2. PRAZO PARA A ABERTURA DO INVENTÁRIO[12]

O inventário e a partilha devem ser requeridos dentro de dois meses a contar da abertura da sucessão, ultimando-se nos doze meses subsequentes. O juiz, entretanto, poderá dilatar este último prazo de ofício ou por requerimento do inventariante justamente motivado.

Este prazo é uma reiteração da regra de direito material encontrada na legislação tributária estadual que penaliza a intempestividade da abertura do inventário. Destarte, essa sanção fiscal legitima-se pela Súmula 542 do STF; *verbis*: "Não é inconstitucional a multa instituída pelo Estado--membro, como sanção pelo retardamento do início ou da ultimação do inventário".

3. QUESTÕES OBJETO DE DECISÃO NO JUÍZO DO INVENTÁRIO[13]

É assente o princípio de que o juízo do inventário deve decidir todas as questões de direito e também as questões de fato, quando este se achar provado por documento. Remetendo para os meios ordinários apenas as que dependerem de outras provas.

Em regra, o desígnio do rito do inventário não é de cognição, senão de arrecadar sob o crivo judicial os bens do falecido e reparti-los. Esta a *ratio* pela qual entende-se incabível controvérsias que dilarguem o procedimento em detrimento de seu objetivo maior. Por isso, o próprio juiz do inventário, sem maiores delongas, deve resolver as questões de direito e de fato postas pelas partes, sem sacrificar o devido processo legal. Isto significa que, se a questão suscitada se achar documentada – *v.g.*; a habilitação de um credor com título líquido certo e exigível ou documento que comprove que o bem encontrado na residência do falecido estava por empréstimo com ele – proceder-se-á *simpliciter et de plano*. Assim também se procede acaso anexada certidão de herdeiro desconhecido ou prova inequívoca de união estável.

Diversamente, surgindo contenciosidade que dependa de produção de provas, a sede do inventário não é própria para solução da controvérsia, cabendo ao juiz remeter as partes para o juízo próprio, onde deverão demandar segundo o devido processo legal.

Remetidas as partes para as vias ordinárias, desta decisão cabe agravo de instrumento para evitar ulteriores sobrepartilhas. O provimento desse recurso, contudo, imporá ao juízo do inventário enfrentar a questão.

A alta complexidade da questão levada ao juízo não é razão para que ela não seja decidida. A opção do legislador por não manter, no atual CPC, a expressão "alta indagação" prevista no

---

[10] **"CC/2002: Art. 2.021.** Quando parte da herança consistir em bens remotos do lugar do inventário, litigiosos, ou de liquidação morosa ou difícil, poderá proceder-se, no prazo legal, à partilha dos outros, reservando-se aqueles para uma ou mais sobrepartilhas, sob a guarda e a administração do mesmo ou diverso inventariante, e consentimento da maioria dos herdeiros."

[11] **"CC/2002: Art. 2.022.** Ficam sujeitos a sobrepartilha os bens sonegados e quaisquer outros bens da herança de que se tiver ciência após a partilha."

[12] **"CPC/2015: Art. 611.** O processo de inventário e de partilha deve ser instaurado dentro de 2 (dois) meses, a contar da abertura da sucessão, ultimando-se nos 12 (doze) meses subsequentes, podendo o juiz prorrogar esses prazos, de ofício ou a requerimento de parte."

[13] **"CPC/2015: Art. 612.** O juiz decidirá todas as questões de direito desde que os fatos relevantes estejam provados por documento, só remetendo para as vias ordinárias as questões que dependerem de outras provas."

CURSO DE DIREITO PROCESSUAL CIVIL • *Luiz Fux*

antigo Código[14] demonstra que apenas a necessidade de produção de provas deve eximir o juízo de decidir questão de direito.

Outrossim, o juiz, no exercício de seu poder-dever jurisdicional nos autos do inventário, pode praticar atos de defesa da jurisdição. Dentre os quais destaca-se o denominado "poder cautelar genérico" que é instrumental e visa a garantir a eficácia prática do processo, *v.g.*; determinar a indisponibilidade de bens a partilhar. Deveras, após o advento da antecipação de tutela, revela-se possível, outrossim, a concessão desse provimento de urgência.

4.   ADMINISTRAÇÃO DOS BENS DO ESPÓLIO

É cediço que medeia um espaço entre a morte do *de cujus* com a transmissão dos bens a herdeiros até a abertura do inventário e nominação do inventariante responsável pela arrecadação dos bens. Por força desta circunstância é que, em regra, o espólio continua na posse do administrador provisório até que o inventariante preste o compromisso[15].

Considera-se administrador provisório[16] aquele que, quando do falecimento, está na posse fática dos bens do *de cujus* ou já os administra. Isso basta para legitimá-lo a representar em juízo o espólio. Assim, *v.g.*; o cônjuge supérstite que residia com o falecido em regra é o administrador provisório da herança, porquanto mantém a posse do bem[17].

O administrador provisório, como o próprio *nomen juris* indica, exerce antecipadamente os poderes de representação e os deveres correspondentes que posteriormente incumbirão ao inventariante, o qual, coincidentemente, pode ser ele próprio. Nesse mister, representa ativa e passivamente o espólio, isto é, detém-lhe a *legitimatio ad processum*, por isso é obrigado a arrolar ao monte partilhável os frutos que, desde a abertura da sucessão, percebeu por representação, mercê de fazer jus ao reembolso das despesas necessárias e úteis que fez. Em relação simetricamente oposta, responde pelo dano a que, por dolo ou culpa, causar aos bens do monte hereditário[18].

5.   LEGITIMAÇÃO PARA REQUERER A ABERTURA DO INVENTÁRIO E PARTILHA[19]

A aptidão para requerer a abertura do inventário, como de regra, obedece à vinculação da pessoa com o acervo, ser titular de direitos em relação à massa de bens. Assim é que ostenta legitimação para requerer a abertura do inventário o administrador provisório, concorrentemente. Isto é, quem abrir em primeiro lugar o inventário "exclui" os demais, quer sejam[20]:

---

14   **"CPC/1973: Art. 984**. O juiz decidirá todas as questões de direito e também as questões de fato, quando este se achar provado por documento, só remetendo para os meios ordinários as que demandarem alta indagação ou dependerem de outras provas."

15   **"CPC/2015: Art. 613**. Até que o inventariante preste o compromisso, continuará o espólio na posse do administrador provisório."

16   O procurador que está na posse ou qualquer herdeiro podem exercer a função de administrador.

17   RSTJ 20/333.

18   **"CPC/2015: Art. 614**. O administrador provisório representa ativa e passivamente o espólio, é obrigado a trazer ao acervo os frutos que desde a abertura da sucessão percebeu, tem direito ao reembolso das despesas necessárias e úteis que fez e responde pelo dano a que, por dolo ou culpa, der causa".

19   **"CPC/2015: Art. 615**. O requerimento de inventário e de partilha incumbe a quem estiver na posse e na administração do espólio, no prazo estabelecido no .art. 611.

Parágrafo único. O requerimento será instruído com a certidão de óbito do autor da herança."

20   **"CPC/2015: Art. 616**. Têm, contudo, legitimidade concorrente:

I – o cônjuge ou companheiro supérstite;

II – o herdeiro;

III – o legatário;

IV – o testamenteiro;

V – o cessionário do herdeiro ou do legatário;

VI – o credor do herdeiro, do legatário ou do autor da herança;

I – o cônjuge ou companheiro supérstite;

II – o herdeiro;

III – o legatário;

IV – o testamenteiro;

V – o cessionário do herdeiro ou do legatário;

VI – o credor do herdeiro, do legatário ou do autor da herança;

VII – o Ministério Público, havendo herdeiros incapazes;

VIII – a Fazenda Pública, quando tiver interesse;

IX – o administrador judicial da falência do herdeiro, do legatário, do autor da herança ou do cônjuge ou companheiro supérstite.

O atual CPC, ao contrário do anterior, não autoriza que o juiz inicie o inventário de ofício. No que tange a esta temática, há, portanto, maior consonância com o princípio da inércia (*ne procedat iudex ex officio*).

6. A NOMEAÇÃO DO INVENTARIANTE

Uma vez aberto o inventário, exsurge a providência primeira que é a nomeação do inventariante. As funções da inventariança impõem uma ordem lógica a ser obedecida pelo juiz.

Desta sorte, o juiz o nomeará observando a seguinte ordem preferencial: I – o cônjuge ou companheiro sobrevivente, desde que estivesse convivendo com o outro ao tempo da morte deste; II – o herdeiro que se achar na posse e na administração do espólio, se não houver cônjuge ou companheiro sobrevivente ou se estes não puderem ser nomeados; III – qualquer herdeiro, quando nenhum deles estiver na posse e na administração do espólio; IV – o herdeiro menor, por seu representante legal; V – o testamenteiro, se lhe tiver sido confiada a administração do espólio ou se toda a herança estiver distribuída em legados; VI – o cessionário do herdeiro ou do legatário; VII – o inventariante judicial, se houver; VIII – pessoa estranha idônea, quando não houver inventariante judicial.

Não obstante a ordem estabelecida, é lícito ao juiz, à luz do caso concreto, fundamentadamente auferi-la, o que exclui a mera discricionariedade[21].

Uma vez nomeado e intimado da nomeação, o inventariante deverá prestar, dentro de cinco (5) dias, o compromisso de bem e fielmente desempenhar o cargo de velar pelo espólio, que é o conjunto das relações jurídicas do falecido que responde juridicamente pelas obrigações assumidas em vida pelo *de cujus* e recolhe os seus direitos para submetê-los à partilha.

O acervo de bens e direitos afetados ao fim de concluir as relações jurídicas constituídas pelo *de cujus* goza de personalidade judiciária[22]. A lei processual considera o espólio uma pessoa formal – assemelhada às pessoas jurídicas – que traz em si o germe de sua extinção com a ultimação das relações jurídicas da pessoa falecida.

Nessa qualidade, despido que é de individualidade biopsicológica, o espólio é representado pelo inventariante, escolhido dentre as pessoas com expectativas em relação àquele acervo. Procede-se, então, a uma escolha deste representante posto não poder o espólio falar pela boca e pela pena de todos os interessados.

VII – o Ministério Público, havendo herdeiros incapazes;

VIII – a Fazenda Pública, quando tiver interesse;

IX – o administrador judicial da falência do herdeiro, do legatário, do autor da herança ou do cônjuge ou companheiro supérstite."

[21] Resp 4.128/ES, Rel. Min. Athos Carneiro, 4ª Turma, j. 30.10.1990.

[22] "**CPC/2015: Art. 75**. Serão representados em juízo, ativa e passivamente:

(...)

VII – o espólio, pelo inventariante;"

550 | CURSO DE DIREITO PROCESSUAL CIVIL • Luiz Fux

O encargo da inventariança é *intuito personae*, inadmitindo-se representação ou nomeação conjunta. A representação do espólio exige a prática de atos que pressupõem capacidade de fato. É sob essa ótica que somente o herdeiro capaz pode ser nomeado inventariante.

Além da ordem indicada pela lei, subjaz ao juiz o poder de indicação de inventariante dativo cuja remuneração há de obedecer a um prudente critério do juiz. O inventariante dativo é indicado diante de conflito de interesse entre as pessoas indicadas ou quando não há aquelas pessoas mencionadas na ordem legal. Embora dativo, esse inventariante tem o dever tanto de administrar o acervo deixado pelo *de cujus* quanto de representar o espólio, visto que tem legitimidade para tal[23].

6.1 Atribuições do inventariante[24]

O inventariante, na qualidade de representante dos interesses do espólio, deve praticar uma série de atos que viabilizam a conclusão do inventário e partilha.

Assim é que incumbe ao inventariante: I – representar o espólio ativa e passivamente, em juízo ou fora dele, observando-se, quanto ao dativo, o disposto no art. 75, § 1º; II – administrar o espólio, velando-lhe os bens com a mesma diligência que teria se seus fossem; III – prestar as primeiras e as últimas declarações pessoalmente ou por procurador com poderes especiais; IV – exibir em cartório, a qualquer tempo, para exame das partes, os documentos relativos ao espólio; V – juntar aos autos certidão do testamento, se houver; VI – trazer à colação os bens recebidos pelo herdeiro ausente, renunciante ou excluído; VII – prestar contas de sua gestão ao deixar o cargo ou sempre que o juiz lhe determinar; VIII – requerer a declaração de insolvência.

Algumas atividades enumeradas são necessariamente praticadas pelo inventariante, *v.g.*; prestar as primeiras e últimas declarações bem como trazer para o inventário (à colação) os bens recebidos em vida pelos herdeiros ausentes, renunciantes ou excluídos. Entretanto, algumas outras são absolutamente eventuais, *v.g.*; representar o espólio em demandas ou requerer-lhe a insolvência, situações que reclamam a existência de circunstâncias estranhas ao procedimento do inventário. Destarte, a representação do espólio também é extrajudicial, por isso que, *v.g.*; pode caber ao inventariante votar em assembleia de condomínio de edifício de apartamentos ou prestar declaração de I.R. (imposto de renda) etc.

Uma vez julgada a partilha em decisão transita, desfaz-se e se particulariza a massa de bens, cessando a *legitimatio ad processum* do inventariante[25-26].

---

23 **"CPC/2015: Art. 75**. Serão representados em juízo, ativa e passivamente:

(...)

VII – o espólio, pelo inventariante;

§ 1º Quando o inventariante for dativo, os sucessores do falecido serão intimados no processo no qual o espólio seja parte."

24 **"CPC/2015: Art. 618**. Incumbe ao inventariante:

I – representar o espólio ativa e passivamente, em juízo ou fora dele, observando-se, quanto ao dativo, o disposto no art. 75, § 1º ;

II – administrar o espólio, velando-lhe os bens com a mesma diligência que teria se seus fossem;

III – prestar as primeiras e as últimas declarações pessoalmente ou por procurador com poderes especiais;

IV – exibir em cartório, a qualquer tempo, para exame das partes, os documentos relativos ao espólio;

V – juntar aos autos certidão do testamento, se houver;

VI – trazer à colação os bens recebidos pelo herdeiro ausente, renunciante ou excluído;

VII – prestar contas de sua gestão ao deixar o cargo ou sempre que o juiz lhe determinar;

VIII – requerer a declaração de insolvência."

25 Mister assentar que esses poderes do inventariante não são ilimitados. Assim, *v.g.*; o inventariante não pode concluir contratos impugnados pelos herdeiros, sem a intervenção judicial nas vias próprias; tampouco realizar negócios jurídicos com os bens da massa sem anuência dos destinatários da mesma. RT. 503/70.

26 Outrossim, nas despesas de pretensões dedutíveis pelo inventariante contra o espólio, como evidente são de exclusiva alçada daquele. A *contrario senso* do que consta In Resp. 34.672-5 www.stj.gov.br, e no mesmo sentido de Resp. 2.791, do mesmo site.

Parte IX • VI – INVENTÁRIO E PARTILHA | **551**

Representando os interesses dos concorrentes ao acervo, o inventariante deve prestar-lhes contas. Por isso, é seu dever legal exibir as contas de sua gestão ao deixar o cargo ou sempre que o juiz lhe determinar. Esta prestação de contas é interinal e não se sujeita a uma ação específica de prestação de contas. Trata-se de incidente do inventário, provocado ou determinado *ex officio*, porém, sujeito ao contraditório.

É possível, inclusive, uma prestação parcial diante das impugnações visando à remoção do inventariante, tudo a ser resolvido sob o contraditório por decisão interlocutória agravável e obedecido o devido processo legal[27].

Ressalte-se que alguns atos judiciais ou extrajudiciais praticados pelo inventariante sujeitam-se à autorização judicial e à oitiva dos herdeiros. Deve ser consultada a anuência dos herdeiros para com o ato que o inventariante deseja praticar, mas, caso não haja concordância unânime, pode ainda o juiz autorizar a realização do ato se entender que não há motivo fundado para tal oposição. Ademais, o juiz analisará os atos tal como se apreciasse a legitimidade de terceiros a serem atendidas pelo inventariante, *v.g.*; o adquirente de automóvel que não possa ser transferido para o Departamento de Trânsito, apesar de o adquirente possuir o recibo de alienação.

Aos poderes do inventariante correspondem diversos e severos deveres, inclusive tributários[28].

6.2 Remoção do inventariante[29]

O inventariante será removido de ofício ou a requerimento se incidir em infrações legais, como:

I – se não prestar, no prazo legal, as primeiras ou as últimas declarações;

II – se não der ao inventário andamento regular, se suscitar dúvidas infundadas ou se praticar atos meramente protelatórios;

III – se, por culpa sua, bens do espólio se deteriorarem, forem dilapidados ou sofrerem dano;

IV – se não defender o espólio nas ações em que for citado, se deixar de cobrar dívidas ativas ou se não promover as medidas necessárias para evitar o perecimento de direitos;

V – se não prestar contas ou se as que prestar não forem julgadas boas;

VI – se sonegar, ocultar ou desviar bens do espólio.

Na essência, o incidente da "remoção" do inventariante decorre do descumprimento do compromisso de bem e fielmente representar o espólio. Isto ocorre acaso verifiquem-se os fatos nocivos ao espólio enunciados exemplificativamente, porquanto não é exaustiva a enumeração do art. 622 do CPC. Assim é que nada impede que outras atitudes revelem desídia que viabilizem a remoção do inventariante[30]. Tratando-se de norma sancionatória, exige-se interpretação restritiva da causa da remoção calcada em omissão grave aferível objetivamente[31].

---

[27] Destarte, nessa interdição não se incluem atos de mera administração, *v.g.*; levantar quantias para pagamento de despesas do espólio. Resp. 80.428; www.stj.gov.br; Resp. 3.035; www.stj.gov.br.

[28] **"CTN: Art. 134.** Nos casos de impossibilidade de exigência do cumprimento da obrigação principal pelo contribuinte, respondem solidariamente com este nos atos em que intervierem ou pelas omissões de que foram responsáveis: IV – o inventariante, pelos tributos devidos pelo espólio.
Parágrafo único. O disposto neste artigo só se aplica, em matéria de penalidades, às de caráter moratório."

[29] **"CPC/2015: Art. 622.** O inventariante será removido de ofício ou a requerimento:
I – se não prestar, no prazo legal, as primeiras ou as últimas declarações;
II – se não der ao inventário andamento regular, se suscitar dúvidas infundadas ou se praticar atos meramente protelatórios;
III – se, por culpa sua, bens do espólio se deteriorarem, forem dilapidados ou sofrerem dano;
IV – se não defender o espólio nas ações em que for citado, se deixar de cobrar dívidas ativas ou se não promover as medidas necessárias para evitar o perecimento de direitos;
V – se não prestar contas ou se as que prestar não forem julgadas boas;
VI – se sonegar, ocultar ou desviar bens do espólio."

[30] RTJ. 94/738.

[31] É o que se infere de RT. 479/97.

A remoção pode operar-se de ofício ou a requerimento de qualquer interessado no monte.

A remoção suscita um incidente[32] no processo, tal como na impugnação ao valor da causa. Afasta-se assim a ideia de que a remoção dá ensejo a um processo incidente, mas apenas a um incidente do processo, sendo certo que a decisão que o resolve é interlocutória da qual é cabível o recurso de agravo[33].

O incidente de remoção é suscitado pelos herdeiros em petição fundada nas causas legais, ensejando a formação de incidente processual no qual deve ser necessariamente ouvido o inventariante, sob pena de nulidade[34], no prazo de 15 dias a contar de sua intimação pelo diário oficial (art. 623 do CPC). Escoado o prazo com a defesa do inventariante ou sem ela, o juiz decidirá, sendo certo que se remover deve nomear outro, observada a ordem legal estabelecida.

Uma vez removido, o inventariante deve entregar imediatamente ao substituto os bens do espólio, sob pena de, em deixando de fazê-lo, ser compelido mediante mandado de busca e apreensão ou de imissão na posse, conforme se tratar de bem móvel ou imóvel. Ademais, caso o inventariante não entregue os bens, é possível que o juiz fixe multa.

A regra revela ser dispensável que o substituto do inventariante removido promova qualquer demanda para assumir a gestão dos bens do espólio.

Essa hipótese não se confunde com aquela em que o inventariante ocupa por direito próprio bem do espólio, muito embora, coincidentemente exerça o *munus* em prol do acervo. A remoção da inventariança não desconstitui vínculos anteriores senão por ação e sentença próprias. Desta sorte, após removido, os bens que o inventariante os possua subsumem-se às ações em geral.

7. AS PRIMEIRAS DECLARAÇÕES E O RITO SUBSEQUENTE

Dispõe a lei que dentro de vinte dias, contados da data em que prestou o compromisso, fará o inventariante as primeiras declarações, das quais se lavrará termo circunstanciado. No termo, assinado pelo juiz, escrivão e inventariante, devem constar as informações previstas pelo art. 620 do CPC[35].

---

[32] **"CPC/2015: Art. 623.** Requerida a remoção com fundamento em qualquer dos incisos do art. 622, será intimado o inventariante para, no prazo de 15 (quinze) dias, defender-se e produzir provas.
Parágrafo único. O incidente da remoção correrá em apenso aos autos do inventário."

[33] RSTJ. 59/175. Nada obstante admite-se pelo princípio da fungibilidade recursal o recurso da apelação, como se colhe no REsp 69.830/PR, Rel. Min. Eduardo Ribeiro, por unanimidade, Terceira Turma, j. 08.04.1997.

[34] RT. 514/100.

[35] **"CPC/2015: Art. 620.** Dentro de 20 (vinte) dias contados da data em que prestou o compromisso, o inventariante fará as primeiras declarações, das quais se lavrará termo circunstanciado, assinado pelo juiz, pelo escrivão e pelo inventariante, no qual serão exarados:
I – o nome, o estado, a idade e o domicílio do autor da herança, o dia e o lugar em que faleceu e se deixou testamento;
II – o nome, o estado, a idade, o endereço eletrônico e a residência dos herdeiros e, havendo cônjuge ou companheiro supérstite, além dos respectivos dados pessoais, o regime de bens do casamento ou da união estável;
III – a qualidade dos herdeiros e o grau de parentesco com o inventariado;
IV – a relação completa e individualizada de todos os bens do espólio, inclusive aqueles que devem ser conferidos à colação, e dos bens alheios que nele forem encontrados, descrevendo-se:
a) os imóveis, com as suas especificações, nomeadamente local em que se encontram, extensão da área, limites, confrontações, benfeitorias, origem dos títulos, números das matrículas e ônus que os gravam;
b) os móveis, com os sinais característicos;
c) os semoventes, seu número, suas espécies, suas marcas e seus sinais distintivos;
d) o dinheiro, as joias, os objetos de ouro e prata e as pedras preciosas, declarando-se-lhes especificadamente a qualidade, o peso e a importância;
e) os títulos da dívida pública, bem como as ações, as quotas e os títulos de sociedade, mencionando-se-lhes o número, o valor e a data;

As primeiras declarações possibilitam o início do inventário, viabilizando a arrecadação dos bens e direitos do *de cujus* e a definição do rol de sucessores. Trata-se da primeira versão do patrimônio deixado pelo falecido. Para esse fim, o procurador do inventariante deve munir-se de poderes especiais. As primeiras declarações, na *praxis*, são apresentadas com o pedido de abertura do inventário e reduzidas a termo.

Um dos primeiros itens do termo é a relação de herdeiros e de bens porquanto o desaguadouro natural é a partilha. No que pertine aos bens, tudo quanto seja objeto de sucessão deve ser inventariado, *v.g.*; contratos, títulos de crédito etc.

A participação societária do falecido faz surgir um procedimento incidente no inventário que é a apuração de haveres. Esse procedimento visa a aferir o valor da parte pertencente ao *de cujus* na sociedade. Fonte de tantas controvérsias que sobre ela debruça-se com frequência a jurisprudência, assim, a súmula 265 do STF dispõe: "Na apuração de haveres, não prevalece o balanço não aprovado pelo sócio falecido, excluído ou que se retirou".

A apuração de haveres leva em conta a data da morte e eventuais efeitos de atos pretéritos praticados pelo *de cujus* e que influam na aferição dos seus direitos. A atuação do inventário é limitada à apuração dos haveres, não influindo na vida societária.

Ao oferecer a relação completa de bens, é possível que se inclua "coisa alheia", principalmente quando o inventariante não tem o domínio completo do acervo. Nessa hipótese, o terceiro detentor da coisa alheia dispõe de "Embargos de Terceiro" para separar do monte aquilo que lhe pertence.

Destarte, feitas as primeiras declarações, o juiz mandará citar, para os termos do inventário e partilha, o cônjuge, os herdeiros, os legatários, a Fazenda Pública, o Ministério Público, se houver herdeiro incapaz ou ausente, e o testamenteiro, se o finado deixou testamento[36].

No que pertine à modalidade de citação, serão citados pelo correio o cônjuge ou companheiro, os herdeiros e os legatários. Em caso de interessados desconhecidos ou incertos, a provocação para participação no processo será feita por edital. O oficial de justiça, ao proceder à citação, deve entregar uma cópia das primeiras declarações a cada uma das partes. Por seu turno, o escrivão deve remeter, para os fins acima, cópias à Fazenda Pública, ao Ministério Público, ao testamenteiro se houver, e ao advogado, se a parte já estiver representada nos autos.

Na correta visão do Superior Tribunal de Justiça, tendo sido declinados na petição inicial todos os dados pessoais indispensáveis à correta identificação dos herdeiros, inclusive os seus respectivos endereços, devem ser eles citados pessoalmente por carta com aviso de recebimento, vedada a citação por oficial de justiça[37].

---

f) as dívidas ativas e passivas, indicando-se-lhes as datas, os títulos, a origem da obrigação e os nomes dos credores e dos devedores;

g) direitos e ações;

h) o valor corrente de cada um dos bens do espólio.

§ 1º O juiz determinará que se proceda:

I – ao balanço do estabelecimento, se o autor da herança era empresário individual;

II – à apuração de haveres, se o autor da herança era sócio de sociedade que não anônima.

§ 2º As declarações podem ser prestadas mediante petição, firmada por procurador com poderes especiais, à qual o termo se reportará."

[36] "**CPC/2015: Art. 626**. Feitas as primeiras declarações, o juiz mandará citar, para os termos do inventário e da partilha, o cônjuge, o companheiro, os herdeiros e os legatários e intimar a Fazenda Pública, o Ministério Público, se houver herdeiro incapaz ou ausente, e o testamenteiro, se houver testamento.

§ 1º O cônjuge ou o companheiro, os herdeiros e os legatários serão citados pelo correio, observado o disposto no art. 247, sendo, ainda, publicado edital, nos termos do inciso III do art. 259 .

§ 2º Das primeiras declarações extrair-se-ão tantas cópias quantas forem as partes.

§ 3º A citação será acompanhada de cópia das primeiras declarações.

§ 4º Incumbe ao escrivão remeter cópias à Fazenda Pública, ao Ministério Público, ao testamenteiro, se houver, e ao advogado, se a parte já estiver representada nos autos."

[37] Resp 1.584.088-MG, Rel. Min. Nancy Andrighi, por unanimidade, j. 15.05.2018.

554 CURSO DE DIREITO PROCESSUAL CIVIL • Luiz Fux

O inventário, como observamos, não implica solução de controvérsias posto que, impossibilitada a solução *prima facie*, o juiz remete as partes para as vias ordinárias, inocorrendo preclusões ou os efeitos da revelia. Entretanto, no que pertine à repartição de bens, devem ser ouvidos todos os interessados não só sobre a inteireza da descrição dos bens, mas também acerca de seu interesse quanto à partilha. Essa a razão das citações.

Quando houver disposição de bens, os cônjuges dos herdeiros também devem ser citados. Sendo necessária a outorga uxória quando houver cessão, renúncia total ou parcial da herança. Essas exigências cessam quando o regime for de separação absoluta de bens.

Concluídas as citações[38], abrir-se-á vista às partes, em cartório e pelo prazo comum de quinze (15) dias, para dizerem sobre as primeiras declarações. Como consectário, cabe à parte: I – arguir erros, omissões e sonegação de bens; II – reclamar contra a nomeação de inventariante; III – contestar a qualidade de quem foi incluído no título de herdeiro.

Julgada procedente a impugnação quanto aos erros e omissões, o juiz mandará retificar as primeiras declarações. Se acolher o pedido, quanto à indicação do inventariante, nomeará outro, observada a preferência legal.

Verificando que a disputa sobre a qualidade de herdeiro depende da produção de prova não documental, remeterá a parte para os meios ordinários e sobrestará, até o julgamento da ação, a entrega do quinhão que na partilha couber ao herdeiro admitido. Trata-se de medida encartada no poder cautelar genérico do juiz. Cumpre ressaltar que o sobrestamento é medida que reclama plausibilidade. Por isso, mesmo com o sobrestamento, prossegue-se na partilha entre os reais sucessores.

Além de ser possível contestar um herdeiro já incluído, é possível que o terceiro que se julgue preterido demande, antes da partilha, sua admissão no inventário. A decisão sobre o ingresso do terceiro será feita após manifestação dos herdeiros já incluídos e se não for necessária a produção de provas não documentais. Caso seja necessário produzir essas provas, o requerente será remetido às vias ordinárias.

O mesmo prazo de quinze dias para as manifestações sobre as primeiras declarações vale para o herdeiro que deve trazer à colação os bens que recebeu em vida[39].

A exegese das regras do procedimento comum são aplicáveis ao inventário. Assim, *v.g.*; o Ministério Público faz jus à intimação pessoal e, da decisão que acolhe ou rejeita a reclamação contra a nomeação do inventariante, cabe agravo, porquanto se trata de decisão interlocutória. O mesmo recurso é cabível contra ato que remove o inventariante.

Superado o contraditório previsto após as primeiras declarações, os autos vão à Fazenda Pública[40], que, à luz do imposto predial e territorial urbano, apurará o valor dos bens de raiz des-

---

[38] **"CPC/2015: Art. 627.** Concluídas as citações, abrir-se-á vista às partes, em cartório e pelo prazo comum de 15 (quinze) dias, para que se manifestem sobre as primeiras declarações, incumbindo às partes:

I – arguir erros, omissões e sonegação de bens;

II – reclamar contra a nomeação de inventariante

III – contestar a qualidade de quem foi incluído no título de herdeiro.

§ 1º Julgando procedente a impugnação referida no inciso I, o juiz mandará retificar as primeiras declarações.

§ 2º Se acolher o pedido de que trata o inciso II, o juiz nomeará outro inventariante, observada a preferência legal.

§ 3º Verificando que a disputa sobre a qualidade de herdeiro a que alude o inciso III demanda produção de provas que não a documental, o juiz remeterá a parte às vias ordinárias e sobrestará, até o julgamento da ação, a entrega do quinhão que na partilha couber ao herdeiro admitido."

[39] **"CPC/2015: Art. 639.** No prazo estabelecido no art. 627, o herdeiro obrigado à colação conferirá por termo nos autos ou por petição à qual o termo se reportará os bens que recebeu ou, se já não os possuir, trar-lhes-á o valor.

Parágrafo único. Os bens a serem conferidos na partilha, assim como as acessões e as benfeitorias que o donatário fez, calcular-se-ão pelo valor que tiverem ao tempo da abertura da sucessão."

[40] **"CPC/2015: Art. 629.** A Fazenda Pública, no prazo de 15 (quinze) dias, após a vista de que trata o art. 627, informará ao juízo, de acordo com os dados que constam de seu cadastro imobiliário, o valor dos bens de raiz descritos nas primeiras declarações."

Parte IX • VI – INVENTÁRIO E PARTILHA | **555**

critos nas primeiras declarações para os fins subsequentes da avaliação e do cálculo do imposto derivado da transmissão da herança. Em regra, essa é a finalidade da atuação da Fazenda, salvo se não houver herdeiro inequívoco, cujo afastamento implicará a devolução do acervo para o Estado. Nesta hipótese, exsurgem o interesse e a legitimidade da Fazenda Pública.

8. AVALIAÇÃO DOS BENS INVENTARIADOS

A fase subsequente às primeiras declarações[41] é a de avaliação dos bens do acervo que servirá de parâmetro para a equalização dos herdeiros frente ao monte e demais consectários fiscais. A avaliação é simples, mas nada impede que, gerando dúvidas, possa haver designação de perícia, inclusive com a indicação de peritos assistentes.

Em princípio, a nomeação obedece aos arts. 156 a 158[42]. Outrossim, admite-se a indicação de assistente técnico, ainda que seja a Fazenda Pública. Ao avaliar os bens do espólio[43], o perito observará as regras da execução por quantia certa. Assim, o laudo do avaliador deve conter: I – os bens, com as suas características, e o estado em que se encontram; II – o valor dos bens.

Quando o imóvel for suscetível de cômoda divisão, o perito o avaliará consoante as partes passíveis de desmembramentos.

Submete-se, por seu turno, a avaliação ao contraditório, com a intimação das partes para falarem sobre o laudo de avaliação.

---

[41] **"CPC/2015: Art. 630.** Findo o prazo previsto no art. 627 sem impugnação ou decidida a impugnação que houver sido oposta, o juiz nomeará, se for o caso, perito para avaliar os bens do espólio, se não houver na comarca avaliador judicial.

Parágrafo único. Na hipótese prevista no art. 620, § 1º, o juiz nomeará perito para avaliação das quotas sociais ou apuração dos haveres."

[42] **"CPC/2015: Art. 156.** O juiz será assistido por perito quando a prova do fato depender de conhecimento técnico ou científico.

§ 1º Os peritos serão nomeados entre os profissionais legalmente habilitados e os órgãos técnicos ou científicos devidamente inscritos em cadastro mantido pelo tribunal ao qual o juiz está vinculado.

§ 2º Para formação do cadastro, os tribunais devem realizar consulta pública, por meio de divulgação na rede mundial de computadores ou em jornais de grande circulação, além de consulta direta a universidades, a conselhos de classe, ao Ministério Público, à Defensoria Pública e à Ordem dos Advogados do Brasil, para a indicação de profissionais ou de órgãos técnicos interessados.

§ 3º Os tribunais realizarão avaliações e reavaliações periódicas para manutenção do cadastro, considerando a formação profissional, a atualização do conhecimento e a experiência dos peritos interessados.

§ 4º Para verificação de eventual impedimento ou motivo de suspeição, nos termos dos arts. 148 e 467, o órgão técnico ou científico nomeado para realização da perícia informará ao juiz os nomes e os dados de qualificação dos profissionais que participarão da atividade.

§ 5º Na localidade onde não houver inscrito no cadastro disponibilizado pelo tribunal, a nomeação do perito é de livre escolha pelo juiz e deverá recair sobre profissional ou órgão técnico ou científico comprovadamente detentor do conhecimento necessário à realização da perícia.

Art. 157. O perito tem o dever de cumprir o ofício no prazo que lhe designar o juiz, empregando toda sua diligência, podendo escusar-se do encargo alegando motivo legítimo.

§ 1º A escusa será apresentada no prazo de 15 (quinze) dias, contado da intimação, da suspeição ou do impedimento supervenientes, sob pena de renúncia ao direito a alegá-la.

§ 2º Será organizada lista de peritos na vara ou na secretaria, com disponibilização dos documentos exigidos para habilitação à consulta de interessados, para que a nomeação seja distribuída de modo equitativo, observadas a capacidade técnica e a área de conhecimento.

Art. 158. O perito que, por dolo ou culpa, prestar informações inverídicas responderá pelos prejuízos que causar à parte e ficará inabilitado para atuar em outras perícias no prazo de 2 (dois) a 5 (cinco) anos, independentemente das demais sanções previstas em lei, devendo o juiz comunicar o fato ao respectivo órgão de classe para adoção das medidas que entender cabíveis."

[43] **"CPC/2015: Art. 631.** Ao avaliar os bens do espólio, o perito observará, no que for aplicável, o disposto nos arts. 872 e 873."

CURSO DE DIREITO PROCESSUAL CIVIL • Luiz Fux

O valor dos títulos da dívida pública, das ações das sociedades e dos títulos de crédito negociáveis em bolsa será o da cotação oficial do dia, provada por certidão ou publicação no órgão oficial.

Destarte, a avaliação é una, por isso que não se repete salvo quando: (i) provar-se erro ou dolo do avaliador, (ii) verificar-se, posteriormente à avaliação, que houve diminuição ou majoração do valor dos bens ou (iii) houver fundada dúvida sobre o valor atribuído aos mesmos[44]. A *ratio* é evitar distorções e desigualdade da herança partilhável.

A regra é *mutatis mutandis* a que se aplica às perícias em geral.

8.1 Avaliação de bens sitos fora da comarca[45]

Em regra, quando os bens objeto do processo situam-se fora da sede do litígio, a avaliação dos mesmos é procedida por carta, *v.g.*; ocorre com a execução por quantia certa em que os bens do devedor se situam alhures. No entanto, se os bens forem de pequeno valor ou perfeitamente conhecidos do perito nomeado, não será expedida carta precatória para a realização de avaliação, pois a diligência fora do juízo é onerosa.

8.2 Dispensa da avaliação[46]

A dispensa da avaliação, além da hipótese acima, também pode ocorrer se a Fazenda Pública, intimada, concordar expressamente com o valor atribuído, nas primeiras declarações. Observe-se que nesse caso todos os interesses que gravitam em torno da avaliação restarão satisfeitos: do espólio com as primeiras declarações inimpugnadas e o da Fazenda com a sua concordância[47].

Intimada a Fazenda, de duas uma: ou concorda e há a "preclusão lógica" ou deixa decorrer o prazo após intimada, caso em que se consuma a preclusão temporal.

Destarte, se os herdeiros concordarem com o valor dos bens declarados pela Fazenda Pública, a avaliação cingir-se-á aos demais[48]. Essa regra é simetricamente oposta à anterior. Naquela, a Fazenda não se opõe à estimativa dos herdeiros e por isso não pode requerer a avaliação. No caso presente, os herdeiros concordam com o valor dos bens declarados pela Fazenda Pública, por essa razão é que a avaliação somente poderá dirigir-se aos demais cujos valores a Fazenda não se pronunciou sobre.

8.3 Laudo de avaliação[49]

A avaliação, consoante frisado anteriormente, realiza-se como nova perícia singular. Assim é que, entregue o laudo de avaliação, o juiz mandará que sobre ele se manifestem as partes no prazo de quinze dias, que correrá em cartório, posto comum o lapso temporal.

---

[44] **"CPC/2015: Art. 873**. É admitida nova avaliação quando:
I – qualquer das partes arguir, fundamentadamente, a ocorrência de erro na avaliação ou dolo do avaliador;
II – se verificar, posteriormente à avaliação, que houve majoração ou diminuição no valor do bem;
III – o juiz tiver fundada dúvida sobre o valor atribuído ao bem na primeira avaliação.
Parágrafo único. Aplica-se o art. 480 à nova avaliação prevista no inciso III do *caput* deste artigo."

[45] **"CPC/2015: Art. 632**. Não se expedirá carta precatória para a avaliação de bens situados fora da comarca onde corre o inventário se eles forem de pequeno valor ou perfeitamente conhecidos do perito nomeado."

[46] **"CPC/2015: Art. 633.** Sendo capazes todas as partes, não se procederá à avaliação se a Fazenda Pública, intimada pessoalmente, concordar de forma expressa com o valor atribuído, nas primeiras declarações, aos bens do espólio."

[47] Resp 37.890/SP, Rel. Min. Barros Monteiro, 4ª Turma, j. 23.09.1997.

[48] **"CPC/2015: Art. 634.** Se os herdeiros concordarem com o valor dos bens declarados pela Fazenda Pública, a avaliação cingir-se-á aos demais."

[49] **"CPC/2015: Art. 635**. Entregue o laudo de avaliação, o juiz mandará que as partes se manifestem no prazo de 15 (quinze) dias, que correrá em cartório.

Parte IX • VI — INVENTÁRIO E PARTILHA | **557**

Tratando-se apenas de impugnação sobre o valor dado pelo perito, o juiz a decidirá de plano, à vista do que constar dos autos. Caso a impugnação trate de questões diversas do valor dado pelo perito, caberá ao juiz colher a manifestação das partes e do perito a respeito da impugnação.

Decidida a impugnação mediante interlocutória agravável, determinará o juiz que o perito retifique a avaliação, observando os fundamentos da decisão.

9. BENS SONEGADOS[50]

Configura-se a sonegação quando o herdeiro ou o inventariante deixa de descrever no inventário um bem que esteja em seu poder ou um bem que esteja no poder de outrem, mas de que se tenha ciência. Também há sonegação quando o bem é omitido na colação[51].

Finda a descrição dos bens pelo inventariante, cujo marco é a declaração de não haver outros por inventariar, as partes podem arguir a sua sonegação. Em relação ao herdeiro, a arguição de sonegação só é possível após ele declarar no inventário que não os possui[52].

A arguição de sonegação deve ser feita em ação acessória[53], de forma a permitir o amplo exercício do contraditório. Essa ação, também conhecida como ação de sonegados, pode ser proposta pelo herdeiro *iure* próprio e como substituto processual dos demais concorrentes ao espólio[54].

Deveras, o intuito primeiro da ação de sonegados, acessória que é[55], passa por fazer inserir o bem omitido ao monte e, secundariamente, impor uma pena ao sonegador. A pena do herdeiro sonegador é a de perder o direito que lhe cabia sobre o bem sonegado, enquanto a do inventariante é a sua remoção (art. 622, VI, do CPC). Se o inventariante for também herdeiro, ambas as penas ser-lhe-ão impostas.

O sonegador tem também o dever de restituir o bem sonegado. No entanto, caso já não o tenha em seu poder, ele deverá pagar a importância equivalente ao bem somada às perdas e danos[56].

---

§ 1º Versando a impugnação sobre o valor dado pelo perito, o juiz a decidirá de plano, à vista do que constar dos autos.

§ 2º Julgando procedente a impugnação, o juiz determinará que o perito retifique a avaliação, observando os fundamentos da decisão."

[50] "CPC/2015: Art. 621. Só se pode arguir sonegação ao inventariante depois de encerrada a descrição dos bens, com a declaração, por ele feita, de não existirem outros por inventariar."

[51] "CC/2002: Art. 1.992. O herdeiro que sonegar bens da herança, não os descrevendo no inventário quando estejam em seu poder, ou, com o seu conhecimento, no de outrem, ou que os omitir na colação, a que os deva levar, ou que deixar de restituí-los, perderá o direito que sobre eles lhe cabia.

Art. 1.993. Além da pena cominada no artigo antecedente, se o sonegador for o próprio inventariante, remover-se-á, em se provando a sonegação, ou negando ele a existência dos bens, quando indicados."

[52] "CC/2002: Art. 1.996. Só se pode arguir de sonegação o inventariante depois de encerrada a descrição dos bens, com a declaração, por ele feita, de não existirem outros por inventariar e partir, assim como arguir o herdeiro, depois de declarar-se no inventário que não os possui."

[53] "CC/2002: Art. 1.994. A pena de sonegados só se pode requerer e impor em ação movida pelos herdeiros ou pelos credores da herança.

Parágrafo único. A sentença que se proferir na ação de sonegados, movida por qualquer dos herdeiros ou credores, aproveita aos demais interessados."

[54] REsp 36.450/SP, Rel. Min. Claudio Santos, 3ª Turma, j. 18.04.1995.

[55] "CPC/2015: Art. 61. A ação acessória será proposta no juízo competente para a ação principal."

[56] "CC/2002: Art. 1.995. Se não se restituírem os bens sonegados, por já não os ter o sonegador em seu poder, pagará ele a importância dos valores que ocultou, mais as perdas e danos."

558 | CURSO DE DIREITO PROCESSUAL CIVIL • *Luiz Fux*

10. INTERESSADO PRETERIDO[57]

Aquele que se julgar preterido pode demandar a sua admissão no inventário, requerendo-a antes da partilha. É princípio de economia processual que visa a evitar que se desconstitua o ato perfeito do inventário. Essa habilitação contenciosa impõe que sejam ouvidas as partes no prazo de quinze dias, findo os quais o juiz deve decidir. Revelando-se necessária a produção de provas não documentais, não deve o juiz acolher o pedido. Destarte, deve remeter o requerente para os meios ordinários, mandando reservar, em poder do inventariante, o quinhão do herdeiro excluído, até que se decida o litígio.

Incluindo o herdeiro dito preterido, o juiz terá proferido decisão interlocutória e não sentença constitutiva que atribua qualidade sucessória ao pretendente. Em verdade, o juiz limita-se a decidir o incidente sobre a permanência ou não do herdeiro no inventário para fins de partilha. É pacífico que essa reserva de quinhão tem cunho acautelatório e por isso, impõe ao herdeiro preterido a propositura da ação principal no prazo do art. 308[58] do CPC[59].

O mérito da cautelar influirá na reserva definitiva ou não do quinhão, devendo o direito do interessado preterido, herdeiro, cônjuge, companheiro etc., revelar plausibilidade, sob pena de embaraçar-se o inventário sem fundamento jurídico.

11. ÚLTIMAS DECLARAÇÕES[60]

Aceito o laudo ou resolvidas as impugnações suscitadas a seu respeito, lavrar-se-á em seguida o termo de últimas declarações, no qual o inventariante poderá emendar, aditar ou completar as primeiras declarações.

As últimas declarações ficaram reservadas para um momento processual próximo à partilha, pois elas concedem a certeza de que o acervo hereditário integral será dividido. Nada obstante, o legislador ainda prevê a sobrepartilha.

Assim como as primeiras declarações, as últimas também se submetem a um diminuto contraditório[61], onde é possível alegar-se a inclusão ou exclusão indevidas, tudo resolvido em decisão agravável. Por isso que dispõe a lei que as partes devem ser ouvidas sobre as últimas declarações no prazo comum de quinze (15) dias antes de se proceder ao cálculo do imposto. Esse prazo para eventuais impugnações é comum, isto é, corre em cartório.

Superado esse momento, inicia-se o cálculo do imposto devido, qual seja, o imposto de transmissão *causa mortis*.

12. CÁLCULO DO IMPOSTO

As divergências travadas quanto à exação fiscal conduziram os tribunais a assentarem súmulas necessárias à proposição dos entendimentos a saber:

---

[57] **"CPC/2015: Art. 628**. Aquele que se julgar preterido poderá demandar sua admissão no inventário, requerendo-a antes da partilha.

§ 1º Ouvidas as partes no prazo de 15 (quinze) dias, o juiz decidirá.

§ 2º Se para solução da questão for necessária a produção de provas que não a documental, o juiz remeterá o requerente às vias ordinárias, mandando reservar, em poder do inventariante, o quinhão do herdeiro excluído até que se decida o litígio."

[58] **"CPC/2015: Art. 308**. Efetivada a tutela cautelar, o pedido principal terá de ser formulado pelo autor no prazo de 30 (trinta) dias, caso em que será apresentado nos mesmos autos em que deduzido o pedido de tutela cautelar, não dependendo do adiantamento de novas custas processuais."

[59] REsp 34.323/MG, Rel. Min. Barros Monteiro, 4ª Turma, j. 09.10.1995.

[60] **"CPC/2015: Art. 636**. Aceito o laudo ou resolvidas as impugnações suscitadas a seu respeito, lavrar-se-á em seguida o termo de últimas declarações, no qual o inventariante poderá emendar, aditar ou completar as primeiras."

[61] **"CPC/2015: Art. 637**. Ouvidas as partes sobre as últimas declarações no prazo comum de 15 (quinze) dias, proceder-se-á ao cálculo do tributo."

a) Súmula 112 do STF: "O imposto de transmissão 'causa mortis' é devido pela alíquota vigente ao tempo da abertura da sucessão".

b) Súmula 113 do STF: "O imposto de transmissão 'causa mortis' é calculado sobre o valor dos bens na data da avaliação".

c) Súmula 114 do STF: "O imposto de transmissão 'causa mortis' não é exigível antes da homologação do cálculo".

d) Súmula 115 do STF: "Sobre os honorários do advogado contratado pelo inventariante, com a homologação do juiz, não incide o imposto de transmissão 'causa mortis'".

e) Súmula 116 do STF: "Em desquite ou inventário, é legítima a cobrança do chamado imposto de reposição, quando houver desigualdade nos valores partilhados".

f) Súmula 331 do STF: "É legítima a incidência do imposto de transmissão 'causa mortis' no inventário por morte presumida".

g) Súmula 590 do STF: "Calcula-se o imposto de transmissão 'causa mortis' sobre o saldo credor da promessa de compra e venda de imóvel, no momento da abertura da sucessão do promitente vendedor".

Matéria de extrema significação é a renúncia, que, como cediço, é ato abdicativo e não translatício. Assim, a renúncia em si não enseja transmissão, não configura, portanto, hipótese de incidência[62].

A base de cálculo será o valor atualizado da avaliação, por isso a importância da fiscalização fazendária. O cálculo do imposto pode ser impugnado por questões *prima facie* evidentes, *v.g.*; imunidades, e resolvível por decisão agravável de instrumento.

De toda sorte, segundo a regra de que as matérias que demandam produção de provas não documentais devem ser propostas em separado para que se empreenda cognição exauriente, impõe-se que a Fazenda não transmude o inventário em contencioso fiscal.

13. COLAÇÃO[63]

A colação é um instituto do direito sucessório e que tem por fim igualar as legítimas dos herdeiros, razão pela qual os bens conferidos não aumentam a metade disponível. Os descendentes que concorrerem à sucessão do ascendente comum são obrigados a conferir, ou seja, comunicar no inventário as doações, que em vida receberam do *de cujus* objetivando a equalização antes mencionada. Acaso, ao tempo do falecimento do doador, os donatários já não possuírem os bens doados, deverão trazer à colação o seu respectivo valor atualizado.

Dispensa-se da colação as doações que o doador determinar que saiam de sua metade, contanto que não a excedam, computado o seu valor ao tempo da doação. Essa dispensa de colação pode ser outorgada pelo doador, ou dotador, em testamento, ou no próprio título da liberalidade[64].

Insta acrescentar que mesmo aquele que renunciou à herança ou foi dela excluído deve, não obstante, conferir as doações recebidas. Ele deve repor a parte inoficiosa, isto é, a parte da doação que exceder a legítima e mais a metade disponível[65].

---

[62]   REsp 20.183/RJ, Rel. Min. Humberto Gomes de Barros, 1ª Turma, j. 1º.12.1993.

[63]   **"CPC/2015: Art. 639.** No prazo estabelecido no art. 627, o herdeiro obrigado à colação conferirá por termo nos autos ou por petição à qual o termo se reportará os bens que recebeu ou, se já não os possuir, trar-lhes-á o valor.

Parágrafo único. Os bens a serem conferidos na partilha, assim como as acessões e as benfeitorias que o donatário fez, calcular-se-ão pelo valor que tiverem ao tempo da abertura da sucessão."

[64]   **"CC/2002: Art. 2.006.** A dispensa da colação pode ser outorgada pelo doador em testamento, ou no próprio título de liberalidade."

[65]   **"CPC/2015: Art. 640.** O herdeiro que renunciou à herança ou o que dela foi excluído não se exime, pelo fato da renúncia ou da exclusão, de conferir, para o efeito de repor a parte inoficiosa, as liberalidades que obteve do doador."

560 | CURSO DE DIREITO PROCESSUAL CIVIL • *Luiz Fux*

Assinale-se que os netos, representando seus pais na sucessão dos avós, serão obrigados a trazer à colação, ainda que não o haja herdado, o que os pais teriam de conferir[66].

No que pertine ao valor das colações, segue-se a regra segundo a qual os bens doados, ou dotados, imóveis, ou móveis, são conferidos pelo valor certo, ou pela estimação que deles houver sido feita na data da doação. Não constando, do ato de doação, valor certo, nem havendo estimação feita naquela época, os bens serão conferidos na partilha pelo que então se calcular valessem ao tempo daqueles atos. Só o valor dos bens doados entrará em colação. Não assim o das benfeitorias acrescidas, as quais pertencerão ao herdeiro donatário, correndo também por conta deste os danos e perdas que elas sofrerem[67].

Motivos inspirados na ética e na moral axiologicamente inseparáveis da norma jurídica dispensam da colação os gastos ordinários do ascendente com o descendente, enquanto menor, na sua educação, estudos, sustento, vestuário, tratamento de enfermidades, enxoval e despesas de casamento e livramento em processo-crime[68], bem como as doações remuneratórias de serviços feitos ao ascendente[69].

Tratando-se de doação entre cônjuges ou conviventes, no inventário de cada um, se conferirá por metade[70].

Havendo partilha em vida e distribuição equânime dos bens entre os herdeiros acordes, torna-se inútil a colação.

Obedecidas essas regras materiais das colações, no prazo de 15 dias a contar da citação para apresentação das manifestações dos herdeiros sobre as primeiras manifestações, o herdeiro obrigado à colação conferirá, por termo nos autos, os bens que recebeu ou, se já não os possuir, trar-lhes-á o valor[71].

No que se refere àqueles que são obrigados a colacionar, tem-se que o herdeiro que renunciou à herança ou o que dela foi excluído não se exime, pelo fato da renúncia ou da exclusão, de conferir, para o efeito de repor a parte inoficiosa, as liberalidades que houve do doador[72].

---

[66] **"CC/2002: Art. 2.009.** Quando os netos, representando os seus pais, sucederem aos avós, serão obrigados a trazer à colação, ainda que não o hajam herdado, o que os pais teriam de conferir."

[67] **"CC/2002: Art. 2.004.** O valor de colação dos bens doados será aquele, certo ou estimativo, que lhes atribuir o ato de liberalidade.

§ 1º Se do ato de doação não constar valor certo, nem houver estimação feita naquela época, os bens serão conferidos na partilha pelo que então se calcular valessem ao tempo da liberalidade.

§ 2º Só o valor dos bens doados entrará em colação; não assim o das benfeitorias acrescidas, as quais pertencerão ao herdeiro donatário, correndo também à conta deste os rendimentos ou lucros, assim como os danos e perdas que eles sofrerem."

[68] **"CC/2002: Art. 2.010.** Não virão à colação os gastos ordinários do ascendente com o descendente, enquanto menor, na sua educação, estudos, sustento, vestuário, tratamento nas enfermidades, enxoval, assim como as despesas de casamento, ou as feitas no interesse de sua defesa em processo-crime."

[69] **"CC/2002: Art. 2.011.** As doações remuneratórias de serviços feitos ao ascendente também não estão sujeitas a colação."

[70] **"CC/2002: Art. 2.012.** Sendo feita a doação por ambos os cônjuges, no inventário de cada um se conferirá por metade."

[71] **"CPC/2015: Art. 639.** No prazo estabelecido no art. 627, o herdeiro obrigado à colação conferirá por termo nos autos ou por petição à qual o termo se reportará os bens que recebeu ou, se já não os possuir, trar-lhes-á o valor.

Parágrafo único. Os bens a serem conferidos na partilha, assim como as acessões e as benfeitorias que o donatário fez, calcular-se-ão pelo valor que tiverem ao tempo da abertura da sucessão."

[72] **"CPC/2015: Art. 640.** O herdeiro que renunciou à herança ou o que dela foi excluído não se exime, pelo fato da renúncia ou da exclusão, de conferir, para o efeito de repor a parte inoficiosa, as liberalidades que obteve do doador.

§ 1º É lícito ao donatário escolher, dentre os bens doados, tantos quantos bastem para perfazer a legítima e a metade disponível, entrando na partilha o excedente para ser dividido entre os demais herdeiros.

§ 2º Se a parte inoficiosa da doação recair sobre bem imóvel que não comporte divisão cômoda, o juiz determinará que sobre ela se proceda a licitação entre os herdeiros.

§ 3º O donatário poderá concorrer na licitação referida no § 2º e, em igualdade de condições, terá preferência sobre os herdeiros."

Parte IX • VI – INVENTÁRIO E PARTILHA | **561**

Ao colacionar, é lícito ao donatário escolher, dos bens doados, tantos quantos bastem para perfazer a legítima e a metade disponível, entrando na partilha o excedente para ser dividido entre os demais herdeiros.

Outrossim, se a parte inoficiosa da doação recair sobre bem imóvel, que não comporte divisão cômoda, o juiz determinará que sobre ela se proceda entre os herdeiros à licitação. O donatário poderá concorrer na licitação e, em igualdade de condições, preferirá aos herdeiros.

Interessante incidente é o da 'licitação" cujo resultado é oferecer soma que substitua o imóvel inoficioso. Nesse caso, o valor que excede ao que poderia dispor o doador deve ser depositado pelo licitante vitorioso.

O dever de colacionar pode sofrer resistências quanto ao seu cumprimento. O herdeiro pode negar ter recebido os bens ou alegar casos de dispensa de conferência[73].

Ouvidas as partes em 15 (quinze) dias, o juiz decidirá esta questão incidente em decisão interlocutória agravável de instrumento, salvo se concluir ser necessária a produção de provas não documentais. Nessa hipótese, o juiz remeterá as partes para as vias ordinárias, não podendo o herdeiro receber o seu quinhão hereditário, enquanto pender a demanda, sem prestar caução correspondente ao valor dos bens sobre que versar a conferência.

Decidindo pela inexistência do dever de colacionar, o inventário prosseguirá sem mais delongas, sem prejuízo da recorribilidade da decisão pelos interessados.

Diversamente, atestando a necessidade da colação, o juiz determinará a conferência e o herdeiro disporá de 15 dias para proceder à colação. Não o fazendo e ainda existentes os bens, o juiz os sequestrará através de medida interinal de cunho eminentemente cautelar autônomo porquanto nenhuma ação deverá ser proposta ulteriormente senão aguardar a partilha.

Inexistentes os bens no patrimônio do herdeiro instado a colacionar, o juiz imputará no quinhão hereditário o seu valor correspondente, apurável mediante avaliação incidente.

14. PAGAMENTO DAS DÍVIDAS DO *DE CUJUS*[74]

A herança responde pelo pagamento das dívidas do falecido, por força do princípio de que o acervo não responde *ultra vires hereditatis*. Feita a partilha, no entanto, só respondem os herdeiros, cada qual em proporção da parte que na herança lhes coube. Destarte, no afã de proteger a memória e o bom nome legado pelo *de cujus*, é lícito requerer o pagamento de dívidas constantes de documentos revestidos de formalidades legais, constituindo prova bastante da obrigação.

---

[73] "CPC/2015: Art. 641. Se o herdeiro negar o recebimento dos bens ou a obrigação de os conferir, o juiz, ouvidas as partes no prazo comum de 15 (quinze) dias, decidirá à vista das alegações e das provas produzidas.

§ 1º Declarada improcedente a oposição, se o herdeiro, no prazo improrrogável de 15 (quinze) dias, não proceder à conferência, o juiz mandará sequestrar-lhe, para serem inventariados e partilhados, os bens sujeitos à colação ou imputar ao seu quinhão hereditário o valor deles, se já não os possuir.

§ 2º Se a matéria exigir dilação probatória diversa da documental, o juiz remeterá as partes às vias ordinárias, não podendo o herdeiro receber o seu quinhão hereditário, enquanto pender a demanda, sem prestar caução correspondente ao valor dos bens sobre os quais versar a conferência."

[74] "CPC/2015: Art. 642. Antes da partilha, poderão os credores do espólio requerer ao juízo do inventário o pagamento das dívidas vencidas e exigíveis.

§ 1º A petição, acompanhada de prova literal da dívida, será distribuída por dependência e autuada em apenso aos autos do processo de inventário.

§ 2º Concordando as partes com o pedido, o juiz, ao declarar habilitado o credor, mandará que se faça a separação de dinheiro ou, em sua falta, de bens suficientes para o pagamento.

§ 3º Separados os bens, tantos quantos forem necessários para o pagamento dos credores habilitados, o juiz mandará aliená-los, observando-se as disposições deste Código relativas à expropriação.

§ 4º Se o credor requerer que, em vez de dinheiro, lhe sejam adjudicados, para o seu pagamento, os bens já reservados, o juiz deferir-lhe-á o pedido, concordando todas as partes.

§ 5º Os donatários serão chamados a pronunciar-se sobre a aprovação das dívidas, sempre que haja possibilidade de resultar delas a redução das liberalidades."

A petição, acompanhada de prova literal da dívida, será distribuída por dependência e autuada em apenso aos autos do processo de inventário. O requerimento de habilitação no inventário feito pelo credor não está restrito apenas à dívida já vencida, ele pode requerer a habilitação do crédito de dívida ainda por vencer[75].

Concordando as partes, isto é inventariante e herdeiros, com o pedido, o juiz, ao declarar habilitado o credor, mandará que se faça a separação de dinheiro ou, em sua falta, de bens suficientes para o seu pagamento. Na hipótese de dívida ainda por vencer, serão separados bens para que possa ser feito o pagamento futuro, quando a dívida vencer. Uma vez separados os bens, tantos quantos forem necessários para o pagamento dos credores habilitados, o juiz mandará aliená-los, observados os preceitos da execução por quantia certa contra devedor solvente, notadamente quanto às fases de expropriação e pagamento. Deve-se obedecer a eventual legislação especial incidente, como a lei tributária que privilegia o crédito fiscal mesmo no inventário (art. 189 do CTN[76]).

Cingindo-se a pretensão do credor ao pagamento, ele pode preferir que, em vez de dinheiro, sejam-lhe adjudicados os bens já reservados, hipótese em que o juiz, ouvidas as partes e havendo concordância, deferir-lhe-á o pedido.

A habilitação do credor bem como a decisão de sua pretensão, consubstanciam-se em interlocutória agravável, e engloba o principal e juros vencidos até a data em que for proferida a decisão.

Destaque-se que, não havendo concordância de todas as partes sobre o pedido de pagamento feito pelo credor, será ele remetido às vias ordinárias[77]. De toda sorte, o juiz deve mandar reservar, em poder do inventariante, bens suficientes para pagar o credor quando a dívida constar de documento que comprove suficientemente a obrigação e a impugnação não se fundar em quitação.

Evidente que o juízo do inventário não é o competente para julgar questões de fundo da relação obrigacional, não há que se falar nem em sentença, nem em coisa julgada quanto à habilitação do credor nos autos do inventário.

Mantendo a sistemática de não introduzir lide nova no procedimento, a discordância das partes quanto à pretensão do credor, como a alegação de fato extintivo da obrigação por já ter sido feito o pagamento, implica remeter os interessados às vias ordinárias. A reserva de bens, todavia, é determinada pelo juiz à prova da verossimilhança da existência do débito.

Sobre as despesas funerárias, é evidente que elas obrigam a herança e saem do monte que consubstancia o espólio.

Tratando-se de obrigação entre os herdeiros contemplados, sempre que houver ação regressiva de uns contra outros, a parte do coerdeiro insolvente dividir-se-á em proporção entre os demais.

Além dos credores do espólio, pode concorrer ao inventário o credor do herdeiro, por isso que os legatários e credores da herança podem exigir que, do patrimônio do falecido, discrimine-se o do herdeiro, e, em concurso com os credores deste, ser-lhes-ão preferidos no pagamento.

O herdeiro devedor do espólio, tem sua dívida partilhada igualmente entre todos, salvo se a maioria credora consentir que o débito seja imputado inteiramente no quinhão do devedor. Essa é a típica hipótese que o devedor do espólio tem, como credores, os herdeiros.

---

[75] **"CPC/2015: Art. 644.** O credor de dívida líquida e certa, ainda não vencida, pode requerer habilitação no inventário.

Parágrafo único. Concordando as partes com o pedido referido no *caput*, o juiz, ao julgar habilitado o crédito, mandará que se faça separação de bens para o futuro pagamento."

[76] **"CTN/66: Art. 189.** São pagos preferencialmente a quaisquer créditos habilitados em inventário ou arrolamento, ou a outros encargos do monte, os créditos tributários vencidos ou vincendos, a cargo do de cujus ou de seu espólio, exigíveis no decurso do processo de inventário ou arrolamento."

[77] **"CPC/2015: Art. 643.** Não havendo concordância de todas as partes sobre o pedido de pagamento feito pelo credor, será o pedido remetido às vias ordinárias.

Parágrafo único. O juiz mandará, porém, reservar, em poder do inventariante, bens suficientes para pagar o credor quando a dívida constar de documento que comprove suficientemente a obrigação e a impugnação não se fundar em quitação."

14.1 O legatário e as dívidas do espólio

O legado puro e simples confere, desde a morte do testador, ao legatário, o direito, transmissível aos seus sucessores, de pedir aos herdeiros instituídos a coisa legada. Esta submissão do legatário ao herdeiro o impede de entrar, por autoridade própria, na posse da coisa legada.

Esse direito de pedir o legado não se exerce enquanto se litiga sobre a validade do testamento e, nos legados condicionais ou a prazo, enquanto penda a condição ou o prazo não se vença. Entretanto, desde o dia da morte do testador, pertence ao legatário a coisa legada, com os frutos que produzir.

Esta a razão da sua *legitimatio ad causam* para se manifestar sobre as dívidas do espólio[78] quando toda a herança for dividida em legados ou quando o reconhecimento das dívidas importar redução dos legados, posto que, em ambos os casos, o débito interfere nas expectativas do legatário.

14.2 Dívidas sujeitas a processo de execução[79]

É lícito aos herdeiros, ao separarem bens para o pagamento de dívidas, autorizar que o inventariante os nomeie à penhora no processo em que o espólio for executado.

Assim como o devedor particular indica os bens à penhora elegendo quais serão sacrificados para o pagamento do crédito, da mesma forma sucede-se no inventário. Uma vez que, antes da partilha, já são selecionados aqueles que irão servir de objeto de constrição judicial, não se contando com os mesmos para a divisão.

15. PARTILHA

15.1 Formulação de pedido de quinhão e deliberação da partilha. Esboço da partilha

Superada a questão das dívidas, o patrimônio remanescente é afetado à *causa finalis* do inventário, qual seja, a partilha[80].

O juiz, findos os incidentes da fase de pagamento das dívidas, facultará às partes que, no prazo comum de quinze dias, formulem o pedido de quinhão. Em seguida, deve proferir a decisão de deliberação da partilha, resolvendo os pedidos das partes e designando os bens que devam constituir quinhão de cada herdeiro e legatário. O juiz, quando houver sido solicitado, pode também deferir antecipadamente o exercício dos direitos de usar e fruir de determinado bem, desde que esse bem, ao fim do inventário, integre a cota do herdeiro. Os critérios desta deliberação encerram-se em decisão interlocutória recorrível através de agravo, sendo possível arguir o desrespeito a alguma das regras da partilha.

---

[78] **"CPC/2015: Art. 645.** O legatário é parte legítima para manifestar-se sobre as dívidas do espólio:
I – quando toda a herança for dividida em legados;
II – quando o reconhecimento das dívidas importar redução dos legados."

[79] **"CPC/2015: Art. 646.** Sem prejuízo do disposto no art. 860, é lícito aos herdeiros, ao separarem bens para o pagamento de dívidas, autorizar que o inventariante os indique à penhora no processo em que o espólio for executado."

[80] **"CPC/2015: Art. 647.** Cumprido o disposto no art. 642, § 3º, o juiz facultará às partes que, no prazo comum de 15 (quinze) dias, formulem o pedido de quinhão e, em seguida, proferirá a decisão de deliberação da partilha, resolvendo os pedidos das partes e designando os bens que devam constituir quinhão de cada herdeiro e legatário.
Parágrafo único. O juiz poderá, em decisão fundamentada, deferir antecipadamente a qualquer dos herdeiros o exercício dos direitos de usar e de fruir de determinado bem, com a condição de que, ao término do inventário, tal bem integre a cota desse herdeiro, cabendo a este, desde o deferimento, todos os ônus e bônus decorrentes do exercício daqueles direitos."

564 | CURSO DE DIREITO PROCESSUAL CIVIL • *Luiz Fux*

As regras que, durante a partilha, guiarão o juízo são[81]: I – a máxima igualdade possível quanto ao valor, à natureza e à qualidade dos bens; II – a prevenção de litígios futuros; III – a máxima comodidade dos coerdeiros, do cônjuge ou do companheiro, se for o caso.

O imóvel que, na partilha, não couber no quinhão de um só herdeiro ou não admitir divisão cômoda é alienado em leilão, salvo se adjudicado a um ou mais herdeiros acordes[82]. Relembre-se que, por força de norma especial, o quinhão de imóvel rural não pode ter área inferior ao módulo.

O CC/2002 determina que tanto as pessoas nascidas quanto as já concebidas no momento de abertura da sucessão têm legitimidade para suceder[83]. Sendo o inventariante responsável por reservar o quinhão do nascituro até o seu nascimento.

Tendo a decisão de deliberação da partilha como base, o partidor do juízo deve organizar o esboço da partilha. Esse esboço deve observar, nos pagamentos, a seguinte ordem: I – dívidas atendidas; II – meação do cônjuge; III – meação disponível; IV – quinhões hereditários, a começar pelo coerdeiro mais velho.

Destaque-se que o partidor judicial é órgão auxiliar da justiça e incumbe-se de organizar o esboço da partilha à luz da decisão deliberatória.

O esboço é o projeto do formal de partilha. Uma vez elaborado o esboço, dirão sobre ele as partes, a Fazenda Pública e o Ministério Público, se necessário, no prazo comum de quinze dias. Resolvidas as reclamações, será a partilha lançada nos autos[84].

Resolvidas as impugnações e ainda que recorrida essa decisão sem eficácia suspensiva, lança-se nos autos a "partilha". Ressoa evidente que o relator do recurso possa, eventualmente, deferir eficácia suspensiva para evitar que posteriormente tenha que se desfazer a divisão do monte por força do provimento do recurso.

O conteúdo da partilha subdivide-se em duas partes[85]: um "orçamento" e um "pagamento" aos herdeiros e legatários.

No primeiro, constará os nomes do autor da herança, do inventariante, do cônjuge supérstite, dos herdeiros, dos legatários e dos credores admitidos; o ativo, o passivo e o líquido partível, com as necessárias especificações e o valor de cada quinhão. Incluem-se, no passivo, as dívidas do espólio dentre as quais os honorários do patrono comum, salvo se cada herdeiro tiver o seu advogado, admitida a concessão provisória da gratuidade de justiça.

No segundo, constará cota a pagar, a razão do pagamento, a relação dos bens que lhe compõem o quinhão, as características que os individualizam e os ônus que os gravam.

---

[81] **"CPC/2015: Art. 648.** Na partilha, serão observadas as seguintes regras:
I – a máxima igualdade possível quanto ao valor, à natureza e à qualidade dos bens;
II – a prevenção de litígios futuros;
III – a máxima comodidade dos coerdeiros, do cônjuge ou do companheiro, se for o caso."

[82] **"CPC/2015: Art. 649.** Os bens insuscetíveis de divisão cômoda que não couberem na parte do cônjuge ou companheiro supérstite ou no quinhão de um só herdeiro serão licitados entre os interessados ou vendidos judicialmente, partilhando-se o valor apurado, salvo se houver acordo para que sejam adjudicados a todos."

[83] **"CC/2002: Art. 1.798.** Legitimam-se a suceder as pessoas nascidas ou já concebidas no momento da abertura da sucessão."

[84] **"CPC/2015: Art. 652.** Feito o esboço, as partes manifestar-se-ão sobre esse no prazo comum de 15 (quinze) dias, e, resolvidas as reclamações, a partilha será lançada nos autos."

[85] **"CPC/2015: Art. 653**. A partilha constará:
I – de auto de orçamento, que mencionará:
a) os nomes do autor da herança, do inventariante, do cônjuge ou companheiro supérstite, dos herdeiros, dos legatários e dos credores admitidos;
b) o ativo, o passivo e o líquido partível, com as necessárias especificações;
c) o valor de cada quinhão;
II – de folha de pagamento para cada parte, declarando a quota a pagar-lhe, a razão do pagamento e a relação dos bens que lhe compõem o quinhão, as características que os individualizam e os ônus que os gravam.
Parágrafo único. O auto e cada uma das folhas serão assinados pelo juiz e pelo escrivão."

Tanto o auto como cada uma das folhas serão assinados pelo juiz e pelo escrivão conferindo-lhes autenticidade judicial.

15.2 Julgamento da partilha[86]

O julgamento da partilha fica na dependência do pagamento do imposto de transmissão a título de morte, comprovado pela juntada aos autos de certidão ou informação negativa de dívida para com a Fazenda Pública, ou fica na dependência de comprovação de que o pagamento desse imposto está devidamente garantido.

Deveras, esse julgamento depende da apresentação ou da garantia das quitações fiscais por força de expressas determinações legais uma vez que, na forma do art. 192 do CTN: *nenhuma sentença de julgamento de partilha ou adjudicação será proferida sem prova da quitação de todos os tributos relativos aos bens do espólio, ou às suas rendas.*

A decisão do julgamento da partilha alcança o escopo do inventário e por isso é apelável, vigorando a regra do artigo 996 do CPC[87].

Publicada a sentença que, no inventário, homologa a partilha, o juiz cumpre e acaba o seu ofício jurisdicional não mais podendo modificar a decisão nem praticar atos pretéritos que supõem a continuação do rito do inventário.

15.3 Formal de partilha[88]

Julgada a partilha, o documento que a consubstancia e que se revela servil ao registro imobiliário é o "formal de partilha".

Outro efeito do julgamento da partilha é o cessar da comunhão hereditária, desaparecendo a figura do espólio, que será substituída pelo herdeiro a quem coube o direito ou a coisa. Em consequência, o espólio não tem mais legitimidade para propor ação depois de julgada a partilha, cabendo a cada um velar juridicamente pelo que lhe couber.

Relembre-se, por oportuno, que, à luz do art. 515, IV, do CPC[89], o formal tem força executiva entre os herdeiros, cabendo execuções das mais diversas conforme aquilo que foi concedido

---

[86] **"CPC/2015: Art. 654.** Pago o imposto de transmissão a título de morte e juntada aos autos certidão ou informação negativa de dívida para com a Fazenda Pública, o juiz julgará por sentença a partilha.
Parágrafo único. A existência de dívida para com a Fazenda Pública não impedirá o julgamento da partilha, desde que o seu pagamento esteja devidamente garantido."

[87] **"CPC/2015: Art. 996.** O recurso pode ser interposto pela parte vencida, pelo terceiro prejudicado e pelo Ministério Público, como parte ou como fiscal da ordem jurídica.
Parágrafo único. Cumpre ao terceiro demonstrar a possibilidade de a decisão sobre a relação jurídica submetida à apreciação judicial atingir direito de que se afirme titular ou que possa discutir em juízo como substituto processual."

[88] **"CPC/2015: Art. 655.** Transitada em julgado a sentença mencionada no, receberá o herdeiro os bens que lhe tocarem e um formal de partilha, do qual constarão as seguintes peças: art. 654, receberá o herdeiro os bens que lhe tocarem e um formal de partilha, do qual constarão as seguintes peças:
I – termo de inventariante e título de herdeiros;
II – avaliação dos bens que constituíram o quinhão do herdeiro;
III – pagamento do quinhão hereditário;
IV – quitação dos impostos;
V – sentença.
Parágrafo único. O formal de partilha poderá ser substituído por certidão de pagamento do quinhão hereditário quando esse não exceder a 5 (cinco) vezes o salário-mínimo, caso em que se transcreverá nela a sentença de partilha transitada em julgado."

[89] **"CPC/2015: Art. 515.** São títulos executivos judiciais, cujo cumprimento dar-se-á de acordo com os artigos previstos neste Título:
IV – o formal e a certidão de partilha, exclusivamente em relação ao inventariante, aos herdeiros e aos sucessores a título singular ou universal;"

566 | CURSO DE DIREITO PROCESSUAL CIVIL • *Luiz Fux*

ao participante do inventário. Assim, *v.g.*; o herdeiro contemplado com um imóvel pode executar outro que o ocupa, mediante cumprimento do decidido para entrega da coisa[90].

Destarte, do formal de partilha, devem constar as seguintes peças:

I – termo de inventariante e título de herdeiros;

II – avaliação dos bens que constituíram o quinhão do herdeiro;

III – pagamento do quinhão hereditário;

IV – quitação dos impostos;

V – sentença.

Excepcionalmente, o formal de partilha poderá ser substituído por certidão do pagamento do quinhão hereditário, quando este não exceder cinco (5) vezes o salário mínimo vigente na sede do juízo. Caso em que se transcreverá nela a sentença de partilha transitada em julgado.

15.4 Emenda da partilha[91]

É princípio assente em sede de decisão judicial que os erros materiais não transitam em julgado, posto que a finalidade da coisa julgada é evitar a mutação daquilo que foi definido e com isso venha a se trazer instabilidade, violando o que é objeto primário da jurisdição, qual seja, a pacificação social.

Nesse sentido, como regra geral, dispõe o artigo 494 do CPC[92]. A partir dessa regra, o Judiciário entende que "o trânsito em julgado de sentença de mérito não impede, em face de evidente erro material, que se lhe corrija a inexatidão"[93].

Como consectário, dispõe a lei que a partilha, ainda depois de transitada em julgado a sentença, pode ser emendada nos mesmos autos do inventário, convindo todas as partes, quando tenha havido erro de fato na descrição dos bens. Ademais, o juiz, de ofício ou a requerimento da parte, poderá, a qualquer tempo, corrigir as inexatidões materiais.

Ora, se é admitida a correção após o trânsito, com muito mais razão antes dele nos próprios autos, *v.g.*; a inclusão de credor omitido. Esse pedido de retificação é processado nos próprios autos do inventário para constar na partilha.

O formal de partilha, como demonstra a *praxis*, também pode ser objeto de retificação.

A retificação da partilha encerra decisão eventualmente lesiva aos interesses de algum herdeiro, por isso que recorrível por agravo de instrumento[94].

15.5 Partilha amigável. Anulação[95]

A partilha vista até então era a judicial, fruto da deliberação do juiz à luz dos pedidos de quinhão dos interessados. Ao lado da partilha judicial, há a partilha amigável lavrada em instrumento público, reduzida a termo nos autos do inventário ou constante de escrito particular homologado pelo juiz.

---

[90] "**CPC/2015: Art. 538**. Não cumprida a obrigação de entregar coisa no prazo estabelecido na sentença, será expedido mandado de busca e apreensão ou de imissão na posse em favor do credor, conforme se tratar de coisa móvel ou imóvel."

[91] "**CPC/2015: Art. 656**. A partilha, mesmo depois de transitada em julgado a sentença, pode ser emendada nos mesmos autos do inventário, convindo todas as partes, quando tenha havido erro de fato na descrição dos bens, podendo o juiz, de ofício ou a requerimento da parte, a qualquer tempo, corrigir-lhe as inexatidões materiais.

[92] "**Art. 494**. Publicada a sentença, o juiz só poderá alterá-la:

I – para corrigir-lhe, de ofício ou a requerimento da parte, inexatidões materiais ou erros de cálculo;

II – por meio de embargos de declaração."

[93] Resp. 40.892; Resp. 26.790;

[94] RT. 472/98.

[95] "**CPC/2015: Art. 657**. A partilha amigável, lavrada em instrumento público, reduzida a termo nos autos do inventário ou constante de escrito particular homologado pelo juiz, pode ser anulada por dolo, coação, erro essencial ou intervenção de incapaz, observado o disposto no § 4º do art. 966 .

Parte IX • VI – INVENTÁRIO E PARTILHA | **567**

A partilha amigável, suscetível que é de mera homologação, é objeto de ação de anulação[96], ao passo que a partilha judicial, aquela que por sentença é julgada, *a fortiori*, comporta ação rescisória.

A anulação da partilha amigável é possível, segundo o disposto no CPC, por coação, dolo, erro essencial ou intervenção de incapaz. Esse rol não é exaustivo, pois o CC determina que a partilha é também anulável pelos vícios e defeitos que invalidam os negócios jurídicos em geral[97]. Portanto, a partilha amigável pressupõe que todos os interessados sejam maiores e capazes, podendo o juiz recusar-se a homologá-la em havendo herdeiros incapazes.

Tratando-se de partilha amigável, são legitimados para a propositura de ação anulatória apenas aqueles que participaram da partilha. É que a sentença de partilha, em relação a quem não participou do inventário, configura *res inter alios acta*, na forma do art. 506 do CPC[98].

O direito de propor ação anulatória de partilha amigável prescreve em um ano, contado este prazo: I – no caso de coação, do dia em que ela cessou; II – no de erro ou dolo, do dia em que se realizou o ato; III – quanto ao incapaz, do dia em que cessar a incapacidade.

15.6 Rescindibilidade da partilha judicial[99]

Em contraposição à anulabilidade da partilha amigável, é rescindível a partilha julgada por sentença: I – nos casos mencionados no art. 657 (iguais aos da anulação de partilha amigável); II – se feita com preterição de formalidades legais; III – se preteriu herdeiro ou incluiu quem não o seja.

A ação de desconstituição da partilha judicial, em regra, prescreve ou o interessado decai do direito de propô-la em dois anos a partir da última decisão transitada em julgado[100].

Aquele que foi excluído é equiparado ao réu que teve contra si produzida uma sentença em processo no qual não foi citado e lhe correu à revelia. Logo, reconhecida a sua qualidade, pode, a qualquer tempo, desfazer a partilha, amigável ou judicial, cumulando ao pedido a reivindicação de sua parte posto ter sido a decisão anterior de divisão do acervo *inutiliter data*. É que, no inventário, todos os herdeiros devem ser convocados sob pena de ineficácia da sentença na forma do art. 115, inciso II, do CPC[101].

Parágrafo único. O direito à anulação de partilha amigável extingue-se em 1 (um) ano, contado esse prazo:
I – no caso de coação, do dia em que ela cessou;
II – no caso de erro ou dolo, do dia em que se realizou o ato;
III – quanto ao incapaz, do dia em que cessar a incapacidade."

[96] **"CPC/2015: Art. 966**. A decisão de mérito, transitada em julgado, pode ser rescindida quando:
(...)
§ 4º Os atos de disposição de direitos, praticados pelas partes ou por outros participantes do processo e homologados pelo juízo, bem como os atos homologatórios praticados no curso da execução, estão sujeitos à anulação, nos termos da lei."

[97] **"CC/2002: Art. 2.027**. A partilha é anulável pelos vícios e defeitos que invalidam, em geral, os negócios jurídicos."

[98] **"CPC/2015: Art. 506**. A sentença faz coisa julgada às partes entre as quais é dada, não prejudicando terceiros."

[99] **"CPC/2015: Art. 658**. É rescindível a partilha julgada por sentença:
I – nos casos mencionados no art. 657 ;
II – se feita com preterição de formalidades legais;
III – se preteriu herdeiro ou incluiu quem não o seja."

[100] **"CPC/2015: Art. 975**. O direito à rescisão se extingue em 2 (dois) anos contados do trânsito em julgado da última decisão proferida no processo."

[101] **"CPC/2015: Art. 115**. A sentença de mérito, quando proferida sem a integração do contraditório, será:
I – nula, se a decisão deveria ser uniforme em relação a todos que deveriam ter integrado o processo;
II – ineficaz, nos outros casos, apenas para os que não foram citados.
Parágrafo único. Nos casos de litisconsórcio passivo necessário, o juiz determinará ao autor que requeira a citação de todos que devam ser litisconsortes, dentro do prazo que assinar, sob pena de extinção do processo."

568 | CURSO DE DIREITO PROCESSUAL CIVIL • *Luiz Fux*

A ação do herdeiro preterido que busca a sua parte do quinhão é conhecida também como ação de petição de herança[102]. O prazo para a proposição dessa ação, em exceção à regra das ações rescisórias, é de dez anos, pois, após esse prazo, a prescrição estará configurada, seguindo a regra geral do art. 205 do CC/2002[103].

Na hipótese de o terceiro ser preterido da partilha porque a sua condição de herdeiro não está definida e depende de uma ação prévia para a sua definição, não há uniformidade na jurisprudência a respeito da data de início de contagem desse prazo. A 4ª Turma do STJ entende que a contagem se inicia na data da abertura da sucessão[104], enquanto a 3ª Turma do mesmo tribunal entende que se inicia com o trânsito em julgado da sentença que reconheceu a qualidade de herdeiro[105].

15.7 Partilha amigável. Homologação[106]

A partilha amigável, como já se disse, é homologada e não julgada, por isso seu conteúdo é ditado pelos interesses das partes maiores e capazes. Consectário dessa assertiva é que a partilha amigável entre incapazes é nula e invalida o processo.

A ausência de julgamento decorre do ato de vontade das partes, devendo o juiz limitar-se a homologar o ato sem escusas para apreciar impugnação de complexa indagação. A impugnação, qualquer que seja, impede a homologação, transmudando o feito *inter volentes* em rito contencioso a exigir decisão do juiz.

Além da partilha amigável, o juiz também deve apenas homologar, sem julgar, quando o acervo é concedido a herdeiro único, hipótese em que recolhe a herança mediante pedido de adjudicação.

16. ARROLAMENTO SUMÁRIO[107]

O inventário simplificado sujeito a um rito sumário e desformalizado denomina-se arrolamento. Diferentemente do inventário tradicional subdividido em várias fases e prenhe de atos processuais, o arrolamento processar-se-á na forma sumária, independentemente da lavratura de termos de qualquer espécie. É cabível essa espécie de arrolamento quando todas as partes são capazes.

---

[102] **"CC/2002: Art. 1.824.** O herdeiro pode, em ação de petição de herança, demandar o reconhecimento de seu direito sucessório, para obter a restituição da herança, ou de parte dela, contra quem, na qualidade de herdeiro, ou mesmo sem título, a possua."

[103] **"CC/2002: Art. 205.** A prescrição ocorre em dez anos, quando a lei não lhe haja fixado prazo menor."

[104] STJ, Ag Int no AREsp 479.648/MS, 4ª Turma, Rel. Min. Raul Araújo, j. 10.12.2019, *DJe* 06.03.2020.

[105] STJ, REsp 1.475.759/DF, 3ª Turma, Rel. Min. João Otávio de Noronha, j. 17.05.2016, *DJe* 20.05.2016 e STJ, REsp 1.368.677/MG, 3ª Turma, Rel. Min. Paulo de Tarso Sanseverino, j. 05.12.2017, *DJe* 15.02.2018.

[106] **"CPC/2015: Art. 659.** A partilha amigável, celebrada entre partes capazes, nos termos da lei, será homologada de plano pelo juiz, com observância dos arts. 660 a 663 .

§ 1º O disposto neste artigo aplica-se, também, ao pedido de adjudicação, quando houver herdeiro único.

§ 2º Transitada em julgado a sentença de homologação de partilha ou de adjudicação, será lavrado o formal de partilha ou elaborada a carta de adjudicação e, em seguida, serão expedidos os alvarás referentes aos bens e às rendas por ele abrangidos, intimando-se o fisco para lançamento administrativo do imposto de transmissão e de outros tributos porventura incidentes, conforme dispuser a legislação tributária, nos termos do § 2º do art. 662 ."

[107] **"CPC/2015: Art. 660.** Na petição de inventário, que se processará na forma de arrolamento sumário, independentemente da lavratura de termos de qualquer espécie, os herdeiros:

I – requererão ao juiz a nomeação do inventariante que designarem;

II – declararão os títulos dos herdeiros e os bens do espólio, observado o disposto no art. 630;

III – atribuirão valor aos bens do espólio, para fins de partilha."

Parte IX • VI — INVENTÁRIO E PARTILHA | **569**

No procedimento célere do arrolamento, em princípio não há avaliação[108]. Os bens têm valor estimado pelas partes, salvo na hipótese em que há reserva de bens para pagamento aos credores e estes impugnam a estimativa, hipótese em que é necessária a avaliação[109].

No arrolamento, a existência de credores do espólio não impede a homologação da partilha ou da adjudicação, se forem reservados bens suficientes para o pagamento da dívida.[110] Essa regra equipara-se àquela do inventário e de certa forma é redundante, pois é evidente que a existência de reserva de bens exclui os credores da partilha, logo, não interferem nela.

Essa reserva de bens, voluntária ou coata por ordem judicial, deve ser realizada pelo valor estimado pelas partes, salvo se o credor, regularmente notificado, impugnar a estimativa. Nesse caso, mister se faz a avaliação em princípio dispensada.

A simplificação do procedimento indica que os incidentes eventuais sejam reservados para procedimentos que estão fora do rito do arrolamento[111]. Assim, a Fazenda do Estado não pode pretender

---

[108] **"CPC/2015: Art. 661**. Ressalvada a hipótese prevista no parágrafo único do art. 663, não se procederá à avaliação dos bens do espólio para nenhuma finalidade."

[109] **"CPC/2015: Art. 663**. A existência de credores do espólio não impedirá a homologação da partilha ou da adjudicação, se forem reservados bens suficientes para o pagamento da dívida.

Parágrafo único. A reserva de bens será realizada pelo valor estimado pelas partes, salvo se o credor, regularmente notificado, impugnar a estimativa, caso em que se promoverá a avaliação dos bens a serem reservados."

[110] No arrolamento sumário, a homologação da partilha ou da adjudicação, bem como a expedição do formal de partilha e da carta de adjudicação, não se condicionam ao prévio recolhimento do imposto de transmissão *causa mortis*, devendo ser comprovado, todavia, o pagamento dos tributos relativos aos bens do espólio e às suas rendas, a teor dos arts. 659, § 2º, do CPC/2015 e 192 do CTN.

"Recurso especial repetitivo. Código de Processo Civil de 2015. Aplicabilidade. Processual civil e tributário. Imposto sobre transmissão causa mortis e doação de quaisquer bens e direitos – ITCMD. Arrolamento sumário. Art. 659, *caput*, e § 2º do CPC/2015. Homologação da partilha ou da adjudicação. Expedição dos títulos translativos de domínio. Recolhimento prévio da exação. Desnecessidade. Pagamento antecipado dos tributos relativos aos bens e às rendas do espólio. Obrigatoriedade. Art. 192 do CTN. I –

Consoante o decidido pelo Plenário desta Corte na sessão realizada em 09.03.2016, o regime recursal será determinado pela data da publicação do provimento jurisdicional impugnado. Aplica-se, no caso, o Estatuto Processual Civil de 2015. II – O CPC/2015, ao disciplinar o arrolamento sumário, transferiu para a esfera administrativa as questões atinentes ao imposto de transmissão causa mortis, evidenciando que a opção legislativa atual prioriza a agilidade da partilha amigável, ao focar, teleologicamente, na simplificação e na flexibilização dos procedimentos envolvendo o tributo, alinhada com a celeridade e a efetividade, e em harmonia com o princípio constitucional da razoável duração do processo. III – O art. 659, § 2º, do CPC/2015, com o escopo de resgatar a essência simplificada do arrolamento sumário, remeteu para fora da partilha amigável as questões relativas ao ITCMD, cometendo à esfera administrativa fiscal o lançamento e a cobrança do tributo IV – Tal proceder nada diz com a incidência do imposto, porquanto não se trata de isenção, mas apenas de postergar a apuração e o seu lançamento para depois do encerramento do processo judicial, acautelando-se, todavia, os interesses fazendários – e, por conseguinte, do crédito tributário –, considerando que o Fisco deverá ser devidamente intimado pelo juízo para tais providências, além de lhe assistir o direito de discordar dos valores atribuídos aos bens do espólio pelos herdeiros. V – Permanece válida, contudo, a obrigatoriedade de se comprovar o pagamento dos tributos que recaem especificamente sobre os bens e rendas do espólio como condição para homologar a partilha ou a adjudicação, conforme determina o art. 192 do CTN. VI – Acórdão submetido ao rito do art. 1.036 e seguintes do CPC/2015, fixando-se, nos termos no art. 256-Q, do RISTJ, a seguinte tese repetitiva: No arrolamento sumário, a homologação da partilha ou da adjudicação, bem como a expedição do formal de partilha e da carta de adjudicação, não se condicionam ao prévio recolhimento do imposto de transmissão causa mortis, devendo ser comprovado, todavia, o pagamento dos tributos relativos aos bens do espólio e às suas rendas, a teor dos arts. 659, § 2º, do CPC/2015 e 192 do CTN. VII – Recurso especial do Distrito Federal parcialmente provido" (STJ, REsp 1.896.526/DF 2020/0118931-6, j. 26.10.2022, 1ª Seção, *DJe* 28.10.2022).

[111] **"CPC/2015: Art. 662.** No arrolamento, não serão conhecidas ou apreciadas questões relativas ao lançamento, ao pagamento ou à quitação de taxas judiciárias e de tributos incidentes sobre a transmissão da propriedade dos bens do espólio.

§ 1º A taxa judiciária, se devida, será calculada com base no valor atribuído pelos herdeiros, cabendo ao fisco, se apurar em processo administrativo valor diverso do estimado, exigir a eventual diferença pelos meios adequados ao lançamento de créditos tributários em geral.

indicar assistente técnico em avaliação dos bens determinada pelo juiz por haver divergência entre os herdeiros e questões fiscais. Essas questões são decididas no contencioso administrativo fiscal.

A propósito, o Código de 2015 deixou de condicionar a entrega dos formais de partilha ou da carta de adjudicação à prévia quitação dos tributos, cabendo ao Fisco a cobrança pelas vias adequadas, conforme decidido, em atenção à lei, pelo Superior Tribunal de Justiça[112].

17. ARROLAMENTO COMUM[113]

Tratando-se de espólio cujos bens tenham valor igual ou inferior a 1.000 salários mínimos, o inventário pode processar-se na forma de arrolamento, cabendo ao inventariante nomeado, independentemente da assinatura de termo de compromisso, apresentar, com suas declarações, a atribuição do valor dos bens do espólio e o plano da partilha.

Nesse caso, se qualquer das partes ou o Ministério Público impugnar a estimativa, o juiz nomeará um avaliador que oferecerá laudo em 10 dias. Uma vez apresentado o laudo, o juiz, em audiência que designar, deliberará sobre a partilha, decidindo de plano todas as reclamações e mandando pagar as dívidas não impugnadas.

Visando alcançar celeridade, lavrar-se-á de tudo um só termo, assinado pelo juiz e pelas partes presentes. As decisões que resolverem essas reclamações, embora contidas em um só termo, são agraváveis individualmente e oralmente.

Nada obstante a sua forma sumaríssima *ratione valoris*, aplicam-se a esta espécie de arrolamento, no que couberem, as disposições do art. 672, relativamente ao lançamento, ao pagamento e à quitação da taxa judiciária e do imposto sobre a transmissão da propriedade dos bens do espólio. Portanto, as questões complexas suscitáveis pela Fazenda ou suas pretensões tributárias sobre os bens do monte são objeto de procedimento à parte e não discutíveis interinalmente.

Uma vez provada a quitação dos tributos relativos aos bens do espólio e às suas rendas, o juiz julgará a partilha. Pode-se apelar dessa sentença que põe fim à partilha.

Trata-se de segunda hipótese de arrolamento: a primeira vem prevista nos arts. 659 a 663, desde que todos os interessados sejam capazes; esta decorre do valor dos bens do espólio, haja ou não incapazes. A presença de incapazes, contudo, faz com que seja necessária a concordância das partes e do Ministério Público quanto à realização de arrolamento comum que envolva incapaz[114].

Já o inventário comum é regido pelos arts. 610 a 658. Desta sorte, analisados numa visão geral, é possível assentar que o sistema processual contempla o procedimento comum do inventário, um arrolamento comum e um arrolamento sumário.

---

§ 2º O imposto de transmissão será objeto de lançamento administrativo, conforme dispuser a legislação tributária, não ficando as autoridades fazendárias adstritas aos valores dos bens do espólio atribuídos pelos herdeiros."

[112] REsp 1704359/DF, Rel. Min. Gurgel de Faria, 1ª Turma, j. 28.08.2018.

[113] **"CPC/2015: Art. 664.** Quando o valor dos bens do espólio for igual ou inferior a 1.000 (mil) salários-mínimos, o inventário processar-se-á na forma de arrolamento, cabendo ao inventariante nomeado, independentemente de assinatura de termo de compromisso, apresentar, com suas declarações, a atribuição de valor aos bens do espólio e o plano da partilha.

§ 1º Se qualquer das partes ou o Ministério Público impugnar a estimativa, o juiz nomeará avaliador, que oferecerá laudo em 10 (dez) dias.

§ 2º Apresentado o laudo, o juiz, em audiência que designar, deliberará sobre a partilha, decidindo de plano todas as reclamações e mandando pagar as dívidas não impugnadas.

§ 3º Lavrar-se-á de tudo um só termo, assinado pelo juiz, pelo inventariante e pelas partes presentes ou por seus advogados.

§ 4º Aplicam-se a essa espécie de arrolamento, no que couber, as disposições do art. 672, relativamente ao lançamento, ao pagamento e à quitação da taxa judiciária e do imposto sobre a transmissão da propriedade dos bens do espólio.

§ 5º Provada a quitação dos tributos relativos aos bens do espólio e às suas rendas, o juiz julgará a partilha."

[114] **"CPC/2015: Art. 665.** O inventário processar-se-á também na forma do art. 664, ainda que haja interessado incapaz, desde que concordem todas as partes e o Ministério Público."

Parte IX • VI – INVENTÁRIO E PARTILHA | 571

A concentração do procedimento não impede decisões interlocutórias e sentença e *a fortiori* a interposição dos respectivos recursos; de agravo e apelação.

18. MEDIDAS CAUTELARES DE CONSTRIÇÃO DE BENS OU RESTRIÇÃO DE DIREITOS DEFERIDAS NO CURSO DO INVENTÁRIO. PRAZO DE EFICÁCIA[115]

O juiz, no curso do inventário, pode deferir medidas de reserva de bens de cunho acautelatório. Segundo a regra geral da tutela cautelar, em princípio, cessa a eficácia das medidas cautelares: I – se a ação não for proposta em 30 dias, contados da data em que da decisão foi intimado o impugnante, o herdeiro excluído ou o credor não admitido; II – se o juiz extinguir o processo de inventário com ou sem resolução do mérito.

A sistemática guarda coerência com a provisoriedade das medidas cautelares, que são, por excelência, adotadas mediante juízo de probabilidade. Isto implica que sejam deferidas *si et in quantum* no aguardo da propositura da ação principal onde a parte comprovará com maior verticalidade o direito que alega, por ora revelado apenas na sua aparência (*fumus boni iuris*).

As medidas desta natureza adotadas no inventário são, em regra, as de reserva de bens. Elas pressupõem que a parte interessada comprove posteriormente, através de cognição exauriente, o seu direito, quer na qualidade de sucessor, quer na de credor dos bens do espólio.

Obedecida a regra atinente ao processo cautelar, julgado extinto o processo de inventário, as suas medidas internas seguem a sorte do principal, isto é, cessam os seus efeitos.

19. SOBREPARTILHA[116]

A sobrepartilha é a denominação que se confere à partilha ulterior dos bens do mesmo espólio e que não foram partilhados no momento processual oportuno porque dolosamente omitidos (sonegados), descobertos posteriormente a esta, reservados para partilha posterior porque litigiosos, de difícil liquidação ou situados em local remoto, dificultando as providências de verificação física e avaliação. Essa faculdade de partilha ulterior (sobrepartilha) justifica a desnecessidade de rescindibilidade da homologação aferível da originária divisão de bens[117].

A sobrepartilha segue as mesmas regras do processo de inventário e partilha, correndo nos mesmos autos do inventário do autor da herança[118]. O preceito esclarece que novas citações, declarações, avaliações e deliberação de partilha impõem-se neste rito ulterior da partilha. Ademais, a decisão de sobrepartilha é interlocutória e, *a fortiori*, é agravável de instrumento.

A sobrepartilha decorrente de sonegados ou de descoberta ulterior de bens instaura-se mediante simples petição nos próprios autos, noticiando o fato que a autoriza. Pode iniciá-la o próprio inventariante ou qualquer outro herdeiro. Tratando-se de bens sobrepartilháveis posto

---

[115] "CPC/2015: Art. 668. Cessa a eficácia da tutela provisória prevista nas Seções deste Capítulo:
I – se a ação não for proposta em 30 (trinta) dias contados da data em que da decisão foi intimado o impugnante, o herdeiro excluído ou o credor não admitido;
II – se o juiz extinguir o processo de inventário com ou sem resolução de mérito."

[116] "CPC/2015: Art. 669. São sujeitos à sobrepartilha os bens:
I – sonegados;
II – da herança descobertos após a partilha;
III – litigiosos, assim como os de liquidação difícil ou morosa;
IV – situados em lugar remoto da sede do juízo onde se processa o inventário.
Parágrafo único. Os bens mencionados nos incisos III e IV serão reservados à sobrepartilha sob a guarda e a administração do mesmo ou de diverso inventariante, a consentimento da maioria dos herdeiros."

[117] REsp 95.452/BA, Rel. Min. Eduardo Ribeiro, 3ª Turma, j. 26.06.1996.

[118] "CPC/2015: Art. 670. Na sobrepartilha dos bens, observar-se-á o processo de inventário e de partilha.
Parágrafo único. A sobrepartilha correrá nos autos do inventário do autor da herança."

litigiosos, de difícil liquidação ou situados em local remoto, ficarão, em regra geral, sob a guarda e administração do mesmo inventariante.

A sonegação de bens traz diversas consequências. Assim, o herdeiro que sonegar bens da herança, não os indicando dolosamente no inventário e que por isso se sujeitam à sobrepartilha, perderá o direito que lhe caberia sobre os bens sonegados. É a denominada "pena de sonegados"[119]. Impõe-se frisar que, além da pena cominada, se o sonegador for o próprio inventariante, será inexoravelmente removido[120].

A natureza de sanção implica que a pena de sonegados deva ser aplicada respeitando-se o devido processo legal. Logo, deve ser proposta ação ordinária acessória (art. 61 do CPC[121]), movida pelos herdeiros ou pelos credores da herança, que são os legitimados para esse fim[122].

A sentença que se proferir na ação de sonegados, movida por qualquer dos herdeiros ou credores, aproveita aos demais interessados. Vale dizer: o litisconsórcio entre os interessados juridicamente é facultativo, mas unitário.

A restituição pressupõe a existência fática dos bens, por isso que, acaso não os restituam, por já não os ter o sonegador em seu poder, pagará ele a importância dos valores que ocultou mais as perdas e danos[123].

A sonegação exige prova inequívoca, por isso que, ao inventariante, só se pode arguir de sonegação depois de encerrada a descrição dos bens, com a declaração, por ele feita, de não existirem outros por inventariar e partir. Em relação ao herdeiro, apenas depois de ele declarar, no inventário, que não possui o bem[124].

20. CURATELA ESPECIAL NO INVENTÁRIO[125]

Será nomeado curador especial quando o herdeiro for ausente e não tiver curador ou quando o herdeiro incapaz concorrer com seu representante na partilha. Essa regra geral é aplicável ao inventário comum, ao arrolamento sumário, ao arrolamento comum e à sobrepartilha.

Na partilha em que o pai seja representante do filho incapaz, o interesse de ambos em relação aos mesmos bens cria presunção *jure et de jure* (absoluta) de incompatibilidade de o representante velar pelos interesses do representado, de sorte que a não nomeação de curador especial implica nulidade absoluta.

---

[119] **"CC/2002: Art. 1.992.** O herdeiro que sonegar bens da herança, não os descrevendo no inventário quando estejam em seu poder, ou, com o seu conhecimento, no de outrem, ou que os omitir na colação, a que os deva levar, ou que deixar de restituí-los, perderá o direito que sobre eles lhe cabia."

[120] **"CC/2002: Art. 1.993.** Além da pena cominada no artigo antecedente, se o sonegador for o próprio inventariante, remover-se-á, em se provando a sonegação, ou negando ele a existência dos bens, quando indicados."

[121] **"CPC/2015: Art. 61.** A ação acessória será proposta no juízo competente para a ação principal."

[122] **"CC/2002: Art. 1.994.** A pena de sonegados só se pode requerer e impor em ação movida pelos herdeiros ou pelos credores da herança.
Parágrafo único. A sentença que se proferir na ação de sonegados, movida por qualquer dos herdeiros ou credores, aproveita aos demais interessados."

[123] **"CC/2002: Art. 1.995.** Se não se restituírem os bens sonegados, por já não os ter o sonegador em seu poder, pagará ele a importância dos valores que ocultou, mais as perdas e danos."

[124] **"CC/2002: Art. 1.996.** Só se pode arguir de sonegação o inventariante depois de encerrada a descrição dos bens, com a declaração, por ele feita, de não existirem outros por inventariar e partir, assim como arguir o herdeiro, depois de declarar-se no inventário que não os possui."

[125] **"CPC/2015: Art. 671.** O juiz nomeará curador especial:
I – ao ausente, se não o tiver;
II – ao incapaz, se concorrer na partilha com o seu representante, desde que exista colisão de interesses."

21. INVENTÁRIO CUMULATIVO[126]

Visando à maior economia processual, o legislador determinou que o inventário cumulativo pode ser realizado quando houver: I – identidade de pessoas entre as quais devam ser repartidos os bens; II – heranças deixadas pelos dois cônjuges ou companheiros; III – dependência de uma das partilhas em relação à outra.

No inciso I, a hipótese de cumulação é a mais restritiva, pois depende que os herdeiros de duas heranças distintas sejam os mesmos para que elas sejam cumuladas.

Em relação ao inciso II, falecendo o cônjuge ou companheiro meeiro supérstite antes da partilha dos bens do pré-morto, pode-se cumulativamente inventariar e partilhar as duas heranças, independentemente de os herdeiros serem os mesmos. O segundo inventário deve ser distribuído por dependência, em relação ao primeiro.

Devendo ser utilizadas as primeiras declarações e o laudo de avaliação apresentados no inventário do pré-morto se o valor dos bens não tiver sido alterado[127]. Ademais, nesse inventário, é lícito, independentemente de sobrepartilha, descrever e partilhar bens omitidos no inventário do cônjuge pré-morto.

A inovação do inciso III é a possibilidade de partilhas apenas parcialmente dependentes tramitarem juntas. Cabendo ao juízo decidir, tendo em conta a economia processual e o interesse das partes, se elas tramitarão juntas ou não.

Há dependência entre partilhas quando a partilha posterior, para que possa ser realizada, depende da finalização da partilha do pré-morto. Nesse cenário, os herdeiros têm interesse em que a partilha do primeiro óbito termine o quanto antes para que os condomínios sejam dissolvidos e a segunda partilha possa dispor do quinhão advindo da primeira partilha.

Destarte, o mesmo princípio aplica-se quando falece algum herdeiro na pendência do inventário em que foi admitido. Nesse caso, essa porção é partilhada juntamente com os bens do monte.

Embora o CPC determine a reutilização das primeiras declarações e do laudo de avaliação apenas para a cumulação de inventários de cônjuges e companheiros, entendo que o juiz pode, em outras hipóteses de cumulação, reutilizá-los. Isso depende, no entanto, que seja dada a oportunidade para que os herdeiros se manifestem e apresentem provas para que as necessárias alterações sejam realizadas e os eventuais equívocos, retificados.

Note-se que a hipótese de cumulação não se confunde com a de duplicidade de ações idênticas. Nesse caso, de litispendência, deve ser mantido o primeiro inventário ajuizado, seguindo-se as regras gerais do Código, ou seja, o do primeiro registro ou distribuição[128].

---

[126] **"CPC/2015: Art. 672.** É lícita a cumulação de inventários para a partilha de heranças de pessoas diversas quando houver:
I – identidade de pessoas entre as quais devam ser repartidos os bens;
II – heranças deixadas pelos dois cônjuges ou companheiros;
III – dependência de uma das partilhas em relação à outra.
Parágrafo único. No caso previsto no inciso III, se a dependência for parcial, por haver outros bens, o juiz pode ordenar a tramitação separada, se melhor convier ao interesse das partes ou à celeridade processual."

[127] **"CPC/2015: Art. 673**. No caso previsto no art. 672, inciso II, prevalecerão as primeiras declarações, assim como o laudo de avaliação, salvo se alterado o valor dos bens."

[128] REsp 1739872/MG, Rel. Min. Nancy Andrighi, 3ª Turma, j. 13.11.2018.

VII
EMBARGOS DE TERCEIRO

1. GENERALIDADES[1]

O processo é *actus trium personarum*, razão pela qual as suas consequências, em geral, adstringem-se às partes: autor e réu. Entretanto, exemplos múltiplos revelam que inúmeras vezes uma decisão ou um ato praticado num processo atinge a esfera jurídica de quem dele não participa.

Esta realidade jurídica informa o instituto da terceria e dos embargos de terceiro. Naquele, o terceiro pode ingressar em juízo para definir a sua relação jurídica atingida de modo direto ou reflexo na demanda entre outros. Nos embargos de terceiro, o embargante defende a posse ou a propriedade de um bem inserido em processo alheio e afetado aos fins do mesmo, que pode resultar numa divisão da coisa, sua partilha ou expropriação. Urge, assim, que o terceiro exclua o bem que lhe pertence antes de ser atingido por esses atos materiais.

Outrossim, imperioso assentar que não se faz mister a prática de atos efetivamente materiais – como a penhora, por exemplo – para autorizar o manejo dos embargos de terceiro. A simples ameaça de turbação ou esbulho já habilita a parte a utilizar essa ação especial.

À luz da sua finalidade, correto é afirmar que os embargos de terceiro se dirigem contra a moléstia judicial da posse. Com esse escopo, a lei habilita aquele que, embora não sendo parte no processo, sofra turbação ou esbulho na posse de seus bens por ato de apreensão judicial – em casos como o de penhora, depósito, arresto, sequestro, alienação judicial, arrecadação, arrolamento, inventário, partilha – a requerer que os bens sejam manutenidos ou restituídos por meio de embargos de terceiro.

2. EMBARGOS DE TERCEIRO E FIGURAS AFINS

A finalidade dos embargos os distingue da ação de oposição cujo objetivo é a definição do direito à coisa em favor do opoente, ao passo que, nos embargos, o embargante volta-se contra o ato constritivo judicial. Em razão do fim precípuo dos embargos, não se admite a impetração de mandado de segurança com o mesmo escopo.

---

[1] **"CPC/2015: Art. 674.** Quem, não sendo parte no processo, sofrer constrição ou ameaça de constrição sobre bens que possua ou sobre os quais tenha direito incompatível com o ato constritivo, poderá requerer seu desfazimento ou sua inibição por meio de embargos de terceiro.

§ 1º Os embargos podem ser de terceiro proprietário, inclusive fiduciário, ou possuidor.

§ 2º Considera-se terceiro, para ajuizamento dos embargos:

I – o cônjuge ou companheiro, quando defende a posse de bens próprios ou de sua meação, ressalvado o disposto no art. 843;

II – o adquirente de bens cuja constrição decorreu de decisão que declara a ineficácia da alienação realizada em fraude à execução;

III – quem sofre constrição judicial de seus bens por força de desconsideração da personalidade jurídica, de cujo incidente não fez parte;

IV – o credor com garantia real para obstar expropriação judicial do objeto de direito real de garantia, caso não tenha sido intimado, nos termos legais dos atos expropriatórios respectivos."

O *mandamus* fica reservado às partes contra o ato judicial abusivo e dele o terceiro pode fazer uso apenas se o juiz indeferir os seus embargos e a expropriação estiver na iminência de se efetivar.

Por fim, os embargos de terceiro diferem-se do recurso do terceiro prejudicado, posto este não imiscuir lide nova no processo, limitando-se o recorrente a tentar modificar a decisão para, por via reflexa, melhorar a sua posição jurídica.

3. LEGITIMIDADE

Os embargos podem ser deduzidos tanto pelo possuidor como pelo proprietário, inclusive fiduciário.

Considera-se terceiro o cônjuge quando defende a posse de bens dotais, próprios, reservados ou de sua meação na execução de dívida do outro cônjuge, desde que a obrigação não tenha revertido em proveito da família.

Também é considerado terceiro, o adquirente que teve bens constritos por decisão que declarou ineficaz a alienação realizada em fraude à execução. Essa regra está em consonância com o disposto no art. 792, § 4º, do CPC[2]. Não há, por parte do embargante, manifestação a respeito da fraude à execução, ele busca apenas preservar a posse ou a propriedade do bem adquirido.

Quando houver desconsideração da personalidade jurídica, a pessoa que sofrer constrição judicial de seus bens pode, desde que não tenha participado do incidente, opor embargos de terceiro. Como não fez parte do incidente de desconsideração, não é possível que a responsabilidade patrimonial secundária do terceiro tenha ficado demonstrada, logo, seus bens não podem ser constritos.

O credor com garantia real também pode opor embargos de terceiro quando o bem garante sofre constrição ou ameaça de constrição, desde que não tenha sido intimado.

Como se observa, os embargos são servis às hipóteses em que alguém, não sendo parte, surpreende-se com a constrição de seus bens. Anote-se que o registro da penhora surgiu exatamente para evitar as aludidas surpresas, erigindo-se como norma[3].

O terceiro é aquele que não foi parte, embora devesse. Destarte, como a sentença não produz efeito contra quem não é parte na ação, o terceiro pode, na fase de execução, opor embargos.

Imperioso ressaltar que o simples fato de se manter fora de um processo em que se discute acerca de seu próprio direito nem sempre habilita o terceiro a embargar. É que o art. 109, § 3º, do CPC[4] estende a coisa julgada ao adquirente da coisa litigiosa que sucede a parte no direito discutido[5].

Diversamente, aquele que não tem responsabilidade executiva, primária ou secundária, isto é, cujos bens não respondem pela execução alheia e vêm a sofrer constrição, tem como sede própria para demonstrar essa intromissão indevida os embargos de terceiro. Assim, a exclusão dos bens dos sócios pelas dívidas da sociedade pode ser objeto de embargos de terceiro.

---

[2] **"CPC/2015: Art. 792.** A alienação ou a oneração de bem é considerada fraude à execução:

(...)

§ 4º Antes de declarar a fraude à execução, o juiz deverá intimar o terceiro adquirente, que, se quiser, poderá opor embargos de terceiro, no prazo de 15 (quinze) dias."

[3] **"CPC/2015: Art. 844.** Para presunção absoluta de conhecimento por terceiros, cabe ao exequente providenciar a averbação do arresto ou da penhora no registro competente, mediante apresentação de cópia do auto ou do termo, independentemente de mandado judicial."

[4] **"CPC/2015: Art. 109.** A alienação da coisa ou do direito litigioso por ato entre vivos, a título particular, não altera a legitimidade das partes.

§ 1º O adquirente ou cessionário não poderá ingressar em juízo, sucedendo o alienante ou cedente, sem que o consinta a parte contrária.

§ 2º O adquirente ou cessionário poderá intervir no processo como assistente litisconsorcial do alienante ou cedente.

§ 3º Estendem-se os efeitos da sentença proferida entre as partes originárias ao adquirente ou cessionário."

[5] Nesse sentido não se considera terceiro o adquirente que se encaixa no § 3º do art. 42 e, *a fortiori*, não se lhe estende o direito ao oferecimento dos embargos (Resp. 9.365 e RE. 97.895-0).

Legitimado aos embargos é o "senhor" ou o "possuidor", por isso são admissíveis embargos de terceiro em ação possessória ou em reivindicatória com escritura registrada ou não, desde que tenha havido transmissão da posse, sendo certo que o registro pode ser levado a efeito no curso do processo[6].

Por força do princípio *ubi eadem ratio ibi eadem*, tem-se conferida *legitimatio ad causam* para os embargos de terceiro aos cessionários de direitos sobre imóveis por ato *inter vivos* ou *causa mortis*, ao cônjuge pela defesa de meação já reconhecida ou incidentalmente suscetível aos herdeiros, legatários ou donatários, aplicando-lhes o teor da Súmula 84 do STJ[7], a ponto de permitir o registro dos títulos no curso do processo, bem como às pessoas jurídicas e com personalidade judiciária, conforme a situação particular em que se encontrem.

Os embargos de terceiro são ação acessória, vale dizer, decorrem de outro processo, e, por isso, implicam convocação das partes do feito donde originou-se o ato de turbação judicial da posse. Assim, em regra, tratando-se de penhora e de embargos de terceiro em face de interpostos, forçosa a formação de litisconsórcio passivo necessário unitário entre o exequente e o executado, sob pena de infração ao art. 116 do CPC[8].

3.1 Os cônjuges e os embargos de terceiro

Questão de suma relevância é a que gravita em torno da responsabilidade secundária do cônjuge ao responder com seus bens por dívidas contraídas pelo outro. Isto porque figura como caso típico de embargos de terceiro o que se funda no art. 3º do Estatuto da Mulher Casada (Lei nº 4.121, de 27.08.1962), *verbis*: "Pelos títulos de dívida de qualquer natureza, firmados por um só dos cônjuges, ainda que casados pelo regime de comunhão universal, somente responderão os bens particulares do signatário e os comuns até o limite de sua meação".

Em princípio, essa comunicação de débito somente se verifica quando a dívida é contraída em benefício da família. Na discussão sobre qual parte recai o ônus de provar se a dívida foi contraída em benefício da família ou menos, há algumas premissas que norteiam a decisão do juízo, a saber:

a) No caso de aval, posto geralmente prestado de favor, inverte-se o ônus da prova, cabendo ao credor demonstrar que com ele foi beneficiada a família do avalista;

b) Acaso a mulher faça parte da sociedade avalizada não pode valer-se do benefício[9];

c) Posição mais literal é a que impõe sempre ao credor o ônus de comprovar que a dívida reverteu em benefício da família porquanto, do contrário, prevalece o texto expresso da lei[10];

d) As obrigações decorrentes de ilícito gozam da presunção absoluta de que não revertem em benefício senão em prejuízo da família e por isso são excluídas a meação.

Não sendo a hipótese de reverter o produto da dívida em proveito da família, de que instrumento disporia o cônjuge para excluir a sua meação? A Súmula 134 do STJ enuncia: "Embora intimado da penhora em imóvel do casal, o cônjuge do executado pode opor embargos de terceiro para defesa de sua meação".

Neste caso, o cônjuge tem dupla legitimidade: para ajuizar embargos à execução, visando a discutir a dívida, e embargos de terceiro, tanto mais que, de uma forma ou de outra, exclui a responsabilidade patrimonial e concretiza o princípio de que a todo interesse juridicamente protegido corresponde uma ação que o assegura.

---

6   Resp. 29.048-3 e RF. 321/267.

7   **"Súmula 84/STJ:** É admissível a oposição de embargos de terceiro fundados em alegação de posse advinda do compromisso de compra e venda de imóvel, ainda que desprovido do registro."

8   **"CPC/2015: Art. 116.** O litisconsórcio será unitário quando, pela natureza da relação jurídica, o juiz tiver de decidir o mérito de modo uniforme para todos os litisconsortes."

9   REsp 45.741/MG, Rel. Min. Barros Monteiro, 4ª Turma, j. 12.09.1994.

10   REsp 79.333/SP, Rel. Min. Garcia Vieira, 1ª Turma, j. 11.12.1997.

CURSO DE DIREITO PROCESSUAL CIVIL • *Luiz Fux*

Nos embargos de terceiro opostos por cônjuge ou coproprietário, há a excepcionalidade de não retirar a constrição judicial imposta ao bem, em realidade, o embargante busca seu direito à metade do valor do bem.

Se o bem discutido for indivisível, ele deve ser levado por inteiro ao leilão[11-12], restando ao cônjuge ou coproprietário a preferência na arrematação. Em vez de receber metade do valor da arrematação, o Superior Tribunal de Justiça entende que cabe ao cônjuge ou coproprietário metade do valor da avaliação e, se o bem for arrematado por valor menor que o da avaliação, o exequente arcará com o ônus[13].

Outra questão da defesa do patrimônio familiar pertine à denominada impenhorabilidade do bem de família. Sob esse ângulo, é assente que a mulher e os filhos podem oferecer embargos de terceiro na tutela do bem de família sobre o qual recaiu a medida constritiva, mesmo que o cônjuge seja parte na execução[14].

4.   O OBJETO MEDIATO DOS EMBARGOS DE TERCEIRO

O objeto primacial de defesa através dos embargos de terceiro é a posse, provenha ela de onde provier, quer de direito pessoal, como a locação, quer de direito real, como a posse oriunda de contrato de compra e venda registrado. Nesse mesmo segmento, as cotas sociais e seus direitos correspectivos podem ser objeto de embargos oponíveis pelo cotista ou pela sociedade na defesa de sua natureza *intuito personae*.

Eclipsado ao objetivo de conjurar a moléstia judicial à posse, os embargos de terceiro não são próprios à discussão *principaliter* do direito material da parte, apreciado apenas *incidenter tantum* para excluir o bem de processo alheio. Em consequência, visam tão somente a que não se discuta direito próprio em um processo em que a sua não utilização impede que eventual *ius in re* seja veiculado em ação autônoma e não acessória como sói ser a ação dos embargos de terceiro[15].

A limitação da matéria discutível nos embargos de terceiro com o fim precípuo de impedir o despojamento da posse por ato judicial[16] justifica a restrição a que se discuta, no mesmo, matérias inerentes à execução, quando opostos contra ato de constrição determinado em cumprimento de entrega de soma[17]. Assim, *v.g.*; a nulidade do título executivo não é *thema iudicandum* para os embargos de terceiro.

---

[11]   "**CPC/2015: Art. 843.** Tratando-se de penhora de bem indivisível, o equivalente à quota-parte do coproprietário ou do cônjuge alheio à execução recairá sobre o produto da alienação do bem.

§ 1º É reservada ao coproprietário ou ao cônjuge não executado a preferência na arrematação do bem em igualdade de condições.

§ 2º Não será levada a efeito expropriação por preço inferior ao da avaliação na qual o valor auferido seja incapaz de garantir, ao coproprietário ou ao cônjuge alheio à execução, o correspondente à sua quota-parte calculado sobre o valor da avaliação."

[12]   Cumpre dizer que, em se tratando de imóvel indivisível em copropriedade, embora seja autorizada sua alienação judicial integral, a penhora só deve recair sobre a cota do devedor, como se extrai da recente jurisprudência do Superior Tribunal de Justiça (REsp 1.818.926, Rel. Min. Nancy Andrighi, 3ª Turma, j. 13.04.2021).

[13]   REsp 1728086/MS, Rel. Min. Marco Aurélio Bellizze, 3ª Turma, j. 27.08.2019.

[14]   REsp 64.021/SP, Rel. Min. José Arnaldo da Fonseca, 5ª Turma, j. 15.10.1996.

[15]   AgRg no Ag 88.561/AC, Rel. Min. Waldemar Zveiter, 3ª Turma, j. 26.03.1996.

[16]   A propósito, confira-se elucidativo julgado do STJ: "RECURSO ESPECIAL. EMBARGOS DE TERCEIRO. CUMULAÇÃO DE PEDIDOS. CANCELAMENTO DA RESTRIÇÃO DO VEÍCULO DA AUTORA, ALÉM DA CONDENAÇÃO DA RÉ EM INDENIZAÇÃO POR DANOS MORAIS. IMPOSSIBILIDADE. COGNIÇÃO LIMITADA. FINALIDADE TÃO SOMENTE DE EVITAR OU AFASTAR A CONSTRIÇÃO JUDICIAL INJUSTA SOBRE BENS DE TERCEIROS. MANUTENÇÃO DO ACÓRDÃO RECORRIDO. RECURSO DESPROVIDO. 1. Os embargos de terceiro, a despeito de se tratar de ação de conhecimento, tem como única finalidade a de evitar ou afastar a constrição judicial sobre bens de titularidade daquele que não faz parte do processo correlato. 2. Dessa forma, considerando a cognição limitada dos embargos de terceiro, revela-se inadmissível a cumulação de pedidos estranhos à sua natureza constitutivo-negativa, como, por exemplo, o pleito de condenação a indenização por danos morais" (REsp 1.703.707/RS, Rel. Min. Marco Aurélio Bellizze, 3ª Turma, j. 25.05.2021).

[17]   REsp 54.725/RS, Rel. Min. Eduardo Ribeiro, 3ª Turma, j. 13.12.1995.

Parte IX • VII – EMBARGOS DE TERCEIRO | **579**

A regra vem admitindo exceção à luz dos princípios da instrumentalidade e da fungibilidade, desde que a pretensão de opor embargos de terceiro reste legitimada pela incidência da responsabilidade secundária. Logo, pode-se trazer questões atinentes à execução para, fulminando-a, fazer desaparecer essa responsabilidade.

5. PRAZO PARA OFERECIMENTO DOS EMBARGOS DE TERCEIRO. PROCESSO DE CONHECIMENTO E PROCESSO DE EXECUÇÃO[18]

A finalidade dos embargos de terceiro é evitar o esbulho judicial, por isso que, para efeito de tempestividade, pode ser interposto a qualquer tempo no processo de conhecimento e antes de qualquer expropriação que implique a transferência do domínio e ou da posse para o adquirente judicial do bem. Há decisão que admitiu a oposição mesmo após o trânsito em julgado da decisão, mas antes da sua efetivação[19]. Consequentemente o seu prazo começa a correr dessa efetivação, *v.g.*; da imissão da posse de terceiro[20].

Tratando-se de execução, a transferência do domínio se opera com o registro da carta, mas a iminência da constituição do título é suficiente para fazer surgir o interesse processual nos embargos[21], como esclarece a atual dicção legal, a mencionar a ameaça de constrição como hipótese de cabimento.

Ademais, o juízo tem o dever de intimar o terceiro quando constatar que este detém interesse em embargar a decisão. Visando à economia processual, esse dispositivo busca que essa questão seja superada o mais rápido possível para que o processo possa caminhar sem ser surpreendido com embargos futuros.

Discute-se sobre a eventual preclusão operada contra o embargante na ação possessória acaso não tenha oposto os embargos contra a liminar. A lei, quanto ao processo de conhecimento usa da fórmula "a qualquer tempo", entendendo-se que, enquanto houver possibilidade de esbulho judicial no processo de sentença, apto será o manejo dos embargos.

Em contrapartida, findo o processo principal em que ocorreu a apreensão do bem, são incabíveis embargos de terceiro salvo se houver execução *ex intervallo* ou *lato sensu*. Não a havendo e limitando-se a sentença a definir direitos, a falta de oposição de embargos de terceiro não inibe este de deduzir a sua pretensão em ação própria.

Destarte, como concebemos o instrumento como útil até o último momento em que ele evita o despojamento do bem de seu titular, equivocada a afirmação de que é indiferente para a tempestividade dos embargos a data em que o embargante foi intimado da constrição judicial.

6. COMPETÊNCIA[22]

Os embargos de terceiro são espécie de "ação acessória" e nessa categoria são distribuídos por dependência ao mesmo juízo onde tramita a ação principal donde provém o ato que ameaça de esbulho judicial o embargante.

---

[18] **"CPC/2015: Art. 675.** Os embargos podem ser opostos a qualquer tempo no processo de conhecimento enquanto não transitada em julgado a sentença e, no cumprimento de sentença ou no processo de execução, até 5 (cinco) dias depois da adjudicação, da alienação por iniciativa particular ou da arrematação, mas sempre antes da assinatura da respectiva carta.
Parágrafo único. Caso identifique a existência de terceiro titular de interesse em embargar o ato, o juiz mandará intimá-lo pessoalmente."

[19] REsp 4.004/MT, Rel. Min. Fontes de Alencar, 4ª Turma, j. 03.09.1996.

[20] REsp 112.884/SP, Rel. Min. Ruy Rosado de Aguiar, 4ª Turma, j. 11.03.1997.

[21] No Resp. 5673272, o STJ considerou legítimos embargos apresentados após a expropriação e antes da assinatura da carta de arrematação.

[22] **"CPC/2015: Art. 676**. Os embargos serão distribuídos por dependência ao juízo que ordenou a constrição e autuados em apartado.
Parágrafo único. Nos casos de ato de constrição realizado por carta, os embargos serão oferecidos no juízo deprecado, salvo se indicado pelo juízo deprecante o bem constrito ou se já devolvida a carta."

580 | CURSO DE DIREITO PROCESSUAL CIVIL • *Luiz Fux*

O juízo deprecado, na execução por carta, é o competente para julgar os embargos de terceiro, salvo se o bem apreendido foi indicado pelo juízo deprecante ou se a carta já tiver sido devolvida, qualquer que seja a sua competência *ratione materiae*.

A regra da acessoriedade não se sobrepõe à competência absoluta, por isso que, se os embargos forem oferecidos pela União, autarquia federal ou empresa pública federal (art. 109, I, da CF), para o seu conhecimento a competência será da Justiça Federal[23], a qual decidirá sobre o processo principal. Enquanto os embargos não são julgados na esfera federal, a demanda que corre na esfera estadual permanecerá suspensa.

O deslocamento da competência impõe que a entidade federal assuma posição de parte ou de terceiro na relação processual, sendo irrelevante que apenas tenha interesse no crédito discutido.

7. FASE POSTULATÓRIA. PETIÇÃO INICIAL E REQUISITOS. JUSTIFICAÇÃO[24]

A petição inicial do embargante, além de conter a qualificação das partes, o pedido com as suas especificações, a causa de pedir, o valor da causa, o pedido de citação dos embargados e a especificação de provas, deve também fazer-se acompanhar da prova da posse pré-constituída ou a constituir em audiência de justificação designada pelo juízo, bem como a comprovação da qualidade de terceiro.

Em se tratando de ação proponível por senhor ou possuidor, é lícito ao possuidor direto alegar, com a sua posse, domínio alheio.

Sobre as provas, cabe ao embargante de pronto arrolar as testemunhas, caso deseje produzir essa forma de prova. A jurisprudência, em sua maioria, entende que, caso o arrolamento não seja feito na inicial, a produção de prova testemunhal restará preclusa[25]. Ademais, o autor deve juntar as provas documentais que deseja trazer aos autos. Será também possível produzir provas em audiência designada pelo juízo. Cumpre ressaltar, no entanto, que essa audiência não é essencial para o procedimento, logo, o juiz apenas a determinará se as provas pré-constituídas não forem suficientes.

A prova da posse é analisada sob a ótica servil para apontar a legitimidade ativa do embargante, na medida em que os embargos manejados por quem não é nem senhor nem possuidor revela manifesta carência de ação.

Considerando que os embargos versam sobre posse e propriedade, imperiosa é a citação dos cônjuges como determina o art. 73 do CPC[26].

O valor da causa é o do bem ou direito que se pretende excluir.

Acrescente-se, por fim, que o indeferimento liminar dos embargos de terceiro desafia o recurso de apelação e o deferimento da liminar é decisão interlocutória arguível por agravo de instrumento.

---

23   CC 6.609/AL, Rel. Min. Waldemar Zveiter, Segunda Seção, j. 23.02.1994.

24   **"CPC/2015: Art. 677.** Na petição inicial, o embargante fará a prova sumária de sua posse ou de seu domínio e da qualidade de terceiro, oferecendo documentos e rol de testemunhas.

     § 1º É facultada a prova da posse em audiência preliminar designada pelo juiz.

     § 2º O possuidor direto pode alegar, além da sua posse, o domínio alheio.

     § 3º A citação será pessoal, se o embargado não tiver procurador constituído nos autos da ação principal.

     § 4º Será legitimado passivo o sujeito a quem o ato de constrição aproveita, assim como o será seu adversário no processo principal quando for sua a indicação do bem para a constrição judicial."

25   STJ, 2ª Turma, REsp 362.504/RS, Rel. Min. João Otávio de Noronha, j. 04.04.2006.

26   **"CPC/2015: Art. 73.** O cônjuge necessitará do consentimento do outro para propor ação que verse sobre direito real imobiliário, salvo quando casados sob o regime de separação absoluta de bens."

8. TUTELA ANTECIPADA. LIMINAR[27]

A tutela liminar nos embargos de terceiro, referida no art. 678 do CPC, reclama os mesmos registros do art. 300 do CPC[28].

O dispositivo, muito embora refira-se à comprovação da posse, quer indicar que a prova suficiente há de ser da "lesão à posse" porquanto os embargos visam a evitar o esbulho judicial. Destarte, é possível que, não obstante a posse, o terceiro não possa opor-se ao ato judicial, *v.g.*; no caso de bens do devedor em poder de outrem, uma vez que o patrimônio do *solvens* responde pelas suas obrigações do devedor ainda que, por força de vínculo pessoal, esteja na guarda de outrem. Entretanto, se a posse de terceiro é legítima, pode opor-se ao esbulho.

Julgando suficientemente provada a posse, o juiz pode conceder a antecipação da tutela. Hipótese em que a efetivação do provimento se opera mediante a expedição de mandado de manutenção ou de restituição em favor do embargante, aplicando-se por analogia o art. 562[29] referente à tutela possessória. A prova inequívoca é a da moléstia judicial. No sentido de que o bem do terceiro não pode ser afetado ao resultado do processo alheio.

Outrossim, essa prova inequívoca que se exige em regra para a antecipação de tutela obedece ao art. 369 do CPC[30] e pode consistir em elementos que instruem a inicial ou decorrentes da audiência de justificação.

Em princípio, a concessão da tutela de urgência satisfativa, que, como se sabe, implica na satisfação prática do que pretende a parte, pode ficar condicionada à prestação de caução, a qual não deve, como princípio geral, obstar o acesso à justiça adequada. Para não criar óbice ao acesso à justiça, a lei determina que a prestação de caução não é necessária quando a parte é hipossuficiente.

A decisão de antecipação, concedida ou não, comporta o recurso de agravo de instrumento, com pedido de eficácia suspensiva ou efeito ativo.

Acrescente-se, por fim, que, não justificada satisfatoriamente a lesão judicial à posse, o procedimento prossegue sem a concessão da liminar, operando os efeitos dos embargos ao final se julgados procedentes.

De toda sorte, a sentença final deve impedir a consumação da expropriação. O Superior Tribunal de Justiça entende que o pagamento dos honorários sucumbenciais fica por conta daquele que deu causa à constrição indevida[31] – ou seja, do embargante, se não atualizou dados cadastrais;

---

[27] **"CPC/2015: Art. 678.** A decisão que reconhecer suficientemente provado o domínio ou a posse determinará a suspensão das medidas constritivas sobre os bens litigiosos objeto dos embargos, bem como a manutenção ou a reintegração provisória da posse, se o embargante a houver requerido.
Parágrafo único. O juiz poderá condicionar a ordem de manutenção ou de reintegração provisória de posse à prestação de caução pelo requerente, ressalvada a impossibilidade da parte economicamente hipossuficiente."

[28] **"CPC/2015: Art. 300.** A tutela de urgência será concedida quando houver elementos que evidenciem a probabilidade do direito e o perigo de dano ou o risco ao resultado útil do processo.
§ 1º Para a concessão da tutela de urgência, o juiz pode, conforme o caso, exigir caução real ou fidejussória idônea para ressarcir os danos que a outra parte possa vir a sofrer, podendo a caução ser dispensada se a parte economicamente hipossuficiente não puder oferecê-la.
§ 2º A tutela de urgência pode ser concedida liminarmente ou após justificação prévia.
§ 3º A tutela de urgência de natureza antecipada não será concedida quando houver perigo de irreversibilidade dos efeitos da decisão."

[29] **"CPC/2015: Art. 562.** Estando a petição inicial devidamente instruída, o juiz deferirá, sem ouvir o réu, a expedição do mandado liminar de manutenção ou de reintegração, caso contrário, determinará que o autor justifique previamente o alegado, citando-se o réu para comparecer à audiência que for designada."

[30] **"CPC/2015: Art. 369.** As partes têm o direito de empregar todos os meios legais, bem como os moralmente legítimos, ainda que não especificados neste Código, para provar a verdade dos fatos em que se funda o pedido ou a defesa e influir eficazmente na convicção do juiz."

[31] **"Súmula 303 do STJ**: Em embargos de terceiro, quem deu causa à constrição indevida deve arcar com os honorários advocatícios."

582 | CURSO DE DIREITO PROCESSUAL CIVIL • *Luiz Fux*

do embargado se, depois de tomar ciência, apresentou ou insistiu na impugnação ou recurso para manter a penhora[32].

9. SUSPENSÃO DO PROCESSO

Na vigência do Código de 1973, os embargos concedidos *initio litis* sobre todos os bens objetos de constrição paralisavam o processo ao qual se dirige pela impossibilidade de prosseguimento daquele feito na medida em que os atos subsequentes dependem da legalidade do ato ora atacado (art. 1.052, CPC/1973), o que era entendido pela jurisprudência como automático[33].

Diversamente, se a concessão fosse parcial, o feito principal donde se originou a ação acessória dos embargos, poderia prosseguir. Assim, *v.g.*; se, numa dissolução social, apenas alguns bens são excluídos por um dos sócios, a ação prossegue em relação aos demais que se visa partilhar. Idêntico raciocínio se aplica em relação aos embargos que tem como *causa petendi* a meação.

O atual diploma, ao não repetir a previsão, leva à conclusão de que, salvo se houver decisão específica e expressa, não se cogita da suspensão do curso processual.

---

32   REsp 1.452.840-SP, Rel. Min. Herman Benjamin, Primeira Seção, j. 14.09.2016.

33   Processo principal referido no art. 1.052 do CPC é aquele em que praticado a ato de turbação ou apreensão judicial de bem de terceiro. No caso, o processo de execução onde realizada a penhora. (REsp 26.577/SP, Rel. Min. Claudio Santos, 3ª Turma, j. 06.10.1992).

VIII
OPOSIÇÃO

1. GENERALIDADES

A ação de oposição é instrumento pelo qual um terceiro reivindica direito ou coisa sobre que controvertem autor e réu em um processo já instaurado[1,2]. A oposição é oferecida tanto contra o autor quanto contra o réu, pois o terceiro tem interesse em discutir o direito material e definir o direito a seu favor. De forma que o autor e o réu restem vencidos, enquanto o opoente resta vencedor.

A discussão de direito material diferencia a oposição dos embargos de terceiro. Neste, o embargante volta-se contra o ato constritivo judicial que molestou a sua posse, ele não se imiscui na discussão entre as partes sobre direito material. Não há o interesse em influenciar na decisão do juiz sobre a qual parte assiste direito, busca-se apenas a manutenção ou restituição do bem.

A inicial da ação de oposição é igual à do procedimento comum[3], devendo observar o disposto nos arts. 319 e 320 do CPC. A contestação dos opostos, no entanto, não segue o procedimento comum, visto que, embora o autor e o réu sejam litisconsortes, não se aplica o prazo em dobro previsto no art. 229 do CPC[4]. Deve ser observado o prazo comum de quinze dias estabelecido pelo parágrafo único do art. 683 do CPC.

O litisconsórcio entre os opostos é necessário, no entanto, não é unitário. O art. 684[5] do CPC permite que o juiz decida de forma diferente para cada litisconsorte, portanto, é um litisconsórcio necessário e simples, não se aplicando a regra do art. 116 do CPC[6].

Além de expressamente determinada pelo art. 683, parágrafo único, do CPC, parece-me uma consequência lógica que a competência da ação de oposição seja do juízo em que o autor e o

---

[1] **"CPC/2015: Art. 682.** Quem pretender, no todo ou em parte, a coisa ou o direito sobre que controvertem autor e réu poderá, até ser proferida a sentença, oferecer oposição contra ambos."

[2] "A ação de oposição, prevista no art. 682 do Código de Processo Civil, não é cabível quando o objetivo é substituir o autor originário no polo ativo da demanda principal, porém, em respeito ao princípio da instrumentalidade das formas, pode ser aproveitada como ação conexa" (REsp 1.889.164/SC, Rel. Min. Paulo de Tarso Sanseverino, 3ª Turma, j. 21.06.2022, *DJe* 23.062022).

[3] **"CPC/2015: Art. 683**. O opoente deduzirá o pedido em observação aos requisitos exigidos para propositura da ação.

Parágrafo único. Distribuída a oposição por dependência, serão os opostos citados, na pessoa de seus respectivos advogados, para contestar o pedido no prazo comum de 15 (quinze) dias."

[4] **"CPC/2015: Art. 229**. Os litisconsortes que tiverem diferentes procuradores, de escritórios de advocacia distintos, terão prazos contados em dobro para todas as suas manifestações, em qualquer juízo ou tribunal, independentemente de requerimento.

§ 1º Cessa a contagem do prazo em dobro se, havendo apenas 2 (dois) réus, é oferecida defesa por apenas um deles.

§ 2º Não se aplica o disposto no *caput* aos processos em autos eletrônicos."

[5] **"CPC/2015: Art. 684**. Se um dos opostos reconhecer a procedência do pedido, contra o outro prosseguirá o opoente."

[6] **"CPC/2015: Art. 116**. O litisconsórcio será unitário quando, pela natureza da relação jurídica, o juiz tiver de decidir o mérito de modo uniforme para todos os litisconsortes."

584 CURSO DE DIREITO PROCESSUAL CIVIL • *Luiz Fux*

réu discutem o direito. É que o opoente tem interesse em participar da discussão sobre o direito controvertido, logo a oposição deve ser proposta no juízo em que está ocorrendo essa discussão. Dessa forma, a competência do juízo é absoluta, visto que de caráter funcional.

2. JULGAMENTO PELA MESMA SENTENÇA

O Código processual determina que ambas as ações tramitem juntas e sejam julgadas pela mesma sentença porque, como o objeto é comum a ambas, a procedência da oposição implica a perda de objeto da ação primeira. Logo, por ser prejudicial à ação originária, a ação de oposição, ainda que no mesmo *decisum*, deve ser decidida primeiro[7]. Considerado improcedente o pedido veiculado na ação de oposição, supera-se a prejudicial e o juiz passa a julgar a ação originária.

Como a ação de oposição é proposta posteriormente à ação originária, mas deve ser julgada primeiro, o CPC dá a possibilidade ao juiz de suspender[8] o curso do processo desta ação para que aquela avance e possa ser julgada antes. A decisão pela suspensão ou não deve ser aquela que atenda melhor ao princípio da duração razoável do processo, mas que também garanta o julgamento, na mesma sentença, das duas ações.

---

[7] "CPC/2015: Art. 686. Cabendo ao juiz decidir simultaneamente a ação originária e a oposição, desta conhecerá em primeiro lugar."

[8] "CPC/2015: Art. 685. Admitido o processamento, a oposição será apensada aos autos e tramitará simultaneamente à ação originária, sendo ambas julgadas pela mesma sentença.

Parágrafo único. Se a oposição for proposta após o início da audiência de instrução, o juiz suspenderá o curso do processo ao fim da produção das provas, salvo se concluir que a unidade da instrução atende melhor ao princípio da duração razoável do processo."

IX
HABILITAÇÃO

1. GENERALIDADES

Quando houver o falecimento de alguma das partes de um processo já em curso, deve ser proposta a ação de habilitação para que a sucessão processual do morto aconteça[1]. Assim, outro assumirá o posto na demanda deixado pelo morto e o processo voltará a correr normalmente.

A sucessão processual, no entanto, não ocorre sempre que a parte falecer. A lei dispõe que algumas ações são intransmissíveis, logo, em caso de morte da parte, haverá a extinção do processo sem resolução do mérito[2].

Como tanto a parte viva quanto os sucessores do falecido podem ter interesse no prosseguimento do processo, o CPC atribuiu legitimidade a ambos para requerer a habilitação[3]. Dessa forma, na ação de habilitação, qualquer um dos mencionados no art. 688 do CPC pode ocupar o polo ativo bem como o passivo.

O processo principal, portanto, não retomará o seu regular curso apenas se houver inércia dos sucessores e da parte viva. Acaso nenhum dos legitimados requeira a habilitação, o processo principal deverá ser extinto sem resolução de mérito, visto que o juiz não pode instaurar de ofício a habilitação e que o processo não pode prosseguir sem uma das partes, pois elas são elementos da ação.

Como as partes são elementos da ação, a morte de uma delas impede que o processo volte a caminhar até que haja a sucessão processual. Por isso, o art. 689 do CPC determina que o processo principal seja suspenso quando a habilitação for requerida[4]. Retomando apenas após a definição de quem sucederá o morto no processo original.

O Código, ainda no art. 689, determina que a habilitação será autuada no processo principal, sendo esse o momento em que o processo principal é suspenso. Embora corra nos autos de um processo já existente, a natureza jurídica da habilitação não é a de incidente processual, é uma ação com procedimento especial.

Após protocolada a petição inicial, o juiz ordenará a citação, que será pessoal apenas se a parte não tiver procurador constituído, dos requeridos para que se pronunciem no prazo de cinco dias[5]. Esse pronunciamento deve somente versar sobre o pedido de sucessão requerido pelo autor,

---

[1] **"CPC/2015: Art. 687**. A habilitação ocorre quando, por falecimento de qualquer das partes, os interessados houverem de suceder-lhe no processo."

[2] **"CPC/2015: Art. 485**. O juiz não resolverá o mérito quando: (...)
IX – em caso de morte da parte, a ação for considerada intransmissível por disposição legal;"

[3] **"CPC/2015: Art. 688**. A habilitação pode ser requerida:
I – pela parte, em relação aos sucessores do falecido;
II – pelos sucessores do falecido, em relação à parte."

[4] **"CPC/2015: Art. 689**. Proceder-se-á à habilitação nos autos do processo principal, na instância em que estiver, suspendendo-se, a partir de então, o processo."

[5] **"CPC/2015: Art. 690**. Recebida a petição, o juiz ordenará a citação dos requeridos para se pronunciarem no prazo de 5 (cinco) dias.
Parágrafo único. A citação será pessoal, se a parte não tiver procurador constituído nos autos."

586 | CURSO DE DIREITO PROCESSUAL CIVIL • *Luiz Fux*

não sendo possível expandir o objeto da discussão. Portanto, o réu da ação de habilitação não pode reconvir.

Em caso de o réu impugnar a habilitação e houver necessidade de dilação probatória diversa da documental, o juiz autuará o pedido em apartado e disporá sobre a instrução. Caso não haja impugnação ou haja, mas não seja necessário produzir provas não documentais, o juiz decidirá o pedido de habilitação imediatamente[6].

Não sendo possível julgar o pedido imediatamente e devendo o processo seguir, diante do silêncio do CPC, deve ser observado o procedimento comum, devido a sua subsidiariedade em relação aos demais. No Supremo Tribunal Federal e no Superior Tribunal de Justiça, no entanto, os seus Regimentos Internos regulamentam o procedimento da ação de habilitação, devendo-se observar também os arts. 288 a 296 do RISTF e os arts. 283 a 287 do RISTJ.

Transitada em julgado a sentença de habilitação, finda-se a suspensão do processo original e ele segue seu curso[7], pois voltou a reunir todos os elementos da ação.

---

[6] "**CPC/2015: Art. 691.** O juiz decidirá o pedido de habilitação imediatamente, salvo se este for impugnado e houver necessidade de dilação probatória diversa da documental, caso em que determinará que o pedido seja autuado em apartado e disporá sobre a instrução."

[7] "**CPC/2015: Art. 692.** Transitada em julgado a sentença de habilitação, o processo principal retomará o seu curso, e cópia da sentença será juntada aos autos respectivos."

X
AÇÕES DE FAMÍLIA

1. GENERALIDADES

O CPC de 2015 criou um procedimento especial para as "ações de família", isto é, os processos contenciosos de divórcio, separação, reconhecimento e extinção da união estável, guarda, visitação e filiação[1]. Esse rol não é taxativo, visto que outras ações de família, como a ação de anulação de casamento e a ação negatória de paternidade, também obedecem a esse procedimento especial. Ademais, por disposição do CPC, esses processos correm em segredo de justiça[2].

Em relação às ações de alimentos e às que versam sobre interesse de criança ou adolescente, a aplicação desse procedimento é apenas subsidiária, pois se deve observar o procedimento previsto em legislação específica. Assim, na ação de alimentos, aplica-se primordialmente a Lei 5.478/1968 e, nas que versem sobre interesse de criança ou adolescente, aplica-se o Estatuto da Criança e do Adolescente (Lei 8.069/1990), enquanto em ambas as normas das ações de família são apenas subsidiárias.

Ademais, quando houver interesse de incapaz ou quando for parte vítima de violência doméstica ou familiar, deverá o Ministério Público intervir[3]. O *Parquet* deve participar desde o início do procedimento[4], não apenas se manifestando sobre a homologação do acordo.

Nos processos que envolverem fato relacionado a abuso ou a alienação parental, a tomada do depoimento do incapaz pelo juiz deve ser acompanhada por especialista[5]. O ideal é que o juízo obedeça à Recomendação nº 33/2010 do Conselho Nacional de Justiça, que estabelece um procedimento que resulta em maior confiabilidade e qualidade do depoimento do incapaz.

Cumpre ressaltar que este procedimento especial apenas se aplica para processos contenciosos. Quando não houver conflito de interesses, deve-se observar o procedimento de jurisdição voluntária previsto nos arts. 731 a 734 do CPC.

---

[1] **"CPC/2015: Art. 693.** As normas deste Capítulo aplicam-se aos processos contenciosos de divórcio, separação, reconhecimento e extinção de união estável, guarda, visitação e filiação.
Parágrafo único. A ação de alimentos e a que versar sobre interesse de criança ou de adolescente observarão o procedimento previsto em legislação específica, aplicando-se, no que couber, as disposições deste Capítulo."

[2] **"CPC/2015: Art. 189.** Os atos processuais são públicos, todavia tramitam em segredo de justiça os processos:
(...)
II – que versem sobre casamento, separação de corpos, divórcio, separação, união estável, filiação, alimentos e guarda de crianças e adolescentes;"

[3] **"CPC/2015: Art. 698.** Nas ações de família, o Ministério Público somente intervirá quando houver interesse de incapaz e deverá ser ouvido previamente à homologação de acordo.
Parágrafo único. O Ministério Público intervirá, quando não for parte, nas ações de família em que figure como parte vítima de violência doméstica e familiar, nos termos da Lei nº 11.340, de 7 de agosto de 2006 (Lei Maria da Penha)."

[4] **"CPC/2015: Art. 179.** Nos casos de intervenção como fiscal da ordem jurídica, o Ministério Público:
I – terá vista dos autos depois das partes, sendo intimado de todos os atos do processo; (...)."

[5] **"CPC/2015: Art. 699.** Quando o processo envolver discussão sobre fato relacionado a abuso ou a alienação parental, o juiz, ao tomar o depoimento do incapaz, deverá estar acompanhado por especialista."

2. A CONCILIAÇÃO NAS AÇÕES DE FAMÍLIA

A especialidade deste procedimento é a de estabelecer normas que tornem a conciliação mais provável do que no procedimento comum. Percebe-se um grande interesse do legislador em propiciar todos os meios para que uma solução consensual seja obtida.

Por conseguinte, o Código processual estabelece que devem ser empreendidos todos os esforços para que a solução consensual seja alcançada, permitindo que o juiz suspenda o processo enquanto as partes intentam mediação extrajudicial ou se submetem a atendimento multidisciplinar[6]. A ausência de um tempo máximo de suspenção processual, considerando que há um prazo no procedimento comum[7], reforça a maior possibilidade de autocomposição nas ações de família.

Outra diferença em relação ao procedimento comum e que contribui para a solução consensual é a obrigatoriedade da audiência de mediação e conciliação[8]. Enquanto, no procedimento comum, a audiência não será realizada se as partes se oporem[9], neste procedimento especial, ela será realizada independentemente do interesse das partes, pois não há espaço para que se manifestem sobre a audiência, as partes serão diretamente citadas para comparecer.

O art. 695, § 1º, do CPC determina que o mandado de citação do réu esteja desacompanhado de cópia da petição inicial. A falta dessa informação tem o intuito de fazer com que o réu vá para a audiência com o espírito menos litigioso, de forma a facilitar um acordo entre as partes. Ao mesmo tempo, para não deixar o réu em desvantagem, é permitido que ele examine o conteúdo da inicial a qualquer momento. Cabe, portanto, ao réu decidir se acessará o conteúdo da inicial, ou menos.

Em consonância com a inexistência de um prazo para a suspensão processual enquanto houver tentativa de conciliação, permite-se que a audiência de mediação e conciliação seja dividida em quantas sessões forem necessárias para chegar a um acordo[10]. Dessa forma, independentemente de as tratativas para uma solução consensual serem feitas no juízo ou fora dele, as partes não terão limites de tempo nem de audiências.

Como dito, a especialidade deste procedimento está nos atos relacionados à conciliação, visando facilitar uma solução consensual, no entanto, é possível que um acordo não seja obtido. Nessa hipótese, o processo prossegue obedecendo às normas do procedimento comum[11].

---

[6] **"CPC/2015: Art. 694.** Nas ações de família, todos os esforços serão empreendidos para a solução consensual da controvérsia, devendo o juiz dispor do auxílio de profissionais de outras áreas de conhecimento para a mediação e conciliação.

Parágrafo único. A requerimento das partes, o juiz pode determinar a suspensão do processo enquanto os litigantes se submetem a mediação extrajudicial ou a atendimento multidisciplinar."

[7] **"CPC/2015: Art. 313.** Suspende-se o processo: (...)

§ 4º O prazo de suspensão do processo nunca poderá exceder 1 (um) ano nas hipóteses do inciso V e 6 (seis) meses naquela prevista no inciso II."

[8] **"CPC/2015: Art. 695.** Recebida a petição inicial e, se for o caso, tomadas as providências referentes à tutela provisória, o juiz ordenará a citação do réu para comparecer à audiência de mediação e conciliação, observado o disposto no art. 694.

§ 1º O mandado de citação conterá apenas os dados necessários à audiência e deverá estar desacompanhado de cópia da petição inicial, assegurado ao réu o direito de examinar seu conteúdo a qualquer tempo.

§ 2º A citação ocorrerá com antecedência mínima de 15 (quinze) dias da data designada para a audiência.

§ 3º A citação será feita na pessoa do réu.

§ 4º Na audiência, as partes deverão estar acompanhadas de seus advogados ou de defensores públicos."

[9] **"CPC/2015: Art. 334.** Se a petição inicial preencher os requisitos essenciais e não for o caso de improcedência liminar do pedido, o juiz designará audiência de conciliação ou de mediação com antecedência mínima de 30 (trinta) dias, devendo ser citado o réu com pelo menos 20 (vinte) dias de antecedência.

(...)

§ 4º A audiência não será realizada:

I – se ambas as partes manifestarem, expressamente, desinteresse na composição consensual;"

[10] **"CPC/2015: Art. 696.** A audiência de mediação e conciliação poderá dividir-se em tantas sessões quantas sejam necessárias para viabilizar a solução consensual, sem prejuízo de providências jurisdicionais para evitar o perecimento do direito."

[11] **"CPC/2015: Art. 697.** Não realizado o acordo, passarão a incidir, a partir de então, as normas do procedimento comum, observado o art. 335 ."

XI
AÇÃO MONITÓRIA

1. GENERALIDADES[1]

A ação monitória tutela os documentos que reclamam uma prestação jurisdicional intermediária entre o processo de conhecimento e o processo de execução. O primeiro, servil aos estados de incerteza quanto ao direito afirmado pela parte e o segundo, calcado em documento inequívoco de crédito consagrado na lei como título executivo. A diferença ora timbrada justifica a que, no primeiro caso, o processo desenvolva-se em fases distintas destinadas à definição do direito após longo itinerário de amadurecimento dos fatos e do direito aplicável. O segundo, de índole satisfativa e autoritário-judicial, posto lastreado por prova inequívoca do direito da parte consubstanciada no "título executivo".

A ação monitória, por sua vez, baseia-se em "títulos para-executivos" que não justificam nem a investida imediata no patrimônio do devedor solvente, por lhes faltar os requisitos dos títulos executivos extrajudiciais, nem as delongas do processo de sentença, porquanto há um começo de prova quanto ao direito de crédito que neles se contém. É a denominada prova escrita sem eficácia de título executivo, na qual consta a obrigação assumida pelo devedor de pagamento de soma em dinheiro, entrega de coisa fungível ou infungível, entrega de determinado bem móvel ou imóvel, ou adimplemento de obrigação de fazer ou não fazer. Por exemplo: um e-mail pode embasar o pedido[2].

Trata-se de processo de conhecimento de rito especial com singularidades derivadas do título que a embasa. Isto porque, *secundum eventum defensionis*, a ação monitória pode resultar em utilidade maior da que confere a própria execução ou transmudar-se em processo puro de sentença. Como teremos oportunidade de observar, se o devedor pagar em espaço célere, obtém-se a satisfação própria do processo executivo, em tempo mais breve do que naquele se cumpridas as etapas próprias da apreensão, expropriação e pagamento. Em caso contrário, isto é, oferecida a defesa, o rito assume feição ordinária.

---

[1] A respeito do tema, consulte-se **Alexandre Freitas Câmara**, *Lições de direito processual civil*, v. III, 2003; **Fábio Ulhoa Coelho**. *Curso de direito comercial*, v. I, 2002; **Cândido Rangel Dinamarco**. *A reforma da reforma*, 2002; *Fundamentos do Processo Civil Moderno*, v. II, 2000. *Instituições de direito processual civil*, v. III, 2004. *Intervenção de terceiros*, 1997. **Leonardo Greco**. *O acesso ao Direito e à Justiça*; **Antonio Carlos Marcato**. *Procedimentos especiais*, 1999; **Francisco de Assis Filgueira Mendes**. A influência do código modelo para a ibero-américa no sistema processual civil brasileiro. *Revista de Processo*, 1998; **José Carlos Barbosa Moreira**. *O novo processo civil brasileiro: exposição sistemática do procedimento*, 2002; O futuro da justiça: alguns mitos. *Revista de Processo*, 2001; **Nelson Nery Junior; Rosa Maria Andrade Nery**. *CPC comentado e legislação processual civil extravagante em vigor*, 2002; **Nelson Nery Junior**. *Princípios do processo civil na Constituição Federal*, 1996; **Andrea Proto Pisani**. La tutela sommaria in generale e il procedimento per ingiunzione nell'ordinamento italiano. *Revista de Processo*, 1998; **Ernani Fidélis dos Santos**. *Manual de Direito Processual Civil*, v. III, 2002; **Ovídio Araújo Baptista da Silva**. *Curso de processo civil*: processo de conhecimento, v. I, 2002; **Humberto Theodoro Júnior**. *Curso de Direito Processual Civil*, v. III, 1998; **José Rogério Cruz e Tucci**. Ação monitória no novo processo civil português e espanhol. *Revista de Processo*, 2001; **Kazuo Watanabe**. *Da cognição no processo civil*, 2000.

[2] REsp 1.381.603-MS, 4ª Turma. Rel. Min. Luis Felipe Salomão, por unanimidade, j. 06.10.2016, DJe 11.11.2016.

590 CURSO DE DIREITO PROCESSUAL CIVIL • *Luiz Fux*

O procedimento monitório reparte-se em duas fases claramente distintas. A primeira dessas fases, dita monitória, principia com a propositura da demanda e termina com a citação do demandado, acompanhada de intimação a adimplir a obrigação. A segunda é a fase executiva, que terá lugar: (i) se o réu não opuser embargos ao mandado; (ii) se estes terminarem com decisão mandando prosseguir; (iii) se a sentença proferida após o oferecimento de embargos (cujo ajuizamento suspende a eficácia do mandado monitório) concluir pela inexistência do direito ou falta de pressupostos para executar, caso em que sequer terá início a execução.

Pressuposto inafastável da ação em estudo é a "prova escrita", na qual conste a obrigação assumida pelo devedor. Isso caracteriza o documento monitório, do qual se infere o direito alegado. Assim, é considerado documento monitório: o escrito particular de reconhecimento de dívida não assinado por duas testemunhas; o título de crédito não mais exigível, posto prescrito; duplicata mercantil não aceita, desacompanhada de comprovante de entrega da mercadoria; etc.[3]

Destarte, a exigência da prova escrita significa que, diversamente de outros países da Europa[4], como a Alemanha e a Itália, adotamos o procedimento monitório "documental", em contraposição ao monitório puro que permite pesquisar, em outros elementos de convicção, a obrigação assumida.

A prova escrita pode ser causal (para o fim de instrução do procedimento monitório) ou pré-constituída *tout court*. Deveras, parte da doutrina relega ao convencimento racional do juiz a aferição da prova consubstanciadora do título monitório. Entendemos, entretanto, ser imperioso observar que o título monitório permite uma técnica de sumarização da prestação jurisdicional que, se por um lado não conta com a certeza dos títulos executivos extrajudiciais, exige um comprometimento do devedor. Por esta razão não é qualquer documento que inaugura a ação.

Em contrapartida, onde cabe execução, não incide o rito da ação monitória por manifesta falta de interesse de agir. Assim, o título executivo extrajudicial não é suporte para a ação monitória.

Deveras não merece acolhida o argumento de que não cabe ação monitória contra a Fazenda Pública porquanto esta, de acordo com o art. 535 do CPC/2015, tem direito à execução especial. Tratando-se de ação de conhecimento, a ela submete-se a Fazenda Pública. Aliás, essa é a posição sólida do STJ[5].

Ressalte-se a possibilidade de o credor de título monitório abrir mão da praticidade que ora se lhe oferece, para veicular a sua pretensão creditícia via ação de rito comum. Todavia, não assim ocorre com o rito sumaríssimo dos juizados especiais porquanto ambos os procedimentos se excluem, isto é, onde incide um não cabe o outro. Ademais, é inimaginável, no procedimento simples e informal dos juizados, as nuances do rito monitório.

Finalmente advirta-se que, por expressa opção do legislador, é admissível ação monitória em face da Fazenda Pública[6].

2. HISTÓRICO E DIREITO COMPARADO

2.1 Direito romano

A origem do procedimento monitório pode-se vincular ao interdito romano, através do qual o pretor expedia ordem a pedido de um particular para que outro fizesse (interdito restitutório e exibitório) ou deixasse de fazer algo (interdito proibitório). Tratava-se de instrumento de cognição

---

[3] "Mesmo que o crédito seja originário de compra e venda mercantil com pagamento a prazo, e possa haver emissão das respectivas duplicatas, pode o credor optar por receber seu crédito via ação monitória, pois a simples emissão dos títulos não caracteriza a liquidez e certeza da dívida" (RT 744/252).

[4] A respeito do tema, a obra clássica é a de Garbagnati, Il Procedimento d.ingunzione, merecendo destaque, no direito brasileiro, os primeiros comentários de Bermudes, in Reforma. E o notável exemplo da carta agradecendo empréstimo confirmando a obrigação passível do rito injuncional.

[5] "**Súmula 339/STJ**: É cabível ação monitória contra a Fazenda Pública."

[6] "**CPC/2015: Art. 700**. A ação monitória pode ser proposta por aquele que afirmar, com base em prova escrita sem eficácia de título executivo, ter direito de exigir do devedor capaz: (...)
§ 6º É admissível ação monitória em face da Fazenda Pública."

Parte IX • XI – AÇÃO MONITÓRIA | 591

sumária, cujo pressuposto era que as alegações de fato formuladas pelo requerente fossem admitidas como verdadeiras, à luz de um juízo de verossimilhança, em função do qual concedia-se a denominada ordem (*edere* ou *editio interdicti*). Destarte, acaso a mesma não fosse cumprida, instaurava-se o procedimento pela via ordinária. Forçoso observar que, diferentemente da tutela monitória, os interditos não se prestavam a autorizar a execução em caso de inércia do destinatário da ordem, posto tendente, apenas, a manter um estado de fato.

A atividade do pretor destinava-se, tão somente, à manutenção do *status quo*, não se obtendo, por meio de tal processo, juízo acerca da existência ou inexistência do direito de uma das partes. Tal declaração somente se obtinha com a subsequente e eventual conversão do rito em procedimento ordinário.

2.2 Direito medieval

Na Idade Média, objetivando prover maior celeridade ao procedimento comum, foram instituídos "processos sumários determinados", dotados de cognição superficial, ou mesmo inexistente, acerca do mérito da pretensão posta em juízo. Neste contexto, destacam-se as execuções baseadas em *instrumenta guarentigiata*, nas quais se conferiu eficácia enérgica às ações instruídas com instrumentos de dívida lavrados perante o tabelião. Estas, porém, não se confundiam com os processos monitórios, uma vez que as execuções eram deflagradas, desde logo, com a prática de atos constritivos sobre o patrimônio do devedor, enquanto o processo monitório clássico se caracterizava por inaugurar essa eficácia, mediante exame sumário dos elementos apresentados pelo demandante e diante da ausência de apresentação de defesa pelo réu.

Ademais, a execução amparada em *instrumenta guarentigiata*[7] *era reservada, exclusivamente, às obrigações que preenchessem rigorosas formalidades, previamente determinadas, recaindo grande parte dos feitos no lento e formal procedimento ordinário.*

Merece destaque ainda outro instituto – o indiculus commonitorius –, no qual se ordenava ao réu o cumprimento de determinada pretensão sem prejuízo de citá-lo para comparecer perante o Tribunal que emitiu a ordem, com a finalidade de, na hipótese de inadimplemento, atrair a competência sobre o processo para o "Tribunal do Rei" (processo alemão do período franco).

A doutrina medieval desenvolveu o instituto do *indiculus commonitorius* e, a partir daí, construiu o procedimento monitório no qual se estabeleceu que o credor que não detivesse título executivo poderia ir a juízo pleitear, a despeito disso, mandado executivo. Nessa hipótese, o juiz, examinando sumariamente os elementos trazidos pelo autor, determinava a expedição do *mandatum de solvendo cum clausula iustificativa*, ofertando ao réu a possibilidade de se opor. De fato, opondo-se à ordem expedida, o mandado ficaria sem efeito e seria considerado mera citação (*transit in vim simplicis citationis*); a inércia do réu, por seu turno, constituía-se em prova inequívoca da verdade dos fatos alegados pelo autor, ensejando a imediata execução da ordem. Trocando em miúdos, o silêncio importava confissão, pelo réu, de que, deveras, não havia adimplido obrigação a qual se vinculara.

2.3 Direito europeu

O processo civil português não adotou a concepção generalizada da execução amparada em *instrumenta guarentigiata*, porém empregou uma espécie de procedimento monitório documental, previsto no Livro III das Ordenações Manoelinas, Título XVI, nos seguintes termos: "em que maneira se procederá contra os demandados por escrituras públicas, ou alvarás, que têm força

---

7   **Eduardo Talamini**. A tutela monitória – a ação monitória – Lei nº 9.079/1995, na qual se afirma corretamente que a denominada "sumarização do processo" na Idade Média foi resultante da retomada dos estudos do direito romano e de sua confrontação com a tradição germânica, o que também gerou para algumas hipóteses específicas (e, infelizmente, bastante restritas), o *pactum executivum*, ou seja, a deflagração de atos constritivos baseados em documentos de "submissão ao devedor".

CURSO DE DIREITO PROCESSUAL CIVIL • *Luiz Fux*

de escritura, ou reconhecidos pela parte". Tratava-se da ação da assinação de dez dias, também chamada ação decendiária.

A ação decendiária tinha caráter facultativo, podendo ser instaurada por quem portasse crédito documentado ou alvará assinado por pessoa a quem se devesse, concedendo-se ao mesmo tanta fé quanto à escritura pública (em geral, autoridades religiosas). Tratava-se, assim, de escrito particular assinado por pessoa que admitisse, em juízo, a autenticidade documental e a autoria da obrigação assumida.

Presentes os requisitos, o juiz assinava o prazo de 10 dias para que o réu pagasse ou oferecesse embargos (daí ação de assinação). Acaso o réu não pagasse nem apresentasse prova de pagamento, quitação ou outra razão que o desobrigasse de pagar, era condenado, sendo lícito ao autor requerer a execução da sentença. Diversamente, se o réu comparecesse, apresentando defesa relevante, mas sem provar, de plano, suas alegações, também restava condenado, assinando o juiz prazo para comprová-las, podendo o autor requerer a execução de forma provisória, mediante caução.

Posteriormente, as Ordenações Filipinas ratificaram as regras acima dispostas, estipulando como limite de valor sessenta mil réis, em relação ao qual o juiz poderia constranger o réu a comparecer em Juízo.

Descaracterizada a força do documento exibido pelo autor, admitia-se apenas a ação pelo rito ordinário. Revel o réu, pela ausência à audiência do rito ordinário, o documento acostado passava a ensejar a ação decendiária.

Os documentos que autorizavam a decendiária foram minuciosamente regulados quanto às suas características, operando-se uma ampliação de seu elenco. Sob esse ângulo, as escrituras públicas deveriam ser solenes e originais; os alvarás assinados por pessoas privilegiadas, dentre as quais, membros do clero, fidalgos, doutores, desembargadores e cavaleiros das ordens militares, devendo os documentos ser redigidos de próprio punho. Esta exigência, porém, era dispensável no caso de bispos, arcebispos e fidalgos, os quais poderiam requisitar a seus secretários que redigissem o documento, assinando-o ao final. A firma era personalíssima e indispensável, atestado da concordância da personalidade para com o seu conteúdo.

Além dos acima assinalados, permitia-se o ajuizamento da decendiária com a presença de escrito particular de pessoa "não privilegiada". Nada obstante, todos os documentos teriam que prever obrigação líquida, certa, pura e incondicionada.

As Ordenações Filipinas, na ordem de advento dessas legislações lusas, ratificaram o caráter personalíssimo da demanda, qual o de que a ação decendiária só poderia ser manejada perante as partes que lavraram as escrituras, sendo esta vedação estendida até aos herdeiros. No entanto, ela era excepcionada pela possibilidade de procuração em causa própria; vedada, como de seu objeto, as obrigações de fazer.

O procedimento restou disciplinado de forma mais objetiva, estipulando-se que o demandado poderia atender à citação, comparecendo à audiência em que se lhe assinalava o prazo, sendo certo que, se não pagasse nem embargasse depois, restaria condenado por sentença, cuja posterior execução teria caráter definitivo.

Na hipótese de revelia, o tratamento era o mesmo da improcedência da defesa (embargos), vale dizer, restaria também condenado por sentença e executado patrimonialmente.

Segundo o rito estabelecido, o réu também poderia comparecer e, mediante embargos, comprovar quitação, pagamento ou matéria que conduzisse à relevação da condenação. Nesse caso, o juiz receberia os embargos "por desembargo", ou seja, por decisão interlocutória, sem condenar o réu, processando-se os embargos pelo rito ordinário, sob contraditório.

2.3.1 Procedimento monitório no atual processo civil europeu

A técnica monitória é encontradiça nos ordenamentos processuais europeus, com as seguintes denominações[8]: *Procedimento d´inguizione* (Itália, arts. 633 a 656, CPC), *Mandatverfahen* e *Urkun-*

---

8   **André R.C. Fontes.** Notas sobre o procedimento monitório no direito comparado, publicado na *Revista de Direito Renovar* nº 28 (jan./abr. 2000), no qual as denominações elencadas em tela foram corretamente dispostas, perfazendo um estudo mais aprofundado acerca do processo monitório comparado.

derprozeb (Alemanha, respectivamente procedimentos monitórios puro e documental, regulados nos arts. 688 a 703 e 592 a 605, ambos do ZPO), *Injonction de payer* (França e Bélgica, previstos respectivamente nos arts. 1.405 a 1.425 do NCPC e arts. 1338 e seguintes do *Code Judiciairie*), *Rechtbot* (Suíça, art. 69 da Lei Federal Suíça sobre execução e quebra), *Dwangbevelprocedure* (Holanda, Ato do Secretário-geral do Departamento de Justiça, de 15.10.1942).

O instituto vem fundado na clássica distinção traçada por Calamandrei em monitórios documentais e monitórios puros.

O procedimento monitório puro, utilizado geralmente em causas de pequena monta, exige a mera afirmação do suposto credor, desprovida de qualquer prova documental, e o procedimento monitório documental, necessariamente apoiado em instrumentos, comumente designados de "prova escrita". Ambos possuem a aspiração de tutelar imediatamente à pretensão do credor desprovido de título executivo, sem a necessária submissão de sua pretensão a um processo no qual se desenvolva longa atividade cognitiva.

Os sistemas processuais da Alemanha e da França adotam o procedimento monitório puro, no qual, como já foi assinalado, a emissão de ordem de pagamento não se lastreia necessariamente na existência de prova escrita do débito, ou seja, a prova que acompanha o pedido (*Mahnantrag*) é prescindível. Na Alemanha, a inicial é examinada por um auxiliar do Juízo (*Rechtspfleger*), a quem compete exarar a ordem liminar de pagamento (*Zahlhungsbefehl*), já que o juiz (*Amtsgericht*) apenas analisa os pressupostos de cabimento e a plausibilidade da *causa petendi* deduzida.

O ordenamento francês, por seu turno, autoriza o próprio magistrado, após um superficial exame formal da petição inicial, a determinar a expedição de ordem de pagamento (*ordomnance portant injonction de payer*), tendo sido preliminarmente previsto na modalidade de injunção de pagar pelo Decreto de 25 de Agosto de 1937, sob a denominação de "processo simplificado para a cobrança de pequenos créditos comerciais". Posteriormente, foi estendido para a cobrança de créditos civis, através dos arts. 1.405 a 1.425 do Novo CPC, para as injunções de pagar, e dos arts. 1.425-1 a 1.425-9, para as injunções de fazer.

Nestas hipóteses, a defesa apresentada pelo devedor tem o condão de transformar a ordem emitida em simples citação[9], tendo a ordem de pagamento o simples efeito de constituir o devedor em mora. A partir deste momento, o magistrado se debruçará na análise, da veracidade das alegações feitas pelas partes e dos documentos juntados pelo credor, conforme preceitua o art. 692.2 do ZPO alemão.

Destarte, a dicotomia procedimental monitória alemã se estabelece da seguinte forma: a modalidade pura para ações de pequeno valor, visando à satisfação de prestações de dar (pagamento de uma soma em dinheiro ou entrega de bem móvel), e a forma documental para ações de maior valor, que versem acerca do pagamento de uma quantia em dinheiro ou de determinada quantidade de bens fungíveis. Na primeira hipótese, aventa-se a possibilidade oral para a forma da demanda (art. 702, ZPO)[10]. No entanto, em ambas as hipóteses, verifica-se, segundo o professor José Eduardo Carreira Alvim, que "o credor não propõe uma verdadeira e própria demanda, mas pede a expedição de uma ordem de pagamento; esta é emitida sem que a contraparte (devedor) tenha a possibilidade de defender-se"[11], podendo se opor a partir do recebimento da notificação (Widerspruch – art. 694) ou posteriormente (Einspruch – art. 700), mas, nesta última hipótese, com um rol restrito de matérias passíveis de alegação.

Expedido o ato injuntivo, o réu tem o prazo de uma semana para se opor à pretensão exordial. Havendo oposição ao decreto injuntivo, o procedimento passa a ser ordinário, submetido às suas próprias etapas, de forma bastante assemelhada aos embargos regulados pelo ordenamento brasileiro. Caso não haja oposição, o decreto passa a ter eficácia executiva (*ex legis*, sendo desnecessária a prática de outro ato que lhe atribua a eficácia em tela).

---

9   **Salvatore Satta**. *Diritto processuale civile*, 1993.
10 **Sidnei Agostinho Beneti**. Ação monitória da reforma processual, *Revista de Processo*, 1995.
11 **J.E. Carreira Alvim**. *Ação monitória e temas polêmicos da reforma processual*, 1998, p. 29.

594 | CURSO DE DIREITO PROCESSUAL CIVIL • *Luiz Fux*

Na Itália e na Bélgica, foi adotado o procedimento monitório documental, caracterizado pela exigência da prova escrita como requisito de admissibilidade, como condição da ação, ou seja, o mandado de pagamento somente é deferido após o exame dos pressupostos de admissibilidade e da cognição sumária dos elementos de convicção que aparelham o pedido inicial.

O procedimento injuntivo italiano é admitido nas seguintes hipóteses: (i) para credores de uma soma líquida em dinheiro ou de uma determinada coisa fungível; (ii) para credores de entrega de uma coisa móvel determinada; (iii) para advogados, chanceleres, oficiais judiciários ou qualquer pessoa que tenha realizado o seu trabalho em razão de um processo, pelo pagamento de honorários devidos pela sua prestação; (iv) para notários e exercentes de uma profissão ou arte, no tocante aos seus honorários e reembolso de despesas. Devido à sua ampla incidência, Pajardi afirma (com certa dose de exagero) que "o procedimento monitório salvou a justiça italiana na segunda metade do século passado"[12].

Os ordenamentos italiano e belga preceituam a obrigatoriedade de pedido escrito, podendo o decreto injuntivo ser expedido inclusive pelo conciliador. O réu, pela lei italiana, tem o prazo de quarenta dias para a impugnação, podendo este lapso temporal ser reduzido para dez ou aumentado para sessenta dias, dependendo das circunstâncias fáticas. Caso o réu se abstenha de qualquer manifestação, exige-se uma declaração, por parte do juiz, que reconheça executivo o decreto, mediante a prática de um outro decreto (art. 654 do CPC italiano e 665 do Código Judiciário belga), tornando-se título executivo com todos os seus efeitos.

No tocante ao moderno procedimento injuncional português, este se encontra disciplinado pelo Decreto-Lei nº 404, de 10.12.1993, com o intuito de contribuir para a efetivação da garantia constitucional do acesso à justiça, insculpida no art. 20 da Constituição Portuguesa.

A demanda monitória é reservada para os créditos pecuniários de valor menos expressivo (metade do valor de alçada do juízo de primeira instância), sendo, a exemplo da disciplina legal alemã, o Secretário do Tribunal que efetua a notificação do requerido, sem qualquer intervenção judicial, por carta registrada com aviso de recebimento (remetendo cópia da inicial e de eventuais documentos acostados pelo autor). No entanto, a legislação portuguesa recomenda[13] a exibição de prova documental na propositura da inicial, que será examinada somente no caso de o demandado apresentar oposição.

A inércia do devedor nos sete dias subsequentes à notificação enseja a aposição pelo secretário judicial da fórmula "Execute-se", que não constitui provimento de natureza jurisdicional, autorizando-se assim o devedor a apresentar defesa em futura execução (não possuindo, pois, a referida fórmula qualquer eficácia preclusiva). Havendo oposição do devedor ou a ocorrência de qualquer incidente processual, os autos são obrigatoriamente conclusos ao juiz da causa, sendo assim inviolado o princípio constitucional do devido processo legal.

O sistema processual espanhol instituiu a tutela monitória pela *Ley de Enjuiciamiento Civil da Espanha*, de 07.01.2000, em seus arts. 810 a 816, sendo tal procedimento, em conformidade com o modelo português, destinado à cobrança de créditos pecuniários de baixo valor, optando-se por uma fase preliminar alheia a qualquer atuação do magistrado, já que o credor apenas notifica o devedor, requerendo o cumprimento de determinada obrigação.

No entanto, diferentemente do ordenamento português, adotou-se na Espanha o procedimento monitório documental, já que o art. 810[14] exige a exibição de documento, qualquer que seja sua

---

12   **Piero Pajardi**. *Procedura civile (istituzioni e lineamenti generali)*, 1989.

13   Este entendimento é adotado por interpretação doutrinária majoritária do art. 3º do Decreto-Lei nº 404/1993, dada, por exemplo, pelos professores **Helder Martins Leitão** e **Álvaro Lopes Cardoso**, cujas obras são citadas por **José Rogério Cruz e Tucci**, em estudo cit. na obs. 6.

14   "Artículo 810. Casos en que procede el proceso monitorio: (1) podrá acudir al proceso monitorio quien pretenda de otro el pago de deuda dineraria vencida y exigible, de cantidad determinada que no exceda de cinco milliones de pesetas, cuando la devida de esa cantidad se acredite de alguna de las formas siguientes: 1º) mediante documentos, (...); 2º) mediante facturas, (...)."

Parte IX • XI – AÇÃO MONITÓRIA | **595**

forma, demonstrativo de crédito líquido e exigível e devidamente assinado pelo devedor, ou, caso tenha sido construído sem sua participação, que revele uma relação negocial habitual entre as partes.

O devedor tem prazo de 20 dias para pagar ou oferecer oposição oral ou escrita. Caso não haja qualquer manifestação do devedor no prazo acima assinalado, haverá a prolação de uma decisão que se constituirá em título executivo judicial, com os seguintes efeitos: (i) plena eficácia de coisa julgada, não podendo o devedor discutir o débito a que está obrigado a pagar; (ii) incidência de juros moratórios.

O *Rechtsbot*, instituto de longa data na Suíça, permite a expedição de "preceito executivo", a pedido do credor munido ou não de título ou documento; se o devedor se opor, no prazo de 10 dias, há a suspensão da execução, feito o rito ordinário, exceto se se tratar de crédito fundado em transações judiciais, reconhecimentos judiciais, decretos e decisões administrativas, devendo o juízo, em cinco dias, decidir sobre a oposição.

Confrontando-se as disciplinas jurídicas acima expostas, nota-se um maior apuro técnico por parte do legislador espanhol pela conceituação de prova escrita e pela estipulação da prolação de uma decisão na hipótese de inércia do réu, que reconheça a procedência do pedido, ensejadora de coisa julgada material[15].

2.4   Direito brasileiro

2.4.1   Ação decendiária no direito brasileiro

No ordenamento processual nacional, a ação decendiária foi instituída pelo Regulamento nº 737, de 25.11.1850, autorizando o manejo da ação de assinação de dez dias como instrumento de cumprimento de contratos comerciais, letras de câmbio e outros títulos comerciais, elencados no art. 247, §§ 2º e 7º, deste mesmo diploma legal. Ademais, foram instituídas restrições quanto às matérias passíveis de alegação pelos embargos, caso o documento apresentado fosse uma letra de câmbio, da terra ou nota promissória, conhecimentos de frete e letras de risco, mitigando-se o caráter personalíssimo desta demanda, já que os endossadores dos títulos comerciais também teriam legitimidade para a proposição da decendiária.

Posteriormente, a Consolidação Ribas, em 28.12.1876, reiterou basicamente a disciplina das Ordenações Filipinas, positivando interpretações doutrinárias e jurisprudenciais, como a necessidade de liquidez da obrigação, em seu art. 721.

Com a transferência da competência legislativa processual para os Estados, o procedimento decendiário foi disciplinado pelos Códigos Estaduais, mantendo-se as regras estruturais do instituto em tela, destacando-se os Códigos do Estado da Bahia (arts. 340 a 355) e do Estado de São Paulo (arts. 767 a 771).

2.4.2   Procedimento monitório nos Códigos de Processo Civil de 1939/1973/2015

O processo decendiário foi excluído do ordenamento processual brasileiro pelo CPC de 1939, podendo-se vislumbrar uma nítida índole monitória na "ação cominatória para prestação de fato ou abstenção de ato", preceituada nos arts. 302 a 310. Por meio desta ação, era o réu compelido a fazer ou deixar de fazer algo, inclusive sob pena de multa. Recusando-se a cumprir o mandamento judicial ou sequer contestando, seria o réu, de imediato, condenado ao pagamento. Contestada a ação, seguiria o feito o rito ordinário.

---

[15] "Artículo 814. Incomparecencia del deudor requerido y despacho de la ejecución. Intereses: 1. Si el deudor requerido no compareciere ante el tribunal, éste dictará auto en el que despachará ejecución por la cantidad adeudada; 2.Despachada ejecución, proseguirá ésta conforme a lo dispuesto para la de sentencias judiciales, pudiendo formularse la oposición prevista en estos casos, pero el solicitante del proceso monitorio y el deudor ejecutado no podrán pretender ulteriormente en proceso ordinario la cantidad reclamada en el monitorio o la devolución de la que con la ejecución se obtuviere."

CURSO DE DIREITO PROCESSUAL CIVIL • Luiz Fux

Com a disciplina processual instituída pelo Código de 1973, foi extinto qualquer procedimento de cunho injuntivo, inclusive a "ação cominatória", disciplinada pelo Código anterior.

Por fim, parece-nos evidente que, apesar da clara referência ao processo decendiário na exposição de motivos do Projeto de Lei que reconduziu a ação monitória ao nosso ordenamento, a inspiração principal advém do direito italiano, tendo optado o legislador por uma versão do *procedimento d´inguinzione*.

No CPC/2015, foi mantida a mesma versão da ação monitória que já havia sido inserida no CPC/1973. O legislador, no entanto, expandiu os tipos de obrigações que podem ter seu cumprimento exigido por esse procedimento especial.

3. CONDIÇÕES DA AÇÃO

3.1 Legitimidade das partes

A legitimação para agir no contexto da ação monitória não apresenta peculiaridades, devendo ser proposta pelo suposto titular do crédito, assim reconhecido no documento anexado à inicial e, em face do apontado, este o legitimado passivo. É possível, desde que haja vínculo de solidariedade passiva, a propositura em face de um ou de todos os coobrigados. Havendo litisconsórcio passivo simples, não cumprida a ordenação judicial no prazo legal, mas oferecidos os embargos por um dos réus, a respectiva decisão passa a valer como título executivo em face dos réus que se mantiveram inertes (iniciando-se a execução contra os devedores que nada alegaram em seu favor). Nada obstante, quando houver litisconsórcio passivo unitário, o oferecimento dos embargos por um dos devedores a todos aproveita, posto aplicável o regime da interdependência inerente ao litisconsórcio unitário.

Em face da natureza cognitiva do rito monitório e sua ordinarização após a apresentação da defesa, ajuizada exclusivamente em face do fiador, este poderá chamar os devedores ao processo[16].

Nos polos da relação processual monitória, tanto podem figurar como autor ou como réu pessoas físicas capazes, jurídicas, de direito público ou privado.

3.2 Interesse de agir

É cediço que, além do clássico binômio utilidade-necessidade que caracterizam o interesse de agir, parte da doutrina associa a essa condição da ação, a adequação do procedimento com vistas a se atingir a finalidade perseguida. Assim é que, naqueles casos em que o processo monitório não for o adequado, o autor carecerá de ação se optar por ele.

Assim, *v.g.*; como assentado alhures, a tutela monitória reclama como requisito essencial à utilização do instituto em tela prova escrita, sem eficácia de título executivo, representado por documento idôneo, a partir do qual se possa razoavelmente inferir a constituição e a exigibilidade do crédito afirmado pelo autor[17].

---

[16] A matéria não é pacífica, por isso que, conforme oportuna observação de José Rogério Cruz e Tucci, caso a ação monitória seja ajuizada exclusivamente em face do fiador, este não poderá chamar os devedores ao processo, já que a excepcionalidade do procedimento monitório não autoriza o manejo das intervenções de terceiro, a não ser a denunciação da lide pelo réu ao oferecer embargos, pois passa a ter a condição de autor, para aqueles que defendem a natureza autônoma e incidental dos embargos, como **Cândido Rangel Dinamarco**.

[17] A jurisprudência do STJ vem se mostrando flexível quanto aos referidos documentos, como no REsp 264060-PI, Rel. Min. Ruy Rosado, julg. em 07.11.2001, no qual assentou-se acerca de ação monitória baseada em faturas de serviços médicos, que "não constitui prova escrita suficiente para instruir ação monitória a documentação unilateralmente emitida pela credora, instituto médico, na qual não consta nenhum reconhecimento de débito pela devedora, além das faturas de serviço serem indefinidas sem a individualização dos serviços prestados, como nome e data do exame ou consulta". Em contrapartida noutro aresto, REsp nº 309.741-SP, Rel. Min. Eliana Calmon, j. 10.12.2002 (dentre outros julgados), decidiu-se que a utilização de guias de recolhimento e quadro demonstrativo de dívida, por ela unilateralmente emitida, é permitida no manejo da demanda monitória, já que, "se certa a indicação do credor, do devedor, da incidência e da

Parte IX · XI – AÇÃO MONITÓRIA | 597

Outrossim, tem-se, como inidôneo para a propositura da demanda monitória, o documento que demonstre somente alguns dos fatos constitutivos, sem, contudo, nada informar sobre outros, que também façam parte da causa de pedir[18].

4. ESTRUTURA DO PROCEDIMENTO

Em essência, o procedimento monitório observa a seguinte estrutura: (1º) demanda; (2º) juízo de admissibilidade; (3º) em caso de juízo de admissibilidade positivo, citação do réu e, simulta-neamente, intimação para que cumpra o mandado monitório; (4º) oportunidade para que o réu se manifeste, podendo assumir uma das seguintes condutas: (i) acatamento do mandado monitório; (ii) contumácia ou (iii) oferecimento de embargos; (5º) diante da primeira atitude do réu, extingue-se o processo, porquanto satisfeita a pretensão do autor; (6º) diante da segunda, adquire o mandado monitório eficácia executiva, passando-se, imediatamente, à fase de execução (sem que seja ne-cessário instaurar processo autônomo); (7º) diante da terceira, isto é, sendo oferecidos embargos, que, neste caso, não constituem novo processo, passa-se a adotar o rito ordinário até a prolação de sentença; (8º) reconhecendo a sentença a procedência da pretensão monitória e promovendo, por conseguinte, o acertamento do direito, atribui ao mandado eficácia executiva, passando-se à fase de execução (sem que seja necessário instaurar processo autônomo).

Destarte, é possível que o procedimento se resuma a três etapas. A primeira, abrange a de-manda, o juízo de admissibilidade e a citação do réu. Nesta, desenvolve o Estado-juiz cognição sumária. Surge, em seguida, uma etapa intermediária, que possui caráter eventual e observará o procedimento ordinário dependendo de o réu oferecer embargos monitórios, quando, então, realizar-se-á cognição plena e exauriente. A etapa final, por óbvio, destina-se à efetivação do co-mando contido no mandado monitório.

5. PETIÇÃO INICIAL[19]

Na inicial, o autor deverá pedir, conforme o caso, o pagamento de determinada soma em dinheiro; a entrega de coisa fungível ou infungível, de determinado bem móvel ou imóvel; ou o adimplemento de obrigação de fazer ou não fazer.

---

base de cálculo, é absolutamente dispensável a assinatura do devedor no documento representativo da dívida, que pode ser produzido unilateralmente. O que sempre deve se resguardar é o direito de o devedor impugná-lo substancialmente".

[18] Nesse sentido, corroborando as lições de **Cândido Rangel Dinamarco**, para o qual o mero "começo de prova escrita" não é suficiente para o procedimento monitório.

[19] **"CPC/2015: Art. 700.** A ação monitória pode ser proposta por aquele que afirmar, com base em prova escrita sem eficácia de título executivo, ter direito de exigir do devedor capaz:

I – o pagamento de quantia em dinheiro;

II – a entrega de coisa fungível ou infungível ou de bem móvel ou imóvel;

III – o adimplemento de obrigação de fazer ou de não fazer.

§ 1º A prova escrita pode consistir em prova oral documentada, produzida antecipadamente nos termos do art. 381.

§ 2º Na petição inicial, incumbe ao autor explicitar, conforme o caso:

I – a importância devida, instruindo-a com memória de cálculo;

II – o valor atual da coisa reclamada;

III – o conteúdo patrimonial em discussão ou o proveito econômico perseguido.

§ 3º O valor da causa deverá corresponder à importância prevista no § 2º, incisos I a III.

§ 4º Além das hipóteses do art. 330, a petição inicial será indeferida quando não atendido o disposto no § 2º deste artigo.

§ 5º Havendo dúvida quanto à idoneidade de prova documental apresentada pelo autor, o juiz intimá-lo-á para, querendo, emendar a petição inicial, adaptando-a ao procedimento comum.

§ 6º É admissível ação monitória em face da Fazenda Pública.

§ 7º Na ação monitória, admite-se citação por qualquer dos meios permitidos para o procedimento comum."

598 | CURSO DE DIREITO PROCESSUAL CIVIL • *Luiz Fux*

Obedece-se às regras do art. 330[20] combinado com o disposto no art. 700, § 4º, ambos do CPC, por isso que, se a inicial não estiver instruída com prova escrita hábil, o juiz deverá indeferi--la, se não emendada no prazo determinado, e desta sentença caberá apelação (art. 331 do CPC[21]). O Superior Tribunal de Justiça, conquanto exija a apresentação do memorial descritivo, admite a emenda para complementação[22].

Tratando-se de ação de conhecimento de natureza pessoal, segue-se a regra geral, fixando-se, como competente, o juízo do foro do domicílio do réu (artigo 46 do CPC).

Caso entenda, em análise sumária, que o direito do autor é evidente, o juiz deve ordenar a citação do réu e, no mesmo ato, deferir a expedição do mandado monitório. Trata-se de singular antecipação de tutela cuja satisfatividade prática dependerá do comportamento do devedor[23]. Caberá ao réu, após citado, optar por adimplir a obrigação e pagar os honorários advocatícios, por apresentar embargos ou por permanecer inerte.

Do mandado expedido deve constar que, se não forem oferecidos embargos no prazo de quinze dias, constituir-se-á título executivo judicial e o mandado de citação se converterá em mandado executivo (art. 701, § 2º), conforme o caso determinar o pagamento de quantia certa, adimplemento de obrigação de fazer ou não fazer, entrega de bem móvel ou imóvel, ou entrega de coisa infungível ou fungível (hipótese em que, se a escolha couber ao credor, deverá fazê-la na inicial).

---

[20] **"CPC/2015: Art. 330.** A petição inicial será indeferida quando:

I – for inepta;

II – a parte for manifestamente ilegítima;

III – o autor carecer de interesse processual;

IV – não atendidas as prescrições dos arts. 106 e 321 .

§ 1º Considera-se inepta a petição inicial quando:

I – lhe faltar pedido ou causa de pedir;

II – o pedido for indeterminado, ressalvadas as hipóteses legais em que se permite o pedido genérico;

III – da narração dos fatos não decorrer logicamente a conclusão;

IV – contiver pedidos incompatíveis entre si.

§ 2º Nas ações que tenham por objeto a revisão de obrigação decorrente de empréstimo, de financiamento ou de alienação de bens, o autor terá de, sob pena de inépcia, discriminar na petição inicial, dentre as obrigações contratuais, aquelas que pretende controverter, além de quantificar o valor incontroverso do débito.

§ 3º Na hipótese do § 2º, o valor incontroverso deverá continuar a ser pago no tempo e modo contratados."

[21] **"CPC/2015: Art. 331.** Indeferida a petição inicial, o autor poderá apelar, facultado ao juiz, no prazo de 5 (cinco) dias, retratar-se.

§ 1º Se não houver retratação, o juiz mandará citar o réu para responder ao recurso.

§ 2º Sendo a sentença reformada pelo tribunal, o prazo para a contestação começará a correr da intimação do retorno dos autos, observado o disposto no art. 334 .

§ 3º Não interposta a apelação, o réu será intimado do trânsito em julgado da sentença."

[22] Para fins do art. 543-C, §§ 7º e 8º, do CPC, firma-se a seguinte tese: a petição inicial da ação monitória para cobrança de soma em dinheiro deve ser instruída com demonstrativo de débito atualizado até a data do ajuizamento, assegurando-se, na sua ausência ou insuficiência, o direito da parte de supri-la, nos termos do art. 284 do CPC. (REsp 1154730/PE, Rel. Min. João Otávio de Noronha, Segunda Seção, j. 08.04.2015).

[23] **"CPC/2015: Art. 701.** Sendo evidente o direito do autor, o juiz deferirá a expedição de mandado de pagamento, de entrega de coisa ou para execução de obrigação de fazer ou de não fazer, concedendo ao réu prazo de 15 (quinze) dias para o cumprimento e o pagamento de honorários advocatícios de cinco por cento do valor atribuído à causa.

§ 1º O réu será isento do pagamento de custas processuais se cumprir o mandado no prazo.

§ 2º Constituir-se-á de pleno direito o título executivo judicial, independentemente de qualquer formalidade, se não realizado o pagamento e não apresentados os embargos previstos no art. 702, observando-se, no que couber, o Título II do Livro I da Parte Especial .

§ 3º É cabível ação rescisória da decisão prevista no *caput* quando ocorrer a hipótese do § 2º.

§ 4º Sendo a ré Fazenda Pública, não apresentados os embargos previstos no art. 702, aplicar-se-á o disposto no art. 496, observando-se, a seguir, no que couber, o Título II do Livro I da Parte Especial.

§ 5º Aplica-se à ação monitória, no que couber, o art. 916 ."

A possibilidade de oferecimento de embargos suspensivos da eficácia do mandado liminar e a não satisfatividade prática do mesmo revelam que a decisão preambular, que determina a expedição do mandado, é irrecorrível por manifesta falta de interesse processual.

De toda sorte, sua natureza é de decisão interlocutória sem conteúdo material de definição de direitos, posto que, não oferecidos os embargos, nova decisão impõe-se, agora sob a forma de sentença constitutiva do título judicial.

5.1 Causa petendi e causa debendi

Suscita-se a questão sobre se é suficiente à regularidade formal da petição inicial da ação monitória a exibição do título ou se é mister a indicação da *causa debendi*. A questão tem gerado diversas afirmações, dentre as quais a de que a petição inicial deve informar a *causa debendi*, não sendo suficiente – para satisfazer o CPC, art. 319, III – a simples referência ao inadimplemento e ao fato de o documento (ou documentos) representar um crédito do autor contra o réu. Omissa a petição inicial quanto a este requisito, deve-se conceder ao autor a oportunidade de emendá-la, nos termos do CPC, art. 321[24].

Contudo, a jurisprudência do tema não tem hesitado em admitir a simples juntada do título[25]. A jurisprudência assenta-se na finalidade da ação que é agilizar a prestação da justiça pela verossimilhança que encerra o título monitório, apenas expungida pelo acolhimento dos embargos. Desta sorte, quem faz assomar no cenário do processo questões inerentes à *causa debendi* é o réu, cumprindo ao autor, tão somente, anexar a prova do seu direito, consubstanciado no documento injuncional.

6. EMBARGOS[26]

Consoante afirmado preambularmente, a ação monitória revela notável utilidade conforme o comportamento do devedor. Assim é que, expedido o mandado, o réu pode assumir as seguintes atitudes:

---

[24] Na doutrina, encontra-se, neste mesmo sentido, o magistério de Humberto Theodoro Júnior, para quem a petição inicial "deve conter a descrição do fato constitutivo do direito do autor, já que este não dispõe de título executivo capaz de dispensá-lo da demonstração da *causa debendi*".

[25] "**Súmula 531 do STJ:** Em ação monitória fundada em cheque prescrito ajuizada contra o emitente, é dispensável a menção ao negócio jurídico subjacente à emissão da cártula."

[26] "**CPC/2015: Art. 702**. Independentemente de prévia segurança do juízo, o réu poderá opor, nos próprios autos, no prazo previsto no art. 701, embargos à ação monitória.

§ 1º Os embargos podem se fundar em matéria passível de alegação como defesa no procedimento comum.

§ 2º Quando o réu alegar que o autor pleiteia quantia superior à devida, cumprir-lhe-á declarar de imediato o valor que entende correto, apresentando demonstrativo discriminado e atualizado da dívida.

§ 3º Não apontado o valor correto ou não apresentado o demonstrativo, os embargos serão liminarmente rejeitados, se esse for o seu único fundamento, e, se houver outro fundamento, os embargos serão processados, mas o juiz deixará de examinar a alegação de excesso.

§ 4º A oposição dos embargos suspende a eficácia da decisão referida no *caput* do art. 701 até o julgamento em primeiro grau.

§ 5º O autor será intimado para responder aos embargos no prazo de 15 (quinze) dias.

§ 6º Na ação monitória admite-se a reconvenção, sendo vedado o oferecimento de reconvenção à reconvenção.

§ 7º A critério do juiz, os embargos serão autuados em apartado, se parciais, constituindo-se de pleno direito o título executivo judicial em relação à parcela incontroversa.

§ 8º Rejeitados os embargos, constituir-se-á de pleno direito o título executivo judicial, prosseguindo-se o processo em observância ao disposto no Título II do Livro I da Parte Especial, no que for cabível.

§ 9º Cabe apelação contra a sentença que acolhe ou rejeita os embargos.

§ 10. O juiz condenará o autor de ação monitória proposta indevidamente e de má-fé ao pagamento, em favor do réu, de multa de até dez por cento sobre o valor da causa.

§ 11. O juiz condenará o réu que de má-fé opuser embargos à ação monitória ao pagamento de multa de até dez por cento sobre o valor atribuído à causa, em favor do autor."

600 | CURSO DE DIREITO PROCESSUAL CIVIL • *Luiz Fux*

a) Cumprir o mandado, hipótese em que pagará honorários e ficará isento do pagamento de custas processuais, não obstante o juiz julgue extinto o processo, sendo admitido o pagamento parcelado, nos moldes do art. 916;

b) Oferecer embargos, caso em que se suspende a eficácia do mandado, que só se restaura com o desacolhimento deles, hipótese em que se constitui de pleno direito título executivo judicial do débito e da sucumbência;

c) Manter-se revel, caso em que se converte o processo de conhecimento em processo de execução, que seguirá o rito conforme a natureza da prestação. Assim, *v.g.*; se o mandado continha determinação de pagamento de soma, converte-se a monitória em "cumprimento de sentença por quantia certa" e assim por diante.

Considerando-se que a ação monitória tem natureza cognitiva e rito especial, os embargos representam verdadeira defesa, sendo cabível, inclusive, a reconvenção (art. 702, § 6º, do CPC), com pedido, por exemplo, de repetição de indébito, em embargos.

Os embargos, posto se subsumirem ao rito ordinário, possibilitam às partes ampla discussão da matéria, com produção de provas em audiência, perícias, depoimentos, juntadas de documentos etc.

A suspensão da eficácia do mandado injuntivo mediante oposição de embargos, nos termos do art. 702, § 4º do CPC, impede o autor de ação monitória de se valer de medidas preparatórias da execução, *v.g.*; a constrição de bens.

A natureza de defesa dos embargos implica que seu julgamento se perfaça por sentença. O duplo efeito, contudo, não se aplica, porque, a partir de uma análise sistemática, percebe-se que é uma hipótese de exceção ao efeito suspensivo da apelação. O art. 702, § 4º, determina a suspensão da decisão de expedição de mandado de pagamento do art. 701, o que persiste somente até o julgamento de primeiro grau, ou seja, até a prolação da sentença. Ademais, no art. 702, § 8º, também se determina que a simples rejeição dos embargos já constitui de pleno direito o título executivo judicial, com prosseguimento imediato da ação e dos atos executivos. Entende-se, portanto, que, como nas apelações que versam sobre embargos à execução, não se aplica o duplo efeito recursal à apelação aos embargos monitórios.

Interessante hipótese ocorre quando convertido o processo injuntivo em processo de execução pela improcedência dos embargos ou não oposição deles. No processo subsequente, novos embargos podem ser opostos, agora do "executado". Não obstante, a possibilidade de embargar a execução, na segunda fase, não rompe a preclusão e, *a fortiori*, não reabre a possibilidade de arguir matéria própria dos embargos monitórios.

7. PROCEDIMENTO MONITÓRIO E JUIZADOS ESPECIAIS

A técnica simples do rito monitório tem suscitado dúvidas sobre a possibilidade de seu aforamento nos juizados especiais. No entanto, entendo ser possível esse aforamento, porque a competência dos Juizados Especiais deve se basear na expressão econômica do feito, inclusive no caso da ação monitória. Além, a Lei 9.099/1995 e a Lei 12.153/2009 não excepcionaram a possibilidade de ajuizar ação monitória perante os juizados especiais.

Destaca-se ainda que o STJ, em decisão de relatoria do Ministro Marco Buzzi, declarou a competência do Juizado Especial para julgar ação monitória[27].

---

[27]   STJ – CC: 161711 MG 2018/0275814-0, Rel. Min. Marco Buzzi, *DJ* 03.06.2019.

XII
HOMOLOGAÇÃO DO PENHOR LEGAL

1. GENERALIDADES

O CC define que a constituição do penhor se dá pela transferência efetiva da posse que, em garantia do débito ao credor ou a quem o represente, faz o devedor, ou alguém por ele, de uma coisa móvel, suscetível de alienação[1]. Há mais de um tipo de penhor previsto pelo CC, como o penhor pecuário e o penhor industrial e mercantil, no entanto, o procedimento especial previsto pelo CPC trata apenas do penhor legal, definido pelos arts. 1.467 a 1.472 do CC/2002.

O penhor legal pode ser estabelecido entre as partes por convenção, determinando um bem móvel e suscetível de alienação que servirá como garantia do débito ao credor em caso de inadimplência do devedor. No entanto, o CC prevê que, independentemente de convenção, são credores pignoratícios[2]:

I) os hospedeiros, ou fornecedores de pousada ou alimento, sobre as bagagens, móveis, joias ou dinheiro que os seus consumidores ou fregueses tiverem consigo nas respectivas casas ou estabelecimentos, pelas despesas ou consumo que aí tiverem feito;

II) o dono do prédio rústico ou urbano, sobre os bens móveis que o rendeiro ou inquilino tiver guarnecendo o mesmo prédio, pelos aluguéis ou rendas.

A existência de um bem que garanta o seu crédito permite que o credor exija esse bem do devedor quando este for inadimplente. O devedor pode espontaneamente entregar o bem ao credor pignoratício, por entender que é de direito deste a posse da coisa empenhada[3]. Contudo, o devedor pode se recusar a entregar o bem, cabendo ao credor adotar medidas para efetivar o penhor.

---

[1] **"CC/2002: Art. 1.431.** Constitui-se o penhor pela transferência efetiva da posse que, em garantia do débito ao credor ou a quem o represente, faz o devedor, ou alguém por ele, de uma coisa móvel, suscetível de alienação.

Parágrafo único. No penhor rural, industrial, mercantil e de veículos, as coisas empenhadas continuam em poder do devedor, que as deve guardar e conservar."

[2] **"CC/2002: Art. 1.467.** São credores pignoratícios, independentemente de convenção:

I – os hospedeiros, ou fornecedores de pousada ou alimento, sobre as bagagens, móveis, jóias ou dinheiro que os seus consumidores ou fregueses tiverem consigo nas respectivas casas ou estabelecimentos, pelas despesas ou consumo que aí tiverem feito;

II – o dono do prédio rústico ou urbano, sobre os bens móveis que o rendeiro ou inquilino tiver guarnecendo o mesmo prédio, pelos aluguéis ou rendas."

[3] **"CC/2002: Art. 1.433.** O credor pignoratício tem direito:

I – à posse da coisa empenhada;

II – à retenção dela, até que o indenizem das despesas devidamente justificadas, que tiver feito, não sendo ocasionadas por culpa sua;

III – ao ressarcimento do prejuízo que houver sofrido por vício da coisa empenhada;

IV – a promover a execução judicial, ou a venda amigável, se lhe permitir expressamente o contrato, ou lhe autorizar o devedor mediante procuração;

V – a apropriar-se dos frutos da coisa empenhada que se encontra em seu poder;

602 | CURSO DE DIREITO PROCESSUAL CIVIL • *Luiz Fux*

2. A NECESSIDADE DE *PERICULUM IN MORA* PARA A TOMADA DO PENHOR

Tendo o devedor se recusado a entregar o bem exigido pelo credor, a existência, ou não, de *periculum in mora* determinará como o credor deve proceder.

Em caso de existência de *periculum in mora*, o credor pode fazer efetivo o penhor pelas próprias mãos, tomando o bem do devedor e lhe dando comprovante dos bens apossados[4]. Ato contínuo, o credor deverá requerer a homologação do penhor legal[5]. Procedente o pedido, a posse do credor sobre o bem consolidar-se-á[6].

O uso da expressão "ato contínuo" pelo legislador deixa dúvida nos intérpretes a respeito de qual o prazo para que o credor requeira a homologação. Diante da dúvida, entendo, assim como parte da doutrina[7], que, por analogia, deve ser seguido o prazo de 30 dias previsto no art. 308 do CPC[8], mesmo não sendo uma ação de natureza cautelar. Caso o credor que tomou o penhor para si desrespeite esse prazo, poderá o devedor ingressar com ação possessória, visto que a posse do bem móvel penhorado passará a ser considerada injusta.

Cumpre ressaltar que a permissão legal de tomada do bem pelas próprias mãos não permite que o credor faça uso exagerado da força ou crie indesejável perturbação social[9]. A extrapolação desses limites faz com que o credor incorra em ilegalidade.

Quando for necessário o uso exagerado da força ou a criação de indesejável perturbação social para a tomada do bem, mas houver *periculum in mora*, o credor deve propor ação cautelar para, assegurado o bem, propor a ação de homologação do penhor legal para veicular o pedido satisfatório. Provido o pedido principal, a sentença homologará o penhor legal e determinará que a posse do bem empenhado passe para o credor.

Em caso de inexistência de *periculum in mora*, o credor pignoratício deve recorrer ao Judiciário e se utilizar do procedimento especial para solicitar a homologação do penhor legal sem que o bem esteja em sua posse. De igual forma à da hipótese previamente descrita, caso o pedido seja julgado procedente, a sentença, além de homologar o penhor, determinará que a posse do bem garante do débito seja transferida para o autor da demanda.

3. ESPECIALIDADES PROCEDIMENTAIS

O CPC de 2015 inovou ao permitir que o credor homologasse o penhor legal[10] pela via extrajudicial. Dessa forma, ele tem a faculdade de requerer a homologação ao notário de sua escolha

---

VI – a promover a venda antecipada, mediante prévia autorização judicial, sempre que haja receio fundado de que a coisa empenhada se perca ou deteriore, devendo o preço ser depositado. O dono da coisa empenhada pode impedir a venda antecipada, substituindo-a, ou oferecendo outra garantia real idônea."

[4] **"CC/2002: Art. 1.470.** Os credores, compreendidos no art. 1.467, podem fazer efetivo o penhor, antes de recorrerem à autoridade judiciária, sempre que haja perigo na demora, dando aos devedores comprovante dos bens de que se apossarem."

[5] **"CPC/2015: Art. 703.** Tomado o penhor legal nos casos previstos em lei, requererá o credor, ato contínuo, a homologação."

[6] **"CPC/2015: Art. 706.** Homologado judicialmente o penhor legal, consolidar-se-á a posse do autor sobre o objeto."

[7] **L. G. Marinoni; S. C. Arenhart; D. Mitidiero** *Novo Curso de Processo Civil*: Tutela dos direitos mediante procedimentos diferenciados, 2017. p. 192.

[8] **"CPC/2015: Art. 308.** Efetivada a tutela cautelar, o pedido principal terá de ser formulado pelo autor no prazo de 30 (trinta) dias, caso em que será apresentado nos mesmos autos em que deduzido o pedido de tutela cautelar, não dependendo do adiantamento de novas custas processuais."

[9] **D. A. A. Neves.** *Manual de Direito Processual Civil*, 2018. p. 1040.

[10] **"CPC/2015: Art. 703.** Tomado o penhor legal nos casos previstos em lei, requererá o credor, ato contínuo, a homologação.

§ 1º Na petição inicial, instruída com o contrato de locação ou a conta pormenorizada das despesas, a tabela dos preços e a relação dos objetos retidos, o credor pedirá a citação do devedor para pagar ou contestar na audiência preliminar que for designada.

(art. 703, § 2º). Deveras, a escolha da via a ser adotada cabe apenas ao credor, pois o legislador não estabeleceu que a via extrajudicial deve ser buscada antes de se recorrer à via judicial.

Tanto na via judicial quanto na extrajudicial, após requerida a homologação, o devedor será citado para pagar a dívida ou contestar o pedido do autor. Na via judicial, o devedor deverá manifestar-se em audiência preliminar a ser designada pelo juízo (art. 703, § 1º). Na extrajudicial, o prazo do devedor é de cincos dias a partir de sua citação para apresentar defesa escrita (art. 703, § 3º).

Tendo o devedor apresentado sua defesa perante o notário, o procedimento será enviado ao juízo competente, devido à necessidade de dirimir a lide existente (art. 703, § 3º). Caso o devedor não se manifeste, o penhor legal será homologado por escritura pública (art. 703, § 4º).

Neste procedimento, as matérias que o réu pode alegar são limitadas, devendo a discussão jurídica tratar apenas do penhor legal. A expansão do objeto da lide para discutir a dívida e sua extensão viola o escopo da ação de homologação de penhor legal, devendo essa discussão ser feita em outra sede.

Dessa forma, o CPC estabelece matérias passíveis de serem alegadas pela defesa: I – nulidade do processo; II – extinção da obrigação; III – não estar a dívida compreendida entre as previstas em lei ou não estarem os bens sujeitos a penhor legal; IV – alegação de haver sido ofertada caução idônea[11], rejeitada pelo credor.

Embora parte da doutrina defenda que esse rol é exemplificativo, as matérias que podem ser alegadas continuam restritas àquelas que, embora não citadas no rol, tratem apenas do penhor legal.

Superada a audiência preliminar, passa-se a seguir o procedimento comum até a prolação da sentença[12].

A sentença que homologar o penhor consolidará a posse do autor sobre o objeto, caso ele já o detenha, ou transferirá a posse para o autor, caso o réu ainda detenha o bem. Todavia, a sentença que negar a homologação devolverá o bem ao réu.

Posto que o processo não discutiu questões relacionadas à dívida, a sentença que julgar procedente o pedido não autoriza a execução da dívida e a sentença improcedente não impede a cobrança pelo procedimento comum. Ressalva-se a hipótese de ter sido reconhecida a extinção da obrigação, pois esse reconhecimento impede a posterior cobrança pelo procedimento comum[13]. Contra essa decisão poderá ser interposta apelação que, seguindo a regra geral das apelações no CPC, será recebida em seu duplo efeito.

---

§ 2º A homologação do penhor legal poderá ser promovida pela via extrajudicial mediante requerimento, que conterá os requisitos previstos no § 1º deste artigo, do credor a notário de sua livre escolha.

§ 3º Recebido o requerimento, o notário promoverá a notificação extrajudicial do devedor para, no prazo de 5 (cinco) dias, pagar o débito ou impugnar sua cobrança, alegando por escrito uma das causas previstas no art. 704, hipótese em que o procedimento será encaminhado ao juízo competente para decisão.

§ 4º Transcorrido o prazo sem manifestação do devedor, o notário formalizará a homologação do penhor legal por escritura pública."

[11] "**CC/2002: Art. 1.472.** Pode o locatário impedir a constituição do penhor mediante caução idônea."

[12] "**CPC/2015: Art. 705.** A partir da audiência preliminar, observar-se-á o procedimento comum."

[13] "**CPC/2015: Art. 706**. Homologado judicialmente o penhor legal, consolidar-se-á a posse do autor sobre o objeto.

§ 1º Negada a homologação, o objeto será entregue ao réu, ressalvado ao autor o direito de cobrar a dívida pelo procedimento comum, salvo se acolhida a alegação de extinção da obrigação.

§ 2º Contra a sentença caberá apelação, e, na pendência de recurso, poderá o relator ordenar que a coisa permaneça depositada ou em poder do autor."

XIII
REGULAÇÃO DE AVARIA GROSSA

1. GENERALIDADES

O transporte marítimo ou fluvial de mercadorias é, desde muitos séculos, uma das maneiras adotadas pelas sociedades para realizar trocas dentro ou fora do país. Isso fez com que fosse necessário estabelecer regras específicas para essas atividades, surgindo assim o Direito Marítimo. Dentro desse ramo do Direito, há normas que tutelam as avarias, que são os danos sofridos ao navio ou às cargas ou são as despesas extraordinárias por conta de fato inerente à navegação[1].

As avarias diferenciam-se em grossas e simples. Essa categorização, no arcabouço jurídico brasileiro, pode ser vista no art. 763[2] do Código Comercial de 1850 (Lei 556/1850). Segundo Carla Gibertoni, a avaria grossa, que é de escopo deste capítulo, pode ser definida desta maneira:

> *A avaria grossa ou comum é originária da vontade humana, com vista à salvaguarda de interesses maiores, em defesa do bem comum, visando evitar males de maior vulto em detrimento da comunidade de interesses. Aqui para proceder a indenização ou reparo, devem contribuir todos os interessados na expedição marítima.*[3]

Quando houver avaria grossa, portanto, todos os interessados devem arcar com a indenização ou com o reparo daquele que foi prejudicado para viabilizar que a expedição tivesse bom fim. Podendo o armador, que pode ser entendido como o transportador, reter mercadorias até que sejam apresentadas, pelos seus consignatários, garantias relativas à parte de cada um no rateio do custo gerado pela avaria grossa[4].

Por serem questões de alta particularidade, o CPC estabeleceu o procedimento especial da Regulação de Avaria Grossa para que, diante do juiz, seja discutida a existência de avaria grossa e, caso existente, seja feita a individualização de quanto do prejuízo cada um dos interessados terá de arcar.

2. O REGULADOR DE AVARIAS

Neste procedimento especial, há a figura do regulador de avarias. Essa figura assemelha-se à do perito porque ambos são detentores de notório conhecimento técnico ou científico. Portanto, aplicam-se, no que couber, ao regulador os artigos do CPC que tratam do perito[5].

---

[1] **T. A CARVALHO; M. F. Q. OBREGON**. Breve escorço sobre as avarias no direito marítimo e a regulação das avarias grossas no novo código processual civil. *Derecho y Cambio Social*, 2019.

[2] "Código Comercial de 1850 (Lei 556/1850): Art. 763. As avarias são de duas especies: avarias grossas ou communs, e avarias simples ou particulares. A importancia das primeiras he repartida proporcionalmente entre o navio, seu frete e a carga; e a das segundas he supportada, ou só pelo navio, ou só pela cousa que soffreo o damno ou deo causa á despeza."

[3] **C. A. C. Gibertoni**. *Teoria e Prática do Direito Marítimo*, 2014.

[4] "**Decreto-Lei nº 116/1967**: Art. 7º Ao armador é facultado o direito de determinar a retenção da mercadoria nos armazéns, até ver liquidado o frete devido ou o pagamento da contribuição por avaria grossa declarada."

[5] "**CPC/2015: Art. 711**. Aplicam-se ao regulador de avarias os arts. 156 a 158, no que couber."

606 | CURSO DE DIREITO PROCESSUAL CIVIL • *Luiz Fux*

A definição sobre quem será nomeado regulador de avarias cabe aos interessados na expedição, no entanto, diante da ausência de consenso acerca da nomeação, o juízo nomeá-lo-á quando provocado por algum dos interessados[6].

3. ESPECIALIDADES PROCEDIMENTAIS

O procedimento especial da regulação de avaria grossa tem início com a declaração apresentada perante o juiz sobre os danos sofridos e se eles são passíveis de rateio na forma de avaria grossa. Essa afirmação ou negação deve ser fundada em documentos relacionados à expedição[7].

O CPC afirma que cabe ao regulador fazer essa declaração, no entanto, essa hipótese é excepcional. Geralmente, o transportador, por ter participado da expedição e deter os documentos, apresenta essa declaração, cabendo ao regulador manifestar-se sobre ela. Excepcionalmente, diante da inércia do transportador, o regulador receberá os documentos e apresentará a declaração.

Será dada oportunidade para que as partes se manifestem sobre a declaração apresentada e questionem a existência de avaria grossa (art. 708, § 1º).

Junto com a declaração, o regulador, e apenas ele, deverá exigir que os consignatários envolvidos apresentem garantias idôneas para que possam retirar as suas cargas. Caso essas garantias não sejam apresentadas, o regulador fixará um valor similar ao que o consignatário deverá pagar caso comprovada a avaria grossa e esse valor deverá ser caucionado como depósito judicial ou garantia bancária (art. 708, § 2º). Ademais, caso não apresente a caução, o regulador requererá a alienação judicial da carga do consignatário inerte e este arcará com as despesas da alienação (art. 708, § 3º e 4º).

Não tendo sido acolhidas manifestações contrárias à abertura da avaria grossa, o CPC determina que o juiz fixe prazo para que as partes apresentem documentos que influirão na regulação da avaria grossa a ser realizada pelo regulador[8]. Deveras, as partes podem optar por apresentar os documentos quando forem se manifestar sobre a declaração do regulador, prezando pela economia processual.

Após as partes apresentarem os documentos que entenderem pertinentes, inicia-se o prazo de doze meses, que pode ser estendido pelo juiz, para que o regulador apresente o regulamento da avaria grossa[9]. O regulamento deve determinar o montante do prejuízo e a contribuição a ser dada por cada um dos interessados, com todos arcando com o dano sofrido pelo bem comum.

---

[6] **"CPC/2015: Art. 707**. Quando inexistir consenso acerca da nomeação de um regulador de avarias, o juiz de direito da comarca do primeiro porto onde o navio houver chegado, provocado por qualquer parte interessada, nomeará um de notório conhecimento."

[7] **"CPC/2015: Art. 708**. O regulador declarará justificadamente se os danos são passíveis de rateio na forma de avaria grossa e exigirá das partes envolvidas a apresentação de garantias idôneas para que possam ser liberadas as cargas aos consignatários.

§ 1º A parte que não concordar com o regulador quanto à declaração de abertura da avaria grossa deverá justificar suas razões ao juiz, que decidirá no prazo de 10 (dez) dias.

§ 2º Se o consignatário não apresentar garantia idônea a critério do regulador, este fixará o valor da contribuição provisória com base nos fatos narrados e nos documentos que instruírem a petição inicial, que deverá ser caucionado sob a forma de depósito judicial ou de garantia bancária.

§ 3º Recusando-se o consignatário a prestar caução, o regulador requererá ao juiz a alienação judicial de sua carga na forma dos arts. 879 a 903 .

§ 4º É permitido o levantamento, por alvará, das quantias necessárias ao pagamento das despesas da alienação a serem arcadas pelo consignatário, mantendo-se o saldo remanescente em depósito judicial até o encerramento da regulação."

[8] **"CPC/2015: Art. 709**. As partes deverão apresentar nos autos os documentos necessários à regulação da avaria grossa em prazo razoável a ser fixado pelo regulador."

[9] **"CPC/2015: Art. 710**. O regulador apresentará o regulamento da avaria grossa no prazo de até 12 (doze) meses, contado da data da entrega dos documentos nos autos pelas partes, podendo o prazo ser estendido a critério do juiz.

Apresentado o regulamento, as partes terão prazo de quinze dias para que tenham vista dele e, caso discordem, impugnem-no. Caso haja impugnação, o juiz deverá decidir após oitiva do regulador para que ele se manifeste sobre a impugnação (art. 710, § 2º). Na ausência de impugnação, a sentença homologará o regulamento da forma como foi apresentado pelo regulador (art. 710, § 1º).

---

§ 1º Oferecido o regulamento da avaria grossa, dele terão vista as partes pelo prazo comum de 15 (quinze) dias, e, não havendo impugnação, o regulamento será homologado por sentença.

§ 2º Havendo impugnação ao regulamento, o juiz decidirá no prazo de 10 (dez) dias, após a oitiva do regulador."

XIV
RESTAURAÇÃO DE AUTOS

1. GENERALIDADES

As razões para o desaparecimento dos autos variam de desastres naturais, como alagamentos, até à ação dolosa de indivíduos. Independentemente do motivo, a perda dos autos impede o progresso do processo, visto que os documentos constantes nos autos retratam os acontecimentos do processo e servirão de base para a decisão judicial. Essa impossibilidade de prosseguir faz com que o processo seja suspenso[1] até que os autos sejam restaurados.

O CPC então estabelece o procedimento especial da restauração de autos para que os autos sejam recuperados e, posteriormente, possa-se retomar o processo.

2. ESPECIALIDADES PROCEDIMENTAIS

Detém legitimidade para promover a restauração: as partes, o Ministério Público e o juiz, de ofício[2]. O Código, contrariando o princípio *ne procedat iudex ex officio*, autoriza a promoção pelo juiz porque o Estado-juiz, depois de provocado, passa a ter interesse em realizar a prestação jurisdicional. Deveras, mesmo para extinguir o processo sem resolução do mérito por conta da inércia das partes, ele necessita dos autos[3].

A competência para julgar essa ação é do juízo em que os autos desapareceram. No entanto, o órgão competente determinará que o juízo em que determinado ato foi feito restaure-o, devido à maior capacidade deste em refazer um ato realizado por ele próprio. Os autos, contudo, devem retornar para o juízo competente para que ele profira a sentença[4].

A petição inicial marca o início deste procedimento especial, diferenciando-se da inicial do procedimento comum pela necessidade de oferecer[5]: I- certidões dos atos constantes do protocolo de audiências do cartório por onde haja corrido o processo; II- cópia das peças que tenha em seu poder; III- qualquer outro documento que facilite a restauração.

---

[1] **"CPC/2015: Art. 313**. Suspende-se o processo: (...)
VI – por motivo de força maior;

[2] **"CPC/2015: Art. 712.** Verificado o desaparecimento dos autos, eletrônicos ou não, pode o juiz, de ofício, qualquer das partes ou o Ministério Público, se for o caso, promover-lhes a restauração.
Parágrafo único. Havendo autos suplementares, nesses prosseguirá o processo."

[3] **D. A. A. Neves.** *Manual de Direito Processual Civil*, 2018. p. 1.050.

[4] **"CPC/2015: Art. 717.** Se o desaparecimento dos autos tiver ocorrido no tribunal, o processo de restauração será distribuído, sempre que possível, ao relator do processo.
§ 1º A restauração far-se-á no juízo de origem quanto aos atos nele realizados.
§ 2º Remetidos os autos ao tribunal, nele completar-se-á a restauração e proceder-se-á ao julgamento."

[5] **"CPC/2015: Art. 713.** Na petição inicial, declarará a parte o estado do processo ao tempo do desaparecimento dos autos, oferecendo:
I – certidões dos atos constantes do protocolo de audiências do cartório por onde haja corrido o processo;
II – cópia das peças que tenha em seu poder;
III – qualquer outro documento que facilite a restauração."

O juiz citará as demais partes para que contestem o pedido no prazo de cinco dias. Havendo concordância dos réus com a restauração, será lavrado um auto que substituirá aquele do processo original. Se a concordância não for plena ou se houver contestação, adotar-se-á o procedimento comum para que a lide seja resolvida[6].

A ideia cerne deste procedimento especial é a de que todos os ligados ao processo contribuam para a sua restauração[7]. Dessa forma, o autor, na inicial, e o réu, na contestação, devem apresentar todos os documentos em seus poderes que possam contribuir para a reconstrução dos autos.

Como dito, todos os ligados ao processo devem contribuir[8]. Por essa razão, o CPC determinou que, quando o juiz ou o escrivão possuir cópia de decisão proferida, ele deve juntá-la aos autos e ela terá autoridade igual à da original (art. 715, § 5º). Ademais, os serventuários e auxiliares da justiça podem ser chamados a depor sobre atos que tenham praticado ou assistido no processo original (art. 715, § 4º).

Quando o desaparecimento acontecer após a produção de provas em audiência, o juiz poderá mandar que elas sejam repetidas. Só será necessário produzir a prova novamente quando não houver sido juntada cópia da ata da audiência de instrução e julgamento nos autos da restauração (art. 715, *caput*). Se possível, serão reinquiridas as mesmas testemunhas para que o resultado obtido seja o mais próximo daquele obtido na primeira audiência (art. 715, § 1º).

Nessa linha, a prova pericial só será feita novamente se não houver certidão ou cópia do laudo (art. 715, § 2º). Caso necessário produzir essa prova, se possível, o mesmo perito deverá realizá-la. O intuito é o de trazer as mesmas pessoas para que os atos sejam refeitos da forma mais fiel possível.

Diante da impossibilidade de restaurar um documento constante no processo original, por não terem conseguido juntar certidão ou cópia dele, os meios ordinários de prova serão adotados para que ele possa ser reconstituído, preenchendo o vazio deixado (art. 715, § 3º).

Feitos os esforços para a recomposição do processo original, o juiz julgará a restauração[9]. Na sentença, caso o responsável pelo desaparecimento tenha sido individuado, o juiz determinará que ele arque com as custas do processo e com os honorários de advogado[10]. Sendo o responsável desconhecido, as partes arcarão igualmente com as custas e não haverá honorários de advogado.

Após o julgamento da restauração, terá fim a suspensão do processo original e ele prosseguirá a partir dos autos reconstituídos. Na hipótese de os autos originais ressurgirem após a restauração, o processo retornará para os autos originais e os reconstituídos serão apensados.

---

6 **"CPC/2015: Art. 714.** A parte contrária será citada para contestar o pedido no prazo de 5 (cinco) dias, cabendo-lhe exibir as cópias, as contrafés e as reproduções dos atos e dos documentos que estiverem em seu poder.

§ 1º Se a parte concordar com a restauração, lavrar-se-á o auto que, assinado pelas partes e homologado pelo juiz, suprirá o processo desaparecido.

§ 2º Se a parte não contestar ou se a concordância for parcial, observar-se-á o procedimento comum."

7 **"CPC/2015: Art. 715.** Se a perda dos autos tiver ocorrido depois da produção das provas em audiência, o juiz, se necessário, mandará repeti-las.

§ 1º Serão reinquiridas as mesmas testemunhas, que, em caso de impossibilidade, poderão ser substituídas de ofício ou a requerimento.

§ 2º Não havendo certidão ou cópia do laudo, far-se-á nova perícia, sempre que possível pelo mesmo perito.

§ 3º Não havendo certidão de documentos, esses serão reconstituídos mediante cópias ou, na falta dessas, pelos meios ordinários de prova.

§ 4º Os serventuários e os auxiliares da justiça não podem eximir-se de depor como testemunhas a respeito de atos que tenham praticado ou assistido.

§ 5º Se o juiz houver proferido sentença da qual ele próprio ou o escrivão possua cópia, esta será juntada aos autos e terá a mesma autoridade da original."

8 **"CPC/2015: Art. 6º.** Todos os sujeitos do processo devem cooperar entre si para que se obtenha, em tempo razoável, decisão de mérito justa e efetiva."

9 **"CPC/2015: Art. 716.** Julgada a restauração, seguirá o processo os seus termos.

Parágrafo único. Aparecendo os autos originais, neles se prosseguirá, sendo-lhes apensados os autos da restauração."

10 **"CPC/2015: Art. 718.** Quem houver dado causa ao desaparecimento dos autos responderá pelas custas da restauração e pelos honorários de advogado, sem prejuízo da responsabilidade civil ou penal em que incorrer."

XV
PROCEDIMENTOS ESPECIAIS DE JURISDIÇÃO VOLUNTÁRIA[1]

1. DISPOSIÇÕES GERAIS

1.1 Generalidades

O Estado, como garantidor da paz social, impõe a solução monopolizada dos conflitos intersubjetivos pela transgressão à ordem, limitando o âmbito da autotutela. Em consequência, dotou um de seus Poderes, o Judiciário, da atribuição de solucionar os referidos conflitos mediante a aplicação do direito objetivo, abstratamente concebido, ao caso concreto. A supremacia dessa solução revelou-se pelo fato incontestável de provir da autoridade estatal, cuja palavra, além de coativa, torna-se a última manifestação do Estado soberano acerca da contenda, de tal sorte que os jurisdicionados devem respeito absoluto a essa manifestação, porque haurida de um trabalho de reconstituição dos antecedentes do litígio com a participação dos interessados, cercados isonomicamente das mais comezinhas garantias do "homem". Essa função denomina-se jurisdicional e tem o caráter tutelar da ordem e da pessoa, distinguindo-se das demais soluções do Estado pela sua imodificabilidade por qualquer outro poder, em face de adquirir o que se denomina em sede anglo-saxônica de "final enforcing power", consubstanciado na "coisa julgada".

Através da jurisdição, provocado pelo interessado que exerce a ação, o Estado institui um método de composição do litígio com a participação dos reais destinatários do comando que regulará a situação litigiosa, dispondo sobre os momentos em que cada um poderá fazer valer as suas alegações, cujo escopo final é alcançar um resultado corporificado em tudo quanto o Judiciário "sentiu" das provas e do direito aplicável retratado na "sentença jurisdicional". Jurisdição, ação e processo são, assim, os monômios básicos da estrutura do fenômeno judicial.

Malgrado revele-se um substitutivo das condutas barbáricas de outrora, o acesso à jurisdição deve ser excepcional, haja vista que, numa sociedade harmônica, o ideal, mercê do cumprimento espontâneo do direito, é a própria autocomposição, que otimiza sobremodo o relacionamento social. Esta, sem dúvida, a razão pela qual os diplomas processuais modernos inserem a fase de conciliação como obrigatória nos processos judiciais, preocupação que levou o legislador constitucional brasileiro a contemplá-la na Carta Maior (artigo, 98, I). Encerra a jurisdição, em suma, a restauração da legalidade e da justiça como instrumento eficaz da paz social e da preservação da garantia dos direitos do homem.

A jurisdição não se limita à operação de subsunção do conflito à regra abstrata reguladora do conflito. Anota-se que, em sede doutrinário-histórica, a jurisdição compreendia cinco elementos, a saber: *notio, vocatio, coertitio, judicium* e *executio*.

Dessa constatação, apreende-se o que pretendeu afirmar Carnelutti: "Juiz não é só o que julga, mas também aquele que ordena: é aquele, em suma, cuja decisão tem eficácia de uma ordem"[2]. As modalidades de tutela variam conforme a natureza do conflito levado ao Judiciário. Há lides de

---

[1] **"CPC/2015: Art. 719.** Quando este Código não estabelecer procedimento especial, regem os procedimentos de jurisdição voluntária as disposições constantes desta Seção."

[2] **Carnelutti**, *Istituzioni di diritto processuale civile*, 1961, v. 1, p. 31.

pretensão resistida e lides de pretensão insatisfeita, vale dizer, há casos em que o Estado-juiz há de definir direitos e da submissão do *adversus* à pretensão de alguém e outros em que a definição é um *prius* antecedente e restará somente a "realização" do direito reconhecido em sentença ou documento com eficácia equivalente (títulos executivos extrajudiciais).

Constatada a inexistência de um sistema ideal cuja prestação fosse efetivada tão logo apresentado o pedido em juízo, mister garantir "condições para que a justiça seja prestada", posto que o objeto do *iudicium* pode sofrer alterações substanciais que influam na solução justa da lide, quer pelo agravamento das condições de fato, quer pela criação de um estado de periclitação do direito da parte, dos bens sujeitos à atividade ou das provas que servirão de elementos de convicção.

Concluiu-se, assim, da necessidade de dotar a jurisdição de um *tertium genus* capaz de assegurar a utilidade prática das demais formas de tutela e, em defesa da jurisdição, previu-se a tutela preventiva ou cautelar pelo seu aspecto conjurador do perigo da demora "natural" do processo.

Decorre do exposto que a tutela jurisdicional se apresenta sob três modalidades básicas:

1) a tutela jurisdicional de cognição ou conhecimento;

2) a tutela jurisdicional de execução e

3) a tutela jurisdicional de asseguração ou cautelar.

Essas três formas de tutela guardam fidelidade com aquela característica "substitutiva" da jurisdição, intermediadora de conflitos e mantenedora da paz e da ordem.

A hipótese de intervenção subjetivamente judiciária e materialmente administrativa da justiça no domínio das relações privadas escapa a essa ótica da jurisdição, malgrado a lei a denomine de "jurisdição voluntária", revelando um fenômeno peculiar de acesso obrigatório à justiça em casos de situações jurídicas *inter volentes*, nas quais a chancela do Judiciário é requisito de validade. O legislador entreviu essa chancela como necessária, decerto por vislumbrar no juiz um magnânimo "administrador da conveniência e oportunidade" de determinadas providências adotáveis através da integração da vontade das partes e do Estado-juiz.

A jurisdição voluntária ou graciosa é, assim, a atividade desempenhada pelo Poder Judiciário tendente à integração de certos atos e negócios jurídicos que, devido ao interesse público de que são permeados, devem ser submetidos ao crivo estatal.

Essa necessidade de integração, como será observado adiante, só se impõe nos casos expressamente determinados em lei uma vez que constitui limitação à autonomia da vontade dos particulares, na medida em que condiciona negócios jurídicos à homologação do Judiciário.

Não há, portanto, na jurisdição voluntária, conflito de interesses, como ocorre na contenciosa. Daí afirmar-se que seria uma jurisdição *inter volentes* (entre os que querem) e não *inter nolentes* (entre os que resistem).

Restou matéria sujeita a debate, a natureza jurisdicional dessa função, entrevista como atividade administrativa desenvolvida pelo Poder Judiciário. Sob esse enfoque destacam-se duas teorias a saber: a administrativista, também denominada clássica, e a revisionista, ou jurisdicionalista.

Para a teoria administrativista, a jurisdição voluntária é, na realidade, administração pública de interesses privados. Isso porque, *in casu*, não há lide na jurisdição voluntária, porquanto os interessados pleiteiam a proteção de um mesmo interesse. Deveras, não se cuida de atividade substitutiva, onde é obrigatória a intervenção do Judiciário[3]. Outrossim não se revela natureza declaratória, de direitos preexistentes, mas antes constitutiva, destinada à formação de novas situações jurídicas. Consequentemente, a jurisdição voluntária não produz coisa julgada, visto que esta se forma apenas sobre a parcela declaratória da sentença[4], reforçando a tese de ser atividade

---

[3] Não havendo substitutividade, não há jurisdição, pois conforme a teoria de **Chiovenda** – a mais aceita em sede doutrinária –, a jurisdição se diferencia das demais funções do Estado por ter o escopo de atuação do direito objetivo e por ser substitutiva da atividade das partes.

[4] Segundo **Ovídio Baptista da Silva**, podemos conceituar a coisa julgada como "a qualidade que torna indiscutível o efeito declaratório da sentença, uma vez exauridos os recursos com que os interessados poderiam atacá-la." *Teoria Geral do Processo Civil*, fls. 325.

administrativa e não jurisdicional. Por fim, aduz a teoria administrativista que não há partes na jurisdição voluntária, mas, *interessados*, por não haver contraposição entre os participantes, não havendo processo, senão procedimento[5-6].

Ademais, além de não consubstanciar jurisdição, tampouco é voluntária porquanto decorre de exigência legal e não mera faculdade do particular em optar ou não por sua incidência.

A teoria revisionista, embora minoritária, conta com seguidores da estirpe intelectual de Ovídio Baptista e Vicente Greco Filho sustentando a natureza jurisdicional da jurisdição voluntária[7].

Segundo essa teoria, não procede a alegação de que na jurisdição voluntária não há jurisdição por não haver lide. A lide, tal como conceituada por Carnelutti, é o conflito de interesses qualificado por uma pretensão resistida, não sendo elemento essencial da jurisdição, na medida em que há várias hipóteses em que, mesmo inexistindo controvérsia, há, indubitavelmente, prestação jurisdicional, *v.g.*; na ação de anulação de casamento, proposta pelo Ministério Público, estando ambos os cônjuges inteiramente de acordo quanto à anulação. Assim, a lide é apenas elemento acidental e não essencial à jurisdição[8].

Da mesma forma, contesta-se o argumento da ausência de substitutividade na jurisdição voluntária. A lei, ao proibir que os particulares realizem livremente alguns atos e negócios jurídicos, atribui ao juiz uma atividade que não lhe cabia originariamente, e que substitui a atividade dos interessados[9]. Ademais, o juiz, ao intervir para a integração no negócio jurídico das partes, é terceiro imparcial, não sendo afetado pelos efeitos de sua decisão.

No que pertine à natureza preponderantemente constitutiva do provimento em sede de jurisdição voluntária, ressalta-se que essa característica não pode ser o critério diferenciador, haja vista que a denominada jurisdição contenciosa, em diversas hipóteses apresenta natureza constitutiva.

A utilização da denominação "interessados" no lugar de "partes" deriva da adoção pelo sistema da definição de parte cunhada por Chiovenda, segundo a qual parte é aquele que demanda em seu próprio nome (ou em cujo nome é demandada) a atuação de uma vontade da lei, e aquele em face de quem essa atuação é demandada. Não há, deveras, no âmbito da jurisdição voluntária, essa contraposição entre os participantes, que visam, todos, ao mesmo resultado. Todavia, se, por outro lado, entendermos que parte é todo aquele que participa como sujeito do processo, não há motivo que justifique que, na relação de jurisdição voluntária, também não tenhamos partes[10].

---

[5] Para **Von Bülow**, o processo se caracteriza por apresentar uma relação jurídica, processual, cujos polos são ocupados pelas partes contrapostas, sucedendo-se entre elas uma série de situações jurídicas subjetivas, como direitos, deveres, ônus e sujeições. Na jurisdição voluntária, não há essa relação jurídica processual, justamente porque não surgem situações jurídicas subjetivas interligando os interessados, não se podendo falar, portanto, em processo.

[6] Preconizam essa corrente de pensamento, dentre outros, **Theodoro Júnior**, **Ernane Fidélis dos Santos** e **José Frederico Marques**.

[7] "Em ambos os casos, porém, jurisdição contenciosa e voluntária fazem atuar a jurisdição com a autoridade de Poder Judiciário, daí não haver diferença essencial", **Vicente Greco Filho**, *Direito Processual Civil Brasileiro*, 3º Vol., p. 270.

[8] Sobre esse tema, lembremos as palavras de **Calamandrei**: "a lide pertence ao mundo sociológico, não ao jurídico" e "para poder a lide entrar no processo precisa, pois, que ela seja apresentada ao juiz, não no seu aspecto sociológico, mas no jurídico." Ou ainda "parece que a existência da lide não pode ser considerada como condição necessária para o interesse de agir em todos os casos nos quais, mesmo se lide não existisse, nem por isso seria possível ao interessado conseguir extrajudicialmente, pelo consenso espontâneo da outra parte, aquilo que somente a sentença pode dar-lhe." No mesmo sentido corrobora **Liebman**: "o conflito de interesses não entra para o processo tal como se manifestou na vida real, mas só indiretamente, na feição e configuração que lhe deu o autor em seu pedido", **Candido Rangel Dinamarco**, A Instrumentalidade do Processo, p. 55-56, nota 79.

[9] Nesse sentido, **Alexandre Freitas Câmara**, *Lições de Direito Processual Civil*, Vol. I, p. 78.

[10] **Ovídio Baptista da Silva**, *Teoria Geral do Processo Civil*, p. 78-79.

Finalmente, é possível falar-se em processo em sede de jurisdição voluntária se o conceituarmos como todo procedimento realizado em contraditório, conforme teoria formulada pelo jurista italiano Elio Fazzalari[11].

Consoante disposto no art. 719 do CPC, a jurisdição voluntária apresenta procedimentos especiais e procedimento comum aplicável ante a inexistência de previsão de rito específico.

Destarte, algumas regras gerais são extensíveis a todos os procedimentos de jurisdição voluntária. Assim, os procedimentos de jurisdição voluntária correm durante as férias (art. 215 do CPC), aplicando-se-lhes, subsidiariamente, as disposições gerais do procedimento ordinário.

Não obstante o juiz atue na jurisdição voluntária sem que haja litígio, a intervenção somente se processa havendo previsão legal. Nesse sentido, impõe-se observar a crescente tendência de submeter à homologação judicial questões que extrapolam os lindes do processo bem como acordos extrajudiciais, por influência da lei dos juizados especiais.

Assim é que, com o advento da Lei nº 9099/1995 que, no seu art. 57[12], dispõe que o acordo extrajudicial de qualquer natureza e valor pode ser homologado no juízo competente, forçoso concluir que o novel diploma trouxe à lume um caso genérico de jurisdição voluntária, hoje generalizado pela novel legislação do cumprimento da sentença na parte em que arrola os títulos executivos judiciais.

Trata-se, em nosso modo de ver, de uma regra de supradireito aplicável a qualquer ramo, inclusive o trabalhista, onde, hodiernamente, há previsão de juizados especiais com heterointegração das normas dos juizados especiais cíveis aplicáveis a essa modalidade de justiça especializada.

1.2 Jurisdição voluntária. Rito

Os procedimentos especiais de jurisdição voluntária vêm previstos na Parte Especial, Livro I, Título III, Capítulo XV, do CPC. Em sua Seção I, estabelece-se um procedimento comum, aplicável sempre que não houver previsão de outro rito especial abordado nos capítulos subsequentes, ou, subsidiariamente, se houver lacuna legal[13].

Observe-se, entretanto, que a não adstrição à legalidade estrita e a amplitude da esfera de intervenção do juízo no domínio das relações privadas, que caracterizam os procedimentos de jurisdição voluntária, tornam lícito ao juiz alterar a forma da prática de alguns atos procedimentais, *v.g.*; trocar o leilão por venda particular etc.[14]

O art. 725 do CPC[15] apresenta o rol de casos que se subsumem ao procedimento comum de jurisdição voluntária. Não obstante, é cediço que não se trata de enumeração taxativa, porquanto

---

[11] Nesse ponto, importante destacar a teoria de **Cândido Rangel Dinamarco** que busca explicar o processo unindo as teorias de **Von Bülow** e **Elio Fazzalari**, afirmando que processo é todo procedimento realizado em contraditório e animado por uma relação jurídica processual. O procedimento seria, portanto, o aspecto externo do processo, enquanto a relação jurídica processual seria seu aspecto interno, **Ada Pellegrini Grinover** et alli, *Teoria Geral do Processo*, p. 282-285.

[12] **"Lei nº 9.099/1995: Art. 57.** O acordo extrajudicial, de qualquer natureza ou valor, poderá ser homologado, no juízo competente, independentemente de termo, valendo a sentença como título executivo judicial."

[13] **"CPC/2015: Art. 719.** Quando este Código não estabelecer procedimento especial, regem os procedimentos de jurisdição voluntária as disposições constantes desta Seção."

[14] Vicente **Greco Filho**, *Direito Processual Civil Brasileiro*, 3º Vol., p. 275.

[15] **"CPC/2015: Art. 725.** Processar-se-á na forma estabelecida nesta Seção o pedido de:

I – emancipação;

II – sub-rogação;

III – alienação, arrendamento ou oneração de bens de crianças ou adolescentes, de órfãos e de interditos;

IV – alienação, locação e administração da coisa comum;

V – alienação de quinhão em coisa comum;

VI – extinção de usufruto, quando não decorrer da morte do usufrutuário, do termo da sua duração ou da consolidação, e de fideicomisso, quando decorrer de renúncia ou quando ocorrer antes do evento que caracterizar a condição resolutória;

Parte IX • XV – PROCEDIMENTOS ESPECIAIS DE JURISDIÇÃO VOLUNTÁRIA | **615**

qualquer outra hipótese de jurisdição voluntária que não tenha previsão de procedimento especial deverá seguir o procedimento comum.

O procedimento reclama provocação do interessado ou do Ministério Público, cabendo-lhes formular o pedido em requerimento dirigido ao juiz, devidamente instruído com os documentos necessários e com a indicação da providência judicial[16].

A jurisdição voluntária, por não gravitar em torno de um litígio e por isso mesmo não suscitar definição jurisdicional de direitos, tem início por provocação do interessado e não de uma parte. A provocação engendra-se através de requerimento dirigido ao juiz. Dispensam-se, portanto, as formalidades da petição inicial, mas não a iniciativa, por força da regra de que nenhum juiz prestará a tutela jurisdicional senão quando provocado na forma da lei. Não obstante há casos de iniciativa *ex officio*[17], *v.g.*; arts. 730; 738; 744; e § 2º, 746 do CPC.

Outrossim, a petição inicial deverá atender a todos os requisitos do art. 319, inclusive no que toca ao valor da causa[18], sendo lícito ao juiz mandar emendá-la em quinze dias, sob pena de indeferimento (parágrafo único, art. 321 do CPC). Poderá o juiz, entretanto, deixar de indeferir a inicial se, por não estar limitado pela legalidade estrita, dispensar algumas formalidades.

Essa informalidade tem conduzido alguns doutrinadores a sustentarem que, apesar de não haver disposição legal nesse sentido, os procedimentos de jurisdição voluntária poderiam ser instaurados verbalmente, e até mesmo sem a representação por advogado[19]. Essa, todavia, não nos parece a melhor exegese haja vista que o advogado é essencial à administração da justiça (art. 133 da CF[20]), só podendo ser afastada a obrigatoriedade de representação em situações excepcionais, expressamente previstas em lei, como é caso dos Juizados Especiais, em causas de valor até vinte salários mínimos (art. 9º da Lei nº 9.099/1995), da reclamação trabalhista (art. 791 da CLT) e do *habeas corpus* (art. 654, *caput*, CPP), por exemplo.

Destarte, há hipóteses de jurisdição voluntária obrigatória, *v.g.*; a separação consensual a par de outros procedimentos facultativos.

O Ministério Público, nos casos legalmente previstos e naqueles onde estão em jogo direitos indisponíveis, tem iniciativa na jurisdição voluntária.

A ausência de controvérsia impede que o juiz decida por presunção de veracidade, porquanto não há que se aduzir à revelia[21].

VII – expedição de alvará judicial;

VIII – homologação de autocomposição extrajudicial, de qualquer natureza ou valor.

Parágrafo único. As normas desta Seção aplicam-se, no que couber, aos procedimentos regulados nas seções seguintes."

[16] **"CPC/2015: Art. 720.** O procedimento terá início por provocação do interessado, do Ministério Público ou da Defensoria Pública, cabendo-lhes formular o pedido devidamente instruído com os documentos necessários e com a indicação da providência judicial."

[17] **Alexandre Freitas Câmara**, *Lições de Direito Processual Civil*, Vol. 3, p. 501, **Vicente Greco Filho**, *Direito Processual Civil Brasileiro*, 3º Vol., p. 272.

[18] Nesse sentido, **Ernane Fidélis Santos**, *Manual de Direito Processual Civil*, Vol. 3, p. 351.

[19] **José Olympio de Castro Filho**, *Comentários ao CPC*, Vol. X, p. 38.

[20] **"CF: Art. 133.** O advogado é indispensável à administração da justiça, sendo inviolável por seus atos e manifestações no exercício da profissão, nos limites da lei."

[21] Sendo a resposta apresentada fora do prazo supracitado, entende **Ernane Fidélis dos Santos** que poderá o juiz, mesmo assim, aceitá-la, pois não está obrigado a observar critério de legalidade estrita (art. 723 do CPC), devendo, portanto, adotar a solução que reputar mais adequada ao caso concreto. Há outro entendimento, todavia, no sentido de que essa faculdade conferida ao juiz não lhe permite processar resposta intempestiva, devendo aplicar-se aos procedimentos de jurisdição voluntária os efeitos da revelia, ob, cit.

1.3 Competência

A regra de competência na jurisdição voluntária, à míngua de norma especial como ocorre com o procedimento da herança jacente (art. 738 do CPC), segue a norma geral do artigo 46, *caput*, devendo a demanda ser ajuizada no juízo do domicílio do requerido. Mas, se não houver requerido, aplicar-se-á a regra subsidiária do § 2º do mesmo artigo, que determina ser competente o juízo do domicílio do requerente[22]. Tratando-se, como de sabença, de competência territorial, e, portanto, relativa. O requerimento proposto em outro juízo qualquer implicará a prorrogação da competência se nenhum dos interessados alegar, em preliminar da contestação, a incompetência no prazo legal.

É lícito ao juiz, de ofício ou a pedido de qualquer interessado ou do Ministério Público, declinar sua competência para outro juízo se, no caso concreto, for mais conveniente para o julgamento da causa, uma vez não que não está vinculado a seguir critérios de legalidade estrita.

No que pertine ao foro, o procedimento deve ser instaurado no juízo local onde ocorreu o fato, por ser presumivelmente o mais apto a conhecer a demanda[23].

1.4 Tutela antecipada e cautelar

É possível a antecipação dos efeitos da tutela no âmbito da jurisdição voluntária na hipótese do art. 311 do CPC[24]. Igualmente é cabível a tutela cautelar, uma vez que "nada impede que uma medida cautelar de jurisdição contenciosa sirva a um procedimento principal voluntário, porque pode haver litigiosidade a respeito da tutela provisória e não sobre a tutela principal."[25].

1.5 Citações

As pretensões veiculáveis através da jurisdição voluntária são de natureza constitutiva. Nesta espécie de pedido, a criação, extinção ou modificação de uma determinada situação jurídica por obra do Estado-juiz depende da presença de todos os litisconsortes necessários no processo[26]. Essa obrigação, no entanto, não está presente nos procedimentos de jurisdição voluntária, devido à inexistência de lide. Portanto, na jurisdição voluntária, seja no polo ativo ou passivo, não cabe o litisconsórcio necessário.

Essa regra do litisconsórcio necessário na jurisdição voluntária, no entanto, encontra exceção. Quando se tratar de procedimento de alienação de bem comum, é necessário que todos os condôminos componham o polo ativo. Ressalta-se que, se houver discordância sobre a participação de algum condômino no litisconsórcio, o processo transmuta-se em contencioso para que seja superada a divergência sobre quem deve compor o polo.

Os interessados a que a lei se refere são os titulares de relações jurídicas atingidas direta ou indiretamente pelo provimento voluntário, não justificando a convocação mero interesse econômico, *v.g.*; a de um credor do condômino cuja coisa comum vai ser alienada[27][28].

Sob esse enfoque, é assente que toda vez que a relação jurídica material, de que são titulares o terceiro e uma das partes na causa, for compatível com a que constitui objeto do processo, o interesse do terceiro é apenas de fato ou econômico. Quando a sentença a ser proferida puder,

---

22   **Leonardo Greco**, *Jurisdição Voluntária Moderna*, p. 46-47.

23   **Leonardo Greco**, *Jurisdição Voluntária Moderna*, p. 46-47.

24   **Leonardo Greco**, *Jurisdição Voluntária Moderna*, p. 51.

25   **Leonardo Greco**, *Jurisdição Voluntária Moderna*, p. 52.

26   "**CPC/2015: Art. 114.** O litisconsórcio será necessário por disposição de lei ou quando, pela natureza da relação jurídica controvertida, a eficácia da sentença depender da citação de todos que devam ser litisconsortes."

27   Acerca do princípio, consulte-se RSTJ 62/328.

28   Para **Vicente Greco Filho**, todavia, deve ser adotada interpretação ainda mais restritiva, entendendo-se que interessados, para os efeitos do art. 1.105 do CPC devem ser apenas os titulares da relação jurídica a ser integrada ou liberada. *Direito Processual Civil Brasileiro*, 3º Vol., p. 272.

Parte IX • XV – PROCEDIMENTOS ESPECIAIS DE JURISDIÇÃO VOLUNTÁRIA | 617

eventualmente, negar o direito do terceiro, por ser este titular de uma relação jurídica incompatível com a que é objeto do processo, o prejuízo se diz jurídico.

A Fazenda Pública, quando houver interesse, também deve ser citada para que possa manifestar-se[29].

Ademais, a falta de citação do Ministério Público só implicará nulidade quando estiver figurada alguma das hipóteses do art. 178[30]. Registre-se que a falta ou a nulidade da citação ou das intimações obrigatórias de qualquer dos interessados ou do Ministério Público nulifica todo o procedimento, mesmo que a decisão já tenha transitado em julgado. Restando evidente que, se o ato já houver sido praticado, só poderá ser anulado por meio de ação própria (artigo 966 do CPC)[31].

1.6 Resposta dos interessados

Uma vez citados os interessados, o prazo para resposta é de 15 dias, com os termos iniciais fixados à luz do art. 231 do CPC.

As defesas oferecidas podem ser materiais ou formais (preliminares e exceções instrumentais de incompetência, impedimento e suspeição). À míngua de o processo ser contencioso[32] e servil à definição de direitos, incabível é a reconvenção[33]. A matéria, contudo, encontra vozes dissonantes[34].

Destarte, quanto ao conteúdo da defesa, o interessado pode impugnar o pedido formulado e suscitar qualquer questão, exceto o compromisso arbitral, pois, como já foi dito, os procedimentos de jurisdição voluntária visam à integração pelo Estado de certos negócios jurídicos sobre os quais incide interesse público, não se podendo afastá-los de sua apreciação.

Aplicam-se aos procedimentos de jurisdição voluntária apenas as consequências formais da inatividade processual, dentre as quais se destaca a preclusão, muito embora os prazos processuais estabelecidos sejam, em regra, peremptórios.

A Fazenda Pública, como regra geral, deve ser sempre ouvida nos casos em que tiver interesse. E ela manifesta-se quando a providência influir direta ou indiretamente em situação jurídica que possa resultar em mudança de sua posição jurídica na relação de direito material *sub examine*.

Os prazos processuais não sofrem alteração por força do procedimento de jurisdição voluntária, aplicando-se as prerrogativas da Fazenda Pública e do litisconsórcio com diferentes procuradores (arts. 180 e 229 do CPC[35]).

---

29   **"CPC/2015: Art. 722.** A Fazenda Pública será sempre ouvida nos casos em que tiver interesse."
30   **"CPC/2015: Art. 721.** Serão citados todos os interessados, bem como intimado o Ministério Público, nos casos do art. 178, para que se manifestem, querendo, no prazo de 15 (quinze) dias."
31   Nesse sentido, **Ernane Fidélis Santos**, *Manual de Direito Processual Civil*, Vol. 3, p. 353.
32   **Humberto Theodoro Júnior**, *Curso de Direito Processual Civil*, 32ª Edição, Vol. 3, p. 350. Em sentido contrário, entendendo ser a resposta formada por contestação e exceções,, **Leonardo Greco**, *Jurisdição Voluntária Moderna*, p. 48-49.
33   RSTJ 59/288.
34   **Leonardo Greco**, *Jurisdição Voluntária Moderna*, p. 48-49.
35   **"CPC/2015: Art. 180.** O Ministério Público gozará de prazo em dobro para manifestar-se nos autos, que terá início a partir de sua intimação pessoal, nos termos do art. 183, § 1º.
   § 1º Findo o prazo para manifestação do Ministério Público sem o oferecimento de parecer, o juiz requisitará os autos e dará andamento ao processo.
   § 2º Não se aplica o benefício da contagem em dobro quando a lei estabelecer, de forma expressa, prazo próprio para o Ministério Público."
   ˙**CPC/2015: Art. 229**. Os litisconsortes que tiverem diferentes procuradores, de escritórios de advocacia distintos, terão prazos contados em dobro para todas as suas manifestações, em qualquer juízo ou tribunal, independentemente de requerimento.
   § 1º Cessa a contagem do prazo em dobro se, havendo apenas 2 (dois) réus, é oferecida defesa por apenas um deles.
   § 2º Não se aplica o disposto no *caput* aos processos em autos eletrônicos."

618 | CURSO DE DIREITO PROCESSUAL CIVIL • *Luiz Fux*

1.7 Instrução

À luz do art. 720 do CPC, é lícito aos interessados produzirem as provas destinadas a demonstrar as suas alegações. Isso significa que o requerente terá o ônus de provar o fato constitutivo do seu suposto direito, e os interessados que oferecerem resposta impugnando o pedido terão o ônus de provar os fatos impeditivos, modificativos ou extintivos. Prevalecem, *in casu*, as regras tradicionais atinentes à distribuição do ônus da prova (art. 373 do CPC[36]).

Ao magistrado, o art. 370[37] confere o poder de produção de ofício de provas. Na jurisdição contenciosa, interpreta-se que o juiz só poderá determinar de ofício as provas necessárias ao julgamento de mérito quando se tratar de questão que verse sobre direitos indisponíveis a respeito dos quais as partes não possam transigir.

Na jurisdição voluntária, no entanto, entende-se que essa faculdade instrutória do juiz não violaria o princípio da inércia da jurisdição, pois não há interesses antagônicos que fariam com que a ação do juiz beneficiasse uma parte em detrimento da outra. Podendo o magistrado determinar a produção das provas que entender que ajudarão na estabilização do direito dos interessados.

Na jurisdição contenciosa, interpreta-se que o juiz só poderá determinar de ofício as provas necessárias ao julgamento de mérito quando se tratar de questão que verse sobre direitos indisponíveis a respeito dos quais as partes não possam transigir.

Outrossim, as provas apresentadas pelos interessados, ainda que não preencham todas as formalidades exigidas pela lei, podem ser aceitas[38], e a distribuição do ônus da prova poderá ser atenuada, mesmo sendo o direito indisponível[39], posto não estar o juiz preso ao critério de legalidade estrita (art. 723 do CPC).

Reitere-se, por fim, que os atos de jurisdição voluntária se processam durante as férias quando o adiamento puder prejudicá-los e não se suspendem pela sua superveniência (art. 215, I, do CPC)[40].

1.8 A decisão por equidade e o abandono da legalidade estrita[41]

No processo de jurisdição voluntária, em face de expressa disposição legal, o juiz deve decidir o pedido no prazo de dez (10) dias. Ele não é obrigado a observar critério de legalidade estrita, podendo adotar em cada caso a solução que reputar mais conveniente ou oportuna.

---

[36]   **"CPC/2015: Art. 373**. O ônus da prova incumbe:
I – ao autor, quanto ao fato constitutivo de seu direito;
II – ao réu, quanto à existência de fato impeditivo, modificativo ou extintivo do direito do autor.
§ 1º Nos casos previstos em lei ou diante de peculiaridades da causa relacionadas à impossibilidade ou à excessiva dificuldade de cumprir o encargo nos termos do *caput* ou à maior facilidade de obtenção da prova do fato contrário, poderá o juiz atribuir o ônus da prova de modo diverso, desde que o faça por decisão fundamentada, caso em que deverá dar à parte a oportunidade de se desincumbir do ônus que lhe foi atribuído.
§ 2º A decisão prevista no § 1º deste artigo não pode gerar situação em que a desincumbência do encargo pela parte seja impossível ou excessivamente difícil.
§ 3º A distribuição diversa do ônus da prova também pode ocorrer por convenção das partes, salvo quando:
I – recair sobre direito indisponível da parte;
II – tornar excessivamente difícil a uma parte o exercício do direito.
§ 4º A convenção de que trata o § 3º pode ser celebrada antes ou durante o processo."

[37]   **"CPC/2015: Art. 370**. Caberá ao juiz, de ofício ou a requerimento da parte, determinar as provas necessárias ao julgamento do mérito.
Parágrafo único. O juiz indeferirá, em decisão fundamentada, as diligências inúteis ou meramente protelatórias."

[38]   Um bom exemplo é a admissão do depoimento pessoal das testemunhas por simples declaração escrita. **Ernane Fidélis Santos**, *Manual de Direito Processual Civil*, edição, Vol. 3, p. 354.

[39]   **Leonardo Greco**, *Jurisdição Voluntária Moderna*, p. 52-53.

[40]   Já para **José Olympio de Castro Filho**, correm durante as férias apenas as causas de dação ou remoção de tutores ou curadores (art. 215, II, do CPC).Quanto às outras causas de jurisdição voluntária, só se praticam nas férias os atos indispensáveis a evitar o perecimento do direito. *Comentários ao CPC*, Vol. X, p. 30-31.

[41]   **"CPC/2015: Art. 723**. O juiz decidirá o pedido no prazo de 10 (dez) dias.
Parágrafo único. O juiz não é obrigado a observar critério de legalidade estrita, podendo adotar em cada caso a solução que considerar mais conveniente ou oportuna."

Parte IX • XV – PROCEDIMENTOS ESPECIAIS DE JURISDIÇÃO VOLUNTÁRIA | 619

O juiz, na atividade de jurisdição voluntária, provê no sentido de deferir ou não uma providência material autorizando a realização de um negócio jurídico de interesse das partes mas, sob cujo crivo deve passar necessariamente.

Tendo em vista que a sua intervenção se perfaz segundo os critérios da conveniência e oportunidade, não está ele sujeito à legalidade estrita. Assim, *v.g.*; o estado de indivisão de um bem é excepcional, mas, por não estar submetido à legalidade estrita, o juiz pode, por conveniência momentânea, denegar a alienação judicial da coisa. Isto não significa que possa o juiz decidir *contra legem*.

A regra, como evidente, não autoriza o juiz a criar um procedimento em desacordo com a lei, muito embora possa adotar medidas analógicas no afã de melhor prover. A decisão independente da legalidade estrita deve ser "equânime" e "fundamentada".

A fundamentação é cânone constitucional aplicável a qualquer provimento judicial e a equidade revela-se através da justiça do caso concreto, que é o que ocorre quando o juiz deixa-se guiar pela conveniência e pela oportunidade.

1.9   Sentença e recurso[42]

O provimento de jurisdição voluntária é fruto de um procedimento que tem seu início e fim. Consequentemente, a extinção do procedimento em primeiro grau opera-se por sentença, da qual cabe a apelação.

Parte da doutrina sustenta o descabimento do agravo de instrumento na jurisdição voluntária[43]. Assim, as decisões proferidas ao longo do procedimento não estariam sujeitas à preclusão e deveriam ser abordadas no recurso de apelação. Certo é que, no presente rito, são admitidos todos os recursos previstos para a jurisdição contenciosa, inclusive o especial e o extraordinário[44].

Por fim, admite-se a *reformatio in pejus* nas hipóteses em que o tribunal entender, além da legalidade estrita, acerca da conveniência ou inconveniência da providência pleiteada, pouco importando quem recorra da decisão.

No que pertine às despesas e honorários, imperioso assentar que o art. 88 do CPC[45] dispõe que serão adiantadas pelo requerente e rateadas entre os todos os interessados. Não havendo vencedor e vencido, não há que falar em sucumbência, não cabendo, por isso, condenação em honorários advocatícios. Impõe-se, ainda, salientar que, se surgir controvérsia entre os interessados quanto ao deslinde do procedimento, deverá ser aplicado o princípio da sucumbência, e, assim sendo, deverá o vencido ser condenado ao pagamento das custas processuais e honorários.

A execução da sentença proferida em procedimento de jurisdição voluntária será sempre definitiva, pois, ao se esgotarem os recursos cabíveis, a sentença transitará em julgado e se formará a coisa julgada material.

Também se aplicam à jurisdição voluntária, no que couberem, os arts. 82 a 97 do CPC, relativos às despesas e multas.

1.10   Coisa julgada

A discussão sobre a produção de coisa julgada material na jurisdição voluntária não possui ainda resposta consolidada na doutrina. Adoto, no entanto, o entendimento de que se forma a coisa julgada material porque, se se produz a coisa julgada até em decisões que não analisam o mérito[46],

---

[42]   **"CPC/2015: Art. 724.** Da sentença caberá apelação."

[43]   **Ernane Fidélis Santos**, *Manual de Direito Processual Civil*, 8a edição, Vol. 3, p. 354.

[44]   **Leonardo Greco**, *Jurisdição Voluntária Moderna*, p. 51.

[45]   **"CPC/2015: Art. 88.** Nos procedimentos de jurisdição voluntária, as despesas serão adiantadas pelo requerente e rateadas entre os interessados."

[46]   **"CPC/2015: Art. 486.** O pronunciamento judicial que não resolve o mérito não obsta a que a parte proponha de novo a ação."

620 | CURSO DE DIREITO PROCESSUAL CIVIL • *Luiz Fux*

ela também deve ser produzida em decisões de mérito da jurisdição voluntária[47]. Ainda que em jurisdição voluntária, a decisão judicial devem aspirar à segurança jurídica, não pode ser móvel.

1.11 Casos submetidos ao rito comum da jurisdição voluntária

Segundo o art. 725 do CPC, processam-se segundo o rito até então enunciado os seguintes pedidos: I – emancipação; II – sub-rogação; III – alienação, arrendamento ou oneração de bens de crianças ou adolescentes, de órfãos e de interditos; IV – alienação, locação e administração da coisa comum; V – alienação de quinhão em coisa comum; VI – extinção de usufruto, quando não decorrer da morte do usufrutuário, do termo da sua duração ou da consolidação, e de fideicomisso, quando decorrer de renúncia ou quando ocorrer antes do evento que caracterizar a condição resolutória; VII – expedição de alvará judicial; VIII – homologação de autocomposição extrajudicial, de qualquer natureza ou valor.

A lei enumera algumas providências de jurisdição voluntária sujeitas ao rito comum anteriormente traçado, indicando a existência de procedimentos específicos, da mesma forma como há procedimentos especiais de jurisdição contenciosa a par do procedimento comum.

Nesse seguimento, em primeiro lugar arrola a "emancipação". Esta, quando judicial, submete-se ao procedimento comum em que se exige o requerimento do interessado à míngua da concessão pelo pai ou pela mãe.

A segunda hipótese é a da "sub-rogação". Consoante cediço, a cláusula de inalienabilidade temporária ou vitalícia, imposta aos bens pelos testadores ou doadores, não poderá, em caso algum, – salvo os de expropriação por necessidade ou utilidade pública e de execução por dívidas provenientes de impostos relativos aos respectivos imóveis – ser invalidada ou dispensada por atos judiciais de qualquer espécie, sob pena de nulidade.

Entretanto, quando excepcionalmente se der alienação de bens clausulados, o produto se converte em outros bens, que ficam sub-rogados nas obrigações dos primeiros[48].

O pedido de sub-rogação subsume-se ao rito ora em exame sendo diversos os critérios adotados pelo juízo para a sua concessão, exatamente porque não se submete o Judiciário à legalidade estrita na solução desse pedido. Desta sorte, é possível ao magistrado eleger formas menos solenes na alienação dos bens, como a venda particular.

A terceira hipótese de adoção do rito comum da jurisdição voluntária refere-se à alienação, arrendamento ou oneração de bens de crianças ou adolescentes, de órfãos e de interditos.

A alienação dos imóveis de crianças ou adolescentes passa pelo crivo judicial não obstante o exercício, pelos pais, do poder familiar quanto aos bens dos filhos. Em função deste poder-dever, os pais são os administradores legais dos bens dos filhos que se achem sob a sua guarda.

Entretanto, consoante o direito material, não podem, porém, alienar, hipotecar, ou gravar de ônus reais, os imóveis dos filhos, nem contrair, em nome deles, obrigações que ultrapassem os limites da simples administração, exceto por necessidade, ou evidente utilidade da prole, mediante prévia autorização do juiz. Esta prévia autorização é concedida em procedimento de jurisdição voluntária, obedecendo o juízo à regra geral de que os imóveis pertencentes aos menores só podem ser vendidos quando houver manifesta vantagem.

---

§ 1º No caso de extinção em razão de litispendência e nos casos dos incisos I, IV, VI e VII do art. 485, a propositura da nova ação depende da correção do vício que levou à sentença sem resolução do mérito."

[47] **Fredie Didier**. *Curso de Direito Processual Civil*. Vol. 1, 2015, p. 193.

[48] O Decreto-Lei 6.777, de 08.08.1944, que regula a sub-rogação de imóveis gravados ou inalienáveis dispõe:
"Art. 1º Na sub-rogação de imóveis gravados ou inalienáveis, estes serão sempre substituídos por outros imóveis ou apólices da Dívida Pública.
Art. 2º Se requerida a sub-rogação mediante permuta por apólices da Dívida Pública, o juiz mandará vender o imóvel em hasta pública, ressalvando ao interessado o direito de conservá-lo livre, desde que, antes de assinado o auto de arrematação, ofereça, em substituição, apólices de valor igual ou superior ao do maior lanço acima da avaliação, ou ao desta, na falta de licitante".

Parte IX • XV – PROCEDIMENTOS ESPECIAIS DE JURISDIÇÃO VOLUNTÁRIA | **621**

Ubi eadem ratio ibi eadem dispositio é assente que, decretada a interdição, fica o interdito sujeito à curatela, à qual se aplica, quanto aos bens, o mesmo que se dispôs quanto à alienação de bens de menores. Em consequência, o curador necessitará de autorização judicial conferível via jurisdição voluntária para alienar bens do curatelado.

A oneração da coisa comum através da alienação ou locação e sua administração, não havendo acordo entre os interessados, mas também inexistindo controvérsia jurídica, subsume-se ao procedimento *in foco*.

Quando a coisa é indivisível ou se torna imprópria ao seu destino, e os consortes não quiserem adjudicá-la a um só, indenizando os outros, a coisa deve ser vendida e repartido o preço. Preferindo-se, em condições iguais de oferta, o condômino ao estranho e, entre os condôminos, o que tiver na coisa benfeitorias mais valiosas, e, não as havendo, o de quinhão maior. Por outro lado, nenhum condômino pode, sem prévio consenso dos outros, dar posse, uso, ou gozo da propriedade a estranhos. Consequentemente, complexa torna-se a administração do condomínio.

Exatamente por essa razão é que, nas hipóteses em que circunstância fática ou jurídica conduzir ao desacordo entre os consortes e não for possível o uso e gozo em comum, resolverão os condôminos se a coisa deve ser administrada, vendida ou alugada.

Concordando todos que não será vendida, a maioria deve deliberar sobre a administração ou locação da coisa comum. Pronunciando-se a maioria pela administração, deve-se, então, escolher o administrador. Resolvendo-se alugar a coisa comum, é regra material que preferir-se-á, em condições iguais, o condômino ao estranho, sendo certo que a maioria deve ser calculada não pelo número, senão pelo valor dos quinhões, por isso que as deliberações não obrigam senão quando tomadas por maioria absoluta, isto é, por votos que representem mais de meio do valor total. Havendo empate, intervém o juiz, em rito de jurisdição voluntária, a requerimento de qualquer condômino, ouvidos os demais.

A alienação de quinhão em coisa comum submete-se ao crivo da jurisdição voluntária se houver disputa entre os consortes acerca da aquisição do condômino retirante. A questão em si não é litigiosa, mas o crivo judicial mantém a igualdade entre os cotitulares e exerce notável função preventiva de litígios, aliás, como é escopo da própria jurisdição em si, quiçá da prestação jurisdicional voluntária.

A extinção do usufruto, quando não decorrer da morte do usufrutuário, do termo da sua duração ou da consolidação, e a extinção do fideicomisso, quando decorrer de renúncia ou quando ocorrer antes do evento que caracterizar a condição resolutória, também se inserem como procedimentos de jurisdição voluntária.

A jurisdição voluntária impor-se-á apenas se o interessado suscitar dúvidas quanto ao fato objetivo extintivo do usufruto, hipótese em que intervirá o juiz. Ressalvada esta hipótese, de regra, a extinção consensual ou decorrente de fato natural como a morte opera-se de *pleno iure* por ato praticável perante o registro público competente.

O mesmo ocorre com a extinção do fideicomisso. Como é cediço, pode o testador instituir herdeiros ou legatários por meio de fideicomisso, impondo a um deles, o gravado ou fiduciário, a obrigação de, por sua morte ou sob certa condição, transmitir ao fideicomissário a herança ou o legado. Em consequência deste mecanismo de transmissão, o fiduciário tem a propriedade da herança ou legado, mas restrita e resolúvel.

Extingue-se o fideicomisso se o fideicomissário renunciar à herança ou morrer antes do fiduciário ou de se concretizar a condição resolutória do direito deste último. Nestes casos, a propriedade consolida-se no fiduciário.

Quando postos em dúvida, esses fatos extintivos submetem-se à apreciação do juiz através de jurisdição voluntária posto inexistir contenciosidade e *a fortiori* não existir necessidade de atuação através da denominada "jurisdição contenciosa".

Advirta-se, contudo, que a litigiosidade superveniente em qualquer procedimento de jurisdição voluntária implica a extinção do processo com a remessa das partes às vias ordinárias sob pena de infração ao *due process of law*.

622 | CURSO DE DIREITO PROCESSUAL CIVIL • *Luiz Fux*

2. NOTIFICAÇÃO E INTERPELAÇÃO

2.1 Generalidades

A notificação e a interpelação são procedimentos de jurisdição voluntária cuja serventia é a de manifestar formalmente a vontade de um interessado a outrem. Embora ambas sirvam para manifestar vontade, essas medidas têm aplicações diversas.

Usa-se a interpelação para que o requerente, por conta um direito que ele entenda existir, comunique o requerido para que ele faça ou deixe de fazer algo[49]. Uma hipótese comum de uso é a do credor que interpela o devedor para que ele adimpla sua obrigação, de forma que, caso não a adimpla, ele estará constituído em mora[50].

A notificação não objetiva comunicar o requerido para que ele adote uma ação, ela é usada apenas para que um participante de uma relação jurídica informe outro participante sobre seus propósitos. Além de serem partes em mesma relação jurídica, é necessário que o assunto seja juridicamente relevante, fugindo do escopo da notificação a comunicação de assuntos comezinhos[51].

Pode ocorrer de o requerente da notificação buscar dar ciência ao público em geral sobre os seus propósitos. Nesse caso, como o "público em geral" não é um indivíduo capaz de ser notificado, busca-se que seja publicado edital veiculando os propósitos do requerente. Diante da maior complexidade em relação à notificação de um número certo de indivíduos, a lei estabelece que o juiz só deve autorizar notificação por edital quando ela for fundamentada e necessária à tutela do direito.

A característica desses procedimentos é a de que não há decisão judicial sobre o direito das partes. O Judiciário exerce função instrumental de levar a manifestação do requerente ao requerido, funcionando, em linguagem cotidiana, como um mensageiro. Essa a razão de o ato judicial que o requerido recebe informando-o da manifestação do requerente não o vincular, tal ato apenas dá ciência.

O Judiciário não deve manifestar-se sobre o direito das partes, mas deve manifestar-se sobre a admissibilidade do procedimento. Cabe ao juízo verificar se o requerente detém interesse legítimo para a proposição da notificação ou interpelação.

Embora não conste no atual CPC, o "interesse legítimo", que estava previsto no CPC/1973[52], deve ser analisado pelo juízo. Cabe ao juiz verificar se há compatibilidade entre o objetivo almejado pelo requerente e a manifestação de vontade, devendo indeferir o pedido de notificação ou interpelação sempre que a manifestação extravasar os limites dessas medidas[53].

Como exemplo de desrespeito desses limites, depreende-se do art. 869 do CPC/1973, que a notificação ou interpelação que, por levantar dúvidas e incertezas, puder impedir a formação de negócio jurídico lícito deve ser indeferida. Ademais, como o juiz não obedece à legalidade estrita na jurisdição voluntária, ele pode indeferir por outros motivos, desde que fundamentadamente.

---

[49] **"CPC/2015: Art. 727.** Também poderá o interessado interpelar o requerido, no caso do art. 726, para que faça ou deixe de fazer o que o requerente entenda ser de seu direito."

[50] **"CC/2002: Art. 397.** O inadimplemento da obrigação, positiva e líquida, no seu termo, constitui de pleno direito em mora o devedor.
Parágrafo único. Não havendo termo, a mora se constitui mediante interpelação judicial ou extrajudicial."

[51] **"CPC/2015: Art. 726.** Quem tiver interesse em manifestar formalmente sua vontade a outrem sobre assunto juridicamente relevante poderá notificar pessoas participantes da mesma relação jurídica para dar-lhes ciência de seu propósito.
§ 1º Se a pretensão for a de dar conhecimento geral ao público, mediante edital, o juiz só a deferirá se a tiver por fundada e necessária ao resguardo de direito.
§ 2º Aplica-se o disposto nesta Seção, no que couber, ao protesto judicial."

[52] **"CPC/1973: Art. 869.** O juiz indeferirá o pedido, quando o requerente não houver demonstrado legítimo interesse e o protesto, dando causa a dúvidas e incertezas, possa impedir a formação de contrato ou a realização de negócio lícito."

[53] **L. G. Marinoni; S. C. Arenhart; D. Mitidiero.** *Novo Curso de Processo Civil:* Tutela dos direitos mediante procedimentos diferenciados. Vol. 3, 2017.

Parte IX • XV – PROCEDIMENTOS ESPECIAIS DE JURISDIÇÃO VOLUNTÁRIA | **623**

Além dessas hipóteses em que a análise do interesse legítimo não é limitada pelo princípio da legalidade estrita, o CPC/2015 já explicita algumas situações de manifesta falta de interesse legítimo: quando o requerente se utiliza da medida para alcançar fim ilícito (art. 728, I) e quando for um pedido de notificação ao público geral sem fundamento e desnecessário para resguardar o direito (art. 726, § 1º).

2.2 Procedimento

Inicia-se o procedimento com petição inicial requerendo que o juízo transmita a manifestação do requerente para o requerido. Recebida a inicial, o juízo analisa a presença de interesse legítimo por parte do requerente. Ao fazer essa análise, o juiz pode chegar a três decisões.

A primeira é a de indeferir liminarmente o pedido pela manifesta ausência de interesse legítimo. Podendo ser uma das hipóteses expressamente previstas pelo CPC ou quando o juízo entender que os limites das medidas foram extrapolados. Decisão da qual o requerente pode recorrer.

A segunda decisão possível é a de abrir espaço para que o requerido se manifeste no processo. Essa hipótese ocorre quando houver suspeita de que o requerente pretende alcançar fim ilícito, quando tiver sido requerida a averbação da notificação em registro público[54] ou quando o juiz necessitar de mais informações para decidir sobre a existência do interesse legítimo. Ouvidos ambos interessados, o juiz deferirá, ou não, o pedido do requerente.

A terceira possibilidade é a de o juízo reconhecer a existência de interesse legítimo, deferindo o pedido do requerente. Nesse caso, o juiz determinará que a notificação ou interpelação seja entregue ao requerido, de forma que ele fique ciente dos propósitos do requerente, e devolverá os autos ao requerente, tendo fim o processo.

3. ALIENAÇÕES JUDICIAIS

3.1 Generalidades

A alienação judicial, disciplinada como um dos procedimentos especiais de jurisdição voluntária, é ação, em princípio, sem lide, uma vez que seu objeto não se constitui em pretensão injustamente resistida.

A sua localização topográfica denuncia desde logo seu caráter não litigioso e sua natureza inquisitória porquanto o rito poderá ser impulsionado *ex officio* pelo magistrado, prescindindo, portanto, do impulso dos interessados. Assim, constitui-se o juiz em sujeito processual legitimado a deflagrar a venda de bens depositados em juízo, a partir da necessidade concreta.

Nesse sentido, prevê o art. 730 do CPC[55] que deverá o juiz, nos casos previstos em lei, mandar alienar em leilão os bens depositados judicialmente quando não houver acordo entre os interessados sobre como se fará a alienação. Atente-se para o fato de que o legislador se utiliza do verbo no modo imperativo – mandará –, indicando que a alienação de tais bens, ainda que não se manifeste qualquer dos interessados, constitui dever imposto ao magistrado, e não mera faculdade. É, portanto, poder-dever do juiz e revela, cada vez mais, o atuísmo judicial na tramitação do feito, sepultando, definitivamente, o mito de que é o juiz sujeito inerte, engessado, cuja atuação sempre se encontra à mercê do impulso dos interessados.

---

[54] **"CPC/2015: Art. 728.** O requerido será previamente ouvido antes do deferimento da notificação ou do respectivo edital:
I – se houver suspeita de que o requerente, por meio da notificação ou do edital, pretende alcançar fim ilícito;
II – se tiver sido requerida a averbação da notificação em registro público."

[55] **"CPC/2015: Art. 730.** Nos casos expressos em lei, não havendo acordo entre os interessados sobre o modo como se deve realizar a alienação do bem, o juiz, de ofício ou a requerimento dos interessados ou do depositário, mandará aliená-lo em leilão, observando-se o disposto na Seção I deste Capítulo e, no que couber, o disposto nos arts. 879 a 903."

Deveras, a alienação poderá ser promovida pelo magistrado, bem como por qualquer dos interessados. Há, assim, legitimação concorrente dos interessados e do próprio juiz, sem preferência legal de iniciativa. São interessadas as partes, os sujeitos da relação material, sempre que o objeto da contenda versar justamente sobre o objeto depositado, seja o depositário necessário, judicial ou voluntário.

São, a exemplo, casos em que se demanda a intervenção voluntária e autônoma do juiz para realizar alienação judicial: o art. 725, incisos III a V do CPC e os arts. 1.237[56]; 1.748, IV[57]; 1.750[58] e; 2.019, *caput* e §1º[59], todos do CC.

A jurisdição voluntária implica a administração dos interesses privados sem obediência à legalidade estrita, por isso que os tribunais têm abrandado a exigência de que a venda de imóvel de incapaz se faça por leilão judicial, porquanto esta forma, muitas vezes, não traz as vantagens que se esperam.

Embora não havendo obediência à legalidade estrita, o Código processual determina que, quando cabíveis, devem ser observadas as regras da alienação em Execução por quantia certa. Portanto, como um dos escopos dessas regras é o de evitar fraudes, impõe-se que os bens a serem vendidos devam ser avaliados por um perito nomeado pelo juiz, quando: (i) não o hajam sido anteriormente; (ii) tenham sofrido alteração em seu valor. A avaliação, mercê de sua conveniência notória, encerra uma perícia e, por isso, admite-se a indicação de assistente técnico[60].

Efetuada a alienação e deduzidas as despesas, depositar-se-á o preço, ficando nele sub-rogados os ônus ou responsabilidades a que estiverem sujeitos os bens.

3.2 Bens sujeitos à alienação jurisdicional voluntária[61]

Sujeitam-se, segundo determinação do CPC, à alienação em leilão: (i) os bens de crianças ou adolescentes, de órfãos e de interditos; (ii) a coisa comum indivisível ou que, pela divisão, se tornar imprópria ao seu destino, verificada previamente a existência de desacordo quanto à adjudicação a um dos condôminos; e (iii) o quinhão em coisa comum.

Ressalta-se que, na alienação judicial de coisa comum, deve ser observada a preferência legal ditada pelo CC, isto é, será preferido: (i) em condições iguais, o condômino ao estranho; (ii) entre os condôminos, o que tiver benfeitorias de maior valor; (iii) o condômino proprietário de quinhão maior, se não houver benfeitorias[62].

---

[56] "CC/2002: Art. 1.237. Decorridos sessenta dias da divulgação da notícia pela imprensa, ou do edital, não se apresentando quem comprove a propriedade sobre a coisa, será esta vendida em hasta pública e, deduzidas do preço as despesas, mais a recompensa do descobridor, pertencerá o remanescente ao Município em cuja circunscrição se deparou o objeto perdido."

[57] "CC/2002: Art. 1.748. Compete também ao tutor, com autorização do juiz:

(...)

IV – vender-lhe os bens móveis, cuja conservação não convier, e os imóveis nos casos em que for permitido;"

[58] "CC/2002: Art. 1.750. Os imóveis pertencentes aos menores sob tutela somente podem ser vendidos quando houver manifesta vantagem, mediante prévia avaliação judicial e aprovação do juiz."

[59] "CC/2002: Art. 2.019. Os bens insuscetíveis de divisão cômoda, que não couberem na meação do cônjuge sobrevivente ou no quinhão de um só herdeiro, serão vendidos judicialmente, partilhando-se o valor apurado, a não ser que haja acordo para serem adjudicados a todos.

§ 1º Não se fará a venda judicial se o cônjuge sobrevivente ou um ou mais herdeiros requererem lhes seja adjudicado o bem, repondo aos outros, em dinheiro, a diferença, após avaliação atualizada."

[60] RT 598/90.

[61] "CPC/2015: Art. 725. Processar-se-á na forma estabelecida nesta Seção o pedido de:

(...)

III – alienação, arrendamento ou oneração de bens de crianças ou adolescentes, de órfãos e de interditos;

IV – alienação, locação e administração da coisa comum;

V – alienação de quinhão em coisa comum;"

[62] "CC/2002: Art. 504. Não pode um condômino em coisa indivisível vender a sua parte a estranhos, se outro consorte a quiser, tanto por tanto. O condômino, a quem não se der conhecimento da venda, poderá, depo-

Ademais, há outros dispositivos legais que determinam que a alienação seja feita segundo o procedimento especial do art. 730 do CPC. São exemplos os casos previstos nos arts. 1.237[63]; 1.748, IV[64]; 1.750[65] e; 2.019, *caput* e § 1[66], todos do CC.

4. DIVÓRCIO E SEPARAÇÃO CONSENSUAIS, EXTINÇÃO CONSENSUAL DA UNIÃO ESTÁVEL E ALTERAÇÃO DO REGIME DE BENS DO MATRIMÔNIO

4.1 Divórcio e separação judicial

O divórcio foi instituído no ordenamento brasileiro apenas em 1977, com a Emenda Constitucional nº 9 e com a Lei 6.515/1977, que o regulamentou. Embora já instituído, o divórcio permaneceu sendo condicionado à prévia separação judicial[67] até 2010. Nesse ano, foi promulgada a Emenda Constitucional nº 66[68], que estabeleceu a possibilidade de o divórcio ser requerido de forma direta, sem a necessidade de obedecer a qualquer condicionante.

A partir dessa alteração, iniciou-se a discussão se o instituto da separação judicial teria sido revogado, tendo o divórcio se tornado a única ferramenta para requerer a dissolução do vínculo conjugal. Entendemos que essa revogação não ocorreu, ambos institutos ainda vigoram, pois são diversos em suas consequências e em seus regramentos. Nessa linha, entendeu o Superior Tribunal de Justiça que a Emenda à Constituição nº 66/2010 não revogou os artigos do CC que tratam da separação judicial[69].

Tanto o divórcio quanto a separação judicial, portanto, são institutos à disposição dos cônjuges que almejam modificar a sua situação marital.

---

sitando o preço, haver para si a parte vendida a estranhos, se o requerer no prazo de cento e oitenta dias, sob pena de decadência.

Parágrafo único. Sendo muitos os condôminos, preferirá o que tiver benfeitorias de maior valor e, na falta de benfeitorias, o de quinhão maior. Se as partes forem iguais, haverão a parte vendida os comproprietários, que a quiserem, depositando previamente o preço."

[63] **"CC/2002: Art. 1.237.** Decorridos sessenta dias da divulgação da notícia pela imprensa, ou do edital, não se apresentando quem comprove a propriedade sobre a coisa, será esta vendida em hasta pública e, deduzidas do preço as despesas, mais a recompensa do descobridor, pertencerá o remanescente ao Município em cuja circunscrição se deparou o objeto perdido."

[64] **"CC/2002: Art. 1.748.** Compete também ao tutor, com autorização do juiz:
IV – vender-lhe os bens móveis, cuja conservação não convier, e os imóveis nos casos em que for permitido;"

[65] **"CC/2002: Art. 1.750.** Os imóveis pertencentes aos menores sob tutela somente podem ser vendidos quando houver manifesta vantagem, mediante prévia avaliação judicial e aprovação do juiz."

[66] **"CC/2002: Art. 2.019.** Os bens insuscetíveis de divisão cômoda, que não couberem na meação do cônjuge sobrevivente ou no quinhão de um só herdeiro, serão vendidos judicialmente, partilhando-se o valor apurado, a não ser que haja acordo para serem adjudicados a todos.
§ 1º Não se fará a venda judicial se o cônjuge sobrevivente ou um ou mais herdeiros requererem lhes seja adjudicado o bem, repondo aos outros, em dinheiro, a diferença, após avaliação atualizada."

[67] De 1977 até 2010, diversas eram as condições para que o divórcio pudesse ser requerido. Usa-se o revogado § 6º do art. 226 da CF/1988, como exemplo: "§ 6º O casamento civil pode ser dissolvido pelo divórcio, após prévia separação judicial por mais de um ano nos casos expressos em lei, ou comprovada separação de fato por mais de dois anos".

[68] **"Emenda Constitucional nº 66/2010: Art. 1º** O § 6º do art. 226 da Constituição Federal passa a vigorar com a seguinte redação: "Art. 226. (...) § 6º O casamento civil pode ser dissolvido pelo divórcio."

[69] Nessa linha decidiu a 4ª Turma do STJ em acórdão de relatoria da Ministra Isabel Gallotti proferido no REsp 1247098/MS, assim ementado: Recurso Especial. Direito Civil. Família. Emenda Constitucional nº 66/2010. Divórcio direto. Separação judicial. Subsistência. 1. A separação é modalidade de extinção da sociedade conjugal, pondo fim aos deveres de coabitação e fidelidade, bem como ao regime de bens, podendo, todavia, ser revertida a qualquer momento pelos cônjuges (Código Civil, arts. 1571, III e 1.577). O divórcio, por outro lado, é forma de dissolução do vínculo conjugal e extingue o casamento, permitindo que os ex-cônjuges celebrem novo matrimônio (Código Civil, arts. 1.571, IV e 1.580). São institutos diversos, com consequências e regramentos jurídicos distintos. 2. A Emenda Constitucional nº 66/2010 não revogou os artigos do Código Civil que tratam da separação judicial.

4.2   O procedimento consensual de divórcio, separação ou extinção da união

O divórcio, a separação ou a extinção da união podem ser feitos de forma consensual ou litigiosa. A existência de litígio determina o procedimento a ser adotado pelo cônjuge. Caso exista litígio, deve ser seguido o procedimento especial de jurisdição contenciosa das ações de família. Caso não exista litígio, pode ser adotado o procedimento especial de jurisdição voluntária da homologação do divórcio, da separação ou da extinção da união, ou pode ser feito extrajudicialmente (Lei nº 11.441/2007).

O CPC de 2015, posterior à EC nº 66/2010, prevê o mesmo procedimento tanto para a homologação do divórcio consensual quanto para a homologação da separação. Além disso, esse procedimento aplica-se, no que couber, à homologação da extinção consensual de união estável[70].

Os cônjuges devem, na mesma petição, requerer a homologação do divórcio, da separação ou da extinção da união. A concessão do pedido, no entanto, não depende apenas da vontade dos interessados, é necessário que já sejam apresentadas disposições sobre a pensão alimentícia entre os cônjuges, a guarda dos filhos incapazes, o regime de visitas e a contribuição para criar e educar os filhos. Embora, tendo em conta o princípio da economia processual, o ideal fosse que já dispusessem sobre a partilha dos bens comuns, é permitido que o juiz determine a homologação e os interessados realizem a partilha em um segundo momento[71].

Há também a possibilidade de os cônjuges adotarem a via administrativa, extrajudicial. Nesse caso, deve ser lavrada escritura pública na qual constem as mesmas disposições necessárias para a homologação pela via judicial.

A Resolução nº 35 de 2007 do CNJ disciplina como se dá esse procedimento extrajudicial. Ela determina que a escolha do tabelião de notas é livre, não há regras de competência[72]. Ademais, os interessados podem, a qualquer tempo, optar pela via extrajudicial, mesmo que já haja um processo na via judicial[73].

Optar pela via extrajudicial, no entanto, não é possível para todos os cônjuges. Mesmo que haja consensualidade, eles estejam acompanhados por advogados e sejam apresentadas as disposições necessárias, a existência de filhos incapazes ou nascituros impede a opção pela vida administrativa.

Não havendo impedimentos e presentes os requisitos, o tabelião lavrará a escritura. Ela, independentemente de homologação judicial, é um título hábil para qualquer registro e permite o levantamento de importância depositada em instituição financeira[74].

---

[70]   **"CPC/2015: Art. 732.** As disposições relativas ao processo de homologação judicial de divórcio ou de separação consensuais aplicam-se, no que couber, ao processo de homologação da extinção consensual de união estável."

[71]   **"CPC/2015: Art. 731.** A homologação do divórcio ou da separação consensuais, observados os requisitos legais, poderá ser requerida em petição assinada por ambos os cônjuges, da qual constarão:
I – as disposições relativas à descrição e à partilha dos bens comuns;
II – as disposições relativas à pensão alimentícia entre os cônjuges;
III – o acordo relativo à guarda dos filhos incapazes e ao regime de visitas; e
IV – o valor da contribuição para criar e educar os filhos.
Parágrafo único. Se os cônjuges não acordarem sobre a partilha dos bens, far-se-á esta depois de homologado o divórcio, na forma estabelecida nos arts. 647 a 658."

[72]   **"Resolução nº 35 de 2007 do CNJ: Art. 1º** Para a lavratura dos atos notariais relacionados a inventário, partilha, separação consensual, divórcio consensual e extinção consensual de união estável por via administrativa, é livre a escolha do tabelião de notas, não se aplicando as regras de competência do CPC. (Redação dada pela Resolução nº 326, de 26.06.2020)"

[73]   **"Resolução nº 35 de 2007 do CNJ: Art. 2º** É facultada aos interessados a opção pela via judicial ou extrajudicial; podendo ser solicitada, a qualquer momento, a suspensão, pelo prazo de 30 dias, ou a desistência da via judicial, para promoção da via extrajudicial."

[74]   **"CPC/2015: Art. 733.** O divórcio consensual, a separação consensual e a extinção consensual de união estável, não havendo nascituro ou filhos incapazes e observados os requisitos legais, poderão ser realizados por escritura pública, da qual constarão as disposições de que trata o art. 731.

Parte IX • XV – PROCEDIMENTOS ESPECIAIS DE JURISDIÇÃO VOLUNTÁRIA | **627**

4.3 Alteração do regime de bens do matrimônio

O matrimônio, além dos efeitos pessoais, gera efeitos patrimoniais aos cônjuges. Os efeitos que serão gerados, no entanto, variam de acordo com o regime de bens escolhidos pelos cônjuges, visto que o regime de bens determina as regras jurídicas que se aplicarão, enquanto durar o casamento, às relações econômicas entre os cônjuges[75].

O CC estipula que os nubentes são livres para determinar o regime de bens antes de o casamento ser celebrado. Há, contudo, exceções para a regra de que os nubentes têm plena liberdade para escolher o regime de bens. É obrigatório o regime da separação de bens[76] quando: I – o casamento for contraído com inobservância das causas suspensivas da celebração do casamento; II – um dos cônjuges tiver mais de 70 anos; III – um dos cônjuges depender de suprimento judicial para casar.

Após a celebração, eles ainda podem alterar o regime, mas necessitam requerer autorização judicial[77]. Para requerer a alteração, eles devem adotar o procedimento de jurisdição especial previsto no CPC[78].

Os dois cônjuges, como não há litígio, devem, na mesma petição inicial, apresentar as razões para a alteração e requerê-la. Além dos motivos, deve ser demonstrado que não haverá violação de direitos de terceiros.

Devido ao princípio da não intervenção[79], entende-se que, na análise feita pelo juízo para autorizar a alteração, deve ser dada maior importância à constatação da presença de voluntariedade e consenso dos cônjuges e da ausência de prejuízos para terceiros. Não cabe ao juízo questionar as motivações pessoais do casal para requerer a alteração.

Recebida a inicial, o juiz deve determinar a intimação do Ministério Público e publicar edital divulgando a alteração do regime de bens. O Código determina que a decisão só poder ser proferida ao menos 30 dias após a publicação do edital, de forma a permitir que um terceiro prejudicado possa manifestar-se e proteger o seu direito (art. 734, § 1º, do CPC).

---

§ 1º A escritura não depende de homologação judicial e constitui título hábil para qualquer ato de registro, bem como para levantamento de importância depositada em instituições financeiras.

§ 2º O tabelião somente lavrará a escritura se os interessados estiverem assistidos por advogado ou por defensor público, cuja qualificação e assinatura constarão do ato notarial."

[75] **Caio M. S. Pereira**. *Instituições de Direito Civil: Vol. V*, 2017.

[76] "**CC/2002: Art. 1.641**. É obrigatório o regime da separação de bens no casamento:

I – das pessoas que o contraírem com inobservância das causas suspensivas da celebração do casamento;

II – da pessoa maior de 70 (setenta) anos;

III – de todos os que dependerem, para casar, de suprimento judicial."

[77] "**CC/2002: Art. 1.639**. É lícito aos nubentes, antes de celebrado o casamento, estipular, quanto aos seus bens, o que lhes aprouver.

§ 1º O regime de bens entre os cônjuges começa a vigorar desde a data do casamento.

§ 2º É admissível alteração do regime de bens, mediante autorização judicial em pedido motivado de ambos os cônjuges, apurada a procedência das razões invocadas e ressalvados os direitos de terceiros."

[78] "**CPC/2015: Art. 734**. A alteração do regime de bens do casamento, observados os requisitos legais, poderá ser requerida, motivadamente, em petição assinada por ambos os cônjuges, na qual serão expostas as razões que justificam a alteração, ressalvados os direitos de terceiros.

§ 1º Ao receber a petição inicial, o juiz determinará a intimação do Ministério Público e a publicação de edital que divulgue a pretendida alteração de bens, somente podendo decidir depois de decorrido o prazo de 30 (trinta) dias da publicação do edital.

§ 2º Os cônjuges, na petição inicial ou em petição avulsa, podem propor ao juiz meio alternativo de divulgação da alteração do regime de bens, a fim de resguardar direitos de terceiros.

§ 3º Após o trânsito em julgado da sentença, serão expedidos mandados de averbação aos cartórios de registro civil e de imóveis e, caso qualquer dos cônjuges seja empresário, ao Registro Público de Empresas Mercantis e Atividades Afins."

[79] "**CC/2002: Art. 1.513**. É defeso a qualquer pessoa, de direito público ou privado, interferir na comunhão de vida instituída pela família."

628 | CURSO DE DIREITO PROCESSUAL CIVIL • *Luiz Fux*

Superado o prazo após a publicação do edital e presentes os demais requisitos, será proferida decisão autorizando a alteração do regime de bens. Após o trânsito em julgado dessa decisão, serão expedidos mandados de averbação aos cartórios de registro civil e de imóveis, à Junta Comercial, se um dos cônjuges for comerciante, e ao Registro Público de Empresas Mercantis e Atividades Afins, se um dos cônjuges for empresário.

A alteração do regime de bens não retroage, porém, caso os cônjuges alterem o regime de bens de um de maior comunicabilidade para um de menor, deve ser realizada a partilha[80]. Exemplo dessa situação seria o de um casal que altera o regime de comunhão universal para o de separação de bens. O intuito é o de cessar as cotitularidades que tenham se formado antes da alteração do regime para que posteriormente não haja confusão sobre a titularidade dos bens, pois cada cônjuge já iniciará o novo regime com seus bens definidos.

5. TESTAMENTOS E CODICILOS

5.1 Generalidades

Os testamentos e codicilos são regulados pelo CPC em seus arts. 735 a 737.

O testamento é negócio jurídico pelo qual uma pessoa dispõe de seus bens para depois de sua morte, ou faz outras declarações de última vontade, sobre a própria sucessão.

O codicilo, por sua vez, não chega a ser um testamento, embora também seja uma declaração de última vontade. Seu objeto é restrito, adstringindo-se suas cláusulas a: (i) nomear ou substituir testamenteiro; (ii) fazer disposições especiais sobre o enterro, ou sobre esmolas de pouca monta a determinadas pessoas, ou indeterminadamente aos pobres de certo lugar; e (iii) legar móveis, roupas e joias, não muito valiosos, de uso pessoal.

Os testamentos e codicilos, antes de implementados, devem passar por um procedimento de jurisdição voluntária, perante o órgão judicial.

O procedimento de jurisdição voluntária a respeito de testamentos e codicilos é bem simples. Ele é destinado a conhecer a declaração de última vontade do *de cujus*, verificar a regularidade formal do documento e ordenar seu cumprimento.

O magistrado não deve decidir acerca de requisitos intrínsecos das disposições de última vontade que poderão ser dirimidos por jurisdição contenciosa. Somente à mingua de requisitos formais, o juízo deverá denegar o cumprimento do testamento e do codicilo. É necessário que seja flagrante a falta de requisito essencial formal.

Deveras, a determinação do cumprimento desses documentos não significa declaração definitiva da regularidade ou de sua perfeição, mas tão somente a autorização estatal para que se inicie a execução da vontade do testador. Razão pela qual a aprovação do testamento ou do codicilo não impede, sob o pálio da coisa julgada, que eles sejam posteriormente impugnados em processo de jurisdição contenciosa, mesmo quanto a vício formal.

5.2 Condições da ação

A morte, como cediço, é requisito fundamental para a abertura da sucessão.

Tratando-se de testamento cerrado, em regra, o apresentante do documento é alguém próximo ao testador que pode tê-lo encontrado entre os pertences do morto ou tê-lo recebido em mãos, nada influindo o fato de o testador entregar o referido documento a outra pessoa de sua confiança. Consequentemente, em tese, qualquer pessoa detém legitimidade para ser o apresentante do testamento cerrado, desde que tenha conhecimento da morte do testador.

Não obstante seja assente que para contestar é mister ter interesse e legitimidade, qualquer pessoa legitimada a apresentar o testamento, ainda que não obtenha qualquer proveito em provocar o Poder Judiciário para a abertura do documento cerrado, pode fazê-lo.

---

80 STJ – RESP 1.263.234/TO, Rel. Min. Nancy Andrighi, 3ª Turma, j. 11.06.2013, *DJe* 1º.07.2013.

Tratando-se de testamento público, qualquer interessado pode requerer ao juiz que determine seu cumprimento. A faculdade é sobremodo ampla que, mesmo que o possuidor do traslado ou da certidão não os apresente ao Juízo, ou os tenha perdido ou destruído, o interessado ostenta legitimidade para solicitar a extração de certidão dos livros do tabelionato e requerer o cumprimento do testamento.

No que pertine ao testamento particular, muito embora o art. 737[81] aduza apenas ao herdeiro, legatário ou testamenteiro, qualquer eventual interessado detém legitimação para requerer a publicação e o cumprimento do testamento. Sendo certo que, caso o testamento esteja sob a posse de qualquer outra pessoa, esta deverá apresentá-lo em Juízo após a morte do testador.

Opera-se a impossibilidade jurídica do pedido quando pleiteada a apresentação do testamento sem que o testador tenha falecido, porquanto, conforme exposto, é necessária a sua morte para que ocorra a sucessão.

5.3 Competência

A competência para abertura do testamento ou do codicilo é do juiz do local em que se encontrar o apresentador do documento. Não há vínculo entre o juízo em que o testamento é apresentado e o juízo universal do inventário, razão pela qual inexiste prevenção de competência de foro para as demais ações.

5.4 Aspectos procedimentais

O procedimento é iniciado *impliciter et de plano* com a apresentação do testamento em Juízo, independentemente de requerimento por escrito por advogado, posto tratar-se de ato puramente administrativo. Outrossim, a abertura de testamento tramita durante as férias forenses, inexistindo prazo para sua apresentação.

Ciente o interessado da existência do testamento e recusando-se o detentor a apresentá-lo em juízo após o óbito do testador, é cabível a medida de busca e apreensão, devendo a providência ser adotada mediante requerimento do interessado, nos termos do art. 737.

5.4.1 Testamento cerrado[82]

O testamento cerrado, que é elaborado pelo testador ou por alguém determinado pelo testador[83] é submetido ao Juízo no afã de se verificar se o mesmo se encontra intacto, abrindo-o e determinando ao escrivão que o leia na presença de quem o apresentou.

---

[81] **"CPC/2015: Art. 737.** A publicação do testamento particular poderá ser requerida, depois da morte do testador, pelo herdeiro, pelo legatário ou pelo testamenteiro, bem como pelo terceiro detentor do testamento, se impossibilitado de entregá-lo a algum dos outros legitimados para requerê-la.

§ 1º Serão intimados os herdeiros que não tiverem requerido a publicação do testamento.

§ 2º Verificando a presença dos requisitos da lei, ouvido o Ministério Público, o juiz confirmará o testamento.

§ 3º Aplica-se o disposto neste artigo ao codicilo e aos testamentos marítimo, aeronáutico, militar e nuncupativo.

§ 4º Observar-se-á, no cumprimento do testamento, o disposto nos parágrafos do art. 735."

[82] **"CPC/2015: Art. 735.** Recebendo testamento cerrado, o juiz, se não achar vício externo que o torne suspeito de nulidade ou falsidade, o abrirá e mandará que o escrivão o leia em presença do apresentante.

§ 1º Do termo de abertura constarão o nome do apresentante e como ele obteve o testamento, a data e o lugar do falecimento do testador, com as respectivas provas, e qualquer circunstância digna de nota.

§ 2º Depois de ouvido o Ministério Público, não havendo dúvidas a serem esclarecidas, o juiz mandará registrar, arquivar e cumprir o testamento.

§ 3º Feito o registro, será intimado o testamenteiro para assinar o termo da testamentária.

§ 4º Se não houver testamenteiro nomeado ou se ele estiver ausente ou não aceitar o encargo, o juiz nomeará testamenteiro dativo, observando-se a preferência legal.

§ 5º O testamenteiro deverá cumprir as disposições testamentárias e prestar contas em juízo do que recebeu e despendeu, observando-se o disposto em lei."

630 | CURSO DE DIREITO PROCESSUAL CIVIL • *Luiz Fux*

Ato contínuo, deve ser lavrado o termo de abertura do testamento, o qual, rubricado pelo juiz e assinado pelo apresentante, mencionará a data e lugar de abertura, o nome do apresentante, o modo como obteve o testamento, a data e lugar do falecimento do testador, e qualquer outra circunstância digna de nota, encontrada no invólucro ou interior do testamento.

Em seguida, de acordo com o art. 735, § 2º, do CPC, deve ser determinada a oitiva do Ministério Público. Caso não seja verificado vício externo que o torne suspeito de nulidade ou falsidade, será proferida sentença ordenando o registro, arquivamento e cumprimento do testamento.

Com o registro e arquivamento do testamento em cartório, o testamenteiro será intimado para que assine o termo de testamentaria. Inexistindo testamenteiro designado, estando o mesmo ausente ou não tendo aceitado o encargo, o juiz nomeará testamenteiro dativo, respeitada a preferência legal, conforme o disposto no art. 735, § 4º, do CPC.

A ordem de preferência a ser respeitada para a nomeação de testamenteiro dativo é[84]: (i) cônjuge supérstite; (ii) herdeiro escolhido pelo juiz; e (iii) um estranho, caso não haja testamenteiro judicial.

5.4.2   Testamento público[85]

Tratando-se de testamento público, o qual é lavrado em notas de tabelião, qualquer interessado, exibindo ao juiz o traslado ou certidão, poderá requerer-lhe que determine o seu cumprimento. Diversamente do testamento cerrado, que é "aberto", o testamento público é "apresentado" em Juízo.

O testamento público é processado da mesma forma que o testamento cerrado, com a diferença de que o termo inicial é de apresentação, e não de "abertura".

5.4.3   Testamento particular

O testamento particular[86], segundo determina o art. 737 do CPC[87], deve ser publicado e confirmado em Juízo, mediante requerimento do herdeiro, do legatário ou do testamenteiro, bem como por terceiro interessado.

Proposta a referida ação, a petição deve ser instruída com a cédula do testamento particular, sendo designada audiência para a inquirição das referidas testemunhas, que deverão ser indagadas a respeito de suas assinaturas e do teor do ato de última vontade, sobre se o testamento foi lido em sua presença e se o testador, quando testou, se achava em perfeito juízo.

---

[83]   "Testamento cerrado. Falta de assinatura da testadora em testamento datilografado por uma sobrinha, que aparece na relação de herdeiros. 1. Por mais elástica que possa ser a interpretação em matéria testamentária, de modo a fazer prevalecer a vontade do testador, não é possível admitir o testamento cerrado, datilografado por outra pessoa, no caso uma sobrinha, ausente a assinatura do testador, que é requisito essencial nos termos da lei (art. 1.638, II, do Código Civil). 2. Recurso especial não conhecido." (STJ, Resp. 163617, 3ª Turma, Rel. Min. Carlos Alberto Menezes Direito, *DJ* 24.04.2000).

[84]   "**CC/2002: Art. 1.984**. Na falta de testamenteiro nomeado pelo testador, a execução testamentária compete a um dos cônjuges, e, em falta destes, ao herdeiro nomeado pelo juiz."

[85]   "**CPC/2015: Art. 736**. Qualquer interessado, exibindo o traslado ou a certidão de testamento público, poderá requerer ao juiz que ordene o seu cumprimento, observando-se, no que couber, o disposto nos parágrafos do art. 735."

[86]   Segundo o art. 1.876 do Código Civil, testamento particular é aquele escrito e assinado pelo testador, lido na presença de pelo menos 3 (três) testemunhas que também o assinam.

[87]   "**CPC/2015: Art. 737**. A publicação do testamento particular poderá ser requerida, depois da morte do testador, pelo herdeiro, pelo legatário ou pelo testamenteiro, bem como pelo terceiro detentor do testamento, se impossibilitado de entregá-lo a algum dos outros legitimados para requerê-la.

§ 1º Serão intimados os herdeiros que não tiverem requerido a publicação do testamento.

§ 2º Verificando a presença dos requisitos da lei, ouvido o Ministério Público, o juiz confirmará o testamento.

§ 3º Aplica-se o disposto neste artigo ao codicilo e aos testamentos marítimo, aeronáutico, militar e nuncupativo.

§ 4º Observar-se-á, no cumprimento do testamento, o disposto nos parágrafos do art. 735."

Parte IX • XV – PROCEDIMENTOS ESPECIAIS DE JURISDIÇÃO VOLUNTÁRIA | **631**

O art. 1.801, II, do CC[88] determina expressamente que as testemunhas do testamento não podem ser nomeadas herdeiras nem legatárias, em razão do notório interesse econômico e jurídico quanto ao ato.

Devem ser realizadas as seguintes intimações: (i) aqueles a quem caberia a sucessão da legítima; (ii) o testamenteiro, os herdeiros e os legatários que não tiverem requerido a publicação e (iii) o Ministério Público.

A exigência de publicação e confirmação do testamento particular em Juízo são impostas pela lei com o fim de evitar fraudes, considerando a forma privada como foi engendrada.

Reconhecida a autenticidade do testamento por três testemunhas, o juiz, após ouvido o Ministério Público, confirmá-lo-á.

A confirmação do testamento particular opera-se via arguição testemunhal. Aqueles que tenham endereço conhecido, independentemente da comarca na qual residam, devem ser intimados pessoalmente. Deve-se lançar mão da intimação por edital apenas nos casos em que as pessoas a serem intimadas estejam em lugar desconhecido. Deveras, o comparecimento espontâneo supre a falta de intimação.

O procedimento de oitiva das testemunhas, que segue a regra geral da prova testemunhal e seu regime jurídico, serve à confirmação do testamento particular e não se afigura como requisito de validade ou de eficácia do testamento. A oitiva destina-se a aferir a autenticidade da declaração de última vontade do testador, por isso que, mercê desse elemento de convicção, o juiz pode valer-se dos elementos do art. 369 do CPC[89] para verificar a autenticidade. Tanto mais que o art. 1.876 do CC[90], em que se encontram os elementos de validade do ato particular de última vontade, não menciona entre eles a confirmação das testemunhas em Juízo. Ademais, a falta de confirmação testemunhal não consta entre os motivos de revogação ou ruptura do testamento, previstos nos arts. 1.969 a 1.975 do CC.

Aliás, outro não poderia ser o entendimento, na medida em que, o próprio art. 1.879 do CC[91] permite, em circunstâncias excepcionais declaradas na cédula, que o testamento particular de próprio punho e assinado pelo testador, sem testemunhas, seja confirmado, a critério do juiz.

Nesse sentido, cumpre trazer à baila excerto de didático julgado do STJ:

> "[...] 3 – A jurisprudência desta Corte revela que, em se tratando de sucessão testamentária, em especial nas hipóteses de testamento particular, é indispensável a busca pelo equilíbrio entre a necessidade de cumprimento de formalidades essenciais nos testamentos particulares e a necessidade, também premente, de abrandamento de determinadas formalidades para que sejam adequadamente respeitadas as manifestações de última vontade do testador.
>
> 4 – Nesse contexto, são suscetíveis de superação os vícios de menor gravidade, que podem ser denominados de puramente formais e que se relacionam essencialmente com aspectos externos do testamento particular, ao passo que vícios de maior gravidade, que podem ser chamados de formais-materiais porque transcendem a forma do ato e contaminam o seu

---

[88] **"CC/2002: Art. 1.801.** Não podem ser nomeados herdeiros nem legatários: (...) II – as testemunhas do testamento;"

[89] **"CPC/2015: Art. 369.** As partes têm o direito de empregar todos os meios legais, bem como os moralmente legítimos, ainda que não especificados neste Código, para provar a verdade dos fatos em que se funda o pedido ou a defesa e influir eficazmente na convicção do juiz."

[90] **"CC/2002: Art. 1.876.** O testamento particular pode ser escrito de próprio punho ou mediante processo mecânico.

§ 1º Se escrito de próprio punho, são requisitos essenciais à sua validade seja lido e assinado por quem o escreveu, na presença de pelo menos três testemunhas, que o devem subscrever.

§ 2º Se elaborado por processo mecânico, não pode conter rasuras ou espaços em branco, devendo ser assinado pelo testador, depois de o ter lido na presença de pelo menos três testemunhas, que o subscreverão."

[91] **"CC/2002: Art. 1.879.** Em circunstâncias excepcionais declaradas na cédula, o testamento particular de próprio punho e assinado pelo testador, sem testemunhas, poderá ser confirmado, a critério do juiz."

632 | CURSO DE DIREITO PROCESSUAL CIVIL • *Luiz Fux*

próprio conteúdo, acarretam a invalidade do testamento lavrado sem a observância das formalidades que servem para conferir exatidão à vontade do testador. Precedente.

5 – Os vícios pertencentes à primeira espécie – puramente formais – são suscetíveis de superação quando não houver mais nenhum outro motivo para que se coloque em dúvida a vontade do testador, ao passo que os vícios pertencentes à segunda espécie – formais-materiais –, por atingirem diretamente a substância do ato de disposição, implicam na impossibilidade de se reconhecer a validade do próprio testamento. [...]" (REsp 2.005.877/MG, Rel. Min. Nancy Andrighi, 3ª Turma, j. 30.082022, *DJe* 1º.09.2022.)

Gize-se, ainda, que a Segunda Seção do STJ também já admitiu ser válido um testamento particular que, mesmo não tendo sido assinado de próprio punho pela testadora, contou com a sua impressão digital[92].

5.4.4   Testamentos marítimo, militar, nuncupativo e codicilos

O procedimento de confirmação aplicado ao testamento particular é aplicado aos testamentos marítimo, militar, nuncupativo, e aos codicilos, segundo o disposto no art. 737, § 4º, do CPC.

5.4.5   Cumprimento dos testamentos

Proferida a sentença determinativa do cumprimento do testamento ou do codicilo, o testamenteiro tem o dever de cumprir as disposições de última vontade[93]. Caso o testamenteiro não tenha definido prazo para o cumprimento, deve ser observado o prazo legal de 180 (cento e oitenta) dias, contados da aceitação da testamentaria, podendo este prazo ser prorrogado, caso haja motivo suficiente[94].

Cumpre ao testamenteiro, nos termos do art. 735, § 5º, do CPC: (i) cumprir as disposições testamentárias e (ii) prestar contas em juízo do que recebeu e despendeu. No exercício de seu mister, cumpre ao testamenteiro atuar com exação, razão pela qual ele pode ser removido e perder o prêmio[95] caso, na prestação de contas perante o juiz, sejam-lhe glosadas as despesas por ilegais, ou em discordância com o testamento, ou em descumprimento das disposições testamentárias.

Além da remoção como forma de cessar esse *munus*, o testamenteiro pode requerer sua renúncia ao juiz. Ele deverá, contudo, alegar causa legítima para tanto, aferível pelo juiz[96].

A par de suas incumbências, o art. 1.987 do CC/2002[97] assenta que o testamenteiro tem direito a um prêmio que, se não houver sido fixado pelo testador, será arbitrado pelo juiz, levando em conta o valor da herança e o trabalho de execução do testamento, o qual não deve exceder a 5%

---

[92]   REsp 1.633.254/MG, Rel. Min. Nancy Andrighi, 2ª Seção, j. 11.03.2020, *DJe* 18.03.2020.

[93]   **"CC/2002: Art. 1.980**. O testamenteiro é obrigado a cumprir as disposições testamentárias, no prazo marcado pelo testador, e a dar contas do que recebeu e despendeu, subsistindo sua responsabilidade enquanto durar a execução do testamento."

[94]   **"CC/2002: Art. 1.983**. Não concedendo o testador prazo maior, cumprirá o testamenteiro o testamento e prestará contas em cento e oitenta dias, contados da aceitação da testamentaria.
Parágrafo único. Pode esse prazo ser prorrogado se houver motivo suficiente."

[95]   **"CC/2002: Art. 1.989**. Reverterá à herança o prêmio que o testamenteiro perder, por ser removido ou por não ter cumprido o testamento."

[96]   "A recusa não se requer justificada, bastando a manifestação do nomeado. Livre será também a renúncia, guardado o respeito à boa-fé, e observada a oportunidade, para que não se exponham os interessados a prejuízos. O renunciante comunicará ao juiz o seu propósito, em condições de ser intimado ou nomeado outro executor, dando as razões do abandono ("causa legítima", na dicção do art. 1.141 do agora revogado CPC de 1973), que o juiz apreciará devidamente, acolhendoas se graves e ponderáveis, pois se é certo que ninguém é obrigado a aceitar a testamentária, certo é também que, aceitando-a, deve dar-lhe cumprimento." **Caio M. S. Pereira**, *Instituições de Direito Civil: Vol. VI*, 2017.

[97]   **"CC/2002: Art. 1.987**. Salvo disposição testamentária em contrário, o testamenteiro, que não seja herdeiro ou legatário, terá direito a um prêmio, que, se o testador não o houver fixado, será de um a cinco por cento,

Parte IX • XV – PROCEDIMENTOS ESPECIAIS DE JURISDIÇÃO VOLUNTÁRIA | **633**

(cinco por cento) da herança líquida. O testamenteiro, se for também herdeiro ou legatário, não poderá receber o seu quinhão e o prêmio, ele deve optar por apenas um deles[98].

5.5 Sentença

Constatada a regularidade do testamento ou do codicilo, cumpre ao juiz determinar que ele seja registrado, arquivado e cumprido. Havendo alguma irregularidade formal que o invalide, ele será registrado e arquivado, sendo, entretanto, denegado o seu cumprimento.

Sob esse enfoque, a decisão determinando o cumprimento da disposição de última vontade, ou negando-a, não produz coisa julgada material, mas tão somente de coisa julgada formal (artigo 486 do CPC).

5.5.1 *Suspeição de nulidade ou falsidade do testamento*

É pacífico que a norma contida no *caput* do art. 735 do CPC deve ser interpretada com temperamento, obstando o juiz, em procedimento de jurisdição voluntária, decidir acerca da nulidade dos atos de última vontade.

Em razão de não definir sobre a validade do seu conteúdo, o juiz, ainda que entreveja o vício, não pode deixar de registrar e arquivar o testamento ou o codicilo. Nessa hipótese, o defeito, quando muito, só pode acarretar, no máximo, uma restrição no cumprimento do ato de última vontade, ficando a cargo da jurisdição contenciosa decidir acerca da validade do documento e decidir se o vício detectado impede ou não a efetivação da vontade do testador.

6. HERANÇA JACENTE

6.1 Generalidades

A herança é considerada jacente e como tal submete-se à guarda, conservação e administração de um curador, nas seguintes hipóteses: a) se, à falta de testamento, o falecido não deixar cônjuge, nem herdeiros, descendente ou ascendente, nem colateral sucessível, notoriamente conhecido; b) se os herdeiros, descendentes ou ascendentes, renunciarem à herança e não houver cônjuge ou colateral sucessível, notoriamente conhecido; c) se, havendo testamento, o falecido não deixar cônjuge, nem herdeiros descendentes ou ascendentes; d) o herdeiro nomeado não existir, ou não aceitar a herança; e) se, em qualquer das hipóteses anteriores, não houver colateral sucessível, notoriamente conhecido, f) se, verificada alguma das hipóteses anteriores, não houver testamenteiro nomeado, o nomeado não existir ou não aceitar a testamentária.

Forçoso concluir, sinteticamente, que a herança é jacente quando a ela não concorrem herdeiros conhecidos após a abertura da sucessão legítima ou testamentária. Os bens da herança jacente são declarados vacantes ou vagos após praticadas todas as diligências legais e ainda assim não aparecerem herdeiros. Esta declaração em si somente pode ser admitida 1 (um) ano depois de publicizado o primeiro edital informando que os sucessores do falecido devem se habilitar no processo.

Decorridos 5 anos da abertura da sucessão, os bens arrecadados passarão ao domínio do Município ou do Distrito Federal, se localizados nas respectivas circunscrições.

O juízo competente para a herança jacente é o estadual, ainda que haja incorporação ao domínio federal. A jacência da herança impõe a sua imediata arrecadação e ninguém melhor do que o juízo do domicílio do falecido para procedê-la, de imediato.

---

arbitrado pelo juiz, sobre a herança líquida, conforme a importância dela e maior ou menor dificuldade na execução do testamento.

Parágrafo único. O prêmio arbitrado será pago à conta da parte disponível, quando houver herdeiro necessário."

[98] **"CC/2002: Art. 1.988.** O herdeiro ou o legatário nomeado testamenteiro poderá preferir o prêmio à herança ou ao legado."

634 | CURSO DE DIREITO PROCESSUAL CIVIL • *Luiz Fux*

A finalidade da competência do domicílio do falecido é preservar os bens imediatamente, pressupondo-se que o patrimônio do *de cujus* esteja no local da sua morte. Nada obstante, se assim não ocorrer, mais apto para a arrecadação será o juízo da situação dos bens[99]. De toda sorte, essa competência territorial não se equipara à competência do art. 47 do CPC, por isso que não é absoluta, admitindo prorrogação legal.

Consoante observar-se-á, a arrecadação é sucedida de providências de convocação de eventuais sucessores do acervo. Duas situações opostas podem ocorrer: ou surgem sucessores habilitados, hipótese em que, reconhecida essa qualidade a eles, os bens lhes são entregues após regular inventário no qual se converte a originária arrecadação, nos próprios autos (art. 741, § 3º, do CPC[100]); ou a herança de jacente passa a vacante.

É que, ultrapassado o prazo legal das convocações e não havendo herdeiro habilitado nem habilitação pendente, a herança é declarada "vacante" (art. 743 do CPC). Aliás, ainda que pendente a habilitação, a vacância pode ser declarada pela mesma sentença declaratória que a julgar improcedente, salvo se várias as habilitações, hipótese em que deve aguardar-se o julgamento da última[101].

A vacância é encartada em sentença declaratória com efeitos *ex tunc* incorporando-se os bens à entidade correspectiva desde a abertura da sucessão. Inibindo, a partir desse termo *a quo*, qualquer pretensão persecutória.

6.2 Curadoria. Atribuições[102]

O curador da herança jacente há de ser pessoa da confiança do juiz e nesse mister pode delegar funções e contratar advogado se não tiver habilitação legal. Destarte, o curador tem funções

---

[99] "CPC/2015: Art. 48. O foro de domicílio do autor da herança, no Brasil, é o competente para o inventário, a partilha, a arrecadação, o cumprimento de disposições de última vontade, a impugnação ou anulação de partilha extrajudicial e para todas as ações em que o espólio for réu, ainda que o óbito tenha ocorrido no estrangeiro.
Parágrafo único. Se o autor da herança não possuía domicílio certo, é competente:
I – o foro de situação dos bens imóveis;
II – havendo bens imóveis em foros diferentes, qualquer destes;
III – não havendo bens imóveis, o foro do local de qualquer dos bens do espólio."

[100] "CPC/2015: Art. 741. Ultimada a arrecadação, o juiz mandará expedir edital, que será publicado na rede mundial de computadores, no sítio do tribunal a que estiver vinculado o juízo e na plataforma de editais do Conselho Nacional de Justiça, onde permanecerá por 3 (três) meses, ou, não havendo sítio, no órgão oficial e na imprensa da comarca, por 3 (três) vezes com intervalos de 1 (um) mês, para que os sucessores do falecido venham a habilitar-se no prazo de 6 (seis) meses contado da primeira publicação.
(...)
§ 3º Julgada a habilitação do herdeiro, reconhecida a qualidade do testamenteiro ou provada a identidade do cônjuge ou companheiro, a arrecadação converter-se-á em inventário."

[101] "CPC/2015: Art. 743. Passado 1 (um) ano da primeira publicação do edital e não havendo herdeiro habilitado nem habilitação pendente, será a herança declarada vacante.
§ 1º Pendendo habilitação, a vacância será declarada pela mesma sentença que a julgar improcedente, aguardando-se, no caso de serem diversas as habilitações, o julgamento da última.
§ 2º Transitada em julgado a sentença que declarou a vacância, o cônjuge, o companheiro, os herdeiros e os credores só poderão reclamar o seu direito por ação direta."

[102] "CPC/2015: Art. 739. A herança jacente ficará sob a guarda, a conservação e a administração de um curador até a respectiva entrega ao sucessor legalmente habilitado ou até a declaração de vacância.
§ 1º Incumbe ao curador:
I – representar a herança em juízo ou fora dele, com intervenção do Ministério Público;
II – ter em boa guarda e conservação os bens arrecadados e promover a arrecadação de outros porventura existentes;
III – executar as medidas conservatórias dos direitos da herança;
IV – apresentar mensalmente ao juiz balancete da receita e da despesa;
V – prestar contas ao final de sua gestão.

Parte IX • XV – PROCEDIMENTOS ESPECIAIS DE JURISDIÇÃO VOLUNTÁRIA | **635**

judiciais e extrajudiciais. Quanto às primeiras, assume a *legitimatio ad processum* pela massa de bens, por isso a representa em juízo, ativa e passivamente, uma vez que o acervo pode demandar e ser demandado onde o coadjuva o Ministério Público como *custos iuris*.

Extrajudicialmente, o curador deve: ter em boa guarda e conservação os bens arrecadados e promover a arrecadação de outros porventura existentes; executar as medidas conservatórias dos direitos da herança através de meios judiciais ou não; apresentar mensalmente ao juiz um balancete da receita e da despesa; e prestar contas ao final de sua gestão.

A função de administrador o subsume ao regime dos auxiliares eventuais do juízo (arts. 159 a 161 do CPC[103]), devendo prestar contas nos autos da arrecadação[104].

6.3 Arrecadação

A arrecadação imediata[105] impõe que o oficial de justiça compareça à residência do morto, acompanhado do escrivão ou do chefe de secretaria e do curador, e arrole os bens, descrevendo-os em auto circunstanciado.

Pode ocorrer que ainda não haja curador nomeado, hipótese em que o juiz deve designar um depositário a quem entregará os bens, mediante simples termo nos autos, depois de compromissado (art. 740, § 2°, do CPC).

O arrolamento dos bens encontrados não exclui a possibilidade de complementação da arrecadação em havendo notícia da existência de outros.

---

§ 2° Aplica-se ao curador o disposto nos arts. 159 a 161."

[103] **"CPC/2015: Art. 159.** A guarda e a conservação de bens penhorados, arrestados, sequestrados ou arrecadados serão confiadas a depositário ou a administrador, não dispondo a lei de outro modo.

Art. 160. Por seu trabalho o depositário ou o administrador perceberá remuneração que o juiz fixará levando em conta a situação dos bens, ao tempo do serviço e às dificuldades de sua execução.

Parágrafo único. O juiz poderá nomear um ou mais prepostos por indicação do depositário ou do administrador.

Art. 161. O depositário ou o administrador responde pelos prejuízos que, por dolo ou culpa, causar à parte, perdendo a remuneração que lhe foi arbitrada, mas tem o direito a haver o que legitimamente despendeu no exercício do encargo.

Parágrafo único. O depositário infiel responde civilmente pelos prejuízos causados, sem prejuízo de sua responsabilidade penal e da imposição de sanção por ato atentatório à dignidade da justiça."

[104] **"CPC/2015: Art. 553.** As contas do inventariante, do tutor, do curador, do depositário e de qualquer outro administrador serão prestadas em apenso aos autos do processo em que tiver sido nomeado.

Parágrafo único. Se qualquer dos referidos no *caput* for condenado a pagar o saldo e não o fizer no prazo legal, o juiz poderá destituí-lo, sequestrar os bens sob sua guarda, glosar o prêmio ou a gratificação a que teria direito e determinar as medidas executivas necessárias à recomposição do prejuízo."

[105] **"CPC/2015: Art. 740.** O juiz ordenará que o oficial de justiça, acompanhado do escrivão ou do chefe de secretaria e do curador, arrole os bens e descreva-os em auto circunstanciado.

§ 1° Não podendo comparecer ao local, o juiz requisitará à autoridade policial que proceda à arrecadação e ao arrolamento dos bens, com 2 (duas) testemunhas, que assistirão às diligências.

§ 2° Não estando ainda nomeado o curador, o juiz designará depositário e lhe entregará os bens, mediante simples termo nos autos, depois de compromissado.

§ 3° Durante a arrecadação, o juiz ou a autoridade policial inquirirá os moradores da casa e da vizinhança sobre a qualificação do falecido, o paradeiro de seus sucessores e a existência de outros bens, lavrando-se de tudo auto de inquirição e informação.

§ 4° O juiz examinará reservadamente os papéis, as cartas missivas e os livros domésticos e, verificando que não apresentam interesse, mandará empacotá-los e lacrá-los para serem assim entregues aos sucessores do falecido ou queimados quando os bens forem declarados vacantes.

§ 5° Se constar ao juiz a existência de bens em outra comarca, mandará expedir carta precatória a fim de serem arrecadados.

§ 6° Não se fará a arrecadação, ou essa será suspensa, quando, iniciada, apresentarem-se para reclamar os bens o cônjuge ou companheiro, o herdeiro ou o testamenteiro notoriamente reconhecido e não houver oposição motivada do curador, de qualquer interessado, do Ministério Público ou do representante da Fazenda Pública."

636 CURSO DE DIREITO PROCESSUAL CIVIL • *Luiz Fux*

O objetivo da arrecadação é reunir os bens passíveis de sucessão. Por isso, que não são todos os bens encontrados que se submetem a essa providência. Na hipótese de documentos desimportantes, como bilhetes e anotações pessoais, nos quais não se substanciam direitos, o juiz deve mandar empacotá-los e lacrá-los para serem assim entregues aos sucessores do falecido, ou queimados quando os bens forem declarados vacantes (art. 740, § 4º, do CPC). Observe-se que alguns papéis podem revelar-se, em princípio, desimportantes. Entretanto, não se pode ignora-los à luz do conceito do patrimônio histórico.

6.3.1 Arrecadação imediata pela autoridade policial

Nas comarcas do interior, há distritos que são distantes da sede do juízo. Nessas hipóteses, não podendo o oficial de justiça e o chefe de secretaria ou escrivão comparecerem imediatamente por motivo justo ou por estarem os bens em lugar muito distante, o juiz requisitará à autoridade policial que proceda à arrecadação e ao arrolamento dos bens, que serão assistidos por duas testemunhas constantes do auto (art. 740, § 1º, do CPC).

6.3.2 Arrecadação por precatória

A arrecadação dos bens situados alhures, além daqueles do domicílio do falecido, realiza-se por precatória seguindo-se o mesmo rito no juízo deprecante (art. 740, § 5º, do CPC).

O curador nomeado pelo juízo deprecante o é também em relação aos bens encontradiços no juízo deprecado, que deve determinar o arrolamento dos bens e descrevê-los em auto circunstanciado. Assim como ocorre no juízo deprecante, ainda não nomeado o curador, o juízo deprecado deve designar um depositário e lhe entregar os bens, mediante simples termo nos autos, depois de compromissado.

6.3.3 Diligências da arrecadação

Asseverado que o objetivo primário da arrecadação é encontrar bens e se possível entregá-los aos sucessores do falecido desconhecidos momentaneamente, o juiz, durante a arrecadação, deve inquirir os moradores da casa e da vizinhança sobre a qualificação do falecido, o paradeiro de seus sucessores e a existência de outros bens, lavrando-se de tudo um auto de inquirição e informação (art. 740, § 3º, do CPC). Trata-se de ato necessário cuja falta invalida a arrecadação em face do próprio escopo da atuação subjetivamente jurisdicional.

6.3.4 Suspensão da arrecadação

A finalidade da arrecadação não é obstar a natural vocação sucessória, mas, apenas, custodiar bens de pessoa falecida sem herdeiros conhecidos. Ora, se assim o é, não se procede à arrecadação ou suspender-se-á esta quando iniciada, se se apresentar para reclamar os bens o cônjuge, herdeiro ou testamenteiro notoriamente conhecido e não houver oposição motivada do curador, de qualquer interessado, do órgão do Ministério Público ou do representante da Fazenda Pública (art. 740, § 6º, do CPC).

Assim é que, apresentado um testamento do registro civil vinculando parente sucessor dos bens, suspende-se a arrecadação, convolando a mesma em inventário.

6.4 Editais[106]

O procedimento da herança jacente contempla, como de sua substância, a sua publicidade no afã de encontrar herdeiros sucessíveis.

---

[106] **"CPC/2015: Art. 741.** Ultimada a arrecadação, o juiz mandará expedir edital, que será publicado na rede mundial de computadores, no sítio do tribunal a que estiver vinculado o juízo e na plataforma de editais do

Parte IX • XV – PROCEDIMENTOS ESPECIAIS DE JURISDIÇÃO VOLUNTÁRIA | 637

Para esse fim e sob pena de nulidade, ultimada a arrecadação, o juiz deve mandar expedir edital que será publicado na rede mundial de computadores através do sítio do tribunal ao qual o juízo está vinculado e através das plataformas de editais do Conselho Nacional de Justiça. Essa publicação deve permanecer por três (3) meses nesses sítios.

Caso não seja possível realizar a publicação do edital nesses sítios, ele será estampado três (3) vezes, com intervalo de um (1) mês para cada um, no órgão oficial e na imprensa da comarca, para que venham a habilitar-se os sucessores do finado no prazo de seis (6) meses contados da primeira publicação.

Nada obstante, a existência de sucessor ou testamenteiro em lugar certo, implica a sua citação, sem prejuízo do edital.

Tratando-se de *cujus* estrangeiro, será também comunicado o fato à autoridade consular.

Esse prazo do edital é de suma importância, uma vez que, passado um (1) ano da primeira publicação e não havendo herdeiro habilitado nem habilitação pendente, a herança é declarada vacante.

6.5   Conversão da arrecadação em inventário

A arrecadação esvazia a sua *ratio essendi* com o surgimento de parentes sucessíveis e *a fortiori* de quem cuide dos bens. Portanto, transmuda-se em inventário quando algum desses é habilitado pelo juízo (art. 741, § 3º, do CPC).

6.6   Habilitação de créditos

À semelhança do que ocorre como regra geral, os credores da herança poderão habilitar-se como nos inventários ou propor ação de cobrança (art. 741, § 4º, do CPC). Desta sorte, além dos herdeiros, pode habilitar-se à arrecadação o credor, tanto mais que o devedor, no nosso sistema, responde com os seus bens pelo cumprimento de suas obrigações.

O credor habilitável é aquele que detém crédito constituído e documentado a receber. Devendo o juiz, antes de decidir, ouvir o curador dos bens. É lícito ao curador propor ao juiz que remeta o credor para as vias ordinárias, reservando-se parte dos bens arrecadados antes da transmissão do domínio para a Fazenda Pública.

Essa ação ordinária, assim como a habilitação, é dirigida contra a herança jacente, posto dotada de personalidade judiciária, cabendo a representação da massa ao curador, que nessa qualidade deve ser citado. Dessarte, a herança também pode demandar em seu nome, com a capacidade integrada pelo curador. No processo em que a herança jacente for parte, como demandada ou demandante, a intervenção do Ministério Público será necessária (art. 739, § 1º, I, do CPC).

6.7   Alienação antecipada de bens[107]

Os bens arrecadados ficam sujeitos aos fatos da natureza e dos homens, passíveis, assim, de deterioração antes do momento culminante de integração ao patrimônio de quem de direito.

Conselho Nacional de Justiça, onde permanecerá por 3 (três) meses, ou, não havendo sítio, no órgão oficial e na imprensa da comarca, por 3 (três) vezes com intervalos de 1 (um) mês, para que os sucessores do falecido venham a habilitar-se no prazo de 6 (seis) meses contado da primeira publicação.

§ 1º Verificada a existência de sucessor ou de testamenteiro em lugar certo, far-se-á a sua citação, sem prejuízo do edital.

§ 2º Quando o falecido for estrangeiro, será também comunicado o fato à autoridade consular.

§ 3º Julgada a habilitação do herdeiro, reconhecida a qualidade do testamenteiro ou provada a identidade do cônjuge ou companheiro, a arrecadação converter-se-á em inventário.

§ 4º Os credores da herança poderão habilitar-se como nos inventários ou propor a ação de cobrança."

[107] **"CPC/2015: Art. 742.** O juiz poderá autorizar a alienação:

I – de bens móveis, se forem de conservação difícil ou dispendiosa;

638 | CURSO DE DIREITO PROCESSUAL CIVIL • *Luiz Fux*

É possível, consequentemente, que haja necessidade de alienação antecipada para não frustrar o escopo último dessa modalidade de provimento jurisdicional.

A alienação antecipada é medida que visa a preservar a higidez do monte, sub-rogando-se a arrecadação no dinheiro apurado judicialmente.

O juiz deve avaliar a conveniência e a oportunidade da medida, como em regra procede em relação aos procedimentos de jurisdição voluntária, ouvindo o MP e o curador da herança.

Então, poderá o juiz autorizar a alienação: de bens móveis, se forem de conservação difícil ou dispendiosa; de semoventes, se não estiverem empregados na exploração de alguma indústria; de títulos e papéis de crédito, se houver receio de depreciação; de ações de sociedade, se a herança não dispuser de dinheiro quando chamada para a integralização, e; de bens imóveis, se ameaçarem ruína e não convir a reparação e se não houver dinheiro para pagar a dívida de hipoteca vencida.

A alienação, no entanto, não será realizada se a Fazenda Pública ou o habilitando adiantar a importância necessária para as despesas com a manutenção do bem.

Razão de equidade determina que os bens com valor de afeição – como retratos, objetos de uso pessoal, livros e obras de arte – só serão alienados depois de declarada a vacância da herança. Logo, reduzindo-se a esfera de discricionariedade do juiz quanto a eles.

6.8 Declaração de Vacância[108]

A declaração de vacância pressupõe que: a) tenham sido praticadas todas as diligências legais; b) mesmo tendo sido praticadas as diligências, não tenham surgido herdeiros e; c) tenha transcorrido (um) ano após o primeiro edital de convocação de herdeiros.

A sentença será simples, devendo se limitar a assentar o decurso do prazo legal. Deste modo, a herança transpõe o estado de jacência e adquire a natureza de herança "vacante".

A decisão, todavia, será materialmente múltipla, caso esteja pendente habilitação, porque nessa hipótese a vacância será declarada no mesmo *decisum* que julgar improcedente a pretensão sucessória.

A exegese e a própria finalidade da arrecadação permitem concluir que, enquanto não transitar em julgado a sentença de vacância, é possível a habilitação.

Transitada em julgado, os herdeiros e demais parentes ou interessados sucessíveis podem pleitear o seu direito em ação própria. Aliás, como o permite o art. 743, § 2º, do CPC, o pleito deve ser proposto em face da massa, representada pelo seu curador, integrando a lide como litisconsorte necessário a Fazenda Pública beneficiária do acervo.

II – de semoventes, quando não empregados na exploração de alguma indústria;
III – de títulos e papéis de crédito, havendo fundado receio de depreciação;
IV – de ações de sociedade quando, reclamada a integralização, não dispuser a herança de dinheiro para o pagamento;
V – de bens imóveis:
a) se ameaçarem ruína, não convindo a reparação;
b) se estiverem hipotecados e vencer-se a dívida, não havendo dinheiro para o pagamento.
§ 1º Não se procederá, entretanto, à venda se a Fazenda Pública ou o habilitando adiantar a importância para as despesas.
§ 2º Os bens com valor de afeição, como retratos, objetos de uso pessoal, livros e obras de arte, só serão alienados depois de declarada a vacância da herança."

[108] **"CPC/2015: Art. 743.** Passado 1 (um) ano da primeira publicação do edital e não havendo herdeiro habilitado nem habilitação pendente, será a herança declarada vacante.
§ 1º Pendendo habilitação, a vacância será declarada pela mesma sentença que a julgar improcedente, aguardando-se, no caso de serem diversas as habilitações, o julgamento da última.
§ 2º Transitada em julgado a sentença que declarou a vacância, o cônjuge, o companheiro, os herdeiros e os credores só poderão reclamar o seu direito por ação direta."

Parte IX • XV – PROCEDIMENTOS ESPECIAIS DE JURISDIÇÃO VOLUNTÁRIA | **639**

Quanto aos herdeiros facultativos, a declaração de vacância produz efeitos diversos. É que os colaterais, se não forem notoriamente conhecidos, ficam excluídos da sucessão legítima após a declaração de vacância. Nessa hipótese, a preclusão é consumativa.

Oportunizados todos esses meios de reclamação após a declaração de vacância e decorridos 5 (cinco) anos da abertura da sucessão, os bens arrecadados e não reclamados automaticamente passarão ao domínio do Município ou do Distrito Federal, se localizados nas respectivas circunscrições.

7. BENS DOS AUSENTES

7.1 Generalidades

Desaparecendo uma pessoa do seu domicílio sem que dela haja notícia, se não houver deixado representante ou procurador a quem toque administrar-lhe os bens, o juiz, a requerimento de qualquer interessado ou do Ministério Público, deve nomear um "curador" para o ausente[109]. O mesmo se sucederá quando o ausente deixar mandatário que não queira, ou não possa exercer ou prosseguir no mandato[110].

Diferentemente do CC de 1916, o CC/2002 não mais qualifica o ausente como incapaz, mas como alguém que, unicamente pelo fato de estar afastado de seu domicílio, não tem condições materiais de gerir seu patrimônio, de resguardar seus bens e interesses.

Conclui-se, portanto, que ausente é a pessoa que desaparece de seu domicílio sem deixar outrem autorizado a gerir o conjunto de suas relações jurídicas. Exigindo a nomeação de curador que o represente até o seu reaparecimento ou até definição sobre a quem caberá sucedê-lo no seu patrimônio.

Essa sucessão patrimonial de bens passa por duas etapas, a saber: a sucessão provisória e a definitiva. É delas que cuida o CPC, neste rito de jurisdição voluntária.

Declarada a ausência, deverá o juiz arrecadar os bens do ausente e nomear um curador para administrá-los[111]. Tanto a arrecadação quanto a escolha do curador devem observar o disposto na seção do CPC sobre a Herança Jacente.

A arrecadação, portanto, deve seguir o disposto no art. 740 do CPC[112]. Em relação ao fim ou à suspensão da arrecadação, *mutatis mutandis*, será o reaparecimento do ausente que fará com que haja essa suspensão.

---

[109] "**CC/2002: Art. 22**. Desaparecendo uma pessoa do seu domicílio sem dela haver notícia, se não houver deixado representante ou procurador a quem caiba administrar-lhe os bens, o juiz, a requerimento de qualquer interessado ou do Ministério Público, declarará a ausência, e nomear-lhe-á curador."

[110] "**CC/2002: Art. 23**. Também se declarará a ausência, e se nomeará curador, quando o ausente deixar mandatário que não queira ou não possa exercer ou continuar o mandato, ou se os seus poderes forem insuficientes."

[111] "**CPC/2015: Art. 744**. Declarada a ausência nos casos previstos em lei, o juiz mandará arrecadar os bens do ausente e nomear-lhes-á curador na forma estabelecida na Seção VI, observando-se o disposto em lei."

[112] "**CPC/2015: Art. 740**. O juiz ordenará que o oficial de justiça, acompanhado do escrivão ou do chefe de secretaria e do curador, arrole os bens e descreva-os em auto circunstanciado.

§ 1º Não podendo comparecer ao local, o juiz requisitará à autoridade policial que proceda à arrecadação e ao arrolamento dos bens, com 2 (duas) testemunhas, que assistirão às diligências.

§ 2º Não estando ainda nomeado o curador, o juiz designará depositário e lhe entregará os bens, mediante simples termo nos autos, depois de compromissado.

§ 3º Durante a arrecadação, o juiz ou a autoridade policial inquirirá os moradores da casa e da vizinhança sobre a qualificação do falecido, o paradeiro de seus sucessores e a existência de outros bens, lavrando-se de tudo auto de inquirição e informação.

§ 4º O juiz examinará reservadamente os papéis, as cartas missivas e os livros domésticos e, verificando que não apresentam interesse, mandará empacotá-los e lacrá-los para serem assim entregues aos sucessores do falecido ou queimados quando os bens forem declarados vacantes.

§ 5º Se constar ao juiz a existência de bens em outra comarca, mandará expedir carta precatória a fim de serem arrecadados.

640 | CURSO DE DIREITO PROCESSUAL CIVIL • *Luiz Fux*

Ao nomear o curador do ausente, o juiz fixa-lhe os mesmos poderes e obrigações do curador responsável pela Herança Jacente (art. 739 do CPC[113]). Isto é, cabe ao curador: a) representar a massa de bens em juízo ou fora dele, com intervenção do Ministério Público; b) ter em boa guarda e conservação os bens do ausente e promover a arrecadação de outros porventura existentes; c) executar as medidas conservatórias dos direitos da massa de bens; d) apresentar mensalmente ao juiz balancete da receita e despesa e; e) apresentar contas ao final da sua gestão.

Ademais, o curador deve observar, no que for aplicável, o disposto, nos arts. 159 a 161, a respeito dos tutores e curadores, porquanto se trata de uma curadoria *sui generis*.

Nessa nomeação, impõe-se observar que o cônjuge do ausente, sempre que não esteja separado judicialmente ou de fato há mais de dois anos, deve ser o seu legítimo curador. Em sua falta, a curadoria dos bens do ausente deve recair nos pais ou nos descendentes, nesta ordem, desde que não haja impedimento que os iniba de exercer o cargo[114]. Entre os descendentes, os mais próximos precedem aos mais remotos, e, entre os de mesmo grau, os mais velhos preferem aos mais novos. Na falta de pais ou descendentes, caberá ao juiz nomear o curador.

A declaração de ausência tem um espectro amplo pelos seus objetivos sucessórios. Por isso, em regra, compete à justiça estadual orfanológica do último domicílio do ausente processar o pedido[115] ou, sendo este incerto, o *forum rei sitae*. Muito embora algumas leis de organização judiciária atribuam o feito ao juízo de família, mister consultar a lei de divisão judiciária local para aferir a competência *ratione materiae*.

Há casos em que o ausente não deixa bens, mas apenas numerário inerente às contribuições que empreendeu em vida. Assim, o escopo sucessório direciona a questão da competência. Nesse sentido, se o ausente deixou apenas quantia em FGTS, a competência é da justiça estadual, se deixou benefício previdenciário, da justiça federal[116].

O art. 22 do CC pressupõe que a declaração de ausência seja antecedida de um pedido do "interessado", *nomen juris* que se atribui à parte no procedimento gracioso. Destarte, é lícito ao juiz indeferir o pedido mediante sentença apelável acaso a hipótese não se enquadre na moldura legal.

---

§ 6º Não se fará a arrecadação, ou essa será suspensa, quando, iniciada, apresentarem-se para reclamar os bens o cônjuge ou companheiro, o herdeiro ou o testamenteiro notoriamente reconhecido e não houver oposição motivada do curador, de qualquer interessado, do Ministério Público ou do representante da Fazenda Pública."

[113] **"CPC/2015: Art. 739.** A herança jacente ficará sob a guarda, a conservação e a administração de um curador até a respectiva entrega ao sucessor legalmente habilitado ou até a declaração de vacância.

§ 1º Incumbe ao curador:

I – representar a herança em juízo ou fora dele, com intervenção do Ministério Público;

II – ter em boa guarda e conservação os bens arrecadados e promover a arrecadação de outros porventura existentes;

III – executar as medidas conservatórias dos direitos da herança;

IV – apresentar mensalmente ao juiz balancete da receita e da despesa;

V – prestar contas ao final de sua gestão.

§ 2º Aplica-se ao curador o disposto nos arts. 159 a 161."

[114] **"CC/2002: Art. 25.** O cônjuge do ausente, sempre que não esteja separado judicialmente, ou de fato por mais de dois anos antes da declaração da ausência, será o seu legítimo curador.

§ 1º Em falta do cônjuge, a curadoria dos bens do ausente incumbe aos pais ou aos descendentes, nesta ordem, não havendo impedimento que os iniba de exercer o cargo.

§ 2º Entre os descendentes, os mais próximos precedem os mais remotos.

§ 3º Na falta das pessoas mencionadas, compete ao juiz a escolha do curador."

[115] **"CPC/2015: Art. 49.** A ação em que o ausente for réu será proposta no foro de seu último domicílio, também competente para a arrecadação, o inventário, a partilha e o cumprimento de disposições testamentárias."

[116] Ver Súmula 32 do STJ: Inicialmente, entendia o STJ que a competência para processar e julgar pedido de declaração de ausência era de juiz estadual, ainda que objetivasse reivindicação de benefício previdenciário. Atualmente, o entendimento é de que, se a declaração de ausência visa apenas a fins previdenciários, sem se cogitar de desdobramentos sucessórios, a competência será da Justiça Federal.

Para o requerimento de declaração de ausência e abertura de sucessão provisória, são interessados, conforme o art. 27 do CC: i) o cônjuge não separado judicialmente; ii) os herdeiros presumidos, legítimos ou testamentários; iii) os que tiverem sobre os bens do ausente direito dependente de sua morte e; iv) os credores de obrigações vencidas e não pagas.

Diversamente, verificados os requisitos legais, a declaração de ausência encerra sentença constitutiva apelável que, por seu turno, deve ser registrada no registro civil de pessoas naturais (arts. 29, VI, e 94 da Lei de Registros Públicos[117]).

Finalmente, declarada a ausência, o curador é investido na administração das múltiplas relações jurídicas do ausente.

7.2 Curadoria. Cessação

Após arrecadados os bens e nomeado curador, publicam-se editais[118]. Essas publicações têm o fim de convocar o ausente a entrar na posse de seus bens, porquanto se assim não o fizer, iniciar-se-á a fase da "sucessão provisória".

Acudindo o ausente ou seu mandatário ao edital, cessa a curadoria por ausência de interesse de agir. A cessação da ausência pelo aparecimento do ausente deve ser averbada no registro civil (art. 104 da Lei de Registros Públicos[119]), assim como o foi a declaração originária.

Cessa, ainda, a curadoria pela certeza da morte do ausente, posto que, nesse caso, abre-se a sucessão definitiva após a lavratura do óbito.

Ademais, a curadoria do ausente também cessa pela abertura da "sucessão provisória" com a entrega dos bens aos supostos herdeiros, que passam a fazer as vezes do curador, gerindo coisa própria.

7.3 Sucessão provisória[120]

Mantida a curadoria e passado um ano da publicação do primeiro edital sem que se saiba do ausente e não tendo comparecido seu procurador ou representante, poderão os interessados requerer

---

[117] **"Lei de Registros Públicos (Lei 6.015/1973): Art. 29.** Serão registrados no registro civil de pessoas naturais: (...)

VI – as sentenças declaratórias de ausência;

Art. 94. O registro das sentenças declaratórias de ausência, que nomearem curador, será feita no cartório do domicílio anterior do ausente, com as mesmas cautelas e efeitos do registro de interdição, declarando-se: (Renumerado do art. 95 pela Lei nº 6.216, de 1975).

1º) data do registro;

2º) nome, idade, estado civil, profissão e domicílio anterior do ausente, data e cartório em que foram registrados o nascimento e o casamento, bem como o nome do cônjuge, se for casado;

3º) tempo de ausência até a data da sentença;

4º) nome do promotor do processo;

5º) data da sentença, nome e vara do Juiz que a proferiu;

6º) nome, estado, profissão, domicílio e residência do curador e os limites da curatela."

[118] **"CPC/2015: Art. 745.** Feita a arrecadação, o juiz mandará publicar editais na rede mundial de computadores, no sítio do tribunal a que estiver vinculado e na plataforma de editais do Conselho Nacional de Justiça, onde permanecerá por 1 (um) ano, ou, não havendo sítio, no órgão oficial e na imprensa da comarca, durante 1 (um) ano, reproduzida de 2 (dois) em 2 (dois) meses, anunciando a arrecadação e chamando o ausente a entrar na posse de seus bens."

[119] **"Lei de Registros Públicos (Lei 6.015/1973): Art. 104.** No livro de emancipações, interdições e ausências, será feita a averbação das sentenças que puserem termo à interdição, das substituições dos curadores de interditos ou ausentes, das alterações dos limites de curatela, da cessação ou mudança de internação, bem como da cessação da ausência pelo aparecimento do ausente, de acordo com o disposto nos artigos anteriores."

[120] **"CPC/2015: Art. 745.** Feita a arrecadação, o juiz mandará publicar editais na rede mundial de computadores, no sítio do tribunal a que estiver vinculado e na plataforma de editais do Conselho Nacional de Justiça, onde permanecerá por 1 (um) ano, ou, não havendo sítio, no órgão oficial e na imprensa da comarca, durante 1 (um) ano, reproduzida de 2 (dois) em 2 (dois) meses, anunciando a arrecadação e chamando o ausente a entrar na posse de seus bens.

642 | CURSO DE DIREITO PROCESSUAL CIVIL • *Luiz Fux*

que se abra provisoriamente a sucessão. Esse prazo ânuo do art. 745, § 1º, do CPC é contado desde a primeira publicação do edital.

A sucessão provisória é uma antecipação da sucessão definitiva. Aliás, não é por outra razão que a sentença que determina a abertura da sucessão provisória, logo que passe em julgado, permite que se proceda à abertura do testamento, se houver, ao inventário e à partilha dos bens, como se o ausente fosse falecido[121].

Segundo o art. 745, § 2º, do CPC, o interessado deve pleitear, sob pena de nulidade, a citação pessoal dos herdeiros presentes e do curador e, por editais, a dos ausentes para oferecerem artigos de habilitação, acerca de eventuais direitos que tenham sobre o conjunto das relações jurídicas do ausente. Formar-se-á litisconsórcio necessário. Outrossim, a habilitação dos herdeiros deve obedecer ao processo dos arts. 689 a 692 do CPC[122].

7.4 A sentença na sucessão provisória

A sucessão provisória é o adiantamento de sucessão definitiva. Em consequência, sua abertura produz os efeitos antecipados da sucessão definitiva, com a singularidade de que pode desfazer-se.

Neste interregno, podem apontar-se os seguintes efeitos:

a) Empossados nos bens, os sucessores provisórios representarão ativa e passivamente o ausente, de modo que contra eles correrão as ações pendentes e as que de futuro àquele se moverem[123].

b) O descendente, ascendente ou cônjuge que for sucessor provisório do ausente fará seus todos os frutos e rendimentos dos bens que a este couberem. Os demais sucessores, porém, deverão capitalizar metade desses frutos e rendimentos, de acordo com o representante do Ministério Público, e prestar anualmente contas ao juiz competente[124].

c) O excluído da posse provisória poderá, justificando falta de meios, requerer que lhe seja entregue metade dos rendimentos do quinhão que lhe tocaria[125].

[] § 1º Findo o prazo previsto no edital, poderão os interessados requerer a abertura da sucessão provisória, observando-se o disposto em lei.

§ 2º O interessado, ao requerer a abertura da sucessão provisória, pedirá a citação pessoal dos herdeiros presentes e do curador e, por editais, a dos ausentes para requererem habilitação, na forma dos arts. 689 a 692.

§ 3º Presentes os requisitos legais, poderá ser requerida a conversão da sucessão provisória em definitiva.

§ 4º Regressando o ausente ou algum de seus descendentes ou ascendentes para requerer ao juiz a entrega de bens, serão citados para contestar o pedido os sucessores provisórios ou definitivos, o Ministério Público e o representante da Fazenda Pública, seguindo-se o procedimento comum."

[121] **"Código Civil/ 2002: Art. 28.** A sentença que determinar a abertura da sucessão provisória só produzirá efeito cento e oitenta dias depois de publicada pela imprensa; mas, logo que passe em julgado, proceder-se-á à abertura do testamento, se houver, e ao inventário e partilha dos bens, como se o ausente fosse falecido."

[122] **"CPC/2015: Art. 689.** Proceder-se-á à habilitação nos autos do processo principal, na instância em que estiver, suspendendo-se, a partir de então, o processo.

Art. 690. Recebida a petição, o juiz ordenará a citação dos requeridos para se pronunciarem no prazo de 5 (cinco) dias.

Parágrafo único. A citação será pessoal, se a parte não tiver procurador constituído nos autos.

Art. 691. O juiz decidirá o pedido de habilitação imediatamente, salvo se este for impugnado e houver necessidade de dilação probatória diversa da documental, caso em que determinará que o pedido seja autuado em apartado e disporá sobre a instrução.

Art. 692. Transitada em julgado a sentença de habilitação, o processo principal retomará o seu curso, e cópia da sentença será juntada aos autos respectivos."

[123] **"CC/2002: Art. 32.** Empossados nos bens, os sucessores provisórios ficarão representando ativa e passivamente o ausente, de modo que contra eles correrão as ações pendentes e as que de futuro àquele forem movidas."

[124] **"CC/2002: Art. 33.** O descendente, ascendente ou cônjuge que for sucessor provisório do ausente, fará seus todos os frutos e rendimentos dos bens que a este couberem; os outros sucessores, porém, deverão capitalizar metade desses frutos e rendimentos, segundo o disposto no art. 29, de acordo com o representante do Ministério Público, e prestar anualmente contas ao juiz competente."

[125] **"CC/2002: Art. 34.** O excluído, segundo o art. 30, da posse provisória poderá, justificando falta de meios, requerer lhe seja entregue metade dos rendimentos do quinhão que lhe tocaria."

Parte IX · XV – PROCEDIMENTOS ESPECIAIS DE JURISDIÇÃO VOLUNTÁRIA | **643**

d) Acaso, durante a posse provisória, se provar a época exata do falecimento do ausente, considerar-se-á, nessa data, aberta a sucessão em favor dos herdeiros, que o eram àquele tempo[126].

e) Aparecendo o ausente, ou se lhe provar a existência, depois de estabelecida a posse provisória, cessarão para logo as vantagens dos sucessores nela imitidos, ficando, todavia, obrigados a tomar as medidas assecuratórias precisas até a efetiva entrega dos bens a seu dono[127].

f) Antes da partilha, o juiz deve ordenar a conversão dos bens móveis, sujeitos a deterioração ou a extravio, em imóveis, ou em títulos da dívida pública da União e dos Estados[128].

g) Na partilha, os imóveis serão confiados em sua integridade aos sucessores provisórios mais idôneos.

h) Salvo a desapropriação, os imóveis do ausente só se poderão alienar, quando o ordene o juiz, para lhes evitar a ruína, ou quando convenha convertê-los em títulos da dívida pública[129].

i) No que pertine aos efeitos da ausência quanto aos direitos de família, insta destacar que, se o ausente deixar filhos menores e o outro cônjuge houver falecido ou não tiver direito ao exercício do pátrio poder, proceder-se-á com seus filhos como se fossem órfãos de pai e mãe.

Passada em julgado a sentença que decreta a sucessão provisória, deve ser aberto o inventário (Súmula 331 do STF[130]).

A ausência pode chegar ao seu limite extremo, o de que se não comparecer, dentro de trinta (30) dias do trânsito da sentença de sucessão provisória, interessado ou herdeiro que requeira o inventário, a herança será considerada jacente, procedendo-se à arrecadação e nomeação de curador[131].

7.5 Caução prestada por herdeiros imitidos na posse dos bens[132]

Cumpre aos herdeiros imitidos na posse dos bens do ausente prestar caução de os restituir. Isto porque a sucessão provisória implica o apossamento dos bens pelos herdeiros até que se converta em sucessão definitiva ou até que se imponha a devolução dos bens ao ausente pelo seu comparecimento. Em razão desta última expectativa, é que os herdeiros imitidos na posse dos bens do ausente devem prestar caução de os restituir.

---

[126] **"CC/2002: Art. 35**. Se durante a posse provisória se provar a época exata do falecimento do ausente, considerar-se-á, nessa data, aberta a sucessão em favor dos herdeiros, que o eram àquele tempo."

[127] **"CC/2002: Art. 36**. Se o ausente aparecer, ou se lhe provar a existência, depois de estabelecida a posse provisória, cessarão para logo as vantagens dos sucessores nela imitidos, ficando, todavia, obrigados a tomar as medidas assecuratórias precisas, até a entrega dos bens a seu dono."

[128] **"CC/2002: Art. 29**. Antes da partilha, o juiz, quando julgar conveniente, ordenará a conversão dos bens móveis, sujeitos a deterioração ou a extravio, em imóveis ou em títulos garantidos pela União."

[129] **"CC/2002: Art. 31**. Os imóveis do ausente só se poderão alienar, não sendo por desapropriação, ou hipotecar, quando o ordene o juiz, para lhes evitar a ruína."

[130] Essa é a *ratio* da Súmula 331 do STF que assenta a incidência do imposto de Transmissão *causa mortis* na sucessão provisória.

[131] **"CC/2002: Art. 28**. A sentença que determinar a abertura da sucessão provisória só produzirá efeito cento e oitenta dias depois de publicada pela imprensa; mas, logo que passe em julgado, proceder-se-á à abertura do testamento, se houver, e ao inventário e partilha dos bens, como se o ausente fosse falecido. (...)

§ 2º Não comparecendo herdeiro ou interessado para requerer o inventário até trinta dias depois de passar em julgado a sentença que mandar abrir a sucessão provisória, proceder-se-á à arrecadação dos bens do ausente pela forma estabelecida nos arts. 1.819 a 1.823."

[132] **"CC/2002: Art. 30**. Os herdeiros, para se imitirem na posse dos bens do ausente, darão garantias da restituição deles, mediante penhores ou hipotecas equivalentes aos quinhões respectivos.

§ 1º Aquele que tiver direito à posse provisória, mas não puder prestar a garantia exigida neste artigo, será excluído, mantendo-se os bens que lhe deviam caber sob a administração do curador, ou de outro herdeiro designado pelo juiz, e que preste essa garantia.

§ 2º Os ascendentes, os descendentes e o cônjuge, uma vez provada a sua qualidade de herdeiros, poderão, independentemente de garantia, entrar na posse dos bens do ausente."

644 | CURSO DE DIREITO PROCESSUAL CIVIL • *Luiz Fux*

Se o ausente aparecer, ou se lhe provar a existência, depois de estabelecida a posse provisória, cessarão para logo as vantagens dos sucessores nela imitidos, ficando, todavia, obrigados a tomar as medidas assecuratórias precisas até a entrega dos bens a seu dono[133].

Essa caução pode ser prestada nos próprios autos, valendo-se o juiz de sua margem de discricionariedade para fixá-la de forma a não impedir o exercício dos direitos consagrados em lei.

Em relação aos ascendentes, descendentes e cônjuge, desde que a qualidade deles de herdeiros esteja provada, não é obrigatório prestar caução para entrar na posse dos bens do ausente (art. 30, § 2º, do CC).

7.6 Conversão da sucessão provisória em definitiva[134]

Poderá o interessado requerer a conversão da sucessão provisória em definitiva quando: I – passados dez anos desde o trânsito da sentença que abriu a sucessão provisória[135]; II – o ausente contar 80 anos de idade e houver decorrido cinco anos das últimas notícias suas[136].

Operada a conversão, o que era provisório passa a ser definitivo, por isso os herdeiros que foram imitidos provisoriamente na posse dos imóveis passam a possuí-los *iure proprio*. Ademais, serão levantadas as cauções daqueles herdeiros que tiveram de prestá-las.

7.7 Cessação da sucessão definitiva. Entrega dos bens[137]

Cuida a lei da hipótese de reaparecimento do ausente depois de que a sucessão tornou-se legalmente definitiva. Ou da hipótese de algum herdeiro sucessível reclamar a sua quota hereditária. É que, não obstante a lei admita a sucessão provisória e posteriormente a abertura da sucessão definitiva sem a prova inequívoca da morte do ausente, resguarda-lhe os interesses acaso retorne, bem como os interesses dos herdeiros que deixaram de se habilitar.

Regressando o ausente nos dez (10) anos seguintes à abertura da sucessão definitiva, ou algum dos seus descendentes ou ascendentes, aqueles ou estes só poderão requerer ao juiz a entrega dos bens existentes no estado em que se acharem, os sub-rogados em seu lugar ou o preço que os herdeiros e demais interessados houverem recebido pelos alienados depois daquele tempo[138].

Esse decênio não tem vinculação com aquele outro que também transcorre para que se possa converter a sucessão provisória em definitiva. Trata-se de prazo oriundo de política legislativa, assim como o são os fixados pelo legislador para a prescrição e decadência. Sob esse ângulo, superado esse prazo decenal nenhum direito poderá mais ser reclamado, operando-se a decadência.

---

[133] **"CC/2002: Art. 36**. Se o ausente aparecer, ou se lhe provar a existência, depois de estabelecida a posse provisória, cessarão para logo as vantagens dos sucessores nela imitidos, ficando, todavia, obrigados a tomar as medidas assecuratórias precisas, até a entrega dos bens a seu dono."

[134] **"CPC/2015: Art. 745.** Feita a arrecadação, o juiz mandará publicar editais na rede mundial de computadores, no sítio do tribunal a que estiver vinculado e na plataforma de editais do Conselho Nacional de Justiça, onde permanecerá por 1 (um) ano, ou, não havendo sítio, no órgão oficial e na imprensa da comarca, durante 1 (um) ano, reproduzida de 2 (dois) em 2 (dois) meses, anunciando a arrecadação e chamando o ausente a entrar na posse de seus bens. (...)
§ 3º Presentes os requisitos legais, poderá ser requerida a conversão da sucessão provisória em definitiva."

[135] **"CC/2002: Art. 37.** Dez anos depois de passada em julgado a sentença que concede a abertura da sucessão provisória, poderão os interessados requerer a sucessão definitiva e o levantamento das cauções prestadas."

[136] **"CC/2002: Art. 38**. Pode-se requerer a sucessão definitiva, também, provando-se que o ausente conta oitenta anos de idade, e que de cinco datam as últimas notícias dele."

[137] **"CPC/2015: Art. 745.** (...)
§ 4º Regressando o ausente ou algum de seus descendentes ou ascendentes para requerer ao juiz a entrega de bens, serão citados para contestar o pedido os sucessores provisórios ou definitivos, o Ministério Público e o representante da Fazenda Pública, seguindo-se o procedimento comum."

[138] **"CC/2002: Art. 39**. Regressando o ausente nos dez anos seguintes à abertura da sucessão definitiva, ou algum de seus descendentes ou ascendentes, aquele ou estes haverão só os bens existentes no estado em que se acharem, os sub-rogados em seu lugar, ou o preço que os herdeiros e demais interessados houverem recebido pelos bens alienados depois daquele tempo."

Parte IX • XV – PROCEDIMENTOS ESPECIAIS DE JURISDIÇÃO VOLUNTÁRIA | **645**

O pleito é processado sob contraditório e como ação acessória (art. 61 do CPC) no próprio juízo da sucessão aberta, posto funcional a competência daquele.

7.8 Citações na ação de reivindicação dos bens

A entrega dos bens por força da cessação da sucessão engendra-se através de ação de reivindicação de bens na qual devem ser citados, para contestarem o pedido, os sucessores provisórios ou definitivos, o órgão do Ministério Público e o representante da Fazenda Pública[139].

A ação *sub exame* é de cognição e sujeita ao procedimento ordinário por força de lei. Desta sorte, aplicam-se as regras do Livro I da Parte Especial do CPC sob todos os seus aspectos.

A procedibilidade que essa ação representa funda-se no fato de que deriva de um procedimento de jurisdição voluntária de cujo término exsurge uma novel pretensão resistida, a de entrega da posse ou do domínio dos bens do ausente.

8. COISAS VAGAS

8.1 Generalidades

É regra secular de direito material que quem se apropria de coisa abandonada (*res derelicta*), ou ainda não apropriada (*res nullius*), adquire-lhe a propriedade, não sendo essa apreensão vedada por lei. Sob esse enfoque, consideram-se sem dono as coisas móveis quando abandonadas com intenção de renúncia.

Deveras, sempre foram consideradas sem dono e *a fortiori* sujeitas à apropriação: I – os animais bravios, enquanto entregues à sua natural liberdade; II – os mansos e domesticados que não forem assinalados, como os gados com marca; e os que tiverem perdido o hábito de voltar ao lugar onde costumam recolher-se; III – os enxames de abelhas anteriormente apropriados se o dono da colmeia a que pertenciam não os reclamar imediatamente; IV – as pedras, conchas e outras substâncias minerais, vegetais ou animais arrojadas às praias pelo mar, se não apresentarem sinal de domínio anterior.

Em verdade, o sistema jurídico brasileiro consagra, tanto no plano civil quanto em âmbito penal, o princípio de que não é lícito o acréscimo patrimonial sem causa jurídica correspectiva que o justifique. Assim é que aquele que, sem qualquer fundamento legal ou contrariamente à ordem jurídica, apropria-se de bens ou interesses alheios fica obrigado a restituí-los, além de, eventualmente, responder pelos crimes de apropriação indébita, peculato etc.

Quando for encontrado um bem e não for juridicamente possível acrescê-lo ao patrimônio daquele que o encontrou, deve-se devolvê-lo ao justo proprietário. Essa devolução não se opera aleatoriamente, ou discricionariamente, mas à luz do CPC que estabelece procedimento específico.

Primeiramente, forçoso concluir que, conhecendo o dono ou o legítimo possuidor da coisa extraviada, não haverá maiores dificuldades, devendo o descobridor adotar todas as diligências possíveis e necessárias para entregar a coisa a quem de direito. Não os conhecendo, nem lhe sendo possível sabê-lo, deverá entregar o objeto achado à autoridade competente[140].

Obviamente que aquele que restituir a coisa achada tem direito a receber uma indenização pelos gastos que houver despendido na conservação e transporte da coisa, bem como a uma re-

---

[139] A citação dos órgãos do Estado acima indicados pressupõe que a abertura da sucessão tenha se operado por iniciativa dos mesmos. Salvante essa hipótese, o Ministério Público somente funcionará se houver interesse do incapaz.

[140] **"CC/2002: Art. 1.233**. Quem quer que ache coisa alheia perdida há de restituí-la ao dono ou legítimo possuidor. Parágrafo único. Não o conhecendo, o descobridor fará por encontrá-lo, e, se não o encontrar, entregará a coisa achada à autoridade competente."

646 | CURSO DE DIREITO PROCESSUAL CIVIL • *Luiz Fux*

compensa[141]. Em contrapartida, responde o descobridor (*nomen iuris* daquele que encontra a coisa) pelos prejuízos causados ao proprietário ou possuidor legítimo, quando tiver procedido com dolo[142].

À luz do exposto, pode-se concluir que coisa vaga é a coisa perdida pelo dono ou possuidor e achada, *a posteriori*, pelo descobridor.

Em face das alternativas que se oferecem, no sentido de aparecer o dono ou, em aparecendo, preferir abandonar a coisa, é que o Código traça as regras deste procedimento de jurisdição voluntária, tanto mais que o bem não foi desapossado de seu legítimo dono senão "achado" por outrem.

O descobridor, que é aquele que acha coisa alheia perdida, não lhe conhecendo o dono ou legítimo possuidor, tem legitimidade para deflagrar o rito, entregando o bem à autoridade judiciária ou policial, que a arrecadará, mandando lavrar o respectivo auto, dele constando a sua descrição e as declarações do inventor.

A coisa, com o auto, será, de imediato, remetida ao juízo competente, quando a entrega tiver sido feita à autoridade policial.

Ressalte-se que o foro competente para conhecimento e julgamento da ação em exame é o do local em que a coisa foi encontrada, ou seja, *locus rei sitae*, como se extrai da exegese do art. 1.233 do CC, encerrando regra submetida ao regime do artigo 47 do CPC[143].

Cumpre, por fim, esclarecer que a entrega da coisa sob esse rito é um dever, porquanto o assenhoreamento puro e simples de coisa alheia pode implicar a incidência do art. 169, parágrafo único, II do Código Penal[144].

8.2 Publicação de edital[145]

Depositada a coisa, o juiz, por meio de edital, tornará público o ocorrido, dando, por conseguinte, oportunidade a que seu verdadeiro proprietário ou possuidor a reclame. Em outros termos, visa o edital a cientificar o dono da coisa extraviada de seu atual paradeiro, permitindo que ele a recupere.

---

[141] **"CC/2002: Art. 1.234**. Aquele que restituir a coisa achada, nos termos do artigo antecedente, terá direito a uma recompensa não inferior a cinco por cento do seu valor, e à indenização pelas despesas que houver feito com a conservação e transporte da coisa, se o dono não preferir abandoná-la.

Parágrafo único. Na determinação do montante da recompensa, considerar-se-á o esforço desenvolvido pelo descobridor para encontrar o dono, ou o legítimo possuidor, as possibilidades que teria este de encontrar a coisa e a situação econômica de ambos."

[142] **"CC/2002: Art. 1.235**. O descobridor responde pelos prejuízos causados ao proprietário ou possuidor legítimo, quando tiver procedido com dolo."

[143] **"CPC/2015: Art. 47**. Para as ações fundadas em direito real sobre imóveis é competente o foro de situação da coisa.

§ 1º O autor pode optar pelo foro de domicílio do réu ou pelo foro de eleição se o litígio não recair sobre direito de propriedade, vizinhança, servidão, divisão e demarcação de terras e de nunciação de obra nova.

§ 2º A ação possessória imobiliária será proposta no foro de situação da coisa, cujo juízo tem competência absoluta."

[144] **"Código Penal/1940: Art. 169** – Apropriar-se alguém de coisa alheia vinda ao seu poder por erro, caso fortuito ou força da natureza:

Pena – detenção, de um mês a um ano, ou multa.

Parágrafo único – Na mesma pena incorre:

II – quem acha coisa alheia perdida e dela se apropria, total ou parcialmente, deixando de restituí-la ao dono ou legítimo possuidor ou de entregá-la à autoridade competente, dentro no prazo de quinze dias."

[145] **"CPC/2015: Art. 746**. Recebendo do descobridor coisa alheia perdida, o juiz mandará lavrar o respectivo auto, do qual constará a descrição do bem e as declarações do descobridor.

§ 1º Recebida a coisa por autoridade policial, esta a remeterá em seguida ao juízo competente.

§ 2º Depositada a coisa, o juiz mandará publicar edital na rede mundial de computadores, no sítio do tribunal a que estiver vinculado e na plataforma de editais do Conselho Nacional de Justiça ou, não havendo sítio, no órgão oficial e na imprensa da comarca, para que o dono ou o legítimo possuidor a reclame, salvo se se tratar de coisa de pequeno valor e não for possível a publicação no sítio do tribunal, caso em que o edital será apenas afixado no átrio do edifício do fórum.

§ 3º Observar-se-á, quanto ao mais, o disposto em lei."

Infere-se que a publicação somente é necessária e adequada quando o proprietário ou possuidor for desconhecido para aquele que encontrou a coisa. Por isso que seria inócua a publicação do edital e a ação em si mesma, à luz do seu objetivo premente que reside justamente na tentativa de se desvendar o real proprietário do objeto perdido, estranho ao descobridor. Nessas hipóteses, considerando o binômio utilidade-necessidade, o autor será carecedor da ação, por lhe faltar interesse de agir.

O edital deve conter a descrição da coisa, as declarações do descobridor e as circunstâncias em que foi encontrada. Em consonância com a finalidade do procedimento, o juiz deve mandar publicar o edital na rede mundial de computadores, no sítio do tribunal e nas plataformas do CNJ. Caso não seja possível a publicação na rede de computadores, o edital será divulgado na imprensa da comarca e no órgão oficial. Tratando-se de coisa de pequeno valor e não sendo possível a divulgação *on-line*, o edital deve ser afixado apenas no átrio do edifício do fórum.

Essa divulgação tem por escopo que o dono ou o legítimo possuidor reclame a coisa em até 60 dias da primeira publicação.

8.3 Comparecimento do legítimo dono ou possuidor da coisa

Publicado o edital, comparecendo o dono ou o legítimo possuidor dentro do prazo da convocação e provando o seu direito, o juiz mandará entregar-lhe a coisa. Essa prova há de ser inequívoca, assim considerada pelo juiz, após amplo contraditório. Quando houver interesses fiscais ou fazendários em geral, a Fazenda Pública deve ser ouvida.

8.4 Alienação da coisa[146]

Publicado o edital e transcorrido os 60 dias sem reclamação, a coisa é avaliada e alienada em leilão judicial. O preço da expropriação é servil ao cálculo da recompensa, cuja fixação deve ser feita pelo juiz, motivadamente ou com auxílio de peritos.

Reitere-se, sob o ângulo econômico-finaceiro do invento, que, além do direito a uma recompensa, o descobridor ainda faz jus à indenização pelas despesas que houver feito com a conservação e transporte da coisa.

Deduzidas as despesas do descobridor e a sua recompensa, o restante pertencerá ao Município no qual a coisa foi encontrada. Pode, no entanto, o Município optar por abandonar a coisa em favor do descobridor, desde que seja um bem de diminuto valor.

8.5 Adjudicação da coisa

Pode ocorrer que o dono apareça, mas prefira abandonar a coisa. Nessa hipótese, poderá o descobridor requerer que ela lhe seja adjudicada.

A regra é simples e decorre de preceito material segundo o qual quem se assenhorear de coisa abandonada, ou ainda não apropriada, para logo lhe adquire a propriedade, não sendo essa ocupação defesa por lei. As coisas móveis volvem a não ter dono quando o seu proprietário as abandona com intenção de renunciá-las.

Destarte, após a renúncia do proprietário, ter-se-á *res derelicta*, fazendo com que o descobridor possa adquirir o seu domínio.

---

[146] "**CC/2002: Art. 1.237**. Decorridos sessenta dias da divulgação da notícia pela imprensa, ou do edital, não se apresentando quem comprove a propriedade sobre a coisa, será esta vendida em hasta pública e, deduzidas do preço as despesas, mais a recompensa do descobridor, pertencerá o remanescente ao Município em cuja circunscrição se deparou o objeto perdido.

Parágrafo único. Sendo de diminuto valor, poderá o Município abandonar a coisa em favor de quem a achou."

648 | CURSO DE DIREITO PROCESSUAL CIVIL • *Luiz Fux*

8.6 Conversão da arrecadação em inquérito

Havendo fundada suspeita de que a coisa tenha sido criminosamente subtraída, a autoridade policial converterá a arrecadação em inquérito. Neste caso, competirá ao juiz criminal mandar entregar a coisa a quem provar que é o dono ou legítimo possuidor.

Acaso o bem seja entregue à autoridade judiciária, esta, suspeitando, requisitará a instauração de inquérito, na forma do Código de Processo Penal, ouvindo, se necessário, o Ministério Público em exercício no juízo.

9. INTERDIÇÃO

9.1 Generalidades

A curatela é instituto representativo deferido: (i) àqueles que, por causa transitória ou permanente, não puderem exprimir sua vontade; (ii) aos ébrios habituais e aos viciados em tóxico; e (iii) aos pródigos[147]. Destarte, como a curatela dos interditos se destina a proteger pessoas cuja incapacidade não resulta da idade, ressoa evidente que não possa ser voltada à interdição de menores.

A repercussão da interdição implica que, antes de se pronunciar acerca da interdição, o juiz examine pessoalmente o arguido de incapacidade, ouvindo profissionais.

É possível, contudo, que, já na petição inicial, veiculem-se fatos bastantes para demonstrar a probabilidade do provimento da interdição e o perigo da demora. Nesse caso, admite-se a curatela provisória como forma de antecipação de tutela, máxime porquanto medida de proteção preventiva da pessoa e dos bens do interditando. Será então nomeado curador provisório ao interditando para a prática de determinados atos[148].

Na vocação pela defesa do interditando, exsurge o cônjuge ou companheiro não separado judicialmente ou de fato. Por isso, é considerado *de iure* curador do outro, quando interdito[149]. Nesse caso, não é obrigado a prestar contas se o regime do casamento for o de comunhão universal[150]. Destarte, como evidente, o cônjuge ou companheiro separado judicialmente ou de fato não tem legitimidade para requerer a interdição de seu ex-cônjuge pela *ratio* que informa a legitimação.

Ausente o cônjuge, é curador legítimo o pai ou a mãe. À míngua de progenitores, assume a curadoria o descendente que se mostrar mais apto. Entre os descendentes, os mais próximos precedem aos mais remotos. Esgotada a lista dos descendentes, compete ao juiz a escolha do curador.

---

[147] "**CC/2002: Art. 1.767.** Estão sujeitos a curatela:
I – aqueles que, por causa transitória ou permanente, não puderem exprimir sua vontade;
III – os ébrios habituais e os viciados em tóxico;
V – os pródigos."

[148] "**CPC/2015: Art. 749.** Incumbe ao autor, na petição inicial, especificar os fatos que demonstram a incapacidade do interditando para administrar seus bens e, se for o caso, para praticar atos da vida civil, bem como o momento em que a incapacidade se revelou.
Parágrafo único. Justificada a urgência, o juiz pode nomear curador provisório ao interditando para a prática de determinados atos."

[149] "**CC/2002: Art. 1.775.** O cônjuge ou companheiro, não separado judicialmente ou de fato, é, de direito, curador do outro, quando interdito.
§ 1º Na falta do cônjuge ou companheiro, é curador legítimo o pai ou a mãe; na falta destes, o descendente que se demonstrar mais apto.
§ 2º Entre os descendentes, os mais próximos precedem aos mais remotos.
§ 3º Na falta das pessoas mencionadas neste artigo, compete ao juiz a escolha do curador."

[150] "**CC/2002: Art. 1.783.** Quando o curador for o cônjuge e o regime de bens do casamento for de comunhão universal, não será obrigado à prestação de contas, salvo determinação judicial."

Parte IX • XV – PROCEDIMENTOS ESPECIAIS DE JURISDIÇÃO VOLUNTÁRIA | **649**

Quando o interdito for pessoa com deficiência, a curatela pode ser compartilhada por mais de uma pessoa[151]. Cabendo ao juiz escolher os curadores que melhor resguardem os interesses do interdito.

O pedido de interdição obedece à regra de competência territorial que mais facilite o interditando, razão pela qual o domicílio dele é o foro competente para ser ajuizado o pedido de interdição. Ademais, para melhor atender aos interesses da pessoa interditada, a regra da *perpetuatio jurisdictionis* é flexibilizada quando o interditado muda de endereço, permitindo a alteração do juízo competente[152]. Ademais, embora não seja jurisdição contenciosa, trata-se de ação que discute direito pessoal[153].

Pode, contudo, ocorrer que o interditando já esteja hospitalizado. Nesse caso, o foro da situação do estabelecimento hospitalar será o competente para o ajuizamento da ação.

9.2 Iniciativa do Ministério Público e interdição

O Ministério Público, posto legitimado, só promove a interdição quando o suposto ineficaz for acometido por doença mental grave e quando restar configurada uma das seguintes hipóteses: I – se os demais legitimados não existirem ou não promoverem a interdição; II – se o cônjuge ou companheiro ou os parentes ou tutores forem incapazes[154].

Quando não tiver dado início ao processo, cabe ao Ministério Público intervir como fiscal da ordem jurídica (art. 178, II do CPC). O *Parquet* não age como defensor do suposto incapaz[155].

Deveras, semelhante ao que ocorre em algumas ações onde se verifica relevante interesse público ou social, como na ação popular, requerida a interdição pelos legitimados, no caso de desistência do pedido, o MP pode prosseguir na ação, visto que poderia tê-la iniciado.

9.3 Curador à lide

Quando o Ministério Público tiver dado início ao processo, caberá ao juiz nomear curador especial ao incapaz. Essa curadoria é *ad litem*, técnica e restrita à causa e recai sobre membro da Defensoria Pública em analogia ao art. 72 do CPC[156].

A regra guarda sintonia com as funções que o MP exerce no processo civil, por isso que, quando requer a interdição, ele é interessado e não pode, como evidente, opinar com isenção.

---

[151] **"CC/2002: Art. 1.775-A.** Na nomeação de curador para a pessoa com deficiência, o juiz poderá estabelecer curatela compartilhada a mais de uma pessoa."

[152] STJ – CC 109.840/PE, Rel. Min. Nancy Andrighi, Segunda Seção, j. 09.02.2011, *DJe* 16.02.2011.

[153] **"CPC/2015: Art. 46.** A ação fundada em direito pessoal ou em direito real sobre bens móveis será proposta, em regra, no foro de domicílio do réu."

[154] **"CPC/2015: Art. 748.** O Ministério Público só promoverá interdição em caso de doença mental grave:
I – se as pessoas designadas nos incisos I, II e III do art. 747 não existirem ou não promoverem a interdição;
II – se, existindo, forem incapazes as pessoas mencionadas nos incisos I e II do art. 747."

[155] **"CPC/2015: Art. 752.** Dentro do prazo de 15 (quinze) dias contado da entrevista, o interditando poderá impugnar o pedido.
§ 1º O Ministério Público intervirá como fiscal da ordem jurídica."

[156] **"CPC/2015: Art. 72.** O juiz nomeará curador especial ao:
I – incapaz, se não tiver representante legal ou se os interesses deste colidirem com os daquele, enquanto durar a incapacidade;
II – réu preso revel, bem como ao réu revel citado por edital ou com hora certa, enquanto não for constituído advogado.
Parágrafo único. A curatela especial será exercida pela Defensoria Pública, nos termos da lei."

9.4 Petição inicial[157]

O requerimento de interdição obedece aos cânones do processo de conhecimento. Razão pela qual na petição há de descrever minuciosamente os fatos e os fundamentos do pedido tendo em vista os enérgicos efeitos do acolhimento do requerimento de interdição.

Assim é que a petição inicial lavrada com os requisitos do art. 319 do CPC deve esclarecer a legitimidade do requerente, especificar os fatos que demonstram a incapacidade do interditando e informar o momento em que a incapacidade se revelou.

À míngua desses elementos ao menos indicados na inicial, ela deve ser indeferida, desafiando o recurso de apelação. É que a incapacidade em exprimir sua vontade é matéria de mérito, mas o pedido de interdição sem motivação específica conduz o juiz a julgar no vácuo.

A *legitimatio ad causam* para requerer a interdição encontra sistematização nas normas de direito processual. Portanto, são aptos a promover a interdição os seguintes: cônjuge ou companheiro, parentes ou tutores, representante da entidade em que se encontra abrigado o interditando e o Ministério Público[158].

Essa ordem deve ser entendida *cum granu salis*, por isso que a preferência para promover interdição não impede que haja alteração na ordem enumerada em lei se ocorrer qualquer motivo que desaconselhe o exercício do *munus*.

9.5 Inspeção pessoal[159]

A repercussão da interdição implica que, antes de se pronunciar acerca da interdição, o juiz examine pessoalmente o arguido de incapacidade, ouvindo profissionais. Para esse fim, o interditando é citado para, em dia designado, comparecer perante o juiz, que o examinará, interrogando--o minuciosamente acerca de sua vida, negócios, bens e do mais que lhe parecer necessário para ajuizar do seu estado mental, reduzidas a termo as perguntas e respostas.

Essa audiência é da essência do rito, sedo certo que sua dispensa deve ser motivada e sempre à luz da prova inequívoca de excepcionalidade do interditando, por isso, na dúvida, deve ser realizado o ato.

---

[157] "**CPC/2015: Art. 749**. Incumbe ao autor, na petição inicial, especificar os fatos que demonstram a incapacidade do interditando para administrar seus bens e, se for o caso, para praticar atos da vida civil, bem como o momento em que a incapacidade se revelou.
Parágrafo único. Justificada a urgência, o juiz pode nomear curador provisório ao interditando para a prática de determinados atos."

[158] "**CPC/2015: Art. 747**. A interdição pode ser promovida:
I – pelo cônjuge ou companheiro;
II – pelos parentes ou tutores;
III – pelo representante da entidade em que se encontra abrigado o interditando;
IV – pelo Ministério Público.
Parágrafo único. A legitimidade deverá ser comprovada por documentação que acompanhe a petição inicial."

[159] "**CPC/2015: Art. 751**. O interditando será citado para, em dia designado, comparecer perante o juiz, que o entrevistará minuciosamente acerca de sua vida, negócios, bens, vontades, preferências e laços familiares e afetivos e sobre o que mais lhe parecer necessário para convencimento quanto à sua capacidade para praticar atos da vida civil, devendo ser reduzidas a termo as perguntas e respostas.
§ 1º Não podendo o interditando deslocar-se, o juiz o ouvirá no local onde estiver.
§ 2º A entrevista poderá ser acompanhada por especialista.
§ 3º Durante a entrevista, é assegurado o emprego de recursos tecnológicos capazes de permitir ou de auxiliar o interditando a expressar suas vontades e preferências e a responder às perguntas formuladas.
§ 4º A critério do juiz, poderá ser requisitada a oitiva de parentes e de pessoas próximas."

9.6 Impugnação do pedido de interdição[160]

O interditando, no prazo de quinze dias contados da audiência, pode impugnar o pedido.

Caberá ao interditando constituir advogado para que a impugnação seja apresentada. Caso não o constitua, dois são os cenários possíveis: (i) será nomeado curador especial que, como dito, será um membro da Defensoria Pública; ou (ii) o cônjuge, companheiro ou parente poderá intervir como assistente.

9.7 Perícia[161]

Decorrido o prazo para impugnação do pedido, o juiz deve nomear perito para proceder ao exame do interditando visando à apresentação de laudo, sujeito ao contraditório, que especifique os atos para os quais há necessidade de curatela, aplicando-se as regras da perícia.

Aferir a capacidade de alguém exprimir sua vontade demanda uma análise multidisciplinar e aprofundada. Esse é o motivo de o CPC determinar que o juiz realize a produção de prova pericial, de forma que ele disponha das informações necessárias para decidir questão de alta complexidade.

Parte da jurisprudência[162-163-164], no entanto, entende que não é um dever do juiz determinar a produção de prova pericial. Cabe ao magistrado, tendo em conta as provas já apresentadas e o quanto depreendido da audiência com o interditando, decidir se ainda há necessidade de prova pericial para o seu convencimento. Essa faculdade advém do princípio do livre convencimento motivado que norteia as decisões judiciais e de o Código Processual permitir que o juiz atenue a necessidade de prova pericial[165].

9.8 Decretação da interdição. Sentença[166]

Decretando a interdição, o juiz nomeará curador ao interdito. O ato pelo qual o juiz decreta a interdição é uma sentença, muito embora o procedimento prossiga para a prestação de compromisso pelo curador.

---

[160] **"CPC/2015: Art. 752.** Dentro do prazo de 15 (quinze) dias contado da entrevista, o interditando poderá impugnar o pedido.

§ 1º O Ministério Público intervirá como fiscal da ordem jurídica.

§ 2º O interditando poderá constituir advogado, e, caso não o faça, deverá ser nomeado curador especial.

§ 3º Caso o interditando não constitua advogado, o seu cônjuge, companheiro ou qualquer parente sucessível poderá intervir como assistente."

[161] **"CPC/2015: Art. 753.** Decorrido o prazo previsto no art. 752, o juiz determinará a produção de prova pericial para avaliação da capacidade do interditando para praticar atos da vida civil.

§ 1º A perícia pode ser realizada por equipe composta por expertos com formação multidisciplinar.

§ 2º O laudo pericial indicará especificadamente, se for o caso, os atos para os quais haverá necessidade de curatela."

[162] STJ, 3ª Turma, AgInt no Recurso Especial nº 1.799.058, Relator Ministro Paulo de Tarso Sanseverino, j. 31.08.2020.

[163] Tribunal de Justiça – RJ. Apelação Cível nº 0003034-2620118190023. Relator: Elisabete Fillizola Assunção.

[164] Tribunal de Justiça – RO Apelação Cível nº 106797036. Relator: Veiga de Oliveira.

[165] **"CPC/2015: Art. 464.** A prova pericial consiste em exame, vistoria ou avaliação.

§ 2º De ofício ou a requerimento das partes, o juiz poderá, em substituição à perícia, determinar a produção de prova técnica simplificada, quando o ponto controvertido for de menor complexidade."

[166] **"CPC/2015: Art. 755.** Na sentença que decretar a interdição, o juiz:

I – nomeará curador, que poderá ser o requerente da interdição, e fixará os limites da curatela, segundo o estado e o desenvolvimento mental do interdito;

II – considerará as características pessoais do interdito, observando suas potencialidades, habilidades, vontades e preferências.

§ 1º A curatela deve ser atribuída a quem melhor possa atender aos interesses do curatelado.

§ 2º Havendo, ao tempo da interdição, pessoa incapaz sob a guarda e a responsabilidade do interdito, o juiz atribuirá a curatela a quem melhor puder atender aos interesses do interdito e do incapaz.

652 CURSO DE DIREITO PROCESSUAL CIVIL • *Luiz Fux*

A eficácia *erga omnes* da interdição e a necessária proteção da segurança das relações jurídicas impõe que a sentença que declare a interdição produza efeitos desde logo, embora sujeita a recurso sem suspensividade[167].

9.9 Compromisso do curador[168]

O curador, após nomeado, será intimado a prestar compromisso no prazo de cinco dias contados: I – da nomeação feita na conformidade da lei; II – da intimação da sentença que o houver instituído.

Destarte, o compromisso é ato pessoal. Não pode ser assumido ao pálio da cláusula *ad judicia*, porquanto o *munus* é *intuito personae* com as advertências de estilo. Após prestar o compromisso, o curador assume a administração dos bens do interditado.

Embora o *munus* seja *intuito personae*, a autoridade do curador não o é, pois pode se estender à pessoa e bens do incapaz sob a guarda do curatelado[169].

A nomeação em sentença não impede que o nomeado se exima do encargo de curador[170]. Ele, no entanto, deve apresentar escusa que justifique a negativa ao juiz, cabendo a este decidir o pedido de escusa. Caso não o acolha, o nomeado deverá exercer a curatela até que seja dispensado por sentença transitada em julgado ou até que sobrevenha o decurso do prazo em que era obrigado a servir[171].

---

§ 3º A sentença de interdição será inscrita no registro de pessoas naturais e imediatamente publicada na rede mundial de computadores, no sítio do tribunal a que estiver vinculado o juízo e na plataforma de editais do Conselho Nacional de Justiça, onde permanecerá por 6 (seis) meses, na imprensa local, 1 (uma) vez, e no órgão oficial, por 3 (três) vezes, com intervalo de 10 (dez) dias, constando do edital os nomes do interdito e do curador, a causa da interdição, os limites da curatela e, não sendo total a interdição, os atos que o interdito poderá praticar autonomamente."

[167] "CPC/2015: Art. 1.012. A apelação terá efeito suspensivo.

§ 1º Além de outras hipóteses previstas em lei, começa a produzir efeitos imediatamente após a sua publicação a sentença que:

(...)

VI – decreta a interdição."

[168] "CPC/2015: Art. 759. O tutor ou o curador será intimado a prestar compromisso no prazo de 5 (cinco) dias contado da:

I – nomeação feita em conformidade com a lei;

II – intimação do despacho que mandar cumprir o testamento ou o instrumento público que o houver instituído.

§ 1º O tutor ou o curador prestará o compromisso por termo em livro rubricado pelo juiz.

§ 2º Prestado o compromisso, o tutor ou o curador assume a administração dos bens do tutelado ou do interditado."

[169] "CPC/2015: Art. 757. A autoridade do curador estende-se à pessoa e aos bens do incapaz que se encontrar sob a guarda e a responsabilidade do curatelado ao tempo da interdição, salvo se o juiz considerar outra solução como mais conveniente aos interesses do incapaz."

[170] "CPC/2015: Art. 760. O tutor ou o curador poderá eximir-se do encargo apresentando escusa ao juiz no prazo de 5 (cinco) dias contado:

I – antes de aceitar o encargo, da intimação para prestar compromisso;

II – depois de entrar em exercício, do dia em que sobrevier o motivo da escusa.

§ 1º Não sendo requerida a escusa no prazo estabelecido neste artigo, considerar-se-á renunciado o direito de alegá-la.

§ 2º O juiz decidirá de plano o pedido de escusa, e, não o admitindo, exercerá o nomeado a tutela ou a curatela enquanto não for dispensado por sentença transitada em julgado."

[171] "CPC/2015: Art. 763. Cessando as funções do tutor ou do curador pelo decurso do prazo em que era obrigado a servir, ser-lhe-á lícito requerer a exoneração do encargo.

§ 1º Caso o tutor ou o curador não requeira a exoneração do encargo dentro dos 10 (dez) dias seguintes à expiração do termo, entender-se-á reconduzido, salvo se o juiz o dispensar.

§ 2º Cessada a tutela ou a curatela, é indispensável a prestação de contas pelo tutor ou pelo curador, na forma da lei civil."

Parte IX • XV – PROCEDIMENTOS ESPECIAIS DE JURISDIÇÃO VOLUNTÁRIA | **653**

A curatela pode ainda ter fim por requerimento de remoção do curador feito por alguém legitimamente interessado ou pelo Ministério Público[172]. Caberá ao requerente demonstrar que o curador não está exercendo o seu *munus* de forma adequada, enquanto ao curador é dado o direito de contestar essas alegações. Em caso de o requerente trazer fatos que configurem extrema gravidade, o juiz poderá suspender *inaldita altera pars* o curador do exercício de suas funções, nomeando um curador interino[173].

9.10 Levantamento da curatela[174]

A curatela será levantada quando cessar a causa que a determinou, ou seja, quando o interditado voltar a conseguir exprimir sua vontade por não haver mais os obstáculos de antes. A possibilidade de superação dessas dificuldades é a razão de a lei determinar que o curador busque o tratamento e apoio necessários para que o interdito reconquiste sua autonomia[175].

O levantamento poderá ser requerido pelo interdito, pelo curador ou pelo Ministério Público. Além das provas trazidas pelo requerente, deverá, pela complexidade da questão a ser resolvida, ser produzida prova pericial e ser realizada audiência de instrução e julgamento.

Acolhido o pedido, o juiz proferirá sentença levantando a interdição e a divulgará para a sociedade pelos meios adequados. Caso tenha sido demonstrada a capacidade do interdito de praticar apenas alguns atos da vida civil, o magistrado levantará parcialmente a interdição, restando alguns atos que deverão ainda ser praticados pelo curador.

10. DISPOSIÇÕES COMUNS À TUTELA E À CURATELA

10.1 Generalidades

O CPC estabelece um diminuto procedimento de jurisdição voluntária para tratar das questões atinentes aos tutores e curadores, como a nomeação, a remoção e a exoneração deles.

Os tutores e os curadores são as pessoas nomeadas para exercer, respectivamente, a tutela e a curatela, que são institutos do Direito Civil cujo escopo é o de assistir aquele que não é capaz de, por si próprio, reger sua pessoa e administrar seus bens[176]. Embora tenham o mesmo propósito, esses institutos diferenciam-se pela pessoa a quem são concedidos.

---

[172] **"CPC/2015: Art. 761.** Incumbe ao Ministério Público ou a quem tenha legítimo interesse requerer, nos casos previstos em lei, a remoção do tutor ou do curador.
Parágrafo único. O tutor ou o curador será citado para contestar a arguição no prazo de 5 (cinco) dias, findo o qual observar-se-á o procedimento comum."

[173] **"CPC/2015: Art. 762.** Em caso de extrema gravidade, o juiz poderá suspender o tutor ou o curador do exercício de suas funções, nomeando substituto interino."

[174] **"CPC/2015: Art. 756.** Levantar-se-á a curatela quando cessar a causa que a determinou.
§ 1º O pedido de levantamento da curatela poderá ser feito pelo interdito, pelo curador ou pelo Ministério Público e será apensado aos autos da interdição.
§ 2º O juiz nomeará perito ou equipe multidisciplinar para proceder ao exame do interdito e designará audiência de instrução e julgamento após a apresentação do laudo.
§ 3º Acolhido o pedido, o juiz decretará o levantamento da interdição e determinará a publicação da sentença, após o trânsito em julgado, na forma do art. 755, § 3º, ou, não sendo possível, na imprensa local e no órgão oficial, por 3 (três) vezes, com intervalo de 10 (dez) dias, seguindo-se a averbação no registro de pessoas naturais.
§ 4º A interdição poderá ser levantada parcialmente quando demonstrada a capacidade do interdito para praticar alguns atos da vida civil."

[175] **"CPC/2015: Art. 758.** O curador deverá buscar tratamento e apoio apropriados à conquista da autonomia pelo interdito."

[176] **Caio M. S. Pereira.** *Instituições de Direito Civil: Vol. V*, 2017.

654 CURSO DE DIREITO PROCESSUAL CIVIL • *Luiz Fux*

A curatela é concedida aos maiores de idade, com exceção do nascituro[177], que – por causa transitória ou permanente – não puderem exprimir sua vontade, aos ébrios habituais, aos viciados em tóxicos e aos pródigos[178]. Em contraposição, concede-se a tutela aos menores de idade filhos de pais falecidos, julgados ausentes ou que decaíram do poder familiar[179].

Como o fim dos dois institutos é similar, as funções a serem exercidas pelos seus encarregados assemelham-se[180]. Essa a razão de as regras da Seção do CC relativa ao exercício da tutela aplicarem-se à curatela[181] e também é a razão de o CPC ter estabelecido um mesmo procedimento para ambos os institutos.

10.2 Aspectos procedimentais

O CPC estabelece que o tutor ou curador disporá, após intimado, de um prazo de cinco dias para prestar compromisso, esse prazo inicia-se com a nomeação ou com a intimação do despacho que mandar cumprir o instrumento público que o houver instituído. A prestação do compromisso representa o início do exercício do encargo, sendo esse o momento em que é assumida a administração dos bens do tutelado ou do interditado[182].

A nomeação não é impedimento para que o nomeado exima-se do encargo. Nesse mesmo prazo de cinco dias, o nomeado pode, em vez de prestar compromisso, escusar-se da tutela, apresentando as suas razões[183]. Caso a escusa seja apresentada durante o exercício do encargo, o curador ou tutor

---

[177] **"CC/2002: Art. 1.779**. Dar-se-á curador ao nascituro, se o pai falecer estando grávida a mulher, e não tendo o poder familiar.
Parágrafo único. Se a mulher estiver interdita, seu curador será o do nascituro."

[178] **"CC/2002: Art. 1.767**. Estão sujeitos a curatela:
I – aqueles que, por causa transitória ou permanente, não puderem exprimir sua vontade; (Redação dada pela Lei nº 13.146, de 2015) (Vigência)
(...)
III – os ébrios habituais e os viciados em tóxico; (Redação dada pela Lei nº 13.146, de 2015) (Vigência)
III – os ébrios habituais e os viciados em tóxico; (Redação dada pela Lei nº 13.146, de 2015) (Vigência)
IV – (...)
V – os pródigos."

[179] **"CC/2002: Art. 1.728**. Os filhos menores são postos em tutela:
I – com o falecimento dos pais, ou sendo estes julgados ausentes;
II – em caso de os pais decaírem do poder familiar."

[180] **"CC/2002: Art. 1.774**. Aplicam-se à curatela as disposições concernentes à tutela, com as modificações dos artigos seguintes."

[181] **"CC/2002: Art. 1.781**. As regras a respeito do exercício da tutela aplicam-se ao da curatela, com a restrição do art. 1.772 e as desta Seção."

[182] **"CPC/2015: Art. 759**. O tutor ou o curador será intimado a prestar compromisso no prazo de 5 (cinco) dias contado da:
I – nomeação feita em conformidade com a lei;
II – intimação do despacho que mandar cumprir o testamento ou o instrumento público que o houver instituído.
§ 1º O tutor ou o curador prestará o compromisso por termo em livro rubricado pelo juiz.
§ 2º Prestado o compromisso, o tutor ou o curador assume a administração dos bens do tutelado ou do interditado."

[183] **"CC/2002: Art. 1.736.** Podem escusar-se da tutela:
I – mulheres casadas;
II – maiores de sessenta anos;
III – aqueles que tiverem sob sua autoridade mais de três filhos;
IV – os impossibilitados por enfermidade;
V – aqueles que habitarem longe do lugar onde se haja de exercer a tutela;
VI – aqueles que já exercerem tutela ou curatela;
VII – militares em serviço."

terá igual prazo de cinco dias, que será contado a partir da data em que sobrevier o motivo da escusa. O CPC determina que, se a escusa não for requerida tempestivamente, o direito de alegá-la será considerado renunciado. Requerido no prazo, o juiz decidirá de plano o pedido de escusa[184].

O encargo do tutor ou do curador também pode chegar ao fim pela remoção. Quando ele não cumpre as suas incumbências, cabe ao Ministério Público ou a um terceiro interessado arguir ao juiz a sua remoção. No prazo de cinco dias, o curador ou tutor poderá contestar o pedido de remoção, passando a ser observado o procedimento comum após essa fase processual[185].

Há ainda a previsão de que o juiz pode, em hipótese de extrema gravidade, suspender o tutor ou o curador do exercício de suas funções, nomeando um substituto interino. Entende-se que essa suspensão, pela extrema gravidade da situação, pode ser determinada de ofício pelo juiz, devendo o Ministério Público ou um interessado requerer a remoção posteriormente[186].

Tanto a escusa quanto a remoção são hipóteses excepcionais que levam ao fim do encargo de forma prematura. Tradicionalmente, a função do tutor ou do curador cessa com o decurso do prazo em que era obrigado a servir[187]. Com o decurso do prazo em que era obrigado a servir, inicia-se um prazo de dez dias para que a exoneração do encargo seja requerida. Superado esse prazo decenal sem apresentação do requerimento de exoneração, o tutor ou curador será reconduzido, pois se entende que, pela sua inércia, a sua vontade é a de permanecer no encargo[188].

11. ORGANIZAÇÃO E FISCALIZAÇÃO DAS FUNDAÇÕES

11.1 Generalidades

As fundações têm o seu procedimento de criação e a forma como devem ser mantidas determinados pelo CC de 2002. Uma das determinações feitas pelo Código é a de que incumbe ao Ministério Público o velamento da fundação[189], ou seja, realizar a fiscalização da fundação para que ela não se desvirtue do fim ao qual é destinada.

---

[184] "**CPC/2015: Art. 760**. O tutor ou o curador poderá eximir-se do encargo apresentando escusa ao juiz no prazo de 5 (cinco) dias contado:

I – antes de aceitar o encargo, da intimação para prestar compromisso;

II – depois de entrar em exercício, do dia em que sobrevier o motivo da escusa.

§ 1º Não sendo requerida a escusa no prazo estabelecido neste artigo, considerar-se-á renunciado o direito de alegá-la.

§ 2º O juiz decidirá de plano o pedido de escusa, e, não o admitindo, exercerá o nomeado a tutela ou a curatela enquanto não for dispensado por sentença transitada em julgado."

[185] "**CPC/2015: Art. 761**. Incumbe ao Ministério Público ou a quem tenha legítimo interesse requerer, nos casos previstos em lei, a remoção do tutor ou do curador.

Parágrafo único. O tutor ou o curador será citado para contestar a arguição no prazo de 5 (cinco) dias, findo o qual observar-se-á o procedimento comum."

[186] "**CPC/2015: Art. 762**. Em caso de extrema gravidade, o juiz poderá suspender o tutor ou o curador do exercício de suas funções, nomeando substituto interino."

[187] "**CC/2002: Art. 1.765**. O tutor é obrigado a servir por espaço de dois anos."

[188] "**CPC/2015: Art. 763**. Cessando as funções do tutor ou do curador pelo decurso do prazo em que era obrigado a servir, ser-lhe-á lícito requerer a exoneração do encargo.

§ 1º Caso o tutor ou o curador não requeira a exoneração do encargo dentro dos 10 (dez) dias seguintes à expiração do termo, entender-se-á reconduzido, salvo se o juiz o dispensar.

§ 2º Cessada a tutela ou a curatela, é indispensável a prestação de contas pelo tutor ou pelo curador, na forma da lei civil."

[189] "**CC/2002: Art. 66**. Velará pelas fundações o Ministério Público do Estado onde situadas.

§ 1 º Se funcionarem no Distrito Federal ou em Território, caberá o encargo ao Ministério Público do Distrito Federal e Territórios. (Redação dada pela Lei nº 13.151, de 2015)

§ 2º Se estenderem a atividade por mais de um Estado, caberá o encargo, em cada um deles, ao respectivo Ministério Público."

656 | CURSO DE DIREITO PROCESSUAL CIVIL • *Luiz Fux*

A fiscalização do estatuto da fundação é uma das formas pelas quais o MP vela pela fundação. O *Parquet* deve aprovar o estatuto ou excepcionalmente elaborá-lo[190] e deve aprovar qualquer alteração[191] feita nele. Pode, no entanto, ocorrer de algum interessado relacionado à fundação discordar da decisão tomada pelo MP sobre algum desses pontos.

Quando houver discordância, o interessado pode, valendo-se do procedimento especial de jurisdição voluntária previsto nos arts. 764 e 765 do CPC, provocar o Judiciário para que a decida. Por decidir uma discordância já existente, é necessário que o MP já tenha se manifestado sobre o estatuto, ou sua alteração, de forma contrária àquela pretendida pelo interessado. Nessa análise do estatuto, o juízo tem a faculdade de determinar quaisquer modificações no estatuto para que ele esteja em maior acordo com o seu objetivo instituidor[192].

Além de velar pela fundação ao controlar o estatuto, o *Parquet* deve realizar constante fiscalização para que a finalidade visada pela fundação não se torne ilícita, impossível ou inútil. Ademais, deve controlar para que, quando a fundação tiver prazo de existência, este não seja extrapolado. Nesses casos, caberá ao MP ou a algum interessado promover a extinção da fundação[193].

O Ministério Público ou o interessado deve utilizar-se deste procedimento especial de jurisdição voluntária para requerer em juízo a extinção. Cabendo àquele que promove a extinção demonstrar que alguma das hipóteses de extinção restou configurada[194].

Tendo decidido pela extinção, o juiz deverá também determinar o destino do patrimônio da fundação extinta. Conforme dispõe o art. 69 do CC/2002, caso não haja disposição no ato constitutivo ou no estatuto, o juiz designará que o patrimônio seja incorporado por outra fundação que tenha finalidade igual ou semelhante.

12. RATIFICAÇÃO DOS PROTESTOS MARÍTIMOS E PROCESSOS TESTEMUNHÁVEIS FORMADOS A BORDO

12.1 Generalidades

Durante uma expedição marítima, diversos eventos podem acontecer, desde acontecimentos relacionados aos passageiros até os relacionados ao navio. Por ser o responsável pela embarcação

---

[190] **"CC/2002: Art. 65**. Aqueles a quem o instituidor cometer a aplicação do patrimônio, em tendo ciência do encargo, formularão logo, de acordo com as suas bases (art. 62), o estatuto da fundação projetada, submetendo-o, em seguida, à aprovação da autoridade competente, com recurso ao juiz.
Parágrafo único. Se o estatuto não for elaborado no prazo assinado pelo instituidor, ou, não havendo prazo, em cento e oitenta dias, a incumbência caberá ao Ministério Público."

[191] **"CC/2002: Art. 67**. Para que se possa alterar o estatuto da fundação é mister que a reforma:
I – seja deliberada por dois terços dos competentes para gerir e representar a fundação;
II – não contrarie ou desvirtue o fim desta;
III – seja aprovada pelo órgão do Ministério Público no prazo máximo de 45 (quarenta e cinco) dias, findo o qual ou no caso de o Ministério Público a denegar, poderá o juiz supri-la, a requerimento do interessado."

[192] **"CPC/2015: Art. 764**. O juiz decidirá sobre a aprovação do estatuto das fundações e de suas alterações sempre que o requeira o interessado, quando:
I – ela for negada previamente pelo Ministério Público ou por este forem exigidas modificações com as quais o interessado não concorde;
II – o interessado discordar do estatuto elaborado pelo Ministério Público.
§ 1º O estatuto das fundações deve observar o disposto na Lei nº 10.406, de 10 de janeiro de 2002 (Código Civil) .
§ 2º Antes de suprir a aprovação, o juiz poderá mandar fazer no estatuto modificações a fim de adaptá-lo ao objetivo do instituidor."

[193] **"CC/2002: Art. 69**. Tornando-se ilícita, impossível ou inútil a finalidade a que visa a fundação, ou vencido o prazo de sua existência, o órgão do Ministério Público, ou qualquer interessado, lhe promoverá a extinção, incorporando-se o seu patrimônio, salvo disposição em contrário no ato constitutivo, ou no estatuto, em outra fundação, designada pelo juiz, que se proponha a fim igual ou semelhante."

[194] **"CPC/2015: Art. 765**. Qualquer interessado ou o Ministério Público promoverá em juízo a extinção da fundação quando:
I – se tornar ilícito o seu objeto;
II – for impossível a sua manutenção;
III – vencer o prazo de sua existência."

Parte IX • XV – PROCEDIMENTOS ESPECIAIS DE JURISDIÇÃO VOLUNTÁRIA | **657**

e pela expedição, cabe ao comandante registrar esses eventos no Diário da Navegação de forma a fazer prova deles. Esse registro recebe o nome de protesto marítimo, pois é uma afirmação solene de um evento ocorrido durante a expedição.

O protesto, apenas por estar inscrito no Diário da Navegação, não tem, por si só, presunção de veracidade. A lei[195] estabelece que a ratificação judicial é condição de validade[196] do protesto marítimo e deve ser feita através do célere procedimento de jurisdição voluntária da ratificação dos protestos marítimos.

O comandante, após ter atracado, tem prazo de 24 horas para requerer a ratificação judicial do protesto ao juiz do primeiro porto[197]. Cabendo ao requerente instruir a inicial com, além do Diário da Navegação, os documentos que comprovem o quanto afirmado no protesto[198]. Ademais, já devem ser arroladas, no mínimo duas e no máximo quatro, as testemunhas, que deverão comparecer independentemente de intimação[199]. Caso alguma testemunha ausente-se, será nomeado curador para a realização do ato[200].

Após analisar os documentos apresentados e inquirir o comandante e as testemunhas, o juiz proferirá sentença ratificando o protesto caso entenda que o quanto narrado no protesto é verdadeiro[201]. O protesto marítimo passa então a ter plena validade.

Além disso, o CPC, em obediência à celeridade característica deste procedimento, determina que os autos serão entregues, independentemente do trânsito em julgado, ao autor, mediante a apresentação de traslado.

---

[195] **"Código Comercial de 1850 (Lei 556/1850): Art. 505** – Todos os processos testemunháveis e protestos formados a bordo, tendentes a comprovar sinistros, avarias, ou quaisquer perdas, devem ser ratificados com juramento do capitão perante a autoridade competente do primeiro lugar onde chegar; a qual deverá interrogar o mesmo capitão, oficiais, gente da equipagem (artigo nº. 545, nº 7) e passageiros sobre a veracidade dos fatos e suas circunstâncias, tendo presente o Diário da Navegação, se houver sido salvo."

[196] "A ratificação judicial é condição de validade do protesto marítimo. Os protestos, quando confirmados pela ratificação sumária, têm fé pública e fazem prova em juízo, salvo prova em contrário", **C. A. C. Gibertoni,** *Teoria e Prática do Direito Marítimo,* 1998.

[197] **"CPC/2015: Art. 766.** Todos os protestos e os processos testemunháveis formados a bordo e lançados no livro Diário da Navegação deverão ser apresentados pelo comandante ao juiz de direito do primeiro porto, nas primeiras 24 (vinte e quatro) horas de chegada da embarcação, para sua ratificação judicial."

[198] **"CPC/2015: Art. 767.** A petição inicial conterá a transcrição dos termos lançados no livro Diário da Navegação e deverá ser instruída com cópias das páginas que contenham os termos que serão ratificados, dos documentos de identificação do comandante e das testemunhas arroladas, do rol de tripulantes, do documento de registro da embarcação e, quando for o caso, do manifesto das cargas sinistradas e a qualificação de seus consignatários, traduzidos, quando for o caso, de forma livre para o português."

[199] **"CPC/2015: Art. 768**. A petição inicial deverá ser distribuída com urgência e encaminhada ao juiz, que ouvirá, sob compromisso a ser prestado no mesmo dia, o comandante e as testemunhas em número mínimo de 2 (duas) e máximo de 4 (quatro), que deverão comparecer ao ato independentemente de intimação.

§ 1º Tratando-se de estrangeiros que não dominem a língua portuguesa, o autor deverá fazer-se acompanhar por tradutor, que prestará compromisso em audiência.

§ 2º Caso o autor não se faça acompanhar por tradutor, o juiz deverá nomear outro que preste compromisso em audiência."

[200] **"CPC/2015: Art. 769**. Aberta a audiência, o juiz mandará apregoar os consignatários das cargas indicados na petição inicial e outros eventuais interessados, nomeando para os ausentes curador para o ato."

[201] **"CPC/2015: Art. 770.** Inquiridos o comandante e as testemunhas, o juiz, convencido da veracidade dos termos lançados no Diário da Navegação, em audiência, ratificará por sentença o protesto ou o processo testemunhável lavrado a bordo, dispensado o relatório.

Parágrafo único. Independentemente do trânsito em julgado, o juiz determinará a entrega dos autos ao autor ou ao seu advogado, mediante a apresentação de traslado."

XVI
JUIZADOS ESPECIAIS

1. O PROCEDIMENTO SUMARÍSSIMO DOS JUIZADOS ESPECIAIS – VISÃO DE CONJUNTO[1]

Os juizados especiais representam um segmento de justiça tendente a solucionar causas de pequeno valor e pequena complexidade. Ademais, os juizados encerram um procedimento especialíssimo em relação às três formas tradicionais de tutela jurisdicional, a saber: a tutela de cognição, a de execução e a cautelar.

O procedimento desformalizado, a simplicidade da linguagem, a oralidade preferencial na prática dos atos e o ativismo judicial emprestam efetividade a esse modo de pensar a justiça. Nesse sentido, trata-se deum instrumento notável de superação dos obstáculos de acesso a uma ordem justa, quais sejam, os custos, a duração dos feitos, a desigualdade entre os litigantes e a qualidade da resposta judicial.

O art. 1° da Lei n° 9.099,[2] de 26.09.1995, indica como finalidade do juizado a "conciliação, processo, julgamento e execução" dos julgados de sua competência em razão da matéria e em razão do valor. Já o art. 2° prevê os critérios norteadores de suas atividades, estabelecendo que estas deverão se orientar pela "oralidade, simplicidade, informalidade, economia processual e celeridade, buscando, sempre que possível, a conciliação ou a transação". Por seu turno, o art. 3° esclarece sua competência ao explicitar o que denomina "causas de menor complexidade".

A primeira exegese dos referidos dispositivos poderia indicar a impossibilidade de o juizado prestar a "tutela cautelar" e a "tutela antecipada", uma vez que não especificadas no dispositivo indicado. Entretanto, é cediço que ambas as formas *in procedendo* de prestar a jurisdição estão encartadas no poder jurisdicional, tanto mais que a gama de litígios submetida ao juizado insinua que não se pode desarmar de tal sorte esse procedimento, deixando-o ao desabrigo da imensa servilidade que a tutela de urgência encerra[3].

O juizado especial é, a um só tempo, composto de órgãos da justiça ordinária e um célere procedimento que deve aparelhar a Justiça para desempenhar a sua função monopolizada da maneira mais satisfatória possível. Ora, se ao juizado conferem-se meios de coerção e sub-rogação para atingir a finalidade última da satisfatividade do processo de execução, com muito mais razão há de se lhe deferirem os "meios" para que a justiça seja prestada, através do vastíssimo instrumental de urgência.

---

[1] Uma análise detalhada dos institutos deste segmento de justiça no nosso *Juizados Especiais Cíveis e Criminais*, em parceria com **Weber Martins**, Rio de Janeiro, Forense, 1998.

[2] "**Art. 1°** Os Juizados Especiais Cíveis e Criminais, órgãos da Justiça Ordinária, serão criados pela União, no Distrito Federal e nos Territórios, e pelos Estados, para conciliação, processo, julgamento e execução, nas causas de sua competência".

[3] Nesse sentido, o Enunciado n° 26 do Fórum Nacional de Juizados Especiais: "são cabíveis a tutela acautelatória e a antecipatória nos Juizados Especiais Cíveis" (nova redação – XXIV Encontro – Florianópolis/SC).

660 | CURSO DE DIREITO PROCESSUAL CIVIL • *Luiz Fux*

O que procede observar é que a informalidade e a simplicidade do procedimento permitem à parte interessada requerer, desde a vigência do Código Buzaid, os "provimentos cautelares" interinamente, independentemente de forma específica de processo autônomo. Interpretação diversa, à época, conduziria à criação de uma inusitada "cisão funcional de competência" jamais vista. O processo cautelar tramitaria perante um juízo e o processo principal no juizado, rompendo a regra da "conexão por acessoriedade".

Destarte, a lei preservou os princípios norteadores da competência, tanto que é no juizado que se promove o cumprimento de sentença dos julgados oriundos do mesmo (art. 3º, § 1º, I,[4] da Lei nº 9.099/1995).

Havendo necessidade de medida antecedente assecuratória do processo cuja competência é do juizado, há de se engendrá-la à luz da informalidade e da compressão procedimental, podendo o juiz "togado" deferir o provimento no mesmo ato que convoca o requerido para audiência, na qual a conciliação prévia e obrigatória poderá, inclusive, versar sobre a lide principal, extinguindo-se o conflito e, *a fortiori*, a própria necessidade de ulterior tutela.

As medidas cautelares ou urgentes incidentes são passíveis de serem postuladas na própria inicial, seguindo a regra aplicável à tutela antecipatória em geral. Sob esse enfoque, tem-se a regra unificadora do art. 294, parágrafo único, do CPC[5]. Nesse seguimento, importa ressaltar que a sistemática hodierna do Código distingue didaticamente, sobretudo quanto aos meios de requerimento em caráter antecedente, a ocorrência de *tutela de cunho cautelar* (arts. 305 a 310 do CPC)[6] e a *antecipação de cunho satisfativo* (arts. 303 e 304 do CPC).[7]

---

[4]   **"Art. 3º** O Juizado Especial Cível tem competência para conciliação, processo e julgamento das causas cíveis de menor complexidade, assim consideradas:

§ 1º Compete ao Juizado Especial promover a execução:

I – dos seus julgados; (...)."

[5]   **"Art. 294.** A tutela provisória pode fundamentar-se em urgência ou evidência.

Parágrafo único. A tutela provisória de urgência, cautelar ou antecipada, pode ser concedida em caráter antecedente ou incidental."

[6]   ˆ**Art. 303.** Nos casos em que a urgência for contemporânea à propositura da ação, a petição inicial pode limitar-se ao requerimento da tutela antecipada e à indicação do pedido de tutela final, com a exposição da lide, do direito que se busca realizar e do perigo de dano ou do risco ao resultado útil do processo.

§ 1º Concedida a tutela antecipada a que se refere o *caput* deste artigo:

I – o autor deverá aditar a petição inicial, com a complementação de sua argumentação, a juntada de novos documentos e a confirmação do pedido de tutela final, em 15 (quinze) dias ou em outro prazo maior que o juiz fixar;

II – o réu será citado e intimado para a audiência de conciliação ou de mediação na forma do art. 334;

III – não havendo autocomposição, o prazo para contestação será contado na forma do art. 335.

§ 2º Não realizado o aditamento a que se refere o inciso I do § 1o deste artigo, o processo será extinto sem resolução do mérito.

§ 3º O aditamento a que se refere o inciso I do § 1º deste artigo dar-se-á nos mesmos autos, sem incidência de novas custas processuais.

§ 4º Na petição inicial a que se refere o *caput* deste artigo, o autor terá de indicar o valor da causa, que deve levar em consideração o pedido de tutela final.

§ 5º O autor indicará na petição inicial, ainda, que pretende valer-se do benefício previsto no *caput* deste artigo.

§ 6º Caso entenda que não há elementos para a concessão de tutela antecipada, o órgão jurisdicional determinará a emenda da petição inicial em até 5 (cinco) dias, sob pena de ser indeferida e de o processo ser extinto sem resolução de mérito.

Art. 304. A tutela antecipada, concedida nos termos do art. 303, torna-se estável se da decisão que a conceder não for interposto o respectivo recurso.

§ 1º No caso previsto no *caput*, o processo será extinto.

§ 2º Qualquer das partes poderá demandar a outra com o intuito de rever, reformar ou invalidar a tutela antecipada estabilizada nos termos do *caput*.

§ 3º A tutela antecipada conservará seus efeitos enquanto não revista, reformada ou invalidada por decisão de mérito proferida na ação de que trata o § 2º.

Parte IX • XVI – JUIZADOS ESPECIAIS | **661**

As figuras da tutela cautelar e da tutela satisfativa de urgência distinguem-se quanto ao bem jurídico que protegem. A tutela antecipada cautelar preserva a utilidade do processo de conhecimento e o de execução, ao passo que a tutela antecipada satisfativa preserva o direito da parte de grave risco de dano. A instrumentalidade, na primeira hipótese, é processual e, na segunda, material.

Anote-se, que se revela inadequado submeterem-se ao juizado *medidas de caráter cautelar* que não possuem qualquer vinculação assecuratório-necessária com outro processo que, porventura, venha a ser ajuizado de competência dos juizados especiais. Assim, *v.g.*, a notificação, a interpelação, o protesto, a produção antecipada de provas, o arrolamento *ad probationem* ou a exibição de documento ou coisas preventivas, não podem ser requeridos em sede de juizado especial.

Diversamente, as providências necessárias de constrição de bens ou de restrição de direitos ou de asseguração de prova destinadas a preservar a utilidade prática do rito dos juizados especiais devem ser aforadas perante este, que é o competente para o feito principal. Idêntico raciocínio estende-se ao atentado, mercê de sua controvertida natureza jurídica, malgrado preserve o "cenário probatório" em prol de um escorreito julgamento de uma causa ou de um incidente. Assim, *v.g.*, o arresto ou o sequestro assecuratórios das execuções promovíveis nos juizados são neles exercitáveis, antecedente ou incidentemente, seguindo a maior informalidade possível; por isso, ao juiz é lícito conceder a medida liminarmente e *inaudita* ou decidi-la em audiência, para a qual o requerido

---

§ 4º Qualquer das partes poderá requerer o desarquivamento dos autos em que foi concedida a medida, para instruir a petição inicial da ação a que se refere o § 2º, prevento o juízo em que a tutela antecipada foi concedida.

§ 5º O direito de rever, reformar ou invalidar a tutela antecipada, previsto no § 2º deste artigo, extingue-se após 2 (dois) anos, contados da ciência da decisão que extinguiu o processo, nos termos do § 1º.

§ 6º A decisão que concede a tutela não fará coisa julgada, mas a estabilidade dos respectivos efeitos só será afastada por decisão que a revir, reformar ou invalidar, proferida em ação ajuizada por uma das partes, nos termos do § 2º deste artigo."

7   "**Art. 305.** A petição inicial da ação que visa à prestação de tutela cautelar em caráter antecedente indicará a lide e seu fundamento, a exposição sumária do direito que se objetiva assegurar e o perigo de dano ou o risco ao resultado útil do processo.

Parágrafo único. Caso entenda que o pedido a que se refere o *caput* tem natureza antecipada, o juiz observará o disposto no art. 303.

Art. 306. O réu será citado para, no prazo de 5 (cinco) dias, contestar o pedido e indicar as provas que pretende produzir.

Art. 307. Não sendo contestado o pedido, os fatos alegados pelo autor presumir-se-ão aceitos pelo réu como ocorridos, caso em que o juiz decidirá dentro de 5 (cinco) dias.

Parágrafo único. Contestado o pedido no prazo legal, observar-se-á o procedimento comum.

Art. 308. Efetivada a tutela cautelar, o pedido principal terá de ser formulado pelo autor no prazo de 30 (trinta) dias, caso em que será apresentado nos mesmos autos em que deduzido o pedido de tutela cautelar, não dependendo do adiantamento de novas custas processuais.

§ 1º O pedido principal pode ser formulado conjuntamente com o pedido de tutela cautelar.

§ 2º A causa de pedir poderá ser aditada no momento de formulação do pedido principal.

§ 3º Apresentado o pedido principal, as partes serão intimadas para a audiência de conciliação ou de mediação, na forma do art. 334, por seus advogados ou pessoalmente, sem necessidade de nova citação do réu.

§ 4º Não havendo autocomposição, o prazo para contestação será contado na forma do art. 335.

Art. 309. Cessa a eficácia da tutela concedida em caráter antecedente, se:

I – o autor não deduzir o pedido principal no prazo legal;

II – não for efetivada dentro de 30 (trinta) dias;

III – o juiz julgar improcedente o pedido principal formulado pelo autor ou extinguir o processo sem resolução de mérito.

Parágrafo único. Se por qualquer motivo cessar a eficácia da tutela cautelar, é vedado à parte renovar o pedido, salvo sob novo fundamento.

Art. 310. O indeferimento da tutela cautelar não obsta a que a parte formule o pedido principal, nem influi no julgamento desse, salvo se o motivo do indeferimento for o reconhecimento de decadência ou de prescrição."

662 | CURSO DE DIREITO PROCESSUAL CIVIL • *Luiz Fux*

deve ser convocado a fim de conciliar ou submeter-se à sentença que o juiz deve proferir "desde logo" (arts. 27-29[8] da Lei nº 9.099).

Deve-se aos juizados especiais em grande parte, é necessário destacar, o estímulo à conciliação e às soluções alternativas de resolução de litígios agora incentivadas pelo CPC de 2015 nos procedimentos ordinários. A experiência evidenciou que a autocomposição é, muitas vezes, bem sucedida nos processos levados à discussão nos Juizados Especiais, de maneira que, ao legislador, pareceu proveitoso trazer a lógica de uma justiça mais eficiente para o rito ordinário.

1.1 Âmbito de incidência do procedimento do juizado

O procedimento informal, célere, oral e simples do juizado é aplicável às causas mencionadas na lei como de "pequena complexidade". O legislador fez subsumirem-se ao juizado as causas que menciona, bem como aquelas cujo valor não exceda a 40 (quarenta) vezes o salário mínimo. Nesse particular, e "só nesse", permitiu-se uma opção pelo procedimento com renúncia ao crédito excedente.

Essa *renúncia atinge o direito material* da parte, que não poderá, posteriormente, litigar por esse resíduo, posto tratar-se de figura diversa da *desistência*. Ademais, se isso fosse possível, os interessados, através de artifícios, cindiriam uma porção da lide para submetê-la ao juizado, o que denota flagrante violação da lei.

Consectário dessa adstrição do valor ao juizado é a "singular ineficácia da sentença condenatória" quanto à parte excedente desse crédito (art. 39),[9] por isso que, a parte que pretender formular pedido genérico deve, de antemão, estimá-lo quantitativamente, porque a opção pelo juizado implica o despojamento da parte que sobeje a alçada. Eventual execução dessa parcela inoficiosa esbarrará na alegação de "excesso de execução" quando dos embargos do executado.

A repercussão enérgica da renúncia no patrimônio da parte conduziu a lei a determinar que o juiz, aberta a audiência, advirta as partes desse risco de renúncia, inocorrente se houver conciliação, porque nesses casos os interessados são livres para a autocomposição, inclusive ultrapassando o limite do valor. Essa sentença homologatória, ainda que excedente do valor limite, não será ineficaz. A ênfase ora expressada visa a firmar a versão de que o procedimento do juizado não é opcional quando se tratarem de causas de pequena complexidade assim categorizadas pela lei. É que o legislador permitiu apenas a adoção do procedimento do juizado em causas de maior valor com renúncia à parte excedente, o que na essência é uma proposta *ex vi legis* de transação, onde o autor, por ter optado pelo procedimento, *prima facie*, desde já abdica de parte de seu crédito. Nas demais causas que se enquadrem justas na moldura do juizado não há opções, porque além de procedimentais, as regras do novo diploma estabelecem *competência objetiva e* funcional inderrogáveis pela vontade das partes, mercê de, no silêncio da lei, conceberem-se, como regra, imperativas as normas processuais.

Destarte, "não se pode seguir o procedimento do juizado nas causas de natureza falimentar, fiscal, de interesse da Fazenda Pública, de natureza alimentar, relativas ao estado e capacidade das pessoas, ainda que de cunho patrimonial e de acidentes do trabalho".

---

[8] **"Art. 27**. Não instituído o juízo arbitral, proceder-se-á imediatamente à audiência de instrução e julgamento, desde que não resulte prejuízo para a defesa.
Parágrafo único. Não sendo possível a sua realização imediata, será a audiência designada para um dos quinze dias subsequentes, cientes, desde logo, as partes e testemunhas eventualmente presentes.
Art. 28. Na audiência de instrução e julgamento serão ouvidas as partes, colhida a prova e, em seguida, proferida a sentença.
Art. 29. Serão decididos de plano todos os incidentes que possam interferir no regular prosseguimento da audiência. As demais questões serão decididas na sentença.
Parágrafo único. Sobre os documentos apresentados por uma das partes, manifestar-se-á imediatamente a parte contrária, sem interrupção da audiência."

[9] **"Art. 39.** É ineficaz a sentença condenatória na parte que exceder a alçada estabelecida nesta Lei."

Parte IX • XVI – JUIZADOS ESPECIAIS | **663**

A vedação, em geral, resta atendida pela própria organização judiciária dos Estados que, para essas causas, mantêm "juízos privativos" com competência absoluta. Entretanto, da forma como prevista, a proibição estende-se às futuras leis, que, a pretexto de organizarem a justiça, ainda regulem procedimentos no exercício da competência constitucional, deferida às unidades da federação para restabelecer ritos.

Deveras, a impossibilidade jurídica *in foco* deve ser estendida a todas as causas que participem de alguma forma da natureza dessas onde há proibição; por isso, não obstante omisso o texto, não se aplica o procedimento do juizado nem se subsume à sua competência, qualquer que seja o valor, a *insolvência civil* ou *causas relativas à criança e ao adolescente*, as que versem *matéria familiar* e *capacidade das pessoas*, mercê da complexidade que encerram.

A Lei nº 9.099/1995 fez inserir no art. 3º, inciso II, norma repassando para os juizados todas as causas anteriormente submetidas, *ratione materiae,* ao procedimento sumaríssimo, por entendê-las de "pequena complexidade". Nesse intuito adotou dois critérios para sujeitar a causa ao procedimento dos juizados: "o do valor e o da matéria". Em razão do valor, seguem o rito do juizado as causas que "não excedam a quarenta vezes o salário mínimo" (art. 3º, inciso I). Em consequência, e regra textual, a parte que optar pelo juizado subentende-se ter adequado a sua postulação ao valor limite e renunciado ao excedente, fato que deve ser ratificado diante da advertência do juízo (art. 3º, § 3º, c.c art. 21).

A "cumulação de pedidos", não pode implicar a soma que ultrapasse o limite fixado acima (art. 15)[10]. Na hipótese de "cumulação eventual", o valor do maior pedido deve corresponder ao teto estabelecido pela lei.

O pedido, quando não especificado o *quantum debeatur* – nas hipóteses em que a lei admite a postulação genérica, *v.g.*, nas ações decorrentes de ato ilícito cuja matéria não fixe por si só a competência do juizado –, *no momento em que for liquidado*, também deve subsumir-se ao valor legal, tanto que, na parte excedente, a sentença é ineficaz. O autor, caso pretenda persistir no montante que ultrapassa o valor limite, deverá despedir-se do juizado, porque se extingue o processo se inadmissível o seu prosseguimento (art. 51, II). Esse tratamento ulterior justifica-se porque era invencível para o autor uma estimativa escorreita das consequências do ato ilícito no momento mesmo da propositura da ação.

Idêntica extinção terminativa ocorre no caso em que o valor da causa seja corrigido, o autor persista no seu montante inoficioso e não haja conciliação quanto ao mesmo (§ 3º, *in fine*, do art. 3º).

A lei muito embora refira-se a "causas", expressão utilizada em relação ao processo de conhecimento, forçoso convir que o mesmo limite é utilizado quanto à execução de título judicial (art. 39)[11] ou extrajudicial (art. 53).[12]

Interessantes repercussões desse valor situam-se no campo da "sucumbência recursal", no qual ele serve de base à fixação dos honorários quando não condenatória a sentença, bem como na possibilidade de "comparecimento pessoal das partes em juízo, independentemente de advogado"

---

[10] "**Art. 15**. Os pedidos mencionados no art. 3º desta Lei poderão ser alternativos ou cumulados; nesta última hipótese, desde que conexos e a soma não ultrapasse o limite fixado naquele dispositivo."

[11] "**Art. 39**. É ineficaz a sentença condenatória na parte que exceder a alçada estabelecida nesta Lei".

[12] "**Art. 53**. A execução de título executivo extrajudicial, no valor de até quarenta salários mínimos, obedecerá ao disposto no CPC, com as modificações introduzidas por esta Lei.
§ 1º Efetuada a penhora, o devedor será intimado a comparecer à audiência de conciliação, quando poderá oferecer embargos (art. 52, IX), por escrito ou verbalmente.
§ 2º Na audiência, será buscado o meio mais rápido e eficaz para a solução do litígio, se possível com dispensa da alienação judicial, devendo o conciliador propor, entre outras medidas cabíveis, o pagamento do débito a prazo ou a prestação, a dação em pagamento ou a imediata adjudicação do bem penhorado.
§ 3º Não apresentados os embargos em audiência, ou julgados improcedentes, qualquer das partes poderá requerer ao Juiz a adoção de uma das alternativas do parágrafo anterior.
§ 4º Não encontrado o devedor ou inexistindo bens penhoráveis, o processo será imediatamente extinto, devolvendo-se os documentos ao autor."

(art. 9º, quando a causa for de valor igual ou inferior a 20 salários mínimos). Ultrapassado este mínimo, a assistência profissional é obrigatória.

Assente-se, por fim, que a mesma imposição dirigida ao autor é endereçada ao réu; por isso, o demandado, a quem se permite a formulação de "pedido contraposto", deve ajustar o seu contra-ataque aos limites legais de valor, aplicando-se-lhe as mesmas regras da renúncia e da ineficácia da condenação aludidas anteriormente.

"Independentemente de valor", submetem-se ao juizado, *ratione materiae*, as causas enumeradas no art. 275, II, do CPC de 1973, e que foram objeto da análise acima, ressalvados dois casos especificamente mencionados pela Lei nº 9.099/1995, no art. 3º, incs. III e IV, a saber: a ação de despejo para uso próprio e as ações possessórias sobre bens imóveis de valor não excedente ao fixado no seu inciso I.

A) *A ação de despejo para uso próprio*

Inclui-se nessa causa de pedir a ação movida pelo proprietário quando postula imóvel para seu uso próprio, para uso de seu cônjuge, ou para uso de seu companheiro, qualquer que seja a destinação que queira dar ao bem: seja ela residencial ou não. Nessa hipótese, prevalece o prestígio às faculdades inerentes ao domínio sobre a proteção ao inquilino. Permanecem de pé os julgados que fazem incidir na espécie a presunção de sinceridade do pedido, reforçada se o retomante não tiver outro imóvel e residir em prédio alugado, uma vez que se demonstra de extrema justiça pretender o *dominus* residir no que é de sua propriedade, consoante a *ratio essendi* das Súmulas nos 483, 409 e 410 do Supremo Tribunal Federal.

Deveras, residindo o retomante em prédio próprio na mesma localidade, deve comprovar em juízo a necessidade. Assim, se morador em prédio próprio, em comarca diversa daquela onde se situa o retomando, vigora a presunção de sinceridade, até porque o Direito brasileiro não veda a pluralidade de domicílios e residências. Outrossim, residindo em prédio próprio *na mesma localidade*, impõe-se demonstrar a necessidade do pedido, porquanto, de outra forma, estar-se-ia concebendo outra modalidade de denúncia vazia. A *necessidade, in casu*, é algo mais denso do que *a simples conveniência*. No confronto dos interesses em jogo, a proteção social do inquilinato sobrepuja o mero deleite do locador. Assim, *v.g.*, de certo não se desaloja uma família pela necessidade que tem o locador de retomar o imóvel para nele instalar uma garagem para a guarda de veículos; hipótese que tivemos oportunidade de julgar e rejeitar. "Necessário é muito mais do que conveniente".

A legitimidade para o pedido é do proprietário, promissário-comprador ou promissário-cessionário com título registrado em caráter irretratável e irrevogável, com imissão na posse do imóvel. Nada impede, também, que retome o locador não proprietário, como o usufrutuário, e o locador com título de posse conducente ao usucapião ou propriedade. A lei, aqui, disse menos do que queria (*lex dixit minus quam voluit*).

A lei exige que em algumas retomadas, visando coibir abusos, haja a comprovação judicial da necessidade do pedido explicitada na inicial como componente da *causa petendi*. A comprovação da necessidade, por seu turno, há de se exigir mesmo que a retomada tenha se verificado em relação a outro imóvel do retomante; vale dizer: ele tem que justificar por que retomou o imóvel X de outro inquilino e agora pretende o imóvel Y de locatário diverso. A seriedade na apuração justifica-se pela existência da denúncia vazia, que torna desnecessário o recurso aos motivos aparentes calcados em presunção *iuris tantum*, hoje mitigada pela exigência legal de comprovação judicial da necessidade nos casos que menciona.

Observa-se, assim, que a pequena complexidade decorre da presunção que se gera em favor do retomante, por isso que a interpretação deve ser restrita a esse caso de despejo, vetada a inserção de outras causas sob pena de afronta à *ratio legis*. Aliás, é regra que compõe os "enunciados" dos juizados especiais a de que somente o despejo para uso próprio é cabível no procedimento dos juizados especiais. Consequentemente, apesar de pequena complexidade, não cabem nos juizados despejos por denúncia vazia, falta de pagamento, ainda que o aluguel seja de pequeno valor, nem retomada para parentes.

B) Ações possessórias sobre bens imóveis de valor não excedente ao fixado no inciso I do art. 3º da Lei nº 9.099/1995

As ações possessórias, em princípio, encontravam-se sujeitas a dois ritos, a saber: o comum, quando a lesão à posse datasse de mais de ano e dia, e o especial, quando a lesão datasse de menos de ano e dia.

A nova lei, pelo critério do valor do imóvel, fez subsumir-se ao juizado especial toda e qualquer ação relativa aos imóveis de pequeno valor[1314]; por isso, é admissível no juizado a tutela antecipada em face da recenticidade da lesão à posse.

Observe-se, por fim, que, nesse inciso, a lei funde os critérios *ratione materiae* e *ratione valoris*, pela *natureza* possessória da demanda e pelo valor do imóvel; o que reforça o nosso entendimento de que, nos demais casos em que a competência é estatuída em face da matéria, o valor da causa é indiferente. Ademais deve-se ter em mira que o juizado é componente da justiça togada e opera da mesma forma como se atua no procedimento sumaríssimo no qual uma causa, em razão de sua matéria, subsume-se à compressão procedimental e posterior execução qualquer que seja o seu valor.

2. FORMAÇÃO DO PROCESSO – PEDIDO

A instauração dá-se por *pedido, que pode ser oral reduzido a escrito em linguagem simples e acessível*, pela secretaria do juizado, visando à agilização e à facilitação da resposta do réu (art. 14 da LJEC). Não obstante dispensada distribuição, impõe-se o registro que marca os efeitos da propositura à semelhança do que dispõe o art. 284 do CPC.

A propositura da ação, repita-se, ocorre *sem necessidade de pagamento de qualquer taxa ou despesa* (art. 54 da Lei JEC).

A petição, não obstante simples, deve conter pedido, causa de pedir, identificar as partes, indicar o valor para efeito de sucumbência recursal, e as provas a serem produzidas, inclusive a juntada de rol, se assim a parte o desejar, uma vez que as testemunhas podem ser levadas diretamente ao ato (art. 34 da LJEC),[15] e o pedido de citação do demandado para comparecer à audiência de conciliação, instrução e julgamento.

O pedido encerra a um só tempo a providência solicitada e o bem da vida pretendido. Assim, se a parte pede a condenação à restituição de determinado bem, o pedido imediato é a "sentença condenatória" e o mediato "a coisa a ser restituída". É o objeto mediato que implica a "conexão entre os pedidos".

Pedidos conexos formulados pela mesma parte somente são reunidos se houver risco de decisões contraditórias e se o valor de cada um encaixar-se no limite legal, salvo se o juizado for competente em razão da matéria para ambos, hipótese em que o valor torna-se indiferente. Assim, *v.g.*, são conexos os pedidos de despejo para uso próprio do imóvel locado e o de reintegração de posse da área não locada invadida pelo inquilino. A conexão entre ação aforada nos juizados e outra na justiça comum, implica a reunião na justiça ordinária.

---

[13] **"Art. 3º** O Juizado Especial Cível tem competência para conciliação, processo e julgamento das causas cíveis de menor complexidade, assim consideradas:

I – as causas cujo valor não exceda a quarenta vezes o salário mínimo; (...)

IV – as ações possessórias sobre bens imóveis de valor não excedente ao fixado no inciso I deste artigo."

[14] Vale ressalvar que, sendo prevista explicitamente na lei, a admissibilidade de ações possessórias sobre imóveis, observando-se o valor de alçada estabelecido no inciso I, constitui exceção ao Enunciado nº 8 do FONAJE que dispõe, *verbis*: "as ações cíveis sujeitas aos procedimentos especiais não são admissíveis nos Juizados Especiais".

[15] **"Art. 34.** As testemunhas, até o máximo de três para cada parte, comparecerão à audiência de instrução e julgamento levadas pela parte que as tenha arrolado, independentemente de intimação, ou mediante esta, se assim for requerido.

§ 1º O requerimento para intimação das testemunhas será apresentado à Secretaria no mínimo cinco dias antes da audiência de instrução e julgamento.

§ 2º Não comparecendo a testemunha intimada, o Juiz poderá determinar sua imediata condução, valendo-se, se necessário, do concurso da força pública."

Isto porque a competência para a causa de maior valor absorve a de menor valor, mas a recíproca não é verdadeira.

Em consequência, caso o juizado especial esteja prevento, à luz dos arts. 58 e 59 do CPC, o juízo cível, na impossibilidade de remeter o seu pedido para esse segmento de justiça, deve sustar o julgamento da causa até que aquela seja decidida.

O pedido nos juizados, tanto quanto possível, deve ser "certo". Entretanto, não é lícito exigir--se do autor que aguarde que um fato danoso produza todas as suas consequências para depois demandar. Por isso, a lei permite-lhe formular pedido genérico (art. 14, § 2º, da LJEC), quando desde logo não puder definir a extensão da obrigação (*quantum debeatur*), muito embora possa fazê-lo no que se refere ao *an debeatur*. A permissão decorre do fato de que, no momento da sentença, o pedido já terá se tornado líquido conforme expressa exigência legal (art. 38 c.c art. 52, I, da LJEC).[16]

O pedido pode ser "simples" quando apenas se volta para um bem da vida "determinado" e "cumulado" quando a pretensão da parte se dirige a dois ou mais bens. Na cumulação, o valor da causa deve ser a soma dos pedidos cumulados. Havendo eventual superação do limite, essa porção será absorvida em conciliação ou reputada renunciada (art. 3º, § 3º, da LJEC).

A *cumulação alternativa* (art. 15 da LJEC) não incide na regra da soma, posto que nesta modalidade o autor pretende apenas um dos pedidos, na ordem de apresentação dos mesmos, a qual deve ser respeitada pelo juiz. Assim, se o autor pede a restituição da coisa ou perdas e danos, na verdade está pleiteando apenas um bem da vida, que é o indicativo do valor de sua causa.

Diversamente, se o autor formular "pedidos sucessivos" em que o acolhimento de um depende do acolhimento do outro (ex.: rescisão de um contrato de R$ 2.500,00 mais as perdas e danos), ambas as parcelas devem ser somadas para se apurar a competência *ratione valoris*.

Figura simetricamente oposta à cumulação é a da contraposição de pedidos. Contrariamente do que muitos preconizam, pedido contraposto não é o formulado pelo réu através da técnica da duplicidade de ações. A lei refere-se a "pedidos contrapostos" no plural, para indicar os pedidos formulados autonomamente por ambas as partes, *como autores ao acudirem isoladamente nos juizados* porém, simultaneamente.

A matéria, diga-se de passagem, vem tratada no capítulo do "pedido", e não no referente à "defesa", sendo certo que nesta o legislador prevê o pleito do demandado na contestação.

O que a lei esclarece – e a regra não pode ser absoluta, porque pode sobejar matéria litigiosa não abrangida pela contraposição – é que os pedidos por si sós se repelem e dispensam contestações mútuas. É dizer: diante da contraposição, o juiz municia-se da ciência das razões de ambas as partes, e pode julgá-las simultaneamente em *unum et idem judex,* tanto que, apresentados, instaura-se de imediato a conciliação, dispensando, evidentemente, a própria citação (art. 12 c.c art. 27 c.c art. 34 c/c art. 18, § 3º, da LJEC).[17] Assim, *v.g.*, há pedidos contrapostos se ambas as partes comparecem ao juizado após delito de trânsito imputando-se, reciprocamente, a responsabilidade pelo "sinistro".

---

[16] **"Art. 38.** A sentença mencionará os elementos de convicção do Juiz, com breve resumo dos fatos relevantes ocorridos em audiência, dispensado o relatório.

Parágrafo único. Não se admitirá sentença condenatória por quantia ilíquida, ainda que genérico o pedido."

"Art. 52. A execução da sentença processar-se-á no próprio Juizado, aplicando-se, no que couber, o disposto no CPC, com as seguintes alterações:

I – as sentenças serão necessariamente líquidas, contendo a conversão em Bônus do Tesouro Nacional – BTN ou índice equivalente; (...)."

[17] **"Art. 12.** Os atos processuais serão públicos e poderão realizar-se em horário noturno, conforme dispuserem as normas de organização judiciária.

Art. 18. A citação far-se-á:

(...).

§ 3º O comparecimento espontâneo suprirá a falta ou nulidade da citação.

Art. 27. Não instituído o juízo arbitral, proceder-se-á imediatamente à audiência de instrução e julgamento, desde que não resulte prejuízo para a defesa.

Parte IX • XVI – JUIZADOS ESPECIAIS **667**

O *pedido contraposto é formulado como autor, de uma nova demanda, e não como réu*, por isso somente as pessoas físicas capazes, excluídos os cessionários de direito de pessoas jurídicas; as pessoas enquadradas como microempreendedores individuais, microempresas e empresas de pequeno porte, na forma da Lei Complementar nº 123, de 14 de dezembro de 2006; as pessoas jurídicas qualificadas como Organização da Sociedade Civil de Interesse Público, nos termos da Lei nº 9.790, de 23 de março de 1999; e as sociedades de crédito ao microempreendedor, nos termos do art. 1º da Lei nº 10.194, de 14 de fevereiro de 2001 poderão fazê-lo (art. 8º, § 1º, da LJEC).[18]

3. CONVOCAÇÃO DO RÉU E ATOS DE COMUNICAÇÃO

A *citação* como ato mais importante do processo, porquanto que cumpre o postulado constitucional do contraditório, recebe tratamento desformalizado nos juizados especiais, uma vez que, de regra, a "citação é postal" com "aviso de recebimento" firmado pelo próprio citando por "mãos próprias" (art. 18, I, LJEC).

A lei, calcada na experiência trabalhista, excepciona a regra quanto às *pessoas jurídicas*, permitindo que receba a citação postal "o encarregado da recepção", devidamente identificado, na presunção de que faça a entrega a quem de direito (art. 18, II, LJEC).[19]

A citação pode realizar-se também "por oficial de justiça", não só quando se frustra a realização postal como também se o autor assim o requerer (art. 18, III, LJEC).

Visando a conciliar o direito de ação com o direito de defesa, a lei não desloca o autor, necessariamente, para o foro do réu, admitindo, em consequência, a "citação" para além do foro da causa. Nesses casos, não se extrai precatória (art. 18, III), podendo ser expedido ofício, *fax* ou *telex* para o juízo deprecante anexando-se a cópia da petição inicial e a comunicação da designação de dia e hora para comparecimento do citando sob as penas da revelia (art.18, § 1º, da LJEC).

A necessidade de *citação por edital* implica a extinção do processo sem resolução do mérito (art. 18, § 2º, da LJEC). Por seu turno, a falta da citação por qualquer das modalidades anula o

---

Parágrafo único. Não sendo possível a sua realização imediata, será a audiência designada para um dos quinze dias subsequentes, cientes, desde logo, as partes e testemunhas eventualmente presentes.

Art. 34. As testemunhas, até o máximo de três para cada parte, comparecerão à audiência de instrução e julgamento levadas pela parte que as tenha arrolado, independentemente de intimação, ou mediante esta, se assim for requerido.

§ 1º O requerimento para intimação das testemunhas será apresentado à Secretaria no mínimo cinco dias antes da audiência de instrução e julgamento.

§ 2º Não comparecendo a testemunha intimada, o Juiz poderá determinar sua imediata condução, valendo-se, se necessário, do concurso da força pública."

[18] "**Art. 8º** Não poderão ser partes, no processo instituído por esta Lei, o incapaz, o preso, as pessoas jurídicas de direito público, as empresas públicas da União, a massa falida e o insolvente civil.

§ 1º Somente serão admitidas a propor ação perante o Juizado Especial:

I – as pessoas físicas capazes, excluídos os cessionários de direito de pessoas jurídicas;

II – as pessoas enquadradas como microempreendedores individuais, microempresas e empresas de pequeno porte na forma da Lei Complementar no 123, de 14 de dezembro de 2006;

III – as pessoas jurídicas qualificadas como Organização da Sociedade Civil de Interesse Público, nos termos da Lei nº 9.790, de 23 de março de 1999;

IV – as sociedades de crédito ao microempreendedor, nos termos do art. 1º da Lei nº 10.194, de 14 de fevereiro de 2001.

§ 2º O maior de dezoito anos poderá ser autor, independentemente de assistência, inclusive para fins de conciliação."

[19] "**Art. 18.** A citação far-se-á:

(...);

II – tratando-se de pessoa jurídica ou firma individual, mediante entrega ao encarregado da recepção, que será obrigatoriamente identificado"

668 | CURSO DE DIREITO PROCESSUAL CIVIL • *Luiz Fux*

processo, mas, o comparecimento espontâneo do réu a qualquer audiência supre a falta e a nulidade da convocação (art. 18, § 3º, da LJEC).[20]

As intimações, como atos de comunicação diversos da citação, podem ser realizadas de forma livre e simples, bastando que se comprove ter a notícia chegado ao conhecimento da parte. Assim, se o ato é praticado na audiência, há certeza de que a parte tomou conhecimento do mesmo, correndo a partir daí todos os prazos para a prática dos atos correspondentes às etapas subsequentes. Nesse segmento, proferida a sentença em audiência, as partes consideram-se intimadas no ato para o qual foram convocadas. A intimação *in casu* presume-se *jure et de jure*, ainda que a parte não tenha comparecido.

As citações e intimações são realizadas nos endereços indicados nos autos, por isso que, qualquer alteração deve ser noticiada, valendo a que obedeceu aos dados do processo, ainda que tenha havido alteração não comunicada ao juizado (§ 2º do art. 19);[21] regra hodiernamente extensiva ao rito comum.

4. DEFESA DO RÉU

A *defesa do réu*, como oposição ao pedido do autor, pode ser formulada *oralmente na audiência* e reduzida a escrito no essencial *ou apresentada por escrito*. O réu, por força do princípio da preclusão, haja vista que não terá outra oportunidade, deve suscitar na defesa todas as questões formais (*preliminares*) e substanciais (*defesa de mérito*), sendo-lhe lícito negar o fato afirmado pelo autor ou as consequências jurídicas do mesmo (*defesa direta*) ou, sem negar o fato constitutivo, aduzir outro que impeça, modifique ou extinga o direito do autor (*defesa indireta – objeções*). Destarte, a defesa baseada em questão prejudicial *não dá margem à ação declaratória incidental*, incabível nesse procedimento. Nessa hipótese, ou o réu suscita a prejudicial e formula pedido "dúplice" na resposta ou o juiz conhece da questão, *incidenter tantum;* vale dizer: o tanto necessário para julgar, vedando-se-lhe, por esse motivo, suspender o processo até que eventual prejudicial seja decidida noutro feito.

As "matérias excepcionáveis" são apenas a "suspeição" e o "impedimento", porquanto a "incompetência" deve ser arguida como preliminar da contestação (art. 30 da LJEC).

As *ações*, porque "dúplices", admitem pedido do réu na própria contestação, desde que "fundado nos mesmos fatos objeto da controvérsia". Assim, *v.g.*, se as partes discutem acerca da responsabilidade por acidente de trânsito, é lícito ao demandado pedir que o autor seja condenado a pagar-lhe os danos materiais causados, assim como o demandante os postulou (art. 31, LJEC).[22] O pedido formulado poderá ser respondido na audiência, salvo prejuízo para a defesa, hipótese em que o juiz pode designar nova data de audiência no ato, cientificados os presentes (art. 31, parágrafo único, LJEC).

O réu que não comparece a qualquer audiência (conciliação ou instrução e julgamento) é considerado "revel", propiciando o julgamento imediato, porquanto o juiz, para isso, pode presumir verdadeiros os fatos afirmados pelo autor, salvo se o contrário resultar da "convicção" à luz da prova existente. Assim é que, se o réu comparece à sessão de conciliação e malograda esta não volta a

---

[20] **"Art. 18.** A citação far-se-á:

(...).

§ 3º O comparecimento espontâneo suprirá a falta ou nulidade da citação."

[21] **"Art. 19.** As intimações serão feitas na forma prevista para citação, ou por qualquer outro meio idôneo de comunicação.

(...).

§ 2º As partes comunicarão ao juízo as mudanças de endereço ocorridas no curso do processo, reputando-se eficazes as intimações enviadas ao local anteriormente indicado, na ausência da comunicação."

[22] **"Art. 31.** Não se admitirá a reconvenção. É lícito ao réu, na contestação, formular pedido em seu favor, nos limites do art. 3º desta Lei, desde que fundado nos mesmos fatos que constituem objeto da controvérsia.

Parágrafo único. O autor poderá responder ao pedido do réu na própria audiência ou requerer a designação da nova data, que será desde logo fixada, cientes todos os presentes."

Parte IX • XVI – JUIZADOS ESPECIAIS | **669**

comparecer na audiência de instrução e julgamento, ocorre a revelia, salvo se, naquela primeira oportunidade, anexou contestação nos autos. Nessa hipótese, o juiz não pode desconsiderar a defesa no seu conjunto.

5. AUDIÊNCIA – CONCILIAÇÃO – INSTRUÇÃO E JULGAMENTO – SENTENÇA

A Lei nº 9.099/1995, atendendo aos reclamos da agilização na prestação da justiça, estruturou esse novel segmento de forma "concentrada" onde, malograda a autocomposição, seguem-se, imediatamente, a instrução e o julgamento. Por esta razão é que se permite a produção imediata da prova sem atos antecedentes de prévia intimação, e se instituiu a revelia ante a ausência do réu à sessão de conciliação (art. 23, LJEC).[23] Ademais, o art. 27 é claro ao dispor que: "Não instituindo o juízo arbitral, proceder-se-á *imediatamente* à audiência de instrução e julgamento, desde que não resulte prejuízo para a defesa", o que não ocorre uma vez que o demandado é convocado para ambas as audiências, devidamente advertido da revelia e da possibilidade de produção de provas.

A *primeira etapa* dessa audiência é a *conciliação*, levada a efeito por conciliadores ou pelo próprio juiz. Nesta fase conciliatória, de três uma: *ou a conciliação é obtida, ou as partes instituem juízo arbitral, ou não adotam nenhuma das condutas anteriores, seguindo-se, então, a audiência de instrução e julgamento* (art. 22 c.c art. 24, da LJEC).[7]

Destarte "obtida a conciliação", o juiz togado deve homologá-la, convertendo o escrito em título executivo judicial. Consoante se observa, a sentença homologatória tem como "conteúdo" a vontade das próprias partes; por isso, é *irrecorrível esta decisão* (art. 41 da LJEC).[8]

Os novos tempos demandam adaptações na feição jurisdicional, de sorte que se passou a admitir a conciliação *não presencial*, conduzida por meios tecnológicos de transmissão de sons e imagens em tempo real, reduzindo-se a tentativa a escrito (art. 22, § 2º). Desse modo, o processo só será extinto se o réu não puder comparecer nem presencialmente nem pela via virtual (art. 23).

"Instituído o juízo arbitral", segue-se a escolha do árbitro, cujo laudo deve ser homologado para adquirir eficácia de título executivo judicial, após o trânsito em julgado. Reversamente, "malograda a conciliação" e não instituído o juízo arbitral, a audiência de instrução e julgamento faz-se mister.

A *audiência de instrução* e julgamento é ato misto que aglutina a *fase probatória e a fase decisória*. A informalidade e a oralidade são a tônica desse ato. A ele comparecem as partes, seus procuradores, se necessário, e as testemunhas, levadas na ocasião ou intimadas anteriormente, se requerido com *cinco dias de antecedência*. É de três o número máximo de testemunhas, cabendo sempre ao juiz indeferir, fundamentadamente, as provas desnecessárias. Da mesma sorte, pode o

---

[23] **"Art. 23.** Se o demandado não comparecer ou recusar-se a participar da tentativa de conciliação não presencial, o Juiz togado proferirá sentença." (Redação dada pela Lei nº 13.994, de 2020)

[7] **"Art. 22.** A conciliação será conduzida pelo Juiz togado ou leigo ou por conciliador sob sua orientação.

§ 1º Obtida a conciliação, esta será reduzida a escrito e homologada pelo Juiz togado mediante sentença com eficácia de título executivo. (Incluído pela Lei nº 13.994, de 2020).

§ 2º É cabível a conciliação não presencial conduzida pelo Juizado mediante o emprego dos recursos tecnológicos disponíveis de transmissão de sons e imagens em tempo real, devendo o resultado da tentativa de conciliação ser reduzido a escrito com os anexos pertinentes. (Incluído pela Lei nº 13.994, de 2020)."

"Art. 24. Não obtida a conciliação, as partes poderão optar, de comum acordo, pelo juízo arbitral, na forma prevista nesta Lei.

§ 1º O juízo arbitral considerar-se-á instaurado, independentemente de termo de compromisso, com a escolha do árbitro pelas partes. Se este não estiver presente, o Juiz convocá-lo-á e designará, de imediato, a data para a audiência de instrução.

§ 2º O árbitro será escolhido dentre os juízes leigos."

[8] **"Art. 41.** Da sentença, excetuada a homologatória de conciliação ou laudo arbitral, caberá recurso para o próprio Juizado.

§ 1º O recurso será julgado por uma turma composta por três Juízes togados, em exercício no primeiro grau de jurisdição, reunidos na sede do Juizado.

§ 2º No recurso, as partes serão obrigatoriamente representadas por advogado."

670 | CURSO DE DIREITO PROCESSUAL CIVIL • *Luiz Fux*

juiz conduzir coercitivamente a juízo, testemunha "intimada e faltante", não assim as que a parte se comprometeu a levar independentemente de intimação (arts. 33 e 34 da LJEC)[9].

Surgindo a necessidade de dados técnicos, é lícito ao juiz produzir, por sua iniciativa ou da parte, a perícia informal ouvindo os técnicos acerca de fatos relevantes[10].

Consectário da prova, é o poder conferido ao magistrado de realizar inspeção informal em pessoas ou coisas, retornando-se para imediato julgamento, uma vez que a informalidade faz desaparecer da memória os registros necessários ao julgamento (art. 35 e parágrafo único, da LJEC). A prova documental anexada pelo autor deve ser objeto de apreciação imediata pelo réu e vice e versa (art. 29, parágrafo único). A critério do juiz pode ser redesignada data se qualquer das partes, justificadamente, comprovar que a necessidade de fala incontinenti causa prejuízo para a defesa de seus interesses (art. 27, parágrafo único c.c art. 31, parágrafo único, da LJEC).

A *prova oral*, por seu turno, é referida na sentença, mas não reduzida a escrito. É que a lei pressupõe decisão imediata, suficiente para ainda estar avivado na memória o depoimento prestado. Excepcionalmente – para não se ordinarizar o procedimento – é possível reduzir os depoimentos a termo, para posterior prolação de sentença. Os depoimentos gravados podem ser transcritos a pedido da parte, por ocasião do recurso, que deve custear as respectivas despesas (art. 13, § 3º c.c art. 44, da LJEC). Nesse sentido, nada obsta que a própria fita magnética, sem impugnação, seja ouvida na sessão das Turmas Recursais.

Destarte, o juiz, além de ouvir os eventuais peritos, as partes (primeiro o autor, depois o réu) e as testemunhas (primeiro as do autor e depois as do réu), também deve decidir todas as questões suscitadas e discutidas na própria sentença, porquanto a concentração não dá ensejo às decisões interlocutórias e, *a fortiori*, aos agravos. Apenas um ato decisório é prolatado, e apenas um recurso é o previsto na lei (art. 41 da LJEC).

Entretanto, *havendo liminares*, o recurso cabível é o de agravo para as Turmas Recursais. Ressalte-se, contudo, a posição dos que sustentam apenas o cabimento de mandado de segurança, muito embora esse remédio extremo reclame pressupostos diversos daqueles que justificam os recursos (*errores in procedendo* e *in judicando*).

A "decisão" completa a audiência de instrução e julgamento e consubstancia-se numa "sentença" que é o ato pelo qual o juiz resolve ou não o mérito da causa. Diz-se "terminativa a sentença que extingue o processo sem análise da questão de fundo" em razão de obstáculo formal.

A Lei nº 9.099/1995 impõe a extinção do processo sem resolução do mérito e nas seguintes hipóteses (art. 51 e incisos da LJEC): I – o autor deixar de comparecer às audiências designadas. Assim, se o demandante compareceu à conciliação e faltou à instrução e julgamento, extingue-se o processo, salvo se houver pedido dúplice, hipótese em que ou prossegue-se com a prova do alegado pelo réu ou julga-se à contumácia do autor; II – quando a causa não se insere na competência do juizado ou cujas diligências necessárias revelem-se incompatíveis com o "procedimento informal", *v.g.*, há necessidade de perícia tradicional, se apesar de valor acima do limite legal as partes não se conciliaram, se há necessidade de publicação de editais etc.; III – quando acolhida a alegação de incompetência territorial, hipótese em que não há deslocamento senão extinção sem mérito, o mesmo ocorrendo se a incompetência for absoluta; IV – exsurgindo incapacidade superveniente

---

9 **"Art. 33.** Todas as provas serão produzidas na audiência de instrução e julgamento, ainda que não requeridas previamente, podendo o Juiz limitar ou excluir as que considerar excessivas, impertinentes ou protelatórias.
Art. 34. As testemunhas, até o máximo de três para cada parte, comparecerão à audiência de instrução e julgamento levadas pela parte que as tenha arrolado, independentemente de intimação, ou mediante esta, se assim for requerido.
§ 1º O requerimento para intimação das testemunhas será apresentado à Secretaria no mínimo cinco dias antes da audiência de instrução e julgamento.
§ 2º Não comparecendo a testemunha intimada, o Juiz poderá determinar sua imediata condução, valendo-se, se necessário, do concurso da força pública."

10 Nesse sentido, dispõe o Enunciado nº 12 do Fórum Nacional de Juizados Especiais que "a perícia informal é admissível na hipótese do art. 35 da Lei 9.099/1995".

da pessoa física, sua insolvência ou falência da pessoa jurídica ré, bem como a falta de capacidade postulatória não suprida nas causas acima de 20 salários mínimos, ou naquelas em que o juiz repute necessário o patrocínio não providenciado; V – quando não se proceder à habilitação dos herdeiros do autor ou do réu no prazo de 30 dias do falecimento do demandante ou da ciência do fato pelo autor.

A resolução *sem análise do mérito* opera-se por sentença, independentemente de intimação prévia das partes para sanar os defeitos que a acarretam, sendo certo que, somente na *extinção por ausência do autor, deve o mesmo pagar as custas exoneradas de início*, salvo se comprovar força maior, hipótese em que, a despeito de extinto o processo, releva-se a sanção pecuniária.

A sentença meramente terminativa assim como a decisão de mérito também comporta recurso, cujo provimento pela turma recursal determina o retorno dos autos ao juizado para apreciação do *meritum causae*.

O juiz, salvante essas hipóteses, deve sentenciar apreciando o mérito, observando os requisitos formais e substanciais da sentença.

Formalmente, a sentença dispensa relatório, mas, por imposição constitucional, deve ser motivada e conclusiva, isto é, o juiz deve julgar procedente ou improcedente o pedido e dizer por que o faz.

Além disso, "a sentença deve ser certa", isto é, imune de ambiguidades que desafiem os "embargos de declaração" previstos e interponíveis *em cinco dias da ciência da decisão*, por escrito ou oralmente, interrompendo o prazo do recurso, haja vista que seu efeito pode ser modificativo (arts. 48-50 da LJEC).

A sentença de mérito, por outro lado, deve ser "líquida", ainda que ilíquido o pedido (art. 14, § 2º c.c art. 38, parágrafo único c.c art. 52, I, da LJEC). O juiz deve proceder, para esse fim, a diligências no curso do feito que lhe permitam determinar, na decisão final, o *an* e o *quantum debeatur*, valendo-se do contador judicial como auxiliar das operações contábeis do juízo.

A sentença ainda deve ser "congruente", isto é, adstringir-se ao pedido e limitar-se, quando condenatória, em quantia certa, ao limite legal dos 40 salários mínimos. É que não havendo conciliação, reputa-se renunciado o crédito excedente e a sentença que o contempla contém parte inoficiosa e "ineficaz" (art. 3º, § 3º c.c art. 39 da LJEC). Essa renúncia, seguida de ineficácia, torna preclusivamente impossível à parte postular em juízo em relação à quantia da qual abdicou.

A *parte dispositiva da sentença* apenas condenará o vencido em custas e honorários a serem fixados entre 10 e 20 por cento sobre o valor da condenação, ou incidentes sobre o valor da causa onde não houver condenação, "nas hipóteses de reconhecimento expresso de litigância de má-fé" (art. 55 da LJEC). Esta é a sanção da qual *não escapa, sequer o beneficiário da justiça gratuita*, porquanto que se trata de repressão à deslealdade processual. A finalidade é desestimular demandas infundadas e propostas pela sedução da exoneração apriorística de despesas.

O juiz que colheu a prova deve sentenciar e, sendo "leigo", o juiz a que se refere a lei deve submetê-la à ratificação do juiz togado que poderá chancelá-la pelos próprios fundamentos, proferir outra em substituição ou determinar, antes de nova sentença, a produção de outras provas (art. 40, LJEC).

A sentença é considerada pública (publicada) e íntima das partes (intimada) no mesmo momento em que proferida em audiência (art. 19, § 1º, da LJEC). Ao intimar as partes da sentença, o juiz deverá instar o vencido a cumpri-la, advertindo-o para as consequências do descumprimento, notadamente para a utilização que se procederá dos meios de sub-rogação e de coerção capazes de dar ao vencedor aquilo que obteria pelo cumprimento espontâneo do decidido (art. 52, inciso III, LJEC).

A decisão, quando não proferida em audiência de instrução, pode ser intimada às partes pela publicação no *Diário Oficial* ou em audiência de publicação e intimação, o que viabiliza as advertências acima ao vencido. Em razão dessa intimação é que, após o trânsito em julgado, o vencedor pode limitar-se a pleitear oralmente ou por escrito a imediata execução "sem citação do executado", que já fora advertido da obrigação de cumprir o julgado (art. 52, inciso IV, da LJEC).

672 CURSO DE DIREITO PROCESSUAL CIVIL • Luiz Fux

Substancialmente, o juiz, *ao decidir* o mérito, deve adotar a "solução que reputar mais justa e equânime, atendendo aos fins sociais da lei e às exigências do bem comum" (art. 5º da LINDB). Nesse particular, a lei, utilizando-se de conceitos juridicamente indeterminados, autoriza o juiz a inverter o velho silogismo e adotar a solução justa para depois vesti-la com a regra legal aplicável, à luz da equidade e das exigências do bem comum. Assim, o juiz deve levar em consideração não apenas a letra da lei, senão o ambiente em que ela vai ser aplicada, amoldando-a às novas realidades, sem contudo estar autorizado a decidir *contra legem*. Essa regra *in procedendo* funciona com plenitude quando há lacunas na lei.

6. RECURSO

A lei dos juizados, preconizando a definitividade das decisões e convertendo a primeira instância no "centro de gravidade do processo", previu apenas um recurso contra a sentença, no pressuposto da compressão procedimental, isto é, da única audiência após a superação da conciliação sem êxito.

Entretanto, decisões interlocutórias gravosas, acaso proferidas fora da audiência, desafiam o recurso de agravo, tanto mais que em todo procedimento especial aplica-se, subsidiariamente o Código de Processo naquilo que não se incompatibiliza com as regras e os "princípios" do novo sistema.

Nesse segmento da sentença terminativa ou definitiva, cabe recurso no prazo de 10 dias contados da ciência da decisão em audiência ou fora dela (da publicação no *Diário Oficial* ou da audiência de publicação e intimação). Quanto ao prazo para recursos, bem como para todos os atos processuais praticados no âmbito dos Juizados Especiais, devem ser contados apenas os dias úteis para seu transcurso. A regra é consectária da norma insculpida no CPC de 2015, mas, mediante dúvidas em razão da especialidade da lei, o legislador editou a lei nº 13.728 de 2018 que criou o art. 12-A, consagrando a aplicabilidade da contagem de prazos em dias úteis aos juizados especiais.

6.1 Recurso inominado

O recurso deve ser interposto no prazo de 10 dias, por petição escrita, subscrita por advogado, constando as razões do recurso e o pedido de *nova decisão*, quando se aponta a "injustiça" como vício ou de "cassação" da sentença, quando o vício apontado é o da sua "ilegalidade". O preparo deve ser feito 48 horas após a interposição ou no ato desta, sob pena de deserção[11] (art. 42 da LJEC). Estão dispensados do preparo os beneficiários da justiça gratuita, posto que o mesmo engloba as despesas "dispensadas" em primeiro grau (art. 54, parágrafo único, da LJEC).

Ultrapassado o preparo, intima-se o recorrido por qualquer meio idôneo (art. 19 da LJEC) nos endereços constantes dos autos ou pela publicação no *Diário Oficial* para oferecer contrarrazões no prazo de 10 dias (art. 42, § 2º, da LJEC). A sanação dos embaraços de outrora com a possibilidade atual de oferecer "adesão" no prazo das contrarrazões recomenda a adoção desse instituto no bojo do procedimento dos juizados. É que ele conspira em favor da economia processual e de uma "conciliação por meio de persuasão", isto é: uma parte pode desistir do recurso exatamente porque a outra recorreu, atingindo a razão de ser do recurso adesivo[12].

---

[11] A propósito, assim dispõe o Enunciado nº 80 do Fórum Nacional de Juizados Especiais: "o recurso Inominado será julgado deserto quando não houver o recolhimento integral do preparo e sua respectiva comprovação pela parte, no prazo de 48 horas, não admitida a complementação intempestiva (art. 42, § 1º, da Lei 9.099/1995)" (nova redação – XII Encontro Maceió-AL).

[12] Quanto ao ponto, ressalvando que o Enunciado nº 88 do Fórum Nacional de Juizados Especiais prevê, *verbis*, que "não cabe recurso adesivo em sede de Juizado Especial, por falta de expressa previsão legal (XV Encontro – Florianópolis/SC)", a conclusão pela *possibilidade* de oferecer adesão parece-nos mais consentânea com os esforços de promover a duração razoável do processo e de estimular a ausência de recurso no âmbito dos juizados especiais. Nesse sentido, é o que também defendem: **Cândido Rangel Dinamarco,** *Manual dos Juizados Cíveis*, 2001; **Fredie Didier Júnior**; **Leonardo José Carneiro da Cunha,** *Curso de Direito Processual Civil*, 2020.

A admissão, *não só quanto à deserção* bem como em relação *às demais sanções* para a falta de cumprimento dos requisitos intrínsecos e extrínsecos de admissibilidade dos recursos (cabimento, legitimidade, interesse em recorrer, ausência de fato preclusivo do direito de recorrer, tempestividade, preparo e regularidade formal) são da *competência do juizado especial, cabendo à turma recursal, em agravo ou mandado de segurança, apreciar o juízo de admissibilidade negativo*.

A impugnação acolhida quanto à denegação do recurso, em nome da celeridade prometida nos juizados, recomenda a adoção da mesma prática dos agravos nos Tribunais Superiores em que o instrumento, contendo todos os elementos da impugnação denegada, pode ser incluído em pauta como se fosse o próprio recurso. É a aplicação da *fungibilidade como instrumento de economia processual*.

O recurso não impede que a decisão produza de logo seus efeitos, uma vez "recebido apenas no efeito devolutivo" (art. 43, da LJEC). Em consequência, é possível, iniciar-se a "execução provisória", salvo se o juiz sustá-la ao conceder efeito suspensivo ao recurso nas hipóteses de possibilidade de "dano irreparável". O art. 52 da lei especial não deixa margem a dúvidas de que a execução somente será definitiva após o trânsito da decisão, o que revela um retrocesso do legislador em confronto com a tendência hodierna de se permitir a "execução completa com base em decisão provisória" conversível em perdas e danos nas hipóteses de reforma da sentença exequenda.

O órgão competente para o segundo juízo de admissibilidade e o primeiro juízo de mérito do recurso é a Turma Recursal, integrante da primeira instância composta de juízes togados da mesma categoria, razão pela qual não é considerada Tribunal local para efeito de Recurso Especial (arts. 41, § 1º, da LJEC e 105, III, da CF).

A Turma Recursal tem seu julgamento tomado pelo voto da maioria, constando de ata a indicação do processo, a fundamentação sucinta e a conclusão, ou seja, a parte dispositiva sobre se deu-se ou negou-se provimento ao recurso ou, antes, se conheceu ou não da impugnação.

Norma local de procedimento pode autorizar sustentação oral, em regra, não prevista em lei.

A sentença pode ser confirmada pelos seus próprios fundamentos, técnica que agiliza em muito os trabalhos de revisão dos julgados. Neste caso, a súmula do julgamento serve de acórdão, *v.g.*, quando por unanimidade a Turma mantém a sentença pelos seus próprios fundamentos. Este é o resultado do julgamento através da técnica remissiva, por isso que a fundamentação da sentença é emprestada ao acórdão.

O julgamento não unânime não ensejava os antigos embargos infringentes (previstos no CPC/1973, mas não no CPC em vigor), tipicamente endereçados às decisões de tribunais, mercê de sua não previsão e de se revelar incompatível com a pretensão de definitividade da decisão encartada na lei dos juizados. Aliás, essa mesma pretensão ideológica é a responsável pelo descabimento da "ação rescisória" (art. 59 da LJEC).

Assente-se que cada Estado deve dispor, no seu regimento, acerca dos demais trâmites até a descida dos autos ao juizado de origem, obedecidos os princípios e ditames gerais da Lei nº 9.099/1995.

6.2 Embargos de declaração

Prevê a Lei dos Juizados Especiais Cíveis o cabimento de embargos de declaração[13], em cinco dias, indicando que as decisões finais (sentenças e acórdãos) devem ser imunes a ambiguidades. O cabimento deste meio recursal foi adequado pelo CPC, que o uniformizou com o restante do ordenamento, esclarecendo que a "dúvida", prevista como hipótese desde a edição da Lei nº 9.099/1995,

---

[13] **"Art. 48.** Caberão embargos de declaração contra sentença ou acórdão nos casos previstos no CPC. Parágrafo único. Os erros materiais podem ser corrigidos de ofício.
Art. 49. Os embargos de declaração serão interpostos por escrito ou oralmente, no prazo de cinco dias, contados da ciência da decisão.
Art. 50. Os embargos de declaração interrompem o prazo para a interposição de recurso."

não justifica o manejo. Atualmente, portanto, deve-se apontar omissão, obscuridade, contradição ou erro material[14], a exemplo do disposto no art. 1.022 do diploma processual geral.

Outro aspecto importante se refere ao efeito interruptivo do prazo para interposição do recurso inominado. Na redação originária, a oposição dos aclaratórios levava à suspensão do prazo, o que representava sistemática destoante da prevista no CPC/1973. Com o advento do Código de 2015, a consequência da interposição passou a ser a interrupção – ou seja, com devolução *in totum* dos dez dias para o recurso contra a sentença (art. 50 da LJEC).

Em suma, portanto, sentença e acórdão nos Juizados podem desafiar os "embargos de declaração" previstos e interponíveis *em cinco dias da ciência da decisão*, por escrito ou oralmente, interrompendo o prazo do recurso, haja vista que seu efeito pode ser modificativo (arts. 48-50 da LJEC).

7. UNIFORMIZAÇÃO DE JURISPRUDÊNCIA DOS JUIZADOS ESPECIAIS. DIREITO EM EXPECTATIVA

Os Juizados Especiais têm exercido magnífico serviço em prol da descentralização e agilização judiciárias. A tendência, assim, é o seu aperfeiçoamento com a criação de maior competência *ratione materiae* e *personae*.

Destarte, após a criação dos juizados federais, abarcando causas da União, restou incongruente a interdição da Lei nº 9.099/1995 quanto à impossibilidade de os juizados especiais estaduais enfrentarem causas em torno da Fazenda Pública, tanto mais que esta, em nome da legitimidade de seus atos, resta por cometer ilegalidades transindividuais nos níveis de serviços públicos coletivos, diretamente exercidos ou delegados por concessão ou permissão.

Os juizados especiais federais revelaram que causas de pequena monta e de pequena complexidade, mesmo em se tratando de pessoa jurídica de direito público, podiam ser céleres e informais, cumprindo o postulado do acesso à ordem jurídica justa.

Partindo do paradigma federal, forçoso concluir que, nos juizados especiais, tramitarão causas de valores que inexigem precatório para o pagamento, à semelhança da lei federal do art. 87 da ADCT.

Especulação *de lege ferenda* inclina-nos, em função da experiência arregimentada como Corregedor dos Juizados Especiais Estaduais do Rio de Janeiro, no sentido de que esses juizados especiais fazendários não devem absorver as demais competências *ratione materiae* do segmento judicial, porquanto é deveras expressivo esse volume.

Ademais, a mesma razão que conduziu o legislador estadual a criar, na organização judiciária, *varas fazendárias*, há de influir para essa subdivisão no seio dos juizados.

A aplicação analógica aos juizados federais deve ser integral, desde os atos de comunicação processual até a extinção do reexame necessário. No que concerne à capacidade de ser parte nos juizados especiais, a lei exclui apenas a massa do insolvente civil, pelo resguardo dos interesses múltiplos dos credores, o que obriga a intervenção de vários sujeitos processuais no feito, tornando-o mais complexo, bem como a massa falida pelo mesmo motivo.

Assim, o incapaz e a pessoa jurídica podem litigar nos juizados, o que enseja uma expectativa de volume na massa das ações que já tramitam nesse segmento da justiça.

As decisões díspares acerca da mesma questão jurídica geram grave desprestígio para o Poder Judiciário, mercê de afrontar a cláusula pétrea da isonomia.

Observa-se que a uniformização da jurisprudência assumiu notável relevo como técnica de agilização e efetividade das decisões judiciais. Ademais, a denominada optatividade ou facultatividade da adoção desse rito simples pode conduzir a que a parte eleja a justiça ordinária comum para a solução da mesma lide, levada por outrem aos juizados especiais. Esse fato implica que fontes judiciais diversas deem à mesma lei federal exegese diversa.

---

[14] Vale mencionar que, nos termos do supratranscrito parágrafo único do art. 48 da LJEC, os erros materiais podem ser corrigidos de ofício.

A dissipação da divergência é da competência das turmas em conflito reunidas, sob a presidência de um desembargador indicado que terá voto de desempate. O incidente, pela sua própria razão de ser, impede a cognição de matéria fática, adstringindo a discussão ao assentamento da tese uniforme diante das que estão em confronto. A divergência tanto pode ser formal ou material, vale dizer: referir-se a questões processuais ou de direito material no âmbito da competência material dos juizados, *v.g.*, questão possessória de imóvel no valor indicado no art. 3º da Lei nº 9.099/1995.

Tratando-se de turmas recursais de Estados diferentes da Federação, versando a divergência questão material regulada pela lei federal ou uniformizada a jurisprudência contra entendimento predominante do Superior Tribunal de Justiça, assim considerado o posicionamento sumulado ou pacificado entre as duas turmas competentes em razão da matéria, caberá recurso para essa Corte Superior. Nesse caso, cumpre-se dizer, até mesmo em virtude do relevante papel que assume a uniformização da jurisprudência na nova lógica processual, caberá reclamação à turma que firmou o entendimento violado pela decisão do Juizado Especial Cível ou de sua Turma Recursal, como se extrai da recente jurisprudência do Superior Tribunal de Justiça[15].

8. O PROCESSO DE EXECUÇÃO NOS JUIZADOS ESPECIAIS

8.1 Generalidades

Os juizados especiais são competentes para a execução de seus julgados (art. 52 da LJEC) e para a execução de títulos extrajudiciais no valor de até 40 salários mínimos (art. 53 da LJEC). Por outro lado, as sentenças proferidas comportam "execução provisória" (art. 43 da LJEC) ou "execução definitiva" (art. 52, IV, da LJEC).

Quanto à "natureza da obrigação", é possível executar nos juizados especiais título que consagre "obrigação de pagar quantia certa contra devedor solvente" (salvo prestação alimentícia e obrigação

---

[15] "1. Conforme assentado pela Primeira Seção do STJ, no julgamento do RCD na Rcl 14.730/SP (Rel. Min. Mauro Campbell Marques, *DJe* 24.02.2015), o sistema para processo e julgamento de causas em juizados especiais é composto por três microssistemas: a) Juizados Especiais Estaduais Comuns, instituídos pela Lei 9.099/1995; b) Juizados Especiais Federais, instituídos pela Lei 10.259/2001 e c) Juizados Especiais da Fazenda Pública Estadual e Municipal, instituídos pela Lei 12.153/2009, cada um deles submetido a regras processuais e procedimentais específicas, no que toca a recursos e ao mecanismo de uniformização de jurisprudência. 2. Apenas as leis que dispõem sobre Juizado Especial Federal (Lei 10.259/2001) e sobre Juizados Especiais da Fazenda Pública (Lei 12.153/2009) trouxeram em seus textos a possibilidade de se efetuar Pedido de Uniformização de Interpretação de Lei Federal perante o STJ nos arts. 14, § 4º, da Lei 10.259/2001 e 18, § 3º, e 19, *caput*, da Lei 12.153/2009. 3. O Pedido de Uniformização de Lei Federal proposto perante o Superior Tribunal de Justiça somente existe, portanto, no âmbito do microssistema dos Juizados Especiais Federais e no dos Juizados Especiais da Fazenda Pública e apenas em duas hipóteses: (1) Interpretação de lei federal dissonante entre Turmas Recursais de diferentes Estados; e (2) Decisão de Turma de Uniformização que contrariar súmula do STJ. 4. Para suprir a lacuna da uniformização da interpretação da lei federal no âmbito dos Juizados especiais comuns, o Superior Tribunal de Justiça editou resolução, admitindo o manejo da Reclamação. Quando ainda vigorava o CPC de 1.973, a Resolução STJ nº 12/2009 admitia que fosse dirigida Reclamação a esta Corte quando decisão de Turma Recursal estadual ou do Distrito Federal a) afrontasse jurisprudência do STJ pacificada em recurso repetitivo; b) violasse súmula do STJ; ou c) fosse teratológica. 5. No entanto, após o advento do CPC/2015, a Resolução nº 12/2009 foi revogada e substituída pela Resolução nº 03/2016 que, em seu art. 1º, restringiu o cabimento da Reclamação dirigida a esta Corte à hipótese de decisão de Turma Recursal Estadual (ou do DF) que contrariar jurisprudência do STJ consolidada em a) incidente de assunção de competência; b) incidente de resolução de demandas repetitivas (IRDR); c) julgamento de recurso especial repetitivo; d) enunciados das Súmulas do STJ; e) precedentes do STJ. 6. Assim sendo, a hipótese de divergência de entendimento jurisprudencial entre Turmas Recursais de Juizados especiais criminais comuns de diferentes Estados não desafia o manejo de Pedido de Uniformização de Lei Federal perante o STJ. 7. Remanescem, entretanto, duas vias abertas ao jurisdicionado para discussão da matéria decidida em sede de Turmas Recursais de Juizados Especiais Comuns: a Reclamação fundada na Resolução nº 03/2016 que demonstre que a decisão da Turma recursal contraria a jurisprudência do STJ consolidada em julgamento de recurso especial repetitivo ou em precedentes do STJ; e o *habeas corpus* dirigido ao Tribunal de Justiça respectivo. 8. Agravo regimental a que se nega provimento." (AgRg nos EDcl no PUIL 694/SP, Rel. Min. Reynaldo Soares da Fonseca, Terceira Seção, j. 14.03.2018, *DJe* 02.04.2018)

676 | CURSO DE DIREITO PROCESSUAL CIVIL • *Luiz Fux*

da Fazenda Pública), bem como "obrigação de fazer e não fazer" e "obrigação de entrega de coisa" (art. 52, incisos IV, V e VI da LJEC).

A defesa do executado opera-se através de embargos nos "próprios autos", oferecidos em audiência, oralmente ou por escrito, na qual serão julgados, se ultrapassada sem êxito a fase de conciliação (art. 52, inciso IX, da LJEC).

8.2   Processo de execução

A estrutura de cada uma dessas execuções varia conforme a natureza da prestação exigível.

Iniciemos pela "execução por quantia certa", que é o pano de fundo de todas as demais, já que nela se convertem quando se frustram os meios executivos específicos.

8.2.1   *Execução por quantia certa contra devedor solvente*

Essa execução, como o próprio *nomen juris* indica, visa apurar judicialmente fundos para satisfazer o credor. Desta sorte, se o devedor não é encontrado ou não são encontrados bens para serem convertidos em dinheiro no afã de se pagar o credor, extingue-se a execução, aguardando-se uma melhor oportunidade para sua reabertura (§ 4º do art. 53 da LJEC).

A execução por quantia certa pode ser lastreada por "título judicial" ou "extrajudicial" e para atingir o pagamento ao credor, que é sua *causa finalis*, é estruturada em três fases distintas: a fase de apreensão de bens, a fase de expropriação dos bens e a fase de pagamento.

Tratando-se de execução por quantia certa de "título judicial", cumpre ao credor, ao iniciar a execução, apresentar a planilha prévia dos cálculos elaborada por servidor judicial (art. 52, II, da LJEC). Instruídos os autos com esta peça, o credor pode pedir verbalmente ou por escrito a execução, em razão de o vencido ter sido advertido para o cumprimento espontâneo da sentença sob pena da "execução forçada" que ora se inicia (art. 52, III, da LJEC). Como consectário, o credor deve pleitear a intimação do devedor na pessoa de seu patrono (a lei dispensa nova citação – art. 52, inciso IV) para pagar ou nomear bens.

A execução por quantia certa, quando fundada em título "extrajudicial", implica pedido de citação do devedor para pagar ou nomear bens à penhora em 24 horas, porque é a primeira vez que o exequente comparece a juízo, diferentemente da execução judicial.

O pagamento nas 24 horas extingue a execução de título extrajudicial e o cumprimento de sentença, quando envolve título judicial.

A nomeação de bens pelo devedor dispensa a sua intimação, iniciando-se o prazo de embargos a serem oferecidos em audiência; a indicação pelo credor importa a intimação do executado para comparecer a uma audiência onde poderá oferecer embargos orais ou escritos a serem impugnados pelo credor e decididos pelo juiz (art. 53, § 1º, da LJEC). O que acima se expôs é aplicável a ambas as execuções, isto é, judicial ou extrajudicial.

Na audiência de oferecimento de embargos, deve ser alvitrada a solução mais justa e eficaz para o litígio, com a satisfação do credor e o menor sacrifício para o devedor. Aliam-se, dessa forma, os objetivos perseguidos pelo legislador no processo de execução – quando persegue o interesse do credor como pedra fundamental, mas garantindo a integridade do devedor – e do procedimento dos juizados especiais, qual seja a satisfação rápida e eficiente dos interesses em questão.

A regra do § 2º do art. 53 aplica-se a ambas as execuções (judicial e extrajudicial), sugerindo o dispositivo formas de solução da dívida tais como pagamento a prazo ou a prestação, dação em pagamento, alienação particular de bens etc. Trata-se de lista meramente exemplificativa de meios de sub-rogação, elegíveis caso a caso.

Superada a conciliação sem êxito, impõe-se analisar os embargos. Nesse momento, timbra-se uma diferença: cuidando-se de execução de sentença, a defesa do executado é limitada à alegação de fatos impeditivos, modificativos e extintivos da obrigação, tais como pagamento, novação etc., *necessariamente supervenientes à sentença*, ou seja, surgidos após a última oportunidade em que se poderia argui-los no processo de conhecimento, inclusive com a utilização do benefício da força maior previsto no art. 517 do CPC. O embargante pode, ainda, suscitar "excesso de execução", "erro de cálculo, causa impeditiva, modificativa ou extintiva da obrigação posterior à sentença" ou "falta ou nulidade de citação no processo de conhecimento se este correu à revelia" (art. 52, inciso IX, alíneas *a*, *b*, *c* e *d*, da LJEC).

Diversamente, na "execução extrajudicial", como é a vez primeira que o título é exibido em juízo, a defesa do devedor é ampla (art. 745 do CPC aplicado por força da heterointegração autorizada pelo art. 53 da LJEC).

Acolhidos os embargos, extingue-se a execução ou reduz-se aos limites dos excessos apontados, imputando-se ao exequente o ônus das custas apenas se obrou de má-fé reconhecida na sentença (art. 55, parágrafo único, I, da LJEC).

Desacolhidos os embargos e imposta a sucumbência (art. 55, II e III), a execução por quantia certa prossegue, a partir desse ponto, absolutamente igual para ambas as execuções: judicial e extrajudicial.

Instaura-se a fase de expropriação dos bens penhorados através da arrematação, ressalvada a possibilidade de "dispensa da alienação judicial" por consenso das partes (art. 53, § 2º, da LJEC). Inexistindo concordância, inexorável é a passagem à etapa de expropriação.

A fase de expropriação compreende atos de preparação da alienação com a "avaliação" dos bens penhorados e a "publicidade" do leilão.

A avaliação (prevista na metade do inciso VII do art. 52 da LJEC) visa à apuração do valor monetário dos bens com vista aos lances mínimos do leilão, bem como obedecer ao velho princípio de concluir-se a execução da forma menos onerosa para o devedor. É a partir da avaliação que se verifica da vantagem de alienação particular ou da "vileza" do preço (art. 52, VII, da LJEC).

Dispensa-se a avaliação se ambas as partes concordarem com o valor estimado pelo devedor ou se o bem tiver cotação em bolsa, o que atende ao art. 2º da LJEC.

A avaliação deve ser informal e os juizados, o quanto possível, devem manter um *expert* com visão de múltiplos mercados para essa estimativa. Nas lacunas eventuais da lei quanto a esse momento processual, deve-se aplicar o CPC, no que couber, no seu Livro II referente ao processo de execução de título executivo extrajudicial com a redação da Lei nº11.382/2006.

A publicidade do leilão é geral e especial. A primeira visa a arregimentar o maior número de licitantes para o bem, sendo esta a razão da publicação do "edital de praceamento" em jornal comercial próprio, cinco dias antes da praça (art. 887 do CPC c.c arts. 52 e 53 da LJEC).

Os bens de pequeno valor são alienados independentemente de publicação de edital em jornal, observando-se qualquer forma de divulgação do leilão.

A "publicidade especial" se realiza na "pessoa do devedor", que a todo tempo pode remir a execução pagando o débito e os acrescidos (art. 826 do CPC) e na pessoa dos credores com direitos reais incidentes sobre o bem penhorado, para que possam exercer a preferência de direito material de arrematação em igualdade de condições com o vencedor da licitação, ou fazê-la valer na fase de pagamento.

A publicação do edital não é obrigatória porque o juiz pode autorizar o devedor, o credor ou terceiro idôneo a tratar da alienação do bem penhorado até a praça do imóvel ou o leilão dos bens móveis. A venda particular, mercê de na hasta pública o lance mínimo dever obedecer ao valor da avaliação, ouvidas as partes, pode ser realizada por valor inferior ao da avaliação desde que não haja o vício da "vileza do preço".

O terceiro adquirente, se o pagamento não for à vista, deve oferecer caução idônea para receber o bem móvel ou para adquirir imóvel que esteja hipotecado, uma vez que a garantia real se extingue pela venda, salvo se permanecer o vínculo para pagamento paulatino do ônus pelo próprio adquirente. De toda sorte, para que o bem, cuja venda já está anunciada, não seja alienado judicialmente, é preciso que essa aquisição particular esteja aperfeiçoada até a praça ou o leilão, isto é, haja consenso quanto à coisa e o preço consubstanciado em escritura pública (art. 52, VII, da LJEC).

À arrematação, aplicam-se os dispositivos do CPC que regulam a legitimidade de quem pode lançar na praça (art. 890 do CPC) bem como os casos de "ser tornada sem efeito" após a sua

678 | CURSO DE DIREITO PROCESSUAL CIVIL • *Luiz Fux*

irretratabilidade pela lavratura do auto de arrematação (arts. 901 a 903 do CPC). A expedição da "carta de arrematação" obedece ao disposto no art. 902 do CPC, e é documento indispensável ao registro imobiliário do bem em nome do arrematante, expedindo-se em favor do mesmo "mandado de entrega" caso os bens arrematados sejam móveis.

Extrai-se da recomendação do legislador dos juizados que as formas de satisfação da obrigação devem ser as mais variadas, aplicando-se, neste procedimento, não só as regras do pagamento através da "entrega de soma" (arts. 905-909 do CPC), como também da "adjudicação dos bens penhorados", o usufruto de móvel, imóvel ou empresa, adaptando-os à simplicidade, à informalidade e à economia processual regentes desse notável modelo procedimental.

8.2.2   Execução das obrigações de fazer e de não fazer

As obrigações de fazer e de não fazer apresentam como característica, que as distinguem das demais obrigações passíveis de execução, o fato de não incidirem sobre o patrimônio do devedor, senão exigirem do mesmo uma conduta consistente numa ação (obrigação de fazer) ou numa omissão (obrigação de não fazer). Consectariamente, esta espécie de execução não se inicia por ato de coação, como a penhora na execução por quantia ou a busca do bem na execução para entrega.

A colaboração do devedor assume maior relevo, principalmente naquelas obrigações contraídas em função das qualidades pessoais do obrigado (subjetivamente infungíveis).

Desta sorte, a execução inicia-se com a concessão de prazo para que o devedor cumpra a obrigação, atuando ou abstendo-se, e somente em caso de inadimplemento no prazo é que se inicia propriamente a execução, com a imposição dos meios de coerção e/ou sub-rogação.

Advirta-se da lacunosa redação da lei dos juizados quanto a essa modalidade de obrigação, por isso que se impõe a heterointegração autorizada com as normas pertinentes do CPC, aplicando-se, subsidiariamente, os arts. 814 a 823 do CPC.

Destarte, a natureza da obrigação influi sobremodo na estrutura do procedimento por força da adaptação deste às necessidades do direito material. Relembre-se que "a todo direito corresponde uma ação específica que o assegura".

Nesse passo, as obrigações *sub examine* dividem-se em obrigações de fazer com prestação fungível, obrigações de fazer com prestação infungível, obrigações de não fazer instantâneas e obrigações de não fazer permanentes.

As "obrigações de fazer com prestação fungível" são aquelas em que o resultado pode ser alcançado pela atuação de terceiro que não o devedor, obtendo-se resultado equivalente. O fato de a prestação ser materialmente fungível permite que se obtenha o mesmo resultado que se obteria se o devedor tivesse cumprido a obrigação. A utilização da atuação de outrem é meio de sub-rogação, *v.g.*, a obrigação de realizar "serviço de limpeza", de "erigir um muro" ou "produzir papel" etc.

As "obrigações de fazer com prestação infungível", diversamente das anteriores, são contraídas, não em função do resultado que se pretende, senão em face das qualidades pessoais do devedor. Assume, portanto, relevo, a colaboração do devedor. Nesta modalidade, o resultado, em princípio, não pode ser obtido pela realização da prestação por terceiro, porquanto o vínculo assentou-se *intuitu personae*, salvo se a infungibilidade, posto disponível pelo credor, induzir o mesmo a substituir o devedor se assim o desejar.

Mantida a infungibilidade, os meios de sub-rogação revelam-se insuficientes para conferir ao credor o que ele obteria se o devedor cumprisse voluntariamente a sua obrigação.

À míngua da possibilidade de constrangê-lo fisicamente a cumprir a prestação infungível (*nemo potest cogi ad factum*) incidem os meios de "coerção" capazes de vencer a sua resistência.

A lei dispõe que para vencer a recalcitrância do devedor, o juiz pode fixar multa diária, cuja incidência dia a dia seja capaz de atemorizá-lo quanto ao dano patrimonial que sofrerá, de tal maneira que o faça abandonar aquele estado de inércia. A técnica das *astreintes* exige que a mesma não tenha compromisso de proporcionalidade com a obrigação principal para que o devedor capitule diante de seu montante avassalador.

Parte IX • XVI – JUIZADOS ESPECIAIS | **679**

A multa incide dia a dia e vai se somando, ininterruptamente, cessando, apenas, quando do cumprimento da obrigação, posto que não é meio de sub-rogação senão técnica de coerção, razão pela qual cumprida a obrigação, cessa a multa.

A multa deve estar fixada na sentença se a execução for judicial ou no título extrajudicial. Entretanto, como se trata de manter a utilidade e a seriedade da prestação jurisdicional – uma vez que se não houvesse a multa, a impossibilidade de constranger o devedor levaria a prestação jurisdicional a ostentar a categoria de mero "conselho" – é lícito ao juízo da execução, na lacuna da sentença ou do título extrajudicial, fixá-la, considerando as condições econômicas do devedor para a hipótese de inadimplemento (art. 52, LJEC).

Outrossim, as "obrigações de não fazer permanentes" são aquelas que, além de permitir o desfazimento daquilo que foi praticado em contravenção ao veto, são passíveis de "cessação", porque se protraem no tempo. Assim, *v.g.*, a obrigação de não construir janela, ou a obrigação de não confeccionar produto igual em razão de patente registrada, revelam exemplos de obrigações negativas permanentes. Em ambos os casos há possibilidade de se "desfazer" como a demolição do muro e a retirada do produto de circulação, acompanhado da ordem de não mais transgredir.

Muito embora os meios de sub-rogação funcionem a contento nessa modalidade de "desfazer", também é possível a utilização das *astreintes* para reforçar a obrigação de desfazer no prazo fixado, bem como para "inibir" uma futura transgressão ao não fazer; vale dizer: é possível a expedição da ordem de desfazimento do que foi feito em transgressão à proibição, bem como a inibição para não mais fazer dali por diante sob pena de multa diária por dia de reincidência até o novo desfazimento. Trata-se de um misto de tutela ressarcitória combinada com tutela inibitória.

As "obrigações de não fazer instantâneas" são aquelas cuja transgressão inadmite desfazimento: ou o devedor se abstém ou a transgressão implica inadimplemento absoluto. Em relação a essas obrigações é que se afirma em magnífica sede doutrinária que "as obrigações negativas não admitem mora senão inadimplemento absoluto", *v.g.*, a obrigação de não divulgar segredo industrial, ou de não se apresentar em determinado espetáculo por força de contrato de exclusividade. O descumprimento gera de imediato o inadimplemento absoluto, razão pela qual a "execução" em si dessas obrigações resulta em "perdas e danos", correspondentes ao descumprimento; vale dizer: converte-se em execução por quantia certa.

A tutela específica obtém-se a título de preventividade, ajuizando-se ação com nítido caráter de "tutela inibitória" propondo a condenação de não fazer sob pena de uma multa única e de valor fixo, caso descumprida essa obrigação protegida por uma significativa *astreinte* com força inibitória suficiente. Nesse caso, pode-se aduzir à "tutela das obrigações de não fazer" mas "não à execução".

Advirta-se, por fim, que em todos os casos em que a obrigação recai sobre a conduta do devedor, o credor, ao seu alvedrio, pode converter a prestação específica em "perdas e danos", cuja liquidação interinal do valor permitir-lhe-á inaugurar uma execução genérica por quantia certa (art. 52, V, da LJEC, c.c arts. 816 e 821, parágrafo único, do CPC).

Em face do exposto acima, enunciaremos a seguir a estrutura de cada uma das execuções.

8.2.2.1 Execução de obrigação de fazer com prestação fungível

O devedor é citado (título extrajudicial – art. 53, LJEC) ou intimado (título judicial – art. 52, V, LJEC) para cumprir a obrigação no prazo fixado no título, ou findo o prazo sem cumprimento, comparecer à audiência de conciliação, instrução e julgamento designada, onde poderá oferecer embargos.

Na designação dessa audiência, o juiz deverá estimar o prazo para cumprimento da obrigação caso ainda não esteja estabelecido pelo título, com o fim de designar data compatível.

"Cumprida a obrigação", devidamente noticiada nos autos, extingue-se a execução. "Não cumprida a obrigação e oferecidos embargos", o credor poderá impugná-los e o juiz decidi-los *na audiência*. A audiência bem como a produção de provas obedecem à regra geral do processo de conhecimento, limitando-se, apenas, os embargos na execução judicial a fatos supervenientes

680 | CURSO DE DIREITO PROCESSUAL CIVIL • *Luiz Fux*

à sentença. "Não cumprida a obrigação nem oferecidos embargos ou rejeitados estes" inicia-se a execução propriamente dita com atos de sub-rogação ou de coerção, conforme opção do credor.

Nesta hipótese, o exequente pode requerer:

a) Conversão da execução específica da obrigação de fazer com prestação fungível em "perdas e danos", liquidando-se o *quantum* para depois dar início à execução por quantia certa (art. 52, V, LJEC).

b) Que a prestação seja cumprida por um terceiro, às expensas do devedor, fixando-se desde logo o valor do depósito que este deve realizar para viabilizar o pagamento daquele terceiro. Fixado o prazo para depósito, não se inicia o fazer por outrem até que o devedor deposite, salvo convindo ao credor adiantar e depois recobrar. De toda sorte, ultrapassado o prazo para o depósito fixado pelo juiz, incide multa diária até a sua efetivação (art. 52, VI, da LJEC).

Implementado o depósito, inicia-se a "obra" pelo terceiro escolhido mediante proposta e obedecidos os ditames da simplicidade, informalidade e celeridade da lei, optando-se por uma "tomada de preços" ou procedimento de consenso das partes.

Realizado o depósito como evidente, o devedor terá cumprido a obrigação equivalente, travando-se desse momento em diante uma "relação entre o exequente e o contratante" (art. 819 do CPC), pela qual não se responsabiliza o devedor.

c) Que pelo valor aferido na "tomada de preços" vai realizar a obra às suas expensas e recobrar do devedor, oportunidade em que terá preferência em relação ao terceiro (art. 820, parágrafo único, do CPC).

Essa preferência deve ser exercida dentro de 5 (cinco) dias da escolha do contratante vitorioso.

d) Que o devedor cumpra a obrigação sob a ameaça da incidência da multa diária até o efetivo cumprimento da obrigação. Fixada a multa no título, mediante requerimento ou *ex officio*, a mesma incidirá até a efetiva implementação da obrigação. A multa pode ser cobrada como execução por quantia certa, sem prejuízo do cumprimento da obrigação específica.

O decurso do tempo de inadimplemento pode tornar o volume da multa excessivo ou inexpressivo. A lei concede ao juiz o poder de exacerbá-la ou reduzi-la da data da decisão em diante. O passado fica coberto pela coisa julgada e pela preclusão, por isso que o "cominado e já transcorrido não pode ser alterado" sob pena de ofensa ao julgado. Por oportuno, a multa incide tão logo expirado o prazo do cumprimento da obrigação e cessa pelo cumprimento ou pela conversibilidade em perdas e danos.

8.2.2.2   Execução de obrigação de fazer com prestação infungível

Nessa modalidade, de duas uma:

a) o exequente insiste na multa diária, aplicando-se o que se expôs na letra *d supra*; ou,

b) opera-se, a pedido do credor, a conversão em perdas e danos, liquidando-se e executando-se por quantia certa este valor apurado.

8.2.2.3   Execução de obrigação de não fazer permanente (admite desfazimento)

A obrigação de desfazimento, na essência, é uma obrigação de "fazer". Desta sorte, o desfazer pode ser fungível ou infungível, aplicando-se as regras pertinentes às obrigações de fazer com prestação fungível. Assim, o devedor é citado para desfazer e/ou fazer cessar sob pena de o ato ser desfeito por terceiro, pelo exequente às suas expensas, ou incidir multa diária até que desfaça e/ou faça cessar a transgressão ou até o momento da conversibilidade em perdas e danos.

Não obstante, tratando-se de obrigação de não fazer, nada impede a utilização da "tutela inibitória" caso haja indícios de que haverá a transgressão, citando-se o devedor para abster-se sob pena de incidência de multa fixa ou de desfazimento às suas expensas com perdas e danos. Engendrada a violação à tutela inibitória, procede-se como preconizado acima para as hipóteses de descumprimento das obrigações de não fazer permanentes.

Parte IX • XVI – JUIZADOS ESPECIAIS | **681**

8.2.2.4   Execução de obrigação de não fazer instantânea

Nestas, a tutela específica se realiza através da "inibição", ou seja, o devedor é citado ou intimado (conforme a execução seja judicial ou extrajudicial) para não fazer sob pena de incidir a *multa fixa* constante do título, designando-se a audiência de conciliação, instrução e julgamento, onde poderão ser oferecidos embargos, nos quais, se acolhidos, extingue-se o processo. Reversamente, se desacolhidos, incide a proibição, sendo certo que, uma vez descumprida a obrigação e impossível a reversão, incide essa multa sem prejuízo das perdas e danos, transmudando-se a execução específica de não fazer em execução por quantia certa com as suas etapas correspondentes.

8.2.3   Execução para entrega de coisa certa e de coisa incerta

A execução para a entrega de coisa, da Lei nº 9.099/1995, também se submete ao processo integrativo do CPC, observados os princípios da celeridade, compressão procedimental e simplicidade dos juizados especiais, podendo lastrear-se em título judicial ou em título extrajudicial.

A única alteração introduzida nessa execução pela lei dos juizados especiais é a previsão das *astreintes* que são somadas às perdas e danos a que se converta a obrigação, na hipótese de ser reconhecida "recusa maliciosa da entrega" na execução do julgado (art. 52, V, da LJEC).

A alteração é singular, considerando que nessa modalidade de execução as *astreintes* são dispensáveis, via de regra, na medida em que funcionam com plena eficácia os meios de sub-rogação. Assim, se a entrega é de coisa móvel e o devedor não cumpre a obrigação, satisfaz-se o credor mediante a expedição de "mandado de busca e apreensão". Tratando-se de imóvel, expede-se "mandado de imissão na posse".

A lei dos juizados agregou as *astreintes* para a hipótese de malícia do devedor, que podendo entregar a coisa, não o faz, alegando, *v.g.*, que o bem pereceu ou foi destruído. Essa nova técnica, como evidente, altera a estrutura da execução para a entrega prevista no CPC (arts. 806 a 811 do CPC).

Destarte, prevalece, nos juizados, a subespécie da "entrega de coisa incerta", que, passa por diminuto contraditório quanto ao direito de escolha e à própria escolha em si (arts. 811 a 813 do CPC).

8.2.3.1   Execução para entrega de coisa certa (título judicial ou extrajudicial)

O devedor é citado para comparecer à audiência de conciliação, instrução e julgamento, onde deverá entregar a coisa sob pena de multa diária (art. 52, V, 1ª parte, da LJEC) ou oferecer embargos, que serão impugnados e julgados no mesmo ato, salvo prejuízo para a defesa.

"Cumprida a obrigação", extingue-se o processo sem ônus para o executado, salvo se houver, ainda, algum saldo em favor do exequente, *v.g.*, aluguéis recebidos etc. Nessa hipótese, a execução prossegue para reaver essa importância segundo o procedimento da execução por quantia certa (art. 810, *in fine*).

"Oferecidos os embargos e acolhidos", extingue-se a execução, sem ônus para o exequente, ressalvada a hipótese de litigante de má-fé (art. 55, parágrafo único, I, da LJEC).

Destarte, "desacolhidos os embargos", com sucumbência para o executado (art. 55, parágrafo único, II ou III, da LJEC), procede-se à "busca e apreensão" se o bem for móvel ou à "imissão na posse", se o bem for imóvel.

A coisa pode estar em poder de terceiro adquirente, hipótese em que o mesmo sofrerá o ato de coação com o desapossamento do bem para entrega ao credor, ou deverá depositar o bem caso pretenda oferecer "embargos de terceiro" (art. 808 do CPC).

O momento da entrega da coisa pode suscitar incidentes. É que pode ocorrer que, no momento de se proceder aos atos de satisfação específica do credor, se constate a deterioração, perecimento ou alienação da coisa litigiosa. Nessas hipóteses, o credor pode pleitear a conversão em perdas e danos, incluindo, aí, não só as consequências da não entrega tempestiva mas, a multa pela malícia comprovada (art. 52, V, da LJEC) bem como o valor da própria coisa (art. 809 do CPC), convertendo-

-se a execução "por quantia certa", mediante prévia apuração do *quantum debeatur*, se o mesmo já não estiver pré-estipulado no título executivo.

A existência de benfeitorias indenizáveis, realizadas pelo devedor ou pelo terceiro de cujo poder a coisa houver de ser tirada, impõe ao credor, antes de pedir a entrega, "depositar" esse valor ou "requerer" ao juiz que o estime nos limites da simplicidade e informalidade do procedimento do juizado. Realizado o depósito, promove-se a citação consoante o que acima se expôs.

Iniciada a execução com benfeitorias indenizáveis reconhecidas no título executivo judicial ou extrajudicial, sem prévio pagamento, o exequente poderá enfrentar impugnação ou, "embargos de retenção por benfeitorias", sem prejuízo dos próprios "embargos do executado".

Outrossim, uma vez depositado ou pago o valor das benfeitorias, ou prestada garantia de pagamento futuro, nos embargos de retenção, se forem os únicos opostos, permitir-se-á ao credor levantar a coisa.

8.2.3.2   Execução para entrega de coisa incerta

A coisa incerta é a determinada pelo gênero e quantidade. Assim, *v.g.*, a obrigação de entregar uma biblioteca composta de 10 coleções de livros de direito, ou a entrega de 100 bicicletas de corrida. A especificação da "qualidade" torna a coisa fungível.

A entrega de coisa incerta e a obrigação de entrega de coisa fungível passam por um procedimento de escolha que pode caber ao credor ou devedor.

"Cabendo a escolha ao credor", ele procede à eleição e inicia a execução para entrega, determinando o comparecimento do executado em audiência, tal como na coisa certa. A única diferença é que, antes mesmo da audiência o devedor pode impugnar a escolha, cabendo ao juiz decidir antes da audiência, valendo-se de "perícia informal", se necessário (arts. 811 e 812 do CPC/2015 c.c art. 35 da LJEC). "Cabendo a escolha ao devedor", ele será citado para escolher e entregar na audiência antes referida, onde poderá, ao invés, oferecer os embargos. Mas, se o devedor escolher e entregar coisa diversa, o credor disporá de 15 (quinze) dias para impugnar a escolha (art. 812 do CPC). A escolha engendrada apenas na audiência, permite ao credor que nesta ele impugne a escolha a ser decidida de imediato pelo juiz.

Pode ocorrer que o devedor nada escolha e não ofereça embargos ou os oferecidos sejam rejeitados, hipóteses em que se inicia a prática dos atos de coação anteriormente expostos, com os incidentes da entrega consistentes na perda, deterioração ou alienação da coisa litigiosa.

8.3   Embargos do executado

O vocábulo "embargos", significa "anteparo à execução", obstáculo total ou parcial ao prosseguimento do processo coativo como sói ser o processo executivo.

Os embargos distinguem-se quanto à extensão da cognição, conforme se trate de execução judicial ou extrajudicial. Cuidando-se de execução de título judicial, o embargante somente pode alegar em embargos fatos supervenientes à sentença, em função da eficácia preclusiva do julgado (arts. 507 e 508 do CPC). Ao revés, os embargos ao título extrajudicial são amplos, visto que é a primeira vez que o documento se submete à cognição judicial.

A única matéria referente ao processo de conhecimento que se pode aduzir em embargos à sentença é a falta ou nulidade da citação, se o processo de conhecimento correu à revelia do atual executado, hipótese em que, acolhidos os embargos, revelam verdadeiro efeito rescindente da sentença, reiniciando-se o processo de cognição, da citação em diante (art. 52, IX, *a*, da LJEC). O Código, como lei especial, não alterou esse sistema próprio dos juizados.

O devedor poderá oferecer embargos, consoante dispõe o art. 52 da LJEC, que "nos autos da execução" (e não em apenso) versam sobre: 1 – falta ou nulidade da citação no processo, se ele correu à revelia; 2 – manifesto excesso de execução; 3 – erro de cálculo; 4 – causa impeditiva, modificativa ou extintiva da obrigação, superveniente à sentença.

Os embargos, no procedimento dos juizados, também possuem outra característica geral qual seja a de sua apresentação ocorrer em audiência (art. 53, § 3º, da LJEC) qualquer que seja a modalidade de execução: judicial ou extrajudicial, em consonância com a oralidade preconizada para esse rito simplificado.

Esta característica dos embargos interinais e em audiência é que implica a adaptação das estruturas rituais do Código de Processo à Lei nº 9.099/1995, conforme proposta nas linhas acima.

Os embargos, quando procedentes, apenas implicam ônus financeiro para o exequente, se este obrou de má-fé (art. 55, parágrafo único, I, da LJEC).

Improcedentes os embargos à execução judicial, somente serão contadas custas se a execução for de sentença recorrida e confirmada (art. 55, parágrafo único, II, da LJEC). Isto porque o recorrente já terá sido condenado na sucumbência recursal (art. 55, LJEC) e, mesmo assim, insistiu na resistência ao pedido do exequente.

A sucumbência nos embargos à execução extrajudicial justifica-se, muito embora o exequente, em princípio, promova a sua execução sem despesas, visto que o título extrajudicial tem a mesma eficácia da sentença trânsita em julgado.

Destarte, equipara-se o executado de título extrajudicial ao judicial, porquanto resiste antes do processo e judicialmente, a um crédito líquido, certo e exigível.

Os embargos da Lei nº 9.099/1995, à míngua de disposição legal, não têm "efeito suspensivo" (arts. 53 da LJEC c.c art. 919, *caput*, do CPC), mas, uma vez desacolhidos, não obstam que a execução prossiga conforme a condição jurídica que seu título embasador lhe empreste; vale dizer, definitiva, se calcada em título judicial definitivo ou extrajudicial (art. 523 do CPC) ou provisória, enquanto pendente apelação da sentença de improcedência dos embargos do executado, quando recebidos com efeito suspensivo (art. 520, do CPC).

O procedimento dos juizados, por força da heterointegração do CPC, admite "embargos na execução por carta", "embargos à arrematação e à adjudicação" bem como "embargos à execução e de retenção por benfeitorias" na execução para a entrega de coisa, com seu duplo termo *a quo*, alternativo, a saber: a partir do depósito, "na entrega voluntária para embargar" ou "da data da juntada aos autos do mandado de busca e apreensão ou de imissão de posse", sempre oferecidos em audiência.

Os demais dispositivos que não se revelem incompatíveis com as normas da Lei nº 9.099/1995 aplicam-se integralmente a essa ação de embargos introduzida no organismo da execução, respeitando-se sempre a integridade do sistema dos juizados que é próprio e especial em relação ao rito do cumprimento da sentença e da execução extrajudicial da justiça comum.

PARTE X
TUTELA EXECUTIVA

I

A TUTELA SATISFATIVA (CUMPRIMENTO DA SENTENÇA E EXECUÇÃO DE TÍTULO EXTRAJUDICIAL)

1. A TUTELA DE EXECUÇÃO E AS DEMAIS FORMAS DE TUTELA JURISDICIONAL

O processo, como instrumento de realização de justiça, é servil diante de uma pretensão justa e resistida, passível de ser resolvida em nível de definição de direitos, bem como na hipótese de resistência à satisfação de um direito já definido a merecer pronta realização prática. No primeiro caso, a definição judicial é exteriorizada através da tutela jurisdicional de cognição, que consiste, basicamente, no conhecimento dos fatos e na aplicação soberana da norma jurídica adequada ao caso concreto.

Na segunda hipótese, o direito já se encontra definido e à espera de sua realização[1] pelo obrigado. Nesse caso, a forma de tutela não é mais de simples cognição senão de "realização prática do direito" através dos órgãos judiciais. Assim, da mesma forma como o Estado-juiz define a situação litigiosa com ou sem a colaboração das partes, também realiza o direito, independentemente da cooperação do obrigado.[2] Esta é a essência satisfativa do processo de execução e da fase do cumprimento da sentença, porquanto executar e cumprir é satisfazer. O Estado-juiz, na execução ou no cumprimento, não se limita a pronunciar que A deve a B, senão a fazer com que o devedor pague ao credor, voluntariamente ou através dos meios executivos utilizados nesta espécie de tutela jurisdicional e que visam a conferir à parte o mesmo resultado que ela obteria se houvesse o cumprimento espontâneo da obrigação. As diferentes formas de prestação de justiça confirmam a regra de há muito enunciada de que "pretensão discutida e pretensão insatisfeita" são "fenômenos do gênero conflito jurídico", havendo para cada um deles uma forma distinta de solução.

Sob a ótica jus-filosófica, a "execução" – seja o "processo" de execução (título extrajudicial), seja a nova fase de "cumprimento da sentença" (título judicial) – restaura efetivamente a ordem jurídica afrontada pela lesão, realizando a sanção correspondente à violação. A atividade judicial que atua essa sanção é denominada "execução".[3] Através dela, o Estado cumpre a promessa do legislador de que, diante da lesão o Judiciário deve atuar prontamente de sorte a repará-la a tal ponto que a parte lesada não sofra as consequências do inadimplemento.

A distinção entre as atividades de "definir" e "realizar direitos" fez com que parte ponderável da doutrina não considerasse jurisdicional a tutela de execução, porquanto nesta sobejam atos

---

[1] Por essa razão já se afirmou em magnífica sede doutrinária que "no processo de execução se prova não para julgar e sim para agir".

[2] Conforme magistralmente ressaltado por **Carnelutti**, no processo de conhecimento, o juiz passa dos fatos ao direito e no processo de execução completa o ciclo, passando do direito aos fatos, tornando realidade o comando contido na sentença. Mais precisamente esclarece o autor: a sentença transforma o "ser da lei naquilo que deve ser" e no processo de execução "faz com que seja aquilo que deve ser", in *Direito e Processo*.

[3] Esta é a essência do processo de execução na visão de **Liebman** em seu notável *Processo de Execução*.

688 | CURSO DE DIREITO PROCESSUAL CIVIL • *Luiz Fux*

materiais ao contrário dos atos intelectivos que singularizam o processo de conhecimento. Essa característica também se observa quanto aos atos destinados aos demais protagonistas do processo, destacando-se que aos auxiliares do juízo no processo de cognição são delegados atos "não coativos", *v.g.*, citação, elaboração de cálculo etc., ao passo que, na execução, aos referidos auxiliares é determinada a prática de "ordens coativas", *v.g.*, a penhora, a expropriação etc.

Como afirmava o jurista clássico do início do século, na cognição o Estado declara a vontade concreta da lei, ao passo que na execução torna essa mesma vontade efetiva através de atos.[4]

Impregnados desta ideia de que a jurisdição se manifestava apenas na declaração do direito incidente no caso concreto, a doutrina superada, antes citada, não enquadrava os atos de satisfação do processo executivo como "jurisdicionais" e, *a fortiori*, desconsiderava a tutela executiva. Entretanto, a substitutividade que se enxerga no processo de cognição, no qual o Estado-juiz, para evitar a supremacia de uma parte sobre a outra, define o direito com autoridade, também se verifica na execução, na qual o magistrado realiza o direito do credor com ou sem a colaboração do devedor.

A coatividade jurisdicional reinante nesta forma de processo justifica a sua denominação de "execução forçada", uma vez que ela se realiza independentemente da vontade do devedor.

Destarte, não se pode afirmar que cognição e execução vivam isoladas, tanto mais que servem uma à outra. Aliás, não foi por outra razão que o Novo CPC, seguindo a classificação introduzida pela Lei nº 11.232/2005, encartou a atividade de execução como fase do mesmo processo em que realizada a atividade de conhecimento, denominando-a de cumprimento de sentença. Assim, a cognição judicial, por vezes,[5] prepara a execução culminando no "cumprimento da sentença" – que tem como base uma sentença que reconheça a existência de uma obrigação. Aliás, não houvesse o cumprimento das sentenças, o Judiciário correria o risco de proferir decisões meramente divagatórias, sem eficácia prática alguma. Por outro lado, há processos de conhecimento que resultam em decisões com "executividade intrínseca"; por isso, num só momento, o juiz condena e realiza a obrigação, na própria fase processual de cognição. Parcela da doutrina tradicionalmente denominava essa espécie de *decisum* sob a expressão "ações executivas *lato sensu*",[6] nas quais a efetivação da decisão revela-se sincrética, operando-se no mesmo processo. Todavia, a terminologia perdeu a relevância prática, em razão da sistemática introduzida pelo Novo CPC, consoante será melhor explicitado nos capítulos seguintes.

Nesse segmento, expressivo é o elemento cognitivo introduzido na execução de título extrajudicial quando o devedor se opõe à pretensão executiva através de embargos, fazendo exsurgir um

---

4   **Chiovenda**, ob. cit.

5   A expressão "por vezes" utilizada no texto guarda relação com a atual distinção entre execução de título extrajudicial e execução de título judicial, rompendo a tradição da máxima "*nulla executio sine prévia cognitio*", cuja ortodoxia foi superada pela belíssima fusão do direito romano com o germânico. Este, admitindo a execução de documentos não judiciais e aquele adstringindo a execução à decisão judicial. Desta simbiose resultaram as duas formas de execução com base em duas espécies de títulos executivos (judicial e extrajudicial). Desta sorte o direito comum de tantas e magníficas influências exercidas até então revelou a *executio per officium judici* baseada em sentença – *sententia habet paratam executionem* – e a execução sem precedência em sentença judicial senão em *instrumenta guarentigiata* que eram escritos equivalentes a uma verdadeira confissão – *confessus iure pro e condemnatio habetur*.

Na Roma antiga após a condenação que gerava uma *obligatio judicati* conferia-se, primeiramente, um *tempus judicati* para que o devedor cumprisse a obrigação (de regra 30 dias) para somente após iniciar-se a ação conducente à realização daquela *obligatio* e que se denominava de *actio judicati*.

Essas concepções foram transmitidas ao pioneiro Direito Francês, que na prática costumeira equiparou os títulos influenciando o direito europeu em geral e, como consequência, Portugal, em cujas fontes o nosso legislador se abeberou para instituir na reforma de 1973 a unificação da execução com base em título extrajudicial (ação executiva) e a execução de sentença condenatória (ação executória).

6   Como adiante se verá, as ações executivas *lato senso* correspondiam a um grande anseio da comunidade processual, haja vista que a concentração dos meios executivos apenas no processo de execução, com o abandono de toda e qualquer realização prática no processo de cognição, representou até então, dado significativo para que a prestação jurisdicional e, *a fortiori*, o Judiciário angariasse um grau largo de desprestígio em razão da ineficiência das formas usuais de prestação de justiça. Nesse sentido consulte-se, dentre tantos, **Frederico Carpi**, *in* "Note in Tema di Techniche di Attuazione dei Diritti", *Riv. Trim. di Diritto e Processo Civile*, 1988. p. 110.

Parte X • I – A TUTELA SATISFATIVA (CUMPRIMENTO DA SENTENÇA E EXECUÇÃO DE TÍTULO EXTRAJUDICIAL) | **689**

contraditório eventual, o que o distingue do processo de conhecimento genuíno. Neste, o contraditório é inaugurado a pedido do próprio autor, ao requerer a citação do réu para responder. A razão está em que a execução de título extrajudicial não se instaura para obtenção de pronunciamento judicial, senão para realização do direito do credor; daí o porquê de o contraditório ser eventual e surgir por obra do próprio devedor, o qual se opõe à legitimidade daquele processo judicial.

Os embargos do executado, na execução de título extrajudicial, representam, assim, um verdadeiro processo de cognição introduzido no organismo do processo de execução.

A execução visa, desta forma, à satisfação plena do credor e, para esse fim, utiliza-se de técnicas que se resumem a duas categorias, a saber: "técnicas de sub-rogação" e "técnicas de coerção". O Estado, no afã de satisfazer o credor, ou substitui o devedor e realiza a prestação devida com o patrimônio do devedor (como, *v.g.*, quando expropria os seus bens para satisfazer o credor); ou escolhe um terceiro, pago pelo devedor, para prestar o serviço sonegado; ou, ainda, pressiona o devedor, ameaçando impor-lhe um sacrifício pessoal (prisão) ou patrimonial (multa diária). No primeiro caso, quando há atividade substitutiva, denomina-se essa técnica "meio de sub-rogação"; na segunda hipótese, em que há "pressão" sobre a pessoa ou o patrimônio do devedor, cognomina--se a técnica de "meio de coerção". São exemplos de técnicas de coerção a determinação judicial de pagamento de pensão alimentícia, sob pena de prisão, e a incidência de multa diária até que se desfaça uma obra em contravenção às posturas municipais edilícias.

Forçoso concluir que, quanto maior é a flexibilidade conferida ao juízo em relação aos meios executivos utilizáveis à satisfação dos interesses do credor, maior é a probabilidade de se alcançar um ótimo resultado no processo de execução, conferindo a quem faz jus aquilo, e exatamente aquilo, que deveria obter caso não tivesse havido o inadimplemento. É o que se denomina "execução específica" consagradora da prestação em espécie a que anseia justamente o credor, em contraposição à "execução genérica", que é aquela que se transmuda em equivalente pecuniário (perdas e danos), quando se frustra o alcance da prestação perseguida em juízo, *v.g.*, as perdas e danos que se conferem em lugar da realização da obra a que se comprometera o *solvens*.

No ordenamento norte-americano, a execução específica (*injunctions*) é figura excepcionalíssima, porquanto na generalidade das hipóteses a jurisdição civil consiste na entrega de quantia em dinheiro ao autor (*damages*). A análise econômica do Direito demonstra que, no campo dos contratos, costuma ser mais eficiente para ambas as partes que a tutela da obrigação ocorra por perdas e danos em caso de inadimplemento. Isso porque o cumprimento específico pode ser demasiadamente custoso para o devedor, de modo que o credor, em uma análise *ex ante*, preferiria um abatimento no preço em troca de desobrigar o devedor da prestação avençada, mediante pagamento em dinheiro, na hipótese de os custos de *performance* se tornarem excessivos quando do vencimento.

Tanto os meios de coerção quanto os de sub-rogação são formas de execução, com a diferença de que, na primeira hipótese, a satisfação é indireta, como resultado da ameaça engendrada contra o devedor. Essa característica dos meios de coerção que, atuando sobre a vontade do devedor, fazem com que ele "cumpra" a obrigação, levou parte ponderável da doutrina a considerar apenas os meios de sub-rogação como executivos, posto que nestes o Estado realmente satisfaz o credor, ao passo que naquele outro é o próprio devedor quem implementa a prestação devida.

Impende, ainda, registrar, sob esse ângulo, que os "meios de coerção", porque imaginados como instrumentos de condução ao cumprimento da obrigação, cessam tão logo se verifique o adimplemento da prestação. Assim, *v.g.*, a multa diária que transcorre até o cumprimento da obrigação cessa no seu evolver e montante tão logo o credor seja satisfeito.

Como se pode observar, a execução forçada alcança o seu resultado por via direta ou indireta, conferindo ao credor o resultado que obteria se o devedor cumprisse a obrigação ou o seu equivalente, se for impossível, materialmente, alcançar-se o desígnio específico. Assim, por exemplo, quando o objeto perece na obrigação de entrega de coisa certa, o credor recebe o correspondente em dinheiro (perdas e danos).

690 | CURSO DE DIREITO PROCESSUAL CIVIL • *Luiz Fux*

Essa discrepância entre o fim pretendido e o resultado do processo de execução levou notável jurista a concluir que a lide de pretensão insatisfeita é doença mais grave do que a lide de pretensão resistida.[7]

Em resumo, a tutela de conhecimento opera-se no plano da normação jurídica, ao passo que a tutela de execução se realiza no plano prático.

---

[7]   A afirmação é de **Carnelutti**, *in Sistema*.

II

A SISTEMÁTICA DO CUMPRIMENTO DA SENTENÇA E DA EXECUÇÃO DE TÍTULO EXTRAJUDICIAL NO CPC/2015

Tradicionalmente, duas causas são apontadas para a denominada "crise do processo de execução", isto é, para a demora demasiada e o excessivo formalismo na atividade de obtenção do resultado prático equivalente ao atendimento da norma jurídica violada.

Em primeiro lugar, cuida-se de empreitada pouco intelectual e excessivamente burocrática, que se concentra em profissional altamente qualificado, o Magistrado, por apego à concepção romano--germânica da execução *per officium judicis*. Como consequência, o lento imbróglio processual favorece a dissipação de bens e a constante rediscussão de matérias como juros, correção monetária *etc*. No Direito Comparado, a solução adotada por muitos ordenamentos foi a desjudicialização da execução. A fase executiva é primordialmente conduzida por figura distinta do Juiz na Itália, nos Estados Unidos, na França e em Portugal, para citar alguns exemplos. Conquanto o Novo CPC ainda centralize a atividade de execução no Juiz, foram introduzidos passos importantes em direção a soluções extraprocessuais para a satisfação do direito do credor, como o protesto de decisão judicial (art. 517 do CPC/2015) e a inscrição do nome do executado em cadastro de inadimplentes (art. 782, §§ 3º e 4º, do CPC/2015).

A segunda causa da crise do processo de execução seria a excessiva condescendência com o devedor que resiste à execução. Uma solução frequentemente utilizada no Direito Comparado é a prisão do devedor que injustificadamente resiste ao cumprimento da decisão judicial. É assim na Alemanha, com o procedimento de "declaração juramentada judicial", que pune com a prisão o devedor que esconde seu patrimônio, bem como nos Estados Unidos e no Reino Unido, onde existe a prisão por *contempt of Court*. Um argumento recorrente contra a utilização de técnicas semelhantes no Brasil se baseia na regra constitucional que proíbe a prisão civil por dívida (art. 5º, LXVII, CRFB). Todavia, não se trata propriamente de uma prisão em razão da dívida, mas sim de uma constrição corporal decorrente do ato atentatório à dignidade da justiça cometido por aquele que, podendo, voluntariamente se recusa a cumprir a determinação do Judiciário. De qualquer forma, o Novo CPC passa a prever expressamente que o descumprimento de ordem judicial, no campo das obrigações de fazer e não fazer, configura crime de desobediência (art. 536, § 3º, do CPC/2015). Fica, portanto, superada a orientação do Superior Tribunal de Justiça de que "[p]ara a configuração do delito de desobediência, não basta apenas o não cumprimento de uma ordem judicial, sendo indispensável que inexista a previsão de sanção específica em caso de seu descumprimento".[1]

Outra solução do Direito Comparado para o combate à recalcitrância do acusado consiste na indisponibilidade de todos os bens do devedor até garantia do juízo. Por exemplo, no Uruguai, não havendo notícia de bens individualizados do devedor suficientes para garantir a execução,

---

[1] REsp 686.471/PR, Rel. Min. Gilson Dipp, 5ª Turma, j. 17.05.2005. Em igual sentido: RHC 15.596/SP, Rel. Min. Hamilton Carvalhido, 6ª Turma, j. 16.12.2004.

procede-se à penhora genérica de quaisquer bens presentes e futuros em seu nome.[2] No Brasil, somente nas execuções fiscais o credor goza de proteções semelhantes, como a presunção de fraude à execução desde o lançamento (art. 185-A CTN) e a medida cautelar fiscal (Lei nº 8.397/1992).

De forma mais geral, o Novo CPC procura corrigir lacunas e solucionar querelas jurisprudenciais decorrentes das reformas do processo de execução promovidas em anos anteriores. No modelo original do CPC de 1973, era necessária a instauração de um novo processo para dar concretude ao comando jurisdicional plasmado na sentença. A reforma promovida pela Lei nº 11.232/2005 realizou a junção das atividades jurisdicionais cognitiva e executiva em um só processo. Esse modelo de processo sincrético foi, de maneira geral, mantido pelo Novo CPC. Faz-se conveniente, todavia, um relato histórico da evolução desses diferentes modelos de execução civil.

A tradição brasileira sempre foi a de consagrar a sentença condenatória cível como título executivo judicial por excelência. O legislador, considerando a sua formação em juízo, em prévio processo de cognição, a diferenciava do título extrajudicial, muito embora o equiparasse para fins de aparelhar execução forçada definitiva. O título formado fora do juízo era equiparado à sentença com força de coisa julgada para os fins de se considerar a execução como definitiva. A única diferença consistia no âmbito de cognição dos embargos do executado, mais amplo nas execuções extrajudiciais porquanto nelas era a primeira vez que o documento (título extrajudicial), exsurgia em juízo.

Essa diferença não restava suficiente a demonstrar ao jurisdicionado favorecido pela condenação que, após um longo processo de maturação do direito e com a definição do direito imune de impugnações, ainda assim, ao iniciar a implementação do julgado, impunha-se submetê-lo a um novo processo, com ampla fase de conhecimento introduzida no organismo da execução, viabilizando maiores delongas do que no processo de conhecimento.

A consequência, inspirada no princípio da efetividade, não poderia ser outra senão o surgimento da denominada "crise da condenação", passando a sentença condenatória a ostentar a pecha de ser a forma mais imperfeita de prestação jurisdicional, tanto mais que as decisões declaratórias e constitutivas concedem à parte, tudo quanto poderiam esperar do Judiciário, ao passo que a sentença condenatória, apesar do *nomen juris*, representava um "nada jurídico", posto seguida por um processo frustrante, como se revelava a execução do julgado.

Sob a égide do Novo CPC, o cumprimento das condenações por quantia certa contra devedor solvente se opera, a requerimento do exequente (art. 523), em continuação à relação de cognição, permitindo-se, interinamente, as discussões sobre fatos supervenientes influentes nessa verdadeira execução do julgado (art. 525) – quer quanto aos aspectos formais, quer quanto aos aspectos materiais inerentes à obrigação em si, *v.g.*, uma transação posterior à uma compensação, um pagamento noticiado *a posteriori* etc.

É inegável a influência do sistema do *common law*, que abandonou a figura do juiz burocrata, limitado à *iurisdictio,* para encerrar no magistrado a velha postura do pretor romano que nos interditos expedia ordens a serem cumpridas incontinentemente.

Essa novel técnica se coaduna com a mandamentalidade das decisões judiciais, consagrada no art. 77, IV, do CPC/2015, o qual positiva como dever das partes cumprir com exatidão as decisões jurisdicionais, de natureza provisória ou final, e não criar embaraços à sua efetivação.

De certa forma, o modelo sincrético do processo de cumprimento da sentença reaviva a velha distinção entre ação executiva (títulos extrajudiciais) e ação executória (títulos judiciais), influindo no modo de oposição do devedor (impugnação ao cumprimento de sentença ou oferecimento dos embargos). No entanto, as diferenças procedimentais restam mitigadas pelo fato de o *iter* traçado na execução por quantia certa ter aplicação subsidiária ao cumprimento de sentença. Com efeito, há uma intercomunicabilidade entre as normas do "cumprimento de sentença" e as do "processo de execução". O art. 771 do CPC/2015 dispõe que o livro II regula a execução fundada em título extrajudicial e se aplica no que couber a: (i) procedimentos especiais de execução; (ii) cumpri-

---

2   Art. 380.2, inciso 4, do *Codigo General del Proceso.*

mento de sentença; e (iii) "efeitos de atos ou fatos processuais a que a lei atribuir força executiva". Em seguida, o art. 771, parágrafo único do mesmo diploma prevê que o Livro I (do cumprimento de sentença) se aplica subsidiariamente ao Livro II (do processo de execução). De outro lado, o art. 513 do CPC/2015 assenta que o Livro II (do processo de execução) se aplica no que couber ao título II do Livro I (do cumprimento de sentença).

A realização imediata do comando da sentença supera o paradoxo de a tutela antecipada gerar "satisfação antecipada", posto iniciar-se por onde termina o processo de execução, e o processo de realização da sentença, adotado após cognição plenária, aguardar tantas delongas. A estratégia do modelo sincrético, no plano teórico, não desnatura a sentença condenatória como título judicial, apenas torna a execução desse título interinal, no mesmo processo, desdobrando-se a possibilidade de cumprimento, na sequência da relação de cognição. A implementação das demais sentenças não condenatórias não exige uma fase de cumprimento ou execução, mas, tão somente, atos secundários, para a produção de efeitos acessórios, como as sentenças constitutivas que reclamam providência administrativa junto ao registro público. A sentença declaratória pura conjura que a incerteza jurídica e os efeitos que dela defluem independem de execução. Nesse sentido, o art. 515, I, do CPC/2015, ao estabelecer como requisito do título executivo judicial que a decisão judicial reconheça a exigibilidade da obrigação, pacifica que decisões meramente declaratórias não constituem títulos executivos judiciais.

O Novo CPC, assim, equiparou o grau de satisfatividade de todas as sentenças e é sob esse novel enfoque que deve ser observado o novo modelo de Execução Civil.

A realização interinal torna a condenação incompatível com o "processo" intermediário e complementador do título como o era a liquidação de sentença. Consequentemente, nesses casos, exclui-se a liquidação como processo à parte, compondo fase ou etapa anterior ao "cumprimento da sentença", viabilizando um provimento líquido, para, após, ser efetivado. Por outro lado, nesse itinerário até a satisfação do vencedor, considera-se lícito ao réu aduzir defesas que possam afetar a validade do procedimento de cumprimento de sentença e dos atos executivos, tal como as exceções de pré-executividade, expressamente tipificadas pelo Novo CPC, em seu art. 518.

A defesa do executado é manifestada primordialmente por meio da impugnação ao cumprimento de sentença (art. 525 do CPC/2015), veiculada nos próprios autos e independentemente de nova intimação.[3] Removem-se, assim, formalismos desnecessários, sem inviabilizar a devida oportunização do contraditório àquele afetado pelo procedimento executivo.

O legislador, superando a prática judiciária usual, porquanto o exequente limitava-se a tentar sustar a execução mediante a alegação de "excesso da execução", erigiu o ônus da impugnação especificada, impondo ao credor indicar onde se encontra o excesso para que se possa prosseguir na execução sem exterminá-la.[4] A regra do Novo CPC, nesse ponto, reproduz a norma introduzida pela reforma de 2005.

---

[3]   "Recurso especial. Processual civil. Cumprimento de sentença. Penhora. Decisão. Natureza jurídica. Decisão interlocutória. Recurso cabível. Agravo de instrumento. Apresentação prévia de simples petição nos termos do art. 525, §11 do CPC. Desnecessidade. Faculdade do devedor. 1- Recurso especial interposto em 14/1/2022 e concluso ao gabinete em 2/9/2022. 2- O propósito recursal consiste em dizer se, na fase de cumprimento de sentença, é cabível a interposição direta de agravo de instrumento sem a prévia utilização do procedimento de impugnação previsto no art. 525, § 11, do CPC. 3- O pronunciamento judicial que determina a penhora de bens possui natureza jurídica de decisão interlocutória e não de simples despacho, notadamente porque não se limita a impulsionar o procedimento, caracterizando inegável gravame à parte devedora. 4- Na fase de cumprimento de sentença, não há óbice à interposição direta do recurso de agravo de instrumento contra decisão que determina a penhora de bens sem a prévia utilização do procedimento de impugnação previsto no art. 525, § 11, do CPC. 5- Recurso especial não provido" (REsp 2.023.890/MS, Rel. Min. Nancy Andrighi, 3ª Turma, j. 25.10.2022, DJe 27.10.2022).

[4]   "Art. 525. Transcorrido o prazo previsto no art. 523 sem o pagamento voluntário, inicia-se o prazo de 15 (quinze) dias para que o executado, independentemente de penhora ou nova intimação, apresente, nos próprios autos, sua impugnação.:

§ 1º Na impugnação, o executado poderá alegar:

(...)

694 | CURSO DE DIREITO PROCESSUAL CIVIL • *Luiz Fux*

A competência do juízo da condenação para a execução cede lugar à sua aptidão funcional, por isso que a implementação do julgado pode ser requerida no juízo dos bens ou do domicílio do vencido, uma vez que, no campo da responsabilidade patrimonial, esses locais revelam-se mais apropriados para fazê-la incidir (art. 516, parágrafo único, do CPC/2015). A regra inspirou-se no velho exemplo de Lopes da Costa quanto à incompetência do juízo para o arresto, cuja obediência poderia torná-lo inócuo, preconizando a máxima aplicável às tutelas urgentes no sentido de que *incompetentia periculum mora non attenditur.*

O réu instado a cumprir a obrigação, após o decurso do prazo legal que se inicia após sua intimação, sujeita-se com a sua protelação à sanção pecuniária de 10% (dez por cento) sobre o valor do débito, além de honorários advocatícios no mesmo patamar, sem prejuízo de impor-se, sob as penas do art. 77 do CPC/2015, o cumprimento do julgado, expedindo-se, a seguir, a requerimento do credor, o mandado de penhora e avaliação.[5]

V – excesso de execução ou cumulação indevida de execuções;

(...)

§ 4º Quando o executado alegar que o exequente, em excesso de execução, pleiteia quantia superior à resultante da sentença, cumprir-lhe-á declarar de imediato o valor que entende correto, apresentando demonstrativo discriminado e atualizado de seu cálculo."

[5] **"Art. 523.** No caso de condenação em quantia certa, ou já fixada em liquidação, e no caso de decisão sobre parcela incontroversa, o cumprimento definitivo da sentença far-se-á a requerimento do exequente, sendo o executado intimado para pagar o débito, no prazo de 15 (quinze) dias, acrescido de custas, se houver.

§ 1º Não ocorrendo pagamento voluntário no prazo do *caput,* o débito será acrescido de multa de dez por cento e, também, de honorários de advogado de dez por cento.

§ 2º Efetuado o pagamento parcial no prazo previsto no *caput*, a multa e os honorários previstos no § 1º incidirão sobre o restante.

§ 3º Não efetuado tempestivamente o pagamento voluntário, será expedido, desde logo, mandado de penhora e avaliação, seguindo-se os atos de expropriação."

III
TEORIA GERAL DO CUMPRIMENTO DA SENTENÇA E DA EXECUÇÃO DE TÍTULO EXTRAJUDICIAL

1. FUNDAMENTOS DA EXECUÇÃO E DO CUMPRIMENTO DA SENTENÇA

A tutela de execução, posto encerrar atos materiais de satisfação, tem a sua legitimidade aferida pelo juízo. À semelhança da ação de conhecimento, a execução também é abstrata no sentido de que pode ser promovida pelos que têm o título executivo, muito embora, *a posteriori*, verifique--se a insubsistência do crédito através da cognição realizada nos embargos à execução ou na atual impugnação ao cumprimento da sentença.

A diferença maior está em que, na ação de conhecimento, o direito de uma das partes resulta inequívoco da sentença, ao passo que, na execução extrajudicial, a parte inaugura a relação processual de cunho autoritário, demonstrando, *prima facie*, o seu direito constante do título executivo formado fora do juízo. Contudo, o título executivo não confere prova plena de que o direito nele contido é absoluto, tanto assim que os embargos do executado, quando julgados procedentes pela inexistência do crédito, nulificam o processo e a própria cártula.

A peculiaridade consiste em que, no processo de conhecimento, enquanto pende a relação processual, não se sabe quem tem razão e, por isso, não é lícito praticar atos de satisfação em proveito de qualquer das partes. Na execução, a exibição preambular do título executivo faz pressupor que o exequente tenha razão, fato que pode ser infirmado posteriormente. Assim, o devedor é citado para pagar na execução extrajudicial por quantia certa. Em suma, na execução, os atos são praticados e a legitimidade deles apurada *ex post facto*, diferentemente da cognição, na qual, salvo hipóteses previstas em lei, enquanto não se afere a legitimidade da pretensão, nenhum ato conducente à satisfação é realizado.

Como afirmado em clássica sede doutrinária, o "título executivo autoriza pronta execução e, para não obstar a marcha desta, apaga-se, em princípio, a causa geradora daquele. Entretanto, ao interesse do credor de que a execução seja pronta corresponde o interesse do devedor a que a execução seja justa". Destarte, o credor munido do título executivo pode investir contra o devedor, mas a presunção de que o direito do título corresponde à realidade[1] pode não ser coincidente, tanto que os embargos, uma vez julgados procedentes, levam à desconstituição daquele, fazendo com que a *causa debendi*, a questão de fundo, suplante a forma do título.

---

[1] Consoante afirma **Salvatore Pugliati**, "a existência ou inexistência do crédito, em princípio, é irrelevante para o prosseguimento do processo de execução, muito embora haja uma dependência entre o título e o próprio crédito, em vista o escopo e o resultado do processo de execução", in *Esecuzione Forzata e Diritto Sostanziale*, 1953, p. 136.
Na mesma linha a lição de **Vittorio Denti**, *L'Esecuzione Forzata Forma Specifica*, 1953, Cap. I.
Carlo Furno, com a percuciência de sua fala sobre o tema adverte: "a abstração do título executivo é apenas formal, processual, sem que haja uma plena autonomia da execução e confronto com o direito substancial de crédito; o que se permite, apenas, é o desenvolvimento da atividade processual executiva", in *Digesto Sistematico delle Opposizione nel processo Esecutivo*, 1942, p. 29.

696 | CURSO DE DIREITO PROCESSUAL CIVIL • *Luiz Fux*

Em face desta ótica, quando se impõe como "condições para agir sob a forma executiva" o "inadimplemento do devedor", o que se afirma é que, "abstratamente", há uma obrigação consubstanciada em documento hábil e um estado de insatisfação do direito. Não obstante, tudo isso pode ser impugnado por iniciativa do devedor. O credor, diante do preenchimento desses "pressupostos executivos", como os denomina a lei, pode iniciar a execução, sem excluir a possibilidade de o devedor a ela se opor via de impugnação (em se tratando de título judicial) ou de embargos (em se tratando de título extrajudicial) – ou, ainda, de exceções de pré-executividade[2] nos próprios autos da execução (*v.* art. 518 do CPC/2015). Inicia-se, assim, a execução sem antes saber das razões do devedor,[3] revelando o caráter abstrato da ação executiva, tanto mais que não é correto afirmar-se que quem tem título executivo tem, previamente assegurada, a satisfação integral do crédito que afirma.

Por outro lado, não havendo título executivo ou inocorrente, ainda, o inadimplemento do devedor, extingue-se o processo de execução sem resolução do mérito.

A natureza abstrata do "direito à execução" timbra a sua "diferença" em relação ao "direito de crédito" nele inserido.

O crédito extingue-se pelo cumprimento espontâneo por parte do devedor, ao passo que a execução pela satisfação coativa por obra do Estado-juiz.

Por outro lado, como a obrigação foi assumida, a pretensão do credor não é mais de ver reconhecido o seu direito senão de vê-lo satisfeito, razão por que, ante a resistência do devedor e, à míngua da possibilidade de fazer justiça com as próprias mãos, busca o credor a realização da prestação por obra dos órgãos judiciais. É que o devedor inadimplente responde com os seus bens para com o cumprimento de suas obrigações. O seu patrimônio é o sucedâneo para as hipóteses de inadimplemento.

Uma vez descumprida a obrigação surge, para o credor, o direito de invadir o patrimônio do devedor para, à custa deste, obter o resultado prático que obteria se a obrigação tivesse sido cumprida. Resta evidente que essa invasão patrimonial não pode ser engendrada senão com a chancela estatal e através do Estado-Juiz.

O direito à execução, quer por cumprimento da sentença, quer calcado em título extrajudicial, não é senão esse poder de provocar o Estado para que, às expensas do patrimônio do devedor, se satisfaça o credor. Esta é a razão pela qual, na execução por quantia certa, o "suposto devedor" é convocado ou instado para efetuar o pagamento e não para se defender.[4]

2. PRINCÍPIOS DO PROCESSO DE EXECUÇÃO E DO CUMPRIMENTO DA SENTENÇA

O processo de execução para cumprimento de sentença ou de título extrajudicial em razão de seu escopo satisfativo e de seus pressupostos é informado por princípios próprios, além daqueles que se estendem por todas as formas de prestação jurisdicional, como soem ser os princípios do contraditório, do devido processo legal, da instrumentalidade das formas, da duração razoável do processo[5] etc.

---

[2] A tese pioneira da possibilidade de aduzir-se nos próprios autos, sem segurança do juízo, as exceções de pré--executividade parece pertencer a **Galeno Lacerda**, *in* "Execução Extrajudicial e Segurança do Juízo", *Ajuris*, 23, p. 7 e segs.

[3] A afirmação é de **Cândido Dinamarco**, *in Processo de Execução*, p. 103-104.

[4] Essa conclusão é decorrência da teoria de **Brinz**, lavrada na Alemanha e que se irradiou para a Itália, na qual a obrigação é desdobrada em dois elementos distintos: o elemento pessoal consistente no "débito" (*Schuld*) e o elemento patrimonial (*Haftung*). O elemento patrimonial é a responsabilidade que representa a sujeição do patrimônio do devedor para com o cumprimento de suas obrigações. Uma vez descumprido o débito, efetiva--se a responsabilidade através da via judicial. O elemento pessoal, então, consistiria no direito à prestação em si e à responsabilidade no direito à agressão ao patrimônio do devedor em caso de descumprimento, o que somente se permite engendrar por obra do Estado-Juiz soberano, imperativo e imparcial.
Mutatis mutandis essa concepção da execução é uma extensão da que retirou do particular o poder de dizer o direito e monopolizou-o nas mãos do Estado como forma de solução equânime dos conflitos intersubjetivos.

[5] **José Augusto Garcia de Sousa**. O tempo como fator precioso e fundamental do processo civil brasileiro: aplicação no campo das impenhorabilidades. *Revista de Processo*, 2019.

Parte X • III – TEORIA GERAL DO CUMPRIMENTO DA SENTENÇA E DA EXECUÇÃO DE TÍTULO EXTRAJUDICIAL | **697**

2.1 Princípio da realidade

Consectário da "responsabilidade", cujo alcance vimos acima, é o princípio da realidade, segundo o qual o devedor responde com os seus bens presentes e futuros por suas obrigações (art. 789 do CPC/2015).[6]

Considerando que o patrimônio do devedor é o sucedâneo para as hipóteses de inadimplemento, forçoso concluir que, enquanto a obrigação não está satisfeita, os bens do devedor ficam comprometidos até o limite necessário à satisfação do crédito. Como ainda não há individualização dos bens que responderão pela obrigação, todo o patrimônio do devedor se torna afetado, por isso que qualquer alienação de bens é potencialmente lesiva aos interesses do credor.

A regra da realidade, que encerra o epílogo de uma luta secular através da qual o devedor logrou por princípios de equidade repassar o sacrifício de sua própria pessoa para o seu patrimônio nas hipóteses de inadimplemento, impõe certa exegese, posto que a literalidade da interpretação não explica os casos em que pessoa diversa da do devedor tem seus bens comprometidos com a dívida alheia e nem aqueles nos quais os bens próprios do devedor não respondem por suas obrigações.

Assim, *v.g.*, o fiador, muito embora não tenha contraído a dívida, responde com o seu patrimônio em caso de inadimplemento do obrigado primário que é o devedor. Consequentemente, não só o devedor responde com os seus bens para com o cumprimento de "suas" obrigações, mas terceiros também.

Por outro lado, a lei considera "alguns bens do patrimônio do devedor inatingíveis" pelos meios executivos, como ocorre com os denominados "bens impenhoráveis". Sob esse ângulo, *v.g.*, a lei especial (nº 8.009/1990) considera impenhorável o imóvel único que serve de residência da família do devedor. Não obstante do devedor, o bem é inalcançável pela execução, numa demonstração de que nem todos os seus bens respondem por suas obrigações.

Contudo, a regra é a da responsabilidade patrimonial prevista no *caput* do art. 789 do CPC/2015, restando excepcional a inatingibilidade do patrimônio do devedor.

A importância do princípio da realidade é tanto maior na medida em que, quando malogram as outras modalidades de execução (fazer, não fazer, entrega de coisa certa ou incerta), a satisfação do credor só se faz possível com o sacrifício de bens suficientes do patrimônio do devedor em execução por quantia certa correspondente às perdas e danos em que se convertem as obrigações frustradas na sua execução específica.

2.2 Princípio da execução específica

O escopo do processo, como instrumento de realização de justiça, é dar a cada um aquilo que é seu, na clássica concepção romana.

Para alcançar esse desígnio, cumpre ao Estado, através de todas as formas de provimento jurisdicional, fazer com que aquele que recorreu ao Judiciário não sinta os efeitos do descumprimento da obrigação que ocorreu no plano extrajudicial, razão pela qual são utilizados os "meios executivos para satisfação da parte". O fim e o resultado da execução devem coincidir no sentido de dar ao credor aquilo a que ele faz jus segundo o título executivo.

O resultado prático equivalente somente deve ser perseguido quando impossível alcançar-se a prestação contida no título.

Esta ideologia de se buscar a satisfação plena e efetiva do credor à luz da prestação contida no título é resultado do influxo do denominado "princípio da execução específica".

A influência do princípio *in* foco é notável no processo de execução, por isso que o credor não deve ser instado a receber coisa diversa daquela que consta do título executivo como compensação pela transgressão. Assim, se o credor faz jus à entrega de um automóvel ele não pode ser obrigado a receber o valor equivalente ao bem; se o devedor comprometeu-se a não construir e o fez, o credor

---

6   **"Art. 789.** O devedor responde com todos os seus bens presentes e futuros para o cumprimento de suas obrigações, salvo as restrições estabelecidas em lei."

698 | CURSO DE DIREITO PROCESSUAL CIVIL • *Luiz Fux*

deve colher a destruição da coisa erigida em contravenção à interdição de não fazer em vez das perdas e danos, e assim por diante.

Relembre-se que o processo de execução, posto satisfativo, deve recolocar o credor na mesma situação acaso a obrigação tivesse sido cumprida voluntariamente.

É evidente que, por vezes, esse escopo é impossível de ser alcançado, "transmudando-se, então, a execução específica em execução genérica" que, repita-se, se faz presente nos casos de malogro das demais formas executivas. E a razão é simples: todas as prestações podem ser convertidas em dinheiro, cabendo ao juiz, nas hipóteses de frustração da prestação em espécie, quantificá-las, abrindo caminho para a execução substitutiva por quantia certa equivalente ao prejuízo sofrido pelo credor. Nesta, a única frustração possível é a inexistência de bens no patrimônio do obrigado.

É justamente essa a lógica exposta no art. 499 do CPC[7]. Prevalece, no processo de execução, o desejo do credor, respeitando-se, por óbvio, a dignidade do devedor que é executado. Se a tutela específica se tornar impossível, parece lógico substituir a prestação pelo montante pecuniário correspondente, a ser dimensionado pelo magistrado. Da mesma forma, se for mais interessante ao credor, pelas razões que lhe convierem, converter a prestação específica em perdas e danos, lhe é possível.

Ressalte-se que nos países de *common law* a regra é invertida: a execução específica da obrigação avençada, por meio da *injunction*, é excepcionalíssima, constituindo-se regra o pagamento de perdas e danos (*damages*). A racionalidade que informa o sistema anglo-saxão é percuciente: em muitas hipóteses, o custo para o devedor no cumprimento específico da obrigação é imensamente maior ao benefício proporcionado ao credor, em comparação ao pagamento de indenização em dinheiro. Consequentemente, tornar regra a satisfação específica da prestação avençada significa inibir a formação de contratos, bem como aumentar os preços dos negócios estabelecidos.

O princípio da satisfação específica é resultado do movimento pela "efetividade do processo", que tem em mira a preocupação de conferir-se a quem tem razão, num prazo razoável, exatamente aquilo a que faz jus. O escopo maior é que ninguém sofra o mais tênue prejuízo pelo fato de ter recorrido ao Judiciário. Nada obstante, essa preocupação pode fazer com que todos sofram prejuízo, na forma de atividade econômica mais tímida e preços mais elevados.

Nesse seguimento, relembre-se a redação do art. 499 do CPC/2015, que consagra, textualmente, o princípio sob exame ao dispor: "A obrigação somente será convertida em perdas e danos se o autor o requerer ou se impossível a tutela específica ou a obtenção de tutela pelo resultado prático equivalente."

2.3 Princípio da livre disponibilidade

O processo de conhecimento tem como razão de ser a definição de direitos, posto que encarta uma lide de pretensão resistida. Enquanto pende o processo, não se sabe quem tem razão, se o autor ou o réu, uma vez abstrato o direito de agir, conferido mesmo àqueles que supõem ter melhor direito. Por isso, no processo de cognição, uma vez proposta a ação e concedido o prazo para que o réu ofereça a sua resposta, impede-se que, decorrido o prazo da defesa, o autor desista da ação. Isto porque, após apresentada a defesa, o demandante pode convencer-se da legitimidade da resistência do réu e desistir da ação para livrar-se do ônus da sucumbência (art. 485, § 4º, do CPC/2015).[8]

O processo de execução – ou a fase de cumprimento da sentença – impõe diversidade de tratamento, uma vez que a exibição do título executivo onde se encontra consubstanciado o crédito faz pressupor que o exequente tenha, efetivamente, o direito consagrado no documento, tanto que, por sua iniciativa, o processo começa pela prática de atos coativos conducentes à satisfação.

---

[7]   **"Art. 499.** A obrigação somente será convertida em perdas e danos se o autor o requerer ou se impossível a tutela específica ou a obtenção de tutela pelo resultado prático equivalente."

[8]   **"Art. 485.** O juiz não resolverá o mérito quando:
(...)
§ 4º Oferecida a contestação, o autor não poderá, sem o consentimento do réu, desistir da ação."

Parte X • III – TEORIA GERAL DO CUMPRIMENTO DA SENTENÇA E DA EXECUÇÃO DE TÍTULO EXTRAJUDICIAL | **699**

O direito afirmado pelo autor, no processo de execução, apresenta um grau de verossimilhança maior do que no processo de conhecimento; daí a índole satisfativa da tutela executiva. Em face desta característica, diferentemente da regra de desistência condicionada à anuência do réu imperante na tutela de cognição, vigora, no processo de execução, o "princípio da livre disponibilidade", segundo o qual o "exequente tem o direito de desistir de toda a execução ou de apenas alguma medida executiva." (art. 775 do CPC/2015).

É evidente que o credor pode assim atuar durante toda a execução, ainda que depois do oferecimento dos embargos. Operada a desistência antes de embargada a execução, há despesas para o credor, máxime quando oferecida exceção de pré-executividade nos autos, hipótese em que o exequente deve pagar as custas e os honorários do executado. A propósito, o art. 85, § 1º, do CPC/2015 deixa claro que os honorários advocatícios são devidos na execução ainda que não resistida.[9]

Opostos embargos à execução, inegável é o dever de o credor exequente adimplir as custas e os honorários do embargante, posto que a desistência da execução faz caírem por terra os embargos "quando versam apenas sobre questões formais", *v.g.*, nulidade da execução, ausência de pressupostos processuais, ilegitimidade da parte exequente etc.

Voltando-se os embargos contra o próprio mérito do crédito exequendo, a desistência da execução impede que o juízo aprecie o cerne da questão, deixando em aberto eventual defesa em que o devedor pudesse fazer desaparecer aquela obrigação. Sobressai verossímil que o exequente pode, perfeitamente, desistir da execução diante das robustas razões deduzidas nos embargos de executado. Nessa hipótese eventual, a malícia do credor esbarra na regra do art. 775, parágrafo único, do CPC/2015, assim:

> "Art. 775. O exequente tem o direito de desistir de toda a execução ou de apenas alguma medida executiva.
>
> Parágrafo único. Na desistência da execução, observar-se-á o seguinte:
>
> I – serão extintos a impugnação e os embargos que versarem apenas sobre questões processuais, pagando o exequente as custas processuais e os honorários advocatícios;
>
> II – nos demais casos, a extinção dependerá da concordância do impugnante ou do embargante."

Isto significa dizer que, em todos os casos de desistência da execução, pendentes os embargos, o exequente desistente deve pagar custas e honorários.

Destarte, versando os embargos sobre o próprio crédito exequendo, a desistência da execução depende da anuência do executado que pode a ela opor-se para ver julgados os embargos e destruído o crédito exequendo pelo acolhimento de suas razões de fundo, o que sepultará a dívida, cobrindo-a com o manto da coisa julgada material.

Por fim, impende considerar que a execução, embargada ou não, implica fixação de honorários (art. 85, § 1º, do CPC/2015). Assim, havendo desistência da execução não embargada, o desistente deve pagar as despesas e os honorários arbitrados se convocado o executado. A diferença está em que, na execução pura e simples, é livre a desistência do exequente e as custas cingem-se ao processo principal. Diversamente, havendo embargos, o exequente desistente deve pagar as despesas da execução e as dos embargos, sem prejuízo de submeter-se à concordância do executado se houver embargos de mérito, isto é, voltados contra o próprio crédito exequendo ou o título executivo.

2.4 Princípio da economicidade

O princípio da economicidade é fruto da humanização histórica que se operou em relação às consequências do inadimplemento das obrigações. Outrora, como sabido, o devedor respondia

---

[9] **"Art. 85**. A sentença condenará o vencido a pagar honorários ao advogado do vencedor.

§ 1º São devidos honorários advocatícios na reconvenção, no cumprimento de sentença, provisório ou definitivo, na execução, resistida ou não, e nos recursos interpostos, cumulativamente."

com o seu corpo ou com a sua liberdade e a de sua família, pelo descumprimento de suas obrigações. A evolução dos meios conducentes à satisfação das obrigações com a eliminação dessas formas barbáricas e radicais, levadas a efeito, notadamente, pela escolástica francesa, mercê de ter eliminado distorções, alcançou também patamares inaceitáveis, *v.g.*, a inadmissão da execução específica de obrigação de fazer, acenando-se ao credor apenas com as perdas e danos, como que privilegiando o inadimplemento.

Entretanto, essa tendência de humanização dos consectários do descumprimento teve a virtude de enxergar que os vínculos obrigacionais, diferentemente dos vínculos reais, tendem a desaparecer pelo cumprimento das prestações, razão pela qual se impunha criar condições para a exaustão das relações jurídicas pelo adimplemento. Por outro lado, para o credor, mais importante é a sua satisfação do que a destruição patrimonial e moral do devedor.

Essa ótica levou o legislador a inserir regras no processo executivo das quais dessume-se o princípio da "economicidade", que se traduz pela efetivação da execução da forma menos onerosa para o devedor. Trata-se de princípio *in procedendo* que deve ser observado pelo juízo na adoção da prática de atos executivos, *v.g.*, a penhora de bens etc. Assim, se o devedor tem em seu patrimônio um bem móvel suficiente e que satisfaz o crédito exequendo, nada justifica que se lhe aliene um computador, que eventualmente pode ser tão importante para as suas necessidades diárias pessoais e profissionais.

O novo Código admite, como forma de pagamento *pro solvendo*, a "penhora de frutos e rendimentos de coisa móvel ou imóvel" (art. 867 e seguintes do CPC/2015),[10] "quando a considerar mais eficiente para o recebimento do crédito e menos gravosa ao executado". Por outro lado, a alienação de bens do devedor deve realizar-se nos limites da suficiência, obedecido o "justo preço", repudiada a vileza deste, como preceitua o art. 891 do CPC/2015.[11] O parágrafo único do referido artigo incumbe ao juiz o estabelecimento de um preço mínimo, abaixo do qual a proposta será considerada vil. Não há maiores balizas legais para guiar o magistrado nesta tarefa. Entretanto, não se pode assentar definição segura para todos os casos, sendo certo que a vileza do preço há de ser analisada à luz do caso concreto e das circunstâncias negociais à época da alienação, até porque pode ocorrer que o preço de mercado do imóvel sofra valorização ou desvalorização. De qualquer forma, não sendo fixado um preço mínimo, a lei determina que será vil o preço inferior a cinquenta por cento do valor da avaliação, patamar este que pode servir de parâmetro geral para os juízes.

Considere-se, ainda, que a vileza do preço pode ocorrer em qualquer leilão porquanto é ilusório imaginar que a ausência de lanços na 1ª praça autoriza a alienação por qualquer valor nas subsequentes.

Deveras, para impugnar o preço vil é admissível simples petição em face da nulidade de que está eivada a expropriação (art. 903, § 1º, I, do CPC/2015).[12] Caso a carta de arrematação ou a ordem de entrega já tenham sido expedidas, o devedor prejudicado poderá se valer de ação autônoma,

---

[10] "CPC/1973: **Art. 716.** O juiz pode conceder ao exequente o usufruto de móvel ou imóvel, quando o reputar menos gravoso ao executado e eficiente para o recebimento do crédito (Redação dada pela Lei nº 11.382, de 2006)."

[11] "**Art. 891.** Não será aceito lance que ofereça preço vil.
Parágrafo único. Considera-se vil o preço inferior ao mínimo estipulado pelo juiz e constante do edital, e, não tendo sido fixado preço mínimo, considera-se vil o preço inferior a cinquenta por cento do valor da avaliação."

[12] "**Art. 903.** Qualquer que seja a modalidade de leilão, assinado o auto pelo juiz, pelo arrematante e pelo leiloeiro, a arrematação será considerada perfeita, acabada e irretratável, ainda que venham a ser julgados procedentes os embargos do executado ou a ação autônoma de que trata o § 4º deste artigo, assegurada a possibilidade de reparação pelos prejuízos sofridos.
§ 1º Ressalvadas outras situações previstas neste Código, a arrematação poderá, no entanto, ser:
I – invalidada, quando realizada por preço vil ou com outro vício;
II – considerada ineficaz, se não observado o disposto no art. 804;
III – resolvida, se não for pago o preço ou se não for prestada a caução."

em cujo polo passivo constarão, em litisconsórcio, o exequente e o arrematante (art. 903, § 4º, do CPC/2015).[13]

Advirta-se, por fim, que a "economicidade nada tem a ver com a economia processual", que não cogita da maior ou menor onerosidade da execução em face do devedor, senão da obtenção de um máximo resultado processual, com um mínimo de esforço que é o princípio que inspira a possibilidade de cumulação de execuções.

---

[13] "**Art. 903**, § 4º Após a expedição da carta de arrematação ou da ordem de entrega, a invalidação da arrematação poderá ser pleiteada por ação autônoma, em cujo processo o arrematante figurará como litisconsorte necessário."

IV

REQUISITOS DA EXECUÇÃO
E DO CUMPRIMENTO DA SENTENÇA

O Estado, ao iniciar a prática dos atos de coação estatal característicos do processo de execução, certifica-se não só da existência do direito através do título executivo, mas também do "descumprimento da obrigação".

Assim, "o inadimplemento do devedor" e o "título executivo" representam pressupostos para realizar a execução. Esses denominados "requisitos" figuram para o processo de execução como as "condições da ação" para o processo de conhecimento.

O título comprova a obrigação e o inadimplemento, a violação; por isso, há quem sustente que o título é um requisito formal de realização da execução, ao passo que, o inadimplemento, um pressuposto substancial.

Entretanto, ambos são apreciados *in abstrato* para permitir o início da execução, sendo certo que tanto o título quanto o alegado inadimplemento podem ser infirmados no curso do processo.

Desta sorte, se o juiz, preambularmente, verifica inexistir título, ou inocorrente o inadimplemento, deve extinguir o processo satisfativo.

1. INADIMPLEMENTO DO DEVEDOR

Dispõe o art. 786 do CPC/2015: "A execução pode ser instaurada caso o devedor não satisfaça a obrigação certa, líquida e exigível consubstanciada em título executivo". A *contrario senso*, e esta é a verdadeira *ratio essendi* do artigo em exame, inocorrente o inadimplemento, por exemplo, se a obrigação foi contraída a termo (art. 798, I, *c*, do CPC/2015)[1] ou sob condição ainda não implementada (art. 803, III, do CPC/2015),[2] não cabe ao credor promover a execução, por ausência de interesse processual, matéria alegável a qualquer tempo uma vez que revela carência da ação de execução. O vício, se não for pronunciado de ofício, pode ser aduzido em petição simples, independentemente de embargos à execução (art. 803, parágrafo único, do CPC/2015).[3]

A lei considera inadimplente o devedor que não satisfaz a obrigação na forma e prazos legais.[4] Por outro lado, o próprio Código explicita a impossibilidade de prosseguir-se na execução, se

---

[1] **"Art. 798.** Ao propor a execução, incumbe ao exequente:
I – instruir a petição inicial com:
(...)
c) a prova de que se verificou a condição ou ocorreu o termo, se for o caso;"

[2] **"Art. 803.** É nula a execução se:
(...)
III – for instaurada antes de se verificar a condição ou de ocorrer o termo."

[3] No sentido da falta de interesse de agir, a conclusão de **Nery**, *Cód.* cit., p. 1.007.
"Art. 803. Parágrafo único. A nulidade de que cuida este artigo será pronunciada pelo juiz, de ofício ou a requerimento da parte, independentemente de embargos à execução."

[4] **"Art. 389.** Não cumprida a obrigação, responde o devedor por perdas e danos, mais juros e atualização monetária segundo índices oficiais regularmente estabelecidos, e honorários de advogado." – **CC de 2002**.

CURSO DE DIREITO PROCESSUAL CIVIL • *Luiz Fux*

houver cumprimento da obrigação superveniente, posto que, nesse caso, desaparece a necessidade do processo e, *a fortiori*, falta interesse de agir.

O inadimplemento exigível como requisito para "realizar a execução" é abstratamente considerado. Em consequência, pode o devedor discuti-lo em embargos sustentando, *v.g.*, a extinção da obrigação, por ausência de condição de procedibilidade.[5]

O inadimplemento é requisito substancial, que pertine ao crédito, por isso as formas de extinção das obrigações e que demandam dilação probatória, não são passíveis de veiculação por exceção de pré-executividade, servil, apenas, às questões formais.

Raciocínio inverso conduziria a promiscuir a noção de pressuposto processual e mérito.[6]

Em consequência, repita-se, não é no bojo da execução que o devedor deve comprovar não ser inadimplente e, sim, nos embargos ou na impugnação ao cumprimento da sentença, para não promiscuir o processo de execução cujo objetivo é satisfazer os interesses do credor munido de título executivo, reservando-se ao executado o contraditório eventual.

Sob esse enfoque é que se deve interpretar o parágrafo único do art. 787 do CPC/2015[7] ao dispor que, na alegação de exceção de contrato não cumprido por parte do credor, este não poderá prosseguir na execução sem antes adimplir a sua parte. Assim, se o juiz verifica que o credor promoveu a execução de contrato sem comprovar o cumprimento de sua parte, pode obstar o prosseguimento da execução.

Entretanto, se a discussão trava-se quanto ao mérito do cumprimento da contraprestação por parte do credor ou da suficiência ou não de adimplemento da obrigação pelo devedor, a matéria muda de sede para encontrar o seu *habitat* nos embargos ou na impugnação ao cumprimento da sentença.[8]

Advirta-se, por fim, que a redação do art. 475-J do CPC/1973 enfatizava que o cumprimento da sentença para satisfação de obrigação em dinheiro seria *per officium iudicius*, por isso que superado o *tempus iudicadi* o credor podia desde logo requerer a penhora e avaliação (art. 475-J).[9] Em contraste, o art. 513, §§ 2º a 4º, do CPC/2015 esclarece que é necessária a intimação do devedor para cumprir a sentença, seja qual for o tipo de obrigação.[10]

---

[5]   Nesse mesmo sentido, **Dinamarco**, *Execução Civil*, nº 18. O inadimplemento seria uma "condição de procedibilidade" na arguta expressão de **Araken de Assis**, *in Manual do Processo de Execução*, p. 29, 43-44.

[6]   A advertência já fora formulada por **Carnelutti** ao demonstrar a natureza abstrata do título executivo, *in Processo di Esecuzione*, vol. I, 193. No mesmo sentido **Liebman**, ao inadmitir que fatos inerentes ao crédito pudessem impedir diretamente a execução, *in Embargos do Executado*, nº 91.

[7]   "**Art. 787.** Se o devedor não for obrigado a satisfazer sua prestação senão mediante a contraprestação do credor, este deverá provar que a adimpliu ao requerer a execução, sob pena de extinção do processo.

Parágrafo único. O executado poderá eximir-se da obrigação, depositando em juízo a prestação ou a coisa, caso em que o juiz não permitirá que o credor a receba sem cumprir a contraprestação que lhe tocar."

[8]   Nesse mesmo sentido, **Araken de Assis**, ob. cit., p. 74, com o apoio de **Ovídio Baptista**, *in Curso*, vol. II, p. 23.

[9]   "**Art. 475-J do CPC/1973.** Caso o devedor, condenado ao pagamento de quantia certa ou já fixada em liquidação, não o efetue no prazo de quinze dias, o montante da condenação será acrescido de multa no percentual de dez por cento e a requerimento do credor e observado o disposto no art. 614, inciso II, desta Lei, expedir-se-á mandado de penhora e avaliação."

[10] "**Art. 513.** O cumprimento da sentença será feito segundo as regras deste Título, observando-se, no que couber e conforme a natureza da obrigação, o disposto no Livro II da Parte Especial deste Código.

§ 1º O cumprimento da sentença que reconhece o dever de pagar quantia, provisório ou definitivo, far-se-á a requerimento do exequente.

§ 2º O devedor será intimado para cumprir a sentença:

I – pelo Diário da Justiça, na pessoa de seu advogado constituído nos autos;

II – por carta com aviso de recebimento, quando representado pela Defensoria Pública ou quando não tiver procurador constituído nos autos, ressalvada a hipótese do inciso IV;

III – por meio eletrônico, quando, no caso do § 1º do art. 246, não tiver procurador constituído nos autos;

IV – por edital, quando, citado na forma do art. 256, tiver sido revel na fase de conhecimento.

§ 3º Na hipótese do § 2º, incisos II e III, considera-se realizada a intimação quando o devedor houver mudado de endereço sem prévia comunicação ao juízo, observado o disposto no parágrafo único do art. 274.

Parte X • IV – REQUISITOS DA EXECUÇÃO E DO CUMPRIMENTO DA SENTENÇA | 705

Tratando-se de título extrajudicial, como é a vez primeira que o título exsurge em juízo, segue-se a regra da iniciativa e do contraditório (art. 798 do CPC/2015).[11]

2. TÍTULO EXECUTIVO

2.1 Requisitos do crédito exequendo

O título executivo contém a obrigação a ser satisfeita através dos meios executivos. Essa obrigação há de se apresentar configurada na sua extensão, em função da qual se fixam os limites da execução. Assim, à luz da extensão do crédito constante do título é que se observa se apenas um bem do devedor é suficiente ao sacrifício da alienação forçada para pagamento ao credor, revelando-se desnecessário expropriar outros bens. Os atos enérgicos característicos do processo de execução devem ser praticados nos limites das necessidades reveladas pelo próprio título executivo. Além de o título estabelecer o *quantum* devido, também deve ser claro quanto ao vencimento e à existência da obrigação. Ressoa inequívoco que não se pode agredir de pronto o patrimônio do devedor se a obrigação é discutível ou aleatória, *v.g.*, uma obrigação de pagar perdas e danos não acertada judicialmente, ou uma dívida estimada pelo credor em carta remetida ao devedor. Como regra, o Estado não inicia a prática de atos de soberania baseado apenas na produção unilateral, pelo credor, de um documento executivo. Afinal, a obrigação resulta de um vínculo "bilateral" decorrente da vontade das partes, da lei ou do ato ilícito.

Essas razões conduziram o legislador a autorizar a execução, ou seja, a instauração do processo satisfativo somente se o credor exibir, em juízo, título executivo que consubstancie obrigações *certas*, *líquidas* e *exigíveis* (art. 783 do CPC),[12] as quais serão enumeradas segundo as suas espécies e respectivas peculiaridades.

2.1.1 Certeza

Certa é a obrigação induvidosa, resultante do título executivo. Incerta é a obrigação estimada pelo credor, *v.g.*, a fixação unilateral pelo exequente de uma dívida não fundada em título algum, ou

---

§ 4º Se o requerimento a que alude o § 1º for formulado após 1 (um) ano do trânsito em julgado da sentença, a intimação será feita na pessoa do devedor, por meio de carta com aviso de recebimento encaminhada ao endereço constante dos autos, observado o disposto no parágrafo único do art. 274 e no § 3º deste artigo."

[11] **"Art. 798.** Ao propor a execução, incumbe ao exequente:

I – instruir a petição inicial com:

a) o título executivo extrajudicial;

b) o demonstrativo do débito atualizado até a data de propositura da ação, quando se tratar de execução por quantia certa;

c) a prova de que se verificou a condição ou ocorreu o termo, se for o caso;

d) a prova, se for o caso, de que adimpliu a contraprestação que lhe corresponde ou que lhe assegura o cumprimento, se o executado não for obrigado a satisfazer a sua prestação senão mediante a contraprestação do exequente;

II – indicar:

a) a espécie de execução de sua preferência, quando por mais de um modo puder ser realizada;

b) os nomes completos do exequente e do executado e seus números de inscrição no Cadastro de Pessoas Físicas ou no Cadastro Nacional da Pessoa Jurídica;

c) os bens suscetíveis de penhora, sempre que possível.

Parágrafo único. O demonstrativo do débito deverá conter:

I – o índice de correção monetária adotado;

II – a taxa de juros aplicada;

III – os termos inicial e final de incidência do índice de correção monetária e da taxa de juros utilizados;

IV – a periodicidade da capitalização dos juros, se for o caso;

V – a especificação de desconto obrigatório realizado."

[12] **"Art. 783.** A execução para cobrança de crédito fundar-se-á sempre em título de obrigação certa, líquida e exigível."

706 | CURSO DE DIREITO PROCESSUAL CIVIL • *Luiz Fux*

a pretensão de cobrança por via executiva de "perdas e danos" quantificadas pelo mesmo. A certeza que se exige deve estar revelada pelo título executivo, muito embora a natureza abstrata da execução permita a discussão da *causa debendi*. Em suma, a obrigação deve ser certa quanto à sua existência, e assim o é aquela assumida pelo devedor e consubstanciada em título executivo, muito embora ao crédito possa opor-se o executado, sustentando fatos supervenientes à criação da obrigação.

2.1.2 Exigibilidade

Exigível é a obrigação vencida. Em regra, o título consagra o vencimento da obrigação. Entretanto, as regras materiais devem ser obedecidas, *v.g.*, a que estabelece o vencimento da obrigação quesível após a exigência de adimplemento feita pelo credor; ou a obrigação "a termo" que deve aguardar o decurso do prazo; ou, ainda, a obrigação "sob condição" que somente se torna exigível com o implemento desta etc. A exigibilidade confunde-se com o requisito do "inadimplemento do devedor"; por isso, inexigível a obrigação, é impossível a execução, que se impõe extinguir.

2.1.3 Liquidez

Líquida é a obrigação individuada no que concerne ao seu objeto. O devedor deve saber "o que deve". Assim, o objeto da execução que a torna líquida determina a espécie de procedimento a seguir. Desta sorte, se o devedor obrigou-se por quantia certa, seguir-se-á esta modalidade de execução; se se comprometeu a fazer, este será o procedimento satisfativo; ou, se o vínculo consagra obrigação de entrega de coisa, diversos serão os meios executivos tendentes à satisfação do credor.

"A liquidez indica quantitativa e qualitativamente o conteúdo da obrigação", fixando os limites de atuação do Estado para atingir o escopo satisfativo a que se propõe o processo executivo.

O requisito em exame, por via de consequência, impede que se inicie a execução por obrigação de "conteúdo genérico". Aliás, nesse particular, é claríssimo o texto legal do art. 783 do CPC/2015.

É imperioso observar que, *no processo de conhecimento, a lei permite o pedido genérico* (art. 324 do CPC/2015) para não postergar o acesso à justiça, autorizando que a parte o formule, liquidando a condenação, posteriormente, mas sempre antes de executar a decisão. Assim, *v.g.*, a vítima de um acidente pode pleitear a condenação do autor do ilícito nas perdas e danos especificados, tais como despesas de conserto de veículo, verbas com gastos médicos e hospitalares, dano moral etc. Entretanto, ao iniciar a fase de cumprimento por execução, esses valores devem estar determinados para que se afira a extensão da execução e dos atos executivos necessários, por exemplo, a penhora e os bens que devem ser alcançados até a satisfação integral do crédito.

Isto significa que na condenação ou no reconhecimento da obrigação impõe-se explicitar o *an debeatur* (o que é devido), postergando-se para a liquidação o *quantum debeatur*, preparando-se, assim, a execução. Por essa razão é que se afirma que a liquidação é preparatória da "execução" (fase de cumprimento da sentença) e complementar à condenação.

Cumpre esclarecer que, de regra, os "títulos executivos lavrados fora do juízo são líquidos", neles constando o objeto da prestação. Admite-se, entretanto, que esses documentos vinculados a contratos possam reclamar uma diminuta *operação aritmética* que ajuste o valor histórico neles consagrado, por exemplo, o cômputo de juros, a correção monetária e a incidência de percentual sobre o valor final etc.

Essas operações não retiram a liquidez do título, como preceitua o art. 786, parágrafo único, do CPC/2015: "A necessidade de simples operações aritméticas para apurar o crédito exequendo não retira a liquidez da obrigação constante do título". A lei, calcada nessa experiência jurídica, admite apenas a "iliquidez da sentença" como "fonte da liquidação". Por isso, "os títulos extrajudiciais devem ser líquidos para autorizar a imediata execução, uma vez que, se ilíquidos, devem seguir a via da cognição conducente ao reconhecimento da obrigação executável ou sujeita ao "cumprimento por execução".

Diversamente, os títulos judiciais, quando ilíquidos, admitem a individuação do *quantum* através do "incidente de liquidação de sentença", fase anterior ao cumprimento e posterior ao pro-

Parte X • IV – REQUISITOS DA EXECUÇÃO E DO CUMPRIMENTO DA SENTENÇA | **707**

cesso de reconhecimento da obrigação exigível. Consequentemente, forçoso assentar que só há a instauração do incidente de liquidação de títulos "judiciais", uma vez que os títulos extrajudiciais, se não forem líquidos, certos e exigíveis, não ensejam a via da execução, senão a da cognição.

A execução funda-se em título executivo, que legitima os atos autoritário-judiciais dessa forma de prestação jurisdicional. O título contém em si uma obrigação, a qual, segundo a lei material, deve reunir requisitos próprios diversos da cártula que a eclipsa.

A doutrina sempre criticou a categorização do título como líquido e certo, porquanto esses atributos referem-se à prestação, ou melhor, ao crédito. Por isso, o art. 783 do CPC/2015 dispõe que a execução para cobrança de crédito fundar-se-á sempre em título "de obrigação certa, líquida e exigível".

2.2 Títulos executivos judiciais

Os títulos executivos judiciais são elencados pelo art. 515 do CPC/2015, em razão de a Execução de Título Judicial atual compor "fase de cumprimento" do processo.

O primeiro título executivo judicial previsto diz respeito às decisões proferidas no processo civil que reconheçam a exigibilidade de obrigação de pagar quantia, de fazer, de não fazer ou de entregar coisa (art. 515, I, CPC/2015). A redação do CPC/1973, com suas diversas reformas, fazia referência a "sentença", enquanto o novel diploma utiliza o termo "decisão". Portanto, também é título executivo judicial, por exemplo, a decisão que julga pedidos incontroversos (art. 356 do CPC/2015). Além disso, a nova redação utiliza o termo "exigibilidade", ao passo que o texto revogado falava em "existência". Nesse sentido, o novo CPC pacifica que as decisões meramente declaratórias não constituem títulos executivos judiciais.

A decisão condenatória pura era aquela que impunha uma prestação ao vencido, reconhecendo o inadimplemento de uma obrigação assumida. A sentença, não obstante a denominação de "condenatória", limitava-se a definir o direito e exortar o vencido a que cumprisse a prestação. Em face da impossibilidade de o vencedor tornar realidade aquela decisão por meios próprios, descumprida a condenação, exsurgia como ainda exsurge a necessidade de, mais uma vez, movimentar-se o Judiciário para tornar real a condenação, praticando atos necessários a satisfazer o direito do vencedor reconhecido no título judicial. De toda sorte, é a *natureza da condenação que indica a espécie de execução* a seguir. Assim, se *a condenação impõe a entrega de determinado bem*, sua efetivação obedecerá ao procedimento do cumprimento de sentença *que reconheça a exigibilidade de obrigação de entregar coisa;* caso a condenação imponha *a obrigação de pagamento* de soma, a atividade executiva obedecerá ao rito do cumprimento definitivo da sentença que reconhece a exigibilidade de obrigação de pagar quantia certa e assim por diante.

O Código confere executividade à decisão que reconhece a exigibilidade de uma obrigação porquanto as demais formas de provimento jurisdicional (isto é, constitutivo e declaratório puro) não comportam execução, haja vista que a definição jurídica com a eficácia constitutiva ou declaratória satisfaz o interesse da parte, tornando desnecessário qualquer processo complementar. Assim, *v.g.*, a decisão que concede o divórcio, ou a que declara nulo determinado negócio jurídico cumpre os seus objetivos com a simples prolação da sentença, tornando prescindível qualquer ato posterior.

No que pertine à sentença declaratória, impõe-se considerar, também, o seu objeto mediato. Assim é que, se a sentença declaratória limita-se a afirmar a nulidade do ato jurídico, nenhuma outra utilidade, em princípio, extrai-se daquela decisão, tornando-a infensa à execução.

Entretanto, algumas declarações podem ensejar execução, se complementadas. Assim, *v.g.*, a sentença declaratória do dever de indenizar prescinde de processo condenatório posterior, bastando à parte liquidar o *an debeatur*, tal como ocorre com a sentença penal condenatória que, de rigor, não impede condenação cível, senão declara o dever de reparar o dano *ex delicto* (art. 63 do CPP).

A sentença de condenação, diversamente, não produz resultados imediatos no mundo tangível, a menos que o vencido cumpra, voluntariamente, a decisão. Por isso afirma-se que a "condenação é a forma mais imperfeita de prestação jurisdicional em confronto com as demais".

Por oportuno, as providências complementares que algumas decisões declaratórias e constitutivas reclamam não passam de atividade de publicidade do seu conteúdo em razão da natureza jurídica das relações às quais se referem. Assim, *v.g.*, a sentença de divórcio é registrada no registro civil das pessoas naturais, uma vez que o novo *status familiae* dos cônjuges é oponível a toda a coletividade (*erga omnes*). No mesmo sentido, a sentença que renova o contrato de locação comercial é levada ao registro imobiliário para que o novo adquirente do imóvel não alegue desconhecimento quanto ao vínculo que incide sobre o bem.

Essas medidas, como se pode observar, são de cunho administrativo que em nada se assemelham aos atos coativos do processo de execução.

Destarte, a "executividade é inerente não só à sentença condenatória pura, senão a todo e qualquer capítulo condenatório" encartado em sentença de outra natureza. Assim, por exemplo, a sentença que "declara" nulo o ato jurídico condena o vencido ao pagamento de custas e honorários e, eventualmente, em perdas e danos, é executável nesta parte. A *sentença de improcedência* é, portanto, declaratória negativa e, condenando o vencido nas despesas e honorários, também é executável nessa parte.

Conclui-se, assim, que a ideologia do cumprimento da sentença permite à parte extrair toda e qualquer eficácia prática do provimento obtido, quer seja ele declaratório ou constitutivo, por isso que a lei, em vez de aduzir à "sentença condenatória", refere-se como título judicial à decisão que reconhece a exigibilidade de uma obrigação, numa expressão inequívoca de que o provimento judicial há de conferir a maior utilidade possível que dele se possa auferir.

O segundo título judicial previsto no art. 515 do CPC/2015 é a decisão homologatória de autocomposição judicial. Não se deve olvidar que o art. 3º, § 3º, do CPC/2015 determina que a conciliação, a mediação e outros métodos de solução consensual de conflitos deverão ser estimulados por juízes, advogados, defensores públicos e membros do Ministério Público, inclusive no curso do processo judicial. Em determinadas situações, o resultado da autocomposição será homologado pelo juízo em sentença com resolução de mérito, como nos casos de reconhecimento da procedência do pedido, transação e renúncia (art. 487, III, *a*, *b*, e *c*, do CPC/2015). Noutras hipóteses, a exemplo da desistência, o provimento judicial homologatório não resolverá o mérito (art. 485, VIII, do CPC/2015), de modo que será despido de força executiva. Observe-se, ainda, que, segundo o art. 515, § 2º, do CPC/2015, a autocomposição judicial pode envolver sujeito estranho ao processo e versar sobre relação jurídica que não tenha sido deduzida em juízo. Assim, *v.g.*, em ação de despejo, as partes podem pactuar a recondução do contrato, a fixação de valores de novo aluguel e até pagamento de quantia referente a perdas e eventuais danos causados ao imóvel, sendo certo que todas essas parcelas, caso descumpridas, ensejam a execução.

O art. 515, III, do CPC/2015 consagra como título executivo judicial a decisão homologatória de autocomposição extrajudicial de qualquer natureza. Nessa hipótese, devem restar atendidas a capacidade das partes e a disponibilidade do objeto do negócio jurídico processual. O rito a ser observado para a homologação do acordo extrajudicial é o dos procedimentos de jurisdição voluntária (art. 725, VIII, do CPC/2015). O provimento judicial, nesta hipótese, tem o condão de conferir ao negócio jurídico voluntariamente estabelecido entre as partes a natureza de título executivo judicial. Na ausência da homologação, ou no caso de invalidação desta, o referido negócio ainda possuirá força executiva, consubstanciando título executivo extrajudicial (v. art. 784, III e IV, do CPC/2015).

A homologação judicial da manifestação de vontade das partes, na qual pactuam obrigações, adquire força executória após o juiz verificar o cumprimento dos requisitos formais necessários a conferir executividade ao crédito surgido do negócio jurídico. Aliás, não teria sentido que o título formado pelas partes extrajudicialmente contivesse força executiva e a sentença homologatória não adquirisse a mesma eficácia.

A *transação* encetada pelas partes em juízo admite convencionar-se acerca de qualquer obrigação lícita de dar, fazer, não fazer etc. A executividade concedida à homologação permite ao lesado pelo inadimplemento da *obrigação assumida judicialmente proceder, de imediato, à execução*. Por outro lado, a *sentença homologatória* habilita a imediata "execução", porquanto, "de regra, extingue a fase de conhecimento com resolução do mérito", salvo se o seu objeto for a desistência da ação que implica extinção meramente terminativa.

Parte X • IV – REQUISITOS DA EXECUÇÃO E DO CUMPRIMENTO DA SENTENÇA | 709

Revela-se, também, possível transacionar-se em processo de execução; hipótese em que surge um novo título executivo que é a sentença homologatória superveniente ao título originário. A execução, então, passa a pautar-se pelos efeitos introduzidos pelo novel título segundo as cláusulas acordadas, dispensando nova convocação, posto integradas as partes na relação processual, exigindo-se tão somente a intimação para o adimplemento do acordado.

Em regra, o descumprimento da transação não repristina o título originário porquanto inegável o *animus novandi*. Nada obsta, entretanto, que as partes convencionem a restauração da dívida original mediante previsão textual na transação.

A transação é sujeita ao cumprimento nos próprios autos, qualquer que seja a sua natureza, desde que o juízo revele competência *ratione materiae*. Assim, *v.g.*, se em ação de divórcio, as partes ajustassem obrigações cíveis, como o pagamento de determinada quantia a título de reembolso de despesas anteriores à dissolução matrimonial, escapava, como ainda falece ao juízo de família, competência para executá-las; não assim se a prestação ajustada for de cunho alimentício.

Um dos escopos do princípio da efetividade é conferir à parte o máximo de benefício em confronto com o seu esforço processual. Trata-se de consectário, também, do princípio da economia processual. Em consequência, se a tutela jurisdicional puder abarcar o maior número de relações litigiosas possíveis, tanto mais eficiente será a prestação da jurisdição no seu desígnio de pacificação social. Aliás, essa é a *ratio* que informa o litisconsórcio, as ações de regresso no mesmo processo, a reconvenção etc. Ora, se a sentença que julga a causa pode dispor sobre várias relações jurídicas, com muito mais razão a decisão que homologa manifestações compositivas do litígio oriundas das próprias partes.

Destarte, quando se trata de chancelar negócios jurídicos que encerrem transação, não se aplica a regra da adstrição do juízo ao pedido inicial. É que, exatamente guardando fidelidade com o primeiro escopo processual noticiado da economia processual e da efetividade, é lícito aos interessados submeter ao juízo a homologação de negócios que transbordem os limites do pedido. Trata-se de técnica adrede utilizada pela lei locatícia ao permitir, *v.g.*, que no bojo de uma ação revisional, o juiz possa homologar transação para a desocupação do imóvel.

Nos termos do art. 515, IV, do CPC/2015 constitui título executivo judicial o formal e a certidão de partilha, exclusivamente em relação ao inventariante, aos herdeiros e aos sucessores a título singular ou universal. Transitada em julgado a sentença de inventário e partilha, receberá o herdeiro os bens que lhe tocarem e um formal de partilha, do qual constarão as seguintes peças, destacadas pelo art. 655 do CPC/2015: I – termo de inventariante e título de herdeiros; II – avaliação dos bens que constituíram o quinhão do herdeiro; III – pagamento do quinhão hereditário; IV – quitação dos impostos; V – sentença. O parágrafo único do art. 655 do CPC/2015 destaca que o formal de partilha poderá ser substituído por certidão de pagamento do quinhão hereditário quando esse não exceder a 5 (cinco) vezes o salário mínimo, caso em que se transcreverá nela a sentença de partilha transitada em julgado. Também merecem a natureza de títulos executivos judiciais os formais de partilha resultantes de processos de divórcio, *ex vi* do art. 731, parágrafo único, do CPC/2015.

O *formal, na sua gênese atributiva de bens e direitos*, serve ao favorecido para exercer tudo quanto se contém no título. Assim, *v.g.*, se o formal atribui um imóvel ao herdeiro X e o bem encontra-se ocupado pelo sucessor Y, o favorecido pode iniciar a execução para a entrega de coisa em face daquele outro herdeiro, sem necessidade de recorrer previamente ao processo de conhecimento. Isto porque o formal faz as vezes de uma "carta de sentença", conferindo ao exequente o poder de exigir judicialmente a satisfação de seu direito sem prévia cognição já encetada no juízo do inventário.

Consoante se observa, essa função de atribuição de bens e direitos oriundos da partilha engendra-se entre os herdeiros e legatários e apenas entre os mesmos; por isso, vigora, quanto aos limites subjetivos da decisão de partilha, a regra do art. 506 do CPC,[13] segundo a qual *res judicata aliis non nocet*.

---

[13] **"Art. 506.** A sentença faz coisa julgada às partes entre as quais é dada, não prejudicando terceiros." A sentença, como ato de autoridade, tem eficácia natural em relação a todos que não podem desconhecê-la, desconsiderá-la. Esta é a eficácia natural do julgado. Diversamente é a eficácia de coisa julgada que impede a modificação

Uma novidade do novo CPC é o art. 515, V, segundo o qual o crédito de auxiliar da justiça, quando as custas, emolumentos ou honorários tiverem sido aprovados por decisão judicial, é título executivo judicial. No regime anterior, créditos dessa natureza eram submetidos à execução por título extrajudicial.

Também constitui título executivo judicial a sentença penal condenatória transitada em julgado (art. 515, VI, do CPC/2015). A responsabilidade criminal sempre arrasta a responsabilidade civil, muito embora a recíproca não seja verdadeira.[14] Outrossim, a irresponsabilidade penal pelo reconhecimento da inexistência do fato ou da autoria impede a discussão cível, em face da eficácia vinculativa prejudicial da coisa julgada criminal.[15]

O Código Penal enuncia, como consequência do reconhecimento judicial do crime "*em relação ao seu autor*", o "dever de reparar o dano *ex delicto*" (art. 91, I, do Código Penal). Desta sorte, a sentença penal condenatória não só inflige a sanção penal ao autor do delito como também reconhece, com força de coisa julgada (art. 63 do Código de Processo Penal), o dever civil de reparar o dano. A sentença penal deve ser "liquidada" no cível segundo os critérios estabelecidos para a liquidação das obrigações por atos ilícitos e, posteriormente, executada, sem necessidade de se promover ação condenatória de responsabilidade civil. Nessa hipótese, há petição inicial de liquidação distribuída em face de quem foi parte condenada no juízo criminal e pedido de citação.

O título executivo em exame pressupõe que se trate de "sentença penal de condenação" com reconhecimento de prática de ilícito e com "trânsito em julgado". Escapa, assim, a essa categoria, a *sentença de pronúncia* proferida nos delitos da competência do tribunal do júri.

Destarte, a *execução civil* deve ser engendrada, consoante afirmado, *contra o condenado no juízo penal*, haja vista que não se pode executar uma sentença contra quem não foi parte no seu processo de fabricação. Assim, *v.g.*, o patrão é responsável civil pelos atos do preposto. Entretanto, se a condenação criminal operou-se contra o empregado, a liquidação e a execução da sentença devem ser movidas contra aquele e não em face do patrão que não foi parte no processo definidor da responsabilidade. Este, para incidir no patrimônio do patrão, pressupõe acioná-lo civilmente em regular e devido processo de conhecimento, em obediência ao princípio de que a coisa julgada não pode atingir quem não foi parte no processo (*res judicta aliis non nocet*).[16]

A sentença penal condenatória, portanto, possui efeito extrapenal autorizativo de impor a reparação do dano *ex delicto, ex vi* do art. 91 do CPP.[17] Nos termos do art. 387, IV, do CPP, a sentença penal fixará valor mínimo para reparação dos danos causados pela infração, considerando os prejuízos sofridos pelo ofendido. Caso a sentença penal seja omissa nesse ponto, deve ser distribuída no juízo cível para apurar o *quantum debeatur*, segundo as regras do CC inerentes à liquidação da obrigação por atos ilícitos, iniciando-se, *a posteriori*, a fase de cumprimento de sentença.

---

daquilo que foi decidido e nesse aspecto essa imutabilidade só se refere às partes. Esta é a essência da teoria de **Liebman**, ainda adotada pelo nosso Código. Consoante afirma **Rosenberg**, essa eficácia *erga omnes* deriva "de la particular naturaleza del objeto litigioso y del interés de la comunidad en la resolución que se le de", *in Tratado de Derecho Procesal Civil*, 1995, vol. II, p. 482.

A explicação de **Liebman** à razão de ser do dispositivo dissipa as potenciais controvérsias. Conforme afirma o insigne jurista, citados os reais contendores, ninguém mais terá legitimidade ou interesse em infirmar o julgado, ob. cit., p. 180. "É que eles passam a ser sujeitos do processo e como tal não podem ser considerados terceiros em face do julgado". **Liebman**, ob. cit., p. 85.

[14] "**Art. 935.** A responsabilidade civil é independente da criminal, não se podendo questionar mais sobre a existência do fato, ou sobre quem seja o seu autor, quando estas questões se acharem decididas no juízo criminal." – **CC de 2002.**

[15] "**Art. 66.** Não obstante a sentença absolutória no juízo criminal, a ação civil poderá ser proposta quando não tiver sido, categoricamente, reconhecida a inexistência material do fato." – **Código de Processo Penal.**

[16] Nesse mesmo sentido o insuperável trabalho de **Ada Pellegrini Grinover**, *Eficácia e Autoridade da Sentença Penal*, 1978, p. 46 e ss.

[17] "**Art. 91.** Quando incerta e não se determinar de acordo com as normas estabelecidas nos arts. 89 e 90, a competência se firmará pela prevenção." – **CPP.**

Parte X • IV – REQUISITOS DA EXECUÇÃO E DO CUMPRIMENTO DA SENTENÇA | **711**

O art. 515, VII, trata da sentença arbitral como título executivo judicial. Nessa hipótese, preceitua o § 1º do mesmo artigo que o devedor será citado no juízo cível para o cumprimento da sentença ou para a liquidação no prazo de 15 (quinze) dias. Caso o devedor não efetue o adimplemento da obrigação no prazo assinalado, ficará sujeito ao pagamento da multa e dos honorários advocatícios, ambos no patamar de dez por cento sobre o valor do débito, *ex vi* do art. 523, § 1º, do CPC/2015. Esse entendimento, sobre a incidência de multa sobre o devedor recalcitrante no cumprimento de sentença arbitral, já havia sido fixado pelo Superior Tribunal de Justiça sob a égide do regime anterior.[18]

O juízo arbitral, como um equivalente jurisdicional, produzia, no regime anterior à lei da arbitragem (Lei nº 9.307, de 23 de setembro de 1996), um laudo passível de homologação pelo Poder Judiciário. O derrogado art. 1.097 do CPC/1973 dispunha que o laudo, depois de homologado, produzia entre as partes e seus sucessores os mesmos efeitos da sentença judiciária; e quando contivesse capítulo condenatório, a homologação lhe conferiria a eficácia de título executivo. Seguindo essa sistemática, o Código previa a sentença homologatória do laudo como título executivo, exigível no mesmo juízo que homologara aquele.

Entretanto, a lei de arbitragem *jurisdicionalizou o laudo,* de sorte que não mais se necessita a sua homologação, porquanto adquire, por si só, caráter de título executivo por equiparação de eficácia *ex vi legis.* Assim como a lei conferiu eficácia executiva aos títulos de crédito o fez, também, quanto ao laudo arbitral. Destarte, não havendo mais homologação, a execução da sentença arbitral perfaz-se no juízo competente, "por distribuição", *ex vi* do art. 516, III, do CPC/2015.[19]

O próximo título executivo judicial, previsto no art. 515, VIII, do CPC/2015, é a sentença estrangeira homologada pelo Superior Tribunal de Justiça no exercício da competência prevista no art. 105, I, *i*, da Constituição, com a redação incluída pela Emenda Constitucional nº 45/2004. A sentença estrangeira homologada é executada perante o juízo federal para o qual deverá ser distribuída; seguindo-se, daí em diante, o rito do cumprimento da sentença.

A sentença estrangeira, arrolada como título executivo judicial, é a de *natureza condenatória* ou que tenha que produzir qualquer eficácia no Brasil, onde o Judiciário alienígena ou juízo arbitral contempla obrigação passível de exigibilidade através do processo de execução. Antes, porém, de executá-la, o exequente deve submetê-la a um processo de nacionalização via procedimento da "homologação de decisão estrangeira", previsto nos arts. 960 e seguintes do CPC/2015, porquanto, antes desta providência, o julgado não produz efeitos no Brasil.[20] A homologação ulterior, pelo Superior Tribunal de Justiça, autoriza seja a sentença executada segundo a lei brasileira, perante a justiça federal (art. 109, X, da Constituição Federal).[21]

---

[18] STJ, REsp 1102460/RJ, Rel. Min. Marco Buzzi, Corte Especial, j. 17.06.2015, *DJe* 23.09.2015.

[19] **"Art. 516.** O cumprimento da sentença efetuar-se-á perante:

(...)

III – o juízo cível competente, quando se tratar de sentença penal condenatória, de sentença arbitral, de sentença estrangeira ou de acórdão proferido pelo Tribunal Marítimo."

[20] **"Art. 960.** A homologação de decisão estrangeira será requerida por ação de homologação de decisão estrangeira, salvo disposição especial em sentido contrário prevista em tratado.

§ 1º A decisão interlocutória estrangeira poderá ser executada no Brasil por meio de carta rogatória.

§ 2º A homologação obedecerá ao que dispuserem os tratados em vigor no Brasil e o Regimento Interno do Superior Tribunal de Justiça.

§ 3º A homologação de decisão arbitral estrangeira obedecerá ao disposto em tratado e em lei, aplicando-se, subsidiariamente, as disposições deste Capítulo."

[21] **"Art. 105.** Compete ao Superior Tribunal de Justiça:

I – processar e julgar, originariamente:

(...)

i) a homologação de sentenças estrangeiras e a concessão de *exequatur* às cartas rogatórias."

"Art. 109. Aos juízes federais compete processar e julgar:

(...)

712 | CURSO DE DIREITO PROCESSUAL CIVIL • *Luiz Fux*

A homologação visa a resguardar a *competência internacional exclusiva da justiça brasileira*, bem como averiguar se a decisão alienígena, trânsita em julgado, não atenta a ordem pública nacional (art. 963, VI, do CPC/2015).

Relembre-se que a *homologabilidade é pré-requisito para realizar a execução de sentença estrangeira*, não de *"título extrajudicial"* oriundo de outro país. Este, para ter eficácia executiva, há de satisfazer os requisitos formais do país de origem e indicar o Brasil como lugar do cumprimento da obrigação (art. 784, §§ 2º e 3º, do CPC/2015).[22]

2.2.1   Liquidação dos títulos judiciais

A liquidação é o procedimento de conhecimento para complementar a norma jurídica estabelecida no título judicial, que pode ser iniciado a requerimento do credor ou do devedor. A possibilidade de início da liquidação por iniciativa do devedor é novidade do CPC/2015. A tarefa de individuação do objeto da condenação ou do *quantum* devido obedece a diversas formas processuais. Evidentemente, não se pode, por exemplo, estimar perdas e danos decorrentes de acidente de veículo e o valor de uma dívida à qual se acresça multa e outros consectários pela mesma forma procedimental.

Diante desta constatação, a lei regula as "espécies de liquidação de sentença", a saber: *liquidação por arbitramento* e *liquidação pelo procedimento comum*. O art. 509 do CPC/2015, assim, extinguiu a expressão "liquidação por artigos". Sob o novo regime, a liquidação por arbitramento tem lugar quando determinado pela sentença, convencionado pelas partes ou exigido pela natureza do objeto da liquidação. Por sua vez, a liquidação segue o procedimento comum quando houver necessidade de alegar e provar fato novo. Apesar do silêncio da lei, também cabe a liquidação pelo procedimento comum quando for imperioso alegar e provar fato preexistente não alegado na fase de conhecimento.

Desde a reforma decorrente da Lei nº 11.232/2005 já não mais existia a "liquidação por cálculos do contador", a qual precedia, em regra, as execuções por quantia certa nas hipóteses em que se impunha atualizar o valor da condenação com a inclusão dos consectários da sucumbência, juros, correção monetária, custas etc. Atualmente, quando a apuração do valor depender apenas de cálculo aritmético, o credor poderá promover, desde logo, o cumprimento da sentença, *ex vi* do art. 509, § 2º, do CPC/2015. Nada obstante, poderá o juiz, antes de determinar o prosseguimento do cumprimento da sentença, valer-se do contador do juízo quando a memória apresentada pelo credor aparentemente exceder os limites da decisão exequenda, bem como nos casos em que o exequente é beneficiário da assistência judiciária (art. 98, § 1º, VII, do CPC/2015).[23] Elaborados os cálculos, caso o juiz entenda que o valor apontado no demonstrativo aparentemente excede os limites da condenação, far-se-á a execução pelo valor originariamente pretendido, mas a penhora

---

X – os crimes de ingresso ou permanência irregular de estrangeiro, a execução de carta rogatória, após o *exequatur*, e de sentença estrangeira, após a homologação, as causas referentes à nacionalidade, inclusive a respectiva opção, e à naturalização."

[22]   **"Art. 784.** São títulos executivos extrajudiciais:

(...)

§ 2º Os títulos executivos extrajudiciais oriundos de país estrangeiro não dependem de homologação para serem executados.

§ 3º O título estrangeiro só terá eficácia executiva quando satisfeitos os requisitos de formação exigidos pela lei do lugar de sua celebração e quando o Brasil for indicado como o lugar de cumprimento da obrigação."

[23]   **"Art. 98**. A pessoa natural ou jurídica, brasileira ou estrangeira, com insuficiência de recursos para pagar as custas, as despesas processuais e os honorários advocatícios tem direito à gratuidade da justiça, na forma da lei.

§ 1º A gratuidade da justiça compreende:

(...)

VII – o custo com a elaboração de memória de cálculo, quando exigida para instauração da execução;"

Parte X • IV – REQUISITOS DA EXECUÇÃO E DO CUMPRIMENTO DA SENTENÇA | **713**

terá por base o valor encontrado pelo contador (art. 524, § 1º, do CPC/2015).[24] Trata-se, nessa última parte, de consectário do princípio da economicidade, segundo o qual a execução deve ser realizada da forma menos onerosa para o devedor. Consequentemente, se a extensão do crédito apontada pelo credor diferir da conta do auxiliar do juízo, o sacrifício dos bens do devedor será no limite previsto pelo contador.

Esse incidente é sindicável por agravo de instrumento, uma vez que o prosseguimento sem a análise imediata da irresignação pode conduzir à inutilidade da fase de expropriação.[25]

A alteração implementada ao longo das reformas é louvável porquanto, no regime antigo, a "liquidação por cálculo" postergava a execução, na medida em que a sentença que a homologava era reiteradamente impugnada a cada atualização, quando da baixa dos autos, após o recurso contra a primeira decisão de chancela do valor aferido pelo contador. Atualmente, pela sistemática em vigor, o valor continua a poder ser impugnado; só que, agora, sem obstar a execução, porque o credor exibe o *quantum devido* com a planilha que acompanha a inicial e o devedor pode impugná-lo através impugnação (os antigos embargos). Advirta-se, contudo, que mesmo nesses casos, poderá haver atividade meramente auxiliar do contador a propiciar a integração da planilha exigida pela lei. Consigne-se, ainda, que, na forma do art. 509, § 3º, do CPC/2015, o CNJ deve desenvolver programa único de atualização financeira.

Em regra, o procedimento da fase de liquidação processa-se nos mesmos autos. Entretanto, quando na sentença houver uma parte líquida e outra ilíquida, o credor pode, ao mesmo tempo, promover a execução da primeira e requerer a liquidação da segunda, caso em que a liquidação será processada em autos apartados (art. 509, § 1º, do CPC/2015).[26] Igualmente, se a liquidação for realizada na pendência de recurso, deverá ser processada em autos apartados no juízo de origem, sendo ônus do liquidante apresentar as cópias das peças processuais pertinentes (art. 512 do CPC/2015).[27]

Liquidação por iniciativa do devedor

O art. 509 do CPC/2015 admite expressamente a legitimidade do devedor para dar início à liquidação. Ordinariamente, o devedor, em vez de iniciar a execução, cumpre-a. Entretanto, é possível que a sentença não tenha determinado o valor devido e o credor mantenha-se inerte quanto à sua liquidação, hipótese em que ao devedor será lícito valer-se da conduta prevista naquele dispositivo indicando em planilha o valor devido ou utilizando-se dos mesmos instrumentos postos à disposição do credor (exibição ou liquidação).

---

[24] **"Art. 524.** O requerimento previsto no art. 523 será instruído com demonstrativo discriminado e atualizado do crédito, devendo a petição conter:

I – o nome completo, o número de inscrição no Cadastro de Pessoas Físicas ou no Cadastro Nacional da Pessoa Jurídica do exequente e do executado, observado o disposto no art. 319, §§ 1o a 3o;

II – o índice de correção monetária adotado;

III – os juros aplicados e as respectivas taxas;

IV – o termo inicial e o termo final dos juros e da correção monetária utilizados;

V – a periodicidade da capitalização dos juros, se for o caso;

VI – especificação dos eventuais descontos obrigatórios realizados;

VII – indicação dos bens passíveis de penhora, sempre que possível.

§ 1º Quando o valor apontado no demonstrativo aparentemente exceder os limites da condenação, a execução será iniciada pelo valor pretendido, mas a penhora terá por base a importância que o juiz entender adequada.

§ 2º Para a verificação dos cálculos, o juiz poderá valer-se de contabilista do juízo, que terá o prazo máximo de 30 (trinta) dias para efetuá-la, exceto se outro lhe for determinado. (...)"

[25] **"Art. 1.015,** Parágrafo Único. Também caberá agravo de instrumento contra decisões interlocutórias proferidas na fase de liquidação de sentença ou de cumprimento de sentença, no processo de execução e no processo de inventário."

[26] **"Art. 509,** § 1º Quando na sentença houver uma parte líquida e outra ilíquida, ao credor é lícito promover simultaneamente a execução daquela e, em autos apartados, a liquidação desta."

[27] **"Art. 512.** A liquidação poderá ser realizada na pendência de recurso, processando-se em autos apartados no juízo de origem, cumprindo ao liquidante instruir o pedido com cópias das peças processuais pertinentes."

Liquidação por arbitramento

A *liquidação por arbitramento* realiza-se sob a forma de análise de pareceres, documentos elucidativos ou perícia e faz-se mister quando determinado pela sentença, convencionado pelas partes ou exigido pela natureza do objeto da liquidação (art. 509, I, do CPC/2015).[28] Assim, *v.g.*, condenado o réu a realizar as obras necessárias a evitar infiltração em imóvel em condomínio, a liquidação por arbitramento se impõe antes de iniciar-se a execução da "condenação de fazer" para especificar quais os serviços necessários. A mesma forma de liquidação é observada se o vencido for condenado a indenizar o valor de bem imóvel emprestado e destruído, sobre cujo *quantum* incide a execução.

A liquidação por arbitramento inicia-se por requerimento. Presentes os requisitos, deverá o juiz intimar as partes para a apresentação de pareceres ou documentos elucidativos, no prazo que fixar. Caso não seja possível proferir decisão com base nos documentos apresentados, deve o juiz nomear perito, fixando prazo para a entrega do laudo. As partes serão intimadas para, querendo, manifestar-se sobre o laudo do perito do juízo no prazo comum de 15 (quinze) dias, na forma do art. 477, § 1º, do CPC/2015. É aplicável, no bojo da liquidação por arbitramento, o rito de produção de prova pericial previsto nos arts. 464 e seguintes do CPC/2015.

Liquidação pelo procedimento comum

A *liquidação pelo procedimento comum*, não obstante possa também resultar numa perícia, *distingue-se do arbitramento*, pois destinada a apurar o objeto da condenação com base em fatos novos, ocorrentes após a propositura da ação condenatória.[29] A técnica da liquidação pelo procedimento comum se baseia na experiência de que há determinados fatos cujas consequências protraem-se no tempo. Assim, *v.g.*, um acidente automobilístico pode resultar em danos físicos que vão ocorrendo ao longo do tempo, como a sequela das lesões. Nessa hipótese, não se revelaria razoável determinar à vítima que aguardasse que todas as consequências do fato se produzissem para que somente após pudesse intentar a ação reparatória. O meio de franquear imediatamente a justiça ao lesado, malgrado a permanência da produção dos efeitos nocivos é, exatamente, a liquidação pelo procedimento comum, uma vez que, acertada judicialmente a responsabilidade, todos os fatos decorrentes encartam-se na órbita da sentença, limitando-se a liquidação a fixar o *quantum debeatur* referente àquela responsabilidade já definida. Responsabilizado o autor do fato, todas as despesas que se comprovarem na liquidação por artigos serão objeto da decisão a ser proferida neste processo e, consequentemente, da decisão posterior. O "fato novo" a que se refere a lei não é senão a "extensão da responsabilidade".

Na liquidação pelo procedimento comum, substitui-se a citação por intimação na pessoa do advogado (ou sociedade de advogados) e não há audiência de autocomposição.[30] Porém, se a liquidação for de sentença penal, sentença arbitral ou sentença estrangeira homologada pelo STJ, deverá haver citação.

---

[28] **"Art. 509.** Quando a sentença condenar ao pagamento de quantia ilíquida, proceder-se-á à sua liquidação, a requerimento do credor ou do devedor:
I – por arbitramento, quando determinado pela sentença, convencionado pelas partes ou exigido pela natureza do objeto da liquidação; (...)."

[29] **"Art. 509.** Quando a sentença condenar ao pagamento de quantia ilíquida, proceder-se-á à sua liquidação, a requerimento do credor ou do devedor:
(...)
II – pelo procedimento comum, quando houver necessidade de alegar e provar fato novo."

[30] **"Art. 511.** Na liquidação pelo procedimento comum, o juiz determinará a intimação do requerido, na pessoa de seu advogado ou da sociedade de advogados a que estiver vinculado, para, querendo, apresentar contestação no prazo de 15 (quinze) dias, observando-se, a seguir, no que couber, o disposto no Livro I da Parte Especial deste Código."

Destarte, a própria lei, "afastando qualquer exegese que vise a imiscuir pedido novo na liquidação", estabelece como regra *in procedendo* genérica e, portanto, aplicável às duas modalidades anteriores, que: "Na liquidação é vedado discutir de novo a lide ou modificar a sentença que a julgou" (art. 509, § 4º, do CPC/2015).

Isto significa que a sentença da liquidação não pode infirmar o julgado, por força de eficácia preclusiva da coisa julgada (arts. 494, 502 e 505 do CPC/2015), o que não impede a "liquidação zero", por insubsistência de valores novos quanto aos fatos novos, como *v.g.*; quando tratamentos ulteriores foram realizados em hospital público.

Esse princípio vetusto da fidelidade da liquidação em relação ao julgado deve ser interpretado *cum granu salis*. Assim, *v.g.*, a correção monetária, os juros, os honorários, ainda que não arbitrados – muito embora reconhecida a sucumbência –, podem ser incluídos na liquidação, sem ofensa ao preceito do art. 509, § 4º, do CPC/2015. No mesmo diapasão, a inclusão de perdas decorrentes da condenação genérica em perdas e danos pode constar da liquidação sem que se entreveja *error procedendo*.[31]

Outro aspecto a se destacar é que também não viola a regra da adstrição a liquidação levada a efeito por forma diversa da determinada na sentença, se imprópria à apuração do *quantum debeatur*, sendo certo que nessa hipótese é possível substituir as formas de liquidação na modalidade indicada.

A exegese do dispositivo impõe que a liquidação deva adstringir-se ao decidido, não podendo contemplar verbas não deferidas. Assim, *v.g.*, se a sentença somente concedeu despesas médico-hospitalares e danos materiais, não é lícito inaugurar na liquidação pedido de dano moral ou indenização por fato não cogitado no processo anterior de condenação, *v.g.*, a frustração de um negócio jurídico por força do acidente (lucros cessantes).

Essa regra não é infirmada, como assentado anteriormente, quando se conclui, na liquidação, que a indenização acertada na sentença não alcançou qualquer valor. É o que se denomina *"liquidação zero"*, autorizada por abalizada doutrina.[32]

A necessidade de demonstrar a extensão do dano com base em fato novo na liquidação pelo procedimento comum se deve ao amplo contraditório próprio desse rito.

Liquidação de sentença. Recurso

Em qualquer caso, quando a liquidação for incidente processual, sua resolução se dará por decisão interlocutória e será cabível agravo de instrumento (art. 1.015, parágrafo único, CPC/2015). Isso porque o incidente de liquidação de sentença, apesar de constituir fase do mesmo processo, tem natureza cognitiva e, como consequência, extingue-se por decisão interlocutória agravável.

Desta sorte, iniciada a fase de cumprimento da sentença, é vedado reavivar matérias que poderiam ter sido suscitadas nesse incidente cognitivo anterior, *v.g.*, os critérios utilizados na liquidação do julgado exequendo. Nos termos do art. 507 do CPC/2015, é vedado à parte discutir no curso do processo as questões já decididas a cujo respeito se operou a preclusão. Aplica-se também, *mutatis mutandi*, o art. 508 do CPC/2015, segundo o qual, transitada em julgado a decisão, considerar-se-ão deduzidas e repelidas todas as alegações e as defesas que a parte poderia opor tanto ao acolhimento quanto à rejeição do pedido.

---

[31] **"Art. 491**. Na ação relativa à obrigação de pagar quantia, ainda que formulado pedido genérico, a decisão definirá desde logo a extensão da obrigação, o índice de correção monetária, a taxa de juros, o termo inicial de ambos e a periodicidade da capitalização dos juros, se for o caso, salvo quando:
I – não for possível determinar, de modo definitivo, o montante devido;
II – a apuração do valor devido depender da produção de prova de realização demorada ou excessivamente dispendiosa, assim reconhecida na sentença.
§ 1º Nos casos previstos neste artigo, seguir-se-á a apuração do valor devido por liquidação.
§ 2º O disposto no *caput* também se aplica quando o acórdão alterar a sentença."

[32] **Moniz de Aragão**, *RP*, 44/21, **Araken de Assis**, ob. cit., p. 259.

Liquidação provisória

O art. 512 do CPC/2015 trata da liquidação provisória, aquela processada em autos separados na pendência de recurso, independentemente de o recurso possuir efeito suspensivo. A competência para a liquidação provisória é do juízo de origem. O objetivo é conferir celeridade, pois o título estará pronto para ser executado quando a decisão de mérito sobre a existência da obrigação transitar em julgado.[33]

2.3 Títulos executivos extrajudiciais

O CPC, após enunciar a regra de que toda execução tem por base título executivo judicial ou extrajudicial, enumera-os nos artigos seguintes (arts. 515 e 784 do CPC/2015).

O título executivo, como assentado, confere a certeza necessária que autoriza o início do processo satisfativo de execução.

Essa energia do título executivo fez exsurgir severas dúvidas quando da instituição, no nosso sistema processual, das tutelas provisórias, que, em face de elementos probatórios robustos, autorizam o juiz a conceder desde logo a satisfação antecipada do pedido.[34]

A perplexidade está em que, sendo o título executivo ato jurídico que confere certeza quanto à existência do crédito, qual seria a vantagem para a parte em perseguir o seu direito no processo executivo, no qual a fase de satisfação é a última etapa, em confronto com a tutela provisória cujo deferimento coloca a parte em situação mais vantajosa do que aquela última fase da execução?

A parte que dispõe de título extrajudicial pode optar entre as formas de tutela; vale dizer: a tutela de conhecimento com pedido de antecipação ou a tutela executiva. Já decidiu o Superior Tribunal de Justiça que a "obrigação lastreada em título extrajudicial pode ser exigida pela via ordinária, o que enseja até situação menos gravosa para o devedor, pois sua defesa pode ser exercida com maior amplitude".[35] O detentor de título executivo extrajudicial também pode optar pelo rito da ação monitória.[36] O novo CPC positivou esse entendimento em seu art. 785, segundo o qual, *verbis*: "A existência de título executivo extrajudicial não impede a parte de optar pelo processo de conhecimento, a fim de obter título executivo judicial".

A emancipação dos títulos executivos extrajudiciais pela equiparação de eficácia aos títulos judiciais exterminou a vetusta diferença que havia entre as ações executórias (títulos judiciais) e as ações executivas (títulos extrajudiciais), estas com cognição interna mais ampla do que aquelas, visto que admitiam contestação após a primeira constrição pela penhora. Hodiernamente, ambos os títulos autorizam a imediata satisfação da obrigação, diferenciando-se apenas pela natureza da prestação.

Os títulos extrajudiciais precisam estar previstos taxativamente, ou seja, *numerus clausus*, em lei, dentro do rol contido no art. 784 do CPC/2015 ou em outras normas legais.[37] A enumeração

---

[33] "**Art. 512.** A liquidação poderá ser realizada na pendência de recurso, processando-se em autos apartados no juízo de origem, cumprindo ao liquidante instruir o pedido com cópias das peças processuais pertinentes."

[34] Nesse particular, consulte-se a nossa obra *Tutela Antecipada e Locações* (Destaque, p. 118-119), a respeito desse confronto entre institutos da "antecipação" e da "execução".

[35] STJ, REsp 650.441/RJ, Rel. Min. Mauro Campbell Marques, 2ª Turma, j. 19.08.2008.

[36] STJ, AgRg no AREsp 606.420/SP, Rel. Min. Marco Aurélio Bellizze, 3ª Turma, j. 03.02.2015. No mesmo sentido: STJ, REsp 1281036/RJ, Rel. Min. Herman Benjamin, 2ª Turma, j. 10.05.2016, *DJe* 24.05.2016.

[37] "**Art. 784.** São títulos executivos extrajudiciais:

I – a letra de câmbio, a nota promissória, a duplicata, a debênture e o cheque;

II – a escritura pública ou outro documento público assinado pelo devedor;

III – o documento particular assinado pelo devedor e por 2 (duas) testemunhas;

IV – o instrumento de transação referendado pelo Ministério Público, pela Defensoria Pública, pela Advocacia Pública, pelos advogados dos transatores ou por conciliador ou mediador credenciado por tribunal;

V – o contrato garantido por hipoteca, penhor, anticrese ou outro direito real de garantia e aquele garantido por caução;

Parte X • IV – REQUISITOS DA EXECUÇÃO E DO CUMPRIMENTO DA SENTENÇA | 717

exaustiva decorre do fato de que os mencionados títulos autorizam a prática de atos de soberania e de enérgica invasão na esfera jurídico-patrimonial do devedor, razão pela qual não podem os particulares produzir, de acordo com a vontade individual, uma fonte de atos autoritário-judiciais. Ressalte-se que o próprio inciso XII do art. 784 exige expressa disposição legal para atribuir força executiva a um título. A primeira categoria de documentos executivos é representada pelos títulos cambiais, tais como: letra de câmbio, nota promissória, duplicata e cheque (784, I, do CPC/2015).

Impende esclarecer que os referidos títulos têm sua caracterização e formalização subordinadas às normas de direito material que os regem, cabendo ao CPC regular o processo e o procedimento correspondentes à exigibilidade em juízo do crédito inserido na cártula.

É forçoso relembrar que, com o advento da ação monitória, os títulos carentes de seus requisitos formais executivos passaram a ser passíveis de embasar esse novel procedimento (art. 700 do CPC/2015),[38] como, *v.g.*, a duplicata sem aceite, a nota promissória em branco sem data da emissão etc.

Ressalte-se que o documento monitório há de ter sido firmado pelo devedor, não autorizando o manejo desse rito paraexecutivo documentos unilaterais de dívida ou simples cartas remetidas pelo credor ao suposto obrigado porquanto a assunção da obrigação deve ser inequívoca.

Destarte, há casos em que o título cambial está vinculado a determinado contrato. Nesses casos, o negócio jurídico é apenas integrativo, haja vista que o documento é suficiente por si só à execução.

Os títulos executivos previstos nos incisos II, III e IV, do art. 784 do CPC/2015 apresentam a mesma essência dos documentos anteriores e têm como fundamento o prestígio conferido às manifestações de vontade na criação do vínculo obrigacional. Nesse particular, insta afirmar que cresce aqui e alhures a tendência de multiplicação de documentos a que se confere eficácia executiva, não só como técnica de prestação jurisdicional, mas também como forma de se valorizarem as manifestações volitivas. Constando desses documentos obrigações assumidas e posteriormente impagas, cabe à parte iniciar o processo de execução.

A obrigação constante do documento deve revelar, *prima facie*, certeza, liquidez e exigibilidade, já que a necessidade de aferir esses requisitos no negócio subjacente desnatura-o, retirando-lhe a executividade.

Os instrumentos de transação a que se refere o art. 784, IV, do CPC/2015 são aqueles lavrados extrajudicialmente – uma vez que, do contrário, seriam títulos judiciais. Deveras, acompanhando o movimento da criação de títulos que permitem tutela rápida, a legislação especial vem consagrando novos documentos desta categoria, por exemplo, o compromisso de ajustamento regulado pela lei da ação civil pública, o qual pode ensejar execução específica de obrigação de fazer, bem como qualquer outro negócio jurídico encetado entre interessados.

VI – o contrato de seguro de vida em caso de morte;

VII – o crédito decorrente de foro e laudêmio;

VIII – o crédito, documentalmente comprovado, decorrente de aluguel de imóvel, bem como de encargos acessórios, tais como taxas e despesas de condomínio;

IX – a certidão de dívida ativa da Fazenda Pública da União, dos Estados, do Distrito Federal e dos Municípios, correspondente aos créditos inscritos na forma da lei;

X – o crédito referente às contribuições ordinárias ou extraordinárias de condomínio edilício, previstas na respectiva convenção ou aprovadas em assembleia geral, desde que documentalmente comprovadas;

XI – a certidão expedida por serventia notarial ou de registro relativa a valores de emolumentos e demais despesas devidas pelos atos por ela praticados, fixados nas tabelas estabelecidas em lei;

XII – todos os demais títulos aos quais, por disposição expressa, a lei atribuir força executiva."

[38] **"Art. 700.** A ação monitória pode ser proposta por aquele que afirmar, com base em prova escrita sem eficácia de título executivo, ter direito de exigir do devedor capaz:

I – o pagamento de quantia em dinheiro;

II – a entrega de coisa fungível ou infungível ou de bem móvel ou imóvel;

III – o adimplemento de obrigação de fazer ou de não fazer."

A exigência da lei é que o documento particular previsto no art. 784, III, do CPC/2015 contenha assinaturas de duas testemunhas que, se faltantes, emprestam ao título natureza meramente monitória. No entanto, já pacificou o STJ que é possível o suprimento da assinatura das testemunhas por outros meios, de acordo com o contexto dos autos, caso em que a via executiva é válida.[39] Também é "firme o entendimento do STJ no sentido de que o contrato de confissão de dívida sem assinatura de duas testemunhas, em geral, não retira a força executiva da nota promissória a ele vinculada".[40] Da mesma forma, "como os advogados não possuem o desinteresse próprio da autêntica testemunha, sua assinatura não pode ser tida como apta a conferir a executividade do título extrajudicial. No entanto, a referida assinatura só irá macular a executividade do título, caso o executado aponte a falsidade do documento ou da declaração nele contida".[41] Por fim, a ausência das testemunhas no momento da formação do documento particular "não retira a sua executoriedade, uma vez que as assinaturas podem ser feitas em momento posterior ao ato de criação do título executivo extrajudicial, sendo as testemunhas meramente instrumentárias".[42] Registre-se que, em exceção à regra de que o rol de títulos executivos extrajudiciais é *numerus clausus*, o Superior Tribunal de Justiça reconheceu a força executiva de contrato eletrônico de mútuo certificado digitalmente, mesmo sem o requisito legal de assinatura por duas testemunhas. Em uma interpretação finalística, entendeu-se que a exigência de testemunhas se destina a atestar a autenticidade do documento, o que é suprido pela certificação digital.[43]

A lei confere natureza executiva ao documento particular de transação, o qual exige a presença de advogado para ambos os transatores. A falta das firmas dos advogados também retira do título a natureza executiva. No entanto, a lei autoriza que o título goze de força executiva quando subscrito por conciliador ou mediador credenciado por tribunal (art. 784, IV). A razão está em que a transação exige conhecimentos técnicos e sua força executiva depende de ter sido conscientemente engendrada, certeza que se obtém quando fruto da pena do advogado ou do profissional credenciado para promover conciliação ou mediação. Destaque-se que o documento particular pode conter qualquer obrigação de fazer, não fazer, entrega de soma etc.

A lei enumera, ainda, os documentos comprobatórios de dívidas garantidas, bem como créditos que merecem proteção especial.

Nesse sentido, são considerados títulos extrajudiciais pelo inciso V do art. 784 do CPC/2015 o contrato garantido por hipoteca, penhor, anticrese ou outro direito real de garantia e aquele garantido por caução. O dispositivo traz como base comum entre os títulos o fato de que todos os bens vinculados respondem prioritariamente pelo inadimplemento da obrigação que neles se contém. Aliás, nem poderia ser diferente, na medida em que, nessas obrigações, o bem a suportar a denominada responsabilidade patrimonial já se encontra individualizado e a sua excussão preferencial é imperativo legal, consoante se colhe do disposto no § 3º do art. 835 do novo CPC.[44]

---

[39] AgRg no AREsp 800.028/RS, Rel. Min. Maria Isabel Gallotti, 4ª Turma, j. 02.02.2016, *DJe* 05.02.2016. REsp 1453949/SP, Rel. Min. Luis Felipe Salomão, 4ª Turma, j. 13.06.2017, *DJe* 15.08.2017.

[40] AgInt no REsp 1341604/SP, Rel. Min. Luis Felipe Salomão, 4ª Turma, j. 12.06.2018, *DJe* 15.06.2018.

[41] REsp 1453949/SP, Rel. Min. Luis Felipe Salomão, 4ª Turma, j. 13.06.2017, *DJe* 15.08.2017.

[42] REsp 541.267/RJ, Rel. Min. Jorge Scartezzini, 4ª Turma, j. 20.09.2005, *DJ* 17.10.2005, p. 298.

[43] REsp 1495920/DF, Rel. Min. Paulo de Tarso Sanseverino, 3ª Turma, j. 15.05.2018, *DJe* 07.06.2018.

[44] **"Art. 835.** A penhora observará, preferencialmente, a seguinte ordem:

I – dinheiro, em espécie ou em depósito ou aplicação em instituição financeira;

II – títulos da dívida pública da União, dos Estados e do Distrito Federal com cotação em mercado;

III – títulos e valores mobiliários com cotação em mercado;

IV – veículos de via terrestre;

V – bens imóveis;

VI – bens móveis em geral;

VII – semoventes;

VIII – navios e aeronaves;

IX – ações e quotas de sociedades simples e empresárias;

Os direitos reais de garantia ora em exame obedecem, na sua conceituação, estrutura e natureza jurídica, ao disposto na lei material, cabendo à lei processual regular o modo pelo qual são exigidos em juízo. O crédito exequendo consubstanciado no título e garantido pode representar o valor líquido total da dívida originária ou o saldo devedor no momento da propositura da execução. Nesse caso, expropriando-se o bem dado em garantia restitui-se ao devedor eventual resíduo. Destarte, nesses casos de execução residual, em face do princípio da economicidade e à luz do valor diminuto do saldo devedor, é lícita a autorização de substituição do bem dado em garantia por outro também penhorável.

O título representativo do seguro de vida, em caso de morte, se subsume à execução com o escopo de agilizar a satisfação do beneficiário através da execução por quantia certa. O presente seguro é denominado facultativo, porquanto os valores decorrentes do seguro obrigatório para os veículos automotores em geral são exigíveis, em juízo, através do procedimento comum de cognição, por força de lei especial (art. 10 da Lei nº 6.194/74), em conjunto com o art. 1.049, parágrafo único, do CPC/2015.[45]

Submetem-se, ainda, à execução, visto que consubstanciados em título executivo extrajudicial, o crédito decorrente de foro e laudêmio (art. 784, VII).

Igualmente, são títulos executivos extrajudiciais o crédito, documentalmente comprovado, decorrente aluguel de imóvel, bem como de encargos acessórios, tais como taxas e despesas de condomínio (art. 784, VIII). Uma novidade do novo CPC é a previsão, como título executivo extrajudicial, do crédito referente às contribuições ordinárias ou extraordinárias de condomínio edilício, previstas na respectiva convenção ou aprovadas em assembleia geral, desde que documentalmente comprovadas (art. 784, X). Sendo assim, em caso de imóvel alugado, tanto o condomínio edilício quanto o locador podem executar a obrigação referente às contribuições condominiais.

A comprovação por escrito dos créditos ora mencionados confere a certeza necessária para instaurar-se a execução, por isso que as obrigações creditícias decorrentes de "vínculos verbais", não habilitam à execução, relegando os interessados para o processo de conhecimento.

Os encargos de condomínio, representados por cotas condominiais, encerram despesas que ora competem ao proprietário, ora ao locatário. O crédito condominial exequível é aquele derivado do repasse lavrado no contrato de locação pelo qual o inquilino obriga-se ao pagamento das despesas condominiais. Assente-se, inclusive, que a referida despesa, de regra, vem embutida no próprio recibo de aluguel, devidamente discriminada.

A moderna tendência de agilização da tutela jurisdicional através da criação de títulos executivos, que encerra técnica de cognição limitada, que vinha influenciando a jurisprudência a admitir a execução de cotas condominiais contra o condômino, sob o argumento de que, constando do orçamento e da convenção a previsão das despesas, a dívida é líquida, certa e exigível. O atual CPC exige que as contribuições condominiais executadas tenham sido previstas na respectiva convenção ou aprovadas em assembleia geral.

X – percentual do faturamento de empresa devedora;

XI – pedras e metais preciosos;

XII – direitos aquisitivos derivados de promessa de compra e venda e de alienação fiduciária em garantia;

XIII – outros direitos.

§ 1º É prioritária a penhora em dinheiro, podendo o juiz, nas demais hipóteses, alterar a ordem prevista no *caput* de acordo com as circunstâncias do caso concreto.

§ 2º Para fins de substituição da penhora, equiparam-se a dinheiro a fiança bancária e o seguro garantia judicial, desde que em valor não inferior ao do débito constante da inicial, acrescido de trinta por cento.

§ 3º Na execução de crédito com garantia real, a penhora recairá sobre a coisa dada em garantia, e, se a coisa pertencer a terceiro garantidor, este também será intimado da penhora."

[45] **"Art. 1.049.** Sempre que a lei remeter a procedimento previsto na lei processual sem especificá-lo, será observado o procedimento comum previsto neste Código.

Parágrafo único. Na hipótese de a lei remeter ao procedimento sumário, será observado o procedimento comum previsto neste Código, com as modificações previstas na própria lei especial, se houver."

720 | CURSO DE DIREITO PROCESSUAL CIVIL • *Luiz Fux*

O novo CPC previu como título executivo judicial o crédito de auxiliar da justiça, quando as custas, emolumentos ou honorários tiverem sido aprovados por decisão judicial (art. 515, V). Cuida-se de crédito consagrado como título executivo extrajudicial sob a égide do 1973. Houve, portanto, modificação da natureza jurídica deste título executivo, que passa a autorizar a utilização, pelo credor, do rito de cumprimento de sentença. Os auxiliares do juízo são remunerados pela prática dos atos que executam por determinação ou nomeação judicial. Há despesas que são custas do processo, como a taxa judiciária, recolhidas ao Estado federado. Diversamente, a remuneração pessoal dos serviços prestados pelos denominados "auxiliares do juízo" a eles pertencem. Assim, *v.g.*, os honorários periciais pertencem ao técnico nomeado pelo juiz a que faz jus pela elaboração do laudo; o avaliador estipula o seu preço para estimar o valor de bens de interesse da causa; o administrador também recebe custas pessoais pela atividade de administrar bens sujeitos à constrição judicial. Essas remunerações pessoais compõem crédito dos serventuários que são consideradas veiculáveis através do cumprimento de sentença, uma vez que "aprovadas por decisão judicial".

Integra o rol de títulos executivos extrajudiciais "a certidão de dívida ativa da Fazenda Pública da União, dos Estados, do Distrito Federal e dos Municípios, correspondente aos créditos inscritos na forma da lei" (art. 784, IX, CPC/2015). Consectário do poder de império do Estado e da presunção de legitimidade de seus atos é a constituição unilateral do crédito da Fazenda Pública tal como ocorre com os tributos em geral. A lei, no afã de viabilizar a rápida satisfação judicial desses créditos, considera-os obrigações líquidas e certas e, uma vez consubstanciadas em certidões lavradas pela própria entidade pública, objeto da execução a favor da Fazenda, que a promove sob o procedimento da "execução fiscal", na forma da Lei nº 6.830/1980. Insta esclarecer que, quando a execução é movida "contra o Estado", segue as regras da execução "contra a Fazenda Pública", obedecendo ao rito privilegiado do art. 910 do CPC/2015[46], ou de cumprimento de sentença que impuser à Fazenda Pública o dever de pagar quantia certa (art. 534 do CPC/2015).[47]

Consideram-se "fazenda pública", para os presentes fins, as entidades componentes da administração direta, inclusive as autarquias, e as fundações de direito público na forma do novel art. 496, I, do CPC/2015, que trata da remessa necessária. Em contrapartida, o Supremo Tribunal Federal já decidiu que a execução contra pessoas jurídicas de direito privado da Administração Pública indireta não segue o rito dos precatórios (art. 100, *caput* e § 1º, da Constituição), sendo penhoráveis os bens desses entes.[48] Entretanto, aplica-se o regime de precatórios à "entidade que presta serviços públicos essenciais (...), sem que tenha ficado demonstrado nos autos se tratar de

---

[46]   "**Art. 910**. Na execução fundada em título extrajudicial, a Fazenda Pública será citada para opor embargos em 30 (trinta) dias.

§ 1º Não opostos embargos ou transitada em julgado a decisão que os rejeitar, expedir-se-á precatório ou requisição de pequeno valor em favor do exequente, observando-se o disposto no art. 100 da Constituição Federal.

§ 2º Nos embargos, a Fazenda Pública poderá alegar qualquer matéria que lhe seria lícito deduzir como defesa no processo de conhecimento.

§ 3º Aplica-se a este Capítulo, no que couber, o disposto nos artigos 534 e 535."

[47]   "**Art. 534.** No cumprimento de sentença que impuser à Fazenda Pública o dever de pagar quantia certa, o exequente apresentará demonstrativo discriminado e atualizado do crédito contendo:

I – o nome completo e o número de inscrição no Cadastro de Pessoas Físicas ou no Cadastro Nacional da Pessoa Jurídica do exequente;

II – o índice de correção monetária adotado;

III – os juros aplicados e as respectivas taxas;

IV – o termo inicial e o termo final dos juros e da correção monetária utilizados;

V – a periodicidade da capitalização dos juros, se for o caso;

VI – a especificação dos eventuais descontos obrigatórios realizados.

§ 1º Havendo pluralidade de exequentes, cada um deverá apresentar o seu próprio demonstrativo, aplicando-se à hipótese, se for o caso, o disposto nos §§ 1º e 2º do art. 113.

§ 2º A multa prevista no § 1º do art. 523 não se aplica à Fazenda Pública."

[48]   STF, RE 693112, Rel. Min. Gilmar Mendes, Tribunal Pleno, j. 09.02.2017.

sociedade de economia mista ou empresa pública que competiria com pessoas jurídicas privadas ou que teria por objetivo primordial acumular patrimônio e distribuir lucros".[49]

O novo CPC também introduziu, como título executivo extrajudicial, a certidão expedida por serventia notarial ou de registro relativa a valores de emolumentos e demais despesas devidas pelos atos por ela praticados, fixados nas tabelas estabelecidas em lei (art. 784, XI). Importante ressaltar a necessidade de previsão legal da exação, a fim de que a certidão goze de força executiva.

Atento à moderna tendência da criação de novos títulos, o novo CPC inseriu norma de encerramento no último inciso do art. 784, dispondo serem dotados de eficácia executiva: "todos os demais títulos aos quais, por disposição expressa, a lei atribuir força executiva". A regra reafirma o princípio de que "somente a lei é fonte do título executivo", pois o processo que o tem como causa hábil se caracteriza pela prática de atos de soberania.

De outro lado, o dispositivo em foco remete o intérprete para a legislação especial, onde se encontram outros inúmeros documentos considerados títulos executivos extrajudiciais, como soem ser: a cédula de crédito rural; a cédula rural hipotecária; a cédula rural pignoratícia; a nota de crédito rural (todos previstos no DL nº 167/67); as cédulas de crédito industrial e a nota de crédito industrial (previstos no DL nº 413/69) e inúmeros outros previstos na legislação financeira.

Acrescente-se, por fim, que a eficácia do título executivo extrajudicial na sua primeira aparição em juízo não fica infirmada nem mesmo se o devedor propuser anteriormente ação declaratória negativa do débito consubstanciado na cártula. É o que determina o art. 784, § 1º, do CPC/2015: "A propositura de qualquer ação relativa a débito constante de título executivo não inibe o credor de promover-lhe a execução". Nessa hipótese, é lícito ao credor exequente promover a execução no juízo prevento pela ação de cognição conexa. Neste, o magistrado apreciará a execução e a ação de conhecimento, bem como o grau de prejudicialidade desta, podendo determinar a suspensão da via executiva caso entreveja verossimilhança do alegado no processo de conhecimento. Raciocínio inverso incentivaria a propositura de demandas frívolas e enfraqueceria o título executivo que contempla crédito líquido, certo e exigível.

Reforçando a tendência de prestígio aos títulos extrajudiciais como técnica de agilização, a lei autoriza a execução no Brasil de títulos oriundos de país estrangeiro, independentemente de homologação, desde que preencha os requisitos de eficácia da *lex fori*, indique o Brasil como lugar do pagamento, seja traduzido, para permitir ao juízo avaliar a extensão de crédito, bem como convertido para o padrão monetário brasileiro correspondente, em função do curso forçado de nossa moeda (art. 784, §§ 2º e 3º, do CPC/2015).

---

[49] STF, RE 592004 AgR, Rel. Min. Joaquim Barbosa, 2ª Turma, j. 05.06.2012. V. tb. RE 599628, Rel. Min. Ayres Britto, Relator(a) p/ Acórdão: Min. Joaquim Barbosa, Tribunal Pleno, j. 25.05.2011.

V
ESPÉCIES DE EXECUÇÃO

1. CUMPRIMENTO DE SENTENÇA E EXECUÇÃO DE TÍTULO EXTRAJUDICIAL

A par das regras gerais, o Código enuncia normas especiais que regulam e distinguem os procedimentos executórios.

Essas regras permitem-nos, sistematicamente, dicotomizar as espécies de execução, consoante alguns critérios.

Assim é que, "quanto à natureza do título", a execução pode ser por título "judicial ou extrajudicial", conforme o título seja formado em juízo ou fora dele (arts. 515 e 784[1] do CPC/2015).

---

[1] **"Art. 515.** São títulos executivos judiciais, cujo cumprimento dar-se-á de acordo com os artigos previstos neste Título:

I – as decisões proferidas no processo civil que reconheçam a exigibilidade de obrigação de pagar quantia, de fazer, de não fazer ou de entregar coisa;

II – a decisão homologatória de autocomposição judicial;

III – a decisão homologatória de autocomposição extrajudicial de qualquer natureza;

IV – o formal e a certidão de partilha, exclusivamente em relação ao inventariante, aos herdeiros e aos sucessores a título singular ou universal;

V – o crédito de auxiliar da justiça, quando as custas, emolumentos ou honorários tiverem sido aprovados por decisão judicial;

VI – a sentença penal condenatória transitada em julgado;

VII – a sentença arbitral;

VIII – a sentença estrangeira homologada pelo Superior Tribunal de Justiça;

IX – a decisão interlocutória estrangeira, após a concessão do exequatur à carta rogatória pelo Superior Tribunal de Justiça;

X – (VETADO).

§ 1º Nos casos dos incisos VI a IX, o devedor será citado no juízo cível para o cumprimento da sentença ou para a liquidação no prazo de 15 (quinze) dias.

§ 2º A autocomposição judicial pode envolver sujeito estranho ao processo e versar sobre relação jurídica que não tenha sido deduzida em juízo."

"Art. 784. São títulos executivos extrajudiciais:

I – a letra de câmbio, a nota promissória, a duplicata, a debênture e o cheque;

II – a escritura pública ou outro documento público assinado pelo devedor;

III – o documento particular assinado pelo devedor e por 2 (duas) testemunhas;

IV – o instrumento de transação referendado pelo Ministério Público, pela Defensoria Pública, pela Advocacia Pública, pelos advogados dos transatores ou por conciliador ou mediador credenciado por tribunal;

V – o contrato garantido por hipoteca, penhor, anticrese ou outro direito real de garantia e aquele garantido por caução;

VI – o contrato de seguro de vida em caso de morte;

VII – o crédito decorrente de foro e laudêmio;

VIII – o crédito, documentalmente comprovado, decorrente de aluguel de imóvel, bem como de encargos acessórios, tais como taxas e despesas de condomínio;

724 CURSO DE DIREITO PROCESSUAL CIVIL • *Luiz Fux*

A diferença mais expressiva entre as espécies de execução ora confrontadas opera-se no âmbito dos embargos à execução.

É que, na execução por título extrajudicial, o título surge pela primeira vez em juízo (art. 917 do CPC/2015),[2] ao passo que, na execução judicial, o título foi formado em juízo em processo de cognição antecedente (processo de conhecimento, de liquidação, arbitragem etc.). A preclusão impede que o executado obste a marcha executiva invocando questões que não sejam supervenientes ao trânsito em julgado da sentença exequenda (art. 525, § 1º, do CPC/2015),[3] salvo a falta

---

IX – a certidão de dívida ativa da Fazenda Pública da União, dos Estados, do Distrito Federal e dos Municípios, correspondente aos créditos inscritos na forma da lei;

X – o crédito referente às contribuições ordinárias ou extraordinárias de condomínio edilício, previstas na respectiva convenção ou aprovadas em assembleia geral, desde que documentalmente comprovadas;

XI – a certidão expedida por serventia notarial ou de registro relativa a valores de emolumentos e demais despesas devidas pelos atos por ela praticados, fixados nas tabelas estabelecidas em lei;

XII – todos os demais títulos aos quais, por disposição expressa, a lei atribuir força executiva.

§ 1º A propositura de qualquer ação relativa a débito constante de título executivo não inibe o credor de promover-lhe a execução.

§ 2º Os títulos executivos extrajudiciais oriundos de país estrangeiro não dependem de homologação para serem executados.

§ 3º O título estrangeiro só terá eficácia executiva quando satisfeitos os requisitos de formação exigidos pela lei do lugar de sua celebração e quando o Brasil for indicado como o lugar de cumprimento da obrigação."

[2] **"Art. 917.** Nos embargos à execução, o executado poderá alegar:

I – inexequibilidade do título ou inexigibilidade da obrigação;

II – penhora incorreta ou avaliação errônea;

III – excesso de execução ou cumulação indevida de execuções;

IV – retenção por benfeitorias necessárias ou úteis, nos casos de execução para entrega de coisa certa;

V – incompetência absoluta ou relativa do juízo da execução;

VI – qualquer matéria que lhe seria lícito deduzir como defesa em processo de conhecimento.

§ 1º A incorreção da penhora ou da avaliação poderá ser impugnada por simples petição, no prazo de 15 (quinze) dias, contado da ciência do ato.

§ 2º Há excesso de execução quando:

I – o exequente pleiteia quantia superior à do título;

II – ela recai sobre coisa diversa daquela declarada no título;

III – ela se processa de modo diferente do que foi determinado no título;

IV – o exequente, sem cumprir a prestação que lhe corresponde, exige o adimplemento da prestação do executado;

V – o exequente não prova que a condição se realizou.

§ 3º Quando alegar que o exequente, em excesso de execução, pleiteia quantia superior à do título, o embargante declarará na petição inicial o valor que entende correto, apresentando demonstrativo discriminado e atualizado de seu cálculo.

§ 4º Não apontado o valor correto ou não apresentado o demonstrativo, os embargos à execução:

I – serão liminarmente rejeitados, sem resolução de mérito, se o excesso de execução for o seu único fundamento;

II – serão processados, se houver outro fundamento, mas o juiz não examinará a alegação de excesso de execução.

§ 5º Nos embargos de retenção por benfeitorias, o exequente poderá requerer a compensação de seu valor com o dos frutos ou dos danos considerados devidos pelo executado, cumprindo ao juiz, para a apuração dos respectivos valores, nomear perito, observando-se, então, o art. 464.

§ 6º O exequente poderá a qualquer tempo ser imitido na posse da coisa, prestando caução ou depositando o valor devido pelas benfeitorias ou resultante da compensação.

§ 7º A arguição de impedimento e suspeição observará o disposto nos arts. 146 e 148."

[3] **"Art. 525, § 1º.** Na impugnação, o executado poderá alegar:

I – falta ou nulidade da citação se, na fase de conhecimento, o processo correu à revelia;

II – ilegitimidade de parte;

III – inexequibilidade do título ou inexigibilidade da obrigação;

IV – penhora incorreta ou avaliação errônea;

ou a nulidade da citação no processo de conhecimento, desde que este tenha tramitado à revelia do réu ora executado.

Conforme mais adiante se verá na abordagem específica dos embargos à execução, estes, quando fundados na falta ou nulidade da citação conducentes à revelia, tem efeito rescindente, destruindo todo o processo de conhecimento até a etapa citatória. Por isso, oferecida impugnação com fundamento no inciso I do art. 525, § 1º, a eventual propositura de ação rescisória da sentença, pelo mesmo fundamento, encerra o vício da litispendência, porque, nesse caso, não há pedido de rejulgamento, mas tão somente de desconstituição do julgado. Recorde-se que o art. 969 do CPC/2015 determina que "A propositura da ação rescisória não impede o cumprimento da decisão rescindenda, ressalvada a concessão de tutela provisória."

Anote-se, por fim, que a restrição cognitiva na impugnação ao cumprimento de sentença, ressalvada a exceção da falta ou nulidade da citação no processo de conhecimento contra réu revel, impede o executado de alegar as denominadas exceções substanciais, *v.g.*, a prescrição, a não ser que supervenientes à sentença.

No que concerne à "natureza da prestação", a execução admite subespécies que se distinguem pela diversidade procedimental reclamada pelos meios executivos utilizados para alcançar os múltiplos resultados almejados, a saber: "execução por quantia certa"; "execução para entrega de coisa" e "execução de obrigação de fazer e não fazer".

Por seu turno, cada uma das execuções apresenta as suas próprias variações decorrentes de critérios internos. Assim, *v. g.*, "a execução por quantia certa", que "objetiva a entrega de uma soma ao credor" através da prática dos meios de satisfação consistentes na prévia apreensão de bens do devedor e posterior alienação para a entrega do produto, "varia no seu *iter* procedimental conforme o devedor seja pessoa jurídica de direito público ou de direito privado", bem como se "a soma refere-se a alimentos ou quantia sem essa destinação específica". Desta sorte, a execução por quantia certa admite as submodalidades da "execução por quantia certa"; "execução por quantia certa contra a Fazenda Pública" e "execução de alimentos". A antiga "execução por quantia certa contra devedor insolvente" não foi incluída no novo CPC, mas as execuções contra devedor insolvente, em curso ou que venham a ser propostas, continuam a ser regidas pelo Código anterior (art. 1.052 do CPC/2015).

A "execução para a entrega de coisa", por seu turno, admite as subespécies consistentes na "execução para entrega de coisa certa e execução para a entrega de coisa incerta", diferença ocorrente em face de esta última comportar um prévio procedimento de escolha da coisa a ser entregue.

A "execução de fazer e de não fazer" também comporta subespécies, porquanto os meios executivos diferem conforme a execução recaia em "obrigação de fazer fungível"; "obrigação de fazer infungível"; "obrigação de fazer consistente em emitir declaração de vontade"; "obrigação de não fazer permanente" (admite desfazimento) e "obrigação de não fazer instantânea" (inadmite desfazimento).

Finalmente, a "execução judicial ou o cumprimento da sentença" nem sempre pressupõem que a decisão que lhes serve de título tenha "transitado em julgado". A lei, no afã de agilizar a prestação jurisdicional, enquanto se aguarda o trânsito em julgado da decisão, permite certo adiantamento de atos executivos. Têm-se, assim, espécies de execução que variam consoante a "estabilidade jurídica" do título judicial. Há sentenças que, não obstante recorríveis, admitem um início de execução que não alcance estágio de irreversibilidade satisfativa, e há outros casos em que a execução somente pode ser promovida após o trânsito em julgado da decisão.

V – excesso de execução ou cumulação indevida de execuções;

VI – incompetência absoluta ou relativa do juízo da execução;

VII – qualquer causa modificativa ou extintiva da obrigação, como pagamento, novação, compensação, transação ou prescrição, desde que supervenientes à sentença."

Súmula nº 150 do STF: "Prescreve a execução no mesmo prazo de prescrição da ação."

No primeiro caso, estamos diante da denominada "execução provisória", que se caracteriza pela possibilidade de modificação da decisão exequenda por força do recurso interposto, o que implica o dever de restabelecimento das coisas ao estado anterior, por conta do exequente que iniciou execução ainda instável. Diversamente, denomina-se "definitiva" a execução fundada em decisão transitada em julgado ou em título extrajudicial.

Como se observa, a previsão de "execução segundo a condição jurídica do título" é questão de política legislativa, pois cabe ao legislador avaliar a conveniência de permitir o adiantamento ou retardamento dos atos executivos. Destarte, também se insere nessa esfera a equiparação dos títulos extrajudiciais às sentenças transitadas em julgado, porquanto ambas autorizam a execução definitiva. O legislador, não obstante os graus de certeza quanto ao direito que nesses títulos se contém, igualou-os ao permitir o início do processo com fulcro em ambos, perspectiva que tende a se modificar.

A "execução definitiva" é aquela cujo resultado do processo alcança o seu escopo satisfativo máximo. Assim, *v.g.*, na execução definitiva por quantia certa, o processo termina com a entrega da soma ou de bens correspondentes do devedor ao credor. Os atos processuais são praticados com o objetivo de alcançar a realização "completa" do direito. O cumprimento definitivo de título judicial processa-se nos próprios autos em que se produziu a decisão exequenda, fato que levou praxistas de outrora a considerarem-na, apenas, uma fase posterior da cognição, ideia que foi restaurada pela Lei nº 11.382/2005 e acolhida no novo CPC.

Importante frisar que o título base é que confere definitividade à execução. Assim, se a execução inicia-se com fulcro em título executivo extrajudicial e os embargos oferecidos *sem efeito suspensivo* (art. 919 do CPC/2015)[4] são julgados improcedentes, havendo interposição pelo executado de apelação "sem efeito suspensivo, prossegue-se, na execução", tal como ela era; vale dizer: "definitiva". Por isso que nessa forma de execução definitiva não há que se falar em prestação de garantia, inerente à provisoriedade da execução. Deveras, *in casu*, não se está executando a sentença dos embargos senão o título mesmo que foi impugnado por aquela oposição do devedor. Esta razão leva-nos a repudiar a tese dos que sustentam a não definitividade da execução com embargos rejeitados e recorrida a decisão, em razão do grau de prejudicialidade que o provimento do recurso interposto da decisão denegatória pode encerrar.

No que concerne à possível lesão causada ao executado, caso a sentença de improcedência dos embargos venha a ser reformada, o próprio Código de Processo cuida de antever a reparação, ao dispor, no art. 776 do CPC/2015, que "O exequente ressarcirá ao executado os danos que este sofreu, quando a sentença, transitada em julgado, declarar inexistente, no todo ou em parte, a obrigação que ensejou a execução", regra reforçada pelo art. 777 do CPC/2015[5].

---

4   **"Art. 919.** Os embargos à execução não terão efeito suspensivo.

§ 1º O juiz poderá, a requerimento do embargante, atribuir efeito suspensivo aos embargos quando verificados os requisitos para a concessão da tutela provisória e desde que a execução já esteja garantida por penhora, depósito ou caução suficientes.

§ 2º Cessando as circunstâncias que a motivaram, a decisão relativa aos efeitos dos embargos poderá, a requerimento da parte, ser modificada ou revogada a qualquer tempo, em decisão fundamentada.

§ 3º Quando o efeito suspensivo atribuído aos embargos disser respeito apenas a parte do objeto da execução, esta prosseguirá quanto à parte restante.

§ 4º A concessão de efeito suspensivo aos embargos oferecidos por um dos executados não suspenderá a execução contra os que não embargaram quando o respectivo fundamento disser respeito exclusivamente ao embargante.

§ 5º A concessão de efeito suspensivo não impedirá a efetivação dos atos de substituição, de reforço ou de redução da penhora e de avaliação dos bens."

5   **"Art. 777.** A cobrança de multas ou de indenizações decorrentes de litigância de má-fé ou de prática de ato atentatório à dignidade da justiça será promovida nos próprios autos do processo."

Parte X • V — ESPÉCIES DE EXECUÇÃO | **727**

Forçoso convir que ambos os dispositivos são aplicáveis ao cumprimento da sentença e à execução extrajudicial, dada a intercomunicabilidade entre os livros do cumprimento de sentença e do processo de execução (art. 771 do CPC/2015).[6]

Trata-se de responsabilidade objetiva decorrente de risco judiciário a qual se justifica pelo fato de se admitir o prosseguimento da execução até seu final, mesmo diante da possibilidade de reversão da decisão dos embargos.

Tendo em vista a moderna execução provisória (art. 520 do CPC/2015), a referida indenização aplica-se a ambas as espécies (definitiva e provisória). Desta sorte, pendendo o recurso de decisão que julgou os embargos improcedentes, em execução calçada em sentença trânsita ou título extrajudicial, o exequente poderá optar entre seguir com a execução definitiva, tal como procedia antes da oposição dos embargos, sujeitando-se ao disposto no art. 776 do CPC/2015 ou aguardar a solução definitiva do juízo *ad quem*.

A "execução provisória" admite adiantamento de atos executivos, e o alcance dos atos de satisfação irreversível que caracteriza a execução definitiva, com as garantias previstas no art. 520, IV, do CPC/2015.[7] Nesse sentido é que o exequente compromete-se, caso modificada a decisão, a repor as coisas no estado anterior, vedando-lhe o levantamento de dinheiro sem garantia real ou fidejussória e qualquer alienação dominial, como forma de proteção dos potenciais terceiros adquirentes, salvante as hipóteses de dispensa da caução elencadas no art. 521 do CPC/2015.[8]

---

[6] **"Art. 771.** Este Livro regula o procedimento da execução fundada em título extrajudicial, e suas disposições aplicam-se, também, no que couber, aos procedimentos especiais de execução, aos atos executivos realizados no procedimento de cumprimento de sentença, bem como aos efeitos de atos ou fatos processuais a que a lei atribuir força executiva.
Parágrafo único. Aplicam-se subsidiariamente à execução as disposições do Livro I da Parte Especial."

[7] **"Art. 520.** O cumprimento provisório da sentença impugnada por recurso desprovido de efeito suspensivo será realizado da mesma forma que o cumprimento definitivo, sujeitando-se ao seguinte regime:
I – corre por iniciativa e responsabilidade do exequente, que se obriga, se a sentença for reformada, a reparar os danos que o executado haja sofrido;
II – fica sem efeito, sobrevindo decisão que modifique ou anule a sentença objeto da execução, restituindo-se as partes ao estado anterior e liquidando-se eventuais prejuízos nos mesmos autos;
III – se a sentença objeto de cumprimento provisório for modificada ou anulada apenas em parte, somente nesta ficará sem efeito a execução;
IV – o levantamento de depósito em dinheiro e a prática de atos que importem transferência de posse ou alienação de propriedade ou de outro direito real, ou dos quais possa resultar grave dano ao executado, dependem de caução suficiente e idônea, arbitrada de plano pelo juiz e prestada nos próprios autos.
§ 1º No cumprimento provisório da sentença, o executado poderá apresentar impugnação, se quiser, nos termos do art. 525.
§ 2º A multa e os honorários a que se refere o § 1º do art. 523 são devidos no cumprimento provisório de sentença condenatória ao pagamento de quantia certa.
§ 3º Se o executado comparecer tempestivamente e depositar o valor, com a finalidade de isentar-se da multa, o ato não será havido como incompatível com o recurso por ele interposto.
§ 4º A restituição ao estado anterior a que se refere o inciso II não implica o desfazimento da transferência de posse ou da alienação de propriedade ou de outro direito real eventualmente já realizada, ressalvado, sempre, o direito à reparação dos prejuízos causados ao executado.
§ 5º Ao cumprimento provisório de sentença que reconheça obrigação de fazer, de não fazer ou de dar coisa aplica-se, no que couber, o disposto neste Capítulo."

[8] **"Art. 521.** A caução prevista no inciso IV do art. 520 poderá ser dispensada nos casos em que:
I – o crédito for de natureza alimentar, independentemente de sua origem;
II – o credor demonstrar situação de necessidade;
III – pender o agravo do art. 1.042; (Redação dada pela Lei nº 13.256, de 2016) (Vigência)
IV – a sentença a ser provisoriamente cumprida estiver em consonância com súmula da jurisprudência do Supremo Tribunal Federal ou do Superior Tribunal de Justiça ou em conformidade com acórdão proferido no julgamento de casos repetitivos.
Parágrafo único. A exigência de caução será mantida quando da dispensa possa resultar manifesto risco de grave dano de difícil ou incerta reparação."

728 | CURSO DE DIREITO PROCESSUAL CIVIL • *Luiz Fux*

A reposição das coisas ao estado anterior como, *v.g.*, restituição de coisa e dinheiro, pressupõe possibilidade fática, nem sempre ocorrente. Como consectário, é por conta e risco do exequente que se processa. Advirta-se, entretanto, que a prestação da garantia não deve inviabilizar o acesso à justiça, permitindo-se, casuisticamente, ao juiz que a dispense nos casos em que a sua exigibilidade obsta a promoção da execução, na esteira do já mencionado art. 521 do CPC/2015. Ademais, a caução reclama avaliação pelo juízo de eventuais e possíveis prejuízos com a reversão do julgado, por isso que incabível quando não houver esse risco, podendo iniciar-se o processo sem caução ou garantia.

A interposição do recurso sem suspensividade importa a possibilidade de promover-se a execução provisória fora dos autos do processo de condenação, uma vez que o instrumento principal vai acudir à instância superior. Nesse particular, a lei esclarece que a execução provisória promove-se em autos suplementares, por meio de petição dirigida ao juízo competente, devendo conter as peças enumeradas no art. 522, parágrafo único, do CPC/2015,[9] quando não forem eletrônicos os autos.

Dispondo a lei submeterem-se à execução provisória as decisões sujeitas a recurso sem efeito suspensivo, é mister observar os arts. 995[10] e 1.012, § 1º,[11] do novo CPC, que versam sobre o efeito suspensivo dos recursos em geral e da apelação. No regime do novo diploma, o efeito suspensivo dos recursos é excepcional, conquanto em determinadas hipóteses seja possível ao relator conferir efeito suspensivo *ope judicis* ao recurso. Desta sorte, não constando do elenco, não é lícito ao intérprete entrever efeito suspensivo onde a lei não o concede.

O art. 995, parágrafo único, do CPC/2015 exige três requisitos para o efeito suspensivo concedido por ordem judicial, quais sejam, que haja risco de dano grave, que esse dano seja de difícil

---

[9] **"Art. 522.** O cumprimento provisório da sentença será requerido por petição dirigida ao juízo competente.
Parágrafo único. Não sendo eletrônicos os autos, a petição será acompanhada de cópias das seguintes peças do processo, cuja autenticidade poderá ser certificada pelo próprio advogado, sob sua responsabilidade pessoal:
I – decisão exequenda;
II – certidão de interposição do recurso não dotado de efeito suspensivo;
III – procurações outorgadas pelas partes;
IV – decisão de habilitação, se for o caso;
V – facultativamente, outras peças processuais consideradas necessárias para demonstrar a existência do crédito."

[10] **"Art. 995.** Os recursos não impedem a eficácia da decisão, salvo disposição legal ou decisão judicial em sentido diverso.
Parágrafo único. A eficácia da decisão recorrida poderá ser suspensa por decisão do relator, se da imediata produção de seus efeitos houver risco de dano grave, de difícil ou impossível reparação, e ficar demonstrada a probabilidade de provimento do recurso."

[11] **"Art. 1.012.** A apelação terá efeito suspensivo.
§ 1º Além de outras hipóteses previstas em lei, começa a produzir efeitos imediatamente após a sua publicação a sentença que:
I – homologa divisão ou demarcação de terras;
II – condena a pagar alimentos;
III – extingue sem resolução do mérito ou julga improcedentes os embargos do executado;
IV – julga procedente o pedido de instituição de arbitragem;
V – confirma, concede ou revoga tutela provisória;
VI – decreta a interdição.
§ 2º Nos casos do § 1º, o apelado poderá promover o pedido de cumprimento provisório depois de publicada a sentença.
§ 3º O pedido de concessão de efeito suspensivo nas hipóteses do § 1o poderá ser formulado por requerimento dirigido ao:
I – tribunal, no período compreendido entre a interposição da apelação e sua distribuição, ficando o relator designado para seu exame prevento para julgá-la;
II – relator, se já distribuída a apelação.
§ 4º Nas hipóteses do § 1º, a eficácia da sentença poderá ser suspensa pelo relator se o apelante demonstrar a probabilidade de provimento do recurso ou se, sendo relevante a fundamentação, houver risco de dano grave ou de difícil reparação."

ou impossível reparação e que se constate a probabilidade de provimento futuro do recurso. Assim, *v.g.*, a apelação de sentença que julga improcedentes ou rejeita embargos de terceiro não tem, em princípio, efeito suspensivo, mas nada obsta que o juízo o confira se verificar elevado grau de prejudicialidade entre o provimento do recurso e o prosseguimento do feito principal.

Sob essa perspectiva, não encontra sustentáculo no direito brasileiro a regra do "maior benefício", aplicável, segundo alguns, quando há julgamento simultâneo entre ações conexas cujas apelações são dotadas de efeitos diversos. Assim, *v.g.*, se a decisão quanto a um dos pedidos cumulados acolhidos deve produzir imediatamente os seus efeitos, não é razoável que fique no aguardo da solução de outra pretensão conexa, como no clássico exemplo dos alimentos cumulados com o pedido de investigação de paternidade. A matéria, contudo, não é pacífica. A suspensividade do recurso não exclui que alguma providência no caso concreto, decorrente do julgado, possa ser adotada, como no caso de urgência. Destaque-se, por fim, que o efeito suspensivo susta a executoriedade da decisão adstrita à parte do pedido a que ele se refere. Assim, *v.g.*, se a decisão é apelada apenas quanto a um dos capítulos, a eventual suspensividade do recurso não contamina os demais capítulos do *decisum*.

De toda sorte, a moderna tendência é a retirada do efeito suspensivo dos recursos, tanto mais que, se o título extrajudicial autoriza a execução definitiva, com maior razão a decisão, mesmo sujeita a recurso, deve possibilitar alguma iniciativa executiva. Por seu turno, a "interposição de recurso no duplo efeito impede toda e qualquer executividade da decisão".

2. CUMPRIMENTO PROVISÓRIO DE SENTENÇA

O novel cumprimento provisório alcançou notável grau de satisfatividade, escapando assim das severas críticas de outrora que a entreviam como um "nada jurídico" antes das reformas de 2005. Realmente, o exequente quase nenhuma utilidade retirava de sua pressa em tornar realidade provisória a sentença favorável. Destarte, o legislador brasileiro acompanhou o movimento atual dos vários sistemas processuais de matiz romano-germânico que passaram a consagrar a execução apenas provisória pela decisão que a fundamenta e não mais pelos atos executivos praticados.

Assim é que, consoante a moderna concepção legislativa, a execução provisória da sentença se faz do mesmo modo que a definitiva, observadas as seguintes peculiaridades, constantes do art. 520 do CPC/2015.

Primeiro, o cumprimento provisório de sentença corre por conta e responsabilidade do exequente, que se obriga, se a sentença for reformada, a reparar os prejuízos que o executado venha a sofrer e que são liquidados no mesmo processo. Trata-se, como se sabe, de responsabilidade civil objetiva decorrente do "risco judiciário". Cabe ao exequente avaliar se convém ou não iniciar a execução com base em decisão provisória e instável. Nessa avaliação, notável é a importância à consulta da jurisprudência dos tribunais competentes para a apreciação do *thema iudicandum*.

Em segundo lugar, o levantamento de depósito em dinheiro e a prática de atos que importem transferência de posse ou alienação de propriedade ou de outro direito real, ou dos quais possa resultar grave dano ao executado, dependem de caução suficiente e idônea, arbitrada de plano pelo juiz e prestada nos próprios autos do cumprimento provisório de sentença. Trata-se, portanto, de caução incidental, sem figura de processo cautelar, cuja suficiência submete-se a diminuto contraditório solucionado por decisão interlocutória agravável de instrumento.

Forçoso repisar que a exigência da caução não deve impedir o início da execução nas hipóteses em que a sua imposição não se revelar razoável, *v.g.*, a determinação da caução de levantamento de verba decorrente de condenação por ato ilícito e pleiteada por quem não possa prestá-la. Nessa linha, o art. 521 consagra as hipóteses de dispensa de caução, quando o crédito for de natureza alimentar, independentemente de sua origem; o credor demonstrar situação de necessidade; pender agravo em Recurso Especial ou Extraordinário (art. 1.042 do CPC/2015); ou a sentença a ser provisoriamente cumprida estiver em consonância com súmula da jurisprudência do Supremo Tribunal Federal ou do Superior Tribunal de Justiça ou em conformidade com acórdão proferido no julgamento de casos repetitivos. Um ponto que pode causar controvérsia é a redação do art. 521, IV, do CPC/2015, pois se refere a "sentença a ser provisoriamente cumprida". Como o dispositivo menciona "sentença" e não "decisão", como regra, não pode haver levantamento em caso de tutela de evidência decorrente de controvérsia estritamente jurídica (art. 311, II, do CPC/2015), que pode ser concedida *inaudita altera* parte (arts. 9º, parágrafo único, II, e 311, parágrafo único, do CPC/2015).[12]

Nada obstante a configuração de uma das hipóteses legais, a caução deve ser exigida sempre que a sua dispensa possa causar manifesto risco de grave dano de difícil ou incerta reparação (art. 521, parágrafo único, do CPC/2015).

O cumprimento provisório fica sem efeito, sobrevindo acórdão que modifique ou anule a sentença objeto da execução, restituindo-se as partes ao estado anterior, daí a caução e a possibilidade de os eventuais prejuízos serem liquidados no mesmo processo (art. 520, II, do CPC/2015). Esclarece a lei que, se a sentença provisoriamente executada for modificada ou anulada apenas em parte, somente quanto a esse capítulo ficará sem efeito a execução (art. 520, III, do CPC/2015). Além disso, a restituição ao estado anterior anteriormente referida não implica o desfazimento da transferência de posse ou da alienação de propriedade ou de outro direito real eventualmente já realizada, ressalvado, sempre, o direito à reparação dos prejuízos causados ao executado.

Outro ponto a salientar é que o rito ora detalhado também é aplicável, no que couber, ao cumprimento provisório de sentença que reconheça obrigação de fazer, de não fazer ou de dar coisa (art. 520, § 5º, do CPC/2015).

Finalmente, consigne-se que agora há regra expressa reconhecendo ao executado a prerrogativa de apresentar impugnação ao cumprimento provisório de sentença (art. 520, § 1º, do CPC/2015). O Superior Tribunal de Justiça já reconhecia possibilidade de impugnação e, inclusive, de efeito suspensivo para obstar o levantamento: "Na execução provisória, consoante os termos do art. 475-M e 739-A, § 1º, do CPC [de 1973], pode o juízo atribuir à impugnação ao cumprimento de sentença efeito suspensivo, obstando o levantamento do crédito até o trânsito em julgado da sentença".[13] Na execução provisória, também são devidos honorários e multa, ambos no patamar de 10% da dívida exequenda, em caso de não pagamento tempestivo (art. 520, § 2º, do CPC/2015). O prazo para pagamento é o de 15 (quinze) dias, a contar da intimação, *ex vi* do art. 523 do CPC/2015.[14] Resta, assim, superada a orientação da Corte Especial do Superior Tribunal de Justiça, segundo a qual, sob a égide do CPC de 1973, não incidia a referida multa.[15]

---

[12]   Gize-se que o STF, no julgamento da ADI 5.492, na Sessão Virtual de 14.04.2023 a 24.04.2023, já declarou constitucional a referência ao inc. II do art. 311 constante do art. 9º, parágrafo único, inc. II, e do art. 311, parágrafo único.

[13]   REsp 1245994/RS, Rel. Min. Nancy Andrighi, 3ª Turma, j. 04.08.2011.

[14]   **Art. 523.** No caso de condenação em quantia certa, ou já fixada em liquidação, e no caso de decisão sobre parcela incontroversa, o cumprimento definitivo da sentença far-se-á a requerimento do exequente, sendo o executado intimado para pagar o débito, no prazo de 15 (quinze) dias, acrescido de custas, se houver.

   § 1º Não ocorrendo pagamento voluntário no prazo do *caput*, o débito será acrescido de multa de dez por cento e, também, de honorários de advogado de dez por cento."

[15]   STJ, REsp 1.059.478/RS, Rel. Min. Aldir Passarinho Junior, *DJe* 15.12.2010.

VI
PRESSUPOSTOS PROCESSUAIS E CONDIÇÕES DA EXECUÇÃO DE TÍTULO EXTRAJUDICIAL E DO CUMPRIMENTO DA SENTENÇA

1.   CONDIÇÕES DA AÇÃO

A execução por título extrajudicial ou o cumprimento da sentença, como categorias satisfativas, reclamam, também, a presença das "condições da ação" consistentes na legitimidade das partes e no interesse de agir – valendo lembrar que a possibilidade jurídica do pedido, de acordo com o novo CPC, não figura mais como condição da ação. Do mesmo modo, o processo que encarta a ação, para ter existência e validade, necessita preencher os denominados "pressupostos processuais", consubstanciados na competência jurisdicional, na capacidade das partes e na demanda na forma da lei. A ausência de quaisquer destes, é dizer, dos pressupostos processuais e das condições da ação, implica a extinção do processo executivo. Assim, *v.g.*, se o exequente não for parte legítima ou a dívida ainda não estiver vencida, caso em que não há interesse processual, o juiz deve proferir sentença terminativa.

Observa-se, assim, que, sob esse ângulo de análise, o processo de execução e o processo de conhecimento interpenetram-se, tanto assim que o art. 771, parágrafo único, do CPC/2015[1] determina a aplicação subsidiária das regras sobre o processo de conhecimento.

Nos capítulos referentes ao cumprimento de sentença e à execução, o CPC trata textualmente da "legitimidade das partes", muito embora contemple também dispositivos sem qualquer vinculação com a questão central objeto dos artigos, por exemplo, interesse processual na execução de obrigação condicional, faculdade de desistência da execução, direito de escolha na execução de prestação alternativa, cumulação de execuções e responsabilidade do exequente por execução inexistente.

Convém frisar, neste passo, que a aplicação subsidiária da execução por título extrajudicial ao processo de cumprimento da sentença implica a adoção, por este, das regras compatíveis. Assim, *v.g.*, a regra do art. 827, § 2º, do CPC/2015, que trata da majoração dos honorários quando rejeitados os embargos à execução ou levando-se em consideração o trabalho realizado pelo advogado do exequente, está prevista no capítulo referente à execução, mas é aplicável ao cumprimento de sentença. Supera-se, assim, o enunciado da Súmula nº 519 do STJ: "Na hipótese de rejeição da impugnação ao cumprimento de sentença, não são cabíveis honorários advocatícios".

De qualquer forma, os temas inerentes aos pressupostos comuns do inadimplemento do devedor, a desistência da execução e do cumprimento *etc.* devem ser tratados em conjunto. Sob essa ótica, encontram-se as denominadas condições da ação de execução por título extrajudicial e de cumprimento de sentença.

---

[1]   **"Art. 771.** Este Livro regula o procedimento da execução fundada em título extrajudicial, e suas disposições aplicam-se, também, no que couber, aos procedimentos especiais de execução, aos atos executivos realizados no procedimento de cumprimento de sentença, bem como aos efeitos de atos ou fatos processuais a que a lei atribuir força executiva.

Parágrafo único. Aplicam-se subsidiariamente à execução as disposições do Livro I da Parte Especial."

732 | CURSO DE DIREITO PROCESSUAL CIVIL • *Luiz Fux*

A legitimação ativa e passiva para a execução inclui não só o estudo da legitimação ordinária, mas também da legitimação extraordinária, do litisconsórcio e da intervenção de terceiros, fartamente tratados no processo de conhecimento.

Não obstante, a legitimação ativa e passiva originária e superveniente vem regulada de forma clara nos arts. 778 e 779 do CPC/2015.[2]

A legitimação ativa primária para a execução ou para o cumprimento de sentença pertence ao credor, assim considerado na cártula ou na sentença, denominado processualmente como "exequente". O Ministério Público, quer atuando como parte legitimada ordinariamente ou extraordinariamente, tem legitimidade para executar as sentenças e os títulos extrajudiciais dos quais participa, *v.g.*, a sentença da ação civil pública (arts. 15 da LACP e 100 e 82 do CDC) e o instrumento de transação (TAC) previsto no art. 784, IV, do CPC/2015.

Consoante a lei, ainda podem promover a execução ou nela prosseguir o espólio e os herdeiros que lhe sucedem no crédito, fenômeno que pode ocorrer quer quanto ao crédito litigioso constante da sentença a ser cumprida, quer em relação ao objeto do título judicial. Essa legitimação é *ope legis*, de sorte que, falecendo o credor e inexistindo óbice de natureza material (arts. 1.784, 1.791, parágrafo único, 1.814, todos do CC),[3] o espólio inicia ou prossegue com a execução, conforme a morte tenha ocorrido no curso do processo (art. 110 do CPC/2015) ou o vencimento da obrigação haja sido após o falecimento, mas antes de ultimado o inventário.

A obrigação vencida depois de concluído o inventário habilita o herdeiro contemplado a iniciar a execução ou o cumprimento, ou a nela prosseguir, bastando, em ambos os casos, a prova do óbito ou a juntada do formal de partilha (art. 515, IV, do CPC/2015).[4]

---

2 **"Art. 778.** Pode promover a execução forçada o credor a quem a lei confere título executivo.

§ 1º Podem promover a execução forçada ou nela prosseguir, em sucessão ao exequente originário:

I – o Ministério Público, nos casos previstos em lei;

II – o espólio, os herdeiros ou os sucessores do credor, sempre que, por morte deste, lhes for transmitido o direito resultante do título executivo;

III – o cessionário, quando o direito resultante do título executivo lhe for transferido por ato entre vivos;

IV – o sub-rogado, nos casos de sub-rogação legal ou convencional.

§ 2º A sucessão prevista no § 1º independe de consentimento do executado.

Art. 779. A execução pode ser promovida contra:

I – o devedor, reconhecido como tal no título executivo;

II – o espólio, os herdeiros ou os sucessores do devedor;

III – o novo devedor que assumiu, com o consentimento do credor, a obrigação resultante do título executivo;

IV – o fiador do débito constante em título extrajudicial;

V – o responsável titular do bem vinculado por garantia real ao pagamento do débito;

VI – o responsável tributário, assim definido em lei."

3 **"Art. 1.784.** Aberta a sucessão, a herança transmite-se, desde logo, aos herdeiros legítimos e testamentários."

"Art. 1.791. A herança defere-se como um todo unitário, ainda que vários sejam os herdeiros.

Parágrafo único. Até a partilha, o direito dos co-herdeiros, quanto à propriedade e posse da herança, será indivisível, e regular-se-á pelas normas relativas ao condomínio."

"Art. 1.814. São excluídos da sucessão os herdeiros ou legatários:

I – que houverem sido autores, coautores ou partícipes de homicídio doloso, ou tentativa deste, contra a pessoa de cuja sucessão se tratar, seu cônjuge, companheiro, ascendente ou descendente;

II – que houverem acusado caluniosamente em juízo o autor da herança ou incorrerem em crime contra a sua honra, ou de seu cônjuge ou companheiro;

III – que, por violência ou meios fraudulentos, inibirem ou obstarem o autor da herança de dispor livremente de seus bens por ato de última vontade. (...)"

4 **"Art. 515.** São títulos executivos judiciais, cujo cumprimento dar-se-á de acordo com os artigos previstos neste Título:

(...)

IV – o formal e a certidão de partilha, exclusivamente em relação ao inventariante, aos herdeiros e aos sucessores a título singular ou universal;"

Parte X • VI – DA EXECUÇÃO DE TÍTULO EXTRAJUDICIAL E DO CUMPRIMENTO DA SENTENÇA | **733**

A legitimidade é questão que revela dupla face, a saber: ativa e passiva. Assim é que na forma do disposto no art. 779 do CPC/2015 são sujeitos passivos na execução:

> "Art. 779. A execução pode ser promovida contra:
> I – o devedor, reconhecido como tal no título executivo;
> II – o espólio, os herdeiros ou os sucessores do devedor;
> III – o novo devedor que assumiu, com o consentimento do credor, a obrigação resultante do título executivo;
> IV – o fiador do débito constante em título extrajudicial;
> V – o responsável titular do bem vinculado por garantia real ao pagamento do débito;
> VI – o responsável tributário, assim definido em lei."

O devedor é aquele que consta nos títulos judiciais mencionados no art. 515 do CPC/2015 como a parte que assumiu a obrigação reconhecida na sentença ou fruto de autocomposição. Assim, *v.g.*, somente o condenado criminalmente pode ser sujeito passivo da execução, não assim a empresa à qual pertença.

Os títulos extrajudiciais revelam *prima facie* os "supostos" devedores, denominados pelo Código como "executados" (art. 784 do CPC/2015). Nesse segmento, pode ser sujeito ao cumprimento ou à execução extrajudicial o emitente do cheque ou da nota promissória. O espólio e os herdeiros do *de cujus*, respeitado o limite *ultra vires hereditaris*, respondem pelas dívidas do falecido (arts. 1.792, 1.821 e 1.997 do CC).[5] Deveras, as hipóteses de responsabilidade patrimonial secundária caracterizam o fenômeno da legitimação extraordinária no processo de execução ou substituição processual.

Por outro lado, a índole satisfativa não normativa do processo de execução afasta as figuras interventivas que pressupõem "definição judicial", *v.g.*, a denunciação da lide e o "chamamento ao processo". Ademais, essas medidas são manejadas no interesse do demandado e a execução promove-se em favor do credor-exequente, que não pode ser prejudicado pela demora acarretada para satisfazer interesses do executado.

Cumpre concluir que a assistência e o recurso de terceiro têm total pertinência na execução, bem como o novel incidente de desconsideração da personalidade jurídica, de que tratam os arts. 133 e seguintes do CPC/2015.

2. COMPETÊNCIA JURISDICIONAL

O instituto da competência, conceituado como a repartição da função jurisdicional entre os diversos órgãos do Judiciário segundo os critérios legais, tem a sua peculiaridade no processo de execução. O legislador cuida de explicitar algumas regras de competência funcional e territorial que variam conforme a execução, seja de título judicial ou extrajudicial. Tratando-se de título extrajudicial, nenhum juízo ainda se tornou prevento para a execução, já que é a primeira vez que o documento exsurge em juízo.

---

5   **"Art. 1.792.** O herdeiro não responde por encargos superiores às forças da herança; incumbe-lhe, porém, a prova do excesso, salvo se houver inventário que a escuse, demonstrando o valor dos bens herdados."
"Art. 1.821. É assegurado aos credores o direito de pedir o pagamento das dívidas reconhecidas, nos limites das forças da herança."
"Art. 1.997. A herança responde pelo pagamento das dívidas do falecido; mas, feita a partilha, só respondem os herdeiros, cada qual em proporção da parte que na herança lhe coube.
§ 1º Quando, antes da partilha, for requerido no inventário o pagamento de dívidas constantes de documentos, revestidos de formalidades legais, constituindo prova bastante da obrigação, e houver impugnação, que não se funde na alegação de pagamento, acompanhada de prova valiosa, o juiz mandará reservar, em poder do inventariante, bens suficientes para solução do débito, sobre os quais venha a recair oportunamente a execução.
§ 2º No caso previsto no parágrafo antecedente, o credor será obrigado a iniciar a ação de cobrança no prazo de trinta dias, sob pena de se tornar de nenhum efeito a providência indicada."

2.1 Competência e execução de título extrajudicial

A execução por título extrajudicial, sob esse ângulo, segue os mesmos critérios que norteiam o processo de conhecimento. Nesse sentido, uma primeira observação deve ser feita: as obrigações nasceram para serem extintas pelo cumprimento, de sorte que as regras competenciais devem ser concebidas de modo a facilitar o adimplemento das obrigações pelo executado.

Outrossim, esses títulos costumam consignar a "praça de pagamento" como local para o adimplemento e para a demanda, devendo esta prevalecer, tal como ocorre com o "foro de eleição". Em matéria de competência territorial, a vontade das partes tem significativa influência sobre o critério "relativo legal", uma vez que esta delimitação territorial da jurisdição leva em consideração a maior conveniência dos litigantes.

Nesse sentido, o art. 781 do CPC determina que a execução fundada em título extrajudicial será processada perante o juízo competente, observadas determinadas regras. Em primeiro lugar, a execução poderá ser proposta no foro de domicílio do executado, de eleição constante do título ou, ainda, de situação dos bens a ela sujeitos. Caso o executado possua mais de um domicílio, poderá ser demandado no foro de qualquer deles. Sendo incerto ou desconhecido o domicílio do executado, a execução poderá ser proposta no lugar onde for encontrado ou no foro de domicílio do exequente. Havendo mais de um devedor, com diferentes domicílios, a execução será proposta no foro de qualquer deles, à escolha do exequente. Por fim, a execução poderá ser proposta no foro do lugar em que se praticou o ato ou em que ocorreu o fato que deu origem ao título, mesmo que nele não mais resida o executado.

Se o executado não tiver bens no foro em que processada a execução, impedindo a realização da penhora, deverá ocorrer a chamada *execução por carta* (art. 845, § 2º, do CPC/2015), hipótese na qual deve ser expedida carta para que a penhora, a avaliação e a alienação dos bens seja realizada pelo juízo do foro da situação dos bens. Nessa situação, por aplicação do art. 914, § 2º, os embargos à execução podem ser oferecidos no juízo deprecante ou no juízo deprecado, mas a competência para julgá-los é do juízo deprecante, salvo se versarem unicamente sobre vícios ou defeitos da penhora, da avaliação ou da alienação dos bens efetuadas no juízo deprecado. Neste último caso, o prazo para embargos será contado da juntada, na carta, da certificação da citação, quando versarem unicamente sobre vícios ou defeitos da penhora, da avaliação ou da alienação dos bens (art. 915, § 2º, I, do CPC/2015).

Quando não obedecidos os critérios de delimitação da competência, sejam de caráter relativo ou absoluto, cabe ao executado denunciar o vício da incompetência como preliminar nos embargos à execução (art. 917, V, do CPC/2015).[6] O art. 919 do CPC/2015 dispõe que os embargos não terão efeito suspensivo, mas o § 1º do mesmo dispositivo admite a concessão de efeito suspensivo *ope judicis* aos embargos, quando verificados os requisitos para a concessão da tutela provisória e desde que a execução já esteja garantida por penhora, depósito ou caução suficientes. Vale dizer que é aplicável à execução por título extrajudicial o art. 340 do CPC/2015, de modo que o executado pode apresentar os embargos à execução com preliminar de incompetência relativa ou absoluta no foro do seu domicílio, fato que será imediatamente comunicado ao juiz da causa, preferencialmente por meio eletrônico.

Também é importante salientar que o vício de incompetência de caráter absoluto, como o descumprimento de um critério funcional de definição da competência, não se convalida pela sua não arguição como preliminar nos embargos, porquanto a incompetência absoluta pode ser alegada em qualquer tempo e grau de jurisdição e deve ser declarada de ofício (art. 64, § 1º, do CPC/2015).

---

[6] **"Art. 917**. Nos embargos à execução, o executado poderá alegar:
V – incompetência absoluta ou relativa do juízo da execução;"

2.2 Competência e cumprimento da sentença

O cumprimento de sentença[7], na sistemática do novo Código, é fase do mesmo processo que o procedimento de conhecimento. Por isso, as regras de definição da competência são mais simples.

Primeiramente, impõe-se assentar ter sido mantida a regra de que o juízo da cognição deve ser também o juízo da execução, nas hipóteses nas quais, na fase anterior, a resolução de mérito foi obra daquele juízo. Noutras palavras, havendo o cumprimento da sentença é processado perante os Tribunais, nas causas de sua competência originária, ou perante o juízo que decidiu a causa no primeiro grau de jurisdição. Por outro lado, faz-se mister a distribuição livre, entre os juízos cíveis, da sentença penal, da sentença arbitral, da sentença estrangeira homologada e do acórdão proferido pelo Tribunal Marítimo.

A novidade expressiva, à luz do princípio da realidade – segundo o qual os bens do devedor representam o sucedâneo para o cumprimento de suas obrigações –, é a novel regra do art. 516, parágrafo único, do CPC/2015 ao instituir, como foros concorrentes à escolha do exequente, o foro do atual domicílio do executado, o foro do local onde se encontrem os bens sujeitos à execução (*forum rei sitae*) ou o foro do local onde deva ser executada a obrigação de fazer ou de não fazer, casos em que a remessa dos autos do processo será solicitada ao juízo de origem. A intenção da lei é facilitar a execução, permitindo ao credor obter a satisfação da obrigação da forma menos onerosa possível para si. Deveras, iniciado o cumprimento da sentença perante um desses juízos concorrentes, a este serão também endereçadas as ações acessórias, como os embargos de terceiro e as cautelares. Todavia, a faculdade de escolha dos foros concorrentes prevista no art. 516, parágrafo único, não se aplica às causas de competência originária dos Tribunais.

Os títulos formados em processos que ultimam a providência requerida e não pressupõem prosseguimento, como a sentença penal, são cumpridos mediante livre distribuição, e, se contemplarem entrega de somas, obedecer-se-ão os foros concorrentes à escolha do vencedor. A sentença homologatória de sentença estrangeira, como anteriormente visto, escapa à regra da competência dos Tribunais para ser executada pelo Juízo Federal de primeira instância.

---

[7] "**Art. 516.** O cumprimento da sentença efetuar-se-á perante:

I – os tribunais, nas causas de sua competência originária;

II – o juízo que decidiu a causa no primeiro grau de jurisdição;

III – o juízo cível competente, quando se tratar de sentença penal condenatória, de sentença arbitral, de sentença estrangeira ou de acórdão proferido pelo Tribunal Marítimo.

Parágrafo único. Nas hipóteses dos incisos II e III, o exequente poderá optar pelo juízo do atual domicílio do executado, pelo juízo do local onde se encontrem os bens sujeitos à execução ou pelo juízo do local onde deva ser executada a obrigação de fazer ou de não fazer, casos em que a remessa dos autos do processo será solicitada ao juízo de origem."

VII
FORMAÇÃO, SUSPENSÃO E EXTINÇÃO DA EXECUÇÃO

1. FORMAÇÃO DO PROCESSO

Como referido em capítulos anteriores deste curso, o processo de execução de título extrajudicial é autônomo e originário submetendo-se, por isso, à iniciativa da parte. Diferentemente, o cumprimento da sentença é fase do processo de conhecimento e se inicia de ofício ou por iniciativa da parte.

Consequentemente, a fase de cumprimento guarda certa correspondência com a fase postulatória do processo, na qual se formou o título exequendo, sendo certo que as normas relativas ao processo de conhecimento são subsidiariamente aplicáveis à fase executiva, no que couber.

Rememore-se que a sentença pode reclamar liquidação, o que não ocorre com os títulos extrajudiciais, cuja iliquidez deve ser resolvida em processo de conhecimento e não em mera fase de liquidação. Ademais, repita-se, o cumprimento de sentença é uma fase do processo unitário de cognição, ao passo que a execução extrajudicial, posto inaugurar a relação processual, dá ensejo a processo novo.

Entretanto, na execução para a entrega de soma ou quantia certa, há *providências comuns* à execução extrajudicial e ao cumprimento de sentença, tanto mais que esses ritos (cumprimento e execução), apesar de suas peculiaridades, submetem-se a um regime comum quanto a diversos aspectos, como a apreensão de bens (penhora e avaliação), a expropriação (alienação particular ou judicial, ainda que em dação via adjudicação) e o pagamento ao credor.

1.1 Requerimento

Consoante dispõe o art. 523 do CPC/2015, no cumprimento de sentença, o requerimento do exequente é para que o executado seja intimado para pagar o débito, sob pena de expedição de mandado de penhora e avaliação, seguindo-se os atos de expropriação. Já na execução por título extrajudicial, o exequente deve requerer a citação do executado para pagar a dívida, sendo que desse mesmo mandado de citação constará também a ordem de penhora e a avaliação a serem cumpridas pelo oficial de justiça tão logo verificado o não pagamento no prazo assinalado (art. 829, *caput* e § 1º, do CPC/2015). Caso o oficial de justiça não encontre o executado, deverá proceder ao arresto de tantos bens quantos bastem para garantir a execução (art. 830 do CPC/2015).

Vale dizer que o rito é variável de acordo com a natureza da obrigação. Assim, *v.g.*, na execução extrajudicial de obrigação de entrega de coisa, o devedor é citado para entregá-la e, em se tratando de obrigação de fazer, para realizar a conduta devida *etc.*

Os procedimentos serão analisados especificamente em capítulos próprios, com as suas peculiaridades que escapam às disposições comuns.

1.2 Averbação premonitória

Tratando-se de cumprimento ou de execução *tout court* por quantia certa, o exequente poderá, no ato da distribuição, obter certidão *de que a execução foi admitida pelo juiz*, com identificação das

738 | CURSO DE DIREITO PROCESSUAL CIVIL • *Luiz Fux*

partes e do valor da causa, para fins de averbação no registro de imóveis, de veículos ou de outros bens sujeitos a penhora, arresto ou indisponibilidade (art. 828 do CPC/2015). Note-se que, quanto ao ponto, houve relevante mudança legislativa, já que a legislação revogada dispunha que a referida certidão seria "comprobatória do ajuizamento da execução" e não da admissão desta pelo juiz (art. 615-A do CPC/1973). Todavia, o art. 799, IX, do CPC/2015 ainda prevê a possibilidade de que o exequente proceda "à averbação em registro público do ato de *propositura* da execução (...) para conhecimento de terceiros".[1] Parece-nos que a averbação referida no art. 799, IX, do CPC/2015 também tem o condão de gerar fraude de execução, na linha do enunciado nº 539 do FPPC: "art. 828; art. 799, IX; art. 312) A certidão a que se refere o art. 828 não impede a obtenção e a averbação de certidão da propositura da execução (art. 799)."

A certidão indicada no art. 828 do CPC/2015 é denominada pela doutrina de *averbação premonitória*. O exequente deverá comunicar ao juízo as averbações efetivadas, no prazo de dez dias contados de sua concretização (art. 828, § 1º, do CPC/2015). Esgotado o prazo, deverá o juiz determinar o cancelamento das averbações, de ofício ou a requerimento (art. 828, § 3º, do CPC/2015).

O principal efeito jurídico da averbação premonitória é gerar a presunção absoluta de fraude à execução em relação à alienação ou à oneração de bens efetuada após a averbação, que será considerada ineficaz em relação ao exequente que promoveu a averbação (art. 828, § 4º, c/c art. 792, II, do CPC/2015).

Ressalte-se, contudo, que a averbação premonitória não prevalece em relação à penhora realizada por outro credor. Assim, caso tenha sido realizada a averbação premonitória do art. 828 do CPC/2015 no registro de um bem e, posteriormente, outro credor tenha logrado obter a penhora daquele mesmo bem, a preferência para a expropriação deste bem será do credor que primeiro obteve a penhora e não daquele que tenha primeiro realizado a averbação.[2]

O exequente que promover averbação manifestamente indevida deverá indenizar a parte contrária, processando-se o incidente em autos apartados, nos termos do art. 828, § 5º, do CPC/2015. O exequente também possui o dever de providenciar, no prazo de dez dias, o cancelamento das averbações relativas a bens não penhorados quando já formalizada a penhora sobre bens suficientes para cobrir o valor da dívida (art. 828, § 2º, do CPC/2015). Considerando o princípio da economicidade, no sentido de que a execução deve ser levada a efeito nos limites da necessidade da expropriação, circunscrita à responsabilidade patrimonial pela penhora, levantam-se as averbações desnecessárias, como também a averbação indevida que imponha restrição desnecessária à circulabilidade dos bens, implicando, nesse caso, dever de indenizar por parte do exequente. Assim, *v.g.*, se o crédito é absorvido pelo veículo do devedor e o credor, como forma injusta de execução indireta averba no registro de imóveis a execução, essa averbação pode gerar o dever de indenizar, demonstrados os danos em incidente em autos apartados. A decisão proferida nesses autos apartados que reconhecer o direito à indenização pode ser objeto de cumprimento de sentença, tendo força de título executivo judicial.[3]

---

[1] Enunciado 539 do FPPC: "(art. 828; art. 799, IX; art. 312) A certidão a que se refere o art. 828 não impede a obtenção e a averbação de certidão da propositura da execução (art. 799)."

[2] "O termo 'alienação' previsto no art. 615-A, § 3º, do CPC/1973 refere-se ao ato voluntário de disposição patrimonial do proprietário do bem (devedor). A hipótese de fraude à execução não se compatibiliza com a adjudicação forçada, levada a efeito em outro processo executivo, no qual se logrou efetivar primeiro a penhora do mesmo bem, embora depois da averbação. (...) O alcance do art. 615-A e seus parágrafos dá-se em relação às alienações voluntárias, mas não obsta a expropriação judicial, cuja preferência deve observar a ordem de penhoras, conforme orientam os arts. 612, 613 e 711 do CPC/1973. (...) A averbação premonitória não equivale à penhora, e não induz preferência do credor em prejuízo daquele em favor do qual foi realizada a constrição judicial." (REsp 1334635/RS, Rel. Min. Antonio Carlos Ferreira, 4ª Turma, j. 19.09.2019).

[3] Nesse sentido, v. Enunciado nº 642 do FPPC: "(arts. 828, §§ 2º e 5º, 515, I, 523 e 771) A decisão do juiz que reconhecer o direito a indenização, decorrente de indevida averbação prevista no art. 828 ou do não cancelamento das averbações excessivas, é apta a ensejar a liquidação e o posterior cumprimento da sentença, sem necessidade de propositura de ação de conhecimento".

Parte X • VII – FORMAÇÃO, SUSPENSÃO E EXTINÇÃO DA EXECUÇÃO | 739

Os tribunais, a seu tempo, podem expedir instruções sobre o cumprimento dessas novas providências acautelatórias, inclusive quanto às custas.

1.3 Efeitos da propositura da execução de título extrajudicial

A propositura da execução extrajudicial pelo protocolo da petição inicial (art. 312 do CPC/2015) marca o primeiro momento da formação da relação trilateral, ainda angular nesse instante, e que se completa com a citação do executado. O cumprimento de sentença, por sua vez, é fase do mesmo processo, consistindo em mero prolongamento da relação jurídica processual já existente.

O CPC de 2015 dispõe que a interrupção da prescrição é efeito do *despacho que ordena a citação* no processo de conhecimento, desde que o autor a promova tempestivamente, e retroage à data da propositura da demanda. Confira-se o teor do novel dispositivo:

"Art. 240, § 1º A interrupção da prescrição, operada pelo despacho que ordena a citação, ainda que proferido por juízo incompetente, retroagirá à data de propositura da ação. § 2º Incumbe ao autor adotar, no prazo de 10 (dez) dias, as providências necessárias para viabilizar a citação, sob pena de não se aplicar o disposto no § 1º."

O atual diploma processual se ajustou ao que já dispunha o art. 202, I, do CC/2002, segundo o qual a interrupção da prescrição ocorre "por despacho do juiz, mesmo incompetente, que ordenar a citação, se o interessado a promover no prazo e na forma da lei processual". Note-se, contudo, ainda constar do art. 202, V, do CC/2002 que a interrupção da prescrição se dá "por qualquer ato judicial que constitua em mora o devedor". Então, quando a citação constitui em mora, é este ato processual de comunicação que interrompe a prescrição[4].

O texto não esclarece, contudo, o que acontece caso o autor não promova a citação no prazo de dez dias previsto no art. 240, § 2º, do CPC/2015. Para uma primeira corrente, a interrupção da prescrição ocorrerá na data da efetiva citação, sem retroagir, por força do art. 202, V, do CC/2002. Outros autores, contudo, entendem que se o autor perder o prazo do art. 240, § 2º, a interrupção da prescrição ocorre com o despacho que ordena a citação, mas não retroage à propositura da demanda.

No âmbito da execução por título extrajudicial, e do cumprimento da sentença, nos termos do § 7º do art. 921, também estabelece o CPC de 2015, por força da modificação introduzida pela Lei nº 14.195/2021, que o termo inicial da prescrição no curso do processo será a ciência da primeira tentativa infrutífera de localização do devedor ou de bens penhoráveis, e será suspensa, por uma única vez, pelo prazo máximo de um ano, conforme o § 4º do art. 921.

A prescrição, como de sabença, pode ser conhecida de ofício e esse preceito se aplica também à execução. Quanto ao processo de execução de título extrajudicial, o art. 803, *caput*, I, e parágrafo único, do CPC/2015 permite ao juiz reconhecer de ofício a nulidade da execução quando o título não corresponder a obrigação exigível.

Já quanto ao cumprimento de sentença, vale lembrar que a prescrição interrompida na fase de conhecimento somente volta a correr após o trânsito em julgado (art. 202, parágrafo único, do CC/2002). Nesse sentido, é relevante citar a súmula nº 150 do STF, segundo a qual "Prescreve a execução no mesmo prazo de prescrição da ação".

Há que se considerar, ainda, que deve ser suspensa a execução quando não for localizado o executado ou bens penhoráveis, caso em que o juiz suspenderá a execução pelo prazo de 1 (um) ano, durante o qual também será suspensa a prescrição (art. 921, III, com a redação dada pela Lei nº 14.195/2021, e § 1º, do CPC/2015). Como mencionado anteriormente, o termo inicial da prescrição no curso do processo será a ciência da primeira tentativa infrutífera de localização do devedor ou de bens penhoráveis, será suspensa, por uma única vez, pelo prazo de um ano (art. 921,

---

[4] Sobre o tema, aliás, confira-se elucidativo julgado em que o STJ reafirmou o entendimento de que o art. 202 do CC/2002 deve ser interpretado no sentido de que a interrupção da prescrição somente pode ocorrer uma vez para a mesma relação jurídica: REsp 1924436/SP, Rel. Min. Nancy Andrighi, 3ª Turma, j. 10.08.2021.

§ 4º, do CPC/2015). O juiz, depois de ouvidas as partes, no prazo de 15 (quinze) dias, poderá, de ofício, reconhecer a prescrição intercorrente e extinguir o processo, sem ônus para as partes (art. 921, § 5º, com a nova redação dada pela Lei nº 14.195/2021, e art. 924, V, do CPC/2015). Frise-se que essas disposições sobre a prescrição intercorrente, apesar de constantes do capítulo referente à execução por título extrajudicial, são também aplicáveis ao cumprimento de sentença, como expressamente previsto no § 7º do art. 921, incluído pela Lei nº 14.195/2021.

2. SUSPENSÃO DA EXECUÇÃO

À semelhança do processo de conhecimento, a execução pode ter a sua marcha sustada pelos fatos arrolados quanto ao processo de conhecimento (art. 313 do CPC), bem como por motivos inerentes ao próprio processo de execução, *v.g.*, ocorre quando os embargos e, *a fortiori*, a impugnação ao cumprimento são recebidos com efeito suspensivo. Assim é que dispõem os arts. 921 e 922 do CPC:

> "Art. 921. Suspende-se a execução:
> I – nas hipóteses dos arts. 313 e 315, no que couber;
> II – no todo ou em parte, quando recebidos com efeito suspensivo os embargos à execução;
> III – quando não for localizado o executado ou bens penhoráveis; (Redação dada pela Lei nº 14.195, de 2021)
> IV – se a alienação dos bens penhorados não se realizar por falta de licitantes e o exequente, em 15 (quinze) dias, não requerer a adjudicação nem indicar outros bens penhoráveis;
> V – quando concedido o parcelamento de que trata o art. 916.
> § 1º Na hipótese do inciso III, o juiz suspenderá a execução pelo prazo de 1 (um) ano, durante o qual se suspenderá a prescrição.
> § 2º Decorrido o prazo máximo de 1 (um) ano sem que seja localizado o executado ou que sejam encontrados bens penhoráveis, o juiz ordenará o arquivamento dos autos.
> § 3º Os autos serão desarquivados para prosseguimento da execução se a qualquer tempo forem encontrados bens penhoráveis.
> § 4º O termo inicial da prescrição no curso do processo será a ciência da primeira tentativa infrutífera de localização do devedor ou de bens penhoráveis, e será suspensa, por uma única vez, pelo prazo máximo previsto no § 1º deste artigo. (Redação dada pela Lei nº 14.195, de 2021)
> § 4º-A. A efetiva citação, intimação do devedor ou constrição de bens penhoráveis interrompe o prazo de prescrição, que não corre pelo tempo necessário à citação e à intimação do devedor, bem como para as formalidades da constrição patrimonial, se necessária, desde que o credor cumpra os prazos previstos na lei processual ou fixados pelo juiz. (Incluído pela Lei nº 14.195, de 2021)
> § 5º O juiz, depois de ouvidas as partes, no prazo de 15 (quinze) dias, poderá, de ofício, reconhecer a prescrição no curso do processo e extingui-lo, sem ônus para as partes. (Redação dada pela Lei nº 14.195, de 2021)
> § 6º A alegação de nulidade quanto ao procedimento previsto neste artigo somente será conhecida caso demonstrada a ocorrência de efetivo prejuízo, que será presumido apenas em caso de inexistência da intimação de que trata o § 4º deste artigo. (Incluído pela Lei nº 14.195, de 2021)
> § 7º Aplica-se o disposto neste artigo ao cumprimento de sentença de que trata o art. 523 deste Código. (Incluído pela Lei nº 14.195, de 2021)
> Art. 922. Convindo as partes, o juiz declarará suspensa a execução durante o prazo concedido pelo exequente para que o executado cumpra voluntariamente a obrigação.
> Parágrafo único. Findo o prazo sem cumprimento da obrigação, o processo retomará o seu curso".

A primeira hipótese prevista no art. 921 retrata os casos excepcionais em que os embargos são recebidos com efeito suspensivo, porquanto a regra hodierna é a não suspensividade; senão vejamos:

> "Art. 919. Os embargos à execução não terão efeito suspensivo.
> § 1º O juiz poderá, a requerimento do embargante, atribuir efeito suspensivo aos embargos quando verificados os requisitos para a concessão da tutela provisória e desde que a execução já esteja garantida por penhora, depósito ou caução suficientes.

Parte X • VII – FORMAÇÃO, SUSPENSÃO E EXTINÇÃO DA EXECUÇÃO | **741**

§ 2º Cessando as circunstâncias que a motivaram, a decisão relativa aos efeitos dos embargos poderá, a requerimento da parte, ser modificada ou revogada a qualquer tempo, em decisão fundamentada.

§ 3º Quando o efeito suspensivo atribuído aos embargos disser respeito apenas a parte do objeto da execução, esta prosseguirá quanto à parte restante.

§ 4º A concessão de efeito suspensivo aos embargos oferecidos por um dos executados não suspenderá a execução contra os que não embargaram quando o respectivo fundamento disser respeito exclusivamente ao embargante.

§ 5º A concessão de efeito suspensivo não impedirá a efetivação dos atos de substituição, de reforço ou de redução da penhora e de avaliação dos bens".

A segunda hipótese prevista no art. 921 opera-se nos casos dos arts. 313 e 315 do CPC:

"Art. 313. Suspende-se o processo:

I – pela morte ou pela perda da capacidade processual de qualquer das partes, de seu representante legal ou de seu procurador;

II – pela convenção das partes;

III – pela arguição de impedimento ou de suspeição;

IV – pela admissão de incidente de resolução de demandas repetitivas;

V – quando a sentença de mérito:

a) depender do julgamento de outra causa ou da declaração de existência ou de inexistência de relação jurídica que constitua o objeto principal de outro processo pendente;

b) tiver de ser proferida somente após a verificação de determinado fato ou a produção de certa prova, requisitada a outro juízo;

VI – por motivo de força maior;

VII – quando se discutir em juízo questão decorrente de acidentes e fatos da navegação de competência do Tribunal Marítimo;

VIII – nos demais casos que este Código regula.

IX – pelo parto ou pela concessão de adoção, quando a advogada responsável pelo processo constituir a única patrona da causa; (Incluído pela Lei nº 13.363, de 2016)

X – quando o advogado responsável pelo processo constituir o único patrono da causa e tornar--se pai.

(...)

Art. 315. Se o conhecimento do mérito depender de verificação da existência de fato delituoso, o juiz pode determinar a suspensão do processo até que se pronuncie a justiça criminal.

§ 1º Se a ação penal não for proposta no prazo de 3 (três) meses, contado da intimação do ato de suspensão, cessará o efeito desse, incumbindo ao juiz cível examinar incidentemente a questão prévia.

§ 2º Proposta a ação penal, o processo ficará suspenso pelo prazo máximo de 1 (um) ano, ao final do qual aplicar-se-á o disposto na parte final do § 1º".

A terceira hipótese prevista no art. 921, já mencionada em tópico anterior, conspira em favor do princípio da utilidade da execução, segundo o qual esta se suspende quando "não for localizado o executado ou bens penhoráveis". É que sem bens a serem expropriados torna-se inviável fazer valer a responsabilidade patrimonial com a expropriação dos bens do devedor para satisfazer o credor, que é a *causa finalis* da execução por quantia certa.

Destarte, representam regras basilares: a) que a penhora deve incidir em tantos bens quantos bastem para o pagamento do principal atualizado, juros, custas e honorários advocatícios (art. 831 do CPC/2015); b) que não se deve levar a efeito a penhora, quando evidente que o produto da execução dos bens encontrados será totalmente absorvido pelo pagamento das custas da execução (art. 836 do CPC/2015).

Impõe-se destacar que, em alguns casos da prática judiciária, suspende-se a execução em razão da prejudicialidade da ação onde se discute a *causa debendi*, aplicando-se por analogia o art. 313, V, *a*, do CPC/2015, quando não for possível a reunião das ações por conexão.

O art. 921, V, do CPC/2015 trata da suspensão da execução quando concedido pelo magistrado o parcelamento da dívida em favor do executado. Cuida-se de inovação introduzida pela Lei nº 8.953/1994 e que veio a ser acolhida pelo CPC de 2015. O novel art. 916 do CPC/2015 prevê um direito potestativo do devedor aplicável apenas à execução por título extrajudicial e não ao cumprimento de sentença, a saber:

> "Art. 916. No prazo para embargos, reconhecendo o crédito do exequente e comprovando o deposito de trinta por cento do valor em execução, acrescido de custas e de honorários de advogado, o executado poderá requerer que lhe seja permitido pagar o restante em até 6 (seis) parcelas mensais, acrescidas de correção monetária e de juros de um por cento ao mês.
>
> § 1º O exequente será intimado para manifestar-se sobre o preenchimento dos pressupostos do *caput*, e o juiz decidirá o requerimento em 5 (dias) dias.
>
> § 2º Enquanto não apreciado o requerimento, o executado terá de depositar as parcelas vincendas, facultado ao exequente seu levantamento.
>
> § 3º Deferida a proposta, o exequente levantará a quantia depositada, e serão suspensos aos atos executivos.
>
> § 4º Indeferida a proposta, seguir-se-ão os atos executivos, mantido o depósito, que será convertido em penhora
>
> § 5º O não pagamento de qualquer das prestações acarretará cumulativamente
>
> I – o vencimento das prestações subsequentes e o prosseguimento do processo, com o imediato reinicio dos atos executivos;
>
> II – a imposição ao executado de multa de dez por cento sobre o valor das prestações não pagas.
>
> § 6º A opção pelo parcelamento de que trata este artigo importa renúncia ao direito ao direito de opor embargos.
>
> § 7º O dispositivo neste artigo não se aplica ao cumprimento da sentença."

Uma vez suspensa a execução nesses moldes, o legislador, seguindo a regra análoga do art. 314 do novo CPC, dispôs quanto à execução que:

> "Art. 923. Suspensa a execução, não serão praticados atos processuais, podendo o juiz, entretanto, salvo no caso de arguição de impedimento ou de suspeição, ordenar providências urgentes."

3. EXTINÇÃO DA EXECUÇÃO

A execução visa à satisfação do credor qualquer que seja a modalidade da obrigação. Consequentemente, nos termos do art. 924 do CPC/2015, extingue-se a execução quando:

I – a petição inicial for indeferida;

II – a obrigação for satisfeita;

III – o executado obtiver, por qualquer outro meio, a extinção total da dívida;

IV – o exequente renunciar ao crédito;

V – ocorrer a prescrição intercorrente.

Ressoa evidente, também, que o acolhimento dos embargos pode gerar a extinção da própria execução, quando, por exemplo, for reconhecida a sua nulidade (art. 803 do CPC/2015).

Essa extinção pode operar-se por defeito formal, o que não impede a repropositura da execução, ou motivo de ordem material, *v.g.*, a extinção da obrigação na forma do direito material, *v.g.*, o pagamento, a novação, a prescrição.

A prescrição nem sempre inutiliza a exigibilidade do crédito, que pode interditar a via executiva, mas manter hígida a ação de locupletamento, na forma da lei reguladora da cártula, *v.g.*, o cheque. Nesse caso, a coisa julgada que se opera é meramente formal.

3.1 Recurso

A extinção da execução, quer pelo julgamento dos embargos acolhidos, quer por força desses motivos enunciados, reclama sentença sujeita à apelação (art. 1.009 c/c art. 925 do CPC/2015).

Parte X • VII – FORMAÇÃO, SUSPENSÃO E EXTINÇÃO DA EXECUÇÃO | **743**

Todavia, se a decisão não extinguir a execução ou o cumprimento de sentença, caberá agravo de instrumento (art. 1.015, parágrafo único, do CPC/2015). Ressalte-se que à liquidação, ao cumprimento de sentença e à execução não se aplica o regime de impugnação de decisões interlocutórias como preliminar de apelação (art. 1.009, § 1º, do CPC/2015).[5]

4. DESISTÊNCIA DO CUMPRIMENTO DA SENTENÇA OU DA EXECUÇÃO DE TÍTULO EXTRAJUDICIAL

O advento da sentença e a exibição em juízo do título executivo extrajudicial conferem certeza ao direito do exequente. Essa é a razão pela qual, enquanto pendente o processo do conhecimento, não se sabe quem ostenta o melhor direito, por isso que a desistência da ação depende da anuência da outra parte (art. 485, § 4º, do CPC/2015), enquanto no cumprimento de sentença e na execução por título extrajudicial, a posição jurídica do exequente encontra-se aparentemente consolidada no título executivo.

Entretanto, a impugnação ao cumprimento de sentença e os embargos à execução por título extrajudicial podem infirmar o próprio crédito exequendo; ou seja, a obrigação em si. Nessa hipótese, prevalece a *ratio essendi* da regra do processo de conhecimento, na medida em que esses incidentes introduzem cognição no processo satisfativo.

É sob essa ótica que deve ser interpretado o art. 775 do CPC, *verbis*:

> "Art. 775. O exequente tem o direito de desistir de toda a execução ou de apenas alguma medida executiva.
>
> Parágrafo único. Na desistência da execução, observar-se-á o seguinte:
>
> I – serão extintos a impugnação e os embargos que versarem apenas sobre questões processuais, pagando o exequente as custas processuais e os honorários advocatícios;
>
> II – nos demais casos, a extinção dependerá da concordância do impugnante ou do embargante."

Na hipótese aventada no inciso II do art. 775 do CPC/2015, havendo anuência do executado, a desistência não impedirá a repropositura da execução ou do cumprimento no prazo prescricional, sendo certo que o desistente arca com as despesas decorrentes da inutilização do processo. Ocorrendo oposição justificada do impugnante ou embargante, que tem o direito de livrar-se de uma vez por todas da execução ou do cumprimento, interdita-se a extinção do processo. Note-se que, nas situações em que a impugnação ou os embargos versarem sobre outras questões que não apenas processuais, o Código reproduz a sistemática prevista para a fase de conhecimento, pois o executado também tem direito a uma decisão sobre o mérito (art. 485, § 4º, do CPC/2015).

A oposição à desistência prevista no art. 775, II, do CPC/2015 pressupõe embargos regulares e verossímeis, de sorte que é lícito ao juiz admitir a desistência se os embargos, no mérito, forem manifestamente improcedentes.

---

[5] Sobre o tema, confiram-se os seguintes julgados do Superior Tribunal de Justiça:

"A jurisprudência consolidada nesta Corte Superior de Justiça assentou compreensão segundo a qual o recurso cabível contra decisão em impugnação ao cumprimento de sentença é o de agravo de instrumento, sendo cabível o recurso de apelação apenas no caso em que haja extinção da execução, o que não é a hipótese dos autos, pois houve apenas o acolhimento parcial do incidente para reconhecer o excesso na execução." (AgInt no AREsp 711.036/RJ, Rel. Min. Benedito Gonçalves, 1ª Turma, j. 21.08.2018).

"A execução será extinta sempre que o executado obtiver, por qualquer meio, a supressão total da dívida (art. 924, CPC/2015), que ocorrerá com o reconhecimento de que não há obrigação a ser exigida, seja porque adimplido o débito, seja pelo reconhecimento de que ele não existe ou se extinguiu. (...) No sistema regido pelo CPC/2015, o recurso cabível da decisão que acolhe impugnação ao cumprimento de sentença e extingue a execução é a apelação. As decisões que acolherem parcialmente a impugnação ou a ela negarem provimento, por não acarretarem a extinção da fase executiva em andamento, têm natureza jurídica de decisão interlocutória, sendo o agravo de instrumento o recurso adequado ao seu enfrentamento." (REsp 1698344/MG, Rel. Min. Luis Felipe Salomão, 4ª Turma, j. 22.05.2018).

5. CUMULAÇÃO DE EXECUÇÕES

O Código admite que diversos títulos executivos sejam processados conjuntamente, em hipótese de cumulação de execuções[6].

São requisitos legais para a cumulação de execuções a identidade do executado, a competência objetiva do juízo para ambas as obrigações e identidade de rito. Vale dizer que, no caso de títulos executivos judiciais, a cumulação pode ocorrer entre títulos que se formaram, na fase de conhecimento, perante juízos distintos, desde que o executado seja o mesmo. Isso porque o art. 516, parágrafo único, do CPC/2015 considera competente para o cumprimento de sentença, à escolha do exequente, o juízo do atual domicílio do executado, o juízo do local onde se encontrem os bens sujeitos à execução ou o juízo do local onde deva ser executada a obrigação de fazer ou de não fazer. Então, se o credor obtém sentenças condenatórias em face de um mesmo devedor perante dois juízos diversos, *v. g.*, do Rio de Janeiro e de Brasília, o cumprimento de ambas poderá ocorrer conjuntamente no foro do domicílio do executado.

A ausência desses requisitos implica desmembramento das execuções em autos complementares diversos, aplicando-se analogicamente o § 1º do art. 509 do CPC/2015, segundo o qual, se a sentença apresentar parte líquida e outra ilíquida, procede-se à execução daquela e à liquidação desta em autos apartados.

Tratando-se de execução extrajudicial, dispõe a Súmula nº 27 do E. STJ que enuncia: "Pode a execução fundar-se em mais de um título extrajudicial relativos ao mesmo negócio." Entendemos, entretanto, ser admitida a cumulação de execuções entre os títulos executivos extrajudiciais indicados no art. 784 do CPC/2015, referentes ou não ao mesmo negócio jurídico.[7]

6. INTERCOMUNICABILIDADE ENTRE AS REGRAS DA EXECUÇÃO E DO CUMPRIMENTO DA SENTENÇA

O Código de 2015 consagra uma intercomunicabilidade entre as normas do cumprimento de sentença e as do processo de execução. O art. 771 do diploma preceitua que o livro que regula a execução fundada em título extrajudicial se aplica, no que couber, a: *(i)* procedimentos especiais de execução; *(ii)* cumprimento de sentença; e *(iii)* "efeitos de atos ou fatos processuais a que a lei atribuir força executiva". Por sua vez, o art. 771, parágrafo único, do CPC/2015 afirma que o livro I da parte especial, que trata do cumprimento de sentença, é subsidiariamente aplicável ao livro II, sobre o processo de execução. Regra idêntica pode ser encontrada no art. 513 do CPC/2015.

Essa regra de integração é de suma importância, por exemplo, para o cumprimento de sentença que reconhece a exigibilidade de obrigação de pagar quantia certa, porquanto, inocorrendo o adimplemento voluntário previsto no art. 523, *caput*, do CPC/2015, aplicam-se ao cumprimento de sentença as regras da penhora, do depósito, da avaliação, da expropriação e do pagamento, nas partes em que não se revelar qualquer incompatibilidade.

---

[6] **"Art. 780.** O exequente pode cumular várias execuções, ainda que fundadas em títulos diferentes, quando o executado for o mesmo e desde que para todas elas seja competente o mesmo juízo e idêntico o procedimento."

[7] A posição é compartilhada com **Leonardo Greco**, *O Processo de Execução*, 1999, I/351.

VIII
PODERES DO JUIZ NA EXECUÇÃO

1. MEIOS EXECUTIVOS TÍPICOS E ATÍPICOS

O processo de execução é satisfativo por natureza, porquanto tem por objetivo a satisfação material da pretensão do exequente, dependendo da utilização de meios de sub-rogação e de coerção. Esses poderes instrumentais do juiz, que visam à prestação de justiça efetiva e em prazo razoável, estão exemplificativamente descritos no art. 772 do CPC/2015[1].

O dispositivo transcrito não exaure os poderes do magistrado na gestão da execução. Por exemplo, o art. 139, IV, do CPC/2015 cuida justamente do poder de determinar todas as medidas indutivas, coercitivas, mandamentais ou sub-rogatórias necessárias para assegurar o cumprimento de ordem judicial, *inclusive nas ações que tenham por objeto prestação pecuniária*.[2]

Sabe-se que o alcance do resultado prático pretendido pelo exeque nte pode se dar por *meios de coerção*, quando o Estado-Juiz constrange o devedor a proceder, por ato próprio, à satisfação da obrigação (*v. g.*, impondo multa, determinando o protesto do título executivo ou a inclusão do nome do devedor em cadastro de inadimplentes), ou por meios de sub-rogação, quando o Estado-Juiz substitui o devedor e realiza a atividade a que ele se recusou (*v. g.*, penhora e expropriação, busca e apreensão *etc.*).

O CPC/2015 inova ao permitir a utilização de meios executivos atípicos, não previstos em lei, no cumprimento ou execução de obrigação de pagar, ainda que tenham natureza coercitiva. O Código anterior, após a reforma de 2005, já admitia meios executivos atípicos no que diz respeito ao cumprimento de obrigação de fazer ou não fazer (art. 461 do CPC/1973). Assim, por exemplo, a doutrina e a jurisprudência admitem, na execução civil, a quebra do sigilo bancário e fiscal do executado, devendo o juiz assegurar o necessário sigilo dos autos. Nessa linha, confira-se o enunciado nº 536 do Fórum Permanente de Processualistas Civis: "(art. 772, III; art. 773, parágrafo único) O juiz poderá, na execução civil, determinar a quebra de sigilo bancário e fiscal".

Questão que ainda será pacificada pela jurisprudência diz respeito à possibilidade de imposição de multa cominatória (*astreintes*) para o cumprimento de obrigação de pagar. No regime anterior

---

[1] **"Art. 772.** O juiz pode, em qualquer momento do processo:
I – ordenar o comparecimento das partes;
II – advertir o executado de que seu procedimento constitui ato atentatório à dignidade da justiça;
III – determinar que sujeitos indicados pelo exequente forneçam informações em geral relacionadas ao objeto da execução, tais como documentos e dados que tenham em seu poder, assinando-lhes prazo razoável."

[2] Enunciado FPPC 714 (2022). (art. 139, IV) O juiz pode cumular medida indutiva e coercitiva para o cumprimento da obrigação (Grupo: atipicidade dos meios executivos).
Enunciado FPPC 715 (2022). (arts. 139, IV, e 771; art. 52 da Lei nº 9.099/1995) O art. 139, IV, CPC, é aplicável nos juizados especiais (Grupo: atipicidade dos meios executivos).
Enunciado FPPC 716 (2022). (arts. 139, IV, e 774) As medidas atípicas não impedem a aplicação das sanções decorrentes dos atos atentatórios à dignidade da justiça (Grupo: atipicidade dos meios executivos).

ao CPC de 2015, não há dúvidas de que era vedado ao Magistrado fixar *astreintes* para o caso de não pagamento voluntário da obrigação pecuniária[3].

Ocorre que, consoante referido, o art. 139, IV, do CPC/2015 é expresso ao permitir que o Juiz determine todas as medidas indutivas, coercitivas ou mandamentais, inclusive nas ações que tenham por objeto prestação pecuniária[4]. Argumenta-se contrariamente à possibilidade de fixação de *astreintes* com base no fato de que o art. 523, § 1º, do CPC/2015 já prevê uma multa de 10% para o caso de não pagamento voluntário no prazo de 15 dias após a intimação do executado. Havendo regra específica no âmbito do cumprimento de sentença que reconheça a exigibilidade de obrigação de pagar, afastar-se-ia a regra geral do art. 139, IV, do CPC/2015.

Doutrina[5] e jurisprudência[6] têm admitido a utilização de meios executivos atípicos na execução de título extrajudicial[7].

Parte da doutrina admite, ainda, o contraditório diferido para a decretação de medida executiva atípica – ou seja, dispensa a prévia oitiva do devedor. Trata-se, contudo, de questão ainda tormentosa na jurisprudência. O Superior Tribunal de Justiça tem admitido a decretação de medidas coercitivas atípicas e não relacionadas ao patrimônio, como a apreensão da carteira de habilitação e do passaporte do devedor, mas, via de regra, exige os seguintes requisitos: *(i)* que a medida seja proporcional; *(ii)* que a decisão seja fundamentada; *(iii)* que sejam esgotados os meios típicos de execução; *(iv)* que haja contraditório prévio; e *(v)* que haja indícios de patrimônio expropriável.[8]

Vale dizer que algumas decisões do STJ relativizam os requisitos acima elencados. Por exemplo, a 3ª Turma da Corte dispensou o contraditório prévio para admitir tanto a apreensão da CNH quanto do passaporte, pois o executado, violando seu dever de cooperação, não indicou "meio executivo menos gravoso e mais eficaz à satisfação do direito do exequente"[9], nos termos do art. 805, parágrafo único, do CPC/2015[10]. Frisou-se que "embora ausente o contraditório prévio e a fundamentação para a adoção da medida impugnada, nem o impetrante nem o paciente cumpriram com o dever que lhes

---

[3] Nesse sentido, confiram-se as seguintes decisões do STJ:
"A jurisprudência desta Corte Superior dispõe que, nas obrigações de pagar quantia certa, é descabida a fixação de multa diária como forma de compelir a parte devedora ao cumprimento da prestação que lhe foi imposta." (AgInt no AREsp 1441336/SP, Rel. Min. Marco Aurélio Bellizze, 3ª Turma, j. 19.08.2019).
"A orientação desta Corte firmou-se no sentido de que, em se tratando de obrigação de pagar quantia, não é possível a fixação de multa cominatória (*astreintes*) em face do devedor." (AgInt no REsp 1728047/SP, Rel. Min. Mauro Campbell Marques, 2ª Turma, j. 16.08.2018).

[4] **Daniel Amorim Assumpção Neves.** Medidas executivas coercitivas atípicas na execução de obrigação de pagar quantia certa art. 139, IV, do novo CPC. *Revista de Processo*, 2017.

[5] **Rodrigo Frantz Becker.** *Manual do Processo de Execução dos Títulos Judiciais e Extrajudiciais,* 2021, p. 53-66; **Marcos Youji Minami.** *Da vedação ao non factibile: uma introdução às medidas executivas atípicas,* 2019; **Eduardo Talamini; Marcos Youji Minami** (coords.). *Grandes temas do novo CPC – Medidas executivas atípicas,* 2020.

[6] STJ, RHC 97.876, Rel. Luís Felipe Salomão, 4ª Turma, j. 05.06.2018.

[7] Nesse sentido, confira-se o enunciado nº 12 do Fórum Permanente de Processualistas Civis: "A aplicação das medidas atípicas sub-rogatórias e coercitivas é cabível em qualquer obrigação no cumprimento de sentença ou execução de título executivo extrajudicial. Essas medidas, contudo, serão aplicadas de forma subsidiária às medidas tipificadas, com observação do contraditório, ainda que diferido, e por meio de decisão à luz do art. 489, § 1º, I e II."

[8] Nesse sentido, confiram-se as seguintes decisões: "A adoção de meios executivos atípicos é cabível desde que, verificando-se a existência de indícios de que o devedor possua patrimônio expropriável, tais medidas sejam adotadas de modo subsidiário, por meio de decisão que contenha fundamentação adequada às especificidades da hipótese concreta, com observância do contraditório substancial e do postulado da proporcionalidade" (REsp 1782418/RJ, Rel. Min. Nancy Andrighi, 3ª Turma, j. 23.04.2019); "após esgotados todos os meios típicos de satisfação da dívida, para assegurar o cumprimento de ordem judicial, deve o magistrado eleger medida que seja necessária, lógica e proporcional. (...) para que o julgador se utilize de meios executivos atípicos, a decisão deve ser fundamentada e sujeita ao contraditório, demonstrando-se a excepcionalidade da medida adotada em razão da ineficácia dos meios executivos típicos, sob pena de configurar-se como sanção processual." (STJ, RHC 97.876, Rel. Luís Felipe Salomão, 4ª Turma, j. 05.06.2018).

[9] RHC 99.606/SP, Rel. Min. Nancy Andrighi, 3ª Turma, j. 13.11.2018.

[10] **Art. 805, parágrafo único, CPC/2015:** "Ao executado que alegar ser a medida executiva mais gravosa incumbe indicar outros meios mais eficazes e menos onerosos, sob pena de manutenção dos atos executivos já determinados".

cabia de indicar meios executivos menos onerosos e mais eficazes para a satisfação do direito executado". Em outro precedente, a 2ª Turma do STJ dispensou o requisito do esgotamento das medidas executivas típicas, desde que o comportamento processual do executado seja desleal ou protelatório[11].

Também se discute o cabimento da apreensão da CNH e do passaporte na execução fiscal. A 1ª Turma do STJ entendeu desproporcional a medida em determinado caso concreto, ressaltando que já havia penhora de 30% dos vencimentos do executado e, por este morar em uma região de fronteira, a restrição ao direito de locomoção seria excessiva[12].

Sepultando quaisquer dúvidas quanto à aplicabilidade do dispositivo, imperioso salientar que em 09.02.2023, o STF julgou a ADI 5.941 de minha relatoria, reconhecendo a constitucionalidade do art. 139, IV, *caput*; 380, parágrafo único; 403, parágrafo único, 536, *caput* e § 1º; e 773, todos do CPC/2015.

Cumpre trazer à baila breves excertos do voto:

> "(...) No campo empírico, por sua vez, em se tratando de medidas voltadas para a maior concreção das ordens emanadas pelo Poder Judiciário, é imperioso olhar para além do plano do *dever-ser* para ter conta o atual estado da arte da prestação jurisdicional no Brasil, sob pena de ignorar (ou mesmo agravar) suas mazelas e gargalos. (...)
>
> Não se pode ignorar que a atividade jurisdicional executiva ostenta essência satisfativa, existindo uma particular relevância em se ver a definição dada pelo Estado ao conflito realizada, "porquanto executar e cumprir é satisfazer" (FUX, Luiz. *O novo processo de execução*. Rio de Janeiro: Forense, 2008, p. 3). A carência de percepção prática dos efeitos da decisão corrói sua autoridade e impede a pacificação definitiva do conflito. (...)
>
> Se por um lado, portanto, **a previsão legislativa**, *in abstrato*, **não viola o princípio da proporcionalidade**, na sua tripla acepção *adequação, necessidade e proporcionalidade*, por outro, **tais vetores devem funcionar como critérios avaliativos**, *in concreto*, para o magistrado e os tribunais revisores.
>
> Do ponto de vista da **adequação**, deve-se aferir se a medida eleita – seja uma daquelas destacadas na petição inicial (suspensão da carteira nacional de habilitação ou do passaporte, e da proibição de participação em concurso ou em licitação pública) ou outra escolhida pelo juiz natural com fundamento no art. 139, IV, do Código de Processo Civil – é capaz de contribuir no desfazimento da crise de satisfação que a tutela executiva busca resolver. Assim, exsurge a incumbência do magistrado de (i) explicitar a natureza da medida (se indutiva, coercitiva, mandamental ou sub-rogatória) e (ii) a relacionar à finalidade pretendida (se satisfativa ou coercitiva), cotejando os fins pretendidos e a real aptidão do executado para cumprir a ordem jurisdicional – onde se insere o requisito da presunção de solvabilidade do devedor, a ser demonstrado através da exteriorização de padrão de vida compatível com o adimplemento da dívida. (...)
>
> O vetor da **necessidade**, em acréscimo, demanda que o magistrado concretize o princípio da menor onerosidade da execução, afastando (i) medidas mais gravosas que outras vislumbradas para o caso concreto e (ii) qualquer caráter sancionatório da medida não prevista especificamente em lei. A propósito, não se deve afastar, *ab initio*, a priorização de instrumento atípico, quando soar adequado e suficiente para concretizar o cumprimento do provimento, embora existente medida típica de cunho mais gravoso. Dessarte, é imprescindível a verificação de liame entre o comportamento do executado, a natureza da obrigação exequenda e a medida eleita pelo julgador, afastando-se preceitos sancionatórios travestidos de coercitivos. (...)
>
> A seguir, na análise da **proporcionalidade em sentido estrito**, o julgador verificará se, diante das circunstâncias do litígio concreto, a medida requerida ou cogitada *ex officio* ofende, injustificadamente, direitos fundamentais de maior relevo, sob pretexto de, de maneira desmedida, garantir o legítimo direito de satisfação do exequente. (...)
>
> Nada disso, reitere-se, autoriza o julgador a ignorar as garantias fundamentais do cidadão em prol da adoção de medidas economicamente eficientes, mas constitucionalmente vedadas. Discricionariedade judicial não se confunde com arbitrariedade, de modo que quaisquer abusos poderão e deverão ser coibidos mediante utilização dos meios processuais próprios".[13]

---

[11]   HC 478.963, Rel. Min. Francisco Falcão, 2ª Turma, j. 14.05.2019.
[12]   HC 453870, Rel. Min. Napoleão Nunes Maia Filho, 1ª Turma, j. 25.06.2019.
[13]   STF, ADI 5.941, Rel. Min. Luiz Fux, Plenário, j. 09.02.2023.

2. PROTESTO DE DECISÃO JUDICIAL

O CPC/2015 trouxe novos meios típicos de coerção do devedor, sendo o primeiro deles o protesto de decisão judicial, em seu art. 517. A lei conceitua o protesto como o ato formal e solene pelo qual se prova a inadimplência e o descumprimento de obrigação originada em títulos e outros documentos de dívida (art. 1º da Lei nº 9.492/1997). Cuida-se de conceito omisso, pois não abrange, *v. g.*, a falta de aceite, que não é o descumprimento de nenhuma obrigação, mas direito do sacado. O protesto, na realidade, tem por objetivo constituir prova de um fato jurídico que tenha repercussão na obrigação subjacente ao título.

A finalidade original do protesto era a de conferir publicidade em relação a todos os envolvidos na relação cambial (endossantes, avalistas, sacador *etc.*) quanto a fatos que interfiram na eficácia do título. A doutrina divide o protesto em: *(i)* necessário, que deve ser feito no prazo, como condição para a exigibilidade do título em face de determinados sujeitos da obrigação cambial (*v. g.*, na letra de câmbio, o sacador, os endossantes e seus avalistas); e *(ii)* facultativo, hipótese na qual a cobrança judicial independe do protesto e, por isso, não se sujeita a prazo (*v. g.*, na letra de câmbio, o aceitante e seus avalistas). Na prática, contudo, o protesto se tornou um instrumento extrajudicial de cobrança, funcionando como índice de pontualidade do devedor. Dessa forma, o protesto assumiu a função de meio de coerção para que o devedor cumpra a obrigação.

O CPC/2015 prevê *possibilidade*, e não obrigatoriedade, de protesto de *qualquer* decisão judicial, desde que *transitada em julgado* (art. 517). A efetivação do protesto incumbe ao exequente, que requererá ao juízo certidão de teor da decisão que será protestada (art. 517, § 1º). Por esse motivo, em regra, não pode ser determinado o protesto *de ofício* pelo juiz. A exceção fica por conta do cumprimento de sentença que reconheça a exigibilidade de obrigação de prestar alimentos (art. 528, §§ 1º e 3º, do CPC/2015) – apesar da pouca clareza do texto legal, nesse caso o protesto fica a cargo do juiz ("o juiz mandará protestar o pronunciamento judicial"), que deverá encaminhar ofício diretamente ao cartório competente.

A referida certidão pode ser requerida após o decurso do prazo para pagamento voluntário (art. 517, § 2º, do CPC/2015) e deve ser fornecida pelo juízo no prazo de 3 dias. O executado pode requerer a anotação de eventual ação rescisória proposta à margem do "título protestado", a suas expensas e sob sua responsabilidade (art. 517, § 3º). Não se esclarece se o requerimento deve ser dirigido ao juízo ou ao cartório extrajudicial. Parece-nos que o executado pode fazê-lo diretamente ao cartório, devendo o exequente propor a demanda judicial cabível, se for o caso.

Quanto ao cancelamento do protesto, dispõe o Código de 2015 (art. 517, § 4º): (i) ser necessária determinação judicial, por ofício, ao cartório; (ii) o juiz deve constatar a satisfação integral da obrigação; e (iii) o ofício deve ser expedido no prazo de 3 dias a contar do protocolo do requerimento pelo executado. Tendo em vista que esse prazo é muito exíguo, deve ser interpretado como impróprio.

3. INCLUSÃO DO NOME DO EXECUTADO EM CADASTRO DE INADIMPLENTES

Dentre os novos meios típicos de coerção do devedor, figura a possibilidade de inclusão do nome do executado em cadastro de inadimplentes (art. 782, §§ 3º e 4º, do CPC/2015). Apesar de inserida no título "da execução em geral", aplica-se a regra ao cumprimento de sentença (art. 782, § 5º, do CPC/2015). A intenção da medida é constranger o executado a satisfazer o débito, sob pena de ver restringido o seu crédito no mercado.

Essa medida carece do requerimento da parte, bem como, tratando-se de título executivo judicial, a inscrição só é possível se a execução for "definitiva" (art. 782, § 5º, do CPC/2015), ou seja, exige-se trânsito em julgado. O CPC/2015 prevê o cancelamento "imediato" da inscrição se houver: (i) pagamento; (ii) garantia da execução; ou (iii) extinção da execução por qualquer motivo (art. 782, § 4 º, do CPC/2015). O texto é pouco claro, mas nos parece que o cancelamento deve ser determinado pelo juiz. Afinal, o juiz determina a inclusão e é o único que pode definir se a execução está garantida ou satisfeita.

IX
A TUTELA JURISDICIONAL DAS OBRIGAÇÕES DE FAZER E NÃO FAZER

1. O CUMPRIMENTO DAS SENTENÇAS DE OBRIGAÇÕES DE FAZER E NÃO FAZER

1.1 Generalidades

As *obrigações de fazer e de não fazer*, quando descumpridas, desafiam uma modalidade especial de "cumprimento". Nas execuções antecedentes, o signo da responsabilidade patrimonial é constante, porque numa e noutra cuida-se de apreender bens determinados ou indeterminados do patrimônio do devedor para a satisfação do credor-exequente. Os meios executivos incidem sobre o patrimônio do devedor. No *cumprimento das obrigações de fazer e não fazer, o que se pretende não é uma coisa ou quantia*, senão *uma atividade do devedor* que pode consistir numa atividade ou numa abstenção. Assim é que pode o devedor, por força de título executivo, obrigar-se a realizar uma obra, prestar um serviço, em sendo artista, comprometer-se a *não se apresentar noutra emissora* em razão de exclusividade, *não construir* em determinada área, ou *não divulgar um segredo industrial*. O descumprimento dessas obrigações implica utilizar-se um sucedâneo processual que possa conferir à parte a mesma atividade devida ou o mesmo resultado da abstenção imposta.

Nessa modalidade de cumprimento por execução da sentença, como intuitivo, *assume maior relevo a colaboração do devedor*, diferentemente do que ocorre nas demais formas de obrigação. Nesta, como a atividade que se pretende deve ser prestada pelo devedor, os meios de sub-rogação têm um alcance menor, *assumindo relevo os meios de coerção*. A razão é simples: há obrigações cujas prestações podem ser satisfeitas por outrem que não o devedor, porque o que objetiva o credor é o "resultado" advindo do adimplemento. Essas são as denominadas "obrigações com prestação fungível" ou "subjetivamente fungíveis", porque podem ser cumpridas por outrem que não o devedor, alcançando-se o mesmo resultado pretendido. Nestas, o processo pode valer-se de meios de sub-rogação, consistentes na realização da prestação por terceiro "às expensas do devedor", vale dizer: o obrigado paga ao credor as despesas que este desembolsar em face do terceiro para este cumprir a prestação fungível inadimplida. Em consequência, a "obrigação primária de fazer transmuda-se em obrigação secundária de pagar o equivalente ao descumprimento".

Quando a *obrigação é de fazer*, daquelas que ao credor somente *interessa o cumprimento pelo próprio devedor*, porque contraída *intuitu personae*, isto é, em razão das qualidades pessoais do obrigado e não em função pura e simplesmente do resultado, diz-se "subjetivamente infungível". Nesta hipótese, advindo o inadimplemento, *é impossível a utilização de meios de sub-rogação* para alcançar o mesmo resultado, porque "o atuar do *solvens* é insubstituível". Nesse caso, se o credor não se contentar em receber de imediato o "equivalente" em perdas e danos, terá de aguardar a atuação do devedor. Visando a compeli-lo à prestação, entram em cena os meios de coerção, *in casu*, a multa diária ou *astreintes*, de origem francesa, e que surgiram exatamente para vencer essa recalcitrância do devedor, substituindo as perdas e danos,[1] nas denominadas obrigações com prestação infungível.

---

[1] **Ovídio Baptista**, calcado em **Giuseppe Borrè**, *in Esecuzione forzata degli Obblighi di Fare e di non Fare*, assim sintetiza a evolução das formas de sanção ao descumprimento das obrigações que recaem sobre uma "conduta do obrigado".

750 | CURSO DE DIREITO PROCESSUAL CIVIL • *Luiz Fux*

Nada obstante, o art. 536, § 1º, do CPC/2015 admite sejam determinadas quaisquer medidas necessárias à satisfação do exequente, incluindo não apenas as *astreintes*, mas também, por exemplo, a busca e apreensão, a remoção de pessoas e coisas, o desfazimento de obras e o impedimento de atividade nociva, podendo, caso necessário, requisitar o auxílio de força policial.

O domínio do processo pelo princípio da efetividade reafirmou o dogma de que, através da jurisdição, o Estado deve dar à parte a utilidade que ela obteria se não tivesse ocorrido o inadimplemento da obrigação. A satisfação deve ser a mesma que o devedor obteria com a atividade devida. A essa *correspondência entre o descumprimento e a satisfação* pelo processo denomina-se *tutela jurisdicional específica*.[2]

A necessidade de colaboração do devedor para atingir-se a prestação específica impôs a criação desse *meio de coerção* consistente na *multa diária*, cuja desvinculação com o valor da obrigação principal revela sua capacidade de persuasão. No transcurso de sua história, desde a sua instituição como meio de minimizar os efeitos do inadimplemento até os dias de hoje, quando a multa é entrevista como modo profícuo de alcançar-se a efetividade do processo, a sanção diária passou por várias orientações, desde a impossibilidade de exigi-la na execução sem prévia condenação, até a fisionomia moderna em que, em prol da especificidade da tutela jurisdicional, admite-se não só a fixação na execução, como, também, uma severa intromissão do juiz no domínio da vontade das partes, majorando-a ou reduzindo-a, na sua cominação, toda vez que se revelar excessiva ou inoperante (art. 537, § 1º, do CPC/2015). Ademais, o juiz pode fixar data a partir da qual incidirá a multa.

"O Direito romano primitivo e clássico era o da absoluta impossibilidade de execução coativa de uma obrigação de fazer (**Giuseppe Borrè**, *Esecuzione forzata degli Obblighi di Fare e di non Fare*, 1966, nº 2), o que, aliás, não era uma particularidade reservada apenas a essas obrigações, e sim a todas as espécies, uma vez que a inexecução resolvia-se, invariavelmente, em condenação pecuniária."

No que se refere às obrigações de fazer, as dificuldades e obstáculos de natureza prática foram sem dúvida mais persistentes e justificados, tendo em vista o princípio segundo o qual a ordem jurídica não deve, sob pena de grave violação da liberdade e da própria dignidade pessoal do devedor, obrigá-lo diretamente a fazer alguma coisa, constrangendo-o a praticar o ato contra sua vontade. Assim, embora nos períodos tardios do Direito romano passasse a ser admitida a execução coativa das obrigações de transferir a propriedade ou a posse de uma coisa determinada, persistiu o princípio que vedava a execução específica das obrigações de fazer.

Justiniano, em suas *Instituições*, recomendava que se estipulasse simplesmente alguma pena (*stipulatio poenae*, inciso III, 15, 7) para o caso de não cumprimento desta espécie de obrigação; penas estas que, no Direito intermédio, tanto poderiam consistir numa multa que onerasse o patrimônio do devedor, quanto na *captura* que lhe poderia restringir a liberdade pessoal, uma punição religiosa, como a excomunhão, ou a supressão do *status* de cidadania, como a *bannitio* (**Borrè**, ob. cit., p. 11).

O Direito moderno, porém, faz uma distinção básica entre as prestações de fazer realmente infungíveis e aquelas outras prestações que, não obstante implicarem igualmente um *facere* a ser realizado pelo obrigado, podem perfeitamente ser prestadas por terceiros, à custa do devedor. Na verdade, a tendência do Direito moderno orientou-se no sentido de restringir o princípio geral da incoercibilidade do fazer humano, limitando as hipóteses em que a resistência do obrigado em cumprir a obrigação deve ser suprida por uma indenização pecuniária, de modo que o princípio da incoercibilidade do *facere* humano acabou sendo limitado apenas às prestações incapazes de serem executadas por terceiros. Se houver infungibilidade da prestação, como é o caso clássico de haver o devedor se obrigado a compor um poema, ou produzir qualquer outra obra literária ou artística, a execução específica resta naturalmente impossível se o obrigado não se dispuser a prestá-la espontaneamente. Todavia, se a prestação consistir, por exemplo, na construção de um prédio, é perfeitamente possível encomendar-se a execução da obra a terceiros, sem qualquer violência pessoal contra o devedor, executando-se a prestação às suas expensas.

2   Modernamente, o tema vem tratado em **Sidney Sanches**, *Execução Específica*, e **Flávio Yarshell**, *Tutela Jurisdicional Específica nas Obrigações de declaração de vontade*.

A tutela específica, reveladora da satisfação a que faz jus aquele que recorre à Justiça, foi sintetizada, com maestria, no início do século por **Chiovenda** em célebres passagem e estudo: "*Il processo deve dare per quanto è possibile praticamente a chi ha un diritto tutto quello e proprio quello che egli ha diritto conseguire*" (**Chiovenda**, "Dell'Azione Nascente dal Contrato Preliminare", in *Rivista di Diritto Commerciale*, 1991; e *Saggi di Diritto Processuale Civile*, 1930, vol. I, p. 110).

Parte X • IX – A TUTELA JURISDICIONAL DAS OBRIGAÇÕES DE FAZER E NÃO FAZER | **751**

As obrigações de *não fazer* apresentam algumas peculiaridades. Em regra, a obrigação negativa, quando descumprida, acarreta um prejuízo reparável pelas perdas e danos. Por outro lado, há obrigações de não fazer que, uma vez descumpridas, admitem o desfazimento, como a obrigação consequente ao descumprimento do veto que pode ser engendrado pelo próprio obrigado ou por terceiro. Nesse sentido, diz-se que o descumprimento de uma obrigação de não fazer gera uma obrigação secundária consistente em "desfazer" o que foi feito em contravenção ao veto, o que, em última análise, se resume numa obrigação de "fazer". A esse desfazer, aplicam-se o regime jurídico e o procedimento das obrigações de fazer em geral.

Destarte, há obrigações negativas que, uma vez descumpridas, inadmitem o desfazimento. São as "obrigações instantâneas" em que o descumprimento da abstenção gera uma situação irreversível de "inadimplemento absoluto". É o exemplo da divulgação de segredo industrial ou da exibição proibida do artista em emissora concorrente. Este inadimplemento acarreta, inexoravelmente, a obrigação de pagamento das perdas e danos.

Aplicam-se ao cumprimento de sentença para a entrega de coisa as disposições relativas ao cumprimento de obrigação de fazer ou não fazer, com a única peculiaridade de ocorrer a expedição de mandado de busca e apreensão ou de imissão na posse em favor do credor (art. 538, § 3º, do CPC/2015).

1.2 Procedimento

Com o advento do art. 461 do CPC de 1973, introduzido pela Lei nº 8.952, de 13.12.1994, extinguiu-se o processo autônomo para a execução das obrigações de fazer e não fazer, uma vez que a condenação nessas prestações passou a ser considerada autoexecutável, quando oriundas de sentença, isto é, realizável na própria relação processual donde proveio o comando condenatório. Em consequência, deixou de existir um processo executivo desconcentrado para o cumprimento de sentença que reconheça a exigibilidade de obrigação de fazer ou não fazer, podendo a parte promover *simpliciter et de plano* a satisfação do julgado como fase subsequente à cognição.

O CPC de 2015 manteve essa sistemática, esclarecendo, no seu art. 536, que o rito sincrético de cumprimento de sentença que reconheça a exigibilidade dessas obrigações pode ser instaurado de ofício ou a requerimento do interessado. Nos termos do art. 497 do CPC/2015, na ação que tenha por objeto a prestação de fazer ou de não fazer, o juiz, se procedente o pedido, concederá a tutela específica ou determinará providências que assegurem a obtenção de tutela pelo resultado prático equivalente.

Aqui, é oportuno diferenciar as chamadas prestações fungíveis das infungíveis. A *prestação fungível* é aquela realizável por terceiro que não o devedor. Já a *infungível* é a prestação que somente o executado pode cumprir, inadmitindo meios de sub-rogação. Assim, *v.g.*, se o devedor se comprometeu a transportar pessoas ou bens ou a realizar determinado serviço de limpeza, a execução desta obrigação, em tese, admitiria, como meio de sub-rogação, que o serviço seja prestado por terceiro às custas do devedor. Diversamente, a prestação infungível é impossível de ser implementada por outrem que não o próprio devedor, porquanto, ao engendrar-se o vínculo consideram-se as condições do próprio obrigado (*intuitu personae*) – como, *v.g.*, a realização de conserto em concessionária exclusiva de automóveis, o recital de um artista ou a pintura de um quadro. Dessa maneira, ainda que o credor assim o deseje, não seria possível escolher um terceiro para realizar a prestação.

Nada obstante o princípio da menor onerosidade da execução para o devedor (art. 805 do CPC/2015), é certo que o credor tem direito à *performance* da prestação tal como avençada. Por isso, a redação do art. 497 do CPC/2015 deixa claro que o magistrado deve determinar a tutela específica da obrigação, constrangendo o devedor ao cumprimento da exata obrigação devida, seja prestação fungível ou infungível. Por isso, deve ser interpretado *cum grano salis* o art. 821, parágrafo único, do CPC/2015, segundo o qual, havendo recusa ou mora do executado, sua obrigação pessoal será convertida em perdas e danos, caso em que se observará o procedimento de execução por quantia certa. Na realidade, a recusa ou mora do executado não é suficiente para a conversão em perdas e

752 | CURSO DE DIREITO PROCESSUAL CIVIL • *Luiz Fux*

danos, sendo também necessário que os meios de coerção, como as *astreintes*, sejam absolutamente ineficazes – ou que o credor assim o requeira.

Obviamente, o credor pode dispor do seu direito à tutela específica e solicitar a conversão da obrigação em perdas e danos. Nessa linha, o art. 499 do CPC/2015 esclarece que a "obrigação somente será convertida em perdas e danos se o autor o requerer ou se impossível a tutela específica ou a obtenção de tutela pelo resultado prático equivalente". Mesmo em casos que tais, a "indenização por perdas e danos dar-se-á sem prejuízo da multa fixada periodicamente para compelir o réu ao cumprimento específico da obrigação" (art. 500 do CPC/2015).

Assim, transitada em julgado a sentença e transcorrido o prazo fixado na sentença para satisfazer a obrigação de fazer ou não fazer, deverá o juiz determinar, a menos que o credor se oponha, quaisquer medidas necessárias à satisfação do exequente. O legislador elencou, exemplificativamente, algumas dessas medidas, a saber: a imposição de multa, a busca e apreensão, a remoção de pessoas e coisas, o desfazimento de obras e o impedimento de atividade nociva – podendo, caso necessário, requisitar o auxílio de força policial para a efetivação da ordem.

Se a tutela específica for impossível ou se dela abrir mão o credor, tem lugar a tutela ressarcitória, ainda que não tenha ocorrido pedido expresso nesse sentido na fase de cognição. Seguir-se-á, nessas hipóteses, a liquidação do valor devido a título de perdas e danos (art. 509 do CPC/2015) e, posteriormente, o cumprimento de sentença para a satisfação de obrigação de pagar (art. 523 e seguintes do CPC/2015). Aplica-se, aqui, a norma do art. 816, parágrafo único, do CPC/2015: "O valor das perdas e danos será apurado em liquidação, seguindo-se a execução para cobrança de quantia certa".

O credor, preferindo o cumprimento por terceiro às custas do devedor, impõe-se aplicar subsidiariamente as regras da execução extrajudicial das obrigações de fazer e não fazer quanto ao *modus operandi*, nos termos do art. 817 do CPC/2015. Essa alternativa depende de requerimento do exequente, que deverá adiantar o valor necessário ao custeio da prestação por terceiro – o qual será recobrado por cumprimento de sentença que reconheça a exigibilidade de obrigação de pagar. O Código não estabelece um número mínimo de propostas (*v. g.*, orçamentos de um serviço), podendo o juiz aprovar a que lhe parecer adequada, ouvidas as partes (art. 817, parágrafo único, do CPC/2015). Então, o terceiro que proceder à substituição do devedor na obrigação de fazer deve formalizar o *modus faciendi* em proposta submetida ao contraditório, a qual pode ser aprovada ou rejeitada por decisão do juiz sujeita a agravo de instrumento (art. 1.015, parágrafo único, do CPC/2015). É possível que, desaprovada a proposta, outra seja ofertada, submetendo-se ao mesmo rito acima descrito.

Deveras, a impugnação da proposta mediante recurso deve ser analisada sob o ângulo da economicidade para o devedor e da eficiência e satisfação para o credor. Outrossim, à luz do caso concreto pode fazer-se mister a concessão de efeito suspensivo ao agravo para sustar a eficácia de proposta sobremodo onerosa.

É certo, repise-se, que o *accipiens* não deve ser instado a receber coisa diversa da pactuada, em nome da especificidade da execução. Nessa linha, uma vez ultrapassado o prazo estabelecido no título executivo judicial para o cumprimento voluntário da obrigação de fazer, via de regra deverá o juiz, de ofício ou a requerimento, fixar multa como fórmula para compelir o obrigado. Essa multa, cujo valor é devido ao exequente (art. 537, § 2º, do CPC/2015), não necessariamente será diária, podendo incidir de uma só vez ou assumir outra periodicidade qualquer. A regra, contudo, é a de que a multa será devida desde o dia em que se configurar o descumprimento da decisão e incidirá enquanto não for cumprida a decisão que a tiver cominado (art. 537, § 4º, do CPC/2015).[3]

---

[3] A multa diária não é pena posto que não substitui o cumprimento da obrigação principal, mas "meio de coerção" cuja origem remonta às *"astreintes"*, do direito francês, idealizadas para compelir o devedor ao cumprimento das obrigações de fazer. Nos países do *Common Law*, a técnica é a *"contempt of court"*, ou seja, sanção pelo descumprimento das decisões, caracterizado como "atentado à soberania do tribunal", como expõe **Liebman**, *Processo de Execução*, p. 337-338.

Resumidamente, pode-se concluir que, se o devedor, após o trânsito da decisão não realizar a prestação no prazo que o juiz lhe assinar, quatro alternativas se abrem em leque para o vencedor: a) buscar a tutela específica ou o resultado equivalente, mediante a fixação judicial de medidas coercitivas; b) escolhe um terceiro para fazer, às expensas do devedor; c) o próprio credor a realiza, exercendo a sua opção no prazo dos arts. 819 e 820 do CPC/2015;[4] ou d) converte a obrigação em perdas e danos e inicia, pelo seu valor correspondente, cumprimento por quantia certa.

A opção de realização por terceiro somente existe quando há fungibilidade da prestação e somente deve ser eleita pelo credor ao observar a suficiência patrimonial do devedor, haja vista que adiantará as importâncias para recobrá-las depois. Caso o devedor seja insolvável, nenhuma vantagem terá com essa forma de sub-rogação. Admite-se que o credor possa penhorar bens do devedor para garantir o custo da obra, como ocorre, *v.g.*, no direito português.

As obrigações com prestação infungível seguem rito variável, conforme a alternativa escolhida pelo credor. Assim é que, se o devedor cumpre a obrigação, extingue-se o processo. Caso o executado ofereça impugnação e seja conferido efeito suspensivo pelo juiz, o cumprimento de sentença somente retoma a sua marcha com a improcedência da impugnação (arts. 525, § 6º, e 536, § 4º, do CPC/2015). Acaso seguida a regra da não suspensividade, prossegue-se o cumprimento da obrigação de fazer ou não fazer, com ou sem a colaboração do devedor.

Outrossim, se o devedor não cumprir a obrigação no prazo, o *credor pode aguardar o cumprimento enquanto incide a multa coercitiva*, hipótese em que, periodicamente, pode calculá-la e iniciar cumprimento provisório de sentença por quantia certa de seu montante, caso em que o levantamento do valor só será admitido após o trânsito em julgado da sentença favorável à parte (art. 537, § 3º, do CPC/2015). Alternativamente, o credor pode *pleitear a conversão em perdas e danos*, e, por esse valor, também promover a liquidação e cumprimento de sentença para haver tanto as perdas e danos quanto o valor da multa já vencida (arts. 499 e 500 do CPC/2015).

As *obrigações de não fazer*, consistentes em *deveres de abstenção*, também revelam diversidade procedimental, consoante a transgressão possa ser desfeita ou não; isto é, consoante sejam *permanentes ou instantâneas*.[5] As primeiras, também denominadas *contínuas*, admitem que o autor peça que cesse a violação sem prejuízo do desfazimento do que já foi feito. As segundas só admitem reparação pecuniária em perdas e danos.

Nas obrigações de *não fazer permanentes*, *v.g.*, de não construir, se o devedor pratica o ato a cuja abstenção impôs-lhe a sentença, o exequente-vencedor pode requerer ao juiz que lhe assine prazo para desfazê-la. Havendo recusa ou mora do devedor, o credor pode requerer ao juiz que mande desfazer o ato à sua custa, respondendo o devedor pelo valor do desfazimento e por perdas e danos, quantias essas que devem ser liquidadas e satisfeitas mediante cumprimento de condenação por quantia certa. Entretanto, não sendo possível desfazer-se o ato, a obrigação "resolve-se" em perdas e danos (art. 823 do CPC/2015).[6]

---

[4] "**Art. 819**. Se o terceiro contratado não realizar a prestação no prazo ou se o fizer de modo incompleto ou defeituoso, poderá o exequente requerer ao juiz, no prazo de 15 (quinze) dias, que o autorize a concluí-la ou a repará-la à custa do contratante.
Parágrafo único. Ouvido o contratante no prazo de 15 (quinze) dias, o juiz mandará avaliar o custo das despesas necessárias e o condenará a pagá-lo.
Art. 820. Se o exequente quiser executar ou mandar executar, sob sua direção e vigilância, as obras e os trabalhos necessários à realização da prestação, terá preferência, em igualdade de condições de oferta, em relação ao terceiro.
Parágrafo único. O direito de preferência deverá ser exercido no prazo de 5 (cinco) dias, após aprovada a proposta do terceiro."

[5] O saudoso **Leite Velho**, *in Monografia Jurídica e Prática das Execuções de Sentenças em Processo Civil*, 1885, afirmava: "Se o executado tiver sido condenado a não praticar algum fato, e existir alguma obra feita, o juiz a manda destruir à custa do executado; se não existir, faz-se notificação ao vencido para o não praticar com cláusula penal."

[6] "**Art. 822.** Se o executado praticou ato a cuja abstenção estava obrigado por lei ou por contrato, o exequente requererá ao juiz que assine prazo ao executado para desfazê-lo.

754 CURSO DE DIREITO PROCESSUAL CIVIL • *Luiz Fux*

Não se pode olvidar que o meio de coerção consistente na multa coercitiva revela notável capacidade para vencer a resistência do devedor em desfazer o que foi feito, em transgressão ao dever negativo assumido em título executivo judicial ou extrajudicial. Portanto, nada impede que também quanto à obrigação de não fazer seja fixada multa para o caso de descumprimento.

Caso o devedor não cumpra a obrigação, o juiz pode utilizar-se das providências do § 1º do art. 536 do CPC/2015 e ao credor é lícito: a) optar por desfazer por terceiro às custas do devedor, hipótese em que se segue a regra do cumprimento da obrigação por quantia certa (art. 823, *caput*, do CPC/2015); b) aguardar o desfazimento sob a pressão exercida pela incidência da multa diária até o efetivo desfazimento; ou, finalmente, c) requerer a conversão da obrigação em perdas e danos, executando-se por quantia certa (art. 823, parágrafo único, do CPC/2015). Advirta-se que a multa não se limita pelo valor da obrigação principal, obtemperando-se os rigores com a percepção lógica de que o meio executivo deve conduzir ao cumprimento da obrigação e não o inviabilizar, pela bancarrota patrimonial do devedor.[7] Assim é que o art. 537, *caput*, do CPC/2015 exige que a multa seja compatível com a obrigação.

Por fim, muito embora as obrigações instantâneas só admitam a reparação em perdas e danos quando transgredidas, é possível ao autor obter a *tutela específica*, promovendo *ação preventiva* na qual o juízo imponha uma "inibição", sob forte ameaça. Nesse caso, a *tutela inibitória* deve vir acompanhada de uma expressiva multa para o caso de transgressão, tema que trataremos no item seguinte.

A regra atual do art. 536, § 1º, do CPC/2015 revela que o juiz pode fazer acompanhar a sua tutela preventiva de medidas de apoio aptas a tornar efetiva a interdição da atividade objeto da decisão inibitória.[8] Desta sorte, condenado o devedor a não fazer, caso transgrida o preceito e não logre o juiz, através das medidas de apoio, conferir a tutela específica, somente restará ao credor cobrar as multas vencidas e as perdas e danos.[9] Outrossim, a transgressão da ordem de cumprimento de obrigação de fazer encerra litigância de má-fé e responsabilização por crime de desobediência, podendo o juiz, para evitá-la, valer-se de auxílio de força policial, consoante os §§ 1º e 3º do art. 536 do CPC/2015.

1.3 As *astreintes* e a impugnação

O mencionado art. 536 indica que o cumprimento da sentença que reconheça a obrigação de fazer é autoexecutável, pois o magistrado deve adotar de ofício as providências constantes do parágrafo primeiro do dispositivo. Destarte, no afã de conceder a tutela específica, amplos são os poderes do juiz, que só deve recorrer às *astreintes*[10] em sendo impossível, desde logo, conceder a utilidade esperada pelo vencedor, denominada de "resultado prático equivalente". Para esse fim,

---

[ ] **Art. 823.** Havendo recusa ou mora do executado, o exequente requererá ao juiz que mande desfazer o ato à custa daquele, que responderá por perdas e danos.

Parágrafo único. Não sendo possível desfazer-se o ato, a obrigação resolve-se em perdas e danos, caso em que, após a liquidação, se observará o procedimento de execução por quantia certa."

[7] Nesse sentido, **Vicente Greco Filho**, *Direito Processual Civil Brasileiro*, 1987, vol. 3, p. 69.

[8] "**Art. 536.** No cumprimento de sentença que reconheça a exigibilidade de obrigação de fazer ou de não fazer, o juiz poderá, de ofício ou a requerimento, para a efetivação da tutela específica ou a obtenção de tutela pelo resultado prático equivalente, determinar as medidas necessárias à satisfação do exequente.

§ 1º Para atender ao disposto no *caput*, o juiz poderá determinar, entre outras medidas, a imposição de multa, a busca e apreensão, a remoção de pessoas e coisas, o desfazimento de obras e o impedimento de atividade nociva, podendo, caso necessário, requisitar o auxílio de força policial."

[9] **Ovídio Baptista da Silva** indica que na verdade não há concurso de ações senão ações diversas para casos de obrigações de fazer e não fazer decorrentes de contrato submetidas às execuções em geral e obrigações oriundas de "deveres de conduta" estabelecidos na lei em relação às quais o juiz provê com mandamentalidade (*in Curso*, vol. II, p. 92), trazendo em abono de sua opinião a doutrina de **Crisanto Mandrioli**, *L'Esecuzione Forzata Forma Specifica*, 1953, 13, nota 84, e **Karl Larenz**, *Derecho de Obligaciones*, 1952, I, § 10, II, c.

[10] **Rafael Caselli Pereira**. *A multa judicial (astreinte) e o CPC/2015*, 2018.

além de *autoexecutável*, o § 1º do art. 536 torna a decisão também *mandamental*, pois o seu cumprimento ocorrerá no âmbito do mesmo processo em que houve a atividade cognitiva.

O valor das *astreintes* será devido ao exequente, nos termos do art. 537, § 2º, do CPC/2015. O anteprojeto do novo Código previa que o valor da multa iria para o autor somente até o valor da sua obrigação e o excedente iria para o Estado, mas essa regra não foi acolhida na tramitação legislativa.

A multa coercitiva pode ser fixada na sentença e incide após o prazo razoável fixado para o cumprimento do preceito – cuida-se, aliás, de providência que o juiz pode adotar também quanto à tutela provisória. Mesmo que a sentença seja omissa, esclarece o art. 537, *caput*, do CPC/2015 que a multa poderá ser fixada na fase de cumprimento de sentença.

Indaga-se quanto ao termo *a quo* da incidência da multa no cumprimento da sentença que reconheça a exigibilidade da obrigação de fazer ou não fazer. Sob esse ângulo, a Lei não é clara, subordinando a sua incidência tão somente ao esgotamento de "prazo razoável para cumprimento do preceito" determinado na fase de conhecimento (art. 537, *caput, in fine*, do CPC/2015). Porém, é preciso estabelecer qual o termo inicial desse prazo "razoável".

Sobre o ponto, o Código de 2015 prevê expressamente a necessidade de intimação do devedor para cumprir a sentença, seja qual for o tipo de obrigação (art. 513, §§ 2º a 4º). Em contrapartida, o legislador não positivou o teor da súmula nº 410 do STJ, que assim dispõe: "A prévia intimação pessoal do devedor constitui condição necessária para a cobrança de multa pelo descumprimento de obrigação de fazer ou não fazer". Houve debate sobre a subsistência da referida súmula com a vigência do novo Código: afinal, o prazo para o cumprimento da prestação de fazer ou não fazer, ao cabo do qual incidirá a multa coercitiva, somente se inicia com a intimação pessoal do devedor? A Corte Especial do Superior Tribunal de Justiça respondeu positivamente a essa indagação. De acordo com a Corte, permanece necessária a intimação pessoal do devedor para cumprimento das obrigações de fazer e não fazer, mantendo-se íntegra a súmula 410 do STJ[11].

Insta esclarecer que, se a sentença tiver a sua eficácia suspensa pela admissão de recurso dotado de efeito suspensivo, apenas com o julgamento do recurso é que ocorrerá a intimação para iniciar a fluência da multa, sendo certo que os recursos para os Tribunais Superiores normalmente não detêm essa eficácia, salvante a concessão de efeito suspensivo *ope judicis* (concedido pelo relator ou Tribunal). O mesmo raciocínio se aplica à tutela provisória objeto de agravo, que via de regra não possui efeito suspensivo[12].Consequentemente, é possível o cumprimento provisório da

---

[11]   Confira-se a ementa do julgado:"É necessária a prévia intimação pessoal do devedor para a cobrança de multa pelo descumprimento de obrigação de fazer ou não fazer antes e após a edição das Leis n. 11.232/2005 e 11.382/2006, nos termos da Súmula 410 do STJ, cujo teor permanece hígido também após a entrada em vigor do novo CPC." (EREsp 1360577/MG, Rel. Min. Humberto Martins, Rel. p/ Acórdão Min. Luis Felipe Salomão, Corte Especial, j. 19.12.2018).

[12]   Essa assertiva é a que se infere do art. 520, § 5º, do CPC/2015, *verbis*:
"**Art. 520**. O cumprimento provisório da sentença impugnada por recurso desprovido de efeito suspensivo será realizado da mesma forma que o cumprimento definitivo, sujeitando-se ao seguinte regime:
I – corre por iniciativa e responsabilidade do exequente, que se obriga, se a sentença for reformada, a reparar os danos que o executado haja sofrido;
II – fica sem efeito, sobrevindo decisão que modifique ou anule a sentença objeto da execução, restituindo-se as partes ao estado anterior e liquidando-se eventuais prejuízos nos mesmos autos;
III – se a sentença objeto de cumprimento provisório for modificada ou anulada apenas em parte, somente nesta ficará sem efeito a execução;
IV – o levantamento de depósito em dinheiro e a prática de atos que importem transferência de posse ou alienação de propriedade ou de outro direito real, ou dos quais possa resultar grave dano ao executado, dependem de caução suficiente e idônea, arbitrada de plano pelo juiz e prestada nos próprios autos.
§ 1º No cumprimento provisório da sentença, o executado poderá apresentar impugnação, se quiser, nos termos do art. 525.
§ 2º A multa e os honorários a que se refere o § 1º do art. 523 são devidos no cumprimento provisório de sentença condenatória ao pagamento de quantia certa.
§ 3º Se o executado comparecer tempestivamente e depositar o valor, com a finalidade de isentar-se da multa, o ato não será havido como incompatível com o recurso por ele interposto.

sentença ou da tutela provisória objeto de recurso não dotado de efeito suspensivo, mesmo nos casos em que reconheça obrigação de fazer, de não fazer ou de dar coisa. Não se deve esquecer que o cumprimento provisório da prestação de fazer, não fazer ou entregar coisa que envolver transferência de posse ou alienação de propriedade ou de outro direito real, ou atos dos quais possa resultar grave dano ao executado, depende, como regra, de caução suficiente e idônea (art. 520, IV, do CPC/2015). O exequente responde pelos prejuízos que o cumprimento provisório causar ao executado nas hipóteses do art. 302 do CPC/2015, dentre as quais figura a cessação da eficácia da medida em qualquer hipótese legal.

Sobressai evidente, assim, que, cassada a liminar ou reformada a sentença em decisão de improcedência e sempre de caráter declaratório negativo, o seu efeito é *ex tunc, isto é, revoga-se o que foi concedido*. Aliás, não é por outra razão que a execução provisória corre por conta e risco do exequente, e essa forma de execução é a que se procede quando a sentença está sob a instabilidade gerada pelo recurso ou a tutela no aguardo de ser confirmada pela sentença final. Desta sorte, reformada que seja a tutela ou a sentença, as coisas devem retornar ao estado anterior, liquidando--se nos próprios autos tudo quanto o beneficiário do provimento provisório recebeu, sob pena de enriquecimento injusto chancelado pelo Judiciário.

Outra novidade do CPC de 2015 é a previsão, em seu art. 537, § 3º, no sentido de ser passível de cumprimento provisório a decisão que fixa a multa coercitiva (*astreintes*). Fica superada, assim, a orientação da Corte Especial do STJ no sentido de que a "multa diária prevista no § 4º do art. 461 do CPC [de 1973], devida desde o dia em que configurado o descumprimento, quando fixada em antecipação de tutela, somente poderá ser objeto de execução provisória após a sua confirmação pela sentença de mérito e desde que o recurso eventualmente interposto não seja recebido com efeito suspensivo" (REsp 1200856/RS, Rel. Min. SIDNEI BENETI, CORTE ESPECIAL, j. 01.07.2014, *DJe* 17.09.2014). De acordo com o novo regime, no cumprimento provisório, o valor da multa deve ser depositado em juízo, sendo o levantamento possível apenas após o trânsito em julgado. O texto original do CPC/2015 permitia levantamento na pendência de ARE ou AREsp, mas a Lei nº 13.256/2016 suprimiu essa possibilidade.

Justamente por serem passíveis de cumprimento provisório, o art. 537, § 1º, do CPC/2015 dispõe que as *astreintes* podem ter o seu valor ou periodicidade modificados, ou até mesmo ser excluídas pelo Juiz, mas tão somente com relação às multas vincendas. Fica, assim, superada a orientação do STJ no sentido de que o "valor da multa cominatória não faz coisa julgada material, podendo ser revisto, a qualquer momento, caso se revele insuficiente ou excessivo (CPC, art. 461, § 6º)".[13] Quanto às multas já vencidas, não é possível modificação ou exclusão, porquanto se tornam direito adquirido do exequente. No que tange às multas vincendas, a modificação ou exclusão será possível quando: *(i)* a multa se tornou insuficiente ou excessiva; ou *(ii)* o obrigado demonstrou cumprimento parcial superveniente da obrigação ou justa causa para o descumprimento. Esta segunda hipótese é novidade do CPC/2015.

O art. 537, § 4º, do CPC/2015 dispõe que a "multa será devida desde o dia em que se configurar o descumprimento da decisão e incidirá enquanto não for cumprida a decisão que a tiver cominado". Alguns autores têm interpretado esse dispositivo no sentido de que o Juiz não pode limitar o valor da multa *ex ante* (v. g., estabelecendo uma multa de mil reais por dia, limitada a um teto de cinquenta mil). Discorda-se desse entendimento, pois o art. 536, § 1º, do CPC/2015 não exige que a multa seja diária, nem periódica, podendo consistir em multa única. Sendo assim, não há sentido em proibir sua limitação. A finalidade do art. 537, § 4º, do CPC/2015 é apenas dar

---

§ 4º A restituição ao estado anterior a que se refere o inciso II não implica o desfazimento da transferência de posse ou da alienação de propriedade ou de outro direito real eventualmente já realizada, ressalvado, sempre, o direito à reparação dos prejuízos causados ao executado.

§ 5º Ao cumprimento provisório de sentença que reconheça obrigação de fazer, de não fazer ou de dar coisa aplica-se, no que couber, o disposto neste Capítulo."

[13] RMS 33.155/MA, Rel. Min. Maria Isabel Gallotti, 4ª Turma, j. 28.06.2011, *DJe* 29.08.2011.

Parte X • IX – A TUTELA JURISDICIONAL DAS OBRIGAÇÕES DE FAZER E NÃO FAZER | **757**

certeza quanto aos termos inicial e final de incidência das *astreintes* quando a decisão que fixar multa periódica for omissa quanto ao período de incidência.

Quanto aos meios de defesa do executado no cumprimento de sentença que envolve prestação de fazer, o art. 536, § 4º, do CPC/2015 determina a aplicação, no que couber, do regime de impugnação ao cumprimento de sentença que reconheça a exigibilidade de obrigação de pagar. Assim, o executado poderá alegar em sua impugnação, nos termos do art. 525, § 1º, do CPC/2015, a falta ou nulidade da citação se, na fase de conhecimento, o processo correu à revelia; a ilegitimidade de parte; a inexequibilidade do título ou inexigibilidade da obrigação; o excesso de execução ou cumulação indevida de execuções; a incompetência absoluta ou relativa do juízo da execução; ou qualquer causa modificativa ou extintiva da obrigação, como pagamento, novação, compensação, transação ou prescrição, desde que supervenientes à sentença.

Todavia, o legislador não esclareceu qual o termo *a quo* do prazo de 15 (quinze) dias para que o executado apresente, nos próprios autos, sua impugnação ao cumprimento de sentença que envolve prestação de fazer. A melhor interpretação é a de que o prazo para impugnação somente passe a contar quando transcorrido *in albis* o prazo determinado judicialmente para o cumprimento voluntário da obrigação.

2. TUTELA INIBITÓRIA (OBRIGAÇÕES NEGATIVAS)

2.1 Tutela jurisdicional de direitos

A alusão a uma *tutela inibitória* não induz à ideia de uma forma de prestação por si só, senão a uma espécie de tutela necessária a determinadas pretensões para as quais não são adequadas as formas tradicionais de resposta judicial. É que há direitos que necessitam de uma forma especial de intervenção do Estado-juiz. Assim, *v.g.*, se a parte presume com dados objetivos a possibilidade da prática de concorrência desleal, faz-se mister uma espécie de defesa judicial desta expectativa que não se enquadra na moldura das tutelas de declaração, constituição ou condenação, porquanto o que se pretende é evitar que a lesão ao direito se opere.

O tema suscita, como se pode depreender desde logo, uma adequação da tutela jurisdicional às necessidades práticas do autor que maneja a ação. Aduz-se, neste passo, à expressão "tutela jurisdicional de direitos" para revelar a premente intimidade entre o processo e o direito que lhe serve de objeto, concretizando o preceito de que "a todo direito corresponde uma ação específica que o assegura" numa explicitação infraconstitucional da regra maior de que "nenhuma lesão ou ameaça a direito escapará à apreciação do Poder Judiciário". A garantia constitucional do art. 5º, inciso XXXV, da Constituição Federal encontra o seu correspondente na legislação ordinária, desde o art. 75 do CC anterior, que realizava a promessa legal da "tutela adequada".

É que de há muito assentou Chiovenda que "o processo deve dar a quem tem direito tudo aquilo e precisamente aquilo a que tem o direito de obter"; máxima reiterada modernamente por Vittorio Denti sob outro enfoque, no sentido de que *"la durata del processo non deve andare a danno dell attore che ha ragione"*.

A relação imanente entre o direito e o processo, antes de resolver e nulificar a superada doutrina concreta do direito de agir, revela, apenas, quão prejudicial restou para o processo esse *apartheid* entre a relação substancial e a forma processual porquanto a *ideologia da ordinariedade*, dentre outras causas, acarretou a insuficiência das espécies tradicionais de prestação jurisdicional, fazendo exsurgir o movimento de busca das tutelas diferenciadas, tão bem evidenciado por Proto Pisani, através de seus apontamentos sobre a justiça civil, onde peremptoriamente deixou claro não existir uma *única forma de tutela para todas as situações* subsumíveis ao crivo jurisdicional.

Este movimento marcou o fim da neutralidade da ciência processual em relação ao direito material carente de prestação jurisdicional, sob forte inspiração do "princípio da efetividade", cujo escopo maior é observar a experiência jurídico-processual sob a ótica da utilidade social do processo, assim compreendido como instrumento que possibilita conferir-se ao jurisdicionado uma tutela tempestiva e justa.

2.2 A crise da tutela condenatória – Ilícito de lesão e ilícito de perigo

A análise da tutela jurisdicional à luz do objeto imediato do pedido ou em confronto com os resultados alcançados não deixa a menor dúvida de que a *tutela repressiva* é a resposta judicial voltada para fatos pretéritos e por isso *comprometida*, apenas, *com o escopo ressarcitório*. Por outro lado, a *tutela preventiva* diz respeito ao futuro e é mais adequada à defesa de interesses não imediatamente patrimoniais, *v.g.*, a necessidade de se impedir uma lesão aos direitos imateriais da personalidade.

O legislador constitucional não se preocupou somente com as efetivas lesões aos interesses juridicamente protegidos, mas também com as "ameaças de lesão a direitos" por isso que, juntamente com a promessa da "inafastabilidade" da jurisdição, fez acoplar a de que a vedação à autodefesa encontraria no ordenamento remédios capazes de oferecer a solução "adequada" ao caso concreto.

O legislador maior, ao adicionar ao novel dispositivo a tutela jurisdicional para as hipóteses de "ameaça a direito", considerou essa possibilidade por si só "uma lesão" fazendo coro com a moderna doutrina que subdivide o ilícito em "ilícito de lesão" e "ilícito de perigo". O primeiro comprometido com a ideia de dano e o segundo com a de transgressão pura e simples, cobrindo a importante área dos direitos não patrimoniais que, embora compensados pecuniariamente pós-lesão, contentam-se mais com a prevenção do que com a reparação. Resta evidente, por exemplo, que a parte prefere que o ordenamento seja munido de instrumentos capazes de impedir a violação de sua privacidade do que se reembolsar após os danos acarretados com simples tutela ressarcitória, tanto mais que provocam deveres contínuos que se descumpridos devem cessar, como as violações ao meio ambiente, a difusão de notícias etc. Nessas hipóteses,não faz sentido relegar o ressarcimento à ultimação das violações, sem prejuízo de considerarmos que a reparação nesse campo nem sempre é integral, variando o *quantum* da indenização segundo o princípio da razoabilidade.

A *iniciativa inibitória imediata* cumpre o escopo da efetividade da jurisdição com muito mais eficiência que uma condenação *ex post facto*.

A esta altura ressalta cristalina a *ineficiência da tutela ressarcitória para atingir esse escopo preventivo* diante do mecanismo da execução posterior que se baseia, exatamente, pela inaptidão de a condenação evitar a lesão. A tutela inibitória, ao revés, reclama pronta atuação apoiada por enérgicas medidas de coerção pessoal ou patrimonial capazes de convencer o obrigado a adimplir a sua obrigação de não violar, não repetir ou não continuar. Neste particular, é inocultável a inadaptação das medidas de apoio às sentenças condenatórias de caráter repressivo, iluminadas pela ideia de que o próprio descumprimento, quando muito, implica a conversibilidade em perdas e danos quando versam sobre prestações de fazer infungíveis e de não fazer. Não é essa, positivamente, a aspiração da tutela inibitória.

2.3 Tutela inibitória – Finalidade – Pressupostos – Fundamentos

A *tutela inibitória tem por finalidade impedir a prática de um ilícito futuro*, não importando, num primeiro plano, a eventualidade de ocorrência de dano, mas antes o ato contra o direito. A sua proposta revela, assim, a inibição para que o ato não ocorra, não prossiga ou não se repita. Enfim, a *probabilidade de que um ato venha a ser praticado* contra uma conduta legal sancionada é o bastante para surgir o *interesse processual* no manejo da tutela de inibição. No direito italiano, a lei de direito autoral torna clara a possibilidade jurídica da pretensão inibitória a todo aquele *"che ha ragione di temere una violazione di un diritto"* (art. 156 da citada Lei). Assim também se contemplam, em sede laboral, proibições sob pena de prisão contra atividades antissindicais.

A tutela inibitória cumpre, assim, os postulados da *efetividade*, posto preventiva, e da *especificidade*, haja vista conferir a utilidade esperada acaso não houvesse a ameaça de violação. Evita o ilícito, em vez de propor-lhe a reparação, garantindo o exercício integral da aspiração do jurisdicionado, rompendo o dogma de que o ressarcimento é a única forma de tutela contra o ilícito.

Objetivando *inibir a prática, a repetição ou a continuação do ilícito*, exsurge como *pressuposto material* da tutela inibitória o "perigo de que as atividades acima ocorram". Basta, assim, ao autor demonstrar a verossimilhança do perigo de que o ilícito possa ocorrer, se repetir ou continuar para

Parte X · IX – A TUTELA JURISDICIONAL DAS OBRIGAÇÕES DE FAZER E NÃO FAZER | **759**

que faça jus à tutela em exame. Nessa linha, dispõe o art. 497, parágrafo único, do CPC/2015, *verbis*: "Para a concessão da tutela específica destinada a inibir a prática, a reiteração ou a continuação de um ilícito, ou a sua remoção, é irrelevante a demonstração da ocorrência de dano ou da existência de culpa ou dolo." [14]

---

[14] Consoante tivemos oportunidade de destacar em *Tutela de Segurança e Tutela de Evidência*, Saraiva cit.: **"Tutela Antecipada das Obrigações de Fazer e não Fazer,** as obrigações em que a prestação recai sobre uma conduta devida também apresentam conotações de urgência. Há obrigações de fazer e de não fazer, cujo descumprimento torna um eventual provimento judicial tardio e inoperante, revelando-se de extrema importância prática a tutela antecipada também nesse campo. Exatamente por essa razão, o legislador incluiu um dispositivo específico para essas obrigações, mediante a regra genérica do art. 273 do CPC [de 1973], aplicável a qualquer processo de conhecimento, independentemente da natureza da obrigação objeto do pedido. Nesse sentido dispõe o legislador no § 3º do art. 461 [do CPC/1973], com a sua nova redação, *verbis*: 'Sendo relevante o fundamento da demanda e havendo justificado receio de ineficácia do provimento final é lícito ao juiz conceder a tutela liminarmente ou mediante justificação prévia, citado o réu. A medida liminar poderá ser modificada ou revogada a qualquer tempo, em decisão fundamentada'.

Trata-se, assim, de contemplação expressa da tutela antecipada nas denominadas obrigações de fazer. Observem-se, de início, algumas diferenças entre esta forma de antecipação judicial e a regra geral do art. 273 [do CPC/1973]. No dispositivo *sub examen*, desaparece a interdição à concessão de tutela de efeitos irreversíveis, bem como o requisito da prova inequívoca. Entretanto substituiu o legislador a expressão por 'relevante fundamento da demanda' e 'justificado receio de inoperância do provimento final'.

Ambas as expressões, na essência, visam a revelar a 'evidência' e a 'periclitação'. O relevante fundamento é aquele que tem um relevo próprio, demonstra-se *prima facie* como acolhível, aplicando-se a esse requisito tudo quanto se refere à evidência do direito tanto mais que não se justificaria a tutela antecipada para obrigações outras com a exclusão das obrigações de fazer, especificamente um campo fértil para essa norma *in procedendo*, não só porque o fazer tardio é inútil sob o prisma objetivo como também em grande parte é urgente. Imagine-se a confecção de uma obra para ser entregue num determinado prazo, após o qual se manifesta inútil o cumprimento da obrigação, ou uma apresentação artística que deve ser empreendida num dado momento, e verificar-se-á que o fazer reclama sempre a tutela antecipada, pela inutilidade que representa o aguardo do desenrolar do processo principal. O cancelamento de determinadas anotações obstativas da livre concorrência de um licitante de obras públicas ou o registro imobiliário urgente são também casos da prática judiciária a indicar o proveito da tutela antecipada no âmbito do *facere*.

Reforçando essa constatação, o legislador inseriu meios variáveis de coerção e sub-rogação capazes de viabilizar a implementação da tutela antecipada, com a vantagem de não ter oposto a vedação da 'irreversibilidade'. É verdade que manteve o caráter da revogabilidade e da modificabilidade do provimento antecipado, mas rejeitados os efeitos produzidos (§ 3º, *in fine*, do art. 461).

Visando a alcançar os efeitos antecipados, o legislador autorizou o juiz a determinar todas as medidas necessárias ao alcance da tutela específica deferida, quer em nível de antecipação – sob pena de a tutela antecipada resultar em mera divagação –, quer em nível de tutela definitiva, por isso que de ofício ou a requerimento pode a justiça implementar o provimento da forma mais rápida, que consiste desde a constrição de bens, remoção de pessoas, até a utilização da força policial.

Para as hipóteses de infungibilidade da prestação, isto é, casos em que a prestação é contraída (*intuitu personae*) e só o devedor pode cumpri-la, a lei, atenta ao princípio (*nemo potest cogit ad factum*), admite a imposição de multa diária ao réu por descumprimento da medida antecipada, até a satisfação da obrigação determinada.

Nesse último caso, a doação dos remédios da *commow law*, sugeridos precedentemente com a *Contempt of Court*, decerto representaria meio eficaz de persuasão com o fito de vencer a recalcitrância do sucumbente, providência que de forma alguma pode ser entrevista na autorização contida na parte final do § 5º do art. 461, que trata do auxílio para cumprimento de determinações judiciais, *v.g.*, a obstrução ao cumprimento de um mandado de busca e apreensão, admitido, inclusive, como implícito em nosso sistema. A tutela antecipada das obrigações de prestação de fato também reclama prova que habilite o juízo a deferi-la. Essa prova pode estar anexada à inicial ou ser produzida em justificação prévia, citado o réu.

A prova pré-constituída que acompanha a inicial deverá demonstrar o fundamento relevante da demanda e o receio de ineficácia do provimento final. Nesse último aspecto, releva notar que a ineficácia não é processual, haja vista que para esse fim perdura o processo cautelar, com a sua notável servilidade ao processo principal. A ineficácia a que se refere o legislador dá-se no plano da satisfação, da realizabilidade prática do direito da parte no momento oportuno. Assim, *v.g.*, de nada adiantará o registro do título imobiliário somente no final da causa se a premência indica que o ato registral é imperioso naquele dado momento. Do mesmo modo, de nada valerá o cancelamento de notícias desabonadoras de determinado licitante se ultrapassada a concorrência pública, assim como de nenhuma valia será a determinação de comparecimento de artista a uma casa de espetáculos, ultrapassada a temporada, nem a condenação à tardia retirada de circulação de propaganda enganosa produtora por si só de efeitos deletérios instantâneos."

760 | CURSO DE DIREITO PROCESSUAL CIVIL • *Luiz Fux*

É evidente, neste passo, que se a inibição é admissível para impedir a repetição e a continuação, imperioso chancelá-la, primeiramente, para a hipótese em que o ilícito sequer ocorreu. A produção da prova se apresenta mais complexa quando o ilícito ainda não ocorreu – e se quer evitá-lo – do que nas hipóteses de perigo de repetição ou continuação, porquanto os antecedentes militam como indícios. A criatividade da doutrina indica que se um comerciante, impedido de usar determinada marca, encomenda embalagens a outrem, determinando estampar aquela interditada, estará criando a situação de perigo suficiente ao deferimento da tutela inibitória. Desta sorte, a comprovação da simples "probabilidade do ilícito de perigo", isto é, de que o ato *contra legem* poderá ser praticado, resulta suficiente para o êxito do demandante à inibição.

Destarte, repita-se, o dano não ingressa na esfera de cogitação da tutela inibitória, razão pela qual, *ao autor se requer a prova do perigo e da antijuridicidade do ato que se quer evitar*, pouco importando se da transgressão resultará prejuízo material ou não. Assim, *v.g.*, se determinado fabricante de produto farmacêutico teme que outro laboratório coloque no mercado produto com denominação que gerará perplexidade junto aos consumidores, fomentando ilícita concorrência, tem o direito à tutela inibitória sem necessitar quantificar qualquer prejuízo, senão investir em defesa de sua propriedade imaterial, comprovando tão somente a titularidade da referida marca.

A inibição contenta-se com a possibilidade de violação *in re ipsa*, dispensando o autor da comprovação de dolo ou culpa do demandado, uma vez que é contra a potencialidade de violação que a tutela se dirige e a transgressão, por seu turno, pode se operar até por má interpretação do direito. Entretanto, não se pode olvidar que o elemento subjetivo é de relevo para a tutela de "ressarcimento".

Ao ângulo dos fundamentos constitucionais e infraconstitucionais, em nosso sistema, a tutela inibitória, mercê de se fundar na garantia constitucional da efetiva e adequada jurisdição, coadjuvada pelo *due process of law*, encontrou ressonância infraconstitucional pioneira no Código de Defesa do Consumidor (CDC) que, nos seus arts. 83 e 84, viabiliza a inibição antecipatória ou final acompanhada de medida de apoio consistente na "multa diária".

No direito alienígena, a tutela inibitória é encontrada como espécie incidente a determinados direitos, *v.g.*, na interdição à concorrência desleal no direito italiano e admitida como tutela atípica decorrente do princípio da tutela adequada e do poder geral de prevenção do juiz.

Destarte, o art. 497 do CPC brasileiro de 2015 se mostra servil à inibição, não exigindo, para a sua aplicação, o prévio descumprimento da sentença e, portanto, a consumação da lesão após a transgressão da exortação de inibição constante da decisão. A tutela inibitória também será efetivada pela concessão da tutela específica ou mediante providências que assegurem a obtenção de tutela pelo resultado prático equivalente.

2.4 Classificação da tutela inibitória

A tutela inibitória também pode ocorrer em sede de tutela provisória, ou seja, baseada em cognição não exauriente. Nessa linha, a tutela inibitória pode possuir cunho satisfativo, dirigindo-se diretamente à prevenção de um ilícito e adiantando o resultado prático do provimento final, ou pode ter caráter cautelar, visando a impor a interdição de uma atividade com o fim de preservar a utilidade prática do próprio processo. Assim, é possível distinguir-se a *tutela inibitória antecipada* da *tutela inibitória cautelar*. V. g., a *interdição cautelar* da venda de bens pode visar à preservação da utilidade de um futuro processo de dissolução de sociedade, ao passo que a inibição de uso de imagem objetiva proteger o direito correspondente, revelando-se satisfativa.

Por seu turno, a *inibição pode ser provisória (antecipada ou cautelar)* ou conferida ao *final* do processo de cognição. A possibilidade de antecipação dos efeitos práticos do provimento de inibição, tal como concebido pelos arts. 301 e 497, parágrafo único, do CPC/2015, permite a dicotomia em "tutela inibitória provisória" e "tutela inibitória principal", encontradiça em nosso matiz italiano.

2.5 Pressupostos e características da tutela inibitória antecipada

A inibição é da essência da tutela de urgência porquanto à violação deve corresponder a prevenção.

Aplicam-se, em princípio, à antecipação de tutela inibitória, os mesmos pressupostos materiais e processuais reclamados para a tutela de urgência em geral, vale dizer, existência de "elementos que evidenciem a probabilidade do direito e o perigo de dano ou o risco ao resultado útil do processo" (art. 300 do CPC/2015).

No que diz respeito à prova, mister repisar-se que os *elementos de convicção devem gravitar em torno da probabilidade da prática do ilícito* e da *consequente ineficácia do provimento final.* Assim, *v.g.*, na tutela inibitória de divulgação de imagem, o requerente há de demonstrar que, se ocorrente a violação temida, não receberá da justiça a resposta adequada em face dos desastrosos efeitos da aparição pública, passível de impedimento apenas pela inibição judicial. É mister comprovar a *ilicitude da divulgação da imagem* e a *inoperância do provimento final* porquanto exsurgente após a transgressão.

Forçoso reconhecer deveras árdua a missão do juiz na concessão da tutela inibitória que, de ordinário, estabelece um confronto entre dois interesses relevantes, como, *v. g.*, o direito à informação e o direito à privacidade ou à imagem. O juiz, nesses casos, guiado pela regra da proporcionalidade tão bem versada por Karl Larenz, deve optar pela solução mais justa, atento à advertência poética de Fernando Pessoa de que: *"Não se pode servir à sua época e a todas as épocas ao mesmo tempo".*

Como bem ressaltou em magnífica sede doutrinária, não se pode categorizar como tutela de inibição aquela que se limita a *ordenar* uma abstenção sem atuação imediata através de medidas de apoio. Desta sorte, a decisão inibitória, quer antecipada quer final, deve ser de *execução completa e imediata*, dotada de inseparável *mandamentalidade*. Essa atuação varia conforme a tutela inibitória seja "preventiva ou continuativa".

A tutela inibitória pode servir à não realização de uma atividade ilícita ainda não ocorrente ou impedir a sua repetição ou continuação. Nas duas primeiras hipóteses, a interdição deve ser suficientemente persuasória para impedir a prática ou a reincidência. Em consequência, deve estar acompanhada de medidas de apoio que objetivam fazer entrar em cena os meios coercitivos. Assim, *v.g.*, se o Estado puder antecipar-se e retirar de circulação os produtos infratores do direito de exclusividade de fabrico de outrem, deverá fazê-lo, em vez da intimidação de incidência de multa diária, enquanto não posto aquele fora do comércio.

Ocorrente a violação, mister a execução da inibição mediante a atuação de um desfazer mandamental. Na *tutela inibitória continuativa*, vale dizer, aquela *voltada a impedir a continuação*, sem prejuízo do restabelecimento do estado anterior, a mesma técnica deve ser utilizada tanto para recompor como para fazer cessar, incidindo a coerção no malogro dos meios de sub-rogação.

Isso significa que o Estado deve utilizar-se de todos os meios necessários à consecução do resultado específico, valendo-se apenas dos meios de coerção caso se frustrem os meios de sub--rogação. Nos casos-limite, em que a infungibilidade da conduta permita ao devedor a invocação do *nemo potest cogit ad factum*, frustrando sobremodo as expectativas da parte e da justiça, é forçoso sopesar acerca da penalização no processo civil, entrevendo no descumprimento um atentado à justiça passível de coerção pessoal, como único meio capaz de resgatar o prestígio do Poder Judiciário, diferente daquele idealizado por Montesquieu, que preferia ao juiz dotado de *imperium judiciis* um magistrado a quem limitadamente se conferisse a função de ser apenas *"la bouche de la loi".*

3. O CUMPRIMENTO JUDICIAL DAS OBRIGAÇÕES DE PRESTAR DECLARAÇÃO DE VONTADE

A emissão da vontade pode figurar como objeto de uma obrigação, máxime quando dela depende a concretização de negócios jurídicos. Assim, *v.g.*, se alguém promete concluir um contrato e não o faz, resta àquele que depende da vontade omitida ingressar em juízo e pleitear uma providência capaz de produzir os mesmos efeitos da vontade sonegada.

Atendendo a esta exigência, dispõe a lei que, *verbis*: "Na ação que tenha por objeto a emissão de declaração de vontade, a sentença que julgar procedente o pedido, uma vez transitada em jul-

762 | CURSO DE DIREITO PROCESSUAL CIVIL • Luiz Fux

gado, produzirá todos os efeitos da declaração não emitida" (art. 501 do CPC/2015).[15] A razão do dispositivo está intimamente vinculada ao escopo da execução, que consiste em dar à parte a plena satisfação do seu direito, tal como obteria se o devedor tivesse cumprido a obrigação. Nessa modalidade de cumprimento, tudo se passa como sub-rogação, em que o juiz aliena o bem do devedor sem consultá-lo e penhora seus bens sem o seu consenso. Aqui, por sua vez, o Juiz supre a vontade do obrigado diante de sua ilegítima resistência, através da sentença à qual se confere o mesmo efeito que aquela declaração volitiva produziria. A *sentença conclui o negócio jurídico,* sem acrescer-lhe obrigações, produzindo-se os efeitos jurídicos que se produziriam, caso concretizado voluntariamente o negócio. As novas obrigações decorrentes da conclusão do contrato, e que a parte pretende exigir, posteriormente, deve pleiteá-las em *pedido sucessivo cumulado.* Consequentemente, acolhido o primeiro pleito de conclusão do negócio, passa-se ao segundo sobre a condenação nas obrigações emergentes. Assim, *v.g.,* se a parte comprometeu-se a concluir o de transferência do domínio e não o fez, o autor pode pedir a conclusão do contrato e a condenação ao pagamento de todos os aluguéis recebidos pelo devedor no período em que deveria ter formalizado o negócio prometido.

O suprimento da vontade, pela via judicial, considera que, assumido no contrato preliminar o dever de conclusão definitiva, essa manifestação do pré-contrato resta vinculativa, desde logo. Desta sorte, se a parte, por exemplo, comprometeu-se a concluir um contrato de locação caso a parte adquirisse uma biblioteca, uma vez cumprida a condição, a sentença conclui o contrato e autoriza que o autor obtenha a entrega da coisa com o cumprimento de todos os deveres da locação. Essa sentença condenatória é autoexecutável, dispensando novo processo para realizar o que foi decidido, pois inexiste alternativa entre prestar ou não prestar a vontade. A *decisão contém declaração, constituição, condenação e eficácia satisfativa.*[16] Assim, é descabida a versão dos que entendem que a sentença condena a emitir a vontade e o vencedor executa esta decisão citando o réu a emiti-la em dia e hora designados.[17] A sentença conclui o contrato e, portanto, *é autoexecutável.* O registro da sentença posterior tem o escopo de tornar o contrato concluído oponível *erga omnes,* bem como transferir o domínio posto que a simples tradição ou o vínculo, no direito brasileiro, não são, por si sós, translativos de domínio.

Nada obstante, deve-se ressaltar que o negócio jurídico deve ser válido e existente em seus aspectos diversos da vontade do devedor. Desse modo, *não pode a sentença suprir elementos essenciais dos negócios jurídicos.* Assim, por exemplo, se a vontade pactuada de firmar o contrato definitivo foi assumida em documento onde faltam especificações necessárias do contrato definitivo, como o preço, a coisa, e assim por diante, não se revela possível concluir o contrato, tornando-o definitivo. Como se afirma costumeiramente, *as promessas de contratar devem conter todos os elementos do contrato prometido.* A jurisprudência, por exemplo, repudia a possibilidade de concluir-se um contrato baseado em pré-contrato sem especificações, como a opção de compra, e sem os requisitos identificadores da coisa a ser alienada. Nessas situações, a impossibilidade de conclusão do contrato pela ausência de seus requisitos essenciais deve conduzir à sentença definitiva de improcedência da demanda.

---

[15]   A doutrina clássica aponta como paradigma a ZPO alemã a conferir esse poder de suprimento da vontade das partes ao juiz. Nesse sentido, o insuperável **Luís Eulálio de Bueno Vidigal**, *Da Execução Direta das Obrigações de Prestar Declaração de Vontade,* 1940. p. 82-84.

[16]   A natureza desta sentença se submete a um belo debate. **Chiovenda** entrevê neste provimento jurisdicional "constitutividade porque altera e modifica as relações jurídicas existentes entre as partes", *in Principii di Diritto Processuale Civile,* 1928, p. 190 e ss., no que é acompanhado, mais recentemente, por **Crisanto Mandrioli**, *in Tutela Giurisdizionale dei Diritti,* 1985, p. 58-59; **Calamandrei** afirmava-lhe um conteúdo complexo de elemento de cognição e outro de execução, *in* ob. cit., p. 30; **Liebman** assevera-lhe natureza condenatória com efeito secundário automático decorrente da própria condenação, *in* ob. cit., p. 344.
       Giusseppe Borrè, em obra recente, não obstante reconheça a autossuficiência da sentença, a categoriza como constitutiva posto não admitir execução na relação de cognição, muito embora sequer cogite da executividade do provimento ao se referir à "autossuficiência".

[17]   Neste engano parece ter incidido **Antônio Carlos Costa e Silva**, *Tratado do Processo de Execução,* vol. II, p. 1.154.

Questão de constante interesse se verifica nos *pré-contratos de alienação de domínio de bem imóvel* em que se exige o registro para obtenção da adjudicação compulsória prevista nas leis de parcelamento e loteamento do solo urbano (art. 27 da Lei nº 6.766/1979).

A *existência do registro* cria para o promitente comprador uma pretensão exigível *erga omnes*; por isso, quem quer que adquira o bem pode vir a sofrer a demanda como legitimado passivo. Entretanto, se a parte é titular de *pré-contrato* e, portanto, tem direito à conclusão do contrato definitivo, ainda *não registrado*, pode deduzir a sua pretensão *contra o contratante originário* que firmou o negócio e resiste em emitir a vontade conclusiva, mas interdita-se-lhe promover a *mesma ação contra outrem* a quem tiver sido alienado o bem, porquanto não manteve com o mesmo qualquer vínculo, carecendo-lhe título oponível *erga omnes*. Nesse caso, o seu originário direito à conclusão resolve-se em perdas e danos contra o primitivo alienante. Reza o art. 29 da Lei nº 6.766/1979: "Aquele que adquirir a propriedade loteada mediante ato inter vivos, ou por sucessão causa mortis, sucederá o transmitente em todos os seus direitos e obrigações, ficando obrigado a respeitar os compromissos de compra e venda ou as promessas de cessão, em todas as suas cláusulas, sendo nula qualquer disposição em contrário, ressalvado o direito do herdeiro ou legatário de renunciar à herança ou ao legado".

Impende, entretanto, observar, à luz da interpretação sistemática, que a *ratio essendi* da exigência de registro visa a evitar que terceiros sejam prejudicados por negócio entre outros. Por isso, se a despeito de não ter título registrado, o autor comprovar que cumpriu a sua obrigação com o pagamento de todo o preço e o bem encontra-se ainda registrado em nome do originário promitente vendedor, com quem engendrou o vínculo, é lícito deferir-lhe a sentença conclusiva, inclusive servil ao registro imobiliário, porquanto nenhum terceiro sofrerá qualquer prejuízo.

Também é necessária, para a conclusão do contrato, a inexistência de cláusula contratual de exclusão da obrigação de concluir, denominada "cláusula de arrependimento" (arts. 420 e 1.417 do CC[18]).[19] É que a sentença que conclui o contrato *supre a vontade, mas não a altera*. Assim, se as partes estabeleceram a faculdade de arrependimento, o máximo que se pode obter é a indenização em perdas e danos *penitenciais*. Entretanto, para que isso ocorra, o arrependimento não pode ser utilizado intempestivamente. Desta sorte, se o contrato preliminar é implementado em todas as prestações, havendo quitação de preço e imissão do comprador na posse, mesmo que haja cláusula de arrependimento, este não pode mais ser engendrado por intempestividade. Cumpre ao juiz suprir a vontade sonegada e concluir o contrato.

A *execução da obrigação de prestar manifestação de vontade* tem singularidades notáveis, haja vista que se aproxima das execuções de fazer fungíveis e infungíveis, na medida em que, malgrado a vontade humana seja personalíssima – e, em princípio, incoercível –, a prestação torna-se suprí-

---

[18] **"CC, Art. 420.** Se no contrato for estipulado o direito de arrependimento para qualquer das partes, as arras ou sinal terão função unicamente indenizatória. Neste caso, quem as deu perdê-las-á em benefício da outra parte; e quem as recebeu devolvê-las-á, mais o equivalente. Em ambos os casos não haverá direito a indenização suplementar."

"Art. 1.417. Mediante promessa de compra e venda, em que se não pactuou arrependimento, celebrada por instrumento público ou particular, e registrada no Cartório de Registro de Imóveis, adquire o promitente comprador direito real à aquisição do imóvel."

[19] O direito de arrependimento também pode decorrer da lei, conforme se observa do art. 26-A, VII, da Lei nº 6.766/1979:

"Art. 26-A. Os contratos de compra e venda, cessão ou promessa de cessão de loteamento devem ser iniciados por quadro-resumo, que deverá conter, além das indicações constantes do art. 26 desta Lei: (Incluído pela Lei nº 13.786, de 2018)

(...)

VII – as informações acerca da possibilidade do exercício, por parte do adquirente do imóvel, do direito de arrependimento previsto no art. 49 da Lei nº 8.078, de 11 de setembro de 1990 (Código de Defesa do Consumidor), em todos os contratos firmados em estandes de vendas e fora da sede do loteador ou do estabelecimento comercial; (Incluído pela Lei nº 13.786, de 2018)"

vel por outrem, *in casu*, o Judiciário.[20] Ademais, a sentença satisfaz tudo quanto a parte espera do juízo, revelando-se o provimento judicial "autossuficiente", porquanto a satisfação é sincrética, isto é, opera-se na própria relação de cognição.[21] Consoante já se afirmou, se é verdade que às vezes o juiz condena para executar, também é verdade que, por vezes, como no caso em questão, o juiz executa para condenar.

Tratando-se de contrato que tenha por objeto a transferência da propriedade de coisa determinada, ou de outro direito, o pedido não deve ser acolhido se a parte demandante não cumprir a sua prestação, nem a oferecer, nos casos e formas legais, salvo se ainda não exigível (art. 498 do CPC/2015).[22] Nesse sentido, se a parte pretende essa outorga e ainda necessita depositar alguma prestação, deve fazê-lo como condição de procedibilidade para exigir a conclusão do contrato, admitindo-se, por força do art. 493 do CPC/2015,[23] que o depósito judicial efetive-se no curso do processo.

Anote-se, por fim, que, por vezes, não basta a vontade a ser suprida para concluir-se o vínculo, exigindo-se, também, o cumprimento de pré-requisitos que variam de contrato para contrato. Assim, se o objetivo é a conclusão do contrato de compra e venda de imóvel, a promessa de contratar deve conter a *outorga uxória* ou a *autorização marital* e o registro prévio, realizável a qualquer tempo antes da sentença, com as observações que lançamos alhures. É que o *pactum de contrahendo* vincula, desde que, na forma, tenham sido observadas as exigências legais quanto ao contrato prometido.

4. EXECUÇÃO DE TÍTULO EXTRAJUDICIAL DE OBRIGAÇÕES DE FAZER E NÃO FAZER

4.1 Execução das obrigações de fazer e não fazer

4.1.1 Generalidades[24]

Consoante já se expôs no capítulo anterior, a *execução das obrigações de fazer e não fazer* encerra pretensão diversa da obtenção de uma coisa ou quantia, senão *uma atividade do devedor* que pode consistir num fazer ou numa abstenção. Nesse seguimento, pode o executado, por força do

---

[20] A infungibilidade da vontade é apenas jurídica não de ordem natural como, *v.g.*, ocorre com as obras e serviços que se exigem *ratione personae* tais como o quadro de um pintor, o concerto de um músico, a estatueta de um escultor. Nesse sentido, **Calamandrei**, "La Sentenza come Atto di Esecuzione Forzata", *Studi sul Processo Civile*, 1934, vol. III, p. 20 e 21.

[21] Como bem adverte **Barbosa Moreira** "seria inútil qualquer citação para 'cumprir o julgado' tanto mais que seria supérflua eventual declaração de vontade que se dispusesse o devedor a emitir, depois de haver transitado em julgado a sentença", *O Novo Processo Civil Brasileiro*, p. 285.

[22] "**Art. 498.** Na ação que tenha por objeto a entrega de coisa, o juiz, ao conceder a tutela específica, fixará o prazo para o cumprimento da obrigação.

Parágrafo único. Tratando-se de entrega de coisa determinada pelo gênero e pela quantidade, o autor individualizá-la-á na petição inicial, se lhe couber a escolha, ou, se a escolha couber ao réu, este a entregará individualizada, no prazo fixado pelo juiz."

[23] "**Art. 493.** Se, depois da propositura da ação, algum fato constitutivo, modificativo ou extintivo do direito influir no julgamento do mérito, caberá ao juiz tomá-lo em consideração, de ofício ou a requerimento da parte, no momento de proferir a decisão.

Parágrafo único. Se constatar de ofício o fato novo, o juiz ouvirá as partes sobre ele antes de decidir."

[24] "**Lei nº 10.406, de 10 de janeiro de 2002.**

CAPÍTULO II – Das Obrigações de Fazer

Art. 247. Incorre na obrigação de indenizar perdas e danos o devedor que recusar a prestação a ele só imposta, ou só por ele exequível.

Art. 248. Se a prestação do fato tornar-se impossível sem culpa do devedor, resolver-se-á a obrigação; se por culpa dele, responderá por perdas e danos.

Art. 249. Se o fato puder ser executado por terceiro, será livre ao credor mandá-lo executar à custa do devedor, havendo recusa ou mora deste, sem prejuízo da indenização cabível.

Parágrafo único. Em caso de urgência, pode o credor, independentemente de autorização judicial, executar ou mandar executar o fato, sendo depois ressarcido.

CAPÍTULO III – Das Obrigações de Não Fazer

Parte X • IX – A TUTELA JURISDICIONAL DAS OBRIGAÇÕES DE FAZER E NÃO FAZER | 765

título executivo, obrigar-se a fazer uma obra, prestar um serviço, em sendo artista comprometer--se a *não se apresentar noutra emissora* em razão de contrato de exclusividade, *não construir* em determinada área, ou *não divulgar um segredo industrial*. O descumprimento dessas obrigações torna aplicável um sucedâneo processual que possa conferir à parte a mesma atividade devida ou o mesmo resultado da abstenção imposta.

O intuito maior nessa modalidade de execução, como intuitivo, faz com que *assuma relevo a colaboração do devedor*, diferentemente do que ocorre nas execuções precedentes. Na execução de "conduta" (*facere ou non* facere), como a atividade que se pretende deve ser prestada pelo devedor, os meios de sub-rogação têm um alcance menor, sobressaindo-se *os meios de coerção*. A razão dessa proeminência é simples: há obrigações cujas prestações podem ser satisfeitas por outrem que não o devedor, porque o que objetiva o credor é o "resultado" advindo do adimplemento, como sói ocorrer com as denominadas "obrigações com prestação fungível" ou "subjetivamente fungíveis". Essas obrigações caracterizam-se pelo fato de as prestações poderem ser cumpridas por outrem que não o devedor, alcançando-se o mesmo resultado pretendido. Já nas obrigações subjetivamente infungíveis, os meios de sub-rogação são ineficazes, ganhando relevo os meios de coerção do devedor, como a multa.

Constando a multa de título extrajudicial firmado voluntariamente pelo devedor, o juiz somente pode "reduzir" a multa se excessiva, como consectário do princípio da menor onerosidade da execução ou da economicidade (art. 814, parágrafo único, do CPC/2015).[25]

Remete-se o leitor ao capítulo anterior no que diz respeito à conceituação das obrigações de fazer, fungíveis e infungíveis, e de não fazer, instantâneas e não instantâneas. Todas as lições lançadas naquele tópico têm plena aplicabilidade no processo de execução de título extrajudicial.

4.1.2 Execução de título extrajudicial envolvendo obrigações de fazer e não fazer. Procedimento

Preliminarmente, advirta-se que as regras procedimentais constantes dos arts. 814 e seguintes do CPC/2015 representam técnicas operativas da efetivação das obrigações de fazer e de não fazer constantes dos títulos executivos extrajudiciais, mas são também aplicáveis subsidiariamente ao cumprimento da sentença da mesma natureza, por força do art. 513, *caput*, do CPC/2015: "O cumprimento da sentença será feito segundo as regras deste Título, observando-se, no que couber e conforme a natureza da obrigação, o disposto no Livro II da Parte Especial deste Código". Nesse mesmo seguimento, mesmo na execução por título extrajudicial, aplicam-se, no que couber, os art. 536 e seguintes do CPC/2015, que tratam da multa coercitiva.[26]

Art. 250. Extingue-se a obrigação de não fazer, desde que, sem culpa do devedor, se lhe torne impossível abster-se do ato, que se obrigou a não praticar.

Art. 251. Praticado pelo devedor o ato, a cuja abstenção se obrigara, o credor pode exigir dele que o desfaça, sob pena de se desfazer à sua custa, ressarcindo o culpado perdas e danos.

Parágrafo único. Em caso de urgência, poderá o credor desfazer ou mandar desfazer, independentemente de autorização judicial, sem prejuízo do ressarcimento devido."

Ovídio Baptista, calcado em **Giuseppe Borrè**, *in Esecuzione forzata degli Obblighi di Fare e di non Fare*, assim sintetiza a evolução das formas de sanção ao descumprimento das obrigações que recaem sobre uma "conduta do obrigado".

[25] "**CPC/2015, Art. 814.** Na execução de obrigação de fazer ou de não fazer fundada em título extrajudicial, ao despachar a inicial, o juiz fixará multa por período de atraso no cumprimento da obrigação e a data a partir da qual será devida.

Parágrafo único. Se o valor da multa estiver previsto no título e for excessivo, o juiz poderá reduzi-lo."

[26] Como já mencionado, vale lembrar que a multa diária não é pena, posto que não substitui o cumprimento da obrigação principal, mas "meio de coerção".

No que tange à defesa do devedor na execução de título extrajudicial contendo obrigação de fazer, não fazer ou entregar coisa, são cabíveis os embargos do executado, no prazo de 15 (quinze) dias, cujo termo inicial varia de acordo com a modalidade de citação (arts. 231 e 915 do CPC/2015).[27]

De acordo com o art. 785 do CPC/2015, a "existência de título executivo extrajudicial não impede a parte de optar pelo processo de conhecimento, a fim de obter título executivo judicial". Destarte, o sistema processual hodierno indica que, mesmo o credor que não confie no seu título pode, em vez de promover a execução por título extrajudicial, ajuizar uma ação de cognição com pedido de tutela provisória aguardando a solução final da sentença.

Uma vez eleito o procedimento extrajudicial, este, como evidente, vai diferir-se *conforme o fazer comporte prestação fungível*, isto é, seja realizável por terceiro que não o devedor, ou *prestação infungível*, em que somente o executado pode cumpri-las, inadmitindo meios de sub-rogação.

Assim, *v.g.*, se o devedor comprometeu-se a transportar pessoas ou bens ou a realizar determinado serviço de limpeza, a execução desta obrigação admite, como meio de sub-rogação, que o serviço seja prestado por terceiro às custas do devedor.

Diversamente, se a obrigação revela prestação infungível, impossível de ser implementada por outrem que não o próprio devedor, porquanto ao engendrar-se o vínculo originário, consi-

---

[27] **"CPC/2015, Art. 915**. Os embargos serão oferecidos no prazo de 15 (quinze) dias, contado, conforme o caso, na forma do art. 231.

§ 1º Quando houver mais de um executado, o prazo para cada um deles embargar conta-se a partir da juntada do respectivo comprovante da citação, salvo no caso de cônjuges ou de companheiros, quando será contado a partir da juntada do último.

§ 2º Nas execuções por carta, o prazo para embargos será contado:

I – da juntada, na carta, da certificação da citação, quando versarem unicamente sobre vícios ou defeitos da penhora, da avaliação ou da alienação dos bens;

II – da juntada, nos autos de origem, do comunicado de que trata o § 4º deste artigo ou, não havendo este, da juntada da carta devidamente cumprida, quando versarem sobre questões diversas da prevista no inciso I deste parágrafo.

§ 3º Em relação ao prazo para oferecimento dos embargos à execução, não se aplica o disposto no art. 229.

§ 4º Nos atos de comunicação por carta precatória, rogatória ou de ordem, a realização da citação será imediatamente informada, por meio eletrônico, pelo juiz deprecado ao juiz deprecante.

Art. 231. Salvo disposição em sentido diverso, considera-se dia do começo do prazo:

I – a data de juntada aos autos do aviso de recebimento, quando a citação ou a intimação for pelo correio;

II – a data de juntada aos autos do mandado cumprido, quando a citação ou a intimação for por oficial de justiça;

III – a data de ocorrência da citação ou da intimação, quando ela se der por ato do escrivão ou do chefe de secretaria;

IV – o dia útil seguinte ao fim da dilação assinada pelo juiz, quando a citação ou a intimação for por edital;

V – o dia útil seguinte à consulta ao teor da citação ou da intimação ou ao término do prazo para que a consulta se dê, quando a citação ou a intimação for eletrônica;

VI – a data de juntada do comunicado de que trata o art. 232 ou, não havendo esse, a data de juntada da carta aos autos de origem devidamente cumprida, quando a citação ou a intimação se realizar em cumprimento de carta;

VII – a data de publicação, quando a intimação se der pelo Diário da Justiça impresso ou eletrônico;

VIII – o dia da carga, quando a intimação se der por meio da retirada dos autos, em carga, do cartório ou da secretaria;

IX – o quinto dia útil seguinte à confirmação, na forma prevista na mensagem de citação, do recebimento da citação realizada por meio eletrônico (Incluído pela Lei nº 14.195, de 2021).

§ 1º Quando houver mais de um réu, o dia do começo do prazo para contestar corresponderá à última das datas a que se referem os incisos I a VI do *caput*.

§ 2º Havendo mais de um intimado, o prazo para cada um é contado individualmente.

§ 3º Quando o ato tiver de ser praticado diretamente pela parte ou por quem, de qualquer forma, participe do processo, sem a intermediação de representante judicial, o dia do começo do prazo para cumprimento da determinação judicial corresponderá à data em que se der a comunicação.

§ 4º Aplica-se o disposto no inciso II do *caput* à citação com hora certa."

Parte X · IX – A TUTELA JURISDICIONAL DAS OBRIGAÇÕES DE FAZER E NÃO FAZER | 767

deraram-se as condições do próprio obrigado (*intuitu personae*), *v.g.*, a realização de conserto em concessionária exclusiva de automóveis, o recital de um artista ou a pintura de um quadro de determinado artista, revela-se impossível o procedimento de escolha de terceiro a realizá-la, alterando-se sobremodo o rito.

Tratando-se de *obrigação de fazer com prestação fungível*, o executado será citado para satisfazê-la no prazo que o juiz lhe designar, se outro não estiver determinado no título executivo (art. 815 do CPC/2015). O devedor, no prazo fixado, pode cumprir a obrigação, caso em que o processo se extingue.

Outrossim, pode ocorrer que o devedor não satisfaça a obrigação, oportunidade em que é lícito ao credor, nos próprios autos do processo, requerer que ela seja executada às custas do executado ou haver perdas e danos, caso em que ela converte-se em indenização (art. 816 do CPC/2015). O valor das perdas e danos é apurado em liquidação interna, seguindo-se a execução para cobrança de quantia certa (art. 816, parágrafo único, do CPC/2015).

Tratando-se de *fato que pode ser prestado por terceiro* é lícito, ainda, ao juiz, a requerimento do credor, decidir que aquele o realize à custa do executado (art. 817 do CPC/2015). No regime anterior à Lei nº 11.382/2006, para esse fim, e visando a não onerar o executado, o juiz deveria nomear um perito para avaliar o custo da prestação do fato procedendo, em seguida, a uma complexa licitação, que veio a ser eliminada pela reforma de 2006 e não retornou com o CPC de 2015.

Consoante o novel sistema, a requerimento do exequente, é apresentada em juízo uma proposta do terceiro que vai substituir o devedor no cumprimento da obrigação e o exequente adianta as quantias aprovadas pelo juiz sob contraditório e as recobra do executado (art. 817, *caput* e parágrafo único, do CPC/2015).[28]

O terceiro pode cumprir a prestação a contento ou incidir em mora ou inadimplemento, realizando a prestação de forma incompleta ou defeituosa. Na primeira hipótese, de adimplemento pelo terceiro, pressupõe-se que uma vez prestado o fato, o juiz após oitiva das partes, no prazo de 10 (dez) dias e não havendo impugnação, considere cumprida a obrigação e se totalmente reembolsado o exequente pelo executado julgue extinta a execução (art. 818 do CPC/2015). Acaso haja saldo em favor do exequente, prossegue-se com a execução por quantia.

O contraditório que se inaugura para assentar o cumprimento da prestação pelo terceiro pode redundar em controvérsia a ser dirimida pelo juiz em decisão interlocutória. O juiz, por seu turno, pode refutar a impugnação considerando concluída a obra, caso em que vigora a solução acima, ou entender que a prestação restou incompleta ou defeituosa. Nessa hipótese, de o terceiro contratado não prestar o fato no prazo, ou se o praticar de modo incompleto ou defeituoso, o exequente pode requerer ao juiz, no prazo de 15 (quinze) dias, que o autorize a concluí-lo, ou a repará-lo, por conta do contratante, a quem se supõe já tenham sido adiantadas as importâncias para prestar o fato. Essa imposição eventual de obrigação de pagar quantia ao exequente impõe seja ouvido o contratante, também no prazo de 15 (quinze) dias. O juiz, após esse diminuto contraditório, pode concluir que a proposta do terceiro foi cumprida tal como apresentada, hipótese em que nada há a cobrá-lo. Entretanto, decidindo o juiz que o terceiro incidiu em inadimplemento, deve mandar avaliar o custo das despesas necessárias e condenará o contratante a pagar ao exequente essa diferença.[29]

---

[28] **"Art. 817.** Se a obrigação puder ser satisfeita por terceiro, é lícito ao juiz autorizar, a requerimento do exequente, que aquele a satisfaça à custa do executado.
Parágrafo único. O exequente adiantará as quantias previstas na proposta que, ouvidas as partes, o juiz houver aprovado."

[29] **"Art. 819.** Se o terceiro contratado não realizar a prestação no prazo ou se o fizer de modo incompleto ou defeituoso, poderá o exequente requerer ao juiz, no prazo de 15 (quinze) dias, que o autorize a concluí-la ou a repará-la à custa do contratante.
Parágrafo único. Ouvido o contratante no prazo de 15 (quinze) dias, o juiz mandará avaliar o custo das despesas necessárias e o condenará a pagá-lo."

768 | CURSO DE DIREITO PROCESSUAL CIVIL • *Luiz Fux*

À luz dos princípios que norteiam o CPC de 2015, essa exigibilidade da decisão equiparada ao título executivo mencionado no art. 515, V, do CPC/2015,[30] aparelhará cumprimento de sentença para entrega de soma, caso o terceiro não deposite no próprio juízo da execução originária o valor da condenação.

Visando a evitar a intromissão de terceiro no processo entre exequente e executado, admite o CPC/2015 no art. 820 que:

> "Art. 820. Se o exequente quiser executar ou mandar executar, sob sua direção e vigilância, as obras e os trabalhos necessários à realização da prestação, terá preferência, em igualdade de condições de oferta, em relação ao terceiro.
>
> Parágrafo único. O direito de preferência deverá ser exercido no prazo de 5 (cinco) dias, após aprovada a proposta do terceiro."

Essa escolha não exclui o direito de o exequente reembolsar-se, à semelhança do que até então se expôs, nem de voltar-se contra o contratado que prestar o fato de forma incompleta ou defeituosa.

Forçoso, ainda, considerar, também no que concerne às obrigações com prestação fungível, que o credor pode pretender aguardar o cumprimento da obrigação no prazo do título executivo extrajudicial, incidindo multa por dia de atraso, como fórmula de compelir o obrigado ao adimplemento, além de manter íntegro o princípio de que o *accipiens* não deve ser instado a receber coisa diversa da pactuada[31], em nome da especificidade da execução.

Como visto anteriormente, o Código dispõe que na execução em que o credor pedir o cumprimento de obrigação de fazer ou não fazer determinada em título judicial (cumprimento da sentença), o juiz, se omissa a sentença, pode fixar multa por atraso e a data a partir da qual será devida. O valor dessa multa poderá ser *modificado* pelo juiz do cumprimento ao verificar que se tornou *insuficiente ou excessivo* (arts. 497 e 537, § 1º, do CPC/2015).

O mesmo preceito é repetido tratando-se de obrigações fungíveis com lastro em título extrajudicial (art. 814 do CPC/2015), salvo se a própria cártula contempla a multa, hipótese em que, por força do parágrafo único, consoante já ressaltado, restará ao magistrado, apenas, a possibilidade de reduzi-la.

É mister ressaltar que esse regime dos meios de coerção permite ao juiz adaptá-los à sua finalidade persuasiva; por isso, pode reduzi-lo ou exacerbá-lo no seu valor unitário, quando se torna ineficiente ou exasperado demais.

A regra prevalece para ambas as modalidades de título – judicial ou extrajudicial, porque, se *o juiz pode fixar a multa*, cabe-lhe, também, alterá-la, quantitativamente, para o mais ou para o menos, com a ressalva feita quanto ao título extrajudicial com multa predeterminada.

Assim como no cumprimento de sentença, pode-se concluir que se o devedor, citado, não realizar a *prestação fungível* no prazo determinado, quatro alternativas abrem-se em leque para o exequente: a) buscar a tutela específica ou o resultado equivalente, mediante a fixação judicial de medidas coercitivas; b) escolhe um terceiro para fazer, às expensas do devedor; c) o próprio credor a realiza, exercendo a sua opção no prazo dos arts. 819 e 820 do CPC/2015;[32] ou d) converte a obrigação em perdas e danos e inicia, pelo seu valor correspondente, cumprimento por quantia certa.

---

[30] "**Art. 515.** São títulos executivos judiciais, cujo cumprimento dar-se-á de acordo com os artigos previstos neste Título:

(...)

V – o crédito de auxiliar da justiça, quando as custas, emolumentos ou honorários tiverem sido aprovados por decisão judicial;"

[31] "**CC/2002: Art. 313**. O credor não é obrigado a receber prestação diversa da que lhe é devida, ainda que mais valiosa."

[32] "**Art. 819.** Se o terceiro contratado não realizar a prestação no prazo ou se o fizer de modo incompleto ou defeituoso, poderá o exequente requerer ao juiz, no prazo de 15 (quinze) dias, que o autorize a concluí-la ou a repará-la à custa do contratante.

Aqui também se adverte que a opção de realização por terceiro somente existe quando há fungibilidade da prestação e somente deve ser eleita pelo credor ao observar a suficiência patrimonial do devedor, haja vista que adiantará as importâncias para recobrá-las depois. Caso o devedor seja insolvável, nenhuma vantagem terá com essa forma de sub-rogação.

As *obrigações com prestação infungível* reclamam procedimento que varia conforme a alternativa escolhida pelo credor. Assim é que: a) se o devedor citado cumpre a obrigação, extingue-se o processo; b) caso pretenda embargá-la, o processo poderá ser suspenso se atribuídos efeitos suspensivos *ope judicis* aos embargos; c) em prosseguindo após o julgamento dos embargos improcedentes ou não admitidos com suspensão da execução, se o executado, citado, não cumprir a obrigação no prazo, o *credor pode aguardar o cumprimento fazendo incidir a multa coercitiva*, hipótese em que, periodicamente, pode calculá-la e iniciar cumprimento provisório de sentença por quantia certa de seu montante, caso em que o levantamento do valor só será admitido após o trânsito em julgado da sentença favorável à parte (art. 537, § 3º, do CPC/2015). Alternativamente, o credor pode *pleitear a conversão em perdas e danos* (art. 821, parágrafo único, do CPC/2015), e, por esse valor, também promover a liquidação e cumprimento de sentença para haver tanto as perdas e danos quanto o valor da multa já vencida (arts. 499 e 500 do CPC/2015).

As denominadas obrigações com prestações infungíveis, conforme visto, não podem ser efetivadas especificamente pelos *meios de sub-rogação*, porquanto são vínculos cujo adimplemento necessita da colaboração do devedor. Consequentemente, funcionam com plenitude e eficiência única os meios de coerção para vencer o impasse causado pela obstinação do executado em inadimplir. Apenas subsidiariamente os meios de sub-rogação têm lugar, mas no que diz respeito às perdas e danos – nunca quanto à obrigação em espécie.

No capítulo anterior, as *obrigações de não fazer*, consistentes em *deveres de abstenção*, foram divididas em duas espécies, consoante a transgressão possa ser desfeita ou não: *permanentes ou instantâneas*. As primeiras, também denominadas *contínuas*, admitem que o autor peça que cesse a violação sem prejuízo do desfazimento do que já foi feito. As segundas só admitem reparação pecuniária em perdas e danos.

Aqui, valem as mesmas lições lançadas anteriormente. Nas obrigações de *não fazer permanentes*, v.g., de não construir, se o devedor pratica o ato a cuja abstenção impôs-lhe a sentença, o exequente-vencedor pode requerer ao juiz que lhe assine prazo para desfazê-la. Havendo recusa ou mora do devedor, o credor pode requerer ao juiz que mande desfazer o ato à sua custa, respondendo o devedor pelo valor do desfazimento e por perdas e danos, quantias essas que devem ser liquidadas e satisfeitas mediante cumprimento de condenação por quantia certa. Entretanto, não sendo possível desfazer-se o ato, a obrigação "resolve-se" em perdas e danos (art. 823 do CPC/2015).[33]

Não se pode olvidar que o meio de coerção consistente na multa coercitiva revela notável capacidade para vencer a resistência do devedor em desfazer o que foi feito, em transgressão ao dever negativo assumido em título executivo judicial ou extrajudicial. Portanto, nada impede que também quanto à obrigação de não fazer seja fixada multa para o caso de descumprimento.

Parágrafo único. Ouvido o contratante no prazo de 15 (quinze) dias, o juiz mandará avaliar o custo das despesas necessárias e o condenará a pagá-lo."

"Art. 820. Se o exequente quiser executar ou mandar executar, sob sua direção e vigilância, as obras e os trabalhos necessários à realização da prestação, terá preferência, em igualdade de condições de oferta, em relação ao terceiro.

Parágrafo único. O direito de preferência deverá ser exercido no prazo de 5 (cinco) dias, após aprovada a proposta do terceiro."

[33] **"Art. 822.** Se o executado praticou ato a cuja abstenção estava obrigado por lei ou por contrato, o exequente requererá ao juiz que assine prazo ao executado para desfazê-lo.

Art. 823. Havendo recusa ou mora do executado, o exequente requererá ao juiz que mande desfazer o ato à custa daquele, que responderá por perdas e danos.

Parágrafo único. Não sendo possível desfazer-se o ato, a obrigação resolve-se em perdas e danos, caso em que, após a liquidação, se observará o procedimento de execução por quantia certa."

770 | CURSO DE DIREITO PROCESSUAL CIVIL • *Luiz Fux*

Assim é que se o devedor é citado para desfazer o que transgrediu e desfaz, extingue-se a execução. Alternativamente, oferecidos embargos e concedido efeito suspensivo (art. 919, § 1º, do CPC/2015), suspende-se o processo, retomando a sua marcha após a improcedência daqueles.

Entretanto, *se o devedor não adota nenhuma das atitudes acima* ou *se for negado o efeito suspensivo aos seus embargos*, o credor pode: a) optar por desfazer por terceiro às custas do devedor, hipótese em que se segue a regra do cumprimento da obrigação por quantia certa (art. 823, *caput*, do CPC/2015); b) aguardar o desfazimento sob a pressão exercida pela incidência da multa diária até o efetivo desfazimento; ou, finalmente, c) requerer a conversão da obrigação em perdas e danos, executando-se por quantia certa (art. 823, parágrafo único, do CPC/2015). Advirta-se que a multa não se limita pelo valor da obrigação principal, obtemperando-se os rigores com a percepção lógica de que o meio executivo deve conduzir ao cumprimento da obrigação e não o inviabilizar, pela bancarrota patrimonial do devedor.[34] Assim é que o art. 537, *caput*, do CPC/2015 exige que a multa seja compatível com a obrigação. Note-se que o regime é idêntico ao do cumprimento de sentença que reconheça a exigibilidade de obrigação de não fazer.

A regra atual do art. 536, § 1º, do CPC/2015 revela que o juiz pode fazer acompanhar a sua tutela preventiva de medidas de apoio aptas a tornar efetiva a interdição da atividade objeto da decisão inibitória, estratégia possível de ser utilizada nos títulos extrajudiciais.

Desta sorte, condenado o devedor a não fazer, caso transgrida o preceito e não logre o juiz, através das medidas de apoio, conferir a tutela específica, somente restará ao credor cobrar as multas vencidas e as perdas e danos.[35]

Outrossim, a transgressão da ordem de cumprimento de obrigação de fazer ou não fazer encerra ato atentatório à dignidade da justiça, litigância de má-fé e responsabilização por crime de desobediência, podendo o juiz, para evitá-la, valer-se de auxílio de força policial, consoante os §§ 1º e 3º do art. 536, em conjunto com os arts. 774, IV, e 777 do CPC/2015.

---

[34] Nesse sentido, **Vicente Greco Filho**, *Direito Processual Civil Brasileiro*, 1987, vol. 3, p. 69.

[35] **Ovídio Baptista da Silva** indica que na verdade não há concurso de ações senão ações diversas para casos de obrigações de fazer e não fazer decorrentes de contrato submetidas às execuções em geral e obrigações oriundas de "deveres de conduta" estabelecidos na lei em relação às quais o juiz provê com mandamentalidade (*Curso*, vol. II, p. 92), trazendo em abono de sua opinião a doutrina de **Crisanto Mandrioli**, *L'Esecuzione Forzata Forma Specifica*, 1953, 13, nota 84, e **Karl Larenz**, *Derecho de Obligaciones*, 1952, I, § 10, II, c.

X
A TUTELA JURISDICIONAL DAS OBRIGAÇÕES DE ENTREGA DE COISA

1.   O CUMPRIMENTO DA SENTENÇA PARA A ENTREGA DE COISA

1.1   Generalidades

A sentença que reconhece a exigibilidade de obrigação de entrega de coisa segue o rito de cumprimento muito semelhante ao relativo às obrigações de fazer ou não fazer. Com efeito, as regras insculpidas nos arts. 536 e 537 do CPC/2015 são subsidiariamente aplicáveis no que diz respeito ao cumprimento de prestação de entrega de coisa, *ex vi* do art. 538, § 3º, do CPC/2015. São igualmente aplicáveis ao cumprimento de sentença as regras da execução para a entrega de coisa determinada em título extrajudicial (arts. 806 a 813 do CPC/2015). O cumprimento da sentença que reconhece a exigibilidade de obrigação de entrega de coisa pode ser definitivo ou provisório, bem como admite impugnação.

Lançadas essas observações preliminares, cumpre observar, de início, a redação do art. 498 do CPC/2015, *verbis:*

> "Art. 498. Na ação que tenha por objeto a entrega de coisa, o juiz, ao conceder a tutela específica, fixará o prazo para o cumprimento da obrigação.
>
> Parágrafo único. Tratando-se de entrega de coisa determinada pelo gênero e pela quantidade, o autor individualizá-la-á na petição inicial, se lhe couber a escolha, ou, se a escolha couber ao réu, este a entregará individualizada, no prazo fixado pelo juiz."

À luz da lei é forçoso convir que o cumprimento relativo à prestação para *entrega de coisa,* diversamente do cumprimento *por quantia certa* – que faz incidir os meios executivos *em qualquer bem penhorável* –, *recai sobre coisa determinada* móvel ou imóvel, objeto da prestação assumida em título judicial ou extrajudicial. O procedimento *in foco* dirige-se, exatamente, ao alcance desse desígnio. Em consequência, sua estrutura é ditada à consecução da apreensão judicial do bem e subsequente entrega, o que justifica a utilização dos meios satisfativos de sub-rogação consistentes na *imissão na posse de imóvel* e na *busca e apreensão de bens imóveis*, sem prejuízo da multa coercitiva em caso de atraso.

Deveras, incidentes verificáveis na fase de entrega, *v.g.*, o perecimento ou a destruição da coisa também podem transmudar a execução específica em cumprimento por quantia correspondente às perdas e danos equivalentes à coisa extraviada (art. 809 do CPC/2015).

Destarte, como é sabido, *os meios de coerção* visam a compelir o devedor ao cumprimento da obrigação e funcionam com eficiência toda vez que o Estado não dispõe de "meios de sub-rogação" capazes de dar ao credor o que ele obteria se o devedor cumprisse a obrigação. Na execução para a entrega de coisa, a busca e apreensão de móveis ou semoventes ou a imissão na posse de imóvel suprem a resistência do vencido em cumprir a obrigação constante do título. Assim, o juiz pode alcançar o fim desta execução com a satisfação do credor, através desses meios de sub-rogação e alcançar o cumprimento da sentença de forma imediata e integral. Nada obstante, o art. 806, § 1º, do CPC/2015 expressamente faculta ao juiz, ao despachar a inicial, a fixação de multa por dia de atraso no cumprimento da obrigação. O legislador, portanto, vislumbrou a incidência conjunta dos meios de coerção e de sub-rogação.

O CPC estabelece nítida distinção conforme a obrigação de entrega refira-se à *coisa certa* ou *incerta.* Diz-se *certa* a coisa quando determinada pelo gênero e quantidade, *v.g.,* quando o devedor se compromete a entregar 400 carros de 4 portas, tipo passeio. Consectário da natureza enérgica da execução é a necessidade de especificidade, porquanto a satisfação deve ser plena e os atos de soberania estatal praticados no limite da necessidade. Forçoso, assim, é convir que *antes de iniciados os atos materiais executivos, deve ser individualizada a coisa a ser entregue.*

Por essa razão é que o procedimento do cumprimento de sentença para entrega de *coisa incerta* apresenta uma *fase inicial de escolha* do bem a ser entregue (art. 811 do CPC/2015). Isso porque, cabendo a escolha ao devedor, consoante o título executivo, ele deve exercer o *ius eligendi,* submetendo-o a um diminuto contraditório, para somente após decidido o incidente iniciar-se o prazo para a entrega (art. 812 do CPC/2015), seguindo-se, daí por diante, o procedimento do cumprimento da sentença para entrega de *coisa certa.*

O procedimento simplifica-se se a *escolha é do credor,* visto que, nesse caso, ele mesmo indica o bem que pretende e requer a citação para a entrega de *coisa certa* (art. 811, parágrafo único, do CPC/2015). Realiza-se o cumprimento de sentença com a mesma simplicidade quando o devedor, citado primeiramente para escolher, não o faz, transferindo a indicação para o credor que a empreende e inicia a "execução" de obrigação de entregar coisa certa.

Em resumo, o novo cumprimento da sentença implica que, transitada em julgado a sentença e não cumprida a obrigação no prazo nela estabelecido, expede-se em favor do credor, independentemente de requerimento, mandado de busca e apreensão, se a coisa for móvel ou semovente, e imissão na posse, se imóvel (art. 538 do CPC/2015).

A eventual defesa, como afirmado, perfaz-se por impugnação nos mesmos moldes do art. 525 do CPC/2015, com as vicissitudes da suspensividade ou não, sendo certo que a impugnação não pode veicular a pretensão de "retenção por benfeitorias", salvo se alegada na fase de conhecimento e reconhecida na sentença objeto do cumprimento, por força do art. 538, § 2º, do CPC/2015.

1.2 Procedimento

Preliminarmente, cumpre destacar que, sem prejuízo do cumprimento da sentença, aplica-se, subsidiariamente, o parâmetro operativo previsto nos arts. 806 e seguintes do CPC/2015, mercê de sincrética e executiva *lato sensu* a decisão efetivável na própria relação processual em que ocorreu a cognição.

Assim é que, esgotado o prazo da sentença trânsita ou sob execução provisória, o *devedor* pode adotar as seguintes atitudes: a) *entregar a coisa,* hipótese em que se extingue o processo, salvo se ainda houver resíduo referente a frutos ou danos a favor do credor (arts. 807 e 810, parágrafo único, II do CPC/2015), transmudando-se em cumprimento de sentença por quantia certa destas parcelas; b) *não entregar a coisa,* hipótese em que o juízo deve usar dos meios de sub-rogação indicados (imissão na posse ou busca e apreensão), além de poder fixar multa.

2. EXECUÇÃO DE TÍTULO EXTRAJUDICIAL PARA A ENTREGA DE COISA

2.1 Generalidades

A execução de título extrajudicial para *entrega de coisa*, consoante ao cumprimento da sentença e diversamente da *execução por quantia certa* – que faz incidir os meios executivos *em qualquer bem penhorável* –, *recai sobre coisa determinada* móvel ou imóvel, objeto da prestação assumida em título judicial ou extrajudicial. O art. 498 do CPC/2015 versa sobre o cumprimento da sentença autoexecutável que reconhece a obrigação de entrega de coisa, ao passo que a execução do título extrajudicial que reconheça a exigibilidade de obrigação dessa natureza observa o rito dos arts. 806 e seguintes do CPC/2015. O rito é bastante semelhante, tanto no cumprimento de sentença quanto na execução de título extrajudicial envolvendo obrigação de entrega de coisa.

Parte X • X – A TUTELA JURISDICIONAL DAS OBRIGAÇÕES DE ENTREGA DE COISA | **773**

O procedimento *in foco*, aplicável à execução extrajudicial e subsidiariamente ao cumprimento da sentença, dirige-se, exatamente, ao alcance desse desígnio. Em consequência, sua estrutura é ditada à consecução da apreensão judicial do bem e subsequente entrega, o que explica a utilização dos meios satisfativos de sub-rogação consistentes na *imissão na posse de imóvel* e na *busca e apreensão de bens móveis*.

Também aqui, incidentes verificáveis na fase de entrega, *v.g.*, o perecimento ou a destruição da coisa também podem transmudar a execução específica em cumprimento por quantia correspondente às perdas e danos equivalentes à coisa extraviada (art. 809 do CPC/2015).

Repita-se que *os meios de coerção* visam a compelir o devedor ao cumprimento da obrigação e funcionam com eficiência toda vez que o Estado não dispõe de "meios de sub-rogação" capazes de dar ao credor o que ele obteria se o devedor cumprisse a obrigação. Na execução para a entrega de coisa, a busca e apreensão de móveis ou semoventes ou a imissão na posse de imóvel suprem a resistência do vencido em cumprir a obrigação constante do título. Assim, o juiz pode alcançar o fim desta execução com a satisfação do credor, através desses meios de sub-rogação e alcançar o cumprimento da sentença de forma imediata e integral. Nada obstante, o art. 806, § 1º, do CPC/2015 expressamente faculta ao juiz, ao despachar a inicial, a fixação de multa por dia de atraso no cumprimento da obrigação. O legislador, portanto, vislumbrou a incidência conjunta dos meios de coerção e de sub-rogação

Na execução de título executivo extrajudicial, o CPC igualmente estabelece nítida distinção conforme a obrigação de entrega refira-se à *coisa certa* ou *incerta*, cuja definição foi lançada no capítulo anterior: é *certa* a coisa quando determinada pelo gênero e quantidade, *v.g.*, quando o devedor se compromete a entregar 400 carros de 4 portas, tipo passeio. Consectário da natureza enérgica da execução é a necessidade de especificidade da mesma porquanto a satisfação deve ser plena e os atos de soberania estatal praticados no limite da necessidade. Forçoso, assim, é convir que *antes de iniciados os atos materiais executivos deve ser individualizada a coisa a ser entregue*.

Por essa razão é que o procedimento da execução para entrega de *coisa incerta* apresenta uma *fase inicial de escolha* do bem a ser entregue (art. 811 do CPC/2015). Isso porque, cabendo a escolha ao devedor consoante o título executivo, ele deve exercer o *ius eligendi*, submetendo-o a um diminuto contraditório, para somente após decidido o incidente iniciar-se o prazo para a entrega (art. 812 do CPC/2015), seguindo-se, daí por diante, o procedimento do cumprimento da sentença para entrega de *coisa certa*.

O procedimento simplifica-se se a *escolha é do credor*, visto que, nesse caso, ele mesmo indica o bem que pretende e requer a citação para a entrega de *coisa certa* (art. 811, parágrafo único, do CPC/2015). Realiza-se a execução com a mesma simplicidade quando o devedor, citado primeiramente para escolher, não o faz, transferindo a indicação para o credor que a empreende e inicia a "execução" de obrigação de entregar coisa certa.

2.2 Procedimento

O procedimento da execução de título extrajudicial que consubstancie obrigação de entregar coisa é praticamente idêntico ao do cumprimento de sentença versado no capítulo anterior, com poucas nuances. Enquanto no cumprimento de sentença a expedição do mandado de busca e apreensão ou de imissão na posse ocorre tão logo transcorrido *in albis* o prazo estabelecido na sentença exequenda (art. 538 do CPC/2015), na execução de título extrajudicial deve ocorrer a citação do devedor para, em 15 (quinze) dias, satisfazer a obrigação (art. 806 do CPC/2015). Do mandado de citação constará ordem para imissão na posse ou busca e apreensão, conforme se tratar de bem imóvel ou móvel, cujo cumprimento se dará de imediato, se o executado não satisfizer a obrigação no prazo que lhe foi designado, sem prejuízo da possibilidade de fixação judicial de multa por dia de atraso no cumprimento da obrigação (art. 806, §§ 1º e 2º, do CPC/2015). Também no prazo de 15 (quinze) dias, o executado poderá oferecer embargos à execução, *ex vi* do art. 915 do CPC/2015.

Citado, o *devedor* pode assumir as *seguintes atitudes*: *a) entregar a coisa*, hipótese em que se extingue o processo, salvo se ainda houver resíduo referente a frutos ou danos a favor do credor

774 | CURSO DE DIREITO PROCESSUAL CIVIL • *Luiz Fux*

(arts. 807 e 810, parágrafo único, II do CPC/2015), transmudando-se em cumprimento de sentença por quantia certa destas parcelas; *b*) *depositar a coisa* para requerer efeito suspensivo aos embargos à execução (art. 919, § 1º, do CPC/2015)[1] ou *c*) *manter-se inerte* ou *oferecer embargos sem efeito suspensivo*, hipótese em que o juízo deve usar dos meios de sub-rogação indicados (imissão na posse ou busca e apreensão), além de poder fixar multa.[2]

Assim como no procedimento do cumprimento de sentença para entrega de coisa, essa apreensão é provisória, podendo levantar-se ou converter-se em definitiva, conforme o julgamento de eventual impugnação resulte em procedência ou improcedência. Assim, *v.g.*, julgada procedente a impugnação, devolvem-se ao devedor os bens móveis ou imóveis. Além dos meios de sub-rogação, de há muito previstos na execução satisfativa de entrega da coisa, o legislador trouxe uma novidade consistente na previsão de meio de coerção para essa modalidade de "execução". Nesse sentido, o art. 806, § 1º, do CPC/2015 admite que, *verbis*: "Ao despachar a inicial, o juiz poderá fixar multa por dia de atraso no cumprimento da obrigação, ficando o respectivo valor sujeito a alteração, caso se revele insuficiente ou excessivo".

Parcela da doutrina defende que esses meios de coerção só se revelam necessários acaso ineficientes os meios de sub-rogação. Assim é que, podendo apreender a coisa ou imitir o devedor na posse, não deveria o juiz optar pela coerção, sob pena de incidir em *error procedendo*. Segundo essa orientação, nada obstante o interesse público decorrente da jurisdição no sentido de satisfazer o credor em toda e qualquer execução, o processo deve dar à parte aquilo a que ela faz jus, *pro et contra*. Em consequência, o processo não deve ser fonte de enriquecimento sem causa do credor, concedendo a ele *aliud* se pode conferir-lhe *in especie*, máxime sob a inspiração do princípio da efetividade, que influi sobremodo no CPC/2015. O meio de coerção, assim, somente incidiria subsidiariamente, na hipótese de impossibilidade de consecução dos fins auferíveis com os meios de sub-rogação, mantendo-se, de certa forma, hígida a Súmula nº 500 do STF ("Não cabe a ação cominatória para compelir-se o réu a cumprir obrigação de dar")[3].

---

[1] **"Art. 919.** Os embargos à execução não terão efeito suspensivo.

§ 1º O juiz poderá, a requerimento do embargante, atribuir efeito suspensivo aos embargos quando verificados os requisitos para a concessão da tutela provisória e desde que a execução já esteja garantida por penhora, depósito ou caução suficientes."

[2] **"Art. 806.** O devedor de obrigação de entrega de coisa certa, constante de título executivo extrajudicial, será citado para, em 15 (quinze) dias, satisfazer a obrigação.

§ 1º Ao despachar a inicial, o juiz poderá fixar multa por dia de atraso no cumprimento da obrigação, ficando o respectivo valor sujeito a alteração, caso se revele insuficiente ou excessivo.

§ 2º Do mandado de citação constará ordem para imissão na posse ou busca e apreensão, conforme se tratar de bem imóvel ou móvel, cujo cumprimento se dará de imediato, se o executado não satisfizer a obrigação no prazo que lhe foi designado."

Como afirmava **Guasp** a execução para a entrega de coisa se realiza através de uma "operação física de entrega", *Derecho Procesal Civil*, 1956, p. 869.

[3] A origem da referida súmula está no vetusto art. 302, XII, do CPC de 1939 que dispunha sobre o cabimento da ação cominatória quando, por lei ou convenção, o sujeito de direitos ostentasse a faculdade de exigir de outrem que se abstivesse de ato (não fazer) ou prestasse fato (fazer), dentro de certo prazo. A obrigação *in foco* deitava raízes na *emptio et venditio* dos romanos, era a transmissão do domínio, através de negócio real e formal: a *mancipatio* (para os imóveis) ou a *traditio* (para os móveis). A França e Itália é que instituíram a transmissão do domínio pelo simples negócio jurídico da compra e venda. Como informa Roberto Rosas, *in Direito Sumular*, citado: *Por isso afirma* Maynz *que, além da obrigação "à transferer la propriété ou à constituer un jus re, le mot dare est aussi employé dans un sense plus large pour désigner la simple remise d'une chose" (Cours de Droit Romain*, vol. II, § 255, nota 6). *E assim, hodiernamente, temos a obrigação de entregar a coisa como a obrigação de dar* (**Moacyr Amaral Santos**, *Ações Cominatórias no Direito Brasileiro*, vol. I, nº 65; **Machado Guimarães**, *Comentários ao CPC, art. 302*; **Pontes de Miranda**, *Comentários ao CPC*, vol. III, 113). Esses ilustres juristas apontam a razão do não cabimento da ação cominatória em relação às obrigações de dar, porque a forma de execução nas obrigações de dar é de fazer.

A Súmula em comento se originou de feito de interesse de um jornal de São Paulo que há muitos anos instituiu assinaturas permanentes do jornal, consistindo na entrega do jornal diariamente aos assinantes. Estes, à ne-

Parte X · X – A TUTELA JURISDICIONAL DAS OBRIGAÇÕES DE ENTREGA DE COISA | 775

2.3 Execução de título extrajudicial de coisa incerta

O CPC/2015 regula essa execução, cuja diferença situa-se somente no *ius eligendi*[4].

Cumpre destacar que na sentença do processo de conhecimento (sentença ou decisão de liquidação) a coisa se encontra determinada, ao passo que pode ocorrer a escolha na execução extrajudicial, aliás, como prevê o disposto no art. 811 do CPC/2015, acima mencionado.

3. DISPOSIÇÕES COMUNS AO CUMPRIMENTO DA ENTREGA DE COISA E À EXECUÇÃO DE TÍTULO EXTRAJUDICIAL PARA A ENTREGA DE COISA

3.1 Incidentes da entrega

A lei prevê incidentes que podem embaraçar a entrega da coisa, a saber: a *alienação da coisa a terceiro* (art. 808 do CPC/2015), *o perecimento, a deterioração* ou *o desaparecimento do bem* (art. 809 do CPC/2015).

Considere-se, ainda, que pode haver controvérsia sobre se é aquela a coisa certa que fora objeto de convenção, aplicando-se subsidiariamente as regras da entrega de coisa incerta, com seu diminuto contraditório, findo por decisão agravável (art. 1.015, parágrafo único, do CPC/2015).

Destarte, no primeiro caso, da "alienação a terceiro", em razão da afetação da coisa à obrigação, e, por força dos princípios que informam a fraude de execução (art. 790, V, e 792 do CPC/2015), expede-se o mandado de *busca e apreensão* do bem móvel ou de *imissão*, se imóvel. Não obstante o art. 808 do Código de 2015 se refira à *coisa litigiosa*, a alienação também será ineficaz em todas as hipóteses configuradoras de fraude à execução, sendo certo que, em determinadas situações, a fraude à execução independe da pendência de ação contra o devedor. Remete-se o leitor, quanto ao ponto, aos capítulos sobre a averbação premonitória e à fraude à execução. A propósito, aplica-se o disposto no art. 828 do CPC/2015, sobre a averbação premonitória, também à execução por título extrajudicial.

Outrossim, nesse caso de alienação, o credor pode preferir, à investida contra o terceiro, converter a obrigação em perdas e danos, coincidindo esta solução com a que se oferece nas hipóteses de deterioração ou perecimento do bem. Assim é que, de acordo com o art. 809 do CPC/2015, o credor tem direito a receber, além de perdas e danos, o valor da coisa, quando esta não lhe for entregue, se deteriorou, não for encontrada ou não for reclamada do poder do terceiro adquirente. Essa hipótese segue a regra dos arts. 234 e 239 do CC[5], de sorte que se não tiver havido culpa do devedor ou se a coisa perdeu-se antes da tradição ou da realização da condição suspensiva, *res perit domino*.

---

gativa do periódico, propuseram ação cominatória, compelindo o jornal a entregar-lhes a espécie. Considerou o STF encerrar-se, no caso, obrigação de dar, incabível, portanto, a ação cominatória.

[4] **"CPC/2015: Art. 811.** Quando a execução recair sobre coisa determinada pelo gênero e pela quantidade, o executado será citado para entregá-la individualizada, se lhe couber a escolha.

Parágrafo único. Se a escolha couber ao exequente, esse deverá indicá-la na petição inicial.

Art. 812. Qualquer das partes poderá, no prazo de 15 (quinze) dias, impugnar a escolha feita pela outra, e o juiz decidirá de plano ou, se necessário, ouvindo perito de sua nomeação.

Art. 813. Aplicar-se-ão à execução para entrega de coisa incerta, no que couber, as disposições da Seção I deste Capítulo."

Essa execução tem por fonte os seguintes artigos do CC/2002:

"CC/2002: Art. 243. A coisa incerta será indicada, ao menos, pelo gênero e pela quantidade.

Art. 244. Nas coisas determinadas pelo gênero e pela quantidade, a escolha pertence ao devedor, se o contrário não resultar do título da obrigação; mas não poderá dar a coisa pior, nem será obrigado a prestar a melhor.

Art. 245. Cientificado da escolha o credor, vigorará o disposto na seção antecedente.

Art. 246. Antes da escolha, não poderá o devedor alegar perda ou deterioração da coisa, ainda que por força maior ou caso fortuito."

[5] **"CC/2002: Art. 233.** A obrigação de dar coisa certa abrange os acessórios dela embora não mencionados, salvo se o contrário resultar do título ou das circunstâncias do caso.

776 | CURSO DE DIREITO PROCESSUAL CIVIL • *Luiz Fux*

Outrossim, não constando do título executivo extrajudicial o valor da coisa, ou sendo impossível a sua avaliação, o exequente far-lhe-á a estimativa, sujeitando-se ao arbitramento judicial. Esse arbitramento importa a liquidação do valor da coisa e os prejuízos nos próprios autos, concluído por decisão interlocutória.

Esses *incidentes* até então observados operam-se em "favor do credor".

3.2 Incidentes favoráveis ao executado

O executado, conforme de sabença, esteve na posse da coisa, por isso que é possível que tenha engendrado melhorias na mesma das quais não pode locupletar-se o exequente. O legislador, então, dispôs no novel art. 917, inciso IV, e §§ 5º e 6º, do CPC/2015 que, *verbis*:

> "Art. 917. Nos embargos à execução, o executado poderá alegar:
> IV – retenção por benfeitorias necessárias ou úteis, nos casos de execução para entrega de coisa certa;
> § 5º Nos embargos de retenção por benfeitorias, o exequente poderá requerer a compensação de seu valor com o dos frutos ou dos danos considerados devidos pelo executado, cumprindo ao juiz, para a apuração dos respectivos valores, nomear perito, observando-se, então, o art. 464.
> § 6º O exequente poderá a qualquer tempo ser imitido na posse da coisa, prestando caução ou depositando o valor devido pelas benfeitorias ou resultante da compensação."

Caso a entrega seja determinada pelo juízo sem o pagamento antecedente das benfeitorias, poderá o executado reclamar o efeito suspensivo dos embargos demonstrando os requisitos do art. 919, § 1º, do CPC/2015.

Outrossim, as benfeitorias acaso consagradas em documento escrito dão ensejo à prova inequívoca, mas não constituem título executivo em favor do executado. Ele deve liquidá-las para eventual exigibilidade do valor correspondente.

Destarte, ao possuidor de boa-fé restará sempre a sua pretensão veiculável através de ação autônoma de perdas e danos.[6]

Art. 234. Se, no caso do artigo antecedente, a coisa se perder, sem culpa do devedor, antes da tradição, ou pendente a condição suspensiva, fica resolvida a obrigação para ambas as partes; se a perda resultar de culpa do devedor, responderá este pelo equivalente e mais perdas e danos.

Art. 235. Deteriorada a coisa, não sendo o devedor culpado, poderá o credor resolver a obrigação, ou aceitar a coisa, abatido de seu preço o valor que perdeu.

Art. 236. Sendo culpado o devedor, poderá o credor exigir o equivalente, ou aceitar a coisa no estado em que se acha, com direito a reclamar, em um ou em outro caso, indenização das perdas e danos.

Art. 237. Até a tradição pertence ao devedor a coisa, com os seus melhoramentos e acrescidos, pelos quais poderá exigir aumento no preço; se o credor não anuir, poderá o devedor resolver a obrigação.

Parágrafo único. Os frutos percebidos são do devedor, cabendo ao credor os pendentes.

Art. 238. Se a obrigação for de restituir coisa certa, e esta, sem culpa do devedor, se perder antes da tradição, sofrerá o credor a perda, e a obrigação se resolverá, ressalvados os seus direitos até o dia da perda.

Art. 239. Se a coisa se perder por culpa do devedor, responderá este pelo equivalente, mais perdas e danos."

[6] Por exemplo, *vide* os seguintes artigos do CC – **Lei nº 10.406, de 10 de janeiro de 2002**:

"**Art. 233.** A obrigação de dar coisa certa abrange os acessórios dela embora não mencionados, salvo se o contrário resultar do título ou das circunstâncias do caso."

"**Art. 242.** Se para o melhoramento, ou aumento, empregou o devedor trabalho ou dispêndio, o caso se regulará pelas normas deste Código atinentes às benfeitorias realizadas pelo possuidor de boa-fé ou de má-fé.

Parágrafo único. Quanto aos frutos percebidos, observar-se-á, do mesmo modo, o disposto neste Código, acerca do possuidor de boa-fé ou de má-fé."

"**Art. 1.219.** O possuidor de boa-fé tem direito à indenização das benfeitorias necessárias e úteis, bem como, quanto às voluptuárias, se não lhe forem pagas, a levantá-las, quando o puder sem detrimento da coisa, e poderá exercer o direito de retenção pelo valor das benfeitorias necessárias e úteis."

Art. 1.220. Ao possuidor de má-fé serão ressarcidas somente as benfeitorias necessárias; não lhe assiste o direito de retenção pela importância destas, nem o de levantar as voluptuárias.

Por fim, quando essa executividade imediata invade patrimônio de quem não foi parte no processo, este pode opor "embargos de terceiro" (art. 674 do CPC/2015).

3.3 Impugnação por retenção

Considerando que o executado esteve de posse da coisa, é possível que nela tenha engendrado melhorias, das quais não pode locupletar-se o "exequente". O legislador, então, dispõe sobre haver *benfeitorias indenizáveis* ao devedor ou a terceiro, e que *influi no dever de imediata entrega da coisa* ao credor, posto que essa obrigação contrapõe-se à de primeiro indenizar, observado o direito material acerca do regime a elas aplicável quando "úteis, necessárias ou voluptuárias". Nesse sentido, vencendo benfeitorias indenizáveis feitas na coisa pelo devedor ou por terceiros, de cujo poder elas devem ser tiradas, a liquidação prévia é obrigatória. Se houver saldo em favor do devedor, o credor deve depositar ao requerer a entrega da coisa; se houver saldo em favor do credor, este pode cobrá-lo nos autos do mesmo processo. É mister observar que a liquidação terá a finalidade de apuração do valor das benfeitorias.

Uma vez alcançado o saldo, cabe ao credor depositá-lo antes de obter a entrega da coisa. Caso a entrega seja determinada pelo juízo sem o pagamento antecedente das benfeitorias, poderá o executado apresentar, com efeito suspensivo, até o seu pagamento ou depósito, "*impugnação por retenção*".

Essa liquidação prévia somente pode ser exigida caso o direito às benfeitorias não tenha sido excluído pela sentença (ou pelo título extrajudicial), porquanto, do contrário, estar-se-ia inovando no "cumprimento da sentença", consagrando contracrédito do executado não previsto na decisão exequenda. Outrossim, as benfeitorias contempladas na sentença dão ensejo à impugnação, devendo-se liquidá-las para eventual exigibilidade do valor correspondente.

Acaso não se discutam benfeitorias na ação resultante da entrega de coisa, nem por isso o possuidor de boa-fé restará prejudicado, porquanto remanescerá a sua pretensão, veiculável através de ação de perdas e danos.

Outrossim, na execução extrajudicial, a exigência de depósito prévio de benfeitorias pactuadas no título implica a condição de procedibilidade para iniciar o procedimento.

Ressalte-se que, uma vez depositado o valor das benfeitorias, o credor-vencedor pode ser imitido na posse do bem, imediatamente (art. 917, § 6º, do CPC/2015).

Deveras, alcançando o cumprimento da sentença proferida em ação cujo objeto mediato é *res* integrante do patrimônio alheio, abre-se ao menos a possibilidade de oposição de embargos de terceiro.

Art. 1.221. As benfeitorias compensam-se com os danos, e só obrigam ao ressarcimento se ao tempo da evicção ainda existirem.

Art. 1.222. O reivindicante, obrigado a indenizar as benfeitorias ao possuidor de má-fé, tem o direito de optar entre o seu valor atual e o seu custo; ao possuidor de boa-fé indenizará pelo valor atual."

"**Art. 1.255.** Aquele que semeia, planta ou edifica em terreno alheio perde, em proveito do proprietário, as sementes, plantas e construções; se procedeu de boa-fé, terá direito a indenização.

Parágrafo único. Se a construção ou a plantação exceder consideravelmente o valor do terreno, aquele que, de boa-fé, plantou ou edificou, adquirirá a propriedade do solo, mediante pagamento da indenização fixada judicialmente, se não houver acordo.

Art. 1.256. Se de ambas as partes houve má-fé, adquirirá o proprietário as sementes, plantas e construções, devendo ressarcir o valor das acessões.

Parágrafo único. Presume-se má-fé no proprietário, quando o trabalho de construção, ou lavoura, se fez em sua presença e sem impugnação sua.

Art. 1.257. O disposto no artigo antecedente aplica-se ao caso de não pertencerem as sementes, plantas ou materiais a quem de boa-fé os empregou em solo alheio.

Parágrafo único. O proprietário das sementes, plantas ou materiais poderá cobrar do proprietário do solo a indenização devida, quando não puder havê-la do plantador ou construtor."

A impugnação por força das benfeitorias obedecerá ao que a sentença houver disposto quanto à sua natureza; se necessárias, úteis ou voluptuárias; o estado anterior e atual da coisa; o custo das benfeitorias e seu valor atual; a valorização da coisa decorrente das benfeitorias etc.

Outrossim, por força da aplicação subsidiária das regras da execução de título extrajudicial, no cumprimento de sentença para a entrega de coisa poderá o exequente: a) na impugnação de retenção por benfeitorias, requerer a compensação de seu valor com o dos frutos ou danos considerados devidos pelo executado, cumprindo ao juiz, para a apuração dos respectivos valores, nomear perito, fixando-lhe breve prazo para entrega do laudo; b) ser imitido na posse da coisa, prestando caução ou depositando o valor devido pelas benfeitorias ou resultante da compensação.

XI
TUTELA DAS OBRIGAÇÕES DE ENTREGA DE SOMA

1. O CUMPRIMENTO DE SENTENÇA NAS OBRIGAÇÕES DE ENTREGA DE SOMA – FASE POSTULATÓRIA

1.1 Generalidades

O procedimento da resolução de mérito que reconhece o dever de pagar quantia certa engloba as fases da cognição, da liquidação *quantum debeatur* e a etapa de satisfação, cuja ultimação é a entrega da soma ao credor.

Os incidentes que podem ocorrer até o pagamento estão regulados no título II do livro I da Parte Especial do CPC/2015, sobre o "cumprimento de sentença", bem como no livro II da Parte Especial, sobre o "processo de execução". Rememore-se que as normas sobre o cumprimento de sentença e aquelas sobre o processo de execução se intercomunicam, por força do art. 771, *caput* e parágrafo único, e do art. 513, *caput*, do CPC/2015. Assim, *v.g.*, na parte em que não houver incompatibilidade, aplicam-se ao cumprimento de sentença as regras da penhora, da expropriação e do pagamento previstas em relação ao processo de execução por título extrajudicial.

No cumprimento de sentença que reconhece a exigibilidade da obrigação de pagar, a fase postulatória difere daquela prevista para a execução de título extrajudicial.

Dispõe o art. 523 do CPC/2015, *verbis*:

> "Art. 523. No caso de condenação em quantia certa, ou já fixada em liquidação, e no caso de decisão sobre parcela incontroversa, o cumprimento definitivo da sentença far-se-á a requerimento do exequente, sendo o executado intimado para pagar o débito, no prazo de 15 (quinze) dias, acrescido de custas, se houver.
>
> § 1º Não ocorrendo pagamento voluntário no prazo do *caput*, o débito será acrescido de multa de dez por cento e, também, de honorários de advogado de dez por cento.
>
> § 2º Efetuado o pagamento parcial no prazo previsto no *caput*, a multa e os honorários previstos no § 1º incidirão sobre o restante.
>
> § 3º Não efetuado tempestivamente o pagamento voluntário, será expedido, desde logo, mandado de penhora e avaliação, seguindo-se os atos de expropriação."

A leitura do *caput* do art. 523 do CPC/2015 transmite algumas informações importantes. Primeiro, o cumprimento de sentença que reconhece a exigibilidade da obrigação de pagar nunca ocorrerá de ofício, pois depende de requerimento do exequente. Segundo, o executado deverá ser intimado para efetuar o pagamento voluntário da dívida indicada na inicial, além das custas processuais eventualmente existentes, no prazo de 15 (quinze) dias. Essa intimação deve ser feita na forma do art. 513, §§ 2º a 4º, do CPC/2015:

> "Art. 513. O cumprimento da sentença será feito segundo as regras deste Título, observando-se, no que couber e conforme a natureza da obrigação, o disposto no Livro II da Parte Especial deste Código.

§ 1º O cumprimento da sentença que reconhece o dever de pagar quantia, provisório ou definitivo, far-se-á a requerimento do exequente.

§ 2º O devedor será intimado para cumprir a sentença:

I – pelo Diário da Justiça, na pessoa de seu advogado constituído nos autos;

II – por carta com aviso de recebimento, quando representado pela Defensoria Pública ou quando não tiver procurador constituído nos autos, ressalvada a hipótese do inciso IV;

III – por meio eletrônico, quando, no caso do § 1º do art. 246, não tiver procurador constituído nos autos

IV – por edital, quando, citado na forma do art. 256, tiver sido revel na fase de conhecimento.

§ 3º Na hipótese do § 2º, incisos II e III, considera-se realizada a intimação quando o devedor houver mudado de endereço sem prévia comunicação ao juízo, observado o disposto no parágrafo único do art. 274.

§ 4º Se o requerimento a que alude o § 1º for formulado após 1 (um) ano do trânsito em julgado da sentença, a intimação será feita na pessoa do devedor, por meio de carta com aviso de recebimento encaminhada ao endereço constante dos autos, observado o disposto no parágrafo único do art. 274 e no § 3º deste artigo.

§ 5º O cumprimento da sentença não poderá ser promovido em face do fiador, do coobrigado ou do corresponsável que não tiver participado da fase de conhecimento."

Desse modo, a regra é a intimação do executado para pagamento voluntário na pessoa de seu advogado constituído nos autos, pelo Diário da Justiça. Excepcionalmente, a intimação será: *(a) pela via postal, com aviso de recebimento*, em se tratando de assistido pela Defensoria Pública, de executado sem advogado constituído nos autos ou se o requerimento para cumprimento da sentença for formulado após 1 (um) ano do trânsito em julgado; *(b) por meio eletrônico*, no caso de pessoa jurídica sem procurador constituído nos autos; *(c) por edital*, se o executado foi revel na fase de conhecimento; ou *(d) pessoal*, caso se trate de execução de alimentos (art. 528 do CPC/2015), hipótese a ser estudada em capítulo próprio.

1.2 Prazo para pagamento voluntário

Sobre o prazo de quinze dias para pagamento voluntário (art. 523 do CPC/2015), existe dúvida quanto à forma de contagem. Uma primeira orientação é a de que esse prazo deve ser contado em dias corridos, na forma do art. 132 do CC, pois tem natureza material. Outra corrente, todavia, defende a sua contagem em dias úteis, art. 219, parágrafo único, do CPC/2015, por ser prazo processual. Essa última corrente foi adotada pela Terceira e pela 4ª Turmas do Superior Tribunal de Justiça, que entenderam, ademais, deva esse prazo ser contado em dobro quando houver litisconsortes com procuradores de escritórios distintos em autos físicos (art. 229 do CPC/2015), dada a sua natureza processual.[1] Idêntica é a orientação do Enunciado 89 da I Jornada de Direito Processual Civil do CJF: "Conta-se em dias úteis o prazo do *caput* do art. 523 do CPC".

1.3 Multa e honorários

De acordo com o parágrafo primeiro do art. 523 do CPC/2015, escoado *in albis* o prazo para pagamento voluntário, automaticamente o débito será acrescido de: *(i)* multa, no patamar de 10% (dez por cento) do valor executado; *(ii)* honorários, igualmente no patamar de 10% (dez por cento) do valor executado.

Sendo assim, no cumprimento da sentença referente à obrigação de pagar, o exequente deve aguardar o prazo quinzenal de que dispõe o devedor para efetuar o pagamento voluntário, após o

---

[1] "Tal regra de cômputo em dobro [para litisconsortes que tiverem procuradores de escritórios distintos, art. 229 do CPC/2015] deve incidir, inclusive, no prazo de quinze dias úteis para o cumprimento voluntário da sentença, previsto no art. 523 do CPC de 2015" (REsp 1693784/DF, Rel. Min. Luis Felipe Salomão, 4ª Turma, j. 28.11.2017). Em igual sentido: REsp 1708348/RJ, Rel. Min. Marco Aurélio Bellizze, 3ª Turma, j. 25.06.2019.

Parte X • XI – TUTELA DAS OBRIGAÇÕES DE ENTREGA DE SOMA | **781**

que incidirão, além dos juros e correção, a multa, prevista como meio de vencer a obstinação do devedor em não cumprir o julgado, bem como honorários sucumbenciais. A letra da lei deixa entrever de forma inequívoca que a multa tem natureza de meio de coerção e reverte em favor do credor.

Caso o executado efetue pagamento apenas parcial no prazo de 15 (quinze) dias para pagamento voluntário, a multa e os honorários devem incidir sobre o restante (art. 523, § 2º, do CPC/2015).

Relativamente aos honorários sucumbenciais, o CPC de 2015 inova em dois aspectos.

A uma, expressamente prevê que são devidos honorários independente de impugnação por parte do executado. Cuida-se de positivação da Súmula 517 do STJ: "São devidos honorários advocatícios no cumprimento de sentença, haja ou não impugnação, depois de escoado o prazo para pagamento voluntário, que se inicia após a intimação do advogado da parte executada."[2]

A duas, estabelece que o percentual dos honorários sucumbenciais no cumprimento de sentença serão obrigatoriamente de 10% (dez por cento). Revogado, assim, o regime do art. 20, § 4º, do CPC/73, cuja redação asseverava: "nas execuções, embargadas ou não, os honorários serão fixados consoante apreciação equitativa do juiz".

Indagação pertinente diz respeito à possibilidade de o juiz reduzir o percentual de honorários para menos de 10% com base na proporcionalidade e na razoabilidade. A 4ª Turma do STJ já se manifestou contrariamente, em razão da literalidade do art. 827, *caput*, do CPC/2015, que diz respeito à execução de título extrajudicial, mas contempla regra idêntica à do art. 523, § 1º, do CPC/2015 quanto aos honorários sucumbenciais.[3] Ressalte-se, contudo, que na execução de título extrajudicial há uma hipótese expressamente prevista de redução dos honorários. Naquele rito, o devedor é citado para pagar em três dias e, ocorrendo o pagamento integral nesse prazo, os honorários advocatícios são reduzidos pela metade (art. 827, § 1º, do CPC/2015). Nessa situação, os honorários são minorados em razão da observância do prazo para pagamento voluntário.

Outra dúvida, relativamente aos honorários, surge na hipótese de rejeição da impugnação ao cumprimento de sentença. Mais precisamente, se os honorários já incidem após o escoamento do prazo para pagamento voluntário, devem ser majorados caso o executado venha a oferecer impugnação e esta seja rejeitada? No panorama do CPC/1973, o STJ editou a súmula 519: "Na hipótese de rejeição da impugnação ao cumprimento de sentença, não são cabíveis honorários advocatícios". Quanto ao CPC/2015, há duas correntes. A primeira delas defende a aplicação subsidiária do art. 827, § 2ª, do CPC/2015, que admite a majoração dos honorários a até vinte por cento quando os embargos à execução: *(i)* forem rejeitados; ou *(ii)* embora não opostos, verificar-se ao final do processo executivo a necessidade de remunerar o trabalho do advogado do exequente. A segunda corrente, em contrapartida, entende inaplicável o art. 827, § 2º, do CPC/2015 ao cumprimento de sentença. Confira-se, seguindo essa última orientação, o Enunciado n. 51 da Enfam: "A majoração de honorários advocatícios prevista no art. 827, § 2º, do CPC/2015 não é aplicável à impugnação ao cumprimento de sentença".

1.4 Demonstrativo do crédito

O demonstrativo do débito que instrui a inicial revela o *quantum debeatur*, segundo os critérios originariamente utilizados pelo credor. Seus requisitos estão discriminados no art. 524 do CPC/2015:

> "Art. 524. O requerimento previsto no art. 523 será instruído com demonstrativo discriminado e atualizado do crédito, devendo a petição conter:
>
> I – o nome completo, o número de inscrição no Cadastro de Pessoas Físicas ou no Cadastro Nacional da Pessoa Jurídica do exequente e do executado, observado o disposto no art. 319, §§ 1º a 3º;
>
> II – o índice de correção monetária adotado;
>
> III – os juros aplicados e as respectivas taxas;

---

[2] No mesmo sentido: REPETITIVO REsp 1134186/RS, Rel. Min. Luis Felipe Salomão, Corte Especial, j. 01.08.2011, *DJe* 21.10.2011.

[3] STJ, REsp 1745773, 4ª Turma, Rel. Min. Luis Felipe Salomão, j. 04.12.2018.

782 CURSO DE DIREITO PROCESSUAL CIVIL • *Luiz Fux*

IV – o termo inicial e o termo final dos juros e da correção monetária utilizados;

V – a periodicidade da capitalização dos juros, se for o caso;

VI – especificação dos eventuais descontos obrigatórios realizados;

VII – indicação dos bens passíveis de penhora, sempre que possível.

§ 1º Quando o valor apontado no demonstrativo aparentemente exceder os limites da condenação, a execução será iniciada pelo valor pretendido, mas a penhora terá por base a importância que o juiz entender adequada.

§ 2º Para a verificação dos cálculos, o juiz poderá valer-se de contabilista do juízo, que terá o prazo máximo de 30 (trinta) dias para efetuá-la, exceto se outro lhe for determinado.

§ 3º Quando a elaboração do demonstrativo depender de dados em poder de terceiros ou do executado, o juiz poderá requisitá-los, sob cominação do crime de desobediência.

§ 4º Quando a complementação do demonstrativo depender de dados adicionais em poder do executado, o juiz poderá, a requerimento do exequente, requisitá-los, fixando prazo de até 30 (trinta) dias para o cumprimento da diligência.

§ 5º Se os dados adicionais a que se refere o § 4º não forem apresentados pelo executado, sem justificativa, no prazo designado, reputar-se-ão corretos os cálculos apresentados pelo exequente apenas com base nos dados de que dispõe."

Como esclarece o art. 524, VII, o exequente pode indicar, desde logo, caso tenha conhecimento do patrimônio do devedor, os bens a serem penhorados, sempre com vistas à rápida satisfação do credor, que não está adstrito ao elenco legal de preferências do art. 835 do CPC/2015.

1.5 Mandado de penhora e avaliação

Consoante o art. 523, § 3º, do CPC/2015, outra consequência da ausência de pagamento voluntário no prazo, além da multa e dos honorários, é a expedição imediata do mandado de penhora e avaliação, seguindo-se os atos de expropriação. A penhora é o ato formal de individualização dos bens do executado que responderão pela dívida, que se considera perfeito após a lavratura do auto de apreensão e depósito dos bens (art. 839 do CPC/2015). O executado deve ser intimado da realização da penhora (art. 841 do CPC/2015), mas a ausência de intimação não torna nula a penhora caso não exista prejuízo. O intuito da intimação é dar ciência para que o executado, no prazo de 10 (dez) dias, possa requerer a substituição do bem penhorado (art. 847 do CPC/2015). O oficial de justiça deverá cumprir o mandado efetuando a penhora onde quer que se encontrem os bens, ainda que sob a posse, a detenção ou a guarda de terceiros (art. 845 do CPC/2015).

A regra é a de que avaliação seja feita pelo próprio oficial de justiça após a penhora (art. 870 do CPC/2015). Nada impede, no entanto, que, à míngua de conhecimento, o oficial noticie ao juízo a necessidade de indicação de especialista para proceder à avaliação (art. 870, parágrafo único, do CPC/2015), que, à semelhança do processo executivo por título extrajudicial, submete-se a diminuto contraditório, cuja irresignação quanto ao resultado reserva-se à impugnação do art. 525, § 1º, IV, do CPC/2015. A avaliação realizada pelo oficial de justiça constará de vistoria e de laudo anexados ao auto de penhora, ao passo que a perícia realizada por avaliador constará de laudo apresentado no prazo fixado pelo juiz (art. 872 do CPC/2015).

1.6 Prazo para a impugnação ao cumprimento de sentença

Sob a égide do CPC/2015, o cumprimento ou frustração do mandado de penhora e avaliação não influencia de modo algum o prazo para que o executado apresente impugnação ao cumprimento de sentença. É que, uma vez escoado o prazo de 15 (quinze) dias para pagamento voluntário, inicia-se o prazo de 15 (quinze) dias para impugnação ao cumprimento de sentença "independentemente de penhora ou nova intimação" (art. 525, *caput,* do CPC/2015). O prazo para impugnação, inegavelmente, deve ser contado em dias úteis, pois tem caráter processual (art. 219, parágrafo único, do CPC/2015).

Alerte-se ser aplicável à impugnação ao cumprimento de sentença o prazo em dobro para litisconsortes que tiverem diferentes procuradores, de escritórios de advocacia distintos, sendo físicos os autos (art. 229 c/c 525, § 3º, CPC/2015). O alerta é válido na medida em que a dobra do prazo, nos termos do art. 229 do CPC/2015, não é aplicável aos embargos à execução de título extrajudicial (art. 915, § 3º, do CPC/2015).

Note-se que a expedição do mandado de penhora e avaliação e o início do prazo para impugnação ocorrerão em paralelo, tão logo esgotado o prazo para pagamento voluntário. Sendo assim, a irresignação do executado quanto à penhora ou à avaliação pode dizer respeito a acontecimento posterior ao final do prazo para impugnação. Nessa situação, esclarece o art. 525, § 11, do CPC/2015 que as questões relativas a fato superveniente ao término do prazo para apresentação da impugnação, assim como aquelas relativas à validade e à adequação da penhora, da avaliação e dos atos executivos subsequentes, podem ser arguidas por *simples petição*, tendo o executado, em qualquer dos casos, o prazo de 15 (quinze) dias para formular esta arguição, contado da comprovada ciência do fato ou da intimação do ato. Para alguns autores, essa simples petição tem natureza de *exceção de pré-executividade*.

1.7 Alimentos decorrentes de responsabilidade civil

A lei material erige, como consectário de determinados atos praticados, o dever de indenizar o dano causado através de alimentos periódicos. Trata-se de dever *pro solvendo* e que apresenta a peculiaridade de o comando da sentença ter caráter prospectivo. No afã de proteger os beneficiários desse comando, é de rigor no Direito brasileiro não só imputar o dever, mas garantir a sua satisfação.

É imperioso esclarecer que a prestação de alimentos decorrente da responsabilidade civil (arts. 948, II, e 950 do CC) não se confunde com a obrigação alimentar oriunda das relações de Direito das Famílias (art. 1.694 do CC). Nada obstante, o legislador resolveu tratar de ambos os casos no mesmo capítulo, denominado "do cumprimento de sentença que reconheça a exigibilidade de obrigação de prestar alimentos".

O cumprimento de sentença que reconheça a exigibilidade da prestação de alimentos *decorrente da responsabilidade civil* é regulado pelo art. 533 do CPC/2015, *verbis*:

> "Art. 533. Quando a indenização por ato ilícito incluir prestação de alimentos, caberá ao executado, a requerimento do exequente, constituir capital cuja renda assegure o pagamento do valor mensal da pensão.
>
> § 1º O capital a que se refere o *caput*, representado por imóveis ou por direitos reais sobre imóveis suscetíveis de alienação, títulos da dívida pública ou aplicações financeiras em banco oficial, será inalienável e impenhorável enquanto durar a obrigação do executado, além de constituir-se em patrimônio de afetação.
>
> § 2º O juiz poderá substituir a constituição do capital pela inclusão do exequente em folha de pagamento de pessoa jurídica de notória capacidade econômica ou, a requerimento do executado, por fiança bancária ou garantia real, em valor a ser arbitrado de imediato pelo juiz.
>
> § 3º Se sobrevier modificação nas condições econômicas, poderá a parte requerer, conforme as circunstâncias, redução ou aumento da prestação.
>
> § 4º A prestação alimentícia poderá ser fixada tomando por base o salário-mínimo.
>
> § 5º Finda a obrigação de prestar alimentos, o juiz mandará liberar o capital, cessar o desconto em folha ou cancelar as garantias prestadas."

O § 2º do art. 533 do CPC/2015 esclarece que o juiz pode deixar de determinar essa constituição de capital, mas somente nas hipóteses em que outra forma de garantia assegure as expectativas da vítima, como no caso de inclusão na folha de pagamento da empresa causadora do dano, tratando-se de pessoa jurídica de notória capacidade econômica.

Além disso, admite-se a fixação da pensão tendo por base o salário mínimo, atendendo ao reclamo da jurisprudência que exigia, sob a inspiração do princípio da *restitutio integrum,* que o valor fixado na sentença acompanhasse a variação salarial da categoria funcional a que pertencia a vítima. Deveras, o dispositivo consagra o entendimento sumulado do STJ que enunciou na Súmula nº 313: "Em ação de indenização, procedente o pedido, é necessária a constituição de capital ou caução fidejussória para a garantia de pagamento da pensão, independentemente da situação financeira do demandado." A possibilidade de atrelar-se a pensão ao salário mínimo funda-se no fato de que ambas as verbas são *necessarium vitae*, por isso que não há inconstitucionalidade por afronta ao art. 7º, inciso IV, da Constituição.

2. A EXECUÇÃO EXTRAJUDICIAL POR QUANTIA CERTA CONTRA DEVEDOR SOLVENTE – FASE POSTULATÓRIA

2.1 Generalidades

A execução de título extrajudicial que consubstancia obrigação de pagar quantia certa visa a satisfazer o credor mediante a entrega de uma soma, como resultado do processo.

É evidente que, se no exercício da atividade jurisdicional executiva, o Estado encontrar a soma no patrimônio do devedor, o caminho encurta-se com a satisfação célere do credor. Entretanto, quando isso não ocorre, é preciso *apurar fundos* para pagar o credor. Observada a regra da responsabilidade patrimonial, cumpre ao Estado converter os bens do devedor em dinheiro para pagar o crédito exequendo. Isto implica separar, do patrimônio do executado, bens suficientes à satisfação do crédito exequendo para futura alienação e entrega do produto ao credor e eventual saldo ao devedor. A prática desses atos necessários à condução do processo por quantia certa a um resultado útil marca a estrutura desta espécie de execução de título extrajudicial, também conhecida como "execução por expropriação".

Na modalidade ora estudada, ultrapassada a postulação do exequente de instaurar a relação de execução, exsurge a "fase de apreensão de bens", onde se "individualiza a responsabilidade" patrimonial aos bens suficientes à satisfação do crédito. Após, advém a "fase de expropriação", consistente na "alienação judicial dos bens" do devedor antecedida de ampla publicidade. Finalmente, realiza-se o "momento culminante": o da "fase do pagamento", com a "entrega do produto ao credor", e que admite as *variantes* da entrega: do próprio bem penhorado (*adjudicação*); do resultado da alienação do bem a terceiro (*alienação*); ou do resultado da exploração de bens suficientes a produzir ao longo do tempo o mesmo resultado da expropriação (*apropriação de frutos e rendimentos de empresa ou de estabelecimentos e de outros bens*). Certo é que, antes de adjudicados ou alienados os bens, o executado pode, a todo tempo, remir a execução, pagando ou consignando a importância atualizada da dívida, acrescida de juros, custas e honorários advocatícios (art. 826 do CPC/2015).

Insta destacar que *a execução por quantia certa está para o processo de execução como o procedimento ordinário para o processo de conhecimento*. É que a execução para entrega de soma é subsidiária às demais formas de execução. Assim, *v.g.*, se a execução para entrega de coisa esvazia-se pela deterioração do bem a ser entregue, apura-se o seu valor e transmuda-se o processo para execução da quantia correspondente ao bem perecido (art. 809 do CPC/2015). O mesmo fenômeno ocorre no malogro da execução de fazer, por opção do credor que, desanimado pela espera, pode requerer a sua transmudação pela execução do valor das perdas e danos correspondentes ao inadimplemento (art. 821, parágrafo único, do CPC/2015).

Afirma-se, assim, que a execução por quantia certa é genérica, por substituir as execuções específicas frustradas, porquanto todas as prestações são avaliáveis economicamente e, portanto, conversíveis em dinheiro.

2.2 Execução contra devedor solvente e contra devedor insolvente

A execução diz-se contra "devedor solvente" para distinguir da outra modalidade contra "devedor insolvente". A antiga "execução por quantia certa contra devedor insolvente" não foi incluída no CPC/2015, mas as execuções contra devedor insolvente, em curso ou que venham a ser propostas, continuam a ser regidas pelo Código anterior (art. 1.052 do CPC/2015).

Parte X • XI – TUTELA DAS OBRIGAÇÕES DE ENTREGA DE SOMA | **785**

Na espécie em exame, parte-se da premissa de que *o devedor tem bens suficientes à satisfação do seu crédito*. Em consequência, a pluralidade dos credores do mesmo devedor, obedecido o princípio da prioridade, será paga pela ordem da antiguidade das respectivas penhoras sobre o mesmo bem (*prior tempore potior jure*). O credor não satisfeito, em razão de o devedor ser solvente, poderá perseguir a expropriação de outros bens necessários ao adimplemento de sua pretensão. Segundo esta regra secular de origem romana, que nos foi transmitida pelas Ordenações Filipinas e praticada pelos nossos matizes europeus, como Portugal, Alemanha e Itália, na execução contra o devedor solvente, privilegia-se o credor diligente (*vigilantibus jura*) em detrimento daqueles que se descuidaram. Destarte, mesmo que não se tenham descuidado, incide a regra, uma vez que a solvabilidade do devedor garante-lhes o pagamento potencial de seus créditos.

Na *execução contra o devedor insolvente*, em razão da *insuficiência patrimonial*, o princípio da prioridade é superado pelo da "igualdade", de prestígio na ordenação napoleônica, segundo o qual todos os credores deveriam ser tratados igualmente perante o produto dos bens penhorados (*pars conditio creditorum*), "disputando proporcionalmente os seus créditos frente à mesma massa de bens, recebendo por rateio" (arts. 612 e 613 do CPC/1973). A insolvência deve ser requerida e declarada em processo próprio (arts. 748 e ss. do CPC/1973), inadmitindo-se que o juízo da execução constatando a insuficiência de bens converta, *ex officio* e nos próprios autos, o rito da execução contra devedor solvente em execução contra devedor insolvente.

Ademais, a insolvabilidade reclama a arrecadação de todos os bens sujeitos à alienação judicial, empreendendo-se a liquidação do acervo em benefício de todos os credores, ao passo que na execução contra devedor solvente a penhora circunscreve a responsabilidade a alguns bens suficientes, liberando os demais. Em resumo, na insolvência, a meta é a satisfação de todas as dívidas, daí o sacrifício de todos os bens. Na execução contra o devedor solvente, apenas certos créditos são satisfeitos e, em consequência, somente determinados bens são expropriados.

Cumpre acrescentar que a *execução contra devedor solvente* lastreia-se em *título extrajudicial*. A obrigação encartada no título extrajudicial deve ser *líquida*, *certa* e *exigível*, porquanto destes requisitos depende a proporcionalidade dos atos a serem praticados, no patrimônio do devedor, de expropriação e pagamento.

2.3 Petição inicial

O processo de execução de título extrajudicial segue o "princípio da iniciativa", devendo ser iniciado por "proposta" do exequente, sendo certo que o "cumprimento" da condenação judicial para entrega de soma se processa nos próprios autos do processo de conhecimento *per officium judicis*, ou seja, independente da iniciativa do credor. A *execução de título extrajudicial* deve ser distribuída onde houver mais de um juízo com competência concorrente (art. 284 do CPC/2015), ou simplesmente registrada onde houver juízo com competência única, como ocorre em algumas comarcas do interior. Em qualquer caso, considera-se proposta a ação executiva com o protocolo da petição inicial (art. 312 do CPC/2015). O art. 802 do CPC/2015[4], reproduzindo a regra do art. 240, § 1º, do mesmo diploma, preceitua que a interrupção da prescrição é efeito do *despacho que ordena a citação* no processo de execução, ainda que proferido por juízo incompetente, desde que o autor adote, no prazo de 10 (dez) dias, as providências necessárias para viabilizar a citação (art. 240, § 2º, do CPC).

O art. 202, I, do CC de 2002 já determinava que a interrupção da prescrição ocorre "por despacho do juiz, mesmo incompetente, que ordenar a citação, se o interessado a promover no prazo e na forma da lei processual".

O texto não esclarece, contudo, o que acontece caso o autor não promova a citação no prazo de dez dias previsto no art. 240, § 2º, do CPC/2015. Para uma primeira corrente, a interrupção da pres-

---

4   "**Art. 802.** Na execução, o despacho que ordena a citação, desde que realizada em observância ao disposto no § 2º do art. 240, interrompe a prescrição, ainda que proferido por juízo incompetente.
Parágrafo único. A interrupção da prescrição retroagirá à data de propositura da ação."

786 | CURSO DE DIREITO PROCESSUAL CIVIL • *Luiz Fux*

crição ocorrerá na data da efetiva citação, sem retroagir, por força do art. 202, V, do CC/02. Outros autores, em contrapartida, entendem que se o autor perder o prazo do art. 240, § 2º, a interrupção da prescrição ocorre com o despacho que ordena a citação, mas não retroage à propositura da demanda.

A prescrição, como de sabença, pode ser conhecida de ofício e esse preceito se aplica também à execução. Quanto ao processo de execução de título extrajudicial, o art. 803, *caput*, I, e parágrafo único, do CPC/2015 permite ao juiz reconhecer de ofício a nulidade da execução quando o título não corresponder a obrigação exigível.

O exequente, ao promover a execução, deve elaborar uma *petição inicial*, cujos requisitos são mais atenuados do que os exigíveis no art. 319 do CPC/2015[5] para o processo de conhecimento, porquanto o título executivo revela inequivocamente a pretensão do credor. Os requisitos da inicial do processo de execução de título extrajudicial estão previstos nos arts. 798 e 799 do CPC/2015[6].

---

[5] **"Art. 319.** A petição inicial indicará:

I – o juízo a que é dirigida;

II – os nomes, os prenomes, o estado civil, a existência de união estável, a profissão, o número de inscrição no Cadastro de Pessoas Físicas ou no Cadastro Nacional da Pessoa Jurídica, o endereço eletrônico, o domicílio e a residência do autor e do réu;

III – o fato e os fundamentos jurídicos do pedido;

IV – o pedido com as suas especificações;

V – o valor da causa;

VI – as provas com que o autor pretende demonstrar a verdade dos fatos alegados;

VII – a opção do autor pela realização ou não de audiência de conciliação ou de mediação.

§ 1º Caso não disponha das informações previstas no inciso II, poderá o autor, na petição inicial, requerer ao juiz diligências necessárias a sua obtenção.

§ 2º A petição inicial não será indeferida se, a despeito da falta de informações a que se refere o inciso II, for possível a citação do réu.

§ 3º A petição inicial não será indeferida pelo não atendimento ao disposto no inciso II deste artigo se a obtenção de tais informações tornar impossível ou excessivamente oneroso o acesso à justiça."

[6] **"Art. 798.** Ao propor a execução, incumbe ao exequente:

I – instruir a petição inicial com:

a) o título executivo extrajudicial;

b) o demonstrativo do débito atualizado até a data de propositura da ação, quando se tratar de execução por quantia certa;

c) a prova de que se verificou a condição ou ocorreu o termo, se for o caso;

d) a prova, se for o caso, de que adimpliu a contraprestação que lhe corresponde ou que lhe assegura o cumprimento, se o executado não for obrigado a satisfazer a sua prestação senão mediante a contraprestação do exequente;

II – indicar:

a) a espécie de execução de sua preferência, quando por mais de um modo puder ser realizada;

b) os nomes completos do exequente e do executado e seus números de inscrição no Cadastro de Pessoas Físicas ou no Cadastro Nacional da Pessoa Jurídica;

c) os bens suscetíveis de penhora, sempre que possível.

Parágrafo único. O demonstrativo do débito deverá conter:

I – o índice de correção monetária adotado;

II – a taxa de juros aplicada;

III – os termos inicial e final de incidência do índice de correção monetária e da taxa de juros utilizados;

IV – a periodicidade da capitalização dos juros, se for o caso;

V – a especificação de desconto obrigatório realizado.

Art. 799. Incumbe ainda ao exequente:

I – requerer a intimação do credor pignoratício, hipotecário, anticrético ou fiduciário, quando a penhora recair sobre bens gravados por penhor, hipoteca, anticrese ou alienação fiduciária;

II – requerer a intimação do titular de usufruto, uso ou habitação, quando a penhora recair sobre bem gravado por usufruto, uso ou habitação;

III – requerer a intimação do promitente comprador, quando a penhora recair sobre bem em relação ao qual haja promessa de compra e venda registrada;

Parte X • XI – TUTELA DAS OBRIGAÇÕES DE ENTREGA DE SOMA | **787**

A petição inicial da *execução extrajudicial*, conforme já visto, deve ser instruída com o *título executivo* no original (art. 798, I, *a*, do CPC/2015). Além do título, o exequente deve juntar, com a inicial, "o demonstrativo do débito atualizado até a data de propositura da ação, quando se tratar de execução por quantia certa" (art. 798, I, *b*, do CPC/2015), na medida em que esta diligência permite que se inicie o processo sem a necessidade de remessa dos autos ao contador, uma vez que esclarecida a extensão do débito e os limites dos atos executivos – não mais existe a *antiga liquidação por cálculo do contador*, quando a atuação deste auxiliar do juízo visava exatamente a elaborar uma planilha do débito. Os requisitos do demonstrativo do débito estão discriminados no parágrafo único do art. 798 do CPC/2015, acima transcrito.

Deverá a inicial, ainda, indicar os bens suscetíveis de penhora, sempre que possível (art. 798, II, *c*, do CPC/2015). Sempre que a futura penhora sobre o bem indicado puder interferir em um direito de terceiro, será necessário requerer na inicial a intimação deste.

Assim, se a penhora recair sobre bens gravados por penhor, hipoteca, anticrese ou alienação fiduciária, o exequente deverá requerer a intimação do credor pignoratício, hipotecário, anticrético ou fiduciário (art. 799, I, do CPC/2015). Nos casos de penhor, hipoteca e anticrese, cuida-se de execução por quantia certa referente a *obrigação garantida a outrem por determinado bem móvel ou imóvel*, devendo o processo resguardar as preferências assentadas no direito material em favor dos beneficiários do bem constrito.

Já no caso de alienação fiduciária, existe um constituto possessório decorrente da tradição ficta do bem do devedor fiduciante em favor do credor fiduciário. A propriedade resolúvel instituída em favor do credor fiduciário tem a única finalidade de servir como garantia do pagamento da dívida, não lhe assistindo as faculdades comuns inerentes à propriedade. Portanto, se o exequente indicar à penhora um bem objeto de negócio fiduciário, deverá requerer a intimação do credor fiduciário para a proteção de seus interesses, até porque o bem alienado fiduciariamente não pode ser penhorado por dívidas do devedor fiduciante. Nesse sentido, o art. 7º-A do Decreto-Lei nº 911/1969, incluído pela Lei nº 13.465, de 2017, dispõe: "Não será aceito bloqueio judicial de bens constituídos por alienação fiduciária nos termos deste Decreto-Lei, sendo que, qualquer discussão sobre concursos de preferências deverá ser resolvida pelo valor da venda do bem, nos termos do art. 2º".

O art. 799, II, do CPC/2015 exige que o exequente requeira a intimação do titular de usufruto, uso ou habitação, quando a penhora recair sobre bem gravado por tais institutos. O direito real de usufruto é inalienável (art. 1.393, primeira parte, do CC) e, portanto, impenhorável (art. 833, I, do CPC/2015), mas o exercício do usufruto é penhorável, pois pode ser cedido de maneira onerosa (art. 1.393, *in fine*, do CC).[7]

IV – requerer a intimação do promitente vendedor, quando a penhora recair sobre direito aquisitivo derivado de promessa de compra e venda registrada;

V – requerer a intimação do superficiário, enfiteuta ou concessionário, em caso de direito de superfície, enfiteuse, concessão de uso especial para fins de moradia ou concessão de direito real de uso, quando a penhora recair sobre imóvel submetido ao regime do direito de superfície, enfiteuse ou concessão;

VI – requerer a intimação do proprietário de terreno com regime de direito de superfície, enfiteuse, concessão de uso especial para fins de moradia ou concessão de direito real de uso, quando a penhora recair sobre direitos do superficiário, do enfiteuta ou do concessionário;

VII – requerer a intimação da sociedade, no caso de penhora de quota social ou de ação de sociedade anônima fechada, para o fim previsto no art. 876, § 7º ;

VIII – pleitear, se for o caso, medidas urgentes;

IX – proceder à averbação em registro público do ato de propositura da execução e dos atos de constrição realizados, para conhecimento de terceiros.

X – requerer a intimação do titular da construção-base, bem como, se for o caso, do titular de lajes anteriores, quando a penhora recair sobre o direito real de laje; (Incluído pela Lei nº 13.465, de 2017)

XI – requerer a intimação do titular das lajes, quando a penhora recair sobre a construção-base. (Incluído pela Lei nº 13.465, de 2017)"

7   Confira-se o seguinte julgado do STJ: "O entendimento desta Corte é no sentido de possibilidade de penhora do exercício do direito de usufruto, bem como pela aplicação da regra do art. 3º, VII, da Lei 8.009/1990 que exclui o bem de família de fiador de contrato de locação da garantia de impenhorabilidade" (AgInt no REsp

788 CURSO DE DIREITO PROCESSUAL CIVIL • *Luiz Fux*

Também deve ser requerida a intimação do promitente comprador, quando a penhora recair sobre bem em relação ao qual haja promessa de compra e venda registrada (art. 799, III, do CPC/2015). Da mesma forma, o exequente deve requerer a intimação do promitente vendedor, quando a penhora recair sobre direito aquisitivo derivado de promessa de compra e venda registrada (art. 799, IV, do CPC/2015). O contrato preliminar de promessa de compra e venda de imóvel confere ao promitente comprador o direito real à aquisição do bem, desde que registrado no Cartório de Registro de Imóveis (art. 1.417 do CC e art. 25 da Lei nº 6.766/1979). Registrada a promessa, então, poderá o promitente comprador promover a adjudicação compulsória inclusive em face de eventual terceiro adquirente do imóvel.[8] Se não houver registro, entende o STJ que o promitente comprador não pode opor seu direito a terceiros.[9]

Dito isso, duas situações de interesse para o estudo da execução podem ocorrer. Primeiro, a propriedade do imóvel objeto de promessa de compra e venda pode ser penhorada pelo credor do promitente vendedor. Nessa situação, o exequente possui interesse na penhora porque a promessa de compra e venda, só por si, não transfere a propriedade. Caso o promitente comprador (terceiro na execução) efetuar o pagamento do preço avençado, poderá obter a escritura definitiva, consolidando em suas mãos a propriedade do imóvel. Se o pagamento não ocorrer, a promessa de compra e venda se desconstitui, restando hígida a penhora em favor do exequente. Segundo, o direito real de aquisição do imóvel objeto de promessa de compra e venda pode ser penhorado pelo credor do promitente vendedor. Cuida-se de direito real com conteúdo econômico, capaz de contribuir para a satisfação do exequente. Logicamente, a execução contra o promitente comprador não pode atingir a propriedade do imóvel, que ainda não lhe foi transferida.[10] O promitente vendedor deve ser intimado, ainda que seu patrimônio não possa ser atingido na execução, a fim de que respeite os direitos do exequente sobre o bem.

Caso indique à penhora bem objeto de direito de superfície, enfiteuse, concessão de uso especial para fins de moradia ou concessão de direito real de uso, o exequente deverá observar as regras dos incisos V e VI do art. 799 do CPC/2015. Quando a penhora recair: *(i)* sobre imóvel submetido ao regime do direito de superfície, enfiteuse ou concessão, o exequente deve requerer a intimação do superficiário, enfiteuta ou concessionário; e *(ii)* sobre direitos do superficiário, do

---

1662963/SP, Rel. Min. Luis Felipe Salomão, 4ª Turma, j. 17.08.2017, *DJe* 28.08.2017). Por outro lado, a nua-propriedade do bem gravado com usufruto pode ser penhorada, desde que respeitado o direito real de garantia até a sua extinção. Nesse sentido, o STJ já decidiu que, *verbis*: "A nua-propriedade pode ser objeto de penhora e alienação em hasta pública, ficando ressalvado o direito real de usufruto, inclusive após a arrematação ou a adjudicação, até que haja sua extinção" (REsp 1712097/RS, Rel. Min. Nancy Andrighi, 3ª Turma, j. 22.03.2018, *DJe* 13.04.2018).

[8] Nesse sentido, confiram-se os seguintes enunciados doutrinários das jornadas de Direito Civil do CJF.
Enunciado 30 CJF: "Art. 463: a disposição do parágrafo único do art. 463 do novo CC deve ser interpretada como fator de eficácia perante terceiros".
Enunciado 95 CJF: "Art. 1.418: O direito à adjudicação compulsória (art. 1.418 do novo CC), quando exercido em face do promitente vendedor, não se condiciona ao registro da promessa de compra e venda no cartório de registro imobiliário (Súmula n. 239 do STJ)".
Enunciado 253 CJF: "Art. 1.417: O promitente comprador, titular de direito real (art. 1.417), tem a faculdade de reivindicar de terceiro o imóvel prometido à venda".

[9] "Antes do registro imobiliário do título, há apenas direito pessoal ou obrigacional entre as partes que firmaram o negócio jurídico, de modo que, consequentemente, com a efetivação do registro, cria-se um direito oponível perante terceiros (efeito *erga omnes*) com relação à transferência do domínio do imóvel. (...) Sob esse enfoque, ausente a formalidade considerada essencial pela lei ao negócio realizado, não se pode admitir que o título seja oponível ao terceiro de boa-fé que arremata judicialmente o imóvel e promove, nos estritos termos da lei, o registro da carta de arrematação." (REsp 1636694/MS, Rel. Min. Nancy Andrighi, 3ª Turma, j. 25.09.2018).

[10] "Conforme o entendimento desta Corte Superior, 'ajuizada a ação contra o promissário comprador, este responde com todo o seu patrimônio pessoal, o qual não inclui o imóvel que deu origem ao débito condominial, haja vista integrar o patrimônio do promitente vendedor, titular do direito de propriedade, cabendo tão somente a penhora do direito à aquisição da propriedade" (REsp 1273313/SP, Rel. Min. Ricardo Villas Bôas Cueva, 3ª Turma, j. 03.11.2015, *DJe* 12.11.2015)'. (AgRg no REsp 1438611/SP, Rel. Min. Antonio Carlos Ferreira, 4ª Turma, j. 03.09.2019).

Parte X • XI – TUTELA DAS OBRIGAÇÕES DE ENTREGA DE SOMA | **789**

enfiteuta ou do concessionário, o exequente deve requerer a intimação do proprietário de terreno com regime d e direito de superfície, enfiteuse, concessão de uso especial para fins de moradia ou concessão de direito real de uso.

No direito de superfície, o proprietário do solo transfere ao superficiário o direito de construir ou plantar em seu terreno, bem como a propriedade resolúvel sobre essas construções ou plantações. Então, há duas propriedades envolvidas: a propriedade sobre o solo e a propriedade superficiária, ou seja, sobre as construções e plantações, que é resolúvel. A primeira pode ser penhorada por dívida do proprietário do terreno com regime de direito de superfície, caso em que o exequente deve requerer a intimação do superficiário. A segunda, conquanto resolúvel, pode ser penhorada por dívida do superficiário, caso em que o exequente deve requerer a intimação do proprietário do terreno. A necessidade de intimação deriva do direito de preferência recíproco entre o proprietário do solo e o superficiário. De acordo com o art. 1.373 do CC, em caso de alienação do imóvel ou do direito de superfície, o superficiário ou o proprietário tem direito de preferência, em igualdade de condições. Sendo direito real, esse direito de preferência é oponível a terceiros, até porque a constituição do direito real de superfície depende de registro público, *ex vi* do art. 1.369 do CC e do art. 21 do Estatuto da Cidade (Lei nº 10.257/2001).

O direito real de enfiteuse envolve a titularidade do domínio útil do bem, concedida ao enfiteuta, e a nua-propriedade. O art. 2.038 do CC de 2002 proibiu a constituição de novas enfiteuses, sendo que a enfiteuse dos terrenos de marinha e acrescidos regula-se por lei especial (Decreto-Lei nº 3.438/1941). Por sua vez, a concessão de uso especial para fins de moradia aplica-se às áreas de propriedade da União, inclusive aos terrenos de marinha e acrescidos, na forma do art. 22-A da Lei nº 9.636/1998. Finalmente, consoante se colhe da jurisprudência do STJ, a "concessão de direito real de uso corresponde a contrato pelo qual a Administração transfere a particular o uso remunerado ou gratuito de terreno público, sob a forma de direito real resolúvel, a fim de que dele se utilize para fins específicos de regularização fundiária de interesse social, urbanização, industrialização, edificação, cultivo da terra, aproveitamento sustentável das várzeas, preservação das comunidades tradicionais e seus meios de subsistência ou outras modalidades de interesse social em áreas urbanas"[11]. Consulte-se também, a respeito desse instituto, o art. 4º, V, *g*, do Estatuto da Cidade (Lei nº 10.257/2001).

O legislador se preocupou, ainda, com a penhora que envolva o direito real de laje (art. 1.225, XIII, do CC). Por meio desse instituto, o proprietário de uma construção-base cede a superfície superior ou inferior de sua construção a fim de que o titular da laje mantenha unidade distinta daquela originalmente construída sobre o solo (art. 1.510-A, *caput*, do CC). Portanto, o titular da laje possui direito distinto do proprietário da construção base, não lhe sendo atribuída nenhuma fração ideal do terreno subjacente. Ademais, o titular da laje poderá ceder a superfície de sua construção para a instituição de um sucessivo direito real de laje, desde que haja autorização expressa dos titulares da construção-base e das demais lajes, respeitadas as posturas edilícias e urbanísticas vigentes (art. 1.510-A, § 6º, do CC).

O art. 1.510-D do CC dispõe que, em caso de alienação de qualquer das unidades sobrepostas, terão direito de preferência, em igualdade de condições com terceiros, os titulares da construção-base e da laje, nessa ordem, que serão cientificados por escrito para que se manifestem no prazo de trinta dias, salvo se o contrato dispuser de modo diverso. Por isso, quando a penhora recair sobre o direito real de laje, deverá ser intimado o titular da construção-base, bem como, se for o caso, do titular de lajes anteriores (art. 799, X, do CPC/2015); e quando a penhora recair sobre a construção-base, deve ser intimado o titular das lajes (art. 799, XI, do CPC/2015).

O art. 799, VII, do CPC/2015 exige do exequente o requerimento de intimação da sociedade, no caso de penhora de quota social ou de ação de sociedade anônima fechada em favor de exequente alheio à pessoa jurídica, para que a sociedade informe aos sócios a ocorrência da penhora, assegurando-se a estes a preferência prevista no art. 40, parágrafo único, da Lei nº 6.404/76.

---

[11] REsp 1435594/MA, Rel. Min. Humberto Martins, 2ª Turma, j. 27.10.2015).

790 | CURSO DE DIREITO PROCESSUAL CIVIL • *Luiz Fux*

Cumpre ao exequente, ainda, indicar a espécie de execução de sua preferência, quando por mais de um modo puder ser realizada, e os nomes completos do exequente e do executado e seus números de inscrição no Cadastro de Pessoas Físicas ou no Cadastro Nacional da Pessoa Jurídica, *ex vi* do art. 798, II, *a* e *b*, do CPC/2015.

O objetivo da execução revela que a preservação do patrimônio do devedor é de imperiosa necessidade, devendo ser conjurado qualquer risco de dilapidação. Entretanto, pode mediar algum lapso de tempo entre o ajuizamento da execução e a expropriação de bens. A lei processual admite, então, que na própria inicial o exequente pleiteie *medidas urgentes*, sem necessidade de propositura da ação cautelar autônoma (art. 799, VIII, do CPC/2015) justificando o pedido. É que, no direito brasileiro, como nos sistemas continentais europeus, o patrimônio do devedor é o sucedâneo do cumprimento de suas obrigações, por isso que qualquer alienação de bens é potencialmente lesiva aos interesses do credor.

2.4 Averbação premonitória e certidão de propositura da execução

Ainda no que diz respeito ao ajuizamento da execução, não se deve esquecer do que estatui o CPC/2015 sobre a averbação premonitória, já estudada em capítulo próprio[12].

Nos termos do art. 799, IX, do CPC/2015, incumbe ao exequente proceder à averbação em registro público do *ato de propositura da execução* e dos atos de constrição realizados, para conhecimento de terceiros. A redação do dispositivo causa perplexidade, em vista da averbação premonitória do art. 828 do CPC/2015, segundo o qual o exequente poderá obter certidão de que *a execução foi admitida pelo juiz*, com identificação das partes e do valor da causa, para fins de averbação no registro de imóveis, de veículos ou de outros bens sujeitos à penhora, arresto ou indisponibilidade. Sabe-se que a averbação da pendência do processo no registro público do bem gera presunção absoluta de fraude à execução em caso de eventual alienação, *ex vi* do art. 792, I e II, do CPC/2015. Resta a dúvida, entretanto, sobre qual certidão deve ser considerada: a certidão do ato de propositura da execução (art. 799, IX, do CPC/2015) ou a certidão de que a execução foi admitida pelo juiz (art. 828 do CPC/2015)? Parece-nos que a averbação de qualquer das duas tem o condão de gerar a presunção de fraude à execução, na linha do enunciado nº 539 do FPPC: "art. 828; art. 799, IX; art. 312) A certidão a que se refere o art. 828 não impede a obtenção e a averbação de certidão da propositura da execução (art. 799)."

Relembre-se que a averbação premonitória não tem natureza jurídica de penhora e nem prevalece sobre penhoras posteriormente realizadas, consoante já decidido pelo STJ[13]. Então,

---

[12] "**Art. 828**. O exequente poderá obter certidão de que a execução foi admitida pelo juiz, com identificação das partes e do valor da causa, para fins de averbação no registro de imóveis, de veículos ou de outros bens sujeitos a penhora, arresto ou indisponibilidade.

§ 1º No prazo de 10 (dez) dias de sua concretização, o exequente deverá comunicar ao juízo as averbações efetivadas.

§ 2º Formalizada penhora sobre bens suficientes para cobrir o valor da dívida, o exequente providenciará, no prazo de 10 (dez) dias, o cancelamento das averbações relativas àqueles não penhorados.

§ 3º O juiz determinará o cancelamento das averbações, de ofício ou a requerimento, caso o exequente não o faça no prazo.

§ 4º Presume-se em fraude à execução a alienação ou a oneração de bens efetuada após a averbação.

§ 5º O exequente que promover averbação manifestamente indevida ou não cancelar as averbações nos termos do § 2º indenizará a parte contrária, processando-se o incidente em autos apartados."

[13] "O termo 'alienação' previsto no art. 615-A, § 3º, do CPC/1973 refere-se ao ato voluntário de disposição patrimonial do proprietário do bem (devedor). A hipótese de fraude à execução não se compatibiliza com a adjudicação forçada, levada a efeito em outro processo executivo, no qual se logrou efetivar primeiro a penhora do mesmo bem, embora depois da averbação. (...) O alcance do art. 615-A e seus parágrafos dá-se em relação às alienações voluntárias, mas não obsta a expropriação judicial, cuja preferência deve observar a ordem de penhoras, conforme orientam os arts. 612, 613 e 711 do CPC/1973. (...) A averbação premonitória não equivale à penhora, e não induz preferência do credor em prejuízo daquele em favor do qual foi realizada a constrição judicial." (REsp 1334635/RS, Rel. Min. Antonio Carlos Ferreira, 4ª Turma, j. 19.09.2019).

Parte X · XI – TUTELA DAS OBRIGAÇÕES DE ENTREGA DE SOMA | **791**

mesmo que realizada a averbação premonitória do art. 828 do CPC/2015 no registro de um bem, se outro credor posteriormente lograr obter a penhora daquele mesmo bem, este último é que terá preferência para receber o produto da sua alienação. A averbação premonitória apenas confere a presunção absoluta de fraude à execução, de modo que eventual alienação é ineficaz relativamente àquela específica execução a que se refere a averbação. Noutras palavras, registrada a admissão da execução nos termos do art. 828 do CPC/2015, e cientes, *ex vi legis*, todos os interessados de que a responsabilidade é patrimonial, a aquisição de bens do executado fica sujeita ao resultado do processo, de sorte que qualquer alienação após essas diligências revela-se ineficaz em relação ao credor exequente.

Considerando o princípio da economicidade, no sentido de que a execução deve ser levada a efeito nos limites da necessidade da expropriação, circunscrita à responsabilidade patrimonial pela penhora, levantam-se as averbações desnecessárias, como também a averbação indevida que imponha restrição desnecessária à circulabilidade dos bens, implicando, nesse caso, dever de indenizar por parte do exequente (art. 828, §§ 2º, 3º e 5º, do CPC/2015). Assim, *v.g.*, se o crédito é absorvido pelo veículo do devedor e o credor, como forma injusta de execução indireta averba no registro de imóveis a execução, essa averbação pode gerar o dever de indenizar, demonstrados os danos em incidente em autos apartados.

O *modus operandi* da averbação premonitória é ato *intra muros*, não revelando norma processual, por isso que passível de regulamentação no âmbito do próprio tribunal, sem necessidade de uniformidade nacional.

2.5 Citação

O Código de 1973 vedava a citação do devedor pela via postal nos processos de execução (art. 222, *d*, do CPC/1973). O art. 247 do CPC/2015 não mais reproduz essa vedação. Apesar disso, alguns juristas vêm interpretando o Código de 2015 com a mentalidade do anterior e exigindo a citação por mandado a ser cumprido por oficial de justiça nas execuções, invocando para tanto o art. 829, § 1º, do CPC/2015. Cuida-se de leitura equivocada, pois este dispositivo em momento algum exige mandado para a citação, determinado a expedição de mandado tão somente para a penhora e avaliação. Afigura-se mais consentânea com a mentalidade instrumentalista do Código de 2015 a posição assentada no Enunciado 85 da I Jornada de Direito Processual Civil do Conselho da Justiça Federal, *verbis*: "Na execução de título extrajudicial ou judicial (art. 515, § 1º, do CPC) é cabível a citação postal".

O executado será citado para *pagar a dívida* no prazo de 3 (três) dias, contado da citação (art. 829 do CPC/2015). Desde a Lei nº 11.382/2006, já havia sido abandonado o regime original do CPC/1973, segundo o qual o executado era citado para nomear bens à penhora.

Consoante afirmado em passagem anterior desta obra, nos embargos à execução, não se aplica a regra do art. 229 do CPC/2015, referente à contagem de prazo em dobro para manifestação de litisconsortes com procuradores distintos, de escritórios diversos, sendo físicos os autos (art. 915, § 3º, do CPC/2015). Indaga-se sobre a aplicabilidade da regra do art. 229 do CPC/2015 ao prazo para pagamento voluntário na execução de título extrajudicial. Em capítulo próprio, já se indicou que a 3ª e a 4ª Turmas do Superior Tribunal de Justiça consideraram essa regra aplicável ao prazo para pagamento voluntário no cumprimento de sentença.[14] Parece-nos que a mesma racionalidade não serve para a execução de título extrajudicial, até porque, quando houver mais de um executado, o prazo para cada um deles embargar conta-se a partir da juntada do respectivo comprovante da citação, independentemente do decurso do prazo para pagamento voluntário (art. 915, § 1º, do CPC/2015). No cumprimento de sentença, diversamente, o prazo para impugnação se inicia tão

---

[14] "Tal regra de cômputo em dobro [para litisconsortes que tiverem procuradores de escritórios distintos, art. 229 do CPC/2015] deve incidir, inclusive, no prazo de quinze dias úteis para o cumprimento voluntário da sentença, previsto no art. 523 do CPC de 2015" (REsp 1693784/DF, Rel. Min. Luis Felipe Salomão, 4ª Turma, j. 28.11.2017). Em igual sentido: REsp 1708348/RJ, Rel. Min. Marco aurélio bellizze, 3ª Turma, j. 25.06.2019.

logo esgotado o prazo para pagamento voluntário e deve ser dobrado se presentes os requisitos do art. 229 do CPC/2015 (art. 525, *caput* e § 4º, do CPC/2015). Desse modo, ainda que sejam vários os executados no processo de execução por título extrajudicial, o prazo para pagamento voluntário será sempre de 3 (três) dias a contar da citação.

O oficial de justiça, uma vez não efetuado o pagamento, munido da segunda via do mandado, procederá de imediato à penhora de bens e sua avaliação, lavrando-se o respectivo auto e de tais atos intimando-se, *incontinenti,* o executado (art. 829, § 1º, do CPC/2015). Nos termos do art. 829, § 2º, do CPC/2015, a penhora recairá sobre os bens indicados pelo exequente, salvo se outros forem indicados pelo executado e aceitos pelo juiz, mediante demonstração de que a constrição proposta lhe será menos onerosa e não trará prejuízo ao exequente. Note-se que o legislador privilegiou a satisfação do credor sobre a menor onerosidade ao devedor, sendo do executado o ônus de demonstrar a existência de alternativa que seja menos lesiva aos seus interesses e não gere prejuízos ao credor.

De toda sorte, ciente da existência de bens e não os indicando, atua o executado com deslealdade processual, sujeitando-se às penas por ato atentatório à dignidade da justiça. É que se considera atentatória à dignidade da justiça a conduta comissiva ou omissiva do executado que intimado, não indica ao juiz quais são e onde estão os bens sujeitos à penhora e os respectivos valores, nem exibe prova de sua propriedade e, se for o caso, certidão negativa de ônus (art. 774, V, do CPC/2015).

Destaque-se que o prazo para pagamento voluntário, em se tratando de litisconsórcio passivo, corre independentemente para cada executado. É o que se infere do art. 915, § 1º, do CPC/2015[15] *que trata os codevedores como partes distintas*, posto não haver conflito a definir, senão pretensão a realizar. A índole não contraditória do processo de execução torna *mais importante encontrarem--se os bens* do que a própria pessoa do devedor, muito embora não se os exproprie sem conceder possibilidade de o executado manifestar-se nos autos. Por essa razão, se o oficial de justiça não localizar o devedor após diligências devidamente certificadas, mas encontrar bens penhoráveis, deve arrestá-los, garantindo a utilidade da execução.

2.6 Arresto executivo

Quando a citação também for realizada por mandado, caso o oficial de justiça não encontre o executado, deverá efetuar o arresto de tantos bens quantos bastem para garantir a execução (art. 830, *caput*, do CPC/2015). Pouco importando o motivo pelo qual o executado não foi encontrado no local em que o mandado deveria ser cumprido, o oficial de justiça identificará os bens ali presentes e efetuará o arresto, que funciona como uma "pré-penhora". Isso porque, nos termos do art. 830, § 3º, do CPC/2015, aperfeiçoada a citação e transcorrido o prazo de pagamento, o arresto converter-se-á em penhora, independentemente de termo. O arresto, então, é uma providência destinada a preservar o patrimônio do devedor enquanto a citação não é realizada, que antecipa os efeitos da penhora para momento anterior à sua formalização. Aliás, uma vez efetuado o arresto, a formalização da penhora é dispensada, porquanto ocorre a conversão em penhora tão logo seja citado o executado.

Para a perfectibilização da citação, nos 10 (dez) dias seguintes à efetivação do arresto, o oficial de justiça procurará o executado 2 (duas) vezes em dias distintos e, havendo suspeita de ocultação, realizará a citação com hora certa, certificando pormenorizadamente o ocorrido (art. 830, § 1º, do CPC/2015). Se a citação por hora certa também restar frustrada, deverá o exequente promover a citação por edital (art. 830, § 2º, do CPC/2015). Encontrado o devedor, este deve ser citado e pode substituir o bem arrestado por outro indicado à penhora, na forma do art. 847 do CPC/2015.

---

[15] **"Art. 915.** Os embargos serão oferecidos no prazo de 15 (quinze) dias, contado, conforme o caso, na forma do art. 231.

§ 1º Quando houver mais de um executado, o prazo para cada um deles embargar conta-se a partir da juntada do respectivo comprovante da citação, salvo no caso de cônjuges ou de companheiros, quando será contado a partir da juntada do último."

Parte X • XI — TUTELA DAS OBRIGAÇÕES DE ENTREGA DE SOMA | **793**

A esse respeito, confira-se julgado do Superior Tribunal de Justiça:

> "Tal qual a penhora, o arresto tem por efeito tornar inalienável o bem constrito (...). Inexistindo título legal à preferência, a anterioridade do arresto há de conferir ao credor previdente, que primeiramente levou a efeito o ato de constrição do bem, primazia sobre a penhora posteriormente efetuada. (AgRg no AgRg no AgRg no REsp 1190055/MG, Rel. Min. Maria Isabel Gallotti, 4ª Turma, j. 11.10.2016).

Esse arresto inserido na cadeia de atos da execução (denominado *arresto executivo*) tem inequívoca *função cautelar*, porquanto visa a resguardar, em caráter eventual, uma determinada massa de bens necessária à atividade executiva, muito embora o devedor possa substituí-los por outros indicados à penhora. Entretanto, difere esse arresto daquele outro referido no art. 301 do CPC/2015, denominado *arresto cautelar*, na medida em que este pressupõe *periculum mora*, ao passo que o *arresto executivo* do art. 830 do CPC/2015 é *adiantamento de penhora*, pelo fato objetivo de o oficial ter encontrado bens penhoráveis à míngua da localização do devedor.

2.7   Indisponibilidade eletrônica

Ressalte-se a atual possibilidade de o juiz dispor do poder de realizar diligências localizadoras de bens, citando-se, como exemplo, o sistema "Sisba-jud", através do qual permite-se ao magistrado o acesso à existência de contas-correntes em nome do executado e, *on-line*, determinar o bloqueio de saldos. É o que o Código de 2015 denomina como "Penhora de Dinheiro em Depósito ou em Aplicação Financeira"[16].

---

16   **CPC/2015: "Subseção V – Da Penhora de Dinheiro em Depósito ou em Aplicação Financeira**
Art. 854. Para possibilitar a penhora de dinheiro em depósito ou em aplicação financeira, o juiz, a requerimento do exequente, sem dar ciência prévia do ato ao executado, determinará às instituições financeiras, por meio de sistema eletrônico gerido pela autoridade supervisora do sistema financeiro nacional, que torne indisponíveis ativos financeiros existentes em nome do executado, limitando-se a indisponibilidade ao valor indicado na execução.
§ 1º No prazo de 24 (vinte e quatro) horas a contar da resposta, de ofício, o juiz determinará o cancelamento de eventual indisponibilidade excessiva, o que deverá ser cumprido pela instituição financeira em igual prazo.
§ 2º Tornados indisponíveis os ativos financeiros do executado, este será intimado na pessoa de seu advogado ou, não o tendo, pessoalmente.
§ 3º Incumbe ao executado, no prazo de 5 (cinco) dias, comprovar que:
I – as quantias tornadas indisponíveis são impenhoráveis;
II – ainda remanesce indisponibilidade excessiva de ativos financeiros.
§ 4º Acolhida qualquer das arguições dos incisos I e II do § 3º, o juiz determinará o cancelamento de eventual indisponibilidade irregular ou excessiva, a ser cumprido pela instituição financeira em 24 (vinte e quatro) horas.
§ 5º Rejeitada ou não apresentada a manifestação do executado, converter-se-á a indisponibilidade em penhora, sem necessidade de lavratura de termo, devendo o juiz da execução determinar à instituição financeira depositária que, no prazo de 24 (vinte e quatro) horas, transfira o montante indisponível para conta vinculada ao juízo da execução.
§ 6º Realizado o pagamento da dívida por outro meio, o juiz determinará, imediatamente, por sistema eletrônico gerido pela autoridade supervisora do sistema financeiro nacional, a notificação da instituição financeira para que, em até 24 (vinte e quatro) horas, cancele a indisponibilidade.
§ 7º As transmissões das ordens de indisponibilidade, de seu cancelamento e de determinação de penhora previstas neste artigo far-se-ão por meio de sistema eletrônico gerido pela autoridade supervisora do sistema financeiro nacional.
§ 8º A instituição financeira será responsável pelos prejuízos causados ao executado em decorrência da indisponibilidade de ativos financeiros em valor superior ao indicado na execução ou pelo juiz, bem como na hipótese de não cancelamento da indisponibilidade no prazo de 24 (vinte e quatro) horas, quando assim determinar o juiz.
§ 9º Quando se tratar de execução contra partido político, o juiz, a requerimento do exequente, determinará às instituições financeiras, por meio de sistema eletrônico gerido por autoridade supervisora do sistema bancário, que tornem indisponíveis ativos financeiros somente em nome do órgão partidário que tenha contraído a dívida executada ou que tenha dado causa à violação de direito ou ao dano, ao qual cabe exclusivamente a responsabilidade pelos atos praticados, na forma da lei."

794 CURSO DE DIREITO PROCESSUAL CIVIL • *Luiz Fux*

Note-se que, nos termos do art. 854, *caput* e § 5º, do CPC/2015, o bloqueio de ativo financeiro pela via eletrônica é providência a ser realizada sem prévia ciência ao executado, podendo ser determinada inclusive antes da citação, convertendo-se posteriormente em penhora sem necessidade de lavratura de termo. Portanto, a melhor terminologia para o instituto é *indisponibilidade eletrônica* ou *bloqueio on-line*, pois de penhora não se trata, malgrado ocorra a superveniente conversão em penhora.

Caso a indisponibilidade eletrônica seja realizada antes da citação, entende o STJ ser imperiosa a demonstração dos requisitos para a concessão de tutela de urgência.[17] Não estando presentes os requisitos para a concessão de tutela de urgência, será necessário aguardar a tentativa de citação para que somente depois ocorra a indisponibilidade eletrônica, conforme a jurisprudência do STJ.[18] Contudo, ressalte-se que, consoante também já decidiu o Tribunal, o arresto executivo online não exige o *esgotamento* das tentativas de citação do devedor.[19]

O art. 854 do CPC/2015 exige requerimento do exequente para que seja determinada a indisponibilidade eletrônica. Após o envio da ordem, o juiz recebe a resposta das instituições financeiras. Caso a indisponibilidade tenha sido bem sucedida, o juiz: *(i)* em 24 horas, determina o cancelamento de eventual indisponibilidade excessiva, o que deverá ser cumprido pela instituição financeira em outras 24 horas; e *(ii)* intima o executado *na pessoa de seu advogado* para, em 5 dias, comprovar que as quantias são impenhoráveis ou houve excesso.[20] Quanto à última providência, a intimação será pessoal se não houver advogado constituído nos autos. Se a manifestação do executado for rejeitada ou não apresentada, a indisponibilidade se converte em penhora independentemente da lavratura de termo (art. 854, § 5º, do CPC/2015). O STJ já

---

[17] Consoante indica o seguinte aresto: "Mesmo após a entrada em vigor do art. 854 do CPC/2015, a medida de bloqueio de dinheiro, via BacenJud, não perdeu a natureza acautelatória e, assim, para ser efetivada, antes da citação do executado, exige a demonstração dos requisitos que autorizam a sua concessão." (REsp 1832857/SP, Rel. Min. Og Fernandes, 2ª Turma, j. 17.09.2019).
Em igual sentido: "Apenas quando o executado for validamente citado e não pagar nem nomear bens à penhora, é que poderá ter seus ativos financeiros penhorados via Bacenjud. (...) A excepcional possibilidade de o ato de penhora ser determinado antes da citação é condicionada à comprovação dos requisitos próprios das medidas cautelares." (AgInt no REsp 1802022/RS, Rel. Min. Gurgel de Faria, 1ª Turma, j. 16.09.2019, *DJe* 20.09.2019).

[18] "A indisponibilização de ativos financeiros do executado, via BACENJUD, de que cuida o art. 854 do CPC/2015, não prescinde da prévia tentativa de citação da parte executada." (REsp 1754600/SC, Rel. Min. Sérgio Kukina, 1ª Turma, j. 14.05.2019). "A jurisprudência do STJ firmou-se no sentido de que o bloqueio de ativos financeiros, via Bacenjud, deve ser precedido de, ao menos, prévia tentativa de citação do executado." (AgInt no REsp 1754569/RS, Rel. Min. Benedito Gonçalves, 1ª Turma, j. 14.05.2019, *DJe* 16.05.2019). "A 2ª Turma desta Corte já se manifestou no sentido de que a tentativa de citação do executado deve ser prévia, ou, ao menos, concomitante com o bloqueio dos ativos financeiros, por meio do sistema BacenJud. Assim, mesmo à luz do art. 854 do CPC/2015, a medida de bloqueio de dinheiro, via BacenJud, não perdeu a natureza acautelatória, e, assim, para que seja efetivada a medida de constrição de dinheiro, por meio do BACENJUD, antes da citação do executado, é necessária a demonstração dos requisitos que autorizam a sua concessão." (AgInt no REsp 1780501/PR, Rel. Min. Assusete Magalhães, 2ª Turma, j. 02.04.2019, *DJe* 11.04.2019).

[19] "PROCESSUAL CIVIL. RECURSO ESPECIAL. AÇÃO DE EXECUÇÃO DE TÍTULO EXTRAJUDICIAL. ARRESTO EXECUTIVO ELETRÔNICO. TENTATIVA DE LOCALIZAÇÃO DO EXECUTADO FRUSTRADA. ADMISSIBILIDADE. EXAURIMENTO DAS TENTATIVAS DE CITAÇÃO. PRESCINDIBILIDADE. JULGAMENTO: CPC/15. (...) 2. O propósito recursal consiste em decidir acerca da admissibilidade de arresto executivo na modalidade on-line, antes de esgotadas as tentativas de citação do devedor. 3. O arresto executivo, previsto no art. 830 do CPC/15, busca evitar que os bens do devedor não localizado se percam, a fim de assegurar a efetivação de futura penhora na ação de execução. Com efeito, concretizada a citação, o arresto se converterá em penhora. 4. Frustrada a tentativa de localização do devedor, é possível o arresto de seus bens na modalidade on-line, com base na aplicação analógica do art. 854 do CPC/15. Manutenção dos precedentes desta Corte, firmados na vigência do CPC/73. 5. Hipótese dos autos em que o deferimento da medida foi condicionado ao exaurimento das tentativas de localização da devedora não encontrada para citação, o que, entretanto, é prescindível. 6. Recurso especial provido." (REsp 1822034/SC, Rel. Min. Nancy Andrighi, 3ª Turma, j. 15.06.2021).

[20] Enunciado FPPC 720 (2022). (arts. 854, § 3º, e 10) O juiz intimará o exequente para manifestar-se, em cinco dias, sobre a defesa do executado prevista no § 3º do art. 854 do CPC ("penhora online") (Grupo: Defesas do executado e dos terceiros na execução (incluindo as ações autônomas de impugnação)).

Parte X • XI – TUTELA DAS OBRIGAÇÕES DE ENTREGA DE SOMA | **795**

entendia sob a égide do Código anterior que não é necessário termo de penhora após o bloqueio *on-line*, "reconhecendo ao documento gerado pelo próprio sistema Bacen-jud como apto a atender a formalidade mínima necessária"[21]. A- penas então o Juiz determinará a transferência do dinheiro para uma conta judicial.

O Superior Tribunal de Justiça também já decidiu que não é necessário esgotar outros meios de execução antes de utilizar a indisponibilidade *on-line*[22].

2.8   Despacho liminar e honorários

O juiz, ao despachar a inicial, deve fixar, de plano, os honorários de advogado a serem pagos pelo executado, no patamar legalmente previsto de 10% (art. 827, *caput*, do CPC/2015).

Esses honorários são fixados em razão de o exequente necessitar recorrer ao Judiciário para receber o que lhe é devido, através da prática de atos processuais e incidentes inerentes ao processo de execução, por isso que, no momento culminante do pagamento, o saldo credor inclui custas e verba honorária. O legislador reputou adequado estabelecer um percentual fixo de honorários sucumbenciais em favor do advogado do exequente, independentemente do valor exequendo. A fim de estimular o rápido desfecho da causa com o adimplemento voluntário pelo executado, prevê o Código de 2015 que, em caso de integral pagamento no prazo de 3 (três) dias, o valor dos honorários advocatícios será reduzido pela metade (art. 827, § 1º, do CPC/2015).

Consoante a jurisprudência do STJ, não se admite que o magistrado, no caso concreto, estabeleça percentual de honorários diverso daquele legalmente fixado[23].

Esse *quantum* não guarda relação com a sucumbência na ação de embargos à execução, que é derivada da introdução no organismo do processo de execução de uma outra ação de conhecimento em contraste com os desígnios do exequente. Por isso, o legislador admite que o valor dos honorários seja elevado até vinte por cento, quando rejeitados os embargos à execução (art. 827, § 2º, primeira parte, do CPC/2015).[24] Além disso, caso não opostos os embargos, também poderá haver a majoração até o mesmo percentual, quando ao final do procedimento executivo constatar-se que o trabalho realizado pelo advogado do exequente excepcionalmente reclama essa contraprestação (art. 827, § 2º, *in fine*, do CPC/2015). Em contraste, julgados procedentes os embargos para nulificar-se a execução, não há verba honorária a receber na execução, devendo o exequente nos embargos ser condenado ao pagamento das despesas processuais e honorários.

Ultrapassada a fase postulatória sem pagamento, exsurgem as fases de apreensão de bens (penhora), expropriação (adjudicação, alienação particular e arrematação) e pagamento, comuns ao cumprimento e à execução, por isso que remetemos o leitor ao capítulo próprio.

---

[21]   REsp 1220410/SP, Rel. Min. Luis Felipe Salomão, 4ª Turma, j. 09.06.2015.

[22]   "Esta Corte, em precedentes submetidos ao rito do art. 543-C, firmou entendimento segundo o qual é desnecessário o esgotamento das diligências na busca de bens a serem penhorados a fim de autorizar-se a penhora on-line (sistemas BACEN-JUD, RENAJUD ou INFOJUD), em execução civil ou execução fiscal". (AgInt no REsp 1.184.039/MG, Rel. Min. Regina Helena Costa, 1ª Turma, *DJe* 04.04.2017) (...) Ademais, o STJ posiciona-se no sentido de que o entendimento adotado para o Bacenjud deve ser aplicado ao Renajud e ao Infojud, haja vista que são meios colocados à disposição dos credores para simplificar e agilizar a busca de bens aptos a satisfazer os créditos executados." (REsp 1735675/PR, Rel. Min. Herman Benjamin, 2ª Turma, j. 12.06.2018).

[23]   Nesse sentido, confira-se: "1. No tocante à execução por quantia certa, estabelece o art. 827 do CPC que, 'ao despachar a inicial, o juiz fixará, de plano, os honorários advocatícios de dez por cento, a serem pagos pelo executado'. 2. Malgrado se saiba que, como qualquer norma jurídica, o dispositivo de lei não pode ser interpretado de maneira isolada e distanciada do sistema jurídico que o vincula, a clareza da redação do art. 827 do CPC não permite uma digressão sobre seu conteúdo, devendo o aplicador respeitar a escolha legiferante. 3. A opção do legislador foi a de justamente evitar lides paralelas em torno da rubrica 'honorários de sucumbência', além de tentar imprimir celeridade ao julgamento do processo, estabelecendo uma espécie de sanção premial ao instigar o devedor a quitar, o quanto antes, o débito exequendo (§ 1° do art. 827)." (REsp 1745773/DF, Rel. Min. Luis Felipe Salomão, 4ª Turma, j. 04.12.2018, *DJe* 08.03.2019).

[24]   Esse regime é inaplicável à Fazenda Pública por força do art. 1º-D da Lei nº 9.194/1997.

3. REGRAS COMUNS AO CUMPRIMENTO DE SENTENÇA E EXECUÇÃO DE TÍTULO EXTRAJUDICIAL POR QUANTIA CERTA CONTRA DEVEDOR SOLVENTE

3.1 Responsabilidade patrimonial. Generalidades

A obrigação assumida pelo devedor gera-lhe um vínculo com o credor que tem, por força daquela, o direito de exigir o implemento da prestação convencionada. É o que se denomina, ao ângulo material, de "débito" e "crédito", respectivamente. À míngua do cumprimento espontâneo da prestação, surge para o credor um direito secundário, qual seja, o de exigir que a obrigação seja satisfeita às custas do patrimônio do devedor. Essa submissão dos bens do devedor à satisfação da obrigação, sujeitando-os até à expropriação, para que, com o produto da alienação judicial, se implemente a prestação é que se denomina "responsabilidade".

Como ressalta evidente, o credor não pode, por suas próprias mãos, tornar efetiva a "responsabilidade patrimonial", tornando-se imprescindível a intervenção do Judiciário.

Desta sorte, a responsabilidade patrimonial revela-se um instituto eminentemente processual, porquanto consiste na invasão judicial do patrimônio do devedor para satisfação dos interesses do credor, atividade que se veda ao particular. Assim como não pode uma parte impor à outra a definição de um litígio, autoritariamente, a não ser pela palavra oficial da sentença, também não se permite ao credor, por mais razão que ostente no título executivo, invadir privatisticamente o patrimônio do devedor para se autopagar. Faz-se mister a intervenção judicial, provocada pelo exercício do direito de ação, *in casu*, o direito à execução.

Por essa razão, o direito à execução é o próprio direito de tornar efetiva a responsabilidade patrimonial do devedor.

Por seu turno, a responsabilidade patrimonial representa o epílogo da história da humanização das consequências do descumprimento das obrigações.[25]

A vetusta história do processo conheceu figuras hoje inaceitáveis de submissão da pessoa do devedor ao cumprimento das obrigações, restrições à sua liberdade individual e até mesmo ao seu estado civil, nas hipóteses de inadimplemento. A regra taleônica do "olho por olho, dente por dente" alcançou rigores inimagináveis no âmbito das obrigações civis.

A adstrição às consequências meramente patrimoniais para os casos de descumprimento das obrigações revelou um magnífico passo na construção dos direitos fundamentais do homem, porquanto nem mesmo a pena criminal pode passar da pessoa do condenado.

O patrimônio do devedor foi erigido, assim, como sucedâneo para o caso de inadimplemento de suas obrigações. Esta é a razão pela qual qualquer alienação de bens pelo devedor, em princípio, é lesiva aos interesses dos credores que, por isso, devem ser vigilantes na manutenção da inteireza patrimonial do *solvens*, a partir do momento em que se constitui a obrigação. Trava-se uma verdadeira luta entre o direito de propriedade do devedor e o direito de garantia dos credores. Nesse particular, as figuras da fraude contra credores e da fraude de execução representam meios de preservação desta responsabilidade, evitando que artifícios possam frustrar aquela garantia, sem prejuízo de considerar-se a citação no processo de conhecimento, que tem como um dos seus efeitos processuais o de "tornar litigiosa a coisa" (art. 240 do CPC/2015).[26] Isto significa que o bem litigioso

---

[25] Relembre-se o personagem Shylock, que na obra de Shakespeare exigia a mutilação de uma libra de carne do devedor...

[26] "**Art. 240**. A citação válida, ainda quando ordenada por juízo incompetente, induz litispendência, torna litigiosa a coisa e constitui em mora o devedor, ressalvado o disposto nos arts. 397 e 398 da Lei nº 10.406, de 10 de janeiro de 2002 (CC).

§ 1º A interrupção da prescrição, operada pelo despacho que ordena a citação, ainda que proferido por juízo incompetente, retroagirá à data de propositura da ação.

§ 2º Incumbe ao autor adotar, no prazo de 10 (dez) dias, as providências necessárias para viabilizar a citação, sob pena de não se aplicar o disposto no § 1º.

§ 3º A parte não será prejudicada pela demora imputável exclusivamente ao serviço judiciário.

Parte X • XI – TUTELA DAS OBRIGAÇÕES DE ENTREGA DE SOMA | **797**

fica afetado aos fins do processo, alcançando-o no patrimônio de quem quer que seja, inclusive no de um eventual adquirente da coisa, após a instauração da relação processual.

Destarte, a responsabilidade patrimonial, em princípio, recai sobre o patrimônio de quem assume a obrigação, posto que "o débito e a responsabilidade" são "faces diversas da mesma moeda". Por isso a regra estabelecida no art. 789 do CPC/2015 no sentido de que o "devedor responde com todos os seus bens presentes e futuros para o cumprimento de suas obrigações, salvo as restrições estabelecidas em lei."

Entretanto, há casos legais e convencionais em que outrem submete o seu patrimônio para servir de sucedâneo nos casos de descumprimento da obrigação pelo devedor. Assim, *v.g.*, o fiador que, não obstante não assuma o débito, tem os seus bens sujeitos à intervenção judicial, caso o devedor não cumpra a prestação (art. 779, IV, do CPC/2015). Neste caso, não há coincidência entre a pessoa que assumiu a obrigação e a que vai experimentar o sacrifício de seus bens para satisfazer o direito do credor. Diz-se que, nesta hipótese, a "responsabilidade patrimonial é secundária", em comparação com a "responsabilidade patrimonial primária", que é a do devedor.

Esta é a *ratio essendi* do disposto nos arts. 798 e 799[27] do CPC/2015, que serão analisados amiúde a seguir.

3.1.1   Responsabilidade patrimonial primária

Dispõe o art. 789 do CPC[28] que o *"devedor responde com todos os seus bens presentes e futuros para o cumprimento de suas obrigações, salvo as restrições estabelecidas em lei".*[29]

A regra enunciada explicita que, enquanto o devedor encontra-se inadimplente, o seu patrimônio mantém-se comprometido para com a satisfação das suas obrigações, tanto que os "bens presentes e futuros" sujeitam-se à responsabilidade.

Isto significa que não há relação necessária de contemporaneidade entre o estado de sujeição patrimonial do devedor e o momento em que contraiu as suas obrigações. Enquanto estas encontram-se inadimplidas, todo e qualquer acréscimo patrimonial do devedor exsurge comprometido com a satisfação da prestação em aberto.

Desta sorte, se o devedor assume uma obrigação num determinado período quando não possuía bens e, anos depois, quando ainda não prescrita aquela, vem a adquiri-los, estes responderão pela dívida pretérita, visto que a responsabilidade patrimonial é a única garantia para as hipóteses de inadimplemento.

Em suma, enquanto há débito, há responsabilidade.

---

§ 4º O efeito retroativo a que se refere o § 1º aplica-se à decadência e aos demais prazos extintivos previstos em lei."

[27]   "**Art. 789.** O devedor responde com todos os seus bens presentes e futuros para o cumprimento de suas obrigações, salvo as restrições estabelecidas em lei.

Art. 790. São sujeitos à execução os bens:

I – do sucessor a título singular, tratando-se de execução fundada em direito real ou obrigação reipersecutória;

II – do sócio, nos termos da lei;

III – do devedor, ainda que em poder de terceiros;

IV – do cônjuge ou companheiro, nos casos em que seus bens próprios ou de sua meação respondem pela dívida;

V – alienados ou gravados com ônus real em fraude à execução;

VI – cuja alienação ou gravação com ônus real tenha sido anulada em razão do reconhecimento, em ação autônoma, de fraude contra credores;

VII – do responsável, nos casos de desconsideração da personalidade jurídica."

[28]   *Vide* nota anterior.

[29]   O princípio é antiquíssimo nos matizes europeus. No direito italiano, é regra expressa que *"il debitore responde dell'adempimento delle obbligazioni com tutti i sue beni presenti e futuri".* Devendo se entender a expressão como o conjunto de relações jurídicas avaliáveis economicamente, aí inserindo-se direitos, coisas etc., como torna clara a relação de bens penhoráveis ao inserir bem móvel, imóvel, direito e ação.

Não obstante a regra enunciada, há bens do devedor que não respondem pelo inadimplemento de suas obrigações, visto que protegidos pelo benefício processual de não se sujeitarem nem à constrição judicial nem à subsequente alienação, e que se denomina impenhorabilidade.

A impenhorabilidade inviabiliza a execução que se realiza mediante a expropriação, na medida em que só pode ser alienado pelo processo aquilo que previamente for escolhido e constrito do patrimônio do devedor através da penhora. Assim, *v.g.*, a cláusula testamentária de inalienabilidade implica a antecedente impenhorabilidade, porquanto a penhora prepara a futura expropriação.

À luz do Código de 1973, dizia-se que a proteção da impenhorabilidade poderia ser "absoluta ou relativa". Isto significava dizer que a impenhorabilidade relativa cede ante a inexistência de outros bens a penhorar, ao passo que, na absoluta, qualquer transgressão à proteção implica a nulidade do ato, arguível hodiernamente através da impugnação ao cumprimento da sentença ou em embargos, na forma dos arts. 525, § 1º, inciso IV, e 917, inciso II, do CPC/2015, ou a qualquer tempo antes do trânsito da sentença extintiva da execução. O CPC de 2015, contudo não mais utiliza o advérbio "absolutamente" impenhoráveis, pois em determinados casos será possível penhorar inclusive os bens constantes do rol do art. 833, como, *v. g.*, na hipótese em que a dívida é for relativa ao próprio bem (art. 833, § 1º, do CPC/2015) ou, em determinadas situações, se a penhora for para pagamento de prestação alimentícia (art. 833, § 2º, do CPC/2015). Entretanto, a regra geral é a de que não estão sujeitos à execução os bens que a lei considera impenhoráveis ou inalienáveis.

Não obstante seja essa a *ratio essendi* do instituto da "impenhorabilidade", o casuísmo jurisprudencial tem excepcionado de tal maneira a regra que se enfraqueceu sobremodo essa garantia processual.

O tema referente à impenhorabilidade voltará a ser versado quando do estudo desse ato de constrição na cadeia do processo de satisfação que tenha como objeto o pagamento de quantia certa.

3.1.2 Responsabilidade patrimonial secundária

A responsabilidade patrimonial secundária é excepcional e não se presume, posto implicar o sacrifício do patrimônio de outrem para satisfação de dívida alheia. É uma espécie de legitimação extraordinária para a excussão de bens.

Os atos executivos alcançam esses bens como se estivessem incidindo sobre o patrimônio do próprio devedor. Como os terceiros com responsabilidade secundária não têm débito, podem excluir o seu patrimônio da execução por meio dos embargos de terceiro (art. 674 do CPC/2015). Os embargos de terceiro devem ser opostos, no cumprimento de sentença ou no processo de execução, até 5 (cinco) dias depois da adjudicação, da alienação por iniciativa particular ou da arrematação, mas sempre antes da assinatura da respectiva carta (art. 675 do CPC/2015). Todavia, o STJ entende que, que, nos casos em que o terceiro não tenha ciência da execução, a contagem do prazo tem início a partir da turbação ou do esbulho.[30]

Deveras, a responsabilidade patrimonial secundária visa, em sua essência, a preservar os bens afetados aos fins do processo, ainda que transferidos a outrem.

Por essa razão, muito embora a regra seja a responsabilidade patrimonial primária, segundo a qual os bens presentes e futuros do devedor respondem por suas obrigações enquanto em estado de inadimplência, há casos nos quais bens de terceiros também se sujeitam à execução, sobressaindo dentre essas hipóteses o que dispõe o art. 790 do CPC/2015.[31]

---

[30] "O primeiro argumento utilizado pelo recorrente no apelo nobre é no sentido de que a interpretação do art. 675 do CPC/2015, que corresponde ao art. 1.048 do CPC/1973, deve ser literal e, por isso, os embargos são intempestivos, pois foram opostos após a assinatura da respectiva carta de alienação do imóvel. (...) Entretanto, como observado pelo acórdão recorrido, a jurisprudência desta Casa, ao analisar o art. 1.048 do CPC/1973, consolidou-se no sentido de que, nos casos em que o terceiro não tenha ciência da execução, a contagem do prazo tem início a partir da turbação ou do esbulho." (EDcl no AREsp 1213619/SC, Rel. Min. Marco Aurélio Bellizze, 3ª Turma, j. 26.08.2019).

[31] "**Art. 790.** São sujeitos à execução os bens:
I – do sucessor a título singular, tratando-se de execução fundada em direito real ou obrigação reipersecutória;

O dispositivo consagra a regra de que, tratando-se de sucessor singular de bem afetado ao cumprimento da sentença, o vínculo à obrigação constante de título extrajudicial faz da alienação no curso do processo ou após firmado o negócio jurídico ato insensível para o vencedor da ação ou para o credor exequente.

Rememore-se que a coisa se torna litigiosa a partir da litispendência, ou seja, da existência do processo, ainda que em fase de conhecimento. Em relação ao réu, a litispendência ocorre com a citação – e o mesmo pode ser dito quanto ao efeito de tornar litigiosa a coisa (art. 240 do CPC/2015).[32]

Debate-se, em doutrina, sobre o momento em que se vincula o terceiro adquirente aos resultados da ação a ponto de submeter o bem adquirido à sorte da futura execução. Sustentam alguns que, proposta a ação real, qualquer alienação vincula o sucessor, ainda que o réu-alienante não tenha sido citado para a demanda. Todavia, conforme anteriormente afirmado, é a citação que torna litigiosa a coisa para o réu. Por isso, a corrente majoritária exige que a alienação tenha se efetivado após a citação do réu-alienante e que seja comprovada a má-fé do adquirente, protegendo-se, assim, o terceiro de boa-fé.[33]

O Código refere-se ao sucessor como responsável secundário, uma vez que os atos de execução atingem o bem no seu patrimônio, visto tê-lo adquirido quando sobre ele tramitava ação fundada em direito sobre a coisa. Ora, a simples pendência da ação real indica que, caso procedente o pedido, o bem que figura como objeto litigioso sofrerá as consequências práticas do resultado da demanda. Configurada uma das hipóteses de fraude à execução previstas no art. 792 do CPC/2015, a alienação do bem litigioso é ineficaz em relação à parte contrária. Assim, a alienação do bem é indiferente para o processo, que reconhece o sucessor singular como responsável secundário.

Nada obstante, o alienante continua sendo parte legítima no processo de conhecimento. O terceiro adquirente somente poderá suceder o alienante no processo se a parte contrária consentir (art. 109, § 1º, do CPC/2015). Do contrário, o processo segue contra o alienante, que será um legitimado extraordinário na defesa do interesse do adquirente (art. 109, § 3º, do CPC/2015), sendo que este pode intervir durante a fase de conhecimento como assistente litisconsorcial (art. 109, § 2º, do CPC/2015).[34] Caso o adquirente intervenha como assistente litisconsorcial, constará como obrigado no próprio título executivo judicial se sobrevier condenação. De qualquer forma, o legislador explicita que a coisa julgada atinge o terceiro adquirente quer ele intervenha ou não no processo.

II – do sócio, nos termos da lei;

III – do devedor, ainda que em poder de terceiros;

IV – do cônjuge ou companheiro, nos casos em que seus bens próprios ou de sua meação respondem pela dívida;

V – alienados ou gravados com ônus real em fraude à execução;

VI – cuja alienação ou gravação com ônus real tenha sido anulada em razão do reconhecimento, em ação autônoma, de fraude contra credores;

VII – do responsável, nos casos de desconsideração da personalidade jurídica."

[32] **"Art. 240.** A citação válida, ainda quando ordenada por juízo incompetente, induz litispendência, torna litigiosa a coisa e constitui em mora o devedor, ressalvado o disposto nos arts. 397 e 398 da Lei nº 10.406, de 10 de janeiro de 2002 (CC)."

[33] Confira-se elucidativo julgado do STJ: "Segundo a doutrina especializada, o bem ou direito se torna litigioso com a litispendência, ou seja, com a lide pendente. (...) A lide é considerada pendente, para o autor, com a propositura da ação e, para o réu, com a citação válida. (...) Para o adquirente, o momento em que o bem ou direito é considerado litigioso varia de acordo com a posição ocupada pela parte na relação jurídica processual que sucederia. (...) Se o bem é adquirido por terceiro de boa-fé antes de configurada a litigiosidade, não há falar em extensão dos efeitos da coisa julgada ao adquirente." (STJ, AgInt no AREsp 1293353/DF, Rel. Min. Ricardo Villas Bôas Cueva, 3ª Turma, j. 03.12.2018).

[34] **"Art. 109.** A alienação da coisa ou do direito litigioso por ato entre vivos, a título particular, não altera a legitimidade das partes.

§ 1º O adquirente ou cessionário não poderá ingressar em juízo, sucedendo o alienante ou cedente, sem que o consinta a parte contrária.

§ 2º O adquirente ou cessionário poderá intervir no processo como assistente litisconsorcial do alienante ou cedente.

§ 3º Estendem-se os efeitos da sentença proferida entre as partes originárias ao adquirente ou cessionário."

800 CURSO DE DIREITO PROCESSUAL CIVIL • *Luiz Fux*

Assim, a aquisição é um indiferente processual, por isso que, iniciada a execução e inserindo-se o bem sobre o qual versou a ação real no patrimônio de um terceiro de má-fé, *in casu*, o sucessor, a responsabilidade patrimonial o atinge, tal como se o apreendesse no patrimônio do executado.

De toda sorte, se o terceiro pagar a dívida para permanecer com o bem sem moléstias judiciais, sub-rogar-se-á no crédito e poderá até mesmo prosseguir na execução, conforme previsão do art. 778, § 1º, IV, do CPC/2015.[35]

Referindo-se a lei a sucessor singular, pode ostentar essa qualidade a título gratuito ou oneroso, como o comprador do bem ou o donatário, uma vez que a lei visa a preservar a responsabilidade patrimonial e não dispor acerca das consequências jurídicas na relação entre o alienante e o executado. No caso de bens sujeitos a registro, como imóveis e automóveis,[36] o atingimento dos bens do sucessor singular pressupõe que em seu nome estejam registrados, pois, do contrário, a responsabilidade será considerada primária, na medida em que, sem o registro, o bem permanece na propriedade do executado. Como se afirma, "o bem atingido é o que não deveria ter saído do patrimônio do devedor".[37]

Destarte, o "sucessor universal" não é responsável secundário, porquanto tem legitimação ordinária, sucedendo o *de cujus* em todas as suas relações jurídicas, e por isso é considerado sujeito passivo da execução (art. 779, II, do CPC/2015).[38] A responsabilidade dos herdeiros ou do espólio é primária e não secundária, visto que os bens são transmitidos com os ônus que mantinham quando da sucessão *causa mortis*.

É de sabença que por vezes se gravam testamentariamente os bens objeto de sucessão em poder dos herdeiros. A impenhorabilidade testamentária somente os preserva em relação às dívidas dos herdeiros e não do *de cujus*, pois, se assim o fosse, bastaria ao falecido clausular os seus bens para passá-los aos herdeiros, deixando todas as suas obrigações impagas, o que representaria manifesta heresia jurídica.

3.1.3   Responsabilidade patrimonial dos sócios e desconsideração da personalidade jurídica

É antiquíssima a regra jurídica segundo a qual a sociedade não se confunde com a pessoa dos sócios. A expressão "confusão" aí é utilizada na sua acepção técnica de fusão na própria pessoa da mesma qualidade jurídica, *v.g.*, quando um sujeito torna-se ao mesmo tempo credor e devedor. Isso significa dizer que a garantia das dívidas da sociedade deve repousar sobre o patrimônio social e não sobre os bens dos sócios (*societas distat singulis*).

---

[35]   **"Art. 778.** Pode promover a execução forçada o credor a quem a lei confere título executivo.

§ 1º Podem promover a execução forçada ou nela prosseguir, em sucessão ao exequente originário:

I – o Ministério Público, nos casos previstos em lei;

II – o espólio, os herdeiros ou os sucessores do credor, sempre que, por morte deste, lhes for transmitido o direito resultante do título executivo;

III – o cessionário, quando o direito resultante do título executivo lhe for transferido por ato entre vivos;

IV – o sub-rogado, nos casos de sub-rogação legal ou convencional."

[36]   V. **Súmula nº 92 do STJ:** "A terceiro de boa-fé não é oponível a alienação fiduciária não anotada no Certificado de Registro do veículo automotor."

V. tb. **Súmula nº 489 do STF:** "A compra e venda de automóvel não prevalece contra terceiros, de boa-fé, se o contrato não foi transcrito no registro de títulos e documentos."

[37]   A expressão é de **Alcides de Mendonça Lima**, *Comentários ao art. 592, III do CPC* [de 1973], Coleção Forense.

[38]   **"Art. 779.** A execução pode ser promovida contra:

I – o devedor, reconhecido como tal no título executivo;

II – o espólio, os herdeiros ou os sucessores do devedor;

III – o novo devedor que assumiu, com o consentimento do credor, a obrigação resultante do título executivo;

IV – o fiador do débito constante em título extrajudicial;

V – o responsável titular do bem vinculado por garantia real ao pagamento do débito;

VI – o responsável tributário, assim definido em lei."

Entretanto, há casos legais em que, não obstante a dívida seja da sociedade, o patrimônio do sócio responde por ela. Trata-se de hipótese típica de "responsabilidade patrimonial secundária". Nesse caso, somente a lei pode comprometer o patrimônio do sócio pela obrigação constituída pela sociedade e a razão é simples: quem contrata com a pessoa jurídica deve informar-se acerca do seu potencial econômico-financeiro, para cientificar-se de sua capacidade de comprometimento patrimonial.

A sociedade limitada indica necessariamente o limite de sua responsabilidade; as demais sociedades de pessoas têm, no contrato social, a expressão da potencialidade do seu comprometimento.

A regra em exame (art. 790, II, do CPC/2015)[39] deve ser analisada em consonância com os parágrafos do art. 795 do CPC/2015,[40] os quais esclarecem que o "sócio réu, quando responsável pelo pagamento da dívida da sociedade, tem o direito de exigir que primeiro sejam excutidos os bens da sociedade", incumbindo-lhe "nomear quantos bens da sociedade situados na mesma comarca, livres e desembargados, bastem para pagar o débito".

Tratando-se de título extrajudicial em que o sócio o firma como avalista, a execução direta contra ele não aproveita o disposto no art. 795 do CPC/2015, porquanto, neste caso, ele é executado primário, devedor principal (art. 794 do CPC/2015).[41]

A responsabilidade regulada no inciso II do art. 790 do CPC/2015 versa sobre a responsabilidade do sócio pela dívida da sociedade. Por exemplo, os arts. 134, VII,[42] e 135 do Código Tributário Nacional preveem hipóteses de responsabilidade direta dos sócios pelas dívidas tributárias da sociedade.[43] Deve-se analisar em conjunto o inciso VII do art. 790 do CPC/2015, que sujeita à execução os bens do responsável, nos casos de desconsideração da personalidade jurídica.

---

[39] **"Art. 790.** São sujeitos à execução os bens:

(...)

II – do sócio, nos termos da lei;"

[40] **"Art. 795.** Os bens particulares dos sócios não respondem pelas dívidas da sociedade, senão nos casos previstos em lei.

§ 1º O sócio réu, quando responsável pelo pagamento da dívida da sociedade, tem o direito de exigir que primeiro sejam excutidos os bens da sociedade.

§ 2º Incumbe ao sócio que alegar o benefício do § 1º nomear quantos bens da sociedade situados na mesma comarca, livres e desembargados, bastem para pagar o débito.

§ 3º O sócio que pagar a dívida poderá executar a sociedade nos autos do mesmo processo.

§ 4º Para a desconsideração da personalidade jurídica é obrigatória a observância do incidente previsto neste Código."

[41] **"Art. 794.** O fiador, quando executado, tem o direito de exigir que primeiro sejam executados os bens do devedor situados na mesma comarca, livres e desembargados, indicando-os pormenorizadamente à penhora.

§ 1º Os bens do fiador ficarão sujeitos à execução se os do devedor, situados na mesma comarca que os seus, forem insuficientes à satisfação do direito do credor.

§ 2º O fiador que pagar a dívida poderá executar o afiançado nos autos do mesmo processo.

§ 3º O disposto no *caput* não se aplica se o fiador houver renunciado ao benefício de ordem."

Súmula nº 26 do STJ: "O avalista do título de crédito vinculado a contrato de mútuo também responde pelas obrigações pactuadas, quando no contrato figurar como devedor solidário".

[42] Segundo o STJ, "Nas hipóteses de micro e pequenas empresas que tenham o cadastro baixado na Receita Federal – ainda que sem a emissão de certificado de regularidade fiscal –, é possível a responsabilização dos sócios por eventual inadimplemento de tributos da pessoa jurídica, nos termos do artigo 134, inciso VII, do Código Tributário Nacional (CTN). Confira-se: Processual civil e tributário. Recurso especial. Execução fiscal. Responsabilidade do sócio. Dissolução regular de micro e pequena empresa. Ausência de certidão de regularidade fiscal. Incidência do art. 134, VII, do CTN. Precedentes. 1. O Superior Tribunal de Justiça possui entendimento de que tanto a redação do art. 9º da LC 123/2006 como da LC 147/2014, apresentam interpretação de que no caso de micro e pequenas empresas é possível a responsabilização dos sócios pelo inadimplemento do tributo, com base no art. 134, VII, do CTN, cabendo-lhe demonstrar a insuficiência do patrimônio quando da liquidação para exonerar-se da responsabilidade pelos débitos. Precedentes. 2. Recurso especial provido" (REsp 1.876.549/RS, Rel. Min. Mauro Campbell Marques, 2ª Turma, j. 03.05.2022, *DJe* 06.05.2022).

[43] CTN:

"SEÇÃO III

Responsabilidade de Terceiros

802 CURSO DE DIREITO PROCESSUAL CIVIL • *Luiz Fux*

Como esclarece o art. 795, § 4º, do CPC/2015, a desconsideração da personalidade jurídica depende sempre da instauração de um incidente próprio, destinado a possibilitar o contraditório em relação ao sujeito potencialmente alcançado pelos atos processuais de constrição.

O incidente de desconsideração da personalidade jurídica é uma novidade do Código de 2015, regulado nos seus arts. 133 a 137. Como já afirmado, a regra é que os "bens particulares dos sócios não respondem pelas dívidas da sociedade" (art. 795, *caput*, do CPC/2015) e *vice versa*, pois a sociedade tem personalidade jurídica e patrimônio próprios. Excepcionalmente, pode-se requerer a desconsideração da personalidade jurídica, cuja natureza jurídica é de ineficácia episódica da autonomia patrimonial da pessoa jurídica.[44]

Por meio da desconsideração da personalidade jurídica, tanto pode o sócio responder por dívidas da sociedade quanto a sociedade responder por dívidas do sócio (a chamada *desconsideração inversa*). Para ilustrar esta última situação com um julgado do STJ, quando o sócio transfere bens para a sociedade a fim de evitar a partilha com seu ex-cônjuge, pode ser requerida a desconsideração inversa da personalidade jurídica para atingir o patrimônio da pessoa jurídica.[45]

Para que seja decretada a desconsideração da personalidade jurídica, devem ser demonstrados os requisitos exigidos pelo direito material. Esses requisitos dependem do regime jurídico aplicável à hipótese, sendo certo que a doutrina categoriza os regimes em duas grandes teorias: a teoria *maior* e a teoria *menor*.

A teoria maior é aplicável às relações civis-comerciais e tem previsão não apenas no art. 50 do CC de 2002, mas também em outros diplomas.[46]

Art. 134. Nos casos de impossibilidade de exigência do cumprimento da obrigação principal pelo contribuinte, respondem solidariamente com este nos atos em que intervierem ou pelas omissões de que forem responsáveis:

I – os pais, pelos tributos devidos por seus filhos menores;

II – os tutores e curadores, pelos tributos devidos por seus tutelados ou curatelados;

III – os administradores de bens de terceiros, pelos tributos devidos por estes;

IV – o inventariante, pelos tributos devidos pelo espólio;

V – o síndico e o comissário, pelos tributos devidos pela massa falida ou pelo concordatário;

VI – os tabeliães, escrivães e demais serventuários de ofício, pelos tributos devidos sobre os atos praticados por eles, ou perante eles, em razão do seu ofício;

VII – os sócios, no caso de liquidação de sociedade de pessoas.

Parágrafo único. O disposto neste artigo só se aplica, em matéria de penalidades, às de caráter moratório.

Art. 135. São pessoalmente responsáveis pelos créditos correspondentes a obrigações tributárias resultantes de atos praticados com excesso de poderes ou infração de lei, contrato social ou estatutos:

I – as pessoas referidas no artigo anterior;

II – os mandatários, prepostos e empregados;

III – os diretores, gerentes ou representantes de pessoas jurídicas de direito privado."

[44] Nesse sentido, confiram-se os seguintes julgados do STJ: "O instituto da desconsideração da personalidade jurídica pode ser conceituado como sendo a superação temporária da autonomia patrimonial da pessoa jurídica com o objetivo de, mediante a constrição do patrimônio de seus sócios ou administradores, alcançar o adimplemento de dívidas assumidas pela sociedade." (STJ, AgRg no AREsp 621.926/RJ, Rel. Min. Marco Aurélio Bellizze, 3ª Turma, j. 12.05.2015). "A desconsideração da personalidade jurídica da sociedade opera no plano da eficácia, permitindo que se levante o manto protetivo da autonomia patrimonial para que os bens dos sócios e/ou administradores sejam alcançados." (STJ, AgRg no REsp 1307639/RJ, Rel. Min. Herman Benjamin, 2ª Turma, j. 17.05.2012).

[45] "A jurisprudência desta Corte admite a aplicação da desconsideração inversa da personalidade jurídica toda vez que um dos cônjuges ou companheiros utilizar-se da sociedade empresária que detém controle, ou de interposta pessoa física, com a intenção de retirar do outro consorte ou companheiro direitos provenientes da relação conjugal." (STJ, REsp 1522142/PR, Rel. Min. Marco Aurélio Bellizze, 3ª Turma, j. 13.06.2017).

[46] Lei nº 12.846/2013 (lei anticorrupção): "Art. 14. A personalidade jurídica poderá ser desconsiderada sempre que utilizada com abuso do direito para facilitar, encobrir ou dissimular a prática dos atos ilícitos previstos nesta Lei ou para provocar confusão patrimonial, sendo estendidos todos os efeitos das sanções aplicadas à pessoa jurídica aos seus administradores e sócios com poderes de administração, observados o contraditório e a ampla defesa."

O art. 50 do CC exige, para a desconsideração da personalidade jurídica, um "abuso da personalidade jurídica, caracterizado pelo desvio de finalidade, ou pela confusão patrimonial". Deve haver, segundo o STJ, *fraude intencional* ou *confusão patrimonial*[47]. A jurisprudência também se pacificou no sentido de que a dissolução irregular da pessoa jurídica não gera presunção de fraude.[48]

Deve-se atentar para o fato de que a Declaração de Direitos da Liberdade Econômica (Lei nº 13.874/2019) alterou o art. 50 do CC e trouxe várias novidades, dentre elas a conceituação de "desvio de finalidade" e de "confusão patrimonial".[49] Segundo o novel § 1º do art. 50 do CC, "*desvio de finalidade* é a utilização da pessoa jurídica com o propósito de lesar credores e para a prática de atos ilícitos de qualquer natureza". Apesar do conectivo "e", os requisitos para a configuração do desvio de finalidade são alternativos, a saber: *(i)* propósito de lesar credores; ou *(ii)* prática de atos ilícitos. A redação original da Medida Provisória nº 881 exigia expressamente o dolo, afastando situações de mera culpa. Com a conversão em lei, a expressão "dolosa" foi retirada.

O conceito de *confusão patrimonial* é trazido pelo novo § 2º do art. 50 do CC: "Entende-se por confusão patrimonial a *ausência de separação de fato entre os patrimônios*, caracterizada por: I – cumprimento repetitivo pela sociedade de obrigações do sócio ou do administrador ou vice-versa; II – transferência de ativos ou de passivos sem efetivas contraprestações, exceto o de valor proporcionalmente insignificante; e III – outros atos de descumprimento da autonomia patrimonial." O inciso III do art. 50, § 2º, do CC traz uma cláusula geral para abranger outras situações de confusão patrimonial, como a prestação de garantia, pela sociedade, em contrato de interesse exclusivo de sócio.

Somente os bens particulares dos administradores ou sócios "beneficiados direta ou indiretamente pelo abuso" podem ser afetados pela desconsideração (art. 50, *caput*, do CC). O STJ também admitia que a desconsideração atingisse bens de sócios e administradores que "praticaram" a conduta ilícita, independente de terem se beneficiado.[50] A princípio, parece que a inovação legislativa superou a orientação jurisprudencial, mas será necessário aguardar a manifestação dos Tribunais sobre o assunto. Assim, *v.g.*, se o sócio, desrespeitando o contrato social, engendra determinado negócio jurídico que lhe traz proveito, ou comete um ilícito utilizando-se da entidade, a condenação dos danos decorrentes da execução pode recair sobre o seu patrimônio.

Lei nº 12.529/2011 (lei de defesa da concorrência): "Art. 34. A personalidade jurídica do responsável por infração da ordem econômica poderá ser desconsiderada quando houver da parte deste abuso de direito, excesso de poder, infração da lei, fato ou ato ilícito ou violação dos estatutos ou contrato social.

Parágrafo único. A desconsideração também será efetivada quando houver falência, estado de insolvência, encerramento ou inatividade da pessoa jurídica provocados por má administração."

[47] "Esta Corte Superior firmou posicionamento no sentido de que, nas relações civis-comerciais, aplica-se a Teoria Maior da desconsideração da personalidade jurídica segundo a qual é necessária a comprovação do abuso da personalidade jurídica, caracterizado pelo desvio de finalidade ou pela confusão patrimonial, não sendo suficiente para tanto a ausência de bens penhoráveis ou a dissolução da sociedade." (AgInt no AREsp 1254372/MA, Rel. Min. Marco Buzzi, 4ª Turma, j. 25.09.2018).

[48] "Para aplicação da teoria maior da desconsideração da personalidade jurídica (art. 50 do CC/2002), exige-se a comprovação de abuso, caracterizado pelo desvio de finalidade (ato intencional dos sócios com intuito de fraudar terceiros) ou confusão patrimonial, requisitos que não se presumem mesmo em casos de dissolução irregular ou de insolvência da sociedade empresária." (REsp 1572655/RJ, Rel. Min. Ricardo Villas Bôas Cueva, 3ª Turma, j. 20.03.2018).

"A dissolução irregular da sociedade não pode ser fundamento isolado para o pedido de desconsideração da personalidade jurídica, mas, aliada a fatos concretos que permitam deduzir ter sido o esvaziamento do patrimônio societário ardilosamente provocado de modo a impedir a satisfação dos credores em benefício de terceiros, é circunstância que autoriza induzir existente o abuso de direito, consubstanciado, a depender da situação fática delineada, no desvio de finalidade e/ou na confusão patrimonial." (REsp 1395288/SP, Rel. Min. Nancy Andrighi, 3ª Turma, j. 11.02.2014).

[49] Sobre o tema, v. **Bruno Bodart; Marlon Tomazette.** "MP 881 e a desconsideração da personalidade jurídica no CC". Disponível em: <www.jota.info/opiniao-e-analise/colunas/pensando-direito/mp-881-e-a-desconsideracao--da-personalidade-juridica-no-codigo-civil-23052019>.

[50] "A desconsideração da personalidade jurídica, quando cabível, atinge os bens dos sócios ou administradores que praticaram ou se beneficiaram da conduta ilícita." (AgInt no REsp 1740658/DF, Rel. Min. Maria Isabel Gallotti, 4ª Turma, j. 13.11.2018).

Todas as novidades trazidas pela Declaração de Direitos de Liberdade Econômica são aplicáveis à desconsideração inversa da personalidade jurídica (art. 50, § 3º, do CC). Além disso, o legislador deixou claro que não constitui desvio de finalidade a mera expansão ou a alteração da finalidade original da atividade econômica específica da pessoa jurídica (art. 50, § 5º, do CC).

O art. 50 do CC não exige, como requisito para a desconsideração, a inexistência de bens para satisfazer a dívida, de modo que seria possível a desconsideração da personalidade jurídica *preventiva*. Todavia, há precedente do STJ em sentido contrário, exigindo também a inexistência de bens para satisfazer a dívida.[51]

A *teoria menor* da desconsideração da personalidade jurídica é aplicável às relações ambientais e consumeristas.[52] Sob a perspectiva dessa teoria, a desconsideração da personalidade jurídica ocorre "pelo simples inadimplemento ou pela ausência de bens suficientes para a satisfação do débito"[53]. Nesse sentido, recomenda-se a leitura do seguinte julgado do STJ:

> "De acordo com a Teoria Menor, a incidência da desconsideração se justifica: a) pela comprovação da insolvência da pessoa jurídica para o pagamento de suas obrigações, somada à má administração da empresa (art. 28, *caput*, do CDC); ou b) pelo mero fato de a personalidade jurídica representar um obstáculo ao ressarcimento de prejuízos causados aos consumidores, nos termos do § 5º do art. 28 do CDC." (REsp 1735004/SP, Rel. Min. NANCY ANDRIGHI, 3ª TURMA, j. 26.06.2018).

Quanto às pessoas jurídicas que podem ter a sua personalidade desconsiderada, deve-se considerar que o art. 50 do CC está no capítulo denominado "disposições gerais" do título "das pessoas jurídicas". Os capítulos seguintes tratam das associações e fundações. Questão jurídica polêmica diz respeito ao cabimento da desconsideração da personalidade jurídica de associações. O STJ apenas enfrentou esse tema como *obiter dictum*, sem fixar uma tese.[54]

Outra questão controvertida na doutrina reside em saber se cabe a desconsideração da personalidade jurídica quando os sócios têm responsabilidade ilimitada. Quanto às sociedades simples, o CC dispõe em seu art. 1.023, *verbis*: "Se os bens da sociedade não lhe cobrirem as dívidas, respondem os sócios pelo saldo, na proporção em que participem das perdas sociais, salvo cláusula de responsabilidade solidária." O STJ entende que não cabe desconsideração nesses casos, pois o art. 1.023 do CC já permitiria a invasão do patrimônio do sócio.[55]

---

[51] "O art. 50 do CC de 2002 exige dois requisitos, com ênfase para o primeiro, objetivo, consistente na inexistência de bens no ativo patrimonial da empresa suficientes à satisfação do débito e o segundo, subjetivo, evidenciado na colocação dos bens suscetíveis à execução no patrimônio particular do sócio – no caso, sócio-gerente controlador das atividades da empresa devedora." (STJ, REsp 1141447/SP, Rel. Min. Sidnei Beneti, 3ª Turma, j. 08.02.2011).

[52] Lei nº 9.605/1999, art. 4º "Poderá ser desconsiderada a pessoa jurídica sempre que sua personalidade for obstáculo ao ressarcimento de prejuízos causados à qualidade do meio ambiente."
CDC, Art. 28. "O juiz poderá desconsiderar a personalidade jurídica da sociedade quando, em detrimento do consumidor, houver abuso de direito, excesso de poder, infração da lei, fato ou ato ilícito ou violação dos estatutos ou contrato social. A desconsideração também será efetivada quando houver falência, estado de insolvência, encerramento ou inatividade da pessoa jurídica provocados por má administração.
(...)
§ 5º Também poderá ser desconsiderada a pessoa jurídica sempre que sua personalidade for, de alguma forma, obstáculo ao ressarcimento de prejuízos causados aos consumidores."

[53] REsp 1658648/SP, Rel. Min. MOURA RIBEIRO, 3ª Turma, j. 07.11.2017.

[54] "A possibilidade de desconsideração da personalidade jurídica de associação civil é ainda muito pouco assentada na doutrina e na jurisprudência, principalmente em razão de suas características muito peculiares se comparadas com as sociedades empresárias. Veja-se que, ao se desconsiderar a personalidade jurídica de uma associação, pouco restará para atingir, pois os associados não mantêm qualquer vínculo jurídico entre si, por força do art. 53 do CC/02. Por sua vez, como PONTES DE MIRANDA já apontava (Tratado de Direito Privado. Campinas: Bookseller, 2004, vol. I), nas sociedades o elemento pessoal dos sócios é presente antes e depois da personificação." (voto da relatora no REsp 1398438/SC, Rel. Min. Nancy Andrighi, 3ª Turma, j. 04.04.2017).

[55] "Nas sociedades em que a responsabilidade dos sócios perante as obrigações sociais é ilimitada, como ocorre nas sociedades simples (art. 1023 do CC/02), não se faz necessária, para que os bens pessoais de seus sócios respondam pelas suas obrigações, a desconsideração da sua personalidade." (STJ, REsp 895.792/RJ, Rel. Min. Paulo de Tarso Sanseverino, 3ª Turma, j. 07.04.2011).

Parte X · XI – TUTELA DAS OBRIGAÇÕES DE ENTREGA DE SOMA | **805**

Relativamente às sociedades coligadas, o STJ entende que seria cabível a desconsideração da personalidade jurídica para que uma empresa do grupo econômico responda por dívidas de outra, bem como para que se atinja o patrimônio de determinado sócio.[56]

Alguns denominam desconsideração da personalidade jurídica *indireta* quando uma sociedade controladora pratica desvio de finalidade ou confusão patrimonial por meio de uma sociedade controlada (arts. 1.098 e 1.099 do CC). Para que seja decretada a desconsideração *indireta* é necessária a instauração do incidente, nos termos da jurisprudência recente.[57] A Declaração de Direitos de Liberdade Econômica inseriu o § 4º no art. 50 do CC para dispor que a mera existência de grupo econômico, sem a presença dos requisitos da confusão patrimonial ou do desvio de finalidade, não autoriza a desconsideração da personalidade da pessoa jurídica.

Quanto aos aspectos processuais, o art. 133 do CPC/2015 esclarece que a legitimidade para a instauração do incidente de desconsideração da personalidade jurídica é da parte ou do Ministério Público, como órgão agente ou interveniente. Sendo assim, o juiz não pode determinar a instauração do referido incidente de ofício.

No que tange ao momento processual, o incidente é cabível em qualquer fase do processo de conhecimento, no cumprimento de sentença e na execução fundada em título executivo extrajudicial (art. 134 do CPC/2015). Ademais, o incidente de desconsideração da personalidade jurídica aplica-se ao processo de competência dos juizados especiais, *ex vi* do art. 1.062 do CPC/2015.

Vale notar que, nos termos do art. 134, § 2º, do CPC/2015, se a desconsideração da personalidade jurídica for requerida na inicial, não há a instauração de um incidente, devendo o sócio ou a pessoa jurídica ser citado para responder, no polo passivo. Em contraste, caso a desconsideração seja requerida em qualquer outro momento processual, a instauração do incidente é obrigatória e o processo deve ser suspenso (art. 134, § 3º, do CPC/2015). Instaurado o incidente, deve ser citado o sócio (ou a pessoa jurídica, se a desconsideração for inversa) para responder, no prazo de 15 dias (art. 135 do CPC/2015).

Em regra, o incidente se resolve por decisão interlocutória (art. 136 do CPC/2015), cabendo, portanto, agravo de instrumento – ou agravo interno, se a decisão foi proferida pelo relator. Segundo o STJ, a pessoa jurídica não tem legitimidade para recorrer da decisão que determina a responsabilização dos sócios pela desconsideração.[58]

Caso provido o requerimento de desconsideração, forma-se um litisconsórcio passivo facultativo e a alienação ou a oneração de bens, havida em fraude de execução, será *ineficaz* em relação ao requerente (art. 137 do CPC/2015).

O art. 792, § 3º, do CPC/2015 elucida qual o marco temporal a partir do qual os atos jurídicos podem ser alcançados pela fraude à execução, em casos de desconsideração da personalidade

---

[56] "Reconhecido o grupo econômico e verificada confusão patrimonial, é possível desconsiderar a personalidade jurídica de uma empresa para responder por dívidas de outra, inclusive em cumprimento de sentença, sem ofensa à coisa julgada." (STJ, (REsp 1253383/MT, Rel. Min. Ricardo Villas Bôas Cueva, 3ª Turma, j. 12.06.2012).

"Admite-se o uso da teoria da desconsideração da personalidade jurídica, quando o órgão julgador está diante da confusão patrimonial e desvio de finalidade praticado por meio de sociedades coligadas ou associadas temporariamente, a fim de atingir o patrimônio dos sócios que se utilizam da estrutura das pessoas jurídicas para frustrar o pagamento de credores." (STJ, AgInt no AREsp 1025315/RS, Rel. Min. Marco Buzzi, 4ª Turma, j. 12.06.2018).

[57] "Decisão interlocutória que indeferiu a inclusão do Consórcio Santa Cruz Transportes no polo passivo da presente demanda. Pleito de inclusão no polo passivo da ação principal de empresa integrante do consórcio de que faz parte a sociedade executada, com o fim de imputar-lhe responsabilidade patrimonial. O art. 513, § 5º, do CPC, ao mencionar a posição jurídica de correspondente, afasta a possibilidade de redirecionamento do cumprimento de sentença em face daquele que ficou fora do polo passivo na fase de conhecimento, ou seja, na qualidade de terceiro. Desconsideração indireta da personalidade jurídica. Necessidade de instauração de incidente processual (CPC, art. 133). Precedentes." (TJRJ, 0053859-62.2019.8.19.0000 – Agravo de instrumento – Des(a). Cláudio Luiz Braga Dell'orto – Julgamento: 13.11.2019 – Décima Oitava Câmara Cível).

[58] "A jurisprudência do STJ tem afirmado que a pessoa jurídica não possui legitimidade nem interesse recursal para questionar decisão que, sob o fundamento de ter ocorrido dissolução irregular, determina a responsabilização dos sócios" (STJ, AgRg no REsp 1307639/RJ, Rel. Min. Herman Benjamin, 2ª Turma, j. 17.05.2012).

806 CURSO DE DIREITO PROCESSUAL CIVIL • *Luiz Fux*

jurídica: a partir da citação da parte cuja personalidade se pretende desconsiderar. O dispositivo não esclarece se essa citação é a ocorrida no processo contra o executado originário ou a do incidente de desconsideração. De acordo com o Enunciado n. 52 da Enfam, *verbis*: "A citação a que se refere o art. 792, § 3º, do CPC/2015 (fraude à execução) é a do executado originário, e não aquela prevista para o incidente de desconsideração da personalidade jurídica (art. 135 do CPC/2015)".

Outra orientação jurisprudencial importante é a de que, decretada a desconsideração da personalidade jurídica, o sócio responde com todos os seus bens e não somente até o limite do capital integralizado.[59]

3.1.4 Responsabilidade do terceiro em cujo poder encontram-se bens do devedor

O inciso III do art. 790 do CPC/2015 considera sujeitos à execução os bens do devedor em poder de terceiro. A hipótese é de responsabilidade primária, uma vez que os bens são do devedor e somente se encontram em poder do terceiro por força de uma relação jurídica *a priori* inoponível ao exequente.

Ora, se a execução atinge bens do sucessor a título singular, com muito mais razão há de atingir os bens do próprio devedor que apenas se encontram provisoriamente subordinados a outrem por força de vínculo jurídico alheio ao credor. Assim, por exemplo, se o bem do devedor está alugado ou em comodato, nem por isso escapa à responsabilidade patrimonial. A única peculiaridade é que, alienado o bem, o arrematante ou o adjudicatário deverão respeitar o vínculo existente, desfazendo-o pelos meios legais, *v.g.*, promovendo uma ação de despejo para rescindir a locação (arts. 8º e 59 da Lei nº 8.245/1991) ou de reintegração de posse antecedida de notificação para desconstituir o comodato.

Por fim, se o bem do devedor está em poder de terceiro, sem vínculo com qualquer causa hábil, a responsabilidade se impõe, porquanto, a hipótese, *mutatis mutandis* equipara-se a uma transferência em "fraude de execução" ou, então, "ao caso" de responsabilidade primária.

3.1.5 Responsabilidade patrimonial do cônjuge

Os cônjuges, conquanto capazes de contrair obrigações, assumem-nas e por elas respondem com o seu próprio patrimônio. Assim, *v.g.*, se um dos cônjuges adquire um bem para si e não cumpre a prestação, os seus bens responderão para com o cumprimento de suas obrigações. Trata-se, portanto, de uma conclusão que não se afasta da regra da responsabilidade patrimonial primária e encontra-se textualmente consagrada no art. 1.643 do CC. Entretanto, há casos em que a dívida é contraída por um dos cônjuges e os bens do outro respondem pela satisfação do credor. Nessa hipótese, verifica-se a responsabilidade patrimonial secundária, visto que a obrigação foi assumida por um devedor e o patrimônio comprometido é de outra pessoa que não contraiu o débito.

A lei dispõe acerca desses casos, enunciando, no art. 790, IV, do CPC/2015, estarem sujeitos à execução os bens "do cônjuge ou companheiro, nos casos em que seus bens próprios ou de sua meação respondem pela dívida". Impõe-se saber, portanto, em que casos os bens de um dos cônjuges respondem pelas dívidas do outro? Afinal, nos termos do art. 1.666 do CC, em se tratando de regime de comunhão parcial (o que é a regra), as "dívidas, contraídas por qualquer dos cônjuges na administração de seus bens particulares e em benefício destes, não obrigam os bens comuns". Todavia, a lei civil preceitua que a responsabilidade patrimonial secundária se opera quando a obrigação contraída por um dos cônjuges reverte em benefício da família.[60]

---

[59] "A jurisprudência desta Corte orienta que a responsabilidade dos sócios alcançados pela desconsideração da personalidade jurídica da sociedade não se limita ao capital integralizado, sob pena de frustrar a satisfação do credor lesado pelo desvio de finalidade ou confusão patrimonial." (AgInt no AREsp 866.305/MA, Rel. Min. Maria Isabel Gallotti, 4ª Turma, j. 27.02.2018).

[60] "**Art. 1.643**. Podem os cônjuges, independentemente de autorização um do outro:
I – comprar, ainda a crédito, as coisas necessárias à economia doméstica;
II – obter, por empréstimo, as quantias que a aquisição dessas coisas possa exigir.

Parte X • XI – TUTELA DAS OBRIGAÇÕES DE ENTREGA DE SOMA | **807**

O atingimento dos bens do cônjuge que não contraiu a dívida vai depender da insuficiência dos bens do cônjuge obrigado e da comprovação de que o débito reverteu em proveito da família.

O preceito em foco cria uma regra acerca do ônus da prova, repassando-o para o exequente que pretenda atingir bens diversos do devedor primário. Nalgumas hipóteses, "presume-se" que a obrigação foi contraída em benefício da família, como ocorre, por exemplo, quando a dívida é oriunda do negócio comercial através do qual o devedor sustenta seus familiares. Nessas hipóteses, cabe ao cônjuge que pretenda fazer valer a regra da responsabilidade primária inserida no art. 3º da Lei nº 4.121/62, comprovar que a obrigação não reverteu em benefício da família. A jurisprudência presume, *v.g.*, o aval como dívida não beneficiante à família, salvo se firmado no exercício da atividade laborativa da sociedade da qual o cônjuge faça parte.

De toda sorte, o princípio é o de que, não havendo benefício, não há o ônus do sacrifício dos bens do cônjuge, cabendo-lhe excluí-los através dos embargos de terceiro. Não obstante o cônjuge possa tentar desvencilhar a sua meação através dos embargos de terceiro, não se lhe pode negar, assim como não se interdita a qualquer que tenha responsabilidade patrimonial secundária, o uso dos embargos à execução e ao próprio crédito exequendo, porquanto, através deste expediente, o cônjuge logra inutilizar o processo, o crédito, e, *a fortiori*, o próprio ato de constrição. O que se veda é a discussão da execução e do crédito nos autos dos embargos de terceiro cujo escopo é completamente diferente.[61]

Nos casos em que os bens do cônjuge não respondem e, havendo um só bem a ser expropriado, reserva-se para o cônjuge não devedor a parte equivalente à meação em espécie (art. 843 do CPC/2015).[62]

Na mesma hipótese, mas havendo mais de um bem, calcula-se a meação ideal, alienando-se o bem todo, colacionando-se o produto da venda judicial, quando de ulterior partilha por morte ou separação. Assim, por exemplo, se o cônjuge varão foi executado por dívida de R$ 100.000,00 e um imóvel do casal foi alienado para fazer face a esse crédito, em partilha ulterior de inventário por morte ou separação, o outro cônjuge fará jus a mais R$ 50.000,00 do que o outro, como quota correspondente à sua meação no bem expropriado.

Art. 1.644. As dívidas contraídas para os fins do artigo antecedente obrigam solidariamente ambos os cônjuges.

Art. 1.663. A administração do patrimônio comum compete a qualquer dos cônjuges.

§ 1º As dívidas contraídas no exercício da administração obrigam os bens comuns e particulares do cônjuge que os administra, e os do outro na razão do proveito que houver auferido.

§ 2º A anuência de ambos os cônjuges é necessária para os atos, a título gratuito, que impliquem cessão do uso ou gozo dos bens comuns.

§ 3º Em caso de malversação dos bens, o juiz poderá atribuir a administração a apenas um dos cônjuges."

[61] "Inexistência de omissão no julgado, que examinou devidamente a questão posta *sub judice*, assentando que não havia necessidade de intimar a esposa do devedor para oferecer embargos por não ser parte na execução. (...) Não há contradição entre afirmar-se que a mulher, não sendo parte na execução, não pode discutir a dívida e que, para livrar sua meação, deve ela comprovar que a dívida não se reverteu em proveito da família." (STJ, REsp 229.120/PR, Rel. Min. ELIANA CALMON, 2ª Turma, j. 27.03.2001).

Súmula nº 134 do STJ: "Embora intimado da penhora em imóvel do casal, o cônjuge do executado pode opor embargos de terceiro para defesa de sua meação."

Art. 3º do Estatuto da Mulher Casada (Lei nº 4.121, de 27.08.1962): "Pelos títulos de dívida de qualquer natureza, firmados por um só dos cônjuges, ainda que casados pelo regime de comunhão universal, somente responderão os bens particulares do signatário e os comuns até o limite de sua meação."

Súmula nº 112 do TFR: "Em execução fiscal, a responsabilidade pessoal do sócio-gerente de sociedade por cotas, decorrente de violação da lei ou excesso de mandato, não atinge a meação de sua mulher."

[62] "**Art. 843.** Tratando-se de penhora de bem indivisível, o equivalente à quota-parte do coproprietário ou do cônjuge alheio à execução recairá sobre o produto da alienação do bem.

§ 1º É reservada ao coproprietário ou ao cônjuge não executado a preferência na arrematação do bem em igualdade de condições.

§ 2º Não será levada a efeito expropriação por preço inferior ao da avaliação na qual o valor auferido seja incapaz de garantir, ao coproprietário ou ao cônjuge alheio à execução, o correspondente à sua quota-parte calculado sobre o valor da avaliação."

808 | CURSO DE DIREITO PROCESSUAL CIVIL • *Luiz Fux*

É preciso recordar, ainda, das hipóteses de litisconsórcio passivo necessário entre os cônjuges ou companheiros, consoante o art. 73, § 1º, do CPC/2015:

> "Art. 73. O cônjuge necessitará do consentimento do outro para propor ação que verse sobre direito real imobiliário, salvo quando casados sob o regime de separação absoluta de bens.
>
> § 1º Ambos os cônjuges serão necessariamente citados para a ação:
>
> I – que verse sobre direito real imobiliário, salvo quando casados sob o regime de separação absoluta de bens;
>
> II – resultante de fato que diga respeito a ambos os cônjuges ou de ato praticado por eles;
>
> III – fundada em dívida contraída por um dos cônjuges a bem da família;
>
> IV – que tenha por objeto o reconhecimento, a constituição ou a extinção de ônus sobre imóvel de um ou de ambos os cônjuges.
>
> § 2º Nas ações possessórias, a participação do cônjuge do autor ou do réu somente é indispensável nas hipóteses de composse ou de ato por ambos praticado.
>
> § 3º Aplica-se o disposto neste artigo à união estável comprovada nos autos".

O litisconsórcio entre os cônjuges ou companheiros no processo de conhecimento significa que, caso restem sucumbentes, ambos constarão como devedores no título executivo judicial. Segundo o STJ, o cônjuge ou companheiro que não foi citado, apesar da exigência do art. 73, § 1º, do CPC/2015, deve ajuizar a ação de *querela nullitatis insanabilis* para que seja declarada a nulidade da sentença.[63]

3.1.6 Responsabilidade patrimonial do fiador

A responsabilidade patrimonial do fiador revela clássico exemplo de que nem sempre o débito e a responsabilidade repousam sobre a mesma pessoa. No contrato de fiança, o fiador assume a responsabilidade pelo pagamento, caso o devedor garantido não o faça. Assim, muito embora a obrigação tenha sido contraída pelo devedor, o patrimônio comprometido é o do fiador, revelando caso típico de responsabilidade secundária. A responsabilidade patrimonial secundária é sempre excepcional, exigindo interpretação restritiva, máxime quando se trata de fiança em que a exegese limitada é fruto de regra do próprio direito material, posto contrato benéfico.

Assim, além das escusas processuais é lícito ao fiador arguir exceções substanciais, *v.g.*, se a pessoa física não mais integra a pessoa jurídica afiançada etc.

O legislador não olvida que historicamente a fiança é contrato gratuito; por isso, razões de equidade indicam que primeiramente devem ser sacrificados os bens do devedor garantido. É que não ressoaria justo que o débito do devedor com bens suficientes fosse solvido por outrem.

Nesse sentido, dispõe o art. 794 do CPC/2015 que o "fiador, quando executado, tem o direito de exigir que primeiro sejam executados os bens do devedor situados na mesma comarca, livres e desembargados, indicando-os pormenorizadamente à penhora".

Trata-se de benefício processual (*beneficium excussionis*) que, contudo, não é aplicável quando o fiador tenha renunciado ao benefício de ordem (art. 794, § 3º, do CPC/2015). Nessa situação, ainda que o devedor tenha bens suficientes à execução, poderá ser atingido primeiro o patrimônio do fiador. Assumindo a condição de principal pagador, o fiador acionado primária e isoladamente responde com os seus bens pelo cumprimento da obrigação e sujeita-se a todos os ônus que incidem sobre a figura do devedor principal. Assim, por exemplo, se o fiador aliena bens com o fito de esvaziar a execução, pratica também fraude de execução.

---

[63] "A jurisprudência do STJ e STF reconhece a adequação do manejo, pelo cônjuge que não foi citado, de *querela nullitatis insanabilis* para discussão acerca de vício, relativo à ausência de sua citação em ação reivindicatória, cuja sentença transitou em julgado, bem como que esse *decisum* não tem efeito, no que tange àquele litisconsorte necessário que não integrou a relação processual" (REsp 977.662/DF, Rel. Min. Luis Felipe Salomão, 4ª Turma, j. 22.05.2012).

Parte X · XI – TUTELA DAS OBRIGAÇÕES DE ENTREGA DE SOMA | **809**

Demandado o fiador e satisfeita a obrigação alheia, o garante adquire o direito de executar o afiançado, pelo mesmo valor, nos autos do mesmo processo (art. 794, § 2º, do CPC/2015).

A obrigação garantida pode ter sido contraída em título extrajudicial ou ser decorrente de sentença condenatória. No primeiro caso, de execução extrajudicial, o fiador deve ser citado para o processo desde o seu início. Tratando-se de cumprimento de sentença, somente se admite que o patrimônio do fiador seja executado se ele tiver participado do processo de condenação anterior, visto que não se pode executar uma sentença contra quem não foi parte no seu processo de produção. O fiador, por seu turno, convocado para o processo de condenação, para poder exercer o regresso que lhe faculta o art. 794, § 2º, do CPC/2015, deve "chamar ao processo" o devedor (art. 130, I, do CPC/2015).

Ressalte-se, ainda, que o fiador, para requerer o atingimento preferencial do patrimônio do devedor, deve fazê-lo logo após citado para a execução, durante o prazo para pagamento voluntário, quando então deve indicar bens livres e desembargados de ônus judiciais ou extrajudiciais *situados na mesma comarca*, exigência idêntica à que se encontra expressa para os sócios no § 2º do art. 795 do CPC/2015.

3.2 Fraude de execução

3.2.1 Introdução

O terceiro que não contraiu débito, mas adquiriu bens do devedor em fraude à execução, tem responsabilidade patrimonial secundária (art. 790, inciso V, do CPC/2015).[64] A responsabilidade *in casu* impõe-se porque o terceiro adquiriu bens que não poderiam ter sido alienados, pois comprometidos com os fins da execução.

A razão deste dispositivo está na própria evolução histórica da responsabilidade, uma vez que erigido o patrimônio do devedor como sucedâneo para com o cumprimento de suas obrigações, as alienações representam, potencialmente, frustração para as justas expectativas dos credores. Ora, se é verdade que a alienação de bens pode frustrar credores que sequer ajuizaram as suas ações em face dos devedores (art. 158 do CC), com muito mais razão ressalta lesiva a venda de bens quando pendente processo cuja satisfatividade do resultado depende da potência patrimonial do devedor. Desta sorte, comprometido que está com os fins do processo o patrimônio genérico do devedor, qualquer que seja a sua forma de alienação implica frustrar-se o processo satisfativo, considerando-se a venda, em *fraude de execução* desde que configurada alguma das hipóteses do art. 792 do CPC/2015.

Como se pode observar, a fraude de execução não atinge somente as justas expectativas do credor como atenta, também, contra a atividade executiva, esvaziando-a, porquanto a inexistência de bens torna inócuo o processo satisfativo. Por essa razão a lei coíbe civil e criminalmente a "fraude de execução". Sob o ângulo penal, considera-se figura típica de delito prevista no art. 179 do Código Penal.[65] Sob a ótica civil, desconsidera a alienação, fazendo incidir os meios executivos sobre o bem transmitido sem se importar com o patrimônio em que ele se encontre. Por isso se diz responsabilidade patrimonial secundária do terceiro adquirente – a lei simplesmente ignora a venda, reputando-a "ineficaz" em relação ao exequente e ao processo de execução (art. 792, § 1º, do CPC/2015).

Isto permite ao Estado-Juiz atingir o bem no patrimônio de quem não é o devedor, mas responsável secundário. Este, evidentemente, pode tentar desvencilhar-se da constrição sob a invocação de que não adquiriu o bem em "fraude de execução", através de embargos de terceiro.

---

[64] **"Art. 790.** São sujeitos à execução os bens alienados ou gravados com ônus real em fraude à execução."

[65] **"Código Penal – Art. 179** – Fraudar execução, alienando, desviando, destruindo ou danificando bens, ou simulando dívidas:
Pena – detenção, de seis meses a dois anos, ou multa.
Parágrafo único – Somente se procede mediante queixa."

810 CURSO DE DIREITO PROCESSUAL CIVIL • *Luiz Fux*

Por isso mesmo, a declaração da fraude à execução depende do prévio contraditório em relação ao terceiro adquirente, que deve ser intimado para, se quiser, opor embargos de terceiro em 15 dias (art. 792, § 4º, do CPC/2015). A expressa previsão de que deve ser respeitado o contraditório prévio em relação ao terceiro adquirente é novidade do Código de 2015.

Quanto ao prazo para a oposição de embargos de terceiro, grassa dúvida na doutrina em razão de duas regras aparentemente antagônicas no Código de 2015. Enquanto o art. 792, § 4º, do CPC/2015 prevê o prazo de 15 dias para os embargos de terceiro, o art. 675 do mesmo Código apenas permite a oposição de embargos de terceiro em até 5 dias após adjudicação, alienação por iniciativa particular ou arrematação. A melhor interpretação é a de, após o esgotamento *in albis* do prazo de 15 dias previsto no 792, § 4º, do CPC/2015, o sujeito atingido pela execução em razão da declaração da fraude apenas poderá opor embargos de terceiro para alegar vício relativo à adjudicação, alienação por iniciativa particular ou arrematação. Não poderá, no entanto, questionar a penhora sobre o bem que havia adquirido do executado. Sobre essas regras, editou-se o Enunciado nº 54 da Enfam: "A ausência de oposição de embargos de terceiro no prazo de 15 (quinze) dias prevista no art. 792, § 4º, do CPC/2015 implica preclusão para fins do art. 675, *caput*, do mesmo código".

3.2.2 *A ineficácia decorrente da fraude de execução é tão intensa que mesmo se o terceiro adquirente do imóvel o utilizar para moradia de sua família, a impenhorabilidade da Lei nº 8.009/1990 não será oponível ao exequente.[66] Regime do CPC de 1973*

Considerando o enérgico efeito da fraude de execução, que torna irrelevante juridicamente para o processo a alienação que se lhe vise a frustrar os objetivos, impende caracterizá-la para que se possa atribuir à alienação encetada esta consequência da insensibilidade processual. A respeito dos requisitos para a configuração da fraude à execução, houve sensível mudança com a entrada em vigor do CPC/2015.

O CPC de 1973 considerava "em fraude de execução a alienação ou a oneração de bens quando: sobre eles pender ação fundada em direito real; ao tempo da alienação ou oneração corria contra o devedor demanda capaz de reduzi-lo à insolvência; ou nos demais casos previstos em lei" (art. 593 do CPC/1973).[67] A Lei nº 11.382/2006 incluiu no Código de 1973 o art. 615-A, segundo o qual o exequente poderia registrar certidão de ajuizamento da execução, a partir de quando seria presumidamente fraudulenta a alienação ou oneração de bens – a averbação premonitória é hoje regulada no art. 828 do CPC/2015, com algumas modificações, já analisadas em tópico próprio.

O regime do Código de 1973 sobre a fraude de execução permitia concluir que, para sua ocorrência, não era preciso que estivesse pendente processo *de execução*. Qualquer alienação que comprometa os fins de um processo em curso, seja ele de qualquer natureza e que vá desaguar em processo satisfativo, importa fraude de execução. Assim, haveria fraude de execução se a parte alienasse bens durante o processo *de conhecimento* para que, no momento da execução de sentença, o seu patrimônio se encontre esvaziado. Ocorreria, ainda, a fraude quando, no curso de execução de obrigação de entrega, o executado vendesse o bem objeto do processo, ou ainda se o bem fosse objeto de uma constrição cautelar e o requerido o alienasse.

Todavia, o Código de 1973 não esclarecia se a litispendência – ou seja, a existência de um processo em curso – bastava para a caracterização de uma alienação (ou oneração) como em fraude à execução ou se seria imperiosa a averbação da execução no registro do bem. Nada obstante o propósito primordial da execução seja a satisfação do credor, não se pode descurar de que o terceiro

---

[66] Sobre isso, o STJ já decidiu que, *verbis*: "reconhecida a fraude à execução, deve ser afastada a impenhorabilidade do bem de família" (EDcl no AgInt no REsp 1599512/SP, Rel. Min. MARCO BUZZI, 4ª Turma, j. 24.04.2018).

[67] "**Art. 593.** Considera-se em fraude de execução a alienação ou oneração de bens:
I – quando sobre eles pender ação fundada em direito real;
II – quando, ao tempo da alienação ou oneração, corria contra o devedor demanda capaz de reduzi-lo à insolvência;
III – nos demais casos expressos em lei."

Parte X • XI – TUTELA DAS OBRIGAÇÕES DE ENTREGA DE SOMA | **811**

adquirente pode estar de boa-fé, de modo que o atingimento daquele bem pelos atos executivos geraria grave insegurança jurídica. A proteção a terceiros de boa-fé pode ser facilmente obtida pela atribuição, ao exequente, da diligência básica de averbar a existência da execução ou da penhora junto ao registro do bem. É por isso que, ainda sob a égide do Código anterior, o STJ editou a súmula n° 375, que assim reza: "O reconhecimento da fraude à execução depende do registro da penhora do bem alienado ou da prova de má-fé do terceiro adquirente".

Uma exceção à regra prevista na súmula n° 375 do STJ é a execução fiscal de dívida tributária, pois, nos termos do art. 185 do Código Tributário Nacional, a partir da inscrição do crédito tributário em dívida ativa, presume-se fraudulenta a alienação ou oneração de bens, salvo "na hipótese de terem sido reservados, pelo devedor, bens ou rendas suficientes ao total pagamento da dívida inscrita". O Superior Tribunal de Justiça, também julgando recursos repetitivos, decidiu que a presunção do art. 185 do CTN é absoluta e independe de qualquer registro público, sendo inaplicável a súmula n° 375 do STJ.[68]

3.2.3 Fraude de execução e fraude contra credores

A exigência de má-fé do adquirente para a configuração da *fraude à execução* aproxima sobremaneira esse instituto e o da *fraude contra credores*. Afinal, esta era tradicionalmente a expressiva diferença entre a fraude de execução, instituto de índole marcadamente processual e que era indiferente ao elemento volitivo dos partícipes do negócio jurídico, e a fraude contra credores, de natureza material, prevista no CC como vício que acarreta a anulação do ato jurídico. Este vício civil exige vontade de fraudar (*consilium fraudis*) e a insolvência do devedor (*eventus damni*) para caracterizá-lo,[69] ao passo que a fraude de execução, anteriormente à edição da súmula n° 375 do STJ, configurava-se pela simples alienação nas condições previstas em lei (*in re ipsa*).

Nada obstante, ainda existe distinção entre a *fraude à execução* e à *fraude contra credores*, notadamente no que diz respeito à forma para o reconhecimento de cada qual e a respectiva eficácia. Repita-se que, por tratar-se de conduta contra os fins de justiça, a fraude de execução é coibida com a ineficácia processual da alienação, de sorte que os meios executivos incidem sobre o bem encontrado no patrimônio de outrem sem a necessidade de qualquer ação judicial para desconstituir a alienação fraudulenta. Diversamente, a "fraude contra credores", por versar vício perpetrado antes da pendência de qualquer processo, reclama ação desconstitutiva do negócio jurídico para que o bem retorne ao patrimônio do alienante para, e após esta providência, iniciar-se um processo incidente sobre a coisa fraudulentamente vendida. É a "ação pauliana", de cunho cognitivo, que restaura o patrimônio do devedor alienante.

---

68   STJ, REsp 1.141.990/PR, Rel. Min. Luiz Fux, Primeira Seção, j. 10.11.2010.

69   **"CC – Art. 158.** Os negócios de transmissão gratuita de bens ou remissão de dívida, se os praticar o devedor já insolvente, ou por eles reduzido à insolvência, ainda quando o ignore, poderão ser anulados pelos credores quirografários, como lesivos dos seus direitos.

§ 1° Igual direito assiste aos credores cuja garantia se tornar insuficiente.

§ 2° Só os credores que já o eram ao tempo daqueles atos podem pleitear a anulação deles.

Art. 159. Serão igualmente anuláveis os contratos onerosos do devedor insolvente, quando a insolvência for notória, ou houver motivo para ser conhecida do outro contratante.

Art. 160. Se o adquirente dos bens do devedor insolvente ainda não tiver pago o preço e este for, aproximadamente, o corrente, desobrigar-se-á depositando-o em juízo, com a citação de todos os interessados.

Parágrafo único. Se inferior, o adquirente, para conservar os bens, poderá depositar o preço que lhes corresponda ao valor real.

Art. 161. A ação, nos casos dos arts. 158 e 159, poderá ser intentada contra o devedor insolvente, a pessoa que com ele celebrou a estipulação considerada fraudulenta, ou terceiros adquirentes que hajam procedido de má-fé."

812 | CURSO DE DIREITO PROCESSUAL CIVIL • *Luiz Fux*

3.2.4   *Alienação na pendência de ação real ou reipersecutória*

Feitas essas considerações sobre o Código anterior, passa-se a analisar o disposto na lei processual de 2015:

> "Art. 792. A alienação ou a oneração de bem é considerada fraude à execução:
>
> I – quando sobre o bem pender ação fundada em direito real ou com pretensão reipersecutória, desde que a pendência do processo tenha sido averbada no respectivo registro público, se houver;
>
> II – quando tiver sido averbada, no registro do bem, a pendência do processo de execução, na forma do art. 828 ;
>
> III – quando tiver sido averbado, no registro do bem, hipoteca judiciária ou outro ato de constrição judicial originário do processo onde foi arguida a fraude;
>
> IV – quando, ao tempo da alienação ou da oneração, tramitava contra o devedor ação capaz de reduzi-lo à insolvência;
>
> V – nos demais casos expressos em lei.
>
> § 1º A alienação em fraude à execução é ineficaz em relação ao exequente.
>
> § 2º No caso de aquisição de bem não sujeito a registro, o terceiro adquirente tem o ônus de provar que adotou as cautelas necessárias para a aquisição, mediante a exibição das certidões pertinentes, obtidas no domicílio do vendedor e no local onde se encontra o bem.
>
> § 3º Nos casos de desconsideração da personalidade jurídica, a fraude à execução verifica-se a partir da citação da parte cuja personalidade se pretende desconsiderar.
>
> § 4º Antes de declarar a fraude à execução, o juiz deverá intimar o terceiro adquirente, que, se quiser, poderá opor embargos de terceiro, no prazo de 15 (quinze) dias".

Como se pode observar, a lei pune, no primeiro momento, o atentado contra a dignidade da jurisdição, fato que se verifica quando a alienação tem o escopo de frustrar a satisfação da parte através do juízo, inviabilizando o resultado ideal do processo. A fraude à execução é ato atentatório à dignidade da justiça, sujeito, portanto, a multa, nos termos do art. 774, I e parágrafo único, do CPC/2015. Em razão disso, sendo questão de ordem pública, a fraude à execução pode ser reconhecida de ofício pelo juiz, resguardado o contraditório prévio.

Para a declaração da fraude à execução, é preciso comprovar que aquela alienação pretérita frustrou a atividade jurisdicional executiva. Assim, a fraude comprova-se no processo de execução, mas considera-se perpetrada antes deste. A sua verificação realiza-se na execução, mas tem caráter declaratório, visto que reconhece a ineficácia da alienação ou oneração com efeitos *ex tunc*.

A primeira hipótese textual de fraude de execução arrolada pelo art. 790, I, do CPC/2015 verifica-se quando a alienação ou oneração de bem ocorre quando sobre ele pende ação que tenha por objeto *ius re*, desde que a pendência do processo tenha sido averbada no registro público do bem alienado ou onerado.

A fraude nesse caso é evidente, porquanto a alienação tem como escopo subtrair da execução da decisão o bem transferido para o patrimônio de outrem. Acaso não houvesse esse dispositivo tornado ineficaz a alienação, o vencedor da causa teria que promover sucessivas demandas contra todos e eventuais adquirentes. Por sua vez, o legislador protegeu o interesse dos adquirentes de boa-fé ao exigir o registro da pendência do processo no respectivo registro público, sempre que o bem estiver sujeito a registro, como no caso de imóveis e automóveis. Por exemplo, a Lei nº 6.015/1973, em seu art. 167, I, item 21, que no registro de imóveis será feito o registro "das citações de ações reais ou pessoais reipersecutórias, relativas a imóveis".

Nesse particular, o CPC é pródigo em medidas obstativas da fraude. Dispõe a lei processual que a citação faz litigiosa a coisa em relação ao réu (art. 240 do CPC/2015) e se houver alienação do bem disputado judicialmente, o novo adquirente fica sujeito aos efeitos do julgado art. 109, § 3º, do CPC/2015.[70] De todo o exposto, forçoso concluir que, proposta a ação real, a alienação do

---

[70] **"Art. 109.** A alienação da coisa ou do direito litigioso por ato entre vivos, a título particular, não altera a legitimidade das partes.

Parte X • XI – TUTELA DAS OBRIGAÇÕES DE ENTREGA DE SOMA | 813

bem será considerada fraudulenta ainda que a execução só ocorra posteriormente. No momento do cumprimento da sentença, o bem é recuperado no patrimônio deste terceiro com responsabilidade secundária, como se não tivesse havido alienação, desde que tenha ocorrido o registro da pendência do processo – de modo a proteger o interesse de eventual terceiro adquirente de boa-fé.

Sendo assim, são dois os requisitos para a configuração da fraude à execução prevista no inciso I do art. 792 do CPC/2015: *(i)* litispendência de ação real ou reipersecutória; e *(ii)* averbação da pendência do processo junto ao registro público pertinente. Note-se que, se é a citação válida que, em relação ao réu, induz litispendência e torna litigiosa a coisa, eventual alienação ou oneração anterior à citação não pode ser considerada em fraude à execução, muito embora possa caracterizar fraude contra credores, a ser apurada em ação pauliana. O credor pode precaver-se e notificar o devedor e o potencial adquirente do bem sobre a existência do processo antes mesmo da citação, requerendo a averbação da notificação em registro público, na forma do art. 726 e seguintes do CPC/2015. Nesse caso, poderá alegar a má-fé do adquirente e requerer a declaração da fraude à execução, ainda que a alienação ocorra antes da citação.

A alienação fraudulenta também pode realizar-se através de um processo simulado que acarrete a perda proposital do bem, por exemplo, quando o executado, simula dívida e por ela deixa-se executar noutro juízo até a etapa final da expropriação, visando a transferir fraudulentamente o bem para um suposto credor. Nesse caso, há simulação, devendo o juiz proferir decisão que impeça os objetivos das partes (art. 142 do CPC/2015). Caso venha a ser proferida sentença na fase de conhecimento, caberá ação rescisória, por simulação entre as partes (art. 966, III, do CPC/2015).

3.2.5 Fraude de execução e averbação premonitória

O segundo caso textual de fraude de execução se manifesta "quando tiver sido averbada, no registro do bem, a pendência do processo de execução, na forma do art. 828" (art. 792, II, do CPC/2015).[71] Cuida-se da denominada *averbação premonitória*, instituto já analisado no capítulo sobre a formação, suspensão e extinção do processo de execução.

> "Art. 828. O exequente poderá obter certidão de que a execução foi admitida pelo juiz, com identificação das partes e do valor da causa, para fins de averbação no registro de imóveis, de veículos ou de outros bens sujeitos a penhora, arresto ou indisponibilidade.
>
> § 1º No prazo de 10 (dez) dias de sua concretização, o exequente deverá comunicar ao juízo as averbações efetivadas.
>
> § 2º Formalizada penhora sobre bens suficientes para cobrir o valor da dívida, o exequente providenciará, no prazo de 10 (dez) dias, o cancelamento das averbações relativas àqueles não penhorados.
>
> § 3º O juiz determinará o cancelamento das averbações, de ofício ou a requerimento, caso o exequente não o faça no prazo.
>
> § 4º Presume-se em fraude à execução a alienação ou a oneração de bens efetuada após a averbação.
>
> § 5º O exequente que promover averbação manifestamente indevida ou não cancelar as averbações nos termos do § 2º indenizará a parte contrária, processando-se o incidente em autos apartados".

Como indica a leitura do dispositivo, o exequente poderá obter certidão *de que a execução foi admitida pelo juiz*, com identificação das partes e do valor da causa, para fins de averbação no

---

§ 1º O adquirente ou cessionário não poderá ingressar em juízo, sucedendo o alienante ou cedente, sem que o consinta a parte contrária.

§ 2º O adquirente ou cessionário poderá intervir no processo como assistente litisconsorcial do alienante ou cedente.

§ 3º Estendem-se os efeitos da sentença proferida entre as partes originárias ao adquirente ou cessionário."

[71] **"Art. 792.** Considera-se em fraude de execução a alienação ou oneração de bens:

(...)

IV – quando, ao tempo da alienação ou oneração, corria contra o devedor demanda capaz de reduzi-lo à insolvência."

registro de imóveis, de veículos ou de outros bens sujeitos à penhora, arresto ou indisponibilidade (art. 828 do CPC/2015). O antigo art. 615-A do CPC/1973 revogado dispunha que a referida certidão seria "comprobatória do *ajuizamento* da execução" e não da *admissão* desta pelo juiz, como atualmente previsto.

Muito embora o art. 792, II, do CPC/2015 exija, para a configuração da fraude à execução, a averbação "na forma do art. 828", parece-nos adequado sustentar que também a "averbação em registro público do ato de *propositura* da execução (...) para conhecimento de terceiros", na forma do art. 799, IX, do mesmo diploma, tem o condão de gerar a ineficácia da alienação ou oneração posterior em relação ao exequente.[72]

O exequente deverá comunicar ao juízo as averbações efetivadas, no prazo de dez dias contados de sua concretização (art. 828, § 1º, do CPC/2015). Esgotado o prazo, deverá o juiz determinar o cancelamento das averbações, de ofício ou a requerimento (art. 828, § 3º, do CPC/2015).

Uma vez realizada a averbação premonitória, há presunção absoluta de fraude à execução em relação à alienação ou à oneração de bens efetuada posteriormente (art. 828, § 4º, c/c art. 792, II, do CPC/2015). O exequente, portanto, poderá requerer a declaração da ineficácia do negócio jurídico para que a execução alcance o bem, ainda que em poder de terceiro.

Rememore-se que a averbação premonitória não prevalece em relação à penhora realizada por outro credor. Assim, caso tenha sido realizada a averbação premonitória do art. 828 do CPC/2015 no registro de um bem e, posteriormente, outro credor tenha logrado obter a penhora daquele mesmo bem, a preferência para a expropriação deste bem será do credor que primeiro obteve a penhora e não daquele que tenha primeiro realizado a averbação.[73]

Também é necessário repisar que o exequente que promover averbação manifestamente indevida deverá indenizar a parte contrária, processando-se o incidente em autos apartados, nos termos do art. 828, § 5º, do CPC/2015. O exequente também possui o dever de providenciar, no prazo de dez dias, o cancelamento das averbações relativas a bens não penhorados quando já formalizada a penhora sobre bens suficientes para cobrir o valor da dívida (art. 828, § 2º, do CPC/2015). Considerando o princípio da economicidade, no sentido de que a execução deve ser levada a efeito nos limites da necessidade da expropriação, circunscrita à responsabilidade patrimonial pela penhora, levantam-se as averbações desnecessárias, como também a averbação indevida que imponha restrição desnecessária à circulabilidade dos bens, implicando, nesse caso, dever de indenizar por parte do exequente. Assim, *v.g.*, se o crédito é absorvido pelo veículo do devedor e o credor, como forma injusta de execução indireta averba no registro de imóveis a execução, essa averbação pode gerar o dever de indenizar, demonstrados os danos em incidente em autos apartados.

3.2.6 *Alienação de bem objeto de hipoteca judiciária ou outro ato de constrição judicial*

O art. 792, III, do CPC/2015 considera em fraude à execução a alienação ou oneração "quando tiver sido averbado, no registro do bem, hipoteca judiciária ou outro ato de constrição judicial originário do processo onde foi arguida a fraude". Nessa linha, dispõe o art. 844 do CPC/2015 que, para "presunção absoluta de conhecimento por terceiros, cabe ao exequente providenciar a averbação do arresto ou da penhora no registro competente, mediante apresentação de cópia do auto ou do termo, independentemente de mandado judicial."

---

[72] **Enunciado 539 do FPPC**: "(art. 828; art. 799, IX; art. 312) A certidão a que se refere o art. 828 não impede a obtenção e a averbação de certidão da propositura da execução (art. 799)."

[73] "O termo 'alienação' previsto no art. 615-A, § 3º, do CPC/1973 refere-se ao ato voluntário de disposição patrimonial do proprietário do bem (devedor). A hipótese de fraude à execução não se compatibiliza com a adjudicação forçada, levada a efeito em outro processo executivo, no qual se logrou efetivar primeiro a penhora do mesmo bem, embora depois da averbação. (...) O alcance do art. 615-A e seus parágrafos dá-se em relação às alienações voluntárias, mas não obsta a expropriação judicial, cuja preferência deve observar a ordem de penhoras, conforme orientam os arts. 612, 613 e 711 do CPC/1973. (...) A averbação premonitória não equivale à penhora, e não induz preferência do credor em prejuízo daquele em favor do qual foi realizada a constrição judicial." (REsp 1334635/RS, Rel. Min. Antonio Carlos Ferreira, 4ª Turma, j. 19.09.2019).

Parte X • XI – TUTELA DAS OBRIGAÇÕES DE ENTREGA DE SOMA | **815**

Por sua vez, o art. 167, I, item 5, da Lei nº 6.015/1973 exige o registro da penhora, quando imóvel o bem constrito, dispondo que as "penhoras, arrestos e sequestros de imóveis" serão registradas perante o Registro de Imóveis, sendo que, segundo o art. 240 da mesma lei, o "registro da penhora faz prova quanto à fraude de qualquer transação posterior". A exigência de registro da penhora visa à proteção do terceiro de boa-fé e não é ato essencial à formalização da constrição judicial; por isso, o registro não cria prioridade na fase de pagamento.

O raciocínio ora emprestado à penhora aplica-se também às medidas de constrição de cunho cautelar. É por isso que, nos termos do mencionado art. 844 do CPC/2015, o arresto não registrado impõe ao arrestante, assim como exigível do exequente, a prova da ausência de boa-fé objetiva do adquirente para efeito de caracterização da fraude, nos termos do art. 792, IV, do CPC/2015, a ser analisado na sequência.

Interpretando em conjunto os incisos II e III do art. 792 do CPC/2015, conclui-se que, havendo registro da *certidão de que a execução foi admitida pelo juiz*, do *arresto* ou da *penhora* junto ao registro público relativo ao bem, a alienação ou oneração posterior é ineficaz, independente de boa-fé ou solvabilidade do devedor.

3.2.7 Litispendência de ação capaz de reduzir o devedor à insolvência

A última hipótese de fraude à execução tipificada no art. 792 do CPC/2015 considera ineficaz a alienação ou oneração de bem "quando, ao tempo da alienação ou da oneração, tramitava contra o devedor ação capaz de reduzi-lo à insolvência" (inciso IV). Nessa situação, o único requisito exigido pela lei é a *litispendência de ação conducente à insolvência do devedor*, seja um processo de conhecimento ou de execução, de modo que não se faz necessária a prévia averbação da ação junto ao registro do bem.

Toda e qualquer ação cujo resultado necessite valer-se do patrimônio do devedor para satisfazer o vencedor deve ser considerado como apto a caracterizar como fraudulenta uma alienação ocorrida durante a sua tramitação. Assim, por exemplo, a condenação criminal torna certa a obrigação de reparar o dano assim como a condenação civil; por isso, a alienação, no curso dessas demandas, é potencialmente fraudulenta, o que se vai confirmar quando da execução, se insolvente o devedor, por força do negócio jurídico translatício.

Neste passo, a lei sanciona de ineficácia a alienação ocorrida outrora, mas cujos efeitos nocivos manifestam-se quando da execução, mercê de frustrá-la por força daquela transferência pretérita. Assim, não fosse a alienação realizada anteriormente, o processo de execução encontraria, no patrimônio do devedor, bens suficientes à satisfação do crédito exequendo. Por exemplo, se A move ação de indenização em face de B e este, no curso do processo de condenação, aliena o seu único bem apto a responder pelos resultados econômicos da demanda que vem a ser acolhida, no processo de execução, os meios executivos incidirão sobre este bem como se não tivesse havido a venda, porquanto aquela alienação reduziu o devedor à insolvência. A lei considera a alienação ineficaz em relação à execução, uma vez que frustra a utilidade da prestação jurisdicional executiva, muito embora tenha sido engendrada antes de iniciá-la.

A interpretação literal do dispositivo conduz à conclusão de que seria indiferente apurar se o executado alienante ou o terceiro adquirente agiram com dolo. Nada obstante, discute-se doutrinária e jurisprudencialmente a exigência de comprovação da ciência de ambos. Essa discussão se desdobra em dois aspectos: primeiro, definir se o reconhecimento da fraude de execução depende de que a alienação tenha sido realizada após a *citação*; segundo, estabelecer se é indispensável a demonstração da *má-fé* do adquirente.

Quanto à primeira *quaestio juris*, o Superior Tribunal de Justiça, ainda sob a égide do Código anterior, já havia pacificado ser "indispensável citação válida para configuração da fraude de execução"[74] – ressalvada, obviamente, a situação em que o credor tenha realizado a averbação

---

[74] STJ, REsp 956.943/PR, Rel. Min. Nancy Andrighi, Rel. p/ Acórdão Min. João Otávio de Noronha, Corte Especial, j. 20.08.2014. No mesmo sentido: "De acordo com a jurisprudência sedimentada nesta Corte, para a configuração da fraude à execução é indispensável que à época da alienação ou oneração dos bens, esteja em curso ação com citação válida do devedor." (AgInt no AREsp 927.549/RS, Rel. Min. Luis felipe salomão, 4ª Turma, j. 25.10.2016).

premonitória antes da citação, pois restaria configurada a hipótese autônoma prevista no art. 792, II, do CPC/2015. Essa interpretação é coerente com a noção de que, para o réu, a litispendência apenas ocorre com a citação (arts. 240 e 312 do CPC/2015). A Corte, no entanto, mitiga esse entendimento, admitindo a caracterização da fraude à execução de alienação anterior à citação quando comprovado que o devedor alienante já tinha ciência da existência da demanda.[75]

No que tange à segunda questão debatida pelos operadores do Direito, rememore-se a segunda parte da já mencionada súmula nº 375 do STJ, de modo que o "reconhecimento da fraude à execução depende (...) da prova de má-fé do terceiro adquirente". Evidentemente, apenas se deve perquirir sobre o elemento subjetivo do adquirente quando inexistente a averbação, no registro do bem, da "ação fundada em direito real ou com pretensão reipersecutória" (art. 792, I, do CPC/2015), da admissão do processo de execução (art. 792, II, do CPC/2015) ou da "hipoteca judiciária ou outro ato de constrição judicial" (art. 792, III, do CPC/2015). Afinal, com o registro, há presunção absoluta de ausência de boa-fé objetiva, pois ainda que o adquirente não soubesse da existência da ação, poderia e deveria ter efetuado diligências básicas para obter essa informação.

Sobre o ponto, é importante diferenciar a *má-fé* da *ausência de boa-fé objetiva*. Enquanto a primeira demanda um agir premeditado, em que o agente procede inequivocamente ciente da ilicitude de sua conduta, a ausência de boa-fé objetiva decorre da violação de deveres básicos de cautela, lealdade e ética exigíveis de qualquer indivíduo em situação idêntica para a proteção das legítimas expectativas de outrem e da segurança jurídica.

A Súmula nº 375 do STJ, como visto, expressamente exige a má-fé do adquirente. Interpretando o Código de 1973 à luz desse preceito, o STJ, em sede de julgamento de recursos repetitivos, assentou que, *verbis*:

> "Inexistindo registro da penhora na matrícula do imóvel, é do credor o ônus da prova de que o terceiro adquirente tinha conhecimento de demanda capaz de levar o alienante à insolvência" (REsp 956.943/PR, Rel. Min. Nancy Andrighi, Rel. p/ Acórdão Min. João Otávio de Noronha, Corte Especial, j. 20.08.2014, *DJe* 01.12.2014).

Em suma, a Corte Superior havia assentado, no regime revogado, que a fraude de execução depende da má-fé do adquirente sempre que ausente a averbação registral, bem como que o ônus da prova seria do credor. Entretanto, o Código de 2015 trouxe nova disposição abordando o tema. O § 2º do art. 792 do CPC/2015 prevê a seguinte regra: "No caso de aquisição de bem não sujeito a registro, *o terceiro adquirente tem o ônus de provar que adotou as cautelas necessárias* para a aquisição, mediante a exibição das certidões pertinentes, obtidas no domicílio do vendedor e no local onde se encontra o bem."

A leitura do dispositivo suscita dúvida sobre o que seria um "bem não sujeito a registro". Parte da doutrina sustenta ser a situação dos bens em relação aos quais não há qualquer registro público, como as obras de arte. Para outros autores, seria a situação em que "o registro da constrição não ocorra a tempo de o adquirente dele ter ciência por meio de certidões", ou "que o credor, por lapso, não tenha procedido ao registro das constrições".[76] De acordo com esta última corrente, a regra incidiria sempre que não configuradas as hipóteses dos incisos I, II e III do art. 792 do CPC/2015, que fazem referência à averbação junto ao registro do bem, respectivamente, da *pendência da ação real ou reipersecutória*, da *pendência do processo de execução* e da *hipoteca judiciária ou outro ato de constrição judicial* originário do processo onde foi arguida a fraude. *A contrario sensu*, quando a alegação de fraude à execução tiver supedâneo no inciso IV do art. 792 do CPC/2015, competirá ao terceiro adquirente provar a sua boa-fé objetiva, demonstrando que adotou as cautelas necessárias

---

[75] "A exegese do art. 593, II, do CPC/73 de se fixar a citação, como momento a partir do qual estaria configurada a fraude de execução, exsurgiu com o nítido objetivo de proteger terceiros adquirentes. No caso, não há terceiro de boa-fé a ser protegido, havendo elementos nos autos a indicar que a devedora doou intencionalmente e de má-fé todo o patrimônio ao próprio filho, quando já tinha ciência da demanda capaz de reduzi-la à insolvência." (STJ, AgInt no REsp 887.139/RS, Rel. Min. Raul Araújo, 4ª Turma, j. 13.06.2017).

[76] **Nelson Nery Junior; Rosa Maria de Andrade Nery**. *CPC comentado*, 2019. p. 1.726.

Parte X • XI – TUTELA DAS OBRIGAÇÕES DE ENTREGA DE SOMA | **817**

para a aquisição, mediante a exibição das certidões pertinentes, obtidas no domicílio do vendedor e no local onde se encontra o bem, na forma do § 2º do mesmo dispositivo.

Dessa maneira, o Código de 2015 superou a segunda parte da Súmula nº 375 do STJ no que requer a má-fé do adquirente para a configuração da fraude à execução, assim como o entendimento da Corte Especial do STJ no sentido de ser do credor o ônus da prova dessa má-fé. Na mesma linha, Teresa Wambier e coautores sustentam que "diante do CPC/2015 o entendimento jurisprudencial que impõe ao exequente provar a má-fé do adquirente deve necessariamente ser alterado. Há, por força de lei, inversão no ônus desta prova, cabendo ao terceiro-adquirente fazer prova de sua boa-fé e não o contrário. A Súmula 375 do STJ deve ser, na sua segunda parte, revogada, só se justificando sua manutenção quanto à exigência da citação".[77]

Noutras palavras, para que incida a hipótese de fraude à execução do art. 792, IV, do CPC/2015, exige-se cumulativamente: *(i)* a litispendência de ação contra o devedor, com a citação válida, ao tempo da alienação; *(ii)* que a referida ação seja capaz de reduzir o devedor à insolvência; e *(iii)* a ausência de boa-fé objetiva do terceiro adquirente, cabendo a este o ônus de provar que adotou as cautelas necessárias para a aquisição, mediante a exibição das certidões pertinentes, obtidas no domicílio do vendedor e no local onde se encontra o bem.

3.2.8 Outros casos de fraude à execução

O art. 792 do CPC/2015 encarta, em seu inciso V, norma de abertura do rol das hipóteses de fraude à execução preceituando que esta ocorre "nos demais casos expressos em lei."

Assim, por exemplo, há lei especial tratando da fraude na execução fiscal, presumindo-a absoluta ainda que não citado o executado, quando este aliena ou onera bens estando em débito com a Fazenda Pública por crédito inscrito como dívida ativa em fase de execução (art. 185 do CTN). Trata-se de regra protetiva do Fisco que encerra presunção *iuris et de iure* de fraude. Sobre o tema, confira-se elucidativo julgado do STJ:

> "A Primeira Seção do STJ, no julgamento do REsp 1.141.990/PR, submetido ao rito dos feitos repetitivos, firmou: a) a natureza jurídica tributária do crédito conduz a que a simples alienação ou oneração de bens ou rendas, ou seu começo, pelo sujeito passivo por quantia inscrita em dívida ativa, sem a reserva de meios para quitação do débito, *gera presunção absoluta (jure et de jure) de fraude à execução* (lei especial que se sobrepõe ao regime do direito processual civil); b) a aliena-ção engendrada até 08.06.2005 exige que tenha havido prévia citação no processo judicial para caracterizar a fraude de execução; se o ato translativo foi praticado a partir de 09.06.2005, data de início da vigência da Lei Complementar 118/2005, basta a efetivação da inscrição em dívida ativa para a configuração da figura da fraude; c) a não aplicação do art. 185 do CTN, dispositivo que não condiciona a ocorrência de fraude a qualquer registro público, importa violação da Cláusula Reserva de Plenário e afronta à Súmula Vinculante 10/STF. (...) Considera-se fraudulenta a alie-nação, mesmo quando há transferências sucessivas do bem, feita após a inscrição do débito em dívida ativa, sendo desnecessário comprovar a má-fé do terceiro adquirente. (...) A lei especial, o Código Tributário Nacional, se sobrepõe ao regime do Direito Processual Civil, não se aplicando às Execuções Fiscais o tratamento dispensado à fraude civil, diante da supremacia do interesse público, já que o recolhimento dos tributos serve à satisfação das necessidades coletivas. Inapli-cável às Execuções Fiscais a interpretação consolidada na Súmula 375/STJ" (REsp 1833644/PB, Rel. Min. Herman benjamin, 2ª TURMA, j. 08.10.2019, *DJe* 18.10.2019).

De toda sorte, uma vez caracterizada a fraude de execução, todas as alienações subsequentes caem por terra e os adquirentes prejudicados poderão regredir contra seus alienantes pleiteando perdas e danos em razão da evicção.

Por fim, ressalte-se que a incidência da responsabilidade em caso de fraude torna indiferente também o registro imobiliário consubstanciado da alienação fraudulenta.

---

[77] **Teresa Arruda Alvim Wambier** *et al*. **Primeiros Comentários ao Novo CPC**, 2015. p. 1.146-1.147.

3.3 Fase de apreensão

3.3.1 Penhora

A execução por quantia certa, quer seja por cumprimento de sentença que reconheça a exigibilidade de obrigação desta natureza, quer se fundamente em título extrajudicial, tem como finalidade expropriar bens do devedor para satisfazer o direito do credor; por isso que também é denominada "execução por expropriação". Os *bens submetidos ao sacrifício da alienação* não são todos os que compõem o patrimônio do executado, senão aqueles *suficientes* para esse fim, determinados por meio da penhora.

Desta sorte, há uma *fase no processo de execução* para obtenção de quantia certa em que se "individualizam os bens" sujeitos à expropriação satisfativa. Essa fase é denominada "fase de apreensão" de bens e o "meio de afetá-los ao processo denomina-se penhora".[78] O termo aproxima-se do direito real de penhor que representa garantia de crédito e tem por objeto os bens móveis. A diferença é que o *penhor garante um crédito,* e a *penhora,* que "pode incidir sobre bem móvel ou imóvel", é "ato processual necessário" ao processo de execução por quantia certa. Em razão da afetação dos bens penhorados, *qualquer ato que desvie o destino dos bens é ineficaz em relação ao processo.* Assim é que, uma vez averbada a penhora junto ao registro do bem, ainda que alienado o bem penhorado, nem por isso a execução se altera. Os atos executivos posteriores e, em consequência, a expropriação incidirão sobre o patrimônio do adquirente, uma vez que a alienação foi engendrada em "fraude de execução" (art. 792, III, e 844 do CPC/2015). A ineficácia que se traduz na insensibilidade processual daquela alienação significa que a venda não restou nula nem anulável, mas apenas indiferente para o processo. Em consequência, se o bem alienado for substituído por outro a consenso das partes ou se houver pagamento do débito, a alienação reputar-se-á perfeita, acabada e sem vícios.

A alusão à penhora de "bens necessários" visa a explicitar o princípio de que esta não deve ser nem inútil nem excessiva. A *inutilidade* da penhora deve ser aferida pelo próprio oficial de justiça que não deve realizá-la quando "ficar evidente que o produto da execução dos bens encontrados será totalmente absorvido pelo pagamento das custas da execução" (art. 836 do CPC/2015), tanto mais que, como regra, cabe ao oficial de justiça a avaliação dos bens (art. 870 do CPC/2015).

É *excessiva a penhora* quando o valor dos bens for "consideravelmente superior ao crédito do exequente e dos acessórios" (art. 874, I, do CPC/2015).[79]

Os bens apreendidos no processo de execução por quantia certa destinam-se à expropriação e, por isso, devem ser alienáveis. Em consequência, os bens inalienáveis são, também, impenhoráveis (art. 832 do CPC/2015), como os bens públicos de uso comum do povo e de uso especial (art. 100 do CC).

A impenhorabilidade dos bens do devedor é excepcional, porquanto, consoante observado, o seu patrimônio é a garantia de seus credores; razão pela qual a impossibilidade de apreensão deve resultar de texto legal expresso.

---

[78] Definição antiga mas de singular pertinência, a lançada de há muito por **Pereira e Sousa** em suas *Primeiras Linhas sobre o Processo Civil*, 1863, § 347: "A penhora é ato judicial pelo qual em virtude de mandado do magistrado se tiram bens do poder do condenado, e se põem debaixo da guarida da justiça para segurança da execução."

[79] "**Art. 874**. Após a avaliação, o juiz poderá, a requerimento do interessado e ouvida a parte contrária, mandar: I – reduzir a penhora aos bens suficientes ou transferi-la para outros, se o valor dos bens penhorados for consideravelmente superior ao crédito do exequente e dos acessórios;

II – ampliar a penhora ou transferi-la para outros bens mais valiosos, se o valor dos bens penhorados for inferior ao crédito do exequente.

Art. 875. Realizadas a penhora e a avaliação, o juiz dará início aos atos de expropriação do bem."

"É possível a ampliação da penhora quando for constatada por avaliação judicial a insuficiência dos valores dos bens penhorados para fazer frente ao crédito a ser satisfeito em juízo, não se condicionando o deferimento de tal medida à realização de leilão daqueles bens já penhorados" (STJ – 6ª Turma, REsp. nº 94.846-SP, rel. Min. Anselmo Santiago).

Parte X • XI – TUTELA DAS OBRIGAÇÕES DE ENTREGA DE SOMA | **819**

O Código de 1973 previa duas espécies de impenhorabilidade, a saber, *a impenhorabilidade absoluta* e *a impenhorabilidade relativa*: no *primeiro* caso, *os bens não poderiam ser apreendidos*, e o vício seria denunciável a qualquer tempo; no *segundo*, determinados bens, *originariamente impenhoráveis*, poderiam ser apreendidos *à falta de outros bens* e a sua alegação deveria operar-se quando da impugnação ou embargos à execução, sob pena de preclusão.

Consoante já se afirmou em capítulo anterior, o CPC de 2015, contudo, não mais utiliza o advérbio "absolutamente" impenhoráveis, pois em determinados casos será possível penhorar inclusive os bens constantes do rol do art. 833, como, *v. g.*, na hipótese em que a dívida é for relativa ao próprio bem (art. 833, § 1º, do CPC/2015) ou, em determinadas situações, se a penhora for para pagamento de prestação alimentícia (art. 833, § 2º, do CPC/2015).

A penhora tem inegável natureza jurídica de "ato executivo" necessário e preparatório da futura expropriação do bem constrito. Destarte, não há, com a realização da penhora, a "perda de domínio", o que somente se opera com a expropriação final. Tampouco a constrição é cautelar, porquanto não é ato provisório, nem acessório, porém definitivo em si mesmo e essencial ao desenvolvimento do processo de execução por quantia certa.

A sua finalidade é circunscrever a responsabilidade patrimonial e nesse afã *produz* efeitos materiais e *processuais*, vale dizer: dessa afetação de bens aos fins do processo resultam consequências jurídicas:

Materialmente, em primeiro lugar, quando o próprio devedor não é o depositário do bem, perde-lhe a posse direta que passa ao guardião judicial que assume a legitimidade da defesa da coisa, sem excluir a *posse indireta* e, *a fortiori*, a legitimação do executado, também para as demandas cabíveis.[80]

Sob o enfoque estritamente material, revela-se ineficaz a alienação do bem penhorado.[81]

Processualmente, a penhora circunscreve a responsabilidade do devedor a determinados bens comprometidos com as suas obrigações, sem prejuízo de *gerar para o credor penhorante preferência no recebimento do produto da alienação judicial do bem* penhorado, aferida pela anterioridade da realização da penhora (art. 908, § 2º, do CPC/2015),[82] independentemente do registro.

Objeto da penhora é todo *bem ou direito* avaliável economicamente e passível de alienação. Consequentemente, a penhora incide sobre o bem no seu todo, bem como em seus acessórios, frutos, produtos e benfeitorias ou acessões. Desta sorte, a penhora do carro implica, também, a constrição do motor e acessórios do veículo, não podendo alterar-se a sua substância.

3.3.2 Momento para arguição de vício da penhora

Via de regra, a impenhorabilidade deve ser arguida por meio da impugnação ao cumprimento de sentença (art. 525, § 1º, IV, do CPC/2015) ou dos embargos à execução (art. 917, II, do CPC/2015). Todavia, o Código de 2015 também prevê oportunidades adicionais para a arguição de vícios da penhora por simples petição. Para melhor entender o motivo dessa renovação da oportunidade, cabe relembrar os ritos do cumprimento de sentença e da execução por título extrajudicial envolvendo obrigação de pagar.

---

[80] É que a posse direta do depositário ou administrador não exclui a posse indireta do devedor executado. Como pondera **Ovídio Baptista**, *Curso* cit., p. 65, "há posses escalonadas", o que é perfeitamente legítimo no direito brasileiro.

[81] **José Alberto dos Reis**, de citação obrigatória em tema de execução, assim enfocava o efeito da ineficácia da alienação dos bens penhorados: "é contrário à realidade afirmar que, após a penhora, o direito de propriedade do executado sobre os bens penhorados subsiste tal qual era; se o executado nada pode praticar em prejuízo do vínculo pessoal referido, segue-se que o seu direito sofre uma limitação. A penhora paralisa o direito de propriedade do executado; e paralisa-o neste sentido: o executado não pode praticar, em relação aos bens, atos que comprometam ou prejudiquem os fins da execução. Se os praticar, esses atos serão 'ineficazes'" (*Processo de Execução*, 1954, vol. II, p. 102).

[82] Advirta-se que essa ineficácia alcança frutos, rendimentos bem como a coisa que do bem penhorado resulte por transformação (**Rosenberg**, *Tratado*, vol. III, § 190).

820 | CURSO DE DIREITO PROCESSUAL CIVIL • *Luiz Fux*

No cumprimento de sentença, ultrapassado o prazo para pagamento voluntário, ocorrem dois efeitos processuais: *(i)* "será expedido, desde logo, mandado de penhora e avaliação, seguindo-se os atos de expropriação" (art. 523, § 3º, do CPC/2015); e *(ii)* inicia-se o prazo de 15 (quinze) dias para impugnação ao cumprimento de sentença "independentemente de penhora ou nova intimação" (art. 525, *caput*, do CPC/2015). Então, como visto em capítulo anterior, a expedição do mandado de penhora e avaliação e o início do prazo para impugnação ocorrerão em paralelo, tão logo esgotado o prazo para pagamento voluntário.

Quid iuris, então, quando a irresignação do executado quanto à penhora ou à avaliação disser respeito a acontecimento posterior ao final do prazo para impugnação? Nessa situação, esclarece o art. 525, § 11, do CPC/2015 que as questões relativas a fato superveniente ao término do prazo para apresentação da impugnação, assim como aquelas relativas à validade e à adequação da penhora, da avaliação e dos atos executivos subsequentes, podem ser arguidas por *simples petição*, tendo o executado, em qualquer dos casos, o prazo de 15 (quinze) dias para formular esta arguição, *contado da comprovada ciência do fato ou da intimação do ato*.

Por sua vez, na execução de título extrajudicial, uma vez admitida a inicial pelo juiz, deverá expedir mandado para: *(i)* citação do executado para pagar a dívida no prazo de 3 (três) dias (art. 829, *caput*, do CPC/2015); e *(ii)* "penhora e a avaliação a serem cumpridas pelo oficial de justiça tão logo verificado o não pagamento no prazo assinalado, de tudo lavrando-se auto, com intimação do executado" (art. 829, § 1º, do CPC/2015). Não sendo encontrado o executado para ser citado, deverá ser promovido o arresto de seus bens, que converter-se-á em penhora após o aperfeiçoamento da citação e o decurso do prazo para pagamento (art. 830 do CPC/2015). Já o prazo de 15 (quinze) dias para embargos à execução corre da citação (art. 915 do CPC/2015), de maneira que o início do prazo para embargos não se condiciona à realização da penhora.

Pode ser, então, que a penhora ocorra após o oferecimento ou decurso do prazo para embargos à execução. Atento a isso, estabeleceu o legislador que a incorreção da penhora ou da avaliação poderá ser impugnada por *simples petição*, no prazo de 15 (quinze) dias, *contado da ciência do ato* (art. 917, § 1º, do CPC/2015).

Para alguns autores, essa simples petição tem natureza de *exceção de pré-executividade*, figura prevista de maneira geral no art. 518 do CPC/2015: "Todas as questões relativas à validade do procedimento de cumprimento da sentença e dos atos executivos subsequentes poderão ser arguidas pelo executado nos próprios autos e nestes serão decididas pelo juiz". De acordo com a jurisprudência, a "exceção de pré-executividade é cabível quando atendidos simultaneamente dois requisitos, um de ordem material e outro de ordem formal, ou seja: (a) é indispensável que a matéria invocada seja suscetível de conhecimento de ofício pelo juiz; e (b) é indispensável que a decisão possa ser tomada sem necessidade de dilação probatória" (STJ, REsp 1110925/SP, Rel. Min. Teori Albino Zavascki, Primeira Seção, j. 22.04.2009).

3.3.3 Preclusão do vício da penhora

O Código não esclarece, contudo, se o vício da penhora ou da avaliação preclui caso não seja arguido tempestivamente em sede de impugnação, embargos ou simples petição. A posição que prevalece perante o Superior Tribunal de Justiça é a de que a impenhorabilidade deve ser alegada tempestivamente, sob pena de preclusão, salvante as hipóteses de bem de família legal previstas na Lei nº 8.009/1990.[83]

---

[83] Assim, confiram-se os seguintes arestos:

"É firme a orientação do Superior Tribunal de Justiça no sentido de que a impenhorabilidade prevista no art. 649 do CPC/1973 [atual art. 833], com exceção do bem de família, deve ser arguida pelo devedor na primeira oportunidade, sob pena de preclusão." (AgInt no REsp 1707803/MG, Rel. Min. Ricardo Villas Bôas Cueva, 3ª Turma, j. 24.04.2018).

"A impenhorabilidade do bem de família é matéria de ordem pública, dela podendo conhecer o juízo a qualquer momento, antes da arrematação do imóvel" (AgInt no AREsp 377.850/SP, Rel. Min. Antonio Carlos Ferreira, 4ª Turma, j. 30.08.2018).

Alerte-se que, com a vigência do CPC/2015, restaram ultrapassados os precedentes do STJ segundo os quais a anulação da penhora geraria novo prazo para embargar, enquanto que nos casos de reforço, redução ou substituição da penhora, só caberiam novos embargos se tratassem de matérias suscitáveis a qualquer tempo.[84] O fundamento dessa orientação era o de que não havia, sob a égide do CPC/1973, oportunidade para questionar a nova penhora quando a primeira fosse anulada, pois o art. 745, II, do CPC/1973 dizia que a incorreção da penhora deveria ser alegada nos embargos. Essa orientação restou superada porquanto, como visto, na sistemática do Código de 2015, o prazo para embargos independe da penhora, sendo que a alegação de vício da penhora pode ser formulada por simples petição.

3.4 Impenhorabilidade

3.4.1 Introdução

O Código de 2015 traz as seguintes as novas regras-matrizes:

"Art. 832. Não estão sujeitos à execução os bens que a lei considera impenhoráveis ou inalienáveis.

Art. 833. São impenhoráveis:

I – os bens inalienáveis e os declarados, por ato voluntário, não sujeitos à execução;

II – os móveis, os pertences e as utilidades domésticas que guarnecem a residência do executado, salvo os de elevado valor ou os que ultrapassem as necessidades comuns correspondentes a um médio padrão de vida;

III – os vestuários, bem como os pertences de uso pessoal do executado, salvo se de elevado valor;

IV – os vencimentos, os subsídios, os soldos, os salários, as remunerações, os proventos de aposentadoria, as pensões, os pecúlios e os montepios, bem como as quantias recebidas por liberalidade de terceiro e destinadas ao sustento do devedor e de sua família, os ganhos de trabalhador autônomo e os honorários de profissional liberal, ressalvado o § 2º ;

V – os livros, as máquinas, as ferramentas, os utensílios, os instrumentos ou outros bens móveis necessários ou úteis ao exercício da profissão do executado;

VI – o seguro de vida;

VII – os materiais necessários para obras em andamento, salvo se essas forem penhoradas;

VIII – a pequena propriedade rural, assim definida em lei, desde que trabalhada pela família;

IX – os recursos públicos recebidos por instituições privadas para aplicação compulsória em educação, saúde ou assistência social;

X – a quantia depositada em caderneta de poupança, até o limite de 40 (quarenta) salários-mínimos;

XI – os recursos públicos do fundo partidário recebidos por partido político, nos termos da lei;

XII – os créditos oriundos de alienação de unidades imobiliárias, sob regime de incorporação imobiliária, vinculados à execução da obra.

§ 1º A impenhorabilidade não é oponível à execução de dívida relativa ao próprio bem, inclusive àquela contraída para sua aquisição.

§ 2º O disposto nos incisos IV e X do *caput* não se aplica à hipótese de penhora para pagamento de prestação alimentícia, independentemente de sua origem, bem como às importâncias excedentes a 50 (cinquenta) salários-mínimos mensais, devendo a constrição observar o disposto no art. 528, § 8º, e no art. 529, § 3º.

§ 3º Incluem-se na impenhorabilidade prevista no inciso V do *caput* os equipamentos, os implementos e as máquinas agrícolas pertencentes a pessoa física ou a empresa individual produtora rural, exceto

---

[84] Por exemplo: "A anulação da penhora implica reabertura de prazo para embargar, não assim o reforço ou a redução, posto permanecer de pé a primeira constrição, salvo para alegação de matérias suscitáveis a qualquer tempo ou inerente ao incorreto reforço ou diminuição da extensão da constrição. (...) É admissível o ajuizamento de novos embargos de devedor, ainda que nas hipóteses de reforço ou substituição da penhora, quando a discussão adstringir-se aos aspectos formais do novo ato constritivo." (REsp 1116287/SP, Rel. Min. Luiz Fux, Corte Especial, j. 02.12.2009). Assim também: EDcl no AREsp 659.927/PE, Rel. Min. Napoleão Nunes Maia Filho, 1ª Turma, j. 05.04.2016.

822 | CURSO DE DIREITO PROCESSUAL CIVIL • *Luiz Fux*

quando tais bens tenham sido objeto de financiamento e estejam vinculados em garantia a negócio jurídico ou quando respondam por dívida de natureza alimentar, trabalhista ou previdenciária.

Art. 834. Podem ser penhorados, à falta de outros bens, os frutos e os rendimentos dos bens inalienáveis."

Conforme afirmado anteriormente, o novo Código não estabelece mais uma expressa distinção entre impenhorabilidade absoluta e relativa. O art. 834 do CPC/2015 consagra a situação que a doutrina categorizava, à luz do diploma anterior, como impenhorabilidade relativa, a saber: os frutos e rendimentos dos bens inalienáveis, a princípio, são impenhoráveis; todavia, podem ser objeto de penhora se não houver outros bens para satisfazer a dívida. Nada obstante, a lei consagra diversas hipóteses em que a impenhorabilidade cede diante de circunstâncias concretas. Assim, por exemplo, a parte final do art. 833, II, do CPC/2015 determina a não incidência da impenhorabilidade em bens que revelam o caráter de ostentação, permitindo a penhora de móveis, pertences e utilidades domésticas que guarnecem a residência do executado de elevado valor ou que ultrapassem as necessidades comuns correspondentes a um médio padrão de vida. Esse fato deve ser avaliado pelo juízo à luz do princípio da razoabilidade e da dignidade da pessoa humana, mercê de seu conhecimento *ex officio* como *bonus pater familiae*. Por esse mesmo propósito, consta do art. 833, III, do CPC/2015 a permissão de constrição do vestuário, bem como dos pertences de uso pessoal do executado, de elevado valor.

Consoante a jurisprudência, aplicam-se à execução fiscal as hipóteses de impenhorabilidade previstas no art. 833 do CPC/2015 e na Lei n. 8.009/1990. De acordo com o art. 184 do CTN e com o art. 30 da Lei nº 6.830/80, que têm redação idêntica, respondem pelo pagamento do crédito tributário os bens gravados por ônus real ou cláusula de inalienabilidade ou impenhorabilidade, "excetuados unicamente os bens e rendas que a lei declare absolutamente impenhoráveis". Como não existe mais a divisão entre impenhorabilidade absoluta e relativa, é aplicável o art. 833 do CPC/2015.

Alerte-se que, em qualquer caso, a impenhorabilidade não é oponível à execução de dívida relativa ao próprio bem, inclusive àquela contraída para sua aquisição (art. 833, § 1º, do CPC/2015). Razões de equidade levaram o legislador a esclarecer que a impenhorabilidade não é oponível à cobrança do crédito concedido para a aquisição do próprio bem, o que conduz à manutenção da jurisprudência sobre escapar da proibição da constrição a execução de despesas de condomínio.

3.4.2   Bens inalienáveis

A lei determina a impenhorabilidade dos bens inalienáveis e os declarados, por ato voluntário, não sujeitos à execução (art. 833, I, do CPC/2015). A não sujeição à execução pode ocorrer pela manifestação de vontade, como no caso do bem de família voluntário (art. 1.711 do CC) e do bem doado com cláusula de inalienabilidade (art. 1.911 do CC). Por outro lado, são exemplos de bens inalienáveis por força de lei os bens públicos de uso comum do povo e de uso especial (art. 100 do CC). Uma vez desafetado o bem público, a sua alienação se submete a restrições (art. 101 do CC), pois depende de licitação (art. 37, XXI, CRFB) e, inclusive, autorização legislativa, quando imóveis (art. 17, I, da Lei nº 8.666/1993 e art. 76, I, da Lei nº 14.133/2021).

Há discussão doutrinária sobre a impenhorabilidade dos bens dominicais. Parece-nos que também os bens públicos dominicais são impenhoráveis, devido à sistemática especial de execução das decisões judiciais contra a Fazenda Pública imposta pelo art. 100 da Constituição.

De acordo com o Supremo Tribunal Federal, a impenhorabilidade de bens públicos se estende a empresas públicas e sociedades de economia mista prestadoras de serviço público[85], *salvo se: (i)* a atividade for exercida em regime de concorrência; ou *(ii)* houver objetivo de distribuir lucro a acionistas.[86]

---

[85]   RE 230051 ED, Rel. Min. Maurício Corrêa, Tribunal Pleno, j. 11.06.2003.

[86]   A esse respeito, confira-se: "Os privilégios da Fazenda Pública são inextensíveis às sociedades de economia mista que executam atividades em regime de concorrência ou que tenham como objetivo distribuir lucros aos seus acionistas." (Repercussão Geral, RE 599628, Rel. Min. AYRES BRITTO, Relator(a) p/ Acórdão: Min. Joaquim barbosa, Tribunal Pleno, j. 25.05.2011).

Parte X • XI – TUTELA DAS OBRIGAÇÕES DE ENTREGA DE SOMA | **823**

Em interessante caso julgado pelo STF, uma decisão da Justiça do Trabalho determinara o bloqueio de recursos oriundos de um convênio no âmbito do Programa de Aceleração do Crescimento (PAC) para a aquisição de equipamentos destinados a combater a seca no Estado, determinando a sua utilização para o cumprimento de sentença trabalhista favorável a empregado da sociedade de economia mista estadual executora do convênio. A Corte decidiu que a determinação judicial de bloqueio de verbas de estatal prestadora de serviço público para adimplemento de débitos trabalhistas, ainda que alimentares, viola o regime de precatórios (art. 100 da CRFB), o princípio da legalidade orçamentária (art. 167, VI, da CRFB) e a separação dos Poderes (art. 2º da CRFB).[87]

Quanto aos bens das concessionárias *privadas* de serviço público, não integrantes da Administração Pública indireta, estes, em regra, são penhoráveis, consoante a jurisprudência do Superior Tribunal de Justiça. Excepcionalmente, estes bens são impenhoráveis, quando a constrição puder gerar prejuízo à continuidade do serviço público.[88]

O STF, em repercussão geral, decidiu que os Conselhos Profissionais, embora sejam autarquias, não gozam da impenhorabilidade de bens.[89]Todavia, os Conselhos Profissionais gozam de outros privilégios processuais reconhecidos pela jurisprudência do STJ, como o prazo em dobro para manifestações.[90]

Há, ainda, outros bens que são inalienáveis por força do ordenamento jurídico, como as terras indígenas (art. 231, § 4º, CRFB), o capital formado para pagamento de prestação de alimentos (art. 533, § 1º, CPC/2015) e os bens com cláusula voluntária de inalienabilidade por disposição testamentária (art. 1.911 do CC).

Repise-se que os frutos e rendimentos dos bens inalienáveis podem ser penhorados à falta de outros bens (art. 834 do CPC/2015).

3.4.3 Móveis, pertences e utilidades domésticas

O art. 833, II, do CPC/2015 declara impenhoráveis os móveis, os pertences e as utilidades domésticas que guarnecem a residência do executado, salvo os de elevado valor ou os que ultrapassem as necessidades comuns correspondentes a um médio padrão de vida. A Lei nº 8.009/1990, que será melhor estudada adiante, estabelece a impenhorabilidade do imóvel residencial próprio do casal ou da entidade familiar, bem como dos "móveis que guarnecem a casa" (art. 1º, parágrafo único). Em contrapartida, a mesma lei exclui da impenhorabilidade as obras de arte e adornos suntuosos (art. 2º).

O STJ já decidiu que "eletrodomésticos que, a despeito de não serem indispensáveis, são usualmente mantidos em um imóvel residencial, não podem ser considerados de luxo ou suntuosos para fins de penhora"[91]. Em contrapartida, há precedentes da Corte entendendo que a impenhorabilidade se refere a um único bem móvel da mesma espécie, não alcançando bens em duplicidade.[92]

---

[87] ADPF 275, Rel. Alexandre de Moraes, j. 17.10.2018.

[88] "O STJ entende que bens de empresa concessionária de serviço público podem ser penhorados, contudo o serviço público não poderá ser afetado, como no caso sob exame, em que há sérios riscos de prejuízo à atividade empresarial e à continuidade do serviço público." (REsp 1768932/PE, Rel. Min. Herman Benjamin, 2ª Turma, j. 27.11.2018).

[89] "A execução de débito de Conselho de Fiscalização não se submete ao sistema de precatório" (RE 938837, Rel. Min. Edson Fachin, Rel. p/ Acórdão: Min. Marco Aurélio, Tribunal Pleno, j. 19.04.2017).

[90] STJ, AgRg no Ag 1388776/RJ, Rel. Min. Herman Benjamin, 2ª Turma, j. 07.06.2011.

[91] REsp 488.820/SP, Rel. Min. Denise Arruda, 1ª Turma, j. 08.11.2005.

[92] "Não está sob a cobertura da Lei nº 8.009/1990, nos termos de precedentes da Corte, um segundo equipamento, seja aparelho de televisão, seja videocassete" (REsp 326.991/DF, Rel. Min. Carlos Alberto Menezes Direito, 3ª Turma, j. 18.12.2001).

CURSO DE DIREITO PROCESSUAL CIVIL • Luiz Fux

Vestuários

O art. 833, III, do CPC/2015 consagra a impenhorabilidade dos vestuários, bem como os pertences de uso pessoal do executado, salvo se de elevado valor. Cuida-se de hipótese de impenhorabilidade que, portanto, pode ser afastada de acordo com as circunstâncias concretas.

3.4.4   Verbas remuneratórias e poupança

De acordo com o art. 833, IV, do CPC/2015, são impenhoráveis os vencimentos, os subsídios, os soldos, os salários, as remunerações, os proventos de aposentadoria, as pensões, os pecúlios e os montepios, bem como as quantias recebidas por liberalidade de terceiro e destinadas ao sustento do devedor e de sua família, os ganhos de trabalhador autônomo e os honorários de profissional liberal. O § 2 º do mesmo dispositivo, no entanto, excepcionalmente permite a penhora dessas verbas: *(i)* para pagamento de prestação alimentícia, independentemente de sua origem; ou *(ii)* no caso de importâncias excedentes a 50 (cinquenta) salários mínimos mensais.

Por sua vez, o art. 833, X, do CPC/2015 consagra a impenhorabilidade da quantia depositada em caderneta de poupança, até o limite de 40 (quarenta) salários mínimos, que também é excepcionada no caso de penhora para pagamento de prestação alimentícia, independentemente de sua origem (art. 833, § 2º, do CPC/2015)[93].

Observe-se a existência de dois limites distintos para a incidência da impenhorabilidade. Quanto às verbas remuneratórias previstas no art. 833, IV, do CPC/2015, as importâncias excedentes a *50 (cinquenta) salários mínimos mensais* podem ser penhoradas. No que diz respeito à quantia em caderneta de poupança, a penhora incide no que diz respeito aos valores que excedam *40 (quarenta) salários mínimos*.

O art. 833, § 2º, do CPC/2015 determina a aplicação do art. 529, § 3º, do mesmo Código, de modo que é possível, nos casos de prestação alimentícia ou importâncias acima de 50 salários mínimos, o desconto dos rendimentos ou rendas do executado para pagamento do débito. De acordo com esse dispositivo, ainda que a penhora seja destinada ao pagamento de alimentos, não poderá ultrapassar 50% dos ganhos líquidos dos rendimentos ou rendas do executado.[94]

O Código de 2015 avançou consideravelmente nessa matéria, pois o diploma anterior afastava a impenhorabilidade sobre verbas remuneratórias apenas para o pagamento de prestações alimentícias (art. 649, § 2º, do CPC/1973, incluído pela Lei nº 11.382/2006). A Segunda Seção do STJ, analisando o CPC anterior, entendeu que a impenhorabilidade de verba remuneratória abrangeria apenas a última remuneração percebida pelo executado.[95]

---

[93]   Nesse sentido, cumpre mencionar que o STJ consolidou jurisprudência no sentido de afastar a penhora de até 40 salários mínimos em qualquer tipo de conta bancária (REsp 1.660.671, Rel. Min. Benedito Gonçalves, 1ª Turma, j. 14.05.2021).

[94]   **"CPC/2015: Art. 529**. Quando o executado for funcionário público, militar, diretor ou gerente de empresa ou empregado sujeito à legislação do trabalho, o exequente poderá requerer o desconto em folha de pagamento da importância da prestação alimentícia.

§ 1º Ao proferir a decisão, o juiz oficiará à autoridade, à empresa ou ao empregador, determinando, sob pena de crime de desobediência, o desconto a partir da primeira remuneração posterior do executado, a contar do protocolo do ofício.

§ 2º O ofício conterá o nome e o número de inscrição no Cadastro de Pessoas Físicas do exequente e do executado, a importância a ser descontada mensalmente, o tempo de sua duração e a conta na qual deve ser feito o depósito.

§ 3º Sem prejuízo do pagamento dos alimentos vincendos, o débito objeto de execução pode ser descontado dos rendimentos ou rendas do executado, de forma parcelada, nos termos do *caput* deste artigo, contanto que, somado à parcela devida, não ultrapasse cinquenta por cento de seus ganhos líquidos."

[95]   "A Segunda Seção pacificou o entendimento de que a remuneração protegida pela regra da impenhorabilidade é a última percebida – a do último mês vencido – e, mesmo assim, sem poder ultrapassar o teto constitucional referente à remuneração de Ministro do Supremo Tribunal Federal. Após esse período, eventuais sobras perdem tal proteção. (...) É possível ao devedor poupar valores sob a regra da impenhorabilidade no patamar de até quarenta salários mínimos, não apenas aqueles depositados em cadernetas de poupança, mas também em

No mesmo julgado, a Corte definiu que seriam penhoráveis verbas da última remuneração que ultrapassassem o teto constitucional do salário de Ministro do STF. O CPC/2015, então, regulou a matéria, superando a jurisprudência do STJ: o limite não é mais o teto remuneratório constitucional dos Ministros do STF, passando a ser o patamar de 50 salários mínimos.

Nada obstante a impenhorabilidade do inciso IV do art. 833 do CPC/2015 só alcance a última remuneração percebida, a jurisprudência reconhece que os valores recebidos de remunerações anteriores podem ser poupados, caso em que incide a impenhorabilidade do art. 833, X, do CPC/2015 (obedecido o limite de até 40 salários mínimos), *salvo má-fé ou fraude*. Nesse sentido:

> "A remuneração a que se refere o inciso IV do art. 649 do CPC é a última percebida, no limite do teto constitucional de remuneração (CF, art. 37, XI e XII), perdendo esta natureza a sobra respectiva, após o recebimento do salário ou vencimento seguinte. Precedente. (...) O valor obtido a título de indenização trabalhista, após longo período depositado em fundo de investimento, perde a característica de verba salarial impenhorável (inciso IV do art. 649). Reveste-se, todavia, de impenhorabilidade a quantia de até quarenta salários mínimos poupada, seja ela mantida em papel-moeda; em conta-corrente; aplicada em caderneta de poupança propriamente dita ou em fundo de investimentos, e ressalvado eventual abuso, má-fé, ou fraude, a ser verificado caso a caso, de acordo com as circunstâncias da situação concreta em julgamento (inciso X do art. 649)." (REsp 1230060/PR, Rel. Min. MARIA ISABEL GALLOTTI, SEGUNDA SEÇÃO, j. 13.08.2014).

Como se percebe do aresto acima transcrito, apesar de o 833, X, do CPC/2015 se referir apenas à "caderneta de poupança", o STJ estende a impenhorabilidade a quaisquer "pequenas reservas de capital poupadas". Ademais, havendo diversas aplicações financeiras, estas devem ser somadas para fins de aplicação do limite de 40 SM (REsp 1231123/SP, Rel. Min. NANCY ANDRIGHI, 3ª TURMA, j. 02.08.2012).

Nesse contexto, segundo o STJ, a partir do momento em que o dinheiro for aplicado em algum investimento, perde a natureza remuneratória: não cabe mais a hipótese de impenhorabilidade do inciso IV do art. 833 do CPC/2015, mas pode incidir a impenhorabilidade do art. 833, X, do mesmo Código.[96]

Havia divergência no STJ sobre a possibilidade de penhorar *parcela* da verba remuneratória quando a dívida não for alimentar. Uma primeira corrente entende ser possível penhorar parcela da verba remuneratória do devedor, desde que não ofenda o seu mínimo existencial. Já uma segunda corrente, que hoje restou superada, entendia que a verba remuneratória não pode sofrer penhora, ainda que parcial, salvo a hipótese de crédito alimentar.[97]

---

conta-corrente ou em fundos de investimento, ou guardados em papel-moeda." (EREsp 1330567/RS, Rel. Min. Luis Felipe Salomão, Segunda Seção, j. 10.12.2014).

[96] Transcrevem-se, por oportuno, os seguintes julgados:

"O saldo de depósito em PGBL – Plano Gerador de Benefício Livre não ostenta nítido caráter alimentar, constituindo aplicação financeira de longo prazo, de relevante natureza de poupança previdenciária, porém susceptível de penhora. O mesmo sucede com valores em caderneta de poupança e outros tipos de aplicações e investimentos, que, embora possam ter originalmente natureza alimentar, provindo de remuneração mensal percebida pelo titular, perdem essa característica no decorrer do tempo, justamente porque não foram utilizados para manutenção do empregado e de sua família no período em que auferidos, passando a se constituir em investimento ou poupança." (REsp 1230060/PR, Rel. Min. Maria Isabel Gallotti, Segunda Seção, j. 13.08.2014).

"A quantia aplicada em caderneta de poupança, mesmo que decorrente de sobra dos vencimentos recebidos pelo recorrente, não constitui verba de natureza salarial, e, portanto, não está protegida pela regra do art. 649, IV, do CPC/73; todavia, sendo inferior ao limite de 40 (quarenta) salários mínimos, reveste-se de impenhorabilidade, nos termos do art. 649, X, do CPC/73." (REsp 1452204/MG, Rel. Min. Nancy Andrighi, 3ª Turma, j. 01.12.2016).

[97] "A jurisprudência desta Corte firmou-se no sentido de ser inviável a penhora, ainda que parcial, de valores recebidos a título de salário, dada a natureza alimentar de tais verbas." (AgInt no AREsp 1035207/SP, Rel. Min. Raul Araújo, 4ª Turma, j. 01.06.2017). "É inadmissível a penhora parcial de valores depositados em conta-corrente destinada ao recebimento de salário ou aposentadoria por parte do devedor" (AgInt no AREsp 487.007/DF, Rel. Min. Benedito Gonçalves, 1ª Turma, j. 16.08.2016). Na mesma linha: AgInt no AREsp 897.201/RJ, Rel. Min. Raul Araújo, 4ª Turma, j. 16.02.2017; AgRg no AREsp 712.651/DF, Rel. Min. Moura Ribeiro, 3ª Turma, j. 18.08.2016; AgRg no AREsp 555.675/MS, Rel. Min. Raul Araújo, 4ª Turma, j. 09.09.2014.

826 CURSO DE DIREITO PROCESSUAL CIVIL • Luiz Fux

A Corte Especial do STJ adotou a primeira posição:

"Só se revela necessária, adequada, proporcional e justificada a impenhorabilidade daquela parte do patrimônio do devedor que seja efetivamente necessária à manutenção de sua dignidade e da de seus dependentes. (...) A regra geral da impenhorabilidade de salários, vencimentos, proventos etc. (art. 649, IV, do CPC/73; art. 833, IV, do CPC/2015), pode ser excepcionada quando for preservado percentual de tais verbas capaz de dar guarida à dignidade do devedor e de sua família." (EREsp 1582475/MG, Rel. Min. BENEDITO GONÇALVES, CORTE ESPECIAL, j. 03.10.2018).

Nessa mesma linha, entendeu o STJ pela possibilidade de penhora de 30% de benefício previdenciário para pagar dívida prevista em título executivo extrajudicial: "é possível, em situações excepcionais, a mitigação da impenhorabilidade dos salários para a satisfação de crédito não alimentar, desde que observada a Teoria do Mínimo Existencial, sem prejuízo direto à subsistência do devedor ou de sua família, devendo o Magistrado levar em consideração as peculiaridades do caso e se pautar nos princípios da proporcionalidade e razoabilidade."[98] Em outro caso, a Corte admitiu penhora parcial de salário para pagamento de dívida decorrente de contrato de fomento mercantil.[99] Também há precedente admitindo a penhora de parte da verba remuneratória quando a dívida era oriunda de cheque.[100]

Grassa dúvida na doutrina sobre a possibilidade de interpretar extensivamente o art. 833, IV, do CPC/2015. O STJ entende que o dispositivo protege todas as verbas oriundas da atividade profissional, já tendo interpretado extensivamente o art. 833, IV, do CPC/2015 para reconhecer a impenhorabilidade de auxílio-doença, por ter natureza salarial.[101] Quando a verba é oriunda de previdência privada, o STJ entende que a impenhorabilidade deve ser apreciada caso a caso, a depender se a verba é necessária para a subsistência do devedor.[102]

Segundo o STJ, os honorários advocatícios são verbas alimentares e se enquadram na exceção do art. 833, § 2º, do CPC/2015, de modo que, para o seu pagamento, podem ser penhoradas verbas remuneratórias e quantias depositadas em caderneta de poupança.[103]

---

[98] AgInt no AREsp 1386524/MS, Rel. Min. Marco Aurélio Bellizze, 3ª Turma, j. 25.03.2019.

[99] "Verba salarial. Impenhorabilidade mitigada. Percentual atinente à constrição realizada que não ofende o mínimo existencial dos devedores. Possibilidade." (AgInt no AREsp 1024295/ES, Rel. Min. Paulo de Tarso Sanseverino, 3ª Turma, j. 08.05.2018).

[100] "O propósito recursal é definir se, na hipótese, é possível a penhora de 30% (trinta por cento) do salário do recorrente para o pagamento de dívida de natureza não alimentar. (...) Em situações excepcionais, admite-se a relativização da regra de impenhorabilidade das verbas salariais prevista no art. 649, IV, do CPC/73, a fim de alcançar parte da remuneração do devedor para a satisfação do crédito não alimentar, preservando-se o suficiente para garantir a sua subsistência digna e a de sua família." (REsp 1658069/GO, Rel. Min. Nancy Andrighi, 3ª Turma, j. 14.11.2017).

Na mesma linha: REsp 1673067/DF, Rel. Min. Nancy Andrighi, 3ª Turma, j. 12.09.2017; REsp 1452204/MG, Rel. Min. Nancy Andrighi, 3ª Turma, j. 01.12.2016; REsp 1394985/MG, Rel. Min. Nancy andrighi, 3ª Turma, j. 13.06.2017; REsp 1547561/SP, Rel. Min. Nancy Andrighi, 3ª Turma, j. 09.05.2017; REsp 1514931/DF, Rel. Min. Paulo de Tarso Sanseverino, 3ª Turma, j. 25.10.2016. REsp 1.285.970/SP, 3ª Turma, j. 27.05.2014, DJe 08.09.2014; REsp 1.326.394/SP, 3ª Turma, j. 12.03.2013, DJe 18.03.2013 e REsp 1.356.404/DF, 4ª Turma, j. 04.06.2013, DJe 23.08.2013.

[101] REsp nº 1407062/MG, Rel. Min. Luis Felipe Salomão, 4ª Turma, j. 26.02.2019.

[102] "A impenhorabilidade dos valores depositados em fundo de previdência privada complementar deve ser aferida pelo Juiz casuisticamente, de modo que, se as provas dos autos revelarem a necessidade de utilização do saldo para a subsistência do participante e de sua família, caracterizada estará a sua natureza alimentar, na forma do art. 649, IV, do CPC." (EREsp 1121719/SP, Rel. Min. Nancy andrighi, Segunda Seção, j. 12.02.2014).

"A complementação de aposentadoria classifica-se, em regra, como de natureza alimentar, cuja desconfiguração deve promover-se casuisticamente" (AgRg no REsp 1503161/PE, Rel. Min. Humberto Martins, 2ª Turma, j. 05.03.2015).

[103] "1. A legislação processual civil (CPC/2015, art. 833, IV, e § 2º) contempla, de forma ampla, a prestação alimentícia, como apta a superar a impenhorabilidade de salários, soldos, pensões e remunerações. A referência ao gênero prestação alimentícia alcança os honorários advocatícios, assim como os honorários de outros profissionais liberais e, também, a pensão alimentícia, que são espécies daquele gênero. É de se permitir, portanto, que pelo menos uma parte do salário possa ser atingida pela penhora para pagamento de prestação

3.4.5   Bens móveis necessários ao exercício profissional

De acordo com o art. 833, V, do CPC/2015, são impenhoráveis os livros, as máquinas, as ferramentas, os utensílios, os instrumentos ou outros bens móveis necessários ou úteis ao exercício da profissão do executado. Segundo o STJ, as hipóteses de impenhorabilidade são excepcionais, devendo ser interpretadas restritivamente. Assim, ao estabelecer quais coisas são "necessárias ou úteis ao exercício da profissão", é preciso diferenciar duas situações. Quando a coisa é a própria ferramenta de trabalho, como o carro do taxista ou do instrutor de autoescola, há presunção de que é útil ou necessária ao exercício da profissão. Em contrapartida, se a coisa não é a própria ferramenta de trabalho, o executado deve fazer prova da utilidade ou necessidade para a sua profissão.[104]

Também há precedentes julgando impenhorável o automóvel adaptado utilizado por deficiente físico, pois "medida destinada a manter a sua dignidade, enquanto pessoa integrada ao meio social e profissional, porquanto lhe permite plena liberdade de locomoção"[105] (nesse caso, o STJ não examinou o mérito, pois entendeu ser matéria fática).

Outra discussão importante é sobre a incidência da impenhorabilidade do art. 833, V, do CPC/2015 em favor de pessoas jurídicas.

Sobre o ponto, é importante saber que o § 3º do mesmo art. 833 também protege com a impenhorabilidade prevista no inciso V os equipamentos, os implementos e as máquinas agrícolas, desde que preenchidos os seguintes requisitos: *(i)* sejam pertencentes a pessoa física ou a empresa individual produtora rural; *(ii)* que tais bens não tenham sido objeto de financiamento e estejam vinculados em garantia a negócio jurídico; e *(iii)* que tais bens não respondam por dívida de natureza alimentar, trabalhista ou previdenciária. Note-se, então, que o próprio legislador ampliou a impenhorabilidade do art. 833, V, do CPC/2015 em favor de "*empresa* individual produtora rural".[106]

De acordo com a jurisprudência do STJ, o art. 833, V, do CPC/2015, via de regra, não beneficia pessoas jurídicas. No entanto, os bens móveis necessários ao exercício da empresa podem excepcionalmente ser impenhoráveis, quando os requisitos a seguir estiverem presentes: *(i)* tratar-se de pequena empresa, empresa de pequeno porte ou firma individual; *(ii)* na qual os sócios exerçam a profissão diretamente; e *(iii)* que o bem seja necessário ao desenvolvimento da atividade objeto do contrato social.

---

alimentícia, incluindo-se os créditos de honorários advocatícios, contratuais ou sucumbenciais, os quais têm inequívoca natureza alimentar (CPC/2015, art. 85, § 14). 2. Há de se considerar que, para uma família de baixa renda, qualquer percentual de constrição sobre os proventos do arrimo pode vir a comprometer gravemente o sustento do núcleo essencial, ao passo que o mesmo não necessariamente ocorre quanto à vida, pessoal ou familiar, daquele que recebe elevada remuneração. Assim, a penhora de verbas de natureza remuneratória deve ser determinada com zelo, em atenta e criteriosa análise de cada situação, sendo indispensável avaliar concretamente o impacto da penhora sobre a renda do executado. 3. No caso concreto, a penhora deve ser limitada a 10% (dez por cento) dos módicos rendimentos líquidos do executado. Do contrário, haveria grave comprometimento da subsistência básica do devedor e do seu núcleo essencial." (AgInt no REsp 1732927/DF, Rel. Min. Raul Araújo, 4ª Turma, j. 12.02.2019)

Outro julgado no mesmo sentido: "É possível, entretanto, a penhora de verbas remuneratórias com o objetivo de adimplir crédito relativo a honorários advocatícios, tendo em vista sua natureza alimentar" (AgInt no AREsp 994.681/RJ, Rel. Min. Maria Isabel Gallotti, 4ª Turma, j. 20.06.2017).

[104] Nesse sentido, confiram-se os seguintes julgados:

"De acordo com o entendimento desta Corte, a menos que o automóvel seja a própria ferramenta de trabalho (taxista, transporte escolar ou instrutor de autoescola), ele não poderá ser considerado, de per si, como útil ou necessário ao desempenho profissional, devendo o executado fazer prova dessa 'necessidade' ou 'utilidade'." (AgInt no AREsp 1182616/RS, Rel. Min. Luis Felipe Salomão, 4ª Turma, j. 27.02.2018).

"A regra é a penhorabilidade dos bens, de modo que as exceções decorrem de previsão expressa em lei, cabendo ao executado o ônus de demonstrar a configuração, no caso concreto, de alguma das hipóteses de impenhorabilidade previstas na legislação. Cabe ao executado, ou àquele que teve um bem penhorado, demonstrar que o bem móvel objeto de constrição judicial enquadra-se na situação de 'utilidade' ou 'necessidade' para o exercício da profissão. Precedentes." (AgRg no AgRg no AREsp 760.162/SP, Rel. Min. Marco Buzzi, 4ª Turma, j. 13.03.2018).

[105] REsp 1475852/SC, Rel. Min. Herman Benjamin, 2ª Turma, j. 04.11.2014.

[106] Adiante será melhor apreciada a hipótese de impenhorabilidade sobre a pequena propriedade rural trabalhada pela família (art. 833, VIII, do CPC/2015).

828 | CURSO DE DIREITO PROCESSUAL CIVIL • *Luiz Fux*

O STJ já considerou, inclusive, um bem *imóvel* como impenhorável, por ser instrumento necessário ou útil ao desenvolvimento da atividade objeto do contrato social:

> "A interpretação teleológica do art. 649, V, do CPC, em observância aos princípios fundamentais constitucionais da dignidade da pessoa humana e dos valores sociais do trabalho e da livre iniciativa (art. 1º, incisos III e IV, da CRFB/88) e do direito fundamental de propriedade limitado à sua função social (art. 5º, incisos XXII e XXIII, da CRFB/88), legitima a inferência de que o imóvel profissional constitui instrumento necessário ou útil ao desenvolvimento da atividade objeto do contrato social, máxime quando se tratar de pequenas empresas, empresas de pequeno porte ou firma individual." (REsp 1114767/RS, Rel. Min. LUIZ FUX, CORTE ESPECIAL, j. 02.12.2009).

3.4.6 Seguro de vida

A impenhorabilidade sobre o seguro de vida abrange tanto o prêmio pago em vida quanto a importância a ser percebida *post mortem* pelo beneficiário. É que, contratualmente, o seguro de vida se destina ao beneficiário, não ao instituidor do seguro, de modo que é alheio ao patrimônio deste. Então, se o instituidor é o executado, descabe a penhora de qualquer quantia atrelada ao seguro de vida.

Por outro lado, em relação ao beneficiário, antes da morte do instituidor há mera expectativa de direito quanto ao recebimento do benefício. Dessa maneira, sem que ocorra o óbito do instituidor, mesmo sendo executado o beneficiário, nenhum bem atrelado ao seguro de vida pode ser penhorado, incidindo o art. 833, VI, do CPC/2015.

Finalmente, na hipótese de ser executado o beneficiário e o óbito do instituidor já ter ocorrido, o contrato de seguro de vida já se completou, com o ingresso do benefício no patrimônio do executado. Nada obstante o art. 833, VI, do CPC/2015 determine a impenhorabilidade dessa indenização securitária, em razão do seu caráter alimentar, a jurisprudência do STJ aplica por analogia o limite do art. 833, X, do CPC/2015, de modo que é possível a penhora dos valores que excedam 40 (quarenta) salários mínimos.[107]

3.4.7 Materiais necessários para obras em andamento

O art. 833, VII, do CPC/2015 consagra a impenhorabilidade dos materiais necessários para obras em andamento, salvo se essas forem penhoradas. Essa hipótese de impenhorabilidade, obviamente, incide ainda que não presentes os requisitos para a configuração do bem de família legal nos termos da Lei nº 8.009/1990.

3.4.8 Pequena propriedade rural trabalhada pela família

Já se mencionou em passagem anterior que o § 3º do art. 833 do CPC/2015 declara impenhoráveis os equipamentos, os implementos e as máquinas agrícolas, desde que preenchidos os seguintes requisitos: *(i)* sejam pertencentes a pessoa física ou a empresa individual produtora rural; *(ii)* que tais bens não tenham sido objeto de financiamento e estejam vinculados em garantia a negócio jurídico; e *(iii)* que tais bens não respondam por dívida de natureza alimentar, trabalhista ou previdenciária.

---

[107] "Recurso especial. Seguro de vida. Art. 649, IX, Do CPC/1973. Execução. Indenização securitária. Natureza alimentar. Impenhorabilidade. 40 (quarenta) SALÁRIOS MÍNIMOS. Art. 649, X, do CPC/1973. Limitação. 1. Recurso especial interposto contra acórdão publicado na vigência do CPC de 1973 (Enunciados Administrativos nºs 2 e 3/STJ). 2. Cinge-se a controvérsia a determinar se é possível a penhora da indenização recebida pelo beneficiário do seguro de vida em execução voltada contra si. 3. A impenhorabilidade do seguro de vida objetiva proteger o respectivo beneficiário, haja vista a natureza alimentar da indenização securitária. 4. A impossibilidade de penhora dos valores recebidos pelo beneficiário do seguro de vida limita-se ao montante de 40 (quarenta) salários mínimos, por aplicação analógica do art. 649, X, do CPC/1973, cabendo a constrição judicial da quantia que a exceder. 5. Recurso especial parcialmente provido"(REsp 1361354/RS, Rel. Min. Ricardo Villas Bôas Cueva, 3ª Turma, j. 22.05.2018, *DJe* 25.06.2018).

Parte X · XI – TUTELA DAS OBRIGAÇÕES DE ENTREGA DE SOMA | **829**

Não se deve confundir essa hipótese, no entanto, com a impenhorabilidade prevista no art. 833, VIII, do CPC/2015, que protege "a pequena propriedade rural, assim definida em lei, desde que trabalhada pela família". A definição de pequena propriedade rural está no art. 4º, II, da Lei n. 4.504/64 (Estatuto da Terra). Por sua vez, a própria Constituição da República, em seu art. 5º, XXVI, prevê a hipótese de impenhorabilidade aplicável à *(i)* pequena propriedade rural; *(ii)* trabalhada pela família; e *(iii)* para débitos decorrentes da sua atividade produtiva. Note-se que a impenhorabilidade do art. 833, VIII, do CPC/2015 é mais ampla, pois incide ainda que não se trate de débitos decorrentes da atividade produtiva da pequena propriedade rural.

A esse respeito, o Supremo Tribunal Federal reconheceu a Repercussão Geral da questão "acerca da garantia, ou não, de impenhorabilidade da pequena propriedade rural e familiar, oponível contra empresa fornecedora de insumos necessários à sua atividade produtiva, nos casos em que a família também é proprietária de outros imóveis rurais".[108]

3.4.9 Recursos públicos recebidos por instituições privadas para aplicação compulsória em educação, saúde ou assistência social

De acordo com o art. 833, IX, do CPC/2015, são impenhoráveis os recursos públicos recebidos por instituições privadas para aplicação compulsória em educação, saúde ou assistência social. Assim, por exemplo, às organizações sociais poderão ser destinados recursos orçamentários e bens públicos necessários ao cumprimento do contrato de gestão (art. 12 da Lei nº 9.637/1998). Note-se que, ao ingressar no patrimônio de instituição privada, os recursos deixam de ter natureza de bem público. Porém, os recursos passam a ser afetados a um serviço de relevância pública, sendo razoável que o legislador estabeleça a sua impenhorabilidade.

Situação não esclarecida pelo legislador é a dos recursos públicos recebidos por instituições privadas para aplicação compulsória em atividades de relevância social *diversas* da educação, da saúde ou da assistência social. Entendemos que a impenhorabilidade é aplicável ainda que a instituição exerça outros serviços de relevância pública, como o transporte.[109]

É do executado o ônus de provar que os recursos têm origem pública e se destinam a serviço de relevância social, por aplicação analógica do art. 854, § 3º, I, do CPC/2015.

3.4.10 Recursos públicos do fundo partidário

São impenhoráveis, nos termos do art. 833, XI, do CPC/2015, os recursos públicos do fundo partidário recebidos por partido político, regidos pela Lei nº 9.096/1995. Enquanto integrantes do fundo, os recursos obtidos na forma do art. 38 da Lei nº 9.096/1995 são bens públicos, incidindo a impenhorabilidade do art. 833, I, do CPC/2015.[110] Após a transferência dos recursos do fundo partidário ao partido político, essa verba passa a ter aplicação específica, nos termos do art. 44 da Lei nº 9.096/1995, motivo pelo qual é protegida pela impenhorabilidade do art. 833, XI, do CPC/2015.

Nada obstante, o partido político também possui outras fontes de financiamento, como as contribuições de filiados e as doações. O art. 33 da Lei nº 9.096/1995 exige que o partido político envie balanço contábil à Justiça Eleitoral discriminando, de um lado, os valores e destinação dos

---

[108] ARE 1038507 RG, Rel. Min. Edson Fachin, j. 07.09.2017.

[109] O STJ negou conhecimento a recurso que versava sobre esse tema, por deficiência de fundamentação (AgInt no AREsp 1181397/SP, Rel. Min. Mauro Campbell Marques, 2ª Turma, j. 17.04.2018).

[110] "**Lei nº 9.096/1995: Art. 38**. O Fundo Especial de Assistência Financeira aos Partidos Políticos (Fundo Partidário) é constituído por:

I – multas e penalidades pecuniárias aplicadas nos termos do Código Eleitoral e leis conexas;

II – recursos financeiros que lhe forem destinados por lei, em caráter permanente ou eventual;

III – doações de pessoa física ou jurídica, efetuadas por intermédio de depósitos bancários diretamente na conta do Fundo Partidário;

IV – dotações orçamentárias da União em valor nunca inferior, cada ano, ao número de eleitores inscritos em 31 de dezembro do ano anterior ao da proposta orçamentária, multiplicados por trinta e cinco centavos de real, em valores de agosto de 1995."

830 | CURSO DE DIREITO PROCESSUAL CIVIL • Luiz Fux

recursos oriundos do fundo partidário e, de outro, a origem e valor das contribuições e doações. As contribuições e doações têm natureza privada e, por isso, não estão abrangidas pela impenhorabilidade do art. 833, XI, do CPC/2015, como reconhece a jurisprudência do Superior Tribunal de Justiça.[111]

Rememore-se, ainda, o disposto no art. 854, § 9º, do CPC/2015, sobre a indisponibilidade eletrônica de ativos financeiros de partido político: "Quando se tratar de execução contra partido político, o juiz, a requerimento do exequente, determinará às instituições financeiras, por meio de sistema eletrônico gerido por autoridade supervisora do sistema bancário, que tornem indisponíveis ativos financeiros somente em nome do órgão partidário que tenha contraído a dívida executada ou que tenha dado causa à violação de direito ou ao dano, ao qual cabe exclusivamente a responsabilidade pelos atos praticados, na forma da lei."

3.4.11 Créditos oriundos de alienação de unidades sob regime de incorporação imobiliária

Na dicção do art. 833, XII, do CPC/2015, são impenhoráveis os créditos oriundos de alienação de unidades imobiliárias, sob regime de incorporação imobiliária, vinculados à execução da obra. De acordo com o art. 28, parágrafo único, da Lei nº 4.591/1964, considera-se incorporação imobiliária a atividade exercida com o intuito de promover e realizar a construção, para alienação total ou parcial, de edificações ou conjunto de edificações compostas de unidades autônomas. O incorporador, pessoa física ou jurídica, realiza compromisso de compra e venda ou mesmo a venda de frações ideais de terreno, vinculando-as a unidades autônomas de um projeto de construção que será realizada, "responsabilizando-se, conforme o caso, pela entrega, a certo prazo, preço e determinadas condições, das obras concluídas" (art. 29, *caput*, da Lei nº 4.591/1964).

O incorporador, então, levanta recursos para a construção da edificação por meio da venda antecipada das unidades autônomas imobiliárias. Considerando que esses recursos se destinam à efetivação de direitos de terceiros consumidores, que não podem ser prejudicados por dívidas do incorporador, a lei determina a sua impenhorabilidade. Nada obstante, a impenhorabilidade atinge tão somente os recursos abrangidos pelo orçamento da construção, não alcançando verbas excedentes.

O art. 862, § 3º, do CPC/2015 dispõe, ainda, que, em relação aos edifícios em construção sob regime de incorporação imobiliária, a penhora somente poderá recair sobre as unidades imobiliárias ainda não comercializadas pelo incorporador.

---

[111] "Recurso especial. Processual civil. Violação de dispositivos constitucionais. Não cabimento. Negativa de prestação jurisdicional. Ofensa ao art. 535 do CPC. Não ocorrência. Prequestionamento. Ausência. Súmula nº 282/STF. Execução de sentença. Penhora de valores oriundos do fundo partidário. Impossibilidade. Vedação legal. Art. 649, XI, do CPC.

1. O art. 649, XI, do CPC impõe a impenhorabilidade absoluta dos recursos públicos do fundo partidário, nele compreendidas as verbas previstas nos incisos I, II, III e IV do art. 38 da Lei nº 9.096/1995.

2. Os recursos do fundo partidário são originados de fontes públicas, como as multas e penalidades, recursos financeiros destinados por lei e dotações orçamentárias da União (art. 38, I, II e IV), ou de fonte privada, como as doações de pessoa física ou jurídica diretamente ao fundo partidário (art. 38, III).

3. Após a incorporação de tais somas ao mencionado fundo, elas passam a ter destinação legal específica e, portanto, natureza jurídica de verba pública, nos termos do art. 649, XI, do CPC, 'recursos públicos', independentemente da origem.

4. A natureza pública do fundo partidário decorre da destinação específica de seus recursos (art. 44 da Lei nº 9.096/1995), submetida a rigoroso controle pelo Poder Público, a fim de promover o funcionamento dos partidos políticos, organismos essenciais ao Estado Democrático de Direito.

5. O Fundo Partidário não é a única fonte de recursos dos partidos políticos, os quais dispõem de orçamento próprio, oriundo de contribuições de seus filiados ou de doações de pessoas físicas e jurídicas (art. 39 da Lei nº 9.096/1995), e que, por conseguinte, ficam excluídas da cláusula de impenhorabilidade.

6. Recurso especial parcialmente provido."

(REsp 1474605/MS, Rel. Min. Ricardo Villas Bôas Cueva, 3ª Turma, j. 07.04.2015, *DJe* 26.05.2015).

3.4.12 Bem de família legal

A Lei nº 8.009/1990 define que, como regra, é impenhorável o imóvel quando: *(i)* for residencial; *(ii)* for próprio do casal ou da entidade familiar; e *(iii)* a dívida exequenda tiver sido contraída pelos cônjuges ou pelos pais ou filhos *que sejam seus proprietários* e *nele residam*.

À luz de uma interpretação teleológica, a tutela do bem de família, na sua essência, não se aplica apenas ao abrigo da entidade familiar, mas à habitação do ser humano, como forma de defesa da dignidade humana. Assim é que, perfazendo um balanceamento dos interesses em jogo, há de se preservar tanto o imóvel residencial de pessoa solteira quanto o que se destina aos conviventes de uma união estável, ou de parentes próximos que residem juntos *etc.*

Quanto ao caráter residencial do imóvel, deve-se frisar que a impenhorabilidade abrange apenas um único imóvel utilizado para moradia permanente (art. 5º da Lei nº 8.009/1990). Segundo o STJ, não se exige, contudo, que o devedor faça prova de que é o único imóvel de sua residência.[112] Sendo vários os imóveis residenciais, só é impenhorável o de menor valor, salvo se outro tiver sido registrado para esse fim (art. 5º, parágrafo único, da Lei nº 8.009/1990).

A impenhorabilidade só compreende o imóvel sobre o qual se assentam a construção, as plantações e as benfeitorias (art. 1º, parágrafo único, da Lei nº 8.009/1990). De acordo com o STJ, se o imóvel for composto por diversas matrículas e a construção estiver situada em apenas algumas delas, é possível a penhora da fração ideal do imóvel referente à parcela não edificada, desde que possa haver desmembramento sem descaracterização.[113]

Há julgado do STJ apontando também que "o fato de a parte devedora não residir no único imóvel de sua propriedade, por estar em fase de construção, por si só, não impede seja ele considerado bem de família".[114] Com efeito, o referido tribunal entende que "o fato de se tratar de terreno não edificado é circunstância que, por si só, não obsta sua qualificação como bem de família, na medida em que tal qualificação pressupõe a análise, caso a caso, da finalidade realmente atribuída ao imóvel (interpretação teleológica das impenhorabilidades)".[115]

---

[112] REsp 1762249/RJ, Rel. Min. Nancy Andrighi, 3ª Turma, j. 04.12.2018.

[113] AgInt no REsp 1624356/SP, Rel. Min. Paulo de Tarso Sanseverino, 3ª Turma, j. 10.12.2018; AgInt no AREsp 1193630/SP, Rel. Min. Luis Felipe Salomão, 4ª Turma, j. 25.09.2018.

[114] "Recurso especial – Execução de título extrajudicial – Contrato de mútuo – Penhora de terreno com unidade habitacional em fase de construção – Impugnação – Pretensão de reconhecimento da impenhorabilidade do bem de família – Instâncias ordinárias que reputaram penhorável o bem imóvel pertencente aos executados, por não ostentar a qualidade de residência, ante o fato de estar em edificação – Insurgência recursal da parte executada. Hipótese: a controvérsia recursal consiste em definir se é alcançável pela proteção de que trata a Lei nº 8.009/90 (bem de família) terreno cuja unidade habitacional está em fase de construção. 1. O Tribunal de origem concluiu pela penhorabilidade do bem, sob o fundamento de ser requisito ao deferimento da proteção legal estabelecida na Lei nº 8.009/90, servir o imóvel como residência, qualidade que não ostentaria o terreno com unidade habitacional em fase de construção/obra. 2. A interpretação conferida pelas instâncias ordinárias não se coaduna à finalidade da Lei nº 8.009/90, que visa a proteger a entidade familiar, razão pela qual as hipóteses permissivas da penhora do bem de família devem receber interpretação restritiva. Precedentes. 2.1. A impenhorabilidade do bem de família busca amparar direitos fundamentais, tais como a dignidade da pessoa humana e a moradia, os quais devem funcionar como vetores axiológicos do nosso ordenamento jurídico. 2.2. A interpretação que melhor atende ao escopo legal é a de que o fato de a parte devedora não residir no único imóvel de sua propriedade, por estar em fase de construção, por si só, não impede seja ele considerado bem de família. 2.3. No caso, inviável reconhecer, de plano, a alegada impenhorabilidade, pois os requisitos para que o imóvel seja considerado bem de família não foram todos objeto de averiguação pela instância de origem, sendo incabível proceder-se à aplicação do direito à espécie no âmbito desta Corte Superior, por demandar o exame de fatos e provas, cuja análise compete ao Tribunal local. 3. Recurso especial parcialmente provido, a fim de cassar o acórdão recorrido e determinar o retorno dos autos à Corte a quo, para que, à luz da proteção conferida ao bem de família pela Lei nº 8.009/1990, e afastada a necessidade do interessado residir no imóvel penhorado, bem como, da moradia já estar edificada, proceda a Corte de origem ao rejulgamento do agravo de instrumento, analisando se o imóvel penhorado, no caso concreto, preenche os demais requisitos para o amparo pretendido" (REsp 1.960.026/SP, Rel. Min. Marco Buzzi, 4ª Turma, j. 11.10.2022, *DJe* 29.11.2022.)

[115] REsp 1.417.629/SP, Rel. Min. Nancy Andrighi, 3ª Turma, j. 10.12.2013, *DJe* 19.12.2013.

Questiona-se a solução jurídica para o caso em que a penhora for anterior à constituição de residência pela família. O STJ decidiu que, em hipóteses que tais, a penhora deve ser desconstituída. Confira-se:

> "deve-se admitir que a proteção legal alcance a entidade familiar única, ainda que constituída posteriormente à realização da penhora, porquanto tal fato não se mostra relevante aos olhos da lei, que se destina à proteção da família em seu sentido mais amplo".[116]

Outra situação concreta relevante é aquela em que o devedor só não reside no imóvel por ser impossível a moradia em razão de falta de serviço estatal. Nesse caso, muito embora o devedor não resida no imóvel, incide a impenhorabilidade.[117]

Tendo em vista que a lei exige a residência do devedor no imóvel, a impenhorabilidade não abrange "bem imóvel de uso eventual ou recreativo"[118]. Por outro lado, a impenhorabilidade "abrange o imóvel em fase de aquisição, como aqueles decorrentes da celebração do compromisso de compra e venda ou do financiamento de imóvel para fins de moradia"[119].

A impenhorabilidade abrange também os bens móveis que guarnecem o imóvel, salvo veículos de transporte, obras de arte e adornos suntuosos (arts. 1º, parágrafo único, e 2º da Lei nº 8.009/1990).[120] A lei, contudo, não estabelece o valor do imóvel como critério para a incidência da impenhorabilidade, de modo que os "imóveis de alto padrão não são excluídos da proteção do bem de família"[121].

Em qualquer caso, é do credor o ônus da prova de descaracterizar o bem de família, conforme reconhece a jurisprudência do STJ.[122]

Questão interessante diz respeito à validade da renúncia à proteção do bem de família, o que ocorre, por exemplo, quando o devedor oferta em garantia o seu único imóvel residencial. O Superior Tribunal de Justiça reconhece que a renúncia é válida, pois do contrário haveria *venire contra factum proprium*.[123]

O art. 3º da Lei nº 8.009/1990 consagra diversas exceções à impenhorabilidade do imóvel residencial familiar:

> "Art. 3º A impenhorabilidade é oponível em qualquer processo de execução civil, fiscal, previdenciária, trabalhista ou de outra natureza, salvo se movido:
> I – em razão dos créditos de trabalhadores da própria residência e das respectivas contribuições previdenciárias; (Revogado pela Lei Complementar nº 150, de 2015)

---

[116] AgInt no AREsp 1158338/SP, Rel. Min. Lázaro Guimarães (desembargador convocado do TRF 5ª Região), 4ª Turma, j. 14.08.2018.

[117] STJ, REsp 825.660/SP, Rel. Min. João Otávio de Noronha, 4ª Turma, j. 01.12.2009.

[118] AgInt no REsp 1745395/RS, Rel. Min. Og Fernandes, 2ª Turma, j. 13.11.2018.

[119] REsp 1677079/SP, Rel. Min. Ricardo villas bôas cueva, 3ª Turma, j. 25.09.2018.

[120] "É assente na jurisprudência das Turmas que compõem a Segunda Seção desta Corte o entendimento segundo o qual a proteção contida na Lei nº 8.009/1990 alcança não apenas o imóvel da família, mas também os bens móveis que o guarnecem, à exceção apenas os veículos de transporte, obras de arte e adornos suntuosos." (STJ, Rcl 4.374/MS, Rel. Min. Sidnei Beneti, Segunda Seção, j. 23.02.2011).

[121] STJ, AgInt no REsp 1656079/RS, Rel. Min. Ricardo Villas Bôas Cueva, 3ª Turma, j. 03.12.2018.

[122] STJ, AgInt no REsp 1656079/RS, Rel. Min. Ricardo Villas Bôas Cueva, 3ª Turma, j. 03.12.2018.

[123] "A questão da proteção indiscriminada do bem de família ganha novas luzes quando confrontada com condutas que vão de encontro à própria ética e à boa-fé, que devem permear todas as relações negociais. (...) Não pode o devedor ofertar bem em garantia que é sabidamente residência familiar para, posteriormente, vir a informar que tal garantia não encontra respaldo legal, pugnando pela sua exclusão (vedação ao comportamento contraditório). (...) Tem-se, assim, a ponderação da proteção irrestrita ao bem de família, tendo em vista a necessidade de se vedar, também, as atitudes que atentem contra a boa-fé e a eticidade, ínsitas às relações negociais." (REsp 1782227/PR, Rel. Min. Nancy Andrighi, 3ª Turma, j. 27.08.2019).

II – pelo titular do crédito decorrente do financiamento destinado à construção ou à aquisição do imóvel, no limite dos créditos e acréscimos constituídos em função do respectivo contrato;

III – pelo credor da pensão alimentícia, resguardados os direitos, sobre o bem, do seu coproprietário que, com o devedor, integre união estável ou conjugal, observadas as hipóteses em que ambos responderão pela dívida; (Redação dada pela Lei nº 13.144 de 2015)

IV – para cobrança de impostos, predial ou territorial, taxas e contribuições devidas em função do imóvel familiar;

V – para execução de hipoteca sobre o imóvel oferecido como garantia real pelo casal ou pela entidade familiar;

VI – por ter sido adquirido com produto de crime ou para execução de sentença penal condenatória a ressarcimento, indenização ou perdimento de bens.

VII – por obrigação decorrente de fiança concedida em contrato de locação".

Sendo hipóteses excepcionais, devem ser interpretadas restritivamente. Assim, por exemplo, o art. 3º, II, da Lei nº 8.009/1990 consagra a possibilidade de penhora do único imóvel residencial familiar do devedor pelo titular do crédito decorrente do financiamento destinado à sua construção ou aquisição, no limite dos créditos e acréscimos constituídos em função do respectivo contrato. Segundo o STJ, se o crédito for para a realização de *benfeitorias* no imóvel, incide a impenhorabilidade.[124] Por outro lado, considera o Tribunal que "a finalidade da norma foi coibir que o devedor se escude na impenhorabilidade do bem de família para obstar a cobrança de dívida contraída para aquisição, construção ou reforma do próprio imóvel, ou seja, de débito derivado de negócio jurídico envolvendo o próprio bem. Portanto, a dívida relativa a contrato de empreitada global, porque viabiliza a construção do imóvel, está abrangida pela exceção prevista no art. 3º, II, da Lei nº 8.009/90".[125,126] Da mesma forma, a possibilidade de penhora pelo credor da pensão alimentícia (art. 3º, III, da Lei nº 8.009/1990) não se estende a dívidas de honorários advocatícios, ainda que sejam alimentares.[127]

O art. 3º, IV, da Lei nº 8.009/1990 estabelece a possibilidade de penhora do imóvel residencial familiar em razão de obrigações *propter rem*, como impostos, predial ou territorial, taxas e contribuições devidas em função do imóvel familiar. Mesmo nos casos em que a dívida condominial for anterior à aquisição da propriedade pela entidade familiar, o imóvel estará sujeito à penhora, de acordo com a jurisprudência do STJ.[128] O art. 3º, V, da Lei nº 8.009/1990 aduz ser penhorável imóvel oferecido como garantia real pela entidade familiar.

Hipótese complexa é aquela em que a pessoa jurídica contrai uma dívida e oferece em garantia real um imóvel de propriedade e residência de sócio. Nessa linha, o STJ diferenciou duas situações, aplicando a elas regras distintas, a saber: *(i)* quando a pessoa jurídica tiver outros sócios que não o proprietário do imóvel: o bem é *impenhorável*, salvo se o *credor* provar que a dívida beneficiou a entidade familiar; e *(ii)* quando os únicos sócios da pessoa jurídica são os proprietários do imóvel: o bem é *penhorável*, salvo se os *proprietários* comprovarem que a família não se beneficiou com a dívida.[129]

Uma vez que o art. 3º, V, da Lei nº 8.009/1990 se refere à "garantia real", cumpre indagar o que ocorre quando o imóvel residencial familiar foi alienado fiduciariamente pelo proprietário. O STJ entende ser válida a alienação fiduciária do imóvel residencial familiar, pois *(i)* seria um comportamento contraditório do alienante (*venire contra factum proprium*); *(ii)* o bem de família

---

[124] REsp 1765656/SP, Rel. Min. Marco Aurélio Bellizze, 3ª Turma, j. 04.12.2018.

[125] REsp 1.976.743/SC, Rel. Min. Nancy Andrighi, 3ª Turma, j. 08.03.2022, *DJe* 11.03.2022.

[126] Entende o referido Tribunal que "A penhora de bem de família mantido em condomínio é possível, caso um dos condôminos exerça seu direito de executar os aluguéis fixados em juízo pelo uso exclusivo do imóvel pelos demais condôminos" (REsp 1.888.863/SP, Rel. Min. Ricardo Villas Bôas Cueva, rel. p/ acórdão Min. Nancy Andrighi, 3ª Turma, j. 10.05.2022, *DJe* 20.052022).

[127] STJ, AgInt no AREsp 1246675/ES, Rel. Min. Luis Felipe Salomão, 4ª Turma, j. 16.10.2018.

[128] REsp 1473484/RS, Rel. Min. Luis Felipe Salomão, 4ª Turma, j. 21.06.2018.

[129] STJ, EAREsp 848.498/PR, Rel. Min. Luis Felipe Salomão, Segunda Seção, j. 25.04.2018.

834 | CURSO DE DIREITO PROCESSUAL CIVIL • *Luiz Fux*

não é inalienável; e *(iii)* o art. 22 da Lei nº 9.514/1997 prevê a possibilidade de alienação fiduciária do bem de família. Confira-se:

> "Não pode o devedor ofertar bem em garantia que é sabidamente residência familiar para, posteriormente, vir a informar que tal garantia não encontra respaldo legal, pugnando pela sua exclusão (vedação ao comportamento contraditório). (...) Lei 8.009/1990 (...) em nenhuma passagem dispõe que tal bem não possa ser alienado pelo seu proprietário. (...) Não se pode concluir que o bem de família legal seja inalienável e, por conseguinte, que não possa ser alienado fiduciariamente por seu proprietário, se assim for de sua vontade, nos termos do art. 22 da Lei 9.514/1997"[130].

De acordo com o julgado acima, o credor fiduciário, justamente por ser proprietário do bem, pode utilizá-lo para satisfazer a dívida inadimplida pelo devedor fiduciante, não havendo que se falar em impenhorabilidade. Situação distinta é aquela em que o imóvel é alienado fiduciariamente e um *sujeito diverso do credor fiduciário* pretende penhorar os direitos de posse do devedor fiduciante sobre o bem. Decidiu o Superior Tribunal de Justiça que o direito de posse sobre o imóvel residencial alienado fiduciariamente é impenhorável para satisfazer o crédito desse terceiro.[131]

O art. 3º, VI, da Lei nº 8.009/1990 autoriza a penhora do imóvel "adquirido com produto de crime ou para execução de sentença penal condenatória a ressarcimento, indenização ou perdimento de bens". Esse dispositivo é interpretado restritivamente pelo STJ, de modo que a exceção não abrange indenização civil decorrente de conduta caracterizada como crime.[132]

O Supremo Tribunal Federal já declarou a constitucionalidade do art. 3º, VII, que prevê a penhorabilidade do bem de família do fiador do contrato de locação.[133] O STJ seguiu a mesma orientação.[134,135]

3.4.13 Bens de hospitais filantrópicos e Santas Casas de Misericórdia

Em 2022, foi publicada a Lei nº 14.334/2022, que dispõe sobre a impenhorabilidade de bens de hospitais filantrópicos e Santas Casas de Misericórdia mantidos por entidades beneficentes certificadas nos termos da Lei Complementar nº 187, de 16 de dezembro de 2021.

---

[130] REsp 1677015/SP, Rel. Min. Paulo de Tarso Sanseverino, Rel. p/ Acórdão Min. Nancy Andrighi, 3ª Turma, j. 28.08.2018. Em sentido idêntico: REsp 1560562/SC, Rel. Min. Nancy Andrighi, 3ª Turma, j. 02.04.2019.

[131] Transcreve-se, por oportuno, o seguinte aresto:
"2. Cinge-se a controvérsia a definir se os direitos (posse) do devedor fiduciante sobre o imóvel objeto do contrato de alienação fiduciária em garantia podem receber a proteção da impenhorabilidade do bem de família legal (Lei nº 8.009/1990) em execução de título extrajudicial (cheques). 3. Não se admite a penhora do bem alienado fiduciariamente em execução promovida por terceiros contra o devedor fiduciante, haja vista que o patrimônio pertence ao credor fiduciário, permitindo-se, contudo, a constrição dos direitos decorrentes do contrato de alienação fiduciária. Precedentes. 4. A regra da impenhorabilidade do bem de família legal também abrange o imóvel em fase de aquisição, como aqueles decorrentes da celebração do compromisso de compra e venda ou do financiamento de imóvel para fins de moradia, sob pena de impedir que o devedor (executado) adquira o bem necessário à habitação da entidade familiar. 5. Na hipótese, tratando-se de contrato de alienação fiduciária em garantia, no qual, havendo a quitação integral da dívida, o devedor fiduciante consolidará a propriedade para si, deve prevalecer a regra de impenhorabilidade." (REsp 1677079/SP, Rel. Min. Ricardo Villas Bôas Cueva, 3ª Turma, j. 25.09.2018).

[132] AgInt no REsp 1357413/SP, Rel. Min. Raul Araújo, 4ª Turma, j. 18.10.2018.

[133] RE 407688, Rel. Min. Cezar Peluso, Tribunal Pleno, j. 08.02.2006.

[134] REsp 1363368/MS, Rel. Min. Luis Felipe Salomão, Segunda Seção, j. 12.11.2014.

[135] É válida a penhora do bem de família de fiador apontado em contrato de locação de imóvel, seja residencial, seja comercial, nos termos do inciso VII do art. 3º da Lei nº 8.009/1990.
"Processo civil. Direito civil. Recurso especial representativo de controvérsia. Art. 1.036 do CPC. Execução. Lei n. 8.009/1990. Alegação de bem de família. Fiador em contrato de locação comercial e residencial. Penhorabilidade do imóvel. Possibilidade. Precedentes do STF e do STJ. 1. Para fins do art. 1.036 do CPC: 'É válida a penhora do bem de família de fiador apontado em contrato de locação de imóvel, seja residencial, seja comercial, nos termos do inciso VII do art. 3º da Lei n. 8.009/1990.' 2. No caso concreto, recurso especial não provido" (STJ, REsp 1.822.040/PR 2019/0179180-9, j. 08.06.2022, 2ª Seção, *DJe* 1º.08.2022).

Parte X • XI – TUTELA DAS OBRIGAÇÕES DE ENTREGA DE SOMA | 835

Nesse sentido, foi estabelecido que seus bens não responderão por qualquer tipo de dívida civil, comercial, fiscal, previdenciária ou de outra natureza, e que a impenhorabilidade compreende os imóveis sobre os quais se assentam as construções, as benfeitorias de qualquer natureza e todos os equipamentos, inclusive os de uso profissional, ou móveis que guarnecem o bem, desde que quitados. Foram ressalvadas, contudo, as obras de arte e os adornos suntuosos.

Outrossim, consagrou-se que a impenhorabilidade é oponível em qualquer processo de execução civil, fiscal, previdenciária ou de outra natureza, salvo se movido: I – para cobrança de dívida relativa ao próprio bem, inclusive daquela contraída para sua aquisição; II – para execução de garantia real; III – em razão dos créditos de trabalhadores e das respectivas contribuições previdenciárias.

3.5 Multiplicidade de penhoras

Consectário do *princípio de que todo o patrimônio do devedor é penhorável à míngua de veto legal* é a possibilidade de multiplicidade de penhoras sobre o mesmo bem, assim como a penhora sobre bem gravado com ônus real e a penhora de cota social (esta consagrada nos arts. 799, VII, e 876, § 7º, do CPC/2015).

A *multiplicidade de penhoras* sobre o mesmo bem, desde que este comporte, implica o recebimento por cada credor penhorante, do seu crédito, como verba fruto da venda judicial do bem de acordo com dois critérios, previstos no art. 908 do CPC/2015. O primeiro, é a existência de título de preferência; o segundo é a "prioridade da penhora" (*prior tempore, potior iure*).[136]

Assente-se, desde já, que a prioridade da penhora se observa pela realização do ato com todos os seus *requisitos processuais internos*, independentemente do registro da penhora realizado nos termos do art. 844 do CPC/2015 para efeito de oponibilidade *erga omnes* da constrição, por isso que a providência do registro não constitui critério para aferir-se a antecedência da penhora. O registro é mais uma medida que converge para a moderna tendência de proteção da aparência jurídica e do terceiro de boa-fé, remetendo-se o leitor às considerações feitas sobre o art. 792, III, do CPC/2015.

O Superior Tribunal de Justiça já decidiu que, em caso de multiplicidade de penhoras, será do juízo em que ocorreu a primeira penhora a competência para julgar o concurso entre os credores interessados, salvo se isso importar violação de critério absoluto de determinação da competência.[137]

---

[136] "Art. 797. Ressalvado o caso de insolvência do devedor, em que tem lugar o concurso universal, realiza-se a execução no interesse do exequente que adquire, pela penhora, o direito de preferência sobre os bens penhorados.
Parágrafo único. Recaindo mais de uma penhora sobre o mesmo bem, cada exequente conservará o seu título de preferência."

[137] "Processual civil. Execução. Múltiplas constrições sobre o mesmo BEM. penhora no rosto dos autos. Concurso. Modalidade. Competência.
- A incidência de múltiplas penhoras sobre um mesmo bem não induz o concurso universal de credores, cuja instauração pressupõe a insolvência do devedor. A coexistência de duas ou mais penhoras sobre o mesmo bem implica concurso especial ou particular, previsto no art. 613 do CPC [de 1973], que não reúne todos os credores do executado, tampouco todos os seus bens, consequências próprias do concurso universal. No concurso particular concorrem apenas os exequentes cujo crédito frente ao executado é garantido por um mesmo bem, sucessivamente penhorado.
- Em princípio, havendo, em juízos diferentes, mais de uma penhora contra o mesmo devedor, o concurso efetuar-se-á naquele em que se houver feito a primeira. Essa regra, porém, comporta exceções. Sua aplicabilidade se restringe às hipóteses de competência relativa, que se modificam pela conexão. Tramitando as diversas execuções em Justiças diversas, haverá manifesta incompatibilidade funcional entre os respectivos juízos, inerente à competência absoluta, inviabilizando a reunião dos processos.
- Em se tratando de penhora no rosto dos autos, a competência será do próprio juízo onde efetuada tal penhora, pois é nele que se concentram todos os pedidos de constrição. Ademais, a relação jurídica processual estabelecida na ação em que houve as referidas penhoras somente estará definitivamente encerrada após a satisfação do autor daquele processo. Outro ponto que favorece a competência do juízo onde realizada a penhora no rosto dos autos é sua imparcialidade, na medida em que nele não tramita nenhuma das execuções, de modo que ficará assegurada a total isenção no processamento do concurso especial.

836 CURSO DE DIREITO PROCESSUAL CIVIL • *Luiz Fux*

Deveras, se as *penhoras são contemporâneas* porque realizadas no mesmo dia e hora, a prioridade instaura-se pela antecedência da *propositura da execução como critério de desempate*.

No caso de *penhora sobre bem gravado com ônus real*, a preferência no recebimento do preço pressupõe que o gravame seja anterior à penhora, aproveitando-se o saldo, se houver, para pagamento dos credores quirografários remanescentes (art. 908 do CPC/2015).[138]

3.6 Penhora de quota social e ações

A *penhora de quota social*, prevista no art. 835, IX, do CPC/2015, sempre foi recebida com reservas sob o argumento de que a ulterior expropriação resultaria na inserção de um estranho numa sociedade de pessoas que pressupõe *affectio societatis* e negócio *intuitu personae*. O CC preceitua, em seu art. 1.026, que o "credor particular de sócio pode, na insuficiência de outros bens do devedor, fazer recair a execução sobre o que a este couber nos lucros da sociedade, ou na parte que lhe tocar em liquidação". O parágrafo único do mesmo dispositivo admite que o credor requeira a liquidação da quota do devedor, cujo valor "será depositado em dinheiro, no juízo da execução, até noventa dias após aquela liquidação". A lei processual atual autoriza a penhora não apenas de ações e quotas de sociedades empresárias, mas também de quotas de sociedades simples, bem como regula o seu procedimento. Aliás, de acordo com a jurisprudência do STJ, é "possível a penhora de quota social, inclusive quando há previsão contratual de proibição à livre alienação".[139]

O art. 861 do CPC/2015 reza que, quando penhoradas as quotas ou as ações de sócio em sociedade simples ou empresária, o juiz assinará prazo razoável, não superior a 3 (três) meses, para que a sociedade: I – apresente balanço especial, na forma da lei; II – ofereça as quotas ou as ações aos demais sócios, observado o direito de preferência legal ou contratual; e III – não havendo interesse dos sócios na aquisição das ações, proceda à liquidação das quotas ou das ações, depositando em juízo o valor apurado, em dinheiro. Para evitar a liquidação das quotas ou das ações, a sociedade poderá adquiri-las sem redução do capital social e com utilização de reservas, para manutenção em tesouraria, salvo no caso de sociedade anônima *de capital aberto*, cujas ações serão adjudicadas ao exequente ou alienadas em bolsa de valores, conforme o caso (art. 861, §§ 1º e 2º, do CPC/2015). A requerimento do exequente ou da sociedade, o juiz poderá nomear administrador para proceder à liquidação das quotas ou ações que deverá submeter à aprovação judicial a forma de liquidação (art. 861, § 3º, do CPC/2015). Apenas quando não houver interesse dos demais sócios no exercício de direito de preferência, não ocorrer a aquisição das quotas ou das ações pela sociedade e a liquidação destas for excessivamente onerosa para a sociedade, o juiz poderá determinar o leilão judicial das quotas ou das ações (art. 861, § 5º, do CPC/2015). Dessa forma, a lei evita ao máximo o ingresso de sujeito sem *affectio societatis* no seio empresarial.[140]

- O concurso especial deverá ser processado em incidente apartado, apenso aos autos principais, com a intimação de todos aqueles que efetivaram penhora no rosto dos autos, a fim que seja instalado o contraditório e respeitado o devido processo legal, na forma dos arts. 711 a 713 do CPC [de 1973]. O incidente estabelece verdadeiro processo de conhecimento, sujeito a sentença, em que será definida a ordem de pagamento dos credores habilitados, havendo margem inclusive para a produção de provas tendentes à demonstração do direito de preferência e da anterioridade da penhora.

Recurso especial parcialmente provido."

(REsp 976.522/SP, Rel. Min. Nancy Andrighi, 3ª Turma, j. 02.02.2010, *DJe* 25.02.2010).

[138] "**Art. 908.** Havendo pluralidade de credores ou exequentes, o dinheiro lhes será distribuído e entregue consoante a ordem das respectivas preferências.

§ 1º No caso de adjudicação ou alienação, os créditos que recaem sobre o bem, inclusive os de natureza propter rem, sub-rogam-se sobre o respectivo preço, observada a ordem de preferência.

§ 2º Não havendo título legal à preferência, o dinheiro será distribuído entre os concorrentes, observando-se a anterioridade de cada penhora."

[139] STJ, AgRg no AREsp 636.875/MS, Rel. Min. Ricardo Villas Bôas Cueva, 3ª Turma, j. 13.06.2017.

[140] "A jurisprudência desta Corte se firmou no sentido de que a penhora de quotas sociais não encontra vedação legal e nem afronta o princípio da *affectio societatis*, já que não enseja, necessariamente, a inclusão de novo sócio." (STJ, AgInt no AREsp 1058599/RS, Rel. Min. Maria Isabel Gallotti, 4ª Turma, j. 14.11.2017).

Parte X • XI – TUTELA DAS OBRIGAÇÕES DE ENTREGA DE SOMA

O art. 876, § 7º, do CPC/2015 dispõe que, no caso de penhora de quota social ou de ação de sociedade anônima fechada realizada em favor de *exequente alheio à sociedade*, esta será intimada, ficando responsável por informar aos sócios a ocorrência da penhora, assegurando-se a estes a preferência, nos termos do art. 861, II, do CPC/2015. Caso a preferência não seja exercida, aliena-se a quota, promovendo-se uma retirada daquele sócio cuja participação foi expropriada, entregando-se ao exequente o produto da venda e ao adquirente os eventuais haveres remanescentes do sócio retirante. Nesse caso, permite-se que o terceiro adquirente da quota passe a ser sócio, mesmo inexistindo *affectio societatis*.

3.7 Ordem da penhora

O art. 835 do CPC/2015 traz uma ordem preferencial para a penhora, nos seguintes termos:

"Art. 835. A penhora observará, preferencialmente, a seguinte ordem:

I – dinheiro, em espécie ou em depósito ou aplicação em instituição financeira;

II – títulos da dívida pública da União, dos Estados e do Distrito Federal com cotação em mercado;

III – títulos e valores mobiliários com cotação em mercado;

IV – veículos de via terrestre;

V – bens imóveis;

VI – bens móveis em geral;

VII – semoventes;

VIII – navios e aeronaves;

IX – ações e quotas de sociedades simples e empresárias;

X – percentual do faturamento de empresa devedora;

XI – pedras e metais preciosos;

XII – direitos aquisitivos derivados de promessa de compra e venda e de alienação fiduciária em garantia;

XIII – outros direitos.

§ 1º É prioritária a penhora em dinheiro, podendo o juiz, nas demais hipóteses, alterar a ordem prevista no *caput* de acordo com as circunstâncias do caso concreto.

§ 2º Para fins de substituição da penhora, equiparam-se a dinheiro a fiança bancária e o seguro garantia judicial, desde que em valor não inferior ao do débito constante da inicial, acrescido de trinta por cento.

§ 3º Na execução de crédito com garantia real, a penhora recairá sobre a coisa dada em garantia, e, se a coisa pertencer a terceiro garantidor, este também será intimado da penhora".

Preliminarmente, destaque-se que o credor tem o direito de a penhora recair preferencialmente na ordem estabelecida na lei, por isso que pode requerer a substituição dos bens penhorados, restabelecendo a constrição consoante a ordem legalmente prevista (art. 848, I, do CPC/2015).

Essa ordem considera a liquidez, a livre disponibilidade e a expressão econômica do bem, lembrando que, salvante as hipóteses de impenhorabilidade, todos os demais bens do devedor são penhoráveis.

O inciso de encerramento ao aludir a "outros direitos" refere-se àqueles avaliáveis economicamente, ainda que disputados em juízo, *v.g.*: a penhora de direito e ação (art. 857 do CPC/2015) e a penhora no rosto dos autos (art. 860 do CPC/2015).

O primeiro inciso confirma a prioridade da penhora de soma, o que abrevia o processo satisfativo, posto dispensar a fase de expropriação.

Ademais, a lei admite a penhora de dinheiro depositado ou aplicado em instituição financeira, uma vez que, em princípio, nada justifica o inadimplemento do devedor que dispõe dessa reserva. A realização dessa modalidade de penhora revela aspectos procedimentais peculiares, já apontados quando da análise do art. 854 do CPC/2015. Por isso que, para possibilitar a penhora de dinheiro em depósito ou aplicação financeira, o juiz, a requerimento do exequente, sem dar ciência

CURSO DE DIREITO PROCESSUAL CIVIL • *Luiz Fux*

prévia do ato ao executado, determinará às instituições financeiras, por meio de sistema eletrônico gerido pela autoridade supervisora do sistema financeiro nacional, que torne indisponíveis ativos financeiros existentes em nome do executado, limitando-se a indisponibilidade ao valor indicado na execução. É a chamada *indisponibilidade eletrônica* ou *bloqueio on-line*, sobejamente analisada em capítulo próprio.

Na execução de crédito com garantia hipotecária, pignoratícia ou anticrética, hipótese em que a penhora deve recair, preferencialmente, sobre a coisa dada em garantia e se a coisa pertencer a terceiro garantidor, será também este intimado da penhora (art. 835, § 3º, do CPC/2015).

Se a penhora recair sobre bem imóvel ou direito real sobre imóvel, será intimado também o cônjuge do executado, salvo se forem casados em regime de separação absoluta de bens (art. 842 do CPC/2015). A penhora de meação conduzia a uma perplexidade, qual a de tornar condômino de um dos cônjuges arrematante estranho, implicando a criação doutrinária de fórmulas capazes de permitir a expropriação de todo o bem, acaso o patrimônio conjugal admitisse meação do acervo maior. Por essa razão, tratando-se de penhora de bem indivisível, o equivalente à quota-parte do coproprietário ou do cônjuge alheio à execução recairá sobre o produto da alienação do bem (art. 843, *caput*, do CPC/2015). Essa forma de separação da importância evita, por certo, a oposição de embargos tanto de executado quanto de terceiros, nos quais o cônjuge defenda bens reservados ou parte de sua meação.

Tanto o coproprietário quanto o cônjuge não executado têm preferência na arrematação do bem em igualdade de condições (art. 843, § 1º, do CPC/2015). Além disso, a expropriação não pode ter preço inferior ao da avaliação na qual o valor auferido seja incapaz de garantir, ao coproprietário ou ao cônjuge alheio à execução, o correspondente à sua quota-parte calculado sobre o valor da avaliação (art. 843, § 2º, do CPC/2015).

Esclareça-se que o cônjuge é alheio quando a dívida não foi contraída em benefício da família. Diversamente, tem responsabilidade patrimonial quando a obrigação é contraída *intuitu familiae*. Sobre o tema, remete-se o leitor a tudo o quanto foi escrito em capítulo anterior sobre a responsabilidade patrimonial do cônjuge.

3.8 Penhora de percentual de faturamento de empresa

A jurisprudência pátria, até então, era refratária à admissão da denominada penhora de faturamento, posto esvaziar o capital de giro da empresa. Entretanto, o Código de 1973 já havia sido reformado para consagrar, como bem penhorável, à míngua de outros, percentual do faturamento de empresa devedora.

O CPC/2015 confere tratamento exaustivo à penhora de percentual do faturamento da empresa:

> "Art. 835. A penhora observará, preferencialmente, a seguinte ordem:
>
> (...)
>
> X – percentual do faturamento de empresa devedora;
>
> Art. 866. Se o executado não tiver outros bens penhoráveis ou se, tendo-os, esses forem de difícil alienação ou insuficientes para saldar o crédito executado, o juiz poderá ordenar a penhora de percentual de faturamento de empresa.
>
> § 1º O juiz fixará percentual que propicie a satisfação do crédito exequendo em tempo razoável, mas que não torne inviável o exercício da atividade empresarial.
>
> § 2º O juiz nomeará administrador-depositário, o qual submeterá à aprovação judicial a forma de sua atuação e prestará contas mensalmente, entregando em juízo as quantias recebidas, com os respectivos balancetes mensais, a fim de serem imputadas no pagamento da dívida.
>
> § 3º Na penhora de percentual de faturamento de empresa, observar-se-á, no que couber, o disposto quanto ao regime de penhora de frutos e rendimentos de coisa móvel e imóvel".

Observe-se que, nos termos da lei, a penhora do faturamento da empresa é excepcional e se submete aos seguintes requisitos, reconhecidos pela jurisprudência do STJ: *(i)* inexistência de bens passíveis de garantir a execução ou que sejam de difícil alienação (art. 866, *caput*, do CPC/2015); *(ii)*

Parte X · XI – TUTELA DAS OBRIGAÇÕES DE ENTREGA DE SOMA | 839

nomeação de administrador-depositário (art. 866, § 2º, do CPC/2015); *(iii)* fixação de percentual que não inviabilize a atividade empresarial (art. 866, § 1º, do CPC/2015); e *(iv)* que esse percentual seja capaz de satisfazer a dívida em tempo razoável (art. 866, § 1º, do CPC/2015).[141]

É inequívoco que essa penhora deve ser antecedida de avaliação contábil para que o faturamento não prejudique a vida societária, viabilizando-a, até para permitir o adimplemento do crédito exequendo. Dentre os critérios observáveis, há de ponderar o juízo a eventual multiplicidade de penhoras sobre o mesmo faturamento.

Outrossim, nessa modalidade de penhora, deve ser nomeado administrador-depositário, com a atribuição de submeter à aprovação judicial a forma de efetivação da constrição, bem como de prestar contas mensalmente, entregando ao juízo as quantias recebidas, a fim de serem imputadas no pagamento da dívida.

3.9 Substituição dos bens penhorados

A certeza de que os bens penhorados serão os sacrificados pela expropriação está na inalterabilidade da penhora. Uma vez penhorados os bens, automaticamente circunscreve-se a eles a base dos atos de execução. É o que se denomina "unicidade da penhora". Entretanto, como toda regra comporta exceções, há *fatos ensejadores de uma nova penhora*, com a *nulificação da anterior* ou o *reforço* daquela realizada precedentemente.

Assim é que somente se *procede à segunda penhora*, se a *primeira for anulada*; se *executados os bens*, o *produto da alienação não bastar* para o pagamento do credor; ou se o exequente *desistir da primeira penhora*, por serem litigiosos os bens, ou por estarem submetidos a constrição judicial (art. 851 do CPC/2015).

Nos casos de *nulidade* ou *desistência*, elimina-se a penhora, de sorte que outra se engendra, *apagando por completo os efeitos da anterior*. A insuficiência da penhora pelo valor diminuto dos bens autoriza o seu reforço, do mesmo modo que também é viável a redução da penhora a bens suficientes, em obediência ao princípio da economicidade. Por isso, o art. 850 do CPC/2015 dispõe ser admitida a redução ou a ampliação da penhora, bem como sua transferência para outros bens, se, no curso do processo, o valor de mercado dos bens penhorados sofrer alteração significativa.

A *redução e a ampliação da penhora* são *espécies* do gênero "modificações quantitativas da penhora".[142] Outrossim, a *penhora* também admite modificações qualitativas, que consistem em substituição dos bens penhorados por outros ou por dinheiro. A transferência da afetação gerada pela penhora para outros bens exige vantagens para o credor e redução de ônus para o devedor, o que ocorre quando os bens substitutos são menos onerados do que os anteriores, ou revelam maior liquidez na alienação judicial. No que concerne à *substituição por dinheiro*, em razão de esta modalidade suprimir a necessidade da etapa da expropriação agilizando a tutela executiva, *revela-se possível a todo tempo, antes da adjudicação e da alienação* (art. 835, §§ 1º e 2º, do CPC/2015).

À luz desses lineamentos, o CPC/2015 dispôs:

> "Art. 848. As partes poderão requerer a substituição da penhora se:
>
> I – ela não obedecer à ordem legal;
>
> II – ela não incidir sobre os bens designados em lei, contrato ou ato judicial para o pagamento;
>
> III – havendo bens no foro da execução, outros tiverem sido penhorados;

---

[141] Estabelecendo os requisitos acima: AgInt no AREsp 1326847/SP, Rel. Min. Raul araújo, 4ª Turma, j. 09.10.2018; AgInt no AREsp 1159895/SP, Rel. Min. Paulo de Tarso Sanseverino, 3ª Turma, j. 24.09.2018.

[142] Conforme se observará, as modificações admitidas o são no interesse das justas expectativas do devedor em consonância com a finalidade de satisfação do credor, nos limites da necessidade, razão pela qual ainda presente a lição de **Liebman** acerca do tema no sentido de que, de regra, é inalterável a situação jurídica dos bens em que incide a penhora para que assim não possam ser subtraídos, no todo ou em parte, do processo executório. A lei permite, no entanto, que o juiz introduza algumas alterações que, atendendo aos interesses das partes, "favoreçam ou ao menos não prejudiquem o andamento da execução e seus resultados futuros" (ob. cit., p. 213-214).

IV – havendo bens livres, ela tiver recaído sobre bens já penhorados ou objeto de gravame;

V – ela incidir sobre bens de baixa liquidez;

VI – fracassar a tentativa de alienação judicial do bem; ou

VII – o executado não indicar o valor dos bens ou omitir qualquer das indicações previstas em lei.

Parágrafo único. A penhora pode ser substituída por fiança bancária ou por seguro garantia judicial, em valor não inferior ao do débito constante da inicial, acrescido de trinta por cento."

A nova redação utiliza-se da expressão "partes" na medida em que tanto o exequente quanto o executado podem requerer a substituição dos bens penhorados. Desobedecida a ordem legal e requerida a substituição da penhora pelo exequente, devolve-se a este a eleição dos bens que serão sacrificados, sem que tenha de obedecer à gradação legal, porquanto não é obrigado a saber da composição do patrimônio do devedor.

No que concerne ao executado, o seu requerimento de substituição do bem penhorado deve ser apresentado no prazo de 10 (dez) dias contado da intimação da penhora, comprovando que lhe será menos onerosa e não trará prejuízo ao exequente. O juiz somente autorizará a substituição se preenchidos os requisitos previstos no art. 847, § 1º, do CPC/2015, devendo o executado:

"I – comprovar as respectivas matrículas e os registros por certidão do correspondente ofício, quanto aos bens imóveis;

II – descrever os bens móveis, com todas as suas propriedades e características, bem como o estado deles e o lugar onde se encontram;

III – descrever os semoventes, com indicação de espécie, de número, de marca ou sinal e do local onde se encontram;

IV – identificar os créditos, indicando quem seja o devedor, qual a origem da dívida, o título que a representa e a data do vencimento; e

V – atribuir, em qualquer caso, valor aos bens indicados à penhora, além de especificar os ônus e os encargos a que estejam sujeitos".

O art. 847, § 2º, do CPC/2015 traz ainda outros ônus ao executado requerente da substituição, que deve indicar onde se encontram os bens sujeitos à execução, exibir a prova de sua propriedade e a certidão negativa ou positiva de ônus, bem como abster-se de qualquer atitude que dificulte ou embarace a realização da penhora.

Forçoso convir que, preenchidos esses requisitos, a regra é a possibilidade da substituição, porquanto o processo deve servir a um escopo que tutele a dignidade da pessoa humana, inservível, portanto, a obstinações ilegítimas, quer por parte do exequente, quer por parte do executado.

O inciso III do art. 848 do CPC/2015, ao permitir a substituição da penhora quando, havendo bens no foro da execução, outros tiverem sido penhorados, evita a execução por carta, à medida que, situados os bens no foro da execução, não se justifica onerar o credor com a penhora alhures, além dos incidentes referentes aos embargos nessa modalidade de execução (art. 914, § 2º, do CPC/2015).[143]

O inciso IV, atento às preferências de direito material dos bens gravados e das dificuldades da penhora sobre penhora, com a disputa calcada no princípio *prior tempore potior iure*, autoriza a substituição por bens sem gravame e sem penhora antecedente, caso o devedor os tenha, muito embora o valor do bem possa suportar esses ônus anteriores. O inciso V inaugura a hipótese de

---

[143] "**Art. 914.** O executado, independentemente de penhora, depósito ou caução, poderá se opor à execução por meio de embargos.

§ 1º Os embargos à execução serão distribuídos por dependência, autuados em apartado e instruídos com cópias das peças processuais relevantes, que poderão ser declaradas autênticas pelo próprio advogado, sob sua responsabilidade pessoal.

§ 2º Na execução por carta, os embargos serão oferecidos no juízo deprecante ou no juízo deprecado, mas a competência para julgá-los é do juízo deprecante, salvo se versarem unicamente sobre vícios ou defeitos da penhora, da avaliação ou da alienação dos bens efetuadas no juízo deprecado."

Parte X · XI – TUTELA DAS OBRIGAÇÕES DE ENTREGA DE SOMA | **841**

o bem apresentar baixa liquidez, cuja prova compete ao exequente à luz do panorama econômico do mercado a que pertence. O inciso VI estabelece que, frustrada a alienação judicial do bem, é lícito ao credor substituir o bem constrito no afã de tentar outro de maior liquidez. Entretanto, atendendo ao princípio de que a execução é levada a efeito para satisfazer o credor, nada obsta que este, após o fracasso da alienação, prefira adjudicar a coisa. O inciso VII pune o executado que, ao exercer a faculdade da substituição não especifica os dados necessários à percepção do juízo de que a sua pretensão é de boa-fé, nos termos do art. 847 do CPC/2015.

Outrossim, a lei ainda especifica que a penhora pode ser substituída por fiança bancária ou seguro garantia judicial, em valor não inferior ao do débito constante da inicial, mais trinta por cento (art. 848, parágrafo único, do CPC/2015). Ademais, a substituição por bem imóvel, caso o requeira o executado, deverá ser feita com a expressa anuência do cônjuge, salvo se o regime for o de separação absoluta de bens (art. 847, § 3º, do CPC/2015).

A substituição, qualquer que seja a sua forma, passa por diminuto contraditório, solucionado por decisão interlocutória agravável.[144]

Por fim, merece destacar a regra do art. 774, V, do CPC/2015, qual seja, a consideração de atentado à dignidade da justiça, o que acarreta os consectários e as interdições processuais previstas, se o executado, intimado no prazo fixado pelo juiz não indicar onde se encontram os bens sujeitos à execução, exibir a prova de sua propriedade e, se for o caso, certidão negativa de ônus, bem como abster-se de qualquer atitude que dificulte ou embarace a realização da penhora (art. 774, III, do CPC/2015).

Superadas as divergências após ouvida em três dias a parte contrária, se os bens inicialmente penhorados forem substituídos por outros, lavrar-se-á o respectivo termo (art. 849 do CPC/2015).

3.10 Procedimento da penhora

A *natureza do bem* influi no *procedimento na realização da penhora*. Assim, a penhora se torna perfeita e acabada pela *apreensão e depósito do bem* (art. 839 do CPC/2015),[145] sendo formalizada pela lavratura de um termo nos autos (art. 838 do CPC/2015).[146] A lei, contudo, traz algumas nuances a essa regra. Por exemplo, a *penhora de crédito* aperfeiçoa-se, enquanto o título não for apreendido, com a *intimação: (i)* do executado, credor do terceiro, para que não pratique ato de disposição do crédito e coloque a importância à disposição do juízo da execução; ou *(ii)* do terceiro devedor para que não pague ao executado, seu credor (art. 855 do CPC/2015).

No rito da execução de título extrajudicial, o aperfeiçoamento da penhora ocorrerá com a citação do executado e transcurso do prazo para pagamento voluntário, retroagindo à data do arresto executivo (art. 830, § 2º, do CPC/2015). De forma semelhante, ocorrendo indisponibilidade eletrônica do dinheiro em depósito ou aplicação financeira, a penhora ocorre com a manifestação do executado sobre o ato ou a sua rejeição, mas os seus efeitos retroagem à data da indisponibilidade (art. 854, § 5º, do CPC/2015). Num e noutro caso, a lavratura de termo é dispensada.

Observemos, pois, o *"procedimento da penhora"*.

---

[144] **"Art. 853.** Quando uma das partes requerer alguma das medidas previstas nesta Subseção, o juiz ouvirá sempre a outra, no prazo de 3 (três) dias, antes de decidir.
Parágrafo único. O juiz decidirá de plano qualquer questão suscitada."

[145] **"Art. 839.** Considerar-se-á feita a penhora mediante a apreensão e o depósito dos bens, lavrando-se um só auto se as diligências forem concluídas no mesmo dia.
Parágrafo único. Havendo mais de uma penhora, serão lavrados autos individuais."

[146] **"Art. 838.** A penhora será realizada mediante auto ou termo, que conterá:
I – a indicação do dia, do mês, do ano e do lugar em que foi feita;
II – os nomes do exequente e do executado;
III – a descrição dos bens penhorados, com as suas características;
IV – a nomeação do depositário dos bens."

842 | CURSO DE DIREITO PROCESSUAL CIVIL • *Luiz Fux*

Em primeiro lugar, cumpre estabelecer, ao ângulo da iniciativa, que a penhora pode efetivar-se por indicação do exequente ou do executado, bem como por ato do oficial de justiça. É que compete ao exequente indicar os bens suscetíveis de penhora, sempre que possível (arts. 524, VII, e 798, II, *c*, do CPC/2015). Consoante preceitua o art. 829, § 2º, do CPC/2015, a penhora recairá sobre os bens indicados pelo exequente, salvo se outros forem indicados pelo executado e aceitos pelo juiz, mediante demonstração de que a constrição proposta lhe será menos onerosa e não trará prejuízo ao exequente. Aplicam-se, aqui, as regras referentes à substituição do bem penhorado, de modo que o juiz somente deve aceitar os bens indicados pelo executado se este indicar onde se encontram os bens sujeitos à execução, exibir a prova de sua propriedade e a certidão negativa ou positiva de ônus, bem como abster-se de qualquer atitude que dificulte ou embarace a realização da penhora (art. 847, § 2º, do CPC/2015). Nesse caso, o juiz intimará o exequente para manifestar-se sobre o requerimento de substituição do bem penhorado (art. 847, § 4º, do CPC/2015). O executado que indicar bens à penhora deverá, ainda, atribuir-lhes valor (art. 847, § 1º, V, do CPC/2015), haja vista que o credor pode concordar com o valor atribuído, evitando a etapa de avaliação (art. 871, I, do CPC/2015). A penhora realizada por *indicação de bens pelo executado e aceita pelo exequente* e pelo juízo se *formaliza mediante termo nos autos* (art. 849 do CPC/2015).

A "nomeação por coerção", isto é, por "indicação do exequente", opera-se também quando o exequente requer a substituição da penhora (art. 848 do CPC/2015), nas hipóteses já analisadas em capítulo próprio.

Finalmente, no rito da execução de título extrajudicial, não sendo encontrado o executado, o oficial de justiça é que procederá ao arresto de seus bens para posterior conversão em penhora (art. 830 do CPC/2015). Na eventualidade de não serem encontrados os bens capazes de satisfazer a execução, o juiz deverá intimar o executado para indicar quais são e onde estão os bens sujeitos à penhora e os respectivos valores, exibir prova de sua propriedade e, se for o caso, certidão negativa de ônus. Caso o executado não cumpra com essa determinação, incorrerá nas penalidades pela prática de ato atentatório à dignidade da justiça (art. 774, V, do CPC/2015).

Após o aperfeiçoamento da penhora, esta deve ser formalizada mediante a lavratura de auto ou termo, quando a lei não dispensar esse ato. Ato contínuo, deverá ser intimado o executado, por meio de seu advogado ou da sociedade de advogados a que pertença. Obviamente, se a penhora foi realizada na presença do executado, este se considera intimado desde logo. Não havendo advogado constituído nos autos, o executado será intimado pessoalmente, de preferência por via postal. Se o executado houver mudado de endereço sem prévia comunicação ao juízo, a intimação considerar-se-á realizada pelo envio da correspondência ao endereço constante dos autos, ainda que não recebidas pessoalmente pelo interessado (art. 841, *caput* e §§, do CPC/2015). Relembre--se que o cônjuge do executado também deve ser intimado se a penhora recair sobre bem imóvel ou direito real sobre imóvel, salvo se forem casados em regime de separação absoluta de bens (art. 842 do CPC/2015). Afinal, o cônjuge pode evitar a expropriação pelo pagamento da dívida, pode manifestar preferência na arrematação (art. 843, § 1º, do CPC/2015), pode requerer a adjudicação do bem penhorado (art. 876, § 5º, do CPC/2015) *etc*. A penhora de imóvel em face da potencial alienação ulterior apresenta essa vicissitude de impor a intimação do cônjuge, sob pena de ineficácia dos atos executivos em relação ao consorte. Contudo, o comparecimento espontâneo ou a ciência inequívoca do cônjuge antes do ato expropriatório legitima a alienação, por força da regra de que não há nulidade sem prejuízo.

O oficial, ao proceder à penhora, deve fazê-lo em horário e local autorizados por lei. No que pertine à hora, a penhora segue regra especial prevista no art. 212, § 2º, do CPC/2015, podendo ser realizada no período de férias forenses, onde as houver, nos feriados e nos dias úteis fora do horário geralmente estabelecido para a prática de atos processuais, qual seja, das 6 (seis) às 20 (vinte) horas – desde que ocorra durante o dia.[147] Quanto ao local, na forma do art. 845 do CPC/2015, deve

---

[147] **"Art. 212**. Os atos processuais serão realizados em dias úteis, das 6 (seis) às 20 (vinte) horas.

§ 1º Serão concluídos após as 20 (vinte) horas os atos iniciados antes, quando o adiamento prejudicar a diligência ou causar grave dano.

Parte X • XI – TUTELA DAS OBRIGAÇÕES DE ENTREGA DE SOMA | 843

a penhora ser realizada onde quer que se encontrem os bens de propriedade do executado, ainda que sob a posse, detenção ou guarda de terceiros.

Ainda no que diz respeito ao lugar de realização da penhora, o art. 845, § 1º, do CPC/2015 traz regra de extrema praticidade e que elimina a expedição da precatória ao dispor que, apresentada certidão da respectiva matrícula, a *penhora de imóveis*, independentemente de onde se localizem, é realizada por termos nos autos. Nessas situações, cabe ao exequente providenciar a averbação da penhora no registro competente, mediante apresentação de cópia do auto ou do termo, independentemente de mandado judicial, para presunção absoluta de conhecimento por terceiros (art. 844 do CPC/2015). Igualmente, realiza-se por termo nos autos a *penhora de veículos automotores*, quando apresentada certidão que ateste a sua existência. O art. 837 do CPC/2015 permite que as averbações de penhoras de bens imóveis e móveis sejam realizadas por meio eletrônico, obedecidas as normas de segurança instituídas sob critérios uniformes pelo Conselho Nacional de Justiça. Por exemplo, o sistema de Restrições Judiciais de Veículos Automotores (Renajud) permite a realização de constrições judiciais de veículos cadastrados no Registro Nacional de Veículos Automotores (Renavam) eletronicamente.

Nos demais casos, se o executado não tiver bens no foro do processo, a execução será feita *por carta*, penhorando-se, avaliando-se e alienando-se os bens no foro da situação (art. 845, § 2º, do CPC/2015). Mesmo que realizada a penhora de imóvel ou veículo automotor por termo nos autos, a avaliação e a expropriação devem ocorrer por carta precatória.

Ao proceder à realização da penhora, o oficial de justiça pode encontrar resistência do devedor na apreensão dos bens, caso em que se aplica a sistemática do art. 846 do CPC/2015. Nessa hipótese, se o devedor fechar as portas da casa, a fim de obstar a penhora dos bens, o oficial de justiça deve comunicar o fato ao juiz, solicitando-lhe ordem de arrombamento. Deferido o pedido, dois oficiais de justiça devem cumprir o mandado, arrombando cômodos e móveis em que se presuma estarem os bens, e lavrarão de tudo auto circunstanciado, que será assinado por 2 (duas) testemunhas presentes à diligência. O juiz, sempre que necessário, pode requisitar força policial a fim de auxiliar os oficiais de justiça na penhora dos bens e na prisão de quem resistir à ordem. Os oficiais de justiça lavrarão, em duplicata, o auto da ocorrência, entregando uma via ao escrivão do processo para ser juntada aos autos e, a outra, à autoridade policial a quem couber a apuração criminal dos eventuais delitos de desobediência ou de resistência. O auto da ocorrência deve conter o rol de testemunhas, com a sua qualificação.

O Código de 2015 estabelece procedimentos especiais, a depender da natureza do bem penhorado. Quanto à penhora de dinheiro em depósito ou em aplicação financeira, remete-se o leitor aos comentários realizados em capítulo próprio sobre o art. 854 do CPC/2015.

No que diz respeito à penhora de créditos, que são bens incorpóreos, a lei determina a apreensão do título que os representa. Enquanto isso não ocorre, já se disse que a penhora considerar-se-á feita a penhora pela mera intimação ao terceiro devedor para que não pague ao executado, seu credor, ou ao executado, credor do terceiro, para que não pratique ato de disposição do crédito (art. 855 do CPC/2015).

A penhora de crédito, representado por letra de câmbio, nota promissória, duplicata, cheque ou outros títulos se faz pela apreensão do documento, esteja ou não em poder do devedor. Se o título não for apreendido, mas o terceiro confessar a dívida, assume a condição de depositário da importância e se exonera da obrigação, depositando em juízo a importância da dívida. Se o terceiro negar o débito em conluio com devedor, a quitação que este lhe der considera-se em fraude de execução. Neste caso, a requerimento do exequente, o juiz pode determinar o comparecimento, em

---

§ 2º Independentemente de autorização judicial, as citações, intimações e penhoras poderão realizar-se no período de férias forenses, onde as houver, e nos feriados ou dias úteis fora do horário estabelecido neste artigo, observado o disposto no art. 5º, inciso XI, da Constituição Federal.

§ 3º Quando o ato tiver de ser praticado por meio de petição em autos não eletrônicos, essa deverá ser protocolada no horário de funcionamento do fórum ou tribunal, conforme o disposto na lei de organização judiciária local."

844 | CURSO DE DIREITO PROCESSUAL CIVIL • Luiz Fux

audiência especialmente designada, do devedor e do terceiro, a fim de tomar-lhes os depoimentos (art. 856, *caput* e §§, do CPC/2015).

Tratando-se de penhora de direito e ação do executado, e não tendo ele oferecido embargos ou sendo estes rejeitados, o exequente ficará sub-rogado nos direitos do executado até a concorrência de seu crédito (art. 857 do CPC/2015). O exequente pode preferir, em vez da sub-rogação, a alienação judicial do direito penhorado, caso em que deve declarar a sua vontade no prazo de 10 (dez) dias, contados da realização da penhora. A sub-rogação não impede ao sub-rogado, se não receber o crédito do devedor, de prosseguir na execução, nos mesmos autos, penhorando outros bens. Na penhora de direito e ação, isto é, de obrigações vencidas a favor do executado, o exequente é o sub-rogado. Ele exerce a ação correspondente ao direito penhorado de natureza real ou pessoal, como substituto processual do devedor.

Quando a penhora recair sobre dívidas de dinheiro a juros, de direito a rendas ou de prestações periódicas, o exequente poderá levantar os juros, os rendimentos ou as prestações à medida que forem sendo depositados, abatendo-se do crédito as importâncias recebidas, conforme as regras de imputação do pagamento (art. 858 do CPC/2015). A *penhora* aqui se efetiva *mediante a ordem de depósito judicial* das importâncias devidas ao executado a título de juros, rendas ou prestações periódicas. Enfim, *é penhora de crédito futuro não documentado em título de crédito*.

Recaindo a penhora sobre direito a prestação ou a restituição de coisa determinada, o executado será intimado para, no vencimento, depositá-la, correndo sobre ela a execução (art. 859 do CPC/2015). A penhora, neste caso, é instrumentalizada em ordem judicial para pagar em juízo. Ressalte-se que, se o exequente, para exigir o crédito, tiver que adimplir algo em favor de terceiro, esta parcela acrescerá ao seu "crédito originário".

O CPC/2015 não mais utiliza a expressão "penhora no rosto dos autos", mas não há problemas em empregá-la para referir-se à penhora de direito que estiver sendo pleiteado em juízo. Nesse caso, a penhora que recair sobre o direito será averbada, com destaque, nos autos pertinentes ao direito e na ação correspondente à penhora, a fim de que esta seja efetivada nos bens que forem adjudicados ou que vierem a caber ao executado (art. 860 do CPC/2015). A diferença entre esta penhora e a de direito e ação é que, no presente caso, o direito já se encontra sob o crivo judicial, porquanto proposta a ação correspondente. A penhora no rosto dos autos se consubstancia num ofício ao juízo onde tramita a ação e um termo nos autos da execução. A práxis revela quanto a essa modalidade da constância da penhora sobre bens sujeitos a inventário e partilha, podendo haver tanto adjudicação do que couber ao herdeiro quanto alienação do quinhão para pagamento ao credor.[148] A jurisprudência do STJ considera possível, inclusive, que um juízo determine a pe-

---

[148] Sobre o tema, confira-se: "Civil. Processual Civil. Recurso ordinário constitucional em mandado de segurança. Admissibilidade do *writ* impetrado por terceiro prejudicado. Súmula 202/STJ. Habilitação de crédito no Inventário.

Faculdade disponibilizada ao credor. Ajuizamento de ação autônoma de cobrança. Possibilidade. Deferimento de arresto cautelar de valores na ação de cobrança. Implementação pelo juízo do inventário.

Admissibilidade, mesmo após o trânsito em julgado da sentença homologatória de partilha. Analogia com a penhora no rosto do inventário dos direitos sucessórios dos herdeiros. Ausência de impedimento fático ou jurídico para a implementação da determinação judicial, porque ainda disponíveis os valores arrestados em conta judicial vinculada.

1- O propósito recursal é definir se é ilegal ou teratológica a decisão judicial que nega o cumprimento de ofício em que se solicitou o arresto cautelar de valores, fundado em decisão proferida por juízo distinto, ao fundamento de que o crédito não foi objeto de habilitação no inventário e de que houve trânsito em julgado da sentença homologatória da sentença de partilha e, portanto, que houve o esgotamento da jurisdição do juízo a quem caberia efetivar o arresto.

2- É admissível, em tese, a impetração de mandado de segurança por terceiro prejudicado, ainda que não tenha sido interposto o respectivo recurso na qualidade de terceiro juridicamente prejudicado. Súmula 202/STJ.

3- A habilitação de crédito no inventário, a ser realizada antes da partilha, é medida de natureza facultativa, disponibilizada ao credor para facilitar a satisfação da dívida, o que não impede, contudo, o ajuizamento de

Parte X • XI – TUTELA DAS OBRIGAÇÕES DE ENTREGA DE SOMA | 845

nhora no rosto dos autos de processo em curso perante Justiça distinta.[149] Também é possível ao juízo da execução fiscal determinar a penhora no rosto dos autos da falência para a satisfação do fisco, pois o crédito inscrito em dívida ativa não se submete à habilitação em falência (art. 29 da Lei de Execução Fiscal).[150]

Sobre a penhora de quotas e ações, remete-se o leitor a tudo o quanto exposto em capítulo anterior sobre o art. 861 do CPC/2015.

A *penhora em estabelecimento comercial, industrial ou agrícola, bem como em semoventes, plantações ou edifícios em construção* reclama que o juiz nomeie administrador-depositário, determinando-lhe que apresente em dez (10) dias a forma de administração, ouvindo as partes antes de decidir (art. 862 do CPC/2015). Nesse caso, é lícito, porém, às partes, ajustar a forma de administração, escolhendo o depositário, sujeitando a deliberação à homologação judicial, em decisão que se sujeita a agravo de instrumento (art. 1.015, parágrafo único, do CPC/2015). Essa modalidade de penhora tem o condão de arregimentar fundos sem que haja expropriação do bem, viabilizando um pagamento *pro solvendo*. O administrador por seu turno deve elaborar um plano no qual, sem sacrificar o giro da empresa, separe capital necessário ao pagamento do crédito exequendo, possibilitando aquele *e a continuação dos negócios*. Por isso mesmo, esse tipo de penhora é excepcional e somente será determinada se não houver outro meio eficaz para a efetivação do crédito (art. 865 do CPC/2015).

---

ações autônomas para a mesma finalidade, especialmente nas hipóteses em que a dívida não está vencida ou não é exigível. Precedentes.

4- Ajuizada ação autônoma de cobrança e deferido o arresto cautelar de valores vinculados à conta judicial da ação de inventário, é irrelevante o fato de já ter sido homologada judicialmente a sentença de partilha, na medida em que o arresto, nessas circunstâncias, assemelha-se à penhora no rosto do inventário dos direitos sucessórios dos herdeiros, e também porque, após o trânsito em julgado, haverá a prática de atos típicos de cumprimento e de execução inerentes à atividade judicante, não havendo que se falar em esgotamento da jurisdição do juízo do inventário que o impeça de implementar a ordem judicial emanada do juízo em que tramita a ação de cobrança.

5- Recurso ordinário em mandado de segurança conhecido e provido." (STJ, RMS 58.653/SP, Rel. Min. Nancy Andrighi, 3ª Turma, j. 02.04.2019, *DJe* 04.04.2019)

[149] Recurso Especial. Direito Civil e Processual Civil. Penhora no rosto dos autos de execução trabalhista por ordem emanada do juízo da execução cível. Falecimento do reclamante. Conflito entre direito à herança de menor e o direito à tutela executiva. Possibilidade da penhora no rosto dos autos. Poder geral de cautela. Competência do juízo do inventário para análise qualitativa do crédito bloqueado diante do falecimento do reclamante.

1. Controvérsia em torno da possibilidade de penhora no rosto dos autos de execução trabalhista por ordem emanada do juízo executivo cível, com base no seu poder geral de cautela. 2. O devedor do juízo cível comum, que era credor na Justiça do Trabalho. 3. Determinação pelo juízo da execução cível, após o falecimento do reclamante, da penhora no rosto dos autos da execução laboral. 4. Alegação pelos herdeiros do devedor do caráter alimentar da verba penhorada (art. 649, IV, do CPC/73). 5. Possibilidade da penhora, com fundamento no poder geral de cautela do juízo da execução cível. 6. O valor penhorado, porém, deve submetido ao juízo do inventário, competente para análise da qualidade do crédito e sua eventual impenhorabilidade, em razão de um herdeiro ser menor e presumidamente dependente da verba alimentar herdada de seu falecido pai. 7. RECURSO especial desprovido.

(REsp 1678209/PR, Rel. Min. Paulo de Tarso Sanseverino, 3ª Turma, j. 02.10.2018, *DJe* 08.10.2018)

[150] "Processual Civil. Execução fiscal. Indeferimento do pedido de penhora no rosto dos autos de ação de falência. Habilitação da dívida ativa. Desnecessidade. Inteligência do art. 187 do CTN e do art. 29 da LEF.

1. O STJ possui orientação pacífica no sentido de que 'Uma vez inscrita em dívida ativa obrigação consubstanciada em outro título executivo, deve ser aplicado o regime jurídico próprio da dívida ativa que implica seu controle administrativo, orçamentário e financeiro (emissão de certidões positivas – art. 31, da LEF, parcelamentos, remissões, anistias, programas fiscais em geral, etc.) e agrega ao crédito inscrito a eficácia de não se sujeitar a concurso de credores ou habilitação em falência, concordata, liquidação, inventário ou arrolamento (art. 29, da LEF)' (REsp 1.247.650/RN, Rel. Min. Mauro Campbell Marques, *DJe* 19.12.2013).

2. Desnecessária, portanto, a apresentação de prova negativa (inexistência de pedido, nos autos da Ação Falimentar, de habilitação do crédito), para o fim de análise do requerimento apresentado, nos autos da Execução Fiscal, de realização de penhora no rosto dos autos.

3. Recurso Especial provido."

(REsp 1740313/DF, Rel. Min. Herman Benjamin, 2ª Turma, j. 12.06.2018, *DJe* 26.11.2018).

846 | CURSO DE DIREITO PROCESSUAL CIVIL • *Luiz Fux*

O legislador disciplinou, ainda, os casos em que a penhora recai sobre edifícios em construção sob regime de incorporação imobiliária, caso em que somente poderá recair sobre as unidades imobiliárias ainda não comercializadas pelo incorporador, como forma de proteção dos adquirentes das unidades previamente negociadas. Sendo necessário afastar o incorporador da administração da incorporação, será ela exercida pela comissão de representantes dos adquirentes ou, se se tratar de construção financiada, por empresa ou profissional indicado pela instituição fornecedora dos recursos para a obra, devendo ser ouvida, neste último caso, a comissão de representantes dos adquirentes (art. 862, §§ 3º e 4º, do CPC/2015). Nota-se intensa preocupação do Código com os consumidores que podem ser prejudicados caso a construção não seja ultimada em razão de dívidas do incorporador, cumprindo relembrar que são impenhoráveis os créditos oriundos de alienação de unidades imobiliárias, sob regime de incorporação imobiliária, vinculados à execução da obra (art. 833, XII, do CPC/2015).

A penhora de empresa que funcione mediante concessão ou autorização far-se-á, conforme o valor do crédito, sobre a renda, sobre determinados bens ou sobre todo o patrimônio, e o juiz nomeará como depositário, de preferência, um de seus diretores (art. 863 do CPC/2015). Recaindo a *penhora sobre a renda* ou sobre determinados bens, o depositário deve apresentar a forma de administração e o esquema de pagamento, seguindo-se o regime de penhora de frutos e rendimentos de coisa móvel e imóvel. Incidindo, porém, sobre todo o patrimônio, prossegue a execução com seus ulteriores termos, ouvindo-se, antes da arrematação ou da adjudicação, o poder público que houver outorgado a concessão. Relembre-se que os bens das concessionárias *privadas* de serviço público, não integrantes da Administração Pública indireta, são, em regra, penhoráveis, consoante a jurisprudência do Superior Tribunal de Justiça. Nada obstante, a penhora desses bens deve seguir as cautelas previstas no art. 863 do CPC/2015, a fim de proteger ao máximo a continuidade do serviço público. Excepcionalmente, os bens das concessionárias ou autorizatárias são impenhoráveis, quando a constrição puder gerar prejuízo à continuidade do serviço público.[151]

A penhora de navio ou de aeronave não obsta que continuem navegando ou operando até a alienação, mas o juiz, ao conceder a autorização para tanto, não permitirá que saiam do porto ou do aeroporto antes que o executado faça o seguro usual contra riscos (art. 864 do CPC/2015).

O rito da penhora sobre o faturamento de empresa já foi analisado em minúcias no capítulo próprio.

A lei não cuida, muito embora na prática o fato possa ocorrer, da *penhora de bens de uso pessoal do devedor*, *v.g.*, um computador valiosíssimo. A doutrina nacional e a alienígena admitem, com restrições, essa espécie de penhora, procedida mediante autorização judicial, desde que realizada à luz do princípio da economicidade. Vale recordar que a impenhorabilidade do bem de família abrange todos os equipamentos, inclusive os de uso profissional, ou móveis que guarnecem a casa, desde que quitados (art. 1º, parágrafo único, da Lei nº 8.009/1990), mas excluem-se da impenhorabilidade os veículos de transporte, obras de arte e adornos suntuosos (art. 2º, *caput*, da Lei nº 8.009/1990). Assim, a jurisprudência do STJ já reconheceu que "são impenhoráveis aparelho de som, televisão, forno micro-ondas, computador, impressora e "bar em mogno com revestimento em vidro", bens que usualmente são encontrados em uma residência e que não possuem natureza suntuosa".[152]

O juiz pode ordenar a penhora de frutos e rendimentos de coisa móvel ou imóvel quando a considerar mais eficiente para o recebimento do crédito e menos gravosa ao executado (art. 867 do CPC/2015). Ordenada a penhora de frutos e rendimentos, o juiz nomeará administrador-depositário, que será investido de todos os poderes que concernem à administração do bem e à fruição de seus frutos e utilidades, perdendo o executado o direito de gozo do bem, até que o exequente seja pago do principal, dos juros, das custas e dos honorários advocatícios (art. 868 do CPC/2015). A medida terá eficácia em relação a terceiros a partir da publicação da decisão que a conceda, tratando-se de bem móvel, ou de sua averbação no ofício imobiliário, em caso de imóveis. É do exequente o ônus de providenciar a averbação no ofício imobiliário mediante a apresentação de certidão de

---

151 REsp 1768932/PE, Rel. Min. Herman Benjamin, 2ª Turma, j. 27.11.2018.
152 REsp 589.849/RJ, Rel. Min. Jorge Scartezzini, 4ª Turma, j. 28.06.2005, *DJ* 22.08.2005, p. 283.

inteiro teor do ato, independentemente de mandado judicial. Nessa modalidade de penhora, o juiz poderá nomear administrador-depositário o exequente ou o executado, ouvida a parte contrária, e, não havendo acordo, nomeará profissional qualificado para o desempenho da função (art. 869 do CPC/2015). O administrador submeterá à aprovação judicial a forma de administração e a de prestar contas periodicamente. Havendo discordância entre as partes ou entre essas e o administrador, o juiz decidirá a melhor forma de administração do bem. Se o imóvel estiver arrendado, o inquilino pagará o aluguel diretamente ao exequente, salvo se houver administrador. O exequente ou o administrador poderá celebrar locação do móvel ou do imóvel, ouvido o executado. As quantias recebidas pelo administrador serão entregues ao exequente, a fim de serem imputadas ao pagamento da dívida. Satisfeita a dívida, o exequente dará ao executado, por termo nos autos, quitação das quantias recebidas.

3.10.1   Execução por carta

Os *bens que se situam fora da sede da execução* são "penhorados por carta", por força do art. 845, § 2º, do CPC/2015. É a denominada execução por carta, que se opera quando os atos mais importantes do processo devem ser praticados alhures. Assim é que a carta que se expede tem três finalidades, a saber: penhora, avaliação e alienação. Havendo execução por carta, a competência para conhecer dos embargos à execução é dividida funcionalmente entre o juízo deprecante e o juízo deprecado. Tratando-se de embargos que versem *unicamente* sobre vícios ou defeitos da penhora, da avaliação ou da alienação dos bens efetuadas no juízo deprecado, este terá competência para julgá-los. Em todos os demais casos, é o juízo deprecante que julgará os embargos (art. 914, § 2º, do CPC/2015). A contagem do prazo para os embargos na execução por carta também segue sistemática especial, iniciando-se: *(i) da juntada, na carta, da certificação da citação*, quando versarem unicamente sobre vícios ou defeitos da penhora, da avaliação ou da alienação dos bens, pois nesse caso a competência para julgar os embargos é do juízo deprecado; *(ii) da juntada, nos autos de origem, do comunicado de realização da citação pelo juiz deprecado ao juiz deprecante* ou, não havendo este, *da juntada da carta devidamente cumprida*, quando for da competência do juízo deprecante o julgamento dos embargos (art. 915, § 2º, do CPC/2015).

No tocante à competência para decidir sobre a penhora de imóveis situados fora da comarca da execução, cujas certidões de matrícula tenham sido apresentadas nos autos, O STJ já assentou que:

> "De acordo com o art. 845, § 1º, do CPC/2015, independentemente do local em que estiverem situados os bens, a penhora será realizada por termo nos autos quando (I) se tratar de bens imóveis ou veículos automotores; e (II) for apresentada a certidão da respectiva matrícula do imóvel ou a certidão que ateste a existência do veículo. Nessa hipótese, a competência para decidir sobre a penhora, avaliação e alienação dos imóveis ou veículos será do próprio Juízo da execução, sendo desnecessária a expedição de carta precatória na forma do art. 845, § 2º, do CPC/2015, que se aplica apenas quando não for possível a realização da penhora nos termos do § 1º do mesmo dispositivo".[153]

3.10.2   Depósito dos bens penhorados

Tema de relevo é o que pertine ao "destino dos bens penhorados".

Em princípio, os *bens penhorados destinam-se à futura expropriação*; por isso, *devem ficar custodiados* até o advento desta etapa. Isto implica que algum protagonista do processo assuma o depósito do bem penhorado e sua correspondente função conservativa.[154] O art. 840 do CPC/2015 determina a forma preferencial de depósito para cada tipo de bem, *verbis*:

---

[153]   REsp 1.997.723/SP, Rel. Min. Nancy Andrighi, 3ª Turma, j. 14.06.2022, *DJe* 21.06.2022.

[154]   Nesse sentido, **Salvatore Satta**, preconizando, observa "le opportune cautele per rispettare il decoro", *in L'Esecuzione Forzata*, 1950, p. 63. Entre nós a admissão de **Pontes de Miranda**, vol. VI, p. 184-185, e **Amilcar de Castro**, cit., p. 174-175.

848 | CURSO DE DIREITO PROCESSUAL CIVIL • *Luiz Fux*

"Art. 840. Serão preferencialmente depositados:

I – as quantias em dinheiro, os papéis de crédito e as pedras e os metais preciosos, no Banco do Brasil, na Caixa Econômica Federal ou em banco do qual o Estado ou o Distrito Federal possua mais da metade do capital social integralizado, ou, na falta desses estabelecimentos, em qualquer instituição de crédito designada pelo juiz;

II – os móveis, os semoventes, os imóveis urbanos e os direitos aquisitivos sobre imóveis urbanos, em poder do depositário judicial;

III – os imóveis rurais, os direitos aquisitivos sobre imóveis rurais, as máquinas, os utensílios e os instrumentos necessários ou úteis à atividade agrícola, mediante caução idônea, em poder do executado.

§ 1º No caso do inciso II do *caput*, se não houver depositário judicial, os bens ficarão em poder do exequente.

§ 2º Os bens poderão ser depositados em poder do executado nos casos de difícil remoção ou quando anuir o exequente.

§ 3º As joias, as pedras e os objetos preciosos deverão ser depositados com registro do valor estimado de resgate".

Alguns incidentes podem ocorrer que recomendem a imediata alienação dos bens, *v.g.*, o risco de perecimento, como os gêneros alimentícios em geral, os materiais de construção sujeitos à ação dos fenômenos meteorológicos *etc.* A "alienação antecipada" pressupõe ser mais vantajosa, para evitar a depreciação ou a deterioração dos bens, devendo ouvir-se, sempre, a parte contrária (arts. 852 e 853 do CPC/2015). Inocorrendo a hipótese de alienação antecipada, o bem deve ser custodiado pelo depositário indicado no "auto de penhora" (art. 838 e seu inciso IV do CPC/2015).

Em regra, a nomeação de depositário recai no próprio executado, salvo se o credor não concordar e o juiz assim o decidir. Isso porque é pacífico em doutrina que o juiz, no exercício de seu poder de polícia judicial e informado pelos princípios do processo executivo, pode decidir de forma diversa da pretendida pelo credor, legando ao executado o depósito dos bens, ainda que com isso não concorde a outra parte. Havendo divergência não resolvida pelo juiz, a lei o faz. Nessa hipótese, a lei elege o *depositário conforme a natureza do bem*, consoante o art. 840 do CPC/2015, acima transcrito. Forçoso ressaltar que o STF, no julgamento da ADI 5.492, declarou a inconstitucionalidade da expressão "na falta desses estabelecimentos". do art. 840, inc. I, do CPC/2015 e conferiu interpretação conforme o preceito para que se entenda que, em relação às *quantias em dinheiro, às pedras e aos metais preciosos*, bem como aos *papéis de crédito*, poderá a administração do tribunal efetuar os depósitos judiciais: (a) no Banco do Brasil, na Caixa Econômica Federal ou em banco do qual o Estado ou o Distrito Federal possua mais da metade do capital social integralizado; ou (b) não aceitando o critério preferencial proposto pelo legislador e observados a realidade do caso concreto, os regramentos legais e os princípios constitucionais aplicáveis, realizar procedimento licitatório visando à escolha da proposta mais adequada para a administração dos recursos dos particulares. Ficam em poder do "depositário judicial" os móveis, os semoventes, os imóveis urbanos e os direitos aquisitivos sobre imóveis urbanos.

Resolvendo problemas indicados pela *práxis,* admitiu-se, com expressa anuência do exequente ou nos casos de difícil remoção, que os bens poderão ser depositados em poder do executado.

Acrescentou-se, quanto às joias, pedras e objetos preciosos depositados, o *registro* do valor estimado de resgate para fins de avaliação dos bens penhorados.

O Supremo Tribunal Federal decidiu que a prisão do depositário infiel, prevista no CPC de 1973, era incompatível com o Pacto de São José da Costa Rica, que tem caráter supralegal. A Corte, então, editou a Súmula Vinculante nº 25, *verbis*: "É ilícita a prisão civil de depositário infiel, qualquer que seja a modalidade de depósito". Entretanto, ainda é possível a condenação do depo-

---

Andrioli, nos seus *Commento al Codice di Procedura Civile*, 1947, vol. III, p. 105, relembra: *"necessaria conseguenza del pignoramento è la custodia dei beni pignorati"*, daí o depósito como *"mezzo tecnico per assicurare la conservazione della cosa pignorata"*, *in* **Micheli**, ob. cit., p. 391. O depositário exerce função pública, posto *longa manu* do Estado-juiz, **Salvatore Pugliati**, *Esecuzione Forzata e Diritto Estanziale*, 1935, p. 159-161.

sitário infiel pelo crime de apropriação indébita (art. 168, § 1º, II, do Código Penal), além da sua responsabilização civil e processual (art. 161, parágrafo único, do CPC/2015).

Ressalte-se que a *necessidade de exploração econômica* do bem penhorado transmuda o depositário em *administrador* com os deveres de ambos os encargos exercidos. Assim é que a instituição financeira que recebe valores em depósito judicial responde pela atualização monetária do capital e demais consectários.

A função do depositário cessa com a entrega do bem ao adquirente judicial – adjudicatário ou arrematante – ou extrajudicial – adquirido por alienação particular. Enquanto não advém esta oportunidade, o administrador exerce atos de defesa da jurisdição, podendo reclamar a coisa de quem quer que a moleste, por simples petição nos autos, posto que exercente de parcela da soberania estatal, delegada pelo Estado.

Uma vez realizada a penhora pela apreensão e depósito, abre-se ensejo à segunda etapa do processo satisfativo, que é *a* expropriação dos bens penhorados.

3.10.3 A unicidade da penhora

A certeza de que estes serão os bens sacrificados está na inalterabilidade da penhora. Uma vez penhorados os bens, automaticamente circunscreve-se a eles a base dos atos de execução. É o que se denomina "unicidade da penhora", revelada pela regra do art. 851 do CPC/2015, que dispõe:

> "Art. 851. Não se procede à segunda penhora, salvo se:
> I – a primeira for anulada;
> II – executados os bens, o produto da alienação não bastar para o pagamento do exequente;
> III – o exequente desistir da primeira penhora, por serem litigiosos os bens ou por estarem submetidos a constrição judicial".

Entretanto, como se nota, a regra da unicidade comporta exceções, pois há *fatos ensejadores de uma nova penhora*, com a *nulificação da anterior* ou o *reforço* daquela realizada precedentemente, bem como os casos de substituição vistos anteriormente, ressaltando-se também a possibilidade de remição da execução, conforme o atual art. 826 do CPC/2015.[155]

No primeiro caso, de *nulidade*, bem como na desistência, elimina-se a penhora, de sorte que outra se engendra, *apagando por completo os efeitos da anterior*, inclusive para fins de precedência na ordem de pagamento do concurso especial de credores. A insuficiência da penhora pelo valor diminuto dos bens implica o seu reforço, mantendo-se os efeitos daquela antes realizada (art. 874, II, do CPC/2015)[156]. Advirta-se que do mesmo modo que é possível o *reforço*, também é viável a redução da penhora a bens suficientes (arts. 850 e 874, I, do CPC/2015), em obediência ao princípio da economicidade antes referido (art. 805, parágrafo único, do CPC/2015). A ampliação e a redução da penhora dependem de avaliação do bem, de requerimento do interessado e do contraditório, com a prévia oitiva da parte *ex adverso*.

A *redução e a ampliação da penhora* são *espécies* do gênero modificações quantitativas da penhora. Outrossim, a penhora também admite modificações qualitativas, que, como já estudado, consistem em substituição dos bens penhorados por outros ou por dinheiro. A transferência da afetação gerada pela penhora para outros bens exige vantagens para o credor e redução de ônus para o devedor, o que ocorre quando os bens substitutos são menos onerados do que os anteriores, ou revelam maior liquidez na

---

[155] **"Art. 826.** Antes de adjudicados ou alienados os bens, o executado pode, a todo tempo, remir a execução, pagando ou consignando a importância atualizada da dívida, acrescida de juros, custas e honorários advocatícios."

[156] **"CPC/2015: Art. 874.** Após a avaliação, o juiz poderá, a requerimento do interessado e ouvida a parte contrária, mandar:
I – reduzir a penhora aos bens suficientes ou transferi-la para outros, se o valor dos bens penhorados for consideravelmente superior ao crédito do exequente e dos acessórios;
II – ampliar a penhora ou transferi-la para outros bens mais valiosos, se o valor dos bens penhorados for inferior ao crédito do exequente."

alienação judicial. No que concerne à substituição por dinheiro, em razão de esta modalidade suprimir a necessidade da etapa da expropriação agilizando a tutela executiva, revela-se possível a todo tempo. Por isso, o art. 835, § 1º, do CPC/2015 dispõe ser prioritária a penhora em dinheiro, não podendo nesse caso o juiz substituí-la por outro bem. Para fins de substituição da penhora, equiparam-se a dinheiro a fiança bancária e o seguro garantia judicial, desde que em valor não inferior ao do débito constante da inicial, acrescido de trinta por cento (art. 835, § 2º, do CPC/2015).[157] Parece-nos que a substituição da penhora em dinheiro por fiança ou seguro garantia somente é possível se o executado comprovar todos os requisitos do art. 847 do CPC/2015, inclusive a ausência de prejuízo para o exequente.

Ressalte-se que a substituição do bem penhorado por dinheiro não se assemelha à *remição da execução*, que é o pagamento do crédito exequendo (art. 826 do CPC/2015). Quem "deposita ainda não paga". A remição de execução como pagamento voluntário e extintivo do processo pela satisfação total da dívida também se distingue da *remição dos bens penhorados*, que consiste na prerrogativa do executado de manter a propriedade do bem penhorado caso: *(i)* tratando-se de adjudicação, ofereça preço igual ao da avaliação, se não tiver havido licitantes, ou ao do maior lance oferecido, até a assinatura do auto de adjudicação (art. 877, § 3º, do CPC/2015); ou *(ii)* tratando-se de leilão, ofereça preço igual ao do maior lance oferecido, até a assinatura do auto de arrematação (art. 902 do CPC/2015). Figura distinta das anteriores é a *remissão da dívida*, ou seja, o perdão conferido pelo credor e aceito pelo devedor, extinguindo a obrigação, desde que não haja prejuízo a terceiro (arts. 385 e seguintes do CC).

Relativamente à remição dos bens penhorados, restaram revogados pelo CPC/2015 os arts. 1.482 e 1.484 do CC, que estabeleciam, *verbis*:

> "Art. 1.482. Realizada a praça, o executado poderá, até a assinatura do auto de arrematação ou até que seja publicada a sentença de adjudicação, remir o imóvel hipotecado, oferecendo preço igual ao da avaliação, se não tiver havido licitantes, ou ao do maior lance oferecido. Igual direito caberá ao cônjuge, aos descendentes ou ascendentes do executado."
>
> "Art. 1.483. No caso de falência, ou insolvência, do devedor hipotecário, o direito de remição defere-se à massa, ou aos credores em concurso, não podendo o credor recusar o preço da avaliação do imóvel.
>
> Parágrafo único. Pode o credor hipotecário, para pagamento de seu crédito, requerer a adjudicação do imóvel avaliado em quantia inferior àquele, desde que dê quitação pela sua totalidade."

A modificação da penhora também reclama a intimação do executado, na forma do art. 841 do CPC/2015, a fim de que, querendo, possa impugnar o ato por simples petição, no prazo de 15 (quinze) dias, contado da ciência do ato (arts. 525, § 11, e 917, § 1º, do CPC/2015).

Não se deve perder de vista que a penhora deverá recair sobre tantos bens quantos *bastem* para o pagamento do principal atualizado, dos juros, das custas e dos honorários advocatícios (art. 831 do CPC/2015). Desse modo, a penhora deve ser suficiente, nem aquém, nem além do necessário para satisfazer a dívida e seus consectários legais, sob pena de se fazer mister a sua modificação.

3.11 Avaliação dos bens penhorados

A alienação dos bens tem a finalidade de satisfazer o crédito exequendo. Em consequência, sobressai imperioso aferir-se o valor dos bens que serão sacrificados para que não se onere o devedor.

---

[157] O Ato Conjunto TST/CSJT/CGJT nº 1/2019, em seus arts. 7º e 8º, estabelece que o seguro garantia judicial para execução trabalhista somente será aceito se sua apresentação ocorrer antes do depósito ou da efetivação da constrição em dinheiro por ato judicial. A justificativa para a normativa infralegal foi a de que as apólices de seguro garantia judicial possuem prazo determinado, não identificam o processo a que estão vinculadas e estão sujeitas a fraude. Em importante decisão, o Conselho Nacional de Justiça suspendeu a eficácia dessa regra. O Conselheiro Mário Guerreiro aduziu que, *verbis*: "a redação do § 2º do art. 835 do CPC equipara a fiança bancária e o seguro garantia judicial ao dinheiro na ordem de preferência à penhora, autorizando expressamente a substituição de montante eventualmente penhorado no processo de execução por essas outras garantias". O ilustre Conselheiro anotou, ainda, que a menor onerosidade da substituição pelo seguro garantia judicial deve ser verificada no caso concreto, bem como não competiria aos Tribunais vedar por ato administrativo a referida substituição. V. CNJ, PCA nº 0009820-09.2019.2.00.0000, Conselheiro Mário Guerreiro, j. 03.02.2020.

Destarte, o Código é repleto de princípios que recomendam que a atividade executiva deva fazer-se nos limites da necessidade, em bens suficientes, por preço adequado, viabilizando a participação de múltiplos concorrentes e preservando o patrimônio do devedor de alienações desastrosas. Tudo isso justifica, como ato preparatório da expropriação, a "avaliação dos bens penhorados". Avaliar é estabelecer o valor pelo qual os bens serão alienados forçadamente. Por isso, a atividade engendra-se entre a penhora e a arrematação propriamente dita.

A avaliação apresenta como principal consequência jurídica, além de sua função de tornar a execução proporcional às suas necessidades, a de fixar os limites para a alienação judicial do bem. Noutras palavras, a avaliação permite aferir a necessidade da extensão da alienação dos bens para auferir fundos necessários ao pagamento do credor, à luz do princípio da economicidade.

Nesse primeiro efeito, a avaliação tem o condão de impedir que o bem seja alienado por *preço vil*. É, sem dúvida, uma garantia para o devedor, porquanto, do contrário, manobras ardilosas poderiam despojar o executado de seus bens por qualquer preço, suficiente apenas para pagar parcela do débito. Nesse sentido, o art. 891 do CPC/2015 estabelece que não será aceito lance que ofereça preço vil, considerando-se este como o preço inferior ao mínimo estipulado pelo juiz e constante do edital, e, não tendo sido fixado preço mínimo, *considera-se vil o preço inferior a cinquenta por cento do valor da avaliação*. A arrematação realizada por preço vil é nula (art. 903, § 1º, do CPC/2015).

Na *adjudicação,* vigora a regra de que o exequente não deve ter solvida a obrigação pela aquisição do bem do executado por preço inferior ao da avaliação (art. 876 do CPC/2015). Assim, *v.g.*, se o imóvel foi avaliado em R$ 150.000,00, por este valor o exequente poderá adjudicá-lo, abatendo-o na dívida por dação em pagamento.

A avaliação, em regra, é feita pelo oficial de justiça, logo após esgotado o prazo para pagamento voluntário (arts. 523, § 3º, e 829, § 1º, do CPC/2015). Excepcionalmente, o juiz nomeará avaliador, caso sejam necessários conhecimentos especializados (*v.g.*, tendo sido penhorado um forno de alta combustão, elevadores *etc.*) e o valor da execução o comportar. O avaliador deverá entregar o laudo em prazo não superior a dez dias, tudo nos termos do art. 870, *caput* e parágrafo único, do CPC/2015. Sendo a avaliação realizada pelo oficial de justiça, constará de vistoria e de laudo anexados ao auto de penhora. O laudo deve sempre especificar os bens, com as suas características, e o estado em que se encontram, bem como o valor dos bens. É mister ter em conta que, muito embora a avaliação seja, via de regra, realizada concomitantemente ao ato da penhora, mesmo que não integre o auto de penhora somente deverá ser reconhecida nulidade caso comprovado algum prejuízo.

Quando o bem avaliado for imóvel, caso seja suscetível de cômoda divisão, proceder-se-á à avaliação em partes tendo em conta o crédito reclamado, sugerindo-se, com a apresentação de memorial descritivo, os possíveis desmembramentos para alienação, ouvindo-se as partes a respeito em 5 dias (art. 872, §§ 1º e 2º, do CPC/2015). Cuida-se de mais uma regra inspirada pela menor onerosidade da execução para o devedor.

O art. 871 do CPC/2015 enumera hipóteses nas quais a avaliação não é realizada:

> "Art. 871. Não se procederá à avaliação quando:
> I – uma das partes aceitar a estimativa feita pela outra;
> II – se tratar de títulos ou de mercadorias que tenham cotação em bolsa, comprovada por certidão ou publicação no órgão oficial;
> III – se tratar de títulos da dívida pública, de ações de sociedades e de títulos de crédito negociáveis em bolsa, cujo valor será o da cotação oficial do dia, comprovada por certidão ou publicação no órgão oficial;
> IV – se tratar de veículos automotores ou de outros bens cujo preço médio de mercado possa ser conhecido por meio de pesquisas realizadas por órgãos oficiais ou de anúncios de venda divulgados em meios de comunicação, caso em que caberá a quem fizer a nomeação o encargo de comprovar a cotação de mercado.
> Parágrafo único. Ocorrendo a hipótese do inciso I deste artigo, a avaliação poderá ser realizada quando houver fundada dúvida do juiz quanto ao real valor do bem".

A estimativa do valor dos bens suscetíveis de penhora, via de regra, não é obrigação do exequente, pois não consta do rol do art. 798 do CPC/2015. Todavia, caso o executado requeira a

852 | CURSO DE DIREITO PROCESSUAL CIVIL • *Luiz Fux*

substituição do bem penhorado, deverá atribuir valor aos bens indicados à penhora (art. 847, § 1º, V, do CPC/2015), não se procedendo à avaliação se o exequente concordar com essa estimativa. Nada obstante as partes concordem com a estimativa, ainda assim a avaliação poderá ser realizada quando houver fundada dúvida do juiz quanto ao real valor do bem.

Em alguns casos, o valor do bem pode ser aferido pela mera certidão ou publicação no órgão oficial, caso em que também não haverá avaliação. Enquadram-se nessa hipótese os títulos ou mercadorias que tenham cotação em bolsa, bem assim os títulos da dívida pública, as ações de sociedades e os títulos de crédito negociáveis em bolsa, cujo valor será o da cotação oficial do dia.

Finalmente, o legislador imputou a quem realizar a nomeação do bem à penhora, seja o exequente ou o executado, o encargo de comprovar a cotação de mercado, quando se tratar de veículos automotores ou de outros bens cujo preço médio de mercado possa ser conhecido por meio de pesquisas realizadas por órgãos oficiais ou de anúncios de venda divulgados em meios de comunicação. Se o magistrado não se convencer do valor do bem pelos documentos colacionados aos autos, deverá determinar a sua avaliação.

Apresentado o laudo, as partes devem ser intimadas para, querendo, impugnar o ato por simples petição, no prazo de 15 (quinze) dias (arts. 525, § 11, e 917, § 1º, do CPC/2015). O executado também pode questionar a avaliação na impugnação ao cumprimento de sentença (art. 525, § 1º, IV, do CPC/2015) ou nos embargos à execução (art. 917, II, do CPC/2015).

Em regra, a avaliação é uma e, portanto, não se repete.

Nada obstante, o Código de 2015 dispõe:

> "Art. 873. É admitida nova avaliação quando:
>
> I – qualquer das partes arguir, fundamentadamente, a ocorrência de erro na avaliação ou dolo do avaliador;
>
> II – se verificar, posteriormente à avaliação, que houve majoração ou diminuição no valor do bem;
>
> III – o juiz tiver fundada dúvida sobre o valor atribuído ao bem na primeira avaliação.
>
> Parágrafo único. Aplica-se o art. 480 à nova avaliação prevista no inciso III do *caput* deste artigo".

O legislador, além de admitir que qualquer das partes impugne a avaliação, admite a reavaliação tanto na majoração quanto na diminuição do valor do bem.

A avaliação, conforme assentado, tem o escopo de fixar os limites dos atos executivos necessários à satisfação do crédito exequendo. Por essa razão, após a avaliação, poderá mandar o juiz, a requerimento do interessado e ouvida a parte contrária, reduzir ou ampliar a penhora, tema já versado em capítulo anterior.

Determinada a nova avaliação, as partes devem ser intimadas para, querendo, interpor agravo de instrumento (art. 1.015, parágrafo único, do CPC/2015). Ademais, após a realização da nova avaliação, também devem ser intimadas as partes para que seja oportunizada eventual impugnação por simples petição (arts. 525, § 11, e 917, § 1º, do CPC/2015).

Logo após a realização da penhora e da avaliação, já deve o juiz dar início aos atos de expropriação do bem (art. 875 do CPC/2015), para manter a contemporaneidade da aferição do valor.

3.12 Fase de expropriação

O fim da execução por quantia certa é a obtenção da soma e a sua ulterior entrega ao credor. O meio de obtê-la é a expropriação, consistente na alienação forçada dos bens penhorados com o escopo de pagar ao credor. Por isso, dispõe o art. 824 do CPC/2015 que a execução por quantia certa é realizada pela expropriação de bens do executado, ressalvadas as execuções especiais – como aquela promovida em desfavor da Fazenda Pública.

A regra da redação original do CPC/1973 era a alienação judicial, por não poder o juiz simplesmente entregar os bens do executado ao exequente – *aliud pro alio solvet non potest*. Ocorre que, já na reforma promovida pela Lei nº 11.382/2006, constatou-se que a alienação em hasta pública era anacrônica e formalista, além de onerosa e demorada, de modo que a regra foi alterada para que a adjudicação do bem penhorado pelo próprio credor se tornasse o meio expropriatório preferencial. Caso não ocorresse a adjudicação, tentar-se-ia a alienação por iniciativa particular ou através de agentes credenciados, sob a supervisão do juiz. Apenas se frustrados os meios anteriores far-se-ia a alienação em hasta pública.

O Código de 2015 estabelece, em seu art. 825, três modos de expropriação, quais sejam, a adjudicação, a alienação e a apropriação de frutos e rendimentos de empresa ou de estabelecimentos e de outros bens.

A expropriação somente importa a perda da propriedade do executado sobre o bem quando: *(i)* na adjudicação, for lavrado e assinado o respectivo auto pelo juiz, pelo adjudicatário, pelo escrivão ou chefe de secretaria, e, se estiver presente, pelo executado (art. 877, § 1º, do CPC/2015); *(ii)* na alienação, for assinado o auto de arrematação pelo juiz, pelo arrematante e pelo leiloeiro (art. 903 do CPC/2015).

Entretanto, os arts. 867 a 869 do CPC/2015 preveem a *perda temporária da faculdade de fruir o bem*, quando penhorados os seus frutos e rendimentos, submetendo-o à exploração econômica paulatina com o fito de gerar os fundos necessários ao pagamento do crédito exequendo. Então, a arrematação, com a entrega do dinheiro ao exequente, e a adjudicação resultam em satisfação imediata do crédito (art. 904 do CPC/2015), ao passo que, na penhora de frutos e rendimentos, o pagamento é paulatino (*pro solvendo*).

A alienação de bens demanda atos preparatórios compatíveis com a sua finalidade. É que, se a arrematação visa a converter os bens em dinheiro, mister se faz *propiciar a participação de um número maior de interessados* para que sejam múltiplas as chances de obtenção de fundos, ao mesmo tempo em que se impõe a aferição oficial do valor dos bens antes de anunciá-los à licitação pública. Essas diligências necessárias são compostas pelas etapas prévias da avaliação dos bens expropriáveis, tema apreciado em capítulo anterior desta obra, e da publicidade da licitação (arts. 886 a 889 do CPC/2015).

A expropriação é *ato de natureza processual*, autoritário-judicial, que não se confunde nem se aproxima do *negócio jurídico da compra e venda*, de índole manifestamente consensual. O insigne Paula Batista, um dos maiores processualistas nacionais, de há muito revelou a distinção entre o negócio civil da compra e venda e o ato processual da arrematação, demonstrando a ausência de consenso e a inaplicação dos preceitos civis a esse importante momento do processo satisfativo. Segundo o mestre pernambucano, o único ponto afim reside no fato de ambas as alienações (compra e venda e arrematação) se operarem mediante pagamento de preço. De resto, a arrematação encerra ato de império do juízo da execução, solene e público (hasta pública), consubstanciando desapropriação forçada do direito do devedor sobre o bem expropriado. Doutrinava o mestre que o Estado, assim como penhora independentemente do assentimento do executado (execução forçada), expropria o bem alienando a sua propriedade para terceiro, a título oneroso. Consectário dessa distinção é a inaplicação das garantias da evicção e dos vícios redibitórios aos bens adquiridos através da expropriação judicial. É que tais garantias são inerentes aos contratos onerosos em função das quais o alienante garante o comprador contra os defeitos que tornem a coisa imprestável, bem como contra a venda por quem não é dono.

A expropriação é forma de aquisição *originária* da propriedade do bem pelo arrematante ou adjudicatário. O arrematante adquire a propriedade do bem com o registro da carta de arrematação, para imóveis, ou com a tradição, para bens móveis. Expedida a carta de arrematação ou feita a ordem de entrega, a *invalidação* da arrematação ainda poderá ser pleiteada por ação autônoma, em cujo processo o arrematante figurará como litisconsorte necessário (art. 903, § 4º, do CPC/2015). Contudo, ainda que o executado seja vitorioso nessa ação autônoma ou nos próprios embargos à execução, a arrematação não será anulada ou desconstituída, cabendo ao executado apenas a reparação pelos prejuízos sofridos (art. 903, *caput*, *in fine*, do CPC/2015).

Ressalte-se, por oportuno, que o arrematante pode ser despojado do bem em razão da ineficácia do ato de alienação, mormente nas hipóteses mencionadas no art. 804, *caput* e parágrafos,

854 | CURSO DE DIREITO PROCESSUAL CIVIL • *Luiz Fux*

do CPC/2015.[158] Entretanto, pelo princípio que veda o enriquecimento sem causa, é lícito ao arrematante pleitear em juízo, através de ação autônoma própria contra o executado, o reembolso de tudo quanto pagou para adquirir a coisa, porquanto este não poderia ter-se desvencilhado da dívida com o bem alheio. Outrossim, ressalta legítimo acionar o credor exequente, uma vez que ele também não pode ser satisfeito com patrimônio do reivindicante que não tem qualquer responsabilidade quanto ao débito. Nesta hipótese, repõem-se as coisas ao estado anterior, porquanto o terceiro obtém o bem arrematado de volta e o arrematante o dinheiro que despendeu daqueles que se locupletaram com o patrimônio alheio. Nada obstante o risco de ineficácia da alienação, as providências determinadas pelo art. 889 do CPC/2015 na fase prévia da alienação judicial eliminam em grande parte esse risco.[159]

Os mesmos princípios devem ser aplicados às demais formas de expropriação, porquanto, *ubi eadem ratio ibi eadem dispositio*.

3.12.1   Adjudicação

A adjudicação é a primeira opção na ordem de expropriação e consiste na possibilidade de que o exequente, oferecendo preço não inferior ao da avaliação, adquira os bens penhorados para o pagamento da dívida.[160]

---

[158]   "**Art. 804**. A alienação de bem gravado por penhor, hipoteca ou anticrese será ineficaz em relação ao credor pignoratício, hipotecário ou anticrético não intimado.

§ 1º A alienação de bem objeto de promessa de compra e venda ou de cessão registrada será ineficaz em relação ao promitente comprador ou ao cessionário não intimado.

§ 2º A alienação de bem sobre o qual tenha sido instituído direito de superfície, seja do solo, da plantação ou da construção, será ineficaz em relação ao concedente ou ao concessionário não intimado.

§ 3º A alienação de direito aquisitivo de bem objeto de promessa de venda, de promessa de cessão ou de alienação fiduciária será ineficaz em relação ao promitente vendedor, ao promitente cedente ou ao proprietário fiduciário não intimado.

§ 4º A alienação de imóvel sobre o qual tenha sido instituída enfiteuse, concessão de uso especial para fins de moradia ou concessão de direito real de uso será ineficaz em relação ao enfiteuta ou ao concessionário não intimado.

§ 5º A alienação de direitos do enfiteuta, do concessionário de direito real de uso ou do concessionário de uso especial para fins de moradia será ineficaz em relação ao proprietário do respectivo imóvel não intimado.

§ 6º A alienação de bem sobre o qual tenha sido instituído usufruto, uso ou habitação será ineficaz em relação ao titular desses direitos reais não intimado."

[159]   "**Art. 889**. Serão cientificados da alienação judicial, com pelo menos 5 (cinco) dias de antecedência:

I – o executado, por meio de seu advogado ou, se não tiver procurador constituído nos autos, por carta registrada, mandado, edital ou outro meio idôneo;

II – o coproprietário de bem indivisível do qual tenha sido penhorada fração ideal;

III – o titular de usufruto, uso, habitação, enfiteuse, direito de superfície, concessão de uso especial para fins de moradia ou concessão de direito real de uso, quando a penhora recair sobre bem gravado com tais direitos reais;

IV – o proprietário do terreno submetido ao regime de direito de superfície, enfiteuse, concessão de uso especial para fins de moradia ou concessão de direito real de uso, quando a penhora recair sobre tais direitos reais;

V – o credor pignoratício, hipotecário, anticrético, fiduciário ou com penhora anteriormente averbada, quando a penhora recair sobre bens com tais gravames, caso não seja o credor, de qualquer modo, parte na execução;

VI – o promitente comprador, quando a penhora recair sobre bem em relação ao qual haja promessa de compra e venda registrada;

VII – o promitente vendedor, quando a penhora recair sobre direito aquisitivo derivado de promessa de compra e venda registrada;

VIII – a União, o Estado e o Município, no caso de alienação de bem tombado.

Parágrafo único. Se o executado for revel e não tiver advogado constituído, não constando dos autos seu endereço atual ou, ainda, não sendo ele encontrado no endereço constante do processo, a intimação considerar-se-á feita por meio do próprio edital de leilão."

[160]   No regime original do CPC/1973, a adjudicação pressupunha frustração na alienação de bens móveis ou imóveis. Em primeiro lugar, a adjudicação reclamava que a praça findasse sem lançador, visto que, do contrário, cabia

Parte X • XI – TUTELA DAS OBRIGAÇÕES DE ENTREGA DE SOMA | **855**

A expropriação, como já visto, tem o escopo de traduzir em dinheiro os bens penhorados, possibilitando a entrega de uma soma ao credor. A adjudicação, então, ocorre *a requerimento do exequente*, posto não estar obrigado a receber coisa diversa de dinheiro. Essa entrega do próprio bem penhorado como forma de satisfação do crédito muito se assemelha à "dação em pagamento" do Direito Civil.

Obedecidos os mesmos princípios da arrematação, *os bens devem ser adjudicados ao menos pelo preço da avaliação*. O requerimento de adjudicação pode ocorrer a qualquer tempo, à míngua de prazo estabelecido em lei, mas o requerente responde pelos prejuízos causados, caso os atos de alienação já tenham se iniciado. A avaliação como piso na adjudicação segue o princípio de que o credor não deve locupletar-se às expensas do devedor, tanto mais que a execução se perfaz da forma menos onerosa para o *solvens*. Assim, *v.g.*, se o imóvel foi avaliado em R$ 500.000,00 (quinhentos mil reais), por este valor o exequente poderá adjudicá-lo, abatendo-o na dívida, pouco importando a alegação de que, se alienado, o bem não alcançaria este preço. Como a adjudicação pressupõe requerimento do exequente, é dever deste perseguir essa forma de pagamento, podendo, se assim o pretender, aguardar a alienação particular ou o leilão judicial.

Além do exequente, também podem requerer a adjudicação, nos termos do art. 876, § 5º, do CPC/2015: os credores concorrentes que hajam penhorado o mesmo bem; o cônjuge ou companheiro, os descendentes e os ascendentes do executado; o coproprietário de bem indivisível do qual tenha sido penhorada fração ideal; o titular de usufruto, uso, habitação, enfiteuse, direito de superfície, concessão de uso especial para fins de moradia ou concessão de direito real de uso, quando a penhora recair sobre bem gravado com tais direitos reais; o proprietário do terreno submetido ao regime de direito de superfície, enfiteuse, concessão de uso especial para fins de moradia ou concessão de direito real de uso, quando a penhora recair sobre tais direitos reais; o credor pignoratício, hipotecário, anticrético ou fiduciário, quando a penhora recair sobre bens com tais gravames, caso não seja o credor, de qualquer modo, parte na execução; o promitente comprador, quando a penhora recair sobre bem em relação ao qual haja promessa de compra e venda registrada; o promitente vendedor, quando a penhora recair sobre direito aquisitivo derivado de promessa de compra e venda registrada; a União, o Estado e o Município, no caso de alienação de bem tombado.

Dispõe o Código de 2015 que deve ser realizada uma licitação caso mais de um sujeito pretenda a adjudicação do bem penhorado. Nessa licitação, têm preferência, em caso de igualdade de oferta, o cônjuge, o companheiro, o descendente ou o ascendente, nessa ordem (art. 876, § 6º, do CPC/2015). Além disso, em caso de adjudicação de quota social ou de ação de sociedade anônima fechada, os sócios têm preferência em relação aos demais pretendentes (art. 876, § 7º, do CPC/2015). Nessa situação, a regra do desempate do concurso de credores pela melhor oferta cede espaço tendo em vista que a *affectio societatis* expressa fator de relevo jurídico.

---

ao arrematante a aquisição do bem. Destarte, a adjudicação tinha lugar ainda que realizada a segunda praça, da qual, repita-se, o credor podia participar por preço justo, ainda que inferior ao do edital. Então, o credor, antes de adjudicar, podia insistir na praça, admitindo-se, na prática judiciária, inclusive, a terceira praça, sob a inspiração dos princípios da validade e economicidade da execução. A "iniciativa do exequente", através de seu "requerimento", decorria do princípio da especificidade, segundo o qual ele não podia ser compelido a receber coisa diversa de dinheiro na execução por quantia. O credor exequente também podia à época participar da segunda praça e nela oferecer pelo bem preço inferior ao da avaliação, desde que não fosse "vil". A realidade é que isso não ocorria na prática, preferindo os exequentes aguardar a arrematação para somente após se manifestarem sobre a adjudicação. A "adjudicação" reclamava então como "pressupostos", hoje não mais existentes, "findar a praça sem lançador", "requerimento do credor" e oferecimento de preço não inferior ao do edital (art. 714 do CPC do Código revogado).

"**CPC/1973: Art. 714.** Finda a praça sem lançador, é lícito ao credor, oferecendo preço não inferior ao que consta do edital, requerer lhe sejam adjudicados os bens penhorados.

§ 1º Idêntico direito pode ser exercido pelo credor hipotecário e pelos credores concorrentes, que penhorarem o mesmo imóvel.

§ 2º Havendo mais de um pretendente pelo mesmo preço, proceder-se-á entre eles à licitação; se nenhum deles oferecer maior quantia, o credor hipotecário preferirá ao exequente e aos credores concorrentes."

856 | CURSO DE DIREITO PROCESSUAL CIVIL • *Luiz Fux*

O requerente da adjudicação deverá realizar o depósito do valor da diferença entre o preço ofertado e o crédito exequendo, sempre que o valor do crédito for inferior ao do bem adjudicado. Dispõe o art. 876, § 4º, I, do CPC/2015 que esse valor depositado "ficará à disposição do executado". Figure-se, entretanto, a seguinte hipótese: o exequente de crédito de R$ 100.000,00 disputa a adjudicação do bem penhorado e avaliado em R$ 200.000,00 com credor hipotecário de dívida de R$ 500.000,00. O exequente, então, oferece R$ 220.000,00 para adquirir o bem, ao passo que o credor hipotecário faz proposta de apenas R$ 200.000,00. A adjudicação, então, deve ser feita em favor do exequente. Todavia, o valor do crédito exequendo (R$ 100.000,00) é inferior ao valor da proposta (R$ 220.000,00). Teria o adjudicatário de depositar apenas a diferença entre esses valores, ou seja, R$ 120.000,00? Parece-nos que não. Afinal, cuida-se de hipótese de concurso especial de credores, determinando o art. 908, § 1º, do CPC/2015 que os créditos que recaem sobre o bem, inclusive os de natureza *propter rem*, sub-rogam-se sobre o preço da adjudicação, observada a ordem de preferência. Isso significa que, em caso de pluralidade de credores ou exequentes, *o preço da adjudicação deve ser depositado por inteiro*, de modo que se permita a distribuição e entrega do dinheiro conforme as preferências de cada interessado.[161]

Nesta hipótese, cumpre ao exequente observar se vantajosa a adjudicação com esse ônus adicional. É que, depositando o preço integral, sem abater nada em seu crédito (como ocorreria se o exequente fosse o único adjudicatário), ele conserva o crédito exequendo, em razão do qual a execução deve prosseguir. Assim, é possível que a adjudicação seja apenas satisfatória ao exequente quando a pretenda sozinho, já que, havendo concurso, a exigência de depósito do preço ofertado como forma de não se frustrar por via oblíqua as preferências asseguradas por lei, torna-a uma figura mais assemelhada à da "arrematação pelo credor" do que à "dação em pagamento". É que as preferências sempre se operam na fase de pagamento, sub-rogando-se no preço, daí a necessidade de depósito do valor do bem. Do contrário, isto é, sem depósito, o exequente adjudicaria pelo seu crédito sem exibir preço, e as preferências anteriores não teriam sobre o que incidir. Assim, *v.g.*, se o credor de R$ 10.000,00 adjudica bem avaliado em R$ 10.000,00, sem exibir preço, as preferências anteriores não teriam soma a receber prioritariamente, ao passo que, se o exequente deposita, mantém-se íntegro o privilégio de direito material, muito embora não se possa falar tecnicamente de "pagamento ao credor", porquanto o depósito em dinheiro deixa o crédito originário sem satisfação. Por essa razão é que se reafirma que a adjudicação, na prática, somente é vantajosa se o exequente for o único candidato à obtenção do bem ou se o preço deste for satisfatório sob outros aspectos.

Em conclusão, a regra do art. 876, § 4º, do CPC/2015 somente tem lugar quando o exequente fizer a única proposta de adjudicação, caso em que depositará de imediato a diferença entre o valor do crédito e o dos bens, sendo aquele inferior a este, ficando o depósito à disposição do executado. Se o valor do crédito for superior ao dos bens, a execução prosseguirá pelo saldo remanescente.

Uma vez requerida a adjudicação pelo exequente ou outro legitimado, deverá ser intimado o executado (art. 876, § 1º, do CPC/2015): *(i)* pelo Diário da Justiça, na pessoa de seu advogado constituído nos autos; *(ii)* por carta com aviso de recebimento, quando representado pela Defensoria Pública ou quando não tiver procurador constituído nos autos; *(iii)* por meio eletrônico, quando, sendo empresa pública ou privada não enquadrada como microempresa ou de pequeno porte, não tiver procurador constituído nos autos. A intimação postal para o endereço constante dos autos é válida quando o executado houver mudado de endereço sem prévia comunicação ao juízo (art. 876, § 2º, do CPC/2015). É dispensável a intimação quando o executado, citado por edital, não tiver procurador constituído nos autos (art. 876, § 3º, do CPC/2015).

Os interessados, uma vez intimados, possuem o prazo comum de 5 (cinco) dias, contados da última intimação, para se manifestar sobre o requerimento de adjudicação. Ultrapassado esse prazo,

---

[161] Este sempre foi o entendimento da doutrina do tema como se colhe *in* **Jorge Americano**, *Processo Civil e Comercial no Direito Brasileiro*, 1925, p. 428, **Pontes de Miranda**, *Comentários*, cit., vol. VI, p. 322; **Liebman**, ob. cit., p. 256, e **Lopes da Costa**, vol. IV, p. 173.

Parte X • XI – TUTELA DAS OBRIGAÇÕES DE ENTREGA DE SOMA | **857**

o juiz decidirá eventuais questões e, na sequência, ordenará a lavratura do auto de adjudicação. Lavrado e assinado o auto pelo juiz, pelo adjudicatário, pelo escrivão ou chefe de secretaria, e, se estiver presente, pelo executado, considera-se perfeita e acabada a adjudicação. Então, deverá ser expedida carta de adjudicação e mandado de imissão na posse, quando se tratar de bem imóvel, ou ordem de entrega ao adjudicatário, quando se tratar de bem móvel. Deveras, a carta de adjudicação deve conter a descrição do imóvel, com remissão à sua matrícula e registros, a cópia do auto de adjudicação e a prova de quitação do imposto de transmissão (art. 877, *caput* e §§ 1º e 2º, do CPC/2015), sendo este o documento translatício da propriedade, registrável e oponível *erga omnes*. O dispositivo torna clara a regra tributária de que o adjudicatário paga apenas o imposto de transmissão cuja guia deverá constar da carta, assim como a decisão da disputa da adjudicação, muito embora a ela a lei não se refira, mas que se revela importante para fins registrais.

A redação legal indica que a faculdade de remição dos bens penhorados deve anteceder a confecção do ato consubstanciador da expropriação em prol do exequente (art. 877, § 3º, do CPC/2015). Pelas mesmas razões de segurança jurídica, este também deve ser considerado o marco temporal para a remição da execução, nos termos do art. 826 do CPC/2015.

3.12.2   Alienação

Não realizada a expropriação pela adjudicação, tem lugar a alienação, que pode ocorrer por *iniciativa particular* ou em *leilão judicial*, eletrônico ou presencial. Sob a sistemática do Código de 2015, não há mais a antiga distinção entre *praça* e *leilão*, de modo que, independentemente da natureza do bem penhorado, a hasta pública sempre ocorrerá por meio de leilão judicial, eletrônico ou presencial.[162]

3.12.3   Alienação por iniciativa particular

A alienação por iniciativa particular tem preferência sobre o leilão judicial, de modo que a alienação estatal é a última modalidade de expropriação a ser observada. Assim, não efetivada a adjudicação, o exequente poderá requerer a alienação por sua própria iniciativa ou por intermédio de corretor ou leiloeiro público credenciado perante o órgão judiciário (art. 880, *caput*, do CPC/2015). Cuida-se de modalidade de alienação que já era prevista no art. 973 do CPC/1939, mas que foi revogada pelo Código Buzaid antes de ser reintroduzida na reforma da Lei nº 11.382/2006.[163] A lei exige requerimento do exequente, não podendo o juiz proceder de ofício, nem sendo admitida expressamente a iniciativa do executado.

---

[162]   No regime do Código revogado, tratando-se de bens imóveis, a alienação realizava-se em "praça", e, ressalvados os casos de alienação atribuída aos corretores da Bolsa de Valores, os "demais bens" eram alienados em "leilão público" (art. 697 c/c art. 704 do CPC/1973). A expressão "praça" é oriunda da solenidade romana de expropriação pública de bens, onde se anunciava o fim do ato fincando-se no solo a "hasta" ou "lança", anunciando o lançador vitorioso e identificando-o pela entrega de um "ramo"; daí a origem do termo "hasta pública", que tem como finalidade fazer acudir o maior número de licitantes.

A praça e o leilão apresentavam dessemelhanças que não se limitavam à distinção entre forma de alienação de bem imóvel para a primeira e móvel para a segunda. Em primeiro lugar, a praça realizava-se no átrio do edifício do fórum e o leilão onde estivessem os bens (art. 686, § 2º, do CPC/1973). As despesas da praça somavam-se ao débito do executado, ao passo que as despesas do leilão corriam por conta do arrematante (art. 705, inciso IV, do CPC/1973). A praça era realizada pelo oficial do juízo exercente das funções de porteiro dos auditórios, enquanto o leilão era levado a efeito por leiloeiro público livremente escolhido pelo devedor (art. 706 do CPC/1973).

Outrossim, a praça e o leilão revelavam pontos comuns. Assim é que ambos eram precedidos de publicidade. Ademais, se a praça ou leilão fossem de diversos bens e houvesse mais de um lançador, seria preferido aquele que se propusesse a arrematá-los englobadamente, oferecendo para os que não tivessem licitante preço igual ao da avaliação e, para os demais, o de maior lanço. Destarte, não poderia ser aceito lanço que, em segunda praça ou leilão, oferecesse preço vil, sendo certo que deveria ser suspensa a arrematação logo que o produto da alienação dos bens bastar para o pagamento do credor.

[163]   Confira-se, ainda, o art. 52, VII, da Lei nº 9.099/1995.

O exequente, pela pouca complexidade e por representar anseio do maior interessado na execução, pode engendrar a adjudicação, cujo desinteresse conduz à alienação dos bens penhorados pela sua iniciativa ou por intermédio de corretor credenciado perante a autoridade judiciária, desde que deferido pelo juízo, em decisão agravável.

Deferido o requerimento, o juiz fixará o prazo em que a alienação por iniciativa particular deve ser efetivada, a forma de publicidade, o preço mínimo, as condições de pagamento, as garantias e, se for o caso, a comissão de corretagem, a qual deve ser suportada pelo proponente que pretende adquirir o bem. A lei não estabelece qualquer parâmetro expresso para a fixação do preço mínimo na alienação por iniciativa particular. Todavia, merece aplicação analógica o art. 891 do CPC/2015, de modo que, também nessa modalidade, o bem não possa ser alienado por preço inferior a cinquenta por cento do valor da avaliação.

Sobressai evidente que a execução não se processa sem a interferência judicial, por isso que o princípio da economicidade será o critério de vigília do juiz, que pode inverter a ordem legal se, *v.g.*, entender melhor a alienação particular do que a adjudicação, ou se acolher impugnação do devedor de que o credor prefere a adjudicação em razão de o valor da avaliação estar aquém da realidade de mercado *etc.* Inocorrentes essas situações anômalas, cabe ao juiz fixar o prazo em que a alienação deve ser efetivada, visando à manutenção de um preço útil na alienação particular. Isso significa que se houver um espaço muito grande entre a opção de venda particular e a sua efetivação, nova avaliação poderá ser procedida, quer em razão de defasagem monetária quer em face de valorização superveniente. O juiz deve ter em mente que as condições de mercado e o valor são importantes para gerar um produto que possa quitar o débito e quiçá gerar saldo em favor do executado.

Essa intervenção judicial nos interesses privados da execução permite ao juiz deferir parcelamentos no pagamento do preço do imóvel e adiamentos para o momento mais oportuno, tudo sob o crivo do contraditório.

Fora esses parâmetros a serem estabelecidos pelo juiz, de acordo com o caso concreto, o Código não prevê detalhes do procedimento da alienação por iniciativa particular. Todavia, consagra norma de delegação para que os Tribunais possam editar disposições complementares sobre o procedimento da alienação por iniciativa particular, admitindo, quando for o caso, o concurso de meios eletrônicos. Os Tribunais podem, ainda, dispor sobre o credenciamento dos corretores e leiloeiros públicos, os quais deverão estar em exercício profissional por não menos que 3 (três) anos (art. 880, § 3º, do CPC/2015). Nas localidades em que não houver corretor ou leiloeiro público credenciado, a indicação será de livre escolha do exequente (art. 880, § 4º, do CPC/2015).

A lei não regula, mas pode ocorrer que o adquirente atrase o pagamento ou não implemente o preço, hipótese em que se aplica analogicamente os arts. 895, § 4º, e 897 do CPC/2015, que dispõem, *verbis:*

"Art. 895. § 4º No caso de atraso no pagamento de qualquer das prestações, incidirá multa de dez por cento sobre a soma da parcela inadimplida com as parcelas vincendas."

"Art. 897. Se o arrematante ou seu fiador não pagar o preço no prazo estabelecido, o juiz impor-lhe-á, em favor do exequente, a perda da caução, voltando os bens a novo leilão, do qual não serão admitidos a participar o arrematante e o fiador remissos."

A publicidade da alienação deve indicar os itens previstos nos incisos I e VI do art. 886 do CPC/2015, que normalmente constam dos editais de leilão judicial.[164] Outrossim, apesar de silente

---

[164] **"Art. 886.** O leilão será precedido de publicação de edital, que conterá:

I – a descrição do bem penhorado, com suas características, e, tratando-se de imóvel, sua situação e suas divisas, com remissão à matrícula e aos registros;

(...)

VI – menção da existência de ônus, recurso ou processo pendente sobre os bens a serem leiloados."

Parte X • XI – TUTELA DAS OBRIGAÇÕES DE ENTREGA DE SOMA | **859**

a lei, deverão ser cientificados da alienação por iniciativa particular todos os sujeitos indicados no art. 889 do CPC/2015.[165]

Ultimada a alienação por iniciativa particular, deverá ser será formalizada por termo nos autos, com a assinatura do juiz, do exequente, do adquirente e, se estiver presente, do executado. Dispensa-se, portanto, a escritura pública. Na sequência, deve ser expedida a carta de alienação e o mandado de imissão na posse, quando se tratar de bem imóvel, ou a ordem de entrega ao adquirente, quando se tratar de bem móvel (art. 880, § 2º, do CPC/2015).

3.12.4   Leilão judicial

Como último método de expropriação, apenas aplicável se não efetivada a adjudicação ou a alienação por iniciativa particular, tem-se o leilão judicial, também denominado pela doutrina como *hasta pública* (art. 881 do CPC/2015).

A lei determina que o leilão seja feito, preferencialmente, pela via eletrônica. A Resolução nº 236/2016 do Conselho Nacional de Justiça regulamenta a alienação judicial por meio eletrônico, nos termos do art. 882, § 1º, do CPC/2015. A referida resolução também estabelece os requisitos para o credenciamento de leiloeiros públicos e corretores, bem assim as responsabilidades desses auxiliares do juízo. Isso porque o leilão judicial é necessariamente realizado pelo leiloeiro público, auxiliar do juízo designado pelo magistrado (art. 883 do CPC/2015), salvante os casos de alienação a cargo de corretores de bolsa de valores (art. 881, §§ 1º e 2º, do CPC/2015). O leiloeiro público pode ser indicado pelo exequente e, caso isso não ocorra, deverá haver sorteio entre os leiloeiros credenciados (art. 9º da Resolução nº 236/2016 do CNJ).

O Código de 2015 estabelece as seguintes obrigações do leiloeiro público:

> "Art. 884. Incumbe ao leiloeiro público:
> I – publicar o edital, anunciando a alienação;
> II – realizar o leilão onde se encontrem os bens ou no lugar designado pelo juiz;
> III – expor aos pretendentes os bens ou as amostras das mercadorias;
> IV – receber e depositar, dentro de 1 (um) dia, à ordem do juiz, o produto da alienação;
> V – prestar contas nos 2 (dois) dias subsequentes ao depósito.
> Parágrafo único. O leiloeiro tem o direito de receber do arrematante a comissão estabelecida em lei ou arbitrada pelo juiz".

---

[165] **"Art. 889**. Serão cientificados da alienação judicial, com pelo menos 5 (cinco) dias de antecedência:
I – o executado, por meio de seu advogado ou, se não tiver procurador constituído nos autos, por carta registrada, mandado, edital ou outro meio idôneo;
II – o coproprietário de bem indivisível do qual tenha sido penhorada fração ideal;
III – o titular de usufruto, uso, habitação, enfiteuse, direito de superfície, concessão de uso especial para fins de moradia ou concessão de direito real de uso, quando a penhora recair sobre bem gravado com tais direitos reais;
IV – o proprietário do terreno submetido ao regime de direito de superfície, enfiteuse, concessão de uso especial para fins de moradia ou concessão de direito real de uso, quando a penhora recair sobre tais direitos reais;
V – o credor pignoratício, hipotecário, anticrético, fiduciário ou com penhora anteriormente averbada, quando a penhora recair sobre bens com tais gravames, caso não seja o credor, de qualquer modo, parte na execução;
VI – o promitente comprador, quando a penhora recair sobre bem em relação ao qual haja promessa de compra e venda registrada;
VII – o promitente vendedor, quando a penhora recair sobre direito aquisitivo derivado de promessa de compra e venda registrada;
VIII – a União, o Estado e o Município, no caso de alienação de bem tombado.
Parágrafo único. Se o executado for revel e não tiver advogado constituído, não constando dos autos seu endereço atual ou, ainda, não sendo ele encontrado no endereço constante do processo, a intimação considerar-se-á feita por meio do próprio edital de leilão."

860 | CURSO DE DIREITO PROCESSUAL CIVIL • *Luiz Fux*

Relativamente ao rito do leilão eletrônico, dispõe a Resolução nº 236/2016 do CNJ, *verbis*:

"Art. 12. O usuário interessado em participar da alienação judicial eletrônica, por meio da rede mundial de computadores, deverá se cadastrar previamente no site respectivo, ressalvada a competência do juízo da execução para decidir sobre eventuais impedimentos.

Art. 13. O cadastramento será gratuito e constituirá requisito indispensável para a participação na alienação judicial eletrônica, responsabilizando-se o usuário, civil e criminalmente, pelas informações lançadas por ocasião do cadastramento.

Parágrafo único. O cadastramento implicará na aceitação da integralidade das disposições desta Resolução, assim como das demais condições estipuladas no edital respectivo.

Art. 14. Caberá ao leiloeiro do sistema de alienação judicial eletrônica (as próprias unidades judiciais ou as entidades credenciadas) a definição dos critérios de participação na alienação judicial eletrônica com o objetivo de preservar a segurança e a confiabilidade dos lances.

§ 1º O cadastro de licitantes deverá ser eletrônico e sujeito à conferência de identidade em banco de dados oficial.

§ 2º Até o dia anterior ao leilão, o leiloeiro estará disponível para prestar aos interessados os esclarecimentos de quaisquer dúvidas sobre o funcionamento do leilão.

§ 3º O leiloeiro deverá manter telefones disponíveis em seção facilmente visível em seu site na rede mundial de computadores para dirimir eventuais dúvidas referentes às transações efetuadas durante e depois do leilão judicial eletrônico.

Art. 15. O leiloeiro confirmará ao interessado seu cadastramento via e-mail ou por emissão de login e senha provisória, que deverá ser, necessariamente, alterada pelo usuário.

Parágrafo único. O uso indevido da senha, de natureza pessoal e intransferível, é de exclusiva responsabilidade do usuário.

Art. 16. Os bens penhorados serão oferecidos em site designado pelo juízo da execução (art. 887, § 2º), com descrição detalhada e preferencialmente por meio de recursos multimídia, para melhor aferição de suas características e de seu estado de conservação.

Parágrafo único. Fica o leiloeiro autorizado a fotografar o bem e a visitá-lo, acompanhado ou não de interessados na arrematação.

Art. 17. Os bens a serem alienados estarão em exposição nos locais indicados no site, com a descrição de cada lote, para visitação dos interessados, nos dias e horários determinados.

Art. 18. Os bens serão vendidos no estado de conservação em que se encontram, sem garantia, constituindo ônus do interessado verificar suas condições, antes das datas designadas para a alienação judicial eletrônica.

Art. 19. O leiloeiro suportará os custos e se encarregará da divulgação da alienação, observando as disposições legais e as determinações judiciais a respeito.

Art. 20. O período para a realização da alienação judicial eletrônica (art. 886, IV) terá sua duração definida pelo juiz da execução ou pelo leiloeiro, cuja publicação do edital deverá ser realizada com antecedência mínima de 5 (cinco) dias (art. 887, § 1º) da data inicial do leilão.

Art. 21. Sobrevindo lance nos 3 (três) minutos antecedentes ao termo final da alienação judicial exclusivamente eletrônica, o horário de fechamento do pregão será prorrogado em 3 (três) minutos para que todos os usuários interessados tenham oportunidade de ofertar novos lances.

Parágrafo único. No caso de alienação presencial ou simultânea (presencial e eletrônica), o tempo previsto no *caput* deste artigo será de 15 (quinze) segundos.

Art. 22. Durante a alienação, os lances deverão ser oferecidos diretamente no sistema do gestor e imediatamente divulgados *on-line*, de modo a viabilizar a preservação do tempo real das ofertas.

Parágrafo único. Não será admitido sistema no qual os lances sejam realizados por e-mail e posteriormente registrados no site do leiloeiro, assim como qualquer outra forma de intervenção humana na coleta e no registro dos lances.

Art. 23. Com a aceitação do lance, o sistema emitirá guia de depósito judicial identificado vinculado ao juízo da execução.

Art. 24. O pagamento deverá ser realizado de imediato pelo arrematante, por depósito judicial ou por meio eletrônico (art. 892), salvo disposição judicial diversa ou arrematação a prazo (art. 895, § 9º).

Art. 25. A arrematação será considerada perfeita, acabada e irretratável tão logo assinado o auto pelo juiz, pelo arrematante e pelo leiloeiro, observadas as disposições do art. 903 do CPC.

Parte X • XI – TUTELA DAS OBRIGAÇÕES DE ENTREGA DE SOMA | **861**

Art. 26. Não sendo efetuados os depósitos, serão comunicados também os lances imediatamente anteriores, para que sejam submetidos à apreciação do juiz, na forma do art. 895, §§ 4º e 5º; art. 896, § 2º; arts. 897 e 898, sem prejuízo da invalidação de que trata o art. 903 do CPC.

Art. 27. Para garantir o bom uso do site e a integridade da transmissão de dados, o juiz da execução poderá determinar o rastreamento do número do IP da máquina utilizada pelo usuário para oferecer seus lances.

Art. 28. O leiloeiro público deverá disponibilizar ao juízo da execução acesso imediato à alienação.

Art. 29. Correrão por conta do arrematante as despesas e os custos relativos à desmontagem, remoção, transporte e transferência patrimonial dos bens arrematados.

Art. 30. Serão de exclusiva responsabilidade do leiloeiro e do corretor público ônus decorrentes da manutenção e operação do site disponibilizado para a realização das alienações judiciais eletrônicas, assim como as despesas com o arquivamento das transmissões e ao perfeito desenvolvimento e implantação do sistema de leilões eletrônicos.

Art. 31. A estrutura física de conexão externa de acesso e segurança ao provedor é de responsabilidade do leiloeiro e do corretor público.

Parágrafo único. Caso a alienação judicial eletrônica não possa se realizar em razão de força maior, o início do novo período de pregão deverá ser publicado na forma do art. 897, § 1º, do CPC.

Art. 32. Os lances e dizeres inseridos na sessão on-line correrão exclusivamente por conta e risco do usuário.

Art. 33. Eventuais ocorrências ou problemas que possam afetar ou interferir nas regras desta Resolução serão dirimidos pelo juiz da execução.

Art. 34. Todo o procedimento deverá ser gravado em arquivos eletrônicos e de multimídia, com capacidade para armazenamento de som, dados e imagens".

O leilão também poderá ser simultâneo (eletrônico e presencial), cujo endereço será indicado no edital e a modalidade presencial se dará no último dia do período designado para o leilão eletrônico (art. 11, parágrafo único, da Resolução nº 236/2016 do CNJ).

Compete ao juiz da execução estabelecer o preço mínimo, as condições de pagamento e as garantias que poderão ser prestadas pelo arrematante (art. 885 do CPC/2015). O preço mínimo, que constará do edital, deve ser ao menos o valor da avaliação, que é a proposta mínima a ser apresentada em primeiro leilão (art. 895, I, do CPC/2015). Quanto às condições de pagamento e garantias, sendo omisso o magistrado, deverão ser observadas as diretrizes do art. 895, § 1º, do CPC/2015: pagamento de pelo menos vinte e cinco por cento do valor do lance à vista e o restante parcelado em até 30 (trinta) meses, garantido por caução idônea, quando se tratar de móveis, e por hipoteca do próprio bem, quando se tratar de imóveis.

O leilão se desenvolve por três fases consecutivas: *a publicidade, a realização* e *a formalização.*

A *publicidade* do leilão implica fazer-se anunciar ao público em geral que o bem vai ser vendido em hasta pública, objetivo que se alcança através da *publicação de edital* pelo leiloeiro *na rede mundial de computadores, em sítio designado pelo juízo da execução,* pelo menos 5 (cinco) dias antes da data marcada para o leilão. Não sendo possível a publicação na rede mundial de computadores ou considerando o juiz, em atenção às condições da sede do juízo, que esse modo de divulgação é insuficiente ou inadequado, o edital será afixado em local de costume e publicado, em resumo, pelo menos uma vez em jornal de ampla circulação local. A lei confere certa flexibilidade ao juiz para adequar a publicidade às características do caso concreto, pois, atendendo ao valor dos bens e às condições da sede do juízo, o juiz poderá alterar a forma e a frequência da publicidade na imprensa, mandar publicar o edital em local de ampla circulação de pessoas e divulgar avisos em emissora de rádio ou televisão local, bem como em sítios distintos daquele designado anteriormente. Tratando--se de leilão de imóveis e de veículos automotores, os editais serão publicados pela imprensa ou por outros meios de divulgação, preferencialmente na seção ou no local reservados à publicidade dos respectivos negócios (art. 887, *caput* e §§, do CPC/2015). Nada impede, portanto, a publicação do edital de venda de veículo automotor em um site notoriamente conhecido pela compra e venda dessa espécie de bem. Não se realizando o leilão por qualquer motivo, o juiz mandará publicar a transferência da data, seguindo-se a mesma sistemática (art. 888 do CPC/2015).

862 | CURSO DE DIREITO PROCESSUAL CIVIL • *Luiz Fux*

Os requisitos do edital, destinado a dar *publicidade geral* ao leilão, estão listados no art. 886 do CPC/2015:

"Art. 886. O leilão será precedido de publicação de edital, que conterá:

I – a descrição do bem penhorado, com suas características, e, tratando-se de imóvel, sua situação e suas divisas, com remissão à matrícula e aos registros;

II – o valor pelo qual o bem foi avaliado, o preço mínimo pelo qual poderá ser alienado, as condições de pagamento e, se for o caso, a comissão do leiloeiro designado;

III – o lugar onde estiverem os móveis, os veículos e os semoventes e, tratando-se de créditos ou direitos, a identificação dos autos do processo em que foram penhorados;

IV – o sítio, na rede mundial de computadores, e o período em que se realizará o leilão, salvo se este se der de modo presencial, hipótese em que serão indicados o local, o dia e a hora de sua realização;

V – a indicação de local, dia e hora de segundo leilão presencial, para a hipótese de não haver interessado no primeiro;

VI – menção da existência de ônus, recurso ou processo pendente sobre os bens a serem leiloados.

Parágrafo único. No caso de títulos da dívida pública e de títulos negociados em bolsa, constará do edital o valor da última cotação".

O conteúdo do edital visa à proteção do direito de terceiros, notadamente do arrematante, que pode inclusive desistir da arrematação por vício do edital (art. 903, § 5º, I, do CPC/2015), bem como a otimização da expropriação em prol da satisfação do credor da forma menos onerosa para o devedor. Assim, se faltam requisitos no edital, mas a hasta pública se realiza em proveito da execução e sem prejuízo para o terceiro, consolida-se a arrematação pela finalidade alcançada.

A publicidade para o público em geral não supre a necessidade da *publicidade especial*, que se impõe pela comunicação de que o bem vai a leilão a determinadas pessoas,[166] listadas no art. 889 do CPC/2015:

"Art. 889. Serão cientificados da alienação judicial, com pelo menos 5 (cinco) dias de antecedência:

I – o executado, por meio de seu advogado ou, se não tiver procurador constituído nos autos, por carta registrada, mandado, edital ou outro meio idôneo;

II – o coproprietário de bem indivisível do qual tenha sido penhorada fração ideal;

III – o titular de usufruto, uso, habitação, enfiteuse, direito de superfície, concessão de uso especial para fins de moradia ou concessão de direito real de uso, quando a penhora recair sobre bem gravado com tais direitos reais;

IV – o proprietário do terreno submetido ao regime de direito de superfície, enfiteuse, concessão de uso especial para fins de moradia ou concessão de direito real de uso, quando a penhora recair sobre tais direitos reais;

V – o credor pignoratício, hipotecário, anticrético, fiduciário ou com penhora anteriormente averbada, quando a penhora recair sobre bens com tais gravames, caso não seja o credor, de qualquer modo, parte na execução;

---

[166] A Terceira Turma do Egrégio Superior Tribunal de Justiça aplicou o critério da especialidade/especificidade a fim de interpretar que, sem prejuízo à regra geral de imprescindibilidade da intimação pessoal da parte assistida pela Defensoria Pública para a válida comunicação dos demais atos processuais, basta a intimação na pessoa do Defensor para o válido prosseguimento da alienação judicial de bens. Confira-se: "RECURSO ESPECIAL. AÇÃO DE COBRANÇA. DÉBITOS CONDOMINIAIS. NEGATIVA DE PRESTAÇÃO JURISDICIONAL. INEXISTÊNCIA. ALIENAÇÃO JUDICIAL. INTIMAÇÃO. DEFENSORIA PÚBLICA. ART. 889, II, DO CPC/2015. INTIMAÇÃO PESSOAL. DEVEDOR. DESNECESSIDADE. ART. 186, § 2º, DO CPC/2015. INAPLICABILIDADE. (...) 2. Cinge-se a controvérsia a definir se (i) houve negativa de prestação jurisdicional e se (ii) o executado, intimado por intermédio da Defensoria Pública, também deveria ter sido cientificado pessoalmente acerca da alienação judicial do bem. (...) 4. O art. 186, § 2º, do CPC/2015 permite ao juiz, a requerimento da Defensoria Pública, determinar a intimação pessoal da parte patrocinada quando o ato processual depender de providência ou informação que somente por ela possa ser realizada ou prestada. 5. O executado será cientificado, por meio do advogado ou do defensor público, quanto à alienação judicial do bem, com pelo menos 5 (cinco) dias de antecedência. 6. Não cabe o pedido de notificação pessoal do executado quando há norma específica determinando apenas a intimação do devedor, por meio do advogado constituído nos autos ou da Defensoria Pública. 7. Recurso especial não provido." (REsp 1.840.376/RJ, Rel. Min. Ricardo Villas Bôas Cueva, 3ª Turma, j. 25.05.2021).

Parte X • XI – TUTELA DAS OBRIGAÇÕES DE ENTREGA DE SOMA | 863

VI – o promitente comprador, quando a penhora recair sobre bem em relação ao qual haja promessa de compra e venda registrada;

VII – o promitente vendedor, quando a penhora recair sobre direito aquisitivo derivado de promessa de compra e venda registrada;

VIII – a União, o Estado e o Município, no caso de alienação de bem tombado.

Parágrafo único. Se o executado for revel e não tiver advogado constituído, não constando dos autos seu endereço atual ou, ainda, não sendo ele encontrado no endereço constante do processo, a intimação considerar-se-á feita por meio do próprio edital de leilão".

O executado é intimado por ocasião da formalização da penhora (art. 841 do CPC/2015) e novamente quando da efetiva alienação judicial. A intimação, contudo, é suprida pelo próprio edital de leilão se o executado for revel e não tiver advogado constituído, não constando dos autos seu endereço atual ou, ainda, não sendo ele encontrado no endereço constante do processo. Imperioso assentar que a intimação se refere a cada alienação acaso sejam múltiplos os bens penhorados. Outrossim, na forma da Súmula nº 121 do E. STJ aplica-se ao executado o mesmo preceito que na execução fiscal.[167] É que as regras do CPC são aplicadas subsidiariamente à execução fiscal (Lei nº 6.830, art. 1º). O executado é intimado para acompanhar o leilão e quiçá substituir o bem por dinheiro. *A falta de intimação do executado nulifica a arrematação* (art. 903, § 1º, I, do CPC/2015).

Relembre-se que o cônjuge deve ser intimado *da formalização da penhora* quando esta recair sobre bem imóvel ou direito real sobre imóvel, salvo se forem casados em regime de separação absoluta de bens (art. 842 do CPC/2015). O art. 889 do CPC/2015, por sua vez, não determina uma nova intimação do cônjuge por ocasião da alienação judicial, muito embora este possua preferência na arrematação (arts. 843, § 1º, e 892, § 2º, do CPC/2015). É que o cônjuge tem a sua meação reservada no produto da alienação dos bens indivisíveis (art. 843, *caput*, do CPC/2015), além de eventualmente poder destacá-la do imóvel se ele admitir divisão cômoda (arts. 872, § 1º, e 894 do CPC/2015). Por isso, está habilitado à oposição de embargos de terceiros para defender a posse de bens da sua meação quando inobservadas as mencionadas regras processuais (art. 674, § 2º, I, do CPC/2015). Outrossim, os bens que não devem responder pelas dívidas podem ser excluídos pelos embargos de terceiros em defesa de bens próprios, como o são os mencionados nos arts. 1.659, V a VII, 1.674 e 1.668 do CC, por isso que, se penhorados, impõe-se a intimação.[168] A propósito, confira-se o teor da Súmula nº 134 do E. STJ de seguinte teor: *"Embora intimado da penhora em imóvel do casal o cônjuge do executado pode opor embargos de terceiro para defesa de sua meação."*

---

[167] **Súmula nº 121 do STJ.** "Na execução fiscal o devedor deverá ser intimado, pessoalmente, do dia e hora da realização do leilão."

[168] **Lei nº 10.406, de 10 de janeiro de 2002 (CC):**
"**Art. 1.659.** Excluem-se da comunhão:

I – os bens que cada cônjuge possuir ao casar, e os que lhe sobrevierem, na constância do casamento, por doação ou sucessão, e os sub-rogados em seu lugar;

II – os bens adquiridos com valores exclusivamente pertencentes a um dos cônjuges em sub-rogação dos bens particulares;

III – as obrigações anteriores ao casamento;

IV – as obrigações provenientes de atos ilícitos, salvo reversão em proveito do casal;

V – os bens de uso pessoal, os livros e instrumentos de profissão;

VI – os proventos do trabalho pessoal de cada cônjuge;

VII – as pensões, meios-soldos, montepios e outras rendas semelhantes.

Art. 1.660. Entram na comunhão:

I – os bens adquiridos na constância do casamento por título oneroso, ainda que só em nome de um dos cônjuges;

II – os bens adquiridos por fato eventual, com ou sem o concurso de trabalho ou despesa anterior;

III – os bens adquiridos por doação, herança ou legado, em favor de ambos os cônjuges;

IV – as benfeitorias em bens particulares de cada cônjuge;

V – os frutos dos bens comuns, ou dos particulares de cada cônjuge, percebidos na constância do casamento, ou pendentes ao tempo de cessar a comunhão."

O art. 889, V, do CPC/2015 impõe a intimação do credor com penhora anteriormente averbada. É que o exequente aparelhado com penhora tem prioridade no recebimento do preço e os créditos preferenciais garantidos na forma do direito material, com a expropriação, sub-rogam-se no preço, que lhes confere prioridade também na entrega do dinheiro. Aliás é cediço que a expropriação extingue o gravame, consoante o disposto no art. 1.499, VI, do CC, mas, em compensação, cria a preferência no recebimento do preço.[169]

Note-se que, a par do credor com penhora anteriormente averbada, os sujeitos listados nos incisos III a VII do art. 889 do CPC/2015 devem ser intimados sobre a alienação judicial mesmo já tendo sido anteriormente intimados sobre a propositura da execução (art. 799, I a VI, do CPC/2015), sob pena de ineficácia da alienação, consoante dispõe o art. 804 do CPC/2015:

"Art. 804. A alienação de bem gravado por penhor, hipoteca ou anticrese será ineficaz em relação ao credor pignoratício, hipotecário ou anticrético não intimado.

§ 1º A alienação de bem objeto de promessa de compra e venda ou de cessão registrada será ineficaz em relação ao promitente comprador ou ao cessionário não intimado.

§ 2º A alienação de bem sobre o qual tenha sido instituído direito de superfície, seja do solo, da plantação ou da construção, será ineficaz em relação ao concedente ou ao concessionário não intimado.

§ 3º A alienação de direito aquisitivo de bem objeto de promessa de venda, de promessa de cessão ou de alienação fiduciária será ineficaz em relação ao promitente vendedor, ao promitente cedente ou ao proprietário fiduciário não intimado.

§ 4º A alienação de imóvel sobre o qual tenha sido instituída enfiteuse, concessão de uso especial para fins de moradia ou concessão de direito real de uso será ineficaz em relação ao enfiteuta ou ao concessionário não intimado.

§ 5º A alienação de direitos do enfiteuta, do concessionário de direito real de uso ou do concessionário de uso especial para fins de moradia será ineficaz em relação ao proprietário do respectivo imóvel não intimado.

§ 6º A alienação de bem sobre o qual tenha sido instituído usufruto, uso ou habitação será ineficaz em relação ao titular desses direitos reais não intimado".

Sendo hipótese de ineficácia, a *não intimação dos credores preferenciais faz prevalecer o ônus mesmo depois de o bem ter sido arrematado.* O credor com garantia real pode *obstar a expropriação judicial do objeto de direito real de garantia, caso não tenha sido intimado, nos termos legais dos atos expropriatórios respectivos,* oferecendo embargos de terceiro até 5 (cinco) dias depois da adjudicação, da alienação por iniciativa particular ou da arrematação, mas sempre antes da assinatura da respectiva carta (arts. 674, § 2º, IV, e 675 do CPC/2015). Contra os embargos do credor com garantia real, o embargado somente poderá alegar que o devedor comum é insolvente; que o título é nulo ou não obriga a terceiro; ou que outra é a coisa dada em garantia (art. 680 do CPC/2015).

Superada a fase de "publicidade" inicia-se a etapa subsequente, com a "realização" propriamente dita da "hasta pública". Em princípio, *qualquer pessoa pode licitar,* desde que esteja na livre administração de seus bens. Entretanto, a novel codificação, em face de razões éticas, deslegitima a lançar determinadas pessoas, sob pena de nulificação da licitação. A proibição encerra presunção *jure et de jure* de suspeição, gerando esse impedimento nulificador.

Nesse sentido, dispõe o CPC/2015:

"Art. 890. Pode oferecer lance quem estiver na livre administração de seus bens, com exceção:

I – dos tutores, dos curadores, dos testamenteiros, dos administradores ou dos liquidantes, quanto aos bens confiados à sua guarda e à sua responsabilidade;

---

[169] **Lei nº 10.406, de 10 de janeiro de 2002**:
"**Art. 1.499.** A hipoteca extingue-se:
(...)
VI – pela arrematação ou adjudicação."

Parte X • XI – TUTELA DAS OBRIGAÇÕES DE ENTREGA DE SOMA | **865**

II – dos mandatários, quanto aos bens de cuja administração ou alienação estejam encarregados;

III – do juiz, do membro do Ministério Público e da Defensoria Pública, do escrivão, do chefe de secretaria e dos demais servidores e auxiliares da justiça, em relação aos bens e direitos objeto de alienação na localidade onde servirem ou a que se estender a sua autoridade;

IV – dos servidores públicos em geral, quanto aos bens ou aos direitos da pessoa jurídica a que servirem ou que estejam sob sua administração direta ou indireta;

V – dos leiloeiros e seus prepostos, quanto aos bens de cuja venda estejam encarregados;

VI – dos advogados de qualquer das partes".

Nos termos do art. 13 da Resolução nº 236/2016 do CNJ, o cadastramento do interessado é requisito indispensável para a participação na alienação judicial eletrônica.

3.12.5 Arrematação

A arrematação é o ato complexo de transferência forçada dos bens penhorados ao licitante vitorioso. Realizado o leilão, deve ser expedido documento que consubstancia a aquisição pelo arrematante, destinado aos respectivos registros públicos, que se denomina "carta de arrematação".

O *preço* é elemento de constante vigília pelo juízo, porquanto evita que, a pretexto de satisfazer--se o direito do credor, se onere excessivamente o devedor. Nessa linha, a arrematação não pode ocorrer pelo que a lei denomina como "preço vil". O art. 891, parágrafo único, do CPC/2015 esclarece que é vil o preço inferior ao mínimo estipulado pelo juiz e constante do edital, e, não tendo sido fixado preço mínimo, considera-se vil o *preço inferior a cinquenta por cento do valor da avaliação.*

Quanto à forma de pagamento, a regra é que seja realizado de imediato pelo arrematante, por depósito judicial ou por meio eletrônico (art. 892, *caput*, do CPC/2015). No leilão judicial eletrônico, a Resolução nº 236/2016 do CNJ dispõe em seus arts. 23 e 24 que, com a aceitação do lance, o sistema emitirá guia de depósito judicial identificado vinculado ao juízo da execução, devendo o pagamento ser realizado de imediato pelo arrematante, por depósito judicial ou por meio eletrônico, salvo disposição judicial diversa ou, como veremos adiante, em caso de arrematação a prazo (art. 895, § 9º, do CPC/2015).

Se o arrematante ou seu fiador não pagar o preço no prazo estabelecido, o juiz impor-lhe-á, em favor do exequente, a perda da caução, voltando os bens a novo leilão, do qual não serão admitidos a participar o arrematante e o fiador remissos. O fiador do arrematante que pagar o valor do lance e a multa poderá requerer que a arrematação lhe seja transferida (arts. 897 e 898 do CPC/2015).

A posição do credor exequente é singular, já que não está inibido de acudir à praça, haja vista que o dinheiro com o qual participa é seu próprio crédito. É evidente que o credor pode entrever vantagem em participar da hasta pública para arrematar o bem, pagando com o seu próprio crédito. Nesta hipótese, é preciso apenas *verificar se o valor do crédito cobre o valor do bem,* que é o da avaliação. *Em caso positivo,* arrematando o bem, o exequente *não precisa depositar nada.* Havendo saldo devedor residual, poderá prosseguir na execução. Havendo saldo a favor do devedor, cumpre ao exequente depositá-lo dentro de 3 (três) dias, sob pena de tornar-se sem efeito a arrematação, e, nesse caso, realizar-se-á novo leilão, à custa do exequente (art. 892, § 1º, do CPC/2015). O exequente ainda deposita o valor se houver credor com direito de recebimento do produto da expropriação antes do seu próprio crédito, porque, do contrário, se frustraria o *direito de preferência.*

Assim, *v.g.,* se o credor participa da arrematação de um imóvel hipotecado de R$ 100.000,00, o seu crédito é de R$ 120.000,00 e há hipoteca sobre o bem, anterior à sua penhora, o credor hipotecário tem o direito de receber o produto da expropriação no montante de R$ 100.000,00 antes do exequente, porquanto, se este não depositar o preço, como em regra se lhe faculta, frustrará o direito de preferência do credor da garantia. O mesmo raciocínio engendra-se caso haja anterioridade de outras penhoras sobre o mesmo bem, em face da exegese sistemática do art. 905 e incisos do CPC/2015.[170]

---

[170] **"Art. 905.** O juiz autorizará que o exequente levante, até a satisfação integral de seu crédito, o dinheiro depositado para segurar o juízo ou o produto dos bens alienados, bem como do faturamento de empresa ou de outros frutos e rendimentos de coisas ou empresas penhoradas, quando:

É que esta faculdade de não exibir preço é aplicável exclusivamente ao exequente e *desde que a execução seja movida apenas por ele*, prevalecendo para os terceiros licitantes o preceito imperativo do art. 892, *caput*, do CPC/2015. Tanto assim o é que, se o arrematante ou o seu fiador não pagar dentro do prazo, o juiz deve impor-lhes, em favor do exequente, a perda da caução.

O art. 892, § 2º, do CPC/2015 estabelece que, se houver mais de um pretendente, proceder-se-á entre eles à licitação, e, no caso de igualdade de oferta, terá preferência o cônjuge, o companheiro, o descendente ou o ascendente do executado, nessa ordem. Trata-se da mesma ordem de preferências estabelecida para o caso de adjudicação (art. 876, § 6º, do CPC/2015). Também há a previsão de que a União, os Estados e os Municípios terão, nessa ordem, o direito de preferência na arrematação de bem tombado, havendo igualdade de oferta (art. 892, § 3º, do CPC/2015).

Tratando-se de praça que verse bens diversos do executado dá-se preferência ao lançador que propuser a arrematação global (art. 893 do CPC/2015).[171] Nessa hipótese, alcançado o preço suficiente para pagamento do crédito exequendo, mediante a venda de alguns bens, preservam-se os demais, suspendendo-se a arrematação (art. 899 do CPC/2015).

Quando o *imóvel* admite *divisão cômoda*, o juiz, a requerimento do executado, pode autorizar a *alienação parcial* suficiente para pagamento do crédito exequendo e das despesas de execução. Frustrada essa estratégia de defesa do patrimônio do devedor, aí sim, aliena-se o bem, em segundo leilão, em sua integralidade. Destaque-se que a alienação por partes deverá ser requerida a tempo de permitir a avaliação das glebas destacadas e sua inclusão no edital, e, nesse caso, caberá ao executado instruir o requerimento com planta e memorial descritivo subscritos por profissional habilitado (art. 894 do CPC/2015).[172]

A regra de pagamento imediato do preço é mitigada pela possibilidade de arrematação a prazo (art. 895 do CPC/2015). Assim, o interessado em adquirir o bem penhorado em prestações poderá apresentar, por escrito, até o início do primeiro leilão, proposta de aquisição do bem por valor não inferior ao da avaliação; e, até o início do segundo leilão, proposta de aquisição do bem por valor que não seja considerado vil. É que, cuidando-se de leilão presencial, o art. 886, V, do CPC/2015 estabelece que deverá ser realizado um segundo leilão na hipótese de não haver interessado no primeiro. A apresentação da proposta de pagamento a prazo não suspende o leilão. Além disso, a proposta de pagamento do lance à vista sempre prevalecerá sobre as propostas de pagamento parcelado. Sendo várias as propostas de pagamento parcelado em igualdade de condições, prevalecerá aquela formulada em primeiro lugar. Se as condições forem diferentes, o juiz decidirá pela mais vantajosa, assim compreendida, sempre, a de maior valor.

A proposta de arrematação a prazo deve conter, em qualquer hipótese, oferta de pagamento de pelo menos vinte e cinco por cento do valor do lance à vista e o restante parcelado em até 30 (trinta) meses, garantido por caução idônea, quando se tratar de móveis, e por hipoteca do próprio bem, quando se tratar de imóveis. Também devem ser indicados o prazo, a modalidade, o indexador

---

I – a execução for movida só a benefício do exequente singular, a quem, por força da penhora, cabe o direito de preferência sobre os bens penhorados e alienados;

II – não houver sobre os bens alienados outros privilégios ou preferências instituídos anteriormente à penhora. Parágrafo único. Durante o plantão judiciário, veda-se a concessão de pedidos de levantamento de importância em dinheiro ou valores ou de liberação de bens apreendidos."

[171] **"Art. 893.** Se o leilão for de diversos bens e houver mais de um lançador, terá preferência aquele que se propuser a arrematá-los todos, em conjunto, oferecendo, para os bens que não tiverem lance, preço igual ao da avaliação e, para os demais, preço igual ao do maior lance que, na tentativa de arrematação individualizada, tenha sido oferecido para eles."

[172] **"Art. 894.** Quando o imóvel admitir cômoda divisão, o juiz, a requerimento do executado, ordenará a alienação judicial de parte dele, desde que suficiente para o pagamento do exequente e para a satisfação das despesas da execução.

§ 1º Não havendo lançador, far-se-á a alienação do imóvel em sua integridade.

§ 2º A alienação por partes deverá ser requerida a tempo de permitir a avaliação das glebas destacadas e sua inclusão no edital, e, nesse caso, caberá ao executado instruir o requerimento com planta e memorial descritivo subscritos por profissional habilitado."

Parte X • XI – TUTELA DAS OBRIGAÇÕES DE ENTREGA DE SOMA | **867**

de correção monetária e as condições de pagamento do saldo. Sendo aceita a proposta, o *atraso no pagamento de qualquer das prestações* implicará multa de dez por cento sobre a soma da parcela inadimplida com as parcelas vincendas. Por sua vez, o inadimplemento confere ao exequente a opção entre pedir a resolução da arrematação ou promover, em face do arrematante, a execução do valor devido, devendo ambos os pedidos ser formulados nos autos da execução em que se deu a arrematação.

Outra consequência da *relevância do preço* da arrematação pertine à *hasta pública de bens de incapaz*. Isso porque, quando o imóvel de incapaz não alcançar em leilão pelo menos 80% (oitenta por cento) do valor da avaliação, o juiz deve confiá-lo à guarda e administração de depositário idôneo, adiando a alienação por prazo não superior a um ano (art. 896 do CPC/2015). Se, durante o adiamento, algum pretendente assegurar, mediante caução idônea, o preço da avaliação, o juiz deverá ordenar a alienação em leilão. Se o pretendente à arrematação se arrepender, sujeitar-se-á a multa de 20% (vinte por cento) sobre o valor da avaliação, em benefício do incapaz, valendo a decisão como título executivo. Sem prejuízo, *o juiz pode autorizar a locação do imóvel no prazo do adiamento*. Findo o prazo, o imóvel deve ser submetido a novo leilão.

3.12.6 Ultimação da arrematação

Realizado o leilão segundo as formalidades acima mencionadas, cumpre ultimá-la através de um ato processual do qual conste tudo quanto ocorreu na licitação e as condições pelas quais foi alienado o bem. Esse ato denomina-se "auto de arrematação", destinado a documentar a hasta pública. Será lavrado apenas um auto de arrematação, ainda que vários os bens leiloados.

A assinatura do pelo juiz, pelo arrematante e pelo leiloeiro, faz com que a arrematação seja considerada perfeita, acabada e irretratável (art. 903, *caput*, do CPC/2015). Todavia, a ordem de entrega do bem imóvel ou a carta de arrematação do bem imóvel só serão expedidas após efetuado o depósito ou prestadas as garantias pelo arrematante, bem como realizado o pagamento da comissão do leiloeiro e das demais despesas da execução (art. 901 do CPC/2015)[173].

As consequências do inadimplemento por parte do arrematante, como já visto, variam a depender se o pagamento é à vista ou a prazo. O inadimplemento da proposta de pagamento parcelado autoriza o exequente a pedir a resolução da arrematação ou promover, em face do arrematante, a execução do valor devido, devendo ambos os pedidos ser formulados nos autos da execução em que se deu a arrematação (art. 895, § 5º, do CPC/2015). Sendo o caso de pagamento à vista, o inadimplemento gera a perda da caução em favor do exequente, voltando os bens a novo leilão, do qual não serão admitidos a participar o arrematante e o fiador remissos (art. 897 do CPC/2015).

A arrematação perfeita, acabada e irretratável não se desfaz sequer pela procedência dos embargos à execução, nem mesmo pela procedência de ação autônoma pretendendo a sua invalidação. Nessas hipóteses, apesar de não ser possível a restituição do bem, o Código assegura ao executado a possibilidade de reparação pelos prejuízos sofridos, em ação exercida em face do exequente. Trata-se de medida de política judiciária através da qual o legislador privilegiou o título executivo e erigiu um risco judiciário para o executado.

A irretratabilidade significa que *não se pode desconstituir pela vontade* a *arrematação* perfeita e acabada, o que não significa que não possa *ser desfeita* nos próprios autos por *defeito intrínseco*. O art. 903, § 1º, do CPC/2015 consagra situações nas quais a arrematação pode ser desconstituída.

---

[173] **"Art. 901.** A arrematação constará de auto que será lavrado de imediato e poderá abranger bens penhorados em mais de uma execução, nele mencionadas as condições nas quais foi alienado o bem.

§ 1º A ordem de entrega do bem móvel ou a carta de arrematação do bem imóvel, com o respectivo mandado de imissão na posse, será expedida depois de efetuado o depósito ou prestadas as garantias pelo arrematante, bem como realizado o pagamento da comissão do leiloeiro e das demais despesas da execução.

§ 2º A carta de arrematação conterá a descrição do imóvel, com remissão à sua matrícula ou individuação e aos seus registros, a cópia do auto de arrematação e a prova de pagamento do imposto de transmissão, além da indicação da existência de eventual ônus real ou gravame."

868 | CURSO DE DIREITO PROCESSUAL CIVIL • *Luiz Fux*

A *invalidação* da arrematação, com o retorno ao *status quo*, ocorre quando realizada por preço vil ou com outro vício (como, *v.g.*, se não houve a publicação de edital com os requisitos legais, ou se participou do ato licitante impedido, ou se o devedor não foi intimado). Cumpre reavivar que no processo não há nulidade sem prejuízo, *v.g.*, se, ausente a intimação, o executado peticiona nos autos revelando ciência inequívoca do ato expropriatório. A *ineficácia* da arrematação se dá quando não realizada a comunicação da alienação judicial aos terceiros listados no art. 804, de modo a proteger os interesses do terceiro não cientificado. Por fim, a *resolução* da arrematação é consequência do inadimplemento, nos termos dos já referidos arts. 895, § 5º, e 897 do CPC/2015.

Todos esses vícios que inquinam a arrematação devem ser suscitados no prazo de 10 (dez) dias, a contar do aperfeiçoamento da arrematação com a assinatura do auto. O arrematante deve ser ouvido, juntamente com o executado, uma vez que, desfeita a expropriação, a execução retoma o seu curso.

Findo o prazo *in albis*, determina o Código seja expedida a carta de arrematação e, conforme o caso, a ordem de entrega ou mandado de imissão na posse. A "carta de arrematação" é o documento destinado aos registros públicos, consagrando a propriedade dos bens imóveis. Havendo pluralidade de penhoras e eventualmente dupla expropriação sem atendimento à regra do concurso de credores, a anterioridade do registro da carta confere a propriedade a quem engendrar a providência em primeiro lugar, em nome dos princípios registrais. A carta de arrematação confere ao arrematante título para reivindicar o bem através de ação petitória (reivindicatória). Entretanto, contra os partícipes do processo, assim considerados o executado ou o depositário do bem, basta ao arrematante um simples pedido ao juízo da execução que deve deferir-lhe o mandado de imissão ou de entrega. O registro da carta de arrematação consolida o domínio do arrematante impondo--lhe, em consequência, a obrigação *propter rem* pelos impostos incidentes e despesas condominiais a partir de então, sem prejuízo do implemento do imposto de transmissão.

Subsequentemente à expedição da carta de arrematação ou à ordem de entrega, toda e qualquer questão relativa à invalidação da arrematação deve ser veiculada em *ação autônoma*, citando-se o arrematante como litisconsorte necessário. A ação anulatória, como ação acessória que é, deve seguir o juízo onde ocorreu a arrematação, podendo ser proposta no juízo deprecante ou deprecado, conforme o local do ato expropriatório, tendo em vista a execução por carta.

O art. 903, § 5º, do CPC/2015 prevê situações excepcionais nas quais o arrematante pode *desistir* da arrematação, conferindo-lhe o direito de ter imediatamente devolvido o depósito que tiver feito. Assim, poderá desistir o arrematante que provar, nos 10 (dez) dias seguintes, a existência de ônus real ou gravame não mencionado no edital. É que, se o ônus real ou gravame não constou do edital, a arrematação é ineficaz em relação ao titular da garantia, causando prejuízo ao arrematante. Também é possível a desistência se, *antes de expedida* a carta de arrematação ou a ordem de entrega, o executado alegar a invalidade, a ineficácia ou a resolução da arrematação, bem como se, *após a expedição*, for ajuizada a ação autônoma para a sua invalidação.

Por fim, considera-se ato atentatório à dignidade da justiça a suscitação infundada de vício com o objetivo de ensejar a desistência do arrematante, devendo o suscitante ser condenado, sem prejuízo da responsabilidade por perdas e danos, ao pagamento de multa, a ser fixada pelo juiz e devida ao exequente, em montante não superior a vinte por cento do valor atualizado do bem (art. 903, § 6º, do CPC/2015).

3.13 Satisfação do crédito

A natureza satisfativa do processo de execução e do cumprimento da sentença faz do pagamento ao credor sua própria razão de ser. O pagamento realiza o direito do credor, tal como ocorreria se o devedor tivesse cumprido voluntariamente a obrigação.

O pagamento, como fase derradeira do processo de execução por quantia certa, submete--se à regra genérica do art. 797 do CPC/2015 segundo a qual, ressalvado o caso de insolvência do devedor, em que tem lugar o concurso universal, realiza-se a execução no interesse do exequente que adquire, pela penhora, o direito de preferência sobre os bens penhorados. Então, a satisfação do crédito ocorre quando o exequente recebe o dinheiro ou quando efetua a adjudicação dos bens penhorados (art. 904, II, do CPC/2015).

A satisfação do crédito opera-se conforme haja ou não mais de um credor com direito aos bens penhorados. Havendo mais de um credor apto ao pagamento, surge, no processo e juízo onde ocorreu a alienação judicial do bem, um incidente denominado "concurso de credores", destinado à disputa da *prioridade no recebimento do crédito*. Trata-se de um incidente e que ocorre toda vez que *há preferências instituídas anteriormente à penhora* sobre o bem expropriado ou multiplicidade de penhoras, como prevê o art. 797, parágrafo único, do CPC/2015.

A *entrega do dinheiro* é a forma usual de satisfação dos créditos. No processo de execução por quantia certa, essa entrega é o objetivo maior e que se alcança mediante a simples expedição, pelo juízo, de "mandado de pagamento" ou "mandado de levantamento", como prefere a lei. Essa decisão que defere o levantamento é de natureza *interlocutória e, portanto, agravável*. O mandado pode ser expedido em nome do advogado, desde que a procuração contenha poderes para receber e dar quitação, e uma vez pago o credor do principal, juros, custas e honorários, extingue-se a execução, devolvendo-se eventual saldo ao executado (arts. 906 e 907 do CPC/2015). Ao revés, se mesmo após o pagamento houver saldo devedor, por este prosseguirá a execução, realizando-se nova penhora.

Em determinadas situações, até a satisfação integral de seu crédito, o exequente pode levantar o dinheiro depositado para segurar o juízo ou o produto dos bens alienados, bem como do faturamento de empresa ou de outros frutos e rendimentos de coisas ou empresas penhoradas. Essa prerrogativa existe quando for um só o exequente e a ele couber o direito de preferência sobre os bens penhorados e alienados. O levantamento também será possível quando não houver sobre os bens alienados outros privilégios ou preferências instituídos anteriormente à penhora. O legislador vedou, para evitar violação ao juiz natural, a concessão de pedidos de levantamento de importância em dinheiro ou valores ou de liberação de bens apreendidos (art. 905 do CPC/2015).

A *entrega do direito torna-se mais complexa* quando *concorrem vários credores ao pagamento*, o que sucede quando há *privilégios e preferências instituídos anteriormente à penhora* ou *pluralidade de penhoras* sobre o mesmo bem expropriado (art. 908 do CPC/2015). Exsurge, assim, o "concurso de credores ou concurso de preferências". Denomina-se "concurso" porque acodem ao juízo onde se deu a expropriação todos os credores disputando o preço da arrematação, num "litisconsórcio singular" onde uns se opõem aos outros.

O art. 908 do CPC/2015 dispõe que, havendo pluralidade de credores ou exequentes, o dinheiro lhes será distribuído e entregue consoante a ordem das respectivas preferências. No caso de adjudicação ou alienação, os créditos que recaem sobre o bem, inclusive os de natureza *propter rem*, sub-rogam-se sobre o respectivo preço, observada a ordem de preferência. Não havendo título legal à preferência, o dinheiro será distribuído entre os concorrentes, observando-se a anterioridade de cada penhora.

O concurso cria um incidente na fase de pagamento a ser resolvido por decisão interlocutória e não uma "sentença", posto não se tratar de "processo incidente", mas, repita-se, "incidente do processo". De acordo com o art. 909 do CPC/2015, os exequentes formularão as suas pretensões, que versarão unicamente sobre o direito de preferência e a anterioridade da penhora e, apresentadas as razões, o juiz decidirá. O juiz se limita à verificação dos créditos e respectivas preferências, assemelhando-se a uma ação declaratória, muito embora sem força de coisa julgada sobre a matéria apreciada, *quantum satis* apenas para deferir a prioridade no recebimento da soma. Essa *disputa é limitada tanto mais que a decisão do incidente não tem o efeito de infirmar o crédito do exequente aferido no processo que promoveu.*

Deveras, tratando-se de *preferência de direito material*, esta desaparece após a expropriação do *bem vinculado à dívida, que, por seu turno, se vence antecipadamente*. Neste caso o gravame sub-roga-se no preço e essa parte é reservada à garantia da dívida, restando ao credor expropriante o remanescente e a possibilidade de prosseguir na execução, visto que o devedor é solvente.

Esse tratamento prevalece ainda que o devedor queira discutir o crédito privilegiado ou preferencial, uma vez que, sendo ele declarado indevido em processo ulterior, os credores ainda não pagos poderão satisfazer-se com esse *quantum* futuro. O que não é viável é eliminar, simplesmente, a garantia conferida pelo bem expropriado e comprometido anteriormente com a dívida, pelo simples fato de o credor preferencial não ter movido processo de execução, até porque é possível que o débito preferencial não estivesse vencido quando da execução.

Sobre a competência para decidir sobre o concurso particular de credores ou exequentes, confira-se importante decisão do STJ:

"PROCESSUAL CIVIL. EXECUÇÃO. MÚLTIPLAS CONSTRIÇÕES SOBRE O MESMO BEM. PENHORA NO ROSTO DOS AUTOS. CONCURSO. MODALIDADE. COMPETÊNCIA.

- A incidência de múltiplas penhoras sobre um mesmo bem não induz o concurso universal de credores, cuja instauração pressupõe a insolvência do devedor. A coexistência de duas ou mais penhoras sobre o mesmo bem implica concurso especial ou particular, previsto no art. 613 do CPC, que não reúne todos os credores do executado, tampouco todos os seus bens, consequências próprias do concurso universal. No concurso particular concorrem apenas os exequentes cujo crédito frente ao executado é garantido por um mesmo bem, sucessivamente penhorado.

- Em princípio, havendo, em juízos diferentes, mais de uma penhora contra o mesmo devedor, o concurso efetuar-se-á naquele em que se houver feito a primeira. Essa regra, porém, comporta exceções. Sua aplicabilidade se restringe às hipóteses de competência relativa, que se modificam pela conexão. Tramitando as diversas execuções em Justiças diversas, haverá manifesta incompatibilidade funcional entre os respectivos juízos, inerente à competência absoluta, inviabilizando a reunião dos processos.

- Em se tratando de penhora no rosto dos autos, a competência será do próprio juízo onde efetuada tal penhora, pois é nele que se concentram todos os pedidos de constrição. Ademais, a relação jurídica processual estabelecida na ação em que houve as referidas penhoras somente estará definitivamente encerrada após a satisfação do autor daquele processo. Outro ponto que favorece a competência do juízo onde realizada a penhora no rosto dos autos é sua imparcialidade, na medida em que nele não tramita nenhuma das execuções, de modo que ficará assegurada a total isenção no processamento do concurso especial.

- O concurso especial deverá ser processado em incidente apartado, apenso aos autos principais, com a intimação de todos aqueles que efetivaram penhora no rosto dos autos, a fim que seja instalado o contraditório e respeitado o devido processo legal, na forma dos arts. 711 a 713 do CPC. O incidente estabelece verdadeiro processo de conhecimento, sujeito a sentença, em que será definida a ordem de pagamento dos credores habilitados, havendo margem inclusive para a produção de provas tendentes à demonstração do direito de preferência e da anterioridade da penhora.

Recurso especial parcialmente provido". (REsp 976.522/SP, Rel. Min. Nancy Andrighi, 3ª Turma, j. 02.02.2010, *DJe* 25.02.2010).

XII
DEFESA DO EXECUTADO

1. IMPUGNAÇÃO AO CUMPRIMENTO DA SENTENÇA

1.1 Generalidades

A impugnação ao cumprimento da sentença, que configura incidente processual e inaugura atividade de conhecimento no curso da fase de execução, como regra, é formalizada por petição dirigida ao juízo competente para o cumprimento.

A *impugnação ao cumprimento de sentença* é o principal meio de defesa do executado no rito do cumprimento de sentença, assim como os *embargos à execução* configuram o meio, por excelência, de defesa do executado na execução de título extrajudicial. Há, contudo, outros meios de defesa do executado, como a *exceção de pré-executividade* (arts. 518, 525, § 11, 803, parágrafo único, 903, § 2º, e 917, § 1º, do CPC/2015), veiculada por petição simples nos próprios autos; a *ação autônoma* relativa à dívida (art. 784, § 1º, do CPC/2015), que é conexa à execução ou cumprimento de sentença (art. 55, § 2º, I, do CPC/2015); a ação anulatória de ato praticado no curso da execução (art. 966, § 4º, e 903, § 4º, do CPC/2015) *etc.*

Ressalte-se que, sob a égide da legislação processual revogada, a lei não estabelecia claramente qual o meio de defesa do executado no cumprimento de sentença relativo a obrigações de fazer, não fazer e entregar coisa. Por isso, o STJ entendia que o executado, nesses ritos, deveria deduzir a sua defesa por petição simples. Atualmente, o art. 536, § 4º, do CPC/2015 estabelece expressamente que no cumprimento de sentença que reconheça a exigibilidade de obrigação de fazer ou de não fazer, aplicam-se as disposições relativas à impugnação ao cumprimento de sentença que reconheça a exigibilidade de obrigação de pagar, no que couber.

Dispõe o atual art. 525, *caput* e parágrafos, do CPC/2015, *verbis*:

> "Art. 525. Transcorrido o prazo previsto no art. 523 sem o pagamento voluntário, inicia-se o prazo de 15 (quinze) dias para que o executado, independentemente de penhora ou nova intimação, apresente, nos próprios autos, sua impugnação.
>
> § 1º Na impugnação, o executado poderá alegar:
>
> I – falta ou nulidade da citação se, na fase de conhecimento, o processo correu à revelia;
>
> II – ilegitimidade de parte;
>
> III – inexequibilidade do título ou inexigibilidade da obrigação;
>
> IV – penhora incorreta ou avaliação errônea;
>
> V – excesso de execução ou cumulação indevida de execuções;
>
> VI – incompetência absoluta ou relativa do juízo da execução;
>
> VII – qualquer causa modificativa ou extintiva da obrigação, como pagamento, novação, compensação, transação ou prescrição, desde que supervenientes à sentença.
>
> § 2º A alegação de impedimento ou suspeição observará o disposto nos arts. 146 e 148.
>
> § 3º Aplica-se à impugnação o disposto no art. 229.
>
> § 4º Quando o executado alegar que o exequente, em excesso de execução, pleiteia quantia superior à resultante da sentença, cumprir-lhe-á declarar de imediato o valor que entende correto, apresentando demonstrativo discriminado e atualizado de seu cálculo.

872 | CURSO DE DIREITO PROCESSUAL CIVIL • *Luiz Fux*

§ 5º Na hipótese do § 4º, não apontado o valor correto ou não apresentado o demonstrativo, a impugnação será liminarmente rejeitada, se o excesso de execução for o seu único fundamento, ou, se houver outro, a impugnação será processada, mas o juiz não examinará a alegação de excesso de execução.

§ 6º A apresentação de impugnação não impede a prática dos atos executivos, inclusive os de expropriação, podendo o juiz, a requerimento do executado e desde que garantido o juízo com penhora, caução ou depósito suficientes, atribuir-lhe efeito suspensivo, se seus fundamentos forem relevantes e se o prosseguimento da execução for manifestamente suscetível de causar ao executado grave dano de difícil ou incerta reparação.

§ 7º A concessão de efeito suspensivo a que se refere o § 6º não impedirá a efetivação dos atos de substituição, de reforço ou de redução da penhora e de avaliação dos bens.

§ 8º Quando o efeito suspensivo atribuído à impugnação disser respeito apenas a parte do objeto da execução, esta prosseguirá quanto à parte restante.

§ 9º A concessão de efeito suspensivo à impugnação deduzida por um dos executados não suspenderá a execução contra os que não impugnaram, quando o respectivo fundamento disser respeito exclusivamente ao impugnante.

§ 10. Ainda que atribuído efeito suspensivo à impugnação, é lícito ao exequente requerer o prosseguimento da execução, oferecendo e prestando, nos próprios autos, caução suficiente e idônea a ser arbitrada pelo juiz.

§ 11. As questões relativas a fato superveniente ao término do prazo para apresentação da impugnação, assim como aquelas relativas à validade e à adequação da penhora, da avaliação e dos atos executivos subsequentes, podem ser arguidas por simples petição, tendo o executado, em qualquer dos casos, o prazo de 15 (quinze) dias para formular esta arguição, contado da comprovada ciência do fato ou da intimação do ato.

§ 12. Para efeito do disposto no inciso III do § 1º deste artigo, considera-se também inexigível a obrigação reconhecida em título executivo judicial fundado em lei ou ato normativo considerado inconstitucional pelo Supremo Tribunal Federal, ou fundado em aplicação ou interpretação da lei ou do ato normativo tido pelo Supremo Tribunal Federal como incompatível com a Constituição Federal, em controle de constitucionalidade concentrado ou difuso.

§ 13. No caso do § 12, os efeitos da decisão do Supremo Tribunal Federal poderão ser modulados no tempo, em atenção à segurança jurídica.

§ 14. A decisão do Supremo Tribunal Federal referida no § 12 deve ser anterior ao trânsito em julgado da decisão exequenda.

§ 15. Se a decisão referida no § 12 for proferida após o trânsito em julgado da decisão exequenda, caberá ação rescisória, cujo prazo será contado do trânsito em julgado da decisão proferida pelo Supremo Tribunal Federal."

1.2 Procedimento da impugnação ao cumprimento da sentença

Consoante esclarece o *caput* do art. 525 do CPC/2015, *o prazo de 15 dias para impugnação se inicia do escoamento do prazo de 15 dias para pagamento voluntário*, independentemente de penhora ou nova intimação. O prazo para impugnação é inegavelmente contado em dias úteis, dado o seu caráter processual (art. 219, parágrafo único, do CPC/2015). Recorde-se que, no modelo da legislação revogada, o juiz penhorava e determinava novamente a intimação do executado para oferecer impugnação. A propósito, quando das discussões legislativas sobre o projeto que culminou no CPC/2015, o modelo proposto pelo Senado era o de apresentação da impugnação no mesmo prazo para pagamento voluntário.

Frise-se que é aplicável à impugnação o prazo em dobro para litisconsortes que tiverem diferentes procuradores, de escritórios de advocacia distintos, sendo físicos os autos (art. 229 c/c 525, § 3º, do CPC/2015), sendo certo que esse benefício processual não é aplicável aos embargos à execução de título extrajudicial (art. 915, § 3º, do CPC/2015).

Outro ponto importante é que, consoante defende parte da doutrina, o decurso *in albis* do prazo para impugnação não gera preclusão temporal quanto às matérias de ordem pública listadas no art. 525, § 1º, do CPC/2015. Isso porque, quanto às questões cognoscíveis *ex officio*, restará

Parte X • XII – DEFESA DO EXECUTADO | 873

ainda a possibilidade de apresentação de exceção de pré-executividade, nos termos do art. 518 do CPC/2015. A preclusão temporal não prevalece quanto "às nulidades que o juiz deva decretar de ofício", como preceitua o art. 278, parágrafo único, do CPC/2015.[1] Isso significa que determinados fundamentos próprios da impugnação podem ser invocados posteriormente, ainda que o executado não observe o prazo para impugnar, caso se trate de matéria de ordem pública.[2] Então, *v. g.*, se o executado deseja ver reconhecida a sua ilegitimidade no cumprimento de sentença e não suscitou essa questão no prazo para impugnação, não ocorre a preclusão temporal, podendo a matéria ser conhecida em exceção de pré-executividade.

Todavia, há precedente do STJ segundo o qual a impugnação ao cumprimento de sentença apresentada fora do prazo, ainda que verse sobre questão de ordem pública, não pode ser conhecida, sendo inaplicável o princípio da fungibilidade para admiti-la como exceção de pré-executividade. Nesse sentido, confira-se: "Os embargos à execução e a impugnação ao cumprimento de sentença extemporâneos equivalem a peça juridicamente inexistente, sendo inadmissível que o magistrado releve a intempestividade para se manifestar sobre as objeções apresentadas pelo embargante/impugnante, ainda que se trate de matéria de ordem pública" (AgInt no AREsp 216.583/SP, Rel. Min. MARCO BUZZI, 4ª TURMA, j. 03.05.2018).

As normas procedimentais dos embargos à execução são subsidiariamente aplicáveis à impugnação ao cumprimento de sentença, quando não houver disposição específica em contrário. Assim, aplicam-se à impugnação os seguintes dispositivos, *verbis*:

> "Art. 918. O juiz rejeitará liminarmente os embargos:
> I – quando intempestivos;
> II – nos casos de indeferimento da petição inicial e de improcedência liminar do pedido;
> III – manifestamente protelatórios.
> Parágrafo único. Considera-se conduta atentatória à dignidade da justiça o oferecimento de embargos manifestamente protelatórios.
> Art. 920. Recebidos os embargos:
> I – o exequente será ouvido no prazo de 15 (quinze) dias;
> II – a seguir, o juiz julgará imediatamente o pedido ou designará audiência;
> III – encerrada a instrução, o juiz proferirá sentença".

1.3 Recurso

O recurso contra o provimento judicial que decide a impugnação ao cumprimento de sentença varia conforme a sua natureza. É que, por vezes, a impugnação é acolhida para extinguir o próprio cumprimento de sentença, encerrando o processo como um todo. Nessas situações, trata-se de verdadeira sentença, cabendo apelação (art. 1.009 c/c art. 925 CPC/2015). Em todas as demais hipóteses, o incidente da impugnação ao cumprimento de sentença será resolvido por decisão interlocutória, cabendo agravo de instrumento (art. 1.015, parágrafo único, do CPC/2015). Portanto, é inaplicável à impugnação ao cumprimento de sentença o regime de impugnação de decisões interlocutórias como preliminar de apelação (art. 1.009, § 1º, do CPC/2015).[3]

---

[1] Sobre a ordem pública processual, confira-se a magistral obra de **Trícia Navarro Xavier Cabral.** *Ordem Pública Processual*, 2015.

[2] Nesse sentido: **Andre Vasconcelos Roque** *et al. Processo de conhecimento e cumprimento de sentença – comentários ao CPC de 2015*, 2018. p. 707.

[3] Nesse sentido, a jurisprudência do STJ, *verbis*:
   "A jurisprudência consolidada nesta Corte Superior de Justiça assentou compreensão segundo a qual o recurso cabível contra decisão em impugnação ao cumprimento de sentença é o de agravo de instrumento, sendo cabível o recurso de apelação apenas no caso em que haja extinção da execução, o que não é a hipótese dos autos, pois houve apenas o acolhimento parcial do incidente para reconhecer o excesso na execução." (AgInt no AREsp 711.036/RJ, Rel. Min. Benedito Gonçalves, 1ª Turma, j. 21.08.2018).

874 CURSO DE DIREITO PROCESSUAL CIVIL • *Luiz Fux*

1.4 Eficácia da impugnação ao cumprimento da sentença

No sistema anterior, a impugnação não gozava de efeito suspensivo *ope legis*, ou seja, por força de lei. Entretanto, poderia ser concedido efeito suspensivo *ope judicis*, por determinação judicial, se cumpridos dois requisitos: *(i)* relevância dos fundamentos da impugnação; e *(ii)* risco de dano grave de difícil ou incerta reparação ao executado.[4]

O Código de 2015 manteve a regra da não suspensividade da impugnação, mas adicionou um novo requisito para a concessão *ope judicis* de efeito suspensivo: a garantia do juízo. Dispõem os §§ 6º a 10 do art. 525 do CPC/2015, *verbis*:

> "Art. 525. (...)
>
> § 6º A apresentação de impugnação não impede a prática dos atos executivos, inclusive os de expropriação, podendo o juiz, a requerimento do executado e desde que garantido o juízo com penhora, caução ou depósito suficientes, atribuir-lhe efeito suspensivo, se seus fundamentos forem relevantes e se o prosseguimento da execução for manifestamente suscetível de causar ao executado grave dano de difícil ou incerta reparação.
>
> § 7º A concessão de efeito suspensivo a que se refere o § 6º não impedirá a efetivação dos atos de substituição, de reforço ou de redução da penhora e de avaliação dos bens.
>
> § 8º Quando o efeito suspensivo atribuído à impugnação disser respeito apenas a parte do objeto da execução, esta prosseguirá quanto à parte restante.
>
> § 9º A concessão de efeito suspensivo à impugnação deduzida por um dos executados não suspenderá a execução contra os que não impugnaram, quando o respectivo fundamento disser respeito exclusivamente ao impugnante.
>
> § 10. Ainda que atribuído efeito suspensivo à impugnação, é lícito ao exequente requerer o prosseguimento da execução, oferecendo e prestando, nos próprios autos, caução suficiente e idônea a ser arbitrada pelo juiz".

A leitura do § 6º do art. 525 do CPC/2015 demonstra, então, que a regra é que a impugnação não suspende o curso do cumprimento de sentença, pois a lei determina o prosseguimento dos atos executivos, inclusive os de expropriação. Dessa forma, os bens do executado podem ser inclusive alienados na pendência do julgamento da impugnação. Por outro lado, o dispositivo permite que o magistrado determine a suspensão do cumprimento de sentença enquanto não julgada a impugnação, desde que cumpridos os seguintes requisitos: *(i)* requerimento do executado – não é possível a concessão *ex officio* do efeito suspensivo à impugnação; *(ii)* garantia do juízo com penhora, caução ou depósito suficientes; *(iii) fumus boni iuris* – os fundamentos da impugnação devem ser relevantes; e *(iv) periculum mora* – o prosseguimento da execução deve ser manifestamente suscetível de causar ao executado grave dano de difícil ou incerta reparação. Advirta-se que esses requisitos são cumulativos.

Percebe-se que o legislador se valeu de diversos conceitos indeterminados, a serem analisados casuisticamente pelo juízo à luz da ponderação dos valores em tensão. Em todo o caso, o efeito suspensivo somente será concedido após a penhora e avaliação dos bens do executado, salvo se este apresentar caução ou depósito suficiente. Isso significa dizer que, para obter essa suspensividade, é preciso que o juízo esteja garantido, muito embora o oferecimento, em si, da impugnação

---

"A execução será extinta sempre que o executado obtiver, por qualquer meio, a supressão total da dívida (art. 924, CPC/2015), que ocorrerá com o reconhecimento de que não há obrigação a ser exigida, seja porque adimplido o débito, seja pelo reconhecimento de que ele não existe ou se extinguiu. (...) No sistema regido pelo CPC/2015, o recurso cabível da decisão que acolhe impugnação ao cumprimento de sentença e extingue a execução é a apelação. As decisões que acolherem parcialmente a impugnação ou a ela negarem provimento, por não acarretarem a extinção da fase executiva em andamento, tem natureza jurídica de decisão interlocutória, sendo o agravo de instrumento o recurso adequado ao seu enfrentamento." (REsp 1698344/MG, Rel. Min. Luis Felipe Salomão, 4ª Turma, j. 22.05.2018.

4   Confira-se o teor do revogado art. 475-M do CPC/1973: "Art. 475-M. A impugnação não terá efeito suspensivo, podendo o juiz atribuir-lhe tal efeito desde que relevantes seus fundamentos e o prosseguimento da execução seja manifestamente suscetível de causar ao executado grave dano de difícil ou incerta reparação".

Parte X • XII – DEFESA DO EXECUTADO | **875**

prescinda de penhora. A redação legal também deixa evidente que a concessão de efeito suspensivo *ope judicis* não impedirá a efetivação dos atos de *substituição*, de *reforço* ou de *redução* da penhora e de avaliação dos bens.

Observe-se que a garantia do juízo[5] também é exigida para a concessão de efeito suspensivo *ope judicis* aos embargos à execução (art. 919, § 1º, do CPC/2015).

A fim de escapar da exigência de garantia do juízo, o executado com bom direito pode valer-se da exceção de pré-executividade com pedido de tutela provisória para sustar o cumprimento de sentença, apresentando petição simples nos próprios autos, consoante o art. 518 do CPC/2015. Conforme reconhecido pelo STJ, a "exceção de pré-executividade é cabível quando atendidos simultaneamente dois requisitos, um de ordem material e outro de ordem formal, ou seja: (a) é

---

[5] Na execução, o depósito efetuado a título de garantia do juízo ou decorrente da penhora de ativos financeiros não isenta o devedor do pagamento dos consectários de sua mora, conforme previstos no título executivo, devendo-se, quando da efetiva entrega do dinheiro ao credor, deduzir do montante final devido o saldo da conta judicial.

"Direito civil e processual civil. Ação de indenização. Cumprimento de sentença. Recurso especial. Procedimento de revisão do entendimento firmado no tema 677/STJ. Cumprimento de sentença. Penhora de ativos financeiros. Depósito judicial. Encargos moratórios previstos no título executivo. Incidência até a efetiva disponibilização da quantia em favor do credor. *Bis in idem*. Inocorrência. Natureza e finalidade distintas dos juros remuneratórios e dos juros moratórios. Nova redação do enunciado do tema 677/STJ. 1. Cuida-se, na origem, de ação de indenização, em fase de cumprimento de sentença, no bojo do qual houve a penhora online de ativos financeiros pertencentes ao devedor, posteriormente transferidos a conta bancária vinculada ao juízo da execução. 2. O propósito do recurso especial é dizer se o depósito judicial em garantia do Juízo libera o devedor do pagamento dos encargos moratórios previstos no título executivo, ante o dever da instituição financeira depositária de arcar com correção monetária e juros remuneratórios sobre a quantia depositada. 3. Em questão de ordem, a Corte Especial do STJ acolheu proposta de instauração, nos presentes autos, de procedimento de revisão do entendimento firmado no Tema 677/STJ, haja vista a existência de divergência interna no âmbito do Tribunal quanto à interpretação e alcance da tese, assim redigida: 'na fase de execução, o depósito judicial do montante (integral ou parcial) da condenação extingue a obrigação do devedor, nos limites da quantia depositada'. 4. Nos termos dos arts. 394 e 395 do Código Civil, considera-se em mora o devedor que não efetuar o pagamento na forma e tempos devidos, hipótese em que deverá responder pelos prejuízos a que sua mora der causa, mais juros e atualização dos valores monetários, além de honorários de advogado. A mora persiste até que seja purgada pelo devedor, mediante o efetivo oferecimento ao credor da prestação devida, acrescida dos respectivos consectários (art. 401, I, do CC/02). 5. A purga da mora, na obrigação de pagar quantia certa, assim como ocorre no adimplemento voluntário desse tipo de prestação, não se consuma com a simples perda da posse do valor pelo devedor; é necessário, deveras, que ocorra a entrega da soma de valor ao credor, ou, ao menos, a entrada da quantia na sua esfera de disponibilidade. 6. No plano processual, o Código de Processo Civil de 2015, ao dispor sobre o cumprimento forçado da obrigação, é expresso no sentido de que a satisfação do crédito se dá pela entrega do dinheiro ao credor, ressalvada a possibilidade de adjudicação dos bens penhorados, nos termos do art. 904, I, do CPC. 7. Ainda, o CPC expressamente vincula a declaração de quitação da quantia paga ao momento do recebimento do mandado de levantamento pela parte exequente, ou, alternativamente, pela transferência eletrônica dos valores (art. 906). 8. Dessa maneira, considerando que o depósito judicial em garantia do Juízo – seja efetuado por iniciativa do devedor, seja decorrente de penhora de ativos financeiros – não implica imediata entrega do dinheiro ao credor, tampouco enseja quitação, não se opera a cessação da mora do devedor. Consequentemente, contra ele continuarão a correr os encargos previstos no título executivo, até que haja efetiva liberação em favor do credor. 9. No momento imediatamente anterior à expedição do mandado ou à transferência eletrônica, o saldo da conta bancária judicial em que depositados os valores, já acrescidos da correção monetária e dos juros remuneratórios a cargo da instituição financeira depositária, deve ser deduzido do montante devido pelo devedor, como forma de evitar o enriquecimento sem causa do credor. 10. Não caracteriza bis in idem o pagamento cumulativo dos juros remuneratórios, por parte do Banco depositário, e dos juros moratórios, a cargo do devedor, haja vista que são diversas a natureza e finalidade dessas duas espécies de juros. 11. O Tema 677/STJ passa a ter a seguinte redação: 'na execução, o depósito efetuado a título de garantia do juízo ou decorrente da penhora de ativos financeiros não isenta o devedor do pagamento dos consectários de sua mora, conforme previstos no título executivo, devendo-se, quando da efetiva entrega do dinheiro ao credor, deduzir do montante final devido o saldo da conta judicial'. 12. Hipótese concreta dos autos em que o montante devido deve ser calculado com a incidência dos juros de mora previstos na sentença transitada em julgado, até o efetivo pagamento da credora, deduzido o saldo do depósito judicial e seus acréscimos pagos pelo Banco depositário. 13. Recurso especial conhecido e provido" (STJ, REsp 1.820.963/SP 2019/0171495-5, Corte Especial, j. 19.10.2022, *DJe* 16.12.2022).

CURSO DE DIREITO PROCESSUAL CIVIL • *Luiz Fux*

indispensável que a matéria invocada seja suscetível de conhecimento de ofício pelo juiz; e (b) é indispensável que a decisão possa ser tomada sem necessidade de dilação probatória"[6].

Contudo, é importante saber que a matéria de ordem pública suscitada na exceção de pré--executividade julgada improcedente não poderá ser novamente invocada na impugnação ao cumprimento de sentença. Nessa linha: "Nos termos da iterativa jurisprudência do Superior Tribunal de Justiça, as matérias alegadas e decididas em exceção de pré-executividade, mesmo aquelas de ordem pública, não podem ser rediscutidas em impugnação do cumprimento de sentença, em virtude da preclusão"[7].

Nada obstante concedido o efeito suspensivo, dispõe o § 10 do art. 525 do CPC/2015 ser lícito ao exequente requerer o prosseguimento da execução, oferecendo "contracautela" ao *periculum* noticiado ao prestar, nos próprios autos, caução suficiente e idônea a ser arbitrada pelo juiz.

A caução é servil para afastar o *periculum mora*, não assim em relação à relevância da impugnação que se basear no direito evidente. Aliás, representaria verdadeira *contradictio terminis* exigir-se do devedor com bom direito que prestasse garantia para não ver sustado o cumprimento da sentença que se realiza em seu prol. Assim, *v.g.*, se é patente a decadência do direito de crédito não se mostra razoável exigir do executado caução para sustar a execução injusta. Por outro lado, comprovando o executado que a caução exigida inviabilizará o pagamento do próprio crédito, também se revela justa a dispensa da contracautela.

Firme na ideia de que a execução se desenvolve em benefício do exequente, o art. 525, § 8º, do CPC/2015 determina que, quando o efeito suspensivo atribuído à impugnação disser respeito apenas a parte do objeto da execução, esta prosseguirá quanto à parte restante. Assim, por exemplo, se o exequente houver indicado, dentre os bens passíveis de penhora, algum protegido por impenhorabilidade, o interesse do executado já estará resguardado caso o efeito suspensivo seja concedido para impedir a expropriação desse bem, prosseguindo-se a execução quanto ao restante do patrimônio. A propósito, o Enunciado nº 547 do FPPC: "(arts. 919, § 1º, e 525, §§ 6º e 8º) O efeito suspensivo dos embargos à execução e da impugnação ao cumprimento de sentença pode ser parcial, limitando-se ao impedimento ou à suspensão de um único ou de apenas alguns atos executivos."

Sabe-se que, nos termos do art. 117 do CPC/2015, os litisconsortes são considerados, em suas relações com a parte adversa, como litigantes distintos, exceto no litisconsórcio unitário, caso em que os atos e as omissões de um não prejudicarão os outros, mas os poderão beneficiar. Imbuído do mesmo espírito, o art. 525, § 9º, do CPC/2015 dispõe que a concessão de efeito suspensivo à impugnação deduzida por um dos executados não suspenderá a execução contra os que não impugnaram, quando o respectivo fundamento disser respeito exclusivamente ao impugnante.

Finalmente, é preciso indagar se é cabível recurso da decisão que *indefere* o efeito suspensivo na impugnação ao cumprimento de sentença. O STJ, tratando dessa matéria relativamente aos embargos à execução, entendeu cabível o agravo de instrumento, por ser hipótese equiparável à decisão sobre tutela provisória (art. 1.015, I, CPC/2015).[8] A mesma orientação é aplicável à impugnação ao cumprimento de sentença, pois *ubi eadem ratio, ibi eadem iuris*.

1.5 Fundamentos da impugnação ao cumprimento da sentença

A impugnação pode ter como fundamento questões relativas ao crédito exequendo, ao título executivo ou ao processo. É mister analisar, portanto, cada um dos fundamentos da "impugnação", vale dizer, quais as possíveis *causae petendi* deste meio de defesa. Segundo a dicção do CPC de 2015, a impugnação ao cumprimento da sentença pode versar sobre as seguintes matérias, *verbis*:

> "Art. 525. (...)
> § 1º Na impugnação, o executado poderá alegar:

---

[6]   STJ, REsp 1110925/SP, Rel. Min. Teori Albino Zavascki, Primeira Seção, j. 22.04.2009.

[7]   STJ, AgInt no REsp 1609410/DF, Rel. Min. Ricardo Villas Bôas Cueva, 3ª Turma, j. 08.04.2019.

[8]   REsp 1745358/SP, Rel. Min. Nancy Andrighi, 3ª Turma, j. 26.02.2019.

Parte X • XII – DEFESA DO EXECUTADO | 877

I – falta ou nulidade da citação se, na fase de conhecimento, o processo correu à revelia;

II – ilegitimidade de parte;

III – inexequibilidade do título ou inexigibilidade da obrigação;

IV – penhora incorreta ou avaliação errônea;

V – excesso de execução ou cumulação indevida de execuções;

VI – incompetência absoluta ou relativa do juízo da execução;

VII – qualquer causa modificativa ou extintiva da obrigação, como pagamento, novação, compensação, transação ou prescrição, desde que supervenientes à sentença.

§ 2º A alegação de impedimento ou suspeição observará o disposto nos arts. 146 e 148."

Primeiramente, forçoso lembrar que os fundamentos da impugnação ao cumprimento de sentença diferem daqueles opostos nos embargos à execução de título extrajudicial, porquanto nesta o título executivo – e, *a fortiori*, a própria obrigação dele resultante – ainda não se sujeitou ao crivo do Judiciário, ao passo que, na primeira, o crédito exequendo resta legitimado pela prévia cognição. Assim, se em execução de título extrajudicial o devedor pretender alegar novação, poderá fazê-lo livremente nos embargos. Tratando-se de cumprimento da sentença, a alegação somente será admitida se a novação tiver ocorrido após a sentença ou o recurso (art. 525, § 1º, VII, do CPC/2015). Isso porque se, no curso do processo, ainda que em grau de recurso, o réu podia deduzir esse argumento – autorizado pelo benefício do art. 1.014 do CPC/2015,[9] ciente ou não de sua ocorrência – e não o fez, resta inadmissível invocar esse fundamento na impugnação. A razão desta preclusão é impedir a retroação da marcha do "cumprimento da sentença" com o reavivar de questões já superadas no processo. Aliás, a técnica da preclusão impede que se reabra o que foi discutido em cada fase do processo; por isso, não teria sentido, à luz do escopo de obtenção da palavra definitiva do Judiciário, permitir-se rediscutir na fase de cumprimento da sentença, aquilo que se ultrapassou intocável na fase de conhecimento antecedente. A eventual permissividade conspiraria em favor da surpresa e do dolo processual.

Esse mesmo princípio aplica-se às questões conhecíveis de ofício no processo de conhecimento, como a carência de ação, ou mesmo as matérias substanciais, passíveis de alegação em qualquer tempo e grau de jurisdição. Caso não alegadas na fase de conhecimento, ou na hipótese de terem sido deduzidas e rejeitadas, não poderão ser veiculadas na impugnação. Assim, *v.g.*, se a parte não alegou a prescrição durante a fase de conhecimento, não poderá fazê-lo quando do cumprimento da sentença. Segundo o STJ, "no que se refere à prescrição, mesmo se tratando, também, de matéria cogente, só se acolhe a sua alegação, na impugnação ao cumprimento de sentença, se tal instituto tiver se consumado após a sentença, nos termos do art. 525, § 1º, VII, do CPC/2015" (AgInt no AREsp 1143944/MS, Rel. Min. MARCO AURÉLIO BELLIZZE, 3ª TURMA, j. 15.03.2018).

Destarte, em respeito à preclusão, a impugnação somente tem efeito rescindente na hipótese de revelia por ausência ou nulidade da citação na fase anterior ao cumprimento (art. 525, § 1º, I, do CPC/2015).

Questão deveras debatida é o surgimento da *absolvição criminal* trânsita quando em curso a "execução" da sentença civil condenatória pelo mesmo ilícito. Consoante é sabido, a eficácia vinculativa prejudicial da coisa julgada penal é plena quando absolve o imputado pela inexistência do fato ou da autoria[10]. Deveras, o surgimento da decisão penal absolutória trânsita retira a premissa na qual se baseou o título executivo.

Um primeiro raciocínio conduziria ao respeito à coisa julgada cível, impondo a necessidade primeira de rescindibilidade desse julgado pelo advento da sentença penal absolutória, até porque a influência penal da sentença absolutória pressupõe pendência do julgado cível. Por outro lado, é assente que a coisa julgada não tem compromisso com a justiça da decisão, senão com a estabilidade

---

[9] **"Art. 1.014.** As questões de fato não propostas no juízo inferior poderão ser suscitadas na apelação, se a parte provar que deixou de fazê-lo por motivo de força maior."

[10] **"Código de Processo Penal/1941: Art. 66.** Não obstante a sentença absolutória no juízo criminal, a ação civil poderá ser proposta quando não tiver sido, categoricamente, reconhecida a inexistência material do fato."

878 | CURSO DE DIREITO PROCESSUAL CIVIL • *Luiz Fux*

e segurança sociais. O usual, por essa razão, é aguardar a iniciativa do executado em rescindir a sentença, podendo obter, inclusive, antecipação de tutela, sustando a marcha da execução.

Outra solução sugerida à luz do princípio da efetividade, mas que, por via reflexa, atenta contra a coisa julgada, é admitir, na impugnação, a alegação de causa extintiva superveniente do dever de reparar o dano. É inegável que essa segunda solução conspira em favor dos modernos postulados do processo, dentre os quais se destacam a celeridade e a justiça da decisão, por isso que, enquanto atacável a sentença, independentemente de eventual ação autônoma de impugnação, deve ser permitido evitar-se que a solução injusta se solidifique, ainda que no plano prático.

Advirta-se, ainda, que uma terceira corrente, mercê de acompanhar a solução, sustenta que, conciliando o sistema, se impõe, para a admissão dessa alegação na impugnação, que haja rescisória proposta com antecipação de tutela deferida, o que se nos revela excessivo.

O primeiro fundamento que a impugnação pode apresentar é *a falta ou nulidade da citação se, na fase de conhecimento, o processo correu à revelia*. Isso confere à impugnação uma função rescindente notável, porquanto, acolhida, destrói todo o processo, com efeito retro-operante, iniciando-se, a partir da intimação da decisão, novo prazo para defesa na fase de conhecimento, tal como ocorre quando o réu comparece apenas para arguir a nulidade ou a falta de sua convocação (art. 239, § 1º, do CPC/2015).[11]

Mister observar que o efeito desconstitutivo somente ocorre se preenchidos dois requisitos: *(i)* falta ou nulidade da citação; *(ii)* decretação da revelia. Assim, a impugnação não deve ser conhecida se a citação foi válida, mesmo que ficta, se o réu compareceu de alguma forma ao processo, ainda que representado por curador especial (art. 72 do CPC/2015).[12] O dispositivo é fundado, inequivocamente, nos cânones *do devido processo legal e do contraditório*, bem como da existência hígida da relação jurídica processual pretérita. Destaque-se, o fato de o vencido não seguir a matéria no art. 525, § 1º, I, do CPC/2015, não inibe o "executado" de mover ação rescisória conexa com a execução, com o fundamento nessa violação legal. O que se interdita por falta de interesse é o *bis idem*; vale dizer: alegada a matéria em impugnação, carece o impugnante de interesse de agir via ação rescisória.

O próximo fundamento da impugnação é a *ilegitimidade de parte*. As partes do título executivo devem ocupar a mesma posição na fase de cumprimento da sentença. Promovido o cumprimento de sentença por quem não seja parte no título, assoma a *ilegitimidade ativa*. No polo *passivo*, a lei encarrega-se de definir os legitimados originários e aqueles supervenientes, inserindo, nesta categoria, os que têm débito e responsabilidade e aqueles que somente respondem com o seu patrimônio pela dívida alheia, *v.g.*, o fiador, o sócio solidário *etc*.

A *inexequibilidade do título ou inexigibilidade da obrigação* como fundamento da impugnação diz respeito à hipótese de obrigação não vencida ou sujeita a contraprestação ainda não adimplida. Assim, *v.g.*, se a sentença condenou o vencido à entrega de coisa mediante o pagamento do

---

[11] **"Art. 239.** Para a validade do processo é indispensável a citação do réu ou do executado, ressalvadas as hipóteses de indeferimento da petição inicial ou de improcedência liminar do pedido.

§ 1º O comparecimento espontâneo do réu ou do executado supre a falta ou a nulidade da citação, fluindo a partir desta data o prazo para apresentação de contestação ou de embargos à execução.

§ 2º Rejeitada a alegação de nulidade, tratando-se de processo de:

I – conhecimento, o réu será considerado revel;

II – execução, o feito terá seguimento."

[12] **"Art. 72.** O juiz nomeará curador especial ao:

I – incapaz, se não tiver representante legal ou se os interesses deste colidirem com os daquele, enquanto durar a incapacidade;

II – réu preso revel, bem como ao réu revel citado por edital ou com hora certa, enquanto não for constituído advogado.

Parágrafo único. A curatela especial será exercida pela Defensoria Pública, nos termos da lei."

Súmula nº 196 do STJ: "Ao executado que, citado por edital ou por hora certa, permanecer revel, será nomeado curador especial, com legitimidade para apresentação de embargos."

preço, inexigível é a obrigação, passível de ser obstada por meio da impugnação, se aquele ainda não restou adimplido. Deveras, decisão instável, não trânsita, é inexigível, salvo a possibilidade de execução provisória. A incerteza, iliquidez ou inexigibilidade da obrigação consubstanciada no título, em violação ao que exige o art. 783 do CPC/2015, podem ser suscitadas via impugnação ao cumprimento de sentença.

A *incorreção da penhora* pode ser formal (quanto aos requisitos de realização da penhora) ou material (quanto à constrição de bens impenhoráveis), matéria suscitável em impugnação ou, caso se trate de fato superveniente ao término do prazo para apresentação da impugnação, por simples petição no prazo de 15 (quinze) dias contado da comprovada ciência do fato ou da intimação do ato (art. 525, § 11, do CPC/2015). A *avaliação incorreta* pode implicar ampliação ou redução da penhora, mas não nulifica a execução.

O *excesso de execução*, uma vez alegado, impõe ao executado apontá-lo especificamente, indicando o valor correto, sob pena de rejeição *in limine* da impugnação (*exceptio declinatoria quanti*). É que se tornou rotineira, na prática forense, a impugnação genérica do crédito exequendo, por parte do vencido, visando à eficácia suspensiva e totalmente descomprometido com a conduta *coram judicem* exigível no processo. Trata-se, assim, de uma vertente do ônus da impugnação especificada previsto no art. 341 do CPC/2015.[13]

Esta é a redação do art. 525, §§ 4º e 5º, do CPC/2015:

> "Art. 525. (...)
> § 4º Quando o executado alegar que o exequente, em excesso de execução, pleiteia quantia superior à resultante da sentença, cumprir-lhe-á declarar de imediato o valor que entende correto, apresentando demonstrativo discriminado e atualizado de seu cálculo.
> § 5º Na hipótese do § 4º, não apontado o valor correto ou não apresentado o demonstrativo, a impugnação será liminarmente rejeitada, se o excesso de execução for o seu único fundamento, ou, se houver outro, a impugnação será processada, mas o juiz não examinará a alegação de excesso de execução."

Nos termos do art. 917, § 2º, há excesso de execução quando: I – o exequente pleiteia quantia superior à do título; II – ela recai sobre coisa diversa daquela declarada no título; III – ela se processa de modo diferente do que foi determinado no título; IV – o exequente, sem cumprir a prestação que lhe corresponde, exige o adimplemento da prestação do executado; V – o exequente não prova que a condição se realizou.

No excesso de execução, acolhida a impugnação, opera-se o mesmo efeito que se observa quando o apelo é provido por ter sido o julgamento *ultra petita*; vale dizer: poda-se a parte excedente ou inoficiosa e a execução prossegue dentro de seus adequados limites.

Advirta-se que o excesso de execução é matéria vinculada à extensão do crédito exequendo e não ao processo. Assim, se o bem penhorado é de valor superior ao crédito, a hipótese é de *redução da penhora*, matéria também alegável na impugnação (art. 525, § 1º, IV, do CPC/2015), assim como a avaliação errônea, não obstante questões diversas o *excesso de execução* e o *excesso de penhora*.

Para parte da doutrina, tanto o excesso de execução quanto a cumulação indevida de execuções são matérias de ordem pública, que devem ser conhecidas de ofício pelo juiz.

O executado também pode arguir, na impugnação, a incompetência do juízo perante o qual corre o cumprimento de sentença, seja de natureza absoluta ou relativa. Note-se que não mais existe

---

[13] "**Art. 341.** Incumbe também ao réu manifestar-se precisamente sobre as alegações de fato constantes da petição inicial, presumindo-se verdadeiras as não impugnadas, salvo se:
I – não for admissível, a seu respeito, a confissão;
II – a petição inicial não estiver acompanhada de instrumento que a lei considerar da substância do ato;
III – estiverem em contradição com a defesa, considerada em seu conjunto.
Parágrafo único. O ônus da impugnação especificada dos fatos não se aplica ao defensor público, ao advogado dativo e ao curador especial."

880 | CURSO DE DIREITO PROCESSUAL CIVIL · *Luiz Fux*

a chamada "exceção de incompetência", de modo que tanto a incompetência absoluta quanto a relativa devem ser suscitadas no bojo da impugnação. A incompetência absoluta é norma de ordem pública e cognoscível de ofício (art. 337, § 5º, do CPC/2015).

Finalmente, admite-se que a impugnação verse sobre *qualquer causa modificativa ou extintiva da obrigação, como pagamento, novação, compensação, transação ou prescrição, desde que supervenientes à sentença.* As objeções ou defesas diretas contra a obrigação na sua essência, *v.g.*, pagamento, novação e compensação, obedecem à regra temporal de que esses fatos devem ter surgido após a sentença, visto que, do contrário, se subsumem ao princípio da "preclusão". Assim, se à época da fase de conhecimento, a obrigação padecia de algum vício, a inércia na alegação naquela oportunidade ressalva o crédito e a execução, tal como se tivesse ocorrido à revelia. Essa eficácia do julgado, impeditiva da discussão de causas extintivas da obrigação na fase de cumprimento da sentença, é menos severa quando a alegação que se pretende deduzir não perde a sua utilidade, porquanto passível de ser invocada noutro processo distinto. Assim, *v.g.*, a compensação, por isso que se o devedor de crédito compensável perder a oportunidade de sustentar essa defesa, não fica inibido de cobrá-lo em ação autônoma. Aliás, essa é uma das características das exceções materiais, categoria a que pertence a compensação; vale dizer: permitir que o fato sirva de defesa ou contra-ataque. O pagamento, por exemplo, não goza da mesma característica, porquanto a utilidade da sua alegação esgota-se com o julgamento da impugnação.

O executado também poderá invocar causa de impedimento ou suspeição, mas não o fará na própria impugnação, senão em petição apartada dirigida ao juiz do processo, consoante os arts. 146 e seguintes do CPC/2015.

Não se deve esquecer que a *nulidade da execução* pode ocorrer até o fim do prazo para impugnação ou em ulterior fase do procedimento. Por essa razão, a lei esclarece que as questões relativas a fato superveniente ao término do prazo para apresentação da impugnação, assim como aquelas relativas à validade e à adequação da penhora, da avaliação e dos atos executivos subsequentes, podem ser arguidas por simples petição, tendo o executado, em qualquer dos casos, o prazo de 15 (quinze) dias para formular esta arguição, contado da comprovada ciência do fato ou da intimação do ato.

Alerte-se, por fim, que a defesa do executado pode esbarrar em preclusão lógica, *v.g.*, quando o devedor reconhece o débito, hipótese em que se lhe interdita a via da impugnação.

1.6 Impugnação de título executivo inconstitucional

O revogado § 1º do art. 475-L do CPC de 1973, com a redação alterada pela Lei nº 11.232/2005, dispunha que, para efeito de inexigibilidade, assim se consideraria, também, o título judicial fundado em lei ou ato normativo declarados inconstitucionais pelo Supremo Tribunal Federal, ou fundado em aplicação ou interpretação da lei ou ato normativo tidas pelo STF como incompatíveis com a Constituição Federal. Confira-se a redação do antigo dispositivo, cujo teor era reproduzido no art. 741, parágrafo único, do CPC/1973 e no art. 884, § 5º, da CLT:

> "§ 1º Para efeito do disposto no inciso II do *caput* deste artigo, considera-se também inexigível o título judicial fundado em lei ou ato normativo declarados inconstitucionais pelo Supremo Tribunal Federal, ou fundado em aplicação ou interpretação da lei ou ato normativo tidas pelo Supremo Tribunal Federal como incompatíveis com a Constituição Federal."

O regime revogado era sujeito a diversas críticas. Alguns autores alegavam que a regra seria inconstitucional, por violação ao art. 5º, XXXVI, da CRFB, dispositivo que consagra a garantia da coisa julgada, indispensável à segurança jurídica. Além disso, a redação legal não esclarecia se a decisão do Supremo Tribunal Federal, invocada como fundamento da inexigibilidade do título, teria de ser tomada em controle abstrato de constitucionalidade ou se bastaria a decisão no âmbito do controle concreto. Outro ponto lacunoso da lei revogada era não esclarecer se a decisão do STF teria de ser anterior à decisão exequenda, bem como, caso se admitisse a alegação de inexigibilidade com base em decisão do STF posterior, se seriam mantidos os efeitos pretéritos da decisão exequenda.

Apesar de, em um primeiro momento, a 2ª Turma do STF ter julgado inconstitucional, em controle concreto, o art. 741, parágrafo único, do CPC/1973,[14] a constitucionalidade dos arts. 475-L, § 1º, e 741, parágrafo único, do CPC/73, bem como do art. 884, § 5º, da CLT foi reconhecida pelo Pleno do STF.[15]

O legislador trouxe nova sistemática no art. 525, §§ 12 a 15, do CPC/2015, *verbis*:

> "Art. 525. (...)
>
> § 12. Para efeito do disposto no inciso III do § 1º deste artigo, considera-se também inexigível a obrigação reconhecida em título executivo judicial fundado em lei ou ato normativo considerado inconstitucional pelo Supremo Tribunal Federal, ou fundado em aplicação ou interpretação da lei ou do ato normativo tido pelo Supremo Tribunal Federal como incompatível com a Constituição Federal, em controle de constitucionalidade concentrado ou difuso.
>
> § 13. No caso do § 12, os efeitos da decisão do Supremo Tribunal Federal poderão ser modulados no tempo, em atenção à segurança jurídica.
>
> § 14. A decisão do Supremo Tribunal Federal referida no § 12 deve ser anterior ao trânsito em julgado da decisão exequenda.
>
> § 15. Se a decisão referida no § 12 for proferida após o trânsito em julgado da decisão exequenda, caberá ação rescisória, cujo prazo será contado do trânsito em julgado da decisão proferida pelo Supremo Tribunal Federal."

O CPC/2015 consagra idêntica previsão quanto à impugnação do cumprimento de sentença que reconheça a exigibilidade de obrigação de pagar quantia certa pela Fazenda Pública, *verbis*:

> "Art. 535. (...)
>
> § 5º Para efeito do disposto no inciso III do *caput* deste artigo, considera-se também inexigível a obrigação reconhecida em título executivo judicial fundado em lei ou ato normativo considerado inconstitucional pelo Supremo Tribunal Federal, ou fundado em aplicação ou interpretação da lei ou do ato normativo tido pelo Supremo Tribunal Federal como incompatível com a Constituição Federal, em controle de constitucionalidade concentrado ou difuso.
>
> § 6º No caso do § 5º, os efeitos da decisão do Supremo Tribunal Federal poderão ser modulados no tempo, de modo a favorecer a segurança jurídica.
>
> § 7º A decisão do Supremo Tribunal Federal referida no § 5º deve ter sido proferida antes do trânsito em julgado da decisão exequenda.
>
> § 8º Se a decisão referida no § 5º for proferida após o trânsito em julgado da decisão exequenda, caberá ação rescisória, cujo prazo será contado do trânsito em julgado da decisão proferida pelo Supremo Tribunal Federal."

O Código atual, então, manteve esse efeito rescindente extraordinário à impugnação ao cumprimento da sentença baseada em decisão do STF, infirmando a coisa julgada a qualquer tempo, mercê das críticas relacionadas à segurança jurídica.

O novel regramento do tema expressamente define que a obrigação é inexigível se o título executivo contrariar decisão do STF sobre a constitucionalidade de lei ou ato normativo: *(i)* em

---

[14] AgR-RE 592.912, Rel. Min. Celso de Mello, j. 03.04.2012.

[15] "São constitucionais as disposições normativas do parágrafo único do art. 741 do CPC, do § 1º do art. 475-L, ambos do CPC/73, bem como os correspondentes dispositivos do CPC/2015, o art. 525, § 1º, III e §§ 12 e 14, o art. 535, § 5º. São dispositivos que, buscando harmonizar a garantia da coisa julgada com o primado da Constituição, vieram agregar ao sistema processual brasileiro um mecanismo com eficácia rescisória de sentenças revestidas de vício de inconstitucionalidade qualificado, assim caracterizado nas hipóteses em que (a) a sentença exequenda esteja fundada em norma reconhecidamente inconstitucional – seja por aplicar norma inconstitucional, seja por aplicar norma em situação ou com um sentido inconstitucionais; ou (b) a sentença exequenda tenha deixado de aplicar norma reconhecidamente constitucional; e (c) desde que, em qualquer dos casos, o reconhecimento dessa constitucionalidade ou a inconstitucionalidade tenha decorrido de julgamento do STF realizado em data anterior ao trânsito em julgado da sentença exequenda." (ADI 2418, Rel. Min. Teori Zavascki, Tribunal Pleno, j. 04.05.2016).

882 | CURSO DE DIREITO PROCESSUAL CIVIL • *Luiz Fux*

controle concentrado ou difuso; e *(ii)* proferida *antes* do trânsito em julgado da decisão exequenda. Durante os debates legislativos sobre o projeto que culminou no CPC/2015, o Senado havia proposto que a inexigibilidade só existisse se a decisão do STF fosse tomada em controle concentrado ou se a norma aplicada estivesse com a eficácia suspensa por resolução do Senado Federal.

Ainda de acordo com a nova sistemática, caso a decisão do STF tenha sido proferida *depois* da decisão exequenda, deve o executado propor *ação rescisória*, cujo prazo de dois anos será contado do trânsito em julgado da decisão do STF. Há discussão sobre qual seria o fundamento da ação rescisória: tratar-se-ia de uma rescisória por violação manifesta a "norma jurídica" (art. 966, V, do CPC/2015) ou seria uma hipótese autônoma? Trata-se de filigrana acadêmica, sem maior repercussão prática.

Os arts. 525, § 13, e 535, § 6º, do CPC/2015 preveem que os efeitos da decisão do Supremo Tribunal Federal poderão ser modulados no tempo, em atenção à segurança jurídica. Parece-nos que, apesar da pouca clareza do texto, quem deve modular é o juízo da execução, pois se trata de resguardar a segurança jurídica no caso concreto.

Outra questão não esclarecida pelo texto diz respeito a definir as decisões de quais órgãos do STF serão consideradas para fins de inexigibilidade do título baseado em norma inconstitucional. Sobre o tema, o Enunciado nº 58 do FPPC: "As decisões de inconstitucionalidade a que se referem os art. 525, §§ 12 e 13 e art. 535 §§ 5º e 6º devem ser proferidas pelo plenário do STF."

Por fim, destaque-se a regra de direito intertemporal do art. 1.057 do CPC/2015: "O disposto no art. 525, §§ 14 e 15, e no art. 535, §§ 7º e 8º, aplica-se às decisões transitadas em julgado *após* a entrada em vigor deste Código, e, às decisões transitadas em julgado *anteriormente*, aplica-se o disposto no art. 475-L, § 1º, e no art. 741, parágrafo único, da Lei nº 5.869, de 11 de janeiro de 1973".

2. EMBARGOS À EXECUÇÃO

2.1 Generalidades

Os embargos à execução de título extrajudicial têm a sua *ratio essendi* fundada na mesma motivação sustentada acima quanto à impugnação ao cumprimento da sentença. A execução por título extrajudicial é de índole satisfativa e não normativa como o processo de conhecimento, porquanto o título executivo extrajudicial elimina o grau de incerteza inerente à tutela de cognição. Entretanto, não se exclui o denominado *contraditório eventual* na medida em que este se instaura por iniciativa do próprio executado. Assim, na execução de título extrajudicial, o executado pode opor-se ao crédito, ao título executivo ou mesmo infirmar o processo por vícios formais, dando origem a um novo processo de conhecimento que correrá em apartado, os denominados embargos.[16] Os *embargos* podem sustentar-se em razões de ordem *formal* ou *questões de fundo*, como a invalidade da obrigação.

---

[16] Colhe-se nas fontes romanas a informação de que no direito romano antigo não havia previsão expressa dos embargos posto que a execução era precedida de dupla cognição. A primeira resultado do processo prévio de sentença (*nulla executio sine praevia cognitio*). Emitida a decisão, submetia-se a mesma ao *tempus judicati*, oferecendo-se ao vencido a oportunidade de cumprir o julgado, sendo certo que ultrapassado lapso temporal, iniciava-se a *actio judicati* considerada como a execução propriamente dita, com índole mista executivo-cognitiva, por isso que cabia apenas a *appelatio ab executione*. Nesse sentido, **Liebman**, *Processo de Execução*, cit.

Acrescente-se que o direito italiano medievo, rompendo tradições e absorvendo os elementos da escola germânica que admitia a execução privada de documentos executivos privilegiados, instituiu o *processus executivus*, calcado em créditos documentados que tornavam mais presta a jurisdição executiva alcançável sem prévia cognição (*executio parata*), justificando-se o crédito no curso do processo e reservando-se para processo ordinário separado a impugnação do crédito e da própria legitimidade da execução. Esta é a fonte histórica da abolição da distinção que existia até 1973 entre a ação executória e a ação executiva.

Acresça-se que a restrição à cognição prévia restou, com o tempo, superada pela admissão, em alguns sistemas pela possibilidade de oferecimento de uma oposição pelo devedor, toda vez que tivesse "exceção" a arguir. Inicialmente caber-lhe-ia sustentar oposições de mérito, aliás, denominação de uma das maiores obras sobre o tema de autoria de **Liebman** "*opposizione di merito*", entre nós sob o título de "embargos do executado".

Parte X • XII – DEFESA DO EXECUTADO | 883

Deveras, tudo quanto se expôs em relação à natureza e essência da impugnação ao cumprimento de sentença como defesa do executado se aplica aos embargos à execução extrajudicial. Nos tópicos seguintes, examinar-se-á tudo o quanto for específico dos embargos, evitando-se desnecessárias repetições relativamente a disposições idênticas quanto à impugnação.

2.2 Ajuizamento dos embargos

Um primeiro ponto a destacar pertine à dispensa de penhora, depósito ou caução para oferecimento dos embargos. Já se disse que, na execução de título extrajudicial, o executado é citado para pagar a dívida no prazo de 3 (três) dias, sendo que do mandado de citação constarão, também, a ordem de penhora e a avaliação a serem cumpridas pelo oficial de justiça tão logo verificado o não pagamento no prazo assinalado (art. 829, *caput* e § 1º, do CPC/2015). Paralelamente ao prazo para pagamento voluntário, corre também o prazo de 15 (quinze) dias para o oferecimento de embargos, contados da citação (art. 915, *caput*, do CPC/2015), de modo que resta evidente a completa independência entre os atos de penhora e o prazo para embargar.[17] O termo inicial do prazo para embargos varia conforme a modalidade de citação, nos termos do art. 231 do CPC/2015.[18] Deveras, como os vícios da penhora e da avaliação podem ser alegados em petição simples, se aqueles atos não estiverem formalizados quando da defesa (art. 917, § 1º, do CPC/2015), não faria sentido condicionar o início do prazo para embargos à penhora.

Quando houver mais de um executado, o prazo para cada um deles embargar conta-se a partir da juntada do respectivo comprovante da citação, independentemente do decurso do prazo para pagamento voluntário (art. 915, § 1º, do CPC/2015). Em relação ao prazo para oferecimento dos embargos à execução, não se aplica o prazo em dobro no caso de litisconsortes com procuradores distintos, de escritórios diferentes, sendo físicos os autos (art. 915, § 3º, do CPC/2015). No cumprimento de sentença, diversamente, o prazo para impugnação se inicia tão logo esgotado o prazo para pagamento voluntário e deve ser dobrado se presentes os requisitos do art. 229 do CPC/2015 (art. 525, *caput* e § 4º, do CPC/2015). A diferença é justificada pelo fato de que os embargos à execução são um *processo incidente*, ao passo que a impugnação ao cumprimento de sentença é um *incidente processual*. A regra de contagem independente do prazo para litisconsortes embargarem a execução é mitigada no que diz respeito a cônjuges ou companheiros, quando o prazo será contado a partir da juntada do último comprovante de citação (art. 915, § 1º, *in fine*, do CPC/2015).

Conforme já analisado em capítulo próprio, a contagem do prazo para os embargos na execução por carta segue sistemática especial, iniciando-se: *(i) da juntada, na carta, da certificação da citação*, quando versarem unicamente sobre vícios ou defeitos da penhora, da avaliação ou da alienação dos bens, pois nesse caso a competência para julgar os embargos é do juízo deprecado; *(ii) da juntada, nos autos de origem, do comunicado de realização da citação pelo juiz deprecado ao*

---

[17] A Terceira Turma do Egrégio Superior Tribunal de Justiça entendeu que a realização de audiência de conciliação durante a fase executiva também não suspende nem interrompe a contagem do prazo de 15 (quinze) dias úteis para a tempestiva oposição dos embargos à execução. Confira-se o excerto do julgado: "PROCESSUAL CIVIL. RECURSO ESPECIAL. EMBARGOS À EXECUÇÃO. EMBARGOS DE DECLARAÇÃO. OMISSÃO, CONTRADIÇÃO OU OBSCURIDADE. NÃO OCORRÊNCIA. CITAÇÃO DO EXECUTADO. HABILITAÇÃO DA DEFENSORIA PÚBLICA. REQUERIMENTO DE REALIZAÇÃO DE AUDIÊNCIA DE CONCILIAÇÃO, POSTERIORMENTE RESTADA INFRUTÍFERA. EMBARGOS À EXECUÇÃO OPOSTOS SOMENTE APÓS A REALIZAÇÃO DA AUDIÊNCIA. INTEMPESTIVIDADE. (...) 7. Embora não exista uma expressa previsão para a realização de uma audiência de conciliação no processo executivo, a sua ocorrência não é vedada. 8. Ainda que se admita – discricionariamente – a realização desta audiência para a tentativa de composição das partes, tal ato – se requerido pelo executado – somente acontecerá após a oposição dos embargos à execução a serem eventualmente opostos. 9. Se contado o termo inicial a partir da intimação da Defensoria Pública (14/03/2019), e/ou da data da juntada do mandado de citação (18/03/2019), indubitável a intempestividade dos embargos, pois os mesmos foram opostos, tão somente, em 26/11/2019, ou seja, após o prazo de 15 (quinze) dias previsto no art. 915 do CPC/2015. 10. Recurso especial conhecido e não provido" (REsp 1.919.295/DF, Rel. Min. Nancy Andrighi, 3ª Turma, j. 18.5.2021).

[18] Relembre-se, a propósito, o Enunciado nº 85 da I Jornada de Direito Processual Civil do Conselho da Justiça Federal, *verbis*: "Na execução de título extrajudicial ou judicial (art. 515, § 1º, do CPC) é cabível a citação postal".

884 | CURSO DE DIREITO PROCESSUAL CIVIL • *Luiz Fux*

juiz deprecante ou, não havendo este, *da juntada da carta devidamente cumprida*, quando for da competência do juízo deprecante o julgamento dos embargos (art. 915, § 2º, do CPC/2015).

Nos atos de comunicação por carta precatória, rogatória ou de ordem, a realização da citação será imediatamente informada, por meio eletrônico, pelo juiz deprecado ao juiz deprecante (art. 915, § 4º, do CPC/2015). A desformalização está na desnecessidade de aguardar o retorno da carta precatória para dar início ao prazo, tanto mais que a comunicação eletrônica anexada aos autos é suficiente para inaugurar o prazo de interposição dos embargos no juízo deprecante. Evidentemente que nada impede ao executado oferecer antes os seus embargos. Ressoa intuitivo que o dispositivo se refere aos embargos a serem oferecidos no juízo deprecante. Assim é que, tratando-se de embargos apresentados no juízo deprecado, posto versantes acerca dos vícios inerentes aos atos praticados alhures (penhora, avaliação e alienação), a regra é a da juntada da certificação da citação à carta.

Quanto ao aspecto formal, os embargos à execução devem ser distribuídos por dependência, uma vez que são considerados ação acessória em relação à execução do título extrajudicial, e autuados em apartado, mercê de instruídos com cópias das peças processuais relevantes (art. 914, § 1º, do CPC/2015). As cópias das peças do processo principal de execução poderão ser declaradas autênticas pelo próprio advogado, sob sua responsabilidade pessoal. Deveras, a relevância das peças submeter-se-á à crítica das partes e do juízo, de sorte que poderá haver necessidade de entranhamentos de novos documentos bem como, *ad eventum*, desentranhamentos.

O que o legislador pretendeu foi oferecer ao executado a possibilidade de alegar tudo quanto aduziria no processo de conhecimento, conforme dicção do art. 917, inciso VI, do CPC/2015, independentemente de penhora e sem criar embaraços procedimentais. Consequentemente, mesmo as matérias não enumeradas expressamente, como, *v. g.*, condição da ação, pagamento *prima facie* comprovado, outras formas de extinção das obrigações, prescrição *etc.*, podem ser suscitadas em embargos, independentemente de penhora.

2.3 Rejeição liminar dos embargos

Os embargos, ostentando a natureza de ação de conhecimento, têm o destino liminar idêntico ao das ações em geral, podendo o juiz deferir, indeferir ou determinar a emenda da petição inicial. Nesse sentido, dispõe o art. 918 do CPC/2015 que a rejeição liminar dos embargos tem lugar quando intempestivos; nos casos de indeferimento da petição inicial e de improcedência liminar do pedido; ou quando manifestamente protelatórios.

Embargos intempestivos são aqueles que não obedecem ao prazo legal do art. 915, *caput*, do CPC/2015.

Por sua vez, os casos de indeferimento da inicial estão listados no art. 330 do CPC/2015, *verbis*:

> "Art. 330. A petição inicial será indeferida quando:
>
> I – for inepta;
>
> II – a parte for manifestamente ilegítima;
>
> III – o autor carecer de interesse processual;
>
> IV – não atendidas as prescrições dos arts. 106 e 321.
>
> § 1º Considera-se inepta a petição inicial quando:
>
> I – lhe faltar pedido ou causa de pedir;
>
> II – o pedido for indeterminado, ressalvadas as hipóteses legais em que se permite o pedido genérico;
>
> III – da narração dos fatos não decorrer logicamente a conclusão;
>
> IV – contiver pedidos incompatíveis entre si.
>
> § 2º Nas ações que tenham por objeto a revisão de obrigação decorrente de empréstimo, de financiamento ou de alienação de bens, o autor terá de, sob pena de inépcia, discriminar na petição inicial, dentre as obrigações contratuais, aquelas que pretende controverter, além de quantificar o valor incontroverso do débito.
>
> § 3º Na hipótese do § 2º, o valor incontroverso deverá continuar a ser pago no tempo e modo contratados."

Os embargos, como todo ato postulatório, são instrumentalizados por petição que reclama o cumprimento dos requisitos legais. Na alegação de excesso de execução, é mister apontar exatamente o valor que entende correto, apresentando demonstrativo discriminado e atualizado de seu cálculo, vedada a alegação genérica. Coibindo a prática vetusta de o executado impugnar genericamente o crédito exequendo, a lei o obriga a apontar as "gorduras" do débito apontado pelo credor. Não apontado o valor correto ou não apresentado o demonstrativo, os embargos à execução serão *liminarmente rejeitados*, sem resolução de mérito, se o excesso de execução for o seu único fundamento; ou serão *processados*, se houver outro fundamento, mas o juiz não examinará a alegação de excesso de execução (art. 917, §§ 3º e 4º, do CPC/2015).

Também é considerada inepta a petição dos embargos quando lhe faltar pedido ou causa de pedir. Nesse caso, o executado não revela as razões pelas quais infirma o título, o crédito, ou o próprio processo. Inépcia também ocorre quanto da narração dos fatos não decorrer logicamente a conclusão – *v. g.*, o executado aponta nulidades da origem do débito, mas propõe-se a adimpli--lo, ou pede a rejeição dos embargos e, no seu bojo, cobra débito sujeito à apuração do próprio *an debeatur*. A inépcia por incompatibilidade de pedidos ocorre, *v. g.*, quando o executado pede a anulação do título e o pagamento parcelado.

A improcedência liminar do pedido, por sua vez, é regida pelo art. 332 do CPC/2015:

> "Art. 332. Nas causas que dispensem a fase instrutória, o juiz, independentemente da citação do réu, julgará liminarmente improcedente o pedido que contrariar:
>
> I – enunciado de súmula do Supremo Tribunal Federal ou do Superior Tribunal de Justiça;
>
> II – acórdão proferido pelo Supremo Tribunal Federal ou pelo Superior Tribunal de Justiça em julgamento de recursos repetitivos;
>
> III – entendimento firmado em incidente de resolução de demandas repetitivas ou de assunção de competência;
>
> IV – enunciado de súmula de tribunal de justiça sobre direito local.
>
> § 1º O juiz também poderá julgar liminarmente improcedente o pedido se verificar, desde logo, a ocorrência de decadência ou de prescrição.
>
> § 2º Não interposta a apelação, o réu será intimado do trânsito em julgado da sentença, nos termos do art. 241.
>
> § 3º Interposta a apelação, o juiz poderá retratar-se em 5 (cinco) dias.
>
> § 4º Se houver retratação, o juiz determinará o prosseguimento do processo, com a citação do réu, e, se não houver retratação, determinará a citação do réu para apresentar contrarrazões, no prazo de 15 (quinze) dias."

A cláusula da possibilidade de rejeição quando os embargos revelam mera protelação (art. 918, III, do CPC/2015) é salutar, uma vez que a prática judiciária denota quão insubsistentes são as razões que os executados oferecem com o único propósito de sustar a marcha do processo executivo, *v.g.*, quando o executado atribui o inadimplemento à situação econômica do país. O oferecimento de embargos manifestamente protelatórios é conduta atentatória à dignidade da justiça.

Sob esse ângulo, *o juiz deverá impor, em favor do exequente, multa em montante não superior a vinte por cento do valor atualizado do débito em execução, exigível nos próprios autos do processo, sem prejuízo de outras sanções de natureza processual ou material* (art. 774, parágrafo único, do CPC/2015). Desta sorte, no próprio processo em que a parte exequente tem crédito a receber, pode operar-se a execução adicional de eventual sanção patrimonial por litigância de má-fé do embargante.

2.4 Efeitos dos embargos à execução

Assim como a impugnação ao cumprimento de sentença, os embargos à execução de título extrajudicial não sustam a marcha do processo executivo (art. 919, *caput*, do CPC/2015). O título executivo extrajudicial confirma o direito que nele se contém, encerrando presunção relativa de juridicidade do crédito.

Entretanto, também quanto aos embargos é permitida a concessão *ope legis* de efeito suspensivo, desde que: *(i)* haja requerimento do embargante; *(ii)* estejam presentes os requisitos para a concessão da tutela provisória; e *(iii)* a execução já esteja garantida por penhora, depósito ou caução suficientes.

Note-se que a tutela provisória é gênero, que comporta as espécies *tutela de urgência* e *tutela de evidência*. A tutela de evidência, por sua vez, dispensa a periclitação do direito ou da efetividade processual *(periculum mora)*, de sorte que os embargos à execução podem ter efeito suspensivo mesmo fora das situações de urgência. Então, *v. g.*, o juiz pode conferir efeito suspensivo aos embargos quando as alegações de fato puderem ser comprovadas apenas documentalmente e houver tese firmada em julgamento de casos repetitivos ou em súmula vinculante (art. 311, II, do CPC/2015).

O Superior Tribunal de Justiça, contudo, continua a exigir o *periculum mora* para a concessão *ope judicis* de efeito suspensivo aos embargos.[19]

Deferido que seja o efeito suspensivo, a medida não impedirá a efetivação dos atos de penhora e de avaliação dos bens, quando o juiz, para concedê-la, não a exigir previamente. Isto significa dizer que, para obter essa suspensividade, é preciso que o juízo esteja garantido, muito embora o oferecimento em si dos embargos prescinda da penhora.

Essa decisão interlocutória de sustar a marcha da execução tem caráter instável, porquanto o juiz poderá, a requerimento da parte, modificá-la ou revogá-la a qualquer tempo, em decisão fundamentada, cessando as circunstâncias que a motivaram (art. 919, § 2º, do CPC/2015), como, *v.g.*, se após a concessão do efeito suspensivo pela prescrição evidente, a parte exequente comprovar que o executado novou a dívida.

A regra é a não suspensividade e o prosseguimento da execução para satisfação dos interesses do credor, por isso que quando "*o efeito suspensivo atribuído aos embargos disser respeito apenas a parte do objeto da execução, esta prosseguirá quanto à parte restante*" (art. 919, § 3º, do CPC/2015). Assim, *v.g.*, se há prescrição evidente em relação a determinadas parcelas ou qualquer forma de extinção de parte da obrigação exigida, é lícito o prosseguimento do processo satisfativo quanto à parte controversa.

No que diz respeito à suspensão do processo de execução com litisconsórcio passivo, no qual apenas alguns executados oferecem os embargos, a lei esclarece que a "concessão de efeito suspensivo aos embargos oferecidos por um dos executados não suspenderá a execução contra os que não embargaram quando o respectivo fundamento disser respeito exclusivamente ao embargante", *v.g.*, a sua incapacidade pessoal à época da assunção do débito exequendo (art. 919, § 4º, do CPC/2015). *A contrario sensu*, se o fundamento for comum, *v.g.*, a nulidade do negócio subjacente ao título, ressoa evidente a indiferença sobre terem sido opostos embargos por todos os executados ou apenas por um deles.

A não suspensividade dos embargos permite ao exequente alcançar o ponto culminante da execução, sob o risco judiciário de, uma vez julgados procedentes os embargos sem efeito suspensivo, arcar o exequente com perdas e danos (art. 903, *caput*, do CPC/2015). Reversamente, concedido efeito suspensivo aos embargos, o máximo que se permite ao exequente é a efetivação da penhora e da avaliação, além do que não se impedirá a efetivação dos atos de substituição, de reforço ou de redução da penhora (art. 919, § 5º, do CPC/2015).

O art. 1.015, X, do CPC/2015 dispõe que cabe agravo de instrumento da decisão de "concessão, modificação ou revogação do efeito suspensivo aos embargos à execução". Nada dispõe o Código quanto à decisão que *indefere* o efeito suspensivo nos embargos à execução. O Superior Tribunal

---

[19] "O art. 919, § 1º, do CPC/2015 prevê que o magistrado poderá atribuir efeito suspensivo aos Embargos à Execução quando presentes, cumulativamente, os seguintes requisitos: a) requerimento do embargante; b) relevância da argumentação; c) risco de dano grave de difícil ou incerta reparação; e d) garantia do juízo." (REsp 1731508/PE, Rel. Min. Herman Benjamin, 2ª Turma, j. 17.04.2018).

Parte X • XII – DEFESA DO EXECUTADO | **887**

de Justiça já entendeu que também na hipótese de indeferimento cabe agravo de instrumento, por ser hipótese equiparável à decisão sobre tutela provisória (art. 1.015, I, CPC/2015).[20]

2.5 Procedimento da defesa do embargado

Os embargos introduzem uma ação de conhecimento no organismo da execução e ela deve seguir o regime das ações em geral, podendo ser julgada antecipadamente à míngua da necessidade de provas e da realização de audiência.

Quanto ao rito dos embargos, o art. 920 do CPC/2015 dispõe, *verbis:*

"Art. 920. Recebidos os embargos:
I – o exequente será ouvido no prazo de 15 (quinze) dias;
II – a seguir, o juiz julgará imediatamente o pedido ou designará audiência;
III – encerrada a instrução, o juiz proferirá sentença."

O prazo peremptório para a resposta do exequente embargado se assemelha ao prazo para a resposta do réu no processo de conhecimento. Ademais, estende-se a essa resposta todos os encargos da defesa, à luz do princípio da concentração e eventualidade, com seus ônus e faculdade de alegação de matéria superveniente e conhecíveis de ofício (art. 342 do CPC/2015). Consectário desse regime jurídico é a possibilidade de revelia do embargado, dando azo ao julgamento antecipado do mérito.

O Superior Tribunal de Justiça já entendeu não ser possível reconvenção nos embargos à execução, pois essa modalidade de processo visa à satisfação do exequente e a sua marcha não deve aguardar as delongas da ordinariedade que a demanda reconvencional provoca.[21]

2.6 Fundamentos dos embargos à execução

Assentada a premissa de que *os embargos podem referir-se* ao cerne do *crédito exequendo*, ao *título executivo* ou ao *processo de execução*, impõe-se observar quais *os seus fundamentos*, ou seja, quais as possíveis *causae petendi* deste meio de impugnação.

O art. 917 do CPC/2015 dispõe:

"Art. 917. Nos embargos à execução, o executado poderá alegar:
I – inexequibilidade do título ou inexigibilidade da obrigação;
II – penhora incorreta ou avaliação errônea;
III – excesso de execução ou cumulação indevida de execuções;
IV – retenção por benfeitorias necessárias ou úteis, nos casos de execução para entrega de coisa certa;
V – incompetência absoluta ou relativa do juízo da execução;

---

[20] REsp 1745358/SP, Rel. Min. Nancy Andrighi, 3ª Turma, j. 26.02.2019.

[21] "Cinge-se a controvérsia dos autos acerca do cabimento de reconvenção em embargos à execução. (...) O processo de execução tem como finalidade a satisfação do crédito constituído, razão pela qual revela-se inviável a reconvenção, na medida que se admitida, ocasionaria o surgimento de uma relação instrumental cognitiva simultânea, o que inviabilizaria o prosseguimento da ação executiva. (...) Assim sendo, a reconvenção somente tem finalidade de ser utilizada em processos de conhecimento, haja vista que a mesma demanda dilação probatória exigindo sentença de mérito, o que vai de encontro com a fase de execução, na qual o título executivo já se encontra definido. (...) Em sede de embargos à execução fiscal há previsão legal (art. 16, § 3º, da Lei 6.830/80) vedando a utilização da reconvenção. O fundamento dessa proibição é, unicamente, de natureza processual, a fim de não impor dificuldades para o curso da execução fiscal, haja vista que ela tem como base certidão de dívida líquida e certa. (...) Vale destacar que os embargos à execução não ostentam natureza condenatória, por isso, caso o embargante entenda ser credor do exequente, deverá cobrar o débito em outra demanda. (...) Entendimento em sentido contrário violaria o princípio da celeridade e criaria obstáculo para a satisfação do crédito, pois a ideia que norteia a reconvenção é o seu desenvolvimento de forma conjunta com a demanda inicial, o que não ocorreria ao se admitir a reconvenção em sede de embargos à execução, na medida que as demandas não teriam pontos de contato a justificar a sua reunião." (REsp 1528049/RS, Rel. Min. Mauro Campbell Marques, 2ª Turma, j. 18.08.2015, *DJe* 28.08.2015)

VI – qualquer matéria que lhe seria lícito deduzir como defesa em processo de conhecimento.

§ 1º A incorreção da penhora ou da avaliação poderá ser impugnada por simples petição, no prazo de 15 (quinze) dias, contado da ciência do ato.

§ 2º Há excesso de execução quando:

I – o exequente pleiteia quantia superior à do título;

II – ela recai sobre coisa diversa daquela declarada no título;

III – ela se processa de modo diferente do que foi determinado no título;

IV – o exequente, sem cumprir a prestação que lhe corresponde, exige o adimplemento da prestação do executado;

V – o exequente não prova que a condição se realizou.

§ 3º Quando alegar que o exequente, em excesso de execução, pleiteia quantia superior à do título, o embargante declarará na petição inicial o valor que entende correto, apresentando demonstrativo discriminado e atualizado de seu cálculo.

§ 4º Não apontado o valor correto ou não apresentado o demonstrativo, os embargos à execução:

I – serão liminarmente rejeitados, sem resolução de mérito, se o excesso de execução for o seu único fundamento;

II – serão processados, se houver outro fundamento, mas o juiz não examinará a alegação de excesso de execução.

§ 5º Nos embargos de retenção por benfeitorias, o exequente poderá requerer a compensação de seu valor com o dos frutos ou dos danos considerados devidos pelo executado, cumprindo ao juiz, para a apuração dos respectivos valores, nomear perito, observando-se, então, o art. 464.

§ 6º O exequente poderá a qualquer tempo ser imitido na posse da coisa, prestando caução ou depositando o valor devido pelas benfeitorias ou resultante da compensação.

§ 7º A arguição de impedimento e suspeição observará o disposto nos arts. 146 e 148."

Analisaremos apenas aqueles pontos em que os embargos diferem da impugnação ao cumprimento de sentença.

Os "embargos de retenção por benfeitorias" a que se refere o art. 917, § 5º, do CPC/2015 são inerentes apenas à execução para a entrega de coisa e cabíveis nas hipóteses em que o credor da coisa pretende reavê-la sem implementar o valor das benfeitorias, cujo pagamento é condição de procedibilidade para a recuperação do objeto litigioso. Relembre-se que, na *execução para a entrega de coisa*, havendo benfeitorias indenizáveis feitas na coisa pelo executado ou por terceiros de cujo poder ela houver sido tirada, a liquidação prévia é obrigatória. Existindo saldo em favor do executado ou de terceiros, o exequente o depositará ao requerer a entrega da coisa (art. 810, parágrafo único, I, do CPC/2015). Se o exequente não realiza o depósito, ilegítima é a sua pretensão de investida imediata na coisa, obstada pelos *embargos de retenção por benfeitorias*. Porém, o exequente poderá a qualquer tempo ser imitido na posse da coisa, prestando caução ou depositando o valor devido pelas benfeitorias ou resultante da compensação, conforme o art. 917, § 6º, do CPC/2015.

Anote-se que, no cumprimento de sentença que reconheça a exigibilidade de obrigação de entregar coisa, a existência de benfeitorias deve ser alegada na fase de conhecimento, em contestação, de forma discriminada e com atribuição, sempre que possível e justificadamente, do respectivo valor, ao passo que o direito de retenção por benfeitorias deve ser exercido na contestação, na fase de conhecimento (art. 538, §§ 1º e 2º, do CPC/2015). Do contrário, seria permitido ao devedor inovar na impugnação ao cumprimento de sentença, trazendo à balha argumentos não suscitados no processo de conhecimento anterior.

Desde logo, é preciso reafirmar que a impugnação ao cumprimento de sentença difere, em essência, dos embargos à execução, porquanto o título executivo extrajudicial e, *a fortiori*, a própria obrigação dele resultante ainda não passaram pelo crivo do Judiciário. Já no cumprimento de sentença o crédito exequendo restou legitimado pela prévia cognição. Esta expressiva diferença justifica a diversidade de tratamento que se confere aos embargos à execução de título extrajudicial, uma vez que a cognição é plena, sendo lícito ao devedor alegar tudo quanto suscitaria no processo de conhecimento (art. 917, VI, do CPC/2015), *v. g.*, a ilegitimidade das partes ou a ausência de

Parte X • XII – DEFESA DO EXECUTADO | **889**

quaisquer das condições da ação, qualquer causa impeditiva, modificativa ou extintiva da obrigação, como pagamento, novação, compensação com execução aparelhada, transação ou prescrição *etc.*

A *possibilidade jurídica de cumulação de execuções* é outra questão formal dedutível em embargos. Remete-se o leitor aos comentários feitos em tópico próprio ao art. 780 do CPC/2015. É que o mesmo título executivo pode consagrar várias obrigações que se sujeitem à mesma forma de execução, como um contrato do qual emergem duas ou mais obrigações de pagar quantia certa. Nessa hipótese, é lícito "cumular execuções". Impossível, contudo, a cumulação, quando para cada execução a competência for distinta ou houver tipo diverso de procedimento, *v.g.*, execução de entrega de coisa cumulada com execução de obrigação de pagar. Em todos esses casos, o embargante pode alegar a "cumulação indevida" como causa de pedir dos embargos.

As objeções ou defesas diretas contra a obrigação na sua essência, *v.g.*, pagamento, novação ou compensação, representam matérias passíveis de alegação nos embargos. A discussão de causas extintivas da obrigação também pode ser deduzida em ação própria, diversa dos embargos, configurando defesa heterotópica do executado. Assim, o executado por crédito compensável, se perder a oportunidade de sustentar essa defesa nos embargos, não fica inibido de cobrá-lo em ação autônoma. Aliás, esta é uma das características das exceções materiais, categoria a que pertence a compensação, isto é, permitir que o fato sirva de defesa ou contra-ataque. O pagamento, por exemplo, não goza da mesma característica; por isso que, não invocado em embargos, jamais poderá ser manejado em ação declaratória negativa de relação jurídica autônoma e posterior, sob pena da violação da eficácia preclusiva do julgado.

2.7 Reconhecimento do pedido e parcelamento

O executado, viabilizando a rápida prestação judicial, pode reconhecer a legitimidade do crédito do exequente e, com isso, adquirir direito ao parcelamento, sem os sacrifícios da expropriação. Nos termos do art. 916 do CPC/2015, *verbis:*

> "Art. 916. No prazo para embargos, reconhecendo o crédito do exequente e comprovando o depósito de trinta por cento do valor em execução, acrescido de custas e de honorários de advogado, o executado poderá requerer que lhe seja permitido pagar o restante em até 6 (seis) parcelas mensais, acrescidas de correção monetária e de juros de um por cento ao mês.
>
> § 1º O exequente será intimado para manifestar-se sobre o preenchimento dos pressupostos do *caput,* e o juiz decidirá o requerimento em 5 (cinco) dias.
>
> § 2º Enquanto não apreciado o requerimento, o executado terá de depositar as parcelas vincendas, facultado ao exequente seu levantamento.
>
> § 3º Deferida a proposta, o exequente levantará a quantia depositada, e serão suspensos os atos executivos.
>
> § 4º Indeferida a proposta, seguir-se-ão os atos executivos, mantido o depósito, que será convertido em penhora.
>
> § 5º O não pagamento de qualquer das prestações acarretará cumulativamente:
>
> I – o vencimento das prestações subsequentes e o prosseguimento do processo, com o imediato reinício dos atos executivos;
>
> II – a imposição ao executado de multa de dez por cento sobre o valor das prestações não pagas.
>
> § 6º A opção pelo parcelamento de que trata este artigo importa renúncia ao direito de opor embargos
>
> § 7º O disposto neste artigo não se aplica ao cumprimento da sentença."

A regra, informada pelo princípio da economicidade e da efetividade da prestação jurisdicional, recomenda a exegese de que, cumpridos os requisitos consistentes na manifestação inequívoca de vontade de reconhecer a legitimidade do crédito e efetivado o depósito de trinta por cento do valor em execução, acrescido de custas e de honorários de advogado, é direito subjetivo do executado o parcelamento, que se rompe, ensejando multa, diante do inadimplemento de qualquer das prestações.

Ressalte-se que o direito ao parcelamento não é aplicável ao cumprimento de sentença, por expressa previsão legal.

XIII
EXECUÇÕES ESPECIAIS

1. EXECUÇÃO DE PRESTAÇÃO ALIMENTÍCIA

Os alimentos destinados às necessidades vitais impõem à ação em que se os exige um rito adequado a essa característica do direito objeto do processo. Resta evidente que o credor de alimentos *necessarium vitae* não tem o mesmo fôlego para aguardar as etapas procedimentais conducentes à satisfação dos direitos em geral. Por essa razão, o procedimento desta execução é dotado de meios executivos especiais.

O Código de 2015 consagra dois capítulos envolvendo a execução de alimentos: *(i)* o cumprimento de sentença que reconheça a exigibilidade de obrigação de prestar alimentos (arts. 528 e segs. do CPC/2015); e *(ii)* o processo de execução fundada em título executivo extrajudicial que contenha obrigação alimentar (arts. 911 e segs. do CPC/2015). Aqui, valem todos os ensinamentos já feitos sobre as diferenças entre cumprimento de sentença, fase de um processo sincrético para a execução de título judicial, e processo de execução de título extrajudicial. Ademais, as regras sobre o cumprimento de sentença que reconheça a exigibilidade de obrigação de prestar alimentos são subsidiariamente aplicáveis à execução de título extrajudicial que contenha obrigação da mesma natureza (art. 911, parágrafo único, do CPC/2015).

Quanto à iniciativa, o cumprimento de sentença que reconheça a exigibilidade de obrigação de prestar alimentos *exige requerimento do exequente* (art. 528, *caput*, do CPC/2015). Sendo rito mais gravoso, que pode culminar com a prisão civil do executado, entendeu o legislador ser vedada a atuação *ex officio* do juiz. Some-se ainda o fato de que o exequente pode optar pelo rito comum do cumprimento de sentença envolvendo obrigação de pagar, sem a possibilidade de prisão do executado (art. 528, § 8º, do CPC/2015), sendo imperioso ressaltar que a "eleição do rito de execução por dívida alimentar é de livre escolha do credor, tanto na hipótese de versar sobre título judicial, como extrajudicial (arts. 528, §§ 3º e 8º, e 911 do CPC/2015)".[1] Caso opte pelo procedimento menos gravoso, o exequente pode levantar o dinheiro da prestação alimentícia ainda que a impugnação tenha efeito suspensivo.

Outro ponto a destacar é a existência da regra especial de competência, pois o cumprimento da sentença que condena ao pagamento de prestação alimentícia poderá ser ajuizado no foro do domicílio do alimentando (art. 528, § 9º, do CPC/2015). Parece-nos que a regra vale seja qual for o rito a ser eleito pelo exequente.

O exequente apenas poderá se valer do rito que comporta a prisão do executado para exigir a satisfação de até as 3 (três) prestações anteriores ao ajuizamento da execução e as que se vencerem no curso do processo (art. 528, § 7º, do CPC/2015). É que, no direito brasileiro, a prisão do devedor de alimentos, consoante o cânone constitucional do art. 5º, LXVII, é excepcional, por isso que a coerção pessoal somente se justifica para o fim de compelir o devedor ao pagamento dos alimentos

---

[1] STJ, REsp 1557248/MS, Rel. Min. Ricardo Villas Bôas Cueva, 3ª Turma, j. 06.02.2018.

892 | CURSO DE DIREITO PROCESSUAL CIVIL • *Luiz Fux*

necessarium vitae, não compreendendo as vultosas somas de atrasados acumulados por inércia do alimentado, posto revelar ausência de necessidade.[2]

Quanto ao ponto, o legislador positivou o teor da súmula 309 do STJ, segundo a qual "o débito alimentar que autoriza a prisão civil do alimentante é o que compreende as três prestações anteriores ao ajuizamento da execução e as que se vencerem no curso do processo." Nesse sentido:

> "1. A execução de dívida alimentar pelo rito da prisão exige a atualidade da dívida, a urgência e a necessidade na percepção do valor pelo credor e que o inadimplemento do devedor seja voluntário e inescusável. 2. Na hipótese, a alimentanda, ex-cônjuge do paciente, é maior e economicamente independente, inexistindo situação emergencial a justificar a medida extrema da restrição da liberdade sob o regime fechado de prisão. 3. A obrigação, porquanto pretérita, poderá ser cobrada pelo rito menos gravoso da expropriação." (RHC 95.204/MS, Rel. Min. RICARDO VILLAS BÔAS CUEVA, 3ª TURMA, j. 24.04.2018).

Sendo eleito o rito que autoriza a prisão civil, o executado é intimado *pessoalmente* para, "em 3 (três) dias, *pagar* o débito, *provar* que o fez ou *justificar* a impossibilidade de efetuá-lo" (art. 528, *caput*). Caso o executado não adote qualquer dessas três providências, ou se a justificativa não for aceita, o juiz deve *obrigatoriamente*: *(i)* determinar o protesto do título; e *(ii)* decretar a prisão pelo prazo de 1 a 3 meses, em regime fechado, separado dos presos comuns. O tempo de prisão variará conforme o grau de culpa, a reincidência *etc*. De toda sorte, *a coerção não é satisfação*, mas meio indireto conducente ao adimplemento da prestação devida; por isso, o cumprimento da pena não exime o executado do respectivo pagamento (art. 528, § 5º, do CPC/2015), muito embora, pela mesma quantia, não possa ser detido novamente. Não sendo cumprida a obrigação mesmo após a prisão do executado, o juiz deve determinar a penhora de seus bens (art. 530 do CPC/2015). Além disso, deverá o Juiz oficiar ao Ministério Público para apuração de crime de abandono material (art. 532 do CPC/2015). Por outro lado, paga a prestação alimentícia, o juiz suspenderá o cumprimento da ordem de prisão (art. 528, § 6º, do CPC/2015).

O rito é idêntico, seja para os alimentos definitivos, seja para os provisórios, com a peculiaridade de que a execução dos alimentos provisórios, bem como a dos alimentos fixados em sentença ainda não transitada em julgado, se processam em autos apartados (art. 531, § 1º, do CPC/2015).

No regime geral de cumprimento provisório de sentença, há a previsão de que este "fica sem efeito, sobrevindo decisão que modifique ou anule a sentença objeto da execução, restituindo-se as partes ao estado anterior e liquidando-se eventuais prejuízos nos mesmos autos" (art. 520, II, do CPC/2015). É importante cogitar da aplicabilidade desse dispositivo ao cumprimento provisório referente à obrigação alimentar. Figure-se a situação em que os alimentos definitivos foram fixados em valor *inferior* aos alimentos provisórios. Poderá o alimentante pleitear a repetição de indébito quanto ao que já pagou a maior? Ou, ao contrário, se os alimentos definitivos foram fixados em valor *superior* aos alimentos provisórios, pode o alimentando cobrar retroativamente a diferença em relação aos valores que já recebeu? O Superior Tribunal de Justiça confere soluções distintas a essas duas situações: *(i)* se os alimentos definitivos forem *inferiores* aos provisórios, o alimentante não tem direito de pleitear o que foi pago a maior; *(ii)* se os alimentos definitivos forem *superiores* aos provisórios, o credor tem o direito de cobrar retroativamente a diferença.[3] Esse entendimento consta da Súmula nº 621 do STJ, *verbis*: "Os efeitos da sentença que reduz, majora ou exonera o alimentante do pagamento retroagem à data da citação, vedadas a compensação e a repetibilidade".[4]

---

[2]   A prisão civil do devedor de alimentos tem dado ensejo a controvérsias acerca do instrumento legal a coibi-la, sobre ser cabível o *habeas corpus* ou o agravo de instrumento com efeito suspensivo. Uma resenha das decisões encontra-se *in* **Nery**, ob. cit., p. 903.

[3]   REsp 1318844/PR, Rel. Min. Sidnei Beneti, 3ª Turma, j. 07.03.2013.

[4]   Vale rememorar que o art. 1.707 do CC/2002 estabelece, verbis: "**Art. 1.707**. Pode o credor não exercer, porém lhe é vedado renunciar o direito a alimentos, sendo o respectivo crédito insuscetível de cessão, compensação ou penhora".

Parte X • XIII – EXECUÇÕES ESPECIAIS | **893**

É importante ressaltar que a possibilidade de prisão civil não abrange terceiros, diversos do alimentante. Assim, segundo o STJ, se o alimentante falece e os alimentos passam a ser suportados pelo espólio, o inventariante não se sujeita à prisão civil:

> "1. Malgrado a divergência doutrinária e jurisprudencial sobre o alcance da alteração sobre o tema no âmbito do CC de 2002, e apesar de sua natureza personalíssima, o fato é que previu o novo Código que "a obrigação de prestar alimentos transmite-se aos herdeiros do devedor" (art. 1.700), não podendo a massa inventariada nem os herdeiros, contudo, responder por valores superiores à força da herança, haja vista ser a dívida oriunda de obrigação pretérita do morto e não originária daqueles (arts. 1.792 e 1.997 e En. 343 do CJF). 2. Nessa ordem de ideias, e seja qual for a conclusão quanto a transmissibilidade ou não da obrigação alimentar, não parece possível a decretação de prisão civil do inventariante do Espólio, haja vista que a restrição da liberdade constitui sanção também de natureza personalíssima e que não pode recair sobre terceiro, estranho ao dever de alimentar, como sói acontecer com o inventariante, representante legal e administrador da massa hereditária." (HC 256.793/RN, Rel. Min. LUIS FELIPE SALOMÃO, 4ª TURMA, j. 01.10.2013).

Seja qual for o rito de cumprimento eleito pelo alimentando, caso o executado tenha emprego formal ou cargo público, será possível a penhora da sua remuneração, por desconto em folha (art. 529 do CPC/2015). Relembre-se que, de acordo com o art. 833, § 2º, do CPC/2015, a impenhorabilidade das verbas remuneratórias (art. 833, IV, do CPC/2015) não subsiste quando o crédito é alimentar.

O legislador também se preocupou com a situação em que, além das prestações alimentares mensais, o alimentante ainda faz jus a verbas pretéritas, já vencidas e não adimplidas pelo executado. Nessas situações, autoriza o Código que seja somada ao desconto dos alimentos vincendos uma parcela adicional para pagamento dos alimentos já vencidos, desde que não comprometa mais de 50% dos rendimentos líquidos do alimentante (art. 529, § 3º, do CPC/2015).

Já se disse que, não sendo paga a dívida alimentar, deve ocorrer, além da prisão, a penhora dos bens do executado (art. 530 do CPC/2015). Nesse sentido, vale mencionar que o Superior Tribunal de Justiça já decidiu que a penhora dos bens pode ser determinada em conjunto com o desconto em folha de pagamento, desde que isso seja proporcional ao caso concreto.[5]

2. EXECUÇÃO CONTRA A FAZENDA PÚBLICA

2.1 Introdução

A execução contra a Fazenda Pública observa diversas peculiaridades, tendo em vista a preservação do interesse público e a continuidade dos serviços públicos. Nessa linha, o art. 100 da Constituição da República estabelece que os pagamentos devidos pelas Fazendas Públicas dos

---

5 "O propósito recursal consiste em definir se é admissível o uso da técnica executiva de desconto em folha da dívida de natureza alimentar quando há anterior penhora de bens do devedor. (...) Respeitada a necessidade fundamentação adequada e que justifique a técnica adotada a partir de critérios objetivos de ponderação, razoabilidade e proporcionalidade, conformando os princípios da máxima efetividade da execução e da menor onerosidade do devedor, permite-se, a partir do CPC/2015, a adoção de técnicas executivas apenas existentes em outras modalidades de execução, a criação de técnicas executivas mais apropriadas para cada situação concreta e a combinação de técnicas típicas e atípicas, sempre com o objetivo de conferir ao credor o bem da vida que a decisão judicial lhe atribuiu. (...) Na hipótese, pretende-se o adimplemento de obrigação de natureza alimentar devida pelo genitor há mais de 24 (vinte e quatro) anos, com valor nominal superior a um milhão e trezentos mil reais e que já foi objeto de sucessivas impugnações do devedor, sendo admissível o deferimento do desconto em folha de pagamento do débito, parceladamente e observado o limite de 10% sobre os subsídios líquidos do devedor, observando-se que, se adotada apenas essa modalidade executiva, a dívida somente seria inteiramente quitada em 60 (sessenta) anos, motivo pelo qual se deve admitir a combinação da referida técnica sub-rogatória com a possibilidade de expropriação dos bens penhorados." (STJ, REsp 1733697/RS, Rel. Min. Nancy Andrighi, 3ª Turma, j. 11.12.2018).

894 | CURSO DE DIREITO PROCESSUAL CIVIL • *Luiz Fux*

diversos entes federados em virtude de sentença judiciária são feitos exclusivamente pelo sistema de precatórios, com o fito de permitir melhor organização orçamentária aos gestores públicos[6].

Para definir o que se considera como Fazenda Pública, é aplicável analogicamente o art. 496, I, do CPC/2015, que trata da remessa necessária, de modo a abranger as entidades componentes da Administração direta, as autarquias e as fundações de direito público. Como regra, a execução contra pessoas jurídicas de direito *privado* da Administração Pública indireta não segue o rito dos precatórios (art. 100, *caput* e § 1º, da CRFB) e seus bens se sujeitam à penhora.[7] A jurisprudência reconhece, excepcionalmente, a aplicabilidade do regime de execução contra a Fazenda Pública à empresa estatal que presta serviço público essencial em regime não concorrencial, de modo que é aplicável o regime de precatórios à "entidade que presta serviços públicos essenciais (...), sem que tenha ficado demonstrado nos autos se tratar de sociedade de economia mista ou empresa pública que competiria com pessoas jurídicas privadas ou que teria por objetivo primordial acumular patrimônio e distribuir lucros".[8]

Feitas essas considerações iniciais, destaca-se na comparação entre o Código de 2015 e o anterior uma profunda modificação de tratamento do tema. É que o CPC/1973 previa dois procedimentos distintos para a execução contra a Fazenda Pública: *(i)* a execução por quantia certa contra a Fazenda Pública (art. 730 do CPC/1973); e *(ii)* as demais espécies de execução contra a Fazenda Pública, como aquelas envolvendo obrigação de fazer ou não fazer (arts. 461 e seguintes do CPC/1973). O CPC/2015, por sua vez, consagra três regimes de execução contra a Fazenda Pública: *(i)* a execução por quantia certa fundada em título extrajudicial (art. 910 do CPC/2015); *(ii)* o cumprimento de sentença que reconheça a exigibilidade de obrigação de pagar quantia certa pela Fazenda Pública (arts. 534 e 535 do CPC/2015); e *(iii)* as demais espécies de execução contra a Fazenda Pública, como aquelas envolvendo obrigação de fazer ou não fazer (arts. 536 e segs. do CPC/2015).

2.2 Execução por quantia certa contra a Fazenda Pública fundada em título extrajudicial

No processo de execução contra a Fazenda Pública fundada em *título extrajudicial*, a Fazenda é *citada* para, querendo, opor *embargos* no prazo de 30 dias (art. 910, *caput*), podendo aduzir tudo o que poderia alegar em processo de conhecimento (art. 910, § 2º, do CPC/2015). Os embargos são autuados em apenso, pois se trata de processo incidente. O STJ, ainda sob a égide do CPC/1973, entendeu que a Fazenda Pública não faz jus ao prazo em dobro para opor embargos à execução, "porquanto não se trata de recurso ou contestação, mas de ação autônoma"[9].Parece-nos que essa orientação segue válida com o CPC/2015, sendo inaplicável ao prazo para embargos a dobra prevista no art. 183 do referido Código, até porque, conforme preceitua o parágrafo segundo deste dispositivo, não se aplica o benefício da contagem em dobro quando a lei estabelecer, de forma expressa, prazo próprio para o ente público.

Não sendo opostos embargos pela Fazenda ou transitando em julgado a decisão que os rejeitar, expede-se o precatório ou, na situação prevista no art. 100, § 3º, da CRFB, requisição de pequeno valor (RPV).[10] Quanto aos honorários, um primeiro questionamento diz respeito à aplicabilidade,

---

6 Obra de especial relevo sobre a participação da Fazenda Pública na fase executiva, a título de exequente ou executada, é a de **Marco Aurélio Ventura Peixoto; Renata Cortez Vieira Peixoto,** *Fazenda Pública e Execução,* 2020.

7 STF, RE 693112, Rel. Min. Gilmar Mendes, Tribunal Pleno, j. 09.02.2017.

8 STF, RE 592004 AgR, Rel. Min. Joaquim Barbosa, 2ª Turma, j. 05.06.2012. V. tb. RE 599628, Rel. Min. Ayres Britto, Rel. p/ Acórdão: Min. Joaquim barbosa, Tribunal Pleno, j. 25.05.2011.

9 REsp 768.120/AL, Rel. Min. Arnaldo Esteves Lima, 5ª Turma, j. 06.09.2007.

10 "Recurso Extraordinário. Representativo da controvérsia. Constitucional. Fixação de teto para requisição de pequeno valor (RPV), pelos entes federados, em montante inferior ao estabelecido no artigo 87 do ato das disposições constitucionais transitórias. Possibilidade. Ações Diretas de Inconstitucionalidade 2.868/PI, 4.332/

Parte X • XIII — EXECUÇÕES ESPECIAIS | 895

a este rito, do art. 1º-D da Lei nº 9.494/1997, *verbis*: "Não serão devidos honorários advocatícios pela Fazenda Pública nas execuções não embargadas". Esse ponto será mais bem enfrentado nos parágrafos que se seguem. Outro questionamento diz respeito ao percentual dos honorários, nos casos em que se impuser a sua fixação, pois omisso o art. 910 do CPC/2015. É que o art. 523, § 1º, do CPC/2015, como já estudado, prevê honorários no patamar fixo de 10% (dez por cento) sobre o débito exequendo no cumprimento de sentença que contenha obrigação de pagar, ao passo que o art. 85, § 3º, do CPC/2015 contempla faixas percentuais que variam de acordo com o valor da condenação da Fazenda. Sobre o tema, confira-se o Enunciado n. 240 do FPPC: "(arts. 85, § 3º, e 910) São devidos honorários nas execuções fundadas em título executivo extrajudicial contra a Fazenda Pública, a serem arbitrados na forma do § 3º do art. 85."

2.3 Cumprimento de sentença que reconheça a exigibilidade de obrigação de pagar quantia certa pela Fazenda Pública

Passando ao rito do cumprimento de sentença que reconheça a exigibilidade de obrigação de pagar quantia certa pela Fazenda Pública, tem-se que a Fazenda é *intimada* para, querendo, *impugnar* a execução no prazo de trinta dias, nos próprios autos – porquanto impugnação configura incidente processual.

A inicial do cumprimento de sentença contra a Fazenda Pública deve apresentar demonstrativo discriminado e atualizado do crédito, contendo todos os elementos descritos no art. 534 do CPC/2015, *verbis*:

> "Art. 534. No cumprimento de sentença que impuser à Fazenda Pública o dever de pagar quantia certa, o exequente apresentará demonstrativo discriminado e atualizado do crédito contendo:
>
> I – o nome completo e o número de inscrição no Cadastro de Pessoas Físicas ou no Cadastro Nacional da Pessoa Jurídica do exequente;
>
> II – o índice de correção monetária adotado;
>
> III – os juros aplicados e as respectivas taxas;
>
> IV – o termo inicial e o termo final dos juros e da correção monetária utilizados;
>
> V – a periodicidade da capitalização dos juros, se for o caso;
>
> VI – a especificação dos eventuais descontos obrigatórios realizados.
>
> § 1º Havendo pluralidade de exequentes, cada um deverá apresentar o seu próprio demonstrativo, aplicando-se à hipótese, se for o caso, o disposto nos §§ 1º e 2º do art. 113.
>
> § 2º A multa prevista no § 1º do art. 523 não se aplica à Fazenda Pública".

O requerimento de cumprimento de sentença contra a Fazenda Pública deve ser apresentado no prazo de cinco anos, contados do trânsito em julgado da decisão exequenda, sob pena de prescrição.[11]

A Fazenda Pública, por sua vez, poderá alegar em sua impugnação as matérias listadas nos incisos do art. 535, a saber:

> "Art. 535. A Fazenda Pública será intimada na pessoa de seu representante judicial, por carga, remessa ou meio eletrônico, para, querendo, no prazo de 30 (trinta) dias e nos próprios autos, impugnar a execução, podendo arguir:

RO e 5.100/SC. Lei 10.562/2017 do município de Fortaleza. Adoção do valor equivalente ao maior benefício do regime geral de previdência social. Declaração de inconstitucionalidade incidental na origem. Controvérsia constitucional dotada de repercussão geral. Reafirmação da jurisprudência do supremo tribunal federal. Acórdão recorrido em dissonância com a jurisprudência desta corte. Precedentes. Recurso extraordinário provido" (STF, RE 1.359.139/CE, Rel. Min. Presidente, Tribunal Pleno, j. 1º.09.2022, *DJe* 05.09.2022).

[11] "A jurisprudência do STJ entende que o prazo prescricional para a propositura da ação executiva contra a Fazenda Pública é de cinco anos, contados a partir do trânsito em julgado da decisão condenatória, consoante a Súmula 150 do Supremo Tribunal Federal: "Prescreve a execução no mesmo prazo de prescrição da ação." (REsp 1741726/TO, Rel. Min. Herman Benjamin, 2ª Turma, j. 12.06.2018).

I – falta ou nulidade da citação se, na fase de conhecimento, o processo correu à revelia;

II – ilegitimidade de parte;

III – inexequibilidade do título ou inexigibilidade da obrigação;

IV – excesso de execução ou cumulação indevida de execuções;

V – incompetência absoluta ou relativa do juízo da execução;

VI – qualquer causa modificativa ou extintiva da obrigação, como pagamento, novação, compensação, transação ou prescrição, desde que supervenientes ao trânsito em julgado da sentença".

Note-se que a única matéria de defesa que pode ser suscitada na impugnação ao cumprimento de sentença do art. 525, § 1º, do CPC/2015, mas não na impugnação ao cumprimento de sentença contra a Fazenda é a "penhora incorreta ou avaliação errônea" (art. 525, § 1º, IV, do CPC/2015). É que, conforme já abordado em capítulos anteriores, no cumprimento de sentença dos arts. 523 e segs. do CPC/2015, ultrapassado o prazo de 15 dias para pagamento voluntário, é expedido mandado de penhora e avaliação independente da impugnação (art. 523, § 3º, do CPC/2015). Entretanto, como os bens públicos são impenhoráveis, não há expedição de mandado de penhora no rito dos arts. 534 e 535 do CPC/2015. Ademais, não se aplica a multa de 10% por não cumprimento voluntário à Fazenda (art. 534, § 2º, do CPC/2015).

Caso a Fazenda ofereça impugnação baseada em excesso de execução (art. 535, V, do CPC/2015), deverá: *(i)* declarar de imediato o valor que entende correto; e *(ii)* apresentar demonstrativo discriminado e atualizado do seu cálculo. Não cumprindo com qualquer desses ônus, o juiz não examinará a alegação de excesso de execução.[12] Sendo o único fundamento, a impugnação será liminarmente rejeitada (art. 535, §§ 3º e 4º, do CPC/2015). Para a definição do que configura excesso de execução, aplica-se supletivamente o art. 917, § 2º, do CPC/2015.[13]

Remete-se o leitor ao capítulo específico com comentários aos §§ 12 a 15 do art. 525 do CPC/2015 quanto à impugnação baseada na inexigibilidade de obrigação reconhecida em título executivo judicial fundado em lei ou ato normativo considerado inconstitucional pelo Supremo Tribunal Federal, ou fundado em aplicação ou interpretação da lei ou do ato normativo tido pelo Supremo Tribunal Federal como incompatível com a Constituição Federal, em controle de constitucionalidade concentrado ou difuso.

O art. 85, § 7º, do CPC/2015 dispõe não serem devidos honorários no cumprimento de sentença contra a Fazenda Pública *que enseje expedição de precatório*, desde que não tenha sido impugnada. A justificativa é que, em razão da sistemática de precatórios imposta pelo art. 100 da CRFB, a Fazenda Pública não poderia cumprir a obrigação voluntariamente, devendo esperar a execução para incluir o crédito em precatório.

Esse dispositivo é uma novidade do Código de 2015, já que não havia expressamente na lei a restrição da isenção de honorários às causas em que há expedição de precatórios. O art. 1º-D da Lei nº 9.494/1997 dispõe apenas que, *verbis*: "Não serão devidos honorários advocatícios pela Fazenda Pública nas execuções não embargadas." A propósito, o STF já havia conferido interpretação conforme à Constituição ao art. 1º-D da Lei nº 9.494/1997 para afastar a sua aplicação nos casos de

---

[12]   Enunciado FPPC 719 (2022). (arts. 525, §§ 4º e 5º, 535, § 2º, 917, § 3º) Quando o executado alegar que o exequente, em excesso de execução, pleiteia quantia superior à resultante do título, e os elementos necessários para a aferição do excesso não estiverem em seu poder, admite-se a concessão de prazo para a apresentação da planilha de cálculos (Grupo: Defesas do executado e dos terceiros na execução (incluindo as ações autônomas de impugnação)).

[13]   "**Art. 917.**

§ 2º Há excesso de execução quando:

I – o exequente pleiteia quantia superior à do título;

II – ela recai sobre coisa diversa daquela declarada no título;

III – ela se processa de modo diferente do que foi determinado no título;

IV – o exequente, sem cumprir a prestação que lhe corresponde, exige o adimplemento da prestação do executado;

V – o exequente não prova que a condição se realizou."

Parte X • XIII – EXECUÇÕES ESPECIAIS | **897**

requisição de pequeno valor, pois em hipóteses tais a Fazenda poderia cumprir voluntariamente a obrigação.[14]

O STJ, igualmente, já entendia que, nos casos que ensejam requisição de pequeno valor, a Fazenda Pública deve ser condenada em honorários, ainda que não ofereça impugnação. Entretanto, a referida Corte criou uma exceção: a Fazenda fica isenta do pagamento de honorários se o enquadramento como RPV resultou de renúncia do exequente ao crédito superior.[15]

Quanto às execuções individuais de sentença proferida em ação coletiva, sabe-se que há uma atividade cognitiva adicional, porquanto é preciso determinar a titularidade do crédito.[16] Por isso mesmo, a doutrina costuma conceituar a liquidação individual de sentença coletiva como uma liquidação imprópria, pois, além da determinação do *quantum debeatur* e do *quid debeatur*, há que se aferir o *cui debeatur*, ou seja, a pessoa do credor. Segundo o STJ, essa atividade cognitiva adicional justifica que a Fazenda Pública seja condenada ao pagamento de honorários, ainda que

---

[14] "I. Recurso extraordinário: alínea 'b': devolução de toda a questão de constitucionalidade da lei, sem limitação aos pontos aventados na decisão recorrida. Precedente (RE 298.694, Pl. 06.08.2003, Pertence, *DJ* 23.04.2004). II. Controle incidente de inconstitucionalidade e o papel do Supremo Tribunal Federal. Ainda que não seja essencial à solução do caso concreto, não pode o Tribunal – dado o seu papel de "guarda da Constituição" – se furtar a enfrentar o problema de constitucionalidade suscitado incidentemente (*v.g.* SE 5.206-AgR; MS 20.505). III. Medida provisória: requisitos de relevância e urgência: questão relativa à execução mediante precatório, disciplinada pelo art. 100 e parágrafos da Constituição: caracterização de situação relevante de urgência legislativa. IV. Fazenda Pública: execução não embargada: honorários de advogado: constitucionalidade declarada pelo Supremo Tribunal, com interpretação conforme ao art. 1º-D da L. 9.494/1997, na redação que lhe foi dada pela MPr 2.180-35/2001, de modo a reduzir-lhe a aplicação à hipótese de execução por quantia certa contra a Fazenda Pública (C. Pr. Civil, art. 730), excluídos os casos de pagamento de obrigações definidos em lei como de pequeno valor (CF/88, art. 100, § 3º)". (RE 420816, Rel. Min. Carlos Velloso, Rel. p/ Acórdão: Min. Sepúlveda pertence, Tribunal Pleno, j. 29.09.2004).

[15] "É entendimento do STJ "que o art. 1º-D da Lei 9.494/1997, com a redação determinada pela Medida Provisória 2.180-35/2001, segundo o qual 'não serão devidos honorários advocatícios pela Fazenda Nacional nas execuções não embargadas', não é aplicável às execuções ajuizadas contra a Fazenda, relativas a quantias sujeitas ao regime da Requisição de Pequeno Valor – RPV, exceto se houver renúncia ao crédito superior ao valor previsto no art. 87, I, do ADCT, para enquadramento na sistemática da RPV´ (AgRg no AREsp 361.400/RS, Rel. Min. Assusete Magalhães, 2ª Turma, *DJe* 16.12.2014)." (AgRg no AREsp 705.013/RS, Rel. Min. Olindo Menezes (desembargador convocado do TRF 1ª REGIÃO), 1ª Turma, j. 17.09.2015).

[16] A Quarta Turma do Egrégio Superior Tribunal de Justiça, ao enfrentar ações relativas aos planos econômicos, decidiu que a diferenciação entre o título executivo formado em ação coletiva e o processo executivo individual alcança, inclusive, a possibilidade de o titular do direito individual homogêneo pleitear os juros remuneratórios fixados em outra sentença de demanda coletiva que tenha decidido sobre o mesmo objeto. Em outras palavras, a ausência de pedido específico na petição inicial sobre juros remuneratórios não opera efeitos preclusivos perante a execução individual. Na íntegra:
"PROCESSO CIVIL. RECURSO ESPECIAL. AÇÕES CIVIS PÚBLICAS PROPOSTAS POR ASSOCIAÇÕES DISTINTAS. EXPURGOS INFLACIONÁRIOS. CUMPRIMENTO INDIVIDUAL DE SENTENÇA. JUROS REMUNERATÓRIOS NÃO ABRANGIDOS EM SENTENÇA COLETIVA ANTERIOR. COISA JULGADA MATERIAL. INEXISTÊNCIA. EFEITOS PRECLUSIVOS DA COISA JULGADA NO ÂMBITO DE DEMANDA COLETIVA. REGRAMENTO DIVERSO. RECURSO ESPECIAL PROVIDO. 1. No caso em análise, o credor de expurgos inflacionários relativos aos Planos Bresser e Verão, após ajuizar o cumprimento individual da sentença proferida na ACP n. 2003.72.01.002068-4, propôs nova execução, lastreada em sentença coletiva diversa (ACP n. 2003.72.00.004511-8-SC), visando exclusivamente à percepção dos juros remuneratórios não contemplados na primeira ação, por ausência de pedido expresso - fato incontroverso nos autos. 2. Segundo tese repetitiva firmada no âmbito desta Corte, o reconhecimento dos juros remuneratórios decorrentes de expurgos inflacionários depende de pedido expresso, somente podendo ser objeto de liquidação ou execução individual quando previstos no respectivo título judicial (REsp n. 1.391.198/RS, de minha relatoria, Segunda Seção, julgado em 13/08/2014, DJe 02/09/2014). 3. Tendo em vista o regime próprio das ações coletivas envolvendo direitos individuais homogêneos, sobressai na hipótese que a ausência de pedido em relação aos juros remuneratórios não conduz à proibição do manejo da execução individual para a cobrança exclusiva da referida verba. 4. Diante da regra da *res iudicata secundum eventum litis*, não há como se afirmar que o trânsito em julgado da primeira ação civil pública – cuja execução individual estava adstrita aos exatos termos do título judicial nesta formado – tenha o condão de espraiar os efeitos preclusivos da coisa julgada em relação a pedido não deduzido, não se podendo concluir pela formação de 'coisas julgadas conflitantes' conforme consignado pelas instâncias ordinárias. 5. Recurso Especial conhecido e provido." (REsp 1.934.637/SC, Rel. Min. Luis Felipe Salomao, 4ª Turma, j. 08.06.2021, *DJe* 1º.07.2021).

898 | CURSO DE DIREITO PROCESSUAL CIVIL • *Luiz Fux*

não ofereça impugnação. Nesse sentido, foi editada a Súmula nº 345 do STJ, em cujos termos "são devidos honorários advocatícios pela Fazenda Pública nas execuções individuais de sentença proferida em ações coletivas, ainda que não embargadas." A referida Corte, inclusive, definiu que a súmula continua aplicável com a entrada em vigor do CPC/2015.[17]

Caso a Fazenda Pública não ofereça impugnação ou se esta for rejeitada, o Presidente do Tribunal deve expedir o precatório ou, sendo caso de RPV, o próprio Juiz da execução o expedirá (art. 535, § 3º, do CPC/2015).

Por fim, cumpre anotar que o STF, no julgamento da ADI 5.492, declarou a inconstitucionalidade da expressão "de banco oficial", constante do art. 535, § 3º, inc. II, do CPC/2015, conferindo interpretação conforme o dispositivo para que se entenda que a "agência" nele referida pode ser de instituição financeira pública ou privada. Assim, para dar cumprimento ao disposto na norma, poderá a administração do tribunal contratar banco oficial ou, caso assim opte, banco privado, hipótese em que serão observados a realidade do caso concreto, os regramentos legais e princípios constitucionais aplicáveis e as normas do procedimento licitatório, visando à escolha da proposta mais adequada para a administração de tais recursos.

2.4   Demais espécies de execução contra a Fazenda Pública

Finalmente, quanto às demais espécies de cumprimento de sentença contra a Fazenda Pública, envolvendo obrigações de fazer, não fazer ou entrega de coisa, são aplicáveis as disposições dos arts. 536 e seguintes do CPC/2015. Rememore-se que o atual Código, em seu art. 536, § 4º, dispõe que, também nessas espécies de cumprimento de sentença, o executado deverá valer-se da impugnação como meio de defesa. À luz da legislação revogada, a jurisprudência do STJ entendia que a Fazenda Pública deveria se defender por simples petição no cumprimento de sentença para satisfação de obrigação de fazer, não fazer ou entrega de coisa, admitindo também a defesa por embargos nas hipóteses de ausência de prejuízo.[18] Atualmente, como visto, a Fazenda Pública deverá se defender

---

[17]   "3. A exegese do art. 85, § 7º, do CPC/2015, se feita sem se ponderar o contexto que ensejou a instauração do procedimento de cumprimento de sentença, gerará as mesmas distorções então ocasionadas pela interpretação literal do art. 1º-D da Lei n. 9.494/1997 e que somente vieram a ser corrigidas com a edição da Súmula 345 do STJ. 4. A interpretação que deve ser dada ao referido dispositivo é a de que, nos casos de cumprimento de sentença contra a Fazenda Pública em que a relação jurídica existente entre as partes esteja concluída desde a ação ordinária, não caberá a condenação em honorários advocatícios se não houver a apresentação de impugnação, uma vez que o cumprimento de sentença é decorrência lógica do mesmo processo cognitivo. 5. O procedimento de cumprimento individual de sentença coletiva, ainda que ajuizado em litisconsórcio, quando almeja a satisfação de direito reconhecido em sentença condenatória genérica proferida em ação coletiva, não pode receber o mesmo tratamento pertinente a um procedimento de cumprimento comum, uma vez que traz consigo a discussão de nova relação jurídica, e a existência e a liquidez do direito dela decorrente serão objeto de juízo de valor a ser proferido como pressuposto para a satisfação do direito vindicado. 6. Hipótese em que o procedimento de cumprimento de sentença pressupõe cognição exauriente – a despeito do nome a ele dado, que induz à indevida compreensão de se estar diante de mera fase de execução –, sendo indispensável a contratação de advogado, uma vez que é necessária a identificação da titularidade do exequente em relação ao direito pleiteado, promovendo-se a liquidação do valor a ser pago e a individualização do crédito, o que torna induvidoso o conteúdo cognitivo dessa execução específica. 7. Não houve mudança no ordenamento jurídico, uma vez que o art. 85, § 7º, do CPC/2015 reproduz basicamente o teor normativo contido no art. 1º-D da Lei n. 9.494/1997, em relação ao qual o entendimento desta Corte, já consagrado, é no sentido de afastar a aplicação do aludido comando nas execuções individuais, ainda que promovidas em litisconsórcio, do julgado proferido em sede de ação coletiva lato sensu, ação civil pública ou ação de classe. 8. Para o fim preconizado no art. 1.039 do CPC/2015, firma-se a seguinte tese: 'O art. 85, § 7º, do CPC/2015 não afasta a aplicação do entendimento consolidado na Súmula 345 do STJ, de modo que são devidos honorários advocatícios nos procedimentos individuais de cumprimento de sentença decorrente de ação coletiva, ainda que não impugnados e promovidos em litisconsórcio'" (REsp 1648238/RS, Rel. Min. Gurgel de Faria, Corte Especial, j. 20.06.2018, *DJe* 27.06.2018).

[18]   "Processual civil. Recurso especial. Ofensa ao art. 535. Ausência. Cumprimento de obrigação de entrega de coisa. Art. 461-A do CPC. Defesa. Limites do ART. 741 do CPC.

1. Na origem, trata-se de embargos à execução fundada em título judicial, nos quais o ora recorrente aduz sobre a inadequação da ação de execução, a desnecessidade desta e a ineficácia da medida cautelar "executada".

Parte X • XIII – EXECUÇÕES ESPECIAIS | **899**

por meio da impugnação. Ademais, conforme "jurisprudência pacífica do STJ, é cabível, mesmo contra a Fazenda Pública, a cominação de *astreintes* como meio executivo para cumprimento de obrigação de fazer ou entregar coisa".[19]

2.5 Cumprimento provisório de sentença contra a Fazenda Pública

É preciso perquirir, ainda, sobre o cabimento do cumprimento *provisório* de sentença, previsto nos arts. 520 e seguintes do CPC/2015, contra a Fazenda Pública. É que existem diversos dispositivos legais que proíbem expressamente a de concessão de liminar ou o cumprimento provisório de sentença contra a Fazenda Pública, *v. g.*:

> Lei nº 9.494/1995, "Art. 2º-B. A sentença que tenha por objeto a liberação de recurso, inclusão em folha de pagamento, reclassificação, equiparação, concessão de aumento ou extensão de vantagens a servidores da União, dos Estados, do Distrito Federal e dos Municípios, inclusive de suas autarquias e fundações, somente poderá ser executada após seu trânsito em julgado."

> Lei nº 8.437/1992, "Art. 1º Não será cabível medida liminar contra atos do Poder Público, no procedimento cautelar ou em quaisquer outras ações de natureza cautelar ou preventiva, toda vez que providência semelhante não puder ser concedida em ações de mandado de segurança, em virtude de vedação legal."

---

2. Sobre o alegado desrespeito do art. 535, II, do CPC (CPC), nota-se que houve clara e harmoniosa manifestação da corte de origem acerca das questões suscitadas pelo ora recorrente.

3. É oportuno destacar que os órgãos julgadores não estão obrigados a examinar todas as teses levantadas pelo jurisdicionado durante um processo judicial, basta que as decisões proferidas estejam devida e coerentemente fundamentadas, em obediência ao que determina o art. 93, inc. IX, da Lei Maior. Isso não caracteriza ofensa ao art. 535 do CPC. Nesse sentido, existem diversos precedentes desta Corte.

4. Outrossim, não prospera a alegação de afronta ao art. 461-A c/c art. 730 do CPC.

5. Na presente hipótese, o exequente, ora recorrido, busca a efetivação da sentença transitada em j. ação cautelar, a qual determinou a entrega de vários equipamentos de informática pelo Estado de Goiás, bem como o pagamento das custas processuais e honorários advocatícios.

6. De fato, na execução (*lato sensu*) vige o princípio da adequação, o qual impõe, além do desimpedimento do juiz e da disponibilidade do bem, a idoneidade do meio executório.

7. Por sua vez, o art. 461-A do CPC e seguintes cuidam da efetivação da tutela específica de entrega de coisa. Nesse caso, uma vez concedida tal tutela, será fixado prazo para o adimplemento da obrigação, cujo descumprimento resultará na expedição em favor do credor de mandado de busca e apreensão ou de imissão na posse, conforme se tratar de coisa móvel ou imóvel.

8. Assim procedeu o juiz, com o diferencial da citação (ao invés da simples intimação) da Fazenda Pública, o que, na verdade, não trouxe prejuízos ao recorrente.

9. Se não houve prejuízos ao ente político em face da troca do ato cientificatório, ressai a falta de interesse recursal dele nesse ponto.

10. Por outro lado, com razão o recorrente quanto à possibilidade de ver discutida a perda da eficácia da medida cautelar.

11. Importa, antes, considerar que, tendo o devedor ajuizado embargos à execução, ao invés de se defender por simples petição, cumpre ao juiz, atendendo aos princípios da economia processual e da instrumentalidade das formas, promover o aproveitamento desse ato, autuando, processando e decidindo o pedido como incidente, nos próprios autos.

12. Nesse contexto, muito embora a matéria suscetível de invocação pelo devedor submetido ao cumprimento de sentença em obrigações de fazer, não fazer ou entregar coisa tenha também seus limites estabelecidos no art. 741 do CPC, cuja aplicação subsidiária é imposta pelo art. 644 do mesmo diploma, no caso dos autos, o Estado goiano suscita a perda da eficácia da medida cautelar, diante da eventual ausência de sua implementação no prazo de 30 dias desde sua concessão, questão logicamente não debatida na fase de conhecimento e albergada pelo inciso II do art. 741 do CPC, ao tratar da inexigibilidade do título.

13. Com efeito, merece ser anulado o aresto impugnado para viabilizar o debate sobre a perda da eficácia da medida cautelar, com base no art. 808, II, do CPC.

14. Recurso especial parcialmente conhecido e, nessa parte, provido."

(REsp 1308627/GO, Rel. Min. Mauro Campbell Marques, 2ª Turma, j. 02.08.2012, *DJe* 09.08.2012).

[19] REsp 1661531/SP, Rel. Min. Herman Benjamin, 2ª Turma, j. 21.09.2017.

CURSO DE DIREITO PROCESSUAL CIVIL · *Luiz Fux*

Lei nº 12.016/2009, Art. 7º, "§ 2º Não será concedida medida liminar que tenha por objeto a compensação de créditos tributários, a entrega de mercadorias e bens provenientes do exterior, a reclassificação ou equiparação de servidores públicos e a concessão de aumento ou a extensão de vantagens ou pagamento de qualquer natureza. (...)

§ 5º As vedações relacionadas com a concessão de liminares previstas neste artigo se estendem à tutela antecipada a que se referem os arts. 273 e 461 da Lei nº 5.869, de 11 janeiro de 1973 – CPC."

Interpretando esses dispositivos, conclui-se que, em regra, não é cabível o cumprimento *provisório* de sentença condenatória ao *pagamento de quantia* contra a Fazenda Pública. Nada obstante, a jurisprudência criou uma exceção, admitindo o cumprimento provisório nas ações previdenciárias, nos termos da Súmula nº 729 do STF: "A decisão na Ação Direta de Constitucionalidade 4 não se aplica à antecipação de tutela em causa de natureza previdenciária".[20]

Com efeito, a sistemática própria de pagamento de quantia pela Fazenda Pública (precatórios e requisições de pequeno valor) impede a satisfação provisória do exequente. Contudo, a jurisprudência admite, excepcionalmente, a penhora imediata de verbas, em razão da sensibilidade dos direitos em juízo, como ocorre, por exemplo, quando o Poder Público, obrigado por determinação judicial, deixa de fornecer medicamentos, não havendo saída senão a conversão da obrigação em valores repassados para o cidadão.

Recorde-se, especificamente quanto ao dispositivo da Lei do Mandado de Segurança, que o Supremo Tribunal Federal, por maioria, entendeu no sentido da inconstitucionalidade do texto[21-22].

---

[20] "O julgado não se afasta da orientação jurisprudencial deste Superior Tribunal, firme no sentido de ser possível a execução provisória contra a Fazenda Pública quando a sentença não tiver por objeto a liberação de recurso, inclusão em folha de pagamento, reclassificação, equiparação, concessão de aumento ou extensão de vantagens a servidores da União, dos Estados, do Distrito Federal e dos Municípios (AgRg no REsp 742.474/DF, relatora Min. Maria Thereza de Assis Moura, *DJe* 17.08.2009). (...) Todavia, as limitações à concessão de antecipação dos efeitos da tutela, ou mesmo da execução de sentença antes do trânsito em julgado, contra o Poder Público, previstas na Lei nº 9.494, de 1997, não alcançam os pagamentos devidos aos servidores inativos e pensionistas, na linha da jurisprudência (AgRg na SLS 1.545/RN, Rel. Min. Ari Pargendler, Corte Especial, j. 02.05.2012, *DJe* 15.05.2012)." (AgInt nos EDcl no REsp 1718412/SP, Rel. Min. Sérgio Kukina, 1ª Turma, j. 23.10.2018).
"As vedações previstas no art. 2º-B da Lei n. 9.494/1997, que dizem respeito à liberação de recursos públicos para pagamento a servidores públicos determinados em sentença, devem ser interpretadas restritivamente, de modo que, à míngua de previsão legal, não alcançam os pagamentos devidos aos servidores inativos e pensionistas, em cumprimento provisório de sentença. Precedentes." (REsp 1732322/SP, Rel. Min. Og Fernandes, 2ª Turma, j. 17.05.2018).

[21] "AÇÃO DIRETA DE INCONSTITUCIONALIDADE. ARTS. 1º, § 2º, 7º, III E § 2º, 22, § 2º, 23 E 25, DA LEI DO MANDADO DE SEGURANÇA (LEI 12.016/2009). ALEGADAS LIMITAÇÕES À UTILIZAÇÃO DESSA AÇÃO CONSTITUCIONAL COMO INSTRUMENTO DE PROTEÇÃO DE DIREITOS INDIVIDUAIS E COLETIVOS. SUPOSTA OFENSA AOS ARTS. 2º E 5º, XXXV E LXIX, DA CONSTITUIÇÃO. NÃO CABIMENTO DO 'WRIT' CONTRA ATOS DE GESTÃO COMERCIAL DE ENTES PÚBLICOS, PRATICADOS NA EXPLORAÇÃO DE ATIVIDADE ECONÔMICA, ANTE A SUA NATUREZA ESSENCIALMENTE PRIVADA. EXCEPCIONALIDADE QUE DECORRE DO PRÓPRIO TEXTO CONSTITUCIONAL. POSSIBILIDADE DE O JUIZ EXIGIR CONTRACAUTELA PARA A CONCESSÃO DE MEDIDA LIMINAR. MERA FACULDADE INERENTE AO PODER GERAL DE CAUTELA DO MAGISTRADO. INOCORRÊNCIA, QUANTO A ESSE ASPECTO, DE LIMITAÇÃO AO JUÍZO DE COGNIÇÃO SUMÁRIA. CONSTITUCIONALIDADE DO PRAZO DECADENCIAL DO DIREITO DE IMPETRAÇÃO E DA PREVISÃO DE INVIABILIDADE DE CONDENAÇÃO AO PAGAMENTO DE HONORÁRIOS SUCUMBENCIAIS. JURISPRUDÊNCIA CONSOLIDADA DO SUPREMO TRIBUNAL FEDERAL. PROIBIÇÃO DE CONCESSÃO DE LIMINAR EM RELAÇÃO A DETERMINADOS OBJETOS. CONDICIONAMENTO DO PROVIMENTO CAUTELAR, NO ÂMBITO DO MANDADO DE SEGURANÇA COLETIVO, À PRÉVIA OITIVA DA PARTE CONTRÁRIA. IMPOSSIBILIDADE DE A LEI CRIAR ÓBICES OU VEDAÇÕES ABSOLUTAS AO EXERCÍCIO DO PODER GERAL DE CAUTELA. EVOLUÇÃO DO ENTENDIMENTO JURISPRUDENCIAL. CAUTELARIDADE ÍNSITA À PROTEÇÃO CONSTITUCIONAL AO DIREITO LÍQUIDO E CERTO. RESTRIÇÃO À PRÓPRIA EFICÁCIA DO REMÉDIO CONSTITUCIONAL. PREVISÕES LEGAIS EIVADAS DE INCONSTITUCIONALIDADE. PARCIAL PROCEDÊNCIA DA AÇÃO. 1. O mandado de segurança é cabível apenas contra atos praticados no desempenho de atribuições do Poder Público, consoante expressamente estabelece o art. 5º, inciso LXIX, da Constituição Federal. Atos de gestão puramente comercial desempenhados por entes públicos na exploração de atividade econômica se destinam à satisfação de seus interesses privados, submetendo-os a regime jurídico próprio das empresas privadas. 2. No exercício do poder geral de cautela, tem o juiz a faculdade de exigir contracautela para o deferimento de medida liminar, quando verificada a real necessidade da garantia em juízo, de acordo com as circunstâncias do caso concreto. Razoabilidade da medida

Parte X · XIII — EXECUÇÕES ESPECIAIS | 901

Isso porque a vedação genérica representaria verdadeiro obstáculo à efetiva prestação jurisdicional e à defesa do direito líquido e certo do impetrante. Nessa toada de amplificação do acesso à justiça, devemos replicar a *ratio* do precedente para a proibição de tutela provisória contra a Fazenda Pública, em tais matérias, estendida pelo legislador processual (art. 1.059 do CPC)[23].

3. EXECUÇÃO POR QUANTIA CERTA CONTRA DEVEDOR INSOLVENTE (CPC/1973)

O CPC de 2015 não contempla um rito para a execução por quantia certa contra devedor insolvente. Nada obstante, o seu art. 1.052 consagra uma norma de transição, determinando que, até a edição de lei específica, as execuções contra devedor insolvente, em curso ou que venham a ser propostas, permanecem reguladas pelo CPC de 1973.

A execução contra o devedor *insolvente* difere[24] da que é movida em face do executado *solvente*, porque nesta o devedor tem o patrimônio suficiente para satisfazer os credores segundo a ordem

---

que não obsta o juízo de cognição sumária do magistrado. 3. Jurisprudência pacífica da CORTE no sentido da constitucionalidade de lei que fixa prazo decadencial para a impetração de mandado de segurança (Súmula 632/STF) e que estabelece o não cabimento de condenação em honorários de sucumbência (Súmula 512/STF). 4. A cautelaridade do mandado de segurança é ínsita à proteção constitucional ao direito líquido e certo e encontra assento na própria Constituição Federal. Em vista disso, não será possível a edição de lei ou ato normativo que vede a concessão de medida liminar na via mandamental, sob pena de violação à garantia de pleno acesso à jurisdição e à própria defesa do direito líquido e certo protegida pela Constituição. Proibições legais que representam óbices absolutos ao poder geral de cautela. 5. Ação julgada parcialmente procedente, apenas para declarar a inconstitucionalidade dos arts. 7º, § 2º, e 22, § 2º, da Lei 12.016/2009, reconhecendo-se a constitucionalidade dos arts. 1º, § 2º; 7º, III; 23 e 25 dessa mesma lei" (ADI 4.296, Rel. Min. Marco Aurelio, Rel. p/ acórdão Min. Alexandre de Moraes, Tribunal Pleno, j. 09.06.2021).

[22] Na ocasião, ressalvei meu entendimento, no sentido de outorgar interpretação conforme a Constituição para admitir, excepcionalmente, a concessão da tutela provisória quando houvesse risco de perecimento do direito: "Com relação ao art. 7º, III, no sentido de que o juiz pode deferir a medida cautelar e exigir uma contracautela, essa é uma figura antiquíssima que foi construída pelo Professor Giuseppe Chiovenda e pelo Professor Piero Calamandrei quando estruturaram a medida cautelar, assentando que, ao deferir uma medida cautelar, poder-se-ia criar um prejuízo para o requerido. Então, admitia-se uma cautela sobre a cautela, ou seja, se o juiz, por exemplo, proibisse a alienação de um imóvel, ele poderia determinar que a outra parte prestasse uma garantia de cobrir os prejuízos pela não alienação do imóvel. Então, é matéria sedimentada na doutrina e na jurisprudência. Exatamente com base nessa obra a que me referi do Ministro Gilmar Mendes e do Professor Arnoldo Wald – e eu também repisei no livro que tive oportunidade de lavrar sobre o tema mandado de segurança –, entendo que realmente o art. 7º, § 2º, não é inconstitucional. Foi uma opção do legislador, até mesmo porque as hipóteses de não poder ser concedida a liminar nesses casos é porque elas encerram decisões, em regra, de caráter irreversível. Então, assim como os legisladores de 73 e 90 estabeleceram que o juiz não poderia deferir liminar que gerasse a irreversibilidade da situação fática, assim também o fez o legislador no mandado de segurança. Não se pode conceder medida liminar que tenha por objeto compensação de créditos. Compensou o crédito, depois, para rediscutir o tema, é muito mais difícil. Entrega de mercadorias – uma vez entregue, não haveria o retorno. E concessão de aumentos – se concedido aumento, a situação se torna irreversível. Por outro lado, essa possibilidade de audiência antes de se deferir a liminar contra o Poder Público é porque há um tratamento até diferenciado, uma vez que não é só o Poder Público que lesa direitos. Mas criou-se o mandado de segurança para utilizar-se só contra o Poder Público. Então, criou-se essa franquia de ouvir o Poder Público para avaliar e mensurar o prejuízo que o Poder Público sofreria.

Entretanto, aqui também acho bastante razoável e estou adotando até a tese de que esse dispositivo merece uma interpretação conforme. A sugestão que eu estava apontando, no meu voto, é outorgar uma interpretação conforme a esse artigo autorizando a concessão de tutela, inclusive liminarmente, quando existente risco concreto ao direito material ou à utilidade do provimento jurisdicional na hipótese de julgamento. Ou seja, quando depois desse deferimento, não teria a menor utilidade a prestação jurisdicional. Entregou-se a mercadoria, acabou-se a possibilidade de se devolvê-la. Entretanto, essa minha fórmula se encaixa perfeitamente à fórmula sugerida pelo Ministro Roberto Barroso, no sentido de que quando traga risco ao direito, se não me engano, perecimento do direito. Então acho que essa fórmula se encaixa bem aqui."

[23] **"Art. 1.059.** À tutela provisória requerida contra a Fazenda Pública aplica-se o disposto nos arts. 1º a 4º da Lei nº 8.437, de 30 de junho de 1992, e no art. 7º, § 2º, da Lei nº 12.016, de 7 de agosto de 2009."

[24] Não obstante algumas peculiaridades, subordina-se quanto aos princípios gerais àqueles aplicáveis à tutela executiva em geral. **Moniz de Aragão**, Execução contra Devedor Insolvente, *Revista Forense*, vol. 246, p. 68.

902 | CURSO DE DIREITO PROCESSUAL CIVIL • *Luiz Fux*

de suas preferências, ao passo que na insolvência os bens do devedor são insuficientes diante dos débitos. Visando a não favorecer um credor em detrimento de outros, todos os credores recebem proporcionalmente a seus créditos em confronto com as forças da massa. O princípio da preferência ou prioridade (*prior tempore potior jure*), que pressupõe a satisfação de todos a seu tempo, não vigora na insolvência cuja regra é a da igualdade dos credores (*pars conditio creditorum*), salvo as exceções legais referentes aos direitos reais de garantia e aos privilégios especiais de certos créditos.

O *instituto é inspirado* em preceitos de *justiça distributiva e equidade,*[25] posto não ser justo que apenas alguns credores suportem a ruína patrimonial do devedor comum. Todos os bens são agrupados em uma só massa para responder em conjunto pelos créditos, sem desigualdades. Por isso, se no plano material os credores são iguais e não lograram realizar os seus direitos por insuficiência patrimonial do devedor, a mesma igualdade deve ser observada no processo. À *execução singular* movida para satisfazer o interesse de determinado credor corresponde esta "execução única sobre todos os bens". À *penhora* de um bem singular na execução solvente "corresponde à arrecadação na execução insolvente".

O pressuposto da insuficiência patrimonial justifica que a insolvência se estenda, também, ao "responsável patrimonial secundário". Entretanto, quanto a este somente se pode decretar a insolvência depois de atendido o benefício de ordem, porquanto não se justifica que se a decrete se o devedor possui bens suficientes para satisfazer as suas dívidas.

O processo de insolvência, não obstante executivo e, como tal, exija como *pressupostos o título executivo e o inadimplemento do devedor*, reclama uma "declaração prévia da insolvência", introduzindo no organismo do processo satisfativo "um momento de cognição constitutiva", a partir da qual o devedor inadimplente passa a ser tratado como "insolvente", submetendo-se ao regime próprio traçado para essa patologia da sua impotência patrimonial frente aos seus débitos.

O *estado insolvencial*, que é premissa desta *execução dita coletiva*, é *declarado por sentença*, iniciando-se a partir deste termo os efeitos jurídicos que influirão na liquidação do ativo e realização do passivo.

Para os fins de declaração de insolvência não é suficiente o mero inadimplemento. É mister a dissintonia deficitária entre o patrimônio e os débitos, situação que, se inocorrente, conduz à improcedência do pedido.

"Uma vez declarada a insolvência", etapa que compõe a primeira fase deste processo, "nasce a execução coletiva" propriamente dita com a expropriação do ativo para saldar os débitos, instaurando-se um juízo universal de bens e de credores.

Em essência, são *pressupostos cumulativos da insolvência civil: título executivo – o inadimplemento do devedor –, insolvência declarada*[26] e a *qualificação civil do devedor*.

Os dois primeiros pressupostos em nada diferem daqueles exigidos para a execução em geral.

A qualificação de devedor civil alcança-se por exclusão ao critério de categorização do devedor empresário, razão pela qual se incluem as sociedades civis.[27]

A *insolvência* prevista refere-se ao *devedor civil*, porquanto a *insolvabilidade do devedor comercial* dá ensejo ao procedimento de *falência*.

Considere-se, ainda, que a insolvência também não se aplica às "instituições financeiras", que se submetem ao regime da "liquidação extrajudicial" regulada pela legislação do mercado de capitais.

Há inúmeras diferenças entre esses institutos, mas a mais expressiva é que não há previsão legal para o denominado *período suspeito* na insolvência civil. Esta, sem dúvida, é uma omissão

---

[25] Assim também entende **Prieto Castro** na sua clássica *Derecho Concursal*, Madrid, 1974, p. 21. No Direito brasileiro, a exaustiva obra de **Humberto Theodoro Júnior**, *A Insolvência Civil*.

[26] Segundo **Moniz de Aragão**, é preciso que a "impotência patrimonial" seja declarada, posto que configura uma das condições da ação desta execução (ob. cit., p. 69-71).

[27] "**Art. 786 do CPC/1973.** As disposições deste Título aplicam-se às sociedades civis, qualquer que seja a sua forma."

Parte X • XIII – EXECUÇÕES ESPECIAIS | 903

explícita e intencional do legislador, assim como a inexistência de concordata preventiva e a previsão de crimes do insolvente.

Entretanto, outros casos omissos, *v.g.*, juros, rescisão dos vínculos, são solucionados pelos tribunais, através da técnica exegética analógica dos institutos falimentares.

Ainda se encartam na categoria de "devedor civil passível de insolvência" os responsáveis secundários, *v.g.*, o cônjuge pelas dívidas assumidas e pelas obrigações contraídas em benefício da família, com as ressalvas feitas alhures quanto à defesa da sua própria responsabilidade ou a prioridade de execução dos bens do obrigado antes da declaração excepcional de insolvência.[28]

A *insolvabilidade*, por seu turno, como pressuposto do processo em exame, malgrado necessariamente *declarada por sentença constitutiva*, posto criar *status* novo para o devedor, *pode ser real ou presumida*.[29] Dá-se a primeira toda vez que as dívidas excederem a importância dos bens do devedor, fato revelável através de técnica contábil.

Por outro lado, "presume-se" a insolvência quando o devedor não possui bens livres e desembaraçados para nomear à penhora ou se estes forem arrestados com fundamento no *periculum mora* previsto no art. 813, I, II e III, do CPC/1973.

Neste caso, a propositura da insolvência deve obedecer ao trintídio legal previsto no art. 806[30] do CPC/1973.

A insolvência presume-se *iuris tantum*, cabendo ao credor comprovar o fato do qual se infere essa ilação, podendo o devedor elidi-la. Destarte, a repercussão *erga omnes* da insolvência permite ao próprio juiz, de ofício, investigar o estado patrimonial do executado para os fins de decidir essa primeira fase do processo insolvencial.

Ausentes os pressupostos, o juiz deve julgar improcedente o pedido cuja *coisa julgada* adstringe-se ao estado não insolvencial nas *circunstâncias* narradas, sendo certo que a *insuficiência patrimonial futura* pode dar ensejo a *novo pedido*.

3.1 Efeitos da declaração judicial de insolvência

A insolvência gera, para o devedor, os seguintes *efeitos de ordem material e processual*, a saber:[31]

> "I – o vencimento antecipado das dívidas;
>
> II – a arrecadação de todos os bens suscetíveis de penhora, quer os atuais, quer os adquiridos no curso do processo;
>
> III – a execução por concurso universal dos seus credores;

---

[28] **"Art. 749 do CPC/1973.** Se o devedor for casado e o outro cônjuge, assumindo a responsabilidade por dívidas, não possuir bens próprios que bastem ao pagamento de todos os credores, poderá ser declarada, nos autos do mesmo processo, a insolvência de ambos."

[29] **"CPC/1973: Art. 748.** Dá-se a insolvência toda vez que as dívidas excederem à importância dos bens do devedor."

"Art. 750. Presume-se a insolvência quando:

I – o devedor não possuir outros bens livres e desembaraçados para nomear à penhora;

II – forem arrestados bens do devedor, com fundamento no art. 813, I, II e III."

[30] **"Art. 806 do CPC/1973.** Cabe à parte propor a ação, no prazo de trinta (30) dias, contados da data da efetivação da medida cautelar, quando esta for concedida em procedimento preparatório.

[31] Para **Prieto Castro**, as alienações anteriores à declaração judicial são passíveis de ação pauliana ao passo que as posteriores encerram fraude de execução (ob. cit., p. 121-122).

"CPC/1973: Art. 751. A declaração de insolvência do devedor produz:

I – o vencimento antecipado das suas dívidas;

II – a arrecadação de todos os seus bens suscetíveis de penhora, quer os atuais, quer os adquiridos no curso do processo;

III – a execução por concurso universal dos seus credores.

Art. 752. Declarada a insolvência, o devedor perde o direito de administrar os seus bens e de dispor deles, até a liquidação total da massa."

IV – a perda do direito de o devedor administrar os seus bens e de dispor deles, até a liquidação total da massa (art. 763 do CPC/1973);

V – a interrupção da prescrição das dívidas (art. 777 do CPC/1973)".[32]

Observados os efeitos citados, constata-se que os mesmos são semelhantes aos atribuídos à falência do devedor comerciante.

O vencimento antecipado das dívidas justifica-se, porquanto são reunidos todos os bens e todos os débitos para pagamento igualitário, como é da índole deste processo, salvo os créditos preferenciais e privilegiados, que escapam ao regime da paridade. Desta sorte, diferentemente da técnica da execução por quantia certa, a fase de pagamento da insolvência absorve até o credor que não processou o devedor, muito embora haja verificação dos créditos.

Todos os *credores* são *convocados* publicamente *por editais à exibição de seus créditos* concorrentes à realização do ativo.

A *arrecadação de todos os bens* visa a compor a *massa civil*, assim denominada para distingui-la da "massa falida", e que passa a ocupar o lugar do devedor, adquirindo legitimação para agir ativa e passivamente (*legitimatio ad causam*) através do administrador, que passa a deter a capacidade processual (*legitimatio ad processum*).

Assim, *v.g.*, para promover uma cobrança de crédito do devedor insolvente, legitimada é a massa através do administrador a quem se estende a capacidade processual. Evidentemente que nas ações não integrantes do acervo, o devedor mantém inteira a sua legitimação passiva, *v.g.*, para uma ação de alimentos (art. 766, II, do CPC/1973).[33]

A universalidade do juízo arrasta todas as execuções em curso, bem como ações executivas *lato sensu* que afetem os bens componentes da massa.

A reunião das execuções implica a pretensão de satisfação de todos os credores, sem a prioridade das penhoras, que desaparece. Destarte, o *vencimento antecipado* das dívidas com a habilitação ao juízo universal impede que novas execuções iniciem-se.

A *perda do direito de administrar* e *dispor dos bens* é interdição que alcança o devedor e se estende até a extinção das obrigações declarada por sentença (art. 782 do CPC/1973).[34] Cumpre observar, neste particular, que, "independentemente de efetivo pagamento, as obrigações do devedor declarado insolvente extinguem-se cinco anos após o encerramento do processo de insolvência". Isto significa que as obrigações *arroladas no processo* e impagas ao seu final são declaradas extintas se o devedor não as saldar nesse período posterior ao fim do processo insolvencial.

Resta evidente que *não se pode considerar extinta a obrigação do insolvente contraída ulteriormente ao processo*.

O administrador passa a ser a *longa manu* do juízo, administrando a massa de bens a serviço dos credores, porquanto a insolvência revelou a inaptidão do devedor para fazê-lo. Destarte, a massa administrada tem como destinação específica a satisfação coletiva.

---

[32] **"Art. 777 do CPC/1973.** A prescrição das obrigações, interrompida com a instauração do concurso universal de credores, recomeça a correr no dia em que passar em julgado a sentença que encerrar o processo de insolvência."

[33] **"Art. 766.** Cumpre ao administrador:

I – arrecadar todos os bens do devedor, onde quer que estejam, requerendo para esse fim as medidas judiciais necessárias;

II – representar a massa, ativa e passivamente, contratando advogado, cujos honorários serão previamente ajustados e submetidos à aprovação judicial;

III – praticar todos os atos conservatórios de direitos e de ações, bem como promover a cobrança das dívidas ativas;

IV – alienar em praça ou em leilão, com autorização judicial, os bens da massa."

[34] **"Art. 782.** A sentença, que declarar extintas as obrigações, será publicada por edital, ficando o devedor habilitado a praticar todos os atos da vida civil."

Parte X • XIII – EXECUÇÕES ESPECIAIS | 905

A doutrina debate alguns pontos omissos não enfrentados na lei, sendo certo que *os tribunais, nesse âmbito, têm aplicado analogicamente a lei de falências,* admitindo, por exemplo, que os contratos bilaterais não se resolvam em benefício da massa e a critério do administrador. Esse e outros são temas para desate casuístico pelos nossos tribunais, devendo norteá-los *o princípio* segundo o qual, *onde há a mesma razão, há de se aplicar o mesmo dispositivo* (*ubi eadem ratio ubi eadem dispositivo*).

3.2 O processo e o procedimento da insolvência

O processo da insolvência civil submete-se a *rito bifásico* onde se encarta a *primeira fase cognitiva,* com a *declaração judicial da insolvabilidade,*[35] e a *segunda fase de execução,* com a *arrecadação dos bens e o pagamento dos credores.*

Esses dois grandes momentos do processo insolvencial suscitam inúmeras questões processuais que serão abordadas no curso das digressões sobre o procedimento.

A etapa de cognição desafia a questão da competência jurisdicional para a declaração de insolvência, *a legitimidade ativa acerca de quem pode requerê-la,* a *sentença,* e a *concordata civil.*

A fase executiva, por seu turno, engloba as atividades de apreensão e arrecadação de bens, verificação e classificação dos créditos, apuração do ativo e liquidação do passivo.

3.3 Competência jurisdicional

O instituto da *competência na insolvência civil encerra duas questões distintas:* a primeira inerente ao *foro originário* para propositura da execução e, a segunda, concernente à *universalidade do juízo* que se impõe após a declaração judicial.

A *competência territorial* para a propositura da execução contra o insolvente segue a *regra da execução em geral,* obedecendo-se o "foro de eleição" do contrato, se houver, o da "praça de pagamento" ou o do "domicílio do devedor" (art. 760 do CPC/1973)[36].

Fixada a competência territorial, impende verificar se *no foro competente há juízo especializado* para esta espécie de execução. Em algumas unidades da federação, o juízo com competência absoluta para processar a execução insolvente é o das varas de falências e concordatas, que deve ser obedecido sob pena de nulidade da própria declaração judicial da insolvência, posto que inequívoco ato decisório.

"Decretada a insolvência, instaura-se um juízo universal"[37] de todos os credores, atraindo para o mesmo todas as ações e execuções, com o escopo de preservar a higidez da massa. Por isso, dispõe a lei que "ao juízo da insolvência concorrerão todos os credores do devedor comum. As execuções movidas por credores individuais serão remetidas ao juízo da insolvência e havendo, nalguma, dia designado para a praça ou o leilão, faz-se a arrematação, entrando para a massa o produto dos bens" (art. 762 do CPC/1973). O parágrafo único do art. 769 do CPC de 1973 revela claro que concorrem à insolvência todos os credores do devedor, os quirografários e os preferenciais.[38]

---

[35] Esta decisão que inaugura propriamente a execução e que cria um estado jurídico novo, que antes não existia, ostenta inequívoca natureza "constitutiva". Assim, **Pontes de Miranda**, *Tratado das Ações*, 1972, vol. III, p. 375.

[36] Sobre o tema, cumpre mencionar que o STF, ao apreciar o RE 678.162 (Rel. Min. Marco Aurélio, Red. p/ acórdão Min. Edson Fachin, *DJe* 13.05.2021) fixou a seguinte tese de repercussão geral (tema 859): "A insolvência civil está entre as exceções da parte final do art. 109, I, da Constituição da República, para fins de definição da competência da Justiça Federal", de modo a assentar que a é da Justiça estadual a competência para processar e julgar ações de insolvência civil em que haja interesse da União, de entidade autárquica ou de empresa pública Federal.

[37] Como preleciona **Prieto Castro**, "O desígnio fundamental do processo de execução coletiva se frustraria se à margem dele continuassem subsistindo outros processos singulares anteriores contra o insolvente, de conteúdo patrimonial, que afetassem a massa passiva (de credores) e chegassem ao seu fim com execução separada, consagrando discriminação contrária à regra da *par conditio creditorum*. Este resultado insatisfatório é evitado mediante a aplicação de uma norma de cumulação que atende à conexão que se origina entre os processos pendentes e o concursal" (ob. cit., p. 28).

[38] "**Art. 769.** Não havendo impugnações, o escrivão remeterá os autos ao contador, que organizará o quadro geral dos credores, observando, quanto à classificação dos créditos e dos títulos legais de preferência, o que

3.4 Legitimidade para requerer a insolvência

A declaração de insolvência pode ser requerida[39] por qualquer credor quirografário, pelo devedor e pelo inventariante do espólio do devedor (art. 753 do CPC/1973).[40]

A insolvência *requerida pelo credor* é a usual, sendo certo que é possível a *autoinsolvência* pleiteada pelo próprio devedor.

A lei, quando se refere ao devedor, o faz, a um só tempo, quanto ao responsável secundário e ao cônjuge.

Destarte, a necessidade de requerimento "inibe a decretação *ex officio* da insolvência", mesmo que o juiz da execução singular verifique a insuficiência de bens do executado.

A vantagem para o credor que requerer a insolvência opera-se em relação aos demais credores, porquanto extermina com as preferências pela penhora, além de impor o vencimento antecipado das dívidas.

Outrossim, é lícito ao *devedor ou ao seu espólio*, a todo tempo, requerer a declaração de insolvência. Para esse fim, a petição dirigida ao juiz da comarca em que o devedor tem o seu domicílio deve conter a relação nominal de todos os credores, com a indicação do domicílio de cada um, bem como da importância e da natureza dos respectivos créditos; a individuação de todos os bens, com a estimativa do valor de cada um e o relatório do estado patrimonial, com a exposição das causas que determinaram a insolvência (art. 759 c/c art. 760 do CPC/1973).[41]

As consequências jurídicas do pedido de insolvência na esfera jurídica do devedor tornam mister a apresentação, pelo advogado, de procuração com os poderes específicos para essa finalidade.

O pedido de autoinsolvência pode indiciar tratar-se de procedimento de jurisdição voluntária. Entretanto, forçoso convir que os demais credores podem impugná-la em face da eficácia *erga omnes* da declaração judicial e da paridade creditícia que gera.

A insolvência requerida pelo credor ou pelo devedor distingue-se, apenas, na fase de cognição, uma vez que, declarada a insolvabilidade, a apreensão e a realização do ativo coincidem para ambos os pedidos.

3.5 Fase de cognição

Uma vez citado para o processo de insolvência, o devedor pode pagar, embargar ou depositar (art. 757 c/c art. 756 do CPC/1973).[42]

---

dispõe a lei civil.

Parágrafo único. Se concorrerem aos bens apenas credores quirografários, o contador organizará o quadro, relacionando-os em ordem alfabética."

[39] A insolvabilidade deve ser requerida, inadmitindo-se a insolvência "por transformação", isto é, por conversão de execução por quantia certa, como adverte **Humberto Theodoro Júnior**, ob. cit., p. 311.

[40] "**Art. 753.** A declaração de insolvência pode ser requerida:

I – por qualquer credor quirografário;

II – pelo devedor;

III – pelo inventariante do espólio do devedor."

À insolvência requerida pelo devedor diz-se "voluntária" e aquela postulada pelos credores "necessária" (*in* **Prieto Castro**, p. 118).

[41] "**Art. 760.** A petição, dirigida ao juiz da comarca em que o devedor tem o seu domicílio, conterá:

I – a relação nominal de todos os credores, com a indicação do domicílio de cada um, bem como da importância e da natureza dos respectivos créditos;

II – a individuação de todos os bens, com a estimativa do valor de cada um;

III – o relatório do estado patrimonial, com a exposição das causas que determinaram a insolvência."

[42] "**Art. 756.** Nos embargos pode o devedor alegar:

I – que não paga por ocorrer alguma das causas enumeradas nos arts. 741, 742 e 745, conforme o pedido de insolvência se funde em título judicial ou extrajudicial;

II – que o seu ativo é superior ao passivo."

Parte X • XIII – EXECUÇÕES ESPECIAIS | 907

Pagando a dívida, extingue-se o processo. Não obstante, outro credor poderá repropor o pedido por outra obrigação vencida.

A inércia do devedor, salvante as exceções de pré-executividade e os vícios formais aos quais escapam os efeitos da revelia, posto conhecíveis de ofício, *v.g.*, iliquidez da dívida, ausência de título executivo, solvabilidade manifesta, conduz à incidência da presunção de veracidade, haja vista que se trata da fase de conhecimento do processo de execução concursal. Em consequência, a revelia arrasta a declaração inexorável da insolvência.

"Oferecidos embargos" (denominação utilizada pela lei, mercê de cognitiva essa fase) que independe de segurança do juízo pela penhora posto não prevista pela Lei, cabe ao executado a faculdade de alegar quaisquer das causas enumeradas nos arts. 741, 742 e 745 do CPC/1973 (conforme o pedido de insolvência tenha como base título judicial ou extrajudicial) ou infirmar a alegada insolvabilidade sob a invocação que o seu *ativo é superior ao passivo* (art. 756 do CPC/1973).

Hipótese singular ocorre quando o devedor deposita o valor da obrigação. Nesse caso, o depósito levado a efeito pelo executado elide desde logo a insolvência, porquanto afasta a presunção de insolvabilidade, em si. Entretanto, *rejeitada a negação* da dívida, mercê de o devedor não ser insolvente, ao juiz ressoa como dever, deferir o levantamento da importância pelo credor e impor ao executado os ônus sucumbenciais, porquanto, do contrário, haveria enriquecimento sem causa. Por outro lado, acolhida *in totum* a *alegação do devedor*, cabe ao mesmo levantar o depósito e o credor requerente suportar as despesas processuais, tudo decidido por sentença apelável. Diferente é a consequência quando o "devedor embarga e não deposita e a decisão dos embargos lhe é desfavorável", hipótese em que, na "mesma sentença de rejeição de sua oposição, o juiz deve decretar-lhe a insolvência".

3.6 Fase de apreensão de bens

Impende não perder de vista que o procedimento contra o insolvente também é execução e, como tal, visa à satisfação dos credores. Ora, na execução singular, a penhora prepara a expropriação e retira a disponibilidade jurídica e, por vezes, a disposição física do bem.

No presente procedimento, a perda pelo insolvente da gestão de seus bens faz com que o devedor os repasse ao administrador, com as limitações da indisponibilidade, decorrente da afetação dos mesmos aos fins da execução coletiva.[43] Dá-se, então, a "arrecadação" de bens, que tem o mesmo escopo que a penhora. Nesse sentido, dispõe o Código de 1973 que "a massa dos bens do devedor insolvente ficará sob a custódia e responsabilidade de um administrador, que exercerá as suas atribuições, sob a direção e superintendência do juiz". Isto significa que qualquer ato que altere a simples gestão, para ser praticado, demanda autorização do juízo, *v.g.*, obras de conservação, alienação antecipada etc. (art. 763 do CPC/1973).[44]

A atividade supervisionada do "administrador" impõe ao mesmo "prestação de contas sob a vigilância da comunidade dos credores", tanto mais que a verba destinada aos seus serviços é tributada à massa (art. 767 do CPC/1973).[45]

Basicamente, *cumpre ao administrador* (art. 766 do CPC/1973): "I – arrecadar todos os bens do devedor, onde quer que estejam, requerendo para esse fim as medidas judiciais necessárias; II – representar a massa, ativa e passivamente, contratando advogado, cujos honorários serão previamente ajustados e submetidos à aprovação judicial; III – praticar todos os atos conservatórios de direitos e de ações, bem como promover a cobrança das dívidas ativas; IV – alienar em praça ou em leilão, com autorização judicial, os bens da massa."

---

43 "Opera-se, com a arrecadação, a perda da disponibilidade física dos bens posto que a jurídica decorreu da própria sentença de declaração da insolvência" (*in* **Prieto Castro**, ob. cit., p. 49-50).

44 "**Art. 763.** A massa dos bens do devedor insolvente ficará sob a custódia e responsabilidade de um administrador, que exercerá as suas atribuições, sob a direção e superintendência do juiz."

45 "**Art. 767.** O administrador terá direito a uma remuneração, que o juiz arbitrará, atendendo à sua diligência, ao trabalho, à responsabilidade da função e à importância da massa."

908 | CURSO DE DIREITO PROCESSUAL CIVIL • *Luiz Fux*

As *tarefas* do administrador são exercidas *sob compromisso*, dispondo o Código: "nomeado o administrador, o escrivão o intimará a assinar, dentro de vinte e quatro (24) horas, termo de compromisso de desempenhar bem e fielmente o cargo" (art. 764 do CPC/1973).

A lei fundada em princípios de equidade prevê, sem sacrifício dos bens da massa, uma "pensão" para o devedor. A concessão pressupõe "contraditório" com a participação dos credores, "capacidade da massa" e "ausência de culpa do executado pelo seu estado insolvencial" (art. 785 do CPC/1973).[46] Em consequência é possível que seja arrecadado o bem de onde provinha o sustento integral do executado insolvente.

Ao *declarar a insolvência*, o juiz manda *expedir edital*, convocando os credores para que apresentem, no prazo de 20 (vinte) dias, a *declaração do crédito*, acompanhada do respectivo título. O Código não esclarece onde se deva operar a publicação, sendo certo que a analogia recomenda a publicação uma vez no órgão oficial e outra em jornal local (art. 779 do CPC/1973). Isso não só porque a lei fala em "edital", no singular, como também porque adotada no art. 779 do CPC/1973, que se refere especificamente ao processo de insolvência. Deveras é mister afirmar-se que o prazo para a apresentação da declaração de crédito é *peremptório e conta-se da primeira publicação*. Todos os credores devem apresentar as suas declarações, inclusive o requerente da insolvência, assegurando-se ao retardatário o direito de disputar, por ação direta, antes do rateio final, a prelação ou a cota proporcional ao seu crédito.[47] Uma vez habilitado o crédito, sujeita-se o credor ao regime de pagamento da insolvência, com eficácia preclusiva. Dessa forma, a fim de atender ao edital, o credor deverá peticionar nos autos da insolvência exibindo o título judicial ou extrajudicial.

Ressalta evidente que, em razão de a *massa de bens ser una para todos os credores*, eles e o próprio devedor *poderão impugnar reciprocamente créditos e títulos*, respeitada a coisa julgada nos seus estritos limites subjetivos. Isto significa dizer que, para o devedor, a impugnação de um título judicial contra ele produzido é limitada, porquanto teve oportunidade, no processo próprio, de infirmar o crédito. Ao revés, para os credores concorrentes, é ampla a possibilidade de alegação quanto ao título e quanto ao crédito concorrente.

Essa *plúrima impugnação* suscita um incidente no curso do processo em relação ao qual "o juiz deve deferir, quando necessário, a produção de provas e, em seguida, proferir sentença, salvo se for necessária a prova oral, hipótese em que há de designar audiência de instrução e julgamento. Uma vez *transitada em julgado a sentença*, elabora-se "o *quadro geral de credores*" (art. 772 e parágrafos do CPC/1973).

O *trânsito em julgado desta decisão*, denominada sentença, mas com inequívoca natureza interlocutória, posto que não põe termo ao processo, senão a uma fase, *opera*, *apenas*, *a preclusão das questões decididas*, de sorte que, elaborado o quadro geral de credores, as impugnações a ele devem obedecer à eficácia preclusiva daquilo que já foi decidido e ultrapassado.

Não havendo impugnações ou decididas estas, o escrivão deve remeter os autos ao contador para organizar o quadro geral dos credores, observando, quanto à *classificação dos créditos* e dos *títulos legais de preferência*, o que dispõe o direito material.

Concorrendo aos bens apenas credores quirografários, o contador, ao organizar o quadro, deve relacioná-los em ordem alfabética.

A classificação dos créditos no próprio quadro ou as incorreções materiais podem ser impugnadas, não assim os créditos e os títulos em si, posto que alcançados pela preclusão retro-

---

[46] **"Art. 785.** O devedor que caiu em estado de insolvência sem culpa sua pode requerer ao juiz, se a massa o comportar, que lhe arbitre uma pensão, até a alienação dos bens. Ouvidos os credores, o juiz decidirá."
A pensão não deve ser deferida quando houver necessidade de dispor de bens arrecadados, em prejuízo imediato da massa (*in* **Humberto Theodoro Júnior**, *Insolvência Civil*, p. 232-233).

[47] **"Art. 784 do CPC/1973.** Ao credor retardatário é assegurado o direito de disputar, por ação direta, antes do rateio final, a prelação ou a cota proporcional ao seu crédito."
Como ressalta **Moniz de Aragão:** "Não é possível opor-se aos demais credores habilitados, sentença que provém de um processo de conhecimento anterior, ainda que transitada em julgado, se neste processo não foram eles partes, o que não significa, entretanto, que a sentença fique desprovida de sua força executiva" (ob. cit., p. 72).

Parte X • XIII – EXECUÇÕES ESPECIAIS | 909

mencionada. Ouvidos todos os interessados, no prazo de 10 (dez) dias, sobre o quadro geral dos credores, o juiz deve proferir sentença, decidindo as impugnações ao quadro ou homologando-o (art. 771 do CPC/1973).[48]

O *quadro geral de credores orienta a fase de expropriação de bens* com o fim de satisfazer a coletividade dos credores na ordem estabelecida.

Em seguida, cumpre-se a terceira etapa de "liquidação do ativo" para "pagamento do passivo", salvo se houve alienação antecipada de bens. É que nesse caso, quando for organizado o quadro geral dos credores, e os *bens da massa já tiverem sido alienados*, o contador indica a *percentagem* que caberá a cada credor *no rateio*. Entretanto, se os bens não foram alienados antes da organização do quadro geral, o juiz determina a alienação em praça ou em leilão, destinando-se o produto ao pagamento dos credores[49] (art. 770 c/c art. 773 do CPC/1973).

"Diferentemente da execução contra devedor solvente, na insolvência o devedor pode, após a elaboração do laudo, promover uma proposta de pagamento" sem o sacrifício dos bens, suprimindo a última etapa do processo de insolvência.

Isto significa que o devedor insolvente pode, depois da aprovação do quadro, "acordar com os seus credores, propondo-lhes a forma de pagamento", que deverá ser aprovada pelo juiz por sentença.

Esta *novação consensual* foi batizada pela doutrina como "concordata civil" (art. 783 do CPC/1973).[50]

Trata-se de instrumento que suspende a execução coletiva, permitida a reabertura do processo acaso o devedor não cumpra o acordado, reiniciando-se, então, a fase expropriatória.

3.7 Fase de apuração do ativo e pagamento dos credores

A fase de expropriação é idêntica à da execução contra o devedor solvente, com a diferença que a única forma de pagamento é a entrega de soma, não havendo previsão de adjudicação[51].

Apurado o produto das expropriações e efetuados os pagamentos prioritários dos encargos da massa, tais como custas, remuneração do administrador e, na ordem, os débitos fiscais, inicia-se a satisfação dos credores à luz do quadro geral.

A expropriação pode redundar em fundos suficientes para pagamento de todos os credores. Havendo saldo devedor, o remanescente submete-se à expectativa de um prazo em que os bens futuros do devedor continuam comprometidos para com a satisfação de seus credores. Findo este prazo prescricional, decreta-se a "extinção das obrigações" habilitadas (art. 774 c/c arts. 775, 777 e 778 do CPC/1973). É que, havendo saldo devedor, apesar do lapso temporal de expectativa, considera-se como se o processo tivesse sido suspenso, posto que há possibilidade de reabri-lo a partir do aparecimento de novos bens, na medida em que, enquanto há inadimplemento, há responsabilidade do devedor e comprometimento de patrimônio futuro, até a declaração de prescrição das obrigações.

---

48 **"Art. 771.** Ouvidos todos os interessados, no prazo de dez (10) dias, sobre o quadro geral dos credores, o juiz proferirá sentença."

49 **"Art. 770.** Se, quando for organizado o quadro geral dos credores, os bens da massa já tiverem sido alienados, o contador indicará a percentagem, que caberá a cada credor no rateio."
"Art. 773. Se os bens não foram alienados antes da organização do quadro geral, o juiz determinará a alienação em praça ou em leilão, destinando-se o produto ao pagamento dos credores."
É o que **Humberto Theodoro Júnior** denomina de "Concordata civil", *in Curso* cit., p. 335. **Moura Rocha** aduz a "um contrato pessoal de índole novativa".

50 **"Art. 783.** O devedor insolvente poderá, depois da aprovação do quadro a que se refere o art. 769, acordar com os seus credores, propondo-lhes a forma de pagamento. Ouvidos os credores, se não houver oposição, o juiz aprovará a proposta por sentença."

51 Registre-se que **Prieto Castro** admite essa forma de pagamento desde que o adjudicatário deposite para submeter o valor ao rateio (ob. cit., p. 67). No sentido do texto, **Humberto Theodoro Júnior**, *Curso*, vol. II, p. 331.

Diferenciam-se, assim, a "extinção do processo de insolvência" e a "extinção das obrigações do insolvente". A decisão que encerra o processo de insolvência figura como termo *a quo* da prescrição das obrigações (art. 777 do CPC/1973).

As obrigações alcançadas pela extinção na forma do art. 778 do CPC/1973 são as que se *venceram quando da insolvência*, habilitadas ou não. "Uma vez extintas as obrigações, o insolvente readquire a sua plena capacidade, reabilitando-se juridicamente."

Para esse fim, deve requerer ao juízo da insolvência a extinção das obrigações a fazer publicar edital, com o prazo de 30 (trinta) dias, no órgão oficial e em outro jornal de grande circulação.

No prazo estabelecido, qualquer credor pode opor-se ao pedido de extinção das obrigações,[52] alegando que não transcorreram cinco anos da data do encerramento da insolvência ou que o devedor adquiriu bens sujeitos à arrecadação e não os trouxe à colação para rateio. A procedência desta alegação reabre o processo para expropriação e pagamento, interrompendo a prescrição.

Decididas em favor do devedor as impugnações, a sentença que declarar extintas as obrigações deve ser publicada por edital, habilitando o devedor a praticar todos os atos da vida civil.

A sentença de extinção das obrigações[53] é necessária e restaura o *status quo* anterior à declaração judicial de insolvência; revelando inequívoca natureza constitutiva, uma vez que com ela levanta-se a interdição gerada, criada com a decisão de insolvência do devedor civil.

---

[52] Como afirma **Celso Neves**, "abre-se mais um procedimento de cognição incidental na execução coletiva" (*in* ob. cit., p. 307).

[53] Segundo **Buzaid,** a extinção das obrigações do devedor insolvente é instituto que marca a assemelhação com a falência posto que não se justificaria regime desigual na matéria.

PARTE XI
PROCESSO NOS TRIBUNAIS

PARTE XII
PROCESSO NOS TRIBUNAIS

I
TEORIA GERAL DOS RECURSOS

1. CONCEITO

Recurso é o instrumento jurídico processual através do qual a parte ou outrem autorizado por lei pleiteia o reexame da decisão, com o fim de modificá-la, cassá-la ou integrá-la. Assim, enquanto há recurso, há possibilidade de modificação da decisão.[1-2]

Ontologicamente, *re cursus* suscita a ideia de um "curso para trás", como que engendrando um retrospecto da causa para ulterior reexame. O órgão encarregado de sua análise realiza um exame pretérito sobre todas as questões suscitadas e discutidas, para o fim de verificar se o juiz, ao decidir, o fez adequadamente. Essa análise retro-operante permite ao órgão revisor da decisão, à luz do material da controvérsia, observar se agiria assim como o fez seu prolator.

Uma visão imediata do conceito permite-nos concluir que os recursos são instrumentos voluntários; por isso, a parte dispõe da *possibilidade de recorrer*. Destarte, a atividade de recorrer é categorizada como *ônus processual*,[3] posto que a impugnação judicial da decisão pressupõe uma "desvantagem para o recorrente",[4] e a sua investida no sentido de afastá-la.[5] Sob outro ângulo, abstratamente considerado, isto é, sem levar em conta a situação *in concreto*, o recurso instrumentaliza o *direito de recorrer*, que guarda notáveis similitudes com o *direito de agir*[6]. Assim é que, em ambos,

---

[1] **Liebman**, a esse respeito, vaticinou: *"La sentenza deve a un certo punto consolidarsi, diventare ferma e fornire una decisione sicura, posta al riparo da ulteriori impugnazioni, la quale, dano certezza al diritto, ponga il fondamento a una durevole pacificazione sociale"*, Corso di Diritto Processuale Civile, 1952, p. 206.

[2] Para uma moderna visão da temática recursal, ver: **Humberto Theodoro Júnior**. *Curso de Direito Processual Civil*, vol. 3, 2021; **Araken de Assis**. *Manual dos recursos*, 2016; **Fredie Didier Jr.; Leonardo Carneiro da Cunha**. *Curso de direito processual civil*. v. 3, 2021; **Luiz Guilherme Marinoni;, Sergio Cruz Arenhart; Daniel Mitidiero**. *Curso de Processo Civil*. vol. 2, 2021; **Fredie Didier Jr.** (coord.). *Novo CPC – Doutrina Selecionada: Processo nos Tribunais e meios de impugnação às decisões judiciais*, 2016; **Vinicius Silva Lemos**. *Recursos e processos nos tribunais*, 2020; **Marco Antonio dos Santos Rodrigues**. *Manual dos recursos, ação rescisória e reclamação*, 2017.

[3] A natureza do ônus de recorrer decorre do fato de a decisão não poder ser modificada senão por pedido da parte. Nesse sentido, **Carnelutti**, *Istituzioni del Nuovo Processo Civile Italiano*, 1951, vol. II, p. 132, e *Sistema di Diritto Processuale Civile*, 1938, vol. II, p. 556 e 430, onde afirma que o poder de impugnação *" si combina con l'onere nel senso che, se la parte non ne fa uso, il controllo non può essere compiuto"*.

[4] Em todo o recurso está imanente a ideia de prejuízo em face da desarmonia entre o que foi pleiteado e o que foi concedido, o que no dizer de **Kisch** representaria "sucumbência" e para **Schonke** " gravame", *in Elementos de Derecho Procesal Civil*, 1940, p. 286, e *Derecho Procesal Civil*, 1950, p. 301.

[5] **Nicola Jaeger** entrevia no recurso a "titularidade de um interesse na formação de uma nova decisão, exatamente pela negação ao recorrente dos interesses que defendeu em juízo", *in Diritto Processuale Civile*, 1944, p. 487 e 488.

[6] Para uma compreensão da Análise Econômica do Direito acerca do direito ao recurso, ver: Luiz Fux;, Bruno Bodart. *Processo Civil e Análise Econômica*, 2021, p. 153-157; **Andrew Daughety; Jennifer Reinganum**. Appealing Judgments. *31 Rand Journal of Economics 502-525* (2000); **Steven Shavell**. The Appeals Process and Adjudicator Incentives, *35 Journal of Legal Studies 1* (2006); **Erik Navarro Wolkart**. *Análise Econômica do processo civil – Como a economia, o direito e a psicologia podem vencer a tragédia da justiça*, 2019. p. 625-647; **Ivo Teixeira Gico Jr., Henrique Haruki Arake Cavalcante**, *Taxa de Recorribilidade, Taxa de Reversibilidade e Eficiência Judicial*, 14 Revista Eletrônica Do Curso De Direito Da Ufsm (2019).

914 | CURSO DE DIREITO PROCESSUAL CIVIL • *Luiz Fux*

pelo fato de encerrarem postulação, se exige, previamente, o cumprimento de requisitos formais que, quanto à ação, são denominados de *condições da ação*, ao passo que, em relação aos recursos, se denominam *requisitos de admissibilidade*. Entretanto, os recursos são manejados na mesma relação processual em que proferida a decisão, ao passo que as ações dão ensejo à formação de uma nova relação processual, ainda que, à semelhança daqueles, possam fundar-se em *fatos processuais*, *v.g.*, a ação rescisória, os embargos de terceiro ou o mandado de segurança contra ato judicial.

Depreende-se do conceito de recurso que o desígnio visado pode ser a *modificação* ou a *substituição* do julgado, caso em que "o julgamento proferido pelo tribunal substitui a decisão recorrida" (art. 1.008 do CPC)[7] e essa passa a ser a última palavra do Judiciário a desafiar, inclusive, a ação rescisória ou os recursos para os Tribunais Superiores.

Destaque-se que a decisão do tribunal pode ser da mesma natureza da decisão recorrida ou de natureza diversa. Assim, *v.g.*, se o tribunal der provimento ao recurso, substitui a decisão recorrida naquilo que tiver sido objeto da impugnação, podendo produzir a mesma decisão de mérito ou extinguir o processo sem análise do pedido, ainda que apreciando recurso de decisão definitiva. Nesse último caso, haverá a determinação de que outra seja proferida, como ocorre quando acolhido vício *in procedendo*.

Toda substituição obedece aos limites da impugnação. Assim, não pode o tribunal piorar a situação do único recorrente, salvo o acolhimento de matérias conhecíveis de ofício. Assim, não há *reformatio in pejus* se o acórdão pronuncia a ilegitimidade passiva, reformando sentença que havia julgado a ação no mérito, pela improcedência. Entretanto, não pode o tribunal favorecer a parte que não recorreu porque isso representaria prejudicar o único recorrente.

Nessa linha de princípio, se o agravante recorre de decisão que rejeitou uma das várias provas requeridas, o Tribunal não pode indeferir todas as demais. No mesmo diapasão, se o apelante recorre da imputação de uma sanção contratual decorrente da mora, não pode o tribunal rescindir o contrato.

Destarte quando a parte recorrente pretende a eliminação da decisão do mundo jurídico, para que outra seja proferida pelo mesmo órgão prolator, deve suscitar o vício de *ilegalidade da decisão* (*error in procedendo*). Diversamente quando postula a alteração *substancial* do julgado, o vício que se alega contaminar a decisão é o da *injustiça*; por isso, ao próprio tribunal cumpre repará-la, posto que o retorno dos autos implicaria submeter a causa, novamente, aos critérios de justiça do julgador, acoimados de incorretos pelo recorrente. Assim, *v.g.*, se a parte sustenta a má apreciação das provas ou a má aplicação do direito no julgamento que concluiu pela improcedência do pedido, a hipótese é de injustiça da decisão *error in judicando* e a função do tribunal, em princípio, será a de "substituir" a decisão por outra mais justa. Ao revés, se o vício denunciável é *in procedendo*, consistente na violação pelo prolator da decisão de uma "regra que dispõe sobre a atividade de julgar", *v.g.*, a que proíbe ao juiz impedido de praticar atos no processo (art. 144 do CPC), ou julgar antecipadamente a lide, sem que haja revelia ou *causa madura* (art. 355 do CPC), cumpre ao tribunal eliminar aquela decisão ilegal, determinando que outra seja proferida.

Por fim, considera-se, também, objetivo dos recursos o *aclaramento* da decisão judicial que, exatamente por visar à pacificação e estabilidade das relações jurídico-sociais, não deve ser fonte de dúvidas ou ambiguidades, o que ocorreria se se permitisse solidificar um provimento obscuro, contraditório ou lacunoso. Nesse sentido, a lei permite à parte utilizar-se dos *embargos de declaração*, para elucidar a decisão e o seu alcance. Por esse motivo, a interposição do referido recurso *interrompe* o prazo para a interposição de "outros recursos" (art. 1.026, *caput*, do CPC).

1.1 Duplo grau obrigatório de jurisdição: remessa necessária

Destarte, um elemento conceitual essencial aos recursos é o traço da voluntariedade, isto é, o recurso se apresenta como um meio de impugnação que surge da vontade da parte. Desta feita, demanda um ato concreto de externalização do interesse em interpô-lo e, doutra volta, torna-se

---

[7] **"Art. 1.008.** O julgamento proferido pelo tribunal substituirá a sentença ou a decisão impugnada no que tiver sido objeto de recurso."

Parte XI • I – TEORIA GERAL DOS RECURSOS | **915**

inadmissível o recurso quando o legitimado já demonstrou que não pretende se insurgir contra o *decisum*, como sucede na renúncia e na aquiescência.

Assim, as ferramentas processuais previstas que não tragam tal traço marcante da voluntariedade não ostentarão a natureza recursal, por mais que sejam impugnativas e aptas a alcançar objetivos comuns aos dos recursos, como a reforma ou a anulação. É o caso da remessa necessária, instrumento próprio da Fazenda Pública.

A "voluntariedade" que marca os recursos distingue-os daquelas causas em função das quais a lei impõe uma dupla aferição jurisdicional antes de tornar as suas decisões *eficazes*. Referimo-nos aos casos denominados de *duplo grau obrigatório de jurisdição*. Nestes, a sentença não produz efeito, tampouco transita em julgado, senão depois de apreciada a causa pelo tribunal; por isso, o juiz deve ordenar a remessa à instância superior, haja ou não impugnação voluntária (art. 496 e § 1º, do CPC).[8]

Nessas causas sujeitas ao reexame necessário (art. 496 do CPC), as decisões não transitam em julgado ainda que não haja recurso voluntário, enquanto não reapreciadas. Nesse sentido, o entendimento da Excelsa Corte (Súmula nº 423 do STF: "Não transita em julgado a sentença por haver omitido o recurso *ex officio*, que se considera interposto *ex lege*").

A submissão das causas a esse duplo grau obedece a critérios juspolíticos. Nessas hipóteses, o juiz ordena a remessa dos autos ao tribunal, haja ou não apelação voluntária da parte vencida. Caso haja omissão do Juiz, o Tribunal competente pode avocar a causa.

Em regra, encerram casos de remessa necessária as hipóteses previstas no art. 496, do CPC. Em suma, trata-se de casos em que há ônus financeiro imposto à Fazenda Pública, seja positivo – no caso de condenações pecuniárias – ou negativo – como no caso de improcedência de execuções fiscais ajuizadas pelas entidades públicas. As hipóteses se assemelham àquelas presentes no vetusto Código Buzaid, consideradas as exclusões promovidas pela reforma de 2001.

Procedimentalmente, como óbvio, o reexame necessário não se sujeita a preparo, e se processa consoante o regimento interno do tribunal.

Atentando para sua razão de ser e muito embora não se trate de recurso, a *Súmula nº 45 do STJ* dispõe ser defeso no reexame necessário agravar a condenação imposta à Fazenda Pública. Em consequência, se a parte adversa à Fazenda não recorreu à condenação da entidade pública, não pode ser agravada pelo tribunal, sob pena de *reformatio in pejus*.

---

[8] **"Art. 496.** Está sujeita ao duplo grau de jurisdição, não produzindo efeito senão depois de confirmada pelo tribunal, a sentença:

I – proferida contra a União, os Estados, o Distrito Federal, os Municípios e as respectivas autarquias e fundações de direito público;

II – que julgar procedentes, no todo ou em parte, os embargos à execução fiscal.

§ 1º Nos casos previstos neste artigo, o juiz ordenará a remessa dos autos ao tribunal, e, se não o fizer, o presidente do respectivo tribunal avocá-los-á.

§ 2º Em qualquer dos casos referidos no § 1º, o tribunal julgará a remessa necessária.

§ 3º Não se aplica o disposto neste artigo quando a condenação ou o proveito econômico obtido na causa for de valor certo e líquido inferior a:

I – 1.000 (mil) salários mínimos para a União e as respectivas autarquias e fundações de direito público;

II – 500 (quinhentos) salários-mínimos para os Estados, o Distrito Federal, as respectivas autarquias e fundações de direito público e os Municípios que constituam capitais dos Estados;

III – 100 (cem) salários-mínimos para todos os demais Municípios e respectivas autarquias e fundações de direito público.

§ 4º Também não se aplica o disposto neste artigo quando a sentença estiver fundada em:

I – súmula de tribunal superior;

II – acórdão proferido pelo Supremo Tribunal Federal ou pelo Superior Tribunal de Justiça em julgamento de recursos repetitivos;

III – entendimento firmado em incidente de resolução de demandas repetitivas ou de assunção de competência;

IV – entendimento coincidente com orientação vinculante firmada no âmbito administrativo do próprio ente público, consolidada em manifestação, parecer ou súmula administrativa."

CURSO DE DIREITO PROCESSUAL CIVIL • *Luiz Fux*

Por outro lado, atendendo à *ratio* do dispositivo, se a Fazenda Pública restou revel no processo, pode, no reexame necessário da sentença pelo tribunal, alegar matérias arguíveis em qualquer grau de jurisdição, *v.g.*, a carência de ação.

Mesmo não se tratando de recurso, a remessa obrigatória impede o trânsito em julgado da decisão. Essa assemelhação da remessa necessária ao recurso impõe que o tribunal, por ocasião do reexame necessário, deve apreciar as decisões não agraváveis que a Fazenda Pública poderia impugnar como preliminar de apelação, haja vista a extinção do agravo retido no CPC.

A remessa, em sendo "obrigatória", torna admissível a ação rescisória contra sentença que não foi submetida ao duplo grau de jurisdição, nos casos do art. 496, por violação literal de lei.

Impende esclarecer que a regra da remessa obrigatória leva em consideração o conteúdo da decisão, por isso que, quando se tratar de decisão interlocutória de mérito, é obrigatório o duplo grau, *v.g.*, quanto a um dos pedidos cumulados, o juiz acolhe a decadência.

Ao revés, tratando-se de sentença meramente terminativa, não desafia o reexame necessário, salvo na parte relativa à sucumbência da Fazenda Pública. Nada obstante os vários pontos de assemelhação, não se tratando de recurso, mas de *condição suspensiva de eficácia da decisão*, o regime jurídico que se empresta à remessa obrigatória não é aplicável àquele; por isso, *v.g.*, não são necessários os requisitos recursais de admissibilidade, permitindo-se, inclusive, o oferecimento do *recurso voluntário* simultaneamente.

O legislador processual, inspirado no princípio da efetividade da tutela jurisdicional, visa, desde os anteriores diplomas, à agilização da prestação da justiça, excluindo alguns casos da submissão ao duplo grau, ao mesmo tempo em que assegura que as sentenças em desfavor da Fazenda Pública serão obrigatoriamente revistas, atendendo à remessa necessária (art. 496[9]).

Destarte, obedecida a finalidade da regra, qual a de manter íntegra a prerrogativa fazendária, mantém-se o princípio de que nesse controle o tribunal não pode agravar a situação da entidade pública sem que haja recurso da parte adversa, tese, aliás, sumulada pelo E. STJ (Súmula nº 45).

Guardando fidelidade com o mesmo escopo, a regra mencionada, não obstante submeter em princípio, ao duplo grau a sentença proferida contra a União, o Estado, o Distrito Federal, o Município, e as respectivas autarquias e fundações de direito público e a que julgar procedentes, no todo ou em parte, os embargos à execução de dívida ativa da Fazenda Pública, "ressalvou" a aplicação do dispositivo sempre que a condenação, ou o direito controvertido, for de valor certo não excedente a determinados patamares (art. 496, § 3º[10]): 1.000 salários mínimos para a União, autarquias e fundações públicas federais; 500, para Estados, Distrito Federal, Municípios capitais de Estados e suas respectivas autarquias e fundações; 100, para os demais Municípios e respectivas autarquias e fundações.

---

[9] "**Art. 496.** Está sujeita ao duplo grau de jurisdição, não produzindo efeito senão depois de confirmada pelo tribunal, a sentença:
I – proferida contra a União, os Estados, o Distrito Federal, os Municípios e suas respectivas autarquias e fundações de direito público;
II – que julgar procedentes, no todo ou em parte, os embargos à execução fiscal.
§ 1º Nos casos previstos neste artigo, não interposta a apelação no prazo legal, o juiz ordenará a remessa dos autos ao tribunal, e, se não o fizer, o presidente do respectivo tribunal avocá-los-á.
§ 2º Em qualquer dos casos referidos no § 1º, o tribunal julgará a remessa necessária. (...)"

[10] "**Art. 496.** § 3º Não se aplica o disposto neste artigo quando a condenação ou o proveito econômico obtido na causa for de valor certo e líquido inferior a:
I – 1.000 (mil) salários-mínimos para a União e as respectivas autarquias e fundações de direito público;
II – 500 (quinhentos) salários-mínimos para os Estados, o Distrito Federal, as respectivas autarquias e fundações de direito público e os Municípios que constituam capitais dos Estados;
III – 100 (cem) salários-mínimos para todos os demais Municípios e respectivas autarquias e fundações de direito público."

Trata-se de moderna técnica de adstringir ao primeiro grau as causas de menor valor, tal como ocorre com os juizados especiais estaduais e federais bem como com as execuções fiscais, conforme previsão expressa do art. 34 da Lei nº 6.830/80, quanto ao teto do recurso nela previsto.

Impende, ainda, esclarecer que a submissão ao duplo grau obrigatório nas causas fazendárias obedece a esse valor qualquer que seja a natureza da ação.

Aliás, para afastar a tese dos que sustentavam apenas a necessidade de remessa das decisões condenatórias, a lei determina a aplicação do novo regime na condenação ou na decisão cujo "proveito econômico" não ultrapasse os limites.

Assim é que se, *v.g.*, uma sentença declaratória ou constitutiva é proferida contra a União em causa cujo valor não ultrapasse os 1.000 salários mínimos, a decisão somente será apreciada pelo tribunal se houver recurso voluntário e não versar hipótese sujeita aos juizados federais, onde a impugnação não acode ao órgão *ad quem*.

O Código de 2015, prosseguindo na racionalização da prestação jurisdicional, acrescenta outro leque de exceções ao duplo grau obrigatório, não focado no patamar de valores, mas no conteúdo da sentença. Assim é que as decisões baseadas em súmula de tribunal superior, acórdão proferido em julgamento de casos repetitivos ou assunção de competência ou em orientações vinculantes formadas no âmbito administrativo do ente público (súmulas, manifestações ou pareceres) não se submetem ao reexame obrigatório (art. 496, § 4º[11]).

Destarte, alvitrada a finalidade do dispositivo, o regime também se aplica às denominadas decisões interlocutórias de mérito.

Ressalvadas as exceções ora instituídas, nos demais casos de duplo grau de obrigatório, o juiz deve ordenar a remessa dos autos ao tribunal, haja ou não apelação.

Isto porque a ausência de remessa impede que a decisão produza efeitos e, *a fortiori*, não pode ser iniciada a execução. Essa a orientação que deflui da Súmula nº 423 do STF.

Para evitar essas delongas, omitindo-se o juiz na remessa obrigatória, revela-se admissível a avocatória pelo tribunal precedida de informação da Fazenda Pública. Deveras, havendo recurso voluntário, o reexame pode operar-se também, a despeito de ausência de remessa.

1.2 Fundamentos dos recursos (*ratio essendi*)

A decisão judicial, como vimos, apresenta aspectos formais e materiais. O primeiro revela sua *legalidade* e, o segundo, sua *justiça*. Esses planos de análise da decisão encartados no procedimento recursal visam a que o ato judicial seja depurado na sua validade formal e material, posto a experiência comum denotar que o jurisdicionado, em regra, não se contenta com apenas uma aferição da validade da decisão.

O cidadão tranquiliza-se ao saber a possibilidade de revisão de sua derrota por um órgão superior composto de membros mais experientes, com competência para derrogar a decisão. Por outro lado, pressupõe-se que a previsão de recursos iniba os equívocos judiciais, atuando como freio junto aos julgadores, no sentido de que reapurem os seus conceitos de juridicidade e os empreste à decisão, visando a evitar a reforma do julgado, com prejuízo para a *boa fama, interna corporis*, do julgador.[12] Pertence à *convicção popular* que *a segunda apreciação da causa*

---

[11] "**Art. 496.** § 4º Também não se aplica o disposto neste artigo quando a sentença estiver fundada em:

I – súmula de tribunal superior;

II – acórdão proferido pelo Supremo Tribunal Federal ou pelo Superior Tribunal de Justiça em julgamento de recursos repetitivos;

III – entendimento firmado em incidente de resolução de demandas repetitivas ou de assunção de competência;

IV – entendimento coincidente com orientação vinculante firmada no âmbito administrativo do próprio ente público, consolidada em manifestação, parecer ou súmula administrativa."

[12] Reluz, até os dias de hoje, o brilho da lição de **Francisco Morato**, no sentido de que "o zelo de não ver patenteada a própria ignorância ou negligência desperta o desejo de acertar e forçar os juízes inferiores a maior circunspecção e estudo, tornando a justiça mais segura", *apud* **Frederico Marques**, *Instituições*, vol. IV, p. 20.

é melhor do que a primeira, porque mais amadurecida. O sistema de recursos vem, assim, ao encontro do anseio popular de justiça e adequação da decisão à realidade dos fatos. Não se trata de um voto de desconfiança frente aos juízes, de desprestígio dos mesmos, tampouco uma ditadura dos tribunais, senão uma necessidade sociojurídica de reapuração da juridicidade[13] da decisão, saciando o sentimento de justiça do jurisdicionado que, malgrado pretenda uma solução rápida, admite esse confronto entre a celeridade e a segurança, optando por esta última, no balanceamento dos interesses em jogo.[14]

Destarte, afastada a pretensão de abolição dos recursos, tanto mais que ressoa expressivo o grau de provimento dos mesmos, os sistemas evoluídos oferecem inúmeros instrumentos de conciliação desses dois valores, cumprindo anotar, quanto a esse fim, a possibilidade de *eficácia imediata das decisões* pela não concessão de efeito suspensivo aos recursos, bem como o deferimento da antecipação da tutela em qualquer grau de jurisdição.

1.3   Direito intertemporal: eficácia da lei no tempo

Em princípio, em nome da efetividade processual, bem se poderia imaginar uma aplicação tão imediata que autorizasse os tribunais a devolverem à primeira instância feitos ainda não apreciados em duplo grau.

Entretanto, a ansiedade da solução célere esbarraria na violação do *due process of law*, por isso que se a parte soubesse de antemão da abolição do duplo grau, *in casu*, poderia recorrer o que não o fizera, acreditando na reiteração do exame judicial.

Assim, há de prevalecer o princípio *tempus regit actum*, obedecendo-se ao regime do atual CPC para os recursos que se originaram de acórdãos publicados após a sua entrada em vigor, qual seja, a partir do dia 18/03/2016, independente de ter havido registro em cartório anterior[15]. O critério é o da recorribilidade e se estende, de acordo com a jurisprudência, à aplicação da cláusula de sanabilidade recursal (art. 932, parágrafo único) e à fixação de honorários recursais (art. 85, § 11).

2.   PRINCÍPIOS RECURSAIS

A doutrina aponta diversas normas, de maior ou menor tessitura, a título de princípios recursais. Nesse rol, cuja extensão é controversa (há quem seja mais e menos generoso ao enumerá-los), encontram-se orientações processuais para essa etapa ulterior de julgamento calcada no reexame das decisões, que vão desde valores mais gerais até autênticas regras específicas, consubstanciando-se um conjunto de características gerais da matéria recursal[16].

É nesse cenário que alguns autores apontam a voluntariedade, já descrita *supra*, não apenas como um aspecto do conceito de recurso, mas também como princípio. Igualmente, há quem mencione a dialeticidade ou discursividade como valor inerente ao sistema recursal, exigindo a fundamentação das impugnações como meio para o bom exercício do contraditório no novo grau jurisdicional. Ainda a respeito das razões de recorrer, vislumbra-se o princípio da não complementariedade, haja vista que, como regra, a preclusão consumativa impede a alteração da causa de pedir recursal após a interposição, à exceção do julgamento de embargos de declaração que venham a

---

[13]   A expressão "reapuração da juridicidade" da decisão é de **Seabra Fagundes**, na sua clássica obra *Dos Recursos Ordinários em Matéria Civil*, 1946, p. 12.

[14]   Os valores em jogo, na sistemática recursal, foram bem evidenciados por **Redenti**, para quem o sistema recursal ressoava como ponto de equilíbrio de duas tendências: *"quella di consentire il controllo e il perfezionamento per gradus delle decisioni giudiziali e quella di garantirne ad un certo momento la finale certeza (inesorabilità)"*, in *Diritto Processuale Civile*, 1957, vol. II, p. 308.

[15]   REsp 1789218/PB, Rel. Min. Nancy Andrighi, 3ª Turma, j. 22.09.2020.

[16]   Como bem notado por **Marco Antonio Rodrigues**, em seu Manual dos Recursos (Rio de Janeiro: Atlas, 2017).

Parte XI • I — TEORIA GERAL DOS RECURSOS | 919

alterar a sucumbência, já tendo havido apresentação de outro recurso[nota 2][17]. Ademais, aponta-se a vedação à *reformatio in pejus* como princípio, impedindo que o recorrente tenha sua situação piorada no julgamento do próprio recurso que interpôs.

2.1 Duplo grau de jurisdição[18]

Os fundamentos acima indicam que nos países cujos sistemas processuais são de origem romano-germânica, como o nosso, o princípio do duplo grau de jurisdição está ínsito no sistema constitucional. Segundo este, uma decisão judicial que defina, satisfaça ou acautele direitos das partes submete-se à dupla apreciação pelos tribunais com "competência funcional", para rever e derrogar a decisão.[19] Tratando-se de instrumento encartado na Constituição, veda-se ao legislador ordinário suprimi-lo, sob pena de inconstitucionalidade.

As críticas até então lançadas ao sistema recursal, no sentido de que se abreviaria o espaço de tempo entre a impugnação e a decisão se a causa ingressasse diretamente nos tribunais, não colheram eco na doutrina nacional e alienígena, por isso a tramitação da causa por duas instâncias compõe o devido processo legal. Entretanto, é preciso observar que o duplo grau coloca à disposição das partes a possibilidade de reexame, mantendo-se, entretanto, a *natureza voluntária* dos recursos, por isso que recorre a parte que assim o desejar. Advirta-se, por oportuno, que o princípio do *duplo grau* implica a verificação da decisão por uma pluralidade de tribunais, não significando necessariamente que o ato judicial deva ser revisto "duas vezes".

Deveras a adstrição do tribunal à causa julgada, sendo defeso ao órgão superior apreciar pedidos ou exceções materiais não formuladas na instância inferior, fatos existentes e não suscitados e matérias que não foram objeto da decisão, ressalvada a técnica do § 3º do art. 1.013 do CPC[20], é decorrência do referido cânone.

Acaso ultrapassada essa vedação, o órgão superior estará recebendo, pela vez primeira e diretamente, nos tribunais, questões que não se submeteram ao crivo do primeiro grau de jurisdição, violando o "duplo grau". Assim, *v.g.*, se o juiz *a quo* não apreciou o pedido X formulado pela parte, limitando-se apenas ao Y, não é lícito ao órgão superior apreciá-lo. Assim também, se o juízo inferior não julgou o mérito, extinguindo o processo sem análise do pedido em face de um obstáculo

---

[17] **Art. 1.024** § 4º Caso o acolhimento dos embargos de declaração implique modificação da decisão embargada, o embargado que já tiver interposto outro recurso contra a decisão originária tem o direito de complementar ou alterar suas razões, nos exatos limites da modificação, no prazo de 15 (quinze) dias, contado da intimação da decisão dos embargos de declaração.

[18] Segundo **Ugo Rocco**, o princípio do duplo grau de jurisdição é aquele *"per cui gli organi giurisdizionali, con poteri i limiti, specificamente determinati dal diritto processuali obiettivo, possono riesaminare il prodotto dell'attività degli organi giurisdizionale"*, in *Trattato di Diritto Processuale Civile*, 1957, vol. I, p. 363.

[19] Para **Chiovenda**, o princípio do duplo grau de jurisdição, oriundo da Revolução Francesa, determina o trânsito de uma causa, normalmente, pela cognição de dois tribunais sucessivamente (*Instituições de Direito Processual Civil*, trad. port., 1943, vol. II, p. 139).

[20] **"Art. 1.013**. A apelação devolverá ao tribunal o conhecimento da matéria impugnada.
§ 1º Serão, porém, objeto de apreciação e julgamento pelo tribunal todas as questões suscitadas e discutidas no processo, ainda que não tenham sido solucionadas, desde que relativas ao capítulo impugnado.
§ 2º Quando o pedido ou a defesa tiver mais de um fundamento e o juiz acolher apenas um deles, a apelação devolverá ao tribunal o conhecimento dos demais.
§ 3º Se o processo estiver em condições de imediato julgamento, o tribunal deve decidir desde logo o mérito quando:
I – reformar sentença fundada no art. 485;
II – decretar a nulidade da sentença por não ser ela congruente com os limites do pedido ou da causa de pedir;
III – constatar a omissão no exame de um dos pedidos, hipótese em que poderá julgá-lo;
IV – decretar a nulidade de sentença por falta de fundamentação.
§ 4º Quando reformar sentença que reconheça a decadência ou a prescrição, o tribunal, se possível, julgará o mérito, examinando as demais questões, sem determinar o retorno do processo ao juízo de primeiro grau.
§ 5º O capítulo da sentença que confirma, concede ou revoga a tutela provisória é impugnável na apelação."

processual, não é lícito ao tribunal apreciar a questão de fundo pela vez primeira, salvo na hipótese do artigo 1.013, § 3º, do CPC.

A verticalidade com que o tribunal pode apreciar as causas já submetidas ao juízo inferior vem regulada na lei, segundo os consectários do *princípio de que somente se devolve ao tribunal a matéria impugnada*, para que o órgão superior não ultrapasse os limites do pedido. Assim como se veda ao juiz inferior julgar além do pedido – *ne procedat iudex vel ultra vel extra petita partium* – (arts. 141[21] e 492[22] do CPC), interdita-se, também, qualquer atividade extrapolante do tribunal, quanto à extensão da impugnação, sendo ampla a investigação do órgão *a quo* quanto à profundidade do recurso.

2.2 Unicidade dos recursos

Os meios de impugnação judicial devem ser adequados[23] às decisões proferidas; por isso, são regulados em seus "requisitos intrínsecos e extrínsecos", levando em consideração a natureza da decisão e sua relevância para a causa. Há manifestações judiciais irrelevantes e outras manifestamente importantes, à luz dos princípios que informam o sistema recursal. Em consequência, o legislador dispõe, diferentemente, sobre os atos judiciais quanto à sua potencial impugnabilidade. Há manifestações tão irrelevantes que são irrecorríveis; outras recorríveis com apreciação diferida no tempo, como as questões invocadas em sede preliminar de apelação – outrora recorríveis por meio do já extinto agravo retido – e ainda aquelas, tão relevantes, que são imediatamente impugnáveis.

Isto significa dizer que há uma certa "tipicidade" entre a decisão prolatada e o recurso interponível. A adequação do recurso à decisão obedece ao *princípio da unirrecorribilidade* ou *unicidade dos recursos*, o que implica dizer que não há, em regra, para cada decisão judicial, vários recursos interponíveis, tampouco possibilidade de *interposição simultânea* de vários recursos contra a mesma decisão judicial. O nosso sistema, em regra, veda a simultaneidade e privilegia a *sucessividade* recursal. Há vários meios de impugnação sucessiva das decisões judiciais, o que situa o Direito brasileiro entre os que *prodigalizam* a impugnação judicial.

Em parte, o Direito brasileiro mitigou o *princípio da unirrecorribilidade* após a Carta de 1988, ao dicotomizar o recurso extremo em *recurso extraordinário*, para as hipóteses de violação da ordem constitucional, e *recurso especial*, para a infringência à ordem infraconstitucional. Considerando que *uma decisão pode ser violadora de forma bifronte* às duas ordens federais, admite-se a interposição simultânea de ambos os recursos, sendo certo que o extraordinário endereçado ao Supremo Tribunal Federal fica sustado até a decisão do recurso especial, pela objetiva razão da superposição da Corte Suprema aos demais tribunais do país, inclusive ao Superior Tribunal de Justiça, guardião da ordem infraconstitucional que, ao decidir, pode, eventualmente, ferir a Carta Maior.

A unicidade dos recursos uma vez obedecida indica que os recursos vêm previstos e regulados quanto ao seu *cabimento*, levando em conta a manifestação proferida. Assim, das decisões interlocutórias dispostas no rol do art. 1.015, CPC, cabe o recurso de agravo de instrumento, das sentenças, cabe a apelação e dos despachos não cabe recurso algum (art. 1.001, CPC); não são assim aqueles que causam gravame porquanto agraváveis, *v.g.*, o que estabelece os critérios lesivos à parte na conta a ser elaborada. O mesmo princípio é obedecido nos tribunais, por isso que, das decisões violadoras da lei, cabe recurso especial, do julgado que malfere a Constituição, cabe re-

---

[21] "**Art. 141.** O juiz decidirá o mérito nos limites propostos pelas partes, sendo-lhe vedado conhecer de questões não suscitadas a cujo respeito a lei exige iniciativa da parte."

[22] "**Art. 492.** É vedado ao juiz proferir decisão de natureza diversa da pedida, bem como condenar a parte em quantidade superior ou em objeto diverso do que lhe foi demandado.
Parágrafo único. A sentença deve ser certa, ainda que resolva relação jurídica condicional."

[23] É adequado um recurso, quando interposto de "decisão recorrível", e é ele o recurso indicado para a decisão que se impugna, **Frederico Marques**, *Instituições*, vol. IV, p. 55.

curso extraordinário, e de toda e qualquer manifestação judicial, cabem os *embargos de declaração*, quando lacunosa, contraditória ou obscura.

A *inadequação do recurso* em face da decisão correspondente impõe a sua "inadmissão pelo descabimento".

Desta sorte, é importante a tarefa de categorizar uma decisão, para emprestar-lhe o recurso pertinente.

A própria lei incumbe-se de definir os atos judiciais passíveis de recurso e, por negação, os irrecorríveis, como se colhe dos arts. 203 e 204 do CPC. À luz do referido dispositivo, observa-se que *a sentença é o ato pelo qual o juiz resolve a questão posta no processo extinguindo o procedimento em primeiro grau quando não soluciona o mérito e resolvendo-o quando possibilitem todos os requisitos formais reclamados*. Em ambos os casos, há sentença, a qual desafia o recurso de apelação.[24]

Decisão interlocutória, não obstante decisão, não extingue o processo de conhecimento ou de execução, porquanto a isso não se refere o legislador na sua exposição de motivos da reforma processual, tampouco pretendeu cindir o processo em múltiplas fases com várias sentenças apeláveis, estagnando o processo a todo instante com a interposição de recursos de apelação. A decisão interlocutória decide uma questão incidente formal ou material, *v.g.*, a impugnação ao valor da causa, e a relação processual prossegue, razão pela qual é impugnável por agravo de subida ime-

---

[24] **"Art. 1.009.** Da sentença caberá apelação."

"Art. 485. O juiz não resolverá o mérito quando:

I – indeferir a petição inicial;

II – o processo ficar parado durante mais de 1 (um) ano por negligência das partes;

III – por não promover os atos e as diligências que lhe incumbir, o autor abandonar a causa por mais de 30 (trinta) dias;

IV – verificar a ausência de pressupostos de constituição e de desenvolvimento válido e regular do processo;

V – reconhecer a existência de perempção, de litispendência ou de coisa julgada;

VI – verificar ausência de legitimidade ou de interesse processual;

VII – acolher a alegação de existência de convenção de arbitragem ou quando o juízo arbitral reconhecer sua competência;

VIII – homologar a desistência da ação;

IX – em caso de morte da parte, a ação for considerada intransmissível por disposição legal; e

X – nos demais casos prescritos neste Código.

§ 1º Nas hipóteses descritas nos incisos II e III, a parte será intimada pessoalmente para suprir a falta no prazo de 5 (cinco) dias.

§ 2º No caso do § 1º, quanto ao inciso II, as partes pagarão proporcionalmente as custas, e, quanto ao inciso III, o autor será condenado ao pagamento das despesas e dos honorários de advogado.

§ 3º O juiz conhecerá de ofício da matéria constante dos incisos IV, V, VI e IX, em qualquer tempo e grau de jurisdição, enquanto não ocorrer o trânsito em julgado.

§ 4º Oferecida a contestação, o autor não poderá, sem o consentimento do réu, desistir da ação.

§ 5º A desistência da ação pode ser apresentada até a sentença.

§ 6º Oferecida a contestação, a extinção do processo por abandono da causa pelo autor depende de requerimento do réu.

§ 7º Interposta a apelação em qualquer dos casos de que tratam os incisos deste artigo, o juiz terá 5 (cinco) dias para retratar-se."

" Art. 487. Haverá resolução de mérito quando o juiz:

I – acolher ou rejeitar o pedido do autor;

II – decidir de ofício ou a requerimento, sobre a ocorrência de decadência ou prescrição;

III – homologar:

a) o reconhecimento da procedência do pedido formulado na ação ou na reconvenção;

b) a transação;

c) a renúncia à pretensão formulada na ação ou na reconvenção.

Parágrafo único. Ressalvada a hipótese do § 1º do art. 332, a prescrição e a decadência não serão reconhecidas sem que antes seja dada às partes oportunidade de manifestar-se."

diata, obedecida a disciplina do art. 1.015.[25] Nesse aspecto, aliás, vale pontuar que o STJ assentou a taxatividade mitigada do rol do art. 1.015 do Codex[26]. Nesse sentido, em elucidação às hipóteses de excepcional admissão à interposição de agravo para além do texto do art. 1.015, o Tribunal entendeu que decisões interlocutórias em ações de improbidade administrativa podem ser contestadas por agravo de instrumento, firmando o parâmetro de cabimento por consonância com os microssistemas de tutela coletiva [nota 2][27], o que inclusive acabou por ser positivado pela Lei 14.320/2021[28].

---

[25] **"Art. 1.015**. Cabe agravo de instrumento contra as decisões interlocutórias que versarem sobre:
I – tutelas provisórias;
II – mérito do processo;
III – rejeição da alegação de convenção de arbitragem;
IV – incidente de desconsideração da personalidade jurídica;
V – rejeição do pedido de gratuidade da justiça ou acolhimento do pedido de sua revogação;
VI – exibição ou posse de documento ou coisa;
VII – exclusão de litisconsorte;
VIII – rejeição do pedido de limitação do litisconsórcio;
IX – admissão ou inadmissão de intervenção de terceiros;
X – concessão, modificação ou revogação do efeito suspensivo aos embargos à execução;
XI – redistribuição do ônus da prova nos termos do art. 373, § 1º;
XII – (VETADO);
XIII – outros casos expressamente referidos em lei.
Parágrafo único. Também caberá agravo de instrumento contra decisões interlocutórias proferidas na fase de liquidação de sentença ou de cumprimento de sentença, no processo de execução e no processo de inventário."

[26] "RECURSO ESPECIAL REPRESENTATIVO DE CONTROVÉRSIA. DIREITO PROCESSUAL CIVIL. NATUREZA JURÍDICA DO ROL DO ART. 1.015 DO CPC/2015. IMPUGNAÇÃO IMEDIATA DE DECISÕES INTERLOCUTÓRIAS NÃO PREVISTAS NOS INCISOS DO REFERIDO DISPOSITIVO LEGAL. POSSIBILIDADE. TAXATIVIDADE MITIGADA. EXCEPCIONALIDADE DA IMPUGNAÇÃO FORA DAS HIPÓTESES PREVISTAS EM LEI. REQUISITOS. (...) 3. A enunciação, em rol pretensamente exaustivo, das hipóteses em que o agravo de instrumento seria cabível revela-se, na esteira da majoritária doutrina e jurisprudência, insuficiente e em desconformidade com as normas fundamentais do processo civil, na medida em que sobrevivem questões urgentes fora da lista do art. 1.015 do CPC e que tornam inviável a interpretação de que o referido rol seria absolutamente taxativo e que deveria ser lido de modo restritivo. 4. A tese de que o rol do art. 1.015 do CPC seria taxativo, mas admitiria interpretações extensivas ou analógicas, mostra-se igualmente ineficaz para a conferir ao referido dispositivo uma interpretação em sintonia com as normas fundamentais do processo civil, seja porque ainda remanescerão hipóteses em que não será possível extrair o cabimento do agravo das situações enunciadas no rol, seja porque o uso da interpretação extensiva ou da analogia pode desnaturar a essência de institutos jurídicos ontologicamente distintos. 5. A tese de que o rol do art. 1.015 do CPC seria meramente exemplificativo, por sua vez, resultaria na repristinação do regime recursal das interlocutórias que vigorava no CPC/73 e que fora conscientemente modificado pelo legislador do novo CPC, de modo que estaria o Poder Judiciário, nessa hipótese, substituindo a atividade e a vontade expressamente externada pelo Poder Legislativo. 6. Assim, nos termos do art. 1.036 e seguintes do CPC/2015, fixa-se a seguinte tese jurídica: 'O rol do art. 1.015 do CPC é de taxatividade mitigada, por isso admite a interposição de agravo de instrumento quando verificada a urgência decorrente da inutilidade do julgamento da questão no recurso de apelação'. 7. Embora não haja risco de as partes que confiaram na absoluta taxatividade com interpretação restritiva serem surpreendidas pela tese jurídica firmada neste recurso especial repetitivo, eis que somente se cogitará de preclusão nas hipóteses em que o recurso eventualmente interposto pela parte tenha sido admitido pelo Tribunal, estabelece-se neste ato um regime de transição que modula os efeitos da presente decisão, a fim de que a tese jurídica somente seja aplicável às decisões interlocutórias proferidas após a publicação do presente acórdão. (...) 9. Recurso especial conhecido e provido." (REsp 1.704.520/MT, Rel. Min. Nancy Andrighi, Corte Especial, j. 05.12.2018).

[27] "PROCESSUAL CIVIL. IMPROBIDADE ADMINISTRATIVA. DECISÃO INTERLOCUTÓRIA QUE INDEFERE PEDIDO DE DEPOIMENTO PESSOAL. AGRAVO DE INSTRUMENTO. CABIMENTO. PREVALÊNCIA DE PREVISÃO CONTIDA NA LEI DA AÇÃO POPULAR SOBRE O ARTIGO 1.015 DO CPC/2015. MICROSSISTEMA DE TUTELA COLETIVA. (...) 4. Esse entendimento contraria a orientação, consagrada no STJ, de que 'O Código de Processo Civil deve ser aplicado somente de forma subsidiária à Lei de Improbidade Administrativa. Microssistema de tutela coletiva' (REsp 1.217.554/SP, Rel. Ministra Eliana Calmon, Segunda Turma, DJe 22.8.2013). 5. Na mesma direção: 'Os arts. 21 da Lei da Ação Civil Pública e 90 do CDC, como normas de envio, possibilitaram o surgimento do denominado Microssistema ou Minissistema de proteção dos interesses ou direitos coletivos amplo senso, no qual se comunicam outras normas, como o Estatuto do Idoso e o da Criança e do Adolescente, a Lei da Ação Popular, a Lei de Improbidade Administrativa e outras que visam tutelar direitos dessa natureza, de forma

Parte XI • I – TEORIA GERAL DOS RECURSOS | **923**

As decisões dos *tribunais* se denominam "acórdãos", admitindo-se aos órgãos monocrático-fracionários do colegiado proferir decisões, por vezes extintivas, impugnáveis por agravo interno levado ao colegiado (art. 1.021). Esses mesmos acórdãos, desde que também preenchidos os pressupostos legais e constitucionais, podem sujeitar-se ao *recurso extraordinário* (art. 102, III, da CF)[29] ou ao *recurso especial* (art. 105, III, da CF).[30]

A deliberação colegiada nos denominados Tribunais Superiores, sob esse ângulo, pode ser resultado de manifestações *conclusivas* no mesmo sentido, portanto, *unânimes* ou *divergentes*. Havendo *divergência*, são cabíveis os *embargos* de divergência, os quais visam à uniformização acerca do entendimento da ordem jurídica que é federal. Observa-se, assim, a *correspondência* entre os *recursos* e as *decisões*.

---

que os instrumentos e institutos podem ser utilizados com o escopo de 'propiciar sua adequada e efetiva tutela' (art. 83 do CDC)' (REsp 695.396/RS, Primeira Turma, Rel. Ministro Arnaldo Esteves Lima, *DJe* 27.4.2011). 6. Deve-se aplicar à Ação por Improbidade o mesmo entendimento já adotado em relação à Ação Popular, como sucedeu, entre outros, no seguinte precedente: 'A norma específica inserida no microssistema de tutela coletiva, prevendo a impugnação de decisões interlocutórias mediante agravo de instrumento (art. 19 da Lei n. 4.717/65), não é afastada pelo rol taxativo do art. 1.015 do CPC/2015, notadamente porque o inciso XIII daquele preceito contempla o cabimento daquele recurso em 'outros casos expressamente referidos em lei' (AgInt no REsp 1.733.540/DF, Rel. Ministro Gurgel de Faria, Primeira Turma, *DJe* 4.12.2019). Na mesma direção: REsp 1.452.660/ES, Rel. Ministro Og Fernandes, Segunda Turma, *DJe* 27.4.2018. Conclusão. 7. A ideia do microssistema de tutela coletiva foi concebida com o fim de assegurar a efetividade da jurisdição no trato dos direitos coletivos, razão pela qual a previsão do artigo 19, § 1º, da Lei da Ação Popular ('Das decisões interlocutórias cabe agravo de instrumento') se sobrepõe, inclusive nos processos de improbidade, à previsão restritiva do artigo 1.015 do CPC/2015. 8. Recurso Especial provido, com determinação de o Tribunal de origem conheça do Agravo de Instrumento interposto pelo Ministério Público do Estado do Rio de Janeiro e o decida como entender de direito." (REsp 1.925.492/RJ, Rel. Min. Herman Benjamin, 2ª Turma, j. 4.5.2021).

[28] Que acrescentou o § 21 ao art. 17 da Lei 8.429/1992, com a seguinte redação: "Das decisões interlocutórias caberá agravo de instrumento, inclusive da decisão que rejeitar questões preliminares suscitadas pelo réu em sua contestação."

[29] "**Art. 102.** Compete ao Supremo Tribunal Federal, precipuamente, a guarda da Constituição, cabendo-lhe: (...)
III – julgar, mediante recurso extraordinário, as causas decididas em única ou última instância, quando a decisão recorrida:
a) contrariar dispositivo desta Constituição;
b) declarar a inconstitucionalidade de tratado ou lei federal;
c) julgar válida lei ou ato de governo local contestado em face desta Constituição;
d) julgar válida lei local contestada em face de lei federal.
§ 1º A arguição de descumprimento de preceito fundamental, decorrente desta Constituição, será apreciada pelo Supremo Tribunal Federal, na forma da lei.
§ 2º As decisões definitivas de mérito, proferidas pelo Supremo Tribunal Federal, nas ações diretas de inconstitucionalidade e nas ações declaratórias de constitucionalidade produzirão eficácia contra todos e efeito vinculante, relativamente aos demais órgãos do Poder Judiciário e à administração pública direta e indireta, nas esferas federal, estadual e municipal.
§ 3º No recurso extraordinário o recorrente deverá demonstrar a repercussão geral das questões constitucionais discutidas no caso, nos termos da lei, a fim de que o Tribunal examine a admissão do recurso, somente podendo recusá-lo pela manifestação de dois terços de seus membros."

[30] "**Art. 105.** Compete ao Superior Tribunal de Justiça:
(...);
III – julgar, em recurso especial, as causas decididas, em única ou última instância, pelos Tribunais Regionais Federais ou pelos tribunais dos Estados, do Distrito Federal e Territórios, quando a decisão recorrida:
a) contrariar tratado ou lei federal, ou negar-lhes vigência;
b) julgar válido ato de governo local contestado em face de lei federal;
c) der a lei federal interpretação divergente da que lhe haja atribuído outro tribunal.
Parágrafo único. Funcionarão junto ao Superior Tribunal de Justiça:
I – a Escola Nacional de Formação e Aperfeiçoamento de Magistrados, cabendo-lhe, dentre outras funções, regulamentar os cursos oficiais para o ingresso e promoção na carreira;
II – o Conselho da Justiça Federal, cabendo-lhe exercer, na forma da lei, a supervisão administrativa e orçamentária da Justiça Federal de primeiro e segundo graus, como órgão central do sistema e com poderes correicionais, cujas decisões terão caráter vinculante."

2.2.1 Instrumentalidade das formas e fungibilidade recursal

Essa necessidade de adequação não impede que se alvitre que o recurso é uma manifestação de defesa dos direitos da parte vencida. Assim, qualquer manifestação dessa ordem deve ser aproveitada, devendo rejeitar-se a superposição da questão formal sobre a questão de fundo. O defeito de forma, por essa razão, somente deve acarretar a anulação daquilo que é impossível de ser aproveitado (art. 283 do CPC)[31] e que, em princípio, cause prejuízo à defesa dos interesses das partes.

O CPC estatui regra própria a esclarecer a aplicação do princípio ao âmbito recursal, asseverando que antes de considerar inadmissível o recurso, o relator concederá o prazo de cinco dias ao recorrente para que seja sanado vício ou complementada a documentação exigível (art. 932, parágrafo único).

A influência do "princípio da instrumentalidade das formas", no campo da inadequação procedimental, reacendeu a aplicação do vetusto *princípio da fungibilidade dos recursos*, cuja incidência permite o aproveitamento do recurso interposto como se fosse o meio de impugnação cabível e não utilizado.[32] Fundando-se em ordenação pretérita, a jurisprudência consagrou essa possibilidade, desde que "ausente o erro grosseiro" e a "má-fé do recorrente".

Um dos critérios utilizados tem sido a escorreita verificação da *tempestividade*[33]. Por isso, um recurso de prazo menor é aceito se interposto no lugar daquele cabível cujo prazo de oferecimento é mais alongado. A recíproca, contudo, não é verdadeira, sendo certo que esse elemento foi suavizado com o atual Código, que uniformiza os prazos recursais em quinze dias, salvo nos embargos de declaração (art. 1.003, § 5º). Por outro lado, entende-se que revela *malícia do recorrente* aproveitar-se de recurso com maior devolutividade e procedimento mais delongado.

Cumpre, entretanto, advertir que, não obstante a didática do legislador, em alguns momentos, ele próprio nega os conceitos traçados nos arts. 203 e 204,[34] denominando de sentença o que é despacho, ou de decisão o que é sentença e vice-versa. Nessas hipóteses, se o próprio julgador categoriza equivocadamente o seu ato judicial, revela-se razoável que se exonere a parte de eventual inadequação do recurso interposto. Assim, *v.g.*, é comum na decisão dos incidentes processuais que os juízes, ao iniciarem o ato, denominem-o *sentença*, quando, em verdade, se trata, na essência, de decisões interlocutórias, *v.g.*, a que resolve a impugnação ao valor da causa, o indeferimento de litisconsórcio, a rejeição de reconvenção, as impugnações quanto à penhorabilidade no curso da execução e as liminares, em geral.

---

[31] **"Art. 283.** O erro de forma do processo acarreta unicamente a anulação dos atos que não possam ser aproveitados, devendo ser praticados os que forem necessários a fim de se observarem as prescrições legais Parágrafo único. Dar-se-á o aproveitamento dos atos praticados desde que não resulte prejuízo à defesa de qualquer parte".

[32] O referido princípio da "fungibilidade" encontrava-se consagrado no vetusto ordenamento processual de 1939, no seu art. 810 que dispunha: "salvo a hipótese de má-fé ou erro grosseiro, a parte não será prejudicada pela interposição de um recurso por outro, devendo os autos serem enviados à Câmara ou Turma a que competir o julgamento".

[33] A tempestividade, como pré-requisito para a adoção da fungibilidade, é exigência antiga, como se colhe em **Pedro Batista Martins**, *Recursos e Processos da Competência Originária dos Tribunais*, 1957, p. 166, onde cita a lição do então Ministro **Orosimbo Nonato**.

[34] **"Art. 203.** Os pronunciamentos do juiz consistirão em sentenças, decisões interlocutórias e despachos.
§ 1º Ressalvadas as disposições expressas dos procedimentos especiais, sentença é o pronunciamento por meio do qual o juiz, com fundamento nos arts. 485 e 487, põe fim à fase cognitiva do procedimento comum, bem como extingue a execução.
§ 2º Decisão interlocutória é todo pronunciamento judicial de natureza decisória que não se enquadre no § 1º.
§ 3º São despachos todos os demais pronunciamentos do juiz praticados no processo, de ofício ou a requerimento da parte.
§ 4º Os atos meramente ordinatórios, como a juntada e a vista obrigatória, independem de despacho, devendo ser praticados de ofício pelo servidor e revistos pelo juiz quando necessário.
Art. 204. Acórdão é o julgamento colegiado proferido pelos tribunais".

Parte XI • I – TEORIA GERAL DOS RECURSOS | **925**

Nesses casos, a parte, induzida em erro, pela lei ou pelo tribunal, faz jus à chancela da fungibilidade. É sempre útil relembrar que uma postura rígida e formalista pode conduzir os juízes à manutenção de suas decisões, às custas de juízos negativos de admissibilidade. Aliás, não é por outra razão que o juízo de admissão dos recursos sujeita-se a duplo controle, como veremos a seguir.

Essa *ratio* restou ainda mais fortalecida pelo Código, que possui como um de seus vetores a preferibilidade da solução do mérito sobre limitações formais. Nesse sentido, o art. 932, ao tratar dos poderes do relator, veicula, em seu parágrafo único, uma cláusula geral que permite, antes que se considere inadmissível o recurso, a concessão do prazo de 5 (cinco) dias ao recorrente para que seja sanado vício ou complementada a documentação exigível. Evidentemente, essa possibilidade só alcança os *vícios sanáveis*, o que não se verifica, *v.g.*, em recursos que se revelem intempestivos ou com fundamentação deficiente ou inadequada. Neste último caso, ademais, a limitação decorre da própria incidência do fenômeno da *preclusão*, que não indica hipótese de *vício sanável* em prazo adicional a ser concedido pelo relator.

Na mesma linha, veja-se o art. 1.024, § 3º, do CPC, que veicula exemplo expresso de possibilidade de aplicação da *fungibilidade recursal*. Com efeito, ao tratar dos *embargos de declaração*, prevê o dispositivo que estes poderão ser conhecidos como *agravo interno*, caso se entenda ser este o recurso cabível, desde que se determine a prévia intimação do recorrente para, no prazo de 5 (cinco) dias, complemente suas razões recursais, de modo a ajustá-las às exigências do art. 1.021, § 1º, que impõe ao agravante a necessidade de, em sua peça recursal, impugnar de forma especifica os fundamentos da decisão agravada que quer ver alterados.

De forma próxima, além da *fungibilidade* propriamente dita, o Código introduz a possibilidade de *conversibilidade* entre o recurso especial e o recurso extraordinário. Com efeito, o art. 1.033 do CPC dispõe que se o Supremo Tribunal Federal considerar como reflexa a ofensa à Constituição afirmada no recurso extraordinário, por pressupor a revisão da interpretação de lei federal ou de tratado, remetê-lo-á ao Superior Tribunal de Justiça para julgamento como recurso especial. Evita-se, assim, o não julgamento de um recurso cuja fundamentação tenha sido considerada de ordem *constitucional* pelo STJ e *infraconstitucional* pelo STF.

3. ADMISSIBILIDADE E MÉRITO DOS RECURSOS

Os recursos, como manifestações de cunho postulatório, submetem-se a um prévio exame de admissibilidade, antes da análise da eventual procedência da impugnação. O denominado juízo de admissibilidade dos recursos equipara-se àquele exame prévio que o juiz enceta quanto às condições da ação e aos pressupostos processuais, antes de apreciar o mérito da causa.

Assim, antes de se verificar se o recorrente tem ou não razão, analisa-se a admissibilidade do recurso.[35]

Recurso admissível diz-se *conhecido* e inadmissível *não conhecido*.

O preenchimento dos requisitos de admissibilidade habilita o recorrente a obter uma decisão sobre o *mérito do recurso*, que não é senão a razão de ser da impugnação. Por isso, o mérito recursal tanto pode versar uma questão formal, *por exemplo,* um agravo quanto à ilegitimidade declarada de um dos litisconsortes, quanto a uma questão material, *v.g.*, uma apelação dirigida contra uma sentença que julgou improcedente o pedido de cobrança. Constata-se, assim, que o "mérito da causa" e o "mérito do recurso" são aspectos diferentes do objeto de cognição jurisdicional. O "mérito do recurso" não versa necessariamente sobre o "mérito da causa", até porque pode haver recurso dirigido exatamente contra a decisão que *extinguiu o processo sem análise do mérito*.

O recurso inadmissível impede a análise sobre os fundamentos da impugnação.

---

[35] **James Goldschmidt** afirma que: "se o recurso não preenche os seus pressupostos e requisitos não se averigua o seu conteúdo" (*in Teoria General del Proceso*, 1936, p. 109). **Leo Rosenberg** doutrina que: "O recurso deve ser admissível e procedente para que seja provido", *in Tratado de Derecho Procesal Civil*, 1955, vol. II, p. 359.

"Não conhecido" o recurso, o juiz ou o tribunal "declara" a falta de um dos requisitos de admissibilidade. A "natureza declaratória" desse pronunciamento implica reconhecer que no *momento em que faltou o requisito de admissibilidade a decisão transitou em julgado*. Assim, *v.g.*, se o tribunal, seis meses depois de interposto o recurso, vem a julgá-lo intempestivo, a decisão impugnada terá transitado em julgado no dia mesmo em que o recorrente deixou passar *in albis* o prazo da impugnação.

A importância jurídico-processual dessa constatação está em que o trânsito em julgado permite a satisfação da decisão por execução definitiva, bem como marca o termo *a quo* para o oferecimento da ação rescisória. Sob esse ângulo não é pacífica a jurisprudência que exige para a configuração retro-operante do trânsito em julgado, recurso intempestivo e interposto de má-fé. A referência acima ao juiz ou tribunal, como competentes para declarar a inadmissibilidade, tem a finalidade de reafirmar que a admissão do recurso pode ficar sujeita a mais de um controle. Num primeiro plano, pode realizá-la o juiz perante o qual o recurso foi interposto, quando a lei assim o permite. Não obstante, acudindo a causa ao órgão julgador do recurso, antes da apreciação do mérito da impugnação, volta-se a apreciar a admissibilidade.[36] Ultrapassada a etapa preliminar de conhecimento do recurso, passa-se ao mérito.

Essa possibilidade de *duplicidade de juízo de admissibilidade* tem como uma de suas razões o fato de que, se assim não o fosse, o juiz barraria o recurso para não sujeitar suas decisões a outro crivo, excluindo a chance de o recorrente ver apreciada a sua manifestação.

Destarte, a dupla apreciação significa "a não vinculação do órgão *ad quem* ao pronunciamento do órgão *a quo*" sobre a admissibilidade, bem como disponibiliza a favor do recorrente um meio de impugnação, caso o juiz inferior entenda inadmissível o recurso interposto. Neste caso, esse outro recurso tem como objeto a admissibilidade daquele que ficou barrado na instância recorrida, e seu provimento acarretará a subida da impugnação reprimida. Essa a razão pela qual a impugnação desse recurso deve versar tão somente sobre o erro cometido quanto à inadmissão da irresignação e não a repetição das razões da impugnação inadmitida. A ausência de vinculação entre os juízos de inadmissibilidade pode ensejar hipótese rara, em que, ao subir o recurso, o tribunal entenda-o inadmissível por outro vício, que não o apontado no meio de impugnação, cujo provimento fê-lo chegar ao órgão superior.

O mérito do recurso, diferentemente, introjeta o tribunal na verificação de seu fundamento, ultrapassada a análise preliminar de admissão. O *mérito do recurso* pode consistir nos vícios da ilegalidade e da injustiça da decisão, analisando-se o primeiro, para, após, observar da justeza do julgado. É que, acolhida a alegação de *error in procedendo* (ilegalidade), o tribunal deve anular a decisão e abster-se de prosseguir, salvo nos casos de aplicação da teoria da causa madura (art. 1.013, § 3º). Havendo injustiça, caberá ao tribunal substituir a decisão por outra (art. 1.008 do CPC). Assim, *v.g.*, se o juiz julgou antecipadamente a lide ilegalmente é de somenos verificar o mérito, salvo se for para favorecer o único recorrente (art. 282, § 2º, do CPC).

4. REQUISITOS DE ADMISSIBILIDADE DOS RECURSOS

A importância desses requisitos implica conhecê-los especificamente. Alguns pertinem ao próprio direito de recorrer, *v.g.*, a legitimidade do recorrente; outros correspondem ao procedimento recursal, como a regularidade formal. Os primeiros dizem-se *intrínsecos* e, os segundos, *extrínsecos*.

Os "requisitos intrínsecos de admissibilidade" são: a *legitimidade do recorrente*, o *interesse em recorrer*; a *ausência de fato impeditivo do direito de recorrer* e o *cabimento*. "Requisitos extrínsecos" são: o *preparo do recurso*, a *forma* e a *tempestividade da impugnação*.

---

[36] Em face do duplo controle da admissibilidade dos recursos, **Liebman** conclui: "A decisão de recebimento do juiz *a quo* exerce mera função de exame preliminar e provisório de admissibilidade" (*Notas às Instituições de Chiovenda*, Trad. Portuguesa, 1945, vol. II, p. 315).

4.1 Legitimidade do recorrente

A legitimidade recursal aproxima os recursos do instituto da ação, porquanto não diferem as óticas de análise desse requisito. Tanto na ação quanto no recurso, o mérito da postulação só é verificável se presente a *legitimatio ad causam*. A diferença é que, ausente a legitimidade recursal, a impugnação é inadmissível eliminando-se do mundo jurídico a possibilidade de reexame da decisão, ao passo que, declarada ilegítima a parte, a extinção do processo sem análise do mérito não inibe a reproposição da ação.

Legitimado a recorrer é aquele que figurou como parte ou que poderia ter figurado como tal no processo.[37] Assim, o réu, ainda que revel, tem assegurado o seu direito de recorrer, não obstante limitadíssima a sua irresignação, posto nada ter suscitado e discutido.[38] Outrossim, estende-se a legitimação recursal ao sucessor da parte a título singular ou universal, na medida em que a coisa julgada também os atinge (art. 109 e parágrafos do CPC),[39] tanto mais que os herdeiros recebem o objeto litigioso como extensão subjetiva do complexo de relações do *de cujus*.

O conceito de parte não se altera nas diversas formas de processo; por isso que se legitima ao recurso o exequente e o executado no processo de execução, o requerente e o requerido no processo cautelar e os interessados nos feitos de jurisdição voluntária.

A *substituição processual* não altera a regra, por isso é inegável a legitimidade concorrente do substituto e do substituído, nos casos de legitimação extraordinária não exclusiva.

Deveras, os *terceiros* que assumem a posição jurídica de parte, como o *denunciado* à lide e o *chamado* ao processo também podem recorrer, bem como os litisconsortes. O *assistente simples* deve sempre obedecer ao princípio de que não pode atuar em contraste com a parte assistida; por isso, se esta desistir do recurso, cessa a sua intervenção. Diferentemente, na *assistência litisconsorcial*, onde o regime é o do litisconsórcio unitário, aplica-se integralmente o disposto na primeira parte do art. 1.005 do CPC.[40]

Não basta, para recorrer, a qualidade de parte, senão de *parte vencida*. A lesividade da decisão habilita a parte a recorrer.[41] A "sucumbência" pode dizer respeito a uma das partes ou ser "recíproca". Por outro lado, a parte pode ter restado vencida quanto à definição do litígio ou quanto a qualquer aspecto do processo.

A lesividade da decisão reclama uma ampla exegese; por isso, se o juiz extinguir o processo sem análise do mérito, é lícito ao réu recorrer, porquanto mantém interesse na definição do próprio litígio. Por outro lado, a lesividade reclama repercussão prática. Assim, se a parte ré obtém o acolhimento de uma de suas *causae excipiendi*, não pode ser considerada parte vencida.[42-43]

---

[37]   **Carnelutti**, *in Istituzioni del Nuovo Processo Civile Italiano*, 1951, vol. II, p. 133.

[38]   Nesse sentido, **Ugo Rocco**, *Trattato di Diritto Processuale Civile*, 1957, vol. III, p. 288.

[39]   "**Art. 109.** A alienação da coisa ou do direito litigioso por ato entre vivos, a título particular, não altera a legitimidade das partes.

§ 1º O adquirente ou cessionário não poderá ingressar em juízo, sucedendo o alienante ou cedente, sem que o consinta a parte contrária.

§ 2º O adquirente ou cessionário poderá intervir no processo como assistente litisconsorcial do alienante ou cedente.

§ 3º Estendem-se os efeitos da sentença proferida entre as partes originárias ao adquirente ou cessionário."

[40]   "**Art. 1.005.** O recurso interposto por um dos litisconsortes a todos aproveita, salvo se distintos ou opostos os seus interesses.

Parágrafo único. Havendo solidariedade passiva, o recurso interposto por um devedor aproveitará aos outros, quando as defesas opostas ao credor lhes forem comuns."

[41]   Parte vencida e parte prejudicada são conceitos equivalentes no dizer de **José Alberto dos Reis**, *in CPC Anotado*, 1952, vol. V, p. 266.

[42]   Nesse sentido, **Emílio Betti**, *in Diritto Processuale Civile*, 1936, p. 666.

[43]   É sob essa ótica que **Zanzucchi** leciona ser irrelevante o motivo da sucumbência ou da vitória; ainda que a sentença esteja errada, o vencedor não pode recorrer ("Delle Impugnazioni in Generale", *in Rivista di Diritto Processuale*, 1941, p. 311).

Havendo litisconsórcio, os litisconsortes também estão aptos a recorrer nas mesmas condições das partes.

As peculiaridades variam conforme o regime do litisconsórcio em decorrência de sua espécie, daí inferindo-se a extensão ou não dos efeitos do provimento ou desprovimento do recurso. Tratando-se de litisconsórcio unitário, os atos benéficos são extensíveis aos demais litisconsortes. Em consequência, o recurso interposto por um dos litisconsortes a todos aproveita (art. 1.005, do CPC). Na hipótese de solidariedade passiva (litisconsórcio passivo unitário), o recurso interposto por um devedor aproveitará aos outros, quando as defesas opostas ao credor lhes forem comuns. Assim, se o recurso do devedor infirma o crédito ou o título, a solução é a mesma para todos, porquanto o débito e seu documento representativo ou valem para todos os devedores ou não valem para nenhum deles.

A extensão dos atos benéficos e a inextensão dos atos prejudiciais justificam a assertiva de que o recurso interposto por um litisconsorte não inibe o outro litisconsorte de igualmente recorrer por diverso fundamento.

Assim, *v.g.*, tratando-se de litisconsórcio unitário, o agravo contra decisão liminar pode ser interposto por um só dos litisconsortes ou por todos.

Cumpre assentar que, nos casos de litisconsórcio contrastante (denunciante e denunciado; opostos na oposição etc.), o regime do recurso comum é aplicável naquilo em que a pretensão dos litisconsortes é homogênea. Assim, *v.g.*, um dos opostos pode oferecer recurso que aproveite o outro, rejeitando a pretensão do oponente.

Afirmou-se, em magnífica sede doutrinária, que o processo e a sentença não vivem isolados no mundo jurídico; por isso, proferida a decisão, a eficácia do julgado pode atingir relações jurídicas que guardem conexão com o *thema iudicandum*. Assim, *v.g.*, a decisão que torna inválida a obrigação aproveita ao fiador, muito embora a relação de garantia não seja objeto da sentença. Essa repercussão da decisão na esfera de outrem justifica o instituto da "terceria" e revela que sujeitos, que estão *fora* do processo, podem ser atingidos pela decisão judicial de forma benéfica ou prejudicial. Em face do requisito do interesse, a lei consagrou o *recurso do terceiro prejudicado*, que é aquele que sofre um prejuízo na sua relação jurídica em razão da decisão.[44] A lei habilita esse terceiro a recorrer, não para sustentar a sua relação jurídica na instância superior, porque a isso equivaleria violar o princípio do duplo grau, mas para remover a decisão gravosa em si, o que, em última análise, resta por afastar dele, terceiro, o prejuízo que a decisão lhe acarretou. Para esse fim, a comprovação da *legitimatio* recursal é realizada pelo recorrente através da demonstração do nexo de causalidade entre o prejuízo sofrido e a decisão em si (art. 996, parágrafo único, do CPC).[45]

Desta sorte, a regra que dispõe sobre o recurso do terceiro prejudicado, em verdade, é norma que versa sobre *legitimação recursal* e não fonte criadora de uma espécie de recurso. O terceiro prejudicado pode interpor todos os recursos, posto que tanto a sentença quanto as decisões interlocutórias e acórdãos podem causar prejuízo.[46] Assim, *v.g.*, tem legitimidade para recorrer, como

---

[44] Tanto o vetusto Regulamento nº 737 de 1850, no seu art. 738, quanto o Livro III das Ordenações do Reino, admitiam daqueles "a quem o feito pudesse tocar, recorrer, se da sentença lhes adviesse algum prejuízo" (*in* **Pedro Palmeira**, *Da Intervenção de Terceiros nos Principais Sistemas Legislativos*, 1954, p. 121 e segs.). Considera-se, por oportuno, "prejudicado" "quem sofre prejuízo de forma reflexa, necessária ou secundária sobre direito seu", consoante memorável acórdão do ministro **Orozimbo Nonato**, *in Revista Forense*, 121, p. 108.

[45] A respeito do Recurso do Terceiro Prejudicado, tivemos a oportunidade de evidenciar os seguintes aspectos em nosso *Intervenção de Terceiros*, São Paulo, Saraiva, 1990, p. 20-23.

"**Art. 996.** O recurso pode ser interposto pela parte vencida, pelo terceiro prejudicado e pelo Ministério Público, como parte ou como fiscal da ordem jurídica.

Parágrafo único. Cumpre ao terceiro demonstrar a possibilidade de a decisão sobre a relação jurídica submetida à apreciação judicial atingir direito de que se afirme titular ou que possa discutir em juízo como substituto processual".

[46] Assim demonstrou **Seabra Fagundes**, opondo-se à doutrina de **Liebman** lançada nas notas às *Instituições* de **Chiovenda**, vol. II, p. 387, *in* ob. cit., p. 63.

Parte XI • I – TEORIA GERAL DOS RECURSOS | **929**

terceiro prejudicado, o adquirente de automóvel impedido de registrá-lo no DETRAN em razão de penhora realizada em execução alheia.

O terceiro prejudicado recorre no mesmo prazo das partes, obedecendo aos demais requisitos de admissibilidade exigíveis para o *conhecimento* dos recursos.

Ainda no campo da legitimação, anote-se que o Ministério Público também está habilitado a recorrer. Nos processos em que atua como parte, segue-se a regra geral, salvo as prerrogativas decorrentes do *munus* público que exerce, como a dispensa de preparo e o prazo em dobro para recorrer (arts. 180 e 1.007 do CPC).

Destarte, o Ministério Público atua também como "fiscal da ordem jurídica" (*custos iuris*), velando pela exata aplicação das regras jurídicas nas causas que versam sobre direitos indisponíveis, bem como nas que ressalta o interesse público.[47] Nessa qualidade, pode recorrer caso o interesse tutelado pelo qual ele vela sofra qualquer gravame. Como consectário, o MP tem legitimidade para recorrer no processo em que oficiou como fiscal da lei, ainda que não haja recurso da parte (Súmula nº 99 do STJ); mas falece-lhe legitimidade para recorrer contra os interesses que motivaram a sua intervenção, *v.g.*, o interesse de incapaz.

4.2 Interesse em recorrer

O interesse em recorrer revela mais um ponto de aproximação entre as condições da ação e os recursos. "Para postular em juízo é necessário ter interesse e legitimidade", di-lo o artigo 17 do CPC. O mesmo princípio estende-se ao recurso: para recorrer também é preciso ter interesse e legitimidade.

O interesse é mensurado à luz do benefício prático que o recurso pode proporcionar ao recorrente. Assim, se o pedido foi julgado procedente, mas, a despeito disso, o autor ainda pretende que seja acolhido o outro fundamento rejeitado, que lhe confere maior benefício, há interesse em recorrer. O mesmo se diga em relação a uma das *causae excipiendi* suscitadas pelo réu, acaso refutadas pela sentença. Para esse fim, qualquer parte do capítulo dispositivo ou mesmo da motivação é hábil a indicar a recorribilidade da decisão, *v.g.*, aquele que dispõe sobre os honorários em percentual menor do que o pleiteado ou o que conclui pela carência de ação quando o réu pretendia mesmo a improcedência. Em suma, havendo sucumbência, há interesse em recorrer.[48]

4.2.1 Interesse em recorrer e recurso adesivo

Questão elegante gravita em torno do interesse quando há *sucumbência recíproca*, fenômeno que se verifica quando autor e réu são vencedores e vencidos, ao mesmo tempo. Em princípio, ambos têm interesse em recorrer na parte em que sucumbiram. Entretanto, é inocultável que o comodismo de um deles pode gerar o conformismo do outro, bem como a iniciativa de um dos sucumbentes pode surpreender a parte adversa. Atento a esse aspecto psicológico,[49] o legislador, visando a desestimular o recurso dos vencidos reciprocamente e a evitar surpresas, dispôs acerca da possibilidade de um recurso ser interposto apenas porque o outro o foi, condicionando a sua apreciação, à admissibilidade da impugnação originária, de tal maneira que, *não sendo conhecido o primeiro, automaticamente, também não o será o segundo* (art. 997, §§ 1º e 2º[50]). A razão dessa subordinação está exatamente no fato de que o segundo recorrente somente impugnou a decisão porque o outro tomou a primeira iniciativa; caso contrário, conformar-se-ia com o decidido. A esse

---

[47] **Zanzucchi** explicita o interesse do Ministério Público à impugnação, como decorrência da "lesividade da decisão a um interesse público", *in Diritto Processuale Civile*, 1947, vol. II, p. 159.

[48] **Zanzucchi**, "Delle Impugnazioni in Genere", *in Rivista di Diritto Processuale Civile*, 1941, p. 311.

[49] **Eduardo Grasso** menciona a existência de um "ânimo" de "aquiescência tácita condicionada" na sucumbência recíproca, *in Le Impugnazione Incidentale*.

[50] **"Art. 997.** Cada parte interporá o recurso independentemente, no prazo e com observância das exigências legais.

§ 1º Sendo vencidos autor e réu, ao recurso interposto por qualquer deles poderá aderir o outro.

930 | CURSO DE DIREITO PROCESSUAL CIVIL • Luiz Fux

recurso a lei denomina de *recurso adesivo*, indicando ter o recorrente *aderido à iniciativa* do outro, muito embora distintos os interesses e pudesse recorrer de forma independente.[51] A denominação não é imune de críticas. A adesão para recorrer representa contraposição, por isso melhor seria denominá-lo "recurso subordinado" ou "recurso contraposto" etc.

As críticas à denominação sugerida pelo legislador brasileiro justificam-se sob o argumento de que as posições dos litigantes no recurso adesivo são contrapostas e não justapostas, daí a incorreção do termo "adesão". Sugere a doutrina, o *nomen juris* de *recurso subordinado* como o mais adequado, porquanto adesão melhor se aplicaria à "sucumbência paralela", em que um dos litisconsortes adere ao recurso do outro, tal como no Direito alienígena. Nesse sentido, Barbosa Moreira nos seus magníficos *Comentários* ao dispositivo confronta as figuras da *impugnazione incidentale adesiva* e *impugnazione incidentale riconvenzionale* do Direito italiano.

Esclareça-se, por oportuno, que nem sempre ocorrendo a sucumbência recíproca o recurso será adesivo. Esse regime jurídico da impugnação é escolha do recorrente; por isso, em regra, "cada parte interpõe o seu recurso independentemente, no prazo e observadas as exigências legais". "Sendo porém vencidos autor e réu, ao recurso interposto por qualquer deles pode aderir a outra parte" e, nesse caso, o *recurso adesivo* fica subordinado ao recurso principal (art. 997, § 1º do CPC).[52]

Desta sorte, podem manejar a adesão as partes e seus assistentes. O terceiro prejudicado, por não ter sido parte, não sucumbiu reciprocamente, descabendo a sua eventual adesão. O mesmo raciocínio expende-se em relação ao Ministério Público como *custos iuris*. Na qualidade de parte, por força do princípio da indisponibilidade da atuação do *Parquet*, revela impossível o Ministério Público interpor recurso por "adesão".

O recurso adesivo não é uma espécie em si de recurso; por isso, além de a ele se aplicarem as mesmas regras do recurso independente, é cabível *na apelação, no recurso especial* e *no recurso extraordinário* (art. 997, § 2º, I, do CPC). Assim, *v.g.*, se A pede em face de B a rescisão do contrato e a condenação em perdas e danos, e o juiz rejeita o segundo pedido, é lícito ao autor insistir no pleito residual rejeitado, e ao réu perseverar pela improcedência total, através de recurso adesivo, ou independente. Suponhamos que, na mesma hipótese, a Câmara, através de um de seus julgadores, rejeite as perdas e danos e conceda a rescisão contratual, e a maioria rejeite a rescisão e só conceda as perdas e danos. Na verdade, por maioria, negou-se a rescisão e concederam-se as perdas e danos. Tem-se, portanto, que dessa decisão cabem o recurso extraordinário e o recurso especial,

---

§ 2º O recurso adesivo fica subordinado ao recurso independente, sendo-lhe aplicáveis as mesmas regras deste quanto aos requisitos de admissibilidade e julgamento no tribunal, salvo disposição legal diversa, observado, ainda, o seguinte:

I – será dirigido ao órgão perante o qual o recurso independente fora interposto, no prazo de que a parte dispõe para responder;

II – será admissível na apelação, no recurso extraordinário e no recurso especial;

III – não será conhecido, se houver desistência do recurso principal ou se for ele considerado inadmissível."

[51] A doutrina do tema não poupa críticas à denominação sugerida pelo legislador brasileiro, justificando-as sob o argumento de que as posições dos litigantes no recurso adesivo são contrapostas e não justapostas, daí a incorreção do termo "adesão", indicando o *nomen juris* de "recurso subordinado" como mais adequado, porquanto adesão melhor se aplicaria à "sucumbência paralela", em que um dos litisconsortes adere ao recurso do outro, tal como no direito alienígena. Nesse sentido, **Zanzucchi**, ao distinguir as figuras da *impugnazione incidentale adesiva e impugnazione incidentale riconvenzionale, in Diritto Processuale Civile*, vol. II, p. 28.

[52] "**Art. 997.** Cada parte interporá o recurso, independentemente, no prazo e com observância das exigências legais.

§ 1º Sendo vencidos autor e réu, ao recurso interposto por qualquer deles poderá aderir o outro.

§ 2º O recurso adesivo fica subordinado ao recurso independente, sendo-lhe aplicáveis as mesmas regras deste quanto aos requisitos de admissibilidade e julgamento no tribunal, salvo disposição legal diversa, observado, ainda, o seguinte:

I – será dirigido ao órgão perante o qual o recurso independente fora interposto, no prazo de que a parte dispõe para responder;

II – será admissível na apelação, no recurso extraordinário e no recurso especial;

III – não será conhecido, se houver desistência do recurso principal ou se for ele considerado inadmissível."

Parte XI • I – TEORIA GERAL DOS RECURSOS | **931**

tanto ao réu – para impedir a condenação em perdas e danos, bem como ao autor, para pleitear a rescisão contratual. Tais recursos, assim, podem ser apresentados de forma independente ou adesiva. Anote-se quanto ao recurso extraordinário e *a fortiori* quanto ao recurso especial que se esses recursos extremos depois de negados no tribunal de origem forem admitidos pelo STF ou pelo STJ, o recorrido poderá interpor recurso adesivo juntamente com a apresentação de sua contrarrazões (*RISTF* 321, § 3º). Isto porque, admitido o recurso extraordinário principal pelo Presidente do Tribunal local, o início do prazo para a interposição de recurso extraordinário adesivo é regulado pelo art. 997, § 2º, I, do CPC. Diferentemente, admitido o recurso extraordinário principal pelo STF ou pelo relator por força de agravo interposto contra a inadmissão originária, aplica-se a regra do § 3º do art. 321 do RISTF.

Limitado a essas espécies recursais, pelo art. 997 do CPC, forçoso concluir pelo "descabimento da adesão no agravo".

Assim, se a decisão interlocutória gerar gravame a ambos os litigantes, eles deverão oferecer recursos independentes, muito embora, no plano prático, algumas situações revelem quão útil seria este regime na praxe do agravo. Assim, *v.g.*, se a decisão indefere uma prova de cada um dos litigantes, é provável que ambos se conformassem, caso não houvesse nenhuma impugnação de qualquer deles.

A "adesividade do recurso" ou sua condicionabilidade faz submetê-lo à sorte da admissibilidade do recurso independente. Assim, o recurso adesivo não será conhecido se inadmitido o recurso principal. Verificada a ausência de requisitos de admissibilidade do recurso principal e, assim declarado pelo órgão julgador, o recurso adesivo não será conhecido, seguindo a sorte do principal, como acessório que é, ainda que nele próprio estejam presentes todos os pressupostos formais para o julgamento do mérito recursal. É a contrapartida do regime condicionado. Por outro lado, conhecido o recurso principal, não se exonera o adesivo do cumprimento dos requisitos de admissibilidade em geral sob pena de não conhecimento. Conhecidos ambos, cessa a subordinação da sorte do recurso adesivo ao principal e o mérito de ambos é apreciado independentemente.

Tratando-se de regime jurídico especial, é lícito à parte recorrente adotá-lo ao seu recurso, *ainda que interposto no prazo do recurso independente.*[53] Em consequência, posto mantida a subordinação, é lícito recorrer adesivamente mesmo que a parte tenha perdido o prazo do recurso principal, porquanto a sua situação agrava-se, em razão da acessoriedade que se empresta à sua impugnação renovada no prazo do adesivo. A matéria, contudo, não é pacífica. É que se sustenta que a parte que, no prazo legal, apresentou recurso autônomo, não pode mais opor recurso adesivo.

A verdade é que "nenhum óbice legal impede o manejo do recurso adesivo para a parte que já se utilizou do recurso autônomo". Destarte, a lei, atenta àquele aspecto psicológico da "surpresa", previu o prazo do adesivo juntamente com o destinado às contrarrazões, evitando o desconforto de outrora, em que um dos litigantes sucumbentes, reciprocamente, aguardava o último dia para recorrer, surpreendendo o adversário. O Código de 1973 superava esse problema, ao permitir a interposição em dez dias da ciência de ingresso do recurso principal, embaraçando a apresentação do recurso adesivo dentro do prazo das contrarrazões. A reforma de 1994 unificou os prazos para recorrer adesivamente e contra-arrazoar, o que restou mantido no Código de 2015, facilitando sobremodo o trabalho das partes (art. 997, § 2º, I, do CPC).

Atente-se, entretanto, que muito embora oferecido no prazo das contrarrazões, o recurso deve ser instrumentalizado em petição própria. Hipótese interessante pode ocorrer na cumulação de pedidos. Conforme assentado, o recurso adesivo pressupõe a interposição de recurso principal. Assim, se forem julgadas conjuntamente duas ações e o recurso principal incidir apenas sobre uma, a parte contrária não pode manifestar recurso adesivo quanto à ação em que não houve recurso principal.

Outrossim, como o recurso adesivo pressupõe a interposição de recurso principal, não há que se falar em adesão à remessa *ex officio* determinada no art. 496 do CPC.

---

[53] É o instituto da "adesão antecipada", consagrado pelos monografistas do tema como **Sergio Bermudes**, *Comentários*, p. 70, e **Paulo César Aragão**, *Recurso Adesivo*, p. 41.

932 | CURSO DE DIREITO PROCESSUAL CIVIL • *Luiz Fux*

O mesmo raciocínio estende-se ao processo com ação e reconvenção. Assim, se foram julgadas improcedentes ação e reconvenção e o réu só apelar quanto à reconvenção, o autor não pode oferecer recurso adesivo visando à procedência da ação, uma vez que quanto a esta não houve recurso principal do demandado.

Repita-se: pressuposto básico para a adesão, segundo a doutrina tradicional, é a *sucumbência recíproca*, cuja constatação deve considerar a *ratio essendi* do instituto. Entretanto, a rigor, o autor que logra alguma parcela do que pediu, nada perdeu e, portanto, não sucumbiu. Esta, contudo, não é a posição tradicional. Assim, há sucumbência recíproca quando a parte perde algo que pretendia, no âmbito do seu próprio pedido, ou quando sucumbe em face da cumulação de pedidos formulada.

A lei equiparou o recurso adesivo ao principal no que pertine aos requisitos de admissibilidade sujeitando-o às mesmas exigências processuais.

Outrossim, não obstante a submissão do adesivo ao principal, cada parte deve cumprir os seus requisitos. Assim, se o recorrente principal está isento de preparo, por ser a Fazenda Pública ou contemplado pela gratuidade de justiça, esta inserção não se comunica ao recorrente adesivo.

Uma última palavra merece a questão dos efeitos do recurso adesivo. Em princípio, o recurso adesivo tem os mesmos efeitos do recurso principal. Contudo, como a lei aduz exclusivamente à equiparação do recurso adesivo ao principal quanto à admissibilidade e julgamento, preconiza-se que o recurso adesivo possa ser recebido em efeitos diversos do principal.

A matéria, mercê de não ser pacífica, impõe observar-se o grau de prejudicialidade dos recursos no plano prático para verificar se realmente é possível atribuir-lhes efeitos idênticos.

4.2.2   *Interesse em recorrer e recurso parcial*

A sentença é recorrível mediante apelação, que, segundo a lei, pode ser total ou parcial. Isso significa dizer que a extensão da impugnação nem sempre é igual à extensão da matéria decidida. A parte pode impugnar menos do que seria admissível, contentando-se com parte da sentença, que, nesse aspecto residual, transita em julgado.

Obedecido o princípio de que a apelação somente devolve a matéria impugnada (art. 1.013 do CPC – *tantum devolutum quantum appellatum*) tem-se que, em sendo parcial o recurso, o tribunal fica adstrito às suas dimensões, à sua superfície contenciosa, sendo-lhe vedado ingressar na análise da parte incontroversa da decisão. Assim, *v.g.*, se o autor pediu X e Y e o pedido foi julgado improcedente, é lícito ao autor apelar para pleitear ambas as prestações ou apenas uma delas. Optando por apenas uma das prestações, não é lícito ao tribunal contemplar-lhe aquela que não foi objeto do recurso.

A regra da adstrição do tribunal ao objeto do recurso impede também que o órgão *ad quem* profira uma decisão mais desfavorável em detrimento do único recorrente (*reformatio in pejus*) bem como aprecie o mérito quando o apelo é dirigido contra sentença meramente terminativa, salvo nos casos do § 3º do art. 1.013, CPC.

O fato de a sentença ser impugnada no todo ou em parte não inibe o tribunal de sindicar todos os motivos determinantes que levaram o juiz ao decidido, respeitadas as causas de pedir e as defesas articuladas, salvo as matérias conhecíveis de ofício. É que em profundidade o recurso devolve mais do que sua extensão. Assim, "a preclusão não corre quanto à questão das condições da ação, ainda que a sentença seja de mérito".

Em caso de dúvida, presume-se total a impugnação. Assim, no pedido de improcedência da ação, compreende-se o de exclusão de parcela, assim como no apelo contra a rejeição das perdas e danos incluem-se os danos morais e materiais da condenação.

4.2.3   *Interesse em recorrer e jurisprudência predominante*

A reforma do CPC procedida pela Lei nº 11.276/2006 inseriu requisito de admissibilidade que se encaixava no "interesse recursal", qual fosse o disposto no art. 518, § 1º, do CPC de 1973. Tal dispositivo foi em parte recepcionado pelo atual CPC. Explica-se: não havendo mais o duplo

Parte XI • I – TEORIA GERAL DOS RECURSOS | 933

exame de admissibilidade da apelação, não cabe ao juiz avaliar se a sentença está em conformidade com a jurisprudência dos tribunais superiores, mas ao relator. Caso o juiz avoque indevidamente a competência para proceder a exame de admissibilidade e negue seguimento à apelação, cabível reclamação perante o tribunal.

Neste sentido, introduziu-se, em lugar do referido dispositivo, o art. 1.011, I, CPC, que afirma, *in verbis*: "Recebido o recurso de apelação no tribunal e distribuído imediatamente, o relator: I – decidi-lo-á monocraticamente apenas nas hipóteses do art. 932, incisos III a V".

Note-se que o art. 932, IV, CPC,[54] trata, justamente, de recurso contrário à jurisprudência dos tribunais superiores, exibindo, inclusive, rol mais extenso de possibilidades. É que não há utilidade em remeter-se ao STJ ou STF um recurso cujo resultado já se sabe de antemão. Esse proceder conspiraria contra os objetivos de efetividade da jurisdição, bem como contra a cláusula da duração razoável do processo.

Destarte, é possível que a parte, em capítulo próprio, convença aquele que exerce o juízo de admissibilidade dos recursos aos tribunais superiores de que o seu caso não se encaixa na súmula, até mesmo à luz dos acórdãos referência que motivaram a edição do entendimento sumulado.

No que toca ao agravo de instrumento, a despeito de não haver juízo de admissibilidade prévio realizado pelo juiz de primeiro grau, verifica-se a estratégia do art. 1.018, CPC, de informar-lhe quanto à interposição do agravo contra sua decisão, o que se conjuga com a lógica dos noveis arts. 332 e 331 do CPC.[55]

---

[54] "**Art. 932.** Incumbe ao relator: (...)

III – não conhecer de recurso inadmissível, prejudicado ou que não tenha impugnado especificamente os fundamentos da decisão recorrida;

IV – negar provimento a recurso que for contrário a:

a) súmula do Supremo Tribunal Federal, do Superior Tribunal de Justiça ou do próprio tribunal;

b) acórdão proferido pelo Supremo Tribunal Federal ou pelo Superior Tribunal de Justiça em julgamento de recursos repetitivos;

c) entendimento firmado em incidente de resolução de demandas repetitivas ou de assunção de competência;

V – depois de facultada a apresentação de contrarrazões, dar provimento ao recurso se a decisão recorrida for contrária a:

a) súmula do Supremo Tribunal Federal, do Superior Tribunal de Justiça ou do próprio tribunal;

b) acórdão proferido pelo Supremo Tribunal Federal ou pelo Superior Tribunal de Justiça em julgamento de recursos repetitivos;

c) entendimento firmado em incidente de resolução de demandas repetitivas ou de assunção de competência;

(...)."

[55] "**Art. 332.** Nas causas que dispensem a fase instrutória, o juiz, independentemente da citação do réu, julgará liminarmente improcedente o pedido que contrariar:

I – enunciado de súmula do Supremo Tribunal Federal ou do Superior Tribunal de Justiça;

II – acórdão proferido pelo Supremo Tribunal Federal ou pelo Superior Tribunal de Justiça em julgamento de recursos repetitivos;

III – entendimento firmado em incidente de resolução de demandas repetitivas ou de assunção de competência;

IV – enunciado de súmula de tribunal de justiça sobre direito local.

§ 1º O juiz também poderá julgar liminarmente improcedente o pedido se verificar, desde logo, a ocorrência de decadência ou de prescrição.

§ 2º Não interposta a apelação, o réu será intimado do trânsito em julgado da sentença, nos termos do art. 241.

§ 3º Interposta a apelação, o juiz poderá retratar-se em 5 (cinco) dias.

§ 4º Se houver retratação, o juiz determinará o prosseguimento do processo, com a citação do réu, e, se não houver retratação, determinará a citação do réu para apresentar contrarrazões, no prazo de 15 (quinze) dias."

"**Art. 331.** Indeferida a petição inicial, o autor poderá apelar, facultado ao juiz, no prazo de 5 (cinco) dias, retratar-se.

§ 1º Se não houver retratação, o juiz mandará citar o réu para responder ao recurso.

§ 2º Sendo a sentença reformada pelo tribunal, o prazo para a contestação começará a correr da intimação do retorno dos autos, observado o disposto no art. 334.

§ 3º Não interposta a apelação, o réu será intimado do trânsito em julgado da sentença."

4.3 Cabimento

O *cabimento* é a adequação do recurso em confronto com a decisão impugnada. Há uma tipicidade legal para os recursos, de sorte que as decisões, pela sua relevância e colocação na ordem dos atos processuais, desafiam recursos diferentes nos seus regimes jurídicos. Assim, da sentença cabe apelação, cuja devolutividade ampla é o seu traço característico, da decisão interlocutória cabe agravo, que se volta contra decisão que resolve questão incidente e não termina o procedimento em primeiro grau etc.[56]

O *recurso incabível* é aquele incorretamente interposto à luz da decisão recorrida.

Contudo, em face do princípio da instrumentalidade das formas, segundo o qual o ato deve ser aproveitado a despeito de seu defeito formal, se atingida a finalidade para a qual foi ditado, aproveita-se o recurso erroneamente interposto caso não tenha havido má-fé do recorrente ou erro grosseiro. É que decorre da instrumentalidade o princípio, que se infere do art. 283 do CPC, que é a *fungibilidade recursal*, outrora consagrada no art. 810 do Código de Processo de 1939. A análise desses *pressupostos negativos* de aplicação do princípio – *inexistência de má-fé ou erro grosseiro* – é casuística, sendo certo que a *tempestividade do recurso incorreto* é pré-requisito inafastável para receber o benefício da fungibilidade.

O requisito do cabimento exige um conhecimento escorreito da natureza da decisão judicial. Nesse sentido, o CPC procurou trilhar um caminho didático, ao definir as decisões judiciais impugnáveis. Assim é que, pela lei, sentença é o pronunciamento do juiz por meio do qual, com fundamento nos arts. 485 e 487, põe fim à fase de conhecimento ou de execução do processo (art. 203, § 1º, do CPC). Por seu turno, o artigo 1.009 esclarece que "da sentença cabe apelação".

O art. 162, § 2º, do CPC de 1973, definia decisão interlocutória como sendo "o ato pelo qual o juiz, no curso do processo, resolve questão incidente". Já o atual Código traz no art. 203, § 2º, que corresponde à decisão interlocutória todo aquele pronunciamento de natureza decisória que não se qualifique como sentença, de forma a pacificar certas controvérsias, dando-lhe contornos residuais. Contudo, a correlação entre a decisão e o recurso cabível não segue o silogismo da sentença. O Código restringiu as espécies de decisão de que se pode interpor o agravo de instrumento, visando a limitá-las às hipóteses em que se verifica certa urgência de rediscussão do pronunciamento judicial (art. 1.015).

Por fim, são despachos todos os demais atos do juiz praticados no processo, de ofício ou a requerimento da parte, a cujo respeito a lei não estabelece outra forma e que não carreiam qualquer lesividade para as partes.[57]

Os despachos encerram atos meramente ordinatórios, não resolvem questões formais ou materiais e por isso não geram em regra, qualquer lesividade, daí a irrecorribilidade dos mesmos. Em mais um conceito residual, despachos são pronunciamentos sem caráter decisório, não obstante, por vezes, o juiz, a pretexto de despachar, imprime ao seu ato uma carga de lesividade potencial que permite à parte um recurso preventivo diante da iminência de lesão.

Assim, *v.g.*, em princípio, o ato pelo qual o juiz determina a remessa dos autos ao contador encerra despacho irrecorrível. Entretanto, se ao despachar o juiz determinar que o contador siga parâmetros contábeis gravosos à parte, caberá a essa recorrer. É que nesse caso o despacho não será de "mero expediente" o que justificou a mudança de terminologia legal. Por isso, em linha de princípio, é irrecorrível o ato do juiz, se dele não resulta lesividade à parte. Por isso, a jurisprudência tem entendido que não cabe recurso do despacho que apenas impulsiona o processo, mas não resolve questão alguma, *v.g.*, o que defere a petição inicial, determina a juntada de mandato etc. Reversamente, se o despacho é gravoso, torna-se recorrível, *v.g.*, o que determina o pagamento de

---

[56] **"Art. 203.** Os pronunciamentos do juiz consistirão em sentenças, decisões interlocutórias e despachos.

§ 1º Ressalvadas as disposições expressas dos procedimentos especiais, sentença é o pronunciamento por meio do qual o juiz, com fundamento nos arts. 485 e 487, põe fim à fase cognitiva do procedimento comum, bem como extingue a execução. (...)."

[57] **"Art. 1.001.** Dos despachos não cabe recurso."

Parte XI • I – TEORIA GERAL DOS RECURSOS | **935**

taxa superior à implementada sob pena de extinção do processo; o que indefere pedido do autor para que o juízo o ajude a localizar o réu, através de ofícios, e o que fixa honorários de perito etc.

Em suma, no quesito cabimento, a lei indica o ato recorrível e o recurso cabível, e exige a adequação, sob pena de não conhecimento do recurso inadequado.

4.4 Inexistência de fato impeditivo do direito de recorrer

A inexistência de fatos impeditivos ao exercício da recorribilidade é requisito de admissibilidade de caráter negativo do direito de recorrer.

A doutrina do tema aponta a *desistência*, a *renúncia*, a *aceitação da decisão* e a *transação* acerca do objeto litigioso como fatos impeditivos do direito de recorrer, decorrentes da *preclusão lógica* que esses negócios processuais encerram em confronto com o ônus da impugnação.

A *desistência* é a revogação da manifestação de recorrer já engendrada. A *renúncia* antecede a manifestação de recorrer e a *aceitação* é o conformismo com o conteúdo da decisão, revelado por atos incompatíveis e sem reservas (arts. 998,[58] 999[59] e 1.000[60] do CPC).

Essas manifestações de disponibilidade quanto ao direito de recorrer independem da aceitação da outra parte, posto que somente recorre quem sucumbe, o que significa dizer que esses atos consolidam antecipadamente a vitória da parte contrária. Diferentemente, na ação, a lei exige o consentimento do réu (art. 485, § 4º, do CPC), uma vez que, enquanto pende o processo, perdura a incerteza e não se sabe quem tem razão.

A presença de litisconsortes não torna exigível a necessidade de anuência quanto à desistência dos demais, uma vez que, sendo "simples" o litisconsórcio, os recursos dos litisconsortes são independentes (art. 1.005 do CPC);[61] e sendo "unitário", a desistência de um não se estende aos outros.

Destarte, admite-se a desistência a qualquer tempo antes do julgamento final do recurso, mesmo já iniciado e proferido o voto do relator, sem a conclusão do julgado.

Deveras, em geral, a *desistência* do recurso se manifesta por petição escrita, conforme o caso, ao órgão perante o qual se interpôs ou ao relator do Tribunal, mas nada impede que tal se faça, oralmente, na própria sessão de julgamento.

A lei, diferentemente do que ocorre com a ação em primeiro grau, não exige expressamente a homologação da desistência de recurso. Não obstante, nos tribunais, a providência vem prevista e delegada aos relatores dos recursos, *v.g.*, RISTF, 21, VIII, e RISTJ, 34, IX.

A *transação*, por seu turno, *torna inadmissível o recurso*, vez que a decisão tem como conteúdo aquilo que foi ditado pelas próprias partes que transigiram. Entretanto, vícios formais quanto aos sujeitos da transação ou a vedação à autocomposição pela indisponibilidade do objeto litigioso podem dar ensejo ao recurso.

Pode ocorrer que as partes engendrem acordo no qual conste a desistência do recurso e, não obstante, esqueçam de comunicar ao Tribunal. Procedido o julgamento colegiado, é possível desconstituir o resultado por meio do efeito modificativo dos embargos de declaração.

A doutrina do tema aponta, ainda, a *renúncia* como fato impeditivo do direito de recorrer, decorrente da preclusão lógica. Por isso que a renúncia antecede à manifestação de recorrer revelando-se ato incompatível com a intenção de impugnar o julgado. Em consequência, a renúncia

---

58 **"Art. 998.** O recorrente poderá, a qualquer tempo, sem a anuência do recorrido ou dos litisconsortes, desistir do recurso.
Parágrafo único. A desistência do recurso não impede a análise de questão cuja repercussão geral já tenha sido reconhecida e daquela objeto de julgamento de recursos extraordinários ou especiais repetitivos."

59 **"Art. 999.** A renúncia ao direito de recorrer independe da aceitação da outra parte."

60 **"Art. 1.000.** A parte, que aceitar expressa ou tacitamente a decisão não poderá recorrer.
Parágrafo único. Considera-se aceitação tácita a prática, sem nenhuma reserva, de ato incompatível com a vontade de recorrer."

61 *Vide* nota 33.

936 | CURSO DE DIREITO PROCESSUAL CIVIL • *Luiz Fux*

torna inadmissível o recurso impondo o seu não conhecimento. Considere-se, outrossim, que inexiste, no nosso ordenamento, renúncia à pretensão recursal, anterior ao ato judicial possível de impugnação. Isto porque, sustenta-se que antes do surgimento do direito de recorrer, com o advento da sentença lesiva, a parte não pode renunciar quanto a um direito que ainda não tem. A regra do litisconsórcio aplicável à desistência estende-se à renúncia.

A *aceitação da decisão* é o último fato impeditivo do direito de recorrer, decorrente da preclusão lógica.

Revela-se pelo conformismo com o conteúdo da decisão, depreendido por ato incompatível e sem reservas. Assim, a parte, ao cumprir o julgado, faz desaparecer o interesse processual no recurso; no mesmo diapasão, considera-se como aceitação da decisão: o pagamento do débito, o acordo superveniente, a desocupação do imóvel na ação de despejo etc. De toda sorte, na dúvida, deve-se entender que não houve aquiescência. Assim, é clássica a afirmação de que o cumprimento de liminar deferida não é incompatível com a vontade de recorrer, porquanto o que há na hipótese é atendimento à decisão judicial de natureza mandamental.

4.5 Tempestividade

A tempestividade do recurso é o requisito que, mercê de considerar a necessidade de se propiciar ao vencido um prazo razoável para preparar a sua impugnação, pondera, também, quão imperiosa é a consolidação do julgado em prol da segurança social.

Os prazos recursais são, assim, mais extensos ou menos exíguos, conforme as impugnações ocorrem antes ou após a definição dos litígios. Contudo, observou-se no ordenamento atual uma necessidade de uniformização dos prazos para recorrer, de modo que afirma o art. 1.003, § 5º, CPC, que "excetuados os embargos de declaração, o prazo para interpor os recursos e para responder-lhes é de 15 (quinze) dias".[62]

Destarte, o lapso de tempo de que dispõe o recorrente inicia-se a partir do momento em que ele toma conhecimento da decisão. Assim se a decisão é proferida em audiência, à qual o recorrente "está presente" ou "deveria estar", é desse momento que se inicia o referido prazo para recorrer – exceção feita, pela jurisprudência, às partes que dispõem da prerrogativa da intimação pessoal (Fazenda Pública, Ministério Público e Defensoria Pública). Ao revés, se a sentença é proferida fora da audiência, a parte necessita conhecê-la para impugná-la, e esse desígnio é alcançado mediante a "intimação do julgado", via publicação no *Diário Oficial* ou contato espontâneo da parte com o *decisum*, através de "vista em cartório" ou via consulta no portal eletrônico.

Nesse particular, resta evidente que, se para o ato mais importante do processo, que é a citação, a comunicação pode ser dispensada, se a parte comparece espontaneamente aos autos, *a fortiori*, dispensa-se a intimação da decisão, se o interessado comparece à serventia judicial e cientifica-se do julgado. Sob esse ângulo, dispõe o CPC que o prazo de interposição do recurso contar-se-á da data da leitura da sentença em audiência ou da intimação das partes, quando aquela não for proferida em audiência (artigo 1.003, *caput* e § 1º, do CPC).[63]

---

[62] Curioso observar que, ao longo da história, nem sempre houve uniformidade na fixação do prazo recursal. No velho Direito francês, havia prazo recursal fixado em 30 (trinta) anos, conforme noticia **Afonso Fraga** nas suas memoráveis *Instituições*, 1941, vol. III, p. 20-21.

[63] **"Art. 1.003.** O prazo para interposição de recurso conta-se da data em que os advogados, a sociedade de advogados, a Advocacia Pública, a Defensoria Pública ou o Ministério Público são intimados da decisão.

§ 1º Os sujeitos previstos no *caput* considerar-se-ão intimados em audiência quando nesta for proferida a decisão.

§ 2º Aplica-se o disposto no art. 231, incisos I a VI, ao prazo de interposição de recurso pelo réu contra decisão proferida anteriormente à citação.

§ 3º No prazo para interposição de recurso, a petição será protocolada em cartório ou conforme as normas de organização judiciária, ressalvado o disposto em regra especial.

§ 4º Para aferição da tempestividade do recurso remetido pelo correio, será considerada como data de interposição a data de postagem.

Comprova-se o ingresso *tempestivo* do recurso mediante a data do seu ingresso no protocolo, na secretaria, conforme disponha a organização judiciária, ou em central de recebimento de petições (protocolo integrado), em geral, na primeira ou na segunda instâncias.

Os prazos recursais são, em regra, peremptórios. Não obstante, o próprio Código admite que se recomece o seu curso, restituindo-se integralmente o mesmo aos sucessores da parte, em caso de falecimento desta ou de seu procurador, ou se ocorrer motivo de força maior (art. 1.004 do CPC).[64] Há também fatos que implicam a *suspensão do prazo* (art. 221 do CPC),[65] hipótese em que se restitui, apenas, o prazo que faltava correr, quando da ocorrência do evento suspensivo.

Importante destacar, que a comprovação da ocorrência de feriado local deve se dar no ato de interposição do recurso (art. 1.003, § 6º, do CPC)[66]. Ademais, os recursos interpostos na instância de origem, mesmo que endereçados a uma corte superior, devem observar o calendário de funcionamento do tribunal local, não podendo se utilizar, para todos os casos, dos feriados e das suspensões previstas em Portarias ou no Regimento Interno dos tribunais superiores, que muitas vezes não coincidem com os da justiça estadual[67].

O STJ tem orientação no sentido de que "o dia do servidor público (28 de outubro), a segunda-feira de carnaval, a quarta-feira de cinzas, os dias que precedem a sexta-feira da paixão e, também, o dia de *Corpus Christi* não são feriados nacionais, em razão de não haver previsão em lei federal, de modo que o dever da parte de comprovar a suspensão do expediente forense quando da interposição do recurso, por documento idôneo, não é elidido"[68]. Por sua vez, o art. 62 da Lei nº

---

§ 5º Excetuados os embargos de declaração, o prazo para interpor os recursos e para responder-lhes é de 15 (quinze) dias.

§ 6º O recorrente comprovará a ocorrência de feriado local no ato de interposição do recurso."

[64] **"Art. 1.004.** Se, durante o prazo para a interposição do recurso, sobrevier o falecimento da parte ou de seu advogado ou ocorrer motivo de força maior que suspenda o curso do processo, será tal prazo restituído em proveito da parte, do herdeiro ou do sucessor, contra quem começará a correr novamente depois da intimação."

[65] **"Art. 221.** Suspende-se o curso do prazo por obstáculo criado em detrimento da parte ou ocorrendo qualquer das hipóteses do art. 313 devendo o prazo ser restituído por tempo igual ao que faltava para sua complementação.

Parágrafo único. Suspendem-se os prazos durante a execução de programa instituído pelo Poder Judiciário para promover a autocomposição, incumbindo aos tribunais especificar, com antecedência, a duração dos trabalhos."

Súmula nº 173 do STF: " Em caso de obstáculo judicial admite-se a purga da mora, pelo locatário, além do prazo legal".

[66] "Agravo interno nos embargos de declaração no recurso extraordinário com agravo. Intempestividade. Feriado local. Comprovação. Necessidade. Precedentes. 1. A parte agravante não observou o prazo de 15 (quinze) dias úteis para a interposição do agravo em recurso extraordinário (art. 1.003, § 5º, c/c art. 219, ambos do CPC). 2. A comprovação da ocorrência de feriado local deve se dar no ato de interposição do recurso (art. 1.003, § 6º, do CPC). 3. Agravo interno desprovido" (ARE 1.299.209 ED-AgR, Rel. Min. Luiz fux (Presidente), Tribunal Pleno, j. 30.08.2021)

[67] "Agravo interno nos embargos de declaração no recurso especial. Intempestividade. Suspensão do prazo. Comprovação posterior. Impossibilidade. Aplicação do CPC/2015. 1. Ação de rescisão contratual cumulada com restituição de quantia paga cumulada com reparação de danos materiais e compensação de danos morais. 2. O artigo 1.003, § 6º, do CPC/2015, estabelece que o recorrente comprovará a ocorrência de feriado local no ato de interposição do recurso, o que impossibilita a regularização posterior. Precedentes. 3. O dia do servidor público (28 de outubro), a segunda-feira de carnaval, a quarta-feira de cinzas, os dias que precedem a sexta--feira da paixão e, também, o dia de Corpus Christi não são feriados nacionais, em razão de não haver previsão em lei federal, de modo que o dever da parte de comprovar a suspensão do expediente forense quando da interposição do recurso, por documento idôneo, não é elidido. Precedentes. 4. Os recursos interpostos na instância de origem, mesmo que endereçados a esta Corte Superior, observam o calendário de funcionamento do tribunal local, não podendo se utilizar, para todos os casos, dos feriados e das suspensões previstas em Portaria e no Regimento Interno do Superior Tribunal de Justiça, que muitas vezes não coincidem com os da Justiça estadual. Precedentes. 5. Considerando que o recurso foi interposto sob a égide do CPC/2015 e que não houve a comprovação da suspensão do prazo quando de sua interposição, não há como ser afastada a sua intempestividade. 6. Agravo interno não provido" (AgInt nos EDcl no REsp 2.006.859/SP, Rel. Min. Nancy Andrighi, 3ª Turma, j. 13.02.2023, *DJe* 15.02.2023).

[68] AgInt no AREsp 1.937.634/GO, Rel. Min. Nancy Andrighi, 3ª Turma, j. 22.11.2021, *DJe* 25.11.2021

938 | CURSO DE DIREITO PROCESSUAL CIVIL • *Luiz Fux*

5.010/1966, que considera feriados os dias da Semana Santa que vão da quarta-feira ao Domingo de Páscoa, só se aplica à Justiça Federal e aos tribunais superiores[69].

Nesse sentido, nos termos da jurisprudência do STJ, são considerados "documentos idôneos para a comprovação da tempestividade recursal cópia da lei e dos atos normativos ou certidão oficial emitida pelo tribunal de origem". No entanto, "a mera alegação nas razões recursais, o *print* de tela ou a imagem de página extraída da internet e a juntada da relação de feriados ou de calendário, sem o inteiro teor do correspondente ato normativo, não servem para comprovar a tempestividade recursal"[70]-[71].

Por outro lado, ainda que "seja ônus do advogado a prática dos atos processuais segundo as formas e prazos previstos em lei, o Código de Processo Civil abre a possibilidade de a parte indicar motivo justo para o seu eventual descumprimento, a fim de mitigar a exigência". Assim, eventual "falha induzida por informação equivocada prestada por sistema eletrônico de tribunal deve ser levada em consideração, em homenagem aos princípios da boa-fé e da confiança, para a aferição da tempestividade do recurso", conforme preceitua o art. 223, § 1º, do CPC/2015[72].

Com efeito, ainda que os dados disponibilizados pela internet sejam "meramente informativos" e não substituam a publicação oficial, isso não impede que venha a se reconhecer ter havido justa causa no descumprimento do prazo recursal por litigante, quando este tive sido induzido a tal por erro cometido pelo próprio tribunal[73].

Insta observar quanto aos prazos em si, as prerrogativas processuais dos arts. 180, 183 e 186 do CPC, bem como as contempladas aos litisconsortes com diferentes procuradores que também dispõem de prazo em dobro para recorrer em caso de processos físicos (art. 229 do CPC). Havendo litisconsórcio entre sujeitos com prerrogativas diversas e com diferentes procuradores, cada um terá *o seu* prazo em dobro, de sorte que o particular jamais disporá do prazo duplicado da Fazenda Pública, senão de "seu próprio" multiplicado por dois.

O critério de contagem do prazo implica *excluir-se o dia do início e incluir-se o dia final*, sendo certo que os prazos só se iniciam e somente se encerram em dias úteis, no horário do expediente forense de cada unidade da Federação (art. 224 do CPC).[74] Destarte, de acordo com o entendimento predominante nos tribunais, o prazo para recorrer só começa a fluir com a publicação (das conclusões) do acórdão no órgão oficial, não servindo de termo inicial a mera notícia do julgamento.

De todo modo, há muito, mister ressaltar, restou superado o entendimento de que não são passíveis de serem conhecidos recursos interpostos antes da publicação do ato judicial. O legislador fez questão de deixar clara a tempestividade de tais impugnações (art. 218, § 4º).

O *justo impedimento*, casuisticamente analisado, autoriza a transposição do prazo recursal.

---

[69] AgInt nos EDcl no AREsp 2.139.264/GO, Rel. Min. João Otávio de Noronha, 4ª Turma, j. 13.02.2023, *DJe* 16.02.2023.

[70] Idem.

[71] Enunciado FPPC 724 (2022). (arts. 1.003, § 6º e 197) Os documentos extraídos dos sítios dos tribunais gozam de presunção de veracidade e confiabilidade, sendo idôneos para comprovar o feriado local para os fins do § 6º do art. 1.003 (Grupo: Recursos nos Tribunais Superiores).

[72] EAREsp 1.759.860/PI, Rel. Min. Laurita Vaz, Corte Especial, j. 16.03.2022, *DJe* 21.03.2022.

[73] REsp 1.324.432/SC, Rel. Min. Herman Benjamin, Corte Especial, *DJe* 10.05.2013.

[74] "**Art. 224.** Salvo disposição em contrário, os prazos serão contados excluindo o dia do começo e incluindo o dia do vencimento.

§ 1º Os dias do começo e do vencimento do prazo serão protraídos para o primeiro dia útil seguinte, se coincidirem com dia em que o expediente forense for encerrado antes ou iniciado depois da hora normal ou houver indisponibilidade da comunicação eletrônica.

§ 2º Considera-se como data de publicação o primeiro dia útil seguinte ao da disponibilização da informação no Diário da Justiça eletrônico.

§ 3º A contagem do prazo terá início no primeiro dia útil que seguir ao da publicação."

Súmula nº 310 do STF: "Quando a intimação tiver lugar na sexta-feira, ou a publicação com efeito de intimação for feita neste dia, o prazo judicial terá início na segunda-feira imediata, salvo se não houver expediente, caso em que começará no primeiro dia útil que se seguir".

Essa regra *in procedendo* constitui direito da parte diante da ocorrência dos fatos mencionados na lei. Assim, *v.g.*, se houver greve bancária ou dos serventuários, ou outros fatos impeditivos à apresentação do recurso no prazo legal, é direito da parte a reabertura de prazo pelo tempo que faltava, o qual começará a correr novamente da sua intimação.

A causa suspensiva suspende o prazo *in re ipsa*, tal como na suspensão do processo, muito embora denunciada posteriormente em juízo. Assim, *v.g.*, a morte do advogado suspende automaticamente o decurso do prazo para recorrer, muito embora a prova do fato se realize posteriormente (art. 313, I, do CPC).

Nesse caso é assente que, havendo mais de um advogado na procuração, o dispositivo não incide inexoravelmente. Isto porque, tratando-se de preceito excepcional posto suplantar requisito de admissibilidade, as causas suspensivas devem ser interpretadas restritivamente. Por essa razão, tem-se que não se deve conhecer de recurso interposto fora de prazo em que o advogado alega que a empresa, encarregada do serviço de leituras do *Diário da Justiça*, não lhe remetera o recorte contendo a intimação. Ainda sob a ótica restritiva, não ocorre o direito à restituição de prazo se, no transcurso deste, o advogado substabelece a procuração a outro. É que, nessa hipótese, mantém-se o substabelecente responsável, pela mesma razão prevista no artigo 112 do CPC.

O reconhecimento do justo impedimento e sua decretação deve ser impugnado pela parte contrária, sob pena de preclusão.

Diversa é a hipótese em que a intempestividade não é detectada num primeiro momento. Nesse caso, muito embora o recorrido tenha interesse na inadmissão do recurso do recorrente vencido, e por isso deve suscitar a preliminar de intempestividade do recurso, nas suas contrarrazões, o tribunal deve, de ofício, declarar a falta do requisito de admissibilidade, porquanto a intempestividade seja matéria de ordem pública. Por isso que incide em *error in procedendo* o tribunal que inadmite recurso tempestivo ou o admite fora do prazo.

Essa violação da Lei Federal, *in casu* o CPC, implica o cabimento do recurso especial. Entretanto, impõe-se ter em mente que o reconhecimento de obstáculo ao curso do prazo recursal, certificado pelo escrivão, esbarra na Súmula nº 7 do STJ, que veda a apreciação de matéria fática na via do recurso especial.

Algumas questões recentes têm desafiado a jurisprudência em face das novidades legais e das divergências atuais.

Um primeiro ponto interessante se refere à comprovação de feriado local, enquanto causa de dilação do prazo recursal. Entendem os tribunais superiores que, por expresse desejo do legislador, cabe ao recorrente demonstrá-lo na data da interposição (art. 1.003, § 6º), sendo inviável a abertura de prazo ulterior para tanto[75].

Dúvidas foram suscitadas quanto aos recursos endereçados por "sedex". Nesse particular, a jurisprudência tem respondido que, nesses casos, a tempestividade é aferida pela efetiva apresentação no protocolo do Tribunal[76].

Outro tema de relevo pertine à tempestividade recursal diante de mero "pedido de reconsideração" da parte.

A praxe judiciária indica quão frequentes são os casos em que a parte irresignada contra decisão judicial pleiteia a reconsideração ao juízo prolator da decisão. Entretanto, uniformizou-se o entendimento de que "o pedido de reconsideração não interrompe nem suspende o prazo para a interposição do recurso cabível"[77].

---

[75] STJ. AgInt no AREsp 957.821/MS, Rel. Min. Raul Araújo, Rel. p/ Acórdão Ministra Nancy Andrighi, Corte Especial, j. 20.11.2017. STF. ARE 1223738 AgR, Rel. Min. Dias Toffoli (Presidente), Tribunal Pleno, j. 18.10.2019.

[76] Nesse sentido, a Súmula 216 do STJ, *verbis*: "A tempestividade de recurso interposto no Superior Tribunal de Justiça é aferida pelo registro no protocolo da secretaria e não pela data da entrega na agência do correio".

[77] STJ. Corte Especial, REsp 1.522.347-ES, Rel. Min. Raul Araújo, j. 16.09.2015.

940 | CURSO DE DIREITO PROCESSUAL CIVIL • *Luiz Fux*

Na prática, a parte pode requerer, ao mesmo tempo, reconsideração e, se não for atendida, que sua petição seja recebida como recurso, hipótese em que o mesmo não fica prejudicado. Entretanto, pela sistemática processual, nem sempre é possível pedir reconsideração e, na mesma petição, agravar de instrumento, porque o pedido primeiro é dirigido ao juiz e, o agravo, ao relator em segundo grau de jurisdição.

Uma última palavra a respeito do "erro de endereçamento do recurso". Em regra, os recursos são interpostos no juízo *a quo* para o juízo *ad quem*. Nesses casos, a jurisprudência, atenta mais à tempestividade do que aos defeitos na interposição, vem consagrando que o endereçamento ao juízo diverso daquele que presidiu o processo não acarreta a perda do prazo do recurso em face da eminência do direito de recorrer.

4.6   Preparo do recurso

A razão de ser do "preparo" dos recursos é simples: assim como as causas em primeiro grau acarretam, em regra, o pagamento de custas processuais, por força da movimentação dos serviços judiciários, idêntica razão impõe o pagamento do processamento recursal. O preparo deve abranger "as custas devidas ao STF, bem como as despesas de remessa e retorno dos autos" além das custas devidas à Justiça local, se for o caso. Naturalmente, em sendo eletrônicos os autos, dispensado estará o pagamento do porte de remessa e retorno (art. 1.007, § 3°).

Esse ônus financeiro é dispensado, por razões óbvias, aos beneficiários da justiça gratuita, ao Ministério Público e às Fazendas Públicas Federais, estaduais e municipais, aí compreendidas as autarquias (art. 1.007, § 1°, do CPC).[78]

Assim como a tempestividade firma-se pelo ato de protocolizar o recurso no prazo, o preparo efetiva-se "no ato de interposição" da impugnação, devendo a guia comprobatória acompanhar a peça de recurso (art. 1.007, *caput*, do CPC).

A falta de preparo acarreta a sanção da *deserção*, com o consequente não conhecimento do recurso e se caracteriza pelo inadimplemento total ou parcial das custas respectivas. A insuficiência no valor do preparo implicará deserção, se o recorrente, intimado, não vier a supri-lo no prazo de cinco dias (art. 1.007, § 2°, do CPC).

Atualmente, o entendimento que se positivou no atual Código é de que a insuficiência de preparo é vício sanável em cinco dias pelo recorrente, não importando imediata deserção, conforme os §§ 2° e 7° do art. 1.007, CPC. De fato, não pode este ser argumento para que os tribunais se obstem a julgar o mérito dos recursos, de maneira que o dispositivo do Código está de acordo com a garantia de prestação jurisdicional e combate a jurisprudência defensiva que por vezes se ergue nos tribunais brasileiros.

Por outro lado, mesmo a absoluta falta de recolhimento de preparo não enseja imediato comprometimento do recurso, cabendo seu recolhimento, em dobro, após intimação na pessoa do advogado (art. 1.007, § 4°). Nesse caso, em sendo parcial o pagamento, não será aberta oportunidade de complementação (art. 1.007, § 5°).

O justo impedimento permite a interposição com preparo *a posteriori*, como ocorre, *v.g.*, se há greve no estabelecimento bancário encarregado do recebimento das custas. Sem prejuízo, pode haver, ainda, "relevação da deserção", provado o justo impedimento, mesmo após negado seguimento ao recurso, porquanto é retratável o juízo de admissibilidade pelo juízo *a quo* e pela instância *ad quem*.

Alguns fatos de cotidiana ocorrência na prática judiciária têm justificado a relevação da deserção. Assim, tem-se afirmado que o preparo pode ser efetuado enquanto durar o expediente forense, estabelecido pela lei de organização judiciária, sendo irrelevante o horário que regula o funcionamento dos estabelecimentos bancários. Em consequência, encerrando-se o expediente do

---

[78]   "**Art. 1.007, § 1°**. São dispensados de preparo, inclusive porte de remessa e de retorno, os recursos interpostos pelo Ministério Público, pela União, pelo Distrito Federal, pelos Estados, pelos Municípios, e respectivas autarquias, e pelos que gozam de isenção legal."

Parte XI · I – TEORIA GERAL DOS RECURSOS | 941

banco antes do previsto em lei processual, tem-se como tempestivo o preparo realizado no dia útil imediato. Em posição diametralmente oposta, colocavam-se os que sustentam que o horário do encerramento do expediente bancário é o adequado para o preparo posto do conhecimento de todos.

Matéria de especial regulação pertine aos recursos endereçados aos Tribunais Superiores. A jurisprudência do STF é no sentido de que não basta a intimação do deferimento do recurso extraordinário, para que se possa, da parte recorrente, exigir o preparo no prazo legal. É necessário, além disso, que ela seja intimada, especificamente para efetuá-lo[79].

4.7 Regularidade formal

Os recursos, conforme a sua espécie, reclamam forma específica. Assim, *v.g.*, o agravo de instrumento exige em sua formação a inclusão de peças obrigatórias. Os embargos de declaração impõem ao recorrente a revelação dos pontos a aclarar. A apelação interpõe-se por petição escrita, onde a parte deve formular o pedido de nova decisão, uma vez que na instância superior também vigora o princípio dispositivo, sob o pálio da máxima *tantum devolutum quantum appellatum*.

Recurso interposto em desobediência à forma legal é recurso inadmissível.[80] Entretanto, em face do princípio da instrumentalidade das formas, vem-se sufragando entendimentos flexíveis à superação de toda falha formal até o julgamento da impugnação, ressalvadas as instâncias superiores que sequer admitem a instrução de peças faltantes (Súmula 315 do STJ) mercê de além das peças legais exigirem aquelas necessárias à compreensão da controvérsia.[81]

O Código quis esclarecer que os vícios atinentes à regularidade formal são sanáveis, em cinco dias, cabendo ao relator abrir prazo para que o recorrente ultrapasse a barreira (art. 932, parágrafo único). Por outro lado, nos recursos interpostos para o Supremo Tribunal Federal ou para o Superior Tribunal de Justiça, caberá ao tribunal desconsiderar o vício ou determinar sua correção, desde que não o repute grave (art. 1.029, § 3º[82]). Tais prerrogativas, na visão dos tribunais superiores, não atingem a comprovação do feriado local, enquanto causa de dilação do prazo recursal, cabendo ao recorrente demonstrá-la na data da interposição[83].

5. EFEITOS DOS RECURSOS

5.1 Efeito devolutivo

O principal efeito dos recursos, extraído da exegese *a contrario sensu* do disposto no art. 502[84] do CPC, é o de *impedir o trânsito em julgado* da decisão. No nosso sistema, todos os recursos, inclusive o recurso extraordinário, visam a que o ato decisório não se torne imutável e indiscutível. Essa é a razão pela qual, nas impugnações, se pleiteia uma nova decisão. Não obstante seja esse um efeito constante, os recursos ainda apresentam dois efeitos característicos: o devolutivo e o suspensivo.

O *efeito devolutivo* importa *devolver* ao órgão revisor da decisão a matéria impugnada nos seus limites e fundamentos. Toda questão decidida tem uma *extensão* e suas razões. Em face do princípio do duplo grau, o órgão revisor da decisão deve colocar-se nas mesmas condições em

---

[79]   STF – 1ª Turma, RE nº 169.301-1-RS, Rel. Min. Sydney Sanches, j. 09.09.1997, rejeitaram os embs., v.u., *DJU* 13.10.1997.

[80]   **Leo Rosenberg**, *Tratado de Derecho Procesal Civil*, 1955, vol. II, p. 360. **Carnelutti** inseria nesse requisito a "necessária motivação do recorrente" indicando por que motivos a decisão deveria ser diferente, *in Sistema*, cit., vol. II, p. 570.

[81]   V. REsp. nº 449.486, Corte Especial, www.stj.gov.br.

[82]   "**Art. 1.029** § 3º O Supremo Tribunal Federal ou o Superior Tribunal de Justiça poderá desconsiderar vício formal de recurso tempestivo ou determinar sua correção, desde que não o repute grave."

[83]   STJ. AgInt no AREsp 957.821/MS, Rel. Min. Raul Araújo, Rel. p/ Acórdão Min. Nancy Andrighi, Corte Especial, j. 20.11.2017. STF. ARE 1223738 AgR, Rel. Min. Dias Toffoli (Presidente), Tribunal Pleno, j. 18.10.2019.

[84]   "**Art. 502.** Denomina-se coisa julgada material a autoridade que torna imutável e indiscutível a decisão de mérito não mais sujeita a recurso."

942 | CURSO DE DIREITO PROCESSUAL CIVIL • *Luiz Fux*

que se encontrava o juiz, para aferir se julgaria da mesma forma e, em consequência, verificar se o mesmo incidiu nos vícios da injustiça e da ilegalidade.

Por essa razão, e para obedecer a essa *identidade*, é que se transfere ao tribunal (devolve-se) a matéria impugnada em *extensão* e *profundidade. A extensão compreende a própria impugnação.* Assim, como o recurso pode ser parcial ou total, de acordo com o conformismo ou não do recorrente, estabelecem-se os limites dentro dos quais o tribunal vai trabalhar. Aplica-se ao órgão *ad quem* o princípio da adstrição, segundo o qual não lhe é lícito ultrapassar os limites da impugnação. Desta sorte, sendo parcial o recurso, não pode o tribunal invadir a parte não recorrida. Assim, *v.g.*, se a parte pleiteou duas prestações e somente obteve uma delas, o órgão superior fica adstrito à análise dessa parcela, sendo-lhe vedado sequer conhecer da outra, a cujo respeito a decisão transitou por força da sua inimpugnabilidade. O mesmo raciocínio engendrava-se quando a decisão era terminativa, confinando-se na extinção sem mérito a matéria impugnada, cenário excepcionado pelo § 3º do artigo 1.013 do CPC.

A extensão dessa transferência, característica do efeito devolutivo, importa que a devolução tenha como limite o próprio *objeto da impugnação.* Esse princípio vem explicitado ao longo da história processual, através da máxima *tantum devolutum quantum appellatum*, expressa no art. 1.013, *caput*, do CPC.[85]

5.1.1 Efeito devolutivo e reformatio in pejus

Decorrência do efeito devolutivo é a *proibição de inovar-se no juízo do recurso*, bem como a *de conferir-se ao único recorrente uma decisão mais desfavorável do que aquela obtida em primeiro grau* e submetida a reexame: é a denominada proibição da *reformatio in pejus.*

Quanto ao primeiro aspecto da vedação à inovação (*jus novorum*), a sua justificativa obedece a um dos aspectos da devolutividade, que impõe ao tribunal colocar-se nas mesmas condições em que se encontrava o juiz ao decidir, para aferir-lhe os *errores in procedendo* e *in judicando.* Tudo deve se passar como na primeira instância, pois, do contrário, não se pode conferir se o juiz, trabalhando com elemento novo, também decidiria de forma diversa. Essa regra comporta a exceção da "força maior", comprovada e submetida a "contraditório" (art. 1.014 do CPC)[86.] Assim, pode-se afirmar que a "instância superior é de controle da decisão" e não de "criação de uma nova causa". Prestigia-se o julgamento de primeiro grau, submetendo-o a *uma revisão e não a um novo juízo.* Em consequência, consoante assentado, em sede doutrinária clássica, o princípio aplicável sob esse ângulo é o da *revisio prioris instantiae*, em contrapartida ao *novorum iudicium.*[87]

A proibição da *reformatio in pejus*, não obstante não seja textual, infere-se da regra da adstrição à devolutividade do recurso. Assim, se o tribunal somente pode conhecer a matéria impugnada, de certo o único recorrente não pediria, até por falta de interesse de agir, que a decisão lhe fosse mais desfavorável, recorrendo apenas daquilo que lhe agravou. Logo, o máximo que o tribunal pode decidir é que o recorrente não tem razão, mantendo a decisão recorrida, sem impor ou retirar algo que a torne mais onerosa. Assim, *v.g.*, se A recorre da decisão que lhe concedeu apenas a prestação X, tendo formulado pedido cumulativo de X + Y + Z, não é lícito ao tribunal, ao se pronunciar sobre a pretensão quanto às prestações remanescentes (Y e Z), retirar X acerca da qual não houve recurso da parte contrária. Idêntico raciocínio aplica-se se o locatário recorre de uma decisão concessiva de despejo e o tribunal, ao negar provimento ao seu recurso, impõe-lhe uma multa do contrato negada em primeiro grau e tornada irrecorrida por inércia do autor locador.

Conforme se verifica, o instituto da *reformatio in pejus* é consectário do *princípio da personalidade dos recursos*, diverso do que se constata ao longo da história processual, em que as impugnações representavam, primeiramente, um *remédio comum* de conjuração dos vícios da sentença, de tal

---

[85] **"Art. 1.013.** A apelação devolverá ao tribunal o conhecimento da matéria impugnada."

[86] **"Art. 1.014.** As questões de fato, não propostas no juízo inferior poderão ser suscitadas na apelação, se a parte provar que deixou de fazê-lo por motivo de força maior."

[87] **Barbosa Moreira**, *Comentários*, cit.

Parte XI • I — TEORIA GERAL DOS RECURSOS | **943**

sorte, que não influía a iniciativa do recurso para implicar uma reforma em favor de qualquer das partes. Posteriormente, passou-se à concepção da *personalização da impugnação*, segundo a qual cada parte deveria interpor o seu recurso independentemente, ainda que recíproca a sucumbência (art. 997, *caput*, do CPC). Neste fenômeno da recíproca sucumbência, também se deve observar a proibição da reforma para pior em desfavor do único recorrente, porquanto a outra parte nem sempre recorre, e mesmo quando adere, nem por isso afastado fica o risco da *reformatio in pejus*, posto que a adesão pode deixar de fora uma parte da decisão recorrível. Assim, no exemplo acima citado, se o autor recorresse apenas de Y e o réu B impugnasse a parcela X, não se revelaria lícito ao tribunal, a pretexto de prover o recurso de A, conceder a parcela Z. Ocorreria *in casu* violação à vedação à *reformatio in pejus*, infringindo a regra de que a devolução deve ter como limite a impugnação.

Aspecto singular pertine aos fundamentos de que o tribunal se utiliza para apreciar o recurso e as questões que o juiz enfrentou. Em princípio, poder-se-ia afirmar que o órgão *ad quem* trabalha com o mesmo material analisado pelo juiz *a quo*.

Devolve-se a causa tal como tratada na primeira instância. Entretanto, a devolutividade do recurso, conquanto instituto processual, sofre a influência dos princípios norteadores do sistema. Assim é que a economia processual, que tantas repercussões exerce em diversas passagens de nossa ordenação, volta a ocupar lugar na sistemática recursal. É que, debatida a causa na primeira instância, pode ter havido lacunas. Em nome do princípio acima, não se recomenda que a causa retorne ao primeiro grau. Permite-se que o tribunal conheça da matéria omitida, desde que não se trate de *pedido não julgado ou exceção material não apreciada*. O princípio da economia processual recomenda que o tribunal aprecie matérias discutidas ainda que não resolvidas, até porque o duplo grau, de uma forma ou de outra, privilegia o julgamento da segunda instância.

Entretanto, em nome desses princípios, não se autoriza que um pedido ou uma exceção material sejam julgados, de início, na instância *ad quem*, posto a isso equivaleria violação do princípio do duplo grau de jurisdição. Entretanto, não se tratando de pedidos e sim de fundamentos do pedido ou da defesa, a *devolutividade* é ampla, transferindo ao tribunal tudo quanto foi discutido ou que não o foi, mas poderia tê-lo sido, posto matérias conhecíveis de ofício. Assim, é lícito ao tribunal conhecer, para seu julgamento, ainda que o juiz *a quo* não o tenha feito, uma questão preliminar sequer suscitada na primeira instância ou a "decadência", que é matéria alegável a qualquer tempo, por força de regra de direito material. Essa cognição ampla em profundidade em nada infirma o princípio da devolução, porquanto, respeitados os limites da impugnação *em extensão*, é ampla a profundidade dessa devolução, de maneira que se permite ao órgão *ad quem* justificar o seu julgado através de fundamentos suscitados ou suscitáveis na primeira instância.

Sob outro ângulo, se a decisão omitiu-se em relação a qualquer desses fundamentos, nem por isso a causa deve retornar para que o juiz os aprecie. O próprio tribunal pode conhecê-los e considerá-los ao apreciar o recurso. Nesse sentido, a lei é clara e didática, porquanto, após definir os limites da devolução pelos limites da impugnação (art. 1.013, *caput*, do CPC), autoriza o tribunal a invadir todos os fundamentos suscitados e discutidos na primeira instância, ainda que a decisão inferior não os tenha enfrentado por inteiro. Contenta-se o legislador que os mesmos tenham sido suscitados e discutidos, não obstante omisso o julgado. E, ainda que não suscitados, porém suscitáveis, como as matérias oficiosas de mérito ou formais.

Essa técnica legal explica por que o autor vencedor da causa, por *um* dos fundamentos alegados na sua pretensão, não precisa *insistir* no fundamento rejeitado, porquanto o recurso do vencido *devolve* aquela questão refutada, e que também sustentava o seu pedido, afinal acolhido por outro fundamento. A falta de seu interesse em recorrer resulta da devolutividade decorrente do recurso da outra parte.[88] Assim, *v.g.*, se A promove demanda em face de B e este, na contestação, articula uma preliminar e obtém a improcedência do pedido, não precisará insistir na questão formal, porque o

---

[88] Sob esse ângulo, insuperáveis as lições de **Barbosa Moreira** nos seus *Comentários ao art. 515*, Forense, cit., e **Machado Guimarães**, *Estudos*, cit.

944 CURSO DE DIREITO PROCESSUAL CIVIL • *Luiz Fux*

recurso de A devolverá ao tribunal todas as questões suscitadas e discutidas, inclusive a preliminar, autorizando o colegiado a manter a decisão ou mesmo redefini-la pela preliminar rejeitada.

A única ressalva que se impõe é que, se um dos fundamentos devolvidos automaticamente e não resolvidos na primeira instância, se acolhido acarretar uma decisão prática em desfavor do único recorrente, essa solução esbarrará na proibição à *reformatio in pejus*. Por isso, nesta hipótese, preconiza-se a necessidade de recurso independente ou adesivo. Assim, *v.g.*, se A promove uma ação de despejo calcada em retomada para uso próprio e falta de pagamento, e o juiz acolhe a retomada e se omite na falta de pagamento, não pode o tribunal, em função da devolução (art. 1.013 e parágrafos, do CPC), no recurso do réu, manter a sentença corrigindo-lhe a motivação para acolher a falta de pagamento, porquanto esse fundamento omitido implica autorizar a posterior condenação e execução dos aluguéis inexistente na primeira decisão. Nesse caso, o julgado de primeira instância manifestamente lesivo ao locador causou-lhe sucumbência e, nessa parte, se não houve recurso, transitou em julgado.

Diversamente, quando os fundamentos omitidos não apresentam eficácia prática diversa, a devolutividade não sofre o óbice da *reformatio in pejus*.

O efeito suspensivo decorre da própria *recorribilidade* da decisão e não do recurso propriamente dito. O fato genético-processual de uma decisão submeter-se em potencial a um recurso com efeito suspensivo significa que o referido ato decisório não produz os seus efeitos, senão superado o prazo recursal sem impugnação ou transitada em julgado a decisão do recurso.

Uma última palavra merece ser reforçada quanto aos recursos aos tribunais superiores em relação à devolutividade. Esta pressupõe prequestionamento e pedido de reforma. Ora, se a parte recorrida pretende algo que escapa ao que consta do acórdão recorrido, porque o mesmo rejeitou, *v.g.*, a preliminar que a parte sustentou, cumpre-lhe oferecer recurso adesivo, porque a cognição do tribunal superior não é idêntica à realização pela Corte de apelação reiterada. O recorrido há de aderir através de recurso especial adesivo ou através de recurso extraordinário adesivo.

5.2 Efeito suspensivo

A suspensividade, assim, decorre da própria recorribilidade que susta os efeitos da decisão recorrida. É possível ainda, afirmar-se que, como regra do sistema, todo o recurso tem efeito suspensivo, em consequência da adoção irrestrita pelo nosso sistema do duplo grau de jurisdição. Destarte, aqui e alhures, vozes abalizadas erguem-se quanto a essa postura ortodoxa de valorização do julgamento de segundo grau, preconizando uma inversão da regra, para dotar todas as decisões de efetividade imediata.

Como o próprio termo insinua, trata-se de notável influência do princípio da efetividade, que vem emprestando a diversos países de matizes iguais ao nosso, a experiência da proliferação da "não suspensividade dos recursos", relegando-se ao julgador a avaliação da situação gerada pela decisão recorrida, para ele, então, conferir ou não efeito suspensivo. Trata-se de técnica da suspensividade *ope judicis* em contraposição à suspensão *ope legis*.

O legislador se manteve na postura da manutenção da regra geral, quanto aos casos de não suspensividade, como se colhe do art. 1.012 do CPC,[89] no qual, após fixar o princípio geral do duplo efeito dos recursos, enuncia as hipóteses de apelação sem efeito suspensivo, a par da disposição

---

[89] "**Art. 1.012.** A apelação terá efeito suspensivo.

§ 1º Além de outras hipóteses previstas em lei, começa a produzir efeitos imediatamente após a sua publicação a sentença que:

I – homologa divisão ou demarcação de terras;

II – condena a pagar alimentos;

III – extingue sem resolução do mérito ou julga improcedentes os embargos do executado;

IV – julga procedente o pedido de instituição de arbitragem;

V – confirma, concede ou revoga tutela provisória;

VI – decreta a interdição."

Parte XI • I – TEORIA GERAL DOS RECURSOS | 945

constante do art. 995 do mesmo diploma[90], como regra geral, e a do art. 1.012, § 4º[91], especificamente quanto à apelação. O legislador traz hipótese fundada na evidência (probabilidade de provimento do recurso) e de urgência (risco de dano grave ou de difícil reparação), alternativamente para a apelação; cumulativamente, para os demais recursos.

Entretanto, minimizando o fenômeno, concedeu mais efetividade à execução provisória, modalidade servil às decisões desafiadas por recursos com efeito suspensivo. Sob essa ótica, há que se considerar que não só as leis processuais extravagantes também têm seguido a mesma linha de princípio, retirando a suspensividade recursal, *v.g.*, a Lei de Locações (art. 58, inciso V,[92] da Lei nº 8.245/91), emprestando notável prestígio às decisões de primeiro grau como também desde a reforma referente ao cumprimento da sentença que transfigurou a execução provisória em definitiva, extirpando a incongruência de a tutela antecipada representar mais do que a vetusta execução provisória da sentença, além de prestar maior efetividade a essa modalidade de satisfação do julgado. Hodiernamente, provisória é a decisão, instável mesmo, porque a execução por cumprimento pode alçar a satisfatividade plena, como se colhe do art. 520 e seus parágrafos.[93] Por oportuno, reforçou-se a técnica da suspensividade *ope judicis*, permitindo ao relator, diante do perigo de demora, conceder suspensividade a essa espécie de impugnação, à semelhança das disposições regimentais do Supremo Tribunal Federal, do Superior Tribunal de Justiça.

Critérios múltiplos levam o legislador a retirar a suspensividade recursal das decisões. Poder-se-ia, sinteticamente, afirmar que a supressão do efeito suspensivo decorre de decisões, que, se

---

[90] "**Art. 995.** Os recursos não impedem a eficácia da decisão, salvo disposição legal ou decisão judicial em sentido diverso.

Parágrafo único. A eficácia da decisão recorrida poderá ser suspensa por decisão do relator, se da imediata produção de seus efeitos houver risco de dano grave, de difícil ou impossível reparação, e ficar demonstrada a probabilidade de provimento do recurso."

[91] "**Art. 1.012** § 4º Nas hipóteses do § 1º, a eficácia da sentença poderá ser suspensa pelo relator se o apelante demonstrar a probabilidade de provimento do recurso ou se, sendo relevante a fundamentação, houver risco de dano grave ou de difícil reparação."

[92] "**Lei de Locações (Lei nº 8.245/1991)**

Art. 58. Ressalvados os casos previstos no parágrafo único do art. 1º, nas ações de despejo, consignação em pagamento de aluguel e acessório da locação, revisionais de aluguel e renovatórias de locação, observar-se-á o seguinte: (...);

V – os recursos interpostos contra as sentenças terão efeito somente devolutivo."

[93] "**Art. 520.** O cumprimento provisório da sentença impugnada por recurso desprovido de efeito suspensivo será realizado da mesma forma que o cumprimento definitivo, sujeitando-se ao seguinte regime:

I – corre por iniciativa e responsabilidade do exequente, que se obriga, se a sentença for reformada, a reparar os danos que o executado haja sofrido;

II – fica sem efeito, sobrevindo decisão que modifique ou anule a sentença objeto da execução, restituindo-se as partes ao estado anterior e liquidando-se eventuais prejuízos nos mesmos autos;

III – se a sentença objeto de cumprimento provisório for modificada ou anulada apenas em parte, somente nesta ficará sem efeito a execução;

IV – o levantamento de depósito em dinheiro e a prática de atos que importem transferência de posse ou alienação de propriedade ou de outro direito real, ou dos quais possa resultar grave dano ao executado, dependem de caução suficiente e idônea, arbitrada de plano pelo juiz e prestada nos próprios autos.

§ 1º No cumprimento provisório da sentença, o executado poderá apresentar impugnação, se quiser, nos termos do art. 525.

§ 2º A multa e os honorários a que se refere o § 1º do art. 523 são devidos no cumprimento provisório de sentença condenatória ao pagamento de quantia certa.

§ 3º Se o executado comparecer tempestivamente e depositar o valor, com a finalidade de isentar-se da multa, o ato não será havido como incompatível com o recurso por ele interposto.

§ 4º A restituição ao estado anterior a que se refere o inciso II não implica o desfazimento da transferência de posse ou da alienação de propriedade ou de outro direito real eventualmente já realizada, ressalvado, sempre, o direito à reparação dos prejuízos causados ao executado.

§ 5º Ao cumprimento provisório de sentença que reconheça obrigação de fazer, de não fazer ou de dar coisa aplica-se, no que couber, o disposto neste Capítulo."

não forem eficazes de imediato, podem gerar perigo para o direito da parte. Assim, *v.g.*, a suspensividade do agravo decorre do risco de dano iminente ao direito da parte; a suspensividade da apelação, quando se trata de decisão cautelar decorre do *periculum in mora*, a não suspensividade da condenação à prestação de alimentos é consequência de os mesmos serem *necessarium vitae*. Diversamente, não se confere suspensividade nos casos de liquidação e rejeição dos embargos, porquanto esses processos baseiam-se em direitos acertados previamente em título judicial ou extrajudicial, revelando, *prima facie*, o direito evidente do exequente em confronto com a aparência de um recurso abusivo.

A não suspensividade permite a produção de uma eficácia mitigada da decisão, quando há recurso pendente. Não se trata, portanto, de decisão imutável, podendo vir a modificar-se em grau recursal. Exatamente porque passíveis de modificação, mas já produtoras de efeitos, essas decisões comportam certos estágios de implementação que, evidentemente, não podem alcançar níveis irreversíveis, porque não cobertas pelo selo da verdade eterna da coisa julgada. Diz-se, então, que a parte favorecida por essas decisões cujos recursos não têm efeito suspensivo pode *adiantar atos de execução*. Deveras, a execução provisória (art. 520 do CPC) implica responsabilidade, risco do exequente posto que está obrigado a iniciá-la, podendo se obrigar a reparar os danos que o executado sofra, se a sentença for reformada.

A execução provisória implementada ainda na vigência do Código de 1973 alcançou notável grau de satisfatividade, escapando, assim, das severas críticas de outrora, que a entreviam como um "nada jurídico". Realmente, o exequente quase nenhuma utilidade retirava de sua pressa em tornar realidade provisória a sentença condenatória favorável.

Destarte, o legislador brasileiro acompanhou o movimento atual dos vários sistemas processuais de matiz romano-germânico, que passaram a consagrar a execução apenas provisória pela decisão que a fundamenta e não mais pelos atos executivos praticados.

Forçoso, convir, assim, que a parte favorecida por essas decisões, cujos recurso não têm efeito suspensivo, pode adiantar atos de execução. A realidade como visto é que por força dos noveis arts. 520 a 522 do CPC[94], a execução provisória faz-se da mesma forma que a definitiva. Em con-

---

[94] **"Art. 520.** O cumprimento provisório da sentença impugnada por recurso desprovido de efeito suspensivo será realizado da mesma forma que o cumprimento definitivo, sujeitando-se ao seguinte regime:

I – corre por iniciativa e responsabilidade do exequente, que se obriga, se a sentença for reformada, a reparar os danos que o executado haja sofrido;

II – fica sem efeito, sobrevindo decisão que modifique ou anule a sentença objeto da execução, restituindo-se as partes ao estado anterior e liquidando-se eventuais prejuízos nos mesmos autos;

III – se a sentença objeto de cumprimento provisório for modificada ou anulada apenas em parte, somente nesta ficará sem efeito a execução;

IV – o levantamento de depósito em dinheiro e a prática de atos que importem transferência de posse ou alienação de propriedade ou de outro direito real, ou dos quais possa resultar grave dano ao executado, dependem de caução suficiente e idônea, arbitrada de plano pelo juiz e prestada nos próprios autos.

§ 1º No cumprimento provisório da sentença, o executado poderá apresentar impugnação, se quiser, nos termos do art. 525.

§ 2º A multa e os honorários a que se refere o § 1º do art. 523 são devidos no cumprimento provisório de sentença condenatória ao pagamento de quantia certa.

§ 3º Se o executado comparecer tempestivamente e depositar o valor, com a finalidade de isentar-se da multa, o ato não será havido como incompatível com o recurso por ele interposto.

§ 4º A restituição ao estado anterior a que se refere o inciso II não implica o desfazimento da transferência de posse ou da alienação de propriedade ou de outro direito real eventualmente já realizada, ressalvado, sempre, o direito à reparação dos prejuízos causados ao executado.

§ 5º Ao cumprimento provisório de sentença que reconheça obrigação de fazer, de não fazer ou de dar coisa aplica-se, no que couber, o disposto neste Capítulo.

Art. 521. A caução prevista no inciso IV do art. 520 poderá ser dispensada nos casos em que:

I – o crédito for de natureza alimentar, independentemente de sua origem;

II – o credor demonstrar situação de necessidade;

III – pender o agravo do art. 1.042;

sequência, o exequente assume responsabilidade objetiva pelo risco judiciário, posto que não está obrigado a iniciar a execução provisória, podendo aguardar o trânsito da decisão, para engendrar, com a luz da certeza, a execução definitiva.

IV – a sentença a ser provisoriamente cumprida estiver em consonância com súmula da jurisprudência do Supremo Tribunal Federal ou do Superior Tribunal de Justiça ou em conformidade com acórdão proferido no julgamento de casos repetitivos.

Parágrafo único. A exigência de caução será mantida quando da dispensa possa resultar manifesto risco de grave dano de difícil ou incerta reparação.

Art. 522. O cumprimento provisório da sentença será requerido por petição dirigida ao juízo competente.

Parágrafo único. Não sendo eletrônicos os autos, a petição será acompanhada de cópias das seguintes peças do processo, cuja autenticidade poderá ser certificada pelo próprio advogado, sob sua responsabilidade pessoal:

I – decisão exequenda;

II – certidão de interposição do recurso não dotado de efeito suspensivo;

III – procurações outorgadas pelas partes;

IV – decisão de habilitação, se for o caso;

V – facultativamente, outras peças processuais consideradas necessárias para demonstrar a existência do crédito."

II

A ORDEM DOS PROCESSOS NOS TRIBUNAIS

1. JURISPRUDÊNCIA, SÚMULA E PRECEDENTES

O CPC de 2015, pela primeira vez, dedicou capítulo próprio para o tratamento a jurisprudência. Na linha do que já se tem estudado nesta obra, desde muito, o legislador vinha fortalecendo e prestigiando os entendimentos jurisprudenciais, garantindo que gerassem efeitos processuais, a exemplo do julgamento de improcedência liminar, aperfeiçoado pelo atual diploma, e das decisões monocráticas de relatores.

A prática tem demonstrado que a dissidência jurisprudencial possui efeitos nefastos, corroendo a isonomia e a segurança jurídica, valores basilares da Constituição. Diversas são as causas apontadas para a dispersão decisória, *v.g.*, (i) *fatores culturais*[1], (ii) a *educação jurídica*, desnivelada e calcada no estudo de textos legais e manuais, (iii) a *estrutura e organização do Poder Judiciário*, que recebe pouca atenção, historicamente, por parte da doutrina, (iv) a nova técnica legislativa, baseada em *cláusulas gerais e conceitos jurídicos indeterminados*, de maneira a acompanhar a rápida evolução social, (v) o *controle difuso de constitucionalidade*, que, na prática, significa autorizar que cada julgador defina seu próprio ordenamento jurídico, afastando normas porque inconstitucionais, e (vi) o *neoconstitucionalismo*, que insere, no cume do panorama jurídico, valores e princípios, cuja abstração leva à maior dificuldade de definição de sentidos[2].

O jurisdicionado, recebendo respostas judiciais diversas para casos semelhantes, passa a olhar com desconfiança para o Judiciário, o que, inclusive, compromete os melhores frutos da pacificação social. Igualmente, há uma crise de confiança na sociedade, que *"'funciona melhor' quando uns confiam nos outros e todos confiam no Estado"*, elemento inerente ao Estado de Direito[3].

Por conta disso, o legislador dedicou três artigos a tratar da uniformidade dos entendimentos pelos tribunais, dentro do título voltado à ordem dos processos (arts. 926 a 928[4]). Além disso, faz-se sentir a importância do sistema de precedentes ao longo de todo o Código[5].

---

[1] Segundo **Aluisio Gonçalves de Castro Mendes**, "a cultura brasileira é marcada pelo paradoxo. Se, por um lado, almeja a segurança jurídica, a igualdade e a previsibilidade, por outro, é fortemente marcada pelo desejo de mudança, decorrente de um sentimento de insatisfação com o *status quo*." (*Incidente de Resolução de Demandas Repetitivas*, 2017).

[2] Ver **Luiz Guilherme Marinoni**. *Precedentes Obrigatórios*, 2019.

[3] **Teresa Arruda Alvim**. *Modulação na alteração da jurisprudência firme ou de precedentes vinculantes*, 2021.

[4] **"Art. 926.** Os tribunais devem uniformizar sua jurisprudência e mantê-la estável, íntegra e coerente.

§ 1º Na forma estabelecida e segundo os pressupostos fixados no regimento interno, os tribunais editarão enunciados de súmula correspondentes a sua jurisprudência dominante.

§ 2º Ao editar enunciados de súmula, os tribunais devem ater-se às circunstâncias fáticas dos precedentes que motivaram sua criação.

Art. 927. Os juízes e os tribunais observarão:

I – as decisões do Supremo Tribunal Federal em controle concentrado de constitucionalidade;

II – os enunciados de súmula vinculante;

III – os acórdãos em incidente de assunção de competência ou de resolução de demandas repetitivas e em julgamento de recursos extraordinário e especial repetitivos;

950 | CURSO DE DIREITO PROCESSUAL CIVIL • *Luiz Fux*

Principia a lei obrigando os tribunais a uniformizar sua jurisprudência (art. 926, *caput*, do CPC). Com efeito, no cenário constitucional, é injustificável que uma mesma corte possua decisões conflitantes. Impõe-se a unidade *interna corporis*. A principal novidade, nesse ponto, é o leque de instrumentos conferidos ao Judiciário para que alcance tal fim: para além da via ordinária recursal, apresentam-se os incidentes de assunção de competência (art. 947) e de resolução de demandas repetitivas (arts. 976-987), analisados em tópicos próprios.

Após a uniformização, há que se manter a jurisprudência estável – sem modificações constantes –, íntegra – una – e coerente – com o dever de autorreferência dos julgadores, tanto sob a ótica horizontal (magistrados que compõem o próprio tribunal) como vertical (julgadores subordinados ao tribunal que fixou a tese).

O legislador, atento à tradição pátria, faz expressa menção à sumula da jurisprudência de cada tribunal, organizada em enunciados. Essa compilação, conquanto não seja dotada de natureza jurisdicional, serve como parâmetro seguro de decisão, bem como de comportamento das partes, em atenção à boa-fé processual. Por isso, na forma prevista no regimento interno, o tribunal deve editá-la e, ao fazê-lo, preocupar-se com as circunstâncias fáticas dos julgados antecessores, de sorte a guardar consigo fidelidade com a *ratio decidendi*[6].

Para além do tratamento da jurisprudência e das súmulas, o Código de 2015 impõe a observância, por todos os juízes, de certos entendimentos: (i) decisões do Supremo Tribunal em controle de constitucionalidade, até em razão do efeito vinculante e da eficácia *erga omnes* estatuídos pela

---

IV – os enunciados das súmulas do Supremo Tribunal Federal em matéria constitucional e do Superior Tribunal de Justiça em matéria infraconstitucional;

V – a orientação do plenário ou do órgão especial aos quais estiverem vinculados.

§ 1º Os juízes e os tribunais observarão o disposto no art. 10 e no art. 489, § 1º, quando decidirem com fundamento neste artigo.

§ 2º A alteração de tese jurídica adotada em enunciado de súmula ou em julgamento de casos repetitivos poderá ser precedida de audiências públicas e da participação de pessoas, órgãos ou entidades que possam contribuir para a rediscussão da tese.

§ 3º Na hipótese de alteração de jurisprudência dominante do Supremo Tribunal Federal e dos tribunais superiores ou daquela oriunda de julgamento de casos repetitivos, pode haver modulação dos efeitos da alteração no interesse social e no da segurança jurídica.

§ 4º A modificação de enunciado de súmula, de jurisprudência pacificada ou de tese adotada em julgamento de casos repetitivos observará a necessidade de fundamentação adequada e específica, considerando os princípios da segurança jurídica, da proteção da confiança e da isonomia.

§ 5º Os tribunais darão publicidade a seus precedentes, organizando-os por questão jurídica decidida e divulgando-os, preferencialmente, na rede mundial de computadores.

Art. 928. Para os fins deste Código, considera-se julgamento de casos repetitivos a decisão proferida em:

I – incidente de resolução de demandas repetitivas;

II – recursos especial e extraordinário repetitivos.

Parágrafo único. O julgamento de casos repetitivos tem por objeto questão de direito material ou processual."

5   Segundo **Humberto Theodoro Júnior**, "[o] papel do precedente com força normativa não foi apenas anunciado pelo CPC de 2015. Sua presença e influência manifestam-se a todo momento, ao longo de toda a sistemática do Código, voltada sempre para o objetivo geral de acelerar os procedimentos e aumentar a eficiência da prestação jurisdicional" (*Curso de Direito Processual Civil*, vol. 3, 2021).

6   "Esses enunciados procuram reproduzir a tese que serviu de fundamento ao entendimento dominante no tribunal acerca de determinado problema jurídico. Não é o caso em sua inteireza e complexidade que o enunciado sumulado reproduz, mas apenas a *ratio decidendi* em que os precedentes se fundamentaram. (...) Uma vez, porém, que os tribunais não se pronunciam abstratamente, seus julgados sempre correspondem à apreciação de casos concretos, cujos elementos são fatores importantes na elaboração da norma afinal aplicada à solução do objeto litigioso. Assim, embora o sistema de súmulas não exija a identidade dos casos sucessivos, não pode deixar de levar em conta a situação fático-jurídica que conduziu à uniformização da tese que veio a ser sumulada" (**Humberto Theodoro Júnior**, Curso de Direito Processual Civil, vol. 3, 2021). No mesmo sentido, **Nelson Nery e Rosa Maria Nery** lecionam que "[a] súmula deve ser o resultado de análises de casos concretos, e não a fixação do entendimento do tribunal acerca de determinada questão, de acordo com os parâmetros que entende corretos. Os parâmetros indicados pelo caso concreto é que fixam a súmula, e não o contrário" (*CPC comentado*, 2020).

Constituição, (ii) súmula vinculante, também do Supremo Tribunal Federal e por idênticas razões, (iii) acórdãos em incidentes de assunção de competência e de resolução de casos repetitivos, assim entendido o gênero composto pelo incidente de resolução de demandas repetitivas e pelo julgamento de recursos repetitivos pelos tribunais superiores (art. 928), (iv) súmula do Supremo Tribunal, em matéria constitucional, e do Superior Tribunal de Justiça, em matéria de legislação federal, e (v) orientações do plenário ou do órgão especial do tribunal. Com algum grau de divergência conceitual na doutrina, trata-se dos *precedentes à brasileira*[7].

A norma se reveste de autêntica obrigatoriedade, não soando como meramente retórica ou programática, vez que o julgador deve observar o princípio de motivação das decisões judiciais (art. 489, § 1º, em especial incisos V e VI[8]). O desrespeito sem demonstração de distinção entre o caso concreto e o paradigma ou de superação do padrão decisório implica nulidade do pronunciamento judicial.

O inciso VI do art. 489, § 1º, do CPC de 2015, estabeleceu esse sistema de *stare decisis* ao reputar não fundamentada a decisão que deixar de seguir enunciado de súmula, jurisprudência ou precedente invocado pela parte, sem demonstrar a existência de distinção no caso em julgamento ou a superação do entendimento. De fato, a não aplicação de precedentes pode ocorrer legitimamente sob a forma de distinção (*distinguishing*)[9] ou de superação (*overruling*). Quando regularmente aplicada, a distinção não configura desrespeito à jurisprudência, mas, sim, a sua correta hermenêutica, à luz da confrontação com casos concretos subsequentes, que possuam outras circunstâncias essenciais, que não se identificam ou não se subsumem aos do precedente invocado.[10] Pelo contrário,

---

[7] "O *NCPC* privilegia *precedentes* proferidos em certas e determinadas situações que justificam sejam eles tidos *de antemão* como precedentes. Sim, porque há decisões que se tornam, naturalmente, precedentes *a posteriori*: ou seja, são densas, convincentes, com excelentes fundamentos, que passam a ser respeitadas em casos posteriores, idênticos ou semelhantes. De acordo com a sistemática do CPC de 2015, há decisões que já nascem como precedentes *obrigatórios* e que devem ser paradigma para as posteriores, em casos normalmente idênticos e às vezes semelhantes." (**Teresa Arruda Alvim e Bruno Dantas**. *Recurso Especial, Recurso Extraordinário e a nova função dos Tribunais Superiores no Direito brasileiro*, 2019).

[8] "**Art. 489.** § 1º Não se considera fundamentada qualquer decisão judicial, seja ela interlocutória, sentença ou acórdão, que: (...)
V – se limitar a invocar precedente ou enunciado de súmula, sem identificar seus fundamentos determinantes nem demonstrar que o caso sob julgamento se ajusta àqueles fundamentos;
VI – deixar de seguir enunciado de súmula, jurisprudência ou precedente invocado pela parte, sem demonstrar a existência de distinção no caso em julgamento ou a superação do entendimento."

[9] Recomendação CNJ nº 134/2022
"**Art. 14.** Poderá o juiz ou tribunal, excepcionalmente, identificada distinção material relevante e indiscutível, afastar precedente de natureza obrigatória ou somente persuasiva, mediante técnica conhecida como distinção ou *distinguishing*.
§ 1º Recomenda-se que, ao realizar a distinção (*distinguishing*), o juiz explicite, de maneira clara e precisa, a situação material relevante e diversa capaz de afastar a tese jurídica (*ratio decidendi*) do precedente tido por inaplicável.
§ 2º A distinção (*distinguishing*) não deve ser considerada instrumento hábil para afastar a aplicação da legislação vigente, bem como estabelecer tese jurídica (*ratio decidendi*) heterodoxa e em descompasso com a jurisprudência consolidada sobre o assunto.
§ 3º Recomenda-se que o *distinguishing* não seja confundido e não seja utilizado como simples mecanismo de recusa à aplicação de tese consolidada.
§ 4º Recomenda-se considerar imprópria a utilização do *distinguishing* como via indireta de superação de precedentes (*overruling*).
§ 5º A indevida utilização do distinguishing constitui vício de fundamentação art. 489, § 1º, VI, do CPC/2015, o que pode ensejar a cassação da decisão."

[10] "Processual civil. Negativa de prestação jurisdicional. Inexistência. Precedente. Conceito limitado. Não surpresa. Observância. *Iura novit curia*. Embargos de declaração. Caráter não protelatório. Multa. Afastamento. 1. A interpretação sistemática do Código de Processo Civil, notadamente a leitura do art. 927, que dialoga diretamente com o 489, evidencia que 'precedente' abarca somente os casos julgados na forma qualificada pelo primeiro comando normativo citado, não tendo o termo abarcado de maneira generalizada qualquer decisão judicial. 2. A indicação de julgado simples e isolado não ostenta a natureza jurídica de 'súmula, jurisprudência

indicam que o caso concreto deve ser apreciado sob o enfoque de outros valores ou parâmetros. O *distinguishing* preserva a racionalidade dos julgados anteriores, ao mesmo tempo que agrega novas razões, à luz de fatos diferentes apresentados ao Judiciário. A superação pode decorrer de razões variadas, como a modificação normativa subsequente, no âmbito constitucional ou infraconstitucional; de novas circunstâncias políticas, econômicas ou sociais, a ensejar a revisão do precedente diante de realidade diversa da anterior; ou mesmo uma possibilidade de autocrítica diante da tese fixada no passado, a partir de argumentos surgidos no futuro ou preexistentes.

Um valor-chave para o funcionamento do sistema de respeito à jurisprudência e aos precedentes é o contraditório: deve sempre ser oportunizada a chance de o litigante apontar a distinção ou superação. Igualmente, há preocupação central com a boa-fé objetiva no processo: a alteração dos precedentes mencionados no art. 927 pressupõe a possibilidade da participação de pessoas, órgão ou entidades capazes de contribuir *(amici curiae)*, de audiências públicas e de amplo debate judicial (art. 927, §§ 2º e 4º).[11]

O Código trata expressamente da modulação dos efeitos[12], prestigiando os particulares e o ente público que tenham se portado de acordo com a tese jurídica vigente até então (art. 927, § 3º). Trata-se de uma modalidade de tutela da confiança do cidadão, contra o Poder Público (*Vertrauensschutzgrundsatz*)[13]. Afinal, se alguém se comporta de acordo com o entendimento que o Estado entendia correto, não poderá se prejudicar por mudanças súbitas. Por isso, a modulação é não só possível como recomendável, "como autêntica norma de direito transitório ou intertemporal"[14], enquanto exigência de segurança jurídica.

Por fim, o valor da publicidade deve ser respeitado pelos tribunais, ante a dimensão de importância dos precedentes. Por isso, indica o legislador que sejam catalogados e organizados, facilitando-se o acesso dos interessados, preferencialmente pela *internet* (art. 927, § 5º). Nesse sentido, o Conselho Nacional de Justiça instituiu, mediante a Resolução CNJ nº 444, de 25 de fevereiro de 2022, o Banco Nacional de Precedentes (BNP), com o objetivo de ampliar e facilitar o acesso aos precedentes firmados em todos os tribunais brasileiros, bem como o acompanhamento do andamento de procedimentos voltados para a criação dos precedentes, como as ações diretas de constitucionalidade e inconstitucionalidade, os recursos extraordinários e especiais repetitivos, os incidentes de resolução de demandas repetitivas e os incidentes de assunção de competência.

Avançando ainda mais, o CNJ publicou a Recomendação CNJ nº 134/2022, dispondo sobre o tratamento dos precedentes no Direito brasileiro[15]. A referida normativa consolida a visão da doutrina pátria acerca do tema, assentando, por exemplo, que "o sistema de precedentes representa uma nova concepção de jurisdição, em que o Poder Judiciário procura não apenas resolver de modo atomizado e repressivamente os conflitos já instaurados, mas se preocupa em fornecer, de modo mais estruturado e geral, respostas às controvérsias atuais, latentes e potenciais, de modo a propiciar a efetiva segurança jurídica".

Nesse passo, o CNJ recomenda aos tribunais que, nos termos do art. 926 do CPC/2015, com regularidade, zelem pela uniformização das questões de direito controversas que estejam sob julgamento, utilizando-se, com a devida prioridade, dos instrumentos processuais cabíveis, bem

---

ou precedente' para fins de aplicação do art. 489, § 1º, VI, do CPC" (AREsp 1.267.283/MG, Rel. Min. Gurgel de Faria, 1ª Turma, j. 27.09.2022, *DJe* 26.10.2022).

[11] "Com o poder vinculante da jurisprudência, a segurança jurídica ganha um novo parâmetro de avaliação; não se pode, pois, proceder a qualquer alteração de entendimento já pacificado sem ampla discussão e participação da sociedade, mesmo porque haverá a necessidade de direcionar de forma nova a situação envolvida (tanto é assim que se admite a participação de pessoas, órgãos e entidades no processo, bem como a realização de audiências públicas). A fundamentação já é necessária de qualquer forma, em razão do disposto no CF 93 IX" (**Nelson Nery Júnor e Rosa Maria de Andrade Nery**. *Código de Processo Civivl comentado*, 2020).

[12] Ver **Teresa Arruda Alvim**. *Modulação na alteração da jurisprudência firme ou de precedentes vinculantes*, 2021.

[13] **Valter Schuenquener de Araújo**. O princípio da proteção da confiança, 2016.

[14] **Humberto Theodoro Júnior**. Curso de Direito Processual Civil, vol 3, 2021.

[15] Disponível em: https://atos.cnj.jus.br/atos/detalhar/4740. Acesso em: 25 fev. 2023.

Parte XI • II – A ORDEM DOS PROCESSOS NOS TRIBUNAIS · 953

como que realizem um trabalho permanente de identificação das questões de direito controversas, que sejam comuns, em uma quantidade razoável de processos, ou de repercussão geral, para que possam ser objeto de uniformização, preferencialmente, mediante a formulação de precedentes vinculativos (qualificados), previstos no art. 927 do CPC/2015.

Recomenda-se, ainda, aos magistrados que contribuam com o bom funcionamento do sistema de precedentes legalmente estabelecido, zelando pela uniformização das soluções dadas às questões controversas e observando e fazendo observar as teses fixadas pelos tribunais superiores e, na falta de precedentes e jurisprudência por parte destes, pelos respectivos tribunais regionais ou estaduais.

1.1   Precedentes e Análise Econômica do Direito[16]

À luz da Análise Econômica do Direito, são salutares os instrumentos trazidos pelo Código, na medida em que promovem balizas mais seguras para a aplicação do direito pelas diversas instâncias do Judiciário, bem como fomentam um ambiente de maior previsibilidade para os jurisdicionados.

É que, segundo essa escola, a jurisprudência representa um arcabouço jurídico destinado a diminuir a possibilidade de erros judiciários, reduzindo ônus ligados a limitações de tempo e de *expertise* dos magistrados. Nesse sentido, um sistema de precedentes, cuja jurisprudência é íntegra e coerente, estimula também um ambiente de segurança jurídica para os agentes econômicos.

Ademais, o sistema de precedentes produz um nível de eficiência socialmente desejável não só dentro dos Tribunais, ao conferir maior racionalidade na atuação dos órgãos jurisdicionais hierarquicamente inferiores, como também influencia o comportamento extraprocessual dos litigantes. Ao menos no plano ideal, o sistema de precedentes possui efeito desejável de redução no número de litígios, uma vez que as partes envolvidas em controvérsias cuja solução já foi pacificada pela jurisprudência são estimuladas a não litigar ante à baixa probabilidade de sucesso na demanda. Consectariamente, o sistema de Justiça "desincha", ocupando-se somente com as partes cujos direitos não estão bem delineados e seguros ante à jurisprudência pacificada no Tribunal.

Em resumo, na linha de Richard Posner e de William Landes, a jurisprudência é tratada pela Análise Econômica do Direito como um estoque de capital[17], o qual pode incrementar a eficiência das futuras decisões do Poder Judiciário. É papel dos juízes impedir que esse capital se deteriore, adaptando-o às evoluções sociais ao longo do tempo, mas também formulando precedentes bem fundamentados e os respeitando em julgamentos subsequentes. O magistrado que decide em desacordo com precedentes, sem observância das regras próprias do *overruling*, para satisfazer preferências pessoais, agendas políticas ou até mesmo para que suas habilidades argumentativas ganhem destaque, ameaça diretamente o capital consubstanciado no arcabouço jurisprudencial.

Quando bem administrado, esse estoque de capital tende a resultar em maior eficiência para o sistema processual como um todo. Primeiro, porque minimiza o tempo gasto pelos demais ma-

---

[16]   **Luiz Fux; Bruno Bodart**. *Processo Civil e Análise Econômica*, 2021; **Richard Posner; William M. Landes**. *Legal Precedent: A Theoretical and Empirical Analysis*. The Journal of Law & Economics, vol. 19, n. 2, Conference on the Economics of Politics and Regulation (Aug., 1976), p. 249-307; Edward L. Glaeser; Andrei Shleifer. *Legal Origins*, The Quarterly Journal of Economics 117, n. 4 (2002): 1193-1229; Ivo Gico Jr. *A Tragédia do Judiciário: Subinvestimento em capital jurídico e sobreutilização do Judiciário*, 2012. p. 1-44. Disponível em: http://repositorio.unb.br/bitstream/10482/13529/1/2012_IvoTeixeiraGicoJunior.pdf; Holger Spamann. *Legal Origins, Civil Procedure, and the Quality of Contract Enforcement*, 166 J. Institutional & Theoretical Econ. 149 (2010); **George Priest; Benjamin Klein**. *The Selection of Disputes for Litigation*, 13 J. Legal stud. 1 (1984); **Donald Wittman**. *Is the Selection of Cases for Trial Biased?*, 14 The Journal of Legal Studies. 185 (1985); **Michael Heise; Martin T. Wells**. *Revisiting Eisenberg and Plaintiff Success: State Court Civil Trial and Appellate Outcomes*, 13 Journal of Empirical Legal Studies (2016); **Joel Waldfogel**. *The Selection Hypothesis and the Relationship between Trial and Plaintiff Victory*, 2 Journal of Political Economy 229 (1995); **Steven Shavell**. *Any Frequency of Plaintiff Victory at Trial Is Possible*. 25 Journal of Legal Studies 493 (1996); **Theodore Eisenberg**. *The Relationship Between Plaintiff Success Rates Before Trial and at Trial*, 154 J. Royal Statistical Soc'y, Series A 111, 112 (1991).

[17]   **Richard Posner; William M. Landes**. *Legal Precedent: A Theoretical and Empirical Analysis*. The Journal of Law & Economics, Vol. 19, n. 2, Conference on the Economics of Politics and Regulation (Aug., 1976).

gistrados na resolução dos casos, uma vez vinculados a entendimento já sedimentado, a exemplo de técnicas adotadas no nosso ordenamento (julgamento liminar de improcedência, afastamento da remessa necessária, julgamentos monocráticos e da tutela de evidência).[18] Segundo, porque tende a resultar na proposição de menos demandas judiciais. Em sendo possível que as partes realizem prognósticos prévios sobre suas chances em juízo, a demanda judicial somente será proposta caso a pretensão esteja em consonância com o entendimento sedimentado pelo Tribunal. Caso contrário, racionalmente, tratar-se-á de perda de tempo e de recursos financeiros.

Em resumo, para a Análise Econômica, o sistema de precedentes pode maximizar o bem-estar social da comunidade na medida em que sedimenta entendimentos, conferindo maior segurança jurídica para os operadores do Sistema de Justiça.

Não à toa, portanto, a Recomendação CNJ nº 134/2022 expressamente consagra que os meios de resolução concentrada de questões comuns de direito são importantes para o acesso à justiça, para a segurança jurídica, para a garantia da isonomia, para o equilíbrio entre as partes e para o cumprimento do direito material. Outrossim, os precedentes devem ser respeitados, a fim de concretizar o princípio da isonomia e da segurança jurídica, bem como de proporcionar a racionalização do exercício da magistratura.

2. PROCEDIMENTO NO TRIBUNAL

2.1 Registro e distribuição

Remetidos os autos à instância superior, os mesmos são registrados no protocolo, onde se verifica a numeração das folhas antes da distribuição. Nesse momento, impõe-se observar se há outros recursos acerca do mesmo processo, posto ser tradicional a vinculação do órgão colegiado que já conheceu outros incidentes relativos ao mesmo feito.

Inexistindo vinculação, o recurso é livremente distribuído a um órgão julgador e a um relator.

Assim como se procede na primeira instância, a distribuição é realizada em respeito ao princípio da publicidade e da alternatividade, visando a resguardar a paridade de serviço entre os julgadores componentes dos órgãos colegiados. A técnica utilizada é a do sorteio, excluindo-se os que anteriormente receberam recursos, com o fito de manter a rigorosa igualdade (arts. 929[19] e 930[20] do CPC).

2.1.1 Descentralização dos serviços de protocolo[21]

A descentralização dos serviços de protocolo obedece ao postulado do efetivo acesso à Justiça. Aliás, essa ideia está presente nas regras de competência das ações propostas contra a União Federal, por isso que o jurisdicionado não precisa deslocar-se à Capital Federal para litigar com a entidade pública maior.

Destarte, a interposição do recurso, hodiernamente, pode engendrar-se por meio de modernas técnicas eletrônicas (protocolo no sítio eletrônico do tribunal, etc.), por isso que a descentralização do protocolo, que, diga-se de passagem, já existe em diversas unidades da federação para atender

---

[18] Gize-se que o STF, no julgamento da ADI 5.492, na Sessão Virtual de 14.04.2023 a 24.04.2023, já declarou constitucional a referência ao inc. II do art. 311 constante do art. 9º, parágrafo único, inc. II, e do art. 311, parágrafo único.

[19] "**Art. 929.** Os autos serão registrados no protocolo do tribunal no dia de sua entrada, cabendo à secretaria ordená-los, com imediata distribuição.
Parágrafo único. A critério do tribunal, os serviços de protocolo poderão ser descentralizados, mediante delegação a ofícios de justiça de primeiro grau."

[20] "**Art. 930.** Far-se-á a distribuição de acordo com o regimento interno do tribunal, observando-se a alternatividade, o sorteio eletrônico e a publicidade.
Parágrafo único. O primeiro recurso protocolado no tribunal tornará prevento o relator para eventual recurso subsequente interposto no mesmo processo ou em processo conexo."

[21] "**Art. 929,** parágrafo único. A critério do tribunal, os serviços de protocolo poderão ser descentralizados, mediante delegação a ofícios de justiça de primeiro grau."

Parte XI • II - A ORDEM DOS PROCESSOS NOS TRIBUNAIS 955

comarcas distantes da capital, agora se estende aos recursos, afastando a aflição maior dos profissionais do setor quanto à tempestividade das impugnações às decisões judiciais.

A novel redação relega ao Estado-membro a criação do serviço, como ato de autogoverno da magistratura. É de sabença comum que todos os tribunais já possuem um sistema modernizado que permite o protocolo eletrônico para processos mais recentes. Porém, verificam-se ainda processos antigos com autos físicos que demandam o protocolo físico e, a esses casos, destina-se a regra do art. 929, parágrafo único, CPC. Em se tratando de litígio nos tribunais superiores, em muito se facilita o acesso das partes à prestação jurisdicional efetiva.

2.2 Remessa ao relator

Engendrada a distribuição, o processo é enviado à secretária da Câmara, Turma ou Sessão, imediatamente deve remetê-lo à conclusão do relator. O relator, como o próprio nome indica, fica incumbido de realizar o relatório, que servirá de base para o julgamento, por isso da importância desta peça, que deve retratar, com fidelidade, tudo quanto ocorreu no processo até a sentença, bem como os fundamentos do recurso e das contrarrazões (art. 931 do CPC[22]). *Mutatis mutandis*, esse relatório é idêntico ao da sentença.

Após a aposição do visto, em regra, os autos são devolvidos à secretaria.

2.2.1 Poderes do relator

Direção do processo e homologação da autocomposição

O primeiro "poder" do relator estampado no art. 932 é o de dirigir o processo. Naturalmente, trata-se de desdobramento do poder de polícia exercido pelo magistrado, a exemplo do que acontece com o juiz de primeiro grau. Incluída, aqui, está a determinação para produção de prova, quando a lei o autorizar.

A seguir, menciona-se a decisão de mérito que homologa eventuais acordos, manifestações da autocomposição preconizada pelo moderno Processo Civil, onde se incluem a renúncia do autor, o reconhecimento jurídico do pedido pelo réu e a transação (art. 487, III).

Tutela provisória recursal[23]

A tutela antecipada, instituto inspirado no princípio da efetividade, visa a prestar rápida justiça ao recorrente que tem razão, ainda que o direito em jogo esteja submetido à cognição dos tribunais.

Deveras, a repressão ao denominado "abuso do direito de recorrer" incluiu-se na ideologia norteadora da reforma que inspirou o exsurgimento da "antecipação de tutela". Essa técnica moderna decorre do poder de que é dotado o relator e *a fortiori* o colegiado, para negar seguimento ao recurso manifestadamente inadmissível, improcedente ou contrário aos entendimentos predominantes consubstanciados em súmulas ou jurisprudência reiterada.

Sob essa ótica, e por via oblíqua, o legislador propicia uma rápida solução judicial, obstando que uma parte fique à mercê da outra, privilegiando o tratamento isonômico-processual das partes e a conduta *coram judicem* no atuar jurisdicionalmente.

A fusão desses dois novos objetivos (celeridade e repressão ao recurso abusivo) viabilizou algo que outrora se observava com mais frequência na instância *ad quem*, qual seja a concessão de liminares pelo juízo superior. Aliás, o art. 995, parágrafo único, do CPC admite a concessão de

---

[22] **"Art. 931.** Distribuídos, os autos serão imediatamente conclusos ao relator, que, em 30 (trinta) dias, depois de elaborar o voto, restituí-los-á, com relatório, à secretaria."

[23] Sobre o tema, consulte-se **Marinoni**, *Tutela Antecipada*, e **José Olympio de Castro Filho**, *Abuso de Direito*.

suspensividade *ope judicis* a recursos dotados de dupla eficácia, toda vez que se vislumbre risco de dano irreparável[24].

Sob esse último aspecto, de início, a praxe revelou a aplicação tímida e literal do dispositivo, por isso que os órgãos fracionários dos tribunais se limitaram a sustar decisões passíveis de revisão. Posteriormente, através do papel criativo da jurisprudência, consagrou-se o *efeito ativo* dos provimentos de segundo grau, diante da irresignação quanto aos atos omissivos da primeira instância.

Hodiernamente, os nossos Tribunais vêm praticando os institutos com largueza, ora sustando efeitos das decisões recorríveis ora concedendo efeito ativo aos recursos. Assente-se que nos Tribunais Superiores é usual a utilização de "provimentos cautelares" com base em dispositivo regimental (*v.g.*, o art. 288 do RISTJ) para impedir a execução de decisões sujeitas aos recursos para esses órgãos de cúpula que, tradicionalmente, não ostentam efeito suspensivo.

Acerca dessa prática de diuturno manejo, inúmeras páginas encontram-se lavradas nas obras versantes sobre a tutela antecipada.

A "questão elegante" que se põe, em verdade, não é a de antecipação consistente nessa estratégia meramente processual de sustar ou conceder o efeito ativo ao recurso em si, senão de "antecipar a satisfação do pedido no âmbito dos recursos superiores".

Consoante é cediço, a antecipação de tutela significa realização antecipada, por isso já se afirmou em "belíssima sede doutrinária" que na tutela antecipada deferida, o processo começa por onde termina a execução que, como é sabido, é dotada de satisfatividade plena. Esta é a questão ora suscitada: podem os Tribunais Superiores, o Supremo Tribunal Federal e o Superior Tribunal de Justiça conceder a antecipação de tutela com esse espectro de satisfação?

Algumas questões antecedem a conclusão esperada.

Em primeiro lugar, cumpre destacar a hipótese em que o que se pretende é a satisfação antecipada, posto ter sido o recurso interposto com o fim de obter a providência negada na instância de origem, na premissa do provimento do recurso especial ou extraordinário. Trata-se, portanto, de pedido formulado pelo próprio recorrente.

Em segundo lugar, forçoso analisar a pretensão, no mesmo sentido, deduzida "pelo recorrido", posto entender "abusivo o recurso interposto".

No primeiro caso, a antecipação da tutela requerida ao relator *ad referendum* do colegiado dependerá da verificação da verossimilhança do alegado à luz do contexto recursal.

Poder-se-ia objetar essa possibilidade de antecipação sob o argumento de que a concessão demandaria análise da "prova inequívoca", cognição interditada aos Tribunais Superiores que se autolimitaram quanto à apreciação de elemento probatório em razão da função que os recursos que lhes são endereçados exercem; vale dizer: a manutenção da inteireza e interpretação do Direito nacional.

Sob esse prisma, é inegável que os Tribunais Superiores, mercê de não empreenderem um "reexame da causa" em terceiro grau de jurisdição, "julgam-nas" – aliás, como a própria Constituição Federal explicita.

Destarte, a "prova inequívoca" que era exigida, pelo CPC/73, para a antecipação de tutela não é senão a liquidez e certeza do "próprio direito em jogo", a "probabilidade de provimento" estampada no art. 995, de aferição exemplar pelos Tribunais Superiores, porquanto as causas, quando acodem a essas Cortes extraordinárias, já o foram exaustivamente exploradas e devidamente prequestionadas.

É estreme de dúvidas de que a exaustão processual cognitiva a que se submetem as causas antes da chegada do recurso aos Tribunais Superiores revela elemento positivo, qual seja a "apuração da juridicidade" do que se está discutindo. Ademais, pela eminência, experiência e cultura de seus membros, não há órgão julgador mais adequado à verificação do direito escorreito e procedente do que as Cortes Maiores. E este é o pressuposto inafastável da antecipação de tutela.

---

[24] **"Art. 995.** Parágrafo único. A eficácia da decisão recorrida poderá ser suspensa por decisão do relator, se da imediata produção de seus efeitos houver risco de dano grave, de difícil ou impossível reparação, e ficar demonstrada a probabilidade de provimento do recurso."

Imperioso, ainda, assentar que afrontaria à lógica jurídica, elemento inseparável da hermenêutica, admitir-se ao juiz de primeiro grau antecipar tutela e vetá-la aos mais eminentes Tribunais Superiores do país.

A segunda indagação parece instigar questões mais delicadas porquanto o pleito de antecipação, em princípio, é obra do recorrente.

Mas a questão que agora se suscita é outra: pode o recorrido pleitear, também, a antecipação, calcado na premissa do desprovimento do recurso?

A questão deve ser analisada sob o mesmo prisma da prova inequívoca da verossimilhança do direito *sub judice.*

Revela-se possível que o recorrido, depois de obter sucessivas vitórias na justiça local, aguarde a remessa dos autos aos Tribunais Superiores para só então pleitear a antecipação.

Considerando-se que tutela antecipada é sinônimo de satisfação antecipada, tem-se que se vitorioso na instância última, o recorrido poderá promover a execução. Ora, se a execução é de sua iniciativa, a antecipação de seus resultados também pode sê-lo, e a sede própria para isso, estando o processo nas Cortes Superiores, é o Tribunal maior.

É de somenos o fato de que o recorrido poderia ter pleiteado na instância de origem uma "execução provisória" que, como se sabe, diante de todas as limitações existentes até então, não apresentava a mais tênue utilidade. Aliás, afirmou-se com autoridade insuperável que a execução provisória era um "nada jurídico", não se extraindo qualquer proveito desse adiantamento levado a efeito pelo vencedor de demanda. Não é por outra razão que as reformas europeias, bem como da nossa legislação (art. 520 do CPC), passaram a admitir a "execução completa com base em decisão provisória".

Ademais, conceder-se antecipação ao recorrente e vetá-la ao recorrido implica violação ao princípio da isonomia, sem prejuízo de conspirar contra um dos cânones da reforma processual qual o de "reprimir o abuso do direito de recorrer".

Por fim, a possibilidade de concessão antecipatória nos Tribunais Superiores desestimula os recorrentes abusivos, que através de longa postergação do direito do vencedor, logram arrancar-lhe indesejáveis concessões, mercê da lesão causada pelo próprio tempo de duração do processo até que advenha a satisfação judicial.

Reconhecida a antecipação como instrumento de efetividade da prestação judicial, técnica capaz de vencer a tão decantada morosidade da justiça que afronta os mais comezinhos direitos fundamentais da pessoa humana, nada mais apropriado que a delegar aos Tribunais Superiores, os quais, mantendo a inteireza do Direito nacional, logram carrear para o poder a que pertencem o prestígio àqueles que, consoante as sagradas escrituras, têm o sumo sacerdócio de saciar os que têm sede e fome de Justiça.

Uma última questão que deve ser abordada *an passant* é que, conferir efeito suspensivo ao recurso não é o mesmo que conceder tutela antecipada, erronia que pode inclusive conduzir o órgão monocrático *a quo* a invadir a competência de outro tribunal, sujeitando-o à reclamação, *v.g.*, o Vice-Presidente que a pretexto de dar efeito suspensivo ao recurso especial antecipa a tutela recursal invadindo a esfera do STJ.

Consoante a doutrina do tema[25] aplica-se a esse ato do relator o regime do agravo interno do art. 1.021 do CPC, aliás, o que vem sendo consagrado pela prática judiciária e pelos regimentos dos tribunais.

Assim, deferido ou indeferido o efeito pretendido pelo recorrente, abre-se-lhe a via do agravo interno.

Especificamente quanto ao recurso de agravo, é da tradição das decisões agraváveis a produção imediata dos seus efeitos, tanto que o art. 995, *caput*, do CPC esclarece que, em regra, o agravo não susta o andamento do processo.

---

[25] **Nery**, ob. cit., p. 991 e **Alvim Wambier**, *Agravo*, p. 216.

O legislador, entretanto, seguindo os moldes de nossos matizes europeus, inaugurou a técnica da concessão *ope judicis* de efeito suspensivo aos recursos. Assim, verificando o juiz que da decisão pode resultar lesão grave e de difícil reparação, sendo relevante a fundamentação, pode suspender o cumprimento da decisão até o pronunciamento definitivo da turma ou câmara.

Da mesma forma como o relator pode sustar decisão lesiva, pode conceder *efeito ativo* diante da omissão do juiz *a quo*.

Destarte, o art. 1.018 do mesmo diploma informa que o agravo comporta retratação. Em face desse aspecto, diz-se que o recurso de agravo, em princípio, "não tem efeito suspensivo", apresentando, outrossim, "efeito devolutivo diferido".

A não suspensividade sempre foi a regra do agravo, porquanto as decisões interlocutórias versam, em princípio, questões internas e formais, e que por isso não devem impedir a marcha do processo.

O fato de a interposição do agravo não impedir o andamento do processo permite a prolação, inclusive, de sentença. Nesse caso, pode ocorrer que o acolhimento de agravo represente uma prejudicial em relação à sentença. Nessa hipótese, se o agravo for provido, ficará sem efeito tudo quanto tiver ocorrido posteriormente à sua interposição e que seja incompatível com o seu acolhimento.

Outrossim, o legislador brasileiro, na esteira das grandes ordenações, instituiu o efeito suspensivo *ope judicis*, admitindo que o relator do recurso confira, ao mesmo, suspensividade até o pronunciamento do colegiado (art. 995, parágrafo único, do CPC).

Observado o dispositivo com a atenção que requer, conclui-se tratar-se de poder conferido ao relator, assemelhado àquele que se defere ao juiz para a concessão da antecipação de tutela, tanto que se exige possibilidade de dano irreparável e relevante fundamento (segurança e prova inequívoca).

Resulta da combinação do *caput* com o parágrafo que, em todos os casos de agravo ou de apelação no efeito apenas devolutivo (art. 1.012), o relator pode dar efeito suspensivo ao recurso, desde que seja relevante o fundamento invocado (de sorte a haver probabilidade de provimento recursal) e da execução possa resultar lesão grave e de difícil reparação. Nos casos textuais de prisão civil, adjudicação, remição de bens e levantamento de dinheiro sem caução idônea, a lesão grave e de difícil reparação está *in re ipsa*, dependendo apenas que se verifique o requisito da fundamentação relevante, para que o relator conceda efeito suspensivo ao recurso.

Essa fisiologia do agravo aproxima-se dos efeitos alcançados outrora pelo mandado de segurança; por isso, a prática judiciária revelou um decréscimo de interposição dos remédios heroicos em detrimento de um número expressivo de agravos. Isto porque com a previsão do efeito suspensivo ou ativo do agravo, o mandado de segurança com o escopo de sustar a decisão judicial ou extrair dela eficácia positiva, só é admissível após o indeferimento do pedido a que se refere o mencionado art. 995, parágrafo único, do CPC.

A técnica exsurgindo urgência viabiliza o agravo com pedido de suspensividade, quando o juiz defere liminar cautelar ou satisfativa, bem como quando a denega, caso em que se reclama ao relator, em antecipação de tutela, a prática do ato sonegado.

A suspensividade do agravo estende-se também à modalidade da retenção; por isso, antes do julgamento da apelação, é possível a formulação do pedido "ao relator". Na primeira instância, posto encerrar verdadeira contradição pedir a suspensão da decisão ao juiz e manter retido o recurso, é inaplicável à sistemática acima. Deveras, não se pode olvidar a possibilidade ulterior de surgimento de situação de urgência a atingir o agravante, que preferiu num primeiro momento a retenção de pleitear a tutela antecipada. Afinal, mesmo com a retenção, o agravante impediu a preclusão.

A suspensividade concedida pelo relator pressupõe "requerimento da parte". Em consequência, nem o juiz, nem o relator do agravo podem sustar de ofício a execução da decisão ou da sentença qualquer que seja o rito e o direito discutido.

O mesmo poder atribuído ao relator do agravo é concedido ao relator da apelação.

A diferença, no vetusto Código, era que o agravo se interpunha diretamente no tribunal – o que se manteve –, ao passo que a apelação só chegava ao relator depois do processamento do recurso, em primeiro e segundo graus de jurisdição. Nesse interregno, poderia surgir prejuízo de difícil reparação à parte.

Parte XI • II – A ORDEM DOS PROCESSOS NOS TRIBUNAIS | 959

O Código de 2015 findou com o duplo exame de admissibilidade, de maneira que, tão logo receba a apelação e a esta sejam apresentadas as contrarrazões, remeterá o processo ao tribunal para que o relator faça o processamento do recurso, tal qual se procede no caso de agravo.

Subsiste, porém, distinção de requisitos para a concessão do efeito suspensivo, na medida em que, na apelação, se exige a demonstração da probabilidade de provimento do recurso ou, alternativamente, relevante fundamentação e risco de gravo dano. Bastaria, portanto, a evidência, na primeira hipótese (art. 1.012, § 4º).

Decisões monocráticas

Como já sustentado ao longo desta obra, a autorização para que o relator julgue monocraticamente o recurso, sempre com a porta da rediscussão aberta através da possibilidade de interposição do agravo interno, dinamiza e racionaliza o processo. Atualmente, há três possibilidades, nos incisos III a V do art. 932[26].

Inicialmente, pode o relator deixar de reconhecer recurso inadmissível, isto é, aquele que não atenda aos pressupostos de admissibilidade anteriormente explanados. Igualmente, pode o julgador verificar a perda de objeto do pleito, que acarretará o prejuízo da impugnação, subtraindo interesse processual/recursal.

O Código acresce, ainda, uma terceira hipótese, de violação ao princípio da dialeticidade. Se o recorrente não tiver atacado especificamente os fundamentos da decisão recorrida, atravessando recurso genérico, também será hipótese de solução monocrática. Por vezes, o legislador recorda esse ônus destacadamente para certos recursos, como sucede no agravo interno (art. 1.021, § 1º).

A reforma do CPC de 1973 trouxera uma significativa novidade quanto aos poderes desse membro do órgão colegiado, permitindo-lhe negar seguimento a recurso manifestadamente inadmissível, improcedente, prejudicado ou em confronto com súmula ou com jurisprudência dominante do respectivo tribunal, do Supremo Tribunal Federal, ou de Tribunal Superior.

Ademais, se a decisão recorrida estiver em manifesto confronto com súmula ou com jurisprudência dominante do Supremo Tribunal Federal, ou de Tribunal Superior, o relator poderia dar provimento ao recurso.

Atualmente, a sistemática está aperfeiçoada. Os parâmetros para a decisão passam a ser (i) súmulas dos tribunais superiores ou do próprio tribunal local, (ii) teses firmadas nos recursos extraordinários e especiais repetitivos, no incidente de resolução de demandas repetitivas e no incidente de assunção de competência. Esses entendimentos, com efeito, são mais solidificados e estáveis que a mera "jurisprudência dominante" eleita pelo diploma anterior.

A medida visa a desestimular o abuso do direito de recorrer, mercê de autorizar o relator a evitar que se submeta ao ritualismo do julgamento colegiado causas manifestamente insustentá-

---

[26] **"Art. 932.** Incumbe ao relator:

III – não conhecer de recurso inadmissível, prejudicado ou que não tenha impugnado especificamente os fundamentos da decisão recorrida;

IV – negar provimento a recurso que for contrário a:

a) súmula do Supremo Tribunal Federal, do Superior Tribunal de Justiça ou do próprio tribunal;

b) acórdão proferido pelo Supremo Tribunal Federal ou pelo Superior Tribunal de Justiça em julgamento de recursos repetitivos;

c) entendimento firmado em incidente de resolução de demandas repetitivas ou de assunção de competência;

V – depois de facultada a apresentação de contrarrazões, dar provimento ao recurso se a decisão recorrida for contrária a:

a) súmula do Supremo Tribunal Federal, do Superior Tribunal de Justiça ou do próprio tribunal;

b) acórdão proferido pelo Supremo Tribunal Federal ou pelo Superior Tribunal de Justiça em julgamento de recursos repetitivos;

c) entendimento firmado em incidente de resolução de demandas repetitivas ou de assunção de competência."

CURSO DE DIREITO PROCESSUAL CIVIL • Luiz Fux

veis, *v.g.*, quando a intempestividade é flagrante ou quando o apelante pretende apenas, através do recurso, postergar vitória do vencedor.

Por outro lado, a possibilidade de dar provimento ao recurso "manifestamente procedente" conspira em favor do devido processo legal conferindo a quem tem um bom direito revelável *prima facie* a tutela imediata. Trata-se da denominada *tutela da evidência* em face do direito líquido e certo do recorrente.

Novamente, os parâmetros para a decisão monocrática de provimento são aqueles apontados para o julgamento negativo. A diferença é que, em homenagem ao princípio do contraditório e ao do prejuízo, o recorrido deve ter a possibilidade de ser ouvido, oportunizando-se a apresentação de contrarrazões, antes do *decisum*.

Mantendo o princípio do duplo controle da admissibilidade, a lei concede recurso dessa decisão do relator, denominando-o de agravo, a ser apreciado pelo órgão competente para o julgamento do recurso. Dessa impugnação, dirigida diretamente ao relator do recurso no prazo de quinze dias, se não houver retratação, o relator apresentará o processo em mesa, proferindo voto; provido o agravo, o recurso terá seguimento.

A previsão da rejeição do recurso ou de seu provimento, pelo relator, porque em dissonância com a súmula predominante, inaugura uma técnica mitigada da súmula vinculante.

Essa nova técnica de sumarização aplica-se a qualquer recurso. Assim, *v.g.*, o relator poderá negar seguimento ao recurso interposto fora de prazo ou manifestamente incabível.

Por fim, menciona o Código a incumbência do relator de proferir decisões interlocutórias, como aquela do incidente de desconsideração da personalidade jurídica, instaurado originariamente no tribunal (art. 932, VI[27]).

Outras competências e saneamento recursal

A seguir, o legislador destaca a intimação do Ministério Público, quando a instituição funcionar no processo (art. 932, VI, e art. 178), bem como outras competências fixadas nos regimentos internos, inclusive de natureza procedimental (art. 932, VIII).

Atento à instrumentalidade que deve reger o processo civil, o parágrafo único do art. 932 inclui autêntico dever de saneamento recursal, garantindo que, antes do julgamento de inadmissibilidade do recurso, deve ser aberto prazo de cinco dias para que o recorrente sane o vício ou complemente documentação exigida[28].

Questões conhecíveis de ofício e fatos supervenientes

O relator, como representante do colegiado, possui permanente preocupação com o respeito ao contraditório. Por isso, estatui o Código que, se perceber fatos supervenientes à decisão recorrida – e que devem ser levados em conta, por força do art. 493 – ou questão apreciável de ofício não examinada até então, intimará as partes para manifestação em cinco dias (art. 933[29]). Trata-se de desdobramento da garantia do art. 10 do diploma, que veda a decisão surpresa.

---

[27] **"Art. 932.** Incumbe ao relator: (...)

VI – decidir o incidente de desconsideração da personalidade jurídica, quando este for instaurado originariamente perante o tribunal."

[28] A esse respeito, ver tópico atinente à instrumentalidade das formas, na Teoria Geral dos Recursos.

[29] **"Art. 933**. Se o relator constatar a ocorrência de fato superveniente à decisão recorrida ou a existência de questão apreciável de ofício ainda não examinada que devam ser considerados no julgamento do recurso, intimará as partes para que se manifestem no prazo de 5 (cinco) dias.

§ 1º Se a constatação ocorrer durante a sessão de julgamento, esse será imediatamente suspenso a fim de que as partes se manifestem especificamente.

§ 2º Se a constatação se der em vista dos autos, deverá o juiz que a solicitou encaminhá-los ao relator, que tomará as providências previstas no *caput* e, em seguida, solicitará a inclusão do feito em pauta para prosseguimento do julgamento, com submissão integral da nova questão aos julgadores."

Parte XI • II — A ORDEM DOS PROCESSOS NOS TRIBUNAIS | 961

Por outro lado, se a constatação se der já no âmbito do julgamento colegiado, será este suspenso para que haja a referida manifestação. Por fim, se for o julgador, no pedido de vista, a verificar tal fato, remeterá o processo ao relator, que seguirá com a providência estudada.

2.2.2 Revisão

No Código passado, os autos eram remetidos, pelo relator, ao revisor. Destarte, não cabia apenas ao relator engendrar o relatório. A finalidade da revisão era certificar-se da exatidão de tudo quanto relatado, reforçando a versão do relator para um exato julgamento pelo vogal que toma contato com o feito, pela primeira vez, no dia da sessão.

Era designado revisor o juiz que se seguir ao relator na ordem descendente de antiguidade. O revisor, após cumprir a sua tarefa, deveria lançar o visto nos autos, pedindo ao Presidente da Câmara dia para julgamento. Ao revisor era lícito determinar a sanação de defeitos e irregularidades não detectadas pelo relator.

Contudo, o atual Código não faz menção explicitamente a esta figura, inexistindo, em regra, tal incumbência, como maneira de agilizar o julgamento colegiado, liberando-se o processo para inclusão em pauta mais brevemente. Apenas quando subsistir previsão específica quanto à presença do revisor é que deverá ser mantido esse passo procedimental, como sucede na ação rescisória de competência originária do Superior Tribunal de Justiça (art. 40 da Lei 8.038/90[30]).

2.3 Designação do dia do julgamento e publicação da pauta

Superada essa etapa (relatório e revisão), o Presidente, com o recebimento dos autos, designará data para julgamento, mandando publicar a pauta no órgão oficial (art. 934[31]).

A publicação deve conter, sob pena de nulidade, os nomes do recorrente e do recorrido, bem como dos terceiros intervenientes; os nomes dos advogados devendo atentar-se se não houve substabelecimento para fazer constar o nome do substabelecido. Sua ausência é suprida pela ciência inequívoca por isso que, *v.g.*, se torna indiferente a falta do seu nome da publicação da pauta.

Esclareça-se, por fim, que também se exige publicação na pauta, sob pena de nulidade, dos feitos de remessa *ex officio*.

2.3.1 Adiamento da sessão

O julgamento pode ser *adiado*, a pedido do advogado, e deferido pelo relator. Nesse caso, o feito pode ser incluído em quaisquer das sessões subsequentes. Seguindo este princípio, pode o tribunal julgar o caso noutra sessão, independentemente de nova publicação.

O adiamento, por seu turno, não se confunde com a *retirada dos autos da pauta*. Neste caso, nova pauta deve ser republicada, para fins de intimação, sob pena de nulidade.

2.3.2 Interregno entre a sessão e a publicação da pauta

Visando a permitir que o advogado possa preparar-se para a sustentação oral, entre a data de publicação e a de sessão de julgamento deve mediar, pelo menos, cinco dias, espaço de tempo a ser respeitado, sob pena de nulidade arguível pelo interessado, sujeita à preclusão (art. 935[32]).

---

[30] **"Art. 40.** Haverá revisão, no Superior Tribunal de Justiça, nos seguintes processos:
I – ação rescisória;
II – ação penal originária;
III – revisão criminal."

[31] **"Art. 934.** Em seguida, os autos serão apresentados ao presidente, que designará dia para julgamento, ordenando, em todas as hipóteses previstas neste Livro, a publicação da pauta no órgão oficial."

[32] **"Art. 935.** Entre a data de publicação da pauta e a da sessão de julgamento decorrerá, pelo menos, o prazo de 5 (cinco) dias, incluindo-se em nova pauta os processos que não tenham sido julgados, salvo aqueles cujo julgamento tiver sido expressamente adiado para a primeira sessão seguinte.
§ 1º Às partes será permitida vista dos autos em cartório após a publicação da pauta de julgamento.
§ 2º Afixar-se-á a pauta na entrada da sala em que se realizar a sessão de julgamento."

962 | CURSO DE DIREITO PROCESSUAL CIVIL • *Luiz Fux*

O intervalo que medeia a sessão e a publicação da pauta é servil à preparação da sustentação no dia do julgamento. A importância desse interregno implica ser nulo o julgamento de processo no Tribunal, quando não respeitado o prazo estabelecido no art. 935 do CPC (Súmula nº 310, do STF). Deveras, esse prazo é contado tal como os prazos processuais em geral. Assim, se efetivada a intimação pelo diário oficial, na sexta-feira, o julgamento colegiado somente poderá realizar-se 5 dias úteis a partir da segunda-feira, isto é, na outra segunda-feira, porquanto no sábado e no domingo não há expediente forense.

2.4 Sessão de julgamento

Iniciada a sessão, depois de feita a exposição da causa pelo relator, o Presidente, dará a palavra ao recorrente, ao recorrido e ao membro do Ministério Público, quando for hipótese de intervenção, pelo prazo de quinze dias para cada.

A sessão é pública, por força do art. 93, IX, da CF, que dispõe que todos os julgamentos dos órgãos do Poder Judiciário serão públicos, e fundamentadas todas as decisões, sob pena de nulidade, podendo a lei, limitar a presença, em determinados atos, às próprias partes e a seus advogados, ou somente a estes, em casos nos quais a preservação do direito à intimidade do interessado no sigilo não prejudique o interesse público à informação.

Em todas as sessões dos tribunais é obrigatória a presença de Procurador de Justiça nas sessões de julgamento dos processos de respectiva Procuradoria de Justiça (Lei Orgânica Nacional do Ministério Público; Lei nº 8.625, de 12.02.1993, art. 19, § 1º).

É da praxe forense a entrega de memoriais pelos advogados antes das sessões, os quais, a exemplo da sustentação oral (art. 937 do CPC), objetivam permitir à parte sustentar as razões, ou as respectivas contrarrazões, do recurso e não apresentar razões novas, mesmo porque isso infringiria o princípio do contraditório e o do duplo grau.

2.4.1 Sustentação oral

O advogado pode realizar sustentação oral no dia e na ordem em que seu processo está incluído em pauta, conforme prevê o art. 937[33], que elenca as hipóteses recursais de julgamentos que autorizam a sustentação: apelação, recurso ordinário, recursos especial e extraordinário, embargos de divergência, agravo de instrumento, apenas quando versar sobre tutela provisória.

---

[33] **"Art. 937**. Na sessão de julgamento, depois da exposição da causa pelo relator, o presidente dará a palavra, sucessivamente, ao recorrente, ao recorrido e, nos casos de sua intervenção, ao membro do Ministério Público, pelo prazo improrrogável de 15 (quinze) minutos para cada um, a fim de sustentarem suas razões, nas seguintes hipóteses, nos termos da parte final do *caput* do art. 1.021:

I – no recurso de apelação;

II – no recurso ordinário;

III – no recurso especial;

IV – no recurso extraordinário;

V – nos embargos de divergência;

VI – na ação rescisória, no mandado de segurança e na reclamação;

VII – (VETADO);

VIII – no agravo de instrumento interposto contra decisões interlocutórias que versem sobre tutelas provisórias de urgência ou da evidência;

IX – em outras hipóteses previstas em lei ou no regimento interno do tribunal.

§ 1º A sustentação oral no incidente de resolução de demandas repetitivas observará o disposto no art. 984, no que couber.

§ 2º O procurador que desejar proferir sustentação oral poderá requerer, até o início da sessão, que o processo seja julgado em primeiro lugar, sem prejuízo das preferências legais.

§ 3º Nos processos de competência originária previstos no inciso VI, caberá sustentação oral no agravo interno interposto contra decisão de relator que o extinga.

§ 4º É permitido ao advogado com domicílio profissional em cidade diversa daquela onde está sediado o tribunal realizar sustentação oral por meio de videoconferência ou outro recurso tecnológico de transmissão de sons e imagens em tempo real, desde que o requeira até o dia anterior ao da sessão."

Parte XI • II – A ORDEM DOS PROCESSOS NOS TRIBUNAIS | 963

A faculdade da sustentação oral estende-se às ações de competência originária dos tribunais, assim compreendidas a ação rescisória, o mandado de segurança (no mérito ou na liminar[34]) e a reclamação, bem como no agravo interno eventualmente interposto em tais processos.

Na oportunidade, é lícito ao advogado apontar as eventuais lacunas da exposição realizada pelo relator.

Destarte, desejando "preferência" para fazê-la, isto é, sem obediência à ordem, o advogado poderá peticionar para que assim se proceda, na sessão seguinte. Acaso os advogados de todos os interessados tenham firmado o requerimento, a preferência pode ser concedida para a própria sessão.

A finalidade é clara: impedir que a alteração da ordem da pauta em função de pedido de preferência para sustentação oral feito, por um só dos advogados, surpreenda o outro da parte adversa que não está presente, posto confiante na realização dos trabalhos como prometido pela publicação da pauta.

Atento à modernidade tecnológica, que encurta distância, autoriza o legislador que a sustentação se dê por videoconferência, ante a disparidade entre o domicílio profissional do patrono e o local do julgamento. A condição é apenas que se requeira a possibilidade até o dia anterior ao da sessão.

Questão interessante se refere à possibilidade de os *amici curiae* sustentarem suas razões. Como visto em tópico próprio, tais terceiros intervêm no processo sob pretexto de auxiliar o tribunal na sua instrução, trazendo elementos de convicção novos ou decorrentes de alguma área específica do saber, estranha ao Judiciário. Por essa razão, não possuem direito subjetivo a serem admitidos, de acordo com a jurisprudência do Supremo Tribunal Federal[35].

Pela idêntica razão, cabe ao julgador, quando aceitar sua participação ou solicitá-la, definir sua extensão (art. 138, § 2º), o que inclui a definição da possibilidade de sustentar oralmente sua posição ou não. Anote-se, ainda, que o Código não menciona o *amicus curiae* e demais terceiros como sujeitos com direito a manifestação na sessão de julgamento (art. 937, *caput*). Evidentemente, porém, em entendendo relevante a participação nessa oportunidade processual, pode o destinatário da fala, isto é, o juiz ou o tribunal, deferi-la.

2.4.2   Deliberação

Finda a fase da sustentação, inicia-se a deliberação do colegiado através do voto motivado e fundamentado, posto que se trata de decisão judicial de formação subjetivamente complexa.

Entretanto, considera-se fundamentado o voto proferido através da técnica remissiva de fazer própria a motivação de um dos componentes da câmara, *v.g.*, voto com o relator.

Tratando-se de apelação, os votos são em número de três, colhendo-se o do relator em primeiro lugar, depois dos outros dois magistrados, vogais.

A sistemática da votação segue a regra das sentenças, nas quais o juiz enfrenta as preliminares e, depois, o mérito. A razão é simples: é que, acolhida uma preliminar, se inviabiliza o julgamento do mérito. A mesma sistemática empreende-se no julgamento superior.

---

[34] **"Lei do Mandado de Segurança: Art. 16.** Nos casos de competência originária dos tribunais, caberá ao relator a instrução do processo, sendo assegurada a defesa oral na sessão do julgamento do mérito ou do pedido liminar."

[35] *O amicus curiae* é um colaborador da Justiça que, embora possa deter algum interesse no desfecho da demanda, não se vincula processualmente ao resultado do seu julgamento. É que sua participação no processo ocorre e se justifica, não como defensor de interesses próprios, mas como agente habilitado a agregar subsídios que possam contribuir para a qualificação da decisão a ser tomada pelo Tribunal. A presença de *amicus curiae* no processo se dá, portanto, em benefício da jurisdição, não configurando, consequentemente, um direito subjetivo processual do interessado. (...) A participação do *amicus curiae* em ações diretas de inconstitucionalidade no Supremo Tribunal Federal possui, nos termos da disciplina legal e regimental hoje vigentes, natureza predominantemente instrutória, a ser deferida segundo juízo do Relator. A decisão que recusa pedido de habilitação de *amicus curiae* não compromete qualquer direito subjetivo, nem acarreta qualquer espécie de prejuízo ou de sucumbência ao requerente, circunstância por si só suficiente para justificar a jurisprudência do Tribunal, que nega legitimidade recursal ao preterido. (ADI 3460 ED, Rel. Teori Zavascki, Tribunal Pleno, j. 12.02.2015).

964 CURSO DE DIREITO PROCESSUAL CIVIL • *Luiz Fux*

Qualquer questão preliminar suscitada no julgamento é decidida antes do mérito, deste não se conhecendo, se incompatível com a decisão daquela (art. 938[36]). Assim, *v.g.*, se o relator suscita a ilegitimidade da parte, essa questão deve ser apreciada antes da questão de mérito do recurso.

A preliminar pode dizer respeito ao recurso, *v.g.*, as pertinentes à admissibilidade do mesmo. Enquanto não superada essa questão, não se passa à seguinte. Apresenta-se possível a sanação de nulidades supríveis, convertendo-se o julgamento em diligência, *v.g.*, a juntada de procuração ou apensação de autos necessária para uma visão mais global do mérito do recurso etc. (art. 938, § 1º, do CPC).

De toda sorte, o "mérito do recurso" somente se enfrenta se rejeitada a preliminar por unanimidade ou maioria, posto que, acolhida por esse *quorum*, não se pode passar adiante.

Assim, *v.g.*, se por 2 x 1, resolve-se afastar a preliminar de intempestividade, segue-se o julgamento do mérito do recurso – que, como já vimos, nada tem a ver com o mérito da causa. Entretanto, acolhida por 2 x 1 a preliminar de intempestividade, não se pode prosseguir no julgamento, porquanto essa decisão é incompatível com a apreciação da "matéria principal" (art. 939 do CPC).[37]

Restando conciliável a apreciação da matéria principal com o prévio julgamento da preliminar, *v.g.*, a rejeição da intempestividade por 2 x 1 ou da ilegitimidade da parte, pelo mesmo placar, o "juiz vencido" na questão prévia deve pronunciar-se quanto à matéria principal, podendo, nessa parte, assentir quanto ao ponto de vista dos demais integrantes do órgão colegiado.

O julgamento do órgão colegiado, porque adotado de acordo ao menos com duas opiniões convergentes (art. 941, § 2º, do CPC[38]), é consubstanciado num "acórdão", que deve retratar o resultado verbal do julgamento anunciado pelo Presidente (art. 941, *caput*, do CPC), *v.g.*, "por unanimidade deu-se provimento ao recurso".

O acórdão é redigido, por designação do Presidente, pelo relator do recurso, salvo se vencido no seu voto em confronto com a deliberação da maioria, hipótese em que a redação da conclusão do julgado caberá ao juiz que proferiu o primeiro voto vencedor. Lavrado o acórdão que, necessariamente, deve conter a ementa, que retrata o resumo sucinto do que foi julgado (arts. 943, §§ 1º e 2º, do CPC), publicar-se-á o mesmo no órgão oficial dentro de 10 (dez) dias, iniciando-se a partir daí o prazo de interposição de outro recurso, cabível agora da decisão que substitui aquela recorrida (art. 1.008 do CPC).

---

[36] **"Art. 938**. A questão preliminar suscitada no julgamento será decidida antes do mérito, deste não se conhecendo caso seja incompatível com a decisão.

§ 1º Constatada a ocorrência de vício sanável, inclusive aquele que possa ser conhecido de ofício, o relator determinará a realização ou a renovação do ato processual, no próprio tribunal ou em primeiro grau de jurisdição, intimadas as partes.

§ 2º Cumprida a diligência de que trata o § 1º, o relator, sempre que possível, prosseguirá no julgamento do recurso.

§ 3º Reconhecida a necessidade de produção de prova, o relator converterá o julgamento em diligência, que se realizará no tribunal ou em primeiro grau de jurisdição, decidindo-se o recurso após a conclusão da instrução.

§ 4º Quando não determinadas pelo relator, as providências indicadas nos §§ 1º e 3º poderão ser determinadas pelo órgão competente para julgamento do recurso."

[37] **"Art. 939.** Se a preliminar for rejeitada ou se a apreciação do mérito for com ela compatível, seguir-se-ão a discussão e o julgamento da matéria principal, sobre a qual deverão se pronunciar os juízes vencidos na preliminar."

[38] **"Art. 941.** Proferidos os votos, o presidente anunciará o resultado do julgamento, designando para redigir o acórdão o relator ou, se vencido este, o autor do primeiro voto vencedor.

§ 1º O voto poderá ser alterado até o momento da proclamação do resultado pelo presidente, salvo aquele já proferido por juiz afastado ou substituído.

§ 2º No julgamento de apelação ou de agravo de instrumento, a decisão será tomada, no órgão colegiado, pelo voto de 3 (três) juízes.

§ 3º O voto vencido será necessariamente declarado e considerado parte integrante do acórdão para todos os fins legais, inclusive de prequestionamento."

Parte XI • II – A ORDEM DOS PROCESSOS NOS TRIBUNAIS | **965**

O Código, nesse tópico, segundo a redação anterior, consignava que o julgamento da turma ou câmara seria composto pelo voto de três juízes, seguindo-se ao do relator, o do revisor e o do terceiro juiz.

Consoante a atual redação, "no julgamento de apelação ou de agravo, a decisão será tomada, na câmara ou turma, pelo voto de 3 (três) juízes".

Sobre o assunto, relevante introduzir sensível alteração promovida pela reforma do Código. O Código Buzaid previa espécie recursal particular do sistema jurídico brasileiro, inspirado em antiga norma do diploma processual lusitano, qual seja a figura dos embargos infringentes.

O recurso, previsto nos arts. 530 a 534, do Código de 1973, possibilitava à parte, em caso de divergência entre os julgadores em acórdão não unânime, a interposição de recurso para que a matéria fosse reapreciada por outros membros do Tribunal, a fim de sanar a contradição interna da Turma julgadora. Como visto, o Código de 2015 ofereceu solução que resguarda vestígios dos embargos infringentes, mas confere abordagem distinta ao instituto.

Pedido de vista

A questão em julgamento pode suscitar dúvidas no espírito do juiz componente do órgão colegiado. Por isso, é facultado a qualquer deles pedir vista do processo, inclusive o relator, devendo devolvê-lo no prazo de 10 dias, contados da data em que o recebeu. O julgamento prosseguirá na primeira sessão ordinária subsequente à devolução, dispensada nova publicação em pauta, se não estiver habilitado a proferir imediatamente o seu voto. Não devolvidos os autos no prazo, nem solicitada expressamente sua prorrogação pelo juiz, o presidente do órgão julgador requisitará o processo e reabrirá o julgamento na sessão ordinária subsequente, com publicação em pauta (art. 940 do CPC[39]).

A publicação da pauta dar-se-á sempre que o pedido de vista não retornar no decêndio para que o advogado seja preavisado da reinclusão em pauta. Essa reinclusão é para ciência e continuação do julgamento, vale dizer, o julgamento prossegue mas não se renova com sustentações orais etc.

Por outro lado, a requisição e a reinclusão compulsórias dependem da omissão do juiz que após pedir vista e ultrapassar o prazo não pleiteia a prorrogação.

Isso equivale dizer que a reinclusão em pauta sempre dar-se-á após ultrapassado o decêndio, a requisição é que dependerá da falta de pedido de prorrogação, porquanto sendo ato *intra muros* ao advogado basta que o processo não seja julgado no prazo para reinclusão.

Na sessão seguinte, a continuação desse julgamento tem preferência sobre os demais, ressalvados os casos de sustentação oral e os requerimentos de preferência, haja a vista a ordem legal (art. 936, III, do CPC).

Essa modificação, levada a efeito pela Lei nº 10.352, de 26 de dezembro de 2001, que alterou o então art. 555 do CPC de 1973, teve como desígnio permitir ao próprio relator o pedido de vista, motivado, *v.g.*, pela sustentação oral do advogado. Não obstante os pedidos de vista devam ser julgados prioritariamente, a realidade prática denota que muitas vezes os membros que formularam o pedido de vista demoram em demasia quanto ao retorno dos autos a julgamento. Forçoso, portanto, admitir que o advogado possa provocar o presidente a requisitar os autos, bem como voltar-se contra a omissão persistente.

---

[39] **"Art. 940.** O relator ou outro juiz que não se considerar habilitado a proferir imediatamente seu voto poderá solicitar vista pelo prazo máximo de 10 (dez) dias, após o qual o recurso será reincluído em pauta para julgamento na sessão seguinte à data da devolução.

§ 1º Se os autos não forem devolvidos tempestivamente ou se não for solicitada pelo juiz prorrogação de prazo de no máximo mais 10 (dez) dias, o presidente do órgão fracionário os requisitará para julgamento do recurso na sessão ordinária subsequente, com publicação da pauta em que for incluído.

§ 2º Quando requisitar os autos na forma do § 1º, se aquele que fez o pedido de vista ainda não se sentir habilitado a votar, o presidente convocará substituto para proferir voto, na forma estabelecida no regimento interno do tribunal."

966 | CURSO DE DIREITO PROCESSUAL CIVIL • *Luiz Fux*

Deveras, esse foi o sentido da reforma, como se pode colher através de elementos conferidos sob a ótica da interpretação histórica, inferida da seguinte passagem da exposição de motivos do Projeto de Lei nº 4.729, de 2004, que acresceu parágrafo ao art. 552 do CPC de 1973 dispondo, *verbis*: "*§ 4º O julgamento de agravo contra decisão do relator, caso não ocorra nas duas sessões ordinárias subsequentes à interposição, dependerá de inclusão em pauta se assim o requerer qualquer das partes.*"[40]

Conversão do julgamento em diligência

O tribunal nem sempre aprecia a preliminar ou o mérito do recurso. Havendo necessidade, o órgão colegiado pode converter o julgamento em diligência, para o fim de suprir deficiências, *v.g.*, a juntada de um contrato social ou a realização de uma prova. A conversão do julgamento em diligência, nesse último caso, ocorre posto necessária à decisão do mérito da causa. Registre-se que a prática é pouco usual nos tribunais superiores.

Julgamento de recurso que tenha sido iniciado

Assim como a audiência deve prosseguir no dia imediatamente seguinte se não for possível concluí-la no mesmo dia, o mesmo ocorre com o feito em segundo grau de jurisdição.

Nesse segmento, o processo cujo julgamento tenha sido iniciado e não se concluiu por força de pedido de vista ou outro motivo qualquer, tem preferência na sessão seguinte.

Insta acrescentar que há outros casos de preferência legais, *v.g.*, os processos de urgência, os mandados de segurança, os *habeas corpus*, os processos de cunho eleitoral e os referentes às partes que contem com mais de 60 anos.

Apelação e agravo interposto

Determina a lei que o agravo de instrumento será julgado antes da apelação interposta no mesmo processo (art. 946). A razão é simples: a questão versada no agravo, como vimos, pode influir relação processual extinta pela sentença, de tal sorte que faça cair, por via oblíqua, o ato decisório final. Isto deve ser verificado antes do dispêndio de energia processual com o julgamento do apelo. Assim, *v.g.*, se há um agravo contra o indeferimento de uma prova, ante o sistema de taxatividade mitigada, e este é provido, de nada adiantaria julgar a apelação da sentença proferida sem a realização dessa prova. A matéria do agravo é prejudicial, sob o ângulo prático, ao julgamento do recurso de apelação.

Considerando-se como essa a *ratio essendi* do art. 946 do CPC, tem-se que, inocorrendo essa prejudicialidade, nada obsta que o agravo seja julgado posteriormente. Assim, *v.g.*, é possível julgar a apelação endereçada à sentença que fixou aluguel final na ação revisional, muito embora pendente de agravo a decisão que fixou o aluguel provisório. Entretanto, quando ambos os recursos, o de agravo e o de apelação, houverem necessariamente de ser julgados na mesma sessão, o primeiro precederá o segundo (art. 946, parágrafo único, do CPC). Assim, *v.g.*, o agravo contra o ato do juiz que recebeu o recurso em efeito incorreto.

---

[40]   Redação anterior: Lei nº 5.869, de 11 de janeiro de 1973.

"**Art. 552.** Os autos serão, em seguida, apresentados ao presidente, que designará dia para julgamento, mandando publicar a pauta no órgão oficial.

§ 1º Entre a data da publicação da pauta e a sessão de julgamento mediará, pelo menos o espaço de 48 (quarenta e oito) horas.

§ 2º Afixar-se-á a pauta na entrada da sala em que se realizar a sessão de julgamento.

§ 3º Salvo caso de força maior, participará do julgamento do recurso o juiz que houver lançado o 'visto' nos autos.

Redação dada pelo projeto de lei nº 4.729/2004, que acrescentou o parágrafo 4º, *verbis*:

§ 4º O julgamento de agravo contra decisão do relator, caso não ocorra nas duas sessões ordinárias subsequentes à interposição, dependerá de inclusão em pauta se assim o requerer qualquer das partes."

Em consequência, o relator da apelação é o mesmo do agravo de instrumento, consoante preceituam os Regimentos dos Tribunais.

Questão deveras interessante pode ocorrer por força de provimento de agravo prejudicial. Há casos em que o agravo, pelos seus efeitos, nulifica o processo, ainda que não haja apelação da sentença. Nesse caso, nova sentença deverá ser proferida, apesar de não ter havido apelação.

2.4.3   Acórdão

O julgamento do órgão colegiado, porque adotado de acordo ao menos com mais de uma opinião convergente (art. 941, § 2º, do CPC), é consubstanciado num "acórdão", que deve retratar o resultado do julgamento anunciado verbalmente pelo presidente (art. 941, *caput*, do CPC). Assim, por exemplo, "por unanimidade deu-se provimento ao recurso".

Deve redigir o acórdão, por designação do presidente, o relator do recurso, salvo se *vencido* no seu voto em confronto com a deliberação da maioria, hipótese em que a redação da conclusão do julgado caberá ao juiz que proferiu o *primeiro voto vencedor*.

Obrigatoriedade de ementa

Destarte, todo acórdão deve ter ementa (art. 943, § 1º). A ementa, muito embora da substância do acórdão, sintetiza o julgado e não prevalece sobre o mesmo. Não obstante, nada autoriza a dispensá-la.

É evidente que, à luz do princípio do prejuízo que informa a política de nulidades do Código, se o acórdão expressa com clareza o seu teor, não se deve anulá-lo por ausência de ementa.

A ementa deve sintetizar o julgado. A definição dos direitos consta do acórdão que encerra a essência da prestação jurisprudencial. Em consequência, se há divergência entre o acórdão e a ementa equivocada, deve prevalecer aquele.[41]

Deveras, para superar essa contradição, os embargos de declaração são servis.

De toda sorte, transitando em julgado acórdão com esse vício, a violação da lei que exige congruência entre a ementa e o julgamento colegiado, torna admissível a ação rescisória para rescindir o julgado.

Publicidade do acórdão

Lavrado o acórdão, que, em regra, deve conter a ementa que retrata ao resumo sucinto do que foi julgado (art. 943, §§ 1º e 2º, do CPC), publica-se o mesmo no órgão oficial dentro de 10 (dez) dias, com o objetivo de se iniciar o prazo de interposição de outro recurso, cabível agora dessa decisão substitutiva (art. 1.008 do CPC). Aliás é da intimação do acórdão que corre o prazo para a interposição de recurso.

Sob o ângulo objetivo, o art. 943, § 2º, do CPC impõe a publicação das conclusões do acórdão, não assim de todas razões de decidir.

Os membros votantes e o Presidente devem subscrever o acórdão, o que lhe confere autenticidade.

A publicidade do acórdão não se confunde com a sua *comunicação* imediata, *v.g.*, a de serem suspensos os efeitos da decisão reformada, como ocorre na tutela de urgência, no mandado de segurança etc.

---

[41]   Nesse sentido, **Barbosa Moreira**, *Comentários...*, cit.

968 | CURSO DE DIREITO PROCESSUAL CIVIL • *Luiz Fux*

Retificação de minuta

A anotação final do resultado pode dar-se equivocadamente. Por isso, é assente na doutrina e na jurisprudência que não malfere a lei processual (CPC, art. 941) o fato de o resultado proclamado não coincidir com a conclusão do acórdão, sendo lícito ao órgão julgador proceder à retificação da proclamação, o que na praxe denomina-se retificação de minuta.

2.4.4 Técnica de ampliação da colegialidade[42]

As diversas críticas sofridas pelos embargos infringentes ao longo dos anos ensejaram a sua exclusão, por completo, do atual sistema processual civil brasileiro. Contudo, a Câmara dos Deputados, nos últimos momentos de tramitação do projeto do CPC de 2015, decidiu introduzir uma nova técnica de julgamento como sucedâneo daquele recurso.

Esse instituto, delineado pelo art. 942, CPC, não possui a natureza de incidente processual nem, muito menos, de nova espécie recursal. [43] Trata-se, simplesmente, de uma técnica de julgamento que obriga a convocação de mais julgadores sempre que for não unânime o resultado da apelação, da ação rescisória e do agravo de instrumento, nos limites definidos pelos incisos I e II do § 3º do art. 942, CPC. Com isso, permite-se a possibilidade de inversão do resultado inicial, garantindo às partes e a eventuais terceiros o direito de sustentação oral perante os novos julgadores.

Em consonância com o princípio da celeridade e da eficiência processual, o § 1º do referido artigo dispõe que, quando possível, o julgamento prosseguirá na mesma sessão. Nesse caso, seria questionável se as partes teriam direito a sustentar novamente as suas razões. Em homenagem ao princípio do contraditório, a melhor interpretação entende que sim. Afinal, ainda que os desembargadores convocados já estivessem presentes desde o início da sessão, apenas com a ampliação da colegialidade é que efetivamente se atentariam às discussões relacionadas àquele julgamento.

Entendimento em sentido contrário minaria a finalidade do instituto. Por certo, o art. 942, CPC foi desenvolvido com o objetivo de uniformizar a jurisprudência e estimular decisões de melhor qualidade.[44] Logo, é essencial que todos os julgadores estejam a par das discussões para que possam realizar análise mais apurada dos pontos controvertidos, assegurando a estabilização da jurisprudência da Corte.

Nesse ponto, ressalta-se que a convocação dos novos julgadores se dará conforme o regimento interno do tribunal[45], que, eventualmente, pode delimitar o âmbito de competência do colegiado

---

[42] **Daniel Amorim Assumpção Neves**. *Novo CPC Comentado*, 2016, p. 1534; **Dierle Nunes**. Colegialidade corretiva, precedentes e vieses cognitivos: algumas questões do CPC/2015. *Revista Brasileira de Direito Processual*, n. 92, 2015, p. 77; **Hermes Zaneti Jr.** Art. 942. In: **Antonio do Passo Cabral; Ronaldo Cramer.** *Comentários ao Novo CPC*, 2015, p. 1355.

[43] **Hermes Zaneti Jr.** Art. 942. In: **Antonio do Passo Cabral; Ronaldo Cramer**. Comentários ao Novo CPC, 2015, p. 1.355-1.356; **Luiz Guilherme Marinoni; Daniel Mitidieiro**. Comentários ao CPC: arts. 926 ao 975, 2016, p. 242; **Francisco Barros de Dias**. Técnica de Julgamento: Criação do Novo CPC (Substitutivo dos Embargos Infringentes). In: **Fredie Didier Jr.** (coord. geral); **Lucas Buril de Macêdo, Ravi Peixoto, Alexandre Freire** (org.). Novo CPC doutrina selecionada, v. 6: processos nos tribunais e meios de impugnação às decisões judiciais, 2015, p. 52; **Fredie Didier Jr.; Leonardo Carneiro da Cunha**. Ampliação do colegiado em caso de divergência: algumas impressões iniciais sobre o art. 942 do CPC. In: **Nelson NERY JR.; Teresa Arruda Alvim Wambier** (Coords.). Aspectos polêmicos e atuais dos recursos cíveis e assuntos afins. v. 13, 2017, p. 318-320.

[44] **Sandro Marcelo Kozikoski; William Soares Pugliese**. Uniformidade da jurisprudência, divergência e vinculação do colegiado. In: **Clayton Maranhão; Luiz Henrique Sormani Bargugiani; Rogério Ribar; Sandro Kozikoski** (coord.). Ampliação da Colegialidade: técnica de julgamento do art. 942 do CPC, 2017, p. 23,32; **José Maria Câmara Jr.** Técnica da colegialidade do art. 942 do CPC: extensão e profundida da matéria submetida ao julgamento prolongado. In: **Nelson Nery Jr.; Teresa Arruda Alvim Wambier** (Coords.). *Aspectos polêmicos e atuais dos recursos cíveis e assuntos afins.* v. 13, 2017, p. 278-280; **Luiz Guilherme Marinoni;, Sérgio Cruz Arenhart; Daniel Mitidiero**. *Novo curso de processo civil: tutela de direitos mediante procedimento comum.* v. 2, 2016, p. 578.

[45] **Ernane Fidélis dos Santos**. *Manual de direito processual civil*, volume 3: procedimentos especiais codificados e da legislação esparsa, jurisdição contenciosa e jurisdição voluntária, processo nos tribunais e juizados especiais, 2017, p. 533; **Humberto Theodoro Júnior**. *Curso de Direito Processual Civil*: Teoria geral do direito processual civil, processo de conhecimento e procedimento comum – v. 3, 2016, p. 797.

ampliado. Caso não haja qualquer regulamentação, entende-se que os julgadores convocados têm competência para examinar todas as matérias objeto do recurso, inclusive as que haviam sido decididas por unanimidade, antes da aplicação do art. 942, CPC.[46] Isso porque, como a ampliação da colegialidade é mera continuação do julgamento, não há razão para que, sem expressa disposição legal, a cognição dos julgadores convocados se limite à matéria objeto da divergência, numa espécie de "efeito devolutivo", que retoma os extintos embargos infringentes.[47]

Além disso, a limitação da cognição dos julgadores convocados pode criar uma série de dificuldades procedimentais. Veja-se. O acórdão é um só e deveria contar, em todos os seus itens, com a mesma quantidade de votos. Se a competência fosse limitada, haveria um acórdão disforme, parcialmente composto por um número menor de votos.[48] Nessa hipótese, por exemplo, a quem caberia julgar eventuais embargos declaratórios? A insegurança jurídica seria insustentável.

Se isso não bastasse, caso o colegiado voltasse à composição original, o tribunal estaria sujeito a um verdadeiro "efeito sanfona", já que novas divergências poderiam surgir, e, consequentemente, a ampliação da colegialidade poderia ser necessária mais uma vez.[49]

Destaca-se, ainda, que todos os julgadores podem alterar os seus votos até o final do julgamento, na forma do art. 941, § 1º, CPC. Assim, é possível que a divergência desapareça antes de ouvidos os novos julgadores. Nada obstante, a alteração do voto após a ampliação do colegiado não afasta a incidência do art. 942[50].

Quanto às hipóteses de incidência, a nova técnica de julgamento se aplica: (*i*) na apelação, independentemente da reforma ou da natureza da sentença (art. 942, *caput*, CPC);[51] (*ii*) na ação

---

[46] **Fredie Didier Jr.; Leonardo Carneiro da Cunha**. *Curso de direito processual civil: o processo civil nos tribunais, recursos, ações de competência originária de tribunal e querela nullitatis, incidentes de competência originária de tribunal*, 2017, p. 93-95; **Luiz Guilherme Marinoni; Daniel Mitidiero**. *Comentários ao CPC: artigos 926 ao 975*, 2016, p. 242.

[47] **Leonardo Carneiro da Cunha**. Parecer – CPC, art. 942 – Ampliação do colegiado no julgamento não unânime da apelação – Ausência de limite devolutivo – Exame também da parte unânime. Revista de Processo. v. 270, 2017, p. 245.

[48] **Leonardo Carneiro da Cunha**. Parecer – CPC, art. 942 – Ampliação do colegiado no julgamento não unânime da apelação – Ausência de limite devolutivo – Exame também da parte unânime. Revista de Processo. v. 270, 2017, p. 246.

[49] **Guilherme Freire de Barros Teixeira**. Art. 942 do CPC 2015 e suas dificuldades operacionais: aspectos práticos. In: **Clayton Maranhão; Luiz Henrique Sormani Barguginani; Rogério Ribar; Sandro Kozikoski** (coord.). Ampliação da Colegialidade: técnica de julgamento do art. 942 do CPC, 2017, p. 39-40.

[50] **Leonardo Carneiro da Cunha**. Parecer – CPC, art. 942 – Ampliação do colegiado no julgamento não unânime da apelação – Ausência de limite devolutivo – Exame também da parte unânime. Revista de Processo. v. 270, 2017, p. 244-245; Enunciado n. 599 do Fórum Permanente de Processualistas Civis: "*a revisão do voto, após a ampliação do colegiado, não afasta a aplicação da técnica de julgamento do art. 942*"; Entendimento em sentido contrário: **Júlio Cesar Goulart Lanes**. A sistemática decorrente de julgamentos não unânimes. Art. 942. In: **Teresa Arruda Alvim Wambier; Fredie Didier Jr.; Eduardo Talamini; Bruno Dantas** (coord.). Breves Comentários ao novo CPC [livro eletrônico], 2016.

[51] O STJ já apontou que a técnica de ampliação do colegiado, prevista no art. 942 do CPC/2015, aplica-se também ao julgamento de apelação que resultou não unânime interposta contra sentença proferida em mandado de segurança. Confira-se a ementa do acórdão: "Processual civil. Mandado de segurança, apelação. Resultado não unânime. Ampliação do colegiado. Art. 942 do CPC/2015. Incidência. I – Trata-se de recurso especial interposto contra o acórdão que, em decisão por maioria em apelação, deixou de observar a técnica de ampliação do colegiado, que determina novo julgamento do recurso, prevista no art. 942 do CPC/2015, sob o fundamento de que o mandado de segurança permanece regulado por sua lei específica, nos termos do art. 1.046, § 2º, do CPC/2015. II – O Código de Processo Civil de 2015, em seu art. 942, institui a técnica de ampliação do colegiado, segundo a qual o julgamento não unânime da apelação terá prosseguimento em sessão a ser designada com a presença de outros julgadores, convocados em número suficiente para possibilitar a inversão do resultado inicial obtido. III – A técnica de ampliação do colegiado, prevista no art. 942 do CPC/2015, tem por finalidade aprofundar as discussões relativas à controvérsia recursal, seja ela fática ou jurídica, sobre a qual houve dissidência. Cuida-se de técnica de julgamento, e não de modalidade de recursal, conforme depreende-se do rol de recursos enumerados no art. 994 do CPC/2015, razão pela qual a sua aplicação é automática, obrigatória e independente da provocação das partes. Precedentes: REsp nº 1.846.670/PR, Relator Ministro Herman Benjamin, Segunda Turma, julgado em 17.12.2019, *DJe* 19.12.2019; e REsp nº 1.762.236/SP, Relator Ministro Marco Aurélio Bellizze, Relator p/ Acórdão Ministro Ricardo Villas Bôas Cueva, Terceira Turma, julgado em 19.2.2019,

970 | CURSO DE DIREITO PROCESSUAL CIVIL • Luiz Fux

rescisória, quando houver a rescisão da sentença (art. 942, § 3º, I, CPC); e (iii) no agravo de instrumento, quando houver reforma da decisão que julgar parcialmente o mérito (art. 942, § 3º, II, CPC). A técnica, ademais, se aplica tanto a divergências referentes ao mérito quanto à admissibilidade, conforme entendimento correto do Superior Tribunal de Justiça[52].

Embora parte da doutrina sustente que o art. 942 cria uma desigualdade injustificada entre a apelação e o agravo de instrumento[53], fato é que a interpretação do dispositivo não pode se afastar excessivamente da letra da lei.[54] Assim, como o legislador não criou qualquer restrição para aplicação do art. 942 no caso da apelação, não é necessária a reforma da sentença de mérito.[55] Trata-se de uma escolha política.

DJe 15.3.2019. IV – O Código de Processo Civil de 2015 (CPC/2015), ao entrar em vigor, revogou o Código de Processo Civil de 1973 (CPC/1973), nos termos do art. 1.046, *caput*, do CPC/2015. Todavia, as disposições especiais dos procedimentos regulados por leis específicas permaneceram em vigor, mesmo após o advento do novel diploma legal, consoante o previsto no art. 1.046, § 2º, do CPC/2015, de maneira que as disposições especiais pertinentes ao mandado de segurança seguem reguladas pela Lei nº 12.016/2009. Contudo, ao contrário do que ficou assentado no acórdão recorrido, a Lei nº 12.016/2009, responsável por disciplinar o mandado de segurança, não contém nenhuma disposição especial acerca da técnica de julgamento a ser adotada nos casos em que o resultado da apelação for não unânime. Enquanto o art. 14 da Lei nº 12.016/2009 se limita a preconizar que contra a sentença proferida em mandado de segurança cabe apelação, o art. 25 da Lei nº 12.016/2009 veda a interposição de embargos infringentes contra decisão proferida em mandado de segurança. V – Embora a técnica de ampliação do colegiado, prevista no art. 942 do CPC/2015, e os embargos infringentes, revogados junto com Código de Processo Civil de 1973 (CPC/1973), possuam objetivos semelhantes, os referidos institutos não se confundem, sobretudo porque o primeiro compreende técnica de julgamento, já o segundo consistia em modalidade de recurso. Ademais: "(...) diferentemente dos embargos infringentes regulados pelo CPC/73, a nova técnica de ampliação do colegiado é de observância automática e obrigatória sempre que o resultado da apelação for não unânime e não apenas quando ocorrer a reforma de sentença" (REsp nº 179.8705/SC, Relator Ministro Paulo de Tarso Sanseverino, Terceira Turma, julgado em 22.10.2019, *DJe* 28.10.2019). VI – Conclui-se, portanto, que a técnica de ampliação do colegiado, prevista no art. 942 do CPC/2015, aplica-se também ao julgamento de apelação que resultou não unânime interposta contra sentença proferida em mandado de segurança. Precedente: REsp nº 1.817.633/RS, Relator Ministro Gurgel de Faria, Primeira Turma, julgado em 17.9.2019, *DJe* 11.10.2019. VII – Recurso especial parcialmente conhecido e, nessa parte, provido para anular o acórdão recorrido, bem como para determinar o retorno dos autos ao Tribunal de origem, a fim de que seja convocada nova sessão destinada ao prosseguimento do julgamento da apelação, nos moldes do disposto no art. 942 do CPC/2015" (REsp 1.868.072/RS, Rel, Min. Francisco Falcão, 2ª Turma, j. 04.05.2021, *DJe* 10.05.2021).

52   REsp 1798705/SC, Rel. Min. Paulo de Tarso Sanseverino, 3ª Turma, j. 22.10.2019.

53   **Diego Crevelin de Sousa; Júlio César Rossi**. *O incidente de quórum qualificado em julgamentos não unânimes no CPC: mais uma jaboticaba!*. Revista Brasileira de Direito Processual, Belo Horizonte, n. 99, 2017, p. 152; **Daniel Amorim Assumpção Neves**. Novo CPC Comentado, 2016, p. 1535.

54   Também entendem que as limitações previstas no § 3º devem ser interpretadas restritivamente: **Araken de Assis**. *Manual dos recursos*, 2016, p. 454; **Hermes Zaneti Jr**. Art. 942. In: **Antonio do Passo Cabral; Ronaldo Cramer**. *Comentários ao Novo CPC*, 2015; **Teresa Arruda Alvim Wambier**. Ampliação da colegialidade como técnica de julgamento. In: **Luiz Rodrigues Wambier; Teresa Arruda Alvim Wambier** (Coords.). *Temas Essenciais do Novo CPC: Análise das principais alterações do sistema processual civil brasileiro*, 2016, p. 576-577; **Eduardo Cambi; Rogéria Dotti; Paulo Eduardo d'Arce Pinheiro; Sandro Gilbert Martins; Sandro Marcelo Kozikoski**. *Curso de processo civil completo I*, 2017, p. 1.404-1.405.

55   BUENO, Cassio Scarpinella. *Novo CPC anotado*. São Paulo: Saraiva, 2016, p.759-760; DANTAS, Bruno. Art. 942. In: BUENO, Cassio Scarpinella (cord.). *Comentários ao CPC: arts. 926 a 1.072*. v. 4. São Paulo: Saraiva, 2017, p. 86, p. 87; DIDIER, Jr., Fredie; CUNHA, Leonardo Carneiro da. *Curso de direito processual civil: o processo civil nos tribunais, recursos, ações de competência originária de tribunal e querela nullitatis, incidentes de competência originária de tribunal*. 14. ed. Salvador: Ed. JusPodivm, 2017, p. 94, 95; CAMBI, Eduardo, DOTTI, Rogéria, PINHEIRO, Paulo Eduardo d'Arce, MARTINS, Sandro Gilbert, KOZIKOSKI, Sandro Marcelo. *Curso de processo civil completo I*. São Paulo: Editora Revista dos Tribunais, 2017, p. 1404-1405; KOZIKOSKI, Sandro Marcelo; PUGLIESE, William Soares. Ampliação do quórum no julgamento da apelação (CPC 2015, Art. 942). In: MARANHÃO, Clayton; BARGUGIANI, Luiz Henrique Sormani; RIBAR, Rogério; KOZIKOSKI, Sandro (coord.). Ampliação da Colegialidade: técnica de julgamento do art. 942 do CPC. Belo Horizonte: Arraes Editores, 2017, p. 56.

Além disso, observa-se que o critério utilizado pela norma não foi o conteúdo da matéria impugnada, mas, sim, o meio de impugnação.[56] Por isso, é despropositada a preocupação com a simetria entre as hipóteses de cabimento do art. 942.

No mais, deve-se considerar que o julgamento parcial de mérito e o julgamento final não são ontologicamente idênticos. Isso porque o julgamento parcial é revestido de maior grau de certeza e permitido apenas em hipóteses restritas, o que justifica o tratamento diverso dado pelo legislador.

Ainda quanto a esse ponto, o § 4º do art. 942 expressamente exclui a ampliação da colegialidade nos casos de julgamento de incidente de assunção de competência, de incidente de resolução de demandas repetitivas e de remessa necessária, bem como quando o julgamento não unânime for proferido pelo plenário ou pela corte especial do Tribunal.

Por fim, como se trata de uma questão de competência funcional, a não observância do art. 942 enseja a nulidade do julgamento a qualquer tempo e grau de jurisdição.[57]

3. JULGAMENTOS DIGITAIS

No campo da resolução de conflitos, os números de processos judiciais existentes no país, aliados à pandemia da COVID-19, levaram a um vertiginoso incremento tecnológico na melhora da prestação jurisdicional. Diversos tribunais tiveram que se adaptar, rapidamente, ao distanciamento social, editando resoluções e portarias, promovendo soluções inovadoras[58-59]. O tom propositivo chegou até o plano legislativo, com a autorização da conciliação não presencial

---

[56] **José Maria Câmara Jr.** Técnica da colegialidade do art. 942 do CPC: extensão e profundida da matéria submetida ao julgamento prolongado. In: **Nelson Nery Jr.; Teresa Arruda Alvim Wambier** (Coords.). *Aspectos polêmicos e atuais dos recursos cíveis e assuntos afins*. v. 13, 2017.

[57] **Fredie Didier Jr.; Leonardo Carneiro da Cunha.** Ampliação do colegiado em caso de divergência: algumas impressões iniciais sobre o art. 942 do CPC. In: **Nelson Nery Jr.; Teresa Arruda Alvim Wambier** (Coords.). *Aspectos polêmicos e atuais dos recursos cíveis e assuntos afins.* v. 13, 2017, p. 324; **Teresa Arruda Alvim Wambier**. *Ampliar a Colegialidade: a que custo?* In: Res Severa Verum Gaudium. Porto Alegre, v. 3. n. 1 (2017), p. 21.

[58] **Antônio Pereira Gaio Júnior.** Jurisdição civil brasileira em crise: desafios em tempos de pandemia. *Revista Eletrônica de Direito Processual.* Ano 15. Vol. 22, 2021, p. 79-99. No mesmo sentido: "O isolamento social atualmente imposto, no entanto, exigiu uma transição forçada do mundo *offline* para o mundo *online*, provocando um rearranjo na prática dos atos processuais, a fim de se adotar a forma preponderantemente eletrônica, tal como já autoriza o CPC, em seu art. 193: 'Os atos processuais podem ser total ou parcialmente digitais, de forma a permitir que sejam produzidos, comunicados, armazenados e validados por meio eletrônico, na forma da lei.' Nesse diapasão, foram editados inúmeros atos normativos pelos tribunais e também pelo CNJ, com a finalidade de ampliar as hipóteses de julgamento eletrônico (Ex: Emenda Regimental nº 53 do STF), disciplinar a sustentação oral por videoconferência (Ex: Resolução nº 314 do CNJ que disponibilizou a ferramenta Cisco Webex), regrar a realização de perícia por meios eletrônicos (Ex: Resolução nº 317 do CNJ), regulamentar as audiências não presenciais (Resolução nº 314 do CNJ), dentre outras situações." (**Luís Manoel Borges do Vale** e **Philippe de Oliveira Nader**. Cortes online e devido processo legal tecnológico: um dilema em construção. *Jota.* 1º de junho de 2020. Disponível em: https://www.jota.info/opiniao-e-analise/artigos/cortes-online-e--devido-processo-legal-tecnologico-um-dilema-em-construcao-01062020).

[59] Quanto aos julgamentos virtuais nos tribunais de segundo grau, **Paulo Cezar Pinheiro Carneiro** expõe preocupação a respeito do princípio da publicidade, bem como quanto à competência para editar normas sobre direito processual: "A regulamentação dos julgamentos virtuais pelos Tribunais Federais das diversas regiões e das Justiças Estaduais, nos respectivos Regimentos Internos contém, em todas elas, severas inconstitucionalidades. Mesmo os Tribunais que facultam a qualquer das partes ou aos membros do Ministério Público o direito de pedir a retirada do processo da pauta virtual para incluí-lo na presencial, sem necessidade de fundamentar o pedido, *v.g.* Tribunal de Justiça de São Paulo, não escapam da ilegal regulamentação do procedimento do julgamento em si, que, na prática, é secreto.". Igualmente, acerca da deliberação virtual no Superior Tribunal de Justiça: "O julgamento virtual adotado pelo Superior Tribunal de Justiça, diversamente daquele previsto no Supremo Tribunal Federal (...), é praticamente secreto e, portanto, nitidamente inconstitucional, ferindo as garantias constitucionais da publicidade, da ampla defesa, do contraditório e o da reserva legal para editar normas processuais (art. 5º, LX, LIV, LV e art. 22, todos da Constituição Federal)" (*O novo processo civil brasileiro*, 2021). Por outro lado, **Osmar Mendes Paixão Côrtes**, mesmo antes da pandemia (em 2018), já o enxergava com bons olhos, sob a ótica da celeridade da jurisdição (Algumas palavras sobre os julgamentos virtuais no âmbito do STJ. *Migalhas*. 23 de agosto de 2018. Disponível em: https://www.migalhas.com.br/depeso/286116/algumas-palavras-sobre-os-julgamentos-virtuais-no-ambito-do-stj).

nos Juizados Especiais Cíveis (Lei nº 13.994/20)[60], com a instauração de uma "*hiperoralidade* (oralidade por hiperlink)"[61].

Os tempos correntes revelam uma autêntica "virada tecnológica"[62], com influxos da inteligência artificial na atividade jurisdicional, vislumbrando-se diversos questionamentos outrora inimagináveis acerca, por exemplo, da tomada de decisão automatizada através do funcionamento de vieses algorítmicos[63].

Outra relevante frente aberta pela aproximação digital é a das plataformas *on-line* de resolução de conflitos (*Online Dispute Resolution – ODRs*[64]), nas quais, fora do Judiciário, se permite a pacificação, em ambientes criados pelo Estado ou por particulares. Possivelmente, trata-se de ferramenta tecnológica com maior potencial de impactar positivamente o atual cenário de superlotação do Poder Judiciário. É que a ODR evita, ou ao menos apazigua, diretamente o uso do bem comum (a estrutura do Poder Judiciário), porém ainda assim cumpre seu papel social: dirimir os conflitos sociais traduzidos em controvérsias jurídicas, alocando definitivamente os direitos em disputa.

Cuida-se de inovação eficiente na medida em que os novos desenhos proporcionados pela tecnologia para a composição de conflitos foram arquitetados tendo em conta diversos *insights* provenientes da economia e da psicologia. Com efeito, pode-se citar caso paradigma a título ilustrativo: o sistema de solução de disputas da empresa eBay, estruturado por Colin Rule, um graduado da Filadélfia, com mestrado na escola de política e de governo da *Harvard Kennedy School*. A alta taxa de acordos da plataforma do eBay foi obtida porque o sistema tecnológico desenvolvido pelo jovem estadunidense proporcionou um procedimento de solução de conflitos que incorpora técnicas de negociação, desenvolvidas com premissas econômicocomportamentais já discutidas ao longo deste curso. Além disso, o fato de gerenciar milhões de disputas por ano oferece ao eBay uma quantidade maciça de dados (*big data*) que alimenta e aperfeiçoa o sistema. O sistema foi desenvolvido a partir de técnicas de *machine learning*, assim aprendendo cada vez mais com essa enorme quantidade de dados.

Tal modalidade é uma das espécies do gênero tribunal *on-line*[65], no qual também se insere a possibilidade de deliberação virtual ou telepresencial pelas cortes físicas[66].

Essa inovação tecnológica pode conferir maior eficiência à prestação jurisdicional em ao menos duas dimensões. Primeiro, a atividade das Cortes deixa de se vincular a questões espaciais, como o local da comarca ou da vara. Ao revés, o que passa a importar é muito mais o serviço por elas prestado (atividade jurisdicional) ou a especialidade material. Segundo, a jurisdição prestada pelo Estado passa a ser vista como residual, utilizando-se a tecnologia para triar conflitos, buscando-se solução negociada ou mediada, antes de ativar-se o Poder Judiciário.

---

[60] **Marco Antonio Rodrigues** e **Thiago Dias Delfino Cabral**. O futuro é virtual? *Jota*. 14 de julho de 2020. Disponível em: https://www.jota.info/opiniao-e-analise/colunas/tribuna-da-advocacia-publica/o-futuro-e--virtual-14062020.

[61] **Dierle Nunes, Guilherme Henrique Lage Faria** e **Flavio Quinaud Pedron**. Hiperoralidade em tempos de Covid-19. *Consultor Jurídico*. 16 de junho de 2020. Disponível em: https://www.conjur.com.br/2020-jun-16/nunes-faria-pedron-hiperoralidade-tempos-covid-19.

[62] **Bruno Feigelson, Daniel Becker** e **Marco Antonio Rodrigues**. *Litigation 4.0*, 2021.

[63] Acerca dos novéis temas atinentes à inteligência artificial, veja-se: **Erik Navarro Wolkart, Dierle Nunes** e **Paulo Henrique dos Santos Lucon** (orgs.). *Inteligência artificial e Direito Processual: impactos da virada tecnológica no direito processual*, 2021.

[64] **Mateus de Oliveira Fornasier; Matheus Antes Scwede**. As plataformas de solução de litígio online (ODR) e a sua relação com o direito fundamental ao acesso à justiça. *Revista Eletrônica de Direito Processual*, v. 22, n. 1, 2021.

[65] **Richard Susskind. Online Courts and the Future of Justice**, 2019.

[66] **Dierle Nunes** e **Hugo Malone Passos**. Os tribunais *online* avançam durante a pandemia da Covid-19. *Consultor Jurídico*. 11 de maio de 2020. Disponível em: https://www.conjur.com.br/2020-mai-11/nunes-passos-tribunais--online-pandemia.

Parte XI · II – A ORDEM DOS PROCESSOS NOS TRIBUNAIS | 973

Cumpre ressaltar que as *"Cortes on-line"* não são apenas um desejo no horizonte, mas sim realidade efetiva. No Canadá, por exemplo, já se encontra em pleno funcionamento o Tribunal Cível de *British Columbia* (*The British Columbia Civil Resolution Tribunal* – CRT) cujo procedimento é composto por quatro fases na qual todas as audiências são feitas virtualmente e as decisões possuem caráter de título executivo judicial. Na primeira fase do procedimento desse Tribunal (*solution explorer*), um algoritmo analisa a reclamação, oferece informações e sugere soluções para o problema. Na segunda fase (*dispute resolution tool*), entra em ação a ferramenta *on-line* de negociação, reduzindo consideravelmente a assimetria de informações existente entre as partes litigantes. O sistema busca estruturar o caso para as partes e não há intervenção humana na negociação entre elas. Não havendo sucesso, adentra-se à terceira fase: a de facilitação, somente na qual há intervenção humana em prol de solução negociada. Não obtido o acordo, adentra-se na quarta fase: a adjudicatória, pela qual o caso será decidido por juízo imparcial.

Por fim, uma ferramenta tecnológica afamada e sobre a qual se geram grandes expectativas é a inteligência artificial (IA). Há muitas definições possíveis: parcela da literatura enfatiza suas similitudes com a forma de pensar humana (*reasoning*), enquanto outra parcela possui enfoque maior quanto às semelhanças comportamentais (*behavior*) entre a inteligência artificial e a "inteligência natural". De outra sorte, no que diz respeito à eficiência dos mecanismos que dela se utilizam, há quem sustente que deve ser aferida pelo critério relativo à semelhança com o comportamento humano. Para outros, todavia, a qualidade da IA reside na precisão das decisões tomadas pelo sistema (*rationality*).

O conceito de *machine learning*, por sua vez, identifica um subgrupo específico da IA, dos sistemas capazes de se adaptar às novas circunstâncias e de extrapolar os padrões decisórios originais que treinaram a própria máquina. É dizer: a máquina vai aprendendo com a sua própria atuação e com seus próprios erros, extrapolando os padrões e as funções para que foi inicialmente programada. Nesse diapasão, os algoritmos que se utilizam do *machine learning* são capazes de prever e/ou de generalizar padrões decisórios a partir de um conjunto de dados utilizados para treinar o sistema.

Já o *deep learning* nada mais é do que a técnica avançada de *machine learning*. Nessa modalidade de inteligência artificial, os algoritmos programados não dependem dos dados previamente selecionados e lapidados por seres humanos (*dados supervisionados*) para criar ou reconhecer padrões decisórios. Como consequência, esses algoritmos "aprendem" esses padrões a partir de uma imensa quantidade de dados crus, disponíveis de imediato na internet ou em outra fonte (*big data*). A aprendizagem dá-se de forma não linear, em várias camadas, tal como se imagina que ocorra no cérebro humano com suas redes neurais.

No cenário brasileiro, os Tribunais Superiores já começam a se utilizar de sistemas de inteligência artificial. No Superior Tribunal de Justiça, há o *Athos*, cujo objetivo é identificar – mesmo antes da distribuição aos ministros – processos que possam ser submetidos à afetação para julgamento sob o rito dos recursos repetitivos. Além disso, monitora processos com entendimentos convergentes e divergentes entre os órgãos da Corte da Cidadania. No Supremo Tribunal Federal, o Sistema Victor atua na admissibilidade de recursos extraordinários, buscando identificar se o apelo versa sobre algum tema de repercussão geral afetado ou já julgado. Já a robô Rafa 2030 (sigla para "Redes Artificiais Focadas na Agenda 2030") tem auxiliado magistrados e servidores a classifica-rem os processos da Corte de acordo com os 17 Objetivos de Desenvolvimento Sustentável (ODS) da Agenda 2030 da Organização das Nações Unidas (ONU) – aspecto importante para viabilizar, por exemplo, que processos prioritários sejam levados à pauta do Tribunal com maior velocidade. Graças a mecanismos de *machine learning* e de *deep learning*, a Rafa realiza comparações semânticas entre os textos dos acórdãos ou das petições iniciais dos processos em trâmite no Tribunal, o que possibilita uma classificação mais célere e padronizada.

3.1   Ampliação do julgamento eletrônico e a experiência do Supremo Tribunal Federal

Especificamente no âmbito do Supremo Tribunal Federal, a imprevisibilidade da pandemia levou à aceleração de expedientes tecnológicos relevantes. A Corte Constitucional se preparou, com a celeridade necessária, para bem decidir os imbróglios surgidos nesse sensível e ímpar período tornando-se uma Corte Digital[67].

No tocante à atividade deliberativa e decisória da Corte, sabidamente existem dois ambientes disponíveis[68]. Nesse sentido, foram ampliadas as hipóteses de julgamento por meio eletrônico, um desses ambientes. Antes da pandemia, apenas determinadas classes processuais poderiam ser decididas remotamente. Com a modificação regimental[69], qualquer tipo de processo pode ser submetido a tal modalidade de deliberação: após a disponibilização do voto pelo ministro relator, os demais julgadores dispõem de prazo para se posicionar, seja concordando, divergindo ou solicitando pedido de vista.

Além disso, o plenário virtual, existente desde 2007, recebeu, no período, uma série de melhorias, voltadas à preservação do direito ao contraditório, tais como o envio das sustentações orais por meio eletrônico, a possibilidade de se realizar esclarecimento de fato durante a sessão e a disponibilização, na internet, do relatório e da íntegra dos votos dos ministros, o que amplia a transparência e a publicidade dos julgamentos[70]. Nessa linha, foi criado o Painel de Julgamentos Virtuais, que informa estatísticas e gráficos, a partir de relatórios obtidos de forma automática da base de dados do STF, com as informações mais relevantes para o público.

No tocante à segunda modalidade de julgamento, o presencial, sucedeu-se a adaptação para a realização por videoconferência[71]. Desse modo, as deliberações que seriam tomadas, em condições normais, no próprio tribunal puderam ser mantidas, com idêntica participação de ministros, Ministério Público e advogados, sem comprometimento da atividade decisória do Supremo Tribunal, de enorme relevo para a sociedade.

Aliás, imperioso salientar, em relação a exitosa iniciativa do plenário virtual, que o Conselho Nacional de Justiça publicou a Recomendação CNJ nº 132/2022, recomendando aos tribunais a adoção do modelo de julgamento virtual previsto na Resolução STF nº 642/2019, com as alterações da Resolução STF nº 669/2020, quanto à forma de julgamento dos agravos internos, agravos regimentais e embargos de declaração nos quais haja pedido de sustentação oral. Ressalte-se, contudo, que o ato normativo não desconsiderou a possibilidade de que as partes, por seus representantes constituídos, apresentem requerimento de destaque, a ser apreciado pelo magistrado competente, para deliberação em sessão presencial quando a complexidade ou outras particularidades do caso concreto assim o exigirem.

---

[67] **Pedro Felipe de Oliveira Santos**; **Abhner Youssif Mota Arabi**. Cortes digitais: a experiência do Supremo Tribunal Federal. In:, Luiz Fux; Henrique Ávila; Trícia Navarro Xavier Cabral. *Tecnologia e Justiça Multiportas*, 2021, p. 105-116.

[68] Acerca das sessões virtuais no Supremo Tribunal Federal, veja-se **Rodrigo Becker** e **Marco Aurélio Peixoto**. A consolidação das sessões virtuais no STF. *Jota*. 29 de agosto de 2019. Disponível em: https://www.jota.info/opiniao-e-analise/colunas/coluna-cpc-nos-tribunais/a-consolidacao-das-sessoes-virtuais-no-stf-29082019.

[69] "RISTF: Art. 21-B Todos os processos de competência do Tribunal poderão, a critério do relator ou do ministro vistor com a concordância do relator, ser submetidos a julgamento em listas de processos em ambiente presencial ou eletrônico, observadas as respectivas competências das Turmas ou do Plenário.

§ 1º Serão julgados preferencialmente em ambiente eletrônico os seguintes processos: I – agravos internos, agravos regimentais e embargos de declaração; II – medidas cautelares em ações de controle concentrado; III - referendo de medidas cautelares e de tutelas provisórias; IV – demais classes processuais, inclusive recursos com repercussão geral reconhecida, cuja matéria discutida tenha jurisprudência dominante no âmbito do STF.

§ 2º Nas hipóteses de cabimento de sustentação oral previstas neste regimento interno, fica facultado à Procuradoria-Geral da República, à Advocacia-Geral da União, à Defensoria Pública da União, aos advogados e demais habilitados nos autos encaminhar as respectivas sustentações por meio eletrônico após a publicação da pauta e até 48 horas antes de iniciado o julgamento em ambiente virtual.

§ 3º No caso de pedido de destaque feito por qualquer ministro, o relator encaminhará o processo ao órgão colegiado competente para julgamento presencial, com publicação de nova pauta.

§ 4º Em caso de excepcional urgência, o Presidente do Supremo Tribunal Federal e os Presidentes das Turmas poderão convocar sessão virtual extraordinária, com prazos fixados no respectivo ato convocatório.

§ 5º Ato do Presidente do Tribunal regulamentará os procedimentos das sessões virtuais."

[70] Resolução 642/2019, com as alterações realizadas pelas Resoluções nº 669/2020 e 675/2020, 684/2020 e 690/2020. Mencione-se, ainda, o Procedimento Judiciário nº 11/2020.

[71] Emenda Regimental 53, de 18.03.20, Resolução 672, de 26.03.2020, e Resolução 676.

III
RECURSOS EM ESPÉCIE

1. APELAÇÃO[1]

1.1 Generalidades

A apelação é, em regra e tradicionalmente, o recurso cabível das sentenças definitivas (resoluções de mérito) ou terminativas que extinguem os procedimentos em primeiro grau de jurisdição por defeitos formais, qualquer que seja a natureza do processo.[2] A definição leva em consideração o fato de que em algumas leis extravagantes a sentença pode ser impugnável por outro recurso, *v.g.*, nos juizados especiais, cujo recurso único contemplado não ostenta *nomen juris* específico (art. 41 da Lei nº 9.099/95).

Noutro giro, novel hipótese de cabimento do recurso de apelação foi apresentada pelo CPC de 2015, qual seja, a de impugnação de decisões interlocutórias não passíveis de agravo de instrumento quando apresentadas na fase de cognição (art. 1.009, § 1º)[3]. Essa inovação leva a conclusões peculiares quando comparada à sistemática do CPC de 1973. Diante da atual sistemática recursal, três são as possibilidades de apresentação do recurso: (a) a apelação interposta somente contra a sentença; (b) aquela que suscita apenas decisões interlocutórias não agraváveis ou (c) a impugnação de ambas. Cabe salientar que esta última hipótese se apresenta como uma espécie de cumulação de pedidos, sendo aplicáveis as disposições gerais contidas no art. 327 do CPC.

A apelação é o *recurso por excelência*, consagrado por todos os nossos matizes europeus e pelos sistemas latino-americanos do mesmo tronco científico do que o nosso, singularizando-se pelo fato de dirigir-se ao pronunciamento último do juízo e pela sua ampla devolutividade, que investe o tribunal no conhecimento irrestrito da causa, concretizando o dogma do *duplo grau de jurisdição*.[4]

Deveras, a apelação é recurso servil ao afastamento dos "vícios da ilegalidade" e da "injustiça" encartados em resoluções de mérito ou sentenças terminativas. A diferença reside no fato de que, tratando-se de apelação dirigida contra sentença terminativa, o provimento do recurso, ressalvada a hipótese do inciso I, § 3º do art. 1.013 do CPC, não autoriza o tribunal a prosseguir no julgamento

---

[1] O tema vem tratado em todas as suas minúcias em **Barbosa Moreira**, *Comentários*, vol. V, e **Sergio Bermudes**, *Comentários ao CPC*, RT, vol. VII.

[2] Ainda que não haja contenciosidade, como sói ocorrer na jurisdição voluntária, o recurso cabível é o de apelação (art. 1.110 do CPC). Essa era a respeitada opinião de um dos maiores tratadistas do tema, sob a égide do denominado Código de 1939, o Professor **Frederico Marques**, na sua tese docente "Ensaio sobre a Jurisdição Voluntária", 1952, p. 256.

[3] **"Art. 1.009.** Da sentença cabe apelação.

§ 1º As questões resolvidas na fase de conhecimento, se a decisão a seu respeito não comportar agravo de instrumento, não são cobertas pela preclusão e devem ser suscitadas em preliminar de apelação, eventualmente interposta contra a decisão final, ou nas contrarrazões"

[4] Como proficuamente leciona **Seabra Fagundes**: "Nenhum outro recurso tem cabimento com mais frequência, pois sempre que a relação processual se compõe e se desenvolve normalmente, é por ele que se promove o reexame da decisão de primeira instância. Nenhum o supera na amplitude com que devolve o conhecimento da causa do juízo inferior ao superior", *in Dos Recursos Ordinários em Matéria Civil*, 1946, p. 247.

976 | CURSO DE DIREITO PROCESSUAL CIVIL • *Luiz Fux*

do *mérito da causa* inapreciado na instância inferior, porquanto a isso equivaleria violar o princípio do duplo grau de jurisdição, submetendo o *meritum causae* a uma única apreciação. O tribunal, ressalvadas as hipóteses do inciso I, § 3º do art. 1.013 e §§ 1º e 2º do art. 938, deverá determinar o retorno dos autos ao juízo *a quo,* para que prossiga no cumprimento da causa final da jurisdição, que é a definição do litígio sem nulidades processuais.

É que constatando a ocorrência de nulidade sanável, o tribunal poderá determinar a realização ou renovação do ato processual, intimadas as partes; cumprida a diligência, sempre que possível, prosseguirá o julgamento da apelação (art. 938, §§ 1º e 2º, do CPC).

O provimento do recurso, tratando-se de resolução do mérito "substitui a decisão recorrida naquilo que tiver sido objeto do recurso" (art. 1.008 do CPC).[5-6]

Destarte, os *efeitos do provimento* do recurso da apelação dirigida contra a sentença terminativa e a apelação que veicula *error in procedendo* (vício de atividade do juiz) são análogos porquanto *em ambos,* ressalvada a hipótese já destacada do inciso I, § 3º do art. 1.013 do CPC, *há a eliminação da decisão* com a baixa dos autos, para que outra decisão seja proferida. No primeiro caso, para prosseguir no julgamento do mérito e, no segundo, para que uma decisão imune de ilegalidade seja prolatada. Não obstante essa identidade de efeitos, não há correspondência entre os vícios e a natureza das decisões, no sentido de que a ilegalidade é vício correspondente às sentenças terminativas e a injustiça inerente às definitivas. É perfeitamente possível que uma sentença meramente terminativa contemple *error in judicando* ou *error in procedendo*, o mesmo se sucedendo em relação às decisões que definem o litígio. Assim, *v.g.,* a sentença terminativa proferida por um juiz impedido padece do vício da ilegalidade, e a que considera o autor carecedor da ação por desconsiderar a possibilidade de legitimação extraordinária, negando vigência ao artigo 18 do CPC,[7] apesar de decisão formal, encarna o vício da injustiça, decorrente da má aplicação do Direito Processual ao caso submetido à apreciação jurisdicional.

Por outro lado, *o juízo absolutamente incompetente que aprecia o mérito da causa* inocula na "decisão definitiva" um *error in procedendo*.

Destaque-se que, no itinerário lógico da apreciação judicial em segundo grau, a análise dos *errores in procedendo* precede a dos *errores in judicando*, nulificando-se o julgado acaso se prossiga após acolhidos os primeiros, salvo se, no mérito, a decisão puder ser favorável à parte a quem aproveite a sanção da nulidade (art. 282,[8] § 2º, do CPC).

1.2 Efeitos da apelação

A apelação é recurso que tem, em regra, o duplo efeito, incumbindo-se o próprio legislador, por questões de política legislativa, de retirar-lhe essa eficácia suspensiva textualmente, nas causas em que menciona (art. 1.012 do CPC).[9] Nesse particular, vale repisar o que expusemos na seção precedente

---

[5] Nesse caso, a sentença não vale mais por si só ou por si mesma, senão apenas pela remissão do acórdão que a sacramentou, *in* **Pedro Batista Martins**, *Recursos e Processos da Competência Originária dos Tribunais*, 1957, p. 218.

[6] "**Art. 1.008.** O julgamento proferido pelo tribunal substituirá a decisão impugnada no que tiver sido objeto de recurso."

[7] "**Art. 18.** Ninguém poderá pleitear direito alheio em nome próprio, salvo quando autorizado pelo ordenamento jurídico."

[8] "**Art. 282.** Ao pronunciar a nulidade, o juiz declarará que atos são atingidos e ordenará as providências necessárias a fim de que sejam repetidos ou retificados.

(...)

§ 2º Quando puder decidir o mérito a favor da parte a quem aproveite a decretação da nulidade, o juiz não pronunciará nem mandará repetir o ato ou suprir-lhe a falta."

[9] "**Art. 1.012.** A apelação terá efeito suspensivo.

§ 1º Além de outras hipóteses previstas em lei, começa a produzir efeitos imediatamente após a sua publicação a sentença que:

I – homologa divisão ou demarcação de terras;

acerca dos efeitos dos recursos em geral, relembrando-se o novel poder conferido ao relator para conceder eficácia suspensiva à decisão sujeita ao duplo efeito (art. 995, parágrafo único do CPC).

1.2.1   Efeito suspensivo

O efeito suspensivo decorre da própria recorribilidade da decisão e não do recurso propriamente dito. O fato genético-processual de uma decisão submeter-se em potencial a um recurso com efeito suspensivo significa que o referido ato decisório não produz os seus efeitos se não superado o prazo recursal sem impugnação ou se transitada em julgado a decisão do recurso.

Justifica-se a regra de que todo recurso tem efeito suspensivo, em consequência da adoção irrestrita pelo nosso sistema do duplo grau de jurisdição. Destarte, aqui e alhures, vozes abalizadas erguem-se quanto a essa postura ortodoxa de valorização do julgamento de segundo grau, preconizando uma inversão à regra, para dotar todas as decisões de efetividade imediata. Como o próprio termo insinua, trata-se de notável influência do princípio da efetividade, que vem emprestando a diversos países de matizes iguais ao nosso a experiência da proliferação da "não suspensividade dos recursos", relegando-se ao julgador a avaliação da situação gerada pela decisão recorrida, para ele, então, conferir ou não efeito suspensivo.

Trata-se de técnica da suspensividade *ope judicis* em contraposição à suspensão *ope legis*. Analisamos, no tópico geral atinente ao efeito suspensivo dos recursos, as motivações do legislador para a distinção e a correlação com o cumprimento provisório da sentença.

Agita-se, na doutrina, a elegante questão sobre a natureza da regra do artigo 1.012 do CPC – se taxativa ou meramente enumerativa.

Em princípio, os casos excepcionais de recebimento da apelação no efeito apenas devolutivo são unicamente os previstos no art. 1.012 do CPC. Entretanto, é assente que, *v.g.*, tem duplo efeito a apelação interposta em embargos de terceiro rejeitados, onde se veicula matéria própria de embargos à execução.[10]

Outro ponto delicado do tema é o referente "às ações conexas" com recursos recebidos em diferentes efeitos.

As causas conexas, como é sabido, reclamam julgamento simultâneo. Se a apelação relativa a uma das causas deve ser recebida apenas no efeito devolutivo, isto não significa que a outra deva emprestar-lhe o mesmo regime jurídico, máxime à luz da *ratio essendi* que inspirou o regulador nessa concessão, como sucedia na concomitância da ação principal e da cautelar, no vetusto Código.

Todavia, há entendimentos em favor da tese de que o recurso interposto do julgamento simultâneo de duas ações conexas deve ser recebido em ambos os efeitos, desde que uma delas obedeça a esse regime jurídico, o que afronta a exegese teleológica do art. 1.012 do CPC.

II – condena a pagar alimentos;

III – extingue sem resolução do mérito ou julga improcedentes os embargos do executado;

IV – julga procedente o pedido de instituição de arbitragem;

V – confirma, concede ou revoga tutela provisória;

VI – decreta a interdição.

§ 2º Nos casos do § 1o, o apelado poderá promover o pedido de cumprimento provisório depois de publicada a sentença.

§ 3º O pedido de concessão de efeito suspensivo nas hipóteses do § 1o poderá ser formulado por requerimento dirigido ao:

I – tribunal, no período compreendido entre a interposição da apelação e sua distribuição, ficando o relator designado para seu exame prevento para julgá-la;

II – relator, se já distribuída a apelação.

§ 4º Nas hipóteses do § 1o, a eficácia da sentença poderá ser suspensa pelo relator se o apelante demonstrar a probabilidade de provimento do recurso ou se, sendo relevante a fundamentação, houver risco de dano grave ou de difícil reparação."

10   O mesmo princípio é aplicável aos embargos à arrematação e à adjudicação, porquanto a ideia central é não paralisar a satisfatividade do exequente.

978 | CURSO DE DIREITO PROCESSUAL CIVIL • *Luiz Fux*

A prática judiciária é rica em exemplos a infirmar essa última corrente. Assim, *v.g.*, no juízo de família, é usual a propositura em cumulação de pedidos de ação de alimentos com outra prejudicial da relação parental. É sabido que quem pede alimentos não pode aguardar, consectariamente, a regra é a não suspensividade da decisão alimentar apelável. Admite-se, por esse fundamento, a imediata executividade da decisão alimentar na ação cujo reconhecimento da paternidade como pedido pressuposto restou acolhido.

Aliás, *ubi eadem ratio* a exoneração de alimentos, pelos efeitos enérgicos do *decisum*, submete-se ao duplo efeito. A lei especial dispõe que "interposta de sentença que condena à prestação de alimentos, a apelação será recebida apenas no efeito devolutivo (art. 14 da Lei nº 5.478/68 e art. 1.012, § 1º, II, do CPC)".

A jurisprudência dominante sustenta que essa regra não pode sofrer aplicação analógica, posto incidir unicamente à ação de alimentos, não abrangendo as ações de indenização por ato ilícito em que haja condenação do réu ao pagamento de pensão. A assertiva, com a devida vênia, não resiste ao questionamento axiológico da moderna teoria da justiça. Isto porque não são diferentes as necessidades vitais dos filhos menores, quer em razão do afastamento do responsável por força de separação, quer em razão da morte violenta decorrente de acidente de trânsito, e que por isso não mais mantém a família.

1.2.2   Efeito devolutivo

Deveras, notável é o efeito devolutivo da apelação, regulado às minúcias, de tal forma que serve subsidiariamente como regra de hermenêutica aos demais recursos.

O efeito investe o juiz de irrestritos poderes de análise de todas as questões de fato e de direito que gravitam em torno do *thema decidendum*, de tal forma que o tribunal se coloca, exatamente, nas mesmas condições em que se encontrava o juiz no momento de decidir.[11]

O tribunal por vezes exerce cognição mais vertical do que o juiz *a quo*, porquanto lhe é lícito conhecer de questões que sequer foram apreciadas em primeiro grau, como as matérias conhecíveis de ofício e as que, por motivo de força maior, não puderam submeter-se à cognição inferior (art. 1.014 do CPC).[12] Essa cognição plena pelo tribunal autoriza que se afirme que a apelação é recurso de instância reiterada.[13]

A devolutividade ampla, entretanto, não permite ao juiz invadir áreas não cobertas pelo recurso e, portanto, trânsitas em julgado. É que o recurso pode ser parcial, vigorando a máxima *tantum devoluttum quantum appellatum*. Nesse sentido, o Código adstringe a atuação do tribunal aos limites da impugnação (art. 1.013, *caput*).[14] Inegável, portanto, a influência do princípio dispositivo,

---

[11]   Essa constatação não passou despercebida a **Chiovenda**, que a partir dela concebeu o "Princípio da Identidade da Apelação", *in Instituições*, 1945, vol. III.

[12]   "**Art. 1.014.** As questões de fato não propostas no juízo inferior poderão ser suscitadas na apelação, se a parte provar que deixou de fazê-lo por motivo de força maior."

[13]   A expressão é de **Frederico Marques**, *in Instituições*, cit., p. 126 do vol. IV.

[14]   "**Art. 1.013.** A apelação devolverá ao tribunal o conhecimento da matéria impugnada.

§ 1º Serão, porém, objeto de apreciação e julgamento pelo tribunal todas as questões suscitadas e discutidas no processo, ainda que não tenham sido solucionadas, desde que relativas ao capítulo impugnado.

§ 2º Quando o pedido ou a defesa tiver mais de um fundamento e o juiz acolher apenas um deles, a apelação devolverá ao tribunal o conhecimento dos demais.

§ 3º Se o processo estiver em condições de imediato julgamento, o tribunal deve decidir desde logo o mérito quando:

I – reformar sentença fundada no art. 485;

II – decretar a nulidade da sentença por não ser ela congruente com os limites do pedido ou da causa de pedir;

III – constatar a omissão no exame de um dos pedidos, hipótese em que poderá julgá-lo;

IV – decretar a nulidade de sentença por falta de fundamentação.

§ 4º Quando reformar sentença que reconheça a decadência ou a prescrição, o tribunal, se possível, julgará o mérito, examinando as demais questões, sem determinar o retorno do processo ao juízo de primeiro grau.

§ 5º O capítulo da sentença que confirma, concede ou revoga a tutela provisória é impugnável na apelação."

à semelhança do que ocorre no primeiro grau, onde se veda ao juiz julgar além do que foi pedido (art. 141 do CPC).[15] Desta sorte, as fronteiras da instância *ad quem* são delimitadas pela impugnação, não se admitindo, em nome da ampla devolutividade, o conhecimento de pedidos novos ou de exceções materiais não aduzidas pelo demandado, salvo as objeções que, tal como poderiam ter sido conhecidas de ofício em primeiro grau, pelo princípio da identidade, também autorizam o tribunal a conhecê-las.[16] Não obstante, ainda que menor a superfície contenciosa do recurso do que aquela revelada pela causa em si, quando parcial a apelação, o exame do litígio "nesse limite" é integral. Parafraseando o saudoso Machado Guimarães: "O efeito devolutivo é total ou parcial quanto à extensão do apelo, e sempre integral quanto à profundidade".[17]

A lei exige que a parte delimite a área contenciosa do recurso, incluindo-se essa exigência no requisito de admissibilidade consistente na regularidade formal. Entretanto, omisso o recorrente quanto aos limites de seu recurso presume-se que recorreu de tudo quanto poderia ter sido impugnado.[18] A interpretação da irresignação do apelante também importa considerar-se impugnada a parte do litígio umbilicalmente ligada ao objeto principal. Assim, a parte que recorre da concessão do pedido dependente do acolhimento de outro está, evidentemente, impugnando esse também. Assim, *v.g.*, não se pode recorrer das perdas e danos decorrentes da rescisão, sem impugnar a própria rescindibilidade do vínculo.[19]

Efeito devolutivo e *reformatio in pejus*

A devolutividade limitada à impugnação impede que se profira, em desfavor do único recorrente, uma decisão praticamente mais desfavorável do que a impugnada. É a proibição da *reformatio in pejus*, inferida da regra do art. 1.013 do CPC.[20] Conforme tivemos a oportunidade de ressaltar na seção antecedente, a "proibição de reforma para pior" adveio do abandono, pelo nosso sistema, do princípio de que a apelação era "remédio comum" a ambas as partes, facultando ao tribunal, em provimento potencialmente dúplice, melhorar ou piorar a situação de qualquer delas. Transpôs-se, assim, o terreno da "comunidade da apelação" para sua "unilateralidade", de tal sorte que a eventual admissão da *reformatio in pejus* deve decorrer de texto legal. Sob essa ótica é que se deve entender a profundidade do efeito devolutivo, posto que a intensidade de cognição admitida (art. 1.013, §§ 1º e 2º, do CPC) obedece aos limites da impugnação.[21] No período das Ordenações, a apelação era comum a ambas as partes, razão porque o tribunal de apelação podia prover em favor de qualquer delas, bastando apenas um recurso de um dos interessados.[22] A análise do recurso passava-se tal

---

[15]   "**Art. 141.** O juiz decidirá o mérito nos limites propostos pelas partes, sendo-lhe vedado conhecer de questões não suscitadas a cujo respeito a lei exige iniciativa da parte."

[16]   Nesse sentido, a clássica lição de **Chiovenda**, *in Principii di Diritto Processuale Civile*, 1928.

[17]   *Estudos de Direito Processual Civil, Efeito Devolutivo da Apelação*; **Seabra Fagundes** empresta semelhante conotação ao seguinte texto: "A apelação total é mais ampla que a parcial, apenas quanto ao conhecimento *quantitativo*" (grifo nosso), ob. cit., p. 278.

[18]   Essa exegese decorre do que **Orosimbo Nonato** denominou de "o impresumível das renúncias", *RT*, 159-886.

[19]   No sentido do texto, o minucioso estudo de **Chiovenda**, *in Principii...*, cit., p. 988 e **Carnelutti**, *Sistema*, cit., vol. II, p. 587.

[20]   O texto do Código atual deixa clara a abolição do *beneficium commune*, tanto mais que enfatizado na ordenação vigente o princípio dispositivo. Nesse particular, ainda atual a lição de **Calamandrei** sobre sustentar-se a proibição da *reformatio in pejus* no referido princípio e na regra de que somente a parte sucumbente é quem apresenta legitimação para recorrer, *in* "Appunti sulla Reformatio in Pejus", *Studi sul Processo Civile*, 1934, vol. III, p. 50.

[21]   Conforme ressalta **Carnelutti**, "Na parte da lide que lhe cabe julgar, o juízo *ad quem* se investe dos mesmos poderes que o juiz *a quo*; pode, porém, não a julgar na sua totalidade" ["*Sta bene dunque che il giudice di appello giudica come se la sentenza di primo grado non esistisse, ma solo per i capi (cioè per le questioni), sui quali verte l'appello. Per gli altri quella sentenza esiste e esclude la cognizione del giudice di appello per virtù della cosa giudicata*"], *in* "Sulla Reformatio in Pejus", *Rivista di Diritto Processuale Civile*, parte I, p. 186, 1927.

[22]   **Pereira e Souza**, *in Primeiras Linhas sobre o Processo*, vol. III, § 324, nota 645. **Paula Batista** admitia, por força do benefício comum, "que o tribunal desse ao apelado maior triunfo do que aquele concedido pelo juiz *a quo*", *in Teoria e Prática do Processo Civil*, § 231.

como se o apelado tivesse recorrido, posto que o recurso era *beneficium commune*. Cumpre, entretanto, assinalar que, mesmo nesse regime, a devolutividade não era plena. O benefício aplicava-se "nos limites da impugnação".

Modernamente, aqui e alhures,[23] aboliu-se esse benefício comum e, *a fortiori*, a proibição de reforma para pior, assim entendida a decisão de mérito desfavorável ao único recorrente. As questões formais sobre as quais não se opera a preclusão podem ser conhecidas e acolhidas pelo tribunal, ainda que em desfavor do apelado, porquanto em matéria de regularidade processual não há pretensões vencidas.[24]

À *intensidade do efeito devolutivo* não se deve associar a ideia de poder o recorrente inovar no juízo da apelação. A lei permite a devolução de todas as matérias suscitadas e discutidas, quer tenham sido ou não resolvidas pela sentença (art. 1.013, § 1º, do CPC). Assim, *v.g.*, se B, em ação de cobrança movida por A, alega prescrição, novação e pagamento, a apelação devolve ao tribunal todos esses argumentos de defesa, ainda que a sentença não os tenha apreciado por inteiro. A mesma sistemática obedece-se quando há várias causas de pedir. Por força do princípio da identidade, o julgamento do recurso deve realizar-se com o material colhido em primeira instância.[25] A instância superior, já se afirmou, é de "controle" e não de "criação".[26] Como consectário, não podem as partes suscitar, no procedimento recursal, questões de fato não propostas no juízo inferior, salvo motivo de força maior transindividual.

Comprovada a força maior, sob contraditório, é lícito ao tribunal franquear a exposição de questões fáticas não levantadas no juízo *a quo*. Entretanto, incumbe ao recorrente revelar que essas questões novas são relevantes para a causa pelo nexo que guardam com os fatos que informam o litígio, vedando-se a esse pretexto a mutação da *causa petendi* ou da *causa excipiendi*[27] (art. 1.014 do CPC).[28] É o que se denomina proibição do *ius novorum*. Desta sorte, os fatos novos que se comprovam são aqueles ligados ao fato base, que consubstanciam a causa de pedir originária. O preceito, sob exame, retrata uma regra de procedimento quanto ao *momento da prova*. Escapam ao âmbito de incidência do artigo as *objeções*, como categoria de defesa, posto que matérias conhecíveis de ofício e alegáveis em qualquer tempo. Não teria sentido o legislador permitir-lhes a alegação sem preclusão, e lhes impedir a prova correspondente. Entretanto, a matéria é de exegese excepcional, visto evitar a denominada "guarda de trunfos", que desequilibra as partes no processo e desestimula a conduta contrária à lealdade e à boa-fé, que se exige *coram judicem*. Em consequência a exata aferição da força maior e a obediência ao contraditório, evitam nulidades nesse campo.

É lícito, assim, afirmar-se que a instância superior de fato é de "controle da decisão" e não de "criação de uma nova causa", em que se reabre, sem limites, a discussão com abstração de tudo quanto foi decidido em primeiro grau. O julgamento de primeiro grau é prestigiado, submetendo-o a uma revisão e não a um novo juízo. Em consequência, consoante assentado em sede doutrinária clássica, o princípio aplicável sob esse ângulo é o da *revisio prioris instantiae*, em contrapartida ao *novorum iudicium*.

Destarte, não se deve confundir "questões novas" com "documentos novos".

---

[23] Consulte-se, acerca da doutrina estrangeira, **Agustin A. Costa**, *in El Recurso Ordinario de Apelación en el Proceso Civil*, 1950, p. 183-185.

[24] Sem razão, portanto, **Liebman,** nas *Notas às Instituições de Chiovenda*, vol. III, p. 356 e 357, ao exemplificar a manutenção da *reformatio in pejus* pela possibilidade de o tribunal acolher preliminar contrária ao apelado.

[25] **Eduardo Couture**, *Fundamentos del Derecho Procesal Civil*, 1951, p. 253 e segs.; **Adolfo Schonke**, *Derecho Procesal Civil*, 1950, p. 305.

[26] É do notável processualista austríaco **Franz Klein** a observação, *apud* **Couture**, *Fundamentos*, cit., p. 253 e segs.

[27] Nesse sentido é que a doutrina italiana admite o rompimento da devolução limitada às questões suscitadas em primeiro grau, desde que *"non produce mutamento nella causa petendi"*. **Sergio Costa**, *Manuale di Diritto Processuale Civile*, 1955, p. 393.

[28] *Vide* nota 14. Consulte-se para maiores aprofundamentos, **Barbosa Moreira**, *Comentários*, cit.

Às questões de fato novas aplica-se o disposto no art. 1.014; não assim aos documentos novos sobre fatos pretéritos e que podem ser juntados a qualquer tempo, desde que influente para a decisão da causa e anexados sob contraditório.

Assim, com as razões de apelação, pode o apelante juntar documentos, desde que não surpreendam e não violem a cláusula do contraditório.

Questão constante a desafiar a argúcia do intérprete é a relativa à "prescrição" e o privilégio material de invocá-la "a qualquer tempo e grau de jurisdição".

A corrente majoritária é incisiva em assentar que a prescrição é matéria alegável em qualquer tempo, superando a regra do artigo 1.014 do CPC e, em consequência, suscitável nas razões ou contrarrazões de apelação.

Também não se proíbe que o Tribunal conheça de todas as questões anteriores à sentença e que não foram decididas por não serem agraváveis. Essas decisões devem ser impugnadas em preliminar de apelação, sob pena de não poderem ser abordadas pelo tribunal (art. 1.009, § 1º, do CPC).[29]

O tribunal, ao julgar a apelação, deve conhecer todas as questões formais antes da análise do mérito do recurso e do mérito da causa. Primeiramente, cabe ao órgão colegiado apreciar o conhecimento do recurso. Superada essa fase, positivamente, cumpre-lhe detectar questões preliminares referentes aos pressupostos processuais e às condições da ação e conceder às mesmas os efeitos jurídicos que a lei lhes empresta, podendo, inclusive, extinguir o feito sem análise do mérito, malgrado esteja apreciando apelação de sentença definitiva (art. 485, § 3º, do CPC) – (*iudex appellationis non possit supplere defectum iudicis a quo, quando processus est ineptus,et teneatur cassare sententiam*). Conforme se observa, inclusive pelo que se expôs na teoria geral dos recursos, em profundidade, os efeitos da apelação são mais intensos do que em extensão, em que há adstrições impostas ao tribunal. Por isso é que o órgão *ad quem* pode conhecer de fundamentos suscitados ou suscitáveis e não resolvidos, mas não é lícito conceder pedidos não impugnados ou exceções materiais não articuladas.

Extensão do efeito devolutivo do recurso

Uma das questões mais tormentosas na prática judiciária é a aferição da extensão do efeito devolutivo da apelação. Em princípio, não pode o apelante impugnar senão aquilo que foi decidido na sentença.

Como consectário, é nulo o acórdão que contempla o recorrente com providência maior do que a pleiteada. Assim, é assente que, devolvendo a apelação ao tribunal apenas o conhecimento da matéria impugnada (*tantum devolutum quantum appellatum*), ressalvadas as hipóteses de matéria apreciável de ofício, malfere a regra *sententia debet esse conformis libello*, prevista nos arts. 141 e 492 do CPC, a sentença que consagra a prestação jurisdicional em desconformidade com o pedido. Aliás, é antiquíssima a concepção de que a demanda é o "projeto da sentença".

Não obstante, o recurso é ato postulatório e na sua interpretação deve entender-se que o recorrente impugnou tudo quanto lhe foi desfavorável. Assim se o autor, vencido, apelou da sentença, pleiteando de maneira inequívoca a sua reforma, subentende-se que recorreu da improcedência e do acolhimento de eventual pedido dúplice ou reconvencional.

Efeito devolutivo e prescrição

Questão deveras controvertida é a relativa ao efeito devolutivo da apelação contra sentença que se *limita a acolher a alegação de prescrição ou de decadência*, sem adentrar nos demais fundamentos da ação ou da defesa. Indaga-se se o tribunal, ao afastar essas questões prévias de mérito, pode invadir a questão de fundo que passou *in albis* pelo *juízo a quo*?

---

[29] **"Art. 1.009.** Da sentença cabe apelação.

§ 1º As questões resolvidas na fase de conhecimento, se a decisão a seu respeito não comportar agravo de instrumento, não são cobertas pela preclusão e devem ser suscitadas em preliminar de apelação, eventualmente interposta contra a decisão final, ou nas contrarrazões (...)."

982 | CURSO DE DIREITO PROCESSUAL CIVIL • *Luiz Fux*

Não há, tradicionalmente, pacificidade quanto ao tema.

Uma primeira corrente aponta o entendimento de que, acolhida em primeiro grau a alegação de prescrição, a decisão é de mérito, por isso deve o tribunal no recurso prosseguir no exame da causa.

Em sentido contrário, tem-se que a prescrição, que permite a extinção do processo, em homenagem ao princípio do duplo grau de jurisdição, não deve autorizar o tribunal a antecipar o julgamento da questão de fundo, pela própria limitação do recurso adstrito àquele único fundamento.

A razão, em nosso entender, está com os que preconizam a possibilidade de apreciação dos demais fundamentos da ação ou da defesa uma vez afastada a prescrição ou a decadência, máxime com a reforma do art. 1.013, § 3º, do CPC. O que se veda a título de conferir-se profundidade ao efeito devolutivo é a apreciação de pedidos e exceções materiais não invocadas em primeiro grau. De resto, prevalecem os §§ 1º e 2º do artigo 1.013 a permitirem que o tribunal invada o mérito, com amplitude, toda vez que o mesmo é enfrentado na instância inferior, ainda que em pequena parte. Aliás, essa é a exegese que melhor se compraz com os princípios da economia processual e da efetividade do processo, bem como com a novel reforma que trouxe feição diversa ao efeito devolutivo, conforme abaixo discorrer-se-á.

Efeito devolutivo da apelação contra sentença terminativa[30]

O art. 1.013, § 3º, do Código contém uma técnica que de certa forma vinha sendo consagrada pelos tribunais mais afeitos à efetividade da prestação judicial.

Inúmeros casos de extinção do processo sem análise do mérito acodem ao tribunal, revelando hipóteses em que o juiz qualificou a sua decisão erroneamente, posto ter apreciado a questão de fundo. Noutros casos, apesar da extinção terminativa, todo o material probatório restou produzido e debatido, por isso que o juiz deveria ter apreciado o obstáculo formal anteriormente. Diz-se, então, que a causa estava madura para o julgamento e o juiz extinguiu o processo sem análise do mérito equivocadamente. Assim, *v.g.*, se o juiz extingue o processo de revisão de aluguel sem análise do mérito sob a alegação de que não estava preenchido o prazo trienal de carência definido pela lei de locações e não obstante toda a prova pericial foi produzida, o tribunal, afastando a carência decretada, pode apreciar o pedido sem violação da máxime *tantum devolluttum quantum appellatum*, hoje, por expressa autorização legal. Da mesma forma e com muito mais razão poder-se-ia apreciar o mérito da causa, afastada a questão que induziu a extinção prematura, posto unicamente de direito a questão debatida. Assim, *v.g.*, se as partes formulam os seus pedidos, pretendem comprovar, e o juiz extingue o processo sem análise do mérito, o tribunal pode decidir o mérito sem necessidade de determinar o retorno dos autos na forma do art. 1.013, § 3º, I, do CPC.

De certa forma, é uma ampliação à regra de que o tribunal pode julgar tudo quanto foi suscitado e discutido, ainda que a sentença não tenha resolvido por inteiro. Na verdade, o duplo grau foi observado na medida em que a matéria litigiosa submeteu-se a ambas as instâncias, muito embora as partes não possam ser prejudicadas pela omissão do juiz.

Resta evidente que a autorização não inibe a parte de oferecer embargos de declaração, tendente a suprir a falha da decisão, mostrando ao juízo que ele poderia ter decidido a íntegra do mérito ou que assim o fez a despeito da denominação emprestada à sua resposta judicial.

O Código de Processo atual ampliou essa permissão para, diante de causa de pedir fulcrada em *error in procedendo*, o tribunal decida o mérito do processo, admitindo a correção, de ofício,

---

30 **"Art. 1.013.**
(...).
§ 3º Se o processo estiver em condições de imediato julgamento, o tribunal deve decidir desde logo o mérito quando:
I – reformar sentença fundada no art. 485;
II – decretar a nulidade da sentença por não ser ela congruente com os limites do pedido ou da causa de pedir;
III – constatar a omissão no exame de um dos pedidos, hipótese em que poderá julgá-lo;
IV – decretar a nulidade de sentença por falta de fundamentação."

Parte XI • III – RECURSOS EM ESPÉCIE | **983**

quando diante de violação ao princípio da congruência da sentença (sentença *citra petita* e *extra petita*) e do dever de fundamentação das decisões judiciais (art. 489, § 1º). A proposição legislativa é louvável, na medida em que prestigia a efetividade jurisdicional e a economia processual.

Efeito devolutivo e nulidade sanável

O diploma anterior já obviara o retorno dos autos à instância *a quo* nas hipóteses de extinção terminativa da causa madura, por isso que o § 3º permite ao tribunal, mercê da regra do artigo 1.013, *caput*, do CPC prosseguir no julgamento do mérito.

O mesmo raciocínio conduziu o legislador a adotar semelhante solução quando verificada nulidade sanável, dispondo art. 938, § 1º, que constatada a ocorrência de vício sanável, inclusive aquele que possa ser conhecido de ofício, o relator determinará a realização ou a renovação do ato processual, no próprio tribunal ou em primeiro grau de jurisdição, intimadas as partes.

Assim, *v.g.*, o defeito de representação, a ausência de autenticação de cópias ou de oitiva de uma parte acerca de determinado documento não implicarão o necessário retorno dos autos posto defeito sanável na instância *ad quem*.

Diferentemente, a necessária intromissão de uma parte legítima ou de terceiro não admitido na origem não se encartará como defeito suprível *per saltum*.

Reformatio in pejus e amplitude do efeito devolutivo da apelação contra sentença terminativa

Em princípio, a apelação não resulta em benefício comum a ambas as partes. A parte que recorre pode recolher apenas o melhor resultado ou a manutenção da decisão, posto vigorar no nosso sistema, como vimos, o princípio da personalidade dos recursos.

Em consequência, veda-se a que o tribunal piore a situação do único recorrente, porquanto, do contrário, teria sido melhor que não recorresse. Os exemplos, já os enfrentamos na apreciação genérica do efeito devolutivo do apelo.

Sucede que a lei traz a possibilidade de julgamento do mérito após superada a extinção terminativa pelo tribunal.

A questão elegante que se põe é se o tribunal, ao apreciar o mérito, pode dar qualquer solução ou fica limitado à proibição da *reformatio in pejus*?

Uma resposta afirmativa imporá à parte que pretenda uma solução a seu favor recorrer adesivamente ao recurso principal. Assim, *v.g.*, se o autor recorrer da decisão de extinção do processo sem análise do mérito, o réu que perceba da possibilidade de sucesso do apelo deve aderir a esse recurso pleiteando que, se o tribunal adentrar ao mérito, negue provimento ao recurso.

Outra posição sustentável à luz dos princípios informadores do processo é admitir-se a apelação como "benefício comum", de sorte que, superando o tribunal a decisão terminativa, pode invadir o mérito com franca liberdade, até porque a parte que não sucumbiu não teria interesse em recorrer.

Uma terceira alternativa é admitir o recurso independente do não sucumbente, posto parte não totalmente vencedora, haja vista a extinção do processo sem a apreciação da questão de fundo.

Nessa hipótese, o interesse em recorrer do réu restaria demonstrado pela ausência do fato impeditivo à análise do mérito entrevisto pelo juiz e pela legitimidade de sua pretensão em ver desacolhido o mérito.

Conspira em favor da ideologia das recentes reformas processuais a reintrodução no nosso sistema do "benefício comum" através do novel efeito devolutivo da apelação.

Outrossim, apreciando o mérito, é livre a atividade cognitiva do juízo, quer quanto aos pedidos, quer quanto aos fundamentos. Todo e qualquer raciocínio que imponha o retorno dos autos, estando a matéria discutida e comprovada, conspirará contra o espírito da reforma, implicando a negação do princípio da efetividade.

De toda sorte, o mérito do recurso nessas hipóteses confunde-se com o mérito da causa pela possibilidade de o tribunal ir mais além do que o tradicional.

984 | CURSO DE DIREITO PROCESSUAL CIVIL • *Luiz Fux*

1.3 Procedimento da apelação

A apelação é interposta perante o juízo prolator da decisão recorrida para o juízo *ad quem*. Essa técnica de endereçamento do recurso ao juízo da decisão permitia, na vigência do Código de 1973, o duplo controle da admissibilidade. O atual CPC, todavia, dispensou o duplo exame de admissibilidade, deixando-o a cargo apenas do relator do recurso no tribunal. Desse modo, tão logo seja interposta a apelação e apresentadas as contrarrazões, cabe ao juiz de primeira instância remeter os autos ao tribunal.

Impende considerar, ainda, sob essa ótica, que o legislador instituiu a *técnica da retratação*, implementando o princípio da economia dos processos, passando a permitir ao juiz, retratar-se ante o apelo do demandante. No diploma anterior, tal efeito regressivo se restringia às sentenças liminares – indeferimento liminar e improcedência liminar. Na vigente sistemática, também sentenças terminativas autorizam o reexame pelo próprio juiz sentenciante. Apenas na hipótese de ser mantido o entendimento, os autos são remetidos ao tribunal (arts. 331, 332 e 485 do CPC).[31]

Recebido o recurso, o tribunal não fica adstrito a essa decisão, podendo, de ofício, não conhecer do recurso admitido na instância inferior independentemente de impugnação autônoma do apelado que, nas próprias razões, também pode sustentar a falta de requisitos de admissão.

A petição de interposição deve ser tempestiva e obedecer à forma legal. A *tempestividade* segue a regra geral do art. 1.003, § 5º, do CPC, anteriormente analisado quando do trato dos requisitos de admissibilidade em geral. Sob o manto desse requisito, abrigam-se as questões da *contagem*, da *suspensão* e *interrupção do prazo*, do *seu termo inicial*, dos *prazos*, dos *litisconsortes* com diferentes procuradores, de *Ministério Público*, da *Defensoria Pública*, da *Fazenda Pública* e suas *Autarquias* (arts. 1.003, 1.004, 229, 180, 183 e 186 do CPC).[32]

---

[31] **"Art. 331.** Indeferida a petição inicial, o autor poderá apelar, facultado ao juiz, no prazo de 5 (cinco) dias, retratar-se.

§ 1º Se não houver retratação, o juiz mandará citar o réu para responder ao recurso.

§ 2º Sendo a sentença reformada pelo tribunal, o prazo para a contestação começará a correr da intimação do retorno dos autos, observado o disposto no art. 334.

§ 3º Não interposta a apelação, o réu será intimado do trânsito em julgado da sentença.

Art. 332. § 3º Interposta a apelação, o juiz poderá retratar-se em 5 (cinco) dias.

§ 4º Se houver retratação, o juiz determinará o prosseguimento do processo, com a citação do réu, e, se não houver retratação, determinará a citação do réu para apresentar contrarrazões, no prazo de 15 (quinze) dias.

Art. 485. § 7º Interposta a apelação em qualquer dos casos de que tratam os incisos deste artigo, o juiz terá 5 (cinco) dias para retratar-se."

[32] **"Art. 1.003.** O prazo para interposição de recurso conta-se da data em que os advogados, a sociedade de advogados, a Advocacia Pública, a Defensoria Pública ou o Ministério Público são intimados da decisão.

§ 1º Os sujeitos previstos no *caput* considerar-se-ão intimados em audiência quando nesta for proferida a decisão.

§ 2º Aplica-se o disposto no art. 231, incisos I a VI, ao prazo de interposição de recurso pelo réu contra decisão proferida anteriormente à citação.

§ 3º No prazo para interposição de recurso, a petição será protocolada em cartório ou conforme as normas de organização judiciária, ressalvado o disposto em regra especial.

§ 4º Para aferição da tempestividade do recurso remetido pelo correio, será considerada como data de interposição a data de postagem.

§ 5º Excetuados os embargos de declaração, o prazo para interpor os recursos e para responder-lhes é de 15 (quinze) dias.

§ 6º O recorrente comprovará a ocorrência de feriado local no ato de interposição do recurso."

"Art. 1.004. Se, durante o prazo para a interposição do recurso, sobrevier o falecimento da parte ou de seu advogado ou ocorrer motivo de força maior que suspenda o curso do processo, será tal prazo restituído em proveito da parte, do herdeiro ou do sucessor, contra quem começará a correr novamente depois da intimação."

Sustenta um acórdão que a suspensão do prazo somente ocorre quando denunciada em juízo a causa: assim, a morte do advogado não suspende automaticamente o decurso do prazo para recorrer (*JTA*, 38/337). A lei não permite ao advogado nem mesmo morrer em paz, segundo esse acórdão...

A *forma legal*, como requisito de admissibilidade, exige que a *peça seja escrita* e contenha o *nome das partes* da relação recursal, anotando-se as *mudanças de qualificação*, os *motivos do recurso*, bem como *o pedido de nova decisão* (art. 1.010 do CPC).[33] De todos os requisitos exigidos, sobressalta a importância do *pedido de nova decisão*, porquanto, à luz do mesmo, afere-se o "grau de devolutividade" e os seus consectários, como a proibição de *reformatio in pejus* e do *novorum iudicium.*

Os defeitos de forma, em geral, devem ser supridos antes de o prazo escoar-se, ainda que apresentada a peça, mas sempre antes da fala do recorrido.

O *documento comprobatório do preparo do recurso*, incluindo as custas e o porte de retorno, deve acompanhar a petição (art. 1.007 do CPC).[34] Outras irregularidades deparam-se com a severidade formal dos Tribunais. Assim, são encontradiços julgados preconizando a inadmissão do recurso, posto inexistente a irresignação interposta por petição sem assinatura.

O princípio da instrumentalidade das formas, nesse caso, tem inspirado julgados mais informais, considerando mera irregularidade a falta de assinatura do advogado, na petição de

---

"**Art. 229.** Os litisconsortes que tiverem diferentes procuradores, de escritórios de advocacia distintos, terão prazos contados em dobro para todas as suas manifestações, em qualquer juízo ou tribunal, independentemente de requerimento.

§ 1º Cessa a contagem do prazo em dobro se, havendo apenas 2 (dois) réus, é oferecida defesa por apenas um deles.

§ 2º Não se aplica o disposto no *caput* aos processos em autos eletrônicos."

"**Art. 180.** O Ministério Público gozará de prazo em dobro para manifestar-se nos autos, que terá início a partir de sua intimação pessoal, nos termos do art. 183, § 1º."

"**Art. 183.** A União, os Estados, o Distrito Federal, os Municípios e suas respectivas autarquias e fundações de direito público gozarão de prazo em dobro para todas as suas manifestações processuais, cuja contagem terá início a partir da intimação pessoal."

"**Art. 186.** A Defensoria Pública gozará de prazo em dobro para todas as suas manifestações processuais."

33 "**Art. 1.010.** A apelação, interposta por petição dirigida ao juízo de primeiro grau, conterá:

I – os nomes e a qualificação das partes;

II – a exposiçãoo do fato e do direito;

III – as razões do pedido de reforma ou de decretação de nulidade;

IV – o pedido de nova decisão.

§ 1º O apelado será intimado para apresentar contrarrazões no prazo de 15 (quinze) dias.

§ 2º Se o apelado interpuser apelação adesiva, o juiz intimará o apelante para apresentar contrarrazões.

§ 3º Após as formalidades previstas nos §§ 1º e 2º, os autos serão remetidos ao tribunal pelo juiz, independentemente de juízo de admissibilidade."

34 "**Art. 1.007.** No ato de interposição do recurso, o recorrente comprovará, quando exigido pela legislação pertinente, o respectivo preparo, inclusive porte de remessa e de retorno, sob pena de deserção.

§ 1º São dispensados de preparo, inclusive porte de remessa e de retorno, os recursos interpostos pelo Ministério Público, pela União, pelo Distrito Federal, pelos Estados, pelos Municípios, e respectivas autarquias, e pelos que gozam de isenção legal.

§ 2º A insuficiência no valor do preparo, inclusive porte de remessa e de retorno, implicará deserção se o recorrente, intimado na pessoa de seu advogado, não vier a supri-lo no prazo de 5 (cinco) dias.

§ 3º É dispensado o recolhimento do porte de remessa e de retorno no processo em autos eletrônicos.

§ 4º O recorrente que não comprovar, no ato de interposição do recurso, o recolhimento do preparo, inclusive porte de remessa e de retorno, será intimado, na pessoa de seu advogado, para realizar o recolhimento em dobro, sob pena de deserção.

§ 5º É vedada a complementação se houver insuficiência parcial do preparo, inclusive porte de remessa e de retorno, no recolhimento realizado na forma do § 4º.

§ 6º Provando o recorrente justo impedimento, o relator relevará a pena de deserção, por decisão irrecorrível, fixando-lhe prazo de 5 (cinco) dias para efetuar o preparo.

§ 7º O equívoco no preenchimento da guia de custas não implicará a aplicação da pena de deserção, cabendo ao relator, na hipótese de dúvida quanto ao recolhimento, intimar o recorrente para sanar o vício no prazo de 5 (cinco) dias."

interposição, desde que lançadas razões em papel com seu timbre, coadjuvada por procuração, o que indica a autoria da impugnação.

É assente que, se no corpo da apelação há registro expresso de que todos os vencidos estão recorrendo, é prestar-lhe culto extremo ao formalismo, em prejuízo da entrega da prestação jurisdicional, deixar de recebê-la, apenas porque, na parte preambular, consta o nome de um só dos litisconsortes facultativos, infirmando o princípio da instrumentalidade das formas.

Conforme é possível concluir, há falhas superáveis e defeitos insanáveis. Nessa última categoria poderíamos incluir, pela constância revelada pela prática judiciária: a) apelação apresentada sem razões; b) interposta mediante simples cota lançada nos autos; c) vaga referência à inicial e outras peças dos autos.

Assim como as causas em primeiro grau acarretam, em regra, o pagamento de custas processuais, por força da movimentação dos serviços judiciários, idêntica razão impõe o pagamento do "preparo do recurso".

Esse ônus financeiro é dispensado, por razões óbvias, aos beneficiários da justiça gratuita, ao Ministério Público e às Fazendas Públicas Federais, Estaduais e Municipais, aí compreendidas as autarquias (art. 1.007, § 1º, do CPC) e as fundações de direito público (art. 496, I, do CPC).

Assim como a tempestividade firma-se pelo ato de protocolizar o recurso no prazo, o preparo efetiva-se "no ato de interposição" da impugnação, devendo a guia comprobatória acompanhar a peça de recurso (art. 1.007, *caput*, do CPC).

Havendo insuficiência do preparo, é possível a complementação (art. 1.007, § 2º, do CPC). A falta de preparo, após a oportunidade de pagamento em dobro ou de complementação, acarreta a sanção da deserção, com o consequente não conhecimento do recurso. A deserção se caracteriza pelo inadimplemento total ou parcial das custas respectivas.

O justo impedimento permite a interposição com preparo *a posteriori*, como ocorre, *v.g.*, se há greve no estabelecimento bancário encarregado do recebimento das custas do recurso, justamente no termo *ad quem* do prazo. Sem prejuízo, pode haver, ainda, "relevação da deserção", provado o justo impedimento, mesmo após negado seguimento ao recurso, porquanto é retratável o juízo de admissibilidade pelo juízo *a quo* e pela instância *ad quem* (art. 1.007, § 6º, do CPC).

Questão elegante gravita sobre a possibilidade de o recurso ser preparado, por inteiro, depois de sua apresentação, porém ainda no prazo para recorrer.

Muito embora o direito de recorrer seja subespécie do sagrado direito de petição, a opinião dominante é de que a redação do art. 1.007, do CPC é muito clara ao determinar que o recorrente comprove no ato de interposição do recurso o respectivo preparo. Assim, o recurso preparado após a interposição, ainda que dentro do prazo recursal, deve ser considerado deserto.

Debalde, alguns fatos constantes têm justificado a relevação de deserção, dentre os quais a questão de o expediente bancário encerrar-se antes do horário de funcionamento forense.

Considerando-se que esse horário bancário é do conhecimento de todos – *notoria non egent probationem* – a ausência de um fato tido como imprevisível não exonera o recorrente de empreender o preparo no curso do expediente do banco. Essa decisão de relevação da deserção, muito embora irrecorrível, fica submetida ao duplo controle da admissibilidade.

Ato contínuo, abre-se prazo, ao oferecimento das *contrarrazões* e/ou *adesão*, se cabível. Somente então o processo será endereçado ao tribunal em que se procederá ao exame de admissibilidade. Preenchidos todos os requisitos, o recurso será conhecido. No que pertine aos efeitos, sugere-se em sede doutrinária que, no silêncio do relator, entenda-se que recebeu a apelação em ambos os efeitos.

Entretanto, recebida só no efeito devolutivo, o apelado poderá promover, desde logo, a execução provisória da sentença, extraindo a respectiva carta, com as modificações do art. 520 do CPC.

Assim, é regra que a execução judicial nem sempre pressupõe que a sentença que lhe serve de título tenha "transitado em julgado". A lei, no afã de agilizar a prestação jurisdicional, enquanto aguarda-se o trânsito em julgado da decisão, sempre permitiu um certo adiantamento de atos executivos. Têm-se, assim, espécies de execução que variam consoante a "estabilidade jurídica" do título judicial. Há sentenças que, não obstante recorríveis, admitem um início de execução que não alcance estágio de irreversibilidade satisfativa, e há outros casos em que a execução somente pode ser promovida após o trânsito em julgado da decisão.

No primeiro caso, estamos diante da denominada "execução provisória", que se caracteriza pela possibilidade de modificação da decisão exequenda por força do recurso interposto, o que implica o dever de restabelecimento das coisas ao estado anterior, por conta do exequente que iniciou execução ainda instável.

Diversamente, denomina-se "definitiva" a execução fundada em decisão trânsita em julgado (ou, ao menos, sobre a parte do valor que seja incontroversa) ou em título extrajudicial, nos termos da Súmula 317 do STJ que voltou a ser válida mediante a revogação do art. 587 do CPC de 1973 (art. 523 c/c Súmula 317 do STJ).[35]

Como se observa, a previsão de "execução segundo a condição jurídica do título" é questão de política legislativa, posto que cabe ao legislador avaliar da conveniência em permitir o adiantamento ou retardamento dos atos executivos. Destarte, também se insere nessa esfera a equiparação dos títulos extrajudiciais às sentenças transitadas em julgado, porquanto ambas autorizam a execução definitiva. O legislador, não obstante os graus de certeza quanto ao direito que nesses títulos se contém, igualou-os ao permitir o início do processo com fulcro em ambos.

A "execução definitiva" é aquela cujo resultado do processo alcança o seu escopo satisfativo máximo. Assim, *v.g.*, na execução definitiva por quantia certa, o processo termina com a entrega da soma ou dos bens correspondentes do devedor ao credor. Os atos processuais são praticados com o objetivo de alcançar a realização "completa" do direito, sem possibilidade de restituição das coisas ao estado anterior e livre das exigências do art. 520 do CPC.

A execução definitiva, hoje cumprimento da sentença, é apenas uma fase do processo sujeita à impugnação, outrora embargos à execução, que ensejava a introdução no processo de execução judicial de um novel processo de cognição, com prejuízo para as partes e para a celeridade processual.

Importante frisar que o título base é que confere definitividade à execução. Assim, se a execução se inicia com fulcro em título executivo extrajudicial e os embargos oferecidos são julgados improcedentes, havendo interposição pelo executado de apelação "sem efeito suspensivo", prossegue-se, na execução, porquanto em essência fundada em título extrajudicial. Ademais, nesse caso, não será executada a sentença dos embargos senão o título mesmo que foi impugnado por aquela oposição do devedor. No que concerne à possível lesão causada ao executado, caso a sentença de improcedência dos embargos venha a ser reformada, o próprio Código de Processo cuida de antever a reparação, ao dispor, no art. 776 do CPC, que "o exequente ressarcirá ao executado os danos que este sofreu, quando a sentença, transitada em julgado, declarar inexistente, no todo ou em parte, a obrigação, que ensejou a execução".

Trata-se de responsabilidade objetiva decorrente de risco judiciário e que se justifica pelo fato de se admitir o prosseguimento da execução até seu final, mesmo diante da possibilidade de reversão da decisão dos embargos. Ademais, se a lei prevê indenização para a hipótese de execução provisória, com muito mais razão deve conceber esta responsabilidade gerada pela execução definitiva, cuja obrigação vem a ser declarada inexistente. Desta sorte, pendendo o recurso de decisão que julgou os embargos improcedentes, o exequente poderá optar entre seguir com a execução definitiva, tal como procedia antes da oposição dos embargos, sujeitando-se ao disposto no art. 776 do CPC ou aguardar a solução definitiva do juízo *ad quem*. A "execução provisória", hodiernamente, realiza-se da mesma forma que a definitiva.

Ressalte-se que a interposição de recurso no duplo efeito impede a realizabilidade prática da decisão.

---

[35] "**Art. 523.** No caso de condenação em quantia certa, ou já fixada em liquidação, e no caso de decisão sobre parcela incontroversa, o cumprimento definitivo da sentença far-se-á a requerimento do exequente, sendo o executado intimado para pagar o débito, no prazo de 15 (quinze) dias, acrescido de custas, se houver.

Súmula 317 do STJ. É definitiva a execução de título extrajudicial, ainda que pendente apelação contra sentença que julgue improcedentes os embargos.

988 | CURSO DE DIREITO PROCESSUAL CIVIL • *Luiz Fux*

O recebimento do recurso de apelação, havendo previsão legal, pode ensejar oportunidade para a fala do Ministério Público (art. 178 do CPC),[36] subindo os autos à instância *ad quem*.

1.4 Procedimento no tribunal

Remetidos os autos à instância superior, os mesmos são *registrados* no protocolo, onde se verifica a numeração das folhas antes da *distribuição*. Nessa oportunidade, impõe-se *observar se há outros recursos de impugnação* acerca do mesmo processo, posto ser tradicional a *vinculação* do órgão colegiado que já conheceu outros incidentes relativos ao mesmo feito. Inexistindo vinculação, o recurso é livremente distribuído a uma câmara e a um relator. Assim como se procede na primeira instância, a distribuição é realizada em respeito ao princípio da publicidade e da alternatividade, visando a resguardar a paridade de serviço entre os julgadores componentes dos órgãos colegiados. A técnica utilizada é a do *sorteio*, excluindo-se os que anteriormente receberam recursos, com o fito de manter a rigorosa igualdade (arts. 929 e 930 do CPC).[37]

Engendrada a distribuição, o processo é enviado à Secretaria da Câmara, para remetê-lo à conclusão do relator. O relator, como o próprio nome indica, fica incumbido de realizar o *relatório*, que servirá de base para o julgamento, por isso da importância desta peça, que deve retratar, com fidelidade, tudo quanto ocorreu no processo até a sentença, bem como os fundamentos do recurso e das contrarrazões (art. 931 do CPC).[38] *Mutatis mutandis*, esse relatório é idêntico ao da sentença.

Destarte, não cabe apenas ao *relator* engendrar o relatório, como visto anteriormente na teoria geral dos recursos. Reforma no Código de 1973 inseriu um novo requisito de admissibilidade para a apelação, calcada na força da jurisprudência dos tribunais superiores, consagrando nas mãos do tribunal *a quo* o instrumento da súmula impeditiva de recurso. Assim é que a apelação, para ser recebida, deveria veicular nas suas razões a desconformidade entre a tese adotada na sentença e a súmula dos tribunais superiores. Sob esse ângulo, se o tribunal consagrasse na decisão a tese tributária sumulada pelo STJ ou STF, não poderia a parte pretender apelar, para levar àqueles tribunais, teses que apenas prolongariam a relação processual porquanto sumuladas no sentido oposto ao que desejado pelo recorrente. Os valores celeridade e efetividade inspiraram em boa hora o legislador da reforma.

O atual diploma melhor elaborou a sistemática, aduzindo, com base no inciso I do art. 1.011, que o relator pode decidir monocraticamente a apelação nas hipóteses do art. 932, III a V[39].

---

[36] **"Art. 178.** O Ministério Público será intimado para, no prazo de 30 (trinta) dias, intervir como fiscal da ordem jurídica nas hipóteses previstas em lei ou na Constituição Federal e nos processos que envolvam:
I – interesse público ou social;
II – interesse de incapaz;
III – litígios coletivos pela posse de terra rural ou urbana.
(...)".

[37] **"Art. 929.** Os autos serão registrados no protocolo do tribunal no dia de sua entrada, cabendo à secretaria ordená-los, com imediata distribuição.
Parágrafo único. A critério do tribunal, os serviços de protocolo poderão ser descentralizados, mediante delegação a ofícios de justiça de primeiro grau.
Art. 930. Far-se-á a distribuição de acordo com o regimento interno do tribunal, observando-se a alternatividade, o sorteio eletrônico e a publicidade
Parágrafo único. O primeiro recurso protocolado no tribunal tornará prevento o relator para eventual recurso subsequente interposto no mesmo processo ou em processo conexo".

[38] **"Art. 931.** Distribuídos, os autos serão imediatamente conclusos ao relator, que, em 30 (trinta) dias, depois de elaborar o voto, restituí-los-á, com relatório, à secretaria".

[39] **"Art. 932.** Incumbe ao relator: (...)
III – não conhecer de recurso inadmissível, prejudicado ou que não tenha impugnado especificamente os fundamentos da decisão recorrida;
IV – negar provimento a recurso que for contrário a:
a) súmula do Supremo Tribunal Federal, do Superior Tribunal de Justiça ou do próprio tribunal;

Autoriza-se o julgamento de inadmissão ou de prejuízo, bem como o do recurso que não impugnou especificamente os fundamentos da decisão (art. 932, III).[40]

Quanto ao mérito, viável a negativa de provimento ou o provimento, este desde que seja facultada a apresentação de contrarrazões, com base em: (i) súmula do Supremo Tribunal Federal, do Superior Tribunal de Justiça ou do próprio tribunal; (ii) acórdão proferido pelo Supremo Tribunal Federal ou pelo Superior Tribunal de Justiça em julgamento de recursos repetitivos; ou (iii) entendimento firmado em incidente de resolução de demandas repetitivas ou de assunção de competência.

Desse modo, o relator pode, ainda, se a decisão recorrida for contrária a súmula do Supremo Tribunal Federal, do Superior Tribunal de Justiça ou do próprio tribunal; acórdão proferido pelo Supremo Tribunal Federal ou pelo Superior Tribunal de Justiça em julgamento de recursos repetitivos; entendimento firmado em incidente de resolução de demandas repetitivas ou de assunção de competência, dar provimento ao recurso (art. 932, V, do CPC). Não só isso, também é responsável por apreciar o eventual pedido de tutela provisória, bem como proceder ao exame de admissibilidade do recurso, não mais feito pelo juiz (art. 1.010, § 3º, do CPC).

A possibilidade de dar provimento ao recurso "manifestamente procedente" conspira em favor do devido processo legal, conferindo a quem tem um bom direito revelável *prima facie* a tutela imediata. Trata-se de denominada tutela da evidência em face do direito líquido e certo do recorrente. A técnica autoriza o relator a evitar que se submeta ao ritualismo do julgamento colegiado causa cuja tese já resta sedimentada no seio da Corte local ou dos Tribunais Superiores.

Destarte, como se observa do art. 932, V, do CPC, permite-se, inclusive, que o relator aprecie o mérito do recurso, *v.g.*, ocorre quando o relator dá ou nega provimento por força de súmula acerca da matéria *sub judice*.

A previsão da rejeição do recurso pelo relator, porque em dissonância com a súmula predominante, inaugura uma técnica mitigada da *súmula vinculante*.

---

b) acórdão proferido pelo Supremo Tribunal Federal ou pelo Superior Tribunal de Justiça em julgamento de recursos repetitivos;
c) entendimento firmado em incidente de resolução de demandas repetitivas ou de assunção de competência;
V – depois de facultada a apresentação de contrarrazões, dar provimento ao recurso se a decisão recorrida for contrária a:
a) súmula do Supremo Tribunal Federal, do Superior Tribunal de Justiça ou do próprio tribunal;
b) acórdão proferido pelo Supremo Tribunal Federal ou pelo Superior Tribunal de Justiça em julgamento de recursos repetitivos;
c) entendimento firmado em incidente de resolução de demandas repetitivas ou de assunção de competência;
(...)"

[40] "Processual civil. Agravo interno no agravo em recurso especial. Recurso especial inadmitido. Agravo em recurso especial não conhecido. Art. 932, III, do CPC/2015 e Súmula 182/STJ. Agravo interno. Recurso que não impugna, especificamente, os fundamentos da decisão agravada. Súmula 182/STJ e art. 1.021, § 1º, do CPC/2015. Agravo interno não conhecido, com aplicação da multa, prevista no art. 1.021, § 4º, do CPC/2015. I. (...) VI. Segundo entendimento firmado pela Segunda Turma desta Corte, 'o recurso que insiste em não atacar especificamente os fundamentos da decisão recorrida seguidamente é manifestamente inadmissível (dupla aplicação do art. 932, III, do CPC/2015), devendo ser penalizado com a multa de 1%, sobre o valor atualizado da causa, prevista no art. 1.021, § 4º, do CPC/2015' (STJ, AgInt no AREsp 974.848/SP, Rel. Min. Mauro Campbell Marques, 2ª Turma, DJe de 13/03/2017). Nesse mesmo sentido: STJ, AgInt no AREsp 960.285/SP, Rel. Ministro Mauro Campbell Marques, Segunda Turma, DJe de 15/12/2016; AgInt no AREsp 920.112/DF, Rel. Ministro Mauro Campbell Marques, Segunda Turma, DJe de 25/10/2016. VII. Agravo interno não conhecido, com aplicação da multa, prevista no art. 1.021, § 4º, do CPC/2015, de 5% (cinco por cento) sobre o valor atualizado da causa, por se tratar de recurso manifestamente inadmissível" (AgInt no AREsp n. 2.092.094/GO, Rel. Min. Assusete Magalhães, 2ª Turma, j. 16.08.2022, *DJe* 23.08.2022).

990 | CURSO DE DIREITO PROCESSUAL CIVIL • *Luiz Fux*

O relator, após cumprir a sua tarefa, deve lançar o *visto* nos autos, pedindo ao *Presidente da Câmara ou Seção*, dia para julgamento. Superada essa etapa, o Presidente, diante do pedido de dia, designa data para julgamento, mandando publicar a *pauta* no órgão oficial (art. 934 do CPC).[41]

Visando permitir que o advogado possa preparar-se para a sustentação oral, entre a data da publicação e a da sessão de julgamento devem decorrer, pelo menos, 5 (cinco) dias, espaço de tempo a ser respeitado, sob pena de nulidade arguível pelo interessado, sujeito à preclusão (art. 935 do CPC[42]). Deveras, é nulo o julgamento de processo no Tribunal, quando não respeitado o prazo estabelecido no art. 935 do CPC. Esse prazo obedece ao critério de contagem dos prazos processuais, prorrogando-se-o quando recai em dia que não há expediente forense.

A publicação deve conter: os nomes do recorrente e do recorrido, dos intervenientes e dos advogados que vêm funcionando na causa perante o tribunal, sendo nula a intimação que desobedeça a essa formalidade. Entretanto, havendo substabelecimento, é preciso noticiá-lo nos autos para que das publicações conste o nome do novo advogado.

A falta de publicação é suprida pela "ciência inequívoca", porquanto vige o princípio da finalidade nesse campo.

Esclareça-se, por fim, que também se exige publicação na pauta, sob pena de nulidade, dos feitos de remessa *ex officio*. Não obstante a publicação, também pode haver o "adiamento da sessão", que se não for para a sessão seguinte, convém seja a pauta publicada para não surpreender o advogado.

2.   AGRAVO DE INSTRUMENTO

2.1   Política legislativa e escorço histórico

Os sistemas processuais enfrentam as decisões interlocutórias exaradas no processo de diferentes formas. Há sistemas jurídicos em que as decisões proferidas no curso do procedimento são impugnáveis mediante um só recurso ao final do processo, evitando fases de filtragens de tudo quanto o juiz conhece e julga no *iter* processual. Nestes, a parte não sofre os efeitos da preclusão pelo fato de não investir de imediato contra uma decisão gravosa. Outros sistemas, como o nosso, adotam técnica diversa, impondo a impugnação das decisões por etapas, sob pena de preclusão[43].

O CPC de 1973, no art. 522, dispunha, *in verbis*: "das decisões interlocutórias caberá agravo, no prazo de 10 (dez) dias, na forma retida, salvo quando se tratar de decisão suscetível de causar à parte lesão grave e de difícil reparação, bem como nos casos de inadmissão da apelação e nos relativos aos efeitos em que a apelação é recebida, quando será admitida a sua interposição por instrumento". A lógica foi sensivelmente alterada pelo legislador no CPC de 2015, com a enumeração de hipóteses específicas em que cabe a interposição de recurso. A decisão interlocutória é ato do juiz no curso do procedimento que, malgrado decisório porquanto resolve questão incidente, não impõe o término do procedimento em primeiro grau de jurisdição.[44] A característica da decisão interlocutória é a de versar sobre questão cuja análise *não implica a extinção do procedimento em primeiro grau de jurisdição*, diferenciando-se nesse ponto da sentença que possui natureza terminativa. Forçoso acrescentar que, em segundo grau de jurisdição, a decisão unipessoal pode

---

[41]   "**Art. 934.** Em seguida, os autos serão apresentados ao presidente, que designará dia para julgamento, ordenando, em todas as hipóteses previstas neste Livro, a publicação da pauta no órgão oficial."

[42]   "**Art. 935.** Entre a data de publicação da pauta e a da sessão de julgamento decorrerá, pelo menos, o prazo de 5 (cinco) dias, incluindo-se em nova pauta os processos que não tenham sido julgados, salvo aqueles cujo julgamento tiver sido expressamente adiado para a primeira sessão seguinte.

§ 1º Às partes será permitida vista dos autos em cartório após a publicação da pauta de julgamento.

§ 2º Afixar-se-á a pauta na entrada da sala em que se realizar a sessão de julgamento."

[43]   Sobre a modalidade recursal, ver: **Teresa Arruda Alvim**. *Os agravos no CPC/2015*, 2020.

[44]   "**Art. 203.** Os pronunciamentos do juiz consistirão em sentenças, decisões interlocutórias e despachos. (...) § 2º Decisão interlocutória é todo pronunciamento judicial de natureza decisória que não se enquadre no § 1º."

acarretar a extinção do processo, *v.g.*, a decisão monocrática do relator que nega seguimento ao recurso manifestamente improcedente (art. 932, IV, *a* e *b*, e 1.011, I, do CPC). Deveras, a decisão interlocutória pode ser proferida em qualquer processo (conhecimento, execução ou cumprimento de sentença) e procedimento (comum ou especial).

A proliferação da figura de agravo, em contrapartida ao cabimento restrito da apelação às sentenças terminativas ou de resolução do mérito, também consideradas definitivas, tem íntima vinculação com a sua origem histórico-medieval.

O agravo de instrumento tem seu berço no Direito medieval português, onde foi instituído em face da impossibilidade textual, então imposta, de oferecimento da apelação contra as *interlocutórias*. Esse período fora antecedido de outro onde havia franquia na interposição do recurso de apelação contra qualquer decisão, gerando uma "eternização dos feitos". Em face dessa prodigalidade recursal, D. Afonso IV, que reinou de 1325 a 1357, determinou a inapelabilidade das "decisões interlocutórias". Mitigando-se a proibição, permitiu-se que se interpusesse uma "queixa das partes" ao soberano ou ao magistrado superior, através de instrumentos que continham informações do feito, sem a necessidade de remessa do mesmo. Esses instrumentos denominavam-se "querimas" ou "querimônias" e, quando providos, geravam em favor das partes uma "Carta de Justiça". Os julgamentos encetados eram tidos como imperfeitos porquanto calcados em meras informações e por isso foram aperfeiçoados com a exigência de que viesse "por instrumento" a justificativa do magistrado quanto à decisão atacada. Desenha-se, assim, a origem remota do "agravo de instrumento", por influência dessa segunda concepção das querimônias, atribuída a D. Duarte. Por outro lado, o agravo guardava um certo caráter de nobreza da impugnação, em contrapartida à apelação, haja vista que autores da época se referiram a esses meios de impugnação, afirmando que "contra determinados juízes não se apela senão se agrava em virtude de sua 'sublime graduação'".[45]

Notável influência exercia a distância entre a sede do juízo e a do recurso, quando a mais de cinco léguas da Corte, posto impunha, necessariamente, a instrumentalização dos remédios destinados a reparar os gravames causados pelas interlocutórias. O regime atual dos agravos também revela um resquício histórico, haja vista que o Direito lusitano experimentou as modalidades de "agravo de instrumento", "agravo de petição", "agravo no auto do processo", "agravo ordinário" e "agravo de ordenação não guardada".

Ao longo da história processual brasileira, após a nossa independência, empreendeu-se gradativa supressão dessas espécies, sendo certo que, em época não muito remota, o nosso sistema ainda adotava as formas do "agravo de petição", do "agravo de instrumento" e do "agravo no auto do processo", reduzidas na vigência do Código de 1973 para as espécies de *agravo retido* e *agravo de instrumento*, os quais faziam as vezes dos matizes anciãos, com a técnica de impugnação das sentenças, ainda que terminativas, pelo recurso de apelação.[46]

O atual CPC expurgou a figura do agravo retido, mantendo tão somente o agravo de instrumento, explicitando que o processo somente deverá ter pausas quando ocorrer um risco de prejuízo real a uma das partes advindo da decisão interlocutória, restando à discordância com eventuais decisões no curso do procedimento ser suscitada quando da interposição da apelação, que devolverá ao tribunal *ad quem* toda matéria impugnada. O Código, além da referida modalidade, ainda contempla o *agravo* interposto da decisão que nega seguimento aos *recursos extraordinário* e *especial*, bem como os *agravos internos* das decisões do órgão monocrático dos colegiados.

---

[45] Nesse sentido, o clássico **Lobão**, *in Segundas Linhas sobre o Processo Civil*, 1855, Parte II, p. 156. No mesmo sentido, **Pereira e Souza**, *Primeiras Linhas sobre o Processo Civil*, 1863, tomo II, p. 58.

[46] As sentenças de extinção sem mérito eram agraváveis. Acerca de toda a história do agravo e de sua fisiologia recursal, consulte-se, por todos, **Alfredo Buzaid**, *Do Agravo de Petição no Sistema do CPC*, 1956, p. 34 e 35, e **Barbosa Moreira**, *Comentários*, cit.

2.1.1 Vedação à modalidade de agravo retido

O Direito brasileiro, com maior ou menor intensidade, consoante expusemos acima, sempre procurou oferecer ao agravante opções quanto à modalidade de agravo interponível.

A tendência à agilização da prestação jurisdicional conduziu o legislador à estratégia de dirigir a opção do agravante na medida em que algumas decisões, mercê de gravosas, podem aguardar o final do processo, tendo em vista que, a despeito delas, a parte potencialmente agravada pode recolher um resultado judicial exitoso. Com essa ideologia traçada, foi-se pouco a pouco limitando o campo de opção do agravante. Assim, *v.g.*, se o indeferimento da prova é agravável, nada obsta que se retenha esse recurso em prol da continuação da marcha processual até que a parte manifeste ou não recurso contra a decisão final, por isso que, apesar de não produzida aquela prova, possível que venha a vencer a demanda a despeito da ausência de um elemento de convicção.

O Código, apesar de excluir a hipótese de agravo retido, uma vez que não mencionado no rol do art. 994 do CPC, manteve a mesma linha de raciocínio quando da regulação do agravo. Entendendo que o agravo de instrumento, dotado de efeito suspensivo *ope iudicis* ao julgar questões prejudiciais, pode travar o processo e comprometer a duração razoável do processo, o legislador limitou expressamente as possíveis decisões agraváveis no art. 1.015 do CPC. As demais decisões, que não possam ser impugnadas pelo agravo de instrumento, continuam sendo decididas após a decisão final da fase processual em questão, qual seja a sentença, mas por outra via de impugnação. Não sendo mais cabível o agravo retido, a via para se questionar essas decisões passa a ser a preliminar de apelação, conforme se observa no art. 1.009, § 1º, do CPC.

O novo sistema delimita melhor o campo de incidência do agravo de instrumento e da forma de impugnação por preliminar de apelação, fazendo o próprio sistema uma ponderação entre a urgência de resposta jurisdicional e a duração razoável do processo, em relação às questões suscitadas. É inegável que há casos em que a interrupção da marcha processual se revela extremamente necessária à parte e – seja pela observação do resultado útil do processo, seja pelo respeito à duração razoável do processo, *v.g.*, o recurso endereçado contra a decisão que defere uma tutela de urgência de efeitos drásticos. Entretanto, não era raro haver promiscuidade nos casos ditos de urgência que restaram por nulificar, na prática, a preocupação do legislador com a celeridade processual.

Por essa razão, o legislador, ainda na vigência do Código de 1973, após realizar uma interpretação autêntica do art. 523, § 4º, acabou revogando tal parágrafo por meio da Lei 11.187/05.

A ideia original partia da premissa de que as decisões interlocutórias proferidas em audiência, veiculadas pelo agravo retido, subiriam rapidamente com a apelação da sentença presumivelmente prolatada no mesmo ato. Sucede que algumas decisões não podem aguardar esse lapso temporal do processamento para serem impugnadas, até porque a prolação da sentença não se revela tão imediata.

Desse modo, criou-se para tais decisões a impugnação via agravo de instrumento, ao passo que a via preliminar de apelação é adequada tão somente para as decisões de pouco impacto imediato às partes não listadas no art. 1.015, do CPC (observada a interpretação conferida pelo Superior Tribunal de Justiça), de modo a não obstar a celeridade processual.

2.2 Juízo de admissibilidade do agravo

O requisito de admissibilidade consistente no cabimento denota que o recurso de agravo se dirige às decisões interlocutórias proferidas em qualquer processo e procedimento. Assim, no processo de conhecimento, é cabível o agravo das decisões que se encontram elencadas no rol do art. 1.015 do CPC, *v.g.*, a que resolve a tutela provisória e o cabimento da intervenção de terceiros.

Sob esse ângulo, é mister ressaltar que há decisões interlocutórias que são proferidas no mesmo momento em que é lavrada a sentença. Por força da consunção, os vícios apontados nessas interlocutórias, bem como nas demais decisões não agraváveis no curso do processo, são absorvíveis pela sentença e, *a fortiori*, veiculáveis por apelação, em caráter preliminar. Assim, *v.g.*, se o juiz indefere uma prova em audiência e prolata sentença, a parte pode tão somente apelar e destacar a preliminar de cerceamento. É a essas hipóteses que se refere o art. 1.009, § 1º, do CPC,[47] admitindo o efeito devolutivo de interlocutórias não preclusas.[48]

Por outro lado, é preciso ter sempre presente a noção de que *um mesmo processo pode comportar várias ações*. Assim sendo, extinta uma das ações e prosseguindo o feito, estar-se-á diante de decisão incidente e não de decisão extintiva da relação processual, a desafiar, portanto, o recurso de agravo. Nesse sentido, a decisão que rejeita o litisconsórcio, a que impõe o seu desmembramento, assim como a que indefere a reconvenção, desafiam o recurso de agravo. Incorre em equívoco os que entendem que a cada litisconsorte corresponde um processo e que à reconvenção, como ação do réu, pertine um processo autônomo. Repise-se: é possível cumular-se várias ações no mesmo processo, como o permite textualmente o art. 327 do CPC.[49]

Diversamente, há autos apartados que ensejam *processos incidentes*, *v.g.*, *os embargos de terceiro*, a *exibição de documento ou coisa em face de terceiro*, o *incidente de falsidade* com pedido expresso de que a coisa julgada incida sobre a declaração de autenticidade ou falsidade documental, etc. Nestas hipóteses, como não se trata de incidentes do processo senão processos incidentes, os atos que os decidem e extinguem são sentença da qual cabe apelação. Essa distinção revela importância à luz do princípio da fungibilidade recursal, cuja aplicação é restrita às hipóteses que escapam ao erro grosseiro, o que não se verifica quando o interessado confunde as figuras do *incidente do processo* e do *processo incidente*.

Há que se ter cautela ao promover a distinção. Em se tratando de processos autônomos, decididos por sentença, caberá a apelação. No entanto, incidentes que se instauram no contexto do processo principal são resolvidos por decisão monocrática e deles, a depender da previsão legal ou não, caberá agravo de instrumento. É o que se verifica, por exemplo, no caso do incidente de desconsideração da personalidade jurídica (art. 1.015, IV).

No *processo de execução*, não obstante a atividade do juiz seja preponderantemente satisfativa, também é instado a decidir por meio de interlocutórias agraváveis, *v.g.*, quando resolve os *incidentes da penhora*, da *avaliação* ou das *fases de expropriação e pagamento*. Deve-se ressaltar que, por força do art. 1.015, parágrafo único, do CPC, "*também caberá agravo de instrumento contra as decisões interlocutórias proferidas na fase de liquidação de sentença ou de cumprimento de sentença, no processo de execução e no processo de inventário*".

O rol do art. 1.015, CPC, consiste nas seguintes hipóteses, *in verbis*:

"**Art. 1.015.** Cabe agravo de instrumento contra as decisões interlocutórias que versarem sobre:

I – tutelas provisórias;

---

[47] "**Art. 1.009, § 1º.** As questões resolvidas na fase de conhecimento, se a decisão a seu respeito não comportar agravo de instrumento, não são cobertas pela preclusão e devem ser suscitadas em preliminar de apelação, eventualmente interposta contra a decisão final, ou nas contrarrazões."

[48] Para alguns, essa decisão comportaria agravo e a sentença apelação, *in CPC e Legislação Processual Civil em Vigor*, **Nelson Nery** e **Rosa Maria Andrade Nery**, São Paulo, RT, 1996. Diversamente, **Cândido Dinamarco** considera esses vícios transmudados para vícios da sentença, *apud* **Nery**, cit.

[49] "**Art. 327.** É lícita a cumulação, em um único processo, contra o mesmo réu, de vários pedidos, ainda que entre eles não haja conexão.

§ 1º São requisitos de admissibilidade da cumulação que:

I – os pedidos sejam compatíveis entre si;

II – seja competente para conhecer deles o mesmo juízo;

III – seja adequado para todos os pedidos o tipo de procedimento.

§ 2º Quando, para cada pedido, corresponder tipo diverso de procedimento, será admitida a cumulação se o autor empregar o procedimento comum, sem prejuízo do emprego das técnicas processuais diferenciadas previstas nos procedimentos especiais a que se sujeitam um ou mais pedidos cumulados, que não forem incompatíveis com as disposições sobre o procedimento comum.

§ 3º O inciso I do § 1º não se aplica às cumulações de pedidos de que trata o art. 326".

II – mérito do processo;

III – rejeição da alegação de convenção de arbitragem;

IV – incidente de desconsideração da personalidade jurídica;

V – rejeição do pedido de gratuidade da justiça ou acolhimento do pedido de sua revogação;

VI – exibição ou posse de documento ou coisa;

VII – exclusão de litisconsorte;

VIII – rejeição do pedido de limitação do litisconsórcio;

IX – admissão ou inadmissão de intervenção de terceiros;

X – concessão, modificação ou revogação do efeito suspensivo aos embargos à execução;

XI – redistribuição do ônus da prova nos termos do art. 373, § 1º;

XII – (VETADO);

XIII – outros casos expressamente referidos em lei.

Parágrafo único. Também caberá agravo de instrumento contra decisões interlocutórias proferidas na fase de liquidação de sentença ou de cumprimento de sentença, no processo de execução e no processo de inventário".

Conclui-se, portanto, que o Código rompeu com a *ratio* que vigorava no Código Buzaid, em que se revelava possível a interposição do agravo, de instrumento ou retido, de qualquer decisão interlocutória proferida no curso do processo. Entretanto, ergue-se o questionamento acerca da pura taxatividade do rol de cabimento do agravo. Imagine-se, por exemplo, uma decisão declarando a competência ou incompetência do juízo para julgar e processar determinada lide. A impugnação em sede preliminar de apelação permitiria o prolongamento de uma decisão que interfere diretamente no resultado do processo. Caso seja prolatada sentença por juízo posteriormente reconhecido como incompetente, é necessária a remessa dos autos para o juízo competente para nova análise e prolação de uma nova sentença. Evidencia-se, desse modo, situação flagrantemente lesiva ao interesse das partes e ao tempo adequado do processo.

Com vias de solucionar as imperfeições sistêmicas apresentadas, mas reconhecendo a necessidade de se limitar a certas hipóteses o cabimento do agravo, a jurisprudência adotou o que se denominou de "taxatividade mitigada". O termo restou consagrado em julgamento do Superior Tribunal de Justiça, em que se firmou a tese de que "*O rol do art. 1.015 do CPC é de taxatividade mitigada, por isso admite a interposição de agravo de instrumento quando verificada a urgência decorrente da inutilidade do julgamento da questão no recurso de apelação*"[50].

Não se trata de mera admissão da interpretação ampliativa das hipóteses dispostas no rol do art. 1.015, CPC, mas de acréscimo de uma hipótese a mais, que exige (i) a verificação da urgência da revisão do *decisum*, (ii) decorrente da inutilidade do recurso no momento da apelação.

A *legitimação para agravar* segue a regra geral dos recursos.

O agravo de instrumento, hoje interponível nos Tribunais, apresenta peculiaridades quando o oferecimento da peça compete ao representante do Ministério Público ou da Defensoria Pública que funcionam em primeiro grau. É que perante a Corte Superior atuam membros que detêm atribuição exclusiva perante o colegiado. Há, assim, uma cisão funcional obrigatória nessa atuação por força da repartição de atribuições entre os que funcionam em primeiro e em segundo graus de jurisdição.

Outro requisito de admissibilidade e que restou modificado em face do novo regime do agravo foi o da *regularidade formal*. O agravo de instrumento, em razão de a interposição engendrar-se direto na segunda instância, demanda significativas alterações de forma. Em primeiro lugar, o ajuste do instrumento é do próprio agravante, porquanto a lei se incumbe de mencionar as peças

---

50 STJ, REsp 1.696.396, Rel. Min. Nancy Andrighi, Corte Especial, j. 05.12.18, *DJe* 19.12.2018. Tema Repetitivo 988.

obrigatórias sem as quais o agravo não pode ser conhecido. Eliminou-se, outrossim, a praxe da conversão em diligência (art. 1.017 e incisos do CPC).[51-52]

Alinhado ao princípio da instrumentalidade das formas e do aproveitamento recursal, o legislador, buscando superar a jurisprudência defensiva, esclareceu que a falta de qualquer documento, inclusive os de juntada obrigatória (art. 1.017, I), autoriza a abertura de prazo de cinco dias ao recorrente, para sanar o vício (art. 1.017, § 3º).

Atendendo às dificuldades da interposição de agravo para os Tribunais Superiores, a lei admitiu o oferecimento pelo correio, ainda que na mesma unidade da federação, ou outra forma prevista por lei local; autorização que decorre da possibilidade de dualidade de regramento procedimental à luz do texto constitucional.[53] É o denominado "protocolo integrado". Entretanto, a modernidade estabeleceu como praxe o protocolo eletrônico que abranda sobremaneira as dificuldades impostas pela distância, seja do tribunal local, seja dos Tribunais Superiores.

A formalidade mais controvertida do agravo de instrumento é a que se refere o art. 1.018 do CPC[54] a exigir que o agravante noticie, em três dias, no juízo *a quo*, a interposição do recurso, num *intuito inequívoco de permitir a retratação do juízo*.

Em face dessa razão de ser da aludida formalidade, sustentavam alguns que o não cumprimento da exigência implicava, apenas, inadmitir-se a retratação *ex officio*, até mesmo por impossibilidade prática, uma vez que o juízo agravado não tinha como saber da existência do recurso. Outros, entretanto, pugnavam pela inadmissão do agravo por falta de requisito de admissibilidade.

O art. 1.018, § 3º, do CPC colocou uma pá de cal no tema, qualificando essa diligência de comunicação como "requisito de admissibilidade do agravo de instrumento", por isso que, faltante o

---

51 "**Art. 1.017.** A petição de agravo de instrumento será instruída:

I – obrigatoriamente, com cópias da petição inicial, da contestação, da petição que ensejou a decisão agravada, da própria decisão agravada, da certidão da respectiva intimação ou outro documento oficial que comprove a tempestividade e das procurações outorgadas aos advogados do agravante e do agravado;

II – com declaração de inexistência de qualquer dos documentos referidos no inciso I, feita pelo advogado do agravante, sob pena de sua responsabilidade pessoal;

III – facultativamente, com outras peças que o agravante entender úteis.

§ 1º Acompanhará a petição o comprovante do pagamento das respectivas custas e do porte de retorno, quando devidos, conforme tabela publicada pelos tribunais.

§ 2º No prazo do recurso, o agravo será interposto por:

I – protocolo realizado diretamente no tribunal competente para julgá-lo;

II – protocolo realizado na própria comarca, seção ou subseção judiciárias;

III – postagem, sob registro, com aviso de recebimento;

IV – transmissão de dados tipo fac-símile, nos termos da lei;

V – outra forma prevista em lei.

§ 3º Na falta da cópia de qualquer peça ou no caso de algum outro vício que comprometa a admissibilidade do agravo de instrumento, deve o relator aplicar o disposto no art. 932, parágrafo único.

§ 4º Se o recurso for interposto por sistema de transmissão de dados tipo fac-símile ou similar, as peças devem ser juntadas no momento de protocolo da petição original.

§ 5º Sendo eletrônicos os autos do processo, dispensam-se as peças referidas nos incisos I e II do *caput*, facultando-se ao agravante anexar outros documentos que entender úteis para a compreensão da controvérsia".

52 Nesse sentido, a **Súmula nº 288 do Egrégio STF**: "Nega-se provimento a agravo para subida de recurso extraordinário, quando faltar no traslado o despacho agravado, a decisão recorrida, a petição de recurso extraordinário ou qualquer peça essencial à compreensão da controvérsia".

53 Assim em **Sergio Bermudes**, *Reforma*, p. 89.

54 "**Art. 1.018.** O agravante poderá requerer a juntada, aos autos do processo, de cópia da petição do agravo de instrumento, do comprovante de sua interposição e da relação dos documentos que instruíram o recurso.

§ 1º Se o juiz comunicar que reformou inteiramente a decisão, o relator considerará prejudicado o agravo de instrumento.

§ 2º Não sendo eletrônicos os autos, o agravante tomará a providência prevista no *caput*, no prazo de 3 (três) dias a contar da interposição do agravo de instrumento.

§ 3º O descumprimento da exigência de que trata o § 2º, desde que arguido e provado pelo agravado, importa inadmissibilidade do agravo de instrumento."

CURSO DE DIREITO PROCESSUAL CIVIL • *Luiz Fux*

ato, o recurso é considerado inadmissível, salvo se os autos forem eletrônicos, inclusive na primeira instância[55]. Para tanto, porém, deverá haver alegação do recorrido.

A exceção à obrigatoriedade de se atravessar a petição referida no *caput* se dá quando os autos são eletrônicos, em virtude da comunicação quase imediata do próprio sistema ao juízo de primeira instância. Dessa forma, dispensa-se a informação por parte do agravante.

2.3 Juízo de retratação

O agravo apresenta uma característica intimamente ligada ao objeto contra o qual se dirige. É a *possibilidade de retratação* pelo próprio prolator da decisão antes mesmo de se engendrar a revisão do decidido por outro órgão jurisdicional superior.

A peculiaridade está em que, de regra, o juiz, ao decidir, não pode, em princípio, se retratar (art. 494 do CPC),[56] exceto para a correção de erros materiais ou provocados por embargos de declaração, salvo casos excepcionais (art. 331 do CPC).[57] Tratando-se de agravo, como a matéria ainda não está definida, é "lícito ao julgador rever a sua decisão na fase própria da 'retratação'", hoje aplicável à hipótese de agravo de instrumento e às decisões impugnadas por preliminar de apelação.[58]

No agravo de instrumento, tendo em vista a sua interposição perante o tribunal *ad quem*, a retratação realizada pode esvaziar a atividade do órgão superior (art. 1.018, § 1º, do CPC).[59] Aliás, mesmo interposto diretamente no tribunal, noticia-se na primeira instância a existência do recurso, sob pena de inadmissão, exatamente para propiciar a retratação (art. 1.018 do CPC).[60]

O "eventual" esvaziamento da atividade da instância superior decorre do fato de que o agravado pode pretender, após a modificação, insistir na decisão modificada. Passa, assim, ao posto de recorrente, podendo pleitear o juízo de retratação ou que o seu agravo seja julgado pelo órgão superior após formalizar o "preparo" para esse fim. Aliás, a sistemática acima poderá ser posta em prática toda vez que a *reforma* for parcial, uma vez que, em parte, o agravado passará a agravante.

Cumpre observar que, se não houver ciência do tribunal e o juiz *a quo* reformar a decisão, caberá a interposição de embargos de declaração para possibilitar a aplicação do art. 1.018, § 1º do CPC, considerando-se prejudicado o recurso. Ainda, assim, superado o prazo dos embargos de declaração, a decisão do tribunal, conquanto substitua a decisão recorrida, pode vir a ser modificada por outra provocação na instância inferior após a baixa dos autos.

Anote-se, por fim, que o juízo de retratação pode gerar nova decisão interlocutória ou consubstanciar-se em outra categoria de ato decisório. Assim, se a parte agrava da designação

---

[55] REsp 1708609/PR, Rel. Min. Moura Ribeiro, 3ª Turma, j. 21.08.2018.

[56] **"Art. 494.** Publicada a sentença, o juiz só poderá alterá-la:
I – para corrigir-lhe, de ofício ou a requerimento da parte, inexatidões materiais ou erros de cálculo;
II – por meio de embargos de declaração."

[57] **"Art. 331.** Indeferida a petição inicial, o autor poderá apelar, facultado ao juiz, no prazo de 5 (cinco) dias, retratar-se.
§ 1º Se não houver retratação, o juiz mandará citar o réu para responder ao recurso.
§ 2º Sendo a sentença reformada pelo tribunal, o prazo para a contestação começará a correr da intimação do retorno dos autos, observado o disposto no art. 334.
§ 3º Não interposta a apelação, o réu será intimado do trânsito em julgado da sentença."

[58] Sob a égide da vetusta legislação, controvertida se apresentava a questão da retratação no agravo retido, uma vez que essa etapa era prevista, somente, no procedimento do agravo de instrumento. Veja-se, por todos, **Bermudes**, *Comentários ao CPC*, 2ª ed., São Paulo, RT, 1977, vol. VII, p. 140 e 167.

[59] **"Art. 1.018, § 1º.** Se o juiz comunicar que reformou inteiramente a decisão, o relator considerará prejudicado o agravo de instrumento."

[60] Acerca dessa nova exigência não é pacífica a doutrina quanto às consequências do descumprimento de dita formalidade. Assim, entrevê como facultativa essa formalidade, **Nelson Nery**, ob. cit., p. 951, **Sergio Bermudes**, *Reforma*, cit., p. 91, e **Dinamarco**, *Reforma*, p. 288. Diversamente, **Carreira Alvim** aplica a pena de "deserção" ao agravante que não requer a juntada das peças do art. 1.018 na primeira instância. *Novo Agravo*, p. 103.

Parte XI • III – RECURSOS EM ESPÉCIE | **997**

de audiência, porquanto, na sua concepção, o feito deveria ser extinto com análise do mérito por conta de prescrição, é lícito ao juiz retratar-se e proferir sentença, hipótese em que a modificação implicará o cabimento do recurso de apelação (art. 203, § 1º c/c art. 1.009[61] do CPC).

2.4 Efeitos do agravo

A interposição do agravo não obsta o andamento do processo. Por seu turno, o § 1º do art. 1.018[62] do mesmo diploma informa que o agravo comporta *retratação*. Em face desses dois aspectos, diz-se que o recurso de agravo, em princípio, não tem efeito suspensivo, apresentando, outrossim, "efeito devolutivo diferido".

A não suspensividade sempre foi a regra do agravo, porquanto as decisões interlocutórias versam sobre questões internas e formais, e que não devem impedir a marcha do processo.[63]

Entretanto, o legislador brasileiro, na esteira das grandes ordenações, instituiu o efeito suspensivo *ope judicis*, admitindo que o relator do recurso confira ao mesmo *suspensividade* até o pronunciamento do colegiado (art. 1.019, I, do CPC).[64] Observado o dispositivo com a atenção que requer, conclui-se tratar-se de poder conferido ao relator, assemelhado àquele que se defere ao juiz para a concessão da antecipação da tutela, tanto que se exige *possibilidade de dano irreparável e relevante fundamento* (segurança e evidência do direito).[65]

Essa fisiologia do agravo aproxima-o dos *efeitos alcançados outrora pelo mandado de segurança*; por isso, a prática judiciária vem revelando um decréscimo de impetração dos remédios heroicos em detrimento de um número expressivo de agravos.[66]

A técnica aplica-se caso o ato seja *comissivo*, hipótese em que se reclama a *suspensividade imediata da decisão*, ou *omissivo*, caso em que é possível pleitear-se ao relator a antecipação da tutela com a concessão da atividade sonegada em primeiro grau. Assim, *v.g.*, é cabível o agravo com pedido de suspensividade, quando o juiz defere liminar cautelar ou satisfativa, bem como quando a denega, caso em que se reclama ao relator, em antecipação de tutela, a prática do ato omitido (art. 1.019 e inciso I, do CPC).

O agravo, quando interposto contra decisão concessiva de alguma providência, pode encerrar um pedido ao relator de "efeito suspensivo", visando a sustar a eficácia do ato agravado. Ao revés, tratando-se de indeferimento de determinada providência, pela redação do art. 1.019 do CPC, é

---

[61] **"Art. 203.** Os pronunciamentos do juiz consistirão em sentenças, decisões interlocutórias e despachos.

§ 1º Ressalvadas as disposições expressas dos procedimentos especiais, sentença é o pronunciamento por meio do qual o juiz, com fundamento nos arts. 485 e 487, põe fim à fase cognitiva do procedimento comum, bem como extingue a execução."

"Art. 1.009. Da sentença caberá apelação (arts. 485 e 487)."

[62] **"Art. 1.018, § 1º.** Se o juiz comunicar que reformou inteiramente a decisão, o relator considerará prejudicado o agravo."

[63] Trata-se da manutenção das raízes históricas do agravo desde seu berço lusitano. A formação do instrumento tinha como escopo permitir o andamento da causa sem prejuízo da impugnação, *in* **Ovídio Baptista**, *Curso*, vol. I, p. 375, notas.

[64] **"Art. 1.019.** Recebido o agravo de instrumento no tribunal e distribuído imediatamente, se não for o caso de aplicação do art. 932, incisos III e IV, o relator, no prazo de 5 (cinco) dias:

I – poderá atribuir efeito suspensivo ao recurso ou deferir, em antecipação de tutela, total ou parcialmente, a pretensão recursal, comunicando ao juiz sua decisão;

II – ordenará a intimação do agravado pessoalmente, por carta com aviso de recebimento, quando não tiver procurador constituído, ou pelo Diário da Justiça ou por carta com aviso de recebimento dirigida ao seu advogado, para que responda no prazo de 15 (quinze) dias, facultando-lhe juntar a documentação que entender necessária ao julgamento do recurso;

III – determinará a intimação do Ministério Público, preferencialmente por meio eletrônico, quando for o caso de sua intervenção, para que se manifeste no prazo de 15 (quinze) dias".

[65] A esse respeito, consulte-se os fundamentos da tutela antecipada, *in Tutela de Segurança e Tutela de Evidência*, **Luiz Fux**, 1996.

[66] Para parte da doutrina, a inovação foi saudada com efusividade. Aponta-se a apelação do Direito luso-brasileiro contra interlocutórias gravosas com a fonte do novel instituto.

lícito pleitear a medida sonegada, denominando-se esse efeito do agravo de "efeito "ativo". Em ambos os casos, mediante revogação do parágrafo único do art. 527 do CPC de 1973 junto à previsão do art. 1.021 do CPC atual, contra o ato do relator caberá agravo interno, permitindo-se que seja revisto antes do julgamento do próprio agravo.

A devolutividade das razões da impugnação da decisão agravada fica *diferida* para após o juízo de retratação. Realizada a retratação, o agravante passa a agravado, e então a devolutividade altera-se para levar ao tribunal, se houver pedido nesse sentido, a irresignação do outrora agravado, que passa então à condição de agravante. Mantida a decisão, a matéria é devolvida ao tribunal.

A devolutividade diferida, no âmbito da impugnação, é ampla, rediscutindo-se todos os motivos que levaram ou poderiam ter conduzido o juízo àquela decisão, respeitadas as necessárias provocações quanto às questões não conhecíveis de ofício.

2.5 Formalidades do agravo de instrumento

O agravo de instrumento, de interposição direta no juízo *ad quem*, compreende outras formalidades e diligências, mercê de também interposto no prazo de 15 (quinze) dias e por petição escrita, que poderá ser protocolada no Tribunal, na própria comarca ou seção judiciária, postada no correio sob registro com aviso de recebimento ou, ainda, outra forma estabelecida por lei de organização judiciária local (art. 1.017, § 2º).[67] De toda sorte, não se pode conhecer de agravo de instrumento interposto por termo nos autos em face da exigência de apresentação de petição direta no tribunal.

A permanência dos autos na instância de origem impõe a "completitude" do instrumento, com o fito de viabilizar uma escorreita visão de todos os elementos influentes para o julgamento do agravo. Assim, além da petição escrita, que deve conter a exposição do fato e do direito, o pedido de reforma da decisão ou de sua cassação, conforme se trate de *error in judicando* ou *in procedendo*, o agravo deve conter, ainda, o nome completo e endereço dos advogados e ser instruído com a cópia da decisão agravada, certidão da respectiva intimação, a permitir a verificação da tempestividade e as procurações dos advogados, documentos de interesse das partes do recurso e do preparo, que no regime atual deve compor-se de custas e porte de remessa e de retorno e ser efetivado quando da interposição (art. 1.007 do CPC).[68]

A regularidade formal do recurso reclama seja veiculado por petição, que contenha as razões da irresignação, na forma do art. 1.016 do CPC, bem como instruída com os documentos obrigatórios previstos no art. 1.017 do mesmo diploma legal e as demais peças que o recorrente entender necessárias à compreensão da controvérsia.[69] Destarte, à luz do princípio do contraditório, entende-

---

[67] **"Art. 1.017, § 2º.** No prazo do recurso, o agravo será interposto por:
I – protocolo realizado diretamente no tribunal competente para julgá-lo;
II – protocolo realizado na própria comarca, seção ou subseção judiciárias;
III – postagem, sob registro, com aviso de recebimento;
IV – transmissão de dados tipo fac-símile, nos termos da lei;
V – outra forma prevista em lei."

[68] **"Art. 1.007.** No ato de interposição do recurso, o recorrente comprovará, quando exigido pela legislação pertinente, o respectivo preparo, inclusive porte de remessa e de retorno, sob pena de deserção."

[69] **"Art. 1.016.** O agravo de instrumento será dirigido diretamente ao tribunal competente, através de petição com os seguintes requisitos:
I – os nomes das partes;
II – a exposição do fato e do direito;
III – as razões do pedido de reforma ou de invalidação da decisão e o próprio pedido;
IV – o nome e o endereço completo dos advogados constantes do processo."
"Art. 1.017. A petição de agravo de instrumento será instruída:
I – obrigatoriamente, com cópias da petição inicial, da contestação, da petição que ensejou a decisão agravada, da própria decisão agravada, da certidão da respectiva intimação ou outro documento oficial que comprove a tempestividade e das procurações outorgadas aos advogados do agravante e do agravado;
II – com declaração de inexistência de qualquer dos documentos referidos no inciso I, feita pelo advogado do agravante, sob pena de sua responsabilidade pessoal;

-se possível, até a abertura de vista ao agravado para resposta, juntar o agravante, ao instrumento, novas peças, desde que se dê conhecimento delas ao recorrido.

Exaurido o rol das formalidades e postado ou protocolizado o recurso (art. 1.017, § 2º, do CPC) o agravante deverá, na forma do artigo 1.018 do CPC juntar aos autos do processo originário em 3 (três) dias a cópia da petição do agravo e de sua interposição, bem como a relação dos documentos que o instruíram. Esta diligência tem como finalidade permitir a retratação e, caso descumprida pelo agravante e informada pelo agravado, enseja o não conhecimento do recurso.

2.5.1 Informação ao juízo a quo da interposição do agravo de instrumento.

O art. 1.018 do CPC dispõe que o agravante, no prazo de três dias, requererá juntada, aos autos do processo, de cópia da petição do agravo de instrumento e do comprovante de sua interposição, assim como a relação dos documentos que instruíram o recurso.

A modificação do procedimento do agravo de instrumento, com interposição direta no tribunal, fez exsurgir, num primeiro momento, uma nova providência prática, qual seja a de se informar ao juízo a quo da interposição, propiciando o denominado juízo de retratação.

Em face dessa única finalidade da novel providência, a doutrina assentou que a ausência da mesma impediria, apenas, a retratação, sem implicações quanto à admissibilidade do recurso.

Entretanto, remanesciam divergências aqui e acolá admitindo o não conhecimento do agravo se o agravado suscitasse essa preliminar da falta de requisito consistente na ausência de informação ao juízo a quo.

O legislador resolveu a questão pelo ângulo do formalismo e consagrou exatamente a corrente jurisprudencial minoritária. Desta sorte, segundo a atual dicção, o não cumprimento do disposto neste artigo, desde que arguido e provado pelo agravado, importa inadmissibilidade do agravo.

A opção do legislador pela solução formal, obstativa do seguimento do agravo, baseou-se na experiência prática que revelou uma excessiva quantidade dessa modalidade recursal a abarrotar os tribunais, eivadas do vício que ora se erige em requisito de inadmissão do recurso.

Em consequência, deixando o agravante de informar a interposição do recurso no juízo a quo, o agravado, mediante provocação e não ex offício pode pleitear a inadmissão do recurso, comprovando a falta do preenchimento desse requisito de admissibilidade. De toda sorte, o agravante frustrado pelo relator poderá oferecer o seu agravo interno, comprovando ter engendrado a informação. O que não lhe reverterá em qualquer proveito será a simples alegação da insignificância da diligência, porquanto novel requisito exigível pela lei.

Cumpre salientar, por fim, que a exigência resta afastada, quando os autos forem eletrônicos – em ambas as instâncias, de acordo com a acertada jurisprudência do Superior Tribunal de Justiça[70].

III – facultativamente, com outras peças que o agravante reputar úteis.

§ 1º Acompanhará a petição o comprovante do pagamento das respectivas custas e do porte de retorno, quando devidos, conforme tabela que será publicada pelos tribunais.

§ 2º No prazo do recurso, o agravo será interposto por:

I – protocolo realizado diretamente no tribunal competente para julgá-lo;

II – protocolo realizado na própria comarca, seção ou subseção judiciárias;

III – postagem, sob registro, com aviso de recebimento;

IV – transmissão de dados tipo fac-símile, nos termos da lei;

V – outra forma prevista em lei.

§ 3º Na falta da cópia de qualquer peça ou no caso de algum outro vício que comprometa a admissibilidade do agravo de instrumento, deve o relator aplicar o disposto no art. 932, parágrafo único.

§ 4º Se o recurso for interposto por sistema de transmissão de dados tipo fac-símile ou similar, as peças devem ser juntadas no momento de protocolo da petição original.

§ 5º Sendo eletrônicos os autos do processo, dispensam-se as peças referidas nos incisos I e II do caput, facultando-se ao agravante anexar outros documentos que entender úteis para a compreensão da controvérsia."

[70] REsp 1708609/PR, Rel. Min. Moura Ribeiro, 3ª Turma, j. 21.08.2018.

1000 | CURSO DE DIREITO PROCESSUAL CIVIL • *Luiz Fux*

2.6 Procedimento do agravo no tribunal

No tribunal, o agravo é distribuído a um relator que exerce, monocraticamente, o controle da admissibilidade do recurso.

Inadmitindo o relator, como o permite o art. 1.021, do CPC,[71] enseja-se à parte a interposição, no prazo de quinze dias, de um outro "agravo", cognominado na prática judiciária de "interno", dirigido ao órgão competente para julgar o recurso originariamente interposto.[72] Este agravo não tem revisor[73], cabendo manifestação do agravado no mesmo prazo concedido ao agravante e deve ser incluído em pauta, na forma da nova redação do § 2º do citado art. 1.021, do CPC.

---

[71] **"Art. 1.021** – Contra decisão proferida pelo relator caberá agravo interno para o respectivo órgão colegiado, observadas, quanto ao processamento, as regras do regimento interno do tribunal.

§ 1º Na petição de agravo interno, o recorrente impugnará especificadamente os fundamentos da decisão agravada.

§ 2º O agravo será dirigido ao relator, que intimará o agravado para manifestar-se sobre o recurso no prazo de 15 (quinze) dias, ao final do qual, não havendo retratação, o relator levá-lo-á a julgamento pelo órgão colegiado, com inclusão em pauta.

§ 3º É vedado ao relator limitar-se à reprodução dos fundamentos da decisão agravada para julgar improcedente o agravo interno.

§ 4º Quando o agravo interno for declarado manifestamente inadmissível ou improcedente em votação unânime, o órgão colegiado, em decisão fundamentada, condenará o agravante a pagar ao agravado multa fixada entre um e cinco por cento do valor atualizado da causa.

§ 5º A interposição de qualquer outro recurso está condicionada ao depósito prévio do valor da multa prevista no § 4º, à exceção da Fazenda Pública e do beneficiário de gratuidade da justiça, que farão o pagamento ao final."

[72] "Processual civil. Administrativo. Atualização de quintos incorporados. Manutenção de pagamento após julgamento administrativo. Erro operacional. Irrelevância. Tese repetitiva n. 1.009/STJ. Inaplicabilidade. Modulação temporal expressa. Invocação de precedente vinculante manifestamente inaplicável. Violação dos deveres de cooperação, boa-fé e lealdade processual. Princípio *candor toward the court* (candura perante a corte). *Duty to disclose adverse authority* (dever de exposição de precedente vinculante adverso). Descabimento manifesto da insurgência. Multa. 1. O desconto de valores recebidos de boa-fé pelo servidor, quando decorrentes de erro operacional da administração, só é possível nos casos distribuídos após a publicação do acórdão em que se fixou a Tese de recurso repetitivo n. 1.009/STJ. 2. Em sistemas processuais com modelo de precedentes amadurecido, reconhece-se a exigência não só de que os patronos articulem os fatos conforme a verdade, mas que exponham à Corte até mesmo precedentes contrários à pretensão do cliente deles. Evidentemente, não precisam concordar com os precedentes adversos, mas devem apresentá-los aos julgadores, desenvolvendo argumentos de distinção e superação. Trata-se do princípio da candura perante a Corte (*candor toward the Court*) e do dever de expor precedente vinculante adverso (*duty to disclose adverse authority*). 3. O presente caso não exige tamanha densidade ética. No entanto, não se pode ter como razoável que a parte sustente a pretensão em precedente manifestamente contrário ao caso em tela, apontando-o como vinculante em hipótese que teve sua incidência patentemente excluída, por força de modulação, omitindo-se sobre a existência da exceção. 4. A invocação do precedente vinculante na hipótese temporal expressamente excluída de sua incidência pelo próprio julgamento controlador configura violação dos deveres de lealdade, de boa-fé e de cooperação processual, ensejando a aplicação da multa do art. 1.021, § 4º, do CPC/2015, ante manifesta inadmissibilidade. 5. Agravo interno a que se nega provimento, com imposição de multa, fixada em 5% do valor atualizado da causa" (AgInt nos EDcl no RMS 34.477/DF, Rel. Min. Og Fernandes, 2ª Turma, j. 21.06.2022, *DJe* 27.06.2022).

[73] Como melhor elucidado adiante, vale pontuar que, embora o CPC/2015 tenha suprimido a figura do revisor como regra geral no processo civil, restou mantido o procedimento da revisão no caso das ações rescisórias processadas e julgadas originalmente no Superior Tribunal de Justiça, tal como previsto pela Lei nº 8.038/1990. Sobre o tema, confira-se o seguinte julgado:

"Processual civil. Ação rescisória. Procedimento legal. Elaboração de relatório para remessa ao revisor. Previsão da Lei 8.038/1990. Não ocorrência de revogação pelo CPC/2015.

1. O advento do CPC/2015 eliminou, como regra geral, a figura do revisor dos procedimentos da apelação, dos embargos infringentes e da ação rescisória, antes prevista no art. 551 do CPC/1973.

2. Nada obstante isso, a Lei 8.038/1990 é lei especial que institui normas procedimentais para determinados processos específicos e contém previsão expressa em seu art. 40 de que as ações rescisórias no Superior Tribunal de Justiça adotem como procedimento a sujeição à revisão.

3. Assim, embora o CPC/2015, como dito, tenha suprimido a revisão como regra geral no processo civil e tenha também revogado explicitamente diversos preceitos da Lei 8.038/1990, não o fez quanto ao art. 40, que permanece em vigor e, por isso, as ações rescisórias processadas e julgadas originalmente no Superior Tribunal de Justiça continuam a submeter-se a tal fase procedimental.

Provido o agravo interno, abre-se a via para conhecimento do agravo obstado na sua marcha. Desprovido o recurso interno, confirma-se a inadmissão.

Admitido o agravo de instrumento, pura e simplesmente, o relator mandará intimar o agravado pessoalmente, por carta com aviso de recebimento, quando não tiver procurador constituído, ou pelo Diário da Justiça ou por carta com aviso de recebimento dirigida ao seu advogado para que responda no prazo de 15 (quinze) dias (art. 1.019, inciso II, do CPC), facultando-lhe juntar a documentação que entender conveniente, sendo que, nas comarcas sede de tribunal e naquelas em que o expediente forense for divulgado no diário oficial, a intimação far-se-á mediante publicação no órgão oficial.

A resposta do recorrido também pode ser dirigida diretamente à Secretaria da Câmara ou postada pelo correio. Essas facilidades indicam que a *tempestividade é aferida pela postagem também*. Havendo interesses indisponíveis em jogo (art. 178 do CPC), abre-se vista pessoal ao Ministério Público, que disporá do prazo de 30 (trinta) dias para pronunciar-se. Observe-se que, por força de leis institucionais, tanto o Ministério Público quanto a Defensoria Pública dispõem da prerrogativa da "vista pessoal" para que se inicie o transcurso de seus prazos.[74]

2.6.1 Os poderes do relator no agravo de instrumento

Prosseguindo no intento de aumentar os poderes do relator de modo a minimizar o trabalho do colegiado, o legislador empreendeu alguns ajustes nas reformas anteriores, calcado na novel experiência da decisão monocrática em substituição à colegialidade.

Imperioso cotejarem-se os textos atuais e anterior para que se fixe com clareza as alterações procedidas.

Consoante o artigo 1.019, recebido o agravo de instrumento no tribunal e distribuído imediatamente, se não for o caso de aplicação do julgamento monocrático[75], o relator, no prazo de cinco dias: I – poderá atribuir efeito suspensivo ao recurso ou deferir, em antecipação de tutela, total ou parcialmente, a pretensão recursal, comunicando ao juiz sua decisão; II – ordenará a intimação do agravado pessoalmente, por carta com aviso de recebimento, quando não tiver procurador constituído, ou pelo Diário da Justiça ou por carta com aviso de recebimento dirigida ao seu advogado, para que responda no prazo de 15 (quinze) dias, facultando-lhe juntar a documentação que entender necessária ao julgamento do recurso; III – determinará a intimação do Ministério Público, preferencialmente por meio eletrônico, quando for o caso de sua intervenção, para que se manifeste no prazo de quinze dias.

A medida visa a autorizar o relator a evitar que se submeta, ao ritualismo do julgamento colegiado, causas cujas decisões são sedimentadas em jurisprudência pacífica.

Por outro lado, a possibilidade de dar provimento ao recurso "manifestamente procedente" conspira em favor do devido processo legal conferindo, a quem tem um bom direito revelável *prima facie*, a tutela imediata. Trata-se da denominada tutela da evidência em face do direito líquido e certo do recorrente.

Mantendo o princípio do duplo controle da admissibilidade, a lei concede recurso dessa decisão do relator, denominando-o de agravo, a ser apreciado pelo órgão competente para o julgamento

---

4. Questão de ordem conhecida para estabelecer que as ações rescisórias processadas e julgadas originariamente no Superior Tribunal de Justiça continuam sujeitas ao procedimento da revisão."
(AR 5.241/DF, Rel. Min. Mauro Campbell Marques, Corte Especial, j. 05.04.2017, *DJe* 12.05.2017)

[74] No mesmo sentido, **Nery**, *Coment.*, cit., p. 955, com a indicação da legislação especial.

[75] **"Art. 932**. Incumbe ao relator: (...)
III – não conhecer de recurso inadmissível, prejudicado ou que não tenha impugnado especificamente os fundamentos da decisão recorrida;
IV – negar provimento a recurso que for contrário a:
a) súmula do Supremo Tribunal Federal, do Superior Tribunal de Justiça ou do próprio tribunal;
b) acórdão proferido pelo Supremo Tribunal Federal ou pelo Superior Tribunal de Justiça em julgamento de recursos repetitivos;
c) entendimento firmado em incidente de resolução de demandas repetitivas ou de assunção de competência; (...)."

do recurso. Essa impugnação será dirigida diretamente ao relator do recurso no prazo de quinze dias, e, se não houver retratação, o relator incluirá o recurso em pauta, proferindo voto; provido o agravo, o recurso terá seguimento.

A previsão da rejeição do recurso ou de seu provimento, pelo relator, porque em dissonância com súmula ou precedente eleito pela lei, inaugura uma técnica mitigada da súmula vinculante.

Negado seguimento ao recurso por ato do relator, o agravo regimental interposto forma uma relação angular entre o agravante e o relator, excluída qualquer resposta do agravado. *Mutatis mutandis* o fenômeno ritual que se opera é semelhante ao indeferimento da inicial.[76]

Tratando-se de rejeição liminar de agravo de instrumento, o agravado somente se pronunciará após o provimento do agravo interno ora em exame.

Essa técnica de sumarização se aplica a qualquer recurso e permite ao relator que aprecie, inclusive, o mérito do recurso, desde que manifestamente improcedente.

Trata-se da denominada "tutela antecipada nos tribunais", tema abordado na teoria geral dos recursos.

Volvendo aos poderes do relator, observa-se que a sistemática do novel art. 932, CPC, ampliou--os ainda mais.

Destarte, manteve-se a previsão de oitiva do Ministério Público, nas hipóteses de sua intervenção (art. 178 do CPC). *In casu*, funciona o *custos iuris* em exercício na câmara ou turma para onde foi distribuído incontinenti o agravo.

Após o advento da antecipação de tutela, surgiu a seguinte indagação: pode o tribunal conceder a tutela que não foi deferida em primeiro grau?

A jurisprudência e a doutrina encaminharam-se no sentido de permitir o que se cognominou *efeito ativo ao agravo*, a autorizar o relator a antecipar a tutela total ou parcialmente, à luz da verossimilhança do alegado pela parte. Aliás, não se poderia imaginar postura doutrinária diversa num país em que a Constituição promete o cumprimento do devido processo legal e decorre do princípio da inafastabilidade que nenhuma ameaça a direito deve escapar à apreciação judicial. Assim, o relator do agravo pode conceder antecipação de tutela diante da omissão do juiz, a qual, em si, pode revelar *error in procedendo* ou *in judicando*.

Dissipando as divergências de outrora quanto a esse poder do relator, a novel redação não deixa a menor margem a qualquer dúvida: o relator poderá atribuir efeito suspensivo ao recurso ou deferir, em antecipação de tutela, total ou parcialmente, a pretensão recursal, comunicando ao juiz sua decisão (art. 1.019, I, do CPC).

Ao atribuir efeito suspensivo ao recurso, o relator susta a eficácia da decisão agravada. Na hipótese de omissão na concessão do pleito do agravante, não há o que se sustar. É a antecipação da tutela recursal que propiciará ao recorrente a utilidade que lhe foi negada em primeira instância, a consignação do efeito ativo do agravo.

Ultimadas todas essas providências e após a intimação do agravado, o relator deve pedir dia para julgamento (art. 1.020[77] do CPC).

Segue-se a mesma ordem preconizada para a apelação, quanto à sessão, divulgação do resultado do julgamento e publicação do acórdão.

3. AGRAVO INTERNO

No âmbito dos Tribunais, o recurso de agravo interno – anteriormente também denominado *agravo regimental*, por sua previsão nos regimentos internos de cada Tribunal – exsurge como iniciativa relevante. Sua interposição é possível contra decisão proferida pelo relator, com o intuito

---

[76] Nesse sentido, **Nery**, *Cód. Anotado*, p. 991.

[77] **"Art. 1.020.** O relator solicitará dia para julgamento em prazo não superior a 1 (um) mês da intimação do agravado."

Parte XI • III – RECURSOS EM ESPÉCIE | **1003**

de levar a temática à apreciação do respectivo órgão colegiado (art. 1.021[78]). O Código ampliou o cabimento desta modalidade recursal, estendendo-a a todas as decisões monocráticas de relatores, extinguindo dúvidas variadas.

Na esteira do já exposto acerca da potencialização dos poderes dos relatores, enquanto instrumento para alcance da celeridade na prestação jurisdicional, bem como de sua otimização, funciona o agravo interno como instrumento apto a resguardar a colegialidade dos Tribunais.

A apresentação da insurgência deve conter os fundamentos específicos de impugnação da decisão agravada. No entanto, pretendeu o legislador de 2015 esclarecer a relevância da dialeticidade no agravo interno, afastando a prática recorrente de repetição dos argumentos do recurso interposto e julgado monocraticamente na petição do referido agravo (art. 1.021, § 1º).

Dirigido ao relator prolator da decisão agravada, o recurso comporta juízo de retratação, como sói suceder nos agravos. Acaso mantida a decisão, o recurso deve ser levado a julgamento por órgão colegiado, vedando-se a mera repetição dos argumentos veiculados na decisão recorrida, considerando que também não haja uma mera repetição na peça recursal (art. 1.021, §§ 2º e 3º).

A reconsideração da decisão recorrida ou o provimento do recurso não poderá se dar sem que se oportunize o oferecimento de contrarrazões à parte agravada, caso possa sobrevir-lhe prejuízo.

Nas hipóteses de recurso manifestamente inadmissível ou unanimemente improcedente, é possível a fixação de multa de um a cinco por cento sobre o valor da causa, cujo montante será devido ao agravado. Nessa hipótese, o prévio depósito desse valor é condição para a interposição de novos recursos, a menos que se trate da Fazenda Pública ou de beneficiário da justiça gratuita, que poderão realizar o pagamento ao final do processo (art. 1.021, §§ 4º e 5º).

Cumpre registrar que o STJ entende que "A aplicação da multa prevista no § 4º do art. 1.021 do CPC/2015 não é automática, não se tratando de mera decorrência lógica do não provimento do agravo interno em votação unânime." Assim, "A condenação do agravante ao pagamento da aludida multa, a ser analisada em cada caso concreto, em decisão fundamentada, pressupõe que o agravo interno mostre-se manifestamente inadmissível ou que sua improcedência seja de tal forma evidente que a simples interposição do recurso possa ser tida, de plano, como abusiva ou protelatória [...]".[79]

4. EMBARGOS DE DECLARAÇÃO

4.1 Generalidades

As decisões judiciais têm como finalidade última a definição de direitos e, para esse fim, devem ser claras e precisas, evitando ambiguidades resultantes de sua inteligência. A clareza e a precisão das decisões estão intimamente ligadas à ideia de pacificação ínsita no poder jurisdicional, além de nortear as manifestações de irresignação ou conformidade das partes com a mesma. Não se pode recorrer se não se sabe o alcance do ato judicial e, *a fortiori*, o prejuízo causado pela manifestação

---

[78] **"Art. 1.021.** Contra decisão proferida pelo relator caberá agravo interno para o respectivo órgão colegiado, observadas, quanto ao processamento, as regras do regimento interno do tribunal.

§ 1º Na petição de agravo interno, o recorrente impugnará especificadamente os fundamentos da decisão agravada.

§ 2º O agravo será dirigido ao relator, que intimará o agravado para manifestar-se sobre o recurso no prazo de 15 (quinze) dias, ao final do qual, não havendo retratação, o relator levá-lo-á a julgamento pelo órgão colegiado, com inclusão em pauta.

§ 3º É vedado ao relator limitar-se à reprodução dos fundamentos da decisão agravada para julgar improcedente o agravo interno.

§ 4º Quando o agravo interno for declarado manifestamente inadmissível ou improcedente em votação unânime, o órgão colegiado, em decisão fundamentada, condenará o agravante a pagar ao agravado multa fixada entre um e cinco por cento do valor atualizado da causa.

§ 5º A interposição de qualquer outro recurso está condicionada ao depósito prévio do valor da multa prevista no § 4º, à exceção da Fazenda Pública e do beneficiário de gratuidade da justiça, que farão o pagamento ao final."

[79] AgInt nos EREsp 1.120.356/RS, Rel. Min. Marco Aurélio Bellizze, 2ª Seção, j. 24.08.2016, *DJe* 29.08.2016.

1004 | CURSO DE DIREITO PROCESSUAL CIVIL • *Luiz Fux*

jurisdicional. Entretanto, assim como juízes perpetram erros de injustiça e ilegalidade nas decisões, corrigíveis pelos recursos, podem também incidir no vício *in procedendo* da pouca clareza de suas manifestações judiciais, ensejando dúvidas por força de omissões, contradições ou obscuridade[80].

Visando a conjurar esses defeitos, a lei permite que o magistrado esclareça o seu ato, uma vez provocado pela parte. O instrumento de que se vale o sujeito do processo para provocar o juiz a esclarecer as suas manifestações denomina-se *embargos de declaração*. Em face desta sua razão de ser, inegável é o cabimento desse recurso contra qualquer manifestação judicial. Trata-se de um expediente de *hermenêutica judicial* ou *interpretação judicial autêntica*, porquanto engendrada pelo próprio produtor da dúvida, equivalendo a um pedido de esclarecimento.[81]

Esses defeitos da pouca clareza das decisões podem verificar-se em decisões interlocutórias, sentenças definitivas ou terminativas, acórdãos, votos vencidos[82] ou decisões interlocutório--monocráticas dos tribunais.[83]

Assim, *v.g.*, são cabíveis os embargos de declaração caso o juiz, ao julgar o pedido do autor com base em dupla causa de pedir (despejo por infração contratual e retomada para uso próprio), acolha a procedência deste último e se omita quanto à infração. Nessa hipótese, o autor deve pedir que o magistrado se pronuncie, também, acerca da causa de pedir consistente na infração contratual. Vejamos outros exemplos de decisões que desafiam os embargos de declaração: a) a decisão interlocutória que defere uma das provas requeridas e silencia sobre a outra também pleiteada; b) o acórdão que nega provimento ao recurso do réu condena o autor na sucumbência; c) o voto vencido que, discordando da maioria, não explicita as razões de decidir; ou d) a decisão do relator do recurso especial, que, denegando o agravo interposto contra o seu seguimento, determina a sua inclusão em pauta para julgamento do recurso extremo. Todas essas são situações contraditórias da decisão que desafiam os embargos de declaração.

Os embargos de declaração, não obstante endereçados ao próprio juízo prolator da decisão a ser esclarecida, é considerado pela lei "recurso", como se verifica do art. 994 do CPC.

Topograficamente tratado no capítulo dos recursos, a própria lei esclarece que os embargos *interrompem* o prazo para o oferecimento de outro meio de impugnação (art. 1.026 do CPC).[84]

Contudo, a finalidade de *integração* da decisão pela sua pouca clareza, torna-o cabível mesmo das decisões, em princípio, *irrecorríveis*.

---

[80]   Sobre a modalidade recursal, ver: **Teresa Arruda Alvim**. *Embargos de declaração*, 2021.

[81]   Os antigos denominavam-no de "Embargos de Aclaramento".

[82]   Nesse mesmo sentido, **Nery**, *Recursos*, p. 369.

[83]   No mesmo sentido, **Barbosa Moreira**, *Coment.*, nos 140 e 303, p. 221e 498. **Nelson Nery**, ob. cit., p. 965; **Moniz de Aragão**, *RT*, 633/14, e **Bermudes**, *Reforma*, p. 66.

[84]   "**Art. 1.026.** Os embargos de declaração não possuem efeito suspensivo e interrompem o prazo para a interposição de recurso.

§ 1º A eficácia da decisão monocrática ou colegiada poderá ser suspensa pelo respectivo juiz ou relator se demonstrada a probabilidade de provimento do recurso ou, sendo relevante a fundamentação, se houver risco de dano grave ou de difícil reparação.

§ 2º Quando manifestamente protelatórios os embargos de declaração, o juiz ou o tribunal, em decisão fundamentada, condenará o embargante a pagar ao embargado multa não excedente a dois por cento sobre o valor atualizado da causa.

§ 3º Na reiteração de embargos de declaração manifestamente protelatórios, a multa será elevada a até dez por cento sobre o valor atualizado da causa, e a interposição de qualquer recurso ficará condicionada ao depósito prévio do valor da multa, à exceção da Fazenda Pública e do beneficiário de gratuidade da justiça, que a recolherão ao final.

§ 4º Não serão admitidos novos embargos de declaração se os 2 (dois) anteriores houverem sido considerados protelatórios."

Embargos de declaração intempestivos interrompem o prazo para outros recursos? A interrupção beneficia ambas as partes? Ambas as questões estão *sub judice* na jurisprudência do E.STJ. Consulte-se *site* atualizado: www.stj.gov.br.

Destarte, como todos os recursos, os embargos demandam *interesse em recorrer*, de sorte que a declaração há de incidir sobre *fatos relevantes e influentes*.

Diferentemente dos outros recursos estatuídos no Código, o prazo para oposição dos embargos de declaração é de cinco dias (art. 1.023),[85] aplicando-se a mesma contagem também para suas contrarrazões, com o que o legislador superou os inconvenientes do prazo em "horas", previsto em antigos diplomas. Esse prazo conta-se da intimação da decisão, sendo admissível a interposição antecipada pelo advogado que, participando da seção de julgamento, verificou a omissão. Aliás, o princípio da fungibilidade ampara essa hipótese tanto mais que o que não se admite é a interposição intempestiva.

Os embargos de declaração, além da tempestividade como requisito de admissão dos embargos, também têm que preencher o requisito consistente na regularidade da forma, por isso que a lei impõe petição escrita[86] dirigida ao juiz ou relator, com indicação do ponto obscuro, contraditório ou omisso.

Ressalte-se que os embargos de declaração não são sujeitos a preparo.

Ainda que se admita, em algumas situações, que o embargado em princípio não seja ouvido, se o pedido for de integração do julgado com a modificação da decisão em razão de ponto omisso não resolvido e nas hipóteses de acolhimento com *efeito modificativo ou infringente*, deve-se proceder à sua prévia intimação para que ofereça contrarrazões (art. 1.023, § 2º).

Interposto perante e para o próprio juízo prolator da decisão, enquadra-se esse recurso na categoria de *recurso de retratação*.

4.2 Cabimento dos embargos de declaração[87]

O artigo 1.022 do CPC dispõe que cabem embargos de declaração contra qualquer decisão judicial para: I – esclarecer obscuridade ou eliminar contradição; II – suprir omissão de ponto ou questão sobre o qual devia se pronunciar o juiz de ofício ou a requerimento; III – corrigir erro material.

O Código enumera como vícios passíveis de serem afastados pelos embargos de declaração a *obscuridade*, a *contradição*, a *omissão* e o *erro material*.

A técnica legislativa empregada poderia, em princípio, ser refutada, optando-se por uma fórmula genérica indicativa da pouca clareza da decisão. Entretanto, bem analisados à luz da praxe, esses vícios apresentam diversas consequências.

A *contradição* e a *obscuridade* referem-se a algo que foi apreciado pelo juiz, ao passo que a omissão reclama um novo pronunciamento integrativo. Isto significa que, havendo *omissão*, a decisão pode vir a ser modificada quantitativa ou qualitativamente pelo novel provimento. Tratando-se de *contradição* ou de *obscuridade*, o provimento é explicitado, ainda que em sentido diverso. Essa possibilidade de alteração da decisão após o julgamento dos embargos confere ao mesmo o que se denomina na doutrina *efeitos modificativos* ou *infringentes*, muito embora a regra geral seja apenas o aclaramento, o que implica a imodificabilidade do julgado. O suprimento da omissão pode potencialmente impor a alteração do julgado. Assim, são incabíveis embargos de declaração com a finalidade de rediscutir questão já apreciada com o escopo de obter a modificação do resultado final.

---

[85] **"Art. 1.023.** Os embargos serão opostos, no prazo de 5 (cinco) dias, em petição dirigida ao juiz, com indicação do erro, obscuridade, contradição ou omissão, e não se sujeitam a preparo.

§ 1º Aplica-se aos embargos de declaração o art. 229.

§ 2º O juiz intimará o embargado para, querendo, manifestar-se, no prazo de 5 (cinco) dias, sobre os embargos opostos, caso seu eventual acolhimento implique a modificação da decisão embargada."

[86] Vale ressalvar que, no âmbito dos juizados especiais cíveis, os embargos de declaração podem ser interpostos por escrito ou oralmente (art. 49 da Lei 9.099/1995), caso este em que devem ser reduzidos a termo.

[87] **Súmula nº 317 do STF:** "São improcedentes os embargos declaratórios, quando não pedida a declaração do julgado anterior, em que se verificou a omissão".

Súmula nº 356 do STF: "O ponto omisso da decisão, sobre o qual não foram opostos embargos declaratórios, não pode ser objeto de recurso extraordinário, por faltar o requisito do prequestionamento". No mesmo sentido, **Súmula nº 282 do STF:** "É inadmissível o recurso extraordinário, quando não ventilada, na decisão recorrida, a questão federal suscitada".

CURSO DE DIREITO PROCESSUAL CIVIL • *Luiz Fux*

Destarte, considerando a finalidade dos embargos de declaração, é inadmissível formular pedido novo, com efeito modificativo. Em suma, os embargos declaratórios são apelos de integração – não de substituição, na expressão do Ministro Humberto Gomes de Barros.

A *obscuridade* verifica-se pela impossibilidade *prima facie* de se extrair o alcance do julgado, *v.g.*, quando a decisão estabelece a desocupação do imóvel sem indicar o seu prazo.

A *contradição* revela-se por proposições inconciliáveis, como a que, julgando procedente o pedido, impõe ao autor a sucumbência. A incompatibilidade pode dar-se entre a motivação e a parte dispositiva da sentença, *v.g.*, quando o juiz afirma convencer-se do vício de consentimento apto a anular o negócio jurídico e julga improcedente o pedido. Essa *dissintonia* nos julgados colegiados pode ocorrer entre a *ementa* e o *acórdão*, consoante já visto, devendo prevalecer este último, porquanto aquela é a suma do julgamento. Entretanto, é mister o oferecimento dos embargos nessa hipótese, apesar de a prevalência decorrer de jurisprudência pacífica.[88]

O embargante há de apontar a *contradição* de forma objetiva em vez de formular verdadeira "consulta" ao Judiciário.[89]

A *omissão* é característica dos julgamentos *citra petita* em que o julgador omite-se na apreciação de pedidos ou questões, mas também é cabível quando o *error in procedendo* enquadra-se no julgamento *ultra petita*, cujos excessos devem ser podados através dos embargos de declaração.[90] Assim, *v.g.*, se a parte formula cumulação de pedidos, cumpre ao juiz apreciar ambos, ainda que considere um dos pleitos como pedido implícito. É que no Direito brasileiro, em princípio, *não há julgamento implícito, senão pedidos implícitos*, *v.g.*, o pedido de juros de mora, o de honorários advocatícios, bem como o de prestações vincendas nas relações jurídicas de trato sucessivo, objeto de ação condenatória (art. 85 c/c art. 322 c/c art. 323 do CPC).

A *omissão* implica inclusão de novo capítulo ao julgamento; por isso, para atender ao postulado do contraditório, faz-se mister a oitiva do *embargado*.

Deveras, a *omissão apresenta um aspecto ímpar em sede de cabimento do recurso extraordinário e do recurso especial*; é que, não suprida por essa forma de impugnação a lacuna do aresto recorrido, impede-se que a matéria omitida seja apreciada nos tribunais superiores, por falta de prequestionamento.

As Cortes Superiores por meio de seus entendimentos predominantes consubstanciados nas súmulas preconizam que a matéria devolvida ao STF ou ao STJ seja *prequestionada*.[91] É nesse particular que os embargos desempenham notável função integrativa, sendo certo que, mesmo nos embargos de declaração com fim de prequestionamento, deve-se observar os limites traçados no art. 1.022 do CPC (obscuridade, contradição, omissão). Em consequência, não se pode embargar para "questionar" pela vez primeira, nem mesmo matérias alegáveis a qualquer tempo, como a prescrição, a incompetência absoluta etc. Nesse segmento, observe-se que há diferença entre "prequestionamento" e "questionamento originário" em embargos de declaração, este último inadmissível com o fito de se conferir caráter infringente ao recurso.

É nesse sentido que se afirma incabíveis embargos de declaração para suscitar questões novas, sendo certo que é essa a *ratio essendi* das súmulas do E. STF[92].

---

[88] Diverso é o entendimento do Ministro Moreira Alves quanto ao cabimento de Embargos nessa hipótese, *in* RE nº 88.690, 1ª Turma, j. 19.06.1978.

[89] STJ, 1ª T., EDcl. no REsp. nº 11.847-0-AM, rel. Min Milton Luiz Pereira, *DJU* 21.02.1994, p. 2.118.

[90] A jurisprudência, entretanto, vem admitindo embargos de declaração contra decisão *ultra petita* com manifesto efeito modificativo, pretendida a redução (*in RSTJ*, 50/556).

[91] **Súmulas nos 282 e 356, do STF.**

[92] **Súmula nº 317** – "São improcedentes os embargos declaratórios, quando não pedida a declaração do julgado anterior, em que se verificou a omissão";

Súmula nº 356 do STF – "O ponto omisso da decisão, sobre o qual não foram opostos embargos declaratórios, não pode ser objeto de recurso extraordinário, por faltar o requisito do prequestionamento";

Súmula nº 282 do STF – "É inadmissível o recurso extraordinário, quando não ventilada, na decisão recorrida, a questão federal suscitada".

Parte XI • III — RECURSOS EM ESPÉCIE | **1007**

Outra instigante questão prática é a dos embargos declaratórios com o suposto desígnio de prequestionar a incidência de diversos dispositivos legais.

A praxe forense revela a constância de oferecimento de embargos de declaração através dos quais a parte pleiteia que o tribunal se manifeste sobre a incidência de vários dispositivos legais supostamente aplicáveis ao caso concreto. Nesses casos, os embargos sugerem uma consulta acadêmica. Os nossos tribunais têm-se posicionado no sentido de que não é função dos embargos de declaração responder a questionários, ressalvando-se, nesse caso, inconcebível consulta ao Judiciário. É que tecnicamente a solução está em que o julgamento por omissão pressupõe tenha o órgão julgador saltado sobre o ponto. Nada obstante, se a fundamentação da conclusão a que chegou o aresto independe dos dispositivos legais citados pela parte, é indiferente a omissão noticiada através de embargos de declaração. Isto por que indicando, razão suficiente para fundar a decisão, o Judiciário não tem o dever de responder aos argumentos que, por si sós, contrapõem-se à decisão.

A promiscuidade na utilização dos embargos de declaração suscita preconceitos contra o recurso, por vezes imerecido.

Sugere-se, em notável interpretação autêntica dos tribunais, que "os embargos declaratórios não consubstanciam crítica ao ofício judicante, mas servem-lhe ao aprimoramento. Ao apreciá-los, o órgão deve fazê-lo com espírito de compreensão, atentando para o fato de consubstanciarem verdadeira contribuição da parte em prol do devido processo legal"[93].

Outrossim, o legislador, em boa hora, excluiu a *dúvida*[94] como defeito conjurável por embargos de declaração, haja vista que a sentença não a contempla senão a gera no espírito do intérprete da decisão judicial. Em suma, uma decisão duvidosa o é subjetivamente e não objetivamente.

Por outro lado, inseriu-se, dentre as hipóteses de cabimento, o erro material que pode ser corrigido por embargos de declaração. Tem-se por erro material o equívoco relacionado a aspectos objetivos da decisão, *v.g.* erros de cálculo e de digitação.

Advirta-se, por fim, que os simples erros materiais podem ser corrigíveis de ofício e independentemente de embargos, muito embora estes sejam também servis a esses defeitos.

Deveras, o defeito do pouco aclaramento da deliberação judicial pode estar na manifestação isolada dos componentes do colegiado.

Por essa razão é pacífico o entendimento de que cabem embargos de declaração em relação ao voto vencido com o escopo de avaliar a extensão da divergência. Esse mesmo raciocínio inspira o cabimento dos embargos para apuração dos termos de um dos votos integrantes do julgamento colegiado, ainda que não o voto vencido, *v.g.*, um "voto-vista" no E. STJ.

Assim, por exemplo, se a parte não se apreende ao voto foi vencido ou tampouco acompanhou a maioria, pode interpor embargos de declaração.

Dentre as inovações do Código relativamente aos embargos de declaração, destaca-se a expressa possibilidade legal de que o órgão julgador conheça dos embargos de declaração como agravo interno, caso entenda ser este o recurso cabível na espécie art. 1.024, § 3º).[95] Nessa situação, deverá

---

[93] STF – 2ª Turma, AI nº 163.047-5-PR-AgRg-EDcl, Rel. Min. Marco Aurélio, j. 18.12.1995.

[94] Ao que tudo indica, a origem do vocábulo deriva do fato de as Ordenações mencionarem "palavras duvidosas" como pressuposto do pedido de aclaramento.

[95] **"Art. 1.024.** O juiz julgará os embargos em 5 (cinco) dias.

§ 1º Nos tribunais, o relator apresentará os embargos em mesa na sessão subsequente, proferindo voto, e, não havendo julgamento nessa sessão, será o recurso incluído em pauta automaticamente.

§ 2º Quando os embargos de declaração forem opostos contra decisão de relator ou outra decisão unipessoal proferida em tribunal, o órgão prolator da decisão embargada decidi-los-á monocraticamente.

§ 3º O órgão julgador conhecerá dos embargos de declaração como agravo interno se entender ser este o recurso cabível, desde que determine previamente a intimação do recorrente para, no prazo de 5 (cinco) dias, complementar as razões recursais, de modo a ajustá-las às exigências do art. 1.021, § 1º.

§ 4º Caso o acolhimento dos embargos de declaração implique modificação da decisão embargada, o embargado que já tiver interposto outro recurso contra a decisão originária tem o direito de complementar ou

1008 | CURSO DE DIREITO PROCESSUAL CIVIL • *Luiz Fux*

determinar a prévia intimação do recorrente para que, no prazo de 5 (cinco) dias, complemente as razões recursais, adequando-as às exigências do agravo interno.

4.3 Efeitos dos embargos de declaração

Os recursos, em regra, têm efeito duplo: devolutivo e suspensivo.

Os embargos apresentam singularidades sob essa ótica.

Em primeiro lugar, *o efeito do recurso é mais do que suspensivo*; *é interruptivo*, haja vista que, enquanto não integrada a decisão, não se pode cogitar de torná-la efetiva.

Aliás é sob essa ótica que antes de julgados os embargos de declaração de qualquer das partes não há exaurimento a admitir outro recurso, na medida em que a possibilidade de decisão ainda não é pronunciamento último do Judiciário, tese que influi sobremodo no cabimento dos recursos para os Tribunais Superiores. Destarte, a letra do artigo 1.024 do CPC[96] não deixa margem a dúvidas de que a interrupção opera-se em relação a ambas as partes, por isso que se aquela que não embargou, adiantar-se e interpuser, *v.g.*, o recurso especial, deverá após o julgamento dos embargos, caso altere o resultado anterior da lide, reiterar a sua intenção em vê-lo julgado para fins de exaurimento da última instância exigida constitucionalmente.

Sinteticamente, poder-se-ia afirmar que o efeito interruptivo influi no prazo do recurso subsequente, e a razão é simples: enquanto não esclarecida a decisão judicial, as partes não podem depreender a extensão do gravame.

A possibilidade de o esclarecimento trazer nova definição importa que a *interrupção se estenda a ambas as partes*, já que, à luz do novel provimento, qualquer delas pode vir a ter interesse em recorrer, *v.g.*, quando o juiz, ao dissipar a contradição, conclui sobre a procedência do pedido em vez da improcedência anteriormente declarada em contradição com os fundamentos.

Fundamental destacar o efeito modificativo dos embargos de declaração no CPC. Veja-se, pois, que o objetivo precípuo do recurso dos embargos declaratórios é justamente integrar a decisão proferida, prestando esclarecimentos e elucidando omissões e contradições que possam ter surgido em meio à análise dos fundamentos para chegar àquela conclusão. Ademais, os embargos são comumente utilizados com o fim de prequestionamento de dispositivos legais e constitucionais para viabilizar a interposição de recursos – especial e extraordinário – aos Tribunais Superiores, consoante se extrai do art. 1.025, do CPC[97].

Todavia, em algumas hipóteses, admite-se o conhecimento e provimento dos embargos de declaração com efeitos modificativos. Nesses casos, a oposição dos embargos visa a sanar omissão, contradição, obscuridade ou erro material tamanho que interfere diretamente no dispositivo da decisão embargada. Diz-se, assim, que se trata de embargos com efeitos infringentes.

Em situações como a descrita, o Código prevê a necessidade de oitiva da parte embargada, a fim de assegurar o contraditório no curso processual. Trata-se de incorporação no procedimento

---

alterar suas razões, nos exatos limites da modificação, no prazo de 15 (quinze) dias, contado da intimação da decisão dos embargos de declaração.

§ 5º Se os embargos de declaração forem rejeitados ou não alterarem a conclusão do julgamento anterior, o recurso interposto pela outra parte antes da publicação do julgamento dos embargos de declaração será processado e julgado independentemente de ratificação."

[96] "**Art. 1.024**. § 4º Caso o acolhimento dos embargos de declaração implique modificação da decisão embargada, o embargado que já tiver interposto outro recurso contra a decisão originária tem o direito de complementar ou alterar suas razões, nos exatos limites da modificação, no prazo de 15 (quinze) dias, contado da intimação da decisão dos embargos de declaração.

§ 5º Se os embargos de declaração forem rejeitados ou não alterarem a conclusão do julgamento anterior, o recurso interposto pela outra parte antes da publicação do julgamento dos embargos de declaração será processado e julgado independentemente de ratificação."

[97] "**Art. 1.025**. Consideram-se incluídos no acórdão os elementos que o embargante suscitou, para fins de prequestionamento, ainda que os embargos de declaração sejam inadmitidos ou rejeitados, caso o tribunal superior considere existentes erro, omissão, contradição ou obscuridade."

da norma positivada que impõe o respeito ao contraditório das partes e impede a prolação de decisões – ou sua alteração – sem que uma das partes se pronuncie sobre a objeção apontada (arts. 9º e 10 do CPC). Em caso de rejeição dos embargos, ou ainda quando não se verifiquem efeitos modificativos, é possível o julgamento sem a oitiva da parte embargada. Isso se dá em privilégio à celeridade processual, eis que não há prejuízo (*pas de nullité sans grief*) àquele que não foi ouvido.

Destaque-se, ainda, que a vigente legislação processual promoveu sutil alteração em entendimento previamente consolidado que operava como mecanismo de jurisprudência defensiva. O art. 1.024, § 5º, do CPC[98] superou o Enunciado nº 418 do STJ que demandava ratificação do recurso especial interposto antes do julgamento de embargos de declaração que não modificaram o acórdão recorrido.

4.4   Litigância abusiva na oposição dos embargos de declaração

Por fim, deve-se mencionar o chamado efeito interruptivo natural dos embargos de declaração. O Código, consoante visto, dispõe que os embargos de declaração interrompem o prazo para a interposição de outros recursos, por qualquer das partes (art. 1.026 do CPC).

Esse efeito amplia, de forma oblíqua, o prazo para interposição do recurso subsequente e pode servir, eventualmente, de instrumento de protelação. Veja-se que a intenção de postergar o inevitável resultado processual sem fundamentos adequados e hábeis para tanto foi coibida pelo novo Código que, inspirado nos estudos da análise econômica do direito, impôs uma série de ônus àquele que pauta sua atuação no processo em sentido contrário à duração razoável do processo.

Assim, atento a essa possibilidade, o legislador impôs severas sanções ao *embargante protelatório*, exacerbadas em caso de reiteração (art. 1.026, § 2º a 4º, do CPC).[99] Isto não significa que os embargos de declaração interpostos contra decisão de embargos de declaração sejam incabíveis. Apenas se os dois embargos anteriores forem considerados protelatórios não mais se admitem novos embargos de declaração.

Advirta-se que *o pagamento dessa sanção pecuniária é requisito de admissibilidade do recurso subsequente*, requisito que não se estende à Fazenda Pública ou aos beneficiários da gratuidade de justiça.

Destarte, havendo a deslealdade processual indicada na lei e omissão de inflição dessa sanção pelo tribunal, mercê de reconhecida a má-fé, a outra parte pode oferecer embargos para que a punição seja explicitada.

A qualificação dos embargos como protelatórios, sugere alguns critérios extraídos da jurisprudência. Assim, em princípio, na forma da Súmula nº 98 do STJ: "os embargos de declaração

---

[98]   **"Art. 1.024, § 5º.** Se os embargos de declaração forem rejeitados ou não alterarem a conclusão do julgamento anterior, o recurso interposto pela outra parte antes da publicação do julgamento dos embargos de declaração será processado e julgado independentemente de ratificação."

[99]   **"Art. 1.026.** Os embargos de declaração não possuem efeito suspensivo e interrompem o prazo para a interposição de recurso.

§ 1º A eficácia da decisão monocrática ou colegiada poderá ser suspensa pelo respectivo juiz ou relator se demonstrada a probabilidade de provimento do recurso ou, sendo relevante a fundamentação, se houver risco de dano grave ou de difícil reparação.

§ 2º Quando manifestamente protelatórios os embargos de declaração, o juiz ou o tribunal, em decisão fundamentada, condenará o embargante a pagar ao embargado multa não excedente a dois por cento sobre o valor atualizado da causa.

§ 3º Na reiteração de embargos de declaração manifestamente protelatórios, a multa será elevada a até dez por cento sobre o valor atualizado da causa, e a interposição de qualquer recurso ficará condicionada ao depósito prévio do valor da multa, à exceção da Fazenda Pública e do beneficiário de gratuidade da justiça, que a recolherão ao final.

§ 4º Não serão admitidos novos embargos de declaração se os 2 (dois) anteriores houverem sido considerados protelatórios."

1010 | CURSO DE DIREITO PROCESSUAL CIVIL • *Luiz Fux*

manifestados com notório propósito de prequestionamento não têm caráter protelatório". Por outro lado, a aplicação da sanção a pretexto de serem protelatórios os embargos exige motivação.

A possibilidade de interposição maliciosa dos embargos de declaração indica que eles podem ser rejeitados liminarmente, até por intempestividade, decisão essa que comporta agravo.

Por outro lado, mesmo inadmissível o recurso, o efeito interruptivo opera-se, porquanto *a lei previu apenas sanção pecuniária* em caso de impugnação maliciosamente interposta (art. 1.026 e §§ do CPC) e não a perda de prazo do recurso subsequente.

A devolução, nos embargos, tem característica de retratação, na medida em que a irresignação de esclarecimento se volta para o mesmo juízo prolator da decisão. Não obstante sob o ângulo prático seja aconselhável que o mesmo juiz que prolatou a decisão ininteligível a esclareça, tecnicamente não há vinculação quanto à *identidade física* do juiz. Muito embora fosse assente esse princípio na vigência do vetusto CPC e, fosse reconhecido no prolator da decisão obscura o seu melhor intérprete, é cediço que, se o juiz que proferiu a sentença tem cessada sua vinculação ao processo, os embargos devem ser decididos por outro juiz em homenagem à duração razoável do processo.[100]

Anote-se, por fim, que a devolução de uma decisão omissa à instância inferior não reabre o prazo para os embargos contra a nova sentença.[101]

5. RECURSO ORDINÁRIO CONSTITUCIONAL

5.1 Generalidades[102]

O Recurso Ordinário Constitucional ostenta esse *nomen juris* não só porque seus pressupostos estão previstos na Carta Magna, mas também porque tutela garantias constitucionais seculares, como soem ser o mandado de segurança e o *habeas corpus*.

A expressão "ordinário" contrapõe-se a "extraordinário", principalmente porque faz as vezes da apelação e tem, como esta, "ampla devolutividade". Importante ressaltar que quando se classificam os recursos em categorias, é possível falar em recursos ordinários (apelação, agravo, etc.) e recursos extraordinários. Por isso, necessária a cautela ao se falar em recurso ordinário, eis que a mesma nomenclatura comporta o gênero e a espécie recursal.

Os arts. 102, II, *a* e *b*, e 105, II, *a*, *b* e *c*, da Constituição Federal, estabelecem as causas que comportam o recurso ordinário, ora endereçado ao Supremo Tribunal Federal e ora ao Superior Tribunal de Justiça. Assim é que compete ao *Supremo Tribunal Federal* julgar, através de recurso ordinário constitucional: o *habeas corpus*, o mandado de segurança, o *habeas data* e o mandado de injunção, decididos em única instância pelos Tribunais Superiores, se denegatória a decisão.

Por sua vez, ao *Superior Tribunal de Justiça* compete julgar em recurso ordinário: os *habeas corpus* e os mandados de segurança decididos em única ou última instância pelos Tribunais Regionais Federais ou pelos Tribunais dos Estados, do Distrito Federal e Territórios, quando a decisão for denegatória, bem como as causas em que forem partes Estado estrangeiro ou organismo internacional, de um lado, e, do outro, Município ou pessoa residente ou domiciliada no País.

O *ponto em comum*, saliente-se, entre o recurso ordinário endereçado ora ao STF, ora ao STJ, está na necessidade de esgotamento das esferas jurisdicionais, onde as garantias são apreciadas em julgamento e na denegação das mesmas. Há autores, portanto, que identificam o recurso ordinário constitucional como um recurso *secundum eventum litis*, eis que a sua interposição apenas será possível quando a decisão for denegatória de segurança – exceto nos casos do art. 105, II, *b*, da Constituição, em que o recurso decorre de um requisito subjetivo, qual seja a observância das partes do processo.

---

[100] STJ – 4ª Turma, Resp. nº 63.850-0-PR, Rel. Min. Sálvio de Figueiredo, j. 28.11.1995, deram provimento parcial, v.u., *DJU* 18.12.1995, p. 44.579.

[101] Manifesta-se no mesmo sentido **Ovídio Baptista**, *Curso*, vol. I, p. 381. Em sentido oposto, **Barbosa Moreira**, *Coment.*, cit., p. 503.

[102] **Súmula nº 272 do STF:** "Não se admite como ordinário recurso extraordinário de decisão denegatória de mandado de segurança". Ressalte-se que, submetido ao regime da apelação (art. 515 do CPC), o prequestionamento não é requisito de admissibilidade do recurso ordinário (STF – *RT*, 712/307 e *RTJ*, 131/115).

Parte XI • III – RECURSOS EM ESPÉCIE | 1011

A razão de ser do recurso indica ser cabível mesmo quando não se aprecia o mérito da causa, com a extinção terminativa.[103] O Superior Tribunal de Justiça tem entendimento no sentido de que a expressão "denegatória a decisão" tem sentido amplo, pois não só compreende as decisões dos Tribunais que, apreciando o *meritum causae*, indeferem o pedido de mandado de segurança, como também aquelas que, sem resolução do mérito, operam a extinção do processo. Assim, *v.g.*, cabe recurso ordinário ao STF da decisão de Tribunal Superior que não conhece de mandado de segurança, por motivo de decadência porquanto decisão de mérito conforme a dicção da lei (art. 487 do CPC).

Compete ao Supremo Tribunal Federal, o julgamento do recurso ordinário quando a decisão provém dos Tribunais Superiores (STJ, TST, TSE, STM), ao passo que o Superior Tribunal de Justiça julga as decisões de única instância dos Tribunais Regionais Federais, dos Tribunais Estaduais, dos Territórios e do Distrito Federal.

O recurso ordinário constitucional deve preencher os requisitos de admissibilidade estabelecidos para a apelação no tribunal de origem, sendo certo que, nas causas entre os Estados estrangeiros e outros, as decisões interlocutórias agraváveis seguem o regime comum do agravo. É o que dispõe o art. 1.027 e parágrafos do CPC.[104] Aliás, em redação antiga, eram previstos os recursos de apelação e os de agravo nas demandas entre Estados estrangeiros e Município ou pessoa estrangeira domiciliada no Brasil. Hodiernamente, a apelação foi substituída, apenas no nome, pelo recurso ordinário constitucional.

Mencione-se, além disso, que o processo cuja decisão terminativa comporta a interposição de recurso ordinário constitucional – mesmo, e com destaque, aqueles casos de competência do juízo federal de primeira instância – possui decisões interlocutórias não terminativas das quais o recurso cabível será o agravo de instrumento, conforme a regra de cabimento do art. 1.015, CPC, estudada previamente. Destas não cabe a interposição de recurso ordinário e o Tribunal competente para apreciar o recurso será o Tribunal Regional Federal respectivo, e não o Superior Tribunal de Justiça.

5.2 Requisitos de admissibilidade

Os requisitos gerais de admissibilidade do recurso ordinário distinguem-se por algumas peculiaridades.

Inicialmente, é cediço que o prequestionamento não é requisito de admissibilidade do recurso ordinário.

O cabimento do presente recurso exsurge no momento em que denegado o *writ* pelos Tribunais mencionados na Constituição e no art. 1.027 do CPC.

A interposição de recurso extraordinário ou especial em vez do recurso ordinário, ainda que os fundamentos da irresignação sejam constitucionais, torna inadmissível, configurando erro grosseiro, inaplicando-se o princípio da *fungibilidade* (Súmula nº 272 do STF).[105] Consequentemente, a interposição de recurso extraordinário, mesmo que a causa esteja adstrita a questões

---

[103] Nesse mesmo sentido, **Nery**, ob. cit., p. 199, e **Barbosa Moreira**, *Novo Processo Civil Brasileiro*, p. 157.

[104] **"Art. 1.027.** Serão julgados em recurso ordinário:

I – pelo Supremo Tribunal Federal, os mandados de segurança, os *habeas data* e os mandados de injunção decididos em única instância pelos Tribunais Superiores, quando denegatória a decisão;

II – pelo Superior Tribunal de Justiça:

a) os mandados de segurança decididos em única instância pelos Tribunais Regionais Federais ou pelos Tribunais dos Estados e do Distrito Federal e Territórios, quando denegatória a decisão;

b) os processos em que forem partes, de um lado, Estado estrangeiro ou organismo internacional e, do outro, Município ou pessoa residente ou domiciliada no País.

§ 1º Nos processos referidos no inciso II, alínea 'b', contra as decisões interlocutórias caberá agravo de instrumento dirigido ao Superior Tribunal de Justiça, nas hipóteses do art. 1.015.

§ 2º Aplica-se ao recurso ordinário o disposto nos arts. 1.013, § 3º, e 1.029, § 5º."

[105] **Súmula 272 do STF:** "Não se admite como ordinário recurso extraordinário de decisão denegatória de mandado de segurança".

1012 | CURSO DE DIREITO PROCESSUAL CIVIL • *Luiz Fux*

constitucionais, é inadmissível e configura evidente erro grosseiro, tornando inviável a conversão do recurso extraordinário em ordinário e a remessa do mesmo para o STJ.

O recurso ordinário, no que pertine ao *processo civil*, é cabível quando a decisão é denegatória de mandado de segurança, mandado de injunção e *habeas data*. A denegação da liminar não se equipara à denegação da segurança, por isso que o resultado do recurso interposto contra o provimento de urgência não desafia o recurso ordinário constitucional.

Destarte, a decisão atacada deve ser de tribunal (ou Superior ou Tribunais de segunda instância), razão pela qual não cabe esse meio de impugnação das decisões monocráticas dos relatores dos colegiados[106] e das decisões denegatórias provenientes dos juizados especiais, mas são admissíveis do resultado denegatório do recurso interposto contra a manifestação fracionária.[107]

Outrossim, o acórdão que confirma a sentença denegatória de primeiro grau, uma vez que o *writ* não foi decidido em única instância torna inadmissível o recurso ordinário.

A *necessidade de o recurso ser de única instância não autoriza a imediata interposição de recurso extraordinário se a decisão denegatória violar a Constituição Federal,* porquanto o recurso extraordinário pressupõe o exaurimento das vias recursais. Assim, primeiramente deve o recorrido interpor o recurso ordinário. A mesma *ratio* indica ser inadmissível o recurso especial de decisão denegatória em mandado de segurança.

Quanto à inadmissão do recurso ordinário constitucional desafiar o agravo, por analogia ao recurso especial, no Superior Tribunal de Justiça, não se tem admitido esse agravo de instrumento, senão agravo regimental para o órgão fracionário da origem e em seguida recurso especial dessa última decisão.[108]

Especificamente aos processos entre Estado estrangeiro ou organismo internacional e Município ou residente no Brasil, cabendo recurso ordinário da sentença, igualmente assegura o Código o cabimento do agravo de instrumento, também para o Superior Tribunal de Justiça, contra as decisões interlocutórias elencadas no art. 1.015 (art. 1.027, § 1º).

Quanto à tempestividade, a determinação da aplicação das normas procedimentais da apelação ao recurso ordinário implica no seu prazo de interposição, que é de 15 (quinze) dias (art. 1.028 do CPC).

O recurso ordinário, como os meios impugnativos em geral, deve indicar os *errores in procedendo* e *in judicando* da decisão, porquanto não se conhece da impugnação que se limita a repetir os fundamentos do *writ* sem impugnar a decisão denegatória, malgrado, provido o recurso, o seu resultado coincidirá com aquele se a ordem tivesse sido concedida.

5.3   Efeitos do recurso

A *devolutividade* do recurso ordinário transfere ao STF ou ao STJ, a exemplo da apelação, o conhecimento de toda a matéria impugnada, abrangendo as questões suscitadas e discutidas no processo, de natureza constitucional ou não, ainda que a sentença não as tenha julgado por inteiro. Isto porque aplicam-se, integralmente, ao recurso ordinário, as regras do efeito devolutivo da apelação (art. 1.013, e parágrafos, do CPC),[109] inclusive a técnica da causa madura (art. 1013, § 3º,

---

[106]   RMS, nº 17.485-RJ.

[107]   STF, 1ª Turma, Ag. nº 145.395-9-SP, Rel. Min. Celso de Mello, *DJU* 25.11.1994.

[108]   AgRg. no Ag. nº 715.151, Rel. Min. Hamilton Carvalhido.

[109]   **"Art. 1.013.** A apelação devolverá ao tribunal o conhecimento da matéria impugnada.

§ 1º Serão, porém, objeto de apreciação e julgamento pelo tribunal todas as questões suscitadas e discutidas no processo, ainda que não tenham sido solucionadas, desde que relativas ao capítulo impugnado.

§ 2º Quando o pedido ou a defesa tiver mais de um fundamento e o juiz acolher apenas um deles, a apelação devolverá ao tribunal o conhecimento dos demais.

§ 3º Se o processo estiver em condições de imediato julgamento, o tribunal deve decidir desde logo o mérito quando:

I – reformar sentença fundada no art. 485;

Parte XI • III – RECURSOS EM ESPÉCIE | **1013**

c/c art. 1.027, § 2º), merecendo relembrar-se que outrora o atual recurso denominava-se mesmo "apelação". Consequentemente, a aplicação ao recurso ordinário do regime da apelação, em razão da profundidade desta, dispensa o requisito do prequestionamento do tema constitucional, e se lhe estende o efeito suspensivo tradicional.

A necessidade de o recurso ser de única instância não autoriza a imediata interposição de recurso extraordinário se a decisão denegatória violar a Constituição Federal, porquanto o recurso extraordinário pressupõe o exaurimento das vias recursais. Assim, primeiramente deve o recorrido interpor o recurso ordinário constitucional.

O silêncio da lei e a regra geral indicam que o recurso ordinário constitucional tem efeito suspensivo, de pouca relevância prática porquanto interposto de decisão denegatória.

A eventual antecipação da tutela recursal é de competência do relator do recurso, o qual, se já admitido, permite-se a concessão da medida por simples petição ou medida cautelar regimental.

6. RECURSO EXTRAORDINÁRIO E RECURSO ESPECIAL[110]

6.1 Generalidades[111]

Os recursos extraordinário e especial têm um ponto em comum: tutelam, imediatamente, o direito objetivo, a ordem jurídica e, mediatamente, o direito subjetivo da parte vencida.

É que os meios de impugnação acima, sem perderem a característica de "recursos",[112] porquanto possibilitam o reexame das decisões impugnadas em grau superior de jurisdição, têm como pressuposto básico não só a sucumbência, senão a violação, pela decisão gravosa, da ordem jurídica constitucional ou infraconstitucional.

Isto significa que não basta à parte noticiar no seu recurso ter obtido uma decisão mais desfavorável do que a que almejava, mas, antes, cumpre-lhe demonstrar que o ato impugnado tornou--se-lhe gravoso pelo fato de ter infringido a ordem positivo-constitucional ou infraconstitucional.

A razão do tratamento inicial comum a ambos os recursos decorre do fato histórico-político de que, anteriormente à Constituição Federal de 1988, o recurso extraordinário abarcava, como causas de pedir, violações à ordem constitucional e à ordem infraconstitucional. Após o advento da atual Carta, repartiu-se entre o Supremo Tribunal Federal e o Superior Tribunal de Justiça a função de guarda da Constituição e das Leis Federais, cabendo, ao primeiro, a tutela do Ordenamento máximo e, ao segundo, a defesa da legislação infraconstitucional, razão pela qual a Carta de 1988 institui o recurso especial, encartando em seus casos de cabimento aqueles que eram subsumidos ao recurso extraordinário e que se destinavam a coibir *errores in procedendo* e *errores in judicando*, cometidos com infração à Constituição e às Leis.

II – decretar a nulidade da sentença por não ser ela congruente com os limites do pedido ou da causa de pedir;

III – constatar a omissão no exame de um dos pedidos, hipótese em que poderá julgá-lo;

IV – decretar a nulidade de sentença por falta de fundamentação.

§ 4º Quando reformar sentença que reconheça a decadência ou a prescrição, o tribunal, se possível, julgará o mérito, examinando as demais questões, sem determinar o retorno do processo ao juízo de primeiro grau.

§ 5º O capítulo da sentença que confirma, concede ou revoga a tutela provisória é impugnável na apelação."

[110] O tema, modernamente, vem tratado em **Barbosa Moreira**, *Comentários*, cit.; **Athos Gusmão Carneiro**, *Recurso Especial, Agravo e Agravo Interno*, **Rodolfo Camargo Mancuso**, *Recurso Extraordinário e Recurso Especial*, e **Nelson Luiz Pinto**, *Recurso Especial para o STJ*. Ver, ainda: **Teresa Arruda Alvim; Bruno Dantas**. *Recurso especial, recurso extraordinário e a nova função dos tribunais superiores no direito brasileiro*, 2019; **Osmar Mendes Paixão Côrtes**. *Recursos para os Tribunais Superiores: recurso extraordinário, recurso especial, embargos de divergência e agravos*, 2021.

[111] "Na multiplicidade de poderes judiciários reciprocamente autônomos, impunha-se que um órgão superior velasse pela observância dos limites postos à atividade de cada um deles", *in* **Liebman**, ob. cit., vol. III, p. 403.

[112] Como bem afirmava **Frederico Marques,** quanto ao Recurso Extraordinário "também extensivo ao Recurso Especial" ele – o Recurso Extraordinário – é um recurso (como o próprio *nomem juris* o revela), que existe, portanto, para possibilitar o reexame das decisões e sentenças. Seu pressuposto nuclear continua sendo a "sucumbência" (*in Instituições*, vol. IV, p. 18).

1014 | CURSO DE DIREITO PROCESSUAL CIVIL • *Luiz Fux*

Hodiernamente, cabe recurso extraordinário quando a decisão recorrida viola a ordem constitucional, caso em que a competência para essa verificação é do Supremo Tribunal Federal como Corte Constitucional *tout court*.

Destarte, ocorrendo os erros apontados na decisão por violação da ordem infraconstitucional, o recurso cabível é o "especial", dirigido ao Superior Tribunal de Justiça. Observa-se, com clareza, que o dispositivo constitucional que previa o recurso extraordinário, anteriormente à Constituição de 1988, foi cindido, distinguindo-se os casos de recurso extraordinário e os que se enquadram nas hipóteses de recurso especial.

Deveras, ambos os recursos têm seus *pressupostos primários na Constituição Federal*, bem como seus fundamentos jus-políticos também são os mesmos, uma vez que tutelam "imediatamente" a ordem jurídica. O sistema federativo brasileiro, que se inaugurou com a República, como é sabido, prevê a autonomia tripartite das unidades federadas. Sob o ângulo que nos interessa, essa autonomia implica a existência de várias fontes legislativas e jurisdicionais, potencializando a possibilidade de confronto entre as leis e decisões locais com os comandos superiores, quer da Constituição Federal, quer da Legislação Federal. Noutras palavras: a unidade federada, através de sua legislação, ou através de sua jurisdição, pode produzir leis e decisões que confrontem com a Constituição e com a ordem jurídica nacional.

Impõe-se, pois, em prol da Federação, a "unidade" da ordem jurídica, porquanto causaria sério abalo à estabilidade da mesma a possibilidade de aplicação díspare do mesmo Direito federal. Do mesmo modo, a supremacia da Constituição não passaria de mera divagação acadêmica, se pudessem as unidades federadas legislar ou julgar contra a Carta Maior. Entretanto, a simples existência dessas fontes locais torna possíveis essas violações, daí a necessidade de controle através de órgãos de superposição como soem ser o Supremo Tribunal Federal e o Superior Tribunal de Justiça. Os recursos em foco e o controle da constitucionalidade das leis, direto ou difuso, protagonizam remédios eficazes da integridade das ordens constitucional e infraconstitucional.[113]

O modelo no qual se inspirou o nosso legislador não é o europeu, como em geral verifica-se nos institutos processuais. Nesse particular, a nossa fonte é norte-americana e precisamente o *judiciary act de 1789*,[114] que instituiu a competência da Corte Suprema para apreciar recursos de decisões "locais" que violassem a ordem central. Anteriormente, a Corte Suprema apreciava apenas decisões proferidas nas causas de interesse da União americana. Exatamente a necessidade de controle das decisões locais violadoras de interesses centrais é que fez exsurgir, no Direito americano, o *writ of error* como versão do nosso recurso extraordinário. A importação em segunda linha do Direito argentino legou-nos, definitivamente, o recurso extraordinário, cujos casos de cabimento, em parte, foram deslocados para o recurso especial na reforma constitucional de 1988.

Os recursos *sub examine* pertencem ao sub-ramo do "direito processual constitucional", em razão da fonte legal donde promanam. Essa eminência constitucional que alcançaram também responde pela autorização concedida a esses tribunais superiores para regularem, em minúcias, o trâmite desses meios excepcionais de impugnação, tanto mais que cabe a cada um deles a inter-

---

[113] **Pontes de Miranda** sintetizava com maestria as funções do Recurso Extraordinário à luz de seus pressupostos constitucionais de cabimento afirmando: "É função do recurso extraordinário manter a autoridade e a unidade de incidência e inteligência das leis federais", *in Comentários ao CPC*, 1949, vol. V, p. 357.

Outro tratadista do tema assim se pronunciou acerca dos pressupostos jus-políticos do recurso extraordinário, citando **Epitácio Pessoa**: "Reconhecida a soberania da União e proclamada a obrigatoriedade das leis federais em todo o território da República, forçoso é colocar essas leis sob a proteção de um tribunal federal que lhes possa restabelecer a supremacia quando desconhecida ou atacada pela magistratura dos Estados", *in* **Castro Nunes**, *Teoria e Prática do Poder Judiciário*, 1943, p. 310.

Exata, por oportuno, a caracterização do Recurso Extraordinário lançada por **Pedro Batista Martins**: "O Recurso Extraordinário é destinado a manter o primado da Constituição e Leis Federais" dentro de nosso sistema federativo, "mediante limitações na esfera judiciária", ao princípio da autonomia estadual, *in Recursos e Processo da Competência Originária dos Tribunais*, 1957, p. 371.

[114] No mesmo sentido **Pedro Lessa**, *Do Poder Judiciário*, 1915, p. 103, e **Barbosa Moreira**, *Coment.*, cit. Uma densa abordagem histórica se encontra em **José Afonso da Silva**, *Do Recurso Extraordinário no Direito Brasileiro*, 1963.

Parte XI • III – RECURSOS EM ESPÉCIE | **1015**

pretação autêntica das normas que tutelam. Aliás, os termos "extraordinário" e "especial" indicam a singularidade do cabimento dessas impugnações.

Os recursos extraordinários, não obstante a natureza do vício que visam a conjurar, têm dupla função, a saber: a de afastar a violação perpetrada e ato contínuo e a de rejulgar a causa, restaurando o direito objetivo violado. Os nossos recursos extremos, nesse particular, diferem-se dos meios de "cassação" do Direito europeu que ostentam, apenas, o *judicium rescindens*, ao passo que o nosso completa-se pelo rejulgamento (*judicium rescisorium*) nos limites da questão federal violada.[115]

6.2 Pressupostos constitucionais de cabimento[116] do recurso extraordinário e do recurso especial[117]

6.2.1 Cabimento constitucional do recurso extraordinário

Em relação ao *recurso extraordinário*, suas hipóteses de cabimento encontram-se previstas no art. 102, III, da CF/1988.[118] No Código de 2015, suas regras de processamento e julgamento são objeto dos arts. 1.029 e seguintes,[119] nos quais se encontra, por exemplo, o regramento da sistemática da repercussão geral e também dos recursos extraordinários repetitivos.

---

[115]   Uma resenha comparativa notável é encetada por **Liebman** nas notas de rodapé das *Instituições* de **Chiovenda**, 1945, vol. III, p. 401. Modernamente, **Ovídio Baptista** justifica o recurso extraordinário pela manutenção do "princípio da unidade do ordenamento jurídico", *in Curso*, vol. I, p. 386.

[116]   O cabimento excepcional desses recursos vem revelado na multiplicidade de julgados e súmulas existentes acerca desse requisito de admissibilidade. Notável condensação da jurisprudência do tema foi empreendida por **Humberto Theodoro Júnior**, *in Curso*, vol. I, p. 599-601.

[117]   Acerca do tema, consulte-se, **José Carlos Barbosa Moreira**, *Comentários*, Rio de Janeiro, Forense e **Sergio Bermudes**, *Comentários*, São Paulo, RT.

[118]   "**Art. 102**. Compete ao Supremo Tribunal Federal, precipuamente, a guarda da Constituição, cabendo-lhe:

(...)

III – julgar, mediante recurso extraordinário, as causas decididas em única ou última instância, quando a decisão recorrida:

a) contrariar dispositivo desta Constituição;

b) declarar a inconstitucionalidade de tratado ou lei federal;

c) julgar válida lei ou ato de governo local contestado em face desta Constituição.

d) julgar válida lei local contestada em face de lei federal. (Incluída pela Emenda Constitucional nº 45, de 2004)"

[119]   **Enunciado 77 da I Jornada de Direito Processual Civil do CJF:** Para impugnar decisão que obsta trânsito a recurso excepcional e que contenha simultaneamente fundamento relacionado à sistemática dos recursos repetitivos ou da repercussão geral (art. 1.030, I, do CPC) e fundamento relacionado à análise dos pressupostos de admissibilidade recursais (art. 1.030, V, do CPC), a parte sucumbente deve interpor, simultaneamente, agravo interno (art. 1.021 do CPC) caso queira impugnar a parte relativa aos recursos repetitivos ou repercussão geral e agravo em recurso especial/extraordinário (art. 1.042 do CPC) caso queira impugnar a parte relativa aos fundamentos de inadmissão por ausência dos pressupostos recursais.

Enunciado 78 da I Jornada de Direito Processual Civil do CJF: A suspensão do recurso prevista no art. 1.030, III, do CPC deve se dar apenas em relação ao capítulo da decisão afetada pelo repetitivo, devendo o recurso ter seguimento em relação ao remanescente da controvérsia, salvo se a questão repetitiva for prejudicial à solução das demais matérias.

Enunciado 79 da I Jornada de Direito Processual Civil do CJF: Na hipótese do art. 1.032 do CPC, cabe ao relator, após possibilitar que o recorrente adite o seu recurso para inclusão de preliminar sustentando a existência de repercussão geral, oportunizar ao recorrido que, igualmente, adite suas contrarrazões para sustentar a inexistência da repercussão.

Enunciado 80 da I Jornada de Direito Processual Civil do CJF: Quando o Supremo Tribunal Federal considerar como reflexa a ofensa à Constituição afirmada no recurso extraordinário, deverá, antes de remetê-lo ao Superior Tribunal de Justiça para julgamento como recurso especial, conceder prazo de quinze dias para que as partes complementem suas razões e contrarrazões de recurso.

Enunciado 81 da I Jornada de Direito Processual Civil do CJF: A devolução dos autos pelo Superior Tribunal de Justiça ou Supremo Tribunal Federal ao tribunal de origem depende de decisão fundamentada, contra a qual cabe agravo na forma do art. 1.037, § 13, II, do CPC.

1016 | CURSO DE DIREITO PROCESSUAL CIVIL • *Luiz Fux*

Julgamento de causas decididas em última ou única instância

A Carta Maior, em primeiro lugar, exige que a decisão para desafiar o recurso *in foco* tenha sido proferida no exercício de função subjetiva e materialmente jurisdicional; por isso, refere-se à *causa decidida*. Desta sorte, uma decisão proferida em procedimento administrativo por qualquer órgão do tribunal, *v.g.*, o Órgão Especial ou o Conselho da Magistratura, não comporta o recurso extraordinário, ainda que viole a ordem constitucional.[120] O que pode ocorrer é a negativa de efetividade dessas decisões por inconstitucionalidade, ou a proposição de uma ação contestando os efeitos práticos da decisão administrativa, sendo certo que nesta demanda poderá, eventualmente, caber a impugnação extraordinária por versar questão constitucional. Por outro lado, a alusão à "causa decidida não implica que a decisão tenha disposto, necessariamente, sobre o mérito", porquanto as decisões terminativas podem, também, ofender a ordem constitucional, *v.g.*, uma sentença terminativa que repute o autor parte ilegítima, posto não o considerar cidadão, inabilitando-o a manejar a ação popular, garantia eminentemente constitucional. Destarte, o vício da afronta à ordem constitucional tanto pode se verificar nas hipóteses de injustiça (*error in judicando*) ou de ilegalidade (*error in procedendo*).

A *causa decidida*, para comportar o "apelo extremo", há de ter sido julgada em "única" ou "última instância". Isto significa que a interposição do recurso extraordinário pressupõe que, nos limites da jurisdição local, se tenha esgotado o debate da causa.

Esse esgotamento há de se engendrar através de recursos admissíveis, por isso que, se a parte interpõe recurso incabível a pretexto de exaurir instâncias, certamente faltará no prazo para interpor recurso aos tribunais superiores. Considere-se, nesse particular, que há causas da competência originária dos tribunais, que funcionam como única instância. Exemplo típico é o mandado de segurança contra ato do governador, julgado em instância única pelo Órgão Especial do Tribunal de Justiça.

Destarte, é "única" a instância onde se julga a causa, se não há previsão de recurso para outra, como ocorre com as sentenças nas causas de menor valor na Justiça Federal, em que o recurso é de retratação para o próprio juízo prolator da decisão. O mesmo fenômeno ocorre nas causas de menor complexidade nos Juizados Especiais, uma vez que seus recursos são endereçados às Turmas Recursais, que se enquadram na mesma instância a que pertencem os prolatores das decisões recorridas. Entretanto, nesses casos, é mister a interposição do recurso de retratação e, nos juizados, a impugnação para as Turmas Recursais, antes da interposição do recurso extraordinário. Muito embora a decisão não seja "de tribunal", como se exige para o cabimento do recurso especial, o exaurimento a coloca como de única instância.

Superado esse pressuposto básico, *a decisão última ou única da causa há de conter as seguintes imperfeições.*

Julgamento contra a Constituição

O julgamento para desafiar o recurso extraordinário há de "contrariar dispositivo da Constituição", isto é, ir contra o que dispõe a Carta Magna, como seria a decisão que negasse o contraditório em afronta ao art. 5º, inciso LV, da Constituição Federal.

Enunciado 139 da II Jornada de Direito Processual Civil do CJF: A ausência de retratação do órgão julgador, na hipótese prevista no art. 1030, II, do CPC, dispensa a ratificação expressa para que haja o juízo de admissibilidade e a eventual remessa do recurso extraordinário ou especial ao tribunal superior competente, na forma dos arts. 1.030, V, "c", e 1.041 do CPC.

Enunciado 142 da II Jornada de Direito Processual Civil do CJF: Determinada a suspensão decorrente da admissão do IRDR (art. 982, I), a alegação de distinção entre a questão jurídica versada em uma demanda em curso e aquela a ser julgada no incidente será veiculada por meio do requerimento previsto no art. 1.037, § 10.

[120] Conforme afirmava, com precisão, **Castro Nunes**: "Os atos de autogoverno da magistratura por não serem causas, são insuscetíveis de recurso extraordinário", *Teoria e Prática do Poder Judiciário*, 1943, p. 330.

O recorrente deve revelar esse descompasso da decisão com o texto constitucional, cabendo exclusivamente ao Supremo Tribunal Federal aferir a procedência do vício apontado, para o fim de prover o recurso. Não se admite, sob pena de inversão das etapas da admissibilidade e mérito da impugnação, ao tribunal de origem, negar seguimento, sob a alegação de que não houve a violação apontada pelo recorrente. Esta tarefa, repita-se, é do Supremo Tribunal Federal.

Decisão que declara inconstitucional lei federal ou tratado *incidenter tantum*

A decisão atacada há de concluir em determinado sentido como decorrência da declaração de inconstitucionalidade de tratado ou lei federal incidente na causa julgada.

Sob o pálio desse dispositivo, a parte pode oferecer o recurso extraordinário, alegando que a decisão, ao chancelar a inconstitucionalidade de tratado ou de lei federal, incidiu no erro que lhe causou o gravame.

Conforme se pode observar, o pressuposto *in foco* retrata a hipótese de "controle difuso da inconstitucionalidade". No primeiro grau de jurisdição, esse controle verifica-se mediante a motivação do juízo ao prolatar a sua decisão. Nos tribunais, a declaração de inconstitucionalidade obedece a um incidente em face da exigência constitucional de que somente pela maioria de seus membros pode o tribunal decidir sobre a inconstitucionalidade das leis e dos tratados. No que diz respeito a essa declaração do tribunal *ad quem*, é forçoso observar que a decisão do incidente da declaração de inconstitucionalidade (arts. 948, 949 e 950 do CPC)[121] em si, não é impugnável mediante o recurso extraordinário, senão aquela outra do colegiado, que absorve como razões de decidir o pronunciamento do órgão encarregado de deliberar sobre a questão constitucional. É que, à luz do art. 948 do CPC, suscitada a questão da inconstitucionalidade, opera-se uma cisão funcional no julgamento, sustando-se a deliberação do órgão, a que tocou o conhecimento originário da causa, até o pronunciamento daquele outro do mesmo tribunal encarregado da questão limitada da constitucionalidade. Decidida esta pelo órgão competente, essa deliberação "incorpora-se" como premissa inafastável do julgado "iniciado e sustado". O recurso extraordinário é interponível desta última decisão que, após a incorporação referida, decide a causa.

Julgamento que acolhe lei ou ato local contra a Constituição

A terceira hipótese cuida da "decisão de última ou única instância que causa gravame ao recorrente em razão de ter julgado válida lei ou ato de governo local contestado em face da Constituição". O preenchimento desse pressuposto significa que, nas razões de decidir, o órgão jurisdicional prestigiou ato ou lei local em detrimento da Constituição. Em consequência, no

---

[121] **"Art. 948.** Arguida, em controle difuso, a inconstitucionalidade de lei ou de ato normativo do poder público, o relator, após ouvir o Ministério Público e as partes, submeterá a questão à turma ou à câmara à qual competir o conhecimento do processo.

Art. 949. Se a arguição for:

I – rejeitada, prosseguirá o julgamento;

II – acolhida, a questão será submetida ao plenário do tribunal ou ao seu órgão especial, onde houver.

Parágrafo único. Os órgãos fracionários dos tribunais não submeterão ao plenário ou ao órgão especial a arguição de inconstitucionalidade quando já houver pronunciamento destes ou do plenário do Supremo Tribunal Federal sobre a questão.

Art. 950. Remetida cópia do acórdão a todos os juízes, o presidente do tribunal designará a sessão de julgamento.

§ 1º As pessoas jurídicas de direito público responsáveis pela edição do ato questionado poderão manifestar-se no incidente de inconstitucionalidade se assim o requererem, observados os prazos e as condições previstos no regimento interno do tribunal.

§ 2º A parte legitimada à propositura das ações previstas no art. 103 da Constituição Federal poderá manifestar-se, por escrito, sobre a questão constitucional objeto de apreciação, no prazo previsto pelo regimento interno, sendo-lhe assegurado o direito de apresentar memoriais ou de requerer a juntada de documentos.

§ 3º Considerando a relevância da matéria e a representatividade dos postulantes, o relator poderá admitir, por despacho irrecorrível, a manifestação de outros órgãos ou entidades."

1018 CURSO DE DIREITO PROCESSUAL CIVIL • Luiz Fux

entender do recorrente, se restaurado o império da Carta Maior, reflexamente, a sua situação jurídica melhorará. Assim, *v.g.*, se a lei local, dispondo sobre processo, invade a esfera da União Federal e é prestigiada no julgado de tal forma que prejudique a situação do recorrente, é lícito ao mesmo pleitear o restabelecimento do império da lei federal, visto que a Constituição não permite aos Estados legislarem sobre processo, senão sobre procedimento. A questão constitucional da partilha de competência, sob a ótica do recorrente reverterá em maiores benefícios para o mesmo, legitimando a sua impugnação extraordinária.

A jurisprudência constitucional confere significativo elastério a esse preceito, considerando "ato de governo local qualquer manifestação materialmente legislativa das três esferas de Poder": Legislativo, Executivo e Judiciário. Assim, se uma resolução do Tribunal de Justiça é aplicada em determinado julgado, autorizando a abolição do devido processo legal, legitimado estará o vencido a interpor o recurso extraordinário em face do prestígio conferido ao "ato de governo" (do Poder Judiciário) local em detrimento da Constituição Federal.

Julgamento que prestigia lei local contestada em face de lei federal

O confronto entre a lei local em face da lei federal é de natureza constitucional na medida em que a Constituição estabelece, na organização da República Federativa, a competência exclusiva de cada entidade. Desta sorte, se a lei local invade a esfera de competência legislativa da União e mesmo assim o aresto recorrido funda-se na primeira, haverá litígio de fundo constitucional a ser dirimido pelo Supremo Tribunal Federal, *v.g.*, se a lei local contraria norma de processo civil editável exclusivamente pela União Federal (art. 22, I, da CF).[122]

Ressalte-se que essa novel hipótese foi incluída textualmente pela EC nº 45/2004, porquanto a jurisprudência situava-se numa zona fronteiriça entre o cabimento do recurso especial ou extraordinário, dando ensejo à invasões de competência.

Repercussão geral

A Lei nº 11.418/2006, no afã de erigir mais um filtro recursal ao apelo extremo, criou essencialmente o instituto da "repercussão geral"[123] como requisito para a admissão do Recurso Extraordinário, atualmente tratado no art. 1.035 do Código[124].

---

[122] **"Art. 22.** Compete privativamente à União legislar sobre:
I – direito civil, comercial, penal, processual, eleitoral, agrário, marítimo, aeronáutico, espacial e do trabalho;
(...)."

[123] **Bruno Dantas**. *Repercussão geral: perspectivas histórica, dogmática e de direito comparado – questões processuais*, 2012. Sobre os filtros no Direito comparado, ver: **Rodrigo Cunha Mello Salomão**. *A relevância da questão de direito no recurso especial*, 2021.

[124] **"Art. 1.035.** O Supremo Tribunal Federal, em decisão irrecorrível, não conhecerá do recurso extraordinário quando a questão constitucional nele versada não tiver repercussão geral, nos termos deste artigo.
§ 1º Para efeito de repercussão geral, será considerada a existência ou não de questões relevantes do ponto de vista econômico, político, social ou jurídico que ultrapassem os interesses subjetivos do processo.
§ 2º O recorrente deverá demonstrar a existência de repercussão geral para apreciação exclusiva pelo Supremo Tribunal Federal.
§ 3º Haverá repercussão geral sempre que o recurso impugnar acórdão que:
I – contrarie súmula ou jurisprudência dominante do Supremo Tribunal Federal;
II – (Revogado);
III – tenha reconhecido a inconstitucionalidade de tratado ou de lei federal, nos termos do art. 97 da Constituição Federal.
§ 4º O relator poderá admitir, na análise da repercussão geral, a manifestação de terceiros, subscrita por procurador habilitado, nos termos do Regimento Interno do Supremo Tribunal Federal.
§ 5º Reconhecida a repercussão geral, o relator no Supremo Tribunal Federal determinará a suspensão do processamento de todos os processos pendentes, individuais ou coletivos, que versem sobre a questão e tramitem no território nacional.

Parte XI • III — RECURSOS EM ESPÉCIE | **1019**

O advento do instituto é decorrência da regulamentação infraconstitucional do § 3º do artigo 102 da Constituição Federal, inserido no texto maior pela Emenda Constitucional nº 45/04 (EC 45), cognominada de "Emenda da Reforma do Judiciário", *verbis*: "*No recurso extraordinário o recorrente deverá demonstrar a repercussão geral das questões constitucionais discutidas no caso, nos termos da lei a fim de que o tribunal examine a admissão do recurso, somente podendo recusá-lo pela manifestação de dois terços de seus membros*".

O dispositivo possibilita que o Supremo Tribunal Federal eleja os recursos extraordinários que serão julgados, considerando a relevância social, econômica, política ou jurídica da matéria a ser apreciada.

Deveras, esta espécie de "filtro recursal" é amplamente adotada por diversas Cortes Supremas, dentre as quais a Corte Norte-Americana, através do *writ of certiorari*, e a Suprema Corte Argentina via o "Requisito de Transcendência". Assemelha-se o novel instituto à antiga arguição de relevância da questão federal que tantos recursos excepcionais impediu acudissem à Egrégia Corte antes da sua repartição constitucional de competência recursal *ratione materiae* com o E. *Superior Tribunal de Justiça*.

O principal escopo prático do instituto consiste na pretensão de redução do número de processos submetidos à Corte Maior, possibilitando maior dedicação de seus membros à apreciação de causas que realmente são de fundamental importância para garantir os direitos constitucionais dos cidadãos.

O STF, com a adoção da metodologia, pode "recusar" recursos extraordinários que não possuam matérias relevantes, quando assim decidirem dois terços de seus membros (8 ministros), em decisão tomada em sessão plenária, ou "conhecer do RE", pela relevância, no âmbito das Turmas, pelo consenso de no mínimo, quatro ministros.

Outrossim, visando a emprestar pragmatismo ao novo instituto, não caberá recurso da decisão de recusa do RE por ausência de "repercussão geral da matéria recorrida".

Preliminarmente aos comentários que se impõem, forçoso reavivar a função do Recurso Extraordinário e os óbices que se lhe opõem ao conhecimento, no afã de não promiscuir essa figura excepcional; como o próprio *nomen juris* indica, bem como evitar prodigalizar o sistema recursal brasileiro, prenhe de figuras que postergam sobremodo a vitória do litigante vitorioso.

A admissão do recurso extraordinário além de reclamar as violações previstas no artigo 102, III e suas alíneas, *v.g.*, violação da Constituição Federal, reclama que o recorrente demonstre que aquela infração à regra maior não se eclipsa em mero *error in judicando* ou *in procedendo*, mas antes encerra decisão que revela repercussão geral.

Inexistindo esse capítulo no RE, o recurso sequer pode ser conhecido na instância inferior, vale dizer, na Presidência (ou Vice-Presidência) do tribunal *a quo*.

Destarte, uma vez cumprido esse requisito categorizado como "regularidade formal", essa repercussão deve ser positiva para abrir a via da cognição do recurso extraordinário. Não obstante conceito indeterminado, esse que envolve a "transcendência da questão", a lei traça em *numerus apertus* critérios que permitem ao intérprete reconhecer na questão discutida "relevância geral". Sob

---

§ 6º O interessado pode requerer, ao presidente ou ao vice-presidente do tribunal de origem, que exclua da decisão de sobrestamento e inadmita o recurso extraordinário que tenha sido interposto intempestivamente, tendo o recorrente o prazo de 5 (cinco) dias para manifestar-se sobre esse requerimento.

§ 7º Da decisão que indeferir o requerimento referido no § 6º ou que aplicar entendimento firmado em regime de repercussão geral ou em julgamento de recursos repetitivos caberá agravo interno.

§ 8º Negada a repercussão geral, o presidente ou o vice-presidente do tribunal de origem negará seguimento aos recursos extraordinários sobrestados na origem que versem sobre matéria idêntica.

§ 9º O recurso que tiver a repercussão geral reconhecida deverá ser julgado no prazo de 1 (um) ano e terá preferência sobre os demais feitos, ressalvados os que envolvam réu preso e os pedidos de *habeas corpus*.

§ 10. (Revogado).

§ 11. A súmula da decisão sobre a repercussão geral constará de ata, que será publicada no diário oficial e valerá como acórdão."

CURSO DE DIREITO PROCESSUAL CIVIL • Luiz Fux

esse enfoque, dispõe o § 1º do artigo 1.035 que, para efeito da repercussão geral, será considerada a existência, ou não, de questões relevantes do ponto de vista econômico, político, social ou jurídico, que ultrapassem os interesses subjetivos do processo.

Uma visão primeira indica que a relevância não é necessariamente política; ao revés, a transcendência é interdisciplinar, podendo-se adotar, *mutatis mutandis*, os mesmos critérios que autorizam a suspensão de liminar contra o Poder Público a pretexto de lesão à ordem econômica, social, jurídica, e demais segmentos do setor público.

Outrossim, a repercussão geral, mercê de não dizer respeito ao Poder Público pode referir-se a toda a coletividade, a um grupo expressivo da coletividade, ou a pessoas interligadas por interesses homogêneos, valendo-se o intérprete dos conceitos dos interesses supraindividuais previstos nas leis das ações coletivas ou difusas.

Deveras, na forma do § 3º do art. 1.035, haverá presumida repercussão geral sempre que o recurso impugnar acórdão (i) contrário a súmula ou jurisprudência dominante do Tribunal, ou (ii) que tenha reconhecido inconstitucionalidade de tratado ou de lei federal, o que significa que, nesse caso, o Presidente do Tribunal não pode barrar a impugnação, muito embora a sua existência e subsistência fique a cargo do STF.

A jurisprudência do Pretório Excelso certamente desincumbir-se-á dessa tarefa de determinação conceitual bem como de enumerar outros casos não previstos em lei.

Forma de arguição da repercussão geral

A vetusta arguição de relevância (art. 119, § 1º, da CF de 1967, com a redação da Emenda nº 7/77) exigia instrumento à parte, diferentemente da repercussão geral, que se encarta como preliminar do próprio apelo extremo. Nesse sentido, é ampla a previsão do § 2º do art. 1.035, assentando que o recorrente deverá demonstrar a existência da repercussão geral para apreciação exclusiva pelo Supremo Tribunal Federal.

Uma importante observação impõe-se: é que o recurso extraordinário, assim como muitos outros, não obstante interposto "no" Tribunal de origem "para" o Tribunal Superior (*in casu* o STF), permite ao juízo *a quo* tão somente a análise da admissibilidade genérica dos requisitos constitucionais e legais (os do CPC) à exceção da "repercussão geral" que é da competência exclusiva do STF, sob pena de reclamação por usurpação. Consequentemente, o recurso pode ter negado o seu seguimento por qualquer motivo que não a inexistência de repercussão geral acaso aduzida em preliminar.

Competência para análise da repercussão geral

A lei por si só é clara ao dispor: "Art. 1.035. *O Supremo Tribunal Federal, em decisão irrecorrível, não conhecerá do recurso extraordinário quando a questão constitucional nele versada não oferecer repercussão geral, nos termos deste artigo*".

Internamente, cabe ao próprio Tribunal, em seu Regimento Interno, estabelecer normas de procedimento acerca da competência. O STF, como de sabença e sem prejuízo das disposições acima, funciona por meio de turmas ou plenário, cada um desses órgãos com um porta-voz imediato, que é o relator. Nada obstante, o inc. III do § 3º do art. 102, da Constituição Federal dispõe que somente pela manifestação de dois terços de seus membros a repercussão geral pode ser "rejeitada", e *a fortiori* inadmitido o recurso fundado nessa razão de ser.

A interpretação sistemática do art. 1.035, § 4º[125], indica que o recurso extraordinário permanecerá distribuído a um relator que, a seu ver, poderá analisar todos os requisitos de admissibilidade e a um só tempo, se houver utilidade em prosseguir na análise do cabimento da repercussão geral, ouvir o denominado *amicus curiae*. Caso reconhecida a repercussão geral, o relator determinará a suspensão dos demais feitos pendentes que versem sobre a questão, nos termos do art. 1.035, § 5º, do CPC.

---

[125] **"Art. 1.035,** § 4º. O Relator poderá admitir, na análise da repercussão geral, a manifestação de terceiros, subscrita por procurador habilitado, nos termos do Regimento Interno do Supremo Tribunal Federal."

Isso significa que, apesar de arguida a repercussão geral, o recurso necessita ultrapassar a barreira dos demais requisitos de admissibilidade[126] e, se sobejar a transcendência, esta só pode ser analisada pelo colegiado e, de duas, uma: a) o colegiado fracionário (Turma) entende haver repercussão geral, hipótese em que a admissibilidade não precisa ser levada ao plenário, porque, do contrário, a técnica conspiraria contra a celeridade e a efetividade que a lei visou a imprimir; b) a Turma entende que não é caso de repercussão geral; hipótese em que, obedecida a reserva de plenário determinada pela Constituição Federal, somente dois terços dos membros do tribunal poderá recusar a admissão pelo requisito de admissibilidade.

Essa exegese revela evidente que a "turma" não pode rejeitar o recurso por ausência de repercussão geral, interdição que se estende ao relator e ao presidente do Tribunal *a quo*. No entanto, situação diferente se revela quando a matéria de fundo já fora apreciada pelo Plenário sob a sistemática da repercussão geral. Nesse cenário, admite-se a apreciação do recurso extraordinário pelas turmas, como procede atualmente o Supremo Tribunal Federal. Assim, evita-se o abarrotamento do Plenário com a apreciação de temas idênticos e se privilegiam os precedentes da Corte, em consonância com a nova sistemática processual.

Questão deveras intrigante é se o Presidente do Tribunal *a quo* pode entender que a questão é de transcendência ou repercussão geral.

A resposta exige aferição da razão de ser da lei. Sob esse enfoque, é possível afirmar, de forma sintética, que o legislador pretendeu a um só tempo desafogar o STF e privilegiar a sua jurisprudência adotando mitigadamente a técnica anglo-saxônica. Ora, à luz dessa percepção histórica não há a mais tênue dúvida de que a repercussão derivada da rejeição do entendimento sumulado é apreciável pelo próprio presidente do tribunal local, porquanto o que a lei pretendeu evitar foi a invasão de poder dos tribunais locais na competência de afirmar o que representa a repercussão geral sob os vários ângulos interdisciplinares da economia, da política, da saúde pública etc.

A repercussão preestabelecida na lei deve obedecer à máxima *iura novit curia; norma in procedendo* extensível a qualquer magistrado e, com muito mais razão ao Presidente do Tribunal com competência para admitir e consequentemente desafogar ou não a Corte Maior.

Observe-se que não se trata de o tribunal *a quo* avaliar a repercussão geral senão confrontar a súmula com a decisão e concluir se há tipicidade prevista na própria lei (art. 1.035, § 3º, do CPC).

Imperioso ressaltar que, por força da Emenda Regimental nº 58/2022 do STF, passou a se prever nos processos submetidos à sistemática da repercussão geral, prazo comum de seis dias úteis para que cada ministro ou ministra se manifeste sobre a questão, após recebida a manifestação do relator.

Por oportuno, anote-se também que a referida emenda trouxe outras relevantes alterações, preconizando, por exemplo, que os pedidos de vista deverão ser devolvidos no prazo de 90 dias úteis, contado da data da publicação da ata de julgamento. Após esse período, os autos estarão automaticamente liberados para continuidade da análise pelos demais ministros. A norma também prevê que o relator deve submeter imediatamente a referendo do Plenário ou da Turma, a depender da competência, medidas cautelares necessárias para evitar grave dano ou garantir a eficácia de decisão anterior. O referendo deve ser realizado, preferencialmente, na pauta virtual, salvo quando se tratar de prisão, hipótese em que a deliberação se dará, necessariamente, de modo presencial.

Efeitos do acolhimento e do desacolhimento da arguição de repercussão geral e a multiplicidade de recursos

Acolhida a repercussão geral, o Supremo Tribunal determina a suspensão dos processos pendentes sobre a questão. Essa providência, porém, não é automática, demandando decisão específica.

---

[126] Enunciado FPPC 727/2022 (arts. 1.030, I e V, e 6º). O órgão responsável pelo juízo de admissibilidade deverá indicar, separadamente, na parte dispositiva da decisão, os fundamentos legais da decisão baseada no inciso I do art. 1.030 e com base no inciso V do mesmo artigo (Grupo: Recursos nos Tribunais Superiores).

1022 | CURSO DE DIREITO PROCESSUAL CIVIL • *Luiz Fux*

No âmbito dos tribunais locais, poderá o interessado suscitar o equívoco na suspensão dos recursos intempestivos e, de tal decisão, apenas será cabível agravo interno (art. 1.035, §§ 5º,6º e 7º).

Desacolhida a arguição, isto é, negada a repercussão geral, o presidente ou o vice-presidente do tribunal de origem negará seguimento aos recursos extraordinários sobrestados na origem que versem sobre matéria idêntica. Esse indeferimento liminar obedece à sistemática do art. 1.036[127], analogicamente aos recursos repetitivos.

Essa eficácia *erga omnes* decorre do fato de que na forma do § 11 do art. 1.035: "*A súmula da decisão sobre a repercussão geral constará de ata, que será publicada no Diário Oficial e valerá como acórdão*".

Uma vez publicada a súmula – isto é, dada publicidade à tese firmada –, os próprios presidentes locais e os relatores dos recursos extraordinários poderão utilizá-la para negar seguimento à impugnação extrema, uma vez que os casos, a partir de então, enquadrar-se-ão na fórmula genérica prevista nos arts. 1.042 e 932, III, do CPC agora reiterada pelo artigo 1.036, § 3º.

A súmula também pode atestar a repercussão geral e ser aplicável a casos idênticos, razão pela qual, consoante o resultado sumulado, julgado o mérito do recurso extraordinário, os recursos sobrestados serão apreciados pelos Tribunais, Turmas de Uniformização ou Turmas Recursais, que poderão declará-los prejudicados ou retratar-se.

O dispositivo tem duplo efeito, a saber: em primeiro lugar, quanto ao juízo de admissibilidade dos recursos e, em segundo lugar, referente ao próprio mérito do recurso.

É que julgado o mérito do recurso, significa que a admissibilidade pela repercussão restou positiva e os recursos sobrestados poderão ter andamento conforme o entendimento sumulado; repita-se, sem prejuízo da análise dos demais requisitos de admissão.

Ademais e sob esse aspecto, a repercussão prática é ainda impassível de ser aferida na sua dimensão, na parte em que o próprio mérito da relevância da questão é objeto de inúmeros recursos sobrestados. Ora, a mensagem do legislador é para que esses recursos sejam julgados, no mérito, da mesma forma como o definiu o STF.

A decisão da Suprema Corte é vinculante para os processos em curso e mesmo aqueles já julgados podem ser objeto de "juízo de retratação" se a decisão ainda não estiver em mãos do órgão superior de reapreciação. Isso significa que, acaso submetidas a esses órgãos, adotando-se a solução suprema, podem ser julgados prejudicados os recursos.

Tem-se, portanto, que a repercussão geral da decisão é requisito intrínseco de admissibilidade do recurso extraordinário, e, uma vez decidida a relevância da questão, os tribunais locais inadmitirão os recursos extraordinários e assim como o STF, em decisão irrecorrível, atendendo à *causa finalis* da lei processual.

---

[127] "**Art. 1.036.** Sempre que houver multiplicidade haverá afetação para julgamento de acordo com as disposições desta Subseção, observado o disposto no Regimento Interno do Supremo Tribunal Federal e no do Superior Tribunal de Justiça.

§ 1º O presidente ou o vice-presidente de tribunal de justiça ou de tribunal regional federal selecionará 2 (dois) ou mais recursos representativos da controvérsia, que serão encaminhados ao Supremo Tribunal Federal ou ao Superior Tribunal de Justiça para fins de afetação, determinando a suspensão do trâmite de todos os processos pendentes, individuais ou coletivos, que tramitem no Estado ou na região, conforme o caso.

§ 2º O interessado pode requerer, ao presidente ou ao vice-presidente, que exclua da decisão de sobrestamento e inadmita o recurso especial ou o recurso extraordinário que tenha sido interposto intempestivamente, tendo o recorrente o prazo de 5 (cinco) dias para manifestar-se sobre esse requerimento.

§ 3º Da decisão que indeferir o requerimento referido no § 2º caberá apenas agravo interno. (Redação dada pela Lei nº 13.256, de 2016)

§ 4º A escolha feita pelo presidente ou vice-presidente do tribunal de justiça ou do tribunal regional federal não vinculará o relator no tribunal superior, que poderá selecionar outros recursos representativos da controvérsia.

§ 5º O relator em tribunal superior também poderá selecionar 2 (dois) ou mais recursos representativos da controvérsia para julgamento da questão de direito independentemente da iniciativa do presidente ou do vice-presidente do tribunal de origem.

§ 6º Somente podem ser selecionados recursos admissíveis que contenham abrangente argumentação e discussão a respeito da questão a ser decidida."

6.2.2 Cabimento constitucional do recurso especial

O *recurso especial* tem seu tratamento normativo constitucional no art. 105, III, da CF/1988.[128,129] No Código de 2015, suas regras de processamento e julgamento também estão presentes nos arts. 1.029 e seguintes, com o destaque para a sistemática dos casos repetitivos, que já encontrava previsão e aplicação no sistema processual anterior. No ponto, se assemelha a *ratio essendi* do recurso especial com a do recurso extraordinário, cada qual em seu âmbito de competência.

Julgamento de causas em única ou última instância, pelos Tribunais Regionais Federais ou pelos tribunais dos Estados, do Distrito Federal e Territórios

A primeira observação que incumbe repisar é a de que a Constituição repartiu entre o Supremo Tribunal Federal e o Superior Tribunal de Justiça os casos de cabimento do antigo recurso extraordinário; por isso, a técnica de redação é a mesma e idêntica a exegese dos dispositivos, que se distinguem apenas pela órbita da ofensa à *ordem constitucional* ou à *ordem federal*, como ocorre com as alíneas "a", "b", "c" do presente dispositivo e "a", "b", "c" e "d" do art. 102. Permitimo-nos, portanto, remeter o leitor ao que acima expusemos quanto ao alcance das alíneas "a" e "b".

O recurso especial reclama decisão de tribunal, porquanto seu escopo também é o de uniformizar a inteligência das leis federais entre as diversas fontes judiciárias do país. Nesse segmento, exige o *caput* do art. 105 da CF que a decisão violadora da ordem federal provenha de tribunais estaduais, federais, ou do Distrito Federal e dos Territórios. Desta sorte, não cabe o recurso especial das decisões de tribunais administrativos, nem dos tribunais federais especiais (Militar, Trabalhista e Eleitoral), porquanto estão na mesma posição hierárquica do Superior Tribunal de Justiça, bem como das Turmas Recursais dos Juizados Especiais, posto que integrantes da primeira instância.[130]

Julgamento que privilegia ato de governo local contra a lei federal

Esse litígio, inaugurado pela EC nº 45/ 2004, versa matéria exclusiva do STJ, na medida em que o ato local vai de encontro com a lei federal, como ocorre se o ato do Tribunal de Justiça de determinada unidade da federação dispensa que os recursos venham por petição e possam ser oferecidos por termo nos autos, em frontal violação ao CPC, lei federal de competência exclusiva da União.

O Superior Tribunal de Justiça, de toda sorte, não realiza exame de eventual violação a dispositivos de leis locais, consoante jurisprudência dominante.

---

[128] **"Art. 105.** Compete ao Superior Tribunal de Justiça:

III – julgar, em recurso especial, as causas decididas, em única ou última instância, pelos Tribunais Regionais Federais ou pelos tribunais dos Estados, do Distrito Federal e Territórios, quando a decisão recorrida:

a) contrariar tratado ou lei federal, ou negar-lhes vigência;

b) julgar válido ato de governo local contestado em face de lei federal; (Redação dada pela Emenda Constitucional nº 45, de 2004)

c) der a lei federal interpretação divergente da que lhe haja atribuído outro tribunal."

[129] "Embargos de divergência em agravo em recurso especial. Processo civil. Dissídio jurisprudencial acerca da possibilidade de se conhecer do recurso especial, mesmo sem indicação expressa do permissivo constitucional em que se funda. Possibilidade, desde que demonstrado o seu cabimento de forma inequívoca. Inteligência do art. 1.029, II, do Código de Processo Civil. Embargos de divergência conhecidos, mas rejeitados. 1. A falta de indicação expressa da norma constitucional que autoriza a interposição do recurso especial (alíneas a, b e c do inciso III do art. 105) implica o seu não conhecimento pela incidência da Súmula n. 284 do STF, salvo, em caráter excepcional, se as razões recursais conseguem demonstrar, de forma inequívoca, a hipótese de seu cabimento. 2. Embargos de divergência conhecidos, mas rejeitados" (EAREsp n. 1.672.966/MG, Rel. Min. Laurita Vaz, Corte Especial, j. 20.04.2022, *DJe* 11.05.2022).

[130] Nesse sentido, consulte-se o nosso parecer *in Manual dos Juizados Especiais*, 1999.

Julgamento ensejador de dissídio jurisprudencial

O permissivo, que traça a *linha divisória marcante entre o recurso especial e o extraordinário*, é o que prevê a possibilidade de impugnação extrema em face de *dissídio jurisprudencial* entre os tribunais do país. A atual Constituição não previu recurso extraordinário por divergência de jurisprudência constitucional, uma vez que o Supremo Tribunal Federal é o único guardião da Carta Magna. Ademais, de seus julgados divergentes, cabem embargos de divergência para a própria Corte.

Com o escopo de uniformizar o Direito federal, a Constituição autoriza o recurso especial quando a decisão recorrida diverge de outra proferida pelos tribunais do país ou pelo próprio Superior Tribunal de Justiça. Adjuntando-se pressupostos constitucionais e requisitos de admissibilidade, pode-se concluir que o cabimento do recurso especial, nesse caso, é resultado da decisão gravosa que optou por uma das interpretações divergentes do Direito federal e o recorrente pleiteia, exatamente nessa hipótese, a prevalência da jurisprudência predominante que lhe é mais favorável. Mas, para esse fim, cumpre-lhe, preliminarmente, demonstrar a divergência de entendimento, quanto ao mesmo Direito legislado, por diferentes tribunais de "outras unidades da federação".

Sob o pálio desse permissivo, exige-se que o recorrente demonstre, "analiticamente", que os "casos são idênticos e mereceram tratamento diverso à luz da mesma regra federal". O Código explicita as modalidades de comprovação, no art. 1.029, § 1º, e, atento aos tempos, autoriza a utilização de acórdãos disponíveis nos sítios eletrônicos dos tribunais[131].

Ademais, a *divergência* há de *ser atual*, isto é, *não pretérita*, uma vez que não preenche o requisito de admissibilidade o recurso que invoca julgados ultrapassados sobre questões em relação às quais o tribunal já assentou a sua jurisprudência, nos termos da decisão impugnada.

Destarte, ao instituir o recurso com a finalidade de uniformizar nacionalmente a exegese da lei federal, exclui o legislador constitucional a denominada *divergência intramuros, travada entre órgãos do mesmo tribunal ou tribunais da mesma unidade da federação, salvo quando diversa*, entre eles, *a competência em razão da matéria*.

Relevância da questão de direito federal infraconstitucional

Em 2022, foi promulgada a Emenda Constitucional nº 125/2022, alterando o art. 105 da CF para instituir no recurso especial o requisito da relevância das questões de direito federal infraconstitucional[132].

Doravante, quando se tratar de recurso especial, o recorrente deve demonstrar a relevância das questões de direito federal infraconstitucional discutidas no caso, a fim de que a admissão do recurso seja examinada. O Tribunal somente pode dele não conhecer com base nesse motivo pela manifestação de 2/3 (dois terços) dos membros do órgão competente para o julgamento.

---

[131] "**Art. 1.029.** § 1º Quando o recurso fundar-se em dissídio jurisprudencial, o recorrente fará a prova da divergência com a certidão, cópia ou citação do repositório de jurisprudência, oficial ou credenciado, inclusive em mídia eletrônica, em que houver sido publicado o acórdão divergente, ou ainda com a reprodução de julgado disponível na rede mundial de computadores, com indicação da respectiva fonte, devendo-se, em qualquer caso, mencionar as circunstâncias que identifiquem ou assemelhem os casos confrontados."

[132] "Registre-se que a relevância jurídica tem a ver com a função nomofilácica do STJ, isto é, com a necessidade de se dotar o direito federal infraconstitucional de coerência e previsibilidade. Denotarão relevância jurídica, portanto, as questões afeitas ao direito federal infraconstitucional que tragam em si múltiplas possibilidades hermenêuticas (complexidade) e as ainda não enfrentadas pelo STJ (ineditismo). Também integra esse conceito a atuação do STJ para dissipação do dissenso jurisprudencial e estabelecimento de uniformidade interpretativa." **Frederico Augusto Leopoldino Koehler; Marcelo José Magalhães Bonizzi.** A relevância da questão de direito federal infraconstitucional no recurso especial. *Revista de Processo*. v. 333. ano 47. p. 159-185. São Paulo: Revista dos Tribunais, nov. 2022.

Nesse passo, a Carta Magna passou a estabelecer, também, que haverá a referida relevância quando se tratar de: "I – ações penais; II – ações de improbidade administrativa; III – ações cujo valor da causa ultrapasse 500 (quinhentos) salários mínimos; IV – ações que possam gerar inelegibilidade; V – hipóteses em que o acórdão recorrido contrariar jurisprudência dominante do Superior Tribunal de Justiça; VI – outras hipóteses previstas em lei".

Inegável certa simetria com o instituto da repercussão geral. De fato, trata-se de uma espécie de "filtro recursal" que objetiva reduzir o volume de processos que chegam ao STJ, e, assim, garantir a razoável duração e uma maior qualidade na prestação jurisdicional[133]. Marinoni, há muito, já defende que os tribunais superiores devem assumir seu papel de cortes de precedentes, deixando de funcionar como tribunais de correção[134].

Cumpre anotar, como faz Teresa Arruda Alvim, a existência de antinomia, ainda que apenas aparente, entre o disposto no § 2º do art. 105 e o art. 2º e 3º da Emenda, uma vez que estes preconizam que a relevância será exigida, nos recursos interpostos, *após a entrada em vigor da EC* e que *esta entra em vigor, imediatamente*, enquanto aquele prevê que o requisito da relevância será exigido, nos *termos da lei*, indicando, assim, a necessidade de lei regulamentadora[135]. Prevalece na doutrina[136] que, assim como ocorreu com a repercussão geral[137], a preliminar será exigida apenas nos recursos interpostos contra acórdãos publicados posteriormente à vigência da lei regulamentadora.

---

[133] **Frederico Augusto Leopoldino Koehler; Marcelo José Magalhães Bonizzi.** A relevância da questão de direito federal infraconstitucional no recurso especial. *Revista de Processo*. v. 333. ano 47. p. 159-185. Revista dos Tribunais, nov. 2022.

[134] **Luiz Guilherme Marinoni.** *O STJ enquanto corte de precedentes.* São Paulo: Revista dos Tribunais, 2014. p. 77.

[135] **Teresa Arruda Alvim; Carolina Uzeda; Ernani Meyer.** Mais um filtro, agora para o STJ: Uma análise da EC 125/2022. *Revista de Processo*. v. 330. ano 47. São Paulo: Revista dos Tribunais, ago. 2022.

[136] "Em outras palavras, nenhum recurso será inadmitido pela ausência da respectiva preliminar, até que a matéria seja regulamentada por lei e, muito possivelmente, pelo regimento. De todo modo, todos os recursos interpostos, a partir da publicação da Emenda à Constituição, poderão ser submetidos a referido regime." **Teresa Arruda Alvim; Carolina Uzeda; Ernani Meyer.** Mais um filtro, agora para o STJ: Uma análise da EC 125/2022. *Revista de Processo*. v. 330. ano 47. São Paulo: Revista dos Tribunais, ago. 2022. No mesmo sentido, **Frederico Augusto Leopoldino Koehler; Marcelo José Magalhães Bonizzi.** A relevância da questão de direito federal infraconstitucional no recurso especial. *Revista de Processo*. v. 333. ano 47. p. 159-185. São Paulo: Revista dos Tribunais, nov. 2022. Em sentido contrário: "em relação às situações objetivamente incluídas no art. 105, § 3º, da CF/88 (LGL/1988/3), a vigência é imediata, sem prejuízo da futura lei estabelecer (outros) aspectos subjetivos e procedimentais para a demonstração da Relevância da Questão Federal infraconstitucional. Em singela conclusão, mesmo admitindo que há contradição entre os dispositivos apontados, o que pode gerar divergência interpretativa, penso que a alteração tem eficácia imediata nas cinco hipóteses previstas na Emenda Constitucional nº 125, sem prejuízo de outras que venham a ser disciplinadas na futura lei." **José Henrique Mouta Araújo.** Relevância da questão federal no recurso especial: observações acerca da EC 125. *Migalhas*, 21 jul. 2022. Disponível em: www.migalhas.com.br/depeso/370139/relevancia-da-questao-federal-no-recurso-especial. Acesso em: 10 jan. 2023.

[137] "II. Recurso extraordinário: repercussão geral: juízo de admissibilidade: competência. 1. Inclui-se no âmbito do juízo de admissibilidade – seja na origem, seja no Supremo Tribunal – verificar se o recorrente, em preliminar do recurso extraordinário, desenvolveu fundamentação especificamente voltada para a demonstração, no caso concreto, da existência de repercussão geral (C. Pr. Civil, art. 543-A, § 2º; RISTF (LGL\1980\17), art. 327). 2. Cuida-se de requisito formal, ônus do recorrente, que, se dele não se desincumbir, impede a análise da efetiva existência da repercussão geral, esta sim sujeita 'à apreciação exclusiva do Supremo Tribunal Federal' (art. 543-A, § 2º). III. Recurso extraordinário: exigência de demonstração, na petição do RE, da repercussão geral da questão constitucional: termo inicial. 1. A determinação expressa de aplicação da L. 11.418/06 (art. 4º) aos recursos interpostos a partir do primeiro dia de sua vigência não significa a sua plena eficácia. Tanto que ficou a cargo do Supremo Tribunal Federal a tarefa de estabelecer, em seu Regimento Interno, as normas necessárias à execução da mesma lei (art. 3º). 2. As alterações regimentais, imprescindíveis à execução da L. 11.418/06, somente entraram em vigor no dia 03.05.07 – data da publicação da Emenda Regimental nº 21, de 30.04.2007 (LGL\2007\2972). 3. No artigo 327 do RISTF (LGL\1980\17) foi inserida norma específica tratando da necessidade da preliminar sobre a repercussão geral, ficando estabelecida a possibilidade de, no Supremo Tribunal, a Presidência ou o Relator sorteado negarem seguimento aos recursos que não apresentem aquela preliminar, que deve ser 'formal e fundamentada'. 4. Assim sendo, a exigência da demonstração formal e fundamentada, no recurso extraordinário, da repercussão geral das questões constitucionais discutidas só incide quando a intimação do acórdão recorrido tenha ocorrido a partir de 03 de maio de 2007, data da publicação da

1026 | CURSO DE DIREITO PROCESSUAL CIVIL • *Luiz Fux*

6.2.3 Interesse em recorrer no recurso extraordinário e no recurso especial

Um outro aspecto interessante e comum pertine ao *interesse em recorrer*.

Consoante é cediço, o recorrente impugna a decisão no afã de afastar um prejuízo e isso é o quanto basta, em geral, para habilitá-lo a recorrer. Entretanto, como a tutela imediata nesses recursos é a defesa da ordem, não cabe a impugnação extraordinária ou especial se a decisão, não obstante apresente uma violação à ordem jurídica, sustenta-se por outro fundamento. Isso significa que a sucumbência por si só não é suficiente.

Nesse sentido, é o entendimento dos tribunais superiores, que indicam o não conhecimento dos recursos especial e extraordinário quando, apesar de existirem fundamentos de ordem constitucional e legal no acórdão, não houver a interposição de ambos (Súmulas 126 do STJ e 283 do STF).

Destarte, a *violação da ordem deve ser atual*, posto que, se na função de interpretar o Direito nacional os Tribunais Superiores uniformizaram o seu entendimento no sentido da tese sustentada na decisão recorrida, excepcionalmente, revela-se de somenos a "divergência pretérita". Esse entendimento, que confina com a necessidade do recurso, e, *a fortiori*, com o interesse de recorrer, deriva da função do recurso especial em manter a inteireza e uniformidade de interpretação do Direito nacional.[138] A exegese atual supera as interpretações pretéritas cujas divergências recomendavam uma palavra final da Corte Maior.

6.3 Efeito devolutivo no recurso extraordinário e no recurso especial

O recurso extraordinário e o recurso especial apresentam, ainda, como traços comuns, além do procedimento tratado unitariamente pela lei processual, questões atinentes ao efeito devolutivo, ao suspensivo e ao requisito de admissibilidade consistente no interesse em recorrer.

O efeito devolutivo dos referidos recursos apresenta singularidades na medida em que tanto o Supremo Tribunal Federal quanto o Superior Tribunal de Justiça não são tribunais de terceira instância *stricto sensu*.

Relembre-se que, primariamente, o cabimento desses recursos deriva de uma sucumbência caracterizada pela violação da ordem jurídica federal. Desta sorte, "somente se devolve ao tribunal a questão federal" consistente na violação normativa e não qualquer injustiça que tenha sido perpetrada no julgado. A *causa petendi* da impugnação tem que ser necessariamente essa infração. Assim, não é possível, *v.g.*, recorrer-se extraordinariamente sob a invocação de que houve grave injustiça na decisão, senão de que essa injustiça decorreu de uma afronta à Constituição Federal. Esse aspecto timbra o efeito devolutivo limitado de ambos os recursos de uma característica própria. Isso porque, em contraposição à amplitude do princípio do *tantum devolutum*, os recursos em foco limitam a devolução da cognição ao tribunal.

Assim é que não são devolvidas todas as questões suscitadas e discutidas na causa senão e somente a questão federal. Desta sorte, se a parte suscitou dois fundamentos de defesa e ambos foram desacolhidos e apenas quanto a um deles ocorreu a violação de lei federal, somente este pode ser levado ao conhecimento do Superior Tribunal de Justiça através de recurso especial, malgrado se tenha cometido grave injustiça quanto ao fundamento remanescente, pela má apreciação da prova que se produziu.

Emenda Regimental 21, de 30 de abril de 2007 (LGL\2007\2972)" (AI 664.567 QO, Rel. Min. Sepúlveda Pertence, Pleno, j. 18.06.2007).

[138] **Súmula nº 13 do STJ:** "A divergência de julgados do mesmo Tribunal não enseja recurso especial".

Súmula nº 83 do STJ: "Não se conhece do recurso especial pela divergência, quando a orientação do Tribunal se firmou no mesmo sentido da decisão recorrida".

Parte XI • III – RECURSOS EM ESPÉCIE | **1027**

Tendo em vista o caráter excepcional de ambas as figuras recursais, não servem os recursos em exame a um completo reexame da causa, inaplicando-se a ampla devolutividade preconizada pelo art. 1.013 do CPC.[139]

É que a devolutividade desses recursos limita-se à questão federal na parte em que ocorreu a alegada violação. Esta a *ratio essendi* do entendimento sumular de que: "Para simples reexame da prova não cabe recurso extraordinário ou especial" (STF, Súmula n° 279, e STJ, Súmula n° 7). Ainda, em consequência dessa devolutividade, "não pode a parte recorrente em grau de recurso especial ou extraordinário, apontar afronta à ordem jurídica antes não veiculada, nem oferecer embargos de declaração, para ventilar questão federal não suscitada anteriormente". É que os embargos visam a suprir omissões e o que não foi suscitado não pode ter sido objeto de omissão.[140]

Essa exigência sobre a questão federal de ter sido debatida anteriormente é que se denomina "prequestionamento", exigível como requisito de admissibilidade desses recursos.[141]

Deveras, possível é a adesão em confronto com o efeito devolutivo dos recursos em espécie.

A *limitação da devolução à questão federal* ventilada pode perfeitamente impedir que uma outra afronta à ordem constitucional ou federal escape à apreciação do Tribunal Superior. Referimo-nos à hipótese em que ambas as partes *prequestionem* matérias federais, e uma delas sagre-se vencedora. Esta, em razão da vitória e pela limitação do recurso, não poderá fazer, em princípio, chegar ao tribunal a sua questão federal, posto que venceu. Entretanto, se o fundamento que alegou e que envolve a questão federal foi rejeitado, pode a parte, não obstante vitoriosa, "recorrer adesivamente", pois do contrário, pela limitação dos recursos excepcionais, sua questão não será analisada e ela poderá sucumbir no recurso extremo sem ter chance de veicular a afronta à ordem federal ocorrente no julgamento impugnado e que lhe concedeu a vitória. A adesão permite-lhe, assim, *levar também a sua questão federal*, não obstante o seu êxito. O interesse na adesão justifica-se como única forma de fazer chegar, *ad eventum*, a sua questão federal ao tribunal superior.[142]

6.4 Efeito suspensivo do recurso extraordinário e do recurso especial

Os recursos extremos não têm efeito suspensivo, apenas devolutivo, haja vista que a matéria que encerram já restou exaustivamente debatida. Entretanto, é possível que até o julgamento desses recursos algum dano irreparável ocorra. Destarte, é da sistemática processual a concessão de tutela provisória, para que seja atribuído efeito suspensivo à impugnação, tanto em sede de juízo de admissibilidade, quanto pendente de julgamento.

---

[139] **"Art. 1.013.** A apelação devolverá ao tribunal o conhecimento da matéria impugnada.

§ 1° Serão, porém, objeto de apreciação e julgamento pelo tribunal todas as questões suscitadas e discutidas no processo, ainda que não tenham sido solucionadas, desde que relativas ao capítulo impugnado.

§ 2° Quando o pedido ou a defesa tiver mais de um fundamento e o juiz acolher apenas um deles, a apelação devolverá ao tribunal o conhecimento dos demais.

§ 3° Se o processo estiver em condições de imediato julgamento, o tribunal deve decidir desde logo o mérito quando:

I – reformar sentença fundada no art. 485;

II – decretar a nulidade da sentença por não ser ela congruente com os limites do pedido ou da causa de pedir;

III – constatar a omissão no exame de um dos pedidos, hipótese em que poderá julgá-lo;

IV – decretar a nulidade de sentença por falta de fundamentação.

§ 4° Quando reformar sentença que reconheça a decadência ou a prescrição, o tribunal, se possível, julgará o mérito, examinando as demais questões, sem determinar o retorno do processo ao juízo de primeiro grau.

§ 5° O capítulo da sentença que confirma, concede ou revoga a tutela provisória é impugnável na apelação."

[140] Nesse sentido, exata a análise de **Ovídio Baptista** quanto à exegese da Súmula n° 282 do STF.

[141] **Súmula n° 282 do STF:** "É inadmissível o recurso extraordinário, quando não ventilada, na decisão recorrida, a questão federal suscitada".

[142] Nesse mesmo sentido, **Barbosa Moreira** refere-se a um Recurso Extraordinário Condicionado. No sentido do texto, **Eduardo Grasso**, *in Le Impugnazione Incidentali*, 1973, p. 54.

CURSO DE DIREITO PROCESSUAL CIVIL • *Luiz Fux*

Em consequência, tanto o Regimento Interno do STF quanto o do STJ permitem a concessão excepcional de efeito suspensivo ao recurso extraordinário ou especial, por meio de concessão de tutela provisória, desde que verificados o *fumus boni iuris* e o *periculum in mora*.

Em consonância com tal possibilidade, destaca-se a previsão do art. 1.029, § 5º, do CPC, a indicar a competência para outorga de efeito suspensivo (i) do tribunal superior respectivo, no período compreendido entre a publicação da decisão de admissão do recurso e sua distribuição, ficando o relator designado para seu exame prevento para julgá-lo; (ii) do relator, se já distribuído o recurso; (iii) do presidente ou vice-presidente do tribunal recorrido, no período compreendido entre a interposição do recurso e a publicação da decisão de admissão do recurso, assim como no caso de o recurso ter sido sobrestado, pela afetação do tema para julgamento sob a sistemática dos recursos repetitivos.

O critério para a concessão é aquele previsto no art. 995, parágrafo único[143]. O *periculum in mora* se revela na probabilidade de frustração do acolhimento do recurso em confronto com a execução da decisão e o *fumus boni juris*, com a probabilidade de acolhimento da irresignação, máxime quando em consonância com a jurisprudência firme do Tribunal Superior.

De lege ferenda, também a teratologia da decisão, pelo seu caráter excepcional, tem admitido o efeito suspensivo[144].

Como consequência da ausência de efeito suspensivo *ope legis*, enquanto pendente de apreciação através desses recursos, a decisão atacada pode ser objeto de execução provisória.[145] Uma vez transitada a decisão, a execução é plena, no sentido do julgado pelos tribunais superiores.

6.5 Julgamento conjunto e interposição conjunta

A regulação conjunta de ambos os recursos, conforme assentado, decorre do fenômeno da *dicotomização* das hipóteses originárias de cabimento do recurso extraordinário, anteriores à Constituição de 1988.

Destarte, essa repartição gerou um fenômeno singular qual seja o de possibilitar a interposição "simultânea" de recurso extraordinário e recurso especial, caso ocorra uma *violação bifronte* na mesma decisão judicial. Tendo em vista que o Supremo Tribunal Federal é o órgão de superposição e que a decisão do Superior Tribunal de Justiça, incumbido de apreciar o recurso especial, pode violar a Carta Magna, dispôs o legislador que "admitidos ambos os recursos os autos serão remeti-

---

[143] **"Art. 995.** Os recursos não impedem a eficácia da decisão, salvo disposição legal ou decisão judicial em sentido diverso.
Parágrafo único. A eficácia da decisão recorrida poderá ser suspensa por decisão do relator, se da imediata produção de seus efeitos houver risco de dano grave, de difícil ou impossível reparação, e ficar demonstrada a probabilidade de provimento do recurso."

[144] "A regra inserta no inciso III do parágrafo 5º do art. 1.029 do novo CPC apenas incorporou os enunciados das Súmulas 634 e 635 do Supremo Tribunal Federal. Todavia, a jurisprudência do Superior Tribunal de Justiça, ainda na vigência do CPC anterior, quando já aplicava o entendimento sumular da Corte Constitucional, admitia, em casos excepcionais, sua competência para deferir tutela de urgência recursal ainda quando inexistente juízo de admissibilidade na origem ou até mesmo na extremada hipótese de não ter sido ainda interposto o recurso especial. Considerando a competência constitucional atribuída ao Superior Tribunal de Justiça para o exame definitivo da admissibilidade e julgamento do apelo extremo, a inovação legislativa não obsta a que, em casos excepcionais, seja mitigada a regra agora inserta no inciso III do parágrafo 5º do art. 1.029, possibilitando o exame e deferimento de tutela de urgência recursal pelo Superior Tribunal de Justiça. Assim, tendo o Superior Tribunal de Justiça reconhecido o caráter excepcional do caso *sub judice*, conforme disposto na fundamentação da decisão agravada, avocando a competência para exame do pedido de tutela de urgência, a medida cautelar apresentada na origem fica prejudicada" (STJ, AgInt no RCD na Pet 11.435/SP, Rel. Min. João Otávio de Noronha, 3ª Turma, j. 16.08.2016, *DJe* 23.08.2016).

[145] Não obstante o teor da Súmula nº 228 do STF, hodiernamente, não há a menor dúvida de que é provisória a execução de decisão na pendência de recurso extraordinário e especial, conforme, por todos, **Barbosa Moreira**, *Coment.*, p. 327.

Parte XI • III – RECURSOS EM ESPÉCIE | 1029

dos ao Superior Tribunal de Justiça" (art. 1.031 do CPC),[146] e, uma vez concluído o julgamento do recurso especial, os autos são remetidos ao Supremo Tribunal Federal, para apreciação do recurso extraordinário se este não estiver prejudicado (§ 1º do art. 1.031 do CPC). Isso porque, provido o recurso especial pelo mesmo vício embasador da interposição do recurso extraordinário, nas hipóteses de violação "bifronte", cessa a necessidade de apreciação do apelo extremo, por falta de interesse de agir superveniente.[147]

Consigne-se que hipótese diametralmente oposta pode ocorrer, a de que o recurso extraordinário deva ser apreciado antes do recurso especial, por ser prejudicial àquele (§ 2º do art. 1.031 do CPC). Assim, *v.g.*, suponhamos que, no recurso extraordinário, o recorrente alegue violação do devido processo legal com o acolhimento da prova ilícita proibida pela Constituição e, no mérito, a violação da lei civil. Ressoa evidente que, se anulado o feito, cairá por terra o interesse na apreciação da violação do direito material quanto ao *meritum causae*. Em razão dessa notória prejudicialidade, o relator do recurso especial, considerando o recurso extraordinário prejudicial em decisão da qual não cabe recurso, pode sobrestar o julgamento da primeira impugnação e remeter os autos ao Supremo Tribunal Federal para julgamento do apelo extremo. Destarte, se o acórdão recorrido apoia-se em fundamento constitucional e fundamento infraconstitucional, o trânsito em julgado do primeiro, suficiente por si só para mantê-lo, prejudica o exame do outro (Súmula nº 126 do STJ).

A prejudicialidade do recurso extraordinário pode ser rejeitada pelo relator do mesmo em decisão irrecorrível e vinculativa quanto ao recurso especial, que deverá, então, ser julgado (§ 3º do art. 1.031 do CPC).

O princípio de que, na interposição simultânea, se julga em primeiro lugar o recurso especial se aplica aos casos de inadmissão. Assim, inadmitidos os recursos extraordinário e especial, e interposto o agravo de instrumento, o relator do recurso extraordinário deve aguardar até que se decida o recurso especial.

6.6 Procedimento do recurso extraordinário e do recurso especial

Procedimentalmente, ambos os recursos são interponíveis no prazo de 15 (quinze) dias, contados da publicação do acórdão no órgão oficial (art. 1.003, § 5º, do CPC),[148] perante o Presidente ou o Vice-Presidente do Tribunal recorrido em petições distintas, caso oferecidos simultaneamente. A esses órgãos cabe o exame restrito da admissibilidade recursal, sob pena de usurpação da competência constitucional.

A petição de interposição deve conter a exposição dos fatos julgados e do direito aplicável, com a consequente demonstração da violação da ordem constitucional ou federal, conforme se trate de recurso extraordinário ou especial.[149] Em face da desconstituição do julgado, acaso acolhido o recurso, incumbe ao recorrente formular o pedido de reforma da decisão, para cassá-la ou

---

[146] **"Art. 1.031.** Na hipótese de interposição conjunta de recurso extraordinário e recurso especial, os autos serão remetidos ao Superior Tribunal de Justiça.

§ 1º Concluído o julgamento do recurso especial, os autos serão remetidos ao Supremo Tribunal Federal para apreciação do recurso extraordinário, se este não estiver prejudicado.

§ 2º Se o relator do recurso especial considerar prejudicial o recurso extraordinário, em decisão irrecorrível, sobrestará o julgamento e remeterá os autos ao Supremo Tribunal Federal.

§ 3º Na hipótese do § 2º, se o relator do recurso extraordinário, em decisão irrecorrível, rejeitar a prejudicialidade, devolverá os autos ao Superior Tribunal de Justiça para o julgamento do recurso especial."

[147] Confira a jurisprudência do E. STF *in* **Nery**, *Cód. Coment.*, p. 978; *RTJ*, 160/652.

[148] **"Art. 1.003, § 5º.** Excetuados os embargos de declaração, o prazo para interpor os recursos e para responder-lhes é de 15 (quinze) dias."

[149] Enunciado FPPC 726 (2022). (arts. 1.029, § 3º, e 322, § 2º) A ausência de indicação da alínea do permissivo constitucional que embasa a interposição de recurso especial ou extraordinário não leva ao não conhecimento do recurso, quando for possível deduzir o fundamento da irresignação a partir da análise do conjunto da postulação (Grupo: Recursos nos Tribunais Superiores).

1030 | CURSO DE DIREITO PROCESSUAL CIVIL • *Luiz Fux*

substituí-la, conforme a afronta à ordem revista-se do caráter de ilegalidade ou de injustiça (art. 1.029, incisos I, II e III, do CPC).[150]

Formalmente, ambos os recursos devem ser veiculados em peças autônomas, ainda quando interpostos simultaneamente. Aliás, havendo afronta à ordem constitucional e infraconstitucional, há entendimento de que a interposição deva ser simultânea, sob pena de intempestividade.[151]

O regimento interno dos tribunais regula a competência para recebimento dos recursos interpostos que, por exemplo, no Estado do Rio de Janeiro, é da Terceira Vice-Presidência.

Não obstante a lei mencione o "tribunal recorrido", o recurso extraordinário interposto de sentença proferida em única instância não é oferecido perante o juiz prolator, senão dirigido ao tribunal,[152] em face dessa competência funcional para a admissibilidade das impugnações aos tribunais superiores.

Tratando-se de *recurso especial* fundado em *dissídio jurisprudencial*, além da petição contendo a demonstração do cumprimento dos pressupostos constitucionais de cabimento e dos requisitos de admissibilidade em geral, deve o recorrente anexar certidão, cópia ou citação do repositório de jurisprudência, oficial ou credenciado, inclusive em mídia eletrônica, em que houver sido publicado o acórdão divergente, ou ainda com a reprodução de julgado disponível na rede mundial de computadores, com indicação da respectiva fonte, *demonstrando*, *analiticamente*, a identidade ou a semelhança dos casos confrontados (art. 1.029 e parágrafos do CPC).

À "demonstração analítica", adjunta-se a prova de que a divergência é "atual", porquanto não se conhece recurso especial por essa motivação, quando a orientação do tribunal se firmou no mesmo sentido da decisão recorrida (STJ, Súmula nº 83, e Súmula nº 286 do STF).

Além dos requisitos de admissibilidade, até então tratados, alguns apresentam particularidades destacadas pela jurisprudência, como o *preparo*. A lei local dispõe sobre as custas, obedecido o disposto no art. 1.007 do CPC. Em regime ultrapassados, como sabido, o preparo era realizado após a interposição do recurso. Modernamente, perfaz-se com a apresentação do mesmo.

---

[150] **"Art. 1.029.** O recurso extraordinário e o recurso especial, nos casos previstos na Constituição Federal, serão interpostos perante o presidente ou o vice-presidente do tribunal recorrido, em petições distintas que conterão:

I – a exposição do fato e do direito;

II – a demonstração do cabimento do recurso interposto;

III – as razões do pedido de reforma ou de invalidação da decisão recorrida.

§ 1º Quando o recurso fundar-se em dissídio jurisprudencial, o recorrente fará a prova da divergência com a certidão, cópia ou citação do repositório de jurisprudência, oficial ou credenciado, inclusive em mídia eletrônica, em que houver sido publicado o acórdão divergente, ou ainda com a reprodução de julgado disponível na rede mundial de computadores, com indicação da respectiva fonte, devendo-se, em qualquer caso, mencionar as circunstâncias que identifiquem ou assemelhem os casos confrontados.

§ 2º (Revogado)

§ 3º O Supremo Tribunal Federal ou o Superior Tribunal de Justiça poderá desconsiderar vício formal de recurso tempestivo ou determinar sua correção, desde que não o repute grave.

§ 4º Quando, por ocasião do processamento do incidente de resolução de demandas repetitivas, o presidente do Supremo Tribunal Federal ou do Superior Tribunal de Justiça receber requerimento de suspensão de processos em que se discuta questão federal constitucional ou infraconstitucional, poderá, considerando razões de segurança jurídica ou de excepcional interesse social, estender a suspensão a todo o território nacional, até ulterior decisão do recurso extraordinário ou do recurso especial a ser interposto.

§ 5º O pedido de concessão de efeito suspensivo a recurso extraordinário ou a recurso especial poderá ser formulado por requerimento dirigido:

I – ao tribunal superior respectivo, no período compreendido entre a publicação da decisão de admissão do recurso e sua distribuição, ficando o relator designado para seu exame prevento para julgá-lo;

II – ao relator, se já distribuído o recurso;

III – ao presidente ou ao vice-presidente do tribunal recorrido, no período compreendido entre a interposição do recurso e a publicação da decisão de admissão do recurso, assim como no caso de o recurso ter sido sobrestado, nos termos do art. 1.037.

[151] Nesse sentido, a doutrina de **Nelson Nery**, no seu *Código Anotado*, p. 976.

[152] No regime ancião, defendia **Frederico Marques**, que, nas causas de alçada, a petição do recurso extraordinário devia ser apresentada "ao próprio juiz prolator da decisão recorrida", *in Instituições*, vol. IV, p. 265.

Parte XI • III – RECURSOS EM ESPÉCIE | **1031**

Outro aspecto formal interessante revela-se quando os agravos endereçados aos tribunais superiores são dirigidos à decisão denegatória do recurso contra a apelação sujeita a "embargos de declaração". A natureza complementar dos embargos de declaração implica que dentre as peças do agravo conste o aresto que nele foi proferido sob pena de irregularidade formal, conforme entendimento pacífico do E. STJ.

Deveras, é assente que a insuficiência da apresentação de cópia de substabelecimento ao advogado do agravado impede o conhecimento da impugnação, porquanto à luz desse documento afere-se a regularidade da representação.

O procedimento em si é simples, a saber: recebida a petição na Secretaria da Presidência ou Vice-Presidência, abre-se vista ao recorrido pelo prazo de 15 (quinze) dias para apresentação de contrarrazões (art. 1.030, *caput*, do CPC).[153] Findo esse prazo, os autos são conclusos para admissão ou não em decisão fundamentada, isto é, para verificação dos requisitos formais, uma vez que a efetiva violação da ordem constitucional ou federal é da competência dos tribunais superiores.[154] Esse exame da admissibilidade pelo tribunal *a quo*, conforme já destacado, visa a evitar que acudam aos tribunais superiores causas inviáveis de tutela constitucional.[155]

---

[153] **"Art. 1.030.** Recebida a petição do recurso pela secretaria do tribunal, o recorrido será intimado para apresentar contrarrazões no prazo de 15 (quinze) dias, findo o qual os autos serão conclusos ao presidente ou ao vice-presidente do tribunal recorrido, que deverá:

I – negar seguimento:

a) a recurso extraordinário que discuta questão constitucional à qual o Supremo Tribunal Federal não tenha reconhecido a existência de repercussão geral ou a recurso extraordinário interposto contra acórdão que esteja em conformidade com entendimento do Supremo Tribunal Federal exarado no regime de repercussão geral;

b) a recurso extraordinário ou a recurso especial interposto contra acórdão que esteja em conformidade com entendimento do Supremo Tribunal Federal ou do Superior Tribunal de Justiça, respectivamente, exarado no regime de julgamento de recursos repetitivos;

II – encaminhar o processo ao órgão julgador para realização do juízo de retratação, se o acórdão recorrido divergir do entendimento do Supremo Tribunal Federal ou do Superior Tribunal de Justiça exarado, conforme o caso, nos regimes de repercussão geral ou de recursos repetitivos;

III – sobrestar o recurso que versar sobre controvérsia de caráter repetitivo ainda não decidida pelo Supremo Tribunal Federal ou pelo Superior Tribunal de Justiça, conforme se trate de matéria constitucional ou infraconstitucional;

IV – selecionar o recurso como representativo de controvérsia constitucional ou infraconstitucional, nos termos do § 6º do art. 1.036;

V – realizar o juízo de admissibilidade e, se positivo, remeter o feito ao Supremo Tribunal Federal ou ao Superior Tribunal de Justiça, desde que:

a) o recurso ainda não tenha sido submetido ao regime de repercussão geral ou de julgamento de recursos repetitivos;

b) o recurso tenha sido selecionado como representativo da controvérsia; ou

c) o tribunal recorrido tenha refutado o juízo de retratação.

§ 1º Da decisão de inadmissibilidade proferida com fundamento no inciso V caberá agravo ao tribunal superior, nos termos do art. 1.042.

§ 2º Da decisão proferida com fundamento nos incisos I e III caberá agravo interno, nos termos do art. 1.021."

Súmula nº 123 do STJ: "A decisão que admite, ou não, o recurso especial deve ser fundamentada, com o exame dos seus pressupostos gerais e constitucionais".

[154] A conduta dos tribunais recorridos tem sido criticada em boa sede doutrinária por aqueles que entreveem, na mesma, uma intromissão na esfera jurisdicional dos tribunais superiores. O saudoso monografista do tema, **Matos Peixoto**, informava caber à justiça local, apenas a verificação da concorrência dos requisitos extrínsecos do recurso extraordinário, podendo denegá-lo em caso negativo, vedando-se-lhes, porém, apreciar o "merecimento do recurso", *in Recurso Extraordinário*, 1935, p. 229-230. No mesmo sentido, **Liebman**, que sobre tantos temas nacionais se debruçou, foi incisivo ao afirmar que: "o Presidente do tribunal de apelação quando não admite o Recurso Extraordinário por achar que a decisão recorrida não é contrária à lei federal entra no merecimento da questão...". Cabe só ao Supremo Tribunal julgar se a alegação é procedente e se, portanto, o recurso merece ser provido", *in Instituições de Chiovenda*, 1945, notas, vol. III, p. 315.

[155] No mesmo sentido, **Pedro Batista Martins**, ob. cit., p. 403. No Direito argentino, de quem importamos a ideia do recurso extraordinário, levada aquele país pelo *judiciary act* de 1789, a mesma lição se encontra em **Esteban Imaz** e **Ricardo E. Rey**, *El Recurso Extraordinário*, 1943, p. 232.

O atual Código reformulou o juízo de admissibilidade no tribunal *a quo*. Atualmente, o art. 1.030, V, evidencia que apenas será remetido às Cortes Superiores o recurso que, além de atender aos pressupostos recursais explanados, não verse sobre tema decidido em sede de recurso repetitivo ou em repercussão geral. Se estiver pendente julgamento de formação desses precedentes, o recurso deve aguardar na instância inferior, até o resultado, cabendo ao próprio tribunal exercer juízo de retratação (art. 1.030, II). Em caso de ser refutado tal juízo de readequação ao decidido pelo STJ ou pelo STF, o Presidente (ou Vice-Presidente) remeterá o feito para apreciação superior (art. 1.030, V, "c").

Há, porém, outra novidade: o Presidente ou o Vice-Presidente pode negar seguimento ao recurso especial ou ao recurso extraordinário, quando (i) o recurso extraordinário ventilar repercussão geral em matéria já afastada pelo Supremo Tribunal Federal ou quando (ii) o acórdão estiver em conformidade com entendimento firmado em repercussão geral, pelo Supremo Tribunal Federal, ou em recurso repetitivo, pelo Superior Tribunal de Justiça (art. 1.030, I).

Trata-se de julgamento de admissibilidade com os olhos postos no mérito da insurgência, buscando frear a recorribilidade extraordinária quando segura a resposta do tribunal superior. O importante é perceber que, se o juízo de "admissibilidade" se pautar em tais razões, apenas será cabível agravo interno, para o próprio tribunal local, e não o agravo do art. 1.042, dirigido ao tribunal superior (art. 1.030, §§ 1º e 2º).

A *decisão declaratória da admissibilidade* dos recursos deve ser fundamentada, mas não vincula a Corte Superior. Assim é que, não obstante admitido o recurso na origem, pode ser declarado inadmissível posteriormente, bem como admitido por fundamentos diversos. Inadmitidos os recursos, dessa decisão cabe agravo no prazo de 15 (quinze) dias para o Superior Tribunal de Justiça ou para o Supremo Tribunal Federal, conforme a irresignação interposta (art. 1.042, CPC) – salvo quando, como dito, a admissibilidade se pautar no art. 1.030, I.

Os recursos, uma vez admitidos e acudindo aos tribunais superiores, submetem-se aos poderes do relator previstos no art. 932 do CPC, bem como à ordem dos processos nos tribunais, coadjuvada pelo Regimento Interno de cada Corte.

Consoante os poderes do relator, o ministro poderá, nos moldes do art. 932, V, conhecer do agravo para *dar provimento* ao próprio recurso especial; poderá, ainda, *se o instrumento contiver os elementos necessários* ao julgamento do mérito, determinar sua *conversão*, observando-se, daí em diante, o procedimento relativo ao recurso especial. Sob esse enfoque o STF de há muito sufraga o entendimento de que compete ao relator de agravo de instrumento decidi-lo, quanto ao mérito, não havendo nisso qualquer inconstitucionalidade por ofensa à competência do órgão colegiado a que pertence, uma vez que de sua decisão é cabível agravo regimental para este.[156] Aliás, a atual redação admite, sem limitações que, distribuído e processado o agravo, o relator profira decisão.

O relator, nesse mister, aprecia livremente as condições de admissibilidade do recurso extraordinário ou especial, não estando vinculado às razões adotadas pelo presidente ou pelo vice-presidente do tribunal *a quo*. A sua competência abrange não só os aspectos pertinentes ao cabimento do recurso, mas também aqueles relacionados com o seu mérito.

Pode ocorrer que o acórdão, apenas quanto a um dos fundamentos, esteja em confronto com a jurisprudência. Nessa hipótese, o relator deve levar os autos à sessão de julgamentos, destacando o confronto parcial.

Destarte, impõe-se esclarecer que o relator somente engendra a conversão do agravo em recurso especial, quando ele próprio não pode decidir, nos casos do art. 932 do CPC. Assim, *v.g.*, convertido pela presença de todas em peças, o relator pode dar ao recurso tratamento previsto no art. 932 do CPC, aplicável a toda e qualquer impugnação, sem prejuízo do regime jurídico próprio traçado pelo art. 1.042 do CPC.[157]

---

[156] STF – 1ª Turma, AI nº 196.811-0-SP, Rel. Min. Moreira Alves, j. 30.09.1997, negaram provimento, v.u., *DJU* 14.11.1997, p. 58.775.

[157] **"Art. 1.042.** Cabe agravo contra decisão do presidente ou do vice-presidente do tribunal recorrido que inadmitir recurso extraordinário ou recurso especial, salvo quando fundada na aplicação de entendimento firmado em regime de repercussão geral ou em julgamento de recursos repetitivos.

Parte XI • III – RECURSOS EM ESPÉCIE | 1033

6.7 Sistemática dos recursos repetitivos

Desde o Código de 1973, sentiu-se a necessidade, escancarada pelo volume de recursos chegados aos tribunais superiores, de filtros para a ampla recorribilidade, otimizando a prestação jurisdicional. Por isso, criou-se o requisito de admissibilidade da repercussão geral, para o recurso extraordinário, e a sistemática dos recursos repetitivos, para o recurso especial (arts. 543-A, 543-B e 543-C do CPC/1973).

O Código atual aprimorou a técnica, largamente utilizada, com sucesso, nas últimas décadas, uniformizando tratamento de ambos, na forma dos arts. 1.036 a 1.041. Pode-se estatuí-la em algumas etapas.

Inicialmente, há a percepção de multiplicidade de recursos sobre a mesma questão de direito, cabendo a qualquer Ministro ou ao Presidente do tribunal superior afetar uma das insurgências para julgamento pela sistemática.

Também Presidentes ou Vice-Presidentes do tribunal local podem selecionar recursos demonstrativos da controvérsia e apontá-los à Corte Superior (art. 1.036[158]), sem que isso a vincule, naturalmente. Nesse caso, já determinará a suspensão dos processos pendentes no Estado ou na

---

I – (Revogado);

II (Revogado);

III – (Revogado).

§ 1º (Revogado)

I – (Revogado);

II – (Revogado):

a) (Revogada);

b) (Revogada).

§ 2º A petição de agravo será dirigida ao presidente ou ao vice-presidente do tribunal de origem e independe do pagamento de custas e despesas postais, aplicando-se a ela o regime de repercussão geral e de recursos repetitivos, inclusive quanto à possibilidade de sobrestamento e do juízo de retratação.

§ 3º O agravado será intimado, de imediato, para oferecer resposta no prazo de 15 (quinze) dias.

§ 4º Após o prazo de resposta, não havendo retratação, o agravo será remetido ao tribunal superior competente.

§ 5º O agravo poderá ser julgado, conforme o caso, conjuntamente com o recurso especial ou extraordinário, assegurada, neste caso, sustentação oral, observando-se, ainda, o disposto no regimento interno do tribunal respectivo.

§ 6º Na hipótese de interposição conjunta de recursos extraordinário e especial, o agravante deverá interpor um agravo para cada recurso não admitido.

§ 7º Havendo apenas um agravo, o recurso será remetido ao tribunal competente, e, havendo interposição conjunta, os autos serão remetidos ao Superior Tribunal de Justiça.

§ 8º Concluído o julgamento do agravo pelo Superior Tribunal de Justiça e, se for o caso, do recurso especial, independentemente de pedido, os autos serão remetidos ao Supremo Tribunal Federal para apreciação do agravo a ele dirigido, salvo se estiver prejudicado."

[158] "**Art. 1.036.** Sempre que houver multiplicidade de recursos extraordinários ou especiais com fundamento em idêntica questão de direito, haverá afetação para julgamento de acordo com as disposições desta Subseção, observado o disposto no Regimento Interno do Supremo Tribunal Federal e no do Superior Tribunal de Justiça.

§ 1º O presidente ou o vice-presidente de tribunal de justiça ou de tribunal regional federal selecionará 2 (dois) ou mais recursos representativos da controvérsia, que serão encaminhados ao Supremo Tribunal Federal ou ao Superior Tribunal de Justiça para fins de afetação, determinando a suspensão do trâmite de todos os processos pendentes, individuais ou coletivos, que tramitem no Estado ou na região, conforme o caso.

§ 2º O interessado pode requerer, ao presidente ou ao vice-presidente, que exclua da decisão de sobrestamento e inadmita o recurso especial ou o recurso extraordinário que tenha sido interposto intempestivamente, tendo o recorrente o prazo de 5 (cinco) dias para manifestar-se sobre esse requerimento.

§ 3º Da decisão que indeferir o requerimento referido no § 2º caberá apenas agravo interno. (Redação dada pela Lei nº 13.256, de 2016)

§ 4º A escolha feita pelo presidente ou vice-presidente do tribunal de justiça ou do tribunal regional federal não vinculará o relator no tribunal superior, que poderá selecionar outros recursos representativos da controvérsia.

Região e, caso alguma das partes entenda que a suspensão que a alcançou foi equivocada, pode suscitar a distinção, cabendo, da decisão do Presidente ou Vice, agravo interno.

Selecionados os recursos, pelo relator de um deles, no tribunal superior, profere-se decisão de afetação, (i) identificando a questão submetida a julgamento, (ii) requisitando-se a Presidentes de tribunais locais recursos representativos da mesma controvérsia e (iii) suspendendo-se, em âmbito nacional, processos que versem sobre o tema.

Sublinhe-se que a suspensão não é automática,[159] dependendo de decisão específica e explícita, conforme juízo de oportunidade. Caso determinada, podem as partes dos processos alegar a distinção entre a matéria tratada em seu feito e aquela submetida a julgamento repetitivo, a ser decidida pelo juiz natural do caso.[160] Dessa decisão, cabe agravo de instrumento ou agravo interno (art. 1.037[161]).

---

§ 5º O relator em tribunal superior também poderá selecionar 2 (dois) ou mais recursos representativos da controvérsia para julgamento da questão de direito independentemente da iniciativa do presidente ou do vice-presidente do tribunal de origem.

§ 6º Somente podem ser selecionados recursos admissíveis que contenham abrangente argumentação e discussão a respeito da questão a ser decidida."

[159] Enunciado FPPC 721 (2022). (art. 976, § 4º; TJMG – IRDR – CV N. 1.0000.16.058664-0/006; TJPE – IRDR – 0016553-79.2019.8.17.9000) É permitido ao tribunal local suspender, em vez de extinguir, o incidente de resolução de demandas repetitivas já admitido e pendente, quando houver afetação superveniente de tema idêntico pelos tribunais superiores (Grupo: Observatório da concretização do CPC nos tribunais superiores).

Enunciado FPPC 722 (2022). (arts. 982, I, § 3º; 1.035, § 5º; 1.037, II; SIRDR 7-STJ) A decisão de suspensão de processos, em casos repetitivos ou em repercussão geral, deve delimitar o objeto de sobrestamento, inclusive as situações, pedidos, atos e fases processuais (Grupo: Observatório da concretização do CPC nos tribunais superiores).

Enunciado FPPC 723 (2022). (art. 983; Tema 1.080 do STJ; Recomendação nº 76/2020 do CNJ) No julgamento de casos repetitivos e incidente de assunção de competência, o relator proferirá decisão de saneamento e organização do processo, depois da admissão ou da afetação, na qual, entre outras providências: (i) identificará o(s) grupo(s) titular(es) dos direitos materiais litigiosos; (ii) certificará a legitimidade e a representatividade adequada dos sujeitos condutores do procedimento; (iii) controlará e organizará a intervenção dos interessados, definindo, em especial, os seus poderes e prazos; (iv) designará a(s) audiência(s) pública(s); (v) expedirá comunicações a outros interessados que possam contribuir com o debate (Grupo: Observatório da concretização do CPC nos tribunais superiores).

[160] **"Recomendação CNJ nº 134/2022: Art. 25.** A suspensão dos processos pendentes é elemento extremamente importante dentro da lógica do funcionamento e dos resultados pretendidos, sob o prisma do sistema dos julgamentos de questões comuns ou repetitivas, especialmente no que diz respeito à economia processual e, consequentemente, da própria duração razoável dos processos.

§ 1º A concepção global e a regra geral não devem ser inflexíveis, a ponto de tornar-se inadequado o mecanismo processual, ou os seus efeitos, para determinadas situações.

§ 2º A suspensão poderá, a juízo do tribunal, em caráter excepcional, não ocorrer ou ser limitada.

Art. 26. Não obstante a previsão contida no art. 982, *caput* e inciso I, do CPC/2015, a questão da suspensão, no âmbito do tribunal, poderá ser decidida monocrática ou coletivamente, de modo respectivo, pelo relator ou pelo colegiado do órgão competente.

Art. 27. A formação do precedente dentro de prazo razoável é fundamental para a consecução dos objetivos do sistema processual.

Parágrafo único. Recomenda-se que, diante da ausência de limitação expressa e da fórmula relativamente aberta, a exigir apenas a devida decisão fundamentada, inexista restrição quanto à possibilidade de uma ou mais prorrogações, desde que este lapso temporal não acabe representando afronta ao acesso à justiça e à duração razoável dos processos. (...)

Art. 29. A comunicação dos órgãos jurisdicionais em relação à suspensão dos processos assume importância capital, na medida em que as partes dos processos suspensos devem ser intimadas da respectiva decisão.

Parágrafo único. A determinação descrita no *caput* se encontra expressamente prevista para a sistemática dos recursos repetitivos, nos §§ 8º a 13 do art. 1.037 do CPC/2015, mas recomenda-se que seja aplicada também nos demais incidentes e procedimentos de uniformização.

Art. 30. A intimação mencionada no item anterior serve exatamente para que as partes possam, eventualmente, de modo similar ao previsto no § 9º do art. 1.038 do CPC/2015, demonstrar a distinção entre a questão a ser decidida no processo e aquela que está sendo objeto de uniformização, requerendo, nesse caso, o prosseguimento do seu processo.

Parte XI · III – RECURSOS EM ESPÉCIE | **1035**

161).

Visando a assegurar o respeito aos princípios do contraditório e da ampla defesa, ou seja, que os argumentos dos recursos especiais sejam devidamente analisados, a lei prevê, na fase de instrução, a fim de melhor instruir o tribunal, poderem ser admitidos *amici curiae*, marcadas audiências públicas e ouvidos os tribunais locais, além do Ministério Público.

Uma vez transcorrido o prazo para o Ministério Público e remetida cópia do relatório aos demais Ministros, o processo será incluído em pauta na seção ou na Corte Especial, devendo ser julgado, no prazo de um ano, com preferência sobre os demais feitos, ressalvados os que envolvam

---

Art. 31. Recomenda-se que seja considerada plenamente aplicável também a previsão contida no § 13 do art. 1.038 do CPC/2015, no sentido de que, contra a decisão proferida, para resolver o requerimento de suspensão, caberá, conforme o caso:

I – agravo de instrumento, se o processo estiver em primeiro grau;

II – agravo interno, se a decisão for do relator."

161 "**Art. 1.037.** Selecionados os recursos, o relator, no tribunal superior, constatando a presença do pressuposto do *caput* do art. 1.036, proferirá decisão de afetação, na qual:

I – identificará com precisão a questão a ser submetida a julgamento;

II – determinará a suspensão do processamento de todos os processos pendentes, individuais ou coletivos, que versem sobre a questão e tramitem no território nacional;

III – poderá requisitar aos presidentes ou aos vice-presidentes dos tribunais de justiça ou dos tribunais regionais federais a remessa de um recurso representativo da controvérsia.

§ 1º Se, após receber os recursos selecionados pelo presidente ou pelo vice-presidente de tribunal de justiça ou de tribunal regional federal, não se proceder à afetação, o relator, no tribunal superior, comunicará o fato ao presidente ou ao vice-presidente que os houver enviado, para que seja revogada a decisão de suspensão referida no art. 1.036, § 1º.

§ 2º (Revogado)

§ 3º Havendo mais de uma afetação, será prevento o relator que primeiro tiver proferido a decisão a que se refere o inciso I do *caput* .

§ 4º Os recursos afetados deverão ser julgados no prazo de 1 (um) ano e terão preferência sobre os demais feitos, ressalvados os que envolvam réu preso e os pedidos de *habeas corpus*.

§ 5º (Revogado)

§ 6º Ocorrendo a hipótese do § 5º, é permitido a outro relator do respectivo tribunal superior afetar 2 (dois) ou mais recursos representativos da controvérsia na forma do art. 1.036.

§ 7º Quando os recursos requisitados na forma do inciso III do *caput* contiverem outras questões além daquela que é objeto da afetação, caberá ao tribunal decidir esta em primeiro lugar e depois as demais, em acórdão específico para cada processo.

§ 8º As partes deverão ser intimadas da decisão de suspensão de seu processo, a ser proferida pelo respectivo juiz ou relator quando informado da decisão a que se refere o inciso II do *caput* .

§ 9º Demonstrando distinção entre a questão a ser decidida no processo e aquela a ser julgada no recurso especial ou extraordinário afetado, a parte poderá requerer o prosseguimento do seu processo.

§ 10. O requerimento a que se refere o § 9º será dirigido:

I – ao juiz, se o processo sobrestado estiver em primeiro grau;

II – ao relator, se o processo sobrestado estiver no tribunal de origem;

III – ao relator do acórdão recorrido, se for sobrestado recurso especial ou recurso extraordinário no tribunal de origem;

IV – ao relator, no tribunal superior, de recurso especial ou de recurso extraordinário cujo processamento houver sido sobrestado.

§ 11. A outra parte deverá ser ouvida sobre o requerimento a que se refere o § 9º, no prazo de 5 (cinco) dias.

§ 12. Reconhecida a distinção no caso:

I – dos incisos I, II e IV do § 10, o próprio juiz ou relator dará prosseguimento ao processo;

II – do inciso III do § 10, o relator comunicará a decisão ao presidente ou ao vice-presidente que houver determinado o sobrestamento, para que o recurso especial ou o recurso extraordinário seja encaminhado ao respectivo tribunal superior, na forma do art. 1.030, parágrafo único.

§ 13. Da decisão que resolve o requerimento a que se refere o § 9º caberá:

I – agravo de instrumento, se o processo estiver em primeiro grau;

II – agravo interno, se a decisão for de relator."

réu preso e os *habeas corpus*, manifestando-se o tribunal sobre todos os argumentos relevantes ventilados (art. 1.038[162]).

Observe-se que o órgão julgador do recurso repetido pode ser a seção quando a matéria competir apenas à mesma, *v.g.*, o direito tributário encartado na competência da seção de direito público, ou da Corte, quando o *thema iudicandum* for do interesse de todos os órgãos julgadores.

Esse acórdão é de crucial importância, na medida em que vincula todos os julgadores do território nacional, representando o entendimento obrigatório sobre a matéria legal ou constitucional. Como consequência, os Presidentes ou Vice-Presidentes dos tribunais locais podem negar seguimento aos recursos especiais e extraordinários pendentes, bem como determinar o reexame dos acórdãos discutidos pelos órgãos locais que os proferiram (arts. 1.039 e 1.040[163]). Neste caso, mantido o entendimento, o recurso será remetido ao tribunal superior, para apreciação definitiva da correção da aplicação da tese fixada em sede de recurso repetitivo (art. 1.041[164]).

---

[162] **"Art. 1.038**. O relator poderá:

I – solicitar ou admitir manifestação de pessoas, órgãos ou entidades com interesse na controvérsia, considerando a relevância da matéria e consoante dispuser o regimento interno;

II – fixar data para, em audiência pública, ouvir depoimentos de pessoas com experiência e conhecimento na matéria, com a finalidade de instruir o procedimento;

III – requisitar informações aos tribunais inferiores a respeito da controvérsia e, cumprida a diligência, intimará o Ministério Público para manifestar-se.

§ 1º No caso do inciso III, os prazos respectivos são de 15 (quinze) dias, e os atos serão praticados, sempre que possível, por meio eletrônico.

§ 2º Transcorrido o prazo para o Ministério Público e remetida cópia do relatório aos demais ministros, haverá inclusão em pauta, devendo ocorrer o julgamento com preferência sobre os demais feitos, ressalvados os que envolvam réu preso e os pedidos de *habeas corpus*.

§ 3º O conteúdo do acórdão abrangerá a análise dos fundamentos relevantes da tese jurídica discutida. (Redação dada pela Lei nº 13.256, de 2016)"

[163] **"Art. 1.039.** Decididos os recursos afetados, os órgãos colegiados declararão prejudicados os demais recursos versando sobre idêntica controvérsia ou os decidirão aplicando a tese firmada.

Parágrafo único. Negada a existência de repercussão geral no recurso extraordinário afetado, serão considerados automaticamente inadmitidos os recursos extraordinários cujo processamento tenha sido sobrestado.
Art. 1.040. Publicado o acórdão paradigma:

I – o presidente ou o vice-presidente do tribunal de origem negará seguimento aos recursos especiais ou extraordinários sobrestados na origem, se o acórdão recorrido coincidir com a orientação do tribunal superior;

II – o órgão que proferiu o acórdão recorrido, na origem, reexaminará o processo de competência originária, a remessa necessária ou o recurso anteriormente julgado, se o acórdão recorrido contrariar a orientação do tribunal superior;

III – os processos suspensos em primeiro e segundo graus de jurisdição retomarão o curso para julgamento e aplicação da tese firmada pelo tribunal superior;

IV – se os recursos versarem sobre questão relativa a prestação de serviço público objeto de concessão, permissão ou autorização, o resultado do julgamento será comunicado ao órgão, ao ente ou à agência reguladora competente para fiscalização da efetiva aplicação, por parte dos entes sujeitos a regulação, da tese adotada.

§ 1º A parte poderá desistir da ação em curso no primeiro grau de jurisdição, antes de proferida a sentença, se a questão nela discutida for idêntica à resolvida pelo recurso representativo da controvérsia.

§ 2º Se a desistência ocorrer antes de oferecida contestação, a parte ficará isenta do pagamento de custas e de honorários de sucumbência.

§ 3º A desistência apresentada nos termos do § 1º independe de consentimento do réu, ainda que apresentada contestação."

[164] **"Art. 1.041.** Mantido o acórdão divergente pelo tribunal de origem, o recurso especial ou extraordinário será remetido ao respectivo tribunal superior, na forma do art. 1.036, § 1º.

§ 1º Realizado o juízo de retratação, com alteração do acórdão divergente, o tribunal de origem, se for o caso, decidirá as demais questões ainda não decididas cujo enfrentamento se tornou necessário em decorrência da alteração.

§ 2º Quando ocorrer a hipótese do inciso II do *caput* do art. 1.040 e o recurso versar sobre outras questões, caberá ao presidente ou ao vice-presidente do tribunal recorrido, depois do reexame pelo órgão de origem e independentemente de ratificação do recurso, sendo positivo o juízo de admissibilidade, determinar a remessa do recurso ao tribunal superior para julgamento das demais questões. (Redação dada pela Lei nº 13.256, de 2016)"

Importante registrar, ainda, interessante novidade trazida pelo novel CPC/2015, dispondo que, quando se tratar de questão relativa à prestação de serviço público objeto de concessão, permissão ou autorização, o resultado do julgamento será comunicado ao órgão, ao ente ou à agência reguladora competente para fiscalização da efetiva aplicação, por parte dos entes sujeitos à regulação, da tese adotada. A despeito de o dispositivo ter sido questionada por meio da ADI 5.492, o STF, na Sessão Virtual de 14.04.2023 a 24.04.2023, declarou constitucionais tanto o art. 985, § 2º, quanto o art. 1.040, inc. IV.

Longe de afrontar a CRFB/1988, as previsões neles insculpidas contribuem para a sua plena realização, com a racionalização da prestação jurisdicional, o aumento da previsibilidade das decisões e o fim da jurisprudência lotérica. Concretizam-se, assim, princípios e valores constitucionais como a isonomia, a segurança jurídica, a eficiência da Administração Pública (art. 37) e a duração razoável dos processos (art. 5º, LXXVIII).

7. AGRAVO EM RECURSO ESPECIAL E EM RECURSO EXTRAORDINÁRIO

O agravo em recurso especial e em recurso extraordinário, que ainda na vigência do CPC/1973 já havia deixado de ser um agravo *de instrumento*, encontra previsão no art. 1.042 do Código. Seu regramento sofreu grande mudança, em relação à redação original do Código, antes mesmo de sua entrada em vigor. É que a Lei nº 13.256/2016 reintroduziu a etapa processual de juízo de admissibilidade pelo Tribunal *a quo* no âmbito dos recursos especial e extraordinário. Consectariamente, também o cabimento do posterior agravo restou alterada.

Em síntese, o recurso será cabível quando o recurso especial ou o recurso extraordinário sejam inadmitidos pelo Tribunal de origem, a menos que essa inadmissão se funde na aplicação de entendimento firmado em regime de repercussão geral ou em julgamento de recursos repetitivos. Nessas outras situações, caberá agravo interno, destinado a órgão colegiado do próprio Tribunal *a quo*.

Há, portanto, distinção dos caminhos processuais disponíveis conforme o fundamento da decisão recorrida. A previsão é paralela à distinção feita pelos §§ 1º e 2º do art. 1.030.

Obedecido o princípio do duplo exame da admissibilidade dos recursos por força do princípio jusfilosófico de que se assim não o fosse, os juízos negariam seguimento às impugnações no afã de preservarem a integridade de seus julgados, dispõe o art. 1.042 que, não admitindo o recurso extraordinário ou o recurso especial, caberá agravo, no prazo de 15 (quinze) dias, para a respectiva instância superior.

Na redação atual do art. 1.042, não há, como havia outrora, exigência de instrução do agravo de instrumento com quaisquer peças indicadas pelas partes. Tem-se que, como já há remessa dos autos à instância superior, dispensa-se a formalidade de reinstruir o agravo. Cumpre destacar, consoante redação dada pela recente reforma da Lei 13.256/2016, que não deverá haver recolhimento de custas para tal recurso, bem como que à petição se aplica o regime de repercussão geral e de recursos repetitivos.

Não obstante, a jurisprudência manifestava-se pela exigibilidade da juntada da certidão de intimação do originário acórdão atacado pelo apelo extremo (RE ou REsp) para observar exatamente essa questão formal da tempestividade, que, como se sabe, à semelhança dos demais requisitos de admissibilidade, pode ser conhecida *ex officio*. A despeito disso, a novel disposição declinou tal requisito.

A Lei 13.256/2016, diga-se, alterou em grande medida o novo Código no que tange ao agravo em recurso especial e em recurso extraordinário, procurando manter o regime muito próximo ao do Código anterior.

O novo procedimento, no art. 1.042, § 2º, do CPC, é expresso no sentido de que a petição de agravo deve ser dirigida à presidência do tribunal de origem, não dependendo do pagamento de custas e despesas postais.

Neste passo, dissipou-se controvérsia reinante sob o regime derrogado, haja vista que o Código, até pouco antes da reforma e a lei, ao regularem os recursos extraordinário e especial,

1038 | CURSO DE DIREITO PROCESSUAL CIVIL · *Luiz Fux*

não dispunham sobre o "preparo" desse agravo, por isso que alguns defendiam possibilidade de consagração desse requisito extrínseco de admissibilidade por via regimental.

A questão revelava-se delicada haja vista que a lacuna poderia propiciar dúvidas conducentes à inadmissão do agravo extremo pela falta do preenchimento dessa formalidade geradora da deserção. Sustentava-se mesmo que a deserção era o único defeito capaz de barrar o agravo interposto contra a inadmissão dos recursos excepcionais.

O legislador colocou uma pá de cal no assunto. O agravo não depende de pagamento de custas nem de porte de retorno (despesas postais).

Complementou a Lei 13.256/2016 tal parágrafo, ao dispor que se aplicam os regimes de repercussão geral e de recursos repetitivos, inclusive quanto à possibilidade de sobrestamento, ao agravo em recurso especial e em recurso extraordinário.

Por outro lado, interposto o agravo perante a presidência há expressa previsão de o agravado ser intimado, de imediato, para no prazo de 15 (quinze) dias oferecer resposta, em homenagem ao princípio do contraditório (art. 1.042, § 3º, do CPC).

A redação anterior sugeria uma relação angular entre o agravante e o órgão do tribunal *a quo* que indeferiria o recurso.

Destaque-se, tudo se passa no tribunal de origem, vale dizer, tanto a interposição quanto a impugnação. Obedecido o princípio da igualdade das partes, o agravado, intimado, disporá do prazo de 15 (quinze) dias para oferecer resposta.

Em seguida, não havendo retratação, subirá o agravo ao tribunal superior, onde será processado na forma regimental (art. 1.042, § 4º, do CPC). Assim, o recurso acode ao tribunal superior composto de robustas razões formais e de mérito a permitir ao relator uma completa visão da contenda recursal.

Advirta-se, contudo, que a fala do agravado somente inocorrerá nas hipóteses em que o recurso dirigir-se contra decisão proferida ainda na fase embrionária do processo, em que não se completou a *vocatio in iudicio, v.g.*, quando a parte irresignada vai às últimas consequências quanto ao indeferimento de uma tutela provisória urgente, antes mesmo da convocação da outra parte. Nessas relações angulares, não há a "fala do recorrido".

Prevê, ainda, o Código, a hipótese de julgamento conjunto do agravo com o recurso especial ou o recurso extraordinário a que estiver ligado. Assegura-se, nesse sentido, a sustentação oral do advogado, significando que, conjuntamente, a depender do regimento interno do tribunal superior, é permitido dar provimento ao agravo para conhecer de imediato do respectivo recurso, dando-lhe ou negando-lhe provimento (art. 1.042, § 5º, do CPC).

Paralelamente, trata o dispositivo acerca da hipótese de interposição conjunta de recurso especial com recurso extraordinário. Manteve-se o disposto no Código de 1973, em que o agravante possui o ônus de interpor um agravo para cada recurso que não fora admitido, em virtude da diferença de órgãos que apreciarão cada qual dos recursos (art. 1.042, § 6º, do CPC).

Tendo, contudo, o agravante apresentado apenas um agravo, este será remetido para o tribunal competente. Sendo o caso de interposição conjunta, remetem-se os autos ao Superior Tribunal de Justiça e, após concluído o julgamento do agravo, bem como do recurso especial, se for o caso, os autos serão remetidos ao Supremo Tribunal Federal para apreciação do agravo no que lhe couber, salvo se prejudicado (art. 1.042, §§ 7º e 8º, do CPC).

8. EMBARGOS DE DIVERGÊNCIA[165]

Reflexo inegável da *função uniformizadora* dos tribunais superiores, a que são servis os recursos extraordinário e especial, é o cabimento de embargos de divergência (art. 1.043, incisos I e III, do

---

[165] **Súmula nº 401 do STF**: "Não se conhece do recurso de revista, nem dos embargos de divergência, do processo trabalhista, quando houver jurisprudência firme do Tribunal Superior do Trabalho no mesmo sentido da decisão impugnada, salvo se houver colisão com a jurisprudência do Supremo Tribunal Federal".

CPC).[166] O cabimento deste recurso pressupõe que a divergência ocorra entre órgãos competentes; por isso que, se um deles é incompetente, inútil o embargo.[167]

O recurso é cabível desde que a divergência opere-se no julgamento dos recursos extraordinário e especial recebidos originariamente, "convertidos" em face da completa instrução dos agravos interpostos contra o indeferimento do recurso principal, ainda que providos monocraticamente na forma dos arts. 932 e 1.042, do CPC, tese que não se encontra pacífica, diferentemente das decisões meritórias em agravo regimental, interposto de decisão monocrática do próprio recurso especial, porquanto mantém-se a colegialidade.

Denomina-os a doutrina de "embargos de divergência regimental" em face de o seu procedimento encontrar-se previsto no regimento interno desses tribunais. Advirta-se que os acórdãos devem provir das turmas da mesma competência ou de competência diversa que confrontem entre si, bastando que o acórdão seja de órgão fracionário (turma, sessão, Corte Especial ou Pleno).

Deveras, a seção na sua respectiva competência *ratione materiae* e o *Plenário* firmam a jurisprudência prevalente.

O advento da Lei nº 13.256/16 ocasionou a revogação de dois incisos do art. 1.043, CPC, levando a crer que não se trata de hipótese de cabimento dos embargos de divergência. O inciso II, revogado, tratava da hipótese em que a decisão relativa ao juízo de admissibilidade diverge de decisão prévia de qualquer órgão daquele tribunal que também seja referente ao juízo de admissibilidade.[168]

Súmula nº 598 do STF: "Nos embargos de divergência não servem como padrão de discordância os mesmos paradigmas invocados para demonstrá-la mas repelidos como não dissidentes no julgamento do recurso extraordinário".

Súmula nº 158 do STJ: "Não se presta a justificar embargos de divergência o dissídio com acórdão de turma ou seção que não mais tenha competência para a matéria neles versada".

Súmula nº 168 do STJ: "Não cabem embargos de divergência, quando a jurisprudência do tribunal se firmou no mesmo sentido do acórdão embargado".

Súmula nº 315 do STJ: "Não cabem embargos de divergência no âmbito do agravo de instrumento que não admite recurso especial".

Súmula nº 316 do STJ: "Cabem embargos de divergência contra acórdão que, em agravo regimental, decide recurso especial".

[166] **"Art. 1.043.** É embargável o acórdão de órgão fracionário que:

I – em recurso extraordinário ou em recurso especial, divergir do julgamento de qualquer outro órgão do mesmo tribunal, sendo os acórdãos, embargado e paradigma, de mérito;

II – (Revogado)

III – em recurso extraordinário ou em recurso especial, divergir do julgamento de qualquer outro órgão do mesmo tribunal, sendo um acórdão de mérito e outro que não tenha conhecido do recurso, embora tenha apreciado a controvérsia;

IV – (Revogado)

§ 1º Poderão ser confrontadas teses jurídicas contidas em julgamentos de recursos e de ações de competência originária.

§ 2º A divergência que autoriza a interposição de embargos de divergência pode verificar-se na aplicação do direito material ou do direito processual.

§ 3º Cabem embargos de divergência quando o acórdão paradigma for da mesma turma que proferiu a decisão embargada, desde que sua composição tenha sofrido alteração em mais da metade de seus membros.

§ 4º O recorrente provará a divergência com certidão, cópia ou citação de repositório oficial ou credenciado de jurisprudência, inclusive em mídia eletrônica, onde foi publicado o acórdão divergente, ou com a reprodução de julgado disponível na rede mundial de computadores, indicando a respectiva fonte, e mencionará as circunstâncias que identificam ou assemelham os casos confrontados.

§ 5º (Revogado)"

[167] É o que dispõe a atual **Súmula nº 158 do STJ** vazada nos seguintes termos: "Não se presta a justificar embargos de divergência o dissídio com acórdão de Turma ou Seção que não mais tenha competência para a matéria neles versada."

[168] "Civil. Processual civil. Embargos de divergência em agravo em recurso especial. Juízo de admissibilidade dos embargos de divergência. Paradigmas originados de órgãos fracionários vinculados a seções distintas e também à mesma seção. Competência da Corte Especial. Precedentes. Paradigma que versou sobre extinção da fase de cumprimento de sentença. Acórdão embargado que tratou de habilitação de crédito no inventário. Ausência de

Com a revogação, permanece a dúvida quanto ao cabimento dos embargos de divergência no que toca ao juízo de admissibilidade, eis que o art. 1.043, § 2º, CPC, autoriza que a divergência apta a legitimar a oposição dos embargos seja de direito material ou de direito processual. Assim, parte da doutrina entende que a revogação do inciso II não implica necessariamente a impossibilidade de suscitar divergência em juízo de admissibilidade, eis que se trata de questão processual, abarcada pelo § 2º. Por outro lado, o juízo de admissibilidade consiste em preliminar da análise recursal que não interfere no mérito do recurso e, portanto, não possibilita a oferta deste recurso.

No entanto, deve-se atentar para o fato de que o rol de cabimento dos embargos de divergência é taxativo e não comporta interpretação ampliativa, a fim de evitar a demora processual injustificada e o abuso da utilização desnecessária de recursos. Sendo assim, as hipóteses previstas devem ser interpretadas restritivamente conforme o que dispôs o legislador. Veja-se, dessa forma, que a divergência pode ser de direito material ou processual, desde que este seja o núcleo do mérito do recurso que deu azo à oposição dos embargos de divergência.

Outro inciso revogado foi o inciso IV do art. 1.043, CPC, que tratava dos processos de competência originária dos Tribunais Superiores (art. 102, I, Constituição, para o Supremo Tribunal Federal, e art. 105, I, do texto constitucional, para o Superior Tribunal de Justiça). Não cabe, em virtude da reforma promovida pela Lei nº 13.256/16, a oposição de embargos de divergência nesse contexto.

No esteio da orientação acerca do cabimento dos recursos uniformizadores em geral, tem-se que, se a turma modificou sua orientação em sentido oposto ao recurso, não cabem embargos de divergência, porque prevalece, para verificação de sua admissibilidade, a orientação atual, refletindo-se no interesse em recorrer.

Ademais, são incabíveis embargos de divergência em agravo interno interposto de agravo de instrumento, porque em jogo aspecto formal, ou como afirma o STJ (Súmula 315), "regra técnica" que refoge ao escopo da divergência, qual a de uniformizar a jurisprudência meritória de um tribunal que tem como escopo essa específica função.

---

similitude fática e jurídica. Paradigma que tratou sobre recorribilidade da decisão que versa sobre habilitação do crédito no inventário na vigência do CPC/73. Acórdão embargado que tratou da matéria na vigência do CPC/15. Modificação legislativa relevante. Art. 1.015, parágrafo único. Jurisprudência desta corte que se firmou no mesmo sentido do acórdão embargado. Incidência da súmula 168/STJ. 1- Embargos de divergência em agravo em recurso especial opostos em 17.09.2021 e atribuídos à Relatora em 28.09.2021. 2- Os propósitos recursais consistem em definir: (i) preliminarmente, a quem cabe fazer o juízo de admissibilidade dos embargos de divergência na hipótese em que são apontados, como paradigmas, julgado de órgão fracionário da mesma Seção em que se proferido o acórdão embargado e julgado de órgão fracionário de Seção distinta daquela em que proferido o acórdão embargado; (ii) se, sob a ótica dos paradigmas invocados e à luz do CPC/15, a decisão que extingue a habilitação de crédito em inventário é sentença impugnável por apelação ou é decisão interlocutória impugnável por agravo de instrumento. 3- Se o embargante invocar, como paradigmas, julgado de órgão fracionário de diferente Seção e também julgado de órgão fracionário da mesma Seção que prolatou o acórdão embargado, caberá à Corte Especial proferir juízo negativo de admissibilidade dos embargos de divergência se ausentes seus requisitos, somente devendo ser cindido o julgamento na hipótese em que for admissível o pronunciamento de mérito da Seção a qual estão vinculados os órgãos fracionários que proferiram os acórdãos paradigma e embargado. Precedentes. 4- Não se conhecem dos embargos de divergência quando houver substancial ausência de similitude fática e jurídica entre as hipóteses examinadas nos acórdãos paradigma, que tratou da decisão extintiva de cumprimento de sentença, e embargado, que versou sobre decisão extintiva de incidente de habilitação de crédito em inventário, o que impede sejam analiticamente cotejados os referidos acórdãos e, consequentemente, inviabiliza o juízo positivo de admissibilidade dos embargos de divergência. 5- De igual modo, também não se conhecem dos embargos de divergência quando houver substancial ausência de similitude jurídica decorrente da modificação das leis em que se fundaram os acórdãos paradigma (CPC/73) e embargado (CPC/15), com nova disciplina legal acerca da recorribilidade das decisões proferidas no inventário, agravado pelo fato de que, na vigência da nova legislação processual, a jurisprudência da Corte se consolidou no mesmo sentido do acórdão embargado, consignando ser cabível agravo de instrumento contra todas as decisões interlocutórias proferidas na ação de inventário por força do art. 1.015, parágrafo único. Incidência da Súmula 168/STJ. 6- Embargos de divergência não conhecidos"(EAREsp 1.681.737/PR, Rel. Min. Nancy Andrighi, Corte Especial, j. 03.08.2022, *DJe* 09.08.2022).

Tal entendimento, porém, se aplica aos casos em que a divergência recai sobre os pressupostos de admissibilidade, não se aplicando às hipóteses em que o tribunal se pronunciou sobre o mérito recursal[169].

Outrossim, é mister um exato confronto analítico para que se possa afiançar que o tribunal julgando causas com o mesmo suporte fático concedeu-lhes solução diversa, afrontando a sua função uniformizadora. Exige-se que a comprovação da divergência com certidão, cópia ou citação de repositório oficial ou credenciado de jurisprudência, inclusive em mídia eletrônica, onde foi publicado o acórdão divergente, ou com a reprodução de julgado disponível na rede mundial de computadores, indicando a respectiva fonte, e mencionará as circunstâncias que identificam ou assemelham os casos confrontados (art. 1.043, § 4º) – o descumprimento do dispositivo enseja não conhecimento, por ausência de regularidade formal, não sendo aplicável o art. 932, parágrafo único, conforme entendimento do Superior Tribunal de Justiça[170].

O entendimento do julgamento paradigma, supostamente ofendido pelo julgado recorrido, deve ser atual, a justificar a uniformidade procurada pelos embargos (Súmula 168 do STJ e Súmula 247 do STF).

Inadmitidos os embargos de divergência desafiam, *intra* muros, o agravo interno.

Admitidos, o órgão competente elege uma das teses em confronto para regular o caso concreto.

---

[169] EAREsp 200.299-PE, 1ª Turma, Rel. Min. Mauro Campbell Marques, v.u., j. 23.08.2017.
[170] AgInt nos EAREsp 1238270/RS, Rel. Min. Jorge Mussi, Corte Especial, j. 13.10.2020.

IV
INCIDENTE DE ARGUIÇÃO DE INCONSTITUCIONALIDADE

1. GENERALIDADES

O incidente de arguição de inconstitucionalidade nos tribunais participa do instrumental de controle da constitucionalidade das leis em face de pluralidade de órgãos aplicadores das regras constitucionais e infraconstitucionais nos seus julgamentos.

A função jurisdicional de definição de direitos caracteriza-se pela atividade de concreção, consistente na aplicação de determinada lei ao caso concreto. O instituto *in foco* permite que se declare, incidentemente, a inconstitucionalidade da lei aplicada ao caso concreto e, em consequência, confira-se um resultado à causa de acordo com essa prévia declaração.

Insta observar, à semelhança do incidente da uniformização, que a inconstitucionalidade, *in casu*, figura como premissa inafastável do julgamento. O incidente, então, é de imperiosa formação nesse caso, posto que diversamente dos juízos de primeiro grau que podem pronunciar a inconstitucionalidade *incidenter tantum* como razão de decidir, nos tribunais, *por força de regra constitucional*, somente a maioria absoluta de seus membros pode fazê-lo (art. 97 da CF), o que se denomina de "reserva de plenário" e decorre do fato de que, em princípio, na ordem local, a palavra do tribunal é o último pronunciamento da causa, porquanto os recursos posteriores são excepcionais.

Esse incidente, por seu turno, marca uma das formas do controle[1] *difuso e incidental*[2] da constitucionalidade das leis, haja vista que o denominado "controle concentrado", "direto ou principal" efetiva-se através da "ação declaratória direta de inconstitucionalidade" dirigida ao Supremo Tribunal Federal, cujo procedimento hodiernamente, vem regulado na Lei nº 9.868/99.

No primeiro controle, o difuso, a constitucionalidade é examinada pela inserção da lei ao caso concreto, ao passo que no segundo, o controle é da própria "lei em tese".

O incidente não se limita à inconstitucionalidade de lei ou ato normativo federal. A dicção legal é ampla, alcançando leis como fonte do direito de qualquer grau, isto é, Emenda à Constituição, Constituição Estadual, Lei Complementar, Lei Ordinária, Lei Delegada, Decreto-Lei, Decreto Legislativo, Decreto, Resolução ou Atos do Poder Público da União, Estados e Municípios bem como atos das três esferas, vale dizer: Executivo, Legislativo e Judiciário.

A inconstitucionalidade *sub examine* pode ocorrer em confronto com a Constituição Federal ou a Estadual. A diferença de competência somente ocorre na ação direta, porquanto as violações de qualquer ato em face da Constituição Federal implicam o julgamento pelo Supremo Tribunal Federal, ao passo que a afronta à Constituição Estadual é analisada pelos tribunais locais (arts. 102, I, *a*, e 125, § 2º, da CF).

---

[1] Sinteticamente, quanto ao "momento" o controle da constitucionalidade pode ser "preventivo", como ocorre no "sistema francês" em que a lei somente é promulgada após a manifestação do Conselho Constitucional (*Conseil Constitutionnel*), ou "repressivo" com verificação *a posteriori*.

[2] É clássica a lição de **Rui Barbosa** de que a inconstitucionalidade por vezes é "fundamento" e não alvo do libelo.

CURSO DE DIREITO PROCESSUAL CIVIL • *Luiz Fux*

O incidente de inconstitucionalidade propicia a mesma *cisão funcional*[3] de competência verificada na uniformização de jurisprudência, retornando os autos à câmara após a deliberação pelo órgão especial do tribunal acerca da inconstitucionalidade, produzindo uma decisão subjetivamente complexa. Não obstante esta seja a sistemática no Direito brasileiro, já se decidiu que, se o *único fundamento da causa é a inconstitucionalidade* de texto de lei, inexistindo matéria remanescente a ser decidida, é desnecessário que a Corte Especial devolva os autos ao órgão julgador que a suscitou, para completar-lhe o julgamento, devendo, desde logo, decidir o feito, a fim de evitar procrastinação incompatível com os princípios que regem o processo moderno.

O órgão do tribunal pode ser o pleno ou Órgão Especial que lhe faça às vezes, como indica o art. 949, II, do CPC,[4] e permite o art. 93, XI, da Constituição Federal. Aliás, nos Estados em que os tribunais contam com número superior a 25 membros, como é o caso do Rio de Janeiro e de São Paulo, essa competência recai no Órgão Especial. Assim, a declaração de inconstitucionalidade incorpora-se às razões de decidir do julgado da Câmara ou Turma e é com fulcro nela que caberão os recursos subsequentes, inclusive o recurso extraordinário. Isto porque o acórdão do órgão que dispõe sobre a inconstitucionalidade é irrecorrível, salvo por embargos de declaração, porquanto dispõe *in abstrato* e, *a fortiori*, dele não exsurge lesividade. A deliberação da câmara quanto ao caso concreto com a incorporação daquela decisão é que traz a *lesividade* que faz exsurgir o interesse em recorrer.[5]

2. REQUISITOS E PROCEDIMENTO

O CPC trata do incidente de arguição de inconstitucionalidade por ocasião do julgamento de um recurso ou de uma causa da competência originária dos tribunais.

O pressuposto básico é o de que a causa ou o recurso devam ser apreciados à luz de determinado regramento jurídico arguido de inconstitucional. Nesse sentido dispõe o art. 948 do CPC[6] que arguida, em controle difuso, a inconstitucionalidade de lei ou de ato normativo do poder público, o relator, após ouvir o Ministério Público e as partes, submeterá a questão à turma ou à câmara à qual competir o conhecimento do processo.

O relator da causa de competência originária, da demanda sujeita ao duplo grau necessário ou do recurso, *submete à Câmara, antes mesmo do julgamento*, a *prejudicial constitucional.*

Deveras, não é só o relator que pode suscitá-lo, cabendo o mesmo poder a qualquer integrante da Turma ou Câmara, *ex officio*, ou provocado pelo Ministério Público[7] ou pela parte.

A tempestividade para a arguição do incidente obedece à regra de que as *partes* e o *Ministério Público* podem suscitar incidente *até que se inicie a votação, e os membros do tribunal à medida que votam.*

A Câmara, reconhecendo esse grau de prejudicialidade, deve sustar o processo até a deliberação do órgão competente, lavrando acórdão nesse sentido. Ao revés, desacolhida a alegação,

---

[3]   A respeito do tema, consulte-se **Alcides de Mendonça Lima**, "Competência para Declarar a Inconstitucionalidade das Leis", *RF*, vol. 123.

[4]   **"Art. 949.** Se a arguição for:

   I – rejeitada, prosseguirá o julgamento;

   II – acolhida, a questão será submetida ao plenário do tribunal ou ao seu órgão especial, onde houver.

   Parágrafo único. Os órgãos fracionários dos tribunais não submeterão ao plenário ou ao órgão especial a arguição de inconstitucionalidade quando já houver pronunciamento destes ou do plenário do Supremo Tribunal Federal sobre a questão."

[5]   **Barbosa Moreira**, *Coment.*, cit., p. 42 e 43. Nesse sentido, a **Súmula nº 513 do STF:** "A decisão que enseja a interposição de recurso ordinário e extraordinário não é a do plenário, que resolve o incidente de inconstitucionalidade, mas a do órgão (Câmara, Grupos ou Turmas) que completa o julgamento do feito".

[6]   **"Art. 948.** Arguida, em controle difuso, a inconstitucionalidade de lei ou de ato normativo do poder público, o relator, após ouvir o Ministério Público e as partes, submeterá a questão à turma ou à câmara à qual competir o conhecimento do processo."

[7]   Suscitado o incidente pelo MP, cumpre oficiar um outro na qualidade de fiscal da lei, posto que o primeiro é parte.

Parte XI • IV – INCIDENTE DE ARGUIÇÃO DE INCONSTITUCIONALIDADE | **1045**

prossegue-se no julgamento da causa como se não tivesse havido a arguição prejudicial. É que a Câmara não tem competência funcional para declarar a inconstitucionalidade, mas detém-na para concluir pela constitucionalidade. De toda sorte, a deliberação da Câmara quanto à admissibilidade do incidente e remessa ao órgão próprio é irrecorrível.

A eventual lesão que se venha perpetrar com o julgamento "subjetivamente complexo" pela integração das decisões desafiará o recurso extraordinário, porquanto o fundamento do acórdão será necessariamente constitucional, desde que a violação seja a Carta Maior e não ao diploma estadual.

A inconstitucionalidade que prejudica o julgamento da Turma ou Câmara pode ser de lei ou ato normativo inafastável do objeto do julgamento. Por outro lado, a lei ou o ato normativo podem dizer respeito à questão formal ou material. Assim, *v.g.*, pode haver a suscitação da inconstitucionalidade de lei ou de Regimento Interno de Tribunal que admita em demandas judiciais contra magistrados a supressão do contraditório. Nesse caso, tratar-se-á de ato normativo inconstitucional posto violador da regra maior.

O incidente pode ainda ocorrer, v.g., em relação à lei civil aplicada em contrariedade ao disposto na Constituição, por exemplo quando admite a invasão da privacidade alheia, havendo expressa vedação constitucional. A parte, em ambos os casos, como preliminar do seu recurso, pode arguir a inconstitucionalidade de um desses dispositivos aplicados ao processo *sub judice*.

A Câmara, entendendo a influência da questão, deve suspender o julgamento para ouvir a deliberação do Pleno ou do Órgão Especial próprio acerca da inconstitucionalidade suscitada. Este, ao receber o processo, não pode devolvê-lo sob a alegação de que a questão da inconstitucionalidade não é prejudicial daquele outro feito suspenso. A admissibilidade do incidente é da competência do órgão fracionário colegiado. O que é lícito ao órgão competente é acolher ou não a inconstitucionalidade pelos fundamentos apontados ou por outros, porquanto na matéria é livre a sua investida *ex officio.*[8]

A deliberação pela inconstitucionalidade, para ser possível, deve alcançar a maioria absoluta dos membros do Pleno ou do Órgão Especial, e não a dos presentes.

Outrossim, a vinculação é *intraprocessual e ad futurum*, na forma da redação do parágrafo único do art. 949 do CPC.

A verificação dessa maioria absoluta implica que os votos devem ser homogêneos quanto à motivação, uma vez que a liberdade de fundamentação pode levar à conclusão da inconstitucionalidade por razões diferentes. Essa a razão pela qual afirma-se em doutrina que para os fins da vinculação incidental, a votação deve ser uniforme[9] quanto à motivação.

Esta é a sistemática sinalizada pelos arts. 948 e 949 do CPC. O procedimento mais amiúde do incidente vem previsto no regimento interno dos tribunais e nas leis de organização judiciária.

A natureza da causa torna necessária a intervenção do Ministério Público que oficia, no feito, inclusive no retorno da causa à câmara.

Reforma ocorrida ainda na vigência do Código de 1973 deu nova redação ao parágrafo único do art. 481 do CPC, mantida no art. 949 do CPC atual, estabelecendo que os órgãos fracionários dos tribunais não devem submeter ao plenário, ou ao órgão especial, a arguição de inconstitucionalidade, quando já houver pronunciamento destes ou do plenário do Supremo Tribunal Federal sobre a questão, salvo se não coincidentes; isto é, quando o tribunal local opõe-se ao teor do julgado pela Corte Suprema, *v.g.*, se o órgão especial do estado conclui pela inconstitucionalidade e a Corte Suprema pela constitucionalidade.

O julgamento do incidente tem como finalidade compor o acórdão do órgão onde ele foi suscitado. Em consequência, a decisão que enseja a interposição de recurso ordinário ou extraordinário não é a do plenário, que resolve o incidente de inconstitucionalidade, mas a do órgão (Câmaras, Grupos ou Turmas) que completa o julgamento do feito (Súmula nº 513 do STF).

---

[8]   Nesse sentido, a lição de **Barbosa Moreira**, ob. cit., p. 52.
[9]   Em consonância com a afirmação, **Barbosa Moreira** e **Pontes de Miranda** nos *Comentários ao Artigo 481 do CPC*.

V
INCIDENTE DE ASSUNÇÃO DE COMPETÊNCIA

1. HISTÓRICO E FUNDAMENTOS

A assunção de competência[1] consubstancia-se em incidente processual destinado a assegurar a segurança jurídica, conferindo previsibilidade e isonomia às decisões judiciais. Trata-se, na verdade, de instituto decorrente de aprimoramento do incidente de uniformização de jurisprudência anteriormente previsto no artigo 476[2] e do incidente de relevante questão de direito, estampado no art. 555, parágrafo primeiro, ambos do CPC de 1973[3].

Em vista do dever de os tribunais uniformizarem a jurisprudência (art. 926), o CPC faz previsão da assunção de competência no art. 947, afirmando ser admissível a assunção de competência quando o julgamento de recurso, de remessa necessária ou de processo de competência originária envolver relevante questão de direito, com grande repercussão social, sem repetição em múltiplos processos.

À época da legislação anterior, que previa o incidente de uniformização de jurisprudência, já lecionávamos que, se já era inquietante a aplicação divergente do direito nacional pelos tribunais das unidades da federação, causava maior preocupação essa diversidade dentro do mesmo órgão jurisdicional.

---

[1] A respeito do tema, veja-se: **Aluisio Gonçalves de Castro Mendes** e **José Roberto Mello Porto**. *Incidente de Assunção de Competência*, 2021.

[2] "**CPC/1973: Art. 476.** Compete a qualquer juiz, ao dar o voto na turma, câmara, ou grupo de câmaras, solicitar o pronunciamento prévio do tribunal acerca da interpretação do direito quando:

I – verificar que, a seu respeito, ocorre divergência;

II – no julgamento recorrido a interpretação for diversa da que lhe haja dado outra turma, câmara, grupo de câmaras ou câmaras cíveis reunidas.

Parágrafo único. A parte poderá, ao arrazoar o recurso ou em petição avulsa, requerer, fundamentadamente, que o julgamento obedeça ao disposto neste artigo.

Art. 477. Reconhecida a divergência, será lavrado o acórdão, indo os autos ao presidente do tribunal para designar a sessão de julgamento. A secretaria distribuirá a todos os juízes cópia do acórdão.

Art. 478. O tribunal, reconhecendo a divergência, dará a interpretação a ser observada, cabendo a cada juiz emitir o seu voto em exposição fundamentada.

Parágrafo único. Em qualquer caso, será ouvido o chefe do Ministério Público que funciona perante o tribunal.

Art. 479. O julgamento, tomado pelo voto da maioria absoluta dos membros que integram o tribunal, será objeto de súmula e constituirá precedente na uniformização da jurisprudência.

Parágrafo único. Os regimentos internos disporão sobre a publicação no órgão oficial das súmulas de jurisprudência predominante."

[3] "**Art. 555 do CPC/1973.** No julgamento de apelação ou de agravo, a decisão será tomada, na câmara ou turma, pelo voto de 3 (três) juízes.

§ 1º Ocorrendo relevante questão de direito, que faça conveniente prevenir ou compor divergência entre câmaras ou turmas do tribunal, poderá o relator propor seja o recurso julgado pelo órgão colegiado que o regimento indicar; reconhecendo o interesse público na assunção de competência, esse órgão colegiado julgará o recurso."

1048 | CURSO DE DIREITO PROCESSUAL CIVIL • *Luiz Fux*

O interesse público conspira em favor da unidade do direito. Destarte, é inegável a função popular da jurisdição, uma vez que, em nome do povo, essa parcela da soberania é exercida. Ora, não ressoa coerente que cidadãos residentes na mesma localidade e sujeitos à mesma ordem jurídica recebam tratamento diverso das fontes encarregadas da aplicação e interpretação das leis. Assim, os incidentes de uniformização cumprem, obliquamente, a promessa constitucional de que "todos são iguais perante a lei", além de exercer notável papel pedagógico, em relação à primeira instância, devido à sua força informativa.

Portanto, o incidente de assunção de competência, consiste, em certa medida, em reestruturação do incidente de uniformização de jurisprudência, constante do CPC de 1973.

2.   CABIMENTO E COMPETÊNCIA

O incidente pode ser instaurado em qualquer tribunal, desde que o processo tido como referência esteja lá tramitando. Admite-se, inclusive, a instauração do incidente de assunção de competência nos tribunais superiores[4]. Eis que se trata de instrumento apto a uniformizar a jurisprudência interna de cada tribunal, compete-lhes – sem exceções – julgar e processar o incidente de assunção de competência.

No que pertine ao cabimento, não há limitações quanto à matéria discutida, mas basta que se verifique o *"julgamento de recurso, remessa necessária ou de processo de competência originária"* que envolva relevante questão de direito, com grande repercussão social. Destarte, admite-se a instauração do incidente também em tribunais de jurisdição especializada, bem como em matéria penal e processual penal.

3.   PRESSUPOSTOS DO INCIDENTE

Se o cabimento e a competência sugerem uma ampla utilização do incidente – haja vista não oferecerem limitações significativas –, há determinados pressupostos à instauração que denotam o caráter excepcional do incidente e revela a convergência com os objetivos perseguidos de sua inclusão no ordenamento jurídico.

Em primeiro lugar, demanda-se a verificação de relevante questão de direito. Muito embora se trate de conceito jurídico aberto e que envolve, por vezes, subjetivismo daquele que aprecia o caso concreto, revela parâmetro necessário, a fim de que se desenvolva a excepcionalidade do incidente. A questão pode tangenciar tanto tema de direito material quanto de direito processual, não se restringindo conforme a natureza da discussão. A demonstração de relevância da questão pode ser feita através de exposição de divergência doutrinária ou jurisprudencial quanto à interpretação de determinado ato normativo.

Aponta-se que a compreensão do conceito de *"relevante questão de direito"* não deve ser encarado como meramente subjetivo, mas encarado em conjunto com o segundo pressuposto constante do art. 947, *caput* e § 2º, CPC, qual seja a grande repercussão social[5]. Sendo assim,

---

[4]   **Enunciado nº 468, do Fórum Permanente de Processualistas:** "O incidente de assunção de competência aplica-se em qualquer tribunal". Ademais, o Superior Tribunal de Justiça vem admitindo e julgando incidentes, desde o advento do Código de Processo de 2015.

[5]   "Ao que parece, a noção de 'relevante', para os fins aqui tratados, deve ser encontrada na segunda parte do dispositivo em exame e no seu § 2º, que indicam a necessidade de que haja grande repercussão social na solução da questão e que essa solução implique interesse público. Desta forma, o conceito de 'relevante' deve relacionar-se necessariamente com a ideia de interesse público e de repercussão social, de maneira que somente será relevante a questão jurídica quando houver interesse público em sua resolução e quando se tratar de questão de ampla repercussão social. Assim, por exemplo, quando houver séria discussão (doutrinária ou jurisprudencial) a respeito da interpretação de certa regra, quando for ampla a repercussão social da decisão sobre a questão jurídica ou quando a adequada solução da questão de direito puder mostrar-se significativa para fomentar o debate para promoção da unidade e da estabilidade do sistema jurídico, estará presente a relevante questão de direito, a autorizar a aplicação do instituto em exame" (**Luiz Guilherme Marinoni; Daniel Mitidiero e Sergio Arenhart**. *Novo Curso de Processo Civil*, v. 2, 2015, p. 567).

demanda-se notório interesse público na resolução da controvérsia apontada. Se o tema for pacificado na jurisprudência dos Tribunais Superiores, por óbvio não se verifica confronto apto a suscitar a instauração do incidente. Ainda, há quem defenda que se deve interpretar *grande repercussão social* utilizando-se como parâmetro o conceito de repercussão geral, disposto no art. 1.035, § 1º, CPC, para a admissibilidade de recursos extraordinários[6].

Deve-se verificar, ademais, a não repetição do tema em inúmeros processos. A observação feita pelo legislador visa, sobretudo, à diferenciação entre o instrumento em análise e o incidente de resolução de demandas repetitivas. Caso haja inúmeros processos ou recursos versando sobre o mesmo tema – qual seja relevante questão jurídica com grande repercussão social – não cabe a assunção de competência, mas sim a instauração do incidente de resolução de demandas repetitivas. De todo modo, viável a aplicação do princípio da instrumentalidade, sob o viés da fungibilidade, recebendo o tribunal um incidente como se o outro fosse.

4. LEGITIMIDADE

O art. 947, § 1º, CPC, encarta em seu texto a previsão daqueles que detêm legitimidade para suscitar a instauração do incidente de assunção de competência. A princípio, relevante destacar que o relator possui a faculdade de determinar o processamento do IAC *ex officio*, ainda que não haja qualquer provocação nesse sentido, caso verifique a presença dos pressupostos autorizadores.

O relator, assim, realiza o exame dos pressupostos e, após a manifestação das partes, submete à apreciação do órgão fracionário, para, caso se admita a instauração do incidente, ocorra a assunção de competência para o órgão competente de acordo com o regimento interno do tribunal.

No mais, destaca-se que qualquer uma das partes atuantes no processo possui legitimidade para requerer a instauração do IAC. Veja-se, nesse sentido, que o conceito de parte aqui utilizado é amplo, estendendo-se a eventuais terceiros que possuam interesse jurídico no resultado do processo. O pedido deve ser formulado por petição nos autos do recurso ou processo dirigida ao relator, requerendo a submissão ao órgão indicado pelo regimento interno.

Mister ressaltar, por fim, trecho relevante do art. 947, § 1º, CPC, que confere legitimidade para suscitar a instauração do incidente ao Ministério Público e à Defensoria Pública. A justificativa tem por base a *"relevante questão de direito, com grande repercussão social"*, essencial para o cabimento do IAC. Nesse sentido, a forte presença do interesse público legitima as instituições que almejam garantir o efetivo acesso à justiça e a defesa do interesse social, conforme suas finalidades constitucionais.

Quanto ao Ministério Público, é pacífico que a legitimidade lhe é conferida quando figura como parte ou como *custos iuris* de modo a demonstrar ao relator que se revela caso de instauração do incidente ou não. A atuação neste segundo papel, disposta no art. 178, se destina a fiscalizar a ordem jurídica e a legitimidade permite a concretização deste dever fiscalizatório.

Especialmente quanto à Defensoria Pública, revela-se previsão voltada a suprir a lacuna deixada pela dificuldade de uma minoria ou de necessitados, que não possam se fazer representar nos autos a que tenham interesse. Admite-se, assim, que, em virtude da ampla repercussão social, a Defensoria tome conhecimento do processo e formule o pedido, não lhe sendo necessário requerer ingresso como assistente ou *amicus curiae* na relação processual.

5. PROCEDIMENTO

O incidente de assunção de competência é admissível no julgamento de recurso, de remessa necessária ou em processo de competência originária quando envolver relevante questão de direito, com grande repercussão social e sem repetição em múltiplos processos. Também é viável sua admissão quando existir divergência atual ou potencial no âmbito do próprio tribunal, como evidencia o § 4º.

---

6   **Fredie Didier Jr. e Leonardo Carneiro da Cunha**. Curso de direito processual civil, v. 3, 2017, p. 768.

1050 | CURSO DE DIREITO PROCESSUAL CIVIL • *Luiz Fux*

A competência para processar e julgar o incidente de assunção de competência é apenas dos tribunais e pode ser utilizado inclusive no âmbito dos tribunais superiores, exceto quando possível o julgamento pelo rito dos casos repetitivos[7].

Diante da hipótese legal de cabimento do incidente de assunção de competência, incumbe ao relator propor, de ofício ou após requerimento da parte, do Ministério Público ou da Defensoria Pública, que o recurso, a remessa necessária ou o processo de competência originária seja julgado pelo órgão colegiado indicado pelo respectivo regimento interno (art. 947, § 1º, CPC).

O julgamento do incidente dependerá do reconhecimento, por parte do órgão colegiado competente, da existência de interesse público (art. 947, § 2º, CPC).

Relevante instrumento à garantia da segurança jurídica, a tese firmada por decisão colegiada em sede de assunção de competência vincula todos os juízes e órgãos fracionários dos tribunais subordinados, exceto se houver posterior revisão (art. 947, § 3º, CPC).

Em consequência do efeito vinculante à tese jurídica firmada no incidente de assunção de competência, o seu julgamento deve seguir o procedimento previsto no art. 983, *caput* e § 1º, do CPC, sendo permitida a participação de *amicus curiae* e a realização de audiência pública para a oitiva de pessoas com experiência e conhecimento do assunto.

6. RECURSOS

Via de regra, o acórdão que julga o incidente é irrecorrível, cabendo tão somente a oposição de embargos de declaração. No entanto, caso proferido em tribunal de segunda instância, revela-se possível a interposição de recurso especial ou recurso extraordinário, bem como cabe o remédio extraordinário contra acórdão proferido pelo Superior Tribunal de Justiça.

Ademais, da decisão unipessoal do relator que não conhecer do incidente caberá agravo interno para submeter a questão ao órgão colegiado fracionário.

Elegante controvérsia que se erige do tema diz respeito à aplicação do art. 987, § 1º, CPC, típico ao procedimento do incidente de resolução de demandas repetitivas, ao incidente de assunção de competência. O dispositivo dispõe que o recurso especial ou extraordinário interposto contra acórdão de segunda instância que julga o incidente possui efeito suspensivo *ope legis*, diferentemente do regramento usual do art. 1.029, § 5º, CPC.

Entende-se, porém, que os recursos aos tribunais superiores não possuem efeito suspensivo automático no contexto do incidente de assunção de competência, vez que se considera característica peculiar do julgamento de casos repetitivos – o que, como visto, não é o caso do IAC, configuran-do pressuposto obrigatório justamente a ausência de repetição em múltiplos processos. Aplica-se apenas a regra do art. 987, § 2º, CPC[8], eis que o incidente integra o microssistema de precedentes vinculantes e, portanto, merece eficácia irradiante para assegurar sua observação.

---

[7] **Enunciado 334 do Fórum Permanente de Processualistas Civis – FPPC**: "Por força da expressão ´sem repe-tição em diversos processos´, não cabe o incidente de assunção de competência quando couber julgamento de casos repetitivos".

[8] "**Art. 987, § 2º.** Apreciado o mérito do recurso, a tese jurídica adotada pelo Supremo Tribunal Federal ou pelo Superior Tribunal de Justiça será aplicada no território nacional a todos os processos individuais ou coletivos que versem sobre idêntica questão de direito."

VI
INCIDENTE DE RESOLUÇÃO DE DEMANDAS REPETITIVAS

1. GENERALIDADES

O incidente de resolução de demandas repetitivas possui inspiração no procedimento-modelo (*Musterverfahren*) do direito alemão, com influências também do *Group Litigation Order (GLO)* – da Inglaterra e do País de Gales – e do *Pilot-judgement* da Corte Europeia de Direitos Humanos. Todos esses, com especial destaque para o modelo alemão, pretendiam conferir efetividade à jurisdição que se viu abarrotada de processos cujo mérito discutido envolvia questão jurídica semelhante, senão idêntica.

No exemplo alemão, o *Musterverfahren* foi introduzido inicialmente, ainda sem previsão legal, nos órgãos judiciais que apreciam as causas da Administração Pública alemã (*Verwaltungsgericht*), na década de 1970, em face das dezenas de milhares de objeções apresentadas diante da construção de usinas nucleares e outras obras públicas. Decidir uma a uma era não só repetitivo, mas extremamente desgastante, de forma que não havia tempo e aparato suficientes para dar conta das demais demandas, igualmente relevantes. A massificação da Justiça acarreta, assim, consequências desastrosas para todos os envolvidos, com especial prejuízo ao jurisdicionado.

Desenhou-se, portanto, um sistema em que fossem reunidos todos os processos de mérito idêntico ou semelhante e, por meio da solução de um deles, irradiou-se o entendimento ali alcançado a todos os demais processos que tratavam do mesmo tema. Destarte, foi alcançada solução que concretiza segurança jurídica – vez que é conferido tratamento igual a todos, evitando-se divergências internas do próprio tribunal –, igualdade aos jurisdicionados e, sobretudo, eficiência processual.

Com algumas adaptações, o CPC inaugurou o incidente de resolução de demandas repetitivas, em que, muito embora relevante o interesse das partes envolvidas, a decisão se destina sobremaneira à realização de valores constitucionais relevantes.

O incidente de resolução de demandas repetitivas, também denominado de IRDR, constitui procedimento incidental (incidente processual) a um processo em trâmite perante juízo de primeiro grau ou tribunal[1]. Está previsto no art. 976 do CPC e é cabível quando houver simultaneamente a efetiva repetição de processos que contenham controvérsia sobre a mesma questão unicamente de direito e risco de ofensa à isonomia e à segurança jurídica. Estes requisitos são cumulativos, de sorte que eventual ausência de qualquer um deles importa o não cabimento do IRDR.

2. CABIMENTO E REQUISITOS

O art. 976 estatui os requisitos de cabimento do incidente[2]. É imprescindível que exista efetiva repetição de casos, conceito subjetivo que resta preenchido não necessariamente com milhares de

---

[1]   **Enunciado 22 da ENFAM, aprovado no Seminário "O Poder Judiciário e o novo CPC":** "A instauração do IRDR não pressupõe a existência de processo pendente no respectivo tribunal"

[2]   **"Art. 976.** É cabível a instauração do incidente de resolução de demandas repetitivas quando houver, simultaneamente:

1052 | CURSO DE DIREITO PROCESSUAL CIVIL • *Luiz Fux*

casos, mas também com dezenas de casos que sejam passíveis de gerar maior multiplicidade de feitos[3]. De todo modo, não há viabilidade de instauração de IRDR com viés preventivo – papel a ser cumprido pelo IAC.

A exigência legal se refere à existência de múltiplos processos com divergência relativa à mesma questão jurídica, pois incabível o incidente para questão de fato. Em acréscimo, o mesmo artigo impede a instauração do incidente quando algum Tribunal Superior já tiver afetado recurso sob o rito repetitivo[4], o que evidencia uma subsidiariedade entre o incidente em análise, de caráter local, e o julgamento nacional de recursos repetitivos ou de repercussão geral.

Por sua vez, há divergência acerca do cabimento do IRDR quando a multiplicidade de processos acerca da mesma questão jurídica se restringir ao primeiro grau de jurisdição, ainda não existindo processo em andamento perante o Tribunal. Argumenta-se, por um lado, que, neste caso, seu cabimento resultaria em criação infraconstitucional de competência originária ao respectivo Tribunal, o que violaria a Constituição da República, razão pela qual alguns entendem pela não viabilidade do IRDR quando ausente feito em trâmite no Tribunal.

Por outro lado, a visão contrária potencializa o instituto, observando, mais fielmente, os requisitos legais. Com efeito, o art. 976, I, em momento algum exige a existência de sentenças conflitantes ou processos em curso no segundo grau de jurisdição. É perfeitamente possível que a pluralidade de casos em primeira instância leve à admissão do incidente e, se não houver processo modelo a ser resolvido pelo tribunal, a tese jurídica restaria igualmente fixada[5].

Ressalte-se que o objetivo do IRDR estava focado na economia processual, na isonomia, na segurança jurídica e na busca da duração razoável dos processos. Em princípio, para que estes objetivos já pudessem se sentir, de modo mais direto, em todo o Poder Judiciário, pretendia-se a sua utilização de modo mais amplo, o que seria atingido se o incidente pudesse ser acionado mais rapidamente, ou seja, a partir da multiplicação em primeiro grau, sem a necessidade de se aguardar que chegassem aos tribunais de segundo grau, seja por força de ação originária ou de recurso. O tema foi enfrentado, com destaque, no parecer final apresentado pelo Relator no Senado Federal[6].

2.1 Fungibilidade entre IRDR e IAC

Como estudado neste capítulo e no anterior, tanto o incidente de resolução de demandas repetitivas como o incidente de assunção de competência são instrumentos que compõem o microssistema de precedentes obrigatórios do Código Processo Civil de 2015, razão pela qual se deve reconhecer a fungibilidade entre ambos com vistas a facilitar a *uniformização* da jurisprudência.

Sendo assim, caso o tribunal entenda que determinado feito não se subsume à hipótese de cabimento do incidente de assunção de competência seja porque existem diversos processos que discutam idêntica questão de direito, seja porque inexiste grande repercussão social, poderá proceder à instauração do incidente de resolução de demandas repetitivas se os demais requisitos restarem preenchidos. O mesmo ocorrerá caso o julgador conclua que o caso não seja de incidente

---

I – efetiva repetição de processos que contenham controvérsia sobre a mesma questão unicamente de direito; II – risco de ofensa à isonomia e à segurança jurídica."

[3]   **Enunciado 87 do Fórum Permanente de Processualistas Civis – FPPC:** "A instauração do incidente de resolução de demandas repetitivas não pressupõe a existência de grande quantidade de processos versando sobre a mesma questão, mas preponderantemente o risco de quebra da isonomia e de ofensa à segurança jurídica".

[4]   **"Art. 976, § 4º** É incabível o incidente de resolução de demandas repetitivas quando um dos tribunais superiores, no âmbito de sua respectiva competência, já tiver afetado recurso para definição de tese sobre questão de direito material ou processual repetitiva."

[5]   **Aluisio Gonçalves de Castro Mendes**. *Incidente de Resolução de Demandas Repetitivas*, 2017.

[6]   Os §§ 1º, 2º e 3º do art. 988 do SCD desfiguram o incidente de demandas repetitivas. Com efeito, é nociva a eliminação da possibilidade da sua instauração em primeira instância, o que prolonga situações de incerteza e estimula uma desnecessária multiplicação de demandas, além de torná-lo similar à hipótese de uniformização de jurisprudência.

Parte XI • VI – INCIDENTE DE RESOLUÇÃO DE DEMANDAS REPETITIVAS

de resolução de demandas repetitivas, como por exemplo, não existir comprovação de risco de ofensa à isonomia ou à segurança jurídica, quando poderá admitir que seja instaurado o incidente de assunção de competência caso se faça presente a relevância do objeto trazido nos autos[7].

3. COMPETÊNCIA

O art. 978 define a competência para julgamento do IRDR, asseverando que cabe ao órgão indicado pelo regimento interno dentre aqueles responsáveis pela uniformização de jurisprudência do tribunal.

A previsão da competência não explicita quais tribunais possuem competência para o seu julgamento, mas a leitura da norma permite a conclusão de que compete aos Tribunais de Justiça Estaduais e aos Tribunais Regionais[8] o seu julgamento (Federais, do Trabalho e Eleitorais). Embora não detenham competência originária para julgar IRDR, os Tribunais Superiores poderão julgar o feito em grau recursal. O Superior Tribunal de Justiça e o Superior Tribunal Militar entenderam, além disso, ser possível a instauração do incidente originariamente em sua sede, desde que em caráter subsidiário à sistemática dos repetitivos, isto é, em seus processos de competência originária e nos recursos ordinários[9].

4. LEGITIMIDADE

A legitimidade para a instauração do Incidente de Resolução de Demandas Repetitivas encontra-se prevista no art. 977 do CPC[10].

O inciso I estabelece que o IRDR pode ser instaurado *ex officio* pelo juiz ou relator. A legitimidade de sua instauração pelo juiz exige o envio de ofício ao presidente do tribunal quando entender cabível. O relator do feito no âmbito do tribunal também pode requerer o incidente, mas a decisão de admissão deve ser colegiada, do órgão competente (art. 981 do CPC).

As partes, nos termos do inciso II, também estão legitimadas a requererem por petição a instauração do incidente, devendo-se comprovar a pertinência subjetiva com a tese jurídica a ser decidida por meio do IRDR. O Ministério Público e a Defensoria Pública terão legitimidade tanto na condição de partes (inciso II) como no desempenho de suas funções institucionais conforme previsto no inciso III. O Ministério Público deve demonstrar o interesse social relevante e a Defensoria Pública comprovar interesse de assistidos ou necessitados com a tese objeto do incidente.

O § 2º do art. 976 estabelece que o Ministério Público, quando não requerer a instauração do incidente, deve nele intervir, bem como assumir a sua titularidade quando houver desistência ou abandono do feito pelas partes.

---

[7] **Aluisio Gonçalves de Castro Mendes** e **José Roberto Mello Porto**. *Incidente de Assunção de Competência*, 2021.

[8] **Enunciado 343 do Fórum Permanente de Processualistas Civis – FPPC**: "O incidente de resolução de demandas repetitivas compete a tribunal de justiça ou tribunal regional".

[9] "A instauração de incidente de resolução de demandas repetitivas diretamente no Superior Tribunal de Justiça é cabível apenas nos casos de competência recursal ordinária e de competência originária e desde que preenchidos os requisitos do art. 976 do CPC" (AgInt na Pet 11.838/MS, Rel. Min. Laurita Vaz, Rel. p/ acórdão Min. João Otávio de Noronha, Corte Especial, j. 07.08.2019). O referido entendimento veio a ser reafirmado pela Corte Especial por ocasião do julgamento do AgInt nos EDcl na Petição nº 13.602/DF, de relatoria do Ministro Humberto Martins, julgado em 25 de maio de 2021. No âmbito do Supremo Tribunal Militar, a admissibilidade foi realizada no âmbito de incidente de resolução de demandas repetitivas (IRDR), suscitado pela Procuradoria-Geral de Justiça Militar, através da Petição nº 7000425-51.2019.7.00.0000, decidida pelo Plenário, de relatoria do Ministro Péricles Aurélio Lima de Queiroz, julgada em 22 de agosto de 2019.

[10] "**Art. 977.** O pedido de instauração do incidente será dirigido ao presidente de tribunal:
I – pelo juiz ou relator, por ofício;
II – pelas partes, por petição;
III – pelo Ministério Público ou pela Defensoria Pública, por petição.
Parágrafo único. O ofício ou a petição será instruído com os documentos necessários à demonstração do preenchimento dos pressupostos para a instauração do incidente."

1054 | CURSO DE DIREITO PROCESSUAL CIVIL • *Luiz Fux*

5. PROCEDIMENTO

A admissão do incidente de resolução de demandas repetitivas mediante a análise dos seus requisitos de cabimento deve ser realizada pelo órgão competente para o seu julgamento à luz do previsto no *caput* do art. 981 do CPC, em decisão irrecorrível[11]. Em caso de não admissão, porém, é possível formular novo pedido de instauração do incidente após preenchido o requisito pendente (art. 976, § 3º).

Em homenagem ao interesse coletivo envolvido no julgamento, não há pagamento de custas no procedimento do incidente de resolução de demandas repetitivas (art. 976, § 5º), isenção que não abrange a interposição dos recursos extraordinário e especial.

Presentes os requisitos constantes do art. 976, CPC, é possível a instauração do incidente de resolução de demandas repetitivas. Há, todavia, algumas limitações temporais que naturalmente se impõem à suscitação do incidente.

Primeiramente, deve-se mencionar que não cabe suscitar o IRDR após o julgamento da causa, ou mesmo de seu trânsito em julgado. Após o julgamento, apenas será possível suscitar o incidente, caso o tribunal – no caso concreto – tenha se omitido sobre a questão de direito que deve ser apreciada no IRDR, de modo que o incidente pode ser requerido ainda em sede de embargos de declaração, enquanto aberta a *cognitio* da Corte.

Ademais, soa adequado que o incidente possa ser suscitado em qualquer momento antes de concluído o julgamento, inclusive na sustentação oral. Uma vez que se faculta ao relator até mesmo o reconhecimento de ofício dos elementos caracterizadores do incidente, parece lógico que se lhe convença até o último momento possível. Enquanto em discussão a matéria, *v.g.* na nova sessão de julgamento ampliado (art. 942, CPC), pode o colegiado verificar a controvérsia sobre a matéria e optar por suspender a deliberação, suscitando o incidente. Por outro lado, após o término da votação, no entanto, é vedada a suscitação do IRDR.

Por fim, a boa prática impõe que o incidente seja requerido em petição própria dirigida ao presidente do tribunal (art. 977, *caput*, CPC) – ou por ofício, caso aventada pelo próprio juiz ou relator. Logo, não é adequado suscitar o incidente de resolução de demandas repetitivas nas próprias razões do recurso ou da ação originária. Deve-se fazê-lo separadamente para, inclusive, respeitar a natureza de incidente do instituto.

Uma vez admitido o IRDR, em decisão necessariamente colegiada do órgão eleito pelo regimento interno para julgamento desse procedimento de uniformização, haverá ampla e específica divulgação por meio de registro eletrônico no Conselho Nacional de Justiça (art. 979, *caput*, CPC), ao passo que, em regra, se determinará a suspensão[12] da tramitação de todos os processos que versem sobre o mesmo assunto na Corte e na primeira instância, nos limites da competência territorial do respectivo tribunal[13-14-15] (art. 982, I, CPC), exigindo-se, para tanto, decisão expressa a respeito[16].

---

[11] **Enunciado 556 do Fórum Permanente de Processualistas Civis – FPPC:** "É irrecorrível a decisão do órgão colegiado que, em sede de juízo de admissibilidade, rejeita a instauração do incidente de resolução de demandas repetitivas, salvo o cabimento de embargos de declaração".

[12] **Enunciado 92 do Fórum Permanente de Processualistas Civis – FPPC:** "A suspensão de processos prevista neste dispositivo é consequência da admissão do incidente de resolução de demandas repetitivas e não depende da demonstração dos requisitos para a tutela de urgência".

[13] Em nome da segurança jurídica, qualquer legitimado ao IRDR poderá pleitear a suspensão em âmbito nacional de todos os feitos que versem sobre o objeto do incidente instaurado perante o tribunal competente para conhecer do recurso extraordinário ou especial (art. 982, § 3º, CPC).

[14] **Enunciado 93 do Fórum Permanente de Processualistas Civis – FPPC:** "Admitido o incidente de resolução de demandas repetitivas, também devem ficar suspensos os processos que versarem sobre a mesma questão objeto do incidente e que tramitem perante os juizados especiais no mesmo estado ou região".

[15] **Enunciado 348 do Fórum Permanente de Processualistas Civis – FPPC:** "Os interessados serão intimados da suspensão de seus processos individuais, podendo requerer o prosseguimento ao juiz ou tribunal onde tramitarem, demonstrando a distinção entre a questão a ser decidida e aquela a ser julgada no incidente de resolução de demandas repetitivas, ou nos recursos repetitivos".

[16] RE 966177 QO RG/RS, Rel. Min. Luiz Fux, j. 07.06.2017, Informativo 868, Plenário, Repercussão Geral.

Na hipótese de cumulação de pedidos, é possível que a suspensão seja parcial, prosseguindo a tramitação em relação ao pedido que não se relacione com o objeto do IRDR, com a possibilidade de julgamento antecipado parcial da outra parcela do processo[17].

Acaso a questão debatida desperte interesse que transborde os limites territoriais do órgão julgador, alcançando relevância regional ou nacional, autoriza o Código (art. 982, § 3º) que se requeira ao Superior Tribunal de Justiça ou ao Supremo Tribunal Federal, a depender da natureza legal ou constitucional da matéria, a extensão da suspensão para todos os processos do território nacional. Trata-se de medida voltada à garantia da segurança jurídica, que vem sendo mitigada pela jurisprudência: apenas se admite a utilização quando admitido o IRDR original[18] e inadmitido IRDR no tribunal da localidade daquele que requer a suspensão nacional[19].

Durante a suspensão, eventual pedido de tutela de urgência deve ser dirigido ao juízo onde o feito tramita (art. 982, § 2º, CPC). Caso existam vários incidentes sobre o mesmo tema, idênticos ou apenas conexos, devem ser reunidos para julgamento conjunto pelo tribunal.

Com a admissão do incidente, o relator também poderá requisitar informações a órgãos em cujo juízo tramitem processos nos quais se discuta o objeto do IRDR, que deverão ser prestadas no prazo de 15 (quinze) dias, bem como intimará o Ministério Público para, querendo, se manifestar (art. 982, II e III, CPC). Vale lembrar, conforme já estudado, a possibilidade de participação do *amici curiae* nos termos do art. 138 do CPC, inclusive com expressa previsão para recorrer no incidente de resolução de demandas repetitivas, bem como designação de audiência pública para ouvir depoimentos de pessoas com experiência e conhecimento da *quaestio juris* (art. 983, § 1º, CPC).

O art. 983 do CPC dispõe que o relator ouvirá as partes e os demais interessados, pessoas, órgãos e entidades com interesse no objeto do IRDR, no prazo comum de 15 (quinze) dias. Todos os intimados e os que se manifestarem podem juntar documentos e requerer diligências no mesmo prazo. Após, será intimado o *Parquet* para manifestação e incluído o feito em pauta para julgamento observando-se o prazo de 5 (cinco) dias úteis entre a publicação da pauta e a sessão de julgamento (art. 934 c/c art. 935 do CPC).

A sustentação oral no incidente de resolução de demandas repetitivas está prevista no art. 984, o qual confere a autor, réu e Ministério Público o prazo de 30 (trinta) minutos, o mesmo para todos os demais interessados em conjunto, mas que pode ser ampliado a depender da quantidade de inscritos.

A lei processual determina que o julgamento do IRDR deve ocorrer no prazo de 1 (um) ano após a publicação de sua admissão pelo relator, prorrogável mediante decisão fundamentada, e terá preferência sobre os demais feitos, exceto *habeas corpus* e outros processos que envolvam réus presos (art. 980, *caput*, CPC).

Findo esse prazo, os processos anteriormente suspensos retomam seus cursos naturais (parágrafo único do art. 980). Na hipótese de suspensão nacional determinada por tribunal superior, a suspensão se encerra com esgotamento do prazo recursal para interposição de recurso extraordinário ou especial. Por sua vez, a interposição do recurso extraordinário ou especial mantém a suspensão dos feitos, bem como presume a existência de repercussão geral da questão constitucional discutida no âmbito do Supremo Tribunal Federal (art. 987, § 1º, CPC).

O acórdão lavrado após o julgamento do incidente deve analisar exaustivamente todos os fundamentos suscitados concernentes à tese jurídica discutida nos autos, sejam eles favoráveis

---

[17] **Enunciado 205 do Fórum Permanente de Processualistas Civis – FPPC:** "Havendo cumulação de pedidos simples, a aplicação do art. 982, I e parágrafo 3º, poderá provocar apenas a suspensão parcial do processo, não impedindo o prosseguimento em relação ao pedido não abrangido pela tese a ser firmada no incidente de resolução de demandas repetitivas".

[18] "Nesse contexto, é imprescindível que o incidente de resolução de demandas repetitivas instaurado no tribunal de justiça ou tribunal regional federal seja admissível para viabilizar o seu efetivo julgamento, permitindo, assim, a interposição de eventual recurso especial." (STJ. Suspensão em Incidente de Resolução de Demandas Repetitivas número 2 – SE – 2016/0326409-9).

[19] Art. 271-A do RISTJ e, no STF, SIRDR 12-RS, Min. Dias Toffoli, j. 06.04.2020.

1056 | CURSO DE DIREITO PROCESSUAL CIVIL • *Luiz Fux*

ou desfavoráveis (art. 984, § 2º, CPC). Também em virtude do caráter vinculante da decisão em IRDR, a fundamentação do acórdão deve ser exauriente de forma a não deixar dúvidas quanto à tese firmada.

É importante registrar que a desistência ou abandono do processo pelas partes não impede o julgamento do mérito do incidente, assumindo o Ministério Público a titularidade do feito conforme já explicitado (art. 976, §§ 1º e 2º, CPC).

A tese jurídica firmada no julgamento do IRDR será aplicada a todos os processos individuais ou coletivos que versem sobre idêntica questão de direito e que tramitem na área de jurisdição do respectivo tribunal, inclusive àqueles que transitem nos juizados especiais do respectivo Estado ou região (art. 985, I, CPC). Trata-se da denominada eficácia vinculativa do precedente, cuja observância é obrigatória.

O Código determina a aplicação da tese jurídica firmada não apenas aos processos que já estejam em andamento, mas também a casos futuros que versem sobre idêntica questão de direito e que venham a transitar no território de competência do respectivo tribunal até que seja objeto de revisão (art. 985, II, CPC).[20]

Interessante notar que, nos termos do art. 985, § 2º, se o incidente tiver por objeto questão relativa à prestação de serviço concedido, permitido ou autorizado, o resultado do julgamento será

---

[20] **"Recomendação CNJ nº 134/2022: Art. 33.** Recomenda-se que o precedente produzido no IRDR ou no IAC seja aplicado com efeito vinculativo no âmbito do respectivo tribunal, em sentido horizontal e vertical.

§ 1º Se não houver a interposição ou julgamento de recurso especial ou extraordinário, bem como a superação indireta da tese a partir de jurisprudência firmada por tribunal superior, recomenda-se que a observância da tese esteja limitada aos órgãos judiciais na área do respectivo tribunal de justiça ou tribunal regional, inclusive aos concernentes juizados especiais.

§ 2º A tese fixada poderá, naturalmente, ter efeito persuasivo em relação aos juízos situados fora da área de jurisdição do tribunal que tenha julgado o incidente.

Art. 34. Recomenda-se aos tribunais que se atenham, no juízo de admissibilidade do Incidente de Resolução de Demandas Repetitivas, somente aos requisitos legalmente estabelecidos no art. 976 do CPC/2015, levando em consideração a análise da conveniência quanto à quantidade de processos e ao risco à isonomia.

Art. 35. Recomenda-se aos tribunais de segundo grau e às cortes superiores que julguem rapidamente as questões centrais comuns controversas e que tenham propiciado ou estejam ainda fomentando controvérsias repetitivas.

§ 1º A possibilidade de rápido encaminhamento dessas questões, inclusive a partir dos juízos de primeiro grau, para os tribunais regionais e estaduais, com recurso direto para os tribunais superiores, faz parte da essência ou da concepção pura deste sistema.

§ 2º Essa formulação encontra-se em sintonia com essa nova concepção de jurisdição, menos burocrática e mais efetiva, em que o instrumentalismo é ampliado e aprofundado.

Art. 36. Para que haja a admissibilidade e julgamento do Incidente de Resolução de Demandas Repetitivas, a multiplicidade e risco à isonomia precisam ser atuais, nos termos do art. 976 do CPC/2015, com a pendência de causas em primeiro grau ou no próprio tribunal, quando suscitado o incidente, não podendo ser provocado o incidente como sucedâneo recursal.

Art. 37. Recomenda-se aos tribunais que criem, no âmbito dos Juizados Especiais, órgãos uniformizadores da respectiva jurisprudência, para que possam, nos termos do art. 98 da CRFB/1988, apreciar os Incidentes de Resolução de Demandas Repetitivas suscitados a partir de processos da sua competência.

§ 1º Recomenda-se que seja considerado incabível o incidente de resolução de demandas repetitivas quando o respectivo tribunal regional ou estadual, no âmbito de sua respectiva competência, já tiver afetado IRDR para definição de tese sobre questão de direito material ou processual repetitiva, a partir de processos da sua competência.

§ 2º Recomenda-se que, em caso de superveniência de tese firmada pelos tribunais estaduais, regionais ou superiores, a tese constituída no sistema dos juizados especiais seja tida por ineficaz diante do entendimento estabelecido pelos tribunais, em caso de incompatibilidade entre os posicionamentos adotados, para que haja a prevalência e incidência das teses estabelecidas pelos tribunais.

Art. 38. A inexistência de previsão expressa no CPC/2015 quanto à possibilidade de solução consensual no âmbito do Incidente de Resolução de Demandas Repetitivas não impede a sua utilização, por estar em harmonia com o próprio instituto e com normas fundamentais do Estatuto Processual."

Parte XI • VI – INCIDENTE DE RESOLUÇÃO DE DEMANDAS REPETITIVAS | **1057**

comunicado ao órgão, ao ente ou à agência reguladora competente para a fiscalização da efetiva aplicação, por parte dos entes sujeitos à regulação, da tese adotada.

O STF, no julgamento da ADI 5.492, na Sessão Virtual de 14.04.2023 a 24.04.2023, declarou constitucionais tanto o art. 985, § 2º, quanto o art. 1.040, inc. IV. Não se tolera mais uma justiça anti-isonômica, lotérica[21], sendo imperioso assegurar segurança jurídica e evitar a disparidade de entendimentos, que acabam culminando em sucessivos recursos, assoberbamento jurisdicional e morosidade[22].

6. RECURSOS E REVISÃO

Para além de embargos de declaração, são cabíveis recurso extraordinário e recurso especial em face do acórdão lavrado no julgamento do incidente (art. 987[23]), ambos com efeito suspensivo. Tamanha é a relevância do decidido que o Código outorga excepcional legitimidade recursal aos *amici curiae* (art. 138, § 3º).

Como já visto, eventual recurso extraordinário interposto gozará da presunção de existência da repercussão geral para fins de admissibilidade. O julgamento do mérito e a fixação de tese jurídica, pelo Supremo Tribunal Federal e pelo Superior Tribunal de Justiça, determinam a sua observância em âmbito nacional a todos os processos individuais e coletivos que versem sobre idêntica questão de direito.[24]

---

[21] **Eduardo Cambi.** Jurisprudência lotérica. *Revista dos Tribunais*, São Paulo, v. 786, p. 108-126, abr. 2001.

[22] **Aluisio Gonçalves de Castro Mendes; Humberto Dalla Bernardina de Pinho; Daniel Vianna Vargas; Felipe Carvalho Gonçalves da Silva.** O incidente de resolução de demandas repetitivas (IRDR) no processo penal. Reflexões iniciais. *Revista de Processo*, v. 279, p. 283-312, maio 2018.

[23] **"Art. 987.** Do julgamento do mérito do incidente caberá recurso extraordinário ou especial, conforme o caso.

§ 1º O recurso tem efeito suspensivo, presumindo-se a repercussão geral de questão constitucional eventualmente discutida.

§ 2º Apreciado o mérito do recurso, a tese jurídica adotada pelo Supremo Tribunal Federal ou pelo Superior Tribunal de Justiça será aplicada no território nacional a todos os processos individuais ou coletivos que versem sobre idêntica questão de direito."

[24] "Direito processual civil. Recurso especial. Questão de ordem. Remessa para corte especial em razão da relevância da matéria de natureza processual (art. 16, IV, do RISTJ). Recurso especial admitido como recurso representativo da controvérsia (RRC). Incidente de resolução de demandas repetitivas (IRDR). Acórdão do tribunal de origem proferido em pedido de revisão de tese jurídica fixada em IRDR formulado pela defensoria pública (art. 986 do CPC/2015). Recurso especial interposto com fundamento no art. 987 do CPC/2015. Cabimento do recurso especial sob o prisma da existência de causa decidida. Divergência na esfera doutrinária e no âmbito das 1ª e 2ª seções do STJ. Requisito constitucional de cabimento do recurso excepcional. Impossibilidade de mitigação pela legislação infraconstitucional. Interpretação conforme a constituição federal. Recurso especial não conhecido. 1. O Código de Processo Civil de 2015 (CPC/2015) e o Incidente de Resolução de Demandas Repetitivas (IRDR) 1.1. O Código de Processo Civil de 2015 (CPC/2015) introduziu em nosso sistema processual o Incidente de Resolução de Demandas Repetitivas – IRDR (arts. 976 ao 987), técnica de julgamento de processos que envolvam casos repetitivos (art. 928) que tratem da mesma questão de direito, essencialmente voltada para os Tribunais locais (Tribunal de Justiça e Tribunal Regional Federal), com o claro objetivo de proporcionar isonomia e segurança jurídica e atacar a repetição de demandas idênticas, problema crônico do sistema judicial brasileiro. Sobre o tema: Araken de Assis. *Manual dos Recursos*. 8. ed. rev. atual. e ampl. – São Paulo: Editora Revista dos Tribunais, 2016, p. 458. (...) 10. Conclusões 10.1. Diante das premissas estabelecidas no presente voto, surge a necessidade de analisar a constitucionalidade do art. 987 do Código de Processo Civil. ('art. 987. Do julgamento do mérito do incidente caberá recurso extraordinário ou especial, conforme o caso'), hipótese plenamente adequada por se tratar de julgamento no âmbito da Corte Especial do Superior Tribunal de Justiça, o que observa o princípio da reserva de plenário, nos termos do art. 97 da Constituição Federal. 10.2 Deveras, a simples declaração de inconstitucionalidade do referido dispositivo não se mostra como a melhor solução, pois é possível adotar técnica de interpretação conforme a Constituição, em razão do art. 987 CPC permitir significação em conformidade com o texto constitucional, o que autoriza a manutenção da norma em nosso ordenamento jurídico. Sobre o tema: Alexandre de Moraes (*Direito Constitucional*, – 28. ed. – São Paulo: Atlas, 2012, pp. 797/798); Nelson Nery Junior e Georges Abboud (*Direito Constitucional Brasileiro*: Curso Completo. 2. ed. São Paulo: Thompson Reuters, 2019, p. 919). 10.3. Assim, na hipótese examinada, entre as interpretações possíveis relacionadas ao dispositivo legal, é adequada aquela compatível com a Constituição Federal, a qual estabelece os requisitos para o cabimento do recurso especial e atende a função constitucional do Superior

A revisão da tese jurídica é competência do mesmo tribunal que a firmou e deve ser realizada observadas as mesmas regras e exigências à instauração do próprio incidente (art. 986 do CPC[25]).

Tribunal de Justiça no sentido de atribuir unidade ao direito infraconstitucional federal. 10.4. Portanto, em síntese, não cabe recurso especial contra acórdão proferido pelo Tribunal de origem que fixa tese jurídica em abstrato em julgamento do IRDR, por ausência do requisito constitucional de cabimento de 'causa decidida', mas apenas naquele que aplica a tese fixada, que resolve a lide, desde que observados os demais requisitos constitucionais do art. 105, III, da Constituição Federal e dos dispositivos do Código de Processo Civil que regem o tema. 10.5. Recurso Especial não conhecido" (REsp 1.798.374/DF, Rel. Min. Mauro Campbell Marques, Corte Especial, j. 18.05.2022, *DJe* 21.062022).

[25] **"Art. 986.** A revisão da tese jurídica firmada no incidente far-se-á pelo mesmo tribunal, de ofício ou mediante requerimento dos legitimados mencionados no art. 977, inciso III."

VII
AÇÃO RESCISÓRIA

1. A DESCONSTITUIÇÃO DO JULGADO

O escopo primário da jurisdição é a pacificação social alcançada não só pelo julgamento imparcial e pela autoridade do Estado-juiz, como também pela impossibilidade, como regra, de revisão daquilo que foi definido quanto à questão de fundo. A regulação do direito das partes, uma vez transitada em julgado a decisão, é definitiva por força de lei. Di-lo o art. 505 do CPC: "nenhum juiz decidirá novamente a mesma lide"[1].

A preclusão que se opera impede que se rediscuta a questão no âmbito do mesmo processo ou de qualquer outro. Entretanto, há casos em que a decisão se solidifica com um grau de imperfeição tão gritante que a necessidade de revisão sobrepuja o objetivo de conferir-se estabilidade e segurança através do julgado.

Situações determinadas indicam que a coisa julgada não pode servir de obstáculo a mais uma tentativa de purificar o julgado. Imagine-se, *v.g.*, que a sentença tenha sido proferida por juiz corrupto. Ressoaria razoável preservar essa decisão sob o manto da coisa julgada? É verdade que há os recursos com a finalidade de desconstituição dessas decisões antes que transitem em julgado. Mas, mesmo assim, ainda que escoado o prazo recursal, o ordenamento não pode conviver harmonicamente com uma decisão dessa espécie. Confere-se, então, ao prejudicado, *a ação de desconstituição do julgado* onde, *previamente*, deve *comprovar o gravíssimo vício da decisão*, para depois, então, *rever o decidido*.

Em essência, a desconstituição do julgado não abala sobremodo o compromisso de estabilidade e segurança prometidos pela *coisa julgada*, porquanto o seu prazo de exercício é diminuto, na medida em que a ação correspondente (*ação rescisória*) deve ser proposta *dentro de dois anos do trânsito em julgado da última decisão de mérito*,[2] prazo que se calcula a partir do dia seguinte ao biênio.

Outrossim, a decisão judicial pode ter como conteúdo uma norma jurídica ditada pela vontade das partes via negócio jurídico processual, *v.g.*, a transação, a renúncia, a desistência ou o reconhecimento da procedência do pedido. Nesses casos, o juiz não julga, na verdadeira acepção do vocábulo, porquanto esta pressupõe ato de inteligência e vontade do magistrado, apenas chancela a vontade manifestada, verificando-lhe o cumprimento dos requisitos formais. Nesse mister, nada obstante é possível a ocorrência de vícios, *v.g.*, ocorre quando o juiz homologa transação de direitos indisponíveis ou revela-se incompetente em razão da matéria para aferir a legitimidade daquele ato de disposição. Deveras, as próprias partes podem incidir nos vícios que maculam os negócios jurídicos em geral, induzindo o juízo a legalizar manifestações eivadas de defeitos sociais

---

[1] "**Art. 505.** Nenhum juiz decidirá novamente as questões já decididas relativas à mesma lide, salvo:
I – se, tratando-se de relação jurídica de trato continuado, sobreveio modificação no estado de fato ou de direito, caso em que poderá a parte pedir a revisão do que foi estatuído na sentença;
II – nos demais casos prescritos em lei."

[2] Originariamente defendia a tese de que, como a ação rescisória não exigia o esgotamento dos recursos, não poderia haver rescisória *per saltum*. Entretanto a jurisprudência do E. STJ permite a rescisão de resolução de mérito mesmo em face de diversos recursos interpostos e inadmitidos por questão formal.

1060 CURSO DE DIREITO PROCESSUAL CIVIL • *Luiz Fux*

ou de consentimento, o que nulifica também esse invólucro protetor judicial que é a sentença meramente homologatória.

Esses julgados "sustentados no poder de disposição das partes" também podem ser desconstituídos por ação rescisória, se o vício for imputável ao juízo ou através de *ação anulatória* por defeito da vontade manifestada, na forma preconizada para a anulação dos atos jurídicos em geral (art. 966, § 4º, do CPC).[3-4]

Esses dois instrumentos (rescisório e anulatório) são protótipos de desconstituição do julgado cível, contemplados no Direito brasileiro.

O processo de sentença também pode ser rescindido através da denominada "impugnação do julgado" (antigos embargos à execução de sentença), quando é alegado que a formação da sentença ocorreu em feito que correu à revelia do réu em face da falta ou da nulidade da citação (art. 525, § 1º, I, do CPC). Nessa hipótese, iniciado cumprimento da sentença, o executado pode opor-lhe essa alegação cujo reconhecimento operará efeito retro-operante destruindo tudo quanto se procedeu após à não realização da citação escorreita. A rescindibilidade do julgado opera-se sem rejulgamento incontinenti, mas com desconstituição de todo o processado que se engendrou com a abolição irregular do devido processo legal e do contraditório. O processo, como se diz coloquialmente, "volta à estaca zero". Assente-se, ainda, que acórdãos esparsos dos nossos Tribunais chegaram a admitir o mandado de segurança com finalidade desconstitutiva do julgado, o que, de certa forma, fragiliza o instituto da coisa julgada que também desfruta da mesma eminência constitucional do *writ of mandamus*, razão pela qual expressamente vedado pela sua lei de regência[5].

2. FINALIDADE E PRESSUPOSTOS

A ação rescisória tem como principal escopo rescindir a decisão transitada em julgado, propiciando, nas hipóteses cabíveis, o rejulgamento da causa.

O rejulgamento *ex integro* nem sempre se opera, nos casos em que a rescindibilidade decorre exatamente da violação da coisa julgada anterior (art. 966, IV, do CPC), caso em que a rescisão é suficiente para repristinar a decisão anterior desconsiderada pelo *error in procedendo* cometido.

As causas que encerram os vícios conferem às decisões rescindíveis a natureza de *atos anuláveis*, uma vez que, enquanto não advém a sentença desconstitutiva, elas têm plena eficácia. É que, enquanto não exsurge a sentença de rescisão, o julgado anterior mantém-se inteiro.[6]

A *ação rescisória* reclama os seguintes *pressupostos*: a) sentença de mérito transitada em julgado; b) causas de rescindibilidade; c) propositura dentro em dois anos do trânsito em julgado da última decisão do processo.

Além dos pressupostos, a ação rescisória também reclama as *condições da ação*, como o *interesse de agir* e a *legitimidade das partes* (art. 17 do CPC).

Ao ângulo da possibilidade jurídica do pedido, na vigência do Código Buzaid, a rescisória dirigia-se contra as *decisões de mérito*. A razão dessa exigência estava em que a sentença que resolve o processo sem análise do mérito não enfrenta a questão de fundo, a qual poderia ser veiculada noutra ação. Argumentava-se assim, eis que a imutabilidade do decidido num processo extinto sem análise do mérito é estritamente endoprocessual; isto é, as questões decididas tornam-se imutáveis

---

³ **"Art. 966, § 4º.** Os atos de disposição de direitos, praticados pelas partes ou por outros participantes do processo e homologados pelo juízo, bem como os atos homologatórios praticados no curso da execução, estão sujeitos à anulação, nos termos da lei".

⁴ Padecendo a sentença homologatória de algum vício, em si mesma (não relativo, portanto, ao ato homologado), pode ser rescindida com base no art. 966.

⁵ **"Lei nº 12.016/2009: Art. 5º** Não se concederá mandado de segurança quando se tratar: III – de decisão judicial transitada em julgado."

⁶ Nesse mesmo sentido, a digressão de **Frederico Marques**, *in Instituições*, vol. IV, p. 372 e 373, com apoio em **Pontes de Miranda**, este em seu *Tratado da Ação Rescisória*, e **Luís Eulálio de Bueno Vidigal**, *in Da Ação Rescisória dos Julgados*, 1948.

apenas no âmbito do processo extinto. Diversamente, a resolução de mérito regula a questão litigiosa, de sorte que a eventual presença de vícios atenta contra o ideal de justiça.

No entanto, o atual CPC criou cirúrgica exceção à regra, conforme disposto no art. 966, § 2º, CPC, de modo que a decisão que extingue o processo sem resolução de mérito pode ser rescindida desde que se verifiquem os elementos dispostos em seu inciso, quais sejam (i) o impedimento de nova propositura da demanda ou (ii) o impedimento da admissibilidade do recurso correspondente.

As *decisões* dizem-se *de mérito*, porque dispõem sobre o pedido, ainda que o juiz as denomine incorretamente. O que importa para o efeito de cabimento da ação rescisória é o *conteúdo da decisão*. Assim, *v.g.*, se o juiz julga o autor carecedor da ação ou extinto o processo sem análise do mérito porque não comprovado o direito alegado, a decisão é de mérito, não obstante a categorização incorreta do juízo, por isso que desta decisão, após o trânsito em julgado, cabe ação rescisória. A essência do *decisum* pelo fato de uma parte não ter suportado o ônus da prova que lhe competia é que assume relevo para o cabimento da ação. Ressalve-se apenas aquelas hipóteses em que a lei expressamente autoriza reproposição da mesma ação anteriormente extinta por *carência probatória*, como ocorre, *v.g.*, na ação popular e nas ações transindividuais do consumidor, porquanto nesses casos é lícito voltar a juízo com as mesmas questões de direito material.

A lei antes se referia apenas à sentença, mas é cediço que qualquer *decisão interlocutória de mérito* transitada em julgado com os vícios enumerados no art. 966, admite a rescindibilidade, como bem reconheceu o CPC. Assim, *v.g.*, se o juiz aprecia um dos pedidos em decisão interlocutória viciada e trânsita e prossegue no processo quanto às demais, aquela poderá ser rescindida nos casos legais. Veja-se, assim, a alteração na redação do art. 966, *caput*, que substituiu "sentença" por "decisão de mérito".

Destarte, *os acórdãos também são rescindíveis*, uma vez que podem consubstanciar o último pronunciamento do Judiciário transitado em julgado. Entretanto, impõe-se observar o seu teor. Assim, *v.g.*, se *a sentença recorrida é de mérito e o acórdão extingue o processo sem análise do mérito por carência de ação*, esta é a decisão trânsita e que, por ser terminativa, apenas desafia a ação rescisória caso se verifique a hipótese do art. 966, § 2º, CPC.

Destarte, as decisões monocráticas exaradas pelos porta-vozes do colegiado, atacadas por agravo regimental, também podem, eventualmente, desafiar a rescisão. O que importa é a verificação de conteúdo decisório. Justamente por isso que, por exemplo, não cabe ação rescisória contra despacho de ministro que inadmite agravo de instrumento previsto no art. 1.042 do CPC por defeito formal.

O trânsito em julgado da decisão é outro pressuposto de cabimento, presumindo tenham sido superados os recursos ordinários ou extraordinários interponíveis da decisão. É que decisão pendente de recurso não desafia a rescisória, sendo certo que, para o seu cabimento deve-se observar a imutabilidade da decisão.

A ação rescisória pressupõe o trânsito em julgado da decisão, que se opera com o escoar do prazo recursal conforme vimos, ou superados os casos de duplo grau obrigatório de jurisdição (art. 496 do CPC). Nessa última hipótese, o prazo de dois anos para propor a ação rescisória conta-se do trânsito em julgado do acórdão que efetuou o reexame necessário.

Aliás, necessário pontuar o art. 966, § 3º, do CPC que aponta como possível o ajuizamento da ação rescisória que tenha por objeto apenas um capítulo da decisão. A adoção dos capítulos de sentença no direito brasileiro encaminha para a otimização da via jurisdicional e, nesse aspecto, à preservação da segurança jurídica. De sorte que, assegurada a imutabilidade da decisão e submetida ao crivo do juízo rescisório – usualmente excepcional – descabe reanalisar os pontos que não se discutem. Destarte, o *ius rescindendum* pode se limitar a capítulo específico que se encontra supostamente viciado na decisão proferida.

3. CAUSAS DE RESCINDIBILIDADE

3.1 Generalidades

As *causas de rescindibilidade* vêm previstas nos incisos do art. 966 do CPC em *numerus clausus*, impedindo, assim, interpretação que dilargue os seus casos de cabimento.

1062 | CURSO DE DIREITO PROCESSUAL CIVIL • *Luiz Fux*

As violações perpetradas na decisão trânsita e que autorizam a propositura da ação rescisória ora são de índole *formal* ora de índole *material*. De toda sorte, no âmbito dos vícios de rescindibilidade, "não se contempla o da injustiça da decisão" que se purga com o simples trânsito em julgado da sentença.

Deveras, como a *causa petendi* não é integrada pela norma jurídica aplicável nem pela qualificação jurídica do fato, conforme já assentado, pouco importa que a parte autora reproponha uma ação rescisória com base no mesmo fato rescindendo, atribuindo-lhe categorização jurídica diversa, porquanto na hipótese, haverá repetição obstativa da análise do pedido rescisório.

Destarte, o princípio de que cumpre ao juiz aplicar o direito e à parte comprovar o alegado (*jura novit curia e da mihi factum, dabo tibi jus*) são aplicáveis às ações rescisórias. Consequentemente, cabe ao autor indicar os fatos que autorizam a rescindibilidade, incumbindo ao juiz conferir-lhes o adequado enquadramento legal. Assim, *v.g.*, se o autor indica uma causa e sugere dispositivo equivocado, nada obsta que o julgador, atribuindo correta qualificação jurídica às razões expostas na inicial, acolha o pedido. O que não se admite é a procedência do pedido por fatos diversos dos sustentados encerrando essa hipótese julgamento *extra petita*. Deveras, esse raciocínio não autoriza, *v.g.*, o tribunal a ignorar a lei apontada como violada, no caso da propositura da ação com base no inciso V (violação de norma jurídica). É que, nessa hipótese, a norma indicada como violada integra a causa de pedir e limita a cognição do juízo por força da regra da congruência.

3.2 Causas de rescindibilidade em espécie

3.2.1 Prevaricação, concussão ou corrupção do julgador

A *primeira hipótese de rescindibilidade* refere-se àquela em que a decisão de mérito é tida como proferida por *prevaricação, concussão ou corrupção do juiz*.[7]

Os vícios da decisão *in casu* são gravíssimos na medida em que ao proferi-la, o juiz incidiu em crime previsto no CP; por isso, é de somenos que a decisão seja reputada justa.[8] A comprovação do delito pode ser objeto de ação penal própria ou realizada no bojo da própria ação rescisória. No primeiro caso, deve-se observar a relação de prejudicialidade emprestada pela coisa julgada penal. Assim, *v.g.*, se o delito do juiz foi comprovado na órbita penal em decisão trânsita, em sede de ação rescisória, não será lícito ao juízo desconsiderá-lo, por força da eficácia preclusiva do julgado. Diversamente, a comprovação do ilícito penal na ação rescisória perfaz-se *incidenter tantum* com o fito de viabilizar o rejulgamento da causa rescindenda.

A rescindibilidade por esse fundamento, cuidando-se de *julgamento colegiado*, pressupõe voto decisivo e vencedor do juiz infrator para o aperfeiçoamento do resultado, sendo insuficiente apenas a participação do juiz imputado na sessão. Assim, *v.g.*, se o prolator do voto viciado restou vencido, não há interesse de agir na rescisão do acórdão fruto da manifestação da maioria. Destarte, providos eventuais embargos infringentes com fulcro no voto vencido, a rescindibilidade não se espraia para esse novo julgado, a menos que o embargado comprove vício nessa nova manifestação. Subjaz, nessa hipótese, apenas, a possibilidade de punibilidade penal e funcional, personalíssima e sem qualquer influência no julgado final.[9]

3.2.2 Impedimento do julgador ou incompetência absoluta

O segundo caso de cabimento da ação rescisória refere-se à sentença de mérito transitada em julgado quando proferida por "juiz impedido ou absolutamente incompetente".

---

[7] O Código atual preferiu descrever as condutas típicas penais, evitando interpretações ensejadoras de infirmar a autoridade do julgado. No regime antigo do Código de 1939, admitia-se a rescindibilidade quando o magistrado agia em confronto com a ética do seu cargo. Dizia-se, então, "juiz peitado" como aquele que para sentenciar recebia dádiva, favor ou dinheiro. Nesse sentido, esclarecedoras as lições do então comentarista do CPC, o professor **Odilon de Andrade**, *in Comentários ao CPC*, 1946, vol. IX, p. 75.

[8] A explicação é de **Odilon de Andrade**: "nulidade *in casu* não resulta de sua injustiça, mas da prevaricação do juiz".

[9] Nesse particular, manifestamos a nossa vênia discordante do eminente **Nelson Nery**, *in CPC Comentado*, p. 863.

Parte XI • VII – AÇÃO RESCISÓRIA | **1063**

Essa segunda hipótese de rescindibilidade dirige-se, em parte, à pessoa física do juiz no que toca ao impedimento e ao "juízo" quanto à incompetência.

O *juiz impedido* não pode funcionar no processo por ausência absoluta de compatibilidade, porquanto guarda laços de toda ordem com os partícipes da relação material, o que infirma a sua necessária imparcialidade.

O juiz impedido é aquele assim considerado nas hipóteses taxativas do art. 144 do CPC.[10-11]

A taxatividade das causas de rescindibilidade e a menor gravidade do vício da suspeição, fez com que o legislador não a enquadrasse como vício rescindendo, tanto mais que, se o julgador profere decisão é porque superou, por preclusão, a incompatibilidade originária. Relembre-se que no impedimento é *defeso* ao juiz praticar atos no processo salvo o que se declara impossibilitado de atuar, ao passo que a suspeição reputa-se apenas fundada, o que pode não corresponder à presunção assentada.

Outrossim, *ubi ladem ratio ibi eadem dispositio*, por isso que, se o juiz, ao decidir reportar-se unicamente à perícia realizada por perito impedido, a jurisprudência entende contaminado o julgado.

A *incompetência absoluta* é insanável como se depreende dos arts. 62[12] e 64 do CPC.[13] Consequentemente, tratando-se de incompetência relativa, a prorrogação da competência originariamente viciada torna a decisão de mérito imune à ação rescisória. Diversamente, a incompetência absoluta por denotar desvio de competência estabelecida em atenção ao interesse público, como o são as competências em razão da matéria, funcional e em razão da pessoa, uma vez que especializam

---

[10] Acerca do tema é imprescindível atentar-se para o disposto na **Súmula nº 252 do E. STF** no sentido de que: "Na ação rescisória não estão impedidos os juízes que participaram do julgamento rescindendo".

[11] "**Art. 144.** Há impedimento do juiz, sendo-lhe vedado exercer suas funções no processo:

I – em que interveio como mandatário da parte, oficiou como perito, funcionou como membro do Ministério Público ou prestou depoimento como testemunha;

II – de que conheceu em outro grau de jurisdição, tendo proferido decisão;

III – quando nele estiver postulando, como defensor público, advogado ou membro do Ministério Público, seu cônjuge ou companheiro, ou qualquer parente, consanguíneo ou afim, em linha reta ou colateral, até o terceiro grau, inclusive;

IV – quando for parte no processo ele próprio, seu cônjuge ou companheiro, ou parente, consanguíneo ou afim, em linha reta ou colateral, até o terceiro grau, inclusive;

V – quando for sócio ou membro de direção ou de administração de pessoa jurídica parte no processo;

VI – quando for herdeiro presuntivo, donatário ou empregador de qualquer das partes;

VII – em que figure como parte instituição de ensino com a qual tenha relação de emprego ou decorrente de contrato de prestação de serviços;

VIII – em que figure como parte cliente do escritório de advocacia de seu cônjuge, companheiro ou parente, consanguíneo ou afim, em linha reta ou colateral, até o terceiro grau, inclusive, mesmo que patrocinado por advogado de outro escritório;

IX – quando promover ação contra a parte ou seu advogado.

§ 1º Na hipótese do inciso III, o impedimento só se verifica quando o defensor público, o advogado ou o membro do Ministério Público já integrava o processo antes do início da atividade judicante do juiz.

§ 2º É vedada a criação de fato superveniente a fim de caracterizar impedimento do juiz.

§ 3º O impedimento previsto no inciso III também se verifica no caso de mandato conferido a membro de escritório de advocacia que tenha em seus quadros advogado que individualmente ostente a condição nele prevista, mesmo que não intervenha diretamente no processo."

[12] "**Art. 62.** A competência determinada em razão da matéria, da pessoa ou da função é inderrogável por convenção das partes."

[13] "**Art. 64.** A incompetência, absoluta ou relativa, será alegada como questão preliminar de contestação.

§ 1º A incompetência absoluta pode ser alegada em qualquer tempo e grau de jurisdição e deve ser declarada de ofício.

§ 2º Após manifestação da parte contrária, o juiz decidirá imediatamente a alegação de incompetência.

§ 3º Caso a alegação de incompetência seja acolhida, os autos serão remetidos ao juízo competente.

§ 4º Salvo decisão judicial em sentido contrário, conservar-se-ão os efeitos de decisão proferida pelo juízo incompetente até que outra seja proferida, se for o caso, pelo juízo competente."

os juízos, representa vício insanável, alegável em qualquer tempo e grau de jurisdição, mercê de desafiar a ação rescisória do julgado.

3.2.3 Dolo, coação, simulação ou colusão das partes

A "terceira hipótese" de cabimento da ação rescisória confina a questão da *lealdade processual* das partes, uma vez que se rescinde a sentença cujo resultado seja decorrente "de *dolo da parte vencedora* em detrimento da parte vencida, ou de conluio entre as partes, a fim de fraudar a lei".

Em primeiro lugar cumpre observar, para a caracterização desta causa de rescindibilidade, que *o resultado do processo deve decorrer da manobra dolosa, sem a qual o desfecho seria outro*. Assim é que, se a solução judicial, a despeito do ardil perpetrado, seria a mesma, incabível é a ação rescisória, remanescendo, apenas, a questão da litigância de má-fé nos seus estreitos limites. Exemplos dessa causa rescindente ocorre quando movida por dolo a parte sonega prova indispensável sob a invocação de perecimento da mesma ou junta documento falso.

O dolo bilateral, isto é: *de ambas* as partes em detrimento de terceiro, faz exsurgir a figura jurídica da *colusão*. O terceiro que tem a sua esfera jurídica atingida por decisão judicial obtida via colusão, é legitimado à rescisória e pode desconstituir o julgado, desde que prove que o mesmo resultou diretamente da manobra ardilosa bilateral das partes (art. 967, II, do CPC).[14] A hipótese sob exame exige, também, que haja *nexo de causalidade entre o resultado obtido e a colusão*, de tal sorte que, não fosse aquela, o desfecho teria sido outro. Recorde-se que, a colusão, quando descoberta a tempo, deve ser obstada através da utilização pelo juiz, da regra do artigo 142 do CPC,[15] que o habilita a extinguir o processo sem resolução do mérito, declinando que as partes dele se estão utilizando para fins proibidos. A simulação de processo que vise a esvaziar o patrimônio de um devedor, criando em favor do outro, crédito privilegiado com o intuito de fraudar a expectativa de recebimento do credor prioritário, é caso típico de colusão. Idêntico vício verifica-se nas separações de casais que objetivam excluir o bem de um dos consortes das dívidas contraídas em benefício da família.[16]

Destarte, não é terceiro para fins de alegação de colusão, aquele que interveio nos autos e adquiriu a condição jurídica de parte, como sói ocorrer com o denunciado da lide, o assistente, o opoente, o chamado e o nomeado à autoria.

3.2.4 Coisa julgada anterior

Expressivo *pressuposto específico de rescindibilidade* é o que autoriza a ação rescisória quando a sentença transita em "ofensa à coisa julgada anterior" (art. 966, inciso IV, do CPC).[17]

O trânsito em julgado de uma decisão é ditado exatamente pela necessidade de se preservar o julgado em nome da segurança jurídica, razão pela qual, acaso uma decisão transite em julgado em ofensa à coisa julgada anterior, impõe-se a rescisão desta última sem rejulgamento da causa.[18]

---

14 "**Art. 967.** Têm legitimidade para propor a ação:
I – quem foi parte no processo ou o seu sucessor a título universal ou singular;
II – o terceiro juridicamente interessado;
III – o Ministério Público (...);
b) quando a decisão rescindenda é o efeito de simulação ou de colusão das partes, a fim de fraudar a lei; (...)"

15 "**Art. 142.** Convencendo-se, pelas circunstâncias, de que autor e réu se serviram do processo para praticar ato simulado ou conseguir fim vedado por lei, o juiz proferirá decisão que impeça os objetivos das partes, aplicando, de ofício, as penalidades da litigância de má- fé".

16 A matéria não é pacífica. Para **Barbosa Moreira**, o processo simulado não enseja ação rescisória, *in Comentários*, cit., p. 113.

17 "**Art. 966.** A decisão de mérito, transitada em julgado, pode ser rescindida quando (...):
IV – ofender a coisa julgada."

18 Como bem assenta **Frederico Marques**: "A intangibilidade do julgado é preceito constitucional e constituiu um dos direitos fundamentais do cidadão" (*in Instituições*, cit., p. 379).

Parte XI · VII – AÇÃO RESCISÓRIA | **1065**

Nesses casos, há ofensa verificável se o resultado do processo decorre de repetição de ação anteriormente julgada, ainda que com o mesmo resultado; se desconsidera questão prejudicial apreciada e julgada anteriormente com força de questão principal (*principaliter* e não *incidenter tantum*), ou, finalmente, se recusa, por via oblíqua, o resultado alcançado na causa antecedente, *v.g.*, a decisão que determina em ação distinta a repetição de aluguéis pagos por força de pedido de purga de mora decidido em ação de despejo anterior e cuja decisão transitou em julgado. Em suma, *violadas as eficácias preclusiva, vinculativa direta ou prejudicial da coisa julgada material*, caberá a ação rescisória.

3.2.5   Violação manifesta à norma jurídica

Uma das hipóteses que têm carreado para o Judiciário infindável número de ações rescisórias diz respeito às decisões lavradas com violação de norma jurídica, tratada pelo Código anterior apenas como "violação literal de dispositivo legal"[19].

A hipótese retrata ações nas quais as decisões de mérito são manifestamente *contra legem* e que, por esse motivo, não podem subsistir. É que o escopo mediato da jurisdição é manter a integridade da ordem jurídica e o direito daquele que tem razão. Desta sorte, a manutenção da decisão que *contraria manifestamente norma jurídica* implica empregar a coisa julgada contra a própria ordem jurídica.

Deveras, essa causa de rescindibilidade suscita algumas observações: em primeiro lugar, há que se considerar a expressão "norma jurídica" que, ao contrário do sistema anterior que apontava a necessidade de violação de literal disposição de lei, transpassa o conceito de qualquer diploma que figure como fonte de direito[20] a regular a situação material da parte ou o processo e que tenha sido irregularmente aplicada gerando a imperfeição da decisão de mérito. Mostra-se possível, assim, a rescisão de julgado que tenha violado princípio ou valor que emana da Constituição, haja vista a necessidade de se resguardar a ordem jurídica e não apenas a literalidade da lei.

Destarte, a violação manifesta de norma jurídica pode decorrer tanto de *error in judicando* como de *error in procedendo*.

A violação de lei processual, por seu turno, pode ser entrevista da forma mais ampla possível a ensejar a rescindibilidade. Assim, *v.g.*, a falta de citação de litisconsorte necessário com infringência ao art. 114 do CPC, a falta de nomeação de curador à lide nas hipóteses do art. 72 do CPC, são hipóteses de infração à lei processual que nulificam a decisão de mérito.

O elastério necessário que se empregava à palavra "lei", já na vigência do Código anterior, inadmite que se o amplie a ponto de admitir ação rescisória de decisão contrária à jurisprudência e à súmula dos tribunais.[21]

Destarte, a causa de rescindibilidade reclama "violação" à norma jurídica; por isso, "interpretar" não é violar.[22] Sob esse enfoque, ainda é atual como fonte informativa a enunciação do CPC de 1939, no seu art. 800, *caput*: "A injustiça da sentença e a má apreciação da prova ou errônea interpretação do contrato não autorizam o exercício da ação rescisória".

Ademais, para que a ação rescisória fundada no art. 966, V, do CPC, seja acolhida, é necessário que a interpretação dada pelo *decisum* rescindendo seja de tal modo teratológica que colida frontalmente com a norma jurídica invocada. Ao revés, se a decisão rescindenda elege uma dentre as interpretações cabíveis à época, a ação rescisória não merece prosperar. Nesse contexto, impõe-se

---

[19]   Segundo **Amaral Santos**, monografista do tema, a sentença proferida com violação de literal dispositivo de lei material ou processual "se desmanda", *in Primeiras Linhas de Direito Processual Civil*, vol. III, p. 447 e 448.

[20]   Nesse sentido **Nery**, *Coment.*, cit., p. 864, citando Decreto-Lei, Medida Provisória, Decreto Legislativo etc. **Pontes de Miranda** adverte que se insere também no inciso a "violação de direito estrangeiro", *in Tratado da Ação Rescisória*, 1976, p. 299.

[21]   Nesse mesmo sentido, **Nery**, *Código Coment.*, cit., p. 864.

[22]   O texto de interpretação controvertida não autoriza rescisória (**Súmula nº 343 do STF**) bem como uma nova interpretação exsurgente.

CURSO DE DIREITO PROCESSUAL CIVIL • Luiz Fux

sempre presente o texto da Súmula nº 343 do STF: "Não cabe ação rescisória por ofensa a literal disposição de lei, quando a decisão rescindenda se tiver baseado em texto legal de interpretação controvertida nos tribunais". *A contrario sensu*, se a decisão rescindenda isoladamente acolhe pela vez primeira tese inusitada, sugere-se a violação.

Questão delicada pertine ao *prequestionamento* da lei supostamente violada e que enseja a ação rescisória. A doutrina do tema, com base em suporte jurisprudencial sólido, sustenta que o requisito do prequestionamento não se aplica à rescisória.

A demonstração da violação da lei é matéria da rescisória; por isso, *não se exige prequestionamento* acerca dessa infração.

Matéria lindeira à violação literal da lei é a que tange à declaração de inconstitucionalidade da lei aplicada, e que exsurge no prazo da propositura da ação rescisória. Tratando-se de controle concentrado e dispondo o Supremo Tribunal Federal no acórdão declaratório dos efeitos *ex tunc* da declaração, é imperioso o acolhimento do *iudicium rescindens*. Ao revés, se a declaração é oriunda de controle difuso, prestigia-se a coisa julgada e a segurança jurídica, interditando-se a ação rescisória sob os mesmos fundamentos da Súmula nº 343, vale dizer: à época da decisão, o juízo não violou a lei, porquanto hígida no sistema jurídico.

Veja-se, por fim, que o art. 966, § 5º, CPC, incluído pela Lei nº 13.256/16, estende o significado conferido ao inciso V, que versa sobre a violação a norma jurídica. Sendo assim, admite-se o ajuizamento de ação rescisória quando o *decisum* se fundamentar em súmula ou precedente de recurso repetitivo (e, portanto, vinculante) que não se aplique exatamente ao caso, ficando o autor responsável pela apresentação das diferenças da norma aplicada para o seu caso concreto, conforme o § 6º subsequente. Nesse sentido, a rescisória amparada no *distinguishing* contempla a sistemática de precedentes inserida no Novo CPC. A necessidade de o autor apresentar a distinção de maneira pormenorizada decorre da impossibilidade de revolvimento da matéria fática no *jus rescindendum*.

3.2.6 Prova falsa

Rescinde-se, ainda, a sentença de mérito quando *fundada em prova falsa*. A lei valoriza o substrato fático em que se baseou o magistrado para julgar. Consoante é sabido, a atividade de julgar caracteriza-se pela subsunção dos fatos à norma aplicável. Os fatos, em regra, são levados ao conhecimento do juiz pelas partes através das provas. Aquele que se utiliza de prova falsa para obter resultado favorável, porém, viciado, resta por ser surpreendido com a possibilidade de anulação do julgado. Observe-se que a decisão há de se *fundar* na prova falsa. Isto significa dizer que a prova falsa há de ser a causa imediata daquele resultado obtido; por isso, se a despeito dela o juiz chegaria à conclusão a que chegou, a falsidade probatória *de per si* não é suficiente ao acolhimento do pedido rescisório.[23]

Em suma, para que a rescisória tenha êxito, é mister comprovar que, sem a prova falsa, a sentença não seria a mesma.

A prova falsa pode ser de qualquer espécie e a sua demonstração, objeto de revelação no próprio processo da ação rescisória (art. 966, inciso VI).[24] Entretanto, nada obsta que a decisão sobre a falsidade da prova tenha provido de julgamento de processo autônomo cível (art. 19, II, do CPC)[25] ou criminal.[26] Nesse último aspecto, forçoso concluir que a declaração negativa da falsidade no processo criminal também exclui a possibilidade de rescindibilidade por esse motivo, operando-se

---

[23] No regime ancião do Código de Processo de 1939, a "falsa prova devia ser o principal fundamento" do pedido de rescisão do julgado.

[24] "**Art. 966.** A decisão de mérito, transitada em julgado, pode ser rescindida quando: (...);
VI – for fundada em prova cuja falsidade tenha sido apurada em processo criminal ou venha a ser demonstrada na própria ação rescisória;"

[25] "**Art. 19.** O interesse do autor pode limitar-se à declaração (...):
II – da autenticidade ou da falsidade de documento".

[26] A matéria parece não ser pacífica. Nesse sentido consulte-se **Barbosa Moreira**, *Comentários*, cit., p. 121.

a coisa julgada *pro et contra*. Entretanto se a absolvição criminal operou-se por "precariedade da prova em delito de falsidade documental" essa decisão não inviabiliza a demonstração do vício na ação rescisória. *Mutatis, mutandis*, se a parte arguiu a falsidade do documento no processo civil através de incidente próprio (art. 430 do CPC)[27] e este foi julgado improcedente, a ação rescisória deverá conter *pedidos sucessivos: (i)* o pedido de rescindibilidade do julgado em relação ao incidente de arguição de falsidade; em *simultaneus processus* com *(ii)* o pedido de desconstituição do julgado que se baseou na arguição decidida, afora o pedido de rejulgamento.

3.2.7   Prova nova

Hipótese também vinculada ao campo probatório e que autoriza a desconstituição do julgado de mérito é a referente à "obtenção de prova nova após o trânsito em julgado, cuja existência era ignorada pelo autor que por isso dele não fez uso o qual seria capaz por si só de gerar outro resultado".

A presente causa de rescindibilidade exige que o documento refira-se a *fato influente, decisivo* e não tenha sido utilizado por fato alheio à vontade do autor da rescisória. Relembre-se que "fato novo" não é "documento novo", porquanto este, apesar da novidade, pertine a fato pretérito.

O "fato novo influente" esbarra na eficácia preclusiva do julgado (art. 508 do CPC) e não serve de causa para a rescisão. O "documento novo" é admissível, uma vez que, através dele, o autor poderá demonstrar que com ele o resultado teria sido outro. Nessa hipótese, o respeito ao julgado exige a prova da impossibilidade de utilização do documento novo no processo rescindendo, de tal maneira que, se a parte poderia ter se valido poderia valer-se do benefício *nondum deducta deducendi nondum probata probandi* (previsto no art. 1.014 do CPC)[28], interditada estará a via da rescisória. É que o respeito ao julgado não pode ser superado por eventual negligência da parte.

Tema instigante no campo da "prova nova" gravita em torno da independência entre a responsabilidade civil e a penal. A doutrina majoritária do tema entende ser indiferente o exsurgimento de sentença penal condenatória após a decisão trânsita de improcedência da ação cível de reparação de danos. A hipótese, segundo essa respeitável *opinio doctorum* não se encaixaria na previsão in *foco*, porquanto, do contrário, o legislador deveria ter previsto a suspensão do processo civil até a definição completa do processo criminal, bem como as consequências do julgado *incidenter tantum*. Assim, em respeito ao julgado, a sentença penal posterior não seria documento novo para os fins ora examinados. A matéria não é pacífica, sendo certo que, se a sentença surge no prazo da rescisão, como princípio de justiça, impõe-se acolhê-la, porquanto, do contrário, se estaria concedendo um direito inexistente à reparação do dano *ex delicto*, o que implicaria notável violação de lei.

3.2.8   Erro de fato

A *última hipótese de rescindibilidade* reside no *erro de fato* em que se funda a sentença resultante de atos ou de documentos da causa (art. 966, inciso VIII, do CPC).[29]

---

[27] **"Art. 430.** A falsidade deve ser suscitada na contestação, na réplica ou no prazo de 15 (quinze) dias, contado a partir da intimação da juntada do documento aos autos.

Parágrafo único. Uma vez arguida, a falsidade será resolvida como questão incidental, salvo se a parte requerer que o juiz a decida como questão principal, nos termos do inciso II do art. 19".

[28] **"Art. 1.014.** As questões de fato não propostas no juízo inferior poderão ser suscitadas na apelação, se a parte provar que deixou de fazê-lo por motivo de força maior."

O documento novo só pode ser junto em apelação se a parte alegar e provar força maior impeditiva dessa juntada.

[29] **"Art. 966.** A decisão de mérito, transitada em julgado, pode ser rescindida quando: (...)

VII – for fundada em erro de fato verificável do exame dos autos.

§ 1º Há erro de fato quando a decisão rescindenda admitir fato inexistente ou quando considerar inexistente fato efetivamente ocorrido, sendo indispensável, em ambos os casos, que o fato não represente ponto controvertido sobre o qual o juiz deveria ter se pronunciado.

§ 2º Nas hipóteses previstas nos incisos do *caput*, será rescindível a decisão transitada em julgado que, embora não seja de mérito, impeça:

1068 | CURSO DE DIREITO PROCESSUAL CIVIL • *Luiz Fux*

O ato judicial final, conforme se apreende do inciso ora retratado, deve ser fruto de erro do juiz pela má percepção da situação fática resultante de atos ou documentos da causa dos quais o magistrado não se valeu para o julgamento, a despeito de existentes nos autos. Por essa razão, a causa de rescindibilidade *in foco* pressupõe que tenha havido *um salto* sobre esses documentos e atos, de sorte que, se enfrentados, suscitados, discutidos e resolvidos teriam gerado solução diversa.[30]

Deveras, o erro de fato é aferível à luz das provas já existentes no processo. Assim, *v.g.*, há erro de fato: quando o juiz, desconhecendo a novação acostada aos autos, condena o réu no *quantum* originário. "O erro de fato supõe fato suscitado e não resolvido", porque o fato "não alegado" fica superado pela eficácia preclusiva do julgado – *tantum iudicatum quantum disputatum debebat* (art. 508, do CPC). Em consequência, "o erro que justifica a rescisória é aquele decorrente da desatenção do julgador quanto à prova, não o decorrente do acerto ou desacerto do julgado em decorrência da apreciação dela" porquanto a má valoração da prova encerra injustiça, irreparável pela via rescisória.

Na expressão "erro de fato" resultante de atos ou documentos da causa incluem-se os fatos alegados e os admitidos por uma parte e confessados pela outra sem que a sentença os tenha considerado existentes. Assim, *v.g.*, se a parte alega que dirigia sem cinto de segurança e o juiz afirma na decisão que a cautela da parte em munir-se do equipamento faz concluir pela improcedência do pedido, considera existente fato inexistente. Enfim, para obter-se êxito quanto à rescindibilidade é mister comprovar que se não fosse o erro de fato a sentença de mérito teria sido proferida noutro sentido.

Mercê da exegese doutrinária, o Código, em *interpretação autêntica*, no § 1º esclarece que *há erro de fato quando a sentença de mérito admitir um fato inexistente ou quando considerar inexistente um fato objetivamente ocorrido*, conforme as provas dos autos onde proferida a sentença rescindenda.

4. CONDIÇÕES DA AÇÃO

4.1 Legitimidade das partes

A legitimidade ativa para a propositura da ação rescisória, em princípio, é conferida às partes do processo onde foi proferida a sentença rescindenda, posto lógico os destinatários do comando judicial viciado pretenderem desconstituí-lo.

A parte, para efeito de propositura da ação rescisória, é aquela que formulou pedido e em face de quem o pedido foi deduzido. Consequentemente, tanto o autor quanto o réu, originários, podem manejar a ação rescisória, ainda que o processo tenha corrido à revelia do demandado. A revelia, entretanto, não autoriza o réu a utilizá-la como sucedâneo da contestação". Decorre deste princípio que, para ser considerado parte habilitada ao manejo da ação rescisória, o interessado deve ter permanecido até o final do processo, bem como obtido decisão desfavorável. Isto porque, havendo "extromissão" (a exclusão do feito), desaparece a qualidade da parte, transfigurando-a em "terceiro" e, nesse caso, somente estará habilitado à desconstituição do julgado sob o prisma do interesse jurídico, decorrente da decisão e do reflexo da mesma na sua esfera jurídica nos casos legais (art. 967, II do CPC).[31]

I – nova propositura da demanda; ou

II – admissibilidade do recurso correspondente.

§ 3º A ação rescisória pode ter por objeto apenas 1(um) capítulo da decisão.

§ 4º Os atos de disposição de direitos, praticados pelas partes ou por outros participantes do processo e homologados pelo juízo, bem como os atos homologatórios praticados no curso da execução, estão sujeitos à anulação, nos termos da lei."

[30] Assim também pensa **Barbosa Moreira**, *Coment.*, cit.

[31] A matéria não é pacífica, como observa **Nery**, ob. cit., p. 871. No sentido do texto, **Barbosa Moreira**, *Coment.*, 98, 152.

Parte XI • VII — AÇÃO RESCISÓRIA | 1069

A qualidade de parte legítima para a propositura da ação estende-se aos sucessores da mesma, porquanto prolongamento da categoria jurídica ostentada pelo sucedido, mercê de a coisa julgada atingi-los (art. 110 do CPC).[32]

O sucessor universal que sucede o *de cujus* em todas as suas relações e o sucessor a título particular, ainda que não intervenha nos autos, submete-se ao caso julgado (art. 109, § 3º, do CPC),[33] o que lhes confere *legitimatio ad causam* ativa e passiva. Deveras, se houve a sucessão antes da propositura da ação rescisória, deve ser citado o sucessor para a ação e, não o sendo, pode opor embargos de terceiro, se procedente a rescisória, e o vencedor pretender executá-la contra ele. O sucessor, na forma preconizada no art. 109 do CPC, pode promover, como parte, a rescisão do julgado.

Destarte, essa sucessão tanto pode referir-se às pessoas físicas quanto às jurídicas.

Outrossim, os sujeitos processuais, oriundos da intervenção de terceiros, assumem a qualidade de parte e podem intentar a ação rescisória, *v.g.*, o denunciado.

A *legitimatio ad causam passiva* obedece à mesma regra da legitimação ativa: *a ação deve ser endereçada em face daqueles que participaram do processo principal.* Tendo havido pluralidade de partes e, influindo a decisão que se pretende desconstituir na esfera jurídica das mesmas, impõe-se o "litisconsórcio necessário". Por essa razão o litisconsorte necessário, não citado para a ação, tem legitimidade *ad causam* para propor rescisória.

Diversamente, se o processo teve como objeto lides distintas com resultados heterogêneos entre os diversos litisconsortes (litisconsórcio simples) apenas os vinculados à eficácia da rescindibilidade devem ser convocados para esta impugnação excepcional. Assim, *v.g.*, se o acórdão rescindendo apreciou apelação interposta apenas por um dos litisconsortes, somente contra este deve ser proposta a ação rescisória.

O *terceiro prejudicado*, que de há muito é prestigiado pelos ordenamentos mais vetustos e que lhe permitem intervir em qualquer grau de jurisdição,[34] também está habilitado à rescisão da sentença. Para esse fim, o seu legítimo interesse revela-se pela titularidade de relação jurídica conexa com aquela sobre a qual dispôs sentença rescindenda, bem como o prejuízo jurídico sofrido. Esse nexo de interdependência deve ser revelado *initio litis* sob pena de indeferimento da petição inicial.[35] Assim, *v.g.*, o sublocatário que não interveio na relação processual tem legitimidade para rescindir sentença que julgou improcedente pedido de renovação de locação comercial.

O *terceiro prejudicado*, quando promove a ação, evidentemente, *deve trazer ao processo os partícipes da relação originária.* Como se assentou em excepcional sede doutrinária, legitimados a agir na ação rescisória são aqueles que figuram como partes na ação que terminou com a sentença rescindenda.[36]

A ação rescisória rompe com o julgado, caracterizado pelo manto protetor da decisão jurisdicional como meio pacificador da ordem social.

Esta função da ação em exame justifica a legitimação que se confere ao *Ministério Público*, porquanto este, no processo civil, tem o *status* de *fiscal da ordem jurídica*.

Nesse mister, *dispõe o Ministério Público de legitimação para desconstituir a sentença de mérito em três hipóteses*: (i) se não foi ouvido no processo em que lhe era obrigatória a intervenção;(ii) quando a decisão rescindenda é o efeito de simulação ou de colusão das partes, a fim de fraudar a lei; (iii) em outros casos em que se imponha sua atuação. A última previsão corrobora o entendi-

---

[32]   **"Art. 110.** Ocorrendo a morte de qualquer das partes, dar-se-á a sucessão pelo seu espólio ou pelos seus sucessores, observado o disposto no art. 313, §§ 1º e 2º."

[33]   **"Art. 109.** A alienação da coisa ou do direito litigioso por ato entre vivos, a título particular, não altera a legitimidade das partes. (...)
§ 3º Estendem-se os efeitos da sentença proferida entre as partes originárias ao adquirente ou cessionário."

[34]   Consulte-se, a respeito, nosso *Intervenção de Terceiros*, 1990.

[35]   Assim também pensava, à época do Ordenamento de 1939, **Moacyr Amaral Santos**, *in Primeiras Linhas*, 1963, vol. III, p. 452.

[36]   **Frederico Marques**, *Instituições*, cit., p. 383.

1070 | CURSO DE DIREITO PROCESSUAL CIVIL • *Luiz Fux*

mento de que as hipóteses do art. 967, III, do CPC não são exaustivas, por isso que o MP também restaria legitimado a pedir a rescisão de sentença em que há comprometimento de interesses públicos indisponíveis.

Aliás, o dispositivo no CPC de 1973 não cuidava da legitimidade do Ministério Público para a propositura da ação rescisória conquanto parte, porque nas hipóteses em que figurou com esta qualidade, *v.g.*, na ação civil pública, o *Parquet* pode rescindir o julgado assim como toda e qualquer parte, inserindo-se a sua legitimação na previsão genérica do inciso I do art. 967 do CPC.[37] Inseriu-se, portanto, o parágrafo único a determinar, para os casos em que o Ministério Público atue como fiscal da ordem jurídica, a sua intimação para intervir.

É cediço, que há inúmeros casos em que o *Ministério Público* intervém, de regra, *como fiscal da ordem jurídica* (*custos iuris*) e, nessa qualidade, atribui-lhe o CPC *a legitimação para rescindir a sentença que é fruto da colusão das partes para fraudar a lei*. É que, não obstante a sua atuação, pode ocorrer que as partes tenham logrado superar a vigilância do *Parquet*.

Esta legitimação decorre, também, da fiscalização do dever de lealdade processual inafastável de quem ingressa em juízo (art. 80, inciso III, do CPC).[38]

O juiz, não obstante a atuação do Ministério Público, dispõe de poderes para, no curso do processo, obstar os interesses escusos das partes, *v.g.*, ocorre quando pretendem de comum acordo obter a anulação de um casamento em vez de utilizarem a separação judicial.[39]

Entretanto, se todas essas barreiras forem ultrapassadas, ainda assim não estarão livres os litigantes de má-fé, porquanto durante o prazo de rescindibilidade da sentença, o Ministério Público pode investir contra o julgado.

O Ministério Público, por seu turno, deve ser ouvido nas causas em que há interesse de incapazes, como as que versam sobre tutela, curatela, poder familiar, interdição e ausência, nas que se referem ao estado das pessoas, como as de casamento e seu desfazimento via separação ou divórcio e nas de disposição de última vontade. Outrossim, atua também naquelas questões em que há interesse público evidenciado pela natureza da lide e pela qualidade da parte (art. 178 e incisos do CPC).[40] Nestes casos, admite-se a ação rescisória proposta pelo Ministério Público quando deveria intervir e não interveio porque não convocado ou excluído pela decisão judicial.[41] Nesse último caso, impende que não tenha havido recurso do Ministério Público contra o indeferimento de sua participação, para justificar a sua investida necessária.

---

[37] **"Art. 967.** Têm legitimidade para propor a ação rescisória:
I – quem foi parte no processo ou o seu sucessor a título universal ou singular;
II – o terceiro juridicamente interessado;
III – o Ministério Público:
a) se não foi ouvido no processo em que lhe era obrigatória a intervenção;
b) quando a decisão rescindenda é o efeito de simulação ou de colusão das partes, a fim de fraudar a lei;
c) em outros casos em que se imponha sua atuação;
IV – aquele que não foi ouvido no processo em que lhe era obrigatória a intervenção.
Parágrafo único. Nas hipóteses do art. 178, o Ministério Público será intimado para intervir como fiscal da ordem jurídica quando não for parte."

[38] **"Art. 80.** Considera-se litigante de má-fé aquele que: (...)
III – usar do processo para conseguir objetivo ilegal; (...)".

[39] A respeito do tema, a magnífica monografia de concurso do saudoso Professor **José Olympio de Castro Filho**, *Abuso do Direito no Processo Civil*, 1960.

[40] **"Art. 178.** O Ministério Público será intimado para, no prazo de 30 (trinta) dias, intervir como fiscal da ordem jurídica nas hipóteses previstas em lei ou na Constituição Federal e nos processos que envolvam:
I – interesse público ou social;
II – interesse de incapaz;
III – litígios coletivos pela posse de terra rural ou urbana".

[41] Uma das questões tormentosas acerca da intervenção do Ministério Público pertine à identificação das causas que reclamam a sua intervenção bem como a titularidade para definir essa intervenção.

Parte XI • VII — AÇÃO RESCISÓRIA | 1071

4.2 Interesse de agir

O interesse processual reclama que a parte proponente da rescisória tenha *sido vencida* e haja causa de rescindibilidade dentre as previstas na lei. Isto basta para a admissão da ação sob esse enfoque, uma vez que a "efetiva ocorrência" da *causa petendi* diz respeito ao mérito do juízo de rescindibilidade (*iudicium rescindens*).

Ademais, a "frustração" do autor da ação rescisória em face do resultado consubstanciado na sentença rescindenda é outra condição da ação. É que muito embora não se trate de recurso, onde o gravame é requisito de admissão consistente no interesse em recorrer, não se admite a ação rescisória proposta pela parte vencedora, ainda que favorecida pela decisão defeituosa. No caso revelar-se-ia manifesta a carência do *interesse de agir*, assim considerado à luz do binômio "utilidade-necessidade" que lhe caracteriza.

5. COMPETÊNCIA

A competência para conhecer e julgar a ação rescisória é sempre dos tribunais de segunda instância.

A direção do processo é delegada a um "relator" que, após a instrução da causa e a manifestação final das partes, submete o feito a julgamento pelo órgão colegiado.

A *competência dos tribunais* tem como fonte legislativa a Constituição, as Leis de Organização Judiciária e os regimentos internos dos tribunais, máxime porque ação rescisória pode ser interposta de sentença de mérito transitada ou de acórdãos de mesmo conteúdo, provenientes das câmaras, dos grupos, das seções etc.[42]

A ação rescisória é distribuída no tribunal competente, ao órgão e ao relator designado, cabendo-lhe a primeira análise da petição inicial, razão por que, não obstante a extinção do processo rescisório sem análise do mérito encerre "julgamento" no sentido lato do vocábulo, a lei reserva essa competência ao *relator* isoladamente, por força desse primeiro contato com a peça vestibular.[43]

A decisão de *indeferimento* comporta, via de regra, *agravo regimental* para o órgão competente para o julgamento do mérito da rescisória. Havendo lacuna no regimento interno, mesmo assim admite--se o recurso ora indicado, e, em casos excepcionais, a parte prejudicada poderá valer-se do Mandado de Segurança, previsto exatamente para abusos judiciais em que não há recurso correspondente.[44]

Caso o tribunal se reconheça incompetente para julgar a demanda rescisória, o autor contará com prazo para emendar a petição inicial, naqueles casos em que a decisão houver sido substituída por outra posterior, ocasião em que o réu poderá complementar os fundamentos defensivos (art. 968, §§ 5º e 6º[45]).

5.1 Prazo decadencial para propositura da ação rescisória

O art. 975 do CPC[46] dispõe que o direito de propor ação rescisória se extingue em dois anos contados do trânsito em julgado da decisão.

---

[42] Observe-se quanto à competência dos Tribunais Superiores as **Súmulas nos 249 e 515 do STF**.

[43] No mesmo sentido, **Nery**, ob. cit., p. 874, e **Humberto Theodoro Júnior**, *Curso*, vol. I, p. 650. Por todos, **Barbosa Moreira**, ob. cit., nº 85.

[44] **Barbosa Moreira**, ob. cit.

[45] "**Art. 968.** § 5º Reconhecida a incompetência do tribunal para julgar a ação rescisória, o autor será intimado para emendar a petição inicial, a fim de adequar o objeto da ação rescisória, quando a decisão apontada como rescindenda:
I – não tiver apreciado o mérito e não se enquadrar na situação prevista no § 2º do art. 966;
II – tiver sido substituída por decisão posterior.
§ 6º Na hipótese do § 5º, após a emenda da petição inicial, será permitido ao réu complementar os fundamentos de defesa, e, em seguida, os autos serão remetidos ao tribunal competente."

[46] "**Art. 975.** O direito à rescisão se extingue em 2 (dois) anos contados do trânsito em julgado da última decisão proferida no processo.

1072 | CURSO DE DIREITO PROCESSUAL CIVIL • *Luiz Fux*

Esse prazo é de exercício de direito potestativo de agir, por isso, *decadencial;* não se suspendendo nem se interrompendo, tanto que proposta a ação no último dia do prazo e realizando-se a citação na forma e nos prazos do artigo 240[47], por força da redação do § 1º, o impedimento à consumação da decadência retroage à data da propositura da ação rescisória. Destarte, muito embora haja controvérsia, *extinto o processo da rescisória sem análise do mérito, desaparecem os efeitos da propositura,* inclusive o de impedimento à consumação da decadência. Considere-se, ainda, aplicável a Súmula nº 264 do STF adaptada ao prazo bienal do art. 975 do CPC no sentido de que se verifica a prescrição intercorrente pela paralisação da ação rescisória por mais de dois anos.[48]

A fixação do prazo é tema que se insere no âmbito da política legislativa.[49]

O *termo inicial do prazo,* ao qual se aplicam as regras gerais do CPC (arts. 212[50] e seguintes),[51] é a data da *última decisão* do processo, o que exclui a teoria do trânsito em julgado progressivo, ou seja, ainda que haja decisão parcial de mérito não mais passível de recurso, o prazo é uno e só inicia ao término do processo.

Por isso, pressupõe o trânsito em julgado da decisão de mérito, que se opera, como já reiterado, quando não mais impugnável a decisão por recurso. Tecnicamente, a decisão torna-se inimpugnável, quer pelo decurso do prazo quer pela ausência de requisitos de admissibilidade da impugnação. Assim, *v.g.,* se há recurso "admitido", o trânsito em julgado será do acórdão. Ao revés, inadmitido o recurso, a decisão terá transitado em julgado no momento em que "faltou o referido requisito". Isto porque a interposição do recurso inadmissível não pode produzir o efeito de afastar o trânsito em julgado da decisão rescindenda.

Entretanto, a posição sedimentada nos tribunais é a de que, em havendo recurso interposto, ainda que inadmissível, não se pode aduzir trânsito em julgado retro-operante.

Reitere-se, contudo que a parte não é obrigada a esgotar todos os recursos para propor a ação rescisória (STF, Súmula nº 514),[52] podendo fazê-lo tão logo transite em julgado a resolução de mérito ainda que inatacada por recurso de apelação.

---

47 § 1º Prorroga-se até o primeiro dia útil imediatamente subsequente o prazo a que se refere o *caput,* quando expirar durante férias forenses, recesso, feriados ou em dia em que não houver expediente forense.

§ 2º Se fundada a ação no inciso VII do art. 966, o termo inicial do prazo será a data de descoberta da prova nova, observado o prazo máximo de 5 (cinco) anos, contado do trânsito em julgado da última decisão proferida no processo.

§ 3º Nas hipóteses de simulação ou de colusão das partes, o prazo começa a contar, para o terceiro prejudicado e para o Ministério Público, que não interveio no processo, a partir do momento em que têm ciência da simulação ou da colusão."

47 "**Art. 240.** A citação válida, ainda quando ordenada por juízo incompetente, induz litispendência, torna litigiosa a coisa e constitui em mora o devedor, ressalvado o disposto nos arts. 397 e 398 da Lei nº 10.406, de 10 de janeiro de 2002 (CC).

§ 1º A interrupção da prescrição, operada pelo despacho que ordena a citação, ainda que proferido por juízo incompetente, retroagirá à data de propositura da ação (...)."

48 **Súmula nº 264 do STF:** "Verifica-se a prescrição intercorrente pela paralisação da ação rescisória por mais de cinco anos".

49 A esse respeito, consulte-se a resenha de **Barbosa Moreira** nos seus comentários ao vetusto art. 495 do CPC de 1973, onde se enumera diversos sistemas europeus, seus prazos bem como o termo *a quo* deste.

50 "**Art. 212.** Os atos processuais serão realizados em dias úteis, das 6 (seis) às 20 (vinte) horas.

§ 1º Serão concluídos após as 20 (vinte) horas os atos iniciados antes, quando o adiamento prejudicar a diligência ou causar grave dano.

§ 2º Independentemente de autorização judicial, as citações, intimações e penhoras poderão realizar-se no período de férias forenses, onde as houver, e nos feriados ou dias úteis fora do horário estabelecido neste artigo, observado o disposto no art. 5º, inciso XI, da Constituição Federal.

§ 3º Quando o ato tiver de ser praticado por meio de petição em autos não eletrônicos, essa deverá ser protocolada no horário de funcionamento do fórum ou tribunal, conforme o disposto na lei de organização judiciária local".

51 Por isso que o prazo de proposição se ultima às 18 h do último dia do prazo (art. 172, CPC, *in RTJ,* 93/338).

52 Esse pressuposto deve ser entendido no seu sentido puramente técnico, independentemente de ter ou não a parte exaurido todos os meios de impugnação do decidido, como ocorre, *v.g.,* com o recurso especial (**Súmula nº 514 do STF**).

Parte XI • VII – AÇÃO RESCISÓRIA | 1073

Deve-se destacar a inovação legislativa que acrescentou ao art. 975 três parágrafos comportando exceções à regra geral quanto ao prazo da ação rescisória. O § 1º trata da prorrogação ao dia útil quando o termo final do prazo recaia em dia que não haja expediente forense. Por sua vez, o § 2º determina que o termo inicial para o caso de descoberta de prova nova será o de sua descoberta, respeitado o limite máximo de 5 (cinco) anos a contar do trânsito em julgado. Por fim, o § 3º estipula que nas hipóteses de simulação entre as partes, o prazo se contará a partir da ciência.

De maneira geral, contudo, a contagem do prazo decadencial da ação rescisória, segundo entendimento corrente, inicia-se no primeiro dia após o trânsito em julgado da última decisão de mérito proferida no processo.

Ultrapassado o prazo decadencial, a decisão de mérito torna-se imune à sua própria desconstituição excepcional, via rescisória, transformando-se em *coisa soberanamente julgada*.

A propositura tempestiva deve ser analisada pelo *relator*, porquanto a ação rescisória é de competência originária dos tribunais. Entretanto, ainda que não detectado pelo relator ou mesmo contra a manifestação deste, é lícito ao órgão colegiado, como preliminar do julgamento de rescindibilidade (*iudicium rescindens*), reavaliar a questão decadencial.

6. PROPOSITURA DA AÇÃO RESCISÓRIA E EFICÁCIA DA DECISÃO RESCINDENDA

Estabelece o art. 969 do CPC que a propositura da ação rescisória não impede o cumprimento da decisão rescindenda, ressalvada a concessão de tutela provisória. Afirmou-se em clássica sede doutrinária que a coisa julgada faz do "quadrado, redondo". Isto significa que a versão que encerra sobre o julgado não tem compromisso com a verdade ou com a justiça da decisão senão com a estabilidade e a segurança sociais.

Em consequência, a sua imutabilidade prevalece até a desconstituição do julgado na primeira fase da ação rescisória que é a do *judicium rescindens*. Enquanto isso não ocorre, sobrepõe-se a decisão protegida pelo manto da coisa julgada.

Destarte, posto objeto de um processo de longa maturação, a coisa julgada permite ao seu beneficiário torná-la realidade através da execução definitiva (art. 783 do CPC). Esta modalidade de execução, a definitiva, atinge o seu estágio final com a satisfação do vencedor-exequente recolhendo o bem da vida consagrado na decisão transitada, que pode ser um objeto corpóreo ou incorpóreo. Assim, *v.g.*, transitada em julgado a decisão que determinou a Caio pagar certa importância a Tício, pode aquele promover a execução definitiva no sentido de apurar judicialmente fundos líquidos às custas da expropriação do patrimônio do devedor vencido. Isto significa que a simples propositura da ação rescisória, em princípio, não susta esse desígnio de tornar realidade o que contém a sentença transitada em julgado. Diz-se, então, que a propositura da ação rescisória não suspende o curso da execução.

Esta sempre foi a regra no Direito brasileiro[53]. Entretanto, não se pode olvidar que a ação rescisória é espécie da ação de conhecimento, hoje contemplada, no seu organismo, com o instituto da "antecipação de tutela". Segundo essa técnica, é lícito ao juiz antecipar os efeitos práticos do provimento se houver prova inequívoca conducente à alegação de que o direito do autor é evidente ou, que se não antecipados os efeitos práticos, o mesmo poderá sofrer lesão de difícil reparação (art. 300 do CPC).

Em face desse instituto, sustenta-se da possibilidade de antecipação dos efeitos do juízo rescisório, com a sustação da execução do julgado eivado de um dos vícios que autorizam a sua desconstituição. Assim, *v.g.*, se o tribunal incumbido de apreciar a ação rescisória verificar de plano a ofensa à coisa julgada ou que a decisão foi proferida por juiz corrupto, lícito será o adiantamento da tutela rescindente com a sustação da execução da decisão transitada. Aliás, antes do advento da

---

[53] Nesse sentido, a Súmula nº 234 do extinto TFR: "Não cabe medida cautelar em ação rescisória para obstar os efeitos da coisa julgada" coadjuvada por alguns arestos dos nossos tribunais (STF – Pleno, *RTJ*, 117/1).

antecipação de tutela, a mesma tese era defendida através da utilização da ação cautelar inominada com o escopo de sustar execução de sentença rescindenda.[54]

A jurisprudência hodierna também enfoca a questão de forma mais flexível, admitindo casuisticamente essa suspensividade, máxime nos casos em que a decisão, mercê de teratológica, causa severa e ilícita lesão à parte adversa.

Outrossim, a possibilidade de concessão de tutela antecipada no curso do processo da rescisória impede que se promiscuam remédios excepcionais, *v.g.*, o Mandado de Segurança.

A ação rescisória é a ação principal e por isso a lei admite, também medidas cautelares antecedentes, *v.g.*, o arresto de bens, comprovando-se que haverá rescisão e rejulgamento do mérito infrutíferos, bem como medidas cautelares não satisfativas incidentes.

Considerando a natureza da ação rescisória e o advento da tutela antecipada, o art. 969 do CPC significa dizer que o ordenamento contempla a tutela antecipatória em sede de ação rescisória.

É que a ação rescisória, como ação de conhecimento, revela caráter excepcional na medida em que visa à desconstituição da coisa julgada, cuja característica maior é a sua imutabilidade e por isso a propositura daquela não tem o condão de impedir a execução do julgado.

Outrossim, consoante exposto anteriormente, com fulcro no art. 969 do CPC, a jurisprudência através de entendimento sumular do extinto TFR no verbete 234, coadjuvado por precedentes de nossos tribunais, interditava o uso da medida cautelar visando a sustar a eficácia da decisão rescindenda.

Entretanto em estudo pioneiro, o professor Galeno Lacerda evidenciou a necessidade de se admitir esses provimentos de urgência, tanto mais que a decisão trânsita poderia solidificar-se com expressivo grau de imperfeição.

A prática judiciária, nalguns casos, passou a contemplar essa possibilidade, principalmente nas hipóteses de rescindibilidade decorrente de violação da coisa julgada ou de decisão rescindenda proferida por juiz corrupto ou peitado.

A reforma traz a possibilidade explícita, condicionando o poder do magistrado na concessão da antecipação de tutela aos pressupostos do provimento urgente satisfativo eclipsados nos arts. 300 e 497 do CPC.[55]

Ademais, além da tutela satisfativa antecipatória, admite-se, também a tutela cautelar, esta para garantir a eficácia prática do resultado do *iudiucium rescissorium*, bem como a fungibilidade do artigo 305, parágrafo único, na sua estreita exegese sugerida no capítulo próprio e que limita a possibilidade de conferir-se antecipação cautelar se pleiteada equivocadamente a tutela satisfativa, sendo certo que a recíproca não é verdadeira. Isto porque, a tutela antecipatória satisfativa exige prova inequívoca conducente à verossimilhança da alegação, ao passo que a tutela cautelar contenta-se com o *fumus boni juris*. Ora não se pode adiantar a providência satisfativa de mérito com base apenas na "fumaça do bom direito", a simples aparência, reclamando evidência do direito.

7. PROCEDIMENTO DA AÇÃO RESCISÓRIA

Em princípio, a petição inicial da ação rescisória, como instrumento primeiro da demanda de conhecimento, reclama os mesmos requisitos estabelecidos no artigo 319 do CPC.[56] As eventuais

---

[54] **Galeno Lacerda**, *Ajuris*, 29/60 e *RP*, 29/38.

[55] **"Art. 300.** A tutela de urgência será concedida quando houver elementos que evidenciem a probabilidade do direito e o perigo de dano ou o risco ao resultado útil do processo. (...).″

"Art. 497. Na ação que tenha por objeto a prestação de fazer ou de não fazer, o juiz, se procedente o pedido, concederá a tutela específica ou determinará providências que assegurem a obtenção de tutela pelo resultado prático equivalente.

Parágrafo único. Para a concessão da tutela específica destinada a inibir a prática, a reiteração ou a continuação de um ilícito, ou a sua remoção, é irrelevante a demonstração da ocorrência de dano ou da existência de culpa ou dolo.″

[56] **"Art. 319.** A petição inicial indicará:

I – o juízo a que é dirigida;

Parte XI • VII – AÇÃO RESCISÓRIA | 1075

deficiências da petição podem ser supridas como de regra o admite o artigo 321, do CPC, sob as penas do indeferimento, sanção que se encontra textual no parágrafo único do citado dispositivo legal.[57] Entretanto, este instrumento da demanda apresenta peculiaridades decorrentes dos escopos da ação rescisória.

Em primeiro lugar, quanto ao pedido, observa-se, de ordinário, uma *cumulação sucessiva obrigatória*, porquanto, além da rescindibilidade do julgado impõe-se o *pedido de nova decisão*.

É que a ação rescisória compõe-se de dois *iudiciae* a saber: o de "desconstituição em si do julgado" – *judicium rescindens* – e o de rejulgamento – *judicium rescissorium*. Isto porque, no nosso sistema, não há cassação pura e simples da decisão defeituosa, senão subsequente julgamento pelo mesmo órgão que desconstitui o julgado. Desta sorte, a não formulação do pedido implica inépcia, haja vista a manifesta ausência de interesse de agir apenas na rescindibilidade do julgado. A regra não é absoluta na medida em que há julgados em que, ante o princípio da instrumentalidade das formas, considera-se o pedido de cumulação dos dois juízos, *rescindens* (de rescisão de sentença) e *rescissorium* (de novo julgamento da causa), *implícito,* porquanto a rescindibilidade antecedente pressupõe o rejulgamento subsequente. Sucede que se impõe ao autor indicar a extensão do *judicium rescissorium*, possibilitando o cumprimento dos cânones da congruência, razão por que sugerimos que, em casos de dúvida, o magistrado deve solicitar que o autor explicite o que pretende, tanto mais que é possível pleitear apenas a rescisão do julgado, como nos casos de ofensa à coisa julgada ou, então, limitar-se ao rejulgamento parcial. Sob essa ótica é que se deve interpretar a imperatividade do art. 968, *in fine*, quando dispõe ser *dever do autor* cumular os pedidos de rescisão e rejulgamento.[58]

II – os nomes, os prenomes, o estado civil, a existência de união estável, a profissão, o número de inscrição no Cadastro de Pessoas Físicas ou no Cadastro Nacional da Pessoa Jurídica, o endereço eletrônico, o domicílio e a residência do autor e do réu;

III – o fato e os fundamentos jurídicos do pedido;

IV – o pedido, com as suas especificações;

V – o valor da causa;

VI – as provas com que o autor pretende demonstrar a verdade dos fatos alegados;

VII – a opção do autor pela realização ou não de audiência de conciliação ou de mediação. (...)"

[57] **"Art. 321.** O juiz, ao verificar que a petição inicial não preenche os requisitos dos arts. 319 e 320 ou que apresenta defeitos e irregularidades capazes de dificultar o julgamento de mérito, determinará que o autor, no prazo de 15 (quinze) dias, a emende ou a complete, indicando com precisão o que deve ser corrigido ou completado.

Parágrafo único. Se o autor não cumprir a diligência, o juiz indeferirá a petição inicial."

[58] **"Art. 968.** A petição inicial será elaborada com observância dos requisitos essenciais do art. 319, devendo o autor:

I – cumular ao pedido de rescisão, se for o caso, o de novo julgamento do processo;

II – depositar a importância de cinco por cento sobre o valor da causa, que se converterá em multa caso a ação seja, por unanimidade de votos, declarada inadmissível ou improcedente.

§ 1º Não se aplica o disposto no inciso II à União, aos Estados, ao Distrito Federal, aos Municípios, às suas respectivas autarquias e fundações de direito público, ao Ministério Público, à Defensoria Pública e aos que tenham obtido o benefício de gratuidade da justiça.

§ 2º O depósito previsto no inciso II do *caput* deste artigo não será superior a 1.000 (mil) salários-mínimos.

§ 3º Além dos casos previstos no art. 330, a petição inicial será indeferida quando não efetuado o depósito exigido pelo inciso II do *caput* deste artigo.

§ 4º Aplica-se à ação rescisória o disposto no art. 332.

§ 5º Reconhecida a incompetência do tribunal para julgar a ação rescisória, o autor será intimado para emendar a petição inicial, a fim de adequar o objeto da ação rescisória, quando a decisão apontada como rescindenda:

I – não tiver apreciado o mérito e não se enquadrar na situação prevista no § 2º do art. 966;

II – tiver sido substituída por decisão posterior.

§ 6º Na hipótese do § 5º, após a emenda da petição inicial, será permitido ao réu complementar os fundamentos de defesa, e, em seguida, os autos serão remetidos ao tribunal competente".

Súmula nº 175 do STJ: "Descabe o depósito prévio nas ações rescisórias propostas pelo INSS".

Deveras, o autor, quando formula pedido de rejulgamento – *iudicium rescissorium* –, está adstrito à postulação que formulou originariamente no processo e que deu ensejo à decisão rescindenda, uma vez que, do contrário, estaria submetendo ao tribunal um pedido que não se submeteria ao duplo grau de jurisdição.

A petição inicial, por seu turno, deve ser acompanhada dos requisitos indicados no art. 319 do CPC e de documentos essenciais como a decisão rescindenda e a certidão de seu trânsito em julgado.[59]

O escopo da jurisdição, como tantas vezes reiterado, é a imutabilidade do julgado como fator de estabilidade e segurança social. Em decorrência, a desconstituição do julgado é medida excepcional e que exige significativo controle do Judiciário, para que não se transforme a ação rescisória em recurso extremo.

Consequência desta preocupação é a inserção na lei, como "pré-requisito à admissibilidade da demanda rescisória", da comprovação do depósito de 5% (cinco por cento)[60] sobre o valor da causa, a título de *multa*, caso a ação promovida seja, por "unanimidade, declarada inadmissível ou improcedente" (art. 968, II).[61]

A exigência não se aplica às ações rescisórias promovidas pela Fazenda Pública, pelo Ministério Público, pela Defensoria Pública e pelos beneficiários da gratuidade de justiça. Destarte, a Súmula nº 175 do STJ dispensa do referido depósito o INSS. Com o Código de 2015, passou a haver um teto máximo para o depósito, no montante de mil salários mínimos (art. 968, § 2º).

O destino do depósito vem traçado ao final do dispositivo legal, que dispõe que a *multa será devida em caso de inadmissibilidade ou improcedência do pedido*, assim reconhecida por "unanimidade", caso em que a perda do depósito dá-se em favor da parte contrária.

A exata interpretação do artigo em exame (art. 968, inciso II, do CPC) impõe concluir que a *perda do depósito* só se opera quanto à inadmissão ou improcedência do *iudicium rescindens*, não *importando o rejulgamento* (*iudicium rescissorium*). Isto porque, se a finalidade é coibir a litigância indevida, admitida a ação ou reconhecida uma causa rescisória, a demanda revela-se proposta com seriedade. Entretanto, inadmissível a ação ou improcedente, impõe-se, em ambos os casos, a perda do depósito. Destarte, essa perda pressupõe "julgamento", razão pela qual *atos de disponibilidade das partes que impliquem a extinção da ação rescisória não influem no destino do depósito*, v.g., a transação ou a desistência.[62] Outrossim, se o processo foi extinto antes da citação do réu, o depósito deve reverter ao autor. De toda sorte, exigível que seja feito *o depósito; a sua falta* importa no indeferimento da petição inicial, providência que se adota, também, em caso de insuficiência não suprida.

A inicial, como de regra, pode receber o "despacho liminar positivo ou negativo" (art. 968, §§ 3º e 4º).

O controle da inicial é do relator sorteado, porquanto a ação rescisória é da competência dos tribunais. As funções do relator equivalem às exercidas pelo juiz de primeiro grau ao analisar a petição inicial antes de determinar a citação do réu. Assim sendo, a possibilidade de extinção meramente terminativa pelo relator decorre de seu poder-dever de examinar as condições da ação e os pressupostos processuais, tal como o faz o juiz quando analisa a inicial. Nada obsta, entretanto, que o relator relegue o saneamento do processo e as questões preliminares para o órgão colegiado. Agindo isoladamente, a sua decisão liminar de conteúdo negativo desafia o agravo regimental.

O art. 970 do CPC[63] dispõe que, estando em termos a petição, caberá ao relator, ao admiti-la, determinar a citação do réu, assinando-lhe prazo nunca inferior a 15 (quinze) dias nem superior

---

59   A observação é de **Nelson Nery**, *in Código Anotado*, cit., p. 873.

60   A falta de depósito acarreta o indeferimento da inicial (art. 968, § 3º). Destarte, o depósito insuficiente ou não complementado é causa de extinção do processo (art. 485, IV).

61   Anota **Barbosa Moreira**, *in* ob. cit., que a exigência encontra precedentes na Ley de Enjuiciamento Civil, no Codigo di Procedura Civile italiano e no Código do Vaticano. *Vide* nota 162.

62   Nesse sentido, **Barbosa Moreira**, *Coment. supra*.

63   **"Art. 970.** O relator ordenará a citação do réu, designando-lhe prazo nunca inferior a 15 (quinze) dias nem superior a 30 (trinta) dias para, querendo, apresentar resposta, ao fim do qual, com ou sem contestação, observar-se-á, no que couber, o procedimento comum".

a 30 (trinta) dias para responder. Trata-se de despacho liminar positivo que não opera a preclusão para o órgão colegiado. *Mutatis mutandis* aplica-se à hipótese o artigo 485, § 3º, do CPC,[64] que afasta a preclusão nas denominadas questões formais conhecíveis de ofício, assumindo relevo a regra, *in casu*, posto que se trata de desconstituição da coisa julgada.

Uma vez proferido o *despacho liminar positivo*, segue-se o rito ordinário, como se colhe da parte final do art. 970 do CPC.

À semelhança do que ocorre com toda e qualquer petição inicial, a da ação rescisória também pode ser indeferida. As razões do indeferimento, em regra, são de ordem formal, consistentes na falta do preenchimento de condições da ação, *v.g.*, a legitimidade para a rescisão, a ausência de pressupostos processuais específicos, como, por exemplo a falta de depósito etc., admitindo-se excepcionalmente o *indeferimento por motivo de mérito*, como ocorre na hipótese de decadência, quando a *rescisória não é proposta no prazo de dois anos do trânsito da decisão* (art. 975 do CPC).[65-66]

A *citação* do réu da ação rescisória pode efetuar-se por qualquer de suas modalidades, admitindo-se, como resposta do demandado, *contestação, exceções processuais e reconvenção*.[67] Cumpre anotar que, segundo parte da doutrina, o prazo de resposta da ação rescisória não se altera quando presentes no processo litisconsortes com diferentes procuradores ou a Fazenda Pública, porquanto lapso de tempo especial.

A *indisponibilidade* do julgado trânsito, pela sua eficácia no plano da estabilidade e segurança social, tornam também indisponível o objeto litigioso da ação rescisória de tal sorte que não se concebe transação, renúncia ou reconhecimento do pedido, bem como *inoperante manifesta-se eventual revelia*.[68] Em consequência, revela-se indiferente a falta de impugnação especificada prevista no art. 341 do CPC; por isso que não se presumem verdadeiros os fatos da inicial não impugnados, inviabilizando o julgamento antecipado por esse motivo.

A lei pressupõe a possibilidade de ampla instrução probatória ao dispor no art. 973, que, "concluída a instrução", se abre vista às partes para apresentação de razões.[69]

Qualquer meio moralmente legítimo pode compor o campo probatório da rescisão.

A valoração da prova pertence ao órgão colegiado, mas a sua *realização* pode ser delegada ao juízo de primeiro grau em prazo que não sacrifique o andamento da causa (art. 972 do CPC).[70] Eventuais gravames causados pelo juízo delegado devem ser afastados pelo tribunal delegante que, para isso, ostenta competência funcional. Não teria sentido submeter a outro

---

[64] "Art. 485, § 3º. O juiz conhecerá de ofício da matéria constante dos incisos IV, V, VI e IX, em qualquer tempo e grau de jurisdição, enquanto não ocorrer o trânsito em julgado".

[65] "Art. 975. O direito à rescisão se extingue em 2 (dois) anos contados do trânsito em julgado da última decisão proferida no processo. (...)".

[66] A natureza constitutiva da ação rescisória qualifica o prazo de sua propositura como decadencial.

Diversa é a hipótese de extinção do processo quando a ação rescisória permanece paralisada por mais de dois anos, caso em que se aduz à figura da "prescrição intercorrente", uma vez que a decadência não se interrompe nem se suspende. Esta a exegese da **Súmula nº 264 do Egrégio Supremo Tribunal Federal**.

[67] A admissibilidade da reconvenção reclama que a mesma seja também de cunho rescisório e mantenha laços de conexidade com a rescisória inicialmente proposta, atendendo-se, assim, ao disposto no art. 343 do CPC. Nesse sentido, **Barbosa Moreira**, *Coment.*, cit., p. 113, e **Pontes de Miranda**, *Tratado da Ação Rescisória*, cit., p. 85 e segs.

[68] Como observa **Humberto Theodoro Júnior**, em seu *Curso*, vol. I, "a coisa julgada é questão de ordem pública por isso que somente um ato oficial do Estado pode afastá-la, jamais um ato da parte".

[69] "**Art. 973.** Concluída a instrução, será aberta vista ao autor e ao réu para razões finais, sucessivamente, pelo prazo de 10 (dez) dias.

Parágrafo único. Em seguida, os autos serão conclusos ao relator, procedendo-se ao julgamento pelo órgão competente."

[70] "**Art. 972.** Se os fatos alegados pelas partes dependerem de prova, o relator poderá delegar a competência ao órgão que proferiu a decisão rescindenda, fixando prazo de 1 (um) a 3 (três) meses para a devolução dos autos."

CURSO DE DIREITO PROCESSUAL CIVIL • *Luiz Fux*

órgão eventual irresignação da parte quanto a um ato praticado pelo juízo destinatário da carta de ordem.[71]

Concluída a instrução, as partes dispõem de prazo sucessivo de 10 (dez) dias para apresentação de suas razões, seguindo-se o julgamento (art. 973 do CPC).

A natureza da lide rescisória evidencia a necessidade de *intervenção do Ministério Público*, de regra prevista nos regimentos internos dos tribunais. É que se discute a manutenção da coisa julgada, escopo diferenciador da jurisdição em relação às demais funções do Estado.

A atuação do *Parquet* é de *custos iuris*, devendo manifestar-se por parecer, após a fala das partes, sem prejuízo da vista pessoal dos autos a cada etapa procedimental.[72]

Destarte, a competência para julgamento da ação rescisória de sentença é do tribunal competente para conhecer do recurso contra ele e a rescindibilidade do acórdão é do órgão do Tribunal ou de outro Tribunal, obedecida a competência hierárquica prevista na Constituição e nos regimentos dos diversos tribunais. Assim, *v.g.*, no Estado do Rio de Janeiro, compete à Seção apreciar e julgar ação rescisória de acórdãos das Câmaras isoladas.

Impõe-se considerar que situações excepcionais da própria rescisória podem alterar a regra genérica da competência segundo a qual o juízo da rescisória é o mesmo do recurso da causa. Assim, *v.g.*, intervindo como litisconsorte necessário a União, como recente legislação assim o permite, desloca-se a competência para apreciar a ação rescisória, intentada com o objetivo de desconstituir julgado da Justiça Estadual, para o Tribunal Regional Federal.

O acórdão proferido na ação rescisória pode ser terminativo ou definitivo. O primeiro não julga nem a pretensão de rescisão nem a de rejulgamento, limitando-se a declarar inadmissível a ação pela ausência de uma de suas condições específicas, imputando ao vencido não só a sucumbência mas também a sanção da perda do depósito.

Entretanto, julgado procedente o pedido e não se tratando de rescisória por ofensa à coisa julgada, o tribunal rescinde a sentença, profere novo julgamento e determina a restituição do depósito (art. 974 do CPC).[73]

A desconstituição da sentença de mérito e o rejulgamento da causa decorrem do objeto mesmo da rescisória, cuja finalidade é diversa da dos recursos, tanto que o colegiado invade a causa com ampla cognição, concedendo ao litígio nova definição jurídica.

É mister, assim, ter em mente que a ação rescisória, nas suas *etapas de julgamento*, submete-se a *três planos* de análise, a saber: a "admissibilidade", o "juízo rescisório" e o "juízo de rejulgamento". Impende destacar com nitidez cada um desses planos, pela própria eficácia que encerram em relação ao julgado, bem como sob a ótica processual, posto que, cada um deles, ao ser superado, desafia o seu recurso correspondente.

Discute-se, outrossim, sobre os efeitos do *juízo positivo de rescindibilidade*.

Ressalta claro que, desconstituída a decisão, se atingem os atos calcados na coisa julgada anterior, *v.g.*, anulado o negócio jurídico, muito embora ressalvados os direitos adquiridos de boa-fé.[74]

Outro efeito pertine ao depósito. O julgamento da ação rescisória influi no *destino do depósito* de cinco por cento sobre o valor da causa, realizado para fazer face à multa, caso a ação seja declarada inadmissível ou improcedente por unanimidade de votos (art. 968, II, c/c art. 974 do CPC).[75]

---

[71] Sob esse ângulo desassiste razão a **Barbosa Moreira** nos seus *Comentários* ao disposto no art. 492 do CPC. No sentido que defendemos: **Nelson Nery**, *in Cód. Anot.* fulcrado na jurisprudência do Tribunal de Justiça de São Paulo.

[72] **Barbosa Moreira**, *Coment.*, 120, 180.

[73] "**Art. 974.** Julgando procedente o pedido, o tribunal rescindirá a decisão, proferirá, se for o caso, novo julgamento e determinará a restituição do depósito a que se refere o inciso II do art. 968.

Parágrafo único. Considerando, por unanimidade, inadmissível ou improcedente o pedido, o tribunal determinará a reversão, em favor do réu, da importância do depósito, sem prejuízo do disposto no § 2º do art. 82".

[74] Nesse sentido, **Barbosa Moreira**, *Coment.* cit., calcado em exemplo do Direito germânico quanto à dissolução e liquidação de sociedade comercial baseada em sentença rescindida.

[75] *Vide* nota 73.

Parte XI • VII – AÇÃO RESCISÓRIA | **1079**

Consoante já se afirmou, trata-se de instrumento apto a inibir a propositura infundada de ações rescisórias com desrespeito ao julgado e à sua soberania.

A procedência do pedido pressupõe que a fase de admissibilidade tenha sido superada e que a decisão contenha o defeito apontado; por isso, o depósito realizado com aquela finalidade após o acolhimento é devolvido ao autor depositante (art. 974 do CPC).

Tendo em vista que a finalidade do depósito é dissuadir a propositura imotivada de ações rescisórias em respeito ao prestígio que devem merecer as decisões trânsitas, inclinam-se a jurisprudência e a doutrina pela incidência da *perda do depósito* mesmo quando se opera a *desistência da ação*.[76] Considerando-se finalidade do depósito, forçoso é concluir que a sua imputação não influi na fixação dos honorários que podem ser cominados cumulativamente com a perda da quantia depositada.

O acórdão do rejulgamento substitui a decisão rescindida.

Assim é que, lavrado com infração à regra constitucional ou infraconstitucional, o acórdão da rescisória desafia o recurso especial ou o recurso extraordinário.

Por fim, incidindo o próprio acórdão rescindendo num dos vícios do art. 966 do CPC, é possível desconstitui-lo reavivando-se a vetusta figura da *rescisória de rescisória*.

8. AÇÃO ANULATÓRIA DE ATOS JUDICIAIS

Instituto de origem lusa, que serviu de inspiração ao nosso legislador, a ação anulatória dos atos judiciais não se dirige às sentenças de mérito como a rescisória, mas aos atos de disponibilidade das partes que implicam encerramento do processo em face das sentenças que os homologam.

É por essa razão que o art. 966, § 4º, do CPC dispõe caber ação anulatória para rescindir atos judiciais que não dependem de sentença ou quando esta for meramente homologatória.

Em primeiro lugar, há de se considerar que os atos judiciais que não dependem de sentença são aqueles que prescindem de manifestação do juiz, para produzirem imediatamente seus efeitos, nos precisos termos do artigo 200 do CPC[77].

Assim, se esses atos produzem logo os seus efeitos, a decisão que põe fim ao processo calcada apenas neles nada dispõe, apenas confirma o fim do processo. Em essência não há julgamento. Nesse caso, a desconstituição desse ato perfaz-se por *ação anulatória*. O objetivo da parte dirige-se ao ato em si, nunca à sentença que se limita a reconhecer a aptidão daquela manifestação para fazer cessar a atividade jurisdicional de composição do litígio.

Entretanto, há casos em que, não obstante a manifestação de liberalidade processual, a lei exige a integração da vontade jurisdicional. Essa concessão de eficácia ao ato de disponibilidade processual decorre da *homologação*.

Sob esse ângulo é que o art. 200 do CPC, após conferir eficácia própria a determinados atos, ressalva que a desistência da ação só produzirá efeito depois de homologada por sentença. Insta acrescentar que outros atos processuais de disponibilidade tidos como *especiais* também não produzem efeitos, senão depois de *homologados* pelo juiz. Nessas hipóteses, diz-se que as "sentenças são meramente homologatórias", *v.g.*, a que homologa a separação consensual, a partilha amigável etc.

Atentando-se para o sistema, é forçoso concluir que os atos de disponibilidade processual referentes aos direitos em conflito produzem imediatamente os seus efeitos, reclamando sentença homologatória apenas quando a lei o exigir por motivos especiais, *v.g.*, ocorre com a separação consensual em face de sua relevância.

---

[76] A matéria não é pacífica, como se confere das notas ao artigo 494 do CPC lançadas por **Barbosa Moreira**, **Nelson Nery** e **Theotonio Negrão**. No sentido do texto, *RTJ*, 89/374.

[77] **"Art. 200.** Os atos das partes consistentes em declarações unilaterais ou bilaterais de vontade produzem imediatamente a constituição, modificação ou extinção de direitos processuais.
Parágrafo único. A desistência da ação só produzirá efeitos após homologação judicial."

Como consectário, o reconhecimento da procedência de um pedido de despejo, ou a renúncia a um crédito, produzem os seus efeitos de imediato e não demandam sentença de homologação senão de encerramento do processo.

Assim sendo, esses atos, se viciados, devem ser atacados como os atos jurídicos em geral, como explicita o art. 966, § 4º, do CPC acerca da ação anulatória.

Em consequência, *onde há julgamento como ato intelectivo e de soberania do Judiciário não cabe ação anulatória*. Outrossim, *somente os atos de disponibilidade das partes que impliquem encerramento do processo com a composição da lide é que se sujeitam à anulação*.

No que pertine à primeira conclusão, serve ela para afastar a perplexidade gerada pelo inciso VIII do art. 485 do CPC de 1973, que previa ação rescisória para sentença de mérito que se funda em ato de disponibilidade processual. Ora, sentença é julgamento e, de regra, quando engendrada a manifestação de liberalidade, o juiz simplesmente chancela o ato e dispensa-se de "julgar". Mas, repita-se: nesta hipótese, há julgamento, e como a parte não pode voltar-se contra a motivação da decisão (art. 504, I, do CPC),[78] cumpre-lhe impugnar a sentença por vício do ato que a fundamenta, a despeito das demais manifestações dos autos e que poderiam ensejar uma decisão do juiz noutro sentido.

Destarte, se houver, *v.g.*, reconhecimento integral do pedido, julgamento não haverá cabendo à parte impugnar o ato em si, através de anulação.

Essa anulação pode dar-se antes do trânsito em julgado ou depois do mesmo. A diferença é que, antes de passar em julgado a sentença de encerramento, como o ato já produziu os seus efeitos (art. 200 do CPC), é impossível a revogação inteira, devendo promover-se a ação anulatória prejudicial que suspende o processo principal impedindo o seu encerramento.[79] Passado esse momento e transitando em julgado o ato de encerramento, a ação anulatória acessória (art. 61 do CPC)[80] e seu provimento extirparão do mundo jurídico a autocomposição realizada.

Mister, contudo, asseverar que *não há paz na doutrina e na jurisprudência acerca do tema*, porquanto o artigo 485, VIII, do CPC de 1973, que previa a ação rescisória para a sentença de mérito que se fundasse nesses atos de disponibilidade, é fonte de inúmeras críticas, o que ocasionou sua revogação.[81]

Ora, praticado o ato de disponibilidade processual, assim considerados a transação, a renúncia, o reconhecimento da procedência do pedido, em princípio, extingue-se o processo, como prevê o artigo 487 do CPC. Outra não poderia ser mesmo a solução legal, porquanto a autocomposição faz cessar a atividade especulativa do juiz.

Assim, *v.g.*, se a renúncia foi procedida com erro ou dolo, o meio de impugná-la é a ação anulatória, cuja procedência esvazia a sentença que lhe serviu de tegumento protetor. Entretanto, se a homologação foi levada a efeito por juiz impedido, corrupto ou ofendeu a coisa julgada, o remédio é a rescisória. No primeiro caso, o meio incide sobre o ato da parte em si, ao passo que, no segundo, a investida dirige-se contra ato do juiz, admitindo-se a irresignação na medida em que se dispôs sobre o mérito, na forma dos arts. 487 e 966, *caput*, do CPC.

Em resumo, "tratando-se de ato de disponibilidade processual o meio de atacá-lo é a ação anulatória, haja vista que o mesmo, por si só, produz os seus efeitos pretendidos, independentemente de homologação" (art. 200 do CPC).

---

[78] **"Art. 504.** Não fazem coisa julgada:
I – Os motivos, ainda que importantes para determinar o alcance da parte dispositiva da sentença; (...)."

[79] Em consonância meramente formal com a nossa afirmação, **Barbosa Moreira**, ob. e p. cits.

[80] **"Art. 61.** A ação acessória será proposta no juízo competente para a ação principal."

[81] **Humberto Theodoro Júnior**, no seu *Curso de Processo Civil*, vol. I, p. 647, em extensa resenha bibliográfica comprova que a hodierna posição tanto do E. STF e do E. STJ conspiram em favor do nosso texto.
Entretanto, **Barbosa Moreira** e **Pontes de Miranda**, este no seu *Tratado da Ação Rescisória*, demonstram quão controvertida é a questão aqui e alhures.

Nas hipóteses em que se faz necessária a homologação, assim exigida pela lei, o ato em si pode ser anulado pelos motivos previstos pela lei material.

Considere-se a par das regras gerais, as especiais, *v.g.*, a do artigo 393 do CPC, que dispõe acerca de formas distintas (anulatória ou rescisória) para invalidar a "confissão", a qual, por si só, não acarreta extinção do litígio, servindo como meio de prova para conduzir a uma solução não necessariamente desfavorável ao confitente, daí o seu regime jurídico diverso dos atos, como o reconhecimento, a renúncia e a transação.

No mesmo diapasão encontra-se a *especialidade da regra da partilha* implicando distinguir-se as hipóteses de *anulação* e de *rescindibilidade*. Sendo "amigável a partilha", o meio para desconstituí-la é a *ação anulatória*, ao passo que a ação rescisória dirige-se à *partilha judicial*. Assim, *v.g.*, quando há incidentes e controvérsias judiciais no processo de inventário, cabe a ação rescisória da partilha, e não a ação anulatória, porque a sentença nesse caso não é meramente homologatória. Repise--se, entretanto, à luz da *ratio essendi* da distinção travada pelo legislador entre os dois meios de impugnação ora em confronto, que *a motivação da impugnação é capital para distinguir os meios utilizáveis*. Assim, *v.g.*, se a *parte pretende desconstituir a partilha amigável porque homologada por juiz impedido ou corrupto, a ação será rescisória.* Caso pretenda desconstituí-la porque houve "erro" na divisão dos bens com afronta às legítimas, a *ação será anulatória*. Esta última, na dicção do art. 966, § 4º, dirige-se às incorreções das manifestações de vontade, por si só suficientes para encerrar um processo.

Advirta-se que as decisões proferidas nos autos dos procedimentos de jurisdição voluntária são meramente homologatórias e subsumem-se ao que foi acima sustentado: podendo subsumir-se a impugnação ora a ação rescisória ora a ação anulatória.[82]

Cumpre destacar que se equiparam aos atos de disponibilidade do processo de conhecimento as formas de pagamento no processo de execução, porquanto nestes pode haver vício de vontade. É por essa razão que a doutrina e a jurisprudência vêm admitindo ação anulatória da adjudicação e da arrematação do processo satisfativo.[83]

É preciso, contudo, *atentar-se para que não se promiscua o instituto da ação anulatória*, como ocorre em alguns casos da prática judiciária em que se provem ações anulatórias de atos processuais passíveis de desconstituição no próprio bojo do processo em que foram praticados, *v.g.*, ação de anulação de citação, ação de anulação de penhora etc. Somente os atos que encerram o processo, decorrentes da vontade das partes, é que são anuláveis, como os atos jurídicos volitivos em geral. Do contrário, a ação anulatória transmuda-se em meio de superação de preclusões, camuflando expedientes capazes de eternizar os processos.

Delicada é a questão do *lapso temporal para o exercício da ação anulatória*.

Dispõe o art. 966, § 4º, do CPC que esses atos são desconstituídos, tal como previsto na lei civil (lei material).[84] Em princípio, isto redundaria na concessão de um prazo de quatro anos para a revogação judicial através da ação anulatória.

Sob o *prisma lógico-jurídico, não teria sentido conferir um prazo maior para ação anulatória do que aquele previsto no art. 975 do CPC,* de dois anos para a rescisória. É que, em ambas as hipóteses, está em jogo o fim precípuo de garantir a paz e a estabilidade social. É mister, então, interpretar-se que a remissão à lei material pertine, apenas, aos motivos da anulação, não ao prazo, que deve ser o previsto no capítulo onde se encontra regulada a ação anulatória.[85]

---

[82] **Humberto Theodoro Júnior**, com base na doutrina de **Seabra Fagundes**, parece defender o cabimento irrestrito da anulatória, *in Curso* cit., p. 646.

[83] No sentido do cabimento, **Barbosa Moreira**, ob. cit., p. 165, e **Luís Eulálio Bueno Vidigal**, *in Comentários ao CPC*, 1974, vol. IV, p. 161-163.

[84] Com o acerto de sempre **Barbosa Moreira**, *Coment.*, cit., p. 160-161.

[85] Esta não é a posição da doutrina dominante, como se colhe em **Pontes de Miranda** e **Barbosa Moreira**, *in Coment.*, deste último, p. 163.

1082 | CURSO DE DIREITO PROCESSUAL CIVIL • *Luiz Fux*

Em prol da estabilidade e segurança sociais e em prestígio do caso julgado, mercê das regras de hermenêutica reclamarem interpretação sistemática e finalística, não nos parece haver possibilidade de afastar a incidência do prazo bienal para a propositura da ação anulatória, irmã gêmea da ação rescisória. Aliás, os prazos estabelecidos pelo legislador processual para a desconstituição da partilha amigável (art. 657, parágrafo único, do CPC),[86] de um ano, e o da partilha judicial (art. 658 do CPC),[87] de dois anos, parecem conspirar em favor da tese dos prazos especiais quando o ato de disponibilidade está encartado na relação processual.

A matéria tem sido tratada sem uniformidade pela jurisprudência. Assim, encontram-se julgados que preconizam que, para anular a partilha, os herdeiros dela excluídos, que não participaram do inventário, devem utilizar-se da ação de nulidade ou petição de herança vintenárias, e não da rescisória. Outros sustentam que, timbrada a natureza judicial da partilha, com a adjudicação de bem a menor, a sentença só pode ser desconstituída por meio de ação rescisória.

Tratando-se de ato das partes e não propriamente do juízo, *a ação anulatória é ajuizável em primeiro grau*, perante o juízo que acolheu a decisão anulável, legitimando-se os interessados.

9. *QUERELLA NULLITATIS INSANABILIS*

Segundo parte da doutrina e da jurisprudência, perdura no Direito brasileiro a *querella nullitatis insanabilis*, subsumível à via ordinária, quando constatada a inexistência de citação da parte ensejando uma execução, precedida de frontal violação dos princípios constitucionais do contraditório, da ampla defesa e do devido processo legal.

Por força desse entendimento, a parte pode ajuizar uma ação declaratória de nulidade do processo em que não houve a citação superando o prazo da ação rescisória.

Não obstante, por expressa disposição legal (art. 525, § 1º, I, do CPC) a nulidade ou a falta da citação também podem ser alegadas em impugnação, se o processo correu à revelia do réu. Impõe-se observar que esse defeito acolhível na execução o desconstituiu com eficácia retrooperante, atingindo a relação de conhecimento, desde a etapa onde faltou o ato convocatório, iniciando-se tudo novamente.

A essência da *querella* está em que se foi nula a citação, o processo deve ser renovado, a partir da *in jus vocatio*, porquanto nesses casos "não se constitui a relação processual e a sentença não transita em julgado, podendo, a qualquer tempo, ser declarada nula, em ação com esse desígnio, ou em embargos à execução".

---

[86] **"Art. 657.** A partilha amigável, lavrada em instrumento público, reduzida a termo nos autos do inventário ou constante de escrito particular homologado pelo juiz, pode ser anulada, por dolo, coação, erro essencial ou intervenção de incapaz, observado o disposto no § 4º do art. 966.

Parágrafo único. O direito à anulação de partilha amigável extingue-se em 1 (um) ano, contado este prazo:

I – no caso de coação, do dia em que ela cessou;

II – no caso de erro ou dolo, do dia em que se realizou o ato;

III – quanto ao incapaz, do dia em que cessar a incapacidade".

Este prazo é de decadência, e não de prescrição, e por isso, pode ser decretada de ofício pelo juiz e tem como termo *a quo* a data do trânsito em julgado da sentença homologatória da partilha (STJ – 3ª Turma: *RSTJ*, 96/253, *RT*, 745/212; 4ª Turma: *RSTJ*, 102/261; *STJ*, 745/212).

[87] **"Art. 658.** É rescindível a partilha julgada por sentença:

I – nos casos mencionados no art. 657;

II – se feita com preterição de formalidades legais;

III – se preteriu herdeiro ou incluiu quem não o seja".

VIII
HOMOLOGAÇÃO DE DECISÃO ESTRANGEIRA E CONCESSÃO DO *EXEQUATUR* À CARTA ROGATÓRIA

1. GENERALIDADES

A jurisdição, como função do Estado, é ato de soberania; por isso, adstringe-se, em princípio, aos seus limites territoriais[1]. Entretanto, princípios de cooperação internacional recomendam que decisões proferidas alhures possam produzir efeitos em países outros. O fenômeno é deveras interessante porquanto implica determinado juiz recepcionar a decisão proferida noutro sistema, quiçá completamente diverso daquele em que se vai efetivar a decisão.

Cumpre notar, entretanto, que o sistema de recepção de sentenças estrangeiras não encerra regra universal: há países que não atribuem valor às decisões alienígenas,[2] há os que praticam a denominada *reciprocidade*[3] pura sem formalidades, há os que emprestam caráter meramente *probatório*[4] aos provimentos estrangeiros e, por fim, os que conferem à sentença estrangeira a mesma eficácia da decisão nacional mediante um prévio *juízo de deliberação* por meio do qual se atesta o cumprimento de requisitos necessários à *nacionalização* do pronunciamento judicial para posterior conferimento de eficácia executivo-judicial.

O Brasil[5] preconiza esse último sistema pelo qual subjaz intocável o *meritum causae* apreciado alhures, mercê de se apreciar a competência, a observância do contraditório e a adaptação do julgado à nossa ordem pública, aos bons costumes e à soberania nacional.

Essa diversidade de regras e princípios impõe uma necessária verificação da legitimidade da decisão alienígena em relação ao ambiente em que ela vai produzir os seus efeitos. Assim, *v.g.*, se num determinado país, o inadimplemento de uma obrigação gera responsabilidade física para o devedor, com privação de sua liberdade ou mutilação de parte de seu corpo, evidentemente que esses efeitos práticos não poderão realizar-se em nosso país. É que, a par da cooperação jurisdicional, sobrelevam os princípios e a ordem maior do Estado soberano onde vai tornar-se realidade o comando judicial estrangeiro.

A definição jurídico-internacional é respeitada, mas a sua execução não pode afrontar a nossa soberania.[6]

---

[1] **Amaral Santos** qualificou essa modificação como um *quid novis*, que confere à decisão estrangeira eficácia territorial mais ampla (*in Primeiras Linhas*, vol. II, p. 433, nº 943).

[2] A Holanda, por exemplo.

[3] Na Europa, Alemanha e Espanha. Muito embora a Itália e o Brasil adotem o juízo de deliberação, recentemente empreenderam uma certa reciprocidade através do Tratado Relativo à Cooperação Judiciária e ao Reconhecimento e Execução de Sentenças em Matéria Civil, promulgado pelo Decreto nº 1.476/1995, *DOU* 03.05.1995, p. 6.153.

O Brasil também aprovou a Convenção Interamericana sobre Eficácia Extraterritorial das Sentenças e Laudos Arbitrais Estrangeiros, Montevidéu 1979, publicada no *Diário do Congresso Nacional*, Dec. Leg. nº 93/1995, em 23.06.1995.

[4] É o que preconizam a Inglaterra e os Estados Unidos, no sistema da *Common law*.

[5] A Itália também.

[6] Por essa razão, "não se homologa sentença de divórcio obtida por procuração, em país de que os cônjuges não eram nacionais" (**Súmula nº 381 do STF**).

1084 | CURSO DE DIREITO PROCESSUAL CIVIL • *Luiz Fux*

A presença de cidadãos estrangeiros em nosso país e a necessidade de prestar justiça sem distinções impõe que o juiz brasileiro aplique a lei estrangeira, tal como previsto nos arts. 7º e seguintes da Lei de Introdução às Normas do Direito Brasileiro.[7]

À semelhança do que ocorre com a lei estrangeira, a sentença proferida alhures, que é "lei entre as partes", também pode ser executada no Brasil (art. 15 da LINDB).[8] Entretanto, essa execução passa por um procedimento de verificação dos requisitos mínimos exigidos para sua implementação. Consoante observamos anteriormente, há comandos impossíveis de serem efetivados no nosso país, porquanto ofendem a soberania nacional, a ordem pública e os bons costumes (art. 17 da LINDB).[9]

Esse procedimento de "verificação da adequação da sentença aos nossos cânones" denomina-se "homologação de sentença estrangeira", cuja importância justifica a competência constitucional atual do Superior Tribunal de Justiça, inaugurada pela EC nº 45/2004, muito embora, após a homologação, a execução proceda-se no juízo federal de primeira instância.

Atualmente, não mais se determina que a sentença estrangeira poderá ser homologada, mas sim a decisão interlocutória estrangeira. Isso se dá em virtude do reconhecimento, no ordenamento do jurídico brasileiro, da relevância de temas que podem ser decididos previamente ao ato judicial que encerra a fase de conhecimento. Sendo assim, podem-se homologar decisões referentes a capítulos do mérito ou ainda à concessão de tutela antecipada (art. 962, CPC).

---

[7] **LINDB, art. 7º:** "A lei do país em que for domiciliada a pessoa determina as regras sobre o começo e o fim da personalidade, o nome, a capacidade e os direitos de família.

§ 1º Realizando-se o casamento no Brasil, será aplicada a lei brasileira quanto aos impedimentos dirimentes e às formalidades da celebração.

§ 2º O casamento de estrangeiros poderá celebrar-se perante autoridades diplomáticas ou consulares do país de ambos os nubentes.

§ 3º Tendo os nubentes domicílios diversos, regerá os casos de invalidade do matrimônio a lei do primeiro domicílio conjugal.

§ 4º O regime de bens, legal ou convencional, obedece à lei do país em que tiverem os nubentes domicílios, e, se este for diverso, à do primeiro domicílio conjugal.

§ 5º O estrangeiro casado, que se naturalizar brasileiro, pode, mediante expressa anuência de seu cônjuge, requerer ao juiz, no ato de entrega do decreto de naturalização, se apostile ao mesmo a adoção do regime de comunhão parcial de bens, respeitados os direitos de terceiros e dada esta adoção ao competente registro.

§ 6º O divórcio realizado no estrangeiro, se um ou ambos os cônjuges forem brasileiros, só será reconhecido no Brasil depois de 1 (um) ano da data da sentença, salvo se houver sido antecedida de separação judicial por igual prazo, caso em que a homologação produzirá efeito imediato, obedecidas as condições estabelecidas para a eficácia das sentenças estrangeiras no país. O Superior Tribunal de Justiça, na forma de seu regimento interno, poderá reexaminar, a requerimento do interessado, decisões já proferidas em pedidos de homologação de sentenças estrangeiras de divórcio de brasileiros, a fim de que passem a produzir todos os efeitos legais.

§ 7º Salvo o caso de abandono, o domicílio do chefe da família estende-se ao outro cônjuge e aos filhos não emancipados, e o do tutor ou curador aos incapazes sob sua guarda.

§ 8º Quando a pessoa não tiver domicílio considerar-se-á domiciliada no lugar de sua residência ou naquele em que se encontre".

[8] **LINDB, art. 15:** "Será executada no Brasil a sentença proferida no estrangeiro, que reúna os seguintes requisitos:

a) haver sido proferida por juiz competente;

b) terem sido as partes citadas ou haver-se legalmente verificado a revelia;

c) ter passado em julgado e estar revestida das formalidades necessárias para a execução no lugar em que foi proferida;

d) estar traduzida por intérprete autorizado;

e) ter sido homologada pelo Supremo Tribunal Federal."

[9] **LINDB, art. 17:** "As leis, atos e sentenças de outro país, bem como quaisquer declarações de vontade, não terão eficácia no Brasil, quando ofenderem a soberania nacional, a ordem pública e os bons costumes".

A Resolução nº 9/2005, que também disciplinava a matéria, foi revogada pela Emenda Regimental nº 18, de 17 de dezembro de 2014.

Parte XI • VIII – HOMOLOGAÇÃO DE DECISÃO ESTRANGEIRA E CONCESSÃO DO *EXEQUATUR* | 1085

2. REQUISITOS

O CPC repisa essa necessidade de homologação no art. 961 do CPC, coadjuvado pelo Regimento Interno do STJ.[10] O referido regimento repisa no art. 216-C o que dispõe o regimento do Supremo Tribunal Federal (art. 217),[11] bem como o art. 963 do Código de Processo[12], estabelecendo os requisitos de homologabilidade, além de o procedimento desta *nacionalização* da sentença estrangeira.

O legislador regimental repetiu as regras ínsitas na Lei de Introdução às Normas do Direito Brasileiro, em seu art. 15, as quais condicionam a aprovação daquela decisão ao preenchimento dos seus requisitos.

O Código, diferentemente do diploma pretérito, optou por elencar os requisitos considerados indispensáveis à homologação da decisão no art. 963, CPC. Dessa forma, exige-se que (i) seja proferida por autoridade competente, (ii) seja precedida de citação regular, (iii) seja eficaz no país em que proferida, (iv) não ofenda eventual coisa julgada brasileira, (v) esteja acompanhada de tradução oficial e (vi) não contenha manifesta ofensa à ordem pública.

Esses requisitos se alinham ao que determinava a doutrina e a jurisprudência do Superior Tribunal de Justiça, a fim de garantir a compatibilidade da decisão com as premissas encartadas no ordenamento jurídico pátrio, bem como assegurar – a exemplo do art. 963, IV, CPC – o respeito à jurisdição nacional.

Principia a lei exigindo ter sido a *decisão proferida por juízo competente* – em que se observa se não houve invasão na esfera da *competência internacional exclusiva brasileira* (art. 23 do CPC),[13] – bem como se o ato não foi produzido por *tribunal de exceção*, prevalecendo, em qualquer hipótese, a negativa de homologação frente à mais tênue ofensa aos princípios de nossa Carta Magna.

Entretanto se a autoridade competente no país estrangeiro é administrativa, no rito da homologação, este fato não pode encerrar empecilho.[14]

Depois, *a citação das partes, ainda que ocorrente validamente a revelia*, porquanto tem sede constitucional o princípio do contraditório em qualquer processo judicial. A verificação da revelia, evidentemente, obedece à lei processual do país onde a sentença homologada foi proferida, atendida a advertência acima, quanto à ordem pública e aos bons costumes. Nesse segmento, deve-se ter em

---

[10] A Resolução nº 9/2005, que também disciplinava a matéria, foi revogada pela Emenda Regimental nº 18, de 17 de dezembro de 2014.

[11] **"Art. 217.** Constituem requisitos indispensáveis à homologação da sentença estrangeira:

I – haver sido proferida por juiz competente;

II – terem sido as partes citadas ou haver-se legalmente verificado a revelia;

III – ter passado em julgado e estar revestida das formalidades necessárias à execução no lugar em que foi proferida;

IV – estar autenticada pelo cônsul brasileiro e acompanhada de tradução oficial."

[12] **"Art. 963.** Constituem requisitos indispensáveis à homologação da decisão:

I – ser proferida por autoridade competente;

II – ser precedida de citação regular, ainda que verificada a revelia;

III – ser eficaz no país em que foi proferida;

IV – não ofender a coisa julgada brasileira;

V – estar acompanhada de tradução oficial, salvo disposição que a dispense prevista em tratado;

VI – não conter manifesta ofensa à ordem pública.

Parágrafo único. Para a concessão do *exequatur* às cartas rogatórias, observar-se-ão os pressupostos previstos no *caput* deste artigo e no art. 962, § 2º."

[13] **"Art. 23.** Compete à autoridade judiciária brasileira, com exclusão de qualquer outra:

I – conhecer de ações relativas a imóveis situados no Brasil;

II – em matéria de sucessão hereditária, proceder à confirmação de testamento particular e ao inventário e à partilha de bens situados no Brasil, ainda que o autor da herança seja de nacionalidade estrangeira ou tenha domicílio fora do território nacional;

III – em divórcio, separação judicial ou dissolução de união estável, proceder à partilha de bens situados no Brasil, ainda que o titular seja de nacionalidade estrangeira ou tenha domicílio fora do território nacional."

[14] STF – *RT*, 784/165.

1086 | CURSO DE DIREITO PROCESSUAL CIVIL • *Luiz Fux*

mente que se a parte é domiciliada fora do foro onde proferida a decisão alienígena, impõe-se, ao menos, em relação aos brasileiros, a citação por rogatória, consoante remansosa jurisprudência hodierna do E. STJ através de sua Corte Especial, órgão competente para esse fim.

A inexistência de coisa julgada brasileira sobre a questão – anterior, logicamente, ao decidido no estrangeiro – e sua tradução oficial completam os requisitos formais, agregados dos requisitos materiais referentes ao respeito à ordem pública e, nos moldes da Lei de Instrução, à soberania e aos bons costumes.

Sob outro ângulo, havendo sentença brasileira sobre o mesmo litígio, a jurisprudência recusa--se à homologação, malgrado não haja litispendência quando "em curso ambos os processos".[15]

O Código, nesse particular, insere sutil disposição relevante: não mais se exige que haja trânsito em julgado da decisão, mas apenas que seja eficaz. Desse modo, tutelas provisórias da jurisdição exterior podem ser homologadas e tornadas eficazes no Brasil.

A jurisprudência impõe alguns requisitos casuísticos, como, por exemplo o da sentença estrangeira contemplar motivação e decisão, explicitando o *an debeatur*. Muito embora não se trate de execução, os mesmos requisitos observam-se para o *registro de sentenças declaratórias e constitutivas*. Ademais, a execução posterior implica estabelecer-se a certeza, liquidez e exigibilidade do título judicial que, por sua vez, somente pode dar ensejo à execução definitiva se transitado em julgado.

3. PROCEDIMENTO

A homologação de sentença estrangeira encarta-se na categoria de ação de competência originária confirmada pelo próprio contraditório regimental, revelando a existência de uma pretensão homologatória de cunho processual, como ocorre com outras ações como o mandado de segurança contra ato judicial, a ação rescisória etc.

Destarte, confirma-lhe a natureza de ação a possibilidade de rejeitar-se a homologação através de provimento declaratório negativo, com o que se abre a oportunidade de julgar a causa perante a justiça brasileira, caso inserida na sua competência internacional concorrente, à luz dos arts. 21, 22[16]e 23 do CPC.[16]

---

[15] "Agravo interno. Homologação de sentença estrangeira. Canadá. Guarda de criança concedida ao pai. Ação judicial posterior, com trânsito em julgado, na jurisdição brasileira. Dispositivos em conflito. Sentença estrangeira não homologada. Multa. Não aplicação. Agravo interno a que se nega provimento.

1. Pedido de homologação de sentença proferida na jurisdição de Ontário, Canadá, concedendo ao pai a guarda da filha dos ex-cônjuges, ambos brasileiros.

2. Sentença posterior proferida na Justiça Federal brasileira, com trânsito em julgado, no sentido da improcedência do pedido de busca e apreensão da menor, sob fundamento de que, além de ter sido comprovada violência contra a mãe e a criança, 'estudo psicológico produzido nos autos revela a plena adaptação da menor transferida ilicitamente para o Brasil ao novo meio em que inserida, sendo presumida a ocorrência de prejuízos de ordem emocional caso determinado seu retorno ao País de origem, até porque privada estará do convívio contínuo, há mais de dez anos, com parentes e amigos'. 3. Tal realidade fragiliza a eficácia e a definitividade que porventura se pudesse extrair da sentença homologanda, sobretudo diante da jurisprudência consolidada nesta Corte, no sentido de que – a mera pendência de ação judicial no Brasil não impede a homologação da sentença estrangeira; mas a existência de decisão judicial proferida no Brasil contrária ao conteúdo da sentença estrangeira impede a sua homologação – (HDE 1.396/EX, Rel. Ministra Nancy Andrighi, Corte Especial, j. 23/09/2019, DJe 26/09/2019). 4. Inaplicabilidade da multa do § 4º do art. 1.021 do CPC, pois referido dispositivo legal não incide automaticamente, sobretudo quando exercitado o regular direito de recorrer e não verificadas as hipóteses de manifesta inadmissibilidade do agravo interno e de litigância temerária. 5. Agravo interno a que se nega provimento" (AgInt na SEC n. 6.362/EX, Rel. Min. Jorge Mussi, Corte Especial, j. 1º.06.2022, *DJe* 03.06.2022).

[16] "**Art. 21.** Compete à autoridade judiciária brasileira processar e julgar as ações em que:

I – o réu, qualquer que seja a sua nacionalidade, estiver domiciliado no Brasil;

II – no Brasil tiver de ser cumprida a obrigação;

III – o fundamento seja fato ocorrido ou de ato praticado no Brasil.

Parágrafo único. Para o fim do disposto no inciso I, considera-se domiciliada no Brasil a pessoa jurídica estrangeira que aqui tiver agência, filial ou sucursal."

"**Art. 22.** Compete, ainda, à autoridade judiciária brasileira processar e julgar as ações:

I – de alimentos, quando:

a) o credor tiver domicílio ou residência no Brasil;

Parte XI • VIII – HOMOLOGAÇÃO DE DECISÃO ESTRANGEIRA E CONCESSÃO DO *EXEQUATUR* | 1087

A ação de homologação enseja a formação de um processo sujeito ao procedimento traçado regimentalmente (Emenda Regimental nº 18, de 17 de dezembro de 2014, do STJ).

A estrutura do procedimento segue a ordinariedade imanente aos processos de sentença com inauguração através de petição da parte interessada na homologação e a contestação do requerido previamente citado por carta de ordem, rogatória ou edital, conforme se encontre domiciliado em território nacional, no estrangeiro ou em local incerto e não sabido, assim certificado oficialmente. A cognição não é exauriente ou plenária, uma vez que a causa se encontra decidida em tribunal estrangeiro. Por esta razão, limita-se a defesa à impugnação da autenticidade dos documentos, ao alcance da decisão e aos requisitos de homologabilidade.

A revelia ou a incapacidade do requerido importam a nomeação de curador especial, porquanto não incide a presunção de veracidade, e seus honorários devem ser pagos pela parte sucumbente. A defesa deve ser citada para contestar o pedido em 5 (cinco) dias e a intervenção do Ministério Público, através do Procurador-Geral da República em funcionamento junto ao STJ.

Superada a impugnação, a homologação pela Corte Especial autoriza a extração da carta de sentença que é remetida ao juízo federal competente, por distribuição (art. 109, X, da CF),[18] para a execução, obedecida, neste processo, a legislação brasileira.

Os requisitos preenchidos e uma vez homologada e trânsita em julgado, viabiliza-se a execução, bem como opera-se a eficácia vinculativa e preclusiva do julgado, não se podendo discutir novamente acerca da lide contida no pedido de homologação. Essa homologação confere ao julgado estrangeiro um *status* anteriormente inexistente, daí a sua natureza *constitutiva*.

A execução de decisões prolatadas em juízo estrangeiro se dá por meio de carta rogatória, consoante dispõe o art. 960, § 1º, CPC. O cumprimento de decisão estrangeira, como bem aponta o art. 965, CPC, se realiza no juízo federal competente. Ou seja, diferentemente do procedimento de homologação que compete ao Superior Tribunal de Justiça – eis que necessário averiguar a compatibilidade do mérito da decisão com a legislação infraconstitucional brasileira – o cumprimento se dá no juízo federal de primeira instância, a fim de conferir maior efetividade às determinações do Juízo. Superam-se, assim, eventuais barreiras relativas à distância do Tribunal do local de execução da medida estrangeira.

Ressalta-se, por fim, que a concessão de *exequatur* às cartas rogatórias observam-se os mesmos requisitos enumerados no art. 963, CPC, com o acréscimo da observação do art. 962, § 2º, CPC, que prevê a necessidade de oitiva da outra parte, ainda que posterior à prolação da decisão concedida *inaudita altera pars*. O requisito para a execução evidencia a preciosidade do contraditório no direito processual brasileiro.

4. RECONHECIMENTO E EXECUÇÃO DE SENTENÇAS ARBITRAIS ESTRANGEIRAS

A cooperação jurisdicional internacional e o crescimento das relações comerciais entre os países transformaram a arbitragem em notável instrumento de composição de litígios internacionais, dos quais se valem grandes empresas.

---

b) o réu mantiver vínculos no Brasil, tais como posse ou propriedade de bens, recebimento de renda ou obtenção de benefícios econômicos;

II – decorrentes de relações de consumo, quando o consumidor tiver domicílio ou residência no Brasil;

III – em que as partes, expressa ou tacitamente, se submeterem à jurisdição nacional."

[17] No sentido do texto, **Barbosa Moreira**, *Coment.*, cit., p. 93, nº 51. Consulte-se, ainda, do autor, "Relações entre Processos Instaurados sobre a mesma Lide Civil, no Brasil e em País Estrangeiro", *Temas*, p. 36-44, 1977.

[18] **"Art. 109.** Aos juízes federais compete processar e julgar:

(...)

X – os crimes de ingresso ou permanência irregular de estrangeiro, a execução de carta rogatória, após o *exequatur*, e de sentença estrangeira, após a homologação, as causas referentes à nacionalidade, inclusive a respectiva opção, e à naturalização."

1088 | CURSO DE DIREITO PROCESSUAL CIVIL • *Luiz Fux*

O legislador brasileiro no afã de prestigiar essa forma de solução transnacional dos litígios erigiu na Lei da Arbitragem (Lei nº 9.307/96) os requisitos necessários para a homologação e execução das decisões arbitrais[19].

Inaugurada a sua competência com a EC nº 45/2004, o STJ no afã de homologação vem seguindo precipuamente o princípio de que a vontade das partes deve prevalecer constantemente, respeitados os mesmos óbices que impedem a homologação da sentença estrangeira *tout court*.

Consequentemente, afere-se com exatidão se as partes firmaram o compromisso, limitando-se o tribunal a averiguar questões meramente formais, a par daquelas que podem ofender a soberania, a ordem pública e os bons costumes.

À semelhança do comparecimento espontâneo no processo, a defesa sem infirmação da cláusula compromissória revela aceitação da convenção de arbitragem e não impede a homologação.

A cláusula compromissória com a eficácia que lhe emprestou o Supremo Tribunal Federal não infringe o princípio da inafastabilidade da jurisdição e, por isso, é efetiva ainda que lavrada anteriormente à vigência da lei da arbitragem, viabilizando a homologação da sentença arbitral.

---

[19] "**Art. 34.** A sentença arbitral estrangeira será reconhecida ou executada no Brasil de conformidade com os tratados internacionais com eficácia no ordenamento interno e, na sua ausência, estritamente de acordo com os termos desta Lei.

Parágrafo único. Considera-se sentença arbitral estrangeira a que tenha sido proferida fora do território nacional.

Art. 35. Para ser reconhecida ou executada no Brasil, a sentença arbitral estrangeira está sujeita, unicamente, à homologação do Superior Tribunal de Justiça.

Art. 36. Aplica-se à homologação para reconhecimento ou execução de sentença arbitral estrangeira, no que couber, o disposto nos arts. 483 e 484 do CPC.

Art. 37. A homologação de sentença arbitral estrangeira será requerida pela parte interessada, devendo a petição inicial conter as indicações da lei processual, conforme o art. 282 do CPC, e ser instruída, necessariamente, com:

I – o original da sentença arbitral ou uma cópia devidamente certificada, autenticada pelo consulado brasileiro e acompanhada de tradução oficial;

II – o original da convenção de arbitragem ou cópia devidamente certificada, acompanhada de tradução oficial.

Art. 38. Somente poderá ser negada a homologação para o reconhecimento ou execução de sentença arbitral estrangeira, quando o réu demonstrar que:

I – as partes na convenção de arbitragem eram incapazes;

II – a convenção de arbitragem não era válida segundo a lei à qual as partes a submeteram, ou, na falta de indicação, em virtude da lei do país onde a sentença arbitral foi proferida;

III – não foi notificado da designação do árbitro ou do procedimento de arbitragem, ou tenha sido violado o princípio do contraditório, impossibilitando a ampla defesa;

IV – a sentença arbitral foi proferida fora dos limites da convenção de arbitragem, e não foi possível separar a parte excedente daquela submetida à arbitragem;

V – a instituição da arbitragem não está de acordo com o compromisso arbitral ou cláusula compromissória;

VI – a sentença arbitral não se tenha, ainda, tornado obrigatória para as partes, tenha sido anulada, ou, ainda, tenha sido suspensa por órgão judicial do país onde a sentença arbitral for prolatada.

Art. 39. A homologação para o reconhecimento ou a execução da sentença arbitral estrangeira também será denegada se o Superior Tribunal de Justiça constatar que:

I – segundo a lei brasileira, o objeto do litígio não é suscetível de ser resolvido por arbitragem;

II – a decisão ofende a ordem pública nacional.

Parágrafo único. Não será considerada ofensa à ordem pública nacional a efetivação da citação da parte residente ou domiciliada no Brasil, nos moldes da convenção de arbitragem ou da lei processual do país onde se realizou a arbitragem, admitindo-se, inclusive, a citação postal com prova inequívoca de recebimento, desde que assegure à parte brasileira tempo hábil para o exercício do direito de defesa.

Art. 40. A denegação da homologação para reconhecimento ou execução de sentença arbitral estrangeira por vícios formais, não obsta que a parte interessada renove o pedido, uma vez sanados os vícios apresentados".

IX
RECLAMAÇÃO

1. GENERALIDADES

Em razão da eminência constitucional adquirida por esses recursos, a Carta Maior instituiu um instrumento apto a noticiar aos tribunais superiores qualquer dissintonia entre seus julgados e a sua respectiva execução nos tribunais inferiores.

Trata-se da "reclamação"[1], prevista nos arts. 102, I, "l", e 105, I, "f", da CF/88 e que visa a denunciar atos ou decisões que atentam contra a competência e a autoridade das Cortes Superiores.

A legislação infraconstitucional do tema, desde a Lei nº 8.038/90, explicita a energia desse instrumento ao permitir que o relator, o qual, de preferência, deve ser o que funcionou na instância máxima, suspenda o ato ofensivo ou o próprio processo em caso de *periculum in mora* e, uma vez acolhida a reclamação, o Presidente do Tribunal Superior (STF ou STJ) possa determinar a imediata efetivação da medida ditada, independentemente de lavratura do acórdão.

A providência emergente da reclamação, eventualmente pode ter fim modificativo, anulatório ou cassatório do ato jurisdicional ou do ato administrativo ofensivo, mantendo, sempre, a natureza "mandamental", como meio de efetivação do provimento.

Essa reclamação, anote-se, *difere* do meio de impugnação, que ostenta o mesmo *nomen juris* encontradiço nas *leis de organização judiciária locais* com regulamentação nos regimentos internos dos tribunais.

A reclamação ou correição parcial das leis de organização judiciária é meio de impugnação que se volta contra os atos ou as omissões do juízo, que, alterando a ordem natural do processo, geram "tumulto processual". Assim, *v.g.*, se o juiz não decide determinado incidente, ou defere ao locatário inúmeras oportunidades de purga de mora etc., cabível é a reclamação.

Em geral, essa impugnação, que muito se assemelha aos agravos, inclusive quanto à possibilidade de "suspensividade" e ao prazo de interposição – cinco dias (*v.g.*, arts. 219 e 220 do Código de Organização e Divisão Judiciárias do Estado do Rio de Janeiro) –, exige como "requisito de admissibilidade prévio pedido de reconsideração", uma vez que, se acolhida, implica sanção funcional. Em face desse aspecto, a doutrina considera-o um remédio "ditatorialiforme".

Conclui-se, assim, que a afinidade entre ambas as reclamações se cinge apenas ao *nomen iuris*.

2. HISTÓRICO E FUNDAMENTOS

A reclamação possui especial relevo no atual CPC, muito embora já encontrasse previsão na legislação anterior. Cabe mencionar que, originariamente, diz-se que a reclamação possui suas origens

---

[1] **Daniel Mitidiero**. *Reclamação nas Cortes Supremas*, 2020; **Osmar Mendes Paixão Côrtes**. A reclamação no novo CPC – Fim das limitações impostas pelos Tribunais Superiores ao cabimento? *Revista de Processo*, v. 244, 2015, p. 347-358. **Gustavo Azevedo**. *Reclamação constitucional no Direito Processual Civil*, 2018; **Fredie Didier Jr.; Leonardo Carneiro da Cunha**. *Curso de direito processual civil*. v. 3, 2021; **Marco Antonio dos Santos Rodrigues**. *Manual dos recursos, ação rescisória e reclamação*, 2017.

na *supplicatio* do direito romano e das querimônias do direito português. Mais recentemente, antes da superveniência do Código de 2015, o cabimento da Reclamação recebia tratamento legal pela Lei nº 8.038/1990, que institui normas procedimentais para os processos que especifica, perante o Superior Tribunal de Justiça e o Supremo Tribunal Federal, e pela 11.417/2006, que regulamenta o processo de edição, revisão e cancelamento de enunciados de Súmula Vinculante pelo Supremo Tribunal Federal.

Com a superveniência do Código, foram revogados os arts. 13 a 18 daquela primeira Lei, permanecendo vigentes os dispositivos da segunda que tratam do tema (art. 7º)[2]. Agora, a temática é trazida para dentro do CPC, dentro dos processos de competência originária dos Tribunais, como mais um dos elementos de relevo para a manutenção de uma jurisprudência coerente, íntegra e estável (art. 926, *caput*, do CPC).

Revela-se, portanto, um meio assecuratório da observância de jurisprudência vinculante dos Tribunais Superiores que se coaduna com o propósito de criar um sistema de precedentes no processo civil brasileiro.

3. NATUREZA JURÍDICA

A reclamação é tratada como ação originária no âmago do Código. Preliminarmente, destaca-se que, muito embora seja um meio de impugnação de decisões judiciais, não se trata de recurso, mas de meio autônomo de impugnação, que revela o novo exercício desdobrado do direito de ação.

Seu objetivo é questionar decisão judicial ou ato administrativo, no afã de preservar a competência de autoridade judicial superior, garantir a observância de enunciado de súmula vinculante e de decisão do Supremo Tribunal Federal em controle concentrado de constitucionalidade; ou, ainda, garantir a observância de acórdão proferido em julgamento de incidente de resolução de demandas repetitivas ou de incidente de assunção de competência, como preceitua o art. 988, do CPC[3-4].

---

[2] **"Art. 7º** Da decisão judicial ou do ato administrativo que contrariar enunciado de súmula vinculante, negar-lhe vigência ou aplicá-lo indevidamente caberá reclamação ao Supremo Tribunal Federal, sem prejuízo dos recursos ou outros meios admissíveis de impugnação.

§ 1º Contra omissão ou ato da administração pública, o uso da reclamação só será admitido após esgotamento das vias administrativas.

§ 2º Ao julgar procedente a reclamação, o Supremo Tribunal Federal anulará o ato administrativo ou cassará a decisão judicial impugnada, determinando que outra seja proferida com ou sem aplicação da súmula, conforme o caso."

[3] **"Art. 988.** Caberá reclamação da parte interessada ou do Ministério Público para:

I – preservar a competência do tribunal;

II – garantir a autoridade das decisões do tribunal;

III – garantir a observância de enunciado de súmula vinculante e de decisão do Supremo Tribunal Federal em controle concentrado de constitucionalidade; (Redação dada pela Lei nº 13.256, de 2016)

IV – garantir a observância de acórdão proferido em julgamento de incidente de resolução de demandas repetitivas ou de incidente de assunção de competência; (Redação dada pela Lei nº 13.256, de 2016)

§ 1º A reclamação pode ser proposta perante qualquer tribunal, e seu julgamento compete ao órgão jurisdicional cuja competência se busca preservar ou cuja autoridade se pretenda garantir.

§ 2º A reclamação deverá ser instruída com prova documental e dirigida ao presidente do tribunal.

§ 3º Assim que recebida, a reclamação será autuada e distribuída ao relator do processo principal, sempre que possível.

§ 4º As hipóteses dos incisos III e IV compreendem a aplicação indevida da tese jurídica e sua não aplicação aos casos que a ela correspondam.

§ 5º É inadmissível a reclamação: (Redação dada pela Lei nº 13.256, de 2016)

I – proposta após o trânsito em julgado da decisão reclamada; (Incluído pela Lei nº 13.256, de 2016)

II – proposta para garantir a observância de acórdão de recurso extraordinário com repercussão geral reconhecida ou de acórdão proferido em julgamento de recursos extraordinário ou especial repetitivos, quando não esgotadas as instâncias ordinárias. (Incluído pela Lei nº 13.256, de 2016)

§ 6º A inadmissibilidade ou o julgamento do recurso interposto contra a decisão proferida pelo órgão reclamado não prejudica a reclamação."

Parte XI • IX – RECLAMAÇÃO | **1091**

Em virtude da previsão do art. 988, § 5º, I, do CPC, segundo o qual não cabe a propositura de reclamação após o trânsito em julgado da decisão, veda-se o tratamento da reclamação como se fosse sucedâneo da ação rescisória. Confirmou-se, assim, entendimento jurisprudencial que já havia se cristalizado no enunciado da Súmula nº 734 do STF[5]. É que, nessas situações, há mecanismos processuais próprios e específicos para que se ataque a coisa julgada, como a ação rescisória, cujas vezes não podem ser feitas pela Reclamação. Não obstante, se proposta em seu tempo devido, eventual inadmissibilidade ou julgamento do recurso interposto contra a decisão proferida pelo órgão reclamado não prejudicará a reclamação (§ 6º).

Situe-se, portanto, a controvérsia. Sabe-se que a reclamação não possui natureza jurídica de recurso, nem tampouco pode fazer as vezes de ação rescisória. A doutrina e a jurisprudência, portanto, debatem com base em três principais possibilidades. A primeira corrente defende que a reclamação possui natureza administrativa, pois se trata de instrumento próprio dos tribunais para corrigir imperfeições da interpretação de seus próprios julgados. Porém, o ajuizamento perante tribunal e a possibilidade de formar, inclusive, coisa julgada, dissociam a imagem do instituto com o de procedimento administrativo.

A segunda corrente alega se tratar de mero incidente processual. Destaca-se que os incidentes se destinam a solucionar controvérsias atinentes a questões preliminares ou prévias de processo já instaurado. Em contrapartida, a reclamação pode ser proposta contra meros atos administrativos, sem que haja processo judicial prévio instaurado, sendo necessária, inclusive, a citação do réu.

Nesse sentido, encaminhamo-nos para a terceira corrente que, adianta-se, foi incorporada pelo CPC, segundo a qual a reclamação configura ação autônoma, eis que inaugura nova relação jurídico-processual. Veja-se, aliás, que a decisão proferida no âmago da reclamação, como será melhor exposto adiante, forma coisa julgada material e pode, inclusive, ser objeto de ação rescisória futura.

4. HIPÓTESES DE CABIMENTO

A reclamação só é cabível em hipóteses específicas que se coadunam com o propósito perseguido. Dessa forma, o art. 988, CPC, enumera as hipóteses em que é cabível o ajuizamento de reclamação: (i) preservar a competência do tribunal; (ii) garantir a autoridade das decisões do tribunal; (iii) garantir a observância de enunciado de súmula vinculante e de decisão do Supremo Tribunal Federal em controle concentrado de constitucionalidade; (iv) garantir a observância de acórdão proferido em julgamento de incidente de resolução de demandas repetitivas ou de incidente de assunção de competência.

Muito embora as hipóteses já tenham sido tangenciadas anteriormente, os incisos são dignos de alguns comentários relevantes.

A hipótese constante do inciso I visa a garantir a competência expressa dos tribunais, tal qual disposto no texto constitucional. Dessa forma, os arts. 102, 105, 108, 109, 114 e 121 dispõe sobre as competências de julgamento e processamento privativas a cada tribunal, de sorte que a inobservância destas normas enseja a propositura de reclamação, a fim de solucionar o conflito averiguado.

O inciso II trata da hipótese em que as circunstâncias do caso concreto analisado pelo juízo possibilitam aplicação de entendimento firmado em decisão do tribunal e esta é aplicada de modo equivocado ou, ainda, não aplicada. Assim, o legislador visa a resguardar a autoridade dos precedentes vinculantes, autorizando o ajuizamento de reclamação, a fim de se averiguar se o entendimento firmado deveria ter sido aplicado ou se o foi da maneira correta. Destarte, se revela

---

[4]   **Enunciado 138 da II Jornada de Direito Processual Civil do CJF:** É cabível reclamação contra acórdão que aplicou indevidamente tese jurídica firmada em acórdão proferido em julgamento de recursos extraordinário ou especial repetitivos, após o esgotamento das instâncias ordinárias, por analogia ao quanto previsto no art. 988, § 4º, do CPC.

[5]   **"Súmula 734:** Não cabe reclamação quando já houver transitado em julgado o ato judicial que se alega tenha desrespeitado decisão do Supremo Tribunal Federal."

1092 | CURSO DE DIREITO PROCESSUAL CIVIL • *Luiz Fux*

mecanismo de interpretação da jurisprudência e funciona como fonte para assegurar a unidade e integridade do sistema jurídico.

Por sua vez, os incisos III e IV desenvolvem o conteúdo já tratado no inciso II, destacando a necessidade de se observar não só as decisões do tribunal, mas também os enunciados de súmulas vinculantes e decisões em controle concentrado de constitucionalidade (especificamente quanto ao âmbito do Supremo Tribunal Federal) e os acórdãos proferidos em julgamentos de incidente de resolução de demandas repetitivas e de incidentes de assunção de competência. Garante-se, com isso, a integridade da jurisdição. Tudo quanto disposto deve ser observado, haja vista sua eficácia irradiante, disposta no art. 927, do CPC[6].

Os incisos III e IV foram incluídos pela reforma promovida pela Lei nº 13.256/16, que retirou a menção aos recursos repetitivos dos incisos do *caput*. Por outro lado, os mencionou, no parágrafo 5º, ao asseverar que não caberia a reclamação fundada no descumprimento de suas teses antes do esgotamento das instâncias ordinárias[7].

A jurisprudência tem garantido leitura crítica do dispositivo. O Superior Tribunal de Justiça passou a entender que não cabe reclamação para o controle da aplicação de teses fixadas em julgamento de recursos repetitivos,[8] haja vista que não seria clara a hipótese de cabimento, extraída apenas *a contrario sensu*, além de comprometer o exercício da função constitucional do Tribunal, consistente na uniformização dos entendimentos, posteriormente aplicados e controlados pelos Tribunais locais, de sorte a viabilizar o desafogamento dos trabalhos das Cortes de superposição[9].

Em outro giro, a 2ª Seção do STJ definiu que não se exige o esgotamento das instâncias ordinárias como pressuposto para o conhecimento da reclamação fundamentada em descumprimento de acórdão prolatado em Incidente de Assunção de Competência (IAC).[10]

5. LEGITIMIDADE

O art. 988, *caput*, CPC, atribui legitimidade à parte interessada ou ao Ministério Público a propositura de reclamação. Algumas observações são necessárias, apesar da clareza do dispositivo.

Em primeiro lugar, a norma se coaduna com o que já dispunha o Regimento Interno do STF[11]quanto à legitimidade para ajuizar reclamação, no sentido de que cabe ao interessado na causa ou ao Procurador-Geral da República ingressar com a demanda perante a Suprema Corte.

Em virtude disto, há que se verificar quem configura parte interessada e, ainda, que interesse deve ser esse. Quanto ao primeiro ponto, vê-se que o conceito de parte interessada não se limita ao conceito de parte *stricto sensu*, mas também abrange os terceiros que tenham demonstrado interesse jurídico no resultado para ingressar no feito de origem e, ainda, aqueles que possuam interesse na solução da controvérsia. Veja-se, aliás, que o Supremo Tribunal Federal possui jurisprudência no

---

6 **"Art. 927.** Os juízes e os tribunais observarão:
I – as decisões do Supremo Tribunal Federal em controle concentrado de constitucionalidade;
II – os enunciados de súmula vinculante;
III – os acórdãos em incidente de assunção de competência ou de resolução de demandas repetitivas e em julgamento de recursos extraordinário e especial repetitivos;
IV – os enunciados das súmulas do Supremo Tribunal Federal em matéria constitucional e do Superior Tribunal de Justiça em matéria infraconstitucional;
V – a orientação do plenário ou do órgão especial aos quais estiverem vinculados."

7 **"Art. 988.** § 5º É inadmissível a reclamação: (...) II – proposta para garantir a observância de acórdão de recurso extraordinário com repercussão geral reconhecida ou de acórdão proferido em julgamento de recursos extraordinário ou especial repetitivos, quando não esgotadas as instâncias ordinárias."

8 Rcl 43.627, Min. Humberto Martins, *DJe* 08.07.2022.

9 Rcl 36.476/SP, Rel. Min. Nancy Andrighi, Corte Especial, j. 05.02.2020.

10 Rcl 40.617/GO, Rel. Min. Marco Aurélio Bellizze, 2ª Seção, j. 24.08.2022, *DJe* 26.08.2022.

11 RISTF: **"Art. 156.** Caberá reclamação do Procurador-Geral da República, ou do interessado na causa, para preservar a competência do Tribunal ou garantir a autoridade das suas decisões."

Parte XI • IX – RECLAMAÇÃO | **1093**

sentido de que se deve *"admitir a legitimidade para reclamação de todo e qualquer interessado em ver prevalecente acórdão formalizado no controle concentrado de constitucionalidade"*[12].

Deve-se analisar, pois, o que se entende por interesse apto a caracterizar a parte como legítima para ajuizar a reclamação. Nesse sentido, denomina-se parte interessada como aquela que se encontra no campo de incidência dos efeitos da decisão reclamada, ou seja, aquela que sofrerá os seus efeitos. Caso se trate de hipótese de reclamação por descumprimento de decisão proferida em sede de controle abstrato de constitucionalidade, admite-se, ainda, que qualquer pessoa que demonstre ser afetada pela decisão reclamada ou pelo ato administrativo impugnado detém a legitimidade para ajuizar a reclamação.

Quanto à legitimidade do Ministério Público, pode-se verificar tanto nas hipóteses em que atua como autor no processo, bem como nas situações em que figura como *custos iuris*, na forma do art. 178 do CPC.

No que toca à legitimidade passiva, conforme leciona o art. 989, III, CPC, o reclamado será aquele que se apresenta como beneficiário da decisão, reproduzindo em certa medida, quando não se trata de ato administrativo reclamado, a relação processual já existente no processo principal.

Ademais, por força do art. 990, CPC, também participa do procedimento da reclamação aquele que visa a defender a decisão reclamada, desde que mostre, para tanto, relevante interesse jurídico no seu resultado, ou seja, sofra diretamente os efeitos da decisão.

6.   PROCEDIMENTO

A petição inicial, instruída com as provas documentais pertinentes, deverá demonstrar a presença de situação que corresponda a uma das hipóteses de cabimento deste meio de impugnação. Dirigida ao presidente do Tribunal, a reclamação será autuada como um novo processo, após o que deverá ser distribuída a um relator.

Distribuída a reclamação, caberá ao relator requerer informações da autoridade judicial ou administrativa reclamada, que deverá ser prestada em dez dias. Trata-se de aspecto similar ao que previsto também para o Mandado de Segurança.

Ademais, poderá o relator, desde logo, ordenar a suspensão do processo ou do ato impugnado para evitar dano irreparável, como exemplo específico de uma tutela provisória que pode ser deferida monocraticamente e, a depender do caso, até mesmo *inaudita altera pars* (art. 989)[13-14]. Em todo caso, além da requisição de informações da autoridade reclamada, deve-se atender ao contraditório, a partir da citação do beneficiário da decisão impugnada, para que no prazo de quinze dias apresente sua contestação, ou mediante impugnação de qualquer interessado (art. 990)[15].

Como ocorre com os outros processos de competência originária de Tribunais, o Ministério Público terá vista do processo na reclamação que não houver formulado, pelo prazo de cinco dias (art. 991)[16]. Sua manifestação deve se dar após o decurso dos prazos para informações e contestação, de modo que já estejam reunidos maiores elementos para que se exerça sua função

---

[12] Rcl 2.398, Rel. Min. Marco Aurélio, Tribunal Pleno, *DJ* 24.02.2006.

[13] **"Art. 989.** Ao despachar a reclamação, o relator:
I – requisitará informações da autoridade a quem for imputada a prática do ato impugnado, que as prestará no prazo de 10 (dez) dias;
II – se necessário, ordenará a suspensão do processo ou do ato impugnado para evitar dano irreparável;
III – determinará a citação do beneficiário da decisão impugnada, que terá prazo de 15 (quinze) dias para apresentar a sua contestação."

[14] **"Enunciado 64 da I Jornada de Direito Processual Civil do CJF:** Ao despachar a reclamação, deferida a suspensão do ato impugnado, o relator pode conceder tutela provisória satisfativa correspondente à decisão originária cuja autoridade foi violada."

[15] **"Art. 990**. Qualquer interessado poderá impugnar o pedido do reclamante."

[16] **"Art. 991**. Na reclamação que não houver formulado, o Ministério Público terá vista do processo por 5 (cinco) dias, após o decurso do prazo para informações e para o oferecimento da contestação pelo beneficiário do ato impugnado."

1094 | CURSO DE DIREITO PROCESSUAL CIVIL • *Luiz Fux*

de *custos juris*. Essa previsão, entretanto, não impede a rejeição liminar da reclamação, quando seja manifestamente incabível ou prontamente se identifique que se trata de pretensão contrária à jurisprudência do Tribunal.

Estando reunidos seus requisitos e atendidas essas etapas procedimentais, a reclamação seguirá para o seu exame de mérito. Em todo caso, o presidente do Tribunal determinará o imediato cumprimento da decisão, independentemente da lavratura do acórdão, que poderá se dar posteriormente (art. 993)[17].

7. DECISÃO FINAL

O ajuizamento da reclamação enseja a análise dos requisitos de admissibilidade e, posteriormente, do mérito – qual seja, a eventual usurpação da competência do Tribunal para a qual direcionada. Nesse sentido, ante a inexistência dos elementos aptos a ensejar a admissibilidade da reclamação, esta pode ser liminarmente rejeitada, sendo, pois, extinta sem resolução do mérito (art. 487).

Por outro lado, prosseguindo-se à análise do mérito, o pedido pode ser deferido – a fim de reconhecer a usurpação da competência e a aplicação equivocada do precedente – ou indeferido, com a simples manutenção da decisão reclamada. A decisão de indeferimento possui natureza meramente declaratória.

No entanto, merece destaque a decisão pela procedência do pedido formulado na reclamação. Ao acolher a reclamação, por conseguinte, cassa-se a decisão reclamada que usurpou a competência do respectivo tribunal ou, ainda, determina de pronto nova solução à controvérsia instaurada por meio da aplicação correta de entendimento já manifestado, conforme leciona o art. 992, CPC[18].

Na reclamação para preservar a competência do tribunal, é possível, ainda, haver avocação dos autos pelo Tribunal. Não parece, contudo, que a avocação seja possível na reclamação que visa a garantir a autoridade de decisão proferida pelo tribunal, eis que configuraria justamente um meio de usurpação.

8. RECURSOS

A decisão proferida em sede de reclamação, por vezes, não é definitiva. Em quaisquer hipóteses, cabe a oposição de embargos de declaração, o que não revela novidade significativa no contexto do estudo processual pátrio. Das decisões unipessoais do relator que resolvem monocraticamente a reclamação cabe agravo interno para que a ação seja apreciada pelo órgão colegiado competente.

Em se tratando de ação originária dos tribunais, da decisão não caberá a interposição de apelação ou agravo de instrumento. No entanto, quando a reclamação for julgada por Tribunal de segunda instância, admite-se a interposição de recurso especial ou recurso extraordinário, a depender da violação suscitada.

Interessante tema é quanto ao cabimento de embargos de divergência contra os acórdãos de reclamação proferidos pelo Superior Tribunal de Justiça e pelo Supremo Tribunal Federal. Mediante a revogação do art. 1.043, IV, CPC, pela Lei nº 13.256/16, não se afigura possível a oposição de embargos de divergência do acórdão prolatado por órgão fracionário no julgamento da reclamação.

---

[17] **"Art. 993.** O presidente do tribunal determinará o imediato cumprimento da decisão, lavrando-se o acórdão posteriormente."

[18] **"Art. 992.** Julgando procedente a reclamação, o tribunal cassará a decisão exorbitante de seu julgado ou determinará medida adequada à solução da controvérsia."

BIBLIOGRAFIA

AGUIAR, João Carlos Pestana de. *Comentários ao Código de Processo Civil*.

AGUIAR, João Carlos Pestana de. Síntese informativa do processo cautelar. *Revista Forense*, vol. 247, 1974.

ALCALÁ-ZAMORA Y CASTILLO, Niceto. *Derecho Procesal Penal*, 1945, vol. III.

ALCALÁ-ZAMORA Y CASTILLO, Niceto. *Proceso, Autocomposición y Autodefensa*, 1943.

ALCALÁ-ZAMORA Y CASTILLO, Niceto. *Proceso, Autocomposición y Autodefensa*, 1947.

ALLORIO, Enrico. "Critica della Teoria del Giudicatto Implicito". *Rivista di Diritto Processuale Civile*, vol. 2, p. 245-247, 1938.

ALLORIO, Enrico. *Problemas de Derecho procesal*. Buenos Aires, 1963. vol. 2.

ALMEIDA, Diogo Assumpção Rezende de. *A contratualização do processo*. Das convenções processuais no processo civil. São Paulo: LTr, 2015.

ALMEIDA FILHO, José Carlos de Araújo. A importância da definição de documento eletrônico. *Revista de Processo*, vol. 173, p. 357-372, jul. 2009.

ALSINA, Hugo. *Tratado Teórico e Prático de Derecho Procesal Civil y Comercial*. Buenos Aires, 1941, vol. I.

ALSINA, Hugo. *Tratado Teórico Práctico de Derecho Procesal Civil y Comercial*. Buenos Aires, 1943.

ALSINA, Hugo. *Tratado Teórico y Práctico de Derecho Procesal Civil y Comercial*. Buenos Aires, 1942. vol. II.

ALVIM, J. E. Carreira. *Ação monitória e temas polêmicos da reforma processual*, 1998.

ALVIM, Teresa Arruda. *Comentários ao Código de Processo Civil*. 7. ed. Rio de Janeiro: Forense, 1991. vol. II.

ALVIM, Teresa Arruda; DANTAS, Bruno. *Recurso Especial, Recurso Extraordinário e a nova função dos Tribunais Superiores no Direito brasileiro*. 6. ed. São Paulo: RT, 2019.

ALVIM, Teresa Arruda; UZEDA, Carolina; MEYER, Ernani. Mais um filtro, agora para o STJ: uma análise da EC 125/2022. *Revista de Processo*, vol. 330, ano 47, São Paulo: Revista dos Tribunais, ago. 2022.

AMAR, Ayuch. "Coisa Julgada e Intervenção Adesiva no Anteprojeto Buzaid", tese apresentada no VI Colóquio de Direito Processual de Piracicaba, 1971.

AMARAL SANTOS, Moacyr. *Primeiras Linhas de Direito Processual Civil*, vol. II.

AMARAL SANTOS, Moacyr. *Primeiras Linhas de Direito Processual Civil*, vol. III.

AMARAL SANTOS, Moacyr. *Primeiras Linhas de Direito Processual Civil*, vol. I.

AMARAL SANTOS, Moacyr. *Prova Judiciária no Cível e do Comercial*, vol. IV.

AMERICANO, Jorge. *Processo Civil e Comercial no Direito Brasileiro*, 1925.

AMSTUTZ, Marc; ABEGG, Andreas; KARAVAS, Vaios. Civil Society Constitucionalism: The Power of Contract Law. *Indiana Journal of Global Legal Studies*, v. 14, Issue 2, p. 235-258 (Article), Summer 2007.

ANDOLINA, Italo; VIGNERA, Giuseppe. *Il modello constituzionale del proceso civile italiano*: corso di lezioni. Turim: G. Giappichelli, 1990.

ANDRADE, Odilon de. *Comentários ao CPC*, 1946, vol. IX.

ANDREWS, Neil. Mediação e arbitragem na Inglaterra. *Revista de Processo*, São Paulo, n. 211, p. 281, set. 2012.

ANDREWS, Neil. Multi-party proceedings in England: representative and group actions. *Duke Journal of Comparative and International Law*, vol. 11, 2001.

ANDRIOLI, Virgilio. *Commento al Codice di Procedura Civile*, 1961. vol. I.

ANDRIOLI, Virgilio. *Lezioni di Diritto Processuale Civile*, 1973. vol. I.

ANGELIS, Dante Barros de. *Teoría dei juicio summario*, 1973.

ANTUNES DA COSTA, Nilton César. *Poderes do árbitro*. São Paulo: RT, 2002.

ARAGÃO, Alexandre Santos de. Princípio da Eficiência. *Revista dos Tribunais*, vol. 830, p. 709, dez. 2004.

ARAGÃO, Egas Dirceu Moniz de. *Comunicação às Jornadas Ibero-Americanas*. Rio de Janeiro, 1988.

ARAGÃO, Egas Dirceu Moniz de. *Revista Forense*, vol. 246.

ARAGÃO, Egas Dirceu Moniz de. *RP*, 44/21.

ARAGÃO, Egas Dirceu Moniz de. *RT*, 633/14.

ARAGÃO, Egas Moniz de. *Comentários ao Código de Processo Civil*. Rio de Janeiro: Forense, 1975. vol. III.

ARAGÃO, Egas Moniz de. V Curso de Especialização em Direito Processual Civil, promovido pelo Setor de Especialização da Pontifícia Universidade Católica de São Paulo e coordenado pelo professor Dr. Arruda Alvim, Revista de Processo, 5, p. 197-211.

ARAÚJO, José Henrique Mouta; CUNHA, Leonardo Carneiro da; RODRIGUES, Marco Antonio (coords.). *Repercussões do Novo CPC*: Fazenda Pública. 2. ed. Salvador: JusPodivm, 2016.

ARAÚJO, Valter Schuenquener de. *Estudios de Derecho Procesal*, 1955.

ARAÚJO, Valter Schuenquener de. *O princípio da proteção da confiança*. 2. ed. Niterói: Impetus, 2016.

ARENHART, Sérgio Cruz. Ônus da prova e sua modificação no processo civil brasileiro. In: NEVES, Daniel Amorim Assumpção (coord.). *Provas*: aspectos atuais do direito probatório. São Paulo: Método, 2009.

ARIETA, Giovanni. *I Provvedimenti d'Urgenza*. 2. ed. 1985.

ARMELIN, Donaldo. A tutela jurisdicional cautelar. *Revista da Procuradoria-Geral do Estado de São Paulo*, vol. 23, p. 115, jun. 1985.

AROCA, Juan Montero. El viejo modelo procesal liberal y escrito (o el proceso de la LEC de 1881). *Los principios políticos de la nueva Ley de Enjuiciamiento Civil* – los poderes del juez y la oralidad. Valencia: Tirant lo Blanch, 2001.

AROCA, Juan Montero. *Evolución y futuro del derecho procesal*. Bogotá: Temis, 1984.

AROCA, Juan Montero. *Sobre el mito autoritario de la "buena fe procesal"*. Proceso civil e Ideología: un prefacio, una sentencia, dos cartas y quince ensayos. Valencia: Tirant lo Blanch, 2006.

ARRUDA ALVIM. *Comentários*, cit. 337,

ARRUDA ALVIM. *Curso de direito processual civil*, 1971.

ARRUDA ALVIM. *Manual de Direito Processual Civil*, vol. 1.

ASSIS, Araken de. *Manual do Processo de Execução*.

ASSIS, Araken de. *Manual dos recursos*. São Paulo: RT, 2016.

ASSOCIAÇÃO DOS NOTÁRIOS E REGISTRADORES DO BRASIL. Confiança dos brasileiros nos cartórios é destaque em pesquisa do Datafolha. 2016. Disponível em: http://www.anoreg.org.br/index.php?option=com_content&view=article&id=26641:confianca-dos-brasileiros--nos-cartorios-e-destaque-em-pesquisa-do-datafolha&catid=19&Itemid=180

ASSUMPÇÃO NEVES, Daniel Amorim. *Manual de Direito Processual Civil*. 10. ed. Salvador: JusPodivm, 2018.

ASSUMPÇÃO NEVES, Daniel Amorim. Medidas executivas coercitivas atípicas na execução de obrigação de pagar quantia certa art. 139, IV, do novo CPC. *Revista de Processo*, vol. 265, mar. 2017.

ASSUMPÇÃO NEVES, Daniel Amorim. *Novo CPC* – Leis 13.105/2015 e 13.256/2016. 3. ed. São Paulo: Método, 2016.

ASSUMPÇÃO NEVES, Daniel Amorim. *Novo CPC Comentado*. Salvador: JusPodivm, 2016.

ÁVILA, Humberto Bergmann. O que é "devido processo legal"? *Revista de Processo*, São Paulo, vol. 33, n. 163, p. 50-59, set. 2008.

AZEVEDO, Gustavo. *Reclamação constitucional no Direito Processual Civil*. Rio de Janeiro: Forense, 2018.

BARBI, Celso Agrícola. *Comentário ao Código de Processo Civil*. Rio de Janeiro: Forense, 1994.

BARBI, Celso Agrícola. *Comentários ao Código de Processo Civil*. Rio de Janeiro: Forense, 1981. vol. I.

BARBI, Celso Agrícola. *Mandado de Segurança*, 1976.

BARBOSA MOREIRA, José Carlos. "Da Conexão como Pressuposto da Reconvenção", tese de concurso para professor titular da UERJ.

BARBOSA MOREIRA, José Carlos. Notas sobre o problema da efetividade do processo. *Temas de direito processual*, 3ª série, 1984, p. 27-42.

BARBOSA MOREIRA, José Carlos. Tendências contemporâneas do Direito processual civil. *Revista de Processo*, vol. 31, p. 199, jul.-set. 1983.

BARBOSA MOREIRA, José Carlos. *Temas de Direito Processual*, 3ª série.

BARBOSA MOREIRA, José Carlos. *Comentários ao Código de Processo Civil*. Rio de Janeiro: Forense, 1978. vol. 5.

BARBOSA MOREIRA, José Carlos. *Comentários ao Código de Processo Civil*. 12. ed. Rio de Janeiro: Forense. n. 266.

BARBOSA MOREIRA, José Carlos. Convenção das partes sobre matéria processual. *Temas de Direito Processual*, terceira série. São Paulo: Saraiva, 1984.

BARBOSA MOREIRA, José Carlos. *Estudos sobre o novo processo civil*, 1974.

BARBOSA MOREIRA, José Carlos. *Litisconsórcio Unitário*.

BARBOSA MOREIRA, José Carlos. O futuro da justiça: alguns mitos. *Revista de Processo*, São Paulo, n. 102, p. 233-235, abr.-jun. 2001.

BARBOSA MOREIRA, José Carlos. O juiz e a prova. *Revista de Processo*, vol. 35, jul. 1984.

BARBOSA MOREIRA, José Carlos. O neoprivatismo no processo civil. *Temas de Direito Processual* – nona série. São Paulo: Saraiva, 2007.

BARBOSA MOREIRA, José Carlos. *O Novo Processo Civil Brasileiro*, 1995.

BARBOSA MOREIRA, José Carlos. *O novo processo civil brasileiro*: exposição sistemática do procedimento. 22. ed. Rio de Janeiro: Forense, 2002.

BARBOSA MOREIRA, José Carlos. O problema da duração dos processos: premissas para uma discussão séria. *Temas de direito processual*, nona série. São Paulo: Saraiva, 2007.

BARBOSA MOREIRA, José Carlos. Os atos de disposição processual: primeiras reflexões. *Os Poderes do Juiz e o Controle das Decisões Judiciais*: Estudos em homenagem à Professora Teresa Arruda Wambier Alvim. São Paulo: RT, 2008.

BARBOSA MOREIRA, José Carlos. *Questões Prejudiciais e Coisa Julgada*, 1967.

BARBOSA MOREIRA, José Carlos. *Temas de Direito Processual*, 1ª série.

BARBOSA MOREIRA, José Carlos. *Temas de Direito Processual*, 4ª série.

BARBOSA MOREIRA, José Carlos. Tutela de urgência e efetividade do direito. *Temas de direito processual*, 8ª série. São Paulo: Saraiva, 2004.

BARBOSA MOREIRA, José Carlos. "Os poderes do juiz na direção e instrução do processo". V Simpósio de Direito Comparado Luso-Brasileiro. *Revista de Direito Comparado Luso-Brasileira*, vol. 4, e *Revista Brasileira de Direito Processual*, vol. 48.

BARBOSA MOREIRA, José Carlos; PONTES DE MIRANDA, Francisco Cavalcanti. *Comentários ao Artigo 481 do CPC*. Rio de Janeiro: Forense.

BARBOSA MOREIRA, José Carlos; PONTES DE MIRANDA, Francisco Cavalcanti. *Tratado da Ação Rescisória*.

BARBOSA, Rui. Da Apelação do Terceiro Prejudicado. *Revista de Jurisprudência Brasileira*, vol. 25, p. 245 e ss., 1934.

BARBOSA, Rui. *Oração aos Moços*. Rio de Janeiro: Fundação Casa de Rui Barbosa, 1988.

BARROSO, Luís Roberto. *A dignidade da pessoa humana no direito constitucional contemporâneo*: a construção de um conceito jurídico à luz da jurisprudência mundial. Belo Horizonte: Editora Fórum, 2012.

BATISTA, Paula. *Compêndio de Teoria e Prática do Processo Civil*, 1935.

BATISTA, Paula. *Teoria e Prática do Processo Civil*, § 231.

BAUM, Lawrence. *A Suprema Corte Americana*. Rio de Janeiro: Forense Universitária, 1987.

BAUR, Fritz. *Tutela Jurídica mediante Medidas Cautelares*, 1985.

BECKER, Gary. *The economics of discrimination*. Chicago: University of Chicago Press, 1971.

BECKER, Rodrigo Frantz. *Manual do Processo de Execução dos Títulos Judiciais e Extrajudiciais*. Salvador: JusPodivm, 2021.

BECKER, Rodrigo; PEIXOTO, Marco Aurélio. A consolidação das sessões virtuais no STF. *Jota*. 29 de agosto de 2019. Disponível em: https://www.jota.info/opiniao-e-analise/colunas/coluna--cpc-nos-tribunais/a-consolidacao-das-sessoes-virtuais-no-stf-29082019.

BEDAQUE, José Roberto dos Santos. *Direito e Processo:* Influência do Direito Material sobre o Processo. São Paulo, 1995.

BEIGNER, Bernard. *Le nouveau Code de procédure civile*: un droit de professeurs?

BELLAVITIS, Mario. *Diritto Processuale Civile*; Parte Generale, 1935, p. 52, nº 39.

BENEDUZI, Renato. *Comentários ao Código de Processo Civil*. São Paulo: RT, 2016. v. 2.

BENETI, Sidnei Agostinho. Ação monitória da reforma processual. *Revista de Processo*, n. 77, 1995.

BENTHAM, Jeremías. *Tratado de Direito Probatório*, 1971.

BENTHAM, Jeremías. *Tratado de las Pruebas Judiciales*, vol. II.

BERMUDES, Sergio. *Comentários ao CPC*. 2. ed. São Paulo: RT, 1977. vol. VII.

BERMUDES, Sergio. *Introdução ao Processo Civil*.

BERMUDES, Sergio. *Reforma*.

BERNARDINA DE PINHO, Humberto Dalla. Dos conciliadores e mediadores judiciais. *Comentários ao Código de Processo Civil*. São Paulo: Saraiva, 2016. vol. 1.

BERNARDINA DE PINHO, Humberto Dalla. *Jurisdição e pacificação*: limites e possibilidades do uso dos meios consensuais de resolução de conflitos na tutela dos direitos transindividuais e pluri-individuais. Curitiba: Editora CRV, 2017.

BERNARDINA DE PINHO, Humberto Dalla; MAZZOLA, Marcelo. *Manual de Mediação e Arbitragem*. São Paulo: Saraiva, 2019

BERNARDINA DE PINHO, Humberto Dalla; MAZZOLA, Marcelo. *Manual de Mediação e Arbitragem*. 2. ed. São Paulo: Saraiva, 2021.

BERNARDINA DE PINHO, Humberto Dalla; PORTO, José Roberto Mello. *Manual de Tutela Coletiva*. São Paulo: Saraiva, 2021.

BERNARDINA DE PINHO, Humberto Dalla; PORTO, José Roberto Sotero de Mello. Tutela antecipada antecedente e sua estabilização: um panorama das principais questões controvertidas. *Revista de Processo*, vol. 278, p. 215-233, abr. 2018.

BETTI, Emílio. *Diritto Processuale Civile Italiano*, 1936.

BISCARDI, Arnaldo. *La Protezione Interdittale nel Processo Romano*, 1937.

BISCARDI, Arnaldo. Sequestro (Diritto romano). *Novissimo digesto italiano*, vol. 17.

BODART, Bruno. *Tutela de Evidência*. 2. ed. São Paulo: RT, 2015.

BONUMÁ, João. *Direito Processual Civil*, vol. II.

BORRÈ, Giuseppe. *Esecuzionne Forzata degli Obblighidi Fare e di non Fare*, 1966.

BRACCI, Antonello. *Il sequestro giudiziario*, 1966.

BRAGA, Pereira. *Exegese do Código de Processo Civil*, 1942, vol. 1.

BUENO, Cássio Scarpinella. *Novo Código de Processo Civil anotado*. São Paulo: Saraiva, 2015.

BUENO, Cassio Scarpinella. *Novo CPC anotado*. São Paulo: Saraiva, 2016.

BUZAID, Alfredo. *A Ação Declaratória no Direito Brasileiro*, 1943.

BUZAID, Alfredo. *Do Agravo de Petição no Sistema do Código de Processo Civil*. 2. ed. São Paulo: Saraiva, 1956.

CABRAL, Antonio do Passo. A duração razoável do processo e a gestão do tempo no projeto de novo Código de Processo Civil. In: FUX, Luiz et al. (orgs.). *Novas tendências do Processo Civil*: estudos sobre o projeto do novo Código de Processo Civil. Salvador: JusPodivm, 2013.

CABRAL, Antonio do Passo. *Convenções processuais*. 2. ed. Salvador: JusPodivm, 2018.

CABRAL, Antonio do Passo. O novo Procedimento-Modelo (Musterverfahren) alemão: uma alternativa às ações coletivas. *Revista de Processo*, São Paulo, v. 32, n. 147, p. 123-146, maio 2007.

CABRAL, Antonio do Passo. *Revista de Processo*, vols. 276 (fev. 2018) e 277 (mar. 2018).

CABRAL, Antonio do Passo; OLIVEIRA, Eugenio Pacelli de; CRUZ, Rogério Schietti (coords.), *Repercussões do Novo CPC*: Fazenda Pública, 2016.

CABRAL, Trícia Navarro Xavier. Flexibilização Procedimental. *Revista Eletrônica de Direito Processual*, ano 4, 6º vol., jul.-dez. 2010.

CABRAL, Trícia Navarro Xavier. *Ordem Pública Processual*. Brasília: Gazeta Jurídica, 2015.

CAHALI, Francisco José. *Curso de Arbitragem*. 8. ed. São Paulo: RT, 2020.

CALABRESI, Guido. Some Thoughts on Risk Distribution and the Law of Torts. *Yale Law Journal*, 1961.

CALAMANDREI, Piero. Appunti sulla Reformatio in Pejus. *Studi sul Processo Civile*, 1934, vol. III.

CALAMANDREI, Piero. La Génesis Lógica de la Sentencia Civil. *Estudios sobre el Proceso Civil*, trad. Espanhola, 1945, p. 371 e ss.

CALAMANDREI, Piero. La sentencia declarativa de quiebra como providencia cautelar. *Rivista di Diritto Commerciale*, 1970.

CALAMANDREI, Piero. La Sentenza come Atto di Esecuzione Forzata. *Studi sul Processo Civile*, 1934, vol. III, p. 20-21.

CALAMANDREI, Piero. Processo e Giustizia. *Rivista di Diritto Processuale Civile*, 1950.

CALAMANDREI, Piero. *Estudios sobre el Proceso Civil*, 1945.

CALAMANDREI, Piero. *Il Processo come Giuoco*: Iscritti in Onore di Francesco Carnelutti, vol. 2.

CALAMANDREI, Piero. *Instituciones de Derecho Procesal Civil segundo el Nuevo Código*, 1943.

CALAMANDREI, Piero. *Introducción*.

CALAMANDREI, Piero. *Introduzione allo Studio Sistematico dei Provvedimenti Cautelari*, 1936.

CALAMANDREI, Piero. Introduzione, Preventiva, *Novíssimo Digesto Italiano*, vol. 9.

CALAMANDREI, Piero. *Istituzioni di Diritto Processuale Civile Secondo il Nuovo Codice*, Parte Seconda, 1944.

CALAMANDREI, Piero. *La Chiamata in Garanzia*, Opere, vol. V.

CALAMANDREI, Piero. *Revista de Derecho Procesal*, vol. 1.

CALMON DE PASSOS, José Joaquim. *Comentários ao Código de Processo Civil*, 1975, vol. III.

CALMON DE PASSOS, José Joaquim. *Comentários*, 1984.

CALMON DE PASSOS, José Joaquim. *Comentários*, vol. 10, t. 1.

CALMON DE PASSOS, José Joaquim. *Revista dos Tribunais*, vol. 10, 1984.

CALVOSA, Carlo. *Novissimo digesto italiano*, 1970, vol. 9.

CALVOSA, Carlo. *Novissimo digesto italiano*, vol. 14.

CALVOSA, Carlo. *Novissimo digesto italiano*, vol. 17.

CALVOSA, Carlo. *Novissimo digesto italiano*, vol. 9.

CÂMARA JR., José Maria. Técnica da colegialidade do art. 942 do CPC: extensão e profundida da matéria submetida ao julgamento prolongado. In: NERY JR., Nelson; WAMBIER, Teresa Arruda Alvim (Coords.). *Aspectos polêmicos e atuais dos recursos cíveis e assuntos afins*. São Paulo: RT, 2017. vol. 13.

CÂMARA, Alexandre Freitas. *Lições de Direito Processual Civil*, vol. I.

CÂMARA, Alexandre Freitas. *Lições de Direito Processual Civil*. 5. ed. Rio de Janeiro: Lumen Juris, 2003. vol. III.

CÂMARA, Alexandre Freitas. O direito à duração razoável do processo: entre eficiência e garantias. *Revista de Processo*, vol. 223, p. 39-53, set. 2013.

CÂMARA, Alexandre Freitas. *O novo processo civil brasileiro*. São Paulo: Atlas, 2017.

CÂMARA, Alexandre Freitas; RODRIGUES, Marco Antonio dos Santos. A reunião de execuções fiscais e o NCPC: por uma filtragem à luz das normas fundamentais. *Revista de Processo*, vol 263, ano 42, p. 114-115.

CAMBI, Eduardo. Jurisprudência lotérica. *Revista dos Tribunais*, São Paulo, v. 786, p. 108-126, abr. 2001.

CAMBI, Eduardo; DOTTI, Rogéria; PINHEIRO, Paulo Eduardo d' Arce; MARTINS, Sandro Gilbert; KOZIKOSKI, Sandro Marcelo. *Curso de processo civil completo I*. São Paulo: RT, 2017.

CANOTILHO, J. J. Gomes; MOREIRA, Vital. *Constituição da República Portuguesa anotada*. 4. ed. Coimbra: Coimbra, 2007.

CAPPELLETTI, Mauro. Formações Sociais e Interesses Coletivos diante da Justiça Civil. *RP*, 5/129.

CAPPELLETTI, Mauro. Acesso à justiça. *Separata da Revista do Ministério Público do Estado do Rio Grande do Sul*. Porto Alegre, v. 1, n. 18, 1988. p. 11-12.

BIBLIOGRAFIA | **1101**

CAPPELLETTI, Mauro. Aspectos sociales y políticos del procedimiento civil. *Proceso, ideologías, sociedad.* Buenos Aires: EJEA, 1974.

CAPPELLETTI, Mauro. *La Oralidad y las Pruebas en el Proceso Civil,* 1972.

CAPPELLETTI, Mauro. *La Testimonianza della Parte nel Sistema dell'Oralità,* 1974.

CAPPELLETTI, Mauro. *Principii Fundamentasse e Tendente Evolutiva del Processo Civile nel Diritto Comparato.* Buenos Aires, 1973.

CAPPELLETTI, Mauro; GARTH, Bryant. *Acesso à justiça.* Porto Alegre: Sergio Antonio Fabris Editora, 2008.

CAPPELLETTI, Mauro; GARTH, Bryant. *Acesso à justiça.* Trad. Ellen Gracie Northfleet. Porto Alegre: Sergio Antonio Fabris, 1988.

CARMONA, Carlos Alberto. *Arbitragem e processo.* São Paulo: Atlas, 2009.

CARNACINI, Tito. *Tutela Giurisdizionale e Tecnica del Processo.* Studi in Onore di Enrico Redenti, 1951, vol. 2.

CARNEIRO, Athos Gusmão. *Intervenção de Terceiros,* 1986.

CARNEIRO, Athos Gusmão. *Jurisdição e Competência,* 9. ed. 1999.

CARNEIRO, Athos Gusmão. *Recurso Especial, Agravo e Agravo Interno.*

CARNEIRO, Paulo Cezar Pinheiro. *Breves comentários do Código de Processo Civil* (livro eletrônico). Teresa Arruda Wambier et al. (coord.). São Paulo: Revista dos Tribunais, 2015.

CARNEIRO, Paulo Cezar Pinheiro. Comentário ao art. 15. In: WAMBIER, ALVIM, Teresa Arruda et al. (coords.). *Breves comentários ao novo Código de Processo Civil,* 2015.

CARNEIRO, Paulo Cezar Pinheiro. Comentário ao art. 4º do Código de Processo Civil. In: ALVIM, Teresa Arruda et al. *Breves comentários ao novo Código de Processo Civil.* São Paulo: RT, 2015.

CARNEIRO, Paulo Cezar Pinheiro. *O novo processo civil brasileiro.* 2. ed. Rio de Janeiro: Forense, 2021.

CARNELUTTI, Francesco. *Diritto e processo,* 1958.

CARNELUTTI, Francesco. *Istituzioni del Nuevo Proceso Civile Italiano,* 1951, vol. I.

CARNELUTTI, Francesco. *Istituzioni del Nuovo Proceso Civile Italiano,* 1951, vol. II.

CARNELUTTI, Francesco. *La Sentencia Condicional,* Estudios, Buenos Aires, vol. 2.

CARNELUTTI, Francesco. *Lecciones sobre el Proceso Penal,* 1950, vol. II.

CARNELUTTI, Francesco. *Processo di Esecuzione,* vol. I, 1936.

CARNELUTTI, Francesco. *Questioni di Processo Penale,* 1950.

CARNELUTTI, Francesco. *Sistema di Diritto Processuale Civile,* 1936, vol. 1.

CARNELUTTI, Francesco. *Sistema di Diritto Processuale Civile,* 1938, vol. II.

CARNELUTTI, Francesco. *Sistema di Diritto Processuale Civile,* vol. III.

CARNELUTTI, Francesco. Sulla Reformatio in Pejus. *Rivista di Diritto Processuale Civile,* parte I, p. 186, 1927.

CARNELUTTI, Francesco. *Teoria Generale del Diritto,* 3. ed. 1951.

CARNELUTTI, Francesco. *Tratado da Ação Rescisória das Sentenças e outras Decisões,* 3. ed. 1957.

CARPI, Frederico. Note in Tema di Techniche di Attuazione dei Diritti. *Riv. Trim. di Diritto e Processo Civile,* 1988. p. 110.

CARPI, Frederico. *La provisoria esecutorietá della sentenza,* 1979.

CARPI, Frederico. *Rivista Trimestrale di Diritto e Procedura Civile,* vol. 34, n. 1, p. 237-274.

CARREIRA ALVIM, J. E. *Novo Agravo.*

CARVALHO, T. A.; OBREGON, M. F. Q. Breve escorço sobre as avarias no direito marítimo e a regulação das avarias grossas no novo código processual civil. *Derecho y Cambio Social*, Lima, n. 55, p. 444-464, jan. 2019. Disponível em: <https://lnx.derechoycambiosocial.com/ojs-3.1.1-4/index.php/derechoycambiosocial/issue/view/Derecho%20y%20Cambio%20Social%20N.°%2055%20-%202019>. Acesso em: 7 jun. 2020.

CASTRO FILHO, José Olympio de. *Abuso do Direito no Processo Civil*, 2. ed. 1960.

CASTRO FILHO, José Olympio de. *Comentários ao CPC*, vol. X.

CASTRO NUNES, José de. *Teoria e Prática do Poder Judiciário*, 1943.

CASTRO, Amilcar de. *Comentários ao Código de Processo*, 1941, vol. 10.

CASTRO, Carlos Roberto Siqueira. *O Devido Processo Legal e os Princípios da Razoabilidade e da Proporcionalidade*. 4. ed. Rio de Janeiro: Forense, 2006.

CASTRO, Prieto. *Cuestiones de Derecho Procesal*, 1940.

CASTRO, Prieto. *Derecho Concursal*. Madrid, 1974.

CASTRO, Prieto. *Derecho Procesal Civil*, 1946, vol. I.

CASTRO, Prieto. *Fundamentos del Derecho Procesal Civil*, 1951.

CAVACO, Bruno de Sá Barcelos. *Desjudicialização e resolução de conflitos*. Curitiba: Juruá, 2017.

CAVALLO, Vicenzo. *La Sentenza Penale*, 1936.

CHADELAT, Catherine. *Point de vue* – L'élaboration d'un Code de procédure civile: entre pratique judiciaire et droit savant.

CHIARLONI, Sergio. *Introduzione allo Studio del Diritto Processuale Civile*, 1975.

CHIARLONI, Sergio. *Rivista di Diritto Processuale*, 1991.

CHINA, Sergio la. Pregiudizio Bilaterale i Crisi del Provvedimento d'Urgenza. *Rivista di Diritto Processuale*, 1980, p. 218.

CHINA, Sergio la. *L'Onere della Prova nel Processo Civile*, 1974, nº 48.

CHINA, Sergio la. *Quale futuro per provvedimenti d'urgenza?, I Processi Speciali, Studi offerti a Virgili Andrioli dai suoi allievi*.

CHIOVENDA, Giuseppe. Cosa Giudicata e Preclusione. *Rivista Italiana per le Scienze Giuridiche*, 1933.

CHIOVENDA, Giuseppe. Dell'Azione Nascente dal Contrato Preliminare. *Rivista di Diritto Commerciale*, 1991.

CHIOVENDA, Giuseppe. *Saggi di Diritto Processuale Civile*. Roma, 1930, vol. I.

CHIOVENDA, Giuseppe. *Instituições de Direito Processual Civil*, 1942, vol. I.

CHIOVENDA, Giuseppe. *Instituições de Direito Processual Civil*, 1943, vol. II.

CHIOVENDA, Giuseppe. *Instituições de Direito Processual Civil*, 1945, vol. II.

CHIOVENDA, Giuseppe. *Instituições de Direito Processual Civil*, vol. III.

CHIOVENDA, Giuseppe. *La riforma del procedimento civile*. Roma, 1911.

CHIOVENDA, Giuseppe. *Principii di Diritto Processuale Civile*, 1928.

CINTRA, Araújo; GRINOVER, Ada Pellegrini; DINAMARCO, Cândido R. *Teoria Geral do Processo*, 1974.

CIPRIANI, Franco. Il 3 febbraio 1903 tra mito e realtà. *Scritti in onore dei patres*. Milano: Giuffrè, 2006.

COASE, Ronald H. The Problem of Social Cost. *Journal of Law and Economics*, 1960.

COELHO, Fábio Ulhoa. *Curso de direito comercial*. 6. ed. São Paulo: Saraiva, 2002. vol. I.

BIBLIOGRAFIA | 1103

COLÉGIO NOTARIAL DO BRASIL. Separações e divórcios em cartórios chegam a 14,5% das dissoluções de casamentos no Brasil. 2010. Disponível em: http://www.cnbsp.org.br/index. php?pG=X19leGliZV9ub3RpY2lhcw==&in=MjMyMw==&filtro=&Data=

COMOGLIO, Luigi Paolo. La Tutela Cautelare in Italia: Profili Sistematici e Risconti Comparativi. *Rivista di Diritto Processuale*, 1990, p. 979-980.

COMOGLIO, Luigi Paolo. Voce: Contraddittorio (Principio del). In: Enciclopedia giuridica. Roma: Istituto della Enciclopedia Italiana, 1988, v. 8, p. 6.

COOTER, Robert. *An Introduction to Law and Economics*. 6. ed. Boston: Pearson.

CÔRTES, Osmar Mendes Paixão. A reclamação no novo CPC – Fim das limitações impostas pelos Tribunais Superiores ao cabimento? *Revista de Processo*, vol. 244, São Paulo: RT, p. 347-358, jun. 2015.

CÔRTES, Osmar Mendes Paixão. *Migalhas*. 23 de agosto de 2018. Disponível em: https://www.migalhas.com.br/depeso/286116/algumas-palavras-sobre-os-julgamentos-virtuais-no-ambito--do-stj.

CÔRTES, Osmar Mendes Paixão. *Recursos para os Tribunais Superiores*: recurso extraordinário, recurso especial, embargos de divergência e agravos. 5 ed. Brasília: Gazeta Jurídica, 2021.

COSTA E SILVA, Antônio Carlos. *Tratado do Processo de Execução*. 2. ed. vol. II.

COSTA E SILVA, Paula. *A nova face da Justiça*: os meios extrajudiciais de resolução de controvérsias. Lisboa: Coimbra Editora, 2009.

COSTA, Agustin A. *El Recurso Ordinario de Apelación en el Proceso Civil*. 1950.

COSTA, Eduardo José da Fonseca. Comentário ao artigo 304. In: STRECK, Lenio Luiz et al. (orgs.). *Comentários ao Código de Processo Civil*. São Paulo: Saraiva, 2016.

COSTA, Moacyr Lobo da. *A Intervenção "Iussu Iudicis" no Processo Civil Brasileiro*. São Paulo: Saraiva, 1961.

COSTA, Moacyr Lobo da. *Assistência*. São Paulo: Saraiva, 1968.

COSTA, Sergio. *Manuale di Diritto Processuale Civile*, 1955.

COUTURE, Eduardo. Las Garantías Constitucionales del Proceso Civil. *Estudios de Derecho Procesal Civil*, 1948, vol. 1.

COUTURE, Eduardo. *Estudios de Derecho Procesal Civil*, 1948, vol. I.

COUTURE, Eduardo. *Estudos de Derecho Procesal Civil*, 1978, vol. II.

COUTURE, Eduardo. *Fundamentos de Derecho Procesal Civil*, 1951.

COUTURE, Eduardo. *Fundamentos do Direito Processual Civil*, 1946.

CUENCA, Humberto. *Proceso Civil Romano*, 1957.

CUNHA, Leonardo Carneiro da. *A Fazenda Pública em juízo*. 13. ed. Rio de Janeiro: Forense, 2016

CUNHA, Leonardo Carneiro da. *A Fazenda Pública em juízo*. 18 ed. Rio de Janeiro: Forense, 2021.

CUNHA, Leonardo Carneiro da. A previsão do princípio da eficiência no projeto do Novo Código de Processo Civil brasileiro. *Revista de Processo*, v. 233, jul. 2014, p. 71.

CUNHA, Leonardo Carneiro da. *Direito intertemporal e o Novo Código de Processo Civil*, 2016.

CUNHA, Leonardo Carneiro da. Parecer – CPC, art. 942 – Ampliação do colegiado no julgamento não unânime da apelação – Ausência de limite devolutivo – Exame também da parte unânime. *Revista de Processo*, vol. 270, p. 244-246, 2017.

CUNHA, Paulo. *Processo Comum de Declaração*, 1944, vol. I.

D'ONOFRIO, Paolo. Sul Concetto di Preclusione. *Studi in Onore di Chiovenda*, 1927.

DALL'AGNOL JÚNIOR, Antonio Jandyr. *Comentários ao Código de Processo Civil*, vol. III.

DANTAS, Bruno. Art. 942. In: BUENO, Cassio Scarpinella (coord.). *Comentários ao CPC*: arts. 926 a 1.072. São Paulo: Saraiva, 2017. v. 4.

DANTAS, Bruno. *Repercussão geral*: perspectivas histórica, dogmática e de direito comparado – questões processuais. 3 ed. São Paulo: RT, 2012.

DAUGHETY, Andrew; REINGANUM, Jennifer. Appealing Judgments. *31 Rand Journal of Economics*, p. 502-525, 2000.

DE LUCA, Giuseppe. *I Limiti Soggettivi della Cosa Giudicata Penale*, 1963.

DENTI, Vittorio. *L'Esecuzione Forzata in Forma Specifica*, 1953, Cap. I.

DIAS, Francisco Barros de. Técnica de Julgamento: Criação do Novo CPC (Substitutivo dos Embargos Infringentes). In: DIDIER JR., Fredie (coord. geral); MACÊDO, Lucas Buril de; PEIXOTO, Ravi; FREIRE, Alexandre (orgs.). *Novo CPC doutrina selecionada*: processos nos tribunais e meios de impugnação às decisões judiciais. Salvador: JusPodivm, 2015. vol. 6.

DIDIER JR. Fredie; CUNHA, Leonardo Carneiro da. *Curso de Direito Processual Civil*. 17. ed. Salvador: JusPodivm, 2020. vol. 3.

DIDIER JR., Fredie (coord.). *Novo CPC – Doutrina Selecionada*: Processo nos Tribunais e meios de impugnação às decisões judiciais. 2. ed. Salvador: JusPodivm, 2016.

DIDIER JR., Fredie. *Curso de Direito Processual Civil*. 17. ed. Salvador: JusPodivm, 2019. vol. 1.

DIDIER JR., Fredie. *Curso de Direito Processual Civil*. 19. ed. Salvador: Editora JusPodivm, 2017. vol. 1.

DIDIER JR., Fredie. *Curso de Direito Processual Civil*. 23. ed. Salvador: JusPodivm, 2021. vol. 1.

DIDIER JR., Fredie. *Curso de Direito Processual Civil*. Salvador: JusPodivm, 2021. vol. 2.

DIDIER JR., Fredie. *Curso de Direito Processual Civil*. Salvador: JusPodivm, 2015. vol. 1.

DIDIER JR., Fredie. *Ensaios sobre os negócios jurídicos processuais*. 2. ed. Salvador: JusPodivm, 2021.

DIDIER JR., Fredie. Os três modelos de direito processual civil: inquisitivo, dispositivo e cooperativo. *Revista de Processo*, v. 196, ago. 2011.

DIDIER JR., Fredie; BRAGA, Paula Sarno; OLIVEIRA, Rafael Alexandria. *Curso de direito processual civil*. 11. ed. Salvador: JusPodivm, 2016. vol. 2.

DIDIER JR., Fredie; CABRAL, Antonio do Passo; CUNHA, Leonardo Carneiro da. *Por uma nova teoria dos procedimentos especiais*. 2. ed. Salvador: JusPodivm, 2021.

DIDIER JR., Fredie; CUNHA, Leonardo Carneiro da. Ampliação do colegiado em caso de divergência: algumas impressões iniciais sobre o art. 942 do CPC. In: NERY JR., Nelson; WAMBIER, Teresa Arruda Alvim (coords.). *Aspectos polêmicos e atuais dos recursos cíveis e assuntos afins*. São Paulo: RT, 2017. v. 13.

DIDIER JR., Fredie; CUNHA, Leonardo Carneiro da. *Curso de direito processual civil*. Salvador: Editora JusPodivm, 2017. v. 3.

DIDIER JR., Fredie; CUNHA, Leonardo Carneiro da. *Curso de direito processual civil*: o processo civil nos tribunais, recursos, ações de competência originária de tribunal e querela nullitatis, incidentes de competência originária de tribunal. 14. ed. Salvador: JusPodivm, 2017.

DIDIER JR., Fredie; CUNHA, Leonardo Carneiro da. *Curso de Direito Processual Civil*. 18. ed. Salvador: JusPodivm, 2021. v. 3.

DINAMARCO, Cândido Rangel. *A instrumentalização do processo*. 11. ed. São Paulo: Malheiros, 2003.

DINAMARCO, Cândido Rangel. *A reforma da reforma*. 3. ed. São Paulo: Malheiros, 2002.

DINAMARCO, Cândido Rangel. *Execução Civil*, nº 18.

DINAMARCO, Cândido Rangel. *Fundamentos do Direito Processual Civil*.

DINAMARCO, Cândido Rangel. *Fundamentos do Processo Civil Moderno*. 3. ed. São Paulo: Malheiros, 2000. v. II.

DINAMARCO, Cândido Rangel. *Instituições de Direito Processual Civil*, vol. I.

DINAMARCO, Cândido Rangel. *Instituições de direito processual civil*. 4. ed. São Paulo: Malheiros, 2004. vol. III.

DINAMARCO, Cândido Rangel. *Instituições de Direito Processual Civil*. São Paulo: Malheiros, 2017. vol. 2.

DINAMARCO, Cândido Rangel. *Intervenção de Terceiros*. São Paulo: Malheiros, 2000.

DINAMARCO, Cândido Rangel. *Intervenção de terceiros*. São Paulo: Malheiros, 1997.

DINAMARCO, Cândido Rangel. *Litisconsórcio*.

DINAMARCO, Cândido Rangel. *Manual dos Juizados Cíveis*. São Paulo: Malheiros, 2001.

DINAMARCO, Cândido Rangel. *Processo de Execução*.

DINAMARCO, Cândido Rangel. *Reforma*.

DINAMARCO, Cândido Rangel; BADARÓ, Gustavo Henrique Righi Ivahy; LOPES, Bruno Vasconcelos Carrilho. *Teoria Geral do Processo*. 32. ed. São Paulo: Malheiros, 2020.

DINI, Mario. *I Provvedimenti d'Urgenza*, 1973.

DINI, Mario. *I provvedimenti d'urgenza*, 1981.

DINI, Mario. *La Denunzia di Danno Temuto*, 1957.

DINI, Mario. *La Domanda Riconvenzionale nel Diritto Processuale Civile*, 1978.

DOTTI, Rogéria Fagundes. *Tutela da evidência*. 2. ed. São Paulo: RT, 2020.

ECHANDIA, Hernando Devis. El Derecho Procesal como Instrumento para la Tutela de la Dignidad y la Libertad Humana. *Estudios de Derecho Procesal*, 1985, p. 171-172.

ECHANDIA, Hernando Devis. *Teoría General*, vol. I.

ECHANDIA, Hernando Devis. *Teoría General*, vol. II.

EISENBERG, Theodore. The Relationship Between Plaintiff Success Rates Before Trial and at Trial, 154 J. *Royal Statistical Soc'y*, Series A 111, 112 (1991).

EISENBERG, Theodore; LANVERS, Charlotte. What is the Settlement Rate and Why Should We Care?, 203 *Cornell Law Faculty Publications* (2009).

ESPÍNOLA, Eduardo. *Código de Processo do Estado da Bahia*, 1916, vol. I.

ESTELITA, Guilherme. *Da Coisa Julgada*, 1936.

FABRÍCIO, Adroaldo Furtado. *Comentários ao CPC*, 1988, vol. 8. t. 3.

FABRÍCIO, Adroaldo Furtado. *Comentários*, vol. 3, t. 3.

FABRINI, Giovanni. *Contributo alla Doutrina del Intervento Adesivo*, 1964.

FAGUNDES, M. Seabra. *Do Controle dos Atos Administrativos pelo Poder Judiciário*.

FAGUNDES, M. Seabra. *Dos Recursos Orçamentários em Matéria Civil*.

FAGUNDES, M. Seabra. *Dos Recursos Ordinários em Matéria Civil*, 1946.

FARIA, Márcio Carvalho. *A lealdade processual na prestação jurisdicional*: em busca de um modelo de juiz leal. São Paulo: RT, 2017.

FEIGELSON, Bruno; BECKER, Daniel; RODRIGUES, Marco Antonio. *Litigation 4.0*. São Paulo: RT, 2021.

FENECH, Miguel. *Derecho Procesal Tributario*, 1949.

FENOLL, Jordi Nieva. *Coisa julgada*. Trad. Antonio do Passo Cabral. São Paulo: RT, 2016.

1106 | CURSO DE DIREITO PROCESSUAL CIVIL • *Luiz Fux*

FENOLL, Jordi Nieva. La mediazione: un'alternativa ragionevole al processo? *Rivista trimestrale di diritto e procedura civile*, vol 67, n. 4, p. 1327-1344, Milano: Giuffrè, 2013.

FERRARIS, Federico. Ultime novità in materia di mediazione civile e commerciale. *Rivista di Diritto Processuale*, Padova: CEDAM, p. 779-792, 2015.

FERRAZ, Manuel Carlos de Figueiredo. *A Competência por Conexão*, 1937.

FERREIRA, Waldemar. *História do Direito Brasileiro*, vol. 1.

FIGUEIRA JUNIOR, Joel Dias. *Arbitragem, jurisdição e execução*. 2. ed. São Paulo: RT, 1999

FIX-ZAMUDIO, Héctor. El pensamiento de Eduardo J. Couture y el Derecho Constitucional Procesal. *Boletín Mexicano de Derecho Comparado*, a. X, v. 30, Ciudad Del México, 1977, 315.

FONTES, André R. C. Notas sobre o procedimento monitório no direito comparado. *Revista de Direito*, Renovar, n. 28, jan.-abr. 2000.

FORNACIARI JÚNIOR, Clito. *Da Reconvenção no Direito Processual Civil Brasileiro*.

FORNASIER, Mateus de Oliveira; SCWEDE, Matheus Antes. As plataformas de solução de litígio online (ODR) e a sua relação com o direito fundamental ao acesso à justiça. *Revista Eletrônica de Direito Processual*, v. 22, n. 1, 2021.

FRAGA, Afonso. *Instituições do Processo Civil do Brasil*, 1940, vol. II.

FRAGA, Afonso. *Instituições*, 1941, vol. III.

FREIRE E SILVA, Bruno. A nova aplicação do processo civil ao processo do trabalho: os principais institutos, eficácia, início de vigência e respeito às situações jurídicas consolidadas. In: YARSHELL, Flávio Luiz et al. (coord.). *Direito intertemporal*, 2016.

FURNO, Carlo. *Digesto Sistematico delle Oposizione nel processo Esecutivo*, 1942.

FURNO, Carlo. *Teoría de la Prueba Legal*.

FURTADO, Adroaldo. *Comentários*. v. 8, t. 3.

FUX, Luiz. Aplicabilidade do Código de processo civil ao direito processual penal. In: MADEIRA, Guilherme; BADARÓ, Gustavo Henrique; CRUZ, Rogerio Schieti Machado (coord.). *Código de processo penal*: estudos comemorativos aos 80 anos de vigência. São Paulo: Revista dos Tribunais, 2022.

FUX, Luiz. *Intervenção de Terceiros*. São Paulo: Saraiva, 1990.

FUX, Luiz. *Intervenção de Terceiros*. São Paulo: Saraiva, 1992.

FUX, Luiz. *Juizados Especiais*. Rio de Janeiro: Forense, 1996.

FUX, Luiz. *Locações, Processo e Procedimentos*. 3. ed. 1997.

FUX, Luiz. *O Novo Processo Civil Brasileiro*. Rio de Janeiro: Forense, 2011. (Coleção Direito em Expectativa)

FUX, Luiz. *Tutela de Segurança e Tutela de Evidência*. São Paulo: Saraiva, 1996.

FUX, Luiz; ÁVILA, Henrique; CABRAL, Trícia Navarro Xavier. *Tecnologia e Justiça Multiportas*. Indaiatuba: Editora Foco, 2021.

FUX, Luiz; BODART, Bruno. *Processo Civil e Análise Econômica*. 2. ed. Rio de Janeiro: Forense, 2021.

FUX, Luiz; BODART, Bruno. *Processo Civil e Análise Econômica*. Rio de Janeiro: Forense, 2019.

FUX, Luiz; MARTINS, Humberto; SHUENQUENER, Valter (coord.); GABRIEL, Anderson de Paiva; CHINI, Alexandre; PORTO, Fábio Ribeiro (org.). *O Judiciário do futuro:* Justiça 4.0 e o processo contemporâneo. São Paulo: Thomson Reuters Brasil, 2022.

FUX, Luiz; MARTINS, Weber. *Juizados Especiais Cíveis e Criminais*. Rio de Janeiro: Forense, 1998.

FUX, Rodrigo; VIDEIRA, Renata Gil de Alcântara. Tecnologia no Sistema de Justiça: uma nova onda de renovação. *Estadão*. São Paulo, 4 set. 2020. Disponível em: https://politica.estadao.com.

br/blogs/fausto-macedo/tecnologia-no-sistema-de-justica-uma-nova-onda-de-renovacao/ Acesso em: 11 mar. 2022.

GABRIEL, Anderson de Paiva. *O contraditório participativo no processo penal*: uma análise da fase pré-processual à luz do Código de Processo Civil de 2015 e da Constituição. Rio de Janeiro: Gramma, 2017.

GABRIEL, Anderson de Paiva. *O Pragmatismo como paradigma do Direito Processual Penal contemporâneo*: tecnologia, consenso e *whistleblowing*. Londrina: Thoth, 2022.

GABRIEL, Anderson de Paiva; PORTO, Fábio Rribeiro. *Direito digital*. São Paulo: Thomson Reuters Brasil, 2023.

GAIO JÚNIOR, Antônio Pereira. Jurisdição civil brasileira em crise: desafios em tempos de pandemia. *Revista Eletrônica de Direito Processual*, ano 15, vol. 22, p. 79-99, jan.-abr. 2021.

GALANTER, Marc. Why the haves come out ahead? Speculations on the limits of legal change. *Law and Society Review*, v. 9, n. 1, p. 95-160, 1974.

GANDOLFI, Giuseppe. *Contributto allo Studio del Processo Interdittale Romano*, 1955.

GIBERTONI, C. A. C. *Teoria e Prática do Direito Marítimo*. 3. ed. Rio de Janeiro: Renovar, 2014.

GIBERTONI, C. A. C. *Teoria e Prática do Direito Marítimo*. Rio de Janeiro: Editora Renovar, 1998.

GICO JR. Ivo Teixeira; CAVALCANTE, Henrique Haruki Arake. Taxa de Recorribilidade, Taxa de Reversibilidade e Eficiência Judicial. *Revista Eletrônica do Curso de Direito da UFSM*, n. 14, 2019.

GICO JR., Ivo. *A Tragédia do Judiciário: Subinvestimento em capital jurídico e sobreutilização do Judiciário*. Tese de doutorado, UnB, 2012. p. 1-44. Disponível em: http://repositorio.unb.br/ bitstream/10482/13529/1/2012_IvoTeixeiraGicoJunior.pdf.

GIULIANI, Alessandro. Il Concetto di Prove, Contributo alla Logica Giuridica, 1971, cap. II, § 3.

GLAESER, Edward L.; SHLEIFER, Andrei. Legal Origins. *The Quarterly Journal of Economics*, 117, n. 4, p. 1193-1229, 2002.

GODINHO, Robson Renault; COSTA, Susana Henriques da (coords.). *Repercussões do Novo CPC*: Ministério Público. 2. ed. Salvador: JusPodivm, 2017.

GOLDSCHMIDT, James. Derecho Justicial Material. *Revista de Derecho Procesal*, Buenos Aires, p. 1-4, 1946.

GOLDSCHMIDT, James. *Derecho Procesal Civil*, 1936.

GOLDSCHMIDT, James. *Teoría General del Proceso*, 1936.

GOMES, Frederico Augusto. *A estabilização da tutela antecipada*. São Paulo: RT, 2019.

GRASSO, Eduardo. *Le Impugnazione Incidentale*.

GRECO FILHO, Vicente. *Direito Processual Civil Brasileiro*, 1987, vol. 3.

GRECO FILHO, Vicente. *Intervenção de Terceiros no Processo Civil*. São Paulo: Saraiva, 1973.

GRECO, Leonardo. Cognição sumária e coisa julgada. *Revista Eletrônica de Direito Processual*, ano 5, vol. 10, jul.-dez. 2012.

GRECO, Leonardo. *Jurisdição Voluntária Moderna*.

GRECO, Leonardo. Limitações probatórias no processo civil. *Revista Eletrônica de Direito Processual*, ano 3, v. IV, jul.-dez. 2009.

GRECO, Leonardo. *O acesso ao Direito e à Justiça*. Disponível na Internet: <http://www.mundojuridico.adv.br>. Acesso em: 13 dez. 2004;

GRECO, Leonardo. *O princípio do contraditório*. Estudos de Direito Processual. Faculdade de Direito de Campos, 2005, p. 541-556.

GRECO, Leonardo. *O Processo de Execução*, 1999.

GRECO, Leonardo. Os atos de disposição processual – primeiras reflexões. In: MEDINA, José Miguel Garcia et al (coords.). *Os poderes do juiz e o controle das decisões judiciais*: estudos em homenagem à Profa. Teresa Arruda Alvim Wambier. São Paulo: RT, 2008.

GRECO, Leonardo. Publicismo e privatismo no processo civil. *Revista de Processo*, São Paulo, n. 164, p. 20-56, out. 2008.

GRINOVER, Ada Pellegrini et al. *Teoria Geral do Processo*. 18. ed.

GRINOVER, Ada Pellegrini. Da Coisa Julgada no Código de Defesa do Consumidor. *RA*, 33/5.

GRINOVER, Ada Pellegrini. *As garantias constitucionais do direito de ação*, 1973.

GRINOVER, Ada Pellegrini. *Eficácia e Autoridade da Sentença Penal*, 1978.

GRINOVER, Ada Pellegrini. *Ensaio sobre a processualidade*: fundamentos para uma nova teoria geral do processo. Brasília: Gazeta Jurídica, 2016.

GRINOVER, Ada Pellegrini. *Liberdades Públicas e Processo Penal*.

GRINOVER, Ada Pellegrini. *Os princípios constitucionais e o Código de Processo Civil*, 1975.

GUASP, Jaime. *Comentários a la Ley de Enjuiciamiento Civil*, 1943. vol. I.

GUASP, Jaime. *Derecho Procesal Civil*, 1956.

GUIDI, Paulo. *Teoria Giuridica del Documento*.

GUILLÉN, Fairén. Juicio ordinario, plenarios rápidos, sumario, sumarísimo. *Temas del ordenamiento procesal*, 1969, v. 2.

GUILLÉN, Victor Fairén. *El Juicio Ordinario y los Plenarios Rápidos*, 1953.

GUIMARÃES, Luiz Machado. *Comentários ao CPC*, art. 302.

GUIMARÃES, Luiz Machado. *Estudos de Direito Processual Civil*. Rio de Janeiro: Forense, 1969.

GUSMÃO, Manuel Aureliano. *Processo Civil e Comercial*, 1934.

HALPERIN, Jean-Louis. Le Code de procédure civile de 1806: un code de praticiens? In: CADIET, Loïc et CANIVET, Guy (Dir.). *De la commémoration d'un code à l'autre*: 200 ans de procédure civile en France. Paris: Litec, 2006.

HAY, Bruce. Some Settlement Effects of Preclusion. *1 University Of Illinois Law Review*, p. 21-52, 1993.

HAY, Bruce; SPIER, Kathryn E. Burdens of Proof in Civil Litigation: An Economic Perspective. *26 The Journal of Legal Studies*, p. 413-431, 1997.

HEINITZ, Ernesto. *I Limiti Oggetivi della Cosa Giudicata*, 1937.

HEISE, Michael; WELLS, Martin T. Revisiting Eisenberg and Plaintiff Success: State Court Civil Trial and Appellate Outcomes. *13 Journal of Empirical Legal Studies*, 2016.

HESSE, Konrad. *A força normativa da constituição*. Trad. Gilmar Ferreira Mendes. Porto Alegre: Sergio Antonio Fabris, 1991.

IHERING. *L'esprit du Droit romain*, reimpr. francesa de 1886-1888, vol. 1.

IMAZ, Esteban; REY, Ricardo E. *El Recurso Extraordinário*, 1943.

JAEGER, Nicola. *Diritto Processuale Civile*, 1944.

JOBIM, Marco Félix. *O direito fundamental à duração razoável do processo e a responsabilidade civil do Estado em decorrência da intempestividade processual*. 2. ed. Porto Alegre: Livraria do Advogado, 2012.

JOBIM, Marco Féliz. *As funções da eficiência no Processo Civil brasileiro*. São Paulo: RT, 2017.

JUNOY, Joan Picó i. *El principio de la buena fe procesal*. Barcelona: Bosch, 2003.

KAHNEMAN, Daniel. *Judgment under Uncertainty*: Heuristics and Biases.

KELSEN, Hans. *Teoria Pura do Direito*, 3. ed. 1974.

KISCH, Wilhelm. *Derecho Procesal Civil*, § 43, I.

BIBLIOGRAFIA | **1109**

KISCH, Wilhelm. *Elementos de Derecho Procesual Civil*, 1940.

KOEHLER, Frederico Augusto Leopoldino; BONIZZI, Marcelo José Magalhães. A relevância da questão de direito federal infraconstitucional no recurso especial. *Revista de Processo*, vol. 333, ano 47, São Paulo: Revista dos Tribunais, p. 159-185, nov. 2022.

KOZIKOSKI, Sandro Marcelo; PUGLIESE, William Soares. Ampliação do quórum no julgamento da apelação (CPC 2015, Art. 942). In: MARANHÃO, Clayton; BARGUGIANI, Luiz Henrique Sormani; RIBAR, Rogério; KOZIKOSKI, Sandro (coord.). *Ampliação da Colegialidade*: técnica de julgamento do art. 942 do CPC. Belo Horizonte: Arraes Editores, 2017.

KOZIKOSKI, Sandro Marcelo; PUGLIESE, William Soares. Uniformidade da jurisprudência, divergência e vinculação do colegiado. In: MARANHÃO, Clayton; BARGUGIANI, Luiz Henrique Sormani; RIBAR, Rogério; KOZIKOSKI, Sandro (coord.). *Ampliação da Colegialidade*: técnica de julgamento do art. 942 do CPC. Belo Horizonte: Arraes Editores, 2017.;

LACERDA, Galeno. *Comentários ao Código de Processo Civil*, 1980, vol. 8.

LACERDA, Galeno. *Despacho Saneador*, 1953.

LACERDA, Galeno. Execução Extrajudicial e Segurança do Juízo. *Ajuris*, 23, p. 7.

LACERDA, Galeno. *Função e processo cautelar*: revisão crítica.

LACERDA, Galeno. *Revista Forense*, 246/251

LANCELLOTTI. *Esibizione di Prove e Sequestri*. Studi in Onore di Enrico Redenti, vol. II.

LANES, Júlio Cesar Goulart. A sistemática decorrente de julgamentos não unânimes. Art. 942. In: WAMBIER, ALVIM, Teresa Arruda; DIDIER JR. Fredie; TALAMINI, Eduardo; DANTAS, Bruno (coord.). *Breves Comentários ao novo CPC* [livro eletrônico]. São Paulo: RT, 2016.

LARENZ, Karl. *Derecho de Obligaciones*, 1952, I, § 10, II, c.

LASCANO, Davi. *Jurisdicción y Competencia*, 1941.

LAVAREDA, Antonio; MONTENEGRO, Marcela; XAVIER, Roseane. *Estudo da Imagem do Poder Judiciário*. Brasília: AMB, FGV e IPESPE, 2019. Disponível em: https://www.cnj.jus.br/pesquisas-judiciarias/justica-em-numeros/. Acesso em: 22 jul. 2020.

LEMOS, Vinicius Silva. *Recursos e processos nos tribunais*. 4. ed. Salvador: JusPodivm, 2020.

LENT, Friedrich. *Diritto Processuale Civile Tedesco*, 1962. 1ª parte.

LEONARDO GRECO. O princípio do contraditório. *Revista Dialética de Direito Processual*, São Paulo, v. 24, p. 71-79, 2005.

LESSA, Pedro. *Do Poder Judiciário*, 1915.

LESSONA, Carlo. *Manuale di Procedura Civile*, 1909.

LESSONA, Carlo. *Teoria General de la Prueba en Derecho Civil*, 1957, vol. I.

LESSONA, Carlo. *Teoría General de la Prueba en Derecho Civil*, 1957, vol. IV.

LIEBMAN, Enrico Tulio. Istituti del Diritto Commune nel Processo Civile Brasiliano. *Studi in Onore di Enrico Redenti*, vol. 1.

LIEBMAN, Enrico Tulio. L'Azione nella Teoria del Processo Civile. *Rivista Trimestrale di Diritto e Procedura Civile*, 1950, p. 47-71.

LIEBMAN, Enrico Tulio. L'Unità del Procedimento Cautelare. *Rivista di Diritto Processuale*, 1954, p. 254.

LIEBMAN, Enrico Tulio. La Obra Científica de James Goldschmidt, y la Teoría de la Relación Procesal. *Revista de Derecho Procesal*, vol. 2, 1951, p. 62-63.

LIEBMAN, Enrico Tulio. Norme Processuali nel Codice Civile. *Rivista di Diritto Processuale*, 1948, p. 166.

LIEBMAN, Enrico Tulio. *Corso di Diritto Processuale Civile*, 1952.

LIEBMAN, Enrico Tulio. *Corso di Diritto Processuale Civile*, 1953.

LIEBMAN, Enrico Tulio. *Efficacia*, 1962.

LIEBMAN, Enrico Tulio. *Eficácia e Autoridade da Sentença e outros Estudos sobre a Coisa Julgada*. Rio de Janeiro: Forense, 1981.

LIEBMAN, Enrico Tulio. *Eficácia e Autoridade da Sentença*, 1945.

LIEBMAN, Enrico Tulio. *Embargos do Executado*, nº 91.

LIEBMAN, Enrico Tulio. *Estudos de Direito Processual Civil*.

LIEBMAN, Enrico Tulio. *Estudos sobre o Processo Civil Brasileiro*, 1947.

LIEBMAN, Enrico Tulio. *Instituições de Chiovenda*, 1945, notas, vol. III.

LIEBMAN, Enrico Tulio. *L' Azione*, p. 65.

LIEBMAN, Enrico Tulio. *Le Opposizioni di Merito nel Processo d'Esecuzione*, 1931.

LIEBMAN, Enrico Tulio. *Manuale di Diritto Processuale Civile Italiano*, 1955, vol. I.

LIEBMAN, Enrico Tulio. *Manuale di Diritto Processuale Civile*, 1959, vol. 1.

LIEBMAN, Enrico Tulio. *Manuale di Diritto Processuale Civile*, 1966, vol. I.

LIEBMAN, Enrico Tulio. *Notas às Instituições de Chiovenda*, 1945, vol. II.

LIEBMAN, Enrico Tulio. *Notas às Instituições de Chiovenda*, vol. III.

LIEBMAN, Enrico Tulio. *Notas às Instituições de Chiovenda*, vol. I.

LIEBMAN, Enrico Tulio. *Notas às Instituições de Direito Processual Civil*, vol. 3.

LIEBMAN, Enrico Tulio. *Processo de Execução*, 1946.

LIEBMAN, Enrico Tulio. *Rivista di Diritto Processuale*, 1954.

LIEBMAN, Enrico Tulio. *Studi di Diritto Processuale*, Onore di Giuseppe Chiovenda, 1927.

LIMA, Alcides de Mendonça. Competência para Declarar a Inconstitucionalidade das Leis. *RF*, vol. 123.

LIMA, Herotides da Silva. *Código de Processo Civil*, 1940, vol. I.

LOBÃO, Manuel de Almeida e Sousa de. *Segundas Linhas sobre o Processo Civil*, 1855, Parte II.

LOPES DA COSTA, Alfredo. *Direito Processual Civil Brasileiro*, 1943, vol. II.

LOPES DA COSTA, Alfredo. *Manual elementar de Direito processual civil*, 1982.

LOPES DA COSTA, Alfredo. *Medidas preventivas*, 1958.

LOPES DA COSTA, Alfredo. *Medidas Preventivas, Medidas Preparatórias, Medidas de Conservação*, 1953.

LOPES, João Batista. O ônus da prova. *Doutrinas Essenciais de Direito Civil*. São Paulo: RT, vol. 5, out. 2010.

LUIZO, Francesco Paolo. *Principio del Contradittorio ed Efficacia della Sentenza Verso Terzi*. Milano: Giuffrè, 1983.

MACÊDO, Lucas Buril de; PEIXOTO, Ravi. *Ônus da prova e sua dinamização*. 2. ed. Salvador: JusPodivm, 2016.

MANASSERO, Aristides. *Introduzione allo Studio Sistematico della Competenza Funzionale in Materia Penale*, 1939.

MANCUSO, Rodolfo Camargo. *Recurso Extraordinário e Recurso Especial*.

MANDRIOLI, Crisanto. *L'Azione Esecutiva*, 1955.

MANDRIOLI, Crisanto. *L'Azione Esecutiva*, 1965.

MANDRIOLI, Crisanto. *L'Esecuzione Forzata in Forma Specifica*, 1953.

MANDRIOLI, Crisanto. *Tutela Giurisdizionale dei Diritti*, 1985.

BIBLIOGRAFIA | **1111**

MARCATO, Antonio Carlos. *Procedimentos especiais*. 8. ed. São Paulo: Malheiros, 1999.

MARINONI, Luiz Guilherme. *Efetividade do Processo e Tutela de Urgência*, 1994.

MARINONI, Luiz Guilherme. *O STJ enquanto corte de precedentes*. São Paulo: Revista dos Tribunais, 2014. p. 77.

MARINONI, Luiz Guilherme. *Precedentes Obrigatórios*. 6. ed. São Paulo: RT, 2019.

MARINONI, Luiz Guilherme. *Técnica Processual e Tutela dos Direitos*. 7. ed. São Paulo: RT, 2020.

MARINONI, Luiz Guilherme. *Tutela cautelar e tutela antecipatória*. São Paulo: RT, 1992.

MARINONI, Luiz Guilherme. *Tutela inibitória e tutela de remoção do ilícito*. 7. ed. São Paulo: RT, 2019.

MARINONI, Luiz Guilherme. *Tutela Inibitória*. São Paulo: RT, 1998.

MARINONI, Luiz Guilherme; ARENHART, Sergio Cruz; MITIDIERO, Daniel. *Curso de Processo Civil*. 7. ed. São Paulo: RT, 2021. vol. 2.

MARINONI, Luiz Guilherme; ARENHART, Sérgio Cruz; MITIDIERO, Daniel. *Novo Curso de Processo Civil*: Tutela dos direitos mediante procedimentos diferenciados. 3. ed. São Paulo: RT, 2017.

MARINONI, Luiz Guilherme; ARENHART, Sérgio Cruz; MITIDIERO, Daniel. *Novo Curso de Processo Civil*: Tutela dos direitos mediante procedimentos diferenciados. 5. ed. São Paulo: RT, 2017. vol. 3.

MARINONI, Luiz Guilherme; ARENHART, Sérgio Cruz; MITIDIERO, Daniel. *Novo curso de processo civil*: tutela de direitos mediante procedimento comum. São Paulo: RT, 2016. vol. 2.

MARINONI, Luiz Guilherme; MITIDIEIRO, Daniel. *Comentários ao CPC*: artigos 926 ao 975. São Paulo: RT, 2016.

MARINONI, Luiz Guilherme; MITIDIERO, Daniel; ARENHART, Sergio. *Novo Curso de Processo Civil*. São Paulo: RT, 2015. v. 2.

MARQUES, Frederico José. *Ensaio sobre a Jurisdição Voluntária*, 1959.

MARQUES, Frederico José. *Estudos de Direito Processual Penal*, 1960.

MARQUES, Frederico José. *Instituições de Direito Processual Civil*, 1972, vol. III.

MARQUES, Frederico José. *Instituições de Direito Processual Civil*, 1969, vol. IV.

MARQUES, Frederico José. *Instituições de Direito Processual Civil*, 1971. vol. II.

MARQUES, Frederico José. *Instituições de Direito Processual Civil*, vol. I.

MARQUES, Frederico José. *Manual de Direito Processual Civil*, vol. 4.

MARQUES, Frederico José. *Manual de Direito Processual Civil*, vol. I.

MARQUES, José Frederico. *Manual de Direito Processual Civil*, vol. II.

MARTINS, Pedro Batista. *Comentários ao Código de Processo Civil*, 1942, vol. III.

MARTINS, Pedro Batista. *Comentários ao Código de Processo Civil*, 1942, vol. I.

MARTINS, Pedro Batista. *Comentários ao Código de Processo Civil*, 1942, vol. II.

MARTINS, Pedro Batista. *Recursos e Processo da Competência Originária dos Tribunais*, 1957.

MATOS PEIXOTO, José Carlos de. *Recurso Extraordinário*, 1935.

MAXIMILIANO, Carlos. *Comentários à Constituição brasileira*, 1948, vol. 3.

MAXIMILIANO, Carlos. *Hermenêutica e Aplicação do Direito*, 19. ed., 2010.

MAZZOLA, Marcelo. *Tutela jurisdicional colaborativa*: a cooperação como fundamento autônomo de impugnação. Curitiba: CRV, 2017.

MEDINA, José Miguel Garcia. *Novo Código de Processo Civil comentado*. São Paulo: RT, 2015.

MELENDO, Santiago Sentís. *El Juez y el Derecho*, 1957.

MELENDO, Santiago Sentís. *La Prueba* – Los Grandes Temas del Derecho Probatório.

MELERO, Valentin Silva. *La Prueba Procesal*, 1963, vol. I.

MENDES, Aluisio Gonçalves de Castro. *Ações coletivas e meios de resolução coletiva de conflitos no direito comparado e nacional*. 4. ed. São Paulo: RT, 2014.

MENDES, Aluisio Gonçalves de Castro. *Ações coletivas no direito comparado e nacional*. São Paulo: RT, 2002.

MENDES, Aluisio Gonçalves de Castro. *Competência cível da Justiça Federal*. 4. ed. São Paulo: RT, 2012.

MENDES, Aluisio Gonçalves de Castro. *Incidente de Resolução de Demandas Repetitivas*. Rio de Janeiro: Forense, 2017.

MENDES, Aluisio Gonçalves de Castro; PINHO, Humberto Dalla Bernardina de; VARGAS, Daniel Vianna; SILVA, Felipe Carvalho Gonçalves da. O incidente de resolução de demandas repetitivas (IRDR) no processo penal. Reflexões iniciais. *Revista de Processo*, v. 279, p. 283-312, maio 2018.

MENDES, Aluisio Gonçalves de Castro; PORTO, José Roberto Mello. *Incidente de Assunção de Competência*. 2. ed. Rio de Janeiro: GZ, 2021.

MENDES, Francisco de Assis Filgueira. A influência do código modelo para a ibero-américa no sistema processual civil brasileiro. *Revista de Processo*, São Paulo, nº 92, p. 110-124, out.-dez. 1998.

MENDES, Gilmar. *A Dignidade da pessoa humana na Constituição Federal de 1988 e sua aplicação pelo Supremo Tribunal Federal*. A Constituição de 1988 na Visão dos Ministros do Supremo Tribunal Federal. Brasília: Secretaria de Documentação, 2013.

MESQUITA, José Ignácio Botelho de. *A Autoridade da Coisa Julgada e a Imutabilidade da Motivação da Sentença*, 1963.

MICELI, Vicenzo. *Principi di Filosofia del Diritto*, 2. ed.

MICHELI, Gian Antonio. *Derecho procesal civil*, 1970, vol. 1, n. 20, p. 80-81.

MILLAR, Robert Wyness. *Los Principios Informativos del Procedimiento Civil*.

MINAMI, Marcos Youji. *Da vedação ao non factibile: uma introdução às medidas executivas atípicas*. Salvador: JusPodivm, 2019.

MITIDIERO, Daniel. *Colaboração no Processo Civil*. 4. ed. São Paulo: RT, 2019.

MITIDIERO, Daniel. Comentário ao artigo 304. In: WAMBIER, ALVIM, Teresa Arruda et al. (coords.). *Breves comentários ao novo Código de Processo Civil*. São Paulo: RT, 2015.

MITIDIERO, Daniel. *Reclamação nas Cortes Supremas*. São Paulo: RT, 2020.

MITIDIERO, Daniel. *Superação para frente e modulação de efeitos*. São Paulo: RT, 2021.

MONACCIANI, Luigi. *Azione e Legitimazione*, 1951.

MONTESANO, Luigi. *Sulla duratta dei provvedimenti d'urgenzà*. *Rivista di Diritto Processuale*, vol. 2, 1956.

MONTESANO, Luigi. *La Condanna nel Processo Civile*, 1957.

MONTESQUIEU. *Do Espírito das leis*. São Paulo: Saraiva, 2010.

MOREL, René. *Traité élémentaire de procédure civile*, 1932.

MOREL, René. *Traité élémentaire de procédure civile*, 1952.

MORELLI, Gaetano. *Il Diritto Processuale Civile Internazionale*, 1938.

MORTARA, Ludovico. *Instituzioni di Procedura Civile Firenze*, Barbera, 1972.

MOUSKHELI, M. *La Theorie Juridique de l'Etat Fédéral*, 1931.

NASSER, Paulo Magalhães. *Vinculações arbitrais*. Rio de Janeiro, 2019.

BIBLIOGRAFIA | **1113**

NEGRÃO, Theotonio. *Código de Processo Civil e Legislação Processual em Vigor*, 1994.

NERY JUNIOR, Nelson. *Código Anotado*, p. 991.

NERY JÚNIOR, Nelson. *Princípios do processo civil na Constituição Federal*. 3. ed. São Paulo: RT, 1996.

NERY JÚNIOR, Nelson. *Princípios do Processo na Constituição Federal*. 12. ed. São Paulo: RT, 2016.

NERY JUNIOR, Nelson. *Recursos*, p. 369.

NERY JÚNIOR, Nelson; NERY, Rosa Maria Andrade. *Código de Processo Civil comentado*. São Paulo: Revista dos Tribunais, 2019.

NERY JÚNIOR, Nelson; NERY, Rosa Maria Andrade. *Código de Processo Civil comentado*. 19. ed. São Paulo: RT, 2020.

NERY JUNIOR, Nelson; NERY, Rosa Maria Andrade. *CPC comentado e legislação processual civil extravagante em vigor*. 6. ed. São Paulo: RT, 2002.

NERY JÚNIOR, Nelson; NERY, Rosa Maria Andrade. *CPC e Legislação Processual Civil em Vigor*. São Paulo: RT, 1996.

NERY JUNIOR, Nelson; NERY, Rosa Maria de Andrade. *CPC comentado*. 18. ed. São Paulo: Thomson Reuters Brasil, 2019.

NERY, Renato Gomes. *RT*, 688/269 "Especificação de Provas".

NOGUEIRA, Pedro Henrique; CABRAL, Antonio do Passo (coords.). *Grandes temas do novo CPC – Negócios processuais*. Tomo I (2019) e Tomo II (2020). Salvador: JusPodivm.

NONATO, Orozimbo. *Revista Forense*, 121, p. 108.

NUNES, Dierle José Coelho. Novos rumos para as tutelas diferenciadas no Brasil? In: THEODORO JÚNIOR, Humberto; LAUAR, Maira Terra (coord.). *Tutelas diferenciadas como meio de incrementar a efetividade da prestação jurisdicional*. Rio de Janeiro: GZ Editora, 2010.

NUNES, Dierle. Colegialidade corretiva, precedentes e vieses cognitivos: algumas questões do CPC-2015. *Revista Brasileira de Direito Processual*, Belo Horizonte, n. 92, 2015, p. 77.

NUNES, Dierle; FARIA, Guilherme Henrique Lage; PEDRON, Flavio Quinaud. Hiperoralidade em tempos de Covid-19. *Consultor Jurídico*, 16 de junho de 2020. Disponível em: https://www.conjur.com.br/2020-jun-16/nunes-faria-pedron-hiperoralidade-tempos-covid-19.

NUNES, Dierle; PASSOS, Hugo Malone. Os tribunais online avançam durante a pandemia da Covid-19. *Consultor Jurídico*, 11 de maio de 2020. Disponível em: https://www.conjur.com.br/2020-mai-11/nunes-passos-tribunais-online-pandemia.

OLIVEIRA JÚNIOR, Waldemar Mariz de. *Substituição Processual*. São Paulo: RT, 1971.

OLIVEIRA SANTOS, Pedro Felipe de; ARABI, Abhner Youssif Mota. Cortes digitais: a experiência do Supremo Tribunal Federal. In: FUX, Luiz; ÁVILA, Henrique; CABRAL, Trícia Navarro Xavier. *Tecnologia e Justiça Multiportas*. Indaiatuba: Editora Foco, 2021.

PAJARDI, Piero. *Procedura civile* (istituzioni e lineamenti generali), 1989.

PALHEIRO, Antonio Saldanha; WUNDER, Paulo. Precedentes persuasivos criminais do Superior Tribunal de Justiça: o caso do *Habeas Corpus* 598.051/SP. *Revista Brasileira de Ciências Criminais*, vol. 184, p. 339-365, out. 2021.

PALMEIRA, Pedro. *A Exceção no Projeto e no Código de Processo Civil Brasileiro*, 1940.

PALMEIRA, Pedro. *Da Intervenção de Terceiros nos Principais Sistemas Legislativos* – Da Oposição, Recife, Imprensa Oficial, 1954.

PASSANENTE, Luca. Prova e privacy nell'era di internet e dei social network. *Rivista Trimestrale di Diritto e Procedura Civile*, anno LXXII, n. 2, Milano: Giuffrè, p. 535-554, 2018.

PASTOR, Daniel R. *El plano razonable en el proceso del Estado de Derecho*: una investigación acerca del problema de la excesiva duración del proceso penal y sus posibles soluciones. Buenos Aires: AD-HOC, 2002.

PEIXOTO, Marco Aurélio Ventura; PEIXOTO, Renata Cortez Vieira. *Fazenda Pública e Execução*. 2. ed. Salvador: JusPodivm, 2020.

PEIXOTO, Ravi. *Standards probatórios no Direito Processual brasileiro*. Salvador: JusPodivm, 2021.

PEREIRA E SOUSA, Joaquim José Caetano. *Primeiras Linhas sobre o Processo Civil*, 1863, tomo II.

PEREIRA E SOUSA, Joaquim José Caetano. *Primeiras Linhas*, 1879, tomo I.

PEREIRA, Caio M. S. *Instituições de Direito Civil*. 24. ed. atual. por José Carlos Barbora Moreira. Rio de Janeiro: Forense, 2017. vol. VI.

PEREIRA, Caio M. S. *Instituições de Direito Civil*. 25. ed. atual. por Tânia da Silva Pereira. Rio de Janeiro: Forense, 2017. vol. V.

PEREIRA, Rafael Caselli. *A multa judicial (astreinte) e o CPC/2015*. 2. ed. Porto Alegre: Livraria do Advogado, 2018.

PERROT, Roger. *Processo civile e giustizia sociale*, 1971.

PERROT, Roger. *Rivista di Diritto Processuale Civile*, 1975.

PIMENTEL, Wellington Moreira. Questões de Direito Intertemporal. *RF*, 251/125.

PINHO, Humberto Dalla Bernardina. *Manual de direito processual civil contemporâneo*. 2. ed. São Paulo: Saraiva Educação, 2020.

PINTO, Nelson Luiz. *Recurso Especial para o STJ*.

PISANI, Andrea Proto. "Appunti sulla Tutela Sommaria", I Processi Speciali; *Studi Offerti a Virgilio Andrioli dai suoi Allievi*.

PISANI, Andrea Proto. "I Rapporti fra Diritto Sostanziale e Processo", *Appunti sulla Giustizia Civile*.

PISANI, Andrea Proto. Appunti Preliminari per uno Studio sulla Tutela Giurisdizionale degli Interessi Collettivi (o più Esattamente Superindividuali) Inanzi al Giudice Civile Ordinario, p. 285-286.

PISANI, Andrea Proto. *I rapporti fra Diritto sostanziale e processo*; Apppunti sulla giustizia civile, Bari, Cacucci, 1982, p. 42.

PISANI, Andrea Proto. La tutela sommaria in generale e il procedimento per ingiunzione nell'ordinamento italiano. *Revista de Processo*, São Paulo, n. 90, p. 22-35, abr.-jun. 1998.

PISANI, Andrea Proto. *Opposizione Ordinária de Terzo*. Nápoles, 1965.

PISANI, Andrea Proto. *Rivista di Diritto Civile*, 1987.

PISANI, Andrea Proto. Sulla tutela giurisdizionale differenziatá. *Rivista di Diritto Processuale*, vol. 34, n. 4, p. 536-591, 1979.

PLAZA, Manuel de la. *Derecho procesal civil español*, 1951, vol. 1.

PODETTI, Ramiro. *Revista de Derecho Procesal*, 1944.

PODETTI, Ramiro. *Tratado de la Tercería*.

PONTES DE MIRANDA, Francisco Cavalcanti. *Comentários ao Código de Processo Civil*. Atual. por Sergio Bermudes. t. III.

PONTES DE MIRANDA, Francisco Cavalcanti. *Comentários*. Atual. por Sergio Bermudes. t. IV.

PONTES DE MIRANDA, Francisco Cavalcanti. *Comentários ao Código de Processo Civil*, 1948, vol. III, t. I.

PONTES DE MIRANDA, Francisco Cavalcanti. *Comentários ao Código de Processo Civil*, 1939, vol. I.

PONTES DE MIRANDA, Francisco Cavalcanti. *Comentários ao Código de Processo Civil*, 1947, vol. II.

PONTES DE MIRANDA, Francisco Cavalcanti. *Comentários ao Código de Processo Civil*, 1959, vol. VIII.

PONTES DE MIRANDA, Francisco Cavalcanti. *Comentários ao CPC*, 1949, vol. V.

BIBLIOGRAFIA | **1115**

PONTES DE MIRANDA, Francisco Cavalcanti. *Comentários ao CPC*, vol. III.

PONTES DE MIRANDA, Francisco Cavalcanti. *História e prática do arresto ou embargo*, 1929.

PONTES DE MIRANDA, Francisco Cavalcanti. *RTJ*, 123/569.

PONTES DE MIRANDA, Francisco Cavalcanti. *Tratado da Ação Rescisória*. 5. ed. 1976, p. 299.

PONTES DE MIRANDA, Francisco Cavalcanti. *Tratado das Ações*, 1972, vol. III.

PORTO, José Roberto Mello; RODRIGUES, Marco Antonio dos Santos. Princípio da eficiência processual e direito à boa jurisdição. *Revista de Processo*, vol. 275, jan. 2018.

POSNER, Richard; LANDES, William M. Legal Precedent: A Theoretical and Empirical Analysis. *The Journal of Law & Economics*, Vol. 19, No. 2, Conference on the Economics of Politics and Regulation (Aug. 1976).

PRATA, Edson. *Comentários*. vol. III.

PRATA, Edson. *Da Contestação.*

PRIEST, George; KLEIN, Benjamin. The Selection of Disputes for Litigation, 13 J. *Legal stud*. 1 (1984).

PRÜTTING, Hanns. La diferencia entre juez conciliador, mediator y componedor de conflictos. *Revista de Processo*, São Paulo, n. 272, p. 441-452, out. 2017

PUGLIATI, Salvatore. *Esecuzione Forzata e Diritto Estanziale*, 1935.

PUGLIATI, Salvatore. *Esecuzione Forzata e Diritto Sostanziale*, 1953.

PUGLIESE, Giovanni. Giudicato Civile. *Enciclopédia del Diritto*, vol. XVIII.

PUGLIESE, Giovanni. *Polemica Intorno all'Actio*, 1954.

PUOLI, José Carlos Baptista. *Os poderes do juiz e as reformas do processo civil*. São Paulo: Juarez de Oliveira, 2002.

REALE, Miguel. *Filosofia do Direito*, 13. ed. 1990.

REALE, Miguel. *Teoria Tridimensional do Direito*, 4. ed. 1986.

REDENTI, Enrico. *Diritto Processual Civile*, 1947, vol. I.

REDENTI, Enrico. *Diritto Processuale Civile*, 1957, vol. II.

REDENTI, Enrico. *Il Giudizio Civile con Pluralità di Parte.*

REDONDO, Bruno Garcia. Estabilização, modificação e negociação da tutela de urgência antecipada antecedente: principais controvérsias. *Revista de Processo*, ano 40, v. 244, p. 167-194, jun. 2015.

REIS, José Alberto dos. A figura do processo cautelar. *Separata do Boletim do Ministério da Justiça*, n. 3, Lisboa, 1947.

REIS, José Alberto dos. *Código de Processo Civil Anotado*, 1952, vol. V.

REIS, José Alberto dos. *Comentários ao Código de Processo Civil*, 1945, vol. 2.

REIS, José Alberto dos. *Comentários ao Código de Processo Civil*, 1946, vol. 3.

REIS, José Alberto dos. *CPC Anotado*, 1952, vol. V.

REIS, José Alberto dos. *Intervenção de Terceiro.*

REIS, José Alberto dos. *Processo de Execução*, 1954, vol. II.

REIS, José Alberto dos. *Processo Ordinário e Sumário*, 1928.

RESNIK, Judith. Los jueces como directores del proceso (Managerial Judges). *Revista de Processo*, São Paulo, n. 268, p. 189, jun. 2017.

REZENDE FILHO, Gabriel de. *Modificações Objetivas e Subjetivas da Ação*, 1933.

REZENDE, Astolfo. *A posse e sua proteção*, 1937, 2 vols.

ROCCA, Fernando Della. *Istituzioni di Diritto Processuale Canonico*, 1946.

ROCCO, Alfredo. *Sentenza Civile*, 1906.

ROCCO, Ugo. *L'Autorità della Cosa Giudicata e i suoi Limiti Soggettivi*, 1917, vol. I.

ROCCO, Ugo. *Trattato di Derecho Processuale Civile*, 1977, vol. V.

ROCCO, Ugo. *Trattato di Diritto Processuale Civile*, 1957, vol. I.

ROCCO, Ugo. *Trattato di Diritto Processuale Civile*, 1957, vol. III.

RODRIGUES, Daniel Colnago. *Intervenção de terceiros*. 2. ed. São Paulo: RT, 2021.

RODRIGUES, Marco Antonio dos Santos. *A Fazenda Pública no Processo Civil*. 2. ed. São Paulo: Atlas, 2016.

RODRIGUES, Marco Antonio dos Santos. *Manual dos recursos, ação rescisória e reclamação*. São Paulo: Atlas, 2017.

RODRIGUES, Marco Antonio dos Santos; CABRAL, Thiago Dias Delfino. O futuro é virtual? *Jota*, 14 de julho de 2020. Disponível em: https://www.jota.info/opiniao-e-analise/colunas/tribuna-da-advocacia-publica/o-futuro-e-virtual-14062020.

RODRIGUES, Marco Antonio dos Santos; TAMER, Mauricio. *Acesso digital à justiça*: as tecnologias da informação na resolução de conflitos. Salvador: JusPodivm, 2021.

ROQUE, Andre Vasconcelos. Contraditório participativo: evolução, impactos no processo civil e restrições. *Revista de Processo*, vol. 279, p. 19-40, maio 2018.

ROQUE, Andre Vasconcelos et al. *Processo de conhecimento e cumprimento de sentença* – comentários ao CPC de 2015. 2. ed. São Paulo: Método, 2018. vol. 2.

ROSA, Eliézer. *O Despacho Saneador como Sentença Interlocutória*, 1967.

ROSA, José Carlos. *Medidas cautelares e arbitragem*. São Paulo: Opera Nostra, 2006.

ROSAS, Roberto. *Devido Processo Legal*. Rio de Janeiro: GZ, 2020.

ROSAS, Roberto. *Direito Sumular, Anotações à Súmula 424 do STF*. 9. ed.

ROSENBERG, Leo. *Derecho Procesal Civil*, 1955, vol. II.

ROSENBERG, Leo. *Derecho Procesal Civil*, 1955, vol. III.

ROSENBERG, Leo. *Derecho procesal civil*, vol. I.

ROSENBERG, Leo. *Tratado de Derecho Procesal Civil*, 1955, vol. I.

ROSENBERG, Leo. *Tratado de Derecho Procesal Civil*, 1955, vol. II.

ROSENBERG, Leo. *Tratado de Derecho Procesal Civil*, 2ª ed. vol. IV.

ROSENBERG, Leo. *Tratado de Derecho Procesal Civil*, 5ª ed. vol. I.

ROSENBERG, Leo. *Tratado de Derecho Procesal Civil*, vol. III.

SALOMÃO, Rodrigo Cunha Mello. *A relevância da questão de direito no recurso especial*. Curitiba: Juruá, 2021.

SAMPAIO JÚNIOR, José Herval. A influência da Constitucionalização do Direito no ramo processual: Neoprocessualismo ou processo constitucional? Independente da nomenclatura adotada, uma realidade inquestionável. In: DIDIER JR., Fredie (org.). *Teoria do Processo Panorâmica Doutrinário Mundial*. Salvador: JusPodvim, 2010. vol. 1.

SANCHES, Sidney. *Execução Específica*.

SANCHES, Sidney. *Poder cautelar geral do juiz*, 1978.

SANSEVERINO, Milton; KONATSU, Roque. *A citação no Direito Processual Civil*.

SANTOS, Boaventura de Souza. *Introdução à sociologia da Administração da Justiça*. Direito e justiça: a função social do Judiciário. São Paulo: Ática, 1989.

SANTOS, Ernane Fidélis dos. *Manual de direito processual civil*: procedimentos especiais codificados e da legislação esparsa, jurisdição contenciosa e jurisdição voluntária, processo nos tribunais e juizados especiais. 15. ed. São Paulo: Saraiva, 2017. vol. 3.

BIBLIOGRAFIA | **1117**

SANTOS, Ernane Fidélis dos. *Manual de Direito Processual Civil*. 8. ed. São Paulo: Saraiva, 2002. vol. 3.

SANTOS, Ernani Fidélis dos. *Manual de Direito Processual Civil*, vol. I.

SANTOS, Gildo dos. *A Prova no Processo Civil*.

SANTOS, Moacyr Amaral. *Prova Judiciária no Civil e no Comercial*, vol. III.

SANTOS, Moacyr Amaral. *Ações Cominatórias no Direito Brasileiro*, vol. I, nº 65

SANTOS, Moacyr Amaral. *Primeiras Linhas de Direito Processual Civil*, vol. II.

SANTOS, Moacyr Amaral. *Primeiras Linhas*, 1963, vol. III.

SANTOS, Moacyr Amaral. *Prova Judiciária no Cível e Comercial*, 1952, vol. I.

SANTOS, Moacyr Amaral. *Prova Judiciária no Cível e no Comercial*, 1954, vol. IV.

SANTOS, Moacyr Amaral. *Prova Judiciária no Civil e no Comercial*, 1955, vol. V.

SARLET, Ingo Wolfgang. *Dignidade da pessoa humana e direitos fundamentais na Constituição da República de 1988*. Porto Alegre: Livraria do Advogado, 2002.

SARLET, Ingo Wolfgang; MARINONI, Luiz Guilherme; MITIDIERO, Daniel. *Curso de Direito Constitucional*. 2. ed. São Paulo: Revista dos Tribunais, 2013.

SARMENTO, Daniel. *Dignidade da Pessoa Humana*: Conteúdo, Trajetórias, Metodologia. Belo Horizonte: Fórum, 2016.

SATTA, Salvatore. *Commentario al Codice di Procedura Civile*, 1968, vol. 4, parte 1.

SATTA, Salvatore. *Diritto processuale civile*, 11. ed. 1993.

SATTA, Salvatore. *L'Esecuzione Forzata*, 1950.

SCHONKE, Adolfo. *Derecho Procesal Civil*, 1950.

SCIALOJA, Vittorio. *Procedimiento Civil Romano*, 1954.

SEGNI, Antonio. "Intervento Voluntário in Appello", *Scritti Giuridici*.

SEGNI, Antonio. *Commentario del Codice Civile a Cura di Scailoja e Branca*, liv. 6, La Tutela dei Diritti, 1953.

SEGNI, Antonio. *Novissimo Digesto Italiano*, vol. VIII.

SHAVELL, Steven. Alternative Dispute Resolution: An Economic Analysis. *The Journal of Legal Studies*, vol. 24, n. 1, p. 1-28, jan. 1995.

SHAVELL, Steven. Any Frequency of Plaintiff Victory at Trial Is Possible. *25 Journal of Legal Studies* 493, 1996.

SHAVELL, Steven. *Economic Analysis of Law*, 2004.

SHAVELL, Steven. *Foundations of Economic Analysis of Law*. Cambridge: Harvard University Press, 2004.

SHAVELL, Steven. The Appeals Process and Adjudicator Incentives. *35 Journal of Legal Studies* 1 (2006).

SICA, Heitor Vitor Mendonça. Doze problemas e onze soluções quanto à chamada "estabilização da tutela antecipada". In: LUCON, Paulo Henrique dos Santos et al. (coords). *Processo em jornadas*. Salvador: JusPodivm, 2016.

SICHES, Recaséns. *Introducción al Estudio del Derecho*, 1970.

SICHES, Recaséns. *Nueva Filosofia de la Interpretación*, 1980.

SILVA, Franklyn Roger Alves; ESTEVES, Diogo. *Princípios Institucionais da Defensoria Pública*. 3 ed. Rio de Janeiro: Forense, 2018.

SILVA, Irapuã Santana do Nascimento da. *Princípio da igualdade na mediação e o acesso à justiça*. São Paulo: Editora Mackenzie, 2016.

SILVA, José Afonso da. *Comentário contextual à Constituição*. 6. ed. São Paulo: Malheiros, 2009.

SILVA, José Afonso da. *Do Recurso Extraordinário no Direito Brasileiro*, 1963.

SILVA, Ovídio Araújo Baptista da. *A Ação de Imissão de Posse no Direito Brasileiro Atual*, 1981.

SILVA, Ovídio Araújo Baptista da. *A Plenitude da Defesa no Processo Civil: Estudos em Homenagem a Frederico Marques.*

SILVA, Ovídio Araújo Baptista da. *Comentários ao Código de Processo Civil*, 1986.

SILVA, Ovídio Araújo Baptista da. *Curso de Processo Civil*, 1991, vol. I.

SILVA, Ovídio Araújo Baptista da. *Curso de Processo Civil*, 1993, vol. II.

SILVA, Ovídio Araújo Baptista da. *Curso de Processo Civil*, vol. 3.

SILVA, Ovídio Araújo Baptista da. *Curso de Processo Civil*: processo de conhecimento. 6. ed. São Paulo: RT, 2002. vol. I.

SILVA, Ovídio Araújo Baptista da. *Il Principio del Contraditorio nel Processo Civile Romano*, Doutrina e Prática do Arresto ou Embargo, 1976.

SILVA, Ovídio Araújo Baptista da. *Sentença e Coisa Julgada*, 1988.

SILVA, Ovídio Baptista da. *Sentença e Coisa Julgada* – ensaios e pareceres. 4. ed. Rio de Janeiro: Forense, 2003.

SILVA, Ovídio Baptista da. *Teoria Geral do Processo Civil*. 3. ed.

SIMAS, Hugo. *Comentários ao Código de Processo Civil*, 1962, vol. 8.

SIMON, Herbert. A Behavioral Model of Rational Choice. Herbert A. Simon. *The Quarterly Journal of Economics*, vol. 69, n. 1, p. 99-118, fev. 1955.

SOUSA, Diego Crevelin de; ROSSI, Júlio César. O incidente de quórum qualificado em julgamentos não unânimes no CPC: mais uma jaboticaba!. *Revista Brasileira de Direito Processual*, Belo Horizonte, n. 99, 2017, p. 152.

SOUSA, José Augusto Garcia de. O tempo como fator precioso e fundamental do processo civil brasileiro: aplicação no campo das impenhorabilidades. *Revista de Processo*, vol. 295, São Paulo, set. 2019.

SOUZA, Hermenegildo de. *A Natureza das Normas sobre Prova.*

SOUZA, José Augusto Garcia de. *A tempestividade da justiça no processo civil brasileiro*. Salvador: JusPodivm, 2020.

SPAMANN, Holger. Legal Origins, Civil Procedure, and the Quality of Contract Enforcement, *166 J. Institutional & Theoretical Econ.* 149 (2010).

SPERL, Hans. *Studi di Diritto Processuale in Onore di Chiovenda.*

SPIER, Kathryn E.; PRESCOTT, J. J. A Comprehensive Theory of Civil Settlement. *NYU Law Review*, April 2016.

STAMMLER, Rudolf. *Tratado de Filosofia del Derecho*, 1930.

SUNSTEIN, Cass; KAHNEMAN, Daniel; SCHKADE, David; RITOV, Ilana. Predictably Incoherent Judgments. *Stanford Law Review*, Vol. 54, Issue 6 (June 2002), p. 1.153-1.216.

SUSSKIND, Richard. *Online Courts and the Future of Justice.* Oxford: Oxford University Press, 2019.

TALAMINI, Eduardo. *A tutela monitória – a ação monitória – Lei nº 9.079/1995.*

TALAMINI, Eduardo; MINAMI, Marcos Youji (coords.). *Grandes temas do novo CPC* – Medidas executivas atípicas. 2. ed. Salvador: JusPodivm, 2020.

TARELLO, Giovanni. *Quattro buoni giuristi per una cattiva azione.* Dottrine del processo civile – studi storici sulla formazione del diritto processuale civile. Bologna: Il Mulino, 1989.

TARUFFO, Michele. *Prove Atipiche e Convincimento del Giudice. Rivista*, 1973.

TARUFFO, Michele. Abuso dos direitos processuais: padrões comparativos de lealdade processual (relatório geral). *Revista de Processo*, São Paulo, v. 34, n. 177, p. 153-183, nov. 2009.

TARUFFO, Michele. *La carga de la prueba*, 1961.

TARUFFO, Michele. Un'alternativa alle alternative: modelli di risoluzione dei conflitti. *Revista de Processo*, São Paulo, vol. 152, p. 319, out. 2007.

TARZIA, Giuseppe. Considerazione Comparative sulle Misure Provvisorie nel Processo Civile. *Rivista di Diritto Processuale*, 1985, p. 249.

TEIXEIRA, Guilherme Freire de Barros. Art. 942 do CPC 2015 e suas dificuldades operacionais: aspectos práticos. In: MARANHÃO, Clayton; BARGUGIANI, Luiz Henrique Sormani; RIBAR, Rogério; KOZIKOSKI, Sandro (coord.). *Ampliação da Colegialidade*: técnica de julgamento do art. 942 do CPC. Belo Horizonte: Arraes Editores, 2017.

TELLES JÚNIOR, Goffredo da Silva. Carta aos brasileiros. *Revista da Faculdade de Direito da USP*, v. 2, p. 411, 1977.

THAMAY, Rennan. *Coisa julgada*. 2. ed. São Paulo: RT, 2020.

THAMAY, Rennan; TAMER, Mauricio. *Provas no Direito Digital*. São Paulo: RT, 2020.

THEDODORO JÚNIOR, Humberto. *A Insolvência Civil*.

THEDODORO JÚNIOR, Humberto. *Curso de Direito Processual Civil*. 32. ed. Rio de Janeiro: Forense. vol. 3.

THEDODORO JÚNIOR, Humberto. *Curso de Direito Processual Civil*. 17. ed. Rio de Janeiro: Forense, 1998. vol. 3.

THEDODORO JÚNIOR, Humberto. *Curso de Direito Processual Civil*. 54. ed. Rio de Janeiro: Forense, 2021. vol. 3.

THEDODORO JÚNIOR, Humberto. *Curso de Direito Processual Civil*. 62. ed. Rio de Janeiro: Forense, 2021. vol. 1.

THEDODORO JÚNIOR, Humberto. *Curso de Direito Processual Civil*. Rio de Janeiro: Forense, 2016. vol. 1.

THEDODORO JÚNIOR, Humberto. *Curso de Processo Civil*. Rio de Janeiro: Forense, 1992. vol. 1.

THEDODORO JÚNIOR, Humberto. *Curso de Processo Civil*. Rio de Janeiro: Forense. vol. 2.

THEDODORO JÚNIOR, Humberto. Os poderes do juiz em face da prova. *Revista Forense*, Rio de Janeiro, v. 74, n. 263, p. 39-47, jul.-set. 1978.

THEDODORO JÚNIOR, Humberto. *Processo cautelar*, 1976.

THEDODORO JÚNIOR, Humberto. *Processo de Conhecimento*. Rio de Janeiro: Forense, 1984.

THEODORO JÚNIOR, Humberto. *Curso de Direito Processual Civil*. 54. ed. Rio de Janeiro: Forense, 2021. vol. 3.

THEODORO JÚNIOR, Humberto. *Curso de Direito Processual Civil*: Teoria geral do direito processual civil, processo de conhecimento e procedimento comum. 47. ed. Rio de Janeiro: Forense, 2016. vol. 3.

TOCQUEVILLE, Alexis. *De la démocratie en Amérique*. Coll. Garnier-Flammarion. Paris: Ed. Flammarion, 1993.

TOMMASEO, Ferruccio. *Colloquio Internazionale*, 1984.

TOMMASEO, Ferruccio. *I provvedimenti d'urgenza, struttura e limiti della tutela anticipatoria*, 1983.

TOMMASEO, Ferruccio. *L'Estromissione di una Parte dal Giudizio*, 1975.

TORNAGHI, Hélio. *Instituições de Processo Penal*, 1977, vol. 1.

TORRES, Rogério Licastro. *Honorários advocatícios*. 2. ed. São Paulo: RT, 2019.

TROCKER, Nicolò. *Processo Civile e Costituzione*: problemi di diritto tedesco e italiano. Milano: Giuè, 1974.

1120 | CURSO DE DIREITO PROCESSUAL CIVIL • *Luiz Fux*

TUCCI, José Rogério Cruz e. Ação monitória no novo processo civil português e espanhol. *Revista de Processo*, São Paulo, nº 103, p. 108-121, jul.-set. 2001.

TUCCI, José Rogério Cruz e. *Da Reconvenção.*

TUCCI, José Rogério Cruz e. Garantia da prestação jurisdicional sem dilações indevidas como corolário do devido processo legal. *Revista de Processo*, vol. 66, abr.-jun. 1992.

TUCCI, Rogério Lauria; TUCCI, José Rogério Cruz e. *Constituição de 1988 e processo*: regramentos e garantias constitucionais, 1989.

ULPIANO, Digesta Iustiniani. Liber 49; Coleção Mommsen & Krüger.

VALADÃO, Haroldo. *Estudos de Direito Internacional Privado*, 1947.

VALE, Luís Manoel Borges do; NADER, Philippe de Oliveira. Cortes online e devido processo legal tecnológico: um dolema em construção. *Jota*, 1º de junho de 2020. Disponível em: https://www.jota.info/opiniao-e-analise/artigos/cortes-online-e-devido-processo-legal-tecnologico--um-dilema-em-construcao-01062020.

VERDE, Giovanni. L'Attuazione della Tutela d'Urgenza. *La Tutela d'Urgenza* (atti del XV Convegno Nazionale), 1985.

VERDE, Giovanni. *Considerazioni sul provvedimenti d'urgenzá*: I processo speciali: studi offerti a Virgilio Andrioli dai suoi allievi, 1979).

VERDE, Giovanni. *Rivista di Diritto Processuale*, vol. 35, 2ª série, n.3, p. 581-585, jul.-set. 1980.

VIDIGAL, Luís Eulálio Bueno. *Comentários ao CPC*. São Paulo: RT, 1974. vol. IV.

VIDIGAL, Luís Eulálio Bueno. *Da Ação Rescisória dos Julgados*, 1948.

VIDIGAL, Luís Eulálio Bueno. *Da Execução Direta das Obrigações de Prestar Declaração de Vontade*, 1990.

VIGORITI, Vicenzo. Prove Ilecite e Costituzione. *Riv. Dir. Processuale*, p. 67, 1969.

VILAR, Willard de Castro. *Medidas cautelares*, 1971.

WACH. *La Pretension de Déclaration*, 1988.

WALDFOGEL, Joel. The Selection Hypothesis and the Relationship between Trial and Plaintiff Victory. *2 Journal of Political Economy* 229, 1995.

WAMBIER, Teresa Arruda Alvim et al. *Primeiros Comentários ao Novo CPC*. São Paulo: RT, 2015.

WAMBIER, Teresa Arruda Alvim. Ampliação da colegialidade como técnica de julgamento. In: WAMBIER, Luiz Rodrigues; WAMBIER, Teresa Arruda Alvim (Coords.). *Temas Essenciais do Novo CPC*: Análise das principais alterações do sistema processual civil brasileiro. São Paulo: RT, 2016.

WAMBIER, Teresa Arruda Alvim. Ampliar a Colegialidade: a que custo? *Res Severa Verum Gaudium*, Porto Alegre, v. 3. n. 1, mar. 2017, p. 21.

WAMBIER, Teresa Arruda Alvim. *Embargos de declaração*. 5. ed. São Paulo: RT, 2021.

WAMBIER, Teresa Arruda Alvim. *Exposição de Motivos*. Código de Processo Civil: anteprojeto/ Comissão de Juristas responsável pela Elaboração de Anteprojeto de Código de Processo Civil – Brasília: Senado Federal, Presidência, 2010.

WAMBIER, Teresa Arruda Alvim. *Modulação na alteração da jurisprudência firme ou de precedentes vinculantes*. 2. ed. São Paulo: RT, 2021.

WAMBIER, Teresa Arruda Alvim. *Os agravos no CPC/2015*. São Paulo: Editora Direito Contemporâneo, 2020.

WAMBIER, Teresa Arruda Alvim; DANTAS, Bruno. *Recurso especial, recurso extraordinário e a nova função dos tribunais superiores no direito brasileiro*. 6. ed. São Paulo: RT, 2019.

WATANABE, Kazuo. *Da Cognição no Processo Civil*, 1987.

WATANABE, Kazuo. *Da cognição no processo civil*. 2. ed. Campinas: Bookseller, 2000.

WISSLER, Roselle. The Effects of Mandatory Mediation: Empirical Research on the Experience of Small Claims and Common Pleas Courts. *33 Willamette Law Review* 565, 1997.

WITTMAN, Donald. Is the Selection of Cases for Trial Biased? *14 The Journal of Legal Studies*, 185, 1985.

WOLKART, Erik Navarro. *Análise Econômica do processo civil* – Como a economia, o direito e a psicologia podem vencer a tragédia da justiça. São Paulo: RT, 2019.

WOLKART, Erik Navarro; NUNES, Dierle; LUCON, Paulo Henrique dos Santos (orgs.). *Inteligência artificial e Direito Processual*: impactos da virada tecnológica no direito processual. 2. ed. Salvador: JusPodivm, 2021.

WOLLSCHLÄGER, Christian. *Introduzione*: La Zivilprozessordnung del 1877/1898. Ordinanza dela procedura civile dell'Impero Germanico – 1877/1898. Milano: Giuffrè.

YARSHELL, Flávio. *Tutela Jurisdicional Específica nas Obrigações de declaração de vontade.*

ZANETI JR., Hermes. Aplicação supletiva, subsidiária e residual do CPC ao CPP. In: DIDIER JR., Fredie (coord.); CABRAL, Antonio do Passo; PACELLI, Eugênio; CRUZ, Rogério Schietti (org.). *Processo Penal*. Salvador: JusPodivm, 2016. (Coleção Repercussões do Novo CPC)

ZANETI JR., Hermes. Art. 942. In: CABRAL, Antonio do Passo; CRAMER, Ronaldo. *Comentários ao Novo CPC*. Rio de Janeiro: Forense, 2015.

ZANETI JR., Hermes; CABRAL, Trícia Navarro Xavier (coords.). *Grandes temas do novo CPC* – Justiça multiportas. Salvador: JusPodivm, 2018.

ZANZUCCHI, Marco Tullio. Delle Impugnazioni in Genere. *Rivista di Diritto Processuale Civile*, 1941, p. 311.

ZANZUCCHI, Marco Tullio. *Diritto Processuale Civile*, 1946, vol. I.

ZANZUCCHI, Marco Tullio. *Diritto Processuale Civile*, 1947. vol. II.

ÍNDICE ALFABÉTICO-REMISSIVO

(os números referem-se às páginas da obra)

A

ABANDONO DO AUTOR, 368

AÇÃO
- alteração dos elementos de identificação, 215
- anulatória de atos judiciais, 1079
- ausência das condições – extinção do processo, 371
- *causa petendi*, 203
- classificação, 184
- conceito, 179
- concurso, 219
- condições, 189
- continência, 219
- cumulação, 219
- decendiária no direito brasileiro, 595
- de consignação em pagamento, 503
- de consignação em pagamento – citação e direito de escolha, 509
- de consignação em pagamento – competência, 506
- de consignação em pagamento – consignação em caso de dúvida, 509
- de consignação em pagamento – depósito extrajudicial, 505
- de consignação em pagamento – generalidades materiais, 503
- de consignação em pagamento – generalidades processuais, 504
- de consignação em pagamento – julgamento do pedido, 512
- de consignação em pagamento – petição inicial, 508
- de consignação em pagamento – prestações periódicas, 507
- de consignação em pagamento – resposta do réu, 510
- de consignação em pagamento – revelia, 512
- de consignação em pagamento – valor da causa, 508
- de dar contas, 515
- de dissolução parcial de sociedade, 541
- de dissolução parcial de sociedade – legitimidade ativa e passiva, 542
- de dissolução parcial de sociedade – procedimento, 543

- de divisão e da demarcação de terras particulares, 531
- de divisão e da demarcação de terras particulares – ação demarcatória, 532
- de divisão e da demarcação de terras particulares – citação e intimação, 534
- de divisão e da demarcação de terras particulares – cumulação de pedidos, 531
- de divisão e da demarcação de terras particulares – defesa do réu, 534
- de divisão e da demarcação de terras particulares – demarcação com queixa de esbulho ou turbação, 533
- de divisão e da demarcação de terras particulares – demarcação do imóvel comum, 534
- de divisão e da demarcação de terras particulares – petição inicial, 533
- de divisão e da demarcação de terras particulares – Procedimento da demarcação, 532
- de exigir contas – generalidades, 513
- de exigir contas – saldo e execução por quantia, 515
- desistência, 371
- divisória, 537
- elemento causal – *causa petendi*, 203
- elemento objetivo – pedido, 205
- elementos de identificação das ações, 199
- elemento subjetivo – partes, 200
- espécies, 179
- interesse de agir, 194
- intransmissibilidade, 372
- legitimidade das partes, 191
- monitória – *causa petendi* e *causa debendi*, 599
- monitória – condições da ação, 596
- monitória – Direito brasileiro, 595
- monitória – Direito europeu, 591
- monitória – Direito medieval, 591
- monitória – Direito romano, 590
- monitória – embargos, 599
- monitória – estrutura do procedimento, 597
- monitória – histórico e direito comparado, 590
- monitória – interesse de agir, 596
- monitória – legitimidade das partes, 596
- monitória – petição inicial, 597

- monitória – procedimento monitório no atual processo civil europeu, 592
- natureza jurídica, 180
- pedido, 205
- pedido – cominatório, 211
- pedido de prestação indivisível, 211
- possessória – caução e tutela liminar antecipada, 524
- possessória – citação e prazo para a resposta, 527
- possessória – cumulação de pedidos, 521
- possessória – duplicidade dos interditos possessórios, 521
- possessória – fungibilidade dos interditos possessórios, 520
- possessória – interdito proibitório, 528
- possessória – juízo petitório e juízo possessório, 522
- possessória – justificação de posse, 527
- possessória – Procedimento, 523
- real – fraude de execução, 812
- reconvenção – autonomia procedimental, 402
- reipersecutória – fraude de execução, 812
- renúncia ao direito em que se funda, 374
- repetida – distribuição, 348
- rescisória, 1059
- rescisória – causas de rescindibilidade, 1061
- rescisória – coação, 1064
- rescisória – coisa julgada anterior, 1064
- rescisória – colusão das partes, 1064
- rescisória – competência, 1071
- rescisória – concussão do julgador, 1062
- rescisória – condições da ação, 1068
- rescisória – corrupção do julgador, 1062
- rescisória – desconstituição do julgado, 1059
- rescisória – dolo, 1064
- rescisória – eficácia da decisão rescindenda, 1073
- rescisória – erro de fato, 1067
- rescisória – finalidade, 1060
- rescisória – impedimento do julgador, 1062
- rescisória – incompetência absoluta, 1062
- rescisória – interesse de agir, 1071
- rescisória – legitimidade, 1068
- rescisória – prazo decadencial, 1071
- rescisória – pressupostos, 1060
- rescisória – prevaricação do julgador, 1062
- rescisória – procedimento, 1074
- rescisória – propositura, 1073
- rescisória – prova falsa, 1066
- rescisória – prova nova, 1067
- rescisória – simulação, 1064
- rescisória – violação manifesta à norma jurídica, 1065

AÇÕES DE FAMÍLIA, 587
conciliação, 588

ACÓRDÃO
- publicidade, 967
- retificação de minuta, 968

ADJUDICAÇÃO, 854

ADVOCACIA PÚBLICA, 290

AGRAVO
- de instrumento, 990
- de instrumento – formalidades, 998
- de instrumento – interposição – informação ao juízo, 999
- de instrumento – relator – poderes, 1001
- efeitos, 997
- em recurso especial, 1037
- em recurso extraordinário, 1037
- interno, 1002
- interposto, 966
- juízo de admissibilidade, 992
- juízo de retratação, 996
- procedimento no tribunal, 1000
- retido, 992

ALIENAÇÃO
- por iniciativa particular, 857

ALIMENTOS,
- decorrentes de responsabilidade civil, 783

AMICUS CURIAE, 276

APELAÇÃO, 966, 975
- efeito devolutivo, 978
- efeito devolutivo contra sentença terminativa, 982
- efeito devolutivo e prescrição, 981
- efeitos, 976
- efeito suspensivo, 977
- generalidades, 975
- nulidade sanável, 983
- procedimento, 984, 988
- *reformatio in pejus*, 979

ARBITRAGEM
- convenção, 371
- sentença estrangeira – execução, 1087

ARGUIÇÃO DE IMPEDIMENTO E DE SUSPEIÇÃO, 395

ARREMATAÇÃO
- satisfação do crédito, 868
- ultimação, 867

ÍNDICE ALFABÉTICO-REMISSIVO | **1125**

ARRESTO
– executivo, 792

ASSISTÊNCIA
– classificação, 255
– interesse jurídico, 259
– litisconsorcial, 257
– simples, 256

ASSISTENTES
– prazo para apresentação do laudo e das críticas, 463

ASTREINTES, 754

ATA NOTARIAL, 446

ATOS
– judiciais – ação anulatória, 1079
– processuais – carta, 318
– processuais – carta precatória, 321
– processuais – carta rogatória, 321
– processuais – citação, 321
– processuais – comunicação, 315
– processuais – comunicação eletrônica, 316
– processuais – forma, 293
– processuais – lugar e prazos, 309
– processuais – tempo, 307

AUDIÊNCIA
de mediação – petição inicial, 380

AUDIÊNCIA
– de conciliação ou de mediação – generalidades, 383
– de conciliação – petição inicial, 380
– de instrução e julgamento, 469
– de instrução e julgamento – conciliação, 470
– de instrução e julgamento – etapas, 471
– Juizado especial, 669
– poderes do juiz, 469

AUTOCOMPOSIÇÃO
– homologação, 955

AUTOS
– restauração, 609

AUXILIARES DA JUSTIÇA, 286

AVARIA GROSSA
– especialidades procedimentais, 606
– regulação, 605
– regulador, 605

AVERBAÇÃO
– premonitória – execução, 790
– premonitória – fraude de execução, 813

B

BEM(NS)
– ação de reivindicação – citações, 645
– alteração de regime, 627
– apreensão – fase – insolvência, 907
– de família – impenhorabilidade, 810, 831
– do devedor – responsabilidade do terceiro, 806
– dos ausentes – herança jacente, 639
– espólio – administração, 548
– inalienável, 822
– inventariado – avaliação, 556
– inventariado – dispensa de avaliação, 556
– móvel necessário ao exercício profissional, 827
– objeto de hipoteca – alienação, 814
– penhorado – avaliação, 850
– penhorado – depósito, 847
– penhorado – substituição, 839
– sonegado, 557
– sujeito à alienação jurisdicional voluntária, 624

C

CADASTRO DE INADIMPLENTES
– inclusão do nome do executado, 748

CALENDÁRIO PROCESSUAL, 342

CARTA
– precatória e rogatória – Efeito suspensivo, 321
– rogatória – concessão do exequatur, 1083

CAUÇÃO
– ação possessória, 524

CERTIDÃO
– de propositura – execução, 790

CHAMAMENTO AO PROCESSO
– hipóteses legais, 271
– procedimento, 272
– sentença, 272

CITAÇÃO
– ação de consignação em pagamento, 509

1126 | CURSO DE DIREITO PROCESSUAL CIVIL • *Luiz Fux*

– ação de reivindicação de bens, 645
– ação possessória – prazo, 527
– com hora certa, 330
– efeitos, 323
– intimações, 333
– modalidades, 325
– nulidades, 338
– por edital, 331
– por meio eletrônico, 327
– por oficial de justiça, 330
– postal, 328

CODICILOS, 628

COISA
– incerta – execução de título extrajudicial, 775
– julgada, 370, 619
– julgada – anterior – ação rescisória, 1064
– julgada – generalidades, 484
– julgada – limites objetivos, 492
– julgada – meios de defesa, 496
– julgada – relativização, 498
– obrigação de entrega – tutela, 771

COLAÇÃO, 559

COMPETÊNCIA
– absoluta, 162
– ação de consignação em pagamento, 506
– ação rescisória, 1071
– conflito e arguição, 171
– controle da competência, 171
– declaração de insolvência, 905
– do juízo – reconvenção, 401
– embargos de terceiro, 579
– funcional, 161
– incidente de assunção, 1047
– internacional e competência interna, 147
– jurisdição voluntária, 616
– jurisdicional – Poder Judiciário, 147
– modificações, 162
– objetiva, 160
– prorrogação e prevenção, 162
– recursal, 960
– relativa, 162
– repercussão geral, 1020
– territorial, 151

COMUNICAÇÃO ELETRÔNICA
– atos processuais, 316

CONCILIAÇÃO
– ações de família, 588

– Juizado especial, 669
– tentativa, 470

CONCURSO DE AÇÕES, 219

CONEXÃO
– espécies, 222
– pressuposto da reconvenção, 401

CONFISSÃO, 456

CONFLITO DE COMPETÊNCIA, 171

CONFLITOS
– desjudicialização, 48

CONTAS
– possessória, 517
– prestação, 516

CONTESTAÇÃO, 390

CONTINÊNCIA, 219

CONVENÇÃO DE ARBITRAGEM, 371

CRÉDITO EXEQUENDO
– requisitos, 705

CRIME
– crime de desobediência, 84

CUMULAÇÃO DE AÇÕES, 219
– ações, 223
– espécies, 225
– requisitos, 226

CURADOR
– interdição, 649
– interdição – compromisso, 652
– prestação de contas, 516

CURATELA
– especial – inventário, 572
– interdição – levantamento, 653

CUSTAS PROCESSUAIS, 72

D

DECISÃO
– ação rescisória – eficácia, 1073

ÍNDICE ALFABÉTICO-REMISSIVO | 1127

– estrangeira – homologação, 1083
– judicial – descumprimento, 84
– judicial – protesto – execução, 748
– monocrática – recursos, 959
– por equidade e o abandono da legalidade estrita, 618

DECLARAÇÃO DE VONTADE
– cumprimento judicial, 761

DEFENSORIA PÚBLICA, 291

DEFESA DO RÉU
– alegações de incompetência, impedimento e suspeição, 394
– contestação, 390
– espécies, 388
– modalidades de resposta, 390
– reconvenção, 398

DENUNCIAÇÃO DA LIDE
– hipóteses legais, 265
– procedimento, 267

DEPOIMENTO
– pessoal, 449
– privilegiados, 455

DEPOSITÁRIO
– prestação de contas, 516

DEPÓSITO EXTRAJUDICIAL, 505
– de resolução de demandas repetitivas, 1051

DESCONSIDERAÇÃO DA PERSONALIDADE JURÍDICA
– incidente, 274
– sócios – responsabilidade patrimonial, 800

DEVEDOR
– insolvência – litispendência, 815
– insolvente – execução, 784
– solvente – execução, 784

DILIGÊNCIA
– conversão do julgamento, 966

DIREITO PROCESSUAL CIVIL
– análise econômica do Direito Processual, 33
– aplicação da lei processual civil, 9
– aplicação supletiva e subsidiária do Código de Processo Civil, 16
– Código de Processo Civil de 2015, 25

– Códigos de Processo Civil de 1939 e 1973, 25
– Códigos estaduais, 24
– Direito brasileiro anterior e Direito vigente, 23
– direito Processual, 3
– do direito processual civil, 7
– eficácia da lei processual civil, 9
– fontes, 7
– histórico, 19
– interpretação da lei processual civil, 9
– norma processual, 5
– o processo no Direito antigo, 19
– ordenações lusitanas, 23
– posição enciclopédica, 4

DISTRIBUIÇÃO
– por dependência – ações repetidas, 348

DÍVIDAS
– pagamento das dívidas do de cujus, 561
– sujeitas a processo de execução, 563

DIVÓRCIO, 625

DOCUMENTO
– prova – exibição, 444

E

EDITAL
– herança jacente, 636
– publicação – herança jacente, 646

EMBARGOS
– à execução, 882
– à execução – ajuizamento, 883
– à execução – efeitos, 885
– à execução – generalidades, 882
– à execução – pedido e parcelamento, 889
– à execução – procedimento da defesa, 887
– à execução – reconvenção – impossibilidade, 887
– à execução – rejeição liminar, 884
– de declaração, 1003
– de declaração – cabimento, 1005
– de declaração – efeitos, 1008
– de declaração – generalidades, 1003
– de declaração – Juizado especial, 673
– de declaração – litigância abusiva na oposição, 1009
– de divergência, 1038
– de terceiro – competência, 579
– de terceiro – cônjuges, 577

1128 | CURSO DE DIREITO PROCESSUAL CIVIL • *Luiz Fux*

- de terceiro – fase postulatória, 580
- de terceiro – figuras afins, 575
- de terceiro – generalidades, 575
- de terceiro – justificação, 580
- de terceiro – legitimidade, 576
- de terceiro – objeto mediato, 578
- de terceiro – petição inicial, 580
- de terceiro – prazo para oferecimento, 579
- de terceiro – processo de conhecimento, 579
- de terceiro – processo de execução, 579
- de terceiro – requisitos, 580
- de terceiro – suspensão do processo, 582
- de terceiro – tutela antecipada – liminar, 581
- do executado – Juizado especial, 682

ESBULHO
- tutela específica, 524

ESPÓLIO
- administração dos bens, 548
- dívidas – pagamento, 561
- legatário e as dívidas, 563

EXECUÇÃO
- averbação premonitória, 737, 790
- certidão de propositura, 790
- contra a Fazenda Pública, 893
- contra a Fazenda Pública – cumprimento provisório de sentença, 899
- contra a Fazenda Pública – espécies, 898
- contra devedor solvente e contra devedor insolvente, 784
- cumprimento de sentença, 723
- cumprimento de sentença – requisitos, 703
- cumulação, 744
- defesa do executado, 871
- de prestação alimentícia, 891
- desistência do cumprimento da sentença – título extrajudicial, 743
- de título extrajudicial, 723
- dívidas sujeitas ao processo, 563
- efeitos da propositura da execução de título extrajudicial, 739
- embargos, 882
- embargos – Juizado especial, 682
- especial, 891
- espécies, 723
- extinção, 742
- extrajudicial – quantia certa contra devedor solvente, 784
- formação do processo, 737
- formas de tutela jurisdicional, 687
- impugnação – título executivo inconstitucional, 880

- inadimplemento do devedor, 703
- inclusão do nome do executado em cadastro de inadimplentes, 748
- intercomunicabilidade entre as regras da execução e do cumprimento da sentença, 744
- juiz – poderes, 745
- meios típicos e atípicos, 745
- por carta – penhora, 847
- por quantia certa contra a Fazenda Pública – título extrajudicial, 894
- por quantia certa contra devedor insolvente, 901
- princípio da economicidade, 699
- princípio da execução específica, 697
- princípio da livre disponibilidade, 698
- princípio da realidade, 697
- princípios do processo, 696
- processo – embargos de terceiro, 579
- processo – Juizado especial, 675
- protesto de decisão judicial, 748
- recurso, 742
- requerimento, 737
- requisitos, 703
- requisitos do crédito exequendo, 705
- sentença arbitral estrangeira, 1087
- sentença – título extrajudicial por quantia certa contra devedor solvente, regras, 796
- suspensão, 740
- título executivo, 705
- título extrajudicial – cumprimento da sentença, 695
- título extrajudicial de coisa incerta, 775
- título extrajudicial de obrigações de fazer e não fazer, 764
- título extrajudicial – obrigações de fazer e não fazer – procedimento, 765
- título extrajudicial para a entrega de coisa, 772, 775
- título extrajudicial – sentença, 691
- tutela de execução, 687

EXECUTADO
- defesa – impugnação ao cumprimento da sentença, 871
- defesa – recurso, 873
- executivo judicial – liquidação por iniciativa do devedor, 713

EXEQUATUR
- concessão, 1083

EXPROPRIAÇÃO, 852

EXTINÇÃO DO PROCESSO
- acolhimento das alegações de perempção, litispendência e coisa julgada, 369

ÍNDICE ALFABÉTICO-REMISSIVO | 1129

– contumácia das partes, 368
– extinção do processo, 412
– falta de pressupostos processuais, 369
– indeferimento da petição inicial, 366
– resolução com análise do mérito por autocomposição, 412
– sem resolução de mérito, 366, 412

F

FAZENDA PÚBLICA
– execução – espécies, 898

FIADOR
– responsabilidade patrimonial, 808

FORMAL DE PARTILHA, 565

FRAUDE DE EXECUÇÃO
– alienação – bem hipotecado, 814
– alienação na pendência de ação real ou reipersecutória, 812
– arguição de vício da penhora, 819
– averbação premonitória, 813
– Fase de apreensão, 818
– fraude contra credores, 811
– impenhorabilidade de bem de família, 810
– penhora, 818

FUNDAÇÕES
– organização e fiscalização, 655

G

GRATUIDADE
– assistência jurídica, 87

H

HABILITAÇÃO, 585

HERANÇA JACENTE
– adjudicação da coisa, 647
– alienação antecipada de bens, 637
– arrecadação, 635
– arrecadação imediata pela autoridade policial, 636
– arrecadação por precatória, 636

– bens dos ausentes, 639
– caução, 643
– coisas vagas, 645
– comparecimento do legítimo dono, 647
– conversão da arrecadação em inquérito, 648
– conversão da arrecadação em inventário, 637
– curadoria, 634
– declaração de vacância, 638
– editais, 636
– habilitação de créditos, 637
– prestada por herdeiros imitidos na posse dos bens, 643
– publicação de edital, 646
– sucessão provisória, 644

HONORÁRIOS ADVOCATÍCIOS, 75

I

IMPEDIMENTO, 283
– alegações, 394

IMPENHORABILIDADE
– bem de família legal, 831
– bens móveis necessários ao exercício profissional, 827
– créditos de alienação de unidades sob regime de incorporação imobiliária, 830
– materiais necessários para obras em andamento, 828
– pequena propriedade rural trabalhada pela família, 828
– recursos públicos – condições, 829
– recursos públicos do fundo partidário, 829
– seguro de vida, 828
– verbas remuneratórias, 824

IMPUGNAÇÃO
– *astreintes*, 754
– por retenção, 777
– título executivo inconstitucional, 880

INCIDENTE
– de resolução de demandas repetitivas – suspensão do processo, 361

INCIDENTE
– de arguição de inconstitucionalidade, 1043
– de arguição de inconstitucionalidade – procedimento, 1044
– de arguição de inconstitucionalidade – requisitos, 1044
– de assunção de competência, 1047
– de assunção de competência – cabimento, 1048
– de assunção de competência – competência, 1048

– de assunção de competência – fundamentos, 1047
– de assunção de competência – histórico, 1047
– de assunção de competência – legitimidade, 1049
– de assunção de competência – pressupostos, 1048
– de assunção de competência – procedimento, 1049
– de assunção de competência – recursos, 1050
– de desconsideração da personalidade jurídica, 274
– de resolução de demandas repetitivas – cabimento, 1051
– de resolução de demandas repetitivas – competência, 1053
– de resolução de demandas repetitivas – fungibilidade entre IRDR e IAC, 1052
– de resolução de demandas repetitivas – legitimidade, 1053
– de resolução de demandas repetitivas – procedimento, 1054
– de resolução de demandas repetitivas – recursos, 1057
– de resolução de demandas repetitivas – requisitos, 1051
– de resolução de demandas repetitivas – revisão, 1057

INCOMPETÊNCIA
– alegação, 394

INSOLVÊNCIA
– competência jurisdicional, 905
– declaração – efeitos, 903
– fase de apreensão de bens, 907
– fase de cognição, 906
– procedimento da insolvência, 905
– processo, 905
– requisição – legitimidade, 906

INSPEÇÃO JUDICIAL, 464

INTERDITOS
– possessórios – duplicidade, 521
– possessórios – fungibilidade, 520
– proibitórios, 528

INTERVENÇÃO
– de terceiros, 249
– de terceiros – efeitos, 254
– de terceiros – espécies, 254
– de terceiros – Juizado Especial Cível, 277
– de terceiros – qualificação do terceiro, 251
– *iussu iudicis*, 273

INVENTARIANTE
– atribuições, 550
– nomeação, 549
– prestação de contas, 516
– remoção, 551

INVENTÁRIO
– a da avaliação dos bens, 556
– administração dos bens do espólio, 548
– atribuições do inventariante, 550
– avaliação dos bens, 558
– avaliação dos bens inventariados, 555
– competência, 545
– cumulativo, 573
– curatela especial, 572
– herança jacente – conversão da arrecadação, 637
– laudo de avaliação dos bens, 556
– legitimação para requerer a abertura, 548
– medidas cautelares de constrição de bens – prazo de eficácia, 571
– nomeação do inventariante, 549
– prazo para a abertura, 547
– questões objeto de decisão no juízo, 547
– remoção do inventariante, 551
– restrição de direitos, 571
– últimas declarações, 558

J

JUIZ
– poderes e deveres, 279
– poderes na audiência, 469
– poderes na execução, 745
– suspeição e impedimento, 283

JUIZADO ESPECIAL
– âmbito de incidência do procedimento, 662
– atos de comunicação, 667
– audiência, 669
– conciliação, 669
– convocação do réu, 667
– defesa do réu, 668
– embargos de declaração, 673
– embargos do executado, 682
– execução das obrigações de fazer e de não fazer, 678
– execução de obrigação de fazer com prestação fungível, 679
– execução de obrigação de fazer com prestação infungível, 680
– execução de obrigação de não fazer instantânea, 681
– execução de obrigação de não fazer permanente, 680
– execução para entrega de coisa certa, 681
– execução para entrega de coisa certa e de coisa incerta, 681
– execução para entrega de coisa incerta, 682

ÍNDICE ALFABÉTICO-REMISSIVO | 1131

– execução por quantia certa contra devedor solvente, 676
– execução – processo, 676
– formação do processo – pedido, 665
– instrução e julgamento, 669
– intervenção de terceiros, 277
– procedimento monitório, 600
– procedimento sumaríssimo, 659
– recurso, 672
– recurso inominado, 672
– sentença, 669
– uniformização de jurisprudência, 674

JULGAMENTO
– antecipado parcial, 414
– conforme o estado do processo, 412
– conjunto – interposição conjunta, 1028
– contra a Constituição, 1016
– conversão em diligência, 966
– da partilha, 565
– de causas decididas em última ou única instância, 1016
– de mérito – princípio da primazia, 63
– digitais, 971
– eletrônico, 973
– ensejador de dissídio jurisprudencial, 1024
– que acolhe lei ou ato local contra a Constituição, 1017
– que prestigia lei local contestada em face de lei federal, 1018
– recurso que tenha sido iniciado, 966

JURISDIÇÃO VOLUNTÁRIA
– alienações judiciais, 623
– alteração do regime de bens do matrimônio, 625
– bens sujeitos à alienação, 624
– casos submetidos ao rito comum, 620, 625
– citações, 616
– competência, 616
– divórcio e separação consensuais, 625
– divórcio e separação judicial, 625
– extinção consensual da união estável, 625
– notificação e interpelação, 622
– procedimentos especiais, 611
– rito, 614
– tutela antecipada e cautelar, 616

JURISPRUDÊNCIA
– dissídio – julgamento ensejador, 1024
– precedentes, 949
– predominante – recurso, 932
– súmula e precedentes, 949

– súmulas, 949
– uniformização – Juizado especial, 674

JUSTIÇA
– atentado, 84
– auxiliares, 286
– Comum Estadual, 144
– custas processuais, 72
– do Trabalho, 142
– Eleitoral, 143
– Federal, 142
– gratuidade, 90
– Militar, 144
– multiportas – arbitragem, conciliação e mediação, 44

L

LAUDO
– pericial – assistentes, 463

LEILÃO JUDICIAL, 859

LIDE
– interdição – curador, 649

LIQUIDAÇÃO
– de sentença – recurso, 715
– pelo procedimento comum, 714
– por arbitramento, 714
– provisória, 716
– título executivo judicial, 712

LITISCONSÓRCIO, 244
– assistência, 257

LITISPENDÊNCIA, 370
– redução do devedor à insolvência, 815

M

MÁ-FÉ
– litigância – dano processual, 82

MATRIMÔNIO
– alteração do regime de bens, 627

MINISTÉRIO PÚBLICO, 288
– interdição – iniciativa, 649

N

NEGÓCIOS JURÍDICOS PROCESSUAIS, 340

NULIDADE
– suspeição – testamento, 633

O

– objeto – ação possessória, 525

OBRIGAÇÃO
– de entrega de coisa – tutela, 771
– de entrega de soma, 779
– de entrega de soma – demonstrativo do crédito, 781
– de entrega de soma – mandado de penhora e avaliação, 782
– de entrega de soma – Multa e honorários, 780
– de entrega de soma – pagamento voluntário – prazo, 780
– de entrega de soma – sentença – impugnação – prazo, 782
– de fazer e não fazer – execução, 764
– de fazer e não fazer – sentença – cumprimento, 749
– de fazer e não fazer – tutela jurisdicional, 749
– de prestar declaração de vontade, 761

OPOSIÇÃO
– julgamento pela mesma sentença, 584

P

PARTES
– ação – elemento subjetivo, 200
– ação rescisória – colusão, 1064
– deveres, 83
– legitimidade, 191
– litisconsórcio, 244
– partes, 241
– processo, 241
– qualificação – petição inicial, 377

PARTILHA
– amigável – homologação, 566, 568
– arrolamento comum, 570
– arrolamento sumário, 568
– competência, 545
– emenda, 566
– esboço da partilha, 563

– formal de, 566
– formulação de pedido de quinhão e deliberação, 563
– julgamento, 565
– legitimação para requerer a abertura, 548
– rescindibilidade, 567

PEDIDO
– ação – elemento objetivo, 205
– cominatório, 211
– cumulação – ação possessória, 521
– de interdição – impugnação, 651
– de prestação indivisível, 211
– de vista – recurso, 965
– do autor – acolhimento ou rejeição, 373
– do réu – reconhecimento da procedência, 373
– *in limine* – indeferimento, 350
– Juizado Especial – formação do processo, 665
– petição inicial, 378

PENHORA
– arguição de vício – fase de execução, 819
– avaliação dos bens, 850
– de percentual de faturamento de empresa, 838
– depósito dos bens, 847
– de quota social e ações, 836
– especialidades procedimentais, 602
– execução por carta, 847
– fraude à execução, 817
– homologação, 601
– mandado – obrigação de entrega de soma, 782
– multiplicidade, 835
– necessidade de periculum in mora, 602
– ordem, 837
– preclusão do vício, 820
– procedimento, 841
– substituição dos bens, 839
– unicidade, 849

PEREMPÇÃO, 369

PERÍCIA
– ação de divisão e da demarcação de terras particulares, 535
– interdição, 651
– realização e procedimento, 462

PERSONALIDADE JURÍDICA
– desconsideração, 274

PETIÇÃO INICIAL
– ação de consignação em pagamento, 508
– audiência de conciliação ou de mediação, 380

ÍNDICE ALFABÉTICO-REMISSIVO | 1133

- causa de pedir, 378
- embargos de terceiro, 580
- emenda, 380
- endereçamento, 377
- execução – devedor solvente e insolvente, 785
- indeferimento, 381
- interdição, 650
- meios de prova, 379
- pedido, 378
- qualificação das partes, 377
- requisitos, 377
- valor da causa, 379

PODER
- geral de cautela, 130
- Judiciário – competência jurisdicional, 147
- Judiciário – Conselho Nacional de Justiça, 144
- Judiciário – cooperação jurídica internacional, 149
- Judiciário – estrutura, 137
- Judiciário – garantias, 137
- Judiciário – garantias funcionais, 138
- Judiciário – garantias institucionais, 137
- Judiciário – Justiça Comum Estadual, 144
- Judiciário – Justiça do Trabalho, 142
- Judiciário – Justiça Eleitoral, 143
- Judiciário – Justiça Federal, 142
- Judiciário – Justiça Militar, 144
- Judiciário – organização judiciária, 139
- Judiciário – Superior Tribunal de Justiça, 141
- Judiciário – Supremo Tribunal Federal, 140

PRAZO
- ação rescisória, 1071
- atos processuais, 309
- decadencial – ação rescisória, 1071
- processual – contagem, 311
- processual – verificação e penalidades, 314

PRECEDENTES
- análise econômica do direito, 953
- descentralização dos serviços de protocolo, 954
- jurisprudência, 949
- procedimento no tribunal, 954
- registro e distribuição, 954

PRECLUSÃO
- vício de penhora – Fraude de execução, 820
- vício de penhora – preclusão, 820

PREPARO RECURSAL, 940

PRESCRIÇÃO
- apelação – efeito devolutivo, 981

PRESTAÇÃO DE CONTAS, 516

PRINCÍPIO(S)
- da boa-fé objetiva, 57
- da cooperação, 56
- da dignidade da pessoa humana, 68
- da economia processual, 61
- da economicidade, 64
- da efetividade e da duração razoável do processo, 51
- da eficiência, 62
- da execução específica, 697
- da livre disponibilidade, 698
- da preclusão secundum *eventum litis*, 65
- da primazia do julgamento de mérito, 63
- da prioritária solução consensual, 43
- da proporcionalidade, 68
- da razoabilidade, 68
- da realidade, 697
- dispositivo, 42
- do contraditório e vedação à decisão surpresa, 58
- do devido processo legal, 40
- princípios, 918
- recursais, 918

PRINCÍPIO(S)
- da economicidade, 699

PROCESSO
- resolução com análise do mérito, 373

PROCESSO
- aspectos éticos e econômicos – generalidades, 71
- assistência, 255
- atentado à justiça, 84
- atos processuais, 293
- atuação jurisdicional *ex officio*, 351
- calendário processual, 342
- capacidade processual, 358
- chamamento, 270
- chamamento – hipóteses legais, 271
- chamamento – procedimento, 271
- chamamento – sentença, 272
- comunicação eletrônica, 316
- crime de desobediência, 84
- custas processuais, 72
- dano processual e litigância de má-fé, 82
- descumprimento das decisões judiciais, 84
- deveres das partes e dos procuradores, 83

– direção – homologação da autocomposição, 955
– e procedimentos, 231
– espécies de procedimento, 232
– estabilização e preclusão, 416
– extinção, 364
– extinção – abandono do autor, 368
– extinção – acolhimento das alegações de perempção, 369
– extinção – ausência das condições da ação, 371
– extinção – contumácia das partes, 368
– extinção – desistência da ação, 371
– extinção – existência de convenção de arbitragem, 371
– extinção – falta de pressupostos processuais, 369
– extinção – indeferimento da petição inicial, 366
– extinção – intransmissibilidade da ação, 372
– extinção – litispendência, 369
– extinção por julgamento antecipado, 412
– extinção por resolução com análise do mérito por autocomposição, 412
– extinção – renúncia ao direito em que se funda a ação, 374
– extinção sem resolução de mérito, 412
– extinção – transação, 374
– fase de saneamento, 407
– formação, 343
– formação – distribuição por dependência das ações repetidas, 348
– formação – indeferimento do pedido in limine, 350
– intervenção de terceiros, 249
– julgamento conforme o estado, 412
– litisconsórcio, 244
– manifestação do autor quanto às preliminares e objeções, 409
– negócios jurídicos processuais, 340
– normas fundamentais, 39
– nos tribunais, 949
– ordem nos Tribunais, 949
– prazos processuais – contagem, 311
  extinção – coisa julgada, 369
– extinção sem resolução de mérito, 366
– saneamento – modalidades, 417
– sentença, 269
– sucumbência recursal, 80
– sujeitos, 241
– suspensão, 356
– suspensão convencional, 360
– suspensão no incidente de resolução de demandas repetitivas, 361
– suspensão nos recursos repetitivos, 361
– suspensão – por motivo de força maior, 363
– suspensão – por prejudicialidade, 361
– transação – extinção, 374

PROVA
– confissão, 456
– depoimento pessoal, 449
– depoimentos privilegiados, 455
– documental, 436, 443
– espécies, 436
– especificação – saneamento do processo, 409
– Exibição de documento ou coisa, 444
– falsa – ação rescisória, 1066
– generalidades, 421
– inequívoca e a tutela antecipatória, 525
– ínspeção judicial, 464
– juntada do rol de testemunhas, 455
– laudo pericial, 463
– meios – petição inicial, 379
– momento, 433
– nova – ação rescisória, 1067
– ônus, 428
– oral, 447
– perícia, 458, 462
– produção antecipada, 435
– produção da prova documental, 443
– sistemas de avaliação, 431
– sujeitos, 428
– testemunhal, 450

Q

QUERELLA NULLITATIS INSANABILIS, 1082

QUINHÃO
– formulação de pedido, 563

R

REALIZAÇÃO E PROCEDIMENTO
– abrangente de mais de uma área de conhecimento, 463

RECLAMAÇÃO
– decisão final, 1094
– fundamentos, 1089
– hipóteses de cabimento, 1091
– histórico, 1089
– legitimidade, 1092
– natureza jurídica, 1090
– procedimento, 1093
– recursos, 1094

RECONVENÇÃO
- autonomia procedimental, 402
- competência do juízo, 401
- condições de admissibilidade, 399
- conexão como pressuposto, 401
- embargos à execução – impossibilidade, 887
- interesse em reconvir, 400
- legitimação, 399
- processamento e procedimento, 403
- tempestividade, 401

RECURSO(S)
- adesivo – interesse em recorrer, 929
- adiamento da sessão, 961
- admissibilidade, 925
- cabimento, 934
- competências, 960
- decisões monocráticas, 959
- deliberação, 963
- designação do dia do julgamento, 961
- de terceiro prejudicado, 260
- direito de recorrer – inexistência de fato impeditivo, 935
- direito intertemporal – eficácia da lei no tempo, 918
- duplo grau de jurisdição, 919
- duplo grau obrigatório de jurisdição – remessa necessária, 914
- efeito devolutivo, 941
- efeito devolutivo – reformatio in pejus, 942
- efeitos, 941
- efeito suspensivo, 944
- em espécie, 975
- especial, 1013
- especial – agravo, 1037
- especial – cabimento constitucional, 1023
- especial – efeito devolutivo, 1026
- especial – efeito suspensivo, 1027
- especial – Interesse em recorrer, 1026
- especial – julgamento de causas em única ou última instância, 1023
- especial – julgamento que privilegia ato de governo local contra a lei federal, 1023
- especial – pressupostos constitucionais de cabimento, 1015
- especial – procedimento, 1029
- execução, 742
- extensão do efeito devolutivo, 981
- extraordinário, 1013
- extraordinário – agravo, 1037
- extraordinário – cabimento constitucional, 1015
- extraordinário – efeito devolutivo, 1026
- extraordinário – efeito suspensivo, 1027
- extraordinário – Interesse em recorrer, 1026
- extraordinário – pressupostos constitucionais de cabimento, 1015
- extraordinário – procedimento, 1029
- fundamentos – *ratio essendi*, 917
- fungibilidade, 924
- inominado – Juizado especial, 672
- instrumentalidade das formas, 924
- interesse em recorrer, 929
- interesse em recorrer – jurisprudência predominante, 932
- interposição conjunta, 1028
- Juizado Especial, 672
- julgamento conjunto, 1028
- julgamento que tenha sido iniciado, 966
- legitimidade do recorrente, 927
- mérito, 925
- multiplicidade – repercussão geral, 1021
- ordinário constitucional, 1010
- ordinário constitucional – efeitos do recurso, 1012
- ordinário constitucional – generalidades, 1010
- parcial – interesse em recorrer, 932
- pedido de vista, 965
- preparo, 940
- publicação da pauta, 961
- *reformatio in pejus*, 942
- regularidade formal, 941
- repercussão geral, 1018
- repetitivos – sistemática, 1033
- repetitivos – suspensão do processo, 361
- requisitos de admissibilidade, 926
- revisão, 961
- saneamento, 960
- sustentação oral, 962
- tempestividade, 936
- teoria geral, 913
- título executivo judicial – liquidação de sentença, 715
- tutela provisória, 955
- unicidade, 920

RELATOR
- agravo de instrumento – poderes, 1001
- poderes do relator, 955
- remessa, 955

REPERCUSSÃO GERAL
- acolhimento – efeitos, 1021
- competência, 1020
- desacolhimento, 1021
- forma de arguição, 1020
- multiplicidade de recursos, 1021

REQUISITOS DE ADMISSIBILIDADE
– ordinário constitucional – requisitos de admissibilidade, 1011

RESPONSABILIDADE
– civil – alimentos decorrentes, 783
– do terceiro – bens do devedor, 806
– patrimonial do cônjuge, 806
– patrimonial do fiador, 808
– patrimonial dos sócios – desconsideração da personalidade jurídica, 800
– patrimonial – generalidades, 796
– patrimonial primária, 797
– patrimonial secundária, 798

RÉU
– convocação – Juizado especial, 667
– defesa, 387
– defesa – Juizado especial, 668

REVELIA, 403

S

SANEAMENTO DO PROCESSO
– conteúdo, 415
– especificação de provas, 409
– fases, 407
– modalidades, 417
– providências preliminares, 408

SENTENÇA, 269, 475
– arbitral estrangeira, execução, 1087
– classificação das ações, 185
– cumprimento – execução de título extrajudicial, 695
– cumprimento provisório – execução de título extrajudicial, 729
– de obrigações de fazer e não fazer – cumprimento, 749
– e a tutela específica, 483
– entrega de coisa – cumprimento, 771
– e recurso, 619
– espécies, 479
– especificidade, 483
– execução – cumprimento, 691
– execução de título extrajudicial, 687
– execução de título extrajudicial – cumprimento, 695
– execução de título extrajudicial – desistência, 743
– impugnação – defesa do executado, 871
– impugnação – execução – procedimento, 872
– interdição, 651

– Juizado Especial, 669
– liquidação – título executivo judicial – recurso, 715
– na ação demarcatória, 536
– nas obrigações de entrega de soma – Fase postulatória, 779
– obrigação de entrega de soma – impugnação – prazo, 782
– requisitos intrínsecos, 482
– sucessão provisória, 642
– terminativa – apelação – efeito devolutivo, 982
– testamento, 633

SEPARAÇÃO JUDICIAL, 625

SESSÃO DE JULGAMENTO
– publicação da pauta – interregno, 961

SOBREPARTILHA, 571

SOCIEDADE
– ação de dissolução, 541

SÓCIOS
– responsabilidade patrimonial, 800

SUCESSÃO
– definitiva – entrega dos bens, 644
– provisória, 641
– provisória – conversão em definitiva, 644
– sucessão definitiva, 644

SÚMULAS
– jurisprudência, 949

SUPERIOR TRIBUNAL DE JUSTIÇA, 141

SUPREMO TRIBUNAL FEDERAL, 140

SUSPEIÇÃO, 283
– alegação pelo réu, 394

SUSPENSÃO DO PROCESSO, 356
– convencional, 360
– hipóteses, 363
– pela alegação de incompetência, 360
– pela suspeição, 360
– por impedimento, 360
– por morte ou perda de capacidade processual, 358
– por motivo de força maior, 363
– por prejudicialidade, 361

SUSTENTAÇÃO ORAL, 962

T

TERCEIRO
– recurso do terceiro prejudicado, 260

TESTAMENTO
– aspectos procedimentais, 629
– cerrado, 629
– competência, 629
– condições da ação, 628
– cumprimento, 632
– marítimo, 632
– militar, 632
– nuncupativo, 632
– particular, 630
– público, 630
– sentença, 633
– suspeição de nulidade ou falsidade, 633

TESTEMUNHA
– depoimento, 449
– juntada do rol, 455

TÍTULO(S)
– executivo extrajudicial, 716
– executivo extrajudicial – competência e cumprimento da sentença, 734
– executivo extrajudicial, – competência jurisdicional, 733
– executivo extrajudicial – condições da ação, 731
– executivo inconstitucional – impugnação, 880
– executivo judicial, 707
– executivo judicial – liquidação, 712
– executivo judicial – liquidação de sentença – recurso, 715
– executivo judicial – liquidação pelo procedimento comum, 714
– executivo judicial – liquidação por arbitramento, 714
– executivo judicial – liquidação – provisória, 716
– extrajudicial – entrega de coisa incerta – execução, 775
– extrajudicial – execução – desistência, 743
– extrajudicial para entrega de coisa – execução, 772
– extrajudicial – sentença e execução, 691
– extrajudicial – sentença – execução, 695

TÍTULO(S)
– executivo judicial – liquidação por iniciativa do devedor, 713

TRANSAÇÃO, 374

TURBAÇÃO
– tutela específica, 524

TUTELA
– antecipada, 128
– antecipada e cautelar – jurisdição voluntária, 616
– antecipada requerida em caráter antecedente, 131
– cautelar, 125
– cautelar – fundamentos e antecedentes, 107
– cautelar requerida em caráter antecedente, 134
– condenatória – Ilícito de lesão e ilícito de perigo, 758
– contracautela e responsabilização, 129
– da evidência, 135
– das obrigações de entrega de soma, 779
– de cognição, 97
– de execução, 101
– de segurança – fundamentos e antecedentes, 107
– de urgência, 124
– de urgência – espécies, 125
– de urgência – fundamentos e antecedentes, 107
– de urgência pré-arbitral, 130
– de urgência pré-arbitral – requerimento em caráter antecedente, 131
– de urgência – requisitos, 124
– e curatela, 653
– específica na turbação e no esbulho, 524
– inibitória, 103
– inibitória – características, 760
– inibitória – classificação, 760
– inibitória – finalidade – Pressupostos – Fundamentos, 758
– inibitória – obrigações negativas, 757
– inibitória – pressupostos, 760
– jurisdicional – conceito, 95
– jurisdicional de direitos, 757
– jurisdicional – espécies, 97
– jurisdicional – obrigações de entrega de coisa, 771
– jurisdicional – obrigações de fazer, 749
– jurisdicional – obrigações de não fazer, 749
– obrigação de entrega de coisa, 771
– poder geral de cautela e atipicidade, 130
– provisória, 107

TUTOR
– prestação de contas, 516

U

ÚLTIMAS DECLARAÇÕES, 558

UNIFORMIZAÇÃO DE JURISPRUDÊNCIA
– Juizado especial, 674